# APA
# 心理学大辞典

APA Dictionary of Psychology

G.R.ファンデンボス 監修

繁桝算男・四本裕子 監訳

培風館

*APA Dictionary of Psychology*
By Gary R. VandenBos, PhD.
Copyright © 2007 by the American Psychological Association (APA). All Rights Reserved.

Copyright © 2013 by Baifukan, Co., Ltd.
This Work was originally published in English under the title of *APA Dictionary of Psychology* as a publication of the American Psychological Association in the United States of America. Copyright © 2007 by the American Psychological Association (APA). The Work has been translated and republished in Japanese language by permission of the APA. This translation cannnot be republished or reproduced by any third party in any form without express written permission of the APA. No part of this publication may be reproduced or distributed in any form or by any means, or stored in any database or retrieval system without prior permission of the APA.

本書の無断複写は，著作権法上での例外を除き，禁じられています．
本書を複写される場合は，その都度当社の許諾を得てください．

# はしがき

　アメリカの心理学界を代表する組織であり，心理学に関する世界最大の団体であるアメリカ心理学会（APA, American Psychological Association）が初めて心理学の辞典を編纂するということは，どのような意味をもつものであろうか。この問いには，誇りをもって，かつ謙虚に答えなければならない。

　心理学という学問分野が，19世紀の中頃から始まり，21世紀にかけて衰えることのないスピードで人類の知識を広げたことは，見逃すことのできない大きな出来事である。心理学は，人間行動を創造的かつ生産的に分析し，社会や教育の問題，また，精神や身体の問題について正しい診立てをし，解決方法を提案してきた。心理学によって，人間の行動，知覚，感情，認知などの理解は飛躍的に進み，それにつれて心理学は自然科学と密接に関連することになった。たとえば，心理学は神経科学の最先端に位置しているし，自然科学で長い歴史をもつ厳密な方法論をエビデンスを重視する臨床実践に取り入れ，さらに，医学と協力して健康心理学を発展させている。このような研究の進展において，心理学で用いられる用語は拡大し，古い意味は捨てられ新しい意味が加わり，また他の分野から取り入れた言葉に心理学的な意味づけがなされている。

　アメリカ心理学会が初めて辞典を出版するということは，組織が成熟してきたことの証であり，心理学の語彙を収集し整理することは，APAの会員に対してのみならず，心理学の領域全体に対して，ひいては，社会全体に対する責務であると認識されてきたことを示すものである。

　本辞典は，21世紀初頭において使われている心理学の語彙を収録したものであり，心理学用語を規範として定義づけることを目的とするものではない。収録した語彙の範囲は限られてはいるが，これは心理学で用いる語彙の範囲を限定し固定することを目指したものではない。

　学会という組織の目的は，対象とする領域を明確にし，相互のコミュニケーションを促進することである。本学会はすでに114年の歴史をもつが（本書の初版が出版される2006年において），この目的を達成する主要な手立ては，広報活動であった。情報を共有する活動と関連して，APAは，必然的に心理学用語の創造と収集の努力を続けてきたのである。

　APAの専門誌 *Psychological Review* と *Psychological Bulletin* は，それぞれ1894年と1904年に創刊されている。心理学はそれ以降さらに多様になり，かつ専門化していった。それに対応して，それぞれの領域に特化した専門誌を出版することになり，今では50以上の専門誌を発行している。一方，専門書に関しては，1950年代初頭まではあまり活発ではなく，年に数冊の発行という程度であったが，1990年代初頭にはAPA Booksという組織が設けられ，専門書の本格的な出版活動が始まった。現在では心理学の主要な出版社となっており，一年に専門書や実践書を65冊程度出版し，また，臨床的実践のためのビデオシリーズなども出版している。

出版活動以外にも，Office of Publications and Databases（APA Books の上位組織）は，心理学のデータベース情報を提供している。たとえば，PsycINFO（専門文献のアブストラクトおよび引用記録のデータベース），PsycARTICLES（APA とその他数社が発行する専門誌の論文の全文のデータベース），PsycBOOKS（APA などが出版する専門書の全文のデータベース），PsycEXTRA（査読付きの定評のある専門誌や書物として出版されている論文以外で，信頼できる論文を，心理学，行動科学，健康科学などの領域において収集した"グレーゾーンの"文献のデータベース），PsycCRITIQUES（心理学書についての時宜にかなった書評集）などがある。

1898 年，APA の第 7 回年次大会において，APA 理事会は，心理学および哲学の語彙に関する常任委員会を発足させた。この委員会の委員には，Hugo Münsterberg, James McKeen Cattell, James Mark Baldwin などの著名な心理学者が含まれている。この委員会の責務は，①心理学と哲学における新しい語彙を適宜提案すること，②心理学と哲学で同じ意義をもつ用語を選ぶこと，③他の学問分野，とりわけ，神経科学で使われる新しい用語について報告すること，とされている。

APA では，ほぼ 20 年にもわたって，辞典の出版を検討してきたが，正式に辞典の編纂が始まったのは，1997 年，APA が *Longman Dictionary of Psychology and Psychiatry* の出版権を取得したときである。1984 年に初版が発刊されている *Longman* 辞典は，本辞典の基礎となり，本辞典に含まれる用語を選択し，その意味を明らかにするための出発点となった。

本辞典に掲載されている見出し語の最大のソースは，200 万の記録をもつ巨大なデータベース PsycINFO である。また，*Thesaurus of Psychological Index Terms* の第 9 版と第 10 版は，見出し語を絞るために格別に役に立ち，約 34,000 語をたたき台として選択した。さらに，APA Books のスタッフは，他の心理学辞典やグロッサリーを参照した。そのうちのいくつかは歴史的な価値をもつものである。たとえば，James Mark Baldwin が編集した 4 巻の *Dictionary of Philosophy and Psychology*（1901-1902）がその例である。もちろん，現在，図書館や書店で見つけることのできるものも参照している。また，隣接する専門分野の多くの辞典も参照した。

編集作業は 1999 年に始まったが，それは 6 つのプロセスに分かれており，多様な人が関与している。

1. APA は，辞典編纂に経験の深いパートナーをもつことの利点を当初から意識していたが，幸いなことに，Market House Books, Ltd.（MHB）の有能な編集スタッフの協力を得ることができた。MHB の編集スタッフは，最初に，約 34,000 語の項目を分類し，分野別に約 90 のリストを作った。同時に APA では，この区分された約 90 の分野に対応して，執筆者を選んだ。そして MHB は分野別のリストを，編集作業に適するようにデータベース化した。これらのリストは，(a) *Longman* 辞典の見出し語を引き継ぐ場合には，その見出し語と *Longman* 辞典での定義，(b) その他のソース（たとえば，PsychoINFO）から集められた場合には見出し語のみを記載した。

2. 執筆者は，*Longman* 辞典の記述を修正するか，あるいは，全面的に書き直しを行った。*Longman* 辞典の記述は，かなり古くなっていたり，臨床心理学的，あるいは，精神分析学的な見方に偏っていた。それ以外のソースの見出し語については，新

たに定義を与えた。また，収録されるべきと考えられる用語がまだ収録されていない場合には，執筆者はその用語を追加し，定義を与えた。こうして，用語の数は，この時点で 37,000 語以上になった。最後に，執筆者は，すべての候補の用語について，ランク 1（絶対収録するべき），ランク 2（収録したほうがよい），ランク 3（それ以外）のいずれかで評定した。この評定において，それぞれの用語の現代的な意義と歴史的な意義を同時に配慮すること，および，それぞれの専門分野をよく代表する用語であることに留意するようにと，執筆者には求められた。

3. つぎに MHB のスタッフが，執筆者が提出した原稿について，明快さや辞典として適切な叙述になっているかどうかの観点からチェックした。この段階で特に重要なことは，それぞれの執筆者の原稿を辞典全体の構成の観点から吟味し，編集したことである。編集した結果は APA に届けられた。

4. APA は，これらのリストを編集幹事会へ送付した。編集幹事は，各執筆者よりも広い観点から修正を追加し，ランク付けや全体の構成についてコメントをつけて，APA へ戻した。

5. APA は，最終的に全体を点検し，校正し，MHB に送付した。MHB に，これらのリストを全体のデータベースに統合し，アルファベット順に並べた編成のファイルを作成した。

6. 最後の編集段階として，APA のスタッフと MHB のスタッフが合同で全体のファイルを点検し，同じ用語でも分野によって意味が異なる場合は，それを整理し，統合した。37,000 語の候補のうち，約 25,000 語を収録することに決めたため，ランク 3 の用語はすべて消去し，分野間のバランスを考慮して，見出し語の数の大幅な削減を行った。この結果は最終的な校正のためのゲラになり，この後は比較的ルーチンの編集作業であった。

## 辞典の使用者

心理学の中心的な課題は，焦点の当て方，内容，方法においてきわめて多彩であり，パーソナリティ，発達，対人関係，記憶，動機づけ，認知，言語，コミュニケーション，加齢などを対象とする研究や応用を含む。心理学は多様であり，学際的である。しかも，人工知能，生物学，人間工学，法律，言語学，教育学，政治学，哲学，コンピュータ科学，経営，工学などの隣接領域へと拡張している。

このような幅の広さを反映して，本辞典の読者もまた多様である。もちろん，読者として，まず心理学の研究者，心理学を学ぶ大学院生や学部生，心の健康に関する研究者と実践家（たとえば，精神医学者やソーシャルワーカー）を想定するが，この辞典に仕事において心理学的知識を必要とする他の領域の専門家（たとえば，教育，医学，人材開発，法律）にも有用である。また，心理学の用語や影響力は現代の生活や表現の一部となっており，専門外の人一般にも役に立つと考える。

これらの多様な読者層に役に立つようにすることは，種々のレベルの読者が理解できるようにすることを考えなければならず，気が遠くなるような難題であった。しかし，本辞典はそのスタートとしては十分成功していると考えている。

## 本辞典の特徴

本辞典が収録する約 25,000 の見出し項目は，心理学の概念，心理的過程，心理治療を

網羅し，かつ，重要な人物，組織や施設，心理テストやアセスメントについて基本的な用語が取り上げられている。個人や組織，施設，テストやアセスメントの名称の収録については，スペースが限られており，また，これらの情報は他のリソースからも得られることから，かなり制限されている。これらの項目の選択については（すべての項目についてもいえることであるが），議論の余地があるかもしれない。APA のスタッフ間でも終始議論してきた結果であるが，項目の選択について読者からご意見をいただくことを期待している（次の「将来への展望」を参照されたい）。

　これらの見出し項目の多くについての説明は比較的短く記述されている（平均 40 ワード）。しかし，若干の項目については，「百科事典」的に，そのテーマについて深く掘り下げられた，比較的長い説明となっている。また，新しい用語については，その出典がわかる場合には明記してある。

　見出し項目の意味が複数ある場合には，その並べ方には種々の基準がありえよう。本辞典では，それぞれの意味が用いられる分野について，次の順序で示した。すなわち，最初に臨床心理学，次に実験心理学，その後に社会心理学やパーソナリティ心理学，最後に発達心理学や教育心理学が続く。見出し項目が日常的な意味をもち，かつその意味が心理学的にも有意味な場合や，各専門領域で共通の意味を共有する場合には，その日常的な意味や共有される意味を最初に記述する。ただし，この順序は，厳密に適用されているわけではなく，一種のガイドラインとして使われていることに留意してほしい。

　また，見出し項目が他の関連する項目と相互参照されていることにも留意されたい。この相互参照によって，読者は同義語や反意語を知り，もともとの用語のもつ意味を広げることができる。多くの見出し項目が同義語やそこから変化した語を伴っており，それをたどれば，その用語の中心的で，もっともよく使われる意味に到達できる。また，アルファベットを並べただけの頭字語から，省略しないでスペルを完全に綴った語句を見つけることができる。これは，組織の名称を頭字語でしか知らないときに便利である。逆に，たとえば，精神薬理学などの場合，完全なスペルから頭字語を知ることができる。

## 将来の展望

　すべての辞典は「試行」の段階にあると言えるかもしれない。この見解は，序文の冒頭で述べた謙虚さと関係する。先に述べたように，辞典の編纂には多くの人が関わっており，長期間にわたる編集作業には，不一致がつきものである。一貫したスタイルで多様な考え方を統合することは至難の業である。この辞典は，この難題の克服に完全ではないにしてもある程度成功したと考えている。

　いつ出版するかも辞典の刊行の場合には特に問題になる。辞典の編纂に携わった人は誰でも言うように，見出し項目の取捨選択，引用文献の収集と要約，定義の推敲には時間はいくらあっても足りない。しかし，やはり出版する日は来る。辞典のもつ欠点については辞典編纂者がその責任を負うべきものである。

　出版に至るまでの経緯と関係者の努力を考えると，学会としては，本辞典が息の長い，順調な将来があることを期待する。近い将来に，本辞典の簡略版，いくつかの専門分野別の辞典，改訂版の出版などを計画している。さらに，本辞典の電子化も想定しているが，最終的には，電子版辞典は APA が提供するデータベースに統合されることになるだろう。

　心理学の情報源としての役割を拡張するために，APA Books はその中核の本辞典の改良に今後も力を注ぐ。辞典は，特に初版では欠陥がつきものであり，改良は常に必要であ

る。編集スタッフはすでにそのいくつかに気づいており，誤りの修正や書き直しを始めている。さらに，学術文献を走査し，新しい用語や既出の用語の新しい意味を見出そうとしている。

　この心理学辞典をよくするために，読者には，用語の取捨選択の誤り，不正確さ，不適切な表現，新しい語彙，残しておくべき歴史的用語と意味，印刷ミスなどについての指摘をお願いしたい。

　過去数十年間，APAと関連して語られる二つのフレーズがある。「心理学を皆の手に」と，「心理学を家庭の言葉に」である。それぞれがマントラのように，一種の使命を示す表現である。APA Office of Publication and Databases の組織の中で，APA Books はこの二つのフレーズが示す使命を果たすために中心的な役割を担っている。本辞典は，心理学を皆の手に，心理学を家庭で話す言葉にするために基本的な役割をもつと考えたい。

Editor in Chief<br>
APA Publisher<br>
Gary R. VandenBos, Ph.D.

# 訳者はしがき

　碁が上達する初期の段階では，必然的に碁特有の語彙が増える．その語彙を使って定石を理解するからである．心理学の力も語彙の豊富さが一つのバロメータである．心理学で用いる用語の意味を正確に知っておくことが，心理学の書物や論文を読む際に必要だからである．およそ学問にかかわるものが学術的に用いる用語の正確な意味を共有することはどの学問分野でも重要であろう．しかし，特に心理学においてその重要度は高い．

　心理学は言うまでもなく心についてその理を明らかにすることを志す学問であり，解明しようとする対象の範囲は極めて広い．物理学，化学，生物学など理系の学問のすべてを合わせた分野に伍するくらいの広さである．そのために，心理学で用いる方法論も一定ではない．自然科学で成功した実証的な方法を厳密に適用する流れがあるし，直感的な判断や理解を重要視する流れもある．多様な分野や多様な方法論が独立して発展することは心理学全体にとって決して望ましいことではない．多様な知見を統合するためには，共通の用語を用いることは基礎的要件である．

　日本でも優れた研究者による心理学辞典は数多く出版されている．それに対して，本書は主にアメリカの研究者による辞典である．この辞書の特徴は，収録されている用語の数が多いこと，曖昧さの少ない，コンパクトにまとめられた記述により，用語のもつ意味が直截的に理解できることである．心理学の書物や論文を読むときに座右においておくと便利であろう．また，本書は英語で書かれた辞典の翻訳であり，心理学に関する英語を和訳する場合や，また逆に，日本語の専門語に対応する英語を探す場合にも便利である．

　オリジナルの辞典の作成の労苦については，原書のはしがきに紹介されている．どのような用語を採択し，どの研究者に原稿を依頼するか，また，おびただしい数の原稿のあいだの整合性をどのように確保するか等々，多くの難問があったようである．翻訳する際にも同様の問題が引き続き存在し，また，英語と日本語の言語体系の違いや，似たような用語がもつ意味の微妙な違いが新たな問題として生じた．これらの問題の解決に努力された訳者代表および訳者の皆様，培風館編集部に対して，感謝したい．

2013年7月

監　訳　者
繁桝　算男・四本　裕子

# 訳者一覧 (五十音順)

石垣　琢麿 (東京大学)

赤木　里奈 (板橋区教育相談所)　　安達　友紀 (大阪大学)
綾城　初穂 (東京大学)　　　　　　新井万佑子 (慶應義塾大学病院)
飯野　晴子 (横浜国立大学)　　　　浦田　悠 (京都大学)
大島　郁葉 (千葉大学)　　　　　　大村　哲夫 (東北大学)
岡村　宏美 (関西医科大学)　　　　菊地亜衣子 (横浜国立大学)
岸　竜馬 (長谷川病院)　　　　　　久保　隆司 (國學院大學)
佐々木　淳 (大阪大学)　　　　　　菅波　澄治 (大阪大学)
杉山　明子 (東京大学)　　　　　　武田　正文 (広島大学)
竹田　剛 (大阪大学)　　　　　　　辻本　耐 (大阪大学)
中尾　将大 (大阪大谷大学)　　　　中島　美鈴 (独立行政法人 国立病院機構 肥前精神医療センター)
中野　美加 (同志社大学)　　　　　葉柴　陽子 (東京都立総合医学研究所)
橋本　和幸 (了徳寺大学)　　　　　橋本　広信 (群馬医療福祉大学)
濱田　馨史 (相模ヶ丘病院)　　　　肥田　床 (東京大学)
福榮　太郎 (横浜国立大学)　　　　藤野　陽生 (大阪大学)
松島　公望 (東京大学)　　　　　　松田　茶茶 (関西保育福祉専門学校)
馬淵　聖二 (千歳烏山心理相談室)　元久　祉依 (洗足ストレスコーピング サポートオフィス)
森　一也 (横浜舞岡病院)　　　　　森　真弓 (東京都スクールカウンセラー)
山田　一子 (東京学芸大学)　　　　山本　貢司 (あさもとクリニック)
山本裕美子 (神奈川県立精神医療センター芹香病院)　横井　桃子 (大阪大学)
和田奈緒子 (大阪大学)


大渕　憲一 (東北大学)

浅井　暢子 (京都文教大学)　　　　石川　幹人 (明治大学)
齋藤　高史 (茨城県立高萩中学校)　佐々木宏之 (新潟中央短期大学)
佐々木美加 (明治大学)　　　　　　潮村　公弘 (フェリス女学院大学)
田村　達 (岩手県立大学)　　　　　中川　知宏 (近畿大学)
中俣　友子 (東北大学)　　　　　　福島　治 (新潟大学)
福野　光輝 (山形大学)　　　　　　水野　誠 (明治大学)
山本　直宏 (山形県警察本部)

小川　俊樹 (放送大学)

　　阿部　宏徳 (東京成徳大学)　　　　板垣　佳苗 (筑波大学)
　　伊藤　宗親 (岐阜大学)　　　　　　岩佐　和典 (就実大学)
　　大久保智紗 (筑波大学)　　　　　　樫村　正美 (日本医科大学)
　　今野　仁博 (岡山短期大学)　　　　佐藤　秀行 (立正大学)
　　鈴木　真吾 (健康科学大学)　　　　広田　千織 (土浦協同病院)
　　福森　崇貴 (徳島大学)　　　　　　山本　陽子 (土浦協同病院)

楠見　孝 (京都大学)

　　井関　龍太 (理化学研究所)　　　　猪原　敬介 (福井大学)
　　岡田　安功 (前 京都大学／現 公益財団法人 鉄道総合技術研究所)　　荻原　祐二 (京都大学)
　　小山内秀和 (京都大学)　　　　　　唐牛　祐輔 (京都大学)
　　栗田　季佳 (名古屋大学)　　　　　後藤　崇志 (京都大学)
　　小宮あすか (University of Virginia)　米田　英嗣 (京都大学)
　　杉本　匡史 (京都大学)　　　　　　杉森絵里子 (早稲田大学)
　　平　　知宏 (大阪市立大学)　　　　田中　優子 (国立情報学研究所)
　　常深　浩平 (いわき短期大学)　　　鍋田　智広 (北陸先端科学技術大学院大学)
　　松田　憲 (山口大学)　　　　　　　森本　裕子 (総合研究大学院大学)

行場　次朗 (東北大学)

　　河地　庸介 (東北福祉大学)　　　　柴田　寛 (東北文化学園大学)
　　柴田　理瑛 (東北福祉大学)　　　　鈴木　結花 (東北大学)
　　高橋　純一 (東北大学)　　　　　　日髙　聡太 (立教大学)
　　本多　明生 (東北福祉大学)

坂上　雅道 (玉川大学)

　　小口　峰樹 (玉川大学)　　　　　　小泉　昌司 (玉川大学)
　　田中　慎吾 (玉川大学)　　　　　　范宏　瑋 (玉川大学)
　　村井千寿子 (玉川大学)　　　　　　横山　修 (東京都医学総合研究所)
　　渡邊　言也 (独立行政法人 情報通信研究機構)

繁桝　算男 (帝京大学)

　　池田　政俊 (帝京大学)　　　　　　大塚　秀美 (帝京大学)
　　木原久美子 (帝京大学)　　　　　　實吉　綾子 (帝京大学)
　　立脇　洋介 (大学入試センター)　　早川　友恵 (帝京大学)
　　毛利　伊吹 (帝京大学)　　　　　　望月　要 (帝京大学)
　　山形　伸二 (大学入試センター)

竹村　和久 (早稲田大学)

青木　啓将 (早稲田大学)　　　浅井真理子 (帝京平成大学)
有田　悦子 (北里大学)　　　　井合真海子 (早稲田大学)
岩満　優美 (北里大学)　　　　延藤　麻子 (鶴賀病院)
大島　千帆 (日本社会事業大学事業研究所)　大対香奈子 (近畿大学)
尾形　明子 (広島大学)　　　　尾崎　由佳 (東洋大学)
尾関　美喜 (早稲田大学)　　　桂川　泰典 (岡山大学)
金築　優 (帝京平成大学)　　　国里　愛彦 (専修大学)
黒田佑次郎 (東京大学)　　　　小西　瑞穂 (独立行政法人 国立成育医療研究センター)
酒井　佳永 (跡見学園女子大学)　佐藤　望 (近畿大学)
塩崎麻里子 (近畿大学)　　　　鹿内　裕恵 (北里大学)
杉谷　陽子 (上智大学)　　　　鈴木　綾子 (公益財団法人 鉄道総合技術研究所)
鈴木　勝己 (早稲田大学)　　　高井美智子 (北里大学)
高木　彩 (千葉工業大学)　　　髙田　未里 (東京大学)
鷹田　佳典 (早稲田大学)　　　高橋　尚也 (立正大学)
高林久美子 (一橋大学)　　　　立松　聖一 (北里大学)
田中　大介 (早稲田大学)　　　田辺　記子 (北里大学)
鳥越　由美 (北里大学)　　　　中川　知宏 (近畿大学)
中島　香澄 (東京医療学院大学)　中谷　有希 (北里大学)
永岑　光恵 (防衛大学校)　　　羽鳥　剛史 (愛媛大学)
花尾由香里 (東京富士大学)　　林　幹也 (明星大学)
東出　大志 (早稲田大学)　　　藤井　靖 (早稲田大学)
増田　和高 (早稲田大学)　　　村上　尚美 (北里大学)
村山　憲男 (北里大学)　　　　若山　大樹 (駒沢大学)


中村　知靖 (九州大学)

池田　浩 (福岡大学)　　　　　井隼　経子 (九州大学)
大上　八潮 (九州大学)　　　　大沼　夏子 (九州大学)
岡島　泰三 (関西学院大学)　　奥村　弥生 (山梨英和大学)
加藤　潤三 (琉球大学)　　　　金政　祐司 (追手門学院大学)
久崎　孝浩 (九州ルーテル学院大学)　工藤　晋平 (京都大学)
小杉　考司 (山口大学)　　　　古谷嘉一郎 (北海学園大学)
酒井　歩 (九州大学)　　　　　相馬　敏彦 (広島大学)
髙橋　均 (広島女学院大学)　　竹下可奈子 (久留米信愛女学院短期大学)
谷口　淳一 (帝塚山大学)　　　豊田　賀子 (東京福祉大学)
中尾　達馬 (琉球大学)　　　　中島　大輔 (産業技術総合研究所)
中須賀　巧 (九州大学)　　　　西村佐彩子 (京都教育大学)
西村　太志 (広島国際大学)　　野上　俊一 (中村学園大学)
藤村まこと (福岡女学院大学)　船橋　篤彦 (愛知教育大学)
堀　憲一郎 (久留米工業大学)　本多芙美子 (鹿屋体育大学)
前村奈央佳 (関西学院大学)　　松島　暢志 (九州大学)

三沢　　良（電力中央研究所）　　　　　光藤　崇子（九州大学）
　　　山田　祐樹（山口大学）　　　　　　　　義田　俊之（国際医療福祉大学）
　　　劉　　　暢（中国医科大学）

本郷　一夫（東北大学）
　　　飯島　典子（聖和学園短期大学）　　　　蛯名　正司（仙台白百合女子大学）
　　　小泉　嘉子（尚絅学院大学）　　　　　　佐藤　　誠（東北大学）
　　　進藤　将敏（東北大学）　　　　　　　　中野友香子（東北大学）
　　　平川久美子（石巻専修大学）　　　　　　平川　昌宏（東北福祉大学）
　　　宮田佳緒里（東北大学）

横田　正夫（日本大学）
　　　相澤　裕紀（日本大学）　　　　　　　　朝川　明男（日本大学）
　　　伊藤菜穂子（帝京平成大学）　　　　　　大島健太郎（日本大学）
　　　篠竹　利和（日本大学）　　　　　　　　下髙呂慶成（加古川刑務所）
　　　鈴木　健人（児童養護施設救世軍世光寮）　高橋　　望（日本大学）
　　　田中　未央（日本大学）　　　　　　　　玉木　夏子（神奈川県立総合教育センター）
　　　中川　あい（千葉市教育センター）　　　滑川　瑞穂（日本大学）
　　　芳賀　道匡（日本大学）　　　　　　　　福永　瑞樹（日本大学）
　　　山川　　樹（日本大学）　　　　　　　　山本　真菜（日本大学）

四本　裕子（東京大学）
　　　江藤　啓介（慶應義塾大学）　　　　　　佐藤　弘美（東京大学）
　　　鈴木紗弥子（東京大学）　　　　　　　　中山　遼平（東京大学）
　　　芳賀　公章（慶應義塾大学）　　　　　　橋本　侑樹（東京大学）
　　　藤田　真新（東京大学）　　　　　　　　前嶋　啓彰（東京大学）
　　　湯淺　健一（東京大学）

# 凡　　例

　　本辞典は，アメリカ心理学会（American Psychological Association: APA）が発行した *APA Dictionary of Psychology* の日本語翻訳版である。なお，原書において，参照表記だけの項目，および我が国の実情に合わないと思われる項目の一部を割愛し，約 20,000 項目について翻訳を行っている。

1. 項目見出し語は 50 音順に配列し，促音・拗音はすべて直音として読み，長音（ー），中黒（・），ハイフン（-, =）等の記号は配列にあたり無視した。
2. 1 つの項目で広く使われている項目名が複数ある場合は，項目名の後ろに（　）で併記した。
3. 項目名にローマ字が用いられている場合は慣用の読み方にもとづいて配列した。その際のローマ字の表音は以下のとおりである。

    | | | | | | | |
    |---|---|---|---|---|---|---|
    | A エイ | B ビイ | C シイ | D デイ | E イイ | F エフ | G ジー |
    | H エイチ | I アイ | J ジェイ | K ケイ | L エル | M エム | N エヌ |
    | O オウ | P ピイ | Q キュウ | R アル | S エス | T テイ | U ユウ |
    | V ブイ | W ダブリュ | X エックス | Y ワイ | Z ゼット | | |

4. 外国人名の表記は日本での慣用を重視した。人名項目見出しにおいて同姓の者が複数いる場合はイニシャルをつけ，そのアルファベット順に配列した。
5. 項目名が同じであっても内容が異なる場合には，本文中において **1. 2.** …で区別した。
6. 項目名が同じであっても英語が異なる場合は，**[1] [2]** …で区別した。
7. 項目名の英語表記は［　　］内にくくって日本語名に続けた。略称は，英語の原綴の後に：（コロン）を付けて表記した。同義語は，英語の原綴の後ろに；（セミコロン）を付けて表記した。不規則に変化する複数形には英語表記の後ろに（*pl.*　）として併記した。
8. 本文中に**太字**で表記した語句は，本辞典に項目立てしているものである。
9. 本文中や項目最後に矢印（⇨○○○）で示したものは，関連・参照項目である。
10. 項目の最後に［　　］で囲まれている部分は，その項目に関係する語源や関係する人物の紹介等である。
11. 訳者が補足した事柄については，本文中に［訳者補足］として付記した。
12. 巻末の索引は，日本語項目名の後の［　　］内の欧文表記すべてを掲載した。

# あ

**アイオワ基礎スキルテスト**［Iowa Tests of Basic Skills: ITBS］ 読解，言語，数学，社会科，理科，情報収集の各項目からなる，幼稚園児から第8学年（中学2年相当）向けの学力バッテリー。学年に応じて10のスキルレベル（レベル5〜14）に分かれており，それぞれの学年で初期，中期，後期の規準が存在する。各レベルの数字は，そのレベルのテストが対象としている子どものおおよその年齢を示している。たとえば，レベル9は，典型的な9歳（小学3年生）の子どもの学力に相当する。アイオワ基礎スキルテストの下位テストは，解釈，分類，比較，分析など，学校での成功の基礎とされる高レベルの認知機能について測定できるようになっている。アイオワ大学で1935年に開発されたアイオワ全学童基礎スキルテスト（Iowa Every Pupil Test of Basic Skills）がもととなっており，最新の改訂版は2001年のものである。

**IQ**［intelligence quotient: IQ］ 知能指数のこと。心理テストに基づいた，個人の知能レベルについての標準化された指標。初期の知能検査では，**精神年齢を暦年齢で割り**，その値を100倍することで算出していた（a ratio IQ）。現在では，この概念はほぼ**偏差知能指数**に置き換えられ，個々の得点が平均点から離れている程度の関数として求められる。平均的なIQは通例100であり，68％の人が85〜115（平均±15，通常1SD）の範囲に収まり，95％以上の人が70〜130（平均±30，2SD）の範囲に収まる。検査の中には，より限定されたIQを測定するものもあり，たとえば**言語性知能**を測定する**言語性IQ**や非言語性知能を測定する動作性IQ（performance IQ）などがあげられる。2つのIQの差は学習障害や特定の認知障害を発見するための診断に用いることができる。知能検査からはしばしば追加の情報を得ることもでき，たとえばパフォーマンスの速さや被転導性からの解放，言語理解，**知覚的体制化**などの各指標を得ることができる。IQ（と他の知能尺度）の概念には批判もある。たとえば，知能検査は生まれつきの基盤となる能力を測るというよりも，むしろ学習されたスキルや知識を測るものであることや，また実際の生活ではよくできている。にも関わらず，多くの被検児が椅子に座って教示に従う（知能検査が必要とする状況）ことに慣れていないために不当に評価されていることが指摘されている。批判は，IQ研究がその歴史で，事実をゆがめて記述していたことに言及することもある。ただし，これらの問題の指摘は，IQの妥当性というよりもIQスコアの解釈について適用されることが多いようである。

**IQの恒常性**［constancy of the IQ］ 同一あるいは類似の検査が施行された場合に，おおよそ同じIQ値が出る傾向。IQは平均すると，人生全体を通して驚くほど不変であり，亡くなる10年ほど前に下降が始まることが多い。幼児期の新しい知能評価基準である新奇性と再認記憶は，この頃の知能からその後の幼少期や成人期の知能を予測することができることを示唆している。しかし，児童養護施設もしくは過度の窮乏状態にある家庭から養子に出されるなどといった急激な環境変化が，IQの急激な変化を引き起こすこともある。通常，このような養子縁組の手続きが早期（たとえば2歳以前）に行われたほうが，IQの変化はより大きくなる。

**アイコニック記憶**［iconic memory］ 視覚刺激の呈示終了後に，その刺激像が少しの間保持される知覚体験。この視覚像は通常，1秒以内に消失する。**記憶の多重貯蔵モデル**において，アイコニック記憶（より正式には 視覚保存：visual sensory store と呼ばれる）は**短期記憶**に先行するとされる。

**アイコニック・ジェスチャー**［iconic gesture］ ある意味や考えについて身体的な類似性をもたせた表現のこと。たとえば，なにかがとても小さいということを表すために親指と他の4本の指を近づけて掲げる身ぶり。

**アイコニック・シンボル**［iconic symbol］ 指示対象との間に恣意的な関連性ではなく物理的な類似性をもつ，言語的記号（書き言葉または話し言葉）のこと。例として，"choo choo"（列車）といったオノマトペの新進語や，絵文字言語で用いられる記号などが含まれる。上記のような例外はあるものの，言語に関する現在のほとんどの考え方では，言語的記号は恣意的なものであると考えられている。語の音とその指示対象との間に，隠れてはいるが一般的な対応関係があるとする逆の見方もあり，**語音象徴**理論と呼ばれる。⇨ **恣意的記号**

**アイコノメーター**［eikonometer］ 顕微鏡の倍率や顕微鏡対象物の大きさを決定するための装置。

**アイコン**［icon］ 1. あるものに関する画像，絵柄，絵画的な表現。2. 以前に見たあるいは経験した何かに関する残感覚。イコン（ikon）とも言う。3. コンピュータディスプレイ上で用いられる絵，あるいは記号。ユーザーがマウスで指したりクリックしたりできるものに付けられる。指で触れるだけで選べるものを表すために，コンピュータ制御されたディスプレイ上で使われることもある。

**アイコンタクト**［eye contact］ コミュニケーション中に相手の目を見つめる行為のこと。アイコンタクトを持続することは，対面面接においてセラピストとクライエント間のコミュニケーションに不可欠だと考えられている。このコミュニケーション行動は，対人間における親密性の程度を表すことから，社会心理学的研究に用いられている。アイコンタクトを用いた社会心理学的研究は，一般的に，人は，他者を見つめる時は，話をする時よりも話を聞いている時であること，動揺している時にアイコンタクトを避けること，女性は男性よりもアイコンタクトをし続ける傾向にあること，より親密になれば，アイコンタクトをより行うようになることを見出している。相互注視（mutual gaze）とも呼ばれる。

**挨拶行動**［greeting behavior］ 生後約6か月頃にはっきりと出現し始める**愛着行動**の一形態であり，乳児が親または保育者が来ると反応すること。

**愛情**［love］ 好きな対象についての好意や優しさといった強い感情，その対象が存在することでの充足感，その対象の福利のための献身，その対象から自分自身に向けられた反応に対する感受性などに関わる複雑ながらも基本的に統合された感情。愛情は，たとえば同胞としての関心（兄弟愛），親の愛情，**エロス的愛**，**自己愛**，完全なる存在

の認識（神に対する愛）などの様々な形態があるが，**愛の三角理論**では，情熱，親密さ，愛着という3つの不可欠な要素があると主張する。この領域の社会心理学的研究は主に，情熱（性的欲望と興奮）が支配的な**情熱的な愛情**と，情熱は比較的弱いが愛着が強い**友愛**に焦点を当てている。

**愛情飢餓**［affect hunger］ 愛情のこもった触れ合いを切望すること。

**愛情許容性**［permissiveness with affection］ 一組の男女が安定した深い愛情関係にあるときに限り，男性および女性の婚前交渉を認める社会的基準。

**愛情尺度**［love scale］ ある人が別の人に抱く愛情の強さの測度。愛情は多様な形態で生じる複雑な状態であるため，作成されてきた様々な尺度は必ずしもこの多側面の感情の同一の要素を測定しているわけではない。たとえば，アメリカの社会心理学者ハットフィールド（Elaine Hatfield: 1937- ）が作成した**情熱的な愛情**の指標は，愛する対象に夢中になることやその対象を理想化することのような認知的な側面の項目と，性的欲望についての項目に注目したものだが，同じくアメリカの社会心理学者のルビン（Zick Rubin: 1944- ）が作成した**恋愛**尺度は**熱愛**と**友愛**の両方の要素に関わり，愛する人を信頼しようとする意思やその対象と一緒にいたいという欲望に関する項目を含んでいる。⇨ **好感度尺度**

**愛情の対象**［love object］ 個人が好意や愛情を注ぐ相手のこと。通常は性的関心を向ける相手を指す。

**愛情欲求〔1〕**［love needs; belongingness and love needs］ マズロー（Abraham Maslow）の**人間性心理学**における欲求の5段階説の階層のうち，第3層にあたる。どこかに所属したい，受け入れられたいという欲求。社会的欲求と言うこともある。⇨ **マズローの動機の階層**

**愛情欲求〔2〕**［need for affection］ 他者との関係で，親密になりたい，あるいは距離をとりたい程度。親密な関係においては，触れられたい，抱えられたい，言葉で褒められたいと表現される。過剰な愛情欲求は，ドイツ生まれのアメリカの精神科医ホーナイ（Karen D. Horney: 1885-1952）が提唱した10の神経症的欲求の一つ。この過剰な欲求は，人生早期の剥奪，特に身体的愛情表現の剥奪から生じると考えられている。

**愛情離脱**［love withdrawal］ しつけの一形態で，子どもが不作法なことをしたら，子どもに愛情をかけないと親が脅すこと。

**アイス**［ice］ 不法に作られた**メタンフェタミン**の俗称。一般的な乱用薬物であり，特に，凝縮され吸引できる形のメタンフェタミンを指す。その作用は強力で持続する。慢性的な乱用は重篤な精神症状ばかりでなく，代謝，呼吸器，神経筋症状も引き起こす。

**アイステイトメント**［I statement］ コミュニケーションの道具として，対人関係の問題について話し合うときに一人称代名詞を使用すること。セラピストは，クライエントに対して"あなた"の代わりに，"私"を用いる言い方を指導することがある。たとえば，「あなたには悪い癖がある」ではなく，「私はあなたの癖に困っている」にすること。これには，否定感や他者への直接的な非難を軽減するほか，問題の所属を聞き手ではなく話し手におく作用がある。

**アイスブレイク**［icebreaker］ 社会的相互作用を促進したり，不安や緊張を和らげるために行われる，短時間だが比較的効果のある活動。二者間あるいは集団で行われる。特に互いについてやその活動についてよく知らない二者間または集団において行われる。

**アイゼンク**［Eysenck, Hans Jurgen］ ハンス・ユルゲン・アイゼンク（1916-1997），ドイツ出身のイギリスの心理学者。ナチス党への参加を拒否し，ドイツから亡命。1940年にロンドン大学で心理学の博士号を得た。彼は精神医学研究所，モーズレー病院，ロンドン大学に心理学部門を創設し，ロンドン大学で自身のキャリアを全うした。彼は人格理論への貢献で最もよく知られており，"内向性"と"外向性"という用語が一般によく知られている。⇨ **アイゼンクの類型論** またアイゼンクは**アイゼンク人格目録**のような人格検査を多数開発している。アイゼンクはしばしば論争を巻き起こしたが，最も有名なものは，フロイト派の精神分析やその他の力動的な治療を受けている患者は，治療を一切受けていない患者に比べても回復の見込みがないという彼の主張である。彼は感情障害や行為障害に対して行動論的な治療を支持した。またアイゼンクは，知能の人種間差異は遺伝に基づくものであるという見解を支持し，1971年に *Race, Intelligence, and Education* を出版した。しかし後になって，知能の人種間差異への環境による軽減効果を認めた。

**アイゼンク人格目録（EPI）**［Eysenck Personality Inventory: EPI］ 青年，成人用の自己記述式人格検査。アイゼンクの類型論における2つの主要な人格側面である「外向性-内向性」と神経症傾向を測定するために作られた。「はい」-「いいえ」で回答する57個の質問から構成されており，反応歪曲を調べるための虚偽尺度も含んでいる。アイゼンク人格目録はモーズレー人格目録（Maudsley Personality Inventory: MPI）の修正版であり，後継であった。モーズレー人格目録は神経症傾向を測定する24個の項目と外向性を測定する24個の項目を含む人格検査であり，1959年にロンドンのモーズレー病院で働いていたアイゼンクによって開発された。アイゼンク人格目録は1963年の初版から改訂・拡大されアイゼンク人格質問紙（Eysenck Personality Questionnaire: EPQ）となった。最新版（EPQ-R）は90個の質問から成り，新たに追加された人格側面である精神病傾向も測定する。［アイゼンク（Hans J. Eysenck: 1916-1997）とイギリスの心理学者アイゼンク（Sybil B. G. Eysenck）による］

**アイゼンクの類型論**［Eysenck's typology］ 人格のタイプを分類する体系。個人差は**精神病傾向**（psychoticism），**外向性**（extraversion），**神経症的傾向**（neuroticism）の3つの側面によって記述される。これらの3つの側面は頭文字をとって PEN と呼ばれる。PEN 類型論（PEN typology）とも言う。⇨ **パーソナリティの特性論**［アイゼンク（Hans J. Eysenck: 1916-1997）による］

**愛像症**［iconomania］ 愛する人の理想像を得たいための，熱愛するがための病的な衝動。

**アイソメトリック制御**［isometric control］ 人間工学において，一定の力を加えると抵抗を感じるレバーやハンドルなどのコントロール装置。

**愛他的自殺**［altruistic suicide］ 集団利益への寄与，もしくは最大幸福への奉仕を意図する信念に基づいた自殺既遂や自殺企図行動。自爆テロや第二次世界大戦時の日本の

神風特攻隊，自分が家族の負担になっていると確信した高齢者による自殺などが，その例である．愛他的自殺は，一般に高く統合された集団の成員によって行われる．⇨ **集団自殺**　［フランスの社会学者のデュルケーム（Emile Durkheim: 1858-1917）によって定義された］

**愛着（アタッチメント）**［attachment］　乳児や幼い人間以外の動物が特定の個体に対して情緒的に親密となり，その個体とともにいる時には落ち着く傾向のこと．人間の乳児は，特に片方の親といった一人の養育者との間に強い情緒的な絆を結び，安心感を確立する際の方法として養育者との愛着を求める．たとえば，恐れや不安を感じた時に，愛着対象との接触によって慰められる．人間にとって，愛着は成人期の情緒的な支えとなる対人関係を求める傾向とも関わっている．動物の場合，愛着は，初期の接触の程度に基づいて，父親か母親，もしくは，他の兄弟との間で形成される．そして，愛着対象との接触を通して，ストレス反応が急速に軽減する．

**愛着行動**［attachment behavior］　1．重要な対人関係を形成し，それを維持することに関係する行動．2．結果的に養育者の傍にいたり養育者と接触することにつながる乳児の行動．具体的には，泣き，頬笑み，発声，しがみつきなどの行動のこと．⇨ **愛着理論**　［ボウルビィ（John Bowlby）が最初に述べた用語］

**愛着遮断**［emotional deprivation］　特に子どもの発達期において主たる養育者からの十分な温かさ，愛情，関心が欠如すること．主たる養育者からの分離，**育児放棄**，**児童虐待**，施設化といった状況で共通してよくみられる．

**愛着的絆**［attachment bond］　乳児と養育者との間で徐々に発展する基本的，持続的で特別な対人関係．

**愛着の解放**［liquidation of attachment］　患者が縛られている**愛着**を理解することで，患者を苦痛な状況から解放するプロセスのこと．［フランスの心理学者であるジャネ（Pierre Janet: 1859-1947）によって定義された］

**愛着の内的ワーキングモデル**［internal working model of attachment］　支援や愛情の期待などの関係性に関する認知的構造もしくは仮定のこと．ポジティブな場合もあればネガティブな場合もあるが，ある人物との初期の関係性によって内的モデルのテンプレートが形成される．⇨ **愛着理論**　［もとはボウルビィ（John Bowlby）の提案による］

**愛着理論**［attachment theory］　以下の2点を特徴とする理論である．(a) 特に霊長類において，重要な他者との間に緊密な情緒的絆を築こうとする進化論的に有利な欲求があること．また，子どもが，養育者のすぐそばにいつづけ，**愛着**を形成する欲求があること．(b) 人間の乳児と養育者との間の様々な関係について，その特徴を記述する．乳児期や幼児期初期に形成された愛着の様々なパターンは，後の情緒的発達や情緒的安定性に影響を及ぼすことが示されている．⇨ **愛着行動**，**不安定型愛着**，**安定型愛着**，**ストレンジ・シチュエーション**　［最初はボウルビィ（John Bowlby）によって主張がなされ，後にカナダ生まれのアメリカの心理学者エインズワース（Mary D. Salter Ainsworth: 1913-1999）が発展させた］

**IT**［IT］　1．Information Technology（情報技術）の略語．2．Inspection Time（検査時間）の略語．

**ITD**［ITD］　Interaural Time Differences（両耳間時間間隔）の略語．⇨ **両耳聴キュー**

**ITPA 言語学習能力診断検査**［Illinois Test of Psycholinguistic Abilities: ITPA］　5歳〜13歳までの児童を対象とした規準準拠検査であり，コミュニケーション障害や学習障害にとって重要とされる話し言葉や書き言葉の能力を測定する．現在この検査は (a) 話し言葉の類推，(b) 話し言葉の語彙，(c) 語の形態学的構成，(d) 統語的文の復唱，(e) 語からの音の削除，(f) 音韻の反復，(g) 文の連続，(h) 書き言葉の語彙，(i) 視覚受容（語の発音），(j) 聴覚受容，(k) 視覚的綴り，(l) 聴覚的綴り，の12の下位検査で構成されている．ITPA 言語学習能力診断検査は1961年に実験版が作成され，現在の版は第3版（2001年）である．［オリジナルの検査はアメリカの心理学者カーク（Samuel Alexander Kirk: 1904-1996）とマッカーシー（James Jerome McCarthy: 1927- ）によって，イリノイ大学で開発された］［**訳者補足**］日本版検査は1973年に三木安正らによって「ITPA 言語学習能力診断検査」として標準化された．最新版は1993年に上野一彦らによって標準化された改訂版で，日本文化科学社より発行されている．日本版の対象年齢は2歳6か月〜9歳11か月で，(a) 言葉の理解，(b) 絵の理解，(c) 言葉の類推，(d) 絵の類推，(e) 言葉の表現，(f) 動作の表現，(g) 文の構成，(h) 絵さがし，(i) 数の記憶，(j) 形の記憶，の10の下位検査で構成されている．

**ITBS**［ITBS］　**アイオワ基礎スキルテスト**の短縮形．

**IT 皮質**［IT cortex］　**下側頭葉皮質**の略語．

**アイデンティティ**［identity］　1．認知的発達において，たとえ多くの変化の可能性があっても同じ状態が変わらず保持されているという認識．たとえば，粘土の欠片は様々な形に作り変えることができると思われるが，粘土の欠片であることに変わりはない．2．以下に記述される個人的な自身の感覚．(a) 全面的に他者と共有されない物理的，心理的特徴の総称，(b) 社会的，対人的関係（例，民族性）そして社会的役割の範囲のこと．アイデンティティは持続的な感覚を伴い，今日一日同一の人間であるという感覚や，昨日または昨年があったという感覚（周囲のものまたは他者が変化するにも関わらず）のことを指す．そのような感覚は身体的感覚や身体イメージ，そして自身のもつ思い出や目的，価値観，経験の感覚である．

**アイデンティティ感覚**［sense of identity］　自分は独立した，他とは区別される存在であるという意識．この最初の兆候は，幼児が養育者からの分離を経験するときや，運動できることに気づいたり，環境を知覚しはじめたりするときに現れる．幼児が成長し，成熟するにつれて，自分は自らの感情，衝動，パーソナリティをもつ唯一の存在であるという認識が徐々に生じる．⇨ **アイデンティティ**，**自己**，**分離-固体化**

**アイデンティティ混乱**［identity confusion］　あるアイデンティティに関係する不安定性であり，しばしば思春期に好発するが，他の発達段階においても起こりうる．⇨ **アイデンティティ対役割混乱**

**アイデンティティ政治**［identity politics］　伝統的政党やイデオロギー的傾倒にではなく，特定の民族，性的，あるいはその他の自我同一性の基盤となるような集団に所属するという感覚に由来する政治活動や言論．

**アイデンティティ対役割混乱**［identity versus role

confusion］　エリクソンの発達の八段階の5段階目であり，青年期に起こるアイデンティティの危機が特徴的である。この段階では，社会的役割を体験することが許される心理社会的モラトリウムを経験する。また，個人は，社会に貢献する一貫したポジティブアイデンティティを形成する前に，異なる役割を"試して"みたり，異なる集団に属してみたりする。あるいは，個人は，ネガティブアイデンティティを形成するために外集団に同一視したり，もしくは自身のアイデンティティの感覚に対して混乱を感じたままになる。この状態をエリクソンは同一性の拡散と呼んだ。

**アイデンティティのかけひき**［identity politics］　自分自身の個人的・社会的アイデンティティと，社会的状況における他者のアイデンティティの両方を構築し，維持し，折り合いをつける個人間プロセスのこと。

**アイデンティティの危機**［identity crisis］　役割経験，変化，葛藤または新たな価値観や社会におけるある日常的役割（特に仕事や家庭関係における）への参加の不足によって特徴づけられる人生の時期のこと。エリクソン（Erik Erikson）は，アイデンティティ危機は普通のことであり，思春期の子どもにとって，経験によって非常に大きな成長へと繋がる状態であるので，アイデンティティ危機の時期は望ましいことであると唱えた。成人における中年期危機や，自身の変化または実験によって特徴づけられる他の期間にも適用できるように概念の拡張が行われてきた。⇨ **自我同一性**

**アイデンティティフォークロージャー**［identity foreclosure］　アイデンティティの発達において，他者（たとえば，親，親友，教師，アスリートコーチ）が選んだ役割，価値，目標を，個人（大抵は成人）が疑問をもつことなく受け入れること。たとえばアスリートの場合，その役割の価値を探求したり，自分に合う他の役割はないかと熟考することなく，予定されたアイデンティティに傾倒してしまうことがある。⇨ **分離-固体化**

**アイデンティティ欲求**［identity need］　フロム（Erich Fromm）による，独自性，個性，自我の感覚を獲得する欲求のこと。心理的な自律性と**近親姦の結びつき**の役割が，健康な個性にとって不可欠だと考えられている。不健康で誤った個性は服従，自由からの逃走として表現される。⇨ **根付き**

**アイトラッカー**［eye tracker］　画面を観察しているときに連続して変化する視線の凝視位置を測定する装置。⇨ **眼球運動カメラ**

**愛の三角理論**［triangular theory of love］　様々な種類の愛は恋愛関係の3つの基本的構成要素をもつ程度によって特徴づけられると提案する理論。3つの要素とは，情熱，親密さ，コミットメントである。⇨ **友愛，エロス的愛，情熱的な愛情，恋愛**　［アメリカの心理学者スタンバーグ（Robert J. Sternberg: 1949- ）によって1988年に提案された］

**アイバンク**［eye bank］　医学的，免疫学的に適合する者への外科的移植のために使用される人間の眼の角膜や他の部位を管理する機関。

**アイボール分析**［eyeballing］　きちんとしたデータ分析をする前に，実験や調査の結果をざっと見ることを指す俗語。

**曖昧語法**［amphiboly; amphibology］　文構造が原因で意味がはっきりせず曖昧となっている文。このような文は，論証において非形式的誤謬の一形態として用いられる。たとえば，「老人に自動車を運転させてはいけない。非常に危険だからだ（老人が危険なのか，他の人を危険にさらすのかが曖昧）」。言語の曖昧性（amphibology）とも呼ばれる。

**曖昧さ尺度**［ambiguity scale］　曖昧さ，不明確さ，不定性に対する耐性もしくは不耐性を評価するのに用いられる質問紙。

**曖昧図形**［ambiguous figure］　複数の異なる見方に解釈できる図形や，視点が変わったように見える図形。⇨ **交替性の見え，ネッカーの立方体，ウサギ・アヒル図形，ルビンの図形**

**曖昧耐性**［tolerance of ambiguity］　矛盾があったり，複数の解釈や結果があったりする状況を受容でき，そうした状況の中で，不快感を感じたり，どうしたらいいかわからなくなることなく機能できる程度。曖昧さ耐性（ambiguity tolerance）とも呼ばれる。

**曖昧母音**［schwa］　国際音声文字において記号［ə］によって表される，他とはっきり区別できない中立母音。英語では，aloneの最初の音節のような，弱勢音節においてよく起こる。

**合間行動**［interim behavior］　連続する刺激と刺激の間の，一般的に中ほどで発生する行動のこと。⇨ **付随行動，副次的行動，仲介行動**

**アインシュテルング**［Einstellung］　先入観や固定観念をもって状況に対処しようとする傾向。たとえば，以前成功した方法を新しい問題への解決方法として当てはめようとすること。⇨ **アウフガーベ，決定傾向，心的構え，構え**　［ドイツ語の"態度"より］

**アウェアネス**［awareness］　内的もしくは外的な事象，経験の意識のこと。人間以外の動物も自己意識（self-awareness）を有するのかどうかについては論争が続いている。動物の自己意識に関する証拠は，自己の額に付けられた見えない印を，個体が鏡を利用して取り除くことができるかどうかを測定することによって得られることが多い。少数のチンパンジー，ゴリラ，オランウータンはこの課題をパスしている。⇨ **意識**

**アヴェロンの野生児**［wild boy of Aveyron］　1800年頃にアヴェロン付近の森に住んでいるのを発見され，フランスの医者イタール（Jean Itard: 1775-1838）によって研究された，会話をせず文字をもたない野性児と考えられた子ども。実際には少年は自閉症で，彼の親によって森に捨てられていたことが示唆されている。少年を教育するイタールの試みがきっかけとなり，彼の弟子であるフランス生まれのアメリカの医者セガン（Edouard Seguin: 1812-1880）は学習困難をかかえる子どもを訓練するための道具と方法を開発した。⇨ **狼少女**

**アウターコース**［outercourse］　性交を伴わない性的行為のこと。オーラルセックスや手による性器の刺激によってオーガズムに達することを含む場合もある。

**アウティング**［outing］　自分自身の，あるいは他人の同性愛的志向を明かすこと。この用語は秘密を**カミングアウト**することに関係する。⇨ **隠れ同性愛**

**アウトドア教育プログラム**［outdoor training program］　従業員のリーダーシップの発達とチーム構築を目的として，

自然環境保全地域などの屋外で，グループもしくは単独で一連の物理的課題を解決するというもの。事後に，参加者は自分について，他者について，また共同作業についてどのようなことを学んだか，さらに，学んだことを仕事に戻ったときにどのように生かすかを話し合う。アウトドア教育プログラムは，よく知られているが，その効果を示す研究は十分に行われていない。

**アウフガーベ**［Aufgabe］ 課題のこと（ドイツ語）。すなわち，人がある状況や課題に対処する方法を無意識に決定する際の心の準備や傾向のことである。たとえば，もし問題に数字の6と4があってアウフガーベが"足すこと"であれば，答えは10となる。しかし，アウフガーベが"引くこと"であれば，答えは2である。この用語は，**ヴェルツブルク学派**が心的過程における内省的な経験として紹介したものである。⇒ **決定傾向，アインシュテルング，心的構え，構え**

**アウベルト現象**［Aubert phenomenon; Aubert illusion］ 直線を見ているときに自分の頭部の傾き方向とは反対方向にその直線が傾いて見える錯覚のこと。［ドイツの医師アウベルト（Hermann Aubert: 1826-1892）に由来］

**亜鉛**［zinc］ 食生活で微量に必要な元素。亜鉛イオンは多くの酵素の働きに必須である。

**青**［blue］ 可視**スペクトル**の短波長部分（500〜445 nm）のエネルギーによって眼が刺激されたときに体験される色。

**アーカイブ**［archive］ 資料やデータの比較的永続的な保管所。

**アーカイブ研究**［archival research］ 科学的研究において，書籍，雑誌，文書，一連の資料，原稿，その他の記録，もしくは，文化的産物を用いること。他の研究法と同様に，アーカイブ研究においても，実験者バイアスの統制，適切なサンプリング，データ分析の手法について評価される必要がある。

**アーガイル・ロバートソン瞳孔**［Argyll Robertson pupil］ 光には反応しないが，瞳孔収縮を生じる薬物には徐々に反応する一方で，水晶体の調整には応じる瞳孔のこと。**脳腫瘍，多発性硬化症**，神経梅毒などの中枢神経系の疾患の兆候とされる。［イギリスの眼科医ロバートソン（Douglas Argyll Robertson: 1837-1909）に由来］

**アカゲザル**［rhesus monkey］ インド，ネパール，アフガニスタン原産の小さな霊長類。ヒトに近いため，生理学，生物学，医学の研究によく用いられる。

**赤ちゃん語**［baby talk］ 1. 音声言語発達初期の乳幼児の音声。⇒ **喃語，前言語的発達** 2. 乳幼児と話す際の大人や子どもの話し方。⇒ **対乳児発話**

**アガペー**［agape; agapism］ 人の体つきや，身振り，会話，などその人らしさに対する優しさ，保護，無私，美的嗜好の感情を含む愛の複雑な形態。すなわちアガペーは，エロティックあるいは官能的な要素を含む。"兄弟愛"を意味にするギリシャ語に由来し，ときに，イエスやブッダのような宗教的象徴による教えとしての無私の愛を意味する。

**あがり**［choking under pressure］ 学校の試験や就職の面接のような良いパフォーマンスを求められる状況になると，本来の自分の能力と比較して不十分なパフォーマンスしかできなくなるという逆説的な現象。"プレッシャー"はパフォーマンスを高めるが，"あがり"は結果的にパフォーマンスを低下させてしまう。

**あがり症**［stage fright］ 公的な場における行動や発言に関連した不安反応。たとえば，ある人が，緊張し，不安になることで，どもったり，台詞を忘れたり，その場から逃げ出すような行為を示すこと。この不安は，パニックやさらには**パニック発作**に発展する場合もある。⇒ **パフォーマンス不安**

**明るさ**［brightness］ 光の強度に相関する知覚。刺激の明るさは，刺激の振幅（エネルギー），波長，観察者の順応状態，そして周囲や途中に介在する刺激の性質に依存する。⇒ **輝度，明るさ対比**

**明るさ対比**［brightness contrast］ 異なる明るさをもつ2つの刺激が同時に与えられた結果，見かけ上その明るさの違いが強調されて感じられることをいう。明るさの同時対比（simultaneous lightness contrast）とも言う。たとえば，灰色の机は黒い背景よりも白い背景のもとでより暗く見えることがある。

**明るさ知覚**［brightness perception］ 光の強度についての印象を形成する能力。⇒ **明るさ，明るさ順応，明るさ対比**

**明るさの閾値**［brightness threshold］ ある特定の波長をもつ光が検出可能となる最小の光強度。

**明るさの恒常性**［brightness constancy; lightness constancy］ 異なる照明条件下であるにも関わらず，よく知っている物体であれば同じ明るさをもっているかのように知覚する傾向のことをいう。たとえば，1枚の白い紙は夕暮れ時と同様に日中の光のもとでも同じ明るさをもっているように見えることがある。⇒ **色の恒常性，物体の恒常性**

**明るさ順応**［brightness adaptation］ 強い入射照明にさらされた後，刺激強度が見かけ上減衰したように感じられること。たとえば，雪に覆われた明るい庭にいた人には家の中が非常に薄暗く感じられる。

**明るさ弁別**［brightness discrimination］ 明るさの違いを弁別する能力。この能力は光の波長によって変化する。

**アカンプロセート**［acamprosate］ 神経伝達物質ガンマアミノ酪酸（GABA）を抑制する構造と類似した化合物で，アルコール依存症の治療に使われる。正確な作用機序は明らかでないが，アカンプロセートはGABA受容体の複合（⇒ **GABA$_A$受容体，GABA$_B$受容体**）と直接結合するとされており，たとえば**NMDA受容体**を抑制することによって**グルタミン酸**の興奮作用を抑制するとみなされている。行動療法との併用によって，アルコール依存からの回復途上にある者のアルコール摂取の減少や，アルコールを摂取しない期間の増加に効果をもつ。アメリカでの商品名はCampral。

**飽き**［satiation］ 繰り返し与えられることによって，**強化子**の効果が一時的になくなること。

**アキネジア**［akinesia; akinesis］ まひがないにも関わらず，随意運動を開始する能力が損傷，または減退している状態のこと。パーキンソン病で最も多くみられる。

**アキネトン**［Akineton］ ビペリデンの商品名。

**アキュラリア**［acualia］ 書き言葉や話し言葉の理解がないまま発せられる無意味な発話。脳の**左側頭葉**の損傷から生じる**失語症**の一つ。**言葉のサラダ**に類似している。⇒

ウェルニッケ失語症

**悪意への変換**［malevolent transformation］ まわりは敵だらけで，誰も信用できないという感情。この態度は，小児期に過酷な，または不当な扱いを受けた結果であるといわれ，社会的ひきこもり，攻撃的な行動，被迫害的な思考をもつ精神障害のもとだとされている。［アメリカの精神科医サリヴァン（Harry Stack Sullivan: 1892-1949）によって提唱された］

**悪液質（カヘキシー）**［cachexia］ 極度の不健康，身体的消耗，栄養失調の状態。通常は慢性的な身体疾患に伴って生じる。

**アクシデント・パスモデル**［accident-path model］ 事故に先立つ事象と原因を，時系列，あるいは他の順序のパターンを用いて表現するモデル。アクシデント・パスモデルは**事故分析**において，事故の予防に必要な介入の程度や種類を決めるために用いられる。⇨ **故障モード影響解析，フォルトツリー解析，職務安全性分析**

**悪循環**［vicious circle］ 個人あるいは集団の問題に対し，何度も繰り返して防衛的な反応をしたり無視したりすることを通じて，その問題が次第に悪化してしまうような状況，あるいは行動パターンのこと。

**アクション・グループ**［action group］ 環境に対して直接的に影響を及ぼすことや環境の変容を成し遂げることを目的とした**課題志向集団**。アクション・グループは，集団内での態度，行動，知識，対人関係を向上させることを直接の目標としている治療グループ，自己成長グループ，学習グループといった集団と対比される。

**アクション・ペインティング**［action painting; tachisme］ **芸術療法**でよく用いられる作画の一形態。個人が自発的に，無計画な抽象的な作品を，型にはまらない技法で作成する。たとえば，キャンバス上におおよそ無作為に，絵具を飛ばしたり，垂らしたり，滴らせたり，塗りたくったりする。治療的に用いられるときは，これらの作品が見直され，治療に組み込まれる。

**アクション・リサーチ**［action research］ 調査や研究において，特定のプロセスやシステムの改善のための実務的目的を意図する比較的純粋な実験研究。アクション・リサーチは組織における系統的なデータの収集を含まないだけでなく，組織へのフィードバックも提供しない。組織へのフィードバックの基礎として，活動の改善や活動の結果を評価する。

**悪性**［malignant］ **1.** 徐々に悪化したり，または治療に対する抵抗により最終的に死を引き起こしたりする疾患に対して用いられる用語。**2.** 細胞を侵食し破壊し，さらには他の部位に広がる（すなわち，転移する）腫瘍のこと。 ⇨ **癌，新生物**

**アクセシブル**［accessible］ **1.** 記憶や他の認知的プロセスを通じて検索可能であること。**2.** 建物とその施設・設備，敷地などが，特に障害をもつ人にとって行きやすかったり，入場しやすかったり，使いやすかったりすること。**3.** 通常の外科的手法あるいは診断手法によって到達することのできる組織のこと。

**アクセス**［access］ 記憶の検索あるいは再生。

**アクセプタンス・コミットメント・セラピー**［acceptance and commitment therapy］ **認知行動療法**の一つで，クライエントが非効果的な制御方略を中止することや，難しい考えや感情を受け入れること，自分自身の価値や目標に従って行動を起こすことなどを助ける治療法。この療法は，思考や感情をコントロールしようとする非効果的な方略自体が，実は問題行動を導いているという前提に基づいている。コミットメントセラピー（commitment therapy）とも呼ばれる。

**アクセント**［accent］ **1.** 言語学における，地理的地域，社会階層，母国語に付随する，個人の発話の音素的特徴。通常，母国語話者は，**標準語**にはアクセントが存在しないとみなしている。⇨ **方言 2.** 単語の音節におかれる強調であり，いくつかの言語においては，正字法において印がつけられている。**3.** 話し手・書き手が主張の中で特定の語を特別に強調し，それにより議論の本質を変質させるような非形式的**誤謬**の一種，もしくは説得的技術の一つ。たとえば，「すべての愛国的なアメリカ人は政権を支持する」という文の"愛国的な"という語を強調することにより，この主張は**循環論法**になってしまう。

**アクチン**［actin］ 筋繊維に存在し，ミオシンとともに筋収縮を起こす収縮性タンパク質のこと。

**アクティブな具体化**［active concretization］ 統合失調症にみられる，抽象的な概念を具体的な表象や形式に変換する過程。たとえば，全世界に敵対感情をもっている妄想型統合失調症患者が，後に隣人が自分を傷つけようとしていると確信するようになるとする。この患者が，隣人が自分を脅かす内容の幻聴を体験するといった，この確信をさらに支持する特異な知覚体験をもち始めると，概念の**知覚化**が生じたということになる。これはアクティブな具体化が最も進行した段階である。［イタリア生まれのアメリカの精神科医アリエティ（Silvano Arieti: 1914-1982）によって定義された］

**アクティング・アウト**［acting out］ **1.** 否定された感情の，統制を外された，不適切な行動的表現。これらの感情と関連する緊張の緩和をもたらし，偽装されたもしくは間接的な方法で他者とコミュニケーションする。議論すること，戦うこと，盗むこと，脅かすこと，かんしゃくを起こすこと等を含む（しかし，それらに限ったものではない）。アクティング・アウトはしばしば子どもや青年の反社会的もしくは非行の行動の根底にあると考えられているが，この年齢集団に限られたものではない。**2.** 精神分析理論において，無意識の感情的な葛藤，感情，欲望（しばしば性的なもしくは攻撃的な欲望）の不適切な行動を通しての表現を意味する。これらの行動の意味や起源を患者は理解しようとはしない。

**アクティング・イン**［acting in］ 精神分析学において，患者が抑圧された願望や記憶から防衛するための**抵抗**の一つの形態で，行動（たとえば，起き上がって歩き回る）により，**自由連想法**の流れを妨げる。

**あくび**［yawning］ 通常の呼吸時よりもはるかに多量の空気を口から吸いこむ行為。脳への酸素供給を促進する効果がある。感情・ムード・食欲などと同じ**神経伝達物質**（セロトニン・ドーパミン・グルタミン酸・酸化窒素など）を通じて生じるため，これらの物質が脳内に増えるほどあくびの頻度が上がるという研究もある。**非言語コミュニケーション**の一形態であり，退屈・不服・眠気などを伝える。他人が無意識に真似する，すなわち「あくびがうつる」こともある。

**悪魔崇拝**［Satanism; demonolatry］　神的存在と捉えるにせよ概念と捉えるにせよ，キリスト教の伝統における最高の悪の化身である，悪魔への崇拝に基づく宗教。悪魔崇拝カルトは，悪魔を本質的に善意のエネルギー源として崇める異教復興主義グループから，悪の原理としての悪魔への何らかの忠誠を伴うグループまで様々である。後者の場合には，崇拝は，意図的な破戒行為（たとえば，キリスト教の儀礼のパロディーやタブーとされる性的慣習）を伴うような魔術的儀式の形をとる。**悪魔的儀式虐待**は，悪魔の崇拝を伴う宗教的儀式の一部として行われる，人間や動物に対する心理学的，性的，身体的虐待であるとされている。 ⇨ **儀礼虐待，悪霊学**

**悪魔憑き［1］**［demonic possession］　悪霊や悪魔に体を乗っ取られ，心身をコントロールされているかのごとく振舞うこと。精神疾患，病気，犯罪行為を伴うこともある。多くの精神的，身体的疾患，特にてんかんや統合失調症，トゥレット障害などは，かつてはこのような憑依だと考えられていた。悪魔憑きに対する伝統的な処方は**悪魔払い**であった。

**悪魔憑き［2］**［demonomania］　悪魔や，悪魔の憑依に関して病的な強い興味を示す状態。自分は邪悪な霊や悪魔に取りつかれている，あるいはそれらの支配下にあるという確信をもつ場合も含まれる。

**悪魔的儀式虐待**［Satanic ritual abuse: SRA］ ⇨ **悪魔崇拝，儀礼虐待**

**悪魔払い**［exorcism］　邪悪な魂などに取りつかれたと信じられている人や幽霊が出るとされる場所から，儀式や式典，祈祷者，呪いによって取りついたものを追い出す行為や実践のこと。そのような魂は精神疾患や他の障害の原因であり，悪魔払いは適切な治療法であると広く信じられていた。ローマカトリック教会は，非常に制限された状況下で未だ悪魔払いの儀式を行っている。 ⇨ **憑き物**

**悪夢**［nightmare］　恐ろしいもの，または，夢を妨げるもので，恐れ，悲しみ，絶望，嫌悪感，またはこれらのいくつかの組み合わせが感情面を形成する。悪夢は，視覚的な創造性やある程度の物語的構造を含み，典型的には**レム睡眠**の間に生じる。夢を見ている人は悪夢から突然目覚めて，すぐに警戒し周りの様子に目をやる。DSM-Ⅳ-TRでは，頻繁に生じる悪夢は，**悪夢障害**に分類される。悪夢はまた**外傷後ストレス障害**の兆候である。

**悪夢死症候群**［nightmare-death syndrome; sudden unexpected nocturnal-death syndrome］　夜間突然死症候群（sudden unexpected nocturnal-death syndrome）とも言う。健康である人が，夜間に突発的で不可解な死に至ること。これは，東南アジアからの難民，特にアメリカに到着したモン族の間で生じたものである。モン族の情報提供者の話によれば，これは夜間に魂に遭遇することが原因であるとされており，フィリピン語の概念である**バングングッ**に類似するものである。

**悪夢障害**［nightmare disorder］　DSM-Ⅳ-TRにおいて，眠りから覚める悪夢を何回も見る**睡眠障害**を指す。以前は夢不安障害（dream anxiety disorder）として知られていた。 ⇨ **睡眠時随伴症**

**アクリーション**［accretion］　環境内における物質や素材が集積したもの。特定の場所を利用する個々人の責任感の程度を示す場合がある。散乱したゴミは，アクリーションの一例である。 ⇨ **浸食**

**悪霊学**［demonology］　心の中に侵入される，魂を奪われる，逸脱した行動をとらされるといった，民間伝承や神話でしばしば描かれる悪魔や邪悪な亡霊に関する信念についての体系的な研究。 ⇨ **悪魔払い，使い魔，夢魔，サキュバス，ウィッチクラフト**

**悪霊病**［ghost sickness］　ネイティブアメリカンの文化でみつかった**文化依存症候群**である。症状は死と死者（時には妖術と関係している）にとらわれること，悪夢を見る，精神的に弱くなる，危険性を感じる，食欲不振，元気がなくなる，めまい，恐怖，不安，幻覚，意識喪失，混乱，むなしくなる，窒息感などがある。

**握力計**［hand dynamometer］　手の握力を測定するための装置。

**握力試験**［Grip Strength Test; Hand Dynamometer Test］　握力を**握力計**によって計測する試験。**ハルステッド-レイタン神経心理学バッテリー**の一部。

**アクロトモフィリア**［acrotomophilia; acrotophilia］　四肢の切断に対する病理的な関心。体の一部（典型的には腕や脚）が切断された人に対して，あるいは，体の切断部に対して性的な刺激を受ける**性嗜好異常**のことを表している。アポテムノフィリア（apotemnophilia）とも言う。

**浅い処理**［shallow processing］　刺激の意味ではなく，表面的で知覚的な特性に焦点を当てた刺激の認知処理。この浅い水準の処理では，**深い処理**よりも，弱く，持続時間が短い記憶が生成される。 ⇨ **記憶の処理水準モデル，ボトムアップ処理，データ駆動型処理**　[1972年にカナダの心理学者であるクレイク（Fergus I.M. Craik: 1935- ）とロックハート（Robert S. Lockhart）により提唱された]

**アサインメント・セラピー**［assignment therapy］　集団療法で使われるテクニックの一つ。最大限の治療効果を得るために，参加者間の結束力とコミュニケーション力を高める。**ソシオメトリック・テスト**は，集団全体の中の参加者間の関係性を測定するために行われる。そして，これらのその関係を利用して，個人をより小集団の集中的な集団に割り当てる。[オーストリアの精神科医・哲学者モレノ（Jacob Moreno: 1889-1974）によって提唱された]

**アサガオの種**［morning-glory seeds］　リベアコリボサ（ヒルガオ科の植物）の種。精神活性物質を含み，特に16世紀のメキシコにおいて**幻覚剤**として使われてきた。

**アザスピロン**［azaspirones; azaspirodecanediones］　ブスピロンの原型であり，非ベンゾジアゼピン系に分類される**抗不安薬**のこと。これらは，5-HTセロトニン受容体のパーシャルアゴニストの効果により不安を和らげる（⇨ **セロトニン受容体作動薬**）。同類の他の薬ではジェピロン，タンドスピロン，イプサピロンがある。アザスピロンはベンゾジアゼピンより鎮静作用が少ないものを作り出し，その他の薬の乱用を防ぐ。しかし，効き始めに2〜3週間かかり，激しい不安や，発作的な不安には使用できない。

**アザチオプリン**［azathioprine］　免疫反応を抑制するために用いられる薬のこと。臓器移植やその他免疫反応の深刻な場合などに用いられる。アメリカでの商品名はイムラン（Imuran）。

**アーサナ**［asana］　ヨガのポーズや姿勢のこと。すべてのアーサナは，身体や精神に，治療的・カタルシス的効果があると言われている。アサナとも言う。

**欺き**［deception］　動物の行動において，偽の情報を与えること。それによって，他の個体を犠牲にし，その個体はより多くの資源を得ることができる。偽の警戒声を発することによって競争相手を遠ざけ，より多くの食物を得る動物や（⇨ **不正直な信号**），姿を本来よりも大きく見せかける攻撃的な誇示行動をとる動物もいる。

**アザラシ肢症**［phocomelia］　四肢の基部に近い部位の先天的欠損。手や足の骨が，小さい，あるいは異常な形で胴体に繋がる。

**亜酸化窒素**［nitrous oxide］　一般に外来患者の歯科処置と外科麻酔法の補助として使われる気体の鎮痛剤。噴霧上の食品のガスとしても使われる（ホイップ・クリーム等）。亜酸化窒素は少量でめまい，高揚感，多幸感を引き起こす。この特性は1772年にイギリスの化学者プリストレー（Joseph Priestly: 1733-1804）により初めて合成されたとき明らかになり，亜酸化窒素は長く口語的に笑気ガス（laughing gas）として知られていた。その多幸感をもたらす影響により亜酸化窒素は人気の吸入抗原となった。四酸化二窒素（dinitrogen monoxide）とも呼ばれる。

**味（味覚）**［taste］　液体に溶けた物質を検出する感覚（gustation）または**味覚特性**の知覚によって生じる感覚体験。溶解した分子は舌，軟口蓋，喉頭，咽頭にある味覚受容器（**味覚細胞**）に伝わっていく。5つの**基本味**のうち，**甘味**（糖分），**塩味**（ナトリウム），**旨味**（タンパク質）の3つは栄養素の検出に使われ，**酸味**（熟していない，あるいは腐った食べ物），**苦味**（毒）の2つは身を守るために機能する。味，ニオイ，触感（食感），外観が合わさり，**風味**の感覚が生じる。

**アジアインフルエンザ**［Asian influenza］　1957年に初めて北中国で確認された，H2N2インフルエンザ菌によって引き起こされたタイプのインフルエンザ。死亡率は高くなかったが，多くの事例で深刻なブドウ菌炎肺炎による悪化がみられた。心因性の要因からインフルエンザ後に無力症を患う患者もいた。

**味情報伝達機構**［taste transduction］　化学分子の検出から味覚信号への変換に関与する一連の事象。**味覚刺激**が味覚細胞の微絨毛と相互作用した結果，味覚受容器にあるイオンチャネルが活動する。受容器内で続いて起こる**脱分極**が，末梢神経系の感覚ニューロンを刺激する神経伝達物質の放出を引き起こす（⇨ **大錐体神経**）。この情報伝達機構は味覚刺激の種類によって変動するが，各々の味覚細胞には異なる刺激を変換する能力がある。味覚情報変換機序（gustatory transduction）とも言う。

**アシッド・トリップ**［acid trip］　LSD中毒状態の症状に対して用いる俗語。

**アシドーシス**［acidosis］　生化学上，酸の正常な基礎平衡を失うことによって引き起こされる障害で，血中の酸のレベルの増加やアルカリ貯蔵の減少に結びつく。この状態は，筋痙攣や失見当識，昏睡などのような神経学的異常をもたらす。心臓不整脈を引き起こすこともある。⇨ **アルカローシス**

**アジナゾラム**［adinazolam］　抗不安作用とともに抗うつ作用をもつトリアゾロベンゾジアゼピンに分類される，**ベンゾジアゼピン**。現在のところ，アメリカでは使用されていない。イタリアの商品名はDeracyn。

**味のパターニング理論**［patterning theory of taste coding］　それぞれの**味覚刺激**が，それぞれ異なるパターンの**味覚細胞**群からの神経活動を誘起し，そのパターンが刺激を表現するとする仮説。味の質は誘発電位のパターンでコードされ，強さは脱分極率で表現される。⇨ **ラベルドライン理論**

**アジュバント療法**［adjuvant therapy］　治療効果を強化するため，もしくは治療機会を増やすために，初期の（主要な）治療法の後に行われる補助的治療のこと。アジュバント療法は心理療法的治療というよりむしろ医学的治療であり，特に，治療的介入の補助として適用される薬物療法のことをいう。たとえば，癌治療では，主要な外科手術的介入の後に化学療法や放射線療法がしばしばアジュバント療法として用いられる。この用語は心理療法における**補助療法**と同義に用いられることがある。

**亜硝酸アミル**［amyl nitrite］　経鼻吸入される動脈拡張剤のこと。動脈壁の平滑筋を緩和することにより動脈を広げる。心臓に供給する環状動脈を拡張する効果があり，血圧を低下させる。狭心症の治療薬，シアン化合物による中毒の解毒剤として使われる。性的興奮を高めることでも有名となり乱用されることもある。副作用である血圧低下によって，不安，吐き気，めまい，脱力が生じ，血液の酸素輸送を損なう。

**アズ・イフ仮説**［as-if hypothesis］　1. 証明されていない，もしくはおそらく証明されていない仮説のこと。通常は実験や研究に基づいて，説明モデルもしくはその実用性の価値のため，それが正しい場合，というように取り扱われる。心理学と精神分析によって仮定されている仮説的実体の多くは，この性質をもつものである。⇨ **構成概念**，**ヒューリスティック**　2. 当人が真実である「かのように」受容する仮説。その仮説が当人にとって思考や行動の導き手としての価値があるために生じる。⇨ **かのような**，**先導虚構**［ドイツの哲学者ファイヒンガー（Hans Vaihinger: 1852-1933）によって紹介された］

**アズ・イフ人格**［as-if personality］　個人がうまく適応しているかのように振舞う際のパーソナリティスタイルの一つ。しかしながら，実際には期待されているというだけで，心から自発的に振舞うことのできないものである。こうした状態は幻覚や妄想といった精神病症状を呈する前の統合失調症の者に観察されることが報告されている。［アメリカの心理学者ドイチュ（Helene Deutsch: 1884-1982）が最初に述べた用語］

**アスコルビン酸**［ascorbic acid］　ビタミンCの物質名。野菜や果物に多く含まれていて，中でも柑橘類に多い（⇨ **ビタミン**）。多くの哺乳類とは異なり，霊長類はアスコルビン酸を作ることができないので，食物より取り入れなければならない。アスコルビン酸は結合組織を形成し細胞の酸化を防ぐ働きがある。その欠乏によって，壊血病（症状として歯肉出血，創傷の回復の遅れがみられる）や神経疾患を引き起こす。

**アストログリア**［astroglia］　アストロサイトからなる神経膠。

**アストロサイト**［astrocyte］　星形のグリア細胞（⇨ **神経膠**）。複数方向に伸びる多数の密な突起をもつ。脳の構造的な支え，恒常性の維持，突起と細胞体間の拡散障壁による神経活動の制御など，多岐にわたる機能をもつ。

**アストロサイトーマ**［astrocytoma］　神経膠細胞の腫

瘍（⇨ **神経膠**）。星状膠細胞腫とも呼ばれ，重篤さと成長の比率によってグレードⅠからグレードⅣに分類できる。グレードⅡは星状芽細胞腫と呼ばれ，グレードⅢとグレードⅣは，しばしば膠芽細胞腫多型体とされる。グレードⅠでは行動や認知への影響は最小限であるが，腫瘍が速く成長すると，脳内の占拠部位次第で深刻な影響をもたらす。

**アスパラギン酸アミノトランスフェラーゼ**［aspartate aminotransferase］　筋失調の原因とされている酵素のこと。血中濃度の増加は，この疾患や黄疸や心筋梗塞のような肝臓や心臓の機能不全の臨床的兆候である。以前は，グルタミン酸オキサロ酢酸トランスアミナーゼ（glutamic-oxaloacetic transaminaze）と呼ばれていた。

**アスパラギン酸塩**［aspartate］　多くのシナプスで活性化するアミノ酸**神経伝達物質**。

**アスピリン**［aspirin］　アセチルサリチル酸のことであり，解熱剤，抗炎症体，血液凝固の妨げができる非オピオイド鎮痛剤として最もよく使用されるものである。アスピリンは，末梢神経のメカニズムによって痛みを緩和させ，視床下部の体温調節中枢に働きかけ，熱をコントロールする。副作用としては，胃の興奮や出血を伴う胃潰瘍，ときにアレルギー反応も引き起こすことがある。摂取しすぎると，中枢神経系と他の体内組織全体に影響を及ぼす。

**アスピリン合剤**［aspirin combinations］　構成要素の一つとしてアスピリンを含む，混合薬剤のことを指す。鎮痛剤（アセトアミノフィン，コデイン，プロポキシフェン）や，興奮剤（一般的にカフェインなど），あるいはその両方を含む。アスピリン合剤は，バルビツール酸塩，骨格筋の緩和などに作用する薬剤を含む。医師の処方箋なしに入手できるものであるため，個人が服用を癖にすると，胃腸症状をひどくさせる危険性が高くなり，中毒反応が生じる可能性もある。⇨ **サリチル酸中毒，カフェイン中毒**

**アスペルガー障害**［Asperger's disorder］　社会性と会話能力の欠損の程度に関連する広汎性発達障害であり，一つの課題から別の課題への移行や，状況・環境の変化に困難が生じ，単調さを好み，出来事を予測することができない。自制のきかない行動や興味をもった特定の対象への没頭が認められる可能性もあり，ボディランゲージを読みとったり，適切な社会的距離を保つことが困難である。アスペルガー障害の人は，聴覚，味覚，嗅覚，視覚が過敏であると報告されているが，このような感覚の本質については，十分に研究がなされていない。**自閉性障害**と反対に，言語能力は優れており，社会的相互作用と比較して認知や適応の機能は臨床的に有意な遅れは認められないことが特徴である。定義によると，アスペルガー障害の人は，正常以上のIQをもっており，特定の能力や才能が優れている人も存在する。⇨ **自閉性スペクトラム障害**　アスペルガー症候群（Asperger's syndrome）とも呼ばれる。［オーストリアの精神科医アスペルガー（Hans Asperger: 1906-1980）］

**アセスメント**［assessment］　**1.** 一般的には，物や人の質，価値，重要性，あるいは数値について評価すること。**2.** 動物行動において，その行動やコミュニケーション信号に基づき個体を評価すること。オスの競争相手は，歌の力強さや複雑さの度合い，羽の色の彩度などを使って，そのオスに取って代わることができる可能性を示す。同様に，**配偶者選択**において，メスは種々の可能性のあるオスの相対的性質を評価する。アセスメントは，動物コミュニケーションの主要な機能である。

**アセスメントセンター**［assessment center］　参加者の，ある組織での将来の成長や発展に関する観察や評価を行う部局のこと。**インバスケット試験**やロールプレイ，参加者が目指す組織レベルにおいて重要な活動をシミュレーションするために作られた個人あるいは集団の訓練を含む様々なアセスメントの手続きが用いられる。アセスメントセンターは，現在雇用されている社員や求職者，あるいはその両方に利用される。

**アセスメント装置**［assessment instrument］　能力，達成度，興味，人格，精神病理などのものを評価する装置のこと。

**アセスメントにおける人為的結果**［art factor in assessment］　アセスメント（評価）の結果に影響を及ぼす背景要因。特に，検査者や被検査者に関連する要因のこと。⇨ **アーティファクト**

**アセタケ属**［Inocybe］　キノコの属の一つ。その一部の種は毒性アルカロイドである**ムスカリン**を含んでいるため有毒である。中毒症状には，流涎，発汗，流涙が含まれる。過度の摂取は，これらの症状に続けて，腹痛，ひどい吐き気と嘔吐，下痢，視覚障害，呼吸困難，除脈（心拍数の減少）を引き起こし，心不全や呼吸不全によって死に至る場合もある。治療には**アトロピン**が用いられる。

**アセチルコリン**［acetylcholine: Ach］　運動系ニューロンと骨格筋との間をつなぐシナプスに興奮を引き起こし，**迷走神経**と心臓系筋肉との間のシナプスの抑制を引き起こす神経伝達物質。

**アセチルコリンエステラーゼ**［acetylcholinesterase: AChE］　アセチルコリンをコリンと酢酸に分解し，シナプス接合部でそれが解放された後に神経伝達を不活性化させる酵素。

**アセチルコリンエステラーゼ阻害剤**［acetylcholinesterase inhibitors］　コリン作動性ニューロンの**シナプス間隙**で，神経伝達アセチルコリンを分解してアセチルコリンエステラーゼにする酵素の力を阻害する薬物。アセチルコリンエステラーゼ阻害剤のなかには，臨床的に**向知性薬**としてアルツハイマー病における認知症の進行を遅らせるために用いられるものがある。コリンエステラーゼ阻害剤，コリンエステラーゼ阻害物質とも言う。⇨ **ドネペジル，ガランタミン，リバスミグミン，タクリン，カルバメート**

**アセチルコリン受容体**［acetylcholine receptors］　アセチルコリンもしくはアセチルコリンに類似した物質（すなわち，アセチルコリン作用をもつ物質）によって刺激された受容体の分子。アセチルコリン受容体を所有する神経は，(a) 副交感神経節後線維の効果器細胞，(b) 交感神経と副交感神経節細胞および副腎髄質につながる自律神経節前線維，(c) 骨格筋につながる運動神経細胞，そして，(d) 中枢神経系におけるいくつかの細胞を含んでいる。⇨ **ムスカリン受容体，ニコチン受容体**

**アセチルサリチル酸**［acetylsalicylic acid: ASA］　アスピリンの化学名。

**アセチルユリア**［acetylureas］　部分発作の治療に用いられる，**ヒダントイン**と類似した薬物。

**アセトアミノフィン**［acetaminophen; APAP; paracetamol］　アスピリンと類似した効能をもつ**鎮痛剤**や**抗精神**

病薬に共通した作用物質。抗リューマチ薬や抗炎症薬の特質をもたないものを除く。体内で素早く分解され，短い半減期（2時間前後）をもつ。アセトアミノフィンは，特にアスピリンの使用を勧められない場合（たとえば，出血障害を呈している入院患者）にアスピリンの代用として広く用いられている。またアセトアミノフィンは，他の鎮痛剤，抗ヒスタミン薬，消炎剤，鎮咳薬と組み合わせて販売されている。ただし，アセトアミノフィンの過剰摂取や慢性的な服用は肝機能に障害（肝毒性）を及ぼし，アルコールと併せての摂取は，肝機能障害の危険性をさらに増加させる。N-アセチルシステインの処方を含む早期介入が，アセトアミノフィン摂取後の致命的な肝毒症を予防するために必要とされている。アメリカの商品名（他国でも）はTylenol。

**アセトン**［acetone］糖尿病やその他の代謝障害をもつ患者の血液や尿のなかで過剰になると生成される甘く果実のようなニオイのする，無色で揮発性の液体。アセトンは正常なエチルアルコールの代謝産物でもあり，アルコール依存症の指標でもある。ジメチル・ケトン（dimethyl ketone）とも言う。

**アセンディン**［Asendin］アモキサピンの商品名。

**亜せん妄状態**［subdelirious state］せん妄の前兆のこと。焦燥感，頭痛，易怒性，音や知覚に対する過敏性反応，情緒不安定により特徴づけられる。亜せん妄（subdelirium）とも言う。

**遊び**［play］個人の，あるいは集団の享楽だけを目的とした活動のことで，自由な探索や追求が見られる。遊びというのは大抵，楽しむこと以上の即時的な目的はないとみなされるが，諸々の研究が示していることは，遊びに対する動機は食べることや寝ることと同じくらい本質的なものであり，発達に重要な貢献をしているということである。この領域における調査では，様々な遊びの種類が述べられている。たとえば，**運動遊びからオブジェクト指向操作**，**社会的遊びや認知的遊び**といった範囲に及ぶ。そして多くの遊びに関する理論がこれまでに提唱されている。たとえばピアジェ（Jean Piaget）は，遊びを**習塾遊び**，すなわち決められたルールに基づくゲーム（たとえば，かくれんぼ）や**象徴遊び**を通じた，子どもの認知発達を促すものとして捉えている。遊び練習説（practice theory of play）の支持者たちが主張していることは，遊びは子どもが大人になるにつれて直面する，活動や役割に向けての準備として意義があるということであり，一方で，遊びはより即時的な機能をもつと述べる者もいる。具体的には，運動や仲間との社会的関係の構築，あるいは**余剰エネルギー説**における，余分なエネルギーの放出といった機能である。遊び研究の大半は子どもの活動に焦点を当てているが，人間以外の動物の遊びについても精力的に行われている。⇨ **動物の遊び**

**遊び心**［playfulness］人生の明るい側面を見たり，誰かに冗談を言ったり，問題を深刻に受け止めすぎないといった傾向。遊び心はユーモアの基礎となるものだと考えられている。

**温かさ**［warmth］刺激が約33℃（91°F）の通常皮膚温を超えるときに肌や内部器官で経験する感覚のこと。しかしながら，ある程度の順応が生じると，この温度に対して変化が生じる。たとえば，足を熱い湯船に入れた後，その足をボウルの温かいお湯に入れると冷たく感じる。

**アダム**［Adam］幻覚剤である**MDMA**を示す隠語。

**新しいものぎらい**［misoneism; misocainia; misoneist］変化に強く抵抗し，新しいものに不寛容であること。日課を維持し，現状を保つ強迫的欲求の表れであることが多い。自閉性障害と関連が深い。

**アタラックス**［Atarax］**ヒドロキシジン**の商品名。

**圧閾値検査**［pressure-threshold test］段階的に堅さの異なる一連の毛を使って圧に対する感度を測定する感覚検査のこと。

**悪化**［exacerbation］病気や障害，またはその症状の深刻さが増すこと。

**圧覚**［pressure sense; baresthesia］通常は環境の中での力を原因とする圧力や歪み，圧縮，拡張，引っ張り，ずれの感覚のこと。圧受容器は痛み受容器と組み合わさる，もしくは重なり合うことがあり，一方の感覚がもう一方の感覚に付随する。圧覚は接触の感覚と類似している。

**圧覚失認**［baragnosis］手で持っている物体の重さや，2つの物体の重さの違いを判断できなくなること。脳の**頭頂葉**の損傷が原因だと考えられる。⇨ **重量感覚**

**悪化効果**［deterioration effect］心理療法に参加したことで生じる悪影響や負の効果。

**アッシャー症候群**［Usher syndrome］**常染色体劣性**が原因で起こる遺伝性の障害で，**感音難聴**や，**網膜色素変性**による視力低下，平衡感覚の喪失などがみられる。［イギリスの眼科医アッシャー（Charles Howard Usher: 1865-1942）が発見した］

**アッシュ**［Asch, Solomon E.］ソロモン・アッシュ（1907-1996），ポーランド出身のアメリカの心理学者。1920年に家族とともにアメリカに移住し，1932年にコロンビア大学にて博士号を取得。ウェルトハイマー（Max Wertheimer）等のゲシュタルト心理学者から影響を受けた。ゲシュタルト心理学者のケーラー（Wolfgang Köhler）らとともに，スワースモア大学で19年教鞭をとり，その後，ペンシルバニア大学に定年まで務めた。社会心理学への貢献が大きく，なかでも，複雑な人間の社会活動に関する実験室実験のデザインに成功した。アッシュは，**社会的文脈**が知覚のような基礎的なプロセスに影響を及ぼすことを初めて実験により証明した。たとえば，有名な**同調**の実験では，線分の長さの知覚が周囲の人間の誤った報告に影響を受けることを示した。アッシュの研究は，幅広い分野に影響を及ぼした。ミルグラム（Stanley Milgram）の同調性実験は，アッシュの実験に基づいたものである。アッシュは，コロンビア大学からニコラス・マレー・バトラー賞を，米国心理学会特別功労賞を受賞するなど，多くの栄誉を受けた。1965年には，米国芸術科学アカデミーの会員にも選ばれている。

**圧縮音声**［compressed speech］（毎分数語程度の）受容不可能な歪みのみが取り除かれた上で再生可能なように変換された録音された発話。多くの場合，音声の圧縮にはデジタル符号化処理を用い，その流れを速める一方で，理解に必要不可欠なスピーチの特徴を保つためにコード化されたものを修正する形で行われる。

**アッシュ状況**［Asch situation］集団意見への**同調**現象を研究する際に用いられた実験パラダイム。参加者は，集団の一員として知覚判断を行っていると信じるよう誘導さ

れている。しかし，実際には，他の判断者はサクラで，特定の試行で故意に誤った判断をするよう求められている。このパラダイムは，参加者が，誤った集団判断に公的に同調する程度や同調圧力に抵抗したり，独立して判断できる程度を測定するものである。

**アッシュの同調効果**［Asch conformity effect］ 集団の意見が明らかに誤っていたり，根拠がない場合にも，集団の中では，個人がその意見に同調を示す傾向のこと。⇨ **同調**

**圧受容器**［baroreceptor; baroceptor］ 心臓や動脈に存在する受容器で，血圧の変化を検出し，自律神経を経て脳へ情報を伝える。

**圧点**［pressure spot; pressur-sensitive spot］ 圧刺激に対し特化した感受性をもつ体表面上の点。

**圧迫性潰瘍**［pressure ulcer］ 運動の制限がある場合に，局所的な領域が細胞死（壊死）すること。これは座位や仰臥位など姿勢を維持していた影響によって小組織が強く圧迫されたことで生じる。

**アッパーズ**［uppers］ アンフェタミンやメタンフェタミンなどの中枢神経系を刺激する様々な麻薬を表す俗語。⇨ **中枢神経興奮薬**

**アップスルー**［up through］ 透視を調べるためのテクニックのことで，参加者は下から上に積み上げられた一組のツェナーカードの順番を述べるように求められる。⇨ **基本的方法**

**圧力［1］**［press］ アメリカの心理学者マレー（Henry Alexander Murray: 1893-1988）によると，人や状況といった，欲求を引き起こす環境刺激のこと。たとえば，きょうだいの誕生，両親の不和，社会的に劣っているという感覚，空腹時に食べ物が目に入るといったことがその例になる。⇨ **欲求－圧力理論**

**圧力［2］**［pressure］ 特定の方向に向けて，考え，感じ，行動するために，他者や集団から押しかかる想像上の，または現実の過度なストレスとなる要求。

**圧力勾配**［pressure gradient］ 刺激が皮膚に与えられたときの，あらゆる方向に広がる圧力の段階的な減少のこと。

**アーティキュレーション**［articulation］ 分節化されて発音された音あるいは発話。

**アディソン病**［Addison's disease］ 副腎ホルモンの欠乏によって生じる，副腎機能不全の障害。主な症状は，筋肉疲労とそれに伴う震え，エネルギーに変換するための安定した血糖レベルの維持が難しくなることがあげられる。精神的な影響として，抑うつ，不安，気分易変が生じる。［イギリスの医師アディソン（Thomas Addison: 1793-1860）］

**アディ瞳孔緊張症**［tonic pupil of Adie］ 眼筋につながる神経の損傷によって引き起こされる片側性の眼球異常のこと。光に対する瞳孔の反応が乏しく，輻輳が非常に遅い。［オーストラリア生まれのイギリスの内科医・神経学者アディ（William John Adie: 1886-1935）］

**アーティファクト**［artifact］ 実験データの不適切な統計操作や，実験計画の論理的欠落によって引き起こされたエラーのこと。このような研究によって明らかにされた発見は，欠陥のある実験設計や分析的なエラーの結果であり，自然本来の姿ではない。

**アディペックス**［Adipex］ フェンテルミンの商品名。

**当て推量の修正**［correction for guessing］ 多肢選択式テストの得点化のための方法で，選択肢の数を$n$とした場合，全く知識がないと仮定した時，正答する期待値は$1/n$ではなく0とするものである。

**アテトーシス**［athetosis］ 通常，指，足先，腕，足で発現する，ゆっくりとした，不随意的でヘビのような反復性の運動で，錐体外路の障害により生じる。最も一般的には身体の上肢に症状が認められる。

**アデニル酸シクラーゼ**［adenylate cyclase］ ATPから，細胞内でのセカンドメッセンジャーとして機能するサイクリックAMPへその転換を触媒する酵素のこと。

**アデニン**［adenine］ （記号：A）有機体のヌクレオチドや核酸に存在するプリン化合物。特に細胞核にみられる。アデニンは遺伝暗号の要素を形成するDNAとメッセンジャーRNAにおける4つの基礎のうちの一つである。

**アデノイド型**［adenoid type］ 咽頭扁桃腺が先的に肥大（アデノイドとして知られる状態）した人のこと。クレチン症，聾唖，尖頭症のような体質的異常と関連している。

**アデノシン**［adenosine］ ほとんどの生体細胞にみられる化合物で，アデニン分子とリボース糖分子からなる。アデノシンは神経調節物質として働く。特定の受容体（アデノシン受容体：adenosine receptors）と結合することによって，中枢神経系の複数の神経伝達物質の放散に影響する。アデノシンはリン酸の単位と結合して，代謝活動のエネルギー源として作用するATP（アデノシン三リン酸）になる。

**当てはまりの悪さ**［lack of fit］ モデルから算出された予測値が，対応する実測値と異なる程度のこと。

**アテローム硬化症**［atherosclerosis］ 動脈硬化の共通型。初期の兆候は大から中サイズの動脈の内壁にあるアテローム（athrome），すなわち黄色がかった脂質動脈硬化性プラーク（atherosclerotic plaque）の凝結である。

**アーテン**［Artane］ トリヘキシフェニジルの商品名。

**アテンダント・ケア**［attendant care］ 安全が脅かされた状態で保護された青少年に対する専門家による1対1の直接の指導や保護。

**後産**［afterbirth］ 分娩の第3段階であり，最後の段階。胎盤やその他の膜が子宮から娩出される。⇨ **出産**

**あと知恵バイアス**［hindsight bias］ ある出来事が生じた後になって，結果を予測できた可能性を過大評価する傾向。

**アドバタイズメント**［advertisement］ 動物は，ある種の信号や表示を出すことによって，同じ信号や表示を出す動物に対して注意を引くことがある。このときの信号や表示のこと。たとえば，縄張りを守るオス鳥は，メス鳥を引き込み，競合するオス鳥を追い払うために鮮やかな色をまとい，目立つ鳴き声を出すという形式のアドバタイズメントを用いている。⇨ **擬態**

**アドヒアランス**［adherence］ 1. 個人，特に薬物治療を受けている人が，医療提供者によって説明されたとおりに治療計画に従う能力のこと。アドヒアランスに影響する外的要因は，薬物とその使用法についての適切な教育，推奨される治療に対する支払い能力または他の治療を受け入れる能力，治療を受容することに影響を及ぼす家族の，もしくは文化的価値体系である。内的要因は，治療の有効性

における個人の信念，不快な副作用の有無，医療提供者の指示を理解する，またはそれに従う能力である。⇨ **服薬不履行** 2．コンプライアンス（compliance）とも呼ばれる。⇨ **運動アドヒアランス**

**アドベンチャー・レクリエーションモデル**［adventure-recreation model］野外レクリエーション活動におけるリスクを発見するためのモデルのこと。レクリエーションとの関わりの程度，リスクのタイプ，リスクの水準，社会的方向性，意思決定の所在，参加頻度，好みの環境の関連によって決まる。リスクレクリエーションモデル（risk-recreation model）とも呼ばれる。

**アドボケート**［advocate］他者，グループ，理念の利益について代弁し，擁護・支持する人のこと。ヘルスケアの領域おいて，アドボケートは患者を代表し，有効な治療を受ける権利を擁護する。一般的に，2つのタイプのアドボケートがいる。ケース・アドボケートは個人の代理人を務め，クラス・アドボケートはグループ全体の代理人を務める。⇨ **オンブズマン，子ども擁護**

**アドホック**［ad hoc］特定の目的のための，または特別な出来事に対応して，などの意味。たとえば，アドホック委員会（ad hoc committe）は，単一の問題に取り組むために短期間招集される。また，アドホック仮説（ad hoc hypothesis）は，一般的な理論ではなく，特殊な事象のための説明のことを言う。［語源はラテン語の"to this"］

**アドホックカテゴリー**［ad hoc category］ある特別な規準や要求にあわせて，通常それが必要になった時点で形成されるカテゴリー。たとえば，「火事の時に家から持ち出すもの」というカテゴリーなど。⇨ **自然概念**

**アドラー**［Adler, Alfred］アルフレッド・アドラー（1870-1937），オーストリアの精神科医。ウィーン大学で医学を学び，1895年に学位（MD）を取得。アドラーはフロイト（Sigmund Freud）の最初の弟子で，離脱して彼自身の学派を作ったが，その学派は**個人心理学**として知られている。それは，人間は自分自身を表現し実現するための意識的な欲動に支配されているという理論を基盤としており，見えない無意識的な欲動と人生初期の性的トラウマによって支配されているとしたフロイトの理論とは正反対である。その学派は，**優越への欲求，劣等コンプレックス，補償**と過剰な補償，社会的関心，そして個人的なゴールと社会的なゴールを合わせた人生の個性的なスタイルの創造的な発達といった概念を中心に展開している。⇨ **先導虚構，人生のゴール，ライフプラン，説得療法，社会的本能，共同的感覚，権力への意志**

**アドリブ**［ad lib］動物実験において，餌や水へのアクセスを制限しないスケジュールを示す語。⇨ **食餌無制限の体重**

**アドレナリン作動系**［adrenergic system］アドレナリン作動性の神経伝達物質や薬物によって影響を受ける自律神経系のシステム。種によって多少の差はあるが，すべての交感神経節後線維はアドレナリン作動系である。

**アドレナリン作動性ニューロン**［adrenergic neuron］神経伝達物質として**エピネフリン**または**ノルエピネフリン**を用いるニューロン。

**アドレナリン作動性の**［adrenergic］神経線維，副腎から分泌されたり薬剤として投与された**エピネフリン，ノルエピネフリン**や類似の物質によって作動すること，効果を生じること。

**アドレナリン作動性の反応**［adrenergic reaction］交感神経系で支配されている臓器において，ノルエピネフリン，エピネフリンのようなアドレナリンホルモンによる刺激に対する反応のこと。心拍数の増加や血管の収縮，瞳孔の拡大などがある。

**アドレナリン受容体**［adrenoreceptor; adrenergic receptor; adrenoceptor］交感神経系における神経伝達物質として作用するノルエピネフリン，またはより少ない範囲でエピネフリンに結合あるいは反応する受容体。これには**アルファアドレナリン受容体とベータアドレナリン受容体**の2つの型がある。

**アドレナリン受容体遮断薬**［adrenoreceptor blocking agents］神経伝達物質であるノルアドレナリンやエピネフリンが適切な受容体の場所（アドレナリン受容体）に結合するのを部分的ないし完全に抑制し，また，これら神経伝達物質の作用を阻止したり遮断したりする物質のこと。このような遮断薬は，それが**アルファアドレナリン受容体**（α遮断薬：alpha blockers，またはアルファ-アドレナリン受容遮断薬：alpha-adrenoreceptor blocking agents，臨床的には**血管拡張薬**として使用される）への結合を抑制するのか，**ベータアドレナリン受容体**（⇨ **ベータ遮断薬**）への結合を抑制するのかによって分類される。

**アトロピン**［atropine］抗コリン薬は，ベシドンナという植物に由来し，合成的に作られる。心拍数の増加，呼吸数の増加，筋肉の緩和，分泌液の減少などの効果を及ぼす。これは，有機リン酸塩による毒や不整脈の治療や，まひの治療の補助として用いられるが，最も一般的には瞳孔を広げて行う視力検査に使用されている。アトロピンは，化学的にも薬理学的にも**スコポラミン**に近い。

**アトロピン昏睡療法**［atropine-coma therapy: ACT］精神病患者で，緊張，興奮，不安の高い者に対して，アトロピン硫酸塩を投与することによって昏睡状態を誘発させる治療法。現在は使用されていない。

**アナグラム問題解決**［anagram problem solving］問題解決の研究において一般的な課題であり，順序をかきまぜた文字列を並び替えて単語を特定する（例，いんもだ－もんだい）。

**アナクリシス**［anaclisis］フロイト（Sigmund Freud）の古典的な精神分析理論において，空腹や排便などの満足へ向けられた性衝動に執着すること。

**アナグリフ**［anaglyph］水平面上の位置をわずかに変えた2枚の異なった色の像から作り出される画像のこと。色つきメガネでこの画像を見ると，両眼を通して単一画像が知覚される。画像の相対位置の水平的ずれは立体的な奥行として知覚される。⇨ **立体視，ランダムドット・ステレオグラム**

**アナグリフ鏡**［anaglyptoscope; anaglyphoscope］物体の光と影の部分を逆転させる装置の一種で，奥行き知覚を変化させる。影は強力な**奥行き手がかり**である。⇨ **奥行知覚，陰影に基づく奥行き**

**アナスタシー**［Anastasi, Anne］アン・アナスタシー（1908-2001），アメリカの心理学者。全米国家科学賞（National Medal of Science）の受賞者。心理学的検査や心理学的特性研究の領域で多大な貢献をした。アナスタシーは1929年にPh. Dをコロンビア大学で取得し，ホリング

ワース（Harry L. Hollingworth）のもとで研究した。主な業績は，*Differential Psychology*（1958），*Fieled of Applied Psychology*（1979），*Psychological Testing*（1997）であるが，1958年の*Psychological Review*誌に掲載された論文は**生まれか育ちか論争**の古典とみなされている。1972年に米国心理学会の会長となったが，1921年のウォシュバーン（Margaret Floy Washburn）以来の女性会長であった。

**アナトミカルドール**［anatomically detailed doll; anatomically corect doll; physically correct doll］ 解剖学的に忠実な性器を有する人形。子どもが性的虐待を受けたかどうかの専門的な判断に役立てるために，子どもに対して行う面接で用いられる。

**アナフィラキシー**［anaphylaxis］ 身体組織に対するアレルゲンの生成への過敏性のことで，その前にアレルゲンにさらされたことの結果である。その反応が限局した形で現れるか，顔面や他の部位の膨疹からアナフィラキシーショック（anaphylactic shock: 痙攣，昏睡，呼吸困難，ショック，死）へと広範に広がるかは，個人の敏感性によって異なる。アナフィラキシー反応は虫刺され（たとえば，スズメバチやハチ），ある種の食物（たとえば，ピーナッツや魚），薬物（たとえば，ペニシリン），特に注射を打たれたことに対する反応としても生じる。⇨ **心理学的アナフィラキシー**

**アナフラニール**［Anafranil］ **クロミプラミン**の商品名。

**アナライザー**［analyzer］ 特定の感覚における刺激の評価に関与する中枢神経系の理論上の部位または機能。それぞれの感覚（たとえば，視覚）は一連の分析器をもち，それぞれの分析器は特定の刺激の次元（たとえば，色，長さ，方向，明るさ）に関与している。

**アナログ［1］**［analog］ 離散的な数字によるものではなく，むしろ電圧のように連続的に変化する物理量によって情報が示されることを言う。⇨ **デジタル**

**アナログ［2］**［analogue］ 他のもののようであるか，あるいは，ある面において他のものに似ていること。⇨ **相似**

**アナログ研究**［analogue study］ 研究の手続きや実験参加者が類似しているが，関心事が異なり条件も全く同一ではない研究デザインや実験のこと。たとえば，研究者が，セラピストの性別がクライエントのセラピストに対する信頼性に及ぼす効果について関心をもったとする。このとき，研究者は，実際のクライエントではない大学生を対象に，彼らに男性か女性かのいずれかのセラピストと接してもらいカウンセリングに似た対話を行ってもらう実験をする。このような研究の結果は，高い実験的な統制と，現実の臨床的実践への一般化を仮定している。また，アナログ研究は，アナログモデル（analogue model）とも呼ばれている。

**アナログコンピュータ**［analog computer］ コンピュータのプログラム内部に表現された数学的関係の物理的な相同性により，問題を（通常は数学的に）解決するコンピュータのこと。これらのコンピュータにおいて変数に対応するものは，通常，電気の電圧やシャフトの回転である。⇨ **デジタルコンピュータ**

**アナログ実験**［analogue experiment］ ある現象が，実験的な統制によって発生するかどうかを実験室で検証する実験のこと。アナログ実験の例としては，精神病理的状態と近い短期間の異常行動を生み出すために，催眠や向精神薬，そして感覚遮断などを使用する実験などがある。

**アナンカスティックな人格**［anancastic personality; anankastic personality］ **強迫性パーソナリティ障害**の旧式名称。

**アナンダミド**［anadanmide］ **カンナビノイド**受容体に結合する神経伝達物質のこと。

**アニマ**［anima］ 1. ユング（Carl Jung）の初期の著作において取り上げられている最も深い部分の存在物。人間の心の奥にあり，無意識と密接に関わるものである。また，人間の外的に方向づけられた役割をなすペルソナと対比して考えられている。2. ユングの後期の著書では（a）普遍的な女性的特性をもつ元型，または（b）男性の心の中にある，無意識の女性的な側面を指す。⇨ **アニムス**

**アニマティズム**［animatism］ 生物，非生物に関わらず，すべての存在には超自然的な力が宿っているとする信仰あるいは思考体系のこと。

**アニミズム**［animism］ 1. 森，川，雲のような自然現象もまた，魂あるいは精神をもっているとする信仰のこと。2. 完全に超自然的で物理的な形態をもたない，霊魂の存在を信じること。3. ⇨ **アニミズム的思考**

**アニミズム的思考**［animistic thinking］ ピアジェ（Jean Piaget）の認知発達理論における**前操作期**の子どもの思考の特徴。無生物が生きており，意図，欲求，感情，信念といった生物のもつ特徴を有しているという信念。⇨ **前因果的思考**

**アニリド**［anilides］ アニリン誘導体により合成された物質であり，鎮痛作用や解熱作用として開発されたものである。アセトアミノフィンは，近年使用されている唯一の鎮痛剤や解熱剤でもある。母体の合成物質であるアセトアリニド（acetanilide）は，もともと解熱剤として1886年に紹介されたが，高い毒性があることから廃止となり，フェナセチン（phenacetin），アセトフェネチジン（acetophenetidin），アセトアミノフェン（acetaminophen）などの多くの誘導体の開発へとつながった。

**アニムス**［animus］ **分析心理学**において，(a) 普遍的な男性像を表象する元型，あるいは (b) 女性の心の中にある無意識の男性的な要素を指す。⇨ **アニマ** ［意味の由来はユング（Carl Jung）による］

**アネクチン**［Anectine］ **サクシニールコリン**の商品名。

**アネルギー**［anergia］ 1. エネルギーが欠如していること。2. 不活発な状態。

**アノエティック**［anoetic］ 1. 知的なもしくは認知的プロセスを伴わない，もしくはその影響を受けていないこと。感情は「非知的」とみなされる場合がある。2. 知識や記憶の水準の一つで，知っている，もしくは覚えているという意識を伴わないことが特徴（⇨ **非知識的な記憶**）。アノエティック意識とは，外部の刺激に気がついているが，それを解釈していない「知っていることを知らない」状態を意味する。［エストニア生まれのカナダの心理学者タルヴィング（Endel Tulving: 1927- ）によって定義された］

**アノーソスコピック知覚**［anorthoscopic perception］ 運動刺激の見えにおける歪みのことで，刺激の見えが周期的に中断されると生じる。たとえば，馬車の車輪の回転しているスポーク（中心から放射状に伸びる線状部品のこと）を柵のくいごしに見ると，スポークが曲がっているよ

うに見える。

**アノーソスコープ**［anorthoscope］ 2枚の円盤から構成されており，そのうちの1枚は前方に配置され，それぞれ反対方向に回転する装置のこと。前方の円盤には不透明な4つのスリットが備わっており，そこからは後方の円盤上にかなりの歪みがある画像を見ることができる。後方の円盤の画像は回転し，歪みがあるが，2枚の円盤を適切な速度で回転させた場合は，前方の円盤のスリットからは普通の安定した画像を知覚することができる。［ベルギーの発明家・物理学者プラトー（Joseph Antoine Ferdinand Plateau: 1801-1888）により初めて設計された］

**アノード分極**［anodal polarization］ 電流が陽極に向かう状態のこと。一般的な神経細胞において，陽極は細胞外の液中にあり，電流は内側から細胞膜外に向かう。

**アノミー**［anomie］ 社会や集団内での疎外感や絶望感のこと。これは社会解体に対する反応である。個人的価値観や社会的価値観の変化に伴って生じることもある。

**アノミア**［anomia］ 欠陥のある道徳観念。［アメリカの内科医ラッシュ（Benjamin Rush: 1745-1813）が初めて定義した用語］

**アノミー的自殺**［anomic suicide］ 個人の経済的あるいは社会的状況が不利に変化したとき，その反応として自殺すること。［フランスの社会学者デュルケーム（Emile Durkheim: 1858-1917）によって定義された］

**アーノルド-キアリ症候群**［Arnold-Chiari malformation］ **延髄**と**小脳**が**大後頭孔**を通して突き出る先天的な奇形であり，小脳が脊髄帯の頂点へ張り出す病である。通常は，**水頭症**と**髄膜脊髄瘤**は，異なるタイプの奇形に関連する。［ドイツの病理学者アーノルド（Julius Arnold: 1835-1916）とオーストリアの病医学者キアリ（Hans Chiari: 1851-1916）］

**アパシー**［apathy］ 周囲の環境への無関心や反応の乏しさ。一般的に，深刻な抑うつや統合失調症と関連している。

**アパシーシンドローム**［apathy syndrome］ 多くの戦争捕虜や，災害の犠牲者が，安定性を維持しようとして取り入れられる，感情的疎隔の対処様式（無関心，感情的遮断）。

**アハ体験**［aha experience］ 1. 難しい問題あるいは以前は解けなかった論点について突然洞察や理解が得られた時に生じる感情反応（アハ反応：aha reaction）。特に問題や論点の別々の要素が1つになったことでつじつまがあった時や，解決方法が明らかになった時に生じる。⇒ **不連続仮説**，**ユーレカ課題**，**インスピレーション** 2. 心理療法において，クライエントが，自身の認知，感情，行動の動機に対して突然その本質を理解すること。⇒ **ひらめき**

**アーバニズム**［urbanism］ 都市特有の生活方法のこと。都市性とも呼ばれる。20世紀初頭以来，アーバニズムは，社会学（特にシカゴ学派による）と心理学の中心的領域であった。心理学を用いて，主に精神的健康と社会規範にとっての都市生活の影響に焦点を当てた。

**アビオトロフィー**［abiotrophy］ 身体の衰退や不全によって疾病への抵抗性を失うこと。たとえば，加齢による免疫の低下は癌へのリスクを高め腫瘍細胞を取り除く抗体の能力が失われる。ハンチントン症のように遺伝的な欠陥によっても加速する。

**アファーマティブ・アクション**［affirmative action］ 米国政府が，社会的に不利益を受けている様々な集団の人々について，機会の平等を促進するために策定した政策。連邦政府と契約，あるいは下請け契約を結ぶ企業に，民族的マイノリティ，女性，障害者など，様々な集団の人々の雇用，訓練，昇進に関する計画案の立案と提出，計画の進行状況の記録が義務づけられた。この政策のいくつかの側面については議論の余地があり，訴訟の対象となっている。⇒ **差別的効果**，**バンディング**，**機会均等**，**5分の4ルール**，**積極的差別是正措置**

**アフォーダンス**［affordance］ 刺激もしくは対象物の質のことで，それは有機体にとっての利用可能性を規定する。たとえば，椅子として使われている物体は，支えもしくは着座性を与えている。対象物のアフォーダンスは，有機体によって異なる。たとえば，木は，目印として機能するだけではなく，食べ物，避難所，燃料，材木を供給する場合もあるし，別の有機体にとっては巣になる場合もある。［ギブソン（James J. Gibson）により1981年に定義された］

**アプガー・スコア**［Apgar score］ 皮膚の色，心拍数，呼吸努力，反射，筋緊張という5つの因子に基づいた新生児の評価法のこと。通常，この評価を生後1分と5分に行い，新生児の身体状況を評価すると同時に，緊急の治療が必要かどうかを迅速に決定する。それぞれの因子ごとに0点か1点か2点が付けられるため，全体で最大10点となる。点数が3点以下だと乳児が重度に苦しい状態，4～7点だと中程度に苦しい状態，7～10点だと正常な状態であることを示す。［1952年にアメリカの麻酔専門医であるアプガー（Virginia Apgar: 1909-1974）によって開発された］

**アフターケア**［aftercare］ 1. 外来患者に対し治療やリハビリテーションを継続して行うプログラムのことで，その病院の退院患者に対して提供される。プログラムでは，改善の維持，再発の予防，地域社会への適応が目指される。また，この用語は入院患者へのサービスを意味することもある。この場合は，手術後の患者など回復期の患者に対して提供されるものを指す。2. 放課後の子どもたちの世話をするためのプログラムといった昼間保育の一形態。

**アブニー効果**［Abney's effect］ 突発的に，ある広い範囲に光を当てた場合，もしくは暗転させた場合に生じる知覚的現象のこと。光を当てた範囲の中心部が明るく見えた後，見えの光が境界部へと拡散する。光を消すと，暗がりが境界部に出現した後，中心部に収束するように見える。［イギリスの化学者・自然科学者であるアブニー卿（Sir William Abney: 1843-1920）に由来］

**あぶみ骨**［stapes; stirrup］ 中耳にある3つの骨の一番内側にある，あぶみ型の小骨。⇒ **小骨**

**あぶみ骨筋**［stapedius muscle］ 耳の**小骨**の一つであるあぶみ骨の動きを制御する中耳の筋。この筋の活動（あぶみ骨筋反射）は**音響反射**の一部である。

**アプリオリ**［a priori］ 既知の，または仮定される因果から結果を推測すること。⇒ **帰納的**

**アプローチ**［approach］ ある目標や目的を達成するために用いられる特定の方法や戦略のこと。たとえば，心理学の研究や実践における精神力動的アプローチなどが該当する。

**アベセダリアンプロジェクト**［Abecedarian project］
1970年代にノースカロライナ大学チャペルヒル校で始まったプログラム。貧困な農村部出身の就学前児童の生活を豊かにすることを目的とする。子どもたちは生後すぐにフルタイムの育児センターに登録され，就学まで世話を受けた。アベセダリアンプロジェクトは，統制群に比べ，参加者が青年期においても知的能力の促進を示したことを報告する数少ない**エンリッチメント**プログラムの一つである。

**アペール症候群**［Apert's syndrome］　頭蓋縫合線の早すぎる終結によって，異常に鋭い頭部となる遺伝的状態のことで，精神遅滞や合指症を伴う（⇨ **頭蓋骨癒合症候群**）。合指症は両手，両足を含む。「ミトンをつけた指」「靴下を履いた足」のような状態になり，これは皮膚と骨の融合によって結果的に生じるものである。アペール症候群は，**クルーゾン症候群**（Apert-Crouzon syndorome とも呼ばれる）によって悪化させられる。これは，指の融合を引き起こし，不完全になる。両方の症候群は，遺伝優位性特性である。⇨ **尖頭頭蓋合指症**［フランスの小児科医アペール（Virginia Apgar: 1868-1904）によって発見された］

**アヘン**［opium］　ケシ（*Papaversomniferum*）の若種の皮から取れる樹脂を乾燥させたもの。アヘンは20以上のアルカロイド（⇨ **アヘンアルカロイド**）を含有しており，そのうちの代表的なものは**モルヒネ**である。そして，アヘンの中毒性を含む薬理学的特性はすべてモルヒネによって説明される。天然および合成の誘導体（⇨ **アヘン剤，オピオイド**）は食べたり，煙草状にして吸われたり，注射されたり，嗅がれたり，飲まれたりする。主に含有するモルヒネによってもたらされるその作用は，鎮痛効果，陶酔感の発現，深くて夢を見ることのない覚醒が容易な睡眠である。

**アヘンアルカロイド**［opium alkaloids］　アヘンから精製されたアルカロイドのこと。20種類以上が存在する。代表的なアルカロイドには**モルヒネ**がある。その他にはコデイン，テバイン，パパベリンがある。⇨ **アヘン剤**

**アヘン剤**［opiates］　アヘンに由来する，自然で半合性の化合物である。アルカロイド**モルヒネとコデイン**を含有し，それらおよびその派生物，たとえば，**ヘロイン**（ジアセチルモルヒネ）は，19世紀に初めて薬用のためにアヘンから分離された。アヘン剤は，アヘン剤の薬理学的特性を備えた合性化合物とともに，**オピオイド**として知られている。⇨ **オピオイド**

**アヘンチンキ**［laudanum］　アルコールとアヘンの混合物。かつては鎮痛剤や麻酔薬として一般的に使用されていた。この混合物は1530年頃に，ドイツの錬金術師でもあり医師でもあったパラケルスス（Paracelsus: 1493-1541）によって伝えられ，18世紀のイングランドでアルコール飲料として幅広く摂取された。

**アヘン類依存**［opioid dependence］　オピオイドを使用し続けたことを示す，認知的，行動的，生理的な症状の一群。もし，使用を中断しているならば（⇨ **アヘン類離脱**），耐性や特徴的な禁断症状を来す，反復したオピオイド摂取のパターンや使用を継続しようとする制御不能な衝動がある。麻薬依存（narcotic dependence）とも呼ばれる。⇨ **アヘン類乱用**

**アヘン類中毒**［opioid intoxication］　オピオイドの新規摂取による可逆性症候群（reverse syndrome）。アヘン類中毒は，1つ以上の生理的併発（たとえば縮瞳：pupillary constriction，傾眠：drowsiness や昏睡，不明瞭発語：slurred speech，注意や記憶の障害）と同様に，臨床的に重要な行動的・心理的変化も含む。たとえば最初に多幸感（euphoria）があり，続いて無力感（apathy），**情動不安，精神運動激越，あるいは精神遅滞**，判断力障害（impaired judgement），社会的，職業的な機能障害がある。

**アヘン類乱用**［opioid abuse］　DSM-IV-TR においては，オピオイドの反復摂取に関連した再発性の，重篤な悪影響によって明らかとなるオピオイドの使用パターンのこと。この診断よりも**アヘン類依存**の診断が優先される。すなわち，アヘン類乱用と，アヘン類依存の診断基準の両方を満たすなら，アヘン類依存の診断だけが与えられる。⇨ **薬物乱用，薬物依存**

**アヘン類離脱**［opioid withdrawal］　長期間にわたる多量のアヘンの使用を中止，あるいは減少した後に現れる特徴的な離脱症候群。DSM-IV-TR におけるアヘン類離脱の診断には以下の項目のうち3つ以上を満たす必要がある。(a) 不安感（dysphoric mood），(b) 吐き気や嘔吐，(c) 筋肉痛，(d) 流涙（lacrimation）あるいは鼻漏（rhinorrhea: 鼻水が出る），(e) 瞳孔の拡大，起毛（鳥肌），(f) 下痢，(g) あくび，(h) 発熱，(i) 不眠。⇨ **物質離脱**

**アポ酵素**［apoenzyme］　酵素の構成要素であるタンパク質のこと。酵素として機能する**補酵素**という2つ目の構成要素と結合しなければならない。

**アポスチルブ**［apostilb］　輝度の単位の一種で，1 m² 当たり 1 lm（ルーメン）を放射する完全拡散面の輝度のこと。1ルーメンは1/π カンデラ。

**アポモルフィン**［apomorphine］　痰の排出を促したり，嘔吐を誘発するために使用されるモルヒネ誘導体のこと。

**アポリポタンパクE**［apolipoprotein E: ApoE］　ベータアミロイドの分解に関与しているタンパク質。ApoE 遺伝子に特定の変異（ApoE4）を有していると，アルツハイマー病や，その他の神経系損傷を患いやすくなる。

**アポロ型**［Apollonian］　秩序立っていて，合理的で，調和している精神状態を記述することを意味する。語源は，ギリシャ神話における予言や音楽，心の浄化の神であった"アポロ"に因む。この用語は，ドイツの哲学者ニーチェ（Friedrich Nietzsche: 1844-1900）が，人間の本性のアポロ型と**ディオニソス的**を対比させて用いている。

**甘え**［amae］　実際には自分で実行できる行為を，自分のために実行してくれるのではないかと，期待する他者への依存の状態をいう。甘えは，その行為を実行する能力のない人物が依存するという，真の依存とは異なる。また，日本人の人格原型の基本的構成要素の一つとされる。［日本の精神科医の土居健郎（1920-2009）が初めて用いた用語］

**アマクリン細胞**［amacrine cells］　網膜にある神経細胞の一種。周囲の**網膜双極細胞，網膜神経節細胞**や他のアマクリン細胞との間の結合を作りあげている。軸索はなく，網膜の出力に直接関与しない。受容野の**中心周辺拮抗作用**に寄与している。

**アマゾン**［amazon］　屈強で，抜きんでて好戦的な女性のこと。ギリシャ神話においてアマゾンは，女性戦士の一族として登場する。物語においてアマゾンは，ジャベリン（投げ槍）を投げる能力を妨げないように右胸を除去して

いたと語られており，古代ギリシャにおいてアマゾンの名は"胸無し"を意味するものとして理解されていた。

**甘味**［sweet］ 即時的なエネルギー源である糖類に関する快い味。糖類は，主に舌の前部にある味覚受容細胞（⇨**茸状乳頭**）の小集団に含まれる特殊なタンパク質によって検出される。

**アマルリック症候群**［Amalric's syndrome］ 難聴が中心視野における視覚の欠損と関連している症状のこと。

**アマンタジン**［amantadine］ **ドーパミン受容体作動薬**でもある抗ウイルス薬。抗精神病薬がドーパミン受容体で作用する**錐体外路作用**を改善するために用いられることもある。アメリカの商品名はシンメトレル（Symmetrel）。

**アミタール**［Amytal］ **アモバルビタール**の商品名。

**アミトリプチリン**［amitriptyline］ 1961年に，**イミプラミン**とともに臨床的に導入された**三環系抗うつ薬**。当初，抗うつ剤として幅広く使用された。アミトリプチリンの第三級アミン構造は，第二級アミンよりも強力な**セロトニン**再取り込み阻害効果（神経伝達物質としてのセロトニンの有効性を増強させる）を示した。しかし同時に，有意な抗ヒスタミン，抗コリン，アドレナリン受容体遮断作用（有害な副作用をもたらす）も併せもつものであった。抗うつ剤としての効能はあるが，副作用と過量内服の際の有毒性によって，SSRIsやその他の薬物を使用する方向に向かった。現在もなお抗うつ剤として使用されているが，アミトリプチリンはもはや**第一選択薬**ではなくなり，慢性疼痛の管理や片頭痛の予防のために少量投与する傾向にある。また，ベンゾジアゼピン系抗不安薬（アメリカではリンビトロール：Limbitrol），あるいは抗精神病薬（アメリカではエトラフォン：Etrafon，あるいはトリアビル：Triavil）との併用としても販売されている。アメリカでの商品名はエラビル（Elavil）。

**アミノ基転移酵素**［aminotransferase］ アミノ基（-NH$_2$）の供与体分子から受容分子への転移を触媒している転移酵素。よく知られているのは，肝臓にある**アスパラギン酸アミノトランスフェラーゼ**（アスパラギン酸アミノ基転移酵素）と心臓にあるアラニントランスアミナーゼで，それぞれの臓器が損傷すると結果として血中に放出されることから肝臓と心臓の機能を検査する指標として使われている。

**アミノケトン**［aminoketones］ 抗うつ剤の一種で，臨床的にはブプロピオンが代表的である。その構造と作用機序は，他に市販されている抗うつ剤とは異なる。

**アミノ酸**［amino acid］ アミノ基（-NH$_2$）とカルボキシル基（-COOH）を含む有機物質のことで，タンパク質の構成要素である。20以上あるアミノ酸の中で8つは，ヒトが体内で合成できず食事から得る必要のある必須アミノ酸（essential aminoacids）である。**ガンマアミノ酪酸**，**グルタミン酸**，**グリシン**，**ヒスタミン**のような，いくつかのアミノ酸とその誘導体は神経伝達物質である。

**アミノ酸インバランス**［amino acid imbalance］ 特定のアミノ酸を利用することのできない先天性または後天性の障害。主に，代謝過程において特定のアミノ酸やその一部分を担っている特定の酵素が欠損することに由来する。80種類以上のアミノ酸インバランスが知られていて，そのうちのいくつか（**フェニルケトン尿症**，**ホモシスチン症**など）は中枢神経系に影響を与える。

**アミノプテリン**［aminopterin］ メトトレキサート（アメトプテリン：amethopterin とも呼ばれ，白血病治療に使われる）に類似した薬物。非認可の人工中絶にも用いられることがある。生存した小児は，**水頭症**や頭蓋骨形成不全を伴う頭蓋骨癒合症（早発性の頭蓋骨の骨化），軽度から中等度の精神発達遅滞などのような催奇的な効果を示す。アミノプテリンは今日殺鼠剤としても使われ，特定の白血病に対する治療に用いることも検討されている。

**アミロイドーシス**［amyloidosis］ アミロイド（amyloid）組織，澱粉様のタンパク物質の複合の蓄積によって現れる障害。免疫不全性の疾患が原因と考えられている。アミロイドーシスは正常な組織作用を妨害するため，呼吸器官，肝臓，腎臓，その他の器官における腫瘍を形成し，次第に破壊的となっていく。原発性アミロイドーシス（primary amiloidsis）は他の基礎疾患のない状態で発現するのに対し，続発性アミロイドーシス（secondary amyloidosis）は慢性疾患に関連して生じる。

**アミロイド前駆タンパク質**［amyloid precursor protein: APP］ ベータセクレターゼのような酵素によって分解されたとき，**ベータアミロイド**を生ずるタンパク質。脳におけるベータアミロイド蓄積は，**アルツハイマー病**を引き起こすと考えられている。

**アミロライド**［amiloride］ ナトリウムチャネルを遮断することで，腎臓でのナトリウムの再吸収を防止して血圧を低下させるために，臨床的に**利尿剤**として使われる複素環式カルボキシーグアニジウム化合物。アミロライドは，舌上のナトリウムチャネルを遮断する手段として，塩味の知覚に関する味覚研究にも使われる。

**アミン**［amine］ 1つ以上のアミノ基（-NH$_2$）を含む化学化合物。**アセチルコリン**，**ノルエピネフリン**，**セロトニン**などの神経伝達物質はアミンである。⇨**アミンホルモン**，**アミノ酸**，**生体アミン**

**アミンホルモン**［amine hormone］ メラトニンやノルエピネフリンのようにアミノ酸を含んだ化学物質がホルモンとなったもののこと。

**アムステルダム基準**［Amsterdam criteria］ 遺伝性非ポリープ性大腸癌（HNPCC）の家系を同定するための古典的基準。この基準は，3-2-1パラダイムとして特徴づけられる。すなわち，3名の大腸癌患者のうち1名はどちらかに対して第一等近親者であること，少なくとも2世代にわたって発症していること，少なくとも1名の患者は50歳未満で発症していること，である。⇨**MSH2**

**アムステルダム小人症候群**［Amsterdam dwarf disease］ 発育の遅れ，低身長，**小頭症**，口唇蓋裂，上向きの鼻，多毛などを特徴とする先天性疾患。他の徴候としては，四肢や手指の奇形や欠損，発作性疾患，腸の異常，心臓の欠陥などがあげられる。精神発達の遅れは典型的で，ある程度（多くは中等度以上）の精神遅滞がみられることが多い。アムステルダム精神遅滞（Amsterdam type of retardation），ブラッハマン・ドュ・ランジュ症候群（Brachmann-de Lange syndrome）とも呼ばれる。

**アムラク**［amurakh］ シベリア地域の女性にみられる**文化依存症候群**。他人の言動を強迫的に模倣する症状を呈する。

**アメスラン**［Ameslan］ **アメリカ手話**の短縮形。

**アメフラシ**［Aplysia］ 軟体動物の中の一つの属（生物

学的分類）。単純な神経系を有し，学習や記憶の神経生理学の研究でよく用いられる。

**アメリカ手話**［American Sign Language: ASL］聾者とのあるいは聾者間の意思伝達に用いられる言語体系である。手の形や動きが単語を表す。主にアメリカやカナダで使用される。⇨ **手話**

**アメリカ先住民**［Native American］ヨーロッパによる植民地化以前に西半球に先住していた様々な民族の構成員。北アメリカに居住する先住民族は，アメリカインディアン（American Indian）とも言う。

**アメリカビッグブラザーズ・ビッグシスターズ**［Big Brothers Big Sisters of America］ボランティア団体の一つであり，主に単身家族の子どもに対して，個人がメンターや合法的な役割モデルとして活動している。

**アメリカ指文字**［American Manual Alphabet］聾者にとっての意思伝達手段の一つ。話者は特定の指と手の位置を用いてアルファベットのいずれかの文字を表す。通常は**手話**を補うものである。

**アモキサピン**［amoxapine］抗うつ剤で，ノルエピネフリンとセロトニンの再取り込みを阻害する第二級アミン**三環系抗うつ薬**（TCAs）の一つ。その代謝物質の一つが強力なドーパミン受容体阻害作用をもつことによって，抗精神病作用も有するとされている。アモキサピンは，**錐体外路作用や遅発性ジスキネジア**を引き起こすといわれているが，抗コリンの副作用との関連は他のTCAsに比べて弱い。アメリカの商品名はアセンジン（Asendin）。

**アモク**［amok; amuck］マレーシア，フィリピン，その他，東南アジア諸国の男性にみられる**文化依存症候群**の一つ。沈うつで無気力な期間を経験したのちに，身近な人間や動物に対して，ひどく凶暴となって殺人的な攻撃を犯す。この症候群に罹った男性が，相手の防御を受けて殺されたり自殺したりせずにその状態で生き残った場合，次第に疲労衰弱し，やがてその出来事に関する記憶を失う。⇨ **憤怒**

**アモバルビタール**［amobarbital］中間型の作用をもち，かつて鎮静催眠作用をもつとして使用されたが，急速に排斥された**バルビツール酸塩**。他のバルビツール酸誘導体と同様，その有毒性のために**ベンゾジアゼピン**のようなより安全な薬品の臨床的使用に取って代わられた。アモバルビタールの乱用は依存を形成し，昏睡や死に至らしめる。アモバルビタールは，意識的に抑制された情報や意識下の素材を患者から引き出すことを目的とした面接に際して用いられることがあった（アミタール面接：Amytal interview）。このような面接は，患者が詐病であるか真正の転換性障害であるかを識別する目的でも実施されていた。しかし，アミタール面接を取り巻く数多くの法的，倫理的な問題により，また，その実施における医学的な危険性によって，このような技法は，現代の臨床実践では受け入れられなくなっている。アメリカの商品名はアミタール（Amytal）。

**アヤフアスカ**［ayahuasca］強力な幻覚作用をもった飲料で，南米熱帯地方のつる植物の茎から作られる。学名はバニステリオプシス・カアピ（Banisteriopsis caapi）という。アマゾンの原住民が何世紀にもわたって宗教的，霊的，医療的目的で用いてきた。近年では，アメリカにおいて，**異常経験**を喚起するために用いられている。薬理学的に有効な成分は，**ハルミン**とハルマリン（harmaline）である。少量の服用の場合には，これらの成分は幻覚作用や多幸感を引き起こす効果があるが，多量の服用の場合には，鎮静作用に続いて，吐き気，嘔吐，**耳鳴り**，虚脱感を引き起こす。

**誤った権威**［false authority］非形式的**誤謬**または人を説得する手法の一つ。専門家の意見が，ある分野で認められているからといって他の分野についても受け入れられるべきだとする考え方。たとえば，X氏は成功している実業家なのだから，財政赤字の対処の仕方もわかっているはずだ，などというもの。⇨ **権威に基づく論証**

**誤った類推**［false analogy］非形式的**誤謬**または人を説得する手法の一つ。2つのものがある側面で似通っているからといって他の点でも似ているはずだと根拠なく考えてしまうこと。たとえば，脳はある意味でコンピュータに似ている。コンピュータは離散的に入力を受信し，貯蔵する。したがって，頭にある考えも離散的な情報に基づいて形成されるという考え方。

**アーユルヴェーダ**［Ayurveda］治療の全体論的なシステムのこと。インド大陸で生まれ，主としてインドで行われてきたが，西洋文化にもある程度の広がりをみせている。ダイエットや薬草による治療も含んでおり，病の予防や治療において，身体，心，魂を用いることを重視している。

**アラキドン酸**［arachidonic acid］細胞膜の構成要素である多不飽和脂肪過多酸のことであり，長い鎖のような形をしている。A2酵素ホスホリパーゼによる細胞膜から遊離するとき，アラキドン酸はエイコサイド（プロスタグランジン，トロンボサキン，ロイコトリエンの前駆体として働く）として知られる化合物に変化する。

**アラゴ現象**［Arago phenomenon］低照明下での，視野中央にある明かりに対して生じた誤った感覚のこと。**桿体**が，**中心窩**にないことによって生じると思われる。⇨ **暗所視**［フランスの物理学者アラゴ（Dominique Arago: 1786-1853)］

**粗さ**［roughness］研磨紙のようなザラザラした物体に感じられる触覚の質感。⇨ **タッチブレンド**

**粗さ弁別テスト**［roughness discrimination test］体性感覚の検査であり，参加者はどちらの表面（たとえば研磨紙）がより粗いかを触って判断する。この能力は，触覚に関わる脳部位の損傷によって損なわれることがある。

**アランデント病**［Allan Dent disease］小児期における強直間代発作をしばしば伴う，中等度から重度精神発達遅滞の一型。臨床徴候としては，薄く光沢がなく抜けやすい頭髪や身体毛を有している。尿の中に多量のアルギニノコハク酸を存している。⇨ **アルギノコハク酸性尿**

**アリストテレス的方法**［Aristotelian method］演繹的な（すなわち主に経験主義的でない）手法を強調する知へのアプローチ。⇨ **ガリレオ法**

**アリストテレスの錯覚**［Aristotle's illusion］1つの物体が2つの物体に感じられる触知覚のことで，人差し指と中指を交差させているときに生じる。［ギリシャの哲学者アリストテレス（Aristotle: BC 384-322）に由来］

**アリストテレス派**［Aristotelian］ギリシャの哲学者であるアリストテレス（BC 384-322）によって基礎が築かれ，特に中世のスコラ哲学者たち（⇨ **スコラ学**）によっ

**アリストテレス的**［Aristotelian］ アリストテレスやその著作，思想およびそれらに関連した。より広いこの意味では，アリストテレス的なアプローチ，すなわち**ユニバーサル**よりも個別的なものに第一義的重要性を与え，経験的知識に高い価値を与えるアプローチは，**プラトン的理想主義**あるいは**新プラトン主義**としばしば対比される。

**アリセプト**［Aricept］ ドネペジルの商品名。

**アリゾナ州 対 フルミナンテ判決**［Arizona v. Fulminante］ 1991年にアメリカ合衆国最高裁判所が示した影響力のある判決で，非自発的になされた自白を証拠として認めることは，無害の手続き的瑕疵（harmless-error）と考えられるものであり，また，その他の証拠が被告を有罪とするに十分なものであると考えられるならば，**適正手続きの権利**を犯すものではない，と認めるもの。

**アリピプラゾール**［aripiprazole］ 前シナプスD2ドーパミンオートレセプターを閉ざすことや，シナプス前終末からのドーパミンの解放を抑制することによって，その効果が変化すると考えられている**非定型抗精神病薬**。統合失調症の治療において用いられる。アメリカでの商品名はエビリファイ（Abilify）。

**R-S結合**［R→S relationship］ 強化や嫌悪刺激からの逃避のように，生体の反応（R）が刺激環境（S）に特定の変化を生みだす**試行**のような反応と刺激の関係。

**Rh因子**［Rh factor; rhesus factor］ ヒトの赤血球の表面にある血液型を決定する因子の一つ。遺伝的決定される少なくとも8種類の抗原により判定される。この因子の初期研究に使われたアカゲザル（rhesus monkey）からRh（rhesus）という名がつけられた。赤血球上にRh因子をもつヒトをRh陽性（Rh-positive），もたないヒトをRh陰性（Rh-negative）と呼ぶ。アフリカ系アメリカ人，先住アメリカ人，アジア系アメリカ人の99%と白人の85%はRh陽性である。日本人の99%もRh陽性である。⇨ **Rh反応**

**Rh式血液型不適合**［Rh blood-group incompatibility］ 輸血や妊娠時に問題になる抗原抗体反応のこと。Rh陽性のヒトの血液をRh陰性のヒトの血液に混ぜた際に起こる（⇨ **Rh因子**）。妊娠時については，Rh陰性の母親がRh陽性の血液を受け継いだ子どもを産む際にこの反応が起こる。胎児のRh抗原は胎盤膜を通過し，母親の抗体は胎盤を通過して胎児の赤血球を破壊する。ダメージを受けた赤血球は胎児が無毒化することのできないビリルビンを生成し，**核黄疸**が起こる。Rh因子不適合（rhesus incompatibility）とも言う。⇨ **Rh反応**

**Rh反応**［Rh reaction］ 輸血や妊娠時にRh陰性のヒトの血液がRh陽性のヒトの血液と混ざった時に起こる有害な反応（⇨ **Rh因子**）。免疫系による外部物質の拒絶反応と同様の反応である。妊娠においては，Rh陰性の母親がRh陽性の胎児を身ごもった場合，母親の体が対Rh抗体を形成し，胎児の赤血球を破壊することがある。⇨ **Rh式血液型不適合**

**RNA**［RNA］ リボ核酸，すなわち細胞内でタンパク質分子合成を指揮する核酸のこと。主に3種のRNAがある。**メッセンジャーRNA**は核から細胞質に**遺伝暗号**を運ぶ。リボソームRNA（ribosomal RNA）はリボソーム内にあり，そこでアミノ酸からタンパク質が組み立てられる。転移RNA（transfer RNA）はタンパク質合成に必要な特定のアミノ酸を運ぶ。20種のアミノ酸にはそれぞれ対応する転移RNA分子があり，タンパク質合成時にアミノ酸を適正な順に配列する。RNAは一本鎖ヌクレオチドからなる（DNAは二本鎖である）こと，チミン（T）の代わりにウラシル（U）塩基が用いられていること，糖がデオキシリボースではなくリボースであること，を除けばDNAとよく似た構造をしている。

**あるがまま**［arugamama］ 感覚に自然であること，自分がここにいるという感覚の受容を強調する日本の概念。⇨ **森田療法**

**アルカローシス**［alkalosis］ 血液や身体組織が異常なレベルのアルカリ性となってしまう病的状態のこと。酸の不足により体内の酸-塩基バランスに乱れが生じた結果である。緩慢で浅い呼吸を特徴とし筋力低下，痙攣，錯乱，易刺激性などの症状がみられる。深刻な場合には発作を生じる。

**アルギノコハク酸性尿**［argininosuccinic aciduria］ 尿や脳脊髄液の中にアルギノコハク酸が認められる疾患。先天性代謝異常に起因し，てんかんや精神遅滞を伴う。治療は，高アンモニア血症を防止するために，タンパク質の摂取量の制御が基本となる。この特質は，第7染色体上の常染色体劣性遺伝子によって遺伝する。⇨ **アランデント病**

**R技法因子分析**［R-technique factor analysis］ 観測変数が相関している，つまり変数間の関係が検討される場合における**相関行列**の因子分析。⇨ **P技法因子分析**，**Q技法因子分析**

**アルキメデスの螺旋**［Archimedes spiral］ 始点と動点までの距離が位相角に比例する曲線で作られる螺旋のこと。**運動残効**を誘発するためにアルキメデス螺旋の単純な線画を回転させる。［ギリシャの哲学者・数学者シラクサのアルキメデス（Archimedes of Syracuse: BC 287-212）］

**アルコホーリクス・アノニマス**［Alcoholics Anonymous: AA］ 12のステップを通じて禁酒を相互に助け合おうとする人々による，世界的に活動を行っているボランティア団体。メンバーに求められるのは，飲酒をやめたいという意志をもつことのみである。運営はメンバーによる自発的な寄付によってなされており，外部資金は募らず，また受け付けてもいない。メンバーが公的な場に出る際は，個人の匿名性を保持する。これは各人の個性よりも，アルコホーリクス・アノニマスの原則が強調されるためである。アメリカでは1935年に設立され，最も歴史が古く，最も規模が大きく，そして最もよく知られた自助団体である。

**アルゴリズム**［algorithm］ 正確には，ある特定の問題を解決したり，特定の課題を達成することが保証されたり，一連の計算を行うために用いられる手続きや規則のことと定義される。ダイヤル錠を開けるために，すべての組合せを順番に試すことが例としてあげられる。アルゴリズムは，よくフローチャートのように視覚的に示されるが，コンピュータプログラミングや情報処理にとって必須である。アルゴリズムの用語は，9世紀のアラブの数学者アル＝クワリズミ（al-Khwarizmi）の名前に由来している。⇨ **ヒューリスティック**，**大英博物館アルゴリズム**，**ブルート**

フォース，悉皆探索

**アルコール**［alcohol］ 1. エタノールに属する化合物の総称。2. 多くの文化圏では**中枢神経抑制薬**の頻繁な使用や乱用を言う。末期においては，主に中枢神経系，気分，認知機能に影響が及ぶ。

**アルコール依存**［alcohol dependence］ DSM-Ⅳ-TRでは，問題とわかりながらもアルコールをやめられないことを示す認知，行動，心理的な徴候が認められる，としている。繰り返されるアルコール摂取は，耐性の増大，摂取を中断した際の特徴的症状（⇨ **アルコール離脱症状**），コントロールできないほどのアルコールへの渇望などをもたらす。アルコール依存は一般的にアルコール中毒（alcoholism）として知られている。⇨ **アルコール乱用，アルコール依存治療**

**アルコール依存症**［dipsomania］ ⇨ **イプシロンアルコール症**

**アルコール（麻薬）依存症患者治療センター**［detoxification center］ アメリカにおける麻薬やアルコール過剰摂取による中毒症状の軽減や禁断症状への対処のための診療所や医療施設，もしくはその他の関連施設。これらの施設は，患者の症状の重さに応じて，医療治療もしくは非医療治療を施す。⇨ **アルコール離脱症状，物質離脱**

**アルコール依存治療**［alcoholism treatment］ アルコール依存症患者が断酒を達成し，かつ維持できるように計画された介入のこと。断酒の達成と維持が，通常認められているアルコール依存の治療目標である。治療目標としては議論の余地があり一般的ではないが，問題のない安定した飲酒行動パターンの達成と維持が目標となる場合もある。アルコールリハビリテーション（alcohol rehabilitation）とも言う。

**アルコール依存のアダルトチルドレン（ACOA）**［Adult Children of Alcoholics: ACOA］ アルコール依存の家族もしくは他の家族機能不全の環境で育てられた成人のことで，そのような人のために12のステップという治療プログラムがある。⇨ **セルフヘルプグループ**

**アルコール眼振**［positional alcohol nystagmus: PAN］ 頭部位置の水平変化（たとえば，あおむけになったり，頭を左もしくは右に回転させる）の後に持続する水平性**眼振**の一様式で，アルコール依存症によって生じる。

**アルコール性健忘**［alcohol-amnestic disorder］ DSM-Ⅳ-TRではアルコールによって引き起こされた持続する障害に分類が変更された。

**アルコール性コルサコフ症候群**［alcoholic Korsakoff's syndrome］ コルサコフ症候群の一種で，長期間のアルコール乱用によって生じる。⇨ **アルコール誘発性健忘性障害**

**アルコール性小脳変性症**［alcoholic cerebellar degeneration］ 長期間のアルコール乱用によって引き起こされる**小脳**の変性で，一般的に歩行困難を伴う。

**アルコール精神病**［alcoholic psychosis］ DSM-Ⅱにおける，アルコール乱用によって生じる，有害な神経学的影響に関連した精神障害のカテゴリーの呼称。DSM-Ⅳ-TRでこれに相当する障害は，以下のものがあげられる。**アルコール中毒せん妄，アルコール離脱せん妄，アルコール誘発性精神病性障害，アルコール誘発性認知症，アルコール誘発性健忘性障害**。

**アルコール性ニューロパチー**［alcoholic neuropathy］ 慢性的なアルコール依存症の二次障害として生じる神経学的障害で，衰弱と，無感覚，刺痛，灼熱痛といった異常な皮膚感覚を伴う（⇨ **感覚異常**）。これらの症状は**脚気**と類似しており，ビタミンBの欠乏が原因と考えられる。

**アルコール性脳症候群**［alcoholic brain syndrome］ 急性あるいは慢性の，アルコールが脳機能に与える影響によって引き起こされるすべての症状を言う。たとえば，**アルコール中毒せん妄，アルコール離脱せん妄，アルコール誘発性認知症，アルコール誘発性健忘性障害，アルコール誘発性精神病性障害**など。

**アルコール中毒せん妄**［alcohol intoxication delirium］ 多量のアルコール摂取後の短期間（普通数時間から数日）で発症する，可逆性の症状。意識障害（たとえば注意の集中，維持，転換能力の減少）に認知の変容（記憶の欠如，見当識障害，言語障害）が伴うが，それは，**アルコール酩酊**に通常みられるものよりも程度が著しい。⇨ **物質中毒性せん妄**

**アルコール特異体質による酩酊**［alcohol idiosyncratic intoxication］ DSM-Ⅲでは，ほとんどの人が酩酊に達するのに不十分な量の飲酒によって，著しい行動の変化が見られる状態を指していた。この特異な行動は，飲酒していない時の当人の性格では考えられないようなものである。たとえば，物静かで内気な人物が好戦的で攻撃的になるというように。しかし，この診断名は，めったに付されないことからDSM-Ⅳから削除されたが，この削除をめぐっての議論はいまだ続いている。

**アルコール酩酊**［alcohol intoxication］ アルコール摂取後すぐに発症する，可逆性の状態。不適切あるいは攻撃的行動，判断力の欠如，社会的機能の障害などの行動的，心理学的変化や，ろれつの回らない不明瞭な発語，不安定な歩行，注意や記憶の途絶などの生理学的変化を含む。この効果は一般的にアルコール摂取量に比例して大きくなる。⇨ **物質中毒**

**アルコール誘導体**［alcohol derivatives］ 治療目的のために鎮静および催眠効果を促進する物質のこと。1890年代，メチルアルコールから派生した合成物が**中枢神経抑制薬**効果をもつことが発見された。1950年代，より強力な催眠作用をもつ，新世代のアルコール関連の化学合成物が導入された。それが，**エトクロルビノール**や**エチナメート**である。エチナメートは，エスクロルビノールよりも強力な睡眠導入作用をもつが，乱用するとバルビツール酸誘導体の乱用と類似した状態に至る。その毒性のため，アルコール誘導体は現代の臨床実践ではほとんど使われない。

**アルコール誘発性健忘性障害**［alcohol-induced persisting amnestic disorder］ アルコールの持続的効果によって引き起こされる記憶の障害のこと。新しい情報を学習する能力や，以前に学習した情報の想起能力に深刻な障害があり，結果的に社会的，職業的機能を著しく損ね，それ以前の機能水準からの顕著な衰退がみられる状態のこと。⇨ **コルサコフ症候群，ウェルニッケ-コルサコフ症候群**

**アルコール誘発性精神病性障害**［alcohol-induced psychotic disorder］ アルコールの直接的な生理的影響から生起する幻覚や妄想のこと。アルコール幻覚症（alcoholic (alcohol) hallucinosis）とも言う。⇨ **物質誘発性精神病性障害**

**アルコール誘発性認知症**［alcohol-induced persisting dementia］　アルコール乱用の持続的な効果により，精神機能が低下した状態のこと。多様な**認知障害**が現れるが，特に記憶障害だけでなく，発話の障害（⇨ **失語症**），運動の障害（⇨ **失行**），感覚能力の障害（⇨ **失認**），**実行機能不全**がみられる。アルコール性認知症（alcoholic dementia）とも言う。⇨ **物質誘発性持続性認知症**

**アルコール乱用**［alcohol abuse］　DSM-Ⅳ-TR では，アルコールを繰り返し摂取することによる重篤な反復性の有害な結果を引き起こすアルコール使用のこと。アルコール乱用の診断には，アルコール依存の診断が先になされる。もし両診断が当てはまるようならば，アルコール依存のみが使用される。

**アルコール離脱症状**［alcohol withdrawal］　長期間のアルコール摂取の中断（あるいは摂取量の減少）後に発症する離脱症状のこと。DSM-Ⅳにおけるアルコール離脱症状の診断には，下記の症状に2つ以上あてはまることが必要である。(a) 自律神経系の亢進（発汗，動悸，口渇など），(b) 手の振戦，(c) 不眠，(d) 嘔気や嘔吐，(e) 幻覚や錯覚，(f) 精神運動激越，(g) 不安，(h) 間代強直性痙攣発作。⇨ **物質離脱**

**アルコール離脱せん妄**［alcohol withdrawal delirium］　長期間の多量にわたるアルコール摂取の中断の後，短期間（ふつう数時間から数日）で発症する，可逆性の症状。その特徴は，意識障害（たとえば注意の集中，維持，転換能力の減少）と認知の変容（記憶の欠如，見当識障害，言語障害）であるが，**アルコール離脱症状**に通常みられるものよりも程度が著しい。⇨ **振戦せん妄**

**アルストローム・ハルグレン症候群**［Alström-Hallgren syndrome］　肥満，難聴，視覚障害，糖尿病を特徴とする家族性疾患。時として精神疾患とも関連する。［スウェーデンの医師アルストローム（Carl Henry Alström: 1907-1993），スウェーデンの遺伝学者ハルグレン（Bertil Hallgren）］

**r 戦略**［r-strategy］　少ない親の投資で高い繁殖効率（r 値）を得ようとする生殖戦略。親がかなりの投資をして，少数精鋭の子孫を残すよりも，繁殖効率を最大化し，相対的に多くの子孫を生み出す方が繁殖成功率につながりやすいということを暗に意味している。⇨ **K 戦略**

**アルター・エルゴイズム**［alter-egoism］　同じ状況にいる別人に対して，あたかも自分自身に対してであるかのように示す，利他的な気遣いや共感的な感情のこと。

**アルツハイマー型初老期認知症**［presenile dementia of the Alzheimer's type: PDAT］　65歳以前に発症するアルツハイマー型の**認知症**を指すために用いられていた旧式名称。⇨ **アルツハイマー病**

**アルツハイマー型老年性認知症**［senile dementia of the Alzheimer's type: SDAT］　アルツハイマー型認知症のうち，65歳以上の高齢で始まるものを指す名称。⇨ **アルツハイマー病**

**アルツハイマー病**［Alzheimer's disease］　脳細胞の変性が広がることで生じる進行性神経疾患。**老人斑**や**神経原線維変化**の形成を伴う。ほとんどの場合，**認知症**の原因となり，進行性の記憶障害やその他の認知障害を引き起こす。これらの障害により社会的，職業的機能が落ち込む。この症状は DSM-Ⅳ-TR ではアルツハイマー型認知症（dementia of the Alzheimer's type）と呼ばれる。発症年齢は65歳以降が多く，65歳〜85歳の間に罹患率は5年ごとに倍増する。第19染色体上の ApoE4 対立遺伝子（⇨ **アポリポタンパク E**）の存在が主なリスク要因である。［ドイツの神経学者アルツハイマー（Alois Alzheimer）によって初めて示された］

**アルツハイマー病関連障害協会**［Alzheimer's Disease and Related Disorders Association, Inc.］　アルツハイマー病患者を介護する人たちに支援グループや援助，情報を与えるアメリカの機関。

**アルツハイマー病施設**［Alzheimer's facilities］　アルツハイマー病をもつ人々の治療を強化し，その介護者を助けるために設計された施設。その特徴は，たとえば小さな社会的空間（例，食堂，レクリエーションエリア）が入居者にとって馴染のある様式でしつらえられている，空間の見当識をもつのに適切な目印があるなど，通路と空間がよく整えられていて安全に徘徊することができる，騒音や他の注意を逸らすものが抑えられている，などがある。

**アルドステロン**［aldosterone］　**副腎皮質**によって分泌されるミネラルコルチコイドホルモン。腎臓でのカリウムの分泌やナトリウムの再吸収を促進することによって，ミネラルや水分代謝の調節を助ける。アルドステロンの生成は，**レニン-アンジオテンシン系**によって調節される。

**アルドステロン症**［aldosteronism］　コルチコステロイドホルモンの過剰分泌によって引き起こされる病的な状態。刺痛感覚や筋力低下，一過性のまひを原因とした，頭痛，排尿障害，易疲労，そして（いくつかの症例においては）神経障害を特徴とする。主に，副腎皮質の障害を原因疾患とするものであり，それに次いで，副腎に影響を及ぼす肝臓，心臓，もしくは腎臓疾患の結果としても生じる。

**アルドメット**［Aldomet］　メチルドパの商品名。

**アルドラーゼ**［aldolase］　筋組織にあり，複合糖の分解に関与している酵素のこと。アルドラーゼの血中レベルが異常に高くなるのは，筋の機能異常の初期兆候といえ，筋ジストロフィーの診断での手がかりとなる。

**アルバート坊や**［Little Albert］　ワトソン（John B. Watson）と彼の大学院生レイナー（Rosalie Rayner: 1899-1935）が，人間におけるパブロフの恐怖条件づけ（Pavlovian fear conditioning）を示すために使われた少年の名前。

**アルファ**［alpha］　（記号：$\alpha$）**第一種の誤り**の確率のこと。

**アルファアドレナリン受容体**［alpha adrenoreceptor; alpha adrenaergic receptor; alpha receptor］　ノルエピネフリンに結合する受容体で，交感神経系への反応として瞳孔の拡張や血管抵抗の増加のような平滑筋の刺激を引き起こす（⇨ **血管収縮**）。$\alpha_1$ と $\alpha_2$ の2つタイプがあり，さらに $\alpha_{1A}, \alpha_{2A}$ のようなサブタイプに分割することができる。⇨ **ベータアドレナリン受容体**

**アルファアルコール中毒**［alpha alcoholism］　アルコール中毒の初期段階。だらしない飲み方と，苦痛緩和のためにアルコールの効果に心理的に依存することを特徴とするが，コントロールの喪失や禁酒不能に及ぶものではない。⇨ **ベータアルコール中毒，ガンマアルコール依存症，デルタアルコール中毒，イプシロンアルコール症**［アメリカの医師ジェリネック（Elvin M. Jellinek: 1890-1963）に

**アルファ運動**［alpha movement; alpha motion］　仮現運動の一種で，ある物体を大きくしたもの，もしくは小さくしたものを高速で連続提示すると，物体が伸縮して見えること。

**アルファ運動ニューロン**［alpha motor neuron］　筋肉の主要な錘外線維を調節する運動ニューロン。α線維（alpha fiber）とも呼ばれる。⇨ ガンマ遠心性ニューロン

**アルファ-エンドルフィン**［alpha-endorphin］　16のアミノ酸を含むポリペプチド。その行動への影響についてはまだわかっていない。⇨ エンドルフィン

**アルファ係数**［coefficient alpha］　尺度を構成する項目の内的一貫性，ないしは項目間相関の平均に基づいた信頼性の指標。⇨ クロンバックのアルファ

**アルファ状態**［alpha state］　アルファ波を増加させた人が至るリラックスした覚醒状態。アルファ状態は，バイオフィードバック訓練，瞑想，ヨガ，催眠，その他の沈静化に焦点をあてた活動の結果として生じたり増加したりする。⇨ アルファ波トレーニング

**アルファ波**［alpha wave; alpha rhythm; Berger rhythm］　頭皮上脳波の記録において，特に後頭部から記録される低振幅（周波数で8～12 Hz）脳波のこと。何かに注意を向けることなく，また特定の心的活動がなされていない時に現れ，その出現は覚醒しているがリラックスした状態であることを示している。アルファ波は瞑想やバイオフィードバック法による訓練によって増やすことができるとされている。

**アルファ波トレーニング**［alpha-wave training］　バイオフィードバック訓練の一種。アルファ波を増加させることによって，覚醒した穏やかな状態，リラクセーションを達成できる。アルファ波が脳波（EEG）に現れたときにフィードバック刺激（通常は音刺激）を与える，アルファバイオフィードバック（alpha biofeedback）が用いられる。⇨ アルファ状態

**アルファ・フィメール**［alpha female］　集団の中で最上位，あるいは支配的なメス。食物や交配相手といった資源への優先的接触の権利をもつ。いくつかの種では，アルファ・フィメールが，他のメスの生殖を妨げることが知られている。

**アルファフェトプロテイン**［alpha-fetoprotein; α-fetoprotein: AFP］　胎児の血漿中にみられるタンパク質。成人でもある種の腫瘍によって作られることもある。げっ歯動物ではエストロゲンに結合して脳への進入を阻害することによって性分化に影響を与える。成人では，肝臓癌の診断にアルファフェトプロテインの測定が使用される。⇨ アルファフェトプロテイン検査

**アルファフェトプロテイン検査**［alpha-fetoprotein test］　妊婦の血液中にあるアルファフェトプロテインを分析することによって，胎児の異常を診断する出産前検査のこと。このタンパク質の値が異常に高い場合や低い場合には，胎児に異常のあることを示唆している。

**アルファブロッキング**［alpha blocking］　予期せぬ刺激の知覚や心的課題の遂行によって脳波のアルファ波が抑制されること。時に，注意の指標として使われる。アルファ波がブロックされるときには，速くて不規則な低振幅の波形が現れることが多い。⇨ 脱同期

**アルファブロック条件づけ**［alpha-block conditioning］　強化やバイオフィードバックによって，アルファ波をブロックさせるために行われるヒトや動物に対する訓練のこと。⇨ アルファブロッキング

**アルファベット**［alphabet］　文字や記号の一式のことであり，大抵決まった順序で並べられ，文字上で言語の基本的な言語音を表すために用いられる。言語学においては，限定して，記号が音節ではなく個別の音素を表す文字体系を指す言葉として用いられる。⇨ 音節文字

**アルファ-メチルパラチロシン**［alpha-methylparatyrosine: AMPT］　ドーパミン，ノルエピネフリン，エピネフリンといったカテコールアミンの神経伝達物質が，アミノ酸であるチロシンから生成されるのを抑制する薬物。副腎のカテコールアミン分泌腫瘍（たとえば，褐色細胞腫）を治療するのに用いられることがある。アルファーメチルチロシン（Alpha-methyltyrosine）は，類似した作用をもつ。

**アルファメラニン細胞刺激ホルモン**［alpha-melanocyte stimulating hormone: α-MSH］　メラノコルチン4受容体に結合するメラニン細胞刺激ホルモンの一つ。様々な機能に関与していて，食べ物の摂取や性機能の調整への関与などがある。

**アルファ・メール**［alpha male］　集団の中で最上位，あるいは支配的なオス。食物や配偶者候補を含む資源への優先的接触の権利をもつ。多くの種では，アルファ・メールが，他のオスの交配を常に妨げたり，あるいはメスの受胎可能期間のピーク時だけ，他のオスの交配を妨げるという行動がみられる。

**アルフェンタ**［Alfenta］　アルフェンタニルの商品名。⇨ フェンタニル

**アルプラゾラム**［alprazolam］　ベンゾジアゼピン系の抗不安薬。速い吸収と分解，比較的短時間での作用（速放性製剤が今日開発されている）を特徴とする。全般性不安の治療に用いられる。アメリカの商品名はザナックス（Xanax），ザナックス SR（Zanax SR）など。

**アルペジオ・パラドックス**［arpeggio paradox］　行動の連鎖を刺激－反応の観点から考えることの矛盾を指す。熟練したピアニストがアルペジオを演奏するスピードによって証明される。つまり，鍵盤を叩くスピードは脳への神経伝達スピードより速いため，一打は次の一打のための刺激とはならない。

**アルポート症候群**［Alport's syndrome］　血尿，神経疾患（腎不全），難聴症状によって特徴づけられる家系特有の疾患。初め幼児期に血尿がみられるが，難聴は思春期前後に現れやすい。白内障や精神発達遅滞を伴うこともある。基底膜（タイプⅣ）コラーゲンの連鎖を特定する，COL4A3，COL4A4，COL4A5，COL4A6遺伝子の突然変異を原因とする。［1927年イギリスの医師アルポート（Arthur Cecil Alport: 1879-1959）によって定義された］

**アルモルのシータ**［Armor's theta］　ある測度の全体的な信頼性の指標のこと。これは，一連の項目群または変数から構成されており，最初の（回転前）主成分の固有値に基づいている。

**アレコリン**［arecoline］　神経節後作用に反応する筋肉や腺を穏やかに刺激するムスカリンに関連する薬。体内の寄生虫の除去を目的に獣医学の領域で使用されているもの

であるが，以前は統合失調症への対処のためにも使用されていた。

**アレルギー**［allergy］　特定の**抗原**（アレルゲンという）に対する異常で不適当な**免疫反応**を生成する身体状態。アレルギーをもつ人において，アレルゲンは**ヒスタミン**の放出を刺激し，炎症やその他の症状を引き起こす。⇨ **アナフィラキシー**

**アレルゲン**［allergen］　特異な感受性をもつ個人においては異常免疫反応を生じる，通常は無害な物質（⇨ **抗原**，**アレルギー**）。食品やハウスダスト，動物の鱗屑（毛や羽毛の鱗粉），花粉，その他の生物組織がアレルゲンとなりうる。

**アロ・エロティシズム**［alloeroticism; alloerotism］　他者に性的感覚を拡張すること，あるいは，他者から性的満足を引き出すこと。⇨ **自己性欲**

**アログルーミング**［allogrooming］　2頭以上の個体が互いの体毛や羽毛を探るような行動のこと。単独で衛生的な機能（たとえば垢や寄生虫の除去）をもつと考えられているが，レシピエント（受容者）が**内因性オピオイド**を分泌することにより，アログルーミングは明確な社会的影響をもつことも示されている。これは社会関係を補強するメカニズムである。

**アロステリック調節**［allosteric modulation］　他の化学物質（たとえば，神経伝達物質や薬品）が同じ複合受容体に結合することによって，アロステリック調節剤（allosteric modulator）が複合**受容体**の特定の場所に結合すること。アロステリック調節は，標的とする受容体の構造を変えてしまうため，他の分子の受容体の類縁性を増減させてしまう。たとえば，ベンゾジアゼピンがGABA－ベンゾジアゼピン受容体複合に結合すると，他の複合受容体（⇨ **GABA作動薬**）でのGABAの結合能力が増大してしまう。

**アロヒリア（感覚体側逆転）**［allochiria; allocheiria］　実際に刺激された場所に対応する身体の反対側に痛みや触覚経験が生じること。

**アロプレグネノロン**［allopregnenolone］　**GABA$_A$受容体**の活性を変容させるステロイドのことで，抗不安薬ベンゾジアゼピンの働き方と同様に変化させる。

**アロマコロジー**［aromachology］　心理学と香りのテクノロジーとの関係を明らかにしようとする研究領域。その中心は，嗅覚経路によって興奮が伝達され，認知され，心理的平穏が訪れる瞬間の香りの効果の研究である。

**Aromascan**［Aromascan］　**電子鼻**を製造している会社。

**アロマセラピー**［aromatherapy］　ハーブ，花，果実，木などから抽出したアロマオイルを選択し使用することで，心理的・身体的健康が改善されると主張するセラピーの一つ。オイルは，香気を吸入したり，直に皮膚へのマッサージに使用される。リラクセーションの誘発，ストレスや感情的苦痛の低減，**ウェルビーイング**を高める目的で行われる。アロマテラピーとも言う。⇨ **補完・代替医療**

**アロマターゼ**［aromatase］　アンドロゲンをエストロゲンに変化させる酵素のこと。⇨ **アロマターゼ仮説**

**アロマターゼ仮説**［aromatization hypothesis］　げっ歯類の神経系の発達による男性化は，脳に入った**アンドロゲン**が，そこでアロマターゼ酵素によって**エストロゲン**に変化することによって起こるとする仮説。

**アロモン**［allomone］　一つの種の成員によって体外に放出される化学信号であり，その種の他の成員の行動に影響を及ぼすもの。⇨ **フェロモン**

**哀れみ**［pity］　不幸や苦しみ，不運や災難に遭遇している人々に対する悲哀や同情の感情。

**アンガコック**［angakok］　シャーマンまたは霊媒師に対して用いるイヌイットの名称。アンガコックはイヌイットの精神生活の中心人物である。重要な儀式に立会い，天候や狩猟動物の移動を予言し，病を治癒し，失ったまたは盗まれた魂を取り戻し，他の霊的な存在と話をする。

**アンガーマネジメント**［anger management］　カウンセリングやセラピーにおいて，怒りを喚起する刺激に対する不適切な反応をコントロールし，他者を尊重するやり方で怒りの感情を適切に表現するためにしばしば用いられるテクニック。このようなテクニックには，以下のようなもののすべてが含まれる。たとえば，怒りの生理的反応を減少させるためのリラクセーション法（深呼吸，言葉やフレーズを繰り返し唱える，リラックス体験をイメージする），誇張された，あるいは過度に飛躍的な思考を合理的な思考に置き換えること（⇨ **認知再構成**），怒りについてより穏やかに思慮深く伝えること，怒りを喚起させられるような状況や環境から立ち去る，あるいは避けることなど。

**アンカリング**［anchoring］　順応水準理論において，判断スケール上に割り当てられた**係留**。この理論によると，すべての判断は，比較のために設定された潜在的なスケールと関連づけられている。たとえば貧困を評価する場合，極端な貧困にある人々を対象とするか，ある程度の貧困にある人々を対象とするかによって，評価が異なるということ。

**暗光**［dark light］　網膜の光受容体の自発的な活動によって誘発される光感覚のこと。そのような光感覚は光がなくても生じる。

**暗号文**［cryptogram］　問題解決研究で用いられる問題の一種で，アルファベットの各文字に，ランダムに別のアルファベット文字を割り当てること（例，sはaを，aはnを意味するなど）によって短い文を暗号化したもの。参加者は，暗号に使われている対応する文字を明らかにし，メッセージを解読しなければならない。⇨ **コード検査**，**覆面算**

**暗算能力**［lightning calculator］　すばやく暗算をすることができる能力。なかにはIQの高い人もいるが，特別に高いIQというわけではなく，**特殊能力**が非常に発達している場合が多い。

**暗示**［suggestion］　間接的な方法で，ある考えや行動を受け入れさせる過程のこと。暗示は通常言葉でなされるが，広告などのような画像でなされたり，サブリミナルになされたりすることもある。

**アンジェルマン症候群**［Angelman syndrome］　15番染色体の異常によって引き起こされる先天性疾患。神経的，運動的，認知的機能に異常や障害が認められ，たとえば深刻な学習困難や発話の欠落，硬くぎくしゃくした歩行や運動（⇨ **運動失調**）があげられる。アンジェルマン症候群の患者は機嫌が良く気楽といった気質をもち，不適切な笑いの発作を起こす。頭蓋・顔面の異常である，小さなあるいは極端に扁平な頭，幅広い口，そして顎の突出も典型的である。以前は幸福な操り人形症候群（happy-puppet syndrome）と呼ばれていた。［イギリスの小児科医のアンジェルマン（Harry Angelman: 1915-1996）が報告］

**アンジオテンシン**［angiotensin］　ペプチド結合の一種で，アンジオテンシンI，II，IIIを含む。血流内で，タンパク質（アンジオテンシノーゲン：angiotensinorgen）を分解する**レニン**の酵素作用によって作り出される。これらの作用は，血管の収縮（**血管収縮**），血圧の上昇，副腎からの**アルドステロン**の放出を刺激することである。⇨ **レニンアンジオテンシン系**

**暗示性疾患**［pithiatism］　フランスの神経学者バビンスキー（Joseph Babinski: 1857-1932）が**ヒステリー**の代わりとして1918年に提案した**身体化障害**の旧式名称（ギリシャ語の"pithanotes"説得力による）。説得によってヒステリー症状が生じるという理論に基づいており，説得が効力をもたないヒステリー障害と区別される。

**暗示的思考**［allusive thinking］　伝統的論理学や直接的な考えのやりとりというよりも，推論や暗示によって特徴づけられる思考形式の一種。用いられる概念は拡散していて曖昧になる可能性がある。⇨ **類推的思考**

**暗順応〔1〕**［dark adaptation］　光への感度を上げることによって暗いところに適応するための眼の能力。一連の過程には30分程を要し，その過程には瞳孔の拡大や網膜の変化，とりわけ**ロドプシン，ヨドプシン**の再生成が含まれる。⇨ **明順応**

**暗順応〔2〕**［scotopic］　眼が低照明に順応すること。

**暗順応曲線**［dark-adaptation curve］　完全暗黒においてかすかに光るフラッシュを検出するように求められた際の，光感度の時間経過を示すグラフ。

**暗所視**［scotopic vision; twilight vision］　桿体系の働きにより薄暗い明かりの中で生じる視覚。色の識別はできず，視野はグレーの濃淡で知覚される。杆体細胞の感度のピークが510 nmであるため，ターゲットの波長がこの510 nmに近いほど，その物体は明るく見える。⇨ **明所視**

**暗所刺激**［scotopic stimulation］　薄暗い標的刺激を用いて視覚を刺激する方法で，通常桿体系が主に活性化した状況で行われる。⇨ **明所視の刺激**

**暗所嗜好**［lygophilia; nyctophilia; noctiphilia; noctpphilia; scotophili］　暗い所，あるいはうす暗い所にいたいという異常な願望。暗闇や夜を非常に好むこと。

**暗示療法**［suggestion therapy］　心理療法の一種で，直接暗示や再保証によって苦痛となっている症状を取り除く。この技法は，ときに**催眠療法**で用いられる。暗示には症状が現れた意味や目的を説明することを伴うが，クライエントの人格を変容させることは試みられない。

**安静治療技法**［rest-cure technique］　19世紀に発展した治療技法。多忙な生活に起因する神経症に対する治療法。治療計画は十分な休息だけでなく，理学療法，マッサージ，環境の修正，軽いエクササイズ，食事療法なども含まれる。現代では技術自体は用いられないが，それを活かした概念は残っている。たとえば"メンタルヘルスデー"として休暇をとることやフィットネスクラブを使うことである。［アメリカの内科医ミッチェル（Silas Weir Mitchell: 1829-1914）によって発展した］

**安全**［security］　安心感，満足感など，不安から解放されている状態を指す。心理学では，温かさ，親や友人からの受け入れ，年齢相応の技術および能力の発達，**自我強**度を構築する経験といった要因によって「安全さ」が生じるとされている。精神療法の文脈では，安全さ，特に信頼（trust）の発達は，情動面や行動面での問題を明らかにしたり，強力かつ健全な**治療者-患者関係**につながるものであると考えられている。

**安全衛生教育**［safety and health education］　道路やワークショップ，家庭，遊び場での安全性や　低栄養状態の要因や予防，アルコール依存症，薬物中毒　性感染症など健康に関連した習慣についての教示すること。

**安全基地現象**［secure base phenomencn］　幼児は，親などの愛着の対象を，安全な場所の象徴としている。新奇な環境へと繰り出すときには，親のところへ戻ってきたり，振り返ったりして，親を基地のように扱う。このような現象のことを指す。

**安全工学**［safety engineering］　危険を減らし取り除くことを目的として，仕事のシステムや工程に関する設計と評価をするために多面的なアプローチを応圧する学問分野。⇨ **危険管理**

**安全行動**［safety behavior］　考えの甘い試みを不安に思うことや，大惨事を防ぐ行動をすること。たとえば**パニック障害**の人は，パニックが起きたとき逃げることしかしないであろう。また，**社交恐怖**の人は，他人と目を合わせることを避けるために，外出時にはサングラスをかけるであろう。安全行動とは，内的な心の過程である。つまり，社交恐怖の人は何が人の目を集めるか知っている。安全行動は，危険の不在ではなく，行動そのものが災害を回避する要因であると信じて，その行動をとることにより，不安障害の症状維持につながる。安全刺激（safety cues），安全探索行動（safety-seeking behaviour），安全信号（safety signal）とも言う。［1991年にイギリスの心理学者サルコフスキス（Paul M. Salkovskis）によって定義された］

**安全コンパートメント**［safe compartment］　2つのコンパートメントがある**条件づけ装置**において，**嫌悪刺激**に結びついていないコンパートメント。

**安全心理学**［safety psychology］　事故や**事故予防**に関わる人的，環境的な要因に関する研究のこと。人的要因には，安全そして危険な態度や行動，関連のある性格や生理的な考慮，ストレス状態などが含まれる。環境要因には，たとえば，安全な高速道路の建設や，安全な労働条件，混雑の減少，標識の再設計，騒音の軽減，シートベルトの着用，台所や浴室のデザインの改良などが含まれる。⇨ **事故傾性**

**安全操作**［security operations］　アメリカの精神分析家サリヴァン（Harry Stack Sullivan: 1892-1949）による概念。傲慢さ，退屈，怒りのような，多種多様な対人防衛的な方法。不安や，自尊心の喪失に対する防衛として用いられる。

**安全装置**［safety device］　ドイツ生まれのアメリカの精神分析家ホーナイ（Karen D. Horney: 1885-1952）の治療的接近法。あらゆる心的手段は，脅威，特に敵意ある環境要因から自分を守るために用いられる。概念は古典的精神分析における**防衛機制**に似ている。⇨ **基底不安**

**安全な性行為**［safe sex］　望まれない妊娠や，性病の感染の危険性を可能な限り減らした性行為。パートナーを慎重に選ぶこと，避妊具を使用することなどが予防になる。

**安全の欲求**［safety needs］　マズローの動機の階層の

第2層にある欲求で，第1層の**生理的欲求**の次にあたる。病気や危険とは無関係でありたいという欲求，安全で親しみのある，予測可能な環境への欲求である。

**アンソロポジェネシス**［anthropogenesis］　人類の起源と進化についての科学的研究。アンソロポジェニィ（anthropogeny）とも呼ばれる。

**アンダーアチーバー**［underachiever］　検査で示された知能よりも，いつも低成績を示す人，通常は生徒のことをいう。低成績（underachievement）は勉強の領域に固有であるが普遍性をもつ場合もある。女子より男子に多くみられ，賢く才能に恵まれた児童においてもかなりみられる。また，平均的な生徒や**特別支援**の生徒にもみられる。⇨ オーバーアチーバー

**アンダーシュート**［undershoot］　膜電位が一時的に静止電位に比べて低くなった**活動電位**の状態。⇨ オーバーシュート

**アンダーセン症候群**［Andersen's syndrome］　膵臓の囊胞性線維症，セリアック病（小児脂肪便症），ビタミンAの欠乏という3つの病理学的状態からなる疾患。気分の落ち込み，筋消耗，筋緊張低下（弱く締まりのない筋肉）といった症状が特徴的である。子どもでは，歩行や立位も困難となる。アンダーセンの三主徴（Andersen's triad）とも呼ばれる。［アメリカの小児科医アンダーセン（Dorothy Hansine Andersen: 1901-1963）が報告］

**アンダーセン病**［Andersen's disease］　心臓，腎臓，筋肉，神経系が関与した肝硬変を特徴とする家族性疾患。消化管から運ばれてきたグルコース（ブドウ糖）を，肝臓に貯蔵するためのグリコーゲン（糖原）に変換するために必要な酵素の欠乏によって起こる。［アメリカの小児科医アンダーセン（Dorothy Hansine Andersen: 1901-1963）が報告］

**アンチエイジング療法**［antiaging remedy］　加齢による影響を減速させる，あるいは逆行させると仮定された介入治療。一般的に，こうした介入は薬理的なもの（たとえば抗酸化物質，ビタミンC，成長ホルモン）であるが，ライフスタイルの変化（たとえば運動など）も含まれる。

**アンチテーゼ（反）**［antithesis］　**1.** あることと反対する，あるいは矛盾する**テーゼ**や考え，提案のこと。**2.** 哲学的には，テーゼ（正），アンチテーゼ（反），ジンテーゼ（合）の提案や矛盾，和解に基づく弁証法的プロセスの第二段階のこと。この用語は，ドイツの哲学者ヘーゲル（Georg Wilhelm Friedrich Hegel: 1770-1831）や彼の弁証法的な考えの発展に関する理論とたびたび結びつけられるが，必ずしも彼の分析で用いられた用語ではない。⇨ **弁証法的唯物論**

**安定化選択**［stabilizing selection］　複数世代にわたって身長や首の長さの平均値などの特性を維持するように働く**自然選択**の傾向。

**安定型愛着**［secure attachment］　**1.** ストレンジ・シチュエーションにおいて，親といるときは信頼感を示し，親が去るのは嫌がるものの，戻ってくるとすぐに関係が回復するというような，良好な親子関係のことを指す。**2.** 自分は愛されるに値するものであるという**愛着の内的ワーキングモデル**と，他者は心を開いてくれ，反応してくれるものであるというモデルを合わせた成人の愛着スタイルを指す。⇨ **拒否型愛着**，**恐れ型愛着**，**とらわれ型愛着**

**安定性**［stability］　**1.** 変化や動きがないことであり，遺伝学（形質における不変性），人格（感情や気分の変化がほとんどないこと），また体の位置（揺らぎがないこと）の状況を示す。**2.** 発達心理学において，特定の特性（たとえば知能テストの結果など）が，時間が経過しても周囲の人と比べてあまり変化していないときに，同じ水準を保っている度合いを指す。

**暗点**［scotoma］　視野内で，部分的あるいは全体的に視覚が欠損している領域。視覚が衰える（相対暗点：relative scotoma），変化する（閃光暗点：scintillating scotoma），あるいは完全に失われる（絶対暗点：absolute scotoma）ことによって生じる。視野の中心（⇨ **中心暗点**）や周辺（⇨ **傍中心暗点**）のどちらでも生じうる。⇨ **視野欠損**

**暗点化**［scotomization］　精神分析理論において，**自我**を脅かす衝動や記憶を無視したり，あるいはそれらが見えない傾向。暗点化は防衛過程であり，**抵抗**でもある。盲点化（scotomatization）とも呼ばれる。⇨ **盲点**

**安堵**［relief］　脅威が明らかに減少，消失，もしくは弱まることで生じる肯定的感情。

**アンドラーデ症候群**［Andrade's syndrome; Corino de Andrade's paramyloidosis; familial Portuguese polyneuritic amyloidosis; Wohlwill-Corino Andrade syndrome］　弛緩性まひ，感覚障害，インポテンツ，早発性閉経などによって特徴づけられる**アミロイドーシス**の型。［ポルトガルの医師アンドラーデ（Corino de Andrade），ドイツの医師ウォールウィル（Joachim Friedrich Wohlwill: 1881-1958）による］

**アンドロイド**［android］　人間の特徴をもち，人に類似した自動人形で，全体が，または大部分が，生体のような素材により作製されている。この用語は20世紀半ばから後半に書かれたサイエンスフィクションにより有名になった。ヒューマノイド（humanoid）とも言う。

**アンドロゲン**［androgen; androgenic hormone］　**精巣**で作られる，**テストステロン**や他の男性ホルモンの一種のこと。少量は副腎皮質（**副腎アンドロゲン**）からも合成され分泌される。⇨ **アンドロステンジオン**，**アンドロステロン**

**アンドロゲン不感性症候群**［androgen-insensitivity syndrome: AIS］　アンドロゲンに対する不感性によって生じる，遺伝性のX連鎖（⇨ **伴性**）劣性状態が，生殖や生殖器の発達に影響を及ぼすこと。2つの型があり，完全型AIS（complete AIS）はアンドロゲンの全部に対して感知しない型で，女性としての外性器をもつ。もう一つは部分型AIS（partial AIS）で，アンドロゲンを部分的に感知するが，外性器の構造が曖昧で男性とも女性とも判別しがたい。しかし，2つの型はともに内的な器官（すなわち，精巣）は男性である。女性化精巣症候群（feminizing testes syndrome），男性偽半陰陽（male pseudohermaphroditism），精巣女性化症候群（testicular feminization syndrome）とも言う。⇨ **間性**，**仮性半陰陽**

**アンドロステロン**［androsterone］　副腎皮質や精巣から分泌されるステロイドホルモン。弱い男性ホルモン作用がある。

**アンドロステンジオン**［androstenedione］　副腎皮質と生殖腺から分泌される，特に男性ホルモン（テストステロ

ン）や女性ホルモン（エストロン）の前駆体となるステロイドホルモンのこと。

**アントン症候群**［Anton's syndrome］　医学的な徴候は明らかに視力の欠如を示しているにも関わらず，患者本人の，盲目であるということの認識の欠如や否認を特徴とする稀少な疾患。この患者は，あたかも見えているかのように振舞い，歩き回ることや物体を取り扱うことなどの困難さについて，念入りな弁明や合理化を行う。一般に，後頭葉の両側性損傷によって引き起こされるが，片側性の損傷によっても起こることがある。盲目に対する病態失認，盲目の否認，視覚性病態失認とも呼ばれる。［オーストリアの内科医アントン（Gabriel Anton: 1858-1933）によって初めて定義された］

**アンビバレント型愛着**［ambivalent attachment］　**ストレンジ・シチュエーション**における**不安定型愛着**の一つ。乳児は親に対して接近や接触を求める反応と拒否的，拒絶的反応のどちらも示す。たとえば，この型の乳児は，分離の後，戻ってきた親に対して親密な接触を求めると同時にそれに抵抗する。抵抗型愛着（resistant attachment）とも呼ばれる。

**アンフェタミン**［amphetamine］　その構造や作用がエフェドリン（⇨ **麻黄**）に密接に関連している**中枢神経興奮薬**の一つ。**アンフェタミン類**として知られる薬物の一群の基本形である。アメリカの商品名はベンゼドリン（Benzedrine）。

**アンフェタミン依存**［amphetamine dependence］　DSM-Ⅳ-TRにおける，重篤な物質関連の問題にも関わらず，アンフェタミンやアンフェタミン類似の物質を使用し続けることを示す認知的，行動的，生理学的な症状の一群。耐性の形成，使用を停止したときの特徴的な症状（⇨ **アンフェタミン離脱**），連続使用への動因をコントロールできないなどにつながる，物質の反復的な使用様式がある。⇨ **アンフェタミン乱用**

**アンフェタミン中毒**［amphetamine intoxication］　アンフェタミンやアンフェタミン類似の物質を最近摂取したことによる，可逆的な症候群の発現。1つ以上の生理学的な合併症（たとえば，不安定な歩行，注意や記憶の障害）とともに，行動や心理的な変化（たとえば，不適切な攻撃的行動，判断の障害，疑い深さ，パラノイア）によって特徴づけられる。⇨ **物質中毒**

**アンフェタミン中毒せん妄**［amphetamine intoxication delirium］　アンフェタミンやアンフェタミン類似の物質を多量に摂取したのちの短時間（大抵数時間や数日）にわたって発現する，可逆的な症候群。この状態像の出現は，関連する**アンフェタミン中毒**よりもはるかに多く，意識障害（たとえば，注意の焦点づけ，保持，移動能力の低下）や認知面の変化（たとえば，記憶障害，失見当識，言語障害）を伴う。⇨ **物質中毒性せん妄**

**アンフェタミン誘発性精神障害**［amphetamine-induced psychotic disorder; amphetamine psychosis］　アンフェタミンやアンフェタミン類似の物質の直接的な生理学的影響による，パラノイア様妄想によって特徴づけられる状態。妄想は，これら物質使用を続けている限り持続し，物質からの離脱が完了した後の数週間，数か月にわたっても消失しないことがある。

**アンフェタミン乱用**［amphetamine abuse］　DSM-Ⅳ-TRでは，アンフェタミン類やアンフェタミン類似の物質の使用様式が，これら物質を反復的に摂取したことによる重篤な有害な結果に至ることを明記している。この診断は，**アンフェタミン依存**の診断によって先取りされる。すなわち，アンフェタミン乱用とアンフェタミン依存が両方当てはまるときには後者の診断のみが与えられる。⇨ **薬物乱用，薬物依存**

**アンフェタミン離脱**［amphetamine withdrawal］　アンフェタミンやアンフェタミン類似の物質を持続的に多量消費することを停止（あるいは減量）した後に起こる，特徴的な離脱症候群。その主要特徴は，重篤で疲労を伴う抑うつ気分，睡眠障害，食欲増進，鮮明で不快な夢，**精神運動抑制**，不穏，もしくはそれらのすべてである。強力で非常な多量使用のエピソードの後には，著明な離脱症状（⇨ **クラッシュ**）が現れる。⇨ **物質離脱**

**アンフェタミン類**［amphetamines］　脳の**網様体**を刺激して，貯蔵されたノルエピネフィリンの放出を引き起こす薬物の一群。その効果は，持続的な覚醒状態と疲労感の除去である（⇨ **中枢神経興奮薬**）。アンフェタミン類は，多様な臨床的使用を目的として1932年に導入された。第二次世界大戦中，戦闘兵たちに最長60時間の警戒態勢を維持させるためにアンフェタミン類が配給された。連続的な使用によって耐性が漸進的に形成され，疲れやすくなり数日間も続けて眠ってしまうようになる。**アンフェタミン乱用**は依存を形成し，明らかな精神病状態に帰結する（⇨ **アンフェタミン依存，アンフェタミン誘発性精神障害**）。かつては体重減少，抑うつの軽減，その他の適応で幅広く使用されていたが，今日はその悪影響により使用は限局されている。現在は，短期ならびに長期作用型の薬品が，おもに注意欠陥／多動性障害の症状管理，一部の難治性うつ病やナルコレプシーの治療に用いられており，また，今もなお疲労調整を目的として軍隊でも用いられている。アンフェタミン類は，**アンフェタミン単独（原型），デキストロアンフェタミン，メトアンフェタミン**を含む。類似した作用様式をもつが分子構造が異なる関連薬物として，**メチルフェニデート**がある。加えて，いくつかの派生物（DOM, MDA, MDMAを含む）が娯楽目的で幻覚誘引のために製造されている。

**アンヘドニア**［anhedonia; ahedonia］　通常であれば満足を得られるであろう体験や活動を楽しむことができないこと。**大うつ病性エピソード**の診断基準において常にみられる2つの症状のうちの一つである。なお，もう一つの症状とは抑うつ気分である。アンヘドニアは，統合失調症においてもよく認められる。［1987年にフランスの心理学者リボー（Théodule Ribot: 1839-1916）によって最初に定義された］

**アンベノミウム**［ambenomium］　**重症筋無力症**の症状緩和のために，経口で服用できる抗コリンエステラーゼ剤（⇨ **コリン作動薬**）。アメリカの商品名はマイテラーゼ（Mytelase）。

**暗黙知**［tacit knowledge］　明示的に教えられたものではなく，非公式なかたちで獲得された知識（たとえば，社会的ルールなど）のこと。人が特定の環境や仕事に上手く対応することを可能にさせる。自己内省的な意識を伴わずに貯蔵されているため，容易に言葉で表現できない。**実践的知能**には暗黙知を獲得する能力が必要である。潜在知

(implicit knowledge), 無意識知（unconscious knowledge）とも言う。⇨ **知能の鼎立理論**［アメリカの心理学者スタンバーグ（Robert J. Sternberg: 1949- ）が提唱した理論］

**暗黙の性格観**［implicit personality theories］ 性格特性の相互関係に関する暗黙の想定のこと。日常生活における事象観察によって，ある性格特性が存在すると推論するときに使われる。

**暗黙のリーダーシップ理論**［implicit leadership theories］ リーダーを，それに率いられる人々から区別するような特性，特徴，性質についての知覚者の一般的な仮定。心理学者が展開した**リーダーシップ理論**と同様に，これらの認知的枠組みも，リーダーシップについての法則的な一般性や，大抵のリーダーに特徴的な性質類型に関して具体的な仮説を含んでいる。しかし，科学的な理論とは異なって，これらは直感と個人的経験に基づいており，大抵明確には言語化されない。⇨ **リーダーシップの帰属理論，リーダーカテゴリー化理論，リーダープロトタイプ**

**安楽死[1]**［euthanasia］ さらなる苦しみを防ぐために命を終わらせる行動，またはその過程。自発的安楽死では 妥当な**事前指示**を与えるのにしかるべき人か，その人の希望を明確に伝えられる人の同意が必要である。安楽死は，アメリカ全土で自然死法のもとに認められているような，侵襲的な治療を放棄する診療とは区別される。⇨ **積極的安楽死，人生の終わり，インフォームド・コンセント，消極的安楽死**

**安楽死[2]**［mercy killing］ 死期が迫った人間や動物が抱えている長期間の苦しみを終わらせるための積極的な行為を指す。安楽死の概念は古代から存在していた。軍人たちは瀕死の重傷を負った戦友，あるいは敵をあえて死に至らしめることは当然であると考えていた。重傷を負った動物たちもまた安楽死によって苦痛から逃れられると考えられている。

# い

**ES細胞** [embryonic stem cell] 胚盤胞期に胎児で作り出されるある種の細胞で，どのようなタイプの組織細胞にも成長する可能性がある。この能力のため，多くの研究者はES細胞は大人の**幹細胞**（成長することができる細胞タイプの範囲が限られる細胞）よりずっと効果的な治療法を開発できる可能性があると考えている。

**ESP強制選択テスト** [ESP forced-choice test] 超心理学の実験用語で，**ツェナーカード**を用いた場合などに，実験参加者の"コール"もしくは推測が事前に決定されていた**ターゲットセット**に制限される技法。この手順の主なメリットは，実験参加者の"コール"が正しかったか間違っていたかが，(a) 明確であり，(b) 統計学的に測定可能で，得られた結果をチャンスレベルの期待値と比較することを可能にする。⇨ **ESP自由応答テスト**

**ESP自由応答テスト** [ESP free-response test] 超心理学の実験用語で，実験参加者の"コール"もしくは推測が，事前に決定されていた**ターゲットセット**に制限されない技法。そのため，**選好マッチング**の手続きによって，ターゲットになりうるものとの間で相関関係をもちうる。⇨ **ESP強制選択テスト**

**ELSIプログラム** [ELSI Program] ヒトゲノム解析計画の倫理的，法的，社会的影響について考慮するプログラム。このプログラムは，ヒトゲノムについての理解の進展，およびそれに伴う先天的な罹患の診断や治療方法の変化によって引き起こされる社会的，心理的，文化的な諸問題に関する研究を促進することを目的としている。ヒトゲノム解析計画の全予算の5%がこのプログラムの研究に充てられている。

**言い換え** [restatement] 心理療法やカウンセリングにおいて，セラピストやカウンセラーがクライアントの発言を言葉通りに繰り返したり，再び言葉で表すこと。その目的は，クライアントの発言を理解していることを明らかにし，クライアントが自分の感情や考えをより明確に理解するための"鏡"を提供することである（⇨ **ミラーリング**）。⇨ **明確化**，**解釈**，**リフレーミング**

**ECT誘発健忘症** [ECT-induced amnesia] 電気ショック療法（ECT）を行うことで引き起こされる健忘症。ECTは抑うつを軽減する効果があるが，記憶欠損をしばしば引き起こす。特に，脳の両側にECTを行った際によく現れるものである。記憶は治療後数時間から数日間は大幅に低下するが，6か月後には新規の学習は概ね通常に戻る。治療までの後方視的記憶には障害が残る場合がある。

**eセラピー** [e-therapy] インターネットを用いた**遠隔療法**の一形態で，通常は対面式で提供される臨床的なサービスへのアクセスを拡大するために用いられる。このセラピーは，リアルタイムのメッセージ交換，チャットルームでのやりとり，電子メール・メッセージでのやりとりといった方法で行われる。オンラインセラピー（online therapy）とも呼ばれる。

**EBウイルス** [Epstein-Barr virus: EBV] 感染性単核球症の原因であるヘルペスウイルス。この病気に罹ったことのある細胞外口腔液に見つかる。また，ある種の癌（たとえば，バーキットリンパ腫）患者の細胞から見つかったこともある。[イギリスの病理学者エプスタイン（Micael Anthony Epstein: 1921-）とバー（Yvonne M. Barr: 1932-）による]

**EPAM** [Elementary Perceiver and Memorizer] 人間による無意味音節の暗記学習を反映，あるいはモデル化したコンピュータプログラム。[1963年アメリカのコンピュータ科学者のファイゲンバウム（Edward A Feigenbaum: 1936-）によって作られた]

**言い間違い** [slip of the tongue] **頭音転換**のように，発話障害や第二言語習得の段階とは無関係な，一時的な発話における小さな誤り。精神分析家は，長らくこうした間違いの重要性に関心を抱いており，これらが無意識的な連想や動機づけ，願望などを明らかにすると考えてきた。失言（lapsus linguae）や発話エラー（speech error）とも言う。⇨ **フロイト的失言**，**失錯行為**，**言語性漏洩**

**言いようのなさ** [ineffability] **1.** 明確に描写するのが難しい感覚や経験の確信性の質。言うに言えない感覚は，しばしば霊的，美学的，感情的な状態に帰属される。**2.** 躁病エピソードでしばしば体験される，人に伝えるのが難しい，抑えきれない幸福な感覚。

**胃運動** [gastric motility] 特に消化過程で生じる胃の筋肉の運動。この運動は，ストレスへの反応のように胃の中に食物がないときにも生ずる。

**イエス・ノー法** [yes-no judgment task] 実験参加者が刺激の提示の有無について反応する，精神物理学における信号検出課題のこと。

**イエーツの補正** [Yates correction] 検定の精度を改善するために，$\chi^2$値を計算する際に用いられる**連続性の修正**。⇨ **カイ二乗分布** [イギリスの統計学者イエーツ（Frank Yates: 1902-1994）]

**イオナミン** [Ionamin] フェンテルミンの商品名。

**異音** [allophone] 言語学において，同一の**音素**の文脈的変異形としていくつかのわずかに異なる発声音が現れる場合に，その個々の発声音を指す。たとえば，英語において，paidの冒頭の[p]は有気音，spadeの[ɔ]は無気音であるが，そこに言語の音韻体系上の対照的な機能はなく，そのためそれぞれが同一音素の異音だとみなすことができる。

**イオン** [ion] 1つ以上の電子を得たり失ったりすることによって電荷を帯びるようになった原子または分子のこと。

**イオンチャネル** [ion channel] 細胞膜に広がるチャネルを形成しているタンパク質の集合体のこと。細胞外環境と細胞内にある細胞質との間のイオンの行き来を可能にする。イオンチャネルは選択的（特定の化学的性質，サイズ，帯電をもったイオンの通過を許可する）であり，ゲート無し（常時開放型）かゲート有りかのいずれかである。ゲート有りのチャネルは，化学的・電気的・力学的信号に応じて開いたり閉じたりする（⇨ **リガンド依存性イオンチャネル**，**電位依存性イオンチャネル**）。イオンチャネルは**シナプス**でのニューロン間の神経信号のやりとりにおいて重要である。シナプス後ニューロンの細胞膜におけるナトリ

ウムチャネル（sodium channel）の開放は，ニューロンへのナトリウムイオン（Na$^+$）の流入を可能にし，これによって**興奮性シナプス後電位**を生み出す。カリウムチャネル（potassium channel）と塩素チャネル（chloride channel）の開放は，カリウムイオン（K$^+$）に対してシナプス後ニューロンから離脱することを許可し，塩素イオン（Cl$^-$）の流入を可能にする。これによって**抑制性シナプス後電位**が生み出される。⇨ **カルシウムチャネル**

**イオンチャネル型受容体**［ionotropic receptor］　その受容体が活性化したときに解放される**イオンチャネル**を含んだ受容体タンパク質のこと。⇨ **グルタミン酸受容体，代謝調節型受容器**

**イオンポンプ**［ion pump］　**1.** 細胞膜を通過してイオンの**能動輸送**を実行するタンパク質分子のこと。⇨ **ナトリウムポンプ　2.** 原子や分子をイオン化し，金属表面に吸着させることで，気体を排出し，圧力を減少させるタイプの高真空ポンプ。

**異化**［catabolism］　食物由来の錯体分子や組織の分解に関与する**代謝**の一部であり，しばしばエネルギーの放出を伴う。⇨ **同化作用**

**胃拡張**［stomach loading］　動物実験において，実験動物の胃の中で風船をふくらませたり胃を水で満たすことにより，胃を拡張すること。

**威嚇ディスプレイ**［threat display］　攻撃の意思を表す，動物の儀式化したコミュニケーション信号のこと。逆立たせた毛や羽毛，顔の表情や身体姿勢，低い周波数の発声（たとえば，うなり声）などが例である。威嚇ディスプレイに対しては，攻撃が始まる前に，服従するか逃げるなどの反応をすることができる。儀式化した威嚇ディスプレイを用いることによって，実際の攻撃を少なくすることができ，ひいては双方の個体のためになる。

**医学的家族療法**［medical family therapy］　生体心理学システムのアプローチを**家族システム理論**に結びつけた心理療法の一種。患者とその家族が患者の健康問題に対処することを手助けする。医師，看護師，作業療法士，栄養士などによる患者の健康管理チームの協力体制を重視する。

**医学的心理学**［medical psychology］　医療実践において生じる心理学的問題を取り扱う応用心理学の一領域。疾患への心理的反応，末期疾患や差し迫った死に対する態度，痛みを軽減するための心理学的手法（たとえば，催眠暗示），障害への心理的反応などが対象となる。

**医学的精神療法**［medical psychotherapy］　精神病の治療において薬物や他の医療技術を使用する心理療法。

**医学的リハビリテーション**［medical rehabilitation］　生理学的，解剖学的な障害を有する個人の身体機能を可能な限り十分に復元させようとするプロセス。⇨ **リハビリテーション**

**医学モデル**［medical model］　**1.** 精神的，感情的な問題は，生物学的な問題に類似しているという考え方。つまり，検出可能であり，特定の生理学的原因（たとえば，遺伝子異常や細胞損傷）があり，医学的方法によって治療や改善が可能だとする考え方。**2.** 評価研究において，評価を行うためのシステム分析手法のこと。結果に影響を与える可能性のあるすべての要因の相互関係を考慮し，治療の副作用の可能性を監視する。異なるグループの利益の単純比較を行う工学モデルとは対照をなす。

**いかさま**［cheating］　策略やごまかし，あるいは他の不公平な操作によって，自分自身あるいは他者の結果に影響を及ぼすこと。このようなごまかしをすることは，あらゆる社会関係の維持に対して破壊的であるので，人類および他の動物は，ごまかしを検知し，罰するための戦略を発達させてきた。

**異化生成物**［catabolite］　**異化**の結果生じる生成物のこと。

**鋳型照合理論**［template-matching theory］　パターン認識は，適合するものが見つかるまで，入力された感覚刺激のパターンをパターンの心像や表象（鋳型）と比較することによって続けられるとする仮説。この理論は概して単純すぎると考えられている。その理由は，同じ刺激であっても複数の視点からの観察が可能であり，そのことが入力パターンを変化させる点，また，特定の刺激は多くの異なった変化形をもちうる（たとえば，アルファベットの文字は多くの様式や大きさ，方向などで印字され得るなど）点などから，それぞれすべての特定の視点や変化形について鋳型を貯蔵することは不可能であるためである。

**怒り**［anger］　欲求不満や，想像上であるいは実際に他者から傷つけられた経験，不当な仕打ちを受けたことなどから喚起される，緊張と敵意を特徴とする**情動**。怒りは，その怒りの対象を取り除くための行動（たとえば，断固とした行為）や，単に怒り感情を表現するための行動（たとえば，罵り）によってあらわになる。

**怒り制御療法**［anger control therapy］　怒りを喚起させる誘因への，治療者による指示的で漸進的な暴露を用いた治療法。その中で，治療者のモデリング，クライエントのリハーサル，アサーティブ・トレーニング，他の対処方略スキルトレーニングを行う。個人とグループ場面の両方で訓練を行い，全般的に怒りに関して問題（たとえば，怒りの強さ，頻度，表現の手段）をもつクライエントや，特定の疾患・障害をもつクライエントに対して行われる。⇨ **アンガーマネジメント**

**怒りの段階**［anger stage］　スイス生まれのアメリカの精神科医キューブラー・ロス（Elisabeth Kübler-Ross: 1926-2004）が提唱した，**死の段階**の5段階中の2段階目を指す。激しい怒りや鬱憤，「なぜ私が？」という疑問をもつことが特徴としてあげられている。

**異議**［dissent］　多数者の意見や確立した社会規範に対する不同意のこと。

**閾下**［subliminal］　知覚や気づきが**閾値**よりも下にある状態。

**閾下音声言語**［subvocal speech］　発話の動きと似ているが音を出さない，唇や舌，喉頭のかすかな動きに付随する**潜在的発話**。たとえば自分自身や他者の行動，知覚，感覚について独り言を述べるときに，人はしばしば閾下音声言語を使う。

**閾下学習**［subliminal learning］　意識的に気づく閾値よりも低いレベル（すなわち閾下）で呈示される刺激に触れることによって獲得される情報，習慣あるいは態度。

**閾下刺激**［subliminal stimulation; subliminal stimulus］　反応を引き起こすために必要な強度や閾値を下回る刺激。⇨ **閾下知覚**

**閾下説得**［subliminal persuasion］　呈示された情報の内容に人々が意識的に気づかないうちに人の態度を変容さ

せるように情報を呈示すること。普通，視覚刺激の極端に短い時間での呈示（例，単語，絵）が含まれる。

**閾下知覚〔1〕**［subception］参加者が報告できるほど明確には知覚されない情動喚起刺激に対する反応。ただしその効果は，皮膚電気反応や予測より長い反応時間によって間接的に観察することができる。

**閾下知覚〔2〕**［subliminal perception］気づきのレベルを下回る刺激が効果をもつことで，特にとても弱い（あるいはとても速い）刺激が意識レベルで個人に影響を及ぼすこと。閾下の刺激に関する反応が実際に起きているかや，閾下の命令や広告が行動に影響することかどうかについては疑問の余地がある。閾下の命令は直接的に行動に影響を及ぼすのではなく，**閾下プライミング**を通じて反応に影響すると考えられる。

**閾下電位**［subthreshold potential］**緩電位**の一種で，**活動電位**を生じるには強度が十分ではなく，直接刺激される領域を超えて影響を与えることはないような刺激から生じる電位。⇨ **減衰伝導**，**局所電位**

**閾下プライミング**［subliminal priming］関連する認知課題における事後の生起確率を高める無意識的刺激。⇨ **プライミング**

**閾感度**［liminal sensitivity: LS］ある刺激属性に対する感度の度合い。閾値が低いほど，感度が大きいことを意味する。

**閾上**［supraliminal］**弁別閾**あるいは**絶対閾**を超える刺激のこと。閾上差異（supraliminal difference）は，弁別閾以上の刺激間の差のこと。

**閾上知覚**［supraliminal perception］1．閾値以上，すなわち閾下ではない感覚情報を知覚すること。2．感覚によって検知できるが，知覚者によって意識的に解釈されない情報の処理。この例としては混雑した部屋の中でのガヤガヤという話声や，知覚の実験の間にごく短時間だけ呈示される視覚刺激などが含まれる。⇨ **閾下知覚**

**閾値**［threshold］1．精神物理学において，検出率が50％となる刺激の大きさのこと。2．反応を誘発するために必要な刺激の最小強度のこと。たとえば，**可聴閾値**は知覚可能な最小限の音のことであり，神経伝達の閾値はニューロンの**活動電位**を引き起こす最小限の刺激であり，腎閾値はその超過物が排出される前に必要とされる血液中の物質濃度である。これらは閾（limen）または，反応閾値（response threshold）と呼ばれる。⇨ **絶対閾**，**弁別閾**

**閾値刺激**［liminal stimulus］確率 0.5 で反応を引き出す**閾値**の刺激。

**閾値特性分析**［threshold traits analysis: TTA］人事選考において，与えられたポジションで満足できるだけの作業成績を上げるのに必要な特性を判断する方法。その業務のエキスパート（通常は上司あるいは前任者）が，そのポジションの重要性，特色，関連性，レベル，実用性に関する 33 の特色について評定する。［産業・組織心理学者ロペス（Felix Manuel Lopez: 1917- ）によって提唱された］

**閾値変動**［threshold shift］順応水準や文脈といった変数の変化の結果生じる**閾値**の変化。

**閾値理論**［threshold theory］「グループメンバーの許容閾値を長期間超えなければ，対立も有益なものとなる」という**グループ・ダイナミクス**における仮説の一つ。［アメリカのコミュニケーション研究者ボルマン（Ernest G. Bormann: 1925-2008）が提唱した］

**閾の**［liminal］感覚の**閾値**に関連した形容詞。

**生き残る意思**［will to survive; will to live］逆境（たとえば，重篤な疾患や障害を抱えているような状況）や極端な状況（たとえば，食物や水がないとか，捕虜収容所のような状況）であっても生き続けることを決めること。

**息もれ声**［breathy voice］発声の一種。普通の発音のように声帯が振動するが，声門が完全に閉まっておらず，振動周期の間中，空気が声門から漏れ出てしまう。たとえば，behind や hippopotamus といった語における［h］の発音など。声が弱く，かつ有声音であった場合，その状態は音声衰弱症（honasthenia）と記述されることがある。

**異形**［variant］対象や出来事の集合の中で，他のものと根本的には似通っているが，どこかが異なっているもののこと。

**意気揚々**［elation］極端に喜び，極端に楽観主義で，休みなしに興奮している状態。極端，あるいは長期的に持続する場合は，精神障害の徴候として考えられる。特に薬物による精神障害や急性躁病が疑われるが，**進行まひ**，**統合失調症**，**脳腫瘍**においても出現する。

**生きる喜び**［joie de vivre］**アンヘドニア**のない，生活における楽しみや喜びの感覚。原語は "joy of living" のフランス語。

**育児訓練**［parenting training; parent training］親やそれ以外の養育者を対象にした，子どもの問題行動へ効果的に対処するための技術指導計画を指す。

**育児支援**［child support］親が子どもの経済的・教育的ニーズを満たすべき，という，法的に強制可能な要件。これらのニーズを満たすのに必要な財政手段を提供することも含む。

**育児ストレス指数**［Parenting Stress Index: PSI］親子関係のストレスを査定し，親の育児行動の潜在的機能不全や，子どもの問題を発見するためのツール。120 の質問項目から構成されており，「全く違う」から「全くその通り」の 5 件法**リッカート尺度**に親が回答する。1983 年に初出版され，現在は第 3 版（1995 年出版）が使用されている。［アメリカの教育心理学者アビディン（Richard R. Abidin: 1938- ）によって開発された］

**育児放棄（ネグレクト）**［child neglect］子どもの身体的，情緒的，知的能力の一般的発達にとって非常に重要と考えられる注意，養育，愛情の拒否。一般に，無関心，無視，または世話をする人が障害をもっていることに起因する。⇨ **親の拒絶**

**畏敬**［awe］感嘆や気持ちが高揚する経験のことで，形態美，優れた能力の発揮，道徳的な善良さへの反応として生じる。畏敬の念を生じる刺激は「ものすごい経験」として感じられ，理解することは難しい。

**異系交配**［outbreeding］動物が血縁のない，あるいは遠縁にあたる同種の成員と交配すること。これは**雑種強勢**を生み出す場合がある。交雑育種（crossbreeding）とも呼ばれる。

**異形症**［dysmorphism］体の一部の形や構造の異常。

**異形態**［allomorph］言語学において，同一の**形態素**を表現するのに複数の異なる発音音あるいは文字が使われる場合に，そのいずれかを指す。たとえば，cats の末尾の発音［s］と dogs の末尾の発音［z］は，ともに名詞の複

数形の形態素を表しており，ゆえにそれぞれが異形態である。同様に，書き文字においては，burnt の末尾の -t と turned の末尾の -ed は，同じ過去時制の形態素を表す異形態である。

**異型配偶子**［heterogametic］　2つの異なる**性染色体**をもった性を指す。たとえば，哺乳類におけるオスや鳥類におけるメス。⇨ **同型配偶子**

**胃結腸反射**［gastrocolic reflex］　空の胃に食物が入るときや食事を予期したときに，大便を大腸へと送る収縮の波を起こす反射のこと。

**異言**［glossolalia］　理解可能な発声を模した不明瞭な発話。宗教的恍惚（神がかかった状態で意味不明の言葉を口走る），催眠状態あるいは巫女の入神状態，また，ときおり統合失調症においてみられる。⇨ **言語新作**

**医原性**［iatrogenesis; iatrogeny; iatrogenic］　1.　医原病を作るプロセスのこと。2.　治療によって不注意に引き起こされる疾患や病理学的な状態のこと。

**医原性依存**［iatrogenic addiction］　身体的あるいは心理的病気の治療のために医師が処方する物質，特に鎮痛剤に依存すること。

**異言生成**［glossosynthesis］　無意味単語の生成。

**医原病**［iatrogenic illness］　医原性疾患とも言う。担当する臨床医や治療者，医師によって引き起こされた，あるいは悪化させられた疾患。これは，臨床医の行動（医師の発言や表現，患者を検査する際のやり方など）によるもの，あるいは行われた治療の結果（たとえば，治療経過中の感染）によるものとされる。

**威光暗示**［prestige suggestion］　患者の目にうつる治療者の威厳に依存した**対症療法**。いわゆる全能のセラピスト（omnipotent therapist）を連想することで，症状が少なくとも一時的に消失することもある。

**移行現象**［transitional phenomenon］　世界に対する個人内の主観的な表象と，そうした世界の客観的現実との間の関係における内在化された表象。［イギリスの精神分析家ウィニコット（Donald W. Winnicott: 1896-1971）による用語］

**移行対象**［transitional object］　1.　子どもが第一の外的**客体**である母親と分離された際に，不安を和らげるために用いるもの（たとえば，人形や毛布）。移行対象の使用は，安全や安心感を与える内的対象や心的表象が確立されるまで続く。［イギリスの精神分析学者ウィニコット（Donald W. Winnicott: 1896-1971）が初めて説明した］　2.　広義には，快適さや安全，ウェルビーイングを与える人や物を指す。

**異骨症**［dysostosis］　遺伝的な要因や出生の不適切な処置による骨の発育不全。遺伝的な原因は一般に顔や頭蓋骨の骨の不完全な発育で表される。異骨症の例は，**クルーゾン症候群やトリーチャ・コリンズ症候群**である。

**イコン崇拝**［iconolatry］　神性に至る道として，何らかの神聖なイメージに対して畏敬の念を抱くことで，ギリシャ正教会や東方帰一教会で実践されるもの。像そのものに対する崇拝は偶像崇拝（idolatry）と呼ばれ，これとは区別される。

**遺産**［heritage］　1.　身体的あるいは心的特性，特質，もしくは文化的伝統を含む，前の世代から受け継がれたもの。2.　特別の価値があり，将来の世代のために保護されるべきとみなされるような芸術作品，歴史的建造物や記念碑，自然景観。⇨ **文化遺産，社会的遺産，文化保全**

**意志**［will］　人が外的な影響があるにも関わらず，自分自身の行動を選択し，決定するために必要な能力。⇨ **自由意思，意志力**

**意識**［consciousness］　1.　報告可能な考え，内言，行動の意向，想起記憶，意味処理，夢，幻覚，感情，知っているという感覚，知覚および運動の側面として，感覚・身体知覚から心的イメージまでの内容を含む経験を報告すること。2.　内容が報告可能な，様々な主観的自覚状態。日常の覚醒状態（⇨ **覚醒状態**）を指すことが多いが，睡眠状態または**変性意識状態**を指すこともある。認知理論では，意識はグローバル・アクセス機能をもっており，実行制御や意思決定について刻々と変化する重要な内容を示される。医学や脳科学においては，脳波上に記録される脳の特徴的な電気活動が，意識状態を同定するためにしばしば用いられる（⇨ **脳波**）。知覚世界の感覚的意識（sensory consciousness）は，脳の**感覚野**によって定められる。抽象的意識（abstract consciousness）は，抽象的概念，判断，特定の意図，期待，**周辺意識**での出来事を指す。これは，感覚皮質だけでなく，**前頭皮質**をも含む。感覚的体験と抽象的体験との違いについては，ギリシャの哲学者プラトン（Plato: BC 427-347）が最初にその区別を行った。⇨ **意識の進化，高次意識**　3.　フロイト（Sigmund Freud）の古典的精神分析理論においては，思考，感情，知覚，そして精神的生活の他の側面を含む心の領域で，容易に自覚されるものを指す。その内容は，したがって本質的に一時的なものであり，常に変化し続ける。⇨ **前意識**

**意識閾**［threshold of consciousness］　刺激が意識にのぼる心理学的な水準。刺激強度，持続時間，関連性に特徴づけられる。感覚刺激（視覚，聴覚，嗅覚，触覚，味覚）に加えて，記憶や気分にも適用される。

**意識経験の個体発生**［ontogeny of conscious experience］　生物個体における意識的な感覚経験の発達的起源のこと。ヒトでは5か月～6か月の胎児で意識経験をもつことが示されている。

**意識高揚法**［consciousness raising］　グループ討議でしばしば用いられるプロセスであり，(a) 自己（たとえば，自身の状態や欲求，価値，目標など）や，(b) 政治的・社会的問題（特定のグループや人々に対する差別）へ，意識を向けるために行われる。

**意識混濁**［clouding of consciousness］　周囲の状況認識の狭まり，集中力の低下，精神錯乱を伴う精神状態。心的混乱（mental fog）とも言う。

**意識次元**［dimensions of consciousness］　意識の全体的な性質が変化する次元。ここでいう次元とは，気分，内的・外的出来事に対する関与，直後の記憶や感覚，知覚の変化，自己意識，および自己の外部の出来事の同定を含む。

**意識消失**［loss of consciousness: LOC］　意識をもつ生物が，体験したり，自発的なコントロールができない状態。意識消失に関連する状態の例として，失神（気絶），深睡眠，昏睡状態，全身麻酔，ナルコレプシー，てんかん発作があげられる。

**意識水準**［levels of consciousness］　はっきりした覚醒状態からくつろいだ覚醒状態，眠気，睡眠，深い眠り，昏睡状態までの意識または覚醒状態の水準。意識水準は，行

動，脳波，脳機能測定などによって，指標化が可能である。

**意識清明期**［lucid interval］ある精神状態（精神病状態など）によって引き起こされるせん妄，解体，混乱の時期に続く，意識が鮮明な時期。

**意識喪失**［falling out; blacking out］症状として突発性の虚脱があり，時々，兆候としてめまいが生じる。患者は，目が開いているにも関わらず見ることができないと訴えたり，周りで何が起こっているか聞き，理解できるが，動くことができないと感じる。症状は，**転換性障害**や**解離性障害**と一致する。アメリカやカリブ海でみられる**文化依存症候群**にも同様の症状がみられる。

**意識態**［Bewusstseinslage］意識の状態を指す。ヴェルツブルク学派の支持者が用いた用語で，イメージや感覚の一連の連合としては容易には分析できないような心的経験や心的活動を指す。⇨ **無心像思考**［ドイツ語の"意識"より］

**意識調査**［opinionaire］意識や意見を測定する質問紙のこと。

**意識的意図**［conscious intentions］正確に報告・実行できる目標。⇨ **無意識的意図**

**意識的過程**［conscious process］意識された，しばしば制御可能な心的な操作。⇨ **無意識的過程**，**自動性**

**意識的な瞬間**［conscious moment］いま，この瞬間のこと。しばしば約3秒間であると考えられている。これを理論的に測定すると，意識的な感覚イメージが低下する時間とほぼ同じである。⇨ **つかの間の現在**

**意識的な抵抗**［conscious resistance］精神分析学において，恥や拒絶への恐怖，あるいはセラピストへの不信などのために，新たに意識に浮かび上がった無意識の思考や感情を，患者が故意に抑え込むことをいう。⇨ **抵抗**，**イド抵抗**，**抑圧抵抗**

**意識的唯心論**［conscious mentalism］思考，感情，願望，好み，（特に）意図などの純粋な精神現象が行動の主な原因となり，意識がそれを司るという実在を仮定するすべての理論のこと。**行動主義**は行動の起源を説明するものとして，主に唯心論への反発から登場した。意識的唯心論の多くが，精神現象は非物理的な存在であると主張しているのに対し，最近の唯心論の諸説は唯物論的な方向へシフトしつつあり，精神状態とそこへ至るプロセスが物質的な状態とプロセスによって生じることを受け入れている。⇨ **消去主義**，**随伴現象説**，**還元主義**

**意識内人格**［intraconscious personality］**解離性同一性障害**にみられる現象であり，意識下水準での一つの人格機能が意識水準の他の人格機能の思考，外界を認識すること。

**意識のNMDA仮説**［NMDA hypothesis of consciousness］NMDA受容体複合体は主としてワーキングメモリーに関わっており，ワーキングメモリーは意識と密接に関わっている。そのため，NMDAは意識の神経的基盤の構成要素であると主張する理論的仮説。

**意識の客体**［object of consciousness］意識的な知覚において，知覚する者から区別して知覚される客体。これに関連して，**仏教**や**ヒンドゥー教**における**ヴェーダの終極**には，現実の自己は知覚対象によって「影が薄くなる」という概念がある。現象学的哲学では，観察する側と観察される側の分離は人為的であると批判されている。⇨ **現象学**，

**意識の主体**

**意識の劇場**［theater of consciousness］意識している事象を舞台上の演技に，また他方で意識されていない心理的機能を聴衆や裏方として例える，意識の比喩，または概念化。

**意識の構成仮説**［constructive hypothesis of consciousness］意識の機能とは，文脈や利用できる心的内容により，柔軟に経験を構成していくことであるという仮説。［オーストリア生まれのアメリカの心理学者マンドラー（George A. Mandler: 1924- ）により提唱された］

**意識の時間的側面**［temporal aspects of consciousness］時間に関連した意識の特性のこと。**つかの間の現在**や，感覚刺激が認知に至るのに必要な時間の長さ，持続時間の主観的知覚など。⇨ **プロテンシティ**

**意識の主体**［subject of consciousness］観察自我，すなわち「私"I"」を指す。または個人の主観性のこと。⇨ **エージェントとしての自己**，**意識の客体**

**意識の進化**［evolution of consciousness］動物界において意識が発生し進化する過程のこと。哺乳類の意識の発達は1億年にわたる脳の**視床-皮質系神経回路網**の進化に関係している。人間の感覚意識は大脳後部の**感覚野**や，視床の活動などに依存している。しかし，非哺乳類は意識感覚の基盤として他の脳領域を発達させてきた可能性がある。人間性心理学者やトランスパーソナル心理学者は人間の意識は文化の中で発達し続けると主張する。

**意識のスペクトル**［spectrum of consciousness］**1.** ある状態において生じる心理的，精神的経験のすべてを包括する，**トランスパーソナル心理学**の概念。**2.** 神経科学における意識の範囲のこと。

**意識の注意制御**［attentional control of consciousness］ある事象に対する**選択的注意**がその事象の意識しやすさを高めるという概念。

**意識の統一性**［unity of consciousness］一貫している，内的に整合している，または共通の目標によって形成されている意識の内容に関する概念。このことから，互いに矛盾する出来事が同時に意識上に現れることはありえないということがわかる。

**意識の流れ**［stream of consciousness］意識の概念は，不連続な要素からなる静的な一連のものではなく，連続的，動的な着想やイメージの流れである。意識体験の主観的な特質は，終わりがなく，繰り返されることのない流れであるとされている。精神の哲学と知覚の研究とは別に，この概念はまた，ジョイス（James Joyce）やプルースト（Marcel Proust），ウルフ（Virginia Woolf）のような20世紀初期の作家の**モダニズム**の表現に大きな影響を及ぼしたことがわかっている。また，**思考の流れ**（stream of thought）とも呼ばれている。［1890年に，ジェームズ（William James）により導入された］

**意識の難問**［hard problem］主観的意識経験と脳の関係は本質的に説明することが不可能または困難とする，心の哲学における主張。［オーストリアの哲学者チャーマーズ（David Chalmers: 1966- ）により提唱された］

**意識変容物質**［consciousness-altering substances］意識的経験や知覚に作用する精神活性化合物を広く指している。これらの物質は神経伝達物質（たとえばセロトニン）に関連しており，LSD，**大麻**やアルコール飲料もこれに含

まれる。⇨ **変性意識状態**

**意識もうろう**［stupor］　話すことができないこと。⇨ **緘黙**

**意識野**［field of consciousness］　任意の瞬間に完全に意識が広がること。⇨ **意識**

**易刺激性**［irritability］　怒りやイライラ、短気を引き起こしやすい過度な状態。

**意思決定**［decision making］　比較的明白な選択（たとえばレストランで食事を注文する）から複雑な選択（結婚相手を選ぶ）まで、2つ以上の選択肢から1つを選ぶ認知プロセス。心理学者は意思決定を理解するため、2つの戦略に注目している。一つは、複雑な課題等における多重意思決定の統計分析であり、もう一つは、単純な意思決定を行う実験操作で、意思決定の過程で再現される原理を観察することである。

**維持原因**［maintaining cause］　不適応行動を維持・強化しがちな、個人の環境の中にある影響。一例として、仕事の上で酒席に出なければならない状況がアルコール依存を促すなど。

**意志行為の脱線**［derailment of volition］　目標や目的の一貫性が、無関係な刺激や矛盾する願望、または一時的な原因に置き換わり、決断できなくなること。

**意志障害**［dysbulia］　1. 思考そのものや、注意を維持したり、脈絡のある思考を維持することが困難である障害。2. 意志の力の欠如、あるいは意志薄弱。

**異時性**［heterochrony］　1. 2つのプロセス（神経インパルスの伝導のような）の速さの違いのこと。2. 生物の成長を示す特徴や出来事が発生する相対的な時間や、生物の発達の速さにおける進化上の変化のこと。

**異質形成**［heteromorphosis］　1. 異常な形態や組織。2. 失われた器官・組織とは異なる器官・組織が再生されること。

**異質集団**［heterogeneous group］　多くの重要な点において互いに異なる個人や他の要素の集まり。社会場面では、異質集団は年齢や社会経済的背景、価値観、職歴、教育などが異なる人たちの集まりである。教育場面では、異質集団は、芸術や読解などの特定の領域の能力が異なる生徒が一緒に授業を受けるクラスや、それより小さい集団のことである。⇨ **同質集団**

**異質性**［heterogeneous］　異なる要素から構成されていること。⇨ **同質性**

**意思の障害**［will disturbance］　スイスの精神科医ブロイラー（Eugen Bleuler: 1857-1939）によって定義された意思の力が欠如した状態。統合失調症の基本症状の一つ。無気力で、目的や動機がないようにみえる。些細で不適切で目的のない活動が増加する意思の障害もある。

**石原式色覚異常検査**［Ishihara Test for Color Blindness］　**色覚異常テスト**の一種で、明度や彩度が異なる色のついた点で構成された背景に対して、特定の色をもつ点で描かれた数字や文字が記載された一連の表（石原表：Ishihara plates）を用いる。既存の**スティリング色覚検査**を変更する形で、1916年に日本軍によって開発された。1917年の後半から商業的に利用可能になり、現在では最も広く使われる色覚異常検査となっている。［日本の眼科医、石原忍（Shinobu Ishihara: 1879-1963）による］

**いじめ**［bullying］　他者（特に、自分より小さい者や弱い者）に向かってなされる執拗な脅しや攻撃的行動。

**異嗅症**［phantosmia］　ニオイ刺激が存在していないときのニオイの知覚のこと（つまり幻嗅）。⇨ **嗅覚障害**

**胃十二指腸潰瘍化**［gastroduodenal ulceration］　塩酸と胃から分泌される消化酵素ペプシンの作用によって引き起こされる胃と十二指腸の内側を覆っている粘膜の潰瘍化のこと。胃潰瘍は年をとるとともに生じやすくなる傾向があり、十二指腸潰瘍と比べ酸分泌の増加の可能性は低い。胃十二指腸潰瘍化のいくつかのケースでは過剰な酸分泌があるが、他のケースでは分泌に異常はなく、粘膜が胃酸による影響を受けやすくなっている。その原因はヘリコバクターピロリ（Helicobacter pylori）菌の感染と非ステロイド性抗炎症薬（たとえば、アスピリン、イブプロフェン等の非ステロイド性の抗炎症剤）の長期使用であり、親族からの遺伝の要素も考えられる。⇨ **胃腸症、潰瘍**

**萎縮**［atrophy］　1. 栄養不足、無活性状態、変性疾患、加齢などによって身体やその一部が衰弱した状態になること。⇨ **脳萎縮症**　2. 長期間使用しなかったことによって変性すること。3. 衰弱すること、また変性すること。

**異種不同視**［antimetropia］　片目が近視で、もう一方の目が遠視という目の疾患のこと。

**異常 [1]**［abnormal］　1. 標準的、典型的、一般的、健康的なものから逸脱しており、特にその逸脱が他に危害を及ぼしたり不適応である場合。2. 統計学において、標準の範囲外、もしくは予測される範囲外の得点を示すこと。

**異常 [2]**［anomaly］　不規則であるか、あるいは標準値から外れたもののこと。

**異常感覚**［dysesthesia; disesthesia; dysaesthesia］　触覚の異常。このような体性感覚の歪みは痛み、かゆみ、うずき、温度変化やその他の感覚として現れる。異常感覚症候群（dysesthesia syndrome）とも言われる。

**異常経験**［anomalous experience］　しばしば**変形意識状態**と分類されることがある意識状態のことで、異常で不可解な感覚を得ること。たとえば、**霊体離脱体験**や神秘的経験（⇨ **神秘主義**）、**存在感覚**、てんかん性**前兆**が該当する。

**異常形態**［pathomorphism］　異常あるいは過剰な体の鍛え方。

**異常行動**［abnormal behavior］　特定の文化において非典型であったり統計的に稀である行動。また不適応や個人に有害な行動。こうした行動は、軽度の適応問題から深刻な精神的障害までを含む、様々な精神的・感情的攪乱の証拠であるとみなされている。

**異常差**［anomalous differences］　調整のためのさらなる調査が必要となるほどの、予測データと入手データとの間の大きな差のこと。

**異常死体性愛**［autonecrophilia］　人が死んでいることにファンタジーをもち性的快楽を得たり、死体と性的なことを関連づけたりすること。

**異常心理学**［abnormal psychology］　心理学の支流で、異常行動の予防、検査、治療に関する研究分野のこと。⇨ **精神病理学**

**異常性**［abnormality］　異常な状態やありさま、構造や機能における欠陥や形成異常。

**異常乳児性愛**［autoneprophilia］　赤ん坊や、赤ん坊のまねをすること、赤ん坊についての想像をすることで、性

的快楽を得ること。

**異常反応**［aberrant response］　異常な行動。行動介入の際にターゲットにされる行動。

**異常ヘモグロビン症**［hemoglobinopathy］　ヘモグロビンの性質に遺伝上の欠陥があるか，種々の遺伝性疾患のいずれか。異常ヘモグロビン症に共通した症状として貧血がある。**ホモ接合**の患者は貧血症状が重いが，**ヘテロ接合**の保有者は軽いとされる。異常ヘモグロビン症の例として，鎌状赤血球貧血（sickle cell anemia）とクーリー貧血症（Cooley's anemia）がある。

**異常酩酊**［idiosyncratic intoxication］　アルコール摂取に伴う，人格，気分，行動の急激で異常な変化を特徴とする状態。通常，その摂取量はその変化を説明できるほど大量でないとされる。異常な興奮，衝動的で攻撃的な行動（時に異常な暴力として），被害的な観念，失見当，幻覚などを伴う。この状態は，その者が深い眠りに落ちると終わり，多くの場合でそのことに関する記憶を完全に失う。この状態はストレスに関連し，ある程度アルコールによって引き起こされる精神運動性発作によるものではないかと指摘されている。

**異常幼児性愛**［nepiophilia］　幼児への性的関心，一種の**幼児性愛**。大人や，ときには年長の子どもに対しても性的な刺激を感じない。また女性ではめったにみられない。

**異所感覚**［allachesthesia; allesthesia; alloesthesia］　刺激された場所とは異なる場所に触覚経験が生じること。⇨ **視覚性知覚転移**

**異食**［allotriophagy; allotriophagia］　不適切な食物や栄養のない物質を食べたいという欲求のこと。⇨ **異食症**

**移植**［transplantation］　組織または器官を身体のある部分から別の部分へ，もしくはある人（提供者，ドナー）から別の人（受容者，レシピエント）へと外科的に移すこと。手術前後に不安や抵抗，心理学的健康に影響を与えられる行動などを引き起こすことがしばしばある。

**異食症［1］**［cissa］　妊娠中に異常な食べ物や栄養のない物を強く欲しがること。

**異食症［2］**［pica］　主として若年児童においてみられる稀な摂食障害であり，軟膏や絵の具，髪の毛，洗濯のり，排泄物といった不自然で栄養のない物質を継続的に切望する。DSM-IV-TRでは，幼児期または小児期早期の**哺育・摂食障害**と分類されている。鉛異食症（lead pica）は，含鉛塗料が使われている古い家屋で生活する児童にしばしばみられ，不可逆的な精神的障害を招く。ネズミやサルを対象とした研究は，鉛異食症はカリウム欠乏によって引き起こされることを示唆している。通常の栄養摂取を行う動物は，鉛の摂取が嫌悪的なものであると学習するが，カリウム欠乏の動物は鉛に対する嫌悪を学習しないのである。

**異食症［3］**［xenorexia］　食用に適しない物の病的摂取。

**異所性精巣**［ectopic testis］　腹腔から不適切に垂れ下がり，陰嚢の外部にある精巣のこと。大腿の表皮層下部，あるいは会陰内に停留する場合がある。

**維持リハーサル**［maintenance rehearsal］　電話番号をダイヤルし終えるまで復唱するときにみられるような，**短期記憶**に維持する目的で項目を何度も繰り返す行為を指す（⇨ **リハーサル**）。記憶の処理水準モデルによると，維持リハーサルは思い出すべき情報をほとんど**精緻化**しないため，長期的保持を促進するのに効果的ではない。

**意志療法**［will therapy］　ランク派療法（Rankian therapy）とも呼ばれる。神経症は意志あるいは対抗意志（counterwill）をしっかりもち，自己を確立することで避けることができるし，克服できるという理論に基づく心理療法。この理論によれば，出生時に母親と身体的に分離したように，人生は心理的に母親と分離しようとの長期にわたる苦闘であるという。［オーストリアの心理学者ランク（Otto Rank: 1884-1939）により提唱された］

**維持療法**［maintenance therapy］　患者を安定した状態で維持し，緩やかな治癒の促進と再発の防止を目指す心理療法。薬物維持療法（maintenance drug therapy; maintenance pharmacotherapy; prophylactic maintenance）を指す場合が多い。薬物療法は急性期，継続期，維持期（1か月，6か月，1年あるいは1年以上）の三期に区分される。急性期や継続期にある患者には，再発防止のために薬物維持療法が用いられる。使用される薬物には，メタドン（⇨ **メタドン維持療法**），抗精神病薬，リチウム，抗うつ薬がある。ただし，薬物維持療法だけでは再発防止はできず，心理療法をあわせて行うと再発リスクを抑えられる場合がある。維持療法は無期限に継続されることもあるが，患者はその治療の必要性について定期的に診断を受けなければならない。

**意志力［1］**［volition］　個人に，特定の行動の方向を決定させ，それに取り組ませる能力。特に外部からの直接的な影響がない場合を言う。この用語は，選択，決定，自己調整，意図的行為，出来事への受動的ではない能動的な反応といった自己に関わる重要な一連の行動を包含する。**自己制御資源理論**によると，意志力は，自己が決定やコントロールをするごとに費やされる，有限の資源に依存している。⇨ **自由意思，意志**

**意志力［2］**［willpower］　意図（intention）を遂行する能力。⇨ **セルフコントロール**

**威信**［prestige］　仲間や共同体全体から個人に向けられる尊敬注目，称賛の程度。威信は，成功，達成，階級，評判，権威，栄誉，社会構造内の地位といった様々な源泉から生じる。

**異数性**［aneuploidy］　細胞や器官が標準的な数とは異なる染色体を有している状態。たとえば，人間は通常の染色体数が46本であるのに対し，45本であったり49本であったりする状態のこと。異数性は，神経学的異常や認知的異常と関連があることが多い。⇨ **モノソミー，トリソミー**

**イースターブルック仮説**［Easterbrook hypothesis］　注意を向けられる範囲の大きさは覚醒の度合いと逆相関しているとする理論。この仮説によると，覚醒度合いが高まってきている状態では，注意が向けられる範囲は狭く，焦点を当てられる周囲からの刺激はより少なくなる。この仮説は**ヤーキーズ・ドッドソンの法則**の説明として提唱された。ヤーキーズ・ドッドソンの法則は，覚醒度合いと効率（パフォーマンス）の関係についての法則である。［1959年にカナダの心理学者のイースターブルック（J. A. Easterbrook）が提唱した用語］

**異性愛［1］**［heteroeroticism; heteroerotism］　自分とは逆の性別に魅力を感じること。⇨ **同性愛**

**異性愛［2］**［heterosexuality; heterophilia］　**1.** 異性

に対して性的魅力を感じること。2. 異性に対して性的魅力を感じたり，交際をしたりする発展的段階のこと。

**異性化**［isomerization］ 構成原子内で変化することなく，分子の構造的配置が変化すること。そこでは，分子の特性が変化する。光子が光色素ロドプシンに吸収されると，11 シス-レチノールの化学成分が異性化し，最終的に視覚信号となる生化学的カスケード反応を引き起こす。

**異性化妄想**［sexual metamorphosis］ 稀な妄想の一つで，自分の生物学的性別が別の性に変わってしまっていると信じ込むこと。

**異性行動**［cross-gender behavior］ 社会が，通常は反対の性別の人がするものと考えている服装や髪型，しゃべり方や振舞いを採り入れることで，反対の性役割を身につけていくプロセスや習慣。

**異性体**［isomers］ 化学成分としては同一であるが，それらの原子の空間定位は異なる分子の形のこと（すなわち，それらは立体異性体：stereoisomers である）。光学異性体（enantiomers）は，鏡像としてペアで存在する立体異性体である。ペアになっている 2 つの光学異性体は，反対方向の偏光面を回転させる。L 体は左方向あるいは反時計まわりの回転を生成する（左旋性：levorotation）。一方，D 体は右方向あるいは時計まわりの回転を生成する（右旋性：dextrorotation）。一般的に，L 体は生物学的行動を示す傾向にある。

**異性不安**［heterosexual anxiety］ 異性関係に関する持続性のある不合理な不安のこと。たとえば，外見や行動に性的な魅力がないと感じること。

**異染性脳白質ジストロフィー**［metachromatic leukodystrophy］ アリルスルファターゼ A の不足もしくは，欠損を特徴とする，**常染色体劣性**の疾患。スルファチド（ミエリン脂質の一つ）が脳白質に蓄積し，神経系のミエリンが失われる。1 歳以降に運動機能の喪失と精神的な能力の低下が生じるのが一般的（乳児型）であるが，症状が 3 歳〜10 歳の間で生じるもの（若年型），30 歳くらいで生じるもの（成人型）もある。

**位相固定**［phase locking］ 神経の活動電位が，**純音刺激**のある特定の位相で生じる傾向のこと。活動電位が刺激中の同じ位相で発生することにより，複数の神経の活動が同期したり，音の時間特性に対応したりする。聴覚神経では，神経線維は 4〜5 kHz 以下の周波数に位相固定し，両耳間の位相や時間特性の違いが音源の同定のために機能する。聴覚神経の位相固定は，ピッチのコーディングに関係するとの説もある。⇨ **両耳聴キュー**

**位相シフト**［phase shift］ 1. 正常な睡眠，覚醒サイクルの混乱。通常の睡眠期間に覚醒していたり，覚醒していなければならないときに眠たくなってしまう。⇨ **概日リズム睡眠障害**，**睡眠覚醒スケジュール障害** 2. 日照時間の変化や時間帯の変化により，**概日リズム**または昼行性が変化すること。

**移送命令**［certiorari］ 上級裁判所が下級裁判所による行為の審査を要求する際に発行される令状。たとえば，アメリカ合衆国最高裁判所が移送令状（ラテン語で a writ of certiorari，逐語的に訳すと「通知されること」）を発行する場合には，下級裁判所で判決が下され，その後に上訴された事件について，審査をすることに最高裁が同意していることを意味する。

**イソカルボキサジド**［isocarboxazid］ 不可逆性のモノアミンオキシダーゼ阻害薬（MAOI）。その副作用（鎮静作用，**起立性低血圧症**，体重減少など）のために使用が制限される。チラミンの入った食品（例，チーズ）とともに摂取することは危険だとされる。アメリカの商品名はマープラン（Marplan）。

**イソトレチノイン**［isotretinoin］ 他の治療法に耐性のある重症の挫創の治療において用いられる，ビタミン A と類似した物質。非常に催奇的であり，それゆえに妊娠期間においては用いるべきではない。イソトレチノインの使用はうつや精神病，自殺といったような精神障害と関連しているが，そのような反応のメカニズムは解明されていない。アメリカの商品名はアキュテイン（Accutane）。

**イソニアジド**［isoniazid］ 結核の治療選択薬。使用により，神経伝達物質である**ガンマアミノ酪酸**の形成のためのピリドキシン（ビタミン $B_6$）の機能の抑制による神経炎の様態を引き起こす。イソニアジドはモノアミンオキシダーゼ反応抑制薬**イプロニアジド**の前駆物質であり，うつの抑制にも効果があると考えられているが，本来はうつの抑制のために用いるものではない。イソニコチン酸ヒドラジド（isonicotinic acid hydrazide: INH）とも呼ばれる。

**イソプロピルアルコール**［isopropyl alcohol］ プロピルアルコールの異性体。化粧品（ハンドローションなど）や外用薬の成分として利用される。防腐剤としても用いられる。摂取した場合，はじめは**エタノール**のような作用を及ぼすが，極めて有毒である。

**依存**［dependence］ 他者からの援助を直感的に期待したり，情緒的，金銭的支援や保護，安全，日常の世話を他者に積極的に求めている状態。依存的な人は他者の指図，意思決定，心遣いに頼る。ある程度の依存は人間関係で自然なことであるが，過度であったり，不適切な，あるいは誤った他者への信頼は，しばしば心理学的な治療の対象となる。精神分析理論と同様にパーソナリティ心理学，社会心理学，行動心理学は，いずれも病的な依存の研究や治療に様々な視点を提供している。⇨ **薬物依存**

**依存（嗜癖・中毒）**［addiction］ アルコールの使用や他の薬物の乱用に，心理的または身体的（もしくはその両方）に依存している状態。同意義の用語，**薬物依存**のほうがこの状態を記述するのにより適切であると考えられているのは，診断するための基準を明確に言及しているからである。DSM-Ⅳ-TR の物質依存の基準は，**耐性**，離脱，コントロールの喪失と物質の強迫的な使用を含んでいる。⇨ **身体的依存**，**精神依存**

**依存人口比率**［dependency ratio］ 給料をもらって働いていない人の割合のことであり，就労年齢に達していない人や退職した人の，人口における割合の指標となる。15 歳〜64 歳までの人の数で，15 歳未満または 64 歳以上の人の数を割ったもので定義される。

**依存性**［dependence; dependency］ オペラント条件づけにおける，反応と結果の因果関係のこと。結果として，**随伴性**になる。

**依存性パーソナリティ障害**［dependent personality disorder］ DSM-Ⅳ-TR において，自分に対する自信や信頼がないために，生活の主要場面で他者に責任をもたせたり，自分の要求より他者の要求を優先させるなどの行動パターンが長期間続くパーソナリティ障害のこと。かつては受動

性依存性パーソナリティ（passive-dependent personality）として知られていた．

**依存性薬物**［addictive drugs］　薬物依存を引き起こす薬物またはその他の物質．依存性薬物はアルコール，アンフェタミン，中枢神経興奮薬，カフェイン，コカイン，クラック，幻覚剤，吸入因子，ニコチン，オピオイド，PCP（フェンシクリジン），フェンシクリジン様物質，中枢神経抑制薬などである．

**依存に陥りやすい人格**［addictive personality］　一つもしくはより多くの物質依存者になる可能性が高いと考えられる仮説的な人格様式．衝動性や神経症の傾向といった人格特性が物質乱用に関連する人格的特徴とみなされているにも関わらず，研究ではこの見解は支持されていない．

**依存要求**［dependency needs］　他者によって満たされるべきだとする個人の要求で，要求には情動，愛情，擁護，身体的介助，食事，温情，保護，安全などがある．このような要求は男性，女性のいずれの年齢でも一般的かつ正常であると考えられている．また，依存は不適応（たとえば，過度で行き過ぎた促し）となる場合や，愛着に関わる様々な問題を引き起こす場合がある．⇨ **共依存，病的依存**

**イータ**［eta］　（記号：$\eta$）非線形相関の係数のこと．⇨ **相関比**

**依託性**［anaclisis］　他者への極端な感情的依存を指すが，時に幼児が自らの基本的欲求の充足を両親に頼るように，身体的な支援を求めることをも含む．⇨ **依託的対象選択**

**依託性抑うつ**［anaclitic depression］　反応性うつ病の一種で，幼児が突然母親から引き離される，あるいは愛情あるケアを奪われたときにみられる．社会的ひきこもり，体重減少，不眠などの症状が特徴的で，結果的に幼児の身体的，社会的，知的発達を損なう．この語は元来は人間について用いられていたが，依存的抑うつはサルや他の霊長類においても観察されている．[1946 年にオーストリアの精神科医スピッツ（René Spitz: 1887-1974）が記述した用語]

**依託の人格**［anaclitic personality］　いくつかの精神分析的理論において，対人関係における孤独感や見捨てられる恐怖に焦点を当てた一連の人格特徴を言い，適切な人格発達がなされない場合，病理的な依存を招く．⇨ **取り入れられた人格**

**依託的対象選択**［anaclitic object choice］　精神分析的理論において，幼少期に両親から与えられたのと同じタイプの援助，慰め，支持を与えてくれる者を友達や愛情の対象に選択すること．たとえば，女性は父親によく似たタイプの，男性は母親によく似たタイプの女性を選択する．依託的恋愛とも言う．フロイト（Sigmund Freud）はこれを，自分自身によく似た人物を配偶者に選択する**自己愛的対象選択**と対比させた．フロイトによれば，対象選択にはこの2つのタイプが存在するという．⇨ **依託性**

**依託的同一化**［anaclitic identification］　精神分析的理論で，同一化の過程の第一期をいう．この時期は，基本的な生物学的欲求および感情的欲求に対する，子どもの初期の，母親（および他者）への全面的依存に根ざしている．子どもは母親の特性を獲得していくことで，自らを強化し慰めるような資源を手に入れる．また，子どもは母親を自らの超自我（⇨ **自我理想**）に取り入れる．子ども時代の重要な他者（教師など）の取り入れは，より弱い形で行われる．

**依託抑うつ**［anaclitic depression］　見捨てられ感，無力感，恐怖といった感情を含む抑うつ．⇨ **取り入れられたうつ**

**痛み**［pain］　神経組織への損傷，自由神経終末への刺激，もしくは過度の刺激（たとえば極端に大きな音）による不快な感覚のこと．身体的な痛みは痛み受容器への刺激によって引き起こされる．これらの刺激は，身体のいたるところにあるが，特に表面組織に存在する有髄線維や無髄線維で生じる．表面受容器で始まる痛みは鋭く，急に始まり，局所的である．一方で内部器官で体験される痛みは鈍く，比較的長く，広い範囲で生じる傾向がある．先行する経験，痛み反応への訓練，心理的要因のため，痛みへの応答は個人差が大きい．痛みは一般的には身体的現象だとみなされるが，認知，感情，行動などの様々な要因が関わる．痛みは不快な感覚経験であり，不快な感情経験である．痛みは急性不安，最愛の人の喪失，もしくはほかの心理的要因（⇨ **心的苦痛**）から生じる激しい苦痛の感覚の場合もある．心理学者は，身体と精神の2つの痛みの因果関係，重症度，増悪，持続性，治療について，心理社会要因と行動要因を示すことにより，痛みの理解に大きく貢献している．⇨ **痛みのゲート制御理論**

**痛み閾値**［pain threshold］　痛みが生じ始める刺激強度のこと．

**痛み尺度**［pain scale］　痛みの体験を評価するための標準化された評定尺度のこと．言語的自己記述，数字による順位づけ，顔の図形描写などの形式をとる．

**痛み耐性**［pain tolerance］　自分の意思で耐えることのできる最大の刺激強度のこと．

**痛み耐性時間**［pain endurance］　ある強度の痛みに耐えることのできる時間のこと．

**痛み知覚**［pain perception］　生理的な痛みについての知覚のことで，通常は組織を損傷させる刺激もしくはそのおそれがある刺激によって引き起こされる．幻肢での痛みや灼熱痛のようないくつかのケースでは，残留する痛みは神経経路の刺激では説明できない．痛みの知覚はその強度の観点から測定可能であり，またいくつかのカテゴリーに分類できる．たとえば鋭痛と鈍痛の分類，局所痛と全身痛の分類，慢性的，間欠的，一過性の痛みの分類などである．侵害受容感覚（nociception）とも呼ばれる．

**痛み伝達経路**［pain pathway］　痛みの感覚を仲介する神経経路のこと．求心性の経路としては急速に伝導する有髄の **A 線維**とゆっくりと伝導する無髄の **C 繊維**，前側索系の上行路，**中心灰白質**，**網様体**，視床領域と大脳皮質領域，中でも特に**帯状回**があげられる．また，脊髄のシナプスまで下がる様々な水準での痛みの信号を抑制する遠心性の経路も存在し，痛みを抑制する**内因性オピオイド**の放出があげられる．

**痛みのゲート制御理論**［gate-control theory of pain］　脳に到達する知覚された痛みの量は，痛みのインパルスの流入をコントロールするゲートの開閉を通じ，脊髄によって制御されているとする仮説．⇨ **脊髄ゲート**　[カナダの心理学者メルザック（Ronald Melzack: 1929- ）とイギリスの神経学者ウォール（Patrick D. Wall: 1925-2001）によって最初に提唱された]

**痛みの特殊説**［specificity theory of pain］　視覚や聴覚と同様に，痛みも受容器と感覚皮質を持つ特殊なモダリティであるとする説。この説では，痛みは怪我による神経インパルスによって発生し，脳の痛み中枢へ直接伝達する。⇨ **痛みのゲート制御理論**，**パターン理論**

**痛みメカニズム**［pain mechanisms］　痛みを仲介する神経機構のこと。末梢神経終末から大脳皮質，特に**帯状回**に広がる。激しい痛みの感覚は **A 線維**を急速に伝導することによって伝えられ，鈍い痛みの感覚は **C 線維**をゆっくり伝導することによって伝えられる。⇨ **痛みのゲート制御理論**

**異端者**［fringer］　ある社会集団の周縁部にいる人で，真に受け入れられているわけでもなく，明確に排除されているわけでもない人。

**一塩基多型**［single-nucleotide polymorphism: SNP］　ヒトの DNA でよく起こる微小な変異の一つ。約 1000 塩基で起き，単一ヌクレオチドに影響を及ぼすとされる。**遺伝子マーカー**として，特定の欠陥遺伝子の遺伝的形質を調べるために使用される。

**I 型細胞**［Type I cell］　電子密度の高い（電子顕微鏡で見ると暗く見える）**味覚細胞**の一種。I 型細胞は味蕾の細胞の約 60％を占め，味蕾の周辺に位置し，味蕾の盃状の形を支持する。それぞれの細胞からは 30～40 の**微絨毛**が出ており，**味孔**を通り，化学的環境を抽出する。暗細胞（dark cell）とも呼ばれる。

**一群事前事後計画**［one-group pre-post design］　単一の実験参加者集団に対して**処理**を行い，その事前と事後に反応を測定する**予備実験的計画**。⇨ **事前事後計画**

**一元配置**［one-way design; single-factor design］　単一次元上での集団間変動を比較する実験計画のこと。

**一元配置分散分析**［one-way analysis of variance］　同一母集団から抽出された 3 つ以上の標本平均の差の検定。すなわち，独立変数が 1 つの場合の**分散分析**である。

**一元論**［monism］　観念論的一元論，自然一元論あるいは汎神論はこれであると明らかになるかどうかに関わらず，現実は単一の**物質**からなるという立場。**心身問題**において，**中立一元論**などは二元論を回避した立場である。

**位置効果**［position effect］　ツェナーカードやそれに類する対象を使った超心理学的実験において，時間の順序や空間的配置といった対象の位置が実験参加者の「当て推量」や憶測に影響する効果。⇨ **下降効果**，**差異効果**，**焦点効果**，**選好効果**，**羊－山羊効果**

**一語発話段階**［one-word stage; holophrastic stage］　乳児が一度に一語を用いて話す発達段階。生後 10 か月～18 か月にみられる。身振りや強調を交えながら，複雑な考えを一語で表現することがある。言葉のもつ意味が文脈や言い方によって異なり，たとえば「あれがミルク」「ミルクがもっとほしい」「ミルクをこぼした」などを表現するために，「ミルク」という一語のみを発話する。⇨ **一語文**

**一語文**［holophrase］　一語発話の一つで，**言語獲得**の初期段階にある子どもによくみられる。たとえば，「パパ」や「ワンワン」。これらは一語の字義通りの意味を越えて**発話行為**に関わると考えられている。たとえば，「ビスケット」が「今ビスケットが欲しい」という意味をもつなど。⇨ **豊かな解釈**

**1 次因子**［first-order factor］　**因子分析**において，因子間の相関（または共分散）から決定される **2 次因子**とは対照的に，**顕在変数**の間の相関（または共分散）から導き出される因子のこと。

**一次過程**［primary process］　精神分析理論において，ある考えから別の考えへと移行する**心的エネルギー**が，自由で抑制されない状態に置かれた無意識の心的活動。こうした思考は，論理や現実への注意なしに作動し，**快楽原則**に支配されており，願望を幻想的に満足させる。夢，空想，幼児の魔術的な思考などが例にあたる。これらの過程は，イドにおいて顕著であると仮定されている。一次過程思考（primary-process thinking）とも呼ばれる。⇨ **前論理的思考**

**一次感覚野**［primary sensory area］　脳の**新皮質**内にあり，感覚入力（特に床からの入力）を受け取るすべての領域。聴覚は側頭葉，視覚は後頭葉（⇨ **有線皮質**），触覚と味覚は頭頂葉（⇨ **一次体性感覚野**，**一次味覚野**）にそれぞれ一次感覚野をもっている。⇨ **二次感覚野**

**一次記憶**［primary memory: PM］　**二次記憶**と対比して，少数の事項を，ほんの数秒間だけ保持しておく記憶のこと。この用語は，**短期記憶**に取って代わられるまで，**記憶の二重貯蔵モデル**の中で使われた。［ジェームズ（William James）によって発案された］

**一次吃音**［primary stuttering］　幼児期にみられる非流暢的な発話で，それについての認識やストレス，感情が伴わない段階である。発話や言語病理学者の中には，このような不安が伴わない単純な段階は，真の吃音として認められないと考える者もいる。⇨ **二次吃音**

**1 次元**［unidimensional］　次元が 1 つであること，単一あるいは同質な因子で構成されていること。⇨ **多次元**

**一次視覚系**［primary visual system］　霊長類における主要な視覚系。この視覚系では，網膜に投影された情報は視神経により，視交叉，外側膝状体を経て線条皮質へと送られる。系統学的には比較的新しく，新生児では機能が未熟である。⇨ **二次視覚系**

**一時集団**［transient group］　一時的，短期的な**自然集団**，あるいは群集のこと。

**一次症状**［primary symptoms］　疾患による直接的な症状や，その診断の中核となる症状。

**一次色**［color-mixture primaries］　赤，緑，青の原色が混ざり合ったときに生まれる色調のこと。

**一次性超自我**［primitive superego］　対象関係理論における初期の**超自我**であり，**前性器期**において特定の厳しく恐ろしい悪い対象を取り入れすることによって形成される。

**一次性変性認知症**［primary degenerative dementia］　DSM-III の定義では，特別な原因はないが，段階的な進行の後に発症する認知症のことを指す。通常は 65 歳以降で発病するが（老後発症），これよりも早く発症する場合もある（初老発症）。幻覚症状，妄想，抑うつ症を伴う亜型も規定されている。認知症の現在の定義は症状パターンに基づいており，段階的な悪化や不可逆性の進行といった病歴に関する要素をもたない。そのため，この診断区分は DSM-IV-TR 以降削除されている。

**一次体性感覚野**［primary somatosensory area: S1］　前頭頂葉の稜線上，**中心溝**のすぐ後ろに位置する大脳皮質の領域。触覚情報の皮質処理が最初に行われる場所である

(⇨ **体性感覚野**)。視床の後腹側核からの入力を受け取り，頭頂皮質領域に投影する。⇨ **二次体性感覚野**

**一次的逸脱**［primary deviance］ 逸脱とアイデンティティに関する理論において，従順な個人が行う，最初の規則違反行動（**非同調**や**非同従**）。ほとんどの場合，社会的な圧力に対する反応として行動を改めるが，社会規範（secondaey deviance）に違反し続けると，他者はその人を逸脱者とみなす。⇨ **ラベリング理論**

**一次的オーガズム不全**［primary orgasmic dysfunction］ 女性の性的不全で，パートナーの有無に関わらずどんな状況であってもオーガズムに達することのできない状態である。アメリカの性的活動期にある女性の10～15％が該当するとされている。他の文化においては女性のセクシャリティが文化的にどれくらい肯定されるかによる。

**一次的環境**［primary environment］ 個人の生活の中核をなす環境のことで，そこでは個人や家族の相互作用が継続される。職場や家庭といったものが例としてあげられる。⇨ **一次テリトリー**，**二次的環境**

**一次的気分障害**［primary mood disorder］ 別の障害が原因で生じるのではない**気分障害**。

**一次的強化**［primary reinforcement］ **1.** オペラント条件づけで，ある刺激や状況を伴う特別の経験を必要とせずに，ある反応に続いてそれらの刺激や状況が提示されることで，将来その反応をとる可能性が高められる処理のことを指す。つまり，それらの刺激や状況は，無条件一次的強化子（unconditioned primary reinforcer）と呼ばれ，特別の経験や訓練がなくとも，効果的な**強化**として機能する。**2.** ある反応の後に，そうした刺激あるいは状況が偶発的に生起すること。無条件強化（unconditioned reinforcement）とも呼ぶ。⇨ **条件性強化子**

**一次的行動障害**［primary behavior disorder］ 児童や青年にみられる，習癖異常（たとえば爪噛み，かんしゃく），夜尿，素行問題（たとえば破壊行為，放火，アルコール・薬物使用，性犯罪，窃盗），学校生活における問題（たとえば不登校，学校恐怖症，破壊的行動）などを含む，様々な問題行動のいずれか。

**一次的コーピング**［primary coping］ 一次的統制対処（primary control coping）とも呼ばれ，周囲の環境や自分自身に対する統制感を高める**対処方略**の一つで，ストレス源（たとえば，当該事象や環境条件）を変化させようとする行動が含まれる。⇨ **二次的コーピング**

**一次的サディズム**［primal sadism］ 精神分析理論において，**マゾヒズム**は死の**本能**の一側面と一致し，その人の中で維持される。ある部分は，**リビドー**を構成し，ある部分は，**客体**としての自己を構成する。

**一次的自己愛**［primary narcissism］ 精神分析理論における最初期の自己愛のこと。乳幼児の**リビドー**が，環境や**客体**ではなく，自分の身体とその満足に向けられている状態。この段階において，子どもは自己愛的な**自我理想**を，自分自身の万能感をもとに形成する。⇨ **身体的自己愛**

**一次的思考障害**［primary thought disorder］ 統合失調症でよく観察される認知機能障害であり，支離滅裂で不適切な知的機能や，奇異な言語パターン（異常な統語，**言語新作**，**言葉のサラダ**などを含む）を特徴とする。⇨ **統合失調性思考**

**一次的集団**［primary group］ 長期的に継続する小集団のことで，対面による相互作用および，**凝集性**，結束，**グループ同一視**の強さによって特徴づけられる。こうした集団は，成員に態度，価値観，社会的志向性の基礎を提供し，社会化の最初の場となるという意味で一次的といえる。一次的集団には，家族，友人，親密関係，継続的心理療法集団が含まれる。

**一時的収容**［temporary commitment］ 精神障害患者に対する，期間を限定した観察や治療のための緊急の**強制入院**。

**一次的情動**［primary emotion］ 文化を超え，全世界的に典型的に表され識別される，ある限定的な感情のまとまり。**恐怖**，**怒り**，**喜び**，**悲しみ**，**嫌悪**，**恥辱**，**驚き**を含む。研究者によっては，**恥**，**内気**，**罪悪感**を含む。基本情動（basic emotion）とも呼ばれる。⇨ **二次的情動**

**一次的性機能不全**［primary sexual dysfunction］ あらゆる性的な状況で性的機能が作用しないこと。⇨ **性機能不全**，**二次的性機能不全**

**一次的精神遅滞**［primary mental deficiency］ 遺伝的要因のため知能が平均水準を下回ること。

**一次的戦闘事態**［primary warfare situations］ 戦闘要員，封じ込め要員，待機要員による軍事行動のこと。これらの状況には，陸海空もしくは地中における軍事行動を実施するための戦闘システム，技術，補給，情報伝達が含まれる。

**一次的注意**［primary attention］ 激しい，強い，または関心を引き付ける刺激に対する注意のような，意識的な働きかけを必要としない注意のこと。⇨ **二次的注意**

**一次的同一化**［primary identification］ 精神分析理論における**同一化**の中でも，最初に生じる最も原初的な同一化。乳幼児が母親を自分の一部のように経験している，**口唇期**で生じる。離乳後，幼児は自己と外的現実との区別をしはじめ，それに伴って**二次的同一化**が可能になる。一時的同一化は口唇的**体内化**と密接に結びついている。一次的自己愛的同一化（primary narcissistic identification）とも呼ばれる。

**一次的動因**［primary drive］ 本能的な**欲動**。普遍的，あるいは種特有のこともあり，必要とされる物的な（食料などの）剥奪によって引き起こされたり，種特有の活動（鳥の巣作り）に従事させる欲求。⇨ **二次的動因**

**一次的動機づけ**［primary motivation］ 動機づけは初期欲動によってもたらされる。⇨ **二次的動機づけ**

**一次的統制**［primary control］ 環境を直接変化させて統制感を得ることを目的とした行動。⇨ **二次的統制**，**統制の所在**

**一次的評価**［primary appraisal］ 感情の**認知的評価理論**で，自身の目標，道徳的規準，あるいに選好と，ある出来事との関連性との評価を指す。**二次的評価**が後に続く。⇨ **中核関連テーマ**［アメリカの心理学者ラザルス（Richard S. Lazarus: 1922-2002）によって提唱された］

**一時的病変**［temporary lesion］ 生物内の脳の特定領域の正常な機能が一時的に混乱すること。これは，脳の領域に薬物を注射したり，電磁気的な刺激を与えたりすることによって生じる。

**一次的勃起不全**［primary erectile dysfunction］ 男性が性交において勃起することができない性的機能不全をいう。⇨ **勃起障害**，**インポテンツ**，**二次的勃起不全**

**一次的マゾヒズム**［primary masochism］　精神分析理論における**死の本能**もしくは**攻撃的欲動**の一部分。**リビドー**がそれに情緒的に同化した後に自己へ向けられ、その大部分は外的世界に向けられる。性的マゾヒズム（erotogenic masochism）とも呼ばれる。

**一次的欲求**［primary need］　先天的な欲求。生物学的作用から生じ、肉体的な満足を導くもの。たとえば、水分や睡眠の欲求を指す。⇨ **生理的欲求、内臓性欲求**

**一次的領域**［primary territory］　社会心理学において、そこを独占的に使う個人や集団にとって必須のものであり、彼らがコントロールし、同一視する空間のこと。例としては、集合住宅や家がある。**一次的環境**と同じ。⇨ **公共領域、二次テリトリー、プロクシミクス**

**一次的老化**［primary aging］　正常な老化にともなって、生物学的もしくは遺伝的な内因により生じる変化のこと。白髪の増加や皮膚のしわなどがあげられる。⇨ **二次的老化、老化**

**一次データ**［primary data］　統計的操作や分析がなされる以前のもともとの実験や観察のデータのこと。

**一次テリトリー**［primary territory］　動物の行動において、個体やごく親密な集団により独占的に占有されている空間。⇨ **縄張り性**

**一次ニューロン**［first-order neuron］　一連の神経細胞や、ある神経細胞の経路の一番始めに位置する細胞。たとえば、体性感覚系では、一次ニューロンが末梢からの入力（たとえば皮膚からの感覚）を受け取り、それを脊髄へと伝える。⇨ **二次ニューロン**

**一次皮質**［primary cortex］　感覚受容器からの主要な入力を受け取る、あるいは筋肉への主要な出力を送出するすべての**大脳皮質**の領域。例として、一次運動野（⇨ **運動野**）、一次視覚野（⇨ **有線皮質**）、一次味覚野、一次体性感覚野などがあげられる。一次運動野は、隣接した運動皮質領域よりも運動反応を誘発する閾値が低い。一次感覚野のほとんどのニューロンは、隣接する感覚皮質領域よりも直接的な感覚入力を受け取っている。

**位置指標**［measure of location］　分布の中心的な値を示す統計量。たとえば、平均や中央値。

**一次報酬**［primary reward］　生得的に強化に働く刺激のこと。たとえば、喉が渇いている人にとっての水など。⇨ **一次的強化、報酬**

**一次味覚野**［primary taste cortex］　味覚に関する最初の皮質中継を行う大脳皮質の領域。前頭弁蓋の腹側および前島の中央を含む急カーブに沿って存在する。味覚、触覚、視覚、および視床からのその他の感覚入力を受け取り、化学物質の統合評価を行う。ここからの出力は、食物に応じて口腔と内臓の反射神経を制御する領域へと送られる。⇨ **二次味覚野**

**一重盲検法**［single blind］　実験者ではなく、実験参加者に、実験的処置、操作、あるいは薬の投与を気づかせないようにする実験手続き。⇨ **盲検法、二重盲検法、三重盲検法**

**一次抑圧**［primary relationship; primal repressin］　心理分析理論において、**抑圧**の最初の段階では、本能的な願望に結びついている考えが隠され、意識化されないようになっている。一次的な抑圧は**後抑圧**と対照をなし、後抑圧は抑圧された事柄が既に意識の領域にある。

**一次予防**［primary prevention］　健康な人やリスクのある人において、心理的な疾患が発生したり悪化したりすることがないように、精神的、行動的、身体的な健康を推進し基盤を築くための研究やプログラムを行うこと。⇨ **二次予防、三次予防**

**一事例実験計画**［single-case experimental design］　単一の実験参加者、グループ、他の標本抽出単位が時間を経て観察される**反復測定計画**。個人は自身が統制条件として扱われ、観察（測定）は処置過程で異なる時点で行われる。また、実験参加者内反復計画（intrasubject replication design）、N-of-1実験計画（N-of-1 experimental design）、N=1研究（N=1 research）、単一被験体計画（single-subject design）とも呼ばれる。

**一事例法と評価**［single-case methods and evaluation］　一人のクライエントについて、介入前、介入中、介入後という系統的な研究に基づく心理療法研究。

**異地性**［allochthonous］　あるシステムの外部にある起源、または力に由来する、つまり土着、あるいは生得的でないこと。

**一日治療**［time-limited day treatment］　パーソナリティ障害の外来患者に用いられる治療的コミュニティアプローチの一つで、グループで行う一日の活動で患者の好ましい特質を取り上げる方法。[カナダの心理学者パイパー（William E. Piper: 1945- ）によって開発された]

**一日の気分変動**［diurnal mood variation］　一日ごとの予測可能な気分変動が起こる**双極性障害**、あるいは**うつ病性障害**のどちらかの特徴。一般的に、このパターンは、昼間から夜の間の気分の高揚や夜間から朝の間の抑うつの気分からなる。⇨ **季節性感情障害**

**一人称視点**［first-person perspective］　主観的観察者の視点。⇨ **二人称視点、三人称視点**

**位置の恒常性**［location constancy］　観察者の位置変化とともに環境と観察者の位置関係が変わっているときでさえ、静止した対象とその周囲の環境は同じ位置にあるように見える傾向のこと。⇨ **物体の恒常性**

**一倍体**［haploid］　精子細胞や卵細胞のように、各染色体の一方のみを有する核、細胞、または個体を指す。ヒトを含むほとんどの生物では、生殖に続いて起こる一倍体生殖細胞の融合は、体細胞（そこでは染色体が組になって生じる）の通常の状態である二倍体の状態を回復させる。ヒトでは一倍体数（haploid number）は全46染色体の半数である23染色体である。

**一部実施計画**［fractional replication design］　各要因の各水準（**独立変数**）をほかの各要因の各水準と組み合わせて調べることをしない実験計画のこと。計画を効率的にするため意図的な交絡が存在する。ただし調べない組合せのパターンは特定されるため、すべての交絡は同定することが可能である。**ラテン方格法**は一部実施計画の一般的な例である。⇨ **交絡**

**一部実施要因計画**［fractional factorial design］　高次の交互作用を意図的に低次の交互作用と交絡させることにより、実験計画における**セル**の総数を減らした実験計画のこと。⇨ **交絡**

**位置不変ニューロン**［location-invariant neurons］　**線条体外視覚野**、特に側頭葉の下部側頭皮質に位置するニューロンで、受容野内の刺激の位置によらず反応する。

これらの領野の受容野は非常に大きいため，刺激は視野内のほとんどどこにでも位置してよい。これらの細胞の多くはサイズ不変ニューロンでもあり，特定の物体が提示されるとサイズによらず反応する。

**一方向的教育** [didactic teaching] **1.** 行動的，臨床的な概念および技術が患者に説明され，口頭および筆記された形で教示が与えられる方法。長期にわたる**力動的心理療法**や**精神分析**を除く，多くの心理療法で一般的である。**2.** 学部生向け，大学院生向けの心理学の授業や学際的手法を用いた心理臨床訓練における，多くの過程の中の一要素。

**一面提示メッセージ** [one-sided message] もっぱら問題の一面を指示する議論によって構成されるメッセージのこと。大半は一面を指示するメッセージによって構成されるが，もう一方の立場があることを認めときどき反証しつつ行う，両面提示メッセージ（two-sided message）の対義語である。一面提示メッセージは，受け手が，問題のもう一方の立場の議論を起こさないときに最も有効となる。両面提示メッセージは，受け手が反対の議論を起こしそうなときに最も有効である。

**イチョウ** [ginkgo] イチョウの木のことで，アジア固有のものであったが今は広く生息している。葉の抽出物が何世紀もの間中国の漢方医によって使用されており，治癒効果や向精神薬のような特徴をもっていると考えられる。主に知力を向上させるのに用いられる人気のある栄養補助食品だが，その効果を示す臨床所見は不足している。イチョウの抽出物の中の活性化合物には抗凝固作用があり，末梢血管障害と脳の血管障害（たとえば，脳血管性認知症）の治療に用いることも検討されており，曖昧な結果のため主に後者において調査がされている。イチョウには神経保護作用があるとされ，アルツハイマー病の症状の治療においても調査されており，潜在的な認識を安定させる効果が示されている。イチョウの副作用は稀だが，頭痛や軽度の胃腸障害が考えられる。しかし，イチョウの継続的な使用は出血や，自発的な出血に関係するとのデータも報告されている。その上，イチョウは抗凝固剤や抗痙攣薬，**モノアミンオキシダーゼ阻害薬**，**非ステロイド性抗炎症薬**などの他の薬剤といくつかの潜在的な相互作用が知られている。また，イチョウは発作を起こしやすくするおそれがあるので，発作の病歴がある人に使用してはならない。

**移調** [transposition] 刺激の絶対的特徴を学習するというよりも刺激間の関係を学習する過程。たとえば，ある生体が直径7cmの円盤よりも直径10cmの円盤を選ぶように訓練され，その後転移テストにおいて（たとえ10cmの円盤を選ぶことだけに強化を与えていたとしても）10cmの円盤よりも13cmの円盤を選ぶと，移調が観察されたことになる。

**胃腸炎** [gastroenteritis] 胃と腸の内壁が炎症すること。原因は食中毒，伝染病，アレルギー反応，精神的な要因（たとえば，恐怖や怒り，または情緒障害）などがある。症状は頭痛，吐き気と嘔吐，下痢などがある。

**一様最強力検定** [uniformly most powerful test: UMP test] 操作的に**有意水準**を同じにして競合する検定間でさらに検定する方法。この検定では，すべての対立仮説に対して最も高い**検定力**をもつ。

**胃腸症** [dyspepsia] 多くの場合，原因は不明だが，潰瘍や胃食道逆流（胃酸逆流）症，胆石，稀に胃癌や膵癌などによって引き起こされる腹部の痛みや不快感のこと。似た症状を示す他の内科的疾患の可能性が排除された場合，機能性（非潰瘍性）胃腸症（functional（nonulcer）dyspepsia）という。ストレスの多い状況下で食事をした後や，食べ過ぎた後，急いで食べた後などに経験されることがある。一般的には，消化不良（indigestion）として知られる。
⇨ **胃十二指腸潰瘍化**

**胃腸障害** [gastrointestinal problems] 消化管の機能不全と関連した障害。下痢，消化不良，大腸炎，腹部膨満，嚥下障害，胃腸炎，消化性潰瘍など。

**一様分布** [uniform distribution] $f(x)=1/(\beta-\alpha)$ の確率分布をもつ理論的な連続型分布。$\alpha$ が分布の下限で，$\beta$ が上限である場合，長方形分布（rectangular distribution）とも呼ばれる。

**一卵性双生児** [monozygotic twins: MZ twins] 1つの受精卵（zygote）から発達し，それが**有糸分裂**の早期の段階で2つに分裂し生まれた双子。常に同性である。二個体は全く同一の遺伝子をもっており，つまりクローンである。妊娠した場合，平均して1000回に3〜4回は一卵性双生児である。一卵性双子（identical twins）とも呼ばれる。
⇨ **二卵性双生児**

**一過性閾値上昇** [temporary threshold shift: TTS] 一時的に聴力の水準が変化あるいは乱れている状態。たとえば，非常に大きな騒音に比較的長時間さらされた後は絶対閾が変化し，通常検知できる最低限の強度の音が一時的に聞こえなくなる。同様の閾値の変動は視覚でも生じる。一過性閾値変動とも言う。

**一過性黒内障** [amaurosis fugax; transient monocular blindness] 視力低下を繰り返し起こす症状で，特に，緑内障，中毒症，視神経炎，偏頭痛，網膜血管障害によって生じる。視力低下は痛みを伴わず，2か月〜3か月続く。視力の回復は漸進的で，灰色で不明瞭な，かすみ目が特徴とされる。

**一過性状況的パーソナリティ障害** [transient situational personality disorder] DSM-Iにおける**外傷後ストレス障害**のことであり，古くは外傷性神経症（traumatic neurosis）のことである。このカテゴリーはDSM-IV-TRにおいて**適応障害**として分類されるものを含む。⇨ **適応反応**

**一過性全健忘** [transient global amnesia: TGA] 突然の**全健忘**（一過性の**健忘性障害**の一種）であり，通常24時間以内に回復し，他の神経学的な異常を認めない。一過性全健忘では，困惑して何度も同じ質問を繰り返すが，過去の体験の記憶は保たれている。ただし，新しい記憶が形成されず（⇨ **前向性健忘**），現在体験している出来事に対する逆向性健忘も現れる。一過性全健忘から回復すると，新しい出来事を学習する能力が次第に回復し，逆向性健忘の範囲も短くなる。一過性全健忘は突然の過剰な身体的運動のような出来事が引き金となって生じるとも言われているが，そのメカニズムについては未だ明らかになっていない。

**一過性チック障害** [transient tic disorder] 単一または複数のチックが4週間〜1年にわたって何回も起こる**チック障害**。チックは単純なもの（たとえば，瞬き，顔をゆがめる，咳払い，鼻をクンクン鳴らす）から複雑なもの（たとえば，手ぶり，足踏み，**反響言語**，わけのない話す速度や音量の変化）があると考えられている。

**一過性脳虚血発作**［transient ischemic attack: TIA］　たとえば，血栓症，塞栓症，または血管痙攣によって，血液の供給が一時的に中断され，脳の一部が急激な酸素欠乏状態に陥るエピソード。症状は脳卒中と同じであるが，通常24時間以内に完全に消失する。

**一貫した誤答**［consistent missing］　ツェナーカードや類似した材料を用いた超心理学の実験において，実験参加者の"コール"あるいは推測が一貫して間違っている，あるいは一貫してチャンスレベルよりも有意に低い現象のこと。

**一貫したマッピング**［consistent mapping］　所与の刺激が，（a）常にターゲット，あるいは（b）常に妨害刺激の一つという，**探索課題**の条件。ターゲットと妨害刺激は実験中一貫している。一貫したマッピングは，多くの場合，効率的な探索成績をもたらす。⇨ **変動マッピング法**

**一貫性**［coherence］　異なる心理学的要素間における意味のある相互関連のこと。たとえば，ある信念がそれと独立した他の信念と論理的に一致しているような信念体系は「一貫（斉合）的である（coherent）」と表現される。斉合性とも言う。

**一貫性の原則**［consistency principle］　健康で適応的な人は，行動や意見，態度に一貫性をもたせようと努める傾向があるという原則。

**一貫性への好み**［preference for consistency］　認知システムにおける要素の一貫性を維持したいパーソナリティ特性。⇨ **認知的不協和**，**認知的不協和理論**　［アメリカの心理学者チャルディーニ（Robert B.Cialdini: 1945-），トロスト（Melanie R. Trost），ニューソン（Jason T.Newsom; 1965- ）によって提唱された］

**一貫性への動機**［consistency motive］　自己に関して既にもっている信念の内容について，それを確証してくれるようなフィードバックを得たいという願望。この動機はそれが良いものであれ悪いものであれ，安定的・不変的な**自己概念**を保つことに寄与している。

**一級症状**［first-rank symptoms］　統合失調症がもつ，他の精神障害とは区別される症状群のことで，次の5つのカテゴリーからなる。幻覚，思考過程の変質，妄想知覚，身体への被影響体験（自分の身体に影響を与え，コントロールするような外的力を体験すること），その他の被影響体験。**国際統合失調症パイロット研究**によると，約60%の統合失調症患者に一級症状がみられる。現在では，これらの症状は他の精神病や気分障害，神経性の障害にも生じることが知られている。［ドイツの精神科医のシュナイダー（Kurt Schneider: 1887-1967）によって提唱された］

**一孔仮説**［cloacal theory］　幼い子どもが抱く空論で，膣と肛門は結合した1つの開口部であり，出産は排便と同じ形態で肛門を通して行われるという説。⇨ **原幻想**

**一妻多夫**［polyandry］　1. メスは複数のオスと交配するが，オスは唯一のメスと交配する動物の**配偶システム**のこと。1回の生殖期において，メスは複数のオスと交配し，社会的関係を構築する。**共同繁殖**のタマリン（サルの一種）は条件的一妻多夫制を取っており，新しい社会的グループが形成された時に子育て中のメスの場合，複数のオスと交配するが，グループが確立し援助者が増えると，そのメスは，1頭のオスと一夫一婦制を取るようになる。2. ある種の文化圏で受け入れられている婚姻様式で，1人の女性が複数の男性と同時に婚姻関係にあること。⇨ **一夫一婦**，**複婚**，**多夫多妻**，**一夫多妻**

**一酸化炭素中毒**［carbon monoxide poisoning; carbon monoxide intoxication］　無色無臭のガスである一酸化炭素の吸入による中毒障害のこと。症状は，細胞組織における酸素の不足により引き起こされる（酸素欠乏症）。その範囲は，軽度の中毒による頭痛や朦朧状態から，激しい一過性の混乱状態やせん妄状態，そして，深刻で重度の中毒があった場合には，恒久的な脳損傷に伴う昏睡や窒息死に至ることもある。

**一酸化窒素**［nitric oxide］　多くの体組織にある化合物で，様々な機能を担っている。体ではアルギニン，NADPHおよび酸素をもとにして一酸化窒素合成酵素で合成される。一酸化窒素は神経伝達物質，あるいは神経伝達物質に影響を与える物質として脳や他の中枢神経系の部位で機能している。末梢神経系において，一酸化窒素は平滑筋の弛みに関与して，そこで血管や気管の拡張を引き起こす。また陰茎や陰核の平滑筋の弛緩剤として勃起や他の性反応に関与する。

**一色型色覚**［monochromatism; monochromasy］　色盲の一つ。眼にたった1つの錐体**感光色素**しかないため，色を弁別することができず，すべてのものが灰色の明暗のみで見える。⇨ **無色症**

**一食主義**［monophagism］　1日に1食しか食べない，1種類の食物しか食べない，といった病的な食行動の習慣。

**一親等血縁者**［first-degree relative］　親，きょうだい，息子または娘。⇨ **二親等**

**一側性**［unilateral］　（たとえば，身体や臓器の）1つの側面，または2つ以上の集まりのうちの一つ。

**逸脱**［aberration］　通常のことから明らかに外れること。⇨ **精神異常**

**逸脱行動**［deviant behavior; deviance］　社会集団で典型的または適切と考えられているものから著しく逸脱する行動。

**一致**［agreement］　言語学において，文中の異なる文法上の要素間の関係性が正しく対応していること。たとえば，動詞の数がその主語の数と一致する，代名詞の数や性がその名詞の数や性に一致する，といった正しい関係性のこと。

**一致係数［1］**［coefficient of agreement; agreement coefficient］　あるケースが，複数のカテゴリーのいずれに属するかに対する評定者，判断，方法間の同意の程度を表す数的指標のこと。κ（カッパ）のような同意係数は，偶然一致度によって補正される。⇨ **評価者間合意**

**一致係数［2］**［coefficient of concordance］　評定者$m$による$k$組の条件ないし対象の順位が一致している程度を示す数的指標のこと。ケンドールの一致係数（Kendall's coefficient of concordance）とも言う。

**一致差異併用法**［method of agreement and difference］　イギリスの哲学者ミル（John Stuart Mill: 1806-1873）によって定められた，経験科学における5つの規範（canon）の3番目。**ミルの規範**の最初2つである一致法と差異法を組み合わせることによって，ある現象についての必要十分条件の発見を可能にする。

**一致性探究**［concurrence seeking］　特に議論や意思決

定の際に，集団内で討論し不一致を回避するための努力をすること。一致性探究は**集団思考**の主な要因である。

**一致点**［identical points］ 特定の距離において，左眼と右眼のそれぞれの網膜上で同一の物体から同じ像が投影される点。

**一致法**［method of agreement］ イギリスの哲学者ミル（John Stuart Mill: 1806-1873）によって定められた経験科学における5つの規範（canon）の1番目。これは，現象についての必要条件を証明するものである。たとえば，もし結果 E1（E2, E3 など）のすべての事例が共通して特定の条件 C1 をもち，すべての E に他の条件（C2, C3 など）ではなく C1 だけが共通して観察されると，C1 は E にとっての重要な条件であると結論づけることが可能である。

**一致率**［concordance rate; concordance ratio］ 双子あるいは他の血縁者が特定の特性または障害を示す割合。⇨ **双生児研究**

**一対関係**［dyadic relationship］ 任意の，相互に信頼しあっている，親密な2人の関係のこと。

**一対比較法**［paired comparison］ 1. 刺激や他の項目の組合せを比較する体系的手続き。調査対象者は一対の刺激が呈示され，ある次元での比較を行う。たとえば，大きさ，音量，明度などである。全項目が他のすべての項目との比較が終わるまで続けられる。この手法は，精神物理学的な判断の研究に主に関わるだけでなく，芸術品への選好や性格特性の差異の研究でも利用されている。2. 産業や職業状況において，選出された集団内で各従業員を他のすべての従業員と比較し，一連の業績測定を行う評価手法。そのとき従業員は，彼らが受ける好ましい比較の総数の基準によって評定される。

**一般意思**［greral will］ 特定の問題や想定される将来の行動に関する人々のねらいや意図のことで，相互作用を通して生起し，何らかの社会的過程や慣習を通じて表される。一般意思は，信頼のおけるもので，社会の個々の成員すべてが命令に対して意思を提示すべきだと主張した，スイス生まれの哲学者ルソー（Jean-Jacques Rousseau: 1712-1778）によって提唱された。⇨ **社会契約**

**一般意味論**［general semantics］ 言語哲学における，科学的根拠に基づいて単語と**指示物**を結びつけようとする初期の試み。1930年代および1940年代に数多くの学問領域に影響を与えた。⇨ **意味論**, **記号論**［ポーランド出身のアメリカの哲学者・科学者コルジブスキー（Alfred Korzybski: 1879-1950）の著作 Science and Sanity（1933）において提唱された］

**一般因子**［general factor］（記号：$g$）**全般的能力**における個人差の仮説的源泉であり，関係性をつかみ，結論を引き出すための個人の能力を表す。一般因子は，単一の課題に特有の**特殊能力**と対照的に，種々な知的課題遂行の基礎となる基本的能力であると言われている。複数の精神能力を仮定する理論家でさえ，一般因子は精神能力の基礎となると述べている。⇨ **二因子説**, **特殊因子**［イギリスの心理学者スピアマン（Charles Spearman: 1863-1945）によって1904年に提唱された］

**一般化**［generalization］ 限られた数の特定のケースから，概念，判断，原理，仮説などを導き，それをより広い範囲に，多くは事物，出来事，人々の分類クラス全体に適用するプロセス。⇨ **帰納的推論**

**一般化同化**［generalizing assimilation］ ピアジェ（Jean Piaget）理論の**感覚運動知能**において，反射**スキーマ**へ増加する様々な対象を取り込むこと。たとえば，乳児は吸啜のシェマを自分の手，毛布，おもちゃに一般化するときなど。

**一般システム理論**［general systems theory; systems theory］ 全体性，パターン，関係，階層的順序，統合，組織に注目する学際的な概念的枠組み。科学における還元主義的な伝統，機械論的な伝統（⇨ **還元主義**）を乗り越え，現代の科学が研究している断片化されたアプローチや異なる階層の現象を組織された全体へと統合することが意図されている。実体や現象は，互いに作用している一連の要素（すなわち，システム）として全体的にみなされる。また，一般的システム理論の目標はすべてのシステムに適用可能な原理を特定し，理解することである。システムの中の各要素の影響力は，そのシステムの他の要素が果たす役割に依存しており，これらの要素間の相互作用から序列が生まれる。［オーストリアの生物学者ベルタランフィ（Ludwig von Bertalanffy: 1901-1972）によって提唱された］

**一般身体疾患**［general medical condition］ 身体的な原因と身体的な精神病理が観察できることが知られている疾患のこと。たとえば，高血圧や糖尿病などで，このような障害は DSM-IV-TR ではⅢ軸に分類されている。

**一般身体疾患による気分障害**［mood disorder due to a general medical condition］ DSM-IV-TR によると，健康状態の悪化にともなう身体的症状の悪化に起因する明確で持続的な気分の変調（抑うつ症状，躁症状，あるいはその両方）のこと。パーキンソン病やチントン病，脳卒中，甲状腺機能低下症，感染症（たとえば肝炎，エイズ），特定の悪性腫瘍（たとえば膵臓癌）など，あらゆる病状がこの気分障害をもたらすと考えられている。

**一般身体疾患による不安障害**［anxiety disorder due to a general medical condition］ 健康状態の悪化によって直接引き起こされる重篤な不安（たとえば全般性不安，パニック発作，強直）。内分泌疾患（たとえば甲状腺機能亢進症），呼吸疾患（たとえば慢性閉塞性肺疾患），心血管障害（たとえば不整脈），代謝異常（たとえばビタミン $B_{12}$ 欠乏症），神経疾患（たとえば前庭機能障害）を含む多くの状態により生じる。

**一般心理学**［general psychology］ 心理学の基本的な原理や問題，方法についての学問のこと。行動の心理的基礎，人間の成長や発達，感情，動機づけ，学習，感覚，知覚，思考過程，記憶，知能，パーソナリティ理論，心理テスト，行動障害，社会的行動，精神的健康といった領域が含まれる。心理的，歴史的，理論的，哲学的，実用的といった様々な視点で検討される。

**一般性**［universality］ 1. 自分の個人的性質（態度や価値観など）が，社会的集団や文化の中で広く共有されていると推測する傾向のこと。⇨ **フォルス・コンセンサス** 2. 暴徒や群衆の中にいるとき，周りの人々もそうしているのだから自分も異常な行動をしてもかまわないと推測する傾向のこと。⇨ **集合行動**, **感化**, **創発規範論** 3. 自助グループやサイコセラピーグループにおいて，問題や困難さは自分だけのものではなく，他のグループ成員も経験しているという認識によって促進される治療要因。普遍性の

効果（impression of universality）とも呼ばれる。⇨ **治療的因子モデル**

**一般線形モデル**［general linear model］ 従属変数と独立変数の間の関係を記述する**回帰分析**，**分散分析**，相関分析を含む統計的手法の種類である。行動科学で使用される多くの統計的手法は一般線形モデルに含めることができる。

**一般対応法則**［generalized matching law］ 行動分析において，べき関数（$y=ax^b$）によって示される，2つの選択肢への反応（あるいはそれに費やされる時間）比（$y$）と，それぞれの選択肢の強化比（$x$）によって，いずれの選択肢を選ぶかを表す数式。関数における（$b$）の要素は，強化比への感度を示し，係数（$a$）は一方の選択肢を選ぶことへの固有のバイアスを意味する。$a$と$b$の両方が1.0であれば，数式は**対応法則**と同じ予測となる。

**一般知能**［general intelligence］ 幅広い種類の課題に応用できる知能。⇨ **一般因子**

**一般的覚醒**［general arousal］ エネルギー消費のレベルのこと。すべての人間行動がそこから説明される2つの次元の一つとして提案されている（⇨ **覚醒**）。もう一つの次元は接近／回避である。

**一般的転移**［general transfer］ ある課題や状況において獲得された一般的スキルもしくは原理が，全く異なる領域に転移すること。たとえば，哲学のコースで獲得した論理的思考を，ビジネスの問題を解決するために応用すること（⇨ **訓練の転移**）。般化による転移（transfer by generalization），あるいは原理の転移（transfer of principles）とも呼ばれる。⇨ **特殊転移**，**認知的一般化**

**一般的な言語障害**［general language disability］ 言葉の遅れや，幼児語や幼児文法を遅くまで使用すること，読み書きにおける困難などに特徴的な，子どもにおける言語の障害。

**一般能力検査**［general ability tests］ 知能の一般因子を測るためにデザインされた検査。検査では，幾何学的な形のような比較的抽象的な刺激間での関係の理解や応用が求められる。

**一般名**［generic name］ 医薬品の商品登録されていない名前のこと。アメリカでは，医薬品の名前は名前採用会議（Adopted Name Council）によって採用され，米国薬局方（United States Pharmacopoeia: USP）によって認められた場合，公式名称となる。⇨ **一般用医薬品**

**一般問題解決機（GPS）**［General Problem Solver: GPS］ 手段目標分析を用いた問題解決へのアプローチが多くの異なる問題や問題タイプに対処するように意図されたことからこのように名づけられたコンピュータプログラム。汎用的で再帰的な目標状態と現在の状態の差を縮めるような探索手続きを含むプロセスである。［1961年にアメリカの認知科学者・コンピュータ科学者ニューウェル（Allen Newel: 1927-1992）とサイモン（Hebert A. Simon）によって作られた］

**一般用医薬品**［proprietary drug］ 医薬的な目的の科学薬品で商標や特許などの競合から保護されている。原料や含有物は後発医薬品の原料と同様か類似した効果をもつ。

**一夫一婦**［monogamy］ 1. 2人の個人が互いに排他的に結婚する婚姻形態のこと。個人の一生の間，時によっては連続的に性的パートナーと社会的つながりがある場合を除いて，人間を含む多くの種には，一連の一夫一婦制がみられる。⇨ **一妻多夫**，**多夫多妻**，**一夫多妻** 2. 一時期には1人の配偶者とのみ婚姻すること。⇨ **複婚**

**一夫多妻**［polygyny］ 1. オスは複数のメスと交配するが，メスは唯一のオスと交配する動物の**配偶システム**のこと。⇨ **ハーレム**，**資源防御型一夫多妻** 2. ある種の文化圏で受け入れられている婚姻様式で，1人の男性が複数の女性と同時に婚姻関係にあること。⇨ **一夫一婦**，**複婚**，**多夫多妻**

**一方だけのカップルカウンセリング**［unilateral couple counseling］ パートナーのうち1人と面接し，もう1人との関係についてカウンセリングを行うこと。ただし，カウンセリングの焦点は2人の関係に当てられる。⇨ **カップルカウンセリング**

**逸話記録**［anecdotal record］ 教育場面では，学生の行動に関する自発的で，簡潔で，そして累積した説明を含む実際の記述された記録のこと。このような観察に基づく記録は非常に重要なものとして考えられている。なぜなら，これらは学生のパーソナリティのある側面を強調しており，また将来の評価に役立つ場合があるからである。

**逸話記録法**［anecdotal method］ より組織的で統制された観察ではなく個人的な観察に基づいた研究技法。逸話記録法では，関連を明らかにすることはできないが，組織的な調査を必要とする研究領域についての手がかりを提供することができる。

**偽りの自己**［false self］ イギリスの精神分析学者であるウィニコット（Donald Winnicott: 1896-1971）の**対象関係理論**における，侵害に対して防衛し環境に適応するために発達させる自己のこと。**本当の自己**とは，乳児にとって適切で，自分本来の欲動が認められ，表現できるような環境で発達するが，これらは偽りの自己とは対照的である。

**イデア**［idea］ 古代ギリシャの哲学者プラトン（Plato: BC 427-347）の思想において，「真に実在する」とされるものの抽象的，理性的な形式のこと。⇨ **プラトン的理想主義**，**イデア論**

**イデア論**［theory of forms; theory of ideas］ ギリシャの哲学者プラトン（BC429-347）の理論である。すべての物事は，イデアや人の感覚を永久的な存在としている。⇨ **プラトン的理想主義**，**知識の想起理論**

**EDR**［EDR］ **皮膚電気反応**の略語。

**イディオ・サヴァン**［idiot savant］ ある領域において，非凡な，高度に発達した能力や才能をもつ知的障害者のこと。たとえば，高速計算，熟達した音楽演奏，瞬間的記憶などがある。そのような人は稀であり，**自閉性スペクトラム障害**の有無に関わらずこの能力は中程度の知的障害者にみられる。［フランス語では "learned idiot"］

**イディオダイナミックス**［idiodynamics］ 刺激を選択し，反応を形成するときに，個人が主たる役割を担っているという考え方。個人は自分が関連するとみなした環境内の諸要素に注意を向けるのであり，呈示された検出可能な刺激なら何にでも反応するわけではない。

**イディオム**［idiom］ 個々の単語からは意味を類推できないような，慣習によって定着した固定句，慣用句。たとえば「死ぬ」を意味する "kick the bucket" などがこれに当たる。通常の文法規則に従って変化させることができない確固とした構造をもっていることから，固定形式（frozen forms）と呼ばれることもある。たとえば，その

慣用的な意味を示すためには，"The old man kicked the bucket"という文を"The bucket was kicked by the old man"という形に変えてはならない。

**イデオロギー**［ideology］ **1．**人間，集団，あるいは社会的政治的活動について一貫した思想や**世界観**を集合的に形成するような主義，態度，信念，象徴が伴う体系的で秩序立った考え。**2．マルクス主義**では，いかなる哲学も考えも誤った歪曲したものとみなした。なぜならば，通常，社会の物質的基盤を無視したり，ごまかそうとしたりしたためである。

**遺伝**［heredity; inheritance］ 身体的・心理的特性が親から子孫へと伝わること。遺伝のメカニズムや法則に関する研究は，**遺伝学**の基礎である。遺伝は，親の**染色体**に含まれる遺伝子の性質に依存し，それは染色体を構成するDNAにより伝えられた特定の**遺伝暗号**によるものである。
⇨ **メンデル遺伝，多因子遺伝**

**遺伝暗号**［genetic code］ 特定のタンパク質の構成を細胞に「伝達」する遺伝子の命令。暗号は，遺伝物質であるDNAまたはRNAの成分である塩基配列に存在する。これらの配列は，文字A，T，G，C（それぞれ**アデニン，チミン，グアニン，シトシン**を表す）で表される。メッセンジャーRNAでは，チミンに変わり**ウラシル**（U）で表される。暗号のそれぞれの単位または**コドン**は各々の3つの連続している配列によって構成される。それゆえ，各々のタンパク質分子を作るアミノ酸を規定する4種の塩基は64個の可能な3塩基連鎖の組合せ（$4^3=64$）が存在する。

**遺伝学**［genetics］ 遺伝の仕組みと現象，遺伝形質を決定する法則に関する生物学の部門。⇨ **行動遺伝学，生物発生説，政治遺伝学，ソシオジェネティクス**

**遺伝学者**［geneticist］ 遺伝学研究を専門に扱う医療専門職。遺伝学者は病院，医科大学，または研究機関の医療部のスタッフメンバーであることが多い。

**遺伝学的方法**［genetic method］ 説明のための道具として遺伝子機能を重視する，遺伝的原因と発育歴に関する心理作用の研究方法。

**遺伝子**［gene］ 遺伝情報の保存と後の世代へのその伝達を担う遺伝の基本単位。遺伝子は生物を構成する細胞の働きにとって必要な指令を含んでおり，生物の観察可能な特徴（その**表現型**）は数多くの遺伝子によって規定されている。各々の遺伝子はDNAの配列からなる。DNAは，高次生物において細胞核の**染色体**を形成するように配列された大きく複雑な分子である指令は**遺伝暗号**に従ってDNAの化学組成の中に書き込まれている。古典的な遺伝学では，遺伝子はそれが規定する形質によって表現され，大部分はその異なる形（**対立遺伝子**）によってもたらされる変異に基づいて研究される。分子レベルでは，ほとんどの遺伝子はタンパク質をコードしている。タンパク質は細胞機能を実行したり他の遺伝子の発現を調整したりする。少数の遺伝子は（リボソームのような）細胞のタンパク質合成装置を作るために不可欠な要素をコードしている。近年の遺伝子工学の発展と**ヒトゲノム解析計画**の成果は，遺伝子作用のメカニズムの解明に大きく貢献し，様々な遺伝疾患に関与する遺伝子を特定してきた。これは今後数十年で身体疾患および精神疾患に関する知識を大いに増進するであろう。⇨ **優性対立遺伝子，劣性対立遺伝子**

**遺伝子異常**［genetic error］ 単一遺伝子のDNAコードにおける異常。遺伝子異常は，自然発生的な突然変異，または重要なアミノ酸を代謝させるのに必要な酵素に適切な指令を与える遺伝子能力を変化させる放射能のような環境危険災害に起因する突然変異による可能性がある。通常，遺伝性の遺伝子異常は胎芽や胎児にとって死を招くものではない。個体は出産を生き残り生殖可能な成人になることができ，遺伝子異常を個人の他の世代へ遺伝しうる。しかしながら，一部の遺伝子異常は，結果的に胎児の死亡または成熟前の個体に死をもたらす可能性がある。2,000種類以上の遺伝子異常が分類されている。

**遺伝子・遺伝子インタラクション**［gene-gene interaction］ 2つまたはそれ以上の遺伝子間の相互作用のこと。たとえば，病気，病状，特徴の進行の原因とされる。

**遺伝子型**［genotype］ **1．**ある生物個体の遺伝子の一式。ヒトの遺伝子型は約30,000個の遺伝子を含んでいる。その遺伝子型が他個体の遺伝子型と同一であるようにみえる個体はゲノコピー（genocopy）と呼ばれる。**2．**1つ以上の遺伝子座に存在する**対立遺伝子**の組合せのこと。⇨ **表現型**

**遺伝子型環境効果**［genotype-environment effects］ 経験に関する遺伝体質の影響のことであり，この影響は「人がどのような環境に直面しどのようなタイプの経験をするかに個体の**遺伝子型**が影響を与える」とする案に基づいている。受動（生物学的に近親の両親より提供される環境を通して），喚起（他者から個人によって誘発された反応を通して），活動（異なった個体による異なった環境の選択を通して）の3つの遺伝子型環境効果が提案されている。［アメリカの心理学者スカー（Sandra Scarr: 1936- ）とマッカートニー（Kathleen McCartney: 1955- ）によって提唱された］

**遺伝子型-表現型相関**［genotype-phenotype correlation］ 遺伝子における突然変異の位置ないしは性格と個体におけるその突然変異の表現との間の相関のこと。変異を被った個体の観察とその遺伝子型に基づく。そのような相関関係を求める試みは，遺伝病因の解明に加えて，突然変異のどの特徴が疾患の発症年齢や重症度に影響するかを解明するために行われる。

**遺伝子環境インタラクション**［gene-environment interaction］ 1つあるいはそれ以上の遺伝子と環境要因との相互作用のこと。たとえば，病気，病状，特徴の発現を誘発するのに必要とされる。

**遺伝子組み換え**［transgenic］ 外来の遺伝子や変化させた遺伝子を**ゲノム**に意図的に導入した生物を意味する。

**遺伝子決定論**［genetic determinism］ 人間と人間以外の動物の行動と精神活動が，主として（または完全に）個人の遺伝子型によってコントロールされ，環境の影響への反応は多くが生得的に決定されるとする理論。⇨ **生物学的決定論，決定論，生まれか育ちか論争**

**遺伝子工学**［genetic engineering］ 生きた細胞やウイルスの遺伝内容を意図的に変化させる技術。既存の遺伝子を組み換えるか，新たな物質（たとえば別の種の遺伝子）を挿入することで行われる。これは，遺伝メカニズムについての基礎研究や，特定の遺伝子産物（たとえば医療的に価値のあるタンパク質）の大量生産，農作物の遺伝子組み換えなど，多数の異なる理由から行われる。特定の遺伝疾患を治療することを期待して，異常のあるヒト体細胞を

組み換える試みもなされてきた。その一方で，ヒトを含む動植物の遺伝子組み換えがもつ影響や限界に対しては大きな社会的関心が向けられている。⇨ **遺伝子スプライシング**，**組換えDNA**

**遺伝子疾患**［genetic disorder］　遺伝子または染色体の異常（⇨ **変異**）による病気または状態。遺伝病とも呼ばれる。

**遺伝子スプライシング**［gene splicing］　既存のDNA分子へ遺伝物質をDNAの形で挿入する技術のこと。遺伝子工学で，ある生物の遺伝物質を別の生物（典型的には別の種の生物）に導入するときに一般に使用されている。その産物である**組換えDNA**は，薬品や微生物から得られる類似した有機物質を作るための新たな資源となったり，生物の遺伝疾患の治療に用いられたりする。

**遺伝子刷り込み**［gene imprinting］　遺伝子の発現が，それが母親または父親のどちらから受け継がれたかにより異なるという現象。

**遺伝子ノックアウト**［gene knockout］　特定の遺伝子の機能をより詳しく知るために行われる，その遺伝子の意図的な不活性化のこと。**遺伝子工学**を利用して，科学者は（マウスのような生物の中の）通常の遺伝子を欠損のある遺伝子と置き換え，生物に対するその欠損の影響を評価する。

**遺伝子のマッピング**［mapping of genes］　遺伝子や，遺伝子マーカー，あるいは両方の配列を，生体の遺伝物質（DNA）内に存在するとおりに図式的に表示したもの。ヒトその他の高等生物では，3つの異なる地図が作られている。**遺伝地図**（あるいは，連鎖地図）は，それぞれの染色体における遺伝子の相対的な位置を示している。**フィジカルマップ**は，DNA分子における遺伝子間の絶対的な物理的距離を示している。**細胞遺伝学的地図**は，染色体の縞模様を描いたものである。縞模様は，特定の遺伝子の位置と関連づけることが可能である。

**遺伝子の連鎖**［gene linkage］　染色体上に物理的に近接している遺伝子または**遺伝子マーカー**が，ともに遺伝する傾向。連鎖解析のデータによって，高リスク家族員に遺伝子によって遺伝する病気または病状に対する個々のリスクの見積もりを提供することができる。

**遺伝子配列**［genetic sequence］　DNAまたはメッセンジャーRNA分子の特定の鎖または染色体部分に沿った塩基対の順番。

**遺伝子プール**［gene pool］　特定の時期に種の特定の母集団内で生起する遺伝子とそれらの変異型（**対立遺伝子**）の総数。

**遺伝子マーカー**［genetic marker］　遺伝学的解析において，染色体上で場所が特定可能な遺伝子またはDNA断片とその遺伝的性質が，異なる世代を通して容易に追跡できるが，そのような遺伝子のこと。染色体上で近接するDNA断片はともに遺伝する傾向があることから，まだ定義されていないがおおよその場所が明らかになっているような遺伝子の遺伝を判定するために，この指標はよく使用される。

**遺伝子モザイク現象**［gene mosaicism］　遺伝子や染色体構成が異質だが同じ1つの受精卵に起源をもつような，2つあるいはそれ以上の細胞が同一個体において存在すること。

**遺伝主義**［geneticism］　本能と心理–性的発達についてのフロイト（Sigmund Freud）理論のように，行動が先天的であるとする概念。⇨ **遺伝子決定論**

**遺伝性代謝異常**［genetotropic disease］　遺伝性酵素欠損または酵素欠損症による病気。この障害の例としてフェニルケトン尿症と先天性代謝異常があげられる。

**遺伝相談**［genetic counseling; genetic guidance］　遺伝的リスクや利点，遺伝学的検査の限界，生殖リスク，潜在的な遺伝的要因を伴う病気に関する監視と選別のための選択肢について個人情報を提供する対話式の方法。遺伝相談は，ほとんどの場合，遺伝学者または遺伝カウンセラー（genetic counselors）によって提供されており，彼らは遺伝性疾患について個人と話し合い，**系図**を調べ，個人や家族の遺伝性疾患に関する選択可能な選択肢について決定するのを援助するよう訓練されている。遺伝診断は，遺伝相談の一部であったり，そうでなかったりする。遺伝カウンセラーは，告知される個人に対するリスク告知の心理的影響や，テスト結果開示の次にさらに心理的カウンセリングが必要かについても評価する。⇨ **検査前カウンセリング**，**事後テストカウンセリング**

**遺伝地図**［genetic map］　既知遺伝子，**遺伝子マーカー**，または互いの相対的位置を示す種の染色体地図。人間の遺伝子地図は，多くの世代にわたって**遺伝子の連鎖**の程度を明らかにするために，数多くの特性または他の指標の遺伝パターンを調査することが必要となる。⇨ **遺伝子のマッピング**

**遺伝的アルゴリズム**［genetic algorithm; Ptolemaic theory］　ある問題の解の集団（ふつうビット：bitsで符号化される）が結合されて，その問題の新しい可能な解を作るという状況において**人工知能**から生まれた探索方法。新しい解の集団を作り出すかどうかを決定するために適応度が用いられる。交叉（2つの解の一部が組み替えられる）や突然変異（1つの解の様々なビットが入れ替えられる）といった遺伝的操作が，新たな世代の解を生み出すために使われる。問題の解を作り出そうとするこのアプローチは，実際の進化過程の適者生存と類似している。

**遺伝的欠陥**［genetic defect］　何らかの身体疾患または精神疾患，子孫における遺伝子または染色体の**変異**による状態または障害。通常，これらの遺伝子変異は，特定の体細胞を作る際の特定の段階や食物要素の代謝に不可欠な，正常に機能している酵素の合成の欠損によって発現する。

**遺伝的素因**［genetic predisposition; hereditary predisposition］　ある身体的特徴・精神的特徴が，身体的・精神的な状態や障害とともに遺伝する傾向。たとえば統合失調症は，一般的母集団の1％未満しか罹患しないが，罹患している人からの親等が近くなるにつれて罹患するパーセンテージは次第に大きくなるような，遺伝型素因を伴う精神疾患である。

**遺伝的プログラミング**［genetic programming］　**遺伝的アルゴリズム**の研究に基づいた，問題解決策を生み出す検索方法。この場合，問題解決策はコンピュータコードによって表される。遺伝的オペレータは新しい解決策を作り出すために使用されており，その際，解決コードの部分の突然変異だけでなく，2つの解決策どうしのコードの構成要素を交換することをプログラムに組み込んでいる。適合度メトリックは，どの解決策が各々の解決策の新世代を生

**遺伝的変異**［genetic variation］　個体差（⇨ **変異**）と**自然選択**の原因。どのような母集団または種の中にも，通常かなりの数の遺伝的変異が存在する。ある状況ではある遺伝的特徴をもつ人々が好まれ高い繁殖成功率を得ることもあるが，状況が変わると他の遺伝的特徴をもった個体が好まれることもある。

**遺伝的優位性**［prepotency］　二人の親のうちの一人が自身の遺伝的特性をより子孫へ遺伝させる性質のこと。

**遺伝薬理学**［pharmacogenetics］　薬物の種類や投薬量が個人の反応に影響を与える遺伝要因についての研究。酵素やその他の代謝要素の遺伝の差が薬物の作用や通常の処方での副作用に影響する。たとえば，40%～70%の白人は抗結核薬イソニアジドの代謝を非常に遅くさせる酵素の変異体をもっているため，通常に対してごく少量の処方が求められる。

**遺伝率**［heritability; heritability estimate］　**1.** 遺伝する可能性のこと。**2.** 生まれもった特性や機能に対して遺伝がどれくらい寄与しているのかを見積もること。遺伝率は，遺伝要因が全く寄与していないとする0からすべて遺伝要因によるものだとする1までの範囲がある。知能の遺伝率はおおよそ0.5だとされているが，遺伝率は年齢とともに増加し，成人では0.7くらいまで上昇することを示している研究がある。遺伝率は様々な行動遺伝学的手法を用いて決定される。たとえば，離れ離れに養育された一卵性双生児研究や**養子研究**があり，子どものIQが産みの親と養親のIQと比較される。遺伝率は遺伝寄与率と同一ではない。なぜなら，遺伝率は個人差に対してのみ影響を受けるからである。また，特性は遺伝するが，変わりうるものである。たとえば，知能はある程度遺伝可能であるが，時代が新しくなるにつれて知能が上昇している。⇨ **フリン効果**

**遺伝理論**［genetic theory］　**1.** 行動を，遺伝と発達の専門用語で説明することができるとする考え方。**2.** 遺伝科学において受け入れられている理論的法則。

**遺伝論**［hereditarianism］　行動に関わる主要因は遺伝であるとする考え方。この見解に反するのが，環境と学習が個人間の大きな違いを説明するという考え方である。遺伝か環境か（すなわち「氏か育ちか」）の問題は，特に人間の知能に当てはめるときに物議をかもし続けている。⇨ **遺伝子決定論**，**生まれか育ちか論争**

**意図**［intention］　**1.** ある行動を遂行するかどうかを決める，意識的な決定のこと。⇨ **計画的行動理論**，**合理的行為理論**　**2.** ある行動をとることを決断すること。あるいは，目的的行動をとるための衝動。実験では，課題の教示によって定義された目標と意図は，しばしば同一視される。

**イド**［id］　精神分析理論における，心に基本的なエネルギーやリビドーを与える本能的，生物的な欲動を含む性格要素のこと。フロイト（Sigmund Freud）はイドを人格の最も原始的な要素であると想定しており，無意識の最も深いレベルに位置するとしている。内部の組織はなく，**快楽原則**に従って働く。それゆえ，幼児の生活は，飢えや性などの本能を即座に満たす欲求が主であり，それは**自我**が発達し始め，現実との調和で働くようになるまで続く。⇨ **一次過程**，**構造的モデル**

**移動運動**［locomotion］　ある場所から別の場所へ生体が動くこと。ほふく運動や水泳，飛行，四足歩行，二足歩行など異なる種であれば異なる特徴的な運動の様態がある。

**移動性**［mobility］　社会学で，個々人が場所，職業，社会階級間を移動することができる程度。⇨ **地理的移動性**，**社会移動**，**水平移動**，**垂直移動**

**移動性精巣**［hypermobile testes］　陰嚢と腹腔の間を移動する精巣のこと。典型的には矯正されなかった鼠径ヘルニアが原因で生じる。精巣は，熱い湯に浸かった時のような暖かな環境下では陰嚢へと下降し，身体が冷気にさらされた時には腹腔へと収縮することがある。

**異同法**［method of equal and unequal cases］　精神物理学において，一対の刺激が等しいか異なるかを判断させる方法。

**移動窓法**［moving-window technique］　読みの研究における実験的手法。ページ上の単語は"窓"から見える限られた数以外すべて覆われており，窓は設定された速度でテキスト上を移動する。

**イド自我**［id-ego］　精神分析理論の概念。**自我**が**イド**から分離するために十分に発達する前の，乳児の未分化な人格構造のこと。この概念は，フロイト（Sigmund Freud）の新生児はすべてイドであり，自我はイドを離れて現実からの要求に反応することで発達するという見解に基づく。⇨ **自我の発達**

**意図振戦**［intention tremor］　**動作時振戦**の一種で，何かに触れようとするなど意図された自発的な行動に伴って生じる震え。手が標的となる物体に近づく際など運動の進行とともに増大する。小脳疾患に伴って生じる。

**イド心理学**［id psychology］　精神分析におけるアプローチの一つ。イドに含まれる組織化されていない本能的欲動に焦点を当てる。イドは原始的欲求という即時的な快の充足を求めることから，乳児の生活で優位を占めると考えられており，2つの主要な人格の構成要素である**自我**と**超自我**により律せられるまでは，行き当たりばったりで非合理的な特徴を有するとされる。⇨ **自我心理学**

**意図性**［intentionality］　(a) 目標，欲求，規範をもつこと，(b) 目標を達成するための手段を選ぶこと（例，終了することを意味する），(c) 自身が望む将来の状態へ意識を向けることを要求する人の行動の性質。(a) 単体，(c) ではなく (a) と (b)，ないしは，(a), (b), (c) すべてというように，意図性に含まれる概念は研究間で異なっている。意図性は，**作用心理学**，**現象学**に影響を与えており，関連したアプローチに解釈学がある。［ドイツの哲学者・心理学者のブレンターノ（Franz Brentano: 1838-1917）により発展した］

**イド抵抗**［id resistance］　精神分析における，治療に対する**抵抗**の一形態。その抵抗は無意識的な**イド**の衝動により動機づけられており，基本となる動機は**反復強迫**であるとされる。⇨ **抑圧抵抗**，**超自我抵抗**

**意図的運動**［intention movement］　最初の行動が次の行動の合図になっているような，別の身体的反応を促進する行動。たとえば，2人の人物が会話をやめて別れる前に，その予兆として，姿勢を変える行動（たとえば，足の位置を変える，重心を移す）。

**意図的学習**［intentional learning］　計画された，あるいは意図的になされる学習。したがって，意図的学習をす

る際には，記憶法が使用される。⇨ **偶発学習**

**意図的行動**［intentional behavior］　価値ある目標や結果に達成するための方策を用いた目標志向的な行動。ピアジェ（Jean Piaget）の認知発達理論によると，乳児の意図的行動は月齢8か月〜12か月でみられるようになる。

**意図的内在**［intentional inexistence］　行動心理学や現象学において，知覚や思考の対象は，知覚または思考の行為の中に存在するという原則を指す。⇨ **意図性**　［ドイツの哲学者・心理学者ブレンターノ（Franz Brentano: 1838-1917）によって発展した］

**意図的な努力**［effortfulness］　努力しているという感じや意識のこと。多くの心理学的課題は，実験参加者によって信頼に足ると判断されているという特徴がある。二重課題条件（⇨ **二重課題競合，二重課題成績**）において努力を要する課題は互いに拮抗し合い，心的資源の要求とその努力とは相関関係にあることが示されている。新たなスキルはしばしば，努力と意識することによって生まれ，実践に移るとともにあまり努力を要さずより自動的になっていく。努力しているという感覚は，意識的な感覚的性質を欠いているため，**周辺意識**の体験と考えられている。それは前頭前野背外側部（**背外側前頭前皮質**）の脳活動の増加と関連があると信じられている。

**意図的忘却**［intentional forgetting］　抑圧や忘れたいという無意識的な願望によって記憶が利用できなくなること。

**イド不安**［id anxiety］　精神分析理論における，欲動に由来する不安のこと。これが**根本的不安**（原初的不安）の主な原因である。⇨ **自我不安**

**意図分析**［intent analysis］　言説内容をその意図（支援する，承認を求める等）に基づいて分類する社会的相互作用の分析。

**イニシャル・スパート**［initial spurt］　仕事や課題，連続的な試行の開始初頭に頻繁に現れる高い生産性や好成績。初頭努力は慣れた課題より新規な課題でみられる。⇨ **エンド・スパート**

**胃ニューロパチー**［gastric neuropathy］　糖尿病性胃疾患の一つ。胃の内容物の排出が遅れ，食べ物の吸収が不規則になる。

**遺尿症**［enuresis］　抑制されるべき生活年齢，あるいは相応の精神年齢を過ぎた後に，薬物（例，利尿剤）や一般的医学的条件によらず不適切な場所（例，衣類や床など）に反復的に不随意に排尿すること。遺尿症は日中に起こる場合（日中遺尿症：diurnal enuresis）や夜間に起こる場合（夜間遺尿症：nocturnal enuresis）やその両方に起こる場合があり，膀胱の発達的な遅れや不十分なトイレットトレーニングやストレスの多い環境に関連する頻度が高い。機能的遺尿症（functional enuresis）とも呼ばれる。⇨ **おねしょ，尿失禁**

**イネイブラー**［enabler］　たとえば，ある人の子どもへの虐待もしくは物質依存などの不適応な行動について，受動的に容認したり無意識のうちに助長するような人のこと。不適応的な行動を起こす人の親密なパートナーや仲の良い友人など，身近な人がイネイブラーになる場合が多い。しばしば，イネイブラーは不適応的な行動の破壊性に気づいているが，自分にはそれを妨ぐ力がないと感じている。

**イネイブリング**［enabling］　1. 自己の欲求を満たし，かつ欲望の目標を達成するように個人を励ますか，もしくは容認する過程のこと。セラピストは，クライエントが自分自身を信じ，希望に従って行動する自信をもち，達成するための彼らの能力を認めることを試みる。⇨ **エンパワーメント**　2. 物質依存症者などが，不適応的あるいは病理的な行動を続けることに，人が意図せずにあるいは知らず知らずのうちに手を貸してしまう過程のこと。⇨ **イネイブラー**

**イノシトール**［inositol］　多くの食品に含まれる（グルコースに似た）化合物であり，ビタミンとして分類されることもある。細胞膜のリン脂質や血漿リポタンパク，細胞内で**セカンドメッセンジャー**として働くリン酸誘導体（⇨ **イノシトールリン酸**）の構成要素である。

**イノシトールリン酸**［inositol phosphates］　イノシトールの誘導体であり，1つ以上のリン酸基を含む。その一部は細胞内**セカンドメッセンジャー**であり，細胞表面の受容体からその細胞の他の部分へと信号を中継する役割を果たす。これらのセカンドメッセンジャーの中で最もよく研究されているのはイノシトール1,4,5-トリスリン酸（inositol 1,4,5-trisphosphate: IPj）である。双極性障害を治療するために使用される**リチウム塩**の作用は，イノシトールリン酸からイノシトールを再生することに関わる酵素であるイノシトールモノホスファターゼ（inositol monophosphatase）の抑制に関わっている可能性がある。したがって，この抑制はイノシトールの欠乏とそれに対応するイノシトールリン酸の過剰とをもたらすと考えられている。

**易疲労性**［fatigability］　他の器官と比較したある器官の罹病性，あるいは他者と比較した個人の疲れ易さ。

**イプサティブ・スケール**［ipsative scale］　尺度の全項目に分配された得点が，加算されて一定の合計得点となるような尺度。こうした尺度では，全被検査者が同じ合計得点になるが，各項目の得点分布は個人によって異なる。

**イプサティブ・スコア**［ipsative score］　イプサティブ・スケールにおける特定の項目の得点。

**イプサティブな方法**［ipsative method］　ある人の反応を，他の人の反応とではなく，その人の他の反応とだけ比較するという研究の手法。

**イプシロンアルコール症**［epsilon alcoholism］　アルコール中毒症の第5段階。数週間，数か月の禁酒期間が時々あるが，周期的に過度な飲酒を繰り返す点に特徴がある。アルコール中毒患者は，飲酒をしている期間は，もうこれ以上飲めないというところまで毎日多量飲酒する。⇨ **アルファアルコール中毒，ベータアルコール中毒，ガンマアルコール依存症，デルタアルコール中毒**　［アメリカの内科医ジェリネック（Elvin M. Jellinek: 1890-1963）によって提唱された］

**イプシロン運動**［epsilon movement; epsilon motion］　黒い背景上の白線が白い背景上の黒線へと変化するときに生じる運動の知覚。

**イフ・ゼン・プロフィール**［if…then profiles］　社会的文脈を通して個人の特徴を記述する方法論のことで，特定の状況によって生じる行動から図式化される。［アメリカの性格心理学者ミシェル（Walter Mischel: 1930-　）とショウダ（Yuichi Shoda）によって開発された］

**異物嗜好**［parorexia］　普通でない食品や栄養価のない物質を摂取する病理学的衝動強迫。⇨ **異食症**

**イプロニアジド**［iproniazid］ 1950年代に結核の治療のために開発された後，気分障害の治療にも効果があることが発見された，**モノアミンオキシダーゼ抑制剤**。イプロニアジドは結核患者の気分を改善させることが発見され，抗うつ薬として広く使用できることが臨床試験で実証されている。しかしながら，最近では他の中毒性の低い抗うつ薬に取って代わられてきている。

**異文化間の治療**［cross-cultural treatment］ セラピストとクライエントが人種，民族，性別，言語，ライフスタイルなどにおいて異なっている状況での治療のこと。精神的健康のための治療を提供する者は，以下の理由から，文化の違いに十分な注意を払うべきである。(a) 社会的，文化的信念が診断や治療に影響する，(b) 診断は文化によって異なる，(c) 症状が文化によって異なって現れる，(d) 診断カテゴリーは多数派の文化的価値観を反映している，(e) 多くの精神的治療提供者は多数派の文化の出身である。

**異文化適応力**［cultural competency］ 異文化の環境において効果的に力を発揮できる能力のこと。多くの場合，文化間や文化内での多様性に対する理解，その文化における自己評価ができる能力，自分の行動を調整しようという意欲を含む。

**イベント記憶**［event memory］ 日常的な出来事についての記憶。**エピソード記憶**の一形式。

**異方性**［anisotropy; anisotropia］ 方向や定位に関して差異が生じている状態のことで，形態の対称性や対象の様々な部分における反応の対称性が欠如していること。視覚における異方性では左右の眼の違いとして言及されることがある。⇨ **不同視**

**イボガイン**［ibogaine］ アフリカの森の植物であるイボガから生成される幻覚を引き起こす麻薬。Bwiti（アフリカの民族集団）における儀式または興奮剤として主に信奉者によって扱われているが，データからはイボガインは物質乱用の治療やひきこもり症候群のマネジメントにおいて臨床的に利用ができる性質をもっている可能性があるといわれている。しかしながら作用機序については不明であり，NMDA受容体のイオンチャネルのブロッカーとして作用しているとされている。

**イボテン酸**［ibotenic acid］ 興奮性の神経伝達物質である**グルタミン酸**の働きを強める物質で，NMDA受容体において作用する。イボテン酸やその代謝産物，ムスキモル（GABA作用薬）はテングタケ属のキノコ類において見つかっている。⇨ **ベニテングダケ**

**イマーゴ**［imago］ 他者，特に父親あるいは母親の無意識的な心的イメージのことで，個人と他者との人間関係のもち方に影響する。通常，イマーゴは乳幼児期や児童期に形成され，一般的に理想化された表象か，さもなければ完全には正確ではない表象である。この用語は，もともとフロイト（Sigmund Freud）や初期の精神分析家によって用いられたが，その意味はその他の心理学や心理療法の学派にまでもち込まれている。

**いま，ここ**［here and now］ 現在の事態のこと。心理療法には，セッションの最中に現れる認知的，感情的，行動的な題材だけでなく，時間を共有する治療者とクライエントとの間の関係性もまた含まれている。「いま，ここ」が心理療法で活用される際には，進行している治療セッションにおいて生じている現在の感情や対人反応の理解に重点をおき，過去の体験やクライエントの考え，感情，行動の背景理由を重視したり探究したりすることはほとんどしないか全くない。このアプローチは，クライエントの気づきを高めるために**力動的心理療法**での治療関係，**ゲシュタルト療法**，**家族療法**等の多くの学派において用いられることが多い。

**イマーゴセラピー**［imago therapy］ 人間関係の問題に対処する心理療法の一種。この心理療法の基礎となる理論では，人は幼少期の養育者の性格特性や行動に関する無意識的の複合表象（⇨ **イマーゴ**）をもち，それがその人のパートナー選びを決定づけたり，幼少期の心の傷を癒すような行動をさせたりするが，その一方で人間関係の問題を引き起こす原因になっている。集団療法（個人あるいはカップルが集まったグループ）や**カップル療法**による構造化された実践によってイマーゴが明らかになり，パートナーに対して防衛的にならず，思いやりをもてるようになる。

**意味**［meaning］ 単語，単語の列，概念，記号，象徴的行動などが認知的および情緒的に示す内容。これは，文字通りの意義（**外延的意味**）と，推測され関連する概念（connotative meaning）の両者を含む。

**意味解釈障害**［semantogenic disorder］ 感情が付与された言葉の意味の誤った解釈に起因する精神疾患。

**異味覚**［allotriogeusia; allotriogeustia］ 味覚異常のこと，または食の異常のこと。

**意味記憶**［semantic memory］ 1. 辞書や百科事典に載っている知識のような，一般的な知識や情報の記憶（⇨ **意味論**）。いくつかの理論では，意味記憶は**宣言的記憶**の一形式で，意識的に想起し関連づけることができる情報を指す。⇨ **ノエティックメモリー** 2. 言葉の意味に関する知識の記憶。特定の脳部位の損傷もしくは退行性脳障害によって，ほかの情報や記憶はそのままで，意味記憶が失われることがある。

**意味コード**［semantic code］ 物体，考え，印象などの概念的もしくは抽象的な構成要素を記憶するための手段。たとえば，「タイプライター」という項目はその機能的な意味や特性という形で記憶される。⇨ **イメージ的符号化**

**意味性**［semanticity］ 出来事や考え，行動，物体を象徴的に表すことができるという言語の特性。それゆえに，意味を伝達することができる。ブラウン（Roger Brown）によれば，意味性は言語がもつ3つの形式的特性のうちの一つである。⇨ **生産性**

**意味性錯語**［semantic paraphasia］ 錯誤の一種。対話や会話には全く問題がないが，会話中に現れる対象の名前を誤ってしまう。このとき対象の名前は間違えているものの，表現しようとしている対象と，その誤った呼び方には連想的な関係があり，たとえばタバコのパイプを「喫煙者」と呼んだり，眼鏡を「望遠鏡」と呼んだりする。

**意味性失語**［semantic aphasia］ 失語症の一種であり，話すことはできるが，言葉の意味を理解できないことである。⇨ **論理－文法障害**

**意味性ジャーゴン**［semantic jargon］ 脳の両側または一側において，中側頭脳回や上側頭脳回の後部が損傷したことによる**感覚性失語症**の症状の一つ。実際にある言葉や文章を発することはできるが，意味をなさない組合せであ

る。たとえば，視力が弱いことを尋ねられたときに，「私の金属弦は金を払って人を雇ってはいない」と返答したりする。

**意味性認知症**［semantic dementia］ 選択的で進行性の**意味記憶**の障害。命名，単語の理解，物体の理解と利用において問題を発生させる。知覚的，空間的な能力，言語の非意味的な面は保持される。この症候群は，側頭葉の局所的な変性に起因する。

**イーミック**［emic］ 1. 文化研究のアプローチの一つで，意味システムの観点から行動や慣習が，ある特定の文化的文脈の中でどのように構築され，どのように機能するかを解明することを目指す。このようなアプローチは一般的に**民族学**よりも**民族誌**と関連している。⇨ **エティック** ［アメリカの言語学者ピケ（Kenneth Pike: 1912-2000）によって導入され，文化人類学者ハリス（Marvin Harris: 1927-2001）によって最初にアメリカの人類学で応用された］ 2. **音声学**（人の言語音一般の研究）とは対照的に，**音素論**に基づいた言語研究（ある特定の言語において意味の差異を作り出す言語音システムの研究）のアプローチの名称。

**イーミック-エティック区分**［emic-etic distinction］ 言語分析に対する2つの根本的に異なるアプローチの区分。一つは**音素論**に特徴づけられ，もう一つは**音声学**に特徴づけられる。イーミック分析（emic analysis）は，ある特定の言語内で意味のある構造的重要性をもつ特徴に着目することにより，その言語の特性を解析することに主眼をおく。これとは対照的に，エティック分析（etic analysis）は，言語の普遍的な特徴，特に言語音の音の性質とそれを生み出すのに関わる生理的過程に注目する。たとえば，英語の言語音のイーミック分析では，/r/ と /l/ の音の違いに関心を払う。これは，/r/ と /l/ の差異が意味のある違いを作り出すからである（たとえば，rashという単語とlashという単語を差別化するなど）。しかし，日本語のイーミック分析では，この音の差異に注意を払わない。日本語では，この音の差異は意味のある差異にはならないからである。エティック分析は，英語と日本語のどちらの言語においても，この特徴に同じ興味を示す。⇨ **最小対**

**意味の乖離**［semantic dissociation］ 統合失調症の患者には，文化的に確立された常識を歪曲した発言をするという特徴がある。こういった**思考障害**のことを指す。意味とコミュニケーションの欠落を指す溶解・解体（semantic dissolution），意味と統語論の欠落を指す散乱・分散（semantic dispersion），意味が新語に転移したと考えられる歪み（semantic distortion），一貫しているが曖昧な言語を指す（semantic halo）などの症状が含まれる。

**意味的知識**［semantic knowledge］ 個人が獲得した一般的な知識や情報。つまり，いかなる特定の物体や出来事，領域，応用とも結びついていない知識のこと。辞書にあるような語彙知識や，百科事典にあるような世界の事実情報，自分自身についての事実情報を含む。一般的知識（generic knowledge）とも呼ばれる。

**意味的符号化**［semantic encoding］ 新しい情報を，その物質の知覚的特徴ではなく，意味的な側面に注目して認知的に**符号化**すること。通常ある種の**精緻化**が伴う。⇨ **概念駆動プロセス**，**深い処理**，**トップダウン処理**

**意味的流暢性**［semantic fluency］ 異なるカテゴリー（たとえばイヌの種類など）の中から言葉を生成する能力。カテゴリー流暢性（category fluency）とも呼ばれる。

**意味ネットワーク**［semantic network］ 意味的な関係を把握するために用いられる**グラフ**。人工知能研究において提唱され，もともとは（人間の）自然言語を理解する試みの中で用いられた。ネットワークの中の節点はある領域での構成要素とその特性を意味している。弧による結びつきはその特性の意味的な性質を反映している。このシステムは，人間の情報貯蔵（特にその意味によって長期記憶内で単語が意味や関連と結びついているようなもの）をモデル化する試みの中で用いられてきた。このモデルでは，回答を検索するための反応潜時が回答を見つけるためのネットワークのパスの長さを反映していると考えられている。

**意味の文脈理論**［context theory of meaning］ 単語の意味や概念は，多数の具体的な感覚に関するイメージに依存するとする理論。たとえば，火という概念。［ティチェナー（Edward Bradford Titchener）により定式化された］

**意味般化**［semantic generalization］ **パブロフ型条件づけ**の結果の一つ。ある単語や句，文章が，無条件刺激と直接結びつけられることによって，条件刺激として成立している別の単語や句，文章がもつ意味と同じ（あるい非常に近い）意味をもつために，条件刺激として機能すること。たとえば，「おいしい」という言葉は，実際の食べ物と結びつけられると，やがて唾液分泌反応を起こすようになる。そして「おいしい」が条件刺激として成立した後では，関連する単語や句（例，うまい）が同様，もしくは類似の反応を引き起こすと考えられる。⇨ **刺激等価性**

**意味プライミング**［semantic priming］ 関連のない刺激や知覚的に関連している刺激ではなく，意味的に関連した先行刺激の処理によって，ある刺激の処理がより効率的になる効果。たとえば，財布という言葉を見た後よりも医者という言葉を見た後の方が看護師という言葉への反応が速くなる。⇨ **プライミング**

**イミプラミン**［imipramine］ トリアミノ構造の**三環系抗うつ薬**（TCA）。もともとは精神病治療への効果を期待して作成されたが，精神疾患の症状には効果的でないことがわかっている。ただし，強いうつ病患者については効果があり，後に抗うつ薬として販売されるようになった。三環系すべての抗うつ薬のもとであり，今では広くうつ病治療に使われるようになっている。現在も，鎮静作用のある補助的な産物として神経・筋収縮や筋骨格の痛みを抑える際に用いられている。アメリカでの商品名はトフラニール（Tofranil）。

**意味への意志**［will to meaning］ 自分にぴったりの人生の意味や目的を見つけようとする要求のこと。意味への意志は，**無意味さ**という今日的体験に関係づけて諸問題を扱う治療法である**ロゴセラピー**の基礎であり，根本的動機である。⇨ **実存的空虚感** ［オーストリアの精神科医フランクル（Victor Emil Frankl: 1905-1998）が提唱］

**意味変化論**［semasiology］ 単語の意味の発展と変化の研究。歴史的意味論（histrical semantics）とも呼ばれる。⇨ **意味論**

**意味飽和**［semantic satiation］ ある単語を素早く連続して何度も反復接触した後に，その単語が意味を失っているように感じる効果。この効果がなぜ生じるのかはほとん

ど解明されていない。

**異名半盲**［heteronymous hemianopia］ 視交叉の損傷によって，両眼における左右視野のどちらか一方の視覚が欠損するという**視野欠損**の一つ。⇨ 半盲

**意味理解の努力**［effort after meaning］ 曖昧なものや馴染みのないものを理解しようとして，馴染みのない考えをより馴染みがある言葉に言い換えようと継続的に努力すること。⇨ バートレット法 ［イギリスの心理学者バートレット（Frederic Charles Bartlett: 1886-1969）によって定義された］

**意味論**［semantics］ 1. 言語学における，形式的な関係（文法）や音声系統（音韻論）の研究ではない，言語の意味の研究。2. 意味と関連する言語の側面。**統語論**とは区別される。3. 論理学や哲学において，語や句と，それらが指示する事物や概念との関連性を扱う学問のこと。⇨ 記号論

**意味論精神病**［semantic psychosis］ 言葉の意味を歪曲する反社会的な人の傾向。たとえば，彼らは「それは彼が聞きたがったことで私にさせたがったこと」ということを，「私はあれをするべきではななかった」と言ったりする。［アメリカの精神科医クレックレー（H. M. Cleckley: 1905-1984）によって定義された用語］

**意味論的元素**［semantic primitive］ **意味論**において，意味の構築に関係すると考えられている基礎的構成要素の一つ。基礎的な物理性質，あるいは単純知覚に多く言及している。たとえば，"車"の概念は「動く」「速い」「うるさい」「まぶしい」などといった意味論的元素に還元することができる。意味論的元素は，幼児の言語発達において重要な役割を果たすと考えられている。

**意味論療法**［semantic therapy］ 心理療法の一つで，クライエントは望ましくない言葉を使う癖や歪んだ考えを精査するように訓練され，自らの目的や価値，対人関係についてより明確で批判的な思考ができるように求められる。このアプローチでは，クライエントが用いる言葉の中で鍵となる言葉の意味を積極的に探索して，紛れもなく非現実的な考えが作られていたことを明らかにし，また，クライエントが用いてきた言葉の背景にある，隠されていた前提と情緒的意味合いへの気づきの高まりを明らかにするような実践に基づいている。ポーランド生まれでアメリカの科学者コージブスキー（Alfred Korzybski: 1879-1950）とアメリカの心理学者ジョンソン（Wendell A. L. Johnson: 1906-1965）がこのアプローチの代表者である。⇨ 一般意味論

**移民適応**［migration adaptation］ 新しいコミュニティや地域に対する適応で，地理的な移動のストレス（たとえば，慣れ親しんだ環境から離れること，不慣れな環境や習慣に慣れること）に耐えることに関係する。ストレスのかかる事態ではあるが，この要因は精神疾患の原因として実証されているわけではない。

**イムラン**［Imuran］ アザチオプリン製剤の商品名。

**異名筋反射**［heteronymous reflex］ ある筋肉群に属する1つの筋肉への刺激によって誘発される反射。同じグループに属する別の筋肉の収縮を引き起こす。⇨ 同名筋反射

**イメージ**［image］ 1. 認知心理学で，外部から刺激が入力されることなく想起される，過去の感覚的体験の類似物や表象。たとえば，馬の形やジェット機の音などを想像すると，こうした刺激に伴って，過去経験より生じるイメージが心に生じる。2. 光学システムによって生み出された対象の表象のこと。⇨ 網膜像

**イメージ化**［imagery］ 1. 五感から個別に，あるいは統合的に入力された感覚を認知的に生成すること。経験から想起されたり，あるいは経験されていなくても自然に生成されたりする。2. 集合的にみられる心的イメージ，あるいは個人のイメージ特徴を示す特定のパターン。たとえば，視覚的イメージ。⇨ イメージ的手がかり，イメージトレーニング，筋感覚的運動イメージ

**イメージ化トレーニング**［imagery training］ 五感に関して最初は個々に，その後は組み合わせて，イメージの明確さ，鮮明さ，制御可能性を改善する一連の運動。⇨ 鮮明度訓練

**イメージ的手がかり**［imagery cue］ 行動を方向づけるために使用される，認知的に形成される手がかり。たとえば，ネガティブな思考に陥ったときにイメージする停止標識の心的表象や，スケートの演目で繊細かつ自由に流れるような動きを表現しようとするときにイメージするチョウの心的表象など。⇨ 思考停止法

**イメージ的符号化**［imagery code］ 視覚的イメージの観点から，物体や考え，印象を**符号化**すること。たとえば，「鉛筆」という項目は，「鉛筆」という語よりも，ある鉛筆の心的な画像として記憶されることがある。⇨ 意味コード

**イメージの三重コードモデル**［triple-code model of imagery］ なぜイメージがパフォーマンス向上に役立つのかを説明しようとする理論。イメージのもつ3つの効果を主張する。(a) イメージそれ自体の効果。つまり外界や外界の物体の代わりとなる内的な感覚の効果。(b) 身体的な反応，つまりイメージに対する精神生理学的な反応の効果。(c) イメージがもつ意味の効果。個人個人によって異なる効果。

**イメージフラッディング**［imaginal flooding］ 強迫性障害，心気症，恐怖症，PTSDの治療に使われる**暴露療法**の一種。心理療法家が会話を通じて生じさせた鮮明なイメージを使い，不安を生じさせる刺激にクライエントを暴露する。⇨ フラッディング

**イメージ法**［imagery technique］ イメージされた情景を治療技法として使うこと。多くは催眠療法で使われるが，不安を低減させる呼吸法やリラクセーション技法を使用する心理療法でも使われる。たとえば，不安なクライエントに，リラックスした状態で砂浜に座っている穏やかな情景を思い出すように指導する。この技法は，たとえば，飛行機に乗っている神経質な乗客のような，ストレス状況下にいる人に使われる。⇨ 感情誘導イメージ法

**イメージ膨張**［imagination inflation］ ある出来事が生じたかどうかを判断する前にその出来事について想像していると，その出来事が（たとえば子どもの頃などに）実際に生じたと判断する傾向が強くなること。

**イメージング**［imaging］ 心理療法において，痛みの緩和を含む身体機能のコントロールのために，イメージを暗示すること。⇨ イメージ法，視覚化

**イモジウム**［Imodium］ 商品名はロペラミト。

**意欲**［conation］ 知識，感情，意欲，欲望，直感を行

動と結びつける，積極的な動機。意欲は，**認知**と**感情**に並んで，伝統的に特定されてきた人間の心の三大構成要素の一つである。態度の行動基盤は，意欲的構成要素（conative component）として言及されることもある。⇨ **態度の三要素理論**

**意欲喪失［1］**［avolition］　目的志向行動を遂行できない状態。深刻な**大うつ病性エピソード**でよくみられる。

**意欲喪失［2］**［demotivation］　なぜ課題で上手くやることができないかを強調し，様々な遂行の試みをやめさせる否定的イメージまたは**否定的自己対話**。

**意欲要因**［will-do factors］　職務における従業員のパフォーマンスを上昇させる要因。知識や能力ではなく，動機づけに起因している。

**医療化学派**［iatrochemical school of thought］　16世紀初期〜17世紀中葉まで勢力のあった学派の一つ。病気は体内の化学的な不均衡によって生じ，反対に，健康と長寿は化学物質の適切な均衡から生じると唱えた。また，病気は化学的に治療されねばならず，薬は化学的に作り出すことができるとも主張した。この見方はスイスの化学者・医者であったパラケルスス（Paracelsus: 1493-1541）の著作から強い影響を受けており，その当時にまだ主流であったローマの医師ガレノス（Galen: 129-215）の理論（病気が身体的な**体液**の不均衡から生じると唱えるもの）に抗して展開された。医療化学派は現代の製薬研究室と化学療法の発展を促進した。⇨ **医療物理学派**

**医療従事者**［health professional］　直接の患者ケア，管理，補助サービスなど，健康に関連する分野で高度な訓練または教育を受けた個人。

**医療人類学**［medical anthropology］　健康，ヘルスケア，病気，あるいはその他の医療領域に関連するトピックの研究に対して，文化人類学的理論と研究の方法論を適用する文化人類学（anthropology）の下位領域。

**医療費出来高払制**［fee-for-service］　診療に対する支払いにおける伝統的な方法のことであり，医師やその他の医療提供者が業務に対して費用を設定し，患者や保険会社はかかった費用のすべて，あるいは一部を支払うものである。実費給付補償型の医療費償還制度である。

**医療評価**［medical care evaluation: MCE］　ケアの質とその利便性をアセスメントする健康管理レビューのこと。疑わしい問題の調査，識別された問題の分析，是正処置のための計画が含まれる。

**医療物理学派**［iatrophysical school of thought］　17世紀の学派の一つ。数学と力学の諸原理を医療に応用しようと試みた。初期の事例には，医療診断の道具としての体温計の開発や，生理的プロセスの知識を与えるための他の機械装置や測定装置の考案といったものがある。この見方は，少なくともその初期の展開においては，物理的身体は本質的に機械であるというデカルト的な見方に基づいていた（⇨ **デカルト二元論**）。この学派の初期の提唱者の多くは医療化学もまた実践していた（⇨ **医療化学派**）。医療数学（iatromathematics），医療力学（iatromechanism）とも呼ばれる。

**医療補助員**［paramedic］　特殊な教育を受け，医療専門職の補助，および特に病院への搬送中，またはその前に広範な救急医療の提供を認められた保健医療専門職を指す。

**イルミニズム**［illuminism］　人が想像上の神秘的な存在と会話を続けている強い幻想状態のこと。

**色**［color］　網膜の受容野によって知覚された波長に対応して感じられる光の質のこと。色は，**色相**，**彩度**，**光度**によって特徴づけられる。⇨ **無彩色**，**有彩色**

**色暗点**［color scotoma］　片目あるいは両目において，色知覚を失う箇所のこと。色暗点は，**視神経炎**に代表される。また，片側の脳機能の障害の後，それぞれの反対側の視野の半分においてみられる（⇨ **半色盲症**）。

**色温度**［color temperature］　黒以外の色に定義される温度（ケルビン）のこと。黒体を熱すると黒以外の色と同じスペクトル分布を放射する。この時必要な熱量が色温度となる。ろうそくの明かりは 1500 K であり，空の色は 9000 K 以上である。

**色感覚**［color sensation］　視覚システムが有色刺激にさらされることで生じる経験のこと。知覚意識と色感覚の統合は，**色知覚**を生む。

**色共感覚**［chromesthesia; pseudochromestesia］　非視覚的な刺激（音，味，ニオイ）が色感覚を生じさせる**共感覚**の一つ。色共感覚は，2つの異なった感電認識としては意識されない。2つの知覚は，同じ刺激に対する応答として同時に起こる（楽譜のGは，青色の経験と一致する）。

**色減算**［color subtraction］　光の反射において，いくつかの波長が塗料によって吸収され，吸収されなかった波長のみ反射するプロセスのこと。それ故，もとの光の波長成分によらず，反射光は固有の波長となる。⇨ **混色**，**減法混色**，**加法混色**

**色健忘**［color amnesia］　色覚は正常なのに，物体の色特性（たとえば，消防車は赤）を想起できないこと。

**色細胞**［color cells］　錐体の3つの型。光の三原色である赤，緑，青にそれぞれ感受性がある。⇨ **感光色素**，**三色説**，**色覚異常**

**色三角形**［color triangle］　色調，光度，色彩の関係を表した2次元表現の三角形のこと。⇨ **色立体**

**色視覚**［color vision］　放射あるいは反射する光の波長に基づいて視覚刺激を区別する能力のこと。

**色失認**［color agnosia］　色覚は保たれているが，色を見てその色名を言うことや，色名を聞いたときに該当する色を指し示すことができない状態のこと。さらに，物体-色の関連が損なわれており，つまり，与えられた物体に対する適切な色を指し示すことができない（たとえば，バナナに対して黄色）。色失認は，両側の後側頭領野に対する傷害によって生じる。色覚異常と混同してはならない。

**色視野**［color zones］　**1.** 異なる色に対して異なった感度をもつ網膜上の場所のこと。すべての色は，**中心窩**で知覚される。青，黄，灰色は，中心視で，**無彩色**は周辺視で知覚される。**2. 視野計測**において，異なる色に感度をもつ視野領域が，網膜の領域と一致すること。

**色収差**［chromatic aberration; chromatic error］　短波長の光は長波長の光よりも屈折率が大きいことで生じる，単一のガラスレンズによって形成された像のずれのこと。異なる色は異なる距離に焦点を持つ。そのため，像は，色付きの干渉縞をもつ。色収差は，色収差補正を用いることによって調整される。

**色収差補正の**［achromatic］　光を構成する個々の波長へと分解せずに光を屈折させる性質。色収差補正レンズ（achromatic lense）は，レンズ越しでも，観察対象の色を

**色純度**［color purity］　目的の色の，その色に含まれる白，灰，黒色に対する割合の尺度。これらのまざり物がおおよそ含まれていない場合，その色は高い色度（high chromaticity）をもつといえる。

**色属性**［color attribute］　色の基礎的特性のこと。⇨ **色相，彩度，光度**

**色対比**［color contrast; chromatic contrast］　色同士がすぐ近くに提示されるとき，ある色が他の色に影響すること。同時対比では，黄色や青色などの補色がお互いに促進される。つまり，黄色はより黄色に見え，青色はより青色に見える。**継時対比**では，**固視**が無彩色面に向けられたときに，それまで凝視していた色の補色が知覚される。

**色知覚**［color perception］　刺激の**色相**についての知覚意識のこと。

**色知覚のグラニット説**［Granit theory of color vision］　色知覚が3種類の細胞の活動に依存しているという理論のこと。(a) 暗順応ドミネータ（scotopic dominators）は，500 nmの波長に最も反応する**桿体**である。(b) 明順応ドミネータ（photopic dominators）は，560 nmの波長に最も反応する**錐体**である。(c) 明順応モジュレータ（photopic modulators）は，より限られた波長に反応する。［フィンランド生まれのスウェーデンの心理学者グラニット（Ragnar Arthur Granit: 1900-1991）による］

**色の恒常性**［color constancy］　よく知った物体を知覚する際，異なる照明環境下であっても，同じ色として知覚する傾向のこと。たとえば，赤いリンゴは，明るい状況でも，薄暗い状況でも，赤と知覚される。色の恒常性は，**知覚の恒常性**の一例である。⇨ **明るさの恒常性，物体の恒常性，形の恒常性，大きさの恒常性**

**色平面**［color surface］　ある特定明度で取りうるすべての色相と彩度を表示するために，**色立体**を切断して形成された面のこと。

**イロペリドン**［iloperidone］　受容体レベルに働きかけるベンジソチアゾール類の**抗精神病薬**の作用物質。ドーパミンD2受容体と同様に後シナプスのセロトニン5-HT2A受容体にも拮抗剤として作用する。後シナプスのドーパミンD2受容体への**部分的作動薬**であるとも考えられている。作動薬と拮抗薬の混在，および広範囲にわたる受容体の活動は，一般的にネガティブな影響なしに，精神的活動に影響を与えると考えられている。アメリカでの商品名はゾマリール（Zomaril）。

**色立体**［color solid］　色調，光度，彩度を含んだすべての色についての3次元表現のこと。様々な立体の形で表現を形作ることができる。これは，**カラー・コーン**，カラー・ピラミッド（color pyramid），カラー・スピンドル（color spindle）などの様々な異なる色立体を形成し得る。

**色理論**［color theories］　色現象を説明するための理論。⇨ **色知覚のグラニット説，ヘリングの色覚論，ラッド・フランクリン説，ランド説，三色説，ヤング−ヘルムホルツの色覚説**

**陰イオン**［anion］　塩素イオンのように，負の電荷を有するイオンのこと。⇨ **陽イオン**

**陰影**［shading］　実在する物体あるいは描画された物体の表面における影のグラデーションで，**奥行き手がかり**となる。

**陰影に基づく奥行き**［depth from shading］　光を当てられた立体の上にできる光と影のパターンから得られた**奥行き手がかり**のこと。物体の輪郭がない状態で，陰だけで3次元的な奥行きの感覚を与える。

**因果曖昧性（因果関係の曖昧さ）**［causal ambiguity］　いくつかの事象のうちのどれが（あるいは，どのまとまりが）特定の結果の原因であるのかがわからない状況のこと。この曖昧さは時に，どの事象が原因でどの事象が結果なのか，というさらに複雑な問題を伴う（⇨ **逆因果性**）。統制された実証的研究が，因果曖昧性の問題を解決するためにしばしば用いられる。

**因果関係**［causation］　1. 一方（原因）が他方（結果）を引き起こすような，2つの事象間あるいは状態間の実際的な関連。⇨ **因果律**　2. 統計解析において，変数 $X$ は変数 $Y$ を引き起こすとわかるような，2つの変数 $X$ と $Y$ の間の関係。3. アリストテレスの，または合理三義者の哲学において，2つの現象（実体もしくは事象）間の仮定的関係。一つ（原因）がもう一つ（結果）の存在にとっての必要かつ十分な基盤を構成している，もしくは一つがもう一つを引き起こす能力をもっている，といったものである。

**因果関係検査**［cause-and-effect test］　様々な結果に対しての原因の選択肢，および様々な原因に対しての結果の選択肢を与え，受検者に最も論理的な説明を選択することを求める知能検査。因果的推論を測定している。

**因果機構**［causal mechanism］　何かを達成する最も直接的で物理的な手段。たとえば，ドアを開けるための因果機構は，ノブを回すこととドアを押すことである。因果機構の発見が因果関係の問題を解決するわけではない。他の潜在的もしくは間接的な原因がおそらくあるからである。また，因果機構の認識は，世界が本質的に機構的であることを意味するわけでもない。たとえば，ドアを開けるためには機構が必要とされるが，究極の原因に部屋を出たいという非機構的な意図であるかもしれない。⇨ **機械的因果関係，近因**

**陰核**［clitoris］　膣口の前にある勃起性の小さな構造体。陰茎の相同器官であるが通常陰茎よりずっと小さい。

**陰核切除**［clitoridectomy］　クリトリスの一部または全部の外科的切除で，主にアフリカ，アジア，中東で行われている。典型的には，文化的，あるいは宗教的理由に基づいて行われる。たとえば，性的欲求の抑制，婚前交渉の抑止，美的魅力の増進，通過儀礼などの理由。この行為は，女子割礼あるいは**女性器割礼**として知られる処置のうち最も広く行われている。⇨ **割礼**

**陰核包皮**［clitoral hood］　柔らかい時にに陰核を覆う皮膚のひだ。陰茎の**包皮**に対応する相同器官。⇨ **包皮**

**因果結合**［causal nexus］　現象間の結合（nexus）や関連性のこと。因果関係の一種。

**因果順序**［causal ordering］　1. 原因はその結果に時間的に先行しなければならず，決してその逆はないという原則。⇨ **虚偽の原因の誤謬，逆因果性**　2. パス解析および類似の統計的手続きにおいて，原因変数を多かれ少なかれ直接的なものとして分類すること。⇨ **因果的潜在性，因果パス**

**因果推論**［causal inference］　ある変数が他の変数の原因であると結論を導く推論過程。

**因果潜時**［causal latency］ ある原因が影響を与えるまでの時間的間隔。すべての原因が即時に影響を与えるわけではなく，原因とそれがもたらす結果の間に長い間隔が開くこともある。当該状況において原因と結果の関係に影響を与える他の要因が存在する場合に，因果潜時は長くなると予測される。心理学や他の社会科学において検討されてきたいくつかの原因は，**遠因**であり，その影響が生じるには，他の要因や条件の存在や活動が不可欠である。⇨ **遅延効果**

**因果的潜在性**［causal latency］ **パス解析**として知られる統計的手続きにおいて，他の予測変数も予測モデルに含まれる場合にのみ，測定可能な統計的効果を予測に対してもつ変数の質のこと。このような解析で特定される統計的関係は厳密に言うと因果関係ではないが，因果律の用語が一般に使用される。⇨ **因果パス**

**因果テクスチャー**［causal texture］ 現実の構造を構築する相互に従属した複数の事象。この用語を使用する哲学者および心理学者は確実性ではなく確率という意味で事象間の相互依存をとらえている。その理由のひとつとして，そのような相互依存が時間とともに変わり発展することがある。［トールマン（Edward Chase Tolman）およびオーストリアの心理学者ブランズウィック（Egon Brunswick: 1903-1955）によって心理学へ導入された］

**因果の誤り**［post hoc fallacy］ 統計学や実験計画法において，時系列的にAに続いてBが生じたことからAがBの原因であるとするような誤った推論。⇨ **虚偽の原因の誤謬**

**因果パス**［causal path］ 1. 2つの事象あるいは状態の間の実証的関係のことであり，一方（原因）がもう一方（結果）をもたらす。⇨ **因果律** 2. **パス解析**および類似の統計的手続きにおいて，原因と結果の間の比較的明確な因果のつながり。この分析は，原因と結果の関係を示す変数間の，相関または偏相関に基づいて行われる。関心の対象となっている仮定された原因から，関心の対象となっている仮定された結果へと，どの変数がどの順序で最適なパスを表すかについて，相関のパターンから結論が導き出される。

**因果分析**［causal analysis］ 各条件に被験者をランダムに割りあてるような実験では得られないデータから信頼できる因果推論を引き出す試み。そのような分析は，統計的にどの程度複雑かによって，また事実上因果推論がどの程度正当化されるかによって区別される。

**因果法則**［causal law］ 現象間の一貫した，あるいは不変の関係が因果関係の一種である場合の，その関係の記述。因果法則はしたがって「温帯気候では季節が変わるとき葉が色を変える」のような，他の不変の秩序の記述とは区別される。因果法則は，厳密な決定論から確率論，目的論まで，様々な種類の**因果律**を反映する。表面的な用法においては，因果法則は一貫した関係の単なる記述ではなく，一貫して生じる効果を生み出す形而上的な実体もしくは力として理解されることもある。そのような用法においては，因果法則は**原因**と区別しにくい。

**因果律**［causality］ 哲学における，すべての事象には原因がある，すなわち，事象は先行する事象の結果であるとする見解。伝統的には，因果律は**自然主義**と科学の説明すべての必須の前提とされてきた。ただし，因果律が科学の必要な前提であるかどうかに疑問を呈してきた人もいる。また，因果律は前提とされるべきであるが，様々な種類の因果律があり，それぞれが世界の性質について異なる形而上的前提をなし，現象間のどのような種類の関係が正当に因果関係であると考えられるかについて異なる基準を採用する，ということを示唆する人もいる。⇨ **因果関係**，**決定論**

**因果連鎖**［causal chain］ 特定の影響をもたらす一連の条件や事象。仮説的に導かれたものと，実証的なものとがある。因果連鎖の観点からの説明では，原因は他動的なものであると仮定している。

**インキュバス**［incubus］ 眠っている女性と性交渉できると信じる男性の悪い邪悪な精神。⇨ **サキュバス**

**インキュベーション**［incubation］ 未熟児や低酸素乳児のための人工的な環境保全。

**陰極電気緊張**［catelectrotonus］ 神経や筋肉を細胞外電極によって刺激すると，陰極（⇨ **電極**）近くで興奮性が増大する現象。

**インクルージョン**［inclusion］ 教育において，障害をもつあるいは（最低限の知能水準を越えている）能力の低い学習者を，他の学習者と同じ教室において，すべての学習者の要求を満たすように教育を行う実践を指す。

**陰茎**［penis］ 排尿および，女性膣内へ精液を入れるために挿入する男性の器官。大部分が勃起性組織からなり，キノコ型の蓋（**陰茎亀頭**）のついた陰茎内を尿道が通る。

**陰茎亀頭**［glans penis］ 陰茎の先端にあるキノコのような形をしたキャップ。結合組織と結びつき，皮膚に覆われた**尿道海綿体**の膨張した先端部からなる。

**隠語**［argot］ 慣例的でない用語や言い回し（原語はフランス語で"slang"と同義）のこと。ある特定の集団内でのみ通じるという場合が多い。

**咽喉痙攣性吃音**［gutturophonia］ 発声障害の一形態で，しわがれ声や低い声が特徴。

**インコンプリートピクチャーテスト**［incomplete-pictures test］ 視覚認知とその解釈に関するテスト。被検者は様々な完成度の絵を見て，一連の中からなるべく早い段階で物体を識別できるよう試みる。

**印刷拡大システム**［print enlargement system］ コンピュータやそのほかのモニタ，またはスクリーン上に，印刷された文章や図を拡大させ表示する**ロービジョン**のシステムのこと。このシステムはビデオカメラやテレビの使用，もしくはパソコンやスキャナの使用を目的として設計されることもある。もしくはすべての必要な要素を1つの設備一式に組み込む独立型の装置の場合もある。

**因子**［factor］ 1. **分散分析**における独立変数のこと。2. **因子分析**において，複数の変数間の相関係数を説明する観測されない潜在変数のこと。3. 個人の行動の変化の度合いをある程度説明する潜在的な影響のこと。

**因子回転**［factor rotation］ **因子分析**において，数学的に表現できる一連の**変換**によって，新たにより解釈しやすい位置へと因子を再配置すること。

**因子構造行列**［factor structure matrix］ **因子分析**における因子負荷量を含む行列のこと。

**因子抽出**［factoring］ **因子分析**における因子を抽出する過程のこと。

**インシデントプロセス**［incident process］ 始めに不十

分な情報を与えられた学習者が，後から追加の情報を得るための質問をしていくという手順。講師はすべての情報をもっており，最初は限られた分のみ明らかにする。その後，特定の質問に応じてさらに情報を出していくことで，グループが結論に到達できるようになる。このシステムは分析，統合，調査という，問題解決と調査技術に関連する能力を教えるために設計された。

**因子得点**［factor score］　**因子分析**を行い，抽出された因子のみが個々人に影響を与えると仮定して推測された得点のこと。

**因子の重なり**［overlapping factor］　**因子分析**において，2つもしくはそれ以上のテストで共通する因子のこと。

**因子パターン行列**［factor pattern matrix］　**因子分析**において，**顕在変数**の構造を示す行列のこと。数値は，回帰分析でいう重みづけのような意味合いをもつ。

**因子反転**［factor reflection］　一連の**因子負荷量**において，マイナスからプラス，あるいはその逆へと正負の符号が変わること。

**因子負荷量**［factor loading］　**因子分析**における**顕在変数**と**潜在変数**（因子）との相関のこと。顕在変数がその背後にある因子からどの程度の影響力を受けているのかを反映している。

**因子不変性**［factorial invariance］　**因子分析**において，因子が標本の違いによらず一定であること。

**因子分析**［factor analysis］　複数の観測変数間の相関をより少数の**潜在変数**で説明する数学的な手続き。たとえば，この手続きによれば，いくつかの運動技能テスト間の相関が，運動協調，速度，注意などの少数の因子に帰せられる。

**因子法**［factor method］　**因子分析**における因子抽出の方法のこと。

**因習主義**［conventionalism］　社会慣習，伝統的な行為，一般的価値や標準的な行動に過度な関心をもち，頑固に固執する性格特徴のこと。この用語は，**権威主義的人格**と関連する特徴の一つとして言及されることがある。

**因習打破主義者**［iconoclast］　確立された考え，伝統，習慣に挑戦したりそれを廃止しようとする人。

**飲酒制限**［controlled drinking］　絶対禁酒へ代替案として行動主義者がかつて主張した**アルコール依存治療**の方法であるが，議論の余地は多い。社会的学習理論やセルフコントロールと対処技術の訓練に基づいた治療プログラムは首尾一貫した形で具体化されておらず，1980年代以降の研究でも，飲酒制限は有効で倫理的な介入法としては支持されていない。

**インシュリン**［insulin］　膵臓内の**ランゲルハンス島**にあるB細胞によって分泌されるホルモンで，細胞膜を通してのグルコース分子の移動を助ける。**グルカゴン**と一緒に，**血糖**や炭水化物の調整における重要な役割を果たす。**糖尿病**においてみられるようなインシュリン調整の欠損が起こると，グルコースは血液中に蓄積し，排出される（⇨ **高血糖**）。たとえば，インシュリンの過剰摂取またはインシュリン分泌性腫瘍などの結果が起こる。過度のインシュリン調整は**低血糖**を引き起こす。

**印象**［impression］　**1.** 刺激が脳に対して与えると推定される効果のこと。**2.** 曖昧な，あるいは分析されていない判断や反応のこと。

**印象形成**［impression formation］　人が何かの物，人，集団についての**知覚的スキーマ**を発達させる過程。初期の研究では，印象が正確ではないことを示すものが多かったが，近年では知覚者の認知過程（たとえば，ある種の考えがどれほど容易に思い浮かびやすいのか）や，感情（たとえば，怒りによって知覚者が他者をステレオタイプ的にみることが増える）などの要因がこの過程において果たす役割に焦点が当てられてきている。

**印象操作**［impression management］　他者が自分の自己をどのように知覚するかをコントロールしようとする行動で，特に，自己に好ましい特性を帰属するよう仕向けることでなされる。典型的には，人々は社会的報酬を獲得したり自尊心を高揚させる手段として好ましい自己像を呈示しようとすると考えられている。伝統的に**認知的不協和**で解釈されてきた現象について，印象操作は代替的説明を与えてきた。印象操作は意図的，意識的な方略に限定されると主張し，**自己呈示**と区別する心理学者もいる。

**印象法**［impression method］　被験者が自身の感情（たとえば，快，不快など）の観点から内省的な報告をするという方法。

**陰唇**［labia］　4つの折り目の組織からなる女性器の外陰部のこと（⇨ **陰門**）。陰唇は，大きい外部のペアの大陰唇と薄い内部のペアの小陰唇から構成される。

**インスピレーション**［inspiration］　**1.** 認知心理学において，問題に対する独創的で新しいアイデアやアプローチを生み出す突発的な**洞察**や飛躍的な理解。⇨ **アハ体験**，**不連続仮説**，**創造的想像力**，**創造的思考**，**拡散的思考**　**2.**「彼女の演説で私達にとって何が必要かが閃いた」というように，何かをしようと奮い立たせられ刺激される過程，もしくは，その奮い立たせられる程度を指す。

**陰性エディプス・コンプレックス**［negative Oedipus complex; inverted Oedipus complex］　精神分析理論の用語。エディプス・コンプレックスと正反対の側面を指す。息子が父親を欲し，母親を敵視すること。娘の場合，父親を敵視して母親を愛する。通常の愛情は異性愛の形式である（陽性エディプス・コンプレックス）。フロイト（Sigmund Freud）は，この両側面が男児と女児における通常のエディプス・コンプレックスであると考えた。

**陰性後電位**［nagative afterpotential］　神経細胞や筋肉細胞が**活動電位**から回復する時に発生する小さな過分極の陰性膜電位（⇨ **過分極**）。陰性膜電位が出る間，神経や筋肉は比較的に興奮しにくくなる。

**陰性症状**［negative symptom］　無気力や感情鈍磨，感情的失禁，愛情の欠損，自発性の減退という形で観察される生活的-論理的思考やセルフケア，社会的相互作用，計画性，行動の開始，そして建設的行動への移行といった通常の機能を遂行するための能力の不足のこと。統合失調症においてネガティブな症状が優勢となることは，しばしば予測の貧弱さと関連している。陽性症状と対をなす。
⇨ **陰性統合失調症**

**陰性転移**［negative transference］　精神分析の用語。両親や幼少期における重要な他者に向けられた怒りあるいは敵意が，治療者に向けられること。⇨ **陽性転移**

**陰性統合失調症**［negative schizophrenia］　無気力や感情鈍磨，感情的失禁，愛情の欠損，自発性の減退といった，通常，人の行動レパートリーとして観察される行動の不足や欠損というネガティブな症状の支配によって特徴づけら

れる統合失調症の症状の一つ。⇨ **陽性統合失調症**　[1982年アメリカの精神科医であるアンドリアセン（Nancy C. Andreasen）とオーセン（S. A. Olsen）によって定義された]

**インセンティブ理論**　[incentive theory]　動機づけのレベルは，環境上のポジティブおよびネガティブなインセンティブ（たとえば**刺激オブジェクト**）と，生体の心理学的および生理学的状態（たとえば**動因状態**）との間の相互作用に依存するという理論のこと。⇨ **動因低減理論**

**インターバル・タイマー**　[interval timer]　2つの事象間の時間を計測する器械。

**インタビューア効果**　[interviewer effects]　インタビューアの態度と行動が回答者の回答に与える影響のこと。インタビューアの容姿，振舞い，訓練，年齢，性別，民族のすべてが，効果を生み出しうる。インタビューアバイアス（interviewer bias）という用語は，より専門的に，インタビューの過程とデータの解釈に影響を与えるようなインタビューアの期待，信念，偏見を指す。

**インタビューア・ステレオタイプ**　[interviewer stereotype]　雇用において，「理想的な」候補者についてのインタビューアの考えのことであり，実際の求職者が比較される基準となる。このようなステレオタイプは，何らかの形で，基準から外れた求職者たちの本来の長所を不明瞭にする。⇨ **プロフィール適合システム**

**インターフェース**　[interface]　**1.** 2つのシステム，学問分野，個人，グループあるいは構成要素間の相互作用のポイントもしくは手段のこと。**2.** 相互接続や相互接続回路を形成することで，一般的には，コンピュータサイエンスで使用されており，他の分野での使用はしばしば専門用語とみなされる。

**インターブロブ**　[interblobs]　チトクロムオキシダーゼブロブの間に存在する線条皮質の諸領域。インターブロブ内のニューロンはブロブ内のニューロンよりも波長に対する感受性が低い。

**インディアン衛生局**　[Indian Health Service: HIS]　アメリカ先住民に対する保健医療提供者と健康の支援者。35の州で連邦政府の認めた557以上の民族の，約150万人のインディアンとアラスカ先住民に提供されている。

**インデックス**　[index]　参照点，参照基準，もしくは指標。

**インデムニティ型制度**　[indemnity plan]　治療が完了した後に，保険会社が保険適用範囲の費用を支払うアメリカの**健康保険**のシステム。このようなプランは，保険加入者に対して自身の健康保険会社を選ぶ大きな誘因となり，**集団医療実践**を通してサービスを提供する集団健康保険（group health plans）と対比される。

**インテリジェントデザイン**　[intelligent design]　「世界の多様性は非常に精巧にかつ複雑に構成され，関連しあっているため，何か知的な存在が世界を作ったとしか考えられない」，あるいは「**自然選択**によって複雑な生命体が存在するはずがない」という理論的立場。**進化**の反対派によって提案された。**特殊創造説**と同義に扱われることもある。

**咽頭**　[pharynx]　口と鼻から食道の入り口まで続く筋性，膜性の管。食物および呼吸のための気体の通路であり，次の3つの主要部，下部の**喉頭咽頭**，中部の**中咽頭**，上部の**鼻咽頭**からなる。

**咽頭球**　[globus pharyngeus]　医学的原因が同定されない，咽喉に塊がある感覚。その症状は**転換性障害**の徴候である可能性があり，かつてはヒステリー球（globus hystericus）と呼ばれていた。

**インド大麻**　[bhang]　最も効果の弱い**大麻**製剤。乾燥，粉末があり，すべての大麻植物から生成される。

**陰と陽**　[yin and yang]　中国思想において，宇宙を支配する基本原則の2つの側面とされるもの。対立的かつ相補的な関係にある。もともとは丘の影の部分と日向の部分を指す言葉。すべての現象において，陰と陽の2つの力が働いているという。ときには片方が優勢になるが，いずれは他方が優勢になるというように変遷する。簡潔に言えば，陰は否定的・受容的・女性的であり，陽は肯定的・行動的・男性的である。それぞれの特徴を理解するだけではなく，両者の対立や交流・調和といった関係性を理解することも重要だとされる。

**イントラパーソナル**　[intrapersonal]　自己概念，自尊心，自己制御などのように，個人の中に描かれるもの。

**イントラバーバル**　[intraverbal]　先行する言語刺激から引き起こされる言語的反応。**言語行動**の領域における**連鎖**の例の一つである。

**インドール**　[indole]　LSD（リセルグ酸ジエチルアミド），セロトニン，メラトニン，トリプトファンを含む，神経系の活動に関与する多くの物質の基礎になる有機分子。2,3-ベンゾピロール（2,3-benzopyrrole）とも呼ばれる。

**インドールアミン**　[indoleamine]　インドール分子（これはトリプトファンの分解代謝物として生成される）とアミン基によって形成された任意の**モノアミン**。セロトニンとメラトニンはインドールアミンである。

**イントロセプション**　[introception]　自分自身や他者の要求，動機，経験を理解することに細かい注意を払う人格特性。

**イントロン**　[intron]　遺伝子内のDNA配列であり，遺伝子の最終生成物のいずれの部分もコード化しないもの。そのような配列は**メッセンジャーRNA**（mRNA）に転写されるが，その後，成熟mRNAが形成される間は除去される。この成熟mRNAが，細胞にタンパク質を合成するよう命じる。⇨ **エクソン**

**インパクト分析**　[impact analysis]　研究計画について正味の成功あるいは失敗を検討するための量的分析手続きで，通常は統制された実験実証に対して行われる。計画の目標とするものが特定可能，測定可能で，その計画は意図された参加者に対して行われており，そして，結果指標が信頼できて妥当である場合にのみ適用できる。インパクト評価（impact assessment）とも言われる。⇨ **結果評価**，**累積的評価**

**インバスケット試験**　[in-basket test]　管理者教育や管理者選考で利用される**労働サンプルテスト**。被検者はオフィスの書類受けによくみられる書類一式（手紙，メモ，報告書）が渡され，勤務時のように対処することが求められる。

**インパルスタイミングモデル**　[impulse-timing model]　**運動プログラム**の組織化についてのモデルの一つ。そのモデルでは，運動軌道は主動筋および拮抗筋によって生み出される衝撃力の振幅とタイミングによって決定される。⇨

平衡点モデル

**インフォマールコミュニケーション**［informal communications］　組織環境において，正式に決められたコミュニケーション・チャネルによって生じるのではない，被雇用者間のコミュニケーションのこと。**ゴシップ**や**うわさ**のような非公式のコミュニケーションであっても，しばしば組織の目的の達成に役立つ重要な機能を果たすことがある。

**インフォーマント**［informant］　民族誌学や関連する領域において，助言を求められる専門家のこと。研究者は，集団，部族，社会について知識をもつインフォーマントから，文化的特徴や行動についての情報を得る。

**インフォームド・コンセント**［informed consent］　利益や危険の可能性，利用できる選択肢などについて，参加者や患者の理解を基本原則とした，研究や治療的手続きに参加する際の任意同意。

**陰部神経**［pudendal nerve］　第2，第3，第4の仙骨神経の枝から会陰部の筋肉と肌に繊維を運ぶ，感覚と運動の神経。陰茎あるいは陰核の背部神経として終了する。

**陰部大腿神経**［genitofemoral nerve］　性器や脚から感覚刺激を受け取る神経。大腿枝と陰部枝からなる。男性の場合，陰部枝は精巣挙筋と陰嚢の皮膚を刺激する。女性の場合は子宮靭帯の一つに付随している。大腿枝はさらに脚の小神経に細分されている。

**陰部封鎖（性器縫合）**［infibulation］　性交渉を防ぐ目的で，月経のための小さな穴だけを残して外陰唇を縫うこと。**女性器割礼**の最も極端な形式として行われる文化がある。大抵は幼児期初期や思春期前になされる。その少女が成長して性的活動ができるようになっても，性交渉は困難で苦痛を伴うか，切開して穴を広げなければ不可能な場合もある。

**インプラント**［implantation］　身体の組織内に薬物（たとえば皮下埋込）あるいは物（たとえば人工ペースメーカー）を埋め込むこと。

**インプリメンテーション段階**［implementation stage］　集団問題解決の規範的モデルにおいて，討議と好ましい選択肢を選んだ後に提案される解決法および決定を適用すること。

**インペアメントインデックス**［impairment index］　一連の認知テストによる認知機能障害の数値化。このようなインデックスとして最もよく知られているのがハルステッド・レイタン・インペアメントインデックス（Halsted-Reitan Impairment Index）である。これは障害のある範囲をテストし，割合で表すもので，この割合が高くなればなるほど脳に損傷がある可能性が高くなる。

**隠蔽**［overshadowing］　**パブロフ型条件づけ**において，他の条件刺激が呈示されるために，ある条件刺激に対する条件づけが低下すること。ふつう，強い刺激はより弱い刺激を隠蔽する。

**隠蔽記憶**［screen memory; cover memory; replacement memory］　精神分析理論の用語で，通常，幼児期の些細な日常の出来事の記憶であるが，その記憶がより重大で，おそらくはトラウマとなっている体験の記憶を隠し遮る役割を担っているもの。

**隠蔽図形テスト**［concealed-figures test］　参加者が，他の形状から隠された形を見つける知覚テストのこと。⇨ 埋没図形検査

**隠蔽測定**［concealed measurement］　参加者に測定されていると気づかれないように行う性格や特性の測定法。

**隠蔽防衛**［screen defense］　精神分析理論の概念で，記憶，空想や夢のイメージが，その潜在的な真実を隠して感情を対象化することを遮る**防衛**のこと。

**インベントリテスト**［inventory test］　**1.** 教育評価において，個々の成果の概観やプロフィールを得られるように教授内容の主要な領域に関する質問を含める，学力試験の一種。**2.** パーソナリティの研究において，多彩な領域のパーソナリティ・パターンを概観できるようにデザインされたテスト。

**インポスターシンドローム**［impostor syndrome］　**1.** 自分の成功や業績を内的な要因よりもむしろ，外的な要因に帰属してしまう傾向のこと。一貫した客観的な証拠があるにも関わらず，自分自身の能力が欠如しているという持続した信念に関連している。結果として，自分が詐欺師にでもなった気分になり，自尊感情の低下，自我同一性の問題を呈する。インポスター現象（impostor phenomenon）とも言う。**2.** **病的虚言**を特徴とする人格パターンのこと。評価されたり地位を得たりするために，アイデンティティに関して作話をする。⇨ **模倣演技**

**インポテンツ**［impotence］　男性が勃起したり，それを維持したりすることが，部分的，あるいは完全にできないために，性行為を完了できないこと。この状態はDSM-IV-TRでは男性の**勃起障害**と呼ばれたり，一般臨床では**勃起不全**と呼ばれることもある。薬物性の最も一般的な原因は，抗うつ剤や降圧剤である。抗うつ剤などのようにインポテンツやその他の性機能障害につながるかは不明である。可能性のあるメカニズムとして，**一酸化窒素**の抑制，セロトニン（特に 5-HT2 **セロトニン受容体**），ドーパミン，アセチルコリン，ノルエピネフリンの影響が考えられる。この用語は，早漏，セックスへの限定的な興味，悦びのないオーガズム，射精のない性交，を意味することもある。⇨ **オーガズムインポテンツ，一次的勃起不全，二次的勃起不全**

**陰門**［vulva］　女性器の外側で**陰核，陰唇，膣**の**前庭**を含む。外陰とも言う。

**陰門オーガズム**［vulval orgasm］　陰門（**陰核，陰唇**を含む）の刺激によって起きるオーガズム。外陰部と子宮の2種類のオーガズムがあるといわれ，後者はオーガズム中の子宮の収縮を起こす膣深部への挿入を伴う。前者では子宮収縮は起きないと言われている。ここでは，陰門だけの刺激よりも性交によって強いオーガズムが起きることが示唆されている。ただし，多くの女性が子宮の収縮がオーガズムとともに起きるかは刺激や性的活動の種類には依存せず，むしろどれだけオーガズムが強いかに依存すること，また強いオーガズムはクンニリングスや**陰核**への刺激で起こることを報告している。⇨ **膣オーガズム**

**隠喩**［metaphor］　効果的な類推を引き起こすために，単語や句が，字義通りの意味では指示しない対象，人物，行動に適用された（例，人生は旅である）比喩表現（⇨ **比喩的言語**）のこと。類推がそれ自体で明示的に述べられている比喩表現（例，人生は旅のようである）は，隠喩ではなく直喩（simile）である。

**隠喩療法**［metaphor therapy］　言語の象徴的な意味と

隠喩の使用に着目した心理療法の体系。この理論によると，隠喩は思考を再構築する手段と問題解決の方法を提供すると考えられる。[アメリカの心理療法家コップ（Richard R. Kopp: 1942- ）により開発された]

**引用分析**［citation analysis］　特定の書籍や論文，その他のソースにおいて，特定の研究者の引用の履歴をたどる研究方法のこと。

# う

**ヴァギナデンタタ**［vagina dentata］ 精神分析理論では，膣は男性パートナーを去勢できる歯をもつ口であるという無意識の幻想を意味している。女性の視点では，この幻想は強いペニス羨望と，復讐としてパートナーを去勢する願望に由来するとされている。男性視点では，これは**去勢不安**から生じると考えられている。

**ヴァンデンバーグ効果**［Vandenbergh effect］ げっ歯類での性成熟の年齢に影響する**化学コミュニケーション**の効果のこと。成体のオスは若年メスの性成熟を早めるニオイを出し，より早い出産を可能にする。また，成体のメスはメスの性成熟を抑えるニオイを出す。それによって若年メスは，メスよりもオスが多い低密度集団では早く成熟し，成体メスの多い高密度集団ではゆっくり成熟する。これにより集団密度の調整を行っている。⇨ **ホイットン効果**［アメリカの生物学者ヴァンデンバーグ（John G. Vandenbergh: 1935- ）による］

**ヴァン・ブッヘン症候群**［van Buchem's syndrome］ **常染色体異常**の一つ。顔面，頭蓋骨，胸郭の骨の肥厚と骨硬化症，顔面まひ，盲聾が生じる。症状は通常，思春期の頃に出現する。［オランダの内科医ヴァン・ブッヘン（Francis Steven Peter van Buchem: 1897-1979）による］

**ヴィゴツキー**［Vygotsky, Lev Semenovich］ レフ・セミョノヴィチ・ヴィゴツキー（1896-1934），ロシアの心理学者。ヴィゴツキーは1925年にモスクワの心理学機関から博士号を取得した。そこで彼は研究職の残りの人生を研究スタッフとして過ごしたが，レニングラードやハリコフでも講義や研究指導も行った。ヴィゴツキーは，彼の認知発達の社会文化理論が最もよく知られており，それは子どものありのままの能力と子どもの文化で利用できる記号的媒介（たとえば，書き言葉や話し言葉）との相互作用を強調したものである。認知発達は自然に，そして必然的に展開し，教育はこれらの段階に従う（べき）と考えたピアジェ（Jean Piaget）とは対照的に，ヴィゴツキーの考えは，段階は部分的には教育によって引き出され，それゆえ，教育は現行の段階を超えて子どもの能力を引き出すことを意図して，**発達の最近接領域**において行われるべきであるというものであった。ヴィゴツキーの見解は1930年〜1950年まで政治的理由で当時のソ連では禁止されていた。そのため，西欧に広まったのはかなり遅れてからであったが，今では大きな影響力をもつ。代表的な著作は，*Thought and Language*（1934），死後に出版された*Mind in Society*（1978）である。

**ヴィゴツキーの知能理論**［Vygotskian theory of intelligence］ 知能は主に**内在化**の結果として発達するという理論。つまり，子どもは環境の中で観察したものを受け入れ，自分自身の一部とする。発達は，発達の最近接領域を通じて生じる。発達の最近接領域とは，子どもが自分自身で可能なことと，大人の仲介者の補助があればできることとを区別するものである。［ロシアの心理学者ヴィゴツキー（Lev Vygotsky）による］

**ウィザースプーン排除**［Witherspoon excludables］ 陪審員たちが思想的に死刑執行に強く反対している場合に，評決手続きにおける選択肢として死刑が選択される可能性が低くなる。そのため，彼らを死刑を下す権限のある陪審員から排除することが可能であるという考え方。これは1968年にアメリカ，イリノイ州のウィザースプーンにある最高裁判所で言及された。

**ヴィザトナー**［Visatoner］ 重度の視力障害者が印刷物を読むときに用いる電気器具。印刷された文章に沿って動かすと音が生じる。特別に訓練されたユーザーならば，その音を文字パターンやアルファベットに翻訳可能である。

**ウィスカー・バレル**［whisker barrel］ ヒゲから情報を受け取る動物の**体性感覚野**にある樽型のニューロンのコラムのこと。

**ウィスコンシン型汎用検査装置**［Wisconsin General Test Apparatus: WGTA］ 類人猿の学習を研究するのに使用する一連の器具。様々な物体を載せることができるトレイと，動物と実験者を仕切る可動式のつい立て（トレイの上に載せて使用）からなる。食べ物のハさなかけらが，ある物体の下に隠されており，動物が食べ物の報酬を得るためにはその物体を動かさなくてはならない。この基本デザインは，複雑さの異なる学習課題を作り出すために修正されてきている。［ハーロー（Harry F. Harlow）によって発案された］

**ウィスコンシンカード分類検査**［Wisconsin Card Sorting Test: WCST］ フィードバック（正しい vs 間違っている）からどのような種類のカードであるかを参加者に推測させる検査。カードは，様々な色や模様からなる。参加者はどのルール（たとえば，色）に従ってカードを並べるかを決め，10枚のカードを並べていく。ルールは通告なしで変えられる。課題は脳機能の機能的側面を把握することが可能で，主として**実行機能**の検査としてみなされている。［オリジナルは1948年にアメリカの心理学者グラント（David A. Grant: 1916- ）とベーグ（Esta A. Berg）によって開発された］

**ウィッチクラフト**［witchcraft］ 1. 他者や作物・家畜などの財産に害を与えるために，魔術的な力や実践が用いられること。キリスト教諸国では，魔女は悪魔との契約によって力を得ると信じられ，魔女の安息日に熱狂的な儀式を行った。そうした信仰は，16，17世紀の狂信的迫害へとつながり（いわゆる魔女狩りや魔女熱狂），犠牲者の大多数は女性（特に貧しく・年老いた・文盲の）であった。魔術への信仰は，多くの伝統的社会（特にアフリカ）において未だ広く認められる。2. 自然崇拝・女神崇拝への畏敬の念を中心に展開した，新異教主義の宗教。

**ウィット**［wit］ 面白く鋭い論評により対象や人物の説明を行う能力を伴う心的機能（mental function）

**ウィトマー**［Witmer, Lightner］ ライトナー・ウィトマー（1867-1956），アメリカの心理学者。ウィトマーは，ペンシルベニア大学においてキャッテル（James McKeen Cattell）のもとで大学院の初期の研究をした後，1982年にライプツィヒ大学で，ヴント（Wilhelm Wundt）のもとで博士号を取得。彼は教官としてペンシルベニア大学に戻り，引退まで過ごした。ウィトマーは，アメリカにおいて**臨床心理学**の創設者として知られており，1896年に初

の心理診療所を設立し，1907年に臨床心理の雑誌 *The Psychological Clinic* を創刊した。ティチェナー（Edward B. Titchener）などの有力な実験科学者たちが，心理学は純粋な研究科学であるべきだと主張するなかで，ウィトマーは心理学の応用的側面の重要性を力強く主張し，例証した。彼の教え子たちは，職業指導や対話療法，臨床心理などの指導者となっている。

**ウィリアムズ対フロリダ** [Williams v. Florida] 1970年に出された影響力のあるアメリカ合衆国最高裁判所判例であり，12人以下の陪審員でも法律上問題ないことを示した。陪審員の数はその有効性において重要な要素であるが，6人であったとしても12人の陪審員制の際と同様に有効に機能することを裁判所が示した判例である。

**ウィリーの集団訴訟** [Willie M. class action] 18歳以下の子どもの特殊学級が制定された，ノースカロライナでの集団訴訟。1979年に示談が確定した。集団訴訟メンバーは，情緒的，精神的，または神経的障害を有しており，暴力的または攻撃的であり，居住型プログラムに入れられ，適切な治療あるいは教育のサービスを受けていなかった。関連する治療の権利は，被告と原告の間の協定により規定された。この学級は現在まで存続している。

**ウィルクスのラムダ** [Wilks's lambda] 多変量検定の手続きで群平均ベクトルの差に関する仮説を検定するため，$k$標本間の平均ベクトルにおける差に基づいた統計量。たとえば，**多変量分散分析**があげられる。[アメリカの統計学者ウィルクス（Samuel Stanley Wilks: 1906-1964）]

**ウィルコクソンの検定** [Wilcoxon test] マッチングされた実験参加者間あるいは同一実験参加者に対する繰り返し測定における分布の差に関するノンパラメトリック検定。

**ウイルス** [virus] 1. 保護タンパク膜で囲まれたRNAやDNA核で構成される極微寄生体。ウイルスは自分自身では複製できず，有機体の生きている宿主細胞に侵入しなければならないため，ウイルスは非生物と一般にみなされている。ウイルスの感染は，人間の多くの病気や疾患と関係している。たとえば，インフルエンザ，ポリオウイルス感染症，おたふく風邪，数種類の癌，**エイズ**（⇨ **HIV**）。2. 他のコンピュータプログラムの機能を妨害したり，コンピュータファイルを混乱させたり破壊したりするように設計されたコンピュータプログラム。ウイルスは，密かにプログラムやシステムにアクセスしたり，無害そうに見える電子メールに添付されて侵入する。主なウイルスは，コンピュータからコンピュータに拡大するように設計されており，その結果，極めて有害になりうる。

**ウィルデルヴァンク症候群** [Wildervanck's syndrome] **クリッペル－ファイル症候群**と関連する遺伝性疾患。聾と外転神経まひを特徴とする。頭蓋骨の左右非対称と精神遅滞も生じる。[オランダの遺伝学者のウィルデルヴァンク（L. S. Wildervanck）によって1952年に報告された]

**ウィローブロック和解判決** [Willowbrook Consent Judgment; Willowbrook Consent Decree] ニューヨーク州のスタテンアイランドにあるウィローブロック州立学校で数年間にわたり生活している精神遅滞者の人権をめぐり，その代理人，両親，友人が原告となり，ニューヨーク州を相手に裁判を起こし，1975年に出された同意判決。これによって，精神遅滞者の居住環境や，職業や教育に関わるサービス，休養や食事，栄養面でのサービス，歯科衛生上のサービス，心理的・身体的治療サービス，言語聴覚に関するサービス，医学・看護サービス，治療や薬物治療，建物のメンテナンス，緊急時の対応，記録，社会環境への働きかけについて明示された。ウィローブロック州立学校は，その後スタテンアイランド発達センターに改名されたが，1980年代に閉鎖となった。

**ウィーン学派[1]** [Vienna Circle] 1920年代と1930年代にウィーンを拠点とした哲学者・論理学者・数学者のグループのこと。彼らの関心は，近代**記号論理学**（**論理実証主義**として知られるようになったアプローチ）を用いて，経験主義および実証主義（の流派）を体系化することであった。著名なメンバーとして，ドイツの哲学者カルナップ（Rudolf Carnap: 1891-1970），チェコ生まれの数理論理学者ゲーデル（Kurt Gödel: 1906-1979）などがいた。

**ウィーン学派[2]** [Viennese School; Vienna School; Wiener Schule] 20世紀初頭における精神分析家のグループ。ウィーンに本拠地があり，フロイト（Sigmund Freud）の理論を踏襲していた。⇨ **水曜会**

**ウィン・ステイ，ルーズ・シフト方略** [win-stay, lose-shift strategy] 弁別学習において，ある生体が報酬を得られる限りは同じ反応をとるが，報酬がもらえなくなると反応を変える心的あるいは行動的方略のこと。逆の現象である，報酬が得られるときは反応を変え，報酬が得られないときには反応を維持する方略であるウィン・シフト，ルーズ・ステイ方略（win-shift, lose-stay strategy）もみられる。

**ウィンディゴ** [windigo; whitiko; wihtigo; wihtiko; witigo; witiko; wittigo] カナダおよびアメリカ北東部に住む北方アルゴンキン・インディアンの間にみられる深刻な**文化依存症候群**のこと。この症候群は人肉を食らうウィンディゴという怪物に取り憑かれてしまうという妄想によって特徴づけられ，うつ病，暴力，人肉を食べたいという衝動的欲求，そして時には実際に人肉を食べてしまうという症状として現れる。

**ウェアハウジング** [warehousing] 長期間（多くは生涯）療護のために，精神障害を伴う患者を大きい施設に拘禁すること。この口語的表現は住宅供給と食事のほかに治療の欠如を意味する。

**ウェイト・ウォッチャーズ** [Weight Watchers] 体重の減量とコントロールを目指すプログラムで，**サポートグループ**と**セルフヘルプグループ**の両方の側面をもつ。

**ウェクスラー** [Wechsler, David] デイヴィッド・ウェクスラー（1896-1981），ドイツ生まれのアメリカの心理学者。1925年にコロンビア大学でウッドワース（Robert S. Woodworth）のもとで博士号を取得。第一次世界大戦中ボーリング（Edwin Garrigues Boring）のもとで働き，兵士選別用知能テストのアルファテストの点数づけ，管理，ベータテストの点数づけなどを行った（⇨ **軍隊知能検査**）。第一次世界大戦後，ウェクスラーはロンドンにてスピアマン（Charles Spearman, 1863-1945）やピアソン（Karl Pearson: 1857-1936）らと研究し，その後1932年にニューヨークにあるベルビュー精神病院に主任心理学者として勤務するまで独立して研究生活を送っていた。そこで最初の**ウェクスラー－ベルビュー知能検査**を開発した。これは言語的能力や数学的能力といった異なる知的要因の下位検査であり，**スタンフォード・ビネー知能検査**の単一ス

コアテストとは対照的なテストであった。ウェクスラーのテストは，最終的に**ウェクスラー成人知能検査**（WAIS）として一般化された。ウェクスラー成人知能検査と**ウェクスラー児童用知能検査**（WISC）は現在でも世界的に使われている認知能力測定テストである。⇨ **ウェクスラー就学前幼児用知能検査**

**ウェクスラー記憶検査**［Wechsler Memory Scale: WMS］記憶検査を集めた尺度で，オリジナルは1945年に公表された。青年と成人を対象に想起や再認によって言語（聴覚的）と非言語（視覚的）記憶を測定する。最も新しいバージョン（WMS-Ⅲ：1997年）は，オリジナル・バージョンやWMS-R（1987年に発表）を改訂し，精緻化している。WMS-Ⅲは，即時と遅延記憶を測定する11の下位尺度を含んでおり，そのうち6の下位尺度は，概要指数を測定するために用いられる。聴覚的即時記憶指標と視覚的即時記憶を組み合わせた即時記憶指標は，全体の即時記憶パフォーマンスの測度を示す。聴覚的遅延指標，視覚的遅延指標，視覚的再認遅延指標を組み合わせた一般的記憶指標は，全体の遅延記憶パフォーマンスの測度を示す。作業記憶指標は，短期記憶の情報を操作する能力の測度を示す。

**ウェクスラー児童用知能検査**［Wechsler Intelligence Scale for Children: WISC］1949年に最初に開発された知能検査で，6歳～16歳11か月の児童を対象に標準化されている。現在では，10の中核的下位尺度（類似，言語，理解力，ブロック計画，絵図配列，行列推論，数唱，語音整列，符号，記号探し）と5つの補助的下位尺度（単語推論，情報，絵図完成，算術，解読）からなる。言語理解，知覚的推論，処理能力，作業記憶能力を測定し，フルスケールIQと同様に平均が100，標準偏差が15の指数を算出する。最も新しいバージョンはWISC-Ⅳで，2003年に発表された。

**ウェクスラー就学前幼児用知能検査**［Wechsler Preschool and Primary Scale of Intelligence: WPPSI］2歳6か月～7歳3か月の子どもを対象とした知能検査で，現在，7つの言語性下位尺度（情報，言語，受容言語，言語推論，類似，理解，絵図命名），7つの動作性下位尺度（絵図完成，絵図概念，ブロック計画，対象集合，行列推論，符号探索，符号）からなる。これらの下位尺度は，一般的言語や処理速度の指数とともに，言語，動作に加えて，平均を100，標準偏差を15としたフルスケールIQを算出する。WPPSIは，1967年にオリジナルが発表され，最も新しいバージョンが2002年に発表されたWPPSI-Ⅲである。

**ウェクスラー成人知能検査**［Wechsler Adult Intelligence Scale: WAIS］16歳～89歳の個人を対象とした知能検査。**ウェクスラー－ベルビュー知能検査**の改良版であり，代替版でもある。WAISは，現在，7つの言語性下位検査（情報，読解力，計算，類似，数唱，言語，語音整列）と7つの動作性下位検査（符号，絵画完成，積木模様，絵画配列，組合せ，行列推理，記号探し）からなる。下位検査を組み合わせて使用することによって，言語理解，知覚構成力，処理能力，作業記憶指数を算出できる。言語性IQや動作性IQは，フルスケールIQと同様に平均100，標準偏差は15である，あるいは，両方の指数をIQsとする。WAISは1955年に初めて発表され，最も新しいバージョンは，1997年に発表されたWAIS-Ⅲである。

**ウェクスラー－ベルビュー知能検査**［Wechsler-Bellevue Intelligence Scale: WBIS］成人と青年を対象とした知能尺度で，6つの言語性と5つの動作性という2つの下位検査からなり，通常版のIQと同じように言語性と動作性IQを分けて算出できるようになっている。この検査は1939年に開発されたが，現在では，**ウェクスラー成人知能検査**に取って代わられた。［ニューヨーク市のベルビュー精神科病院でウェクスラー（David Wechsler）によって発明された］

**ウェスターマーク効果**［Westermarck effect］同じ家庭で親密に接して成長した人々は，後年互いの性的魅力に気がつかないという説。パートナーになりうるにも関わらず，互いに子どもの頃に多くの交流があった人々はめったに結婚しなかったという観察に基づく。［フィンランドの人類学者ウェスターマーク（Edward Westermarck: 1862-1939）］

**ウエスタン失語バッテリー**［Western aphasia battery: WAB］自発語，理解力，復唱，ネーミングといった言語に関する側面を評定するテストバッテリー。文章表現力，読解力，計算といったスキルとともに言語障害の重症度や種類を判定するのに用いられる。［カナダの心理学者ケーテズ（Andrew Kertesz: 1935- ）によって開発された］

**ウェスタンブロット法**［Western blot］混合物（たとえば，組織や器官のサンプル）の中から特定のタンパク質分子を特定する方法。**ゲル電気泳動**を使ったタンパク質の分離，分離したタンパク質のニトロセルロースへの転写，そして同位体標識抗体または酸素結合抗体を用いて，当該のタンパク質を結合または強調する過程を含む。［**サザンブロット法**とのアナロジーによって命名された］

**ウエスト－ヒップ比率**［waist-to-hips ratio］「ウエスト周囲」／「ヒップ周囲」のこと。この比率は異文化研究において魅力度の研究に広く使われる。

**ヴェーダの終極**［Vedanta］**ヒンドゥー教**のウパニシャッドの神聖な書に由来，また紀元前約6世紀のインドで出現した形而上の理論および精神規律のコレクション。これらの哲学において確立された考えは，量子論の発展を含む現代科学に影響を及ぼした。⇨ **意識の客体**，**純粋な意識**

**ウェーバーの実験**［Weber's experiment］重さの弁別には2つの重さの間に1/40という一定の割合の差が必要なことを実証した実験。

**ウェーバーの法則**［Weber's law; relativity law］刺激の変化を検出するのに必要とされる変化の大きさは刺激の絶対値に比例するということを示した法則。刺激の大きさに対する，変化が知覚されるために必要な大きさの変化量の割合は一定であり，$\Delta I/I=k$として表される。ここで$I$はもとの刺激の大きさで$k$は定数である。このように，刺激がより強くなるほど，その変化に気づかれるためにはより大きな変化を得ることが必要になる。⇨ **フェヒナーの法則**，**スティーブンスの法則**［1834年にウェーバー（Ernst Weber）によって提案された］

**ウェーバー比**［Weber fraction］刺激の強度と丁度可知差異（**弁別閾**）の比。刺激の強度を増加させても，観測者の丁度可知差異と刺激の強度は一定の比になる。ウェーバー比は丁度可知差異を標準刺激の強度で割ることによって算出される。ウェーバー比の大きさは刺激条件や

感覚モダリティに応じて変化する。⇨ **ウェーバーの法則**［ウェーバー（Ernst Weber）による］

**ウェーバー-フェヒナーの法則**［Weber-Fechner law; Bouguer-Weber law］ 等差級数的に感覚の強度を増やすためには，刺激の強度を等比級数的に増加させる必要があることを述べる法則。この法則は，$s=k\log i$で与えられる。ここでの$s$は感覚の大きさ，$k$は定数，$i$は刺激の物理的な強度である。［ドイツの物理学者ウェーバー（Ernst Heinrich Weber: 1795-1878）および精神物理学者フェヒナー（Gustav Theodor Fechner）による］

**ウェブサイト**［website］ ワールドワイドウェブ上にある，情報を提供するサイト。多くの場合，ある特定の人物や団体，広告や専門サービス（たとえば，販売業務や銀行業務）についての情報を提供する。あるサイトで呈示された情報は，そのサイトのオーナーによって提供され，維持（更新）されている。

**ウェルシュ図形選好検査**［Welsh Figure Preference Test; WFPT］ 非言語性格アセスメント。単純に描かれた幾何学図形からきめ細かい複雑な抽象芸術作品といった複雑さの異なる400の白と黒の図に対して"好き"，あるいは"嫌い"で回答させる。ウェルシュ図形選好検査は，現在，病理的（たとえば不安，抑圧）と非病理的（たとえば創造性，奇抜性）の両方を含む様々な構成概念を測定することを目的とした尺度である。⇨ **バロン-ウェルシュ芸術性尺度**［オリジナルは1949年にアメリカの心理学者ウェルシュ（George S. Welsh: 1918-1990）によって開発された］

**ウェルチ-アスピンの$t$検定**［Welch-Aspin t test］ 分散の等質性が守られていないと仮定されるときに用いられる$t$検定の一つ。

**ウェルテル症候群**［Werther syndrome］ 名の知れた人気のある模範的人物が自殺し，それをメディアが大々的に報道したことによって生じる**群発自殺**。1774年にゲーテの小説『若きウェルテルの悩み』が刊行されたときにメディアがきっかけとなって自殺が多発したのが記録上初めての実例であり，それに因んで命名された。その本は流行を引き起こし，多くの青年が主人公の奇抜な服装を真似た。また小説と同じ手口を使って自殺をする若者もいたことから，この本が禁書とされたこともあった。

**ウェルトハイマー**［Wertheimer, Max］ マックス・ウェルトハイマー（1880-1943）。ドイツ生まれのアメリカの心理学者。マルベ（Karl Marbe: 1869-1953）やキュルペ（Oswald Külpe: 1862-1915）とともにヴュルツブルク大学で学び，1904年に博士号を取得。フランクフルト大学で長年に渡り教鞭をとった後，1922年にベルリン大学へ移籍し，教授に任命された。1929年にフランクフルトへ戻るが，ナチスの勢力が強くなったため1933年にアメリカへ移住し，ニューヨークのニュー・スクール・フォー・ソーシャル・リサーチの教員となった。ウェルトハイマーは，ケーラー（Wolfgang Köhler）やコフカ（Kurt Koffka）とともに，**ゲシュタルト心理学**の創始者として知られている。彼の主要な貢献としては，2つの離れた静止した線が素早く連続で表示される**仮現運動**の知覚を扱った**ファイ現象**の初期の実験がある。既存の理論ではこの現象を説明できず，1912年にウェルトハイマーは，ファイ現象のような知覚は，知覚した対象に含まれる独立した要素が基盤になるのではなく，全体（ゲシュタルト）としての**知覚表象**のなかにあると指摘した。ウェルトハイマーはまた**体制化のゲシュタルト原理**や**生産的思考**の研究で有名である。後者の研究は，*Productive Thinking*（1945）として出版され，認知心理学へ大きな影響を与えた。

**ウェルナー病**［Werner's disease; progeria adultorum; Werner's syndrome］ 早老の徴候によって特徴づけられる珍しい遺伝性疾患。男女両方に見られ，20歳以前にも出現することがある。患者は通常低身長である。症状には，白髪の増加と毛髪の喪失，皮膚萎縮，内分泌腺の活動水準低下，組織の中のカルシウム沈着の蓄積，ある種の関節炎などがある。［ドイツの医者ウェルナー（Carl Otto Werner: 1879-1936）］

**ウェルニッケ-コルサコフ症候群**［Wernicke-Korsakoff syndrome］ 慢性のアルコール依存症や栄養失調状態の結果，ビタミン$B_1$（チアミン）が不足することによって生じる症候群の一つ。初めに急性錯乱，**運動失調**，眼球運動障害（⇨ **ウェルニッケ脳症**）などの症状が生じ，その後，慢性的な精神状態や記憶の障害が生じる（⇨ **コルサコフ症候群**）。中脳，小脳，間脳に関わる障害である。［ドイツの神経学者ウェルニッケ（Karl Wernicke: 1848-1904），ロシアの精神科医コルサコフ（Sergei S. Korsakoff: 1854-1900）によって発見された］

**ウェルニッケ失語症**［Wernicke's aphasia］ 特に了解と復唱の問題（⇨ **聴覚性失語**）や，物の名称を答えられない（⇨ **失名辞失語症**）といった，音声や言語を理解する能力の障害（聴覚性健忘）のこと。このような障害は脳損傷によって生じるもので，**失読症**，**計算不能症**，**失書症**などの他のコミュニケーション障害とも関連があると考えられている。⇨ **失語症**

**ウェルニッケ脳症**［Wernicke's encephalopathy］ ビタミン$B_1$（チアミン）の欠乏によって生じる神経学的障害。主症状は，錯乱，眼球運動障害（**注視まひ**，**眼振**），運動失調である。この障害はほとんどがアルコール依存症によるものであるが，稀に重度の貧血や，胃癌，栄養失調によっても生じることがある。これらの症状はチアミンによる治療によってほとんど解消されるように考えられるが，患者の多くは実行機能を含む認知機能の障害や，逆向性健忘もしくは前向性健忘といった状態まで陥ることがほとんどである（⇨ **コルサコフ症候群**）。［ウェルニッケ（Karl Wernicke）によって1881年に発表された］

**ウェルニッケの理論**［Wernicke's theory］ 言語の産出や理解の際，ウェルニッケ野と**ブローカ野**が統合的に寄与するという理論。［ウェルニッケ（Karl Wernicke）が1874年に提唱した］

**ウェルニッケ野**［Wernicke's area］ 大脳左半球の後部側頭回にある領域。音の解釈に関連する神経組織を含む。ウェルニッケ言語野（Wernicke's speech area）とも呼ばれる。⇨ **言語野**［ウェルニッケ（Karl Wernicke）は1874年に，その領域に損傷を負った患者が言語理解の欠如を示したことを報告した］

**ウェルビーイング**［well-being］ 幸福感や満足感があり，それほど大きな悩みもなく，身体的，精神的に健康で，生活の質も高い状態のこと。

**迂遠**［circumstantiality］ 回りくどく非直接的な話し方であり，要点を話す前に不必要かつしばしば不適切な詳

細を話し，本題からそれること。極端な迂遠は，まとまりのない連想過程から生じ，統合失調症や強迫症，ある種の認知症においてみられる。迂遠は，要点が失われるのではなく大量の瑣末な情報が付随する点で，**脱線思考**と異なる。

**ウォーク・イン・クリニック**［walk-in clinic］ 予約なしで診断と治療が受けられるクリニック。⇨ **ドロップイン・センター**

**ウォークスルー能力テスト**［walk-through performance testing: WTPT］ 従業員を評価する形態の一つで，従業員は彼らの職責に見合った職務遂行ができているかどうかについて，観察，面談，評価される。

**ウォッシュバーン**［Washburn, Margaret Floy］ マーガレット・ウォッシュバーン（1871-1939），アメリカの心理学者。ティチェナー（Edward B. Titchener）に師事し，1894年に博士号を取得。様々な機関で教鞭を執った後，1903年に母校であるヴァッサー大学に移籍し退職まで勤めた。ウォッシュバーンは管理職・教師・研究員として働き，知覚・記憶・美学・比較心理学・情動に関する幅広い研究結果を発表した。ウォッシュバーンはアメリカ初となる**比較心理学**の教科書である The Animal Mind（1908）の著者として知られている。当時の女性の社会進出の困難さを乗り越え，ウォッシュバーンは同僚の男性の中でも圧倒的な成功を治め，認知度を向上させた。1921年に米国心理学会会長に就任し，1932年にはアメリカで女性で2人目となる全米科学アカデミーの会員に選ばれた。

**ウォーブル・スイッチ**［wobble switch］ ジョイスティックと類似した，装置とユーザの間のインターフェース。中心からいずれかの方向へ押されたときに作動するため，身体障害をもつ利用者の体の動きによって作動させることができる。

**ウォーミングアップ**［warm-up］ 1. 激しい運動をするよう生理的に体を訓練するために，身体的な決められた動作を行うこと。2. 特定の技能の遂行に必要な運動神経路を準備するために，身体的な所定の手順を用いること。

**ウォーミングアップ効果**［warm-up effect］ ある課題の遂行が，たとえその課題に精通していても，始めのうちは不正確で遅いが，すぐに熟達した遂行が可能になる現象。学習や運動課題で観察される。

**ヴォルスケール**［vol scale］ 主観的な音の大きさの尺度であり，ヴォル（vol）という単位で測定される。1ヴォルは1000 Hz，40 dBの音の主観的な大きさに対応する。

**ウォールデン・ツー**［Walden Two］ 1948年にスキナー（B. F. Skinner）によって書かれた小説の題名（邦題は『心理学的ユートピア』）。心理学的法則に基づいて創設された実験的共同体のことが描かれている。題名は，アメリカの自然主義者で作家のソロー（Henry David Thoreau: 1817-1862）が彼自身の隠遁生活を書いた Walden, or Life in the Woods（1854）（邦題は『ウォールデン—森の生活』）に由来する。

**ウォルフ管**［Wolffian duct］ 発生途中の未発達な管系で，オスの生殖器（精巣上体，**輸精管**，**精嚢**）へと発達する。メスでは発達しない。⇨ **ミュラー管**［ドイツの発生学者ウォルフ（Kaspar F. Wolff: 1734-1794）］

**ウォルマン病**［Wolman's disease］ 遺伝的な代謝障害。脂質を分解する酵素，リソソーム酸リパーゼ欠損が特徴。副腎の膨張と石灰化が生じる。乳幼児期から精神運動発達に遅れが生じ，精神遅滞も出現する。嘔吐，下痢など急性疾患の症状もあるため確定診断することが難しい。原発性家族性黄色腫症（primary familial xanthomatosis）とも呼ばれる。［ポーランド生まれのイスラエルの病理学者ウォルマン（Moshe Wolman: 1914- ）］

**迂回語法**［circumlocution］ 知覚し，認識した事象を，同定または説明したりするための的確な言葉を見つけられなかったり，見つけることに困難があったりすることで特徴づけられる話し方。個々の意味を間接的に伝える言葉やフレーズを多く使用することも含む。左後部側頭葉の損傷によって引き起こされる**健忘失語**の兆候とも言われているが，統合失調症に見られる支離滅裂な思考プロセスを指し示す場合もある。⇨ **迂遠**

**迂回路問題**［detour problem; Umweg problem］ 問題解決研究において，回り道をしなければ解くことができない問題や課題のこと。最も直進的な解は効果的でないかまたはブロックされていることが多い。

**受け手の要因**［recipient factors］ 説得的メッセージを受け取る側の特徴を示し，その人が説得される程度に影響する。受け手の要因には，知的水準や自尊感情，認知欲求などが含まれる。

**受け身的性格**［receptive character］ フロム（Erich Fromm）の精神分析理論において，受け身的，依存的，迎合的あるいは従順などといったパーソナリティのこと。また，他の研究者による**口唇的受動的パーソナリティ**や受動的依存的パーソナリティと概ね同じである（⇨ **依存性パーソナリティ障害**）。また，そのような人は受動的志向（receptive orientation）と言われている。

**迂言法**［circumlocution］ 意図的に用いる話し方で，伝えたいことが聞き手によって推測されるよう，間接的にその意味を伝えるような話し方。

**ウサギ・アヒル図形**［rabbit-duck figure］ アヒルの頭かウサギの頭のいずれかに見える曖昧な図形であり，両方が同時に見えることはない。

**後向き方略**［working backward］ 目標状態（goal state）からスタートし，問題の初期状態（starting conditions）へさかのぼって経路を探索する問題解決方略。⇨ **前向き方略**，**逆方向探索**

**嘘**［lie］ 欠陥のある陳述，もしくは欠陥のある説明のことで，真実ではないことがわかっており，だますために作られる。⇨ **作話症**，**病的虚言**，**作話**

**歌**［song］ 動物が発する比較的長く複雑な音声。定型的な音の組み合わせの順序や構造をもつことが多い。同性の他個体から縄張りを守ったり，異性の個体を引きつけたりする役割がある。主に鳥類で観察されるが，テナガザルなどの霊長類やコオロギが発する音も歌に分類される。温帯地域では，歌は季節的なものであり，生殖腺ステロイドによって制御される。熱帯地域ではホルモンが歌に与える効果は確認されていない。

**疑い**［doubt］ ある事柄や自分自身を含むある人について，確信が欠如していることや不確実であること。疑いは，日々の関心（私はこの仕事を成し遂げることができるだろうか），日常生活の問題（私はこの深く染みついた習慣を変えることができるだろうか），あるいは，生きること自体の意味において，中心的な役割を果たしている（⇨

実存不安，実存の危機）．それは，大抵強い感情を伴う知覚を表しており，しばしば心理療法の焦点となる．

**内気**［shyness］　社会的状況における不安や抑制のこと．典型的には 3 つの要素があり，(a) 情動的覚醒や特定の生理的経験（たとえば，胃のむかつき，動悸，発汗，赤面）を全般的に感じる，(b) 激しい公的自己意識，自己非難，他者にネガティブに評価されることについての心配，そして，(c) 用心深さ，おとなしさ，視線恐怖や社会的回避などの観察可能な行動がある．極度に内気な者は，**社交恐怖**などの不安障害発症のリスクが高い．⇨ **社交不安**

**打ち切りデータ**［censored data］　ある値が観測されないデータのこと．このデータは研究の終わりまでに関心の対象となる事象が発生しなかったか，反応が尺度の測定不能な部分に当てはまってしまったかによる．たとえば，1970 年に生まれた人々の結婚率について 2006 年に行われた研究は打ち切りデータとしてみなされる．それらの人々の中には 2007 年かそれ以降何年か後に初めて結婚する人がいる可能性があるからである．

**内なる聞き手**［inner audience］　口をきかない想像上の聞き手であり，自生的な内的発言．しばしば，精神分析や精神力動論の親表象と関連づけられる．

**内なる仲たがい**［inner estrangement］　外的な対象が馴染みがなく現実的でなくなる感覚．［オーストリアの精神分析家フェダーン（Paul Federn: 1871-1950）によって定義された］

**宇宙意識**［cosmic consciousness］　ひとまとまりである世界を自覚する感覚．この感覚は，**至高体験**，宗教的法悦，幻覚薬の使用の他，**ヨガ**や**禅宗**での瞑想のような形而上的修養を通して到達される．⇨ **変性意識状態**，**神秘的合一**

**宇宙空間心理学**［space psychology］　宇宙空間で働く人間の問題への心理学的手続きの応用研究のこと．

**宇宙適応症候群**［space adaptation syndrome］　宇宙飛行士に現れる乗り物酔いの一種で，軌道上で上下，天地の区別がつかないために起きると考えられている．困惑することでめまいや吐き気に襲われる．

**宇宙的同一化**［cosmic identification］　全世界との同一化の感覚．**統合失調質パーソナリティ障害**や**境界性障害**の患者に最もよくみられる．患者は，自分自身であるものと外部世界との間を区別することができない．魔術的全能感（magic omnipotence）とも言われる．⇨ **神秘的合一**，**大洋感情**

**ウッドコック-ジャクソン心理教育バッテリー**［Woodcock-Johnson Psychoeducational Battery］　子ども，青年，成人を対象とした認知能力と学業達成度を測定するアセスメントで，現在第 3 版になる．認知能力の検査は，フルスケール知能検査のほかに情報処理の得手と弱点を測定する．学業達成度の検査は，読解，文章構成，算術，知識の能力を測定する．これらは，それぞれの基礎と応用レベルを測定する．このテストバッテリーは，生徒が，学習障害であるかどうかを判定するための診断ツールとしてよく使われるものの一つである．認知部分と達成度部分の結果を組み合わせ，そして，それらを比較することで，学習障害のある生徒に特有の学習スタイルを明らかにできる．実際の成績と認知的潜在能力との差異が統計的に有意であることから生徒の学習障害が実証される．

**ウッドワース**［Woodworth, Robert Sessions］　ロバート・ウッドワース（1869-1962），アメリカの心理学者．ウッドワースはコロンビア大学でキャッテル（James McKeen Cattell）のもとで学び，1899 年に博士号を取得．1903 年にコロンビア大学の教職に就き，引退まで過ごした．ウッドワースの教科書は，数十年に渡って**実験心理学**の分野に影響を与えている．入門教科書 *Psychology*（1921），*Contemporary Schools of Psychology*（1931），*Experimental Psychology*（1938）などの著書が特に有名である．*Experimental Psychology* は様々な方法論や成長分野を構成する研究領域を，一つの本にまとめている．それは，心理学の領域に幅広く影響を与え，高い水準を提供するものだったため，"コロンビア・バイブル（Columbia Bible）" とも呼ばれた．アメリカの心理学の指導者として，ウッドワースは 1914 年に米国心理学会の会長を，1931 年～1932 年まで米国社会科学研究会議の会長を務めている．また，米国心理学会から初めてのゴールドメダルを授与された他，米国芸術科学アカデミーの会員にも選ばれている．

**うつ病**［depression］　精神医学における，うつ病関連の症状のこと．

**うつ病期抑うつ状態**［depression stage］　スイス出身の精神科医であるキューブラー・ロス（E. Kübler-Ross: 1926-2004）が記述した**死の段階説**の 4 段階目の状態を指す．この時期に無力感が増し，活動性の喪失が生じる．

**うつ病自己評価尺度（CES-D）**［Center for Epidemiologic Studies Depression Scale: CES-D］　20 項目の自己記入式の評価尺度であり，個人の抑うつの程度を測るために用いられる．このテストは，ここ一週間における，抑うつ的な感情や行動の程度に関する様々な測度から成る．［1971 年にラドロフ（Lenore Sawyer Radloff: 1935- ）が全米メンタルヘルス機関で研究員をしている時に開発された］

**うつ病性障害**［depressive disorder］　DSM-Ⅳ-TR において，症状の一つとして悲哀感を伴うことを特徴とする**気分障害**．**気分変調性障害**，**大うつ病性障害**，**特定不能のうつ病性障害**を含んでいる．⇨ **単極性うつ病**

**腕の動きの方向性**［postural arm drift］　両腕を目一杯広げ，その姿勢から動かないよう求められた際に，眼を閉じていると，もともとの位置から腕が動いてしまうこと．この動きが発生する場合，通常，身体の中心線に向かって動き，頭頂葉損傷のサインとなる．頭頂葉の腕の流れ（parietal drift）とも呼ばれる．

**唸り**［beat］　1. 類似した周波数をもつ 2 つの音を重ねて提示したときに知覚される音の大きさの周期的な変動．たとえば，一緒に鳴らされた 500 Hz の音と 503 Hz の音の大きさは 1 秒間に 3 回変動する．この 1 秒間当たりの変動数をビートレート（beat rate）という．2. 相対的に近接した周波数をもつ 2 つの正弦波を重ねることで生じる振幅の周期的変化．

**右脳**［right brain］　右の大脳半球のこと．空間認識などの，おそらく（左半球よりは）右半球によって媒介される**認知スタイル**や指定された機能を指す場合もある．⇨ **半球側性化**

**乳母**［wet nurse］　自分の子以外の乳児に授乳する授乳期の女性．

**ウバタマ**［peyote］　メキシコや南テキサスの自然で育つ，棘のない小さなサボテン，ペヨーテ．ペヨーテとはアステカ語の peyotl からきており，芋虫の繭に似ているこ

とを表す。効果のある主成分は、メスカルボタン（mescal button）と呼ばれる最高部の円盤状の突起から得られる幻覚剤の**メスカリン**である。これらのボタンは根から刈られ、乾燥し噛むか、酒にするために水に浸される。最も古い記録では、ウバタマは北メキシコや西南米の先住民によって宗教的な儀式に使用された。ウバタマと**メスカリン**の両者は、アメリカの麻薬取締局によってスケジュール1規制物質として指定されている。⇨ **指定薬物**

**産声**［birth cry］ 新生児が呼吸をし始めるときに反射的に発する音のこと。

**旨味**［umami］ 高タンパク質の食べ物（たとえば肉、魚、野菜の一部、チーズ）の味を示す。主にほかの味を増進するために使われるグルタミン酸ナトリウムの味が典型的である。旨味は「味のよい」と記述されることもあり、甘い、塩辛い、酸っぱい、苦いとともに**基本味属性**であると広く認められている。［日本語でおいしい（delicious）の意味］

**生まれか育ちか論争**［nature-nurture controversy; heredity-environment controversy; nature-nurture; nature-nurture problem］ 個人の発達において、遺伝・生得的要因（nature）と環境要因（nurture）の相対的な寄与率に関する論争。遺伝論者は遺伝の役割を強調するが、環境論者は社会文化的および生態学的要因、たとえば家族の態度、子どもの養育実践、および経済状況を強調する。多くの科学者は、現在、行動の個体発生における遺伝と環境要因間には緊密な関係があることを認めている。

**産みの親**［birth parent］ 子どもの生物学上の親。特にその母親（生物学上の母）。養育上の親と対比される。⇨ **養父母**

**埋め込み図形（組み込み図形）**［embedded figure］ 曖昧図形の一つ。1つ以上の像がより大きなパターンの中に混ぜられており、即座に像を認識することはできない。繰り返し観察することで、埋め込まれた図形をより速く見出すことができるようになる。

**埋め込み文**［embedded sentence］ **変形生成文法**における、**複文**の従属節。この分析によれば、「イヌはピーナッツを盗んだリスを追いかけた（the dog chased the squirrel that stole the peanut）」という複文は、「イヌはリスを追いかけた（The dog chased the squirrel）」と「リスはピーナッツを盗んだ（The squirrel stole the peanut）」の2つの文から構成される**深層構造**をもつ。この文の**表層構造**では、2つ目の文は1つ目の文の中に埋め込まれている。

**ヴュルツブルク学派**［Würzburg school］ 19世紀の終わりにドイツの心理学者キュルペ（Oswald Külpe: 1862-1915）とその仲間たちによってドイツのヴュルツブルクで発展した心理学の学派。この学派は主にティチェナー（Edward B. Titchener）の構造主義的アプローチへの反発として生じた。彼は、意識的経験は基本的な要素（感覚、感情）へ解釈されうるイメージで構成されるとした。ヴュルツブルク学派では、判断、意味、決定傾向といった意識される漠然とした精神活動に焦点を当てたが、イメージの質については結びつけて考えてはいなかった。⇨ **無心像思考**, **アウフガーベ**

**裏切り**［cheating］ 1. 進化心理学において、自らに進化的利益をもたらすような利己的な戦略をとること。たとえば、ある種のオスは、特定のメスと独占的なつがい関係を形成する一方で、交配のために他のメスを探す。結果として、子孫の数を増やすことができる。**2. 互恵的行動**において、過去に援助してくれた他者を援助しないこと。

**ウラシル**［uracil］（記号：U）RNAを構成する4つの塩基の1つであるピリミジン化合物。DNAではウラシルの代わりにチミンが用いられる。⇨ **遺伝暗号**

**占い（占い術）**［divination; augury］ 超常的な手段を用いて、未来の出来事や秘匿されている事実を見ぬくことができるというわざや手腕。**占星術**、**占い**、**水晶占い**、**水占い**、降霊術（necromancy）、数霊術（numerology）、夢占い（oneiromancy）、手相占い（palmistry）といった多くの形態の占いがある。

**占い棒**［rhabdomancy］ 棒を使った占いの技法。水脈や鉱脈、埋もれた財宝などの**ダウジング**などで用いられる。

**うわさ**［rumor］ 人から人へと伝達される信頼性のない話や情報。⇨ **ゴシップ**

**上向きコミュニケーション**［upward communication］ 階級社会の中で、地位の低い者から高い者へと向けて発せられた記述あるいは口頭のメッセージ。上位者に悪い知らせを届けたがらない沈黙効果（mum effect）などによって、歪められることがある。メッセージがたくさんの階層レベルを通過するほど各レベルで検閲を受けるため、歪みが大きくなりがちである。⇨ **下向きコミュニケーション**, **水平的コミュニケーション**

**運転者訓練**［driver training］ リハビリテーションにおける自動車の運転に障害をもった人の訓練のこと。その車には改良された制御装置のような、**福祉機器**装置が付けられている。たとえば、前もって訓練された運転手が、手で操作できるアクセルとブレーキや、右手ではなく左手で使用する拡張ギアシフトが付いている自動車の操作を学習する。

**ヴント**［Wundt, Wilhelm Max］ ヴィルヘルム・ヴント（1832-1920）。ドイツの心理学者および生理学者。ヴントは1855年に医学学位取得した後、ミュラー（Johannes Müller: 1801-1858）のもとで研究し、第二の博士号を取得した。その後、ヴントは彼に多大な影響を与えたヘルムホルツ（Hermann Von Helmholtz: 1821-1894）の助手として働いた。ヴントは1879年にライプツィヒにおいて初の公の心理学研究室を開設し、**実験心理学**の創始者となった。ヴントとその学生は内観法と精神物理学的手法を反応時間、単語の連合、注意、判断や感情といった、広範囲のテーマに適用した。広範囲の知識をもつヴントは、心理学の基礎と歴史だけでなく、論理、倫理、歴史や人類学の心理学的解釈に関する非常に重要な業績を出版した。19世紀の後半ヴントの研究室が新しい科学である心理学を最初に学ぶための主たる場所になったために、ヴントの影響は、彼の学生が自身の国に戻った時に大学学部を設立するとともに世界的に広がった。ヴントの最も重要な業績は、*Grundzüge der physiologischen Psychologie*（1873-1874）、*Völkerpsychologie: Eine Untersuchung der Entwicklungsgesetze von Sprache, Mythus, und Sitte*（1900-1920）で、ヴントの数多くの論文はヴントが1881年に創設した*Philosophische Studien*という雑誌に発表された。⇨ **民族心理学**, **構造主義**

**運動**［movement］ 筋肉や体の一部における簡潔で単

純な運動のこと。

**運動遊び**［locomotor play］ 追いかけっこや山登りや取っ組み合いのような，身体的に活気のある遊びのこと。運動遊びの型には，**律動的常同運動**，**運動動作**，**闘争遊び**の3つがある。

**運動アドヒアランス**［exercise adherence］ エクササイズへの参加とエクササイズを持続し，強化するための組合せプログラムのこと。

**運動依存者**［addicted athlete］ 習慣的に運動活動をしている個人で，その活動を止められた場合に離脱症状を経験するであろう人のこと。⇨ **運動中毒者**

**運動エッジ検出器**［moving-edge detector］ 受容野を運動する明・暗の境界に対して最も良く反応する視覚系のあらゆる細胞のこと。ある運動エッジ検出器から最適な反応を引き出すためには特定の速度と運動方位が必要である。⇨ **特徴検出器**

**運動奥行効果**［kinetic depth effect］ 図形要素の運動に依存して，図形が3次元情報をもっていると知覚すること。⇨ **運動に基づく奥行き**

**運動覚**［kinesthesis; Kinesthesia; kinesthetic sense; movement sense］ 筋肉，腱，関節系における受容器を通して与えられた情報の感覚のこと。これによって，人や動物は歩行，発話，表情表出，ジェスチャー，姿勢を含んだ運動を制御することができる。⇨ **自己受容感覚**

**運動学［1］**［kinematics］ 1. 身体全体やその部分の運動を位置や速度，加速度によって研究すること。人間工学では，これらにより作業性を検討している。2. 動いている肢の動くパターンのこと。⇨ **動力**

**運動学［2］**［kinesiology］ スポーツやエクササイズの知識を応用するための，専門的技能だけでなく，すべての**スポーツ科学**を含めた研究分野のこと。

**運動学習**［motor learning］ 単一の行為，あるいは連続した複雑な動作を獲得したり，完成させたりする過程。様々なタイプの練習や，経験，その他の学習状況によって達成される。⇨ **動作行動**，**運動制御**，**運動発達**

**運動覚消失**［akinesthesia］ 運動感覚が欠損，損失していること，または障害されていること。⇨ **運動覚**

**運動過剰**［hyperkinesis］ 筋肉の過活動。

**運動感覚受容器**［kinesthetic receptor］ 筋，関節，腱にある筋の動きや位置を検出する感覚受容器のこと。

**運動感覚性**［kinesthetics］ 四肢や体の動きを感じる能力のこと。

**運動感覚フィードバック**［kinesthetic feedback］ 筋紡錘や腱の中にある伸張受容器や関節にある受容器によって生じた位置，運動，張力などの身体部位情報。⇨ **随伴発射**，**筋感覚**

**運動感受性網膜細胞**［movement-sensitive retinal cells］ 多くの下等動物に共通してみられる網膜の細胞。この細胞は視野内を横切る様々な特定の動きに反応する。たとえば両生類における，昆虫検知細胞である。この細胞は小さく，暗く，動きまわる点に特に反応し，特定の方向に動く物体に素早く順応する。

**運動緩慢**［bradykinesia］ 自発的な運動活動の低下を伴い，動きに異常な遅さがみられること。

**運動記憶**［motor memory］ ダンスのステップやエクササイズの動きなど，以前実行した運動を覚える能力。⇨ 記憶の多重貯蔵モデル，言語性記憶，視覚記憶

**運動機能**［motor function］ 運動ニューロンを刺激することによって引き起こされる活動のすべて。腺の分泌活性，反射，自発的，非自発的筋収縮などが含まれる。運動行動（motor behavior）とも呼ばれる。

**運動機能ホムンクルス**［motor-function homunculus］ もとはカナダの神経外科医ペンフィールド（Wilder Penfield: 1891-1976）によって作成された**運動皮質**の**体性感覚的組織**の地図。この地図によると，体のパーツに対応した脳部位のサイズは，その体のパーツの大きさを反映してはおらず，むしろその部位において行われる行動の複雑さを反映している。

**運動教育**［movement education］ 身体的運動を通じて，運動技能，創造的表現力，自己認識が発達，改善することを支援するようデザインされた方法。⇨ **運動療法**

**運動強化スケジュール**［interlocking reinforcement schedule］ 間欠強化スケジュールの一種。1つのスケジュールの要求水準が，他のスケジュールの進度によって変わる。たとえば，運動固定時隔-固定比率スケジュールでは，決められた回数の反応および決められた時間の後に強化が与えられるが，反応と強化の間隔を増加させる一方で，強化が与えられるのに必要な反応回数を減少させるようにスケジュールを変化させることができる。

**運動競技動機調査票**［Athletic Motivation Inventory: AMI］ 運動競技の成功と関係するとされる11の性格特徴を評価する自記式調査票。11の性格特徴とは，積極果敢性，指導能力，誠実性，決断力，操作性，感情コントロール，罪悪感，リーダーシップ，心理的な強さ，自信，信頼である。オリジナルは1960年代に出版された。現行版は，190の運動に特徴的な文，たとえば，「私は常に他者のアドバイスなしで最高の競技を行う」や，「指導に最も適しているのはどのような言い方か？」などの質問に多肢選択式に回答する。⇨ **スポーツと人格に関する議論**［アメリカの心理学者タツコ（Thomas A. Tutko: 1931- ），リオン（Leland P. Lyon），オグリビィ（Bruce C. Ogilvie: 1920-2003）によって開発された］

**運動協調**［motor coordination］ 複雑な運動を遂行するための反射的（無意識的）または自発的な動きの共同作用のこと。

**運動系**［motor system］ 骨格筋と，筋細胞の神経接合，そして運動関連中枢神経システム構造の集合体のこと。筋神経系（neuromuscular system）とも呼ばれる。

**運動計画**［motor planning］ 慣れない一連の動きを想像，計画，実行するための脳の能力。

**運動言語障害**［motor speech disorder］ 発声音が不正確であることによって生じるコミュニケーション障害。原因は，会話をする際の筋肉の強さあるいは調整が不足していることであり，**小脳性運動失調症**あるいは**パーキンソン病**の患者に見られる。

**運動検出**［motion detection］ 運動を検知する機能のこと。視覚システムの多くの細胞には動きの検出器として働くものや動きの方向に感受性をもつものがある。

**運動亢進**［hyperkinesis］ 不穏状態，あるいは**多動性**のこと。

**運動行動モデル**［exercise-behavior model］ 以下の項目とエクササイズの関連性を同定するための**健康信念モデ**

ルを採用すること。(a) 個人の素質，(b) 社会人口統計的変数，(c) エクササイズのコストとベネフィットの知覚。

**運動錯誤（運動力異常）**［parakinesia; paracinesia; parakinesis］ ぎこちない，もしくは不器用な運動のこと。

**運動錯視**［movement illusion］ 物体が動いていないのに，動いて見える錯覚のこと。

**運動残効**［motion aftereffect: MAE; kinetic aftereffect］ 運動する刺激を長い間凝視した後に，静止した物体や背景が動いて見えること。このような残効による錯視運動の方向は残効を誘発する運動刺激の運動方向とは反対になる。

**運動視差**［motion parallax］ 観察者が景色に対して相対的に動く時に生じる，景色の中の相互関係的な運動要素のこと。運動視差は**奥行き手がかり**の一つである。

**運動失調**［ataxia］ 歩行や把握など，協調した運動を行う能力が損なわれた状態のこと。筋運動を協調させるための中枢神経系の不全，もしくは**感覚性運動失調**と呼ばれる筋肉と関節からのフィードバックの欠如が原因とされる。外傷や薬物，脳性小児まひや多発性硬化症などの筋肉協調に影響を及ぼす障害によって発症する場合がある。運動失調は，**身体化障害**などの精神の疾患と類似した症状を示すこともある。運動失調には，**小脳性運動失調症，フリードライヒ運動失調，歩行性運動失調，視覚性失調**などのタイプがある。

**運動失調感覚**［ataxic feeling］ 筋運動を協調させる能力を失ったような感覚のこと。この感覚は心因性による場合もあり，抗精神病薬，ベンゾジアゼピン系薬，リチウム系薬などの向精神薬によって生じることもある。

**運動失調書字**［ataxic writing］ 脳損傷によって生じる，ぎくしゃくした，不規則な書字のこと。

**運動失調描器器**［ataxiagraph］ 目を閉じて直立したときに，体がどのくらい揺れるかを測定することで**運動失調**を調べるための装置。

**運動失認**［motion agnosia］ **有線前野**の損傷により，視覚刺激の中の動きを知覚できなくなること。運動失認の患者は，コップに水が注がれていることに気づいているが，コップの水位は上がっていないと報告する。最終的にコップから水が溢れてから水位の変化に気づく。

**運動習慣**［motor habit］ 運動の観点から説明される習慣のこと。

**運動終板**［motor end plate］ 運動ニューロンの軸索の終端のこと。向かい側の運動繊維の細胞膜を刺激する。⇨ **神経筋接合部**

**運動準備**［motor set］ ある反応や運動を始めるための準備的調整または用意のこと。たとえば，徒競走の際の「位置について，よーい，どん！」である。

**運動準備としての注意理論**［premotor theory of attention］ 注意とは，行動や運動反応を引き起こす準備過程の結果であるという理論。この理論は，空間はある特定の運動目的をもった皮質回路にコード化されている，という神経生理学の証拠に基づいている。神経回路にコード化されたこの空間は眼球運動に利用されるため，眼球を移動すべき方向に対する準備がその空間位置への注意という形で現れ，その部分で発生する刺激の処理を促進する。

**運動障害［1］**［motility disorder］ 動作や運動の異常を表す用語で，この語は特に消化管に関するもの。たとえば，食道運動障害，消化管運動障害がある。

**運動障害［2］**［motor disorder］ 中枢神経系における運動前野や運動野の細胞組織に対する一時的もしくは永続的な損傷によって，単純な行動や複雑な行動，技能の遂行能力を失うこと。中枢神経系の損傷原因として，先天性もしくは遺伝性の異常，怪我，外科的切除，精神に影響を与える化学薬品といった要因があげられる。

**運動障害［3］**［motor disturbance］ 運動亢進，運動遅延，自動反復運動，硬直した姿勢，顔の歪みやチックといったあらゆる運動行動に関する障害。

**運動障害［4］**［movement disorder］ 運動過程におけるあらゆる異常のこと。主に姿勢や運動協調，移動に限定される。

**運動情報**［kinetic information］ 臨床場面での診察や治療における，観察される身振り，姿勢，他の身体言語などの手がかり情報のこと。これは，クライエントや患者の評価を行う際に用いられる。

**運動神経**［motor nerve］ 筋肉，あるいは腺に伸びる遠心性の神経。

**運動神経路**［motor pathway］ 脳，あるいは脳幹から発し脊髄へと下る**神経経路**。運動ニューロンを制御する。運動神経路は姿勢，反射，筋緊張だけでなく，**運動系**に関連する意識的な自発運動も制御することができる。

**運動心理学**［exercise psychology］ **運動科学**と心理学を融合した学問。運動における心的な環境および作用の成果を研究する。

**運動性**［motility］ 自発的に，あるいは非自発的に（夢遊病のように）運動する能力。

**運動制御**［motor control］ 人間の運動において神経生理学的要因がもつ作用。

**運動性失音楽**［motor amusia］ 皮質の障害によって旋律を再生する能力を失う**失音楽症**の一種。旋律を認知することはできるが，かなり音楽を学んだとしても，もはや歌ったり演奏したりすることはできない。

**運動性失語**［motor aphasia］ **失語症**の一形態であり，脳損傷の結果，発話に関連する特定の筋肉運動を行うことができなくなること。

**運動性失書**［motor agraphia］ 手の筋肉協調の障害によって引き起こされる書字障害。

**運動性制止**［locomotor arrest］ 薬物や**海馬**の電気刺激によって動物に生じる運動の制止。

**運動性精神病**［motility psychosis］ **精神運動激越**または**精神運動抑制**が主な特徴である**双極性障害**の旧式名称。

**運動性プロソディ障害**［motor aprosodia］ 言語の感情的抑揚を作りだせないこと。発音の通常のリズム，音程，"旋律"を表現できないこと。原因の多くは右前頭葉の損傷である。⇨ **感覚性プロソディ障害**

**運動単位**［motor unit］ 神経末端が単一の運動ニューロンにつながっているために，共同し，同時に反応する運動繊維の一群のこと。

**運動中毒**［exercise addiction; exercise dependence］ 運動に依存，または打ち込んでいる状態のこと。この状態にある人は運動をやめることで離脱症状を経験する。⇨ **ネガティブな運動中毒，ポジティブな運動中毒**

**運動中毒者**［compulsive exerciser］ 高度な身体運動を行うことが常に必要だと感じている人のこと。

**運動テスト**［motor test］ 粗大運動から微細運動の操

作まで，運動能力を計測するためにデザインされたテストの総称．

**運動転換症状**［motor conversion symptoms］ 転換性障害の2つのタイプの症状のうちの一つ．もう一つは**感覚性転換症状**である．運動転換症状には，失調症状，特定の部位のまひ，運動機能の制限，嚥下障害，失声（声がでなくなること），尿閉塞などがある．

**運動動作**［exercise play］ 運動遊びの一種で，ランニングやジャンプなどの大きな運動動作を含んでいる．活発な身体動作であり，社会性は問わない．

**運動に基づく奥行き**［depth from motion］ 像が網膜を横切る際の距離から得られる**奥行き手がかり**．とりわけ，運動の手がかりは1つ以上の物体が運動している時に効果的である．運動に基づく奥行きは，**運動奥行効果**のように，観察者が静止し，物体が運動している時に推定される．また，**運動視差**を引き起こすような，物体は静止しているが，観察者の頭部が動いている場合にも推定される．

**運動ニューロン**［motor neuron; motoneuron］ 軸索が筋線維に直接繋がったニューロン．運動ニューロンは神経系からの出力の最終段階であり，筋線維を刺激する唯一の手段であることから，最終共通路（final common path）として知られる．

**運動ニューロン疾患**［motor neuron disease］ 変性障害の一つ．**下位運動ニューロン**，あるいは下位および**上位運動ニューロン**の両方が障害される．骨格筋の進行性弱化と消耗，およびまひが生じる．いくつかの形態があるが，この用語は特にアメリカで**筋萎縮性側索硬化症**に対して使われている．

**運動ニューロン集団**［motor neuron pool］ ニューロンは脊髄の一部のレベルに散らばって分布しているが，そのすべての軸索が同一の筋肉に投射している**運動ニューロン**の一群のこと．

**運動ニューロン障害**［motor neuron lesion］ 運動ニューロンの損傷で，特に細胞体の損傷も含まれる．

**運動の遠近感**［movement perspective］ 運動物体との相対距離によって生じる視覚的な**錯視**の一種．たとえば，毎時50 km（およそ30 mph）で近くを飛んでいる鳥は遠くの空を毎時960 km（およそ600 mph）で移動するジェット機よりも速く移動するように見える．

**運動の等価性（運動一致性）**［motor equivalence］ 異なる状況下で同一の課題を行うために，異なる動きを身体の同じ，または異なる部位によって実行する能力．たとえば，自分の名前を書くときに，(a) 手にペンを持って紙に書くこと，(b) 手にチョークを持って黒板に書くこと，(c) 砂の上で脚を動かしながら，つま先で書くこと．

**運動の優位性**［motor dominance］ 筆記やボールの投球などの運動活動にみられる片大脳半球の支配的影響力のこと．

**運動発達**［motor development］ 生涯に渡って生じる運動技能の変化であり，筋肉の調節や制御の発達の影響を受け，また個人の特性，環境，およびそれら2つの要因の相互作用の影響を受ける．

**運動皮質**［motor cortex; motor strip］ 自発的運動の制御を司る前頭葉の一部．2つの部分に分けることができる．一次運動皮質（primary motor cortex），あるいは**運動野**は**皮質脊髄路**にあるニューロンの主な情報源である．二次運動皮質（secondary/nonprimary motor cortex）は**前運動野**と**補足運動野**から構成されており，これから行う運動の計画と新しい運動の学習に特化されている．脳卒中や外傷による一次運動皮質の欠損は，筋緊張が衰弱，低下する疾患の原因となる初期まひを引き起こす．二次運動皮質の欠損は通常，複雑な運動をするための**運動計画**に混乱をきたす．⇨ 失行

**運動プログラム**［motor program］ ある協調運動を作り出すために**運動計画**によって作られ，練習によって精緻化され，蓄えられている表現のこと．運動プログラムは課題の**技能**に基づいた蓄積経験を貯蔵している．

**運動分解**［decomposition of movement］ 身振りが滑らかに行われるのではなく個々に分かれてしまい，運動が困難なこと．小脳損傷の症状の一つ．

**運動マイルストーン**［motor milestones］ 運動発達において，幼児期の最初の2年間に達成することが重要な項目のことを指す．子どもにより異なるが，平均すると，(a) 約3か月で自分の頭を支える，(b) 4か月で他の位置で自分の頭を支える，(c) 5か月で寄りかかりながら座る，(d) 6か月で手で支えながら座ったり，片手を伸ばす，(e) 8か月でもう片方の親指を使って小さなものをつまんだり，手すりにしっかりつかまれば立つことができる，(f) 10か月でハイハイをしたり，立っているものを引っ張ったり，支えをしっかりつかみながら，横歩きをする，(g) 16か月で，一人歩き，ボール投げができ，さらに，補助があれば後ろ向き歩き，横向き歩き，階段登り，階段降りができる，(h) 24か月で容易に，あるいは最小限の補助で，走ったり，階段を上ったり下りたりする．

**運動無視**［motor neglect］ 正常な運動能力をもっているにも関わらず体の片側の運動機能を利用しないこと，または利用に失敗すること．

**運動盲**［akinetopsia］ 視野や視力，眼球運動に損傷はないにも関わらず，動きのある物体を見ることができない状態のこと．脳の後頭側頭部の両側性損傷が原因で生じる．運動盲の患者は，運動刺激を静止した像の連続として知覚し，異なるスピードで動いている複数の刺激が同じスピードで動いているように見える．

**運動模倣**［motor imitation］ 幼児や子どもに顕著な能力であり，動きや表情を見た後に練習することなくそれらを模倣すること．

**運動野**［motor area］ **運動皮質**の一領域．刺激を受けたとき，体の様々な部位にある骨格筋の動きを生じさせる．**体性感覚的組織**があり，各ニューロンが関連した体の部位における特定の運動方向を制御し，複数の筋肉の動きを統合する．

**運動優位理論**［motor primacy theory］ 感覚神経メカニズムが発達する前に，運動神経機能に関連した体のメカニズムが発達するという概念．

**運動誘発電位**［motor evoked potential］ 運動ニューロン，または運動皮質に関連した**誘発電位**の一種．たとえば，脊髄運動ニューロンの活動は脳の運動野を直接刺激し（**経頭蓋磁気刺激**），脊髄神経の誘発電位を観察することで調べることができる．⇨ **感覚性誘発電位**

**運動療法［1］**［exercise therapy］ 心理的障害や心理的原因を背景にもった医学的障害に対する，身体的な運動を用いた補助的な治療法．この種の療法は可能な限り頻繁

に精力的に運動に従事し，また多くの楽しみや満足をもって行えた時に最も効果的となる。⇨ **補助療法**

**運動療法［2］**［kinesiotherapy］ 人の機能的制約を治療するため，あるいは全般的な身体面，感情面の健康改善や維持に関心のある人を援助するために，漸進的な運動や活動を応用すること。以前は矯正療法と呼ばれていた。運動療法士（kinesiotherapist，以前は矯正療法士：corrective therapist）は資格化された専門家であり，個々に応じた治療計画を立て，適切な治療のための運動，身体に関する教育活動を決定し，そしてその遂行を担う。

**運動療法［3］**［movement therapy］ 身体的覚醒や社会的交流を達成するために，リズム体操や身体運動を用いる治療技法。自身の心理的，身体的機能を増進させる目的もある。⇨ **ダンス療法**

**運動連鎖**［movement chaining］ 一連のそれぞれの運動の生起やフィードバックが次の運動を開始するための刺激として作用するとき，複雑な連続した運動が生じる。［もともとイギリスの神経生理学者シェリントン卿（Sir Charles Sherrington: 1857-1952）が反射の連続と関連して述べた］

**運動路**［motor tract］ 脳の高次中枢から脊髄へと信号を伝達する神経線維。

**ヴント曲線**［Wundt curve］ プリズムを通して見たときに曲がって見える直線が，プリズムを取り去られると反対方向に曲がって見えるという錯視。［ヴント（Wilhelm Max Wundt）によって1898年に記述された］

**ヴント重力測音器**［Wundt gravity phorometer］ 音の強度に関する **弁別閾** を発見するための装置。［ヴント（Wilhelm Max Wundt）による］

**運命神経症**［fate neurosis; destiny neurosis］ 精神分析理論において，失敗や挫折は避けられないというように，人生経験を操作する強迫的で，無意識的で，自己懲罰的な欲求のこと。

# え

**エアハルト・セミナー・トレーニング**［Erhard Seminar Training: EST］ 1971年に紹介された論争による集団療法の技術および人格的成長のトレーニングシステム。ビジネス界の動機づけの技術や心理学の様々な理論を取り入れており，意識を拡大することを目的としている。1985年にランドマークフォーラム（Landmark Forum）と改名された。［アメリカのコンサルタントであるエアハルト（Werner Erhard John Paul Rosenberg: 1935- ）による］

**ARP テスト**［Aptitude Research Project Test: ARP test］ 適性研究プロジェクトテストのこと。南カリフォルニア適性研究プロジェクトによって作り出された拡散的思考のテスト。テスト項目は特定文字を含む一連の単語を書くこと（言語流暢性），短い物語の筋に対するタイトルを書くこと（観念的流暢性，オリジナリティ），与えられた単語に対して似ている単語を書くこと（関連流暢性），与えられた文字で始まる単語を含む文を書くこと（表現流暢性），さらに，睡眠を必要としない人々といった仮想的の状況の様々な結果をリストアップする（⇨ **創造性テスト**，**拡散的思考**，**トランスの創造的思考テスト**）といったものだった。これらテストは1960年代，1970年代に知能研究者からかなり注目された。しかし，それ以降については**知性の構造モデル**という操作的に定義された概念やテストが普及していった。［ギルフォード（Joy Paul Guilford）らによって1950年代～1980年代までに考案された］

**A-α 線維**［A-alpha fiber］ 伝達速度が速い有髄軸索。直径は13～20μmと大きく，骨格筋の自己受容体から中枢神経系へ情報を伝達する。⇨ **A 線維**

**ASA モデル**［attraction-selection-attrition model: ASA model］ 産業・組織心理学におけるモデル。(a) 人々は自分の価値観やパーソナリティや欲求に合致した組織に引きつけられ（attraction），次に (b) 雇用主はその**組織文化**に適合した属性を有した人物を選抜して採用し（selection），そして (c) その組織の組織文化に合致しない被雇用者は組織を去ることによってそのような人は減少する（attrition）ということを仮定するモデル。このプロセスの結果として，時間を経ると，組織を構成している人々の特徴はますます等質的なものとなる。［アメリカの産業・組織心理学者シュナイダー（Benjamin Schneider: 1938- ）によって1987年に提出されたモデル］

**AMPA 受容体**［AMPA receptor］ AMPAやグルタミン酸と結合する**グルタミン酸受容体**の一種。AMPA受容器は**リガンド依存性イオンチャネル**によって，グルタミン酸を神経伝達物質とするシナプス活動の多くに関与している。⇨ **NMDA 受容体**

**永遠の少年**［puer aeternus］ 永遠の若者という**元型**。［原語はラテン語でユング（Carl Jung）によって紹介された］

**永久記憶**［permastore］ 非常に長期の，あるいは永久的な記憶。豊富な学習，訓練，あるいは経験の後に発達する。何年も前に学校で習った外国語や代数学，さらにはクラスメイトの名前も永久的に保存されるといわれる。［アメリカの認知心理学者バーリック（Harry P. Bahrick: 1924- ）によって初めて提唱された］

**影響戦術**［influence tactics］ 対人関係において，他の人の行動パターンや態度を変容させようとしてとられる特定の行為。

**影響分析**［influence analysis］ 1つあるいは少数のケースが，分析の結果全体に与える影響の程度を検討するための統計的手法。主に，**一般線形モデル**において行われる。

**栄光浴**［basking in reflected glory: BIRG-ing］ 成功している対象（集団・個人）や権威ある対象と自分自身の関連性を強調することで自尊心を高揚しようとする傾向。

**英国心理学会**［British Psychological Society: BPS］ イギリスの心理学者や心理学の代表機関として1901年に設立された専門家組織のこと。王立憲章により，それが公共の利益のための心理学の発展，振興，および応用への国家の責任を果たすものとされている。

**英才**［giftedness］ 生まれつき際立った能力，才能，知能をもち合わせている状態。通常，幼少期に明らかとなる。個別知能検査上で，平均IQから2標準偏差あるいはそれ以上（IQ 130程度）を示す場合に英才と呼ばれることが多い。現在，多くの学校や行政組織が英才を査定するため，各種の属性を組み合わせて検査している。それらは，高い知的能力，学業成績，実社会での業績，創造性，課題への献身，何らかの明確な才能，優れたリーダーシップ，肉体的・運動的能力である。いくつかの属性の組合せか，1つであっても卓越して優秀な属性が，英才を証明すると考えられることもある。しかし，残念なことに，多くの学校や経営者は，才能ある個人を特定し教育するためには多次元的な標識が必要だと考えているのが現状である。そのため，こうした才能のある人たちは，**特別教育**を必要とする障害者よりも注意を向けられず，特別な対応をされることも少ない。

**英才教育**［hothousing］ 学業成績を伸ばすように工夫された指導法を用いて，幼児の学業スキルを促進させること。ただし，英才教育は子どもたちを駆り立てることになるために，正常な発育には適応的でないと考える理論家もいる。

**ACT***［ACT*］ 改訂版「思考の適応的コントロール理論（adaptive control of thought theory）」の略語。発音は「アクト・スター（act-star）」。ACT*は，知識の心的表象，および知識を実行するための熟達した行動に関する理論である。［アメリカの認知心理学者アンダーソン（John A. Anderson: 1947- ）により定式化された］

**ACT アセスメント**［American College Testing Assessment: ACT Assessment］ アメリカ全土で毎年5回実施される大学入学適性試験のこと。通常，この試験は英語，数学，読解，科学で構成され，4つの選択肢から回答する問題の形式である。また，受験者が希望すれば小論文の試験も受けることができる。この試験は，才能や知能を把握するためではなく，受験者の全体的な学業成績と大学で十分な学業成果を修めるために必要な基本的な技術を把握するためのもので，全体で215項目の質問からなる。ACTアセスメントは，受験生のデータを収集して，それを指定

された教育機関に提供するシステムである American College Testing Program（ACTP）の，4つの主要な試験の一つである。

**嬰児殺**［neonaticide］　生後24時間以内の子を殺すこと。⇨ **子殺し**

**エイズ**［AIDS］　後天性免疫不全（acquired immune deficiency syndrome）のこと。身体の免疫反応を抑制するヒト免疫不全ウイルス（⇨ **HIV**）への感染によって生じる。このウイルスは血液，精液，膣液に見出され，初期感染は，コンドームを使わない性交，汚染された針の使い回しによる静注薬物の使用，感染した血液や血液製剤の点滴などを通して，HIVが個人に感染することから生じる。HIVはまた，感染した母親から子宮内の子どもに，あるいは母乳哺育を受けた子どもにも感染されうる。HIVに感染した人の免疫系が甚だしく損傷された場合にエイズと診断され，エイズは深刻な日和見感染症や疾病に帰着する。なお，個人をHIV陽性と診断することはかなり難しい。個人がこの病気であると烙印を押されることは社会的排斥を受けることとなり，養育者への依存を増大させることにつながるためである。患者を支えるためには，その家族や友人が，この疾患に関する詳細な知識を得ることが必要である。

**エイズカウンセリング**［AIDS counseling］　HIV感染やエイズ関連の問題を抱える人に対して，ガイダンス，アドバイス，情報提供を行うカウンセリング。一般的に，HIV感染を避ける方法やHIV抗体検査の用意，服薬遵守の重要性などがカウンセリングで扱われる。その他，スティグマや生命に関わる病気への不安，友情その他のサポートといった，エイズに関連する多くの心理・社会的問題とその対処の仕方も扱う。HIV/エイズカウンセリングとも呼ばれる。

**A*検索アルゴリズム**［A* search］　"Aスター"と読む。最良優先探索の一種で，スタート地点から，スタート地点とヒューリスティック推定値（スタート地点の質から見積もられる）を加えた地点までの距離で測定される。ヒューリスティック推定値は，スタート地点からゴール地点までかかる実際のコストと同量かそれ以下になる。

**エイズによる認知症**［AIDS dementia complex: ADC］　HIV感染に直接起因する神経心理学的機能不全のこと。進行したエイズ患者で最も一般的であり，4つの領域で障害がみられる。(a) 認知（例，記憶障害，集中力の欠如），(b) 行動（例，日常生活の正常な活動を遂行することができない），(c) 協応運動（例，不安定な歩行，平衡感覚障害，失禁），(d) 気分（例，深刻なうつ，精神病）。罹患者の大脳スキャンでは，皮質の委縮が認められる。

**衛生**［hygiene］　清潔と健康を促進する状態ないしは実践。

**衛生学**［hygiene］　健康とその維持法に関する科学。

**衛生要因**［hygiene factors］　アメリカの臨床心理学者ハーズバーグ（Frederick Herzberg: 1923-2000）による**ワークモチベーション**の二要因理論の中で提唱された労働状況のある側面。それが欠けていると従業員に不満を生じさせるが，必ずしも作業成績を向上させようという動機づけにはつながらない。賃金，上司と部下の関係，労働状況，福利厚生などが含まれる。⇨ **動機づけ要因**

**A線維**［A fiber］　直径の大きい**体性感覚系**の有髄線維。A線維の直径は1〜約20μmであり，5〜120 m/sの速度でインパルスを伝える。直径が大きいほど伝達速度は急速である。A線維は直径によってさらに分けられる。大きい方から順に，**A-α線維**，**A-β線維**，**A-δ線維**である。

**エイセン-フィッシュバイン・モデル**［Ajzen-Fishbein model］　現在，**合理的行為理論**として知られる理論の原型となった枠組み。［アメリカの社会心理学者エイセン（Iccek Ajzen: 1942- ），フィッシュバイン（Martin Fishbein: 1936-2009）による］

**映像の内容**［iconic content］　現物の特定の側面に関する，心的イメージや画像のこと。たとえば，子どもが持つ，人形についての心的表象など。［初出はアメリカの心理学者ブルーナー（Jerome Seymour Bruner: 1915- ）による］

**映像的表象**［iconic representation］　そのままの，処理されていない形式の，視覚的刺激に関する**心的表象**のことを指す。

**映像的様式**［iconic mode; iconic stage］　事物や経験が感覚印象に基づくイメージによって表象される，知識獲得の様式のこと（⇨ **映像的表象**）。映像的様式は，幼児期に発達し始め，就学前の時期に支配的になる。⇨ **動作的様式**，**象徴的様式**　［アメリカの心理学者のブルーナー（Jerome Seymour Bruner: 1915- ）により提唱された］

**映像歪曲手法**［distorting-video procedure］　実際の大きさよりも小さく，または，大きく修正した映像を用いて，身体の大きさの知覚の正確さを記録する方法。

**永続的委任状**［durable power of attorney］　その人が無能力になるか1人で意思決定ができない場合に，その人の代わりにヘルスケアに関する決定，財産に関する意思決定，あるいは両方を下すように誰かを選定する法律書類のこと。

**叡智**［wisdom］　適切に決定を下し，困難で重要な人生の問題について正しい（少なくとも良い）答えを見つけだし，日常生活や対人関係の複雑な問題についての他の人への助言を支える個人の能力。ドイツの心理学者バルテス（Paul Baltes: 1939-2006）は，彼の叡智の理論の中で，知識と人生経験が叡智の獲得に果たす役割について強調した。また，アメリカの心理学者スタンバーグ（Robert Sternberg: 1949- ）は叡智のバランス理論（balance theory of wisdom）を提唱し，自分自身，他者，社会の利害の均衡を保ちながら，個人の知性を公共財として応用する重要性を強調した。

**HIV**［HIV］　ヒト免疫不全ウイルス（human immunodeficiency virus）のこと。**エイズ**の原因になる。感染は，コンドームを使わない性交，不純な血液製剤の投与など様々な感染経路がある。また，薬物の乱用で感染する人たちは，薬を注射するために使う注射器を共有するために罹ってしまう。HIV感染の特徴は，免疫機能が徐々に低下することである。ウイルスは，免疫反応の役割があるリンパ球に分類され，ヘルパーT細胞の表面にあるCD4という抗原に結びつく。一度細胞に結びつくと，ウイルスはRNAを放出し，複製する。このときヘルパーT細胞は，機能を無効にされ，破壊される。

**HM**［HM］　1953年，難治性てんかんの症状緩和のために両側頭葉の切除手術を受けた結果，健忘症になった患者のイニシャル。アメリカの神経学者スコヴィル（William Beecher Scoville: 1906-1984）の患者で，記憶の形

成・保持過程において**海馬**とその周囲の組織が果たす役割を例示することとなった。また，HM の記憶障害の分析を通じて，異なる神経系を媒介とする様々な種類の記憶が存在が明らかになった。

**HMO**［HMO］ アメリカにおける健康管理機構（Health Maintenance Organization）のこと。健康に関する専門家や機関といった特定のネットワークを利用し，多岐に渡るサービスを固定額でメンバーに提供する健康計画。メンバーは，すべてのケアをコーディネートし，かつすべてのサービスについて承認を受けた提供者を使うことを求められる**プライマリーケア・プロバイダー**を選ぶ。サービスは，HMO の適用プログラムから更なる承認を受ける必要がある。HMO は，定められた一定期間にそれぞれのメンバーが払う固定的かつ定期的な事前支払（均等税率）を通じて報酬を得る。HMO は，精神保健など，いくつかのサービスを補償外として，他の事業体に別料金で請け負わせることがある。

**ADH**［ADH］ 抗利尿ホルモン（antidiuretic hormone）の略語。⇨ **バソプレシン**

**ADHD**［ADHD］ **注意欠陥／多動性障害**の略語。

**ATP**［ATP］ アデノシン三リン酸。生きている細胞に普遍的にみられるヌクレオチドで，筋収縮や神経伝達で化学エネルギーの供給源となる。**アデノシン**と 3 つのリン酸基の結合からなる。細胞がエネルギーを必要としたとき，容易に切り離せる高エネルギー結合を有する。

**A-δ 線維**［A-delta fiber］ 有髄で急速に伝導する**軸索**であり，直径は比較的大きく，1〜5μm である。痛覚や温覚の情報を中枢神経系に伝達する。⇨ **A 線維**

**APA スタイル**［APA style］ 社会・行動科学分野の学生，教員，研究者，臨床医の執筆（例，文法）や書式設定（例，データ画面，見出し）のためのガイドラインと基準のことであり，米国心理学会（American Psychological Association: APA）の出版規定に収録されている。

**A-B-A デザイン**［A-B-A design］ 一事例実験計画の一つで，ベースラインもしくは初期状態（A）を測定した上で，ある異なる条件を導入した後（B），B の条件を取り除いて初期状態（A）に戻して B の効果を確認すること。

**A-B-A-B-A デザイン**［A-B-A-B-A design］ 一事例実験計画の一つで，参加者に対してある処理（treatment）を受ける前とその途中，そして処理を受けた後に測定し（A フェーズ），そしてこの同じ処理を 2 度繰り返して実施すること（B フェーズ）。

**A-B-A-B デザイン**［A-B-A-B design］ 一事例実験計画の一つで，ベースラインもしくは初期状態（A）を測定した上で，ある異なる条件を導入した後（B），B の条件を取り除いて初期状態（A）に戻し，再び B の条件を導入して，B の効果を確認すること。

**ABX パラダイム**［ABX paradigm］ 聴覚刺激対（A と B）を提示し，その後いずれか一方の刺激（X）を提示する精神物理学的手法のこと。この手法を使った課題では，参加者は，X が A と B のどちらと同一かを回答する。もしくは，参加者は，X が A と B の刺激対に含まれていたかどうかの判断を求められる。

**ABCDE テクニック**［ABCDE technique］ 理性情動行動療法において用いられる手続きであり，**ABC 理論**を基礎としている。この ABC 理論は，活性化している経験（つまり，不幸な出来事）が不合理な信念を媒介として不適切な結果を導く，ということを提唱している。ABCDE テクニックは，これらの信念に反論し（つまり，セラピーにおいてセラピストの指導の下に），様々なタイプの効果（たとえば，認知的もしくは合理的な信念，適切な感情，望まれる行動）をもたらす。［アメリカの心理学者エリス（Albert Ellis: 1913-2007）によって考案された］

**ABC 理論**［ABC theory］ 理性情動行動療法の基礎となる理論。適切でない行動結果をもたらすのは，活性化する出来事（すなわち，様々な不幸な出来事）を媒介する不合理な信念によることを示唆している。⇨ **ABCDE テクニック**［アメリカの心理学者エリス（Albert Ellis: 1913-2007）によって考案された］

**A-B デザイン**［A-B design］ 最も単純な**一事例実験計画**であり，処遇を受ける前あるいはベースライン期（フェーズ A）に**従属変数**を測定し，その後，処遇期の後に再び従属変数を測定すること。

**A-B-B-A デザイン**［A-B-B-A design］ 一事例実験計画の一つで，ベースラインもしくは初期状態（A）を測定した上で，ある異なる条件を導入した後（B），さらに B の条件を追加して導入した上で，初期状態（A）に戻して B の効果を確認すること。

**A-B-BC-B デザイン**［A-B-BC-B design］ 一事例実験計画の一つで，参加者に対してある処理（treatment）を導入する前に測定し（A フェーズ），その後，処理 B を導入してる間，処理 B と C を組み合わせて導入している間，そして最後に再び処理 B のみを導入している間に測定すること。このデザインは，処理 B と C との組合せと，C を切り離した時の処理 B の両方の効果を評価することが目的である。

**鋭敏化**［sensitization］ **1.** 生体が，並外れて強い，または痛い刺激にさらされた後に，大半の刺激に対してより敏感になる非連合学習の一種。**2.** 提示を繰り返すことで，誘発刺激の有効性が増大すること。

**鋭敏さ**［acuity］ 知覚の明瞭度のこと。感覚の鋭敏さは知覚される感覚刺激に関する精度を示す。視力は視覚の明瞭度のこと。⇨ **視覚的閾値**，**スネレン視力表**

**鋭敏な依存性**［sensitive dependence］ 初期状態で非常に敏感となっている複雑系・動的システムの傾向のことで，最初の段階では同一だったものが，時間が経過すると極端に異なるようになる。言い換えると，複雑系の将来の状態は初期状態における小さな差に大きく依存する。鋭敏な依存性の最もよく知られた例はいわゆる**バタフライ効果**である。この現象に対する説明としては，カオスシステムにおける測定が不正確になっているために，予測が極端に困難であることから生じる。⇨ **カオス理論**

**A プライム**［A prime］ 課題や検査における刺激の正確な検出，想起に関する感受性の指標の一つ。この指標は信号検出理論に基づいており，反応の分布については厳密な仮定をもたない。⇨ **信号検出理論**

**英米法**［common law］ イギリスを起源とし，アメリカやその他の英語圏の国で使用されている法制度。特に，ヨーロッパ大陸で使用されるローマ法に由来する法制度の対概念を示す。

**A-β 線維**［A-beta fiber］ 伝達速度が速い有髄**軸索**。直径は 6〜12μm と大きく，皮膚の機械的受容器から中枢

神経系へ情報を伝達する。⇨ **A線維**

**エイミング・テスト**［aiming test］ **視覚運動統合**，正確さ，素早さを測定するテスト。参加者は，徐々に小さくなる一連の穴に対して，回転式の蓋が一瞬開いたときに可能な限り速く針を突き刺す。あるいは，小さな円にできるだけ速く点を打つ。⇨ **点打ち検査**

**エイムズの歪んだ部屋**［Ames distortion room］ **奥行知覚**の手がかりを実験的に利用し，室内にある対象の相対的な大きさの知覚を歪めるよう作られた部屋。エイムズ部屋（Ames room）とも呼ばれる。［アメリカの心理学者・発明家・芸術家エイムズ（Adelbert Ames, Jr. : 1880-1955）による］

**栄養失調**［dystrophy］ 不完全あるいは不良な栄養に起因する何らかの変性疾患。

**栄養失調症**［malnutrition］ 毎日の食事において，身体活動に必要な栄養素である炭水化物，脂質，タンパク質，ビタミン，ミネラルのバランスが崩れている健康状態を指す。栄養失調症は過食や不適切な食事による**肥満**やビタミン過多（⇨ **ビタミンA毒性**，**ビタミンD毒性**）によって生じる。不適切な食事は様々な身体的，精神的な障害の原因となる。たとえば，ニコチン酸欠乏症は抑うつをはじめとする精神障害（⇨ **ペラグラ病**）において特徴的な症状である。⇨ **クワシオルコル**，**チアミン**，**ビタミン欠乏症**

**栄養障害**［nutritional disorder］ **栄養失調症**から生じる，心理的，医学的状態。肥満，ビタミン欠乏症などがあげられる。⇨ **摂食障害**

**栄養神経**［trophic nerve］ 組織の栄養摂取を制御する神経。

**栄養性の**［trophic］ 1. 栄養状態に関連する機能，または，食物の摂取と栄養の代謝のこと。2. 神経細胞の細胞体がインパルス受容と伝達とは別に，栄養分を与えたり支援する機能に関係することを示す。⇨ **神経栄養性ファクター**

**栄養分**［nutrient］ あらゆる物質は体組織の成長，維持，および修復，またはエネルギー源として必要である。**炭水化物**，脂肪（⇨ **脂肪酸**），タンパク質（⇨ **アミノ酸**），**ビタミン**，そしてミネラル（カルシウム，ナトリウム，カリウム）などがあげられる。

**鋭利感覚**［acmesthesia］ **感覚異常**の一種で，通常は痛みとして知覚される皮膚刺激が，鋭利な触感覚，圧迫感として知覚される。

**エウスタキー管**［eustachian tube］ 中耳から咽頭に延びる細長い管。鼓膜の両側の空気圧を等しくするのが主な機能である。［イタリアの解剖学者エウスタキオ（Bartolommeo Eustachio: 1524-1574）による］

**エオニズム**［eonism］ **服装倒錯**のように，男性が女性的役割を，あるいは女性が男性的役割をとること。エオニズムはフランスの政治的山師（political adventurer）で，長年女性として振る舞った後に1810年に亡くなったボーモン（Charles Eon de Beaumont）に因んで名づけられた。

**疫学**［epidemiology］ 特定の疾病および障害の発病率や分布を捉えるための研究。疫学者は，遺伝，環境，栄養，年齢のような要因との関係を確立するための研究も行う。疫学の研究は，因果関係よりもむしろ手がかりを見いだすことを目的とする。

**疫学調査領域研究**［Epidemiologic Catchment Area Survey; ECA Survey］ DSM-Ⅲおよび**診断学的面接法**（DIS）を用い，1980年～1985年にかけて実施された精神障害に関する電話調査。20,000人以上を対象に，アメリカ全域で，世帯，グループホーム，長期のケアを行う団体に対して行われた。その調査は，精神障害の有病率および発病率，メンタルヘルスが抱える問題に対するサービスの利用，サービスが行き届いていない程度といった情報を得るために実施された。

**エキスパートシステム**［expert system］ 多くは熟達者の問題解決のパフォーマンスを模して，人間の知識の明示的な表象を用いたプログラム。通常「if→then」規則の形式をとる。エキスパートシステムは，確実性係数代数を用いることで，不確実な状況，すなわち，欠損データや曖昧なデータ，ないしは不明確な選択肢があるような状況における推論を支えることが多い。エキスパートシステムは，医療診断や金融予測などの分野で使用されている。知識ベースシステム（knowledge-based system: KBS）とも呼ばれる。

**液性反射**［humoral reflex］ ホルモンの分泌を含む**反射**のこと。

**エキナシア**［echinacea］ ハーブ薬剤の一つ。アメリカやカナダ南部に生息する同種の9つの植物から精製される。中でもエキナシアプルプレアは最も一般的に利用され恐らく最も効果が高い。エキナシアは伝統的に免疫系を刺激すると考えられ，使用されている。医薬品と医療機器に関するドイツ連邦協会によって1978年に結成された学際的な24の健康管理の専門家による委員会であるコミッションEは，熱，風邪，咳，気管支炎，尿管などへの感染，口内炎，咽頭炎の治療や予防，また身体外部への適用としての切り傷や火傷の治癒促進などを目的とした使用を認可している。しかしながらいくつかの研究によると，エキナシアを摂取しても，風邪に感染した人，風邪をこじらせた人，重篤で持続性のある症状には医学的に著しい効果はないことが示された。一般的にエキナシアは安全であると考えられ，有毒性に関する報告はなされていないが，発疹，喘息の悪化，アナフィラキシーなどのエキナシアに対するアレルギー反応を経験する者もいる。一般的に，使用による副作用として，頭痛，めまい，吐き気，便秘などがある。また，エキナシアは使用頻度が重なるにつれ効果を失っていく可能性があるため，継続的，長期的な使用に推奨されず，自己免疫障害（⇨ **自己免疫**），白血病，種々の硬化症，結核，HIV感染を患う者はエキナシアを摂取するべきではない。免疫性の抑制剤との併用は避けるべきであり，また，エキナシアは**チトクロムP450 3A4酵素**により物質代謝の変化があると信じられているため，同じ酵素を経由して物質代謝により変化した向精神薬（例，クロニジン，ネファゾドン，セントジョーンズワート）との相互作用の可能性がおおいにある。

**エクササイズ**［exercise］ 計画された，本質的に単調反復的で，身体の状態を高めるあるいは維持するように計画されている，身体運動の型。機能訓練は精神衛生療法で補助的に使用される。⇨ **運動アドヒアランス**，**運動心理学**，**タイムアウト理論**，**散歩カウンセリングセッション**

**エクササイズハイ**［exercise high］ 運動中またはひとしきり運動した直後に感じる高揚感のこと。⇨ **ランナーズハイ**

**エクスタシー（恍惚感）**［ecstasy］　神秘的な状態やオーガズム，審美的体験，薬物中毒状態を含む，強烈な快感情や高揚感のある状態。そのような極端な多幸感は**軽躁病エピソード**や**躁病エピソード**の状況でも時々生じる。恍惚状態（ecstatic state）とも呼ばれる。

**エクソシステム**［exosystem］　**生態学的システム理論**において，個人とは独立して機能するが，個人の周辺環境に影響を与える社会的構造のこと。政府，法律制度，マスメディアなどが含まれる。⇨ **マクロシステム**，**メゾシステム**　［ロシア生まれのアメリカの心理学者ブロンフェンブレナー（Urie Bronfenbrenner: 1917-2005）によって導入された］

**エクソン**［exon］　遺伝子の DNA 配列のうち，遺伝子産物をコードしている部分。エクソンは何もコードしていない配列によって分割されている。⇨ **イントロン**

**エクボム症候群**［Ekbom's syndrome］　休息時（例，座位，臥褥）や夜間療養後に脚に生じる窮屈感やうずきやむずむず。要因は解明されていないが，鉄，ビタミン $B_{12}$，葉酸の欠乏やリューマチ性関節炎に伴う神経損傷や腎不全や糖尿病やリチウム，抗躁薬，抗うつ薬，ベータ遮断薬のような薬品使用に関連している。むずむず脚症候群（restless-legs syndrome），速アテトーゼ（tachyathetosis），ウィットマーク－エクボム症候群（Wittmaack-Ekbom syndrome）とも呼ばれる。［スウェーデンの内科医エクボム（Karl-Axel Ekbom: 1907-1977）］

**エクリマ**［eclima; eclimia］　**神経性過食症**と関連する，食欲の増加や尽きることのない空腹のこと。⇨ **食欲過剰**，**過食**

**エコー**［echo］　音源から直接送られてくる音波とは異なる反射音波。

**エコイックメモリー**［echoic memory］　刺激の呈示終了後，短い時間（2～3秒），神経システムに聴覚刺激が残存すること。聴覚感覚記憶（auditory sensory memory）とも呼ばれる。⇨ **前カテゴリー的音響貯蔵**

**エコーウイルス**［echovirus］　腸管内皮細胞ヒト由来みなしごウイルス（enteric cytopathic human orphan virus）。30 種類以上ある小さなウイルスで，夏から秋にかけて，呼吸器・胃腸系の，またはポリオ様の症状を引き起こす。最初に発見されたとき，それまでに知られていた感染性病原体の仲間のいずれにもあてはまらなかった。したがって"orphan"（孤児）という言葉が名前に入っている。

**エコー現象**［echo phenomenon］　**反響動作**，**反響言語**，またはその両方を含む。⇨ **反響症**　［ドイツの精神科医クレペリン（Emil Kraepelin: 1856-1926）が最初に記述］

**エゴティズム**［egotism］　自分自身の重要性に対する過度の自負心，あるいは過度の偏見。⇨ **利己主義**

**エゴテイズム**［egotheism］　自分自身を神であると認識すること。⇨ **エホバ・コンプレックス**，**メシア・コンプレックス**

**エゴパシー**［egopathy］　自己の重要性を誇大にとらえることから発生する攻撃的な態度や行動。他者を非難する衝動強迫がしばしば認められる。⇨ **病的利己主義**

**エコフェミニズム**［ecofeminism］　フェミニズムと環境保護主義や環境保護活動を合わせた立場のこと。自然の搾取と女性の搾取が同時にあることを強調し，これらを引き起こし維持する社会的・政治的・哲学的姿勢があると主張する。

**エコマニア**［ecomania; oikomania］　家族メンバーに対する病的な没頭や病的な態度であり，短気で支配的な行動によって特徴づけられる。しばしば**家庭内暴力**や**暴力のサイクル**の一因となる。

**餌ねだり行動**［begging］　親の給餌を促す子どもの一連の発声行動のことであり，開口や開嘴に付随することが多い。子どもごとにその表現形式が異なる種では，親が子どもを識別する際にも利用される。多くの場合，親は最も激しい餌ねだり行動をする子どもにより多くの餌を与える。**動物の求愛**において，一部のメスは餌ねだり行動を行い，潜在的配偶者から餌を受け取る。またこれは潜在的配偶者に対して動物が表す攻撃性を減少させる。

**エサレン研究所**［Esalen Institute］　1962 年に設立されたカリフォルニアのオルタナティブ教育センター。多数の瞑想療法やニューエイジ療法を通してウェルビーイング（well-being）の増進に取り組んでいる。心理療法家と一般市民メンバーが，自己啓発の促進と他者との関係性の充実を目指したセミナー，ワークショップ，実験プログラム，その他のイベントに参加している。

**壊死**［necrosis］　ネクローシスとも言う。様々な原因により，細胞（たとえば，ニューロンや筋細胞など）が死ぬこと。原因としては，患部への血液供給の閉塞，疾病，損傷，あるいは毒などがあげられる。

**エージェンシーショップ（交渉代理協定）**［agency shop］　労働組合制度の一形態で，被雇用者が労働組合のメンバーではない場合でも，組合費（通常は労働組合メンバーと同額の組合費）を収めることで，同じ雇用上の条件として交渉に参加する制度。⇨ **クローズドショップ**，**オープンショップ**，**ユニオンショップ**

**エージェンシー（代理人）理論**［agency theory］　商品やサービスを求める依頼人とその商品やサービスに関する要求を満たす**エージェント（代理人）**との間で一連の合意に基づく経済および組織活動を説明する理論のこと。この理論の中心となるのは，依頼人とエージェントの双方にとって最大限の効用が得られるよう合理的な経済活動の見通しを立てることである。依頼人（たとえば会社における株主）とエージェント（たとえば経営者）の利益が一致しない場合や，依頼人がエージェンシーの活動について十分な情報をもっていない場合は，代理人契約に関する問題が発生する可能性がある。エージェンシー理論では，このような代理人契約に関する問題は，特にエージェントが依頼人の利益が最大限になる行動をすることができるように契約や補償を与えるしくみを再設計することや，モニタリングの方法を改良する方策により，減らすことができると提案している。

**エージェント**［agent］　1. **心理療法**において，クライエントが自己理解を得るのを助けるセラピストのこと。2. **集団心理療法**において，セラピストや他のクライエントを支援する役のクライエントのこと。3. それによって何かが起きたり，引き起こされるもの。たとえば感染のエージェントは疾患を引き起こすバクテリアや微生物である。4. 哲学的には，ある出来事を引き起こす力とそれを引き起こすことを止める力の両方を備えた実体のこと。この意味では，エージェントは，好意あるいは抑制に対する**自由意思**もしくはそれに類する力を備えている。エージェント

としての人間は，自分自身の一部もしくは全体の行為を統制する存在であると考えられる。5. **問題解決において分散認知を利用するコンピュータプログラム**。この種のプログラムは，分散センシング，遠隔通信，ウェブを基盤としたタスクといった領域での使用を目的として設計されている。分散型であることに加えて，エージェントは特定の（しばしば限定された）状況のために設計され，半自律的動作，柔軟な対応，問題解決課題における協働を目的としている。

**エージェントとしての自己**［self as agent］　目標や計画，そして行動をコントロールする程度を扱う自己の側面。ジェームズ（William James）の言う"わたし"と同義であり，対象としての自己とは相反する。

**S-アデノシルメチオニン**［S-adenosylmethionine: SAM］　うつ症状の治療に効果があることが臨床的に確認され，一般に使用されているサプリメント。何らかの神経伝達物質に作用して脳内のセロトニンレベルを上昇させる効果があると考えられているが，その詳しいメカニズムは未だ不明である。

**S-R-O 学習モデル**［S-R-O learning model］　刺激(stimulus)-反応(response)-結果(outcome)の学習モデル。**道具的条件づけ**において，連合が弁別刺激，道具的反応，強化または罰の結果との間で獲得されるとする仮説である。

**S-R 学習モデル**［S-R learning model］　学習は刺激（stimulus）と反応（response）との結合の形成を引き起こしているとする仮説。**パブロフ型条件づけ**では，この結合は条件刺激と非条件反応との間（たとえば，パブロフ: I. P. Pavlov の手続きにおける音と唾液の分泌の間）に作られ，一方で，**道具的条件づけ**では，結合は弁別刺激と反応の間（たとえば，音とバー押しの間）に作られる。

**SRCD**［Society for Research in Child Development: SRCD］　1933年に人間の発達に関する研究の推進を目的として設立された非営利な，学際的専門機関のこと。この機関では，さらに科学者とその他の多岐にわたる領域の専門家が情報を共有し，研究結果の有効性を高めることを目指している。出版物として *Child Development* がある。

**S-R 心理学**［S-R psychology］　行動を刺激（stimulus）と反応（response）という観点から概念化する，心理学のアプローチの一つ。それゆえ，根本的な目標は刺激と反応の機能的な関連の記述，すなわち，刺激の操作とその反応の観察である。S-R 心理学は，ソーンダイク（E. L. Thorndike）の結合説とワトソン（J. B. Watson）の行動主義から発展した。S-R 理論（S-R theories）の背景には認知的ではなく行動的な傾向が色強い。ハル（C. L. Hull）の強化理論（⇨ **ハルの学習の数理演繹的理論**）やガスリー（E. R. Guthrie）の**近接学習理論**が例としてあげられる。S-R 理論は，**目的的行動主義**やゲシュタルト心理学のような認知的な学習理論（⇨ **S-S 学習モデル**）と対比されることがある。

**s 因子**［s factor］　所定の特殊因子（specific factor; special factor）の略語。能力検査の因子分析を通じて証明される。特定の検査での s 因子は，検査領域内での高得点を可能とする**特殊能力**を示す。

**SSRIs**［SSRIs］　選択的セロトニン再取り込み阻害薬（selective serotonin reuptake inhibitors）のこと。抗うつ薬の一種で，セロトニンが中枢神経系の中にあるセロトニンを含んだシナプス前細胞を再取り込みすることを防ぐと考えられている（⇨ **セロトニン受容体作動薬**）。SSRIs は，抑うつだけではなく，パニック障害，強迫性障害，摂食障害，月経前不快気分障害の治療の効能があることが証明されている。しかし，それらの薬品の治療的特質に対する再取り込みのメカニズムの関係は明瞭に解明されていない。SSRIs はまた，セロトニンオートレセプターの亜型の一定の活動を防いでおり，これもまたそれらの治療効果と関連している。SSRIs は**三環系抗うつ薬とモノアミンオキシダーゼ阻害薬**よりも副作用がより少ない。一般的な副作用としては，吐き気，頭痛，不安，震えなどがあり，また患者は時々，性的な機能障害を経験することもある。SSRIs は，**フルオキセチン，パロキセチン，セルトラリン，セルトラリン，シタロプラム，フルボキサミンを含む**。また，SRIs（セロトニン再取り込み阻害薬）とも呼ばれている。

**S-S 学習モデル**［S-S learning model］　刺激(stimulus)-刺激(stimulus)学習モデル。認知的であり刺激罰の連合の形成を強調するあらゆる学習理論のことで，刺激と反応の結合に基づく理論（⇨ **S-R 心理学**）とは対比される。トールマンの**目的的行動主義**やゲシュタルトの学習理論が例にあげられる。S-S 学習モデルは**パブロフ型条件づけ**においては，条件刺激と無条件刺激の連合を仮定し，**道具的条件づけ**では，連合は弁別刺激と強化刺激との間であるとする。

**SST**［SST］　1. **自己宣言訓練**の略。2. **シングルセッションセラピー**の略。3. **社会生活技能訓練**の略。

**SNRIs**［SNRIs］　セロトニン・ノルアドレナリン再取り込み阻害薬（serotonin and norepinephrine reuptake inhibitors）のこと。セロトニンとノルアドレナリンの両者の再取り込みを阻止することにより作用する，抗うつ剤の一種。それらには，**ベンラファキシンとデュロキセチンを含む**。混合セロトニン・ノルアドレナリン再取り込み阻害薬（mixed serotonin and norepinephrine reuptake inhibitors）とも言う。

**SORC**［SORC］　行動分析に用いられる4つの変数の頭文字。すなわち，刺激（stimulus）（⇨ **状況決定因**），**有機体変数**，反応（responses），結果（consequences：強化随伴性）を指す。行動の機能分析は，ある刺激の呈示が（おそらく個々の，あるいは有機的な，刺激の影響を受けて），ある特定の反応を導き，その結果として引き出された反応が強化されるという過程を明らかにすることを目指している。

**S-O-R 心理学**［S-O-R psychology］　刺激（stimulus）-有機体(生体：organism)-反応（response）の心理学。行動主義の **S-R 心理学**を，有機体内部の要因が，その有機体がどのような刺激に敏感でどのような反応が起こるのかを決定する際に深く関わっているというウッドワース（Robert Sessions Woodworth）の意見を取り入れて拡張したもの。要因 O は生物学的なものでも心理学的なものでもよい。S-O-R 心理学は**パブロフ型条件づけや道具的条件づけ**を越え，市場取引や消費者行動といった分野を包含するまでに広がった。たとえば，買い物中の人の感情状態がどのような種類・銘柄の何をどのくらい購入するかに影響を与えるなど。

**SQ3R**［SQ3R］　認知心理学の研究に基づいて開発された，様々な学習方法のうちの一つ。この手法は読解による

学習を支援する方法の代表であり，概観する（survey），問いを出す（question），読む（read），復唱する（recite），復習する（review）の5つのステップからなる。

**S状態** [S-state] 睡眠（sleep）の状態を示す用語。D状態（dream state），W状態（walking state）と対比的に使用される。

**エスタゾラム** [estazolam] 短期不眠治療に使用される効能が高い，中等度作用型の**ベンゾジアゼピン**（⇨ **睡眠薬**）。アメリカの商品名はプロサム（ProSom）。

**エステス** [Estes, William Kaye] ウィリアム・エステス（1919- ），アメリカの心理学者。ミネソタ大学にてスキナー（B.F. Skinner）に師事し，1943年に心理学博士号を取得。インディアナ大学，スタンフォード大学，ロックフェラー大学，ハーバード大学において研究に従事。**数理心理学**や，**認知心理学**の創立にたずさわった。1950年の論文 Toward a Statistical Theory of Learning では，動物や人間の学習における数学的アプローチの可能性を説いた。学習，記憶，分類，選択などの認知心理学の理論的，実証主義的発展に貢献した。スキナーとともに，恐怖や不安の実験に広く用いられた**条件性情動反応**の開拓者とされる。全米科学アカデミー，米国芸術科学アカデミーの会員に選ばれたほか，米国心理財団のゴールドメダルと米国国家科学賞を授与されている。著書に，Statistical Models in Behavioral Research（1991），編書に，Handbook of Learning and Cognitive Processes（1975-1978）がある。⇨ **刺激抽出理論**

**エステス-スキナー手続き** [Estes-Skinner procedure] パブロフ型条件づけ試行をオペラント反応の**ベースライン**に上書きする手続き（通常は，**間欠強化**スケジュールによって維持される）。情動誘発性の作用を検討するために用いられる。⇨ **条件性抑制**［エステス（William K. Estes）とスキナー（B. F. Skinner）］

**エストラジオール** [estradiol] 自然に存在するステロイドホルモンで，エストロゲンの中で最も強力なもの。主に卵巣から分泌されるが，胎盤や精巣からも分泌される。

**エストロゲン** [estrogen] 主に卵巣で作られ，主要な女性ホルモンとして作用するステロイドホルモン。哺乳類のメスにおいて発情を，ヒトでは女性の第二次性徴を誘導する。ヒトの体内にあるエストロゲンは，エストラジオール，エストロン，エストリオール（estriol）で，卵胞や黄体，胎盤，精巣，副腎皮質によって分泌される。エストロゲンはある種の植物によっても作られる。これらの植物性エストロゲン（phytoestrogen）は人工ステロイドホルモンの製造に使える可能性が示唆されている。エストロゲンは**エストロゲン代償療法**や経口避妊薬として，また，ある種の月経障害や乳癌・前立腺癌の治療などで用いられている。

**エストロゲン代償療法** [estrogen replacement therapy] 更年期と関連のある症状の除去，卵巣の外科的除去や卵巣の発育不全のために，エストラジオールやエチニルエストラジオールのような天然あるいは合成エストロゲンを投与することである。エストロゲン代償療法は更年期の女性の治療としては極めて一般的であるが，最近の研究では，その実質的な長期的効果に疑問を投げかけている。⇨ **ホルモン補充療法**

**エストロン** [estrone] 卵胞などの組織で作られるエストロゲンの一種。更年期や他のエストロゲン欠損障害，膣炎の治療などで使われる。

**エスノメソドロジー** [ethnomethodology] ありふれた相互作用や経験の意味を理解するために人々が用いる意味システムやしきたりの根幹的分析。［アメリカの社会学者ガリーフィンケル（Harold Garffinkel: 1917- ）が導入］

**SYMLOG** [SYMLOG] Systematic Multiple Level Observation of Groups の略称。集団行動を研究するための理論と観察システムのこと。集団の活動と集団成員は3つの次元（支配-従属，友好的-非友好的，権威に受容的-非受容的）で分類され，支配的で友好的で権威に受容的な行動プロファイルをもつ集団は，より効率的に協力して働くことができると考えられている。⇨ **構造化観察測定法**［アメリカの社会心理学者バレス（Robert Freed Bales: 1916- ）によって開発された測定法］

**えせ知識** [sciosophy] 科学的手法によって裏づけされていない知識のこと。超自然的な現象に関する知識を主張する思想や占星術，骨相学など。⇨ **擬似科学**［アメリカの生物学者・動物学者ジョルダン（David Starr Jordan: 1851-1931）によって作られた言葉］

**エソグラム** [ethogram] 自然の生息環境における動物の行動パターンの詳しい記述のこと。記述は解釈的ではなく客観的である。たとえば，捕食者に反応した発声について，警戒声としての機能よりも，音響的特性に関して記述される。エソグラムは，**行動記録**のカテゴリーを決定するために用いられ，観察調査の必要要件である。⇨ **動物行動学**

**枝** [ramus (*pl.* rami)] 1. 血管や神経の分枝。2. 脊柱から出た後，**脊髄神経**から分岐する分枝の総称。特に前側に向かう前枝（ventral ramus）と後方に向かう後枝（dosal ramus）のこと。これらは他のさらに小さな神経細胞に運動神経線維や感覚神経線維を分配する。3. 前枝から起こる短い神経枝。交感神経節に連絡する。⇨ **交通枝**

**エタノール** [ethanol] グルコースの発酵により自然に，あるいは合成的に形成され，ビール，ワイン，蒸留酒などのアルコール飲料に含まれる物質。カフェインに次いで2番目に広く利用されている**向精神薬**である。アルコール飲料に含まれるエタノールの含有量は，低いものでビールの2％から高いものは蒸留製品などの60％まで幅がある。エタノールを摂取することによる影響には個人差があり，同一の個人内でも時期によって差が生じる。少量の摂取は，温感，幸福感，精神的・身体的な自信を生む。摂取量が増えるにつれて，次第に自己統制力が失われ，興奮が高まり，会話や四肢の統制が困難となる。摂取水準が高くなると，吐き気・嘔吐や意識の喪失や致死的な呼吸停止が生じる可能性がある。エタノールは**中枢神経抑制薬**であり，かつては麻酔剤として使用されていた。刺激効果が皮質抑制の喪失に伴い生じるため，誤って刺激剤と認識されている。顕著な抑制効果が脳皮質からはじまり，摂取量が増えるにつれて次第に下位中枢に広がっていく。エチルアルコール（ethyl alcohol）とも呼ばれる。⇨ **アルコール乱用，アルコール依存，アルコール酩酊**

**XXX症候群** [XXX syndrome] 女性が，3つのX染色体によって特徴づけられる稀な染色体障害。障害がある女性の大半は，肉体的，精神的にも正常であり，精神発達の遅れが存在する場合でも軽度な場合が多い。この疾患は

時にプラダー-ウィリー症候群を伴う。トリプル X コンディション（triple-X condition）とも呼ばれる。

**XYY 症候群**［XYY syndrome］　1961 年に発見され，攻撃的で凶暴な犯罪者の男性と関連するであろうと考えられた染色体障害のこと。当初，余分な Y 染色体が男性にそのような行動傾向を与えていると仮定されたが，その後 XYY 症候群が普通の男性の間でも見つかり，その理論は修正された。ダブル Y コンディション（double-Y condition）とも呼ばれる。

**XXXX 症候群**［XXXX syndrome］　女性が，通常一組の染色体の代わりに，4 つの X 染色体をもつ染色体障害のこと。この症候群がある女性は，若干の身体的異常と精神遅滞がある可能性が高く，影響を受けた個人の IQ は，30〜80 にわたると報告されている。

**XXXY 症候群**［XXXY syndrome］　子どもが男性と女性，両方の染色体を完全に受け継ぐ比較的稀な染色体障害のこと。この症候群をもつ子どもは，精巣と前立腺は小さいが通常の大きさの男性器があり，乳房もおよそ半分ほど発達する。検査を受けた者の IQ は 20〜76 にわたったが，多くの者は精神病院のスクリーニング検査で見つかったため，健常者群での IQ は明らかではない。

**XXYY 症候群**［XXYY syndrome］　男性が，通常一組の XY 染色体のペアを二組もって生まれた場合の染色体障害のこと。骨格の奇形や生殖に関する異常，精神遅滞は一般的にみられ，検査を受けた者の半分以上が 70 以下の IQ といくつかの奇妙な行動を示した。大きくなった乳房と類宦官症の人のような腹筋，臀部の脂肪などは身体的な特徴の一つである。

**XXXXX 症候群**［XXXXX syndrome］　女性が，通常一組の染色体の代わりに，5 つの X 染色体をもつ染色体障害のこと。この症候群があるすべての女性は，精神遅滞や，視覚またはその他の異常（たとえば，心臓の欠陥である動脈管開存症），**小頭症**，四肢の異常をもつと報告されている。

**XXXXY 症候群**［XXXXY syndrome］　男性において，異常に小さい性器，短く広い首，筋緊張低下（筋肉の弛緩）などを含む様々な異常を引き起こす，3 つの余分な X 染色体による稀な染色体障害のこと。この症候群をもつ男性の大部分は精神遅滞があり，IQ も 60 未満である。

**X 線**［X-ray］　短波長（100 nm 以下）の電磁放射線。タングステンのような重金属の標的に，真空管内の高エネルギー電子を照射することで作られる。X 線は診断目的で体内の構造を可視化するために用いられる。放射線はほとんどの物質を突き抜け，写真用フィルムに対象の像を作り（⇨ **放射線写真**），また特定の化学製品を蛍光発光するようにする。X 線はまた悪性細胞を破壊する治療にも用いられる（⇨ **放射線療法**）。レントゲン線（roentgen ray）とも言う。

**X 染色体**［X chromosome］　人間や他の哺乳類においてメスを決定する上で重要となる**性染色体**。正常なメスの体細胞は 2 本の X 染色体（XX）を有しており，オスは X 染色体と Y 染色体を 1 本ずつ（XY）有している。人間の場合，X 染色体には 1,000 を超える遺伝子があり，その中には遺伝性疾患の原因となる多くの遺伝子が含まれている（⇨ **伴性**）。X 染色体の数が異常である場合，遺伝的不均衡および様々な疾患や病の現象が引き起こされる。⇨ **脆弱 X 染色体**

**x に対する y の回帰**［regression of y on x］　独立変数 $x$ から従属変数 $y$ を予測すること。⇨ **逆予測**

**XYZ グループ化**［XYZ grouping］　学校の管理者がテストの点数や学業成績に基づいて生徒をクラスに割り振る段取りのこと。類似した能力の生徒が同じクラスになり，多様性はほとんどない。生徒は，上級クラス，中級クラス，下級クラスなどに割り振られ，すべての集団で同じ基本的なカリキュラムが実施される。XYZ グループにおいて中級クラスや下級クラスの生徒たちは，従来のクラスの生徒たちよりも成績が向上することはない。一方，上級クラスの生徒たちは，**学年同等値尺度**において，約 1 か月の間に，伝統的なクラスの生徒たちより成績を向上させる。XYZ クラスにおいては，能力の低い生徒の自己評価がむずかしか高まらないのに対し，能力の高い生徒の自己評価は少ししか下がらない。⇨ **能力別クラス編成**

**XYZ 表色系**［XYZ system］　3 つの概念的な基本色 X，Y，Z によって，色を決める理論体系。

**XY 理論**［Theory X and Y］　経営哲学における 2 つの対照的な理論のこと。X 理論では，労働者は，受動的，怠惰，そして金と安全が唯一の動機づけであることを前提としている。一方，Y 理論では，労働者は心理的な成長を望んでおり，自律と責任を望むと仮定する。これらの仮定は，自己達成感に基づいている。X 理論に従う労働者は，怠惰な行為を行い，経営者を信頼しない。一方，Y 理論では，労働者は心理的な成長を促進させる仕事場を与えられ，独創性や自発性をみせる。X 理論の経営者は，リーダーシップスタイルが権威的であるが，一方，Y 理論の経営者は，民主的である。［アメリカのマネジメントコンサルタント・社会心理学者マクグレガー（Douglas McGregor: 1906-1964）が用いた用語］

**エッジ**［edge］　1. 物体の境界。2. 1 つの像内に存在する 2 つの要素の境目。

**エッジ検出器**［edge detectors］　視覚系の細胞または視覚系のモデルに基づいた処理機構で，明暗の境界やエッジに最もよく応答する。

**エッジ理論**［edge theory］　**死の不安**は，個人が生命の危険を知覚した際に出現し，生き残るための機能をもつ，という理論。この理論は，死の不安は生きるための主要な動機であるという主張と，一般人における死の不安の低さを明らかにした実証研究との差異を埋めることを目的としている。またこの理論は，死の不安が，危険へ対処するための全体的な準備の主観的あるいは経験的な側面の一つであると示唆している。緊急事態における不安の高まりが，覚醒度を高めるとする。こうした緊急応答が日常生活全体にいきわたると困難が生じる。⇨ **恐怖管理理論**　［アメリカの心理学者カステンバウム（Robert J. Kastenbaum）によって作られた用語］

**エティック**［etic］　1. 普遍的かつ異文化を超えて有効な概念あるいは構成概念に基づいた文化研究のアプローチの名称。このようなアプローチは，通常，**民族誌**よりも**民族学**と関連している。このアプローチは時に，研究者自身が文化的価値観のみで社会的行動を定義しているにもかかわらず，そこから客観性を見出そうとする研究観に対する批判を含意することがある。⇨ **イーミック**　［アメリカの言語学者ピケ（Kenneth Pike: 1912-2000）によって導入

され，文化人類学者ハリス（Marvin Harris: 1927-2001）によって最初にアメリカの人類学で用いられた] 2. **音声学**（すなわち，特定の言語内での発話音の意義の研究）に基づくのではなく，**音素論**（すなわち，人間の発話音の研究や分類）に基づく言語研究のアプローチをいう。⇨ **イーミック－エティック区分**

**エディプス期**［oedipal phase; oedipal stage］ 精神分析理論において，心理-性的発達における**男根期**の後期に相当し，通常3歳～5歳の時期を指す。また，その時期には，**エディプス・コンプレックス**が現れる。

**エディプス・コンプレックス**［Oedipus complex］ 精神分析理論において，**男根期**に，母親に向けられた息子の性愛感情であり，それには父親への競争心や敵対心が伴う。娘と父親の間にある類似した関係は女性エディプス・コンプレックス（female Oedipus complex）と呼ぶ。エディプス・コンプレックスには陽性エディプス・コンプレックス（positive Oedipus complex）と呼ばれる異性愛の様態と**陰性エディプス・コンプレックス**という同性愛の様態の両方が含まれる。フロイト（Sigmund Freud）はギリシャ神話からこの名前を見出した。その神話では，エディプスが自分の父親をそれとは知らずに殺し，母親と結婚をする。フロイトはこのコンプレックスを普遍的なものであると考えたが，ほとんどの文化人類学者はエディプス・コンプレックスが現れない多くの文化が存在するという理由から，その普遍性を疑問視している。フロイトは，エディプス・コンプレックスが，子どもの去勢されることへの恐怖や父親との同一化によって，適切に解決されなかった時に，**神経症**の基盤になると考えた。女性エディプス・コンプレックスは，母親の愛情を失うことへの恐れや女性的役割を実現することによって，解決すると考えられている。現代の精神分析的な考えでは，エディプス・コンプレックスを重要視せず，子どもと母親間のより早期の関係を重視することで，古典的な精神分析理論を大きく修正している。エディパル葛藤（oedipal conflict），エディパル状況（oedipal situation）とも言う。⇨ **去勢術，中核的コンプレックス**

**エーテル**［ether］ 1800年代中期に一般麻酔剤として使われるようになった薬剤。エーテルの効果として，窒息感から始まり，身体温感，視覚・聴覚の倒錯，硬直感，四肢不随感など一連の身体的・心理的反応がある。第二段階では，麻酔による窒息感に対する抵抗がみられる場合があるが，筋肉は弛緩し，血圧と脈拍は増加し，瞳孔が開く。第三段階では，脈拍と血圧が正常に戻り，瞳孔は収縮し，反射がなくなる。もし，第三段階を過ぎてもエーテルの投薬が追加された場合，骨髄中枢がまひし，続いて脳卒中や死の危険性がある。現在の臨床現場では，エーテルに代わりより安全な麻酔剤が使用されている。

**エーテル臭**［ethereal］ ツワーデマーカーの嗅覚系において，果物やワインから香るニオイの質を意味する。

**エトクロルビノール**［ethchlorvynol］ 非バルビツール剤の鎮静薬として1950年代に登場した**アルコール誘導体**。エトクロルビノールには効果的で急速な催眠作用があるが，薬物の物質代謝に関わる酵素を誘導する力（⇨ **酵素誘導**）があることや血液障害と関連していると同時に，過剰摂取による有害性から臨床的には廃れたものとなった。時として，誤用される物質である。アメリカの商品名はプラシデイル（Placidyl）。

**エド50**［ED50］ 50%有効量の略語。⇨ **有効量，治療可能比**

**エートス（風潮）**［ethos］ 個人やグループ，文化，国家，時代における独特の特徴や精神のこと。特に，態度や価値観に強く表れる。⇨ **地域精神，時代精神**

**エトラフォン**［Etrafon］ 不安と抑うつの併発に対する治療に使用される三環系抗うつ薬の**アミトリプチリン**と抗精神病薬の**ペルフェナジン**の化合物の商品名。

**エドロホニウム**［edrophonium］ 急激な行動開始と持続の短かさが特徴的な抗コリンエステラーゼ（**コリン作動薬**）。重症筋無力症と診断された場合によく使われる薬であり，神経筋接合阻害作用の効果を取り戻すために手術時の麻酔として使用されることもある。アメリカでの商品名はエンロン（Enlon），リバソル（Reversol）。

**エドワーズ性格検査**［Edwards Personal Preference Schedule: EPPS］ 15の"明白な欲求"の強さを強制選択方式で査定する，大学生および成人のための性格検査。15の欲求は，達成，追従，秩序，顕示，自律，親和，他者認知，救護，支配，内罰，養護，変化，持久，異性愛，攻撃である。［アメリカ心理学者マレー（Henry A. Murray: 1893-1988）の性格理論による欲求表に基づいて，1950年代にアメリカの心理学者エドワーズ（Allen L. Edwards: 1914-1994）によって作られた］

**エナクトメント**［enactment］ 重要なライフイベントについて，言葉で表出するよりもむしろ行動や態度・姿勢に現すこと。⇨ **心理劇**

**エナージャイジング**［energizing］ ある個人が疲れを感じ始めた時に，新たな活力を与えるためのメンタルスキル。エナージャイジングは，生理的な状態に先んじて精神的な疲労状態に打ち勝つ技術である。

**エナンチオドロミア**［enantiodromia］ 1. ギリシャの哲学者ヘラクレイトス（Heraclitus: BC 540-475）の提唱した概念で，万物は結局，それらの反対のものに変わるか，あるいはそれに置き換えられるというもの。2. ユング（Carl Jung）のアプローチの中で，意識と無意識との間，内向型傾向と外向型傾向との間，**自我**と影との間の相互作用の中で，精神的な生活を治める"必然的な反対方向"を意味する。

**NEO人格目録**［NEO Personality Inventory: NEO-PI］ パーソナリティの5因子モデルの因子を評価することを目的として開発された性格質問紙。1985年に出版され，1992年に改訂された（NEO-PI-R）。質問紙の名称は，モデルの3つの因子，神経症傾向（neuroticism），外向性（extraversion），開放性（openness）に由来する。自己記入式のS形式と他者評価によるR形式という2つのバージョンがあり，いずれも「非常にそう思わない」から「非常にそう思う」の範囲からなる5件法の**リッカート尺度**の形式の240項目から構成される。［アメリカの心理学者コスタ（Paul T. Costa, Jr.: 1942-）とマックリー（Robert R. McCrae: 1949-）によって開発された］

**NMDA**［NMDA］ N-メチル-D-アスパラギン，リガンド依存性と電位依存性の両方をもつ**グルタミン酸受容体**と結合する作用薬。⇨ **NMDA受容体**

**NMDA受容体**［NMDA receptor］ **NMDA**や**グルタミン酸**結合できる一種の**グルタミン酸受容体**のこと。NMDA受容体は**リガンド依存性イオンチャネル**でもあれ

ば，電位依存性でもあるため，グルタミンを神経伝達物質として使うシナプスにおいて様々な情報操作に関与することができる。**ケタミン**と PCP は NMDA 受容体の拮抗剤で，**カルシウムチャネル**におけるカルシウムイオンの流入を防ぐことにより，これらの薬物の幻覚効果を引き起こすことがある。NMDA 受容体を介するシナプス前ニューロンへの過度のカルシウムイオンの流入はグルタミン毒性に関与すると言われる。最近の病因学の仮説によれば，統合失調症も NMDA グルタミン受容体の機能障害に関連するという。⇨ **AMPA 受容体**

**N1 注意効果**［N1 attention effect］　事象関連電位における最初の負の成分のこと。一般的に，N1 成分は非注意の刺激よりも注意を払った刺激のほうが大きい。N1 成分は視覚皮質で発生するものだと考えられる。

**エネルギー恒存の法則**［principle of constancy］　精神分析理論において，すべての心的過程は，均衡状態と非有機的な段階の安定に向かう傾向があるという考え。安定原則（constancy law），恒常原則（law of constancy）とも呼ばれる。⇨ **死の本能**，**涅槃原則**，**慣性原則**

**エネルギー保存**［conservation of energy］　エネルギーは形を変えることはあっても，作られたり壊されたりせず，総量は変わらないという物理法則。

**エピソード**［episode］　ある顕著で他に類のない出来事，もしくは一連の出来事。疾病のエピソードは，他に類のない出来事であり，それらは反復される。

**エピソード記憶**［episodic memory］　ある特定の時間，場所で起こった，特定の個人的に経験された出来事に対する記憶のこと。エピソード記憶を検索する際には，もととなる体験に関連した文脈に基づいた手がかり（時間や場所）を使用できる。エピソード記憶は**意味記憶**を補完する。また，老化により減衰することがある。⇨ **自伝的記憶**，**自己想起記憶**，**宣言的記憶**

**エピソード記憶喪失**［episodic amnesia］　ある特定の重要な出来事だけの記憶の喪失のこと。エピソード記憶喪失は，記憶情報を思い出すことができない期間の後に，出来事を思い出すことができる一過性の能力を伴うこともある。

**エピーナ**［epena］　南アメリカに生息する Virola 属の高木の樹皮から生成され，コロンビア，ブラジル，ベネズエラで使用されている幻覚を誘発する嗅ぎ薬のこと。剥がした樹皮を煮て抽出された赤い樹脂は，乾燥後，挽いて粉末にされ，樹灰と混ぜ合わされる。ジメチルトリプタミン（⇨ **DMT**）などの活性剤は，LSD などの物質と同等の効果を産む。ニャクワナ（nyakwana），パリカ（parica），ヤキー（yakee）とも呼ばれる。

**エピネフリン**［epinephrine］　食物に含まれるアミノ酸チロシンの代謝産物である，**カテコールアミン**神経伝達物質や副腎ホルモン。ドーパミンから酵素ドーパミン-$\beta$-水酸化酵素の作用によってノルエピネフリンが生成され，それがさらに主に副腎髄質でメチル化を受けることによって合成される。恐れや怒り，もしくはストレスの多い状況でホルモンとして大量に分泌される。また，**アルファ**および**ベータアドレナリン受容体**を刺激する神経伝達物質として働く。心拍や心臓の収縮力を増加させたり，気管支平滑筋や腸管平滑筋を弛緩させたり，血管拡張・収縮のいずれの方向にも作用することによって血圧に様々な効果を与えるなどの作用がある。アドレナリン（adrenaline）とも呼ば

れる。

**エビングハウス**［Ebbinghaus, Hermann］　ヘルマン・エビングハウス（1850-1909），ドイツの心理学者。ボン大学より 1873 年に哲学の博士号を取得。その後，ベルリン大学にて，後の著書 *On Memory*（1885）につながる 2 つ目の博士論文を執筆した。エビングハウスは，高次の認知機能の解明に定量的な測定を用いた最初の研究者だとされる。エビングハウスの初期の記憶研究では　意味や記憶の効果を排除するために，**無意味綴り**が使用された。メモリースパン，過剰学習，分散学習と集中学習の比較など，記憶や忘却に関して系統だった研究を行った。これらのエビングハウスの研究は，後の実験心理学の方法論の構築に大きく功績を残した。

**エビングハウス検査**［Ebbinghaus test］　既有の連想から比較的影響を受けない形で記憶過程を研究する手段として，**無意味綴り**を用いる検査。［エビングハウス（Hermann Ebbinghaus）］

**エビングハウスの保持曲線**［Ebbinghaus's curve of retention］　学習が行われた後に，時間が経つにつれて起こる忘却の量を描いたグラフ。無意味綴りを用いた忘却リストの研究において，エビングハウス（Hermann Ebbinghaus）は学習の直後に急激な忘却が起こるが，しばらくして漸近的に減少することを示した。忘却曲線とも言う。

**エフェクタンス**［effectance］　環境の中で対象や事象に対する影響力をもつ状態であり，一般的にエフェクタンス動機づけ（effectance motivation）という言い方で使用される。

**エフェボフィリア**［ephebophilia］　子ども，通常は思春期を終えたばかりの青年期初期の子どもに対して，性的に惹きつけられ，興奮すること。

**F 検定**［F test］　F 比として示される**帰無仮説**のもとで，F 分布に従う標本分布に基づいた仮説検定である。

**F 比**［F ratio; F statistic; F value］（記号：$F$）　**分散分析**や**多変量分散分析**における，説明されない分散と説明される分散の比，つまり，**群内分散**と**群間分散**の比である。

**F 分布**［F distribution］　2 つの独立した $\chi^2$ 値をそれぞれ対応する**自由度**で割り，それらの比をとったものについて求められた**確率分布**。

**$F_{max}$ 統計量**［$F_{max}$ statistic］　$k$ 群の独立標本において，**分散の同質性**の仮説を検証するために使われる統計量のこと。

**エホバ・コンプレックス**［Jehovah complex］　誇大妄想，あるいは神なる資質と同一化しているという妄想からなる**誇大妄想狂**の一形態。

**エマージェント・リーダー**［emergent leader］　任命あるいは選挙によってではなく，指導者のいないグループにおいて，最初にリーダーになる個人であり，メンバーが認める指導的役割の責任を負う個人をいう。⇨ **リーダーシップ発生**

**M**［M］　統計用語で，**平均**の意味。

**MSH2**［MSH2］　第 2 染色体の短腕にある構造遺伝子変異であり，遺伝性の非腺腫性大腸癌（HNPCC）やリンチ症候群と関連がある。

**MDA**［MDA］　3,4-メチレンジオキシアンフェタミン（3,4-*methylenedioxyamphetamine*）。フェニルイソプロピラミン類の合成**幻覚剤**（⇨ **フェニールエチルアミン**）

である．低用量では**中枢神経興奮薬**および多幸化薬として機能するため，心理療法の補助として提案されたこともあったが，支持はされなかった．MDAの精神刺激薬としての特性はノルエピネフリン神経伝達の促進，幻覚誘発作用はセロトニン神経伝達の促進によると考えられてきた．MDAは**MDMA**の代謝物の一つであり，MDMAの作用の多くを担っていることが考えられる．これら薬物や他の合成アンフェタミン誘導体が神経変性を起こすことが懸念されている．

**MDMA**［MDMA］3,4-メチレンジオキシメタンフェタミン（3,4-*methylenedioxymethamphetamine*）．置換**フェニールエチルアミン**であり，類縁体のMDA同様，アンフェタミン様の中枢刺激作用を有するカテコラミン様**幻覚剤**である．高用量では視覚障害と幻覚を生じる．最も広く使用されている非合法薬物の一つであり，一般にエクスタシー（Ecstacy）という名称で販売されている．経口的服用での効果発現は急速であり，高揚感は数時間，残存効果は数日間持続しうる．陶酔状態の特徴は，多幸感，親密さとスピリチュアルな感覚であり，様々な自律神経系興奮症候を伴う．MDMAは「クラブドラッグ」として広く違法使用されており，長期使用の結果として神経損傷およびセロトニン機能不全が実証されていることから，懸念が高まっている．持続的記憶機能障害や，意思決定および自己制御の障害，うつ気分なども確認されている．レイプパーティー中にしばしばみられるように，激しい活動中に用いると，中毒症状や死に至ることがある．

**MPTP**［MPTP］メチルフェニテトラヒドロピリジンを指す．ヘロインから精製される物質で，動物実験でパーキンソン病の症状を増幅させるために投与される．この物質は1976年に娯楽目的でメペリジンの類似品を精製しようとした際に偶然，発見されたものである．解剖された死体からは**黒質線条体路**においてドーパミンを含む神経細胞の変質が確認された．MPTPはそれ自体が神経毒（神経組織にダメージを与える）であるわけではなく，**モノアミンオキシダーゼ**B酵素によってメチルフェニピリディニウムイオン（MPP）を変化させ，ドーパミン動作性ニューロンにおいて深刻な神経毒となる．

**エラー**［error］**1.** 真実，または正確な情報からの逸脱（たとえば間違った応答，もしくは誤った信念）．**2.** 実験において，**独立変数**の操作に起因しない，**従属変数**上のあらゆる変動のこと．

**エラビル**［Elavil］**アミトリプチリン**の商品名．

**エラー率**［error rate］エラーが生じた割合．たとえば，実験者が誤って記録したデータの割合など．

**エリクセンのフランカー課題**［Eriksen flankers task］フランカーパラダイムとも呼ばれる．ターゲット刺激に対して2つの反応のうち1つの反応が割り当てられており，参加者は他の刺激（フランカー刺激）とともに呈示されているターゲット刺激に対して応答を求められる課題．ターゲット刺激は既知の位置（通常は固定された位置）に呈示され，フランカー刺激はターゲットに割り当てられている反応と同じ，あるいは異なる反応に関連づけられる．フランカー刺激がターゲットと同じ反応を割り当てられている場合よりも，異なる反応を割り当てられている場合のほうが，反応時間は遅くなる．これは，エリクセンのフランカー互換性効果（Eriksen flanker compatibility effect）として知られている．［エリクセン（Charles Eriksen）］

**エリクソニアン心理療法**［Ericksonian psychotherapy］心理療法の一形態で，催眠状態（特には間接暗示）と暗示的メタファーを通じて，これまでは休眠状態で精神内部のリソースであったものを活性化させるように意図した現実の経験を，クライエント側に創り出すように働きかける心理療法．エリクソニアン催眠療法（Ericksonian hypno-therapy）とも呼ばれる．［アメリカの精神科医・心理学者エリクソン（Milton H. Erickson: 1902-1980）による］

**エリクソン**［Erikson, Erik H.］エリク・エリクソン（1916-2001），ドイツ生まれのアメリカの心理学者．本来はErik Homburgerという名で，1927年〜1933年までをウィーンで過ごした．ウィーンでアンナ・フロイト（Anna Freud）に師事し3年間精神分析を学んだ．ナチス台頭に伴い妻のジョーン（Joan）とともにアメリカへ移住し，キャリアの大半をハーバード大学で過ごす．エリクソンは人格理論家として有名で**自我心理学**に秀でた人物であった．エリクソンの理論では人生を8つの段階に分類し，それぞれの分類における自己同一性の確立を主題とした（⇨ **エリクソンの発達の八段階**）．エリクソンは青年期の重要な発達段階である"**アイデンティティの危機**"という言葉をつくった．当時流行していた統計を使った研究に反して，エリクソンは人格理論において個人の過ごしてきた経歴を調べることが重要であると主張した．エリクソンの有名な著書は *Childhood and Society*（1950），*Identity: Youth and Crisis*（1968）の精神分析的自伝の2冊に加えて，*Young Man Luther*（1958），*Ghandi's Truth*（1969）がある．⇨ **漸成説，心理的自伝，精神史**

**エリクソンの発達の八段階**［Erikson's eight stages of development］エリクソン（Erik Erikson）によって提唱された心理・社会的発達理論であり，**自我同一性**は生涯を通して8つの発達段階の中で肯定的な目標と否定的な危険に直面しながら少しずつ達成されていくと考えられている．その段階として，(a) 乳児期：基本的信頼 対 基本的不信，(b) 幼児期：自律性 対 恥・疑惑，(c) 通学前の年代：自発性 対 罪悪感，(d) 通学期：勤勉性 対 劣等感，(e) 青年期：同一性 対 役割の混乱，(f) 若い成人期：親密性 対 孤立，(g) 中年期：生殖性 対 停滞，(h) 老年期：統合性 対 絶望，が設定されている．

**エリス-ファンクレフェルト症候群**［Ellis-van Creveld syndrome; chondroectodermal dysplasia］多指症（手足の指が多いこと），不十分な毛髪，歯，爪，骨格異常などに特徴づけられる**常染色体劣性**疾患．関連する異常として生殖器異常や精神遅滞も含まれる．この疾患は，ペンシルベニア州のオールド・オーダー・アーミッシュの間において高い発症率がみられる．軟骨外胚葉性異形成（chondroectodermal dysplasia）とも呼ばれる．［イギリスの医師のエリス（Richard White Bernard Ellis: 1902-1966），オランダの小児科医のファンクレフェルト（Simon van Creveld: 1894-1971）による］

**エリートスポーツ選手**［elite athlete］全国的，世界的，プロフェッショナルレベルで競い合うスポーツ選手．

**エリートバイリンガル**［elite bilingualism］二か国語を使用する人の一種で，読み書きの能力を含む第二言語の正式な研究を通して，高い社会的地位と教育を獲得した人のこと．選ばれたバイリンガル（elective billingualism）

とも呼ばれる。⇨ **フォークバイリンガリズム** [アメリカの社会言語学者フィッシュマン（Joshua A. Fishman: 1926- ）によって最初に提唱された]

**LAAM** [LAAM] L-アルファ-アセチル-メタドール。メタドンの化学的類似物であり，効果持続時間の長い**オピオイド作動薬**である。μオピオイド受容体における強い作用薬であり，オピオイド依存の治療で使用される。メタドンよりも**半減期**が長く（約72時間），そのため週に3回しか摂取の必要がないという点がメタドン（毎日摂取する必要がある）に比べた際のメリットである。しかし，心拍数や他の薬との相互作用における副作用の可能性があり，臨床用途が限られている。

**LSD** [LSD] リセルグ酸ジエチルアミド。神経伝達物質セロトニンと構造上似ており，5-HT$_{2A}$セロトニン受容体において，**部分的作動薬**として働くことによって神経活性作用がある極めて強力な幻覚剤である。1938年にスイスの化学者であるホフマン（Albert Hoffman）によって，**麦角アルカロイドリセルグ酸**から合成された。さらに，彼は，1943年に誤飲によって幻覚効果を発見した。低用量では，至福感や覚醒とともに，視覚の歪み（色に対する鋭い感性）や明らかな幻覚を作り出す。1960年代〜1970年代初期に賛否両論をよぶが，気晴らしのための麻薬として幅広く使用されるようになった。LSDの効果は，1950年代に精神病モデルとして研究された。さらに，効果が証明されていないにも関わらず，心理療法の助けとしてLSDが使われることにもなった（⇨ **サイケデリック療法**）。大抵は内服されるが，皮下に注射したり，静脈に注射することで知られている。

**LSD精神療法** [LSD psychotherapy] 1960年代に用いられた実験的手法であり，薬物であるLSD（リセルグ酸ジエチルアミド）を慢性アルコール中毒や重度の精神疾患（統合失調症など）の患者に投与するもの。記憶を明らかにして思い出させるプロセスを促進させるため，または患者の思考や感情を伝える力を増進させるために用いられた。その後の研究により，治療の有用性を裏づけることに失敗しただけでなく，LSDを治療上で使用することによって生理的，行動的，精神的な面に重大な危険性をもたらすことが明らかにされた。その後，この手法は中止された。⇨ **幻覚剤**，**サイケデリック療法**

**LSDによるフラッシュバック** [acid flashback] LSD利用者によって報告されるフラッシュバック経験のことで，LSDの常習を止めた後にも再発する。

**エルグ** [erg] 1. ある目標に向かった，特定の，生得的な**欲動**。[イギリス生まれのアメリカの心理学者キャッテル（Raymond B. Cattell: 1905-1998）によって定義された] 2. 物理学における仕事もしくはエネルギーの単位。

**エルクセン病** [Erichsen's disease] 背中の痛みや他の脊髄の症候によって特徴づけられる障害で，1866年に最初に明らかにされ（同時に，鉄道利用が普及したときであった），鉄道による偶発症候の結果として考えられていた。医学の進歩により，これらの症候が器質的な原因ではなく，**外傷後ストレス障害**の前兆である機能障害であることが示された。鉄道脊髄（railway spine）とも呼ばれる。[イギリスの外科医エルクセン（John Eric Erichsen: 1818-1896）による]

**エルゴセラピー** [ergotherapy] 筋肉運動による疾患の治療のこと。この用語はヨーロッパで用いられており，アメリカでは一般的ではない。

**エルゴタミン** [ergotamine] 偏頭痛などの血管性の頭痛の治療に使用されるアルカロイド剤（⇨ **麦角デリバティブ**）。治療の作用の本質は知られていないが，エルゴタミンは頭痛症状の原因となる頭部血管の膨張を圧縮させるとされている。アメリカでの商品名はカフェルゴット（Cafergot）。

**エルゴマニア** [ergomania] 常に忙しく働いていなければならないという衝動。ワーカーホリック（workaholism）とも呼ばれる。⇨ **仕事中毒**

**LD** [LD] 学習障害の略称。

**Lデータ** [L data] 生活記録，あるいは主活史に基づく個人の人格に関する情報のこと。⇨ **Oデータ**，**Qデータ**，**Tデータ**

**LPC尺度** [Least Preferred Coworker Scale: LPC scale] 過去にもめごとのあった同僚に対する考えを問う**リーダーシップスタイル**の尺度。その同僚について形容詞対（「友好的-友好的でない」「協力的-敵対的」「信用できる-信用できない」など）で評価する。評価の合計得点が高いほど，好ましくない同僚を肯定的に評価していることになる。この尺度は，好ましくない同僚を肯定的に評価するリーダーは関係志向的（relationship-motivated）で，否定的に評価するリーダーは課題志向的（task-motivated）であることを仮定している。このモデルによると，LPC得点が低いリーダーは，極端に好ましいか，あるいは極端に好ましくないグループでリーダーシップを発揮し，LPC得点が高いリーダーは適度な好ましさのグループでリーダーシップを発揮する。⇨ **リーダーシップの特性理論** [アメリカの心理学者フィードラー（Fred Fiedler: 1922- ）により開発された]

**エルモ** [eremophilia] 独りであることに対する病的な欲求。

**エレガントな解** [elegant solution] ある質問や問題について，最小限の努力や資源，手順で最大限に満足できる効果を達成する解。行動理論や行動モデルの観点からは，エレガントな解決は**倹約の法則**の必要条件を満たす解である。⇨ **オッカムのかみそり**

**エレクトラ・コンプレックス** [Electra complex] 女子に対応する**エディプス・コンプレックス**で，娘は父親に愛情を注ぎ，母親に嫉妬し，母親非難の代償としてペニスが剥奪されたと感じる。フロイト（Sigmund Freud）はこの表現を避け，男子と女子の両方を指して"エディプス・コンプレックス"の用語を使用したが，近年の多くの心理学の教科書にはエレクトラ・コンプレックスはフロイトの用語であると誤った所信を伝えている。この名称は，アガメムノンとクリュテムネストラの娘で，兄弟のオレステスを説得し，クリュテムネストラとその愛人であるアイギストスの殺害に加担させ，父親殺害の復讐をしたギリシャ神話に登場するエレクトラに由来する。[ユング（Carl Jung）によって提唱された]

**エレベーター恐怖症** [elevator phobia] エレベーターに対して持続的に不合理に感じる恐怖のことであり，高さに対する恐怖（⇨ **高所恐怖症**）や閉ざされた状態に対する恐怖（⇨ **閉所恐怖症**）や大衆の中でパニック症状が現れる恐怖である**広場恐怖**などもこれと同様である。

**エロス**［Eros］　ギリシャ神話における愛の神（古代ローマのキューピッドと同じ）であり，フロイト（Sigmund Freud）によって性や発達，生活活動の増加（⇨ **生の本能**）を希求しての努力という理論的概念を説明するためにその名前が選ばれた。フロイトの二大本能論において，エロスは身体的緊張と生活活動（⇨ **死の本能**）を減少させようとするタナトスとともに弁証法的過程の一部として考えられている。⇨ **リビドー**

**エロス的愛**［erotic love］　強い性的興奮を特徴とする愛の形態。⇨ **リメランス**，**情熱的な愛情**

**エロティカ**［erotica］　性的な反応を引き出す可能性のある文学作品あるいは絵画，動画，その他の芸術的資料。エロティカという用語は，時に，ポルノの代わりに用いられることがあるが，ポルノグラフィーと異なり，性的な暴力や強制への関心を促す目的はなく，肯定的に性的関心を描いている。

**エロティシズム**［eroticism; erotism］　**1**. 性的な興奮や悦びを感じさせる性質または性的に興奮した状態。性的興奮で頭の中が占められることまたは性的興奮の感じやすさ。**2**. 精神分析理論における，性器への刺激だけでなく口唇や肛門のような性器以外の身体部位への刺激に結びついた快感。⇨ **色情化**　**3**. エンターテイメントや芸術において性的に覚醒させるテーマやイメージ，それを示唆する物を用いること。

**エロトグラフォマニア**［erotographomania］　性的な記述に関する強迫観念で，性的な事柄について書くことや性的なイメージを描くことへの病理的な衝動を伴う。匿名のラブレターや落書きがその典型例である。

**エロトマニア**［erotomania］　性行為や性的想像，妄想に夢中になること。

**エロトラリア**［erotolalia］　卑猥な言葉を含んだ発話。特に性交渉において満足を高めるために用いられる。

**遠位効果**［distal effect］　生命体の特定の反応が環境に与える影響のこと。

**遠位の**［distal］　**1**. 身体の末梢部，または肢の末端に位置すること，または向いていること。**2**. 参照点や原点から遠く離れていること，または遠く関係している。⇨ **近位の**

**遠位反応**［distal response］　環境に影響を与える生命体の反応のこと。

**遠因**［remote cause］　時間的，空間的に離れているが，最終的な原因，もしくは主要な原因となるもの。因果連鎖では，連鎖なしで突然もたらされる（本来の原因がない）事象として考えられる。たとえば，ある人の攻撃性は，鼻であしらわれるという些細な出来事が近因となり，幼少期の体験が遠因となっている，という説明がなされる。⇨ **因果潜時**，**遅延効果**

**演繹**［deduction］　**1**. 妥当な**演繹推論**過程を経て，形式的な前提から導かれた結論。**2**. 演繹推論過程そのもの。⇨ **帰納**

**演繹推論**［deductive reasoning］　自明の真理（⇨ **公理**），または同意されるデータを最初の前提として始まる一連の前提から，結論が必然的に導かれる論理的推論の形式のこと。実証科学において，一般的な規則や理論から予測を導く過程の根拠となっている。⇨ **帰納的推論**，**ロジック**，**トップダウン解析**

**演繹的・法則的モデル**［deductive-nomological model］　自然な規則正しさを記述するある法則（⇨ **自然法**）が，現象に役立つ説明を演繹する初期の前提や公理として用いられ，それが次に特定の検証可能な予測を演繹するのに用いられるような，科学的説明の影響モデルのこと。⇨ **仮説演繹法**，**法則論**，**カバー法則モデル**　［ドイツの科学哲学者ヘンペル（Carl Gustav Hempel: 1905-1997）による］

**エンカウンター**［encounter］　他者または数人のメンバーによるグループと一緒に，一人の人物に直接対面すること，または他者による情緒的介入を行うこと。

**エンカウンターグループ**［encounter group］　感情的に打ち解けるほどの直接的な交流を通して，構成的に洞察することや他者を感受することや個人の成長が促進されることを目的に集まったグループ。リーダーは治療者としてではなく，介在者や促進者として機能し，理論や参加者の動機よりも，今，ここでの感情や交流に焦点を当てる。

**エンカウンター・ムーブメント**［encounter movement］　たとえば，**直面化**，**ゲーム**および**再演**といった様々な技術を用いた小集団を指した動向。それらは，意識，人格的成長，生産的な相互作用を刺激するものとして用いられる。エンカウンター・ムーブメントは1960年代には人気を得ていたが，20世紀終わりには衰退した。

**遠隔医療**［telehealth; telemedicine］　遠距離通信や情報工学を用いて，健康に関する評価や診断，介入，情報の利用方法を遠隔地から提供すること。

**遠隔学習**［distance learning］　教授場所から離れた場所で，知識を獲得するプロセス。典型的な方法は，通信教育，ラジオやテレビで行われる教育，コンピュータを用いたソフトウェアプログラム学習，インターネットを用いた教育，講師に生放送でつなぐインターネット中継，直接の生放送の遠隔テレビ，生放送のビデオ会議などが含まれる。

**遠隔眼角‐尿道下裂症候群**［telecanthus-hypospadias syndrome］　遺伝的障害であり，両目の間隔が広い，鼻梁が高い，尿道が陰茎の前面に開いているという特徴がある。この障害のある人の中には精神遅滞を示す者もみられ，IQは40～50である。最近の研究では，この症状はX連鎖遺伝子と常染色体遺伝子の不均一によることが示された。原論文の患者家族の名前からBBBG（またはGBBB）症候群，オピッツ・フリアス（Opitz-Frias）症候群とも言う。

**遠隔記憶**［remote memory］　遠い過去に遡る経験や情報の再生，あるいは再認。⇨ **長期記憶**

**遠隔作用**［action at a distance］　物理的な接触を伴わず，機械的な媒介物が介在しない物体間の相互作用のことであり，重力のような力の場による事象のようなもの。⇨ **場の理論**

**遠隔視**［teleopsia］　対象が実際よりも遠くに見える錯視。遠隔視は，実際の大きさの知覚からは独立しており，しばしば**立体盲**に随伴して生じる。後退視（porropsia）とも言う。⇨ **変視症**

**遠隔受容器**［teleceptor; distance receptor］　眼，鼻，耳の受容器のように，離れた刺激を感知することができる感覚神経終末。

**遠隔知覚**［remote perception］　**1**. 超心理学で，自分はそこにはいないが，その場所の景色や出来事を知覚すること。通常の検証手順では，1人が目標現場にいて，遠隔知覚者は，その場所について知らされないまま，そこから

離れたところで，目標現場の状況や細部状態の知覚を試みる。現場の人物と遠隔知覚者が同一のチェックリストに自分の印象を記録し，それらの一致度をみるために後で相関をとる。2. ロボットに搭載したカメラで火星の岩をとらえるように，対象を知覚するときに，通常用いる感覚以外の手段を用いること。

**遠隔療法** [distance therapy] 移動や地理的孤立，他の制限の問題のために，セッションが直接対面では行われないタイプの心理療法の総称。遠隔療法には電話や音声・ビデオ会議や，インターネットによる介入がある。⇨ **e セラピー**

**遠隔連合検査** [remote-association test] 参加者に一見無関係な3つの語を呈示し（例，ネズミ－青－カッテージ），それらを関連づける4つ目の語（正解，チーズ）を回答させる創造性検査。

**遠隔連想** [remote association] ある1つ，あるいは一連のリストにある1つの項目と，そのリストには含まれない別の項目との連想。エビングハウス（Herman Ebbinghaus）は，連想は隣接した項目間だけでなく，リスト間で分離された項目についても起こると最初に報告した。

**円滑性追跡眼球運動** [smooth-pursuit movement] 動いている対象に向けて連続的な固視を保つ眼球運動。⇨ **サッカード**

**円環的因果律** [circular causality] 循環論法の一形態。ある事象の原因はその事象自体の中に存在または暗示されていると考える。

**円環的質問** [circular questioning] 家族療法の手法のなかで，家族力動や家族関係に関する情報を引き出すために用いられる技法のこと。たとえば，家族の一人にその家族の中で最も落ち込んでいるのは誰かという質問に答えることを求め，残りの家族にもそれぞれ同じ質問をしていく。"輪"の中の全員に質問するこの方法は，集団内における様々な見方を引き出すことを目的としている。

**鉛管様硬直** [lead-pipe rigidity] パーキンソニズムや脳性まひの人々の四肢の受動運動に対する円滑で安定的な耐性を作り出す**筋硬直**。⇨ **歯車様強剛**

**演技性パーソナリティ障害** [histrionic personality disorder] DSM-Ⅳ-TR では，（一時的というよりも）長期にわたった自己演劇がかった行動様式によって特徴づけられるパーソナリティ障害であり，自己への注目，活動性や興奮の渇望，些細な出来事に対する過剰な反応，爆発的な怒りの体験，操作的な自殺の脅しやそぶりをする傾向などがみられる。周囲の人には，浅薄，自己中心的，分別がない，うぬぼれが強い，要求がましい，依存的，どうしようもないというように映る。以前は，ヒステリー性人格障害（histerical personality disorder）として知られていた。

**婉曲語法** [euphemism] 攻撃的あるいは不愉快に直接的な単語を，中性的で害のない回避的な単語に置き換えること。

**遠近法主義** [perspectivism] 心理療法に適用された哲学的な態度。客観的で文脈に依存しない事実は存在しないと仮定する。[ドイツの哲学者ニーチェ（Friedrich Nietzsche: 1844-1900）の思想に基づく]

**遠近法能力** [perspective] 平面に描かれた物体の相対的位置，大きさ，距離を3次元のものとして解釈する能力。

**円グラフ** [pie chart] 円形をパイを切ったような扇形状に分割し図式的に表示したグラフ。分割した扇形の領域は，その扇形によって表されたカテゴリーのケースの割合を示している。

**エングラム** [engram] 脳に蓄えられている，仮説上の**記憶痕跡**のこと。エングラムの本質は，記憶を符号化する際の生理学的変化としては，まだ不明である。この用語は，ドイツの生物学者セモン（Richard Semon: 1859-1918）によって 1900 年代初めに導入され，ラシュレー（K. S. Lashley）の 1950 年の論文 In Search of the Engram によって有名になった。

**嚥下** [swallowing; deglutition] 食物や液体など，摂取したものを口腔から胃へと移すプロセス。反射性の筋収縮と筋弛緩の複雑な運動を伴う。はじめに頬や舌，口蓋の筋肉が食物を下に落とす台を形成するために収縮し，その後舌が上下することで口蓋の固い部分を圧迫する。飲み込まれる物体が口の奥に向かうと，**軟口蓋**が鼻咽頭の開口部を閉じるために持ち上がる。同時に，食物や液体が呼吸器系に入り込むのを防ぐために喉頭蓋が気管の入口を覆い隠し，咽頭が咽頭蓋の下部に封をするために上方へ移動する。食道に入ると，食物は縦走筋と環状筋の2層の筋肉が交互に収縮することによって食道上を運ばれる。こうして，どんな姿勢をとっていても食物や液体は胃へ到着する。

**園芸療法** [horticultural therapy; horiticulture therapy] 治療やリハビリテーションを目的とした介入の補助として，園芸を利用すること。本来は身体障害者や精神障害者に行われていたが，外傷を負い回復を目指す者や高齢者に対して，社会的・教育的・心理的・身体的ウェルビーイングを促進するために行われることもある。

**嚥下障害** [dysphagia] 飲み込むことがうまくできないこと。脳神経の損傷や，筋肉の問題で起こることがある。

**遠見視力** [distance vision] 観察者から 3 m（20 ft）以上離れた物体を識別できる視覚。

**縁溝** [marginal sulcus] 頭頂葉の内側面にある**帯状溝**の一部である。中心傍小葉と楔前部に隣接し，その間を上行する。帯状溝辺縁枝（marginal branch of the cingulate sulcus）とも言う。

**援護就労** [supported employment] 障害をもった者が有給かつ競争的な職場環境に可能な限り早く戻るために行われるアメリカにおける**職業的リハビリテーションプログラム**のこと。個人が環境に適応するというよりは，個人と適切な雇用主や職場環境との適合性を強調する。これには，個別化，素早い就職斡旋，継続的サポート，訓練，職業上のニーズと個人的なニーズ間の統合のアセスメントなどが含まれる。援護就労は，コントロールされ，競争のない職場環境である保護作業場での就労とは異なる。⇨ **過渡的雇用**

**遠視** [hyperopia] 遠眼。遠視は，片眼もしくは両眼の焦点が網膜上ではなく後方にあるため像がぼやけているという，異常に短い眼軸による**屈折異常**である。

**エンジェル** [Angell, James Rowland] ジェームズ・エンジェル（1869-1949），アメリカの心理学者。ミシガン大学のデューイ（John Dewey: 1859-1952）のもとで学んだ後，ジェームズ（William James: 1842-1910）とロイス（Josiah Royce: 1855-1916）のもとで学ぶためハーバード大学へ移った。その後はハレ大学を含むドイツの様々な大学で学んだ。1894 年～1919 年までシカゴ大学で教鞭をと

り，心理学教授になった。1918年〜1919年には学長を勤めた。その後は全米研究機関を経てカーネギー財団の理事長に就任した。最終的にはイェール大学の学長を引退する1937年まで勤めた。これらの経歴を活かして，科学としての心理学発展へ貢献した。1906年の米国心理学会会長の演説からもわかるとおり，エンジェルは機能主義学派の優れた主導者であった。記憶，イメージ，感覚といった意識要素の研究よりも，ティチェナー（Edward B. Titchener）の提唱する進化的有用性（evolutionary utility）や意識機能（function of consciousness）について研究すべきだとエンジェルは主張した。行動主義の学校を設立することで，エンジェルらが提唱した機能主義はアメリカの心理学に大きな影響を及ぼした。

**遠刺激**［distal stimulus; distal variable］知覚において，感覚器に作用する，もしくは感覚器を刺激する環境中の実際の物体のこと。⇨ **近刺激**

**エンジニアリング人体測定学**［engineering anthropometry］大きさや動き，重心など，人間の身体の静的・動的特徴の測定およびそれらのデータを，道具のデザインや設計へ応用すること。⇨ **人体測定学**，**人間工学**

**エンジニアリングモデル**［engineering model］ヒトを含む生物を機械のように捉える信念や仮説のこと。⇨ **医学モデル**

**援助行動**［helping behavior］他者の状態やウェルビーイングを改善する，一人または複数の人間の行動であり，向社会的行動の一類型のことである。多くの援助行動が，基本的に個人のリスクのあまりない小さな要求への反応であるにも関わらず，すべての援助行動はそれを提供する個人のコストを伴う。

**援助専門職**［helping professions］個人や集団に対して健康や教育のサービスを提供する専門職を指し，心理学，精神医学，カウンセリング，医学，看護，社会福祉，理学療法，作業療法，指導，教育などの領域にわたる職業が含まれる。

**援助モデル**［helping model］広義には，生徒の完結した個としての発達とすべての可能性を実現することを重視した人間主義モデルに共通する教育的アプローチを基本としている。この援助モデルは，運動発達，知覚的スキル，認知発達，感情の成熟，対人的スキル，表現，創造性，道徳的価値観などに関わるものである。

**援助要請行動**［help-seeking behavior］特にメンタルヘルスサービスの期間中，正規，非正規の手順により，他者からの援助を捜したり求めたりするための行動。⇨ **治療探索行動**

**遠心性［1］**［centrifugal］中心から離れていくの意。遠心性神経（centrifugal nerve）は活動電位を中枢神経系から体の末梢へ伝える。⇨ **求心性**

**遠心性［2］**［efferent］中枢からの興奮を伝える様子。たとえば，**遠心性神経線維**は脳または脊髄からのインパルスを伝える。⇨ **求心性**

**遠心性運動失語症**［efferent motor aphasia］音や会話の連続を発音することが困難になる**表現性失語症**の一つ。左脳の**前運動野**の下部が欠損することで引き起こされる。

**遠心性経路**［efferent pathway］中枢神経のある領域から効果器へとインパルスを伝達する**神経経路**。例としては運動神経路があげられる。⇨ **求心性経路**

**遠心性神経線維**［efferent nerve fiber］中枢からのインパルスを末梢へ伝達する神経線維。⇨ **求心性神経線維**

**遠心性ニューロン**［efferent neuron］運動ニューロンのような神経細胞で，その軸索は中枢神経系からのインパルスを効果器（酵素活性を促進または阻害する物質）へと伝達する。

**延髄**［medulla oblongata; myelencephalon］最も下位，あるいは後部（尾側）にある**菱脳**の一部。脊髄と高次脳中枢の間でインパルスを伝える多くの神経線維がある。また，呼吸や心拍，血圧の制御に関連する自律神経核も含まれている。

**円錐角膜**［keratoconus］両眼の中心視に影響を及ぼし，炎症を伴わない障害のこと。最も早い徴候は，不規則な角膜乱視によって視覚が損なわれることである。

**延髄橋域**［bulbopontine region］脳橋や，橋に近接した部分の延髄からなる脳部位。

**延髄被蓋脳網様体**［bulbotegmental reticular formation］**網様体**のうち，**延髄**を通る部分。

**延髄まひ（球まひ）**［bulbar paralysis; bulbar palsy］唇，舌，口，咽頭そして喉頭の筋肉がまひした状態。結果として，噛む，飲みこむ，話すといったことに困難が伴う。原因には重症無筋力症，運動神経の疾病，もしくは腫瘍が含まれる。進行性球まひ（progressive bulbar palsy）と呼ばれることもある。

**延髄網様体**［medullary reticular formation］脳幹**網様体**の最後部。運動制御と交尾行動に関係している。

**厭世主義**［pejorism］極端な**悲観主義**。

**延滞制止**［inhibition of delay］遅延条件づけにおいて，条件刺激（CS）の早い段階では条件反応（CR）の大きさが小さいこと。たとえば，15秒の音（CS）がイヌへの給餌（無条件刺激）に先行する場合，唾液の分泌（CR）は音が最初に鳴りだした時ではなく，音が鳴ってから2, 3秒後になって初めて起こる。⇨ **時間弁別**

**エンタイトルメント・プログラム**［entitlement program］法律が定める条件を満たす人たち，たとえば精神・身体障害を抱えた人たちに対し，財政的な補助と福祉給付を提供するアメリカ政府のプログラム。エンタイトルメント・プログラムは，**メディケア**，**メディケイド**，**社会保障**，障害保険，類似の資金源を通じて管理されている。

**延滞模倣**［deferred imitation］行動を見た数分後，数時間後，あるいは数日後にする模倣。ピアジェ（Jean Piaget）は，延滞模倣は18か月頃に初めてみられ，**象徴機能**の表れだとした。しかし，最近の研究では，単純な課題の延滞模倣は1歳過ぎの乳児において観察可能であるとされている。

**円卓技法**［round-table technique］病院で用いられる**グループ心理療法**の一つ。3つのつながった部屋が用意されている。1つ目の部屋では，セラピストや他の人々がセラピーセッションの進展を観察するために，ワンウェイ窓が用いられる。2つ目の部屋でも，選ばれた患者がその同じセッションを観察するが，同様にワンウェイ窓が用いられる。3つ目の部屋はセラピー部屋と呼ばれるが，その部屋にいる患者は中央にマイクロホンが置かれている円卓の周りに座る。彼らの課題は，グループメンバーの中から退院の可能性があるメンバーを，スタッフミーティングに推薦することである。そして，メンバーが退院した時は，自

分達のグループが関わる隣の部屋にいる患者グループの中からメンバーを選ぶよう勧める。その際には，多数決が採用されている。⇨ **環境療法** ［アメリカの心理学者マッキャン（Willis H. McCann: 1907-1998）によって提唱された］

**エンテレケイア**［entelechy］ 哲学や形而上学における，可能性に対立するものとしての現実性のこと。ギリシャの哲学者アリストテレス（Aristotle: BC 384-322）は魂（プシュケ）を示すためにこの言葉を用いた。彼は，魂がその本質の実体に達することによって物質的存在のなかにある形相とみなした（⇨ **現実**）。後の哲学者もこの語を似たような文脈で使用した。ドイツの哲学者ライプニッツ（Gottfried Wilhelm Leibniz: 1646-1716）は，エンテレケイアあるいはエンテレケイアを有する状態を**モナド**と呼び，これを人間の与えられた本質を完成させる力であるとした（⇨ **努力**）。ある生気論の哲学や理論では，エンテレケイアは生命や成長，自己実現を可能にする，生命体内の精力をさす。⇨ **生命の躍動**，**生気論**

**エンテロガストロン**［enterogastrone］ 胃からの胃液の分泌を抑制する小腸から分泌されるホルモン。胃の内容物が小腸へと入る時に放出される。

**遠点**［far point］ リラックスした**調節**の状況下で物体が明瞭に見える最も遠い点のこと。⇨ **近点**

**猿頭奇形**［ethmocephaly］ 鼻孔がなく，原始的な長い鼻が特徴的な嗅覚系の生得的障害のこと。時に**猿頭症**に付随する場合があり，一部，**第13染色体のトリソミー**によって起こる傾向がある。

**猿頭症**［cebocephaly］ 先天的異常の一つで，両目が異常に近づいており，鼻がほとんどない，もしくは完全に形作られておらず，顔の特徴がサルのようであるもの。異常性として**一つ目奇形**を含むこともある。猿頭症は，**第13染色体のトリソミー**などの染色体異常と関連している。

**エンド・スパート**［end spurt］ 課題遂行における生産性および利得の増加のことであり，課題や一連の試行もしくは一日の仕事の終わり間際に頻繁に観察される。さらに，エンド・スパートは，たとえば長距離走などの運動競技の際に一般に観察される。⇨ **イニシャル・スパート**，**スパート**

**エンドムシア**［endomusia］ 心の中で曲または音楽作品を再生すること。原語はギリシャ語で"心の中の音楽"の意味。

**エンドルフィン**［endorphins］ 主に下垂体で見つかる**神経ペプチド**の一種で，内因性オピオイドとして機能する。最もよく知られているのは**ベータ・エンドルフィン**であるが，他にも，アルファ・エンドルフィン（alpha-endorphin）とガンマ・エンドルフィン（gamma-endorphin）がある。競技中にアスリートが痛みを感じにくい・感じないことや，**ランナーズハイ**，**エクササイズハイ**の理由の一つとして，激しい身体運動中にエンドルフィンが産生されることがあげられる。

**エントロピー**［entropy］ 1. 閉鎖系（エネルギーの出入りがない状態）内部における，熱力学的なエネルギー量。2. 統計学においては，閉じた系の乱雑さの測度のこと。3. 情報理論において，システムが情報を伝達する効率の量のこと。

**エンパワーメント**［empowerment］ ある特定の教育や社会的な体系の中において，自分自身の人生をコントロールできる力を高めるために必要であるスキルや知識，自信を身につけられるように支援すること。心理療法においては，クライエントが自らのニーズに近づき，望みが充足するように，より活動的になるようにする支援を含むプロセスである。エンパワーメントはクライエントが達成感を感じること，クライエント自身の能力や願望を認識できるようになることを支援する。⇨ **イネイブリング**

**エンプティ・スピーチ**［empty speech］ 情報あるいは意味のある内容を欠く流暢なスピーチ。

**エンプティ・チェア技法**［empty-chair technique］ ゲシュタルト療法を起源とする心理療法の技法。クライエントが自身の一側面，あるいは親など人生において重要な人物が面接の中で空いた椅子に坐っていると想像して情緒的な対話を行う技法。クライエントはその後に椅子を交換し，そうした自己の一側面や他者の役割をとる。この技法は現在ではときどき2つの椅子技法（two-chair technique）と呼ばれる。

**塩味**［salty］ ナトリウム塩化物あるいはリチウム塩化物や，別のナトリウム，リチウム塩，アミノ酸アルギニンによって生じる味を表すもの。ナトリウムは有機体内で浸透力を発生させるための主要なイオンで，電気緊張性電位の発生に必須である。体内で生成することができないため，摂取することが必要不可欠である。

**エンメッシュド・ファミリー**［enmeshed family］ メンバーが互いに過度に関わって生活している家族のこと。この家族では，ユニット（すなわちシステム）の健全な機能を制限もしくは排除，そして，個人の**自律性**を危険にさらすことがある。

**エンメルトの法則**［Emmert's law］ 残像や直観像の大きさは当該像とそれが投射される面との距離とともに増加するという法則。［ドイツの生理学者エンメルト（Emil Emmert: 1844-1913）］

**エンリッチメント**［enrichment］ 1. 魅力的な特性や品質，構成要素を追加したり強化したりすることによって，高度化や改善を行うこと。たとえば，**認知能力強化教材**プログラムは，もともと精神遅滞の幼年者のメタ認知や認知スキルを改善するために構想されたものである。**職務充実化政策**は，仕事の質を高めて，従業員の仕事に対する関心や肯定的な態度を引き出すために構想されたものである。**結婚エンリッチメントグループ**は，結婚したカップルの関係性を向上させるよう構想されたものである。2. 刺激の少ない退屈な環境において，行動や知的活動のレベルを向上させる機会を提供すること。環境エンリッチメント（enviromental enrichment）とも呼ばれる。たとえば，幼い子どもにとって，遊具を使って遊んだり，社会と触れ合う機会を与えることは，能力開発を促進することになる。動物実験においては，環境に対応した身体的動作や課題を与えることで，動物の自然な行動能力を誘発できることが示されている。また，パズルや複雑な仕組みの餌やり機なども，退屈や**ステレオタイプ**を減らすために使用されている。環境エンリッチメントは，標準的なケージ環境で育てられたネズミと比べて，脳の神経細胞をより複雑に成長させることが示されている。3. 教育において，文化的または経済的に恵まれない子どもや家庭で適切な知的刺激を受けていない子どもに，主に特別就学前プログラムなどに

よって与えられる，知的な刺激のこと。

**エンリッチメント・プログラム** [enrichment program] 賢く，才能のある子どもに対して拡張された教育内容を提供することによって，彼らの潜在能力を引き出したり，普通の授業での退屈さを未然に防ぐようにデザインされた教育プログラム。標準クラスにおいて児童生徒個人に向けて行われることもあれば，才能ある子どもを集めたクラス全体に対して行われることもある。エンリッチメント・プログラムは，標準の教育内容を早期に提供することよりも，補助教育として才能ある子どもの学習範囲を拡張することに重点を置いている。

**遠慮** [reserved] 特に，社会的相互作用において感情的に抑制された状態のこと。

# お

**追いつき成長**［catch-up growth］　長期間の病気の間など，成長が遅れている時期の後に生じる，成長の比較的速い時期。追いつくことで子どもの発達は通常の水準に戻る。

**応化**［accommodation］　交渉や個人的な取引において，合意や相互利益を得るために，多様な関係者の要求や行為の修正・調整を行うこと。

**横隔神経**［phrenic nerve］　首の**頚神経叢**から発する神経。心臓や横隔膜，胸部から腹部にかけてのその他の部分に対して感覚枝，運動枝を送る。

**横隔膜**［diaphragm］　胸腔と腹腔を区切る筋肉のこと。

**王権神授説**［devine right; divine right of kings］　国王が国を統治する権利は神から直接与えられたもので，自身が統治したり代表となっている共同体に由来するものではないとする理論や前提。この理論は，英国王ジェームズ1世（James I: 1603-1625）およびチャールズ1世（Charles I: 1625-1649），フランス王ルイ14世（Louis XIV: 1643-1715）の統治下に全盛となった。⇨ **社会契約**

**黄金分割**［golden section］　大きい部分に対する小さい部分の割合が，全体に対する大きい部分の割合と等価になるような線分による分割のこと。昔から，この割合は美的価値をもつとされてきた。

**黄金律**［Golden Rule］　倫理における返報性の原理。キリスト教の伝統では，「人にしてもらいたいと思うことは何でも，あなたがたが人にしなさい」と表現されるが，同様の表現がほとんどの世界の宗教や，多くの倫理システムにみられる。ドイツの哲学者カント（Immanuel Kant: 1724-1804）は，**定言命法**の中で同様の原理を提案した。

**黄色腫症**［xanthomatosis］　代謝障害に起因する過剰な脂質（たとえば，コレステロール）の蓄積による障害のことで，皮膚病や他の症状の原因である泡沫細胞を形成する。これらの疾患には以下のようなものが含まれる。角膜の脂肪変性による眼球黄色腫症（bulbi xanthomatosis），**ウォルマン病**，高コレステロール血症黄色腫症（hypercholesterolemic xanthomatosis），または加速性アテローム性動脈硬化症および早期の心臓発作を伴う Type II 高リポタンパク血症，通常のコレステロール性黄色腫症（⇨ **ハンド・クリスチャン・シューラー病**）など。黄色腫症に関連した疾患は，糖尿病の人々に皮膚病や他の影響を与える。

**横側頭回**［Heschl's gyrus］　ヘッシェル回とも呼ぶ。側頭葉上部にある，いくつかの斜走する隆線のうちの一つ。聴覚情報の処理に関係している。［ヘッシェル回という名はオーストリアの病理学者で，人間の聴覚系の出発点が横側頭回にあることを初めに突き止めたヘッシェル（Richard Heschel: 1824-1881）に由来］

**黄体**［corpus luteum］　卵巣内にある黄色っぽい腺性の塊で，**グラーフ濾胞**が破裂し卵子を放出した後に残る構造体。下垂体前葉から放出される**黄体形成ホルモン**の刺激により成熟し，一時的にプロゲステロンを分泌する内分泌腺として機能する。

**黄体形成ホルモン（LH）**［luteinizing hormone: LH］　下垂体前葉から放出される**性腺刺激ホルモン**の一つ。女性の場合は卵子を放出するまで卵巣の**グラーフ濾胞**の成長を促す（⇨ **月経周期**）。男性においては男性ホルモンを分泌するために精巣の間質細胞を刺激する。間質細胞刺激ホルモン（interstitial cell-stimulating hormone: ICSH）とも呼ばれる。

**応諾**［compliance］　1. 他者からの要求，願望，提案に従うこと。⇨ **同調**　2. 直接的な要請に対する人の行動の変化のこと。様々な方法が，要請の応諾を高めるために発展してきた。これらの方法は，態度変容をもたらすことによって応諾を高めることもあるが，行動の変化がこれらの方法の主要な目的である。⇨ **ドア・イン・ザ・フェイス・テクニック**，**フット・イン・ザ・ドア・テクニック**，**応諾先取り法**，**特典付加法**

**応諾先取り法**［low-ball technique］　承諾先取り法，ローボールテクニックとも言う。要求に対して同意を得た後でその要求に隠されたコストを明らかにすることによって，服従を獲得する手法。対象となる要求に対しての服従は，これらのコストが最初の要求の時点で明らかにされた場合よりも大きくなる。⇨ **ドア・イン・ザ・フェイス・テクニック**，**フット・イン・ザ・ドア・テクニック**，**特典付加法**

**黄疸**［jaundice; icterus］　肝臓，胆嚢，血液などの様々な疾患に関連し，皮膚，角膜，排泄物などに胆汁色素の沈着がみられる状態のこと。赤血球中のヘモグロビンの生成を障害する**ビリルビン**が色素として生じ，一般的に白目の部位が変色していることが最初に観察される。黄疸は肝臓への感染に関連するが，特定の薬剤に対する有害反応として生じる可能性もあり，先天的な神経異常の要因としても作用する。⇨ **核黄疸**

**横断的標本抽出**［cross-sectional sampling］　クロスセクション計画による実験に適した標本を抽出すること。

**OD**［OD］　オーバードーズ（overdose）の略。薬物を過量摂取すること。

**Oデータ**［O data］　観察者の判断に基づいた個人のパーソナリティの情報。その個人の生活機能を観察した仲間や他者による評価。⇨ **Lデータ**，**Qデータ**，**Tデータ**

**嘔吐**［vomiting］　口から胃の内容物を排出すること。一般に有毒なものを摂取した際の自律神経系の反応として生じる。しかし，**神経性過食症**では体重を不適切な方法でコントロールするために，自己誘発性の嘔吐がみられることもある。⇨ **浄化行動**

**応答的伝記**［reactional biography］　採用面接で，応募者が自分の職業経歴や他の経験について説明すること。応募者がこれらの出来事にどう対処したかを明らかにする。熟練した面接官は，事実データに加えて，そうした経験的情報を引き出すことを試みる。同様に，熟練した志願者は自分の経験を，そこから学んだ教訓や克服された挑戦という点で，どのように示すかを知っている。

**応答変数**［response variable］　研究における従属変数のこと。

**嘔吐中枢**［vomiting center］　脳の延髄にある神経中枢のことで，嘔吐を部分的に支配すると考えられる。**化学受容器引金帯**もまた嘔吐に関与する。

**黄斑**［macula lutea; macula］ 眼の光学系と直線になっている網膜上の小さな点。黄色の色素を含み，中心窩という中央の窪みをもつ。

**黄斑症**［maculopathy］ 黄斑への障害によって，視力が低下すること。網膜上の毛細血管の異常による漏出が，硬性白斑や浮腫をもたらすことによって生じる。

**黄斑変性**［macular degeneration］ 黄斑の変性のこと。両眼に影響し，中心視野に進行性の欠損が生じる。黄斑変性は乳児から高齢者まで様々な年齢で生じる。加齢黄斑変性（age-related macular degeneration）は高齢者における視力障害の最もよくみられる原因の一つである。55歳〜64歳の人々では発生率が5%で，75歳〜84歳までの人々では発生率が約45%までにも上昇する。加齢性黄斑変性には次の2種類がある。滲出性（湿性）黄斑変性（exudative (or wet) macular degeneration）は，血管が網膜下で成長し黄斑部で出血を起こすことによって生じる。委縮性（乾性）黄斑変性（atrophic (or dry) macular degeneration）は，網膜層の一部が変性もしくは委縮することによって生じる。黄斑変性の危険因子として，年齢以外では，紫外線光への暴露，喫煙，高血圧，おそらくはダイエット中の亜鉛欠乏症も含まれる。

**OPD症候群**［OPD syndrome］ 耳口蓋指症候群のこと。男女ともに罹る先天性疾患。X連鎖性のものだと信じられている。低身長症，軽度精神遅滞，骨の奇形，および聴覚障害，口蓋披裂や指の異常を含む様々な障害の特徴をもつ。

**応報戦略**［tit-for-tat strategy; tft strategy］ 交渉において，最初は協力するが，その後，相手の行動を真似る戦略。協力には協力で，競争には競争で応じる。

**応報罰**［reciprocal punishment］ 罪の種類に対応した罰のこと。いつもペットに餌をあげ忘れる子どもが，罰として食事をもらえないのは，この一例である。このように罰せられることで，この子どもは，自分がとった行動がどのような結果をもたらすのかを知る。⇨ **贖罪的刑罰**

**オウム貝の目**［nautilus eye］ 軟体動物であるオウム貝の目のこと。視覚研究において重要な価値をもつ。球形の眼窩に光受容細胞が並び，それらの光受容細胞が，上部の小さな穴から入る光に反応する。ピンホールカメラの仕組みをもつ生体組織である。

**オウム返し**［psittacism］ 言葉やフレーズ，考えなどを，その意味を理解せずに，機械的に反復すること。［ラテン語のpsittacus（オウム）に由来する］

**応用科学**［applied science］ 科学の原理と理論が実践的な方法で応用される科学的なアプローチのこと。

**応用緊張**［applied tension］ 行動療法や暴露療法において用いられる，生理的反応（たとえば意識消失を引き起こす低血圧）の変化に焦点を当てた技法。クライエントに筋肉の緊張と弛緩のやり方を教え，実践させるもの。血液恐怖症，負傷恐怖症，注射恐怖症の治療において発展し，現在でも主な治療法となっている。

**応用研究**［applied research］ 理論の発展や知識の獲得それ自体のためというよりも，実践的な命題への答えを導き出すことを目的とした研究。⇨ **基礎研究**

**応用言語学**［applied linguistics］ 言語学の理論と方法が実践に用いられている領域。この領域が始まった背景には，言語教育，言語障害の治療，人工知能のいろいろな側面が含まれる。

**応用行動分析（ABA）**［applied behavior analysis: ABA］ オペラント条件づけといったスキナー（B. F. Skinner）の考案した行動原理を実践へと拡大させたもの。異常行動や問題行動に対する治療として，応用行動分析を様々にアレンジしたものが，臨床場面で**行動修正**や**行動療法**の形で用いられている。

**応用心理学**［applied psychology］ 政治的選挙活動や消費者問題，産業，人間工学，教育，広告，職業指導，生活問題，そして環境問題などのように，心理学の理論と原理，技術を実践に応用する研究領域のこと。これは，知識を有効に使うというよりも，応用的問題への成果を重視していることから，理論心理学あるいはアカデミックな心理学とは対比されることもある。

**応用スポーツ心理学**［applied sport psychology］ アスリートのパフォーマンスを高めたり，維持するために**スポーツ心理学**の知見を活かした研究のこと。

**応用スポーツ心理学会（AAASP）**［Association for the Advancement of Applied Sport Psychology: AAASP］ アメリカで1986年に設立された専門的組織。スポーツ，運動，健康心理学の領域において心理学的理論の発展と応用を推進させることを目的とする。主な出版物は，*Journal of Applied Sport Psychology*である。⇨ **スポーツ心理学**

**覆いをとる**［uncovering］ 心理療法において，問題の根底にある要因を捉えるために，個人の防衛を取り除き，焦点化された症状の背後にあるものを探求すること。覆いをとる技法（uncovering technique）には，精神分析や，精神力動論，深層心理学論といった理論や，問題の深層の探査や，クライエントの誠実性を促進するようにセラピストとの信頼関係を利用するといった技法がある。

**狼男**［Wolf Man］ フロイト（Sigmund Freud）によって1918年に報告された精神分析の事例。その事例においてフロイトは，彼の転換症状（便秘），恐怖症（オオカミや他の動物），宗教的な内容を伴った強迫観念（敬虔さと不敬な思考を交互に繰り返す），食欲不振などの複雑な症状は，幼少期の体験に対する反応によって生じていると説明している。フロイトは，この事例が幼児性欲という彼の理論を確証するものであると考えていた。

**狼少女**［wolf children］ インドで狼によって育てられ，食物をかまずに飲み込み，夜に遠吠えし，四つんばいになって走るといったような，一見したところ狼のような生活パターンを取り入れた2人の少女。捕えられたとき，彼女たちはそれぞれ生後18か月と生後8歳であり，年下の少女は1年以内に死亡した。年上の少女は17歳まで生き，決して十分には洗練されていないが，半分身をかがめた姿勢で60cm程（2フィート）歩くことを身につけ，50語の語彙を獲得し，服を着てお使いに行くことを学習した。⇨ **アヴェロンの野生児**

**狼憑き**［lycanthropy; lycomania; zoanthropy］ 魔術や魔法によって，人間が狼，あるいはその他の動物に変容させられると認識すること。狼憑きの考え方は，16世紀のヨーロッパに大流行したもので，推定で600名の狼憑きの者が動物の姿で暴力犯罪に従事したという理由から死刑に処せられた。［"狼"を表すギリシャ語のlykosから］

**大きさ−重さの錯覚**［size-weight illusion］ 重さを判断する際，密度が判断される傾向。すなわち物体の大きさ

に影響を受ける傾向のことで，同じ重さをもつ場合，より小さく，より密度の高い物体に比べて，大きな物体が軽いと判断される。

**大きさ-距離のパラドックス**［size-distance paradox］観察者が距離を見誤ることによって，物体が実際の大きさよりも大きくあるいは小さく知覚される錯覚。たとえば，いわゆる月の錯視（moon-illusion）では，**奥行き手がかり**が存在しない天頂に比べて，奥行き手がかりの存在によって地平線上では，月がより遠くにあると感じられ，月はより大きく知覚される。距離のパラドックス（distance paradox）とも呼ばれる。

**大きさ手がかり**［size cue］**刺激**の**見かけの大きさ**を解釈するために視覚システムが用いる様々な手がかり。網膜に投影されたイメージの大きさ，視野内における物体間の関係性，**奥行き手がかり**，**大きさの恒常性**が含まれる。

**大きさの恒常性**［size constancy］対象が近くまたは遠くに動くことで網膜像が変化しているとき，物体の大きさは変化しないと感じること。⇨ **知覚の恒常性**

**大きさの弁別**［size discrimination］物体の大きさの違いを区別する能力。視覚を用いない場面では，触覚に依存する。

**大きな嘘**［big lie］プロパガンダ戦術の一つ。馬鹿げた話を確信をもって語ることで，聞き手に「普通の人間なら真実でもないのに畏れもなく堂々とこんなことは言わないだろう」という直感的判断を引き起こさせ，それを真実として受け入れさせること。

**オーガズム**［orgasm］絶頂とも呼ばれ，性的興奮や性的行為の最高潮であり，快楽がピークに達した時のことである。男性の場合，精液の射出（⇨ **射精**），女性の場合，膣の収縮といった特徴がある。多くの男女において，性的興奮は1分以内に治まる。また，不随意筋の収縮に加え，血圧，心拍数の上昇，軽度の意識混濁といった特徴もある。⇨ **性的反応サイクル**，**膣オーガズム**，**陰門オーガズム**

**オーガズムインポテンツ**［orgastic impotence］普通に勃起し，射精できるにも関わらず，**オーガズム**に達することができないこと。⇨ **男性オーガズム障害**

**オーガズム帯**［orgasmic platform］膣と小陰唇の外側部にある血管組織。性的興奮時または性交時に充血する。

**オーガズム能力**［orgastic potency］男性や女性が性行為の最中に完全な**オーガズム**に達することができる能力のこと。⇨ **性的能力**

**オーガズム前の**［preorgasmic］**オーガズム**直前の様子。呼吸，心拍数，血圧の上昇および，半痙攣性の筋収縮，陰茎亀頭，睾丸，膣上壁の肥大により特徴づけられる。

**オーガニックアプローチ**［organic approach］心身における障害のすべてが生理学的なものであるという考え方。（統合失調症や双極性障害を含む）すべての精神障害は脳の構造変化，あるいは神経や腺組織の生化学的な障害によるという考え。⇨ **有機体**

**オカルト**［occult］神秘的，理解困難な，秘密のといった意味合いをもつ。この用語は，主に魔術的な信念や所業（⇨ **魔法**）に関する特定の秘密の伝統に対して用いられるが，日常的理解や科学的理解を超えた**予知夢**，**透視**，**テレパシー**による対話など，未知の現象に対しても使われる。⇨ **超心理学**

**置き換え**［displacement］もともとの対象から他の人や物に気持ちや行動を移すこと。精神分析理論で置き換えは，たとえば敵意や恐怖を中立的だったり，脅威でない，あるいはより脅威でない対象に向けたりすることで緊張を減らす**防衛機制**と考えられている。この例として，怒った子どもが父親を攻撃する代わりに兄弟を傷つける，不満を抱える従業員が上司の代わりに配偶者を批判する，自身の敵意の衝動を恐れる人がナイフや銃，あるいは武器として使われるかもしれない物に恐怖を移し替えるなどがあげられる。⇨ **置き換えられた攻撃**，**欲動の置き換え**，**スケープゴーティング**

**置き換え仮説**［alteration hypothesis］出来事を目撃した後に，誤ったあるいは誤解を招きやすい情報が取り込まれることによって，出来事のもとの記憶に差し替え，変換，損傷などが生じ，結果的に出来事を誤ったように報告するという仮説。代用仮説（substitution hypothesis），上書き仮説（overwritten hypothesis）とも言う。⇨ **共存仮説**

**置き換えられた攻撃**［displaced aggression］敵意が，欲求不満や怒りの原因から離れ，自分自身か別の人や物に向かうもの。置き換えられた攻撃は，たとえば責めを負うべき人や慣習（institution）との直接的な対決が阻まれる時に生じる。それらがあまりに強力で，報復される恐怖が常に伴い，攻撃不可能だと考えられるからである。⇨ **感情の置き換え**，**直接的攻撃**

**オキシトシン**［oxytocin］視床下部で作られ，直接の神経性刺激に反応して**下垂体**後葉より分泌されるホルモンのこと。オキシトシンは特に授乳時の乳腺や陣痛時の子宮壁において平滑筋を刺激する。授乳中の母親では，乳児から与えられる触覚刺激によって分泌され，母乳が出るのを促進する。これは射乳反射（milk letdown reflex）と呼ばれる。合成オキシトシンは出産時に子宮の収縮を促すために投与される。

**オクターブ**［octave］周波数比が2対1である2つの音の間隔。周波数$f_1$と$f_2$の2音の間におけるオクターブの間隔あるいは周波数の比は，オクターブ数を$n$とするとき，$f_2/f_1=2n$と表すことができる。たとえば，1/3オクターブのバンドパスフィルタの上限遮断周波数は，下限遮断周波数の$2^{1/3}=1.26$倍である。⇨ **セント**，**音程**

**オクターブ効果**［octave effect］条件づけにおいて，実験動物がある周波数の音に対して**強化**を経験した後に，もとの周波数と1オクターブ離れた新しい周波数の音に対しても反応するようになる現象。これは，もとの音と1オクターブ離れた音が，そのオクターブ内の他の周波数の音よりも，もとの音と類似性が高いためである。

**臆病**［timidity］知覚された危険に対して接近する際に，ただならぬ警戒を払う，あるいは危険を完全に回避しようとする傾向。

**臆病大胆連続性**［shy-bold continuum］新しい刺激に対し恐れる，または注意する特性，および新刺激を好奇心から調べる特性をさす。臆病であるほど捕食される可能性は低いが，新しい資源を利用できる可能性も低い。この連続的性質は魚類からヒトまで多くの種で確認され，行動様式の普遍的性質といえる。

**奥行知覚**［depth perception］物体と観察者間の距離についての3次元的で立体的な気づき。奥行き知覚は，**大気遠近法**，**運動視差**，**視覚的な調整**，**両眼視差**，**輻輳**といった手がかりにより達成される。⇨ **視覚的断崖**

**奥行き手がかり**［depth cue］ 視覚系に，対象の奥行きや観察者からの距離を伝えるもの。単眼性奥行き手がかり（monocular depth cues）は，片方の眼だけを必要とするもので，**毛様筋**の状態や，**大気遠近法**，近くの物体による遠くの物体の遮蔽に関する情報などがこれにあたる。両眼性奥行き手がかり（binocular depth cues）は，両眼から入ってくる情報の統合を必要とするもので，眼の**輻輳**や**両眼視差**に関する情報などがある。

**遅れ**［lag］ 刺激を与えた後の反応が遅れていること。

**汚言**［coprolalia; coprophrasia］ 特に動機もなく，無意識に，猥褻な，不敬な，特に排泄物に関する言葉や表現を衝動的に発すること。醜語症，コプロラリーとも言う。特に，トゥレット症候群などの様々な神経学的な障害でみられる。

**おしゃべりな人効果**［chatterbox effect; cocktail-party syndrome］ 水頭症や精神遅滞，あるいは脊椎破裂によって生じるおしゃべりな行動のこと。流暢で社交的な会話であるが，意味的ではない会話である。会話の聞き手にとっておもしろいようにできるだけ長く情報をでっちあげる傾向があり，また，後になって何を議論したのか思い出せない。

**オシログラフ**［oscillograph］ よく身体機能の研究で用いられる，電気的エネルギーの波形を図式記録する装置。

**オシロスコープ**［oscilloscope］ 電気的な電波や音波を記録し，ブラウン管の蛍光板に視覚的に表示する電子機器。

**オシロメータ**［oscillometer］ 動脈の脈動のような身体機能と関連する振動（変動やゆらぎ）を計測する装置。

**オズグッド**［Osgood, Charles Egerton］ チャールズ・エジャートン・オズグッド（1916-1991），アメリカの心理学者。オズグッドは，1946年イェール大学にて心理学の博士号を取得した。1950年にイリノイ大学の教員となり，その後引退するまで在職。彼の最も重要な貢献は教科書 *Method and Theory in Experimental Psychology*（1953）である。オズグッドの研究は**心理言語学**と**比較文化心理学**の分野に関係が深かった。ハル（Clark Hull）の**新行動主義**に影響を受けたオズグッドは，行動モデルにおける刺激と反応の**仲介変数**という，明確に名づけられた心的表象の理論を発展させた。また，共同研究者とともに，言葉の意味を決定する**セマンティックディファレンシャル法**の開発も行った。この手法はチョムスキー（Noam Chomsky）やブラウン（Roger Brown）のような言語学者からは批判されたが，多くの研究に影響を与えた。オズグッドの見解はスチ（George J. Suci），タンネンバウム（Percy H. Tannenbaum）らとの共著である *The Measurement of Meaning*（1957）にまとめられている。後の彼の研究は意味の異文化研究，および言語病理学に向けられた。オズグッドは米国心理学会特別功労賞を表彰された他，米国芸術科学アカデミーと全米科学アカデミーのフェローとして選ばれた。

**オーストリア学派**［Austrian school］ 19世紀末，主にオーストリアのウィーン大学やグラーツ大学で起こった心理学の理論的展開を指す。ドイツの心理学者・哲学者であるブレンターノ（Franz Brentano: 1838-1917）と，オーストリアの哲学者マッハ（Ernst Mach: 1838-1916）の影響を受け，全体性や体制化された知覚をもたらす心的過程を強調した。このような視点は，**ゲシュタルト心理学**の先駆けとなった。⇨ **作用心理学**

**オストワルト表色系**［Ostwald color system］ 有彩色と無彩色のサンプルを体系化する手法。この表色系では，24の色相が，反対側が補色となるように円の外側に配置されている。隣り合う色の足し合わせにより，オストワルト尺度（Ostwald scale）のあらゆる色を作成することができる。［ドイツの化学者・物理学者オストワルト（Wilhelm Ostwald: 1853-1932）による］

**汚染**［pollution］ 環境中に毒素や汚染物質が存在すること。⇨ **大気汚染適応**，**大気汚染行動効果**

**汚染強迫**［contamination obsession］ 世界は実に嫌なもので，腐敗し死滅しつつあるという感覚に基づいて，病気，ごみ，病原菌，泥，排泄物，唾液などに激しくとりつかれること。極端なケースは統合失調症の症状とみなされることがある。

**オーソナジア**［orthonasia］ 子どもに死が人生の一部であることを教えるプログラムであり，対処のレパートリーとして，死に対する健全な態度を持たせるようにする。［オーストリアで生まれたアメリカの心理学者アイスラー（Kurt R. Eissler: 1908-1999）によって提案された］

**恐れ**［dread］ 精神分析において，たとえば暗い夜に外出したときのような，特定の恐れによって引き出される不安をいう。これは，特定の対象をもたない不安と対照的に用いられる語。

**恐れ型愛着**［fearful attachment］ 自分と他者の否定的な**愛着の内的ワーキングモデル**によって特徴づけられる大人の愛着スタイル。恐れ型愛着の人は，苦しい時に自分自身と他者の能力と効力を疑い，他者からの助けを求めないとされている。⇨ **拒否型愛着**，**とらわれ型愛着**，**安定型愛着**

**オーソレーター**［Ortho-Rater］ 視力や色視覚，奥行知覚を短時間で評価するために用いる持ち運び可能な視覚検査機器。運転免許申請時の視覚の適正検査に用いるのがアメリカにおける一般的な用途である。

**恐れられている自己**［feared self］ 自己概念の分析において，個人が将来抱く可能性のある心理的属性に関する表象。特に，その属性の獲得によって不安感や恐怖感が引き出されるようなもの。

**落ち着きのなさ**［restlessness］ 無目的に見え，継続時間や強度が限定的な活動形態。人間の場合，常に動き，注意散漫になり，そわそわする。同様に，動物の場合，周りの環境内で動き回り，位置を頻繁に変え，周囲を見回する。⇨ **自発運動**

**オッカムのかみそり**［Occam's razor; Ockham's razor］ 2つの仮説のうちどちらかを選択する場合，より少ない仮定を含んでいる仮説を選択するべきだとする格言。⇨ **エレガントな解**，**倹約の法則**　［イギリスのフランシスコ会の修道士・スコラ学の哲学者オッカム（William Occam: 1285-1347）による］

**オッズ**［odds］ 発生していない出来事の確率に対する発生した出来事の確率の比。通常，3：5のように整数の比として表される。

**オッズ比**［odds ratio］ 2つのオッズの比。薬剤治験の場合，実験群における効果のオッズを統制群のオッズで割ることで計算される。

**オーティス・レノン学力テスト**［Otis-Lennon School

Ability Test: OLSAT] 学業成績を予測する言語的・非言語的推論能力を測定する多肢選択式課題。幼稚園児から12歳児までを対象とし，言語的理解，言語的推論，図式的推論，数的推論，量的推論を測定するために，様々な課題（たとえば，言葉の定義，類似点・相違点判断，指示どおりの行動，単語や数字の再生）によって構成される。オーティス・レノン学力テストは，オーティス即時得点化心理能力テスト（Otis Quick Scoring Mental Ability Test）（初版は1930年代に出版された）の改訂版である初期のオーティス・レノン心理能力テスト（Otis-Lennon Mental Ability Test）の修正・代替版として，1979年に初版が出版された。現在は第8版（2003年）が出版されており，通常は集団に対して実施される。[執筆者はアメリカの心理学者オーティス（Otis: 1886-1963）とレノン（Roger T. Lennon: 1916- ）である］

**おてんば**［tomboyism］ 伝統的に男児が行うとされる行動を女児が行う傾向。⇨ **役割混乱，女々しい行動**

**音**［sound］ 空気や水など，弾力性のある媒体において時間経過とともに生じる圧力の変化。音は必ずしも聴覚を生じさせない，すなわち可聴下音や超音波は，それぞれ人の可聴範囲を下回るあるいは上回っている。しかし，心理学では，音は通常，有機体によって聞き取ることができる刺激のことを指す。⇨ **可聴範囲**

**音間隙**［tonal gap］ 部分的あるいは完全に聞こえない音の高さの範囲。この間隙より低い音や高い音は知覚できる。

**音空間認知**［auditory space perception］ 音源の方向と距離に関する認知のこと。⇨ **音源定位**

**オートクリティック**［autoclitic］ **言語行動**（言語的オペラント）の構成要素の一つ。他の言語行動に依存し，その言語行動が聞き手に与える効果を変化させる。たとえば，「私はそれをネコだと思う（I think that is a cat）」という発言において，「私は思う（I think）」はオートクリティックの役割を果たしており，文章のその他の部分である言語的オペラントについて話し手がそれほど確かではないことを聞き手に示している。「である（is）」もまたオートクリティックであり，同じ刺激が2つの単語「それ（that）」と「ネコ（cat）」をもたらしていることを示している。

**男らしさ**［virility］ 成人男性の性質を所有している状態。特に性交能力について。⇨ **雄性，男性性**

**脅し**［threat］ 強制の手段として用いられ，依頼や要求に応じない場合の不愉快な結果を示すこと。

**オートステレオグラム**［autostereogram］ 正確に知覚すると3次元的な深さの認知を生み出す2次元反復要素配列のこと。

**オートセクシュアリティ**［autosexuality］ 他の人間や他者が加わることなく生じる，性的興奮や刺激のこと。たとえば，マスターベーションや性的な夢や想像を指す。

**音の粗さ**［roughness］ 振幅変調音（⇨ **変調**）によって生じる知覚を表す主観的な音の質のこと。ゆっくりとした，音の大きさが変化するように感じられる振幅変調は唸りと呼ばれる。約15 Hz以上の振幅頻度はフラッター（flutter），およそ40 Hzを超えると粗さ（rough）と呼ばれる。

**音の感覚**［tonal sensation］ ピッチをつくり出す聴覚。聴覚を指してより広義の意味で用いられることもある。

**音の強度**［sound intensity］ 特定の領域を通過した音エネルギーの流量で，ワット毎平方メートル（$W/m^2$）で測定される。実際には，直接的に測定されることは稀で，圧力測定を用いて間接的に測定され，しばしばデシベルで表される。音の強度は，音の圧力の2乗に比例する。

**音の属性**［tonal attribute］ 音に知覚される特性。音の主要な属性はピッチ，ラウドネス，音色である。

**オートノマジア**［autonomasia］ **健忘失語**のタイプの一つで，名詞や名前を思い出すことができなくなること。

**音の融合**［tonal fusion］ 2つ以上の音が混ざって1つの音として体験されること。

**オートプラスティ**［autoplasty; autoplastic development］ 周りの環境を変えるのではなく自身の行動パターンを変容することで現実に適応すること。オートプラスティック行動は，神経症的行動の発生のように心理的に悪影響となるが，同時に，心理療法の介入によって より適応的な思考や行為へ導かれることで心理的に健康にもなる。

**オートポイエーシス**［autopoiesis］ あるシステムや認知アーキテクチャを構成するモジュール同士が，相互に補完し，育成し，かつその維持に関わるような状態。

**オートマトン**［automaton］ 1. 人間の機能を模倣する機械で，たとえばスポット溶接機（spot welder）や従順な機械（machine docilis）と呼ばれるもの。検査をしたり，動いたり，問題解決をしたり，障害物を避けたり，笛の音に従って反応したりすることができる。迷路を自分で動き回り，近道をしたり，目標を"選択"することさえできる自動装置もある。⇨ **サイバネティックス，フィードバック** 2. 外部からの何かしらの動因力なしに，自律的にルーチン化された方法で行われる人の行為。⇨ **自動化**

**オートラジオグラフィー**［autoradiography］ 電気泳動板のような放射性化学物質の分布を明らかにする組織学的技法。

**踊るハート錯視**［fluttering hearts］ ある色（典型的には赤）の図形が，同じ明るさであるが異なる色（典型的には青）の背景に提示されるとき，全体像を動かすとその図形が踊っているように感じられる錯視のこと。2種類の色を符号化する錐体の異なる反応速度がこの錯覚の基礎になっていると考えられている。

**オートレセプター**［autoreceptor］ 神経伝達物質に対する受容体分子で，シナプス前膜に位置するもの。オートレセプターは軸索終末に対して伝達物質がどの程度放出されたかを知らせている。

**音連合**［clang association, clanging］ 意味情報ではなく，音情報の類似性による言葉の連想のこと。躁状態や統合失調症における病的錯乱状態のときに起こる。

**驚き**［surprise］ 予想の裏切りや，環境における新奇的な発見から引き出される感情。万国共通の表情で表現される感情だと言われている。生理的には，声を上げる，眉を弓形に曲げる，目を大きく開ける，あんぐりと口をあける，息を止める，などが生じる。

**オナニー**［self-abuse］ 自慰（マスターベーション）の婉曲的な用語。この用語は18世紀に一部の宗教家や医師らが，マスターベーションは「オナン（Onan）の罪」（⇨ **手淫**）に起源をもつと確証する試みから展開されていったといわれている。これは全盲の視覚障害や知的障害など，多くの障害はマスターベーションによって生み出

れているという非科学的な主張に何らかの裏づけを与えようとした試みでもあった。

**おねしょ**［bed-wetting］ 睡眠中の無意識の排尿。おねしょは4歳ないし5歳よりも大きな子どもに生じた場合に問題と考えられる（一般的に男児に2倍多くみられる）。また，睡眠時遺尿（sleep enuresis）とも呼ばれる。⇒ **排泄障害，遺尿症**

**おばあさん仮説**［grandmother hypothesis］ 祖父母（特に祖母）の孫の世話への寄与が人間の寿命を延ばす要因になっているという進化論に基づく仮説。

**おばあさん細胞**［grandmother cells］ 動いている虫や手の輪郭などのように，視野における特定の物体に対してのみ刺激を受ける**視覚連合野**における特徴検出細胞のこと。この名前は，おばあさんの像にのみ応答するという仮説的な細胞からつけられている。

**オーバーアチーバー**［overachiever］ 適性検査や一般知能検査によって計算・予測された能力を上回る成績を上げている生徒。遂行可能な水準以上の達成をすることは不可能であるため，予測される期待値を上回る達成をする（achivement above predicted expectation）という意味の，オーバーアチーブメント（overachivement）と呼ぶ方が望ましい。⇒ **アンダーアチーバー**

**オーバーイーターズ・アノニマス**［Overeaters Anonymous: OA］ 脅迫的摂食障害者が互いに理解しあい，12のステップによって障害を克服するためのボランティア組織。⇒ **セルフヘルプグループ**

**オーバーエイジ**［overage］ 行動や特性が，平均もしくは年齢を超えている人を表す用語。この用語は，しばしば，同じ学年の子どもよりも暦年齢が上の子どもに対して適用される。アンダーエイジ（underage）は，クラスメートよりも年齢の低い子どもを指す。

**オーバーシュート**［overshoot］ 膜電位が静止電位と比べて一時的に脱分極している時の，その状態を表す**活動電位**の一部。⇒ **アンダーシュート**

**お話療法**［talking cure］ 心理療法の類義語。時に，否定的な意味で使われることがある。セラピストとともにクライエントが自身の問題を「徹底して話し合う」ための，ある特定の心理療法のアプローチの本質とみなされている。アンナ・O（Anna O.）という患者が最初に用いた用語であり，精神分析の領域において使われていた。

**オピオイド**［opioids］ 天然に存在する**アヘン剤**（モルヒネ，コデインなど）とその半合成誘導体（ヘロインなど）を含む化合物のこと。オピオイドには，モルヒネ様作用をもつ合成化合物（メペリジンとメタドンなどの**オピオイド作動薬**），**オピオイド拮抗薬**（ナロキソン，ナルトレキソンなど），混合作用拮抗薬（ブプレノルフィン），さらに**内因性オピオイド**が含まれる。オピオイドの作用には，痛覚脱失，眠気，陶酔や他の気分変化，**呼吸抑制**，消化管運動の低下がある。多くの天然オピオイドは乱用と依存を招く（⇒ **アヘン類乱用，アヘン類依存，アヘン類中毒，アヘン類離脱**）。オピオイドは臨床的に鎮痛剤（⇒ **オピオイド鎮痛薬**，麻酔薬（フェンタニル）など），咳止め薬（デキストロメトルファンなど），止痢薬（ロペラミドなど）として使用されている。オピオイド作動薬は（とりわけ）オピオイド依存症に対処するために使用される。

**オピオイド拮抗薬**［opioid antagonist; narcotic analgesic］ **オピオイド受容体**において，拮抗薬として作用する薬品。一般に，オピオイド拮抗薬は，分子の構造的な変化の結果としてオピオイド受容体に結合するが，オピオイド作動薬のような多幸感（euphoria）や呼吸抑制，鎮痛（analgesia）は生じさせない。モルヒネの合成誘導体（synthetic derivatives）である。オピオイド拮抗薬には完全（純粋）（complete: pure）拮抗薬と，混合（mixed）拮抗薬がある。**ナロキソン，ナルトレキソン，ナルメフェン**（アメリカでの商品名Revex），ナロルフィンといった完全拮抗薬は，一般に，アヘン剤の過量服用の影響（著しい呼吸抑制：respiratory depression）を覆すために用いられる。**ブプレノルフィンやペンタゾシン**（アメリカでの商品名Talwin）のような混合作用拮抗薬は，オピオイド作動薬を作る過程で開発された。

**オピオイド作動遮断**［opioid blockade］ 薬物乱用に対する維持療法として，**メタドン**などの遮断薬を投与することで，ヘロインのような**オピオイド**による多幸感（euphoric effects）を抑制すること。

**オピオイド作動薬**［opioid agonist］ 中枢神経系の**オピオイド受容体**において増強効果をもつあらゆる薬品。オピオイド作動薬には完全（純粋）作動薬と部分作動薬がある。**モルヒネ，コデイン，ヘロイン，メタドン，メペリジン，LAAM**は完全作動薬である。部分作動薬（たとえば，**ブプレノルフィン，トラマドル**）は，完全作動薬よりも同一受容体における活動が弱いため，鎮痛作用も小さい。麻薬作動薬（narcotic agonist）とも呼ばれる。

**オピオイド受容体**［opioid receptor］ オピオイド（内因性オピオイドを含む）と結合し，その作用を**Gタンパク質**を介してもたらす**受容体**のこと。オピオイド受容体にはデルタ（δ），カッパ（κ），ミュー（μ）の，少なくとも3つの種類があることがわかっている。オピオイド受容体は脳，脊髄，末梢に広く分布しており，それぞれのタイプの受容体は特異的に分布している。ミュー受容体（mu receptor）は主としてオピオイドの服用と結びついた鎮痛作用と陶酔感に関わっている。外部から投与されたほとんどのオピオイドはミュー受容体に結合する。それはまた，オピオイドに関連する呼吸抑制，鎮静作用，そして消化管運動の低下をもたらす。カッパ受容体（kappa receptor）は大部分が脊髄の**後根**神経節に位置している。これらの受容体を刺激することは，より穏やかな鎮痛作用と不快性応答を生み出し，また，オピオイドのもたらす知覚・認知作用の一部にも関わることがある。デルタ受容体（delta receptor）はミュー受容体におけるオピオイドの活動を促進することがあり，鎮静作用を生み出すことにはあまり直接的に関わらない。最近発見されたN/OFQ受容体（N/OFQ receptor）の特徴はまだ完全にはわかっていない。

**オピオイド鎮痛剤中毒**［opioid analgesic addiction］ モルヒネのような，痛みを軽減するために処方されるオピオイド薬への心理的，身体的依存。徴候として，同程度の軽減を得るために投薬量の増加を要求することがある。⇒ **アヘン類依存，アヘン類離脱**

**オピオイド鎮痛薬**［opioid analgesic］ 感覚的な痛みと，痛みに対する情動的反応の双方を軽減させるために臨床的に用いられるオピオイドの総称。この鎮痛（analgesia）は，μ**オピオイド受容体**における作動薬の働きによるものである。軽度から中等度の痛みの軽減に用いられるオピオ

イドには，**コデイン**，**ジヒドロコデイン**（dihydro-codeine），**プロポキシフェン**，**ヒドロコドン**がある。激しい痛みに対しては**モルヒネ**，**メペリジン**，**オキシコドン**（oxycodone）（アメリカの商品名はオキシコンチン：Oxy-Contin），**レボルファノール**のようなより強力な薬品が用いられる。また，**メタドン**，**フェンタニル**，**ブプレノルフィン**は追加用途のある強力な鎮痛薬である。オピオイド鎮痛薬の副作用には，吐き気や嘔吐，便秘，鎮静状態，呼吸抑制（respiratory depression）がある。また，オピオイド鎮痛薬の多くは，乱用や身体依存（physical dependence）の可能性がある。麻薬鎮痛薬（narcotic analgesic）とも呼ばれる。⇨ **オピオイド拮抗薬**

**オービソン錯視**［Orbison illusion］　幾何学的錯視の一種であり，直線的な境界をもつ形や線または円が，背景にある線の繰り返しのパターンによって歪んで見える錯視。［アメリカの物理学者オービソン（William Dillard Orbison: 1911-1952）による］

**オピニオンギバー**［opinion giver］　グループ討論において，グループメンバーから選任される課題役割であり，自分の考えや知識，態度，信念を筋道立てて表現する。インフォメーションギバー（information giver）とも言う。⇨ **オピニオンシーカー**　［アメリカの教育理論家ベン（Kenneth D. Benne: 1908-1992）が1948年に同定し，アメリカの社会心理学者シーツ（Paul Sheats）が全米教育協会で行われた討論グループの追跡調査を行っている］

**オピニオンシーカー**［opinion seeker］　グループ討論において，グループメンバーから選任される課題役割であり，他者の考えや知識，態度，信念を捜し出す。インフォメーション・シーカー（information seeker）とも言う。⇨ **オピニオンギバー**　［アメリカの教育理論家ベン（Kenneth D. Benne: 1908-1992）が1948年に同定し，アメリカの社会心理学者シーツ（Paul Sheats）が全米教育協会で行われた討論グループの追跡調査を行っている］

**オピニオンリーダー**［opinion leader］　商品の購入前に他者から助言を求められたり，行動が他者の模範となるような個人。オピニオンリーダーとなるような人は，集団の他成員と社会的なつながりをもっていることが必要である。

**オフィディオフィリア**［ophidiophilia］　ヘビに対して特異な魅力を感じること。

**オーフェナドリン**［orphenadrine］　従来の抗精神病薬による薬剤性パーキンソン病様症状の治療に用いられる**抗コリン薬**である。また，局在性筋痙攣（⇨ **筋弛緩剤**）の軽減にも用いられる。オーフェナドリンは鎮痛剤と組み合わせて販売されてもいる（たとえばアメリカではノルジージック：Norgesicとしてアスピリンやカフェインと組み合わされている）。アメリカでの商品名はノルフレックス（Norflex）。

**オブジェクト言語**［object language］　プロセスよりもデータを重視するコンピュータプログラミング言語の一種。主に指定の行動を遂行するコマンドから構成されたプログラムをもつ命令型言語とは異なり，オブジェクト言語は，主としてデータオブジェクトに対して大抵修正するように命じるコマンド（たとえば，値を変更しなさい）から構成されているプログラムを支えている。

**オブジェクト指向操作**［object-oriented play］　一連の行動における物体の操作。物体を打ったり投げたりするといった物体の取り扱い。

**オブジェクトディスプレイ**［object display］　有意味図形を利用して種類の異なる情報を同時に提示する表示方法。通常，多角形の形をなしており，形態の変化によりシステムの状態を表す。コンフィギュラルディスプレイ（configural display）とも言う。

**オブジェクトフェティッシュ**［object fetish］　特定の身体部分や物品に集中する性的関心。よくみられるものとして足・靴・下着があるが，ほぼすべてのものが対象となりうる。⇨ **レティフィズム**

**オプシン**［opsin］　視覚の**感光色素**のタンパク質成分。他の成分はレチノール（retinol）と呼ばれるビタミンA誘導体である。桿体細胞に対しては1種類のオプシン（桿体オプシンまたはスコトプシン）があり，レチノールと結合して桿体感光色素である**ロドプシン**を形成する。錐体オプシン（フォトプシン）には3種類あり，3つの異なる錐体感光色素のそれぞれに対して異なる波長感受性を与える。⇨ **ヨドプシン**

**オフセル**［off cells］　視覚系（特に網膜）に存在するニューロンであり，網膜が光のオフセットを検知した時に脱分極する。⇨ **オフ反応**，**オンセル**

**オフタイムライフイベント**［off-time life events］　幼児期の癌や90歳を過ぎてからの結婚など，人生における非典型的あるいは予期しない時点におけるライフイベント（⇨ **生活上の出来事**）のこと。⇨ **オンタイムライフイベント**

**オフ中心／オン周辺**［off-center/on-surround］　中心への刺激は神経活動を抑制するが，周辺への刺激は神経活動を活性化させるという同心型の**受容野**のこと。⇨ **中心周辺拮抗作用**，**オン中心／オフ周辺**

**オフ中心神経節細胞**［off-center ganglion cell］　受容野の中心に光が当たったときに抑制されるが，周辺に光が当たったときに活性化する**網膜神経節細胞**。⇨ **オフ反応**，**オン中心神経節細胞**

**オフ中心双極細胞**［off-center bipolar cell］　受容野の中心に光が当たったときに抑制されるが，周辺に光が当たったときに活性化する**網膜双極細胞**。⇨ **オフ反応**，**オン中心双極細胞**

**汚物嗜好症**［saliromania］　不潔なもの，極めて不快なもの，醜いものに性的興味と興奮をおぼえる傾向。

**オプトグラム（網膜光像）**［optogram］　視覚刺激により**ロドプシン**が漂白され，網膜上に形成される物理的な像（⇨ **色素漂白**）。オプトグラムは，19世紀，実験動物が明るい静止刺激を見た後にその網膜を迅速に除去することによって観察された。また，囚人の処刑後すぐに網膜を調べることもあった。

**オープニングテクニック**［opening technique］　セラピストが初期のラポールを形成する方法。または，セラピーにおけるクライエントとの治療的関係の初期，あるいは個人療法や家族療法で各セッションの開始時に安心と信頼をもたらす方法。

**オフ反応**［off response］　光の減衰に応じて生じる，視覚系におけるニューロンの脱分極のこと。その受容野の中心でオフ反応を行うニューロンはしばしば**オフセル**と呼ばれる。⇨ **中心周辺拮抗作用**，**オン反応**

**オフラベル**［off-label］　米国食品医薬品局（U. S. Food

and Drug Administration）に承認されていない目的で臨床的に薬物を使用すること。一般的にメーカーは薬物の適応外使用を奨励してはいない。

**オープンエコノミー**［open economy］　オペラント条件づけの実験デザインであり，生物は，実験セッション中だけでなく，自分のケージ内でも，行動とは関係なく餌や水が与えられる。この方法により，体重や，欠乏の程度を維持することができる。⇨ **クローズドエコノミー**

**オープン・クラスルーム・デザイン**［open-classroom design］　教室デザインの一つであり，**行動マッピング手法**の結果に基づく学習環境を提供する。机が平行に並べられる伝統的な学級デザインと対比される。学級と学級の間の壁がないなどのオープンな物理的構造によって，あまり形式的でない学習スタイルに適した環境が作られる。たとえば，オープン・クラスルーム・デザインでは机を平行に並べる必要がないため，教師は，討論をしやすいように机を円く配置したり，4～6人の小グループで作業をするために机を集めたりするなど，机の配置の仕方を選択することができる。

**オープン・クラスルーム方式**［open-classroom method］　指導方法を非形式的に構成する教育システムであり，個別指導やオープン・クラスルーム・デザインの使用を重視する。

**オープンクラスワード**［open-class words］　言語において，借用語，造語，技術革新による新語などの，新しい項目を受け入れやすい語のカテゴリーのこと。このカテゴリーには，文法的な**機能語**が含まれていないため，**内容語**のカテゴリーと実質的に同一である。⇨ **クローズドクラスワード**

**オープングループ**［open group］　集団心理療法やカウンセリンググループの進行中に，新しいメンバーの参加が認められること。継続グループ（continuous group）とも呼ばれる。⇨ **クローズドグループ**

**オープンコールシステム**［open call system］生涯を通して新しい発声法が加わるような発声の**コミュニケーション**システム。多くの鳴禽では**臨界期**終了後の歌構造はほとんど変化しないが，オウムやムクドリ，九官鳥，マネシツグミを含む他の鳥は生涯，新しい地鳴きやさえずりを獲得することができる。ほとんどの哺乳類はこのようなシステムをもたないが，新しい鳴き声を得る徴候を示すイルカやクジラもいる。

**オープンシステム**［open system］　情報や構成要素のやり取りが可能であるような，環境との境界をもつシステムのこと。

**オープンシステム理論**［open system theory］　組織は環境に対して開かれたものであるとする視点に立った理論。組織は人や環境から得られる物理的資源を物やサービスに変換していて，それらはまた環境にかえっていくと考えられている。組織はそれ自体を維持するために，生産物よりも多くの資源を取り入れなければならない。

**オープンショップ**［open shop］　組合加入は任意で，組合員であることを雇用の条件としない職務協定のこと。⇨ **クローズドショップ**，**ユニオンショップ**，**エージェンシーショップ**

**オープンスキル**［open skills］　各場面において様々な条件のもとで行われる運動能力。たとえば，バスケットボールの試合の中でジャンプシュートをするといった運動能力。⇨ **クローズドスキル**

**オープンスタディ**［open study］　既に開始した調査や実験に新たな被験者を加えることが可能な研究。

**オープンフィールドの部屋**［open-field chamber］　動物の移動や排泄行動が観察，測定でき，動物が自由に動くことのできる囲われたスペース。⇨ **動物のオープンフィールド行動**

**オペランダム**［operandum］　オペラント条件づけにおいて，反応を自動的に記録するために，実験動物が操作する装置。たとえば，ラットの単純な条件づけでは，ラットが押すレバーがオペランダムである。

**オペラント**［operant］　環境に対して共通の結果をもたらす一群の反応。オペラントは，結果をもたらす特定のタイプの行動ではなく，結果そのものによって定義される。ある結果をもたらすための行動と，同じような行動の中から選択される行動は区別される。前者には，レバーを4 mm押し下げるすべての行動が含まれる（⇨ **記述的オペラント**）。後者には，より確実な行動がすべて含まれる。たとえば，ラットが2本の前足でレバーを押すことは確実さを増すが，1本の前足でレバーを押すことは確実さを増さない。⇨ **機能的オペラント**

**オペラント行動**［operant behavior］　環境に対してある結果をもたらす行動であり，その行動の再現可能性は，結果の影響を受ける（⇨ **オペラント**）。オペラント行動は**随意行動**とほぼ同義である。

**オペラント条件づけ**［operant conditioning］　行動の結果の関数として，行動の変化（つまり，学習）が生じる過程。たとえば，イヌに芸をしこんだり，無作法の子どもが行動を改めた際に褒美を与えることなどがある（⇨ **行動療法**）。この用語は，基本的には**道具的条件づけ**と同一である。オペラント学習とも言う。⇨ **行動修正**，**シェイピング**　［スキナー（B. F. Skinner）が初めて用いた表現である］

**オペラント条件づけ箱**［operant conditioning chamber］フリーオペラント行動の研究に用いられる装置。一般的に，余計な刺激を遮断するために，比較的小さくて簡素な環境を与える装置である。その環境には，刺激（たとえば**強化子**）を与えて，自由オペラント反応を測定する工夫がされている。たとえば，ラット用の装置は25 cm$^3$のスペースからなっており，外部の自動給餌装置で餌を与えることのできる餌皿と，ラットが給餌装置から餌を受け取るために押す小さなレバーがついている。行動の測定と刺激の呈示は，普通は自動的に行われる。この装置は1930年代にスキナー（B. F. Skinner）によって開発された。後に，この装置は**スキナー箱**として知られるようになった（もっとも，スキナーはこの名前を嫌ったが）。

**オペラント条件づけ療法**［operant conditioning therapy］　先行条件，行動，そして，結果を用いることを当てにした治療的アプローチ。たとえば，報酬による**強化**は日常場面の行動を改善するために用いられる。

**オペラント水準**［operant level］　**強化子**を与えられる前の自然状態で生起する行動の生起頻度のベースライン。たとえば，餌の報酬，もしくはその他の強化子を与えられる前に，ラットがレバーを押す頻度。

**オペラント箱**［operant chamber］　オペラント行動の

実験室的研究をするための装置。周りを囲まれた小さなスペースからなっており，すべての刺激を呈示したり，すべての反応を同定し自動的に記録したりできるようになっている。⇨ オペラント条件づけ箱

**オペラントパラダイム**［operant paradigm］ 1. オペラント反応と強化などの結果の随伴性の実験的配置。2. より一般的に，多くの人間行動がその結果によって統制されているという仮定のこと。

**オペラント反応**［operant response］ オペラントの一例。たとえば，レバー押しが条件づけられた場合，1回1回のレバー押しがオペラント反応にあたる。

**オペレーショナル・アナリシス**［operational analysis］ 複雑な課題の遂行についての意思決定の分析のこと。一般的に，課題は過程への入力を，過程からの出力まで追跡することを含む。分析には数学モデルと統計的手法が用いられ，当該過程の効率最大化が目的とされる。

**オペレーションズリサーチ**［operations research］ 目標，意見，そして決定の葛藤に関与する複雑な問題解決，ならびに複雑な組織研究のための科学的研究法。

**オペレータ**［operators］ 量的に異なる操作の理解に関する一連の精神的過程。量的に異なる操作とは，たとえば，オレンジの入ったボウルにオレンジを加えることで数の変化がもたらされるのに対し，オレンジの位置を変えるだけでは数は変化しない，というようなものである。⇨ 推定器［アメリカの統計学者ゲルマン（Andrew Gelman）によって，この意味で初めて使われた］

**オポチュニズム**［opportunism］ 他種には利用できない資源を利用する能力。害虫を駆除するために新しい生育環境に導入された種は，捕食者がほとんど，あるいはまったくおらず，いかなる抑制も均衡もなしに広がることがある。一部の種は急速に新しい食料資源を利用できるようになる。たとえば，アルゼンチンに生息するミナミオオセグロカモメは水産加工場からの廃棄物を食糧とすることで急速に数を拡大し，その後，近海に産まれたクジラたちを襲って食べることを学習した。

**オミッションエラー**［error of omission］ 操作者が必要なステップまたは操作を行うことができないというヒューマンエラーの一類型。たとえば，コントロールボタンを押し損なうことで機能不全に陥るといったことがあげられる。

**オムニバステスト**［omnibus test］ 2つ以上の実験条件，もしくは2つ以上の独立変数を同時に比較する有意性検定。

**オームの法則**［Ohm's law］ 複合音を聞いたとき，その中に個々の純音を聞くことができるという法則。［ドイツの物理学者オーム（Georg Simon Ohm: 1787-1854）による］

**$\omega^2$**［omega squared］ 他の測定値の分散から予測される値の分散比に基づく関連の強さの評価尺度。

**思いがけない発見**［serendipitous finding］ 科学的に価値のある事実やアーティファクトあるいは関連性に関する偶然の発見。

**重さ**［weight］ ものや体にかかる下方向の重力の程度。

**重さ実験**［weight experiment］ 参加者がおもりを持ち上げ，重さのわずかな差異に対する参加者の感度を評価する精神物理学的実験。

**重さの弁別**［weight discrimination］ 刺激間の重さの差を弁別する能力。

**面白さ**［interestingness］ 心理学的美学（psychological aesthetics）において，喜びよりもむしろ興味を喚起させる芸術作品の質のこと。面白さは作品の複雑さや不確かさに応じて増す傾向がある。

**重み**［weight］ 方程式もしくは統計的研究に用いられ，データへの寄与がみられる特定の変数に適用される係数や定数。

**重みつきカッパ**［weighted kappa］ カッパ統計量の一種。カテゴリー間の総価値の異の程度が分析に含められる。2人の評定者が2つのカテゴリーで異なる評定を行ったとき，1つだけのカテゴリーで異なる評定をしたとき以上に大きくなるよう重みづけされる。

**重みつき項目**［weighted item］ 項目の得点が加算される前に1.0以上の重みを乗じたテストや尺度の項目。⇨ 重みづけ

**重みつき最小二乗法**［weighted least squares］ 変数が比例定数で重みづけられた一般線形モデルで利用される最小二乗法の変形のこと。重みつき最小二乗法は，分散の等質性が仮定されないときによく用いられる。

**重みつきテスト**［weighted test］ 複数のテスト得点を組み合わせる前に，1.0以外の重みを乗じて作成されたテストバッテリーに含まれるテスト。⇨ 重みづけ

**重みづけ**［weighting］ テスト項目，下位テスト，テストバッテリーの一部であるテスト，あるいは他の測定で1.0以外の重みで総得点を計算すること。全要素が1.0に重みづけられるとき結果は同等に扱われることになり，それは本質的に重みづけがなされていない状態である。

**重みづけ志願書**［weighted application blank: WAB］ 人事選考で，個人情報の入手と評価に用いる志願書。志願書の個々の質問に対する応募者の反応は，（a）得られた回答，（b）良い候補者とそうでない候補者とを弁別するための質問の相対的重要性，これらを参照して得点化する。⇨ 標準志願書

**重みづけのない検定**［unweighted test］ 各観測値あるいは得点（もしくは観測値の集まり）が結果に対し等しく寄与するとした統計的手続き。

**重みづけのない平均分析**［unweighted means analysis］ 転移の分析において，計画された個々のセルの大きさが無視される分析法。

**親イメージ**［parent image］ 人の心の中に存在する親の表象であり，正確なイメージであるかどうかは重要ではない。たとえば，現実の親を理想化したものになる場合もある。

**親管理訓練**［parent management training］ オペラント条件づけの原理に基づく治療的アプローチ。結果として子どもの家庭内，学校内，その他の環境での振舞いを変えるため，養育者は諸々の先行事例や行動を利用する。目標は，子どもの向社会的行動の発達を支援することと，反抗的で攻撃的な反社会的行動を減少することである。

**親業訓練**［parent effectiveness training PET］ 子どもと親との望ましい社会的関わりを導く手引きを示した一連の方針であり，しつけ，コミュニケーション，信頼関係に関する内容である。さらにガイドラインには，子どもの養育の方針や実践，問題に関し，依頼者を中心にした話し合いが提供されており，そこでは心の健康の専門家による指導が集団に対して行われる。子どもと親の感情と欲求のバ

ランスが保たれている。最も顕著な一つの考えとしては，誰がその問題の責任を負うのかということと，誰が葛藤を解決する手立てをもっているのかを決定することである。[1962年，アメリカの心理学者ゴードン（Thomas Gordon: 1918-2002）によって提唱された]

**お役所仕事**[bureaucracy]　不必要に冗長で，複雑な公的手続きで，先延ばしや無為，硬直化をもたらす。

**親子衝突（赤ちゃん返り）**[parent-offspring conflict]　両親が現在の子どもに対する育児をやめ，次の子どもに投資をする際に生じる衝突。現在の子どもが独立して生きられる可能性が高くなったら，できるだけ早く出産することで，両親は**繁殖成功率**と表現される利益を得る。しかし，子どもの側は，親からもっと投資してもらえることを期待しており，そこに衝突が起こる。親子衝突はかんしゃくを起こすなどの年上の子どもの**退行**や**きょうだい対立**により明らかになる。

**親の拒絶**[parental rejection]　片親もしくは両親による，承認，愛情，保護の持続的な拒絶。過度の甘やかしや過保護に隠されていることもある。多くの場合，子どもの自尊心や自信は損なわれ，自己イメージは乏しく，他者に対する愛着を形成することができない。また，かんしゃく，敵意，精神身体的あるいは感情的な障害を招く。⇨**育児放棄**

**親の行動**[parental behavior]　子孫の誕生に備えたり（巣を作る），子どもの成長や生存に貢献する片（両）親の行動。後者には（a）食物供給，つまり，**養育行動**（哺乳類），餌（鳥類と離乳哺乳類），（b）**巣戻し行動**や巣を移動する種での子どもの運搬，（c）離乳，独立が含まれる。メスではこの行動に対するホルモン制御が多く同定されている（オスも育児に参加する種ではオスでも同様）。他の生物に比べ，ヒトや他の類人猿においては，この行動を制御するのはホルモンの変化（も起こってはいるものの）というよりはむしろ文化的，経験的因子によるところが大きい。

**親の投資**[parental investment]　育児に費やすエネルギーの量。卵子は精子よりも大きく，またメスの哺乳類は，妊娠，授乳とオスよりも投資量が大きいことが多い。しかし，マーモセットやタマリンといった**共同繁殖種**では常に子どもを運ぶためにオスの体重は10％も減少し，オスの投資量が無視できないものもある。捕食者や同種の他の個体から子どもを守る必要がある生物種でもオスの投資量が大きくなる。

**親の投資理論**[parental investment theory]　人間を含む生殖種における多くの性差の命題は，雌雄が養育とその対となる交尾（そこには相手を探し，獲得し，養うことが含まれる）といった自身の生存に関わる時間，エネルギー，リスクの観点から理解されうる。雌雄による養育と生殖への投資の違いは，種や環境条件によって様々である。[1972年アメリカの社会生物学者トリヴァース（Robert L. Trivers: 1943- ）によって提唱された]

**親の当惑**[parental perplexity]　親の自発性がない，極端な優柔不断，子どもが必要とすることを感じ取り満足させることができないことを特徴とする親子関係。そのような初期の親子関係は子どもの頃の心理学的問題（たとえば過度の依存）につながり，発達全体を通して影響を与える。

**オーラ**[aura]　超心理学においては，ごく微量の光背，放射物のことで，あらゆる人や動物，植物，物体を包むものとされる。何人かの**感知者**は，オーラは識別可能であり，その人の状態や健康，そしてその人の素質すらも明らかにすることができると主張している。さらに，オーラは**キルリアン写真**やキルナー・スクリーンの使用により可視化できるかもしれないと主張している。精神論や神智学では，個人のオーラは星気体と同一視されることもある（⇨**アストラル投射**）。その他の伝承によれば，オーラは生命力もしくはエネルギーの発現したものとして捉えられることもある。⇨**目に見えない発散物**，**ライヘンバッハ現象**

**オーラルセックス**[oral sex]　パートナーの口で外部性器を刺激すること（⇨**オロジェニタル活動**）。オーラルセックスは，オーガズムに達するまで続けられるか，もしくは**前戯**として行われる。処女性を保つことを希望する若者の中には，オーガズムに達するまでオーラルセックスをし，そうすることで処女性が失われないと考える者がいることが，調査研究により明らかにされている。

**オランザピン**[olanzapine]　急性躁病や，統合失調症をはじめとする，成人の精神病治療に用いられる**抗精神病薬**。**クロザピン**によく似ているが，無顆粒球症の副作用はない。主な副作用には，鎮静作用，無気力，体重増加，**起立性低血圧症**がある。稀に，他の抗精神病薬と同様に，**遅発性ジスキネジア**や，**神経弛緩薬悪性症候群**を伴う場合がある。アメリカでの商品名はザイディス（Zydis），ジプレキサ（Zyprexa）。

**オリエンテーション**[orientation]　初心者に対して，仕事，会社，教育活動，その他の環境について紹介する過程。

**オリエンテーションと運動トレーニング**[orientation and mobility training: O&M training]　視覚障害者が必要とする認知的スキルと運動スキルを指導し，空間に適応させて，ある環境下（歩道，道の曲がり角，横断歩道，階段，台所，浴室，学級，会社など）で安全に動けるようにすること。オリエンテーションと運動トレーニングでは，残存視覚などの感覚を用いるだけでなく，長い杖や盲導犬などを用いて，安全に歩けるようにする。オリエンテーションと運動トレーニングは**視覚リハビリテーション**の鍵となる構成要素であり，普通はオリエンテーションと運動の専門家によって実施される。

**オリゴエンセファリー**[oligoencephaly; oligocephaly]　非対称な身体発達に伴う精神遅滞の一形態。しばしば異常に小さい脳，神経系の異常，病気への低い抵抗力といった特徴をもつ。

**オリーブ蝸牛神経束**[olivocochlear bundle]　上オリーブ複合体から下流へ向かう神経経路を通過して蝸牛**有毛細胞**へと延びる遠心性線維束。

**オリーブ核**[olivary nucleus]　延髄の灰白質にあるオリーブ型の塊。大脳皮質と脳のその他の部位をつなぐ神経の細胞体を含む。

**オリーブ橋小脳萎縮症**[olivopontocerebellar atrophy]　緩徐な進行性神経疾患。脳橋，小脳，オリーブ核の変成が特徴。症状は変化しやすいが，特に運動失調，平衡感覚異常，歩行困難，振戦，吃音などがある。多くの場合，成人期中期に発症し，10～20年以内に死亡する。

**オルゴン**[orgone]　オーストリアの精神分析学者であ

るライヒ（Wilhelm Reich: 1897-1957）が宇宙に充満していると信じた"生命エネルギー"，そして自然界の創造的な力のことである。ライヒによれば，オルゴンは，ライヒが有機体の中に発見したバイオンと呼ばれるエネルギーの小胞から放射されるものである。ライヒはまた，オルゴンは宇宙線と関係しており，天候のパターンや人間の性交能力と同様に，地球と水からの生命の起源（生物発生説）に関与しているのではないかと考えた。⇨ オルゴン療法

**オルゴン集積器（蓄積器）** [orgone accumulator] オーストリアの精神分析学者ライヒ（Wilhelm Reich: 1897-1957）による**オルゴン療法**において，極めて重要とされる**オルゴンエネルギー**を集めるために患者が座る箱のこと。ライヒは，オルゴンエネルギーは生命エネルギーの流れをよくし，流れを妨げる物を除く効果をもつと考えた。オルゴンボックス（orgone box）とも呼ばれる。

**オルゴン療法** [orgone therapy] オーストリアの精神分析家ライヒ（Wilhelm Reich: 1897-1957）の治療的アプローチであり，それは「完全なオーガズム体験能力」の実現が心理的ウェルビーイングにとって重要であるという考えに基づいている。ライヒはオーガズムが身体の情緒的エネルギーの調整役であり，その目的は，神経症になる性的緊張を解除することであると考えた。さらに，ライヒはオーガズムが仮想された宇宙の力である，オルゴンエネルギーから力を引き出すと考え，このエネルギーは性的能力だけでなく生命のあらゆる機能や疾患予防を説明すると考えた。ヴェジトセラピー（vegeto-therapy）とも言う。

**オルソネーザル嗅覚** [orthonasal olfaction] 鼻孔から**臭気物質**が入ることで生じるニオイの感覚。これは嗅覚では一般的な経路である。⇨ レトロネーザル嗅覚

**オルターナティブ教育制度** [alternative educational system] 情報や指導や教育が施される非伝統的，非慣習的な学習環境のこと。

**オルターナティブスクール** [alternative school] 生徒に対して教育が施される非伝統的，非慣習的な施設。

**オルトキネシス** [orthokinesis] 特に刺激の増加や減少に反応して生じる，運動の速度ないしは頻度の増加（正のオルトキネシス）や減少（負のオルトキネシス）のこと。

**オルニチン血症** [ornithinemia] 血中のオルニチン濃度が過剰な状態。アミノ酸代謝の先天的な障害か，肝疾患が原因ではないかと考えられている。オルニチン血症は精神遅滞（mental retardation）や重度の言語障害（speech disturbance）をもったきょうだいにみられることが時々ある。

**オルヌ効果** [Orne effect] 実験参加者が実験者の意図や願望を見分け，その意図や願望に合わせようとする傾向のこと。⇨ 要求特性　[オーストリア生まれのアメリカの精神科医オルヌ（Martin T. Orne: 1927-2000）による]

**オルファクティー** [olfactie] ニオイの強さを測定するための単位。初期の**嗅覚計**を測定するために用いられた。**絶対閾**をちょうど越えた**臭気物質**の強さと等しい。

**オルファクトフィリア** [olfactophilia] 性器付近のニオイなど，体臭への性的興味や性的興奮。

**オールブライト遺伝性骨ジストロフィ** [Albright's hereditary osteodystrophy] 副甲状腺機能低下症に類似しているが，副甲状腺ホルモン形成不全を原因とするのでなく，副甲状腺ホルモンに対する反応失敗を原因とする遺伝性の症状（⇨ **偽副甲状腺機能低下**）。低身長，肥満，短い掌骨，異所性石灰化を一般的な特徴としている。[アメリカの医師オールブライト（Fuller Albright: 1900-1969）による]

**オールブライト病** [Albright's disease] 色素異常や骨格偽嚢胞，女性の性早熟によって特徴づけられる，脳下垂体および視床下部の機能不全による障害。[アメリカの医師オールブライト（Fuller Albright: 1900-1969）による]

**オールポート** [Allport, Gordon] ゴードン・オールポート（1897-1967），アメリカの心理学者。ハーバード大学で1922年に博士号を取得。3つの特徴を基本とするパーソナリティ理論（⇨ **オールポートの性格特性論**）の考案者として広く知られている。また，**オールポート-ヴァーノン-リンゼイ価値尺度**と *Allport AS Reaction Study* の共著者としても有名である。オールポートは社会心理学において，動機における態度の役割を強調した。また，偏見研究における理論形成にも貢献している。⇨ **志向性，機能的自律性，集団関係理論，人間主義的な態度，人格主義的心理学，パーソナリティ構造，固有性希求，プロプリウム，自己拡張，自己客観化**

**オールポート-ヴァーノン-リンゼイ価値尺度** [Allport-Vernon-Lindzey Study of Values: SOV] 人生における6つの基本的な価値（理論的，経済的，審美的，社会的，政治的，宗教的）の相対的な重要性を明らかにするように考案された2部構成のパーソナリティ検査。これらのカテゴリーは**シュプランガー価値類型**に基づいており，45項目の質問に回答する形式になっている。第1部は30項目から構成されており，それぞれの項目には2つの選択肢がある。被検者は好ましいほうを選び，好ましさの程度も選択する。第2部は15項目からなり，それぞれの項目に4つの選択肢があり，好ましさの程度をランクづけする。オールポート-ヴァーノン-リンゼイ価値尺度は1931年にオールポート-ヴァーノン価値研究（*Allport-Vernon Study of Values*）として出版されたが，1951年に改訂・改名された。最も新しい版は1960年に出版された。価値研究（Study of Values）とも呼ばれる。[オールポート（Gordon W. Allport），イギリスの心理学者ヴァーノン（Philip E. Vernon: 1905-1987），アメリカの心理学者リンゼイ（Gardner Lindzey: 1920- ）による]

**オールポートの性格特性論** [Allport's personality trait theory] 個人の**パーソナリティ特性**は，その行動の独自性や一貫性の手がかりになるという理論。パーソナリティ特性とは，自己を定義する特徴的な行為や反応を規定するために，人と環境が相互作用するダイナミックな力だと考えられている（⇨ **プロプリウム**）。それらは，大きくは経験や学習や模倣によって発達し，(a) 基本特徴や主要特質，たとえば，うぬぼれた野心（overweening ambition），(b) 中心特性あるいは特徴的な態度や特質のまとまり，(c) より限定され，パーソナリティの記述に必須ではない二次的な特性，の3つの大きなカテゴリーに分類される。[オールポート（Gordon W. Allport）による]

**オレキシン** [orexin] **外側視床下部**で発現するタンパク質群。食欲を誘発する働きをもっており，また，**ナルコレプシー**にも関係している。

**オレステス・コンプレックス** [Orestes complex] 古典的フロイト派の精神分析における，息子の母親への殺意衝動であり，母親殺しの現実的な行動の要因となるもの。古

代ギリシャ神話において，母親のクリュタイムネストラと恋人のアガメムノンを殺したオレステスに由来する。

**オロジェニタル活動** [orogenital activity; buccal intercourse; oral-genital contact] 口を性器のように用いることである。同性間でも異性間でも行われ，性交の前段階に刺激やオーガズムをもたらすためになされる。男性器に対して口を用いる場合フェラチオ，女性器に対して口を用いる場合クンニリングスと言う。口腔性交（buccal intercourse; oral-genital contact）とも呼ばれる。⇨ **オーラルセックス**

**オロリーク** [ololiuqui] 中南米に生息するツル植物，リベア・コリボサ（*Rivea corymbosa*）の種子。化学的にLSDに似た特性をもつ物質を含むが，効果はLSDより小さい。メキシコ先住民はオロリークを医学的目的と宗教的目的のために使用しており，彼らについて研究していた16世紀のスペインの医師，エルナンデス（Francisco Hernandez）のレポート中に初めて記述された。

**音圧** [sound pressure; acoustic pressure] 音波によって生じる単位面積当たりの力。周囲圧力あるいは静圧（たとえば気圧）における変化が通常，実効音圧として表される。音圧の測定単位はパスカル（Pa）。⇨ **デシベル**

**音韻障害** [phonological disorder] DSM-Ⅳ-TRでは，発育不全によって特徴づけられるコミュニケーション障害であり，幼児期に見られるような発話音の一貫した使用を指す。最も見られるのは，[l], [r], [s], [z], [ch], [sh], [th] などといった，後に獲得される発声音のぎこちなさ（⇨ **喃語，歯擦音の異常発音**），さらには音の置き換え（たとえば [k] を [t]），あるいは省略（たとえば最後の子音）もみられることがある。これらの問題は，聴力の障害や発話産出メカニズムの構造的欠損（たとえば口蓋破裂），あるいは神経障害に起因するものではなく，それらの関連が通常よりも強いために生じるわけでもない。DSM-Ⅲではこの障害を発達的調音障害（developmental articulation disorder）として分類している。

**音韻性失書** [phonological dysgraphia] 言葉を発すること，あるいはそれらを発音通りに書く能力の障害。

**音韻性失読** [phonological dyslexia] 後天性失読（⇨ **失読症**）の一種で発音可能な非言語を読むことに主な困難を示す。この種の失読には意味的な誤りは見られず，そのような特徴は**深層性失読**と区別される。発達性読み書き障害の様相を呈する音韻性失読も説明されている。⇨ **表層性失読** [1979年にボーボワ（Marie-France Beauvois）とデローネ（Jacqueline Derouesné）によって提唱された]

**音韻的再符号化** [phonological recording] 書記記号を音や単語に変換するために読解力を使用すること。

**音位転換** [metathetic] 場所や状況の変化に関連するもの。特に単語の2つの**音素**の転位，あるいは異なる種類の合成物を作るための，化学的合成物間の要素の交換である。

**音韻変化** [sound change] 言語学において，時間経過に伴い言語の音韻的様式が変化すること。何世紀にもわたり自然と起こったこの一連の変化を通して，近代語は祖語（ancestor language）から発展し，同じ語族の別の言語とは区別されるようになった。⇨ **系統言語学，祖語**

**音韻ループ** [phonological loop] 短期記憶もしくはワーキングメモリーの一要素で，短い時間間隔を越えたリハーサルにより言語的情報を保持する。⇨ **中央実行系** [イギリスの認知心理学者バッドリー（Allan D. Baddely (1934- )）によって提唱された]

**音韻論** [phonology] ある言語もしくは言語一般における言語音のシステムを研究する言語学の一分野。**音素論**や**音声学**などよりも広い意味で用いられる。

**オンオフ細胞** [on-off cells] 網膜が光のオンセットまたはオフセットによって刺激された時に脱分極する視覚系（特に網膜）に存在するニューロン。

**温覚消失（症）** [thermoanesthesia] 触覚によって熱と冷温を識別する能力がなくなる，あるいは欠如していること。温熱性無感覚（thermanesthesia）とも言う。

**音楽的な知能** [musical intelligence] **多重知能理論**によると，作詞，演奏，暗譜，音楽の理解に使用する能力は知能に含まれる。

**音楽てんかん** [musicogenic epilepsy] **反射性てんかん**の一種であり，発作が特定の音楽によって引き起こされるもの。

**音楽の才能** [musical ability] 作詞，音楽の再現，演奏，音楽理解のために使用される能力のこと。音楽の才能は，互いにある程度独立したいくつかの下位能力に分けられることが明らかである。

**音楽療法** [music therapy] 個人の心理的，身体的，認知的，社会的機能を増進させるための治療やリハビリテーションの補助として，音楽を利用するもの。ミュージカル療法（musical therapy）とも呼ばれる。

**音響** [acoustic] 音に関連づける用語で，通常，この語は専門用語を修飾するのに用いられる（音響波，音響インピーダンス，**音響反射**など）。音響（acoustical）という用語は他のあらゆる文脈において修飾語句として使用される（音響技師など）。

**音響音声学** [acoustic phonetics] ヒトの言語音の物理的特徴やそれらの知覚による生理学的意味を研究する，音声学の研究分野。⇨ **調音音声学**

**音響外傷** [acoustic trauma] 強烈な騒音にさらされたことによる**感音難聴**の一つ。短い時間であっても，ジェット航空機のエンジン音，銃声，騒々しい音楽，または激しいドリル音にさらされると，内耳の蝸牛の神経線維への恒久的な損傷を引き起こす可能性がある。

**音響学** [acoustics] 音の科学のことで，音の生成，伝搬，聴覚への影響を含む。

**音響かご** [sound cage] 音の定位パフォーマンスを測定する装置。⇨ **音源定位**

**音響環境** [acoustic environments] 物理的環境における音の伝播の質のこと。音響強度（すなわち，音の大きさ）に加え，音響環境の重要な特徴として残響時間（残響音が60dB減衰するまでの時間）がある。残響のため，内部の音と外部の音に対する感じ方は異なる。

**音響共鳴** [acoustic resonance] ある音響システムにおける周波数に依存する音響変化のこと。システムの応答は共鳴周波数（resonance frequency）において最大となる。

**音響心理学** [psychoacoustics] 心理学，生理学，物理学，聴覚学，音楽，工学，耳鼻咽喉学にまたがる聴覚の学際的研究のこと。**精神物理学**の領域の一つである。

**音響スペクトラム** [sound spectrum; acoustic spectrum;

auditory spectrum; tonal spectrum] その周波数成分に関する音の表現のこと。いかなる物理的に実現可能な音も，より一般的には，いかなる波形も，時間または周波数の関数として表現することができる。これらの表現は，一意的にフーリエ変換あるいはフーリエ級数と関係している（⇨ **フーリエ解析**）。スペクトラムは，周波数領域の表現で，振幅スペクトラム（amplitude spectrum, あるいはパワースペクトラム: power spectrum）と位相スペクトラム（phase spectrum）によって構成されており，両者は音を完全に表現するのに必要である。たとえば，後に鳴らす音の振幅スペクトラムは同じであるが位相スペクトラムを変えると，通常これらの音は知覚的に全く違っている。周期的な音には，個別の周波数にだけゼロでない振幅を伴う線スペクトラム（line spectrum）がある。他の音は連続スペクトラム（continuous spectrum）を有する。連続スペクトラムは，1 Hz 当たりの振幅やパワーに関与するスペクトラム密度（spectral density）によって表現される。哺乳類の聴覚システムが不完全なフーリエ解析を行っていることも，音響スペクトラムが有用な理由の一つである。
⇨ **周波数局在構造**

**音響貯蔵**［acoustic store］ 項目の音に基づく聴覚情報を保持する短期記憶コンポーネントの一つ。音響貯蔵内で単語もしくは文字の響きが似ている場合に忘却が生じる。

**音響手がかり**［acoustic cue］ 音韻論において，発話音（speech sound）の独自性を示す物理的特性（例，周波数，**有声開始時間**，あるいは強度）の一つ。

**音響反射**［acoustic reflex］ **1.** 非常に強い音や発声，身体運動によって生じる中耳筋の収縮のこと。この反射には内耳への低周波の入力を減少させることで，強烈な音から内耳をある程度保護する機能がある。**2.** 音に対する自動的な反応のこと。音響的な反射には，**瞬目反射**，条件づけ反射，**モロー反射**，**伸張反射**，そして**吸引反射**が含まれる。

**音響フィルター**［acoustic filter］ いくつかの**ワーキングメモリーモデル**に組み込まれている構成要素の一つ。音声のような刺激のみを同モデル内の音韻ストアにアクセス可能にする機能をもつ。

**音響分析器**［sound spectrograph］ 音源（一般的には人の音声）を，一定の時間内における周波数や強度の変移の観点から分析する電子器機。音の準3次元表現が，音響スペクトログラム（sound spectrogram）あるいはしばしば省略されてスペクトラム（spectrum）と呼ばれる，視覚的な記録として生成される。比較的短い時間内に記録された**音響スペクトラム**は，$x$ 軸に時間，$y$ 軸に周波数をとった関数として表現され，音圧は陰影や色によって表示される。**ステレオグラム**は，音の知覚に関連した表現を与える。

**音源定位**［auditory localization; sound localization］ 聴覚情報に基づき，音源の位置やその変化を特定するための能力のこと。音がヘッドホンから提示されるときは，音像は，通常，実音源のもつ3次元的な音質が乏しく，頭内で鳴っているように感じられる。その音像定位（auditory lateralization）では，音像を左右の次元，すなわち右耳か左耳のどちらかに定位することはできるが，外部空間に定位することはできない。

**温刺激**［warm stimulus］ 皮膚温度よりも温度の高い刺激のこと。

**音声異常**［paraphonia］ 声質の変化の異常。

**音声学**［phonetics］ 言語音の物理的特徴と言語音を生成および知覚させる生理的メカニズムについて研究する言語学の一分野。⇨ **音響音声学**，**調音音声学**

**音声言語の側性化**［speech lateralization］ 言語コミュニケーションの制御における大脳半球の非対称性。ほとんどの人の言語中枢は，比較的言語に特化した左大脳半球に位置する。⇨ **言語機能局在**，**言語野**，**和田テスト**

**音声合成装置**［speech synthesizer］ 人工的な音声を生成することができるコンピュータあるいはシステム。入力（たとえばキーボード）に応じて音声を生成したり，文章を音声に変換したりする。⇨ **聴触覚装置**

**音声コミュニケーション**［vocal communication］ 哺乳類の喉にある喉頭や，鳥類の気管支枝にある2つの鳴管（syrinx）などの振動器官によって通常生成される聴覚信号による情報伝達。これらの器官により生み出された振動は舌や唇の位置，口腔や鼻腔の形を変えることで変化する。動物における他の音の産出メカニズムには，コオロギに見られるような，体の部位を擦り合わせる摩擦発音（stridulation）がある。⇨ **啼鳴**

**音声作動スイッチ**［voice-activated switch］ 装置－利用者間のインターフェース。利用者の声で作動し，障害をもった人たちに役立つ。たとえば，運動障害をもった人が電気や電化製品，その他の家庭用機器のオンオフ切り替えを行うために，音声作動スイッチを使う。

**音声出力システム**［voice-output system］ 視覚障害のある人に対して，コンピュータが聴覚的なフィードバックを与えるための音声を作り出すシステム。たとえば，ファイルの説明の音声出力を作るシステムなど。

**音声障害をもつディスレクシア**［dysphonetic dyslexia］ ディスレクシア（失読症）の一種で，一つひとつの文字や単語の音節を発音することができない（⇨ **フォニックス**）。これは，発音－シンボルの対応における困難さによるものと想定されている。しかしながら，このディスレクシアの形態について信頼できる実証的証明はない。⇨ **全体把握不全失読症**　［アメリカの心理学者ボーダー（Elena Border: 1907-1995）によって1973年に提唱された］

**音声処理装置**［speech processor］ マイクロホンやその他の入力を電気信号のパターンに変換する装置。たとえば，人工内耳では，音を，聴覚神経を刺激する電気インパルスへと変換することで，音や音声の解釈を可能にする。

**音声衰弱**［phonasthenia］ **1.** 発声のし過ぎ，一般的衰弱，もしくは高齢が原因とされる発声障害。**2.** ⇨ **息もれ声**

**音声操作コントロール**［speech-activated control; voice-activated control］ 人間工学において，言語指令を用いて機能を活性化すること，あるいは，情報を入力すること。

**音声知覚**［speech perception］ 聴き手が，受け取った一連の発話を音韻表象へと処理する，心理学的プロセス。

**音声認識システム**［speech recognition system］ 人間の音声を認識し，それに応答することのできるコンピュータソフトウェア・プログラム。このようなプログラムによって個人が口述によってコンピュータを制御し，文書を作成したり操作したりすることができる。キーボードやマ

**音節** [syllable]　言語学において，独立した母音，または1つ以上の子音と結合した母音で構成された発音の単位。話者が発する文の音節の長さは，心理言語学的研究，言語発達や心的能力の精神測定検査において比較基準としてしばしば使われる。シラブルとも言う。

**音節主音** [sonant]　母音もしくは有声子音。音節や音節核を形成する。

**音節文字** [syllabary]　一つひとつの音節（音素ではない）を別個のシンボルで表象する表記システム。アルファベットや日本語の仮名はこの音節文字である。⇨ **アルファベット**

**オンセル** [on cells]　網膜が光のオンセットによって刺激された時に脱分極する，視覚系（特に網膜）に存在するニューロン。⇨ **オン反応，オフセル**

**音素** [phoneme]　言語学において，ある言語の中で有意味な役割を果たし，かつそれ以上小さな音に分割できない言語音。慣習的に /b/ のようにスラッシュと記号で表記される。言語音は，その言語音と他の音の対比が意味の区別をつけるのに用いられる場合に，ある言語において弁別的価値をもつ。たとえば英語において，/p/ と /b/ は，[pan] と [ban] および他の類似した組合せを区別するため，音素であると考えられる。⇨ **最小対**

**音素修復効果** [phonemic restoration effect]　音素が白色雑音に置き換えられたり，聞こえないようにされた録音のスピーチを聞いても，それを聞いている本人はそのことによる妨げに気づかないという心理言語学的な現象。聞いている人の知覚的メカニズムが失われた音素の修復には必須であると仮定されている。この現象は言語知覚に能動的なプロセスが存在する強い証拠と考えられている。

**音素書記素対応** [phoneme-grapheme correspondence]　ある特定の言語における音素とその表記法（⇨ **書記素**）との関係。この対応関係の規則性が高いほど，発達初期の読みを促進すると考えられている。日本語のカナは一例である。

**音素認識** [phonemic awareness]　単語が分割可能な音によって構成されているという知識。

**音素認識障害** [phonemic disorder]　言葉を互いに区別する音素や発声音に関する障害。

**音素論** [phonemics]　ある言語における音素の分類と分析に取り組む言語学の一分野。音声学は人間の言語にあり得るすべての音の特性を明らかにしようとする。一方，音素論はある特定の言語においてどの音素の区別が有意味だと考えられているのかを特定しようとする。⇨ **イーミック-エティック区分**

**オンタイムライフイベント** [on-time life events]　若年期における結婚，早期退職など人生における典型的あるいは予期される時点におけるライフイベント（⇨ **生活上の出来事**）のこと。⇨ **オフタイムライフイベント**

**音脱落** [elision]　発話において，単語の始まりあるいは終わりに無強勢母音が存在する時などの特定の音韻環境で，特定の音が省略されること（たとえば，"How d'you do" など）。

**オンダンセトロン** [ondansetron]　5-HT$_3$（化学療法），あるいは麻酔によって生じる吐き気の予防や治療のために用いられるセロトニン受容体に作用するセロトニン拮抗薬である。近年の研究では，適切な行動療法と組み合わせることで，特定のアルコール中毒に対処する際に有効な補助薬となり得ることが示されてきた。しかし，そのような目的での使用は，米国食品医薬品局によって公的に承認されてはいない。アメリカでの商品名はゾフラン（Zofran）。

**オン中心／オフ周辺** [on-center/off-surround]　中心の刺激は対象となる細胞を興奮させるが，周辺の刺激はそれを抑制するというかたちの同心的な受容野を指す。⇨ **中心周辺拮抗作用，オフ中心／オン周辺**

**オン中心神経節細胞** [on-center ganglion cell]　受容野の中心に光が当たったときに活性化されるが，周辺に光が当たったときに抑制される網膜神経節細胞。⇨ **オン反応，オフ中心神経節細胞**

**オン中心双極細胞** [on-center bipolar cell]　受容野の中心に光が当たったときに活性化されるが，周辺に光が当たったときに抑制される網膜双極細胞。⇨ **オン反応，オフ中心双極細胞**

**音程** [musical interval]　2音間の音の高さや周波数の間隔のこと。オクターブ離れている2音は（たとえば，8度離れている），それらの音の基本周波数の比が2：1になる。⇨ **セント**

**温点** [warm spot]　皮膚表面にあって，温かさの感覚を生じる刺激に対して特に感受性が高い点のこと。

**音島** [tonal island]　音間隙に挟まれた，聴力が正常な音の高さの範囲。

**温度快適性** [thermal comfort]　温度に関する感覚の主観評価。主な寄与因子は湿度，気流速度，衣服，身体活動である。広く考えられているものとは異なり，温度快適性は文化を越えて極めて安定している。

**温度感覚** [temperature sense; thermoesthesia; thermesthesia]　熱さと冷たさの知覚に関わる体性感覚系の一部。皮膚や舌などの体表面の様々な深さにある受容器によって知覚される。

**温度眼振** [caloric nystagmus]　温水あるいは冷水を耳に注ぎ込んだときに観察される眼振。

**温度感度** [thermal sensitivity]　温度を検知する能力。一般的に，体温に比較して知覚される。⇨ **温度感覚**

**音読** [oral reading]　声を出して読むこと。

**温度錯覚** [temperature illusion; thermal illusion]　温度刺激について誤った解釈がなされること。一例として，非常に熱いシャワーによって鳥肌が立ち，冷たいように感じる矛盾冷覚がある。

**温度受容器** [thermoreceptor]　1. 温度刺激（冷・温刺激）によって活性化される受容器または感覚器官。2. 中枢神経系の一部で，身体深部や重要な器官の温度を監視・維持する。脊髄，脳幹および視床下部に独立の体温調節部位が存在することがわかっている。

**温度点** [temperature spot]　温度に対して感受性の高い受容器がある皮膚の領域。

**温度弁別** [thermal discrimination]　刺激の温度の違いを検知する能力。ヘビなどの一部の動物は，周囲の温度と餌となる動物の体温の温度差を検知することによって餌を定位することができる。しかし，ヒトは温度変化に対する感受性はそれほど高くない。

**女らしさ**［femininity］　少女や女性に特徴とされている社会的な役割行動を有すること。遺伝子によって規定される女性であること（femaleness）と対比される。

**温熱性痛覚過敏**［thermalgesia］　熱に対する異常な反応であり，温かい刺激により痛みが生じる。

**温熱性無感覚**［thermoanesthesia］　熱に対する鈍感さ。

**音波経路探査器**［sonic pathfinder］　視覚障害のある人が頭部に装着し，装置から出力された超音波がイヤホンを通じてフィードバックとして提示されることで，人の可動性が補助される感覚補助装置の名称。フィードバックは音階によって構成され，ユーザーが物体に近づくと一定の様式で音階が進行する。受け取る信号は，ユーザーの近くにある物体，あるいはユーザーの前方のみに限定される。

**オン反応**［on response］　光の増強に応じて生じる，視覚系におけるニューロンの脱分極のこと。その受容野の中心でオン反応を行うニューロンはしばしば**オンセル**と呼ばれる。⇨**中心周辺拮抗作用**，**オフ反応**

**オンブズマン**［ombudsman］　消費者の苦情や不満を調査し，消費者として問題解決をする責任を負う人やプログラムのこと。［この概念と用語はスカンジナビアで生まれた］

**音脈化**［streaming］　聴覚において，一連の音が単一の対象として知覚されること。ある状況下では，音楽の対位法のように，いくつかの音脈がほぼ同時に知覚される。

**オンライン・セルフヘルプグループ**［online self-help group］　インターネット上でつながった人々によるセルフヘルプグループのこと。近年発達してきた形式であり，主に生活課題を共有することで困っている人を支援する。オンラインでつながることにより，従来のセルフヘルプグループが抱えていた，地方の集団に対する有効性の欠如，問題の希少性，時間や移動の制約といった参加に関する障壁を克服した。

**音量**［tonal volume］　音の広がりまたは音の空間充填特性。

# か

**科** [family]　生物学的分類学の分類名の一つ。目の下位にあり、類似した属のまとまりである。

**窩** [fossa]　くぼんだ、押し込まれた部位のこと。神経解剖学で窩は、前頭蓋窩、中頭蓋窩、後頭蓋窩のような比較的大きな部位を指すものから、嗅球の篩状窩や下垂体の下垂体窩のような小さな部分のものまで、その対象には幅がある。

**界** [kingdom]　生物学的分類学における最上位のカテゴリー。界の下位カテゴリーは門である。最近の分類学では、5つの界（原核生物界、原生生物界、動物界、菌界、植物界）があり、これら5界が**ドメイン**を形成するとされる。

**蓋** [tectum]　中脳水道の背側にある、中脳を覆う組織。蓋は、視覚系の中継中枢や反射中枢の役割を担う上丘と、聴覚系の感覚中枢である下丘を含む。

**ガイア仮説** [Gaia hypothesis]　地球、そこに生息する生物、およびその物理的環境が一つの自己調整的な存在者を構成しているという仮説。生物は現存の環境に自らを適応させるというダーウィンの進化論と対照的に、ガイア仮説は「地球がその一部である生物に適応し、それによって変容させられている」と唱える。この見方は現代のエコロジー運動に影響を与えたが、主流の科学からは無視されている。この仮説は、ギリシャ神話に登場するカオスから生まれた原初の女神であるガイア（地球の意）から名づけられた。［イギリスの科学者ラブロック（James E. Lovelock: 1919- ）によって定式化および命名された］

**外因性** [exogenous]　身体の外に原因をもつこと。たとえば薬物（外因的な化学物質）や外的な要因（たとえば**外因性ストレス**）によって生じる現象や状態、障害を指す。⇨ **内因性**

**外因性強化子** [extrinsic reinforcer]　生み出す反応との関係が任意である**強化子**。たとえば、固形飼料は、レバー押しの外的強化子である。外的強化（extrinsic reinforcement）は、報酬そのもの、および、報酬を与える実際の過程や手続きの両方を意味する。⇨ **内因性強化子**

**外因性ストレス** [exogenous stress]　天災、仕事での過度な競争、断崖絶壁の山に登るなど、外的な状況から発生するストレスのこと。

**外陰切除術** [vulvectomy]　女性器外陰部の全部または一部を手術で切除すること。外陰癌の治療のために行われる。文化的な理由から、伝統的に行っているところもある。⇨ **女性器割礼**

**下位運動ニューロン** [lower motor neuron]　頭部神経または脊髄の**前角**の中の運動ニューロン。**上位運動ニューロン**からの入力を受け、筋肉に直接シナプス結合する。運動機能障害（⇨ **運動ニューロン疾患**）の場合、神経学者は障害が下位または上位のどちらの運動ニューロンに起因するかを決定しようとする。

**外延化過剰** [overextension]　低年齢の幼児が、単語が意味する範囲以上のものに対してその単語を用いること。たとえば、すべての動物を「わんわん」と呼ぶなど。

**外延的意味** [denotative meaning]　単語や句の客観的ないし文字通りの意味のことで、特定の文化の中でこの語句が意味する考えや感情を含んでいる内包的意味（connotative meaning）と対になっている。したがって、たとえば、父親という単語は「男性の親」を意味するが、保護、権威、愛を含めた一連の概念を内包している。⇨ **内包的意味**

**外温動物** [ectotherm]　ヘビやハチなど体温が主に環境によって調節される動物。このような動物では、主要な熱源は環境である。このような動物は、以前は変温動物（poikilotherm）と呼ばれており、世間一般的に、冷血と表現される。⇨ **内温動物**

**回外** [supination]　1. 手のひらが上に向くように前腕を動かす運動、またはその運動により生じた状態。2. 足の裏が内側を向き、足の内縁が浮くような動き（足の外側を使って歩く時の状態）、またはその結果生じた足の状態。3. 仰向けの状態や状況のこと（⇨ **姿勢**）。⇨ **回内**

**外界** [external world]　人間の意識から独立した外部に存在する現実世界のこと。人はそのような世界についての知識をどのようにして得ることができるのか、あるいはそのような世界が存在することをどのようにして確信するのかという疑問はフランスの哲学者であるデカルト（René Descartes: 1596-1650）の時代から哲学の基本的問題となっている。⇨ **絶対的存在**、**客観的現実**、**デカルト的自己**、**自己中心的苦境**、**唯我論**

**絵画解釈テスト** [picture-interpretation test]　被検者に写真や絵画などの視覚的イメージを解釈するように求める検査。このタイプの検査は、知能やパーソナリティ特性のアセスメントとして用いられる。

**絵画完成テスト** [picture-completion test]　どこかが欠けている目慣れたものの絵を用いたテスト。被検者は、絵の欠けている部分について報告するように求められる。⇨ **インコンプリートピクチャーテスト**

**外郭構造** [foreign hull]　レヴィン（Kurt Lewin）の**場の理論**において、**生活空間**の外部にあるすべての具体的事物。潜在的に生活空間に浸透するとされる。

**絵画－世界テスト** [picture-world test]　被検者に現実的場面について、好きな物や人物を付け加えて物語を作るように求める、子ども向けの**投映法**。実在する世界、または自分が存在したいと望む世界を絵に描くよう求める。

**下位カテゴリー** [subordinate category]　より個別的な分類レベルで形成される、**基礎レベルカテゴリー**の下位区分。たとえば「シャムネコ」は基礎レベルカテゴリーである「ネコ」の下位カテゴリーであり、「ロッキングチェア」は「椅子」の下位カテゴリーである。下位カテゴリーは通常、（a）メンバー間の高い類似性、（b）そのメンバーと隣接するカテゴリーのメンバー間での比較的低い差異性（たとえば、シャムネコは互いによく似たように見える傾向にある一方で、東洋種ともあまり大きく違わないように見える）によって特徴づけられる。上記の例のように、下位カテゴリーの名前（ここでは、シャムネコ）はしばしば基礎レベルカテゴリーの名前（ここでは、ネコ）を包含する。

**絵画配列テスト** [picture-arrangement test]　ウェクス

ラー知能検査の下位検査。被検者は，呈示される数枚の絵画を意味の通る短い話になるように並び替えるよう求められる。⇨ **ウェクスラー成人知能検査**

**外顆粒層**［outer nuclear layer; outer granular layer］網膜の桿体と錐体の細胞体の層。

**快感**［pleasantness］一般的に非常に好ましいと感じられる，意識的な快楽状態。出来事が目標に一致している，あるいは快楽に結びついているときに経験される。⇨ **感情の次元理論**

**快感過敏**［hyperhedonia］どんな行動や出来事によっても快感を生じる病的状態。⇨ **アンヘドニア**，**不感症**

**回帰係数**［regression coefficient］**回帰方程式**における独立（予測）変数の重みのこと。

**回帰効果**［regression effect］あるテストの時に高い，もしくは低い得点だった人が，再テストの時に**平均**に近づくように得点を得る傾向のこと。

**会議式教育法**［conference method］**職業訓練**の方法であり，この方法では仕事に関する特有の問題の解決を目的として，参加者が一緒に仕事を行う。参加者は考えを出し合い，仮説を検証し，新たなアプローチを議論し，結論を導き出すというプロセスの中で，問題解決と意思決定の能力を発達させ，新たな情報を獲得し，自分の態度を修正する。⇨ **ビジネスゲーム**，**ケースメソッド**，**マルチプル・ロールプレイング**，**シナリオ分析**

**回帰診断**［regression diagnostics］あるデータに**回帰分析**を当てはめる際に，モデルの仮定の逸脱から生じる問題を明らかにするために用いられる手法。

**回帰線**［regression line］通常，最小二乗法によって得られる，データに対して当てはめられた直線または曲線のこと。これは変数に関する**回帰方程式**の幾何学的表現である。

**懐疑的議論**［skeptical argument］パーソナリティは運動競技での活躍に関する予測因子ではないと主張する**スポーツと人格に関する議論**の要素。⇨ **関連信用論**

**懐疑的ポストモダニズム**［skeptical postmodernism］意味またはモラルに関してどのような基礎を与えることもためらうという，**ポストモダニズム**の一つの視座。そのような視座から，なぜいずれかの政治制度あるいはイデオロギーが任意の他のものより好ましいと思われなければならないか，あるいは，社会進行についての考えがどのようにいくらか意味をもつことができるかを確かめるのは難しい。懐疑的なポストモダニズムはしばしば**ポストモダニズムの肯定**と対比される。

**回帰分析**［regression analysis］1つ以上の**独立変数**の得点から，1つの**従属変数**の得点を予測するために考案された統計的手法。回帰分析は**一般線形モデル**の下位モデルにあたる。

**回帰方程式**［regression equation］**回帰分析**の結果から得られる，従属変数と1つ以上の独立変数の関係についての数学的表現。

**諧謔症**［Witzelsucht］だじゃれを飛ばしたり，つまらない話をしたいという病的な欲望によって特徴づけられる，一種の冗談狂いで，大脳前頭葉損傷の一症状。一般的には，ふざけ症と言う。［原語はドイツ語で"強迫的な軽口"を意味する］⇨ **ふざけ症**

**階級**［class］社会学あるいは政治理論については⇨ **社会階級**

**階級意識**［class consciousness］特定の経済的，あるいは社会集団に所属しているとの意識。ドイツの社会理論家マルクス（Karl Marx: 1818-1883）によって公表されたものが最も有名だが，もともとは，抑圧され，搾取された労働階級の苦闘と関連した用語であった。20世紀後半には，同様の含意をもって，性別，人種，民族に関する意識にも概念が拡張された。ここでいう，「意識」の感覚はドイツ哲学に由来するもので，個人の状態というよりも，社会的な世界観を意味する。

**階級構造**［class structure］社会における**社会階級**の構図，組織，相互関係のこと。個人の階級だけでなく，大きな社会構造の中の経済的役割，政治的役割，他の役割も含む。

**階級値**［midpoint］**度数分布**や**階級幅**における最大値と最小値の中間の点や値。

**階級幅**［class interval］**度数分布**において，2つの区分，あるいは階級を構成する点数，あるいは数値の幅。たとえば，重さを5kgの階級幅で分類するなど。階級サイズ（class size）とも呼ばれる。

**階級理論**［class theory］社会的な階級や経済的階級での対立は，政府や社会組織だけでなく，個人の心理にも影響し，人間における基本的な決定力をもつことを説明する理論。心理面の健康や病気についての個人の認知や目標，期待は，その人が所属する階級によって大きく影響されている。現代の階級理論は，ドイツの社会理論家マルクス（Karl Marx: 1818-1883）に端を発しているが，1930年代以降のフランクフルト学派の批判理論研究もまた影響している。⇨ **マルクス主義**

**懐疑論**［skepticism］1. すぐに信じず疑う態度。2. 哲学における，疑う余地のない知識は決して見つけられないという立場。イギリスの哲学者ヒューム（David Hume: 1711-1776）は，懐疑論を彼の思想体系の基本理念とした。また，感覚経験は知識や外部世界に対する確かな根拠にはならず，観察により証明されるものは何もないと説いたことにより，後に多くの議論を呼び起こすこととなった。たとえば，**因果関係**は観察された2つの出来事を関連づける推測にすぎず，こうした関連性が似たような場合に当てはまるという知識はどこにもない。すなわち，因果関係は別の結果によって誤りであると判明することがあるような一般化である。現代哲学においては，**ポストモダニズム**や**ポスト構造主義**，**脱構築**は本質的に懐疑論の系統である。

**解決焦点型短期療法**［solution-focused brief therapy］いま，ここの問題に焦点づけて行う**短期療法**。クライエントが限られた時間の中で，重要かつ成し遂げたいと考える特定の目標を取り扱う。

**解決前変動性**［presolution variability］困難な問題がうまく解決されるに至るまでの行動に観察される変動のこと。

**解決要求**［need for closure］決定，判断，選択を最終的に絶対的なものとしたい動機のこと。解決要求の高い人に，しばしば曖昧さに対する耐性が低く，独断的な政治的あるいは宗教的見解に魅せられてしまう。

**外向性**［extraversion; extroversion］1. 個人の関心とエネルギーが主観的体験のような内的世界よりも他の人々や物事のような外的世界へと向かう志向性のこと。外向性

は**内向性**のように広範な人格特性であり，一連の態度と行動に現れる。外向的な人は外へ出ていく傾向が比較的強く，社交的で，愛想がよく，開けっぴろげである［この概念はユング（Carl Jung: 1875-1961）の人格類型の研究に基づいている］。2．パーソナリティの5因子モデルとビッグファイブにおける人格の要素の一つ。**肯定的感情と社交性**を特徴とする。3．アイゼンクの類型論で，**精神病傾向**，**神経症の傾向**と並ぶ次元。⇨ **パーソナリティの特性論**

**外国人恐怖症**［xenophobia］ 他の国籍や，民族，また時には異なる地域の住人や隣人に対してでさえ，敵対的な態度や攻撃的な行動をすること。動物においても同様の現象が存在することは明らかにされており，縄張りにおいての行動（⇨ **縄張り性**）や典型的に侵入者を攻撃し追い返す社会的グループなどにみられている。

**外国人に向けた発話**［foreigner talk］ 言語に堪能ではないと思われる外国人に向けて話す際に一般的に適応される発話形態。短い文や，単純化された文法や語彙，ゆっくりと大きな話しぶりが典型的な特徴である。

**介護者**［caregiver］ 子どもや高齢者など（何らかの支援を必要とする人）のニーズに応えたり，援助を提供する人のこと。

**下位個体**［subordinate］ 動物の社会集団において，資源競争にさらされている個体はそうでない動物に比べて資源を獲得できる可能性が低い。安定した社会集団では誰が支配者で誰が従属者かを容易に学べるため，争いや直接攻撃を最小限にとどめて資源配分を行うことができる。⇨ **動物の優位性**

**回顧的研究**［retrospective research］ 観察による非実験的な研究であり，過去の事象についての観点から現在の状況を説明しようとする。遡及的研究とも言う。つまり，現時点から研究が始まり，参加者を時間的に遡って追跡する。たとえば，回顧的調査（retrospective study）では，特定の問題となる症状があるかという点に基づいて選ばれた人が，過去に危険因子にさらされていたかどうかについての調査がなされる。⇨ **予測の研究**

**悔恨**［compunction］ 罪の意識によって喚起される苦悩。あるいは，結果や行動の先を見越すことによって喚起される苦悩。

**外在化**［externalization］ 1．自分の思考，感覚，知覚が外的世界によるものとする防衛機制のこと。外在化の典型例は**投影**である。2．飢餓のような動因が，内的刺激よりも，食物のような外的刺激によって活性化される過程のこと。3．幼児期に自分と環境とを識別することを学習するプロセス。4．ある個人の行動の特定の側面を外界に帰属し，その人自身やその人の経験とは独立であると認識すること。

**介在ニューロン**［interneuron］ 感覚ニューロンでも運動ニューロンでもないが，中枢神経系において他のニューロン同士を接続しているニューロン。

**ガイサー・グリーンハウスの修正**［Geisser-Greenhouse correction］ 繰り返しのある**分散分析**において，球面性の仮定を満たさない場合の修正の方法である。

**開散**［divergence］ 近いところから遠くへと凝視を移動するときに両眼が外側に向きを変えること。片眼の恒常的な開散を**外斜視**と呼ぶ。⇨ **輻輳運動**

**外耳**［external ear］ **耳介**，**外耳道**，**鼓膜**の外面からなる，耳の一部分。

**外質**［ectoplasm］ 細胞周辺部にみられる，比較的密度の高い**細胞質**。⇨ **内質**

**概日振動子**［circadian oscillator］ 1日に1回の頻度で発振する神経回路。海馬の**視交叉上核**にあり，睡眠覚醒周期に重要であるとされる。

**概日リズム**［circadian rhythm］ **睡眠覚醒周期**のように，約24時間周期で繰り返されるあらゆる生理学的，行動学的活動のこと。日周リズム（diurnal rhythm）とも呼ばれる。⇨ **生物学的リズム**

**概日リズム周期障害**［circadian dysrhythmia］ 覚醒と睡眠の正常な周期が乱れること。⇨ **概日リズム睡眠障害**

**概日リズム睡眠障害**［circadian rhythm sleep disorder］ DSM-Ⅳ-TRでは，通常の人が環境から必要とされる睡眠覚醒のリズムと，個人の約24時間周期の睡眠覚醒パターンの間に不均衡が生じる睡眠障害のこと。過度の眠気または不眠の原因となる。(a) 睡眠相後退型（delayed sleepphase type）は，入眠と覚醒時刻が一般に典型的あるいは適切なものに比べて遅くなり，眠りに落ちることや，朝の望ましい時間に起きることが困難である。(b) 時差ぼけ型（let-lag type）は，2つ以上の時差帯を超える旅行を繰り返す者にみられやすい。眠気と覚醒が現地時刻に対して不適当な時間に生じる（⇨ **時差ぼけ**）。(c) 交代勤務型（shift-work type）は，勤務時間の反復的な変化による不眠であり，寝ている間の大部分の不眠や，起きている間の大部分の過度の眠気が特徴である。この障害は以前は睡眠覚醒スケジュール障害（sleep-wake schedule disorder）と呼ばれた。⇨ **睡眠異常**，**睡眠覚醒スケジュール障害**

**外耳道**［external auditory meatus］ 耳介から鼓膜まで，外耳を通って音を伝える管。

**外斜位**［exophoria］ 片方の眼位が外側に偏ること。⇨ **斜位**

**解釈**［interpretation］ 心理療法の中で，治療者によってクライエントに提供される，クライエントの問題や行動，感情の意味についての説明。セラピーが特定の概念構造をもつか，力動的モデルに沿う場合に解釈が行われる。たとえば，精神分析では，精神分析的な概念を用いて，患者の早期体験，夢，パーソナリティ，防衛機制，抵抗を解釈する。どのような治療法でも解釈はある程度なされるが，精神分析や力動的精神療法においては，極めて重要な手続きである。

**解釈学**［hermeneutics］ 解釈の理論，または科学。人間が言語やその他の象徴的表現からどのように意味を見出すのかという問題を扱う。元来は聖書の解釈，特に原本の正しい解釈法を導くことに限定された用語だった。後に2つの系統の解釈学的思考が発達した。一つはシュライアマハー（Friedrich Schleiermacher: 1768-1834）の研究から始まったもので，宗教的な文章に限定せずに文章全般の解釈にも解釈学が適用された。この考えはドイツの哲学者のディルタイ（Wilhelm Dilthey: 1833-1911）によって芸術作品や制度，歴史的出来事などを含めたあらゆる形態の文化的表象の解釈にまで拡張された。この解釈学の流派の重要概念は，いわゆる解釈学的循環（hermeneutic circlr）である。解釈学的循環とは，解釈は常に循環していて，部分は必ずある人の全体に対する理解をもとに解釈され，全

体の理解は部分の理解に依存するという考え方のことである。この流派の重要な前提は，解釈学には解釈の対象となっている主題を作成した人物や人々の主観的な精神を見抜く力が必要だということである。このアプローチは，他人の心を覗く手段はないのだから，そのような洞察は不可能であり，それゆえ解釈学の方法は常に不明確であり，その結果は相対論的だとする立場の人々から批判されている。もう一つの，より急進的な解釈学の流派は，フッサール（Edmund Husserl: 1859-1938）の**現象学**やドイツの哲学者のハイデッガー（Martin Heidegger: 1889-1976）の研究に由来する。ハイデッガーは解釈の考えを**現存在**や人間自身の解釈まで拡張した。これは人間の行動すべてが，文章を理解するのと同様に，意味のある表象として理解できるものだということを示唆している。また，人間の存在の理解には必然的に人間の行動の解釈が伴うので，解釈学のこのような流れは解釈の過程を解釈者のもとへと戻すことになった。この動きは哲学や心理学，文学界を巻き込んで，解釈の豊かさには一貫した方法論や「正しい」解釈に到達することよりも，ずっと価値があるという批判を巻き起こす広範な運動となった。このようなアプローチは明らかに自然科学的な心理学に対するアンチテーゼであった。この種の解釈学は，特に**実存主義**，**ポストモダニズム**，**ポスト構造主義**などの現代的な運動に影響を与えた。

**解釈的反応**［interpretive response］　治療中に，治療者が，クライエントが述べたことを要約したり，その根底にある重要な意味や動機を解明するために応答すること。⇨ **解釈**

**解釈療法**［interpretive therapy］　セラピストがクライエントの葛藤，抑圧，夢，抵抗を引き出し，クライエントの経験を踏まえてそれらを解釈，説明する，積極的で指示的な心理療法。⇨ **解釈**

**解釈レベル理論**［temporal construal theory］　時間的に遠い将来の目標は，その状況についてより抽象的な解釈（高次解釈）がなされるが，近い将来の目標は，より具体的な解釈（低次解釈）がなされる傾向にあるという理論のこと。

**外斜視**［exotropia; divergent strabismus］　片方の眼位が恒久的に外側に偏ること。白目（wall eye）と言われることもある。⇨ **斜視**

**懐柔**［conciliation］　対立や敵対関係にある個人や集団を宥和する行動やプロセス。

**外集団**［outgroup］　1. 一般に，自分が所属していない集団もしくは同一化していない集団のことを指すが，特に**内集団**と異なると判断されたり，劣っているとみなされた集団も含まれる。2. 内集団成員があざけりや非難を向けたり，攻撃したりするような特定の対抗集団。

**外集団極性化効果**［outgroup extremity effect］　外集団成員やその行動，または生産物を極端に肯定的もしくは否定的に評価する傾向。⇨ **内集団極性化効果**，**内集団バイアス**，**言語的集団間バイアス**

**外集団同質性バイアス**［outgroup homogeneity bias］　他集団の成員同士が非常に似ているとみなす知覚的傾向で，内集団成員に多様性を認めることと対比される。

**外受容器**［exteroceptor］　皮膚や粘膜にある感覚神経終末で，体外からの刺激を受容する。⇨ **内受容器**

**外傷**［trauma］　身体的傷害の一つ。頭部への強打などの頭部損傷，出血や**脳血管**の障害などの脳損傷，やけどや手足の切断など身体部位の損傷を含む。

**外傷後障害**［posttraumatic disorders］　トラウマ的な体験をしたあとに，情緒面やその他の面において症状が生じること。この障害には，**外傷後ストレス障害**，**急性ストレス障害**，**解離性障害**や，ある種の**恐怖症**や**不安性障害**が含まれる。

**外傷後ストレス障害**［posttraumatic stress disorder: PTSD］　DSM-Ⅳ-TR において，人生を脅かすような出来事を生き抜いたり目撃したりして，恐怖や絶望を経験することで生じる障害である。症状は以下のように特徴づけられる。(a) つらい回想，フラッシュバック，夢での再現，悪夢としてトラウマを再体験すること。(b) 反応の減少（情緒的な鈍感さと感覚の鈍化），意味ある活動への興味の喪失，他者からの孤立感や疎外感。(c) 慢性的な生理的過覚醒，驚愕反応，不眠，集中や想起の困難さ，生き残ったことへの罪悪感（⇨ **生存者の罪悪感**），トラウマを呼び起こす活動の拒否。下位分類として，**慢性心的外傷後ストレス障害**や**遅発性心的外傷後ストレス障害**がある。⇨ **急性ストレス障害**

**外傷後パーソナリティ障害**［posttraumatic personality disorder］　パーソナリティ障害は深刻な頭部損傷後に生じることがある。無関心，ひきこもりになる者もいるが，多くの場合いらだちやすさ，衝動性，短気，極端な自己中心性，無責任を示す。前頭葉を損傷した高齢の患者は，**作話**と同時に記憶力低下が生じることがある。⇨ **脳震盪後症候群**

**外傷性失語症**［traumatic aphasia］　脳損傷に起因する**失語症**。

**外傷性出血**［traumatic hemorrhage］　脳挫傷の結果起こる，脳出血の一種。

**外傷性障害**［traumatic disorder］　身体的，心理的トラウマによって生じる障害のこと。

**外傷性てんかん**［posttraumatic epilepsy］　外傷性の脳損傷に合併して生じるてんかん性発作。発作は損傷後すぐに生じるか，あるいは，症例によっては数か月後から数年後に生じることもある。

**外傷性脳症**［traumatic encephalopathy］　脳外傷に続発する脳症。

**外傷性脳損傷**［traumatic brain injury］　神経学的所見，外傷後健忘，頭蓋骨骨折，または頭部損傷による意識消失を特徴とする，外的物理的な力によって引き起こされた脳組織へのダメージ。

**外傷性悲嘆**［traumatic grief］　突然の，予期していなかった愛する人の死に続いて起こる重症型離別。無感覚とショックが徒労感と無意義性を伴って現れる。多くの苦痛と機能不全反応を含むが，外傷性悲嘆を定義する特徴の一つは，人生の無意味さの感覚である。

**快水準**［hedonic level］　人との交流や思考によって喚起される快や不快の程度。⇨ **快楽理論**

**外性器異常**［ambiguous genitalia］　陰茎と間違えられるような陰核をもって生まれた少女の場合のように，十分に分化していない性器官のこと。⇨ **両性具有者**

**解析**［parse］　視覚において，複雑な刺激を要素の特徴や属性に分解すること。

**回折**［diffraction］　波が障害物の境界周辺や開口部を

通過するときの波の屈折や散乱。回折は，ほとんどの場合，光波における回折現象を引き合いに出すが，音波，ラジオ波，水波などのあらゆる種類の波で生じうる。

**回折格子**［diffraction grating］　平行スリットや透過孔が狭い間隔で配置されたガラスや金属の部品。光を波長成分に分離するために使用される。

**（眼球の）回旋**［torsion］　視覚において，瞳孔から眼の裏側を通って水平に走る軸方向の眼球運動のこと。

**改善**［amelioration］　病気や障害の重症度が良くなるほうに変化すること，もしくはその症状の強さが低下すること。

**回旋（転）斜位**［cyclophoria］　対象に焦点を合わせていないときに片眼が逸れる外眼筋の平衡失調。

**蓋然論**［probabilism］　**1．**心理学やその他の経験科学において，出来事や出来事の結果が完全ではないけれども，経験的データに基づいて高い確率や妥当性で予測できるという考え方。実証的研究に関する統計的仮説検定において，蓋然論は確率を**帰無仮説**の真偽に結びつけるという考え方の基礎となる。⇨ **確率論的**　**2．**道徳理論において，道徳的問題への答えは曖昧で，道徳的に正しい確率が最も大きいと考えられる方向に進むべきだという主張。道徳的判断に関する人々の意見の一致がみられるならば，その答えは正しい確率が高いと言える。

**回想**［recollection］　ある特定の時や場所に関連する過去の出来事や情報についての鮮明で詳細な記憶のこと。⇨ **エピソード記憶**

**階層[1]**［hierarchy］　支配と従属のような，ある行動次元に見られる人々の間の顕著な序列。すべての個人が連続体上で重なることなく序列を成して並んでいる時，直線階層と呼ばれる（⇨ **順位制，組織階層**）。しかし，地位の等しい人がいたり，連合を形成して行動したり，あるいは別の要因に基づいて序列化されるなど（⇨ **動物の優位性**），もっと複雑である場合が多い。

**階層[2]**［stratification］　社会学において**社会階層**のこと。

**階層化**［hierarchization］　ピアジェ（Jean Piaget）の認知発達理論において，現在の認知構造が初期のより原始的な構造まで辿ることができる過程のこと。それは上位構造の達成に必要である。

**階層構造**［hierarchy］　神経科学において，脳のある領域が別の領域を制御し，今度は後者が神経筋作用を引き起こすというかたちで組織化された制御システム。

**開窓術**［fenestration］　外科手術として骨を穿孔すること。現在はあまり実施されない。中耳の骨壁を開き三半規管内部に穿孔することで，**耳硬化症**による難聴の改善が図られる。

**階層的入れ子配置**［hierarchically nested design］　標本抽出単位の2つ以上の水準が上位階層の標本抽出単位に入れ子になっている研究計画。たとえば，生徒（A）はクラス（B）に入れ子になっており，クラス（B）は学校（C）に入れ子になっており，学校（C）は学校システム（D）に入れ子になっている。このような配置のデータの分析は，異なる水準が固定要因か，ランダム要因か，いずれとみなせるかによって変わってくる。

**回想的情報**［retrospective information］　遠い過去の出来事について，その時の感情や出来事や行動を想起してもらうことによって得られる情報のこと。通常，この種の情報は，実際に出来事や経験が起こっている最中に記銘して得られた情報に比べ，あまり正確ではなく信頼性に欠けるとみなされている。

**解像度**［resolution; resolving power］　眼や光学機器，光学システムが，近接した2つの異なる対象を検出する能力を表す測定単位。高解像度のシステムは，ターゲット同士が非常に近接している場合でも個々の要素として区別することができ，低解像度のシステムは，ターゲット同士が十分に離れていないとそれらを区別することができない。

**回想療法**［reminiscence therapy］　心理的ウェルビーイングを改善するために，書面や口頭，またはその両者による**生活史**を用いること。この療法は年配の人々を対象によく用いられる。レミニッセンス療法とも言う。

**外側回**［lateral gyrus］　脳梁の上方，帯状回の部位に位置する，脳表面の回旋。

**外側嗅索**［lateral olfactory tract］　僧帽細胞の軸索の束。嗅覚系と大脳組織との間の主要なコミュニケーションを形成する。⇨ **嗅索，房飾細胞**

**外側頸核**［lateral cervical nucleus］　毛帯系の一部であり，延髄の下方に灰白質の小塊として生じる。外側頸核から伸びる軸索は内側毛帯に投射する。

**外側溝**［lateral sulcus; fissure of Sylvius; lateral fissure］　それぞれの**大脳半球**の外側面に沿って伸びる大きな溝で，シルビウス溝（Sylvian fissure）とも呼ぶ。前頭葉，頭頂葉から側頭葉を隔てる。

**外側後核**［lateral posterior nucleus］　視床の視覚応答性ニューロンの集合。輝度弁別に用いられ，後頭葉および頭頂葉のいくつかの部位に投射する。

**外側視床核**［lateral thalamic nucleus］　視床の片側に面した細胞体の大きな塊のペアの片方で，入力された神経インパルスを伝える。外側核は視床のうちで最も進化的な新しい部分である。

**外側視床下部（LH）**［lateral hypothalamus: LH］　摂食行動に関わると考えられる**視床下部**の領域。外側視床下部を損傷した動物は，絶食と体重減少に至る。脳の該当部分を刺激すると，摂食量が増える。

**外側視床下部症候群**［lateral hypothalamic syndrome］　ヒト以外の動物で確認された，**外側視床下部**の損傷回復の4段階からなるパターン。初期段階では，飲食ができなくなり（嚥下不能と無飲症），補助（強制的な摂食など）がなければ死に至る。第2段階では，引き続き飲水はできず食欲も乏しく（無飲症と拒食症），水分を含んだ口当たりの良い食べ物しか食べられない。第3段階では，水和物や乾燥した食べ物を食べるようになるが，飲水を避けると脱水症状を生じる。第4段階で回復し，新たな飲食行動が定着し，体重が（低い値ながら）安定する。⇨ **腹内側視床下部症候群**

**外側膝状体**［lateral geniculate nucleus: LGN; lateral geniculate body］　視床の両側から後部に少し突き出ている核のペアの片方。それぞれの外側膝状体は，網膜の錐体を多く含む部位から生じ，**視放線**を通り**視覚皮質**に情報を伝える。⇨ **大細胞系，小細胞系，内側膝状体**

**外側束**［lateral bundle］　背外側脊髄内にある神経線維の束であり，痛みや温度感覚の末端器官からインパルスを伝える。

**外側直筋**［lateral rectus; external rectus］　眼球を左右

に回転させる目外側の筋。

**外側皮質脊髄路**［lateral corticospinal tract］ 皮質脊髄路の2区分のうち大きな方を指す（もう一方は前皮質脊髄路）。脳の両側，大脳皮質の**運動野**から生じ，その線維は延髄の**錐体**で正中線を横切り，側面に沿って脊髄の反対側の白質に至る。路は脊髄の運動ニューロン，特に遠位筋の精密動作の制御に重要な影響を及ぼす。

**外側毛帯**［lateral lemniscus］ 神経線維の束。脳幹の聴神経核から生じ，**脳橋**を上って伝わり，**下丘**と**内側膝状体**に至る。⇨ **毛帯系**

**解体**［disorganization］ 秩序ある体系的な構造や機能の喪失あるいは崩壊。たとえば，思考の解体は思考プロセスを統合できないことであり，行動の解体は一連のまとまった行動がとれないことである。

**解体型統合失調症**［disorganized schizophrenia］ DSM-Ⅳ-TR では，歪んだ表情，わざとらしさ，嘲笑，社会からの極度なひきこもりと結びついた，断片的な話や行動，状況に合わない平坦化した感情によって特徴づけられる統合失調症の下位分類の一つである。統合失調症の中でも最も重い症状を持つ可能性が高く，発病前の貧弱なパーソナリティや早期から潜在して存在する要因が発病に関与するといわれる。DSM-Ⅲでは統合失調症の解体型（disorganized type schizophrenic disorder）であるとされた。歴史的，そして他の亜型分類によれば，このタイプは破瓜型（hebephrenia），または破瓜型統合失調症（hebephrenic schizoprenia）として知られている。

**解体した会話**［disorganized speech］ 脈絡のない会話。話が，あるものから一見脈絡のない別のものに移る話し方のことで，しばしば連合弛緩と表される。また，他にも不合理な結論や言葉の埋め合わせがある質問への不適切な回答を含む。⇨ **換喩的歪み，言語新作，錯論理**

**解体した行動**［disorganized behavior］ 自己矛盾した一致しない行動。子どものような愚行や，無目的で気まぐれな興奮，極端な感情的反応なども含まれる（たとえば，大失敗のあとの大笑い）。典型的な例は，夏の暑い日に重ね着をするなど，天候に合わない衣服を着ることである。ひどくまとまりのない支離滅裂な行動は，統合失調症でみられる。

**快妥当性**［hedonic relevance］ ある状態や行為が良い気分の達成と維持に影響を及ぼす程度のこと。**快楽の随伴性仮説**によると，良い気分の人は，今後の行為の快妥当性を事前に検討している。それは，自分自身の良い気分を維持したいという動機に基づいている。

**階段関数**［step function］ 連続的にではなく，離散的な階段状に変化する数学的関数のこと。

**階段現象**［staircase phenomenon］ 1. 一連の刺激に対して，階段状の反応を示すこと。2. 心拍の増加に伴って心筋が収縮すること。3. 骨格筋に同一強度の刺激を連続的に与えたとき，骨格筋の強縮が次第に強くなる現象。

**階段状現象**［stepwise phenomenon］ 階段関数に従って時間とともに変化する過程のこと。

**ガイダンス**［guidance］ クライエントと協力して行われる指導，アドバイス，カウンセリングのこと。個人データや個人面接が重要な補助手段として用いられることも多い。

**階段法**［staircase method］ 精神物理学的測定法の極限法の一種。被験者の反応が変化した時に，刺激提示の系列順序（上昇か下降か）を逆にする。この方法は，閾値のはるか下から上までの広い範囲の刺激を提示する必要がなくなるので効率的である。

**外適応**［exaptation］ ある機能を果たすために進化したある性質が，後に他の機能に使われること。たとえば，羽は断熱のメカニズムとして進化し，後に飛ぶのに役立ったのかもしれない。そのような性質が実在するかどうかについてはまだ議論が続いている。［アメリカの動物学者グールド（Stephen Jay Gould: 1941-2002）によって提案された］

**外的境界**［external boundary; outer boundary］ 精神分析理論における，自我と外的現実の間の境界のこと。自我とイドの間の内的境界の対語。

**外的心理**［exopsychic］ 個人の外界に影響を及ぼすような精神活動を指す語。⇨ **内的心理**

**外的精神物理学**［outer psychophysics］ 感覚刺激の物理的な強度と，それに関連する内的経験の強度の間に直接的な関係性を確立しようとする試み。⇨ **内的精神物理学，精神物理学的法則**［フェヒナー（Gustav Fechner）が創案した］

**外的妥当性**［external validity］ 研究やテストの結果がその対象者以外の個人や状況にも一般化される程度のこと。たとえば，男性だけを対象に行われた研究の場合，同様の結果が女性でも示されるとは限らない。一般的に，対象を限定すればするほど，その結果は一般化されにくくなる。

**外的統制**［external control］ 自身の経験や行動が状況や運，他者あるいはその他の外的要因によって規定されていると考える個人の信念。⇨ **外的統制者 統制の所在，内的統制**

**外的統制者**［externalizers］ 周囲の状況に対する行動や反応が，自分のコントロールを超えた出来事によって大部分，もしくは，完全に決定されると信じている人々。外部に**統制の所在**がある人々と言うこともできる。⇨ **内的統制者**

**回転**［rotation］ 統計学において，多次元空間における原点まわりの移動のことを指す。⇨ **斜交回転，コーティマックス回転，バリマックス回転**

**外転**［abduction］ 身体や腕の正中線や他の部位から外へ向かう身体部位の運動。⇨ **外転筋，内転**

**回転エラー**［rotational error］ 刺激を複写，複製するときにもとの形を回転した形で描画，構成するエラーのこと。

**回転かご**［activity wheel; running wheel］ 内側を走る動物の重さによって回転する円形状の筒。回転数が記録され，しばしば様々な研究の目的で利用される。

**回転感覚**［whirl sensation］ 前庭系に媒介される回転の感覚。⇨ **めまい**

**外転筋**［abductor］ 身体や腕の正中線や他の部位から外の方向へ身体部位を動かす筋肉。母指外転筋（abductor pollicis muscle）は親指を掌から外へ動かす。⇨ **内転筋**

**回転後眼振［1］**［after-nystagmus］ 前庭性眼振の構成要素で，頭部を急速に回転した後に生じる，回転方向とは逆方向への不随意的な眼球運動のこと。

**回転後眼振［2］**［postrotational nystagmus］ 身体の

急速な回転が止んだのちに生じる不随意の急速眼球運動のこと。⇨ **眼振**

**回転残効**［rotational aftereffect: RAE］ 回転する刺激を凝視していたことで生じる**運動残効**。刺激の運動が止まると，反対方向に運動するように見える。⇨ **プラトーの螺旋**

**外転神経**［abducens nerve; cranial nerve VI］ 第VI **脳神経**。眼の外直筋を調節する運動神経線維を伝える。

**外転神経核**［abducens nucleus］ 第4脳室の床面にある神経細胞の集合で，**外転神経**はここに由来する。

**回転ドア現象**［revolving-door phenomenon］ 病院あるいは他の機関への繰り返された患者の再入院のことで，しばしば，彼らが十分に回復する前に退院させられてしまうことによる。

**回転盤追跡検査**［rotary pursuit test］ 参加者に，回転したり不規則に運動したりする標的をポインターや他の指示器を用いて追跡することを求める検査の総称。

**開頭**［craniotomy］ 外科手術によって頭蓋骨を開くこと。たとえば，外科的な処置を行うため，あるいは**水頭症**や**脳浮腫**のため脳が膨張している場合に圧力を下げるために行われる手続き。開頭術は外科手術の最も古いものの一つである。その証拠に世界のほぼすべての地域で有史以前の頭蓋骨にそれがみられる。⇨ **開頭術**

**開頭術**［trephination］ 鋸の歯状の刃をもつ環状の器具（トレフィン：trephin）を用いて，大抵は頭蓋骨から，円盤状の骨を取り除く外科的手技。有史以前のヒトの頭蓋骨から見つかった証拠から，開頭術は最も歴史のある手術法の一つであると信じられている。開頭を行った理由として，頭痛，感染，頭蓋骨骨折，けいれん，精神疾患，憑霊の治療などが考えられる。

**回内**［pronation］ 1. 腕と手を回転させ，手のひらが下を向き，前腕の2本の長骨が交差する運動，またはその位置。 2. 足の裏が外を向き，足の外側縁が上がる運動（足の内側を使って歩く時のように），またはその位置。

**カイ二乗検定**［chi-square test］ 理論的な確率分布がどのくらいよくデータと適合するかを測る手法。もし変数 $x_1, x_2, \cdots, x_p$ が，$o_1, o_2, \cdots, o_p$ 回観測され，理論的に $e_1, e_2, \cdots, e_p$ 回起こると期待されるとき，カイ二乗 ($\chi^2$) 値は，

$$(o_1-e_1)^2/e_1+(o_2-e_2)^2/e_2+\cdots$$

で計算される。自由度の異なるカイ二乗値の表は，理論（モデル）が正しい確率を示すのに用いられる。⇨ **カイ二乗分布**

**カイ二乗分布**［chi-square distribution］ 正規確率分布に従う相互に独立した変数の平方の総和の分布。もし独立変数が $p$ 個あるならば，分布は $p$ の自由度をもつ。**カイ二乗検定**はこれに基づいている。

**介入**［intervention］ 1. セラピストがクライエントの話し合うべき点や問題を扱う際に行うこと。どのような介入を選択するかは，問題の性質，セラピストの専門技法，治療構造，クライエントの治療を受ける意思と能力によって異なる。 2. 依存症のカウンセリングにおけるテクニックの一つ。セラピストの立会いのもと，クライエントの生活上重要な他者に来てもらい，クライエントに対して，クライエントの依存症とそれに関連する問題について，見たり感じたりしていることを話してもらうこと。このセッションは通常クライエントには予め知らせず，数時間かけて行う。セッションの後，クライエントは勧められた治療を受けるようにするか（たとえば入院治療），介入を黙殺するかを選ぶ。もし，クライエントが治療を選ばない場合は，その重要他者が結論を宣言することになる。その結論とは，たとえば，薬物乱用者は家から出て行ってもらう，失業する，などである。

**介入研究**［intervention research］ 系統的な介入の後にどれほど状況が改善されたかを測定したり，あるタイプの介入プログラムを別のタイプのものと比較して効果を検討することを目的として計画された研究のこと。

**介入者**［interventionist］ 医師，行動科学者，セラピストなど，患者の状態や症状を改善する専門家のこと。

**カイニン酸**［kainic acid］ 紅藻（カイニンソウ）から得られる神経興奮物質。通常，動物実験で脳の組織を破壊するために用いられる。

**カイニン酸受容体**［kainate receptor］ **グルタミン酸受容体**の一種でカイニン酸と結合するもの。受容体が刺激されると開く**リガンド依存性イオンチャネル**と組み合わさっている。

**概念**［concept］ 1. 物や事象，あるいはその性質のクラスを表象する考え。たとえば「ネコ」「徒歩」「正直さ」「青」「早い」など。⇨ **概念化**，**連言概念**，**選言概念**，**抽象的観念** 2. 条件づけにおいて，生物が類似したやり方あるいは同一のやり方で反応する刺激の種類（⇨ **刺激般化**）。または，生物が別の刺激と区別する刺激の種類。

**概念依存**［conceptual dependency］ 自然言語の理解に関するコンピュータプログラムでの利用を目的とし，人間の言語における意味関係を把握するために設計，形式化された**意味ネットワーク**。この理論には，行為，対象物（具体的な物），行為の修飾部，対象物の修飾部の4つの基本的（あるいは原子的）構成要素がある。これら構成要素のネットワークは，自然言語の文章における意味関係を把握するために構築される。⇨ **計算言語学**

**概念化**［conceptualization］ **概念**を形成する過程。特に，経験や学習材料から，思考と言語化を経て抽象的概念を形成する過程。⇨ **抽象化**，**概念形成**

**概念学習**［concept learning; conceptual learning］ 1. あるクラスの特徴や原型となる定義的な特性（例，鳥を説明するもの）や，物や関係，行動のクラスに属するか否かを特定する上で必要かつ十分な性質を学習すること（例，三角形，上，動くなどの概念）。 2. 新たな概念の獲得，あるいは既存の概念の変更。

**概念駆動プロセス**［conceptually driven process］ 刺激の知覚的側面ではなく，その意味的側面に主に焦点を当てた心的活動。経験や学習から獲得された概念に導かれて感覚入力が処理される**トップダウン処理**である。⇨ **データ駆動型処理**，**意味の符号化**

**概念形成**［concept formation］ たとえば様々に異なるイヌを経験することによってイヌというものを学ぶように，具体的な事例から一般的な考えや概念を抽象化する過程。概念獲得（concept acquisition）とも呼ばれる。⇨ **抽象化**

**概念形成テスト**［concept-formation test］ 概念形成のプロセスの研究や特定の個人による概念獲得の水準評価に用いられるテスト。⇨ **抽象化実験**，**概念発見課題**

**概念障害**［conceptual disorder］ 思考プロセスにおけ

る，一般化された概念から抽象的な考えを作り出す能力における障害。

**概念心像**［conceptual imagery］　概念，または概念関係の**心的表象**。⇨ **イメージ**

**概念体系**［conceptual system］　事象，データ，経験の理解を目的として，認知能力，感情の自覚，経験，哲学的あるいは宗教的志向をシステムとして組織化すること。⇨ **認知構造，準拠枠**

**概念的テンポ**［conceptual tempo］　ある人が認知的課題に取り組む際の固有のペース。たとえば，観察，思考，反応における，熟慮的でなく衝動的な取り組み。概念的テンポは認知スタイルの一側面である。⇨ **熟慮－衝動型**

**概念的複雑性**［conceptual complexity］　関わっている抽象的な概念の数やそのつながりの複雑さによる，考えや議論を理解する際の難易度。⇨ **認知的複雑性**

**概念の解体**［conceptual disorganization］　無関係で，とりとめのない，辻褄の合わない言語化のこと。**言語新作**や定型化された概念表現も含まれる。混乱した思考過程が主な徴候である。⇨ **統合失調性思考**

**概念発見課題**［concept-discovery task］　実験参加者が，あるカテゴリーに属するものと属さないものを定義する上で用いられているルールを識別する課題。概念同定課題（concept identification task）とも呼ばれる。⇨ **抽象化実験，概念形成テスト**

**概念分類**［conceptual classification］　分類課題において，共通の機能や「牛・犬・馬」「バス・トラクター・バイク」など，類似した分類に属するか否かに基づき，項目をまとめること。カテゴリー分類（categorical classification），名目分類（nominal classification），類似性分類（similarity classification），分類学的分類（taxonomic classification）とも呼ばれる。⇨ **相補的分類，知覚的分類**

**概念モデル**［conceptual model］　**1.** ベン図や樹形図のように，概念間の関係や概念とその属性の関係を視覚的に表す図。**2.** コンピュータの使用において，プログラムやファイルや情報の表現を，利用者にとって概念的になじみやすい方法で構造化するために使用される体系化された原理。このようなモデルの多くは，デスクトップやスプレッドシートのように，現実世界の類似に基づいている。

**概念誘導制御**［conceptually guided control］　概念や**概念体系**など，高次構成概念によって制御される人間の**情報処理**の段階あるいは水準。概念的に誘導された制御の主たる機能は，特定のよく確立された目標に思考を向けることである。

**概年リズム**［circannual rhythm］　およそ年1回の周期で起こる行動的，成長的，その他生理的事象などの**生物学的リズム**のこと。

**快の心理学**［hedonic psychology］　快楽から苦痛に及ぶ様々な体験の諸相に焦点を当て，生物学的，社会学的，現象学的な観点と，それらの動機づけや行動との関連を考える心理学。⇨ **快楽説**

**海馬**［hippocampus; cornu ammonis］　前脳の側頭葉の内側基底部にあるタツノオトシゴのような形をした領域。**宣言的記憶**や学習に重要な役割を果たしている。形がヒツジの角に似ているため，19世紀の神経解剖学者らは海馬を，ヒツジの角がエジプトの神アモンを象徴することに因んでアモンの角（Ammon's horn; cornu ammonis: CA）と名づけ，CA1，CA2，CA3，CA4の4つの部位に分類した。この呼び名は海馬の異なる領域を指し示すのに現在でも使用されている。⇨ **海馬体，パペッツの情動回路**

**外胚葉**［ectoderm］　成長中の胎芽の，一次胚葉の最も外側。外胚葉から生じる構造には，皮膚や爪，毛，腺，粘膜，神経系，外部感覚器官（たとえば，耳，眼）などがある。

**外胚葉型**［ectomorph］　細長く繊細な体格が特徴で，**シェルドンの体型論的パーソナリティ理論**における体格分類（ソマトタイプ）のうちの一つ。この理論によれば，この体格は**頭脳緊張型**と高い関連がある。外胚葉型体格分類（ectomorphic body type）とも言う。

**灰白交通枝**［gray rami communicantes］　自律神経系の短い神経で，無随節後線維を**交感神経節**から隣接する脊髄神経へと運ぶ。

**灰白交連**［gray commissure］　神経線維の束で，脊髄中心管を囲み，灰白質の左右両半にある前角と後角をつないでいる。

**灰白質**［gray matter］　細胞体が大多数を占めていて，髄鞘のない神経組織層。たとえば，**大脳皮質**や脊髄のＨ字型の**中心灰白質**などがある。⇨ **前角，後角，白質**

**灰白脳炎**［polioencephalitis］　感染症によって脳の灰白質に炎症が生じること。

**海馬体**［hippocampal formation］　側頭葉内側部に位置する脳の領域で，長期記憶の固定に関わっている。歯状回や海馬，海馬台から構成されており，嗅内皮質を介して新皮質内の領域と情報をやり取りしている。

**海馬台**［subiculum; hippocampal gyrus］　海馬に隣接する前脳の領域。海馬と歯状回を相互に連絡する。**海馬体**の一部をなす。

**外罰型**［extrapunitive］　**1.** フラストレーションや苦痛への反応の特徴であり，フラストレーションの原因として怒りや攻撃が他者や状況などの外部に向けられる反応。**2.** 敵意を外に向けることや外的要因を欲求不満の原因とみなす傾向。

**開発サイクル**［development cycle］　人間工学の用語で，製品やシステムを開発するプロセスのこと。形式的な（発展性の見込まれる）アイデアから始め，リサーチ，デザイン，テスト，改良を継続した上で，最終的にリリースを行う。

**解発体**［releaser］　適切な状況下で**固定的行動パターン**を引き起こす刺激。動物の行動において，この刺激は，その種に特有の反応や反応パターンをいつも喚起する環境手がかりである。たとえば，メンドリの存在はヒヨコに追随行動を引き起こし，トゲウオのオスの赤い腹は，他のオスの攻撃行動を引き起こすが，妊娠しているメスにとっては魅力的である。解発刺激（releasing stimulus）や信号刺激（sign stimulus）とも言う。⇨ **刻印づけ，生得的解発機構**

**外発手がかり**［exogenous cue］　注意を自動的に刺激の位置に引きつける**手がかり**であり，通常，周辺視野における刺激の立ち上がりがよく用いられる。⇨ **内発手がかり**

**外発的興味**［extrinsic interest］　内発的満足を得ようとするというよりは，効果的に課題や行動を執り行うことで報酬が保障されたり，罰を受けるのが妨げられたりする

という信念に駆られて課題や行動を行うこと。たとえば，音楽でいえば，外発的興味のために演奏する者は金銭を得るために自身の音楽的技能を使いたいと望む。しかし，内発的興味のために演奏する者は音楽自体のためにそれを学ぶのである。

**外発的宗教**［extrinsic religion］　**宗教性**が社会的道徳あるいは個人の幸福よりも，むしろ他の目的に向かう宗教的信条のこと。⇨ **内発的宗教**［オールポート（Gordon W. Allport）によって紹介された］

**外発的動機づけ**［extrinsic motivation］　特定の行動へと誘導する外的な誘因。この種の動機づけは罰や報酬を予測することで起こる。外発的動機づけの研究例として，試験を落ちることへの恐れを検討したものがある。⇨ **内発的動機づけ**

**外発的報酬**［extrinsic reward］　行動に対する報酬であっても，純粋に行動そのものから生じているとは限らない報酬。レースで1位を勝ち取ることで得ようとする賞金や，労働を行うことで得ることができる称賛や賃金は，外発的報酬となる。⇨ **内発的報酬**

**海馬傍回**［parahippocampal gyrus］　大脳皮質の側頭葉中間（内側）の表面にある隆線（脳回）。海馬の周囲に存在する。空間的，あるいは地形的な記憶に関係があると考えられる**大脳辺縁系**によって構成される。海馬傍皮質（parahippocampal cortex）とも呼ばれる。

**回避［1］**［avoidance］　特殊な状況，活動，環境，個体，物体，思考や会話の対象などから距離をおく行為や，距離をおきたいという希望。これらと遭遇することによるネガティブな結末を予測することに起因する。また，不安や痛みを伴う感覚に関連づけられた物事や出来事にも起因する。回避の概念は，心理学では，コーピングの手段，恐れや恥への反応として用いられ，**不安障害**の構成要素として考えられている。⇨ **接近-回避葛藤**，**回避行動**，**回避条件づけ**

**回避［2］**［evasion］　錯論理の一形態。思考の流れの中で，論理的に次にくる思考が，よく似てはいるが不正確で関連性の乏しい他の思考に取って代わられること。

**回避-回避葛藤**［avoidance-avoidance conflict］　2つの同価の嫌悪的選択肢の中で選択を強いられる葛藤状況。たとえば，失業と賃金カットのどちらかを選ばなければならない場合があげられる。また，二重回避の葛藤（double-avoidance conflict）とも呼ばれる。⇨ **接近-接近葛藤**，**接近-回避葛藤**

**回避学習**［escape learning］　被験体が嫌悪刺激を終息させる反応を獲得するような種類の学習。たとえば，サルが，ひもを引くと高頻度で大きな騒音が止まることを学習するならば，回避学習が起こっていると言える。仕組みは**負の強化**と同じである。生体に嫌悪刺激を終息させることを訓練する実際のプロセスは，回避条件づけ（escape conditioning）として知られている。⇨ **回避条件づけ**，**逃避行動**

**回避型愛着**［avoidant attachment］　ストレンジ・シチュエーションにおける**不安定型愛着**の一つ。乳児は親と分離した後も接近を求めず，親との分離や親のもとに戻れない際に不安を示さず，親もとに戻ることを回避する。

**回避型愛着スタイル**［avoidant attachment style］　他者と親密な関係にある時に，不安を感じるような人間関係様式。不安-回避型愛着スタイル（anxious-avoidant attachment style）とも呼ばれる。⇨ **不安-回避型愛着**，**愛着理論**

**外備給**［exocathection］　心的エネルギーが個人的な問題よりも実際的で世俗的な物事に集中すること。⇨ **内部充当**，**備給**［アメリカの心理学者マレー（Henry Alexander Murray: 1893-1988）によって定義された］

**回避行動**［avoidance behavior］　不愉快な予想，苦痛の強い状況，刺激，出来事，条件づけられた嫌悪刺激などを回避する行動。⇨ **回避条件づけ**，**逃避行動**

**回避勾配**［avoidance gradient］　ある生活体がどれだけ**嫌悪刺激**に接近しているか，その度合いの関数として得られる動因の強度の変化。たとえば，恐怖刺激（たとえば，電気ショック）が近いほど，ラットの逃避行動の強度は増加する。回避勾配は，**接近勾配**よりも傾きが大きい。⇨ **接近-接近葛藤**，**接近-回避葛藤**

**回避条件づけ**［avoidance conditioning］　嫌悪刺激の生起頻度を抑制したり，先延ばししたり，減らしたりするような行動が形成されること。典型的な条件づけの実験では，ブザーを鳴らした後，被験体（イヌなど）が特定の行動（たとえば，フェンスを飛び越えるなど）を起こすまでショックを与えるといった方法がとられる。この手続きを数回試行すると，ブザーが鳴るとすぐにイヌはフェンスを飛び越え，ショックを避けるようになる。回避学習（avoidance learning），回避訓練（avoidance training）とも言う。⇨ **回避学習**，**シドマン型回避スケジュール**

**回避性障害（幼少期，青年期）**［avoidant disorder of childhood or adolescence; shyness disorder］　DSM-Ⅳ-TRでは，この診断カテゴリーは，**社交恐怖**に包括されている。⇨ **回避性パーソナリティ障害**

**回避性パーソナリティ**［avoidant personality］　人間関係を好まないため，心理的に他者と親密になると不快感を感じてしまうという，パーソナリティ特性の一つ。

**回避性パーソナリティ障害**［avoidant personality disorder］　DSM-Ⅳ-TRでは，(a) 拒絶や批判に対して敏感であること，(b) 批判なしに受容されることを望むこと，(c) 社会性の乏しさ，(d) 低い自尊心，などの特徴をもつパーソナリティ障害とされている。これらの状態が長時間持続し，通常の人間関係が築けないほど上記の特徴が強い場合に，この障害をもつと診断させる。

**回避的人種差別**［aversive racism］　平等主義的態度や価値観をもっているかのようにみえても，実際に特定の人種集団の成員を前にすると否定的感情を経験する，個人の抱く人種**偏見**の一種。

**回避滴定**［escape titration］　時間の経過とともに強度を増す**嫌悪刺激**を呈示された動物が，自ら反応することによって，刺激の強度を決まった（ふつうは少ない）量だけ減らすことができる手続き。つまり，被験体の動物は，自らの反応によって，刺激の強度を実験者が設定した範囲の中でほどのレベルにも制御できる。浮動回避（fractional escape）とも呼ばれる。

**回避反応**［avoidance response; avoidance reaction］　生体が嫌悪刺激を予想し，その結果としてその刺激との接触を防ごうとする反応。背向的行動の一つの型。⇨ **刺激回避性**

**外部感覚**［external sense］　外的刺激に依存する感覚系

(たとえば，視覚)。⇨ **外受容器**

**回復［1］**［recovery］　病気や怪我の後，個人が能力，機能において，はっきりともとに戻るように，一貫した進展を示す期間のこと。

**回復［2］**［redintegration; reintegration］　初期の学習に関わる様々な刺激の一部によって反応が誘発されること。

**回復環境**［restorative environment］　ストレス，あるいは疲労からの回復を援助したり，元気を取り戻させるような環境のこと。それは自然環境であることが多い。この環境は，**レジビリティ**や，瞑想をさせたり，日課を休むきっかけを与えるような要素を含んでいるという特徴をもつ。この環境は回復を促進させるという効果があるため，ヘルスケア環境に回復環境の要素を組み入れることへの関心が高まっている。

**回復された記憶**［recovered memory］　以前，意識的に想起することが不可能だった過去のトラウマ的出来事（例，性的または身体的虐待）の詳細を想起する主観的経験。その記憶を回復する前まで，人はそのトラウマ的出来事が起こったことを自覚できないかもしれない。この現象は論争の的となっている。というのも，治療中に，その回復がしばしば起こるため，治療者がその回復をそれとなく言及したり，刺激することに役割を担っているため，この記憶の真実性には議論がある。抑圧されたメモリー（repressed memory）とも言う。⇨ **解離の障壁，心的外傷後健忘症，偽記憶**

**回復説**［recuperative theory］　睡眠には身体回復機能があるとする説。歩行による疲労を回復し，資源を再集し，体内の**ホメオスタシス**を整えるとする。

**回復期**［recovery time］　**1.** 神経単位（神経細胞や筋細胞）がもう一度刺激に応答できるようになるまでに必要な期間。⇨ **不応期　2.** 刺激に対する応答のために変化したものを，通常の状態に戻す生理的過程に必要な時間。性周期の**不応期**など。

**回復療法**［restoration therapy］　精神的または情緒的障害を抱えた人が，障害を抱える以前の機能水準に戻り，回復すること。

**外部受容**［exteroception］　身体の外にある刺激（たとえば世界にある物体や事象）についての**外受容器**からの情報入力。⇨ **内部受容**

**外部受容刺激**［exteroceptive stimulus］　外界で生じて，見る，嗅ぐ，聞く，触る，または味わうといった五感を通して生体が感受する刺激。⇨ **内部受容刺激，自己受容感覚の刺激**

**外部の化学的メッセンジャー**［external chemical messenger: ECM］　生体から分泌・放出され，他の生体に影響を与える**臭気物質**などの化学物質のこと。**フェロモン**がその例である。

**外部評価者**［external evaluator］　プログラムの評価を行う常勤の従業員ではない個人のこと。このような個人による評価は，**内部評価者**よりも，より客観的でバイアスが少なくなると考えられている。外部評価者は，**累積的評価**や目に見える効果を好み，その結果についての妥当性と信頼性を求めることが多いとされている。

**外部不公平**［external inequity］　雇用者が被雇用者に対して，他の同等の組織において被雇用者が受けとるであろう報酬・対価と比べて公平ではない（unfair）レベルの報酬・対価しか払っていない状況のこと。⇨ **内的不公平，公平理論**

**下位文化**［subculture］　普段生活している一般社会の文化とは異なる宗教的，社会的，民族的な慣習や信念といった一連の特徴全体。⇨ **対抗文化**

**外分泌腺**［exocrine gland］　管から生産物を分泌する腺。たとえば，涙腺。⇨ **内分泌腺**

**解放［1］**［discharge］　病院やその他の心身健康のための施設において，患者を治療やその他のサービスから退去させること。

**解放［2］**［disengagement］　愛着や関係から，より一般的には不快な状況から退却する行為のこと。

**解放［3］**［release］　身体的，精神的，または情緒的緊張，あるいはうっ積した怒りを解放することによって，リラックスし覚醒水準が弱まること。⇨ **解発体**

**外包**［external capsule; capsula externa］　脳の**前障**と**被殻**を分ける薄い組織。人間の脳の正中線のそばにある。白交連前部や視床下部からの白筋線維からなり，**内包**に接続している。

**解剖学的年齢**［anatomical age］　個人の身体的発達段階の基準。特定の**暦年齢**の骨格の標準的状態と比べた骨格的特徴の状態に基づく。身体年齢（physical age）とも言う。⇨ **精神年齢**

**開放系**［open system］　生体の成長が，熱力学の法則や熱量保存の法則に従う必要のない生物系。⇨ **閉鎖系**

**解放された未成年者**［emancipated minor］　法律上の成人（多くの場合は18歳）にはまだ達していないが，自立しており，生活を全般的に管理し，成人としての法的権利を要求することができる個人。

**解放障害**［emancipation disorder］　成人期初期，つまり親の支配下からの解放への熱望と，独立することの責任との間で葛藤を経験する時期の障害。症状には，優柔不断，ホームシック，仲間への過度の依存，親の助言への逆説的な過度の依存が含まれる。青年期および成人期初期の解放障害とも呼ぶ。

**解放心理学**［liberation psychology］　心理学が現状を維持するのではなく貧困と不正義から人々を解放する力となることを企図し，南アメリカで出現した心理学における運動のこと。この運動は，1960年代後半〜1970年代初頭にラテンアメリカの教会で生まれた「解放の神学」になぞらえて命名された。

**開放性頭部外傷**［open head injury］　頭部損傷であり（銃による損傷など），頭骸骨の貫通や開通破裂がある。⇨ **穿通性頭部外傷，閉鎖性頭部外傷**

**解放前不安状態**［prerelease anxiety state］　施設から出て現実世界に戻る直前の人が経験する不安。たとえば，受刑者が出所前に，現実世界で生き抜いていくことに不安を覚えること。

**開放的オフィス設計**［open-office design］　オフィス設計の一種で，広いスペースに仕事場を区切る衝立や間仕切りをほとんど使わないタイプを指す。柔軟性と視認性に優れ，それがイノベーションや社員同士の対話を支えると考えられている。チーム活動にはプラスに作用するが，気が散ることやプライバシーに欠けることが問題となり，研究結果は混乱している。開放的室内空間への耐性には個人差があることも明らかである。⇨ **景観型オフィス，オープ**

ン・クラスルーム・デザイン

**開放的階級社会**［open class society］　社会移動を許容あるいは促進する社会のこと。⇨ **固定的階級社会**

**解放のための努力（抗争）**［emancipatory striving］　両親の影響や支配から自分を自由にしたり，独立の感覚や自己信頼を達成するための努力。解放のための努力は，とりわけ青年期に顕在化する。

**解放療法**［release therapy］　1. セラピー状況で，怒り，悲しみ，または敵意を直接的かつ覆いなく表現することを通して，深く根ざされていたり，忘れされていたり，抑制されていた情緒的・精神的苦痛を解放することに最大限の価値をおく類いの治療法のこと。たとえば，その治療技法は**遊戯療法**や**心理劇**で用いられる。2. 幼い子どもが人形，おもちゃの動物，そして，水鉄砲などの道具を使いながら，不安，恐怖体験，そして，トラウマ的出来事を再演する心理療法の一形態。［1930年代にアメリカの精神科医レビィ（David M. Levy: 1892-1977）によって発展させられた］

**蓋膜**［tectorial membrane］　蝸牛にある**コルチ器官**の一部分。ゼラチン様の膜でできており，外有毛細胞の不動毛が埋め込まれている。

**壊滅的なストレス**［catastrophic stress］　通常の人生の限界を超えるようなトラウマ的出来事に対する抵抗しがたい反応。レイプ，拷問，大量虐殺，あるいは激しい交戦区域での体験といったトラウマ的出来事は，過度の恐怖と認識される前に，認知的，感情的プロセスを経て取り除かれる。

**海綿芽細胞**［spongioblast］　神経膠細胞内で育つ外胚葉細胞。⇨ **外胚葉**

**外面化・内面化**［externalizing-internalizing］　ストレッサーに対する反応に基づいた児童の行動や障害の分類。外面化される行動や障害は，行動化や反社会的行動，敵意，攻撃性のような外的世界での行動を特徴とする。内面化される行動や障害は，不安や身体化，抑うつのような自己内部の過程を特徴とする。［アメリカの心理学者アッシェンバッハ（Thomas M. Achenbach: 1940- ）が提唱した］2. ⇨ **外在化**，**内在化**

**外面性効果**［externality effect］　最初に図形の外側に注意を向けて，図形の内部特徴にはほとんど注意を向けないという乳児期初期の傾向。外面性効果は，生後1か月以降には見られなくなる。

**外面的スティグマ**［external stigmata］　状態の識別に役立つ身体的特徴や特異点。

**怪網**［rete mirabile］　動脈あるいは静脈の付近から生じる血管のネットワーク。たとえば，腎臓糸球体の中にある小さな動脈血管や，肝臓の中にある小さい静脈の網を指す。頭蓋の怪網はいくつかの家畜の脳で発見されているが，ヒトでは通常発生しない。

**外網状層**［outer plexiform layer］　網膜のシナプスの層であり，ここでは，**光受容体**，**網膜双極細胞**，**網膜水平細胞**の間で連絡がある。

**下位目標**［subgoal］　最終目標（例，最終目標）に到達する過程にあるステップとなる目標のこと。たとえば，エッセイのアウトラインを完成させることは，最終目標であるエッセイを書くことの下位目標である。

**カイモグラフ**［kymograph］　回転式の円筒型容器に紙を巻きつけて，そこに特定のパラメータで変量を刻むことで，心理学的および生理学的な継時的データを記録する機器。記録紙に残った跡がカイモグラフである。現在ではコンピュータがこれに取って代わっている。

**潰瘍**［ulcer］　粘膜の内側にある消化管などの組織の浸食。胃や十二指腸の消化性潰瘍（peptic ulcer）は，塩酸やペプシンといった消化酵素の分泌が過剰になることで生じ，また，これらの物質に対する胃や十二指腸の粘膜の機能低下によっても生じる。⇨ **胃十二指腸潰瘍化**，**胃潰症**

**外来ケア**［ambulatory care］　緊急性を要しない通院患者に提供される医療的・心理学的なサービスのこと。観察や診断，治療（外来治療：ambulatory treatment とも言う），リハビリテーションを含む。多くは診療所や医療センター，病院の外来部門などで提供されるサービスである。

**外来サービス**［ambulatory services］　外来患者に提供される精神保健，カウンセリング，医療的サービスのこと。クライエントが病院やクリニックなどの施設に入院ないし留まることを必要としないものをいう。⇨ **ウォーク・イン・クリニック**

**外来診療**［outpatient services］　病院，クリニック，医院や精神健康センターに登録された通院患者を対象に行われる健康ケアサービスのこと。

**外来心理療法**［ambulatory psychotherapy］　外来患者に行われる心理学的治療のこと。

**外来統合失調症**［ambulatory schizophrenia］　以前，重度の症状から入院し統合失調症と診断された患者が，もはや入院の必要はないにも関わらず，常軌を逸した振舞いをし，社会的期待に沿ったやり方で物事を行えない状態。

**快楽原則**［pleasure principle］　人間は本能的満足や快楽的欲望と，満足が得られない際の苦痛や不快感のもととなる緊張を解放したいという欲望に支配されているという考え。精神分析理論によると，快楽原則は人々を性や飢え，渇き，排泄といった本能的もしくはリビドー的欲動の即時的満足に駆り立てる心理的な力である。これは，**イド**を支配するものであり，子ども時代に最も強く働く。成人においては，**自我**の**現実原則**に対比される。快-苦痛の原則（pleasure-pain principal）とも呼ばれる。

**快楽殺人**［lust murder］　性行為の間のパートナー殺人による性的興奮を経験することによる**性的サディズム**の極端な形態。性行為の念入りな演出や，犠牲者の身体の切断も含まれる。食人性愛（erotophonophilia）とも呼ばれる。⇨ **ホミサイドフィリア**

**快楽主義**［hedonism］　哲学において，快楽は性善であり，すべての人間の行為の適切な目標であるという説。快楽がこのように善と同一視できるのか，あるいはするべきなのかということは，倫理学の根本的な疑問の一つとなってきた。

**快楽説**［hedonism］　心理学において，快楽と苦悩の回避こそが，人間の行動を動機づける唯一の，あるいは主な動力源であると考える理論である。精神分析学の基本原理であり，自己実現や欲求充足が強調される。人間は快楽主義であるという以上，真の利他主義に立つことは難しい。快楽心理学（hedonic psychology）とも呼ばれる。⇨ **幸福主義**，**快の心理学**

**快楽中枢**［pleasure center］　脳内自己刺激において，快楽の生成に関係している脳の（視床下部，辺縁系の領域を含めた）様々な領域。しかし完全な快楽中枢の存在はま

だ確実に証明されてはいない。その理由は特に，自己刺激への反応率は電気刺激の長さや強さなどの要因に応じて様々に変化するからである。報酬中枢（reword center）とも呼ばれる。[アメリカの心理学者オールズ（James Olds: 1922-1976）によって提唱された]

**快楽の随伴性仮説** [hedonic contingency hypothesis] 情報を精緻化するかどうか判断する際に，人はその情報の快楽性を考慮するという，情動および情報処理過程に関する理論のこと。人は，ポジティブなムードである場合，刺激のある情報に集中する傾向があり，それによってより一層ムードが高められる。情報が気分を高めるものとみなされれば，ポジティブなムードを維持するために広範的な**精緻化**を行うが，不愉快な情報とみなされれば，精緻化はほとんど行われない。ネガティブなムードである場合は，快楽的な情報は，ムードをよりネガティブにすることはほとんどなく，むしろポジティブなものにする可能性があるので，快楽的な結果にほとんど注意を払わずに情報を精緻化する傾向がある。[アメリカの社会心理学者ウェグナー（Duane T. Wegener: 1966- ）とペティ（Richard E. Petty: 1951- ）によって提唱された]

**快楽理論** [hedonic theory] ヒトおよびヒト以外の動物における根本的な動機原則は，相互作用や思考によって喚起された快・不快のレベルにあるという見方。⇨ **快楽説** [アメリカの心理学者ヤング（Paul Thomas Young: 1892-1978）によって提唱された]

**解離[1]** [defusion] 精神分析において，通常は一体となっている**本能**が切り離されることを指す。解離は様々な神経症を引き起こすと考えられている。⇨ **融合**

**解離[2]** [dissociation] **1.** 無意識の**防衛機制**。葛藤衝動や，脅かされるという思考や感情が，他の精神機能と分離されること。⇨ **区分化，解離性障害 2.** 研究において，処理過程や要因や変数を差異化するための方法。たとえば長期記憶とは関連せず，短期記憶に影響を与える変数を見つけるといった過程を含む。⇨ **二重解離**

**乖離家族** [disengaged family] その構成員が相互に心理的，情緒的に距離をおく家族のこと。

**解離状態** [dissociated state] 人は精神的ショックが大きい出来事を体験すると，その反応として，その時点で直面化できるものと，あまりに危険で処理できないものとに分ける。後者は抑圧され，その後になって，同じような出来事や，内省，心理療法などによって思い出されることがある。正常な精神機能では，意識，記憶，主体性，状況認知は統合されており，分離していない。⇨ **解離性障害**

**解離性健忘** [dissociative amnesia] DSM-Ⅳ-TRにおいて，解離性障害は単純な物忘れでは説明できないほど広範囲に生起し，自分の個人的な経験や外傷的またはストレスフルな状態の情報の想起の失敗によって特徴づけられる。記憶の回復は短時間のうちにしばしば自発的に行われ，記憶消失と関連した外傷的な状況から離れることと関連している。DSM-Ⅲでは心因性健忘症（psychogenic amnesia）と呼ばれていた。

**解離性昏迷** [dissociative stupor] 急性の**ストレス**を受けた結果，自発的な運動や外的刺激への反応が著しく低下する，またはなくなること。

**解離性障害** [dissociative disorders] DSM-Ⅳ-TRにおいて，注意や記憶，環境の知覚の通常の全体の活動性における突発性，斬新的，一時的，または慢性の混乱に特徴づけられる疾患のグループのことを指す。こうした混乱状態は障害の類型によって，数分の短い間であったり，数年の間持続することもある。この分類には**解離性健忘，解離性遁走，解離性同一性障害，離人症性障害，特定不能の解離性障害**などが含まれる。

**解離性同一性障害** [dissociative identity disorder] DSM-Ⅳ-TRにおいて，**解離性障害**は2つ以上の異なる同一性や人格それぞれが周期的に個人の行動を制御していると認められることによって特徴づけられる。それは一般的に（特に子ども時代の）身体的，性的虐待と関係があると考えられている。報告される事例の増加は近年のアメリカにおいてみられ，研究では遺伝的要因の可能性も示唆されている。DSM-Ⅲでは多重人格障害（multiple personality disorder）と呼ばれていた。

**解離性トランス障害** [dissociative trance disorder; possession trance disorder; trance and possession disorder; TPD] 重大なストレスや障害を引き起こす，意識や同一性，記憶，運動機能における自発的でない急激な変化によって特徴づけられる**解離性障害**。この障害は2つのタイプに分けられるが，その区別は同一性の状態による。憑依性トランス（possession trance）では，たとえば幽霊や他者，神聖な存在のような外的な強制力に通常の同一性が置き換えられる。トランス障害（trance disorder）では，通常の同一性は残るが，環境に関しての知覚変容が生じる。これらの解離体験のタイプは様々な文化で一般的であり，慣習的な宗教行為の一部であるかもしれない。これらは文化的・宗教的な集団の文脈の中でも異常とみなされるまでは，病理的と考えるべきではない。⇨ **特定不能の解離性障害，アモク，神経衰弱**

**解離性遁走** [dissociative fugue] DSM-Ⅳ-TRにおいて，患者は突然予期せぬ時に家や日常的にいる場所からいなくなり，少し，またはすべての過去を想起することができなくなる**解離性障害**を指す。症状として，個人内のアイデンティティや見せかけの新しいアイデンティティとの混乱が含まれる。他の疾患の兆候はなく，遁走の状態は数時間から数か月持続する。遁走の持続時間は，短時間または長時間の可能性があり，患者はもとの状態に戻り，遁走前の状態になる。しかし，そのことについて患者は思い出すことはできないことが多い。DSM-Ⅲでは，心因性遁走（psychogenic fugue）と呼ばれていた。

**解離性麻酔薬** [dissociative anesthetic] 意識喪失を引き起こすことなく記憶喪失，無痛覚，鎮静状態を生み出すことができる麻酔薬。

**下位離断脳** [encéphale isolé] 脊髄と脳がつながっている部分で脳幹が切除された動物。そのような動物は覚醒しているが，動くことができない。⇨ **上位離断脳** [原語はフランス語で"分離した脳"という意味]

**解離の過程** [dissociative process] 正常であれば統合されている意識，記憶，状況認知が崩壊するプロセス。概して，身体的・性的虐待，戦時体験，死亡事故に巻き込まれること，などの強い不安を生じさせる出来事の結果として起こる。⇨ **解離性障害**

**解離の障壁** [dissociative barriers] 解離性障害において，外傷的な出来事を意識的に想起させないようにしているバリア。解離の障壁は，心的外傷を受けた人を恐ろしい

出来事から逃れさせるという防衛機能を支持するものとして理論化された。

**解離のパターン**［dissociative pattern］ **解離性障害**でよくみられる行動パターン。正常であれば統合されている意識，記憶，状況認知に混乱が生じる。

**解離ヒステリー**［dissociative hysteria］ **解離性障害**の旧式名称。

**改良押韻試験**［Modified Rhyme Test: MRT］ 聴覚処理を評価するテストの一つ。参加者は単一音節からなる単語を聞き，印刷された他のいくつかの選択肢の中から聞き取った単語を同定する。選択反応は，最初か最後の子音が変化し単語の母音が一定である（たとえば，beam, bead, beach, beat, beak, bean）6つの項目リストにグループ分けされる。［ハウス（Arthur S. Houose），ウィリアムズ（Carl E. Williams），ヘッカー（Michael H. L. Hecker），音響心理学者のクリター（Karl D. Kryter: 1914- ）らによって1965年に開発された］

**改良主義**［reformism］ ある制度，法，慣習，理論に対して，それらの根本となる特徴や信条を変えることなく，変化を主張する立場のこと。改良主義者は現代化の必要性や悪用の訂正を受け入れるが，暴力的で極端な変化を非難する傾向にある。彼らの方法には大抵広報，教育，ロビー活動が含まれる。⇨ **急進主義**

**外リンパ**［perilymph］ 内耳において骨迷路壁と膜迷路の間を満たす液体のこと。

**開ループシステム**［open-loop system］ **1.** 一定の外部入力が必要なシステム。内部入力を絶えず再利用しているシステムの対語。**2.** フィードバックを通して自身を監視，調整できないため，一連の特定の命令を実行し続けるシステム。例として，雨が降っていても特定の時間に作動するよう定められたスプリンクラーシステムがあげられる。⇨ **閉ループシステム**

**回廊錯視**［corridor illusion］ 2つの同じ物体が，完全に異なった大きさで現れるような**大きさの恒常性**の図のこと。この図が，回廊に置かれているとき，遠くにある方が近くにあるよりもより大きく見える。これは，**奥行き手がかり**が，知覚的大きさの予期に影響を及ぼすために生じると考えられる。

**カイロス**［kairos］ **実存心理学**の用語。重要な出来事の意味が**洞察**によって得られる，崇高な瞬間のこと。⇨ **アハ体験，ひらめき**　［ギリシャ語の"適合性，機会，時機"のこと］

**カイロプラクティック**［chiropractic］ 体の構造（特に脊椎）と病気の過程の関係に関心をおいた新しい健康管理システム。治療は，薬を使わない非侵襲的な方法であり，適切な神経機能の回復や健康増進を意図して，主に，徒手による身体の矯正や調整がなされる。⇨ **補完・代替医療**

**会話**［conversation］ 複数または二者間で，情報やアイデアを伝達するための発話の使用のこと。会話は，目的があるが事前に準備されたものではなく，修辞的技法や時間的制約，個々の発話のスタイルなどの要素に応じて，柔軟に対応するものである。会話は，聞き手が話し手の目的を即座に十分に理解しているという相互理解によってのみ進められる。この種の言語的なやり取りの形態は，他者との雑談，ゴシップ，当意即妙の応答，討論および交渉が含まれる。

**会話上の推論**［conversational inference］ 会話をしながら相手の意図している意味を頻繁に推測するためのプロセス。意味は述べられていなかったり明確でない場合もある。そのような推論は，部分的には個人的な背景や一般的な文脈の知識に基づいて行われる。しかしより重要な点は，この推論が特定の文化における会話に関する規範への意識や規範が生み出す予測に基づいているということである。会話上の推論は論理的な推論に基づいて行われるものではない。たとえば，ある人が「私の上司は今週ずっとしらふだった」と言えば，ほとんどの人はそれを聞いて，たとえ論理的には妥当でない推論だとしても「その上司はしばしば酔っぱらっている人なのだろう」と思うだろう。そしておそらく，「しらふであることがいつものことではなく例外的なことでない限り，そのようなことは言わない」と推測するだろう。

**会話の公理**［conversational maxims］ 対人コミュニケーションを支配する4つの基本的なルールのこと。このルールでは，このようなコミュニケーションが，(a) 真実であり，(b) 必要な情報が含まれ，(c) 議論の内容に関連し，(d) 明瞭で秩序があり簡潔であるべきと述べている。これらの格率から逸脱することは，認知障害を示唆するものと推定される。［アメリカの哲学者グライス（H. Paul Grice: 1913-1988）によって提唱された］

**会話分析**［conversation analysis］ **1.** 人間工学の用語で，二者あるいはそれ以上のユーザーが相互作用をしている際に生じる会話を分析することによってシステムやその産物を評価する方法。会話分析は，質的でもあり量的でもありうる。**2.** 言語学的な意味における**談話分析**のこと。⇨ **談話分析**

**ガウス－マルコフの定理**［Gauss-Markov theorem］ **一般線形モデル**において，最小の分散を伴って，線形の偏りのない**推定量**の生成を扱う統計の基礎的な定理。これは**分散分析**の基礎的な定理の一つである。［ガウス（Carl Friedrich Gauss: 1777-1855），ロシアの数学者マルコフ（Andrei Markov: 1856-1922）］。

**カウフマン青年・成人知能検査**［Kaufman Adolescent and Adult Intelligence Test: KAIT］ 流動性および結晶性能力理論に基づいた知能検査で，上記2つの能力を表す得点が算出される。カウフマン青年・成人知能検査の対象年齢は11歳〜86歳以上までであり，6つの主要な下位検査を用いる標準バッテリー，あるいは4つの追加的な下位検査を用いる拡張バッテリーという2種類の方法で実施することができる。⇨ **流動性－結晶性知能理論，流動性能力，結晶性能力**　［アメリカの心理学者 A. カウフマン（Alan Kaufman: 1944- ）と N. カウフマン（Nadeen Kaufman: 1945- ）によって開発された］

**カウンセラー**［counselor］ 職業，リハビリテーション，教育，薬物乱用，結婚，人間関係，家族などのカウンセリングのうち，一つもしくはそれ以上の領域を専攻し，カウンセリング，心理学，ソーシャルワーク，看護などにおいて専門的に訓練を受けた人のこと。カウンセラーは，クライエントが問題を解決し，決断を下し，態度や行動に望ましい変化を生むための力を高めるために，専門的な評価や情報，提案などを提供する。

**カウンセリング**［counseling］ 個人の問題の対処に関する専門的援助のこと。この問題には，感情面，行動面，

職業上，夫婦間，教育上，社会復帰，ライフステージ（たとえば引退など）の問題が含まれる。**カウンセラー**は，**積極的傾聴**，指導，助言，話し合い，**明確化**，心理検査などの技法を用いる。

**カウンセリング関係**［counseling relationship］　カウンセラーとクライエントとの間の交流であり，その交流は職業上のものであるが，共感的な温かさと**信頼性**によって特徴づけられる。カウンセラーは，クライエントによって明らかにされる問題に影響を与える専門的な訓練や経験，主観的な洞察を行う。その関係は望ましい変化をもたらすのに非常に重要なものであるとされる。

**カウンセリングサービス**［counseling services］　個人や家族，集団に対して，政府や社会事業者，精神保健機関などから提供される専門的な援助のこと。主として，資格をもったカウンセラー，心理学者，ソーシャルワーカー，看護師によってサービスが提供される。⇨ **カウンセリング**

**カウンセリング心理学**［counseling psychology］　人生を通しての，個人や個人間における機能促進に特化した心理学の学派。カウンセリング心理学は，感情，社会，職業，教育，健康，発達，組織に関する関心事（ウェルビーイングの向上，ストレスや不適応の緩和，危機の解決）に焦点を当て，個人，家族，集団，システム，組織的な観点などから問題に取り組む。カウンセリング心理学の専門家は，専門教育を受け，教育，職業，雇用，加齢，個人，結婚，リハビリテーションなど複数のカウンセリング領域で訓練を積む。不適応の原因を重視する臨床心理学者とは異なり，カウンセリング心理学者は適応，順応，利用可能な資源を効果的に使うことなどを重視する。

**カウンセリングの意思決定モデル**［decision-making model of counseling］　カウンセリングを行う際，3つの段階を設けるアプローチ法で，問題定義段階，操作段階，行動段階からなる。問題定義段階では，問題に対する定義を複数用意し，クライエントにその中から1つを選択させる。操作段階では，クライエントの思考や感情とともに，問題の実際を確かめるため，様々な観点からその問題を精査する。カウンセラーは，クライエントが新たな観点に立って問題や解決に向きあえるよう援助する。行動段階では，問題の解決法を複数考え，その中から生活環境の中で遂行できるものを選択する。

**カウンセリングプロセス**［counseling process］　対面式面接にてクライエントの抱えるある特定の問題の発見，対処，解決を試みるような，**カウンセラー**とクライエントによって作りだされる人間関係の過程。⇨ **カウンセリング**

**カウンターシェーディング**［countershading］　擬態の一つで，捕食者にできる限り見つからないように体上に明暗の異なる部分をもつこと。たとえば，魚は背が暗く，腹が明るいことが多い。下から来る捕食者は上にある空と魚を区別するのが難しく，また上から来る捕食者は下に広がる暗い環境と魚を区別するのが難しい。

**カウンターショック**［countershock］　電気ショック療法（ECT）を受ける患者に施される軽い電気ショックのこと。痙攣性ショックの後，1分間与える。よく見られる電気ショック療法後遺症の痙攣後錯乱や記憶消失の解消を狙ったものである。

**カウンターバランス**［counterbalancing］　実験効果に対する練習や疲れなどの他の要因の影響を最小化するために，連続する実験条件や実験的処置を調整する過程。単純なカウンターバランスとしては，半数の参加者にA，Bの順で実験条件を実施し，残り半数の参加者にB，Aの順で実験条件を進めるというものがある。

**顔主義**［face-ism］　男性は理性的な特徴の表象である顔によって，女性は感覚的な特徴の表象である身体によって表現するという，広告および他の視覚的なメディアについて提唱されている傾向。したがってこれは**セクシズム**の一つの形である。

**カオス系**［chaotic system］　単純な法則に従っているにも関わらず，複雑すぎて伝統的なアプローチでは分析できない体系。

**カオス理論**［chaos theory］　ささいな変化が複雑で予測できない不規則な結果を生み出し，初期条件に大きく影響される体系を取り扱う数学の領域。一部の心理学研究者によって人間行動の研究に適用されてきた。⇨ **バタフライ効果**，**非線形動力学理論**，**鋭敏な依存性**

**顔知覚**［face perception］　表情の解釈や**顔認識**の際に生じる，感覚的，神経学的，認知的プロセスの総称。顔が脳の異なる領域において広く表象されているように，この分野では多くの研究がなされている。⇨ **顔面動作コーディングシステム**

**顔手テスト**［face-hand test］　頬と手の甲に同時に触れたときの触覚消去現象（⇨ **同時識別触覚**）を測定するテスト。

**顔認識**［face recognition］　顔を見て個人を同定すること。脳の中に顔認識に特化した領域があることが脳画像により示唆されており，また，脳損傷によってそれまでは知っていた顔の認識が突然できなくなる**相貌失認**からもそれは証拠づけられる。

**顔の筋電図描画法**［facial electromyography］　適切な電極の設置によって顔面筋の電気的な活動を計測する手法（⇨ **筋電図検査**）。この手法によって，情動や発話に関連した顔の潜在的な見ることのできない動きを検出することができる。

**抱える環境**［holding environment］　イギリスの精神分析家であるウィニコット（Winnicott: 1896-1971）の**対象関係理論**において，母親が乳児に対して注目と関心をおおいに傾けることで，乳児は，母親を文字通り，そして象徴的に，穏やかなときに慰めるように抱えてくれる環境であると体験することを指す。これは，乳児が興奮状態のときに対象として体験される母親とは対照的である。

**科学革命**［scientific revolution］　科学の分野における理論的枠組の大きな変化のこと。アメリカの科学哲学者クーン（Thomas Kuhn: 1922-1996）による。**通常科学**の枠組み，つまり，科学の研究テーマと方法を定めるその時点で有効な**パラダイム**中で行われる研究は，時とともに予想された結果と食い違う**変則事例**を生み出す。十分な数の例外が生じると，転換期が訪れる。転換期では，科学者と理論家が科学の基本的前提や方法を再考し，全面的な変更を行う。徹底的な転換によって，科学者の活動と展望，新しい基盤科学が出現する科学の性質と主題の両方が変更される。⇨ **パラダイムの衝突**，**パラダイムシフト**

**化学感覚**［chemical senses］　化学刺激を受容する感覚のこと。特に，嗅覚と味覚の感覚についてのこと。空気中

の分子は，ニオイを与えるために嗅上皮の粘膜において吸入され，分解される。液状体に分解された分子は，舌，軟口蓋，喉頭および咽頭に運ばれ，味を伝える。

**化学感覚様体験**［chemesthesis; common chemical sense］ 化学感覚とは違い，目，鼻，口，喉における受容器の活動を通して化学刺激を受けたような体験をすること。一般的に，それらは，痛み，接触，温度感覚を含む。たとえば，チリペッパーの焼けるような味覚によって痛み受容器の活動が生じる。

**化学忌避物質**［chemorepellant］ 神経成長円錐に負の走化性を引き起こす化学成分。これにより，軸索の成長方向が管理される。⇨ 化学誘因物質

**化学コミュニケーション**［chemical communication］ 個体間コミュニケーションにおいて**臭気物質**や他の物質（⇨ **外部の化学的メッセンジャー**）を用いること。多くの動物は，ニオイ生成のための特別な腺（臭腺）とニオイ受容のための特別な行動パターンをもっている。化学信号は，種や亜種や個体の識別，生殖状態，集団内序列，恐怖，縄張りを伝える。化学コミュニケーションの強みは，伝達者が去った後も信号が長く残ることである。

**化学刺激**［chemical stimulation］ 嗅覚細胞や味覚細胞が，ある特定の電解質や分子と結合することで，活動を生じたり変化したりすること。どちらの**化学感覚**においても，特定の分子が結合することで活動電位を発生させるような受容体タンパク質が存在する。このように発生した活動電位は，末梢神経から中枢神経へと送られ，ニオイや味に関する感覚を生じさせる。⇨ 化学受容器

**科学者−実践家モデル**［scientist-practitioner model］ アメリカにおける臨床心理学博士課程に共通した，訓練に関する考え方。他分野への適用もありうる。学生が精神的問題に対して研究できる能力と支援を提供できる力の両方の習得を目指している。そのために，臨床の場で臨床実践を行い，そこでの現象と結果について科学的に検討すること，この両者の統合が大切となる。このモデルは，臨床家が各々の領域において科学的発展に貢献するよう保証することが目的である。したがって訓練では，特に治療的，応用的場面で研究の技法が生かせるようになることに重点を置いている。このモデルは，1949年にコロラド州ボールダーで開催された会議で発表された。そこでボールダーモデル（Boulder model）とも呼ばれている。この会議は，退役軍人管理局と全米精神衛生研究所の後援によって開かれたものである。

**科学主義**［scientism］ 科学や科学的手法に関するある特定の考え方に対する無批判な傾倒。これは，支持者に他のすべてのアプローチを知的に妥当でないとして拒絶させるように導く。この用語は主に，西洋科学の仮定を尊大もしくは欠陥があるものと批判する人々，科学的手法は特定の領域では不適切もしくはある種の真実を解明できないと主張する人々，すべての哲学的疑問はいつか科学的な疑問に還元されるという考えを拒絶する人々によって用いられる。

**化学受容器**［chemoreceptor］ **味蕾**や**嗅上皮**に存在する感覚神経終末であり，特定の化学的刺激に応答する。味覚受容器が活動するには，受容器に結合する分子や電解質が溶液中に存在する必要がある。嗅覚受容器が活動するには，揮発的分子が必要となる。ヒトの場合，数百種類の味覚受容タンパク質と，約30万の**味覚細胞**が存在している。各味覚受容器は，特定の（たとえば苦味を生み出すような）物質のみに反応する。ヒトは，約1000種の**嗅覚受容体**をもち，それぞれが約1000種のサブタイプをもつ。つまり，100万種の嗅覚受容体が存在する。他の生物種（イヌなど）では，10倍の嗅覚受容器をもつものもある。しかし，このような嗅覚刺激と嗅覚受容器との関係については，議論が続いている。

**化学受容器引金帯**［chemoreceptor trigger zone: CTZ］ 有毒物質を感知し，嘔吐を引き起こす細胞群で，**延髄**にある。特に薬物に対して敏感で，めまい，悪心，嘔吐など，その物質の用量に見合った適正な効果をもたらす。⇨ **最後野**

**化学受容性事象関連電位**［chemosensory event-related potential: CSERP］ 化学受容性の事象により生じる**脳電位**のこと。三叉神経（⇨ **三叉神経の化学受容**）や味覚への刺激ではなく嗅覚刺激によりもたらされる電位を厳密に示す嗅覚誘発電位（olfactoryevoked potential: OEP）よりは一般的な用語。

**化学親和説**［chemoaffinity hypothesis］ 神経細胞が軸索を伸ばしシナプスを形成する際，化学的な親和性を目印に標的細胞を区別しているとする仮説。［アメリカの心理学者スペリー（Roger Sperry）により1940年代に考案された］

**過覚醒的警戒状態**［hypervigilance］ 警戒心が高められた状態のこと。通常，危険の徴候を見出すために周囲を継続的に見回すことを伴う。

**化学戦**［chemical warfare］ 毒物や汚染物質，刺激剤といった無能力化剤が使用される戦闘や関連した軍事作戦のこと。ときには致死性の物質も用いられる。化学兵器禁止条約では，こうした物質の開発，製造，備蓄，使用を禁止している。

**科学的管理**［scientific management］ 一般的には，労働効率や労働条件を改善するために科学的方法を応用すること。限定的には，アメリカのエンジニアであるタイラー（Frederick W. Taylor: 1856-1915）が19世紀後半に導入し，1911年の著作で公開した管理思想の学派を指す。このアプローチは，タイラーイズム（Taylorism）や科学的管理のタイラーシステム（Taylor system of scientific management）としても知られ，(a) 課題遂行の最も効率的なやり方を決めるための労働研究（⇨ **時間作業研究**），(b) これらの方法を採用するための出来高制での支払い（⇨ **歩合給業務**）がある。

**化学的去勢**［chemical castration］ 進行した前立腺癌の管理のため，あるいは，さらに物議をかもすものとしては，再犯を繰り返す性犯罪者の性的衝動を減らすため，**抗男性ホルモン**を実施すること。性犯罪者の一部では，科学的去勢後も再犯することが研究により示されており，このことは，性的衝動は性犯罪の唯一の原因ではないことを示している。

**科学的合理性**［scientific rationality］ 科学的探究の特徴である（またはそうであるべき）推論と論理の質。論理とエビデンスというルールを厳守する，超自然的な説明を拒否する，客観性に忠実である，仮説を誰の目にも見える形で注意深く検証するといった理由で，多くの人にとって科学は合理性の代表である。広い意味では，この種の基準

と手続きに専心することで，ある学問（たとえば心理学）が科学の一種であると判断される。より狭い意味では，科学の合理性は**実証主義**と同じ意味であると捉えられることがある。

**科学的心理学**［scientific psychology］　**科学的方法**の利用を通して発展し立証されてきた心理学的な事実や理論，技法のこと。したがって，それらは，統制された，あるいは既知の条件下での客観的観察と結果の再現に基づいている。

**科学的推論**［scientific reasoning］　仮説生成とそれらの仮説の体系的検証に関わる推論の一形態。

**科学的説明**［scientific explanation］　確立された一連の科学的原理，事実，仮定の観点から表現された現象の発生についての説明。説明の典型的な形式は還元主義的，個体発生的，経験主義的，もしくは比喩的・分類的説明である。還元主義的説明では，現象を要素に分解し，それらがどのように組み合わさって現象を生み出すのかを記述する。個体発生的説明では，現象を普遍的な発達段階の枠組みと関連づける。経験主義的説明では，その現象を発生させることがすでに確認されている条件の観点から現象を記述する。比喩的・分類的説明では，すでに理解されている他の現象の重要な側面と似ていることからその現象を同定する。体系的に述べられるこうした説明は一般に**理論**として知られている。

**科学的態度**［scientific attitude］　知識の追究に際して，客観的で偏りのないアプローチを行い，実証的な方法を用いることを特徴とする態度。

**化学的脳刺激**［chemical brain stimulation］　治療，実験のために，脳内の特定部位に**神経伝達物質**や他の活性化因子を注入すること。

**科学的陪審員選定**［scientific jury selection］　民事紛争において，自分の側に好意的と見込まれる陪審員候補者を選ぶために，社会科学的方法を使うこと。

**科学的方法**［scientific method］　組織的・系統的にデータを収集，解釈，検証することや，再現可能なエビデンスを発見して法則や原則を提示したり修正したりするために必要とされる一群の手続き，ガイドライン，想定，態度のこと。

**科学哲学**［philosophy of science］　科学とその発展に関する考察と解釈を専門とする哲学の一部門。科学の方法，科学的知識の本質，科学的解明，科学的活動の意義といった様々な問題に関わるもの。

**化学伝達**［chemical transmission］　神経細胞を伝わるインパルスが，次の神経細胞へと**神経伝達物質**を介して伝わること。⇨ **シナプス**

**価格と質の関係**［price-quality relationship］　物や経験の価格と質の，真の関係またはそれらに対する認知的な関係のこと。一般に，消費者は価格が高いほど質が高いと考える。

**科学の単一性**［unity of science］　すべての科学の原理は物理学の法則を起源とするという見解。⇨ **知の統合**，**統合的実証主義**

**下顎反射**［jaw jerk; chin reflex; jaw reflex; mandibular reflex; masseter reflex］　皮質脊髄路の損傷を診断する際に用いられる腱反射。口を半開きにした状態で下顎を下向きに押し下げると，損傷がある場合，反射的に口が閉じる。

**化学誘因物質**［chemoattractant］　ある種の神経細胞の成長円錐を誘引する化学物質。結果として，化学誘因物質に向かって軸索が伸長していく。⇨ **化学忌避物質**

**過活動**［overactivity］　不安や躁状態と関連する，過度の，休みない活動。過活動は，**多動性**ほどの極端さはないとされる。

**鏡文字**［mirror writing］　文字と単語の綴りが反対方向に書かれたもの。鏡文字は，文字や単語の反転によって特徴づけられ，鏡で見ない限り反対に見える。**鏡像知覚**に関連がある。書字反復症（palingraphia），逆文字（retrography）とも呼ばれる。

**輝き**［brilliance］　**明るさ**と関連するが，顕著性の次元が伴う視覚的な質のことをいう。輝いている刺激は明るいだけではなく，光を放射しているように感じられる。

**関わり行動**［attending behavior］　話し手の言葉に耳を傾け，話し手を観察しながらとる行動のこと。たとえば話し手に対して偏見をもたず関心をもった態度を示すことや，適切に視線を合わせるといったことである。効果的な関わり行動は，**積極的傾聴**とともに，セラピストやカウンセラーの能力の基礎と考えられている。

**過換気**［hyperventilation］　過呼吸ともよばれる異常に速く激しい呼吸。不安や感情的ストレスによって生じる。血中の二酸化炭素濃度が低下し，めまい，動悸，しびれ，手足のうずき，発汗，場合によっては失神を生じる。これらの特徴は過換気症候群（hyperventilation syndrome）として知られる。

**過感受性**［supersensitivity］　ある神経伝達物質に対する過剰な反応性。たとえば，抗精神病薬によって**ドーパミン受容体**の阻害が長引くと，ドーパミン受容体の数が増大する。その後薬を断ち切ると精神病の症状が急激に増加し，過感受性精神病（supersensitivity psychosis）と呼ばれる状態に陥る。

**夏期うつ病**［summer depression］　夏季に大うつ病エピソードが生じやすくなる非定形の**季節性感情障害**。

**鍵っ子**［latchkey children］　親や保護者の仕事のために，放課後，大人の監督下にない家に帰る子どものこと。この言葉は，子どもが放課後に空の家に入れるよう，自分の鍵を持っていることから付けられた。

**鍵と鍵穴説**［lock-and-key theory］　**嗅覚の立体化学説**において，**嗅覚受容体**は，特定の化学構造をもった臭気物質に対応するように形作られているという定理。鍵穴に鍵を差し込むようにして粒子は受容体部位にフィットすると考えられている。つまり特定の微粒子が鍵をあけ，あるニオイを生じさせている。⇨ **ニオイメカニズム**

**可逆性**［reversibility］　ピアジェ（Jean Piaget）の認知発達理論において，出来事の順序を逆転したり，変化した状態のものをもとの状態に戻す心的操作のこと。これは，コップの中のミルクが瓶に注がれた場合に，またコップに戻せば同じ量になるはずだということに気づく能力によって例証される。可逆性は，否定や補償の観点から説明できる。⇨ **保存**

**下丘**［inferior colliculus］　丘の後部に存在する部位で，2つがペアになっている。聴覚神経のインパルスを受け取って処理し，**内側膝状体**へと中継する。

**蝸牛**［cochlea］　聴覚の基盤となる内耳の一部の骨性の管のこと。巻貝のような形をしており，内耳の一部を形成

する（⇨ **聴覚迷路**）。その形状に沿って内部には，3つの管が通っている。それは，**前庭階，鼓室階，中央階**，あるいは蝸牛管（cochlear duct）である。中央階は，**基底膜**によって形成されている。それは，基底膜に基づいている**コルチ器官**であり，聴覚受容器として活動するコルチ器官も含んでいる。

**蝸牛孔**［helicotrema］ 蝸牛の先端にある小さな穴で，そこで**前庭階と鼓室階**が互いに情報を伝達している。この穴の大きさにより，基底膜が応答して，振動できる最低の周波数が決まる。

**蝸牛神経核**［cochlear nuclei］ 脳幹におけるより高次な聴覚神経細胞群のこと。主要な区分は，腹側，背側，前蝸牛神経核である。

**蝸牛内直流電位**［endolymphatic potential］ 内耳の**中央階**の内リンパに浸けた電極によって測定される，約80 mV の直流電位。

**蝸牛補充現象**［cochlear recruitment］ 刺激強度が増えるにつれて生じる蝸牛における非刺激細胞の**補充現象**のこと。

**蝸牛マイクロホン作用**［cochlear microphonic: CM; Wever-Bray effect］ 音情報の入力とよく似た波形をもつ，内耳の**有毛細胞**によって生み出された交流電位のこと。

**蝸牛窓**［round window］ 中耳の境にある膜で覆われた蝸牛の穴（⇨ **鼓室階**）。**卵円窓**の振動により生じた蝸牛の圧力変化が最終的には蝸牛窓に届く。これにより基底膜が移動し，感覚受容器が刺激される。

**過緊張型**［hypertonic type］ 筋緊張の強さに特徴づけられ，**クレッチマーの類型論の闘士型**に対応する。［イタリアの内分泌学者ペンデ（Nicola Pende: 1880-1970）によって定義された］

**格**［case］ 1. いくつかの言語に見られる特徴の一つで，文内の他の単語との文法的な関連を示すために，名詞や代名詞（および，ときどき形容詞）の形を変化させること。ドイツ語やラテン語などの屈折語において，最も重要な役割を果たす。現代英語では，格を示す変化語尾は個人や所有を示す代名詞（I, me, mine など）と集合や所有を示す名詞（たとえば，dogs, children, girl's, girls'）などに限られている。⇨ **対格，与格，属格，主格** 2. 格文法の中で，主たる動詞との意味的関連から文の要素を分類するのに用いる多様なカテゴリーのこと。⇨ **動作主，経験者格，具格，目的格**

**核**［nucleus］ 1. 非細菌性の有機体の細胞にあり，膜結合型の部分のこと。大量の遺伝物質の染色体を含んでいる。2. 中枢神経系にある，同じあるいは関連した機能をもつニューロンに属した多数の**細胞体**。例として扁桃核（⇨ **扁桃体**），基底核（⇨ **大脳基底核**），視床核（⇨ **視床**），側坐核があげられる。⇨ **神経節**

**拡延**［irradiation］ 神経プロセスは大脳皮質の中で一つの機能領域から別の機能領域へと広がる傾向があるという概念。現在ではほとんど使われていない。

**拡延性抑制**［spreading depression］ 相対的に大きな負の電位と同時に生じる，ニューロン活動における静かな伝搬波のこと。拡延性抑制は大脳皮質，海馬を含む灰白質の領域で生じ，自発的または局在性の電気的，化学的，機械的な刺激によって誘発されて生じる。皮質性の拡延性抑制は，片頭痛と関連している。

**核黄疸**［kernicterus］ 新生児における過剰な**ビリルビン**に関連した先天性障害のこと。重度の黄疸が特徴であり，中枢神経系への重度な損傷を引き起こす可能性がある。核黄疸はしばしば **Rh 式血液型不適合**の合併症を引き起こす。⇨ **ビリルビン脳症**

**角回**［angular gyrus］ 脳の下頭頂葉にある脳回（隆起部）で，上側頭回と中側頭回との結合により形成される。角回は上側頭脳溝でアーチ状になり，中側頭回に続いている。

**核家族**［nuclear family］ 親二人と，扶養児童（血縁，養子に関係なく）で構成される家族単位。多様な変化を経て，核家族は，西欧の先進国社会における標準であり続けている。⇨ **拡大家族**

**顎関節症**［TMJ syndrome］ 耳のちょうど前にある顎関節（temporomandibular joint: TMJ）における下部の顎を司る筋肉の障害。緊張やストレスによると考えられ，関節炎，脱臼，その他の怪我，腫瘍が生じることもある。顔面の痛みや，顎の動きの制限，顎を動かす際の音から気がつかれることが多い。

**学業環境**［academic environment］ 人の学習能力を損なったり高めたりする可能性のある，教育環境における，物理的環境，影響，条件の総和。

**学問上の衰え**［academic failure］ 学問の領域において研究する能力が衰えたり低下したりすること。

**学業上の過剰努力**［academic overachievement］ 困難な学業目標を達成しようとする努力に自らを容赦なく追い立てる行為。

**学業上の失敗**［academic failure］ 学習や学問領域での何らかの顕著な成績の悪さや学業が達成できないこと。たとえば，学習者が期待される成績に達しないときなど。学業上の失敗の一般的な理由は，学習者の学力や勤勉性の不足，低水準の学習環境，不十分な指導である。

**学業進捗**［academic overachievement］ 当該個人における期待水準，もしくは一般的に予測される学業水準を超えた学力。特に，基準準拠型の標準化された知能検査・適性検査によって示される水準を上回るものを言う。

**学業成績**［academic achievement］ 教育心理学においては，計算や読解といった，一般的または具体的なスキルを必要とする学校課題の具体的な習熟のレベル。⇨ **達成欲求**

**学業成績予測**［academic-achievement prediction］ ある学生が学問や研究の領域で達成できる成功の程度についての予測。将来の学業達成の根拠は，通常，標準化された**能力検査**や，教師あるいは他の指導者による成績評価の結果に基づいている。

**学業達成への動機づけ**［academic-achievement motivation］ 人に学問や研究の領域での成功を追究させるような考え方（idea），要求（need），欲望（desire），衝動（impulse）。⇨ **達成動機**

**学業的知能**［academic intelligence］ 学校環境での成功に特に重要とされる知的スキル。これらのスキルは，学校環境での成功ほどではないにせよ，職場など，学校以外の環境での成功も予測する。

**学業的知能課題**［academic intelligence tasks］ 学業的スキルおよび知識の使用を必要とする課題。数学の問題解決や言語的な類推を含む課題など。⇨ **実践的知能課題**

**学業的適性**［academic aptitude］　学問や研究の領域においてすばやく学習するコンピテンスや潜在能力といった，学業的な心的行為を行う能力（competence）や才能（capacity）。生得的なこともあれば，教育や訓練によって獲得されることもある。⇨ **適性**

**学業不振**［academic underachievement］　1. 予想される能力，特に基準準拠型の標準化された知能検査・適性検査において示される能力よりも低い学業成績。2. 学業目標の追求に打ち込んでいない状態。原因となる要因としては，カリキュラムや教授法が興味を引かないこと，親や教師の否定的態度，生徒自身の変化，学習を妨げるような個人の選択などがあげられる。

**核型**［karyotype］　1. 染色体の数，構造の形状，異常性など，細胞の染色体の構造を指す。2. ある個体の染色体を写した写真。順位づけられ，番号を振られた染色体を見ることができる。

**核原形質**［nucleoplasm］　細胞核にある物質。核膜に包まれ，細胞質から隔てられている。

**学際的アプローチ**［interdisciplinary approach］　心理学的，医学的，あるいは他の分野の科学的な問いに対して，問題の本質をより深く，詳細に理解するために，またその結果としてより包括的な答えを出すために，多様な分野からの学者や専門家が協力して問題に取り組むこと。たとえば，病気で障害をもち，うつや痛みを経験している個人に対する学際的アプローチでは，いくつかの医学や心理学の専門機関から派遣された，何名かの治療専門家の能力や経験を活用する。多科目連携治療アプローチ（multidisciplinary approach）とも呼ばれる。

**学際的チーム［1］**［interdisciplinary team］　異なる治療領域の専門家，助手，当事者，関与する家族成員から構成される健康管理チーム。チームは治療優先順位や目標，計画を確立し，治療を提供する。効果的なチームは包括的な査定の実施，情報の共有，そして相補的な治療アプローチを選択することにより，治療効果を上げる。

**学際的チーム［2］**［multidisciplinary team］　対象領域を研究するため，また，人々を助けるために集まった異なる研究領域の専門家それぞれから構成されるグループのこと。

**拡散**［diffusion］　1. 生物学においては⇨ **受動輸送**　2. より一般的には，何かが別の何かを通じて広まり，分配される過程。

**核酸**［nucleic acid］　ヌクレオチドの連なり構成される大分子。核酸はDNAとRNAの2種類に分けられ，生細胞にとって非常に重要な構成要素である。

**拡散的思考［1］**［divergent thinking］　個人が諸問題に対して新しい解決を考案する**創造的思考**の一種。このような思考の目的は，様々な実行可能な答えを生成することにあることが多く，その後で分析し，評価される。⇨ **ブレインストーミング**，**収束的思考**

**拡散的思考［2］**［divergent production］　ある問題に対して新奇な解決方法を生み出す能力。ギルフォード（Joy P. Guilford）の知能理論において認識された能力の一つ（⇨ **ギルフォードの知能の次元**）。⇨ **収束的思考**

**拡散モデル**［diffusion model］　反応時間と正答率のモデルの一つで，反応基準に達するまで，個人が離散的ステップではなく，連続的に知覚的証拠を蓄積することを提唱するモデル。［アメリカの心理学者ラトクリフ（Roger Ratcliff: 1947- ）によって1978年に提案された］

**核磁気共鳴**［nuclear magnetic resonance: NMR］　強い磁場の中で変化する原子核の反応。原子は弱い電気信号を発しているため，体の周囲に置かれた検出器でそれを記録し，脳を含む体の部位の画像として使用することができる。

**学習［1］**［learning］　比較的持続する新たな情報，行動様式，能力を獲得するプロセス。練習や勉強，経験の結果として行動が修正されることに特徴づけられる。

**学習［2］**［study］　情報を集めようとしたり，覚えていようしたりするあらゆる試み。

**学習曲線**［learning curve］　個人や集団の学習経過をグラフで表現したもの。成績（たとえば，利得や間違いなど）の度合いが縦軸に描かれ，横軸には試行数や時間が描かれる。⇨ **負の加速**，**正の加速**

**学習工学**［learning technologies］　学習への工学の応用。学習の促進をねらって利用される技術の列には，映画，テレビ，コンピュータによる教示，そして最近では，インターネット，ウェブによる教示，**遠隔学習**などがある。

**学習試行**［learning trial］　学習実験において学習する情報を1回提示すること。学習試行の例としては，パブロフの条件づけ（Pavlovian conditioning）において条件刺激と無条件刺激を1回対提示する，記憶実験において覚える単語を1回提示するなど。学習の量は，典型的には**学習曲線**のように，与えられた学習試行数の関数として示される。獲得試行（acquisition trial）とも言う。

**学習準備性**［preparedness］　特定の刺激に対して遺伝学的に影響を受けている素因のことで，特定の反応を引き起こすような他の刺激よりも影響を受ける。たとえば，味は光の色に比べると，**条件性味覚嫌悪**を確立する刺激としてはより大きな影響をもつと考えられる。

**学習障害（LD）**［learning disability; learning disorder: LD］　1. 学力において相当の欠点があることが特徴とされる様々な状態。知覚の障害や脳の損傷，**微細脳機能障害**が原因で生じる学習障害や学習困難も含まれる。視力障害，聴力損失，精神遅滞，情緒障害，環境や文化，経済的な不利益から生じる学習上の問題は，学習障害に含まれない。診断の基準は，学力テストの実績が，その人物に期待させる知能や年齢，学年（主に2つの標準偏差）を大幅に下回ることである。2. DSM-Ⅳ-TRにおいては，その個人の年齢，学年，知能に期待される学力を大幅に下回る学力によって特徴づけられる障害といわれている。読書力，算数，書かれた材料を使った標準化されたテストによって測定される。標準的な技法では，2つの標準偏差の相違は，一般的な知能テストの得点（標準化されたIQテストによって測定された）と学力テストの得点（標準化された**学力検査**によって測定された）の間に現れる。認知処理障害や関連精神障害，目立つ身体障害，正式な教育の並外れた欠如のような何らかの特殊機能がある場合は，1から2標準の差異は学習障害と考えられる。⇨ **書字表出障害**，**算数障害**，**読書障害**

**学習障害専門家**［learning disabilities specialist］　学習障害に関連する問題をもつ生徒を同定し，支援することに関して訓練を受けた者を指す。通常，学校の専門家で構成される学際的なチーム内で活動を行う。

**学業上の自己観**［academic self-concept］　学問的もし

くは学業的勉学における成功に関する自己評価のこと。この評価には，(a) 児童・生徒が自己の全体的な学習スキルや成績を評価するための，一般的な学業上の自己観という側面，(b) 数学や社会，語学などの特定の科目における自己の力量に関する，特定の学業上の自己観という側面の2つがある。個々の児童・生徒に対して最も考慮すべき点は，肯定的な学業上の自己観が，学業達成の助けとなるかどうかである。他の考慮すべき点としては，学業達成それ自体がポジティブな学業上の自己観を促進するかどうかである。

**学習上の問題** [academic problem] **1.** 必須の学年水準知識を獲得していない，もしくは期待される学年水準の課題や学業目標を達成できない児童・生徒における，学習上の問題。児童・生徒の学習能力や学習意欲の欠如によって生じうる。**2.** 学校恐怖，学業に対する不満，教師や他の子どもと適切に関わる能力を欠くことによって生じる行動上の問題。

**学習スキル** [learning skills; study skill] **1.** 学習法や授業，あるいはその両方によって知識を収集することに関わる能力。要点を説明したり，ノートを取ったり，下線を引いたり，あるいは黙読したりするといった，教材を学習する過程を促進するために使われる。**2.** 知識の獲得や理解を深めるために行われる活動。

**学習性無力感** [learned helplessness] 統制できないような不快な出来事や刺激（たとえばノイズや群集）にさらされた後で，行為の動機づけを失ったり失敗すること。人は環境を統制できないことを学習するが，このために利用可能な統制手段を用いることができなくなってしまう。たとえば，逃れられない電気ショックにさらされた動物は，逃れることが可能な状況でも，これらのショックから逃れることを学ぶことができない。無力感理論によれば，学習性無力感は抑うつのリスク因子である。[1960年代中頃にアメリカの心理学者セリグマン（Martin E. P. Seligman: 1942- ）によって初めて論じられた]

**学習性楽観主義** [learned optimism] 学習性無力感へ取り組むことによって抑うつを改善するセラピーで想定されるメカニズム。

**学習潜在能力のアセスメント機器** [Learning Potential Assessment Device: LPAD] 学習潜在能力を査定するテスト。はじめは精神遅滞の当事者に用いられたが，現在では様々な能力水準にある当事者に使用されている。個人でも集団でも用いられる。被検者はテスト遂行中に自分のパフォーマンスに関するフィードバックを受け取る。学習潜在能力のアセスメント機器は，主に医療現場で用いられ，被検者の強さや弱さのパターンを把握可能なデータをもたらす。[ルーマニア出身の心理学者フォイアスタイン（Reuven Feuerstein: 1921- ）とその協力者によって作成された]

**学習タイプ** [learning types] 情報のまとめ方や処理方法の特徴や好みの個人差（⇨ **認知スタイル**）。たとえば，聴覚的情報を覚えることや，言語的情報を想起する方略を開発することが得意な人もいれば，また一方で情報を視覚的・想像的に符号化することを好む人もいる。

**学習の遺伝的制約** [genetic constraints on learning] 1960年代～1980年代初期にかけて注目された概念であり，種と典型的に備っている要因が，ある種の学習を制限するとするもの。

**学習能力障害** [academic skills disorder] DSM-Ⅳ-TRでは**学習障害**と分類される障害のことで，DSM-Ⅲ以前における呼称。

**学習能力測定プログラム** [Learning Abilities Measurement Program: LAMP] 職業労働スキルの測定に使われる認知評価プログラム。イギリス陸軍採用試験（British Army Recruit Battery）で使用される採用評価の情報処理アプローチがその例である。学習能力測定プログラムはクラスター構造の職務能力解析の支援を行う。

**学習の構え** [learning set] ある対象は食べ物の報酬を含むが，異なる対象はそれを含まないということを学習するなどのように，学習すべき弁別が参加者に次々に与えられる，**弁別学習**の形態。参加者がこのような課題を大量にこなした後は，参加者はそれらを解決するためのルールもしくは**心的構え**を獲得し，次の弁別はより速く学習される。⇨ **学び方の学習** [1949年にハーロー（Harry F. Harlow）によって紹介された]

**学習の観念連合的な理論** [associationistic theory of learning] 学習を，項目の間にある**連合**の形成プロセスであると考える，多種多様な理論を指す。ここでいう項目とは，刺激か反応のいずれか，あるいは，現代の理論においては認知的表象である。歴史的には，ハル（Clark Leonard Hull）やスペンス（Kenneth Wartinbee Spence）の連合論的な（associationistic）理論は，トールマン（Edward Chace Tolman）の非連合論的認知理論（nonassociative cognitive theory）と対比される。

**学習のゴール** [learning goal] アメリカの人格心理学者であるドゥエック（Carol Dweck: 1946 - ）が，人格や目標志向的な動機づけを分析した際の用語。課題や主な問題に習熟することが必要とされる目標。熟達のゴール（mastery goal）とも呼ばれる。

**学習の照射理論** [irradiation theory of learning] それぞれの刺激が脳内のある特定の細胞を活性化し，その活性が拡散（照射）していくという理論。2つの刺激が活性化させた領域が重なるときに，その刺激の間に連合が形成される。**放射線照射**は，パブロフ（I. P. Pavlov）による古典的条件づけの神経的基盤の仮説である。

**学習の全習法** [whole method of learning] 学習の全体法とも言う。教材を部分的に学ぶのではなく，全体を覚える学習法。⇨ **部分的学習法**

**学習の認知理論** [cognitive theory of learning] 「学習は，内的な構成体と出来事を知覚する新しい方法を必要とする」ことを仮定するすべての理論のこと（⇨ **S-S 学習モデル**）。たとえば，トールマン（Edward C. Tolman）の**目的的行動主義**など。学習の認知理論は，行動や反応は経験を通して獲得されるとする行動学習理論（behavioral learning theories）と対比されることが多い。⇨ **S-R 心理学**

**学習の法則** [laws of learning] 学習が生じる条件について述べた法則。主要な法則には，**随伴性の法則**，**効果の法則**，**頻度の法則**，**初頭効果**，**新近性効果**がある。学習を促進させる他の法則や実践としては，**プログレッシブ教育**，**分散練習**，**機械的学習**，**過剰学習**，**連合学習**がある。

**学習のモード** [modes of learning] 学習のための情報が呈示されたり，情報が記憶に符号化される際に通過する

様々な感覚様相。たとえば，人は視覚，聴覚，触覚を通じて学習することができる。⇨ **運動学習**，**言語学習**，**視覚学習**

**学習パラダイム**［learning paradigm］　異常心理学の用語。異常行動は，他の行動の学習過程と同じ過程を経て学習されるという理論。

**核周部**［perikaryon］　⇨ **細胞体**

**学習方略**［learning strategy］　学習を促進するために使用する，心理的あるいは行動的方略。心的イメージを形成する，項目を体系化する，関連を探す，**検索**を練習するなど。

**学習モデル**［learning model］　人間の発達や行動を研究する方法。環境条件が個人の身体的，認知的，対人的，感情的機能に及ぼす影響を重視する。学習モデルによれば，子どもは発達の連続線上において，環境における関連する特徴を受動的に取り入れていると考える。これは，認知主義者（cognitivist）が，特徴的な認知構造や表現の様式を示す各段階における，能動的な知識の構成としての発達を強調することと対照的である。

**学習理論**［learning theory］　学習過程を説明しようとする，概念と法則の体系。学習理論は実際にはいくつかの特定の理論を含む。たとえば，**ハルの学習の数理演繹的理論**やトールマン（Edward C. Tolman）の**目的的行動主義**など。これら理論の共通の関心としては，通常パブロフの条件づけや道具的条件づけ，言語学習（verbal learning）の研究に由来する，基礎的な**学習の法則**を記述することである。

**確証［1］**［confirmation］　**目的的行動主義**において，強化された期待行動の達成を指す。

**確証［2］**［corroboration］　ある理論や事実，また意見などを指示する証拠。オーストリア生まれのイギリスの哲学者ポパー（Karl Popper: 1902-1994）は，単なる確証では理論を受け入れる基盤として不十分であるとした。彼は，理論の適切な検証はその理論が誤っているならばそれを反駁することができるものであり，また**反証可能性**が欠如している理論は科学的ではないと主張した。

**核小体**［nucleolus］　細胞核の中の構造で**リボソーム**が集まる場所。

**確証的因子分析**［confirmatory factor analysis］　**因子分析**において使用される，変数の集まりが理論的に予想される因子構造をもっていることを証明するための一連の手続き。

**確証的データ分析**［confirmatory data analysis］　1つまたは複数の特定的なリサーチクエスチョンを扱うためにデザインされた統計的データ解析のこと。⇨ **探索的データ解析**

**確証バイアス**［confirmation bias］　既存の期待を裏づける証拠を収集しようとする傾向。一般的には，矛盾する証拠を却下したり，矛盾する証拠を収集しようとしない一方で，既存の期待を支持する証拠を強調し，追求する。

**革新**［innovation］　集団心理学において，長年のあるいは問題視されてこなかった状況から離れ，新しい，そして多くの場合以前には評判がよくなかった状況に至り，たとえば操作手順や一般的な方向性といった，その集団のある側面が変化すること。革新は多数派ではなく変化を一貫して主張する，集団内の少数派によって起こされることが研究から示唆されている。多数派は合意と斉一性を好む傾向にある。⇨ **多数派の影響**，**少数派の影響**

**革新的連合**［revolutionary coalition］　グループや組織の機能や構造における根本的な変化や普及を目的とする大きなグループや組織内で形成されるサブグループのこと。

**覚醒**［alertness］　**1.** 眼が覚めていて意識があり，注意することが可能で，働きかけたり反応できる状態。これに対置されるのは傾眠状態や気が散った状態である。**2.** 神経学の用語で，**網様体賦活系**の興奮によって生じる高水準の皮質活動。アラートネスとも言う。

**隔世遺伝**［atavism］　近い祖先では現れなかったより遠い祖先からの遺伝的特性が現れること。つまり，より古い型への先祖返りのこと。

**覚醒可能性**［arousal potential］　覚醒を誘発する刺激特性のこと。イギリス生まれのカナダの心理学者バーライン（Daniel E. Berlyne: 1924-1976）によると，芸術作品に対する好みはその作品が産出する全般的な覚醒量によって変わる。そして，その全般的な覚醒は精神物理学的プロパティ（たとえば，強度）と**比較照合的特性**（たとえば，新奇性），そして，生態学的な特性（たとえば，意味やシグナルとしての価値）から生じる。⇨ **等興奮度のわな**

**覚醒感情転移**［arousal transfer］　ある感情を体験すると，別の感情の強度が強まること。たとえば，強い恐怖や怒りを体験すると，それに続いて愛情の強度が上がるなど。

**覚醒訓練**［arousal training］　自身の心理的覚醒の水準を見極め，治療目的に基づいてその水準を高めたり低めたりする方法をクライエントに教える**行動療法**の技法。この技法は**怒り制御療法**や**行動的セックス療法**においてしばしば用いられる。

**覚醒亢進メカニズム**［arousal-boost mechanism］　測定可能な快楽効果をもたらす美術作品との接触によって生ずる刺激パターン。覚醒は，参加者が何人かの画家による絵を鑑賞するなどの様々な心理テストによって測定される。⇨ **覚醒低下メカニズム**　［イギリス生まれのカナダの心理学者バーライン（Dsnirl E. Berlyne: 1924-1976）によって，美術の心理的効果としての肯定的快楽価値理論の一部として1970年に提唱された］

**覚醒昏睡**［coma vigil］　開眼した状態での昏睡。感染症，薬物，脳損傷の結果として生じた急性疾患によることが多い。⇨ **閉じ込め症候群**

**覚醒催眠**［waking hypnosis］　眠りに言及せずに導入された催眠状態で，被催眠者に指示して，眼を固く閉じて注意をある対象に集中させることによって引き起こされる。

**覚醒システム**［arousal system］　中枢神経系と自律神経系の両者を活性化することによって**覚醒**を制御する，広範な神経細胞によって構成されたシステム。**網様体**が中心的な役割をはたす。

**覚醒時勃起**［morning erection］　起床前の**レム睡眠**の最終期に起こるペニスの勃起。性的な夢は必ずしも必要ではない。

**覚醒状態**［wakefulness］　周囲に注意が向いている状態。一般に，他者とやり取りをする能力や他者から伝達された内容への理解を示す能力を伴う。脳波図に記録される，脳内の，低振幅で不規則で速い波の電気的活動により特徴づけられる。

**覚醒水準とパフォーマンスの関係**［arousal-performance relationship; anxiety-performance relationship〕認知的・生理学的な**覚醒**の程度と，認知的または生理的な課題の成績の間にみられる関係のこと。⇨ **破局理論**，**逆U字仮説**，**反転理論**

**覚醒中枢**〔waking center〕視床下部後部の旧式名称で，以前は睡眠からの覚醒をコントロールすると考えられていた。現在では，**睡眠覚醒周期**は視床下部，**網様体賦活系**を含む脳のいくつかの領域によって支配されていることがわかっている。⇨ **睡眠中枢**

**覚醒低下メカニズム**〔arousal-reduction mechanism〕必要以上に上昇してしまった覚醒の程度を低下させうる刺激や抑制性の反応。バーライン（Daniel E. Berlyne: 1924-1976）は，覚醒度の急激な上昇は不快をもたらし，覚醒低下メカニズムは覚醒曲線を低下させることによって快の感覚を生み出すとした。覚醒低下メカニズムは，強い刺激に対する中枢系の抑制的な反応や，調和や調和的配列の感覚をもたらす刺激によって生じる。⇨ **覚醒亢進メカニズム**

**覚醒のアセスメントと睡眠に関する質問紙**〔Sleep Questionnaire and Assessment of Wakefulness: SQAW〕1979年にアメリカの医師マイルズ（Laughton E. Miles）と，スタンフォード大学睡眠障害外来および研究センターによって開発された，睡眠行動と睡眠障害を査定するための包括的な質問紙。

**覚醒の誤帰属**〔misattribution of arousal〕ある刺激が誤って他の情報源に帰属されることによって生じた覚醒の効果のこと。⇨ **興奮転移理論**

**覚醒のジグザグ（アローザル・ジャグ）**〔arousal jag〕**活性化**の亢進と急激な減衰が連続すること。多くの場合，緊張から解放されることによる笑いが伴う。**覚醒**が急激に減衰し，より妥当なレベルに落ち着くことが快反応を生ずると考えられる。日常的な経験としては，ローラースケートや，恐怖映画を観ることでも覚醒のジグザグが生じる。〔イギリス生まれのカナダの心理学者バーライン（Daniel E.Berlyne: 1924-1976）によって1970年に紹介された〕

**学生病**〔student's disease〕自分が勉強して見聞きして知った精神障害やその症状を，自分ももっていると信じ込む状態。

**覚醒敏活不活動**〔alert inactivity〕顔の弛緩，静かでなめらかな呼吸，開き輝いている眼，頻繁な視覚的探索といった特徴がみられる乳幼児の興奮状態。

**覚醒夢**〔waking dream〕心像のメタファーのこと。

**覚醒理論**〔arousal theory〕物理的環境が覚醒レベルに影響を与えることができるとする理論。心理的，身体的な要求が満たされていないことによるストレスや，その他の外的刺激によって，覚醒レベルが変化する。パーソナルスペースが小さくなった場合（⇨ **クラウディング**）や過密な交通や騒音にさらされたとき，覚醒が上昇する。

**覚醒レベル**〔arousal level〕生体が刺激に対して覚醒されている程度のこと。

**核戦争**〔nuclear warfare〕戦闘における核兵器の使用のことで，甚大な破壊をもたらすとともに，生存者にも身体的および心理的な影響をもたらす。

**拡大家族**〔extended family〕**1.** 親と子の他に，祖父母やいとこなどの親族が一緒に住んでいる世帯。**2.** 現代の西洋社会においては，親戚縁者と定期的に連絡をとりつつも，同居していないような**核家族**も拡大家族と呼ぶ。

**拡大家族療法**〔extended-family therapy〕核家族のみではなく，叔母，叔父，祖父母，いとこ，といった家族構成員を含んだ**集団心理療法**。⇨ **家族療法**

**拡大係数**〔magnification factor〕視野表象マップ（retinotopic map）における⇨ **皮質拡大係数**

**拡大コミュニケーション**〔augmentative communication〕伝達者以外の情報源によって支えられ，促進し，発展するコミュニケーション。たとえば，電子メールの受け取り手にすぐに使えるオンライン式の辞書や事典を提供することや，ニュース項目についての付加的な情報を提供するためにウェブサイトにポインタをつけることなど。⇨ **ファシリテーテッドコミュニケーション**

**拡大自殺**〔extended suicide〕自殺を遂行する過程に自らの命を断つ「自殺」と社会的な自己を葬るための「殺人」の双方が含まれる**殺人後の自殺**のこと。まず自身のアイデンティティもしくは拡張された自己の側面（社会的な自己）を葬り，その後自殺する。

**拡張**〔dilation〕瞳孔など，開口部が拡大すること。

**拡張意識**〔expanded consciousness〕新たな気づきや考えに開かれたように感じさせる瞑想や精神変容薬物に関して，その感覚的効果とされているもの。⇨ **変性意識状態**，**宇宙意識**

**拡張器**〔dilator〕**1.** 体中の開口部や導管を広げるための道具。**2.** 器官や裂け目を拡張するための薬や他の物質。⇨ **血管拡張薬**

**拡張筋**〔dilator〕身体構造の開口や拡大を引き起こす筋肉または神経のこと。

**カクテルパーティー効果**〔cocktail-party effect〕カクテルパーティーのときに，多くの会話の中で1つの会話に集中することができるように，1つの会話に注意を向ける一方で他の会話を無視することができる能力のこと。1950年代初期の研究では，注意が向けられていないメッセージは処理が行われていないと考えられていたが，後に，少なくとも一部は意味の処理が行われていることが明らかになった。たとえば，注意を向けていない会話の中でも，自分の名前が呼ばれたことに気づく，など。⇨ **減衰理論**

**核統合失調症**〔nuclear schizophrenia〕社会的な欠陥やひきこもり，感情鈍磨，そして**離人症**や**現実感喪失**をもつ統合失調症のタイプの一つで，ドイツの精神科医であるクレペリン（Emil Kraepelin: 1856-1926）によって記述された**早発性痴呆**と類似する。病態の早期には潜行性で，みつけにくいことや予測しにくいことから悪化しやすい傾向がある。このことは，**過程統合失調症**とよく言い換えられる。真性統合失調症，真の統合失調症，典型統合失調症などとも呼ばれる。⇨ **統合失調症様精神病**〔1930年代後半ノルウェーの精神科医ラングフェルド（Gabriel Langfeldt: 1895-1983）によって提唱〕

**獲得**〔acquisition〕**1.** 新しい種類の行動，反応，情報，あるいは思考を，個人のレパートリーに加えること。**2.** そのようにして付け加えられた行動や情報。⇨ **学習**

**獲得形質**〔acquired characteristic; acquired character〕遺伝の結果というよりも，経験，もしくは，環境要因によって生じる生物の構造的・機能的特性や心理的特徴（たとえば，何らかの習性や行動）。

**獲得性〔1〕**〔acquired〕生来的・生得的というよりは，

経験に基づいて学習・発達してきた反応，行動，思考，あるいは情報を指す．

**獲得性［２］**［acquisitiveness］　対象や所有物を得たり集めたりする傾向．あるいは，そうしたいという欲求．

**獲得性手がかり差異**［acquired distinctiveness of cues; acquired discrimination of cues］　ある状況において特定の刺激に対して適切に反応する方法に関する事前学習が，別の状況においても刺激に対する学習を促進させること．たとえば，ラットが迷路内の白と黒のアームを弁別することにより迷路学習をしているとする．後に，異なる迷路内において，アームが白であれば右の，アームが黒であれば左のアームが強化されることを通じて右と左のアームの区別を学習した場合，これらのラットは，最初に幅の広いアームと狭いアームの区別を学習したラットよりも，当該迷路の学習が速くなる傾向にある．

**獲得性動機の相反過程理論**［opponent process theory of acquired motivation; opponent process theory of emotion; opponent process theory of motivation］　刺激や事象が，快や不快といった第一の感情状態と，その反対の第二の感情状態を同時に喚起させ，２つの状態がともに感情体験を構成するという理論．この理論によると，第二の感情状態は発現の潜時が長く，増加方向への反応が鈍く，また，刺激除去後の効果の現象も鈍い．そのため，刺激除去後は第二の感情状態が強くなる．この理論を用いて，薬物中毒，愛情，社会参加といった様々な獲得性動機や，感覚的・美的体験への渇望を説明しようと試みられている．

**獲得的地位**［achieved status］　個人の能力や功績を反映した，社会的地位や名声のこと．

**学年**［school grade］　同レベルの教育を共に受けてきた生徒の集まり．主に同じ年齢もしくは同等の年齢と判断することができる生徒たちの集まりのこと．

**学年尺度**［grade scale］　**成績基準**に関して表される得点を示す標準化された尺度．

**学年同等値**［grade equivalent］　成績基準で表されるテストの得点．たとえば，99パーセンタイルでのある３年生の得点が５年生の基準を満たしていれば，学年同等値は５と表される．

**核文**［kernel sentence］　初期の**生成文法**理論において，ある文の変化形を作るために否定文や疑問文に変えるといった操作が行われるときの基礎となる，その文の基本形のこと．たとえば"Jack kissed Jill."という核文は，"Did Jack kiss Jill ?"や"Jack didn't kiss Jill.""Jill was kissed by Jack."といった文に変形させることができる．この概念に対する心理学の関心の所在は，人が文を形成したり理解したりする認知過程への影響という点にある．チョムスキー（Noam Chomsky: 1928- ）によって後に構築される**変形生成文法**では，変形規則は実際の文ではなく，文の背後にある**深層構造**を操作するものと考えられている．

**格文法**［case grammar］　言語学で，文法関係（たとえば，その単語が文の主語か目的語か）よりも，単語間の意味関係（たとえば，その単語が記述された行動の**動作主**か**受動者**か）を優先する文分析の方法．たとえば，「男の子はボールを打った（The boy hit the ball）」と「ボールは男の子に打たれた（The ball was hit by the boy）」という２つの文について，格文法の分析では，「"男の子"が１つ目の文では主語で，２つ目の文では目的語である」という事実よりも，「"男の子"が２つの文とも動作主である」という事実に焦点を当てる．心理学者は，意味の心理学的カテゴリーとの関連から，格文法に大きな関心を寄せている．⇨ **経験者格**，**具格**

**角膜**［cornea］　眼の外側を覆っている透明な部分で，光が最初に入る．**強膜**とともに，側面に連続的にある．角膜は，眼の屈折力に大きく寄与する．

**角膜炎**［keratitis］　角膜の炎症のこと．眼のある部分からの角膜に対する血液感染が生じたとき，角膜炎はその深層部分で生じる．一方，バクテリアやウイルスの影響によるときは，表層部分で生じる．⇨ **コーガン症候群**

**角膜計**［keratometer; ophthalmometer］　角膜の歪みを測定する機器のことで，**乱視**の診断で用いられる．

**角膜反射**［corneal reflex］　角膜に接触されたときに，反射的にまぶたを閉じること．

**角膜反射法**［corneal reflection technique］　角膜からの反射光を利用した眼球運動の研究方法のこと．

**学問的達成**［academic achievement］　学問や研究の領域における何らかの特定可能な成功．

**学問の自由**［academic freedom］　教育機関の中で，政府，学校関係者，教師，地域集団による干渉や罰を受けずに，教師が教育する自由，生徒が勉強する自由，教師と生徒の双方が意見，特に，論争的な話題（たとえば，道徳，宗教，政治）に関しての意見をもちそれを表明する自由．

**学問領域**［discipline］　研究分野のこと．

**攪乱**［derangement］　軽い精神疾患，精神障害．

**攪乱変数**［nuisance variable］　実験に対して本質的な意味をもたないが，実験誤差の上昇に影響を及ぼす可能性がある変数のこと．

**隔離［１］**［isolation］　精神分析理論において，望まない思考や感覚が，他の思考や感覚と結合しないように保つことによって活性化させない**防衛機制**．⇨ **区分化**

**隔離［２］**［sequestration］　自身の人格の中で受け入れ難い病的な部分を正常な部分から切り離してしまう過程のこと．たとえば，自分の衝動や欲望を統制できない患者が，それらを自己の残りの部分から切り離し，完全の意識の外にやってしまうことがある．

**隔離機構**［isolating mechanism］　進化において，２つの集団が交配するのを妨げ，それによってそれぞれの集団が独立に進化することを可能にするメカニズム．隔離機構は生息領域の重なった種間での交配を妨げるのにも重要である．地理的分離，行動的差異，物理的特徴の差異，そして生殖時期の差異はすべて隔離機構として働く．

**隔離実験**［isolation experiment］　行動あるいはその他の効果をみるために，ある動物から同じ種の他の個体との社会的あるいはその他の接触を取り去ること．

**隔離症**［hypertelorism］　身体の２つの器官が異常に離れていること．両眼解離（ocular hypertelorism, グレイグ症候群：Greig's syndrome）は健常の人に比べ両眼が離れていて，精神遅滞や頭蓋奇形に関係した神経状態が関与している．⇨ **正中巨口症症候群**

**確率**［probability］　ある出来事が生じるだろうと考えられる程度．

**確率学習**［probability learning］　反応の確率が**強化**の確率に近づく傾向があるという**選択行動**の原則．

**確率化検定**［randomization test］　実験参加者と条件の

可能な組合せをすべて検証する**仮説検定法**。

**確率曲線**［probability curve］ある変数の期待される出現頻度をグラフで示したもの。

**確率質量関数**［probability mass function］離散的な**確率変数**がその値をとる確率と関係づけられた数学的**関数**。

**確立操作**［establishing operation］強化刺激や罰刺激の効果を変化させるあらゆる事象および手続き。たとえば，行動を強化するために食物を用いるようなオペラント条件づけ研究において，確立操作として食物を剥奪することにより，食物を報酬刺激や強化刺激として設定できる。

**確率的仮説**［probabilistic hypothesis］具体的な結果を予測することよりもある出来事が生じる可能性に焦点を当てた仮説。

**確率的独立**［stochastic independence］2つのシステムやプロセスが統計学的に関連しない状態。1つのシステムやプロセスがもう1つのシステムやプロセスに付随しないこと。

**確率標本**［probability sample］選択された母集団内のどの要素の尤度も，標本抽出される前に明らかになっているような母集団から選ばれた標本。⇨ **無作為抽出**

**確率分布**［probability distribution］曲線の下の領域によって，特定の点で確率変数が生じる確率を示す曲線のこと。最も知られている例は正規分布である。他に，**カイ二乗分布**，スチューデント化された**t分布**，**F分布**。

**確率変数**［random variable; stochastic variable］偶然の結果に値が依存する変数。

**確率密度関数**［probability density function］**確率分布**の形を数学的に表現した関数のこと。

**確率モデル**［stochastic model］多くの場合，ベイズによる相互関連の分析を基礎におくモデルで，人工知能の状態や故障診断のシミュレーションをするために用いられる。数学的な根拠は十分にあるが，簡略化された前提が設定できない場合，このモデルでは複雑な状況を計算上扱うことは難しくなる。⇨ **ベイズネットワーク**，**グラフ**

**確率論**［probability theory］確率論的現象に関わる数学の分野。

**確率論的**［stochastic］統計的確率によって分析はできるが，正確には予想できない事象のようにランダムな確率パターンに従うシステムやプロセスを記述すること。⇨ **蓋然論**

**確率論的機能主義**［probabilistic functionalism］**1.** 環境手がかりというものは，よくてもその手がかりが参照する物体の近似の指標にすぎず，生体は応答に対して最も有効な手がかりを選択しており，そのため知覚の正確さは明白なものであるかではなく確率論的に考えるべきだ，と提案する知覚の理論のこと。［ハンガリー生まれのアメリカの心理学者ブルンスウィック（Egon Brunswick: 1903-1955）によって提唱された］ **2.** 行動は目標達成という成功確率で最もよく理解されるという見方。

**学力検査**［achievement test］ある指定された課題に関わる現在の技術や知識の水準を測定することを目的とした集団準拠および標準化検査のこと。この学力検査は，学習や訓練を通して獲得される能力を測定するものであるが，これはしばしば生得的な潜在性を重視する**適性検査**（通常，集団準拠型で標準化された知能検査によって測定される）と区別されている。この学力検査は，学術的な領域で用いられるだけでなく，様々な職業や専門，そして診断目的でも使用されている。到達度検査（attainment test）とも呼ばれている。

**学力達成指数**［achievement quotient: AQ］期待される成績や年齢基準に対する実際の成績の比率。前者は，通常，集団基準に準拠した知能検査で測定されるのに対し，後者は，通常，集団基準に準拠した標準学力検査で測定される。

**学力年齢**［achievement age: AA］特定の**暦年齢**における標準や基準に基づき測定された個人の学力評価。

**学力バッテリー**［achievement battery］一定の範囲の関連項目について個人の知識や特定の身体的，心的スキルの指標を提供するために作られた**学力検査**の集まり。

**隠れた意図**［hidden agenda］顕在的な行為，言明，または建て前に隠された意図や動機。

**隠れた観察者**［hidden observer］催眠にかかりやすい者が（⇨ **催眠感受性**），ある刺激（たとえば，痛み）を遮断するよう教示されても，遮断された痛みや感覚を手からの信号によって表明することがあるという現象であり，それはまるで分離した観察者が，支配的な観察者によって否認された出来事に同時に参加しているかのようである。催眠をかけられた者は，そのとき目の前にしていた聴覚的，視覚的，触覚的の刺激を後で思い出すことができる。

**隠れた変数**［hidden variable］未発見の原因変数。変数Aと変数Bの関係が明らかになったとき，変数AはBの原因であると誤って考えられることがある。Bの原因は，変数Aと相関がある隠れた変数C（第3変数と呼ばれることもある）であるかもしれない。

**隠れたメスの選択**［cryptic female choice］メスが複数のオスと交尾し，ある相手の精子が自分の卵子と受精するように，その決定をオスには隠しながら「選択」をする慣習的行動のこと。この行動により，**配偶者選択**において，メス側により多くの選択の機会が与えられる。隠れたメスの選択の出現研究では，最も魅力あるオスの精子よりも，遺伝学上最も適合的な精子がメスの卵子と受精するとされる。

**隠れ同性愛**［closet homosexual］ゲイの男性やレズビアンで，他の人々，特に家族，両親，または雇用主に性的指向を明らかにしていないこと。⇨ **カミングアウト**

**影**［shade］含まれる黒の量によって定義される色のついたあるいはついていない刺激。

**影（シャドウ）**［shadow］ユング（Carl Jung）の**分析心理学**における**元型**の一つ。人の精神の中で"影の部分"を表象するもので，意識上の自我では受け入れがたい性で攻撃的な本能が主である。しばしば他者に投影される。

**家系**［kindred］拡大家族のこと。病気に罹りやすい染色体変異をもつ広範囲の家系研究が，特定の遺伝子変異の座と**浸透度**を同定することに役立っている。

**家系学**［genealogy］遺伝的特徴よりはむしろ，家族歴や家族関係に重点をおいた，個人やグループの家系に関する研究。

**家系研究**［family method］行動遺伝学において，同じ遺伝的背景を共有する親類における発生を測定する特性または障害の発生頻度の研究。

**過形成**［hyperplasia］器官や組織のサイズが異常に肥大すること。新しい正常な細胞の数が過剰に増加すること

で引き起こされる。過形成はイボが大きくなる時のようにウイルスによって生じる場合や，（てんかん患者に処方されるフェニトインのように）薬物によって生じる場合，あるいは，前立腺肥大のように加齢に伴う身体的な変化によって生じる場合がある。

**家系法**［pedigree method］ 引き継がれていると考えられる特徴を調べることによる，一族の歴史や血統に関する研究。この方法はイギリスの科学者ゴールトン（Francis Galton: 1822-1911）が天才の研究の際に用いたものであり，ゴダード（Henry Herbert Goddard）は精神遅滞の研究で用いている。

**影の陪審員**［shadow jury］ 訴訟コンサルタント（trial consultant）に雇われた人たち。裁判を傍聴して，裁判で扱われた証拠の印象を報告する。アメリカでは，弁護人はこのフィードバックをもとに以後の公判戦略を練る。

**仮現運動**［apparent movement; illusory movement］ テレビアニメーションのように，動き，もしくは大きさが変化する錯覚のこと。⇨ **アルファ運動**，**ベータ運動**，**デルタ運動**，**イプシロン運動**，**ガンマ運動**

**寡言症**［hypophrasia］ 話し方が障害されていたり遅いこと。**大うつ病性エピソード**で時としてみられる重篤な精神運動抑制の特徴。

**仮言命法**［hypothetical imperative］ ドイツの哲学者カント（Immanuel Kant: 1724-1804）の道徳的教訓。「もし目的 X に達成したのならば，行為 Y を行う」という種の格言。このような巧みさや賢明さについての格言は，以下の2つの点で道徳上**定言命法**とは異なる。(a) 格言が絶対的で無条件の目的というよりむしろ特定の物質的な目的を目指している。(b) 格言は普遍的で伝統的な法律のように守られるわけではない。⇨ **普遍化可能性**

**過誤**［malpractice］ 専門的実務者（たとえば，心理療法士，精神科医，医者，弁護士，ファイナンシャルアドバイザー）の過失や怠慢行為のことで，法的措置を引き起こすこともある。

**ガーゴイリズム**［gargoylism］ ハーラー症候群患者の顔貌。矢状縫合の早期閉鎖による異常に細長い頭蓋骨，幅広い鼻橋，大きく舌を突出し開口している口元，厚い唇，混濁している角膜，といった特徴がある。

**下行経路**［descending pathway］ 感覚入力を調節する高次中心からの**神経経路**のこと。たとえば，痛みの入力を調節する，大脳から脊髄への経路。⇨ **下行路**

**下降効果**［decline effect］ ツェナーカードや類似した対象を用いた超心理学の実験において，実験参加者の「コール」あるいは推測の正確さがチャンスレベル以上のレベルから始まるものの，試行が進行するについて次第にチャンスレベルにまで低下していくこと。⇨ **平均への回帰**，**差異効果**，**焦点効果**，**選好効果**，**羊 - 山羊効果**

**下行性網様系**［descending reticular system］ 網様体の一部。視床下部から情報を受け取るほか，自律神経系の活動にも関与している。また，運動活動においても役割をもっている。

**過興奮**［hyperexcitability］ 刺激に対して過剰に反応する傾向で，**躁病エピソード**の間によく生じる。

**下行路**［descending tract; descending nerve tract; descending pathway］ インパルスを脳から脊髄まで伝える神経繊維の束（⇨ **神経束**）。下行路には大きく分けて3つの種類がある。**皮質脊髄路**，**前庭脊髄路**，そして**網様体脊髄路**である。⇨ **上行路**

**カーゴカルト**［cargo cult］ 1. 南太平洋諸島においてみられる信仰体系の一つ。超自然的手段によって近代的有形財がもたらされるという儀礼崇拝の観念に基づいている。19世紀における先住民族の宗教実践にその起源がある。軍隊が航空機による物資の定期渡しを受け取るために島に駐在した第二次世界大戦中，西洋文化と接触することによって改変され，刺激を受け，深化した。2. 社会において，影響力がある，あるいは繁栄する集団の作法，振舞い，スタイルを表面的に模倣することで，その集団に匹敵する富や地位がもたらされるとする素朴な想定。

**過呼吸**［hyperpnea］ 呼吸が異常に激しく，不自然に速くなること。

**過酷な要求**［demandingness］ 注意や援助，アドバイスを他者に執拗に求めること。それは一般に抑うつと関連している。⇨ **依存**

**籠細胞**［basket cell］ 小脳でみられるニューロンの一種。バスケット細胞とも言う。

**籠状終末**［basket endings］ 接触と圧を感じる，毛穴のまわりにある神経終末。

**過去知**［postcognition］ 超心理学において，過去の出来事を，あたかも現在起こったかのように経験すること。過去知の検証において，実験参加者は**ツェナーカード**やそれに似た刺激材料の結果に関して，既に行われた試行の結果を当てるように求められる。⇨ **逆行転置**，**予知**

**風車錯視**［windmill illusion］ 風車や自動車のタイヤのような回転する物体の運動が，時々反対方向に回転して見えるという錯視。

**重なり**［interposition］ 単眼の**奥行き手がかり**で，2つの物体が同一視線上にあり，近くにある物体が，遠くの物体を部分的に遮蔽すること。相対的位置（relative position）とも呼ばれる。

**カサノバコンプレックス**［Casanova complex］ 多くの恋人をもちたいという男性の願望であり，女性を非常に強く追い求め，誘惑し，情緒的な関係や関わりなしに女性と性的な関係をもとうとすること。性に支配されたことで有名なイタリアのペテン師カサノバ（Giovanni Jacopo Casanova: 1725-1798）に由来する。

**加算**［summation］ 1つではニューロンを活性化するのに十分ではないような刺激が複数あることで累積的な影響をもち，神経インパルスが伝播するプロセス。⇨ **空間的加算**，**時間的加算**

**加算検査**［addition test］ 算数の加算問題を解くことを必要とする課題のこと。サーストン（Louis Leon Thurstone）の知能検査のように初期の知能検査では，よくこのような種類の課題が含まれていた。しかし，計算機やコンピュータに代表されるように，近年の計算装置の出現に伴って，現代の知能検査ではこの課題は適さなくなった。

**加算効果**［additive effect］ 統計学的に，ある2つの要因の効果が，それぞれ個別の効果の合計となること。

**加算尺度**［additive scale］ 定規のように加算してもその値が意味あるものであるためにすべての点が等しく配置されている尺度のこと。

**加算的課題**［additive task］ グループ内の個々のメンバーの努力もしくは貢献の総計によって達成可能になるよ

うな課題もしくはプロジェクト。多くの場合，こうした課題は分割可能であり（課題はそれぞれのメンバーに割り当て可能な下位要素に分割できる），何かを増大させる作業であり（質の高い解決ではなく生産量を要求する），個々のメンバーの努力や活動の調整が比較的要求されないような性質をもっている（たとえば，パフォーマンスの後に拍手をする，5人で一緒にロープを引っ張るなど）。通常，こういった課題におけるグループの成績は個人による成績を上回るが，**社会的手抜き**のため，グループ全体の生産性が加算的生産量の上限まで届くことは稀である。⇨ **補償的課題，結合的課題，離散的課題**

**加算的バイリンガリズム** [additive bilingualism] 第一言語の地位を脅かすことなく，**言語コミュニティ**に第二言語が採用されている社会言語学的状況。たとえば，英語を話すカナダ人の多くはバイリンガリズムを必要とする威信の高い仕事に就く機会を得るためにフランス語を学ぶが，主な言語として英語の使用を続ける。これは，第二言語が第一言語の機能に置き換わってしまっている減算的バイリンガリズム（subtractive bilingualism）と対照的である。大抵の移民コミュニティのバイリンガリズムは減算的であり，1世代もしくは2世代以内に**言語移行**が起こると考えられている。

**加算平均法（AER テクニック）** [average-evoked-response technique: AER technique] 脳の電気反応を調べる手法。通常コンピュータを使って，背景ノイズに関らず誘発された反応の平均を得る。同じ刺激を繰り返すことにより，反応を加算していくと，誘発された反応はランダムノイズから識別されるようになる。

**仮死愛傾向** [asphyxophilia] 性的活動の間に息ができなくなることにより得ることができる興奮や快楽のこと。**性嗜好異常**のように，パートナーによって，窒息させられたり締め付けられたりすることなども含む。

**可視化された音声** [vocal-image voice] 音声パターンが電子的に視覚パターンへ変換されたもの。聴覚に問題がある人でも読むことができる。

**賢いハンス** [Clever Hans] 算数の問題を解き，綴りを理解し，色の区別をし，コインの識別ができるということで1900年ごろのベルリンで有名になった"考える馬"のこと。足踏みをして音を出すことで回答を示していた。しかし，ドイツの心理学者フングスト（Oskar Pfungst: 1874-1932）は，実験的手法を用いて，飼い主の無意識の動作というわずかな手がかりを用いて，馬が反応していることを示した。

**下肢高座高指数** [skelic index] 足の長さと胴の長さの比。この指標は**人体測定学**で用いられる。

**仮死状態** [asphyxia] 血中の酸素濃度が低下し，二酸化炭素が増加した状態。呼吸困難，蒼白，チアノーゼの症状を伴うことが多い。窒息，溺水，電気ショック，喫煙や有毒な気体の吸引，呼吸器系の病気や損傷が原因となる。

**過失雇用** [negligent hiring] 雇い主を対象とした民事訴訟の根拠となる。雇用するに値しない不適格な被雇用者の行為によって，人に傷害，喪失，危害を与えたことについて訴えられる。組織は雇用行為の責任を負う。

**下斜位** [hypophoria] 片眼の偏位が下向きになっていること。⇨ **斜位**

**下斜筋** [inferior oblique] 外眼筋（⇨ **眼筋**）の一つ。眼が鼻の方向に向く際に収縮し，眼球を上方向に回転させる。また，上方向の動きに対して，収縮によって（**下直筋**とともに）真っ正面を見ることを可能にする。

**加重** [summation] 2つの刺激が受容器に対して短い時間間隔で，あるいは近接して提示された場合に，感覚の強さが上昇すること。

**加重効果** [summation effect] 視覚野の**両眼性細胞**の特性で，片眼を通じて刺激が提示されるよりも，両眼を通じて刺激が提示された方が細胞の活動が大きくなること。似たような現象は聴覚系でも生じ，両耳が刺激されると，ラウドネスが大きくなるという両耳加重効果（binaural summation effect）が起きる。

**加重時間** [summation time] 1. 時間内に提示された総エネルギー量によって，刺激の知覚強度が決定される最長の時間幅。2. 2つの連続した刺激が，単一の持続した刺激として知覚される，刺激間の時間間隔。

**下縦束** [inferior longitudinal fasciculus] 両**大脳半球**の後頭葉から側頭葉へと広がる連合線維の束。

**加重電位** [summating potential] 音によって引き起こされ，ゆっくりと変化する電位。蝸牛で記録される。

**加重要因** [aggravating factor] より重い罪や厳しい量刑を科すことを支持するような，犯罪あるいは被告人に関連した要因。たとえば，犯罪行為における致死性武器の使用など。加重条件（aggravating circumstance）とも言う。⇨ **軽減要因**

**過剰愛好** [polyiterophilia] 多くの人と何度も同じ性行為を行うことへの性的関心，性的刺激。

**過剰飲酒** [binge drinking] アルコール消費のパターン。断酒期間と短期の極度に激しい飲酒が交互に生起する特徴がある。⇨ **イプシロンアルコール症**

**過剰運動** [1] [acrocinesis; acrocinesia; acrokinesis] 過度の動きや運動のこと。たとえば躁病エピソードの時などに，時折観察される。

**過剰運動** [2] [hypermotility] 身体機能，特に消化器系機能の活動の異常亢進。胃腸器官系の上部をコリン作動性神経系が制御し，下部をアドレナリン作動性神経系が制御している。ガストリンとセロトニンは，消化器系の運動を刺激する。過剰運動は，胃の神経障害，大腸炎，**過敏性腸症候群**と関係がある。

**過剰学習** [overlearning] 個人がよく知っていることや，よく遂行できることを，より一層練習し続けること。過剰学習の利点は，学習内容の持続時間が延びる点にある。

**過少月経** [hypomenorrhea] 経血量が減少したり，異常に短期間で終わること。

**過剰識別** [overidentification] 一般線形モデルにおいて，モデルを正しく特定するために必要とされる以上にパラメータが存在すること。

**過少支払い不公平** [underpayment inequity] 産業や組織場面において支払われた給料が，特に同僚と比較して公正な額よりも少ないと被雇用者が知覚すること。これは，不満感や緊張，時には生産性の減少をも招く。⇨ **過払い不公平，公平理論**

**過剰修正** [1] [hypercorrection] 言語学の用語で，「この言葉は一般的に使われている言葉よりも改まった，あるいは正しい言葉である」という間違った信念によって，正しくない形式や発音を用いること。通常，誤った類

推や，児童期に学習した規則の中途半端な記憶，標準的でない言葉や下層階級の言葉の使用に対する極端な恐れなどに起因する。英語での一般的な例としては，たとえば"Whomever is responsible for this"という文で"Who"ではなく"Whom"が用いられる，また"She was referring to you and I"といった文で"me"ではなく"I"が用いられる，などがある。

**過剰修正［2］**［overcorrection］ セラピーにおいて，クライエントが不適切な行動を示す時に用いられるテクニックのこと。このテクニックでは，セラピストはクライエントに過剰な仕方ではなく，適切な仕方で行動を繰り返すように求める。

**過剰縮小**［underextension］ 言葉の使用における不適切な制限で，言語獲得期における子どもがよく行う誤りである。たとえば，イヌというラベルが，自分の家族が飼っているペットにだけ当てはまると考えることなどがあげられる。

**過剰人員**［overstaffing］ 組織あるいはその一部門が必要以上の人を雇っていると経営陣が判断する状況。⇨ **人員不足**

**過剰睡眠障害**［disorders of excessive somnolence: DOES］ 睡眠障害の4つの基本的な分類の一つで，過剰な眠気が少なくとも1か月続くことが他の分類と異なっている。DSM-Ⅳ-TRに当てはまる分類は**原発性過眠症**である。診断は専門の施設での観察が必要である。夜間覚醒としての基準は，**睡眠段階2**の時間の割合，**睡眠段階3と睡眠段階4**の時間の割合が測定される。

**過剰生産**［overproduction］ 需要を超えて製品を作ること。

**過剰生産的観念**［overproductive ideas］ ぐるぐると考えが駆け巡ること，または**躁病エピソード**においてしばしばみられる**観念奔逸**。

**過剰正当化効果**［overjustification effect］ 個人の業績に応じた報酬（あるいは報酬を出すという申し出）はやる気や達成度を高めるのではなく，むしろ低くするという逆説的効果。**外発的報酬**の導入が，個人がもとからもっている高いパフォーマンスを引き出す鍵である強い**内発的動機づけ**を弱めるときに発生する。

**過剰摂取［1］**［hyperingestion］ 経口による食物や液体，薬物を必要以上に摂取すること。特にその摂取が安全水準の最大量を超えているときを言う。

**過剰摂取［2］**［overdose］ 1. 薬剤を過剰に摂取した結果，逆効果が生じること。正確な毒性効果は，薬剤の特性や用量，服用者の体重，健康状態，その薬剤への耐性など，様々な要因によって異なる。2. 過量の薬物を摂取すること。

**過剰代償型**［hypercompensatory type］ 血管やリンパ管，消化管，内分泌腺が発達しすぎた体質。過剰代償型の性格特徴は，妄想性パーソナリティや双極性障害の症状として現れることもある。

**過剰な意味**［surplus meaning］ 確実に観察できるものから得られたデータこそが重要であるという考え方。心理学者で行動主義を支持する者は，内的な漠然としたプロセスについて言及した説明的な概念について，「誤差を無視している」と主張している。

**過剰な期待**［overexpectation］ パブロフ型条件づけにおいて，2つ（またはそれ以上）の刺激が独立に条件刺激として定着した後に，それらを複合刺激にまとめて無条件刺激と対呈示すると，条件刺激に対する反応の頻度が減少すること。

**過剰な強度**［overintensity］ 覚醒，コミットメント，努力，アサーティブネス，注意集中のいずれか，あるいはいずれもが個人におけるパフォーマンスの最適な水準を超える状態。⇨ **強度**

**過剰な攻撃性**［hyperaggressivity］ 怒り，敵意が強く，暴力的，攻撃的な行動があること。⇨ **爆発性パーソナリティ**

**過剰な単純化**［oversimplification］ ある事柄を説明，あるいは特徴づける際に，認識できる不可欠な要素を欠いて説明したために，その事柄が実際以上に単純なものとして受け取られてしまうこと。

**過剰般化**［overgeneralization］ 1. 単一の事象を変えられない法則としてみなす認知的な歪み。このため，たとえば，1つの課題を達成する際に失敗したら，すべての課題において失敗が無限に繰り返されるのではないかと思うこと。2. 低年齢の幼児が，標準的な文法規則を不規則な単語にも適用すること。たとえば，"foot"の複数形を"foots"と言うなど。⇨ **外延化過剰**

**過剰反応**［overreaction］ 特に，適当なレベルを超えた感情的な反応。

**過剰備給**［hypercathexis］ 精神分析理論における，**対象に注がれる過剰な心的エネルギー**のこと。⇨ **不十分な備給，備給**

**過小評価**［minimization］ ある事象を，些細な重要でないものとして，自身，あるいは他人に表現する傾向がある**認知の歪み**。過小評価はしばしば，曖昧性や非特異性を引き起こすため，聞いている人は細部にわたる全体像を思い浮かべることができない。その結果，不確かな，あるいは不完全な結論に導かれてしまう可能性がある。

**過剰への動機**［abundancy motive］ ある必要を満たすことで得られるよりも多くの満足を得ようとする傾向。たとえば，空腹を満たす以上に食べること。⇨ **欠乏動機**

**過剰包含**［overinclusion］ 特定の刺激に関連した，効果のない反応，もしくは不適切な反応を隠すことに失敗すること。

**過剰練習症候群**［overtraining syndrome］ 能力を超えた練習の結果，望ましくない身体的，精神的影響が生じること。特徴的な症状としては，パフォーマンス低下，易疲労感，モチベーション低下，感情的な不安定さ，集中力低下，怪我のしやすさ，易感染性などがある。

**過食**［hyperphagia］ 食べ過ぎる傾向のことで，代謝障害や扁桃体，側頭葉，視床下部の**腹内側核**などの脳機能障害によることもある。⇨ **過食症**

**過食症**［bulimia; boulimia］ 満足することのない飢えが持続する，脳障害や内分泌障害のような生理的原因がある場合もあれば，主として心理学的障害の場合もある。

**下垂趾**［toe drop］ つま先を調節する筋肉の喪失。四肢の末梢神経が徐々に退化し，刺激の伝達をしなくなる**シャルコー・マリー・トゥース病**の発病の徴候である。下垂趾は**下垂足**の段階へ進行する。

**下垂症**［ptosis］ 臓器，あるいは身体の一部が沈み込む，あるいは垂れ下がること。特にまぶたが垂れ下がるこ

と。第Ⅲ脳神経（動眼神経）あるいは眼筋の損傷によって引き起こされる。**筋無力症**や**ホルネル症候群**の特徴的兆候でもある。

**下垂足**［foot drop］ 足やつま先の動作を制御する筋肉が弱くなったり，まひする神経筋疾患の特徴。病気を患った足は，床や地面に落ちたり，強くぶつけたりする。病気を患ったつま先は，前に傾いたり，床や地面を引きずったりする。

**（脳）下垂体**［pituitary gland; hypophysis; hypophysis cerebri］ 脳の基底部にあり，**視床下部**に付着した腺。ヒトの場合豆粒大である。下垂体は前葉と後葉に分けられ，それぞれ異なる機能をもっている。前葉（**下垂体前葉**）は視床下部からの**放出ホルモン**に応答して，7つのホルモン（甲状腺刺激ホルモン，卵胞刺激ホルモン，副腎皮質刺激ホルモン，成長ホルモン，黄体形成ホルモン，黄体刺激ホルモン，メラノサイト刺激ホルモン）を生成，分泌する。後葉（**下垂体後葉**）はバソプレシンとオキシトシンという2つのホルモンを分泌する。この2つのホルモンは視床下部で合成され，神経刺激に応答して下垂体後葉へ運ばれてくる。下垂体は，他のホルモン生成を調節する**刺激ホルモン**を分泌する役割をもっているため，下垂体は"内分泌系における最上位の腺"とされる。

**下垂体機能障害**［pituitarism］ 下垂体の障害により過活動（下垂体機能亢進），あるいは低活動（下垂体機能低下）が生じること。

**下垂体機能不全体質**［hypopituitary constitution］ 下垂体の活動不全に関わる体質。低血圧，遅脈，性欲減退，精神的な無気力や不活性を伴う。

**下垂体後葉**［posterior pituitary］ **下垂体**の後葉。神経性下垂体（neurohypophysis）とも呼ばれる。

**下垂体性悪液質**［hypophyseal cachexia; pituitary cachexia］ 副腎皮質，甲状腺，生殖腺の二次的な萎縮の結果，脳下垂体の全体的な衰退によって生じる疾患。生殖腺と乳房萎縮，歯や髪の毛が抜ける，食欲不振，尿崩症，低血糖，精神変化の発達という症状がある。この疾患の発症の仕方には2パターンある。一つは，シーハン症候群（Sheehan's syndrome）と言い，出産後の女性に影響を与える。もう一つは，**シモンズ病**と言い，男性にも女性にも影響を与える。

**下垂体前葉**［anterior pituitary］ **下垂体**の前葉。腺下垂体（adenohypophysis）とも呼ばれる。

**下垂体前葉ホルモン**［anterior pituitary hormone］ 下垂体前葉で分泌されるホルモン。たとえば**成長ホルモン**，**プロラクチン**，**刺激ホルモン**。

**かすかさ**［faintness］ 特に音刺激に関連して，大きさ，違い，もしくは強さが存在しないこと。

**数完成検査**［number-completion test］ 呈示された数列内に当てはまる数字を答えたり，呈示された数列に続く数字を答えさせたりするテストのこと。たとえば，「6-9-13-18-?」の数列内の？を答えさせる（答えは24）。知能検査や知能検査の下位検査として使用される。

**ガスクロマトグラフィー**［gas chromatography］ 混合物の構成要素を切り離し特定するために使われる化学分析の方法のこと。検査される物質は長いチューブの端に置かれ，その構成要素は，チューブへ注入された不活性ガスによって揮発される。構成要素はチューブを通る時間によって特定することができる。この技術は，バルビツール酸塩，ステロイド，脂肪酸を分離させたり，計ったりするために使われる。

**カースト**［caste］ 1. ヒンドゥー教のカースト制度における固定的で世襲化された階級。儀礼的穢れ（浄・不浄）の程度によって区別されたものと考えられている。主な階級（身分）には，バラモンあるいは司祭，戦士，商人，労働者，アウトカースト・不可触民がある。近年になるまで，カースト間の移動や結婚は，例外的なものとされてきた。⇨ **固定的階級社会**，**ヒンドゥー教**，**社会的不変性** 2. カースト制度と同等に頑健なものと考えられる社会階層システム。3. 親から子へ継承される特権や独占権によって社会的地位が区分されていること。

**ガストリン**［gastrin］ 胃壁のG細胞で合成される，胃液の分泌を調整するホルモン。⇨ **セクレチン**

**カスパー・ハウザー実験**［Caspar Hauser experiment］ 誕生後，動物から自然な環境や感覚的な刺激を奪うという手続き。この実験の名前は，このようなやり方で育てられたと伝えられている19世紀のドイツの子どもに由来する。

**ガスリー**［Guthrie, Edwin Ray］ エドウィン・ガスリー（1886-1959），アメリカの心理学者。1912年に，ペンシルベニア大学にて博士号取得後，ワシントン大学に異動し引退までを過ごした。行動主義理論の一つである，刺激-反応接近説（Stimulus-Response: S-R **近接学習理論**）で知られる。エドウィンの理論は，動因（ハル理論）や強化（スキナー理論）よりも，時間的接近（temporal contiguity）が，新しい行動の学習における重大な要素であるとする。著書として The Psychology of Learning（1935年初版，1952年改訂）がある。大学の教員の授業評価方法の開発者としても知られる。1945年には米国心理学会会長も務めた。⇨ **行動主義**

**仮声**［falsetto］ 広げたり離したりして縮小した声帯表面が口腔気流によって振動する時，通常範囲を超えた高い声区で出される，か細く高い声。男性では，この声道共鳴の性質は歌声の通常の声域を拡張するために用いられる。

**仮性同色表**［pseudoisochromatic charts］ 色覚を検査するために用いられる色の表の一式。⇨ **ハーディーランド-リットラー仮性同色表**，**石原式色覚異常検査**

**仮性認知症**［pseudodementia］ 神経系疾患を原因としない認知機能の低下（⇨ **認知症**）。**大うつ病性エピソード**によって，特に高齢者で一時的に引き起こされている場合があり，抑うつの認知症症候群（dementia syndrome of depression）と考えられる。また，虚偽性精神障害の心理的症状の可能性もありうる。

**仮性半陰陽**［pseudohermaphroditism］ 生殖腺（卵巣や睾丸）は一方の性別であるが，1つ以上の性の形態的な基準が存在する先天的な異常。女性では生殖腺は女性であるが，部分的に男性化し，ペニスに類似したクリトリスや陰嚢に類似した大陰唇が拡大する。男性では生殖腺は完全に男性化されているものの，小さなペニスや**尿道下裂**が認められ，精巣である陰嚢が欠けている。

**仮性不眠症**［pseudoinsomnia］ 実際には十分眠っている人から報告される**不眠症**のこと。その訴えが報告された理由はしばしば不明瞭である。たとえば，寝ていることを誤って知覚していたり，不眠の夢を見ることがあるといった可能性がある。あるいは個人が不安になっていたり，落

ち込んでいる際の症状としての不満の表れであるとも考えられる。

**化石** [fossil] 遠い昔に，生きていた生物の遺物や痕跡のこと。骨や殻，木など生物の堅い部分のみが通常は化石化する。しかし，特定の状況においては生物の体すべてが残されていることもある。場合によっては石に変化していて，このプロセスは石化（petrification）と呼ばれる。

**化石化** [fossilization] 第二言語の獲得において，学習者の発達が母語話者のような堪能さに達しなくなる中間状態である。⇨ **個人方言**，**中間言語**，**言語転移**

**仮説** [hypothesis] 事実や行動，関係性などについて実証的に検証可能な命題のこと。通常，理論に基づいて特定の条件や仮定から導き出され期待される結果について述べたもの。

**仮説演繹推論** [hypothetico-deductive reasoning] 抽象的な論理的推論は，ピアジェ（Jean Piaget）の認知的発達理論によれば，思春期に現れ，**形式的操作期**を示す。仮説演繹推論は，抽象的思考と仮説検証の能力によって識別される。これは，具体的思考と直接的知覚に依存しなくなることを意味する。

**仮説演繹法** [hypothetico-deductive method; mathematico-deductive method] ある理論に基づいて作られた予測の精度を検証する方法。より予測の精度が高まれば理論は信頼性を得る。

**仮説検証の研究** [confirmatory research] 事前に指定した特定の仮説を検証することを目的として実施される研究のこと。

**仮説検定** [hypothesis testing] 実験結果が偶然による結果かどうかの可能性を評価するために各種の**統計学的検定**を利用すること。

**仮説的推論** [abductive inference] 原因を特定化するために，複数の条件を検討する診断的推論の形式の一つ。この推論形式（数学的には根拠に欠けるものの）は"最良の説明への推論"とよく評される。

**画像化** [imaging] 光学的なイメージを得るために脳や他の器官ないしは組織をスキャンするプロセスのこと。そこで使用される手法には，**コンピュータ断層撮影**，**ポジトロン断層撮影法（PET）**，**解剖的磁気共鳴画像法（aMRI）**，**機能的磁気共鳴診断装置（fMRI）**などがある。画像化は静的なものでも動的なものでもありうる。⇨ **ブレインイメージング**

**仮想的人生目標** [fictional finalism] アドラー（Alfred Adler）の精神分析理論において，人間は目的や理想によってより強力に動機づけられるとする理論のこと。これによって個人が形成され（実現可能性は不問である），しかもそれは幼児期体験のような過去の出来事ではなく未来における可能性の影響を受けると考えられている。これは古典的フロイト派による精神分析理論と極めて対照的である。⇨ **先導虚構**，**個人心理学**

**画像優位性効果** [picture superiority effect] 写真や絵の方が，それらが描かれた物体の名前よりもよく記憶される傾向のこと。たとえば，イヌという単語を見るよりも，イヌの絵を見るほうが「イヌ」をよく思い出しやすい。

**画像歪曲手法** [distorting-photograph procedure] 個人の実際の大きさよりも小さく，または，大きく写真を歪めたものを用いて，身体の大きさについての知覚の正確さを記録する方法。身体の大きさについての知覚の正確さを示す指標として，選択された像の大きさと実際の像の大きさの差が使用される。

**加速** [acceleration] 1. 運動の速度や変化の割合が増加すること。⇨ **減速** 2. 数学や統計学において，ある関数の**傾き**の変化率のこと。すなわち，$x$に関する$f(x)$の2次微分のこと。

**家族** [family] 血液，あるいは婚姻による親密な結束，養子関係の結束，あるいは他の結束によって結合した個々人のグループからなる親族集団のこと。家族はほとんどの人間社会の基本の社会的単位となってきたが，その形式と構造は広く変化した。⇨ **生物学的家族**，**混合家族**，**拡大家族**，**核家族**，**家父長制度**，**ステップファミリー**

**家族カウンセリング** [family counseling] 両親や，その他の家族構成員に対して，心理士，社会福祉士，資格をもったカウンセラーやその他の専門家によって行われるカウンセリングのこと。顕在化している子どもの障害，養子縁組，生活保護，家族計画，物質乱用など，家族関係の中で直面している問題に対する，情報提供，情緒的サポート，実践的な指導が行われる。⇨ **遺伝相談**

**家族間ダイナミクス** [intrafamily dynamics] ある期間における家族内の関係の変化や，変化をもたらす相互作用に影響する機能のこと。

**家族計画** [family planning] 家族の人数をコントロールすること。特に，子どもの数や年齢差を決定するために出生コントロール法を使用すること。⇨ **人口調査**

**家族形態** [family pattern] 特定の家族のメンバー間（たとえば，親と子）での関係の特徴や質のこと。家族形態においては，感情的な様相やメンバーに対する態度も様々である。温かな家庭もあれば，冷たい家庭もある。親密さや共生的な傾向がみられる場合もあれば，互いに距離を保っている場合もある。友人や親戚に対し開放的である場合もあれば，そうでない場合もある。受け入れられ愛されている子どもがいる一方で，遠ざけられ拒否されている子どももいる。このようなパターンや要素は，無意識的なものから，完全に意識的に行われている場合もある。⇨ **病因となる家族様式**

**加速減速損傷** [acceleration-deceleration injury] たとえば交通事故に遭った者が，頭を突然動かされたり不意に止められたりすることによって生ずる頭部損傷の一型。頭部の突然の運動や停止は，白質系の伸長や炸裂をもたらし，さらには滲出や他の神経学的影響を引き起こす。この損傷は，人格変化，注意の問題，記憶障害，**実行機能不全**などの様々な結果を招く。

**家族支援サービス** [family support services] 発達障害をもつ人の能力を高め，家族生活に関連するストレスを軽減するために，一人以上の家族へ提供される部分的，定期的，もしくは断続的なサービス。一例として，日中および一晩の間，一時的に施設が発達障害をもつ人を預かる休息ケア（⇨ **レスパイト・サービス**），ペアレントトレーニング，行動コンサルテーション，親教育，交通手段の提供，同胞サービス（例，カウンセリング）があげられる。

**家族システム理論** [family systems theory; Bowen family systems theory; family systems model] 家族療法の概念モデル。相互に影響を与えあう家族成員間の関係性に着目する理論であり，**一般システム理論**やサイバネティック

ス，**家族発達理論**，**対象関係理論**，**社会的学習理論**の中核となる概念を統合したものである。構造的な家族変化を生み出す目的から個々の家族成員に対して働きかけを行うだけでなく，体系的かつ持続的な変化を引き起こすために家族全体を理解する必要もあることが強調されている。[アメリカの心理学者ボウエン（Murray Bowen: 1913-1990）によって提唱された]

**家族集団心理療法**［family group psychotherapy］ 家族構成員の個人に焦点を当てるというよりは，システムとしての家族を扱う治療方法。心理力動的，行動療法的，システム論的，構造論的な様々なアプローチがあるが，いずれも個人内の要因よりも，家族内の個人間の力動をより重要視している。⇨ **家族療法**

**家族主義**［familism］ 文化的価値の一つで集団主義や伝統的社会で多くみられる。拡大家族内での相互依存性や，協力性，自己利益よりも集団利益が優先するといった結びつきの強い対人関係が強調されている。

**家族心理学**［family psychology］ 家族内の相互作用と影響を与える文脈（近所，学校等）に焦点を当てた基礎的かつ応用専門的な心理学の分野。

**家族性因子**［familial factor］ 家族における特定の病気や疾患，特性を説明する要素や条件。

**家族性自律神経障害**［familial dysautonomia; Riley-Day syndrome］ 体全体の神経機能に作用し，無痛覚，摂食困難，発作，落涙不全，過度の発汗，流涎，しみの多い皮膚によって特徴づけられる**常染色体劣性**障害。精神障害を伴う場合があるが，患者の多くは通常の知能である。

**家族性内分泌障害**［familial hormonal disorder］ 精神発達遅滞，難聴，運動失調を伴う症候群。精神年齢が5歳の患者において尿性腺刺激ホルモン，エストロゲン，プレグナン，17-ケトン尿が著しく減少している。生殖器の発達に障害があり，女性患者は月経を経験しない場合もある。この病気は遺伝性とされている。[1919年にケンニッケ（W. Koennicke）によって最初に観察された]

**家族性発現**［family constellation］ ある家族内の血縁関係の全体であり，メンバーの人数と出生順位，年齢，やりとりの役割と傾向のような要因によって特徴づけられるもの。用語は，アドラー（Alfred Adler）が命名した。

**家族造形法**［family sculpting］ 家族療法で用いられる技法のこと。特定場面や葛藤状況において，家族をどのように認識しているかを把握する目的で実施され，一人もしくは複数の家族成員に対して，態度や距離感の観点から他の成員（最後に自分自身も）を配列させる。この技法を通して，言葉による描写では十分に捉えることのできない家族ダイナミクスが視覚的に示される。

**家族調停**［family mediation］ 典型的には交渉に対し訓練された法定代理人や精神健康の専門家のような中立的な第三者が，葛藤を解決し，また離婚や監護権のような分野において合意に達するよう個人や家族を助ける構造化されたプロセスのこと。

**家族的価値**［family values］ 道徳と社会的価値のこと。通常，規律，権威の尊重，結婚外の性的禁欲を含む。伝統的な**核家族**に起因する。この用語は，現在，主に政治的または宗教的な保守主義に関連づけて用いられている。

**家族的類似性**［family resemblance］ **カテゴリー化**の研究において，すべての事例に共通する1つの属性がないとしても，一連の事例があるカテゴリーを形成したり，ある概念を生み出すという考え。つまり，それぞれの事例は，その他の1つ以上の事例と1つ以上共通する属性をもっていれば十分である。他の成員と共有する属性を最も多くもつカテゴリーの成員が，最も高い家族的類似性をもつと言われる。カテゴリーの**プロトタイプ**は，家族的類似性が最も高く，他のカテゴリーの成員とは最も類似性が低い成員に基づいている。⇨ **選言概念**

**下側頭葉皮質**［inferotemporal cortex: IT cortex］ 脳の側頭葉下部にある領域で，とりわけ形の知覚に関連している。この**視覚連合野**には非常に複雑な刺激を要するニューロンがある。この領域の欠損は，たとえ視覚弁別閾に変化がなくとも，形と物体の知覚を損なわせる（⇨ **視覚形態失認**）。⇨ **おばあさん細胞**

**加速度効果**［acceleration effects］ 1重力加速度以上の加速の結果，身体に生じる物理的，生理学的，生化学的，心理的変化。たとえば，体液の移動，瞳孔の大きさの変化，心拍の変化および乱れ，血圧の上昇，血中酸素の不足（⇨ **低酸素血**），見当識障害や意識障害，健忘，**グレイアウト**，**ブラックアウト**，重力による意識喪失などが含まれる。

**家族のライフサイクル**［family life cycle］ 所定の家族の生活史のこと。典型的には，結婚，子どもを独立した青年になるまで育児をしたり，引退に至るまでに生じる一連のステップや段階。

**加速歩行**［festinating gait; festination; propulsive gait］ パーキンソン病の患者にしばしばみられる歩行困難のこと。歩行が小走りになるまでの間の，ゆっくりと始まるが急速に増加する，短く，足を引きずる歩幅に特徴がある。身体はバランスを維持するためこわばらせて傾き，転倒の危険がある。

**家族療法**［family therapy］ 家族間の人間関係の改善や家族全体としての行動パターンの改善に焦点を当てる**心理療法**の一種。治療形態には多くの種類があり，原理，プロセス，構造，そして臨床的重点は多様性に富む。いくつかの家族療法アプローチ（たとえば，**対象関係療法**）は個人を対象とする心理療法モデルを拡張したものだが，他のアプローチ（たとえば，**構造派家族療法**）は伝統的な心理療法の影響を受けずに発展した。いずれのアプローチも臨床的な問題が生じた背景を重視する。こうしたシステム論的視点は，行動を構成するあらゆる水準（たとえば，個人の意識的・無意識的力学から家族や共同体に至るまで）に臨床的関心を向ける。家族療法のモデルは，期間，過去対現在の定位，手法，治療の目的など極めて多様である。⇨ **コンジョイントセラピー**，**カップル療法**，**家族集団心理療法**，**家族システム理論**

**加速力**［acceleration forces］ 対象の速度の変化率によってその対象に及ぼされる力。心理学においては，人が自動車や飛行機といった乗り物に乗っている時に身体が受ける力の範囲や，結果として生じる身体的，生理学的，心理学的な結果に焦点が当てられる。⇨ **加速度効果**

**家族ロマンス**［family romance］ 一般的な幼児期の空想のことで，自分が生物学的な両親の子ではなく，貴族や王族の子孫であると考える。フロイト（Sigmund Freud）はこの空想をエディプス・コンプレックスに根ざすものとみなした。⇨ **養子幻想**

**可塑性**［plasticity］ 柔軟性と適応性を意味する言葉。

神経やホルモンシステムにおける可塑性は，新しい経験からの学習や習得を意味する。発達初期の経験は遺伝子の発現に影響し，神経や内分泌器官に持続的変化を生じさせる。⇨ **機能的可塑性**，**神経の可塑性**，**剛性**

**可塑性緊張**［plastic tonus］ 四肢が受動的にある位置に固定され，随意筋がそのまま維持される状態。ときには1時間程度続くこともある。**緊張病**の特徴である。

**ガソリン酩酊**［gasoline intoxication］ ガソリン蒸気の吸引によって引き起こされる興奮反応。それにより，頭痛，脱力感，中枢神経系の機能低下，錯乱状態，吐き気，呼吸器障害をもたらす。⇨ **吸入因子**，**吸入剤乱用**

**課題**［task］ 1. 個人や集団によって取り組まれる目標志向的な活動。2. 特定の目標を実験参加者に与え，彼らがそれを達成しようとする試みを観察する，実験室での活動の一つ。こうした課題は問題解決や意思決定，集団相互作用，その他様々な領域の研究で用いられる。

**固い色**［hard colors］ 黄色と赤のこと。

**固い決定論**［hard determinism］ 人間の行動，選択は，本人が関与できない要因によって完全に因果的に決定されているという理論的立場。人間以外のあらゆるものにも適用される。⇨ **柔らかい決定論**，**決定論**

**課題構造**［task structure］ 課題の遂行において手段の目的に対する関係性が明確である程度。高度に構造化された課題においては，課題をうまく遂行するために必要な手続きがわかる一方で，構造化されていない課題では，課題をどのように行えばよいかについては不確実さが残る。

**課題志向集団**［task-oriented group］ 主として問題解決，サービス提供，商品開発等，目標志向的な行動に専念するグループのこと。⇨ **アクション・グループ**，**ワークグループ**，**道具的志向**

**課題志向性**［task orientation］ 課題を習得することに動機づけを焦点化すること。**達成ゴール理論**の構成要素の一つ。

**課題志向的**［task-motivated］ 集団が完遂しなければならない課題を構造化し，課題に関するフィードバックを行い，目標を設定するようにリーダーが集中する**リーダーシップスタイル**のこと。LPC尺度を用いて評価される。課題に志向づけられた，とも言う。⇨ **関係志向的**

**課題焦点化思考**［task-focused thinking］ 取り組んでいる課題だけに関連した思考。

**課題の意義**［task significance］ アメリカの心理学者ハックマン（J. Richard Hackman: 1940- ）やアメリカの組織行動学者オレマン（Greg R. Oleman: 1947- ）の**職務特性モデル**に述べられている課題の動機づけの性質のこと。課題の意義が高いと，組織にとって重要だと知覚され，他の人に対しても強い影響をもたらすと知覚される。

**課題の複雑性**［task complexity］ ある課題の異なった心理的・物理的側面の間にある複雑な相互作用を統合する必要性の程度。

**課題分析**［task analysis］ 1. 複雑な課題を下位課題に分解し，もとの課題を完全に正しく解決するためのスキルを同定すること。たとえば教育では，教科や学習領域を分解し，生徒がその教科を修得するために保持すべき特定のスキルを同定する。工場や組織においては，必要なスキルや知識，手続きを下位要素に分解する。⇨ **職務分析** 2. 人間工学において製品やシステムを評価する方法で，調査者は実際のユーザーや対象となるユーザーに対して（a）どのような作業を行うか，（b）それらの中でどれを最も多く行い，またどれが最も重要であるか，（c）どのように，どのような順序で，その作業を行うか，（d）どのような遂行基準が適用されるか，そして（e）異なるカテゴリーに属するユーザーでは，以上の質問への回答がどのように異なるか，についてを明らかにするための面接を行う。面接では予め決められた質問をいくつか行うものの，それ以外の質問はユーザーの実際の体験をよく反映するために構造化されていない。⇨ **認知的ウォークスルー法**，**会話分析**，**ヒューリスティック**

**課題目録**［task inventory］ 産業，組織場面において，職務や地位によって必要とされる課題の一覧表。職務目録（job inventory）とも言われる。⇨ **職務分析**，**職務記述書**，**課題分析**

**課題役割**［task role］ 課題や活動の完遂を促進するような特定の行動を遂行する集団成員によって採用される複数の同一役割の一つ。研究ではこれらの役割は様々な点から列挙され，名前がつけられるが，よくあげられる課題役割は目標を設定し，それらの達成を助言する**先導者**を含む。**オピニオンギバー**（あるいは意見提供者），**オピニオンシーカー**（あるいは意見探求者），他者の意見や考えをまとめ整理するまとめ役（summarizer），提案や決定を書き留める記録者（recorder）などがある。⇨ **関係役割**，**集団役割**

**課題要求**［task demands］ 個人や集団がある課題に取り組むときに用いる手続きに関する課題特性の効果。たとえば，課題の可分性や困難度など。

**片側仮説**［directional hypothesis］ ある測度において，一方の実験群の得点が別の群の得点に対してある方向に異なるとか，係数の符号が負ではなく正となるかどうか，ということに関する予測。

**片側検定**［one-tailed test; directional test］ 効果や相関の方向性が明示された実験仮説における統計的検定。⇨ **両側検定**

**片側バリズム**［hemiballismus; hemiballism］ 体の片側の腕や足を振り回すようなことが特徴である不随意の動き。このような状態は，錐体外路の損傷に関係している。⇨ **バリズム**

**片側不全まひ**［hemiparesis］ 体の半側について弱い，もしくは部分的なまひがあること。⇨ **痙攣性の半側不全まひ**

**堅苦しい演説**［stilted speech］ 公的で仰々しい感じのするスピーチのこと。特定の人々がもつ特性的なものであると考えられているが，統合失調症や失語症などの患者は，言語障害として類似した症状を示すことも知られている。

**カタストロフィー**［catastrophize］ 事象や決断の否定的な結果を誇張したもの。特定の行為や状況と関連して，予測された最悪の結果が生じると考えたり，深刻で動揺を喚起するものの必ずしも破滅的ではない状況でも，自らが破滅しようとしているかのように感じることを，破局化（catastrophizing）と呼ぶ。このカタストロフィー傾向は，不安を不必要に高め，不適応行動を引き起こす。

**カタセクシュアリティ**［katasexuality］ 死人や動物的特性をもつ人に対する性的嗜好。⇨ **死体愛**

**形**［shape］ 背景要素から独立した，物体の空間的な

構造。

**形の恒常性**［shape constancy］　**知覚の恒常性**の一種で，異なる角度から眺めても物体が同じ形状であると知覚されること。たとえば，ある角度から眺めても，皿は楕円形ではなく円形をしているように見える。

**カタプレキシー**［cataplexy］　急激な筋緊張の消失。握力が消失し，頸部の縦方向の屈曲ができなくなる。一般的には全身の虚脱が生じる。極度の情動刺激（度を越した笑い，強い心配，興奮，怒り）による一時的な状態である。
⇨ **ナルコレプシー，ナルコレプシー脱力発作症候群**

**片耳神経衰弱**［otohemineurasthenia］　器質的な原因が認められない片耳難聴（unilateral deafness）のこと。

**傾き**［orientation］　視覚刺激の長軸が傾いている度合い。たとえば，垂直なバーは傾き0度であり，水平のバーは傾き90度である。視覚系の中の多くのニューロンは，特定の傾きをもった刺激に最も強く反応する。それらのニューロンは方位選択的（orientation selective）であると言われる。⇨ **方位選択性コラム**

**傾き残効**［tilt aftereffect：TAE］　垂直から左か右に傾いた線分を見続けた後，垂直線分の方向が歪んで知覚されること。視覚系が傾いた線分に順応すると，垂直線分が反対方向へ傾いているように見える。垂直線分を片側の目で見て順応したとき，傾き残効が反対側の眼でも生じることから（**両眼間転移**として知られる現象），傾き残効の関連部位は**1次視覚野**あるいはそれ以降であると推測される。

**偏りのある推定量**［biased estimator］　**推定量**が，推定しようとしている母集団パラメータの値と異なっていること。

**偏りのある標本抽出**［biased sampling］　母集団を代表しない標本を抽出すること。

**偏りのない標本抽出計画**［unbiased sampling plan］　標本によって得られた値は，何度も同じ調査を繰り返せば母集団の真の値に一致するとする標本調査計画。

**偏りのなさ**［unbiased］　偏り（bias）や純誤差がないこと。偏りがない場合，実験や調査など必ず誤差が生じる場面における誤差の発生はランダムとなり，結果的に，それらの誤差は相殺される。

**カタルシス**［catharsis］　1．精神分析理論において，トラウマ的出来事に関連した抑圧された感情を，その出来事を意識にのぼらせて再体験することにより解放すること。⇨ **徐反応**　2．一般的には，強くうっ積した感情の解放を意味する。［ギリシャ語の"浄化，清めること"が語源］

**カタレプシー**［catalepsy; catatonic rigidity; cerea flexibilitas; flexibilitas cerea; waxy flexibility］　固まったポーズや姿勢を長時間保ち，無反応が続く状態。**緊張型統合失調症**，てんかんやその他の疾患でみられる。⇨ **流行性カタレプシー**

**価値**［value］　1．よさ，望ましさ，重要さを導く個人もしくは社会によって受け入れられた倫理的，社会的，審美的原理。2．あるものに対して付随する価値，有用性もしくは重要性。3．経済的に，商品やサービスがもつ金額的な値。

**価値規定条件**［conditions of worth］　ある個人が，他者の承認が愛情と尊敬の条件となっていると捉える心的な状態。この信念は，両親が承認するときに愛される価値があると感じる子どもの感覚に由来する。個人が成長するにつれて，望ましい行動を表すときにのみ愛情と尊敬を受けるに値すると感じ続けることがある。［ロジャーズ（Carl Rogers）により提唱された］

**価値教育**［values education］　1．学業の指導の他に，望ましいとされる規則，道徳規範，あるいは倫理的資質に焦点化した指導。2．社会的に受容された，あるいはまっとうな生活に焦点化された教育。

**家畜化**［domestication］　動物が人間と密接に結びついて生活できるように選択的に育種すること。ペットや実験用マウス，ラットなどすべての家畜は一般的に，野生の動物よりもより従順で攻撃的でなくなるように品種改良されてきた。

**価値下げ**［belittling］　相手の地位や価値を減じるために行動したり，話したり，思考すること。

**価値体系**［value system］　個人や特定の社会によって，明示的もしくは非明示的に受け入れられている，道徳的，社会的，美的，経済的，宗教的な概念群。

**価値-道具性-期待理論**［valence-instrumentality-expectancy theory］　従業員の努力の水準が以下の（a），（b），（c）の3つの変数の組合せによって決まるとする**ワークモチベーション**理論。（a）努力によって仕事が成功するだろうという従業員の期待，（b）成功は特定の成果をもたらすという従業員の信念（⇨ **道具性理論**），（c）成果の価値（⇨ **誘因価**）。数量化された価値は次の変数として得られる。（a）**主観的確率**を使った従業員の推測，（b）報酬と業績の間の相関と業績と変数の間の相関の測定，（c）従業員に報酬の望ましさを評定するよう求める。これらによって，従業員の動機づけの強さ，あるいは努力の量を測定することができる。⇨ **リーダーシップのパス・ゴール理論，動機のポーター・ローラーモデル**　［カナダの組織心理学者ブルーム（Victor H. Vroom: 1932- ）によって提唱された］

**価値判断**［value judgment］　客観的に考察された本質的な特徴に基づくというよりは，観察者の抱く価値観に基づく，人や物，事象の評価。社会科学者は可能な限り自らの研究における価値判断を避けるべきだという考え方は，ドイツの社会学者ウェーバー（Max Weber: 1865-1920）が導入したものである。他の領域，たとえば美学や倫理においては，価値判断は必要不可欠であろう。

**価値分析**［value analysis］　表や他の体系的な表記法で構成された記述資料に関する**内容分析**のタイプ。特定の値に言及した全資料において，出現頻度を記録したもの。

**価値明確化**［values clarification］　心理療法では，自身の価値の確認や，日常生活の中での影響を評価するための助けとなるとされている。

**可聴閾値**［auditory threshold］　ある有機体にとって検出可能な音の最小値のこと。⇨ **絶対閾，可聴曲線，聴力図**

**可聴曲線**［audibility curve］　デシベル音圧レベル（dB SPL）で表される，**純音**の聴覚閾値と音色の周波数間の関係を表したもの。⇨ **聴力図**

**可聴範囲**［range of audibility; audibility range; audible range］　音が聞こえた感覚を生じさせる音の周波数。正常な聴力をもつヒトの可聴範囲は20 Hz～20 kHzとされる。しかし，ヒトはこの範囲の両端の周波数に対する感度はそれほど良くない。会話の周波数範囲はおよそ100

Hz～4 kHz である。聴力検査では，通常，250 Hz～8 kHz の音の閾値が測定される。

**過長包皮**［redundant prepuce］ 包皮の過度な成長。亀頭が出ない場合は病的であり，恥垢や尿がたまり炎症を起こすのを防ぐ必要がある。

**下直筋**［inferior rectus］ 外眼筋（⇨ **眼筋**）の一つ。眼が頭の側面方向に向く際に収縮し，眼球を上方向に回転させる。また，上方向の動きに対して，収縮によって（**下斜筋**とともに）真っ正面を見る状態を可能にする。

**価値ライフスタイルグループ**［Values Lifestyle Groups: VALS］ 個人的な特徴によって分けられた消費者の集団。専用の質問紙に対する反応に基づいて，消費者の8グループが区別されている。

**下治療用量**［subtherapeutic dose］ 著しい治療的効果をあげない程度の投薬量のこと。これは一般的に望ましいことではないが，ある薬によっては別の効能を果たすために治療量以下で処方されることがある。たとえば，**三環系抗うつ薬**は抑うつ症状の軽減のために十分な投薬量を処方することはほとんどない。しかし，それらは少量（治療量以下）で，睡眠の促進や痛みの軽減をもたらす。

**学級外プログラム**［pull-out program］ 従来の教室で1日の大半を過ごす生徒に対して行われる教育計画のこと。特にある日のある時間帯に，特殊な課題をするために分野別の授業を実施する。通常の教室では指導水準が高い，あるいは低い設定の両方がある。⇨ **特別学級**

**脚気**［beriberi］ チアミン（ビタミンB$_1$）の欠乏が原因の神経性の症状や，心臓血管性の異常に特徴づけられる栄養病のこと。⇨ **ウェルニッケ脳症**

**学校カウンセリング**［school counseling］ 生徒自身や生徒の保護者に対して，生徒の学業，人格，社会性，職業観などの様々な面における適応，発達，達成に焦点を当てた助言を提供することであり，学校内だけでなく，学校外でも行われるものである。この学校カウンセリングは，専門家によって行われるものであり，小学校から大学および専門学校までのすべての教育に従事する者が対象となる。

**学校活動記録**［school-activity record］ 学校や教育施設の中および，その施設間で行われているスポーツおよびクラブ活動などの活動への，生徒の参加状況の記録のこと。

**学校教育**［schooling］ 公的な教育機関での教育プロセスおよび，教育を行う準備段階のこと。

**学校教育におけるドグロリー方法**［Decroly method of schooling］ 1. 1907年にベルギーのブリュッセルに開校したハーミッテッジスクールで行われているプログラムをベースとした教育理論。このプログラムでは作業場としての教室が存在し，食物，防衛，避難所，作業の4つのカテゴリーをベースとしたカリキュラムがある。それらのニーズは学年学習のねらいを構成しており，子どもはニーズの枠組みの範囲で自身の興味を発達させるように促される。2. 歴史的にみると，1901年にベルギーのイクルに設立された障害児のための研究所で用いられている特殊教育における特別な適用。学校は家庭的な雰囲気で，標準的な学校の一日で障害のない子どもが達成するよりも，障害児の方がより高度な学習を達成できるようになっている。この方法は広く基礎教育に利用された。［ベルギーの教育者ドグロリー（Ovide Decroly: 1871-1932）］

**学校心理学**［school psychology］ 小中学校で生じる**心理教育問題**などの問題を扱う心理学のこと。学校全体のカリキュラムの構成，個々のカリキュラムの評価や構成，心理教育的なテストの実施，子どもの発達や問題について保護者と相談したり，また，生徒の問題行動，教員や生徒のカウンセリング，系統的な教育問題に関する研究など，扱う領域が多岐に渡るため，学校心理士（school psychologist）の必要性が唱えられている。

**学校・大学能力テスト**［School and College Ability Test: SCAT］ アメリカにおいて，小学3年生から高校3年生に実施される学力適性試験。初級，中級，上級の3段階がある。言語的類推による言語得点，基本的な数の操作による数量得点，総合得点が得られる。

**学校統合**［school integration］ コンピュータや地方の公務員との連携，職場体験などを通じて，教室と地域とを統合するプロセスのことである。

**学校による介入**［academic intervention］ 不適切なあるいは破壊的な生徒行動の防止・矯正を目的とした効果的な計画の開発・実行における，学校職員や教師による積極的な介入のこと。うまくいく介入プログラムは，ほとんどの場合，個別的で，認知行動的アプローチに基づいており，子どもが中心であり，制限事項は最小限となっている。学業上の介入は，罰，嘲笑，権利の剥奪，短時間隔離などの即応型方略（reactive strategy）に対するアンチテーゼである。

**学校能力テスト**［school-ability test］ 生徒の学習を後押しするような情報を含み，生徒の学業達成度を把握するように構成された評価のこと。この評価では，判定の基準とするために，多様で広範なテストや測定技術を用いることができる。訓練された専門家の指導のもとで，法律や教育委員会の指針，倫理的で専門的な教育の基準に照応するように構成される。

**滑車神経**［trochlear nerve cranial nerve IV］ 第IV脳神経であり，眼球の上斜筋を提供している運動神経線維を含む。

**褐色細胞腫**［pheochromocytoma］ 通常，**副腎髄質**に生じる小さな癌。交感神経傍神経節に生じることもある。副腎に生じるので，**エピネフリン**，**ノルエピネフリン**などのカテコールアミンを過剰に分泌し，頭痛を伴う高血圧，頻脈，視界のぼやけや他の症状を引き起こす。遺伝病と考えられている。

**褐色脂肪**［brown fat］ 脂肪細胞を作り上げている組織。特に胴内の器官，首や胸の脊柱の周りにみられ，熱生成の代謝活性が高い。⇨ **脂肪組織**

**活性化**［activation］ 1. 多くの記憶理論において，表象ユニット（たとえば**ノード**や**ロゴジェン**）のもつ特性であり，活性化の強弱は変化し，より強く活性化した表象は制御処理（control processing）と競合する。2. 行動に向けてある器官や身体が覚醒状態になること。なかでも，器官や系が他の器官等によって喚起されていく過程を指す。

**活性化拡散**［spreading activation］ 1. 神経科学において，1つの神経細胞の活動がシナプス接続している近接の神経細胞に拡散し，それらの近接細胞を活性化させるとする仮説。2. 認知心理学で，概念や記憶，それに類するものの連合の相似モデルの一つで，記憶に貯蔵されているある項目が活性化されると，連合のネットワークを伝わり，他の項目を活性化させるという考えに基づいたモデル。そ

れぞれの項目が活性化されると，さらなる活性がネットワークを通じて広がり，連合している項目の想起がより生じやすくなる．活性化拡散は，**意味記憶のネットワークメモリーモデル**の特徴の一つである．

**活性化仮説**［activation hypothesis］ 1. 認知ネットワークモデルにおけるリンクあるいはノードの量的重みづけは，活性の程度もしくは処理の程度を表象しうるという認知理論における原理．こうしたモデルの中の最も強く重みづけられた要素のサブセットが意識であるとされることもある．2. 高い代謝活動は心理課題に用いられる脳領域の活性化を反映しているという脳科学理論における仮定．

**活性化記憶**［active memory］ 現在意識が向いている，あるいは，最近意識にのぼった記憶．現在活性化されていない膨大な貯蔵記憶とは区別される．活性化は，**検索**，手がかり呈示（⇨ **手がかり**），プロンプト呈示を通して生じる．ある理論によると，短期記憶内の項目は，現在長期記憶から活性化されている項目である．

**活性化効果**［activational effect］ 行動や生理学的活性に短時間の変化を生じさせる，ホルモンによる一過性の効果のこと．たとえば，春にオスの鳴禽類のテストステロンが増加すると縄張りの防衛や求愛行動の増加が引き起こされる．⇨ **組織化効果**

**活性化合成仮説**［activation-synthesis hypothesis］ 夢は，**脳橋**を含む脳底部の構造からランダムに生じる皮質解釈の産物であるとする仮説．⇨ **PGOスパイク**　［アメリカの精神科医ホブソン（J. Allan Hobson: 1933- ）とマッカーレー（Robert W. McCarley）が発案］

**活性化させる出来事**［activating event］ **理性情動行動療法**において，不合理な信念と破壊的な感情の引き金となる，現在の，過去の，または起きると予想されている出来事のこと．

**活性化-精緻化**［activation-elaboration］ 記憶に貯蔵された概念が**活性化**と**精緻化**の両方のレベルで変動すると考える記憶の二重過程理論（dual-process theory）．

**活性化特性**［ergic trait］ ある目標に達するために個人を動機づけるための動的な特性．

**活性化理論**［energization theory］ **目標**の価値あるいは到達可能性についての主観的知覚は，目標に到達するために拡大されたエネルギー水準に対応するという理論のこと．［アメリカの社会心理学者ブレーム（Jack W. Brehm: 1928- ）らによって提案された］

**活性プラシーボ**［active placebo］ 薬品開発の二重盲検法で用いられる，治療効果はなく，しかし，薬理作用がまったくない**ダミープラシーボ**とは異なり，検査している薬に特徴的な副作用を生むような薬のこと．

**葛藤**［conflict］ 1. 心理学において，一人の人の中に反対のあるいは相容れない情動的な力あるいは動機的な力（たとえば，態度，衝動，動因）が存在し，それらが衝突すること．2. 精神分析学において，特に**イド**，**自我**，**超自我**における意識と無意識間の闘いが神経症の主因だとする考え方．3. 対人関係での不一致，不和，軋轢．1人以上の個人の行動や信念が，他者から拒否され妨害されることで生じる．⇨ **集団間葛藤**，**集団内葛藤**

**活動**［active］ 連続的にも断続的にも，ある時にある行動を機能させている，あるいは遂行していること．

**活動インタビュー集団心理療法**［activity-interview group psychotherapy］ 潜伏期（幼児期と青年期の間）の子どもたちのための**精神分析的集団心理療法**の一つ．趣味やレクリエーション的な活動が，コミュニケーションや葛藤，ファンタジーを表現することを促す．その過程においてセラピストは，子どもたちが自分たちの差し迫った問題（例，恐怖）がどのように彼らの行動や態度に影響するかについて理解を促すような質問を行う．［ロシア出身のアメリカの心理療法家スラブソン（Samuel Richard Slavson）によって1930年代に紹介された］

**葛藤解決**［conflict resolution］ 対人間や集団間での不和や軋轢を，通常，**懐柔**，**交渉**，**取引**といった能動的な戦略を用いることで低減させること．⇨ **建設的な葛藤解決**，**破壊的な葛藤解決**

**葛藤外領域**［conflict-free sphere; conflict-free area］ **自我心理学**において，内的葛藤を起こすことなく発展し機能する自我領域のことを言う．葛藤外領域によって統制された機能には，言語，運動，その他の自律的自我の機能が含まれる．

**活動かご**［activity cage］ 行動を観察，記憶，測定する間，動物が自由に動き回ることができるようにした閉ざされた空間．

**活動記録**［activity record］ 校内活動やクラブや特別な取り組みなどにおける，カリキュラム外の活動への参加具合について詳しく記された資料．その中には文書の資料や録画，録音された資料が含まれる．⇨ **活動ログ**

**葛藤行動**［conflict behavior］ 2つの矛盾する動機が同時に存在することによって引き起こされる行動．通常，**接近-回避葛藤**の結果として起きる．たとえば，空腹の動物が捕食動物がいるのに巣を離れて餌を食べに行かなければならないとき（摂食 vs 恐怖）や，縄張り行動をするオスの目の前にメスがいるとき（攻撃 vs 性欲）などである．葛藤行動は，接近と退却を交互に繰り返したり，または，その葛藤とは関係しない行動をとる際に現れる．⇨ **転位行動**

**活動周期**［activity cycle］ 周期的に繰り返される活動レベルの上昇と下降のこと．活動リズムと異なり，活動周期は学習性のものとされ，生物リズムと結びついているとは限らない．

**活動集団療法**［activity-group therapy］ ゲーム，工作や年齢に応じた他の活動との，相互作用に重点をおいた小児と青年のための集団心理療法の一つ．活動集団療法は子どもたちに，寛大で脅威的でない雰囲気の中で自分の気持ちを表現する機会を提供する．［ロシア出身のアメリカの心理療法家スラブソン（Samuel Richard Slavson）によって1930年代に紹介された］

**葛藤スパイラル**［conflict spiral］ 当事者間の緊張状態や不和が激化するパターン．このような状況下では，お互いの反応を否定的に受け止め，これに過剰に反応してしまう．

**活動電位**［action potential: AP］ 神経インパルスの伝達や筋肉の縮小の間に，細胞の面に沿って伝播する電位変化．細胞膜での急速で過渡な**脱分極**が特徴である．約 $-70\,\mathrm{mV}$ の**静止電位**（内側が負の状態）から，約 $30\,\mathrm{mV}$（内側が正の状態）になり，短い**過分極**の後，再び静止電位に戻る．活動電位はそれぞれ数 ms だけ要する．活動電流（action current）やスパイク電位（spike potential）と

も呼ばれる。

**活動動因**［activity drive］ 仮説上生体がもつとされる，身体的に活動しようとする内的な欲望や衝動。**活動の剥奪**は精神的苦痛を引き起こすために，運動を動機づける明らかな刺激のない状態であっても，動き回りたい欲求としてしばしば表れる。

**活動の剥奪**［activity deprivation］ 制約的な環境のために身体的な活動に従事する機会を失うこと。たとえば，狭い領域に閉じこめられることは，苦痛と身体的不快を引き起こす。⇨ 活動動因

**活動の喜び**［activity pleasure］ 活動を行うことから生じる満足感のこと。活動の喜びは個人の好奇心を満足させるような知的活動の場合も含む。⇨ 働きの喜び

**活動プレイセラピー**［activity-play therapy］ 統制されたプレイセラピー（遊戯療法）で，子どもはいくつかの人形や他の遊び道具を与えられ，それらに対して感情（悲しみ，罪悪感，敵意のような）を表現したり，探求したりするよう励まされる。それにより，子どもがそれらの感情にそれほど恐れを抱かなくなり，より自由に表現できるようになるという理論に基づく。

**活動分析**［activity analysis］ 個人がある特定の期間においてたずさわった活動の客観的評価のこと。通常は，食事，仕事，社会的活動，休息などの小さな構成要素に分解して評価する。

**活動への圧力**［pressure of activity］ 強迫的で，ときにはコントロールできない活動や**精神運動激越**。躁病エピソードでみられる。

**活動リズム**［activity rhythm］ 明確な周期性をもつ日内また月や年を通した動物の行動パターンのこと。たとえば，ラットは暗闇で約12時間活動するが，このパターンは明暗の変化がなくても維持される。

**活動療法**［activity therapy］ 芸術や工作，運動，音楽，演劇グループのような，いろいろな活動を中心とした治療のこと。

**葛藤理論**［conflict theory］ 社会学的アプローチにおいて，資源が不均等に分配される状況で必然的に葛藤が生じることを強調する。

**活動理論［1］**［activity theory; activity psychology］ 主にソビエトの心理学者が発展させた理論。分析の基本的な単位として，行動や心的状態の個別的な概念ではなく活動全般に焦点を当てる。この理論において，活動（activity）とは有機体を外界に適応させる非加算的な単位のことであり，本質的には操作（operation）を含むシステムである。操作とは，ほとんど思考を必要としない習慣的な行動のことである（たとえば，タイピング）。また，行為（action）とは，プランニングを伴う行動（たとえば，文献目録の作成）である。環境と相互に影響を及ぼし合う際の個人の機能に関する理解をもたらす最小限の意味のある文脈（たとえば，学生のネットワークの一部として大学の講座に文書を用意する）の中で，操作によって行為の遂行が促進される。この理論は，活動の階層的構造，対象志向性，道具や言語や他の文化的人工物および文化的道具による媒介性，発達の連続性を強調する。

**活動理論［2］**［activity theory］ サクセスフルエイジングは，社会的役割，活動，関係性の維持によって特徴づけられるとする，老化に関する社会理念。老化の活動理論（activity theory of aging）とも呼ばれる。⇨ 離脱理論

**活動ログ**［activity log］ 実験実施者あるいは実験参加者によって，様々な環境における1時間ごとの行動が書かれた記録を指す。典型的な活動ログには，時間帯ごとの参加者の所在地（たとえば，家，仕事場，旅行先）と，その時間を1人で過ごしたのか家族と過ごしたのか，もしくは同僚と過ごしたのかに関するデータが含まれる。活動ログは，イベントの記録を得る方法として，参加者の記憶に基づくインタビューよりも優れている。⇨ 活動記録

**カットオフポイント**［cutoff point］ 分布を2分する数値。

**滑脳症**［lissencephaly］ 発育不全により，大脳皮質に脳回が欠如する状態。症状としては，独特の容貌をもち，嚥下の困難，筋痙攣，発作，そして重篤な**精神運動抑制**などがみられる。異常に小さな頭であることが特徴であり，重度から最重度の精神遅滞と関連がある。脳回欠損（agyria）とも言う。

**カッパ**［kappa］ （記号：κ）偶然の関連性に対して，補正された**評価者間合意**の指標。⇨ コーエンのカッパ，**重みつきカッパ**

**カッパ効果**［kappa effect］ 時間間隔の知覚と刺激の空間間隔の知覚との相互作用のこと。小さい視覚刺激と大きい視覚刺激が両方ともフラッシュすると，大きい視覚刺激の方が小さい視覚刺激よりも長い時間間隔で知覚される。類似した現象は，触覚でも報告されている。

**カッパ波**［kappa wave］ 脳波の一つで，**アルファ波**（10 Hz）と同じ周波数であるが，振幅の小さいもの。読んでいるとき，考えているとき，夢を見ているときに生じる。

**カップルカウンセリング**［couples courseing］ パートナー間で直面している問題に焦点を当て，ガイダンスやアドバイスをするカウンセリング。カップルカウンセリングは，短期間の問題解決志向の観点で行われる。そこには，責任の分担，将来への期待，誠実性といった難しい分野への様々なアプローチも含まれる。⇨ **カップル療法**

**カップル療法**［couples therapy］ 交際中のパートナー両者が，同時に同じセラピスト（ら）から治療を受ける治療法。カップル療法では，その関係に影響するような個人内，個人間の問題を扱う。たとえば，カップルのうち片方に診断未確定のうつ病があり，それが二人の関係に影響して互いに良いコミュニケーションがとれなくなっている場合など。個々のセッションはセラピーの最初は別々に行われるが，セラピーの大部分は二人一緒に行われる。夫婦に対するカップル療法は特に，夫婦療法（marital therapy）と言う。

**合併症**［complication］ 一つの疾病や疾患の進行中に，あるいは医学的治療の途中に発症，または進行する付加的な疾病や疾患。⇨ コモビディティ

**括約筋**［sphincter］ 肛門括約筋や眼の虹彩のように，身体の穴を部分的，または完全に閉める円形の筋。

**括約筋コントロール**［sphincter control］ 身体，特に肛門，尿管の開閉を行う括約筋を制御する能力。身体的な発達の重要な段階の一つである。⇨ 排便反射，トイレトレーニング

**括約筋的道徳**［sphincter morality］ 精神分析において，極度の倹約，過剰な整頓，頑固さなどによって示される行

動特性や性格特性であり，**肛門期性格**と関連する。⇨ **肛門期性格**，**肛門期**

**活力**［vigor］　肉体的，精神的な頑強さとエネルギー。

**割礼**［circumcision］　ペニスの包皮（foreskin）の外科的除去。典型的には，宗教的・文化的理由や外科的理由によるもの。割礼は，年齢を問わず行われるが，通常，幼児期に行われる。⇨ **陰核切除**

**カーツワイルパーソナルリーダ**［Kurzweil Personal Reader］　印刷物を読み，それを合成音声で出力するコンピュータシステム。印刷物を読めない人（たとえば深刻な視覚障害や**読書障害**といった障害をもった人）用のものである。［アメリカのコンピュータ科学者・発明家カーツワイル（Raymond Kurzweil: 1948- ）による］

**仮定**［assumption］　**1.** あることが事実であるための前提。すなわち，何かを自明のものとして認めること。**2.** 理論的見通しから完全に正当化されるための統計的手続きのために満たされる必要性がある，1つあるいはそれより多い条件のこと。

**家庭環境評価**［Home Observation for Measurement of the Environment: HOME］　家庭環境において，子どもが受けられる刺激の質と程度の評価。乳児／幼児（0歳〜3歳），小児期早期（3歳〜6歳），小児期中期（6歳〜10歳），青年期早期（10歳〜15歳）の4バージョンがある。どれも，観察に基づく項目と両親の報告に基づく項目が含まれている。それにより，子どもの認知発達に関連すると仮定されている，家庭の詳細な特徴（親の反応性，遊び道具等）の分析を得ることができる。家庭環境評価は1967年に初めて発表された後，1984年に改訂された。［アメリカの保育専門家カードウェル（Bettye M. Caldwell）と教育心理学者ブラッドリー（Robert H. Bradley: 1946- ）によって開発された］

**過程志向体験型心理療法**［process experiential psychotherapy］　クライエントに生じるその瞬間ごとの体験に焦点を当て，クライエントが決定した目標に向けて認知的感情的な処理を進めていく，心理療法のアプローチのこと。**治療同盟**，自己や他者を見つめるための内的な方法，治療の内容ではなく治療プロセスを重視することなどが，この心理療法の中核である。⇨ **来談者中心療法**，**ゲシュタルト療法**，**人間性心理療法**　［南アフリカ生まれのカナダの心理学者グリーンバーグ（Leslie Greenberg: 1945- ）が提唱した］

**過程統合失調症**［process schizophrenia; poor premorbid schizoprenia］　幼少期に発症し段階的に進行する統合失調症の一種。環境要因というよりはむしろ（生物学や生理学的な）内生的な要因によるものと考えられており，予後不良である。病気の発症前の心理社会的発達は乏しく，ひきこもりや，社交性の不足の他，過剰な空想にふける行為などがみられる。この用語は，**核統合失調症**としても使われる。⇨ **反応統合失調症**　［アメリカの心理学者ジャーメジー（Norman Garmezy: 1918- ）とロドニック（Eliot H. zrodnick: 1911-1999）によって1959年に提案された］

**家庭内暴力**［domestic violence］　家族の一人あるいはそれ以上に対して身体的な危害を与えるすべての行為。たとえば，配偶者によるもう一方の相手に対する暴力，親の子どもに対する暴力，高齢者に対する暴力を含む。⇨ **被虐待女性**，**児童虐待**，**老人虐待**

**過程分析**［process analysis］　評価研究において，プログラム活動を改善する方法を確認するために，それぞれのプログラム要素に焦点を当てた分析手続のこと。⇨ **実施評価**

**過程分離手続き**［process-dissociation method; method of opposition］　記憶の要素を意識的なものとそうでないものに客観的に分離する手法。［アメリカの心理学者ジャコビー（Larry L. Jacoby: 1944- ）によって開発された］

**仮定法**［subjunctive］　言語学において，状況が仮定的であるか，まだ現実していないということを示すために使われる動詞の叙法。たとえば，「私があなたの立場なら（If I were in your position）」や「彼女には今行くように私は主張する（I insist that she go now）」など。⇨ **命令**，**直接法**，**疑問文**

**家庭用照明**［houselight］　条件づけ装置の一つに属する，持続した低水準の照明を与えるために用いられる小さな光の電球のこと。

**カテゴリー化**［categorization］　物体，事象，人間，経験が種類ごとに分類される過程。その過程は，（a）同じ種類の成因に共通する特徴，（b）ある種類の成員を他の種類の成員から区別する特徴，に基づいている。カテゴリー化の理論には典型モデル，実例理論，家族的類似性仮説がある。分類（classification）とも呼ばれる。⇨ **抽象化**，**概念化**

**カテゴリー化リスト**［categorized list］　記憶実験で使用されるリストで，項目が1つあるいは複数の意味カテゴリー（たとえば，名前，動物，食べ物など）から構成されているもの。多くの場合，**自由再生**をテストするために用いられる。カテゴリーのラベル（動物，食べ物など）を思い出させる課題もある。

**カテゴリカルデータ**［categorical data］　測定とは対照的に，数え上げることで得られるデータ。宗教的もしくは政治的党派所属はカテゴリカルデータの例である。名義データ（nominal data）とも言う。

**カテゴリカルデータ分析**［categorical data analysis］　1つ以上の説明変数の関数によって，ケースをいずれかのカテゴリーに分類していくために用いられる統計的手続き。

**カテゴリー思考**［categorical thought］　ピアジェ（Jean Piaget）の認知発達論の中で，一般概念や分類の使用を支える**抽象的思考**のこと。具体的思考をする幼少児には特に欠けている。⇨ **具体的思考**，**抽象的態度**

**カテゴリーシステム法**［category-system method］　一連のルールに従ってデータ要素をカテゴリーへと分類するために**構造化観察測定法**を利用する測定や分類の評価法。⇨ **相互作用分析過程**

**カテゴリー侵入**［categorical intrusion］　記憶の再生テストで，呈示されてはいないが，呈示された項目と同じ意味カテゴリー（たとえば，名前，動物，食べ物など）に属する項目が再生されること。⇨ **カテゴリー化リスト**，**ディーズパラダイム**

**カテゴリー知覚**［categorical perception］　音声知覚において，「声の出だし時間」などの持続的な聴覚的特性が，決められたポイントで不連続な別々のカテゴリーとして知覚される現象のこと。さらに，それぞれのテストは，同じカテゴリー内の境界上に位置するような聴覚的に異なった刺激どうしを区別することはできない。

**カテゴリーテスト**［Category Test; Halsted Category Test］ 抽象推論や概念形成，精神的柔軟性が必要とされるような非言語的問題解決課題。参加者は特定の法則によって構成された様々な刺激群からなる6回の下位テストを実施される。参加者は各セットの刺激と結びついた数字を回答し，その正誤フィードバックから，下位テスト内で刺激群が基づく法則を同定する。最後の下位テストにはそれまでの6回の刺激が含まれる。カテゴリーテストは**ハルステッド−レイタン神経心理学バッテリー**の一種である。［アメリカの心理学者ハルステッド（Ward Halstead: 1908-1969）が考案した］

**カテゴリー変数**［categorical variable］ 順位や連続的な尺度における得点によってではなく，集団，種類，カテゴリーによって定義される変数。

**カテコールアミン**［catecholamine］ **交感神経系**において，主要な神経伝達物質として使用される**生体アミン**。ドーパミンやその代謝物である**エピネフリン，ノルエピネフリン**が属する。

**カテコールアミン仮説**［catecholamine hypothesis］ 脳のカテコールアミン神経伝達物質である**ノルエピネフリン，エピネフリン，ドーパミン**の欠乏によって生理・心理的なうつ状態が生じ，また，これらの神経伝達物質の過剰のため躁的な反応が生じるという仮説。カテコールアミン仮説は，1950年代初頭に三環系抗うつ薬が開発され，これが多くの不足物質の細胞内再取り込みを抑制することが知られたことによって提唱された。カテコールアミン仮説と**モノアミン仮説**は，20世紀後半のうつ病の生物学的治療において優位な仮説となった。

**カテコールアミン作動性ニューロン**［catecholaminergic neuron］ 神経伝達物質である**ノルエピネフリン**などの**カテコールアミン**を分泌する神経細胞。⇨ **アドレナリン作動性ニューロン**

**カテコール-O-メチル基転移酵素**［catechol-O-methyltransferase］ シナプス後ニューロンに存在する酵素であり，**カテコールアミン**の不活化に関与する。

**カテーテル**［catheter］ 体内に挿入し，液体の体外への排出，体内への導入を行う柔らかい管。長期間でも，一時的にも，留置されることが多い。

**ガーデンパス文**［garden-path sentence］ 構造的な手がかり，語彙の曖昧さ，もしくはその両方によって，曖昧でない手がかりが文の後半に現れるまでの間，読み手または聞き手が誤った解釈をするように導く文のこと。たとえば，"As the car drove past the church clock could be heard striking"（車が走り去った時，教会の時計が鳴っているのを聞いた）という文においては，動詞句である"could be heard"（聞いた）によって，past が教会にかかっていると解釈する文法解析が誤りであることが示唆される。このような文は，構文解析における記憶の役割の心理言語学的研究において有用である。

**可動域**［range of motion: ROM］ 組織の損傷を起こさない範囲で関節の動く程度。たとえば，首をどのくらい回せるかということ。動きを制限する関節包靭帯や骨，および関節の外形から判断する。

**カドゥケウス**［caduceus］ 回復の表明の象徴。2匹のヘビが巻き付き，上部に2つの翼がある短い杖。ギリシャ神話において魔法の杖カドゥケウスは，神の使者であるヘルメス（Hermes）が所有する。7世紀において，ヘルメスは，カドゥケウスと医術の曖昧な関係を説明する錬金術を結びつけられるようになった。荒ごしらえの木の大枝から作った棒に巻き付く1匹のヘビが見えるアスクレピオス（古代ギリシャローマの治癒の神）の棒を表象するエンブレムとして使用する医学組織もある。

**可動性**［mobility］ 発達心理学において，這ったり歩いたり，あるいは空間を移動したりする幼児の能力。

**寡頭政治**［oligarchy］ 少数のエリートの集団による支配のこと。

**過読症**［hyperlexia］ 幼少時から極めて優れた読字スキルが発達し，言葉の理解や認知能力が進んでいること。過読症の子どもはしばしば，教えられることなく，表現言語が発達する前に言葉を理解し始める。過読症はよく認知障害，言語障害，あるいは何らかの発達障害のなかで発見される。たとえば，**自閉性障害**の子どもは過読症を示すことがある。［N. E. シルバーバーグ（Norman E. Silberberg）と M.C. シルバーバーグ（Margaret C Silberberg）により1967年に定義された］

**可読性**［legibility］ 読んだり判読することができること。

**カードスタッキング**［card-stacking］ 故意の歪曲によって意見に影響を与えようとする説得の技法を指す。情報の抑圧，限られた事実の強調，統計操作，不正に操作された研究や疑いのある研究の引用などがあたる。

**過渡的雇用**［transitional employment］ 異常をきたした人や，経済的社会的に障害のある人（たとえば，ホームレスや長期的に生活保護に頼っている人）に対する**職業リハビリテーション**プログラム。最終的に正規労働に就業するために必要なスキルを獲得するために，競争的職場環境において有給で初歩的な職種に就かせる。職種は多くの場合このプログラムに参加する企業によって提供され，典型的なプログラムは6〜9か月である。プログラム参加者は，正規雇用に就く前に複数の過渡的雇用職を経験することがある。

**過渡的生活**［transitional living］ 精神病的あるいは神経症的患者が完全に独立的な生活に戻る前の，病院への依存状態から独立への移行途中で監視された生活状況にあること。

**過度な潔癖さ**［prudery］ 行き過ぎた謙虚さ，堅苦しさ，性的な事柄への消極的な考えのこと。

**ガードナー−ダイヤモンド症候群**［Gardner-Diamond syndrome］ 簡単に個々のあざ（単純性紫斑病）と黒と青の斑点（斑状出血）が大きくなり，罹患部位が痛む状態のこと。自己赤血球感作症（autoerythrocyte sensitization syndrome），疼痛性挫傷症候群（painful bruising syndrome），心因性紫斑病（psychogenic purpura）とも呼ばれる。［アメリカの医者ダイヤモンド（Louis Klein Diamond: 1902-1995）とガードナー（Frank H. Gardner: 1919- ）が用いた用語］

**過度に統制された**［overcontrolled］ 恥や拒絶への恐れによって抑制されたり，しばしばそれらに駆り立てられた行動を表すこと。典型的には，この言葉はうつ病のリスクがある子どもの行動を説明する時に用いられるが，大人における似たような行動にも当てはまることがある。

**カード分類テスト**［card-sorting test］ ランダムに混

ぜられたカードを特定のカテゴリーに分類する実験課題。前頭葉機能や学習能力，弁別力，事務適性を確かめるために使うことがある。

**カートン適合-革新目録**［Kirton Adaption-Innovation Inventory: KAI］主に組織的な状況において，創造性，認知スタイル，それから問題解決において，適合的か革新的かの程度を測定する質問紙。この質問紙は，33項目からなる（32項目が採点され，1項目が採点されない）。回答者は，質問紙が描写する人物像（例，完璧な人物）に対して，「とても難しい」から「とてもやさしい」までの17件法の**リッカート尺度**を用いて，その人になるのがどれほど困難であるかを評定する。［原版はイギリスの心理学者カートン（Michael J.Kirton）によって1976年に開発された］

**悲しみ**［sadness］大切にしていた何かを失うことで生じる不幸な感情。軽度のものから強烈なものまである。たとえば，人間関係が断絶したり失われたりすることにより生じる。持続する悲しみは，**アンヘドニアとならび大うつ病性エピソード**の主要な症状の一つ。

**カナダ心理学会**［Canadian Psychological Association: CPA］1939年に組織され，1959年に法人化された，カナダの心理学者を代表する専門家組織。その目的は，人類の利益のために科学および専門性としての心理学をリードし，振興し，促進すること，カナダで心理学のリーダーシップを提供すること，心理学の知識の前進，普及および適用の促進をすること，また心理学の教育，トレーニング，科学および実行のための基準および倫理規則を構築することである。

**カニッツァの図**［Kanizsa figure］背景よりも明るい形として特徴づけられる錯視を生じさせる図のうちの一つ。最も有名な例は，カニッツァの三角形であり，三角形の頂点に配置された3つの黒い円によって生じるものである。それぞれの円は60°の弧が取り除かれており，それによって錯覚的な三角形が生じる。円同士のつながりはないにも関わらず，背景よりも明るい三角形の印象が知覚される。［イタリアの心理学者であるカニッツァ（Gaetano Kanizzsa: 1913- ）による］

**カニバリズム**［cannibalism］1. 人肉食。⇨ **クル** 2. 人肉を貪り食いたいという病的な衝動。時に，統合失調症や類似の精神障害（**ウィンディゴ**など）にみられる。古典的な精神分析理論によれば，人食いの衝動は**心理・性的発達の口唇期**に固着することに関連する。

**カニューレ**［cannula］体内に挿入し，体内に溜まった液体を排出するための管。血中に薬物を導入する際や，血液を採取する際にも用いられる。

**過熱**［overheating］過剰な周辺温度。⇨ **熱効果，熱疲憊，熱射病**

**かのような**［als ob］原語はドイツ語で「かのような」の意。この言葉はドイツの哲学者ファイヒンガー（Hans Vaihiger: 1852-1933）と関連している。ファイヒンガーは，自由意思，永遠，客観的道徳のような特定の「虚構（fictions）」は，あたかも（als ob）真実であるかのように支持され，存続させるべきということを提唱している。なぜなら，そのようにすることが生物学的な利点となるからである。ファイヒンガーの思想はアドラー（Alfred Adler）に影響を与えた。⇨ **アズ・イフ人格**

**カバーストーリー**［cover story］実験参加者に検討する研究仮説が知られることを避けるために，実験参加者に与えられる研究目的についてのもっともらしいが不正確な説明のこと。この虚偽は，研究における参加者の行動が実験の真の目的を知ることによって影響を受けやすい場合に用いられる。倫理的な理由から，この虚偽が，研究に参加することによってどのような状態になるかを知る参加者の権利を著しく侵害するようなことがあってはならない。

**ガバペンチン**［gabapentin］発作（⇨ **抗痙攣薬**）の治療と帯状疱疹（⇨ **ヘルペスの神経痛**）による痛みを和らげるために使用される薬。効果のメカニズムは不明であるが，神経伝達物質γ-アミノ酪酸（GABA）に科学的に類似した物質でGABAの増加や放出に関与している可能性がある。ガバペンチンは現在特定の心因性障害の治療のための治験が行われている。**双極性障害**に関連する躁病を管理するために有効な場合もあるが，しかしまだ確実ではなく，双極性障害のエピソードの頻度を増加させたり，刺激を誘発させるという報告もされている。副作用は鎮静作用，めまい，**運動失調**，疲労が主なもので，人によっては突然発作を引き起こすこともある。アメリカでの商品名はネウロンチン（Neurontin）。

**カバー法則モデル**［covering-law model］ある現象が，少なくとも一つの一般的な科学法則に基づいて複数の命題から演繹されるかどうかでその現象を説明するべきだと主張する**科学的説明**の考え方。このように，現象は予測されうるかどうかで説明される。⇨ **演繹的・法則的モデル**［ドイツの科学哲学者ヘンペル（Carl Gustav Hempel: 1905-1997）の主張に基づく］

**過払い不公平**［overpayment inequity］公平基準を超えた支払いがなされたという従業員の知覚。特に同僚との比較によって生じる。過払いによる不公平は，不満や同僚との緊張，衡平回復への努力をもたらす。

**かび臭**［musty］**嗅覚の立体化学説**における臭気物質の7区分のうちの一つ。

**火病**［hwa-byung］朝鮮に特有の**文化依存症候群**であり，怒りの抑圧に起因する症状群によって特徴づけられる（朝鮮語の「怒りの病気」を語源とする）。症状は喉や胸，腹部の異物感や体のほてり，頭痛，動悸，消化不良，不眠，倦怠感，パニック，不安感，切迫した死への恐怖，拒食症，全身の痛み，集中力の乱れ等である。鬱火病（wool-hwa-byung）とも呼ばれる。

**過敏化**［sensitization］⇨ **逆耐性**

**過敏症**［erethism］刺激に対する反応の中の感受性，興奮性や**過敏性**に関する病的に高い程度。たとえば情緒的過敏症。

**過敏性**［irritability］1. 刺激に対する器官や身体部分の異常な感受性，ないしは過剰な反応性。2. 神経生理学における過敏性は⇨ **神経感応性，感度**

**過敏性腸症候群**［irritable bowel syndrome: IBS］便秘や下痢の増加，またはその両方とともに，腹部の痛みや不快（たとえば，第一胃鼓脹）や腸の質の変化に特徴づけられる体内の共通する機能障害。まだどうしてそれが起こるのか（心因性か器質性のものか）はわかっていないが，ストレスや感情的要因が引き金の役割を果たしていると考えられている。粘液性大腸炎（mucous colitis）とも呼ばれる。

**過敏反応**［hypersensitivity reactions］ 敏感な人が様々な薬物を投与された後に生じうる重篤なアレルギー様反応のこと。過敏反応には**アナフィラキシー**を引き起こす急性のアレルギー反応を含む即時的なものがある。自己免疫性薬物反応はより緩慢であり,抗精神病薬の一部(**クロザピン**はその典型例である)による治療への反応として生じるような,危険で,時に特定の白血球の数を致命的に減少させるものを含む(⇨ **無顆粒球症**)。薬物過敏症はまた,抗痙攣薬を投与した後に見られるように,**スティーブンズ・ジョンソン症候群**のような血清病型反応や免疫性血管炎を生じる。

**カーブアウト**［carve out］ 医療ケア計画から特定の医療ケアサービス(たとえば,精神保健と薬物乱用)を補償対象から外し,別の事業体から対象外としたサービスを請け負うこと。

**カファード**［cafard］ ポリネシアにおいてみられる文化結合症候群**文化依存症候群**。**アモク**と類似する症候を伴う。カサード(cathard)とも呼ばれる。

**カフェイン**［caffeine］ コーヒーや茶,コーラ,ココア,チョコレートに含まれる**中枢神経興奮薬**であり,医薬品としても使用される。神経修飾物質である**アデノシン**の拮抗薬。アルカロイドの中の**メタンフェタミン**に属し,呼吸数や心拍,血圧の増加,疲労感の軽減といった効果をもつ。摂取量や個人の耐性により効果は異なる。適量の摂取により,呼吸数の増加や血管の拡張,それに伴う覚醒作用がみられる。過剰摂取は集中力の欠如や不眠,頭痛,意識混濁などを引き起こす(⇨ **カフェイン中毒**,**物質誘発性不安障害**)。その興奮性の効果のため,**目覚まし薬**や鎮痛剤,眠気を促す風邪薬に含まれていることがある。⇨ **アスピリン合剤**

**カフェイン中毒**［caffeine intoxication; caffeinism］ 短期間にカフェインを大量(概して250 mg以上)摂取することにより起こる中毒。コーヒー,紅茶,コーラ,薬物からの摂取の形をとり,少なくとも次のうち5つの症状を含む。不穏状態,神経過敏,興奮,不眠,顔面紅潮,利尿(排尿の増加),胃腸愁訴,筋肉の単収縮,まとまりのない思考や会話,急速または不規則な心拍,無尽の精力,精神運動性激越。一般にコーヒー1杯当たりに含まれるカフェインは100～150 mg,紅茶は約50 mg,コーラは約35 mgである。

**カフェテリア方式福利厚生制度**［cafeteria-style benefit plan］ アメリカにおける報酬制度の一形態で,被雇用者は福利厚生のオプションを選択することができる。カフェテリア方式の福利厚生制度では,最小限度の医療保険と退職に伴う福利厚生とが用意されていて,被雇用者は,生命保険や歯科医療保険などを自身の選択によって付加的な福利厚生として追加することが認められている。

**カフェルゴット**［Cafergot］ 偏頭痛治療薬エルゴタミンの商品名。

**過負荷**［overload］ 刺激や経験が認知的・知覚的・情動的刺激の強いものであるために,負荷がかかりすぎたり,個人の入力情報の処理能力を超えてしまうという心理学的状態。⇨ **認知的過負荷**,**情報過負荷**,**感覚過負荷**,**刺激過剰**

**過負荷警告**［warning overload］ 人間工学と**安全工学**の用語。視覚,聴覚,その他のタイプの警告を,操作者が処理し,適切に反応できる以上の量を受けとる状況。仕事場における過度の視覚的なキャンペーンや,聴覚的な警告への過度の依存,視覚警告の過剰な使用などによって起こりうる。

**過負荷の原理**［overload principle］ **筋線維**の大きさや機能的能力を増強するためには,それに対して現在の反応能力の限界近くまで負荷をかけなければならないという考え方。

**下腹神経**［hypogastric nerve］ 一対の大きな神経細胞か,または一組の平走する小さな神経細胞で,骨盤部まで節後線維を伸ばし,膀胱や直腸,生殖器に分布している。

**カプグラ症候群**［Capgras syndrome; illusion of doubles］ 自分自身や自分にとって既知の人物が偽物に入れ替わっていると信じる妄想。この種の**人物誤認症候群**は,統合失調症や神経障害,気分障害と関連がある。［フランスの精神科医カプグラ(Jean Marie Joseph Capgras: 1873-1950)による］

**カプサイシン**［capsaicin］ 捕食者による捕食を防ぐために,様々な植物により合成される化合物。摂食すると,燃えるような感覚を引き起こす。唐辛子の辛みの原因物質。末端神経障害の治療に用いる局所軟膏に含まれている。

**カプセル化**［encapsulation］ 分離する過程,あるいは分離した状態を維持することであり,特に妄想を体験している者のもつ高い機能を維持する能力や,妄想が日常行動や認知状態にまで広がるのを防ぐ能力のこと。

**カプセル化された終末器官**［encapsulated end organ］ 多くの場合,皮膚などの末梢の組織にあり,膜状のさやに包まれた,感覚神経線維の末端部分。接触に感受性のある**マイスナー小体**や,圧力に感受性のある**パチーニ小体**などがある。

**家父長主義**［paternalism］ 権威者が自らの権威を,本来なら個人の選択や良心にまかされる領域(喫煙や性行動など)にまで拡張する指針や態度。通常は,そうすることがその個人の幸福や保護に不可欠であることをその根拠とする。

**家父長制度**［patriarchy］ **1.** 家系や継承されるものが父系である,つまり男性のみによって受け継がれる社会。⇨ **単性系譜**,**血縁集団** **2.** 広義には,男性によって支配および指導される家族,集団,社会のこと。

**カブトガニ**［horseshoe crab］ 非常に大きな**複眼**をもった海洋節足動物。ニューロンが大きく,活動が記録しやすいため,視覚生理学の実験的研究に有用である。

**ガブリエルの同時検定法(ガブリエルのSTP)** ［Gabriel's simultaneous test procedure: Gabriel's STP］ 多重比較の有意水準を調節することによって**第一種の過誤**の確率をコントロールするためのアプローチの一つである。

**カプリル酸**［caprylic］ クロッカー－ヘンダーソンのニオイ記号法における4種類の主要な香り属性の中の一つ。この属性は,ツワーデマーカーの嗅覚系においては,ヤギに似たようなニオイであると言われている。

**過分極**［hyperpolarization］ (たとえばニューロンの)細胞膜の内側表面が外側表面に比べて陰性になる場合のように,**膜電位**が増加すること。抑制性のニューロン伝達によって引き起こされる。⇨ **脱分極**

**過分散**［overdispersion］ 観測値の変動(分散)が標本モデルによって予測されるものよりも大きくなること。

カテゴリカルデータ分析において生じる.

**可変刺激**［variable stimulus］ 実験刺激セットの中の，恒常刺激と系統的に比較される任意の刺激.

**カーペンター症候群**［Carpenter's syndrome］ 常染色体の劣性遺伝による障害で，尖った頭蓋骨，手足の指の水かき，標準以下の知能，大抵は肥満であることなどを特徴とする．尖頭合指症（acrocephalopolysyndactyly）とも呼ばれる．［イギリスの内科医カーペンター（George Alfred Carpenter: 1859-1910）による］

**カーペンタード環境**［carpentered environment］ 主に長方形の建造物で構成された環境のこと．奥行き知覚や錯視に関するいくつかの仮説では，カーペンタード環境で育った人々が，ドア，窓，角などの3次元物体認知と一致する2次元の絵を平行四辺形（あるいは，平行四辺形の一部）と解釈することを示唆している．

**下方**［inferior］ 解剖学における，低い側，下の側，あるいは足の方向．⇨ **上方**

**下方移動**［downward mobility］ 個人あるいは集団がより低い社会階層へ移ること．⇨ **社会移動，上方移動**

**加法混色**［additive color mixture］ 新色や合成色で認められるように，色光を混ぜる過程やその効果のこと．たとえば，舞台照明では，赤と緑のスポットライトは黄を作り出すために混色される．テレビの色は加法混色の一例である．⇨ **混色**

**下方制御**［down-regulation］ 一定の領域における受容体の分子の数の減少．⇨ **上方制御**

**下方比較**［downward social comparison］ 困難な状況にいる他者と自分自身を比較する自己防衛傾向．たとえば，病気の人たちは，自分と重篤な人たちとの比較を通して，自分の病気の症状がたいしたものではないだろうと考えることによって，精神的な安定を得る．

**過保護**［overprotection］ 子どもを甘やかし，保護しすぎたり，囲い込むことによって，その子どもが自立に失敗し，フラストレーションや争いに耐えられず，受動依存性人格をもつようになる過程．

**構え**［set］ 行動心理学において，特定の状況や刺激に対して，ある一定の方式で反応しようとする一時的な準備性のことである．たとえば，運転手は信号が変われば，進もうと準備している（**運動準備**）．眠っている母親は赤ちゃんが騒げば起きようと準備する（**知覚の構え**）．トランプのブリッジで遊んでいる人はゲームの規則に従おうと準備している（**心的構え**）．⇨ **予備的構え，アウフガーベ，決定傾向，アインシュテルング**

**神風**［kamikaze］ 第二次世界大戦中，日本軍の特別攻撃隊が爆弾を積んだ戦闘機ごと標的に向かってしかけた自爆攻撃のこと．⇨ **愛他的自殺**

**神食い**［theophagy］ 文字通り，神を食べることである．キリスト教の聖餐式のように，聖体拝領を目的とした神の体や血の象徴的消費を意味することが多い．その代理と考えられる動物や人間の体や血を消費することで，信者が神の象徴を取り込もうとする儀式を意味する場合もある．

**上座効果**［head-of-the-table effect］ ある集団の成員が，集団の主導的役割や責任を，テーブルの上座と結びつける傾向のこと．結果として，テーブルの上座に座った個人は，そのように指名されなくとも，リーダーとしての役割を果たす傾向がある．⇨ **スティンザー効果**

**かみつき狂**［biting mania］ 15世紀に流行した集団ヒステリー．ドイツのある修道女が抑えきれない欲求によって仲間にかみついたことに端を発する．最終的にはドイツを越えて，オランダやイタリアの修道院にまで広がった．

**過眠**［hypersomnia］ 昼間の時間帯の異常な眠気，あるいは夜間の睡眠が異常に長いこと．これはある種の**睡眠異常**（たとえば，**ナルコレプシー**）や他の睡眠障害，精神障害の特徴でもある．また，一般内科的な病態や薬物使用による神経学的機能障害と関連することもある．しかし，過眠は既知の原因や他の状況と無関連に生じる場合がある．⇨ **原発性過眠症，過剰睡眠障害，睡眠不全**

**カミングアウト**［coming out; coming out of the closet］ 自分がゲイ，レズビアン，バイセクシャル，あるいは，性転換者であることを公表すること．この種の公表は，場合によって自分の家族，仕事仲間，友人との軋轢を生じさせる．そして，その結果，周囲が公表を受け入れ，性的志向に苦しみを感じなくなったとしても，深刻な状況に陥いることがある．

**仮面うつ病**［masked depression］ **1.** 大うつ病性障害を罹っている患者が，気分の障害よりも身体症状（たとえば頭痛や背部痛）を訴えて，その身体症状に器質的な原因が見つからないような状態．**2.** 通常，抑うつに伴う症状以外の症状が，潜在する抑うつの結果であるとみなされるような仮説的な状態．この観点は，検証も実証も困難であり，いまだ市民権を得ていない．

**仮面同性愛**［masked homosexuality］ 理論的には，オーラルセックスやアナルセックスのように同性間での営みでのみ得られると仮定される楽しみを異性との営みに求める，同性を性的に志向する無意識の一形態．しかし，この仮定された置き換えは，本質的には意味をなさない．なぜなら，そのような営みが，ゲイやレズビアンの傾向だけに関連していることを示すものは何もないまま，異性愛のカップルは日常的に，（たとえば）オーラルセックスに勤しんでいると思われるからである．

**カモ効果**［sucker effect］ 仕事を頑張る人や貢献しようとする人（彼らをカモ：suckerとみなしている）を"他者"が否定的に評価しているだろうと予期して，個人が集団的努力に対して自己の投資を減らす効果．

**ガモノマニア**［gamonomania］ 異常に強い結婚したいという欲望や衝動．

**かゆみ**［itch］ 痛みに関連する皮膚感覚経験．関連する感覚神経終末は，チクチクする感覚（⇨ **プリック体験**）に感度をもつのと同一の感覚神経終末が関与する．したがって，急速に繰り返されるチクチク感は，痛み反応を生じさせる．

**からかい**［tease］ 悪口を言う，侮辱する，何度も苛立たせるといった様々なタイプの不愉快な行動によって，他人を困らせたり，怒らせたり，苦痛を与えたりすること．からかいは，愛情のこもった冗談か，悪意あるいじめのいずれにもなりうる．

**ガラクトース血症**［galactosemia］ 自身の体内では糖ガラクトースが分解できずに血液中にたまってしまう常染色体劣性疾患のこと．治療を受けなければ，白内障，黄疸，無気力，低張性行動，精神遅滞等を引き起こすため，幼児の高い死亡率と関連している．治療は，食事で摂取するガラクトースを制限することを基にする．

**カラー・コーン**［color cone］　色相，彩度，光度などを可視化できる3次元の表現のこと。明るさは縦軸で表現され，色は極座標で表現され，彩度は縦軸付近で放射状に表現される。⇨ **色立体**

**ガラス貪食**［hyalophagia］　ガラスを食べること。典型的な**異食症**の症状。

**ガラスの天井**［glass ceiling］　多くの企業組織でみられ，能力や野心をもった女性が昇進するのを妨げる目に見えない障壁のこと。⇨ **性差別，セクシズム**

**ガラナ**［guarana］　ブラジルのアマゾン川流域原産の低木（学名：Paullinia Cupana）。その果実は，当初，**カフェイン**と基本的に識別不可能な**メタンフェタミン化合物**である**ガラニン**（guaranine）を含んでいると考えられていた。現在では，ガラナは実際に相当量のカフェインを主な有効成分として含んでいるということがわかっている。ガラナには他にメタンフェタミンのテオフィリン（theophylline: 茶の有効成分）と**テオブロミン**が少量含まれている。ガラナは興奮剤や食欲抑制剤として，アメリカや他の西洋諸国で流通している多数の市販薬に使用されている。推奨投与量では，他の交感神経刺激薬に伴うことが知られているものと同じ軽い副作用（たとえば，情緒不安，排尿増加，胃腸障害）をもたらし，他の薬物，特に**モノアミンオキシダーゼ阻害薬**と相互作用することがある。さらに，ガラナは他のカフェインを含む製品と併用されると相加作用および潜在毒性をもたらすことがあり，ガラナを含む製品に対しては，胸の痛みや不整脈，痙攣，昏睡，あるいは死に至る場合があるとして，懸念が高まってきている。

**ガラニン**［galanin］　神経系の正常な発達や，神経損傷後の機能の回復，あるいは食欲の調整など，様々な機能に関わる**神経ペプチド**。

**空の巣**［empty nest］　子どもが成長し，家を去った後に残された家族に情緒的な空虚感（空の巣症候群: empty nest syndrome）が生じること。

**空の有機体心理学**［empty organism psychology］　外的かつ観察可能な刺激や強化条件を基礎として，行動を予測し制御しようと試みる行動心理学の一つ。空の有機体心理学という名前は，行動を説明するために内的過程や理論的構成概念を仮定しないために名づけられた。

**カラー・バランス**［color balance］　相性が良い異なった色同士の量のこと。詩人で学者でもあるゲーテ（Johann von Goethe: 1749-1832）が最初にカラー・バランスの統計的記述を定式化した。彼の発見は，アメリカの画家であるマンセル（Albert H. Munsell: 1858-1918）によって発展した。⇨ **マンセル表色系**

**カラーホイール**［color wheel］　異なる色によって分けられた円盤のこと。回転させることで**混色**を調べる。

**ガランタミン**［galantamine］　軽度から中度のアルツハイマー病の治療に使用される酵素アセチルコリンエステラーゼの抑制剤（**向知性薬**）。ガランタミンと他のアセチルコリンエステラーゼ抑制剤は認知症の症状を改善はしないが，一時的に病気の進行を抑えることが示されている。アメリカでの商品名はレミニー（Reminy）。

**カリカック家**［Kallikak］　1900年代初期にゴダード（Henry Goddard）によって研究された一家の仮名。一方の系譜が道徳的，正直，多産であるという特徴をもち，もう一方の系譜が非道徳的，堕落的，精神薄弱（後に"知的障害"と呼ばれる）の特徴をもつといわれた。この研究は，その当時，道徳性の遺伝や知的障害による道徳的堕落のリスクに関する証拠を示すものであると主張された。ゴダードは，これらの知見を，**優生学**を支持するために用いたが，後に，道徳性と知的障害の関連性があるという主張は否認された。さらに，この研究に関する後のレビューでは，ゴダードの研究が信頼性の低い方法で行われていたことが示唆され，提出された知見に疑問が投げかけられた。

**カリキュラム**［curriculum］　1. 多くの教科を通してまたは特定の教科内において必修のあるいは定められた一連の学習課程。生徒は学位取得課程あるいは教育プログラムの必要条件を満たすためにその課程を終えなければならない。2. 教育制度においてあるいは教育制度の学科の中で得られるすべてのコース学習。3. 重視する領域について主専攻と副専攻を設置するコース学習の統合されたまとまり全体。大学で最もよく使用される。

**カリキュラム開発**［curriculum development］　ある学区や学校，教室において使用される教授のための教材を作るプロセスのこと。このプロセスはいくつかの重要な要素を考慮する。カリキュラムは同様の学習プログラムで採用されている標準的な実践と競合しないようにしなければならない。また，中心的な概念を同定し，それを明確に述べなければならない。さらに，実際の学習内容の基盤として経験的な基礎を含んでいなければならない。それゆえ，教授方法やアセスメント，責任が促進される。

**カリキュラムベースのアセスメント**［curriculum-based assessment: CBA］　1. 定められた範囲に限定された学習内容の主要部について，生徒が習熟している程度を明らかにするような全般的で幅広い評価。この評価には，教師によるテスト（⇨ **カリキュラムベースの測定**）や，教室での観察や交流，適切な標準化テストなどが含まれ，評価全般に寄与するデータであれば，あらゆる評価法が採用される。2. 個別の教育計画，生徒の成長と関連する他の体系的な計画に含まれる標準など，ある標準を決定するのに役立つデータ。

**カリキュラムベースの測定**［curriculum-based measurement］　実際に教えられた題材に基づいて行われる生徒の成績のより狭い評価。もっとずっと広く，州や国あるいは他の標準的な規範と生徒とを照らし合わせて行われる**カリキュラムベースのアセスメント**とは正反対である。

**刈り込み**［pruning］　特に子どもの神経系発達の中で，ニューロンや不必要な神経結合が消失すること。子どもが生後有している神経結合の数は，大人において機能している数よりも相当多く，これによって子どもの認知発達が速いペースで進む。

**仮釈放**［parole］　矯正施設での収容から解放し，指導監督をつけて社会に復帰させること。

**カリスマ性**［charisma］　多くの人から信頼を得られる特別な性格資質。卓越した政治的，社会的，宗教的指導者に顕著である。

**カリスマ的リーダー**［charismatic leader］　部下からの無私の愛，熱狂，献身を高いレベルで受ける政治的あるいは社会的リーダー。ドイツの社会学者ウェーバー（Max Weber: 1864-1920）は，カリスマ的リーダーを，部下から広く崇拝され尊敬されている人物（例，ナポレオン，チャーチル）と定義しているが，一般的には，この用語は

自らの個人的な魅力や人を引き付ける力によって成功しているリーダーを意味するものとして使用されている。

**カリソプロドール**［carisoprodol］ もとは抗不安薬として開発された**プロパンジオール**に属する薬。カリソプロドールは今では**筋弛緩剤**として用いられるが、濫用のおそれのある中毒性の薬との認識が次第に高まっている。アメリカでの商品名はソマ（Soma）。

**カリフォルニア言語学習テスト**［California Verbal Learning Test: CVLT］ 4つのカテゴリーのうち1つに属する16項目から構成される単語リストを学習するテスト。第2版（CVLT-Ⅱ）では、妨害試行と同様に5つの学習試行それぞれに続き、直後の**自由再生**が調べられている。自由再生と**手がかり再生**はまた、短い遅延（妨害試行の直後）と長い遅延（20分）の後にも調べられる。最後に、「覚えている」という誤った反応を引き出すように作成した迷わしの選択肢を用いて、長期の再認記憶が調べられる。成人版に加えて、記憶障害の人のために9項目の短縮版が作成されている（CVLT-Ⅱ短縮版）。また、15項目からなる5歳～16歳の子ども用の California Verbal Learnig Test for Children: CVLT-C もある。⇨ **再生スコア法**

**カリフォルニア人格検査（CPI）**［California Psychological Inventory: CPI; California Psychological Inventory Test］ 成人および青年のパーソナリティ特徴、対人行動、社会的相互作用を評価するための自己記入式質問紙。計434項目（260項目の短縮版もあり）で20の下位尺度からなり、それらは以下の4群に分けられる。(a) 安定感、優越性、自信、対人適切性、(b) 社会化、責任、対人評価、個性、(c) 達成可能性、知的能力、(d) 知的および興味の様式。回答は「はい」-「いいえ」の2件法で行われる。初版は1957年に出版され、現在のCPIは1996年に出版された第3版である。［アメリカのカリフォルニア大学バークレー校の心理学者ゴーフ（Harrison G. Gough: 1921- ）が考案］

**カルフォルニア達成度テスト**［California Achievement Test: CAT］ 幼稚園から高校修了までの生徒の基礎的な能力を評価するために、カリフォルニアテスト事務局によって開発された到達度テストバッテリーのこと。現在は、1992年に出版された第5版であり、CATは13レベル（K、10-21/22）と6つの思考プロセスカテゴリー（情報の収集、情報の整理、情報の分析、アイデアの生成、要素の合成、結果の評価）にわたる様々な多肢選択式の下位検査から構成されている。学術領域の中で、読み、言語、書き、計算、学習スキル、科学、社会的学習が適切なレベルで含まれている。CATは現在、基本バッテリー、完全バッテリー、調査バッテリー、計算分離版、短縮版の5つの形式で利用可能である。同じくカリフォルニアテスト事務局によって開発され、4つのテストバッテリー（初級、基本、中級、上級）から構成され、読解語彙、算術的推論、読解力、算術的基礎、綴り字、英語の構造や文法など、学校教育と同じような一般的な領域での発達を測定し、現在では使われていない1933年のプログレッシブ到達度テスト（Progressive Achievement Tests）の改訂版として、最初は1943年に出版された。

**顆粒細胞**［granule cell］ 大脳皮質および小脳皮質の特定の層（⇨ **皮質層**）にみられる小さな粒状の細胞。

**顆粒皮質**［gracile tubercle; clava］ 大脳の**顆粒細胞**を含む部分で、第2層や第4層（⇨ **皮質層**）に位置する。特に主な入力領域である第4層が厚くなっている、一次体性感覚皮質のことを指す。⇨ **無顆粒皮質**

**ガリレオ法**［Galilean method］ 個々のケースの理解を重視し、現時点でのダイナミックな相互の因果関係を分析し、個について特定の予測をする知識へのアプローチ。⇨ **アリストテレス的方法** ［イタリアの数学者・物理学者・天文学者ガリレイ（Galileo Galilei: 1564-1642）による］

**ガルシア効果**［Garcia effect］ ある特定の食べ物を摂取することと不快症状（例、吐き気）が結びつくことによって、即座に獲得される**条件性味覚嫌悪**。［アメリカの心理学者ガルシア（John Garcia: 1917- ）による］

**カルシウムチャネル**［calcium channel］ 神経細胞のシナプス前膜に存在する**電位依存性イオンチャネル**であり、神経伝達物質の放出とそれに伴う神経信号の伝達に関与する。**活動電位**が**終末ボタン**に到達すると、シナプス前膜の**脱分極**が起こり、カルシウムチャネルが開放される。その結果、カルシウムイオンが終末ボタンに流入する。これが神経伝達物質を含む**シナプス小胞**のシナプス前膜への融合を引き起こし、神経伝達物質が**シナプス間隙**へ放出される。

**カルシウムチャネル遮断薬**［calcium-channel blockers］ 高血圧や不整脈の治療に用いられるベラパミル（verapamil）を原型とした薬の一種。カルシウムチャネル遮断薬は、収縮にカルシウムを必要とする血管の平滑筋細胞や心筋細胞にカルシウムイオンが流入することを防ぐ。これらは、脱分極した筋細胞膜の表面に**カルシウムチャネル**を結合させる作用がある。そのため、カルシウムの膜透過を減少させ、筋弛緩を長引かせる。ベラパミルは、**気分安定剤**の可能性として研究されてきたが、躁病の治療結果においてはその効果ははっきりしていない。

**カルシウム調節**［calcium regulation］ 血中や細胞外液中のカルシウム濃度を調節すること。副甲状腺からの**副甲状腺ホルモン**の分泌により、骨組織からのカルシウムの遊離が促進される。逆に、甲状腺から分泌される**カルシトニン**は、カルシウムの遊離を阻害する。

**カルシウム不足障害**［calcium-deficiency disorders］ 組織におけるカルシウム不足から引き起こされる疾患。食物によるカルシウムの吸収および骨への堆積はビタミンDにより促進される。このビタミンDの欠乏は、通常、骨や歯の変形、筋肉の歪みを特徴とする幼少期の疾患であるくる病（rickets）や、くる病の成人版である骨軟化症（osteomalacia）の原因とされる。骨がもろく折れやすくなる骨粗鬆症（osteoporosis）は、疾患や加齢（閉経後の女性に多い）による石灰化に至る骨吸収（溶解）により引き起こされる。強直（tetany: 筋痙攣）は、血液中のカルシウム不足により生じる。

**カルシトニン**［calcitonin］ **甲状腺**に存在する傍濾胞細胞（あるいはC細胞）で産生されるホルモン。骨組織による吸収を促進することで、血中のカルシウムやリン酸の濃度を調節する。カルシトニンの分泌は、血中カルシウム濃度、リン酸濃度を低下させる。⇨ **カルシウム調節**

**カルス類型**［Carus typology］ 人を5つの体格で分類する方法。**闘士型**、**粘液質型**、**頭脳型**、結核体型（phthisic type）、痩せ型（sterile type）である。［ドイツの生理学者・心理学者カルス（Carl Gustav Carus: 1789-1868）による］

**カルチャーショック**［culture shock］ ある個人や集団が，ゆかりのない文化に入る，または，2つの文化に愛着を感じるために内面の緊張や葛藤を経験すること。

**カルト**［cult］ 1. 独特で型にはまらない信念をもち，外の世界から隔絶し，権威主義的な組織形態をもった宗教，あるいは半宗教集団。高い凝集性をもち，よく組織され，秘密主義で，信者以外に攻撃的であることが多い。 2. 特定の宗教集団での特有な儀式や信念体系。

**カルバマゼピン**［carbamazepine: CBZ］ 三環系抗うつ薬に関連する薬。主に**抗痙攣薬**として用いられるが，**三叉神経痛**の症状緩和や，躁病の**気分安定剤**としても用いられる。アメリカでの商品名はテグレトール（Tegretol）。

**カルバメート**［carbamates］ 認知症の治療に用いられる**アセチルコリンエステラーゼ阻害剤**（たとえば，リバスチグミン）の一種類。カルバメートは，認知機能や日常活動の低下を抑えることで認知症の進行を遅らせることができる。カルバメートはアセチルコリンエステラーゼ阻害薬以前の薬に比べ，副作用が比較的良性で，相対的に肝毒性が少なく，服薬管理が簡単（一日に1～2回の服用）であるためよく用いられる。

**カルビニズム**［Calvinism］ フランス出身の宗教改革指導者カルビン（Jean Calvin: 1509-1564，ジーン・カウビンとも呼ぶ）の教えに基づくキリスト教プロテスタントの一派。運命づけられた者のみが不相応な恩寵として神による魂の救済に与り，他の人間は滅びに至るよう予め決められていると説き，人間の自由意思を否定した。⇨ **予定説**

**カルマン症候群**［Kallmann's syndrome］ **性機能低下**（時として男性器の未発達という形で現れる），精神遅滞，色盲，完全なる**無嗅覚**（嗅覚の欠如），および**モーターオーバフロー**などによって特徴づけられる遺伝性障害。カルマン症候群はX連鎖優性形質として遺伝する。［ドイツ出身でアメリカの精神科医・遺伝学者カルマン（Franz Josef Kalllmann: 1897-1965）によって提唱された］

**カルモジュリン**［calmodulin］ 細胞内のカルシウムにより制御される多くのプロセスに関与するカルシウム結合タンパク質。たとえば，筋肉の収縮や記憶形成のための酵素反応過程などに関与している。

**加齢**［aging］ 生活年齢に関連する生物学的，心理的変化。通常の生物学的プロセスによって生じる変化（たとえば，老化 ⇨ **一次的老化**）と，年齢に関係する病状によって生じる変化（⇨ **二次的老化**）に分けられる。

**加齢低下機能**［don't-hold functions］ 符号課題（数字-符号連合）などのような（⇨ **符号課題**）知能テストあるいは認知能力検査（たとえば，**ウェクスラー成人知能検査**など）で観察されるもので，成人の加齢に伴い低下する認知能力。⇨ **保持機能**

**加齢に伴う記憶障害（老年性記憶障害）**［age-associated memory impairment: AAMI］ 通常の加齢にしばしば伴う，それほど深刻ではない記憶障害。これらの変化はアルツハイマー病のような認知症とは関連していない。良性老化（benign senescence），良性老人性物忘れ（benign senesecence forgetfulness）とも呼ばれる。

**加齢の生物学的理論**［biological theory of aging］ 予め決定（プログラム）された生物学的な変化（遺伝的**老化**）や，DNAの損傷による確率論的な変化で加齢を説明すること。

**加齢の多様性**［variations of aging］ 内的要因（たとえば，病気，遺伝）または外的要因（たとえば，生活スタイル，環境，文化）によって起こる加齢の効果の個人差のこと。

**加齢の磨耗説**［wear-and-tear theory of aging］ 環境的な作用因子による体内の細胞や組織，器官へのダメージが蓄積することで加齢が起こると示唆する生物的な加齢についての説。このような蓄積は，細胞，組織，そして器官の衰弱や最終的な死を引き起こす。

**加齢理論**［theory of aging］ 加齢の生理学的要因，心理学的要因，社会学的要因についての仮説。

**カレッツァ（中絶性交）**［carezza(karezza); coitus prolongatus］ 男性がオーガズム（絶頂感）に達しない性交の形式。産児制限の手段として使用されてきたが，瞑想と関連させる場合は**保留性交**と同じである。カレッツァのテクニックは，ヒンドゥー教の教典から導かれている。欧米では1896年にアメリカの産婦人科医ストックホーン（Alice B. Stockham）によって提唱された。

**カレンダー計算**［calendar calculation］ 1878年2月19日のように指定された日付が何曜日かを数秒であてる珍しい能力。カレンダー計算のできる人（calender calculators）はしばしばサヴァンである。サヴァンは大抵は明らかな数学的な才能をもっているわけではないが，カレンダーについては，「4月16日が日曜だったのは何年か？」という質問に正しく答えるなど，違った特別な行為をすることができる。この技能については十分な説明はまだなされていない。⇨ **イディオ・サヴァン**

**カレンダー避妊法**［calendar method of birth control］ 閉経していない女性の，生理周期の中間期に性交しないことによって避妊する方法。しかし，排卵は完全に規則的でもなく，また精子は子宮内で3日間は活性を維持することが知られており，この避妊法の成功率は高くない。⇨ **リズム法**

**カロリー**［calorie: cal］ 熱量の単位。1gの水の温度を1℃上昇させるために必要なエネルギーが1カロリー。多くの分野で，カロリーは仕事や熱量のSI単位であるジュール（J）に置き換えられている（1 cal＝4.1868 J）。しかし，食物の熱量に関しては，いまだキロカロリー（kilocalories［kcal］，1 kcal＝1000 cal）が利用されている。

**カロリー摂取量**［caloric intake］ **カロリー**として計測される食物消費量のこと。

**カワカワ**［kava; ava; kavakava］ 南太平洋の孤島に原産する灌木の根の抽出物。軽い麻酔剤，鎮痙剤，鎮痛剤として使用されている。植物の主な作用成分により，抗痙攣作用や筋弛緩作用があるほか，意識混濁のない鎮静作用もある。カワカワは，西欧諸国において，リラクセーションを促進させるハーブサプリメント（たとえば，ストレス，不安，緊張を和らげるもの）や，不眠や更年期症状の治療薬などとして，広く利用されている。しかしながら，そうした効能は科学的に確認されたものではなく，更年期症状にはほとんど効果がないと考えられている。さらに，2002年の米国食品医薬品局は，カワカワを含有したサプリメントは，稀ではあるが深刻な副作用（肝炎，肝硬変，肝不全を含む）をもたらす潜在的危険性があることを公表している。また，抑うつや昏迷（特に抗不安薬との併用で）や，軽度のアレルギー反応（たとえば，皮膚の発疹）が報告さ

れている。また，カワカワと他剤との間には薬理的相互作用（⇨ **薬物間相互作用**）がいくつかある。相互作用する薬には抗凝血剤，**モノアミンオキシダーゼ阻害薬**などや，**チトクロム P450** 3A4 酵素によって代謝される薬物がある。

**（喉の）渇き**［thirst］ 身体組織の水分と電解質のバランスを最適に保つために，液体の摂取を必要とすることで生じる感覚。体内の水は主に尿，汗，肺から失われる。脱水症状になると唾液の分泌が減少し，"口が渇く"感覚が生じる。すると，水分不足のため，細胞外の液体に電解質が集中することによる**浸透圧**の変化を脳の視床下部の一部が検知して反応する。⇨ **浸透圧受容器**，**血液量減少性渇き**，**浸透圧性渇き**

**管**［duct］ 解剖学において，管状の通り道。特に，胆管や涙管など，分泌物を輸送するもの。

**癌**［cancer］ 悪性腫瘍（⇨ **新生物**）によって定義される病気。悪性腫瘍は，制御されない異常な細胞増殖により形成される。腫瘍細胞は周囲の組織に浸潤，あるいは血液やリンパ系によって身体の他の部分に転移（metastasis）することで生体機能を低下させる。癌はウイルスやホルモン，発癌性物質，紫外線，X 線，放射線などが原因で発生する。多くの癌の病因として，遺伝的要因も重要である。上皮組織由来の癌（子宮癌，乳癌，胃癌，皮膚癌など）は癌腫（carcinomas），**中胚葉**（骨，筋肉，血液など）由来の癌は肉腫（sarcomas）と分類される。ヒトでは，細胞の種類や成長速度などの要素に基づいて，150 種以上の癌が同定されている。癌は生命を脅かし，また外観にも影響を与える病気であるため，心理学的なカウンセリングが有用である。

**眼圧**［intraocular pressure: IOP］ 眼球内の圧力。**眼圧検査**によって計測される。圧力の増加は**緑内障**の兆候であると考えられる。この病気は，眼球内の圧力が視野の欠損が生じるほど上昇し，もし治療しなければ失明につながる。深刻な緑内障をもつ患者が，抗コリン作用を有する薬（たとえば，三環系抗うつ薬，抗ヒスタミン剤，交感神経様作用薬）を使用した場合にも眼圧は上昇する。稀に，そのような薬の投与によって，視力を維持するためにただちに医療的介入が必要なほど深刻な眼圧の増加が生じる。

**眼圧検査**［tonometry］ 緑内障や高眼圧症の診断において**眼圧**を測定する方法。通常，眼球に空気を吹き当てる装置（眼圧計：tonometer）を用いて行われ，眼圧を示す圧入量（眼球表面の抵抗する力）を自動的に測定する。

**環アメリカ心理学会**［Interamerican Society of Psychology］ 北アメリカ，中央アメリカおよび南アメリカの心理学者間のコミュニケーションおよび研究を促進するために 1951 年に設立された専門家組織。

**含意**［implicature］ 言語学で，発話上明確には述べられておらず，かつその**命題**が真であるための条件とはなっていないが，その発話から推測することが可能な命題のこと。**語用論**や談話分析で認識される含意の形式は，形式論理学で妥当と認識される形式の範囲を越える。たとえば，「メアリーは私の父の妻である」という発言は，多くの文脈において「メアリーは私の母ではない」ことを暗示する。しかしながら，前者の命題は，後者の命題を必ず伴うとはいえない。⇨ **前提**，**会話上の推論**，**間接発話行為**

**簡易携帯精神状態質問紙**［Short Portable Mental Status Questionnaire: SPMSQ］ 高齢者の**認知症**や神経心理学的な認知的欠陥の有無を調べたり，その症状の重さを決めるためによく使われる簡便な質問紙のこと。見当識（例，「今日は何日ですか」「この場所の名前は何ですか」），現在の出来事についての知識，短期記憶と長期記憶，計算に関連する 10 個の単純な質問で構成されている。［1975 年アメリカの老年精神科医ファイファー（Eric A. Pfeiffer）によって開発された］

**簡易集団療法（短期集団療法）**［brief group therapy］ 短期間（時間，あるいは限られたセッション）で行われる，または，**危機介入**を基礎とし，特定の治療目標に明確に焦点づけた集団心理療法のこと。

**簡易精神症状評価尺度**［Brief Psychiatric Rating Scale: BPRS］ 24 種類の臨床心理学的症状の兆候を査定するシステム。たとえば，奇異な行動や，反抗，情動的禁断症状，見当識障害などの症状である。どの症状も「あてはまる」から「あてはまらない」までの 7 件法で判断される。なお，判定は熟練した検査者によりなされる。［アメリカの精神科医オーバーオール（John Overall）と臨床心理学者ゴーマン（Donald R. Gorman）によって 1962 年に最初の版が作られた］

**肝炎**［hepatitis］ 肝臓の小葉の中の死んだ細胞が拡散していることが特徴的である肝臓の炎症。その症状は，軽いものから，命取りになるような重いものにまで及ぶ。黄疸やビリルビンの尿の色が，よくみられるサインである。原因として考えられるのは，ウイルス，アルコール，伝染病に対する薬の乱用などである。異なる型のウイルス性肝炎は，ウイルスが原因であるということを指し示す報告によってわかった。A 型肝炎は，不純な血液や水を摂取することによって罹るが，一方で B 型肝炎は不潔な注射針の使用や，感染している人との性交などによる不純な血液が入ってくることによって感染する。C 型肝炎ウイルス（HCV）は，アメリカにおいて慢性肝炎の最も重要な原因の一つであり，B 型肝炎と似た伝染の仕方をする。

**眼炎**［ophthalmia］ 結膜や深部の組織が冒される眼の炎症。粘膜炎（mucous ophthalmia）あるいはカタル性結膜炎（catarrhal ophthalmia）は化膿性分泌物（目やに）を伴う結膜炎である。電気性眼炎（electric ophthalmia）は電気溶接で用いるトーチの光にさらされることによって生じる。神経まひ性眼炎（neuroparalytic ophthalmia）は角膜の炎症であり，三叉神経の損傷によって生じ，潰瘍化することもある。⇨ **トラコーマ**

**感音難聴**［sensorineural hearing loss; sensorineural deafness; perception deafness］ **1.** 内耳の中，または内耳から脳幹の神経路の間での病変が原因で生じる聴覚機能の損失または欠損。神経性難聴（nerve deafness），感覚障害と神経の損失（perceptive impairment and nerve loss），感音障害（sensorineural deafness impairment）と呼ばれる。⇨ **成人の感覚神経障害**，**幼年期の感覚神経障害**，**老人性難聴** **2.** 内耳もしくは脳へつながる聴覚神経経路の障害のため，正常に音を分析したり知覚したりすることができないこと。

**感化**［contagion］ 群衆や偶発的集団において成員から他の成員へと行動，態度，感情が広がることに関する社会的理論。感化における早期の分析では，暗示にかかりやすいメンバーの増加やそのプロセスを，接触感化性の病気の蔓延と考えられてきた。だが，それらに続く研究から，感

化は，社会的比較（⇨ **社会的比較理論**）といった比較的ありふれた対人プロセスによって持続されていることが示されている。集合的ヒステリー（collective hysteria），群集心（crowd mind），マス感化（mass contagion）とも呼ばれる。⇨ **模倣，社会的促進，同調，一般性，循環反応**

**寛解**［remission; abatement］ 1. 疾患や障害の症状の明らかな減退や減少，またはその期間。症状の寛解は，必ずしも疾患や障害の完治を意味するものではない。⇨ **自然寛解** 2. 痛み，もしくは病気や障害の症状が弱まること。

**寛解期統合失調症**［schizophrenia in remission］ 少なくともひとつの統合失調症エピソードを経験したことがあり，現在は統合失調症症状が認められないケースの診断に使用される。

**眼科学**［ophthalmology］ 眼の研究と眼病の診断および治療に関する医学の専門分野。眼科学を専門とする医師は眼科医（ophthalmologist）という。⇨ **検眼**

**感覚[1]**［sensation］ 1. ティチェナー（E. B. Titchener）の**構造主義**における，精神的経験の3つの構成要素のうちの一つである。他の2つは心像と感情である。 2. 一般的には，わくわくするような刺激的な経験を指す。⇨ **刺激追求**

**感覚[2]**［sense］ 1. 外界の環境あるいはそれと関連した身体の状態に関する情報を知覚するための基盤となるもの。感覚単位（sense datum）とも呼ばれる。5つの基本的感覚，すなわち視覚，聴覚，味覚，触覚，嗅覚と，圧力，痛み，温度，動力学，平衡に関する感覚を含む。各感覚は，特有の刺激に応答する独自の受容器と，脳の特定の部位に通じる独自の経路をもつ。感覚モダリティ（sense modality; sensory modality）とも呼ばれる。 2. 物理的な様相あるいは特性（たとえば時間，空間）や，通常好ましいとされる抽象的な特質（たとえばユーモアや正義）に関する特有の気づき。感覚印象（sense impression）とも呼ばれる。 3. 感覚器によって何かを知覚すること。

**感覚意識**［sensory consciousness］ 視覚，触覚，嗅覚，聴覚，味覚といった感覚刺激に対する意識。⇨ **高次意識**

**感覚異常**［paresthesia］ 外部刺激がない状態での，うずく感じ，くすぐったい感じ，ヒリヒリする感じ，ムズムズする感じ，チクチクする感じなどの異常な皮膚感覚のこと。感覚異常は多くの人が経験する"しびれた感じ"（たとえば足を組んで長時間座った後）のように一時的である場合もあり，神経障害や薬の副作用のような要因を原因として，慢性的である場合もある。

**感覚運動期**［sensorimotor stage］ ピアジェ（Jean Piaget）の理論における，生後2年間のことで，認知発達における最初の主要な段階であるとされる。感覚運動期に，幼児の感覚処理と運動処理の能力が発達し，周囲の環境と関わりあうことで世界について最初の知識を獲得する。さらに，現実についての時間的，空間的，因果的な認識が始まるのもこの時期である。⇨ **具体的操作期，形式的操作，前操作期**

**感覚運動記憶**［sensorimotor memory］ 言語的形式ではなく，**感覚運動系**の形式で符号化される（通常はトラウマ経験の）記憶。多くの場合，これらは，通常3歳まで続く**幼児期健忘**の時期に生じた出来事の記憶である。⇨ **身体記憶**

**感覚運動弓**［sensorimotor arc］ 求心性の感覚枝と遠心性の運動枝からなる**反射弓**。

**感覚運動系の**［sensorimotor］ 1. 感覚（求心性）機能と運動（遠心性）機能を組み合わせた活動や行動，脳のプロセスを表す。 2. 求心性繊維と遠心性繊維の両方を含む混合神経を表す。

**感覚運動失語症**［sensorimotor aphasia］ 知覚面に関する**感覚性失語**と，運動面に関する**表現性失語症**を併発すること。運動面と知覚面，両方の症状を伴うため，言語の使用だけでなく，言語を認識したり，理解することも困難になる。

**感覚運動知能**［sensorimotor intelligence］ ピアジェ（Jean, Piaget）の認知発達に関する理論によると，感覚運動期の乳幼児は，自分の感覚機能と運動機能を使いながら，自分の周りにあるモノを知覚したり，動かしたりして，知識を獲得していく。この感覚運動知能を使った知識獲得は，感覚運動期にしか見られないとされる。

**感覚運動野**［sensorimotor cortex］ 体性感覚と運動機能に関係している大脳皮質の領域。一次運動野（⇨ **運動野**）が中心溝の直前部にあるのに対し，**一次体性感覚野**は中心溝の真後ろにある。

**感覚運動リズム**［sensorimotor rhythm; SMR］ 脳の**ローランド皮質**で測定される12〜14 Hzのリズミカルな電気インパルス。バイオフィードバックの研究に使われる。⇨ **脳波**

**感覚加重**［sensory summation］ 異なるレベルの感覚入力を結合させること。たとえば，複数の刺激が時間的に加算された場合（⇨ **時間的加重**）や空間的に加算された場合（⇨ **空間的加算**）に，感覚入力は増加する。

**感覚型**［sensation type］ ユング（Carl Jung）の**分析心理学**における，思考や感情や直観とは対照的に感覚認識によって支配される**心理機能タイプ**。このタイプの人は，感覚体験をしたり楽しみを感じて生活を送る。この感覚型は，ユングの2つの非合理タイプのうちの一つである。もう一つは，**直観型**である。⇨ **感情型，思考型**

**感覚可能な**［sensible］ 1. 感覚入力を受け取ることができること（たとえば痛みを感じる）。 2. 外界の影響を受け入れること。

**感覚過負荷**［sensory overload］ 感覚が刺激に圧倒された状態のことで，その状態にある人はそれらすべての刺激を処理したり，反応したりすることができない。⇨ **通信過負荷，情報過負荷，刺激過負荷**

**感覚間相互作用**［sensory interaction］ 視覚と**自己受容感覚**の両方からの感覚入力を使ってバランスを保つなど，課題を遂行している際に異なる感覚プロセスを統合すること。⇨ **感覚間連合，感覚間知覚，知覚の統合**

**感覚間知覚**［intersensory perception］ 1. 異なる感覚モダリティを通じて提示された情報が統合された状態で知覚されること。 2. ある感覚モダリティからの情報が**連合皮質**に送られ，そこで他の感覚モダリティからの情報と統合されること。楽譜に記載された一連の音符に従って楽器を演奏するなど，2つかそれ以上の感覚の活動を要する課題で必要とされる。感覚モダリティ間知覚（cross-modal preception）とも呼ばれる。⇨ **知覚的統合，感覚間相互作用**

**感覚間転移**［cross-modal transfer］ 入力された感覚と

は異なる感覚を通した物体認知のこと。

**感覚間統合**［intermodal integration］　触覚と視覚など，2つあるいはそれ以上の感覚情報の協調あるいは統合。

**感覚間マッチング**［cross-modality matching; cross-modal matching］　1. 他の異なった感覚反応量に対する刺激量（たとえば光の明るさと音の大きさ）のマッチングに対する尺度化のこと。2. 最初にある感覚モダリティ（たとえば触覚）で知覚した物体を，別の感覚モダリティ（たとえば視覚）において認識・評価できること。

**感覚間連合**［cross-modal association］　1. 異なった脳領域を含む感覚入力の相互作用のこと。多くの場合，聴覚と視覚の入力，触覚と視覚の入力，あるいはよく類似した認知機能同士のマッチング課題が用いられる。側頭，頭頂，後頭の障害は，異種感覚連合テストによって診断される。⇨ **知覚的統合**，**感覚間相互作用**　2. ある感覚器入力が他の感覚出力を形成する現象のこと。

**感覚記憶**［sensory memory］　各感覚における感覚情報の短時間貯蔵庫であり，他の記憶（**短期記憶**など）への記銘あるいは理解のために，材料（例，知覚的な経験）を一時的に保持するものである。たとえば，**アイコニック記憶**は視覚イメージを1秒未満の間保持し，**聴覚記憶**はそれより少し長く音を保持する。感覚情報貯蔵庫（sensory-information store: SIS），あるいは感覚登録器（sensory register）とも言う。

**感覚器官**［sense organ, sensory receptor organ］　眼球や耳のように受容体細胞を含む，または受容体細胞からなる器官。特定の刺激を感知し，感覚情報の受容に特化した形をしている。

**間隔強化**［interval reinforcement］　前もって決められていた時間が経過したあとに，刺激への最初の反応に対する強化が与えられること。強化が与えられるまでの時間は，一定であるときも変動するときもあるが，その時間間隔内に起こった反応回数は関係しない。間隔強化スケジュール（interval-reinforcement schedule）とも言う。⇨ **定時強化スケジュール**，**比率強化**

**感覚強度**［sensory intensity］　身体的刺激の知覚される強度。精神物理学的法則によって，実際の強度と関係して推定される。⇨ **刺激強度起動性**

**感覚距離**［sense distance］　特定の次元における2つの独立した感覚間の距離。たとえば，音階におけるCとGとの間の距離。

**感覚系**［sensory system］　感覚に関係する構造の総称。感覚受容器，求心性感覚神経，大脳皮質の**感覚野**などを含む。それぞれの感覚別に感覚系がある。⇨ **聴覚系**，**味覚系**，**嗅覚系**，**体性感覚系**，**視覚系**，**前庭系**

**感覚減退（知覚減退）**［hypesthesia; hypaesthesia］　あらゆる感覚，とりわけ触覚における深刻な感覚の減衰。知覚鈍麻（感覚鈍麻）とも言われる。

**感覚刺激**［sensory stimulation］　刺激によって，感覚受容器の反応を誘発すること。

**感覚失語**［sensory aphasia］　⇨ **感覚性失語**

**間隔尺度**［interval scale］　この尺度には，等間隔であるという特徴があるため，尺度上の任意の連続した2つの値の差は常に等しい。つまり，任意の2つの間隔の比は，測定単位や原点とは独立である。また，間隔尺度では原点と測定単位の両方は任意である。等間隔尺度（equal-interval scale）とも呼ばれる。⇨ **名義尺度**，**順序尺度**，**比尺度**

**感覚遮断**［sensory deprivation］　感覚刺激を最低限まで減らし，周りの環境への正常な接触をなくすこと。研究目的のために実験的に誘導される（たとえば感覚遮断室: sensory deprivation chamberを用いる）が，実生活場面（たとえば深海ダイビング）で生じることもある。短時間の感覚遮断は比較的安全であるが，長時間にわたると，幻覚，妄想，異常暗示，パニックなど，有害な影響が生じる。

**感覚集中法**［sensate focus therapy］　性的機能不全に対するアプローチの一つで，自分自身の自然で生理的な官能的感覚に意識を集中し，段階的に感覚的な刺激を自由に感じられるように訓練される。治療はパートナー同士が場を同じにする面接設定で，専門家も男女をそろえたチームで行われる。まず，決められた範囲での身体のマッサージから始め，心地よさを与え受け取ることが意図されている。最初は胸や性器に触れずに，段階的にそれらの部位もマッサージしていく。この手続きで，性的に興奮する行為への不安を軽減し，クライエントは，勃起やオーガズムに達することに駆り立てられずに，身体をいたわり愛し合う性行為をリラックスして楽しめるようになる。感覚集中法は，アメリカの婦人科医マスターズ（William H. Masters: 1915-2001）とアメリカの心理学者ジョンソン（Virginia E. Johnson: 1925- ）が開発したプログラムの中の一つの技法である。

**感覚主義**［sensationalism］　哲学における立場で，すべての知識の起源は感覚にあると考える。どれほど抽象な複合観念であっても，もとをたどれば基本的な単純感覚印象に行き着くと考える。⇨ **観念連合説**，**経験主義**

**感覚順応**［sensory adaptation］　継続的な刺激によって，感覚受容体や感覚系の反応が減衰すること。順応は視覚刺激の波長や刺激の方位など，刺激の特性に特異的に生じる。

**感覚障害**［sensory disorder］　1. 感覚器官から脳内あるいは脊髄内にある適当な受容点にいたる最適な情報伝達を阻害する，解剖学的あるいは生理学的異常。たとえば，聴覚不全は，耳垢の蓄積，耳小骨を含む感染，損傷や病気による蝸牛構造へのダメージ，あるいは脳の損傷によって生じる。2. 明確な解剖学的原因がなく，主に心理的な要因によって考えられる感覚機能の障害。感覚不全（sensory disturbance）とも呼ばれる。

**感覚消失**［sensory deficit］　視覚，聴覚，味覚，触覚，嗅覚などの正常な感覚機能の喪失，欠如，あるいは多大な障害。

**感覚神経**［sensory nerve］　感覚器官から中枢神経系へとインパルスを伝達する**神経**。

**感覚性**［sentience］　連想や解釈を伴わないで，刺激への意識的な認識により生じる，最も単純な，あるいは最も根源的な認知形態。

**感覚性運動失調**［sensory ataxia］　手足の運動に関係する感覚（⇨ **自己受容感覚**）が失われることで，筋肉の協調が欠如すること。⇨ **運動失調**

**感覚性失音楽**［sensory amusia］　音程や音階を知覚して理解することが困難な，またはできない**失音楽症**の一種。

**感覚性失語**［receptive aphasia; impressive aphasia; logagnosia; logamnesia, receptive sysphasia; sensory aphasia］　**失語症**の一種で，言葉や記号，ジェスチャーを

理解する能力が損なわれていること。たとえば，言葉を聞くことはできるが理解することができない，言葉を見ることはできるが読むことができないなど。以前は，語聾症または失読症と同じものとして扱われていた。⇨ **表現性失語症**

**感覚精神生理学**［sensory psychophysiology］ 感覚や知覚に付属するような心理学と生理学の機能の関連についての研究。

**感覚性転換症状**［sensory conversion symptoms］ 転換性障害の主症状の2つのうちの一つ。もう一つは，**運動転換症状**である。感覚性転換症状には，触覚や痛覚の喪失，複視，盲，ろう，耳鳴り，幻覚などが含まれる。

**感覚性プロソディ障害**［sensory aprosodia］ 会話のリズムやピッチなどの，言語の情緒的な部分を表す抑揚を理解できない障害のこと。⇨ **運動性プロソディ障害**

**感覚性誘発電位**［sensory evoked potential］ 頭皮に配置された電極から測定される誘発電位の一種。感覚刺激に対する大脳皮質の反応を反映する。視覚，聴覚，体性感覚，嗅覚など，様々な感覚刺激に対する誘発電位を，複数の電極から測定することにより，**感覚野**の同定が可能となる。
⇨ **聴覚誘発電位**，**視覚誘発電位**，**運動誘発電位**

**感覚代行**［sensory substitution］ 通常は1つの感覚として処理される刺激を，別の感覚情報として知覚すること。たとえば，盲目のヒトは，触覚刺激を視覚的経験の変わりに用いることができる場合がある。感覚間の無意識的な相互作用である**共感覚**と異なり，感覚代行では，感覚間の活発な置き換えが必要である。

**感覚単位**［sensation unit］ 他のものと区別可能な一つの感覚経験。

**感覚調整不全**［sensory modulation dysfunction］ 感覚統合不全の一種で，感覚入力（触覚，動作，身体に関する気づき，見え，音，ニオイ，味覚）に適切に応答することが困難なこと。感覚に対して過剰反応あるいは抑制反応を示したり，それらの反応パターンが急速に交互に現れたりする。

**感覚手がかり**［sensory cue］ 反応や行動パターンを生じさせる視覚，触覚，嗅覚，味覚，あるいは聴覚に関する刺激。

**感覚的な魂**［sensitive soul］ ギリシャの哲学者アリストテレス（Aristotle: BC 384-322）の思想において，人間ではない動物が持っている魂の種類を指す。感覚的な魂は感覚的印象を受容しそれに反応する能力をもっているが，理性的な思考をする能力はもっていない。⇨ **理性的な魂**，**植物魂**

**感覚点**［sensory spot］ 接触，温度，痛みなどの刺激に対し感受性の高い皮膚上の点。

**感覚てんかん**［sensory epilepsy］ 異常な皮膚感覚（⇨ **感覚異常**）を発作として伴うてんかんの一種。刺すような痛みやしびれ，焼けるような痛みが生じたりする。これらの発作は意識消失時でなくとも起こりうる。

**感覚統合**［sensory integration］ 情報を知覚して体制化し，視覚や聴覚などの異なるモダリティ間の感覚情報を評価し，運動神経からのインパルスにより，適応的な反応を可能にする神経の活動過程。感覚統合機能（sensory-integrative functioning）の発達や強化は**作業療法**の重要な目的である。

**感覚統合不全**［sensory integration dysfunction］ 感覚入力（触覚，動作，身体に関する気づき，見え，音，ニオイ，味覚）を体系づけ，処理し，分析することが困難な状態。

**感覚ニューロン**［sensory neuron］ ある分野に特化した受容体細胞を経由して，環境から情報を受け取るニューロン。また，他のニューロンの**シナプス**を通して，神経インパルスの形でこれを中枢神経系へと伝達する。

**感覚能力喪失**［akatamathesia］ ⇨ **理解能力喪失**

**感覚のホムンクルス**［sensory homunculus］ 身体の特定の感覚部分に対応する脳内の感覚野の大きさを，歪んだ人間の形で比喩的に描写したもの。ホムンクルスに上下逆様に配置され，手や顔を表す領域が最も大きな比率になっている。⇨ **ホムンクルス**，**運動機能ホムンクルス**

**感覚バイアス**［sensory bias］ 感覚的な好みの偏りを示すこと。トゥンガラカエルのメスは，同種のオスの求愛音に含まれる低ピッチの鳴き声を好むが，近似種のカエルのメスはその種のオスが低ピッチの鳴き声を出さないのにも関わらず，低ピッチの音を好む。このようなバイアスは，低ピッチ音を発声できるオスにとって有利に働く。⇨ **感覚便乗**

**感覚比率の方法**［sense-ratios method］ 尺度に沿って等間隔に知覚される刺激を選択することで感覚の大きさを測る方法。

**感覚便乗**［sensory exploitation; sensory drive］ 既存の感覚バイアスを利用することにより，装飾や鳴き声の特徴を変えて交接の相手を引き寄せ，**繁殖成功率**を高めること。もし低周波の鳴き声が交接の相手にとって魅力的ならば，その低周波音の鳴き声を最初に用いた個体が繁殖成功の確率を高める。

**感覚弁別**［sensory discrimination］ ある刺激入力，とりわけ密接に関連した感覚刺激（非常に似通った色合いなど）を感覚的に区別すること。

**感覚忘失**［acatamathesia; akatamathesia］ **1.** 知覚される対象や状況を理解する能力がない，あるいに欠如していること。**2.** 発話を理解できないこと。

**感覚まひ**［sensory paralysis］ 感覚機能は阻害される一方で，動作は必ずしも失われていない状態。

**感覚無視**［sensory neglect］ 感覚情報に注意を向ける能力の不能のこと。これは脳損傷に起因して一般的には体の半側から生じる。

**感覚野**［sensory area; sensory cortex; sensory projection area］ 感覚ニューロンからの入力を受け取る大脳皮質の領域。通常は視床を経由する。異なる感覚に固有の感覚野があり，それらは**一次感覚野**と**二次感覚野**に機能的に区別される。

**感覚抑圧**［sensory suppression］ 2つの感覚入力が同時に与えられた際（手と顔に対する触刺激），一つの刺激のみ知覚されることで，すべての感覚モダリティにおいて生じる現象。

**感覚レベル**［sensation level］ ある特定の感覚について知覚される強度のことで，たとえば，任意の聴取者が経験する聴覚刺激の強度（聴覚的感覚レベル：auditory sensation level）など。

**感覚漏洩**［sensory leakage］ 超感覚知覚の実験で，通常の感覚チャネルを通して**ターゲット**の情報を**被験体**に伝

えてしまうこと。検証する側の不注意によって起こる。⇨ **要求特性**, **実験者バイアス**

**眼窩前頭皮質**［orbitofrontal cortex］ 各**前頭葉**の腹側部の**大脳皮質**。**視床下部**と強い連絡をもつ。眼窩前頭皮質の損傷により、抑制の喪失、健忘、無関心をもたらす。有名な事例として**フィニアス・ゲージ**があげられる。

**宦官**［eunuch］ 思春期前に去勢したため、甲高い声や顔の毛が生えないなどの２次性の女性的**性特性**を発育させた男性。⇨ **去勢術**

**喚起**［ecphoria; ecphory］ 刺激によって記憶、情動、嗜好が精神内に想起される過程のこと。［ドイツの生物学者シモン（Richard Semon: 1859-1918）が定義した］

**間期**［interphase］ 特に急速に分裂する組織や胚発生の過程における、核が分裂を終えた後の、次の細胞分裂が始まるまでの期間。

**観客効果**［spectator effect］ 他者が見ている前で課題を行うときに、パフォーマンスに与える効果。課題を遂行することができると確信している場合、すなわち課題に対する自信が高い時には観衆はパフォーマンスを向上させるが、課題に対する自信が低い時はパフォーマンスを低下させる。

**観客役割**［spectator role］ パフォーマンス不安により、自然な性的反応が阻害される行動様式のこと。性的行動において、十分に関与するよりも、むしろ自らの性的行為が上手か下手かについて、厳密に、心配しながら観察することを含む。これは、性的な覚醒が生じることを妨げる。［アメリカの婦人科医マスター（William H. Master: 1915-2001）と心理学者のジョンソン（Virginia E. Johnson: 1925- ）が最初に提唱した］

**観客療法**［spectator therapy］ 同じ、あるいは関連する問題を抱えた仲間の治療を観察することが治療的かつ効果的であると考える療法。

**眼球運動**［eye movements］ 外眼筋（⇨ **眼筋**）の収縮によって生じる眼の動きであり、静止標的の**固視**を維持するための運動、**円滑性追跡眼球運動**、**輻輳運動**、そして**視覚性運動反射**や**前庭性眼振**のような眼の反射的運動を含む。

**眼球運動カメラ**［eye-movement camera］ 眼球運動を撮影する研究器具であり、知覚的、認知的作業を遂行する際の眼球運動の一連の流れを研究するために用いられる。⇨ **アイトラッカー**

**眼球運動失行**［oculomotor apraxia］ 自分の意思で眼球を動かすことが障害された状態のこと。この障害をきたすと、眼を動かす能力が失われる。ターゲットとなる刺激に誘発されたり、ターゲットを眼で追従するよう求められたときにも**円滑性追跡眼球運動**と**サッカード**が出現しなくなる。閉眼失行（lid apraxia）は眼球運動失行の一種であり、眼を閉じる能力の障害である。⇨ **先天性動眼失行**

**眼球運動障害**［ocular dysmetria; saccadic dysmetria］ ターゲットに直接、眼球をサッカード運動（⇨ **サッカード**）できないこと。眼球運動がターゲットに達しない場合（アンダーシュート）と、通り過ぎてしまう場合（オーバーシュート）がある。眼球運動障害は動眼障害（たとえば眼筋まひ）や、視覚定位の障害、視覚運動制御の障害によって引き起こされる。

**眼球運動脱感作療法**［eye-movement desensitization therapy］ 不安や悪夢、フラッシュバック、侵入的思考過程と関連のあるトラウマに基づいた症状の感情的衝撃を低減するために用いられる治療法（とその理論）。その治療では、治療者が指を横に素早く動かすことなどに患者の集中を払わせながら、トラウマとなっている出来事の視覚像を同時に思い出させるように組み合わせる。眼球運動による脱感作および再処理法（eye-movement desensitization and reprocessing: EMDR）とも呼ばれる。［アメリカの心理学者シャピロ（Francine Shapiro）によって1980年代後期に発展された］

**眼球運動の変化**［oculomotor changes］ 視覚環境の変化によって生じる様々な影響を意味し、たとえば、視覚像が反転または置換して見えるプリズム眼鏡を通して世界を見続けると、運動軌道における順応が生じる。

**眼球乾燥症**［xerophthalmia］ 角膜と結膜における組織学的変化によって生じる眼の過度の乾燥。40歳～65歳くらいで発症する自己免疫系の病気であるシェーグレン症候群（Sjögren's syndrome）の症状として現れることがある。ビタミンAの不足も眼球乾燥症の原因となる。

**眼球旋回錯視**［oculogyral illusion］ 暗い部屋で身体が動いたときに**前庭性眼振**によって見える、静止した微弱な光の**仮現運動**。

**眼球前庭反応**［oculovestibular response］ 頭部が動かされた時に生じる眼球の運動。脳損傷後の**網様体賦活系**の統合性を検査するために利用される。

**眼球粗動**［ocular flutter］ 正面を凝視するときに両目に生じる、急速な水平方向の振動。粗動は**サッカード**の後にも現れることがある（粗動ディスメトリア: flutter dysmetria）。眼球粗動は典型的に小脳の損傷によって生じる。

**眼球突出**［exophthalmos］ 眼球の異常な突出であり、一般に甲状腺機能亢進症と関連する。甲状腺腫、甲状腺肥大による首の腫れ（眼球突出性甲状腺腫: exophthalmic goiter）を伴う眼球突出は、**グレーブス病**（バセドウ病）の顕著な特徴の一つである。また眼球突出は眼に関係する腫瘍もしくは感染症の結果であることもある。多くの場合、凝視が出現するという特徴がある。

**眼球優位性**［visual dominance］ 片眼での見えが両眼による見えの知覚を支配すること。⇨ **眼優位性**

**環境**［environment］ 生物の機能に影響を及ぼす外部要因、または、物理的、生物学的、社会的、文化的な状態のこと。物理的環境は、気温や気圧、音、振動、大気、栄養素などで測定することができ、その値の範囲によって特定することが可能である。また、心理学や精神医学においては、社会環境、特に家や近所、学校、職場などの特徴や雰囲気のことを指し、これらは、人格と個人の適応に影響する。

**環境アセスメント**［environmental assessment］ 行動に影響を与える状況的変数と環境的変数の評価は、個人そしてその人の個人特性全体よりも社会システム、特に社会的状況が非調和的な機能の部分的な原因になる可能性があるという理論に基づいたもの。たとえば、組織的状況において、経営者支援や課題達成への資源の有効性が従業員の職務満足の環境アセスメントで利用される。

**環境圧力**［environmental press］ **要求**、とりわけ適応に対する要求を喚起する環境の中の刺激や状況。⇨ **環境圧力-コンピテンスモデル**

**環境圧力-コンピテンスモデル**［environmental press-competence model] 環境への適応を助ける機能に関するモデル。このモデルは，**環境圧力**と個人の能力との間の相互作用に依存する。[アメリカの老年心理学者ロウトン (M. Powell Lawton: 1923-2001) によって提唱された]

**環境改善**［environmental modifications］ 障害をもっている人が独立して生活できるように，家庭環境を変えること（スロープを付けたり手すりを設置するなど）。

**頑強型**［sthenic type］ 丈夫で精力的な体格型で，クレッチマーによる類型の**闘士型**とほぼ同じ。

**環境教育**［environmental education］ 環境問題について，意識を向上させたり，行動を見直させたりするために指針や教材などを開発すること。⇨ **環境態度**，**社会的トラップ**

**環境決定論**［environmental determinism］ 個人差を，環境要因，すなわち生まれではなく育ちに帰する哲学的立場のこと。⇨ **生物学的決定論**，**遺伝子決定論**，**決定論**，**生まれか育ちか論争**

**環境行動的アセスメント**［ecobehavioral assessment］ **応用行動分析**で用いられる評価方法で，多重である環境の事象が個人の特定の行動に対して及ぼす継時的効果を測定する。ここでいう事象とは，他者の行動，課題の要求，一日の時刻，状況変化などである。

**環境失認［1］**［environmental agnosia］ **1.** 頭部に損傷を受けた者が，自宅や隣家を含む見慣れた場所や環境を認識できなくなること。**2.** 馴染みの地理がわからなくなること。⇨ **地誌的見当識障害**

**環境失認［2］**［topagnosis］ 慣れた場所を認識する能力が失われること。

**環境主義**［environmentalism］ **1.** 環境と学習が行動の主要な決定要素であるという概念。そのため，この概念は，能力と適応における個人間の変化の主な原因となる。その結果，行動は概して修正可能であると考えられる。⇨ **遺伝論**，**生まれか育ちか論争**　**2.** 人間と自然環境の間の生態的関係を強調し，環境を最も重要な資源として保護することを目指す立場。

**環境心理学**［environmental psychology］ 人間の行動と福利に対する物理的環境の影響を重要視する心理学の分野。環境的ストレス（たとえば，雑音，**クラウディング**，大気汚染，気温）やデザイン変数（たとえば，点灯，照明），技術的なデザイン（⇨ **人間工学**），間取り図設計や記号的要素，建物のサイズや位置，自然との近接など，多様な要因が対象となる。

**環境ストレス**［environmental stress］ 環境に関わる要因によって引き起こされたストレス。

**環境ストレス理論**［environmental stress theory］ 環境ストレッサーの評価において，自律神経的要素と認知的要素が結びつくという考え方。脅威的と評価されたストレッサーは，生理的，感情的，行動的なストレス反応を生じさせ，脅威に対処あるいは適応するための戦略を促す。

**環境正義**［environmental justice］ 特定の集団が，自宅や職場，学校などで，劣悪な環境状況に不均衡にさらされないよう，一般的な人口の環境ハザードの分布を尊重して，公正に取り扱うこと。

**環境制御装置**［environmental control device］ 個人を取り巻く物理的環境の諸側面を調整する，もしくは操作する機能をもった**福祉機器装置**。例として，照明をつけたり，ドアを開けたり，電気製品を操作したりする装置が含まれる。電子的日常生活支援（electronic aid to daily living），環境制御ユニット（environmental control unit）とも呼ばれる。⇨ **スイッチ機器**，**制御装置**，**フィードバック装置**，**ターゲットデバイス**

**環境精神物理学**［environmental psychophysics］ 実在する世界の環境問題，たとえば，成長する植物によって引き起こされるニオイの強さを調査するといった問題に対する精神物理学的測定法の応用。

**環境世界**［Umwelt］ ドイツの哲学者ハイデッガー（Martin Heidegger: 1889-1976）は，人間が周囲の世界とどう関わりあうかによって**現存在**（human being-in-the-world）の一側面が構成されると考えた。この言葉が心理学用語に取り入れられたのは，主にスイスの実存的心理学者ビンスワンガー（Ludwig Binswanger: 1881-1966）の功績である。⇨ **独自世界**，**共同世界**　[原語はドイツ語の"周囲の世界"という意味]

**環境設計**［environmental design］ 居住性を高めるために行われる居住・就業エリアの創造的なプランニングのこと。環境設計は娯楽エリアの改良に適用されることもある。居住性要素には，単純な保護欲求から洗練された美学，また，特定の色の塗料の使用や最適な作業パフォーマンスのための照明レベルなどの適合要因までがある。

**環境操作**［environmental manipulation］ たとえば，虐待を受けた児童や非行少年を児童保護施設に住まわせることや成人患者を医療施設から**高齢者住宅**や**中間施設**などに移らせることなど，生活状況を変化させることで人々の福利を向上させる方法のこと。

**環境態度**［environmental attitudes］ 自然や生体環境などの環境問題に対する，個人あるいは社会の信念や価値のこと。この分野の研究では，年齢，性別，政治などの要因と，人々の環境態度との関わりを分析したり，態度が**環境教育**に与える影響，生態学的に及ぼす影響などが調べられる。

**環境的アプローチ**［environmental approach］ クライエントの感情的な困難の一因となっている外的な圧力（たとえば，雇用や金銭的な問題）を低減することを目指す，もしくは個人の生活または仕事の場等の側面を修正し，社会的な機能を改善することを目指す治療的アプローチ。

**環境的危険**［environmental hazards］ なんらかの危険を引き起こすような環境的要因のこと。たとえば，家庭や仕事場，コミュニティにある原子炉や鉛製錬所なども，危険な要因になりうる。有機体や地域に対する環境的危険への慢性的暴露はストレスの心理学・生理学の指標と関連がある。

**環境的制約**［environmental constraint］ 技術や能力，自立，社会的コンピテンスあるいは**適応行動**，以前に獲得したスキルの表出を抑制する，個人の状況あるいは環境のこと。たとえば，スタッフがすべての食事を用意してくれるような**コミュニティレジデンス**に住んでいることは，サンドウィッチを作る能力を示す機会がないために，サンドウィッチ作りが得意な人にとって環境的制約として機能してしまう。

**環境的剥奪**［environmental deprivation］ 教育的，娯楽的および社会機会のような知能や行動の成長や発達を刺激する条件の欠如のこと。環境的剥奪はしばしば社会的孤

立に関係し，**偽精神遅滞**を引き起こすために非常に深刻なものになりうる。

**環境認知**［environmental cognition］ 現実世界の配置に関する情報処理過程で，多くの場合，地理的位置や経路の発見のための記憶に関するもの。⇨ **認知地図**，**ランドマーク**

**癌恐怖症**［cancer phobia］ 癌に対する持続的かつ不合理な恐怖のこと。癌になるのではないかという恐れは，**強迫性障害**の一症状か，または他の**特定恐怖症**として分類してもよい。何らかの身体症状を誤って癌と信じることは**心気症**に分類される。

**環境変容**［alloplasty］ 自己ではなく，環境を変容することを目的とする，適応反応のプロセスのこと。アロプラスティック適応（alloplastic adaptation）とも呼ばれる。

**環境療法**［environmental therapy; milieu therapy］ 広義には，クライエントとその物理的あるいは社会的環境（もしくはその両方）との相互作用に関する治療法をいう。認知的ならびに情緒的，行動的健康の増進を目的としている。⇨ **治療共同体**　［訳者補足］狭義には，クライエントの生活環境，あるいは現在おかれている環境の修正や調整に基づく心理療法のこと。環境療法は，クライエントが生活する社会的，物理的環境を整理する，あるいはより健康的で適応的な認知，感情，行動を促進させるために治療を受ける環境を整理しようとする試みである。

**喚起療法**［evocative therapy］ 行動はその基底的な要因によって喚起されるという考え方に基礎をおくセラピー。不適応行動や望まない行動を基底する要因が同定されたならば，気質的変化と環境的変化とがそれらの要因に影響を与え，そのために行動が変容すると考える。［アメリカの心理学者フランク（Jerome D. Frank: 1910-2005）によって始められた］

**監禁**［captivity］ 閉じ込められる，拘留される，投獄される，拘束される，奴隷にされるといった状態または期間のこと。⇨ **拘束後における健康上の問題**，**捕虜**

**眼筋**［eye muscles］ 1. 外眼筋（extrinsic eye muscles）は眼窩内で眼を動かす筋肉。3組の外眼筋がある。(a) **上直筋**と**下直筋**，(b) **外側直筋**と**内側直筋**，(c) **上斜筋**と**下斜筋**である。2. 内眼筋（intrinsic eye muscles）は眼自体に含まれる構造を動かす筋肉。一つは**毛様筋**であり，**調節**中にレンズの形状を変化させる。また**虹彩**の筋肉は**瞳孔**の大きさを変える。

**眼筋まひ**［ophthalmoplegia］ 眼の内部または外部にある筋肉のまひ。⇨ **動眼神経まひ**，**進行性核上性まひ**

**玩具検査**［toy test］ 子どものための様々な投映技法。人形，指人形，その他の玩具を使用する。⇨ **投映法**

**ガングリオシド**［ganglioside］ グリコスフィンゴリピドーシス（糖を含む脂質）のグループの一種。主に中枢神経系の組織に存在している。

**関係［1］**［relation］ 1. 2つ以上の出来事，あるいは全体と物事の間にみられる何らかの意味のあるつながり。このつながりの特異性は文脈や学問領域によって変化する。たとえば，科学において関係は主に因果関係を意味する。⇨ **因果律**　2. 2つの集合の要素間の対，もしくは写像。片方の集合のある要素が，もう片方の集合の要素の1つのみと対応する。

**関係［2］**［relationship］ 家族，友人，結婚，パートナー（partnership），あるいは互いの思考，感情，行動に影響を与え合う対人的結びつきなど，二者以上の継続的で拘束的なつながり。心理療法においては，治療者-患者関係（therapist-patient relationship）が患者の改善において本質的な要素と考えられている。日常における他の関係と同様に，信頼，思いやり，尊敬，理解によって特徴づけられる心理療法上の関係は，患者にとって肯定的な結果をもたらしやすい。

**関係学習**［relational learning］ 絶対的な性質（たとえば，ある決められた大きさをもつ刺激）ではなく，相対的な性質（たとえば，2つの刺激のうちより大きい方）に基づいて，刺激を弁別するような学習のこと。

**関係志向的**［relationship-motivated］ **リーダーシップスタイル**の一つで，リーダーは集団全体や個人の高い士気を維持するため，集団内で良好な人間関係を形成，維持し，不和をなくし，援助や励ましを与えることに集中する。LPC尺度を用いて測定される。⇨ **課題志向的**

**関係性**［relatedness］ 二者以上の人々の間の共感，信頼，一体感の互恵的関係のこと。

**関係性システム**［relationship system］ 特定の文化，社会，集団において認識されている対人的紐帯のシステムのこと。この言葉は，血縁や姻戚関係を基礎としない関係を含むので同族ネットワークあるいは同族関係よりも広くなる。

**関係性への移行**［relational shift］ **類推的思考**における発達的変化であり，子どもが問題解決をする際に，知覚的類似性ではなく，関係的類似性に注目できるようになること。

**関係先行仮説**［relational primacy hypothesis］ **類推的思考**が乳児の初期から利用可能であるという仮説。つまり，幼い乳児が，ある事象を他の事象と比較することで，問題を理解できたり，解決できたりするという仮説。⇨ **関係性への移行**

**関係抽出**［eduction］ 類推における，関係や関係間関係，あるいはその両方を理解すること。関係の抽出（eduction of relations）は類推の初めの2つの項目の関連性の理解に関わっており，一方，関係間関係の抽出（eduction of correlations）は，答えを見つけるために，その理解を第三の項目に適用することに関わっている。たとえば，「高い；低い；重い；？」という類推では，関係の抽出は，高いと低いの関係を推論するために用いられ，関係間関係の抽出は，その関係を適用して解として軽いを産出するために用いられる。［イギリスの心理学者スピアマン（Charles Spearman: 1863-1945）によって定義された］

**関係的態度**［referential attitude］ 統合失調症，または他の精神病の個人にみられる期待的な態度であり，**関係念慮**や**関係妄想**のために，環境的側面による正統化を求めること。

**関係念慮**［idea of reference］ 特に自身に関係のあるイベントや他の人の振舞い（例，会話やひそひそ話，または談笑）への感じ方。程度が甚だしい場合には**関係妄想**と言う。

**関係のマッピング**［relational mapping］ ある要素のセットについて知っていることを，異なった要素のセットに対して応用する能力。たとえば，AとBの関係を知ることによって，AがBと関連しているのと同様に，Cが

Dと関連している，というように演繹的に推論することができる．

**関係把握力**［perspective］実際の割合や関係について，物体，イベント，概念を捉える能力．

**関係妄想**［delusion of reference］他の人の行為や外の世界で発生するイベントが，ある人自身との関係において概してネガティブな特別な意味や重要性をもっているとする誤った信念．⇨ **関係念慮**

**関係役割**［relationship role］集団内の対人関係を強めたり維持したりする行動をとる集団成員が果たす役割の一つ．これらの役割の種類や呼び方は様々であるが，共通してあげられる役割として，すべての成員が貢献する機会をもてるように**コミュニケーション・チャネル**を制御する門番（ゲートキーパー: gatekeeper），調和者（harmonizer），調整者（compromiser），称賛と援助を提供する奨励者（encourager），緊張を和らげるとともにユーモアによって士気を上げる喜劇役者（コメディアン）がある．関係維持役割（maintenance role）や社会情緒的役割（socioemotional role）と呼ばれることもある．⇨ **課題役割**，**集団役割**

**関係療法**［relationship therapy］1. 直接的な指導法から精神分析療法までを含む，あらゆる心理療法を指す．そこでは，クライエントとセラピストの関係が重要な要因とされる．関係療法は，パーソナリティの成長を促進し，セッション中に評価や分析のために必要な現在の態度や過去の体験を引き出す受容的雰囲気を作り出しながら，情緒的サポートを提供する．2. 子どもの変化する能力を促進するための手段として，セラピストと問題児の間に温かく，友好的な関係を用いること．［アメリカのソーシャルワーカーであるタフト（Jessie Taft: 1882-1960）と児童精神科医アレン（Frederick H. Allen: 1890-1964）により初めて提唱された］

**間欠期**［intermission］自覚症状のない期間のこと．たとえば，**躁病エピソード**や**大うつ病性エピソード**の間，もしくは両方の期間など．

**間欠強化**［intermittent reinforcement］オペラントあるいは道具的条件づけで，部分的な反応だけが強化される**強化**のこと．

**簡潔さの法則**［law of precision］あらゆる知覚は，簡潔な輪郭をもった規則的かつ均整のとれた形態の知覚へと体制化されるというゲシュタルト心理学における法則．この用語はしばしば**プレグナンツの原理**の同義語として用いられる．

**間欠性爆発性障害**［intermittent explosive disorder］攻撃的衝動の抑制に失敗し攻撃的な活動を行うか，ものを破壊する抑えられない様々なエピソードから構成される情動調節性の障害．これらの攻撃的な活動は突然もたらされいかなる要因にも釣り合わず，他の精神障害や一般的な医学的状態によって引き起こされたものではなく，物質誘発性ではない．DSM-IV-TRにおいてこの障害は「他のどこにも分類されない衝動制御の障害」というカテゴリーに含まれる．⇨ **単一性爆発性障害**

**間欠性不眠**［intermittent insomnia］一晩に何度も覚醒する**不眠症**．

**完結性欲求**［need for closure］人生における苦しい経験を終わらせ，心理的決着をつけたいという願望．たとえば，関係の冷え切った夫婦は，実際的な理由だけでなく感情的な理由からも正式に離婚したいという欲求を感じる．⇨ **終結**

**観血癖**［hemothymia］血を見ることへの強い欲求や，殺人を犯すことへの病的な欲望のこと．⇨ **殺人狂**

**眼瞼痙攣**［blepharospasm］眼瞼筋の緊張性痙攣．不随意的なまばたきや閉眼が顕著となる．

**還元主義**［reductionism］ある現象や概念Aを説明する方略で，厳密に理解すれば，概念Bのほうがより単純で，基本的で基礎的であるといえる場合，概念Aを概念Bをもって説明すること．この用語は主に，人間文化や社会や心理を動物行動や物理的法則の観点から理解しようとする立場に適用される．心理学における還元主義の共通様式は，心理学的現象は生物学的現象に還元され，精神生活は単に生物学的なプロセスにすぎないとされる．⇨ **創発主義**，**随伴現象**，**同一説**，**唯物論**

**眼瞼条件づけ**［eyelid conditioning］**無条件刺激**（通常は電気刺激もしくはエアパッシュ）によりまばたきを誘発する，パブロフ型条件づけ研究のための手続き．

**頑健性**［robustness］仮説検定や推定法において，その方法論が依拠する仮定を満たさなくても妥当な結果を導くことができること．

**眼瞼裂**［palpebral fissure; rima palpebrarum］上眼瞼と下眼瞼の間の仮想的な線のこと．まぶたが開いているとき，眼瞼裂は楕円空間を形成する．

**頑固**［refractory］強情，非協力的，または扱いにくいこと．

**感光色素**［photopigment］桿体や錐体にある物質で，光と相互作用して化学反応カスケードを開始させ 光エネルギーを電気シグナルに変化させる．桿体細胞の感光色素は**ロドプシン**であり，錐体細胞は3つの異なる感光色素（**ヨドプシン**）のうちの一つをもつ．これら3つは異なる波長の光に対して感受性をもつ（⇨ **長波長色素**，**中波長色素**，**短波長色素**）．桿体細胞，錐体細胞の外側の膜板に位置する．視物質（visual pigment）とも呼ばれる．

**肝硬変**［cirrhosis］線維組織が広範に生成され，正常な肝機能が失われることによる肝障害．大部分のケースが慢性のアルコール乱用の結果であるが，代謝不良による先天的要因，毒性化学物質への曝露，感染症（たとえば，肝炎）のために生じることもある．

**看護師**［nurse］認可された看護学校を卒業した者で，教育と臨床実践に関する規定の基準を満たし，看護業務を行うことを国や県から認められた者．

**看護人**［personal-care attendant］身支度，食事などといった日常生活における活動を手伝うために，障害者によって雇用された人のことである．⇨ **日常生活動作**

**幹細胞**［stem cell］それ自身は未分化で，複数の特別な組織（血球や神経細胞など）を形成することができる細胞．この能力により，再分化できる幹細胞は生体の永続的な修復系として寄与する．幹細胞は胚にあるが（⇨ **ES細胞**）成体の組織幹細胞（tissue stem cell）にもある．成体および胚の幹細胞の研究により，幹細胞を特異的な組織の修復に利用したり，臓器を作ったりすることで，病気の治療が変わる可能性がある（⇨ **再生医学**）．倫理問題については議論のあるところだが，幹細胞の研究および成体細胞を用いた研究は1960年代から行われている（白血病や

リンパ腫の治療に骨髄の幹細胞を利用する）。最近では神経系，心血管系の治療（新しい血管の生成など），歯の再生（代替歯の生成など）にも発展する可能性が示されている。

**ガンザー症候群**［Ganser syndrome］耐えられない状況から逃避するために個人の無意識の努力の結果として，精神病の状態を模倣したり，**解離状態**になること。精神病院や，歴史的には刑務所（精神病監獄：prison psychosis として古い文献には記載されている）で，典型的にみられている。最も突出した特徴は，単純な問題やおなじみの質問に正解に近いおよその回答を答えることである（たとえば，「3＋3＝7」や「馬には5本の足がある」など）。他の特徴は意識混乱，不注意または眠気，転換症状（たとえば，**転換性まひ**），幻覚，エピソードに続くイベントの記憶喪失等がある。この症候群は**詐病**プロセスや，精神病性障害，頭部外傷の結果など様々に分類された。DSM-Ⅳ-TR では，**特定不能の解離性障害**と分類されている。仮性認知症（pseudodementia）とも呼ばれる。［ドイツの精神科医ガンザー（Sigbert Ganser: 1853-1931）が1898年に最初に用いた用語］

**カンザス州 対 ヘンドリックス**［Kansas v. Hendricks］刑期を終えた性犯罪者の不同意の**措置入院**を支持し，論争を呼んだアメリカ合衆国最高裁判所の1997年の判決。再犯の恐れがある場合は，刑期を終えた性犯罪者を精神病院に収容することは違憲ではないという判決が下された。

**観察**［observation］対象に対する事実を得ることや，観察されたものに基づいて対象の帰結を報告することを目的として行う，対象やプロセスに関する意図的な調査のこと。⇨ **実験的観察，自然観察法，参与観察**

**観察学習**［observational learning］**1.** 他者の行動を，直接的に，もしくはフィルムやビデオなどのメディアを通して見ることによって，情報，スキル，行動を獲得すること。代理学習（vicarious learnig）とも言う。**2.** 条件づけにおいて，動物に同種もしくは異種の動物の行動を観察させ，それと同じように行動させること。たとえば，マネシツグミは他種の鳥の鳴き声を真似することを学習できる。代理条件づけ（vicarious conditioning）とも言う。⇨ **モデリング理論**

**観察研究**［observational study］事例（実験参加者）を直接的に観察することを基礎とする研究。実験者は，介入や統制をせずに，実験参加者の行動を受動的に観察する。このような研究では特に，事例を実験的条件にランダムに割り当てるのではなく，自然な条件下での事例を観察する。⇨ **観察法**

**観察者**［observer］**1.** 観察し，記録する人。**2.** テレパシー実験において，**送信者**にも**受信者**にも該当しない参加者のこと。その役割は**実験者バイアス**や諸々の方法的誤りを防ぐこと。

**観察者としての自己**［self as observer］実行機能をコントロールするために，感覚的，言語的な情報を解釈する自己の側面。つまり，認識者としての自己（⇨ **主格の自身**）。

**観察者ドリフト**［observer drift］一定期間を経てある観察者によってなされた観察と観察記録における徐々系統立った変化。⇨ **実験者ドリフト**

**観察の影響を受けた測定**［reactive measure］研究のもとで反応を変えてしまう測定のこと。たとえば，もし参加者が観察されていることに気づくと，彼らの反応は，刺激や状況よりも，観察者や観察されているという事実によって影響を受ける。⇨ **目立たない測定**

**観察反応**［observing response］**弁別刺激**の呈示，もしくは明示（たとえば，視覚的強調）の結果生じる反応。

**観察法**［observational method］観察者が個人的な偏見や解釈をもたずに，行動や出来事，過程をできるだけ正確かつ完全に観察し，記録する科学的方法。正確さを増すために，テープレコーダーやカメラ，ストップウォッチなどの道具を用いる。

**冠詞**［article］言語学において，（対象が限定性をもつことをいう）定性や数の側面から（たとえば，英語における a や the など），また，多くのロマンス語においては性別の側面から（たとえば，スペイン語における el や la など）名詞を限定する**限定詞**のこと。

**監視事象**［sentinel event］健康管理における予期できない出来事，つまり，死亡や深刻な身体的，精神的損傷をもたらすような異常事態のこと。このような出来事はすぐさま注意すべきと警告を発する危険信号の役割をもつことから，「監視員・番人（sentinel）」と呼ばれる。

**監視制御**［supervisory control］人間工学において，自動化されたシステムの中で人間のオペレータに割り振られた役割。オペレータはシステムの監視，解釈，意思決定，マニュアル修正，介入の責任を負う。オペレータの役割を監視制御に限定することは，システムの構造によって，最適化される場合もあればパフォーマンスが低下することもある。

**鉗子損傷**［forceps injury］出産中に，母親の子宮から乳児を引き出すために鉗子を使用することによって生じる，一時的または，永久的な先天性欠損症。鉗子損傷は，脳性まひの原因の一つである。85％の症例は，妊娠中または分娩中における神経の損傷によるものである。

**カンジダ症**［candidiasis］カンジダ属の酵母様の菌類，特にカンジダ・アルビカンス（鵞口瘡カンジダ）による感染症。これらの菌類は，口内，皮膚，腸管，膣内に常在する正常細菌叢であるが，ある特定の状況下で様々な感染症を起こしうる。一般にカンジダ症は，口内や皮膚の襞や膣内に生じる。あまり一般的ではないがより深刻なものとして，敗血症や心内膜炎，髄膜炎，骨髄炎につながる全身感染症を引き起こすカンジダもある。これらの重篤な感染症は，たとえば**エイズ**のような免疫不全状態や衰弱した患者にみられる。カンジダ症は以前はモニリア症（moniliasis）と呼ばれていた。

**間質細胞**［interstitial cell］他の組織や構造の間にある空間を埋める細胞の総称。**精巣の間質細胞**は輸精管を取り巻いており，**黄体形成ホルモン**によって刺激されるとテストステロンを分泌する。

**感謝**［gratitude］誰かからもたらされる明白な利益（たとえばプレゼントや親切など）や，偶然の良い出来事（たとえば清々しい日など）など，何らかの贈り物として受け取る際の反応に現れるありがたさや幸福の感覚。

**かんしゃく**［temper tantrum; tantrum］怒りの激しい爆発であり，通常は2歳～4歳の間に起こる。叫び声をあげる，蹴る，噛みつく，叩く，頭部強打といった行動がある。このような出来事は普通は，直接的な挑発とは調和が

とれておらず，蓄積された緊張や葛藤が表出したものとみなされる。⇨ 反抗挑戦性障害

**かんしゃく病**［spleen］ メランコリーやうつ病の旧式名称で，不機嫌で怒りやすいこと。感情が脾臓（spleen）に宿ると考えられていたことに由来する。

**患者－クライエント問題**［patient-client issue］ 心理学的なサービスや援助を利用する人々をどのように同定・呼称するか，というジレンマのこと。精神科医や，多くの臨床心理学者，そしてその他の精神医療従事者は，医療モデルの伝統的な言葉遣いに従い，彼らの援助を求める人々を患者（patient）と呼ぶ。一方，カウンセリング心理学者や，一部の臨床心理学者，ソーシャルワーカー，カウンセラーは，病や障害と結びついた「患者」という言葉を避け，代わりに，彼らの援助を求める人々をクライエント（client）と呼んでいる。

**患者とみなされた者**［identified patient; symptom bearer; symptom wearer］ 構造化された集団（特に家族）の一員で，ある精神疾患の症状を呈しており，他の成員によって治療が必要と判断される者のこと。臨床研究からは，その集団全体の成員間に複雑で深刻な不適応的行動パターンが認められることが明らかになっているが，心理的なスティグマは主に，患者とみなされた者一人に向けられるとされている。⇨ 機能不全家族

**患者のマッチング**［matching patients; psychotherapy matching］ コンプライアンスや治療効果を向上させるために特定の患者や治療グループの患者に対して特定の治療処置を施し，特定のセラピストを選択する過程のこと。その過程は特定の患者の診断，要求，問題，性格に基づいている。たとえば，セラピストの選択基準として人種，民族，経験，また治療状況の基準として，入院患者，外来患者がある。

**観衆**［audience］ 行動，事象，活動を観察する多数の人。野次馬や**群衆**とは異なり，観衆は，自制的で，社会規範に沿った態度をとる。観察した行動や活動が完了すると，観衆は意図的にそれに参加するか，その場を退出する。テレビ放送の観衆のように，広く点在している事例もある。

**慣習**［custom］ 伝統的な態度や儀式，行動が世代間で伝えられ，それらが，特定の状況で適切なものとされるだけでなく，望ましいものとして文化によって規定されていること。

**観衆効果**［audience effect］ 他者の存在および自分のとった行動を他者が知りうると信じることが，人間の行動に与える影響。行為が単純で，習熟されたものの場合は，その行為の遂行力や成績が向上する（⇨ **社会的促進**）。しかし，行為が複雑であったり，遂行が難しかったり，観衆から行為を非難されると行為者が信じている場合には，行為の遂行が阻害される（⇨ **社会的抑制**）。

**慣習的水準**［conventional level］ コールバーグの道徳性発達理論における，道徳的な理由づけの中間的な水準。家族と社会の道徳的な規則を同一視し，その規則に従うという特徴をもつ。この水準でも，より早い段階（モデルの第3段階⇨ **対人的同調**）は承認要求行動と自分自身の意図の自己評価によって特徴づけられる。より遅い段階（モデルの第4段階⇨ **法と秩序の志向**）は固定化されたルールや義務，権威への服従，存在する社会的秩序の防衛の重視によって特徴づけられる。⇨ **前慣習的水準**，**脱慣習的水準**

**慣習法**［common law］ 裁判所がこれまでに下した決定から導かれる法律原理で，制定法によって確立されたものとは対照的な法律原理。裁判官が作った法（judge-made law）とも呼ばれる。⇨ **判例法**

**間主観性**［intersubjectivity］ 共感のあるコミュニケーション。たとえば，幼児とその養育者とが目と目を合わせることによって，自覚している経験を共有することができる能力。

**感受性**［sensibility; susceptibility］ 1. 強烈な感覚を伴う感情状態に応ずる能力。2. 感情や感性に関する気づき。

**感受性訓練**［sensitivity training］ 自分への気づき，豊かな対人関係，他者の感情や態度，欲求への感受性を発達させることに焦点を当てた集団過程。感受性訓練で重要な点は，自由で構造化されない討論であり，リーダーは観察者やファシリテーターとして機能する。場合によっては，**ロールプレイ**などの技法も用いられる。感受性訓練は一般社会での**人間関係トレーニング**で採用されており，一般社員や管理職員，夫婦などの多様な集団形式で，週に1回または週末での集まりなど，様々な形で行われている。⇨ **アクション・リサーチ**，**人物成長研究所**，**Tグループ**［レヴィン（Kurt Lewin）やロジャーズ（Carl Rogers）によって始められた］

**緩衝**［buffering］ 個人の社会的支援（ソーシャルサポート）がストレスフルな経験からの影響を和らげること。

**干渉**［interference］ 1. 今現在の学習や記憶が，他のものの学習や記憶と内容的な競合を起こして，阻害されること。干渉は様々な要因によって起こり，たとえば，学習前の情報によって起こる場合（⇨ **順向干渉**）学習後の情報によって起こる場合（⇨ **逆向干渉**），想起時の競合によって起こる場合（⇨ **出力干渉**），他の情報の提示によって起こる場合（⇨ **挿入課題**）などがあげられる。2. ノイズの呈示により反応が歪められること。3. 2つあるいはそれ以上の光，音，あるいはその他の波形の間で生じる相互作用で，それらが重なることで新しい波形が生じる。同じあるいは類似した周波数をもつ波形に関して頻繁に用いられ，干渉が生じた場合には補強性あるいは相殺性の相互作用が生じる。前者では，同相の波形によって波動が強化され，波の振幅が増大あるいは減少する領域がそれぞれ生じる（たとえば，明るい線分と暗い線分，あるいは大きい音と小さい音）。後者では，異相の波形によって波動が減少あるいは相殺される。

**緩尖**［platykurtic］ 正規分布よりもさらに平坦な得点の分布を表現したもの。つまり，正規分布よりも，左右両極側に得点が多いことや中心に得点が少ない場合を指す。⇨ **中尖**，**急尖的**

**感傷**［sentimentality］ 特にロマンティックでムードがあるような情緒的な状況で，過度に，感情的に揺れている状態，その質を指す。⇨ **情緒性**

**感情[1]**［affect］ 気分や情動についてのあらゆる体験。これは，苦痛から喜び，単純なものから複雑なもの，健常な反応から病的反応まで多岐にわたる。感情は，**認知**，**意欲**とともに心（mind）の三大要素の一つとされる。感情は内省的な場合もそうでない場合もある。非内省的感情（irreflexive affect）は，ある情動状態**感情のトーン**を意識する経験のことである。例としては，良いニュースを聞

いて喜びを感じることがあげられる。内省的感情（reflexive affect）は，人が自分の気分を吟味しようとする際に起こる。例としては，良いニュースを聞いたのにそれほど嬉しくなかったのはなぜかをいろいろ考えてみる場合があげられる。⇨ 否定的感情，肯定的感情

**感情[2]**［feeling］　1. 知覚可能な個人内体験のこと。漠然とした感じや考え，イメージといった感覚様式からは区別され，それらによって喚起されるものが感情である。感情は主観的・評価的であり，特に快か不快かという評価が付されるが，より特徴的な心理的属性をもつこともある。たとえば，恐怖に関する**感情のトーン**は怒りのそれとは区別して体験される。認知や感覚，他の知覚しうる心的体験と感情を区別しうる重要な特徴は，感情から**評価**への結びつきである。感情と**情動**に関する差異としては，前者は純粋に精神内界に存在するものであり，後者は世界との関わり合いが念頭に置かれている，という点がある。2. 体験されるあらゆる感覚のことで，特に触覚や温度感覚（たとえば，痛みや冷たさ）のことである。

**感情イメージ法**［emotive imagery］　行動療法や認知行動療法において，クライエントが心地よく保護的な状況の中でリラックスしつつ，情動が喚起される場面をイメージするための手続きのこと。⇨ **相互抑制**

**緩衝化**［buffering］　産業・組織心理学の理論の一つで，環境的な不確実性から組織のオペレーションを守るために行われる実践を指す。たとえば，過剰在庫を生じさせることで，安全域（safety margin）を作り出すことなど。このような実践は，現代の管理理論では一般に廃止される方向にある。

**感情型**［feeling type］　ユング（Carl Gustav Jung）の**分析心理学**において，**心理機能タイプ**は感情や情動の優位性によって特徴づけられる。感情型において個人の体験や世界は，それらがどのような感情を生じさせるかによって評価される。ユングの2つの**合理的タイプ**のうちの1つが感情型であり，他方は思考型である。⇨ **直観型，感覚型**

**感情技法**［emotive technique］　治療中の議論において，より確実に，そして活用できるようにするために，はっきりと生き生きとした方法で自らの思考や感情を表現するようにクライエントに働きかけることを意図した様々な治療技法。感情技法は，たとえば**理性情動行動療法**では，知的な洞察から感情的な洞察へと移行させるために，不合理な信念を論駁する試みとして用いられる。

**感情均衡**［affective equilibrium］　ある一連の精神物理学的判断は，判断対象となる個々の刺激の中央値の周囲で形成されるという概念。

**感情幻覚**［affective hallucination］　**感情精神病**を背景にして生じる幻覚で，躁ないし抑うつ的な内容を伴う。

**感情荒廃**［emotional deterioration］　自分自身への無頓着や他者も含めた環境への無関心，不適切な感情反応によって特徴づけられる感情状態。

**感情尺度**［affect scale］　情動の主観的側面の強度を量的に測るための心理測定尺度のこと。例として，**ベック抑うつ尺度**があげられる。

**感情充満**［emotional charge］　プレッシャーによって抑えつけられ爆発寸前と考えられる，怒りなどの強い感情のこと。この概念には，感情がネガティブにもあるいはポジティブにも蓄えられるという考えが含まれている。

**感情障害[1]**［affective disorder］　DSM-Ⅲでは，この障害は情緒の障害が優勢であり他のどんな身体的あるいは精神的疾患に起因せず，長引くことが特徴とされている。この群は大感情障害（major affective disorders）（例，大うつ病）**大うつ病性障害，双極性障害**），他の特定の感情障害（⇨ **気分循環性障害，気分変調性障害**），不定型の感情障害（⇨ **非定型抑うつ**），そして時には小うつ病性障害を含む。DSM-Ⅳ-TRでは感情障害は**気分障害**に分類される。

**感情障害[2]**［emotional disorder; emotional illness］　主に現実では不適当で不釣り合いな不適応的感情反応に特徴づけられる障害。大まかにいえば，いずれの精神障害もこれにあたる。⇨ **気分障害**

**感情障害および統合失調症用面接基準**［Schedule for Affective Disorders and Schizophrenia: SADS］　成人に関して，精神病理学的症状がみられる範囲を細かく特定し記述するための**構造化面接**のこと。標準的で信頼性のある診断のために使われる。感情障害および統合失調症用面接基準には連続する質問と診断基準があり，生涯にわたる発症と最新または現在の発症の双方について症状の重さを0-4，0-6，または0-7尺度を使って評定する。子どもや青少年用のバージョンもある（Kiddie SADS）。［1978年アメリカの精神科医スピッツァー（Robert L. Spitzer: 1932- ）と臨床心理学者エンディコット（Jean Endicott: 1936- ）によって開発された］

**感情状態**［affective state］　情動状態の型。この用語は，人の認識を情動が左右するような状況で用いられることが多い。

**感情ストレス**［emotional stress］　心理的緊張や困難の感情のことであり，危険な，脅威となる状況あるいは個人の安全が失われることによって生じ，内的葛藤や欲求不満，自尊心の喪失，悲嘆によっても生じる。

**干渉性**［coherence］　光波のようなエネルギー波の測定が，2つの時間（時間的コヒーレンス：temporal coherence）か2つの位置（空間的コヒーレンス：spatial coherence）によって関連していること。そのような光線が，同期，あるいは定位相の関係をもつとき，コヒーレント（coherent）であると言う。

**感情精神病**［affective psychosis］　重篤な**大うつ病性エピソード**もしくは躁病エピソード時に起こる**精神病**。気分の混乱が精神病的兆候に先行し，そして精神病的兆候はこれらのエピソードの間だけに起こる。⇨ **気分に一致した精神病性の特徴，気分に一致しない精神病性の特徴**

**干渉説**［interference theory］　忘却が他の学習や記憶との競合によって起こるとする仮説。前もって獲得された情報によって干渉が起こる（⇨ **順向干渉**）場合と，ターゲットの記憶が獲得された後に示された情報によって干渉が起こる場合（⇨ **逆向干渉**）とがある。

**環状染色体18**［ring chromosome 18］　先天的な染色体異常であり，耳や目の異常や，深刻な精神遅滞である**小頭症**によって特徴づけられる。この症状は遺伝によるものではなく，染色体18の腕が損傷して結合し，様々な大きさの輪になるために起こる。

**感情喪失**［loss of affect］　感情的に反応する力の喪失のこと。**平坦な感情**を招く。

**冠状断面**［coronal section］　**冠状面**で切った**断面**。前

前頭断面，前頭断面（frontal section）とも言う。

**感情調節**［affect regulation］　人の気分や感情状態を変えたり，引き延ばしたりする試み。悪い気分から抜け出そうとすることは，最も一般的な例である。人は通常，単純に気分を変えようと決心するだけでは感情を変えることはできないため，感情調節のために多くの間接的な戦略を用いる。

**干渉抵抗**［resistance to interference］　課題遂行を妨害しないように無関係の情報を無視する能力。そうした情報を無視する能力の低さは干渉感受性（interference sensitivity）と言う。

**感情的虐待**［emotional abuse］　非身体的虐待。これは，言語的虐待，被害者に対する卑しめや辱め，感情的支配，愛情や経済的支援の抑制，あるいはこれらの組合せなどを含む。心理的虐待（psychological abuse）とも呼ばれる。

**感情的遮断**［emotional blocking］　思考，言葉，極端な感情による，異なった反応の阻害。しばしば極度の恐怖とも関連する。⇨ **阻止**

**感情的説得**［affectively based persuasion］　対象に関連する情動，情緒，気分状態をまず変えることで態度を変化させようとすること。情緒的説得（emotionally based persuasion）とも呼ばれる。⇨ **認知ベースの説得，態度基盤，恐怖アピール**

**感情的反応**［emotional response］　与えられた刺激に対する，喜び，恐れ，悲しみなどの反応のこと。

**感情的リスク理論**［risk-as-feelings theory］　リスクの程度が関係する状況での意思決定には，望ましさや様々な結果の生じる可能性に関する合理的な評価ではなく，むしろ，心配，恐怖，不安といった情動的反応に基づいてしばしばなされることを示したモデルである。⇨ **主観的期待効用**

**冠状動脈性心臓病（CHD）**［coronary heart disease: CHD］　冠状動脈を通して心筋へ送られる血流が制限され，心臓血管の疾患。原因は通常，冠状動脈のアテローム硬化症であり，しばしば致命的な心筋の梗塞につながる。この疾患の経過や予後には，行動的要因と心理的要因が含まれていることが多い。冠動脈疾患（coronary artery disease）とも言う。

**感情鈍麻［1］**［blunted affect］　感情のトーンが低迷すること。スイスの精神科医であるブロイラー（Eugen Bleuler: 1857-1939）が表した統合失調症の基本症状の一つである。

**感情鈍麻［2］**［restricted affect］　範囲と強度が減じられた感情表現のこと。うつ病，抑制的なパーソナリティ，統合失調症において共通する。⇨ **平坦な感情**

**感情内容**［emotional content］　強い情動を引き起こすようなテーマや特徴のこと。様々なコミュニケーションの形式（書物や映画など）によって表現されたり，特定の状況下において明示されたりする。

**感情における心拍数**［heart rate in emotion］　特定の感情状態に関連した心拍数の変化。一般に，恐れ，怒り，軽蔑などの状態は心拍数を増加させ，注意深い状態や肯定的な感情反応の状態，興味のある状態は減少させる。しかし，心拍数と感情との間の実際の関係は複雑であり，ある感情状態にある生物の筋肉組織がどの程度のエネルギー需要をもつかに大きく影響される。たとえば，恐怖のために急性の不動反応（死んだふり）と弛緩状態を呈した動物は恐怖への反応として心拍数の減少を示すが，他方で，不動であるが逃避態勢をとっている動物は心拍数の上昇を示す。笑っている状態は快いものであるが，笑うという行為に広範な筋肉群が関わるため，一般に心拍数の上昇と結びつく。

**感情における半球の役割**［hemispheral roles in emotion］　感情の発生と抑制において脳の左半球と右半球で異なる役割をすること。特に，左半球の前頭葉はポジティブな感情を制御するといわれている。この領域に損傷やダメージを受けるとポジティブな感情を欠くことになる。対照的に，右半球の前頭葉はネガティブな感情（たとえば，悲しみ，恐れ）を制御するといわれている。脳のこの部分に傷害があるとネガティブな感情を欠くことになる。もしくは，左半球の前頭部は接近に関する感情を制御し，右半球の前頭部は回避に関わる感情を制御すると考えられている。

**感情認知**［emotional cognition］　特に，表情や声のトーンなどの手がかりから，他者の感情を認識し解釈する能力，または，自分自身の感情を正しく解釈する能力のこと。感情認知の障害は様々な心理学的な疾病と関連があり，特にアスペルガー障害と関連があるとされている。

**感情・認知の一貫性**［affective-cognitive consistency］　感情的および認知的態度基盤が，その評価性において互いに一致している程度。たとえば，もし感情的基準が非常にポジティブで，認知的基準が非常にネガティブであれば，感情・認知の一貫性は低い。⇨ **感情・評価の一貫性，認知的評価一貫性**

**感情・認知の構造**［affective-cognitive structure］　感情的経験と，思考またはイメージの結合。たとえば，安心感や恐怖の低減といった感情が，安全な避難所としての親という考えに結びつくことなど。

**感情の一般性**［universality of emotions］　情動の表出，評価，顕現が異なる文化や社会を通じて同じである，あるいは高度に類似していること。⇨ **感情の文化的特殊性，一次的情動**

**感情の置き換え**［transposition of affect; displacement; displacement of affect］　特定の考えや対象に関する感情的要素が，それとは関係のない考えや対象に向けられること。強迫性障害で起きることが多い。

**感情の解放**［discharge of affect］　たとえば泣くなどの，感情を積極的に表出することによって生じる感情の減少のこと。［フロイト（Sigmund Freud）によって言及された］

**感情の隔離**［isolation of affect］　精神分析理論において，心的外傷となった出来事を想起した際，関連する感情を体験しないように苦痛を分離する防衛機制。

**感情の固さ**［affective rigidity］　普通は情緒や感情が変化するであろう様々な状況を通じて，情緒や感情が変化しないままでいる状態のこと。感情の固さは強迫性障害や統合失調症においてよくみられる。

**感情の洪水**［emotional flooding］　現在の心理学や医学の論文では用いられない俗語で，体験している人が圧倒されてしまうほど激しく，制御できない感情が押し寄せること。

**感情の構成主義理論**［constructivist theory of emotion］　感情は生得的ではなく，社会的・文化的な経験を経て構築されると考える説。⇨ **社会構成主義**

**感情のコントロール**［emotional control］　自分の感情が自分の思考と行動に与える影響を自己制御すること。

**感情の3次元理論**［feeling theory of three dimensions; tridimensional theory of feeling］　感情は「快-不快」（快楽属性），「興奮-沈静」「覚醒-弛緩」の3次元に沿って変化すると考える理論のこと。基本的な感情が組み合わさり複合的な感情になる。この理論を用いることで，複数の感情の様々な組合せと連続性によって，また3次元の軸に沿った感情の特定の方向性によって，異なる情動が特徴づけられると定義される。ヴントの情動の3次元説（Wundt's tridimensional theory of emotion）とも呼ばれる。［ヴント（Wilhelm Wundt）によって提唱された］

**感情の次元理論**［dimensional theory of emotion］　感情には2つ以上の基本的な次元があるとする理論。2次元の理論については，「快-不快」という快楽水準と，「興奮-沈静」という活性水準の2つの水準があるということで合意がなされているが，それ以上の次元の分類は様々である。⇨ 感情の3次元理論

**感情の衝突**［emotional conflict］　矛盾する激しい感情の間の不一致の状態（たとえば愛と憎悪，成功への欲求と失敗への恐れ）であり，人に苦痛をもたらすもの。

**感情の相互作用**［affective interaction］　非常に情緒的な対人相互作用のこと。**集団心理療法**，あるいは家族の中で生じることがある。

**感情の調整**［emotional adjustment］　生活上の感情面をバランスよく維持し，合理的に感情をコントロールし，与えられた状況に適した感情表現ができる能力。

**感情のトーン**［affective tone］　特定の体験や刺激と関連している気分や感情のこと。心理療法において，クライエントが自分の感情のトーンを認識できないとき，セラピストはコミュニケーションの主要な要素として，クライエントの注意を感情のトーンに向ける。したがって，根底にある無意識的な感情にクライエントの注意を集中させることになる。情調（feeling tone）とも呼ばれる。

**感情の発達**［emotional development］　あらゆる感情を体験し，表現し，理解する能力が段階的に増加すること。たとえば，幼児は生後8週目に微笑んだり眉をひそめたりし始め，生後3か月〜4か月頃に笑い始める。喜び，恐れ，怒り，嫌悪の表情が生後6か月より見られ，生後8か月から見知らぬ人物への恐れの表情が見られる。愛着と嫉妬は生後1年〜2年頃に見られ，かんしゃくで表現される激怒の表情が生後1年またはそれ以降に見られる。大脳皮質の制御，他者の模倣，ホルモンの影響，家庭の雰囲気，条件づけは感情発達において主要な働きをする。また情緒の発達（affective development）とも呼ばれる。

**感情の反射**［reflection of feeling; reflection response］　クライエントとのコミュニケーションにおいて暗示された感情や態度をセラピストが言語化して強調すること。ロジャーズ（Carl Rogers）によれば，その言葉が，クライエントの観点から，クライエントの経験の本質を反映し伝えるものであるからこそ，隠された曖昧な感情が明確化される。

**感情の反転**［reversal of affect］　精神分析理論において，自己を傷つけたいというマゾヒスティックな衝動が他者を傷つけたいというサディスティックな衝動へと変容するときのように，**欲動目標**がその反対へと変化すること。情動の逆転（affect inversion, inversion of affect）とも呼ばれる。

**感情の不調和**［affective disharmony］　情動反応と観念思考内容が一致しない，統合失調症の特徴。

**感情の文化的特殊性**［cultural specificity of emotions］　感情を引き出すものや感情の表現が，異なる文化と社会の成員間で大きく異なること。⇨ **感情の一般性**

**感情・評価の一貫性**［affective-evaluative consistency］　態度の感情的基盤（⇨ **態度基盤**）と態度全体とが，評価において互いに一致している程度のこと。感情的基盤が非常にポジティブであるにも関わらず，全体的態度が極端にネガティブな場合，感情・評価の一貫性は低いといえる。⇨ **感情・認知の一貫性，認知的評価一貫性**

**感情表現**［emotional expression］　心理的状態が外に表れたもの。たとえば，高い調子の声は**覚醒**の表れであり，顔の潮紅は**困惑**の表れ，など。⇨ **感情表出**

**感情表出**［affect display］　感情の表示器として役立つ，顔，音声，ジェスチャーを利用した行動。

**感情表出（EE）**［expressed emotion: EE］　感情障害の者あるいは精神障害者に対して，その家族成員が表す批判や敵意，情緒的な過干渉のような否定的感情のこと。これは障害の再発可能性の高さと関連がある。最初にこの用語を用いたのはイギリスの精神科医ブラウン（George W. Brown），バーレイ（Jim L. Birley），ウィング（John K. Wing）による1972年の研究である。

**感情ブロック**［affect-block］　特に強い情動において，情動を観念や思考から切り離さなければならないために，その適切な表出や情動体験ができない状態。統合失調症や強迫性障害の患者に特徴的にみられる。

**冠状面**［coronal plane］　身体や脳を前面（前側）と背面（後ろ側）に半分に分ける平面。前額面，前頭面（frontal plane）とも言う。

**感情誘導イメージ法**［guided affective imagery: GAI］　心理療法において，**カタルシス**を楽に行ったり，クライエントにとって話し合うには苦痛であるが，現在抱えている情動に取り組んだりするために用いられる技法であり，情動的な空想や白昼夢を聞きとることを指す。治療者は，情動を引き起こす過去のイメージや，こうあってほしいと願う将来像に集中するように指示する。この技法は，**短期療法**や**集団心理療法**でよく用いられる。誘導イメージ法（guided imagery）とも言われる。⇨ **視覚化**

**感情予測**［affective forecasting］　特に，自分が直面している出来事や結果に関連づけて，自分自身の将来の情動的状態を予測すること。人々は，多くの場合，自分自身が実際に経験するよりも，出来事に対して極端で持続的な情動的反応を予測する。

**感情理論**［affective theory］　治療的変化での感情および感情の重要性を強調する精神療法へのアプローチの基礎となるパラダイム（枠組み）のこと。

**感情論理**［affective logic］　感情が，精神生活を支配していると考える仮説とは異なり，自分自身の精神機能とは独立した機能をもつと考える仮説のこと。

**感情ワクチン**［emotional inoculation］　不安を生み出す体験をイメージしたり，実際に行ったり，**認知的リハーサル**をすること。反応を予測したり，反応を計画することができるようになることで，リハーサルは不安を低下させる。

**感じることのできる**［sentient］　刺激を感じ，認識できること。

**関心**［interest］　選択的注意を，活動，目標あるいは研究領域といったその個人にとって重大である何かに向ける必要性によって特徴づけられる態度のこと。

**眼振**［nystagmus］　不随意的で急速な眼球運動のこと。その眼球運動は回転性，横方向，縦方向，そしてそれらの動きが混合したものである。⇨ **生理的眼振，前庭性眼振**

**眼神経**［ophthalmic nerve］　眼窩，鼻腔の前部，鼻と額の皮膚を仲介する**三叉神経**の一部。

**灌水療法**［hydrotherapy］　病気や怪我の治療，幸福感の促進のために，内的・外的に水を使用する治療法。**入浴療法**，衛生灌水（hygienic douches），それに治療補助あるいは身体リハビリテーションのためのアクアスポーツや運動が含まれる。かつては，せん妄状態や激越状態にある患者を落ち着かせるために精神医学的な治療に利用されたこともある。湿布（wet pack: 濡れたシートで患者の身体を巻く）や連続的入浴療法（continuous bath treatment: 体温を一定に保つために温水を浴槽に流し続ける）などが用いられた。

**関数**［function］　（記号：$f$）定義されたルールに応じて，別のものと数や量，実在するものとを関係づける数学的な手続きである。たとえば $y=2x+1$ ならば，$y$ は $x$ の関数と言われる。これは $y=f(x)$ と記述される。ここで $y$ は従属変数であり，$x$ は独立変数である。

**間性**［intersexuality; intersexualism］　雌雄両方の性的特徴（とりわけ第二次性徴を指すが，一部の事例では内的ないしは外的生殖器の発達）を備えた状態。そのような特徴を呈する個体は間性個体（intersex）と呼ばれる。⇨ **両性具有者，仮性半陰陽**

**完成検査**［completion test］　被検者が，印刷された文章の空白部を，句，語，あるいは文章で埋める検査。非言語的な完成検査では，欠けている数字，記号，または描写を埋めていく。⇨ **語幹完成課題**

**慣性原則**［principle of inertia; inertia principal］　精神分析理論において，意識的行動より無意識の習慣的な行動を好むことで，費やすエネルギーを最小にする生物の傾向。この原則は，**反復強迫**の基礎となる心理過程と仮定されており，**イド抵抗**の一種である。⇨ **死の本能，涅槃原則**

**感性工学**［kansei engineering; affective engineering］　ある製品の一部分や一群の製品に関するユーザーの主観的感覚を取り上げて分析し，得られた知見を次の製品のデザインに組み入れる工学およびデザインの実践。感情工学（affective engineering），情動工学（emotional engineering），感覚工学（sensory engineering）とも呼ばれる。［"kansei" は日本語の"感性"から］

**肝性脳症**［hepatic encephalopathy］　筋緊張の亢進を伴う振戦，意識変容，パーソナリティ，気分，行動の障害が特徴の代謝性脳疾患。肝臓病と関連があり，血液その他の組織におけるアンモニアの蓄積とも関連がある。門脈大循環性脳症（portal-systemic encephalopathy）とも呼ばれる。

**眼精疲労**［asthenopia］　眼と眼筋の衰弱や疲労。通常，それらの負担や酷使によって起こる。

**感性予備条件づけ**［sensory preconditioning］　初めに2つの中性刺激（AとB）を対呈示し，その後Aと無条件刺激を対呈示することにより成立する**パブロフ型条件づけ**の一種である。もしBが無条件反応を引き起こすようになれば，感性予備条件づけが生じている。感性条件づけ（sensory conditioning）とも呼ぶ。

**関節**［articulation］　骨と骨の間にある可動性の結合部分のこと。

**関節炎**［arthritis］　関節の炎症のことであり，しばしば関節周りの筋肉や骨の硬直を伴う。関節炎には，体を結びつける組織のいたるところの炎症性の変化に関連する，慢性的な全身の病気や自己免疫の病気（⇨ **自己免疫**）である関節リウマチ（rheumatoid arthritis）や，荷重関節に影響を与える進行性の病気や，関節組織の擦り切れによって起こる骨関節炎（osteoarthritis）などを含むいくつかの種類がある。関節炎の社会心理的な効果は，ライフスタイルの変化や人間関係のストレス，抑うつ気分がある。

**関節覚**［articular sensation］　関節の位置に起因する感覚のこと。

**関節強直**［ankylosis］　関節が動かないこと，硬化している状態。大抵は関節粘膜の破壊や骨構造の欠陥によって起こる。リウマチ性関節炎のように生まれつき起こる場合や，外科的な固定術（関節固定術）によって起こる場合もある。

**関節症**［arthropathy］　関節の炎症，神経障害，その他関節に関わる障害の総称。

**間接的作動物質**［indirect agonist］　受容体において直接作用するというよりも，受容体における**作動薬**の活動を活性化させる物質。間接的作動物質は，代謝の増加や，活性化物質の化合物を放出することによって，あるいは受容体の活性化物質のすべての結合を弱める他の物質と入れ替わることによって，影響を与える可能性がある。

**間接的態度測定**［indirect attitude measure］　態度の報告を求めることなく，その態度を評価するあらゆる手続き。**ロストレター法**や**情報エラー法**など，非伝統的なアプローチが間接的な態度測定の例である。⇨ **顕在的態度測定，潜在的態度測定，直接的態度測定**

**間接的連合**［indirect associations］　他者にとっては奇妙で支離滅裂に思われる，観念間連合の不明瞭さ。統合失調症の症状の一つ。⇨ **連合弛緩**

**間接発話行為**［indirect speech act］　発話の形式や内容から，その意図が明示的に示されてはいないが，推測することができる**発話行為**。たとえば，「ここはとても寒い！」という表面的な発話は，誰かに窓を閉めることを要求している。⇨ **会話上の推論，形式と機能の区別，含意**

**感染**［transmission］　何か（たとえば，病気）がある場所もしくは人物から別の場所や人へと移ることを引き起こす行為もしくは過程。⇨ **水平感染**

**完全記憶能力**［total recall］　ある事象を完全に，そして正確に思い出す能力。

**完全習得学習**［mastery learning］　1. その主題の全域を理解しようという意図で，特定の主題や領域の知識を得ようとする過程のこと。2. 生徒が，他者に教授できるほど十分に教材を理解できるまで，教材をいくつかの異なる方法で何度も繰り返し学習するという教育理論。

**完全主義**［perfectionism］　要請される以上の高い基準を他者や自分自身の行為に求める傾向。うつ病のリスクファクターと考えられている。

**完全熟睡**［synchronized sleep］　脳波記録で同一周期の徐波が示される主に**深睡眠**と関連する睡眠の種類。⇨ **睡眠段階**

**完全性**［integrity］　道徳上の一貫性，正直さ，自分自身や他者への信頼性の質。

**完全な母**［complete mother］　オーストリアの精神分析家フェダーン（Paul Federn: 1871-1950）によれば，統合失調症者の空想もしくは現実生活における，理想的な母親を意味する。その母親は，子ども（統合失調症者）だけを愛し，その行為は，彼女自身の欲求を満たすために行われるのではない。

**乾燥大麻**［ganja］　大麻の花のめしべを乾燥させて作られる大麻のより強力な形状の一つ。乾燥大麻の喫煙者は大麻全体の喫煙者より2倍の確率で呼吸障害を経験すると報告されている。

**観測誤差**［observational error］　真の値と観測値のずれ。

**桿体（細胞）**［retinal rods］　中程度から明るい光に反応する**錐体**とは異なり，低い光源レベルに反応する網膜の光受容器。霊長類には錐体と桿体の両方があるが，桿体は網膜の中心，**中心窩**にはない。すべての桿体が同じ光色素，ロドプシンをもつため，桿体路は色の情報を視覚系に送らない。桿体路の連絡によって光に対する感度が高くなるが，視力はあまり優れていない。⇨ **網膜双極細胞**，**暗所視**

**寛大さ**［permissiveness］　1. 他者へのアプローチの一つで，取引相手や自分よりも地位の低い相手に様々な自由や自律的に振る舞う余地を与えること。2. 子どもの感情や意見に対する自由度の高さを保証した養育態度のこと。これは**アクティング・アウト**にも当てはまり，人工的な制約や罰といった内容は可能な限り避けられる。

**桿体視**［rod vision］　暗所で活動する**桿体**にのみ依存した視覚。⇨ **暗所視**

**間代性痙攣**［clonus］　筋の収縮弛緩が速いスピードで交互に連続して起こるために引き起こされる不随意運動の一つ。しゃっくりのような間代性痙攣は異常ではないが，**強直間代発作**の症状にみられるなど，ほとんどの間代性痙攣は異常であると考えられる。脊髄損傷やストリキニーネのような薬物中毒，梅毒などの感染によるものはもっと深刻である。

**感知者**［sensitive］　心霊術や超心理学で，**透視**や**テレパシー**といった超常的な手段で知識を受け取る能力や，通常の感覚範囲を超えて，**前兆**や類似現象を知覚する能力をもつ人のこと。⇨ **超能力現象**

**浣腸**［enema］　肛門から直腸に液体を注入すること。X線撮影，または直腸の粘膜を通して吸収させるための溶液である薬剤の**投与**を行うために，腸にX線不透過性の造影剤を注入する。

**浣腸愛好**［klismaphilia］　性行為における浣腸の使用への関心，および使用による興奮。⇨ **特定不能の性嗜好異常**

**浣腸中毒**［enema addiction］　腸が空になるほど浣腸に依存すること。反復的な浣腸の使用を通して浣腸中毒となり，腸に排泄物があることに気づかないほど，直腸感覚を弱化させる。この状態はしばしば下剤として浣腸を定期的に使用する摂食障害に伴う場合がある。⇨ **浣腸愛好**，**下剤中毒**

**貫通**［penetration］　膣に陰茎を挿入すること。強姦や不法な性交のアメリカでの法的な定義は州によって異なるが，一般に陰茎亀頭が大陰唇を通過したら貫通があったと考える。いくつかの州では性的暴力の間に貫通がなければ，強姦の罪にはならない。そのような場合，その犯罪は性的暴力の重罪の一種となり，通常，強姦罪よりも軽い。

**貫通路**［perforant path］　**海馬**に主要な入力をするために**海馬台**を穿孔する軸索の経路。

**鑑定**［expert testimony］　**鑑定人**が裁判に提出した証拠。他の証拠とは異なり，判決を下す**事実認定者**を助けるため，ある事実に関する証人の意見が含まれる。

**鑑定意見**［opinion testimony］　観察され経験された実際の事実よりも推論や結論を含む証拠のこと。意見証言は，評決を行う裁判官や陪審員に専門的な知識を与えるために，**鑑定人**によってのみ行われる。⇨ **直接的意見陳述**

**鑑定人**［expert witness］　科学的，技術的，専門的問題に関して証言する資格をもち，法廷で示された証拠や事実について意見を述べる資格をもつ個人。専門鑑定人として証言する資格は裁判所が審査した個人の専門技術または知識に基づく。

**緩電位**［graded potential］　遠くまで伝播することなく，ソースからの距離とともに減少する神経電位。緩電位には，受容体電位，**シナプス後電位**，**閾下電位**などの種類が含まれる。⇨ **活動電位**

**眼電図（EOG）**［electrooculogram: EOG］　凝視位置が2点間を動くときの眼球の前部と後部の電位差を図示したもの。電位を記録する過程は眼電図記録法（electrooculography）と呼ばれる。

**感度**［sensitivity］　1. あるものを検出し弁別する能力。信号検出理論において，感度は d プライム（d′）で測定される。2. 患者が検査されている病気にかかっている場合に陽性と診断が下される確率のこと。3. 生理学上は，外的，内的環境変化に対応する細胞，組織，器官の能力。すべての生物の基本的な性質である。被刺激性（irritability）とも言う。

**冠動脈疾患親和性行動**［coronary-prone behavior］　冠状動脈心臓病のリスク増加と関連すると考えられている行動や行動パターンのこと。このような行動パターンについて，現在では**タイプA行動パターン**という用語がよく用いられる。

**監督**［director］　**心理劇**の中で，シナリオや**ロールプレイ**を設定し，その場でのやりとりを運営する治療者のこと。

**カント哲学**［Kantianism］　ドイツの哲学者カント（Immanuel Kant: 1724-1804）の哲学的考え方。意識的に経験される現象（⇨ **現象**）は人にとって不可知の実相（⇨ **実体**）に関して特に知ることができ，そういった現象は本来的に備わっている思考のカテゴリー（category of thought）を感覚経験の構成要素として適用した結果であるとする。

**眼内閃光**［phosphene］　眼への実際の光刺激が存在しないときの光の点滅の感覚のこと。眼が閉じているときでも生じ，網膜への機械的な刺激，眼をこすること，もしくは視覚皮質への直接の電気刺激に起因する。視覚眼閃（visual phosphene）とも呼ばれる。⇨ **光視**

**眼内的な**［entoptic］　眼球内から発生している刺激に

起因した視覚的感覚を意味する言葉。⇨ **内視現象**

**カンナビノイド**［cannabinoid］ **大麻**に含まれる60種以上の化学物質を表す。大麻の向精神性作用の原因物質である。最も重要なものとして、**テトラヒドロカンナビノール**があげられる。

**観念**［idea］ フランスの哲学者デカルト（René Descartes: 1596-1650）とイギリスの経験主義の哲学者（⇨ **経験論**）の書物によると、心の外の何かに対応するかもしれないが、思考や知覚の直接的な対象である精神的な事象のこと。デカルトは、**派生観念**と**生得観念**の間に有名かつ論争となった差異を設けた。⇨ **観念連合**

**観念運動**［ideomotor activity; ideomotor action］ 現在行っている思考に関係していながら、意図的に生み出されたものではない（ときに複雑な）運動。観念運動は、会話中の非言語的なジェスチャーや、他の（コックリさんをやっているときに経験されるような）心霊現象を含む、様々な現象に説明を与える。［イギリスの生理学者・心理学者カーペンター（William B. Carpenter: 1813-1885）によって1852年に初めて確認された］

**観念運動適合性**［ideomotor compatibility］ 刺激がそれに割り当てられた反応からの感覚フィードバックに類似している度合い。たとえば、刺激が言語音［あ］であり、それに対する反応がその文字を声に出すことであるとすれば、刺激と反応は高い観念運動適合性をもつことになる。観念運動適合性は、通常の**反応選択**過程を経由させることで、反応選択の難易度を最小限にすると考えられる。

**観念運動理論**［ideomotor theory］ 行動が心的イメージによって衝動的に誘発され、抑制的な出来事が存在しない場合に自発的に実行されるという仮説。つまり、イメージが動機づけを生じさせると主張する。［ジェームズ（William James）によって提唱された］

**観念失行**［conceptual apraxia; ideational apraxia］ 道具を適切な方法で用いることに対する重大な障害。観念失行は、空間的な誤りを典型とする観念運動性失行と対照的に、概念の誤りを特徴とする。したがって、ジェスチャーを模倣することや、指令によって行動を起こすことは失敗しないが、一人で行わなければならないことや、タイミングを見計らって自ら始める類の行動に失敗する。

**観念失認**［ideational agnosia］ **失認**の一つであり、ある対象に関する観念、目的とその対象自体との間の結びつきを形成することができない特徴をもつ。

**観念の貧困さ**［poverty of ideas］ しばしば統合失調症や認知症、深刻なうつ病において生じる思考障害のこと。思考の自発性と生産性が低下するが、それは曖昧さや過度の単純さ、無意味な反復、紋切り型のフレーズといった発話の特徴によって明らかにされる。この用語は**知的低下**と互換的に用いられることが多い。⇨ **発話の貧困さ**

**観念奔逸**［1］［flight of ideas; topical flight］ 話題が次から次へと変わり、急速な連続的な一連の関係した考えからなる思考の障害。最初に、**急性躁病**や、統合失調症やその他の障害においてみられる。⇨ **発話圧力**

**観念奔逸**［2］［pressure of ideas］ 躁病の特徴的な症状で、思考が自発的に増加していくこと。多種多様な思考が急速に浮かび、頭の中を速く駆け巡る。通常は**発話圧力**や**活動への圧力**を伴う。思考の圧力（thought pressure）とも言う。

**観念連合**［association of ideas］ 単純な知覚と観念が、様々な複雑性や抽象性をもつ総体として連合される過程。たとえば、四本足、毛皮、特定の形と大きさなどの比較的単純な観念が「ネコ」という複合的概念として連合されること。同様の過程は、「力」や「自由主義」といった純然たる**抽象的観念**を個人がどのように理解しているかを説明する際にも用いられる。観念連合はイギリス経験主義哲学（⇨ **経験論**）における主要な考え方であり、現在でも**学習理論**と**行動主義**の基礎となっている。⇨ **精神的化学**、**精神力学**

**観念連合説**［associationism］ 思考、学習、記憶などの複雑な心的プロセスの全体あるいは大部分が、特定の法則や原理（⇨ **観念連合**）に従ったアイデア（idea）間の連合リンク（associative link）によって説明できるとする理論。古代ギリシャの哲学者アリストテレス（Aristotle: BC 384-322）がこれらの法則のうちいくつか（類似性、差異、時空間上の近接性など）を言及しているが、最初に理論を初めて体系的に提唱したのは、すべての知識は比較的単純な感覚印象（sense impression）の合成から生じると考えたイギリスの哲学者ホッブズ（Tomas Hobbes: 1588-1679）である。連合の法則と応用（applications）は、後にロック（John Locke: 1632-1704）と他のイギリス経験主義学派のメンバー、特にバークリー（George Berkeley: 1685-1753）、ヒューム（David Hume: 1711-1776）、ハートレイ（David Hertley: 1705-1757）、ジェームズ・ミル（James Mill: 1773-1836）、およびジョン・スチュアート・ミル（John Stuart Mill: 1806-1873）によって発展した。これらの思想家によってとられたアプローチは、比較的静的かつ非実験的ではあったが、歴史上のそして現代の多くの心理学において影響がみられる。最も重要なことは、刺激と反応の対を説明するために用いられてきた点である。このように、観念連合説は、現代的な**学習理論**やすべての行動主義的なアプローチ（⇨ **行動主義**）の基本的な前提である。イギリス観念連合説（British Associationism）とも呼ぶ。

**観念論**［idealism］ 哲学において、自然界を含む現実は精神とは独立ではないという立場。精神が現実の世界を構成するという強い考えから、現実は精神の働きと関連するという弱い考えまで及ぶ。精神の本質に関してもまた、精神は絶対的、普遍的で本質そのものとは別に考えられなければならないという立場から、精神は各個別のものとして考えられるという立場にまで及ぶ。⇨ **絶対的観念論**、**観念論的一元論**、**主観的観念論**、**心身問題**

**観念論的一元論**［idealistic monism］ すべての現実は、単一の**物質**からなるという立場。ここでいう物質は心や精神である。⇨ **一元論**、**本有的**、**心身問題**

**間脳**［diencephalon］ 前脳の後半部。視床、視床下部、松果腺からなる。

**官能検査**［sensory test］ 様々な感覚能力（たとえば、視覚の鋭敏さ、奥行き知覚、色の弁別、聴覚の鋭敏さ）を測定するために設計された検査。

**間脳健忘**［diencephalic amnesia］ 間脳の損傷による健忘。傍正中動脈の梗塞、トラウマ、間脳腫瘍、**ウェルニッケ-コルサコフ症候群**などが原因となる。

**眼脳色素減少症候群**［oculocerebral-hypopigmentation syndrome］ 目の奇形、毛髪や皮膚の色素沈着欠如、精神

遅滞，痙縮を特徴とする遺伝的障害。オールド・オーダー・アーミッシュの家系の子どもを対象とした事例研究がある。この症候群は，血縁関係（血筋による関係）から明らかにされた常染色体の劣性形質によると考えられている。

**眼脳腎症候群**［oculocerebrorenal syndrome］ X染色体連鎖劣性の遺伝性疾患。主に男児が罹る。尿細管機能不全，精神遅滞，先天性緑内障，白内障，液体の蓄積による眼球の膨満を含む眼疾患を特徴とする。ロウ病（Lowe's disease），ロウ症候群（Lowe's syndrome），ロウ眼脳腎症候群（oculocerebrorenal syndrome of Lowe）とも呼ばれる。

**感応性妄想性障害**［shared paranoid disorder］ DSM-Ⅲに掲載されていた精神障害の一つで，迫害的な**妄想システム**を特徴とする。この妄想体系は親しい関係にある者同士で発展するものであり，稀にではあるが，既にそのような妄想観念を抱いている者との関係で起こる場合もある。感応性妄想性障害は，DSM-Ⅳ-TRでは**共有精神病性障害**の下位分類となっている。

**官能的**［sensual］ 肉体的で色情的な感覚をさす言葉。

**眼疲労**［visual fatigue］ 特に明るい光の中で視覚像が薄れること。眼疲労はしばしば視神経炎によって起こる。また，頭部を負傷した患者にしばしばみられ，特に長時間の視覚検査や読書の後に起こる。

**鑑別診断**［differential diagnosis］ **1.** 患者が複数の疾病や障害に関わる重複した症状をもっている場合に，そのいずれに当たるかを決定する過程。**2.** 他方には現れないがもう一方には現れた重大な症状を見分けることで，2つないし複数の類似した状態を区別すること。

**鑑別不能型身体表現性障害**［undifferentiated somatoform disorder］ DSM-Ⅳ-TRでは，6か月以上持続する1つまたはそれ以上の身体的愁訴を認め，既知の身体疾患では説明できない**身体表現性障害**を鑑別不能型身体表現性障害と分類する。**虚偽性障害**または**詐病**と似ているが，意図的に作り出されたり捏造されたりしたものではないという点で区別される。**特定不能の身体表現性障害**と混同しないこと。

**鑑別不能型統合失調症**［undifferentiated schizophrenia］ DSM-Ⅳ-TRにおける**統合失調症**の下位分類。妄想，幻覚，解体した思考，著しく解体した行動など，独立して顕著な精神病の特徴が認められ，統合失調症の診断基準は満たすものの，他のいかなる下位分類基準にも合致しないものを鑑別不能型統合失調症と分類する。DSM-Ⅲでは，鑑別不能型精神分裂病（undifferentiated type schizophrenic disorder）と表記されている。

**願望**［wish］ 精神分析理論の用語。意識レベル，および**無意識**レベルで作動する生物学的**本能**の心理的現れ。

**顔貌異形**［facial disfigurement］ 外傷，疾病，先天的畸形によって顔のつくりに歪みや奇形，異常があること。その人のもつ特性を，容貌に帰属するという社会的傾向があるため，顔貌異形をもつ人は，社会的，心理的，経済的な差別を受けやすく，それが大きなストレスとなる。⇨**毀損**

**願望成就**［wish-fulfillment］ 精神分析理論の用語。生物学的**本能**と関連する**願望**を，空想や夢の中で充足させること。

**眼房水**［aqueous humor］ 眼の前眼房と後眼房を満たす透明な液体のこと。毛様体の一部である，毛様体突起の上皮により生成される。

**ガンマ**［gamma］（記号：γ）閾値から刺激までの差。

**ガンマアミノ酪酸（GABA）**［gamma-aminobutyric acid: GABA］ 哺乳類の神経系における主要な抑制性**神経伝達物質**の一つ。数多くの無脊椎および脊椎動物の神経系に存在していることが知られている。アミノ酸の一種である**グルタミン酸**から合成される。⇨ **$GABA_A$ 受容体**，**$GABA_B$ 受容体**

**ガンマアルコール依存症**［gamma alcoholism］ アルコール依存症の第三段階で，最も深刻な状態。アルコール耐性が増し，生理的不適応や精神的コントロールの喪失が起こる。飲酒をやめると，アルコールを渇望し，痙攣や振戦せん妄を含む離脱症状が起こる。⇨ **アルファアルコール中毒**，**ベータアルコール中毒**［アメリカの内科医ジェリネク（Elvin M. Jellinek: 1890-1963）によって定義された］

**ガンマ運動**［gamma movement; gamma motion］ 物体が急に呈示されたときに拡大して見え，物体が消失するとき縮小して見える仮現運動の一つ。光刺激の強さが急に上昇するとき，光刺激は拡大し観察者に近づくように見える。一方，光刺激の強さが急に減少するとき，光刺激は縮小し観察者から遠ざかるように見える。

**ガンマ運動ニューロン**［gamma motor neuron; gamma motoneuron; intrafusal motor neuron］ **筋紡錘**の感度を統制する運動ニューロン全般を指す。

**ガンマ遠心性ニューロン**［gamma efferent neuron］ 運動ニューロンの一種で，**筋紡錘**の感度を制御している。⇨ **アルファ運動ニューロン**

**ガンマ波**［gamma wave］ 脳波記録時に見られる**脳波**の一種。不規則で振幅が小さく，速いという特徴をもつ。周波数の範囲は20 Hz〜70 Hzで，40 Hz付近にピークがある。ガンマ波は能動的な精神活動を反映していると考えられている。

**ガンマ波同期**［gamma synchrony］ 脳波（electroencephalogram: EEG）によって記録される，覚醒時や夢を見ている時など，活動的な心的状態において優勢な脳内の電気活動パターンのこと。ゼロ位相遅れ（zero phase lag）と空間的に相関するガンマ波によって特徴づけられる。ガンマ干渉性（gamma coherence）と類似したパターンではあるが，短い位相遅れによって区別される。

**顔面角**［facial angle］ 顔面の突出度を定量化する角度のことであり，前頭骨と鼻骨の接合点，顎の先端，眼耳平面などの頭蓋計測の基準点を用いることで定められる。

**顔面筋**［facial muscle］ 機能運動（たとえば，噛みつくことや咀嚼）だけでなく，様々な**表情**を制御する人間の顔にある多くの筋肉の一つ。

**顔面神経**［facial nerve; cranial nerve Ⅶ］ 脳神経で，顔面の筋肉組織や，外耳や舌などを含む感覚受容器に分布している。⇨ **大錐体神経**

**顔面動作コーディングシステム（FACS）**［facial action coding system: FACS］ 眼輪筋（両目の周囲の筋肉）や大頬骨筋（唇の端を釣り上げる筋肉）といった特定の顔筋肉の動きによって表情を分類するコーディングシステム。このシステムの最新の精緻化版は，人の感情状態の識別に

利用されてきている。たとえば，真の喜びは，意識的に制御できない眼輪筋の収縮により示されるとされている。⇨ **表情**　[1978年にアメリカの心理学者エクマン（Paul Ekman: 1934- ）とフリーセン（Wallace V. Friesen: 1933- ）により初めて提唱された]

**顔面フィードバック仮説**［facial feedback hypothesis］　顔面筋の動きから送られる**求心性**情報が，恐怖や怒り，楽しさ，軽蔑などの精神内部の感情状態を決定する主要な要因であるという仮説。この考え方はイギリスの自然科学者ダーウィン（Charles Darwin: 1809-1882）によって導入され，アメリカの心理学者トムキンス（Sylvan S. Tomkins: 1911-1991）とイザード（Carroll E. Izard: 1923- ）によって発展した。

**緘黙**［mutism］　身体的要因，または**心因性**の要因により発話能力を失うこと。神経の損傷や障害，発話に必要な器官の器質的欠陥，他者の会話を聴くことができない先天性または人生早期の難聴，精神障害（たとえば，**転換性障害**，**緊張型統合失調症**），感情の強い変化（たとえば，極度の怒り）によって起きる。また，修道僧の沈黙や特定の人とのみ話す決心のように，自発的に起きることもある。
⇨ **無動無言症**，**構語障害**，**場面緘黙**，**昏迷**

**換喩**［metonymy］　言葉の文字通りの意味ではないが，それに関連したものを使った言葉のあや。たとえば戦争を表すのに剣を用いる。提喩（synecdoche）とは換喩の一種で，全体が一部によって表される，あるいはその逆である。たとえば労働者を手と呼んだり，警察官を警察と呼んだりする。

**眼優位性**［ocular dominance］　**有線皮質**におけるニューロンの反応特性。多くのニューロンは，左右いずれかの眼からの刺激に対してより活発に反応する。⇨ **眼優位性コラム**

**眼優位性コラム**［ocular dominance column］　**有線皮質**の垂直方向に伸びた構造であり，そこでは，ニューロンが両眼のうち一方の眼からの刺激に対して選択的に反応する。この構造は両眼視において重要である。それぞれの眼に対応する眼優位性コラムは交互に並んだ規則的な構造を成している。それゆえ，電極を皮質表面の接線方向に挿入すると，まず，**同側眼**からの入力に反応するニューロンと遭遇し，次に，**対側眼**からの入力に反応するニューロン，続いて同側眼からの入力に反応するニューロンに出会う。一方，単一のコラムに水平方向に電極を挿入すると，やはりニューロンと遭遇するが，その層全体のニューロンの反応は同じ側の眼からの入力に支配される。⇨ **単眼飼育**，**方位選択性コラム**

**眼優位性ヒストグラム**［ocular dominance histogram］　左右いずれかの眼に呈示された刺激に対する反応の強さを描写したグラフ。視覚経験の操作による影響を測定するために用いる。

**勧誘行動**［solicitation behavior］　動物の1個体が，交尾行動のために別の個体に向けて示す行動。通常，メスの個体がオスの個体へ行う。ある種の霊長類（ノドジロオマキザルやパタスザル）では，メスの勧誘行動なしにオスが交尾行動を行うことはほとんどない。他の種では，メスによる勧誘行動はオスの交尾行動の成功率を上げる。

**換喩症**［metonymy］　言語病理学における，不正確で不適切な言葉や表現が使用される障害。⇨ **換喩的歪み**

**換喩的歪み**［metonymic distortion］　統合失調症にみられる認知障害。関連はしているが不適切な口語表現が正しい表現の代わりに用いられる。たとえば，「彼女は1日に三皿料理（正しくは三食）食べる」と言ってしまう。

**寛容**［tolerance］　**1.** 他者の行動，信念，身体的能力，宗教，慣習，民族性，国民性，その他が，自分自身とは異なることを受け入れること。**2.** 自分とは異なった視点に対する公正で客観的な態度のこと。**3.** 特定の価値あるいは基準からの許容可能な逸脱のこと。

**幹葉図**［stem-and-leaf plot］　データを表示するためのグラフ法。**ヒストグラム**と似ているが，データ点の値についてより詳細な情報をもつ。

**関与的祖父母**［involved grandparent］　孫と温かく愛情のある関係をもっており，放課後の世話や金銭的援助など，日常的な責任の一部を引き受けている祖父母のこと。
⇨ **友愛的祖父母**

**関与のエスカレーション**［escalation of commitment］　うまくいっていない行動様式にずっと拘泥したり，資源分配を増やしたりすること。その行動様式による過去の損失を埋め合わせることができるという期待のもとに行われることが多い。浪費行動や新しい商品を開発しようという意思決定には，多くの場合，関与のエスカレーションが付き物である。大抵は，会社が，成功の見込みが低いにも関わらず初期投資の一部を取り戻そうとして，売り上げが芳しくない商品に対する資源分配を増す際にみられる。

**管理医療**［managed care］　加入者の利益と出費が見合うようにするためのアメリカの健康管理システムのこと。この用語は，もともとは前払い制の健康プラン（たとえばHMOs）のことを指していたが，今日では，返済や**内部監査**制度など多くの様々なものにも適用されている。これは同様に，費用対効果を増加させるためのグループとして健康管理サービスや施設の機構を示すのにも用いられる。管理医療組織（managed care organization: MCCs）には，優性供給組織（PPOS），組織外奉仕（PCSs），特定供給機構（EPOs），**統合供給システム**（IDSs），独立開業医組合（independent practice association: IPAs）などがある。

**管理行動健康機構**［managed behavioral health organization: MBHO］　健康維持機構（⇨ **HMO**）の一つであり，そこでは**健康行動**を重視し，医療給付の管理，運営，対策に特化している。

**管理職コーチング**［executive coaching］　対人スキルとその他のマネジメントスキルを開発するための，組織の管理職に対する一対一の個人的カウンセリングとフィードバック。⇨ **マネジメント開発**

**管理的制御**［administrative controls］　安全工学における管理上の介入のことで，（たとえば，有害物質への）汚染を低減させるためのトレーニングや労働スケジュールを循環させることや，職場における安全な環境を維持することに資する**クリアランス条件**を表す。**個人用保護具**を使用することによって補われる管理的制御は，**工学的制御**に続く第2の手段とみなされる。⇨ **ハザード制御プロトコル**

**完了行動**［consummatory response; consummatory act; consummatory behavior］　欲求の充足を目指す一連の行動の最後の行動であり，結果としてある**欲動**の低下が生じる。それゆえ，（空腹を低減させるために）食べることは食料を調達する行動の最後の行為であり，（性的な動因を

低減させるために）性交をすることは性行動の最後の行為である。1918年にアメリカの動物行動学者であるクレイグ（Wallace Craig）は生得的な型にはまった活動としての完了行動と，それに先行する積極的な探索プロセスとしての摂食行動とを区別した。⇨ **目標志向的行動**

**官僚制**［bureaucracy］　標準化された規則的手続，専門能力，綿密な階級制によって特徴づけられた管理システム及び組織的構造。多くの場合，行政機関内のシステムを指す。

**官僚的リーダー**［bureaucratic leader］　**1.** このリーダータイプは，階層的組織（例，行政部門，軍隊）における地位によって，その責任とリーダーシップ・スタイルがほぼ決定される。**2.** 既定の手順に強く固執し，状況を勘案しないリーダー。

**寒冷効果**［cold effects］　身体的・精神的健康に対する低い体温の影響のこと。先行研究は，反応時間，追従成績，触覚判断やいろいろなタイプの課題が気温が13℃かそれ以上に下げることを指摘している。社会行動の寒冷効果についての研究では，攻撃性を上げるのか下げるのか，対立が生じている。

**関連**［association］　**1.** 他の何かと一緒に分類されたり，付随したりすること。**2.** 2つかそれ以上の統計的独立の度合い。⇨ **関連の強さ**

**関連指標**［measure of association］　2つ以上の変数の間の関連の程度を示す指標。

**関連信用論**［credulous argument］　パーソナリティ変数は運動競技の達成度に関連するという意見を支持する**スポーツと人格に関する議論**の要素。⇨ **懐疑的議論**

**関連性研究**［relational research］　2つ以上の変数間の関係の強さを調べる研究のこと。

**関連痛**［referred pain］　疼痛刺激のある場所ではなく，別の身体部位に感じられる痛み。連関痛，投射痛，異所性疼痛，放散痛とも言う。

**関連の強さ**［strength of association］　統計学における2変数もしくはそれ以上の変数間の関連性の程度のこと。一般的な測度としては，$\omega^2$ や**重相関決定係数**がある。

**関連-無関連質問法**［relevant-irrelevant test］　ポリグラフ検査で使われる質問方式の一つ。犯罪と関連する質問（例，「あなたは事務所に盗みに入りましたか」）で生じる生理反応が犯罪と無関連な質問（例，「あなたは24歳ですか」）で生じる生理反応と比較される。犯罪研究では，**対照質問法**に置き換わりつつある。⇨ **有罪知識テスト**

# き

**気**［chi（qi）］　東洋哲学における生命力エネルギー。気の妨害は病を引き起こすと信じられている。ヒンドゥーにおける同義の概念はプラナ（prana: サンスクリットで"生命の息吹"）である。⇨ **鍼療法**

**木**［tree］　コンピュータプログラミングにおける，すべてのノード対の間にただ一つのパスがある**グラフ**の一種。つまり，木は閉路（cycle）をもたない。根付き木（rooted tree）では，根付き木の各ノードがただ一つの親をもつように，パスが根となる部分から出発して離れて伸びていく。根付き木は1人もしくは複数人のゲームを表現するのにしばしば用いられる。

**キー**［key］　テストを採点するときに用いる，回答群のこと。

**気圧効果**［air-pressure effects］　大気圧より大幅に逸脱した気圧下で生じる精神面及び身体面への良くない効果のこと。たとえば，海面で10m以上ダイビングする場合のように，高い圧力下でこの効果は経験される。呼吸困難や，もうろう状態，精神不安定を特徴とする窒素中毒を伴い，超高圧下での酸素吸入は酸素中毒も引き起こす。高山へ登ったり，酸素及び気圧調整のなされていない航空機中のような低圧下では，パフォーマンスが低下し，意識喪失や死を伴う酸素欠乏を生じる。⇨ **急性高山病**，**高山病**，**減圧病**，**グレイアウト**

**奇異な行動**［bizarre behavior］　奇妙で，望ましくない，人にとって普通でない行動。脳機能障害や，精神障害，特に統合失調症のような精神病の症状としてみられる。

**奇異な妄想**［bizarre delusion］　明らかに幻想的で，信じがたい思い込み。たとえば，統合失調症の患者が，外的な力が心の中で考えていることを勝手に操作している，などと信じてしまうことなどである。

**奇異反応**［paradoxical reaction］　薬理学において，予想される反応とは正反対の薬物反応。たとえば抗不安薬の投与後の不安の悪化。

**偽陰性**［false negative］　包摂関係を判断する検査において，誤ってある集団を排除した場合のこと。診断を例にとると，実際には特定の条件に当てはまる個人を，その条件に当てはまらないと判断した場合のこと。

**既往歴**［anamnesis］　精神医学において，精神障害の発症前や入院前の患者の生育歴や家族歴，病歴に関する患者からの報告を指す。［障害の原因となったものの診断や調査を補助するものとして，スイス生まれでアメリカの精神科医マイヤー（Adolf Meyer: 1866-1950）が提唱した］

**記憶**［memory］　1. 情報や過去の経験の表象を保つ能力。学習ないし符号化，ある程度の時間が経ってからの**保持**，記憶の**検索**ないし再活性化といった心的過程に基づく。2. 再生された具体的な情報や具体的な過去の経験。3. 情報および過去の経験の痕跡が貯蔵されているとされる脳部位（⇨ **記憶貯蔵**，**記憶システム**）。⇨ **連想記憶**，**聴覚記憶**，**構成的記憶**，**顕在記憶**，**即時記憶**，**潜在記憶**，**長期記憶**，**短期記憶**

**記憶喚起**［ecphoria］　手がかりによる記憶の検索と関連する，記憶の活性化のこと。記憶に貯蔵された情報と一致するとき，検索手がかりが，その記憶へアクセスされる。記憶が形成された際に存在していた手がかりや条件は，その記憶と一緒に貯蔵される。そのため，記憶喚起を起こさせようとする場合には，検索時にそれらの条件を同じにする必要がある。

**記憶固執**［memory hardening］　時間が経過するほど，過誤記憶や疑似記憶が正確であると認定されて，有罪判決が増加すること。記憶固執が起こると，法廷での反対尋問に対して目撃者がより強く抵抗を示すようになると主張する立場がある。

**記憶固定**［consolidation］　学習経験後に生じる永続的な記憶の形成。

**記憶固定期間**［consolidation period］　経験の永続的記憶が形成される，学習経験後の期間。複数の理論によると，長期記憶の固定は数秒から数日とされている。

**記憶痕跡**［memory trace］　情報や経験の表象を符号化する神経システムの仮設上の変容。⇨ **エングラム**

**記憶再訓練**［memory retraining］　神経学的障害を負った人が，**ワーキングメモリー**での情報処理能力を回復するための方略。典型的には，脳損傷を負った患者やアルツハイマー病の患者，記憶の問題を抱えるHIV/**エイズ**の患者に適用される。

**記憶錯誤**［retrospective falsification］　1. ある話をするたびに，お気に入りのところを強調したり　より面白くしたりするために，その話を変えること。故意の場合も，無意識的かつ無意図的な場合もある。［ロークリフ（Donovan H. Rawcliffe）が定義］2. 過去の経験の記憶に誤った詳細な情報を追加することで，特に，**妄想型統合失調症**の患者が，被害妄想システムを裏づけるために行う。

**記憶作用特性曲線**［memory-operating characteristic curve: MOCC］　正しく想起した項目の割合と誤って想起した項目（誤検出と呼ばれる）の割合とを2次元で示すグラフ表現。

**記憶システム**［memory system］　別々の脳領野に局在し，異なる種類の記憶課題に関わると考えられている，種々の記憶すべてを指す。仮定されているシステムの例としては，**ワーキングメモリー**（情報を操作するのに用いられる一時的な貯蔵庫），**意味記憶**（一般的な知識），**エピソード記憶**（ある人の個人的な過去の記憶），**手続き記憶**（習慣やスキル）があげられる。⇨ **知覚的表象システム**

**記憶障害[1]**［dysmnesia］　記憶の障害。個別のエピソードあるいは慢性的な疾患として起こり，せん妄や急性，慢性の脳障害，脳損傷など多くの問題によって引き起こされる。記憶障害症候群（dysmnesic syndrome）とも呼ばれる。

**記憶障害[2]**［memory disorders］　器質的原因および心理的な原因によって生じる記憶の障害で，記憶喪失，**記憶増進**，**短期記憶**または**長期記憶**の障害を含むものである（⇨ **健忘性症障害**）。記憶障害には，部分的または全般的，軽度または重度，永続的または一時的，前向性または逆行性の分類がある。記憶障害の原因として脳の器質的病変や脳萎縮を引き起こす疾患や加齢，心的外傷，遁走状態，心理的葛藤が考えられる。⇨ **前向性健忘**，**逆向性健忘**

**記憶色**[memory color] 記憶の中で修正されたあらゆる物体の色。想起された色の質は,実際の色相とはかなり違っていることが多い。色知覚は,記憶色と,その時点での感覚入力との折衷からなると考えられている。

**記憶増進**[hypermnesia] 1. 忘却とは対照的に,時間の経過とともに想起量が少なくならず,多くなること。⇨ **レミニセンス** 2. 通常では見られないような明瞭な記憶像を伴なう,極端な状態の記憶の保持や再生のこと。犯罪学の領域では,目撃者に対して記憶の検索を助ける催眠誘導を行うと再生量が増すことが示されているが,アメリカの裁判所のなかには,こうした記憶は証拠として採用できないと規定しているところもある。⇨ **迂遠**

**記憶貯蔵**[memory storage] 生物における記憶の保持。歴史的には,この過程の説明には,持続的な操作や,細胞集成体におけるニューロン回路における"反響"(⇨ **セル・アセンブリ**),シナプス小頭に集まった新しい神経終末の成長,RNAなどの複雑な分子における情報の符号化が含まれていた。現代の生物学的研究からは,オーストラリア生まれのアメリカの神経科学者カンデル(Eric Kandel: 1929- )の研究で仮定されるように,シナプス効率の変化が記憶貯蔵の基盤であることが示唆されている。

**記憶の植えつけ**[implanted memory] 実際に起こらなかった出来事を明らかに思い出すこと。他者によって,その出来事が実際に起こったと確信させられることによって生じる。心理療法家の誘導尋問によってクライエントに記憶の植えつけが生じると主張されてきた。⇨ **虚偽記憶症候群**

**記憶能力**[memory abilities] 情報を想起することに関わる能力。**自由再生**(任意の順序での単語の再生),**系列再生**(固定順序での単語の再生),**対連合学習**(呈示された単語と対になっていた単語の再生),**再認記憶**(呈示された単語が,以前に何らかのリストで呈示されたものであるか否かを正しく判断できるスキル)といったテストで評価される。心理測定データによって,典型的には,様々な記憶能力の相互の関連性は弱いことが示唆されている。さらに,**潜在記憶**は**顕在記憶**とはほとんど独立である。

**記憶のコネクショニストモデル**[connectionist models of memory] 知識は,脳に記憶された表象そのものではなく,表象間の結合によってコード化されていると仮定する理論の集合。コネクショニストモデルによれば,知識は局在しているのではなく,分散しており,結合間の**活性化拡散**により検索される。コネクショニストモデルの概念は人工知能,特に問題解決における**ニューラルネットワーク**モデルに拡張されている。

**記憶の再活性化**[reactivation of memory] 記憶の**検索**。記憶が形成されたときに存在していた刺激や環境条件がひきがねになる。⇨ **プライミング**

**記憶の処理水準モデル**[levels-of-processing model of memory] 記憶への**符号化**と,それに続く**保持**は,情報に対する認知的**精緻化**の深さに依存し,より深い符号化は記憶を向上させるという理論。初期の重要な研究においては,より深い処理は,単語の音のような周辺次元に注目するよりも,覚える単語の意味を処理することによって達成されるとされた。[1972年カナダの心理学者クライク(Fergus I. M. Craik: 1935- )とロックハート(Robert S. Lockhart)によって詳述された]

**記憶の属性モデル**[attribute model of memory] 異なる脳部位が,学習や記憶における,異なる次元や属性(空間,時間,感覚次元,反応,感情的側面など)をそれぞれ処理するというモデル。

**記憶の大脳皮質等価値説**[equipotentiality in memory] 学習に特異的な大脳皮質は存在せず,脳の多くの部分が記憶の形成に寄与するという仮説。記憶が脳の特定の部分に局在するという仮説とは相反する。様々な脳障害がラットの迷路学習に影響を与えることを示したラシュリー(K. S. Lashley)による実験から導出された。⇨ **等能性の法則,質量作用の法則**

**記憶の多重貯蔵モデル**[multistore model of memory; storage-and-transfer model of memory] 情報は,いくつかの記憶の保存システム(通常,**短期記憶**と**長期記憶**)をまたいで移動,保管することができると仮定する理論。⇨ **記憶の二重貯蔵モデル,記憶モーダルモデル**

**記憶の二過程理論**[two-stage memory theory] 学習によって獲得された情報はまず**即時記憶**に保持され,その後永続的な記憶(⇨ **長期記憶,永久記憶**)に転送されるとする考え方。たとえば,新しい電話番号は最初に一時的な記憶に保持されるが,**繰り返し**によって最終的に永続的な記憶に転送される。この転送は,心理学用語ではしばしばリハーサルの結果とされ,生物学用語ではしばしば記憶の固定に含まれるとされる。⇨ **記憶の二重貯蔵モデル**

**記憶の二重貯蔵モデル**[dual-store model of memory] 記憶は,情報が数秒間保持される**短期記憶**と,数時間から長年保持することを可能にする**長期記憶**から構成される,2段階の過程であるという概念。ジェームズ(William James)はこの段階を**一次記憶**と**二次記憶**と呼んだ。二重記憶理論(dual memory theory)とも呼ばれる。⇨ **記憶モーダルモデル,記憶の多重貯蔵モデル**

**記憶の歪み**[memory distortion] 不正確な,もしくは架空の記憶想起ないし再認。⇨ **既視感,虚偽記憶,錯誤記憶**

**記憶範囲**[memory span] 一度呈示された直後に思い出せる項目の数。通常,項目は,文字,単語,数字,音節から構成され,実験参加者はこれらを呈示された順に再生しなければならない。呈示の性質によって,視覚的記憶範囲(visual memory span)と**聴覚記憶範囲**が区別される。⇨ **数唱範囲課題**

**記憶法**[mnemonic strategy; mnemonic; mnemonic system] 記憶を補助するために用いられる方略,技術のこと。通常,覚えたい新しい情報と事前に符号化された情報のつながりや関連性を築くことで行われる。たとえば,パスワードの番号を人は身近な誕生日や住所,部屋番号に関連して覚えようとする。⇨ **キーワード法,場所法,ペグワード記憶法**

**記憶モーダルモデル**[modal model of memory] ほとんどのモデルに共通した仮定をもつ記憶の一般的理論。モーダルモデルは**短期記憶**と**長期記憶**を含み,どのようにして情報が符号化され,後に記憶から取り出されるのかをモデル化した。

**擬音語**[onomatopoeia] 物事の音をまねた言葉。たとえば,シュー,ピシャリ,カッコウなど。⇨ **アイコニック・シンボル**

**機会均等**[equal opportunity] アメリカ連邦法の下で,

すべての人々が，人種，年齢，肌の色，宗教，障害，国籍に関わらず，雇用をみつけ，職に就く機会をもつべきであるという原理のこと。機会均等の原理は，教育や健康保健，その他，諸々の社会的なサービスにも適用されており，ある州や自治体においては，性的志向による差別の是正にも適用される形で拡張してきた。⇨ **アファーマティブ・アクション，雇用年齢差別禁止法，米国障害者法，5分の4ルール，積極的差別是正措置，従業員選抜手続の統一ガイドライン**

**機会構造**［opportunity structure］ 年齢，障害の有無，性別，教育水準，経済水準などの個人の特徴が，文化・社会的な機会や選択肢と関連する基盤。ある心理学者によると，経済的・社会的に不利な立場におかれると，成功の合理的な機会への接触が妨げられたり制限されたりするため，結果としてその人は，非行や他の犯罪行為など違法なことによって立身することを探すといわれている。

**機械作業適性**［mechanical aptitude］ 機械の機能の基盤をなす理論を理解し，機械を上手に扱う能力。

**機械作業適性検査**［mechanical-aptitude test］ 機械に関連する作業，たとえば，機械に関する情報処理，力学的推論，空間関係の理解，知覚情報処理，機械の原理の理解，機械の組み立て，マニュアルの読解などに要する能力の測定を目的とするテスト。

**機械受容器**［mechanoreceptor］ 機械（力学）的な刺激を感じる受容器。音波を神経インパルスに変換する耳の中の受容器や，皮膚の触覚の受容器，関節と筋肉の受容器が，その例である。⇨ **自己受容器，化学受容器**

**機械的因果関係**［mechanical causality］ ものごとや行動の因果関係を，2つの機械の部品の間の関係のように説明する考え方。このような因果関係の説明は多くの場合において，線形の因果関係の一種である。⇨ **機械論的思想，因果機構**

**機械的学習**［rote learning］ ドリルと繰り返しを通して，ときには理解を欠いたまま獲得が起こる種類の学習。機械的学習は正しい答えを導くが，反応の背後にある推論や論理的な含意に無自覚になされることがある。

**機械的再生**［rote recall］ 完全な形で貯蔵していた情報（たとえば，住所，化学式，色のパターン，曲など）を正確に思い出すこと。⇨ **逐語再生**

**機械的知能**［mechanical intelligence］ 具体的対象と機械的関係性を理解する心的能力。

**機械的人間という概念**［mechanical-man concept］ 人間を，物理的処理過程によって支配される生きた機械として理解しようとする考え方。意識のような非物質的な概念による支配は想定しない。この考え方はしばしば**行動主義**や，それと同様の決定論的かつ自然主義的な理論が主張する人間像のモデルとしてあげられる。⇨ **機械的因果関係，機械論的思想**

**機械的リハーサル**［rote rehearsal］ 情報を記憶する手段として何度も何度も自分で繰り返すこと。電話番号，テストに出る基本事項，芝居の台詞などによく用いられる。復唱は声に出すこともあれば出さないこともある。⇨ **リハーサル，調音ループ**

**機械の中の幽霊**［ghost in the machine］ デカルト二元論に関連した問題を強調するために用いられるフレーズ。心（mind）を，機械的な身体（機械）の中に棲みつき，これと相互作用する物理的実体のない存在（幽霊）とみなす。⇨ **二元論，心身問題**［イギリスの哲学者ライル（Gilbert Ryle: 1900-1976）による造語］

**機械の理解テスト**［mechanical-comprehension test］ 1. 機械に関する技量を学ぶ能力を測るテスト。これには複雑な機械の操作や修理の基盤をなす理論を理解しておくことが必要である。2. 機械や器具に関する概念の理解の程度を測るテスト。

**機械論**［mechanism］ 1. 一般的には 何らかの目的を果たす仕組みや物理的な性質，もしくはそのような仕組みや性質による説明のこと。2. 唯物論と同様に，すべてを物理的な性質によって説明しようとする哲学的立場。⇨ **機械的因果関係，機械論的思想** 3. 人間を機械としてとらえる考え方。⇨ **機械的人間という概念**［フランスの医者・哲学者ラ・メトリー（Julien Offroy de La Mettrie: 1709-1751）による］ 4. 精神力学においては ⇨ **心的メカニズム**

**機械論的交互作用**［mechanistic interactionism］ 行動決定因として，個人の性質と状況要因を同時に考慮する立場。個人要因と状況要因に対する重みは，仲介変数によって影響される。たとえば，構造化された状況では，状況要因に対する重みが大きくなり，曖昧な状況では，個人要因に対する重みが大きくなる。

**機械論的思想**［mechanistic theory; mechanistic approach］ 心理的なプロセスや行動は，究極的には物理的なプロセスと同様に理解できるという発想。したがって，人間行動は機械のモデルやその比喩によって説明され，**機械的因果関係**を生じることになる。複雑な心理プロセスは，より単純な物理現象に還元される。⇨ **還元主義**

**幾何学的錯視**［geometrical illusion］ 線とそれらの相互作用が，視覚システムによって誤って解釈されるような直線あるいは曲線によって構成された図のこと。例として，**ミューラー・リヤー錯視**や**ツェルナー錯視**がある。

**気がかり**［suspense］ 不安を予期している状態。

**飢餓衝動**［hunger drive］ 絶食により引き起こされる欲動や覚醒状態で，食物欲求行動を引き起こす。⇨ **特殊飢餓**

**飢餓衰弱**［limophthisis］ 深刻な栄養不良による飢餓の身体と精神の表れ。

**飢餓反応**［starvation reactions］ 慢性の栄養不良に起因する身体的，心理的反応。世界人口の1/4が経験すると考えられる。衰弱，空腹痛，倦怠感，病気への耐性の低下などが身体的症状としてあげられる。心理的症状として，思考能力の低下，集中力の低下，無関心，短気，性欲の減衰などがある。

**幾何分布**［geometric distribution］ 一連の**ベルヌーイ試行**において，最初の成功以前に失敗した試行数の**確率分布**のこと。

**幾何平均**［geometric mean］ **代表値**の測度。$x_1, x_2, \cdots, x_k$の$k$個の幾何平均は$(x_1 x_2 x_3 \cdots x_k)^{1/k}$である。

**器官**［apparatus］ 生物学において，特定の機能を果たす構造群もしくは構造系のこと。たとえば，それは微視的には細胞内**ゴルジ体**，巨視的には**前庭器**など。

**期間**［period］ 日没から日没の間といったような，連続した周期における同地点間の時間的隔たり。

**器官愛**［organ eroticism］ 体の特定の器官に関連した

性的刺激や性的愛着のこと。

**気管開口術** [tracheostomy] 喉頭の除去や喉頭または喉上部の腫れなどによって引き起こされた呼吸障害を取り除くために，頸部から気管への開口部を作る手術。

**偽感覚** [pseudoesthesia; pseudesthesia] 切断された腕に刺激を感じるような幻影の感覚のこと。⇨ **幻肢**

**器官形成** [organogenesis] 発達過程における器官の形成。

**器官幻覚** [organic hallucinations] 脳における特定の要因により生じる幻覚症状。脳の一部あるいは感覚経路の興奮や刺激が要因であると考えられる。増悪原因には，動脈瘤，腫瘍，てんかん，処方薬を含む薬剤の使用，アルコールの乱用，コカイン，アンフェタミン，あるいはそれに類する物質がある。

**器官言語** [organ language] 心身症を古典的な精神分析で説明する際の用語で，情緒的な葛藤や混乱を身体的に表現すること。問題が生じている臓器の，患者にとっての重要性を知ることは，正確な診断や治療の要だと信じられている。たとえば，器質的な原因がみつからない慢性腰痛（腰背部痛）は，その患者が不当な扱いを受けていると感じているか，犠牲者になっているか，人生の目標を過度に低く設定していることを意味すると考えられる。器官発話（organ speech）とも呼ばれる。

**気管支拡張薬** [bronchodilator medications] 気道疾患に幅広く利用できる薬剤で，喘息，気管支炎といった呼吸障害に関連した治療に用いられる。**メチルキサンチン誘導体**や交感神経興奮薬を含む。

**機関内動物実験委員会** [Institutional Animal Care and Use Committee: IACUC] 研究機関の動物実験プログラムと，動物を扱う研究の実施要綱を監督する責任をもつ機関。機関内動物実験委員会の主要な責任は，動物の人道的な取り扱いと研究プログラムや過程が確立された規則の遵守を保証することである。アメリカの連邦法は実験動物を用いて研究を行うすべての機関は機関内動物実験委員会を設立しなければならず，動物を扱う実験や活動を行う組織のメンバーは機関内動物実験委員会に審査を行ってもらうため計画を提出しなければならないと定めている。

**機関販売促進** [institutional sales promotion] 企業間取引に見られる特徴で，特別価格や特別サービスと引き換えに，大量購入や長期契約が推奨されること。

**器官劣等性** [organ inferiority] 身体的特徴についてのネガティブな感情を抱いた結果，他人よりなんとなく劣っているという感覚のこと。現実的または空想上のものであれ，どのような構造の欠陥や発達上の奇形でも，それらは劣等感や補償への努力を生み出す。［アドラー（Alfred Adler）による定義］

**危機** [crisis (pl. crises)] 1. 巻き込まれた人々に，著しいストレスを引き起こす状況。2. 個人の人生におけるトラウマ的な変化で，通常，認知的・感情的ストレスを引き起こす。3. 疾患が快方か悪化に向かうかの転機。4. 不安定さ，および，状況が悪化する差し迫った可能性に特徴づけられる，たとえば，政治的，社会的な状況のこと。5. アメリカの科学哲学者クーン（Thomas Kuhn: 1922-1996）による**科学革命**の分析において登場する，ある特定の理論システムが多くの**異常**に圧倒されるときに現出する状況についての概念。その異常とは，理論システムが崩壊していると知覚され，より望ましい理論システムを探求している状態のことである。

**機器** [instrument] 測定，記録，検査，などにおいて用いられるすべての装置。

**利き足** [footedness] たとえばキックするときなどに，一方の足を他方よりも好んで使うこと。⇨ **利き手**

**偽記憶** [pseudomemory] 起こっていない出来事を起こったかのように想起する偽の記憶のこと。単なる誤った記憶（⇨ **虚偽記憶**）とは異なる。偽記憶は，目撃者が記憶を回復させるために催眠術を用いるときに，特に懸念される原因の一つである（⇨ **記憶増進**）。⇨ **作話，回復された記憶**

**危機介入** [crisis intervention] 1. 予期せぬ死別や災害のような非常に破壊的な経験をした人や家族，集団を援助するために，心理療法やカウンセリングを使用すること。根本的な治療というよりもむしろ短期的な改善に役立つ。危機介入は**外傷後ストレス障害**のような，その経験による深刻な影響が生じることを防ぐ。2. **急性精神病エピソード**あるいは**自殺企図**などのように，精神的健康が危機に瀕している人に対して，短期間，緊急的に行われる心理的介入のこと。

**危機介入サービス** [crisis intervention service] アメリカにおいて，（通常，政府や社会機関により提供される）緊急事態，災害，個人的な危機の際に提供されるサービスのこと。ホットライン，ドロップインサービス，また，災害現場での介入が含まれる。

**危機カウンセリング** [crisis counseling] 心的外傷体験や急激な緊張にさらされる出来事の直後に，訪問したり，電話を入れたり，あるいは現地でなされる専門的なカウンセリング。大事故や災害直後などによく行われる。⇨ **災害カウンセリング**

**危機管理** [crisis management] 急に，予期せず生じる脅威によりもたらされる困難を克服するための方策を，組織化して結集すること。危機的な状況による心理的ストレスは情報処理能力を低下させることがある。このことは解決策を検討する際，危機管理者が考慮すべきことである。

**聞き手** [audience] コミュニケーションの受け手。特に個人が説得的メッセージのターゲットとして選ばれた場合を言う。

**利き手** [handedness; hand dominance] 何らかの課題を遂行する時に，一方の手を使うことを他方の手に比べて好む傾向のこと。その好みは通常，身体の対側に位置する**運動皮質**の優位性と関係している。⇨ **大脳半球優位，側性，左利き，右利き**

**機器ドリフト** [instrument drift] 通常段階的かつ予測可能な形で生じる**機器**の変化で，機器によって得られたデータから導かれる結論の妥当性を脅かすもの。たとえば，バネばかりのバネの弾性の変化や実験参加者の疲労。機器劣化（instrument decay）とも呼ばれる。

**利き目** [dominant eye] 優先的に使われる，もしくは刺激の効果がより大きい目のこと。

**偽狭心症** [pseudoangina] 狭心症の**心臓発作**に似た胸痛だが，心臓疾患の臨床所見に欠けるもの。

**危機理論** [crisis theory] 危機の性質，危機に伴う行動，危機を発生させる要因，危機防止，危機介入，危機解決に関する考え方の体系。

**危惧** [apprehension; apprehensiveness] 状況や事象，未来全般についての予期不安，心配，恐れ。

**器具** [armamentarium] その施設における教育や研究，実践に必要ないし十分なすべての設備。しばしば医療機関における設備を示す。このような設備には，本や消耗品，機器を含む。

**器具主義** [instrumentalism] 科学哲学において，理論は，真か偽であることを検討するものではなく，世界には意味があり整然としているという主張を説明するための道具であるとする立場。この視点は**マッハの実証主義**と関連している。

**聴く態度** [listening attitude] 1. 治療場面における，クライエントの個人的な体験に対する治療者の開放性，あるいはクライエント自身の個人的な体験に対するクライエントの開放性のこと。2. 個人がメッセージを受け取ることを予期し，備える際の行動の構え。イタリア生まれのアメリカの精神科医であるアリエッティ（Silvano Arieti: 1914-1982）は，幻覚を常に体験している統合失調症の人はこの態度を意識すると，それを避けようとすると主張した。

**気配り** [attentiveness] 他者の欲求に積極的に注意を向ける性質。

**奇形** [malformation] 体が不完全な，または異常な形状であること。⇨ **変形**

**奇形学** [teratology] 発達異常やその原因を研究する学問。⇨ **奇形学的欠陥**

**奇形学的欠陥** [teratological defect] 遺伝的な要因や，薬物にさらされたり，母体内にいる間に受けたX線などの環境的な影響によって生じた，構造的，あるいは機能的な異常。例として，遺伝子の異常に関連したダウン症や，母親の妊娠中のサリドマイドによる，腕や脚の変形を特徴とするサリドマイド症候群などがある。

**偽痙攣** [pseudoconvulsion] ある種の**非てんかん性発作**の旧式名称。他の徴候（瞳孔の異常，意識の喪失，記憶喪失など）がみられないにも関わらず，卒倒したり，筋収縮が生じるもの。

**帰結** [consequence] 与えられた状況下における行動の結果。

**危険域** [critical region] 帰無仮説を棄却することを判断する際の検定統計量の値。棄却域（region of rejection）とも呼ばれる。⇨ **採択域**

**危険管理** [hazard control] 環境やシステムや製品に潜む危険を特定，評価，除去するプロセス（技術的管理: engineering controls）。あるいは，完全に除去することができない危険からユーザーや従業員を守るプロセス（administrative controls）。⇨ **安全工学**

**危険状態の乳児** [infant at risk] 脳組織への酸素供給量の減少など，出生時の状況，もしくは，出生後1か月間の栄養失調などにより，発達が阻害される恐れのある幼児のこと。

**危険水準** [risk level] 帰無仮説**有意性検定法**において，第一種の過誤を犯す危険のある水準。

**危険性[1]** [dangerousness] 個人が，自分自身あるいは他者を害する可能性のある状態のこと。自身や他者の安全への脅威を意味している。

**危険性[2]** [hazard] 怪我，病気，もしくは設備損傷の可能性があること。

**危険性のある精神状態** [at-risk mental states] 精神疾患や，暴力のような有害な行動を生起させる脆弱性を有する，心理的な症状や心理過程のこと。

**危険値** [critical value] 危険域の終点の値。つまり，検定統計量がある値より上あるいは下であれば**帰無仮説**が棄却される値。

**危険範囲** [critical range] 個体の健康状態を確認できる特定の生物学的指標の範囲。

**危険防止** [hazard prevention] 脅威の発生を防ぐために工学的制御を使用すること。

**危険率** [at risk] 障害や病気に対する弱さのこと。個人の危険な状態は，遺伝要因，身体要因，行動要因あるいはそのときの状態による。たとえば，統合失調症患者の子どもは同じ病を発症する危険が高い可能性があり，タバコを吸う頻度が多い人は，気腫や肺癌になる危険が高い可能性がある。

**気候** [climate] 温度，湿度，日照時間，日当たりといった環境条件のこと。これらすべてが気分や感情に影響を与える可能性がある。温度と行動との間には複雑な関係性があり，様々な社会的行動にも影響を与える可能性がある。⇨ **寒冷効果**，**熱効果**

**気功** [qigong] 特定の呼吸パターンと，身体の様々な動き・姿勢との調和による中国の健康法。様々な型は，中国武術を助けるものとしても教えられる。

**記号** [sign] 言語学や記号論において，意味を伝えるものすべてを指す。記号には言語的なものもあれば（例，話し言葉や書き言葉），非言語的なものもある（例，髪型）。この用語は，現在では，スイスの言語学者ソシュール（Ferdinand de Sassure: 1857-1913）の理論に由来するアプローチと主に関連づけられる。ソシュールは，言語記号の恣意性（すなわち，音声・文字などの物理的形態のシニフィアンとそれが示す概念であるシニフィエの間には，何の必然的な関係もないこと）を強調した。こうした考え方を非言語的記号システムに当てはめることで，社会科学における**構造主義**の基本的な方法が生み出された。

**記号過程** [semiosis (semeiosis)] 物体，単語，身ぶりやその他の実存が特定の意味と結びつき，ある特定の記号体系内において**記号**としてして機能するようになる過程。⇨ **記号論**

**記号言語** [semiology] ⇨ **記号論**

**記号接地** [symbol grounding] 対象のシンボル表象と，実世界の環境にある現実の物理的対象との対応関係を確立し，維持するプロセス。たとえば，子どもが棚から緑の箱を回収するように指示されるとき，「緑」や「箱」という概念によって伝達されるその事項の内的表象と，物理的な対象そのものに実際に関連した適切な感覚体験とを関連づけることができなければ，子どもはそれを適切に行うことはできない。知覚アンカリング（perceptual anchoring）とも呼ばれる。

**記号列** [string] 言語学において，形式的分析を行うために，単語や単語要素を直線的に配列すること。

**記号論** [semiotics; semiology] 言語的・非言語的**記号**，およびそれらの特別なサインシステム内の意味の伝達方法に関する研究のこと。**意味論**（それらは言語で表現された意味に限定される）と異なり，記号論は，一般に人間の記

号活動に関係する。学術的分野として記号学は，その前提として，サインが他のサインとの関係性のパターン内においてのみ意味を生成することができるという見解をとって，20世紀の**構造主義**の一般的なフレームワークにおいて発展した。[アメリカの哲学者パース（C. S. Peirce: 1839-1914）により導入された]

**記号論理学**［symbolic logic］　論理学的分析における記号の組織的な用法。現代の記号論理学において，使用される記号は数学の，特に**集合論**のものである。数学の言語は**人工言語**であり，**自然言語**に存在している暗示的意味や主観的な意味がない。また，数学的本質の関係が単純で正確に定義されるため，数学の言語は議論における妥当性の正確な条件を調べるのに適している。⇨ **論理学**

**擬死**［death feigning; thanatomimesis］　危機にさらされたときに，動かなくなる，または死んだふりをすること。持続性不動状態（tonic immobility）とも言う。⇨ **動物の防衛行動，不動性**

**擬似科学**［pseudoscience］　いくつかの類似点はあるが，真の科学とは考えられない理論体系，方法体系。例としては，**占星術**や**数秘術**，秘伝的な**魔法**から，サイエントロジー（scientology）のような現代の現象まで多岐にわたる。疑似科学と科学を区別する様々な基準が提案されてきたが，最も影響力のあるものの一つは**反証可能性**による基準である。この基準に基づくと，心理学や精神分析学の研究は，観察によって直接的，もしくは確実に検証が不可能な理論や構成概念を含むために，時に疑似科学的だと批判される。⇨ **超心理学**

**既視感（デジャビュ）**［déjà vu］　新しい出来事が既に経験された，あるいは同じ場面を以前に目撃したと感じること。フランス語で「すでに見た」という意味。既に知っていると感じるのは神経学的異常かもしれないし，現在と過去が似ていたからかもしれないし，白昼夢や悪夢の中で同様の場面を見たことがあるからかもしれない。⇨ **虚偽記憶**

**儀式**［ritual］　1. たとえば，何かの方法で課題を遂行しなければならない場合に，非合理的で奇異な法則に基づいた，固執した常同的な行動を含む**強迫**の一形態。儀式は**強迫観念**による苦痛や不安を軽減するために行われる。2. 式典での行為や儀礼のことで，通常は順序の決まった行為，身振り，決まり文句からなる。文化人類学者は主要な儀式の種類を魔術的儀式，年周儀式，典礼儀式，**通過儀礼**，裁判所でみられるような特定の社会行動の重要性と無機性を強調する公的手続きといったように区別しているが，実際には重複も多い。魔術的儀式は象徴的で，模倣的な行為を（たとえば，雨を呼ぶために地面に水を注ぐ）を通して自然の力を操作しようするもので，年周儀式は季節変化や時間経過を記念するもの，典礼儀式はキリスト教の聖餐の儀式のような神聖な物語や神話の再現に関するものである。3. より一般的には，考えることなく日常的に行われる習慣や慣行。

**疑似幻覚**［pseudohallucination］　鮮明な幻覚で，通常は視覚的なものである。幻覚様の体験として個人の認識がある。

**既思考感**［déjà pense］　実際にはないにも関わらず，以前に考えたことがあるように感じること。原語はフランス語で「すでに考えたことのある」という意味。既思考感は**虚偽記憶**である。

**疑似集団**［quasi group］　真の**グループ**を定義する特徴のすべてではないものの，いくつかの特徴を満たしている集合のこと。

**疑似手術**［sham surgery; sham operation］　外科的介入を用いる実験において，統制条件として機能する手術のこと。実験的な手術の特徴を模倣するが，いかなる身体組織の改変や除去を行わず，したがって実験要因そのものの影響をもたない。

**擬自症**［appersonation; appersonification］　個人が自分自身のことを他者と同一視したり，その他者の性格を装う妄想のこと。

**疑似条件づけ**［pseudoconditioning］　**パブロフ型条件づけ**の環境で，条件刺激に続いて中立刺激が呈示された際に，その中立刺激だった刺激によって反応が引き出されてしまうこと。たとえば，大きな音を伴う電気ショックに対して尻込むという反応を複数回繰り返すと，大きな音がなるだけで尻込むようになる。

**疑似心理学**［pseudopsychology］　非科学的方法や不正手段を用いる心理学研究。たとえば，手相占いや**骨相学**，**人相**などがある。⇨ **擬似科学，超心理学**

**疑似性交**［pseudocopulation］　男女間の身体接触で射精を伴うが実際の挿入はしないこと。互いの性器を接触させるが，射精はせず衣服を身に着けたままの場合もある。オーガズムに達することも達しないこともある。

**擬似相関**［spurious correlation］　変数が，1つもしくはそれ以上の他の変数と因果関係がないにも関わらず共通の関係を介して相関している状態。⇨ **第3の変数の問題**

**基質**［substrate］　酵素により反応を受ける化学物質。基質は酵素の活性部位に特異的に結合し反応に必要なエネルギーを下げ反応速度を上げる。反応が終わったとき，酵素は変化していないが，基質は反応生成物と呼ばれる異なる分子へ変化している。解放された酵素は同成分の基質に対し反応を繰り返す。

**気質**［temperament］　通常，生物学的に決定され，若齢期からみられる人格の基盤となる特性。エネルギー水準，情動的感受性，反応のテンポ，探索への意欲といった特徴を含む。動物の行動においては，気質は個体の体質的な反応パターンと定義されている。魚類から霊長類を含む動物の研究では，特に臆病大胆連続性における気質の差異を支持しており，どの動物においても新奇刺激に対する探索行動を高いレベルで示す個体と，**新奇恐怖**を示す個体が認められている。

**器質障害**［organicity］　脳の損傷や機能障害。

**器質障害テスト**［organicity test］　特定の認知ないしは行動が脳損傷や脳機能不全の結果に対して異なる影響を受けることを示すテストの旧式名称。

**器質性**［organic］　1. 身体の状態または身体の不調を意味する。機能性や心因性と対比される。2. 事物，状況，現象の根本もしくは本質的な構成に関すること。もしくは，構成要素間の相互作用に関すること。

**器質性幻覚症**［organic hallucinosis］　DSM-IIIにおいては，持続性または反復性の幻覚症状によって特徴づけられる状態とされた。幻覚剤（通常，幻視を引き起こす），アルコール（通常，幻聴を引き起こす），脳障害や機能不全，時として感覚遮断（視覚消失，聴覚聴消失）によって

もたらされる。DSM-Ⅳ-TRからこの診断区分は取り除かれた。

**器質性障害**［organic disorder］体組織や器官の生化学的あるいは構造的に明らかな異常により引き起こされたあらゆる病気。器質性疾患（organic disease）とも呼ばれる。⇨ **心因性障害**

**器質性人格症候群**［organic personality syndrome］DSM-Ⅲでは，腫瘍，頭部損傷，血管疾患（vascular disease）などによる脳の損傷が要因となって引き起こされた人格や行動の顕著な変化に特徴づけられる障害とされた。人格変化は少なくとも以下の１つを含む。情緒不安定（感情の爆発，きっかけもなく泣き出す），衝動制御の困難（万引き，無分別な性交），目立った無気力，無関心，疑い深さ（suspiciousness），妄想様観念。DSM-Ⅳ-TRからこの診断区分は取り除かれた。

**器質性精神障害**［organic mental disorders］DSM-Ⅲにおいては，特定の器質的要因による一時的，または永続的な脳機能障害の結果生じた精神障害の異種群とされた。**器質性脳症候群**と区別するために，原因が特定された。DSM-Ⅳ-TRからこの診断区分は取り除かれた。

**器質性遅滞**［organic retardation］遺伝子の障害，食物の欠乏，ホルモン異常のために，器官や器官システムが正常に発達しないこと。骨格の一部もしくは複数の部位が正常に発達しない場合は，下垂体要因，遺伝的要因，食事要因，またはそれら要因の組合せの影響が考えられる。

**器質性痴呆**［organic dementia］DSM-Ⅲにおいて，脳損傷に起因するあらゆる疾患を原因とする**認知症**のこと。

**器質性の感情症候群**［organic-affective syndrome］DSM-Ⅲ-Rでは，その原因が特定の同定可能な器質性障害ではない気分障害の基準を満たす症状を伴うあらゆる気分障害のこと。DSM-Ⅳ-TRからこの診断区分は取り除かれた。器質性気分症候群（organic mood syndrome）とも呼ばれる。

**器質性の器質的欠陥**［organic defect］その原因が遺伝子異常ではない先天性疾患のこと。たとえば，精神的あるいは身体的障害は，妊娠時の母体異常（maternal disorders）や子癇前症（preeclampsia），風疹（rubella）のようなウイルス感染症，性感染症，トキソプラズマ症のような原虫感染症，食事障害（dietary deficiency），アルコール依存症のような薬物乱用のような状態によって生じる可能性がある。

**器質性まひ**［organic paralysis］神経や筋組織の構造上の損傷によって随意的な筋機能を失うこと。⇨ **まひ**，**転換性まひ**

**器質性妄想症**［organic delusional syndrome］DSM-Ⅲにおいては，著しい妄想の発生に特徴づけられる状態とされた。通常は被害妄想のような内容である。大抵，アンフェタミン，大麻（マリファナ），幻覚剤のような物質により生じるが，脳損傷や機能不全によっても起こる。DSM-Ⅳ-TRからこの診断区分は取り除かれた。

**器質的抑圧**［organic repression］遡及的な健忘症（amnesia）のこと。患者は怪我に先だって出来事を想起することができないが，検査者も解離性健忘（dissociative amnesia）にみられるような健忘症（amnesia）のための個人的動機をみつけられないタイプを指す。

**気質特性**［temperament trait］**1.** 生物学的に規定され，遺伝する人格の特徴のこと。**2.** 情緒的な質や，行動における感情面のスタイルに関わるパーソナリティ特性。キャッテルのパーソナリティ因子理論の，3つの特性のうちの一つ。他は**能力特性**と**動的特性**である。

**器質脳症候群**［organic brain syndromes］DSM-Ⅲにおいては，せん妄，認知症，**健忘性障害**，**器質性妄想症**，**器質性人格症候群**を含む障害群とされた。それぞれは心理的，行動的症状（たとえば記憶喪失，知的機能の障害，失見当：disorientation，判断の誤り）により特徴づけられる。一時的，あるいは永続的な脳機能不全と関係しているが，原因には言及しない。DSM-Ⅳ-TRからこの診断区分は取り除かれた。器質性精神症候群（organic mental syndromes）とも呼ばれる。⇨ **器質性精神障害**

**器質療法**［organic therapies］深刻で手に負えない精神障害や精神疾病に用いられる身体的処置のことで，**電気ショック療法**，**精神薬理学**，**精神外科**など。

**気質論**［temperament theory］行動傾向は生物学的に規定され，生まれてから現在まで個人の**性質**を形成しているという理論。

**疑似天才**［pseudogiftedness］一見すると才能ある子どものようだが，その発達は先天的な能力や動機づけによるものではなく，他者を模倣する能力により発揮されていること。このように能力が実際以上に表現されてしまうこと。

**偽餌法**［sham feeding］動物研究において，被験体が咀嚼し飲み込んだ餌を，外科的に食道に埋め込まれた管を通して排出し，胃には届かないようにする方法。

**希釈効果**［dilution effect］動物行動において，同時に多くの個体が活動すると，いずれかの個体が捕獲される確率の平均が減少すること。若鳥が営巣地を一斉に去ると同時に昆虫が現れるといった例があげられる。その結果，捕食動物は捕食できる個体数が少なくなってしまう。⇨ **反捕食者行動**，**混乱効果**

**寄宿学校**［residential schools］精神遅滞の子どもに寄宿サービスを提供する特別な教育施設。歴史的に重要であるが，そのような施設の使用は20世紀後半の間に大きく減少し，現在では精神遅滞の子どもは自身の家族コミュニティ内で公教育を受けるようになった。

**技術革新の普及**［innovation diffusion］新しい技術が大衆に徐々に広まること。普及の程度は，その技術がどれだけ採用されたかという点から評価される。ここでの革新とは，コンピュータのシステムのように実体のある技術から，思考のプロセスや考え方のように無形のものまでを含む。⇨ **プロダクト・チャンピオン**

**記述的オペラント**［descriptive operant］行動の実験研究における強化に関するための形式的で物理的な要件のこと（⇨ **オペラント**）。たとえば，レバー押しの記述的オペラントは，「0.2Nで5mm動くレバーに力をかけるような被験体の行為は強化を受ける」などと表記される。

**記述的規範**［descriptive norms］人々がある状況のもとで通常どのように行動し，感じ，考えるかについて，社会的に規定された合意基準（**社会規範**）のこと。これらの暗黙の基準は，どのような行動や反応が期待されるかで特定され，その状況下では奇異で一般的でないとみなされるような行動や反応も記述する。⇨ **命令的規範**

**記述的研究**［descriptive research］因果的推測をせず

に，予め特定された仮説を検証する，あるいは現存する条件や，ときに関係の全体像を提供するよう計画された実証的研究。

**記述的行動主義**［descriptive behaviorism］　スキナー（B. T. Skinner）によって取り入れられた，行動研究についてのアプローチのこと。スキナーは，心理学は生体の行動の記述，そうした行動が起きる状況の記述，行動が環境に与える効果の記述に限るべきだと考えていた。潜在的な，生物学的または仮説的な心理プロセスに関しての説明は避けるべきだとされている。⇨ **行動主義，徹底的行動主義**

**記述的責任**［descriptive responsibility］　被告人が，刑事責任能力を問われる判決に対し，被告人が違法行為を行ったという判決。⇨ **帰属的責任**

**記述統計**［descriptive statistic］　データのある特徴を記述するために用いられる数値による指標。

**技術のゲートキーパー**［technological gatekeeper］　技術革新に関する外部からの情報を組織に取り込むための組織または集団の役割。この役割を果たす人たちは，組織内外の専門家と交流して，新しい技術情報のパイプ役となる。

**記述平均**［descriptive average］　不正確なデータないし部分データをもとに算出される平均値のおおよその推定値のこと。

**技術リテラシー欠如**［technological illiteracy］　技術に関する知識の欠如のことであり，特に良い教育を受けていれば，素人であっても一般にもっていることが期待される技術上の知識の欠如を指す。この場合，現代社会において不利になることがある。⇨ **コンピュータ音痴**

**基準【1】**［criterion］　1. 判断，評価，あるいは比較する際の標準。2. 他のテストや項目の妥当性を証明するテストの得点あるいは項目。たとえば，創造性に関する新しいテストを選択する際の基準として，妥当性のある創造性テストが用いられる。

**基準【2】**［standard］　物事がいかにありうるかということに関する肯定的な見解のこと。たとえば，理想，規範，価値，期待，あるいは以前の成績など。物事のあり方を測定し，判断するのに用いられる。自己の評価は，多くの場合，1つ，またはそれ以上の基準と現状（あるいは現状の知覚）との比較に基づく。

**規準化**［norm; normative］　素点をより簡単に解釈できる尺度得点（たとえば，パーセンタイル値やIQ得点）に変換すること。

**基準次元**［criterion dimensions］　産業・組織心理学においては，被雇用者の全体的な**職務成績**を評価するために複数の**職務基準**が用いられる。これらの基準には，生産性，有効性，欠勤，エラー，事故といったような諸側面の成果・成績が含まれる。単一の基準を用いるよりも，複数の基準を用いることがしばしば好まれるが，その理由は，ある面で職務上の業績が際立っている者が別の面では平均値未満であることが生じうるからである。

**基準集団**［criterion group］　ある特性の検査の妥当性を確認する目的でテストされ，メンバーがその特性をもっていることが明らかな集団。たとえば，視覚障害の存否を評価する方法として，ある視覚検査の妥当性を確認するために，視覚障害の子どもの集団にその検査を実施するということがある。

**基準職務**［benchmark job］　賃金の水準を決定することを目的として，それ以外の仕事を評価する際に基準点として用いられる特定の仕事。基準として選ばれる仕事の傾向としては，よく知られていること，年月を経てもほとんど変化がないこと，賃金の相場が公平であると一般的に受け入れられていること，今まで用いられてきた仕事を評価する基準において重要な箇所に位置していること，などがあげられる。⇨ **分類法，要素比較法**

**基準妥当性**［criterion validity］　ある検査が確立された比較基準といかに関連しているかに関する指標。その基準は，検査が確認されると同時，あるいはその前後で測定される。

**基準データ**［criterion data］　仕事における雇用者の働きぶりを評価する際に監督者あるいは欠席記録などの他の資料から得る情報。

**基準得点**［criterion score］　回帰分析によって属性あるいは変数に基づいて予測される得点。

**基準に基づいた内容分析**［criterion-based content analysis: CBCA］　申し立てられた虐待の訴訟における子どもの陳述について，その真実性を評価するために，鍵となる内容の基準の観点から分析する**ステートメント妥当性分析**の形式。

**基準比率**［base rate］　ある母集団の中で，ある現象が，無条件で自然に生起する確率のこと。ある条件の変化がどの程度現象に影響を与えるかを確かめるために，条件を変化させたその影響下での事象の生起確率と比較されることがある。

**基準変数**［criterion variable］　統計的分析において予測される変数のことで，**従属変数**と同じ意味である。

**基準率錯誤**［base-rate fallacy］　ある母集団における特性の発生率についての情報（基準率の情報）が無視されるか，もしくは適切な重み付けがなされないことにより生じる意思決定の誤りのこと。たとえば，弁護士が90％，エンジニアが10％から構成される母集団から抽出されたことを知っていても，ある人が学校での物理の授業を楽しんでいたということを聞くと，その人を弁護士ではなくエンジニアであると判断する。⇨ **代表性ヒューリスティック**

**擬傷**［injury feigning］　ある動物が損傷や障害を負っているふりをする行動。捕食者となる動物を巣から遠ざけるように仕向けるために，しばしば鳥類によって用いられる。そうした鳥は巣から離れたところで負傷を装い，捕食者が近づいてくると飛び去る。

**擬似欲求**［quasi need］　レヴィン（Kurt Lewin）による社会心理学において，生理的欠乏よりむしろ，意図や目的に起因する目標志向的行動を行う緊張状態のこと。

**偽人格**［pseudopersonality］　本当の自分自身についての事実を他者から隠そうとして生じる偽りの性格。

**擬人観**［anthropomorphism］　**比較心理学**によれば，人間以外の行動および心理過程を，人間の行為に置き換えて解釈する際の傾向性を指す。人間以外の動物の行動を判断する際に人間の行動をその基準とする，人類中心主義のバリエーションの一つである。⇨ **モーガンの公準，動物形象**

**疑神経症性統合失調症**［pseudoneurotic schizophrenia］　広汎的な不安や多様な神経症症状（合理的でない不安，強迫的な考え，衝動的な行動，解離状態）によって特徴づけられる障害で，精神病的傾向（妄想，幻覚，非組織的な会

話や考え，行動）を伴い，短期的には典型的なストレス反応を生じる。疑神経症性統合失調症は統合失調症の類型よりもパーソナリティ障害として第一に考えられるべきである。DSM-Ⅳ-TRでは**統合失調症型パーソナリティ障害**や**境界性パーソナリティ障害**として診断される。[アメリカで活躍したドイツ生まれの精神科医ホック（Paul H. Hoch: 1902-1964）と精神科医ポラティン（Phillip Polatin: 1905-1980）により，25年間実践と研究が重ねられた]

**忌新症**［dietary neophobia］　新たな食物を避けること。慣れない食物を食べようとしない子どもに一般にみられる病的でない状態である。新しい食物の受け入れは同じ食物を食べている他者を観察する，場合によっては，慣れている食物を食べている他者を単純に観察することで促進される。幼いラットは親が摂取した新しい食物を親の息のニオイを通して受け入れることができる。霊長類の中には，親や養育者は慣れている食物よりも新しい食物を出し分け合う傾向がある。

**キス**［kissing behavior］　友情または愛情の表れとして，通常唇を接触させること。キスは身体の様々な部分に，様々な圧力で唇を接触させる。口と口とのキスは，舌を入れることもある。キス行動は動物によって行われる，なめまわし行動と関連がある。

**奇数偶数方式の信頼性**［odd-even reliability］　テスト内の奇数項目群と項目偶数群の相関係数によってテストの信頼性を評価する方法。**折半法信頼性**による信頼性の特殊なケース。

**傷つきやすさ**［susceptibility］　身体や精神の疾患，障害によって，刺激に影響されやすくなっている状態。傷つきやすいこと。

**絆[1]**［bond］　二者あるいはそれ以上の個人の間における，信頼や協力を表す関係のこと。社会的状況では，個人が互いに情緒的サポートを与える**愛着**のようなものの存在である（⇨ **つがい関係**）。心理療法において，セラピストとクライエントの間の**治療同盟**についての絆は，治療にとって有益であるとされる。

**絆[2]**［bonding］　個人間，とりわけ母子間で形成される**愛着**やその他の親密な関係におけるプロセス。初期の段階では，母親と新生児との肯定的な相互交渉は，子どもが安心と信頼とを確立するのと同様に両親が絶対的な愛情を確立する上で欠かせない重要なものだとみなされている。その後，絆は友情や信頼の確立へと発展する。

**絆[3]**［continuing bond］　親近者を亡くした人が，死後長い間経っても故人との間にもち続ける感情的愛着のこと。徐々に影響力をもちはじめているこの「絆」をテーマとしたアプローチは，故人との感情的で象徴的な関係を，その人が人生の中にどのように再構成し統合していくかという方法に焦点を当てる。⇨ **死別反応**，**悲嘆**，**喪**，**対象喪失**

**寄生**［parasitism］　**1.** 生物学における**種間相互作用**の一つであり，**寄生体**である有機体が，宿主である他の種の有機体の上および内部で生活すること。寄生者には有益であるが，通常は宿主には有害である。**2.** 比喩的表現の一つ。ある個人が，他者の寛大さから習慣的に利益を引き出し，その見返りを何も与えないといった社会的関係性を指す。

**偽性狭心症**［pseudoangina］　狭心症に似た胸痛であるが，首領域の**脊髄神経根**のダメージを原因とするもの。認められやすい原因は，椎間板の突出により第7頸神経が圧迫されているためである。頸神経狭心症（cervical angina）とも呼ばれる。⇨ **非心臓性胸痛**

**偽性コミュニケーション**［pseudocommunication］　言葉の断片，無意味な調子，不可解な身振りによって，コミュニケーションをとろうとすること。この状態は時に統合失調症でみられる。

**犠牲者**［casualty］　事故や虐待，戦争や災害などのネガティブな経験によって，心理的ないしは物理的に被害を受けた個人，またはグループのこと。

**擬成人化**［adultomorphism; enelicomorphism］　成人の特性や動機を子どもがもっていると考えること。特に，成人の精神病理学に基づいて推定することによって，発達の各段階を再構成する傾向のこと。

**偽精神遅滞**［pseudoretardation］　知的発達の障害。通常は**軽度精神遅滞**に一致する。先天的要因よりも，文化的あるいは心理学的条件によって生じる。これらの条件には，母性剥奪，知能低下，重篤な感情的混乱，知覚障害が含まれる。こうした条件下にある人に対して，教育的介入によって軽減されない精神遅滞を誤用したもの。心理社会的精神遅滞（psychosocial mental retardation），心理社会的精神発達遅滞（psychosocial mental developmental delay）とも呼ばれる。⇨ **6時間遅れている子ども**

**疑精神病質統合失調症**［pseudopsychopathic schizophrenia］　統合失調症の特徴とされる精神病的傾向で，心理的な偽り，性的逸脱，暴力，脱抑制行動といった非社会的傾向によって覆われている。統合失調症の類型よりもパーソナリティ障害にあてはまる。DSM-Ⅳ-TRでは，**統合失調症型パーソナリティ障害**や**境界性パーソナリティ障害**として診断される。

**寄生体**［parasite］　生存のために他の生物に寄生する生物種。通常は宿主を殺すことはない（⇨ **寄生**）。腸内にはたくさんの寄生体が存在し，食物の消化を助けている。病気や衰弱を誘発する寄生体もあるが，宿主を死に至らしめるほど深刻な影響は出ない。寄生中の宿主が死ぬ前に別の宿主を見つけることができた寄生体は生き延びる。別の宿主に移行しやすくするために，宿主の行動を変化させる寄生体もいる。

**偽性トリソミー18**［pseudotrisomy 18］　先天的な障害で，常染色体の劣性特性が原因と考えられており，染色体の18トリソミー異常の患者と同様の異常が認められる（短い首，水かき，先天的な心臓疾患）。しかし，研究では遺伝染色体18トリソミーや転座染色体やほかの異常は見い出されていない。すべてのケースで精神遅滞が認められる。

**偽性軟骨無形成症**［pseudochondroplasia］　四肢短縮による**常染色体優性**の小人症のことで，通常は2歳～3歳頃に診断される。通常の頭の大きさと顔面の特徴であり，短い手足，O脚（内反膝）あるいはX脚（外反膝）といった脚の奇形がみられる。偽軟骨発育不全脊椎骨端異形成（pseudoachondroplastic spondyloepiphysial dysplasia）とも言う。

**犠牲の性欲倒錯**［sacrificial paraphilia］　儀式的な犠牲要素に伴う段階的な死や実際の死に対する，性的関心および性的興奮。犠牲的な事物には，動物や人間を含む。⇨

性嗜好異常
**偽性まひ**［pseudoparalysis］　確認できる構造上のもしくは機能的な病因が神経系にみられない場合の，痛みによる腕の運動または腕の力の喪失のこと。

**偽性欲求**［pseudomotivation］　特に統合失調症の患者にみられる，以前の振舞いを正当化するために作り出される理由のことを指す。その患者は口実の一貫性を意識しているかどうかはわからず，そのようなことに無関心な可能性がある。［スイスの精神医学者ブロイラー（Eugen Bleuler: 1857-1939）が最初に提唱した］

**季節性感情障害**［seasonal affective disorder: SAD］　気分障害の大うつ病性エピソード，躁病エピソード，またはその両方が1年間の一部の期間に生じること。典型的な傾向としては大うつ病エピソードが秋から冬の間に生じる。

**季節性効果**［seasonality effect］　統合失調症は1月〜4月の生まれである可能性が高いという報告がある。しかし，誕生した季節の有意性は確認されていない。⇨**統合失調症ウイルス仮説**［アメリカの精神科医トレイ（E. Fuller Torrey）による］

**季節変動**［seasonal variation］　ある季節に渡る，または季節ごとの，行動的，心理的，生理的な変化。動植物では，季節変動は光周性によってコントロールされることが多い。例として，晩夏の冬眠動物にみられる食物の摂取頻度の増加，体重の増加，季節移動や温帯動物における生殖腺のサイズやホルモン生成の季節変化があげられる。

**偽ぜんそく**［pseudoasthma］　ぜんそくを示す症状や身体所見を伴う身体の状態ではあるが，器質的な基盤が発見されないもの。偽ぜんそくとぜんそくの違いは，生理的検査によって発見される。たとえば，この種の患者は息を吐くことよりも吸うことに困難を示し，呼吸器発作は徐々にというよりも速やかに治まる。また，発作の重さは気逸らしになるものの存在によって低減し，一定でないことなどが特徴である。非器質性急性上気道閉塞（nonorganic acute upper airway obstruction），声帯機能不全（vocal cord dysfunction）とも呼ばれる。

**偽装**［faking］　評価または心理テストにおける参加者の行動のこと。以下のどちらかである。(a) たとえば，個人が教育機関への入学や就職を申請している場合に，好印象をもたせるために答えを選ぶことで「良い顔をする」。(b) たとえば，個人が隊務を免除されたいか，刑事裁判で疑いを晴らされたい場合に，質問紙に精神障害あるいは不適格者を装って答えることで「悪い顔をする」。

**蟻走感**［formication］　アリや他の虫が皮膚の上を這うようなひどく苦しい感覚。コカインの乱用や精神錯乱状態で生起し，急性アルコール性幻覚症，髄脳膜炎，リューマチ熱，猩紅熱，ジフテリア，他の伝染病性障害に伴う，幻触（触覚に関する幻覚症状）である。⇨**ダニ恐怖症**

**偽相互性**［pseudomutuality］　実際には硬直した，没個性的な関係にも関わらず，見せかけの相互性，開放性，相互理解を示している家族関係のこと。統合失調症の家族理論やその他の有力な精神病理の理論は，偽相互性を致命的な病因であるとみなしている。

**偽装手がかり**［deception clue］　個人が真実を伝えていないということの行動兆候。自発的行動と非自発的行動の間の非一貫性と，犯罪者のみが有しているような知識への異常または強調された心理的または表出的反応を含んでいる。行動科学者は，現在までにそれ単独で一対一で偽装に対応するような，行動的ないしは心理的反応を発見していない。

**帰巣能力**［homing］　生息地からかなり離れており，その位置についての手がかりがほとんどない場所へ自ら移動したり移動させられたりした後で，もともとの生息地へ帰り着くために個体が備えている能力。動物の帰巣能力実験では，マンクスミズナギドリの群れが，その生息地であるイギリス西岸のマン島から，3,050マイル離れた北アメリカへ移動させられた。別々に解放された後，その鳥たちは13日以内にマン島の巣へ帰ってきた。⇨**ナビゲーション**

**偽装役割**［counterfeit role］　見せかけの（すなわち，不確かであったり人をだまそうとするような）役割。⇨**ロールプレイ**

**基礎休息活動サイクル**［basic rest-activity cycle: BRAC］　睡眠時でも覚醒時でもみられる，活動状態と非活動状態の周期的な変動のこと。典型的には90分の周期をもつ。

**規則**［rule］　1. ときには反応や行動を導く，ガイドラインあるいは基準のこと，または状況依存的基準を伝えること。2. 言語学において，ある言語における文法要素間の関係性のパターンを説明するのに用いられる形式的メカニズム。形式言語学では，義務的規則，選択的規則，範疇規則，変化規則を区別する。

**帰属**［attribution］　1. 行動や対人的事象の原因に関する推論。原因の性質には，安定性（安定・不安定），原因の所在（内的・外的），統制可能性（統制可能・統制不可能）があり，性質的特徴は動機づけに影響を与える。⇨**帰属理論**　2. 言語発達の2語文段階において名詞がその属性によって限定されること。たとえば，青い車。

**帰属錯誤**［attribution error］　行動の動機や結果の原因の帰属における錯誤やバイアス。⇨**根本的帰属のエラー，集団帰属エラー，集団奉仕バイアス，自益的バイアス**

**帰属スタイル**［attributional style］　行動や事象の原因推論における個々人の特徴的傾向。人々の帰属スタイルの評価にはしばしば，次の3つの次元が用いられる。「内-外次元」（事象の原因を自分自身あるいはその他の要因に帰属しやすい傾向があるか），「安定-不安定次元」（永続的あるいは一時的要因に原因帰属しやすい傾向があるか），「普遍-個別次元」（多くの事象に影響する要因，または単一事象にのみ影響する要因に原因帰属しやすい傾向はあるか）。

**帰属性原理**［principle of belongingness］　進化的な素因のために，ある刺激と反応との連合が素早く獲得されることがあるという考えのこと。⇨**準備された学習**

**帰属的責任**［ascriptive responsibility］　不法行為を犯した個人に刑事責任能力を帰することができ，またそれゆえに罰するべきであると判断されること。

**規則の制定化の段階**［codification-of-rules stage］　ピアジェの道徳性発達理論における，11，12歳かそれ以上の子どもが規則を一度賛成してしまうと拘束力のあるものとして捉える段階。ゲームは相互に連結した規則のシステムとみなされる。もっと低い年齢の子どもでも規則に気づくが，この段階までは系統立て規則を厳守することはない。

**帰属療法**［attribution therapy］　セラピストが，出来事や行動の原因に関するクライエントの物の見方を変化させようと試みる，心理療法の一形態。

**帰属理論**［attribution theory］　自分自身や他者の行動する動機を帰属する過程についての研究。動機は，内的で**属性帰属**あるいは外的で**状況帰属**に帰属されると考えられる。アメリカの社会心理学者ケリー（Harold H. Kelly: 1921-2003）によると，観察者は次の3つの要因に基づいて，上記の2つの帰属タイプの選択を行うという。「一貫性」（行為者が過去の同一状況でどのような行動をとったか），「弁別性」（異なる状況で行為者がどのような行動をとるか），「合意性」（同じ状況で他の人々がどのように行動するか）。ケリーは，原因帰属に関して，**共変原理**，**割引原理**，**割増原理**の3つの一般原理を呈示している。ケリーの研究および他の著名な帰属理論（例，**対応推論理論**）は，オーストリア生まれのアメリカの心理学者ハイダー（Fritz Heider: 1896-1988）によって，1958年に提唱された"素朴（素人）"心理学から発展したものである。⇨ **行為の素朴分析**

**基礎研究[1]**［basic research］　実践的な目標志向ではなく，知識を得るために実施される研究のこと。⇨ **応用研究**

**基礎研究[2]**［pure research］　実用的な問題に答えるためではなく，理論的問題や学術的問題に答えるように計画された研究。または，ある理論を発展させるように計画された研究。⇨ **応用研究**

**基礎症状**［fundamental symptoms］　スイスの精神科医ブロイラー（Eugen Bleuler: 1857-1939）による**統合失調症**の一次性の4つの症状で，思考の異常な連関，自閉的な行為と論理，感情障害（感情の平板化と不調和），両価性を指す。⇨ **二次症状**

**基礎スキルテスト**［basic-skills testing］　基本的な課題への理解と機能に対する個人能力のテストのこと。

**基礎代謝**［basal metabolism］　身体機能を維持するために必要となる最低限のエネルギー消費のことで，覚醒状態で静止しており，体温調整のためにエネルギーを費やさないときのものをいう。代謝率（metabolic rate）は，体重のキログラム当たり，また体表の1平方メートル当たりで費やされるキロジュール（またカロリー）で測定される。

**基礎読本アプローチ**［basal reader approach］　シリーズ本を用いた読書指導法。指導される語彙，内容，一連のスキルは著作物によって決まる。付属の教師用マニュアルと子ども用ワークブックがある。

**基礎皮膚電気抵抗**［basal skin resistance; basal-resistance level］　安静状態で，**皮膚電気反応**あるいは他の基準によって測られた皮膚の電気抵抗のレベルを指す。⇨ **皮膚コンダクタンス**，**ポリグラフ**

**基礎レベルカテゴリー**［basic-level category］　ある事物をカテゴリーに分類するとき，人々が日常の中で最も自然で適切であると感じる水準で形成されるカテゴリー。基礎レベルカテゴリー（たとえば「鳥」や「机」）は，そのカテゴリーから分類される，より具体的な**下位カテゴリー**（たとえば「タカ」や「ダイニングテーブル」）よりも広い概念である一方で，そのカテゴリーを包含する**上位カテゴリー**（たとえば，「動物」や「家具」）よりも抽象度が低い。基礎レベルカテゴリーは通常，以下のような基準を満たす。すなわち，(a) 同じカテゴリー間での類似性が高く，かつ他のカテゴリーに所属する事物との類似性が低いような**カテゴリー化**水準である。(b) そのカテゴリーに属する事物が類似した形状をよく備えており，それゆえそのカテゴリー全体についての単一のイメージを最も形成しやすい。(c) そのカテゴリーについて多くの特徴を列挙することができ，その多くが属する事物のほとんどにあてはめることができる（⇨ **家族的類似性**）。基礎レベルカテゴリーの名前は，自然言語においてその事物を示す語として最もよく用いられ，最も記憶されやすい。基礎カテゴリー（basic category），自然カテゴリー（natural category）とも言う。

**毀損**［disfigurement］　顔や体の外見を損なう損傷や変形。外観が醜い状態であることは，重度の熱傷の跡，少なくとも部分的に修復できるものもあるが，大切除手術や事故や外傷の結果である。特に，身体的な魅力に価値をおく社会での否定的，あるいは屈辱的な反応のために，外観が醜いことで心理的に落胆することがある。自己イメージの損傷，自尊心の欠如，恥，怒り，過敏的，ひきこもり，反社会的行動，妄想反応がある。⇨ **顔貌異形**

**期待[1]**［anticipation］　しばしば感情（たとえば，喜び，不安）を伴って，将来の出来事や状態を待ち望むこと。

**期待[2]**［expectancy］　1. 行動心理学において，生体が，関連する刺激や事象についての先行経験に基づいて，与えられる刺激や事象を予期する状態や条件をいう。期待の身体的な兆候には，注意と筋肉の緊張が含まれる。2. 認知心理学において，人がある状況へどのように接近するかを決定する態度あるいは**心的構え**をいう。⇨ **アウフガーベ**，**構え**　3. 動機づけ理論において，自身の行動が特別な結果（たとえば目標や遂行を成し遂げること）を生み出すという信念のこと。4. 統計学において，確率変数の期待値，あるいは数学的計算によって求められる確率変数の予測値の関数のこと。

**擬態[1]**［camouflage］　ある人や物体の位置を隠すために，人目につかない彩色あるいは音源定位を困難にする方法のこと（⇨ **隠蔽**）。多くの動物種は，捕食動物から逃走するため，あるいは，獲物による検出を回避するために擬態を用いている。たとえば，鳥は，環境の他の特徴と調和する羽装をもち，それは検出を困難にする。警戒声は，声を出している動物の明確な位置の同定を困難にする聴覚的特徴である。⇨ **カウンターシェーディング**，**アドバタイズメント**

**擬態[2]**［mimicry］　観察者を混乱させるために，ある種の生物が他の種の生物に似た身体的，行動的特徴をもっていること。捕食者から逃れるための擬態（⇨ **ベイツ擬態**，**ミューラー擬態**），捕食するための擬態（**攻撃的擬態**）がある。

**期待違反法**［violation-of-expectation method］　馴化や脱馴化の手続きに基づいた技術。幼児の注視時間の増加は，幼児が期待する結果が生じていない証拠として解釈される。

**期待－価値モデル**［expectancy-value model］　結果に対する動機づけは結果を引き出すため重要であり，その事柄を成し遂げる可能性を高めるという概念のこと。

**既体験感**［déjà vecu］　以前にも実際にあったような気がすること。原語はフランス語で「すでに体験した」という意味。新しい状況を既によく知っていると感じる体験は，他の生活体験の回想に帰属させているためと考えられている。⇨ **虚偽記憶**

**期待効果**［expectancy effect］　他者からの行動や振舞いに対する期待が，その人の実際の行動に影響を与えると

いう効果（対人間期待効果: interpersonal expectancy effect）のこと。もしくは，自分自身の行動に対する期待が，その人自身のその後の行動に影響を与えるという効果（個人内期待効果: intrapersonal expectancy effect）のこと。⇨ **実験者期待効果**

**期待コントロールデザイン**［expectancy control design］　主な関心対象である**独立変数**とは別に，**実験者期待効果**を操作する実験計画のこと。

**期待値**［expected value］　確率変数の代表値である。1次モーメント（first moment）や母平均（population mean）とも言う。

**期待-地位理論**［expectation-states theory］　グループ内における地位の違いを説明したもので，示唆された問題解決能力の資質（specificstatus characteristics）だけでなく，性別や年齢，富，民族などの能力の指標（diffuse-status characteristics）と（誤って）考えられている特性も考慮して，グループ員に地位を割り当てること。⇨ **ステータス一般化**

**期待度数**［expected frequency］　**1.** 観測度数と対比される度数のことで，理論モデルによって予測される。**2.** 偶然によってのみ生じるであろう度数。

**期待分析**［expectant analysis］　精神分析家が，患者の心が徐々に，自由に漂うように開示されていくのを待つという精神分析のオーソドックスな技法のことをいう。⇨ **焦点分析**

**期待役割**［assumed role］　特定の社会的立場や地位を選択・受容している人々が，その立場や地位にはこうした行動が期待されているだろう，という信念のもとにとる行動パターンを指す。一例として，**病者役割**がある。役割実現（role enactment）とも言う。

**期待理論**［expectancy theory］　**1.** 認知的学習を，期待の獲得と，特定の対象に対して過去にそれらと結びついていた他の対象のサインとして反応する傾向によって定義する理論。**目的的行動主義は期待理論の特殊形である。 2.** 特定の活動が肯定的な結果を生み出す確率が高まるほど，その行動が起こりやすくなるという，動機づけの理論。

**機知**［wit］　精神分析理論の用語。抑圧されたり隠蔽されたりしている感情や態度を急激に，あるいは衝撃的に開放するような反論，愚弄，しゃれ。

**既知感**［feeling of knowing: FOK］　ある出来事に関する知っているという確信のことであり，感覚刺激の結果による経験ではないにも関わらず，かなり正確で確かなものとして感じられる。周辺意識の古典的体験の一つ。

**既聴感**［déjà entendu］　聞いたことがないにも関わらず，初めて聞いた時に聞いたことがあるように感じること。原語はフランス語で「すでに聴いた」という意味である。既聴感は**虚記憶**である。

**喫煙**［smoking］　タバコあるいは他の物質，たとえばマリファナのように，口の中や肺に，燃やした煙を吸う行為のこと。⇨ **大麻，ニコチン，タバコ**

**吃音**［dysphemia; dysphemic］　情緒や精神障害と神経疾患に関連する発音，明瞭さ，聞き取りの障害のこと。⇨ **吃音症**

**吃音症**［stuttering; stammering］　DSM-Ⅳ-TR では，発話および会話をする際に，流暢さや速さに不自然さが残るような場合を指し，吃音症と呼んでいる。たとえば，同じ単語を繰り返したり，音節を伸ばしすぎてしまったり，言葉に詰まってしまうことなどが症状としてあげられ，これらの症状のために，聞き取りにくい発話になってしまう。この吃音症は，1%の子どもにみられ，症状が軽い場合には，16歳頃までに自然に治るとされるが，重要な場面やストレスの高まる場面では，習慣的に吃音症の症状が現れてしまう。⇨ **二次吃音**

**気づき**［sense］　他者の気分など，何かに対して認知的，または感情的な判断を行うこと。

**拮抗**［antergic］　力を対立的に働かせることを示す。たとえば，拮抗筋（antergic pairs of muscle）は関節が屈曲や伸長するときに，互いが対立し活動する。

**拮抗筋**［antagonist; antagonistic muscles］　**1.** 意図した運動の方向とは対抗する力を作りだす収縮筋のこと。この力はターゲットに到達させるように運動を低下させていくため（**トリフェイジックパターン**）に働き，運動到達点に力の均衡点（**平衡点モデル**）を決める役割がある。**2.** 機能の面で互いに対立している一組の筋のこと。肘において，二頭筋は腕を屈曲させ，これに対立する三頭筋は腕を伸ばす。

**拮抗行動**［agonistic behavior］　恐怖と攻撃性の両方を構成要素として含む競争的な相互作用のこと。支配や縄張りをめぐる衝突で，行動上の相互作用は典型的にはおびえる行動と攻撃的な行動の間を両方とも行き来する。そのため，どちらも真に攻撃的もしくはおびえているとは言えない。

**拮抗反復運動**［diadochokinesis］　指でコツコツと音を立てたり，唇をすぼめたり引っ込めたりするなど，筋肉運動を繰り返して行う能力。運動行為の臨床評価でしばしば調べられる。

**拮抗薬（アンタゴニスト）**［antagonist］　他の物質（作動薬）の作用を抑制または低減する作用をもつ物質（例，ドラッグ）。拮抗薬が作動薬と直接結合することで作動薬の受容体への結合を阻害したり（化学的拮抗），同じ受容体へ競合的に結合することで作動薬の効果を阻害または逆転させる（⇨ **薬理学的拮抗作用**）。また，異なる受容体に結合することで逆の効果を生み出すこともある（⇨ **生理学的拮抗作用**）。

**基底樹状突起**［basal dendrite］　錐体細胞にあるいくつかの樹状突起。細胞体から水平に伸びている。⇨ **尖端樹状突起**

**基底敵意**［basic hostility］　**自我心理学**において，両親に対する乳児の敵意と恨みの感情のこと。基底敵意は個人に**基底不安**を生じさせる。乳児が両親を恐れると基底不安や基底敵意は抑圧され，結果として両親に依存的になり，**神経症的要求**や**神経症的傾向**が生じる。［ドイツ生まれのアメリカの精神分析家ホーナイ（Karen D.Horney: 1885-1952）が提唱した］

**基底年齢**［basal mental age; basal age］　スタンフォード・ビネー検査などの標準化されたテストにおいて，ある年齢級に属した問題をすべて通過した際に決定される年齢のこと。現在，精神年齢の定義においてこの概念は重視されなくなり，用いられることが少なくなっている。⇨ **精神年齢**

**基底不安**［basic anxiety］　**自我心理学**において，敵意に満ちた外界で，自分が無力で，見捨てられ，危険にさら

された状態にあると子どもが感じること。ドイツ生まれのアメリカの精神分析家ホーナイ（Karen D.Horney: 1885-1952）が提唱した。基底不安は両親に対する乳児の無力感や依存感情，もしくは両親による乳児への無関心によって生じる。基底不安や基底敵意に対する防衛として，依存的態度や競争的態度，もしくは関係からひきこもり孤立する形で**神経症的要求**や**神経症的傾向**が働く。⇨ **基底敵意**

**基底膜**［basilar membrane］蝸牛内の線維膜であり，**コルチ器官**を支援する役割をもつ。基底膜は音に対応して振動し，**有毛細胞**（コルチ器内の聴覚受容器）を刺激する。基底膜の構造は先端にいくにつれて変化しており（ヒトでは長さ34 mm），**進行波**，もしくはベケシーの進行波（Bekesy traveling wave）を生み出す。この進行波が最大振幅をもつ位置は音の周波数に依存している。このような哺乳類の聴覚における基礎的な側面は，ハンガリー生まれのアメリカの物理学者であるベケシー（Georg von Bekesy: 1899-1972）によって発見された。

**起点言語**［source language］1. 他の言語を学んだり使ったりする際に起点となる言語（通常母語）。2. **翻訳**されるもととなった，または翻訳されている言語。⇨ **目標言語**

**輝度**［luminance］物体に反射した，もしくは物体から発せられた光の量。1平方メートル当たりのカンデラ値で測定される。

**気導**［air conduction］外耳道から鼓膜へと音波が伝わる過程のこと。鼓膜は隣接する気圧の変化に応じて振動する。

**偽同一化**［pseudoidentification］攻撃や非難から自身を守るために，他者の意見，価値観，嗜好性を受け入れ，同一化する**防衛機制**。

**亀頭冠**［corona glandis］陰茎の先端部に位置する，陰茎と亀頭の間にあるくびれた部分。カリ首とも言う。⇨ **陰茎亀頭**

**気導検査**［air-conduction testing］聴覚測定法の一つ。左右の耳の純音の閾値を個々の周波数ごとに測定する。

**気導骨導差**［air-bone gap］特定の周波数に対する気導聴力と骨導（骨伝導）聴力の間にみられる差。検査した耳の伝導障害の程度を示す。

**希突起膠細胞**［oligodendrocyte; oligodendroglia］中枢神経系のニューロンと結びついたグリア細胞（⇨ **神経膠**）。一部の希突起膠細胞は軸索の周りに**ミエリン鞘**を形成する。

**キナーゼ**［kinase］リン酸化酵素，カイネイスとも呼ばれる。リン酸基を分子（タンパク質など）に結合させる働きをもつ酵素の総称。

**偽認知症**［false dementia］**認知症**の症状と似た症状が生じる疾患。しかし，感覚遮断や動きが制限された環境，長引く薬物治療による収容のような環境に対して正常な反応を示す。

**キネジオロジー**［kinesiology］身体運動について力学的な研究をすること。特に，解剖学的な特性と生理学的な機能の関係をみるもの。

**キネシス**［kinesis］空間的な方向性をもたない，刺激の強度に応じて生じる生体の反応。光の強度や温度，湿度によって，動物は活動的であったりそうでなくなったりすることが一例としてあげられる。⇨ **走性**，**屈性**

**キネジメータ**［kinesimeter］1. 動きの大きさを測定するための器具。2. 皮膚感覚を測定するための器具で19世紀に使用されていたもの。

**記念日反応**［anniversary reaction］重大な出来事が生じた日に対する強い情緒的反応。最も一般的なものとして，愛する人の死や耐え難い失望に見舞われたのと大体同じ時期に抑うつ症状が見られる。

**機能［1］**［capability］有能な素質を保持していること。

**機能［2］**［function］生物学で，生体の**適応度**に寄与する器官や生体の活動のこと。たとえば，繁殖のための生殖腺による性ホルモンの分泌や攻撃から子どもやメスを防衛する行動などがある。

**帰納**［induction］1. 個々の事例や観察からの推論によって導き出される一般的結論，原理あるいは説明。⇨ **帰納的推論**，**演繹** 2. 帰納的推論過程そのもの。

**技能**［skill］訓練や練習を通じて獲得される能力や習熟性。運動技能は，複雑な動き，もしくは**系列行動**を素早くスムーズにかつ正確に行う能力を特徴とする。他の学習性課題における技能には，**基本的スキル**，**コミュニケーションスキル**，**社会的スキル**がある。

**機能回復**［recovery of function］中枢もしくは末梢神経の損傷により損なわれた機能を回復すること。

**機能解離**［diaschisis］脳の局所的に損傷を受けた部位を取り囲む部分，またはその部位とつながっている部分の機能が損傷を受けること。

**技能学習**［skill learning］高度の練習を通して獲得される，課題を習熟して遂行するための学習。この場合の習熟とは，遂行の簡単さや素早さ，正確さにより決められる。技能は，運動的，感覚的，認知的，あるいは（文章を読んだり，音楽を演奏したりする場合にそうであるように）それらの複合である。

**機能局在化**［localization of function; cortival localization of function］特定の脳部位が，特定の種類の経験，行動，心理学的プロセスを主に司るという考え。⇨ **脳機能局在理論**

**機能局在理論**［regional localization theory］特定の脳の領域が特定の機能を司るという，現在でに広く受け入れられている学説。

**帰納検査**［induction test］参加者が，いくつかの関連のある事実や事例に基づいて，一般的原則，ルール，原理を引き出す，あるいは作り上げる**帰納的推論**を適用させなければならない一連のテスト項目のこと。

**機能語**［function word］言語において，それ自身はほとんど，もしくは全く意味をもたないが，文法上重要な役割をもつ単語のこと。たとえば，冠詞（a, the など），前置詞（in, of など），接続詞（and, but など）などが含まれる。機能語は，頻繁に用いられ，大抵短く，一般的には新しい語を認めない（⇨ **クローズドクラスワード**）。言語障害や**言語獲得**，心理言語学的プロセスの研究にとって，機能語と**内容語**の違いは重要である。機能語に文を文法的に解析するのを促進する役割があるため，心理言語学者はこれに特に強い関心をもっている。無意味語を組み合わせて，文法的には正しいが内容には意味がない文フレームを作ることができる。たとえば，He zibbed from the fluv by sibbing the flix などといった文章である。虚語（empty word), 機能的記号素 (functional moneme), 機能辞 (functor), 関係語 (relational word), 機能構造 (structure word) とも呼ばれる。

**機能亢進** [hyperfunction] 身体の機能, 部分, あるいは器官の過活動のこと。

**気脳撮影** [pneumoencephalography] 気脳撮像とも言う。1918年〜1980年代半ばまで使われた手法。クモ膜下腔や脳室を検査するため, 脳脊髄液に空気を注入し, X線で撮像する。この手法で撮像されたX線画像は気脳図 (pneumoencephalogram) と呼ばれる。気脳図には, 空気と脳組織の透明度の違いにより, 空気はX線画像に暗い影として映った。**コンピュータ断層撮影や磁気共鳴画像法**に取って代わられたため, 気脳撮影は現在の診断には使われない。

**機能弱視** [functional amblyopia] 幼い頃に眼を使わなかった, もしくは不適切な使用によって, そうでない場合は正常である眼に生じる視力低下のこと。機能弱視の原因には**斜視**, **不同視**, 眼に像が到達できないときの感覚の喪失 (たとえば片側の白内障) があげられる。

**機能主義** [functionalism] 環境的な課題や機会に対する能動的な適応という点で精神生活や行動をみるという一般的な心理学アプローチである。機能主義はデューイ (John Dewey), エンジェル (James R. Angell), カー (Harvey A. Carr: 1878-1954) というシカゴ大学の心理学者によって20世紀初めに生まれた。それは, 心理学を精神活動よりむしろ意識の状態についての詳細な調査や精神内容の研究に制限する**構造主義**の原子論的な点への対抗であった。この焦点は, 進化論, ドイツの心理学者ブレンターノ (Franz Brentano: 1838-1917) の**作用心理学**, ジェームズ (William James) によって記述されたアプローチに対する機能主義の恩恵を明らかにしている。機能主義は人間行動の原因と結果とを強調している。そして, 理論についての客観的テストの必要性, 実践問題の解決へ向けた心理的知識の応用, 動物と人間の間の進化の連続性, 人間生活の改善を強調している。機能主義心理学 (functional psychology) とも呼ばれる。⇨ **シカゴ学派**

**機能性健忘** [functional amnesia; effective amnesia] 個人的に経験した出来事である自伝的出来事の健忘によって特徴づけられる精神疾患。自分自身に関する**エピソード記憶**を損失している間が機能性健忘の顕著な特徴である。場合によっては, 自分が誰であるか忘れてしまう自己に関する**意味記憶**の損失がある場合もある。機能性健忘は, 不安と悩みからの防御の結果, 特定の状況から逃れる方法として生じると考えられている。

**機能性構音障害** [aspholalia] もぐもぐ言う, 不明瞭な話し言葉。

**機能性精神病** [functional psychosis] 神経的または身体的な症状が証明されていない精神症状。重度の精神障害に対して現在は使われていない名称。

**機能性難聴** [functional deafness] 構造的異常として知られているものとは関係のない聴力障害。

**技能説** [skill theory; Dynamic skill theory] 人と環境との間の動的な相互作用の結果として認知発達が進む, という主張のこと。この理論によると, 技能や運動技能は, 特定の文脈において, 構成的な方法で活動する能力のことである。さらに, 技術を**最適水準**にまで発達させるためには, 最も効果的な環境で練習を行う必要がある。[アメリカの心理学者フィッシャー (Kurt, W. Fischer) が用いた用語]

**機能痛** [functional pain] 器質的原因が不明の痛みのこと。

**帰納的** [a posteriori] 観察から原因や先行条件を推論すること。⇨ **アプリオリ**

**機能的** [functional] 1. 心理学において, 器質的, あるいは構造的原因が見当たらないにも関わらず, 行動に変化が起こる障害に用いられる用語。⇨ **心因性の** 2. より一般的に, 構造よりもむしろ用途に基づいたり関係したりすること。

**機能的オペラント** [functional operant] オペラント随伴性 (contingency) の設定によって出現確率が変化する反応群のこと。たとえば, 0.2N (ニュートン) 以上の力でレバーを押すことが強化に必要であるとする。その時, 0.2N以上の力でレバー押しをするの頻度は増える。同時に0.2Nより少し小さい (ただし小さすぎない) 力のレバー押しの頻度も増える。後者のレバー押しは機能的オペラント反応群の一部である。⇨ **記述的オペラント**

**機能的家族療法** [functional family therapy] 家族の相互作用のパターンと家族が問題行動から受ける恩恵の両方に注目する**家族療法**の一種。リフレーミング (reframing) や**認知行動療法**の手法を用いて, 問題を抱える若者とその家族に焦点を当てる。

**機能的可塑性** [functional plasticity] 1. 脳のある領域が, 他の領域の欠損を補い, 両方の領域の機能を一手に担うことができること。機能的な可塑性は片まひなどにみられ, その症状をコントロールするために大脳半球の片側を手術で除去した場合に, 通常であれば両半球によって遂行されていた機能を残った半球が引き継ぐといったことが起こる。⇨ **分離脳** 2. 比較的急速に生じることの多い適応的変化のこと。

**機能的活動** [functional activities] 日常生活や仕事に結びついた動作で, 移動, 調理, 食べる, 入浴する, 着る, しゃべる, 単純な機器の操作などがある。このような動作のためのスキルは神経学的な損傷や疾患を被った人にとっては再学習しなければならないものである。⇨ **日常生活動作**, **日常生活関連動作**

**機能的技能** [functional skills] 職人的技能, 芸術的才能, 文才のような才能を発揮した活動のこと。

**帰納的教育モデル** [inductive teaching model] 認知発達における帰納的推論や**帰納的問題解決**の役割を特に重要視する教育的アプローチ。探究教育モデル (inquiry training model) とも呼ばれる。

**機能的距離** [functional distance] 住宅施設の配置や形状が, 予想外の社会的相互行為の起こる可能性に対して影響を与える度合いのこと。入口の並置や近接が人々の集まるポイント (たとえばラウンジや共有の郵便受け, 通路が交差するところ) に影響するように, 物理的な距離は機能的距離に影響を与える。

**機能的行動アセスメント** [functional behavioral assessment] 応用行動分析において使用される多種多様な評価方法。

**機能的行動評価** [functional behavioral assessment] 行動の発生に関連している状況と結果を特定する評価法の

こと。状況（先行要因と呼ばれる），行動，結果は，一般的に測定可能な期間で定義されており，特定の先行要因と結果，もしくは，その組合せは，評価の一環として体系的に提示される。したがって，特定の行動の増加や減少に関連している状況と結果（すなわち，動機づけ要因）は定義されうる。これらの評価結果は，行動に対処するための介入や治療法を設計する上で即座に有効的な情報を提供する。

**機能的固着**［functional fixedness］ 問題解決において，決まったパターンに固執し，新しいアプローチの可能性を見過ごす傾向のこと。たとえば，ある物の従来と異なる新奇な使用法を見過ごすなど。⇨ **代替用途検査**，**創造的思考**，**拡散的思考**

**機能的コミュニケーション訓練**［functional communication training］ 攻撃的行動や自傷行動，非常に破壊的な行動を示す，自閉症や精神遅滞などの発達障害と診断された子どもや大人に使用される**行動療法**の技法。この技法は，否定的行動を適切な適応通信や同じ要求を満たす行動と置き換えるために，否定的行動を正の強化に役立たせ利用するという機能を評価するものである。

**機能的再編**［functional reorganization］ 脳の損傷時，損傷部分が果たしていた機能のすべて，または一部を，他の部位が代わりに果たすようになること。⇨ **予備能**

**機能的磁気共鳴診断装置**［functional magnetic resonance imaging; functional MRI: fMRI］ 磁気共鳴画像法の一つで，脳の局所的な血流変化で生じた血液の特性変化と脳活動の相関により認知的活動がある場所を特定できる。機能的MRIとも呼ばれている。認知的な活動が生じているときには，酸素の消費を上回るように血流量は増加し，その結果赤血球中の酸化ヘモグロビンの割合は活動部位で増えることから，fMRIによって検出される信号の局所的な上昇となる。

**機能的失明**［functional blindness］ 明らかな変化や視覚システムの全体の構造に影響する病気がないにも関わらず，視力が低下すること。最もよくみられる**心因性障害**の一つ。視力減退（loss of acuity）に加えて，目がひりひりすること（burning eyes），目の痛み，疲れ目，二重視，**下垂症**，**眼瞼痙攣**，**輻輳**の問題，単眼あるいは両眼の同心円視野狭窄が含まれる。瞳孔反射は存在し，障害物を避けることもできる。完全な機能的失明は珍しく，機能的**弱視**が一般的である。ときに機能的**半盲**もみられる。この状態は，ヒステリー性失明（histerical blindness），あるいは精神盲（psychic blindness）として以前より知られていた。

**機能的状態**［functional status］ 自力で**日常生活動作**を遂行できる能力の尺度。機能的状態は，個人の障害の重症度の評価に使用することができる。

**機能的職務分析**［functional job analysis: EJA］ 職務分析の一つで，仕事の複雑さの度合いを評価する。通常，**人材募集条件**や**職務記述書**の作成に用いられる。⇨ **労働機能性尺度**

**機能的自立尺度（FIM）**［Functional Independence Measure: FIM］ 日常的な運動，認知，セルフケア・スキルを評価する，リハビリテーションで用いられる尺度。**機能的状態**を測定する。食事，身繕い，入浴，着替え，排泄，排尿排便の管理，移動，身体部位の可動性，理解，表現，社会的交流，問題解決，記憶に関する18項目からなり，「自立している」から「依存している」までの7件法で評定する。

**機能的自律性**［functional autonomy］ 何かに動機づけられていた行動が，動機自体に発展する傾向。行動がもともとの動機から独立すること。たとえば，認められたいという動機で勉強していたが，徐々に，知識を得たいという欲望や知識の追求自体が動機になること。動機の自律性（autonomy of motives），機能の自律性原則（functional autonomy principle）とも言う。［オールポート（Gordon Willard Allport）によって導入された概念］

**帰納的推論**［inductive reasoning］ 個別の観察や事例から結論や一般原則を導き出す推論の形式。個々の事実や観察から仮説を作り出す過程の根拠となっているという点において，科学的手法の土台となっている（⇨ **ベーコン法**）。⇨ **ボトムアップ分析**，**一般化**，**演繹推論**

**機能的性交疼痛**［functional dyspareunia］ 男性や女性の性的な機能障害。性交中に，生殖器の痛みが頻発し，持続する。身体的な障害，分泌液の不全，膣痙攣，他の精神障害によるものは除外される。

**機能的測定**［functional measurement］ 異なる状況で経験が変わるように，刺激の機能的経験を測る手続きのこと。2つかそれ以上の刺激が結びつけられた時，観察者への印象は，単純な計算ルール（たとえば，加算）に従う心理的な方法に従って，評価され組み合わされる。刺激の組合せが変わる時，観察者の評定が変化する過程を調べることによって法則が発見される。

**機能的膣痙攣**［functional vaginismus］ 性的な機能不全の一つ。膣の外側第三層の筋肉組織に不随意な痙攣が頻発，持続し，性交に支障をきたす。ただし，身体的な障害や，他の精神障害によるものは除外する。

**機能的聴覚障害**［functional hearing disorders］ 身体的要因によらない心因性の聴覚障害。

**機能的電気刺激**［functional electric stimulation: FES］ 筋の収縮を引き起こすために，電極によって末梢神経に電流を流すこと。複数の機能的電気刺激電極を使うことによって，筋収縮による機能のある運動を作り出すことができる。対まひの患者にエクササイズバイクをこがせたり，装具によって歩けるようにするために機能的電気刺激が活用できる。

**機能的年齢**［functional age］ 平均年齢の基準による機能的能力を測定し，定義された個人の年齢。機能的年齢は，**暦年齢**とは異なり，生理的，心理的，社会的年齢を総合的に表したものである。高齢者の場合に，視力，聴覚，運動能力，心肺機能，集中力，および記憶などの歴年齢と密接に関連した変数を測定することによって計算される。雇用における年齢制限禁止法（the Age Discrimination in Employment Act）の制定後は，歴年齢よりも機能的年齢が雇用のための基準となっている。子どもの機能的年齢は，発達レベルによって測定される。障害や発達上の問題の有無や程度を測定する手段として，歴年齢と比較することもできる。

**機能的脳画像処理**［functional brain imaging］ 認知活動を行っている領域を特定するために行うブレインイメージング技術。⇨ **機能的磁気共鳴診断装置**，**ポジトロン断層法**

**機能的非対称**［functional asymmetry］ ある種の刺激に対して身体の片側の眼もしくは耳が示す知覚的優位性の

こと。たとえば通常，右耳は言語的な要素や人間の声を聞くことに，左耳は音の高さのパターン，メロディ，環境音を聞くことに優位性を示す。視覚の非対称性としては，右半分の視野は言語的な要素，左半分の視野は顔と形の認識，線の傾きと奥行の知覚に対して優位性を示す。

**機能的不変性**［functional invariant］ピアジェ（Jean Piaget）の理論で，生物学的システムの特徴であり，生涯を通して作用する**体制化**と**順応**の過程。

**機能的プラトー**［functional plateau］発達状態や環境状況において，人の身体的，心理的機能や特性が比較的安定した状態のこと。

**帰納的問題解決**［inductive problem solving］既知の事実や出来事の間にある重要な関係性を学習者に特定させ，それらの関係の背後にある一般原則を説明させるような学習方略。

**機能的リーダー**［functional leader］リーダーとして指定されていなくとも，リーダーとしての役割を行う集団の成員のこと。特に個人間の要求（士気の向上，**凝集性**の増加，個人間葛藤の減少，ラポールの確立）の充足，成功的な目的の達成（問題の定義，コミュニケーションネットワークの確立，動機づけ行動の計画，メンバーの行動の調整）の方向へグループを導く。⇨ **名義的リーダー**

**機能統合**［functional unity］複数の性質や一連のプロセスを統合ユニットとして共働する状態。

**機能淘汰**［functional selection］それほど有用でない能力が消滅し，その結果として，個体にとってより有用な能力が残存すること。

**機能の全体的評価尺度**［Global Assessment of Functioning Scale: GAF scale］DSM-Ⅳ-TRの多軸評価システムのⅤ軸に基づいて，治療計画と結果評価のために使用される尺度。得点（1-100）は評価時点での患者の心理的，社会的，職業的な機能の全体的レベルについての臨床医の診断を反映している。GAFスケールは過去1年間のこのような機能の最高レベルを測定するためにも使用される。

**機能配置**［function allocation］システムをオペレータが操作するのか，自動化するのか，オペレータと機械が協調して操作するのか，**人的要因**や**人間工学**の知見を適用しながらシステム機能の構造を決定するプロセス。機能配置はシステムの**開発サイクル**の初期段階で実行される。⇨ **適応的な課題配分**，**処理困難な自動化**

**機能不全**［dysfunction］行動や機能の何らかの損傷，混乱，あるいは欠如のこと。

**機能不全家族**［dysfunctional family］相互の関係性やコミュニケーションが損なわれ，互いの親密な関係や自己表現を実現することができないような家族。機能不全家族はしばしば症候的な行動を発達させるとともに，家族の中に**患者とみなされた者**が存在する場合が多い。

**機能分析**［functional analysis］1. 行動を維持する偶発性を確認するための，行動の詳細な分析。2. クライエントの行動的問題と，それに関連するか，あるいは原因と推定される変数の統合。

**機能分析的因果モデル**［functional analytic causal model: FACM］クライエントの機能分析について，治療者の推測や仮説を視覚化したベクトル図。クライエントの不適応的行動，その行動の対象，行動に影響を与える変数を含む。機能分析的因果モデルを用いて，介入計画に影響する治療者の仮説を図式化して説明し，事例概念化に選択肢や補足を加える。

**機能文法**［functional grammar］形式言語学的分析のみに基づいたカテゴリーではなく，むしろ意図や社会的文脈などの非言語的要因を反映したカテゴリーを用いる**文法**へのアプローチ。⇨ **形式と機能の区別**，**語用論**

**希薄化**［attenuation］統計学において，測定の誤差のために，効果が減少すること。

**希薄化の修正**［correction for attenuation］2つの測度の真の得点間の相関を推定するために，その2つの測度の信頼性の大きさに従って観測された相関を調整する方法。

**規範**［canon］正確な推論や意味のある発見をする可能性を高めると信じられている，基本的な活動原則もしくはルールのこと。

**輝板（タペタム）**［tapetum］家ネコなどの一部の動物の網膜の裏にある，光を反射する層のこと。輝板が網膜を通過するあらゆる光子を反射し返すことで，夜行性の動物の視覚感度が高くなる。それゆえ，光が光受容器における光色素と相互作用をする可能性が高くなる。

**規範主義**［prescriptivism］言語学で，言語の特定の形式や例外を教え込み，かつそれ以外を否定するように，**規範文法**を使用し，実践すること。

**規範的影響**［normative influence］社会規範や規準（standards），あるいは慣習と一致した方向に個人の思考，感情，行動を導く個人的および対人的過程。集団規範を内面化した個人は，その規範に一致した行動を自発的にとろうとするので，規範的影響には個人的な側面もある。他方，集団規範に従うよう集団は直接および間接的な圧力を成員に与えるため，対人的過程ともいえる。集団規範に従う成員は報酬を受ける一方で，集団規範から常に逸脱する成員はしばしば否定的な対人的結果（排斥，嘲り，罰）にさらされる。規範的社会的影響（normative social influence）とも言う。⇨ **情報的影響**，**対人影響**

**規範的応諾**［normative compliance］規範的影響によって生じる行動の調整。⇨ **応諾**［ドイツ生まれの教育学者・社会学者エツィオーニ（Amitai Werner Etzioni: 1929- ）によって1961年に提案された］

**規範的科学**［normative science］行動や教育，健康，他の文化的あるいは社会的な活動の**標準**や典型，望ましい価値を確立することを目的とした科学的アプローチのこと。行動や他の現実に存在する現象の特徴を明らかにする記述的科学（descriptive science）とは対照的に，規範的科学では，それらの活動がいろいろな規準を満たすためにどのような状態でなければならないかを決定する。

**規範的-再教育的戦略**［normative-reeducative strategy］社会心理学における，社会の変化は文化的環境の枠組みの範囲内にいる人々の能動的な再教育に基づくべきだとする考え方のこと。規範的-再教育戦略は，伝統的態度や文化的規範によって行動パターンの大部分が決定されるので，社会を変えるには理性に訴えるだけでは不適切だとしている。⇨ **経験的-合理的戦略**，**勢力-強制戦略**

**規範文法**［prescriptive grammar］適切な用法と不適切な用法を区別するために用いられる一連の規則があり，言語の標準形が同定され推奨される（⇨ **標準語**）ような文法へのアプローチ方法。正しさについて詳述することなしに，言語の用いられ方について正確な説明を与えること

を目的とする記述文法（descriptive grammar）とよく対比される。規範文法支持者は，"I can't get no satisfaction"（まったく満足できない）のように，標準的でない形式を正そうとし，一方で記述文法支持者はそうした発話を導出するような規則体系の特性を示そうとする。

**厳しさによる誤り**［severity error］　特に参加者の成績や能力に関して，評定が一貫して過度に否定的となる評定の誤りの一種。評定者が厳しすぎたり否定的すぎたりという傾向をもっていること，そしてそのために不当に低い得点をつけることにより生じる。⇨**宥恕エラー**

**偽副甲状腺機能低下**［pseudohypoparathyroidism］　甲状腺機能低下（副甲状腺ホルモンの欠乏）に似ているが，副甲状腺ホルモン療法に反応しない状態のこと。患者は丸顔とずんぐりとした体型をもち，嗅覚と味覚に障害をもっている。多くの場合，軽度から中等度の精神遅滞を伴う。遺伝的欠陥によって，副甲状腺ホルモンに対する受容体組織の正常な反応がブロックされることで生じると考えられている。⇨**オールブライト遺伝性骨ジストロフィー**

**ギブソン，E. J.**［Gibson, Eleanor Jack］　エレノア・ジャック・ギブソン（1910-2002），アメリカの心理学者。エレノアはスミス大学時代に当時教員であった実験心理学者のギブソン（James Jerome Gibson: 1904-1979）と結婚した。その後1938年にエール大学でハル（Clark Leonard Hull）に師事し博士号を取得。エレノアの研究では幼児の**奥行知覚**の存在を証明した**視覚的断崖**が有名である。**知覚学習**の調査は，知覚が経験によってどのように影響を受けるかを検討したものである。彼女の著書である *Principles of Perceptual Learning and Development*（1969）は，言語未習得幼児の知覚研究に理論と手法を生み出したという点で重要である。エレノアは読解の心理学の分野においても，*The Psychology of Reading*（1975）の改訂に貢献した。彼女の貢献は，米国心理学会功労賞（1968），米国心理財団のゴールドメダル（1968），米国国家科学賞（1992）などで称えられた。

**ギブソン，J. J.**［Gibson, James Jerome］　ジェームズ・ジェローム・ギブソン（1904-1979），アメリカの心理学者。プリンストン大学でラングフェルド（Hervert S. Langfeld: 1879-1958）に師事し，1928年に博士号を取得。エレノア・ギブソン（Eleanor Jack Gibson: 1910-2002）と結婚した。エレノアはジェームズの後に博士号を取得し，尊敬される実験心理学者になった。第二次世界大戦中，ジェームズはアメリカ陸軍航空隊航空心理研究部長を務め，視覚と飛行機操縦の関係について研究した。ジェームズは生物が物体と出来事の適応値（adaptive value）を直接的に知覚できるとする**生態学的知覚**という理論を展開した。ジェームズの代表的な研究成果として，*The Perception of the Visual World*（1950），*The Senses Considered as Perceptual Systems*（1966），*The Ecological Approach to Visual Perception*（1979）などの著書があげられる。

**キブツ**［kibbutz］　イスラエルの共同的生活様式で，農業，手工業，観光業が中心であり，集団的な経済，社会，子どもの養育を特徴とする。⇨**コミューン**

**気分**［mood］　1. 短期間の感情状態であり，通常その強度は弱い（陽気，イライラなど）。2. 数時間，数日間，または数週間続く，特定の方法で感情的に反応する気持ち。その水準は低く，本人は何によってその状態に陥ったかはわからない。気分は，対象の欠如という点で**情動**とは異なる。たとえば，怒りの情動は，侮辱によって引き起こされるが，怒りの気分は，本人が何について怒っているのか，あるいは何が怒りを引き起こしているのかわからないときに生じる。気分の異常は，**気分障害**によって特徴づけられる。

**気分安定剤**［mood stabilizers］　周期的な気分障害（**双極性障害**および**気分循環性障害**）の治療に使用する薬物のこと。この薬物は躁病の症状を軽減するので，抗躁薬（antimanics）としても知られている。**リチウム**は双極性Ⅰ型の**第一選択薬**であるが，**バルプロ酸**のような**抗痙攣薬**，**カルバマゼピン**，オキスカルバゼピン（oxcarbazine）は他の周期的な気分障害よりも躁病の症状に対して一般的に使用されるようになっている。**カルシウムチャネル遮断薬**のベラパミルも気分安定剤として研究されている。気分安定剤はパーソナリティ障害（たとえば**境界性パーソナリティ障害**）においてみられる深刻な不安定さをコントロールするために用いられる場合もある。双極性障害やパーソナリティ障害の患者は自傷行為の可能性があるため，過剰摂取すると死に至るような薬物を処方する際には最大限の注意が必要である。

**気分依存記憶**［mood-dependent memory］　ある事象の記憶を想起しようとした際，その記憶が最初に形成された時と同じ感情の気分（たとえば，うれしい，悲しいなど）だと，その記憶を思い出しやすくなるという状態。⇨**文脈固有学習**，**状態依存記憶**

**気分高揚**［hyperthymia］　刺激の強さに比べて過度な感情的反応。躁病エピソードと軽躁病エピソードの間によく生じる。

**気分資源モデル**［mood-as-resource model］　ポジティブな気分は個人にとって有用であるという発想に基づく理論。ポジティブな気分は目標関連的な情報の処理を促進し，ネガティブな刺激への対応を改善し，状況への柔軟な，ないしは前向きな対応を促すとする。

**気分循環性障害**［cyclothymic disorder］　DSM-Ⅳ-TRにおいて，気分障害は少なくとも2年間は発症し（子どもや青年においては1年である），そのなかで軽躁症状や抑うつの期間が少なくとも2か月は持続する特徴のある症状であるとされている。この症状は**大うつ病性エピソード**または，**軽躁病エピソード**と呼ばれるものであるが，症状数やその保持期間，その症状の深刻度は大うつ病または軽躁病エピソードのすべての基準を満たさない。気分循環症（cyclothymia）とも呼ばれている。

**気分障害**［mood disorder］　DSM-Ⅳ-TRによると，気分の変調が主たる特徴である精神医学的障害である。気分障害にはうつ病性障害（たとえば**大うつ病性障害**，**気分変調性障害**），**双極性障害**，**一般身体疾患による気分障害**，**物質誘発性気分障害**，気分障害の明確な症状がない特定不能の気分障害（mood disorder not otherwise specific）が含まれる。⇨**感情障害**

**気分状態測定尺度**［Profile of Mood States: POMS］　一時的かつ変動する気分状態の6側面，「緊張-不安」，「抑うつ-落ち込み」，「怒り-敵意」，「活気-活動力」，「疲労-生気の無さ」，「混乱-焦り」を測定するための簡易自記式尺度。被検者は，制限時間内で，65の形容詞（混乱，意地の悪い，精力的な，人の良いなど）について，「全くな

い」から「非常にある」までの5件法で回答する。気分状態測定尺度における精神的に健康なプロフィールは，**氷山プロフィール**として知られている。[1971年にアメリカの心理学者マクネア（Douglas M. McNair: 1927- ），計量心理学者ロア（Maurice Lorr: 1910- ），心理学者ドロップルマン（Leo F. Droppleman: 1936- ）によって開発された]

**気分情報理論**［mood-as-information theory］ 社会的判断を行う際に，人はしばしば情報の一部として現在の感情状態や気分を用いると仮定する，感情と情報処理過程の理論。この理論はまた，人が意思決定するときに，人々がとる情報処理方略に現在の感情状態が影響することも提案している。特に，ネガティブな感情状態は現在の社会状況に何か問題があると捉え，その結果，注意深く熟慮した社会的情報処理を促すようになる。逆に，ポジティブな感情状態は，現在の社会状況が満足できるものと捉え，熟慮して社会的情報処理をするための努力をしなくなる。[アメリカの心理学者シュワルツ（Nobert Schwarz: 1953- ）とクロワー（Gerrald L. Clore: 1939- ）とその共同研究者らによって最初に提唱された]

**気分正常状態**［euthymia］ 1. ウェルビーイングや平穏を感じている気分や状態のこと。2. 双極性障害の患者が躁でもうつでもない，通常に機能している中間にいる期間や状態。

**気分沈滞**［hypothymia］ 情動の幅が限定的であることをさす旧式名称。**大うつ病性エピソード**の重篤な事例にみられる。

**気分に一致した精神病性の特徴**［mood-congruent psychotic features］ 妄想や幻覚に一貫したテーマがみられ，抑うつや躁的気分を伴う。**大うつ病性エピソード，躁病エピソード，混合エピソード**を伴う。

**気分に一致しない精神病性の特徴**［mood-incongruent psychotic features］ 妄想や幻覚の内容に躁や抑うつ的な主題が含まれないこと。これらは重度の**大うつ病性エピソード，躁病エピソード**，あるいは**混合エピソード**において生じる。

**気分変調**［dysthymia］ 1. ⇨ **気分変調性障害** 2. 穏やかで慢性的な抑うつ気分。

**気分変調性障害**［dysthymic disorder; dysthymia］ 最低2年間（児童思春期の子どもは1年以上），数日または数日以上の間，1日中持続する抑うつ気分によって特徴づけられる**うつ病性障害**。この抑うつ気分が持続する間，次にあげられる点のうち最低2つ以上がみられる。食欲増加または減退，不眠症，過眠症，精力減退，低い自尊心，集中または決断困難，そして絶望感（症状が幾分軽いこと）。持続の長さによって，**大うつ病性障害**と区別される。最初の2年間（児童思春期の子どもの場合は1年間）に**大うつ病性エピソード**が存在しないものを指す。

**気分変動**［mood swings］ 気分の振動を示すもので，特に幸福と悲しみの感情間の揺れを表す。強度は正常の変動から循環気質（⇨ **気分循環性障害**），あるいは**双極性障害**にまでわたる。

**気分誘導**［mood induction］ 悲観的な，あるいは楽観的な気分の変化を誘導する手法。多くの場合，生活の中にある楽しいもの，あるいは不快なものを選択的に思い出させることで誘導を行う。

**擬娩**［couvade］ 1. 複数の文化の中で観察される，父親が自分の子どもが生まれる前か後に，あたかも自分が出産の痛みに苦しむかのように病床にふせるという慣習を指す。2. 妊娠中の女性の男性パートナーの側に，腹痛その他の身体症状が現れること。一般的に，心因性と考えられている。擬娩症候群（couvade syndrome）とも言う。

**詭弁法**［sophistry］ 真実に至ろうとするのではなく，自身の立場が正しいことを相手に納得させるための議論の方法。一般的には，周到な戦略に基づいて言葉を用い，人を欺く論証を巧みに用いる（⇨ **誤謬**）。たとえば，詭弁法の典型例の一つは，相手の意見を実際よりも極端で信頼のおけない内容として述べ，そしてその極端にした意見を攻撃し，それが間違っていることを示すものである。典型的な詭弁法の例を詭弁（sophism）と呼ぶ。この用語は，紀元前5世紀の古代ギリシャを遍歴した教師の一団で，修辞学を教え，実践したソフィスト（the Sophists）に由来する。

**希望**［hope］ 何か良いことがあるのではないか，もしくは，潜在的脅威や嫌悪的状況は実現せず，結局はそれなりに良い状況になるのではないか，という期待に基づく感情。あるいは，自分の経験に良い方向に影響が与えられるだろうという信念に基づく感情。⇨ **楽観主義**

**希望的観測**［wishful thinking］ 事実や現実を，自分が「そうあってほしい」と望んでいるように解釈する，思考過程。

**基本学力到達度個別スクリーニングテスト**［Basic Achievement Skills Individual Screener: BASIS］ 小学校から高校までの児童，生徒に対して読解，計算，綴り字，作文に関する規準集団準拠型，基準準拠型の両方の結果を提供するように開発された学力到達度テストのこと。読解，計算，綴り字のテストは学年準拠型のクラスターに分けられ，それぞれがその学年のカリキュラムを反映した6～10の項目で構成されている。テストは簡単なクラスターから始まり，生徒がある特定のクラスターで満足いく成績を残せなくなるまで上へと進んでいく。10分の作文課題は任意であり，記述式の文を導き出すように開発されており，学年レベルに特化した比較標本によって評価される。基本学力到達度個別スクリーニングテストは1983年に開発されて以来，一般的な到達度の指標や学年レベルのクラス分けに関する迅速な初期の予備検査の手段として用いられてきた。

**基本原則**［ground rules］ 精神療法における，治療のための契約の要素。1回の謝礼，時間，場所，頻度（ただし必ずしもこれらに限定されない）および治療者の守秘義務。

**基本原理**［basic rule］ 精神分析における基本法則。クライエントが自らの考えや感情，記憶を内的に検閲することなしに思うがままに言葉にすること。これらのために，無意識的な願望や情動を分析できる。

**基本的葛藤**［basic conflict］ **自我心理学**において，その人の中で優位となる**神経症的傾向**と，非優位で，両立しえないために抑圧される**神経症的要求**との間に起こる葛藤。[ドイツ生まれのアメリカの精神分析家ホーナイ（Karen D. Horney: 1885-1952）によって提唱された]

**基本的共感**［primary empathy］ **来談者中心療法**における一つの取り組みの姿勢のこと。そこでは治療者が積極的に患者が置かれている状況を体験しようとし，そこから

患者の思考，感情，体験を患者の身になって捉えようと試みる。

**基本的失敗**［basic mistake］　アドラー心理学で幼児期に発症した因子を示す用語。これは，その人の後の生活様式に影響を与え，葛藤を解決するために修正する必要があるとされている。

**基本的人格型**［basic personality］　同じ文化の中で育った人々にみられるといわれる思考，感情および行動に固有な型のこと。基本的人格型は，宗教や風俗といった文化に固有な慣習の多くの原因となるように維持される。

**基本的信頼**［basic trust］　エリクソンの発達の八段階のうち最初の課題が達成されると生じる。乳児は，生後18か月までの間に，自分をとりまく世界を信頼できると感じるようになる。基本的信頼感は自尊心や他者との肯定的な関係性の基礎になる。基本的信頼感が育つには，主たる養育者が乳幼児の欲求に臨機応変に合わせることが大切だと考えられている。⇨**基本的不信**

**基本的スキル［1］**［fundamental skill］　**1.** 課題を遂行したり，アイデアを理解したりするために必要な能力のことで，他の概念，スキル，アイデアの基盤である。**2.** 社会において十分な機能を果たすために，通常必要だと考えられている基本的な能力のこと。（たとえば，読書能力，基礎的な数学力，本質的なコミュニケーション能力など）。

**基本的スキル［2］**［basic skills］　教育における読み，書き，算数のこと。基本的スキルの熟達は伝統的に学校教育の達成にとって不可欠なものとされている。

**基本的スキルテスト**［basic-skills testing］　基本的スキルを評価するもの。標準化されており，アメリカでは多くの州によって調整されている。

**基本的対人関係オリエンテーション理論**［fundamental interpersonal relations orientation theory: FIRO theory］　集団成員の3つの対人欲求という観点から，集団成員の相互作用を説明する理論のこと。3つの対人要求とは，すなわち，包含欲求（集団に所属し，受容されること），コントロール欲求（集団の活動を管理すること），愛情欲求のことである。［アメリカの心理学者シュルツ（William Schurz: 1925-2002）によって提唱された］

**基本的認知課題**［elementary cognitive task: ECT］　実験参加者が非常に簡単な課題を行ったり，研究者によって単純な判断だと想定される判断を行う時の参加者の反応時間を測定するように計画された，単純な実験室検査。基本的認知課題の例としては，3つ以上の選択肢の中から「仲間外れ」を選ぶ，提示された1つの数字（あるいは文字）が事前に提示されたセットの中にあったか否かを判断する，画像表現と文が一致しているか否かを判断するなどがある。基本的認知課題によって測定される低次の，あるいは基礎的な過程は，生理学的機能と密接に関係しており，したがって主として内因性，かつ生得的な要因の影響下にあると考えられている。

**基本的能力**［primary abilities］　因子分析によって知能にとって不可欠な構成要素であることが明らかになった，統一された因子。基本的能力には次の7つがある。**言語能力**（V），**単語流暢性**（WF），**計算能力**（N），**空間知能**（S），**記憶**（M），速さの知覚（P），**推論**（R）。これらの因子は基本的精神能力テスト（Primary Mental Abilities Test）で測定される。基本的精神能力（primary mental abilities）

とも呼ぶ。［サーストン（Louis L. Thurstone）によって1936年頃に提唱された］

**基本的不信**［basic mistrust］　エリクソンの発達の八段階のうち，最初の段階の課題達成に失敗した際に生じる。乳児は，生後18か月までの間に主たる養育者によるネグレクトや愛情の欠如，関わりの一貫性のなさにより，自分の環境に基本的な不信感を抱くようになる。**基本的信頼**や**希望**の獲得は，**自尊心**や他者との健康な関係性に必要不可欠だと考えられている。

**基本的方法**［basic technique: BT］　ツェナーカードを用いた超心理学の実験における基本的な手続き。各カードは，カードの山から1枚ずつ取り出され，実験参加者が「コール」あるいは推測をしたら，そのカードを脇におく。カードは，すべてのカードについて回答が終わるまでチェックはされない。⇨**遮蔽指示照合法，ダウンスルー法，アップスルー**

**基本道徳**［cardinal virtues］　元徳，主徳，枢要徳とも言う。中世の哲学では，4つの徳が他のすべての徳を左右すると考えられていた。すなわち分別，勇気，節制，正義である。基本，もしくは「自然」道徳は神の恵みによる助けなくしてすべての人間が備えることができるとみなされていた。しばしば信仰，希望，慈愛の"神学的"道徳と対比される。

**基本特性**［cardinal trait］　個人のすべての行動を決定する基本的で全面的な特徴やパーソナリティ特性。［オールポート（Gordon Willard Allport: 1897-1967）によって定義された］

**基本反射行動**［basic reflexes］　吸引，眼球の運動，把持と音定位に関する反射。ピアジェの認知発達理論において，乳児が生得的な運動パターンのみを示すとされる感覚運動期における初期の特徴である。

**基本味**［primary taste］　味の全体の感覚の基本になると仮定される性質のことで，すべての味覚はこれらの組み合わせであるという考えによる。提案されている基本味の数はこれまで2～11の範囲であったが，**甘味，塩味，酸味，苦味**に，現在は**旨味**を加えたものが最も幅広く受け入れられている。しかしながら，基本味が存在するという証拠は決定的ではない。

**帰無仮説**［null hypothesis］　（記号：$H_0$）実験群と統制群の間に差がないこと（変数間に関係がないこと）を示す実験での仮説。統計的検定は予め決めた**有意水準**で帰無仮説が棄却できるか否かを実験結果に基づいて実施する。⇨**対立仮説**

**帰無仮説の有意性検定**［null hypothesis significance testing: NHST］　帰無仮説が正しいかを評価する有意性検定の計算。⇨**有意性検定法**

**義務自己**［ought self］　自己概念分析において，社会的規範，もしくは個人的責任によって義務的にもたらされた一連の特性に関する心的表象。

**義務的な運動**［obligatory exercise］　義務感を伴う運動。⇨**運動中毒**

**ギムネマ酸**［gymnemic acid］　ギムネマ・シルベストレ（*Gymnema sylvestris*）というインド原産の植物のエキス。甘味を感じなくさせる効果で知られる。トリテルペンサポニン（石鹸のような泡ができる植物グルコシド）の仲間である。トリテルペンサポニンにはジジフィン，グルマ

リン，ホズルチンも含まれる。

**記銘項目**［to-be-remembered items: TBR items］　記憶実験において，文字，数字，単語のリストなど，実験参加者に覚えさせるために呈示される具体的な項目。

**記銘する**［memorize］　憶えようとすること。普通，学習の方法として**機械的学習**や**ドリル**を使うことを意味するが，能動的な**記憶法**を用いる方が効果的であることが多い。

**キメラ**［chimera］　**1.** 2種類あるいは3種類以上の遺伝子上異なる細胞からなる生物。たとえば，キメラは骨髄のような遺伝子上異なる組織の移植を受けたり，ある動物の胚の一部を遺伝子上異なる動物の胚に移植したりすることで作られる。移植には異なる種の間で行われるもの（異種移植）と同じ種の間で行われるものがある。**2.** 異なる図形を中央で張り合わせた図形のこと。

**キメラ現象**［chimerism］　1つの個体の中に異なる接合体に由来する異なる遺伝子型の細胞が存在すること。⇨ **モザイク現象**

**キメラ刺激**［chimeric stimulation］　スペリー（Roger Sperry）が，2つの脳半球の機能研究のため分離脳に用いた手法（⇨ **交連切開術**）。標準的な実験では，左右半分ずつ別人のキメラ顔の画像を被験者は見せられる。脳梁が切断されている被験者（**分離脳**）は片方の半球で一つの顔，もう一つの半球で別の顔を認識する。つまり，2つの半球に2つの異なる自覚意識があることが示唆される（⇨ **右半球意識**）。

**疑問文**［interrogative］　言語学で，疑問を呈するときに使用する文型。断言したり命令したりするときや，そのときに使用される動詞の叙法とは異なる形をとる。英語では，Yes／No疑問文（たとえば，"Are you going？"（どこかへ行くの？））と，what, when, where, who, how などを用いる Wh-疑問文（たとえば，"Where are you going？"（どこへ行くの？））がある。どちらのタイプの疑問文も助動詞を使用する必要がある（通常，be, have, do を使用）。宣言的な文の形と疑問文の形との構造的関係は，**生成文法**と**心理言語学**において大きな関心を集めている（⇨ **助動詞倒置**）。⇨ **命令形**，**直接法**，**仮定法**

**偽薬**［placebo］　新薬の検査における統制としてしばしば使用される砂糖の錠剤のような薬理学的に不活性な物質。二重盲検法で使用される偽薬は**ダミー**か**活性プラシーボ**である。偽薬は昔，痛みを緩和したり睡眠を促すなど，診断や精神療法の手段であったが，患者を欺くそのような手法の倫理的影響は問題があるとされた。

**逆因果性**［reverse causality］　因果関係を理解しようとする際に，原因を結果あるいはその逆と誤解してしまう，よくありがちな誤りのこと。一般に現象の原因と常識的に考えられる事象や条件について，現象の結果としての可能性を問うことは，常に先入観に対する効果的なチェックであり，新鮮で斬新なアイデアを得ることができる。たとえば，X 氏の困窮状況は，彼の金銭的無責任さの結果と通常は考えられるが，しかし，万が一にも，この無責任さこそが彼の困窮状況の結果だったとしたらどうだろうか。因果関係を逆転させて考えることは，相関関係にあるデータに基づいた因果関係の問題に対処するためにも有用な戦略である。⇨ **虚偽の原因の誤謬**

**逆運動学**［inverse kinematics］　運動の到達点に至るまでに必要な変換過程は，概して空間的な位置や軌道の観点および関節角度の観点から記述される。逆動力学（inverse dynamics）は，このような変換過程を，筋肉によって生じる力の観点から記述する。自由度問題によって，いかなる運動に関しても，個々の変換には多くの可能な解が存在する。

**客我**［me］　自己に関する目的格の代名詞。ジェームズ（William James）の心理学では，"me"とは**経験的自己**を指す。

**逆関係**［inverse relationship］　ある変数が増加するときに，別の変数が減少する（あるいは，その逆になる）という，反対向きの関係のこと。

**逆作動薬**［inverse agonist］　ある物質（たとえば薬剤）と同じ受容体に結合するが，逆の効果を及ぼす働きを持つ別の物質。たとえば，X 薬が受容体 A に結合し，神経伝達物質の放出を増強するとすると，X 薬はその受容体の作動物質である。もし Y 薬が A 受容体に結合するが，神経伝達物質の放出を抑制するものであった場合，Y 薬はその受容体の逆作動薬である。

**逆症療法**［allopathy］　疾患や障害を，疾患や障害によって引き起こされるものとは異なった，もしくは相容れない効果を引き起こす薬剤や医薬品または状況によって治療する方法。たとえば，心理療法においては，恐怖状況においてクライエントを脱感作するためにリラクセーション法を用いることなど。⇨ **脱感作**，**ホメオパシー**

**逆成**［back-formation; retrogressive formation; inverse derivation］　ある既存の単語の起源として新しい単語を，誤った仮定に基づいて造語すること。通常，接辞や屈折語尾のような部分の脱落が伴う。たとえば，"enthusiasm"という既存の単語の起源として"enthuse"という動詞を作る，など。また，そのようにして作られた単語も同様に呼ばれる。⇨ **クリッピング**

**逆正弦変換**［arc sine transformation（arcsin transformation）］　ある統計的検定（たとえば，**分散分析**）で等分散の仮定を満たすために，比較する集団ごとの標本分散が等しくなるように施す数学的な**変換**のこと。逆正弦変換は，データの頻度や大きさの点で変換が施される $p' = 2\arcsin\sqrt{p}$，ここで $p$ は割合もしくはパーセント，$p'$ は変換後の値を表す。

**逆制止**［reciprocal inhibition］　反対条件づけによって，望んでいた反応が望んでいない反応に取って代わらせることを目的とした**行動療法**上の技法。そこでは，もともとの反応と両立することはなく，不安を引き起こす刺激の強度を中和させるのに十分な反応に徐々に置換させる。⇨ **系統的脱感作**［南アフリカ生まれの心理学者ウォルピ（Joseph Wolpe: 1915-1997）によって考案された］

**逆制止療法**［psychotherapy by reciprocal inhibition］　行動療法の一種であり，不安喚起反応と，それと両立しない反応とを条件づけることによって，不安反応と不安喚起刺激とのつながりを弱める治療法。筋弛緩法などを用いる。⇨ **相反抑制**，**系統的脱感作**

**逆説技法**［paradoxical technique］　セラピストがクライエントに対して，症状となっている望まない行動を続けるよう指示し，それを増加させることにより，クライエントがその症状を自発的にコントロールできるようになる治療技法。逆説的介入（paradoxical intervention）とも呼ばれる。⇨ **逆説的指示**

**逆説志向**［paradoxical intention］　心理療法的な技法の一つ。クライエントは，苦痛な症状を悪化させるよう求められる。たとえば，社会的場面で震えてしまうことを恐れる人は，恐れている状況をイメージし，意図的に大げさに震えるよう指示される。この目的は，クライエントが症状から距離をとることにある。治療者は彼らの大げさな反応を褒める。このようにすると，クライエントは，予測していた破局的な結末は滅多に起こらないということを学習する。不安障害の治療に用いられるが，自殺行動や統合失調症には適さない。［オーストリアの精神科医フランクル（Viktor E. Frankl: 1905-1997）が恐怖症治療のために開発した］

**逆説的思考**［paradoxical thinking］　典型的な論理過程の否定によって特徴づけられる認知傾向。この種の思考は**統合失調質パーソナリティ障害**，あるいは同種の統合失調症患者にみられるような歪められた思考過程と関連するときもあるが，問題やネガティブな信念をポジティブな形に再構成する方法として使われることもある。この手法は，しばしば，創造性を促進したり，個人的，家族的，組織的な変化を促すものとして用いられる。

**逆説的指示**［paradoxical directive］　治療者が患者に対し，常識とは正反対のことをするよう指示すること。それは，不条理，あるいは自己否定といった，患者がもともともっていた概念を示すためである。⇨ **逆説技法**

**客体**［object］　"他者"，すなわち，自身ではなく，行動，認知，感情が向けられる任意の人または人の象徴的表象。この用語は時に非個人的な事象に言及するために用いられることがあるが（たとえば，ある関心は"object"であると考えられるかもしれない，など），他者という含意の方がはるかに典型的で中心的である。

**虐待［1］**［abuse］　他者（子どもや配偶者）や動物に対する凶暴的，屈辱的，侵略的な振舞い。物や人，あるいは動物にそのように振る舞うこと。

**虐待［2］**［maltreatment］　感情的，性的，身体的行為，あるいは何もしないことなどからなる他者に対する虐待（abuse）や**ネグレクト**のことで，激しかったり持続的な場合には重大な被害や損傷を引き起こすことがある。不適切な対処には，搾取や基本的欲求（たとえば，食物，保護，医療的注意）の拒否といった行為も含まれる。

**虐待男の言い訳**［battering men's excuses］　配偶者や同棲相手を殴打する男性が述べる合理化の防衛機制。ここには，怒りの挑発があったという主張や，配偶者やパートナーを殴打することは虐待者の文化として受け入れられている，怒っていたという主張も含まれる。

**虐待経験の忘却**［betrayal trauma］　幼少時の性虐待の記憶を思い出せない子どもの心的状況を説明する**概念モデル**の一種。子どもが情緒的に依存している大人が虐待者であった場合，ある種の**抑圧**が生じる。相手との**愛着的絆**を保持したいという欲求が子どもにあると抑圧は強まる。それゆえ，子どもの愛着欲求が強いときには虐待の記憶を思い起こすことができない。［1991年にアメリカの認知心理学者フレイド（Jennifer J. Freyd）により提唱された］

**逆耐性**［reverse tolerance］　繰り返し薬品を使用することで感受性が変化し，薬品の効果が増強されること。通常，精神活性物質，特に中枢神経興奮剤で生じる。感作（sensitization）とも呼ばれる。⇨ **耐性**

**逆態度ロールプレイ**［counterattitudinal role play］　心理劇もしくはロールプレイにおいて用いられるテクニックの一つ。役割をもつ個人は，自分が信じているのとは反対の意見を表明するよう指示される。

**虐待の自己弁解**［abuse excuse］　暴力行為の弁解のために，以前の虐待（たとえば，身体的，精神的，性的な）の経験を主張すること。

**逆転誤り**［reversal error］　文字や単語を反対に読んだり書いたりする間違い（たとえば tip を pit, b を d など）。逆転誤りが目立ち，それが発達に不相応である場合，**失読症**の兆候があるとされる。

**逆転移**［countertransference］　患者および患者の**転移**に対する，セラピストの無意識的な反応のこと。このような考えや感情は，セラピスト自身の心理的欲求や葛藤に基づくものであり，その多くは表出しないか，患者の行動に対する反応への気づきを通して，明らかになる。この用語は，もともとは精神分析におけるこのようなプロセスを記述するためのものであったが，心理力動的心理療法という他の形態において，あるいは他の立場のセラピストにおいても，共通の用語となった。**古典的な精神分析**では，逆転移とは分析家の患者理解を邪魔するものであったが，近年の分析家やセラピストの間では，他の人物から患者が受けたインパクトについて洞察するための手がかりとされることもある。どちらにせよ，分析家やセラピストは，逆転移が心理療法プロセスを妨害しないよう，それに気づき，分析しなければならない。

**逆転移行**［reversal shift］　2つの選択肢間の**弁別**において，直前の条件セットに対して随伴関係を逆転させること。たとえば，初回訓練では，白い刺激が正解，黒い刺激が不正解に割り当てられたとする。この場合，反転シフトとは，訓練の後期段階で，黒い刺激が正解，白い刺激が不正解になることを意味する。⇨ **非逆転移行**

**逆転依存状態の陥穽**［reversed dependency trap］　親の自己価値が子どもの学業やスポーツの出来に依存すること。

**逆転学習**［reversal learning］　2つの選択肢の**弁別**において，その2つの選択肢に関する随伴関係を逆転させる効果。たとえば，赤い光が点いたときにレバーを押すと餌が与えられるが，緑の光が点いたときにレバーを押しても何も起こらない条件のもとでサルを訓練し，その後，赤い光が点いたときに押すと何も起こらず，緑の光が点いたときに押すと餌が与えられるように，随伴関係を逆転させる。サルの行動が新しい随伴関係（すなわち，緑の光が点いたときにのみレバーを押す）に適応したならば，逆転学習が起こったといえる。

**逆転関係**［inversion relationship］　家族あるいは集団成員の通常の役割が変化すること。たとえば，子どもが親に代わり一家の稼ぎ手としての役割を果たす場合。

**逆同一化**［counteridentification］　精神分析における**逆転移**の一形態であり，精神分析家が患者に同一化すること。対抗同一化とも言う。

**偽薬統制群**［placebo control group］　**偽薬**を受ける**統制群**のこと。

**逆淘汰の圧力**［dysgenic pressure］　遺伝子プールの変化に起因する集団の知能の低下についての理論的理由。たとえば，逆淘汰の圧力理論の一つには，低いIQの人は高

いIQの人よりも繁殖する傾向があり，高いIQと関連する遺伝子と比較して低いIQと関連する遺伝子の分散が増加する結果になる。この理論は，これまで十分に説明力をもたなかった。その理由の一つは，とても低いIQの人は全く繁殖しない傾向にあり，知能は遺伝的な要素と同様に環境的な要素もあるためである。⇨ **フリン効果**

**逆2乗則** [inverse-square law] ある変数の減少あるいは増加が，別の変数の2乗の逆数に比例するあらゆる物理法則を指す。たとえば，音の強度は，音源からの距離の2乗に反比例する。

**逆備給** [anticathexis; countercathexis] 精神分析理論において，**自我**が無意識の願望や思考から**心的エネルギー**を引き出し，それらが意識へ入り込むことを阻むために別の思考や願望に心的エネルギーを強める過程である。逆備給された思考は，起源的な思考と類似していたり，あるいは，それとは正反対であるが関連するものであったりする。たとえば，慈善事業は，貯蓄をしたいという無意識の願望を中和する。⇨ **備給**

**逆方向探索** [backward search] 問題解決者が，問題の目標状態から初期状態へと，逆向きに問題解決を進めていく方略。たとえば，迷路の出口から入口へと進むことで，迷路の正しい経路を見つける，など。⇨ **後向き方略**

**脚本の理論** [script theory] **交流分析**の概念で，人生早期に学習して構築され，後の人生に引き継がれている対人関係状況を理解するための理論。

**脚本分析** [script analysis] **交流分析**の概念で，クライエントの無意識の人生設計，すなわち人生脚本を分析すること。この脚本は，人生早期の体験によってもたらされる，空想や態度，ゲームと呼ばれる交流のあり方に基づいている。[カナダ生まれのアメリカの精神科医バーン（Eric Berne: 1910-1970）が提唱した]

**逆U字仮説** [inverted-U hypothesis] 動機（あるいは覚醒）とパフォーマンスの間にある相関関係の仮説。動機あるいは覚醒が低すぎたり高すぎたりする時，パフォーマンスが悪くなると考えられている。この機能は多くの場合，**ヤーキーズ・ドッドソンの法則**と呼ばれる。感情の強度（動機）がゼロから最適なポイントまで上昇するにつれ，パフォーマンスの質も上昇する。しかし，このポイントよりもさらに感情の強度が高まってしまうと，パフォーマンスの低下と崩壊がもたらされる。その結果，横に感情の強度，縦にパフォーマンスをとったグラフにおいて逆U字の形ができる。

**逆予測** [inverse prediction] **回帰方程式**を用いて，得点Yから得点Xを予測すること。⇨ **xに対するyの回帰**

**客観式試験** [objective examination] 主観的な判断に基づいて得点化しない試験のこと。たとえば，テストの回答が正しいか否かを，得点をつける人によって変わらないように設計された項目選択式のテストのこと。対照的に，レポートによるテストは**主観的テスト**である。

**客観主義** [objectivism] 1. 外的世界についての判断は，個人的な感情，信念，経験とは無関係に，真偽を確証することができるとする立場。2. 倫理学において，たとえば「善良であること」といった倫理学の命題に対する観念は現実に関係づけられるという立場。客観主義は倫理学的規定が単なる個人的あるいは文化的な選好の表明に帰するとしない。⇨ **主観主義**

**客観性** [objectivity] 1. 個人的な感情，信念，経験などの主観的な要因よりも外的データに基づいて判断や解釈を行う傾向のこと。2. 研究の仮説，研究を行う変数の選択，測定，統制の手法，そして観察が，可能な限りバイアスなくなされているような調査研究の性質のこと。⇨ **主観性**

**客観的** [objective] 1. 観察可能な現象に基づいて，現実の中に実際に存在していること。2. 人の感情や解釈や偏見によって影響されることなく，偏ることのないこと。⇨ **主観的**

**客観的現実** [objective reality] 観測，測定，検証が可能な物理的な物体，出来事，力の**外界**のこと。⇨ **実在**

**客観的採点** [objective scoring] 採点者が異なっても同じ得点になるように，公式等を用いて採点する方法。主観的採点（subjective scoring）と対比される。主観的採点では採点者の意見や解釈によって得点の差が生じる。

**客観的参照** [objective reference] ある術語や概念による活動や状態がこの世界の別の術語や概念あるいは具体物に関連していること。

**客観的参照物** [objective reference] 感覚器官によって知覚される実在する物や感覚。

**客体的自覚** [objective self-awareness] 客観的に自分自身を見ていると自覚している内省状態。個人の限界や，理想自己と現実自己との間に格差があることを認めること。客体的自覚は，**自己制御**に必要不可欠である。

**客観的指標** [objective indicator] 本質や状態，情動，行動に対する主観的なバイアスを離れた指標・基準。ある一つの考えや評価ではなく，状態に対する独自の基準でもない。客観的指標は，主観的指標よりも信頼性があるとみなされる。

**客観的心理学** [objective psychology] 行動の過程や他の観察可能な現象に関する測定に焦点を絞った心理学の研究法のこと。⇨ **主観的心理学**

**客観的心理療法** [objective psychotherapy] 主に，入院患者や軽度から中度の情緒障害患者を対象に開発された治療法。セラピストとの個人的関係に起因する主観性を軽減するために，あらゆる治療的コミュニケーションが文書によって行われる。患者は書かれている自伝的質問に答え，夢について考えを述べ，そして，指定された読み物に応える。それに対して，セラピストは文書のメモで解釈を与え，基本動機を指摘する。また，文書のメモには概要も含まれ，その概要には治療過程で得たすべての洞察が要約されている。[アメリカの精神分析家カープマン（Benjamin Karpman; 1886-1962）によって開発された]

**客観的精緻化** [objective elaboration] 議論の外にある要因よりもメッセージ内に含まれる論拠そのものの強さに基づいた，特定の評価的反応を示す傾向。⇨ **バイアス精緻化**，**バイアス因子**，**精緻化**

**客観的責任** [objective responsibility] 10歳以下の子どもに特有の道徳的判断であり，行動の善悪の考えがもっぱら客観的物理的結果に基づいていること。たとえば，年少児にとって，自分が壊したカップの数は，それを壊した理由よりも重要である（⇨ **道徳的実在論**）。この考えは，自分の動機を考慮することを学習する以前に年少児が表現する一種のリアリズムを反映する。⇨ **主観的責任** [ピアジェ（Jean Piaget）によって提唱された]

**客観的態度**［objective set］ 空間的配置などの客観的要因に基づく呈示系列の中でなされる群化が，その呈示系列が変化しても維持され，群化が客観的には曖昧であっても継続してまとまりとして見える，という**ゲシュタルト心理学**の要因。⇨ **知覚の構え**

**客観的テスト**［objective test］ 特定の解答を求めたり，真偽のどちらかを回答させるテストのこと。真偽テストは客観テストの代表例である。⇨ **主観的テスト**

**逆向干渉**［retroactive interference］ 新しい学習や新しい情報の呈示が，以前に学習した事柄を想起したり，以前に学習した行為を実行する能力を妨げる際に起こる**干渉**であり，以前に学習したことと新しく学習することが類似している際に特に起こりやすい。たとえば，大学でフランス語を学習することが，高校で学習したスペイン語の記憶に対して逆向的に干渉を起こすことがある。逆向干渉は，忘却を説明する過程の一つである。逆向抑制（retroactive inhibition）とも呼ぶ。⇨ **順向干渉**

**逆行条件づけ**［backward conditioning; backward pairing］ 無条件刺激が，一貫して**中性刺激**の前に呈示される手続き。一般に，この手続きでは，中性刺激による行動への影響は変化しないと考えられている。しかしながら，稀に中性刺激が反応を抑制する働きをもつことがあり，これは中性刺激の呈示が一貫して無条件刺激の不在を予測するためとされている。一方で，**疑似条件づけ**の効果として，逆行条件づけが反応を促進する機能をもつこともある。⇨ **順行条件づけ**

**逆向性健忘**［retrograde amnesia］ 健忘症発病前の出来事や経験を忘れてしまうこと。たとえば，目の前で砲弾がさく裂した経験をもつ兵士は，それ以前の出来事を忘れてしまう。⇨ **時間の勾配，前向性健忘**

**逆行性射精**［retrograde ejaculation］ 後部尿道に排出された精液が，膀胱へ逆行して放出されてしまうこと。逆行性射精は，前立腺の手術の結果生じることがある。また，射精の直前に，受精を防ぐための誤った試みとして陰茎が圧迫された時などにも起こる。逆行性射精は，従来の抗精神病薬（特にチオリダジン）および，**三環系抗うつ薬**や**SSRIs** を含む抗うつ剤の使用と関連している場合もある。また，**非定型抗精神病薬**（たとえばリスペリドン）の使用と関連しているという報告もある。

**逆行性伝導**［antidromic conduction; antidromic activation］ 神経細胞で，本来とは反対の向きで生じるインパルス伝導のこと。実験において人為的に引き起こされ，軸索から細胞体に向かう。

**逆行性輸送**［retrograde transport］ 神経細胞内を軸索に沿って細胞体に向かって物質が移動すること。⇨ **軸索輸送**

**逆行転置**［backward displacement］ ツェナーカードやそれに類する題材を用いた超心理学実験において，被験者の"コール"もしくは推測がその時の試行ではなく，先行する試行の結果と対応することをいう。この対応関係が一貫して見られると，"**過去知**"の証拠であるとみなされる。

**逆行変性**［retrograde degeneration］ 神経細胞の**軸索**の損傷により**細胞体**が破壊されること。⇨ **順行性変性**

**逆行連合**［backward association］ ある項目を，その系列の中で先行している別の項目と連合させること。⇨ **順連合**

**キャッチ試行**［catch trial］ 独立変数は操作されないが，参加者の反応は通常通り記録する実験試行のこと。たとえば，参加者が聴覚信号を同定する実験において，キャッチ試行では聴覚信号が提示されない。⇨ **ブランク試行**

**キャッチメント・エリア**［catchment area］ 地域の精神医療センターのような，ある単一の医療機関によって医療サービスが提供される地理的な区域のこと。

**キャッテル**［Cattell, James McKeen］ ジェームズ・キャッテル（1860-1944），アメリカの心理学者。ライプツィヒのヴント（Wilhem Wundt）のもとで学び，その後，フランスのギャルトン（Frances Galton: 1822-1911）とともにイギリスで研究を行い，1886年ドイツで博士号を取得した最初のアメリカ人。28歳のとき，ペンシルベニア大学心理学教授に任命された。その後間もなくコロンビア大学に移り，指導者としてウッドワース（Robert S. Woodworth）やソーンダイク（Edward L. Thorndke）ら多くの心理学者を育てた。また，Science のような多くの重要な科学雑誌の編集者として影響力をもった。また，彼の指導のもとで，Popular Science Monthly, The American Naturalist, School and Society は米国科学振興会の主要な機関紙となった。また，影響力の強い American Men of Science を編集し，同誌の「アメリカにおける重要な1000人の科学者」に選ばれた（この選定方法はキャッテル独自の統計的手法に基づいていた）。Psychological 社の創設者の一人でもある。彼の実証的な研究には，反応時間，知覚，言語連想についての実験，固有の能力についての心理学的テストバッテリー，なども含まれる。

**キャッテルの質問紙**［Cattell inventory］ すべての自記式質問紙は，因子分析によるパーソナリティ研究に基づいている。最も有名な**16PF 人格検査**は，「信頼 対 疑惑」，「謙虚さ 対 独断的」，「内向 対 外向」といった特性で評価される。

**キャッテルのパーソナリティ因子理論**［Cattell's factorial theory of personality］ 特性による帰属のあり方に基づくパーソナリティ分類。因子分析を行い，35の**表面特性**と12の**根源特性**に類型化した。

**キャッテル-ホーンの知能理論**［Cattell-Horn theory of intelligence］ 一般的知能の下に含まれる主に2種類の知的能力があるとする理論。$g$-$c$ もしくは結晶性知能は，人の知識の集積であり，語彙や一般情報などのテストによって測定される。$g$-$f$ もしくは流動性知能は，比較的新しい課題を扱うときに使われ，また $g$-$c$ の獲得に使われる心的過程の一式である。この理論の後の版では，他の知能も追加され，$g$-$v$ もしくは視覚的知能となっている。これは幾何学図形の心的回転や紙片を折るとどういう形になるか視覚化するといった視覚的空間課題を操作するのに用いられる心的過程の一式である。［キャッテル（Raymond Bernard Cattell: 1905-1998），イギリス生まれのアメリカのパーソナリティ心理学者ホーン（John L. Horn: 1928-2006）］

**ギャップ結合**［gap junction］ 細胞間結合の一種。2つの細胞の細胞膜における約2 nm～4 nm のギャップからなり，化学物質や電気信号の通過を可能にするタンパク質チャネルによって架橋される。⇨ **電気シナプス**

**ギャップ検出**［gap detection］ 擬似的な連続する音

（quasi-continuous sound）において，時間的間断を検出すること．正常な聴覚をもつ観察者を対象とした実験室状況では，およそ3 msのギャップを検出しうる．

**キャナリゼーション**［canalization］ **1.** 進化遺伝学において，背景にある遺伝的な多様性の発現を抑制するために，ある特徴の多様性を狭い範囲に限定すること．それは，生物が正常に発生しうる様々な環境において，一定の**表現型**を維持するための発達のメカニズムである．**2.** 神経学において，ある神経経路を繰り返し使用することにより，情報伝達の効率が上昇し，最終的に永続的な神経経路が形成されるという仮説．

**キャノン-バード説**［Cannon-Bard theory; Bard-Cannon theory; Cannon's theory; hypothalamic theory of Cannon; thalamic theory of Cannon］ 感情が，末梢内臓器官と随意筋による脳への感覚フィードバックではなく，上部脳中枢（皮質）に対する下部脳中枢（視床下部および視床）の影響により生じるとする説．この説によれば，視床が感情体験を制御し，視床下部が感情表現を制御する．⇨ **情動危急説**，**闘争逃走反応**［1920年代と30年代初頭にアメリカの心理学者キャノン（Walter B. Cannon: 1871-1945）とバード（Philip Bard: 1898-1977）が提唱］

**GABA$_A$受容体**［GABA$_A$ receptor］ 神経伝達物質である**ガンマアミノ酪酸**（GABA）を結合する2種類の主な受容体タンパク質のひとつ．もう一つは**GABA$_B$受容体**である．GABAを神経伝達物質として利用する大部分のニューロンの大部分のシナプスに存在している．中枢神経系（CNS）における主要な抑制性受容体であり，塩化物チャネルとして働く（⇨ **イオンチャネル**）．バルビツール酸塩やベンゾジアゼピンのような**GABA作動薬**は，イオンチャネルを通過する塩化物の伝導率を増加させ，それによってニューロンを過分極させ，その活動を抑制することで，GABAのGABA$_A$受容体への結合を促進する．ビクリンやピクトトキシンなどの**GABA拮抗薬**は，この受容体においてGABAの抑制効果を阻害する．アルコール（エタノール）を含む他の多くの物質は，GABA$_A$受容体での相互作用に影響を及ぼす．

**GABA拮抗薬**［GABA antagonists］ **ガンマアミノ酪酸**（GABA）受容体部位（⇨ **GABA$_A$受容体**，**GABA$_B$受容体**）やGABAの働きに拮抗（抑制）効果を及ぼす化合物．GABA拮抗薬には直接的なものと間接的なものがある．直接GABA拮抗薬はGABA受容体を阻害する．そのなかでも**ビククリン**が最もよく知られており，GABAの受容体部位においてその競合的拮抗薬として作用する．間接的GABA拮抗薬の一種である**ピクロトキシン**は，GABA$_A$受容体複合体において非競合的拮抗薬として働き，受容体複合体でのGABAの作用を阻害する．

**GABA作動薬**［GABA agonists］ **ガンマアミノ酪酸**（GABA）受容体部位（⇨ **GABA$_A$受容体**，**GABA$_B$受容体**）やGABAの働きに作動（増加）効果を及ぼす化合物．GABA受容体作動薬にはいくつかの種類がある．直接GABA作動薬（ムシモルなど）は受容体の結合部位に作用し，間接GABA作動薬は様々な仕方でGABAの放出や活動を促進する．間接GABA作動薬の中では**ベンゾジアゼピン**が臨床で最もよく使われている．ベンゾジアゼピンはGABA受容体複合体でアロステリック調節因子として働く．

**GABA$_B$受容体**［GABA$_B$ receptor］ 神経伝達物質である**ガンマアミノ酪酸**（GABA）を結合する2種類の主な受容体タンパク質の一つ．もう一つは**GABA$_A$受容体**である．Gタンパク質共役受容体であるGABA$_B$受容体は，脳内ではGABA$_A$受容体よりも数が少なく，ベンゾジアゼピンやバルビツール酸塩といったGABA作動薬のための結合部位を備えていない．GABA$_B$受容体の活性化は比較的長時間継続するニューロン抑制を生じるが，その受容体にこうした効果を与える精神作用物質はわずかである．**バクロフェン**はGABA$_B$受容体への比較的選択的な作動薬であり，臨床で骨格筋弛緩薬として使用されている．

**キャリア**［carrier］ 突然変異した遺伝子をもつ人．その遺伝子はある病気や別の異常への感受性を増したり，その異常が進行する確率を高めたりする．たとえば，BRCA1の突然変異キャリアは変異したBRCA1遺伝子をもつ人である（⇨ **BRCA1とBRCA2**）．この変異は，女性の場合，乳癌あるいは卵巣癌にかかる可能性を顕著に高める．⇨ **絶対的キャリア**

**キャリア・アンカー**［career anchor］ 職業キャリアの初期の時点で養われ，その後のキャリア決定をガイドするもので，個人が知覚した職業上のスキル，関心，能力，価値など．この理論で提起されたキャリア・アンカーには，技術的・機能的能力，管理能力，創造性，安全性，自律性がある．⇨ **キャリア・パターン理論**［アメリカの心理学者シャイン（Edgar H. Schein: 1928- ）よって提案された］

**キャリア開発（キャリア・デベロップメント）**［career development］ **1.** 個人が，組織内であるいは組織を越えて，自身のキャリア形成の進め方についてマネージする（管理する）方法．個々人が自己のキャリア開発の途上で直面する問題は，その個人がキャリア・ステージの初期にいるのか，中期，あるいは後期にいるのかによって異なってくる．⇨ **専門職開発** **2.** 組織が被雇用者のキャリア発達を構築していく進め方のこと．典型的には，キャリア開発によって被雇用者がスキルと経験を獲得するにつれて，高い賃金，高い地位，大きな責任，高い満足を報酬として得られるようになる．

**キャリア・カウンセリング**［career counseling］ 就職機会に特化したコンサルテーション，アドバイス，助言を行うことで，教育現場，職場，コミュニティで行われることが多い．自分のキャリアの方向性を変えるという具体的な目標をもって行われることもある．キャリア・カウンセリングでは，個々人の選好，知力，スキル，労働価値観，経験を考慮に入れて実施がなされる．このようなカウンセリングは，個人に対してなされることもあれば，グループに対してなされることもる．キャリア・ガイダンス（career guidance）とも呼ばれる．

**キャリア教育**［career education］ 雇用される，あるいは雇用される可能性を高めるための準備ができることを目的とする教育・指導プログラム．

**キャリア計画**［career planning］ 職業選択を手助けすることを目的とした**職業ガイダンス**プログラム．本人の願望や能力についての実際の査定が，現実の職業機会との関係性の中で位置づけられていく．カウンセラーがクライエントのスキルや適性を測定するために多くのテストが実施される．

**キャリア選択**［career choice］　職業の選択のことで，通常は，親の助言，職業カウンセリング，尊敬する人物像との同一視，試行的なあるいはパートタイムでの仕事の経験，トレーニングの機会，個人の関心，能力検査などをもとにして選択される。

**キャリア相談会（キャリア・カンファレンス）**［career conference］　多くの学校で行われている職業に関するミーティングで，代表的な職業分野で働いている人が，その職業に関心をもっている学生と会って，その職業分野で必要とされていることや，その職業に関して利用可能な機会に関する情報を提供し，また質問に答えていく。

**キャリアに関する願望**［career aspirations］　典型的には収入，地位，実績を含む，職業生活において掲げる長期的な目標のこと。

**キャリア・パターン理論**［career pattern theory］　人々が職業人生の中で通過していくステージを描き出そうとする理論のこと。キャリアはしばしば一定のサイクルを繰り返していくように描かれる。具体的には，個々人が新しいスキルを獲得し，経験を積み，キャリアの進展を安定化させると，次のステップに向けて準備する移行期に移っていく。

**キャリア・ワークショップ**［career workshop］　職業ガイダンスへの介入のことで，就業の機会や就業するために必要とされることについて議論がなされ，また探求をしていくための学習グループが構成される。

**ギャング**［gang］　共通の価値観や行動基準を共有し，接触を頻繁に行う集団成員から構成される社会集団（この中には，ストリート・ギャングのような反社会的な集団も存在する）。

**キャンドルライター小児癌基金**［Candlelighters Childhood Cancer Foundation］　小児癌の子どもやその家族を**サポートグループ**とつなぎ，感情を共有したり情報交換をする場を提供する組織のこと。

**キャンパス危機管理センター**［campus crisis center］　アメリカにおいて，学校，カレッジ，大学で学生が直面する困難や心的外傷に関する支援や助言を行うために作られた組織のこと。薬物乱用，レイプ，うつ病，学業不振，自殺願望は学生が直面する問題や心的外傷の原因の典型である。キャンパス危機管理センターではカウンセリング，緊急電話相談，遅い時間に帰宅する学生を家に送り届けるといったサービスを提供する場合もある。

**ギャンブラーズ・アノニマス**［Gamblers Anonymous: GA］　強烈な賭博依存から回復するために，経験と強さと希望を共有するための組織。12ステッププログラムに従った活動を行う。⇨**病的賭博**

**キャンプラル**［Campral］　アルコール依存症治療薬**アカンプロセート**の商品名。

**キャンプ療法**［therapeutic camp］　治療やリハビリテーション，もしくはそれらを組合せて行う短期的な治療法。しばしば，様々な状態や，障害，疾患をもった児童期や思春期の子どもを集めて行われる。たとえば，学習障害や，HIV/**エイズ**，**不登校**，頭部損傷をもつ子どもなどを対象に行われている。

**キャンベル**［Campbell, Donald Thomas］　ドナルド・トーマス・キャンベル（1916-1996），アメリカの社会心理学者。社会心理学者として専門教育を受け，カリフォルニア大学バークレー校から1974年に博士号を取得した。同校では，トルーマン（Edward C. Tolman）の指導のもとで研究を進めた。彼の最も大きな心理学上の貢献は，心理学の方法論を構築したことである。彼は，心理尺度の**構成概念妥当性**を測定する方法を開発し，現在に一般的な考えとなっている**内的妥当性**や**外的妥当性**を実験計画に組み入れた。彼の実験計画法に対する貢献や彼がスタンレー（Julian Stanly: 1918-2005）とともに導入した**準実験計画**という概念は，社会科学の方法論において画期的なものと評価されている。キャンベルは，その後の研究で，**進化論的認識論**を提唱し，社会学や科学哲学の発展に貢献した。彼は，キャリアの大半をノースウエスタン大学で過ごした。1973年に米国心理学会の会長に選出されるとともに，同学会から，顕著な科学的貢献をした人物に与えられる賞を授与されている。また，心理学，教育，社会科学全体に対する彼の貢献は，他の多くの学術団体にも認められている。

**キュー**［queue］　公共財のサービスや，機会の順番を待つ人々の列のこと。列に並ぶ人々は多くの場合，その場限りの関係であり二度と会うことはないが，サービスを享受する順番を決定する社会規範に従っている。

**球**［bulb］　延髄の旧式名称。

**丘**［colliculus (pl. colliculi)］　小さな隆起。2組の丘が**中脳**の背側面から見つかっている。吻側の**上丘**は視覚情報を受け処理し，眼球運動の制御に関わっている。尾側の**下丘**は聴覚情報を受け処理する。

**求愛行動**［courtship behavior］　様々な動物種の生殖期前，および様々な社会や社会層の人間の結婚前に見られる行動。動物では配偶者候補を評価するとともに，巣を適切な場所に配置して守り，生殖に関わるホルモンを同調させる（**動物の求愛**）。人の求愛は文化により大きく異なる。

**吸引反射**［sucking reflex］　ヒトの乳児を含む多くの哺乳類の赤ちゃんに見られる基本的な反射反応。乳首をくわえ，吸引によりミルクを口の中に引き込む。

**球海綿体筋**［bulbocavernosus muscle; bulbospongiosus muscle］　会陰部の筋肉で，男女ともに尿道を収縮することによって尿の通過を速める。男性では射精を支えていて，女性では膣の弱い括約筋として働いている。

**球海綿体反射**［bulbocavernosus reflex］　陰茎頭部の刺激に反応して**球海綿体筋**が収縮すること。この反射が見られないことは，**脊髄ショック**か陰茎と脊髄をつなぐ神経の損傷を示している。

**嗅覚**［olfaction］　ニオイの感覚であり，鼻腔にある**嗅上皮**の受容細胞を**臭気物質**が刺激することによって活性化する。

**嗅覚過敏**［hyperosmia］　臭気物質に対して異常に敏感であること。⇨**食欲不振**

**嗅覚機能障害**［olfactory dysfunction］　ニオイの質の知覚やニオイの感度が低下すること。⇨**無嗅覚**，**嗅覚障害**，**嗅覚鈍麻**，**嗅覚障害**，**錯嗅症**，**異臭症**，**嗅覚錯誤**

**嗅覚系**［olfactory system］　生物が**臭気物質**を検出し，それに反応することに関わる主要な構造とその過程。嗅覚系には，鼻腔内にある数百万個の**嗅覚受容体**，**嗅上皮**と**鋤鼻系**，**嗅覚情報伝達**，神経インパルスと神経経路（⇨**嗅神経**），そして関連する脳領域とその機能が含まれる。

**嗅覚計（オルファクトメーター）**［olfactometer］　臭気物質の提示を調整するための機器のこと。ニオイ物質が鼻

の周囲の空気中に拡散するのを防ぐため，嗅覚計には鼻孔に挿入するチューブが付いている。⇨ **噴射式嗅覚計，流動嗅覚計**

**嗅覚計（オスモメーター）**［osmometer］ 臭気物質が入って蓋がされた小部屋のある，初期型の嗅覚計のこと。参加者は小部屋を開けて吸入し，検出されたニオイについて報告した。

**嗅覚検査**［olfactometry; odorimetry］ ニオイの感覚を測定すること。

**嗅覚錯誤**［troposmia］ ニオイがあることによってニオイの知覚が歪むこと。典型的には，快もしくは中性的な刺激が不快に感じられる。⇨ **嗅覚障害，錯嗅症**

**嗅覚刺激**［olfactory stimulation］ 吸入された**臭気物質**が鼻粘液で吸収され，それによって鼻腔内にある**嗅覚受容体**の繊毛が興奮すること。この興奮に関わる正確なメカニズムについては未だ見解が一致していない。

**嗅覚受容体**［olfactory receptor］ **臭気物質**に対して感受性のある，鼻腔内の**嗅上皮**に存在する紡錘状の受容体。嗅覚受容体の底部にある繊毛は臭気物質に対する受容体部位を含んでいる。嗅覚受容体はそれ自体が集合的に**嗅神経**を形成しており，嗅神経は**嗅球**にある細胞とシナプスでつながっている。嗅覚器官（olfactory sense organ）とも呼ばれる。⇨ **嗅覚刺激**

**嗅覚順応**［olfactory adaptation］ 嗅覚刺激にさらされた後，嗅覚の感度が低下すること。この一時的な現象は，嗅覚の閾値の上昇や，報告されるニオイの強さの低下によって測定される。

**嗅覚障害**［dysosmia; microsmia］ 嗅覚の障害。嗅覚能力に対する感度の低下。器質性もしくは心因性に起源がある。⇨ **無嗅覚，嗅覚過敏，嗅覚鈍麻，錯嗅症，異嗅症，嗅覚錯誤**

**嗅覚情報伝達**［olfactory transduction］ 化学分子の嗅覚信号への変換に関わる出来事の系列。他の感覚系においても同様に，嗅覚情報伝達においては多数の受容体の同時賦活と**セカンドメッセンジャー**の調整作用が重要な役割を果たす。

**嗅覚性性欲亢進**［osmolagnia］ 身体，特に性器から発せられるニオイに対する性的関心，また，そのニオイに起因する快感のこと。

**嗅覚鈍麻**［hyposmia］ **臭気物質**の感覚がいくらか，あるいはすっかり減退していること。この状態にある人は無嗅覚症（hyposmic）と呼ばれる。⇨ **嗅覚障害**

**嗅覚の交叉順応**［olfactory cross-adaptation］ あるニオイに順応した後で，別のニオイの感度が低下すること。他の感覚とは異なり，通常，ある一つの**臭気物質**に順応した後，別の種類の臭気物質について知覚される性質は変化しない。しかし，順応刺激である臭気物質を含んだ臭気物質の混合物では順応が観察される。このことを交叉順応と言う。

**嗅覚の性欲**［olfactory eroticism］ 特に嗅覚に関連した性癖であり，ニオイに満足感を感じる。

**嗅覚の立体化学説**［stereochemical smell theory; steric theory of odor］ ある種のニオイが知覚されるのは，**臭気物質**における立体化学的な特性がある種の形状をもつことによるとする説。樟脳，エーテル，フローラル，ハッカ，かび臭さ，辛み，腐敗という7つのニオイの分類が仮定さ れている。ニオイ分子は受容器と「鍵と鍵穴様式」で適合し，その結果神経細胞膜の脱分極あるいは過分極が生じ，それがニオイ経験を生じさせる手がかりになると考えられている（⇨ **鍵と鍵穴説**）。類似した分子構造をもったたくさんのニオイ物質が異なるニオイ経験を生じさせる原理は，受容器の表面と分子の方向の間の関係性に依存すると仮定されている。⇨ **ニオイメカニズム**

**嗅覚野**［olfactory area］ 嗅覚に関する脳の機能。**嗅脳**の中や周辺にある多数の組織を切除することによって，この領域の正確な機能についての実験的証拠が蓄積されてきた。しかし，それらの結果は様々で，時には矛盾することもある。**嗅球**の障害のみが，一貫して嗅覚機能の障害を生み出しているとみられる。⇨ **扁桃体周囲皮質，梨状領**

**吸気**［inspiration］ 肺の中に空気を引き込む行為。

**嗅気性愛**［osphresiolagnia］ ニオイによって生じる性的興奮や性愛的な体験。

**Q技法因子分析**［Q-technique factor analysis］ 回答者（ケース）同士の**相関行列**に関する**因子分析**。この場合，人は特定の因子で互いに相関する。逆因子分析（inverse factor analysis）とも呼ぶ。⇨ **P技法因子分析，R技法因子分析**

**嗅球**［olfactory bulb］ 大脳半球の前部にある嗅覚細胞上の球のような末端のこと。この嗅覚系統の最初のシナプスが鼻，特に**嗅上皮**にある繊毛からの信号を受け取る。⇨ **房飾細胞**

**救急心理療法**［emergency psychotherapy］ トラウマ体験（たとえば交通事故など）を被っている人や急性の不安やパニック，ショック状態の人，あるいは自殺しようとしている人に対する心理療法。治療者にはクライエントの危急の要に応じた非常に広範な技術が求められる。

**究極要因的説明**［ultimate explanation］ 適応的な価値という側面から特定の行動を説明すること。⇨ **至近要因的説明**

**球形嚢**［saccule］ 内耳にある2つの**前庭嚢**のうち，**卵形嚢**ではない小さい方。卵形嚢と同様，**平衡斑**と呼ばれる感覚器をもっている。重力による頭の動きが斑内の有毛細胞に勢いで圧力をかけることで，空間内での姿勢の変化を知らせるインパルスの発火が起こる。

**吸血鬼信仰**［vampirism］ 吸血鬼（バンパイア）が実在するという信念のこと。文学作品における吸血鬼の記述では，他者の血を吸ったり，"愛咬"によって性的快感を得ることが多い。吸血鬼信仰は，口唇サディズム，エディプス闘争，去勢不安，敵意など様々な視点から精神分析家によって解釈されている。

**嗅結節**［olfactory tubercle］ **嗅索**の基点付近に存在する小さな楕円形の隆起。予備の嗅神経や嗅細胞がある。嗅結節がヒトにみられるのは稀だが，生き残るために嗅覚を利用している生物にとっては一般的な機構である。

**嗅溝**［olfactory sulcus］ 大脳半球の表面にある溝。前頭葉下部に存在する。

**嗅索**［olfactory tract］ **嗅球**に由来する神経細胞の帯。前頭葉の下部から嗅三角（olfactory trigone）と呼ばれる点まで広がっている。嗅三角で嗅索は3つに分かれ，内側および外側嗅回と嗅結節へと通じる。⇨ **外側嗅索**

**休止**［pause］ 言語学において，発話の休息や遅れのこと。短い（多くの場合，なんとか弁別可能である）休止

は，シラブルや単語，文のような言語単位間にある**連接**を示すために用いられる。一方で長い休止は，意図的な効果に使われたり，話者の心理的活動を示唆している場合がある。発話における休止位置の分析は，活発な研究分野である。

**休日症候群**［holiday syndrome; holiday blues］　大型休日期間中に起こる傾向がある，失意や精神的苦痛の感情。懐かしい思い出に耽ることや，満たされない感情欲求として表れる。休暇期間中に，深刻なうつ病，怪我，自殺，命に関わる事故が増える傾向にある。

**嗅周皮質**［perirhinal cortex］　内側側頭葉にある構造。視覚と記憶の仲立ちという重要な役割を持つ海馬に隣接している。

**弓状核**［arcuate nucleus］　1. 視床下部にある弓状の核。2. 橋核の延長部である延髄の錐体の前面にある，灰白質の様々な小集合。顔面の体性感覚に関連する。

**弓状束**［arcuate fasciculus］　ウェルニッケ野から**ブローカ野**に走る経路。この経路に損傷を負った者は，流暢な発話や比較的正常な理解をみせるが，単語や文章の復唱が困難である。⇨ **伝導失語症**

**弓状帯**［arcuate zone of the brain］　脊髄から橋に伸長し，内外の弓状線維および**弓状核**を含む**網様体**のうち弓状の部位。弓状線維は延髄の**オリーブ核**に集中する。

**旧小脳**［paleocerebellum; spinocerebellum］　小脳の系統学的に古い部分。ほとんどの小脳虫部（中心部分）と小脳の錐体を含む。胴と腰の筋肉のコントロールに使われる。⇨ **新小脳**

**嗅上皮**［olfactory epithelium］　嗅覚受容体（鼻の内膜にある神経終末）が存在する領域。嗅上皮は**篩板**によって**嗅球**から分離されている。それらの受容細胞は篩板を通じて嗅球にある細胞とシナプスでつながっている。⇨ **ニオイメカニズム**

**嗅神経**［olfactory nerve; cranial nerve I］　第Ⅰ脳神経。嗅覚に関する知覚線維を伝達する。嗅葉に由来し，鼻の粘液性の細胞膜（⇨ **嗅覚受容体**）に分散されている。

**急進主義**［radicalism］　1. 観念や問題の核心に迫ろうとする立場のこと。急進的批判主義とは，標的の最も根本的な側面を攻撃する立場である。また，急進的理論は，対立する理論の根本的側面や示唆に異議を唱える理論である。⇨ **改良主義**　2. 問題を改善するために極端な，あるいは根本的な変更を求める政治的，社会的立場のこと。

**求心性 [1]**［afferent］　周辺から中心点への伝導または伝達。たとえば，**求心性神経線維**はインパルスを脳や脊髄に送る。⇨ **遠心性**

**求心性 [2]**［centripetal］　1. 中心に向かっていくの意。求心性線維（centripetal nerve）は活動電位を体の末梢から中枢神経系へ伝える。⇨ **遠心性**　2. 精神医学において，精神分析と同じく，心の中の感情や衝動のわずかな変化に注目する治療や接近を指す。

**求心性インパルス**［centripetal impulse］　体の末梢から中枢神経系に伝えられる神経インパルス。つまり，感覚インパルスを指す。

**求心性感覚ニューロン**［afferent sensory neuron］　インパルスを感覚器官から脳，脊髄に伝達するニューロン。

**求心性経路**［afferent pathway］　インパルスを感覚器官から脳，脊髄に伝達したり，脳内のある領域から別の領域へ伝える神経経路。⇨ **遠心性経路**

**求心性刺激**［afferent stimulation］　脳や脊髄への神経インパルスの伝達を生じさせる，感覚系の刺激。

**求心性神経線維**［afferent nerve fiber］　インパルスを脳や脊髄に伝達したり，中枢神経系の下層から上層へ伝達する神経線維。特にそのような感覚線維のこと。⇨ **遠心性神経線維**

**急進的な心理療法**［radical therapy］　社会問題が個人に有害な心理的影響を与えることに焦点を当てたり，また，社会を変えることで個人が自分自身を変化できるようになるあらゆる臨床的介入法。1970年代と1980年代に何人かの心理学者がこのアプローチを積極的に進展させた。

**急進的な精神医学**［radical psychiatry］　個人の心理的問題が，その個人が生活を営む社会的，経済的，そして，政治的システムによる犠牲の結果であると主張する**急進的な心理療法**の一つ。たとえば，介入や変化のターゲットは個人ではなく，システムであることを強調する。1970年代と1980年代の間にこの考えが最も重要視された。

**急進的フェミニズム**［radical feminism］　女性解放主義思想の一派で，20世紀後半に非常に影響力をもった。その主要な信条は次の通りである。(a) 女性に対する抑圧は世界中に蔓延しており，抑圧に関する最も基本的な歴史的事実であり，それゆえ抑圧の典型的な実例である。(b) 女性に対する抑圧は至る所に存在するので，全面的な社会変化こそが根本的に問題を解決する唯一の改善策である。(c) 伝統的な性役割は男女両方を制約するものであるため，解決すべきである。(d) 生物学は女性の運命や人生を決定づけるべきではない。(e) 女性が個人的な問題を抑圧の現れと捉えるように意識を高めることが解放への一歩である。これらの信条はその後，**フェミニズム**の様々な系統に採用されていった。

**求心路遮断**［deafferentation］　特定の神経系の構造体（たとえば，嗅球）にインパルスを伝導する神経細胞または軸索を切断または切除すること。

**急性アルコール症**［acute alcoholism］　アルコール依存症状の非常に急激な発症のこと。

**急性アルコール性幻覚症**［acute alcoholic hallucinosis］　急激もしくは突然のアルコール性幻覚の発症（⇨ **アルコール誘発性精神病性障害**）のこと。通常は大量飲酒のエピソードとしてもしくは離脱の間に起こる。⇨ **アルコール離脱症状**

**急性アルコール性ミオパチー**［acute alcoholic myopathy］　重篤な痛み，圧痛，そして筋肉の腫れ，筋肉の脱力や痙攣（こむら返り）を伴い，大量飲酒後に生じる症状。その影響は全身，もしくは一つの身体部位に焦点化される。いくつかのケースにおいては，筋繊維が壊死（構成細胞の破壊）する。回復には数週間から数か月を要する。

**急性うつ病**［acute depression］　1. 突然のうつ病の発症。2. うつ病の重篤なエピソードで，**大うつ病性エピソード**の基準を満たすのに必要とされる以上の症状によって特徴づけられる。

**急性灰白髄炎**［poliomyelitis］　ウイルス感染による炎症過程。少数事例においては，72時間以内に消失する発熱，頭痛，喉痛，嘔吐を典型的な特徴とする。一方，多くの事例では，炎症が脊髄の灰白質に影響を及ぼし，筋力低下やまひを生じさせる。そしてそれらが自律神経で制御さ

れている筋肉や骨格筋に作用し，呼吸や嚥下といった機能が障害される。呼吸の困難さによって，認知的な問題が二次的に生じる。小児まひ（infantile paralysis）やポリオ（polio）とも呼ばれる。

**急性期病棟**［maximum-security unit］自傷他害の恐れのある患者のために備えている精神病院の部署。

**急性幻覚症**［acute hallucinosis］アルコールや薬物中毒，中断によって突然生じる幻覚。状態としては，通常，数時間で鎮静化するが数日間持続することもある。⇨ **物質誘発性精神病性障害**

**急性高山病**［acute mountain sickness］特に海面と同じ高さの場所から，あまりにも急速に2,400 m（8,000 ft）を超える高さまで登った登山者，ハイカー，スキーヤー等が冒される疾病。高い標高での気圧や酸素圧の低下による効果が，神経系，肺，筋肉，心臓に影響を及ぼす。疾病のレベルは急速に登るほど，高所であるほど重度となる。10,000人に2人の確率で脳に腫脹が生じ，それが意識障害を引き起こし，昏睡状態に至らしめる（高地脳浮腫：high-altitude cerebral edema）。⇨ **高山病**

**急性錯乱状態**［acute confusional state］興奮，記憶障害，失見当，せん妄の症状を含む重篤な錯乱のこと。しばしば重篤な精神的，身体的疾患の結果として起こる。

**急性ジストニア**［acute dystonia］突如として正常な筋緊張が失われること。⇨ **ジストニア**

**急性小脳失調症**［acute cerebellar ataxia; acute cerebral tremor］急性疾患の一種で，ウイルス感染により子どもに発症することが多い。不明瞭な発語，筋協調不能（**運動失調**），急速で付随的な眼球運動（**眼振**），**意図振戦**が特徴である。

**急性試料**［acute preparation］しばしば外科的な実験手続きがとられる動物のこと。研究の対象とされる期間は比較的短期であり，実験手続きによる即時的もしくは一時的な効果観察を目的として用いられる。研究後は安楽死せられる。⇨ **慢性動物実験モデル**

**急性ストレス障害**［acute stress disorder: ASD］DSM-IV-TRにおいて，心的外傷となる負荷にさらされた直後の精神障害。急性ストレス障害は外傷後のストレスに加えて人格の解離と見当識を含むことがある。急性ストレス障害は**外傷後ストレス障害**に進行するとは限らない。

**急性精神病エピソード**［acute psychotic episode］顕症期に現れる（明らかな）精神異常の症状。幻覚や妄想，語りの崩壊といったもので，これらは突然生じ，通常短い期間で収まる。

**急性せん妄**［acute delirium］突然発症し，短い期間，極端な過活動から半覚醒までの範囲に及ぶ意識障害を特徴とする脳機能の障害。代謝障害（たとえば，高熱），毒物（たとえば，多量のアルコール）に起因し，錯覚，幻覚，妄想，興奮，落ち着きのなさ，支離滅裂を特徴とする。

**急性躁病**［acute mania］双極性のⅠ障害（⇨ **双極性障害**）の躁状態で，極度に落ち着きがなく上機嫌であったり，活動過多で怒りっぽくかんしゃくを起こす。また，過度に素早い思考としゃべり，抑制がなくむこうみずな振舞い，**観念奔逸**に特徴づけられる。⇨ **躁病エピソード**

**急性耐性**［acute tolerance］ある特定の薬物のごく少量に対する反応として急速に生じる耐性の型の一つ。⇨ **依存**，**速成耐性**

**急性致死性緊張病**［lethal catatonia; deadly catatonia］場合によっては，原因不明の死に至る急性躁病状態の興奮の一種。⇨ **重症躁病**［1849年にアメリカの医師ベル（Luther Vose Bell: 1806-1862）が用いた用語］

**急性統合失調症エピソード**［acute schizophrenic episode］顕症期における（あからさまな）統合失調症の症状の出現であり，思考破壊，情動反応と行動の障害である。これは突然生じ，通常，短い期間で収まる。

**急性の**［acute］突発性型で激しい症状が短期間続く病気・疾患を示す。⇨ **慢性の**

**急性脳障害**［acute brain disorder］一時的かつ可逆的な脳機能損傷による症状の総称。

**急性発症**［acute onset］突然，急に，あるいは予期せず発生する疾病や病気の症状または障害。

**急性不安**［acute anxiety］突然の恐怖や不安の感情で，身体の緊張症状を伴う。通常は，試験や法廷尋問のような脅威的な状況において誘発される。その感情は，その状況が終わると典型的にはすぐに弱まる。⇨ **パフォーマンス不安**

**急性妄想性精神病**［acute delusional psychosis］診断上の存在はフランスの精神医学特有であり，bouffée délirante（フランス語で"妄想性噴出"）として知られている。精神的負担の大きいライフイベントをきっかけに，統合失調症の症状が突然現れることを含む。これは一時的なものであり（3か月以内に収まる），遺伝子との関連があるという明確な証拠はない。また，予後は良く，自然発生的な症状の消散は一般的でない。急性妄想性精神病は本質的に統合失調症様障害と同等である。

**急尖的**［leptokurtic］正規分布などと比較した場合，よりピークが立っている度数分布を指す。⇨ **緩尖**，**中尖**

**急速眼球運動**［rapid eye movement: REM］まぶたが閉じた状態で眼球が急速に運動することであり，急に動いたり止まったりするが協調的な運動である。夢が体験されるレム睡眠中によく観察される。⇨ **夢状態**，**レム睡眠**

**休息期間**［rest period］休養やレクリエーション，リフレッシュやエンターテインメント，または過度の疲労や退屈を避けることを目的とし，習慣的あるいは自由裁量的な基準のもとでの，労働やその他の負担のかかる活動における短期間の休息。労働への報酬とみなされることが多い。

**急速交互運動**［rapid alternating movements］運動制御と協応（小脳の機能）の測定を行う目的で，連続的に手の位置を急速に交換させること。この課題ができないことを**変換運動困難**と言う。

**急速交代型**［rapid cycling］短期間のうちに気分が大きく変動する気分障害。双極性障害の急速交代型は12か月間に生じる4回以上の気分エピソードが特徴である。ただし，最低2か月の無症状期間がなければならない。また，あるエピソードから反対の極に切り替わる（たとえば，大うつ病エピソードが躁病，または軽躁病的なエピソードに切り替わる）境界が明確でなければならない。

**Qソート**［Q sort］参加者や参加者を観察する評価者が，個人の特徴が示されたカードを，参加者について「最も特徴的」から「全く特徴的でない」までの範囲で，（予め設定された大きさの）山に分類するパーソナリティ測定の手法。

**球体モデル**［cube model］原因帰属を決定する手がか

り情報の3次元モデル。手がかりには，一貫性（観察された行動がこれまでの行動と一貫する程度），弁別性（その場の文脈や状況によって行動が変化する程度），合意性（同じ状況下で他の人も同じ行動をとる程度）の3つがある。⇨ **帰属理論**

**Qデータ**［Q data］質問紙に対する反応から得られるデータのこと。質問紙が自己報告である場合はSデータ（S data）と呼ぶこともある。

**嗅電図**［electroolfactogram: EOG］様々な臭気物質に対する嗅覚神経末端の反応の記録。嗅覚受容体を損傷するような怪我や疾患後，**無嗅覚**などの嗅覚障害を診断するために用いられる。

**級内相関**［intraclass correlation］ある集団の構成要素（人，項目など）の等質性を示す指標。あるいは，ある集団内で，無作為に組み合わせられたペア間の相互相関の平均値。

**嗅内皮質**［entorhinal cortex］側頭葉の腹内側の一部にある大脳皮質の領域。**海馬体**や他の様々な皮質や皮質下構造と相互接続している。内側側頭葉の記憶システムの不可欠な構成要素である。

**嗅内皮質障害**［entorhinal-cortex lesion］嗅内皮質に対する損傷。この領域の障害は，神経系の可塑性と作動記憶の研究のために使用されている。側頭葉てんかんおよびアルツハイマー病の初期段階でもみられる。

**吸入因子**［inhalant］吸入することで中毒作用を生み出しうる様々な揮発性物質の総称。麻酔ガス（たとえば，エーテル，クロロホルム，**亜酸化窒素**），工業用溶剤（たとえば，**トルエン**，ガソリン，トリクロロエチレン，エアゾール噴射剤），そして有機亜硝酸エステル（たとえば，**亜硝酸アミル**）は一般的な吸入因子である。麻酔ガスは窒息を引き起こす場合があり，クロロホルムは肝臓や腎臓の損傷に関係する。工業用溶剤は一般に有毒であり，腎臓，肝臓，中枢および末梢神経系の損傷と関係する。有機亜硝酸エステルはより有毒性が低いが，心臓病を抱えた患者に対して**不整脈**を引き起こす場合がある。⇨ **薬物吸入**

**吸入剤依存**［inhalant dependence］DSM-Ⅳ-TRにおいて，吸入に起因する明確な問題の有無は別に，吸入剤の持続的な使用を示す認知的，行動的，生理的な一連の症状。一時的に使用を休止すると，我慢や回避症状を導いたり，コントロール不能な使用を引き起こしたりするような，反復的な吸入剤摂取のパターンがある。⇨ **吸入剤乱用**，**薬物乱用**，**薬物依存**

**吸入剤中毒**［inhalant intoxication］直近の吸入剤摂取からの可逆的な症状。1つ以上の心理的関わり合いの徴候（たとえば，めまい，視界の揺れ，不随意的な目の動き，協調不能，不明瞭な話し方，不安定な足取り，震顫）と同様に臨床的に明確な行動または心理的変化（たとえば，混乱，敵意，攻撃的，無気力，誤った判断，誤った社会的または職業的反応）を含んでいる。より重度の場合には脱力感，**精神運動抑制**，全般的筋委縮，抑うつ反応，知覚まひ，昏睡状態，焦点の合わない状態がみられる。⇨ **物質中毒**

**吸入剤乱用**［inhalant abuse］DSM-Ⅳ-TRにおいて，物質の吸引の繰り返しに関連し，反復的で重大かつ有害な結果を導くような有毒ガス吸入のパターン。この診断名は**吸入剤依存**と鑑別診断される。もし吸入の繰り返しや吸入剤依存の基準がともにみられたとき，後者の診断が下される。⇨ **薬物乱用**，**薬物依存**

**嗅粘膜**［olfactory mucosa］粘膜分泌細胞が存在しており，**嗅上皮**，**嗅神経**，および支持細胞が組み込まれている鼻腔の上部。

**嗅脳**［rhinencephalon］辺縁系を含む脳の一部。嗅神経，嗅球，嗅索および関連する構造体。単語の文字通りの意味は"smell brain"である。なぜなら，初期の解剖学者らはこれが嗅覚器そのものであると考えていたからである。古皮質（paleopallium）とも呼ばれる。

**嗅脳溝**［rhinal fissure; rhinal sulcus］脳の各側頭葉の前部内側表面にある溝。

**旧皮質**［paleocortex］皮質層の3層と5層の間にある大脳皮質。系統学的に新皮質よりも古いもの。主に嗅覚機能に関わっており，**嗅内皮質**と**扁桃体周囲皮質**を含む。⇨ **不等皮質**

**球面収差**［spherical aberration］レンズの屈曲によって光線が同じ焦点に収束できないこと。⇨ **収差**，**乱視**

**球面性**［sphericity］統計における前提条件。それぞれの個体から複数の条件下で測定して条件間の差を検定する際，各条件間の相関が一定である必要がある。⇨ **反復測定計画**

**球面レンズ**［spherical lens］片面あるいは両面が球形の一部であるレンズ。

**嗅毛**［olfactory cilium］嗅覚受容体から生じる毛のような機構。

**休薬期間**［drug holiday］投薬量や副作用をコントロールし，薬を使用した行動としない行動を評価するために限られた期間での治療薬剤の中止。以前は一般的に子どもの**メチルフェニデート**に推奨されていて，週末または学校の休みでの休薬期間は，暫定的にこの薬に関連していた成長抑制を防ぐものと考えられていた。休薬期間は現代の臨床診療では稀である。

**キューダー-リチャードソン式**［Kuder-Richardson formulas］2値型項目で作られたサブテストおよびテストの内的整合性の信頼性を評価するための2つの心理測定の手法。［Kuder-Richardson formula20（K-R-20）とKuder-Richardson formula21（K-R-21）がある］

**キュードスピーチ**［cued speech］聴覚障害者のために，顔の近くに手の形のキュー（手がかり）を出して補足する発話のこと。手の形によって，目に見えない特定の音の特徴を示すことができる。たとえば，/p/と/t/の違いは発話者の唇を見ればわかるが，/t/と/d/の違いはわからない。**手話**や**指文字**とは異なり，手の形だけではそれに伴う発話がなければコミュニケーションを行うのに十分ではない。

**ギュンター病**［Günther's disease］骨髄で過剰なポルフィリンが生産されるという先天的な**ポルフィリン症**の一型。心理学的問題および神経学的変化として，痛みや吐き気，その他の症状を伴いやすい。［ドイツの医師ギュンター（Hans Günther: 1884-1929）に由来する］

**脅威**［threat］1. 自分自身や自己の幸せ，集団に対して危険と評価される条件。2. 自己についてのネガティブな情報を伝えるものとして受け取られる，すべての事象や情報，フィードバック。

**教育ガイダンス**［educational guidance］生徒が彼らの教育のニーズ（たとえば，学校のプログラム，計画，科目

選択，学業の専門性など）に関して適切な意思決定ができるように，生徒に与えられる助言．

**教育加速化**［educational acceleration］ カリキュラム内容の高度化や詰め込み，特定の科目の教授の加速化，飛び級などの多様な方法を用いることで，通常よりも速く教育が進んでいくこと．これらの方法は，知的に恵まれた生徒に対して，彼らの能力と理想的に適した課題を提供するように計画されたものである．学年を早めることは，生徒の社会的・情動的発達が知的発達に遅れをとるといったデメリットをもつことがあると考えられる場合もある．柔軟に適用していくだけではなく，知的・達成的・社会的・情動的・身体的発達を注意深く測定することが，1つ以上の学年を飛ばす前に必須である．学業的加速（scholastic acceleration）とも呼ばれる．

**教育可能性のある精神遅滞**［trainable mentally retarded］ 特別クラスによる学校教育には適さないが，ある程度の自己管理や，家庭内での社会的適応，授産施設での労働などは可能な中等度の精神遅滞（IQ 35〜49）の子どもしくは若年成人のこと．

**教育言語学**［educational linguistics］ 教育における言語に関する広汎な研究分野．特に，教育方法を発展させるために言語理論を用いたり，より広い意味での教育政策を研究したりする．

**教育指数（EQ）**［educational quotient: EQ］ 暦年齢に対する**教育年齢**の比を100倍した数値．

**教育診断**［educational diagnosis］ **1.** 学習上の問題を分析的に検討する過程．学業成績や学校への適応に影響する，認知的，知覚的，情動的，その他の要因に関して検討を行う．**2.** 学習上の問題を分析的に検討した結果，到達した結論．

**教育診断テスト**［diagnostic educational tests］ 学業不振を識別，測定するためのテスト．例として，**ピーボディ絵画語彙テスト**，**アイオワ基礎スキルテスト**，**ネルソン-デニー読解検査**などがあげられる．教育テスト（educational tests）とも言う．

**教育心理学**［educational psychology］ 心理学の原理および理論の学習方法への応用を取り扱う，心理学の一分野．教育心理学は，教育システムの中で生起しうる，幅広い心理学的問題についても取り組む．教育心理学者はしばしばアカデミックな職場だけでなく応用的な職場で働くこともあり，多様な教育，研究，応用的探究に従事している．

**教育心理療法**［psychagogy］ クライエントと環境（特に社会環境）との関係に重きをおいた，再教育方法．

**教育スタイル**［teaching style］ 教師の教室での行動の仕方によって定義づけられる個人特性．教師の有効性に関連する特性には，教科の内容についての習熟度，教育的思考，組織化能力，熱意，思いやり，冷静さ，生徒との信頼関係がある．

**教育スポーツ心理学者**［educational sport psychologist］ スポーツに関連のある人間動作について，非臨床的な心理学の教育や訓練を受けた人．心理学，**スポーツ科学**，体育，あるいは**キネジオロジー**の領域を通した教育と訓練がなされる．教育スポーツ心理学者は，たとえば，不安，自信，**イメージの利用**，**注意の焦点**などの問題に対するスポーツ参加者の対応を支援することにより，**パフォーマンス強化**を最適化するようにスポーツ参加者を支援する．⇨ **臨床**

**スポーツ心理学者**，**スポーツ心理学**

**教育相談**［educational counseling］ 教育計画，適切な科目選択，大学や専門学校の選択について詳細な説明を行い，学生に対してアドバイスを与え支援することを専門とした**カウンセリング**のこと．また，相談は学習能力の向上や，たとえば，学習障害による成績不振などの学校での問題について支援することにも利用される．教育相談は教育訓練と職業選択との関係性から，**職業カウンセリング**と深く関わっている．生活指導（educational guidance）や学生相談（student counseling）とも呼ばれる．⇨ **カウンセリング心理学**

**教育測定**［educational measurement］ 児童・生徒の能力を測定するために用いるテストを開発し，適用すること．

**教育遅滞**［educational retardation］ 身体的，情緒的，知的または精神的な能力の低下に起因する知識習得における生徒の学習進度の遅さまたは遅れ．

**教育的ゲーム**［teaching games］ ゲーム形式の教授法であり，生徒が活発に興味を持って，特定のスキル（たとえば，語彙や数学）に従事するようデザインされている．教育的ゲームによって，特定の報酬や勝利の喜びのような刺激を生徒に与えるという，ユニークな機会が得られる．

**教育的処遇**［instructional treatments］ 学習や様々な種類のパフォーマンスを高めるために，教授者によって計画され，実行され，評価されてきた教育的介入のこと．

**教育的措置**［educational placement］ 生徒の年齢や能力，要求に応じて，適切な教育プログラムや教育環境を与える行為．この決定を下す際には，標準化テスト，教室のテストのデータ，面接，過去の生徒の成績などがすべて考慮されることがある．

**教育的達成レベル**［educational attainment level］ **1.** 生徒個人あるいは生徒の集団によって達成される学習状態．**2.** 生徒が次の教育段階，水準，学年に進む前に修得しなければならない，獲得された知識の体系的な基準．**3.** 学校教育で達成される最も高い水準．研究から，教育の達成水準は，収入の水準，自己価値，幸福，他のポジティブな結果を導くことが示されている．

**教育テストサービス**［Educational Testing Service: ETS］ アメリカにおいて，1947年に設立された非営利団体であり，公平で妥当性のある評価，研究および関連する業務を提供することにより，教育での質および公正を高めることを目指している団体である．**学力評価試験**および**大学院進学共通テスト**は教育テストサービスによって開発されたテストであり，よく知られている．

**教育年齢（EA）**［educational age: EA］ 生徒が学業を達成するのに最適な年齢水準．生徒の教育年齢は，生活年齢よりも高かったり低かったりする場合がある．そのような場合，適切な方針は，生活年齢よりも教育年齢に適したカリキュラムが提供されることである．

**教育の4つのゴール**［four goals of education］ 学習への情熱，生きることへの情熱，大きな社会への慈悲，人格の独自の側面の発達への意欲である．［アメリカの教育者ウィリー（Marilyn Wherry）によって述べられた］

**教育プログラム認証**［educational program accreditation］ 教育機関が備えなければならない最低基準を満たすことの監督機関による認証．

**教育分析**［training analysis］ 訓練を受ける分析家のた

めの**精神分析**。その目的は，精神分析の概念や技法について訓練するだけでなく，**逆転移**という形で分析を妨げる感受性，その他の情緒的な反応に対して洞察を深めることにもある。教訓分析（didactic analysis）とも呼ばれる。

**教育ペース**［educational pacing］ **1.** 学習過程のペース，速度。**2.** 教師や教授，議論のリーダーによって，学生の課題の速度が調整され，モニターされること。**3.** クラス全体が特定のカリキュラムを進める速度。クラスの生徒の人数，生徒の能力や興味，教師の哲学，あるいは教師の力量など，多様な要因によって規定される。

**教育目標の分類**［taxonomy of educational objectives］認知的遂行水準の階層であり，知識，理解，応用，分析，総合，評価が含まれる。生徒は，初めの目標を達成すると，その上に，より高い水準の重要な思考やスキルの目標を構築する。この分類は，事実を記憶して単純な問題解決に使う生徒や，情報の一部を知って全体的な新しい情報に適用して，その情報の重要さを判断するような生徒にとって有用である。この分類は究極的には，一般に合理的思考，分析的思考，評価的思考として定義される重要な心的過程を理解するためのガイドラインとなる。［アメリカの教育学者ブルーム（Benjamin S. Bloom: 1913-1999）によって1956年に提唱された］

**教育療法**［educational therapy］ 学習困難や明らかに学習に干渉していると考えられる感情的・行動的問題を抱える人のための個別の治療的介入。教育療法は教育的手法と治療的実践を統合したものであり，学業の達成と基本的なスキルの獲得を促進する。その中で，自尊心や信頼を構築し，自立を育み，個人の発達を援助する。通常は，専門的に訓練された教育セラピスト（educational therapist）によって行われる。

**共依存**［codependency］ **1.** 互いに依存している状態。たとえば，二者間の情動的に相互に依存している関係。**2.** 非機能的な対人関係のパターン。ある個人が，病理学的な依存（たとえば，アルコール，ギャンブル）をもつ者に対して心理的に依存する（あるいはコントロールされる）こと。

**共依存症アノニマス**［Co-Dependents Anonymous］問題のある共依存的な関係を改善しようとする個人のための，12のステップのプログラムを使用したアメリカの自助グループのこと。

**共依存の病理**［interlocking pathologies］ 夫婦あるいは親密な関係の二者，または家族あるいは緊密な社会的集団の中にみられる無意識で機能不全である行動様式のこと。

**脅威評価**［threat appraisal］ 脅威の可能性とその水準の評価を含む認知的，情動的過程。

**鏡映的自己**［looking-glass self］ 他者が自分をどのように知覚し評価するかを取り入れることによって形成される**自己概念**。この単語は，自己が他者の印象，反応，意見を反映したものであるということを示唆する。⇨ **象徴的相互作用論**［アメリカの社会思想家クーリー（Charles Horton Cooley: 1864-1929）によって導入された］

**鏡映読字**［palinlexia］ 文字や言葉を逆から読むこと。たとえば bed を deb，This is my car を Car my is this と読む。

**鏡映反応**［reflection response］ **1.** ロールシャッハ法において，そのインクブロットが，カードの片方の鏡映像だとする反応を指す。つまり，そのインクブロットはカードの両面を使った1つのイメージとしてではなく，一方とその鏡映像の2つのイメージとして知覚されている。**2.** ⇨ **感情の反射**

**鏡映描写**［mirror drawing］ 熟達した手と目の協調パターンを変える能力に関する運動技能テスト。このテストでは，参加者は像と鉛筆だけが映った鏡を見てその像をたどる。

**鏡映法**［mirror technique］ **心理劇**において，補助自我が，クライエントの行動パターンを真似し，他者がクライエントの行動をどのように知覚し，反応しているかを示す技術。ミラーリング（mirroring）とも呼ばれる。

**鏡映読み**［mirror reading］ **1.** 通常の方向とは反転したパターンを読むこと。**2.** 鏡に映った単語を読む課題。**3.** 普通に表記された文字よりも，鏡文字を好むこと。

**協応**［coordination］ 種々の部分が連携して機能する能力。この能力は，身体の各部（歩行中の2本の脚，対象物に到達するために機能する目と手），接合部分（腕を前後に振るときの腕と肩の動きなど）や接合部分で力を出すための筋肉などに適用される。⇨ **拮抗筋**

**教化**［indoctrination］ 特に権力や権威ある立場の人間による，信念についての社会的説教のこと。そのような信念はその不可変性によって特徴づけられる。

**強化〔1〕**［intensity］ 覚醒，遂行，努力，主張，注意焦点などの属性のうち，1つ以上におけるパフォーマンスの強さ。パフォーマンス強度（performance intensity）とも呼ばれる。⇨ **最適な強度**

**強化〔2〕**［reinforcement］ **1.** オペラント条件づけにおいて，刺激や環境（**強化子**）との間における従属的関係性や随伴関係の調整によって，ある反応が起きる可能性や頻度が高まるプロセスのこと。⇨ **強化随伴性 2.** 刺激や環境（強化子）との間における従属的関係性や随伴関係によって反応の頻度や起きやすさが高まる，その手続きのこと。**3.** **パブロフ型条件づけ**における，条件刺激のあとに無条件刺激が呈示されること。⇨ **負の強化**，**正の強化**，**強化のスケジュール**

**境界**［boundary］ **1.** 関係や活動に参加する際に個人や集団の一貫性を保護する，あるいは人や集団のまとまりにおける現実的な制限を援助する心理的な境界。**2.** 心理療法において，治療の中で基本原則の一部としてセラピストによって設定されることが多い重要な制限。境界にはディスカッション領域（たとえば，セラピストの個人的な生活には立ち入らないこと）や身体的制限（たとえば，接触に関するルール）が含まれている。そしてこれは，倫理的規則や道徳的規範に先導されている。セラピストとクライエントの双方で境界を重視することは，治療関係において重要な概念である。

**境界域**［watershed zone］ 2本の血管の血管分布域（血管床）の間にある部分。大脳皮質は側副枝をもつ血管によって十分に血液を供給されているが，頭頂葉と後頭葉の結合部または頭頂葉と側頭葉の間に境界域が存在する。この領域は特に酸素欠乏障害の影響を受けやすい。⇨ **分水嶺梗塞**

**境界検出器**［boundary detector］ 人工視覚や単語分割において，エッジ（縁）を検出するように設計されたコンピュータアルゴリズムの一つである。

**境界システム**［boundary system］ 一般システム理論における，生体間の半透性の境界を指す。社会システムにおいて，両方向に情報が流れることが可能であるが，どの程度の相互浸透や相互依存が適応的かという問題を提起するものである。⇨ **自我境界**

**境界状態**［borderline state］ 分類しづらい症状を示す状態。特に歴史的には，境界状態（境界精神病）は，現実検討力を失っていないにも関わらず，好ましくない環境下におかれた時に生じる精神的状態を示す。

**境界性障害**［borderline disorder］ 境界性パーソナリティ障害のこと。パーソナリティ障害の中の一つである。歴史的にみれば，健常者と神経症者，健常者と精神病者，健常者と精神遅滞者の知能の間にある心理的状態。境界性知能（borderline intellectual functioning）とも言う。

**境界性統合失調症**［borderline schizophrenia］ 歴史的には（過度なストレスの環境下で）統合失調症の症状が一貫性なくでる状態のこと。しかし，現実検討力を失うことはない。DSM-Ⅱでは，潜在統合失調症の診断カテゴリーに含まれていた。

**境界性の問題**［boundary issues］ 1. サービスの提供者（たとえば，医師やサイコセラピスト）とその患者やクライエントとの間の職業上の関係性における適切な限界（後者の信頼感や脆弱性が侵害されないといった）に関する倫理上の問題（⇨ **境界**）。2.（ヘルスケアにおいて）ある種の治療やアドバイスを与えることに適していること。

**境界性パーソナリティ障害**［borderline personality disorder］ DSM-Ⅳ-TR ではパーソナリティ障害に分類されており，長期にパターン化された気分，対人関係，自己イメージの不安定さが多大なストレスを生じさせ，社会的，職業的な機能を妨げる深刻な状態を特徴とする。(a) ギャンブル，セックス，浪費，過食，薬物やアルコールの乱用といった自傷行動，(b) 不安定で激しい対人関係，(c) コントロールできない激しい感情，(d) 自己イメージ，性役割，目的，愛情の不確実さ，(e) 気分の変動，(f) けんか，自殺のそぶり，自傷といった自滅的な行動，(g) 慢性的な空虚感などが認められる。不安定性人格障害（unstable personality disorder）という名称が DSM-Ⅲ では提示されていた。

**境界線（ボーダーライン）**［borderline］ 1. 双方の特徴を示しながら，2つのクラスにまたがっているため，分類が困難な現象を示す。したがって，境界知能は，基準に達しているものと基準に達していないものの双方の特徴をもつと考えられる。⇨ **境界性障害**，**境界状態** 2. 境界性パーソナリティ障害やその症状をもつ人に対する不適切な呼称。

**境界線の知能**［marginal intelligence］ 平均と精神遅滞との間の知能水準。

**境界値**［class limits］ 階級幅の端。つまり，ある幅あるいは範囲の境界を定める最小値と最大値。階級幅（class range）とも呼ばれる。

**境界知能**［borderline intelligence］ 測定された知能の程度が平均から明らかに平均以下の間にあるもの。研究者によっては，これを IQ 68〜83 の間としたり，IQ 70 台と定義するが，最も多い定義は IQ 70〜75 とするものである。境界域の IQ，特に IQ 75 以上は，精神遅滞の診断の根拠を正当化するものではない。境界知的機能（borderline intellectual），境界精神遅滞（borderline mental retardation）とも呼ばれる。

**強化カウンセリング**［reinforcement counseling］ 正や負の強化スケジュールを通して，行動の具体的なタイプを強めたり，弱めたりする様々な強化技法によって，行動が学習され，期待通りの行動修正が可能になるという考えに基づいた行動的カウンセリングのこと。⇨ **強化療法**

**教科課程の実地経験**［curricular field experience］ 職業的な関心あるいは学問の追求の特定領域における実地活動あるいは観察から得られる知識。しばしば研究の過程あるいは学問の過程の部分的な必要条件を満たす。

**強化間隔の増大**［thinning］ 条件づけで，間欠強化スケジュールにおける漸進的な増加。

**橋核**［pontine nucleus］ 基底脳橋にある核。大脳皮質から線維を受け取り，中小脳脚を経由して小脳へと線維を運ぶ。

**驚愕**［fright］ 危険な，あるいは危険をはらむ状況に直面したときに起こる感情的反応。驚愕は，その危険が切迫しており，物理的，具体的，圧倒的であるという点で**恐怖**とは区別される。驚愕に関連して起こる生理的変化は，振戦，瞳孔の拡大，恐怖を生み出す刺激からの逃避がある。

**驚愕反応**［startle response; startle reaction］ 大きな騒音や光など，突然の予期しなかった強固な刺激に対する，非学習性で高速の反射的反応。眼を閉じる，唇を固く閉じる，頭を下げる，背中をまるめる，体躯や膝を曲げるなど，防御的機能をもつ反応が含まれる。

**強化勾配**［gradient of reinforcement］ 反応が**強化**と時間的に近接しているほど強くなるという法則。

**強化後休止**［postreinforcement pause］ オペラント条件づけ（operant conditioning）において，**強化**が終わってから，強化されている階級（class）の次の反応があるまでの時間。

**強化子**［reinforcer］ 反応との依存関係や反応との随伴性の中で**強化**が起こる際に，強化を効率的に促進する刺激，あるいは環境。強化刺激（reinforcing stimulus）とも呼ばれる。⇨ **条件性強化子**，**自然強化子**

**強化子調査票**［reinforcement survey schedule］ ある人が報酬として感じたり，喜んだりするような，活動や刺激，状況についての情報を明らかにする調査票。これらの情報は行動療法者によって，患者が自分自身のポジティブな行動を増加し，ネガティブな行動を減らすような随伴性を整理するのを助けることを目的に用いられる。

**教科書持ち込み可の試験**［open-book exam; open-book test］ 特定の教科で，生徒が試験問題に答えるために，本や教科書，講義ノートなどを参照して構わないという試験。

**強化随伴性**［reinforcement contingency］ 反応と強化子の間の随伴性のこと。随伴性は正か（強化がその後の反応を生起しやすくするかどうか），負か（強化がその後の反応を少なくするかどうか）である。強化随伴性は，反応の特定の形と強化（実験者がラットのレバー押しが餌の出現に起因するときのように）との間に定められた依存関係を必要とする。それらは反応の自然の結果としても生じる（押したときにドアが開くときのように）。また，事故によっても生じる。反応-強化随伴性（response-reinforcement contingency）とも呼ばれる。

**強化制限時間**［limited hold］　**強化**の機会が一定の時間に限られた**強化のスケジュール**に加えられる特徴。たとえば，もし１分後に強化子（reinforcement）が与えられるという**定時強化スケジュール**が，２秒の制限時間をもつという場合，１分の間隔が終わった後２秒以内に起きた反応だけが強化される。

**強化説**［reinforcement theory］　**強化**の過程を説明するように考えられたすべての理論。

**強化遅延**［reinforcement delay; delay of reinforcement］　強化子が出てから反応が起こるまでの間の時間。

**強化のスケジュール**［schedule of reinforcement］　条件づけにおいて，ある反応のどの部分を強化するかを決定する規則。強化には多くの種類のスケジュールがある。強化スケジュール（reinforcement schedule）とも呼ばれる。⇨ **強化**

**強化の遅延**［delay of reinforcement］　反応と強化子呈示の間の時間のこと。

**強化分析**［reinforcement analysis］　負の強化要因と正の強化要因を評価するシステムのこと。環境心理学において，**正の強化**は，レクリエーション目的にコミュニティランドを作ったり，良い学校や市場のように，結果は得るものとなる。一方，**負の強化**は，ゲットーやスラムへ堕落したりするような有害作用もある。⇨ **社会的トラップ**

**強化療法**［reinforcement therapy］　オペラント条件づけに基づいた治療のこと。または，行動を変化させたり，その変化を維持するための正の強化を用いた治療のこと。⇨ **強化カウンセリング**

**共感**［sympathy］　1. 他者の苦しみや悲しみへの気づきから生じる，同情や心配の感情のこと。2. より一般的には，他者の心配や感情を共有し，それに応ずることのできる能力をいう。⇨ **共感性**

**共感覚**［synesthesia; concomitant sensation; secondary sensation］　ある感覚系への刺激によって他の感覚が喚起させられる現象。たとえば，音（稀れに味や香り）を色として体験したり，特定の音（たとえば異なる音階）によって特定の色を体験したりすることがある。ある研究では2,000人中１人の割合で共感覚を体験すると言われているが，専門家は300人中１人の割合であると推定している。⇨ **色共感覚**

**共感覚性**［synopsia］　ある環境に対する情緒的反応性の程度のこと。

**共感性**［empathy］　自分ではなく，他者の参照枠に照らして理解することで，その人の感情，知覚，思考を代理的に体験すること。共感するだけであれば援助への動機づけにはならないが，同情や主観的な悲しみになると行動が生じる可能性がある。心理療法では，治療者の共感性がクライエントの認知，感情，行動を理解する指針となる。

**共感性眼反射**［consensual eye reflex］　一方の眼に明るい光を当てた際，もう一方の陰になっている眼の瞳孔も収縮する現象。共感性対光反射（consensual light reflex）とも呼ばれる。

**共感トレーニング**［empathy training］　1. 感情的共感性を高め，共感的なコミュニケーションを増加させる系統的な手続きのこと。2. 有罪判決を受けた虐待者に対して，彼らの犠牲者の感情に想像をめぐらせることや彼らが引き起こした苦痛に対して敏感になれるように訓練する支援のこと。彼らが将来的に同じような犯罪を起こす可能性を減少させることを目的として行われる。⇨ **合理的心理学，実験心理学**

**共感疲労**［compassion fatigue］　心に傷を負った人々と長期間にわたり関わることにより，援助者や専門家が経験するストレス関連症状のこと。⇨ **外傷後ストレス障害**［アメリカの心理学者フィグレー（Charles R. Figley: 1944- ）によって定義された］

**共感要求**［sympathy seeking; symathism］　共感を喚起することで情緒的サポートを求めたり，他者の援助を引き出そうとする傾向。

**共感-利他的援助行動**［empathy-altruism helping］　他者に対する共感と同情に起因する**利他的行動**を説明する理論のこと。

**共起**［co-occurrence］　複数の現象（対象や出来事）が同時に起こる傾向があるとき，それらの間の関係性のこと。たとえば，雷は光とともに起こり，英語でQは通常Uとともに使われる。共起そのものは因果的な関係を意味しない。共起が**共変動**となるには，現象の生起とその非生起との間に体系的な相関関係がなければならない。

**狂気**［madness］　精神病の旧式名称，または法律上の精神異常を指す。

**競技状態不安尺度**［Competitive State Anxiety Inventory: CSAI］　競技の直前の状態における自信や身体的認知的な不安要素を査定するための尺度（⇨ **状態不安**）。現在では27の文章から構成されており，たとえば，「私は上手くできないのではないかと心配している」について，４つの**リッカート尺度**を用いて，「まったく違う」から「非常に当てはまる」までの間のどれかに回答を求める。［もともとはスポーツ心理学者のマーテンズ（Rainer Martens: 1942- ）らによって開発された］

**競技前不安**［precompetition anxiety］　認知的，生理的な覚醒が試合などの１週間前から亢進すること。不安がパフォーマンスを促進するか抑制するかは活性化の水準（これから起こることへの準備や不安の示唆）の認識に影響される。⇨ **衰弱不安，促進の不安**

**共局在**［colocalization］　１つ以上の神経伝達物質が同じ**シナプス**前終末に存在したり，神経画像上で１つ以上の脳活動がみられたりというような空間的重複。

**頬筋**［buccinator］　食べたり，話したり，ほほ笑むとき頬を押しつけ，口角を収縮される筋。頬筋は，咀嚼において食物を歯間に挟む役割をし，発話では空気を口内に押し込み唇の間から押し出す働きをする。

**教訓的集団療法**［didactic group therapy］　集団に収容された個人は専門家のリーダーとしての積極的な指導に最も効果的に反応するという理論に基づいた，集団心理療法の初期の治療のこと。教訓的集団療法の一つの形式では，メンバーは自身の問題を持ち出し，治療者が議論を先導し，しばしば彼らに解釈を与える。他の形式では，メンバーがもつ抵抗の打破や自己を表現するために彼らを刺激するように計画された資料に基づいて短いレクチャーを行う。教育的アプローチはまた，自助グループでも用いられている。

**共結スケジュール**［conjoint schedule］　２つ以上の強化スケジュールが，１つの反応に同時に作用する**複合強化スケジュール**の一種。

**狂犬病**［rabies］　動物から人へ伝染しうるウイルス性

感染症。皮膚にできたどんな傷からも伝染するが，通常はウイルスに感染している動物に噛まれることで伝染する。ウイルスは脳に達するまで神経線維に沿って移動し，痛み，発熱，唾液の過剰分泌，興奮，混乱，幻覚症状，筋肉（特に気道の）まひや収縮を引き起こす。水を嫌うことも主要な症状であり，特に病気の後期の段階に目立つ。これは，嚥下反射に伴う痛みのある痙攣のためである。ウイルスが脳に達し症状が現れる前にワクチンを投与しなければ，感染から2～10日以内に死に至る。以前は 恐水病（hydrophobia）と呼ばれていた。

**狂犬病脳炎**［rabies encephalitis］ 狂犬病動物に噛まれることによって感染される脳のウイルス炎症。⇨ **狂犬病**

**競合状態**［objective competitive situation］ 1人以上の人が個人ないしはチームのパフォーマンスを，他の個人やチームのパフォーマンス，あるいはある業績基準と比較することによって評価する状況のこと。

**競合反応訓練**［competing response training］ **行動療法**の技法の一つで，以下の2つの連続的な段階を含む。(a) 先行条件や兆候も含めて習慣の生起を同定する，(b) 話し合いの中で，あるいは宿題を通して，問題行動へ競合する（すなわち，代替的な）反応を作り出し，実行する。競合する反応は，行動的な習慣とは物理的に同時に起こりえず，目立たないものであり，実行することが容易なものでなければならない。この技法は習慣障害において典型的に用いられ，**アンガーマネジメント訓練**においても使用される。⇨ **代替行動**

**共在意識**［coconsciousness］ 1．心理学において，同時に使用可能ではあるが「透明なカーテン」によって，日常の意識とは区別されている複数の自我間の関係や，心的プロセスのこと。［ジェームズ（William James: 1842-1910）による定義］ 2．現代哲学において，意識が一致している状態を指す。

**狭窄症**［stenosis］ 身体の導管や流路が異常に狭くなること。頸動脈狭窄症（carotid stenosis）は**頸動脈**が狭くなるもので，血流が脳に行き届くことを制限されるアテローム性動脈硬化症などの例がある。大動脈弁狭窄症（aortic stenosis）では心臓の左心室からつながる大動脈弁が狭くなることで，心臓からの体循環の血流が制限される。また幽門狭窄症（pyloric stenosis）は，胃の内容物が小腸に流れることを制限する。脊柱管狭窄症（spinal stenosis）は脊柱管が狭くなり，脊髄にとって十分に必要な空間が限られてしまうことで，下背や下腿にしびれや痛みが起こる。

**器用さテスト**［dexterity test］ 速度と正確さに関する手の検査。

**教唆療法**［instigation therapy］ **行動療法**において，治療者が肯定的なモデルを提供し，クライエントの自己制御や自己評価の成長を強化すること。

**共時性**［synchronicity］ ユング（Carl Jung）の**分析心理学**の概念で，シンクロニシティとも言う。偶然起こった複数の出来事が説明可能な因果的な関係をもたなくても，そこに何らかの有意味なつながりがあるとみなす。出来事は通常ありえないような偶然の一致で起こり，テレパシーの一例として述べられたりもする。ユングは，いくつかの出来事が時を同じくして偶然にも一致して起こる，その出来事には重要な意味があると主張した。

**教室環境**［classroom environment］ 指導場面における物理的，社会的，心理学的，知的な状況のこと。物理的な環境には，典型的な教室や研究室，講義室だけでなく，博物館，家，体育館，外といった他の場所も含まれる。状況に関わらず，密閉度や開放度，騒音，席の配列，**密度**，大きさはすべて，生徒の行動や学習に影響することがわかっている。⇨ **オープン・クラスルーム・デザイン**

**教室テスト**［classroom test］ 教師によってその授業用に考案されたテストのこと。⇨ **標準検査**

**教室での行動の修正**［classroom-behavior modification］ 学習環境での生徒の行動を変えるために教師が使用する条件づけなどの基本的な学習テクニック。とりわけ教室での行動の修正には，教室の座席を調整する，課題の締め切り時間を自分で決めさせる，授業での要求を変えるなどの方法が用いられる。しかしながら，教室での不適切な行動に対処するための認知・行動的なテクニックを使用した直接的な介入は最も効果的な修正の手続きである。そのような手続きは，学習障害や注意欠陥／多動性障害，他の特別なニーズをもった生徒にとって最も有効である。

**教室でのしつけ**［classroom discipline］ 1．伝統的には，教室において生徒に課された規則の遵守の形態。2．最適な学習環境を確立してきた規則や規定に違反するような生徒の行動に対して，教師や学校が用いる矯正の方法。3．教室内での特殊なパターンの行動を作り出すことが期待される訓練のタイプ。現在では，教室でのしつけでは身体的な罰は行わないとする国もある。

**教示的構え**［instructional set］ 実験者から参加者に（意図的もしくは無意図的に）伝達される，課題やテストに対する態度のこと。参加者が課題やテストにどのようにアプローチするかについての情報が伝えられる。たとえば，スピードは正確さより多かれ（少なかれ）重要である，というようなことである。

**教授**［pedagogy］ 知識，あるいは指示を与える活動，あるいは職業。

**郷愁**［nostalgia］ 感情の高ぶりを感じる場所（例，家や生まれ故郷）へ戻りたいという切望。

**教師有効性評価**［teacher-effectiveness evaluation］ 教師のための特別な基準による評価であり，学級運営，カリキュラム，保護者とのコミュニケーション，生徒の学業成績によって示される教育効果などが含まれる。⇨ **生徒による授業評価**

**凝集性**［cohesion］ 1．集団の一体性および連帯性。集団成員を結びつけ，集団を形作る絆の強さを示す。たとえば，集団に対する所属意識や親近感，特定の集団成員および集団に対する魅力の知覚，目標達成のために協調的に努力する程度。フェスティンガー（Leon Festinger）は，凝集性を，成員が集団に魅力を感じる程度を反映したものと述べている。言い換えれば，成員の互いに対する好意や集団の地位や活動に対する好感に依拠したものである。凝集性が高い場合，成員は，集団規範を順守するよう強く動機づけられる。集団凝集性は，効果的な**集団心理療法**に不可欠なものと考えられている。2．スポーツにおいて，社会的理由（例，チーム内での対人関係）と課題に関連した理由（例，チームの目標や目的）の両者に基づき，チームに魅力を感じたり，チームとして一体化すること。集団凝集性とも言う。⇨ **団体精神**，**集団連帯**

**教授学習**［instructed learning］ より熟練した人がそう

でない人に対して教育を行う，**文化学習**の第2段階。このプロセスでは教わる側は，教える側が課題をどう理解しているか把握し，それを自分の理解と比較することが必要となる。⇨ **協同学習**，**模倣学習** ［アメリカの心理学者トマセロ（Michael Tomasello: 1950- ）らによって提唱された］

**共縮**［cocontraction］ 一つの関節を制御する作動筋と**拮抗筋**が同時に収縮すること。

**凝縮**［condensation］ いくつかの意味，概念，感情を，ある一つのイメージや象徴に折衷すること。凝縮は特に夢においてみられる。たとえば，ある人の夢のなかで一つの行動特徴が生じたとしても，それは複数の感覚や反応が（折衷して）表現されたものかもしれない。

**教条主義**［dogmatism］ **1.** 強固な信念体系に沿って，盲目的，断定的，権威主義的に振る舞う傾向。**2.** ドグマティズム特性とも言う。是とする信念と非とする信念との明確な分離を特徴とする**信念体系**によって形成されるパーソナリティ特性。これらの信念体系は，変化に対して抵抗する。教条主義的な人は，異なる信念をもつ人や，社会的に逸脱したグループのメンバーを受け入れない傾向がある。⇨ **ロキーチの教条主義尺度** ［アメリカの心理学者ロキーチ（Milton Rokeach: 1918-1988）が最初に提議した］

**橋小脳路**［pontocerebellar pathway］ 脳の神経経路の一つ。**橋核**から**小脳**にかけて走る神経線維から構成される。小脳はこの情報を用いて大脳皮質によって始動される筋肉活動を調節，改善する。

**狂信**［fanaticism］ 過度の，しばしば理性的でない夢中になっている状態，または，宗教的情熱。たとえば，極端な信念によって生じる。

**共振**［sympathetic vibration］ 2人あるいはそれ以上の人々の思考や感情が，調和している状態。

**狂人**［maniac］ 精神的あるいは情緒的に異常な人，特に他害の恐れがありそうな人の俗称。

**共進化**［coevolution］ 2種以上の生物が互いの進化に影響を与え合いながら同時に進化すること。

**橋睡眠**［pontine sleep］ レム睡眠の一種で，脳波にPGOスパイクがみられる睡眠の位相。⇨ **夢状態**

**胸声**［chest voice］ 鼻での共鳴を最小限におさえ，胸の共鳴によって音色が作られた，低域の話し声，歌声のこと。落ち着いてリラックスした状態での話し声は，大抵胸声によって作られる。⇨ **頭声**

**強制**［coercion］ 肉体的，心理的，社会的勢力を行使することで，他者に影響を与えようとする過程。

**矯正**［correction］ 検眼において，レンズを用いて行われる視覚矯正のこと。

**強勢**［stress］ 言語学において，発話の際に語や音節に対してなされる強調。一般的には，隣接する部位よりも大きくはっきりと発音し，発声時間を少し長くすることによってなされる。⇨ **アクセント**

**共生**［symbiosis］ **1.** 2つの種の動物が親密な関係をもってともに生活すること。特に両方の種に利益がある場合を指す（⇨ **相利共生**）。たとえば，熱帯アマゾンでは，ある種のアリが特定の木の上で生活しており，その木を食料および防壁として利用すると同時に，苔や，その木にとって有害な他の寄生生物を排除する。**2.** 発達心理学的に，幼児が，生物学的にも心理学的にも，完全に母親から自立していない段階を指す。⇨ **分離-固体化** ［ハンガリー生まれのアメリカの精神分析学者マーラー（Margaret S. Mahler: 1897-1985）が提唱した］ **3.** 過度に依存し合う個人間において，必要性を充足させるため，相互に強化し合う関係性のこと。そのような関係性の中では，支配者側が，従属者側に必要とされるものを与えようとしないとき，両者の成長や独立は阻害され，常にその関係性は機能不全の状態に陥る。共存関係（symbiotic relationship）とも言う。

**偽陽性**［false positive］ 包摂関係を判断するテストにおいて，誤ってある集団を含めた場合のこと。診断を例にとると，実際には特定の条件に当てはまらない個人を，その条件に当てはまると判断した場合のこと。

**強制外来通院**［outpatient commitment］ 裁判所命令による精神医学的，心理学的治療の一形態。患者は，厳密な監視と継続的な治療を受ける限り，社会に留まることを許可される。

**強制交尾**［forced copulation］ オスが，メスによる選択を経ることなく交尾すること。シリアゲムシ（スコーピオンフライ）のオスには，相手を得るためにいくつかの方略がある。資源を独占できるような大きなオスは，交尾させるメスに対して餌を提供できるが，小さく餌を得られないオスは強制交尾を行う。この場合，**繁殖成功率**は低い。

**矯正施設**［correctional facility; correctional institution］ 個人を収容または拘置する施設。対象者は更生を目的として刑事司法または少年司法システムで公的に処遇された者である。具体的には，刑務所，少年院，監獄である。

**強制収容所症候群**［concentration-camp syndrome］ 強制収容所からの生存者が呈する**外傷後ストレス障害**の一種。そこで示される持続性のストレス症状は 深刻な不安，不安への防衛，強迫的な反芻状態，心身症的反応，抑うつ，大勢が死んだ中で生き残った者による**生存者の罪悪感**である。

**矯正心理学**［correctional psychology］ **司法心理学**の一分野であり，刑務所や矯正施設（たとえば 少年院，訓練校，刑務所）内の収容者に対してカウンセリングや臨床技術を応用することに焦点を当てる。矯正心理学者（correctional psychologists）は，裁判所，保護観察所，更生保護委員会のような職場で活動し，刑務所管理，受刑者の行動監視，犯罪者の更生プログラムに専門的見地から参加する。

**矯正精神医学**［orthopsychiatry］ 精神科医，心理学者，ソーシャルワーカー，小児科医，社会学者，看護師，および教育者が共同して研究し，情動的，行動的問題が悪化する前に治療を行うメンタルヘルスへの連携のアプローチのことである。矯正精神医学は基本的に予防的であり，特に児童の発達，家族生活，メンタルヘルスの維持を重視する。

**共生精神病**［symbiotic psychosis; symbiotic infantile psychosis; symbiotic infantile psychotic syndrome］ 2歳〜5歳の間で起こってくる状態で，現在では使われなくなった名称。母親への完全なる情緒的依存，母親からの分離に耐性がないこと，分離の恐れがあると怒り，パニックで反応すること，さらには発達的な遅れがあることによって特徴づけられるものである。これらの特徴のいくつかは，**分離不安障害**の特徴である。［ハンガリー生まれの精神分析家マーラー（Margaret S. Mahler: 1897-1985）が最初に

記載した]

**強制勢力**［coercive power］罰や罰への恐怖を使った他者への影響力。⇨ **勢力**

**強制選択テスト**［forced-choice test］信号検出課題において，2つ以上のインターバル（intervals）が呈示され，そのうちの1つが信号を含んでいる課題のこと。観察者は信号が呈示されたインターバルを選択しなければならない。

**強制治療［1］**［forced treatment; coercive treatment; enforced treatment］個人の意思に反して施行される治療。強制治療は，前頭葉切断術，嫌悪強化条件づけ，電気療法のような稀で有害な治療である。⇨ **消費者保護運動，治療を断る権利**

**強制治療［2］**［involuntary treatment］意志に反して精神疾患と診断された人への処置のこと。

**強制的応諾効果**［forced compliance effect; induced compliance effect］態度と矛盾する行動をとる人が，その行動に一致するように態度を変化させる傾向のこと。**認知的不協和**を低減させる方法の一つ。強制的承諾効果とも言う。⇨ **不協和低減**

**強制的説得**［coercive persuasion］1. 系統立てられた，政治犯や軍事捕虜への強烈な洗脳。脅迫，虐待，賄賂，隔離，長時間にわたる継続的尋問，反復的"教育"といった方法を用いる。思想改造（thought reform）とも言う。⇨ **洗脳** 2. 広義には，行動や態度に大きな変化をもたらす社会的影響をもつ統制されたカリキュラム。たとえば，アメリカ海兵隊の基礎訓練。この訓練は，市民から海兵隊員の視点への態度変化をもたらすものである。さらに，兵士は，強制的説得への対抗措置として，抵抗方法（coercive persuasion resistance）の訓練も受けている。この訓練は，行動形成や態度変化を引き起こすようなテクニックにさらされても，できる限り彼らが機能し，生き残ることができるように設計されている。

**強制的な行動**［coercive behavior］他者を命令通りに動かすような行動。子の愛情，あるいは夫婦もしくは親の関わりとしてしばしば覆い隠され，また時には，あからさまな形（「言うとおりにしないと，自殺してやる」など）で表出される。

**強制反応テスト**［forced-response test; forced-choice test］予め決められた選択肢の中から回答を選択しなければならないテストである（たとえば，多肢選択法や配偶法）。このタイプのテストは，しばしば**客観的テスト**として説明される。⇨ **自由記述式テスト**

**強制分配**［forced distribution］評価者が，各レベルの評定尺度について，規定の数を使用しなければならない評定法のこと。たとえば，人についての25の記述を与えられて，評価者は，その人について最も特徴的でないものから順に，7つの山へ記述を並び替えるように教示され，7つの山の各々に割り当てられた特性記述の数が，1，3，5，7，5，3，1と評価される場合があげられる。

**矯正法**［correction procedure］（通常**弁別**訓練において）ある反応（通常エラー反応）があった後や，ある反応が生じなかった場合に，特定の刺激条件を繰り返したり，延長したりすること。

**強制方略**［coercive strategy］目標志向の計画。目標を達成するために，脅し，罰，強制，直接的圧力，その他のネガティブな形態の影響力を用いる。

**業績審査**［performance review; performance appraisal; performance assessment; performance evaluation］従業員の職務遂行に関する公的な査定。典型的には，年に1度，従業員の上司によって行われる。この査定は，量的な審査もしくはより主観的な査定といった形で行われ，通常は従業員に結果が知らされる。

**業績評価**［performance evaluation］1. ⇨ **業績審査** 2. 一般に，特定の活動や目標に対して期待，計画，理想とされる達成度や結果と，実際のそれとを比較する過程のこと。

**胸腺**［thymus］**免疫系**の一部である。下頚部に位置する器官。胸腺は思春期に最も大きくなり，以降は小さくなる。乳幼児期にTリンパ球が形成される部位である。

**共線性**［collinearity］変数間が相互に深く関係しており，1つ以上の変数が残りの変数によって完全に予測されうる程度。

**競争［1］**［competition］1. 相手を上回ることでしか成功が望めない構造をもつ状況。対人間競争（interpersonal competition）は，人々がお互いを出し抜こうとせめぎ合う状態のこと，集団間競争（intergroup competition）は，集団が他集団と競争すること，集団内競争（intragroup competition）は，集団内の人々が，上位を目指して競うことである。競争している人々は，しばしば，他者の遂行を妨害し，阻害することによって自己の成功確率を大きくすることができるので，この種の目標構造は激しい対立を生みだす。2. スポーツ心理学において，参加者が経験する主観的な競争状況。

**競争［2］**［rivalry］ある領域における特定の目標，地位，威信をめぐる個人間もしくは集団間の争い。⇨ **きょうだい対立**

**鏡像**［mirror imaging］双子の，とりわけ**一卵性双生児**の間でよくみられる，非対称性が逆転しているという特徴。たとえば，利き手，指紋やつむじなど。

**競争後の不安**［postcompetition anxiety］競争中の目標の曖昧さ，パフォーマンスおよび結果における他者の反応，他者と自分の期待，などにより競争後に生じる懸念や不安。

**競争性**［competitiveness］主観的な競争状況を求め，ある基準や能力に関して匹敵する相手と比較しながら自分の遂行を比較しようとする特性。

**競争耐性**［competition tolerance］1. 各々が競い合うことを求められるような，目標構築を受け入れること。2. 競争をせざるをえない状況におかれた時でも，その状況に対して積極的，健康的な反応をとること。

**鏡像段階**［mirror phase］乳児が両親のイメージの中で自律的自我として自分自身を想像できるようになる，おおよそ生後6か月〜18か月の発達段階のこと。この段階では，鏡に映った自分自身を認識し始める時期でもある。つまり，子どもはこの時期に自己像を獲得し始めると考えられる。フランスの精神分析家であるラカン（Jacques Lacan: 1901-1981）がこの段階を紹介し，これを乳児における想像界から象徴界への推移の始まりだとみなした。⇨ **父の名**

**鏡像知覚**［strephosymbolia］物体が鏡に映されたように反転する特徴をもつ知覚障害。

**競争的報酬構造**［competitive reward structure］集団

全体で得られた成果ではなく個々人の成果に基づいて報酬が支払われる状況。他成員が受けとる報酬を少なくさせることが個人の成功につながるように構造化されている。⇨ **協力的報酬構造**，**個人主義的報酬構造**

**競争的目標**［competitive goals; competition goals］1. 競争の中で達成される優れた基準。2. 設定したいくつかの目標がそれぞれ妨害し合ったり衝突し合ったりすることで，同時に達成できないこと。こうした状態では，一方の目標は時間をかけ努力することで達成可能であるが，他方の目標達成は非常に困難となる。

**競争的目標構造**［competitive goal structure］他者を上回るか，その目標達成を阻止をすることでしか自分の目標を達成できない構造をもつ遂行状況。目標構造が純粋な競争である場合は，他者をすべて脱落させることが必要である。競争は人々の間に不適合を生みだすため，そうした目標構造は対人間葛藤を生じさせる。⇨ **協力的目標構造**

**競争動機**［competitive motive］個人間において競争的に反応しようとする動機，またはその方向に決定しようとする傾向。自分の成果を最大化するために行動を設定したり，他者の成功に対して苛立ったりする。⇨ **協力動機**

**競争前のイメージ**［precompetition imagery］競争の前に，パフォーマンスの**メンタル・リハーサル**のため，もしくは**理想的な心理状態**に達成することへの補助として**イメージ**を使用すること。

**競争ルーチン**［competition routine］競争中，パフォーマンスを高めるために用いられる，予め定められたパターンの行動，**セルフトーク**，**イメージ**のこと。

**共存仮説**［coexistence hypothesis］目撃した出来事の後に誤情報が取り入れられた仮説のことであり，もとの出来事に関する記憶と競合する。事後情報に基づく**虚偽記憶**は，**新近性効果**によってよりアクセスしやすいため，尋問場面において想起されやすく，誤った報告につながる。

**共存的婚姻関係**［symbiotic marriage］ある心理的欲求を充足させるために，互いに依存し合う婚姻関係または人間関係のこと。両者は，互いの関係性以外では容易に満足できないという，神経症的もしくは特異的欲求をもっていることがある。⇨ **相乗的結婚**

**きょうだい**［sibling; sib］同一の両親から生まれた2人以上の子ども（たとえば，姉妹や兄弟）のこと。

**きょうだい殺し**［siblicide］兄弟姉妹を殺すこと。非同時性同腹では，最初に孵ったヒナがあとから孵ったヒナをしばしば攻撃し殺すことがある。これは**きょうだい対立**の一例である。

**きょうだい対立**［sibling rivalry］親からの注意，承認，愛情を巡って，あるいは，スポーツや学校の成績等における評価や報奨を巡って，きょうだいの間で競争すること。⇨ **親子衝突**

**協調学習**［cooperative learning］小グループでの学習のことで，生徒一人ひとりが対人スキルを用いて直接相互に関わりながら学習に参加する。生徒はまたグループ活動の定期的な評価にも参加する。

**協調減損**［coordination loss］グループ内で，構成員の努力，活動，貢献の統合が不十分のため生産性が減じること。⇨ **プロセス・ロス**

**協調性**［agreeableness］協力的で，利己的でない方法で振る舞う傾向。**ビッグファイブ**における個人差の特性（協調性対非協調性）の一端とみなされている。また，**パーソナリティの5因子モデル**における特性の一つでもある。

**協調フィルタリング**［collaborative filtering］1. 個別に口頭で尋ねる，あるいは多数に調査を行うことによって，選択や決定するために必要とされる情報を他者から獲得するすべてのプロセスのこと。2. コンピュータがある選択者に，その人と似ている他者が以前行った選択に基づいてある特定の選択を薦める，部分的に自動化された決定手続きのこと。

**強調理論**［accentuation theory］対象（物）の分類の際に生起する符号化バイアスに関する理論のこと。同一カテゴリー内の類似性と，異なるカテゴリー間の差異を最大化する。この強調効果は社会的アイデンティティ理論の重要な構成要素の一つである。[1959年にポーランド生まれのイギリスの社会心理学者タジフェル（Henri Tajifel: 1919-1982）が提唱した]

**強直間代発作**［tonic-clonic seizure; generalized tonic-clonic seizure］筋緊張で間代性の身体運動発作（以前は大発作: grand mal seizure と呼ばれていた）。強直期は筋肉の痙攣と，意識喪失を呈し，呼吸が停止することもある。その後，間代期になると，筋肉が収縮弛緩運動をするために生じる顎運動（これにより舌をかむ場合がある）や尿失禁がみられる。⇨ **てんかん**

**強直性てんかん**［tonic epilepsy］間代性ではなく筋緊張のてんかんで，筋収縮がみられる。

**共通運命**［common fate; low of common fate; principle of common fate］**ゲシュタルト心理学**における知覚原理で，物体が同じ方向に一緒に動くことで，それらの物体は一つの物体として知覚される（たとえば，鳥の群れ）。ウェルトハイマー（Max Wertheimer）は，この原理を共通運命の要因（factor of uniform density）と呼んだ。⇨ **体制化のゲシュタルト原理**

**共通感覚［1］**［common sense］分別ある判断や平易な推論を反映していると一般に認められている信念や命題のこと。

**共通感覚［2］**［sensus communis］ギリシャの哲学者アリストテレス（Aristotle: BC 384-322）の思想で述べられている，五感（5つの特殊感覚）によって供給されたデータを受け取り，それらを統合して統一的な知覚にする心的能力のこと。共通感覚の働き（ラテン語で"common sense"）が知覚中枢（sensorium commune）において生じると考えられた。

**共通感覚の公正**［commonsense justice］普通の人々が，公平で正しいと思う慣習や行動のこと。それらは正義と公正の法律の概念とは異なる場合がある。

**共通性**［communality］**因子分析**において変数を構成する共通因子によって説明される各変数の**分散**の割合。共通性は，もし因子が変数の変動をすべて説明できるならば，1.0といったように測られる。共通性は全共通因子における変数の**因子負荷量**の2乗和である。⇨ **独自性**

**共通特性**［common traits］パーソナリティ理論における，特異的な集団あるいは文化に属する個人が様々な程度で共有する特性。**ビッグファイブ**では，ほとんどすべてのパーソナリティは，「内向性-外向性」，「温かさ」，「達成志向性」，「安定性」，「経験への解放性」によって分類される

としている。

**共通の原因仮説**［common cause hypothesis］　高齢における神経機能や知能のすべての変化が，脳機能の低下という共通の要因に基づくとする仮説。

**共通の社会的動機**［common social motive］　対人関係において人々が望むものや欲求が，社会的，民族的，文化的集団内において共有されていること。これら共通の社会的動機づけは，空腹やのどの乾きのような生物的動機づけではなく，社会的接触，安全，達成，パワーといった対人的目標を追求するようすべての人々を促すものである。

**共通要因**［common factors］　心理療法において，解釈のように特定の療法に固有の要因ではなく，**治療同盟**や治療期間のように，様々な個人療法に共通する変数のこと。**治療的要因**と類似しているが，これは主に集団療法で用いる。

**共適応**［coadaptation］　種間の相互依存の行動適応。たとえば，鳥や哺乳類に親樹から遠く離れた場所に種を撒いてもらう種の果物は，彼らの感覚知覚を引きつける色や味をした実をつける。多くの動物は消化管内共生細菌に消化を依存している。細菌と宿主の両方に相互共適応がみられる。⇨ **共生**

**鏡転移**［mirror transference］　精神分析において，自己愛性パーソナリティ障害の治療に用いられる**転移**の技術。患者の誇大自己は，人生最早期に母親が彼の行動を褒め称えることによって作り上げられた，完璧な感覚を再演しようとする。この"反応過程"が患者の自尊心を修復する。

**強度**［intensity］　1. 刺激や感覚の量的な値（定量値）。2. 行動の強さ。

**狭頭**［craniostenosis］　頭蓋の早期縫合によって生じる頭蓋奇形。これによって通常の脳の構造の発達が制限され，精神遅滞に至ることがある。

**共同**［collaboration］　1. 2人以上の人たちが目指す目的を達成するため，力を合わせる行動やプロセス。2. 対人関係において，他者が困っていることに対して協力や思いやりを表明すること。［アメリカの精神科医のサリヴァン（Henry Stack Sullivan: 1892-1942）が最初に表した用語］

**協同遊び**［cooperative play］　子どもたちが，交替ですること，一緒にゲームをする，互いに競争するなど，1つの活動を共有しながらお互いにやりとりする**社会的遊び**。⇨ **連合遊び**，**平行遊び**，**一人遊び**

**共同運動**［conjugate movements］　2つの眼が共役して動くこと。

**共同運動障害**［dysconjugate gaze］　2つの眼の動きがまとまりのない状態。

**協同運動不能**［asynergia; asynergic］　立ったり，歩いたり，ひざ立ちをするといった複雑な運動制御を行う際の筋肉群の協応ができないこと。

**協同学習［1］**［collaborative learning］　1. 2名あるいはそれ以上の人（特にはスキルが未熟な者に）によって課題がなされる時に，それが1人だけで行われた場合に比べて，より大きな学習効果が達成されるような相互作用のこと。2. 熟達度や専門知識が同等である2人以上の人々が，共通の1つの問題を解くために共同で作業する際に起こる学習のこと。**文化学習**理論では，文化学習の第3段階に当たる。⇨ **模倣学習**，**教授学習**　［アメリカの心理学者トマセロ（Michael Tomasello: 1950-　）らによって提唱された］

**協同学習［2］**［cooperative learning］　教室の中で獲得される知識と仕事や実用的な状況で得られる知識とをつなぎ合わせる情報獲得の形式的方法。一般的には，形式的な教室での教授はとりわけ実際の仕事の経験に焦点化される。

**共働課題**［coaction task］　同じような種類の課題を行っている他者が1名あるいはそれ以上同席している状況で，個々人が行う振舞い，競争，割り当てられた作業，その他の目標志向的な活動のこと。エアロビクス運動をしているそばで，筆記試験を受けているような場合も含む。

**共同関係**［collegiality］　一緒に仕事を行う者同士（同僚）が権限や責任を共有し，お互いを平等に扱うことが奨励されている状況。

**協同教育**［cooperative education］　学問と雇用とを結合させた学校が行うプログラム。高等教育では，このプログラムは実践的なフィールドでの経験を補うことによって，科学的な学習をより向上させることを目的としている。典型的には，生徒の関心のある領域の責任のある仕事において行われる。全日と半日の学習が3～6か月ごとに交互に設定される。

**共働グループ**［coacting group］　2名あるいはそれ以上の個人が同席して作業を行うが，そこでの課題や活動には，相互作用やコミュニケーション（共同課題）が全くあるいはほとんど必要とされないような作業を行うグループ。たとえば，事務系の職員がオープン・デザインのオフィスで個々の机に向かって作業をしているような場合。単に他者が存在していること（mere presence of others）が成果に及ぼす影響を検討するために，実験室実験において共同グループが構成されることがよくある。

**共同実験者**［coexperimenter］　代表実験者を補助する実験者であり，特に**二重盲検法**における条件の管理や潜在的な実験**バイアス**の原因が低減するよう支援する。

**共同世界**［Mitwelt］　ドイツの哲学者ハイデッガー（Martin Heidegger: 1889-1976）の思想における，他者との関係性や相互作用によって構成される**現存在**（世界に存在する人間）の状況のこと。スイスの実存主義心理学者ビンスワンガー（Ludwig Binswanger: 1881-1966）によって心理学の分野にもち込まれた。⇨ **独自世界**，**環境世界**　［ドイツ語で"世界とともに"の意味］

**共同注意**［joint attention; shared attention］　同一の物，人，もしくは行為に対して，同時に2人以上から注意が向けられること。共同注意は，重要な発達のツールである。生後9か月前後の幼児は，親の注視を追うことができ，親がすることを真似し始める。このように，大人の反応に対するのと同じように，物に対しても注意を向けることによって，子どもは世界について学習するようになる。このテクニックは，霊長類研究でも用いられる。⇨ **文化化**

**共同的感覚**［social interest］　アドラー（Alfred Adler）は，**個人心理学**において，「自分は社会の一員である」ということを自覚することで生じる社会一般の感情のことを共同的感覚と呼んだ。この共同的感覚の高まりには，自分が社会の中で生きていると自覚するだけでなく，自分は社会に必要な存在であり，自分には社会的な問題を解決したり，社会的に肯定される行動をするために必要な技術や知

識を習得する能力があると認知することが必要である。ここでいう社会とは，家族や生活共同体などの小さなものから，人類，世界など広いものまで含む。

**協同的経験主義**［collaborative empiricism］ サイコセラピーの技法の一つ。カウンセラーとクライエントが同じ立場のパートナーとして問題に取り組んだり，共通理解の変容やコミュニケーション，互いを尊重する態度を促進させる。カウンセラーはクライエントを客観的分析と推論ができる同志とみなす。

**共同的スポーツ**［coactive sport］ 参加者は同じ課題を行うが，自分の体の動きに対して，参加者同士の相互作用や調整を必要としない競技のこと。ボーリングやゴルフがその例である。対義語として**共同的-相互作用的スポーツ**，**対話型スポーツ**がある。

**共同的-相互作用的スポーツ**［coactive-interactive sport］ 競技者は独立して動くことを求められるが，結果は個々の行動の集積によって決まるスポーツ。漕艇や野球などが例としてあげられる。⇨ **共同的スポーツ**，**対話型スポーツ**

**共同的パーソナリティ**［coconscious personality］ あたかも解離同一性障害のように分裂し，独立して作用するパーソナリティのこと。［アメリカの心理学者プリンス（Morton Prince: 1854-1929）が定義した］

**協同的療法**［collaborative therapy; collaborative marriage therapy; collaborative marital therapy］ **1.** 協同的経験主義を用いるいくつかの種類の心理療法のこと。**2.** 2人のセラピストにより行われる**夫婦療法**で，各々が1人の配偶者をみるが，随時話し合いがもたれる。

**共同繁殖**［cooperative breeding］ 配偶システムの一種であり，典型的には一対のオスとメスが繁殖する際に，他のグループメンバーが出産期にある相手を助けることである（⇨ **他者養育**）。劣位動物は，生理的または行動的に繁殖が抑制されているため，他の繁殖種を手伝う繁殖方法である。

**協働フィルタリング**［collaborative filtering］ 治療的および社会的相互作用において，討議中の非生産的な情報やアイデアを協働でスクリーニングすること。

**共同リーダーシップ**［coleadership］ 組織的，指示的，および動機づけを行うような**リーダーシップ**の役割が2人以上で共有されている状態。リーダーシップの役割は意図的に分割されるか，もしくは様々なリーダーシップの役割がそれぞれの個人に結びつくようになるにつれ，役割が自然に発生することもある（⇨ **役割分化**）。リーダーは等しく地位と責任を負うこともあるが，一人のリーダーが他のリーダーよりも高い地位や多くの責任を負うケースもある。また，あるグループのリーダーは関係性に対する**配慮**を重視し，別のグループのリーダーは**体制づくり**を重視していることもある。

**頬粘膜咬癖傷**［morsicatio buccarum］ 頬の内側（頬粘膜）を習慣的に噛むこと。ときに病斑を引き起こしたり，過剰な白色組織ができることがある。

**強迫**［1］［compulsion］ 不安や苦悩を減じるためにとる行動（たとえば，手洗い，確認）や精神的な行為（たとえば，数を数える，祈り）。典型的には，個人が**強迫観念**に伴う苦悩を減じるために，あるいは恐れている出来事や状況を防ぐために強迫行為に駆り立てられたり，強迫行為を強いられているように感じる。たとえば，汚染恐怖の強迫観念をもつ個人が，ひび割れたり出血するまで手を洗う。また，強迫は，合理的根拠をもたない（たとえば，ある儀式化された方法で行動しなければならないという）奇異なきまりに基づく強固で常同的な行為の形態である。この強迫行為は，彼らが恐怖を軽減させてきた状況に対して不相応あるいは不適切であり，安心感や満足感を与えることはない。⇨ **対抗強迫**，**強迫性障害**

**強迫**［2］［duress］ 人々に彼らの意思に反してある行動を行うことやある事柄を述べること（たとえば，**強要された自白**を行うこと）を強いるような行為や脅しのこと。

**強迫観念**［1］［obsession］ 侵入的で不適切と経験され，著しい抑うつ，不安，不快感をもたらすような思考，意見，イメージや衝動。強迫観念は自己と相容れない，あるいは矛盾しているように感じたり，自分の意思ではどうにもならないように感じられるため，しばしば**自我異和的**と記述されることもある。一般的な強迫観念には，汚れについて繰り返し考えること，特定の順序にこだわること，何かを繰り返し疑うこと，攻撃的衝動，恐怖の衝動，性的なイメージがある。強迫観念は，現実生活の問題について考えてはいないという点で，毎日生じる過度の心配とは区別される。強迫観念に対する反応は，思考や衝動の無視，抑圧，そして強迫による中和といった試みとしてしばしば表れる。⇨ **強迫性障害**

**強迫観念**［2］［obtrusive idea］ 人の思考の流れに割り込んでくる強迫的な，不要な，異質の考え。

**強迫行為**［compulsiveness］ **強迫性障害**または**強迫性パーソナリティ障害**に関連した行動特性のこと。⇨ **強迫**

**強迫行動**［obsessive behavior］ 強迫性パーソナリティ障害や強迫性障害の行動特徴。たとえば，病的な考えにとらわれる，疑いをもつ，反芻する，些細なことを必要以上に心配する，完璧な順序で掃除する（それを続ける），儀式を行うといったこと。

**強迫神経的性格**［compulsive character］ 柔軟性がなく，完全主義的であり，不潔への感受性が非常に高く，几帳面で，秩序や細かなところに過度の注意を向けるような性格特性のこと。この特性をもつ個人は一般的にユーモアを解さない，けち，頑固，引っ込み思案，柔軟性のない，リラックスすることができないといった特徴がある。強迫神経的人格とも呼ばれている。

**強迫性飲酒**［compulsive drinker］ 過剰な飲酒への欲求を抑えられない人のこと。⇨ **アルコール依存**

**強迫性摂食**［compulsive eating］ 過食のおさえがたい衝動のこと。欲求不満や失望への反応として過食をする。⇨ **むちゃ食い障害**，**神経性過食症**，**食依存**

**強迫性障害**［obsessive-compulsive disorder: OCD］ **不安障害**の一つ。時間を浪費する（1日に1時間以上），著しい苦痛をもたらす，あるいは人の活動を阻害するような強迫観念や強迫行為のいずれか，または両方が反復するという特徴がある。強迫観念や強迫行為は過剰，あるいは不合理だと感じられる。

**強迫性人格**［obsessive personality］ かつてDSM-Iにおいてパーソナリティ特性の障害とされていたもの。過度に秩序にこだわり，完璧主義，優柔不断，絶えず些細なことを心配する，厳しい基準を他者に負わせるといった特徴をもつ。⇨ **強迫神経的性格**

**強迫性神経障害**［compulsive disorders］　個人の感情が自身の希望や良いと思う判断と違う行動を起こすように強いられる衝動制御の障害のこと。この行動は喜びや満足感の経験（たとえば，強迫的賭博，飲酒，薬物摂取），または苦悩（たとえば，強迫性障害に特徴的な行為）と関連している。⇨ 窃盗癖，性嗜好異常，病的賭博，放火癖，薬物乱用，抜毛癖，衝動制御障害

**強迫性パーソナリティ障害**［compulsive personality disorder; obsessive-compulsive personality disorder］　1. 温かな感情を表現することが困難といった行動や堅苦しい態度，完璧主義，細かなことやスケジュールへの異常な関心，仕事への喜び感情の排除や，間違いを犯すことへの恐怖から決定を回避したり先延ばしにするといった行動によって明らかとされるような長年にわたる破壊的なパーソナリティ障害。2. DSM-IV-TRでは，過度な完璧主義，過度に秩序にこだわり，妥協ができない，過剰な責任感といった特徴をもつパーソナリティ障害とされる。

**強迫性反復**［compulsive repetition］　不必要な行動への抑えがたい欲求。ドアの鍵をかけたかどうか繰り返しチェックをするような行動のこと。⇨ 強迫，強迫性障害

**強迫的秩序性**［compulsive orderliness］　きれいな机または，ホコリひとつない家のように，毎日の整理整頓を必要以上に行うこと。もしそれらの環境が少しでも変化したら耐えがたい不安を覚える。⇨ 強迫性障害，強迫性パーソナリティ障害

**脅迫論証**［ad baculum］　非形式的誤謬，もしくは，説得テクニックの一つ。妥当性の主張が，権力や脅しを背景になされるもので，直接的な場合と暗黙の場合とがある。たとえば，「X理論を正しいとみなせないならば，君は科学者としての地位を失うことになる」といった主張。［"ステッキ""棒"を意味するラテン語の"baculus"に由来する。この語には，力や罰による脅しという含意がある］

**強迫笑い**［compulsive laughter］　持続的であり，その場に不適切で，本人はおそらく無意識で行っていて制御することができない笑いのこと。⇨ 不適切な感情傾向

**恐怖［1］**［fear］　切迫した脅威を感知した際に喚起される強烈な感情のこと。生物を戦闘態勢にさせる即座の警報反応を，引き金となる一連の生理的変化を通して引き起こす。この反応には心拍の上昇，血流の末梢部から消化器官など内部への方向転換，筋肉の緊張など，行動を起こすための生体の全体的運動が含まれる（⇨ 恐怖反応，闘争逃走反応）。恐怖と不安は理論的に区別される。前者には対象があり（たとえば捕食者や経済的破綻など），客観的に存在する脅威と釣り合いのとれた反応という特徴がある。後者は対象が不明確か，知覚された脅威によって生じるものよりも強烈な反応となる点が特徴である。⇨ 驚愕

**恐怖［2］**［terror］　強烈で圧倒的な恐れ。

**恐怖アピール**［fear appeal］　メッセージの受け手に恐怖心を与えることによって，態度を変容させることを目的とした説得的メッセージのこと。このようなメッセージは，主張が受け入れられず，否定的な結果を招く議論を強いられる場合，最も効果的である。また，その議論は，主張を受け入れることが，恐怖心を排除するという強い状況を作る。⇨ 感情的説得

**恐怖管理理論**［terror management theory］　死にまつわるコントロールが社会の主な機能であり，人間行動の主な動機であると提唱する理論。強力な人間文化に統合された個人の自尊心や存在感覚は，人間存在にとって死の認識への恐れから身を守ろうとする最も効果的な方法とみなされる（⇨ 死の不安）。このような防衛の必要性は，存在論的直視と，あらゆる社会的な慣習の弱化によって高められる。⇨ 死の社会システム　［アメリカの文化人類学者ベッカー（Ernest Becker: 1925-1974）の業績に基づき，アメリカの心理学者グリーンバーグ（Jeff Greenberg: 1954- ），ソロモン（Sheldon Solomon: 1953- ），ピジンスキー（Tom Psyczczynski: 1954- ）らが発展させた］

**恐怖症**［phobia］　特定の状況，物，活動（たとえば高所，イヌ，水，血，運転，飛行）に対する，持続した不合理な恐怖。結果として，熱心に避けたり，著しい苦痛に耐えることになる。DSM-IV-TRでは，多種の恐怖が特定恐怖症の見出しで分類されている。⇨ 社交恐怖

**恐怖症性障害**［phobic disorders］　DSM-IIIによると，特定の対象や状況，活動に対する持続的で不合理な恐怖感と，それに伴う回避行動を基本的な特徴とする疾患群を指す（⇨ 恐怖症）。恐怖感が不合理なものであることは認識されているが，一方でその恐怖感は極めて強い。そのため，日常的な機能を妨害し，しばしば強い苦痛の源となる。恐怖症性障害は，特定恐怖症や社交恐怖，広場恐怖を含む。

**恐怖症的回避**［phobic avoidance］　恐怖症者が特定の対象や状況を積極的に回避すること。

**恐怖症的性格**［phobic character］　精神分析理論において，極端なもしくは恐怖を伴う回避によって不安を処理しようとする特性。［1945年にオーストリアの精神分析家フェニヘル（Otto Fenichel: 1897-1946）によって最初に用いられた］

**恐怖症的態度**［phobic attitude］　現在の体験内容への気づきや注意の混乱によって特徴づけられる行動パターン。現在の苦しい現実から逃れるために未来の幻想に没入する，といったパターンがその例としてあげられる。［ドイツ生まれのアメリカの心理療法家パールズ（Frederick S. Perls: 1893-1970）によって定義された］

**恐怖症的不安**［phobic anxiety］　昆虫，電話ボックス，開放的な空間など，たとえ実際危険であったとしてもそれほどの不安を引き起こさないような物体や状況に対する不安。

**恐怖性愛**［autassassinophilia; autosassinatophilia］　危険や殺人などの考えによって性的快楽やオーガズムが促進される性嗜好異常のこと。これは自らが殺されるという可能性を持った，極端なマゾヒズムにより特徴づけられた性行為を計画している者も含むことがある用語である。⇨ ホミサイドフィリア

**恐怖調査票**［Fear Survey Schedule: FSS］　恐怖感情や恐怖反応，全般的不安の測定を目的とする質問紙。複数のバージョンが存在しているが，特に系統的脱感作では72項目のFSS-IIIが一般に使用される。これは恐怖や不安を生み出す対象や刺激に関する項目から作成され，動物恐怖や社交恐怖などの6つのクラスタから構成されている。評定の際には，恐怖を感じる程度に関して「全然恐怖を感じない」から「非常に恐怖を感じる」までの4件法で実施される。［初版は1964年に南アフリカ出身のアメリカの心理学者ウォルピ（Joseph Wolpe: 1915-1997）と臨床心理学者ラング（Peter J. Lang: 1930- ）により公刊された］

**恐怖動因**［fear drive］ 回避行動学習に関する二因子説において用いられる，状況や刺激に対する学習性嫌忌のこと。回避行動の動因として機能する。

**恐怖による攻撃**［fear-induced aggression］ 危険に切迫し，追いつめられたときにのみ攻撃する動物の攻撃性の一つ。

**頰部発声**［buccal speech］ 発声の一種で，喉頭で発声するのではなく，口腔に空洞を作ることによって発声する方法。頰と上顎で声門（振動体の代わり）を作りながら，音を作る調音器官として舌は自由の状態にしておく。⇨ **食道発語**

**恐怖反応**［fear response］ 脅威が迫ったときに，自己を守るために，重要な器官を守ろうとする反応。防護機能に加えて，恐怖反応は危険な状況からヒトや動物が逃走することや，怖いものを見ないように眼を閉じるような対処行動にも向けられる。生理学的な反応は，その状況や，さし迫った程度によっても変化する。⇨ **闘争逃走反応**

**共分散**［covariance］ 2つの変数間の関係を表す尺度。

**共分散分析（ANCOVA）**［analysis of covariance: ANCOVA］ 共変量の影響を考慮するために，従属変数を調整する**分散分析**の拡張的な分析のこと。たとえば，あるトレーニング方法がパフォーマンステストに及ぼす効果について検証する実験では，トレーニング前のパフォーマンスの水準に基づいて，トレーニング後のパフォーマンスの値を統計的に調整するであろう。共分散分析は，次の2つのタイプのケースで有効である。(a) 実験群が，ある実験的な操作に起因する効果の差異に加えて，ある背景に相関する変数によっても効果に差異が生じることが疑われる場合，(b) 共変数を調整することで，実験の精度が向上することが期待できる場合。

**共分節効果**［coarticulation effect］ 試行における1つかそれ以上の課題成績が，その試行における他の行動をもとにして変容する現象のこと。この現象は，特に，スピーチにおいて重要である。それは，正確な**音素**の形成が，先行あるいは後続する音をもとにして変容する。したがって，たとえば，「pin」における気音の"p"は有声の"p"と少し異なる（⇨ **有気音**）。この効果は，キーを打つときにも生じる。それは，先行あるいは後続するキーが異なるとき，特定のキーを打つ行動は異なるものとなる。⇨ **異形態**，**異音**

**共変関係**［concomitant variation］ 1. 2つの現象の変数が同時に存在するとき，それらの変数は互いに因果関係となるか，両変数ともに第3の変数による影響を受ける可能性があること。2. 変数間の相関性のこと。

**共変原理**［covariation principle］ **帰属理論**において，ある要因が行動の原因になるためには，その要因が，行動が生起している時に存在しなければならず，行動が生起していない時に存在してはいけないという原理。［アメリカの社会心理学者ケリー（Harold H. Kelley: 1921-2003）によって提唱された］

**共変動**［covariation］ 1つの現象（対象あるいは出来事）の変化ともう一つの現象の変化の間に規則的な関係があること。たとえば，安定した状況では，物質の体積はその物質の重さに共変すること，すなわち，重さの増加あるいは減少に比例して体積も増加あるいは減少すること，あるいはその反対のことがよく見受けられる。単なる**共起**と

---

キョウユウ 201

は異なり，共変動という概念には，共変する現象間には因果関係があるという仮定が強い意味をもって含まれる。⇨ **錯誤共変動**

**共変法**［method of concomitant variation］ イギリスの哲学者ミル（John Stuart Mill: 1806-1873）によって定められた，経験科学における5つの規範（canon）の5番目。現象間の因果関係を証明するものである。もし条件C1と結果E1の間に関数関係があれば，C1やその結果であるE1を構成する1つ以上の要素の間に因果関係があると推測できる。C1の要素が要因となっていることは，残りの**ミルの規範**を実行することで証明される。この方略は基本的に，心理学実験への近代的アプローチの基礎であり，相関の因果関係を推測することに直接関係している。

**共変量**［covariate］ **共分散分析**において統制されたり一定に保つよう操作されたりする相関関係をもった変数。付随変数（concomitant variable）とも呼ばれる。

**共謀**［collusion］ 心理療法において，セラピストが話す必要のある問題を避けるために意識的にあるいは無意識的にクライエントあるいは第三者に関与するプロセス。

**凶暴性**［berserk］ 破壊的あるいは乱暴なこと，もしくは暴力的な人。古代ノルウェー語"bearsairt"に由来する。古代ノルウェーの戦士は戦闘の折には熊の毛皮を着用し，卓越した強さと激しさをもって戦ったとされている。

**強膜**［sclera; sclerotic coat］ 眼球の外側を覆う頑丈な白い膜で，眼球の前面の角膜と裏面にある神経細胞の鞘とつながっている。

**興味検査**［interest test; occupational interest test］ 参加者に，一定の範囲の活動や態度について好き嫌いの表明を求める**自己報告式目録**のこと。参加者の異なる職種に対する適性を査定するために，異なる職業で成功した人間が抱く興味のパターンと比較される。重要な例として，**クーダー職業興味検査**と**ストロング関心尺度**があげられる。

**興味要因**［interest factors］ 職業ガイダンスおよび**人事選考**において，人格特性ひいては，特定の職業あるいは雇用形態への適合性とみなされる個人の興味や選好のこと。興味要因は，**自己報告式目録**（⇨ **興味検査**）や，趣味，レジャー活動，前職によって検討される。

**業務外訓練**［off-the-job training］ 従業員の知識，スキル，能力を増大させるための介入であり，職場以外の場所，多くは教室などで行われる。⇨ **職場内訓練**，**研修所訓練**

**業務進行コンサルテーション**［process consultation］ 組織開発のための介入法。コンサルタントが業務集団を観察する。コンサルタントは，メンバーの協働の効果をどのように改善するのかについてフィードバックを提供する。

**享有**［jouissance］ フランスの心理学者ラカン（Jacques Lacan: 1901-1981）の理論の中での，単純な本能の満足を超えていくような楽しみや喜びのこと。そういった喜びは破壊的か安定化しようとする力のどちらにもみえる。この用語は後に**脱構築**と**ポスト構造主義**における文学的および哲学的評論によって用いられるようになった。

**共有環境**［shared environment］ 行動遺伝分析によると，共同生活をする個体間（たとえば，血縁関係のある個体たちが成す親族世帯など）では，共有される環境の影響を受け，個体同士が似てくるとされている。また，この共有環境のもたらす類似性は，遺伝によってもたらされる類

似性よりも影響力が大きいと考えられている。この共有環境の要因としては，たとえば養育者の育児スタイルや，離婚，収入などの要因が考えられる。⇨ **非共有環境**

**共優性**［codominance］ ある動物集団内で高位を共有すること。野生のマカク，ヒヒ，チンパンジーでは，直線性の階層を示すのではなく，ほんの少数のオスが共優性を示すことで群れを統制している。優位な個体に対抗したり，屈服させたりするために，下位の個体により同盟が形成される。同盟を組んでいた一メンバーが他のメンバーよりも優位になるために，同盟は短命であることが多い。

**共有精神**［communal spirit; community spirit］ 集団や共同体の統合性や目標を共有していると感じること。⇨ **凝集性**，**団体精神**，**集団連帯**

**共有精神病性障害**［shared psychotic disorder］ DSM-IV-TRに掲載されている精神障害の一つ。既に確固たる妄想を抱いている精神障害の人がいて，その人と関わる別の人が全く同じか類似の妄想を発展させる点が，共有精神病性障害の基本特徴である。感応性精神病とも言われる。先に妄想を抱いている者を誘因者（inducer），または第1事例（primary case）と呼ぶことがある。共有精神病性障害では多くの人がともに妄想を発展させていくこと（たとえば，家族全員）もありうるが，ほとんどの場合は二者関係で起こる。二者関係で起きることから，二人組精神病（フランス語表記で folie à deux）としても知られる。DSM-III-Rでは，共有精神病性障害は誘発性精神病性障害（induced psychotic disorder）として記載されていた。

**共有地の悲劇**［tragedy of the commons］ あるコミュニティの成員の短期的利益を目指す行動系列が，そのコミュニティの長期繁栄に弊害をもたらすときに生じる社会的ジレンマ。このジレンマの最初の例は，ある村の放牧者たちが，できる限り多くの畜牛を共同放牧地に放し，自己利益を最大化しようとしたところ，牧草地は限られた資源であるため，結局，その土地が使い物にならなくなってしまったというものである。この悲劇は，社会の完全な自由は社会全体を滅亡させるということを示している。［アメリカの生物学者ハーディン（Garrett Hardin: 1915- ）によって1968年に紹介された］

**共有的関係**［communal relationship］ 他者の欲求や願望を第一に考えて相互作用を行う人間関係。これと対比されるのは，受けた利益と同程度のものを与える交換的関係（exchange relationship）である。⇨ **公平理論** ［アメリカの社会心理学者のクラーク（Margaret Clark）とミルズ（Judson Mills）によって議論された］

**共有的感情**［communal feeling; community feeling］ 集団成員の一体感。社会的に一体化した集団では，成員は個人的利益ではなく集団利益を高める行動へと促す。⇨ **凝集性**，**共有精神**，**団体精神**，**集団連帯**

**強要された自白**［coerced confession］ 権力者による脅迫，拷問，取引によって被告人が罪を自白すること。

**教養小説**［Bildungsroman］ 幼児期から成人にかけて登場人物の発達のコースの中で（大抵は一連の段階を通して）登場人物自身を導く構成を描く小説の一種。様式はドイツのゲーテ（Johann Wolfgang von Goethe）の *Wilhelm Meister's Apprenticeship*（1795-1796）（邦題は『ヴィルヘルム・マイスターの修業時代』）によって確立され，この様式はドイツ文学の伝統の中心をなしている。それゆえ，初期の精神分析家が教育されたり仕事をしたりする上では欠かせない知的風潮の部分であった。フロイト（Sigmund Freud）の心理・性的段階，エリクソン（Erik Erikson）の心理・社会的段階，ユング（Carl Gustav Jung）の個性化の過程，ピアジェ（Jean Piaget）の認知発達の段階といった古典的な「段階理論」はこの伝統から生じているといえる。［ドイツの文献によれば，ドイツの哲学者シャライアマッヘル（Friederich Schleirmacher: 1768-1834）の伝記に登場するドイツの哲学者ディルタイ（Wilhelm Dilthey: 1833-1911）によって「教育的小説」という造語が作られた］

**強要的でない快感** ［nondemand pleasuring; nondemanding pleasuring］ 性的興奮を期待せずに，官能的な喜びのためにパートナーの体を愛撫すること。セックスセラピーにおいて，この実践には胸や性器への接触も含まれるが，遂行不安を解消する目的でよく用いられる。性機能障害のカップルに，失敗を恐れることなく，お互いに肉体関係を楽しみ始めるように指示する。

**狂乱**［frenzy］ 一時的な激しい興奮と精神的動揺の状態であり，暴力行為が見られることもある。躁病と関連があり，同義語とみなす場合もある。

**狂乱状態**［nympholepsy］ 特に性的性質の熱狂や，狂乱であり，いくつかの満たされない理想の欲望によって特徴づけられる。ある人が，ニンフ（妖精）を一目見て，悪魔のように熱狂して彼女を追うことに取りつかれてしまったという，神話から名づけられた。

**協力**［cooperation］ 目的の達成に向けての共同作業プロセス。これと対比されるのが競争（competition）であり，ここでは目標に向かう個人の活動が，他者との共通目標を達成させることを阻害する。ゲーム理論（game theory）では，協力はゲーム参加者全体の報酬を最大化させ，コストを最小化させる戦略とみなされる。これは，時には利他的行為（altruism）とも説明される。動物研究でも協力が示唆されている。しかしながら，人間以外の動物たちは，共通の問題を解決するために協力すべきことを理解しているのか，あるいは，たまたま彼らの行動が協力しているようにみえているだけなのか，まだ明確ではない。しばしば，協力は，食糧を増加させることや捕食者の回避，一族の生存といった成果を導き，適応に役立つ。しかし，それぞれの個体にとっての利益が必ずしも明瞭なわけではない。⇨ **動物の協力**

**協力筋**［synergistic muscles］ 足の屈伸のような特定の行動をするために一緒に働く筋肉。⇨ **主動筋**，**拮抗筋**

**強力精神安定剤**［major tranquilizers］ 精神安定剤や睡眠薬（抗不安薬と呼ばれていた）と区別するために用いられた**抗精神病薬**の以前の呼称。

**協力的家族療法**［collaborative family health care］ 学際的な家族療法。健康に関する事象は生物的レベル，心理的レベル，社会的レベルで同時に起こり，結果として，個人，家族，コミュニティ，文化の影響を組み込んだ治療法が要求される。治療者が分かち合うべきことは，意思決定，患者とその家族への対応，治療に関する専門知識の統合である。それは，専門的なものから総合的調整的ケアに関するものまでを含む。

**協力的ケア**［collaborative care］ 1. 複数の専門家や精神科医が協力してクライエントに直接関わる問題やその周

辺の問題について査定したり，治療の計画を立てたり，経過を観察したりすること。**2.** クライエントやクライエントの集団に対して，専門領域間で領域の枠を超えて調和のとれたケアをするために協力すること。

**協力的報酬構造**［cooperative reward structure］　報酬が個人による成果よりも集団による成果に基づいて分配される状況。このような状況では，それぞれの成員の成功が集団全体の成功を促進させる。多くの場合，このような構造では，集団の信頼，コミュニケーション，新たな成果が生まれる。⇨ **競争的報酬構造**，**個人主義的報酬構造**

**協力的目標構造**［cooperative goal structure］　他者と対立するよりも協力したほうが目標を達成できるように構造化された状況。目標構造が純粋に協力的となっている場合は，他者が成功した場合，個人もよりよい成功を得ることができる。⇨ **競争的目標構造**

**協力動機**［cooperative motive］　他者の目標達成を援助するように，人間関係や状況で協力的に反応させる動因や気質的傾向。

**協力の道徳性**［morality of cooperation］　10歳〜11歳の子どもの道徳性のことであり，決まりごとが社会的慣習であることを認知することが特徴である。社会的慣習は関わりのある集団が同意するときに問題にされたり，変更されたりする。子どもは積極的に決まりごとを受け入れ，決まりごとを順守するが，それは恐れから，あるいは従順であることに疑いがないからではなく，理由に基づいている。⇨ **ゲームのルール**，**制約の道徳性**［ピアジェ（Jean Piaget）が提唱した］

**行列**［matrix］　一連の数字を長方形の**配列**にまとめて「行」と「列」によって表現するもの。

**協和**［consonance］　社会心理学において，態度の構成要素が互いに内的に一貫している，あるいは一致している程度のこと。⇨ **認知的協和**

**許可**［license］　個人や組織に対して，実務経験というよりも，試験や教育の成績，およびその両方に基づいて，ある業務やビジネスに携わることを政府機関によって許されること。⇨ **資格認証制**

**虚偽記憶**［false memory］　虚記憶とも言う。記憶の改ざんや歪曲のこと。たとえば，記述で読んだだけの出来事を実際に目撃したと信じたり，実際には新奇な光景を以前に見たことがあると錯覚するなど。錯誤記憶（illusory memory）や記憶錯誤（paramnesia）とも言う。⇨ **作話**，**重複記憶錯誤**

**虚偽記憶症候群**［false memory syndrome: FMS］　幼児期に受けた性的および身体的虐待についての間違った想起。ただし，虐待の記憶の想起についてそれが事実に基づく想起で有る場合も虚偽のものである場合もあるため，この名称には論議がある。この症候群は診断名として確立しているわけではなく，より中立的に響く**回復された記憶**という用語を使う者もいる。

**寄与危険度**［attributable risk］　疫学において，ある**リスク因子**にさらされたことが原因と考えられる疾病または障害の罹患率のこと。たとえば肺癌の多くが喫煙によるものであり，喫煙はこの疾患の寄与危険度の大半を占めているといえる。

**虚偽尺度**［lie scale］　検査上でみられる人の反応の真偽を評価するのに役立つ尺度。検査の下位検査，あるいは尺度そのものとして用いられる（たとえば，**ミネソタ多面人格目録**）。

**虚偽性障害［1］**［factitious disorder］　DSM-Ⅳ-TRにおいては，病気だと思い込むために，患者が意図的に身体的，心理的症状を作り出したり，装ったりする疾患群とされている（⇨ **詐病**）。以下の4つの下位障害に分類できる。(a) 主に心理的な兆候や症状を伴う虚偽性障害（factitious disorder with predominantly psychological sighs and symptoms：たとえば，うつ病，配偶者の死の後の自殺捻慮，幻覚，妄想）。これは，見られていることに気づくと，しばしば症状が悪化し，治療効果がみられず，その病気によくみられる経過をたどらないということがある。(b) 主に身体的な兆候や症状を伴う虚偽性障害（factitious disorder with predominantly physical signs and symptoms：たとえば，痛み，嘔吐，失神，発作，感染症）。これは，**ミュンヒハウゼン症候群**の重症型である。(c) 心理的なものと身体的なものが組み合わさった兆候や症状を伴う虚偽性障害（factitious disorder with combined psychological and physical signs and symptoms）。(d) **特定不能の虚偽性障害**。

**虚偽性障害［2］**［pseudologia fantastica］　作り上げられた嘘によって特徴づけられる臨床的症候群のこと。大抵はでっち上げであるという印象を他者に与え，不都合を避けているように思える。あるいは個人の自我を高めるために話をでっち上げている。作話の作り話とは異なり，これらの空想は少しの間だけ信じ込まれており，矛盾していると証明されるや否や，その内容は取り下げられる。典型的な例は，反社会性パーソナリティ障害の人による大げさな作り話である。しかし，そのような症状は仮病や虚偽性障害，神経症や精神症の患者にもみられる。⇨ **病的虚言**

**虚偽の原因の誤謬**［false cause］　出来事の時間的順序を出来事の因果の順序だと考える日常的な**誤謬**もしくは説得テクニックの一つ。したがって，Aの後に続いてBが起こるから，AはBの原因である（例，スミスのフラストレーションが溜まった後にスミスが怒ったので，スミスのフラストレーションがスミスの怒った原因である）。統計学や実験計画においては，因果の誤り（post hoc fallacy）と呼ばれている。また，前後即因果の虚偽（post hoc ergo propter hoc）とも言う。⇨ **因果順序**，**逆因果性**

**局外パラメータ**［nuisance parameter］　あるパラメータを推定したり，それに関する仮説検定をする際に，あわせて推定する必要がある他のパラメータのこと。

**極限環境**［extreme environments］　人の健康や幸福に影響を与える極端な生活環境のこと（たとえば，宇宙ステーションや，極圏地域，海底油田など）。極限環境の分析において重要な問題となるのは，**プライバシー**や**クラウディング**，社会的支援，刺激レベルなどである。

**極限法**［method of limits］　不連続なステップで刺激の大きさを増加または減少させて呈示することで閾値を測定する精神物理学的測定法である。つまり，ある強度の刺激が被験者に呈示され，呈示された刺激が被験者に知覚されると，次の試行ではさらに小さな刺激が呈示される。この手順を刺激が知覚されなくなるまで繰り返す。反応の転換点（「ある」から「ない」，あるいは「ない」から「ある」）の刺激の大きさの平均が閾値である。極限法に変わる手法である調整法（method of constant adjustment）では，被

験者に刺激を知覚することができなくなるまで絶間なく調節させる。⇨ **恒常法**

**局在機構** [topographic organization] 構造上の構成要素の配置。たとえば，運動野の神経受容体の記述と大脳皮質感覚野で同じ働きを示すニューロンの関連した記述との間における，整理された空間的関係。したがって，運動野では**体性感覚的組織**が，一次視覚野では網膜のトポグラフィックマッピング（⇨ **視野表象マップ**）が，そして聴覚野では周波数局在構造が示される。

**局在性** [localization] 認知的，行動的機能が神経システムの特定の領域に割り当てられていること。たとえば視覚機能は目，特定の神経線維，そして視覚野の投射，連合神経細胞と結びつけられている（⇨ **代替機能**）。

**局所回路ニューロン** [local circuit neuron] **細胞体**付近での局所プロセスのみに関わるニューロン。ゴルジⅡ型ニューロン（Golgi TypeII neuron）とも呼ぶ。⇨ **投射神経細胞**

**局所興奮状態** [local exicitatory state: LES] 閾値下の電位に応答した神経細胞の表面の負電位の局所的増加のこと。

**局所触覚消失（局所知覚消失）** [topagnosis] 触覚の定位の能力を失うこと。触覚刺激を感じることはできるが，刺激された場所を認識することができない。

**局所性変性** [focal degeneration] 認知症のような，進行性の脳変性による特定の脳領域における障害や機能不全の発生のこと。病変は，局所的なままである場合も，近接領域に広がる場合もある。

**局所-大域差異** [local-global distinction] 1つのまとまりある形として知覚するか，あるいはその形を構成するサブユニットを知覚するかの差異。たとえば，小文字 p で大きな文字 S ができるように配置されているとき，p に焦点を合わせるのであれば局所水準での知覚ということになり，S に焦点を当てれば大域水準での知覚ということになる。

**局所適用** [topical application] 粘膜のような，肌の表面やその他の組織の表面に薬を投与すること。薬は表面を通してわずかに吸収され，組織下に効果をもたらす。治療薬によっては肌を通して吸収され，薬物の透過力をよくするように改良されている。

**局所電位** [local potential] 局所刺激が閾値を超えたときに**活動電位**に先立つ**緩電位**の段階。局所反応（local response）とも呼ばれる。

**局所疼痛** [topalgia] 原因となるほどの傷害や精神的外傷がなく，一点か小さい範囲に局在している痛み。局所疼痛は一般的に**身体表現性障害**の徴候である。

**局所脳血流** [regional cerebral blood flow: rCBF] 脳内の特定領域を流れる血流速のこと。ポジトロン断層法や単一光子放射断層撮影法などの**ブレインイメージング技術**により測定される。

**棘徐波結合** [spike-and-wave discharges] てんかんの欠神発作時にみられる脳波の波形。急峻なスパイクの後に低振幅の**デルタ波**が続く。これが1秒間に約3回の頻度で繰り返される。

**局所モデル** [topographic model] フロイト（Sigmund Freud）によって1913年に提唱された，精神が3つの領域，あるいはシステムに分けられるという理論。(a) 無意識システム（Ucs）は，飢えや乾き，性欲など，特定の衝動や本能，またそれらに関係し，抑圧された幼少期の記憶にまつわる無意識的な動機からなる。(b) 意識システム（Cs）は，社会適応，内的現実と外的現実の区別，願望充足の延期，将来の予測を可能にする。(c) 前意識システム（Pcs）は，意識と無意識の間にあり，非合理的なイメージや空想と混ざり合った論理的，現実的な観念からなる。記述的アプローチ（descriptive approach），システム的アプローチ（systematic approach），地理的仮説（topographic hypothesis）とも呼ばれる。⇨ **力動的モデル**，**経済モデル**，**構造的モデル**

**曲線あてはめ** [curve fitting] 与えられたデータを用いて，グラフィカルに表す曲線を得るための様々な統計的手法。

**曲線相関** [curvilinear correlation] グラフィカルな描写において線形ではない変数間の関数関係。

**極体** [polar body] メスの配偶子形成の際の卵母細胞の分裂に伴い生じる1つ以上の小さな細胞のこと。⇨ **卵形成**

**極連続体** [polar continuum] 「熱い−冷たい」のように終端点が全く反対な連続体。

**虚血** [ischemia] 器官や組織において，血液が欠乏すること。これは，血管の機能性収縮，あるいは実際の閉塞によるものとされる。⇨ **脳虚血**

**虚血性半影** [ischemic penumbra] 主要な損傷箇所の周囲に不十分な血液供給によってできる中程度の組織損傷の領域（⇨ **虚血**）。半影内の組織は隣接する正常な領域からの付帯的な血流のおかげで部分的に維持される場合もある。

**寄与原因** [contributing cause] 結論や事象を導き出すために，十分にとまではいかないが，ある点で役立つ原因のこと。寄与原因は，**条件**，または周辺の条件に影響を与えることによって，事象に間接的に影響を及ぼし，その事象を起こりやすくすることがある。

**虚言症** [mythomania] 1. 入念で誇張した嘘をつく傾向のこと。その嘘には，想像上の体験の報告も含まれる。しばしば，**自己欺瞞**もこれに含まれる。⇨ **虚偽性障害**，**病的虚言** 2. 神話に対する異常な興味を示し，空想と現実の区別がつかず，信じられないような物語を作話する傾向。⇨ **作話**

**挙睾筋反射** [cremasteric reflex] 精巣を腹部に引き戻す挙睾筋（cremaster muscle）の収縮のこと。低温や大腿内面表皮をなでることで起こる。

**巨細胞核** [paragigantocellular nucleus: PGN] 睡眠に関わる脳幹網様体の領域。

**巨視** [macropsia; megalopsia] 対象が現実よりも大きく見える錯視。⇨ **変視症**，**小視症**

**鋸歯状波** [sawtooth waves] 小さくて急峻な波。レム睡眠中の脳波に突発的に見られる。

**巨視的分析** [molar analysis] 時とともに拡大されてきた全体を単位とする行動過程の分析のこと。巨視的分析では，強化率（たとえば，餌）に対する平均応答率といった，一定期間を通じて拡大する多くの反応についてその測定間の全体的な関係を検討する。グローバルな分析（global analysis）とも言われる。⇨ **微視的分析**

**居住性** [habitability] ある特定の環境が，そこに暮ら

キヨリテカ　205

す人々の機能的・審美的要求に適合している程度のこと。
⇨ **環境設計**
　**居住比率**［residence rate］　都市，国，州，あるいはその他のエリアの総人口に関する所定のデータに占める，所定のタイプの建築物に居住している人数の比率のこと。
　**鋸状縁**［ora serrata; ora terminalis］　網膜の最も前面の部分であり，毛様体の近傍に位置する。網膜の層は鋸状縁で薄くなる。
　**拒食**［apastia］　1. 食物に対する拒否または摂食の自制。⇨ **嚥下障害**　2. 食物への欲求の欠如や忌避。嫌食とも言う。
　**拒食症**［anorexia］　1. 一時的な食欲不振ではなく，慢性的あるいは持続的に食欲不振になる病。拒食症には一次的な心理的な原因があると考えられている（⇨ **神経性無食欲症**）。また下垂体機能低下症のような生理障害とも関連があるとみられている。2. 性欲など他の欲求によって食欲不振になること。
　**巨人症**［gigantism］　下垂体の成長ホルモンの過剰な分泌によって，身長が異常に大きくなること。身長が205 cm（81インチ）以上の人を指すこともある。⇨ **先端肥大症**
　**去勢**［emasculation］　1. 精巣除去。⇨ **去勢術**　2. 文化的に認められた男性役割を剥奪することで男の**男性性**を縮小ないし失わせること。
　**去勢コンプレックス**［castration complex］　精神分析理論において，子どもの無意識の感情やファンタジーが結びついて，**男根像**を剥奪されることへと発展するという考え。それが少年には陰茎の喪失を意味し，少女にとっては既に去勢されていたという信念となる。これは少女が陰茎をもっていないことへの気づきから生じるものであり，エディプス・コンプレックスと密接な関連がある。
　**去勢術**［castration］　睾丸の外科切除（⇨ **除睾術**）。卵巣摘出は一般的ではない。また，男性，女性どちらも，放射線，身体疾患，薬物によって生殖腺の不活性化は生じる（⇨ **化学的去勢**）。去勢術は性ホルモンの分泌を阻害し，男性では性的欲求や性機能が減退する。しかしながら，副腎でホルモンを分泌している場合は，必ずしも後者の効果が現れない。女性は卵巣摘除によって膣液が減少するため，ホルモン補充療法は医学的根拠により卵巣摘出を行った女性に一般的に行われている。
　**去勢不安**［castration anxiety］　性器を傷つけられる，あるいは失くすことへの恐れ。精神分析理論の**前性器期**においては，少年は様々な喪失や剥奪を経験し，その結果，自分の陰茎をも失くしてしまうのではという恐れが生じる。⇨ **去勢コンプレックス**
　**拒絶域（拒否域）**［latitude of rejection］　人が拒絶を示す態度的立場の幅のこと。はじめに**社会的判断理論**の一部として提唱された。⇨ **受容域**，**非関与域**
　**拒絶恐怖**［fear of rejection］　社会的に除外される，あるいは排斥されることへの持続的で不合理な恐怖感のことであり，大抵**社交恐怖**の特徴である。
　**巨舌症**［macroglossia］　異常に大きい舌をもつこと。会話における発音にも影響を及ぼす。
　**拒絶症**［negativism］　他者の提案を一貫して拒否すること（消極的拒絶: passive negativism），あるいは他者の期待や要求，命令とは反対の方法で行動すること

（積極的拒絶: active negativism）を特徴とする態度。通常は，反対する特定の理由はない場合にみられる。幼い子どもや青年においては，そのような反応に，自己主張の健全な表現として見なされる。拒絶症は多くの障害と関連している可能性があり（極端な拒絶症は**緊張型統合失調症**の特徴である），対立，離脱，怒りの表出でもあり，注意を引く方法でもありうる。拒絶的反応（negativistic response）とも呼ばれる。⇨ **反抗挑戦性障害**，**受動的攻撃性パーソナリティ障害**
　**拒絶-放置的養育**［rejecting-neglecting parenting］　不関与的な育児態度であり，両親は子どもに情動的依存をさせず，子どもの環境を豊かにできないこと。⇨ **指導的養育**，**許容的養育**　［アメリカの発達心理学者バウムリンド（Diana Baumrind: 1927- ）が最初に提唱した］
　**虚脱**［collapse］　うっ血性心不全ではないが，循環の機能停止に伴う極度の疲労と衰弱の状態。
　**拒否型愛着**［dismissive attachment］　成人の**愛着**スタイル。これは，自分自身を有能で愛情に値すると捉える自分自身についての肯定的な**愛着の内的ワーキングモデル**と，他者を信用・信頼できないと捉える他者についての否定的な内的ワーキングモデルを兼ね備えている。拒否型愛着の人は，親密な人間関係の重要性を無視し，強固な自己充足を維持すると仮定されている。⇨ **恐れ型愛着**，**とらわれ型愛着**，**安定型愛着**
　**虚無主義［1］**［moral nihilism; ethical nihilism］　倫理学において有効な道徳原則など存在しないとする主義。この立場は，単に"普遍的に有効な道徳原則は存在しない"と主張する道徳的**相対主義**とは区別される。
　**虚無主義［2］**［nihilism］　1. 存在を否定する妄想。精神，体，大きな世界（あるいはその一部）はもはや存在しないという固い信念。虚無妄想，否定妄想とも言う。2. 存在に意味はないという信念。ニヒリズム。
　**許容限度**［tolerance limit］　測定過程において許容される誤差のこと。
　**許容的養育**［permissive parenting］　親や養育者による子どもに対する寛大な養育態度のことで，そこでは罰を与えず，受容し，肯定的な態度をとる。寛大な親は子どもを自身の支配下に置くようなことはせず，要求や制約をすることもない。規則は説明され，子どもには決定権が与えられる。⇨ **指導的養育**，**拒絶-放置的養育**　［アメリカの発達心理学者バウムリンド（Diana Baumrind: 1927- ）が最初に提唱した］
　**許容曝露レベル**［permissible exposure level］　被雇用者が雑音のような特定の危険因子に曝される程度を減らすために雇用者が**工学的制御**や**管理的制御**を用いるべき水準。⇨ **騒音量**
　**距離ゾーン**［distance zone］　相互作用している人たちの間にできる身体的距離。対人間の距離が相対的に小さい場合に互いが親しく，距離が広がるにつれて，関係性などが形式的となっていく。⇨ **親密距離**，**個体距離域**，**公衆距離**，**社会的距離**，**プロクシミクス**
　**距離知覚**［distance perception］　観察者が自分と視覚標的との間の距離を判断する能力のこと。⇨ **奥行き手がかり**
　**距離手がかり**［distance cue］　刺激の源からの距離を判断させることができる聴覚や視覚の手がかり。聴覚の距離

手がかりは両耳間の強度差，スペクトラル成分の変化および身近な音の強度（たとえば，声）を含む。視覚では，距離手がかりは**調節**や身近な物体の大きさを含む。⇨ **奥行き手がかり**

**ギラン・バレー症候群**［Guillain-Barré syndrome］　筋力低下や，ひどい場合には正常な感覚の障害から始まり，病気の進行に伴って中枢へと及ぶ急性・進行性の脱髄型の**末梢神経障害**。症状は下肢から始まり，上部へと進行することが多い。筋肉を全く動かせなくなったり，全身まひになったりするほど重篤になることがあり，その場合には生命の危険がある。先行感染によって発症することが多いため，免疫反応の結果であるとも考えられている。［フランスの神経学者ギラン（Georges Guillan: 1876-1961）とバレー（Jean Barré: 1880-1967）に由来する］

**切換遅延（COD）**［change-over delay: COD］　**並列強化スケジュール**において，代替反応に切り替えた際に，その切り替えと**強化**の呈示の間に時間遅延を設けること。

**キリスト教科学**［Christian Science］　1879年にアメリカの宗教リーダーであるエディ（Mary Baker Eddy: 1821-1910）によって創設されたプロテスタント系の宗派のこと。精神は物質を支配する力をもち，特に祈りを通じて，精神的な病気（たとえば，罪業）と肉体的な病気の両面において，**メンタルヒーリング**を実現するという考え方に基づいている。その支持者の信仰への依存は，医療や精神治療の拒絶につながり，多くの論争を巻き起こしてきた。

**起立性低血圧症**［orthostatic hypotension］　横になったり，座った状態から立った状態へと動いた時の血圧低下のこと。通常，心臓や主要動脈の内壁にある**圧受容器**の活性化によって，血圧は状態変化に応じて対処維持される。次第に，この受容体の活性化が末梢血管の**アルファアドレナリン受容体**を刺激することで，動脈収縮や血圧維持を引き起こすことになる。数多くの向精神薬（例，抗うつ薬や抗精神病薬）が末梢アドレナリン受容体の活動をブロックするために，起立性低血圧を引き起こし，血圧低下のリスクを高める。特に，高齢者に多い。また，起立性低血圧症は糖尿病，アミロイド症，パーキンソン病によって引き起こされる。体位性低血圧症（postural hypotension）とも呼ぶ。

**起立不能**［astasia］　運動筋肉調整の問題によって立てなくなる深刻な損傷や損失のことを指す。

**ギールコロニー**［Gheel colony］　ベルギーのギールにある，重篤な精神疾患をもつ人々の，駆け込み寺的なコロニーのこと。そこでは彼らは個人の家庭の中にシェルターを与えられており，様々なやり方で雇用されている。この風習は13世紀に始まったもので，ギールで殉教し，精神疾患と近親姦被害者と逃亡者の守護聖人となった聖ディンフナの伝説に関係している。このコロニーは1850年に政府機関となった。⇨ **聖ディンフナ病**

**キルナー・スクリーン**［Kilner screen; Kilner goggles］　特別な見えを与える機器で，不可視であるオーラを明らかにするもの。実質上，シアニンの層で分けられた2つのガラスによって構成されている光のフィルタで構成される（青い染料が写真の感光乳剤として使われている）。このようにオーラを検査することは，病気の早期診断において重要な役割を担うと，信奉者は主張している。⇨ **キルリアン写真**［イギリスの医師キルナー（Walter J. Kilner: 1847-1920）による］

**ギルフォード**［Guilford, Joy Paul］　ジョイ・ポール・ギルフォード（1897-1987），アメリカの心理学者。ギルフォードはコーネル大学で，ティチェナー（Edward B. Titchener）とダレンバック（Karl Dallenbach: 1887-1971），およびゲシュタルト心理学者のコフカ（Kurt Koffka）とヘルソン（Harry Helson: 1898-1977）のもとで学び，心理学の博士号を取得した。ネブラスカ大学で教鞭を執った後，1940年に南カリフォルニア大学に移りそこで定年まで勤務した。ギルフォードは，心理統計学に寄与したことでよく知られており，1936年に初版を出版した *Psychometric Methods* は広く用いられた。また，人格と知能に関する研究の中で**因子分析**を用いたことでも知られている。これらの業績として *Personality*（1959）や *The Nature of Human Intelligence*（1967）があげられる。ギルフォードは，IQのように単一で一定の値によって知能が論じられることに反対し，知能は多くの側面をもち，その諸側面は教育を通して向上させられると主張した。また，**知性の構造モデル**として知られる重要なモデルを開発し，ギルフォードや他の研究者らがあげた知性の諸側面を分類した。彼はその功績によって米国心理学会功労賞と，米国心理学財団からゴールドメダルを受賞した。

**ギルフォード-ジマーマン気質検査**［Guilford-Zimmerman Temperament Survey: GZTS］　16歳以上の人を対象に使用される性格検査。**因子分析**によって明らかにされた「支配性」，「社交性」，「友好性」，「思慮深さ」，「人間関係」，「男性性」，「客観性」，「一般的活動性」，「慎み深さ」，「情緒的安定性」からなる10の特性を測定する。300の記述文（たとえば，「あなたはよく腹を立てますか？」など）で構成されており，それに対して被検者は「はい」「いいえ」「？」で答える。［1949年アメリカの心理学者ギルフォード（Joy Paul Guilford）とジマーマン（Wayne S. Zimmerman: 1916- ）によって開発された］

**ギルフォードの知能の次元**［Guilford dimensions of intelligence］　知性の3つの次元，すなわち「内容」，「操作」，「所産」であり，知能検査の得点に個人差が生まれる原因と考えられた。どのような知能もこの3つの側面の組合せで表される。たとえば，言語類推検査は，言語（内容）の関係（所産）の認知（操作）という組合せで表現される。ギルフォードが当初提案した知能の数は120であったが，後に150に増加した。アメリカの心理学者ホーン（John L. Horn: 1928- ）はこの理論の妥当性に疑問を呈し，ギルフォードが提唱した諸側面の実在性は研究結果からは支持されないと指摘した。⇨ **知性の構造モデル**［ギルフォード（J. P. Guilford）による］

**キルリアン写真**［Kirlian photography］　ヒト，動物，植物，物質から放射されているオーラ，生命力（life force）を写真フィルム上に記録する手法。高電圧の電場に被写体を置くことで，物体の周りに色のついた後光やコロナ放電が写る。これを支持する者によれば，オーラが変化することは，その対象の健康や情動の状態においての変化を反映していて，キルリアン写真は医学的な診断においても有効であるという。一方，懐疑的な人々からは，不十分な証拠しかないとされる。⇨ **キルナー・スクリーン**，**ライヘンバッハ現象**［キルリアン（Semyon Kirlian: 1900-1980）が提唱した］

**儀礼**［rite］　本来は宗教的な，ある特定の文化に関連した儀式や行事。

**儀礼虐待**［ritual abuse］　子どもに対する主に肉体的，性的，感情的な性質をもつ，組織的，反復的，サディスティックな虐待のこと。宗教，オカルト，秘密結社の儀式やシンボル（たとえば，逆さ十字架など）を用いて行われる。また児童ポルノの制作や，子どもの性的売買も含まれる。被害者に虐待への参加と沈黙を強いるため，動物の殺害といった凶悪な行為を強要することがある。

**キレート化**［chelation］　金属イオンと非金属イオンとの間に，化学的な結合が形成される現象。鉛や水銀などの金属イオンを体外に排出する際は，キレート剤によるキレート化が利用される。

**偽老化**［pseudosenility］　老年期において，薬物の影響，栄養失調，抑うつ，血液循環量の減少，発熱，アルコール依存，脳腫瘍，転倒，代謝障害といった要因から生じる急性，可逆的な混乱状態，もしくは重篤な認知能力の低下。この状態は，しばしば不可逆的な**認知症**と混同される。

**記録の保管**［record keeping］　治療の本質的な側面で，臨床記録が今後の治療の参考や研修目的，またはその両方のために保存されること。さらに，臨床記録は裁判所から提出するよう命令されることがある。状況によって，記録をどの程度詳細に保管するかは様々であるが，ある程度の記録の保管は臨床家にとって標準的な手続きであると考えられている。

**キロバイト恐怖症**［kilobytophobia］　コンピュータ技術への恐怖や不安。またはコンピュータのリソースを使用することに対する拒否のこと。⇨ **コンピュータ不安**

**議論忌避**［misologia; misology］　話すことや議論することを忌避すること。

**既話感**［déjà raconté］　今は思い出した，長く忘れられていた出来事を以前にも語ったような気がすること。原語はフランス語で「すでに語った」という意味。このような錯覚は，脅威的な体験を既に克服し，次も大丈夫だと安心したいという欲求から生じていると考える理論家もいる。⇨ **虚偽記憶**

**疑惑**［doubt］　エリクソンの発達の八段階の用語。⇨ **自律性 対 恥・疑惑**

**疑惑症**［doubting mania; doubting madness; folie du doute; maladie du doute］　明白なことでさえ不確かに感じる，極端で強迫的な感情を主症状とするもの。疑惑症は**強迫性障害**と関係がある強迫観念で，一般によく認めるものである。しばしば，疑いと関連のある不安を減らす手段として確認の儀式という形をとる。たとえば，ドアが閉まっているかを繰り返し見ようとする。［フランスの精神科医ファルレ（Jean-Pierre Falret: 1794-1870）によって名づけられた］

**キーワード法**［key-word method］　外国語の語彙学習時に用いられる方略の一つ。もし母語が英語であれば，キーワードは，外国語の単語の音と連合し，かつ心的イメージの中でその意味をつなげられた英単語となる。たとえば，英語話者がフランス語の「lifre（本）」から英単語「leaf（葉）」の音を思い出したとすると，しおり代わりに本に挟まっている一枚の葉の像を視覚化するといったように，キーワード「leaf」は心的イメージの中で「本」と結びつけられる。基本的には，**記憶法**の一つである。

**近位遠位性発達**［proximodistal development］　有機体の中心部から周辺部にかけて身体的，運動的な発達が進むこと。たとえば，子どもは肩の動きの制御を学習した後，腕や指の動きの制御を学ぶ。⇨ **頭尾方向の発達**

**筋萎縮性側索硬化症（ALS）**［amyotrophic lateral sclerosis; Lou Gehrig's disease: ALS］　（感覚神経は侵されず）上位下位運動ニューロンの双方が侵された**運動ニューロン疾患**。脊髄，脳幹と大脳皮質の**前角**の漸進的な変性が特徴。症状は通常40歳以降に生じ，筋肉の萎縮と弱体化，部分的・完全なまひ，発語障害，嚥下や呼吸の困難がみられる。痙縮性と過剰な腱反射がみられることもある。一般的に2〜5年以内に死に至る。アメリカではしばしば運動ニューロン病とも呼ばれる。

**近位の**［proximal］　1. 身体の中心または体幹に近いこと，また，中心に向かっていること。2. 基準点，もしくは起源に近いこと，また，最も近縁であること。

**近位の受容器**［proximal receptor］　身体に直接触れた，もしくは直接に近い形で触れた刺激を検出する受容器（味覚や触覚の受容器など）。

**近位反応**［proximal response］　器官内で起こる反応（腺性，筋性反応など）のこと。⇨ **遠位反応**

**近因**［proximate cause］　出来事に対する最も直接的もしくは直近の原因のこと。**因果連鎖**において，効果を直接産み出すものである。たとえば，スミス氏による攻撃の近因は侮辱であるが，遠因はスミス氏の幼少期の経験である。法律的にみて，近因は責任訴訟の事例において重要である。こうした事例では，被告人の行動が結果に対する原因として十分に関連しているかを判断しなければならない。もしくは，その行動が結果を導く一連の出来事を引き起こしたのだとしたら，それが予見可能だったかどうかを判断しなければならない。

**筋運動記録法（ミオグラフィー）**［myography］　筋活動の様子を記録するための器具を利用した描画方法。筋線維の収縮による微小電位を記録するものもある。筋運動記録器，ミオグラフ（myograph）は，**等張性収縮**の空間，力，持続時間や**等尺性収縮**の張力，持続時間を計測する。筋運動図（myogram）は，筋収縮の速度や強度を描画記録したものである。

**近縁係数**［coefficient of relatedness］　血縁関係にある2つの個体の間で共有している遺伝子数の平均。一卵性双生児の場合，遺伝子の共有率は100％であり，近縁係数は1.0となる。きょうだい間および親子間では近縁係数は0.50，おじ・おばと甥・姪との間および祖父母と孫との間では0.25，いとこ同士では0.125となる。**血縁識別**と血縁者に対する行動に関する多くの研究では，近縁係数が0.25以上の場合にのみ効果があることが示されている。⇨ **包括適応度**

**禁煙治療**［smoking cessation treatment］　喫煙者が禁煙する助けをする介入のことで，典型的には行動テクニック（たとえば，強化），ソーシャルサポート，環境調整，そして健康な代替活動（たとえば，エクササイズ）などが含まれる。ニコチン補充療法や他の薬物療法と組み合わせて行われることがある。集団療法にしばしば地域レベルで行われる。

**筋活動電位**［muscle action potential］　筋肉が刺激されるとその中をまんべんなく回る電位波のこと。

**筋感覚[１]**［muscle sensation］　筋肉，腱，関節における動きや緊張に対する運動感覚の自覚。⇨ **運動感覚フィードバック**

**筋感覚[２]**［myesthesia; myoesthesia; myoesthesis］　筋肉の感覚，すなわち筋肉の収縮を感じられる感覚で筋肉と関節の運動の気づきのことである。⇨ **運動覚**

**筋感覚的運動イメージ**［kinesthetic imagery］　運動印象，つまり，**自己受容器**からの感覚の認知的な再構成のこと。ダイナミック筋感覚的運動イメージ（dynamic kinesthetic imagery）は，物理的に動いているときの運動印象の認知的構成のことである。たとえば，フィギュアスケーターは，歩いている間，ルーチン化された要素の印象をイメージすることがあり，また，スキーヤーは，立っている間，体重を移動している間，肩を動かしている間に，コースの印象をイメージしていることがある。

**筋感覚的運動残効**［kinesthetic aftereffect: KAE］　運動感覚（⇨ **運動覚**）を含む錯覚のことで，１つの運動感覚の経験が，次の運動感覚の経験に影響すること。たとえば，重いものを集中的に持ち上げていると，対比感覚に錯覚が生じ，新しいおもりを持ち上げたとき，予測よりも軽いと感じてしまうことがある。この錯覚は，通常の重さで練習を行うよりも最初から重いもので練習を行った方が成績が上昇するという神話に基づいている（たとえば，野球では，打撃を行う前に２本のバットで練習した方が良い）。

**緊急介入**［emergency intervention］　突然の，または（大抵は）不測の出来事によって引き起こされた損害を最小にしようとする，もしくは損害を回避しようとする即時の行動。

**緊急支援組織**［crisis team］　自然災害や自殺のほのめかし，自殺企図などのような非常事態あるいは精神的危機の最中あるいはその後に起こる心理的な反応への対処を手助けする訓練を受けた専門家と，その補助的な役割にある人たちからなるチームのこと。

**緊急事態ストレス・デブリーフィング（CISD）**［critical-incident stress debriefing: CISD］　緊急事態や災害時の現場に立ち会ったり働いたりする人々（たとえば消防士）を援助するための，体系的にプログラム化された手順のこと。この手順では，基礎的なストレスカウンセリングの手法を用いる。CISDの正式な訓練は，精神衛生や救急の専門家向けのワークショップで行われる。［アメリカの心理学者ミッチェル（Jeffrey T. Mitchell: 1948- ）が開発した］

**緊急通報システム**［emergency call system］　病気や怪我による緊急時に電話を掛けることができない人が緊急援助を求めるために用いる携帯機器。こういった機器を身に着けたり（たとえば，腕につける），あるいは持ち運んだりして，病院，長期療養施設や一般家庭でよく使用されている。緊急通報システムは一般的に携帯騒音発生器，一方向の警報装置（たとえば，警報器），もしくは近隣や家族，もしくは24時間体制で監視をしている施設の専門スタッフと連絡をとるために使用される通話装置である。

**筋緊張症**［myotonia］　筋肉の緊張と収縮の増加であり，なかなか弛緩できない状態。ミオトニーとも言う。

**筋緊張性障害**［myotonic disorder］　随意筋の緊張や収縮は可能であるが，弛緩が困難な遺伝性の障害。手の筋肉に影響を与えたり，全身の筋肉の硬直が生じたりする。

**筋緊張低下**［hypotonia］　筋緊張や筋力が低下していること。

**筋緊張の**［tonic］　筋肉が休んでいるときの筋肉の緊張状態のことで，特に連続して緊張または収縮している状態で，正常な状態（**トーヌス**）も異常な状態も含む。たとえば，強直期の顔面筋の緊張は下あごの関節が外れるのを防いでいる。異常は，**強直間代発作**の強直期において，筋調整呼吸法が筋痙攣の影響をうけ，その結果，一時的な呼吸の停止を引き起こす。

**筋緊張の活性化**［tonic activation］　網様体やその効果の持続性のために筋緊張と確認されることによって仲介された**覚醒**の形式のこと。

**（慢性）筋筋膜性疼痛**［chronic myofascial pain: CMP］　発痛点と呼ばれる体の一部に局所的に生じる硬直と痛みによって特徴づけられる**筋骨格障害**のこと。非進行性，非退行性，非炎症性である。

**均衡**［equilibrium］　その他のシステムにおける安定した状態のこと。⇨ **動的な平衡**

**均衡化**［equilibration］　心理的均衡，すなわちスキーマ同士のコンフリクトのない認知状態を回復したり，維持するために，同化および調節を用いる過程のこと。［ピアジェ（Jean Piaget）によって提案された］

**均衡尺度**［balanced scale］　選択肢の中に反対の意味をもつ選択肢が含まれている尺度。例としては「とても悪い」「悪い」「良い」「とても良い」といった４つの選択肢をもつ評定尺度がある。

**筋硬直**［muscular rigidity］　姿勢を変える際に生じる筋肉の強張りのこと。この症状は疲労によって生じると誤解されているが，健康な状態でも生じる。

**均衡バイリンガル**［balanced bilingual］　２つの言語の能力が十分に熟達しており，どちらの言語でも，同じ年代の母語話者と同じくらいのスキルをもっている人のこと。⇨ **不均衡バイリンガル**，**二言語使用**

**筋骨格系**［musculoskeletal system］　骨格筋と骨格のシステムのこと。骨格筋と骨格は通常は体の部位を動かすため，また全体的な形を維持するために協調して機能する。

**筋骨格障害（筋骨格疾病）**［musculoskeletal disorder］　腱や骨，間接，（柔らかい）支持接合組織の疾患，損傷，あるいは明らかな機能障害のこと。

**近視**［myopia］　近眼，近目のことで，異常に長い眼軸による**屈折異常**である。片眼もしくは両眼の焦点が網膜上ではなく前方にあるため像がぼやける。以下は近視の特殊なタイプである。色覚性近視（chromic myopia）は，遠くの物体の色知覚に障害があることを特徴とし，進行性近視（progressive myopia）では，老化に関連して遠くの視力に対する眼の調整が徐々に失われ，前駆性近視（prodromal myopia）では，近視の症状の後に眼の調節変化によって正常視力に戻ることが知られている。

**筋弛緩剤**［muscle relaxants］　一般的には機械的損傷や脳梗塞，脳性まひ，あるいは多発性硬化症に起因する骨格筋の痙攣全般を抑えるために使用する薬物。中枢神経系における主な効果は筋肉の緊張と無意識に発生する動きを抑制することである。効果の正確な様体は薬物によって異なるが，筋弛緩剤は脊髄反射を抑制することで効果があり，使用中に意識を失うことがない。一般的な筋弛緩剤にはベンゾジアゼピン，バクロフェン，ダントロレン，ボツリヌ

ス毒素がある。筋肉の痙攣に対して使用される他の薬物として**カリソプロドール**，**シクロベンザプリン**，**メトカルバモール**，**オーフェナドリン**がある。

**近刺激**［proximal stimulus; proximal variable］　感覚器官や受容器官を直接刺激する場合のような刺激からの物理的エネルギーのこと。実環境中の**遠刺激**と対照をなす。たとえば読書では，遠刺激は本のページ上のプリントであり，一方で近刺激は網膜の光受容体を刺激する，そのプリントによって反射される光のエネルギーである。

**近似語産出**［word approximation］　言語障害の一つであり，慣習的語が，非慣習的あるいは不適切な方法で用いられたり（たとえば**換喩**），新しいが理解可能な単語が通常の単語から生成される（たとえば simplify から easify など）。

**筋ジストロフィー**［muscular dystrophy: MD］　筋肉の変異が特徴である遺伝的疾患であり，筋肉を構成するタンパク質であるジストロフィンと筋組織を完全な状態で維持するために必要な糖タンパク質の異常によって生じる。筋ジストロフィーは遺伝のパターン，発病する年齢，疾患の進行速度，脱力部位の分布によって様々な種類がある。最も一般的で深刻なものはデュシェンヌ型筋ジストロフィー（Duchenne muscular dystrophy：偽肥大性筋ジストロフィー）である。これは性別に連結した劣性形質で，男児にのみ生じる。6歳以前に歩行の発達の遅れと筋力の低下が生じ，はじめに腰帯が脱力し，続いて肩帯が脱力する。デュシェンヌ型筋ジストロフィーをもつ者は起き上がって立位を維持することが困難で，しばしば倒れてしまう。彼らの多くは12歳頃までに歩けなくなり，多くの場合，20歳以前に死に至る。

**筋収縮**［muscle contraction］　運動ニューロンの電気刺激に反応した**筋線維**の収縮。運動ニューロンによって筋は付随した組織に力を及ぼす。この刺激がミオシンフィラメントの電気化学的働きを起動させる。ミオシンフィラメントはATP（アデノシン三リン酸）によって動力を供給され，近隣のアクチンフィラメントから分離し，ミオシン頭部を前へ振ってその先のアクチンフィラメントに再び結びつく。さらにこれがアクチンを振り戻すことによってミオシンフィラメントは向こう側の位置にずれる。この過程が多くの筋線維で繰り返し行われると筋肉は短く太くなる。⇨ **等尺性収縮**，**等張性収縮**

**筋収縮頭痛**［muscle-contraction headache; muscle-tension headache］　筋肉の緊張によって生じる頭痛で，首の筋肉が緊張することでしばしば生じる。

**近親姦**［incest］　法則や習慣によって規定される，内縁の血縁関係における性的な活動（例，兄妹）。いくつかの社会においておじやおばや姪，または甥の間で性的行動は規定される。近親姦の禁忌のいくつかは，どの社会においても習慣化されているものであることがわかっている。

**近親姦障壁**［incest barrier］　精神力動論における，近親姦の衝動や空想に対する**自我防衛**。障壁は社会的な原則や慣習の**取り入れ**により形成される。これらの内的／外的な禁止によって，**リビドー**は外的な**対象選択**をするように解放される。

**近親姦タブー**［incest taboo］　近親の血縁関係にある人同士の性交渉に対する社会的な禁止。

**近親姦の結びつき**［incestuous ties］　精神力動論の用語。他者や社会との健康的な関わりが妨げられ，個人が依然として母親・家族，もしくは，それらの象徴的な代役に心理的な依存をしたままの状況。この用語を用いたフロム（Erich Fromm）は，近親姦の結びつきは，**根付き**を探索することへの消極的な決意だとした。⇨ **アイデンティティ欲求**

**近親結婚**［intermarriage］　近縁関係にある2人が結婚すること。⇨ **近親交配**

**近親交配**［inbreeding］　近親間で交配すること。大抵，子孫に望ましくない特性が獲得されるのを防ぎ，ある好ましい特性を保存する目的で行われる。同族結婚などでは，近親交配は，一族のある遺伝的欠陥を永続させる危険性を高める。少数民族や地理的に孤立した集団など，小さな集団の中での近親交配は，その集団内における特定の突然変異の頻度を増加させることにつながる。この事実は，癌や他の病気の**創始者効果**を証明するのに用いられる。このような研究によって，ある集団内で病気に罹りやすくなる突然変異を同定したり検査したりすることができるようになる。

**近親交配回避**［inbreeding avoidance］　遺伝的な多様性を保持するためになされる近親者との交配の回避。近親交配回避を促すものとしていくつかのメカニズムが確認されている。一部の種では嗅覚的ないしは音声的シグナルが遺伝的近親者についての情報を与えるが，ほとんどの場合，個体は単純に最も親しい個体との交配を避ける。**配偶者選択**についての一部の研究は最適異系交配（optimal outbreeding）の証拠を提供している。すなわち，近親の個体も大きく異なる個体も選択されず，近親交配を回避できるのに十分な程度に異なっており，かつ，あまり大きく異なりすぎない個体が最適なつがいとして選択される。

**キンゼイ**［Kinsey, Alfred］　アルフレッド・キンゼイ（1894-1956），アメリカの動物学者・性科学者。1920年にハーバード大学にて博士号を取得。その後，インディアナ大学で研究を続けた後，性科学研究所の所長となった。キンゼイの博士論文や初期の研究は，タマバチに関するものであったが，その後の人間の性行動についての研究のほうがよく知られている。15年にわたって数千人からの聞き取り調査結果をまとめた著書 Sexual Behavior in the Human Male（1948）と Sexual Behavior in the Human Female（1953）は，**性科学**研究における草分け的存在である。人間の性行動に関して初めて示された統計は，婚外交渉，自慰行為，同性愛など，物議をかもす内容も含んでいた。キンゼイは，同性愛傾向を6段階の数字で評定するキンゼイスケール（Kinsey（Six）Scale）も作成した。

**近接学習理論**［contiguity learning theory］　あるパターンの刺激と反応が時間的にも空間的にも一緒に生じるなら，それらの間の**連合**が成立することによって学習が起こるということを主張する理論。それゆえ，別の機会においても同じ刺激のパターンが同じ反応を引き起こす。⇨ **S-R心理学**　［ガスリー（Edwin R. Guthrie）が提唱した］

**近接互換性**［proximity compatibility］　人間工学で，操作による様々な変化を示す表示領域は，操作部に近接させるべきであるとする設計理念のこと。⇨ **ディスプレイとコントロールの適合性**

**近接性【1】**［contiguity］　複数の刺激が時間的にあるいは空間的に近接して生起すること。一般に，2つの刺激

の連合の学習は，少なくとも部分的には，これらの刺激間の近接性に依存すると考えられている。⇨ **連想の広がり，随伴性の法則**

**近接性［2］**［propinquity］　2人ないしそれ以上の人間の地理的な近さのことで，親密な関係を形成する要素である。⇨ **プロクシミクス**

**近接の法則**［law of proximity; principle of proximity］　物体もしくは刺激が互いに近接しているとき，それらが1つのまとまりとして知覚されるという**ゲシュタルト心理学**の法則の一つ。たとえば，一連の音符は旋律として知覚され，スコアボードに描かれたつながっていない一連の点は数字や文字として知覚される。⇨ **体制化のゲシュタルト原理**

**筋線維**［muscle fiber］　分子機械として機能する微小な筋組織の束で，化学エネルギーを力に変える。結合組織によって何千もの筋線維が筋肉につながっている。各線維は何百万もの縦方向に並んだタンパク質の線維からなる。**アクチンタンパク質**と**ミオシンタンパク質**の分子（これらはともにアクトミオシン：acto-myosinと呼ばれる）がこれらの線維内で相互作用することにより**筋収縮**が生じる。

**筋層間神経叢**［myenteric plexus］　食道，胃，腸を含む消化管の筋層の内と外の間に位置する神経線維のネットワーク，およびその神経細胞体。その他の腸筋神経叢とともに，食道の反応を制御している。

**近代化**［modernization］　農村伝統社会が先進的な産業社会になっていく複合的な過程。典型的な近代化社会とは，世俗的で都市化し，科学技術，教育，**社会移動**，財産の獲得，民主政治，法の支配などを重視する。近代化はしばしば発展途上社会における**伝統主義**と対比される。発展途上社会は，限られた技術，低い社会的流動性，脆弱な政治構造といった特徴をもつ，宗教的で農村的な共同体である。現在では，こうした区別とは別の概念化も議論されており，そこでは，発達に際して，社会によって非常に多様な社会的および心理的適応が生じることに注目する。

**禁断症候群**［abstinence syndrome］　心理学的かつ行動上独特の事象のこと，依存を起こさせる物質を中断することで起こる。

**禁断せん妄**［abstinence delirium］　いつも飲んでいたアルコールや乱用していた薬物が絶たれた場合に起こる猛烈な興奮状態。⇨ **アルコール離脱せん妄，振戦せん妄**

**緊張［1］**［strain］　過度の努力，または，尽力。

**緊張［2］**［tense］　強く引き伸ばされている，引っ張られている状態。

**緊張［3］**［tension］　会話や活動を通じて軽減しようとする不快感や不安，重圧が付随する身体的，心理的負担の感覚。

**緊張型統合失調症**［catatonic schizophrenia］　DSM-Ⅳ-TRにおいて，異常な運動活動やある特定の運動の不動性（⇨ **カタレプシー，緊張病性混迷**）または，過度の運動活動（⇨ **緊張病性興奮**）といったような特徴をもつ相対的に稀な統合失調症の一種。その他の一般的に共通する特徴は，過度の**拒絶症**（すべての教示または動かそうとする試みに対して硬直姿勢を維持するといった，明らかに動機のない抵抗），または**緘黙**がある。また，**姿勢異常**や型にはまった動きを始めとする自発運動の異常，**反響言語**や**反響動作**も特徴である。DSM-Ⅲの区別は緊張型統合失調障害（catatonic type schizophrenic disorder）である。

**緊張緩和**［tension reduction］　緊張した感覚の緩和。様々な技法がこの目的のために用いられる。たとえば，**リラックス療法**，精神安定剤，筋弛緩剤，催眠暗示，**瞑想**，言語的な**カタルシス**，**運動療法**など。

**緊張原理**［tension law］　ある有機体にとっての外的条件（例，気温，気圧）の偏りが緊張状態を生み出すという概念。⇨ **ホメオスタシス**　［ベルギーの心理学者デルブーフ（Joseph Jean Delboeuf: 1831-1896）による］

**緊張亢進**［hypertonia］　筋緊張が増大した状態。

**緊張亢進性動脈症**［arteriopathia hypertonica］　過度の緊張に関連して動脈の形が退化する病。筋肉と動脈組織の壁の伸縮自在な組織は増加し，結合繊維組織によって最終的に再配置され層状になる。この状態両方が原因であり，過度の緊張に作用し，薬物療法によってコントロールできない脳血管性障害をも引き起こすことがある。

**緊張性筋ジストロフィー**［myotonic muscular dystrophy］　顔と手に症状が認められることが多く，白内障と心臓異常も併存することが多い。筋緊張の増加（ミオトニア）と筋肉疲労が現れる**筋ジストロフィー**のタイプ。**常染色体優性**障害は思春期・青年期に確認されることが多い。筋緊張性ジストロフィー（dystrophia myotonica），シュタイナート病（Steinert's disease）とも呼ばれる。

**緊張性収縮**［tonic contraction］　筋緊張力を維持するために，ある筋肉内の異なる筋線維群が持続的に収縮すること。

**緊張性受容器**［tonic receptor］　刺激が持続しているとき，神経インパルスの発火頻度がゆっくり減少する，もしくはまったく減少しない受容器のこと。⇨ **相動性受容器**

**緊張性頭痛**［tension headache］　急激または持続的な情緒性緊張によって起こる持続性の頭痛であり，通常不眠や過敏性，首の筋肉の痛みを伴う収縮に伴って生じる。

**緊張性反射**［tonic reflex］　1.　筋収縮と筋弛緩の間に著しい遅れがある反射。2.　筋肉や筋肉群にある程度の張力（緊張）を維持させる反射。筋肉・腱の伸張受容器からの信号は脊髄内で統合され，遠心性の運動ニューロンの信号はそれに従って調節される。このような反射は，姿勢の維持や運動に不可欠である。

**緊張性迷路反射**［tonic labyrinth reflex］　頭部を前方に傾けたときは屈筋（四肢を曲げる筋肉）の収縮が，頭部を後方に傾けたときは伸筋（四肢を伸ばす筋肉）の収縮が起こる反射。一般に乳幼児に見られ，それ以降も病気によって起こる。

**緊張病**［catatonia］　筋硬直の状態または，カタレプシーや極端な過活性，適応，奇異な姿勢といった運動行動についてのその他の混乱のこと。**緊張型統合失調症**において最も頻繁にみられる。この病気は緊張病症状とも呼ばれている。

**緊張病性興奮**［catatonic excitement］　極端な落ち着きのなさや過度に明らかな目的のない自発運動を行う時期のこと。**緊張型統合失調症**の症状として現れる。

**緊張病性混迷**［catatonic stupor］　環境刺激や事象に対する反応が深刻に低下すること，または同時に動きが減衰すること。**緊張型統合失調症**の症状として現れることがある。

**筋張力勾配**［muscle-tension gradient］　課題を行っている際の筋張力の変化率のこと。**筋電図検査**で計測する。

**近点**［near point］　単眼で対象物に焦点を合わせることができる最短距離のこと。調節近点（near point of accommodation）とも呼ばれる。⇨ **遠点**

**筋電気のプロテーゼ**［myoelectric prothesis］　筋電気の腕（myoelectric arm）のような自発的な筋肉の運動によって生じる神経刺激によって操作する義肢のこと（⇨ **補綴物**）。神経刺激は変換器で受け取られ，小さな電気モーターで動く義肢に適した刺激に変換，増幅される。

**筋電図検査**［electromyography: EMG］　弛緩させている，または様々な活動をしている筋肉に電極を置き，筋電計（electromyography）と呼ばれる機器を用いて，筋肉の電気的活動を記録すること。筋ジストロフィー，重症筋無力症，痙性斜頸などの神経筋疾患の診断・研究に用いられる。電位を記録したものは筋電図（electromyogram）と呼ばれる。

**ギンドラー法**［Gindler method］　人格の成長を促すことや感覚的な気づきを高めるための，呼吸法，優しく触れること，振舞いに関する一連の体験学習などを指す。［ドイツの体育教師ギンドラー（Elsa Gindler: 1885-1961）による］

**キンドリング**［kindling］　大脳辺縁系への電気的，薬理的な刺激によって脳機能（電気的であったり行動的な発作）が変化する現象のこと。しばしば，てんかんの動物モデルの作成に使われる。

**筋肉**［muscle］　力を生み出し，体の部位を動かす収縮性組織。主たる筋肉の種類は**平滑筋**，**骨格筋**，**心筋**である。

**筋肉緊張**［motor tension］　筋肉が絶えず緊張し，疲れやすい状態のこと。この症状は**全般性不安障害**と関連している。

**筋肉型**［muscular type］　他の身体的機能（⇨ **ロスタンタイプ**）よりも筋肉と運動機能が生来的に優位であるタイプ。クレッチマーの類型論の**闘士型**に該当する。

**筋肉痙攣**［muscle twitch］　持続性筋収縮とは対照的に，小さく突然に，しかしながら，はっきりと起こる不随意の筋肉収縮。

**筋肉弛緩**［muscle relaxation］　筋肉の緊張を緩めること。すなわち，完全なる収縮から弛緩への連続の中で起きる筋肉の状態変化のこと。

**筋肉醜形症**［muscle dysmorphia］　客観的に見ればたくましい肉体であるにも関わらず，自分の肉体について常に不満を感じ，自分の肉体は貧弱で理想的ではないと考えている**身体醜形症**の一種である。これによって過剰な筋力トレーニングやステロイドの乱用，摂食障害が引き起こされる。このような症状は特に男性で多く，中でもボディビルダーで顕著である。⇨ **反転拒食症**

**筋肉注射（im 注射）**［intramuscular injection: im injection］　皮下注射器を用いて筋肉に物質を注入すること。通常は上腕や腿，臀部の筋肉に対して行われる。筋肉領域を選ぶことは神経や血管に対する損傷を回避するために重要である。⇨ **投与**

**筋皮神経**［musculocutaneous nerve］　上腕および外側前腕の皮膚受容器を支配する神経。

**勤勉性**［conscientiousness］　**ビッグファイブ**のなかで，個人差の一つ。「勤勉性」対「管理能力の欠如」としてあげられ，有能で，責任感があり，一所懸命に精を出して励む性格傾向。**パーソナリティの5因子モデル**の一部でもある。

**勤勉性 対 劣等感**［industry versus inferiority］　エリクソンの発達の八段階の4段階目であり，6歳～11歳の間のフロイトの**潜在期**にあたる。そこでは，子どもは生産的であることを学習し，自分の努力に対する評価を受け入れる。もし，子どもが努力すればできるということを感じられないと，劣等感を抱いたり能力がないように感じてしまう危険がある。

**筋紡錘**［muscle spindle］　筋内に存在し，主要な収縮性筋線維に並行して存在する受容器。筋が伸縮するとインパルスを中枢神経系に送る。

**筋膜**［fascia］　筋，器官，他の軟組織を覆い，結合し，また分離するシート状あるいはひも状の線維結合組織のこと。

**筋無力症**［myasthenia］　筋力が弱いこと，または筋力の耐久性が欠如すること。

**禁欲〔1〕**［abstinence］　性的活動を自制すること。

**禁欲〔2〕**［celibacy］　性的な行為を断つこと。⇨ **純潔**

**禁欲規則**［rule of abstinence］　精神分析理論における概念。治療において動因として用いられる本能的エネルギー，不安，欲求不満を排出してしまったり，分析過程を妨害するようなすべての快感からクライエントは隔離されるべきだとする規則。例として，喫煙，無駄話，**アクティング・アウト**，無制限の性的活動，趣味への熱中，セッション外で他の快感を追求することなどがあげられる。

**禁欲主義**［asceticism］　質素，肉体的快楽と財産の放棄，社会からの離脱，極端な自制によって特徴づけられる性格特性あるいはライフスタイル。

**筋力計**［sthenometer］　筋力を計測するための装置。

# く

**句**［phrase］　単語よりも大きく**節**よりも小さい文の構成要素。節内での役割によって，句は名詞句，動詞句，前置詞句などに分類される。

**クアゼパム**［quazepam］　ベンゾジアゼピン系の睡眠導入剤（⇨ **睡眠薬**）。血液脳関門への素早い浸透を可能とし，即効性を実現する媒介効果のある可溶性の高い脂質物質である。

**グアニン**［guanine］　（記号：G）ヌクレオチドとして存在するプリン化合物であり，DNA および**メッセンジャー RNA** の4つの基礎成分の一つ。**遺伝暗号**の構成要素の一つ。

**グアンファシン**［guanfacine］　過緊張の治療のために用いられる薬。グアンファシンは**アルファアドレナリン受容体**に作用し，直接動脈につながり，末梢交感神経の刺激の流れを制限する $α_2$-アドレナリン受容体を刺激する。そのため，動脈をゆるめ広げていく。また，他の多くの一般的な高血圧に有効な薬は，$β$ 受容体遮断薬や，利尿剤として作用する。グアンファシンは子どもの注意欠陥/多動性障害やそれに類似した行動障害の治療の補助として時折使用される鎮静剤でもあるが，しかし，過剰な鎮静作用と血圧低下（低血圧）を引き起こす場合があるため，公式に米国食品医薬品局の承認を得ていない。また，グアンファシンは心的外傷後ストレス障害，トゥレット障害，アルツハイマー病の治療のためにも調査されている。アメリカでの商品名はテネックス（Tenex）。

**クイックテスト**［Quick Test: QT］　スクリーニングや，言語を用いずに指差しやうなずきでテスト項目に反応するような，重篤な身体障害の個人のために用いられる50項目の知能検査のこと。参加者は，白黒の絵を4枚呈示され，どの絵がターゲット語を最も正しく表現しているかを示さなければならない。単語は「簡単」から「難しい」まで変化し，それぞれに指定されたおおよその難易度がある。［1962年にアメリカの心理学者 R. アモンズ（Robert Bruce Ammons: 1920-1999）と C. アモンズ（Carol H. Ammons: 1927- ）によって開発された］

**クーイング**［cooing］　幼い乳児が嬉しそうなときや主張してるようなときに発する母音のような音。

**偶因（機会原因）**［occasional cause］　偶因論の教義において，身体的あるいは心理的な状態の変化がいくつかの他の状態の変化に連動して生じているようにみえても，実際は，単に神が変化の原因となった状態を作り出しただけだとすること。

**偶因論**［occasionalism］　事象 A が先行する事象 B によって生じたようにみえても事象 B が直接の原因ではないとする哲学的教義。特に身体が心的現象を引き起こしたり，心的状態が身体の変化を引き起こすことはできないことを表す。むしろ，神が身体的あるいは心的状態に変化を及ぼす機会を行使することですべての身体的状態と心的状態が定まる。したがって，身体的現象や心的現象は，**偶因**だけが唯一の直接の原因として生じるとする。偶因論の最たる形式は，あらゆる身体的現象が他の心的状態に対して（逆に，あらゆる心的現象が身体的現象に対して）原因となることを認めないことである。偶因論は，主として**デカルト二元論**から発する**心身問題**に対する回答として，フランスの哲学者のマルブランシュ（Nicolas Malebranche: 1638-1715）によって初めて唱えられた。

**空間因子**［space factor］　1938年にサーストン（Louis Leon Thurstone）によって提案された，仮説上の能力。空間的な関係の認知，判断のための能力が個人間で異なることの説明として用いられる。この因子は個人間の数学的能力の違いに関係する可能性もある。

**空間関係の知覚**［perception of spatial relations］　空間における物体の相対的な位置についての意識。

**空間記憶**［spatial memory］　対象あるいは場所の位置や配置，つまり定位や方向，距離などを記憶するための能力。空間記憶は**経路学習**やナビゲーションには不可欠なものである。

**空間視覚**［spatial vision］　空間的広がり，およびそれに関連する属性に関する知覚。視力，運動視，あるいは他の視知覚や視弁別と区別される。

**空間視覚機能**［visuospatial function］　2次元，3次元における図や物体の空間的（関係）側面を認識する能力。

**空間周波数**［spatial frequency］　単位となる長さ当たりのパターンに含まれる要素の繰り返しの数のこと。黒と白の垂直線分が交互になっている（矩形波格子の例）ような単純なパターンでは，空間周波数は視角1度当たりの黒白線分のペアの数であり，通常は cpd（cycle per degree）と表記される。

**空間障害**［spatial disorder］　空間知覚に関する障害で，多くの場合脳の**頭頂葉**の損傷が伴う。位置に関する記憶の障害や**構成失行**が生じ，経路の発見が困難になり，刺激の位置に関する判断も脆弱になる。遠くにある物体の距離を過小評価する一方，近くにある物体の距離を過大評価し，また指示に従って物体を並べることができなくなる。

**空間色**［bulky color; volume color］　色のついた液体の中のように，色が刺激の容積全体に行きわたっているときの色の見え方。⇨ **フィルムカラー**，**表面色**

**空間知能**［spatial intelligence］　空間内の対象を心的に操作し，それらが別の位置や場所にあることを想像する能力。これはガードナーの**多重知能理論**における個々の知能の一つであり，サーストンの**基本的能力理論**における基本的精神能力の一つ（S）でもある。

**空間定位**［spatial orientation］　外部環境にある物体との関連から，空間における自分の位置を知覚し，調節する能力。⇨ **空間能力**

**空間的加算**［spatial summation］　ある神経細胞から別の神経細胞へ信号が伝達される際，1つのシナプスではシナプス後細胞を活性化させるのに十分でないときに，シナプス後細胞にある2つ以上の**シナプス後電位**によって，シナプス前細胞からの神経インパルスが伝達されること。⇨ **時間的加算**

**空間的関係**［spatial relationships; spatial relations］　物体間の距離や互いの相対的位置といった，空間における3次元上の関係。⇨ **奥行知覚**，**空間能力**，**空間知能**

**空間的注意**［spatial attention］　個人が視覚的世界に注

意を分配する方法。通常，その景色の中でも注視している一部分に向けられる（⇨ **固視**）。

**空間認識**［space perception］　感覚入力によってもたらされる，環境内の物体がもつ，物体の形，次元，距離などの空間的な性質に関する気づき。

**空間能力**［spatial ability］　空間の中で自分の身体を定位または知覚したり，**空間的関係**を検出したり，推論したりする能力。空間能力の欠損は脳に傷害を受けた人に見られることがある。彼らは，地図読解テストやジグソーパズルを効率的に遂行することができなかったり，ものの形状を触覚によって認識することが困難であったりする。

**空間ベースの注意**［space-based attention］　主として視空間的表象の操作とみなされる注意。つまり，注意は物体ではなく空間的位置に直接向けられる。⇨ **物体ベースの注意**

**空間弁別**［spatial discrimination］　空間的位置における差異を検出する能力。

**空間密度**［spatial density］　人数を一定にしたまま，空間の大きさを変更することによって変えることができる密度のこと。クラウディングへの空間密度の影響は，**社会的密度**よりも小さいことが明らかになっている。

**空集合**［empty set］　要素のない集合。

**偶然誤差**［random error］　偶然のみによって生じる誤差であり，真の得点のまわりにランダムに分布する。変動誤差（variable error）とも言う。⇨ **絶対誤差**，**定誤差**

**偶然的ではない（結果）**［extrachance］　超心理学の実験において，得られた結果がチャンスレベルの期待値よりも大きく離れている結果であることを記述するための形容詞。

**偶然の一致**［coincidence］　因果関係のない，あるいは偶然的な現象同士の関係のこと。

**偶然の出来事**［chance occurrence］　統計解析において，**帰無仮説**の条件下で予測された現象が出現すること。統計的仮説検定の目的の一つは，偶然の出来事が発生する確率を評価することである。

**偶然変動**［chance variations］　未知の要因による遺伝的な特性の変化。

**偶然要因**［random factor］　実験デザインの要因の一つであり，一定範囲内におけるランダム処理によって各水準が選ばれる。

**空想（ファンタジー）**［fantasy］　鮮明なイメージ，強烈な情動，論理性の乏しさあるいは欠如に特徴づけられた一連の心的体験や心的過程を指す。この体験は，程度の違いはあるが意識的でも（すなわち，空想が本人の統制下にある），無意識的でもありうる。空想は，普通の一般的な事象であり，緊張を解く，喜びや気晴らしをもたらす，創造性を刺激するという健康的な目的にも役立つ。時には，妄想様観念や現実からの著しい逸脱のような病理性を示すこともある。

**空想虚言薬（幻覚薬）**［phantasticum (*pl.* phantastica)］　1920年代に特定された幻覚体験をさせる薬物の種類。現在では**幻覚剤**として知られる。［ドイツの毒物学者レヴィン（Louis Lewin: 1850-1929）によって名づけられた］

**空想の友達**［imaginary companion; invisible playmate］　子どももしくは大人によって作られた，架空の人物や動物，あるいは物体のこと。その架空の相棒に，名前をつけ，話しかけ，思いを共有し，一緒に遊ぶふりをし，自分の悪事の身代わりにする。この現象は巧みなものと捉えられているが，**象徴遊び**に共通してみられる形態である。

**偶像破壊者**［iconoclast］　宗教において，偶像崇拝や（より一般的には）物理的な図像を崇拝に用いることに反対する人のこと。

**空想への逃避**［flight into fantasy］　妨害的な思考や衝動を体験した際に，ファンタジー（たとえば **白昼夢**）の中へひきこもる防衛反応。衝動に基づいて自己や他者を傷つけることを回避する手段。⇨ **現実からの逃避**，**現実への逃避**

**空中浮遊**［levitation］　物理的な力が加わることなく，人や物体が空中に浮き上がる超常現象。**念力**やポルターガイストと関わりがある。空中浮遊の感覚は夢にもよくみられる。

**空白のスクリーン**［blank screen］　精神分析の用語。クライエントが転移の過程において，感情と空想を投影する比喩上の背景。そのスクリーンとは精神分析家自身である。クライエントが自らの思考の最深部にまで声を届けられるように，精神分析家は受動的かつ中立でいなければならないとされる。そのため，ブランク（空白）と表現されることもある。

**偶発意識**［contingency awareness］　2つの出来事の関係や結合についての意識のこと。⇨ **共変動**

**偶発学習**［incidental learning］　前もって計画されたり，よく考えられたり，意図されたものではなく，場合によっては無関連な，他の何らかの心的活動の結果として生じた学習。多くの学習は学習しようとする意図なしに生じるものであり，他の情報の認知的処理に付随して生じると信じている理論家もいる。⇨ **潜在学習**，**意図的学習**

**偶発記憶**［incidental memory］　覚えようとする意識的な努力や意図を必要とせずに獲得された記憶。

**偶発刺激**［incidental stimulus］　実験その他の状況下で生じる，意図されないか同時に生起される刺激。参加者から予期されない反応が生じ，結果として調査結果がゆがめられる。

**偶発事象**［chance occurrence］　**因果関係**なく発生した現象。真に偶発的な出来事が本当に存在するかどうかは不明。哲学やほとんどすべての科学では**因果律**を有力視しており，偶発事象は単に原因がまだ知られていないか，原因を知りえないのだと考えられている。

**偶発性**［adventitious］　予測外のことが起こること，もしくは普段とは異なる場所で発生すること。

**偶発的強化**［accidental reinforcement: adventitious reinforcement］　**強化子**がある行動の後に偶発的に生じること。この強化により，意図せず，その行動の生じる可能性を強めることになる。迷信的な行動の原因の多くは，偶発的強化によるものである。たとえば，ゴルファーがホールの近くで前傾姿勢でパットを行うとする。こうした学習は，過去にゴルフボールがホールに入る（**強化子**）という経験に基づいており，前傾姿勢をとることがホールに入る・入らないに何の因果的効果もないにも関わらず，前傾姿勢をとることとボールがホールに入ることとの間にある偶発的で不確かな関係のために，前傾姿勢をとることが強化されることとなる。

**偶発的群衆**［casual crowd］　偶然に形成された人々の

集まり．通常，公共空間で作られるもので，一時的な興味対象を共有する．たとえば，2人の人間が口論しているのを見るために立ち止まる通行人や，火災中のビルを囲う警察の制止線の後ろに集まる人々．偶発的群衆にいる人には，多くの場合，明確な意図はなく，彼らが目撃しているものに無関心である．

**偶発的性倒錯**［occasional inversion］　たとえば，刑務所の中や軍隊の任務などで，異性者の存在が剥奪されるときに生起する同性との性行動の形．⇨**状況的ホモセクシャリティ**

**偶発的連鎖**［accidental chaining］　**強化**によって，強化の獲得に不必要なものが含まれている2つもしくはそれ以上の一連の行動を学習すること（⇨**連鎖**）．これは，不必要な行動と，強化反応よりも先に生じる刺激状況との，偶発的で一時的な連合の結果として生じる．

**偶有的特性**［accidental property］　その存在にとって本質的でない特徴のこと．たとえば，人間にとって，死を免れないことは本質的特性であるが，音楽のセンスがあることは偶有的特性である．

**寓話テスト**［fables test］　寓話を説明するように求められるテスト．比較的稀ではあるが，知能検査や投影検査として使われる．

**クエチアピン**［quetiapine］　精神病や統合失調症を制御するために使用される**非定型抗精神病薬**．伝統的な精神病治療薬と同様に，治療的効果の一つは，D2ドーパミン受容体を遮断可能なところにある（⇨**ドーパミン受容体拮抗薬**）．しかし，これまでの薬剤と異なるのは，5-HT$_2$セロトニン受容体も同時に遮断できる点にある．鎮静作用が一般的な副作用であり，甲状腺機能障害や体重増加や**心電計効果**は非常に稀に観察される程度である．アメリカでの商品名はセロクエル（Seroquel）．

**クオリア**［quale］　1. 心的経験の質（感覚・知覚）を規定し，たとえば経験の主体が熱さや冷たさの感覚を識別するように，ある経験を他の経験から弁別可能にする特徴や性質．クオリアは経験主義者の提唱する**第一性質**および**第二性質**の概念と関係しており，これらはあるシステム内において経験の基本的または根本的な単位となる．他の思想家，特に唯物主義者は，クオリアをほとんど説明的価値をもたない不必要な概念とみなし，退けている．2. 情動に特有の，現象的，意識的な状態，あるいは感覚．怒り，幸福，恐怖，悲しみなどの，言葉では言い表せない現象的状態は**感情のクオリア**とされる．

**具格**［instrumental］　サンスクリット語のようないくつかの言語において，ある動詞が示す行為を遂行するために**動作主**によって用いられる実体を示す，名詞や代名詞，名詞句の**格**．また具格は**格文法**のカテゴリーとしても使われる．たとえば"The crowber pried open the door"では，無生物名詞である「crowber」は動作主（ここでは定義されていない）ではなく具格であると言われる．⇨**経験者格，目的格**

**区間推定**［interval estimate］　母集団パラメータを，範囲によって推定すること．⇨**点推定**

**具現**［materialization］　**心霊主義**において，超自然的な方法によって，精霊を実体化すること，あるいは，他の物を現出すること（⇨**幻姿**）．⇨**心霊体**

**句構造文法**［phrase-structure grammar: PSG］　ある文の形式を生み出し，それを文法的であると定義する文法構造の観点から文を記述するために，句構造規則（phrase-structure rules）もしくは，書換規則（rewrite rules）のシステムが用いられる**生成文法**の一形態．実際には，こうした記述は問題となっている文の**構成素**分析となる．この形式の分析で用いられる句構造規則は通常「X → Y + Z」という形式で出発する．この矢印はXを直接構成素（Y + Z）によって再形式化すること（書き換え）を意味している．よって，たとえば，"The dogs chase the cats"（そのイヌはそのネコを追いかける）は以下のような規則群によって記述される．

文(S) → 名詞句(NP) + 動詞句(VP)
NP → 限定詞(det) + 名詞(N)
VP → 動詞(V) + 名詞句
det → the（その）
N → cats（ネコ），dogs（イヌ）
V → chase（追いかける）

上記と同じ規則群を樹形図や句構造標識といった図式で表すこともできる．1950年代後半，この種の形式的な句構造分析はチョムスキー（Noam Chomsky）によって発展した．しかし同時に，チョムスキーはどのように言語が機能するかを記述するものとして句構造分析の限界をも指摘した．チョムスキーの**変形生成文法**は，文は句構造分析の中で記述される線的順序の**表層構造**とともに**深層構造**をもつこと，そして2つのレベルの関係は変形規則のシステムによって記述可能であることを提唱し，句構造文法に新たな重要な視点を加えた．

**苦情**［grievance］　産業・組織心理学で，組織の管理者によって定められたものや被雇用者を代表する組合との間の契約において，決まりや手続きの点で被雇用者から提起された不満のこと．

**具象化**［reification］　1. 抽象的なもの，概念，形式的なものをまるで，実在する物体や静的構造のように扱うこと．2. 抽象的なものを現実のものと混同すること．統合失調症においてよくみられる．

**具象化傾向**［concretism］　ユング（Carl Jung）による分析心理学において，直接的な身体感覚を頼りにした思考もしくは感情のタイプをいい，抽象作用の能力がわずか，もしくは全くないこと．伝統的ないくつかの社会においては，そのような思考はそれ自体が呪物崇拝の，そして魔術を信じることの表れとされる．近代社会では，状況の明確な具体的事実を超えては思考できないことの表れとされる．

**くすぐったさ**［tickle experience］　近接する皮膚受容器がすばやく連続的に軽く刺激されることで生起するインパルスによって生じる感覚．くすぐったさに関与する受容器は，痒みや痛みの感覚にも関わり，感覚の違いは刺激の様式の違いによって説明されると考えられている．

**薬**［drug］　1. 実験，診断，治療の目的のために，処方される食べ物以外のあらゆる物質．2. 運動，知覚，認知活動に影響する娯楽的に使用されるあらゆる物質．

**薬教育**［drug education］　個人やグループに，人体に対する多様な化学物質の効果について情報を与える過程．多くは，向精神薬（麻薬など）の影響に主眼がおかれる．

**薬相乗作用**［drug synergism］　1つの薬を投与した時よりも薬理作用や臨床効果が高くなるように，同時に2つ以上の薬を投与した時，増強された効果が起こること．薬の

相乗効果は，1つの薬の投与が他の代謝を妨害する時は代謝に作用し，2つ以上の薬の投与の結果，受容体の結びつきや対象となる部位の他の活動を高める時は薬理作用する。2つの抗生物質の同時投与の抗菌作用の強さはポジティブな相乗効果の例である。ネガティブな相乗効果は，無毒性の薬と毒性の薬の投与が毒性の薬の毒性を悪化する時にみることができる。

**薬指皮膚炎**［ring-finger dermatitis］　指輪をつける部位の皮膚疾患のこと。その状態は，痒み，乾燥，赤み，あるいは小水疱の発疹といった特徴をもつ。指輪が含む化学物質や洗剤によるアレルギー反応（最も一般的な原因）や炎症であるという証拠がない場合，薬指皮膚炎は**心身症**の可能性がある。

**具体化［1］**［concretization］　1．出来事の細部や現下の出来事が過度に誇張されることによって抽象的思考ができなくなること。認知症や統合失調症でみられる。2．一般的に，概念もしくは関係における特異的もしくは用例を示す過程のこと。

**具体化［2］**［exteriorization］　1．個人の内的な感覚や態度を外的，対象的現実へと関係づける活動のこと。2．私的で個人的な考えを外界へ表出すること。

**具体語**［concrete word］　言語学において，木，飛行機，ジェームズ（William James）のように，物理的に実在し，知覚可能な実体を意味する単語。⇨ **抽象語**

**具体像**［concrete picture］　ほとんどあるいは全く抽象的概念のない物質界における，特定の物体もしくは出来事に基づいた**心的表象**のこと。それらはかつて伝統的社会の人々の間では常識的な具体像と考えられてきたが，もはやその通りではない。⇨ **抽象的表象，映像的表象，象徴的思考**

**具体的イメージ**［concrete image］　ある特定の種類のチーズの味や汽笛の音などのように，特定の感覚の質について再生されるイメージ。

**具体的思考**［concrete thinking］　即時の経験やある特定の物質または事象に焦点を当てた思考。その思考は，幼い子どもや統合失調症の患者，脳損傷患者における思考の特徴とされる。特に前頭葉に損傷を負った場合にこれらの症状がみられる。⇨ **抽象的思考**

**具体的操作**［concrete operation］　成長期の子どもにおける，物理的な世界の物を心的に表象し，それらの間の論理的な関係を理解する能力。たとえば，具体的操作期の子どもは**クラス包含**の概念を理解し，物理的な世界における部分と全体の関係を表象することができる。たとえば，イヌは動物の部分集合である，あるいは家は建物の部分集合であるということを理解する。

**具体的操作期**［concrete operational stage］　ピアジェ（Jean Piajet）の理論における認知発達の第三段階。おおよそ7歳～11歳に生じる。この段階の子どもは自分の認知を中心から外す（⇨ **脱中心化**）ことができ，自己中心性はより少なくなり，具体物（⇨ **具体的操作**）や具体物を含む特定の状況や経験については論理的に思考できる。

**具体的態度［1］**［concrete attitude］　ある特定の物質やすぐそばの刺激によって方向づけられた**認知スタイル**のこと。そのような人物は抽象的比較を用いず，抽象的な性質や，概念，分類には反応しない。⇨ **抽象的態度**　［ドイツで生まれアメリカで育った神経学者ゴールドステイン（Kurt Goldstein: 1878-1965）が用いた用語］

**具体的態度［2］**［concretizing attitude］　抽象的観念を具体的表現に変換すること。たとえば，腹を立てるという漠然とした感覚を，誰かを殺害しようと計画するという妄想に変換すること。

**具体的知能**［concrete intelligence］　具体的，実践的な関係性や状況に対処する能力。たとえば，この能力のテストは，被検者の「すべての人間はいつか死ぬ。ソクラテスは人間である。ソクラテスはいつか死ぬと確実に言うことができるか」といった三段論法を解く能力を測定する。⇨ **抽象的知能**

**クーダー職業興味検査**［Kuder Preference Record］　様々な職業分野に対する適合度を測るテスト。三択問題で興味のある仕事を選ぶ。10種類の職業領域（聖職，計算，芸術，音楽，社会奉仕，屋外，科学，営業，文筆，機械）についてパーセンタイル得点が算出される。クーダー職業興味調査（Kuder Occupational Interest Survey）はこの改訂版である。［アメリカの心理学者クーダー（George Frederic Kuder: 1903-2000）］

**口コミ**［grapevine; word of mouth］　1．噂や陰口などの情報が，人から人へと伝えられていくときの伝達経路のこと。2．事実，意見，噂，ゴシップが，口頭で人から人へと伝えられる，非公式なコミュニケーションのチャネルのこと。

**口すぼめ**［lip pursing］　ふくれ面や鼻を突き出すように，唇をすぼめて顔をゆがませること。ドイツの精神科医カールバウム（Karl Ludwig Kahlbaum: 1828-1899）によって初めて"Schnauzkrampf"と表現され，一般には**緊張型統合失調症**と関連するものである。

**苦痛緩和医療**［palliative care］　終末医療において，積極的に治癒を目指すのではなく，症状のコントロールや快適性に焦点を当てることを指す。これは，ホスピスアプローチの基礎である。痛みを和らげる上で最も有効な薬物治療を提供するために，患者が最期を迎えるまでの期間，注意深くその状態を査定することに重点をおいている。

**苦痛性愛**［algolagnia］　苦痛を経験したり，与えられたりすることで性的な興奮を獲得する性障害の一つ。⇨ **積極的苦痛性愛者，受動的疼痛性愛，性的マゾヒズム，性的サディズム**

**クッキー**［cookies］　個人が見たウェブサイトを記録したコンピュータ上で自動保存される小さなファイル。クッキーによって，ウェブサーバーは利用者個人のインターネット上での動きや好みを特定したり追跡したりすることができる。たとえば，インターネット上で個人や会社は利用者があるウェブサイトに戻るたびにその利用者に対して製品やサービスに関する情報を提供することができる。しかし，多くの利用者はクッキーをプライバシーの侵害になると考えており，今後利用禁止になるかもしれない。

**屈曲**［flexion］　肘関節のような肢にある関節を曲げること。屈筋によって引き起こされ，たとえば，前腕と上腕のような肢の2つの部分が，互いに近寄っていくこと。

**屈曲反射**［flexion reflex］　強い痛みを生じる刺激への反応として，すばやく肢を引っ張り上げること。⇨ **伸展反射**

**屈筋**［flexor muscle］　収縮することにより肢の屈曲を生じさせる筋。たとえば，上腕二頭筋。⇨ **伸筋**

**クックの D**［Cook's D］　回帰分析で用いられる指標で，ある１つのケースが，全体の予測値に及ぼす影響の大きさを表す。［アメリカの統計学者クック（R. Denis Cook: 1944-）による］

**屈光性**［phototropism］　植物に見られる方向づけ反応（⇨ **屈性**）。光の方に向くのが正の，光を避けるのが負の屈光性である。生物の光に対する自動運動である**走光性**とは区別される。

**靴下状知覚まひ**［stocking anesthesia; foot anesthesia; shoe anesthesia］　足やふくらはぎの一部（すなわち，靴下によって覆われるであろう領域）で感覚が失われる**感覚性転換症状**で，一般的な病状や器質的異常では説明がつかない。⇨ **手袋状知覚まひ**

**屈辱**［humiliation］　面目をつぶされた，軽視されたという恥の感情で，重篤な抑うつや**自尊心の低下**にもつながる。性的なサディズムやマゾヒズムでは，パートナーの屈辱がしばしばみられる。

**屈触性**［stereotropism］　固い物体あるいは表面と直接的な接触に対する有機体の定位反応。

**クッシング症候群**［Cushing's syndrome］　コルチコステロイドホルモンの慢性的な過剰生産に関連した一連の兆候や症状であり，主に**コルチゾール**，副腎皮質によるものである。この症状は女性に起こりやすく，副腎の腫瘍または下垂体と関連している。クッシング症候群は脂肪沈着による"丸顔"や胴体の脂肪体化による"野牛肩"，高血圧，グルコース過敏症，精神障害といった特徴がみられる。［アメリカの外科医クッシング（Harvey W. Cushing: 1869-1939）が用いた用語］

**屈性**［tropism］　日光や重力などの刺激に対する動植物の定位の一種。花は太陽が空を動くにつれて太陽のほうを向くようにゆっくり向きを変える（屈日性：heliotropism）一方で，その根は磁力線と重力に追随する。屈性は**走性**，すなわち，刺激に向かう（刺激から遠ざかる）運動と対照をなす。

**屈折［１］**［inflection］　言語学において，時制や人称，数，格の変化を表すための単語の形態の変化のことで，多くの場合**接尾辞**を追加することによって示される。英語でよくみられる屈折として，動詞の過去形や現在分詞を表すために「-ed」や「-ing」を追加したり，名詞の複数形や所有格を表すために「-s」や「-'s」を追加することなどがあげられる。⇨ **形態学**

**屈折［２］**［refraction］　1. 空気から水のように，ある媒体から別の媒体へと光線が進む際に光線が曲がること。2. 網膜上に焦点が合うよう，眼のレンズや角膜を通過する際に起こる光の屈曲のこと。3. 個人の眼における屈折の効果を示す臨床表現。

**屈折異常［１］**［ametropia］　かすみ目を生じる眼の障害。屈折異常の代表的な疾患は**近視**，**遠視**，**乱視**，**老視**，そして角膜損傷である。

**屈折異常［２］**［error of refraction; refractive error］　光を屈折させて網膜上に光の焦点を結ぶことができない眼の異常のことで，視力が低下する。矯正には眼鏡，コンタクトレンズや外科手術を必要とする。屈折障害（refractive disorder）とも言う。⇨ **近視**，**遠視**

**屈折光学**［dioptrics］　光の屈折に関する光学領域の一つ。⇨ **反射光学**

**屈折率**［refractive index］（記号：$n$）　ある透明媒体から別の透明媒体へと光線が進む際に，どの程度光線が屈折したかという指標。ある透明媒体の屈折率は，その媒体での光速の，真空における光速に対する割合と等しい。$n$ の値は光の波長によって変わる。

**屈電性**［galvanotropism］　電気刺激に対する生物の定位反応。電気刺激に対する生物の活動的かつ指向的な運動である走電性（galvanotaxis）とは区別される。

**国親思想**［parens patriae］　政府は，未成年や自分自身の面倒をみることができない人に対して，ケアと保護を提供するとともに，彼らの基本的要求を満たすための権力と関心をもつべきであるとの見解のこと。この見解においては，保護される人々の権利が制限される場合もある。アメリカでは，各州に対してこの権力が与えられている。

**苦悩の軽減割合**　［distress-relief quotient; discomfort-relief quotient; relief-discomfort quotient; relief-distress quotient］　安心に対する苦悩の言語表出の割合で，カウンセリングと心理療法における改善の指標として用いられる。

**クーパー－ハーパー式ハンドリング性能評価尺度**［Cooper-Harper Handling Qualities Rating Scale］　NASA での利用のために考案された**認知負荷**の標準的な測定指標。パイロットはテストフライトの後に，シンプルな意思決定の樹状図（決定木：decision tree）を用いて，機体のハンドリング性能（操縦性）と，何らかの不備によって自分たちが対処をすることを課された要求とについて評価することが求められる。この尺度はその後，他の多くの状況でも用いられるようになった。クーパー－ハーパー式評価尺度（Cooper-Harper Rating Scale），クーパー－ハーパー式尺度（Cooper-Harper Scale）とも呼ばれる。［1969 年にアメリカのパイロットであったクーパー（George E. Cooper）とハーパー（Robert P. Harper）によって導入された］

**虞犯**［status offense］　非行でも犯罪でもないが，行為者が成人ではないために違法と考えられる行為。具体的には，怠学，夜間外出禁止違反，未成年者の飲酒などを指す。

**首目反射**［neck-eye reflex］　頭の位置が変わる時に視線が目標に集中するのを維持するための代償性眼球運動にある反射。画像安定性を保つために重要な役割を果たしている。

**クプラ**［cupula］　内耳の三半規管の端の膨大部陵にあるゼリー状の蓋。膨大部頂とも言う。

**区分化**［compartmentalization］　一種の防衛メカニズムで，葛藤が生じたり両立しない考えや感覚を，互いに外見上不透過である心理的な区画に分類すること。古典的な精神分析学では，区分化が生じることによって，本来は曖昧さや両価性に耐えられるはずの**自我**が崩壊すると考えた。⇨ **隔離**

**区分回帰**［piecewise regression］　データに対して複数の異なる直線をフィットする最小二乗回帰の変形のこと。通常，複数の折れ線（pieces）の傾きは異なり，１本の線となるよう交点をもつ。

**組合**［union］　雇用者と交渉する際の従業員を代表する組織。組合は，従業員の報酬や雇用条件に関する問題の解決を求めて雇用者と交渉し，契約を締結し，合意事項が遂行されるよう求める責任がある。

**組合せ** [combination] 統計において，選んだ順序に関係なく $n$ 個から $r$ 個を選択すること。一度に $n$ 個から $r$ をとる組合せの数は，${}_nC_r$ と表される。

**組合せ検査 [1]** [assembly test] 受検者が，パズルや物体のピースなどの要素を組み合わせる検査のこと。

**組合せ検査 [2]** [combination test] 単語や物をより複雑な全体の中に組み入れたり，組み合わせたりする課題によって行う検査。

**組合せ操作** [combinatorial operations] 一連の法則に従って構成要素を結合させ，新しい表現を生み出す精神過程。たとえば，統語論の法則に従って単語や句に組合せの操作を行い文章を構築させる。

**組合せ療法** [combination therapy] 同一のセラピストにより，クライエントの示す問題に対して2つ以上の異なる治療アプローチを適用すること。⇒ **補助療法**，**協力的ケア**

**組換え** [recombination] 精子や卵子を形成する際に相同染色体間で遺伝情報を交換すること。クロスオーバー（crossing over）と呼ばれる，相同染色体の**染色分体**の切断と再結合を伴う。子は両親のどちらとも異なる遺伝子の組合せをもつことになる。

**組換え DNA** [recombinant DNA] 遺伝子工学の技術などを用いて遺伝子組換えなどにより遺伝子断片を挿入された DNA 分子のこと。実験技術により新規 DNA や改変 DNA の断片を作製することができ，それを他の生物の染色体に組み込むことが可能である。これらの技法は特定の遺伝子の発現研究を可能にし，病気治療のための物質を生産する菌株の作製を可能にする。

**クモ恐怖症** [spider phobia; arachneophobia; arachnophobia] クモに関する持続的で不合理な恐怖症のこと。DSM-Ⅳ-TR では，クモ恐怖症は**特定恐怖症**に分類されており，動物型に該当する。⇒ **動物恐怖症**

**クモ膜** [arachnoid mater; arachnoid; arachnoid membrane] 3つの**髄膜**の内の中間層。脳と脊髄の表面を覆う。組織のらせん構造がクモの巣に似ているため，この名称がつけられた。

**クモ膜下出血** [subarachnoid hemorrhage] 脳の周囲にあるクモ膜下腔で出血すること。外傷や動脈瘤の破裂による。初期症状は頭蓋内圧の増加によって引き起こされ，流出した血液がクモ膜下に広がり，視床と脳幹の血管を圧迫したり攣縮を引き起こしたりすると，頭痛や意識消失が生じうる。

**クモ膜顆粒** [arachnoid granulations] **脳脊髄液**が血流に流れ出るのを許す髄膜の**クモ膜**から**硬膜**への拡張部。

**クモ膜下腔** [subarachnoid space] 壊れやすい**クモ膜**の下にある空間。脳と脊髄を囲む3つの**髄膜**の真ん中。**クモ膜顆粒**を通って**上矢状静脈洞**へと流れる脳脊髄液で満たされている。

**クライエント** [client] 治療やサービスを受ける人。とりわけカウンセリングやソーシャルワークの文脈で用いられる。⇒ **患者-クライエント問題**

**クライエント虐待** [client abuse] 治療者やカウンセラーがクライエントに与える危害。不適切で専門家としてふさわしくない行動をとる目的で，クライエントの脆弱性や，自らの影響力と信頼される地位を不正に利用する。クライエント虐待は，クライエントと性的関係をもつという形をとることもあり，それは専門家に対する法的，専門的な訴訟の原因となる。⇒ **職業倫理**，**専門職基準**

**クライエント教育** [client education] 認知，信念，感情，行動を変えるため，クライエントに対して情報を与える介入を行うこと。このような教育的プロセスは，正規の心理教育グループあるいは伝統的な心理療法において，いつも用いる方法として実施される。

**クライエント特徴** [client characteristics] クライエントが解決や癒しを求めてセラピーにもち込む問題や症状と同様，その身体的，パーソナリティ的特質も明確にする視点のこと。

**クライエントと治療との一致** [client-treatment matching] クライエントのニーズや特性（たとえば，民族，性別，性格特性）に最も適した心理療法と心理療法士を選択すること。クライエントと治療とのマッチングは，心理療法の効果を強める。

**クライエントの権利** [client rights] 治療手順に関する利益やリスクについての説明を十分に受け，治療を受けるかあるいは拒否するかを決定をする，患者もしくはクライエントの権利のこと。

**クライエントの満足度** [client satisfaction] メンタルヘルスサービスを求めている人が，サービスの結果に満足する程度のこと。

**クライシスセンター** [crisis center] アメリカにおいて，緊急治療や紹介に対応するために設立された施設のこと。医療やメンタルヘルスの専門家および専門職の補助的な役割にあるスタッフが配置されていることがある。⇒ **ドロップイン・センター**

**クライン** [Klein, Melanie] メラニー・クライン（1882-1960），オーストリア出身のイギリスの精神分析家。正式な医学教育を受けていないが，ブタペストでハンガリー人の精神分析家であるフェレンツィ（Sandor Ferenczi: 1873-1933）に精神分析の訓練を受けた。クラインは**児童分析**のパイオニアであった。彼女に分析および治療的な技法として遊びを用いた最初のセラピストであり，発達早期の乳幼児における**エディプス・コンプレックス**，パラノイド態勢，**超自我**という概念を提唱した。クラインの考えは，精神分析学が確立されたヨーロッパ大陸では容易に受け入れられなかったが，イギリスでは幅広く受け入れられた。英国精神分析学会の会長であるジョーンズ（Ernest Jones: 1879-1958）が彼女をイギリスに招き，十分に研究活動ができるようにした。クラインの理論は，もう一人のパイオニアであるアンナ・フロイト（Anna Freud）の理論とは異なる。アンナ・フロイトは子どもの自我の発達を強調したが，クラインはエディプス葛藤や母親との原始的な対象関係を強調した（⇒ **対象関係理論**）。彼女は，乳幼児の精神生活と成人の神経症や精神病との類似性についての理論を発展させ，大きな論争を巻き起こした。**妄想分裂ポジション**の研究を通して，シゾイド的防衛機制の理論の発展に貢献した。⇒ **悪い乳房**，**悪い対象**，**抑うつポジション**，**自我の分裂**，**良い乳房**，**良い対象**

**クラインの分析法** [Kleinian analysis] クライン（Melanie Klein）によって確立された精神分析学派の理論と方法に基づいた心理療法。**内在化**，**対象関係**，**抑うつポジション**，**理想化**，**妄想分裂ポジション**という概念などがある。

**クラインフェルター症候群**［Klinefelter's syndrome］XXYという47の核型をもって生まれた男性に影響を与える染色体異常。味覚の低下，精子の減少，乳房肥大，卵胞刺激ホルモンの排泄の有無を生じる。精神遅滞は珍しく，多くの患者は行動上の問題を抱えている。XXYシンドローム（XXY syndrome）とも呼ばれる。［アメリカの内科医クラインフェルター（Harry F. Klinefelter: 1912- ）によって提唱された］

**クライン－レヴィン症候群**［Kleine-Levin syndrome］主に思春期の男性にみられる稀な疾患。過度の眠気と睡眠（1日あたり20時間）によって特徴づけられる。症状には過剰な食物摂取，神経過敏，エネルギーの見当識障害の欠如，騒音過敏症が含まれ，これらは数日から数週間続く。これはおそらく視床下部の機能不全，食欲や睡眠を支配する脳の部分によるものだと考えられている。［ドイツの精神神経科医クライン（Willi Kleine）とアメリカの神経学者レヴィン（Max Levin）により提唱された］

**クラーヴス**［clavus］まるで爪が頭に食い込んだような痛烈な感覚の頭痛。

**クラウゼ終末小体**［Krause end bulb］皮膚の囊にある特殊化した感覚神経の終端のこと。温度感覚に関与している。［ドイツの解剖学者クラウゼ（Wilhelm Krause: 1833-1910）に因む］

**クラウディング**［crowding］人口密度の高い環境下で起こる心理的緊張で，特に自分が必要とするよりもスペースが不十分だと感じる時に起こる。クラウディングは心理的健康に悪影響を及ぼし，複雑な課題における能力低下や**ストレス残余効果**，心理的ストレスの増加につながる可能性がある。動物においては，生殖機能の低下や余命の縮減，様々な病的行動へとつながりうる。しかし，クラウディング自体がこれらの主要因になるのではなく，適切な資源が利用できれば，人間も動物も人口密度の高い環境下でも生きていくことができる。クラウディングに関する2つの鍵となるメカニズムは，社会的相互作用（プライバシーなど）の制御不能，社会的にサポーティブな関係の悪化である。⇨ **行動の陥穽**，**密度**，**環境ストレス**

**グラウンデッド・セオリー**［grounded theory］ **1.** 質的データに基づいた理論。データ対話型理論。**2.** 構造化されていない質的データを体系的に分析するための手法。

**グラウンドトゥルース**［ground truth］ある個人が何らかの行為に及んだのではないかと疑われているとき，その他者が本当にその行為を行ったかどうかに関する真実性のこと。この概念は虚偽検出において頻繁に使用される。ポリグラフ検査を用いたフィールドスタディでは，一般的にグラウンドトゥルースは明らかにならないので，検査の真のエラー率を決定するのは困難である。

**クラーク**［Clark, Kenneth Bancroft］ケネス・クラーク（1914-2005），アメリカの心理学者。クラークは1940年にコロンビア大学で博士号を取得。その後1946年から，ニューヨーク市立大学シティカレッジで引退する1975年まで経歴を積む。クラークは妻（Mamie Phipps Clark: 1917-1983）と共同で子どもの自尊心と人種の関係について研究した。この研究は，1954年にアメリカ合衆国最高裁判所で Brown v. the Board of Education が裁定される要因となった。この法令により人種別学校が禁止された。クラークの最も著名な研究は，*Prejudice and Your Child* (1955) と *Dark Ghetto: Dilemmas of Social Power* (1965) である。クラークはアフリカ系アメリカ人で初めて1971年に米国心理学会会長に就任し，*Distinguished Contributions to Psychology in the Public Interest* (1959) で最初に米国心理学会の賞を受賞した人物である。⇨ **比較文化心理学**，**人種心理学**，**自尊心**

**暗さ－明るさ次元**［somber-bright dimension］心理学的美学において，情緒的な効果をもとに芸術的なスタイルを分類する方法。実験的な証拠から，強い明度，高い飽和度，長波長に対応する色相が，観察者を興奮させる傾向をもつことが示されている。

**クラス**［class］論理学や哲学において，共通の固有性をもつ実体の**集合**。つまり条件によって定義される集合のこと。

**クラスカル－ウォリス検定**［Kruskal-Wallis test］順序尺度における代表値（中央値）が等しいか統計的有意性を決定するためのK標本に対するノンパラメトリックテスト。この検定は一元配置分散分析に類似する。［クラスカル（William Kruskal），ウォリス（Wilson Allen Wallis: 1912-1998）］

**クラスカル－シェパード尺度法**［Kruskal-Shepard scaling］対となるアイテム（たとえば町）に対する類似と非類似の判断に適用される多次元尺度法。そういった非類似は高次元空間の中のアイテム間の距離として表される。より大きな距離はより大きな非類似性を示す。［クラスカル（William Henry Lruskal: 1925-2005）はアメリカの統計学者，シェパード（Roger N. Shepard: 1929- ）はアメリカの実験および認知心理学者］

**グラスゴー・アウトカム・スケール**［Glasgow Outcome Scale: GOS］外傷による脳損傷後の社会的活動と自立機能を査定するための評価尺度。原版は，死・持続的植物状態・深刻な障害・中程度の障害・十分な回復という5つのカテゴリーからなるが，深刻な障害・中程度の障害・十分な回復のそれぞれを高・低に分類する増補版もある。［1975年にスコットランドのグラスゴー大学で神経学者のジェネット（Bryan J. Jennett）と精神科医のボンド（Michael R. Bond）によって開発された］

**グラスゴー昏睡尺度（GCS）**［Glasgow Coma Scale: GCS］頭部損傷後の意識レベル査定のための，3～15点の評価尺度のこと。開眼反応（1～4），運動反応（1～6），言語反応（1～5）の3種類の反応の評価による合計を算出する。8点以下は重篤な脳損傷と昏睡状態を，9～12点は中等度の脳損傷，13点以上は軽度脳損傷を示している。［1974年にスコットランドのグラスゴー大学で神経学者のティースデイル（Graham M. Teasdale）とジェネット（Bryan J. Jannett）が考案した］

**クラスター評価**［cluster evaluation］ **1.** プログラム評価の一つで，**形成的評価**か，**累積的評価**のいずれか一方の形態をとり，複数の場面で並行して行われる。各場面は，共通の**評価目的**を有しており，継続的なプロセスの中で，異なる評価者による協調的な努力の下で測定がなされる。得られた情報は共有され，共通の**プログラム結果**の測定がなされ，プログラムの成否に関わる要因が同定される。**2.** 多少異なる結論と研究を組み合わせて一致させることを必要とする評価研究において，情報を蓄積するための戦略。このアプローチは，異なる研究によるデータをプールする

際に判断基準となる。**3.** 別々のプロジェクトに属している評価者たちが，まとめ役の評価者とともに協力をしていくアプローチ。⇨ **メタ評価**

**クラスター分析**［cluster analysis］ 分析で用いた変数によって定義づけられた多次元空間において，互いの近さと他のケースからの遠さの基準によって，個人やケースをクラスターにグループ化するデータ分析法。

**クラスタリング**［clustering］ **1.** 想起する過程で，一貫して同じグループに入れられる項目の傾向のこと。このグループ分けは通常，関連のある項目に対して生じる。これは，動物のような同じカテゴリーに存在する項目が一緒に想起されるといった記憶課題においては特に顕著である。**2.** 統計で，**クラスター分析**が実行される過程のこと。**3.** 人間工学の用語。**知識抽出法**を行う方法のことで，ある製品やシステムの利用者に対してインタビューをしている研究者が，心に浮かんだキー概念や言葉を手早く書き留め，後に，リンクされた概念や意味をグループ化していく。このようにしてクラスターが形成され，それは分類や，課題の階層化，メニュー構造を創りあげるために用いられる。

**クラス包含**［class inclusion］ 下位の集合（たとえば，イヌ）はそれを含む上位の集合（たとえば，動物）よりも常に小さくなければならないという概念。ピアジェ（Jean Piaget）は集合包含の概念を理解することは重要な発達の歩みを示すものであると考えていた。子どもは個人的な要因や知覚的な特徴，共通の機能に基づいて分類する段階から，たとえばサルは霊長類であり，哺乳類であり，脊椎動物であるというように階層的な関係に基づいて分類する段階へと進んでいく。⇨ **具体的操作**

**クラス理論**［class theory］ クラスの性質に関連した集合論の一つ。特に，クラスとクラスではない単位との区別を定義することに関心が向けられている。

**クラッキングファサード**［cracking facades］ 真の自己を明らかにするように促すプロセスのこと。ロジャーズ（Carl Rogers）のエンカウンターグループのワークと関連している。

**クラック**［crack］ コカインと重曹を混ぜ合わせたものを乾燥させたもの。喫煙することができる。相対的に少量で安価なコカインを含んでおり，急速な束の間の恍惚感をもたらす。したがって薬物に近づきやすくする。

**クラッシュ**［crash］ **1.** 通例は深刻な抑うつ感情に支配される離脱症状のことであり，アンフェタミン中毒状態が非常に長く続いた後にみられる。使用者はほぼ数日の間継続的に眠り続けたり，目覚めている間は極度の消耗と焦燥を示したりする。⇨ **アンフェタミン離脱** **2.** コカインの静脈注射による恍惚感や高揚感の後に起きる，心身の虚脱状態のこと。多幸感が消え，代わりに易刺激性，抑うつ，不安，再使用への強い渇望にかられる。⇨ **コカイン離脱**

**クラッタリング**［cluttering］ 困惑していて，混乱していて，正確でなく，速く話すこと。しばしば**躁病エピソード**の最中に生じる。

**グラフ**［graph］ **1.** 数や量の間の関連の視覚表現であり，直角に交わった軸（$x$ 軸，$y$ 軸）を基準にした図に表示し，線や点，またはそれと同様のもので繋げる。**2.** コンピュータプログラミングにおいて，ノード群（有限個である必要はない）とノード対をつなぐ弧によって構成されるデータ構造。有向グラフ（directed graph）の場合，弧はあるノード（親）から別のノード（子）に向かう一意の方向をもつ。ある親のノードに属す子のノード群は兄弟と呼ばれる。連結した親子の弧の連鎖はパスと呼ばれ，連鎖の中の子はそれぞれ連鎖内の次の状態の親でもある。根付きグラフ（rooted graph）の場合，そのグラフに含まれるすべてのパスがそこから生じる一意なノードをもつ。子をもたないノードを葉ノード（tip node または leaf node）と呼ぶ。グラフ構造はしばしばゲームやその他の問題解決場面における**探索**，および**意味ネットワーク**にみられるような関係性を表現するために使用される。⇨ **木**

**グラフィカル・ユーザー・インターフェース**［graphical user interface: GUI］ ウィンドウやアイコン，プルダウンメニューなどの視覚的表示を用いてコンピュータシステムの操作を可能にするインターフェース。⇨ **知覚的ユーザー・インターフェース**，**タンジブル・ユーザー・インターフェース**

**クラブドラッグ**［club drugs］ バー，ダンスクラブ，"レイヴ"と呼ばれるオールナイトパーティーなどでティーンエイジャーやヤングアダルトが使用する物質のこと。この物質に含まれるものに，MDMA（エクスタシー），GHBやフルニトラゼパム（⇨ **デートレイプ薬**），ケタミン，メタンフェタミン，LSDがある。慢性の乱用には重大な身体的心理的影響が残り，アルコールに混ぜて摂取した場合は致命的ともなりうる。

**グラフ理論**［graph theory］ 関係性，構造，あるいはダイナミクスを記述するために，視覚的表現（グラフ）を使用することに関する研究。心理学における応用としては，**バランス理論**，**ソシオメトリー**，**社会的ネットワーク**分析，**生活空間**分析などがあげられる。

**グラーフ濾胞**［graafian follicle］ 卵巣内にある小さな嚢状の空洞部であり，その中で卵子が発達する（⇨ **卵形成**）。排卵の際，濾胞の1つが裂けて，成熟した卵子が**ファローピウス管**（その中で卵子は受精する）へと放出される。裂けた卵胞は**黄体**の座となる。卵胞（ovarian follicle）とも言う。［オランダの組織学者グラーフ（Reijner de Graaf: 1641-1673）に因む］

**クラメールの V 係数**［Cramér's V coefficient］（記号：V）相関に類した指標で，2つの**カテゴリー変数**の間の**関連**を示す。［スウェーデンの統計学者クラメール（Carl Harald Cramér: 1893-1985）による］

**暗闇恐怖症**［fear of darkness; achluophobia］ 暗闇や夜に対する正常なまたは病理的な恐れ。闇のなかでは違ったように見えるためである。恐怖は最初に3歳頃に生じる。しかし，暗闇が危険や強迫と関連していると**特定恐怖症**に発展する。この恐怖症は，暗夜恐怖症（noctiphobia），暗所恐怖症（nyctophobia），暗黒恐怖症（scotophobia）としても知られている。現在はこれらの名前はほとんど使われていない。

**クラーレ**［curare］ 植物から抽出される様々な植物毒，特にストリクノス属の植物から抽出される。クラーレ，またはその複合体に関連したものはそれらの効果が神経筋接合部において**アセチルコリン**の活性が遮られることによってまひを起こす。クラーレはアマゾンやオリノコ河の近辺に住んでいるインディアンらの民族薬理学的な歴史をもっており，その地方では矢のやじりに毒をぬり獲物をまひさせることに使っている。16世紀に南アメリカの開拓者ら

によってヨーロッパに伝えられたが，1930年代に破傷風やまひ障害の患者の治療に用いられるまで臨床的な使用がなされていなかった。また，刺激-反応連合がまひ状態にある動物に見いだされたことが示された実験において用いられた。より予測可能な薬理学の統計データにおける神経筋接合部の遮断物質の発展は，臨床的物質としてのクラーレの投棄を導いている。

**クランツ健康意見調査**［Krantz Health Opinion Survey: KHOS］　健康管理において，治療に対する患者の態度や，異なるアプローチへの好みを測定するための質問紙。参加者は，16の項目（たとえば，「私は治療法について，いつも医師や看護師にたくさん質問をしている」）に「はい」か「いいえ」で答える。点数が高いほど，健康に関して自己管理を好むことを表す。健康意見調査（Health Opinion Survey: HOS）とも呼ばれる。［アメリカの心理学者であるクランツ（David S.Krantz: 1949- ）とベセスダ健康科学連合大学の共同研究者によって1980年に開発された］

**クリアランス**［clearance: CL］　体からの薬物の排出率。体液中の濃度に関して，CL＝排出率/C（Cは体液中の薬の濃度）で表される。クリアランスは相加的，つまり薬物が様々な機序（腎臓，肝臓など）において異なる率で排出されるので，全体のクリアランスは各個人の器官系のクリアランスの合計となる。浄化値とも言う。

**クリアランス条件**［clearance requirement］　安全工学の用語で，潜在的に危険なもの（ソース：source）から最低限離れていなければならない距離や高さを具体的に示した指令書やガイドライン。

**繰り返し**［repetition］　学習や記憶の材料を繰り返し提示すること。繰り返しは**ドリル**や**機械的学習**の方法の基礎をなす。⇨**繰り返し効果**

**繰り返し効果**［repetition effect］　情報や項目を繰り返し提示することにより，概して材料の記憶成績が良くなること。繰り返し効果は学習の一般的な法則であるが，例外や変化が生じる場合もある。たとえば，分散型反復（spaced repetitions）は一般に集中型反復（massed repetitions）よりも有効である。反復効果とも言われる。⇨**分散練習**，**頻度の法則**，**集中練習**

**クリーク**［clique］　大きな集団や組織の中にある友情に基づいた小集団のこと。クリークは，特に青年期においてみられ，社会的地位を高めたり，友人との絆を強化したり，孤立したあるいは排除されたという感情を軽減するための助けとなる。

**グリコーゲン**［glycogen］　肝臓で**グルコース**をもとに生成され，主要な化学エネルギー源として肝臓や他の体内組織に貯蔵される多糖類。エネルギーが必要な時には容易にグルコース分子へと分解される。

**グリコサミノグリカン**［glycosaminoglycan］　⇨**ムコ多糖症**

**グリシ・シクニス**［grisi siknis］　ニカラグアで発見された，頭痛，不安，怒り，走るまたは逃げるといった多動や潜在的に危険な行動のエピソードが突然始まる，などが特徴の**文化依存症候群**。エピソードに続いて極度の疲労，睡眠と記憶喪失が生起する。ピブロクト（piblokto）に若干類似する症候群であり，通常は**解離性トランス障害**に分類される。

**グリシン**［glycine］　中枢神経系（特に脊髄）における主要な2つの抑制性神経伝達物質の一つとして働く**アミノ酸**で，アミノ酪酸（aminoacetic acid）とも呼ばれる。もう一つは**ガンマアミノ酪酸**（GABA）。グリシンの合成は2つの異なる経路を通じて行われるが，アミノ酸のセリンから酵素であるセリンヒドロキシメチルトランスフェラーゼを触媒とする単一反応によって合成される経路が，より重要である。

**クリスタルヒーリング**［crystal healing］　身体的，精神的な病の治療に役立ち，人間のエネルギー場に作用するとされるクリスタルの力による擬似科学的医療行為の一つ。⇨**信心療法**，**心霊治療**

**クリスマスローズ**［hellebore］　バイケイソウ属の植物，特にシュロソウのこと。北アメリカ原産の有毒植物であるシュロソウは様々な医療目的のために，アメリカ先住民によって使用されていた歴史がある。ベラトリン（Veratrine）を含む20以上のアルカロイドを含有し，局所的に使われると鎮痛作用をもたらすが，胃の中に摂取すると長期的な筋収縮をもたらす。クリスマスローズアルカロイドは発作，神経痛，頭痛，呼吸問題などの治療に18世紀や19世紀のイギリスやアメリカで使用された。近年低血圧の治療に使われているが，毒性があるため避けられている。"クリスマスローズ"という名は，有毒な観葉植物でユーラシア属の *Helleborus* に由来する。

**グリッグス 対 デューク・パワー社**［Griggs v. Duke Power Co.］　雇用慣行における差別に対してアメリカ合衆国最高裁判所が下した判例。この判決により，原告は差別の証拠として，被告が特定集団（たとえば，民族，年齢，性による区別）に**差別的効果**を与える採用慣行を意図して行っていたかどうかを示す必要がなくなった。

**クーリッジアセスメントバッテリー（CAB）**［Coolidge Assessment Battery: CAB］　5つの主要な臨床的な（第1軸）障害と**実行機能**に加えて，DSM-Ⅳ-TRの人格（第2軸）障害を測定するのに使用される自己評定スケール。1999年に開発され，225項目から構成される。被検者は，その項目に「非常に合っていない」から「非常に合っている」までの4段階の**リッカート尺度**を用いて反応することになっている。CABは，クーリッジ第2軸一覧表（Coolidge Axis Ⅱ Inventory）をより包括的に理解できるようにしたものである。［アメリカの神経心理学者クーリッジ（Frederic L. Coolidge: 1948- ）による］

**クーリッジ効果**［Coolidge effect］　動物およびヒトで，複数の相手がいると性欲が増す効果。この現象の名はアメリカの大統領クーリッジ（Calvin Coolidge）の逸話からきている。大統領夫妻が農場を視察した際，頻繁に求愛するオンドリを見た夫人が，夫にそのことを伝えるよう農夫に頼んだと伝えられている。大統領は「いつも同じメスに求愛するのか？」と答えたとされる。

**クリッピング**［clipping］　もとの言葉と全く同じ意味をもたせながら，言葉を短縮することをいう。たとえば，examinationをexamとする，など。概して，大人はprofessorをprofとするように，バッククリッピング（back-clipping）を好み，子どもはprofessorをfessorとするように，フロントクリッピング（front-clipping）を好む。**逆成**とは異なり，クリッピング化された言葉は，もとの言葉の一部を用いる。

**クリッペル-ファイル症候群**［Klippel-Feil syndrome］

短い首，低い生え際，椎骨数の減少などの先天性の症状がある。これらは単一にまとめることができる。これらの症状はしばしば難聴，精神遅滞を伴う。[フランスの神経学者クリッペル（Maurice Klippel: 1858-1942）と内科医ファイル（Andre Feil）によって提唱された]

**クリティカル・インシデント・テクニック** [critical-incident technique: CIT] 著しく良い，もしくは著しく悪い職務遂行能力に関連する要因を調べるために計画された方法のこと。観察者は，異常なアウトカムと，異常なアウトカムを引き起こしたと考えられる特別な出来事，行動，システムの特徴を記録する。このように収集されたデータは，重要なテーマを同定するために分類，分析される。クリティカル・インシデント・テクニックは，**事故予防や人事考課**において使用される行動学的尺度の作成といった領域で広く利用されている。⇨ **行動アンカー評定尺度，行動観察尺度，混合標準尺度**

**クリティカルパス法** [critical path method: CPM] 1950年代初めに開発されたプロジェクト管理技法で，複雑で時間の制限があるプロジェクトにおける必須なサブタスクの同定，優先順位づけ，スケジューリングを行うことを含む。この分析は通常，すべてが予定通りに進んだ際の「クリティカルパス」を表す略図として示される。クリティカルパス分析（critical path analysis: CPA）とも呼ばれる。

**グリーフ・カウンセリング** [grief counseling] 誰かの死，とりわけ最愛の人や友人の死によって，社会的な役割を果たす能力が損なわれた人を援助するためのアドバイス・情報・心理的支援のこと。悲嘆のプロセスのためのカウンセリングと，葬儀や埋葬の手配に関する現実的なアドバイスが含まれる。グリーフ・カウンセリングはホスピスなどの専門施設のスタッフによって行われることもあるが，他のカウンセリングの流れの中で行われることもある。⇨ **喪の治療**

**クリプトファジア** [cryptophasia] 秘密の言語または理解が難しい言語。特に，双生児の間で発達し，彼らだけに理解可能な特異なコミュニケーションパターンのこと。双子語とも言う。

**グリーフワーク** [griefwork] 先立たれた人が次第に亡くなった人への情緒的結びつきを弱め，それにより自身の継続する人生を取り戻すゆっくりとした過程。グリーフワーク理論によると，この活動によって次第に過去の関係から自身の継続する人生へ**備給**を移す。より最近の観点では，亡くなった人へのあらゆる情緒的結びつきを断つ必要はないと考える。その代わりにこの関係は，意義ある**絆**として象徴的に変換され，新しい関係性を形成することに貢献することが評価されうる。

**クリューヴァー‐ビューシー症候群** [Klüver-Bucy syndrome] 両側の内側側頭葉の損傷，そして性行動亢進と，何でも手で触れたり口に入れたりすることで確かめたりする傾向によって特徴づけられる状態。その他の症状としては視覚失認（視覚的に対象を認識することができない），感情の低下（恐怖と怒りの応答の損失），散漫性，そして記憶喪失が含まれる。この症状は側頭葉切除後の実験動物で，また，稀に**単純ヘルペス脳炎**やトラウマによって側頭部の損傷を生じた人間にも生じる。[ドイツ生まれのアメリカの神経学者クリューヴァー（Heinrich Klüver）と，アメリカの脳神経外科医ビューシー（Paul Bucy）によって提唱された]

**クル** [kuru] これまでの歴史において，ニューギニア高地で4人が罹った中枢神経系の進行性の病。症状には運動失調，振戦，歩行困難と斜視がある。それは感染者の脳を人食い儀式で食べることによって伝染する**クロイツフェルト・ヤコブ病**に似たプリオン病とされている。

**グル** [guru] 1. ヒンドゥー教およびシーク教における霊的教師あるいは指導者で，特に口伝の教えを維持するつとめを負っている者。2. 一般的には，何らかの教師，カウンセラー，もしくは知的指導者で，特別な知識をもっているとみなされている者。[サンスクリットにおける"教師"の意]

**グルカゴン** [glucagon] ランゲルハンス島のA細胞で分泌されるポリペプチドホルモンであり，血中のグルコース濃度を上昇させる。**インシュリン**の作用とは反対にグリコーゲンの分解を促進し，脂肪がグルコースを生産するために準備される。グリカゴンは**低血糖**の症状を緩和するために投与される。

**グルクロン酸抱合** [glucuronidation] 薬物や他の物質がより水溶性の高い化合物を形成するためにグルクロン酸と結合する代謝プロセスのこと。そうすることで，胆汁中への溶解を介した腎臓による排出がより容易に行われるようになる。

**グルコース** [glucose] 自然界に豊富に存在する可溶性の糖であり，体組織の主要なエネルギー源である。脳は必要なエネルギーをほとんどグルコースのみに頼っている。グルコースは炭水化物やタンパク質を分解することで作られるが，わずかながら脂肪から作られることもある。その血中濃度は**インシュリン**と**グルカゴン**という2つの拮抗する作用をもつホルモンによって厳密に調整されている。⇨ **血糖**

**グルコース受容体** [glucoreceptor] 循環しているグルコースの濃度を検知し，その情報を他の脳部位に伝える，**視床下部**に存在する細胞のこと。グルコース検出器（glucodetector）ないしはグルコース利用細胞（glucostat）とも呼ばれる。

**苦しみ** [suffering] 心理的もしくは身体的な，苦痛および強い不快感を指す。たとえば，愛する者を失ったり，身体的なトラウマを経験したときに生じるとされる。他者から注意を向けられたり，同情を示されたいといった欲求は，隠された動機とされるが，こういった動機を満たそうとする場合には，この苦痛が誇張されると考えられる。自傷行為のように，自ら招いた行動にも当てはまる。

**クルーゾン症候群** [Crouzon's syndrome] 頭頂部前面の大泉門（頭頂前方）付近の隆起を伴う広い頭蓋骨により，かぎ鼻と眼球異常が生じている状態（⇨ **頭蓋骨癒合症候群**）。後者は，萎縮，外斜視，盲目を含む。多くは軽度から中等度の知的障害を併発し，頭蓋内圧によって他の神経学的疾患が引き起こされる場合もある。頭蓋顔面異骨症（craniofacial dysostosis）とも言う。⇨ **アペール症候群** [1912年に，フランスの神経学者クルーゾン（Octave Crouzon: 1874-1938）が用いた用語]

**グルタミン酸[1]** [glutamic acid] 栄養分として摂取する必要はないが，脳の正常な機能にとって重要な**アミノ酸**の一種。酵素としてグルタミン酸脱炭酸酵素を，補酵素

としてビタミン$B_6$（ピリドキシン）から作られるピリドキサルリン酸を必要とする触媒反応によって，**ガンマアミノ酪酸**へと変えられる。

**グルタミン酸[2]**［glutamate］アミノ酸の一種であるグルタミン酸の塩またはエステルのこと。グルタミン酸は脳内における主要な興奮性の**神経伝達物質**として働く。グルタミン酸は認知・運動・感覚の各機能において重要な役割を果たしており，統合失調症の発症機序におけるその役割は研究課題となっている。ニューロンの**グルタミン酸受容体**に結合することでその作用を及ぼす。この受容体におけるグルタミン酸の過剰活動は神経組織の損傷（神経毒性）や細胞死（⇨ **興奮毒性**）と関係している。おそらくこれは，**NMDA 受容体**の過剰刺激によってカルシウムイオンの細胞内への流入が引き起こされた結果である。

**グルタミン酸仮説**［glutamate hypothesis］興奮性神経伝達物質であるグルタミン酸の活動低下が統合失調症発症の原因であるとする説。この仮説は，**NMDA 受容体**の拮抗剤として働く PCP（フェンシクリジン）およびその関連薬品によって誘発される精神症状が，統合失調症の**陽性症状**と**陰性症状**の双方によく似ているという報告から生まれた。

**グルタミン酸作動性**［glutaminergic］グルタミン酸を神経伝達物質として利用しているニューロンを表す。

**グルタミン酸受容体**［glutamate receptor］興奮性の神経伝達物質であるグルタミン酸と結合し反応する様々な受容体。グルタミン酸受容体はほとんどのニューロンの表面に見られる。グルタミン酸受容体は**イオンチャネル型受容体**と**代謝調節型受容体**という 2 つの主要なタイプに分けられる。イオン性（ionotropic）グルタミン酸受容体はさらに **NMDA 受容体**，**AMPA 受容体**，**カイニン酸受容体**という 3 つのタイプに分類される。代謝性（metabotropic）グルタミン酸受容体（mGlu あるいは mGluR）は下付き数字によって示されるいくつかのタイプ（たとえば $mGlu_1$，$mGlu_2$ など）へさらに分類される。

**グルタミン酸脱炭酸酵素**［glutamic acid decarboxylase］グルタミン酸から神経伝達物質である**ガンマアミノ酪酸**（GABA）を作る過程に関与する酵素。

**グルテチミド**［glutethimide］1950 年代初期に導入された非バルビツール酸塩鎮静剤の一つ。グルテチミドは構造的，薬理的にバルビツール剤で代用でき，不安や不眠症の治療において利点がないため，現在は臨床的に滅多に使われておらず，乱用されるドラッグとして時に使用される。アメリカでの商品名はドーリデン（Doriden）。

**グルーピング**［grouping］1. 教育場面で，学年やクラス，その他の集団に生徒を割り当てる過程。2. 統計学で，得点をカテゴリーや区間，階級，順位に整理する過程のこと。

**グループ**［group］1. 調査研究における参加者集団のことであり，その集団の反応を，他の 1 つ以上の参加者集団の反応と比較する。特定の集団に属する参加者全員が，他の集団に属する参加者が経験したり受けたりするものとは異なる実験条件を同じように経験する，あるいは治療を同じように受ける。2. 知覚心理学において，全体あるいはゲシュタルトとして知覚される個々の物体の形状のこと。

**グループウェア**［groupware］複数の人々が関わる共同作業や**集団意思決定支援システム**（GDSS）に関係するコンピュータソフト。

**グループ・カウンセリング**［group counseling］クライエント・グループに対する指導や支援を行う方法。グループ・カウンセリングは，高校生の進路選択への支援や，従業員が上司に不満や問題解決策を提示することへの支援の方法として用いられることもある。

**グループ経験**［group experience］集団心理療法とグループカウンセリングにおいて，他のメンバーと分かち合い他のメンバーから学ぶことによって，彼または彼女の問題への洞察力を得る機会をクライエントに与える相互作用。グループ経験は，クライエントがどのように他の人々から認知されるのかについて理解するのに役立つという点で特に重要である。個人的介入に加えて集団療法またはカウンセリングを行うと，セラピストまたはカウンセラーはグループ相互作用で開示されるようなクライエントの感情的問題を観察することができる。

**グループ G モノソミー**［group G monosomy］G 群染色体（染色体 21 あるいは 22）の全体あるいは一部の欠損を伴う珍しい染色体異常。この病気に冒された人は，手が短く拘縮し，重い精神遅滞を伴う。多様な影響によって，1 つ以上の染色体の欠陥が関係している可能性がある。染色体 21 はしばしば**ダウン症候群**と関係がある転座と異常に関係している。

**グループ・ダイナミクス**［group dynamics］1. 社会集団の中で生じる静的ではない動的な過程，作用，変化のことで，所属，コミュニケーション，葛藤，服従，意思決定，影響，リーダーシップ，規範形成，勢力パターンなどに影響する。レヴィン（Kurt Lewin）が用いたように，この単語は複数の個人によって形成される集団を特徴づける流動的で変化し続ける力を強調する。集団過程（group process）とも言われる。⇨ **集団間ダイナミクス** 2. 集団と集団過程の研究を行う心理学の一領域。3. 治療集団における，集団レベルのプロセスを明示的に認識し探索する，集団心理療法における概念的かつ臨床的志向のこと。

**グループ同一視**［group identification］稀に，それがあるグループの一員でないときでさえ，そのグループの特性をもつものとして考慮してしまう行動のこと。

**グループホーム**［group home］居住に関わるサービスと個人的なケアサービス（食事，指示監督，移動など）を提供する宿泊施設のこと。

**グループモラール（集団モラール）**［group morale］集団やその課題，目標に対する，集団成員の総体的な熱意（自信，貢献，熱情，**団体精神**）のこと。

**車椅子**［wheelchair］介助なしでは自力で歩行できない人のための車のついた椅子。最も古い**福祉機器**の一つである。現在は人力のもの（自分で車を動かすか，後ろから人が押す）とモーターのもの（電池で動く）がある。

**グルーミング**［grooming］自身や他の個体の身体，毛髪，衣服，全体的な外見などを清潔にしたり維持したりすることを含む，セルフケアのこと。動物では，グルーミングは毛から寄生虫や汚れを取り除くといった衛生的な機能と，受け手における**内因性オピオイド**の活性化を通じた報酬の提供を含む社会的な機能の両方をもつ（⇨ **アログルーミング**，**グルーミング行動**）。グルーミングの訓練や再訓練は，精神的・身体的障害を抱えた生物個体に対するリハビリテーションにおいて中心をなす。

**グルーミング行動**［grooming behavior］　動物が自身または同種他個体の毛や羽をいじる行動（⇨ **グルーミング**，**アログルーミング**）。自身への場合は，ごみや寄生虫を取り去る衛生を目的としているが，他個体へ行われる場合には衛生とともに社会的機能を兼ねる。

**グレア**［glare］　ガラスや金属の表面，あるいは視力を妨げるほどの強い明かりなどがもたらす激しい輝度特性のこと。⇨ **直接グレア**

**クレアチンキナーゼ**［creatine kinase: CK］　心筋，骨格筋，脳組織にある酵素。血中に多く存在する時は，筋ジストロフィーや心筋梗塞などの病気や組織損傷が疑われる。MまたはBという2つのサブユニットからなる酵素である。サブユニットの組合せが組織特異的で，心筋（MB），骨格筋（MM），脳（BB）が電気泳動で同定できる。MB型は心筋梗塞に特異的な型である。

**グレイアウト**［gray-out］　**低酸素症**を生じさせる血中の酸素不足による部分的な意識喪失のこと。登山中や航空飛行中に時折生じる。主な症状は感覚・運動・心的諸能力の低下，および判断・記憶・時間間隔の障害である。

**グレーブス病**［Graves' disease］　パリー病とも言われ，甲状腺の肥大や過活動が特徴的な疾病で，眼球突出性甲状腺腫（⇨ **眼球突出**），脚部の赤い小節，筋脱力，そして**甲状腺中毒症**に関わるその他の症状がみられる。自己免疫と精神的苦痛とが関連していることも多く，特に30代〜50代の女性が罹りやすい。多くの医師が，心的外傷（たとえば，愛する者の死，離婚）が症状の発生に関連していると報告している。［アイルランドの医師グレーブス（Robert J. Graves: 1796-1853）に由来］

**クレオール語**［creole］　複数の言語（多くはヨーロッパの植民地開拓者の言語と植民地の住民が使う言語）が接触することによって発展し，後に**言語コミュニティ**のネイティブ言語になったもの。**ピジン語**と異なり，クレオール語は通常十分に発展した文法体系をもつ。⇨ **脱クレオール化**

**グレコ・ラテン方格**［Graeco-Latin square］　**ラテン方格法**の変形であり，変動の3元の制御を可能にする（たとえば，実験に関連しない他の変数の影響を最小化，あるいは除去する）ために，1つのラテン方格をもう1つのラテン方格に重ねる。グレコ・ラテン方格は4要因，あるいは**独立変数**を含む一部実施計画の一例である。

**クレスピ効果**［Crespi effect］　条件づけにおける，報酬と不釣り合いな反応の増加（あるいは減少）。これは報酬量が突然変化したときに生じる。たとえば，報酬として与えられる食べ物の量が突然1gから6gに増加すると，遂行の水準は6gの食べ物が報酬として与えられる場合よりも高くなる。⇨ **行動対比**　［アメリカの心理学者であるクレスピ（Leo P. Crespi: 1916- ）が提唱］

**グレースフルデグレデーション**［graceful degradation］　脳のネットワークの一部が損傷しても全体の機能は相対的にはほとんど下がらないという認知ネットワークの特性。これは，課題遂行がネットワークのあらゆるユニットと関係していて，処理過程のどの側面をとっても一つのユニットだけがその処理を担っているということはないためである。この特性は，認知の**ニューラルネットワーク**モデルに反映されており，**並列分散処理**仮説から導かれたものである。⇨ **分散処理**

**クレチン病**［cretinism］　甲状腺の機能不全による疾患。この言葉は「chrétien（クレチヤン）」という古いフランス語から来ている。これは，初期の罹患者に，アルプス山脈の越境の地でヨード不足の食生活を送るヨーロッパクリスチャン派の子どもが多かったことに由来している。⇨ **無甲状腺症**，**先天性甲状腺機能低下症**　［1657年にオーストリアの内科医ヘーファー（Wolfgang Hoefer）が用いた用語］

**クレッチマーの類型論**［Kretschmer typology］　体型と性格傾向との間にある「明確な生物学的類似性」に基づいた分類。この分類によれば，小柄の肥満型は，陽気だが気分が動揺する傾向がある。虚弱なやせ型に，内向的で繊細な傾向がある。筋肉質の闘士型は，活発で攻撃的である。不均衡で偏った型は，やせ型の傾向を除いて，様々な特徴が組み合わさっている。これらの性格傾向にホルモン分泌によると考えられた。［ドイツの精神科医クレッチマー（Ernst Kretschmer: 1888-1964）によって1920年代にまとめられた］

**グレートマン・セオリー**［great man theory］　政治におけるリーダーシップや，歴史上の因果関係についての見方であり，天性の偉大さを備えた少数の例外的な人物によって歴史は動かされると仮定する。対照的に，**時代精神**の見方は，経済や技術的進歩，幅広い範囲の社会的影響によって歴史は大部分が決定されると仮定する。［イギリスの歴史家カーライル（Thomas Carlyle: 1795-1881）と関連］

**クレペリン学説**［Kraepelin's theory］　**早発性痴呆**（今では**統合失調症**として知られる）の概念。クレペリン学説は進行性の知的低下（認知症）や障害の早期発病（早発性）を強調した。［ドイツの精神科医クレペリン（Emil Kraepelin: 1856-1926）によって1898年に初めて示された］

**クレペリン病**［Kraepelin's disease］　大うつ病性エピソードの基準に合致せず，精神病性特徴を伴ううつ病症状に特徴づけられる障害。

**クレマティソフィリア**［chrematisophilia］　売春婦や男娼ではないパートナーとの性的関係ではなく，金銭で性を買うことによって得られる性的興奮。

**クレランボー症候群**［Clerambault's syndrome］　色情パラノイアの一形態であり，ある人が，典型的には年上で高い社会的ステータスをもつ誰かが自分に心を寄せているという**色情妄想**をもつこと。その人は，その他者とはほとんど面識がなく，感情のやりとりもないにも関わらず，このような信念をもち続ける。通常，男性よりも女性に多くみられる。ド・クレランボー症候群（de Clerambault's syndrome）とも言う。［フランスの内科医クレランボー（Gaetan Gatian de Clerambault: 1872-1934）により1922年に初めて言及された］

**グレリン**［ghrelin］　胃の内分泌細胞によって分泌されるペプチド。視床下部および下垂体前葉にある成長ホルモン受容体に結合し，食欲と成長ホルモンの放出を促す。

**クロイツフェルト・ヤコブ病（CJD）**［Creutzfeldt-Jakob disease: CJD; Jakob-Creutzfeld disease］　急速に進行する神経疾患で，プリオンタンパク質の異常によって引き起こされる。**認知症**，不随意筋肉運動（特に**ミオクローヌス**），**運動失調**，視覚障害，発作をその特徴とし，脳や

脊髄の灰白質に海綿状の空胞が出現する。プリオンは他のタンパク質の誤った折りたたみを引き起こすとされ，それが細胞病変へとつながる。典型的CJD（classical CJD）は世界中で散発的にみられ，通常患者は中高年層である。また，割合は少ないが約10％は遺伝性である。初期症状は筋協応不能（運動失調）で歩行や発話の異常を伴い，その後に認知症とミオクローヌスの悪化へと至る。多くは発症から1年以内に死に至るとされる。一方，変異型CJD（variant CJD）は1990年代に初めてイギリスで報告されたものであり，症状は似ているが患者の多くは若年層で，BSE感染牛の肉やその製品を食べることにより感染したと考えられている。亜急性海綿状脳症（subacute spongiform encephalopathy: SSE）とも言う。⇒ **プリオン病** ［ドイツの神経病理学者クロイツフェルト（Hans Gerhard Creutzfeldt: 1885-1964）とヤコブ（Alfons Jakob: 1884-1931）に由来］

**GROW, Inc.**［GROW, Inc.］抑うつ，不安感，その他の精神障害を抱える人々を助けるために設立された相互援助組織。この組織は，**12のステップ**を用いて，メンバーが感情の成熟，個人的責任，精神障害からの回復を実現することを支援することを目的として，"治療と共有"のコミュニティを提供する。この組織は，オーストリアを起源とする。

**クロザピン**［clozapine］ジベンゾジアゼピンの非定型抗精神病薬。この非定型抗精神病薬は最初は臨床的に用いられ，アメリカの市場では1990年に販売されるようになった。一部では，すべての抗精神病薬の中で最も効果があると評価されるが，クロザピンは問題となる副作用があるとして使用が制限されている。それらの副作用の中には，体重増加，鎮静作用，そして最も重要なものとして，無顆粒球症（この薬を処方された患者の1～2％に生じる）が含まれることがある。それゆえ，クロザピンの使用にあたっては，患者の白血球の数を頻繁にモニタリングすることが求められ，他の抗精神病薬にある程度反応する患者には一般に使用を控える。アメリカでの商品名はクロラジル（Clorazil）。

**クロスオーバー計画**［crossover design］ラテン方格法のように，異なった期間に同じ標本（たとえば，個人）に異なった治療を行う実験計画のこと。

**（霊界からの）クロス交信**［cross-correspondence］心霊主義（スピリチュアリズム）および超心理学の用語で，2名あるいはそれ以上の数の霊媒（霊媒者）が，互いに交流することなく離れた場所で同一の発信霊と通信し，同様のメッセージあるいは相互補完的なメッセージを生み出すというもの。有名な事例で，詳細な記述がなされたクロス交信の事例は1901年～1932年に行われたもので，3名のイギリスの霊媒がそれぞれ独立に取り組みを行い，同一の故人から（**自動的記述**において）極めて類似したメッセージを書き出した。交差通信を信じている人にとっては，このクロス交信は，霊的メッセージ（あるいは少なくとも霊媒間での何らかの形態でのテレパシー）の客観的実在の確固たる証拠を提供していることになっている。より一般的な説明としては，(a) 複数の霊媒（霊媒者）が故人に対する経歴に関わる同一の情報と，関心，嗜好，意見に関する同一の情報とにアクセスをしていること，(b) 死後の世界や霊界の特質に関して，複数の霊媒が降霊術者として同一の文脈知識を有していることが強調される。

**クロス集計**［cross-tabulation］一方の変数（変数群）ともう一方の変数（変数群）の相互影響を示すために表形式でデータ（たとえば，値や水準）を整理したり表示したりする方法。

**クロスセクション計画**［cross-sectional design］異なった年齢や発達段階の個人が直接に比較される実験計画のこと。たとえば，クロスセクション研究（cross-sectional study）では，5歳と10歳の子どもが比較される。⇒ **縦断研究**

**クローズドエコノミー**［closed economy］道具的またはオペラント条件づけの手続きにおいて使用される実験デザインのこと。強化子（たとえば，食物）は実験の中でのみ得られ，実験状況以外に補完されることはない。⇒ **オープンエコノミー**

**クローズドキャプションのついたテレビ**［close-captioned television］字幕が追加されたテレビ番組。字幕は大抵はスクリーンの下側にあり，音声チャンネルで話された言葉を視覚的に表示する。クローズドキャプションは耳の聞こえない視聴者への援助として有用である。

**クロストーク**［cross-talk］同時に複数の作業をする際，一方の作業がもう一方の作業に影響を与えることによって生じるエラーのこと。たとえば，右手と左手で異なった作業をしている時などに起こる。

**クローズドクラスワード**［closed-class words］言語において，新しい語を作るのが容易ではない単語の分類群のこと。主に，代名詞，前置詞，限定詞といった，重要な文法機能の役目を担う言葉で成り立っている（⇒ **機能語**）。⇒ **オープンクラスワード**

**クローズドグループ**［closed group］最初の構成員だけで作られるカウンセリングあるいはセラピーの集団。そのセラピーが行われている間は新しいメンバーが加わることはない。⇒ **オープングループ**

**クローズドシナリオ**［closed scenario］割り当てられた問題を解決するための選択肢の数が限られた状態において，参加者が答えを選択する必要がある実験を指す。

**クローズドショップ**［closed shop］労働組合のメンバーであることが雇用の前提条件である労働形態。**労使関係法**はそのような前提条件を禁止しているが，**ユニオンショップ**や**エージェンシーショップ**は認めている。⇒ **オープンショップ**

**クローズドスキル**［closed skills］バスケットボールの試合でフリースローシュートをするときのように，どのような場合にも同じ条件下で働く運動スキル。⇒ **オープンスキル**

**クローズドマリッジ**［closed marriage］数年にわたって変化することなく，個人のパートナーに対して，お互いに社会的・性的な関係を変化させない婚姻形態のこと。クローズドマリッジは，永続性と性的排他性を強制する当事者間の法的契約に依拠している。静的な婚姻（static marriage）とも呼ばれる。

**クロストレーニング**［cross-training］**1.** 体部位の片方（たとえば右手）の鍛錬の結果，もう一方の体部位（たとえば左手）における技能性能が上がること。**2.** 当人が専門としていない領域の様々な課題や仕事を通して被雇用者のトレーニングを行うことによって，予期できない欠勤

や不在に対してお互いの代用ができるようになる。クロストレーニングは，被雇用者のスキルを開発するとともに，グループあるいは組織が職務上の要求に対処する柔軟性を高めるものでもある。3. パフォーマンスや持久力，柔軟性，減量などの改善を図るために，異なる種目や健康増進活動を組み合わせて行うこと。（トラックでの）ランニング，水泳，ウェイトリフティングのような組み合わせが典型例である。

**クローズ法**［cloze procedure］ 読みと理解の試験と教授の両方で使用されるテクニック。文から単語を削除し，空所を残す。生徒が正しく埋める空所の数はこれらの事柄における進歩の指標として用いられる。クローズ法はゲシュタルトの閉合の法則に基づいている。

**クロッカー-ヘンダーソンのニオイ記号法**［Crocker-Henderson odor system］ 4つの**原臭**の質に関する理論。酸臭，焦臭，動物臭，芳香がある。ニオイにおけるそれぞれの優先性は，質の強さを示す9段階（0〜8）を用いて測定される。⇨ **ヘニングの嗅覚プリズム** ［アメリカの化学者クロッカー（Ernest C. Crocker: 1888-1964）とヘンダーソン（Lloyd F. Henderson）による］

**クロナキシー**［chronaxie; chronaxy; chronaxia］ 神経および筋の興奮性を表す指数。神経のインパルスや筋の収縮を引き起こすのに必要な閾値の2倍の強さの電流が流れる時間で決まる。

**クロナゼパム**［clonazepam］ 非常に強力な**ベンゾジアゼピン**薬物。もともとは欠神発作の治療のために開発されたが，現在ではパニック障害や他の不安障害の治療のための**気分安定剤**として用いられる。この薬は作用の発現が遅く，**半減期**が長く**クリアランス**の進度が遅いため，他のベンゾジアゼピン系の薬物ほど頻繁に服用する必要がない（1日2回）。アメリカでの商品名はクロノピン（Klonopin）。

**クロニジン**［clonidine］ 高血圧の治療に用いられる薬。脳幹で**アルファアドレナリン受容体**を直接刺激することによって，動脈を供給する末梢交感神経での活動電位の流れを制限し，結果として動脈を緩める（拡大させる）。一般的に処方される他の抗高血圧薬のほとんどはβ受容体遮断薬として，あるいは利尿剤として作用する。クロニジンは，アルコールやオピオイド（アヘン様合成麻酔薬）の離脱症状の治療の補助薬として，また注意欠陥／多動性障害の興奮を抑えるための処方として，あるいはクロザピンに起因する流涎症（よだれ）の治療に用いられてきた。この薬はまた，他の薬物治療に耐性のある双極性障害患者にも用いられてきたが，効果には限りがある。

**クローニング**［cloning］ 1. 特定のDNAの複製を多数作製する過程のこと。目的遺伝子を単離し，宿主細胞に移して増殖させる**遺伝子工学**の技術を使う。クローニングにより，遺伝子の構造や機能の研究，特定の遺伝子を同定して分析することが可能となった。2. 生物全体の遺伝的に同一のコピーを作るプロセス。人間のクローニングの可能性については，重大な倫理的・社会的問題が提起されている。

**クロノグラフ**［chronograph］ 時間系列を図表で記録する機器のこと。

**クロノスコープ**［chronoscope］ 機械的か電子的かのどちらかにおいて，小さな時間間隔について正確な測定を行う機器のこと。

**クロノタラキシス**［chronotaraxis］ 時間に関して混乱が生じる障害。時間経過を過少・過大評価したり，時刻や曜日を間違えたりする。

**クロノメーター**［chronometer］ 持続的に動き，気温，気圧，それに類するすべての状況下で正確さを維持する精密な時計のこと。

**グローバリゼーション**［globalization］ 多くの営利企業が製品や販売網を地域仕様のモデルから国際的またはグローバルなモデルに移行する過程のことで，主に技術の進歩や，貿易，金融，メディア，移動の国際化による。企業活動のグローバル化には，性能や安全に影響を与える，組織的かつ文化的な相違への配慮が必要とされる。⇨ **文化的人間工学**

**グローバル記憶モデル**［global memory model］ 単一の現象に関する限定されたモデルとは対照的に，幅広い実験課題や実験操作によって得られたデータを説明するための，記憶の構造および組織化に関する数理モデル。⇨ **ミネルバ2，連想記憶探索モデル**

**グローバルワークスペース理論**［global workspace theory］ 意識が，脳の多くの部位に対し，焦点となる情報を全体的に配分するという理論。［アメリカの心理学者のバーズ（Barnard Joseph Baars: 1946- ）によって提唱された］

**クロマニヨン人**［Cro-Magnon］ 旧石器時代後期ヨーロッパに暮らした現代人（Homo sapience）の祖先。白骨化した遺体が南フランスのクロマニヨン洞窟で最初に発見された。

**クロミプラミン**［clomipramine］ 抑うつやパニック障害および強迫性障害（OCD）の治療にも用いられる**三環系抗うつ薬**。クロミプラミンは，他の三環系抗うつ薬より強力なセロトニン再取り込み阻害薬であり，その活性代謝物はノルエピネフリンの再摂取を妨げることから，混合セロトニン-ノルエピネフリン再取り込み阻害薬に分類される。三環系の構造のため，他の三環系抗うつ薬と同様の副作用と毒性をもち，SSRI（選択的セロトニン再取り込み阻害薬）に広く取って代わられてきている。その一つ，**フルボキサミン**も強迫性障害の治療に用いられる。アメリカでの商品名はアナフラニール（Anafranil）。

**クロラゼペート**［clorazepate］ 不安，アルコール離脱症状，**部分発作**の治療に用いられる長時間作用型の**ベンゾジアゼピン**。アメリカの商品名はトランゼン（Tranxene）など複数ある。

**クロルジアゼポキシド**［chlordiazepoxide］ 初めて市販された**ベンゾジアゼピン抗不安薬**。1957年に開発され，1960年代初めに臨床的に用いられた。今でも最もよく処方される薬の一つである。この薬は，肝臓の代謝を盛んにして代謝産物の量を保つが，**半減期**が長く，結果として長時間の抗不安作用をもたらす。不安や不眠の治療に用いられるが，複雑な代謝がより少なく，半減期をより予測しうるベンゾジアゼピン系に広く取って代わられてきている。しかし，アルコール依存症の治療のために一般には未だ用いられている。これらは経口薬や注射薬として用いられるが，不規則な吸収のため，筋肉内投与には向かない。アメリカでの商品名はリブリウム（Librum）。

**クロルプロチキセン**［chlorprothixene］ チオキサンテンの効果の弱い抗精神病薬の一種。他のチオキサンテンと

同様の効果をもつ。アメリカでの商品名はタラクタン（Taractan），タラクチン（Taractin）。

**クロルプロマジン**［chlorpromazine: CPZ］　初めて合成された**抗精神病薬**。ヨーロッパでは1952年，カナダとアメリカでは1954年に臨床的に導入された。当初は，外科手術の際に術前不安を減じたり意識下鎮静を深めるために用いられ，抗精神病薬としての効果は思いがけなく発見された。この効果の弱い**フェノチアジン**は，以前は適用できなかった精神病の陽性症状の治療や行動コントロールを可能にし，現代の精神薬理学的治療に紹介された。クロルプロマジンは，統合失調症の急性症状，急性の躁病，その他の精神病の治療には効果的であるが，神経筋の硬直，他の**錐体外路作用**，鎮静，**起立性低血圧症**，認知の低下，**遅発性ジスキネジア**との長期的関連など，多くの副作用を引き起こす。クロルプロマジンは，新しい抗精神病薬に広く取って代わられてきているが，未だに他の抗精神病薬の代わりに用いられる。吐気，嘔吐，難治性のしゃっくりに低用量用いられることもある。

**クローン**［clone］　**1.** 遺伝的に同一の生物の集団。**無性作用**の結果として1つの親から自然に2つの生物が生じた場合と，生殖**クローニング**によってある生物が別の生物から抽出された遺伝的な物質を受け継いでいる場合がある。環境要因の結果として，クローンの個体は目に見える特徴の違いが生じると推測される。**2.** ある特定の生物あるいは細胞と遺伝的に同一のコピーを作ること。⇨ **クローニング**　**3.** 1つの親細胞から派生した細胞群のこと。

**クロンバック**［Cronbach, Lee J.］　クロンバック・リー，J.（1916-2001），アメリカの心理学者。クロンバックは1940年にシカゴ大学の教育学博士を取得した。幼少時は**ターマンの天才研究**に参加し，14歳で高校を卒業した。また彼は，多くの大学で地位を確立し，イリノイ大学（1948-1964）とスタンフォード大学（1964年から退職まで）に長く在職した。彼は，教育心理学と心理測定の領域に貢献したことでよく知られており，**クロンバックのアルファ**として知られるテストの信頼性の指標を考案し，テストの**妥当性**に対しても大きく貢献した。彼の広く引用される論文 Construct Validity in Psychological Tests（1955, ミール：Poal Meehl との共著）は，心理測定の要として妥当性を確立する上で貢献している。また，クロンバックはカリフォルニアにおける教育に特に影響を及ぼし，カリフォルニア州における教育評価に関する協会の長を務めた。彼の著書 Designing Educational Evaluations（1982）には，その協会に務める中で生まれた彼自身の考えが要約されている。さらにクロンバックは，教授法の領域にも大きな貢献をしており，生徒の素質にあった学習環境を準備する必要性に焦点を当てた研究を行った。この研究は，Aptitude and Instruction Method（1977, スノー：R. E. Snow との共著）に要約されている。クロンバックが授かった栄誉として，米国心理学会特別功労賞，米国学術科学協会会員，全米教育学協会会員，全米科学協会会員がある。彼は1956年に米国心理学会会長を務めた。

**クロンバックのアルファ**［Cronbach's alpha］　**内部一貫性**という信頼性の指標のことで，複数の項目の集まりが単一，1次元的な概念をなす程度を示す。アルファ係数（alpha coefficient）とも呼ばれる。［クロンバック（Lee J. Cronbach）による］

**クワシオルコル**［kwashiorkor］　タンパク質の摂取不足によって引き起こされた栄養失調の形態。症状に陥った乳幼児は母乳育児の間，必須アミノ酸を奪う（⇨ **タンパク質欠乏症**）。症状は，流体の組織に蓄積，肝疾患，成長障害，腹部の膨満，そして色素皮膚や髪の変化が含まれている。正常な脳の発達も損なわれる可能性がある。発展途上国でよくみられる。⇨ **消耗症**

**群泳**［schooling］　動物行動において，魚の大集団が一つに集まっていること。群泳は**混乱効果**と**希釈効果**により補食の危険を最小化したり，流体力学的性質を向上させて水の中で個々の魚がより効率的に泳ぐのに役立っていると考えられている。

**群間差**［group difference］　実験において群間に差が観察されること。実験の参加者は，割り当てられた群によって異なる処遇を経験する。

**群間計画**［between-groups design］　1つかそれ以上の処理の効果を調べる実験計画のこと。処理の効果は，それら処理のうち1つのみを行った実験参加者群のデータを比較することによって調べられる。通常，実験参加者は単一の処理にランダムに割り当てられる。

**群間分散**［between-groups variance］　いくつかのグループが互いにどの程度異なっているかを反映する**分散分析**で用いられる統計量のこと。たとえば，異なる群メンバーであったこと，または異なる実験条件に参加したことにのみ起因する（したがってそのような違いの効果を反映していると考えられる）実験測定値の変動がある。⇨ **群内分散**

**群居性**［gregariousness］　社会生活を享受することのために，集団，組織，何らかの活動で，他者と結びつこうとする人間の傾向。この動因は，本能ではなく，子どものもつ無力さや依存性からゆっくりと発達する。群居性のために子どもは，安全，仲間づきあい，受容，そして所属の感覚を得ることができる。人間以外の動物では，群居性は群れに集まる傾向においてみることができる。⇨ **親和動因**，**社会的本能**

**群居本能**［herd instinct］　動物が多数で集まったり，人が社会的集団を形成する動機のこと。⇨ **群居性**　［イギリス生まれのアメリカの心理学者マクドゥガル（William McDougall: 1871-1938）によって定義された］

**軍資格試験**［Armed Forces Qualification Test: AFQT］　精神的能力の資質を評価することでアメリカ軍の兵役への受け入れの適性を判断するために，国防総省によって1950年に開発されたスクリーニング検査のこと。軍資格試験は，語彙，算数，空間関係，機械能力を測定する100の多項選択式の項目から構成されている。軍資格試験は1976年まで単独の検査として用いられてきたが，それ以降は**国防省式職業適性検査**（ASVAB）がアメリカ軍すべてのスクリーニング検査として用いられている。

**軍事心理学**［military psychology］　心理学的原理，理論，方法を軍事備品のデザイン，軍人の評価，選抜，配置，訓練などに応用すること。応用心理学のこの領域には，臨床的あるいはカウンセリングの技法を軍事場面での士気や精神的健康の維持に適用することも含まれ，そして，平時と戦時の様々な環境での人間の機能も扱うものである。

**軍事的平和維持**［military peacekeeping］　紛争下で交戦中の双方の同意に基づいて，休戦維持や外公的解決の促

**軍事人間・機械系**［military human-machine system］軍事環境において目標到達のために機能する**人間・機械系**。

**軍事パフォーマンス**［military performance］作戦（戦闘）が成功する見込みや度合いのこと。軍における人的要因に関する研究やその適用の目的は，このパフォーマンスを改善することにある。

**群衆**［crowd］相当多数の人が，公共の中心地その他の一か所に集まること。群衆は，形，大きさ，タイプによって異なるが，一般的なタイプは，街路に発生する**偶発的群衆**や人混み，**観衆**，**行列**，**暴徒**などがある。

**群衆行動**［crowd behavior］同じ目的をもった，あるいは同じ出来事に注目した人々が集まり集団となって，そこで集まった人々が選択する特異な行動。通常，**観衆**は比較的受容的（笑顔，笑い，歓声）だが，野次馬は，一見，目的をもたずに徘徊し，**暴徒**は暴力的に押し寄せ，行動する。⇨ **集合行動**

**群衆心理**［crowd mind; crowd consciousness］大きな群衆の一部となった個々人の感情，認知，行動反応が画一的になっているようにみえることに関する仮説的解釈。あくまで例であるが，群衆の人々は一体化した実体となっているようにみえ，その行動は集合の意識によって導かれているようにみえる。この仮説は現在一般には受け入れられていない。⇨ **集団錯誤**，**集団心**［フランスの心理学者レ・ボン（Gustave Le Bon: 1841-1931）によって導入された］

**群衆心理学**［crowd psychology］1. 野次馬や暴徒といった集合体の一員である人々に特有の心的，感情的状態やプロセス。2. そのような現象の科学的研究。

**軍隊環境**［military environment］軍事作戦において人間の作業に影響を与える諸要因。作業は過酷な気候条件（猛暑から酷寒まで）によって低下するであろう。他の要因としては，様々な環境における服装と装備の効果，動機的・態度的要因，順応，部隊の大きさ，リーダーシップの質などがある。

**軍隊知能検査**［Army tests］第一次世界大戦中，アメリカ軍によって始められた集団式知能検査で，ターマン（Lewis M. Terman），ヤーキーズ（Robert M. Yerkes）らによって開発された。軍隊アルファテスト（アルファテスト，アルファ検査）は言語テストで，指示に従うようなスキルが計られた。軍隊ベータテスト（ベータテスト，ベータ検査）は読み書きのできない被験者や英語に堪能ではない移民に対して非言語的問題を提示した。アルファテストとベータテストの両方は第二次世界大戦終結時に150項目からなる軍隊一般分類テスト（Army General Classification Test: AGCT）に取って代わられた。軍隊一般分類テストは言語理解，数量の論理的思考，空間認知を計るもので，軍事的義務を学ぶ能力によって徴集兵を区分するのに用いられた。軍隊一般分類テストは1950年に**軍資格試験**に取って代わられた。

**クントの規則**［Kundt's rules］(a) 線分で細かく分割された距離の方が，分割されていない距離よりも大きく見える現象。(b) また，片方の眼で水平方向の線分を二等分すると，観察者が鼻側近くに中心点をおこうとすること。［ドイツの物理学者クント（August Kundt: 1839-1894）］

**群内分散**［within-group variance］同一集団や母集団内で同一として扱われる個人間の分散。

**クンニリングス**［cunnilingus］口や舌による女性の外性器（たとえば陰核や外陰部）への刺激。⇨ **オロジェニタル活動**

**群発自殺**［cluster suicides］ある限られた地域，社会的集団，または期間の中で，統計的に高い確率で自殺が起こること。群発自殺は通常，高い地位にある仲間の自殺，どこかで起こった個人の自殺，または世間で広く評価されている人物の自殺を模倣する若者の間で起こる。これらすべてのものが同一あるいは同類のメディアの報道にさらされている。⇨ **ウェルテル症候群**，**集団自殺**

**群発頭痛**［cluster headache］典型的には片目の周囲に限局した頭痛で，15分から3時間程度続き，3か月までの間に毎日（時には1日あるいは隔日で2回以上）発作的，または"群発的"に生じる。その後，頭痛のない期間が数か月または数年続く。

**訓練**[1]［discipline］1. 精神と行動の望ましい習慣を構築するよう計画されたトレーニング。2. 罰と報酬を用いて行動（多くの場合，子どもの行動）を統制すること。

**訓練**[2]［train］特に学習実験において，ある個人が特定の反応，行動，課題，活動を遂行するように教育したり条件づけること。

**訓練可能性**［trainability］ある個人が訓練から利益を得て，ある特定の技能において熟達できる可能性。

**訓練研究**［training study］ある方略の使用について教示を与えた後に，その参加者の課題成績を評価する研究。認知発達研究においては，訓練研究は**媒介欠乏**と**産出欠如**の評価をするために用いられる。

**訓練システム設計**［training systems design］認知人間工学および一般的な教育の理論から引き出された原理を，学習および知識や技能の伝達を促進するために考案されたシステムの設計と評価に応用する専門領域。

**訓練妥当性**［training validity］訓練プログラムの一部を形成する基準を練習生がどの程度遂行しているかによってそのプログラムの成功が判断されること。たとえば，トラックの運転スキルに注目したプログラムの成功は，教育のために使用される操縦装置を練習生がどのくらいうまく運転できるかに基づいて評価される。これは転移妥当性（transfer validity）と区別される。そのプログラムでは，訓練後，職場において練習生がどのくらいうまく遂行するかという点（たとえば，練習生が実際の職場でトラックをどのくらいうまく運転できるか）が評価される。

**訓練日誌**［training log］自己モニタリングの一形態。アスリートが睡眠パターンや食事摂取量，気分，不安レベル，因果状況を身体的トレーニングとともに記録する。スポーツ自己会話日誌（sport self-talk log）とも言う。

**訓練の転移**［transfer of training］過去の学習が新しい学習に影響を与えること。促進させる（⇨ **正の転移**）こともあれば，阻害する（⇨ **負の転移**）こともある。過去に学習した原理や要素の応用が可能な場合，新しい問題の解決は容易になることが多いが，稀に混乱や誤導をもたらすことがある。たとえば，数学の一般的な原則はコンピュータプログラミングに転移する。しかし，スペイン語の知識は，イタリア語の学習を促進することもあれば，阻害することもある。⇨ **一般的転移**，**特殊転移**

# け

**ケアマネジメント**［care management］ 継続性や質の向上や費用の削減のために，介護・医療サービスの運用や調整を行うシステムのこと。多くの場合，病院の**内部監査**部門の職域である。

**ケアマネジャー**［care manager］ 医療サービスの継続性や費用効果の調整のために，患者やサービス事業者，医療保険制度を扱う業務に従事する，多くの場合，看護師やソーシャルワーカーなどの介護・医療の専門家のこと。

**ゲイ**［gay］ 同性に性的魅力を感じ，性的に興奮する人のこと。特に男性を指す。同性愛者。⇨ **同性愛**

**原因不明な**［idiogenesis］ 明確な原因をもたない発端を意味する形容詞。特に，**特発性**疾患の起源となるものを指す形容詞。

**経営者リーダーシップ**［executive leadership］ 組織内で最高の力と権威をもつ地位にある人がとる**リーダーシップ**のこと。

**経営情報システム（MIS）**［management information systems: MIS］ 組織の管理者の意思決定を適切な知識に基づいて行うために，データおよびデータ処理手続き，データを収集し利用する技術や人員などに関する情報を統合するシステム。

**経営心理学**［managerial psychology; management psychology］ 人間行動に関する知識を組織の経営における問題に適用するアプローチ。特に，職場の意思決定，問題解決，リーダーシップ，対人関係を対象とする。しばしば，**産業・組織心理学**と似たような意味で使われるが，経営心理学は経営者の視点からの適用であることを特徴とする。

**経営層のストレス**［executive stress］ 経営者層が被るストレスで，重要な意思決定に対する責任，部下に対する有効性，競合する他組織との競争に勝たなければならないことなどから経験される緊張や重圧のこと。⇨ **バーンアウト**，**職業ストレス**，**ストレス**

**K-ABC 心理・教育アセスメントバッテリー**［Kaufman Assessment Battery for Children: K-ABC］ 知能は同時処理と継次処理という2つの別個の能力によって構成されるとするルリア（Alexander Luria: 1902-1977）の理論をもとに，1983年に開発された知能検査。同時処理検査の例としては，幾何行列問題（幾何行列の中で，ある要素だけが抜け落ちており，その解を求める問題），継次処理検査の例としては，系列再生課題（一連の記号が呈示され，被検者は呈示された順序通りに記号を再生しなければならない問題）があげられる。現在の第2版（2004年発行）では，**流動性-結晶性知能理論**の観点からも検査や結果の解釈ができるように拡張されている。18の下位検査（主要と補助）で構成されており，3歳～18歳までの児童に実施できるようになっている。［カウフマン夫妻（Alan & Nadeen Kaufman）によって開発された］［**訳者補足**］日本版検査は1993年に松原達哉らによって「K-ABC 心理・教育アセスメントバッテリー」として標準化され，丸善より発行されている。第2版の標準化は行われていない。日本版の対象年齢は2歳6か月～12歳11か月で，14の下位検査で構成されている。下位検査のうち9つは認知処理過程尺度（3つの継次処理検査と6つの同時処理検査），5つは習熟度尺度となっている。

**経過**［course］ ある障害や病気である期間，あるいは治療を含めた全期間のことで，通常はその自然な進行期間を指すが，（場合によっては）再発がある期間も含まれる。

**警戒色**［warning coloration; aposematic coloration］ 危険である，または美味しくないことを生物が示す鮮やかな色やパターン。捕食者は同じ模様をもつ他の生物を避けることを，一度の接触だけで素早く学習する。たとえば，スカンクの黒と白，針を持つ昆虫の黄色と黒の模様，サンゴヘビの赤や黄色と黒の縞など。⇨ **ベイツ擬態**

**警戒声**［alarm call］ 多くの場合潜在的な捕食者を察知した際に動物が発する鳴き声のことで，他個体に，避難，あるいは捕食者に対する協力攻撃を呼びかけるものである。警戒声は（発声者のリスクを増すことになるため）利他的な行動であると考えられ，しばしば，**血縁選択や互恵的行動**によって説明される。

**計画行列**［design matrix］ 各要素が，実験計画上の処理（列）に対する実験協力者（行）の参加，不参加を表すような行列。

**計画的覚醒**［scheduled awakening］ 持続的な悪夢を除去するための，行動療法の一つの技法（⇨ **悪夢障害**，**睡眠時驚愕障害**）。手続きは，**レム睡眠**に関係した間隔に，寝ている人が規則的に覚醒することである。

**計画的行動**［planned behavior］ 有機体の直接的な統制下での行動。反応的行動もしくは**反射行動**の対語である。社会心理学における**計画的行動理論**は，特定の行動をとるときの意図が，態度や規範，当該行動に対する統制の知覚に規定されると主張する。

**計画的行動理論**［theory of planned behavior］ **合理的行為理論**と類似すると同時に，**行動統制感**の概念を組み込んだ理論。ある行動を遂行しようとする意図と行動の遂行自体の両方に影響する先行要因として，行動に対する態度や主観的規範に知覚された行動制御を加える。［アメリカの社会心理学者アイゼン（Icek Ajzen: 1942- ）によって最初に提案された］

**計画的利用**［telesis］ ある特定の目標達成へと向けられた，目的のある計画的な努力。

**景観型オフィス**［landscaped office］ 社員の交流に重点を置いた改良版**開放的のオフィス設計**。情報伝達のパターンや作業の流れに基づいて職場空間を配置する。典型的には，管理者を従業員の傍に配置し，業務上のやりとりが頻繁な社員同士をグループ化する。職場空間を区分けする際には，鉢植えや戸棚，衝立が用いられる。

**経眼窩ロボトミー**［transorbital lobotomy］ かつて実施されていた精神外科手術。薄くて回転可能な刃物である白質切断器を眼の上部に挿入し，前頭葉と視床との接続を切断するのに注意深く切断器を30度の範囲で動かす手術であった。

**経験**［experience］ **1.** 人生で実際に行なってきたことで，想像や思考の出来事ではない意識的な出来事のこと。**2.** 現在の**意識**の内容。**3.** 学習の結果として起こる出来事のこと。

**経験依存的プロセス**［experience-dependent process］個体特有の経験の結果として，シナプスが形成・維持される過程のこと。経験依存的シナプス形成（experience-dependent synaptogenesis）とも言う。

**経験学習**［experiential learning］ある活動を積極的に行ったり参加したりすることによって起こる学習。

**経験－期待的可塑性**［experience-expectant process; experience-expectant synaptogenesis］生物が種特有の経験をしたときにシナプスが形成・維持されること。その結果，種特有の環境刺激（たとえば，光）によって視覚などの機能がその種のすべてのメンバーにおいて発達する。

**経験者格**［experiencer］格文法において，文中で記述された行為，状態，もしくは過程の影響を経験する実体のこと。たとえば，"John sees Mary. The wind felt soft to John. The walk invigorated John" などの文における「John」が経験者格である。経験者格は文中の「John」の文法役割とは独立である点には注意が必要である。経験者格のカテゴリーは受動者のカテゴリーと重複するが，通常は感覚的もしくは情動的経験が可能な有生名詞に限定される。⇨ **動作主，具格**

**経験主義**［empiricism］事実の主張や理論，あるいはモデルの妥当性を評価する際に用いる科学的知識やその意味の根拠として，実験が，唯一ではないにしても，最も重要であるという観点。

**経験心理学**［empirical psychology］心理学の現象に関する，研究および説明へのアプローチのこと。それは，考慮中の現象に関する情報源としての目的観察（⇨ **観察方法**）および**実験の手法**を強調する。⇨ **合理的心理学，実験心理学**

**経験則**［rule of thumb］問題や意思決定に取り組むための一般的には有用だが絶対に確実とはいえない方略。⇨ **ヒューリスティック**

**経験的下位理論**［experiential subtheory］知能の鼎立理論の下位理論。コンポーネントの下位理論に基づく知能の構成要素を適用する経験が，新奇かどうかなどを特定する。経験下位理論によると，創造的知能は，課題における比較的新奇な側面に対処したり，定型的な側面を自動化する中で，環境内の新奇な刺激に多くの資源を投入できるかによって決まる。

**経験的鍵付き検査**［empirically keyed test］基準妥当性，構成概念妥当性，またはその両方を最大化するような手法で作成された検査。⇨ **経験的な基準となる鍵**

**経験的危険率**［empiric-risk figure］遺伝カウンセリングにおいて，メカニズムが明らかになっていない遺伝要因が原因となっている統合失調症や抑うつ症のような，一般的な疾患のリスクを表す割合。数値は多数の家系における発生頻度調査に基づいている。子どものいるすべてのカップルが有する精神発達障害または先天性異常の約3％のリスクを除く。

**経験的検定**［empirical test］実験あるいはその他の組織的な観察によって作られる仮説検定のこと。

**経験的－合理的戦略**［empirical-rational strategy］社会心理学における概念であり，もし人が十分な説得力のある実際の証拠を受け取るならば，社会および制度上の変更が起こる可能性があるとするものである。この概念は，理性のみが人の態度を変えるような動機づけができると仮定している。⇨ **規範的－再教育的戦略，勢力－強制戦略**

**経験的自己**［empirical self］知者としての自己というより，自己によって知られている自己。ジェームズ（William James）の心理学の中で，経験的自己は物理的自己（material self: 自己に所属しているとみなされるすべての物質）と社会的自己（他者として知覚されるような自己），精神的自己（spiritual self: 自身の中核的な主観的体験と最も近い自己）から構成されていると考えられている。経験的自己（もしくは "me"）は主格の自身（"I"）とは対照的である。

**経験的妥当性**［empirical validity］理論上だけではなく実験と系統的観察に基づいた妥当性のこと。

**経験的知識［1］**［empirical knowledge］1. 哲学において，生得観念や演繹推論から導かれるのではなく，経験から得られる知識のこと。2. 科学で，理論から導かれるのではなく，実験や観察から得られる知識のこと。⇨ **経験論**

**経験的知識［2］**［experiential knowledge］専門的な訓練によるものではなく，人生経験から得た見解や能力のこと。セルフヘルプグループのメンバーは，互いに支援しあうことで，経験的知識をもたらす。

**経験的定着化**［empirical grounding］科学的に測定可能あるいは観察可能な出来事へ理論的な用語をしっかりと定着させる作業と手続きのこと。特定の理論にとってどこまで拡張可能かはその理論の価値の指標である。⇨ **操作的定義**

**経験的な基準となる鍵**［empirical-criterion keying］人格目録の質問項目を選ぶ方法。ある外的基準，たとえば，ある標準化したサンプルと比較する，同一集団に所属する個々人（例，精神障害者，同じ職業を有する人）の応答に従って，項目を選択し，重みづけする。

**経験に基づいたテスト**［empirically derived test］内容的，基準的，概念的妥当性のいずれか，あるいはすべての手法を用いて開発されたテスト。

**経験への開放性**［openness to experience］ビッグファイブとパーソナリティの5因子モデルの次元の一つ。新しい美的，文化的，知的経験に開かれている傾向の個人差を指す。

**経験法**［empirical method］調査を行う場合に，理論的な推測に基づくのではなく，実験あるいは組織的な観察に依拠して実行されるあらゆる方法。

**経験法則**［empirical law］理論のみに基づく法則とは逆に，事実，実験によって得られた証拠，あるいは組織的な観察に依拠し，変数間の総合的な関係性によって表現された法則。

**軽減要因**［mitigating factor］より寛大な判決にするための論拠を提供する，犯罪あるいは有罪を宣告された被告に関連する事実のこと。軽減要因の例は，被告人が若年であること，個人や家族の事情，法律限定責任能力である。情状酌量（mitigating circumstance）とも呼ばれる。⇨ **加重要因**

**経験歴**［experiential history］個人の誕生から死に至るまでの社会的，環境的，行動的要素のこと。

**経験論**［empiricism］1. 事実の問題についてのすべての知識が経験から発生するか，その確認のための経験を必要とすることを掲げる認識論（epistemology）へのアプ

ローチ。とりわけ、経験論は生得論（innete ideas）を否定し、人間の誕生時の精神は白紙であると論ずる（⇨ **タブラ・ラサ概念**）。17世紀～18世紀にかけて、経験論はロック（John Locke: 1632-1704）、バークリー（George Berkeley: 1685-1753）、ヒューム（David Hume: 1711-1776）などのイギリス系哲学者の理論の中から哲学の組織的アプローチとして発達した。彼らはさらに、人間の非常に複雑な概念が単純な感覚経験からいかにして生ずるのかを説明するために連合説（associationism）を提唱した。心理学において経験論の重要性は非常に高いが、時に異なる形をとる。いくつかの心理学のアプローチでは感覚経験はすべての知識の源であり、最終的に人格、個性、信条、情動、そして行動の源であると主張する。行動主義（behaviorism）はそのような意味で経験論の最も端的な例である。他の理論的アプローチ、現象主義（phenomenology）などは、経験を感覚経験のみと定義するのは狭義であると主張する。これによって、経験論に付随しつつもすべての知識が感覚から生じるという立場を棄却することが可能となっている。2. 哲学において、同語反復的でないすべての言語的な表現は、もしそれが妥当で意味があると思えるものならば実験的に検証可能でなければならないとする立場。この原則は論理実証主義の哲学にとって本質的なものである。⇨ **実証主義，検証**

**経験論の** ［empirical］ 思索的、理論的、あるいは論理的推論だけに基づくアプローチとは対照的に、結論や決定のための根拠として、実験や体系的観察に基づいていること、あるいはそのような実験や体系的観察を行うことを意味する。

**傾向** ［propensity］ ある態度や行動に向かう強い偏りのこと。

**経口避妊薬** ［oral contraceptives］ 避妊のため女性が定期的に飲む錠剤（ピル）のこと。経口避妊薬のほとんどが、合成エストロゲンとプロゲスチンの複合製剤であるが、一部にはプロゲスチンのみの製剤もある。合成ホルモンの働きにより通常の月経周期が変更されるため、排卵とそれに関連する機能が妨げられる。1960年から導入され、この種の避妊は単に「ピル」と呼ばれるほど一般的になった。

**傾向分析［1］** ［propensity analysis］ 一組の変数における既存の群間差を明らかにするために、群平均を調整する統計的手法。傾向分析は照合分析、もしくは**共分散分析**の代替である。

**傾向分析［2］** ［trend analysis］ 数多くある変数の系統的変動（動向）を発見するために設計された分析方法。たとえば、長期間の一次的成長や、投薬量の増加への反応としての二次的増加。

**警告義務** ［duty to warn］ クライエントが危害を加えようとする第三者に警告を発しなければならないという、精神衛生の専門家の義務のこと。⇨ **保護義務，タラソフ判決**

**警告色** ［aposematic］ 派手な色やパターン、他の形態的な特徴によって、生物が危険であったり不快なものであることを示すこと。またそれらの特徴を有していること。⇨ **警戒色**

**警告表示パネル** ［signal word panel］ 人間工学とリスク・コミュニケーションで、特定の**警告用語**（例，危険）を含む警告信号のこと。文字の大きさ、色、字体もパネル自体のデザインも、最大限の明瞭さと衝撃をもつように選ばれる。警告表示パネルには、ドクロや骨十字などの警告記号も含まれる。

**警告用語** ［signal word］ 人間工学で、危機的状況に関するリスクのレベルを示すためのリスク・コミュニケーション（例，警告信号上での）に用いられる用語のこと。警告用語の例として、「危険」「警告」「注意」「通告」がある。

**経済モデル** ［economic model］ 精神分析理論において、精神は、特有の精神状態とプロセスに結びついた**心的エネルギー**の総計と分布から説明できるという考え。⇨ **力動的モデル，局所モデル**

**警察心理学者** ［police psychologist］ 法の執行に助力するのが主な役割の心理学者。典型的な職務は人事選抜，**職務遂行適性評価**，カウンセリングである。

**計算言語学** ［computational linguistics］ コンピュータサイエンスと人工知能の技術を用いて、言語分析に基づいた理論をモデル化する学際的な研究分野。音声認識と言語処理に関する様々な仮説を評価するために、コンピュータを実験的に用いてきた。より実践的な適用としては、人間のスピーチのシミュレーションあるいはこれを文字に起こすことを可能とする自動翻訳システムやプログラムの開発があげられる。

**計算障害** ［arithmetic disability］ 神経学的な損傷と関連した、計算および推論能力における障害。

**計算能力（N）** ［numerical ability: N］ サーストンの7つの**基本的能力**の一つ。サーストンは、算術計算の問題と比較的単純な単語の問題でこの能力を測定した。

**計算不能症** ［acalculia］ 単純な算術演算の実行が不可能であること，**失語症**の一つで、通常頭頂葉の損傷で生じる。いくつかの症例では、個人は数字を読んだり書いたりすることもできない。失算症（Anarithmia），計算障害（dyscalculia）とも呼ばれる。

**計算論的メタファ** ［computational metaphor］ コンピュータの動作をアナロジーとした、シンボルを用いた操作を行う装置としての人間の心のモデル。

**計算論的モデル** ［computational model］ 人間の心がデジタルコンピュータのように機能することを前提とした、認知過程あるいは心理生物学的過程に関する説明。特にその過程において、事象や物体の表象を形成し、これに対して一連の複雑な操作を行う能力に関するもの。

**形式的推論** ［formal reasoning］ 形式的な論理操作を伴う推論である。⇨ **演繹推論，ロジック**

**形式的操作** ［formal operations］ ピアジェ（Jean Piaget）の認知発達理論における、抽象的思考，論理的思考，概念化と推論判断などの完成された知的機能のこと。これらの能力は、ピアジェ理論の第4段階で11歳頃に始まる形式的操作期（formal operational stage）に発達する。⇨ **アイデンティティ，否定，相関操作**

**形式的平行説** ［formal parallelism］ 概念発達に関する比較的手法の一つ。機能に関する複数のモード（動物の生活の種々の様態，種々の社会文化的組織，多様なタイプの意識など）を、**反復説**のように時系列的発達と単線的に関連づけるのではなく、組織化や統合といった異なった段階と関連づける。［ドイツ生まれのアメリカの心理学者ウェルナー（Heinz Werner: 1890-1964）によって提唱された］

**形式陶冶主義** [doctrine of formal discipline] 言語（古典語など），数学，哲学などの分野を最初に学ぶことによって，精神は学習のための訓練ができるという考え。その後，他のトピックを学べる状態になる。現在はこの考えへの幅広い支持はない。⇨ **訓練の転移**

**形式と機能の区別** [form-function distinction] 言語の分析における2つの根本的に異なる方法の区別である。一つは構造特性（形式：form）の側面に基づく分析で，他方は伝達特性（機能：function）に基づく分析である。たとえば，「スナック菓子はどこにありますか」という発話に対し，形式的分析では「どこ」や動詞「ある」を用いることで，疑問形や動詞と主語「スナック菓子」の呼応が形作られることを指摘する。一方，機能的分析ではこの発話が情報を要求しているのか，行動を要求しているのかについての判断を求める。⇨ **機能文法**

**形式論理学** [formal logic] 自明の仮定や知識から，妥当な結論や予測を生み出すためのルール体系である。たとえば，常識のような思考の直観的な形式としばしば対比される。⇨ **演繹推論，ロジック，記号論理学**

**形而上学** [metaphysics] 究極的な実在の性質の問いを取り扱う哲学の一分野。最も抽象的で思索的であると考えられる哲学の一分野でもある。形而上学は，全体としてギリシャ哲学と西洋の知的伝統に基づく考えであった。この言葉は，"身体的なものの上，もしくは越えた"という意味に由来している。プラトン（Plato: BC 427-347）の頃の初期の形而上哲学は，身体的な実在を説明して引き起こし，身体的な世界を超える実在を示した（⇨ **プラトン的理想主義**）。後期の形而上学の認識は，究極的な実在の基礎として，精神，霊魂，抽象的な原理，物理的な要素と同様に構成概念も変化に富んでいることを強調していた。フランスの哲学者デカルト（René Descartes: 1596-1650）の時代から，西洋哲学の主要な論点は，形而上学から知識の性質と限界を研究する**認識論**へと転換していった。これは主として認識によって生じており，その認識というのは，究極的な実在についての問いにおける重要な答えが真実として判断し得る結果に依拠しているのである。それにも関わらず，現象における究極的な性質や起源を発見したり説明したりする主張から成る心理学を含む他の学問分野は，形而上学に従事していると言われている。

**刑事責任能力** [criminal responsibility] 犯行時に犯意があったことを明確に説明する被告人の能力のことであり，有罪判決が下される前に法廷で証明しなければならない。刑事責任能力は**心神喪失**を理由に免責される（⇨ **ダラム準則，抗拒不能の衝動に関する規則，マクノートン・ルール**），またはその他の理由によって軽減される（⇨ **心身耗弱，限定責任能力**）。

**継時対比** [successive contrast] 2つの刺激が短い時間間隔で順番に提示されるとき，2つの刺激間の差異が強く知覚されること。⇨ **色対比，同時対比**

**形質置換** [character displacement] 同所に生息する複数の生物種において，種間での競争を減少させる方向に，物理的，生理的，行動的特性に変化が生じること。イギリスの博物学者ダーウィン（Charles Darwin: 1809-1882）は，ガラパゴス島の数種のフィンチが（スズメ科の鳥），それぞれ異なった大きさの種子や昆虫を食べれるように，くちばしの大きさや形が異なっていることを発見した。このような，もととなる一つの種から，くちばしの大きさや形の違う種が生じることが，形質置換の例である。

**経シナプス変性** [transsynaptic degeneration] ともにシナプスを形成している隣のニューロンが死滅することにより生じるニューロンの変性。経神経変性（transneuronal degeneration）とも呼ぶ。

**継時弁別** [successive discrimination] 条件づけにおける，連続して提示された刺激間の**弁別**。

**経時誘導** [successive induction] 手足や身体のその他の部分が連続して拮抗反射パターンの運動をすること。たとえば，下肢の筋肉が屈曲と伸張を交互に繰り返すこと。

**痙縮 [1]** [contracture] 筋肉の異常な短縮あるいは拘縮であり，筋肉の伸張困難により，それが恒久的な身体障害につながることもある。通常，運動痛につながるような疾患・損傷の後に，あるいは，長期にわたって強制的に筋肉を固定していた結果として生じる。

**痙縮 [2]** [spasticity] 筋肉の緊張が高まった状態で，外部からの伸張を受け付けなくなる。**上位運動ニューロン**の損傷によって生じ，**硬直性，剛性腱反射**が特徴的である。

**芸術療法** [art therapy] 心理療法やリハビリテーションにおいて，絵画を描いたり，何かを作成したりという芸術的な活動を用いること。作品の作成過程において，癒しや，自身の内面を表現する機会を得る。療法で作成された作品は，象徴との関わりや，新たな洞察の促し，理解，葛藤の解決，問題解決，成長，そしてリハビリテーションを表している。

**敬称** [forms of address] 書面や口頭でのやりとりの際にお互いを呼びかける慣習的な語句である。たとえば，殿下，閣下，夫人，あなたである。使用される形式は互いの関係性を様々に反映する。たとえば，地位が同じかどうか，見知らぬ人か，知人か，親密な仲であるか，温かさ，誠実さ，不愉快さを伝えたがっているかなどである。特定の敬称は法廷のように特定の状況にいることも示す。特に階層的で保守的な社会（または社会の一部）では，特定の階層や職務の人を呼ぶ際に精緻な慣例が存在する。フランス語やドイツ語などいくつかの言語では，用いられる二人称代名詞の形式も重要である（tu/vous, Du/Sie）。

**形状記号化** [shape coding] 人間工学で，操作部や表示部を，他の操作部や表示部と簡単に区別できるようにするために，その形状によって記号化すること。⇨ **制御弁別性**

**形象的知識** [figurative knowledge] 特定の知覚的特徴，言葉，事実に注意を向けたり思い出すことによって獲得される知識。たとえば，語彙，日付，色，形，印象などその他の詳細を想起する能力。⇨ **操作的知識**［最初に用いられたのはピアジェ（Jean Piaget）による記述］

**形状の良さ** [goodness of configuration] より単純，規則的，対称的，連続的である形の特性のこと。ゲシュタルト心理学者のケーラー（Wolfgang Köhler）は，視覚システムには，物理的な実際の形状よりも良い形状として知覚する傾向があると推定した。⇨ **体制化のゲシュタルト原理，プレグナンツの原理**

**頸神経** [cervical nerve] 頸部にある8つの**脊髄神経**。機能感覚である**後根**と，運動機能を司る**前根**がある。⇨ **頸神経節**

**頸神経節** [cervical ganglion] 頸部にある**交感神経系**

の神経節。瞳孔，頭部の汗腺，唾液腺，心臓を支配する。

**頚神経叢**［cervical plexus］　上部4つの**頚神経**の**前根**からなる神経ネットワーク。この神経叢は顎と鎖骨の中間部位の外科手術の際にまひさせる。

**系図**［pedigree］　1. 医学的遺伝学において，ある一族の病歴を図示したもの。それが示している内容は，一族を構成する者たちの互いの関係性，現在の状態（生死に関わらず），診断日時，関連する病気の種類，そして診断年齢である。遺伝学者はしばしば，そのような系図を見ることによって家族成員がもつ病状の進行を見積もる。2. 家族の血統もしくは家柄で，特に貴く有名なものを指す。

**係数**［coefficient］　1. あるものの特性の測度として機能する数字。たとえば，**相関係数**は，直線的関係の程度を表す測度である。2. 方程式において，変数に掛け合わせるスカラー。たとえば，$y=bx$ の方程式において，スカラー $b$ は係数と呼ばれる。

**計数記録用紙**［tally sheet］　多様な行動や事象の生起頻度を記録する用具。検索票，タリー・シートとも言う。

**形成傾向**［formative tendency］　ロジャーズ（Carl Rogers）の**来談者中心療法**において仮定された，自己改善，成長，**自己実現**に対する一般的動因。

**形成外科**［plastic surgery］　特に損傷や病変組織の復元や再構成，修復を行う外科手術の一分野。身体構造や身体領域の形状ならびに機能の回復のために行われる。一般に，形成外科は癌摘出後の女性の乳房再建や，鼻・口唇裂・口蓋といった顔面の部分，そして性転換手術における女性器ならびに男性器といった生殖器官に対して用いられる。⇨ **美容外科**，**再建手術後手術**，**再建手術**

**痙性対まひ**［spastic paraplegia］　足の筋肉のまひが特徴的な，**対まひ**の一種。強直性痙攣（tetanoid paraplegia）とも呼ばれる。

**形成的評価**［formative evaluation］　質的・量的方法を用いて，プログラムの開発を促進することに関わる評価プロセス。理想的には，形成的評価者は，多くは非公式に，仕事の開始から，目標の明確化・遂行の監視・スタッフや資源要件の評価に至るまで，プログラム担当者と何度も互いにやりとりするのが望ましい。フィードバック評価（feedback evaluation）とも呼ばれる。心理学では教育活動のプロセスにおける評価を指すことが多い。⇨ **プロセス評価**，**累積的評価**

**形成不全**［hypoplasia］　器官，組織，有機体の発育不全のことであり，多くの場合は，細胞の数が不十分であったり，形態を構成する細胞の大きさが小さかったりすることで起こる。低形成が身体全体に生じた場合には，小人症と呼ばれる。

**痙性まひ**［spastic paralysis］　筋緊張の増大が特徴的なまひの一種（⇨ **痙縮**）。**上位運動ニューロン**の損傷によって生じ，**脳性まひ**が頻繁に起こる。⇨ **弛緩性まひ**

**経線弱視**［meridional amblyopia］　**乱視**によって生じる異常な状態のこと。斜めの方位をもった輪郭線はかなり焦点が合っているように見える一方で，乱視を光学的に矯正しても他の方位（たとえば，垂直および水平）はぼやけて見える。このことは，乱視により光学的な矯正の前に視覚野の定位-選択機構を水平垂直方位よりも斜めの方位を好まれるように変わったことを示唆する。経線弱視の人は，垂直水平方位に調整される皮質細胞が欠乏していると推定される。

**K戦略**［K-strategy］　少数の子孫に対して手厚く親としての投資（parental investment）をする繁殖方略。人間や他の霊長類に見られる。K戦略を採る生物の人口は，生息地（環境収容力）がある限りにおいて最大限増加する。少数の高質な子孫を安定的に繁殖させる方略は，最大限多数の繁殖を目指す方略よりも**生殖の成功**を導くことをK戦略は示唆している（⇨ **r戦略**）。

**軽躁病エピソード**［hypomanic episode; hypomania］　高揚した開放的あるいは易怒的な期間が，最低でも4日間続き，自尊心の肥大，睡眠欲求の低下，多弁，観念奔逸，注意散漫，活動性増加（精神運動性焦燥），リスク行動（ばかげた投資や性的逸脱行動）への関与の増加などの症状のうち3つ以上（易怒的の場合には4つ以上）あてはまるときを言う。これらの症状のすべては機能に影響を与え，他者にも認識されるが，重篤ではない。1つあるいは複数の軽躁病エピソードは，双極Ⅱ型障害（⇨ **双極性障害**）の特徴であり，軽躁病エピソードは**気分循環性障害**の特徴である。

**継続滞在型レビュー**［continued-stay review: CSR］　**内部監査**の一つで，内部もしくは外部の監査役が，継続的な入院治療が医学的に必要かどうか，現在のヘルスケア施設が依然として患者に必要とされるケアの水準を提供するのに最も適したものであるかどうかを決定するもの。

**継続治療部**［continuing care unit: CCU］　大災害や大事故の傷病患者，あるいは慢性病患者が，急性期後に付加的治療を受けるために移される病院の部署。⇨ **集中治療室**，**後療センター**，**高度看護施設**

**継続的医学教育**［continuing medical education: CME］　医師がヘルスケアサービスを提供するのに使用する知識やスキル，専門性を発達させたり広げたりする役割を果たす博士号取得後の教育活動。

**継続的コミットメント**［continuance commitment］　被雇用者の**組織コミットメント**の一要素で，雇用者を変えることに伴うコスト，不都合，困難さに帰せられうるコミットメット。⇨ **情緒的コミットメント**

**形態音韻論**［morphophonemics］　**形態学**と**音韻論**の間の相互作用を分析する言語学領域。特に，異なる音韻的文脈において同一の形態素の異なる異形態を使用することに関する学問領域を言う。

**形態音素**［morphophoneme］　音素の集合を表すために用いらる抽象的な音韻の単位であり，その音素は単一の**形態素**の異形態を構成するものである。

**形態学**［morphology］　生物の形態や構造に関心をおく生物学の一分野。

**形態形成**［morphogenesis］　生物の形や構造が形成される過程のこと。

**形態合成不能症**［amorphosynthesis］　触覚をもとに特定の形状を知覚することができなくなること。物体に接触して受け取った神経印象からイメージを合成できなくなる脳の障害は，**失認**の一種で**触覚失認**として知られている。

**形態視**［pattern vision］　視覚的なパターンによって環境中の物体の形，大きさ，そのほかの特徴を識別する能力のこと。形態視は形態の要素の多くが処理される**有線皮質**の損傷や切除によって失われる。

**形態失認**［amorphagnosia］　形態の認識ができないこ

と。⇨ **失認**

**形態素**［morpheme］　言語分析における，それ以上細かい単位に分解できない意味の単位。たとえば，booksという語句は，bookと接尾辞-sの2つの形態素で構成され，複数形であることを示す。⇨ **拘束形態素，自由形態素**

**形態知覚**［form perception］　2次元の網膜像を理路整然とした3次元の形態や実在として知覚すること。ある物体の要素が，背景やほかの物体から区別される首尾一貫した知覚表象に結合される。⇨ **ゲシュタルト**

**形態盤検査**［formboard test］　個人が様々な形のブロックや切り抜きをボードの窪みに合わせるという動作性検査のこと。

**形態弁別**［form discrimination］　主に視覚と触覚によって，物体の形，大きさ，きめ，そのほかの特徴を判別する能力のこと。

**形態優位効果**［configural superiority effect］　視知覚における現象で，視覚特徴の配列は単独の視覚特徴よりも同定しやすいというもの。たとえば，**言語優位効果**や**物体優位効果**がある。

**形態論**［morphology］　言語の形態や構造に関心をおく言語学の一分野。言語における定まった様式の**屈折**や単語の形を研究する。形態論は**文法**の一般的な下位区分の一つである（もう一つは**統語論**）。

**傾聴**［listening; passive listening］　治療やカウンセリングにおける重要な機能。聴き手はクライエントの言葉と動きに注意を払い，注意を払っていることは言葉によっても伝えられる。⇨ **積極的傾聴**

**系統［1］**［pedigree］　純血動物の血統またはその記録のこと。

**系統［2］**［strain］　種の中で，共通の特性をもつグループ。

**経頭蓋磁気刺激**［transcranial magnetic stimulation: TMS］　コイルにおける磁場の変化によって引き起こされ，頭蓋骨を通過して脳へ流れる局所的電気刺激。パラメータに応じて，短時間の間反応を引き起こしたり，経頭蓋磁気刺激をあてた部位の働きを中断する可能性がある。この技術はもともと，運動皮質における電気刺激の効果を呼び出すための調査道具として考案され，主にそのような目的で使用されている。一部の運動障害や，うつ病，強迫神経症，トゥレット障害といった精神状態に有効な心理療法としても研究されている。反復経頭蓋磁気刺激法（repetitive transcranial magnetic stimulation: rTMS）は連続的な経頭蓋磁気刺激パルスを用いる方法である。

**系統言語学**［genetic linguistics］　言語を歴史的な"語族"関係によって分類する言語学へのアプローチ。世界の4000程度の言語は伝統的におおよそ18の語族に分けられ，それぞれ共通の原型となる**祖語**から発展してきたと推定されている。インド-ヨーロッパ語族といった大きな語族は，さらにケルト語派，ゲルマン語派，インド・イラン語族などといった亜族に分かれる。⇨ **地域言語学，言語類型論，比較言語学**

**系統誤差**［systematic error］　適切でない収集方法あるいは統計上の処理のため，データまたはデータから出された結論にある誤差のこと。

**系統的脱感作**［systematic desensitization］　特定の刺激に対して生じる不安を低減させるために用いられている反対条件づけを使った**行動療法**の一技法。(a) クライエントに深筋のリラクセーションを訓練する，(b) 死の恐怖や特定の恐怖症といった特定の問題に関連する不安を喚起させる状況の段階的なリストを作成する，(c) 不安を喚起させる各状況をイメージしたり実際に提示して，その状況下においてクライエントがリラクセーションを行う，という技法であり，最も不安が低い状況から始める。不安反応と正反対のリラクセーションを行うことで，クライエントが不安を喚起させる状況においても徐々に反応しなくなっていくことをねらった技法である。⇨ **脱感作，現実脱感作，相反抑制**　［南アフリカ生まれのアメリカの心理学者ウォルピ（Joseph Wolpe: 1915-1997）によって開発された］

**系統的な合理的再構成**［systematic rational restructuring］　現実的な話題について語っている間に，クライエントに不安を喚起させる状況をイメージするように働きかけて不安を低減させる心理療法の一技法。⇨ **内破療法**

**系統的標本抽出**［systematic sampling］　標本抽出の一種，母集団全成員の一覧表を作り，その後，系統的手順を用いて特定の対象を選ぶ。たとえば，アルファベット順に母集団の一覧表を作り，そして7番目ごとの対象を選ぶ。

**系統発生**［phylogeny; phylogenesis］　1. 進化の起源および，特定のグループの生物の発生のこと。⇨ **個体発生**　2. 祖先と子孫の遺伝的関連を示す図。系統樹（phylogenetic tree）とも呼ぶ。

**系統発生原則**［phylogenetic principle］　ある生物の発達において，**個体発生**は**系統発生**を繰り返すという理論。人間の人生においては，胚から成人までの発達の中で有機的および社会的進化の段階を繰り返すと考えられる。

**系統発生説**［orthogenesis］　すべての文化は同じ発展段階を通過するという理論。

**頸動脈**［carotid artery］　主要な動脈の一つであり，首の左右側を上向きに頭と脳へ流れる。脳に流れる脈枝が**内頸動脈**であり，外頸動脈（external carotid artery）は顔と頭皮に流れる。どちらの脈枝も首下部の左右側の総頸動脈（common carotid artery）から分かれる。

**頸動脈圧痛**［carotodynia］　頸動脈の圧迫によって生じる頬，首や目の領域の痛みのこと。

**頸動脈狭窄**［carotic stenosis］　⇨ **狭窄症**

**軽度精神遅滞**［mild mental retardation］　IQ 50～69の場合に使用される診断と分類のカテゴリーであり，**精神遅滞**の80%がここに含まれる。このカテゴリーに含まれるものは10代の後半までに十分なコミュニケーションスキルと小学校卒業程度の学習機能が発達するが，青年期に特有の社会性の発達はみられない。彼らの多くは，自立するために必要な基本的生活のスキルと就職に必要な職業的スキルを習得することができる。

**軽度知的障害（EMR）**［educable mentally retarded: EMR］　正式には，中度あるいは高中度の知的障害（IQ 50～70 あるいは 80）をもち，小学5年生程度の学業水準が達成可能な人々のこと。

**軽度認知障害**［mild cognitive impairment: MCI］　通常の健康的な老化と初期**認知症**の間にある過渡的な状態。年齢と知能から予測されるよりも大きな記憶障害によって特徴づけられる。その他の認知機能は損なわれず，日常生活も正常に行える。軽度認知障害の患者は**アルツハイマー病**

**軽度のうつ病（軽うつ）**［mild depression］　軽度の抑うつで，**小うつ病性障害**または**大うつ病性エピソード**の典型的な症状が軽度に出現した状態である。

**刑罰学**［penology］　古くは，刑罰理論や刑の執行に関する**犯罪学・刑事学**の分野のことを言う。

**経皮貼布**［transdermal patch］　皮膚の中の血液の流れに安定した比率の薬品を放出する接着タイプの外用薬。経皮貼布はたとえば，喫煙をやめようとする人に微量のニコチンを漸欠与えていくことができる。

**頚部**［cervix］　解剖学的に，首のような構造のこと。特に，**子宮の頚部**（子宮頚部：膣と連絡する部位）を表すことが多い。歯の場合，歯冠と歯根の間の少しくびれた部位を頚部という。

**K複合**［K complex］　睡眠の初期段階で記録される脳の電気活動で，短い高振幅のパターンを特徴とする。睡眠のステージ2（⇨ **睡眠段階**）で生じる，このK複合波と**睡眠紡錘波**は正常な現象であるが，夜間てんかん発作との関係も指摘されている。

**警報器[1]**［alerting device］　呼び鈴，目覚まし時計，火災警報装置のように，主に聴覚的方法によって，難聴者に出来事の発生時に注意を促す，**福祉機器**の装置のこと。装置には極端に大きな音，光の点滅，振動，その他聴覚以外の刺激が使用されることもある。

**警報器[2]**［annunciator］　人間工学においては，特定のシステム属性をモニターするためのセンサーと正常範囲からの逸脱が生じたときにオペレータに通告する警報システムとして使用される。それによって，システム特性を正常な状態に戻すための行動がとられることになる。⇨ **チェック表示**

**傾眠**［somnolence; somnolentia］　**1.** 極端な眠気や嗜眠状態で，場合によっては病的なもの。たとえば，投薬や睡眠障害，身体疾患（たとえば**甲状腺機能低下症**）によって引き起こされる。**2.** 不自然な眠りに陥りやすい状態。

**刑務所心理学者**［prison psychologist］　**矯正心理学**を専門とする心理学者のこと。

**契約**［contract］　団体あるいは個人の間で交される明確な書面による約束事。クライエントと治療者間の契約は，次のように詳述される。(a) クライエントと治療者双方の義務，(b) 目的達成を通して得られる利得や特典に関する規定，(c)（セッションへの欠席などの）約束不履行についての明細な取り決め。⇨ **行動契約**，**随伴性契約**

**契約方式**［contract plan］　クラスで成績を上げるなど，生徒がある行動を変化させることに賛成する契約に署名するという計画であり，いくつかの学校で使用されている。契約は行動の責任感を高めるため，行動が完了すれば報酬を伴うが失敗すればしばしば**反応コスト**を伴う。

**形容詞チェックリスト**［adjective checklist］　**1.** パーソナリティアセスメントに用いられる自己目録法の一つ。形容詞（例，知的な，怠惰な，生産的な）のリストで構成されている。回答者が「自分を説明している，もしくは当てはまる」と思ったときにチェックをつける。**2. 消費者心理学**において，たとえば，製品のイメージ評価や広告調査のためなどに用いられる形容詞のリスト。

**係留**［anchor; anchoring］　**1.** 主観的判断において参照点として使われるもののこと。たとえば，対象物間の距離を推定させる実験において，実験者が刺激となる対象物間の距離に関する評価を実験参加者に係留となる情報として呈示すること。この評価は実験参加者にとって，その後の判断に対して参照として機能する。係留点（anchoring point）とも言う。**2.** リストの中で学習された1つ以上の項目が，他の項目と結びついた係留点として働くプロセス。たとえば，ある単語リストにおいて，最初と最後の語は係留点として働き，間に呈示された単語への手がかりとなる。

**係留テスト**［anchor test］　同じ領域で，いくつかのテストに対する比較可能な基準を確立するために実施されるテストのこと。

**係留バイアス**［anchoring bias］　不確実な状況において，ある事柄の知覚あるいは量的判断の際に，最初に得た情報や自身の当初の判断に基づく初期値（もしくは**係留**）に過度に重きを置き，後から得られた情報によってその係留点を十分に修正しない傾向のこと。たとえば，$9×8×7×6×5×4×3×2×1$の答えは$1×2×3×4×5×6×7×8×9$の答えよりも大きく推定されがちである。係留効果（anchoring effect）とも言う。⇨ **雰囲気効果**

**計量心理学会**［Psychometric Society］　アメリカにおいて，心理学，教育学，社会科学における定量的実践を促進するために1935年に設立された非営利の専門家組織のこと。*Psychometrika*を発行する。

**系列位置曲線**［serial position curve］　記憶可能な項目の数を，項目が呈示された順序に対応させて図示したグラフである。リストの始まりと終わりの項目は通常最もよく記憶されるため，U字型の記憶曲線を描く。

**系列位置効果**［serial position effect］　学習される項目のリストにおける位置が，その項目をどれほどよく記憶できるかに及ぼす効果。古典的な系列位置効果からは，リストの最初の項目が最もよく再生され（⇨ **初頭効果**），最後の項目はよく再生される（⇨ **新近性効果**）が，真ん中の項目はあまりよく再生されないことがわかる。

**系列学習**［serial learning; serial-order learning］　呈示された順序通りに項目や反応の系列を学習すること。たとえば，俳優は順序通りにせりふを覚えなければならない。系列順序学習（serial-order learning）とも呼ばれる。

**系列記憶**［serial memory］　順序通りに項目リストを記憶すること。⇨ **系列位置効果**，**系列再生**

**系列記憶探索**［serial-memory search］　短期記憶内の各項目が，記憶に取り込まれた順序で検査される**検索**プロセス。

**系列効果**［sequence effect］　反復測定デザインにおいて，特定の系列（たとえば，ABC対ACBあるいは対BCAなど）で処置が行われたことによる効果。しばしば**順序効果**と混同される。

**系列行動**［serial behavior］　決まった順序（たとえば音楽の演奏）で，相互に誘発される統合された反応の連鎖のこと。個々の反応が系列を構成し，特定の位置を占める系列は系列反応（serial responses）と呼ばれる。

**系列再生**［serial recall］　項目を呈示された順序で再生すること。たとえば，電話番号を覚えるためには，数字は正しい順序でなければならない。⇨ **系列記憶**

**系列処理**［serial processing; intermittent processing; sequential processing］　一度にただ一つの処理操作の系列のみが実行される**情報処理**。人間の情報処理システムが

このような形で操作を行っているとする立場の人達は，一見すると異なる認知機能を同時に実行できているかのような心的能力は，異なる情報源を素早く切り替えていることにより説明されると主張する。断続的処理（intermittent processing），逐次処理（sequential processing）とも呼ばれる。⇨ **並列処理**，**単一チャネルモデル**

**痙攣[1]**［convulsion; cramp］ 全身的な不随意の強い筋収縮。強直（弛緩なしの収縮）であることも間代性（骨格筋の収縮弛緩の繰り返し）であることもある。⇨ **ジストニア**

**痙攣[2]**［spasm］ 突然，不随意的に生じる筋肉の収縮で，ピクッとした変化からひきつけまで，様々な重症度をもつ。緊張性痙攣（tonic spasm）は連続的・持続的である。間代性痙攣（clonic spasm）は，しゃっくり（hiccups）のように，収縮と弛緩を繰り返す。ある痙攣が生じる身体部位は限られていて，たとえば血管痙攣（vasospasm）は血管が，気管支痙攣（bronchial spasm）は気管支が関わる。

**痙攣嚥下困難**［dysphagia spastica］ 咽頭筋の痙攣のために起こり，物を飲み込む際に痛みを感じる，あるいは飲み込めないという身体症状であるが，多くの場合，心理学的症状でもある。心理的な場合は，**身体化障害**症状の一つである。

**痙攣性疾患**［convulsive disorder］ 反復性の**全般発作**や痙攣を伴う**部分発作**を含む，**てんかん**の総称。

**痙攣性の半側不全まひ**［spastic hemiparesis］ 手足の痙攣に伴う部分的な半身まひのことであり，かなりの痛みを伴うことがある。

**痙攣性発声障害**［spasmodic dysphonia; spastic dysphonia］ 発声障害の一つであり，緊張しているわけではないのに声の痙攣や，吃音，のどが締めつけられる，嗄れ声を繰り返す，などの症状が現れる障害を指す。特に，人前で話すときに，これらの症状が悪化する。この原因については明らかになっていないが，神経学もしくは心理学的な問題によるものではないかと考えられている。

**痙攣薬**［convulsant］ 一般には，抑制性の神経伝達を妨げることにより痙攣を引き起こす，あるいは痙攣に至らすあらゆる物質のこと。

**痙攣療法**［convulsive therapy］ 電気的あるいは化学的方法によって全身発作を誘発する，いくつかの治療法。⇨ **電気ショック療法**

**経路**［pathway; path］ 何かが移動する道筋。⇨ **神経経路**

**経路学習**［route learning］ 特定の方向，距離，主な目印の獲得を通して，ある空間的環境内での移動の仕方を学習すること。ルート知識（route knowledge）は，ある場所から他の場所へ移動するために従う必要のある指示の連続したものとして表される（⇨ **サーベイ知識**）。経路探索（way finding）とも呼ばれる。

**ゲイン・シェアリング**［gainsharing］ 業務成績を特別手当に反映させる形で，従業員に金銭的インセンティブを提供する報酬システム。⇨ **報償制度**，**スキャンロン方式**，**エージェンシー理論**

**外科手術中毒**［polysurgical addiction］ 器質的な病変が見当たらないのに外科手術を次々に受ける強迫的な衝動。多くは身体的な兆候や症状とともに**虚偽性障害**，**心気症**，身体化障害が生じる。

**怪我の隠蔽**［injury deceitfulness］ スポーツで，チームに参加したりポジションを確保するため，あるいは，メンバーから外されたり他の結果を生むことを避けるため，怪我をしていることを隠すこと。

**激越性うつ病**［agitated depression］ 精神運動激越，落ち着きのなさ，怒りっぽさによって特徴づけられる，**大うつ病性エピソード**を指す。以前は**激越性メランコリー**として知られていた。

**激越性メランコリー**［melancholia agitata］ 19世紀に**緊張病性興奮**を表す名称として使用された。現在でも**激越性うつ病**を表す名称として稀に使用される。

**劇化**［dramatization］ 1. 不安の**防衛**として注意を引く（attention-getting）行動の使用。例として，他の人の病気よりも，重要であるようにみえるように病気の症状を誇張することがあげられる。2. 精神分析療法の用語。夢の中で，抑圧された願望や衝動を表現すること。

**激怒**［rage］ 制御不能な激しい怒り。**敵意**とは区別され，必ずしも破壊的行動を伴わず，むしろ過度の表出を伴う。動物の場合，**服従シグナル**のような，物理的攻撃への通常の抑制が効果をもたなくなった際に，攻撃行動の最終段階として激怒が表出される。一般に，激怒の際には，呼吸が速くなり，手足を前後に動かす，ひっかく，噛む，うなるなどの行動が現れる。

**激怒障害**［rage disorder］ ロード・レイジなど，1つ以上の激怒するエピソードによって特徴づけられる障害，または激怒のエピソードにおけるなんらかの臨床的な障害が**間欠性爆発性障害**などの初発症状であること。

**激発**［fit］ 情動の爆発を指した口語表現。

**ケーゲル体操**［Kegel exercises］ 女性が自身の能力保持と骨盤底筋のコントロールを得る目的で考案された体操。この体操は膣痙治療にも用いられ，性的快感を増加させる役割を果たす。尿道括約筋を堅く締める時のように，収縮させたり恥骨の方に肛門を引き寄せたりすることで，筋肉によって腹圧を上昇させる。このため，この体操は緊張性尿失禁の治療にも用いられている。［アメリカの婦人科医であるケーゲル（A. H. Kegel）により1948年に開発された］

**下剤中毒**［laxative addiction］ 腸の動きを促すため下剤の使用に依存すること。下剤中毒は悪循環であり，下剤を使用することにより，腸の活動がだんだん減少し，そのせいでさらに多く使用しなければ便秘が改善しない状態になる。下剤中毒は摂食障害と一緒に現れることが多く，その場合は排便（purge）のために下剤を日常的に用いる。⇨ **浣腸中毒**，**浣腸愛好**

**ゲシュタルト**［gestalt］ 個々の要素では処理がなされない全体的形状の特性を与えるように，統合あるいは相互作用する要素から構成された全体的な知覚的形状のこと（形，形状，全体性などを含む）。⇨ **知覚的体制化**，**体制化のゲシュタルト原理**，**ゲシュタルト心理学**

**ゲシュタルト完成検査**［gestalt completion test］ 断片的で曖昧な絵の要素を統合し，"全体"を形成する視覚課題。この課題ができない場合（つまり，全体を報告できない場合），右半球機能損傷が示唆される。この課題は，1931年にアメリカの心理学者ストリート（Roy Street）によって初めて開発されたが，その後は様々に応用されてい

る。オリジナル版のストリートゲシュタルト完成検査（Street Gestalt Completion Test），あるいはストリートゲシュタルト検査（Street Gestalt Test），ストリート検査（Street Test）は，ありふれた物体の13の部分から構成された課題である。

**ゲシュタルト群化要因**［gestalt grouping factor］　ゲシュタルト知覚，つまり全体性をより感じとりやすくするような条件のこと。

**ゲシュタルト心理学**［Gestalt psychology］　パターンや形状に対する経験のダイナミックな体制化に焦点をおいた心理学的アプローチのこと（ドイツ語のGestalten: 形，形状，全体性）。この視点は，20世紀，経験を静的なものとして扱う**構造主義**，要素的感覚，複雑な行動を単純な要素として分析する**行動主義の要素的アプローチ**などに対する反抗として，ドイツの心理学者であるケーラー（Wolfgang Köhler），コフカ（Kurt Koffka），ウェルトハイマー（Max Wertheimer）によって支持された。ゲシュタルト心理学は，経験は全体として統合されているとしている。重大な論証としては，1912年，ウェルトハイマーが，継時的に光る2つの明かりを提示することで，個々に光るというよりも運動印象を与えることを示した。その後の実験からは，知覚的体制化の原理（⇨ **プレグナンツの原理**，**近接の法則**）が示され，それらは，学習，洞察，記憶，社会心理学や芸術などの分野に応用された。

**ゲシュタルトの類似性**［gestalt homology］　ゲシュタルト心理学において，2つの異なった構造の要素が，それぞれの構造で同じ役割を担い，その役割で定義づけられること。たとえば，斜辺はどのような直角三角形においても同じ機能を担い，それは他の2直線との関係や向かい合っている直角との関係で定義づけられる。

**ゲシュタルト療法**［gestalt therapy］　過去の経験や成育歴を探究するというよりも，**いま，ここ**におけるクライエントの機能や関係性の全体性に焦点の中心をおく**心理療法**の一形態。ゲシュタルト療法のテーマの一つに，成長は環境から必要とされていることへの同化によってなされ，精神病理は環境との接触の妨害によって引き起こされるのであるとする主張がある。自然な感情や自己への気づきを引き出すための技法や，パーソナリティの成長を発揮させるための技法があり，集団にも個人にも適用できる。技法としては，たとえば，**ロールプレイ**，**エンプティ・チェア技法**，**ホット・シート・テクニック**などがある。［ドイツ生まれのアメリカの精神科医パールズ（Frederick S. Perls: 1893-1970）によって1940年代に初めて提唱された］

**ゲシュタルト主義**［gestaltism］　ゲシュタルト心理学の信念システムのこと。

**ゲシュビンドの理論**［Geschwind's theory］　アンドロゲンに対する過度の子宮内暴露が**胸腺**と左大脳半球の発達を阻害し，このことが，自己免疫疾患がなぜ（**失読症**を含む）学習障害と関係し，女性より男性に多いのかを説明するという仮説。［アメリカの神経科学者であるゲシュビンド（Norman Geschwind: 1926-1984）とガラバルダ（Albert Galaburda: 1948- ）によって1984年に提唱された］

**ケースオルタネーション**［case alternation］　読む能力に関する研究において，刺激単語の文字が大文字と小文字で入れ替わるような刺激提示の手続き。通常，(a)完全な単語（APPLE/apple），(b)複数文字（ApPlE），(c)2番目の文字のあと（APple），(d)3番目の文字のあと（APPle），(e)4番目の文字のあと（APPLe），(f)2文字ごと（ApplE）の6つの方法が使われる。

**ゲス・フー・テスト**［guess-who technique］　主に学校で使用される性格評価法の一つ。様々な性格の型を描いた短い文章を生徒に示し，その表現に最も一致するクラスメイトをあげるよう指示する。

**ケースメソッド（事例研究法）**［case method］　産業・組織心理学領域における**職業訓練**の一技法。監督者層や経営管理者層が，ビジネス上での実際の問題や仮想的な問題を，文書，視聴覚メディア，実際のロールプレイなどの形で呈示され，解決策を導き出すことが求められる。⇨ **ビジネスゲーム**，**会議式教育法**，**マルチプル・ロールプレイング**，**シナリオ分析**

**ケースロード**［case load］　特定の期間内に，心理士，精神科医，医者，ソーシャルワーカー，またはカウンセラーに要求される仕事の量。受け持ちケースの数と受け持ったケースがどれくらい困難であるかどうかをもとに算出される。

**ケースワーク**［casework］　ケースワーカー（caseworker）と呼ばれるソーシャルワーカーなどの専門家によって実施される業務のこと。ソーシャル・ケースワーク（social casework）と呼ばれることもある。ケースワーカーはカウンセリングや心理治療などの介護・医療サービスの提供や監督を行う。ケースワークには，クライエントやクライエントの家族の要求の同定や査定，また介護・医療サービスの提供や調整，監視なども含まれる。これらの介護・医療サービスには個人面談や病院などでの処置の他，公的支援の手配や住居の提供といった具体的なサービスも含まれる。

**ゲゼルシャフト**［Gesellschaft］　社会の一類型（原語はドイツ語の"社会"），または，互いに相対的に孤立していると人々が感じる社会集団のこと。彼らの関係性は，もともと最初は契約上で，理性的な自己関心と市場の理論によって主に導かれる。⇨ **ゲマインシャフト**　［ドイツの社会学者テンニース（Ferdinand Julius Tönnies: 1855-1936）によって最初に提唱された］

**ケタミン**［ketamine］　PCP（フェンシクリジン）と密接に関連している薬。**NMDA受容体**に拮抗薬として作用する。以前は**解離性麻酔薬**として使用されていた。使用すると見当識障害，知覚の歪みが生じる。その症状により利用は外科における麻酔に限定されているが，その幻覚効果を得るために，乱用者は経口摂取（錠剤，カプセル，または粉末）する。アメリカにおける商品名は，ケタラール（Ketalar）。

**血圧**［blood pressure］　血管（特に動脈）壁にかかる血液による圧のこと。心臓の鼓動の強さ，動脈壁の柔らかさや動脈の抵抗によって変化し，年齢，健康状態，活動状態によっても変化する。血圧計を使って測定し，心臓が収縮中（**収縮期血圧**）の圧は，拡張期（**最小血圧**）より高い。水銀柱のミリメーターの値で計測し，収縮（systolic）／拡張（diastolic）で記録する。成人の安静時，標準的な血圧は120/80である。⇨ **高血圧症**

**決意**［determination］　障壁や困難があるにも関わらず，

ある特定の目的を達成しようとする強い意志をもつ心的態度のこと。

**血液型**［blood group］　赤血球の表面にある特定の抗原の有無として遺伝的に決定されている免疫学的な分類。最も一般的に用いられるのは ABO 式で A, B, AB, O のカテゴリーがある。ほかにも，アカゲザル式（**Rh 因子**）のような，20 以上の血液型の分類法が存在する。血液型や輸血に関する研究は，20 世紀初めオーストリアの医師ランドスタイナー（Karl Landsteiner: 1868-1943）が始め，この研究によって 1930 年にノーベル賞を受賞した。

**血液恐怖症**［blood phobia］　血液，特に血液を見ることへの持続的で非合理的な恐怖。DSM-Ⅳ-TR において血液恐怖症は，**特定恐怖症**の血液・注射・外傷型として分類されている。

**血液脳関門**［blood-brain barrier］　脳や中枢神経系に届く毛細血管の裏に並んだ細胞によって形成される半透過性の障壁。多くの薬物など大きな分子が，血液から脳細胞を覆う組織液や脳脊髄液に流入することを防ぎ，潜在的な有害物質から脳を守る。水，酸素，二酸化炭素，アルコールのようなイオンや小さな分子は比較的自由に透過できる。麻酔のような脂溶性の化合物も，細胞膜を通して拡散するため透過可能である。解剖学的特徴が障壁に貢献しており，毛細血管壁の裏に並んだ細胞が密接に隣り合い，他の毛細血管部位でみられる細胞間隙を通っての分子の透過を防ぐ。また，脳毛細血管は，**フェネストレーション**と呼ばれる組織液や溶質の流れを促進する細孔を欠く。さらに，脳毛細血管は，**アストロサイト**と呼ばれる星形のグリア細胞により形成される鞘によってきつく覆われている。これらの特徴によって形成される障壁は，脳が機能できる恒常的環境を維持するのに役立っているが，同時に，多くの潜在的に有用な薬物が血管を通して脳に注入できないということも意味する。⇨ **最後野**

**血液量減少性渇き**［hypovolemic thirst; volumetric thirst］　細胞外液量の欠乏によって生じる渇き。たとえば失血（血液量減少）や嘔吐によって引き起こされる。⇨ **浸透圧性渇き**

**血縁識別**［kin recognition］　近縁の関係にある他の個体を検知する能力。視覚的，聴覚的，化学的な様々な種類の手がかりが，他の個体の検知に有効であることが示されてきた。多くの研究において，血縁識別は発達初期の社会的経験を基礎に置いているとみられている。発達段階において，近縁の個体と相互作用をしていた個体は血縁識別が可能であったが，相互作用をしていなかった個体は，当該の個体の血縁識別をすることができなかった。しかし，チンパンジーはこれまで直接見たことのない個体であっても，写真上の個体の類似点を見て，メスの個体とそのメスの子孫のオスのような間柄であっても，血縁識別を行うことが可能である。血縁識別は**血縁選択**において，血縁に対する援助を方向づける際に重要な役割を果たす。

**血縁集団**［descent group］　一族あるいは胞族，氏族といった集団。その構成員の大部分が共通の先祖からの血筋で構成されている。この種の集団は，**単性系譜が特徴である**（**家父長制度**あるいは**母系**などの場合もある）。⇨ **親族ネットワーク**

**血縁選択**［kin selection］　**自然選択**の一種で，親族の生存や繁殖のチャンスを増加させるような行動をする個体を選択すること（⇨ **利他性**）。親と兄弟は遺伝子の 50%を共有していることから，自身が繁殖や生存する能力を危険にさらしたとしても，両親や 2 人以上の兄弟の生存と繁殖を助けることになれば，犠牲となった個体は**包括適応度**の向上に貢献し，間接的に利益を得ることになる。⇨ **直接選択**，**個体選択**

**結果［1］**［consequate］　反応によって生じたこと。反応がより生起しそうな場合，結果は**強化**となる。反応がより生起しなさそうな場合，結果は**罰**となる。

**結果［2］**［outcome］　実験や治療，相互作用，他の出来事などの結果（result）。たとえば，心理療法後のクライエントの状況など。

**結果依存性**［outcome dependence］　報酬や罰が経験されることを含む，ある人の結果が他者の行為によって全体あるいは不部分的に決定されるような社会状況。⇨ **結果相互依存**　［*The Social Psychology* (1959) に記載されているように，アメリカの社会心理学者チボー（John Thibaut: 1917-1986）とケリー（Harold H. Kelley: 1921- ）による社会的交換理論に基づいている］

**結果期待**［outcome expectancies］　個人が信じている認知的，情動的，行動的な結果のことであり，将来，あるいは，企図された行動と連合しており，そうした行動を促進することもあれば抑制することもあると考えられている。

**結核性髄膜炎**［tuberculous meningitis］　胚から脳に至る血管内に結核菌が入り込むことによって生じる合併症。**クモ膜下腔**における結核菌感染によって，中硬膜や髄膜の最内側部（クモ膜および軟膜）の炎症が生じる。この症状は**細菌性髄膜炎**とは異なり，**水頭症**がみられることもある。

**結果研究**［outcome research］　1 つ以上の障害に適用される，単一の精神療法の種類や技法の効果や，異なる種類や技法の比較効果を体系的に調査すること。

**結果相互依存**［outcome interdependence］　二者またはそれ以上の人々が，誰かのもう一つの結果によって相互に影響される社会状況。⇨ **結果依存性**　［*The Social Psychology of Groups* (1959) に記載されているように，アメリカの社会心理学者チボー（John Thibaut: 1917-1986）とケリー（Harold H. Kelley: 1921- ）による社会的交換理論に基づいている］

**結果の知識**［knowledge of results: KR; KOR］　目標に関連する反応の結果についての，言語化された（あるいは言語化できる）情報。学習理論では，学習者がこの情報（たとえば，検査あるいは小問への反応の正確さや，一連の運動や活動の速さと正確さなど）をすぐに利用できることが，最も学習者の利益となることが示唆されている。結果の知識は，**獲得**に至るには必須であるが，フィードバックが多すぎると，何が正しい行動かについての内的モデルを個人が形成する妨げとなることもある。

**結果評価**［outcome evaluation］　ある計画が，そこで想定された目標を達成し，その参加者に対して望ましい影響を与えたかどうかを判断するために用いられる作業のことで，利得評価（payoff evaluation）とも言う。⇨ **インパクト分析**，**累積的評価**

**欠陥**［defect］　正しく動作することを妨げるなんらかの本質的要素の欠如，または，結果の誤り。⇨ **先天性欠陥**，**遺伝的欠陥**

**血管暗点**［angioscotoma］　視野欠損の一種。網膜上の

血管の影によって起こる。

**血管運動の**［vasomotor］ 動脈壁の平滑筋を収縮, 弛緩させることで, 血管, 特に微小動脈の直径に作用する神経線維や薬, その他の作用に関連したもの, またはそれを表すもの。**自律神経系**の交感神経（sympathetic）, 副交感神経（parasympathetic）の切り替えは血管運動の作用がある。

**血管拡張**［vasodilation］ 血管運動の神経や薬の働きによって起こる血管の拡張。血圧を下げる効果がある。

**血管拡張薬**［vasodilator］ 動脈壁の平滑筋を緩めることで血管の直径を大きくする薬やその他の作用。血管拡張薬は高血圧や狭心症の治療に用いられる。

**欠陥研究**［defectology］ ロシアの心理学における, 異常心理学と学習障害の領域。特に, 欠陥研究は, 感覚, 身体, 認知, 神経的な損傷を負った子どもの教育に関係がある。ロシアの欠陥研究は, アメリカにおける特殊教育や学校心理学と大体同じくらいの数の人にサービスを提供してきた。障害の根本的な問題は有機的な損傷自体ではなく, それに対する社会的な合意にあるという見解に基づいている。［もとはヴィゴツキー（Lev Vygotsky）によって定義された］

**血管硬化**［vascular sclerosis］ 血管の肥厚は, 高血圧と関連している可能性がある。聴覚ではこの状態は, 歳を重ねるにつれて難聴になる可能性がある。⇨ **老人性難聴**

**血管収縮**［vasoconstriction］ 交感神経システムの**血管運動の**神経, また**バソプレシン**や**交感神経興奮様薬**による同様の作用によってコントロールされる血管の収縮。血圧の上昇をもたらす。⇨ **麦角デリバティブ**

**血管収縮薬**［vasoconstrictor］ 血管の直径が小さくなるような血管収縮を引き起こす薬やその他の作用（たとえば, ホルモンバソプレッシン）。**交感神経系**の血管運動（vasomotor）神経もまた血管収集に働く。血管収縮薬は危険なほど下がった血圧を上げるために用いられる。昇圧剤とも言われる。

**血管神経性浮腫**［angioneurotic edema］ 特定の身体組織, とりわけ皮膚, 粘膜, 内蔵, 中枢神経系に生じる, 非炎症の浮腫で, 再発エピソードを特徴とする疾患。突然発症し, 数時間から数日続き, 死に至る場合もある。食物や薬物のアレルギー, 虫による刺創および咬傷, ウイルス感染などが引き金となって発病する。遺伝性に起こる場合は, 感情的ストレスとの関連が示唆される。クインケ氏病（Quincke's disease）とも呼ばれる。

**血管性認知症**［vascular dementia］ 脳血管疾患の結果として生じる, 認知機能の重度の損失。頻繁に繰り返される脳卒中が原因。⇨ **認知症**

**血管性抑うつ**［vascular depression］ 心血管疾患の発症や治療によって生じる**大うつ病性エピソード**。このエピソードは抑うつ気分でなく**アンヘドニア**が消失することを特徴とする。人生の比較的遅い段階で生じたうつ病の説明に用いられる。

**血管造影**［angiography］ 循環系の異常を診断したり, 閉塞を発見するために使用される放射線による血管造影法。血栓, 腫瘍, 動脈瘤, 心臓に供給している冠状動脈の狭窄などを発見できる。X線を遮る物質を血管に注入。障害, 動脈瘤, 破裂がある形として写し出される。動脈のイメージングでは血管造影法（arteriography）, 造影されたイメージでは血管造影図（angiogram）とも呼ばれる。⇨ **脳血管造影法**, **デジタル・サブトラクション血管撮影法**

**血管不全**［vascular insufficiency］ 心臓血管系の障害によって体内組織へ十分な血液が供給されないこと。体の広範な領域や, 特定の器官, また器官の一部にも影響を及ぼす。アテローム硬化症は, たとえば, 痛みのような痙攣を引き起こし, 脚への血液供給を減らす。心臓には狭心症の結果として同様の症状がみられ, 脳には脳卒中の症状を引き起こす。

**月経**［menstruation; menses; monthly period］ 出産可能な女性に**月経周期**の一部として起こる生理現象であり, 子宮から膣を通って血液と子宮内膜組織が周期的に排出されること。

**月経過多**［menorrhagia; epimenorrhagia］ 月経中に過度の出血を伴うこと。

**月経期間痛**［mittelschmerz］ 月経周期の中ほどにある女性が経験する痛み, すなわち, **排卵**期の痛み（ドイツ語で"中間の痛み"という意味）のこと。卵巣にある卵胞が破裂し, 卵巣の膜が剥がれ落ちることによって卵巣に痛みを感じるために生じる。

**月経困難症**［dysmenorrhea］ 痛みを伴う月経。月経血が障害物によって子宮頚部や膣内に閉じ込められたことが原因であったり, 感染や腫瘍によって二次的に起きることがある。3/4以上のケースでは, 器質的原因の見つからない機能的疾患である。下腹部の激しい腹痛, 頭痛, 興奮, うつ, 疲労などが特徴。子宮のうっ血が見られるうっ血性月経困難症（congestive dysmenorrhea）, 炎症を伴う炎症性月経困難症（inflammatory dysmenorrhea）, 子宮の膜組織が失われる膜様月経困難症（membranous dysmenorrhea）, 月経血の流れが妨げられることによる閉塞性月経困難症（obstructive dysmenorrhea）, 明らかな原因が見つからない本態性月経困難症（essential dysmenorrhea）などがある。

**月経周期**［menstrual cycle］ **発情周期**の別名。ヒトを含めた多くの霊長類で起こる（ヒトの場合は約28日）。月経周期は下垂体前葉から分泌される**性腺刺激ホルモン**の濃度の周期的変動に依存する。下垂体前葉は**性腺刺激ホルモン放出ホルモン**によってコントロールされている。月経周期は2つの時期に分けることができる。卵胞期（follicular phase）には**卵胞刺激ホルモン**（FSH）と**黄体形成ホルモン**（LH）が卵子の成長と卵巣内の**エストロゲン**の分泌を促し**グラーフ濾胞**ができる。月経周期の中期に卵子は排卵されることで卵胞期が終わる。エストロゲンは受精の受け入れに備えて子宮の**子宮内膜**を厚くさせる。排卵直後に始まる黄体期（luteal phase）には破裂した卵胞は**黄体**となりプロゲステロンを分泌する。これは卵胞刺激ホルモンや黄体形成ホルモンの放出ホルモンのこれ以上の分泌を抑制するためである。受精が起こらなかった場合には, 月経が起こることによって黄体期が終わり, 卵胞期が再び始まる。

**月経タブー**［menstrual taboo］ 月経中の女性に関して文化に根づいた伝統で, 男性から物理的に隔離すること, 性交を控えること, 特定の日常活動（たとえば食事の準備）から女性を排除することなどが典型的にみられる。

**月経年齢**［menacme］ 女性が生涯の中で月経がある期間のこと（思春期から**更年期**まで）。

**月経の同期**［menstrual synchrony］ 近くに住む女性同

士の月経周期が似たようなタイミングで起こること。

**月経前不快気分障害**［premenstrual dysphoric disorder; late luteal phase dyspphoric disorder; premenstual stress syndrome］　女性における気分障害の一種で，月経の前に生じ，月経の数日中に治まる。抑うつ気分や不安，無力感，活動への興味の喪失といった気分の波を経験する。**月経前症候群**と対照的に，月経前不快気分障害は社会的活動性，仕事，対人関係などの機能を低下させる。月経前不快気分障害の深刻さは**小うつ病性障害**に匹敵する。⇨ **特定不能のうつ病性障害**

**月経前症候群**［premenstrual syndrome: PMS］　女性が月経前に経験する心理的・身体的症状であり，月経の数日中に治まる。症状は，気分の波，いらだち，疲労，頭痛，膨満感，腹部不快感，胸部の痛みなどである。**月経前不快気分**とは対照的に，月経前症候群では典型的なパターンを示すことは少なく，社会的，職業的な低下を含まない。月経前不快気分障害（premenstrual stress syndrome），月経前緊張（premenstrual tension）とも呼ばれる。

**月経齢**［menstrual age］　母体の最後の月経の始まりから数えた胎児の年齢。標準的には臨月は 280 日（40 週）に相当する。通例では**妊娠期間**と比較して 2 週間多い。

**結合**［bond］　イオン結合や共有結合のような化学結合のこと。それによって原子は分子を形成する。

**結合音**［combination tone］　2 つの主要な音（周波数が異なる 2 つの音）が同時に提示されたときに生成される音のこと。たとえば，1 kHz と 1.2 kHz の音は，200 Hz と 800 Hz の周波数の組合せとして聞こえる音を生成することができる。最も多くの組合せは，うずまき管内で生ずる非線形の歪によって生成される。

**結合行動**［copulatory behavior］　性交に関連した行動パターン。結合行動は，交尾に先立つ行動に関連する**動物の求愛**とは区別される。結合行動には，マウンティング，挿入（膣内への陰茎の挿入），射精が含まれる。種によっては，数度の挿入が射精より前に必要とされる（ネズミなど）。メスは子宮内に卵子を植えつけるために，数度の挿入を受けなければならない。他の種では，結合行動は排卵を促すために必要になる。人間のように，社会的に単婚である多くの種では，結合行動はメスの排卵サイクルとは関係なく起こりうる。

**結合錯誤**［illusory conjunction］　複数の刺激が短い間呈示された場合に，ある刺激の特性が別の刺激に帰属されること。視覚刺激に最も多く見られる（たとえば，ある対象の色が他の対象に帰属されることなど）が，他の感覚刺激でも起こることがある。

**結合振動子**［coupled oscillators］　歩行時の下肢の運動のようなリズミカルな運動の多面性を説明するために用いられる**動的システム**モデル。⇨ **中枢パターン発生器**

**結合親和性**［binding affinity］　**1**．理論的に，神経伝達物質や薬理分子が**受容体**に結合している時間のこと。**2**．神経伝達物質や薬理分子が，受容体の半分に結合するために必要とされる濃度のこと。

**結合説**［connectionism］　学習には刺激と反応の神経的なリンクの形成あるいは結合の獲得が伴うという概念。［ソーンダイク（Edward L. Thorndike）が提唱］

**結合体双生児**［conjoined twins］　胎生期に身体が完全に分離しなかった**一卵性双生児**。出生時に外科手術により分離可能な 2 つの結合した身体をもつ場合や，または 1 つの胴体に 2 つの頭部や 4 つの足をもつ場合，2 つの結合した身体で生命維持に必要な器官を共有している場合，あるいは，他の組合せをもつ場合がある。シャム双生児（Siamese twins）という名称がよく知られている。これはタイ（シャム）で生まれ，ショーに出演して有名になったエンとチャンという兄弟（Eng and Chang: 1811-1874）に由来する。

**結合探索**［conjunction search］　対象が 2 つ以上の関連する特徴をもつ探索課題。**特徴統合理論**によると，結合探索は系列的に進行する。

**血行停止**［stasis］　血液の異常流出や変化した状態に反して，安定性，平衡または不活発な状態のこと。

**結合的課題**［conjunctive task］　グループ課題の一形態で，グループ内のすべてのメンバーが各自の分担部分の仕事をやり終えるまでは仕事が完了しえないタイプの課題。この課題では，業務の速さと質とは，最もスキルが劣っているメンバーによって決定されることになる。⇨ **加算的課題，補償的課題，離散的課題**

**結合動機**［conjunctive motivation］　一時的・代理的なものよりも，真の，持続する充足を得ようとする動機。⇨ **分裂した動機づけ**［アメリカの精神科医のサリヴァン（Harry Stack Sullivan: 1892-1949）が定義した用語］

**結合モーター法**［combined motor method］　刺激への情動反応を測定・評価する方法。参加者に刺激が提示されると，（キー押しなどの）簡単な動作を行う。その反応時間や動態（キーを押す力や押している時間）が，様々な情動の度合いを示すと考える。ルリア（Alexander R. Luria: 1902-1977）が考案し，ルリア法（Luria techniqe）と呼ばれることがある。

**結合腕**［brachium conjunctivum］　小脳脚の上部であり，小脳のそれぞれの半球から橋に向かう帯状の線維組織。⇨ **小脳脚**

**結婚**［marriage］　一般には二人の男女が（男女でない場合もある），性的交渉をもつことが合法化され，お互いのみならず，子どもに対する法的責任も認められるという社会的拘束力のある関係を確約する社会制度。例外はあるが，配偶者は同居するのが一般的である。⇨ **クローズド・マリッジ，内縁関係，同棲関係，非伝統的結婚，同性愛婚，共存的婚姻関係，相乗的結婚，伝統的結婚**

**結婚エンリッチメントグループ**［marriage-enrichment group］　リーダーの指導のもとに，結婚問題について話し合う支援あるいは治療集団。⇨ **カップル療法**

**結婚持参金**［dowry］　ある文化において，花嫁の家族から花婿または彼の家族に授けられる金銭あるいは財産のこと。⇨ **結納金**

**結婚前カウンセリング**［premarital counseling］　カウンセリングの訓練を受けた聖職者，セラピスト，その他の適した資格を有するものが，結婚する予定の人々に対して教育的で支持的な助言をすること。カウンセリングでは，結婚のタイミング，配偶者の責任や権利，バースコントロールの方法，性的行為など幅広い質問への答えや助言が求められる。カウンセラーにとって，結婚での対立や衝突の可能性を予測することが，セッションでの方向性を見出すことに役立つ。

**欠失**［deletion］　遺伝学における用語で，染色体から

遺伝物質が失われたことで特徴づけられた**変異**の種類。遺伝子あるいは遺伝子の部分的な欠失は病気や異常の発達を招く可能性がある。欠失は1つないしいくつかの塩基対（⇨ **ポイント変異**）あるいは染色体のはるかに大きい部分（たとえば，染色体突然変異のタイプ）の欠損を含むこともある。

**血腫**［hematoma］　血液の漏出や血管の破裂によって生じる異常な血液貯留。脳内血腫は，**頭蓋内圧**が増大することによって，重大な行動上の欠陥や死までをも引き起こす可能性がある。血腫は，自然に再吸収されたり消失したりする場合もあるが，手術によって取り除かなければならない場合もある。⇨ **硬膜外血腫，硬膜下血腫**

**結晶化**［crystallization］　社会心理学において，**態度の強度**のことを意味する。特に，時間を超えた**態度の持続性**の程度や，態度を変容させようとする試みに対する**態度の抵抗度**の程度を意味する。

**結晶性知能**［crystallized intelligence］　**結晶性能力（結晶性能力）**を構成するような知能の様式。⇨ **流動性−結晶性知能理論**

**結晶性能力**［crystallized abilities］　語彙や文化的知識などのように，特定の文化における学習と経験の機能を果たす諸能力のこと。結晶性能力は，**流動性能力**に比べて生理的な状態に依存する程度はやや少ないと信じられている。そのため，高齢になっても比較的よく維持されることがある。また，そのうちのあるものは，流動性知能から引き出されるとも考えられている。⇨ **流動性−結晶性知能理論**

**楔状束**［cuneate fasciculus; fasciculus cuneatus］　脊髄の**脊髄後索**の一方の外側部で，楔状の横断面をもつ。延髄の**楔状束核**で終わる上行神経線維からなる。⇨ **薄束**

**楔状束核**［nucleus cuneatus］　延髄にある**核**。脊髄後索にある楔状束の末端。

**楔状束結節**［cuneate tubercle］　楔状束の上端にある充実性の隆起で，**楔状束核**を含む。上半身の感覚神経からの線維を受ける。楔状束結節は，延髄の背側面に面した3つの核膨張のうち最大であり，**薄束結節**と合わせて，**内側毛帯**の起源となる。

**欠神**［absence］　短い意識消失もしくは一定時間精神的に注意を払っていないこと。特に発作（⇨ **欠神発作**）と関連している場合，その後の出来事の記憶がない。

**欠神発作**［absence seizure］　**全般発作**の一つの型，以前は小発作（petit mal seizure）と呼ばれていた，人は突然の活動を停止し，その後の出来事の記憶を失う。欠神は通常5〜15分で終わる。個人はその間無反応で静止し，ぼかんと見つめている。欠神発作は，脳波検査（⇨ **脳波測定法**）における特徴的な3Hz棘徐波の出現によって容易に判定される。この型の発作は典型的には4歳〜12歳の間に始まり，稀に成人期まで持続する。

**欠席裁判**［in absentia］　本人が不在にも関わらず，その人を相手どって行われた訴訟手続き。

**結節乳頭核**［tuberomammillary nucleus］　視床下部にある核。ヒスタミンに反応するニューロンを含み，覚醒状態と目覚めの維持に関連する。

**血栓**［thrombus］　血管内に形成された血の塊（⇨ **血栓症**）のこと。それがもともと形成された場所から離れ血流に運ばれて別の場所を塞ぐようになったものを塞栓という（⇨ **塞栓症**）。

**血栓症**［thrombosis］　血管の中で**血栓**が存在あるいは形成されることで，心臓の血管も含まれる（冠状動脈血栓症）。静脈における血の塊の形成は静脈血栓と呼ばれる（⇨ **深部静脈血栓症**）。血栓症は，病気や怪我，有害な物質によって血流が滞っている箇所に生じやすい。脳の血栓症（脳血栓症）は**血栓性脳卒中**や**脳血管障害**の原因になりやすい。⇨ **聴覚血栓症**

**血栓性脳卒中**［thrombotic stroke］　脳卒中の最も一般的なタイプ。血栓性脳卒中は一般的に脳内の大血管，特に頸動脈や中脳動脈の，アテローム硬化症による狭窄または閉塞が原因で生じる。症状の発現は漸次的なもので，**一過性脳虚血発作**が，しばしば先に起こる。

**楔前部**［precuneus］　脳の両大脳半球に存在する**頭頂葉**の内側表面にある領域。**頭頂後頭溝**と帯状溝の間に位置しており，様々な認知機能に関係している。楔前部のすぐ後ろには楔状の**楔部**がある。

**欠損回避視野**［visual field sparing］　損傷がある側の視野のうち，視覚が健常なまま残された範囲。中心窩から測定された視角度数で表現される。中心窩欠損回避（foveal sparing）は視角1°程度の中心視領域が保存されていることを意味する。黄斑回避（macular sparing）は視角5°付近の黄斑部領域の機能が保存されていることを意味する。

**欠損症**［coloboma］　多くの場合，眼裂の一部の破損によって生じる欠損や眼球組織の欠損のこと。⇨ **虹彩欠損**

**血中レベル**［blood levels; circulating levels］　ある量の血液中に存在する様々な物質の相対的な量を示す。血中レベルは実際に計測された量と，正常または中毒状態での量，変動する範囲との比較でもある。量はパーセント，100ミリリットル当たりのミリグラムやマイクログラム，1リットル当たりのミリモルあるいはマイクロモルで示される。

**決定**［determination］　判断を行う，結論を導く，物事の特徴や本質をつかむなどの行為やプロセス。またはそのようなプロセスの結果。

**決定規則**［decision rule］　仮説の検証を行う際に，**帰無仮説**の棄却を導くための検定統計量に関する形式的記述のこと。

**決定傾向**［determining tendency; determining set］　特定の一連の行動を喚起し維持させる目標の方向または**構え**のこと。ドイツの心理学者アハ（Narziss Ach: 1871-1946）によって提唱され，ほぼ同じ意味の言葉である，**アウフガーベ，アインシュテルング**あるいは**心的構え**より広い意味をもっている。

**決定係数**［coefficient of determination; determination coefficient］　従属変数が1つの**独立変数**によって説明される程度を表す数的指標。⇨ **重相関決定係数**

**決定水準モデル**［decision-plane model］　研究を行うことの危険と利益の2次元的スキーマのこと。これによって，ある特定の研究を遂行する上での倫理的影響を情報に基づいて評価することが可能となる。

**決定的実験**［crucial experiment］　2つの対立する理論のいずれが正しい予測を導くのかを決定し，もう一方を論破するために，十分に計画された実験のこと。

**決定的瞬間**［decisive moment］　心理療法において，クライエントが秘密を打ち明けたり，自分の人生を大きく変える決断をしたりするような，何らかの重大な決心をする瞬間。

**決定能力**［decisional competence］　通常，弁護の際の被告人の意思決定能力（例，様々な司法取引協定の中から決める能力）のこと。⇨ **能力評価**，**訴訟能力**，**ダスキー・スタンダード**

**決定バランス**［decisional balance］　自分または他者のために新たな行動を選択した場合に生じるポジティブな結果とネガティブな結果を評価する方法の一つ。たとえば，エクササイズ行動の結果に重みをつけるときに用いられる。習慣的に早朝に行う運動プログラムを始めようとする場合，体重が減少すること（ポジティブな結果），早朝の会議に出席できなくなること（ネガティブな結果），身体を鍛えることで他者（家族や友達など）から尊敬されること（ポジティブな結果），ジムの会費や運動着の費用がかさむこと（ネガティブな結果）が予想される。

**決定要因**［determinant］　出来事の原因となる内的外的条件。

**決定理論**［decision theory］　意思決定過程の説明や，(不確実性下の意思決定などにおいて）特定の基準に合致するような，最適な決定を導く方略の同定を目的とした，定量的科学，社会科学，行動科学などにおける広範な理論群。

**決定論**［determinism］　**1**．哲学において，人間の行動を含めたあらゆる身体的精神的出来事が，先行する原因，あるいは他の実体や力の必然的な結果であるとする立場。決定論では過去と未来が両方とも固定されている必要がある。⇨ **因果律**　**2**．心理学において，すべての人間行動は，生物的構造や生物学的プロセス，環境条件，過去の経験のような，特定の有効な先行因に起因するとする立場。これらの先行因と，それらが起こす行動の関係は，自然界において法則が規則性を表すのとちょうど同じようなものである。個人は先行する出来事や状況とは独立に何らかの方法で行動を選択することができるとする**自由意思**に関する信念と，決定論は相対するものである。自由意思の立場を主張する人々には，自由意思と責任は決定論と両立すると考える**柔らかい決定論**をとる人もいれば，自由意思が錯覚であると考える**固い決定論**という立場をとる人もいる。現代の心理学説では，**行動主義**は最も明白に頑健な決定論者となっている。⇨ **遺伝子決定論**，**心理的決定論**，**心的決定論**，**非決定論**

**決定論心理学**［deterministic psychology］　決定論を仮定する心理学で，最も有名なのが**行動主義**である。

**血糖**［blood sugar］　血中**グルコース**濃度のことで，膵臓ホルモンである**インスリン**と**グルカゴン**で調節されている。グルコースは身体，なかでも脳の重要なエネルギー源となる。ヒトの食後12時間経過時の血糖値は，1デシリットル当たり70 mg～110 mgの範囲が正常である。異常に高いもしくは低い血糖値（⇨ **高血糖**，**低血糖**）は，何らかの疾病状態にあることを示す。

**楔部**［cuneus］　**1**．後部鳥距溝の上方，大脳半球の内側面に面した**後頭葉**の楔状部。**2**．各大脳半球の内側面に面し，後部鳥距溝より上にある，後頭葉の楔形の部位。

**欠乏**［1］［deficiency］　何かが欠如あるいは不足している状態のこと。たとえば，何らかのスキル，生理レベルの基質や作用，特定の機能や活動を可能にするための資源などが，相対的あるいは絶対的に欠けている状態。

**欠乏**［2］［privation］　生活や，欲求を満足させる手だてがないこと。

**欠乏愛情（D愛情）**［deficiency love: D-love］　マズロー（Abraham Maslow）の人間性心理学で，所属，自尊心，安全，権力の欲求に基づく充足志向であり，依存性，所有欲，相互依存の欠如，本当の他者の幸福への関心のなさに特徴づけられる愛の種類である。⇨ **存在愛**

**欠乏動機**［1］［deficiency motivation］　マズロー（Abraham Maslow）の人間性心理学における欲求階層説のうち，低次の4つの段階の欲求がもたらす動機のこと（⇨ **マズローの動機の階層**）。本質的な生理的欠乏あるいは心理的欠乏を満たそうと努力する幾構。⇨ **メタモチベーション**

**欠乏動機**［2］［deficiency motive］　空腹を和らげるのに必要な量の食べ物だけを食べるように，単純に不足を満たすために特定の欲求を満足する傾向。⇨ **過剰への動機**

**欠乏欲求**［deficiency need］　生存のために必要な物質（食糧，水など），あるいは，より望ましい状態（安全，愛情など）の欠乏により生じる欲求。

**結膜反射**［conjunctival reflex］　角膜が刺激された際に瞼が自動的に閉じる反射のこと。瞬目反射とも言う。

**結論**［conclusion］　**1**．理論や哲学において，一連の議論や分析が導き出す命題のこと。結論には，議論を妥当なものとして確立する目的がある。⇨ **推測**　**2**．科学において，帰納的なプロセス（process of induction）によって実験的証拠から導かれた一般法則や原理のこと。

**ゲーティング**［gating］　感覚刺激のセットもしくは感覚チャネルが，注意が他のチャネルや刺激セットに向いているときに抑制または阻害されること。つまり，ある感覚チャネルに注意が向いている間は，他のチャネルは，オフの状態になっているか，もしくは注意が向けられていない状態にある。感覚刺激ゲーティング（sensory gating）とも呼ばれる。

**ゲーデルの証明**［Gödel's proof］　数学のように強力な論理体系であっても，その論理体系の証明規則だけを使って，真も偽も証明できないという定理を述べることができるとした証明を言う。この不完全性という結論は1931年に発表され，この時代の数学に対して挑戦的なものだった。チューリング（Alan Turing: 1912-1954）はこの結果を，不完全な問題の証明不可能性の彼の証明に使って，計算にまで拡張した。⇨ **チューリングマシン**　[オーストリア生まれのアメリカの数学者ゲーデル（Kurt Gödel: 1906-1978）]

**ゲート**［gate］　物質や信号の通過を制御する装置ないしは回路（たとえば**イオンチャネル**や**神経回路**）のこと。⇨ **痛みのゲート制御理論**，**ゲート付きチャネル**，**リガンド依存性イオンチャネル**，**電位依存性イオンチャネル**

**ゲートキーパー**［gatekeeper］　**1**．健康管理の専門家のこと。一般に**管理医療組織**と提携している通常の**プライマリーケア・プロバイダー**であり，患者の健康管理サービスの利用を決定し，その医師の承認が専門家への照会のために必要となる。**2**．集団心理に関しては ⇨ **関係役割**

**ゲートキーパー役**［gatekeeper role］　信頼性に関する基準に沿って，科学あるいは非科学の専門家の証言が裁判で証拠として認められるかどうかを判断する裁判官の責任。

**解毒**［detoxification］　デトックスとして一般に知られる，身体の中の毒物を減らす，あるいは取り除く治療法。これには，毒物の種類や他の要因による方法（毒物をより

簡単に取り除くことができる有害性の少ない薬剤に変更することによって), また新陳代謝や嘔吐, 胃洗浄, 透析といった方法がある。たとえば, オピオイド中毒に対するメタドン, アルコールの離脱を楽にする精神安定剤, バルビツレート毒に対する洗浄や人工呼吸である。

**ケトコナゾール** [ketoconazole] ステロイドの生合成を阻害するその効果により, 従来の薬剤に抵抗性をもってしまった抑うつの治療法として提案されている抗真菌薬。ただし, この効果を示す大規模な臨床データは存在しない。ケトコナゾールは多数の**チトクロム酵素 P450**（特にCYP3A4）の強力な阻害薬であり, この代謝経路を利用する向精神薬との重要な相互作用をもっている。数多くの相互作用と肝臓の損傷を起こす傾向により, その使用が制限されている。アメリカでの商品名はニゾラール（Nizoral）。

**ゲート付きチャネル** [gated channel] 細胞膜にあるチャネルであり, 特定のイオンや分子の通過を調整するために開閉できる。

**ケーニッヒバー** [König bars] 視力を測定するための黒と白の格子パターンのこと。[ドイツ生まれのフランスの物理学者ケーニッヒ（Karl Rudolf König: 1832-1901）]

**解熱剤** [antipyretics] 視床下部の体温調節中枢の働きによる発熱や高体温を調整する手助けをする薬のこと。末梢の動脈を膨張させることによって, すぐに体温を下げることを助けるという働きがある。アスピリンと非オピオイド薬などの鎮痛剤は, 解熱剤としての機能がある。

**ゲノム** [genome] ある生物や細胞に含まれる遺伝物質の全体のこと。**ヒトゲノム解析計画**の課題はヒトゲノムを解読することであった。

**仮病** [sham disorder] **虚偽性障害**の口語的表現のこと。

**ケーブルテンションメーター法** [cable tensiometry] ピンと張ったケーブルを引くことによる, ケーブル張力の変化を計測することで, 被験者の筋力を計測する手法。⇨ **作業記録器**

**ケーブル特性** [cable properties] 神経軸索の電気的特性のこと。金属ケーブルと同様, 電流の注入部位からの距離に応じて, 指数関数的に膜電位は低下する。

**ゲマインシャフト** [Gemeinschaft] 社会もしくは社会的集団の一つの類型であり, 共通の人生経験や, 信念と価値の類似性から発生した共有感情を基礎として築かれる（ドイツ語の "community" に由来）。家族的・血縁的関係がその一例であるが, この用語は交友関係のネットワークおよび近隣者たちとの関係性にも適用可能である。⇨ **ゲゼルシャフト** [ドイツの社会学者テンニース（Ferdinand Julius Tönnies: 1855-1936）により最初に使用された]

**ゲマトリア** [gematria] 文字, 単語, 成句などを数値化することにより, 語や名前や文章など（多くの場合にヘブライの聖典である）の"隠された"意味を明らかにする秘教的実践を指す。**数秘術**の一形態である。

**ケマドリン** [Kemadrin] プロシクリジンの商品名。

**ケミカル・トレイル** [chemical trail] 地面や他の表面の上に続いている化学的信号の軌跡。集団の構成員はそれを目印として, 違うときにも同じ方向に行くことができる。たとえば, アリは食料のある場所や巣の方向を示すケミカル・トレイルをしばしば残す。

**ゲーム** [game] 1. 社会的相互作用, 組織化された競技, もしくは正式なルールを有する取り引き。⇨ **ゼロサムゲーム** 2. 心理療法においては, 参加しているグループメンバーの感情を引き出したり, 相互作用や相互関係をあらわにすることを目的とした活動のこと。**遊戯療法**でのゲームでは, 投映技法や観察技法が用いられることも多い。3. 交流分析においては, 他者との関係性において繰り返され, その奥には隠れた駆け引きがある策略を指す。4. ゲシュタルト療法では, 自己への気づきを促すことを目的とされたエクササイズや試みのこと。たとえば, 恐怖状態を行動で表現したり, **ホット・シート・テクニック**に参加したりすることなどがある。⇨ **ゲームのルール**

**ゲーム推論** [game reasoning] スポーツの文脈内で許容される行動を支配する推論のこと。スポーツは現実の生活とは異なるものと考えられており, ゲーム内の行動に当てはめられる道徳性のレベルは, 現実の生活における行動に当てはめられるものとは異なり, 通常はそれよりも低い。

**ゲームのルール** [rules of the game] 発達心理学において, ルールや規則, 社会的慣習への子どもの態度が年齢とともに変化することであり, ピアジェ（Jean Piaget）が提案した。子どもたちはルールの意味を初めて学習すると, それが完全に拘束的だと考える。子どもたちは, ルールを破っても, ルールの正当性に挑戦的な態度を示したりはしない。しかし, 青年期に近づくにつれ（10歳頃から）, 態度を変化させ, ルールを疑問視したり, 合意に基づいて修正しうる社会的慣習か規則であると考えるようになる。

**ゲーム理論** [game theory] 対人的な葛藤やダイナミクスを理解するためのモデルもしくはパラダイムを指す。ゲーム理論は葛藤状況をゲームの中の2者のプレーヤーになぞらえ, ゲームにおける両者は勝利するか敗北するとする。ゲーム理論は協力と競争に関する理論的モデリングと実験的研究の双方において頻繁に使用される。

**ケーラー** [Köhler, Wolfgang] ヴォルフガング・ケーラー（1887-1967）, ドイツの実験心理学者。ベルリン大学で心理学者シュトゥンプ（Carl Stumpf: 1848-1936）と物理学者プランク（Max Plank: 1858-1947）のもとで学び, 1909年に博士号を取得。その後, ウェルトハイマー（Max Wertheimer）やコフカ（Kurt Koffka）と共同で研究し, **ゲシュタルト心理学**を発展させた。また, 1913年から7年間, テネリフェの類人猿研究所の所長を務めた。この間に, 彼の有名な, 霊長類に関する洞察の研究をまとめ *The Mentality of Apes*（1917）を出版した。彼は, 手の届く範囲の外にある果物を取るために2本の棒を合体させたり箱を積み重ねたりするなど, チンパンジーにも"アイデアを思いつく"ことが可能だと力強く実証した（⇨ **洞察学習**）。ケーラーは1920年にドイツへ戻り, 最終的には, ドイツの実験心理学者として最も名誉のあるベルリンの心理療法施設の所長となった。1930年代にナチスの勢力が拡大し, ユダヤ人追放を始めたとき, ケーラーは研究所で2年間抵抗し続けたが, 最後には苦悩の中で諦め, アメリカへ移住した。彼はペンシルベニア州のスワースモア大学の教授となり, 残りの研究生活を過ごした。類人猿の本の他に, 彼の有名な著書には *Gestalt Psychology*（1929）や *The Place of Value in the World of Facts*（1938）がある。⇨ **形状の良さ**

**ケーラー効果** [Köhler effect] 固執を要求するが, 努力の調整をほとんど要求しない**結合的課題**グループ内で活

動する個人の間で時々生じる動機づけの増加のこと。その効果はそれほど有能ではない集団成員による努力によっても生じる。⇨ **補償効果** ［結果を経験的に確認したドイツの研究者ケーラー（O. Köhler）による］

**ケラープラン**［Keller plan］ **1.** 講義や実演に参加しながら，生徒が自身のペースで学習を進める個別教育システム。講師と生徒との間のやり取りを文書で行うことを重要視する。**2.** 学習内容の基本的理解がなされたとわかるまで，同じ情報に関する評価を多方面から行う。**完全習得学習**の手法の一つ。この形式の学習では，教科書と資料が学習の主な材料となる。［アメリカの心理学者ケラー（Fred S. Keller: 1899-1996）による］

**ゲルストマン症候群**［Gerstmann's syndrome］ 書字障害や，手指失認，左右失見当識によって識別される神経障害の一組の症状のこと。［ゲルストマン（Josef G. Gerstmann: 1887-1969）が用いた用語］

**ゲル電気泳動**［gel electrophoresis］ 異なる大きさや電荷をもった分子を，電場の影響下でゲル中を泳動させることによって分離する方法。

**ケルニッヒ兆候**［Kernig's sign］ 髄膜炎の診断において，その神経学的兆候とみられる反射反応。腰の部分で脚を曲げさせておき，膝から先を伸展させたときに抵抗や痛みが生じれば，兆候ありとされる。［ロシアの医師ケルニッヒ（Vladimir Michailovich Kernig: 1840-1917）に由来］

**腱**［tendon］ 筋肉を骨に繋いでいる強い組織の帯。

**減圧神経**［depressor nerve］ 運動や腺活動を抑圧する求心性神経。刺激されると脳幹反射による血圧の低下などを引き起こす。

**減圧病**［decompression sickness］ 極端な高気圧下に身体がさらされることに起因する障害。高気圧下から常圧に戻る際，身体組織内に溶解していた窒素が気泡を形成することにより減圧病が起こり，循環系が特に阻害される。神経系の症状としては，意識低下，痙攣，しびれ，脳および脊髄の損傷などがある。心肺組織を冒し，循環虚脱を起こす場合もあり，チョークス（chokes）と呼ばれる。チョークスは胸骨下の不快感を伴い，深く息を吸うと咳が起こる。骨および関節に主に症状が現れる場合はベンズ（bends）と呼ばれる。

**権威**［authority］ 他者への影響力。公的権威とは，法的に認められた高地位の公職（legitimized authority: 正当的権威），あるいは法的に成文化されていなくとも，歴史的背景をもつ序列の高位（traditional authority: 伝統的権威）に個人が就いていることを背景として，他者への影響力の行使が可能となることをいう。私的権威とは，集団目標の達成を促進する個人的属性（合理的・専門的権威: rational or expert authority），あるいは信頼性を高めるのに役立つような魅力的で権威的な性格（カリスマ的権威: charismatic authority）を基盤としたものである。権威の基盤が何であれ，潜在的に，あるいは明示的に与えられた他者への影響力はその力を発揮する。

**権威原則**［authority principle］ 社会的階層における各メンバーが，自分より上位の階層の人の願望に従うことを期待すること。

**権威者コンプレックス**［authority complex］ 部分的，または完全に抑圧された，権威者に対する感情的な観念の一種。権威者を求める無意志的な欲求を満たすために，人は，特定の他者に権力を投影し，それらの人々に劣等感を感じる。そのため，権威への反応は，過度の服従という形で現れる。

**権威主義的**［authoritarian］ **1.** 個人の自由の制約や中央機関への個人の従属，階層的権力構造に代表されるような政治システムや社会的風土を示す。たとえば，権威主義的集団では，リーダーにのみ頼った判断が下される。**2.** 他者との相互作用において，厳格で，独裁的な方法を用いやすかったり，このような方法を好む個人を指す。権威にある立場にいる人に限定されない。

**権威主義的人格**［authoritarian personality］ 以下の特徴を有するパーソナリティである。(a) 権力と地位への没頭，(b) ひどく単純化された慣習的価値への厳格な固執，(c) 権威的人物に対して強い敬意を示す一方で，地位が低いとみなした者には服従を求める，(d) 少数派や外集団，慣習的で道徳的な規定から逸脱した者への敵意。

**権威主義的養育**［authoritarian parenting］ 制限の多い養育スタイル。親や養育者が服従を強調する一方で協同や対話を軽視し，望まない行動を止めさせるために強い罰を用いる。⇨ **許容的養育，拒絶-放置の養育** ［アメリカの発達心理学者バウムリンド（Diana Baumrind: 1927-　）が最初に用いた用語］

**権威主義的リーダー**［authoritarian leader］ リーダーのタイプの一つ。方針を決定し，部下からの助力を求めることなく結論を下すことができる。また，他者からのいかなる意見をも拒み，集団成員の好みを考慮することなく仕事を割り振り，頻繁な批判を通して対人関係をしきる。専制的指導者を有する集団では，**民主的リーダー**や**放任型リーダー**の集団よりも，指導者が不在の場合に作業効率が落ち，指導者に対して強い依存心を示し，より批判的で不満を口にしやすく，より攻撃的な要求をすることが研究によって明らかとなっている。［リーダーシップスタイルに関する実験的研究においてレヴィン（Kurt Lewin）らが定義した］

**原位置ハイブリッド形成法**［in situ hybridization］ DNA や RNA 内にある特定のヌクレオチド配列を特定するための手法。知りたい配列に対して相補的なラベル付きヌクレオチド探針をその組織切片に入れて混合する。

**権威に基づく論証**［ad verecundiam］ 専門家や権威者などの権威に基づいて，ある論証が真であることを主張する，非形式的誤謬（informal Fallacy）や説得技術の一種を意味する。たとえば，理論 X は，その分野において尊敬を集めている権威者が支持しているため，真だと認められるべきである。⇨ **誤った権威** ["恥ずかしがること"や"自信のなさ"を意味するラテン語の verecundia に由来する。つまり，"自信のなさ（を原因とした）"］

**権威服従状態**［agentic state］ 組織的なステータス階層の中でより高い権威に対して下位の状態におかれた個人が，その権威による命令に従わざるをえないときに起こる心理状態。⇨ **服従の行動研究，破壊的服従** ［ミルグラム（Stanley Milgram）により記述］

**原因**［cause］ **1.** 事象や状態（結果）を引き起こすもの（事象，状態）。**2.** アリストテレスの，および合理主義者の哲学における，別の実体や事象が存在するための要件である実体や事象。ギリシャの哲学者アリストテレス

（Aristotle: BC 384-322）は，質料，形相，動力（作用，始動，始原などとも訳される），目的の4つのタイプの原因があると提案した。たとえば，彫刻の場合だと，質料因（material cause）はそれが作られた石や金属であり，形相因（formal cause）はそれがとる形態や構造であり，作用因は彫刻家であり，目的因（final cause）はそれを作ることにおける彫刻家の意図あるいは目的である。

**幻影〔1〕**〔apparition〕 **1.** 知覚された対象の歪みから生じる錯視の一種。幻影は，しばしば不吉な兆候として解釈されるが，**アルコール誘発性精神病性障害**のように，神経疾患，もしくは中毒性疾患と関係する場合がある。**2.** 幽霊や魂に関して知覚された出現体のこと。⇨ **ゴーストイメージ**，**具現**

**幻影〔2〕**〔phantasm; phantom〕 **1.** その場に居ない人が魂や亡霊の姿で現れること。目撃者は，幻影を真の幻覚症状としてではなく，自身の洞察が欠損したことによる想像上のもの，あるいは錯覚だと認識する可能性がある。**2.** 物質が存在しない幻覚。

**幻影愛好者症候群**〔phantom-lover syndrome〕 実際は存在しない者についての詳細な**色情妄想**の一種。〔カナダの精神科医シーマン（Mary V. Seeman）によって1978年に定義された〕

**検影検眼鏡**〔retinoscope〕 眼球の屈折状態を調べる機器。細い光を眼球に投影する。検影検眼鏡が動いた時に光が動く方向を測定することによって，**近視**，**遠視**，**乱視**を診断できる。検影検眼鏡と眼球の間に多様な性能のレンズを置くことができるため，患者にとって最適となる屈折率をみつけて矯正することができる。⇨ **検眼鏡**

**幻影色**〔phantom color〕 たとえば，**ベンハムのコマ**のように黒と白のパターンの提示で知覚される色のこと。

**検閲官**〔censor〕 精神分析理論において，前意識における精神的な作用であり，抑圧を司ると考えられているもの。検閲官は，人の願望，思考，直観が意識されてもよいか，あるいは意識や社会規範を侵害するために無意識にとどめておくほうがよいかを決定する。また，検閲官は，夢で起こる願望の歪みに反応するためにおかれている（⇨ **夢の検閲**）。この概念は，フロイト（Sigmund Freud）の初期の著作でも紹介されているが，その後は**超自我**の概念に発展した。

**嫌悪〔1〕**〔aversion〕 他の生命体や物体，その状況など避けなければならない刺激に対する生理的，情動的な反応のこと。

**嫌悪〔2〕**〔disgust〕 **1.** 極めて不快であると思われる物体の感触やニオイ，味についての強い嫌悪のこと。**2.** 道徳的に嫌悪感を引き起こすと考えられる，人や行動への強い嫌悪。

**嫌悪〔3〕**〔hate; hatred〕 反感的感情であり，憎悪や怒りの感情と，現実のまたは妄想的危害に対する復讐心が結合したもの。

**嫌悪刺激**〔aversive stimulus〕 **回避行動**，もしくは**逃避行動**を引き起こす刺激もしくは出来事のこと。嫌悪事象（aversive event）と呼ばれることもある。⇨ **回避条件づけ**

**嫌悪システム**〔aversion system〕 嫌悪（負のもの，罰）刺激に対する個人ごとの感度のこと。それを避けるための処理において，個体差として現される**神経症**的傾向。⇨ **欲求システム** 〔アイゼンク（Hans Eysenck）によって提唱された〕

**嫌悪条件づけ**〔aversive conditioning; averse conditioning; aversion conditioning〕 有害あるいは不快な刺激を望ましくない行動と結びつけるという方法。この技法は，薬物乱用の治療などに用いられる。⇨ **嫌悪療法**

**嫌悪制御**〔aversive control〕 罰や負の強化といった嫌悪刺激を用いて行動を制御すること。

**嫌悪反応**〔aversion reaction〕 それが不快であったり脅威であることから好ましくない刺激に対し，それを避けるために生じる反応のこと。

**嫌悪療法**〔aversion therapy; aversive therapy〕 行動療法の一つ。クライエントは，（爪噛みに対して）苦味や，（アルコール中毒に対して）吐き気といった有害，または不快な経験を結びつけることで，自身の望ましくない行動を変えたり消去するよう条件づけられる。抑止療法（deterrent therapy）とも言う。

**原外傷**〔primal trauma〕 精神分析理論において，人生早期にさらされた痛ましい状況で，後の人生において神経症の基礎と仮定されるもの。原外傷の一部は，精神分析における**出産時外傷**とみなされる。⇨ **原不安**

**限界値定理**〔marginal value theorem〕 **最適採餌理論**の一部であり，生物がある食物パッチを離れ，新しいパッチを探索する時間を予測する。この意思決定は，現在のパッチに留まることの効用とコスト，新しい未知のパッチへ移動する効用とコストによって左右される。実験室的状況では，新しいパッチへの移動に要する時間と労力が，現在のパッチに留まる時間を規定しているとされている。

**幻覚〔1〕**〔hallucination〕 外的な刺激がないのにも関わらず真に迫って現実のものと認識する誤った知覚。それは，あらゆる感覚に起こりうるが，**幻聴**，**幻視**が一般的である。幻覚は薬物の使用やてんかん，脳腫瘍，梅毒のような状態に起因しているが，典型的には**精神病**の特徴である。⇨ **妄想**，**錯覚**

**幻覚〔2〕**〔phantom〕 切断した身体の部位が未だに存在しているかのように感じること。⇨ **乳房ファントム現象**，**幻肢**，**偽感覚**

**幻覚剤〔1〕**〔hallucinogen〕 実際には刺激がないにも関わらず，感覚（視覚，聴覚，嗅覚，味覚，触覚）を引き起こすことのできる薬物のこと。感覚，認知，気分の変容をもたらすため，幻覚剤は精神異常発現薬（psychedelic drugs）とも呼ばれる（原語はギリシャ語で"心の顕現"の意）。幻覚剤は，異質な成分からなる化合物であり，多くは自然界にあるものであるが，人工的に作り出されたものもある。多くの幻覚剤は，いずれかの神経伝達物質と構造的に類似しており，そのような神経伝達物質が分類基準として用いられている。たとえば，セロトニンに類似した幻覚剤には，リセルグ酸ジエチルアミド（⇨ **LSD**），**サイロシン**，DMT，DET，**ブフォテニン**などのインドールアルキルアミンが含まれ，カテコールアミンに類似した幻覚剤には，**メスカリン**，DOM，MDA，MDMAのような**フェニールエチルアミン**やその派生物質がある。いずれも，一般的には，**セロトニン受容体**のサブタイプにおける活動を通して，視覚性の幻覚を生みだす。他の幻覚剤には，**アヤフアスカ**を含むPCPや別の天然性物質がある。⇨ **幻覚剤乱用**，**幻覚剤依存**

**幻覚剤 [2]** [psychedelic drugs] 1956年に，hallucinogen（ギリシャ語で"心の顕現"の意味）の名称で，イギリスの作家ハクスレー（Aldous Huxley: 1894-1964）が提案したファネロタイムという用語への返答として，彼の友人であったオズモンド（Humphry Osmond: 1917-2004）が提示した用語。

**幻覚剤依存** [hallucinogen dependence] DSM-Ⅳ-TRでは，幻覚剤に関連した重篤な問題があるにも関わらず，幻覚剤を継続して使用することで現れる一群の認知的徴候，行動上の徴候，生理的徴候を示す状態を指している。繰り返し幻覚剤を摂取することで，耐性，幻覚剤使用の中断による離脱症状（振戦，気分易変性，渇望），制御不能な継続使用欲求をもたらす。⇨ **幻覚剤乱用**，**薬物依存**

**幻覚剤中毒** [hallucinogen intoxication] 特定の幻覚剤の最近の使用による一時的な徴候のこと。臨床的に著明な行動上の，あるいは心理的変化で，著しい不安や抑うつ，**関係妄想**，注意集中の困難，正気を失うという恐怖，妄想，判断低下などを伴う。これらの変化は，主観的な感覚の増強，幻覚，**共感覚**，瞳孔拡大，心拍増大，発汗，動悸，視覚の不鮮明化，振戦，協調運動障害なども含め一つあるいはそれ以上の生理学的徴候を伴う。⇨ **物質中毒**

**幻覚剤誘発性気分障害** [hallucinogen-induced mood disorder] 幻覚剤中毒の間や，その後に経験される持続的な激しい気分の障害のこと。抑うつ気分，不安，自責，罪の意識，緊張などで特徴づけられる。幻覚剤性感情障害（hallucinogen affective disorder）とも言われる。

**幻覚剤誘発性精神病性障害** [hallucinogen-induced psychotic disorder] 幻覚剤によって引き起こされていると当人には理解されていない幻覚剤中毒による顕著な幻覚，妄想，あるいは幻覚および妄想状態のこと。この幻覚と妄想は，通常の中毒による水準を超えており，臨床的関与を必要とするほど重篤である。幻覚剤性幻覚症（hallucinogen hallucinosis）とも言う。

**幻覚剤乱用** [hallucinogen abuse] DSM-Ⅳ-TRでは，幻覚剤を繰り返し摂取することで，それによる有害な結果が繰り返されていることが明らかな幻覚剤の使用方法を指す。幻覚剤乱用の診断より，幻覚剤依存の診断の方が優先され，幻覚剤乱用の診断基準と幻覚剤依存の診断基準をともに満たす場合には，幻覚剤依存の診断が下される。⇨ **薬物乱用**

**厳格な家庭** [rigid family] 疑義を差し挟む余地のない規則をもち，規則に例外をもたない家族構造のこと。そのような構造は，その家庭の子どもの情緒的行動的問題の原因となりうる。

**原家族** [family of origin] 自分が育てられた家族のこと。それが**生物学的家族**であるかどうかは問わない。

**検眼** [optometry] 臨床現場における第一の関心は，眼の光学的諸特性と，視覚欠損を矯正する機器や手続きにある。検眼士（optometrists）は矯正用レンズの処方や訓練を行うことができるが，薬の処方や眼の手術を行うことは一般的に禁じられている。眼鏡技師（optician）は眼鏡のレンズを作るが検眼士よりも臨床的特権が少なく，検眼士の方がより臨床を重視する（⇨ **眼科学**）。

**腱感覚** [tendon sensation] 腱を伸ばしたりすることで腱の受容器を刺激することにより生じる運動感覚。

**検眼鏡** [ophthalmoscope] 眼の組織，特に眼底を診察するための手持ち式の機器。この検査は眼の丘から直像を直接見るか，レンズを用いて，そこに結像した眼底の倒像を間接的に見ることによって行う。⇨ **検影検眼鏡**

**検眼鏡検査（法）** [ophthalmoscopy] 検眼鏡で眼底を検査すること。検眼鏡検査は眼の屈折異常を測定するためにも行われる。その場合には検眼鏡屈折検査（metric ophthalmoscopy）と言う。

**元気さ** [flourishing] 心身ともに健康である状態のこと。疾病や心的苦痛のない状態のことを指すのみならず，その個人が個人的・社会的生活において活力に満ちており，十分に活動できていることも含まれる。

**研究** [research] 事実を発見したり確認するための，あるいは，問題や課題を調査するための体系立った取り組み。観察や実験などの科学的な方法が用いられることが多い。

**幻嗅** [olfactory hallucination] ニオイに対する偽りの感覚。毒ガスや腐った肉のような不快で嫌悪感のあるニオイを感じる。

**研究スポーツ心理学者** [research sport psychologist] スポーツに関係する人間の活動の非臨床的な心理学について教育と訓練を受けた人であり，理論の発展や，方略適用の効果についての研究に主眼を置く。⇨ **スポーツ心理学**

**研究におけるアーティファクト（人工産物）** [artifact in research] 結果に影響を及ぼす無関係な要因。研究者に起因するもの（たとえば，結果への期待や研究者のパーソナリティ）や研究参加者に起因するもの（たとえば，研究者の意図の推測や評価されることへの懸念）がある。⇨ **アーティファクト**

**研究の質の重みづけ** [quality weighting] メタ分析において，研究計画，実施方法，分析の質に応じて行われる個々の研究への重みづけ。

**研究用診断基準（RDC）** [Research Diagnostic Criteria: RDC] 精神医学的障害を診断するためのレナード診断インタビューから発展した診断基準で，障害の数をオリジナルの15から25まで増やした。また，現在あるいは過去の疾患エピソードに焦点を当て，様々な障害を診断する際の包含的および除外的基準を加えた。

**研究倫理** [research ethics] 個別の研究者が下す判断のもととなる価値，原則，ならびに基準。また，研究者が用いる調査手順における道徳的地位のこと。実験倫理（experimental ethics）とも言う。

**限局性健忘** [localized amnesia; circumscribed amnesia] 心因性健忘のうち，特定の経験あるいは一定期間の出来事の記憶がないこと。一定期間内の記憶が部分的にないときは巣状健忘（lacunar amnesia）と言う。

**限局性リポジストロフィー** [partial lipodystrophy] 通常，乳幼児期に発症する脂質代謝障害。顔面に対称性の脂肪組織不足が認められる。一方で，上部脚部の脂質は，不足することもあれば不足しないこともある。⇨ **脂肪異栄養症**，**全身型脂肪異栄養症**

**謙虚さ [1]** [humility] 謙虚である性質のこと。自分にばかり注意を向けず，人の功績や価値を正しく（過大評価あるいは過小評価でなく）認識し，自分の限界や不完全さ，失敗，知識のないことなどを自覚していること。

**謙虚さ [2]** [modesty] 1. 自己尊重と，自尊心の欠如。2. 外見，服装，態度，社会的行動が礼儀正しく適切

**元型**［archetype］ 1. あるものの完璧な，あるいは典型的な例。または，あるものの由来となる根源のモデルのこと。⇨ **プロトタイプ** 2. **分析心理学**において，人類が蓄積した経験に由来する心の構成要素。遺伝するこの構成要素は，**普遍的無意識**に蓄積され，個人の世界観の参照枠として，また人格構造構築の大きな基礎の一つとなる。たとえば，**アニマ**，**アニムス**，**ペルソナ**，**影**，**至高存在**，**マグナマーテル**，そしてヒーローなど。また元型像（archetypal image），原始イメージ（primordinal image）とも呼ばれる。

**原形質**［protoplasm］ 生きた細胞の内容物すべて。**細胞質**と**核原形質**からなる。

**原幻想**［primal fantasy］ 精神分析理論の用語。性的な経験，特に誕生，両親の性行為，去勢に関する概念（⇨ **一孔仮説**）についての知識を埋めるために，子どもが用いるあらゆるファンタジーを指す。

**言語**［language］ 1. 言語音や記号表現を用いて，思考や感情を表現もしくは伝えるためのシステム。⇨ **自然言語** 2. ある特定の**言語コミュニティ**内で用いられるコミュニケーションのシステム。独特の語彙，文法，音韻システムを伴う。3. 言語に匹敵するコミュニケーションを可能とする，非言語的なコミュニケーション手段。たとえば，**手話**やコンピュータプログラミングで用いる言語など。⇨ **人工言語**

**呟語**［mussitation］ 理解できないつぶやき，または発音することなく唇を動かすこと。

**言語医学**［logopedics］ 主にイギリスで行われている発話障害についての研究や治療。⇨ **言語病理学**

**言語移行**［language shift］ 移民や少数派集団の言語の選好が，民族の言語から多数派の言語に移行すること。最終的には，多数派の言語に単一言語化する。⇨ **言語消滅**

**言語維持**［language maintenance］ 移民やマイノリティ・コミュニティの連続した世代間において，民族言語の使用が継続されること。

**言行一致訓練**［correspondence training］ 子どもと青年に対する**行動療法**の介入の一つ。クライエントは何かをすることを言葉で約束してからそれをやり遂げること，あるいは望ましい行動を行ってからその行動について言葉で報告することに対して，明確にあるいは社会的に強化される。約束と報告は大人か仲間に対して行われる。

**言語因子**［verbal factor］ **因子分析**によって得られた，言語能力の背後にある潜在特性を表す因子。

**健康維持プログラム**［wellness program］ **健康概念**を重視する健康管理プログラム。

**健康概念**［wellness concept］ ヘルスケア・プログラムは健康の増進に積極的に関わるべきであるという考え方。この場合の健康とは，病気が予防，治療されているというだけでなく，身体的，精神的，社会的に満足できる状態と考えられている。健康は個々人がコントロールすべき，人間の生物学，環境，ヘルスケアの組織，ライフスタイルという4つの要素からなる。

**健康危険度評価**［health risk appraisal］ どの程度健康上の危険（リスク）が生じやすいと思っているかという自己認識のこと。⇨ **リスク知覚**，**敏感性の知覚**

**健康教育**［health education］ 1. 病気の予防法に重点をおいて，人の身体的ケアと衛生管理について教育すること。2. 身体的，心理的，情緒的健康に関する全般。この教育は，学校，専門機関，地域の中で行われ，ストレスマネジメント，禁煙，栄養とフィットネス，性と生殖に関する健康，自己評価，関係性の問題，健康リスク，個人の安全性（たとえば自己防衛，レイプ予防），マイノリティの健康問題などに及ぶ。

**原光景**［primal scene］ 精神分析理論における，子どもが最初に観察する両親の性交渉や性的誘惑であり，それが現実であるか幻想であるかは別として，子どもはそれを暴力的行為（⇨ **男根期加虐性**）と解釈する。⇨ **原幻想**

**減光効果**［dimming effect］ 1. 明るい光が，弱い光と一緒にあるときの効果。弱い光は，明るい光源がない時よりも光源がある時の方がより暗く見える。2. 背景を暗くすることで残像の明度が増すこと。

**健康行動**［behavioral health］ 行動医学における学際的な専門分野の一つで，健康に関する指針の普及を促進することを目的とする。自分でできる行動（ジョギング，体操，健康的な食生活，禁煙など）によってその人の健康の維持と病気や機能障害の予防を行うことを強調する。［アメリカの心理学者マタラッゾ（Joseph D. Matarazzo: 1925- ）が提唱］

**健康信念モデル**［health-belief model］ 健康に関する予防的行動をとるかどうかを，以下の要因から説明するモデル。(a) 疾患の罹患しやすさ，深刻さについての知覚，(b) 社会人口学的変数，(c) 環境的の手がかり，(d) 予防行動の費用と便益についての知覚。⇨ **運動行動モデル**

**健康心理学**［health psychology］ 心理学の下位領域で，次のことに焦点が当てられる。(a) 行動的，認知的，心理生理学的，社会，環境的な要因と，健康の確立，維持，損害との関連性についての調査。(b) 病気の予防と治療に関する実験的介入デザインで明らかになった，心理学的・生物学的知見の統合。(c) 医学的・心理治療の前・中・後における肉体的，心理的状態の評価。

**健康不安**［health anxiety］ 自分の健康に関する過剰で不適切な不安のこと。症状（たとえば，軽い痛みや胃腸の不具合など）を，深刻な病気の徴候だとする誤った解釈に基づく。健康不安は**心気症**の軽い状態だとみなされる。

**健康への逃避**［flight into health］ 心理療法において，受理面接後，あるいは受理面接中での心理療法の導入が妥当だと考えられるクライエントによる突然の回復のこと。より一般的には，心理療法が進行中に，さらなる認知的，情動的，あるいは行動的な問題と直面することを避けるためのクライエントの回復を指す。精神分析理論では，健康への逃避を無意識の**防衛機制**として解釈され，転移性治癒（transference cure; transference remission）とも言われる。

**健康保険**［health insurance］ 保険会社が，保険料と引き換えに治療費の支払いを補償する契約関係のこと。こうした支払援助には，たとえば医療保障，外来精神医療，事故，歯科，身障者保障，事故死や重大事故保障といったものがあげられる。

**言語化**［verbalization］ 1. 言葉による思考，感情，空想の表出。言語化は大部分の心理療法の一般的な特徴であり，そのため，心理療法の修練や実践を指す際に，**符号形式**や**お話療法**といった用語が使われるようになった。**心理療法過程**の一部としてセラピストとクライエント間で起こ

る一般的なコミュニケーションを別にすると，特に顕著な形の言語化は，**自由連想法**の使用の際に起こる。**2. 精神医学において，迂遠，または発話圧力のような異常で制御不能な発話を伴う症状のこと。**

**言語学**［linguistics］ 人間の言語の，物理的，構造的，機能的，心理学的，および社会的特徴を扱う科学的学問。
⇨ **心理言語学，社会言語学**

**言語学者**［linguist］ 言語学やその周辺分野の研究を専門とする学者。これらの学者は，特定の言語や言語グループの特性，あるいは人間の言語一般にみられる特徴に注目する。言語学者は必ずしも複数の言語を使いこなせるというわけではなく，そのような人を指すより正確な用語は多言語使用者（polyglot）である。

**言語学習**［verbal learning］ 文字や数字，無意味音節，単語などの，言語刺激と言語反応について学習する過程。使用される手法には，**対連合や系列学習**がある。エビングハウス（Hermann Ebbinghaus）や**観念連合説**の影響を受けた，言語学習の伝統（verbal learning tradition）を受け継ぐ研究者は，統制された条件のもとで単純な材料を学習させることによって，学習の基本法則を明らかにしようとしている。

**言語獲得**［language acquisition］ 子どもが言語を学習するプロセス。しばしば**言語発達**と同じように用いられるが，この用語は「多くの言語的知識を生得的にもつ学習者」としての子どもの積極的な役割を強調する立場の人々に好まれる。

**言語獲得支援システム（LASS）**［language acquisition support system: LASS］ 大人と年上の子どもが，年下の子どもの言語獲得を支援する過程。大人と年上の子どもは，年下の子どもの**言語獲得装置**と相互作用する学習装置をもつと想定される。［アメリカの発達心理学者ブルーナー（Jerome Seymour Bruner: 1951- ）によって提示された］

**言語獲得障害**［speech and language acquisition disorders］ 言語の発話および理解に関する記号システムの獲得，および利用する能力を欠くことに繋がる広範な障害のこと。

**言語獲得装置（LAD）**［language acquisition device: LAD］ 言語習得装置ともいう。子どもの言語獲得能力を説明するために用いられる仮定上の能力。アメリカの言語学者であるウォーフ（Benjamin Lee Whorf: 1897-1941）の初期のモデルでは，言語獲得装置は生得的なメカニズムであり，子どもが両親や他者から与えられる言語データをもとに言語構造を発達させることを可能にするものであるとされた。しかし，チョムスキー（Noam Chomsky）の再解釈では，言語獲得装置は入力を積極的に解釈するという重要な生得的知識を含む。この考えだけが，比較的乏しい入力から，言語における非常に抽象的な**コンピテンス**が生じることを説明できるのである。⇨ **言語生得説**

**言語科目**［language arts］ 聞き取り，会話，読み，書き，綴り，習字などの言語的スキルからなる学校カリキュラムの一つ。

**言語緩慢**［bradylalia; bradyarthria; btadylogia］ 発話における，異常な遅さや躊躇。

**言語起源理論**［language-origin theory］ 人間における言語の起源と初期発達に関する仮説。このテーマに関して，初期の説の多くは，言語の起源を主に3つのカテゴリーに分けている。(a) 動物の鳴き声や周囲の音の意識的な模倣から言語が発達すると考える説。(b) 怒りや喜び，渇望などによって発せられる，不随意的な音から言語が生じると考える説。(c) 言語能力を人間に生得的とみなし，音と意味の間に生得的な結びつきがあると考える**言語生得説**（⇨ **語音象徴**）。最近の研究では，言語が本当に人間特有の能力であるのかを見直し，もし特有であるならば，様々な選択的順応に基づき進化したのかを問うことが多い。⇨ **言語の種固有性**

**言語機能局在**［language localization］ 特定の脳領野における，話し言葉と書き言葉に関する様々な機能の処理。フランスの内科医ブローカ（Paul Broca: 1324-1880）によって発話処理が左半球の第三前頭回に位置するとされた1861年以降，視覚的・聴覚的な言語処理に関する他の多くの皮質が，これらの領野を接続する神経経路とともに明らかにされた。⇨ **ブローカ野，ウェルニッケ野**

**言語計画**［language planning］ 社会で使用する言語様式を変化させようとする，政府による意図的な試み。ある言語の地位向上の政策（地位計画：status planning）は，独立後，新しい政府が政治や教育の場において，元来の言語（植民地時の言語ではなく）の使用を促進するための措置を講じる際にしばしば採用される。これはコーパス計画（corpus planning），すなわち，言語構造の標準化，語彙の拡張や「洗練化」，表記の修正（あるいは，新たに創られる場合もある）などによって言語を「向上」させようとする試みを伴うことがある。

**言語決定論**［linguistic determinism］ ある言語の意味構造は話者の間の心的カテゴリーの構造を決定するという仮説。一般に，アメリカの言語学者サピア（Edward Sapir: 1884-1939）とウォーフ（Benjamin Lee Whorf: 1897-1941）に基づいている。言語によって，基本カテゴリーや時間，空間，期間などの次元への言及の仕方が異なるため，これらの言語の母語話者も，それに対応した思考方法の差異を示すと仮定される。サピア-ウォーフ仮説（Sapir-Whorf hypothesis），ウォーフの仮説（Whorfian hypothesis）とも言う。⇨ **言語相対性，人類言語学，対照レトリック**

**言語検査**［verbal test］ 言語能力を測定するあらゆる検査。

**言語行動**［verbal behavior］ 発話や聴き取り，読み書きなど，言葉を伴うすべての行動。この用語は，言語の行動主義的説明を好む人たち（⇨ **行動主義**）によって用いられる。行動主義による説明では，人間の言語行動は，他の種においても観察可能な，学習と行動の一般法則によって説明できると考えられる。すなわち，言語行動に対する強化は，他者の反応によって社会的に媒介される。こうした考え方は，**心理言語学**において優勢な認知的アプローチ，とりわけ認知的**言語**の課題特異性理論とは対照的である。［1957年にスキナー（B.F. Skinner）が最初に用いた言語］

**言語コミュニティ**［speech community］ 特定の言語を話す人，あるいは様々な言語（たとえば方言）を話す人からなるコミュニティのこと。

**言語錯誤**［paralalia］ **1.** 発話の障害，あるいはそれを乱すものを指す。ある発話の音声をそれとは別のものに置き換えることがある。たとえば，"rabbit" を "wabbit" と言ったり，"yellow" を "lellow" と言ったりする。⇨ **喃**

語　2. 発話障害一般を指す用語として，稀に用いられる。
　**言語錯乱**［allophasis］　まとまりのない支離滅裂な発話。
　**言語遮蔽効果**［verbal overshadowing］　刺激について言語的に記述することが，その刺激についての事後の正確な記憶を低減させる傾向。たとえば，見ただけの顔を言語的に記述することは，写真のラインナップの中のその顔に対する事後的な再認や同定を低下させる可能性がある。
　**言語習得前高度聴覚障害**［prelingually deafened］　生まれつき耳が聞こえない，あるいは言語を獲得する前に耳が聞こえなくなること。
　**言語障害［1］**［language deficit; language disability; language disorder］　神経性の機能障害により，子どもの通常の発話・言語発達に欠陥，障害，遅れがあること。話し言葉，書き言葉，もしくは両方の受容，統合，再生，生成に関する障害を含む発達障害。
　**言語障害［2］**［logopathy］　何らかの発話障害のこと。
　**言語障害［3］**［mogilalia; molilalia］　話す際の困難や躊躇（たとえば，どもり）のこと。
　**言語条件づけ**［verbal conditioning］　通常，注意や賞賛といった形で与えられる強化によって，言語的反応（特定の単語を使用するなど）を条件づけること。たとえば，実験参加者が代名詞の"I"を使用した時には実験者は常に"オーケー"と反応するが，他の代名詞を使用した時はそうした反応を行わないといったものである。［1955年にアメリカの行動主義者のグリーンスプーン（Joel Greenspoon: 1920-2004）により導入された］
　**言語消滅**［language death］　言語の消滅のこと。通常の理由は，言語コミュニティの若い世代が徐々に別の言語を使用するようになっていくことである。その結果，もとの言語は古い世代とともに消えていく。21世紀初期には，言語は月に2, 3個のペースで消滅していくと推定されていた。⇨ **言語移行**
　**言語新作**［neologism］　個人によって作られた言葉のこと。作られた言語の起源や意味はほとんどが非論理的で了解できないものである。**失語症**や**統合失調症**と結びついていることが多い。⇨ **混成語**
　**言語新作ジャーゴン**［neologistic jargon］　不適切に関連づけられた単語や奇妙な表現が含まれる意味不明な話。言語新作パラフェイジア（neologistic paraphasia）とも呼ばれる。⇨ **言葉のサラダ**
　**言語性IQ（VIQ）**［verbal IQ: VIQ］　標準化された知能検査によって測定された言語性能力の一般的な測度。母国語を操るスキルや，これまでの経験，教育歴，問題解決能力，テストへの動機づけ等の影響を受ける。⇨ **IQ**
　**言語性記憶**［verbal memory］　たとえば詩のように，以前に学習した何か書かれたもの，または話されたものを思い出す能力。⇨ **運動記憶**，**視覚記憶**
　**言語性知能**［verbal intelligence］　言語の使用に関わる能力や，コミュニケーションや問題解決において効果的に言語を結合させる能力。
　**言語生得説**［nativistic theory］　言語学において，人類が，言語を学習する際に直面するデータを構造化・解釈できるように生得的な言語知識をもって生まれてくるとする理論。先史時代における人類の言語の起源に関するいくつかの理論は生得説と呼ばれてきたが（⇨ **言語起源理論**），この用語は，現在は主にチョムスキーの幼児期の言語獲得

の理論と関連づけられている。⇨ **言語獲得装置**，**言語普遍性**
　**言語性漏洩**［verbal leakage］　その人が隠しておきたい動機や行動を明らかにしてしまうような発話内容，**言い間違い**，曖昧な表現。同じ機能をもつ身体言語は，非言語性漏洩（nonverbal leakage）と呼ばれる。⇨ **フロイト的失言**，**失錯行為**，**徴候的行為**
　**言語接触**［language contact］　商業的または政治的理由のために，2つあるいはそれ以上の言語集団が接触する社会言語的状況。語彙や構造的特徴に相互に影響を与える。⇨ **接触言語**
　**言語全体アプローチ**［whole-language approach］　読み手が意味を積極的に解釈することを重視し，音声学を使用しない読みの教授についてのトップダウン的方法。
　**言語相対性**［linguistic relativity］　言語によって，意味空間の同定やカテゴリー化の方法が異なること。たとえば，アメリカ先住民の言語，ホピ語は自然な状態の水と，器の中の水に対して完全に異なる言葉を用いるが，飛行物体を表す言葉は1つだけであり，鳥や虫，飛行機などに適用される。言語相対性は言語決定論と同一であるとは言えない。言語決定論は言語の違いが認知的な帰結をもたらすという考えに理論的な強い関心がある。⇨ **人類言語学**
　**言語知覚の運動理論**［motor theory of speech perception］　言語知覚は言語産出で使用される過程に基づくという理論。聞き手は話されたメッセージを解釈する際，どのような運動過程が連続的な音声の産出のために必要かを，無意識に計算している。この理論は，言語音声の過程におけるカテゴリー知覚の説明として発展した。
　**言語忠誠心**［language loyalty］　言語コミュニティやそのメンバーによって示される，少数派言語の使用に対する強い選好。
　**言語重複**［palinphrasia; paliphrasia］　発話中で諸々の言葉や言い回しを不随意に復唱すること。⇨ **同語反復症**
　**言語的アプローチ**［linguistic approach］　子どもは口頭言語をマスターしているという前提に基づいた読解教育の方法。読書で教わる文字と音に相当するものは，正規の綴り方がなされた有意味語の中に組み込まれている。
　**言語的行動療法**［verbal behavior therapy］　**観察学習**と**条件づけ**の原理と**相互決定論**の知見を取り入れ，1960年代に開発された**行動療法**の一技法。この技法は，症状や行動上の問題のリストの作成，治療で焦点を当てるべき問題の同定，ターゲットとなる問題の慎重な**機能分析**，行動変容のための妥当な目標の設定，目標を達成するための適切な治療技法の選択といった手順からなる。［バンデューラ（Albert Bandura）によって開発された］
　**言語的思考**［verbal thought］　言語を必要とし，それゆえに言語と思考の融合を表象する推論過程。子どもは，最初は思考を導くために言語を用いるときに声に出す。発話が表に出ず，内的な言語的思考になるのはもっと後になってからのことである。⇨ **自己中心語**，**内言**　［ヴィゴツキー（Lev Vygotsky）により提唱された］
　**言語的集団間バイアス**［linguistic intergroup bias］　内集団成員によるポジティブな行動と外集団成員によるネガティブな行動を，内集団のネガティブな行動と外集団のポジティブな行動よりも，抽象的に記述，評価する傾向のこと。⇨ **内集団バイアス**，**外集団極性化効果**，**外集団同質**

性バイアス

**言語的少数派** [linguistic minority] 少数派の言語を母国語とする人だけを集めた個人の集団。

**言語テスト** [verbal test] 単語の処理能力によって結果が決まるあらゆるテストや尺度。

**言語転移** [language transfer] 第二言語の獲得において、母語の音韻、構文、意味が第二言語の学習に転移する傾向。2つの言語構造間の違いが、第二言語の学習に体系的な誤りや、**化石化**を促す時には、負の転移（negative transfer）（あるいは干渉：interference）が起きる。2つの言語間の類似性が学習を促進する時には、正の転移（positive transfer）が起きる。⇨ **対照分析**、**中間言語**

**言語動作法** [linguistic-kinesic method] 個人間の相互作用に含まれる言語や運動の観点から病的行動に関しての客観的な研究のこと。

**言語能力（V）** [verbal ability: V] 語を用いて効果的に理解し伝達するために発揮されるスキル。受信能力（理解）と産出能力（流暢性）の2つに区別されることもある。通常の発話に必要な脳領野は、大脳皮質の広い領域に分散しており、電気刺激によってマッピングできる。右利きの人間では、言語は主に脳の左半球に局在している。⇨ **基本的能力**

**言語の課題特異性** [task specificity of language] 言語使用は他の認知課題とは質的に異なるものであり、この目的に特化した構成要素を利用するという、主にチョムスキー（Noam Chomsky）に関連した理論。この理論はチョムスキーの**自律的統語論**の概念や直観的な**文法性**と一致するものであるが、**機能文法**や**認知文法**、言語の行動主義的立場からの説明（⇨ **言語行動**）とは矛盾する。⇨ **モジュール性**、**言語の種固有性**

**言語の社会化** [language socialization] 子どもが言語的慣習に適応する過程。ここでいう言語的慣習とは、たとえば、家族や共同体の日常的な談話（discourse routine）など。

**言語の種固有性** [species specificity of language] 言語はヒト（Homo Sapience）という種特有の生得的特性であるという理論。⇨ **言語起源理論**、**言語の課題特異性**

**言語の二重性** [duality of language] 言語が2つのレベルで表象されるという概念。(a) 音韻論（話者が産出する音）と、(b) 意味（統語論と意味論の作用）のレベルがある。

**言語発達** [language development] 子どもが言語の使用を学習する過程。この用語はしばしば**言語獲得**と同じように用いられるが、言語発達と認知的、社会的発達との連続性を強調する時には、この用語が好んで用いられる。

**言語発達遅滞** [language retardation] 脳の成熟が発達的に遅れており、言語スキルが遅れたり、幼児語、喃語、赤ちゃん言葉が現れたりすること。音の認識に関して先天的な障害があり（聴覚失認）、言語聾がみられる。これは、知的障害や聴覚障害、発音器官の構造的異常を伴う言語障害のケースには適用されない。

**言語反復症** [cataphasia] 1つの単語の反復を特徴とする言語障害。

**言語病理学** [speech and language pathology] 1. 発話、言語伝達および聴聞に問題があり、適応的な他者とのコミュニケーションが難しい症状のこと。2. 発話や発声、言語障害の治療、評価および研究を行う臨床分野のこと。

**言語普遍性** [language universal; linguistic universal; universal] 1. 既知のすべての言語に共通する言語的特徴のことで、たとえば単語や文、（より具体的には）一連の代名詞や色名単語など。このような名詞の普遍性（substantive universals）は多数の言語の観察に基づいて定式化され、「すべての言語はXをもつ」という実証的検証の可能な仮説を生み出している。2. チョムスキー（Noam Chomsky）の言語学において、すべてあるいはほとんどすべての言語体系の規則構造に組み込まれている基本的な秩序立った性質を指す。たとえば、「名詞句の主語と目的語をもつ平叙文では、ほとんどの場合、主語が目的語に先行するという順序である」という規則が、アメリカの言語学者グリーンバーグ（Joseph H. Greenberg 1915-2001）によって発見されている。名詞の普遍性とは異なり、これらの規則的普遍性（formal universals）は人間の生活や物理的環境の普遍的特徴では説明できない。チョムスキーの見方では、規則的普遍性は人間に本来備わっており、言語能力とは切り離せない**普遍文法**を構成するものであるとしている。

**言語野** [speech area] 言葉（書き言葉ではなく口頭）によるコミュニケーションに関する大脳皮質のすべての領域。ほとんどの人の言語野は左大脳半球に位置している。前頭葉の3つ目の回旋にある**ブローカ野**や側頭葉にある**ウェルニッケ野**も含まれる。当初は特定の発話障害をもった患者の皮質損傷の研究に始まり、最近では健常者の脳画像を用いることによって、言語野の解明は進んでいる。

**言語優位効果** [word-superiority effect: WSE] 短い時間で呈示された場合、単語という文脈で呈示される方が、単独で呈示されるよりも、それぞれの文字の特定が容易であるという知見のこと。Deetやplingなど、発音可能だが無意味な母音-子音の組合せの一部として呈示された場合にも、弱いが似た効果がみられる。

**言語理解** [verbal comprehension] 他者が使用する言語を理解する個人の能力。**受容語彙**や**受容言語**スキルによって規定される。

**言語理解指標** [Verbal Comprehension Index] ウェクスラー成人知能検査や他のウェクスラー検査において、言語知識や言語理解を、**言語性IQ**に含まれるすべての検査よりもより正確に測定すると考えられている言語検査の下位集合。

**言語リハビリテーション** [speech rehabilitation; speech reeducation] 失った、または損傷した言語機能を回復させる訓練のこと。

**言語流暢性検査** [verbal fluency test] 制限時間内に特定のカテゴリーに合致する単語や特定の特徴をもつ単語（たとえば、すべて同じ文字で始まる単語など）を生成するよう被検者に求める検査。⇨ **デザイン流暢性検査**

**言語療法** [speech therapy] 言語機能の改善のために治療やカウンセリングを適用すること。

**言語療法士** [speech and language therapist] **言語病理学**における専門的な資格、または他の適切な証明をもっている人のこと。

**言語類型論** [linguistic typology] 歴史的関係性（**系統言語学**）や地理的分布（**地域言語学**）ではなく、構造的特徴についての言語の分類。

**言語連想検査**［word-association test］　刺激語に対して初めに心に浮かんだ言葉を答える投映法検査の一つ。この技法は，イギリスの科学者ゴールトン卿（Sir Francis Galton: 1822-1911）が個人差を測定するために1879年に開発した検査であるが，その後ドイツの精神科医クレペリン（Emil Krepelin: 1856-1926）は異常性の研究のために応用した。

**検査**［examination］　身体的・精神的健康を評価したり，病気や障害，疾患の兆候や症状の有無を検出したりするために，患者に実施されるテストや観察，あるいは他の手段のこと。⇨ **精神鑑定**，**神経学的評価**，**心理学的検査**

**顕在記憶**［explicit memory］　意識的に再生できる記憶。個人的な出来事の記憶（**エピソード記憶**）か一般的な知識の記憶（**意味記憶**）のいずれかの形をとる。顕在記憶のテストは，明示的な想起を求めるという点で，間接的に想起を評価する**潜在記憶**のテストとは異なる。⇨ **宣言的記憶**，**エピソード記憶**，**意味記憶**

**現在症診察表**［Present State Examination: PSE］　非器質的な精神病の急激な症状の発現の際に顕著にみられる幅広い症状についての約400の診断項目を用いる構造化された面接のこと。現在症診察表はWHOが支援する**国際統合失調症パイロット研究**によって開発された。

**現在中心主義**［presentist］　過去の出来事が現在の行動に与える影響は，現在存在している過去の出来事の表象に起因するとする考え方。

**現在中心主義者**［presentist］　現在中心主義的な立場の人のこと。

**顕在的**［overt］　1.　直接観察可能で，視界が開かれていて，公に知られていることを意味する何か。2.　意図的なあるいは誘因的な注意のこと。

**顕在的過程**［explicit process］　1.　正確に記述でき，内観できる認知的事象のなかで，特に明確な意味をもつもの。2.　**意識的過程**の同義語として使用されることがある。⇨ **潜在的過程**

**顕在的行動**［overt behavior］　道具や専門的知識をもたなくても顕在的で観察可能な行動のこと。

**顕在的態度測定**［explicit attitude measure］　特定の態度対象に対する態度を評価されているという事実を意識的に認識している場合における**態度測定**。この種の測定方法は，**直接的態度測定**である。⇨ **潜在的態度測定**，**間接的態度測定**

**顕在的反応**［overt response］　観察可能な，ないしは外的な反応（たとえば，見たり聞いたりすることのできる反応）のこと。⇨ **潜在的反応**

**顕在内容**［manifest content］　1.　発言やその他のコミュニケーション形態において，顕在的に表現され，意識的に表された事柄。2.　精神分析理論においては，夢を見た人あるいは空想をした人によって体験され想起された**夢**や**空想**におけるイメージや出来事を実際に指す。隠された意味をもっていると考えられている**潜在内容**と対比される。⇨ **夢分析**，**夢の検閲**，**夢作業**

**顕在不安**［manifest anxiety］　精神分析の用語。明白な症状を伴った不安のこと。これは，潜在的な情緒的葛藤あるいは抑圧が存在していることを示している。

**顕在変数**［manifest variable］　その値が直接観測されたり，測定される変数。推測によってのみ存在する変数と対比される。⇨ **潜在変数**

**検索**［retrieval］　1.　記憶に保持されている情報を回復したり探したりする過程のこと。検索は**符号化**と**保持**に続く最後の段階である。2.　情報科学で，コンピュータや他の記録装置からの情報を探すこと。

**検索失敗**［retrieval failure］　記憶の中に利用可能な状態であるとわかっている情報を想起できないこと。

**検索手がかり**［retrieval cue］　記憶の再生を促すもの，または記憶の再生を導くために用いられる刺激。⇨ **手がかり依存忘却**，**記憶喚起**，**符号化特定性原理**

**検索ブロック**［retrieval block］　ある情報の一部について思い出せなくなる短時間の**検索失敗**のこと。出てこない，妨げられているという気持ちを伴う。たとえば，**のどまで出かかる現象**がよく知られている。

**検査時間**［inspection time: IT］　**弁別学習**において，2本の線のどちらが長いかというような単純な視覚弁別を，個人が特定の実験条件の下で行うのにかかる時間の総量。IQと関連していることが明らかになっている。

**検査選定**［test selection］　精密な診断または他の心理学的な情報を提供するために，最も有用で妥当な検査または評価手段を選ぶ過程のこと。検査選定は，心理的履歴（多くの場合，医学的履歴もあわせて），インタビュー，個人式，集団式，個人式と集団式の組合せによる他の予備検査の知識に基づいて行われる。

**検査プロフィール**［test profile］　一連のテスト，あるいはサブテストにおける被験者の相対的水準（成績）を表す図表。

**検査前カウンセリング**［pretest counseling］　遺伝子検査の実施を決める前に行われる**遺伝相談**の一種。検査前カウンセリングには個人に対する次のような教育が含まれる。それは，遺伝子がどの程度疾病の原因となるのか，家族歴との関連，**系図**を作り出していること，リスクの見積もり，そしてリスクや恩恵，遺伝子検査の限界について話し合うことである。

**検死**［autopsy; postmortem examination］　正確な死因や死亡時刻を同定するために，死体に対して行われる手続き。一般的に，法的・宗教的・文化的理由により，近親者の許可や公権力による指示がなければ検死を行うことはできない。不審な状況で死亡した場合，検死の手続きは体組織の詳細な解剖や検体検査といった手法を要することが多い。死体検査（postmortem examination）とも呼ばれる。⇨ **心理学的剖検**

**幻姿**［apport］　超常現象的手法により生み出された，あるいは移動された対象物のこと。

**幻肢**［phantom limb］　切断した手足がまだ存在しているかのような感覚。手足がないにも関わらず，その部分の違和感や痛みを伴う（幻肢痛）。手足がないことを本人が否定する場合もある。これは，脳における手足に関する表象が無傷で残っており，通常の体性感覚刺激がないことで，その表象が自発的に回復し活発になっているか，他の脳組織からの刺激の結果生じると考えられている。⇨ **乳房ファントム現象**

**幻視**［visual hallucination］　外界の刺激がないにも関わらず何かを見ること。幻視には要素的なもの（たとえば，形，色）や，複雑性のものがある（たとえば，人物や，顔，風景）。精神障害者（たとえば，妄想型の統合失調症，ア

ルコールや薬物による精神障害など）の幻視は，視覚システムの病理学的状態には問題がないと確信しているにも関わらず，非現実的な知覚であるという認識がない。幻視は，視覚路の末梢や中枢の欠損，もしくは視覚領の欠損によっても生じることがある。また，しばしば側頭葉てんかんや，長期間の隔離によって生じることもある。⇨ **脳脚幻覚症**

**原始化**［primitivization］　精神分析理論において，客観的思考，現実検討，目的的行動といった，より高次の**自我機能**による**退行**で，魔術的な思考（たとえば，幻覚で欲望を満たす），無力感，感情依存によって特徴づけられる発達の原始的段階への再帰を伴う。心的外傷神経症において最初に起こり，高次の機能は，危機への接触という圧倒的な任務によって締め出される。また，進行した統合失調症においては，自我が崩壊し，**心的エネルギー**は，外的現実から撤退させられ，自己愛的な空想生活に専念させられる。［オーストリアの精神分析家クリス（Ernst Kris: 1900-1957）が1950年に最初に使用］

**原始感覚**［protopathic sensation］　痛みや，強度の強い暖かさや冷たさのように，最も基礎的な，または原始的な皮膚感覚のこと。

**原始群理論**［primal-horde theory］　*Totem and Taboo* (1913) に記述されたフロイト（Sigmund Freud）の理論的な再構築。原始的な家族において，支配的な男性（**原父**）によって，彼に従属する集団の女性，若い男性および息子を統治すること。フロイトは，この仮説を**族外婚**，**近親姦タブー**，罪悪感，トーテム崇拝（⇨ **トーテム**）の起源の説明に用いた。

**原始性システム**［protopathic system］　2つある**体性感覚系**のうちの一つ。もう一つは**識別性システム**である。原始性システムでは，温冷，痛，触（粗い）刺激に対する受容器から感覚線維を受けている。

**現実**［actual］　哲学的には，実存し，かつ現在事実として存在すること。「現実」は，しばしば単に外見上のものと対比される。あるものが実存しているかのように見えるかもしれないが，実際には存在しない可能性がある。ギリシャの哲学者アリストテレス（Aristotle: BC 384-322）が創設した知的伝統では，「現実」は，変化する能力を意味する潜在的とは対比される。すなわち，形式と実体をともに生み出す時，存在こそが「現実」である。⇨ **エンテレケイア**

**現実オリエンテーション**［reality orientation］　心理療法において，時間，場所，または人に関するクライエントの混乱を軽減させる目的をもった**再動機づけ**の一つの方法。絶えずセラピストはクライエントに，自分は誰なのか，今日は何日か，自分がいる場所はどこなのか，そして，今何が起きているのかを思い出させる。

**現実界**［Real］　本質，または現実の世界。フランスの精神分析家ラカン（Jacques Lacan: 1901-1981）によって定義された精神分析領域の3つの側面のうちの一つである。個人が有しているのは，結局のところイメージと象徴であり，現実は未知で不可知（要するに非現実）なものと位置づけられる。他の世界は，**想像界**，**象徴界**である。

**現実からの逃避**［flight from reality］　不安を引き起こす環境に対する無意識の防衛として非活動性，無関心，空想に逃げ込むといった防衛反応のこと。**合理化**，白昼夢，物質乱用といった様々な防衛行動として表れる。また，現実から逃れる方法として，あるいは想像上の問題を避けるために，精神病的行動を引き起こすこともある。⇨ **現実逃避**，**空想への逃避**，**現実への逃避**

**現実感**［feeling of reality］　世界は実際にあるという感覚であり，軽度の解離状態（たとえば，現実感喪失）や，より深刻な疾患（たとえば，心的外傷後ストレス障害や精神病）で失われる。空想と芸術の想像に求められる一つの特徴である。

**現実感喪失**［derealization］　非現実感に特徴づけられる状態のことで，奇怪で非現実（起こりえない）といったような現実からかけ離れた知覚における変質のこと。しばしばトラウマやストレスに裏づけられる。**統合失調症**や特定の**解離性障害**の特徴としても起こりうる。⇨ **離人症**

**現実原則**［reality principle］　精神分析理論において，外的世界の要求を代表したり，人に欲動の充足を断念もしくは修正させたり，または，その欲動充足をより適切な時にまで延期する制御機制のこと。乳幼児や児童の生活に優勢である**イド**，つまり欲動を左右する**快楽原則**とは対照的に，現実原則は**自我**を左右する。したがって，欲動を統制し，合理的かつ効果的に生活状況を扱うことが可能になる。

**現実検討**［reality testing］　一般に，人が生物学的，生理学的，社会的，そして環境的な現実や危機に直面した際の限界を見定めたり，評価するあらゆる資質のこと。

**現実検討力**［reality testing］　感覚的印象の客観的評価であり，人はこれによって内的世界と外的世界，空想と現実を区別する。現実検討力の崩壊は**精神病**の主要な判定基準である。

**現実自己**［actual self］　いろいろな心理力動的な著作において，理想の自己，誇大的な自己，または歪められた自己の対極にあるものとして，ある特定の時点に存在する**真の自己**や**本当の自己**を指す。

**現実自己と理想自己の一致**［real-ideal self-congruence］　理想自己の特質と現実自己の特質とが適合する程度のこと。これらの特質の不一致が大きい時，この不一致は心理的苦痛を引き起こす。また，治療を受けることに駆り立てるものであり，**来談者中心療法**における治療の焦点となる。調査研究では，参加者に調査カードを配布し，かくありたいと願う自分自身とありのままの現実の自分自身について記述されてカードを分類することによって測定される（⇨ **自己理想 Q 分類**）。

**現実集団葛藤理論**［realistic group-conflict theory］　競争，偏見，敵対といった集団間緊張は，食物，領土，仕事，富，勢力，天然資源，エネルギーなどの希少資源をめぐって争うときに生じるという概念的枠組み。現実的葛藤理論（realistic conflict theory）とも言う。⇨ **葛藤理論**

**現実主義**［realism］　対象は観察者とは独立して存在するという哲学の説。⇨ **理想主義**，**素材実在論**

**現実神経症**［actual neurosis］　フロイト（Sigmund Freud）の古典的な精神分析理論において，過去の経験や心理的葛藤に起因する神経症とは対照的に，最近の性的なフラストレーション（たとえば，膣外射精，その他の不完全な性的体験，強いられた禁欲など）に起因する神経症を言う。この用語は，そもそも**不安神経症**や**神経衰弱症**に適用されていたが，今日はほとんど用いられていない。

**現実生活テスト**［real-life test］　性転換手術の施行前に，通常1, 2年間，性転換手術（⇨ **性転換症**）を求める人々

に彼らが望んだ性で生活することを求めること。それには，名前の変更だけでなく，衣服，髪型，そして，反対の性に身体的外見を変えることが含まれる。現実生活テストは個人（または，それに関わる専門家）が性転換手術に対処し，その手術から利益を得ることができるかどうかの一つの指標として用いられる。

**現実脱感作**［in vivo desensitization］　**行動療法**で用いられる手法の一つ。通常，恐怖症を緩和したり解消するために用いられる。この手法では患者は不安を誘発する刺激にさらされる。療法士は，患者との話し合いに基づいて，不安を誘発する出来事の序列表，ないしは不安を誘発する刺激や恐怖症に関連した事物の序列表を作成する。その後，患者はその序列表の中の刺激を単に想像するのではなく，それに実際にさらされる。この手法が成功するかどうかは，それらの出来事や事物を目の前にした時に患者が不安を克服できるかどうかにかかっている。⇨ **脱感作**，**系統的脱感作**　［アメリカの心理学者ジョーンズ（Mary Cover Jones: 1896-1987）によって開発された］

**現実的思考**［realistic thinking］　それぞれの状況で，客観的な事柄や必要とされるものに基づいて考えること。これにより，状況が要求するものに対して，思考や行動をあわせることが可能になる。このため現実的思考は，ある程度一貫した，かつ正しい方法で外的な状況を解釈する能力を必要とする。転じて，妄想や主観的な経験と外的な現実を区別する能力とも関連している。⇨ **現実検討**

**現実的不安**［realistic anxiety］　特定可能な脅威や危険に反応する不安のこと。この種の不安は現実世界の危険に対する正常な反応であり，危険から個人を守るために資源を動員するのに役立つと考えられている。客観的不安（objective anxiety）とも呼ぶ。

**現実逃避**［escapism］　現実の世界から創造世界の楽しみや安心に逃避する傾向。現実逃避は，無邪気な**白昼夢**でみられるような，周期的な，よくある，平凡な欲求を投影している可能性がある。また現実逃避は，神経症の他の症状，あるいはさらに重大な精神病理の根拠となったり，それらに付随して生じたりする可能性がある。⇨ **現実からの逃避**

**現実との直面化**［reality confrontation］　患者が出来事や他者の意図について誤解していたのではないかという可能性を，セラピストが提起する作業のこと。現実との直面化は，混乱した思考に起因する不適応行動を軽減させることに役立つと考えられている。

**現実への逃避**［flight into reality］　脅威となる状況や苦痛を伴う思考・感情を避けるという無意識的な目的で，活動や仕事にのめり込む防衛反応のこと。⇨ **現実からの逃避**，**空想への逃避**

**現実療法**［reality therapy］　現在の非効果的かつ不適応的な行動に焦点を当てたり，また，クライエントが現実のストレスに対処し，自分のニーズを満たすことにより責務を果たす能力を発達させることに焦点を当てた治療法（例，クライエントが本当に望むものやそれを得るための最適な方法を発見すること）。セラピストはクライエントの日常的活動を調べたり，より健康で適応的な行動の仕方を提案するために積極的な役割を担う。他の多くの伝統的心理療法よりも，現実療法の治療期間はより短い傾向にある（⇨ **短期療法**）。［アメリカの精神科医グラッサー（William Glasser: 1925- ）によって開発された］

**原始的**［primitive］　文字をもたない社会で，経済的かつ技術的に未発達で，比較的単純な社会構造によって特徴づけられる社会や文化のこと。この用語は，すべての社会は同じ発達段階を経るという視点や，ある文化的実践が人間の進化の「初期の」段階にある（⇨ **文化的なエポックセオリー**，**社会的ダーウィニズム**）という視点を受け入れることになってしまうため，社会科学者は現在この用語を用いることを一般的には避けている。技術的に未発達の社会は，複雑な宗教体系や親族体系をもつなど，他の側面では高度に発達していることもあることを付記しておく。⇨ **近代化**，**伝統主義**

**原始的防衛機制**［primitive defense mechanism］　精神分析理論における，**死の本能**と結びついた不安から身を守るための，あらゆる**防衛機制**。否認，スプリッティング，投影，理想化などがこれにあたる。

**原始パニック**［primordial panic］　統合失調症の子どもにみられる，注意散漫，乱れた運動反応に伴う恐怖や怒りの反応。幼児の驚愕反応に似ているとされる。初等不安（elementary anxiety）とも呼ばれる。

**原臭**［primary odor］　ニオイの知覚の様々な理論において，組み合わせることにより，あるニオイの知覚が生成される，数多くの仮定されたニオイの性質のこと。⇨ **クロッカー－ヘンダーソンのニオイ記号法**，**ヘニングの嗅覚プリズム**，**ツワーデマーカーの嗅覚系**

**研修所訓練**［vestibule training］　新人従業員の人事訓練アプローチ。従業員に業務が生じる前に，実際の職場環境を離れ，訓練終了後に実際に勤務する環境と条件を可能な限り再現した特別なセクションあるいは「研修所」において，一定時間，学習して過ごす。⇨ **業務外訓練**，**職場内訓練**

**検証**［verification］　あるものについての正しさや正確さを証明する過程。特に，客観的で実証的なデータを用いて，意見や結論，仮説の正しさを検証したり，裏づけたりすること。

**現象**［phenomenon］　1. 観察可能な事象または物理的な出来事のこと。2. ギリシャ哲学において最も著名であるプラトン（Plato: BC 427-347）によれば，現象とは理性を通してのみ知られる超越的な現実と対比される経験の世界により構成される感覚的事物である。ドイツの哲学者カント（Immanuel Kant: 1724-1804）は，現象という術語を感覚に現れる事物を指すものであり，人間の悟性のカテゴリーにより解釈されるものとして用いている。カントによれば，現象の認識とは**実体**の認識のように人類が入手可能な認識の一種であり，また，現象の認識内の事物は人間の経験や悟性を超えて存続するとされる。3. 説明を受け入れない出来事や実体。

**現象学**［phenomenology］　ドイツの哲学者フッサール（Edmund Husserl: 1859-1938）が起こした近代ヨーロッパ哲学の運動のこと。1910年～1920年代の著作において，フッサールは哲学の伝統的な関心（形而上学や認識論）や科学的な因果関係を伴う近代の関心を脇において，即時的な意識的体験の性質を注意深く観察することを支持する，人間の知識への新しい研究法について論じた。心的事象は，身体や外界の事象との関係という点からではなく，あくまでもそのものとして研究され記述されるべきである。しか

し，現象学は，意識という行為とそのような行為というものとの関係（⇨ **意図性**）に関心がある内観法とは区別するべきである。フッサールの研究法は心理学（特に**ゲシュタルト心理学**）や社会科学に広く影響を与え，ドイツの哲学者ハイデッガー（Martin Heidegger: 1889-1976）の作品に刺激を与え，彼の**実存主義的現象学**は実存主義や実存心理学の基礎となった。

**現象学的死**［phenomenological death］ 生気がなく，無感覚で，無反応である主観的な感覚。現象学的死は，精神病状態でみられる。患者は自分のことを死んだ状態だと言い，無意識的にではあるが，自分は死んだ状態にいるという信念に基づいて振舞う。現象学的死は自己認識の連続体における極値だといえるが，必ずしも永続するわけではない。

**現象学的心理療法**［phenomenological therapy］ いかなる心理療法についてでも言えることであるが，おそらく最も適切な例は**来談者中心療法**である。この治療法では，精神分析においてみられる解釈的な焦点づけとは異なり，クライエントが自己発見するプロセスに重点をおいている。

**現象学的分析**［phenomenological analysis］ 精神的経験は理論的な予測または思索を超えて，原因または結果によって記述がなされ研究されるものであるとする心理学的な研究法。一般的に，この研究法は解析や解釈に優先して，観察や記述を大切にするものであり，抽象的な理論的観点よりも個の観点から個人的経験を理解することも試みる。
⇨ **現象学**

**現象学的理論**［phenomenological theory］ 個人が今体験していることに対して疑問を投げかけ，個人的世界観をパーソナリティ機能と変化の分析の中心におくパーソナリティ理論。⇨ **パーソナルコンストラクト**［アメリカの心理学者ケリー（George A. Kelly: 1905-1967）が提唱］

**検証可能命題**［confirmable proposition］ 実証的手続きによって検証あるいは反証することができるような，意見や結果のこと。**論理実証主義**においては，他のすべての命題（論理学と数学を除く）は，本質的に無意味と考えられている。

**現象空間**［phenomenal space］ ある時ある個人によって経験された環境。この用語は客観的現実を指すものではなく，個人的で主観的な現実を指す用語であり，その中には個人の意識内で起こるすべてを含んでいる。ロジャーズ（Carl Rogers）の現象学的性格理論（phenomenological personality theory）では，現象学的場（phenomenological field）として知られる。現象的場（phenomenal field）とも呼ばれる。

**現象的運動**［phenomenal motion］ 実在していないが実在しているように知覚または体験される運動のこと。⇨ **仮現運動**，**現象空間**

**現象的自己**［phenomenal self］ 個人がその時々に体験するものとしての**自己**のこと。自己知識は常にその一部分だけが作動記憶や意識の中で活動状態にあり，それ以外の部分は潜伏もしくは不活動の状態になっている。同じ人間でも，その時々において全く異なる現象的自己を経験するが，実際の自己知識自体に変化があるわけではなく，単に出来事によって異なる観点が意識的な気づきの中に立ち上がってくる。作動自己概念（working self-concept）とも呼ばれる。

**現象論**［phenomenalism］ 外界に接近することやそのような認識は常に現象の感覚的経験を通して存在するといった教義。物理的対象に関する命題は，実際上のもしくは起こりうる感覚経験に関して分析される。現象論の立場は，物理的実体を精神的経験の点から定義するような**理想主義**の形式と互換性があり，さらには**経験論**や**実証主義**とも同様の互換性があるといえる。

**現象論的因果律**［phenomenistic causality］ ピアジェ（Jean Piaget）の理論では，諸々の事象間の因果関係の推論を指し，それは時空間的な接近に基づくことのみによって引き出される。そのような推論は，未開社会におけるほとんどの思考様式や，「外が暗いのに眠いからだ」といった子どもの思考に特徴的である。

**原色**［primary colors］ 基本的な色であり，組合せによってすべての様々な色相を生成することができる。人間の色知覚は3つの原色，つまり青，緑，赤の組合せに関係があると考える研究者もいれば，それぞれの波長で視覚の色感度のピークがみつかっているため黄色，スミレ色，またはその両方を含めるべきだと主張する研究者もいる。

**幻触**［tactile hallucination; haptic hallucination; tactual hallucination］ 触覚における誤った知覚のこと。これらの内容としては，かゆみや電気ショックのような感覚，皮膚の中を虫がはったり，噛んだりする感覚などがある。

**原初の母性的没頭**［primary maternal preoccupation］ イギリスの精神分析家ウィニコット（Donald Winnicott: 1896-1971）による**対象関係理論**において，出産後すぐに起こる状態。母親が，他のすべてを排除して，生まれた子どもに夢中になり，子どもの欲求に対する感受性が増加すること。

**原初療法**［primal therapy］ 深く根ざした感情や感情的な不満を，泣いたり叫んだり何かを殴ったりすることで解放する治療方法。クライエントは（周産期・出産前をも含む）児童期初期の外傷体験を追体験し，それと結びついた心理的な痛みを解放するために，言語的・身体的に反応するように促される。ときに原初絶叫療法（primal scream therapy）として大衆に誤って知られているこの方法は，わずかな科学的妥当性しかもたず，ほとんどの心理療法家やカウンセラーは支持していない。［1960～1970年代にアメリカの心理学者であるヤノフ（Arthue Janov: 1924- ）によって開発された］

**原子論**［atomism］ 心理学的現象は，感覚や条件づけ反応のような要素的単位を解析し，これらの単位が思考，イメージ，知覚そして行動にいかに寄与かを示すことで最もよく理解されるという見方。原子論的心理学（atomistic psychology），分子論（molecularism）とも呼ばれる（⇨ **要素主義**，**還元主義**）。また，視覚における複雑な刺激の視覚的知覚は構成要素の分析の結果であるという原理。

**減衰［1］**［attenuation］ 刺激の強度，値，質が減少，もしくは低下すること。

**減衰［2］**［damping］ 周辺の媒介物によるエネルギー吸収によって生じる（たとえば，電気や音）振動振幅の減少のこと。発声をするときや，歌を歌うときに，上昇音階におけるさらに高い音を出そうとして，通常の最大レベルを超えて声帯が緊張および伸張すること。

**減衰器**［attenuator］ **聴力計**，立体音響システム，映像機器などの電子機器の音色や光の強度の減衰を正確に制

**減衰伝導**［conduction with decrement］　軸索に閾値以下の刺激が与えられた際，刺激を受けた位置から離れるに従って膜電位が急激に小さくなること。⇨ **不減衰伝導，ケーブル特性**

**減衰理論**［attenuation theory］　注意の**フィルター理論**の一種で，注意を向けられていない情報は弱められる（つまり，処理が浅くなる）が，完全に処理が阻害されるわけではないことを主張するもの。この理論によれば，注意を向けられていない情報は，その情報がどの程度重要かによって認識の閾値が異なる。よって，重要な言葉（たとえば，自分の名前）の閾値は低く，たとえ注意が別の場所（たとえば，別の人との会話）に向いていたとしても，認識することができる。⇨ **カクテルパーティー効果**［イギリスの心理学者トリーズマン（Anne Marie Treisman: 1935- ）が提唱］

**減数分裂**［meiosis］　卵子や精子の精細胞の形成期に起こる特殊な細胞核の分裂。減数分裂時には性腺の親細胞はすべて**一倍体**である4つの娘細胞を生産する。この娘細胞の染色体は通常の相同対の二倍体の細胞ではなく，片方の染色体しか有していない。受精の際に卵子と精子が融合し，受精卵の中でもとの二倍体の状態に戻る。

**限性**［sex-limited］　性染色体というよりもむしろ**常染色体**の遺伝子によって規定され，一方の性にしか現れない特性および異常のこと。たとえば乳房の発達に関連する遺伝子はメスにしかみられない。一方，精子の産生を規定する遺伝子はオスにしかみられない。

**顕性同性愛**［overt homosexuality］　意識的に認識され，性的接触によって表現されるゲイやレズビアンの傾向のこと。反対は**潜伏性同性愛**と言う。

**建設的思考**［constructive thinking］　日常生活における問題を最小のストレスで解決する能力。

**建設的思考インベントリー**［Constructive Thinking Inventory: CTI］　経験的な知能を測定するための自己評定による測度。迷信的思考，カテゴリー的思考，素朴な楽観主義，防衛性などの側面に関するスコアが得られる。18歳〜80歳までの個人を対象にデザインされた建設的思考インベントリーは，「明らかに偽」から「明らかに真」まで，5段階の**リッカート尺度**を用いた，108の思考や行動に関する回答者の自己評定によって構成される。［アメリカの心理学者エプスタイン（Seymour Epstein: 1924- ）により初めて開発された］

**建設的討議**［constructive confrontation］　業務に関連した問題を確認し，分析し，そして解決計画を策定するために，対立を辞さずに話し合う会議（confrontational meeting）に従業員を集め，その中で組織開発（organizational development）を目指すもの。この方法の要は，非難や罰の脅威を排除した自由闊達でオープンな議論を行うことである。

**建設的な葛藤解決**［constructive conflict resolution］　交換取引や**交渉**，調整，**協力**といった協調的な手法を用いて対人間や集団間の不一致を解決すること。当事者側において協力できる準備ができるとこれらの手法を用いる傾向が強くなり，またこれらの手法を用いることは，しばしば，それ自体が満足をもたらし，将来の関係をも良好にする。⇨ **破壊的な葛藤解決**

**健全な精神**［compos mentis］　法律における責任能力。精神的な欠如もなく，精神がコントロール不能の状態でもないこと。⇨ **コンピテンス，心神喪失**

**元素**［element］　正式に同定された116の化学物質のこと。うち92は自然界に存在し，化学的方法だけではより単純な部分に分けることはできない。

**減速**［deceleration］　運動のスピードや変化の速度が減少すること。⇨ **加速**

**原則**［principle］　道徳や個人の行為に関する基本的な規則，基準，規範。

**原則立脚型交渉**［principled negotiation］　対人間や集団間の葛藤を解決するための交渉手続きの一つ。この手続きは，(a) 対人関係の問題を実質的な争点と区別し，それぞれを別個に扱う，(b) 相手が最初に行う主張ではなく，その背後にある利害関心に注目する，(c) 両者にとって利益のある解決策を探す，(d) 決定の客観的基準を求める，という4つの要素からなる。［アメリカの交渉専門家フィッシャー（Roger Fisher: 1922- ）とユーリー（William L. Ury）が提案した］

**現存在**［Dasein］　ドイツ哲学者ハイデッガー（Martin Heidegger: 1889-1976）の思索において，ある種のあり方が人間に顕在化すること。世界に対する我々の関わりは常に我々自身が何によって可能になるかということを通じてのものであるため，現存在としての人のあり方が，人間として普遍的に「ある」という，より大きな疑問に関わらせる。この用語は普通，**実存心理学**において用いられ，治療的アプローチと関連する。⇨ **世界内存在**［原語はドイツ語で"そこにあること"の意味］

**現存在分析［1］**［Dasein analysis］　世界内存在だけでなく，個人が何になりえるか（⇨ **現存在**）について認識する欲求を強調する**実存心理学**の一方法。意図や直感のような概念の精査を通して，現存在分析はクライエントが他者に受け入れられるようにするとか，（個人の存在を否定し，外界への服従を促進する）不安を除くのを助けるのではなく，自身を受け入れ，自らのもつ可能性を実現するように援助する。［スイスの精神科医ボス（Medard Boss: 1903-1990）によって発展された］

**現存在分析［2］**［ontoanalysis］　人間の根本的な本質を探る実存分析の一派。

**倦怠感**［lethargy］　エネルギーレベルの低下と動機づけられた行動の欠如。しばしば，うつ状態で生じる。

**現代的人種差別主義**［modern racism］　他人種の成員に対する偏見の現代的な形態のことで，典型的には外集団の文化的価値観への非難や，他人種の成員と接したときに生じる否定的感情によって，間接的に表出される（⇨ **回避的人種差別**）。たとえば，現代の人種差別主義者は他集団の文化的価値観を批判したり，他集団成員との接触を避けたりすることで偏見を表出する。社会に対する考え方の変化によって，人種差別や少数派集団への敵意を直接表出することは減っている一方で（旧来型の人種差別: old-fashioned racism），あからさまでない現代的な人種差別主義は増加している。⇨ **人種差別主義**

**建築決定論**［architectural determinism］　デザインされた環境が，行動を指示したり，行動を起こすか起こさないかの直接的な原因になるという誤った考え。環境は，本来，行動を促進させるか禁止したり，ある行動が起きそう

か起きなさそうかという蓋然性に影響を与えるきっかけとなる。

**建築心理学**［architectural psychology; design and behavior］　人間の行動に対する建築環境の役割に関連する学問であり，**環境心理学**の重要な副次的分野である。

**建築プログラミング**［architectural programming］　建築作業に先立った，建築や他の構造物性能要件の決定のこと。これには，その空間の中や，特別なニーズをもった利用者集団，多様な設計上の決定による行動の結果としてのトレードオフ（trade-offs）によって生じることが予想される行動・活動だけでなく，予想されない行動・活動も含んでいることが重要である。⇨ **行動マッピング**

**現地研究員**［indigenous researcher］　人間工学において，特定のシステムや製品デザインのユーザーと同じ環境あるいは同じ地域の出身である研究者のこと。現地研究員は異なる民族集団間や異なる文化的集団間で**職務分析**やユーザビリティ工学（usability engineering）を実施する際に採用される。⇨ **文化的人間工学**，**人口集団ステレオタイプ**

**現地調査**［field verification］　消費者を取り囲む環境の中で製品パッケージやマーケティング活動の有効性を評価する調査のこと。現地調査はその研究によって予測された消費者の行動が実際にみられるかどうかによって，フォーカスグループ研究や他の先行研究の有効性を提供する。

**顕著**［salient］　独特であること，あるいは突出していること。複数の要素で構成された配列の中にある顕著な刺激は，容易に検出あるいは同定される傾向がある。⇨ **ポップアウト**

**幻聴**［auditory hallucination］　聴覚刺激に対する異常な知覚。幻聴の例としては，叫び声や奇妙な音，または言葉などがあげられる。統合失調症や他の精神病の障害では頻繁に幻聴が生じるが，それ以外にも，**せん妄**，**認知症**，**アルコール誘発性精神病性障害**などの場合に起こる。

**原腸形成**［gastrulation］　原腸胚を形成するために，**胞胚**（実質的には細胞群からなる中空のボール）が再組織化される胚発生の一段階のこと。

**原腸胚**［gastrula］　3つの**胚葉**へと細胞が分化していく段階の初期胚のこと。そこから成体における主要な組織系のすべてが生じる。

**顕著性**［conspicuity］　注意を引き付ける能力のこと。注意研究では，参加者が**ディストラクタ**の中から目標刺激を探索するとき，顕著性の高い刺激は，迅速に探索される。⇨ **ポップアウト**

**顕著性仮説**［salience hypothesis］　知覚に関する一般的な理論で，高い顕著性をもつ刺激（物体，人々，意味など）が，低い顕著性をもつ刺激よりも早く知覚されるというもの。社会的知覚や広告，言語学にも適用される。

**限定合理性**［bounded rationality］　複数の制約の範囲内で，意思決定において使われるプロセスが合理的であること。ここでいう制約とは，(a) 個人の知識の限界，(b) 人間の認知の一般的な限界，(c) 決定がなされるべき，複雑な，現実世界の状況から生じる経験的要因，の3つである。個人は完全な情報を知ることができ，かつ自分の利益を追求するように合理的に決定を行おうとする，という古典的経済理論の前提を修正するためにサイモン（Herbert Alexander Simon）によって導入された。⇨ **手続き的合理性**，**実質合理性**，**満足化**

**限定詞**［determiner］　言語学において　a, the, this, that, some, all, any, every などのように，名詞や代名詞とともに用いられ，指示内容を限定（決定）する単語。数（たとえば，three cats）や人称代名詞（たとえば，her cats）もまた限定詞となりうる。⇨ **冠詞**，**数量詞**

**限定責任能力**［diminished responsibility; limited responsibility］　**積極的抗弁**の形態であり，精神異常の証拠が提示された場合，行為に対する被告人の責任能力が軽減される。**刑事責任能力**の有無を問う**心神喪失抗弁**（insanity defense）とは区別される。⇨ **部分精神病**

**検定力**［power］　仮説検定において，**対立仮説**が正しいとき，帰無仮説が棄却される確率のこと。この場合，多くはその実験は研究者が期待する結果が支持されうるということになる。なぜなら，対立仮説は一般的には研究者の信じている内容を表しているからである。検出力とも言う。

**検定力関数**［power function］　仮説検定において，統計的検定の検定力とサンプルサイズのように，検定力に影響する変数の一つとの間の関数的関係。

**見当識**［orientation］　自己や外的現実に関する意識のこと。自分らしさを確認し，時間や場所，そして話し相手を理解する能力。⇨ **現実オリエンテーション**

**見当識の錯覚**［illusion of orientation］　周囲の様々な刺激を誤認すること。自分の位置がわからなくなったり，人を特定できなくなる。たとえば，**せん妄**の間に起こる意識障害によるものがある。

**ケンドールのタウ**［Kendall's tau］（記号：τ）　順序尺度の変数で使われる連関のノンパラメトリック指標。［ケンドール（Maurice Kendall）］

**現場実験**［field experiment］　実験室の外の"現実の"場面で行われる実験。参加者は独立変数の2つ以上の水準の1つにおかれ，反応を観察される。参加者は実験に気づかない場合が多い。

**原発性過眠症**［primary hypersomnia］　DSM-Ⅳ-TRにおいて，深刻で持続する過剰な眠気であり，臨床的なストレスや機能の低下を生じさせるとされる。一般的な内科的疾患によって引き起こされるものや，ほかの睡眠障害，精神障害によって引き起こされるものとは異なる。⇨ **睡眠異常**，**過剰睡眠障害**，**原発性不眠症**

**原発性小頭症**［primary microcephaly］　胎児の発達の異常によって明らかとなる，一時的で先天的な障害。よくみられる特徴として，一般的な大きさの顔に小さな頭蓋骨をもつことがあげられる。前額部が低く狭い位置にあるが，毛の生え際ははっきりしている。後頭部は平たく，頭頂部は尖っている。精神遅滞，四肢の痙性が神経的な低下によって生じる。⇨ **純粋な小頭症**

**原発性不眠症**［primary insomnia］　DSM-Ⅳ-TRにおいて，睡眠時の入眠や持続の困難さに特徴づけられる睡眠障害で，深刻で持続する睡眠の乱れが精神的ストレスや機能の低下を引き起こすとされる。一般的な内科的疾患によって引き起こされるものや薬物，ほかの睡眠障害，精神障害によって引き起こされるものとは異なる。⇨ **睡眠異常**，**不眠症**，**原発性過眠症**

**腱反射**［tendon reflex］　腱を伸ばすことによって引き起こされる，筋肉の反射収縮。**ゴルジ腱器官**と呼ばれる腱伸張検出器によって媒介される。たとえば，膝頭のすぐ下

にある膝蓋腱を叩いたり伸ばしたりすることによって起こる膝蓋腱反射がある。深部反射（deep reflex）とも言う。

**顕微分光光度計**［microspectrophotometer］ 光が小さい試料を通過するときの，スペクトルにわたる吸収光を測定することを可能にする装置のこと。顕微分光光度計は網膜上の錐体や桿体における**感光色素**の吸収スペクトルを決定するために使用される。

**原父**［primal father］ 1913年のフロイト（Sigmund Freud）の著作 Totem and Taboo で説明された概念。彼の息子（あるいは他の若い男性）によって虐殺され，むさぼられた後，神として崇められる仮想の原始的部族の長。保護者である男性を殺した罪は，その殺した息子に悲劇的な結果をもたらし，その文化の中で部族の**トーテム**として祀られる。⇨ 原始群理論

**原不安**［primal anxiety］ 精神分析理論における最も基本的な不安である。誕生時に母親から引き離され，突如として新たな刺激の氾濫に対処することが求められた時に初めて経験される。⇨ **出産時外傷**，**原外傷**

**減法混色**［subtractive mixture］ **混色**の一種で，色素が混合されることによっていくつかの波長が吸収あるいは減算された色になること。⇨ **加法混色**，**色減算**

**健忘失語**［amnestic aphasia］ 単語の意味を認識する能力や対象の正しい名前を想起する能力が減退した状態のこと。軽度の場合は，不安や疲労，酩酊，加齢によっても生じる。深刻な場合は，左脳の**角回**と第一側頭回の間に，**巣状病変**があることが疑われる。健忘性失語（amnesic aphasia），失名詞失語（anomic aphasia），失名辞失語（nominal aphasia）とも言う。

**健忘症**［amnesia］ 部分的，あるいは完全な記憶の喪失。一時的な場合と永久的な場合がある。原因としては，(a) 器質的要因（⇨ **健忘性障害**），(b) 心因的要因，たとえば苦痛を伴う体験やトラウマ的な体験を無意識に抑圧していることなど（⇨ **機能性健忘**）があげられる。⇨ **前向性健忘**，**逆向性健忘**

**健忘性失行**［amnestic apraxia; amnesic aphasia; anomic aphasia; nominal aphasia］ 語の意味を認識したり，対象物の正確な名前を想起する能力が損なわれること。軽度の症状では，不安，疲労，中毒，老化に起因することがある。重症の場合は**角回**と脳の左半球の第一側頭回の間の**巣状病変**が疑われる。

**健忘性障害**［amnestic disorder］ DSM-Ⅳ-TR において，新しい情報の記銘不能を特徴とする記憶障害（⇨ **前向性健忘**），あるいは以前に学習された情報や過去の出来事の想起不能を特徴とする記憶障害（⇨ **逆向性健忘**）を指す。社会的，職業的機能を著しく妨げるか，あるいはそれ以前の機能水準からの顕著な衰退がみられる場合に診断が下される。健忘性障害は，一般身体疾患による健忘性障害と物質誘発性持続性健忘障害，そして特定不能の健忘性障害に区別される。一般身体疾患による健忘性障害は，頭部外傷，**無酸素症**，**単純ヘルペス脳炎**，後頭部後頭葉部の脳卒中などによって引き起こされる。これらは，結果的に**内側側頭葉**や**間脳**，加えてそれらと他の皮質領域との接合部などの脳の特定領域に障害をもたらしている。持続期間が数時間から1ヶ月以内の一時的な場合（⇨ **一過性全健忘**）と，慢性的（1ヶ月以上の持続）な場合とがある。DSM-Ⅲ では健忘症（amnestic syndrome, amnesic syndrome）とされていた。

**幻味**［gustatory hallucination］ 通常，苦味や酸味などが，事実に反して永続する味覚感覚のこと。それは多くの場合，**味覚細胞**や末梢味覚神経の持続性のある刺激によるものである。

**倹約の法則**［law of parsimony］ ある出来事や事象に対する最も単純な説明が好ましい説明であるとする原則。単純さは多様な方法で理解され，説明は，(a) 支持されていない仮説の数を最小限にする，(b) 前提とされる構成要素の存在を最も少なくする，(c) 呼び出される観察されない構成概念を最少にする，ものであるべきだという要請を含んでいる。

**原抑圧**［primary repression; praimal repression］ 精神分析理論において，**抑圧**の第一段階であり，本能的な願望が連想されるのを遮り，意識に上るのを防ぐ。一次的抑圧は，抑圧物がすでに意識の領域にある点において**後抑圧**と対照をなす。

**原理**［principle］ 1. 支持や擁護を必要としないほど明白で基本的なものとして考えられる主張のこと。⇨ **公理** 2. 経験科学において**法則**と同様，その正しさが確立されている言明。

**権利章典**［bill of rights］ 医療サービスの提供者や機関，**第三者支払者**に対して，患者がもつ権利を宣言した文書のこと。⇨ **受動者**

**原理的実証主義**［radical empiricism］ ジェームズ（William James）によって提案された立場で，人間の経験全体は心理学的探求の正当な領域になるとする考え。**構造主義**のように，探求の対象を狭く定義するような特定の心理学派の傾向と対照的であった。原理的実証主義の方法論的示唆は，心理学は単一の方法に制約されるべきではなく，人間の経験を構成するあらゆる現象の研究にとって適切な方法を採用すべきであるということ。

**賢慮**［prudence］ 行動や判断の結果について慎重かつ熟慮的な関心をもつこと。長期的な目標を犠牲にして短期的な喜びを満たそうとする衝動に対抗するための，実践的な推論や自己制御の一形態。

**権力エリート**［power elite］ 特に企業，政治，宗教，軍における指導者といった権力をもつ少数の個人のことで，所属組織における最高の権威をもち，共通の見解や価値観を伝える。こうしたエリートは莫大な資源を管理するだけでなく，自らの行動や態度を通して政府，企業，教育，メディアの課題を設定すると考えられている。現在の多くの社会学者は，単独の権力エリートという見方を否定し，先進諸国ではしばしば価値観や利害関心の対立する複数のエリートが重なり合うという複雑性が存在すると主張している。［アメリカの社会学者ミルズ（C. Wright Mills: 1916-1962）によって提唱された］

**権力への意志**［will to power］ 1. アドラー（Alfred Adler）の提唱した個人心理学の用語で，優越や支配を追求する強い決意を指す。女性性と結びついているとみなされる劣等感や安全感の欠如から逃げようとしている男性に，特に強いと考えられている。2. ドイツの哲学者ニーチェ（Friedrich Wilhelm Nietzsche: 1844-1900）の思想。勇気，強さ，そして誇り（それはキリスト教，民主主義および誤りの同情の"奴隷道徳"からの脱却を必要とする）によって自分自身を認める決断力。

# こ

**コアエリア**［core area］ ある集団が最も頻繁に用いる**行動圏**の中心的部分であり，食料やシェルターがある主な場所である。集団の行動圏の範囲は重複することがあるが，コアエリアの重複は稀である。

**故意**［premeditation］ 罪を犯そうとする意図的な決意。特に，凶悪犯罪についていう。計画性やその他の事前準備を立証することで明らかにされる。故意犯は，事前の決意がなかった同種意図的犯行に比べ，より罪が重いと判断されることが多い。⇨ 殺意

**語彙アクセス**［lexical access］ 心理言語学において，個人が自身の**心内辞書**から特定の単語を生成する過程，または他者がある単語を使用した時にその単語を認識する過程。⇨ 産出語彙，受容語彙

**語彙仮説**［lexical hypothesis］ 中心的な性格特性など，どのような重要な個人差も，自然言語の語彙に符号化されるという仮説。言い換えれば，世界中のいずれかの，あるいはすべての言語において，その個人差を記述するための用語が存在するという仮定。基本的語彙仮説（fundamental lexical hypothesis）とも言われる。

**語彙性失書症**［lexical agraphia; surface agraphia］ 不規則な単語（たとえばyacht）や曖昧な単語を綴る能力に欠陥がある障害。他の単語や別の表記の書字能力は影響を受けない。

**語彙成長**［vocabulary growth］ 子どもの語彙の発達のこと。語彙の量を推定する際には，一般に**受容語彙と産出語彙**とは区別される。最新の研究では，語彙獲得の過程や子どもの**心内辞書**の構造に焦点が当てられている。

**語彙選択規則**［lexical-selection rules］ 言語学において，どの語彙項目がどの文構造に現れるかを規定している規則。たとえば，「笑う（smile）」や「嘘をつく（lie）」のような自動詞は，直接目的語をもたず，それゆえ特定の統語構造とは両立しない。語彙選択と文構造の関係は**生成文法**の主要な関心である。

**語彙的曖昧性**［lexical ambiguity］ 可能性のある意味を2つ以上もつ単語の性質。⇨ 多義性

**語彙テスト**［vocabulary test］ 個人が使用できる語（active vocabulary）または，理解できる語（passive vocabulary）の数やレベルを決定するためにデザインされたテスト。

**故意の事故**［purposive accident］ 実際に意図的に引き起こされたとわかるような事故のこと。それは認められない願望や要求などといった心理的要因によって動機づけられると考えられる。意図的な事故（intentional accident）とも言う。

**語彙の爆発**［word spurt］ およそ生後18か月頃に起こる語彙学習の急激な増加のことであり，この時獲得されるのは主に名詞である。

**語彙の不確実性**［lexical uncertainty］ 1. 論理学において，人間の言語固有の不明確さから生じる不確実性の種類。特に，不明確でしばしば主観的な言語的カテゴリー（たとえば，「上出来な（successful）」や「悪い（ill）」など）を用いて現実世界の状況を説明し，評価しようとすることから生じる不確実性を指す。**ファジー論理**は語彙の不確実性と関連する論理的困難を解決しようとする試みである。2. 心理言語学では，言語使用者が経験する，あるいは観察可能な，特定の単語の意味に関する不確実さ。

**語彙判断**［lexical decision］ HOUSEやHOUPEのような文字列が呈示され，その文字列が単語であるか否かを判断するように求められる課題。通常，判断するまでに要する**反応時間**が測定される。

**語彙目録**［lexicon］ ある言語の語彙。

**語彙論**［lexicology］ 単語の意味や単語の慣用的な組み合わせの意味の研究。応用語彙論は辞書学（lexicography）と呼ばれ，辞書編集の科学および技術である。

**語音知覚検査**［Speech-Sounds Perception Test］ ハルステッド－レイタン神経心理学バッテリーに含まれるテストの一つで，2つのeが含まれた無意味語を発話し，それに対応した言葉をリストから探し出して一致させる能力を測定する。

**綱**［class］ 生物学的分類学における門の下位区分。似通った関連のある目をひとまとめにしたもの。

**孔**［foramen］ 解剖学的な構造で，開口部や穴のこと。特に大後頭孔のような骨の構造において使われる。

**口**［introitus］ 中空構造をもつ器官や管の開口部，ないしは入り口のこと。たとえば，肛門は直腸の口であり，膣口（introitus vaginae）は膣の入り口である。

**溝**［sulcus］ 特に大脳皮質の表面にあるものを指す。脳溝の同義語としてよく用いられる。

**鉤**［uncus］ 嗅脳にある海馬体の嗅脳溝（裂け目）の釣り針型の部分。**外側嗅索**は鉤と接続する。

**業**［karma］ 1. ヒンドゥー教で，(a) 心的あるいは身体的行為，(b) 心的あるいは身体的行為の結果，(c) ある人の現世や前世での行為のすべての結果が蓄積されたもの，(d) 道徳的世界での因果の連鎖を意味する概念。2. 仏教で，因果についての普遍的な法則。ある行為の結果は身体，言語，心の結果であるが，それは行為それ自体にではなく行為者の意図によって主に決定されている。行為がなされずにそれをする意図だけが存在する時でも，結果は生み出される。［原語はサンスクリットで"行為"の意味］

**抗アンドロゲン療法**［antiandrogen therapy］ 男性ホルモンによる過度の影響を修正するために行う，**抗男性ホルモン**を利用した医療的治療。男性の毛髪脱落や前立腺癌の治療，女性の男性的特徴（たとえば顔面の多毛）の減少が目的とされる。より議論の生じるところではあるが，再犯率の多い性犯罪者への治療として利用されてもいる。⇨ **化学的去勢**

**行為**［action］ 自発的に開始された一連の動作のこと。多くの場合，何らかの目的をもつ。単一の反応ではなく，諸々の行動を要素とした動作の場合もある。

**合意**［consensus］ 評価や意思決定における集団成員間の全体的一致。**対人認知**をテストでの合意とは，対象の人間の特徴が，集団の考えに個人的に賛成できなくともそれを基準として行動することができることである。⇨ **フォルス・コンセンサス**

**高閾値**［high threshold］ 信号が現れない限り決して超

えることのない閾値。古典的な精神物理学は高閾値を前提としていたが，いくつかの精神物理学的モデルはランダムノイズによって超えうる低閾値（low threshold）と高閾値を組み合わせていた。

**広域手続き**［wideband procedures］ 投映法や面接のような，本質的には比較的主観的な測定方法を指す。客観的な方法に比べ，情報の幅は大きいが，正確性は低い。

**行為傾向**［action tendency］ 何らかの表出行動や道具的行動を行おうとする衝動。特定の情動と結びつく。たとえば，恐怖の行為傾向は逃避衝動をもち，怒りの行為傾向は攻撃衝動をもつ。理論家のなかには，情動反応の行為傾向は情動反応の定義において必須だと主張する者もいる。⇨ **行為準備**

**行為者**［agent］ 行為を行う，もしくは行為を行う能力をもった人，ないしは実体。

**行為者-観察者効果**［actor-observer effect］ 帰属理論の用語。ある状況において，行為者は自らの行動の原因を社会的圧力などの外部要因や状況要因に帰属させるが，観察者は同じ行動をパーソナリティなど行為者の内部要因や属性要因に帰属させる傾向があること。⇨ **根本的帰属のエラー**，**属性帰属**，**状況帰属**

**行為準備**［action readiness］ 行為の準備状態のこと。それは情動的反応の一部として引き起こされ，心拍，呼吸，筋緊張の変化などの生理的指標と関連づけられる。この用語は，しばしば**行為傾向**と同義に用いられることもあるが，行為準備は一般的には特定の行為傾向を含まないとされる。

**後遺症**［residual; sequela］ **1.** 急性症状は治まったものの，慢性的，あるいはあまり重くない症状が残る状態が現れること。**2.** 病気や怪我の残留効果。必ずしもではないが，持続性，永続性の障害として表れることもある。例として，**急性灰白髄炎**の後遺症のまひ，**心的外傷性ストレス**の後遺症のフラッシュバックなどがある。

**行為障害**［conduct disorder］ DSM-Ⅳ-TR では，他者の基本的権利を侵害したり，年齢相応の社会的基準を無視するような持続的な行動パターンのこととされる。特異的な行動として，嘘をつく，窃盗，放火，家出，攻撃，無断欠席，夜盗，動物虐待，乱闘が含まれる。この障害は，反抗を引き起こす状況とは関係なく，発生する行為が重大である点において**反抗挑戦性障害**とは区別される。**注意欠陥／多動性障害**は，しばしば行為障害を伴い，行為障害と誤診されることがある。

**好意的折衷主義**［benevolent eclecticism］ 科学的，治療的もしくは管理上価値のある目標を達成するために，様々なモデル，方法，知見を用いること。たとえば，アイゼンク（Hans Eysenck）はパーソナリティや個人差の研究で用いた。⇨ **折衷主義**

**行為動詞**［actional verb］ 言語学の用語で，物理的行動を表す動詞のこと。たとえば，「蹴る」や「キスする」など，通常は**動作主**によって遂行され，**受動者**に影響をもたらす動詞を指す。これに対し，非行為動詞（non-actional verb）は，「いる」「持つ」「見る」「考える」「説明する」といった，生起，経験，状態，条件などを表す動詞である。行為動詞か非行為動詞かの区別が初期の言語発達のパターンを説明する際に重要であると考える心理学者もいる。⇨ **使役動詞**

**行為同定**［action identification］ 「走っている」「バスに乗ろうとしている」「仕事に行こうとしている」というように，自分や他者の行為を特定の仕方で説明すること。同じ行為でも，単なる筋肉の動き（低次水準）から長期の目標（高次水準）まで，多様な意味水準で説明される。

**行為能力者**［sui juris］ 法律上の意思決定をする能力，完全な市民権（原語はラテン語で"自らの権利"）を有する者。行為能力者は，成熟した年齢（通常は18歳）に達している必要があり，すぐれた精神性をもち，**後見人**などの指導や保護の下にはない。

**行為のスリップ**［action slip］ 冷蔵庫の中にめがねを置き忘れるといった，何らかの認知の誤りを含むエラーのことで，結果として意図しない行動となるもの。一般に，行為のスリップは「放心状態」での間違いとみなされる。⇨ **放心**

**行為の素朴分析**［naive analysis of action］ 帰属理論において，素人が，他者（行為者）が行為を生起させたかどうかを決定する際の一連のルール。素人心理学（lay psychology），素朴心理学（native psychology）とも呼ばれる。⇨ **対応推論理論** ［オーストリア生まれのアメリカの心理学者ハイダー（Fritz Heider: 1896-1988）によって1985年に提唱された］

**行為理論**［action theory］ モデルとして，環境に準拠して意図的に行為を行う潜在的に再帰的な人間（たとえば，自分自身をある状況における存在として考えることができる）を想定する理論の総称。行為理論は，もともと意志心理学（will psychology）として知られており，人間の行動における動機づけと意志を強調し，それらを区別するドイツのヴント（Wilhelm Wundt）によって唱えられた。

**抗ウイルス薬**［antiviral drugs］ ウイルスの正常機能を阻害する物質のこと。これらはウイルスの複製に必要な宿主細胞の酵素システムを阻害したり，mRNAで運ばれる信号を阻害したり，ウイルスの核酸の被膜をはがすことで作用する。抗ウイルス薬に含まれるウイルス進行を遮断する化学物質は，患者の正常な細胞機能も妨げる可能性があるため，これを実際の臨床で使うことは難しいといわれている。抗ウイルス薬は，人体組織の物質との相互作用で，時に予期しない効用をもたらすこともある。**アマンタジン**のように，抗パーキンソン病薬としても使用される。

**抗うつ薬**［antidepressants］ うつ病の治療のために処方される精神に作用する薬の総称である。作用のメカニズムはまだ明らかとなってはいないが，抗うつ薬は脳の受容体部位で様々な神経伝達物質のレベルを変える働きがあることがわかっている。近年臨床で使用される抗うつ薬は，少なくとも，**SSRI**（選択的セロトニン再取り込み阻害薬），**混合機能抗うつ病剤**，**三環系抗うつ薬**（TCAs），**モノアミンオキシダーゼ阻害薬**（MAOIs）の4つに分類される。刺激剤の中にも，抗うつ薬として作用するものもある。

**抗エストロゲン薬**［antiestrogen］ 正常なホルモン反応組織のエストロゲンホルモンの生理的な影響を減少あるいは防御するタモキシフェンなどの物質のこと。抗エストロゲン薬は，第一にエストロゲン受容体に拮抗作用をもつ，あるいはエストロゲン受容体部位を阻害するという働きによって作用する。エストロゲン受容体部位にある程度，作動薬と拮抗薬が混ざったように働くラロキシフェンなどの物質は，選択的エストロゲン受容体調節薬（selective estrogen recepter modulators: SERMs）と呼ばれる。これ

らの薬は，乳癌の治療や防止，更年期のエストロゲン調節の影響，不妊症の治療などで使用されている。エストロゲン拮抗薬（estrogen antagonist）とも呼ばれる。

**構音障害**［articulation disorder; dysarthria; dysarthric］音素の代用，脱落，歪曲，追加などを伴う発語の障害で，**音韻障害**，**発話障害**のこと。中央ないし末梢神経に始まる障害によって引き起こされた**運動言語障害**の総称。呼吸，明瞭度，発声，共鳴，韻律学が影響を受ける可能性がある。これには運動障害に関するもの，痙攣性，末梢性，混合性といった主要な4つのタイプがある。ジスキネジー，痙攣性構音障害（dyskinetic dysarthria）には，低運動性構音障害（hypokinetic dysarthria）と運動過多性構音障害（hyperkinetic dysarthria）がある。低運動性構音障害では，韻律は言葉の速さとリズムに影響を受ける。また運動過多性構音障害では，話している最中に動きの速さと音域を調整することが困難なため明瞭度は低い。痙攣性構音障害（spastic dysarthria）では，音声パラメータのすべてが影響を受け，呼吸は悪く，イントネーションパターンは限定され，声帯での痙攣が嗄れ声の原因となる。末梢性構音障害（peripheral dysarthria）は，発声中や可聴の吸気，子音の歪み，しばしば短いフレーズで話す必要がある際の断続的な有気音によって特徴づけられる。混合性構音障害（mixed dysarthria）は，おそらく腫瘍，トラウマによって引き起こされる複数の運動系に障害をもつ人において生じる。

**構音抑制**［articulatory suppression］記憶テストや実験において，項目（item）を心の中でリハーサルするのを抑制するために用いられる方法。**保持**段階で，数唱（counting）や命名（naming）など，言語的な妨害課題を行うよう参加者に求める手続きがとられる。

**後悔**［regret］過去の出来事，状況，経験の回想において「もし…であったら」という反実仮想を伴う負の感情的な反応のこと。

**口蓋**［palate］口内の天井部分。前側の骨の部分（硬口蓋）と後方の線維筋性部分（軟口蓋）からなる。⇨ **口蓋裂**

**口蓋垂**［uvula; palatine uvula］1. 軟口蓋から垂れ下がった肉の突起。人間の発声のための装置の一部として重要な役割を果たす。喉彦，上舌，のどちんこんとも呼ぶ。2. 膀胱や小脳に見られるように，口蓋垂に似た形をもつ構造のこと。

**口蓋垂音**［uvular］パリに住んでいるフランス人による［r］の発音のように，口蓋垂に舌の付け根を押し付けることで作る発話音。

**口蓋垂的**［uvular］口蓋垂の，あるいは口蓋垂に関連した。

**口蓋裂**［cleft palate］口蓋の裂溝を特徴とする先天性の障害。出生前発育中に口蓋骨が適切に融合しなかったために生じる。口蓋裂の程度は人により様々で，硬口蓋だけに影響を及ぼすもの，硬口蓋と軟口蓋両方に影響を及ぼすもの，口蓋垂まで完全に達するものがある。口唇裂（a cleft lip）は同時に生じる場合と生じない場合がある。この状態は一般に9～18か月の間に外科的処置を受けることで治る。完全な治療には小児期に再度外科的処置を受けることが必要である。硬口蓋裂（uranoschisis）と呼ばれることもある。

**効果器**［effector］1. 筋肉や腺など，なんらかの効果を産出する器官。2. 筋肉の収縮や腺の分泌など，組織細胞の活動を引き起こす運動神経終末。3. 運動制御において，行動中に環境と相互作用する身体部分（たとえば，手を伸ばすときの手）。

**後角**［dorsal horn; posterior horn］**脊髄**の後方（脊髄神経の**後根**へ延びる側）における灰白質の一部。主に感覚（知覚）機構として機能する。⇨ **中心灰白質**　**前角**

**光学**［optics］視覚のメカニズムとの関係を包含する，光に関する物理学の研究分野。

**工学心理学**［engineering psychology］環境，システム，製品と，人との相互作用を支配している心理学的な原理を見つけ出し，その原理を工学的な設計とデザインに応用することに関心をもつ研究領域。たとえば，コンピュータは，工学的な効率性のみを求めてデザインされるべきではなく，ユーザーの身体的および心理学的な要求にも適合するようにデザインされる。工学心理学という言葉は，しばしば**ヒューマンファクター心理学**と同義に用いられる。⇨ **人間工学**，**操作性工学**，**装置デザイン**，**ツールデザイン**，**ワークスペース設計**

**工学的制御**［engineering controls］機械や設備をデザインし直すこと（例，保護装置，換気装置，放射線遮蔽装置などの使用）や，安全ではない制度や慣行を新しいものに替えたり廃止したりすることによって，危険（hazard）を回避すること。工学的制御は，安全な労働環境を作り出すための最初の手段であり，その次に**管理的制御**，そして**個人用保護具**の利用が続く。⇨ **ハザード制御プロトコル**

**光学的投射**［optical projection］網膜像に対応して空間内に対象を位置づけること。

**光学的流動パターン**［optical flow pattern］物体が視覚系に対して運動したとき，または，視覚系が物体に対して運動したときに，物理的あるいは理論的な視覚系に作用する，見かけ上の速度をもった視野全体の視覚刺激。

**光学投射**［optical projection］スライド投映機などの機器を用いて視覚像を形成すること。

**光学読取装置（光学式スキャナ）**［optical scanner］1. 反射または投影された光によって狭い領域や離れた領域を調べるための機器。血液サンプル中の赤血球の濃度を調べたり，砂糖やアミノ酸の分子を特定する，といった様々な化学的，生理学的研究で用いられる。2. 写真や印刷物，その他の視覚的な試料を，（伝達，変更，印刷するために）コンピュータに保存し，データとして扱うことが可能なデジタル表現に変換する機器。

**高架式十字迷路**［elevated plus maze］実験用ラットやマウスの不安状態をテストするために用いられる装置。地上より高いところにある十字型の迷路であり，2本の囲いのあるアームと2本の囲いのないアームがある。高さによる恐怖から，げっ歯類は通常は囲いのないアームよりも囲いのあるアームでより多くの時間を過ごす。しかし，抗不安薬を投与されると囲いのないアームにおいて過ごす時間が多くなる。

**硬化症**［sclerosis］病気や老化によって生じる組織の硬化のこと。特に神経系（⇨ **筋萎縮性側索硬化症**，**多発性硬化症**）や循環器系（⇨ **アテローム硬化症**）に影響する。

**効果測定**［outcome measures］　介入前，介入の間，そして，介入後の測定に認める介入効果の評価．

**広可塑性**［euryplastic］　クレッチマーの類型論における肥満型や過栄養型にほぼ相当する生得的な体型を指す．

**効果の勾配**［gradient of effect］　反応のうちの一つが強化される刺激－反応過程において，強化された反応の前か後と時間的に接近した反応は，離れている反応よりも，強化の影響をより大きく与えるという原理のこと．

**効果の法則**［law of effect］　広くは，ある行動の結果が，その行動が将来起きる可能性を変化させるという法則．もともとは，ソーンダイク（Edward L. Thorndike）によって提唱され，満足状態をもたらす反応は強化され，不快や苛立ちをもたらす反応は弱められると説明された．これらの考え方は，現代でいう報酬と罰の考え方に置き換えられていった．ソーンダイクは後にこの法則を，強化子の反応を強化させる効果だけを扱うものとした．もとの法則は強い効果の法則（strong law of effect），改訂された法則は弱い効果の法則（weak law of effect）として知られている．

**効果量**［effect size］　ある研究での効果の大きさ（通常は標準化された単位で）のこと．効果量は，関係の強さや異なる条件間での平均値の差の大きさの指標とされる．⇨ **効果量の結合，統計的有意性**

**効果量相関**［effect-size correlation］　データ内の他のすべての変動因を除去しない状態における独立変数と対比の重み（すなわち予測変数）との間の相関．

**効果量の結合**［combining effect sizes］　効果の大きさの一つの推定値（single estimate）を得るために，異なる研究から**効果量**の推定値を結合する過程のこと．

**高カルシウム血症候群**［hypercalcemia syndrome; elfin facies; Williamus-Barrantt syndorome; Williamus-Beuren sydorome; Williamus syndorome］　第7染色体の一部の欠失による常染色体優性遺伝障害で，発達の障害，血中カルシウム濃度の高さ，精神遅滞に特徴づけられる．大動脈弁狭窄症（大動脈の狭窄，心臓からの血流の制限）がほとんどの場合でおきる．この病気になっている子どものなかには知能は平均的な子どももいるが，多くは IQ 40～70 の間である．また，社交的で言語スキルが非言語スキルと比べて優れており，多くは**おしゃべりな人効果**を示す．幼少期の筋緊張低下が，いくつかのケースでみられる．

**睾丸**［testicle］　精巣とその周囲の構造．陰嚢内の管系を含む．

**強姦**［rape］　暴力または脅迫を用いて姦淫すること．被害者の同意はなく，被害者の意思に反して行われる．精神障害，薬物，飲酒等の影響により同意ができない者を姦淫した場合も含まれる（⇨ **デートレイプ**）．アメリカでは，性器交合の有無，加害者と被害者の性別，当事者の婚姻状況，「有効な同意」という言葉の解釈などについて，地域法ごとに定義が異なる．⇨ **法定強姦**

**交換記憶システム**［transactive memory system］　記憶されるべき情報が，集団のメンバーの間に分散されており，その情報が必要になったときにはその情報の提供をメンバー各自に頼ることができるシステム．

**交感神経系**［sympathetic nervous system; sympathetic division］　**自律神経系**（平滑筋の動きと腺機能を制御する）に属する2つのうちの一つ．もう片方は**副交感神経系**．解剖学的には，**自律神経節前ニューロン**から構成される．

それらの線維は，脊髄の胸と腰の領域から交感神経節の鎖まで伸びている．これらから，目から生殖器の範囲にわたる器官を支配する**自律神経節後ニューロン**が生じる．多数の平滑筋系を同時に動かして統合した動きができるようにする機能をもつ．この能力は通常，闘争・逃避を強化する役割を果たしている（⇨ **闘争逃走反応**）．典型的な交感神経による変化は，視覚促進のための瞳孔拡大，筋肉と脳へより多くの血液を供給するための末梢動脈の収縮，血糖値を上げ代謝を増加させるためのエピネフリン分泌，エネルギーを他の場所に向かわせる胃腸の活動などが含まれる．このように，交感神経系は副交感神経系の効果とは相対する傾向がある．

**交感神経興奮様薬**［sympathomimetic drugs］　ノルエピネフリンやエピネフリンの活動を増強することで**交感神経系**の活動を刺激する，あるいはそれらの神経伝達物質と同様の効果をもつ薬物（アドレナリン作用薬：adrenergic drugs としても知られている）．交感神経興奮様薬は**アドレナリン受容体**で作動薬として働き，アンフェタミンやエフェドリンはそれらに含まれる．

**交感神経鎖**［sympathetic chain］　**交感神経系**の神経節による2つのビーズ状の鎖．脊柱の両側に各鎖が位置している．

**交感神経節**［sympathetic ganglion］　**交感神経鎖**の一部を形成する神経節．

**交感神経切除**［sympathectomy］　著しく亢進したり，このままではどうすることもできない**交感神経系**の一部を取り除く外科手術．化学的交感神経切除（chemical sympathectomy）は，特定の薬物の投薬によって行われる．

**交換随伴報酬**［transactional contingent reward］　一方のある行動や結果に対してもう一方が報酬を与える二者間の相互作用のこと．

**好感度尺度**［liking scale］　個人が他の個人に対して感じる魅力の程度を測定する尺度のこと．大抵他者の性格の特徴に対する肯定的な評価や協働したいという意思を含んでいる．こうした尺度の一つは，アメリカの社会心理学者ルビン（Zick Rubin: 1944- ）が1973年に用いた尺度がある．ルビンはこの尺度と彼の**愛情尺度**を区別していたにも関わらず，複数の研究において，これらの尺度は正の相関を示すことが示されている．

**口顔部ジスキネジア**［orofacial dyskinesia］　咀嚼，口，舌の異常な動きを特徴とする不随意運動．**遅発性ジスキネジア**の症状と似ている．

**後戯**［afterplay］　性的行為によって達成されたオーガズムに続く，愛情深く，官能的な行為．たとえば，抱擁，愛撫，キス．

**後期高齢者**［old-old］　75歳以上の人々の総称．後期高齢者は先進国の人口区分において最も急速に増大している．85歳以上の高齢者は超高齢者（oldest-old）と呼ばれる．⇨ **前期高齢者**

**好奇心**［curiosity］　対象を調査，観察，収集する衝動や欲望のことで，特に素材が新奇で興味を引くものであるときのもの．身近な環境にあるほとんどあらゆるものを点検し，噛み，手を触れ，味わい，ニオイを嗅ぐために，感覚による吟味と筋運動の巧みな操作を用いるような動物や幼い子どもでは，この動因は本能的なものとして現れる．⇨ **探索動因**

**講義方式**［lecture method］　グループの学生や他の学習者らに対して，教授者が情報やデータを言語的に提示すること。主にグループの規模が大きいとき，もしくは時間が限られているとき（たとえば人材教育など）に，講義方式が用いられる。また，視聴覚機器やロールプレイなど，他の教授法を導入したり，他の方法によって提示された資料を要約したりすることもできる。

**高級化**［gentrification］　より富裕な者が流入することにより，地域および住居が物理的にグレードアップすること。高級化の重要な副作用は，長年その地域に居住してきた多くの人々が，高級化された地域に住めなくなることであると考えられている。

**公共サービス心理学**［public service psychology］　公共活動に関わる政府機関（たとえば，地域メンタルヘルスセンター，公立病院，矯正施設，警察や公共安全機関など）に雇用された心理学者の活動，およびこれらの機関の利用者の心理状態を扱う心理学の一分野。支援，サービスへのアクセス，教育や訓練，公共政策の作成，研究やプログラム評価，そして，予防の努力が主な関心になる。

**公共領域**［public territory］　社会心理学において，個人または集団が用いる一時的な公共的な領域（公園のベンチやバスの座席）のこと。⇨ **プロクシミクス**

**抗拒不能の衝動に関する規則**［irresistible impulse rule］　かつてアメリカの裁判所で一般に用いられていた精神異常を認定するための規則。この規則では，被告に精神疾患があったと認定した場合には，たとえ被告自身それが悪いことだとわかっていたとしても，その行動をコントロールできなかったのであれば，刑事責任を問わなかった。現在では使われていない。

**拘禁研究**［confinement study］　規制された環境の中で，その空間的制限が原因となって起こる生理的，心理的損傷がどの段階で生じるのかということを研究する研究。宇宙旅行や海中旅行では，人工的な環境の中で個人が生活し，働くため，こうした研究が重要となる。この研究で扱う変数は閉じ込められている時間の長さ，利用可能な場所，搭乗員の人数である。これらは睡眠不足や操作課題の遂行能力に影響を及ぼす可能性がある。

**拘禁性精神病**［prison psychosis］　実際の投獄，あるいは投獄を予期することによって突然引き起こされる重篤な感情の混乱。混乱のタイプは次第に変化する。多くのケースで，長期間持続している統合失調症的傾向や，投獄のストレスによって，あらわにされたパラノイド的な反応によって生じる。症状には，無罪妄想，恩赦妄想，虐待妄想，迫害妄想が含まれ，興奮期には，憤怒，破壊性を含む。⇨ **ガンザー症候群**

**口腔音**［oral sound］　鼻音がほとんどもしくは全く入らないように，口からの息の流れによって生み出される発話音。

**口腔顔面失行**［oral apraxia; oral-facial apraxia; buccofacial apraxia］　顔，唇，舌，頬を指示に従って巧みに動かすことが障害されること。たとえば，マッチを吹き消したり，ストローを吸うふりをするように求められたときに不適当な動作になる。

**航空心理学**［aviation psychology］　応用心理学の一つの専門分野。航空システムの操作とコントロールの関連や，フライトの安全と能率に与える影響という人間心理を理解することに焦点を当てている。

**航空制御**［air traffic control］　航空機の安心と安全を確保する人員，装置，あるいはシステムのこと。情報の入手，コミュニケーション，状況の観察，飛行ルートのコントロールなどを行う。

**航空性中耳炎**［barotitis］　気圧が異なることにより起こる耳の障害のこと。

**航空臨床心理学プログラム**［aviation clinical psychology program］　アラバマ州ラッカー基地にある航空医学研究所（1962年設立）で開発されたプログラム。研究所は医学研究を指導し，陸軍航空機と空挺団訓練のサポートを提供し，航空心理学者を訓練する。

**合計**［summation］　（記号：Σ）数や量などを加算することに関する数学的演算。たとえば，一連の数値（$x_1, x_2, x_3, \cdots, x_n$）において，$i$番目の数値を$x_i$とすると，$x_1$から$x_n$までの数値の合計は，$\sum_{i=1}^{n} x_i$, $\sum_{i}^{n}$, $\sum_{i}$ によって表される。シグマ記号の上部の添字の上限は値が明確なときは省略される。

**合計方略**［sum strategy］　たとえば3+2など，2つの数の足し算をするときに，幼い子どもは「1, 2, 3, …4, 5」と数えるなどの，単純な方略を使う。こういった幼い子どもが使う単純な加算方略を指す。

**抗痙攣薬**［anticonvulsants］　てんかん発作の頻度と激しさを減らす，あるいはすでに進行している発作を止めるために使用される薬である。1930年に**ヒダントイン**が出現するまでは，主にブロマイドやバルビツール酸塩といった薬が抗痙攣薬であった。**フェノバルビタール**は，1912年にてんかん治療薬として初めて使われ，ヒダントイン**フェニトイン**の導入までは治療の頼みの綱として使用され続けてきた。今日の薬は，**カルバマゼピン**，**バルプロ酸**，フェノバルビチールなどや，**ラモトリジン**，**ガバペンチン**，チアガビン，**トピラマート**，ビガバトリン，ゾニサミドのような新しい抗痙攣薬が，部分性強直間代性発作の治療に使われている。エトスクシミドと他の**スクシンイミド**は欠伸発作に対処するものとして使われている。**ベンゾジアゼピン**もまた，有効な抗発作薬である。抗てんかん薬（anti-epileptics）とも呼ばれる。

**攻撃行動［1］**［aggression］　競争心や怒りや敵意に動機づけられ，他者，または，場合によっては自分自身に危害を与え，破壊や挫折へと至らしめる行動。主な目的が対象を意図的に傷つけること，もしくは破壊することである場合，敵意的攻撃（hostile aggression）と呼ばれる。この行動は，望ましい資源を得るといった場合のように，主に対象を傷つけること以外の目標を達成するために攻撃が行われる道具的攻撃（instrumental or operant aggression）とは区別される。敵意的攻撃は多くの場合，感情的攻撃（affective aggression）とみなすことができる。つまり，嫌悪事態に対する感情的な反応である。それは，知覚された苦痛の原因に向けられる傾向にあるが，妨害者を攻撃できない場合は，他者や別の対象に対して攻撃が向けられる（⇨ **置き換えられた攻撃**）。フロイト（Sigmund Freud）の古典的な精神分析理論では，攻撃の衝動は生得的で本能的なものである（⇨ **攻撃的欲動**）。一方，精神分析理論を重視しない多くの心理学者は，攻撃をフラストレーションに対する社会的に学習された反応とみなす（⇨ **欲求不満**

攻撃仮説）。⇨ **動物の攻撃性**

**攻撃行動【2】**［attack behavior］　敵対者に対する攻撃的な武力または暴力の行使で，通常は害意を伴う。攻撃行動は，しばしば，警告や脅しのシグナルが無視された際に生じる。動物および一部の人間は，防御行為の一種として，攻撃を用いていると考えられる。⇨ **防衛行動**

**攻撃者との同一視**［identification with the aggressor］　ある個人が，脅威を与える者，あるいは，かなわない相手を自分の中に取り入れる無意識的な機制のこと。同一視は，攻撃者の攻撃性を身につけ，あるいはその他の特徴の模倣をもたらす。これは，人質誘拐や強制収容所といったような過激な状況において観察される。精神分析理論によれば，**エディプス期**の終わり頃に男児が自身のライバル，つまり父親を自身に取り入れる発達水準で生じるとされる。アンナ・フロイト（Anna Freud）によって1936年に初めて言及された用語。⇨ **ストックホルム症候群**

**攻撃スクリプト**［aggressive script］　怒り，敵意，および過剰な競争に関連したスクリプトである。これを記憶として貯蔵している人もおり，彼らの判断と行動はスクリプトによって誘導される。このようなスクリプトは，初期の家族経験や攻撃的な仲間との関係，メディアの暴力表現によって獲得されると考えられている。

**攻撃性**［aggressiveness］　自己主張性，社会的優位性，脅迫的な行為，敵意についての傾向のこと。個人内の過渡的行動的変化の原因となったり，個人の人格特性であったりする。⇨ **攻撃行動**

**攻撃性の段階的拡大**［escalation of aggression］　敵意的・破壊的行動（しばしば暴力）の激しさや強烈さの増加のこと。この過程は，脅迫的行動やドメスティックバイオレンス（**家庭内暴力**），暴力の連鎖（**暴力のサイクル**）と関連がある。

**攻撃手がかり**［aggressive cue］　個人がおかれた環境内に存在する攻撃的なものと解釈可能な刺激やシグナル，または典型的には攻撃と連合した刺激やシグナル。

**攻撃的擬態**［aggressive mimicry］　捕食性である種が，外観や行動で捕食性でない種に似せる擬態のこと。そうすることにより，獲物は捕食者に近づきやすくなる。たとえば，あるホタルの種のメスは，他の種の性的なフラッシュパターンを模倣する。その種のオスはそれに惑わされ捕食されてしまう。

**攻撃的性格**［aggressive character］　他者への敵意や競争的な態度，権力・名声・富への追求を特徴とする性格のこと。ドイツ生まれのアメリカの精神分析学者ホーナイ（Karen D. Horney: 1885-1952）はこのような性格の発達を，3つの基本的な**神経症的傾向**のうちの一つと定義した。神経症の傾向は基底不安への防衛であるとされていた。⇨ **従順な性格**，**超然的な性格**

**攻撃の欲動**［aggressive instinct］　精神分析理論では，**死の本能**から派生したもので，破壊衝動が自己から逸らされ，外界に向けられたものとされる。⇨ **攻撃行動**

**高血圧症**［hypertension］　140/90 mmHgの基準を超えた高い血圧が持続するのが特徴的な，循環器系障害である。この疾患の多くは，明白な原因がわからない（⇨ **本態性高血圧症**）。高血圧を患う人のなかには，副腎の腫れ，慢性的な腎臓の疾患，ホルモン異常，避妊薬の使用，妊娠などによって生じることが知られている。これは，二次性高血圧（secondary hypertension）と呼ばれ，原因が取り除かれると高血圧症は治る。

**高血圧性危機**［hypertensive crisis］　血圧の，突然で極端な上昇。

**高血糖**［hyperglycemia］　血液中のグルコースが多くなること。糖尿病における高血糖は，血液から過剰なグルコースを取り除くのに必要になったインスリンの低下によって生じる。その症状は，痛みから感覚喪失にまで及ぶ。

**高潔な野蛮人**［noble savage］　**ロマン主義**において，非産業社会もしくは非技術社会の人々を最も高貴な人間だとする空想的思想。人間の思考や行動の品位を下げるとされる文明と無縁であるからという理由による。［フランスの哲学者・著述家であるルソー（Jean-Jacque Rousseau: 1712-1778）による言葉］

**後件**［consequent］　「もし～なら，～である」形式の条件命題において，「～なら」の後に続く内容。後件とは，「もし」の後に続く，**前件**が真であることから期待される状況である。たとえば，命題が「もしソクラテスが人間なら，彼は死ぬべき運命である」であれば，「彼は死ぬべき運命である」が後件である。⇨ **後件肯定**，**後件否定**

**抗原**［antigen］　免疫系で，自己由来でなく他者とみなされる物質のこと。それゆえ**免疫反応**，特にそれを無害化する**抗体**の生成を引き起こす。抗原となるのはウイルス，微生物，毒物（ハチ毒など）や，自身とは異なる遺伝特性をもった他個体の組織（たとえば輸血）などがある。⇨ **アレルゲン**

**光幻覚**［photoma］　外部刺激は存在しないが火花または光の点滅が見える幻視のこと。⇨ **眼内閃光**，**光視**

**抗原-抗体反応**［antigen-antibody reaction］　体内に取り込まれた物質に対して生じる身体に備わっている防衛能力の一つで，特定の**抗原**に抗体を結合させる。結合した抗体は，外来性物質が免疫細胞によって分解されやすく（たとえば食細胞による取り込み）させる。その個体の**免疫系**がひとたび特定の抗原に対して抗体を生成すると，再び生じた抗原侵入を迅速に阻止できるようになる。よって，最初に起こった抗原との接触は，将来の接触に向けての**免疫**を生じさせることになる。⇨ **免疫反応**

**後件肯定**［affirming the consequent］　基本的に**前件**（X）が真である場合の「もしXならばYである」の条件文で，**後件**（Y）を肯定しようとする形式的誤謬のこと。たとえば，「雨が降っているならば，草は湿っている。草は湿っている。ゆえに雨が降っている」。結果が肯定されている事実から，必ずしも大前提である前件を導くことはできない。⇨ **前件肯定**，**前件否定**，**後件否定**

**光原性てんかん**［photogenic epilepsy］　反射性てんかんの一種で，点滅光のような特定の視覚異常によって発作が突発する。

**後見人**［conservator］　禁治産者（⇨ **無能力**）の申告はできないが，身体的・精神的状態の理由から自分のことを自分でできない人の利益と財産を保護するために法廷で任命された個人。

**後件否定**［denying the consequent］　「もしXならばYである」という種類の条件文が真であると認められたとき，**前件**（X）の否定が**後件**（Y）の否定から妥当に推論される論理学における原理。たとえば，「もし雨ならば，芝生は濡れるだろう。芝生は濡れていない。したがって，雨で

はない」。否定式（modus tollens）とも言う。⇨ **前件肯定，後件肯定，前件否定**

**硬口蓋**［hard palate; palatum durum］　口蓋の前方にある硬い部分。上部と下部をそれぞれ鼻腔の粘膜と口腔の粘膜によって覆われている。⇨ **軟口蓋**

**後交通動脈**［posterior communicating artery］　**内頚動脈**からはじまり，視索のちょうど腹側を通って**後大脳動脈**に合流する動脈。このようにして脳の基底部にある**動脈輪**が完結している。後交通動脈の分枝は，視索と一部の視交叉，脳梁膝，視床下部後部，内包の各部，第3脳室，視床前腹側核に血液を供給している。

**混合統合失調症**［mixed schizophrenia］　陽性症状と陰性症状の両方が突出している，もしくは両方とも目立たない，統合失調症の様態。［1982年アメリカの精神科医アンドレアセン（Nancy C. Andreasen）とオルセン（Scott A. Olsen）によって定義された］

**後交連**［posterior commissure］　**視床上部**の正中線を渡る脳の神経線維の大きな束。**中脳水道**が第4脳室に通じている場所のすぐ背側に位置する。主に中脳にある動眼神経細胞や関連する細胞につながっている有髄線維から構成される。⇨ **交連**

**広告**［advertisement］　印刷物，放送，電子メディアなどによって，特定の商品やサービスに関する知識を高め，それらの商品やサービスの購入，消費，利用を増加させることを目的として作られたもののこと。⇨ **広告心理学，広告調査**

**広告心理学**［advertising psychology］　あらゆる種類の広告に関する手法と有効性の心理学的研究。消費者に購入させるための動機，スローガンの利用と評価などが研究されている。また，色や大きさ，位置といった要因や，CMソング，動画のキャラクター，反復といったCMの異なる要素の観点からの広告の物理的特徴についても研究されている。⇨ **広告調査**

**広告調査**［advertising research］　以下の3つの内容を含む研究。(a) 特定の製品あるいは商品のための効果的なアピールの選択。(b) 商標やパッケージデザインなどの製品イメージの創造。(c) 異なるメディアにおける広告キャンペーンの効果を測るための手法の開発。ある特定のブランドではなく，タバコやコーヒーといった産業や製品カテゴリーに例えられるような包括的な広告に対しても，広告調査は用いられる。⇨ **広告心理学**

**広告反応モデル**［advertising response modeling: ARM］　特定の聴衆への広告メッセージの頻度および範囲を評価する統計的手法のこと。売上データと併せ，これらの手法は広告の適正レベルを決めるために使用される。

**広告文**［copy］　消費者心理学の用語。広告の中で製品やサービスの特徴や用途について説明した文書や口頭の情報。

**交互作用効果**［interaction effect］　**分散分析**において，2つ以上の独立変数が，従属変数に対して，それぞれが単独で与える効果の和を超えて特別に組合せ効果を与えること。⇨ **主効果**

**構語障害**［alalia; anarthria］　**1.** 部分的にあるいは完全に発話ができないこと。現在ではこの用語はあまり使用されていないが，**緘黙**の同義語として時々用いられることがある。**2.** 話すことができない障害。

**恍惚感**［rush］　アンフェタミンやコカイン，メタンフェタミンを静脈注射した際に見られる効果。その感覚は，激しい突然の多幸感（euphoria）を伴う劇的な覚醒である。

**恍惚的トランス状態**［ecstatic trance］　楽しさや喜びの**トランス**のような状態。極めて集中した瞑想や，一定の儀式のような，様々な宗教的実践としばしば結びつけられる。⇨ **変性意識状態，神秘主義，ブードゥー**

**構語不全**［idioglossia; idiolalia］　言葉の音の脱落や置換，歪曲が非常に多くの音で生じるために，発語が不明瞭になること。これはしばしば精神遅滞と関連する。

**交互法**［alternation method］　動物とヒトの間の思考，言語，問題解決を研究するのに用いる技法。参加者や被験体は目標に達したり報酬を受けるために，次第に複雑になる一連の活動についていくことが求められる。たとえば，RRR LLLまたは3回交互法があり，これは3回右に回した後に3回左に回すものである。

**交互役割**［alternating role］　ある行動様式から別の行動様式に周期的に変わること。たとえば，権威主義者と民主主義者の役割を代わる代わるとること。

**抗コリン作動性症候群**［anticholinergic syndrome］　抗コリン作用薬と，それらの**抗コリン作用**によって引き起こされる障害であり，末梢神経系と中枢神経系両方に関連する症状が示される。はじめは粘膜の渇き，口渇，皮膚や顔が赤くなるなどの症状を呈し，後に機能障害（足元のふらつき），眠気，不明瞭な発話，混乱，見当識障害，幻覚，記憶の欠損（特に短期記憶の欠損）などが現れるようになる。三環系抗うつ薬，脂肪族フェノチアジン系，抗パーキンソン作動薬，スコポラミンは，抗コリン作動性症候群を引き起こす可能性がある薬剤である。これらの薬を組み合わせて投与された患者に，たびたび抗コリン作動性症候群が見られている。⇨ **中枢性抗コリン症候群，末梢抗コリン作動性症候群**

**抗コリン作用**［anticholinergic effects］　抗コリン薬に特徴的に見られ，**ムスカリン受容体**に対して拮抗作用を伴う他の化学物質（たとえば，**三環系抗うつ薬，モノアミンオキシダーゼ阻害薬**）とも関連する副作用のこと。口の渇き，目のかすみ，排尿困難，尿閉，便秘などの症状が見られる。抗ムスカリン作用（antimuscarinic effect）とも呼ばれる。⇨ **抗コリン作動性症候群**

**抗コリン作用の腸閉塞**［anticholinergic ileus］　筋肉まひによって生じる小腸の障害は，結果的に腸の**ムスカリン受容体**を遮断する作用を与える。これは，三環系抗うつ薬や古い抗精神病薬などの強い**抗コリン薬**によって引き起こされる可能性がある。腸閉塞で死に至ることもあるため，医療的な介入が必要となる。

**抗コリン薬**［anticholinergic drugs］　神経系終末によってアセチルコリンという神経伝達物質の解放が阻害あるいは防御され，副交感神経系の伝達が遮断される薬のこと。**ムスカリン受容体**（アセチルコリン受容体）によって作用するため，この作用物質は抗ムスカリン薬（antimuscarinic drugs）としても知られている。この物質はヒスタミン，セロトニン，ノルエピネフリンの作用を妨害する可能性もある。本来の抗コリン体薬は，**アトロピンとスコポラミン**も含む。様々な合成の抗コリン体薬は**抗パーキンソン病薬**など，神経学的病理の治療に用いられている。ベンズトロピン，ビペリデン，プロシクリジン，トリヘキシ

フェニジルを含むこれらは，まず筋肉硬直を和らげる働きをする。抗コリン薬は，特定の症状のコントロールに結びつくこともある。三環系抗うつ薬といくつかの組み合わされた抗精神病薬は抗コリン作用がある。これはまた，副交感神経抑制薬（parasympatholytic drugs）とも呼ばれる。

**後根**［dorsal roo; posterior root; sensory root］脊髄神経のうちの感覚神経線維が，脊髄の後ろ側から入り込む神経根。⇨ **前根，ベル-マジャンディーの法則**

**交叉**［decussation］X字形の交叉（交差）のこと。延髄錐体（錐体）交叉や，視交叉における左右視神経（視交叉）線維の交叉などに見られる。

**虹彩**［iris］眼の瞳孔の周りにある筋肉の膜で，収縮と弛緩によって眼に入る光の量を調整する。角膜に面した虹彩の小孔は，眼の彩色となる色素を含んでいる。虹彩の裏側は，虹彩の見かけの色に関係なく黒い色素で覆われていて，瞳孔に入る光を制限する。

**虹彩学**［iridology］人の眼の虹彩を調べることで健康状態を診断する方法であるが，賛否両論がある。虹彩の結合組織における模様や色の種類，また別の特性が各身体部位と関連し，健康状態や障害，疾病の指標となると考えられる。この手法は根拠となる証拠が十分ではなく，医療専門家の間で広くは受け入れられていない。

**交差育成**［cross-fostering］1. 動物の行動研究において，遺伝によるものと発達初期の経験の効果を分離するために，子を交換する方法。実験用のラットに育てられた天然のラットは攻撃性に乏しく，また，縄張り意識の低い一雄多雌制のマウスが一雄一雌制の縄張り意識の高いマウスに育てられると，縄張りを守る攻撃性は増し，脳の神経ペプチドのパターンも産みの親より，育ての親に近くなる。⇨ **性的刷り込み** 2. 病気の発生に関して遺伝的因子の影響を調べるために用いられる同様の手法。(a) 研究対象の疾患がみられない親から生まれた子どもを疾患のある親が育てる場合，(b) 疾患のある親から生まれた子どもを，その疾患のない親が育てる場合，がある。このような交差育成で育てられた子どもを指標養子（index adoptees）と呼び，一方，対照養子（control adoptees）は症状のない親から生まれた子が症状のない親のもとに養子に出された場合を指す。

**虹彩欠損**［iris coloboma］先天性の虹彩の欠損で，亀裂（欠損）が瞳孔の端から外に向かって広がる形で生じる。概して虹彩の下部の領域で生じる。染色体異常の兆候の一つとして考えられる。

**虹彩毛様体炎**［iridocyclitis］眼の虹彩と毛様体の炎症。異色性虹彩毛様体炎（heterochromic iridocyclitis）は，虹彩の色素が失われた結果生じる病状である。

**交差遅れパネル計画**［cross-lagged panel design］因果関係の推測の妥当性を高めるために用いられる縦断的実験計画のこと。AとBの2つの要因について，Time1とTime2の2時点で測定する。AとBの交差遅れパネル相関（cross-lagged panel correlations）をみることで，AとBのどちらが原因であるかが推測できる。

**交叉順応**［cross-adaptation］他の刺激への順応によって生じる，ある刺激に対する感度の変化のこと。⇨ **両鼻間順応**

**交差条件づけ**［cross-conditioning］中性刺激が無条件刺激と偶然同時に生起した場合の，中性刺激に対する条件づけ。

**交叉性失語症**［crossed aphasia］脳の左半球ではなく右半球の損傷が原因で生じる失語症。左半球への損傷が原因であることのほうが一般的である。

**交差性伸展反射**［crossed-extension reflex］痛み刺激により刺激と同側の下肢を引っ込める際，身体を支えるため，反対側の下肢に起こる反射性の活動。体重負荷が移動しやすくなるこの反射は，歩行時の脚の協調にも関係している。左側が屈曲している時は右側は伸展し，右が屈曲している時はその逆である。

**交差性反射**［crossed reflex］交差性伸展反射のように，刺激を受けた体部位の反対側で起こる反射のこと。

**交差耐性**［cross-tolerance］同種の他の薬剤（中枢神経抑制薬が多い）の効果を減弱させる潜在力のこと。組織が後から投与される物質の効果に対する耐性を獲得しているときに見られる。したがって，アルコール依存症の人の禁断症状を防ぐために，バルビツール酸誘導体や他の鎮静薬をアルコールの代替とすることができる。同様に，マリファナを除く幻覚剤のほとんどにも交差耐性が存在する。

**交差妥当化**［cross-validation］あるモデルを新たなデータ（モデルを考案するために用いられたデータではない）に適用することによって，そのモデルの妥当性を評価するというモデル評価の方法。たとえば，あるテストの妥当性は，モデル開発段階のデータによる妥当性確認の正確さをみるために同じテストを新たな標本に適用することによって確認されるということがある。モデル開発段階のデータによる妥当性は偶発的な要因や他の要因によって増大したり歪んだりしているかもしれないため，交差妥当化は必要である。

**交差分類**［cross-classification］2つ以上の特徴によって項目を分類すること。特に，列カテゴリーと行カテゴリーの交差に従って個人あるいは標本単位を割り付けるような実験では，2次元系統分類（two-way system of classification）と言う。たとえば，個人を処置条件あるいは統制（非処置）条件のどちらかの条件列に割り当てるとともに，合格あるいは不合格のどちらの行条件にも割り当てるということである。

**交叉優位**［crossed dominance］右利きの人は左目がより強く支配的であり，逆に，左利きの人は右目がより強く支配的であるという傾向。

**交差要因計画**［crossed-factor design］1つの要因の水準が，別の（交差）要因の水準と同時に扱われる実験計画のこと。たとえば，ある研究で，読解能力を4つの水準に，指導を受けた時間の長さを3つの水準に分けた場合，読解能力と勉強量は4×3の交差要因計画において交差しているといえる。このような実験計画では，合計で12個のセルに，各要因の水準の組合せから得られた観察結果やデータが入ることとなる。

**高山病**［altitude sickness; Acosta's syndrome; Acosta's disease; hypobaropathy; mountain sickness］高い標高で酸素が欠乏することによって生じる疾患（⇨ **低酸素症**）。症状として，吐き気，息切れ，鼻血および心的過程の減退などが含まれる。⇨ **急性高山病**

**格子**［grating］視覚において，明るい帯と暗い帯が並列的に並んだ刺激のこと。

**光子**［photon］1. 電磁放射線の量子のこと。2. 網膜

照度の旧式名称。

**光視**［photopsia; photopsy］　外部の視覚刺激が存在しないときの視覚感覚のことで，構造化されていることも構造化されていないこともある（⇨ **眼内閃光**）。構造化された光視は規則正しい白黒もしくは有色の視覚パターン（たとえば，円，四角，ひし形）からなり，前有線皮質細胞の病的な活動に起因する。⇨ **幻視**

**高次意識**［higher order consciousness］　抽象的観念，言語依存的思考，自己意識などを含む感覚的内容を超えた意識。［アメリカの神経学者エーデルマン（Gerald M. Edelman: 1929- ）らによって提案された］

**公式の組織構造**［formal organizational structure］　共同と制御，作業の流れ，権威，組織成員の活動を方向づけるコミュニケーションなどについての公的なパターン。公式の構造は組織デザインに埋め込まれ，被雇用者が従事するパターンとみなされる。対比されるのは非公式な構造であり，これは，公的には認識されていないが，被雇用者の日常の相互作用に現れるパターンのことを指す。⇨ **組織構造**

**光軸**［optical axis］　光学系の中心を通る理論的な線。眼球の場合，角膜と水晶体を通る。

**光視症**［photism］　光の偽の知覚または幻覚のこと。⇨ **光視**

**高次条件づけ**［higher order conditioning］　パブロフ型条件づけにおいて，ある実験における**条件刺激**が，**中性刺激**を条件づける目的の別実験で，**無条件刺激**として作用する手続きの一つ。たとえば，食べ物と音を対呈示し，音が唾液分泌を生じさせる条件づけ刺激として定着した後に，光と音を対呈示する。光単独で唾液分泌が生じるようになれば，高次条件づけが生じたといえる。

**高次心的過程**［higher mental process］　思考，判断，想像，記憶，言語といった複雑な認知全般。⇨ **精神機能**

**高次水準スキル**［higher level skill］　特定の課題だけではなく，多くの課題に適用できる作業方法や作業技術。

**高次の交互作用**［higher order interaction］　**分散分析**において，3つ以上の独立変数の従属変数に対する複合効果。

**高次の反応ユニット**［higher response unit］　個々の反応をより複雑な反応へ統合するもの。

**向社会的攻撃**［prosocial aggression］　強盗や強姦を防ぐための介入や不公正な政治体制に反対する示威行動など，社会的にみて建設的で望ましい結果をもたらす**攻撃行動**。

**向社会的行動**［prosocial behavior］　自分以外の人や集団にとって有益となる社会的で建設的な行動，あるいはそのような方法。幅広い行為が向社会的であると考えられ，たとえば，高齢者の道路の横断を助けるといった単純な日常的行為が含まれる。⇨ **反社会的行動**，**援助行動**

**向社会的な**［prosocial］　1人またはそれ以上の人数の他者に利益となるような行動を示すこと。

**公衆距離**［public distance zone］　社会心理学において，正式，公式，礼式な交流の場で，人々がとる**距離ゾーン**のこと。公衆距離は，3.5〜7.5 mの領域として定義される。⇨ **親密距離**，**個体距離域**，**社会的距離**

**光周性**［photoperiodism］　環境の光の強さや昼の長さにより，動植物の行動や生理的反応が変化すること。動物では，季節性の移動のタイミングや生殖サイクル，羽毛や毛の変化，冬眠に関わる。秋の落葉や冬の冬眠が植物の光周期サインである。通常は絶対的な昼の長さではなく，昼の長さの変化に応答して起こる。

**交渉**［negotiation］　対立する2者以上の当事者が特定の争点について検討したり，自らの立場を説明したり，双方が受容可能な解決策を得るために提案を交わしたりするような互恵的なコミュニケーション過程。⇨ **取引**

**恒常化尺度調整**［constancy scaling］　刺激が観察状況によって影響を受けないように，知覚されるための刺激属性（多くの場合は大きさ）を心的に再調整すること。たとえば，通常の大きさで見えるようにするために，網膜には小さく映っても，心的には大きく見ようとすること。

**恒常性**［constancy］　観察される外面の状況は様々であるにも関わらず，その物体を変化しないまま知覚する傾向のこと。⇨ **明るさの恒常性**，**色の恒常性**，**物体の恒常性**，**知覚の恒常性**，**形の恒常性**，**大きさの恒常性**

**恒常性の原理**［constancy principle］　心的エネルギーが，安定しようとしたりバランスをとったりしようとする，あるいは，安定に戻したり，エネルギーを減らしたりする傾向にある一般原理のこと。この考え方は，多くの研究分野で見つかっている他の一般原理と関連がある。フロイト（Sigmund Freud）の心理学においては，恒常性は，安定を保つための心的エネルギーあるいはリビドーと関連している。同じ原理は，フロイトのカタルシスの考え方にもある。

**恒常性の誤適用理論**［theory of misapplied constancy］　錯覚の根本的な原因は，通常であれば大きさや形といった属性を正確に知覚させることができる手がかりを，不適切に使用しているからだとする理論。たとえば，画面に収束する2本の線が描かれていると，奥行きが知覚され，その線の内側にある物体は遠くに存在するように知覚され，その物体の大きさも誤って知覚される。

**恒常性の法則**［law of constancy］　照明の強度（**明るさの恒常性**）や網膜像の大きさ（**大きさの恒常性**）のような刺激条件の変化にも関わらず，視覚刺激の見え方が一定のままとなる法則。

**甲状腺**［thyroid gland］　咽喉の前と側面，甲状軟骨の直下にある盾様の構造をした内分泌腺。下垂体前葉から分泌される**甲状腺刺激ホルモン**に反応して，ヨウ素を含む**甲状腺ホルモン**（サイロキシンとトリヨードチロニン）を産生する。甲状腺のC細胞（濾胞傍細胞）はホルモンの**カルシトニン**を産生し，カルシウムとリン酸塩の血中濃度を制御する。⇨ **甲状腺腫**

**甲状腺機能亢進**［hyperthyroidism］　甲状腺の過活動の結果，甲状腺ホルモンが極端に多く生産される。これにより，混乱，妄想，多動，体重の減少といった身体的問題が生じる。⇨ **無欲性甲状腺機能亢進**，**甲状腺中毒症**

**甲状腺機能亢進体型**［hyperthyroid constitution］　甲状腺の過活動と関連して，若々しさ，成熟した性的特徴，感動しやすさ，感情の不安定さがある。これは概ね**クレッチマーの類型論**の無力体型に対応する。

**甲状腺機能低下症**［hypothyroidism］　甲状腺の機能が低下する疾患。成人において，代謝率の低下，疲労，脱力感（⇨ **粘液水腫**）などが特徴的である。⇨ **先天性甲状腺機能低下症**

**甲状腺機能低下体型**［hypothyroid constitution］　甲状

腺機能低下と関連する体質類型のこと。**クレッチマーの類型論**の肥満型にほぼ相当するが、顔や首が太く、背が低く、まるまるした手、基礎代謝の低さ、精神的な不活発さなどの特徴が加わっている。

**甲状腺刺激ホルモン**［thyroid-stimulating hormone: TSH］ 下垂体前葉が産生するホルモンで、甲状腺によるサイロキシンとトリヨードチロニンの産生と放出を促進する（⇨ **甲状腺ホルモン**）。その分泌は、視床下部からの甲状腺刺激ホルモン放出ホルモンによって制御される。甲状腺障害の鑑別診断に用いられる。チロトロピン（thyrotropin）とも言う。

**甲状腺刺激ホルモン放出ホルモン**［thyrotropin-releasing hormone: TRH］ 視床下部で産生され、甲状腺刺激ホルモンの放出を調節するホルモン。⇨ **放出ホルモン**

**甲状腺腫**［goiter］ 甲状腺の膨張による首前部の腫張のこと。⇨ **眼球突出、グレーブス病、甲状腺中毒症**

**甲状腺中毒症**［thyrotoxicosis］ **甲状腺ホルモン**の超過によって引き起こされた状態であり、甲状腺の過活動または治療によるものと考えられている。内因性甲状腺中毒（endogenous thyrotoxicosis）は家族性のものであり、甲状腺ホルモンを生成する細胞の破壊よりも患者の抗体刺激における自己免疫反応と関係している。甲状腺中毒症は、緊張、震え、動悸、衰弱、汗の熱感度や体重減少に伴う食欲増加といった特徴がある。それらは**甲状腺腫**と関連する**眼球突出**である。甲状腺中毒は、たとえば**グレーブス病**のような甲状腺の**過形成**（増大）、または高齢者に発症する小塊の発達（プランマー病：Plummer's disease）と関連している。⇨ **甲状腺機能亢進**

**甲状腺ホルモン**［thyroid hormones］ 甲状腺で合成・放出されるホルモン。主な甲状腺ホルモンであるサイロキシン（$T_4$）は標的組織において代謝され、トリヨードチロニン（$T_3$）になる。$T_4$の血漿中濃度は$T_3$よりも高いが、$T_3$のほうが強い生理学的活性をもつ。いずれのホルモンも基礎代謝過程の調節および脳の発生・分化において中心的な役割を果たす。これらのホルモンが過度に分泌されると代謝や認知機能に大きな影響を与える（⇨ **先天性甲状腺機能低下症、粘液水腫、甲状腺中毒症**）。甲状腺の濾胞傍細胞から放出されるホルモンである**カルシトニン**は、カルシウムとリン酸塩の代謝に重要な役割を果たす。

**鈎状束**［uncinate fasciculus］ それぞれの大脳半球において**前頭葉**の前部と下部をつなぐ、神経線維の塊。束が**外側溝**付近で屈曲し、端で扇状に広がることで鈎状束はぎっしり詰まった塊の形をしている。

**甲状軟骨形成術**［thyroplasty］ 発声の改善を目的として、声帯の長さや位置を変えるための喉頭軟骨への外科的処置のこと。喉頭外郭構造手術（laryngeal framework surgery）とも言う。

**恒常法**［method of constant stimuli; constant stimulus method; method of right and wrong cases］ 閾値に近い大きさであると予めわかっている複数の刺激をランダムに呈示し、閾値を特定するために用いられる精神物理学的測定法である。閾値とは、50％の確率で大きさを正しく区別することのできる刺激の大きさを意味する。⇨ **極限法**

**高所恐怖症**［acrophobia］ 自然環境の高い場所に対する過度の恐怖に特徴づけられる、病的恐怖。不安の中心には落下に伴う身体損傷や目まいなどの不快な感覚の予期がある。また臨高恐怖とも呼ばれる。

**咬唇**［cheilophagia; chilophagia］ 自分の唇を繰り返し咬むこと。

**抗侵害受容性**［antinociceptive］ 有害な刺激や痛みを引き起こす刺激に対する感受性を低下させる、もしくは耐久性を増加させる要因に関係するもの。⇨ **痛み知覚**

**口唇期［1］**［oral-biting phase］ 精神分析理論における、およそ生後8か月〜18か月までの心理 - 性的発達の第二段階。この期間、子どもは自我が芽生え始め、母親に対しアンビバレントな態度をとるようになり、母親の乳房や哺乳瓶を噛んで敵意を表す。後期になると、噛むという主張は、爪を噛む、嘔吐、舌を出す、鉛筆やガムを噛むといった形になる。⇨ **口唇吸綴期、口唇的攻撃の性格、口唇性サディズム** ［ドイツの精神分析家アブラハム（Karl Abraham: 1877-1925）によって定義された］

**口唇期［2］**［oral stage］ 精神分析理論において、**心理・性的発達**における最初の段階であり、人生の最早期に位置する。また、その時期には、**リビドー**が口に集中するため、口が主要な性感帯である。この時期は早期の口唇吸綴期と後期の**口唇期**に二分割される。早期の口唇吸綴期では、授乳中に乳首を吸うことで満足が得られる。一方、後期の口唇噛みつき期では、噛みつき活動によって満足が得られる。口唇期への固着が口唇期性格を形成させると考えられている。口唇段階（oral phase）とも呼ぶ。⇨ **口唇的攻撃的性格、口唇性欲**

**口唇期性格**［oral personality］ 精神分析理論において、**心理・性的発達**における**口唇期**への固着に起因するパーソナリティ特性ないしその様式。もし人が口唇吸綴期で吸うことに十分な満足を体験し、母親からの適切な注意を獲得できれば、友情的、**楽観主義**、寛大さ、そして他者依存性に特徴づけられた口唇的受動的パーソナリティが形成される。もし人が吸綴期や噛みつき期に十分な満足が得られないと、敵対的、批判的、嫉妬深く、搾取的、そして過剰な競争心に特徴づけられた**口唇の攻撃的性格**が形成される。口唇性格（oral character）とも呼ぶ。

**口唇吸綴期**［oral-sucking phase］ 精神分析理論において、**心理・性的発達**における**口唇期**の中でも最も早い時期に相当する。その時期では、乳幼児は自分が飲み込んだミルクと一緒に母親という存在も飲み込むことを体験すると考えられている（⇨ **体内化**）。また、この時期は独占欲、貪欲、そして食欲だけでなく親密的かつ依存的な感情の基盤が築かれると考えられている。⇨ **口唇期、口唇の受動的パーソナリティ** ［ドイツの精神分析家アブラハム（Karl Abraham: 1877-1925）が詳述］

**口唇行動**［oral behavior］ 指しゃぶり、喫煙、食べること、キス、爪噛み、話すこと、そして、口腔性交などの口を伴った活動のこと。

**口唇性**［orality］ 精神分析理論において、**エロティシズム**や神経症の口唇的要因であり、噛んだり、吸ったり、喫煙したり、または口腔性交時の快感から、話すこと、過食、アルコール依存症、そして極端な気前の良さといった特性までを含む。⇨ **口唇期性格**

**口唇性サディズム**［oral sadism］ 精神分析理論において、攻撃、支配、またはサディスティックな性的満足の手段として口、唇、そして歯を使いたいという欲動のこと。この欲動は乳幼児期の**口唇期**に生じると考えられている。

⇨ **口唇的攻撃的性格**

**口唇性欲**［oral eroticism］　精神分析の用語。喫煙，咀嚼，噛む，話すこと，キス，口を介した性行為などの口唇活動による喜び。⇨ **口唇性，口唇吸綴期**

**口唇的攻撃的性格**［oral-aggressive personality］　精神分析理論におけるパーソナリティタイプの一つ。口唇期の固着に起因し，攻撃性，嫉妬，搾取といった特徴がある。⇨ **口唇的受動的パーソナリティ，口唇期性格**

**口唇的受動的パーソナリティ**［oral-receptive personality］　精神分析理論において，依存性，**楽観主義**，そして外的資源からの養育やケアへの期待（ちょうど，母親が乳幼児にこれらの満足を与えるように）によって特徴づけられたパーソナリティ様式。また，このパーソナリティは口唇吸綴期への固着が原因であると考えられている。口唇的受け身タイプ（oral passive type）とも呼ぶ。⇨ **口唇的攻撃的性格，口唇期性格，受け身的性格**

**咬唇癖**［lip biting; morsicatio labiorum］　習慣的に唇を咬むこと。神経質な習慣，常同行動（⇨ **常同症**），レッシューナイハン症候群のような病気などと関連している。

**後水晶体線維増殖（症）**［retrolental fibroplasia］　眼の水晶体後方にある組織の異常。網膜剥離や失明の原因となる不透明な物質が存在することが特徴である。主に未熟児に見られ，過度の酸素の投与によって血液と血清が網膜の血管壁から染み出すことが関係する。水晶体後（方），線維増殖（症）とも言う。

**較正**［calibration］　参考基準に関する測定機器（器具，テスト，尺度など）へ値を割り当てるプロセスのこと。

**公正**［fairness］　1．テスト採点へのバイアスを排除して，達成度を測定すること。一連の規定のルールに従うことが受験者や採点者に周知されていること。2．テスト結果での正確性。特に，人種的，社会的，経済的，あるいは地理的な排除性を考慮した質問を作ること。

**剛性［1］**［rigidity］　堅さ，または柔軟性のないこと。特に筋硬直を示す。

**剛性［2］**［stiffness］　怪我，**ジストニア**，あるいは過剰・過小使用による筋肉と関節の剛直。

**構成遊び**［constructive play］　オブジェクト指向操作の一種。子どもは，物を作るあるいは組み立てるために材料を操作する。たとえば，砂のお城を作ったり，家を作るためにブロックを使ったりする。構成遊びは創造性や学習，スキルの発達を促進する。

**合成音声**［synthetic speech］　機械（通常はコンピュータ）によって産出される音声。音声合成アルゴリズムには複雑性やその他の点によって様々なものがあるため，それらの産出した音声はその質（明瞭さや自然さ）が変動する。⇨ **圧縮音声**

**構成概念**［construct］　1．経験的に検証可能で，かつ測定可能な事象や過程－経験的構成体（empirical construct），あるいは直接観察は不可能であるが，この種類のデータから推論される過程－仮説構成体（hypothetical construct）に基づく説明モデル。心理学で用いられる多くのモデルは，仮説構成体である。⇨ **アズ・イフ仮説，ヒューリスティック**　2．社会的認知の研究における，知識の要素（認知構造：cognitive construct）のこと。

**構成概念妥当性**［construct validity］　テストあるいは尺度が理論的な構成概念の特性または能力（たとえば，知能）を測定することができる程度のこと。

**構成概念妥当性検証**［construct validation］　尺度の**構成概念妥当性**を確立する過程のこと。その過程は，通常**収束的妥当性，弁別的妥当性**および**内容的妥当性**を同時に検証する必要がある。

**構成失行**［constructional apraxia］　脳損傷によって，対象の模写やパーツの組み立てができない状態のこと。構成失行の検査には，手本の模写，パズルの組み立て，木製の棒やブロックで特定の物を作ることが含まれている。⇨ **失行**

**校正者の錯誤**［proofreader's illusion］　綴りが文字通りあっているか間違っているかの影響よりも文脈やほかの手がかりが勝る**トップダウン処理**によって，誤字や脱落，余分な文字，転置，あるいはこれらと同様のものが見落とされる視覚的エラー。

**構成主義**［constructivism; constructionism］　ピアジェ（Jean Piaget）の中心的課題で，人々は能動的に知覚を形成し，既に何を知っているのかという観点において，物体や出来事を解釈するという理論的展望のこと。したがって，人々の知識はどのようにして（何が）新しい情報を得るのかを方向づける。⇨ **社会構成主義，直接知覚**

**構成主義的**［constructivist］　構成主義に関連していること，構成主義に基づいていること，あるいは構成主義に由来していること。構成主義のアプローチでは，**認知アーキテクチャ**に表されるように，領域における不変性の発見が発達段階を可能にし，モデルの構築と改良が学習を支える。

**構成主義的学習環境調査（CLES）**［Constructivist Learning Environment Survey: CLES］　「全くない」から「いつも」まで，5段階の**リッカート尺度**を用いて生徒が評価する30項目により構成される質問紙（例，「私は自分の学習を評価するために先生を助ける」）。特定の教室の環境がどの程度，**構成主義的認識論**と整合しているかが評価され，教師が自身の認識論的前提を振り返り，その教育実践を再形成することを助ける。［オーストラリアの教育者テイラー（Peter Charles Taylor）とフレイザー（Barry J. Fraser）により開発された］

**構成主義的心理療法**［constructivist psychotherapy］　1．**構成主義**に由来する個人心理療法の一つ。意味生成に焦点が当てられており，クライエントの人生がより豊かになるよう問題の再概念化を援助する。物語，神話，詩歌，その他の言語的，非言語的な方法を用いる。2．意味生成における対人間の，そして社会的なプロセスの原理に基づいた心理療法の総称。この種の治療は主に構成主義に由来するものであり，実存主義的心理療法，人間性心理療法，家族療法における発展も包括している。⇨ **ナラティブ心理療法**　［アメリカの臨床心理学者ケリー（George Kelly: 1905-1967）が発展させた］

**抗生殖腺作用**［antigonadal action］　薬の作用や，扁桃体や下垂体の破壊によって生殖腺の機能がなくなること。

**抗精神病薬**［antipsychotics］　統合失調症，急性躁病，せん妄，思考障害，興奮状態などの治療に用いられる作用物質。以前は，強力精神安定薬（major tranquilizers）と呼ばれていたが，現在は抗精神病薬と称されている。抗精神病薬は大きく2つに分けられる。一つは，定型抗精神病薬（conventional antipsychotics）であり，**フェノチアジ**

ン，ブチロフェノン，チオキサンテンなどである。もう一つは，新型の非定型抗精神病薬であり，クロザピンがその代表である。後者は，前者に比べて副作用が少ないことが知られている。抗精神病薬は，ドーパミンD2受容体（⇨ **ドーパミン受容体拮抗薬**）を含む様々なメカニズムによって，その作用を引き起こす。**錐体外路作用**をもつそれらは，神経遮断薬（neuroleptics）とも呼ばれる。⇨ **高力価の抗精神病薬**

**向精神薬**［psychoactive drugs］ 思考，知覚，感情といった心理的過程に影響する薬類。意識状態の変動を故意に生じさせ（**幻覚剤**，**オピオイド**，**吸入因子**，**大麻**），心理療法を行う機関において心理状態の改善を目指す。これらは**抗うつ薬**，**気分安定剤**，**鎮静剤**，**睡眠薬**，**抗不安薬**（中枢神経抑制剤：CNS depressants），**抗精神病薬**を含む。多くの場合，精神活性薬は臨床的な状況における向精神薬（psychotropic drugs またはpsychotropic）として知られている。

**公正世界現象**［just-world phenomenon］ ある人の身に起こる出来事は，その人が当然受けてしかるべきものであるという信念。「出来事は合理的に生じるのであって，偶然によるものではない」と信じようとする，万人に共通した心理的願望によって生じる。このような態度は，たとえば，何の罪もない人が事故の犠牲になったのは，その人に何らかの責任があったか，あるいは何らかの報いであるからに違いない，といった信念につながることがある。公正世界仮説（just-world hypothesis）とも呼ばれる。［カナダの心理学者ラーナー（Melvin J. Lerner: 1929- ）によって提唱された］

**後成説**［epigenesis］ 生命体の身体的・行動的特徴は，遺伝的影響と環境的影響のいずれかだけではなく，それらの相互作用によって決まるとする理論。⇨ **生まれか育ちか論争**

**構成素**［constituent］ より大規模でより複雑な単位を構成する言語単位。文章解析のより伝統的な形式において用いられるが，今日では**句構造文法**や他の形式の**生成文法**で実践される構成素分析（constituent analysis）の一種に主に関連している。この形式の分析では，「男が窓を開けた」などといった標準的な英文は「名詞句（NP）」と「動詞句（VP）」という直接構成素をもつと言われる。動詞句はさらに「動詞」（V）と「名詞句」という構成素に分割することができ，いずれの名詞句も「決定子（det）」と「名詞（N）」にさらに分割することができる。

**構成的記憶**［constructive memory］ 事象や経験についてより完全で詳細な説明をするために，一般的な知識を利用して想起するという特徴をもつ想起の形式。⇨ **バートレット法**，**再構成的記憶**

**構成的代替主義**［constructive alternativism］ アメリカの心理学者ケリー（George A. Kelly: 1905-1967）の人格構成概念理論（personality construct theory）において，多様な視点から世界を眺めることのできる能力。換言すれば，多彩な代替的構成概念を心に描くことができる能力。

**後成的風景**［epigenetic landscape］ 発達を，様々な深さや険しさをもつ谷と丘として表現する視覚的比喩。発生のある側面は，多くの状況下ではある共通の経路に従って進行するが，実際の詳細部分は個体によって異なるし，突然の環境的・遺伝的変化によっても変化しうるということ

を意味する。［イギリスの生物学者ワディントン（Conrad Hall Waddington: 1905-1975）によって提案された］

**構成統合運動障害**［constructional dyspraxia］ 描画，ブロックやパズルの構成といった，視覚的イメージを再現する能力が損なわれていること。⇨ **統合運動障害**

**合成による分析**［analysis by synthesis］ **データ駆動型処理**と**概念駆動プロセス**の双方が感覚入力の認識と解釈において相互作用すると主張するすべての情報処理理論を指す。このタイプの，特に発話知覚と言語処理に関連した理論では，人はまず刺激の物理的な特性と構成要素を評価（分析）し（データ駆動処理），次に，文脈情報や過去の経験・学習から獲得された知識に導かれて（概念駆動処理），この事前の刺激分析から意味のある情報を決定し，その情報を内的表象ないし刺激が何であるかの解釈と集合させる（統合する）。この内的表象は，入力された刺激と比較される。2つが適合すれば刺激は認知され，適合しなければ，適合するまで別の表象と比較される。つまり，最初の入力情報を分析し，それが何であるかの仮説を立て，もし仮説が正しければ入力がどのようなものであるかを決定し，最後に入力が本当にそのようなものであったのかを評価するのである。

**合成の信頼性**［reliability of composites］ 複数の成分（たとえば項目群や下位検査群）で構成された検査の全体的な信頼性のこと。**アルモルのシータ**や**クロンバックのアルファ**はその代表的な例である。

**抗生物質**［antibiotics］ 病原となる有害な微生物，特に細菌を殺すための薬。抗生物質は，生きている細胞（カビ，酵母菌，バクテリア）から得られ，体の中にある天然の抗生物質と似た作用をもつ合成化学物質としても作られる。バクテリアの複製を妨げたり，病原体の機能を妨げることで作用する。また，抗生物質はウイルスに対しては効果がない。抗生物質の乱用と不適切な使用は，バクテリアに耐性をもたせる危険がある。

**更生プログラム**［diversion program］ 逮捕された人が裁判にかけられることなく，判決も下されない代わりに，様々な施設でのプログラムに参加すること。被告人は犯罪や罪状認否を公式に告発された後，裁判への起訴手続きの代わりに，更生プログラム（たとえば麻薬治療のためのもの）に送られる。プログラムを完全に終了させれば，告発が取り下げられる。

**合成法**［synthetic approach］ 様々なプロセス，システム，技術などを統合することで，内容の理解を高めるようなより複合的な学習手段を作り上げること。読解教育において，文字を音節や単語に統合することを学習する前に，書いてある文字を認識させ，その文字がどのように音と関係しているかを理解させることなどが，例としてあげられる。

**合成麻薬**［designer drugs］ 通常，ヘロインのような効果をもつ合成オピオイド。規制薬物の法的定義や使用制限を回避する化学構造に作られている。これらの薬は若い人に利用されている。⇨ **クラブドラッグ**

**構成要素の信頼性**［reliability of components］ テストを構成する項目群や下位テスト群に関する平均的な信頼性。⇨ **項目間信頼性**

**後成論**［epigenetic theory］ 心や意識は，生命体がある程度の高度な複雑さをもったときに発生する，という考

え。⇨ **創発**

**合接強化（CONJ）**［conjunctive reinforcement: CONJ; conjunctive reinforcement schedule; conjunctive schedule of reinforcement］　強化の前に2つ以上の**強化のスケジュール**の完了を要する**間欠強化**の一種。スケジュールが完了する順番は無関係である。合接強化スケジュール（conjunctive reinforcement schedule），強化の合接スケジュール（conjunctive schedule of reinforcement）とも呼ばれる。

**口舌咀嚼運動症候群**［buccolingual masticatory syndrome: BLM; BLMS］　抗精神病薬の利用と関連する運動障害で，舌，口や顔の筋肉組織の不随意運動によって特徴づけられる。患者は，突然急に咀嚼や，舌を突き出す，しかめつらをしたり，口や頬をすぼめたりする。口舌咀嚼症候群（buccal-lingual masticatory syndrome）や，口舌ジスキネジア（oral-lingual dyskinesia）とも呼ばれる。⇨ **遅発性ジスキネジア**

**光線過敏**［photosensitivity］　光，特に太陽の光に対する敏感さのことで，**白色症**や**光原性てんかん**で起こる。肌に及ぼす太陽の光の敏感さの増大を特徴とする病気としては，全身性の**紅斑性狼瘡**と**色素性乾皮症**があげられる。光線過敏はフェノチアゾン（たとえばクロルプロマジン），カルバマゼピン，セイヨウオトギリソウ，チアジド，スルホンアミド，テトラサイクリンなどの特定の薬への拒絶反応として生じる可能性がある。このような場合では，しばしば発疹やそのほかの皮膚反応の形態として生じる。光線過敏は，強い光を受けた後に，アレルギー症状を発現する人において免疫反応を示すこともある。

**光線狂**［photomania］　**1.** 異常な光，特に日光に対する切望。⇨ **季節性感情障害**　**2.** 太陽崇拝の実行。

**光線恐怖症**［photophobia］　極端に，しばしば苦痛を伴うほど，光線に対して過敏であること。片頭痛やある種の脳損傷に関連していることがある。

**好戦的（議論好き）**［contentiousness］　論争や不和を好む傾向。喧嘩っ早いこと。議論好きは，自分が不当に扱われたと知覚した**躁病**や，被害的**妄想性障害**の初期段階で見られることがある。

**光線療法**［light therapy］　自然，あるいは人工の光を用いて，様々な病気，主としてうつ病性障害，睡眠障害の治療を行うこと。⇨ **光療法**

**酵素**［enzyme］　生物学的触媒として作用するタンパク質。それ自体は最終産物に取り込まれることなく，生物学的反応の速度を上げる。多くの酵素は，正常に機能するために，他の有機分子（補酵素）や無機イオン（補因子）を要する。多くの酵素は，それらが触媒する反応の型に従って名づけられている。たとえば，グルコシダーゼはグルコシドをグルコースへと変換する。**アセチルコリンエステラーゼ**は神経伝達物質であるアセチルコリンを分断し不活性化する。

**構造**［structure］　**1.** 統合的な全体を形成している組織化された要因や，構成要素の比較的安定した配置もしくは配列のこと。構造は，あるものが何をするかよりも，むしろそれがどのように組織化され，パターン化されているのかを重視する際に，機能とよく対比される。**2.** 構築された各要素からなる全体。**3.** ピアジェ（Jean Piaget）は，実在するモノはすべて，永続的に**知識ベース**を構築すると

し，この知識ベースを用いて，子どもは自分のいる世界を理解すると説明した。

**構造化**［structuring］　**1.** 通常，初回面接時にカウンセラーや治療者が治療方法や特定の手続き，今後の治療の過程等について説明すること。また，治療で期待される結果，時間的制限や料金，クライエントとカウンセラー（または治療者）との間における責任と機能についての説明も含まれる。⇨ **契約**　**2.** 教育を行う際に，行動の教授を行うこと。構造化を行うことで学級崩壊の発生を低減させることができるとされている。

**構造化学習**［structured learning］　心理的スキル訓練に基づいて，スキルや行動を患者に教える複雑な心理療法。健康で満ち足りた人生に導くことが目標とされる。また，面接外でも，一貫してスキルを用いる能力を学習できるよう支援される。このアプローチは，**モデリング**，**ロールプレイ**，パフォーマンスのフィードバック，**訓練の転移**の4つの構成要素からなる。参加者は，模倣するための行動の手本を提示され，その行動を練習する。そして，そのパフォーマンスに関するフィードバックを与えられ，現実的な状況でその行動を用いるように課された宿題を実行する。［イギリスの心理学者であるゴールドステイン（Arnold P. Goldstein: 1933- ），スプラフキン（Robert P. Sprafkin: 1940- ），ガーショー（N. Jane Gershaw: 1945- ）によって発展された］

**構造化観察測定法**［structured observational measures］　観察された各行動ユニットを客観的に定義されたカテゴリーに分類することで顕在的な行動や対人関係過程を測定する方法。そのようなカテゴリーシステムを用いる調査者は，（a）どのような行動に関心をもっている，もしくはもっていないのかについて選定し，（b）観察者全員が行動の分類に合意するようにそれらの行動の特徴を明確に定義し，（c）分析をする状況においてそれら対象となる行動の発生と頻度を記録する。**相互作用分析過程**，ならびに**SYMLOG**はこのようなカテゴリーシステムの例である。

**構造化項目**［structured item］　一定の選択肢の中から選び，回答する項目のこと。

**構造化された相互作用的集団心理療法**［structured interactional group psychotherapy］　**集団心理療法**の一種で，治療者がグループの相互作用のために構造マトリックス（structural matrix）を提供する。通常，各セッションで相互作用の焦点となる人（標的患者）は，別のグループから選ばれる。［アメリカの精神科医カプラン（Harold I. Kaplan: 1928-1998）とサドック（Benjamin J. Sadock: 1933- ）が開発した］

**構造化された治療**［structural therapy］　**自閉性障害**の子どもへの治療体系の一種で，ゲームのような設定で身体的，言語的刺激を強調する構造化された環境を提供する。子どもが受け取ることのできる刺激の種類と量を増やすことが目的で，より現実的な方法で環境に関われるように支援する。

**構造化刺激**［structured stimulus］　よく定義され，よく組織化された刺激。⇨ **非構造化刺激**

**構造化した学習集団**［structured learning group］　自己洞察を深める手助けをする**相互学習グループ**の一つ。比較的特異な運動や活動，課題を通して対人スキルを向上させたり，対人間の問題を解決したりする。

**考想化声**［echo des pensees; thought echoing］　自分の思考が会話形式で繰り返されるように聞こえる**幻聴**のこと。

**構造化面接**［structured interview］　予め決められた一連の質問で構成されている面接。構造化面接は，データを作り，容易に表にできるため，臨床場面だけでなくマーケティングリサーチでも一般的に用いられている。また，人事選考などの領域でも使われる。⇨ **パターン化面接，非構造化面接，標準化したインタビュースケジュール**

**構造グループ**［structural group］　目標となる洞察に，最もうまく至るであろう人を選んで作られる治療的グループ。類型，性向，パーソナリティ，教育レベルが異なる人々が1つのグループにまとめられるが，治療過程では，彼らの相互作用が互いの利益を最大化するであろうという仮説に基づいている。構造化されたグループ（structured group）とも言う。［オーストリア生まれのイギリスの精神科医モレノ（Jacob Levi Moreno: 1889-1972）によって創始された］

**構造主義**［structuralism］　**1.** 哲学から独立した科学としての心理学の最初の学派。構造主義に影響を与えた人物としては，ヴント（Wilhelm Wunt）があげられることが多いが，より強く直接的な影響を与えたのは，ティチナー（Edward Bradford Titchner）である。ティチナーは，心的な経験を対象とし，その構造について，訓練された**内省**に基づく，体系立った実験プログラムを通じて検証するという自身の立場を，構造主義と呼んだ。**2.** 1960年代および1970年代に流行した，人間の行動および文化を研究する様々な学問領域で起こった潮流。この潮流は，スイスの言語学者であるソシュール（Ferdinand de Saussure: 1857-1913）が草分けとなった言語分析への根本的に新しいアプローチに影響を受けていた。ソシュールは，当時の言語学において広く用いられていた歴史的，比較的なアプローチに対し，言語とはその内的構造のディテールを通して接近されなければならない閉鎖的な体系であり，言語学的な**記号**（書かれた，もしくは話された言葉）は，その外的な**指示物**との関係性を通じてではなく，同じシステムにおける他の記号との構造的な関係性を通じて，意味を獲得すると主張した（⇨ **恣意的記号**）。それゆえに，あらゆる特定の言語を使用する際の意味は，主に要素間の機能的な対照のパターンによって広く定義される，その言語の全体的かつ抽象的なシステムに根ざしている（⇨ **二項素性，最小対**）。言語学の構造主義者モデルは，フランスの文化人類学者レヴィ＝ストロース（Claude Lévi-Strauss: 1908-2009）の研究の中で，人間の思考や行動を含む，本質的にすべての社会的，文化的現象を対象に含めるところまで広く適用されるようになった。文化人類学とその他の社会科学分野における構造主義者にとって，生活世界における出来事と，それらの出来事に意味を供給する抽象的な関係（relationships）と思考（idea）のより深い構造との間には，つながりがある。構造主義者の説明は，個人の自律性（autonomy）や行為（agency），実体的な科学，そして線形的因果関係（linear-time causation）には重きをおかず，規則に支配された行動（rule-governed behavior）を現時点で算出するために働く，構造的かつシステマティックな影響からの説明と，隠された構造が明らかになることで現れる真の説明を重視する。1960年代に，構造主義者の思想は文学研究に多大な影響を与えた。また，彼らは言語的，非言語的なサインが意味作用（signification）の特定の記号（code）の中で意味を獲得する様式について研究する**記号論**の新しい領域に，基本的な知識構造（intellectual framework）を提供した。続く数十年の間に，構造主義は徐々に**ポスト構造主義**に移行していった。

**構造主義者**［structuralist］　家族などの集団やシステムにおいて，組織的な構造を変化させることが，その集団やシステムにおける相互作用のパターンを変化させ，改善させると考えるセラピストのこと。

**構造上の制約**［architectural constraints］　脳で処理することができる情報のタイプを規定する脳の構造の特徴。構造上の生得性とも言う。⇨ **表象的制約**

**構造的モデル**［structural model］　精神分析理論で，パーソナリティは3つの部分，もしくは3つの機能を含むという考え方。（a）イドは本能的な衝動，（b）自我はイドを調整し，イドと外的現実の間をとりなす，（c）超自我は，道徳的な指示や規範。フロイト（Sigmund Freud）は，このモデルを1923年に提示し，彼の初期のモデルで，精神を無意識，前意識，意識に分ける**局所モデル**に置き換えた。構造的アプローチ（structural approach），構造仮説（structural hypothesis），構造理論（structural theory）とも呼ばれている。⇨ **力動的モデル，経済モデル**

**考想伝播**［thought broadcasting］　自分の考えがすべての人に伝わっていると考える妄想。

**構造派家族療法**［structural family therapy; structural therapy］　家族療法の流派の一つで，生じている問題は貧弱な構造をもった家族関係の結果であると考える理論に基盤をおき，合理的な解決方法を提供する。たとえば，10代のように振舞う父親と親のように振舞う年長の娘の親子がいたとすると，そのいずれか，または両方に問題が起こる。こうした構造を改善するためには，家族システム全体と家族内でそれぞれが果たしている役割を修正しなければならない。

**構造分析**［structural analysis］　**1.** 精神やパーソナリティ構造に関する心理学的理論のなかには，構成部分の細分化を試み，部分と部分，部分と全体との関係を明らかにしようとするものもある。このような分析は，機能，力動，行動に基づいた理論とは対照的である。⇨ **パーソナリティ構造，構造的モデル　2.** 言語学において，語や句，文，あるいはそれより長いユニットの，形式上の**構成素**に関する分析。⇨ **句構造文法**

**構造方程式モデリング**［structural equation modeling: SEM］　因果関係を表す要素として**潜在変数**を含めた統計的モデリング手法。構造方程式モデリングは，直接測定することはできないが，その一部が測定可能な複数の尺度によって近似される概念を含む因果モデルを検討するための高度な統計的方法である。

**梗塞**［infarction］　**1.** 動脈血の供給が閉塞されることで生じる壊死した組織の領域。脳梗塞の及ぼす影響は軽度から重度まであり，壊死組織の程度や脳内の位置によって様々である（⇨ **脳梗塞**）。心筋梗塞（myocardial infarction: 心臓発作）は心筋の一部の壊死で，通常冠状動脈の閉塞によるものであり，よくみられる死因の一つである。**2.** 特定の組織，器官などへの血液供給が急激に不足すること。動脈血供給の閉塞により引き起こされる。たとえば，

血栓症，塞栓症などがある。⇨ 脳卒中

**光束**［luminous flux］（記号：Φ<sub>v</sub>）ある光源から発せられている，もしくはある表面から反射している光の量。基準光源を参照してルーメンで測定される。

**拘束エネルギー**［bound energy］（精神分析理論において）自我のなかにあり，個人の外面的現実に焦点を当てる**心的エネルギー**（精神エネルギー）。拘束エネルギーは，精神過程の二次過程に関係し，イドの**自由エネルギー**と対比される。

**拘束形態素**［bound morpheme］言語学において，他の**形態素**とセットでのみ現れる**形態素**。たとえば過去形の-edという形態素は，動詞の語幹と一緒にしか現れない（たとえば，kissedのように）。⇨ **自由形態素**

**拘束後における健康上の問題**［postcaptivity health problems］拘束期間の後に生じる健康上の問題。特に**捕虜**で起こりやすく，外傷，心的外傷後ストレス反応，異常な感情反応，あるいはこれらの組合せを伴う。多くの被拘束体験は，解放されてから1年以内に**外傷後ストレス障害**を発症するが，ときには発症が遅れることもある。

**高速道路催眠現象**［highway hypnosis］単調な道路での長距離運転中に起こる，眠気による不注意からくる事故多発性の口語的な言い方。

**拘束服**［straitjacket］かつて，精神科患者の自傷他害を止めるために，場合によっては罰として着せられた衣服。カンバス地の長袖シャツ。体の前で腕を組ませ，袖を背中に回して固定できた。現在，患者の身体的抑制が必要とされる場合はベルトが使われている。キャミソール（camisole）とも呼ばれる。

**好訴妄想**［litigious paranoia; paranoia querulans; paranoid litigious state］絶えず続く口論，迫害の主張，権利が破られたという強い主張を特徴とする妄想性障害の一種。大抵は訴訟を起こす恐れがあり，誇張された，または，想像上の不法行為に対する補償を求める。

**酵素誘導**［enzyme induction］薬物によって，酵素活性，特にそれらの薬物の代謝に重要な機能を果たす肝酵素の活性が増すこと。**チトクロムP450**肝酵素は多くの向精神薬の代謝に重要な機能をもつ酵素であるが，誘導を受けやすい。バルビツール酸塩やいくつかの抗痙攣薬，ステロイドは肝酵素を誘導し，それらの酵素系によって代謝される薬物などの活性を減少させることがある。タバコの煙に含まれる化学物質や炭火で焼いた肉，環境汚染物質にも酵素誘導能がある。

**酵素抑制**［enzyme inhibition］特に肝臓の酵素など，薬物などを新陳代謝させる酵素の効力を弱めたり阻害したりする薬物やその他の物質の効力のこと。多くの向精神薬の新陳代謝を担う**チトクロムP450酵素**は，向精神薬やその他の物質による抑制の影響を受けやすい。多くのSSRI（選択的セロトニン再取り込み阻害薬）は，酵素によって新陳代謝されるSSRIやその他の物質の濃度上昇を引き起こし，**基質**を活性化させる酵素の活動を抑制する。酵素抑制は，基質など同じ結合部位で拮抗することで薬物が部分的に酵素を抑制する場合，拮抗的であるといえる。一方，酵素を根本的に変容させ，他の物質の部分的な新陳代謝さえ起こりえないほど薬物が酵素と完全に結びついた場合，不可逆的であるといえる。

**交替**［alternation］**1．**実験的研究において，ある事象がもう一方の事象と交互に起きるようなパターンのこと。たとえば，**オペラント条件づけ**実験において，強化された試行（R）が非強化試行（N）と交替することにより，RNRNRN…というパターンが作り出される。**2．**このスケジュールによって生み出される行動パターンのこと。N試行よりもR試行において，より強く反応する。⇨ **二重交代，交替学習**

**抗体**［antibody］Bリンパ球によって作られるタンパク質。**抗原**と作用して無害化する（⇨ **免疫反応**）働きをもつ。それぞれの抗体は特定の抗原に作用する。ある抗原にさらされることにより，その抗原に作用する抗体を大量に作ることが可能となる。⇨ **抗原－抗体反応，免疫**

**後退**［deterioration］情動機能，判断機能，知的機能，筋機能，記憶機能など，基礎的な機能における進行性の障害または損傷の状態を指す。

**交替学習**［alternation learning］**1．**連続して同じ反応をすることなく，試行ごとに反応を入れ替えることを個体が学習しなければならない学習課題。**2．**1回の反応により，報酬と無報酬が交替すること。この場合，報酬への反応は，報酬がないときよりも速くなる。

**交代性人格**［alternating personality］人格が交互に現れる要素をもつ人格のこと。⇨ **解離性同一性障害**

**交替性の見え**［alternating perspective］曖昧図形を見ているときに，ある見えから別の見えの状態に突然移行すること。一度には一つの見えしか知覚することができない。⇨ **ネッカーの立方体，反転図形，ルビンの盃**

**向態度的行動**［proattitudinal behavior］態度と一貫した行動。選挙の候補者に対する肯定的な態度をもっていて，その候補者の政治キャンペーンにお金を寄付することに同意している，というのが向態度的行動の一例である。⇨ **態度行動一貫性，反態度的行動**

**後大脳動脈**［posterior cerebral artery］脳の動脈の一種。**脳底動脈**の末端の分岐からはじまり，**動眼神経**の上を通って**小脳テント**よりも高い位置にある中脳の周りをカーブしている。この動脈の分枝は視床や脈絡叢を含む**第三脳室**の領域，後頭葉の後部表面，舌状回，紡錘状回，下側頭回に血液を供給している。

**抗男性ホルモン**［antiandrogen］アンドロゲン（男性）ホルモンが作用する組織において，その効果を減らしたり阻害する生理学的効果を有する物質のこと。**薬理学的拮抗作用**として，またアンドロゲンの代謝過程を干渉したり，アンドロゲンが生起する反応を抑制することにより機能する。ビカルタミド，フィナステリド，フルタミド，ニルタミドなどがある。アンドロゲン拮抗剤とも呼ばれる。

**向知性薬**［nootropic drugs; cognitive enhancers; memory enhancing drugs］アルツハイマー病などの進行性認知症，および心的外傷による認識機能障害の治療にも使われる認識機能を促進させる薬品。認知症の進行を反転させることはできないが，軽度や中度の患者において，その進行を遅らせることができると報告されている。これらの薬品の多くは中枢神経内のアセチルコリンの活動を抑制することによって作用し，それによりアルツハイマー病患者の乱れたコリン作動性神経伝達を中和する。**NMDA受容体**の拮抗作用と，脳の**ベータアミロイドプラーク**形成の予防を含む他の薬品ではアルツハイマー病患者の認識能力の改善のため別の仕組みを用いている。最近の向知性薬は，タ

クリン，ドネペジル，リバスミグミン，ガランタミンを含む。

**膠着**［agglutination］　言語学において，本質的には変化することのないまま複数の**形態素**が組み合わさることで単語が生成されること。たとえば，unbeatable という単語は，un-，beat，-able という形態素が膠着することによって生成される。⇒ **膠着語**　［訳者補足］日本語では「遊ぶ」という動詞に「遊ばない」「遊びたい」「遊ぼう」など語尾を変化させるのが一例である。

**膠着語**［agglutinative language］　**言語類型論**において，多数の異なる**形態素**の膠着によって形成される合成語で意味が表現される言語。トルコ語，日本語は膠着語と考えられる。⇒ **融合言語**，**孤立語**

**硬直性**［rigidity］　**1.** 行動，意見，態度を変えることへの強い抵抗，もしくはそのようにできないことが特徴の個人特性。**2.** 脳損傷後，柔軟性を欠き，より効果的で有用的な選択肢があるにも関わらず，一つの方法でのみ課題を遂行する傾向。⇒ **除脳硬直**

**交通枝**［rami communicantes］　脊髄神経への**交感神経鎖**の神経節をつなぐ神経線維。灰白交通枝と**白交通枝**の両方を含む。

**交通性水頭症**［communicating hydrocephalus］　水頭症において，脳室における脳脊髄液に閉塞が生じないもの。ただし，脳脊髄液は過剰に生産されたり，再吸収の異常が生じたりしている。⇒ **非交通性水頭症**

**肯定**［affirmative］　言語学において，ある事柄について，**否定語**な表現や疑問ではなく，肯定的（positive）表明を行うときに用いられる文形式のこと（⇒ **疑問文**）。

**肯定的感情**［positive affect］　目標を達成したり，脅威を回避できたり，現状に満足している時などに生じる内的な感情（⇒ **感情**）。こうした感情状態を経験しやすい傾向のことを，肯定的感情感受性（positive affectivity）と呼ぶ。

**肯定的嗜癖**［positive addiction］　運動や瞑想といった類への参加活動欲求や衝動は，嗜癖の水準やそうした形に至ることがあったとしても，肯定的にとらえるべきである，という考えを基盤とした概念。肯定的嗜癖は，薬物乱用やアルコール依存，タバコ依存といった否定的な嗜癖の，健康的で治療的な代替行動であると考えられている。［アメリカの精神科医グレイサー（William Glasser: 1925- ）が発展させた］

**肯定的ステレオタイプ**［positive stereotype］　ステレオタイプの一つ。特定の集団や社会カテゴリーの成員がもつ，立派な，望ましい，あるいは有益な性質・特徴の描写とされる。ステレオタイプの多くは否定的なものだが，自身が所属する集団についての一般化は肯定的なものになる傾向がある。⇒ **否定的ステレオタイプ**

**肯定的態度**［positive attitude］　心理療法やカウンセリングにおける用語。自己承認や自己受容，セラピストやカウンセラーを受け入れること，セラピーやカウンセリングの進行，または他者や事物を受け入れるクライエントの感情。⇒ **否定的態度**

**肯定的配慮**［positive regard］　**1.** 子どもに対する養育者の温かく，思いやりのある，受容的な感情のこと。肯定的配慮は子どもの一貫した自己価値を育むうえで必要不可欠であると考えられている。**2.** クライエントのことを配慮し，尊重する唯一の人としてのセラピストの態度。⇒ **条件つきの肯定的配慮**，**無条件の肯定的配慮**　［ロジャーズ（Carl Rogers）によって定義された］

**肯定的療法**［affimative therapy］　社会文化的な見地に基づき，クライエントや彼らのコミュニティを力づける介入のこと。特に，民族，ジェンダー，性的指向などの多様性に堪え忍んできた状況や通常の状態（たとえば　同性愛アイデンティティ）が病的とみなされる状況において介入がなされる。自己認識と文化的意識を強調して，この療法は他のものとはっきりと異なる介入として実践されたり，他の心理療法の手続きの中で実践される。

**公的自己**［public self］　行為，自己記述，魅力，社会的相互作用を他者に伝達する，自己についての情報，自己についての統合された視点のこと。個人の公的自己は，そうした印象の対象と観衆となる人々によって異なる。公的自己はしばしば私的自己と対比される。⇒ **集合的自己**，**社会的自己**

**後電位**［afterpotential］　活動電位のうち，電位がピークやスパイクに達した後に残る部位。後電流（aftercurrent）とも呼ぶ。⇒ **陰性後電位**，**陽性後電位**

**後天性統合運動障害**［acquired dyspraxia］　以前に獲得されていた協調運動を実行するための能力が失われたことが明らかな**統合運動障害**。通常，脳の損傷や脳卒中の結果として，もしくは，これらに関連して生じる。⇒ **発達性統合運動障害**

**後天性発話障害**［acquired speech disorder］　生まれた後しばらくして生じる発話障害。以前に獲得されていた明瞭な発話を行う能力が失われる。⇒ **先天性発話障害**

**後天的色覚異常**［acquired color blindness］　もともとは正常な視覚の人が色覚異常を発症すること。後天的色覚異常は網膜疾患（たとえば，**緑内障**や**網膜色素変性**），視神経疾患（多発性硬化症など），色の情報処理を担う後頭側頭皮質領域の損傷により生じることがある（⇒ **大脳性色覚異常**，**半色盲症**）。全身性疾患（糖尿病やアルコール依存症など），**無酸素症**，そして多くの毒素が色覚異常を生じる原因となる。後天的色覚異常は遺伝的な色覚異常とは全く異なる（⇒ **色覚異常**）。色の識別は全スペクトルにおいて損なわれる場合もあるし，低彩色の同定に障害がある患者もいる。色覚異常は通常視野全体に現れるが，脳損傷による場合は視野の右もしくは左半分に限定的な症状を示すこともある。

**光度**［luminous intensity］　（記号：$I_v$）点光源から所与の方向に放射される単位立体角当たりの**光束**。

**喉頭**［larynx］　気管の上部にある筋肉と軟骨組織であり，舌の下にある声帯も含まれる。喉頭の筋肉によってコントロールされ，喉頭の壁にある軟骨組織の動きにより声帯が振動し，声帯の張り度合いを変えることによって，声の周波数が変えられる（たとえば，ピッチのこと）。

**行動**［behavior］　**1.** 外的なあるいは内的な刺激に対する反応として生体が起こす活動の中で，客観的に観察できる活動や内観的に観察できる活動のこと。意識下のプロセスも含む。**2.** より限定的には，制御された刺激への反応として，客観的に観察または測定できる活動や機能を指す。研究史において，行動学者にとって客観的である行動は，主観的であると考えられ，科学的な研究に不相応である心的活動と対比するものであった。

**行動アセスメント**［behavioral assessment］　直接観察，面接，心理テストや，ある状況における態度や感情を抽出するその他の手法を含む行動を学習し評価するための幅広い技法のこと。アセスメントの手続きは，典型的には行動あるいは認知行動的介入という特殊な用途につながる。

**行動アンカー評定尺度（BARS）**［behaviorally anchored rating scale: BARS］　職務上の成果を評定する際に用いられる測度で，行動に基づく測度。被雇用者は，自分たちの行動と個々の行動事例とを比較されることによって成果についての評価がなされる。個々の行動事例は，成果の水準を判断するためのアンカー（基準）となる行動事例である。評価者の課題は，当該の成果次元上において，被雇用者の最も典型的な評定段階を決定することである。この行動アンカー評定尺度は，**状況面接**における求職者の出来具合を評価するために用いられることもある。⇨ **行動観察尺度，混合標準尺度，クリティカル・インシデント・テクニック**

**行動医学**［behavioral medicine］　行動学の理論や方法を医学的・心理学的疾患の予防，治療へと臨床的に応用するための行動研究に依拠した学問。応用する領域としては，慢性疾患，生活習慣に関するもの（例，タバコ，薬物，肥満），**身体表現性障害**などがある。行動医学は，内科医，心理学者，精神科医，ソーシャルワーカーや他職種が関わる総合的な領域であり，病気に関する生物-心理-社会的モデルを発展させた生物学的，心理社会的，行動学的，対人的な見地をしっかりと統合しており，病気を治療し管理し，健康を促進させ，健康な行動を維持するための介入を含んでいる。⇨ **健康行動**

**行動遺伝学**［behavior genetics; behavioral genetics］　家族性あるいは遺伝性の行動パターンや行動特性の遺伝的メカニズムを研究する学問。

**喉頭咽頭**［laryngopharynx］　舌骨の下に横に置かれている咽頭の一部のこと。舌骨とは，舌の下にあり，舌を支えている小さくてUの字型になっている骨のこと。

**行動エピソード**［behavior episode; behavior unit］　起始と終了が明確に規定された一連の行動。

**行動カウンセリング**［behavioral counseling］　カウンセリングの一種。**セルフマネジメント，オペラント条件づけ**などの手法を用いてクライエントの行動を変化させる。行動を変容させるためには，まず，ある特定の行動に焦点を当てる。次に，介入の戦略をたて，環境を変化させ，行動を望ましい形に変容させる。

**行動科学**［behavioral science］　観察や実験的手法を用いてヒトや動物の行動や反応に関する研究のこと。行動科学は，心理学や精神医学，社会学，精神薬理学，文化人類学，その他の領域を包含する。

**行動学**［praxiology］　意識や形而上学的な概念を排除した，人間の行為や顕在的な行動について研究する心理学のこと。［アメリカの心理学者ダンラップ（Knight Dunlap: 1875-1949）が用いた用語］

**後頭下穿刺**［suboccipital puncture; cisternal puncture; cistern puncture］　診断や治療の目的で，**クモ膜下腔**へ行う**腰椎穿刺**の代替方法。頭蓋底付近の場所から**大槽**へと針を刺し，脳脊髄液を取り出す。

**喉頭癌**［laryngeal cancer］　上気道における悪性腫瘍の増殖。主に40歳以上の人に発症する病気で，アメリカでは毎年4200人もの命を奪う。喉頭癌の原因として，飲酒，喫煙，都市部への居住などがあげられる。喫煙者が喉頭癌を患う可能性は，非喫煙者の7倍である。初期の症状として，声のかれ，喉の腫れ，喉に感じるしこりなどがある。癌が進行すると，呼吸や嚥下にも影響を及ぼす。癌の部位や進行に応じて，手術か放射線治療，またはその両方が治療に用いられる。治療のために一つの声帯のみが切除された場合は，患者は残りの声帯を用いて発声することができる。喉頭全体が切除された場合，人工の電子装置を用いるか，食道に取り入れた空気を吐き出す際に唇や歯を使って音を出す方法を訓練するが，この方法による発声には限界がある。

**行動観察**［behavior observation］　一人ないし複数の観察者によって，調査に参加している個人あるいは集団の進行中の行動を録画あるいは評価すること（両方を実施する場合もある）。観察は行動を直接見るか，フィルム，ビデオテープ，オーディオテープを見て，チャート，チェックリスト，尺度などを用いて行われる。

**行動観察尺度**［behavioral observation scale: BOS］　仕事のパフォーマンスを評価する際に用いられる，行動に基づいた評価基準。評価者は，従業員が仕事において効果的な行動を発揮した頻度を測る，1つ，あるいは複数の尺度を用いる。⇨ **行動アンカー評定尺度，混合標準尺度，クリティカル・インシデント・テクニック**

**行動奇形学**［behavioral teratology］　行動損傷に関する研究。未発達であったり，胎児に対する有害な薬物の影響を研究する。

**行動技術**［behavioral technology］　科学的行動分析学の影響のもと，行動に変化をもたらすように設計され，実験的に確立された手続きのこと。

**行動機能不全分類**［behavior dysfunctions classification］　症状や仮説上の構造というよりむしろ，行動の基礎における個人的な問題の分類。こうした分類によって，臨床家は患者の症候群や病ではなく，行動を変えるために援助をするようになる。

**行動記録**［behavior record］　特定の時間枠内の生物の行動のすべてを示したり，正確に集計したりした行動の記録。動物研究においては，行動の時間サンプル内における個体のすべての観察可能な行為を記録する必要がある。教育心理学においては，行動記録は，生徒の行動や性格をみたことを教師が記述したもののこと。

**行動経済学**［behavioral economics］　行動の予測や分析，将来的な変化に対して，経済学上の原理（例，需要と供給の法則など）を適用すること。たとえば，薬物乱用を，問題となっている薬物の価格と需要の観点から議論することなどがあげられる。

**行動契約**［behavioral contract; behavior contract］　クライエントがある行動の遂行に同意する場合の，セラピストとクライエントとの間の契約。それはセッション中続くことが多いが，セッションのある一時点の場合もある。⇨ **契約，随伴性契約**

**行動欠如**［behavioral deficit; behavior deficit］　特定の年齢において求められる行動特徴が欠けている状態。そのため，行動においては年齢相応に発達していないと捉えられる。

**行動決定因子**［behavior determinant］　行動に対する

効果を引き起こすすべての要因。

**行動圏**［home range］　動物が通常の活動において移動する空間全体のこと。その空間を同一種の他の成員から守ることもあるし守らないこともある。行動圏のうち，最も多くの行動が生じる部分を**コアエリア**と呼ぶ。行動圏（ないしは二次縄張り：secondary territory）は，積極的に防衛されている特定の領域である一次縄張り（⇨ **縄張り性**）とも，個体とともに移動する防衛空間である**個人空間**とも異なる。

**行動コーチング**［behavioral coaching］　個人が認知か行動，もしくはその両方を変化させようとしているとき，治療者が望ましい行動を実演してみせたり，個人を観察し，フィードバックすることで個人の変化をサポートすること。

**行動サンプリング**［behavior sampling］　指定された時間枠内での参加者の行動についての一連の観察を記録するプロセスのこと。行動サンプリングは，観察の複数の期間で，自然あるいは実験環境の両方で行われ，参加者が知らされている場合もそうでない場合もある。

**口頭試験**［oral test］　口頭での質問や回答が行われる試験のこと。

**行動指向の療法**［action-oriented therapy］　言語的コミュニケーションや話し合いよりも，実際に行動することに強調点をおいた治療法の総称。

**行動システム**［behavior system］　**1.** 同じ目標に到達する，あるいは同じ機能を実行するために実施される，異なる活動のこと。たとえば，コミュニケーションは，筆記，発話，あるいは身振りを通じて達成される。**2.** 重要な内的衝動（たとえば，食欲，性欲，攻撃性）の表出。表出の仕方は文化によって異なり，同じ文化内でも個人の経験によって異なる。

**行動修正**［behavior modification］　**オペラント条件づけ**，**バイオフィードバック**，**モデリング**，**嫌悪条件づけ相反抑制**，あるいはその他の学習技法を，人間の行動を変化させるための手段として用いること。たとえば，行動修正は，臨床的な場面では適応を改善し，症状を緩和するために用いられ，産業や組織といった場面では安全な業務の遂行を被雇用者に促すために用いられる。この用語は，**行動療法**と同じ意味で用いられることが多い。

**行動主義**［behaviorism］　感情や動機づけ，意識などの主観的で質的な過程よりも，客観的で観察可能な要因の研究に基づいて心理学へアプローチする立場。ワトソン（John B. Watson）により1913年に提唱された。ワトソンは心理学を自然科学とすべく，その研究対象を，刺激と反応の関連や条件づけの効果，生理的過程，人や動物の行動などの定量的な事象に限ることを提唱した。これらの事象はすべて，統制状況下で客観的な指標を得ることができる実験室実験に適したものである。歴史的に行動主義者は，心的な事象は主観的なものであり独立して証明できるものではないために，心それ自体は科学的研究に適切な主題ではないと考えた。行動主義は適応的な機能としての行動を重視しているため，**機能主義**を展開したものとみなされる。⇨ **記述的行動主義**，**方法論的行動主義**，**新行動主義**，**徹底的行動主義**

**行動主義者**［behaviorist］　行動主義の原理を支持している人。また，意識的に行動主義の原理に基づいて活動している人。⇨ **行動分析**，**行動修正**

**行動障害**［behavior disorder; behavioral disorder］　社会的規範やルールを破る，あるいは人の機能がひどく損なわれるような，固執し繰り返される行動パターンのこと。この用語は，広範囲の障害やその他の症候群を包括する非常に一般的な意味で使用されている。⇨ **注意欠陥／多動性障害**，**破壊的行動障害**，**一次的行動障害**

**行動小児科学**［behavioral pediatrics］　**小児科心理学**，臨床的な乳幼児・児童期の心理学，**健康心理学**において多領域を専門とする分野。予防および治療にあたっては専門家が習慣障害，反抗的な行動，睡眠・摂食障害，身体的な健康上の問題（たとえば，外傷性脳損傷）などを対処する。医学文献においては発達行動小児学（developmental-behavioral pediatrics）とされる。

**行動神経化学**［behavioral neurochemistry］　行動と生化学的な効果との間の関係を研究すること。たとえば，薬が脳内代謝に与える影響や，異なる神経伝達物質や神経調整物質の役割に関する研究などがある。

**行動神経科学**［behavioral neuroscience］　行動を支えている特定の神経回路やメカニズムを解明するために，行動と神経科学的な変数を同時に測定または操作する心理学の一領域。

**喉頭新生物**［laryngeal neoplasm］　喉頭，その関連する部位に発生する癌性または非癌性の腫瘍のこと。呼吸，飲み込み，発話に影響する場合がある。⇨ **喉頭癌**

**行動心理学**［behavioral psychology］　観測できる側面に焦点を当てたり，説明のために**行動理論**を用いて心理学的事象を理解しようとするアプローチ。

**行動心理認知科学連盟**［Federation of Behavioral, Psychological, and Cognitive Sciences］　行動，心理，言語，教育，知識システムの問題と心理学的，行動学的，生理学的な原理に関する基礎的な研究に関心をもつ科学協会の連盟。1980年に法人化された。この連盟の取組みは立法による権利擁護や規制擁護，教育，科学者に対する情報提供に焦点を当てている。

**行動随伴性**［behavioral contingency］　特定の行動と，その行動に対する**強化**の頻度，規則性，レベルの関連性。

**行動制御**［behavior control］　患者の生活の管理を目的として，侵襲的治療法（たとえば，薬や嫌悪療法など）を誤用すること。

**行動生態学**［behavioral ecology］　生命体の行動と環境の相互作用に関する研究。行動生態学は，**動物の行動**の適応性の側面を中心とし，特に自然環境下での行動を扱う。初期には資源を獲得することとその使用に研究の焦点があったが，近年では**社会的相互作用**の生物学的適応への寄与が中心となり，行動生態学と**社会生物学**の融合を招いている。

**行動制約理論**［behavior-constraint theory］　人が不快な環境刺激の制御に何度も失敗した結果，**学習性無力感**に至るという理論。

**行動接近システム**［behavioral approach system: BAS］　誘因動機づけの基盤として理論化された脳内のシステム。正の強化子と関連する刺激への反応として接近行動（approach behavior）を引き起こす。行動接近システムはポジティブな感情反応の生起と関連があり，行動接近システムの活動が強かったり，あるいは慢性的に活動していたりすると，外向性（extraversion）の傾向をもちやすいと

言われている。行動活性システム（behavioral activation system）とも言う。⇨ **行動抑制システム**　［イギリスの心理学者グレイ（Jeffrey Alan Gray: 1934-2004）が提唱した］

**行動対比**［behavioral contrast］　1. ある行動の出現率が，治療対象場面では減少しているにも関わらず，そうでない状況では増加すること。たとえば，学校における子どものかんしゃくが介入によって減ったにも関わらず，介入対象でない家のなかでは増えること。2. 研究場面において，あまり魅力的でない強化子への接触後に魅力的な報酬が出てきたとき，後者への反応が相対的に増大すること（正の対比：positive contrast）。または，魅力的な強化子の後であまり魅力的でない報酬が出てきたとき，後者への反応が相対的に減少すること（負の対比：negative contrast）。この現象は，強化子の効果が文脈に依存することを示している。

**行動多型**［polyethism］　**社会性昆虫**のコロニーで見られる労働の分割。行動多型のコロニーでは，それぞれの個体が，幼虫の世話，採餌，コロニーの防衛，巣作りなど，特定の仕事を担当する。個体の成長に伴って担当の労働が変化する，年齢バイアス型の行動多型をもつ種もある。

**行動達成課題**［behavioral approach task; behavioral approach test; behavioral avoidance test: BAT］　患者が恐怖を感じる状況で，それ以上先に進められなくなるまで状況に接近させて観察評価すること。行動達成課題は**特定恐怖症**や**広場恐怖**に伴うパニック症状に関連する特定の状況への恐怖や回避の度合いを査定するためにも用いられる。**臨床面接**で得られる情報を裏づけるためにも使われる。また，治療プロセスや転帰の状況を推定するためにも用いられる。行動達成課題によって，身体症状（心拍数の増加），逃避や回避戦略，恐怖の主観的評定などの様々な変数が測定できる。

**行動チェックリスト**［behavior checklist］　実施者か本人，もしくは医師によって観察され，記録される必要のある行動のリスト。

**行動的解釈**［action interpretation］　患者の行動や発言へのセラピストの非言語的反応のこと。

**行動的家族療法**［behavioral family therapy］　問題の行動分析と，学習を基礎とした行動原理の適用や，行動療法の技法を通した明白な行動変化への焦点づけといった特徴をもつ家族治療のこと。技法には，行動に関する契約，教示，モデリング，リハーサルがあり，ターゲットとなる行動の修正のために用いられる。

**行動的カップル療法**［behavioral couples therapy］　カップル療法は，教示，モデリング，リハーサル，フィードバック，肯定的な行動との代替，構造化した問題解決などを通して，否定的な相互作用パターンに焦点を当てる。この療法は，カップルの個々人や複数のカップルのグループにも適用される。法的に認知されているカップルがこの療法を行う場合，行動的夫婦療法と呼ばれることがあるが，実践家の何人かはこの用語を行動的カップル療法と互換性の効くものとして用いている。⇨ **コミュニケーションスキル訓練，統合的カップル行動療法**

**行動的基準**［behavioral criterion］　正確な診断を下すために，認められなければならない行動特徴。行動の自己報告よりも実際の行動が基準となる。行動基準（behavior criterion）とも言う。

**行動的減量療法**［behavioral weight control therapies］　**行動療法**の原理と技法を用いた介入で，クライエントが健康な体重となり，それを維持するために食事や生活習慣を変えることを援助すること。集団あるいは個人のセッションにおいて実践されるものであり，これらの支法には，セルフモニタリング，行動契約，環境変化（例　座って食べる，特定の部屋でのみ食べる），強化（例，社会的，あるいは金銭的強化）が含まれる。⇨ **行動的セルフコントロール訓練**

**行動適合**［behavioral congruence］　1. 個人が明言する目標，態度，価値と観察される行動との一貫性。パーソナリティ研究では，個人の行為と**自己評定**（self rating）に矛盾がないことを行動適合と呼ぶ。2. 組織において，被雇用者の個人的な目標や組織の目標と職務関連行動が一致している状況のこと。

**行動的志向**［action orientation］　ジレンマや葛藤に対する反応スタイル。長期にわたる分析や計画とは異なり，即断的な行動である点が特徴。⇨ **状態志向**

**行動的集団療法**［behavioral group therapy］　学習を基礎とした行動原理と技法を適用した**集団心理療法**の一つの形態。集団でのモデリング，リハーサル，社会的強化，系統的脱感作，その他の方法による**行動療法**を含む。⇨ **集団認知行動療法**

**行動的セックス療法**［behavioral sex therapy］　現在の問題の行動分析や，**行動療法**の方法を通して健康な性機能を妨げる行動を変えることに焦点を当てたセックス療法の一つの形態。その行動には，関係性が土台となるもの（例，コミュニケーション行動）や，特有の性的なものに基づくもの（例，性的刺激の回避）が含まれる。

**行動的セルフコントロール訓練**［behavioral self-control training］　セルフモニタリング，自己評価，自己強化，コーチング，行動契約，再発予防テクニックを用いた**行動療法**の技法。それらの技法により，クライエントが積極的な対処方略を身につけることを助け，習得したという感覚を増加させ，望ましくない習慣（例，爪噛み）を減らす。⇨ **行動的減量療法**

**行動的伝染**［behavioral contagion］　1人，あるいは少数の人の行動が，近接する他者によって迅速に模倣されること。多くの場合，明確な報酬や脅威刺激への反応において認められる。ある人が最初に行動を起こすと，他の者は詳しい状況分析なしに，ほぼ衝動的に，当該行為を迅速に模倣する。行動伝染（behaivior contagion）とも呼ばれる。⇨ **情動伝染，マス伝播**

**行動的統合**［behavioral integration］　環境配慮行動のモデルで，行動と関連した認知や感情，またそれらの相互作用を明示したもの。行動統合（behavior integration）とも呼ばれる。

**行動的病因**［behavioral pathogen］　病気や機能不全の危険性高めたり，余命を感じる可能性があったりする行動やライフスタイルのこと。行動的病因としては，喫煙，薬物依存，粗食，無防備な性的行為，座ってばかりいるライフスタイルがあげられる。⇨ **免疫強化行動**

**行動的ホメオスタシス**［behavioral homeostasis; behavior homeostasis］　様々な行動的プロセスによって，均衡状態を保とうとする生命体の傾向のこと。たとえば，体

温は震え，発汗や浅速呼吸によって調整される。満腹は食餌行動の開始と停止で達成される。⇨ **ホメオスタシス**

**行動的モメンタム**［behavioral momentum］　時間を通した行動の仮定的特徴のこと。これは進行中の活動を中断するような操作に直面した際に，いくつかの活動時間を通した**変化抵抗**が指標となる。行動的モメンタムが大きいほど，活動を中断することは難しい。

**行動手続き**［behavioral procedure］　**行動理論**の原則や手法に基づいた心理学的手続き全般を指す。これらの手続きは，基礎研究や応用研究に使われる。⇨ **応用行動分析**

**行動統合障害**［action disorganization syndrome: ADS］　脳の**前頭葉**の損傷のために，慣れ親しんだ課題であっても，複数の段階を経ることが必要となる課題において多くの間違いを犯してしまう障害。行動統合障害の人は，慣れ親しんだ状況においても新奇の状況においても，自身の行動を統制する能力の障害を有する。

**行動統制**［behavior control］　目的とする方向に個人または集団の行動を誘導するあらゆる形態の心理的操作（たとえば，脅しや約束）。

**行動統制感**［perceived behavioral control］　個人が自分の能動的な制御によって振舞っていると自覚していること。⇨ **計画的行動理論**

**行動毒性**［behavioral toxicity］　向精神薬により有害な行動変化が見られること。たとえば，不眠，鎮静，精神運動活動の低下，意識の変容などがあげられる。

**行動毒性学**［behavioral toxicology］　毒物への暴露が行動に及ぼす影響に関する研究。最近では多くの毒物に無症候性の作用があるとする研究結果が多数報告されている。毒物の量が，器質的障害発生の閾値をはるかに下回っていても，しばしば神経感覚的な側面で微小な行動変化が生じると考えられている。行動毒性学では，鉛がおそらく最もよく知られている。鉛はごく微量でも子どもの発達に影響する。現在では，多くの国でガソリンやペンキに鉛を入れることが禁じられている。

**行動内分泌学**［behavioral endocrinology］　内分泌腺や神経分泌細胞の活動と行動の間にある関係についての研究（⇨ **神経内分泌学**）。視床下部，下垂体，副腎のような様々な内分泌腺が行動に影響を与えることが示されている。たとえば性腺による性ホルモン分泌は性行動に影響を与え，副腎皮質ホルモンはストレスに対する生理学的，行動的な反応を変化させる。

**行動に基づいたセーフティ・マネジメント**［behavior-based safety］　**安全工学**におけるアプローチの一つで，人の行動は学習され習慣化されたもので，それゆえにヒューマン・エラーや事故を避けるように修正されうるという前提に基づいたアプローチ。主要な応用領域は，**訓練システム設計**の領域で，そこでの目的は優れた安全習慣を深く根づかせる訓練システムを考案することである。さらなる応用としては，安全に関わるプログラムへの労働者の関与を高めるような組織機構の設計や，労働者や消費者の行動や習慣に合致した機械や装置の設計を含む。

**行動の一貫性**［behavioral consistency］　将来の**職務成績**は，通常，現在の職務行動および過去の職務行動によって予測されうるという原理。

**行動の階層**［behavior hierarchy; behavioral hierarchy］　生起する相対的確率に基づいて順位づけされた，起こりうる行動反応のランキング。行動がより起こりやすいほど，高い順位に位置づけられる。

**行動の可塑性**［behavioral plasticity］　行動が社会的な経験や学習によって変化したり変容する程度のこと。高い可塑性とは変化に十分な余地を残していることであり，低い可塑性とは柔軟性のない行動パターンを指す。

**行動の陥穽**［behavioral sink］　動物の相互誘引により，集団が過密化し，個体にとって明らかな不利益が生じる状態のこと。これは，アメリカの実験心理学者カルフーン（John B. Calhoun: 1917-1995）による 1962 年の予想外の研究結果によるものである。実験では，動物に対して餌と水が無制限に与えられ，繁殖にも制約は加えられなかった。この結果，集団密度は急速に高まり，動物は病的な行動を繁殖に示し，それは特に餌や水のある区域の近くで見られた。

**行動の強制**［constraint of movement］　人の行動は他者によってコントロールされるという，エビデンスに基づかない信念。

**行動の弛緩訓練法**［behavioral relaxation training］　リラクセーション訓練や**行動療法**のこと。感覚のラベリング，モデリング，強化や，セラピストによるフィードバックを強調する方法がとられる。⇨ **漸進的筋弛緩法**

**行動の相同性**［behavioral homology］　生物種間の機能的な類似性（すなわち，共通の行動）。共通祖先をもつ可能性を示唆する。

**行動の出来事**［behavioral incident］　始まりと終わりが明確に定義できる，単一あるいは個々の行動上の出来事（例，歯を磨く）のこと。他の出来事と結びつくことで**行動連鎖**を作る。

**行動の統合**［behavioral integration］　分かれた個々の行動を，同時に起こる，あるいは統合された行動単位へと組み合わせること。

**行動の特殊化**［behavioral specialization］　動物の行動において，すみか，食料，配偶個体の選択における特殊な状況や環境に特異的に適応すること。たとえば，他の種と競合状態において行われる食物の探索では，ある範囲の食物だけに特殊化したスペシャリストの個体は，ジェネラリストの個体より効率的に食物を探し出し獲得できるはずである。ガラパゴス諸島のフィンチ（スズメ科の鳥）は多様化していて，あるものは昆虫に，あるものは木の実に特殊化しており，さらにその中でもあるものは大きく，また他のものは小さなものというように特殊化している。変化の少ない環境において行動の特殊化は競合状態に対して有利に働くが，ジェネラリストは変化し続ける環境において素早く反応できる利点がある。絶滅の危機に瀕する種は特殊化したものである場合が多い。

**行動の日記**［behavioral diary］　研究参加者が，起こった出来事を起こった時に記録し続け，データを収集するための道具。

**行動の発生学**［behavioral embryology］　胚子の行動に関する学問。ニワトリやアヒルの胚は孵化前から異なる感覚刺激に対する感受性を示しており，餌を食べるために必要な行動と類似した運動をする。胎生のラットは学習と同様に多くの運動能力や感覚能力がある。

**行動の反転**［behavior reversal］　**行動修正**の手法の一つ。患者は治療者に指導されて対人関係で起こる葛藤に対

して望ましい行動を練習する。望ましい行動は患者の従来の振舞いとしばしば異なっている。

**行動の表現型**［behavioral phenotype］ 生物学的障害に結びついている運動的，認知的，言語的，社会的に異常な様式。ある場合においては，行動の表現型は，明白な精神障害を構成する可能性がある一方で，その異常性が通常精神障害の症状とはみなされない場合もある。

**行動のプロフィール**［behavioral profile］ 実験やテストから得られた患者の全体的な行動特徴。個人の特徴を点数化するだけでなく，得点のばらつきも確認する。各特徴の得点がパーセント化や標準化されると，より直接的に評価できる。

**行動のモデリング**［behavioral modeling］ 他者の行動を，意識的あるいは無意識的に模倣すること。

**行動のリスク要因**［behavioral risk factor］ 身体的不調や疾病に陥る可能性を増加させる特定の行動や行動のパターン（たとえば過食や喫煙など）。

**行動の連鎖**［chain of behavior; behavior chain; behavioral chain］ 1つの行為が，次の行為を引き起こす刺激が存在する状況を作り出す，一連の行為。たとえば，鍵のかかったドアを開く状況において，鍵を回す行為を行うことで鳴るカチッという音は，ドアノブを回すという行為を起こさせる刺激となる。また，ドアノブを回すという行為は，ドアを押す（または引く）行為のための刺激となる。

**行動パターン［1］**［action pattern］ ある特定の刺激によって誘発される予測可能な行動系列のこと。たとえば，産卵期に，オスの魚が他のオスから攻撃的に縄張りを守る行動などを指す。⇨ **固定的行動パターン**

**行動パターン［2］**［behavior pattern; behavioral pattern］ 複数の反応が規定の順序で生じており，それらが複雑に配置されていること。**行動の連鎖**とも呼ばれ，より単純に分節化された行動が複雑に結合しているという特質を強調する。適切な順序で呈示された，多様な部分の**オペラント条件づけ**を通じて形成される。

**行動場面**［behavior setting］ 関係性と行動に影響を及ぼすような地理的，物理的，社会的状況のこと。⇨ **生態心理学** ［アメリカの発達心理学者バーカー（Roger C. Barker: 1903-1990）によって確認された］

**喉頭反射**［laryngeal reflex］ 喉頭部の刺激による反応のこと。咳として表れる。

**後頭皮質**［occipital cortex］ 脳の後頭葉にある**大脳皮質**。⇨ **視覚皮質**

**行動評定**［behavior rating］ 参加者が，与えられた文脈の中で，いくつかの行動をみせる程度の評定。

**行動分析**［behavior analysis］ 行動の実験的分析に基づいて行われる心理学の研究方法の一つ。その基礎となる心理学的な構成概念や過程の指標として行動を扱うのではなく，行動が主な研究対象となる。行動と環境の相互作用に重きがおかれている。⇨ **応用行動分析，実験的行動分析** ［スキナー（B. F. Skinner）が創始］

**行動分野**［behavior field］ 行動に影響をもたらす一連の刺激や条件，もしくは要素の蓄積。

**行動ベースライン**［behavioral baseline; behavior baseline］ 独立変数の効果を検討するときに比較対象となる，行動の**定常状態**のこと。たとえば，ある子どもを数週間にわたって観察したとき，1週間当たり6回〜8回かんしゃくを起こしていたとする。このとき，このかんしゃくの回数は，治療の効果を評価するための行動ベースラインとして使うことができる。

**行動変容**［behavior change］ 1. オペラント条件づけを用いて行動を変容させる体系的手法。2. 精神療法やその他の介入によって引き起こされた，あるいは自然発生した患者の機能に作用する行動の修正や適応。

**行動マッピング**［behavior mapping］ ある空間内での個人の活動を，どこで何が起きたかを記述することで研究する手法。行動が変動した程度，およびそうした変動とある特定のタイプの環境特性との連合は，たとえば建築デザインに関する仮説を立てたり，検証したりするための有用な出発点となる。⇨ **建築プログラミング**

**喉頭まひ**［laryngeal paralysis］ 声帯の片側，もしくは両側を使用することができない，もしくは感じることができない状態。喉頭の神経の病気や損傷によって生じる。

**行動面接**［behavioral interview］ 問題行動に先行する刺激や強化の効果に焦点づけて治療面接をすること。

**行動モデリング**［behavioral modeling］ 人事トレーニングの方法。監督者層や経営管理者層の従業員に対して，部下に対する適切な対処の仕方を呈示したり，指導を行う方法。部下の仕事の質が低かったり，常習的欠勤をしていたりする場合や，人種差別や性差別に関連するような問題への対処などがトレーニングされる。

**行動モデル**［behavioral model］ 精神疾患について，目に見える明確な行動パターンという観点から体系的に記述あるいは概念化したもの。⇨ **医学モデル**

**行動薬理学**［behavioral pharmacology］ 薬物の行動への効果ばかりでなく行動的要因がどのように薬の活性を高めるかということと薬物の使用法を含めた，薬物が作用する生理学的行動的メカニズムに関連する心理学の一部門。

**後頭葉**［occipital lobe］ 大脳半球の最も後部にある葉。視覚と関連がある。⇨ **大脳**

**行動抑制**［behavioral inhibition］ 脅威的なことがないか環境を徹底的に調べたり，見慣れぬ状況や人を避けたり距離をとったりする傾向のこと。この神経症的傾向は，恥ずかしがり，臆病，悲観的態度，怖がりなどが特徴である。［アメリカの心理学者ケイガン（Jerome Kagan: 1929- ）とレズニック（J. Steven Reznick: 1951- ）により提唱された］

**行動抑制システム**［behavioral inhibition system; BIS］ 行動抑制の基盤として理論化された脳システムのこと。知覚された脅威への反応として，回避行動（avoidance behavior）を引き起こす。行動抑制システムはネガティブな感情反応の生起とも関連しており，強く慢性的な行動抑制システムの活性化は内向性を引き起こすとされている。⇨ **行動接近システム** ［イギリスの心理学者グレイ（Jeffrey Alan Gray: 1934-2004）］

**行動力学**［behavioral dynamics］ 顕在化された行動の背後にある，内的な動機づけのパターンやそれを引き起こす原因のこと。

**行動リハーサル**［behavior rehearsal; behavioral rehearsal］ 行動療法や認知行動療法において，社会的・対人的スキルを修正し，高めるために用いられる技法のこと。セラピストは効果的な対人関係での方略や行動様式を，クライエントが現実生活の状況において用いる準備ができるま

で練習とリハーサルを繰り返すよう指導する。この技法は，**自己主張訓練**においても同様に共通して用いられる。

**行動療法**［behavior therapy; behavioral psychotherapy; conditioning therapy］　学習の原理である**オペラント条件づけ**，**パブロフ型条件づけ**を，症状を減少させ，効果のない不適応的な行動パターンを修正するために適用した心理療法。行動の心理的要因の土台にあるものを探求するというよりもむしろ，行動それ自体と，行動を強化するような**随伴性**と環境要因とにこの療法は焦点をおいている。幅広く多様な技法が行動療法では用いられ，例として，**行動リハーサル**，**バイオフィードバック**，**モデリング**，**系統的脱感作**があげられる。

**行動理論**［behavior theory; general behavior theory］　行動およびその獲得，発達，維持は学習の原理によって説明可能であるという仮説。行動理論では行動の一般的原理を説明することを試み，その多くはコントロールされた動物研究からそれらの法則を引き出そうとしている。行動理論は行動に対する現在のアプローチ同様，ハル（C. L. Hull）とスペンス（K. W. Spence）といった形式的理論やスキナー（B. F. Skinner）のオペラント理論といった伝統的アプローチも含んでいる。

**行動連鎖**［behavioral sequence］　ある特定の目標や結果に向けられた，**行動の出来事の組合せ**（たとえば，朝，仕事のための準備にとりかかるなど）。

**高度看護施設**［skilled nursing facility: SNF］　急患治療を行う病院というよりも，長期的なリハビリテーションや治療を行う医療機関のことを指し，認可されていれば，独立機関か併設機関かは問われない。⇨ **継続治療部**，**後療センター**

**光度計**［photometer］　光の異なる波長に対する人間の視覚システムの感受性を考慮に入れて光の強度を測定する装置のこと。この測定結果は，光源により生み出されるエネルギーの総量の測定結果とは異なる。

**公認されない悲嘆**［disenfranchised grief; hidden grief］　社会（あるいはその要素）が人に表出を許さないような悲嘆のこと。例として，死産してしまった親の悲嘆，生徒の死に対する教師の悲嘆，患者の死に対する看護師の悲嘆といったものがある。ペットを失った人々はその悲しみを自分の心に留めておくように期待される。公認されない悲嘆は，悲嘆にくれる人を他者から孤立させてしまう傾向があるために，悲嘆からの回復を阻害する。⇨ **グリーフ・カウンセリング**，**グリーフワーク**，**喪**

**更年期**［climacteric; age critique］　生殖機能が衰退し，最終的には失われる生物学的段階。女性の場合は40歳～55歳の間に生じ，2～3年間続く。この時期はエストロゲンとプロゲステロンの量の変化が原因で生じ，閉経期（menopause）として知られている。この時期には，月経が徐々に減って最後には完全に止まり，体のほてりや悪寒，気分の著しい変化，体が痛みズキズキする，関節の痛み，憂うつなどの症状が様々な組み合わせと程度で生じる。男性の中には，女性の場合よりも10年ほど後に更年期を経験する人もいる。⇨ **男性更年期**，**生殖腺機能停止**

**後脳**［metencephalon］　脳橋と小脳を含む脳幹の一部。延髄とともに後脳は菱脳を形成する。

**効能**［potency］　薬効。⇨ **用量反応関係**

**厚脳回**［pachygyria］　大脳皮質の脳回が異常に厚い脳の奇形のこと。通常は，脳溝の減少が付随する。巨大脳回（macrogyria）とも言う。

**勾配**［gradient］　1. 線や面の傾き。2. 物理量（温度など）の変化の測度。3. 動機づけ心理学において，時間間隔や状況からの距離，葛藤の程度などといった環境変化によって生じるとされる，動因の強度の段階的変化のこと。
⇨ **接近勾配**，**回避勾配**

**購買行動**［buying behavior］　製品やサービスの購入に関連した心理過程と身体活動のすべて。特定の製品を買うという判断は，様々な段階で生じうる。製品の必要性の認識に続いて，製品情報の検索や代替製品の評価がなされた後で，最終的選択が下される。購入後の製品使用経験は，その後，それ（あるいは類似製品）を再び購入するか否かを決定する際に，重要な要因となる。

**購買癖**［oniomania］　強迫的な購買，制御不能で衝動的な浪費，必要性とは無関係の買い物をすること。

**抗パーキンソン病薬**［antiparkinsonian agents］　振戦や動作・歩行の異常，筋固縮などのパーキンソン病の症状（あるいは薬によって引き起こされたパーキンソン症状）を減少させる薬のこと。抗パーキンソン病薬は，精神衛生上，従来の**抗精神病薬**などのパーキンソン症状を誘発するような薬に対抗するためにも使用される。抗パーキンソン病薬には，ヒスタミン拮抗薬（例，**ジフェンヒドラミン**）や，抗コリン薬（例，**ベンズトロピン**，**トリヘキシフェニジル**），**ドーパミン受容体作動薬**（カルビドーパ，レボドーパ）や特定の酵素抑制因子を含む。

**後発射**［afterdischarge］　その活動を引き起こした刺激がなくなった後，発火を続ける神経インパルスのこと。

**広範囲学力検査**［Wide Range Achievement Test: WRAT］　読む，書く，計算する技能を素早く正確に評価することができる標準的なアセスメントツール。最新版である広範囲学力テスト第3版（Wide Range Achievement Test-Third Edition: WRAT-3）は，技能不足だけでなく適切な教育レベルを測定するために，子ども，青年，成人向けに1993年に刊行された。また，広範囲学力検査は学習障害を認定する際の一つの構成項目になりうる。2001年に刊行された広範囲学力検査補訂版（The Wide Range Achievement Test-Expanded Edition: WRAT-Expanded）は，子どもと青年の学習到達度を測定するよう作られている。［もともとアメリカの心理学者のジャスタック（Joseph F. Jastak）により1936年に開発された］

**広汎性発達障害**［pervasive developmental disorders］　DSM-Ⅳ-TRにおける障害の一種であり，深刻で広範な社会的相互作用の障害や，言語的・非言語的コミュニケーションの障害，もしくはステレオタイプな行動や興味関心，活動などを特徴とする。こうした障害は年少時から頻繁にみられる。ここには，**アスペルガー障害**，**自閉性障害**，**小児期崩壊性障害**，**レット症候群**，**特定不能の広汎性発達障害**が含まれる。

**紅斑性狼瘡**［lupus erythematosus: LE］　主に若い女性に発症する結合組織の自己免疫疾患のこと。主な症状は，けん怠感，発熱，移動性関節痛，鼻や頬にできる蝶形紅斑，皮膚にできるうろこ状の紅斑。もしこれらが身体の中に散在している場合は，全身性紅斑性狼瘡（systemic lupus erythematosus: SLE）と呼ばれる。軽度神経精神症候群（たとえば，軽度認知機能障害，頭痛，軽度うつ病，不安）

はこの疾患に関係している。

**高反応率の分化強化**［differential reinforcement of high rate: DRH］ 強化する際に刺激に対する速い反応が求められる，**強化のスケジュール**。多くの場合，反応間の間隔が許容される最大値よりも小さかった場合にのみ強化が与えられる。

**公判前の報道**［pretrial publicity］ 公判前に，メディアが事件について報道すること。公判で証拠調べが行われる前に，陪審員候補者に予断を許してしまう。⇨ **裁判地の変更**

**交尾後行動**［postcopulatory behavior］ 交尾行動の直後の活動。たとえばオスのラットは，射精後に超音波発声をする。多くの種において，交尾後のオスは，対象のメスが他のオスと交尾することを防ぐため，警戒を高めメスを守る。メスが，交尾後の**配偶者選択**として，精子を体内から取り除く行動を行う種もある。

**抗ビタミン剤**［antivitamin］ ビタミンの機能を阻害する物質のことを指す。多くの抗ビタミン剤は，ビタミンが効果のないものに変化するように似た構造をもつ化学物質である。

**後部**［posterior］ 動物の背中，または尾の側。

**抗不安薬**［anxiolytics］ 不安，行動的な興奮の抑制，不眠などをコントロールするために使用される薬の総称である。以前は，マイナートランキライザー（minor tranquilizer）と呼ばれており，抗不安薬はうつ病やパニック障害を治すという付加作用もある。最も広く用いられている抗不安薬は，**ベンゾジアゼピン**である。⇨ **アザスピロン，鎮静剤・催眠剤または抗不安薬**

**高フェニルアラニン血症**［hyperphenylalaninemia: HPA］ 血液中のフェニルアラニン代謝物の水準が異常に高くなる状態。**フェニルケトン尿症**を患う人に特徴的で，この病気の食事療法が成功しても，この状態がもたらされることがある。

**幸福[1]**［eudemonia; eudaemonia］ 幸せのこと。道徳の一つの規準であり，人間はそれを目指して行動を起こす。心理学においてみられるように，現代の幸福は，その個人主義的で快楽追求的な側面がしばしば強調される。古代の理論家，特にギリシャの哲学者アリストテレスは より高次の善または純粋な幸せの源である"豊かな生活"へと引き寄せられる個人の在り方という考えにより重きをおいた。

**幸福[2]**［happiness］ 情動のうち，喜び，うれしさ，満足，心身の良好な状態を指す。

**幸福主義**［eudemonism; eudaemonism］ 人間が幸福になろうとして自然にとる態度のこと。精神分析的心理学，行動論的心理学，人間性心理学のいずれもが現代における幸福主義として考えられる。快楽主義のように，人は自身の幸福を最大にするために行動せずにはいられないか否か，または幸福と行動の結びつきとはよりわずかなものであるか否かということが議論の中心となる。より古い幸福主義では他者の幸福やより大きな善の達成のような，利他的な欲求を含んだ人間の行動を動機づけるものも行動の原因となりうるとされた。

**後腹側核**［ventroposterior nucleus; postventral nucleus］ 脳の**視床**の核で，脊髄から前頭頂葉にある**一次体性感覚野**への伝達を中継する。それぞれ顔と身体を表象する後腹側核は内部および側部の後腹側副核を含み，また**皮膚受容器**からの入力を受ける。後腹側核群（ventroposterior nuclear complex）の一部である。この核群には，筋紡錘から入力を受け取っている後腹側上核や，触覚や痛覚，温覚に関わる脊髄視床からの入力を受ける後腹側下核も含まれる。後腹側外側核（posterior ventral lateral nucleus; ventral posterior lateral nucleus）とも呼ばれる。

**項部硬直**［nuchal rigidity］ 頸部背側部の硬直のことで，脳の損傷や疾患の可能性がある。

**後部皮質**［posterior cortex］ 神経解剖学的には，**有線皮質**（ブロードマンの脳地図17野）と有線前野（18野）を含む，哺乳類の後頭皮質を指す。

**興奮[1]**［excitation］ 神経や筋肉が刺激されたときに生じる活動のこと。

**興奮[2]**［excitement］ 熱中，切望あるいは期待，全般的な喚起などに特徴づけられる情動状態。

**構文解析**［parse］ 言語学において，統語構造を解読するために，文を，主語，動詞，目的語といった構成要素に分けて分析すること。

**高分解能**［high resolution］ ある範囲内で互いに近接している2つの刺激を別個の存在として区別する能力。

**興奮剤**［stimulants］ 生物または生物の一部の機能活動を興奮させる薬品のこと。興奮薬は通例，興奮する身体器官や機能に従って分類されている（たとえば，強心薬，呼吸促進剤）。心理学において，この用語は通例，**中枢神経興奮薬**，または覚醒剤のことを言う。

**構文失語**［syntactical aphasia; cataphasia］ 単語を文章に構成するときに，困難さを抱えるような失語症のことを指す。⇨ **失文法**

**興奮性**［excitability］ 1. 感情的反応に対して容易に覚醒水準が高まる個人の傾向のこと。2. 刺激に対する神経細胞の電気的・化学的反応の性質。すべての生きている細胞が**易刺激性**を示す一方で，神経細胞や一部の筋細胞はイオン透過性の急激かつ一過的な上昇や，膜電位の変化といった興奮性という反応を示す。

**興奮性シナプス**［excitatory synapse］ シナプス前線維の発火を受けて，興奮を，**興奮性シナプス後電位**としてシナプス後ニューロンに伝える**シナプス**。シナプス後ニューロンが神経を刺激する確率を上昇させる。⇨ **抑制性シナプス**

**興奮性シナプス後電位**［excitatory postsynaptic potential: EPSP］ シナプス後ニューロンが脱分極すること。興奮性シナプスが，シナプス前線維から伝達されることで引き起こされる。興奮性シナプス後電位は，シナプス後電位が活動電位を生じ，インパルスが送られる確率を上昇させる。⇨ **促進，空間的加算，時間的加算，抑制性シナプス後電位**

**興奮性条件づけ**［excitatory conditioning］ 直接的なパブロフ型条件づけ。言い換えれば，条件刺激が，特定の非条件刺激の追随を知らせるシグナルとして働くような条件づけ。

**興奮性−抑制性過程**［excitatory-inhibitory processes］ パブロフ（I. P. Pavlov）によって定義された神経システムの拮抗的機能。

**興奮性領域**［excitatory field］ 脳の活性化した感覚野の周辺領域，または興奮する領域と応答を共有する領域。

**興奮転移理論**［excitation-transfer theory］攻撃的反応が，もともとそれを引き起こした刺激と直接関係のない他の刺激により生じた**覚醒**によって増大されるという理論。この理論は他の情動反応にも適用されてきた。この理論によると，人間が生理的に興奮させられた後，気づかない程度の興奮がしばらく残る。もしこの時間内に別の刺激が与えられた場合，興奮が残っていない場合と比較してより強い興奮を感じ，強い反応を示す。⇨ **覚醒感情転移，覚醒の誤帰属**［心理学者ジルマン（Dolf Zillman）によって1971年に提唱された］

**興奮毒性**［excitotoxicity］たとえば，大量の興奮性神経伝達物質の**グルタミン酸**などによって刺激を与えすぎた際に神経細胞死を引き起こす性質。

**興奮毒性傷害**［excitotoxic lesion］発作性の神経過活動により引き起こされた機能障害で，発作に伴い脳卒中後に生じる場合がある。これは興奮性アミノ酸によって神経が過剰に刺激されることが原因となる場合が最も一般的である。⇨ **興奮毒性**

**興奮波**［wave of excitation］生理学において，組織そして神経や筋肉組織を通じた電気活動の伝播のこと。

**興奮パターン**［excitation pattern］聴覚系における音に対する反応の空間的パターン。通常，興奮パターンとは**基底膜上の変位パターンの包絡**，もしくは聴覚神経が当該包絡線を表現したもののことを言う。⇨ **周波数局在構造，同調曲線**

**興奮－抑制過程**［excitatory-inhibitory processes］**1.** 神経細胞の信号が，シナプス後膜への神経伝達物質の効果によって活性化もしくは抑制される過程のこと。**2.** 皮質が刺激された後に学習や記憶，行動の処理過程が促進されること（興奮過程），また知覚や認知，運動活動を抑制または阻害する中枢神経系の過程（抑制過程）。抑制過程が優位な人は内向（**内向性**）的になりやすいとされる一方，興奮過程が優位な人は外向（**外向性**）的になりやすいとされる。［アイゼンク（Hans Eysenck）によって提唱された］

**公平理論**［equity theory］複数の人々が関わる活動において，公平な利益配分をどのように考えるかについての理論。この理論では，この活動のインプット（たとえば，努力，年功，技術，社会的地位）とアウトプット（たとえば，給与，給与以外の特典，満足感，他者からの評価）の比と，同等の活動をした他者のインプットとアウトプットの比とを比べることを前提としている。⇨ **外部不公平性，内的不公平，過払い不公平，過少支払い不公平**

**広報**［public relations］組織と社会の間に信頼や理解を確立し，これを維持することを目指して持続的な企業努力を行うための業務のこと。

**後方突進**［retropulsion］小またで後ろ向きに歩いたり走ったりすること。一部のパーキンソン症候群の患者にみられる。

**硬膜**［dura mater］脳と脊髄を覆う3層の細胞膜（**髄膜**）のうち，最も外側にあり，最も固い膜。

**硬膜外血腫**［epidural hematoma］血管の破裂によって引き起こされる**硬膜**より上の領域での血液の凝結（⇨ **血腫**）。概して，外傷による。

**硬膜外出血**［extradural hemorrhage］脳を覆っている3つの保護膜のうち最も外にある硬膜の外で起きる出血。一般に，頭蓋骨骨折のような深刻な頭部損傷によって生じる動脈の破裂に伴って起こる。損傷後に短い意識清明期があり，次いで強い頭痛，めまい，錯乱，意識喪失が起こる。出血が抑えられない場合，最終的には死に至る。

**硬膜下血腫**［subdural hematoma］硬膜と脳表面の間で生じる血の凝結。血腫が大きくなると脳を圧迫する。出血は数日もしくは数週間かけて生じ，混乱，記憶障害，その他の神経学的症状を引き起こすが，高齢者では認知症の兆候と間違われることがある。

**硬膜下出血**［subdural hemorrhage］髄膜組織の一番外側にあり，脳を取り囲む**硬膜下**の出血。典型的には，頭部外傷によって生じ，影響を受ける脳領域によって症状は異なる。

**傲慢**［hubris］尊大な自尊心や図々しさのこと。ギリシャ悲劇では，主人公の破滅をもたらす過度の自尊心を指している。

**公民権**［civil rights］法によって市民に保障された，個人の自由と平等の権利。

**公民権運動**［civil rights movement］政府によって否定された政治や社会上の権利の獲得を企図した集団行動。通常は，デモやロビー活動，**市民的不服従**といった非暴力的方法がとられる。大文字で英語表記された場合には，1950年代，1960年代にアメリカで始まり発展した，アフリカ系アメリカ人の完全な憲法上の権利を得るための努力を指す。

**抗酩酊薬**［anti-intoxicant; amethystic］アルコールの酩酊を無効とする作用を理論的にはもっている薬。

**後迷路性難聴**［retrocochlear hearing loss］第VIII脳神経（⇨ **聴神経**）と，より高次の中枢神経系の中核（すなわち蝸牛のさらに奥）の神経経路に関連した聴覚障害である。これにより発話理解が困難となる。

**項目間時間間隔**［interitem interval］一連の項目の提示における時間間隔。たとえば，記憶に関する実験として，リスト内の単語が5秒ごとに提示されること。

**項目間信頼性**［1］［interitem reliability］項目群における内部一貫性を指す。(a) 1項目ずつ，それぞれ，その他すべての項目との間の**相互相関**（$r$）を求めその平均値を算出する方法と，(b) 項目群の合計値あるいは平均値の信頼性を算出するという2種類の方法がある。後者の信頼性は，スピアマン・ブラウンの希薄化の修正公式，**クロンバックのアルファ**，K-R20（**キューダー－リチャードソン式**），**アルモルのシータ**など，様々な形で表される。項目群の合計や平均値の信頼性は，個々の項目の信頼性よりも非常に高くなることが多い。

**項目間信頼性**［2］［item-to-item reliability］検査，あるいは下位検査内のある項目に対する反応と別の項目に対する反応間の相関のこと。

**項目困難性**［item difficulty］正しく反応する人の割合によって規定される集団に対する検査項目の困難さ。

**項目選択**［item selection］テストバッテリーの最終的な心理測定の特性，すなわち個々の項目**項目反応理論**パラメータや，個々の項目の明確さや公平性に基づいて，テストバッテリーに含まれるものからテスト項目を選択すること。

**項目妥当性**［item validity］検査や実験における個別項目が，測定の目的としているものをどの程度測定してい

**項目の非弁別性**［indifference of indicator］ 知能検査の項目は広範に異なっているようにみえるが，それらの項目のほとんどすべては多かれ少なかれ**全般的能力**を測定しているという考え。非弁別性という言葉は，項目が，問題の違いを問わず，同じものを測っているということを表すために用いられている。

**項目反応理論**［item response theory: IRT］ 項目が正しく回答される確率は，直接観察することができない特性や能力といった潜在特性の関数である，という考え方に基づいた心理測定理論。項目反応理論では，モデルに含まれるパラメータ数によって，**ラッシュモデル**など複数のモデルが提案されている。項目応答理論とも言う。⇨ **潜在特性理論**

**項目分析**［item analysis］ 心理学的測定やテストを構成する個々の項目の統計的価値を評価するために用いられる手続きの一種。この手続きは，初期の項目プールからテストに用いる項目を選択するために，あるいは，既に確立したテストにおいて個々の項目を評価するために用いられる。

**項目への重みづけ**［item weighting］ それぞれのテスト項目に割り当てられた数値で，テストの総得点に占めるパーセンテージを表している。たとえば，エッセイの問題に，40 という数値が割り当てられているとするならば，それは，100 点中 40 点の価値があるということを表している。

**拷問**［torture］ 肉体的苦痛を与えて屈服させること。死んだり，瀕死になったりするほどの仕打ちを伴うことも少なくない。拷問には，精神的，心理的なものも含まれる。

**肛門愛**［anal eroticism; anal erotism］ 精神分析的理論において，糞便の排出，保持，観察，あるいは肛門への刺激に快感を覚えること。この感覚は，**心理・性的発達**における肛門期（1 歳〜3 歳）にはじめて喚起される。⇨ **肛門期性格**，**嗜糞症**

**肛門期**［anal stage; anal phase］ 精神分析理論の用語。**心理・性的発達**の第二段階にあたり，特に，2 歳頃に相当する。子どもの興味と性的喜びは，糞便の排出と貯溜とに焦点づけられている。そして，サディスティックな本能は**対象の所有と破壊**という願望と関連している。この段階の固着は肛門期性格へとつながる。⇨ **肛門排出期**，**肛門 - 保持段階**，**肛門 - サディスティック段階**

**肛門期性格**［anal personality; anal character］ 精神分析理論において，**心理・性的発達**の中で排便が主要な快楽源である，肛門期に由来すると考えられている人格傾向。糞便の保持から得られる特有の満足が，倹約的，頑固さ，秩序性を特徴とした成人の肛門保持期人格（anal-retentive personality）を形成する。一方，糞便の排出への固着は，攻撃的で秩序を無視する肛門排出期人格（anal-expulsive personality）を形成する。⇨ **肛門攻撃的性格**，**溜め込み志向**

**肛門攻撃的性格**［anal-aggressive personality; anal aggressive character］ 精神分析理論において，頑固さ，妨害的，反抗的，受動的な抵抗などに特徴づけられる人格類型。これらの特性は，**肛門期**において子どもが排便の抑制によって自己主張するということに由来する。⇨ **肛門期性格**，**肛門サディズム**，**肛門 - サディスティック段階**

**肛門 - サディスティック段階**［anal-sadistic phase］ 精神分析理論の用語。子どもが攻撃性や破壊性 否定的な傾向を示す肛門期を指す。こうした傾向を表現する方法の一つは，親からの言いつけに反して糞便を貯溜することである。⇨ **肛門排出期**，**肛門 - 保持段階**

**肛門サディズム**［anal sadism］ 精神分析理論の用語。心理性的発達における肛門期にみられる攻撃動の表現であり，**対象の破壊とその所有・コントロール**の両方を伴う。**肛門攻撃的性格**という形で成人にもみられる。

**肛門性器**［anogenital］ 肛門と性器のある解剖学的領域。

**肛門排出期**［anal-expulsive phase］ 精神分析理論における，肛門期の一段階。糞便の放出から快楽が得られ，サディスティックな本能が対象の破壊へとつながる段階をいう。この時期への固着は成人期の**肛門期性格**を形成する。⇨ **肛門期性格**，**肛門 - 保持段階**

**肛門 - 保持段階**［anal-retentive phase］ 精神分析理論の用語。肛門期とは，糞便を溜めることの喜びと，その結果としての親への反抗によって特徴づけられる。このサディスティックな欲動は，対象を所有することとコントロールすることに関連している。この段階での固着は，成人における肛門性格へとつながる。⇨ **肛門 - サディスティック段階**，**肛門排出期**

**絞扼された感情**［strangulated affect］ 精神分析理論において，感情が普通に解放されることを禁止された結果，身体症状として現れること。この理論は，転換ヒステリーの力動を説明するものとして，フロイトの初期の論文で提唱された。後に抑圧の概念に取って代わられた。⇨ **感情**

**荒野体験**［wilderness experience］ 参加者の自己効力感，動機づけ，ソーシャルスキルの向上を促進するために，厳しい屋外遠征が長期間試みられるグループプログラム。この取り組みはしばしば行動上の問題をかかえた思春期の若者に役立つ。

**効用**［utility］ 1. 意思決定や経済理論について，個人が得る成果に関する主観的価値のこと。2. 産業・組織心理学において，組織にとっての経済的価値に基づいて決められるプログラムの評価のこと。たとえば，従業員の選抜試験や訓練プログラムによって獲得された経済利益を評価する方法などがある。3. **功利主義**では，行為から得る幸福の量あるいは程度によって決定される行為の「よさ」のこと。4. 心理学理論の説明の有効性にみられるように，一般に，計画された目的を遂行するものの能力のこと。

**効用基準**［utility standards］ 評価調査研究の目標対象の情報要件。これらの基準は，すべての**ステイクホルダー**の同定，知見を受け取る人にとっての適切な評価目標の選択，明瞭で適時な情報報告の提供，および研究の効用を最大限にする手続きに沿うことが含まれる。⇨ **精度基準**，**実現可能性基準**，**妥当性の基準**

**高揚気分**［elevated mood］ 多幸感（多幸症）や高揚感（意気揚々），ウェルビーイングの感情によって特徴づけられる高揚した気分のこと。

**膠様質**［substantia gelatinosa］ 相互に広く結合している小さな神経細胞の塊。ゼラチン状の見た目をしており，脊椎の**後角**の先端に位置している。膠様質の細胞にはエンドルフィンを含み，痛みの統制に関わっているものもある。膠様質の細胞は延髄にまで及んでおり，そこで延髄の三叉

神経核を形成している。

**効用理論**［utility theory］ 意思決定において、合理的あるいは最適な選択行動を記述することを目的とした、**効用**の規範理論のこと。

**後抑圧**［repression proper］ 精神分析理論において、意識にある体験や願望に作用して無意識化するための**抑圧**。意識化されない素材に働く**原抑圧**とは対照的。フロイト（Sigmund Freud）はこの抑圧を後排出（afterexpulsion）と呼んだ。素材は、意識された後、意識から排出されるからである。二次的抑圧（secondary repression）とも呼ばれる。

**交絡［1］**［alias］ 統計学において、2つの効果を分離できないほど、ある効果が別の効果と関連している状況のこと。たとえば、栄養不足の幼児にビタミンを豊富に含んだ高タンパク質の食物を提供して体重増加を調べたとしても、ビタミンの摂取量と高タンパク質の食物を消費した効果とは切り離すことができない。

**交絡［2］**［confounds］ **独立変数**によって変化し、かつ従属変数に影響を与える変数であり、独立変数の影響と経験的には区別がつけられない状態をいう。交絡は意図しないところで生じることが多く、正確な推論を歪めてしまうことになる。また時として、意図的に使用されることもある。⇨ **一部実施要因計画**，**不完全なブロック計画**

**公理**［axiom］ 論理学と哲学において、全世界に認められた命題で、証明する必要がないもの。公理は**演繹推論**の連鎖に対する出発点として用いることができる。

**合理化**［rationalization］ 心理療法における説明、または表現の一つ。つまり、無意識の欲動によって動機づけられた受け入れ難い行動を正当化するために、一見、合理的な理由づけがなされること。精神分析理論において、そのような行動は**防衛機制**の一つと考えられており、たとえば、"ごまかしてはいけない"や"子どもを鍛えるには引っぱたきなさい"などである。合理化は罪悪感を防衛したり、自尊心を維持したり、そして、批判から身を守ったりするために用いられる。心理療法では、合理化はクライエントの考えや感情、そして、それがどのように行動に影響を与えるのかについての探求や直面化を深めることを妨げると考えられている。

**功利主義**［utilitarianism］ 善とは最大限の幸福量や幸福度をもたらすと定義づけられた仮定をもとにした道徳論。したがって、ある行動が最大多数の人々のために最大幸福をもたらした場合、その行動を倫理的であると考える。可能な選択肢と比較して教義はしばしば単一の格言、最大多数の最大幸福と言い換えられる。功利主義における古典的な定式化はイギリスの法学者および哲学者であるベンサム（Jeremy Bentham: 1748-1832）によるもので、特にイギリスの経済学者および哲学者であるミル（John Stuart Mill: 1806-1873）によって普及した。功利主義は、**快楽説**と**幸福主義**の影響を大きく受ける。さらに行動基盤の動機とは、快楽や利益であるとする**行動主義**と意見を共有する。行動は結果のいかんに関わらず、本来的に良いものか悪いものでありうるという考えや、行動は特定の行動から幸福の総量を計算する客観的手段を与えないという考えを却下するため、功利主義は、実際には倫理的**相対主義**の一種であるといえる。⇨ **自然法論**

**合理主義**［rationalism］ 1. 理性主義とも言われる。(a) 実在に関する知識は、経験に支持されることなく、理性のみによって獲得可能であり、(b) 人間のすべての知識は単一の演繹的推論システム内に取り込まれる、と考える哲学の立場。この理性への信頼は古代ギリシャ哲学の中核を成しており、特に、認識論における知覚経験を真実の根拠とすることへ不信、理性への卓越した役割の付与に顕著にみられる。しかしながら、"合理主義"は、主にフランスの哲学者デカルト（René Descartes: 1596-1650）が創始し、オランダのユダヤ人哲学者スピノザ（Baruch Spinoza: 1632-1677）やドイツの哲学者ライプニッツ（Gottfried Wilhelm Leibniz: 1646-1716）を代表とする大陸哲学の伝統的思想家を指す用語として用いられている。合理主義は、知識は感覚経験を通して獲得され、確証されると考える**経験論**と対比されることが多い。心理学では、精神分析的アプローチ、人間性心理学、一部の認知理論が、合理主義から大きく影響を受けている。2. 一般的な言語において、確信、直感、慣習、偏見、他の説得に足る資源よりも、理由や証拠に頼る立場。

**合理性**［rationality］ 道理が通っていたり、合理的であったりすることや、論理的に受け入れ可能であることについての質のこと。

**効率**［efficiency］ 1. 組織、職場単位、個々の被雇用者が、最少の時間、努力量、その他のインプットを投資することで、最大のアウトプットを生み出すことができる能力の指標。効率性とも言う。同じレベルのアウトプットであるならば、時間、努力、その他のインプットが少なければ少ないほど、効率性は増加する。産業効率（industrial efficiency）、組織効率（organizational efficiency）とも呼ばれる。⇨ **組織有効性** 2. 統計学において、ある特定のパラメータを推定するために、推定量が標本内の全情報を使用する程度のこと。

**合理的**［rational］ 根拠となりうること、根拠を示すこと。

**合理的疑いを越える証明**［beyond reasonable doubt］ 刑事裁判において求められる証明の基準。被告人の有罪を認定するにあたって、陪審員は被告人の罪を「合理的な疑いの余地がない」と確信しなければならない。これは、陪審員が被告人の有罪に疑いをもつ正当かつ合理的な理由がないことを意味する。この基準は、一般常識上の確実性に基づいており、絶対に確実とまではいかない。

**合理的学習**［rational learning］ 学習材料や、それに含まれる内容同士の関係性に関する明確な理解を伴う**有意味学習**。

**合理的行為理論**［theory of reasoned action］ ある行動に対する態度と**主観的規範**、つまり知覚された期待が、その行動を遂行しようとする意図を規定するとする理論。そして意図が、実際の行動を引き起こすと仮定されている。合理的行為モデル（reasoned action model）とも呼ぶ。⇨ **計画的行動理論** ［アメリカの心理学者のフィッシュバイン（Martin Fishbein: 1936- ）とアイゼン（Icek Ajzen: 1942- ）によって初めて提案された］

**合理的思考**［rational thinking］ 論理規則に則った思考。アメリカの心理学者バロン（Jonathan Baron: 1944- ）の理論を中心とした多くの理論で、知能の中心的な部分だとされる。

**合理的心理学**［rational psychology］ 心の基礎となり

経験を可能にする原理に関する洞察の情報源として，哲学や論理学，演繹的推論を重視する，心理現象の研究や説明への手法のこと。この手法は，**経験心理学**の手法とは際立って対照的である（⇨ **哲学的心理学**）。[アメリカの哲学者・神学者・心理学者であるヒコック（Laurens Perseus Hickok: 1798-1888）によって提唱された]

**合理的タイプ**［rational type］ユング（Carl Jung）の**分析心理学**における2つの大きな**心理機能タイプ**のうちの一つ。洞察的思考と感情型からなる。⇨ **非合理的タイプ**

**合理的知識**［rational knowledge］理性を通じて得た知識や，論理的な議論によって到達した知識のこと。

**合理的問題解決**［rational problem solving］正しい，最適である，または論理的である，とされている推論に基づいた問題解決のこと。

**拘留**［commitment］裁判所の命令によって精神科施設に収容すること。心理学やメンタルヘルスの専門家による証明が必要である。拘留に至るプロセスは，一般的には，患者の自発的意思に基づかない。⇨ **民事的拘留，入院決定／鑑定留置，一時的収容，任意入院**

**合流**［confluence］たとえば，動機や知覚的な要素など，いくつかの要素の融合あるいは併合。

**交流型リーダーシップ**［transactional leadership］従業員が確実に課題を達成することに重点をおいたリーダーシップ・スタイル。課題中心型リーダーは，リーダーに従う代わりに見返りを約束するという交換を通して他の従業員に影響を及ぼす。⇨ **変革型リーダーシップ**［アメリカの政治学者バーンズ（James McGtrgor Burns: 1918- ）によって導入された］

**交流心理療法**［transactional psychotherapy］日常のクライエントと他者との相互作用に重きをおいた心理療法。**交流分析**は，機能不全に陥っていると考えられる交流のタイプに基づいて行われる，この種の心理療法の典型である。

**交流分析（TA）**［transactional analysis: TA］個人の**自我状態**や，社会的な状況において人々が演じているパターン（ゲーム）に焦点を当てた人格理論，そしてそれらを用いた力動的な集団療法や個人心理療法のこと。(a) 質問を通して，3つの自我状態（親，子，大人）と，その間での交流において優勢な自我状態を把握する研究，(b) クライエントの交流において習慣的に使われている，もしくは陥っているトリックや対処手段，ゲームについての同定，(c) クライエントの情緒面の問題の源を明らかにするために，彼ら彼女らの人生の脚本分析や，人生における無意識のプランの分析（⇨ **脚本分析**）などといったアプローチが特徴である。[1950年代にカナダ生まれのアメリカの心理学者バーン（Eric Berne）によって開発された]

**後療センター**［convalescent center］アメリカにおいて，病気や怪我からの回復期であり，病院に入院が必要でない段階に達した患者に，長期間医療／介護サービスが提供される施設のこと。後療センターでは一般的に，専門家である医師や24時間体制の看護サービス，リハビリテーションサービス，そして薬局の機能を果たすシステムが提供されている。⇨ **継続治療部，高度看護施設**

**効力**［efficacy］1. 行動を遂行する能力，特に遂行能力といった人の認識に関するもの，または知覚された自己効力。2. 特定の薬の特質や薬効のこと。⇨ **用量反応関係**

**高力価の抗精神病薬**［high-potency antipsychotics］従来の抗精神病薬はドーパミンD2受容体と高い親和性をもつか，重篤な**錐体外路作用**を示すかのどちらかであった。高力価の抗精神病薬は，フルフェナジン，ハロペリドール，チオチキセン（⇨ **チオキサンテン**），トリフルオペラジン，ピモジドを含んでいる。

**高齢者**［senior citizen］特に，退職した人あるいは退職年齢に達した人に用いる俗称（一般に65歳以上）。

**高齢者医療**［gerocomy］高齢者のための医学的ケア。⇨ **老年医学**

**高齢者介護**［elder care］身体的，医療的，精神的，機能的な障害を抱えた高齢者に対する支援の提供のことであり，多くは特別なプログラムや施設を通じてなされる。⇨ **介護者**

**高齢者差別**［ageism］1. 年齢を理由とした高齢者に対する差別。特に，雇用や医療の側面で生じる。⇨ **年齢差別** 2. 高齢者に対して偏見や否定的ステレオタイプが抱かれる傾向。たとえば，衰弱，無力，虚弱，あるいは介護が必要などのイメージ。

**高齢者住宅**［elderly housing; adult home］1. 加齢に伴う認知的，身体的変化を考慮してデザインされた高齢者向けの居住設備のこと。入居者の自立の促進，転倒などの事故の防止，十分な照明の提供，補修と手入れの容易さなどがこの住宅の主たる特徴である。こうした住宅のタイプや質が入居する高齢者の満足度とウェルビーイングに与える影響は，高齢者の増加に伴って大きな社会的関心事となりつつある。2. 居室，食事，個別ケアサービス，見守りサービスを提供する日常生活を支援する高齢者の住まいのこと。

**高齢者心理療法**［geriatric psychotherapy］高齢者の精神障害を扱う心理療法。症状や行動に関する加齢変化や世代間差異（⇨ **コホート効果**）を理解する必要がある。

**高齢者ネグレクト**［elder neglect］高齢者に必要とされるケアを責任ある介護者が行わないこと。寡棄といった極端なネグレクトは介護者が困窮している高齢者を見捨てた時に起こる。⇨ **老人虐待**

**高齢者への発話**［elderspeak］ゆっくりと話したり，文を短く切ったり，限定された語彙や複雑でない語彙で話したりするなど，発話様式を調整すること。年下の者が高齢者とコミュニケーションする際にしばしば用いられる。これらの単純化された発話様式は，高齢者は通常の発話を理解することが認知的に障害されている，あるいは不可能であるという仮定に潜在的に基づいている。

**高齢者リハビリテーション**［geriatric rehabilitation］高齢による障害をもつ人々の移動能力と自立生活能力を回復させること。一般的に高齢者研究者は加齢による病弱化を不可避であるとはみなさず，早期の手当があれば，加齢に関係した疾患の多くは予防および制御可能であると考えている。

**交連**［commissure］2つの解剖学的部位の間をつなぐ組織。交連には，大脳半球の一部をつなぐ**前交連**や，脳弓の後部コラムをつなぐ海馬交連などを含む。大脳半球をつなぐ**脳梁**は，大脳半球間で最大の交連であり，大交連として知られている。前交連や後交連は，ブレインマッピングの重要な目印である。⇨ **灰白交連，白交連**

**交連下器官**［subcommissural organ］**中脳水道**の近く，第3脳室の背側壁にある分泌性上衣細胞（⇨ **上衣**）のグ

ループ。その正確な機能がわかっていない**脳室周囲器官**のうちの一つ。

**交連切開術**［commissurotomy; split-brain procedure; split-brain technique］外科的切除，もしくは**交連**の切断であり，特には，**脳梁**（脳梁切断：callosectomy, callosotomy, corpus-callosotomy と呼ばれる）や**前交連**を切断することによる大脳半球の外科的分断のこと。この手順は，重度のてんかん治療のために，あるいは両半球機能研究のための動物を被験体とした実験に用いられてきた。交連切開は各半球の機能を比較的独立して保つため，大量の情報は，人間や動物の**半球側性化**の影響を受けて得られる。この領域の研究は，スペリー（Roger Sperry）により始められ，彼は，刺激をある半球，もしくはもう一方の半球に与えることにより，2つの半球が異なる役割をもつという注目すべき証拠を示した（⇨ **キメラ刺激**）。

**交連線維**［commissural fiber; intercerebral fiber］神経細胞の**有髄線維**であり，左右の大脳半球で同じまたは同等の組織を接続する。⇨ **連合線維**

**口話法**［oralism; oral method］難聴者のコミュニケーションスキルを改善するための方法。残った聴力や，**読唇**，会話を用いることに集中させ，手話やその他の手を使ったコミュニケーションをあまり使わないようにさせる。

**声**［voice］1．喉頭で産出され，声道の他の構成要素（たとえば，唇や舌など）により口から出る前に調整される音のこと。2．個人の話し声や歌声に特徴的なトーンや質。

**声強勢分析器**［voice-stress analyzer］人間の聴覚で知覚できないが，ストレス条件下にある人によく生じる声の調子の一瞬の変化を感知する装置。うそ発見器として使われることが多いが，信頼性や妥当性については議論の余地があり，アメリカの法廷では証拠として採用されない場合が多い。

**コーエンのカッパ**［Cohen's kappa］（記号：$\kappa$）偶然一致するレベルを補正した，2人もしくは2つの評定システム間の一致度を表す数的指標。［アメリカの心理学者・統計学者コーエン（Jacov Cohen: 1923-1998）］

**氷の塊り理論**［iceblock theory］**感受性訓練**および類似集団治療に関連した行動変容の概念のことで，現在の態度と行動が変容し，新しい態度と行動が探索されて新しい習慣パターンが固定化されることを示す。

**語音健忘性失語症**［acoustic-mnestic aphasia; Acousti-coamnestic aphasia］脳の左側頭部の中央部や側頭葉皮質の深部の病変に起因する失語症の一つ。単語を理解すること，単語リストを再生すること，長い文章を理解し再現することにおいて困難が生じ，物の名前をあげることも不能となる。

**語音象徴**［phonetic symbolism］単語の音とその**指示物**の間には，恣意的な関係に反して，なんらかの対応があるという仮説。少数の新造語のオノマトペ（⇨ **擬音語**）を除いて，現代言語学の多くの学派は，単語は本質的に**恣意的記号**であるという前提に基づいている。しかし，多くの言語が，音の類似性が指示対象間の類似性を反映しているような単語群（主に単音節語）を含んでいることが観察されている。英語の例では，track, trail, train, iraipse, tramp, travel, trawl, tread, trek, trip, trot, truck, trudge などである。語音象徴説派は，（少なくとも）英語話者にお

いて，［tr］という音とそれを発音するのに関わる身体的活動は，旅行と大変な活動という考え方と心理学的に深く対応していると主張している。これに対して，これらの単語群は語源学（etymology）や概念の単純な連合，共起によって説明できるとして，全面的に棄却する立場もある。音象徴（sound symbolism）とも呼ばれる。

**語音知覚検査**［Speech-Sounds Perception Test］ハルステッド−レイタン神経心理学バッテリーに含まれるテスト。発話された2つのeが含まれる無意味な単語（たとえば teeg）を，それに対応する書き文字と照合する能力を計測する。

**語音聴取閾値（SRT）**［speech-reception threshold: SRT］音声がちょうど理解できる，音圧レベル（dB）で表現される騒音レベル。

**語音聴力検査**［speech audiometry］聴力検査の一種。統制された音の強度で提示される話し言葉を聞き取らせる。

**語音弁別検査**［speech discrimination test］個人の発話能力を計測するために用いられる，音声学的にバランスのとれた単語のリスト。

**語音明瞭度**［speech intelligibility］特定の環境下において，音声（会話，伝達システムの出力のどちらであれ）が聞き手によって正確に特定され，理解される程度。背景雑音や他のシステム雑音は，語音明瞭度に影響する最も重要な要因の一つである。⇨ **明瞭度指数**

**コカ**［coca］ペルー，ボリビアおよび他の南アメリカ諸国原産で，インド，スリランカ，インドネシアで栽培されている低木，コカノキのこと。葉は，**コカイン**の原料として何世紀にもわたって使用されている。

**コカイン**［cocaine］コカの低木（コカ属）の葉から得られる薬で，中枢神経系に作用し（⇨ **中枢神経興奮薬**），疲労を低減させたり幸福感を増大させる作用をもつ。これらの初期効果が減じた後には抑うつの期間が続く。この薬には神経伝達物質の**ドーパミン**，**セロトニン**，**ノルエピネフリン**の再取り込みを阻害する働きがある。コカの植物の精神活性作用は，紀元前4000年前のペルー・インカで既に知られており，1880年代にはコカインの治療的な利用の可能性について研究されている。フロイト（Sigmund Freud）は，コカインの局部麻酔としての機能について述べている。⇨ **クラック**，**純化コカイン**

**コカインアノニマス**［Cocaine Anonymous］12のステップを使用してコカイン依存から回復しようとする男女の自発的組織。⇨ **セルフヘルプグループ**

**コカイン依存**［cocaine dependence］DSM-IV-TRでは，コカインによる著しい問題が生じているにも関わらずそれでもコカインの使用を続けることで生じる認知的，行動的，心理的症状の一分類とされる。コカインを繰り返し摂取することは耐性を高め，もし使用を中止すると離脱症状を引き起こし，使用を続けたいという抑えがたい衝動にかられる。⇨ **コカイン乱用**，**薬物依存**

**コカイン中毒**［cocaine intoxication］直近のコカイン摂取によって生じる可逆性の症候群。臨床的に顕著な行動面または心理面の変化（たとえば，激越，攻撃行動，病的爽快，誇大感，判断力の欠如，多弁，過覚醒）や，同様に1つ以上の身体的兆候（たとえば，急性の心拍数の増加，血圧の上昇，発汗または悪寒，悪心嘔吐）が見られる。高用量では，特に静脈を通して摂取された場合，錯乱，支離

減裂，疑心，一時的な妄想着想，性的関心の増大，認知障害（たとえば，虫が皮膚を這うような感覚）を引き起こすことがある．1時間ほどで薬の影響は低下し，服用者は震え，不安，易刺激性，疲労，抑うつなどを体験する．⇨ **物質中毒**

**コカイン中毒せん妄**［cocaine intoxication delirium］コカインの大量摂取によって短期間（通常数時間から数日）生じる可逆性の症状．**コカイン中毒**に伴う通常の症状より過剰に意識障害（たとえば，集中力や注意を維持したり転換する力の減退）や認知の変化を伴う（たとえば，記憶欠損，失見当識，言語障害）．⇨ **物質中毒性せん妄**

**コカイン乱用**［cocaine abuse］ DSM-Ⅳ-TRでは，コカインの反復的摂取に関連して重い副作用が繰り返されることにより顕在化するコカイン使用のパターンのこと．この診断には，先に**コカイン依存**の診断がある．つまり，もし，コカイン乱用とコカイン依存の診断基準が同時に当てはまるならば，後者の診断名のみが与えられる．⇨ **薬物乱用**

**コカイン離脱**［cocaine withdrawal］ 多量のコカインの摂取を長く続けた後，摂取の停止や減少によって生じる禁断症状の一種．基本的な特徴は抑うつ気分（時に重篤な）であり，疲労感，睡眠障害，食欲増進，鮮明で不快な夢，**精神運動抑制**，激越や，あるいはこれらの特徴すべてが見られることもある．顕著な離脱症状（⇨ **クラッシュ**）は極端に高用量の使用があった場合に生じることがある．⇨ **物質離脱**

**コ・カウンセリング**［cocounseling］ 一方的，専門的に行われるカウンセリングとは逆に，仲間と互いに行い合うカウンセリングのこと．

**小形双極細胞**［midget bipolar cell］ 一つの錐体としか繋がっていない**網膜双極細胞**．⇨ **散在性双極細胞**

**語幹完成課題**［stem-completion task］ 単語の最初の数文字が与えられた際に，完全な単語を産出するよう求められる課題．たとえば，"ele-"が与えられた際には，参加者は"elevate"や"elephant"などと答える．⇨ **完成検査**

**コーガン症候群**［Cogan's syndrome; nonsyphilitic interstitial keratitis］ **角膜炎**が，目眩，耳鳴り，難聴の発作と関係している状態．目の痛みや視力低下が体験され，目眩が和らぐに従い，耳が聞こえなくなる．［アメリカの内科医コーガン（David Glendenning Cogan: 1908-1993）によって1945年に記載された］

**互換性のない反応**［incompatible response］ 別のものと葛藤したり，併存する反応，もしくは行為．たとえば，不安状態は，緊張緩和状態とは併存できない．

**誤棄却**［false rejection］ 信号がノイズとともに提示されたときに，信号を検出することができないこと．**信号検出理論**では，誤棄却は**ミス**として知られている．⇨ **フォルス・アラーム**

**吸気・呼気比（I/E比）**［inspiration-expiration ratio: I/E ratio］ 呼吸サイクルにおける呼気相の持続時間に対する吸気相の持続時間の比．つまり，息を吸い込むのにかかる時間を息を吐くのにかかる時間で割ったもの．この比は一般に感情研究で用いられる．恐怖状態は高いI/E比をもつ一方で，恐怖のない警戒状態は低いI/E比をもつ．

**小刻み歩行**［marche à petits pas］ 徐々に加速しながら，足を引きずって（小刻みに）歩く，一般に**パーキンソン病**で見られる歩行．［原語はフランス語で"小さな歩幅で歩くこと"］

**顧客関係性管理**［customer-relationship management］企業が，顧客の過去の購買行動に関する知識をもとにして，将来的なニーズ（欲求）を予測する管理方法．これを実行するために，顧客情報のデータベースが用いられる．

**呼吸〔1〕**［breathing］ 肺の換気メカニズム．吸入と発散のサイクルからなる．⇨ **過換気 吸気 呼気比**

**呼吸〔2〕**［respiration］ 1. 生物が食物に含まれる化学エネルギーを細胞が使用できる形のエネルギーに変換する一連の化学反応．細胞呼吸（cellular respiration），内呼吸（internal respiration）とも呼ばれる．2. 動物が大気から酸素を吸収し二酸化炭素を排出する過程．外呼吸（external respiration）とも呼ばれる．

**呼吸運動記録器〔1〕**［pneumograph; pneumatograph; stethograph］ 肺の動きや体積変化を記録する装置のこと．呼吸運動の比率と広がりを電気的に観測することによって記録される．または，組織領域間の視覚的コントラストを改善するために気体を注射された後の肺のX線画像化によって記録される．

**呼吸運動記録器〔2〕**［spirograph］ 呼吸の速度と量を計測し，記録する装置．

**呼吸型**［respiratory type］ 体内における他の系に対する呼吸器系，循環器系の優占度から分類した体質の型．⇨ **ロスタンタイプ**

**呼吸関連睡眠障害**［breathing-related sleep disorder］ DSM-Ⅳ-TRでは，睡眠時の呼吸困難により睡眠が中断されることに起因する過度の眠気や不眠を特徴とする原発性の睡眠障害のこと．たとえば**睡眠時無呼吸**など．⇨ **睡眠異常**

**呼吸窮迫症候群**［respiratory distress syndrome］ 肺胞（気胞）がつぶれるのを防ぐ肺表面活性物質の欠乏が原因で，肺が膨張しなくなる新生児疾患．肺胞にヒアリン物質の膜とつながっている．未熟児によく見られるが，肺が表面活性物質を作り出す前に，その疾患は徐々に悪化することがある．ヒアリン膜疾患（hyaline membrane disease）とも呼ぶ．

**呼吸困難**［dyspnea］ 息切れ，あるいは呼吸が困難であること．高地，労働，あるいは他の明らかな器質的原因によって説明できない場合，機能性呼吸困難（functional dyspnea）と呼ばれる．

**呼吸性洞性不整脈（RSA）**［respiratory sinus arrhythmia: RSA］ 同時ではなく，息を吸ったり吐いたりすることとわずかに不一致しながら，心拍が増加したり減少したりする正常な反応のこと．呼吸の洞性不整脈が観察されると，それが迷走神経性機能の徴候であることがある（⇨ **迷走神経切断**）．また，気質の生理学的指標として用いられることもある．

**呼吸法の再学習**［breathing retraining］ **行動療法**，認知行動療法，特に不安障害やパニック障害における過呼吸の治療に用いられる技法．この技法では，セラピストによるモデリングと正しいフィードバックといった様々な方法を通して，横隔膜でゆっくり呼吸することをクライエントに教える．⇨ **漸進的筋弛緩法，ストレスマネジメント**

**呼吸抑制**［respiratory depression］ オピオイドやそ

他の鎮静剤によって引き起こされるゆっくりとした浅い呼吸のこと。脳の延髄は通常，呼吸の深さと呼吸数の増加による組織内の二酸化炭素の増加に反応するが，これらの薬品は，延髄の呼吸中枢の閾値を引き上げる。呼吸抑制はモルヒネやその他の**オピオイド鎮痛薬**使用に伴う主要な危機的状態であるが，バルビツール酸系催眠薬のような**中枢神経抑制薬**でも生じうる。**ベンゾジアゼピン**の場合，アルコールのような他の中枢神経抑制薬と併せて摂取しなければ，呼吸抑制は滅多に生じない。

**コーキンズ**［Calkins, Mary Whiton］ メアリー・ウィトン・コーキンズ（1863-1930），アメリカの心理学者。アメリカの心理学者の中でも第一世代の重要なメンバーである。1895年にハーバード大学においてPh.Dの要件をすべて満たしていたものの，女性であるという理由で学位を与えられなかった。彼女の最も有名な実験上の貢献は，記憶研究のための**対連合学習法**の開発である。この方法は，今なお使用されている。彼女の主要な理論的貢献は，独自の**自己心理学**の展開である。1910年代から20年代において，心理学では**行動主義**が重要性を増し，一方，自己や意識という問題は，内観法の拒絶と同様，不確実で抽象的で形而上学的な問題であるという理由で捨て去られてきていた。コーキンズは，心理学はその哲学的な起源に忠実であるべきで，**自己**の科学を残すべきであり，また物理的・社会的世界との関連で体験自己を研究するために内観を用いるべきである，と反論した。自己は本質的に個人的なものであり，その事実は十分，科学としての心理学に受け入れられる必要がある，という主張から，彼女の自己心理学は**人格主義的心理学**とも呼ばれる。学会の風潮に逆らって活動したものの，彼女は非常に尊敬を受けた心理学者として名を残している。彼女は，そのキャリアの多くをウェルズリー大学の学部で過ごし，米国心理学会（1905）および米国哲学会（1918）の双方で，初の女性会長となった。

**コーク**［coke］ コカインの俗語。

**刻印づけ**［imprinting］ **1.** 動物の生涯の中で**臨界期**の間に生じる，単純だが深く，効果の高い学習過程のこと。イギリスの博物学者スポルディング（Douglas A. Spalding: 1840-1877）によって1873年に最初に報告された。彼は，生まれたばかりのヒヨコが，人であれ動物であれ，注意を引きつける初めて見た動く対象に追従する傾向があることを観察している。刻印づけという用語自体は，オーストリアの動物行動学者のローレンツ（Konrad Lorenz: 1903-1989）により1937年に導入された。研究者の中には，こうした処理は本能的であると信じている者もいる一方で，**準備された学習**の一種であるとみなしている者もいる。刷り込みとも言う。**2.** 条件づけで，刺激を適切な文脈で提示することで，その刺激を**強化子**として確立させる過程のことを指す。そのため，ここで確立された刺激は刻印づけられた刺激（imprinted stimulus）と呼ばれる。

**国際応用心理学会（IAAP）**［International Association of Applied Psychology: IAAP］ 心理学者による最も古い国際学会であり，応用心理学の科学と実践の推進のため，そして世界中で応用心理学を研究する者が相互に交流できる場の促進のために1920年に設立された。

**国際音声文字（IPA）**［International Phonetic Alphabet: IPA］ 国際音声学会によって開発された，あらゆる言語の音声を文字で表記できるようにするための記号体系。基本はローマ字であるが，様々な追加記号が存在する。

**国際軍事検査協会**［International Military Testing Association］ 1959年以来，職業熟達評価において一般的興味がもたれる分野について議論をするために会議を開催した組織。もとは，**軍事検査協会**と呼ばれており，世界の各国からの関与が増大したのを反映して，1993年に組織名を変更した。参加者は，軍事研究者や関係者とともに民間人も含まれている。研究範囲は，適性および仕事熟達度試験，トレーニング，職業分析，リーダーシップ，組織的行動，人為的要因，人員傾向および人的資源力分析を含んでいる。

**国際疾病分類**［International Classification of Diseases: ICD］ 世界保健機構（WHO）と，世界中にある10の協力機関が編纂した疾病分類システム。バーティロン（Bertillon）分類または国際死因リストとして知られ，1893年に作られた分類システムがもとになっており，現在の国際疾病分類は第10版である。ICD-10は，1992年に疾病および関連保健問題の国際統計分類として出版された。疾病，障害とそのサブタイプを分類するために，4つのアルファベットと数字によるコードを使う。国際疾病分類は疫学研究や健康保険のために利用されることが多い。⇨ **DSM-Ⅳ-TR**

**国際心理学者会議**［International Council of Psychologists: ICP］ コミュニケーションを手助けし，世界中の心理学者の繋がりを強くすることで，心理学とその適用を促進するために1941年に設立された専門家組織のこと。1981年に国際心理学者会議は，国連の経済社会理事会の諮問資格におけるNGOとして承認された。

**国際心理学連合**［International Union of Psychological Science: IUPsyS］ 専門的心理学の連合組織であり，異なる国の心理学者達とアイデアや科学的情報の交換を促進するために1951年に設立された。特に，国際会議や心理学における一般的あるいは専門の関心を主題にした会議を開催する。連合は，1889年にパリで最初に開催された国際心理学会議から発展したものである。

**国際スポーツ心理学会**［International Society for Sport Psychology: ISSP］ **運動心理学**に関心がある個人と国際組織のための国際学会のこと。

**国際統合失調症パイロット研究**［International Pilot Study of Schizophrenia: IPSS］ 1973年に世界保健機構（WHO）が主催して行われた診断研究。統合失調症群・非統合失調症群とに分けられた1119名の患者を対象に，9か国の精神科医が参加した。13ある症状の中で最も識別力があるとされたものは，病識の欠如，言語性幻聴，その他の幻聴，関係念慮，関係妄想であった。このプロジェクトには，**現在症診察表**が使用された。⇨ **一級症状**

**黒質**［substantia nigra］ 中脳の白灰質にある領域で，その黒い色素に因んで名づけられた。ドーパミン作動性ニューロンを大脳基底核に送る。この領域におけるドーパミン作動性ニューロンの減損は**パーキンソン病**に関係している。

**黒質線条体路**［nigrostriatal tract］ 黒質から大脳基底核の**新線条体**にかけて広がる神経路。ドーパミン作動性ニューロンを含んでおり，随意運動の生成に関わっている。

**黒人英語**［Black English］ アフリカ系アメリカ人の言語コミュニティで用いられている英語の**土地言葉**。その形

式的，社会言語学的特徴は，言語学における研究主題であり，特に，アメリカの言語学者ラボフ（William Labov: 1927- ）によって研究が進められてきた。アフリカ系アメリカ人口語英語（African American Vernacular English: AAVE）や，黒人英語方言（Black English Vernacular: BEV），エボニクス（Ebonics）とも呼ばれる。

**黒内障**［amaurosis］ 目に器質的な異常が認められないが，視力を部分的もしくは完全に失うこと。多くの場合，視神経もしくは脳への損傷で生じる。この疾患は**レーバー病**のように遺伝によるもの，一時的な症状（⇨ **一過性黒内障**），テイ・ザックス病のように症候群の一種，線状皮質（striate cortex）の全損傷によって生じることがある（皮質盲黒内障：cortical amaurosis）。⇨ **機能的失明**

**国防省式職業適性検査**［Armed Services Vocational Aptitude Battery: ASVAB］ アメリカ陸軍が個人の選抜と分類（特定の仕事への割り振り）のための標準化された道具として用いることができるように，1966年に国防省によって開発された**テストバッテリー**。1976年にアメリカ陸軍のすべての部署の公的な検査道具となった。現在は，語彙知識，文章理解，算数，数学的知識，一般科学，車と工場に関する知識，機械に関する理解，電子機器に関する知識，組立という9つの領域に関して，制限時間のある多肢選択式の検査で構成されている。最初の4つの検査は業務に対する適格性を決定する際に用いられ（⇨ **軍資格試験**），残りの5つは関心や適性を決定する際に用いられる。職業計画の支援のために高等学校の生徒に対して実施されることもあるが，将来入隊する人すべてがその志願過程の一つとして求められる。

**国民性**［national character］ その国の国籍をもつことに帰属される一般的な性格特徴。文化は性格形成に影響を及ぼすとされるが，国民性の考えは，内実が吟味されてない**ステレオタイプ**から常に構成されていることなどから，必ずしも有効な構成概念だと考えられているわけではない。

**コクランのQ検定**［Cochran Q test］ 複数の実験条件下で，それぞれの実験が観測され（結果が2値），条件間で同一性の仮説を検証したい時に用いるノンパラメトリックな統計的検定。

**後形式的思考**［postformal thought］ 成人の複雑性を伴った構造をもつ思考のことで，生活の入り組んだ性質に基づくものである。青年期に発達するとされているピアジェ（Jean Piaget）による**形式的操作**の成人期の認知への延長であり，知識の相対的で不完全な側面の理解を含む。その知識とは，現実の基本的側面としての矛盾を受け入れることであり，相反する思考，感情，体験をより一貫性をもった，全体を包含したものへと統合する能力である。さらに，その能力は，不明確な問題と明確な問題の両者を解決するためのものである。ポストフォーマル思考とも言う。

**語形失読症**［word-form dyslexia］ 文字単位の読み取りでのみ読字可能で，文字をまとまりとして認知したり読んだりすることができない特徴をもつ後天性の失読症（⇨ **失読症**）の一種。綴り字失読症（spelling dyslexia）とも言う。

**互恵性**［reciprocity］ 他者から利益を得たお返しとして，その相手に同価値の利益を提供したときの，そうした行為やその過程，関係の質。

**互恵性規範**［reciprocity norm］ 援助者が，そのお返しとして，被援助者から同価値の利益を提供されるという社会規範。⇨ **社会的正義規範，社会的責任性規範**

**互恵的教授法**［reciprocal-teaching procedure］ 生徒に以前教えた内容の理解の促進や，学習した材料を維持する効果的な方略の提供を目的としてデザインされた教授過程。

**互恵的行動**［reciprocal altruism］ ある個人(A)が他の個人(B)を援助し，また別のときにBがAまたはAの子孫を援助することを継続する**援助行動**の形のこと。互恵的行動の必要条件は，(a) 参加者がお互いを個人的に識別することができる。(b) 参加者が過去の行為と誰が誰を援助したかを記憶している。(c) 援助者のコストは受益者のコストよりも少ない。(d) 裏切り（cheating）を守るメカニズムがある。ゲーム理論は，互恵的行動を理解する理論枠組みを提供している。⇨ **利他性**

**語形変化表**［paradigm］ 単語のすべての屈折形の，文法的カテゴリー，あるいは整理したもの。

**コケイン症候群**［Cockayne's syndrome］ 小人症，小頭症，精神遅滞，視覚障害，日光への過敏性，進行性の神経学的な悪化がみられる遺伝性の障害。発達初期の精神的運動発達は遅く，この障害のほとんどの人のIQは50よりも低い。この障害の人は徐々に目が見えなくなり，耳も聞こえなくなり，大抵は20歳過ぎまでは生きられない。コケイン・ニール小人症（Cockayne-Neill dwarfism）とも言われる。［イギリスの医師コケイン（Edward Alfred Cockayne: 1880-1956）が1936年に，イギリス生まれのアメリカの小児科医ニール（Catherine A. Neill 1922-2006）が1950年頃に報告した］

**語源学**［etymology］ 単語や**形態素**の起源および歴史的発展の研究。

**誤検出**［false detection］ **ノイズ**存在下における，誤った信号検出。⇨ **フォルス・アラーム**

**ココア**［cocoa］ カカオの木（カカオの実を実らせる熱帯アメリカの木）からできた飲料。豆（種子）を挽いて炒り，油分を取り除いて作る。薬理学的な有効成分は**テオブロミン**（一般には乾燥重量の約1〜3%）と**カフェイン**である。

**心**［spirit］ 人間の非身体的部分であり，精神，道徳，情緒的特性が含まれ，その個人のアイデンティティの中核を作り上げるものである（例，「気高い心」，「それが彼女の心を打ち砕いた」）。

**心配り**［nurturance］ 愛情のこもった他者への注意，保護，励ましを与えること。

**子殺し [1]**［infanticide］ 乳幼児や児童を殺すこと。現在では非道徳であり，犯罪行為と考える立場が圧倒的であるが，過去には食糧不足や人口過剰のために，あるいは社会的適応価の低い子を間引くために子殺しが許容されている社会もあった。未だに乳児（特に女の乳児）がこのような危険にさらされている文化もある。このような行動は，多くの動物種で確認されている。これは，新しく群れのリーダーになったオスの利得的行動と考えられている。自分の子どもではないものの世話をする必要がなくなる上に，子どもを亡くしたメスは授乳期が終わるためすぐに新たな子作りができるからである。子殺しは，共同繁殖種において，2匹のメスが同時期に出産し，子どもの世話をするヘルパーを巡って争いが生じた場合にも観察されてきた。

⇨ 嬰児殺

**子殺し** [2] [filicide] 自分の子どもを故意に殺害すること。重篤な**大うつ病性障害**によって引き起こされることもあるが，非常に稀である。

**心の在り処** [seat of mind] 心の物理的な所在地としてみなされる，体内の決められた場所や器官のこと（また，**デカルト二元論**では，心と身体の相互作用の働く場所。⇨ **松果腺**）。最新の知見では，脳は心の在り処であり，歴史的には心臓のような臓器が心の在り処であるとされてきた。心または魂は，身体の隅から隅まで拡散されているという理論もある。

**心の知能指数** [emotional intelligence quotient] 情動知能の一つの指標。大衆作家やメディアなどは EQ と略記することもある（感情のための指数だが，名目上は IQ に似ている）。

**心の哲学** [philosophy of mind] 心と意識の在り方および機能，そして心と心的活動と，脳や体，外界との関わりについての疑問に取り組む哲学の一分野（⇨ **心身問題**）。言語，思考，行動の間の関係と深く関わる分野である。

**心の眼** [mindsight] 日常の視覚と並行して働くと考えられ，実際に変化を見てその意識的気づきが生じる前に視覚情報における非視覚的な感覚の変化を検知するという，視知覚の提案モデルの一つ。心の眼に関する研究は**変化盲**研究が発端となっている。[カナダの心理学者・コンピュータ科学者レンシンク（Ronald A. Rensink）によって提案された]

**心の理論** [theory of mind] 相手が何を知っているのか，どのような行動をするかなど，他者の心的状態について，イメージしたり，推論したりする能力。心の理論は，他者への信頼，意向，期待を特徴づける不可欠な要素であり，とりわけ，他者の行動予測にとって重要である。人間では 4 歳頃に現れる。人間以外の動物がこの能力をもつか否かについては，多くの議論がある。⇨ **信念 - 欲求推論**，**誤信念課題**，**マインド・ブラインドネス**

**誤差** [error] 1. 心理測定において，真値からの偏差のこと。真値は，誤差を評価する得点が生まれた特定の群や条件の**平均**によって定義される。2. 統計学において，観測値の統計モデルでの予測値からの偏差のこと。

**5 歳から 7 歳の変化** [five-to-seven shift] 5 歳〜7 歳における子どもの多くの発達的側面における著しい進展のことであり，この時期に身体発達，運動調整，推論能力，言語能力と社会情緒的発達において非常に重要な進展がみられる。多くの観察可能な変化の中には，自己中心性の減少，他者の視点を取り入れる能力の発現，コミュニケーションにおける能力の著しい進展も含まれている。

**後催眠暗示** [posthypnotic suggestion] 催眠状態の個人に対して与えられる暗示であり，催眠によるトランス状態から覚醒した後に作動する暗示。通常，催眠療法家が予め仕掛けておいた合図に反応して作動する。そして，対象者はなぜ自分がそうした振舞いをしているのかわからない。

**誤差項** [error term] **独立変数**で説明されないものを示す統計式の要素。攪乱項，残差項とも言う。

**誤差得点** [error score] **古典的テスト理論**において，ある人の測定値あるいは得点と，その人に期待された値あるいは得点との差のこと。

**誤差分散** [error variance] 体系的でなかったり，統制されていなかったりして，**独立変数**によって算出されない，あるいは統計モデルで予測される得点の分散と関連しないような得点のばらつきのこと。

**固視** [1] [fixation] 視覚機能において，1 つのターゲットに両眼を合わせること。サッカードのような高速眼球運動や，観察者が動いていてもある対象をフォーカスし続けることのできる反射が関係している。⇨ **視覚性運動反射**，**前庭動眼反射**

**固視** [2] [visual fixation] 網膜の中央にある中心窩に像が位置するための眼の方位。

**固視異常** [abnormal fixation] 視覚において，関心のある対象を注視できないこと。サッカードや異常な**眼振**によって生じると考えられる。⇨ **サッカード**

**固視痙攣** [spasmodic fixation; spasm of fixation] 固視すべき対象が除かれるまで，注視を変化させることができない症状。

**後視交叉性視覚障害** [postchiasmatic visual deficit; retrochiasmatic visual deficit] 視放線や有線皮質のような，視交叉よりも後方（越えた側）にある視覚的な処理を行う領域の障害によって生じる視力障害のこと。後視交叉の損傷や病巣は両眼の視覚に影響を与える。⇨ **同名半盲**

**固執** [perseveration] 1. 課題を中断する，もしくはある方略や手続きを他のそれに変更することができないこと。たとえば，極端に課題要求が強かったり，ある環境条件下（主には**熱ストレス**）におかれた作業者に観察される。2. **固執固定仮説**における，学習経験後の神経処理の反復。記憶の形成にとって重要であり，**長期記憶**の強化に必要である。3. 言語に関する，ある音，単語，句などの異常な，あるいは不適切な反復への固持。吃音でみられる。4. たとえば赤ちゃん語が児童期の後まで，あるいは成人期にまで続くといった，一般に受け入れられている特定の発達段階の範囲から外れた持続的な，あるいは延長した発話様式のこと。

**鼓室階** [scala tympani] 内耳の**蝸牛**にある 3 つの管のうちの一つ。外リンパを含む。基底膜で中央階と隔てられ，中央階の下部に位置する。鼓室階の基部は**蝸牛窓**と呼ばれる。

**鼓室形成術** [tympanoplasty] 鼓膜，または耳小骨を修復する手術。

**固執固定仮説** [perseveration-consolidation hypothesis] 記憶の形成において，情報が 2 つの段階を経ているとする仮説。第一段階では，記憶は神経活動の固執（反復）によって保持され，簡単に失われる。第二段階では，記憶は固定され，以降は簡単に失われることはない。固執固定仮説は，長期的な学習や長期記憶などの生物学的研究を数多く生み出すもとになった。固定仮説，固定固執仮説とも呼ばれる。⇨ **二重痕跡仮説** [1900 年にドイツの心理学者ミュラー（Gerog Elias Müller: 1850-1934）とピルツェッカー（Alfons Pilzecker: 1865-1920）によって最初に提唱された]

**固執性エラー** [perseverative error] ある誤りが継続的に繰り返されること。たとえば，その呼び名が誤りであると指摘された後でさえ，四角のことを丸であると呼び続けたり，質問内容が一連の異なる質問に対して同じ回答を繰り返すなど。

**固執セット** [perseveration set] 過去の状況から獲得

され，別の状況に転移する傾向もしくは性質。この傾向もしくは性質は転移した別の状況における課題に対して促進もしくは干渉する。

**ゴシップ**［gossip］アイドル的な人物に関する，しばしば事実に基づいていない情報についての話やコミュニケーションのこと。ゴシップは，内容はスキャンダラスで，意図は悪意をもったものである可能性もある。

**固視点**［fixation point］眼の焦点が向けられる空間内の点のこと。よくある視覚実験においては，特定の固視点が提示され，その間に視野内の別の位置の視覚が調べられる。

**固視反射**［fixation reflex］あるターゲットを固視し続ける，反射によって生じる定位。皮質と皮質下が関与している。固視反応（fixation response）とも呼ばれる。⇨ **視覚性運動反射，前庭動眼反射**

**コーシャスシフト**［cautious shift］ある個人が集団の一部として決定を行った場合，その個人が単独で決定を行った場合に採用するであろうアプローチよりも，慎重なアプローチを採用するという選択シフトのこと。研究によれば，こうした変化は，(a) 反対方向のリスキーシフトよりも稀にしかみられず，(b) 集団の大部分が討議以前に慎重なアプローチを好んでいる場合に起きやすいとされる。⇨ **集団極性化**

**語唱**［verbigeration］ある単語や語句を明らかに無意味に繰り返すこと。カタロジア（catalogia），同語反復症（cataphasia）とも言う。

**呼称課題**［confrontation naming］視覚的に提示された対象や図的記述の名称を答える手法のこと。

**古小脳**［archicerebellum］小脳のうち系統発生的に最も古い部位。

**誤情報効果**［misinformation effect］人が実験者によって与えられた誤解を招く情報を，事前に提示された正確な情報を正しく再生する代わりに誤って再生する現象。誤情報効果は目撃証言の文脈で検討されている。

**故障モード影響解析**［failure modes and effects analysis: FMEA］あるシステムにおいて，故障を引き起こしうる，一連の構成要素についての定性的な分析手法。⇨ **事故分析，アクシデント・パスモデル，フォルトツリー解析，職務安全性分析**

**個人覚醒尺度**［personal arousal scale］活動レベルの自己評価法。アセスメントごとに同じ特異的な基準を用いる。

**個人間差**［interindividual differences］一つ以上の特性や行動や特質が個人間で異なること（たとえば知能の相違）。⇨ **個人内差**

**個人空間**［personal space］個人の周囲にある防御された空間。パーソナルスペースとも言う。個人空間の使用形態は，人間の文化によって異なるのと同様に，種によって異なる。個人空間は，個人を取り囲む「泡」のようなものであり個人とともに移動するという点で，他の種類の防御された空間（たとえば，縄張り）とは異なる（⇨ **パーソナルスペースの気泡概念**）。個人空間は進化を通して様々な種によって利用され，種内闘争や個人的自律性への脅威から個体を守ってきた。人間における個人空間の利用は文化によって変わるため，部分的には学習行動であると考えられる。

**個人空間の侵害**［personal-space invasion］ある個人が他者の個人空間に侵入すること。明確な理由がなく，不適切にまた不快なほどに他者に近づくことで生じる。⇨ **プロクシミクス**

**個人誤差**［personal equation］課題成績の差の中で個人差に帰属されるもの。

**個人差**［individual difference］ある個人が他者と区別されうる特性や特徴。

**個人史質問票**［personal-history questionnaire］個人の能力もしくは社会適応に関連した，様々な情報を記録するための質問票。それらの情報には，個人の特殊な能力，家庭生活，医学的問題，情緒的問題，あるいはその他の問題などが含まれる。

**個人史収集**［history taking］患者，あるいは調査協力者の個人史を，直接的，あるいは他の情報源から集めるプロセス。他の情報源とは，たとえば患者の家族，病院やクリニック，精神科医や臨床心理士，神経学者，ソーシャルワーカーといったその人を直接見知っている人を指す。⇨ **既往歴**

**個人史的研究法**［historical method］精神分析，カウンセリング，その他の心理療法で，クライエントの個人史に焦点化する方法。

**個人指導**［personalized instruction］1. ある科目に対して生徒がもっている細かい要望に応じた指導のこと。ここではカリキュラムや学年ごとの指導計画は考慮しない。2. 生徒と指導者の1対1対応に基づく知識の伝達過程。これにより，生徒はより踏み込んだ質問ができ，指導者が提示する概念を明確に理解できる。

**個人主義**［individualism］1. 個人とその権利，独立性，そして他の個人との関係を強調するような社会的あるいは文化的な伝統，イデオロギー，または個人的な見解。⇨ **集団主義** 2. 倫理学的，政治学的な理論において，個々人に本質的な価値があるという見解。これが認められれば，当然のことながら，個々人が抱く価値観，希望，観点などにも価値が見いだされる。このように，個人主義は，自分自身であることの権利，あるいは，自分自身の要求や希望を満たすことの権利を強調する人生観である。

**個人主義的報酬構造**［individualistic reward structure］個々人の成果に基づいて報酬を配分するといった方法で体系化された業務構造。個人の成否は他者の成否とは独立に考慮される。⇨ **競争的報酬構造，協力的報酬構造**

**個人主義フェミニズム**［individualist feminism］密接な個人主義に関連している，フェミニズム思想における一つの視点。この立場は，女性の自主性を尊重し，女性本来の良さなどの多少性を指示する。⇨ **フェミニズム**

**個人情報**［biographical data］人事採用の際に使用される求職者の情報のこと。通常，年齢，性別，学歴，職歴，趣味の情報が含まれる申請用紙あるいは専用の質問表から取得される。履歴書（biodata）とも呼ばれる。

**個人心理学**［individual psychology; Adlerian Psychology］アドラー（Alfred Adler）による心理学的理論。人は一生を通じて優越感や完全性，所属感を得ようと努力する存在であり，自身の可能性を最大限に引き出し，自身の人生の目標を獲得し，自身の生活スタイルを創りだすことで劣等感を克服しようとする意識的な動機に支配される存在であるという考えに基づく。人間が無意識的な水準による"見えない"非合理的な衝動によって支配されるという

見解とは対照的である。

**個人崇拝**［cult of personality］　カリスマ性をもった政治や宗教の指導者に対する大げさな献身のこと。権力維持のために，権威主義的な人物や組織によって扇動されることが多い。

**個人中心の計画**［person-centered planning］　個人の才能，強さ，好み，達成に焦点を当てた，個人の計画過程のこと。発達障害のある人の場合は，その人やその家族，その人が選択を行い，コミュニティに参加し，尊厳を勝ちとることができるようになる支援に重点がおかれる。参加者のコミットメントの拡大と行動指向的な計画の開発を必要とする。個人中心の計画の方法は，エッセンシャル・ライフスタイル計画，マーケティングアクションプラン，個人の将来計画といったものがある。⇒ **個人中心のチーム**

**個人中心のチーム**［person-centered team］　精神遅滞やそれに類する状態にある個人のライフスタイルの向上と自己決定の促進のための支援やサービスのための計画を立てるために定期的に集まる人々からなる集団。**個人中心の計画**の原理に基づいた方法をチームは用いる。チームの参加者は，サービス組織や機関ではなく，精神遅滞の人やその人の擁護者とともにいる人によって召集され，必ずしもヒューマンサービスの専門的な訓練を受けている必要はない。

**個人的課題**［personal strivings］　相互に関連する複数の目的からなる個人の目標体系のことで，目標は互いに一貫していることも相容れないこともある。［アメリカのパーソナリティ心理学者エモンズ（Robert A. Emmons: 1958- ）によって分析された］

**個人的記録**［personal documents］　個人的に作成された文書（日記，手紙，エッセイ等），録音，それに類する資料。個人的記録分析（personal-document analysis）によって検討される際に，その人物の人格や価値観，態度，信念，恐れていることなどを洞察するための情報を与えることがある。

**個人的寓話**［personal fable］　自分自身は特別で強いと考える信念のこと。青年期の**自己中心性**の表れであり，生涯にわたって影響すると考えられる。

**個人的計画**［personal plan］　ある人がもつ，達成すべき目標を含んだ未来についての考え。

**個人的コミットメント**［personal commitment］　個人がある理念，態度，信念に固執すること。個人的コミットメントは必ずしも文化的価値，態度，信念を反映しない。

**個人的責任**［individual accountability］　ある人が自分自身の行為やその行為の結果に対して責任を負うことのできる範囲。集団では，**説明責任**は匿名の誰かによって影響され，その集団内の個々人が負う範囲は明確に同定可能である。

**個人的適応**［personal adjustment］　**1.** 家族や共同体における生活や仕事の環境に個人が適応すること。特に定期的な接触が不可避な相手との社会的相互作用に対する適応。**2.** 個人が生活上の要求に対処できる程度。

**個人的特質信用モデル**［idiosyncrasy-credit model］　高い地位にあるメンバーが集団規範を破るときに，集団が時々示す寛大さを説明するもの。このモデルは，有効な方法での集団への貢献と集団への忠誠を示すことで，個人が特定の信用を築き上げ，彼らが誤りを犯したり，集団規範から逸脱するときはいつもその信用を費やすことを示す。彼らの行動が信用の供給を絶やさない限り，彼らの違反は集団における彼らの地位を脅かすことはない。［アメリカの心理学者ホーランダー（Edwin P. Holander: 1972- ）によって開発された］

**個人的な計画**［personal plan］　心理療法における介入と活動を文書化した計画のこと。クライエントのためにすべての関係者の参加を得て作成されるもの。通常，診断やその他，クライエントの状況に関するデータをまとめたものであり，クライエントによって達成されるステップを漸進的に示したものである。

**個人的分離**［personal disjunction］　それが何か，もしくは何でありそうかという認識と，客観的な現実，もしくは状況証拠との相違，矛盾の感情や知覚。

**個人的無意識**［personal unconscious］　ユング（Carl Jung）の**分析心理学**における，自分自身の経験の要素が含まれている無意識の一部分であり，人類共通の**元型**を含む**普遍的無意識**の対となるものである。個人的無意識は，意識下で忘れられ抑制されてきた，個人の人生にまつわるすべてのことから構成されている。フロイト（Sigmund Freud）の**前意識**に関する考えと同様に，その内容のいくらかは意識的に思い出されるが，それ以外のものは真に無意識的である。また，個人的無意識は，個人の経験を基礎とした**コンプレックス**を含んでいる。ユングの観点では，**個性形成**を生じさせるために，個人的無意識は意識的**自我**に統合されなければならないとしている。

**個人テスト**［personnel test］　**人事選考**，新しい従業員や既に働いている従業員の配置や従業員評価で用いられるテスト。（a）基本的な能力やスキルを測定する適性テスト，（b）職務特有の能力を測定する達成度テスト，（c）仕事のパフォーマンスの予測因として使われる性格や関心の測定といったものがある。⇒ **採用テスト**，**職業テスト**

**個人データシート**［personal data sheet］　年齢，性別，教育歴，職業，趣味，現病歴を含む個人の伝記的事柄を知るためにデザインされた質問事項。

**個人内差**［intraindividual differences］　一人の中にある2つ以上の特徴，行動，性格特性の違い。たとえば，被検者の数学や言語，分析能力の強さを測る適正検査において，3つの標準化された得点の間の差は，個人内差を表している。⇒ **個人差**

**誤信念**［false belief］　事実に基づかない内的な認知表象。

**誤信念課題**［false-belief task］　「他者は自分のもっている知識をもっていない」ということを子どもが推察しなければならない，**心の理論**研究において使用される課題の一つ。たとえば，子どもにキャンディの箱にキャンディでなくペンが入っているのを見せ，「他の人は箱の中に何が入っていると思いますか」と質問する。3歳より前の子どもはペンと答えるが，3歳以上の子どもは正しくキャンディと答える。

**個人方言**［idiolect］　個人レベルで用いられる**方言**のこと。ある意味では，すべての話者は個人方言をもっているといえる。なぜなら，母国語を全く同じように用いる人は誰もいないからである。別の意味では，風変わりな言語使用形態を指すこともあり，特に，構文や語彙の奇抜さなどが含まれる。とりわけ，通常ではなかったり，また孤立し

ていたりする学習環境などで第二言語を体系的に習得しなかった人は，このような形の個人方言を身につけることがある（⇨ **中間言語**，**化石化**）．詩人や作家のなかには，作品の中で独特な個人方言を表現するようになる者もいる．

**個人用保護具**［personal protective equipment］ 手袋やフェイスマスク，聴覚保護のような防具のことで，危険（たとえば，危険な化学薬品や強い雑音）に身をさらすことを減らしたり取り除いたりするためのバリアとして働く．⇨ **管理的制御，工学的制御**

**個人療法**［individual therapy］ 1対1（1人のクライエントに1人のセラピスト）で実施する心理療法のこと．ダイアド療法（dyad therapy）や個人精神療法（individual psychotherapy）とも呼ばれる．⇨ **集団心理療法**

**5数要約**［five-number summary］ 探索的データ解析において，最大値，最小値，上側と下側の四分位点，**中央値**といった，5つの要約統計量を用いて，データを特徴づけること．

**ゴーストイメージ**［ghost image］ 肉体から離脱した人の幻影のこと．生前のその人の大まかな身体的特徴をもつ．ゴーストイメージを複数人が同時に"見る"ことはほとんどない．感情的な危機状態で知覚されやすい．そのイメージは，しばしば信じがたい物理的な特徴を帯びている．たとえば，肉体から離脱しているにも関わらず，服を着ている，馬に乗っている，重い物を運んでいるなど．⇨ **真正な幻覚**

**コスト利益分析**［cost-benefit analysis］ 行動生態学において，予測されるコストと利益を比較し，最も適応性があると判断された行動をとること．コストよりも利益が高い行動をとることが，**自然選択**における生存につながる．

**コース立方体組み合わせテスト**［Kohs Block Design Test］ 16色の立方体を使って参加者は17枚のテストカードに示されたデザインに並び替えをしていく知能検査．独立した器具として入手可能であるが，コース立方体組み合わせテストは，中でもウェクスラー（David Wechsler）が考案した知能尺度や様々な尺度の下位検査として使用されてきた．［アメリカの心理学者コース（Samuel C. Kohs: 1890-1984）が開発した］

**個性**［individuality］ 個々人の性格の独特さ．

**悟性**［understanding］ ある種の哲学的著作において，感覚から得られた情報を構成し解釈する能力．**知性**やより高次の理性とは異なる．⇨ **ディアノイア**

**個性化**［individuation］ ユング（Carl Jung）の精神分析理論の用語．しだいに大きくなる個人的/集合的**無意識**を統合し，内向性/外向性の間で起きるような葛藤を解消した統合的な人格の緩やかな発達を指す．

**個性記述的な**［idiographic］ 個別事例の記述や理解に関連すること．平均的な事例を記述する**法則定立的な一般理論**の構築と対照的である．アメリカの心理学者マッコーカデール（Kenneth MacCorquodale: 1919-1986）とメール（Paul Meehl）は心理学的現象を記述する際の2つの対照的な方法を明らかにした．個性記述的アプローチ（idiographic approach）は，一人の個人を深く理解するために行う徹底して集中的な研究であり，集団や事例の一般的な側面を理解する研究とは対照的である．個人が分析の単位であるような心理学の領域（たとえば，性格心理学，発達心理学，臨床心理学）では，個性記述的アプローチは有益である．なぜなら，人間すべてにあてはまる心理学的構成概念を形成するのではなく，特定の個人の特性（⇨ **個性記述的な特性**）と，行動と適応の唯一性を強調しているからである．

**個性記述的な特性**［idiographic trait; unique trait］ 集団内のたった一人にみられる性格特性のこと．

**個性形成**［individualization］ 同じ種や性別などを構成する他の成員から個人が区別される過程．

**語性健忘**［verbal amnesia］ 神経学的障害や疾患によって単語を記憶できなくなった状態．⇨ **神経性健忘症**

**語性錯語**［verbal paraphasia］ 会話において不適切な単語や語句を含む錯誤の形態．

**語性失読**［verbal alexia］ 失認の一つで，単一の文字は認識できるが，単語や文字同士の組みあわせについては認識できないものを指す．

**個性的事象界**［idioverse］ ポストモダンの思想において（⇨ **ポストモダニズム**），個人特有の感覚，知覚，理解等，個人独自の生活世界を意味する．

**コ・セラピー**［cotherapy; dual-leadership therapy］ 2人のセラピストによるセラピーであり，1人のクライエント，ペアのクライエント（夫婦など），家族，あるいは集団に対し，理解を深め，行動や関係を変化させるために行われる．

**孤束核**［solitary nucleus; nucleus of the solitary tract: NST］ 脳幹の延髄にある核で，中間神経（⇨ **大錐体神経**），舌咽神経，迷走神経からの情報を中継する．味覚ニューロンはこの核の前方部分へ投射する．そのすぐ側面には触覚と温感の求心性神経が，中間と後ろには内臓の求心性神経がある．味覚ニューロンは，受け取りと拒否の反射を制御し，消化に先立った制御を行い，味覚系（⇨ **視床味覚野**）を高い水準で活性化するために単一の核から投射する．

**個体化**［individuation］ 1. 心理学で，ある人がひとりの人間としての状態を獲得し，世界の中でそのように努力する生理的，心理的，社会文化的過程．2. 発達段階の一つで，18か月〜36か月の間に起こる．乳児が母親に依存しなくなり，自分の欲求を満足させ自分でやっていくようになる時期．［ハンガリー生まれのアメリカの精神科医マーラー（Margaret Schonberger Mahler: 1897-1985）により提唱された］

**誇大観念**［overvalued idea］ 誤ったあるいは誇張された信念のこと．誇大観念は個人によって維持されるが，妄想ほど確固としたものではなく持続もしない（たとえば，自分が組織の中で欠くべからざる重要な存在であるといった考え）．誇大観念の存在は，無意識的な動機の存在を暗示している．そしてその動機に気づくことができれば信念がゆらぎ，対応した機能不全も減少させることができる．

**個体距離域**［personal distance zone］ 社会心理学において，友人や知人と相互作用を行う際にとられる**距離ゾーン**．個体距離域は0.5〜1.5 mの領域であるとされる．⇨ **親密距離，公衆距離，社会的距離，プロクシミクス**

**誇大症**［expansiveness］ 多弁や過度な社交性や多動や抑制力の欠如としてあらわれる人格特性．

**古態心理学（古生物心理学）**［paleopsychology; palaeopsychology］ 1. 現代人における特定の心的過程に関する学問．そこでは人間，あるいは人間以外の動物の進化に

は，より早期の段階に起源があると考えられており，**普遍的無意識**といった無意識的過程が関連している。この用語の意味はユング（Carl Jung）によって紹介された。**2.** 先史時代の人間の心理学的反応に対する現代的再構築のこと。

**誇大性**［grandiosity］　自分の偉大さ，重要性，または能力が誇張された感覚のこと。極端な形では，**誇大妄想**とみなすことができる。

**個体選択**［individual selection］　個体のもつ形質のうち，**繁殖成功率**の増加をもたらすものが後の世代に最も現れやすくなるという，**自然選択**の一つの側面。個体選択の焦点は個体に対する直接的な利益に当てられている。これは「血縁者を援助するものが間接的な利益を受ける」という**血縁選択**とは対照的である。

**個体発生**［ontogeny; ontogenesis］　卵の受精から死に至るまでの生物個体の生物学的起源と発達のこと。⇨ **系統発生**，**反復説**

**個体発生の心理学**［ontogenetic psychology; ontogenic psychology］　個体の生物学的発達における心理的側面についての研究（⇨ **個体発生**）。種におけるそれと対比される（⇨ **系統発生**）。

**誇大妄想**［delusion of grandeur; expansive delusion］　自分は能力がある，知識がある，重要で価値がある，唯一の存在である，名声がある，力がある，完璧な存在であるなどと自分自身に対して誤って考える特性のこと。⇨ **誇大妄想狂**

**誇大妄想狂**［megalomania］　躁病や妄想型統合失調症の患者にしばしばみられる，個人の地位や権力，能力が極端に誇張された想像を指す。近年では，誇大妄想は被害妄想と同時，または被害妄想に先んじて生じるとされる。⇨ **誇大妄想**

**ゴダード**［Goddard, Henry Herbert］　ヘンリー・ゴダード（1866-1957），アメリカの心理学者。ハル（Stanley Hall）に師事し，1899年にクラーク大学より博士号取得。ペンシルベニアの州立師範学校で心理学を教えた後，1906年に，ニュージャージー州の知的障害をもつ子どものための学校の心理学研究所長となった。1918年にオハイオ局児童研究所へ移動。その後，1922年にオハイオ州立大学の異常・臨床心理学の教授となった。**特別教育**と精神遅滞の分野で働いたゴダードは，アメリカの知能検査の創始者として知られる。ゴダードは，ヨーロッパの方法論を学び，精神遅滞として入院している子どもの治療や診断に，ビネー（Alfred Binet）の知能検査法を取り入れるべきだと，アメリカの医者に説いた。ゴダードは，比較的高い認知機能を保っている子どもを表現するために，"moron" という言葉をつくり（現在は，**軽度精神遅滞**と呼ばれる），公立小学校にビネーの知能検査を取り入れ，その結果をクラス分けに利用する方針を広めた。また，ゴダールは，第一次世界大戦の**軍隊知能検査**の作製の指揮をとった。著書としては，*The Kallikak Family*（1912）がある（⇨ **カリカック家**）。彼の遺伝主義，優生学的な信念は，論議をかもしたが，ゴダードの主張の大部分は，後年，本人によって撤回された。

**コタール症候群**［Cotard's syndrome］　重いうつ状態と強い虚無妄想（⇨ **虚無主義**）を特徴とする精神病状態のこと。この患者は，彼らの身体やその一部についてや，時には実在全体が崩壊したり，消滅してしまったと主張する。［1880年にフランスの神経学者コタール（Jules Cotard: 1840-1887）によって，否定妄想（délire de négation）として初めて報告された］

**こだわりのある買物客**［involved shoppers］　消費者行動において，より慎重な買物客。製品の情報を集めたり，製品を比較したりして，製品についての詳細な情報を得ることに労力と時間を費やす。

**固着**［fixation］　**1.** **固定観念**のような，1つの観念や欲動，目的の強迫的なとらわれのこと。**2.** 精神分析理論において，人生早期の心理的性的発達段階へ固執してしまうこと（⇨ **心理・性的発達**）。また人生早期の心理的性的な満足を与える対象や様式（たとえば肛門や口唇を用いる活動）に不適切に愛着すること。

**固着観念**［idée fixe］　意識から分離，解離された無意識的な心的過程（⇨ **自動作用**）であり，その結果として通常の情報処理を妨げるもののこと。理論によっては，**ヒステリー**の症状の一次機制とみなされる。固定観念（fixed brief; fixed idea）とも言う。［フランスの心理学者のジャネ（Pierre Janet: 1859-1947）により提唱された］

**固着生物**［sessile］　イソギンチャクのように，基盤物質に永久的に付着している生物のこと。

**誇張**［exaggeration］　人の才能やモノの特性や状況を飾ったり実際よりもよく見せたりする行為。誇張は，それ（たとえば，反抗的な行動を正当化するための手段として親の不快な行動を大げさに表現するなど）によって問題のある態度や行為を正当化する，という防衛反応としてしばしばみられる。

**語長効果**［word-length effect］　記憶スパン（**記憶範囲**）のテストにおいて，通常，短い単語のほうが長い単語よりも多数記憶されるという効果を指す。短期記憶（short-term retention）は単語をリハーサルするのにかかる時間の長さに影響を受ける。

**コーチング**［coaching］　**1.** 1対1あるいは指導者対集団における指導や激励の形式で，ニーズや性格の差異に対する感受性というカウンセリング原則に基づく。ライフコーチング（life coaching）とも言う。**2.** ビジネスや産業の領域における，監督者層，経営管理者層，リーダー層に対する介入技法。組織内において，あるいは他の集団状況において，問題解決，対人関係の維持，同僚や他の職員に対する動機づけといったスキルを必要とする人たちに対してなされる。

**コーチングアセスメントシステム**［Coaching Behavior Assessment System: CBAS］　運動選手に対する12の特定のコーチング行動の頻度とその効果を明らかにするための観察システム。コーチングには叱る，ほめる，否定的なフィードバックを与える，教える，訓練するなどが含まれ，選手やチームのパフォーマンスを予想し，あるいは，選手やチームの反応を見ながら与えられる。

**骨格筋**［skeletal muscle］　骨格の一部を動かす動力を供給する筋。腱で骨に付着し，通常は関節をまたぐので，骨格筋の片側は腱を介してある骨に付着し，もう片側は別の骨に付着する。骨は反対方向にも動きうるので，骨格筋は相反的な対になって機能する（**拮抗筋**）。骨格筋は細長い先細の**筋線維**からなり，各筋繊維は膜（筋鞘）により束束され，細胞質（筋形質）を有する。筋形質内には長軸方向に収縮性をもつ繊維（筋原繊維）があり，顕微鏡観察し

た際に縞模様に見える配列（サルコメア）を形成する。骨格筋の収縮は通常は中枢神経系の随意制御を受ける。**運動ニューロン**によって伝導され，**神経筋接合部**で筋繊維に伝達された神経のインパルスが，個々の筋繊維の収縮を促す。1つの神経細胞が複数の，何百もの筋繊維を活動させる。横紋筋（striated muscle），随意筋（voluntary muscle）とも呼ぶ。⇨ **心筋**，**平滑筋**

**国家主義**［nationalism］ 特に支配的な宗主国もしくは占領軍に対して，自国の独立を成し遂げようとする目標や政策。

**こっくりさん**［Ouija board］ 数字と文字が記されている板のことで，動く指示棒を参加者たちが握ると，霊の指示により，その棒が板の上の数字や文字をたどってメッセージが綴られる。**自動的記述**の一形態とみられる。［仏語と独語で yes を表す oui と ja からきている］

**ごっこ遊び**［sociodramatic play］ 子どもが父親，母親，警察官，医者などの社会的役割を演じる象徴遊びのことを指す。この遊びは子ども一人でも，友達と一緒にもできる。

**骨相学**［phrenology］ ドイツのガル（Franz Josef Gall: 1757-1828）とオーストリアの哲学者であり解剖学者でもあったシュプルツハイム（Johann Kaspar Spurzheim: 1776-1832）によって考案された 18〜19 世紀のパーソナリティ理論。骨相学によれば，特殊能力や性格特性は脳の特定の部分に現れる。この脳領域の大きさは，対応する技能や特性を決定する。この理論の提案者たちは，大脳の輪郭が頭蓋骨の輪郭に対応するという観察に基づいて，頭蓋骨表面にある突起やくぼみによって，これらの領域の大きさを理解することができると考えた。今日では誤った理論だと考えられているが，**機能局在化**という概念を提案した意義は大きい。⇨ **人相**

**骨伝導**［bone conduction］ 頭蓋内の骨振動を経て，音波が内耳に伝達されること。

**骨伝導検査**［bone-conduction testing］ **気導検査**で検出された聴覚損失が伝音的なものか，または感覚神経的な要因の結果であるかを決定するための手続き。この手続きでは，ヘッドバンドに取り付けられた小さな骨伝導振動子を耳の後ろにある側頭骨上に置いて，周波数を統制して行われる。⇨ **気導骨導差**

**骨年齢**［bone age; skeletal age］ 骨形成のステージを基準とした個々の骨格成熟の尺度。大抵は，手や手首のX線によって決定される。

**コッハー・ドブレ・スムレーニュ症候群**［Kocher-Debre-Semelaigne syndrome］ クレチン症と精神遅滞に関連する筋肉の弱さと，異常増殖によって特徴づけられる子どもや乳児の障害のこと。ドブレ・スムレーニュ症候群とも呼ばれている。［スイスの外科医コッハー（Emil Theodor Kocher: 1841-1917）とフランスの小児科医ドブレ（Robert Debre: 1882-1978），フランスの小児科医スムレーニュ（Georges Semelaigne）によって提唱された］

**骨盤位分娩**［breech birth］ 胎児の臀部が最初に生まれることで，胎児の頭部が最初の正常分娩に比べ，**出生時損傷**のリスクが高い。

**固定**［consolidation］ 長期記憶が形成される生物学的過程。⇨ **記憶固定期間**，**固執固定仮説**

**固定因子**［fixed factor］ 実験計画における因子（**独立変数**）の一つであり，その水準は，許容される値の範囲の中から無作為に生成されるのではなく，研究者の手によって指定される。一般的に，この種の実験結果は，実験において用いられた因子の水準を超えて，一般化すべきではない。

**固定観念**［idee fixe; fixed belief; fixed idea］ 対立する証拠があるにも関わらず保たれる，不合理かつ強固に保持された観念や信念。妄想の形で表れ，強迫観念になることがある。固定信念（fixed belief）とも呼ばれる

**固定効果モデル**［fixed-effects model］ 処理の効果を示す統計的パラメータを，変量変数というよりは，固定されたパラメータ（定数）として扱う統計モデル。⇨ **固定因子**，**変量効果モデル**

**固定時間スケジュール**［fixed-time schedule］ 条件づけにおいて，行動を含めた他の事象とは独立の，固定された時間間隔で刺激や強化子が与えられるような条件設定のこと。⇨ **非随伴性強化**

**固定的階級社会**［fixed class society］ ヒンドゥー教の**カースト**制度のように，**社会移動**が全くあるいはほとんどない社会。⇨ **開放的階級社会**

**固定的行動パターン（FAP）**［fixed-action pattern: FAP］ 特定の刺激（⇨ **解発体**）によって引き起こされる，遺伝的に決定された紋切型で種特異的な一連の行動。感覚によるフィードバックがなくても生じる。⇨ **生得的解発機構**

**コーティマックス回転**［quartimax rotation］ 因子分析において，因子行列の行ごとの分散を最大化する**直交回転**。

**固定モデル**［fixed model］ ⇨ **固定効果モデル**，**固定因子**

**コデイン**［codeine］ モルヒネから合成される**アヘン剤**のこと。強力な鎮痛薬（単独で，あるいはアスピリンなどの他の鎮痛薬とともに用いられる）であったり，多幸感を引き起こすなど，多くの特質をもつ。しかし，その中毒性はヘロインよりもかなり低い。⇨ **オピオイド鎮痛薬**

**コーディング**［codification］ データや情報を，他者が理解できる形の符号（code）に変換すること。

**古典主義要因**［classicism factor］ 古典的に価値のある芸術様式の芸術的試みの評価における役割のこと。特に，古代ギリシャや古代ローマの芸術や建築物に関連する。古典主義要因はまた，イマジネーションによって影響された芸術様式（ロマン主義）と型の決まった芸行様式を区別する際にも用いられる。

**古典的**［classical］ 過去の一時期において，典型的，標準的であった形式，操作方法，機能のことを意味する言葉。心理学では，より新しく発見された**オペラント条件づけ**と対比して，**パブロフ型条件づけ**が古典的とみなされる。これは，1938 年，スキナー（B. F. Skinner）によって 2 つの学習形態の違いが指摘された経緯による。

**古典的テスト理論**［classical test theory: CTT］ 観測された得点を 2 つの構成要素（**真の得点**と**誤差得点**）に分け，**内部一貫性信頼性**や**再検査信頼性**，**代替形式による信頼性**を算出することで誤差分散を評価する心理測定論の体系。古典的テスト理論（1970 年代以前に発展したテストの主な枠組み）の利点は，実行するのが比較的容易であり，様々な測定場面に幅広く利用できることである。主な問題点は，受検者の特性とテストの特性が分けられないことと，得られる統計量が基本的に各項目がテストに対してどうで

あったかではなく，人々が所定のテストにどのように答えたかに関してだけということである。古典的テスト理論におけるこれら固有の問題点は，これらの問題点の影響を受けず，より正確に**先入観**を見つけだすことができ，能力測定においてより高い信頼性と精度を提供する**項目反応理論**やその他のモデルの発展を促した。

**古典的なうつ病**［classical depression］　精神病的症状（妄想や幻覚）だけでなく，強い悲しみ，集中することの困難，**精神運動抑制**，食欲減退，不眠，体重減少などを特徴とする**大うつ病性エピソード**。典型的なうつ病性障害であるとしばしばみなされている。

**古典的な精神分析**［classical psychoanalysis］　**1.** リビドー，**心理・性的**段階，イド，衝動を重視する精神分析理論。典型的なものは，フロイト（Sigmund Freud）の理論である。古典理論（classical theory），衝動理論（drive theory）とも呼ばれる。**2.** 夢判断，自由連想法，**抵抗**分析といったフロイトの基本的な手続きに従い，パーソナリティを再構築する方法として，患者の無意識への洞察を深めることを基本的な目的とした精神分析療法。正統派精神分析（orthodox psychoanalysis）とも呼ばれる。

**古典的パラノイア**［classical paranoia］　この用語は19世紀にドイツの医師であるカールバウム（Karl Ludwig Kahlbaum: 1828-1899）によって概念化された後に，ドイツの精神科医であるクレペリン（Emil Kraepelin: 1856-1926）によって詳細に作り上げられた，固定的で体系的な**妄想**を特徴とする稀な障害である。この妄想は通常，**被害妄想**，**誇大妄想**，嫉妬妄想である。気づかれないままに徐々に進行し，他の精神障害によっては説明されない。妄想に触れない限り，倫理的で秩序だった思考を保つ。DSM-IV-TRの**妄想性障害**の基本的な定義は，カールバウムとクレペリンのもともとの概念をほとんどそのまま継承したものである。

**コード・キーボード**［chord keyboard］　様々なキーの組み合わせを押すことによって，幅広い範囲の英数字情報を登録することができるような，限られたキー数によって構成されているキーボードのこと。このキーボードは，片腕の人がキー入力することを援助する。⇨ **ドボラク・キーボード**

**誤動作**［malfunction］　機械や組織が正常に働かず，不具合が生じること。

**誤答分析**［error analysis］　**1.** 製造や操作の誤差の原因となりうる**人的要因**と工学設計要因に関する研究のこと。⇨ **事故分析**，**故障モード影響解析**，**フォルトツリー解析**，**職務安全性分析**　**2.** 第二言語学習者から得られる言語コーパスの系統的な分析のことで，言語学的形態が目標言語の標準からどのように系統的に外れているかを同定したり，学習者の第二言語習熟の状態について推定したりするのに用いられる。⇨ **化石化**，**中間言語**，**言語転移**

**コード切り換え**［code switching］　社会言語学において，2つ以上のレジスター（特定の状況・集団で使われる言語），方言，言語を話せる人にみられる習慣で，会話の文脈に応じて，もしくは言語的社会的意味を強めるために，使用する言葉を変えること。

**孤独感**［loneliness］　自分自身が孤独やひとりぼっちであること，あるいは，そう知覚されたことによる感情的で認知的な不快感や不安のこと。心理学における理論と知見は，多面的な視点を提供している。社会心理学は，親和と交友に関する生得的欲求が満たされない結果として生じる情動的な苦悩を強調する。認知心理学は，個人の欲求と実際の社会関係との間に知覚された（量的あるいは質的な欠乏）不協和の結果として生じる不快感と不安定を強調する。実存的あるいは人間性心理学者は，不可避で人間存在の苦悩の一部として孤独感を捉え，それにも関わらず自覚状態や自己革新を促進させるものとして捉えている。

**コード検査**［code test］　対象者に対して，ある記号を別の記号に変換することを求める検査。たとえば，文字の代わりとなる数字（A＝3，B＝4，C＝5などのコード）でCaliforniaを書く。コーディング検査（coding test），符号検査（symbol-substitution test）とも呼ばれる。⇨ **覆面算**，**暗号文**，**シンボル数字検査**

**言葉のサラダ**［word salad; jargon aphasia; paraphrasia; word hash］　思考障害が重篤な場合に生じるもので，話しや書字がひどく無秩序でほとんど理解不能になること。統合失調症が疑われる**連合弛緩**でも重篤な状態。その状態の患者には論理的な連合がほとんど，もしくは全く認められない。⇨ **言語新作ジャーゴン**，**統合失調性思考**

**言葉のマゾヒズム**［verbal masochism］　屈辱的で侮辱的な言葉を聞くことで性的興奮を得る性的障害のこと。オーストリア生まれでアメリカの心理学者レーク（Theodore Relk: 1888-1969）によれば，性的興奮は単語や文章の選択，強調に依存する。

**子ども**［child］　幼児期と青年期の間の幼い男の子あるいは女の子。⇨ **子ども期**

**子ども期**［childhood］　乳児期（約2歳）の終わりから**青年期**（10～12歳）の始まりを示す思春期の始まりまでの期間。この期間は，(a) 2歳から5, 6歳までの子ども期初期，(b) 6歳から8～10歳までの子ども期中期，(c) 思春期が始まるまでの2年間の子ども期後期，または**思春期前**にしばしば分けられる。

**子どもとしての成熟**［filial maturity］　アダルトチルドレンとその親の間で形成される相互養育の関係性のこと。互いの要求や責任，願望の相互理解が伴われる。

**子どもとしての不安**［filial anxiety］　両親との関係において生じる，子どもの恐怖や危惧のこと。より年長のアダルトチルドレンが親の育児責任を期待すると生じやすい。

**子どもに焦点を当てた家族**［child-focused family］　子どもたちのニーズが最重要とされ，時にそれが家族の関係を支配するために，親のニーズが二次的（重要でない）になるほどに，子どもたちが重要とされている家族のこと。子ども中心家族（child-centered family）とも呼ばれる。

**子どもに対する介入プログラム**［intervention program for children］　発達が十分ではない恐れがある子どもに，知的，感情的，栄養学的，医学的恩恵を与えるという目標のもと実行されるプログラムのこと。対象となる子どもは就学前の子どもが多く，経済的あるいは文化的に貧困な家庭に生まれた子どもが多い。

**子どもに向けられた発話**［child-directed speech］　幼い子どもと話すときに大人や年長の子どもが使用する特殊な言葉の発話。この発話は大人に向けられた発話よりも簡単であり，しばしば文法的により正確である。⇨ **乳児に向けられた発話**

**子どもの行動チェックリスト（CBCL）**［Child Behavior

Checklist: CBCL］4歳～18歳の子どもの問題行動および能力を査定するために用いられる標準化された検査（別バージョンでは，2歳～3歳までの子どもの行動の査定が可能）。両親によって実施され，子どもの行動に関して100項目以上のチェックリストの評定を記入してもらう。査定項目は，「内在化された問題」（怖がり，恥ずかしがり屋，不安，抑制的，など）から「外在化された問題」（攻撃的，反社会的，制御不能，など）まで。［1983年にアメリカの心理学者アッヘンバッハ（Thomas M. Achenbach: 1940- ）とエーデルブロック（Craig S. Edelbrock: 1951- ）により開発された］

**子どもの最善の利益**［best interests of the child］離婚訴訟で親権を決定するために裁判所によって使用される基準。すなわち，子どもを幸福で成功した人生に導く可能性は，いずれか一方の親の権利よりも大きい比重で考えられるべきだというもの。

**子どもの心理療法**［child psychotherapy］思春期に達するまでの年齢の子どもに対する心理療法。その焦点は，感情，認知，行動に当てられる。親への関与の程度は，一般的に子どもの年齢，問題のタイプ，または用いられるアプローチによる。グループ療法や家族療法との併用も多い。

**子どもの世話**［care of young］子どもが存在する場合のホルモンその他の生理的変化に刺激されて起こる動物の**他者養育**や**親の行動**を指す。これには**プロラクチン**分泌も含まれ，就巣性を誘導したり，ヒナに親として餌を与えたり，乳汁を生産したりという行動を引き起こすことも含まれる。

**子どもの発達**［child development］幼児期から青年期にかけて子どもが成長し成熟するときの，子どもの行動や認知，生理機能における一連の変化。⇨**発達課題**

**子どもの文化**［kids' culture］子どもに特有の環境（たとえば，運動場）や行動（たとえば，ゲーム，儀式）のこと。子どもたちは，その中で，大人の世界とは離れた子どもたち独自の社会的構造を作り上げる。

**子どもの養育義務**［child custody］子どもの世話，保護，監督義務。離婚もしくは別離などの法律的手続では，調査官の資料などをもとに家庭裁判所で片方もしくは双方の親に養育権が認められる。

**子どもの養育習慣**［child-rearing practice］文化史において特定の社会や下位文化，家族，期間に特有の子育ての様式。しつけや情動表現，排泄訓練の方法，授乳方法などの子どもの養育習慣は地域によって異なる。

**子ども面会権**［child visitation］離婚，里親ケアなど，子どもたちが法的に別の保護者のもとにいる場合で，子どもとの面会が子どもにとって最善の利益であると判断される場合に裁判所によって付与される，親権をもたない親が子と面会する権限のこと。面会権（visitation rights）とも呼ばれる。

**子ども用埋め込み模様テスト**［Children's Embedded Figures Test: CEFT］5歳～12歳の子ども用に作られた認知スタイルを調べる**埋没図形検査**の版。被験児は25の複雑になっていく模様あるいは色のついた背景の中から単純な形を見つけるよう求められる。［アメリカの臨床心理学者であるカープ（Stephen A. Karp: 1928- ）とコンシュタット（Norma Konstadtz）によって1971年に開発された］

**子ども擁護**［child advocacy］専門家もしくは施設による，子どものための組織化・構造化された介入であり，通常，特別な養育上のニーズ，児童虐待，養子縁組もしくは里親制度などの問題と関連する。

**ことわざテスト**［proverb test］被検者に"ことわざ"の意味を説明させる言語テスト。知能の測定のために最もよく使われるテストであるが，叡智の測定にも使われる。

**コドン**［codon］DNAやメッセンジャーRNA配列上の連続した3塩基からなる**遺伝暗号**の単位。いくつかは"開始"や"終了"を意味する信号であるが，多くはタンパク質合成時の特定のアミノ酸を指定する。遺伝子上のコドンには番号が付いており，遺伝子変異は特定のコドンや場所で表現される。したがって，ある家族は，10番染色体上11番目の**エクソン**のコドン630に変異をもつと表現できる。

**ゴードン診断システム**［Gordon Diagnostic System: GDS］注意欠陥の診断に役立つ評価装置。連続式の試験を行わせることで，その人が注意力を維持していられるか，自制を働かせていられるかどうかがわかる。ゴードン診断システムはマイクロプロセッサを用いた持ち運びできるユニットで，ゲーム形式で一連の課題を遂行することができる。［アメリカの心理学者ゴードン（Michael Gordon: 1952- ）］

**ゴニオメータ**［goniometer; goneometer; arthrometer］1. 角度を測定する機器のこと。特に，関節の動きに対する円弧などを測定する。2. バランスを測定する機器のこと。測定の際は，だんだんと板を上昇させていく。前庭系の障害のテストのために用いられる。

**五人組精神病**［folie à cinq］5人での稀な精神病性障害。大抵の場合，同じ家族に属しており，同様のまたは全く同じ妄想を共有している。フランス語で，5人の精神異常"insanity of five"の意味。**共有精神病性障害**の例である。

**コーネル医学指数（CMI）**［Cornell Medical Index: CMI］第二次世界大戦時に軍隊の全職員のスクリーニングのために独自に開発された心理テスト。後に，病的な気分と不安を基盤とする心身症の診断など別の目的で採用されるようになった。このテストは現在ではほとんど使用されていない。コーネル選択指数（Cornell Selective Index）とも呼ばれる。

**ゴー・ノーゴー**［go/no-go］**条件づけ**において，ゴー刺激とノーゴー刺激という2つの刺激を**分化**する手続きを指す。ゴー刺激が呈示されたときに特定の行為が強化され，ノーゴー刺激が呈示されたときには強化されない。神経学的評価では，ゴー・ノーゴー課題（go/no-go task）は，単純な運動反応が定着した後にそれを抑制する能力を評価する。よくあるゴー・ノーゴー課題は，参加者に対して，実験者が1本の指を呈示したとき（ゴー）には2本の指を出し，実験者が2本の指を呈示したとき（ノーゴー）には何もしないということを求めるものである。これらの課題に対する成績は一般に前頭葉の損傷に伴って悪化する。

**子の刷り込み**［filial imprinting］動物の子が親に対して愛着を抱くようになる学習プロセス（⇨**刻印づけ**）。

**子の世代**［filial generation］最初の親世代から血統が続く世代のことであり，最初の両親の次世代目は第1世代（first filial generation: F1），彼らの子孫は第2世代（second filial generation: F2）と表現される。

**語の頻度効果研究**［word-frequency study］ 記憶すべき単語の頻度（frequency）を操作し，この変数が記憶に与える影響を調べる研究。典型的に，**自由再生**の研究では高頻度語がよく再生され，**再認記憶**の研究では低頻度語がよく再認される。⇨ **頻度判断**

**5-ハイドロキシインドール酢酸（5-HIAA）**［5-hydroxyindoleacetic acid］ セロトニンの主要な代謝産物。抑うつ的な人の中には，脳脊髄液内の5-ハイドロキシインドール酢酸の水準が下がっていたり，**クロミプラミン**の優先反応がみられる。

**コーパス**［corpus］ 録音された会話や記述されたテキストなどの言語データで，言語学的や心理言語学的な分析の対象となるもの。

**コーヒー**［coffee］ コーヒーノキ属の常緑樹から採取される産物。野生種もあるが，ブラジル，コロンビア，エチオピアなど世界中の熱帯地方で栽培される。100を超える種があり，飲用のコーヒー豆（種）が商用になった重要な起源種は，アラビカ（C. arabica）とロブスタ（C. robusta）の2つで，これらの豆は興奮剤である**カフェイン**を著しい濃度で含有（それぞれ，約1％と2％）している。

**古皮質**［archicortex］ 3つの**皮質層**をもつ**大脳皮質**。⇨ **不等皮質**

**小人症**［dwarfism］ 発育不全，遺伝体質，ホルモン欠乏，栄養不足，病気のために発達の遅れた身体構造の状態。頭と手足の体の比率が特殊である。差別的な言葉として今は考えられているが，完璧な釣り合いのとれた小人はミゼット（midget）と呼ばれている。ある種の小人病は甲状腺ホルモンの不足のような精神遅滞と関連している。軟骨発育不全の小人病の人（⇨ **軟骨形成不全**）は，一般的に知能は平常である。⇨ **偽性軟骨無形成症**，**ピグミー**

**5-ヒドロキシトリプトファン（5-HTP）**［5-hydroxytryptophan］ 神経伝達物質の**セロトニン**の原料。必須アミノ酸のトリプトファン（⇨ **トリプトファン・ヒドロキシラーゼ**）を生産し，脳内で5-ヒドロキシトリプトミンやセロトニンに変わる。5-HTPの投与は脳内のセロトニンの生産を促進するので，**ミオクローヌス**（激しい筋肉の痙攣）の治療に使えるかどうか研究されてきた。5-HTPは，頭痛，抑うつ，線維筋痛症，**小脳性運動失調症**（立っていることや歩行が困難になる）を軽くしたり，欲求の抑圧のためのサプリメントとして利用できる。致命的になる反応（好酸球増加−筋痛症候群）があるので，この薬が有効な治療薬であるとみなすことには注意が必要である。

**誤謬**［fallacy］ 議論や推論をする際に，一見妥当にみえるが実は妥当でない結論を導くこと。形式的なものもあれば，非形式的なものもある。形式的誤謬（formal fallacy）は，**後件肯定**や**前件否定**などにみられるような，形式論理学の原則から外れることなどを意味する。非形式的誤謬（informal fallacy）は，**曖昧語法**な場合など，言語的な誤解のために妥当でない結論を導くこと，または**人身攻撃議論**のように，状況に当てはまらないものを当てはめようとすることである。⇨ **二者択一の誤謬**，**誤った類推**，**誤った権威**，**虚偽の原因の誤謬**

**誤謬推理**［paralogism］ 誤った考えもしくは議論。特に，故意ではなく，発見が困難なものを指す。

**コピュラ**［copula］ 言語学において，文の**主語**と**補語**との関係が等価であることを示す以外にほとんど意味をもたないようにするために用いられる動詞。英語で最も重要なコピュラは，たとえば"He is my uncle"や"She is angry"の中のbe動詞である。他にコピュラにあたる動詞には，become, feel, get, seem, lookなどがある。連結動詞（linking verb）とも言う。

**コヒーレンス**［coherence］ 波が干渉される傾向のこと。

**コーピング**［coping］ やっかいで個人のリソースを越えると判断される状況に対処するために，あるいは，ストレスによるネガティブな感情や葛藤を減らすために，認知的，行動的な方略を用いること。⇨ **対処方略**

**コーピング方法質問紙（WAYS）**［Ways of Coping Questionnaire; WAYS］ 66項目からなる質問紙。成人が日常で出会うストレスに対処するための思考や行動を尋ねる。質問文と**リッカート尺度**からなる。「使わない」から「大変よく使う」までの4件法で回答する。この尺度は対処のスタイルではなく，対処のプロセスを測定する。［アメリカの心理学者フォルクマン（Susan Folkman: 1938- ）とラザルス（Richard S. Lazarus: 1922-2002）によって開発された］

**コ・ファシリテーター**［cofacilitator］ 治療集団の統率を手伝うトレーニング中のセラピストもしくは学生のこと。コ・ファシリテーターは，観察者として，または他のグループリーダーのアプローチとバランスをとる者として行動する。

**コフカ**［Koffka, Kurt］ クルト・コフカ（1886-1941），ドイツの実験心理学者。1908年にベルリン大学のシュトゥンプ（Carl Stumpf: 1848-1936）からPh.Dを取得した後，**ゲシュタルト心理学**の設立に関わる研究をケーラー（Wolfgang Köhler）とウェルトハイマー（Max Wertheimer）とともに行った。ドイツで多くの研究と教育を行った後，1927年にマサチューセッツのスミス大学で教授になる前の1920年代中盤に，アメリカの様々な大学で教育に携わった。彼は，自分の功績について回想することに時間を割き，彼の理論や応用を説明した論文や著書を通して，ゲシュタルト心理学の代弁者となった。彼の最も重要な記載は，*Growth of the Mind*（1924）や*Principles of Gestalt Psychology*（1935）にある。コフカの研究は視知覚に集中しており，彼の研究は，**仮現運動**などの視覚現象の理解に重要な貢献をもたらした。より広い意味で，ゲシュタルト心理学は，**行動主義**によって提唱された還元主義的な見方に対する鋭い対比として，心の全体的な見方を与えた。⇨ **全体論**，**還元主義**

**鼓舞的動機づけ**［inspirational motivation］ 優秀で成功をし，称賛を受けているモデルに接触することで喚起される目標志向要求のこと。

**コプファーマンの立方体**［Kopfermann cubes］ 3次元よりも2次元として知覚される線画でできた立方体のこと。6つの三角形になるように均等に分けられた六角形が一つの例である。この場合，ゲシュタルト原理は，3次元というよりもむしろ2次元として知覚が生じる説明のために用いられてきた。［ドイツの物理学者・実験心理学者コプファーマン（Hans Kopfermann）］

**五分位数**［quintile］ 得点分布を1/5に分割する値。たとえば，第1五分位数は得点の下位20％値である。

**5分の4ルール**［four-fifths rule］　差別の証拠と断定する際のおおまかなルール。**従業員選抜手続の統一ガイドライン**に記載されている。保護の対象となる集団（たとえば，少数民族や女性）を雇うときの採用率が，多数派集団（たとえば，白人男性）の採用率の4/5より少ない場合，その企業は業務上の必要性などを示すことにより雇用の手続きを正当化しなければならない。正当化がなされなければ，雇用者は公民権法違反で告発されることもある。⇨ **差別的効果**，**アファーマティブ・アクション**，**平等雇用機会委員会**，**機会均等**

**個別学習指導計画**［Program for Learning in Accordance with Needs: PLAN］　小学1年から高校3年の国語，数学，科学，社会科の範囲に渡る個別指導体制のこと。これは教師と生徒の両者が展開した学習題材を基にして行われる。この体制は学習計画，さらにはコンピュータがどのように教育の個別化において重要かつ不可欠な役割を果たしうるのかを示した。［1960年代にアメリカの心理学者フラナガン（John C. Flanagan: 1906-1996）によって提唱された］

**個別家族サービスプラン**［Individual Family Service Plan: IFSP］　3歳までの幼児とその家族に対するサービスと支援の計画のこと。アメリカの早期教育プログラムのための要件においては，個別家族サービスプランの内容は，子どもの発達状態や両親の心配の解決に取り組み，提供されるべきサービスや望ましい結果についてはっきりさせ，（妥当であれば）就学前教育への移行段階を含まなければならない。

**個別支援計画**［Individual Service Plan: ISP］　発達的な障害をもつ人のための支援計画。専門職，専門職補佐，中心的な人物（当事者の能力による），その他の関係者（両親や弁護士など）によって組み立てられる。個別支援計画には包括的機能評価が反映され，期待される結果が保証され，結果を導くために提供される支援の幅も規定されている。個別支援計画は，統合失調症，気分障害，行動障害などの患者も利用可能である。

**個別式検査**［individual test］　通常，訓練された試験官によって，一度に一人の受検者に対して実施される検査のこと。⇨ **集団式検査**

**個別指導**［individual education: IE; Individualized educational planning: IEP］　**1.** ある特定の生徒に対して必要な特別教育を特定したプランのこと。それは，その生徒の教師や，学校管理者，保護者，その他の専門家によって，生徒の要求を満たすために，補助的なあるいはユニークな教育の機会を提供するために作られる。**2.** ある特定の生徒に対して，設定された期間に学習する目標や目的を事細かに記述すること。そのプランは，能力レベル，動機，行動，雰囲気，気力，注意の変化を考慮に入れて作られる。

**個別指導計画**［individualized education program: IEP］　障害を抱えた子ども独自の要求を満たす，特別な教育サービスや手続きを提供するプランのこと。各々の個別指導計画は文書化され，特定の子どもに適合し，アメリカの法律の要件に合うように実行される。個別指導計画は，主に親，教師，学校の代表，子どもの要求を調べたり成長をモニターする者などのチームから構成されるが，必ずしもそのような者だけに限らない。加えて，個別指導計画は特定の情報，たとえば，子どもの現在のパフォーマンス，その年の子どもの達成目標を含むものであり，また，特定の特別教育や関連したサービス，継続期間や場所，子どもの成長を測定したりそれを親に知らせたりする方法について議論がなされる。

**個別主義**［particularism］　**1.** 哲学において，いわゆる規準問題（criterion problem）の解決法。規準問題とは，ある特定の知識の断片を認識するためには，人はそれが知識であることを判断する規準を知っている必要があるが，その規準を知るためには　その人は既に知識の断片を知っている必要があることから，人は自分が知識をもっているかどうかを知ることができない，というものである。個別主義は，特定の知識の断片を決定する際に一般的な規準は必要ないことを断言することによって，問題を解決する。**2.** 倫理学において，普遍的な道徳原理は存在せず，道徳的行動の判断はそのような原理に基づいて行うことはできないとする主義をいう。道徳的な判断は個人の背景や現在の状況における多くの個別的要因に注意して行うべきであるとされている。この見解は道徳的**相対主義**に向けられている。⇨ **虚無主義**，**主観主義**

**個別障害者教育法**［Individuals With Disabilities Education Act: IDEA］　特別支援教育に対する公的基金を配分し，それらの支援を**最も制約の少ない環境**で行うよう命じた法律。1990年に米国議会で制定され，1997年に改定された。この法律は，全障害児教育法と統合し，それに取って代わったものである。

**個別読書**［individualized reading］　子どもの興味，また，特に子どもの能力レベルに焦点化した様々な本を利用して，読解を教える方法のこと。

**個別プログラム**［individual program］　学習者が自らの計画を立て，その遂行に責任をもつ教授方法。学習者が高い水準での動機づけや認知発達を有する場合によく用いられる。⇨ **命令スタイル**

**コホート**［cohort］　ある特性を共有する人々の集団，特に同時期（同じ年）に生まれた人々の集団のこと。⇨ **出生コホート**

**コホート系列計画**［cohort-sequential design］　2つないしそれ以上の異なる世代の対象者の集団から，期間をわたって複数回，測定が行われる実験計画（⇨ **コホート**）。このような縦断的研究は，**クロスセクション計画**における問題点を防ぐことができる。

**コホート効果**［cohort effect］　特定の時期に生まれた集団の成員であることと関連して生じる付随的な効果。その時代の圧力や挑戦の影響を受ける。⇨ **年齢効果**

**コホート標本抽出**［cohort sampling］　1つないしそれ以上の**コホート**が観測対象として選ばれる**標本抽出法**。

**コホート分析**［cohort analysis］　特定の特性，経験，出来事を共有する集団の成員にみられる効果の分析。

**鼓膜**［tympanic membrane］　外耳と内耳を分け，音の圧力波を**小骨**の機械的振動に変換する，円錐状の膜。最初の耳小骨（槌骨）は鼓膜の内表面に付着している。

**鼓膜張筋**［tensor tympani］　鼓膜の動きを制御する中耳筋。その活性化（鼓膜反射：tympanic reflex）は**音響反射**の一部である。

**コマネズミ**［dancing mouse］　踊っているような行動を見せるハツカネズミの品種。この種のネズミには内耳の**有毛細胞**の変性を引き起こす遺伝的欠陥がある。この変性

は聴覚消失症や耳の**前庭系**機能の損失を生じさせ，このことが踊っているような行動を示す理由だと考えられている。

**コミッションエラー**［error of commission］　操作者が不適切なまたは余計な操作を行う**ヒューマンエラー**の一類型。たとえば，コントロールボタンを二度押ししたことで，機能的に不適切な動作を起こしたり，重複して動作をするようになるといったことがあげられる。⇨ **オミッションエラー**

**コミットメント恐怖**［fear of commitment］　行動過程を縛られる決定に関連した心配と不確実性の感情のこと。このような感情は，通常，他者との長期的な関係を，情緒的に，法律的に義務を負うような意思決定をしたことにより引き起こされる。極端な場合には，コミットメント恐怖は，社会的不適応に結びつく可能性がある。

**コミュニケーション**［communication］　言語（口頭か書面）によるか，非言語的な手段（⇨ **非言語コミュニケーション**）による情報の伝達のこと。人間は多くの対人関係や社会的な目的のために関わり，思考や知識，感情，経験を交換するために伝達する。同様に，人間以外の動物も様々な目的のために音声的，あるいは非音声的な伝達をする（⇨ **動物のコミュニケーション**）。コミュニケーションは認知心理学者と実験心理学者によって研究されている。**コミュニケーション障害**は，精神および行動のセラピストと言語療法士によって治療される。コミュニケーション学は，コミュニケーションと，コミュニケーションに伴うプロセスやシステム，特に出版メディアと電気通信システム（電話，ラジオ，テレビなど）を研究する分野である。

**コミュニケーション逸脱**［communication deviance: CD］　不明確なコミュニケーションによって，聞き手が話し手と同じところに注意を向け共通の意味を理解し合うことが困難になること。コミュニケーション逸脱は，その人の家族が長期間にわたって形成してきた特性である。そのような家族では非効率な思考パターンや情報処理が生じている可能性がある。また，統合失調症その他の精神障害が出現する可能性もある。

**コミュニケーション行動**［communicative acts］　ある人が故意か否かは問わず，他者に情報を伝える手段として用いる言語あるいは非言語による行動のこと。

**コミュニケーションコンピテンス**［communicative competence; communication skills］　話し手の「言語に関する知識」と「様々なコミュニケーション場面・対話者に対して，その言語を適切に使用できる能力」のこと。チョムスキー（Noam Chomsky）が非言語的要素を明示的に排除して**コンピテンス**を使用していたのに対し，コミュニケーションコンピテンスでは，言語の社会的使用や文脈の重要性を強調する。［アメリカの心理学者のハイムズ（Dell H. Hymes, 1927- ）によって提唱された］

**コミュニケーションシステム**［communication system］　コミュニケーションを目的として情報を発信したり受信したりするための，組織化されたスキーマやメカニズムのこと。コミュニケーションは，ヒト対ヒト，機械対機械（多くの場合，コンピュータ間），あるいはヒト対機械の間で行われる。伝統的なシステムとして，ラジオ放送やテレビなどの一方向通信や，電話や市民ラジオなどの双方向通信があげられる。また，コンピュータやコンピュータネットワークでは，一方向コミュニケーションとして**ウェブサイト，電子掲示板**など，双方向コミュニケーションとして**電子メールやチャット**などが提供されている。

**コミュニケーション障害**［communication disorder］　発声や言語に困難さを示すことを特徴とする障害の総称。DSM-Ⅳ-TR では，コミュニケーション障害には，**表出性言語障害，受容-表出混合性言語障害，音韻障害，吃音症，特定不能のコミュニケーション障害**が含まれる。

**コミュニケーションスキル**［communication skills］　コミュニケーションを効果的に行うために必要とされる技術。全般的な言語の熟達（適切な語彙や構文の知識）に加え，聴く能力や内容の包括的な理解力，会話や文章を書くことで自分の考えを明瞭に伝える能力，他者の異なる視点を受け入れる能力，自分が発言したことや書いたことが聞き手や読み手にどのような影響をもたらすのかを予測できることなども含まれる。

**コミュニケーションスキル訓練**［communication skills training］　フィードバックやモデリングなどのテクニックを使用し，集団や家族，職場の中で自分自身を明確にかつ直接的に表現すること，積極的にかつ共感的に聞くことを教える介入。訓練セッションでは，一般的にはあるテーマ（たとえば，積極的に聞くこと，問題解決，葛藤の解決）に焦点を当て，セッション後には宿題が与えられる。この訓練はもともとはカップルと家族のために開発されたものであるが，現在では発達障害の人々やチームで働いている人々に用いられている。

**コミュニケーション・チャネル**［channels of communication］　1. 集団に関する社会心理学において，集団や組織のある成員から他の成員への情報の伝達のために利用可能な経路のこと。たとえば，高度に中心化されたコミュニケーション構造（星：star 型構造と呼ばれることもある）では，すべてのコミュニケーション・チャネルは構造の中心に位置する個人を経由するため，すべての情報は，中心に位置する個人を通じて他の成員に伝達される。2. ヒトの対面コミュニケーションにおいて，情報が伝達されるチャネルすべてのこと。発話（為手：声道，受手：耳），動作（為手：身体運動，受手：目），ニオイ（為手：化学反応，受手：鼻），触覚（為手：体表，受手：肌），観察（為手：体表，受手：目），近接空間（為手：体の位置，受手：目）を含む。

**コミュニケーションによる信頼，尊重，共感（CARE）**［communicated authenticity, regard, empathy: CARE］　セラピーを効果的なものにし成功に導くため，心理療法家が必要に応じて複数の専門家から関与を受ける程度。ここでの CARE は基本的には**来談者中心療法**が想定される。

**コミュニケーション人間工学**［communication ergonomics］　人間工学の専門分野の一つで，共同的課題遂行に必要なコミュニケーションを促進する要因とそれを妨害する要因を明らかにする。課題が多岐にわたり，明確で曖昧さのないコミュニケーションに安全性が依存しているような作業（たとえば航空管制）に関わっているときには，情報システム，技術システム，**コミュニケーション・ネットワーク**，プロトコルといった要因が特に重要になる。

**コミュニケーションの原理**［communion principle］　個人および集団の心理療法では，セラピストとクライエントが一体となり相互性をもつことが最初に必要とされるという原理。それにより，クライエントに改善をもたらす共同

作業に従事する感覚が双方に生じる.

**コミュニケーション不安**［communication apprehension］他者と会話を開始したり維持したりすることに関する不安．これは**社交恐怖**の一般的な特徴である．⇨**スピーチ不安**

**コミュニケーション分析**［communication analysis］コミュニケーションのプロセスを理解し改善する目的をもって，人々，特に組織に属する従業員の口頭や書面によるコミュニケーションを研究すること．コミュニケーションプロセスの崩壊の分析だけでなく，これらのコミュニケーションのパターンとタイプを決めることも含む．⇨**コミュニケーション人間工学**

**コミュニケーション網**［communication network; communication net］最も頻繁に誰と（どの程度）コミュニケーションするかを示す，集団や組織に生じる情報伝達と情報交換のパターンのこと．このようなネットは，集中化もしくは脱集中化のどちらかが行われ，**下向きコミュニケーション**か**上向きコミュニケーション**を主な特徴とする．コミュニケーションネット（communication net）とも言う．⇨**コミュニケーション・チャネル**

**コミュニケーション理論**［communication theory］コミュニケーションを構成するサインや信号の交換に関する理論のこと．

**コミュニタス**［communitas］共有精神と共有的感情の強い感覚をもつ社会集団のこと．特に，慣習と伝統を共有することで結束している．また，コミュニタス（community のラテン語）は，アメリカの心理学者グッドマン（Paul Goodman: 1911-1972）と彼の兄で建築家のグッドマン（Percival Goodman）による，1947年の都市計画の古典的なテキストの表題にもなった．その著書では，都市デザインと人間の潜在可能性との関係が強調された．

**コミュニティ**［community］**1.** 物理的に限定された土地に暮らす，社会的に組織化された種の一群のこと．人間のコミュニティは多くの場合，(a) 利害関心や態度，価値の共通性，(b) **共有的感情**，(c) メンバーによるコミュニティの一員としての自己同定，(d) コミュニケーション，統治，教育，商業といったいくつかのシステム，によって特徴づけられる．一般的な用法では，コミュニティとは，しばしば社会，もしくは一般大衆を意味する．**2.** 社会的な関わりはないが，共通の利害関心や特性を共有し，それゆえに他者もしくは自分自身から何らかの点で他とは区別される存在とみなされている人々の集まり（たとえば，科学者コミュニティ）のこと．**3. 行動生態学**において，互いの生存に必須な共存するすべての動植物を含む単位を指す．したがって，捕食者も餌動物も，動物の餌や隠れ家その他の目的で使われる様々な植物もコミュニティに含まれる．動物がコミュニティ内にいることで，植物は遠くに種を撒くことができたり，**種間相互作用**によって利益を得ている．

**コミュニティ・インクルージョン**［community inclusion］障害，特に発達障害を抱えた人たちが，社会や労働，教育，コミュニティといったすべての活動において，存在し，参加することを受け入れ，それを促進する実践のこと．

**コミュニティ運動グループ**［community action group］公共医療サービスの提供の不十分さやホームレス，あるいは犯罪といった地域コミュニティ内の特定の問題に対して，運動を起こすために組織された市民集団．

**コミュニティケア**［community care］精神医学，心理学，リハビリテーションの領域において，発達障害や身体障害を抱えた人たちのための包括的なコミュニティをベースとしたサービスと支援のこと．これらの施設やサービスには，社会復帰施設やグループホーム，保護作業所，支援の仕事の斡旋，多重障害や発達遅滞を抱えた人たちのための見守り支援施設，子どもや若者たちのための特別教育や総合教育プログラム，家での治療や家族によるサポート，パーソナルケアもしくはホームケア支援，ケースマネジメントやサービス調整，共同生活，病院基盤型もしくは独立型診療所が含まれる．

**コミュニティ・サービス**［community services］健康と福祉を維持するために設計された，コミュニティに基盤をおくサービスと施設の複合体．心療内科，公衆衛生と養子縁組制度，家族支援サービス，職業訓練施設，リハビリテーションセンター，生活支援施設（社会復帰施設，ホームケア，里子家族ケアなど）が含まれる．また，コミュニティ・メンタルヘルス・サービス（community mental health service）とも言われる．⇨**コミュニティケア，コミュニティ中心アプローチ**

**コミュニティ心理学**［community psychology］人と環境との交流や社会のあり方がどのように個人や共同体の機能に影響を与えるかに研究関心を向ける心理学の一分野．コミュニティ心理学は，社会的問題，社会機関，その他の状況が個人，集団，組織に対して与える影響に注目する．コミュニティ研究者は，個人とクラブ，教会，学校，家族といった社会集団，あるいはより大きな単位である文化や環境との相互作用を研究している．研究の知見と方法は，貧困，薬物依存，暴力，不登校といった社会問題に応用されている．⇨**コミュニティ中心アプローチ，コミュニティ・サービス**

**コミュニティ・ソーシャルワーカー**［community social worker］地域住民の身体的・心理的健康に影響を与える事象について，地元，州，連邦政府の役人と一般の人々の間の連携を維持する**ソーシャルワーカー**のこと．たとえば，コミュニティ・ソーシャルワーカーは，娯楽施設や適切な居住，地元の雇用問題，身体障害を抱える人々の移動の妨げになるような環境について，地域住民の社会的意識を高めようと試みる．

**コミュニティ態度**［community attitude］特定の行動や特徴などに関してコミュニティの多くの人々，もしくはメンバー全員が共有している賛成，もしくは反対という気持ちのこと．

**コミュニティ中心アプローチ**［community-centered approach］そのコミュニティにおける精神疾患，職務上の過失，売人を介した薬物乱用などのような問題に対して，調整し，協力するアプローチのこと．コミュニティ中心アプローチで重要なことは，上記のような問題がコミュニティで発生した場合，公的機関としての原則を守ることよりも，むしろそのコミュニティをベースとした問題の解決や対応に重きをおくことである．⇨**コミュニティにおける精神衛生，コミュニティにおける精神衛生プログラム，コミュニティ・サービス**

**コミュニティ統合**［community integration］障害，特

に発達障害を抱えた人たちが，コミュニティの諸活動に参加することを支援する実践。そうした障害を抱えた人たちは，コミュニティの機能に参与し，自分たちと同じ仲間，あるいは障害をもたないコミュニティのメンバーたちとの社会的交流を行い，フォーマル，インフォーマルを問わず，コミュニティの様々なグループに加わることを促される。

**コミュニティにおける精神衛生**［community mental health］ある機関の手が届く範囲ではなく，そのコミュニティ全体の精神衛生の維持，向上を目的とする活動。コミュニティアプローチは，主に，特定地域におけるすべての人口に焦点を当て，包括的な精神保健サービスの計画と人口統計分析を伴う。また，コミュニティアプローチは予防サービスであり，治療サービス（たとえば，コミュニティにおけるストレッサーの特定）とは区別される。また，コミュニティの精神衛生に関わるすべての要望を満たすためにデザインされたサービスを，持続的で包括的なものにすることを目指す。精神衛生は，専門家との相談と教育を通じて間接的にアプローチされ，**短期療法**と**危機介入**などの戦略が強調される。また，補佐的な専門職員や地域に密着した精神衛生専門家など，新しいタイプの職員も用いる。

**コミュニティにおける精神衛生プログラム**［community mental health program］地域におけるすべての精神衛生に関わる要望を満たすためにデザインされた統合的なプログラム。対象として，入院患者，外来患者，精神科救急の患者も含まれる。具体的には，子どもの治療のための特別処置，アルコール依存や薬物依存の患者，教育，カウンセリング，リハビリテーション，研究，トレーニングプログラムにまで及ぶ。⇨ **コミュニティ中心アプローチ，コミュニティにおける精神衛生**

**コミュニティ人間工学**［community ergonomics］複雑に入り組んだ社会システムの中で累積された社会的トラウマに対処するために，人間工学の原理と実践を応用する領域。コミュニティ人間工学では，貧困，社会的孤立，依存，低い自己制御とコントロールなどによって特徴づけられるコミュニティの非機能的状況に焦点を向ける。実践的な活動としては，コミュニティ内で恵まれない立場にある住民と彼らの社会的環境を明確にし，その環境内で機能する資源とのギャップを埋めるための手順を見出し，それを実行に移す。

**コミュニティ予防と介入システム**［community prevention and intervention］コミュニティの諸問題に対して能動的，建設的に対処し，介入のためのシステムだけでなく，予防プログラムも実施する，専門家や地域に住む人，あるいは他の特別な能力をもつ人たちによる組織化された取り組み。このように対処される問題には，薬物乱用，ホームレス，児童虐待，少年犯罪，喫煙，高い自殺率がある。こうしたコミュニティ全体での取り組みは一般に，自治会，防犯協会，奉仕団体，社交・友愛団体，地域の教育・自習プログラムなど，既存のコミュニティグループを通じて，住人たち自身がこうした諸問題の解決に参与している場合に最も効果をあげている。

**コミュニティレジデンス**［community residence］通常，3人～15人の人が入居できるアメリカにおける居住環境。普通の家の中にあり，常駐，もしくはシフト制のスタッフがいる。なかには，見守りや個人的な支援，日常生活技術の訓練に加えて診療的なサービスを提供するところ

もあるが，コミュニティレジデンスは，精神遅滞や発達障害を抱えた人たちのための最も一般的な自宅外居住環境である。これらを，重い慢性の精神障害を抱えた人たちのための代替住居として使うケースが増えている。

**コミューン**［commune］結婚や**核家族**の代わりとして，典型的には雑用や財産，育児を共有する個人や家族の間での集合生活の取り決めのこと。こうした取り決めは，1960～70年代のカウンターカルチャーの時に流行した。

**ゴムペルツ仮説**［Gompertz hypothesis］人間の死亡率が，20歳～80歳の間で8年ごとに2倍になるような幾何学的割合で年齢とともに急激に増加するとする仮説。ゴムペルツ式（Gompertz equation）とも呼ばれている。［イギリスの保険統計数理士ゴムペルツ（Benjamin Gompertz: 1779-1865）］

**コムリーパーソナリティ尺度**［Comrey Personality Scales: CPS］8つの性格特性における個人差を測定する尺度。8つの特性は主に**因子分析**によって構成され，特性ごとに得点を算出する。以下，8つの特性とは，「信用」対「防衛」，「秩序性」対「切迫感の欠如」，「社会的快適性」対「反体制」，「活動性」対「エネルギーの欠如」，「感情の安定」対「神経症的性格」，「外向性」対「内向性」，「男らしさ」対「女らしさ」，「共感」対「自己中心性」。これらの特性は16歳以上を対象に設定されている。180項目から構成されており，参加者は**リッカート尺度**方式の7件法，「決して」から「いつも」まで，あるいは「全く～ない」から「全く～だ」までで回答する。［アメリカの心理学者コムリー（Andrew Laurence Comrey: 1923- ）によって1970年に開発された］

**コモビディティ**［comorbidity］個人内に，2つ以上の精神的ないし身体の疾患，障害，疾病が同時に存在すること。併存とも言う。

**固有光**［idioretinal light］暗室環境で，灰色の影が見える錯覚が生じること。これは，可視的な光の波長が存在することによってではなく，網膜あるいは脳の細胞の化学的な変化それ自体によって生じる。

**固有行動**［intrinsic behavior］特定の器官を通じて表現される行動のタイプ（たとえば，微笑み，膝蓋腱反射）。

**固有性希求**［propriate striving］**プロプリウム**の最終的な発達段階。その概念を提唱したオールポート（Gordon W. Allport）によれば，固有性希求は自己同一性を探索する青年期において見られ，長期の自我関与が形成される以前の青年期に共通した試みである。オールポートは児童期の動機づけとは対照的に，成人の動機づけは独立的であると考えた。そのため，青年期は人格を動機づけ始める意識的な志向や未来指向的計画をする時期として特に重要だとされている。⇨ **機能的自律性**

**固有束**［ground bundle］脊髄内部にある短い神経路のことで，異なる層や隣接した層の索状組織を結びつける。脊髄節間束（intersegmental tract）とも呼ばれる。

**固有値**［eigenvalue; characteristic value］線形代数学において，$p$次元のベクトル空間に対して適用されるある変換における，**固有ベクトル**の拡大あるいは縮小の程度。

**固有ベクトル**［eigenvector］線形代数学において，$p$次元空間の変換に対して，変換されても（その方向が）不変であるようなあらゆるベクトルのこと。固有ベクトルは多変量統計学において基礎的で重要な概念である。特性ベ

**雇用後サービス**［postemployment services］　経済的なハンデのある人（生活保護を受けているなど）が就職したり，長期的雇用のために必要な仕事のスキルを身につけたり，賃金上昇やキャリア向上を果たすための支援を提供する訓練やサービスのこと。こうしたサービスには，子育て支援，柔軟な勤務時間，職場内研修，生涯教育，新採用者が職場に適応するためのメンタープログラムなども含まれる。

**雇用差別**［employment discrimination］　雇用者が，従業員のエスニシティ，肌の色，年齢，宗教，性的指向，国籍，障害，あるいはその他の，仕事の適性や遂行能力とは関係のない変数を，賃金の格差や採用実践，雇用の打ち切り，労働条件の要素の一つとして用いること。

**雇用年齢差別禁止法（ADEA）**［Age Discrimination in Employment Act: ADEA］　アメリカにおける40歳以上の人に対する差別的雇用慣行を禁止する連邦法で，1976年に成立した。雇用者が，若年であることが仕事に必要な**実質的職業資格**であることを証明できない限り，年齢差別は禁止されている。

**語用論**［pragmatics］　言語学において，言語の（**音韻論**や**意味論**，**文法**のような形式的・構造的特性ではなく）機能的伝達特性や，その使用者の意図や観点についての言語分析のことである。⇨ **形式と機能の区別**，**機能文法**

**語用論的言語**［pragmatic language］　特定の文脈や状況において適切に言語を使う能力。

**暦年齢**［chronological age: CA］　個人の誕生から経過した時間のこと。多くの場合，月単位や年単位で表される。生活年齢（calender age; life age）とも言われる。

**コラーゲン**［collagen］　体内の結合組織（皮膚，軟骨，骨，腱）の白い線維を形成する主要タンパク質。

**コラの実（コーラナット）**［kola nut; cola nut］　熱帯アフリカ原産で，南アメリカや西インド諸島で耕作されているヒメコラノキかコラノキの実。活性物質は乾燥重量で1.5%を占める**カフェイン**。コラは1667年，現地人が，食事の前にこの実を噛んでいることを目撃した，コンゴの布教家Carliによって西洋世界に知らされた。

**コラム**［column］　解剖学では，柱のような構造体を指す。大きいものは**脊柱**から，小さいものは**皮質コラム**や**脊髄後索**までを指す。

**コリオリ効果**［Coriolis effects］　地球の自転のために，地球上に存在する運動物体が，そのコースから押し流されてしまう傾向のこと。この影響は，発射体の軌跡，地上風，海流において見られる。［フランスの物理学者コリオリ（Gaspard de Coriolis: 1792-1843）による］

**コ・リーダーシップ**［coleadership］　2人の対等なセラピストもしくはカウンセラーによるリーダーシップであり，通常は，**集団心理療法**において用いられる。

**孤立**［isolate; isolation］　1. 他者との接触を最小化することを選択した結果，または他の個人・集団による排斥・追放のために，他者と離れている個人のこと。2. 集団心理学において，集団の他のメンバーと，社会的および個人的関係が，ない，ほとんどない，あるいはとても表面的であるような集団のメンバーのこと。3. ⇨ **隔離**　4. 他の人から引き離された状態。⇨ **孤独感，社会的隔離**　5. エリクソンの発達の八段階については ⇨ **親密性 対 孤立**

**孤立語**［isolating language］　それぞれの**形態素**が基本的に分離した語となっている言語。たとえば，古代中国語など（現代中国語は異なる）。⇨ **膠着語，融合言語**

**孤立項目選択問題**［oddity problem］　動物がある選択肢を選ぶ際に，他の選択肢との違いに基づいて選ぶ学習課題。この課題の目的は，その動物が複数の類似物の関連性や違いを知覚する能力があるかを調査することである。

**孤立児**［isolate］　ソシオメトリーにおいて，集団成員の中から好きな人は誰かを尋ねられた時に，誰からもほとんど名前をあげられないか，全く名前をあげられない子のこと。子どもの間での仲間からの受容を測定する際に，孤立児（あるいは無視された子どもとも言う）は，社会的影響力が小さく通常否定的な見方をされるが，積極的に他の子がその子を嫌っているというわけではない。⇨ **スター**

**孤立したサル**［isolate monkey］　誕生時，もしくは極めて幼い時期に母親から分離させられ，完全に隔離された状態のサル。

**コリュバース僧の儀式**［Corybantic rites］　古代世界において，アナトリアの地母神キュベレー（Cybele：しばしばギリシャのデーメーテール（Demeter）と同一視された）とギリシャにおけるワイン，酔い，儀礼的な狂気，あるいはエクスタシーの神であるデュオニソス（Dionysus）の名誉においてなされる乱痴気騒ぎの儀式のこと。これはコリュバース僧に起源をもち，半分は神与，半分は悪魔によるものと考えられたので，コリュバース僧の儀式と呼ばれた。この儀式は，フルート，タンバリン，シンバルおよびカスタネットの音，野生の叫びおよび自傷行為への狂気じみた踊りが含まれ，多幸状態と弛緩を伴い，人々の情緒的な解放を生み出した。コリュバース僧の儀式は，ギリシャの哲学者プラトン（BC 427-347）による対話篇の中で言及される。プラトンの記述では，神々によって引き起こされるある種の狂気が，参加者によって始められたことをほのめかしている。後にギリシャの歴史家ストラボン（Strabo: BC 64-24）およびシクラス（Diocorus Siculus: BC 1世紀）の著作に記述されているように，コリュバース僧の儀式は心理学において多大な関心がもたれている。なぜなら，儀式は特定の精神疾患に対して治療的な効果をもつと信じられているからである。たとえばこの儀式は，**カタルシス**のより現代的な概念の先例を提供している。あるいは，狂気と考えられていたものが，これまでとは異なるほかの意味や起源をもつかもしれないことを示唆している。⇨ **流行性舞踏病**

**コリン**［choline］　アセチルコリンやレシチン（細胞膜の構成成分）といった，重要な因子の材料となるビタミンB群に分類される**生体アミン**。⇨ **コリンアセチラーゼ**

**コリンアセチラーゼ**［choline acetylase］　コリンとアセチルコエンザイムAから神経伝達物質**アセチルコリン**を合成する酵素。コリンアセチルトランスフェラーゼ（choline acetyltransferase）とも呼ばれる。

**コリンエステラーゼ**［cholinesterase］　シナプス間隙に放出された**アセチルコリン**を分解し，不活性化する酵素。神経組織や赤血球に見られる**アセチルコリンエステラーゼ**と，血漿および神経以外の組織に見られる偽コリンエステラーゼの2種類ある。

**コリン作動系**［cholinergic system］　神経伝達物質**アセチルコリン**およびコリン作用性薬剤に反応する**自律神経系**の一部。この系の活動は，アトロピンのような**抗コリン薬**

により阻害される。⇨ **アドレナリン作動系**

**コリン作動性シナプス**［cholinergic synapse］ アセチルコリンを神経伝達物質として用いる**シナプス**。コリン作動性シナプスは，節後副交感神経線維，自律神経節前線維，節前線維，副腎髄質につながる節前線維，骨格筋につながる体性運動神経，汗腺につながる線維において見つかっている。

**コリン作動性の**［cholinergic］ 神経伝達物質**アセチルコリン**に反応する神経細胞や臓器。

**コリン作動薬**［cholinergic drugs］ 神経伝達物質アセチルコリンの作用を増強したり，アセチルコリンと同様の効果をもつ薬で，**副交感神経系**を活性化させる効果をもつ。コリン作動薬は，フィゾスチグミンやピロカルピン，ベタネコール，抗コリンエステラーゼ（コリンエステラーゼ阻害薬，たとえば，エドロホニウム，ネオスチグミン，ピリドスチグミン）のようなアルカロイドを含む。これらは，神経筋接合部でのアセチルコリンを作用させる働きを高めるため，重症筋無力症の診断や治療に用いられる。コリン作動薬は他に緑内障や尿閉，**抗コリン薬**の毒性に対する解毒剤として用いられる。副交感神経薬（parasympathetic drugs），副交感神経作用薬（parasympathomimetic drugs）とも呼ばれる。

**コールガール**［call girl］ 売春宿による斡旋や，路上での客引きを介さずに売春する女性。電話で注文を受け，顧客が迎えに行くか，女性が顧客の家やホテルに行ってサービスが行われる。多くの場合，コールガールは他の売春業に比べ高い料金が請求される。

**コルサコフ症候群**［Korsakoff's syndrome］ 主に重度の慢性アルコール依存に起こる症候群。これはチアミン（ビタミンB$_1$）不足や**乳頭体**の損傷が原因である。コルサコフ症候群の患者は，視床前部や視床の**背内側核**の病気であると考えられる**前向性健忘**や**逆向性健忘**を示す。コルサコフ症候群の選択的，急性の性質である記憶障害はアルコール性認知症（⇨ **アルコール誘発性認知性**）と区別される。コルサコフ症候群は，時間とともに徐々に進行する知的機能のより全体的な障害に特徴づけられる。コルサコフ症候群はしばしば**ウェルニッケ脳症**（⇨ **ウェルニッケ-コルサコフ症候群**）が後に出現する。

**ゴルジ腱器官**［Golgi tendon organ］ 筋肉が収縮したときに中枢神経系へインパルスを送る筋腱内の受容体。腱内の緊張が組織に損傷を与えるほどの高さになったとき，ゴルジ腱器官はそれが付着した筋肉の運動ニューロンに抑制性のメッセージを送る。ゴジル小体（Golgi corpuscle）とも呼ばれる。［**ゴルジ**（Camillo Golgi）の名から命名された］

**ゴルジ体**［Golgi apparatus］ 細胞内部にある薄膜と小胞からなる不規則な網状組織。細胞内で生成されるタンパク質の修飾・分類・パッケージングを担う。［発見者であるイタリアの組織学者**ゴルジ**（Camillo Golgi: 1843-1926）の名から命名された］

**コルチ器官**［organ of Corti］ 内耳の蝸牛内部に存在する基底膜にある特殊な構造。**有毛細胞**（聴覚のための感覚受容器），それらの神経終末，そして支持細胞を含んでいる。⇨ **ダイテルス細胞**，**蓋膜** ［イタリアの解剖学者**コルチ**（Alfonso Corti: 1822-1876）の名から命名された］

**コルチコステロイド**［corticosteroid］ **副腎皮質**で産生されるステロイドホルモンの総称。炭水化物の代謝に関わる**糖質コルチコイド**（たとえば**コルチゾール**），電解質のバランスとナトリウムの維持に働く**ミネラルコルチコイド**（たとえば**アルドステロン**）などがある。副腎皮質コルチコイド（adrenocorticoid），副腎皮質ステロイド（adrenosteroid）とも呼ばれる。

**コルチコステロイド療法**［corticosteroid therapy］ コルチコステロイド薬を利用する医学的治療。病気や副腎の外科的切除によって自力でのホルモン分泌が不足している患者に対しては，ミネラルコルチコイドや糖質コルチコイドが代替的治療法として用いられる場合もある。しかし，抗炎症作用薬としては**糖質コルチコイド**が最も広く使用され，これらは，ぜんそく，皮膚疾患，季節性鼻炎の治療にも用いられる。

**コルチコステロン**［corticosterone］ 糖質コルチコイドの機能をもつコルチコステロイドホルモンで，タンパク質や脂肪，炭水化物を身体の細胞が使用するエネルギーに変換する代謝を制御する。コルチコステロンの血漿濃度はストレスの指標とされる。

**コルチゾール**［cortisol］ **糖質コルチコイド**活動により**血糖値**を上昇させる**コルチコステロイドホルモン**。ヒトではコルチゾールの血中濃度は睡眠覚醒周期（9：00頃が最も高く，深夜が最も低い）や他の要因に伴い変化する。たとえば，ストレス時や妊娠中には血中濃度が上がり，肝臓や腎臓の病気の時は低下する。1963年から，コルチゾールおよびその合成類似物が慢性の炎症や自己免疫疾患に対し処方されるようになった。ヒドロコルチゾン（hydrocortisone）とも呼ばれる。

**コルチゾン**［cortisone］ 天然には副腎皮質で産生され，人工的に合成もされる**コルチコステロイド**。コルチゾンは不活性であるが，肝臓などの臓器で活性型の**コルチゾール**に変換される。コルチコステロイド欠乏が原因の病気の治療に使われる。

**ゴルツ症候群**［Goltz syndrome］ 目の異形，指がない，あるいは指が多い，皮膚の薄い部分に皮下脂肪ヘルニア様小瘤といった皮膚の異常などが見られる先天性疾患のこと。患者の約5%に精神遅滞が伴うとされている。部分皮膚低形成（focal dermal hypoplasia），ゴルツ-ゴーリン症候群（Goltz-Gorlin syndrome）とも呼ばれる。［アメリカの医師のゴルツ（Robert William Goltz: 1923- ）とゴーリン（Robert James Gorlin: 1923- ）に由来する］

**コルテの法則**［Korte's laws］ 2つかそれ以上の静止刺激が交互に提示されたときに，仮現運動が生じるための最適な条件を記載した法則のこと。重要な変数として，刺激同士の空間的距離，提示時間，刺激提示の時間間隔とともに，刺激の強度も含む。⇨ **ベータ運動** ［ドイツの心理学者コルテ（Adolf Korte）］

**コールドターキー**［cold turkey］ メタドンや鎮静剤による緩和処置をせず，突然麻薬，特にアヘンの使用を中断すること。**アヘン類離脱**時に経験する悪寒や鳥肌からこの名がついた。

**ゴールト判決**［in re Gault］ 訴訟における子どもの権利を根本的に変えた1967年のアメリカ合衆国最高裁判所の判決。**未成年者**も成人と同様に法律上の**適正手続き**的権利をもつことが制定された。

**ゴールトンの質問票**［Galton's questionary］ イギリス

の科学者ゴールトン（Francis Galton: 1822-1911）によって，イギリスの200名の優れた科学者に対して送られた質問票である．受け取った科学者は，生活のことから宗派，政治の背景，科学における成功の理由といった範囲までの事柄を尋ねられた．1874年 English Men of Science として出版された研究は，心理学研究のアンケートの最初の使用として認められている．

**ゴールトン・バー**［Galton bar］　視覚的な距離に対する**弁別閾**を測定する機器のこと．［イギリスの科学者ゴールトン（Francis Galton: 1822-1911）］

**コールバーグ**［Kohlberg, Lawrence］　ローレンス・コールバーグ（1927-1987），アメリカの心理学者．1958年にシカゴ大学で博士号を取得．イェール大学とシカゴ大学で教鞭をとった後，1967年にハーバード大学の教員となり，そこで引退まで過ごした．彼は，認知発達心理学と教育の分野で特に成果をあげた．コールバーグは，**縦断研究**や子どもに仮定上の道徳的ジレンマを投げかけるという面接手法を使った．児童の道徳的推論についての研究でよく知られている（⇨ **ハインツのジレンマ**）．ピアジェ（Jean Piaget）の認知と道徳の発達理論と哲学者ロールズ（John Rawls: 1921- ）の Theory of Justice（1971）から影響を受け，彼の研究は道徳発達のコールバーグ理論（Kohlberg's theory of moral development）を生み出した．ピアジェと同じく，コールバーグは，発達段階は普遍的かつ一様の順序であり，すべての文化の子どもは同様に道徳的推論を発達させると信じていた．彼の代表的な著書は Essay's on Moral Development（1984）とコルビー（Anne Colby: 1946- ）との共著 The Measurement of Moral Judgment（1987）である．

**コールバーグの道徳性発達理論**［Kohlberg's theory of moral development］　道徳的な判断に関連した認知過程はいくつかの異なる段階を経て発達する，という理論．この理論によれば，主に3つのレベルがある．すなわち，**前慣習的レベル**，**慣習的水準**，**脱慣習的レベル**である．大まかには，賞罰に関連した自己的なものから，決められたルールや慣習的態度への依拠を経て，独立した道義的な判断の立場へと，道徳性が発達する．⇨ **ハインツのジレンマ**［コールバーグ（Lawrence Kohlberg）による］

**コールバック**［callback］　消費者心理学において，追跡調査を行う際，製品またはサービスについて最初に調査を実施した後に消費者に実施するのが一般的である．コールバックは満足感が続いているか，意見に変化の兆しがみられるかを検討するために行われる．

**コルモゴロフ-スミルノフの検定**［Kolmogorov-Smirnov test］　2つの標本もしくは理論的分布に対して適合する標本の分布等質性のためのノンパラメトリック検定のこと．［ソビエトの数学者コルモゴロフ（Andrei Nikolaevich Kolmogorov）とスミルノフ（Nikolai Vasilevish Smirnov）］

**コレクトリジェクション**［correct rejection］　信号検出課題において，ターゲット刺激（信号）がない試行で，ターゲットが存在しないことを正しく判断すること．⇨ **正検出**，**誤検出**，**誤棄却**

**コレシストキニン**［cholecystokinin: CCK］　十二指腸から放出される**ペプチドホルモン**で，摂食行動に寄与しているとされる．神経系では**神経伝達物質**としても機能している．

**コレスキー因数分解**［Cholesky factorization］　実行列，対称行列，正定値行列である行列 $A$ から，$A=FF'$ のように行列 $F$ を得る行列代数の手法．行列 $F$ は多変量解析や因子分析において中心的な役割を果たす．［フランスの数学者コレスキー（André-Louis Cholesky: 1875-1918）］

**コレステロール**［cholesterol］　動物の組織に豊富に存在するステロイド誘導体．特に動物性脂肪の多い食物に含まれる．細胞膜の構成成分で（性ホルモンなどの）他のステロイドの前駆体でもある．また，血漿リポタンパク質，特にアテローム斑形成に重要な役割を担う低比重リポタンパク質（LDLs）の構成要素でもある．⇨ **アテローム硬化症**

**コロイド**［colloid］　**1**．細胞膜を通過できない大きな接着剤のような分子．腹膜内に注入すると，**浸透**により水を引きつけ保持する．**2**．2つ以上の相からなる系．分散相（dispersed phase）が，他の相（continuous phase）と分離される．たとえばゾルは，デンプンを水に混ぜたような，大分子もしくは小さな固形物が液体の中に分布している．

**語漏**［pleniloquence］　ひっきりなしにしゃべり続ける衝動のこと．

**語漏症**［logorrhea; verbomania］　早口で，制御のきかない，とりとめのない発語であり，ときに**躁病エピソード**の一部として起こることがある．正式には，多弁（hyperlogia; hyperphrasia）として知られている．

**コロニー**［colony］　**1**．同種の動物が比較的大きな集団を形成し集まること．**社会組織**がある場合もない場合もある．餌を見つけたり，捕食者から身を守ったりするのに，多くの個体にとっては利点がある．しかし，食物や繁殖の機会を巡っての争いは増え，病気に感染する可能性も高くなる．**2**．新しい地域に定住しながらも，もとの故郷と何らかの関係をもち続ける人々のグループのこと．**3**．本国からの移住の結果として，政治的，経済的な管理を行うことになっている他国の領土や本国から離れた地域のこと．入植者やその子孫は，大抵少数であるにも関わらず，コロニーにおいて支配階級を形成する．**4**．共通の関心をもちながら互いに隣りあって暮らしている人々の集まりのこと．たとえば，芸術家のコロニーまたはヌーディストコロニー，あるいはそのようなグループが住みついている場所のこと．

**コロニー種**［colonial species］　複数の育児中のつがいが近くで生活する種．たとえば，サンショクツバメやセグロカモメは同種の他のつがいとごく近接して巣を作る（⇨ **コロニー繁殖**）．捕食者に対し，集団防衛できるという利点がある．しかし，近隣との激しい争いや，**子殺し**もあり，病気の感染リスクも上がる．

**コロニー繁殖**［colonial nesting］　巣を作り，子を産み育てるためにコロニー種の鳥の複数のつがいが集まること．

**古論理思考**［paleologic thinking］　子どもにおいてみられるような，具体的で，夢想じみた思考過程によって特徴づけられる**前論理的思考**．精神活動は感情と知覚に限定され，論理や推論は排除される．［イタリア生まれのアメリカの精神科医アリエッティ（Silvano Arieti: 1914-1982）によって定義された］

**婚外交配**［extrapair mating］　社会的に一夫一妻制の種において配偶者以外の個体と起こる交配のこと．一夫一妻制の鳥類の多くにおいて，父系遺伝子の証拠は，広範囲の婚外交配を示し，また多くのヒナは彼らを育てる父親の子でないという結果を示唆している．また妊娠が可能でな

い場合にも，他の潜在的配偶者を試すか，他個体との社会的関係強化のために，婚外交配が起こる。⇨ **メスの不義行動**

**コンカベーション**［concaveation］ 動物の行動。**過敏化**の一形態。処女のメスは若い動物の前に繰り返し現れることによって，事前の経験や妊娠に伴うホルモンの変化や実際の養育などを経験しなくてもしかるべき**母親行動**を示しはじめる。

**懇願**［supplication］ **自己呈示理論**における自己呈示のことで，自分を弱く，困窮していて，依存的であるように見せることで，他人から援助を引き出そうとする戦略のこと。

**困窮指標**［deprivation index］ 子どもの知的環境の適切性の程度を示す指標で，達成への期待，環境を探索し理解することへの誘因，総合的な学習に対する準備状態，言語発達の重視，重要な成人の役割モデルとのコミュニケーションや相互作用といった事柄の程度からなる。

**根源原因**［original cause］ 現象の第一原因。つまり，特定の効果をもたらした一連の原因の中で最初の原因のこと。⇨ **因果連鎖**，**遠因**

**根元事象**［elementary event］ 確率論において，偶然の実験の根源的な結果となるもの。たとえば，適した資格をもつ候補者の中から1人の人物を選ぶ場合，候補者リストに記載されたその個人は，その実験の根元事象といえる。

**根源特性**［source traits］ キャッテルの**パーソナリティ**の**特性論**にある，**因子分析**によって抽出された12個の人格特性群のこと。この因子分析ではさらに**表面特性**も抽出，定義している。循環気質（情緒の表出や変わりやすさ）や分裂気質（内気で心配性，無口）に類する内容が含まれている。⇨ **能力特性**，**動的特性**，**気質特性**

**混交**［contamination］ 1. 検査や実験において，変数に関するデータの収集や解釈に影響を及ぼすような，知識，期待，もしくは変数に関する他の要因が存在する可能性があるような手続きのこと。2. 単語の一部を他の単語の一部分と組み合わせることによって**言語新作**を創り出すこと。多くの場合，結果として理解不能な単語ができる。

**混合エピソード**［mixed episode］ 大うつ病性エピソードと躁病エピソードの両方の突出した症状がともに生じる**気分障害**の病相で，少なくとも1週間以上継続する。1つ以上の混合エピソードが生じるのは双極性Ⅰ型障害の特徴である（⇨ **双極性障害**）。

**混合家族**［blended family］ 夫婦ともに以前の配偶関係の子どもを連れて再婚した家族のこと。再構成家族（reconstituted family）とも言う。⇨ **シンプルステップファミリー**，**ステップファミリー**

**混合機能抗うつ薬**［mixed-function antidepressants］ 主として神経伝達システムを経由して作用する抗うつ薬のこと。SSRIs（選択的セロトニン再取り込み抑制薬）と区別するためにノルエピネフリンとセロトニン両方の再取り込みを抑制することを示すSNRIs（たとえばベンラファキシン）と表記される。

**混合強化スケジュール**［mixed reinforcement schedule］ 2つかそれ以上のスケジュールが交互にくる**複合強化スケジュール**。すべてのスケジュールで同じ刺激が使用されるため，弁別手がかりも利用できない。⇨ **弁別刺激**

**混合形態**［composite figure］ 精神分析学では，夢に登場する人や物のイメージは**凝縮**の過程において，2つ，あるいはそれ以上の人や物の特徴や特質（実際の，あるいは幻想やイメージ）から構成されると考えられている。

**混合効果モデル**［mixed-effects model; mixed model］ 分散分析で用いられる分析的なパラダイムで，実験者が，1つ以上の変数を固定されたものとし，そして，1つ以上のさらなる変数をランダムとみなすモデルである。⇨ **変量効果モデル**，**固定効果モデル**

**混合主義**［syncretism］ 2つあるいはより多くの体系，理論または概念の中の要素を，新たな体系，理論または概念の中へ統合すること。この用語は主に文化，信念または教義のような，調和していないにも関わらず連合されたシステムに応用する。

**混合主義的思考**［syncretic thought］ 幼児の初期の思考は，論理的とは言い難く，自己中心的で，アニミズム的な思考プロセスをたどる。たとえば，ブロックを車と呼んだり，ほうきの柄を馬として，乗馬のマネをしたりする。このような初期の思考段階にいる幼児は，ほんの偶然の出来事から，物事の関連性を見出したりする。自分の誕生日に太陽が輝いていたら，「誕生日だから太陽が輝いているんだ」と考えたりする。⇨ **アニミズム的思考**，**一次過程**［ピアジェ（Jean Piaget）が提唱］

**混合情動**［mixed emotions］ 同じ出来事によって生じるが，感情の質や**行為傾向**が異なる複数の情動。たとえば，父親が，息子が結婚して幸せである一方で，家から離れてしまうのが悲しいようなとき，あるいは，上司からの侮辱に怒っていた人が，上司に重んじられて驚くときなど。混合気分（mixed feelings）とも呼ばれる。⇨ **両価性**

**混合神経症**［mixed neurosis］ 精神分析において，患者が複数の神経症症状を示すこと。近年はほとんど用いられない用語。

**混合性超皮質性失語症**［combined transcortical aphasia: CTA］ 脳の前言語野の損傷（超皮質性運動失語：transcortical motor aphasia）と後言語野の損傷（超皮質性感覚失語：transcortical sensory aphasia）の両方によって引き起こされた**失語症**の一種。この患者は言葉を発することも理解することもできない。そのため，**反響言語**に特徴づけられるようないわゆる言語野孤立症候群（isolation syndrome）になる。

**混合動機ゲーム**［mixed-motive game］ プレイヤーが他者との競争と協調の双方によってゴールを目指すよう構築された，社会相互作用のシミュレーション。たとえば，**囚人のジレンマ**のプレイヤーは，他者と競い合えば短い期間でより大きな利益を得ることができるが，すべてのプレイヤーが競争に参加してしまうと，全体の利益は下がってしまう。⇨ **社会的ジレンマ**，**社会的トラップ**

**混合統合失調症**［mixed schizophrenia］ 歴史的には，ドイツの精神科医のクレペリン（Emil Kraepelin: 1856-1926）やスイスの精神科医のブロイラー（Eugen Bleuler: 1857-1939）によって示された統合失調症の4つの主要な症状，単純，パラノイア，強硬，破瓜（混乱）のうち2つ以上の症状が現れる統合失調症である。

**混合標準尺度**［mixed-standard scale］ 人事考課で利用される行動に基づく評価手続き。評価者には，仕事における良い行い，平均的な行い，悪い行いの例が提示され，従業員の仕事ぶりを3つの例と比べて評価するよう指示される。業務評価は，3つの例より優れているものが最高得

点，3つの例より劣っているものが最低得点となるような形で評価得点が割り当てられる。⇨ **行動アンカー評定尺度，行動観察尺度**

**混雑**［crowding］ 学習において，許可されている時間に比べて事柄あるいは課題が多すぎる状況。たとえば，生徒が1時間で20問の綿密なレポート課題に答えるテストでは混雑が生じる。

**コンサルティング**［consulting］ 個人，グループあるいは組織に助言するために，個人あるいはグループの特殊技能，経験や専門技術を利用すること。

**コンサルティング心理学者**［consulting psychologist］ 仕事の心理学的側面に関して，個人あるいは組織に専門的，技術的な助言や援助を提供する心理学者のこと。コンサルティング心理学者は，クライエントとして，個人，機関，企業あるいは他の種類の組織がいる。

**コンジョイントセラピー**［conjoint therapy; conjoint counseling］ パートナーや家族メンバーが，それぞれ個別に治療を受けるのではなく，1人以上のセラピストによる合同セッションの中で一緒に治療される形態の心理療法。この手法は一般的に，夫婦間のトラブルに適用されることが多く，その場合は夫婦療法と呼ばれる。⇨ **カップル療法，家族療法，夫婦療法**

**混色**［color mixture］ 色素を組み合わせること（**減法混色**），同時に光を投影すること（**加法混色**），混色器における高速回転（retinal mixture）などによって生じる混合の効果のこと。

**混色器**［color mixer］ 同時的にあるいは高速で，網膜の同じ位置に，2つの異なった波長の光を提示できる装置のこと。

**混色法則**［color-mixture laws］ 異なる色調が提示されたときに生じる知覚法則のこと。2色の混合が同じ色知覚を生じさせるとき，それらを混ぜても同じ色知覚を生じさせるというものである。

**昏睡**［coma; comatose state］ 意識の消失した，重篤な状態のこと。その特徴は，刺激へのわずかな反応または無反応，反射の消失，自発的活動の停止である。原因は，深刻な脳損傷，頭蓋内腫瘍，脳炎，脳溢血または塞栓，糖尿病，薬物またはアルコール中毒である。⇨ **グラスゴー昏睡尺度**

**昏睡刺激**［coma stimulation］ 昏睡からの回復プロセスを早めるため，もしくは覚醒レベルを改善させるために，多くの感覚様相刺激を用いること。このアプローチの効果についてはよくわかっていない。

**昏睡療法**［coma therapy; insulin-coma therapy; insulin-shock therapy］ 1930年代に開発されたものの，1960年以降はほとんど用いられなくなった。統合失調症の治療法。それは，インシュリンの筋注射により低血糖を引き起こして，一時的な昏睡状態を作り出す。この状態は15分～60分間続き，この標準的な手続きでは，決められた期間内に複数回にわたって昏睡が誘導される。

**コーンスタム・テスト**［Kohnstamm test］ 個人を催眠状態に導くために用いられるデモンストレーション。参加者は，最初に1分か2分の間，壁際に立ち，腕を強く押しつけて感覚をまひさせた状態で壁から離れるように指示される。すると，腕が自然に上がるようになる。これはコーンスタム現象（Kohnstamm's phenomenon）として知られている。これが催眠のように外部の力に対して受け身になる感覚を参加者にもたらす。［ドイツの内科医コーンスタム（Osker Kohnstamm: 1871-1917）］

**混成［1］**［blending］ 言語学において，ある言葉の語頭と別の言葉の語尾を組み合わせて，完全に新しい語を作るプロセスのこと。たとえば，レーガノミクス（Reaganomics）という語は（ロナルド）レーガン（Regan）とエコノミクス（economics）の混成したものである。⇨ **混成語**

**混成［2］**［contamination］ 2つかそれ以上の個々の知覚が互いに混ざり合うこと。ロールシャッハ法やマコーバー人物画テストで生じる。

**混成語**［portmanteau neologism］ 複数の既存の単語の一部を組み合わせて作られた新しい単語。たとえば，不況（stagnation）とインフレーション（inflation）から作られたスタグフレーション〈stagflation〉など。⇨ **混成，言語新作**

**痕跡条件づけ**［trace conditioning］ 条件刺激と無条件刺激が，一定の間隔を空けられて，条件刺激がはじめに呈示されるという，パブロフ型条件づけの手続き。⇨ **時間条件づけ**

**痕跡ボディイメージ**［vestigial body image］ 外的な特徴を変化させたとしても修正されない，主観的かつ内的な自分自身についてのイメージ。たとえば，体重が大幅に減ったにも関わらず，肥満時のボディイメージをもち続ける者などである。

**婚前交渉**［premarital sex］ 結婚前の性的関係のこと。⇨ **密通**

**コンセンサストランス**［consensus trance］ 文化により引き起こされるトランスの持続的状態であり，その中に，人は存在すると仮定されている。この考えによれば，人々の意識的現実の一部と考えられる感情や，印象，イメージは，誕生以来強く繰り返し刻み込まれてきた暗示の結果とされる。

**コンティンジェンシー・モデル**［contingency model］ 組織の構造や管理する人間に普遍性のある理想的なアプローチはないという考えに基づいた理論あるいはモデル。最も効果的なアプローチは，課題の性質，組織の文化や環境，そして，そこに関わる人の特質などの要因に依存しているとされる。状況アプローチ（situational approach）とも呼ばれる。⇨ **リーダーシップ条件即応理論**

**コンテインメント**［containment］ 子どもや患者の心が投影されている局面に対して，母親や分析家が彼らの成長を助けて，「コンテナー」あるいは「抱える環境」として行動することによって彼らの不安を軽減するという**対象関係理論**の概念（⇨ **投影**）。たとえば，悩みごとに圧倒され，その経験を理解する文脈を持ち合わせていない幼児が，両親に支えられ，なだめられること。両親に子どものために安全な文脈を創造し，その経験の意味づけをしてやる。

**コンテクスト**［context］ 刺激の認識に関連する実験室実験において，ターゲットの刺激が提示される，ディストラクター（distractor）やマスクなどを含めた状況を指す。⇨ **マスキング**

**混同指標**［confusability index］ 人間工学の用語で，シンボル，グラフ，表示項目，その他のオブジェクトが，ユーザーによって誤解されるか，意図していたものとは

異なる意味を割り当てられてしまうことが起こりうる程度を表す数値のこと。

**コントの逆説**［Comte's paradox］ジェームズ（William James）からフランスの実証主義思想家コント（Auguste Comte: 1798-1857）に由来する，「人間の精神が，研究の道具にも研究の対象にもなることが，すべての人間科学を困難にしている」という表現のこと。合理的な精神に関する客観的な研究を合理的な精神によって行う，というのは逆説的である。

**コントラスト感度**［contrast sensitivity］明るい色や形と，暗い色や形の微妙な違いを検出するための空間的**解像度**の個人差の測定のこと。検出は，対比する要素の大きさによって影響を受け，多くの場合，区別するのに最小限の対比を必要とする程度の明るい帯と暗い帯からなるグレーティング（縞刺激）を用いてテストがなされる。コントラスト感度は，中程度の周波数をもったグレーティングよりも粗いか細かいグレーティングの方が低い。人は，4〜8 cpd（cycles per degree）のグレーテングに対して最も感度が良く，0.5から50〜60 cpdのグレーティングを検出することができる。コントラスト感度は，周辺視および中心視の障害によって減少する。たとえば，視力は正常だが，**視覚的ぼけ**の症状を呈する患者があてはまる。⇨ **空間周波数**

**コントラスト感度関数**［contrast-sensitivity function: CSF］空間周波数の関数としての**コントラスト感度**のこと。正常な観察者のコントラスト感度機能は，4〜8 cpdでピークに達する。

**コントラスト極性**［contrast polarity］2つの視覚要素，特に図と地との間の対比のこと。コントラストは，ポジティブ（暗い地に対する明るい物体，たとえば，黒い紙に印刷された白い文字）かネガティブ（明るい地に対する暗い物体，たとえば，白い紙に印刷された黒い文字）である。

**コントラスト検出器**［contrast detector］**1.** コントラスト（明るい所と暗い所の境界）に敏感な**網膜神経節細胞**のこと。⇨ **特徴検出器 2.** コントラストに敏感な神経学的および理論的構造のこと。

**コントラリアン**［contrarian］審議中のトピックの妥当性に関わらず，人の意見に反対したり，何かに異議を唱える傾向がある人。

**コントロール**［control］機械を操作，制御するためのあらゆるメカニズムや機器。

**コントロール幻想**［illusion of control］外界の事象が，自分の行動や選択により生じている，または，統制されているとする誤った信念。⇨ **ポジティブイリュージョン**

**コントロールプロセス**［control processes］**1.** アメリカの認知心理学者アトキンソン（Richard C. Atkinson: 1930- ）とシフリン（Richard M. Shiffrin: 1942- ）が提唱した記憶の理論において，**リハーサル**や**符号化**のような短期記憶の情報を操作するプロセスのこと。**2.** 情報処理システムにおいて情報の流れを整理するプロセス。⇨ **認知的コントロール，実行系**

**コンパッショネート・フレンズ**［compassionate friends］アメリカにおいて，子どもの死を悼む両親や兄弟への支援，友情，理解を提供するボランティア組織。⇨ **セルフヘルプグループ**

**コンパレーター**［comparator］ある変数と，類似した変数あるいは測定基準を比較し，その差異に基づいて理想の範囲内に対象の変数を調整するように働く，情報処理ユニットのこと。たとえば，サーモスタットは最適気温と現在の気温を比較し，その差異を最小化する，あるいは除去するように，暖房装置のスイッチをオンにしたりオフにしたりする。⇨ **脳コンパレーター，サーボ機構**

**コンパレーター仮説**［comparator hypothesis］パブロフ型条件づけの理論の一つで，条件づけの強さは，無条件刺激が条件刺激のあとに生起する確率と無条件刺激が条件刺激がない状態で生起する確率との比較をもとに決まるという説。前者の確率が高いときのみ，条件刺激に対する反応が観察されることを予測する。

**コンピテンス**［competence］**1.** 人生を統制する能力，問題を効果的に処理する能力，行動やおかれている環境を変容させる能力を指す。周囲の状況に単に順応し適応する能力とは対照的な能力である。クライエントの自己変容のための能力を獲得させ，肯定し，強化することは，心理療法の基本的な目的だと考えられている。**2.** 言語学や心理言語学において，ヒトが言語を話したり理解したりすることを可能にする，言語ルールに関する無意識的な知識のこと。この意味では，コンピテンスは合理主義的な概念であり，記憶，注意，疲労などの言語以外の要因によって制限されるような，ある特定の発話者による実際の言語パフォーマンス（performance）とは区別しなければならない。チョムスキー（Noam Chomsky）が2つの単語（コンピテンス，言語的パフォーマンス）を導入し，言語コンピテンスの研究が言語学の重要な課題となることを提唱した。このことは，言語学が認知心理学の一分野であることを実質的に宣言することになった。⇨ **生成文法，文法性，言語獲得装置**

**コンピュータアドレス**［computer address］特定のコンピュータ，あるいはインターネットサイト，あるいは特定の**電子メール**アドレスを明示する名前やコードのこと。

**コンピュータ音痴**［computer illiteracy］コンピュータやその有効な活用方法を理解する能力が欠如していること。⇨ **コンピュータリテラシー**

**コンピュータ化された治療**［computerized therapy］訓練されたセラピストの管理のもと，特別にプログラムされたコンピュータを用いて治療を行うこと。コンピュータは，アセスメント，生育歴の聴取，診断，患者教育，介入に用いられてきている。この療法のソフトウェアは，「もし〜なら〜」という命題を通して実行され，命題は，個人による入力にコンピュータがどのように反応するかを決定する。

**コンピュータ化した査定**［computerized assessment］ある個人についての心理学的な検査をする際に，過去から蓄積された多くの人々の情報のデータベースを用いて比較検討・診断・経過予測を行うこと。自動査定（automated assessment）とも言う。

**コンピュータ化した診断**［computerized diagnosis］臨床診断をするための方法として，目録作成，蓄積，比較，査定のためのコンピュータプログラムを用いること。ある疾患に関連する可能性をもつ多くの変数を考慮して，過去の患者の類似・関連する兆候や症状に根ざした情報や，データベースに蓄積された効果的な治療法を利用したコンピュータ診断を下す。コンピュータ支援による診断

（computer assisted diagnosis）とも言われる。⇨**問題指向型記録**

**コンピュータ管理テスト**［computer-administered test］コンピュータで項目が呈示される形式の個別に管理されたテストのこと。

**コンピュータ管理による教授法**［computer-managed instruction: CMI］ 教師が生徒個人に特化した教育を実施するために，コンピュータを用いる教授法。それぞれの生徒のパフォーマンスは，コンピュータによって日々データ処理がなされる。このようなデータは，各生徒に対して次にいかなる段階の教授をすればよいのかを決める目安になる。学習者が直接的にコンピュータと向き合うわけではない。

**コンピュータ支援教育（CAI）**［computer-assisted instruction: CAI］ プログラム学習の精巧な派生物であり，コンピュータの記憶保管能力と検索能力を，練習や実習，問題解決，シミュレーション，ゲームのような教授形態を提供するために使用する。比較的個別化された個人指導教育にも役立つ。コンピュータ支援学習（computer-assisted learning: CAL）とも呼ばれる。⇨**コンピュータ管理による教授法**

**コンピュータ支援テスト法**［computer-assisted testing］ 1. コンピュータによって提供される，またはコンピュータを利用したスキル評価法のこと。個人（多くの場合，学生や従業員）がコンピュータを用いてある素材にアクセスする能力や，コンピュータを用いて評価項目を埋める能力などが査定される。2. コンピュータを利用した様々なテスト法を指す。ただし，コンピュータ自体を使用する技術や，これまでのコンピュータ経験やスキルの査定は求められない。

**コンピュータ式適応スクリーニングテスト**［Computerized Adaptive Screening Test: CAST］ 軍の研究機関で開発されたテストで，1984年には，軍隊の志願者がフルスケール版の軍職務適性バッテリー（armed service vocational aptitude battery）にパスできる可能性を迅速に推定できるテストとして導入された。

**コンピュータシミュレーション**［computer simulation］ 1. 認知心理学において，認知過程のモデルをコンピュータプログラムとして実装する技術。一般的には，**人工知能**の領域で行われているような一般的な論点の探究ではなく，認知過程の具体的な理論の探究に用いられる。2. 言語学における**計算言語学**。⇨**計算言語学**

**コンピュータスラング**［computer slanguage］ コンピュータに関して用いられる俗語。たとえば，インターネット上で抑制を欠いた乱暴なメールあるいはメッセージを送信することを意味する「炎上（flaming）」や通常郵便を指す「かたつむり便（snail mail）」など。

**コンピュータ断層撮影**［computed tomography: CT; computer-assisted tomography; computerized axial tomography: CAT; computerized tomography］ 脳や他の軟部組織の詳細な3次元映像をX線撮影する技法。様々な場所からX線ビームに組織を通り抜けさせ，放射線吸収の様々なパターンをコンピュータで分析し，総合的に処理する。コンピュータ断層撮影は，頭部，胸部，腹部などのスライス画像を撮ることで，試験開腹をせずに病変や腫瘍などの異常部位を特定することができる。⇨**磁気共鳴画像法**

**コンピュータ適応型テスト**［computer adaptive testing: CAT］ ある能力やスキルをコンピュータによって測定するテスト法。コンピュータ適応型テストでは，受検者の能力のレベルに適した検査項目が出されるよう，自動的に調整される。回答が不正解の場合は項目の難易度が下がり，正解すると難易度が上がる。受検者の能力が予め設定された精度のレベルまで推定できた段階で，テストは終了する。

**コンピュータネットワーク**［computer network］ コミュニケーションラインによって互いに連動するコンピュータグループのこと。コンピュータネットワークは，特定の領域ネットワーク（LANs）から世界のインターネットまで，大きさも複雑さも様々である。ネットワークノード（すなわち，コンピュータ）間の接続は，（近距離のための）**無線接続**や，（伝統的な電話のような）銅線や光ファイバーで行うことができる。

**コンピュータ不安**［computer anxiety; computer phobia］ コンピュータやその使用に関する強い不安であり，コンピュータが引き起こす現実的な恐れからすると不釣合いなもの。このような不安は，未知への恐れ，もしくはコンピュータを使おうとした際に起こりうる結果（失敗，欲求不満，戸惑い，落胆など）への恐れと関連していると考えられる。もし不安が著しい苦痛や障害を生じさせる場合は，**特定恐怖症**の状況タイプに分類される。

**コンピュータプログラミング**［computer programming］ ある特殊な操作をするためにコード化された指示をコンピュータに出すプロセスのこと。コンピュータが解読し，理解するようコンピュータプログラミング言語によって指示が出される。

**コンピュータプログラミング言語**［computer programming language］ コンピュータに対し，プログラムをコード化して提示することを目的にデザインされた形式言語。プログラミング言語には低レベルな機械語から，LISPやLOGO，Prologなど高レベルな言語まで階層がある。

**コンピュータモデル**［computer model］ 心理的機能などのように，構成要素に関する理解を促進することを目的として，心的な実体をコンピュータシミュレーションしたもの。こうしたモデルは，たとえば科学者がチェスを行う人間の意思決定過程を近似させ，操作，修正することができるように，明示的にデザインされている場合が多い。

**コンピュータリテラシー**［computer literacy］ コンピュータやコンピュータネットワークの機能をはじめ，どのように機能するのかや，どのように文章の作成や，編集，電子メールの送受信を行うのかに関する知識，またインターネットを通して情報を見つけるためにコンピュータを有効に活用する能力のこと。

**コンフィギュレーション**［configuration］ 特定の型や形に構成要素を配置すること。⇨**形状の良さ**

**コンプライアンス**［compliance］ 1. 薬物療法における遵守。⇨**アドヒアランス** 2. 安全工学の分野において厳守されるべき職場での規約やガイドライン。安全行動を順守し，怪我や疾病のリスクを低減させるようデザインされている。職場におけるコンプライアンスの最終目標は，危険にさらされている従業員への教育と警告である。

**コンフリクト理論**［conflict theory］ 対人葛藤の原因と結果の概念的な分析のこと。

**コンプレックス［1］**［complex］ 同じ考えや推進力を

もつグループ，または組織のこと。そこには共通する感情傾向が存在し，多くは無意識のうちに個人の態度や行動に強い影響を与える。この用語は，ユング（Carl Gustav Jung）によって，**個人的無意識**を意味するものとして提唱された。**古典的な精神分析**とその分派からの例としては，ユングのパワーコンプレックス，フロイト（Sigmund Freud）の**去勢コンプレックス**や**エディプス・コンプレックス**，アドラー（Alfred Adler）の**劣等コンプレックス**があげられる。

**コンプレックス［2］**［complex of ideas］ 感情や記憶，また，それら以外の精神的な要因と密接に関わり合っている，一連の思考のこと。ある思考が想起される際には，そのコンプレックスの他の側面も同時に想起される。⇨ **認知体系**

**コンボイ**［convoy］ ある人と親密で個人的な関係をもった人や，その人の人生にずっと存在し続けている人の集まり。［アメリカの発達心理学者であるアントヌッチ（Toni Antonucci: 1948- ）が最初に提唱した］

**コンポーネントの下位理論**［componential subtheory］ **知能の鼎立理論**における下位理論。ヒトの知能に含まれる3つの情報処理コンポーネントを特定する。3つのコンポーネントは，（a）問題解決や意思決定の際のプラン，モニタリング，評価を行う際に使用されるメタコンポーネント，（b）問題解決や意思決定を実際に行う際に使用されるパフォーマンスコンポーネント，（c）問題解決や意思決定の最初の段階において，その方法を学習するために使用される知識獲得コンポーネント，である。

**コンポーネント評価**［component evaluation］ **プログラム評価**におけるアプローチの一つ。人的サービス供給システム（human service delivery system）あるいは介入プログラムを構成する個々の構成要素について検討する。評価における分析の単位は，プログラムのレベルから個々の構成要素あるいは個々の構成要素と次に生じる**プログラム結果**との間の関連へと移っていく。

**コンポーネント分析**［componential analysis］ 研究者が，ある認知課題における個人のパフォーマンスを基本的な認知過程に分解することを可能とする，一連の情報処理と数理的テクニックのこと。たとえば，アナロジーを解くには，まず2つの単語を符号化し，その類似性について推論する，などといった**認知過程**が必要である。**成分分析**によって，個人の（a）使用しているコンポーネントの特定，（b）コンポーネントを組み合わせる方法，（c）それぞれのコンポーネントにかける時間，（d）コンポーネントの誤った実行のしやすさ，（e）コンポーネントが作動する心的表象に関する情報，の5つについて解明することができる。［アメリカの心理学者であるスタンバーグ（Robert J. Sternberg: 1949- ）によって提唱された］

**根本原因分析**［root cause analysis］ 原因を明らかにするための方略を徐々に具体的にしながら用いていくことで，再発する問題（たとえば，職場などで）の根底にある原因を特定する方法。

**根本的帰属のエラー**［fundamental attribution error］ 帰属理論において，個人の行動がその人の不変的な個人特性，態度，あるいは信念によって決定される程度を過剰に見積もり，その分，その行動に対する周囲の環境（たとえば，経済的，社会的圧力など）の影響を少なく見積もる傾向のこと。この傾向は，特定の社会（たとえばアメリカ）において，他の社会（たとえばヒンドゥー教インド：Hindu India）よりも一般的であることが知られている。つまり，根本的誤帰属が，本当に根本的であるかは疑わしい。対応バイアス（corresponding bias），過剰帰属バイアス（overattribution bias）とも呼ばれる。⇨ **行為者－観察者効果**，**対応**，**属性帰属**，**状況帰属**［アメリカの心理学者ロス（Lee D. Ross）によって提唱された］

**根本的経験論**［radical empiricism］ **1.** ジェームズ（William James）が1904年に提唱した形而上学的立場。現実は主観と客観（心と出来事）からではなく，純粋な経験から構成されると主張した。したがって，この立場は**中立一元論**の一種である。**2.**（a）実証的な方法が唯一知識への確かな根拠を提供し，（b）そのような方法によって検証されうる命題のみが本当の意味をもちうるとする一般的な立場。⇨ **経験論**，**論理実証主義**，**実証主義**

**根本的不安**［primary anxiety］ 精神分析理論において，根本的不安は心的外傷に対する本能的な反応，あるいは自我の機能停止中の反応とされる。無意識的不安（automatic anxiety）とも呼ばれる。⇨ **不安信号**

**昏迷**［stupor］ ほとんど，あるいは完全に反応性を失い，静止して，**失見当識**となっている精神状態のこと。

**コンラーディ病**［Conradi's disease］ 四肢短縮，頭部や顔面の奇形，白内障，乾燥皮膚，ときには長骨端の軟骨の変形などを特徴とする先天性異常のこと。この肢根型（手や足のつけ根）の形成異常は精神遅滞を伴うのが一般的である。しかし，コンラーディ・ヒューネルマン（Conradi-Hunermann）症候群では形成の異常が見られることは稀である。［ドイツの医師コンラーディ（Erich Conradi）］

**混乱**［derangement］ 何らかの秩序や正常な機能が乱れている状態を指す。

**混乱型愛着**［disorganized attachment; disoriented attachment］ ストレンジ・シチュエーションにおいて，幼児は親との分離の間や再会時に反復的な，あるいは状況に応じた行動が見られないという**不安定型愛着**の形態。

**混乱効果**［confusion effect］ 捕食者に対する防衛の一形態。複数の個体が，それぞれランダムに動いたり声を発したりすることで，一個体が捕食者に場所を特定，攻撃されにくくする。⇨ **反捕食者行動**，**希釈効果**

**混乱した性行動**［sexual involution］ 逸脱して普通ではない，複雑で儀式的な要素を特徴とする性行動。たとえば**性嗜好異常**などがその例である。

**混乱した発達**［disorganized development］ 子どもの正常な**愛着**形成の破壊。このような場合に，子どもは親との分離や再会にどう対処するのかを学習しない。幼児であれば，子どもは親に対し不安や心配を伴った反応を示し，ストレス時に親を捜し出す方法がわからない。⇨ **混乱型愛着**

**困惑**［embarrassment］ 他の人たちから注目されることでぎこちなくなったり，狼狽したりするときの**自己意識的情動**。たとえば，周りの人たちから軽い非難を受けた際によく見られる。しばしば自嘲気味のユーモアが含まれる。また，概して，神経質な笑い，はにかんだ笑顔や赤面が特徴である。

# さ

**ザー**［zar; zaar］　**文化依存症候群**のうちの一つ。北アフリカと中東の文化に共通するもので，悪魔憑きに起因している。女性が発症しやすく，身体や感情の分離の徴候（たとえば，叫ぶ，笑う，無関心，仕事を行うことへの拒否等）が見られる。

**罪悪感**［guilt］　何らかの過ちを犯したこと（または，考えたこと）への苦しみ，そして，その苦しみを解消または和らげるための行為を行いたいと感じていることを特徴とする**自己意識的情動**。

**サイアザイド系利尿剤**［thiazide diuretics］　1950年代に開発された合成化学薬品の一つであり，高血圧の治療において**利尿剤**として広く用いられている。サイアザイドは，ナトリウムイオンとほぼ同量の塩化物イオンを一定の濃度で水と共に排泄させる。その結果として血圧を低下させる。また，ベンゾサイアジアザイド（benzothiazides）と呼ばれることもある。

**催淫剤**［aphrodisiac］　ヒトあるいは動物の性的活動を刺激すると考えられている薬剤や物質のこと。民間伝承では，香り（香水），食べ物（カキや栗），薬が催淫剤とされている。アルコール，種々のアルカロイド，カンタリジン，ビタミンE，アルミ亜硝酸塩なども催淫剤といわれているが，どれも証拠はない。いくつかの研究では，これらの薬剤には，いかなる性的効果もないことが明らかとなっている。

**再演**［reenactment］　外傷的な出来事，過去の経験や人間関係を，それらに関係する情緒を再体験するために再演するプロセス。このテクニックは，**心理劇**と**原初療法**において用いられる。⇨ 徐反応

**災害カウンセリング**［disaster counseling］　外傷的な出来事の最中，あるいは直後に，その被害者，家族，対応したワーカー，目撃者に対して提供されるカウンセリング。カウンセリングを行うセラピストやカウンセラー，あるいはメンタルヘルスチームは，災害状況に対応できるように訓練されている。災害カウンセリングは被災者の緊張を和らげるだけでなく，たとえば，**緊急事態ストレス・デブリーフィング**やその他の技法も用いて，被災者のストレス対処を支援する。**外傷後ストレス障害**の発症を極力抑えることが目的の一つである。

**災害性愛**［symphorophilia］　災害時に自らが体験したり，他者が体験しているのを見たりすることで生じる性的関心や興奮。記憶や写真で，災害時や災害後に自慰を行う者もいる。災害性愛者（symphorophile）とも言う。

**最快適ラウドネス**［most comfortable loudness: MCL］　音声が最も快適である音のレベル。

**再学習法**［relearning method］　一度学習したが忘れてしまった題材についてもう一度学習することであり，頭の中にあるが，再生はできないような保持されている知識を測定するための方法。最初に学習した時よりも，学習時間がどのくらい短いか，または試行数がどのくらい少ないかによって保持量が示される。節約法（savings method）とも言う。

**最下層階級**［underclass］　1. 普通の社会経済的階級の下部に位置する**社会階級**。都心部に集中することが多く，大抵貧困の特徴があり，教育上職業上の機会が不十分であり，高い失業率や慢性的な不完全雇用，暴力犯罪，薬物乱用，乏しい社会奉仕，少ない地域支援制度などの特徴をもつ。2. さらに広い意味では，経済，教育，法律，医療，その他，地域社会から提供されるサービスに平等かつ直接的アクセスのない集団。たとえば，遺伝子下層階級（genetic underclass）という用語は，遺伝子検査によって特定の疾患に感染しやすいと分類された人で，その結果，保険会社や雇用者による差別に直面した人を指す。

**再帰**［recursion］　**生成文法**において，ある文法規則が，適用の出力が次の入力となるといったように，繰り返し（原則的に無限に）適用されること。たとえば，Sが文を意味する場合，S→S and Sという規則は再帰的である。これは，andによって等位結合された文の列を，潜在的には無限に作るために使うことができるからである。現在よく知られている再帰の例としては，童謡「The House that Jack Built（ジャックが建てた家）（This is the dog that worried the cat that killed the rat that ate the malt …）（これはジャックの建てた家で作った麦芽を食べたネズミを殺したネコをくわえたイヌ）」があげられる。

**再起**［resurgence］　条件づけの文脈では，以前に強化されたが，その後に学習された反応のために消去された反応が再び現れることを意味する。たとえば，ラットに2つのレバーを提示したとする。最初にレバーAを押すことが強化される。次にレバーBを押すことが強化され，レバーAを押すことは消去される。これによってラットは次第にレバーAを押さず，レバーBを押すようになる。最後に，いかなる強化も残らないようにレバーB押しも消去される。すると，レバーB押しの減少の反応として，一時的にレバーA押しが増加する。

**催奇形性の**［teratogenic］　胎児の発達異常を誘発すること。催奇形性物質（teratogen）は，発達異常を引き起こす要因または過程であり，その過程は奇形発生（teratogenesis）と呼ばれる。teratomorph は，発達異常の胎児または子どものことである。

**再教育［1］**［reeducation］　不適応な認識，感情，行動を置き換えてより健全なものにすること，もしくは，忘れてしまったスキルを再度学習することに焦点を当てた学習または訓練のことである。

**再教育［2］**［reeducation; reeducative therapy］　心理療法の形式。クライエントは，非再構成主義的な方法によって，問題や人間関係への有効な対処法を学ぶ。たとえば**関係療法**，**行動療法**，**催眠暗示**，**カウンセリング**，**説得療法**，非分析的グループ療法，**現実療法**などである。

**サイキングアップ**［psyching up］　競技やイベントでの理想的な心理状態になるために活動性を徐々に上げること。

**細菌性心内膜炎**［bacterial endocarditis］　細菌による感染，心臓弁への損傷，心臓のポンプのような動きが原因となって心臓内部（心内膜）が炎症を起こすこと。熱やその他の組織における症状が続いて起こり，その中には塞栓症や心不全も含まれる。感染は，静注薬の非衛生的な管理と乱用によって生じる。

**細菌性髄膜炎**［bacterial meningitis］ 脳や脊髄を保護するために覆っている**髄膜**の炎症。細菌感染によって引き起こされる。代表的なものとしては，髄膜炎菌，インフルエンザ菌，肺炎レンサ球菌がある。髄膜炎菌性髄膜炎（meningococcal meningitis）は，細菌が髄液と同様に喉にも存在しているため，伝染性が高い。細菌性髄膜炎に共通する症状としては，熱，頭痛，吐き気，衰弱，混乱が含まれ，深刻な病的状態や死亡を引き起こすこともある。⇨ **髄膜炎，結核性髄膜炎**

**細菌説**［germ theory］ 伝染病は細菌やウイルス，あるいは菌類のような微生物が体内組織に存在すること，ないしはそこで活動することによって引き起こされるという説。

**サイクリック AMP**［cyclic AMP: cAMP; cyclic adenosine monophosphate］ ドーパミン，ノルエピネフリンの活動に関与し，神経のシナプスにおいて**セロトニン**の送信信号に関与する**セカンドメッセンジャー**。アデノシン3′,5′-1リン酸（adenosine 3′, 5′-monophosphate）とも言う。

**サイクリック GMP**［cyclic GMP: cGMP; cyclic guanosine monophosphate］ シナプス後細胞によくみられる**セカンドメッセンジャー**。

**サイクリックヌクレオチド**［cyclic nucleotide］ **サイクリック AMP**や**サイクリック GMP**のような物質。ホルモンや神経伝達物質といった入力信号を細胞内において特殊な活動に変換する**セカンドメッセンジャー**として機能する。

**再決断法**［decision-redecision method］ **交流分析**で用いられる技法。クライエントが幼少期に行った決断の場面を再体験し，再度選択の決断を行う。この過去の決断とは，「ありのままの自分ではいけない」「考えてはならない」「幼稚ではいけない」といったような自己への禁止令によってなされたものであり，習慣的な情動パターンに関連する。

**サイケデリック療法**［psychedelic therapy］ 幻覚剤（もしくは，いわゆる精神拡張・精神促進剤）を，ある種の精神・身体疾患の治療に用いるという，現在では疑問符のつけられた治療のこと。1950年代から1960年代にかけて，患者が自分の認知的・心理的プロセスに気づくことを促進するために，LSD が心理療法と併行して用いられた。さらに，統合失調症やアルコール依存症といった深刻な状態に対処するためにも用いられた。1980年代には MDMA がこれと同じように使用された。しかしながら，いくつかの研究は，これには一時的な効果しかないことを示している。実際，患者の中には，こうした治療法によって傷つけられたと主張している者もいる。以上のような知見と，これらの薬物が非合法なものに分類されたことによって，こうした物質を心理療法で用いることはなくなった。

**再建手術**［reconstructive surgery］ 欠損したり，障害や疾患があったり，ダメージを受けた身体構造の形や外見の修復や再建，あるいは改善に関わる外科の専門分野やその方法を指し，美しく魅力的な身体や外見に作り直すことである。⇨ **美容外科，形成外科，再建手術後手術**

**再建手術後手術**［postreconstructive surgery］ 最初の再建手術後に行われる手術のこと（⇨ **再建手術**）。最適な機能を達成することを求められるこうした手術においては，身体部位間の筋繊維や腱繊維を移植したり，神経線維の再接続を行う。⇨ **美容外科，形成外科**

**再現性**［repeatability］ ある特定の研究を繰り返し実施した場合に，同様の結果が得られる程度のこと。

**差異効果**［differential effect］ ツェナーカードや類似の材料を用いた超心理学の実験において，実験参加者が2つの対照的な条件下でテストを受けた際にチャンスレベルよりも高い成績差を示すこと。⇨ **下降効果，焦点効果，位置効果，選好効果，羊－山羊効果**

**再構成［1］**［reconstitution］ 個人の態度や行動を改めること。

**再構成［2］**［reconstruction］ 1．精神分析における，現在の情緒的問題の形成に関わる過去の再生と分析的な解釈を指す。2．記憶の中に一部だけ貯蔵されている経験や出来事を論理的に作り直すこと。

**再構成的記憶**［reconstructive memory］ 記憶の中に部分的にしか貯蔵されていない経験や出来事を論理的に再構成することによって特徴づけられる記憶形態のこと。経験や出来事を再構成するために，一般的知識やスキーマを利用したり，典型的に起こることに関する記憶を利用する。

**罪業妄想**［delusion of sin］ ある個人が許されるはずのない過失を犯したと確信する妄想のことを指す。たとえば，戦争や干ばつ，他の大災害の責任をもつなど。そのような妄想はしばしば非常に激しい罰への不安を伴う。

**再構成的心理療法**［reconstructive psychotherapy］ パーソナリティの発達，無意識的葛藤，そして，適応的反応への洞察を高めることによって，個人のパーソナリティ構造の基本的かつ広範囲な修正を目的とした心理療法。たとえば，フロイディアンの**精神分析**，アドレリアンの**個人心理学**，ユンギアンの**分析心理学**，ドイツ生まれのアメリカの精神分析家ホーナイ（Karen D. Horney: 1885-1952）やアメリカの精神科医サリヴァン（Harry Stack Sullivan: 1892-1949）のアプローチ等がこれにあたる。

**最後野**［area postrema］ 第4脳室の基底に位置する，非常に血管が通った脳部位。この領域の毛細血管は比較的透過性がある**血液脳関門**を形成し，下部にある嘔吐反応を引き起こす**化学受容器引金帯**に有害物質を通過させることができるようにしている。

**サイコオンコロジー**［psychooncology］ 癌の危険性，発見，進行，治療，結果（生存時期）を含めた心理的，行動的，心理社会的要因の研究のこと。この研究ではすべての進行段階における患者本人，家族，介護者を対象とする。精神腫瘍学とも言われる。

**サイコグラフィー**［psychography］ 心理的なカテゴリーや理論を自由に用いて，事実または架空の個人の性格特性を文学的に表現する芸術のこと。

**サイコグラフィックス**［psychographics］ マーケティングや広告において，消費者の選好や行動を予測するために用いられる人口統計データのこと。人々の価値観や行動志向，興味や意見が調査される。サイコグラフィックスの多くは私的な調査会社によって行われる。得られた情報は特定の特徴をもつ人々に訴求する広告メッセージの作成や製品デザインに利用される。こうした分析は，かつては AIO（activities interests opinions）と呼ばれていた。

**サイコシンセシス**［psychosynthesis］ 精神分析における夢，ファンタジー，本能的闘争等の**無意識**要素と他のパーソナリティ要因とを統一する試みを指す。この「構成主義的アプローチ」はユング（Carl Jung）によってフロ

イト（Sigmund Freud）の「還元的アプローチ」と対照をなすものとして提唱された．

**サイコノミック**［psychonomic］ 特に実験心理学の領域における，定量的測定，実験的統制，**操作的定義の重要性**を強調する心理学に対する研究方法を示す．**米国心理学会**で心の健康への関心を重視する方向への変化があると考え，それらに反対する多数の実験心理学者によって1959年に設立された**サイコノミックソサエティ**に名前をつけるために作られた語である．⇨ **実験心理学**

**サイコノミックス**［psychonomics］ 発達に影響する環境的要因に関する科学．⇨ **法則論**

**サイコノミックソサエティ**［Psychonomic Society］ 1959年に心理学とその関連科学における科学研究の交流の促進のために設立された国際的な専門家組織のこと．主に学習，行動，認知に関連した，心理学における6つの学術雑誌を刊行している．

**サイコメトリー**［psychometry］ 超心理学で，対象物に手で触れて，その過去の経緯や関わりをもった人物に関する事実を察知する能力のこと．しかし，そうした能力を確認した証拠はない．

**サイコレプシー**［psycholepsy］ **大うつ病性エピソード**が突然発症することで，多くの場合，**双極性障害**を背景にもっている．

**採餌**［foraging］ 自身で摂取するためであったり子どもに与えるために，餌を探し，獲得し，餌を処理する過程．たとえば，果物を食べる動物では，熟した実をつけた木のありかを探し，時に食する前に皮をむき，種を取り出す．**最適採餌理論**は，どこで，どのくらい，いくつかの異なる判断におけるコストベネフィット予測を可能にするフレームワークを提供している．

**再検査**［retest］ テストを再施行すること．

**再検査信頼性**［retest reliability］ テストの信頼性の評価．同一の個人に対して2回行ったテストの得点間の相関係数として得られる．

**再社会化**［resocialization］ 精神障害をもった個人が適切な対人的活動や行動を再びもてるようになることや，概して，より適切な態度やスキルによって地域生活に参加できるようになる過程のこと．

**最終自由再生**［final free recall］ 記憶検査のセッション終了時に，予期されずに実施される記憶テスト．そのセッションで学習しテストされた刺激すべてを思い出すように指示される．

**再就職斡旋カウンセリング**［outplacement counseling］ 雇用が打ち切られた人に与えられる実践的，心理学的支援のこと．**職業ガイダンス**，仕事獲得のためのスキル指導，転換期に対処する心理学的援助を含む．このプログラムは通常は組織外の専門事業所によって運営される．⇨ **職業カウンセリング**

**最重度精神遅滞**［profound mental retardation］ 診断カテゴリーでIQ 20を下回る場合をいい，**精神遅滞**の人々の1％が属する．知的な要因と感覚運動の異常の両方に起因する．典型的な発達獲得は初歩的な発語や限定的なセルフケアにとどまり，生涯にわたって持続的なサポートが得られる構造化された環境を必要とする．

**最小可視**［minimum visible］ 視野に単独で現れる際に検出できる最も細い視覚刺激のこと．⇨ **最小分離**

**最小可聴域**［minimal audible field; minimum audible field: MAF］ 音場で，ヘッドホンを付けていない参加者に呈示した音の閾値のこと．参加者に音源と向かい合っており，閾値の強度は，頭部中央で測定される．このような手続きにおいて，音圧は鼓膜に直接ではなくむしろ，残響のない開放空間において呈示される．

**最小可聴音圧**［minimal audible pressure; minimum audible pressure: MAP］ ヘッドホンを通して呈示された可聴域の閾値音のレベルのこと．この音圧レベル（単位：dB）は鼓膜で測定される．

**最小空間分析**［smallest space analysis: SSA］ **多特性多方法行列**データを分析するための多変量技法．

**最小血圧**［diastolic blood pressure］ 心臓が収縮の合間に静止している短時間の，主幹動脈の血圧．値は**収縮期血圧**よりも低い．⇨ **血圧**

**再条件づけ療法**［reconditioning therapy］ クライエントに望まない反応が望む反応に取って代わるよう条件づける**行動療法**形態の一つ．⇨ **嫌悪療法**

**最小資源理論**［minimum resource theory］ 連合形成の過程に関する分析において，(a) 関与する人々は，快楽主義的に振る舞う，すなわち，連合を形成する動機は，得られる利益や勢力を最大化することである，(b) 連合を組むことによる利益の配分は，公平性の規準（⇨ **公平理論**）に従う，という2つの仮定をおく理論である．この理論の予測によれば，集団全体の利益を産み出すために必要な資源が，成員の資源全体を加算して最も小さくなるような連合が最も生じやすい．⇨ **最小勢力理論**

**最小集団間状況**［minimal intergroup situation］ 1. 2つ以上の**最小条件集団**間で接触が行われる状況のことで，たとえば，バスから降りる個人の集まりがバスに乗る個人の集まりと混ざり合う時などのこと．2. 主に**集団間葛藤**の研究で用いられる研究手法で，相互依存性が実質的に無い匿名の人々による一時的な集団を作り出す．［ポーランド生まれのイギリスの社会心理学者タジフェル（Henri Tajfel: 1919-1982）によって発展した］

**最小条件集団**［minimal group］ 1. 相互依存性，凝集性，共通の特徴，共同活動，**集団構造**などのような，社会集団に典型的にみられる特徴を欠いた名義的集団．2. ポーランド生まれのイギリスの社会心理学者タジフェル（Henri Tajfel: 1919-1982）が，最小条件集団パラダイム（minimal group paradigm）で研究したような種類の一時的集団．タジフェルは，そのような集団の個々人が，たとえその集団は心理学的にあるいは対人的に意味のあるものではないとしても，**内集団**と**外集団**の成員に財貨を分配する際に偏ったやり方を用いるということを見出した．⇨ **最小集団間状況**

**最小勢力理論**［minimum power theory］ 連合形成の過程に関する分析において，(a) 勝者連合を敗者連合に変える（あるいは，敗者連合を勝者連合に変える）だけの資源をもつ成員は皆同じ勢力をもつ，(b) 連合を組むことによる利益の配分は，資源ではなく勢力に基づく公平性の規準（⇨ **公平理論**）に従う，という2つの仮定をおく理論である．この理論の予測によれば，連合の利益に見合う勢力の程度が最も小さくてすむ個人からなる連合が最も生じやすい．⇨ **最小資源理論**

**最小対**［minimal pair］ 言語学では，形体的な特性に

おいて，音韻論的な特徴においてただ1点だけが異なるような2つの語のことで，そのため音素の違いが2語を対照するために重要であることを示す。たとえば，英語では発話形態の［pin］と［bin］は，別個の**音素**としてpとbを識別するために与えられる**最小対**になる。⇨ **二項素性**，**イーミック-エティック区分**

**最小手がかり**［minimal cue］ 反応を喚起する計測可能な最も小さい刺激。

**最小努力の法則**［least effort principle; law of least action］ 生体は，努力の量を最小限に，もしくは抵抗を最小限にしようとする行動パターンを選ぶという，基本的な行動仮説のこと。

**最小二乗法**［least squares criterion］ モデルから得られる二乗誤差（squared error）を最小にするような方法で，モデルのパラメータ値を推定する原理。

**最小分離**［minimum separable］ 2つの隣接した高コントラストの視覚刺激間の距離が検出されうる最小の距離のこと。この距離は，中心窩では角度で1分であり，これは単独で呈示される線の検出可能な最小幅の60倍である。⇨ **最小可視**

**最小変化法**［minimal-change method］ 閾値を算出するための実験手法の一つ。参加者が刺激の変化をもはや検出できなくなるまで，様々な刺激が非常に小さな上昇または下降幅で呈示される。

**最小有意差**［least significant difference: LSD］ 事前に指定したレベルにおいて第一種の過誤を考慮した平均の比較のための判定基準。いくつかある多重比較（multiple comparison）の手法の一つ。

**在職期間**［job tenure］ 従業員が職務に就く期間の長さ。⇨ **離職率**

**差異心理学**［differential psychology］ 心理学の一分野で，個人間，集団間にある心理的差異における気質，目標，その差異による帰結を研究するとともにこの差異を測定する手法を研究する。

**サイズ原理**［size principle］ 特定の筋に関与する運動ニューロンの**漸加**の順序がサイズに比例すること。筋の緊張反応を生じる際，小さく閾値の低いニューロンが最初に活動を開始し，大きく閾値の高いニューロンは最後に活動を開始する。

**再生［1］**［rebirthing］ 再生治療者（再生家: rebirther）の指導下で，持続的かつ集中的な呼吸や黙想を治療的に用いること。それによって，緊張やストレス，そして強い感情を解放することができる。さらに，個人的成長や健康，意識，そして自尊心におけるポジティブな変化を導き心からの安心と全体的リラックスを得ることができる。この種のセラピーは，呼吸ワーク（breathwork），あるいは再生呼吸ワーク（rebirthing breathwork）と呼ばれつつある。［1970年代にカリフォルニアを基盤とした新時代（New Age）の道志オール（Leonard Orr）によって開発された］

**再生［2］**［recall］ 事前に学習したことや過去の経験を現在の意識にもってくること。つまり，学習したことや経験を思い出すこと。⇨ **自由再生**，**再生法**

**再生医学**［regenerative medicine］ 移植のための新組織を作り出す能力だけでなく，自己治癒のための身体能力や自己治癒過程を扱う研究分野や応用医学の一部門。⇨ **幹細胞**

**再生産的記憶**［reproductive memory］ 情報の正確な再生。この種の記憶は，特に題材が物語や散文からなっているときに，**構成的記憶**や**再構成的記憶**のエラーの影響を受ける。⇨ **バートレット法**

**再生産理論**［reproduction theory］ 教育システムが社会経済的構造を再生産し，そのシステムの属する社会を切り分けることを示す理論。［フランスの教育社会学者ブルデュー（Pierre-Felix Bourdieu: 1930-2002）が考案した］

**再生スコア法**［recall score method］ 記憶容量を，想起・再生できる項目の数によって数値化する手法。**カリフォルニア言語学習テスト**のようないくつかの記憶テストは，想起・再生スコアを基準値と比較できるような形で算出する。

**再生的心像**［reproductive image］ ピアジェ（Jean Piaget）の認知発達理論において，以前目にしたものの喚起に限定された心的心像のこと。そこには物の比較的静的な表象が含まれる。⇨ **予想心像**

**再生的想像**［reproductive imagination］ 過去に馴染みのあったイメージや物体を再生するのに使われる想像力。

**再生の2過程モデル**［two-process model of recall］ 記憶の**再生**には2つの段階があるとする仮説。記憶内の情報の探索が先にあり，その後にそれが探索していた情報かどうかの判断が続く。このモデルは**再生法**よりも，**再認法**で記憶が正確であることを説明するために提唱された。生成再認モデル（generate-recognize model），検索の2過程モデル（two-process model of retrieval）とも呼ばれる。

**再生法**［recall method］ 記憶を評価するテストの一種。簡単な実験や単語リストの再生を行い，いくつの要素を正しく想起できたか，数の観点から評価を行う。想起は学習の直後にテストされる（⇨ **直後再生テスト**）場合と，様々な遅延間隔をおいてテストされる場合がある。再生テスト（racall test）とも呼ばれる。⇨ **再認法**

**再生療法**［rebirthing］ 現在，科学的にも倫理的にも疑問があり，大きな議論の余地が残る治療法。この治療法では，周産期および周産期前の想像上の葛藤や感情を解決したり，これまでと異なる新しい人生観を発展させるために，出産した時の経験を再体験することを試みる（例，催眠的な年齢退行）。

**再接近期**［rapprochement］ オーストリアの児童精神分析家マーラー（Margaret Mahler: 1897-1985）の**分離-個体化**理論における，生後約18か月以後の段階であり，子どもが母親に積極的にアプローチする段階である。これは，先行する段階，つまり子どもが母親に比較的無関心な段階とは対照的である。

**再体制化の原則**［reorganization principle］ 新しい学習や知覚によって古い認知構造が壊れるため，再体制化された構造が必要になるという**ゲシュタルト心理学**における原則。この原則は，新しい学習は基本的に現存する構造に付加されるという観念連合主義者の原則と相反する。⇨ **観念連合説**，**不連続仮説**

**採択域**［acceptance region］ 帰無仮説が棄却されない検定統計量の領域のこと。⇨ **危険域**

**在宅介護**［home care; home health care］ 認知症や虚弱症を患う高齢者を含む，身体的，精神的障害を抱えた人々のための自宅での介護。在宅介護は施設収容化の代替

手段であり，患者は慣れた環境で生活を継続し，家族の関係も維持することができる。診療所，病院，保健機関と関連した訪問医師や医師補佐員によって，看護治療，薬物投与，治療浴，理学療法，作業療法等のサービスが提供される。

**在宅介護助手**［home health aide］　社会福祉機関や地域の訪問看護協会で働く専門的な訓練を受けた人のこと。障害を抱えた人や高齢者の人々に対し，入浴や軽食の準備，着替えなどの介護サービスを提供する。

**在宅勤務**［telecommuting; teleworking］　コンピュータ，電話，あるいはファックスを用いて，家から中心的な職場や他の場所の人とコミュニケーションしながら仕事すること。

**在宅・地域ベース医療介護サービス**［home and community-based services: HCBS］　アメリカにおいて，患者が居住する場所，もしくは地域の中にある非制度的な環境のもとで提供されるケアやサービスのこと。その目的は，障害を抱えるすべての年齢層の人々が地域の中で生活できるように支援すること，それによってよりコストのかかる施設入所を回避することである。アメリカでは，そうしたサービスの財源となる主たる手段は，在宅・地域ベース医療介護サービス・ウェーバー（もしくはメディケイド・ウェーバー）プログラムである。連邦政府はこのウェーバーを通じて，**デイケア**，居住型**ハビリテーション**施設のような設計された地域サービスやサービスの調整に関して，その費用の一部を州に返済する。こうしたサービスは柔軟なやり方で規定されている。すなわち，これらのサービスは，ウェーバーに登録された人々の特殊なニーズに合わせて調整され，非常に多彩な要求をもつ人に対して適切なサービスの提供が可能となる。

**差異妥当性**［differential validity］　複数の異なる基準をもった課題の中で個人のその後の成功を識別する際の，テストバッテリーの妥当性や精度のこと。

**最適化**［optimize］　存在する制約の中で最良の結果をもたらす最適（optimum）を作り出すこと。

**最適仮現運動**［optimal apparent motion］　仮現運動を生じさせるための条件が理想的であるときに生起する運動の知覚。たとえば，**ベータ運動**を作り出すとき，個々の静止刺激のタイミングと空間的な間隔を操作することによって最適な仮現運動が生じる。

**最適機能領域**［zone of optimal functioning: Zone of Individual Optimal Functioing: ZOF］　個人が，身体的，精神的，技能を最も発揮して，活動できる生理学的覚醒状態の範囲のこと。

**最適計画**［optimal design］　実験計画の一種。計画の特性を最適にするため，たとえば，各集団からの変数を等しく正確に推定するため，すべての実験参加者がいくつかの**セル**に割り当てられる。

**最適採餌理論**［optimal foraging theory］　採餌行動の理論であり，**自然選択**によって（栄養価と，位置・採集・加工のコストに基づく）食物選択のための最適な方略や，資源捜索のための移動時期を決める最適な方略が作られたというものである。多くの最適採餌理論は，異なる**強化のスケジュール**と，報酬の質による，**オペラント条件づけ**を用いて実証的に研究されてきた。⇨ 限界値定理

**最適刺激の原理**［principle of optimal stimulation; optim-al stimulation principle］　生体は最適なもしくは好ましい水準の刺激や興奮を導く反応を身につける傾向があるという理論のこと。

**最適水準理論**［optimal level theory］　生物が，興奮（覚醒の最適水準），緊張，採餌，運動などのいくつかの要因を最適な水準にしようとする様子を重視する理論。

**最適性理論**［optimality theory］　生物が直面した問題に対処するための構造や行動を決定するために，様々な概念が発達すること。

**最適対人距離**［optimal interpersonal distance］　2人以上の人々が，相互作用において快適と感じるような相互間の物理的な距離。快適な距離は，国籍や人格特性，社会階層とともに，関係性，相互作用，状況によっても異なる。
⇨ 距離ゾーン，対人距離，プロクシミタス

**最適停止規則**［optimal stopping rule］　研究上，いつデータ収集を止めるべきかを特定する規則。この規則は，今後のデータ収集が役に立たないと予測するモデルに基づく。つまり，効果の程度が非常に大きいか小さいために，既に収集されたデータに基づく結論が追加データの収集によって変化しないと合理的に推測するモデルである。

**最適レベル**［optimal level］　もっともよい条件のもとで達成されるスキルの最高水準。他者の援助のもとに達成される最高水準，すなわち，最高レベルは，他者の援助なしに独力で行う場合には，そのレベルは低くなることが示唆されている。

**彩度［1］**［color saturation］　色の純度や鮮やかさの程度のこと。つまり，有色刺激が同じ照度をもつ無色刺激とどの程度異なるのかを記述する刺激特性のこと。

**彩度［2］**［saturation］　色彩理論において，色の純度や白からどの程度離れているかを表す刺激の質のこと。彩度の高い色は，あったとしても少ししか灰色を含んでおらず，一方，彩度の低い色はより灰色に近い。

**細動**［fibrillation］　筋細胞や線維の自発的な活性化によって生じた不随意な筋収縮。特に，急速で異常な心臓の収縮のこと。⇨ 不整脈

**再動機づけ**［remotivation］　治療に協力すれば利益があるというクライエントの見込みを増やす目的で行われる介入。精神科病院に入院しているひきこもりがちな患者を刺激することも含まれる。たとえば，詩の朗読会への参加や，時事問題を話し合う「現実との架け橋（bridge of reality）」グループへの参加などがある。

**再統合**［redintegration］　1. 心理的障害，特に精神病によって解体させられた精神過程を再組織化し，再統合するプロセス。2. 部分的な手がかりやヒントから記憶を回復できたり想起したりする過程のこと。たとえば，少しのフレーズが演奏されることですべての歌を想起することができる，など。

**再統合記憶**［redintegrative memory］　回復のより一般的でない呼び方。

**細動脈反応**［arteriole reaction］　自律神経系によってコントロールされた反応。細動脈から毛細血管への血流を制御するために細動脈の直径の変化として現れる。再動脈壁の平滑筋は交感神経に反応しやすく，恐れや怒りなどの情動による劇的な血圧変動を生じさせる。

**サイトカイン**［cytokine］　自身や他の細胞に向けて信号として放出される小さなタンパク質やペプチドの総称。

それぞれのサイトカインは特異的受容体をもった標的細胞を刺激する。リンパ球の分化や増殖，炎症，アレルギー，発熱など多くの**免疫反応**を介在する。

**彩度色票**［saturation scale］ 色の純度の指標のことで，灰色から純色までの範囲がある。精神物理学において，知覚される色の純度を，存在する任意の波長の光の割合と関連させるために用いられる。

**彩度・明度係数**［chroma-brightness coefficient］ **マンセル表色系**における彩度と強さの関係のこと。

**サイトメガロウイルス**［cytomegalovirus］ ヘルペスウイルスの一種。通常は感染しても症状はなく，長期的な健康被害はない。しかし，妊娠中に感染すると，**小頭症**，黄疸，肝臓や脾臓への影響，肺炎，聾，**精神運動抑制**，知的障害などといった，胎児への深刻な影響が残ることがある。

**サイトメル**［Cytomel］ リオチロニンの商品名。

**再取り込み**［reuptake］ シナプスに放出された神経伝達物質が，それを放出したシナプス前細胞に回収される過程。シナプス前膜に存在する**トランスポータータンパク質**の働きによる。

**催吐療法**［emetic therapy］ 問題行動やそれに関連する刺激と結びつけられた嫌悪状態を，薬剤を使用して作り出すこと。使用する薬剤によって引き起こされる副作用や，この治療法に関連するその他の問題のために，この療法の応用範囲は限られたものとなっている。⇨ **嫌悪療法**

**サイトワード**［sight words］ 読解において，追加的な分析を必要とせずに即時に認識できる単語のこと。文字認識語彙（sight vocabulary）または視覚性語彙，視覚語彙とも言う。

**再入院**［readmission; rehospitalization］ 以前，入院や入所を許可された患者に対して病院，クリニック，精神科病院，または他の施設への入院や入所を許可すること。

**再認**［recognition］ 以前見たことがある人，出来事，物体，もしくは過去に学習したことがある事柄にもう一度出会ったときに経験する，気づきや親近性のこと。⇨ **再認法**

**再認記憶テスト**［Recognition Memory Test: RMT］ 神経心理学的損傷を検査するために使用される，言語式および非言語式の記憶テストのこと。このテストの単語に関する下位テストでは，50の単語刺激がそれぞれ3秒間ずつ呈示され，実験参加者はそれぞれの単語が快か不快かを評定する。50すべての単語が呈示されたあと，それぞれの単語は再び，今度はディストラクタ項目とともに呈示され，実験参加者は，どちらの単語が先ほど呈示されたものかを選ばなければならない。再認記憶テストの顔に関する下位テストも手続きは同じであり，使用される刺激は実験参加者にとって馴染みのない複数の顔写真である。ウォリントン再認記憶テスト（Warrington Recognition Memory Test）とも呼ばれる。［イギリスの神経心理学者ウォリントン（Elizabeth Kerr Warrington）によって1984年に開発された］

**再認的同化**［recognitory assimilation］ **感覚運動知能**の一種で，**スキーマ**の選択的使用に特徴づけられる能力。たとえば，乳児は，安心するためや睡眠の助け，あるいは他の目的のために，吸い付きスキーマをおしゃぶりや親指といった栄養価のない様々なものに適用する。

**再認テクニック**［recognition technique］ 消費者心理学における**読者調査**の一つ。消費者は広告の中で以前接触したと再認した製品に関する情報を再生するように求められる。消費者はまた，一度も出現していない，あるいは誤再認レベルの広告についてもまた質問される。

**再認法**［recognition method］ 過去に経験した内容を，後に以前経験したと同定できるかどうかをテストすることで，学習あるいは想起した項目の量を測定する方法のこと。再認テスト（recognition testing）時，以前に学習した項目は，新しい項目やルアー項目と一緒に呈示され，実験参加者はこれらの項目が，以前学習したものかそうではないかを同定する。再認テスト（recognition test）とも呼ぶ。⇨ 再生法

**才能**［talent］ 内的なスキルや能力，または，特定の行動や学問分野における優れた素質のこと。才能は，標準的な発達パターンでは説明できず，親や指導者や本人が，時間やエネルギー，犠牲，お金を費やしても最大限に引き出されるわけではない。才能が発達するための理想的な状況としては，才能自体を楽しむこと，自身の長期的な願望を達成するために，才能をどのように利用しうるかを明確に見通すことがあげられる。

**再発**［relapse］ 改善や明白な治癒がみられた後に，障害や疾患の症状が再発すること。

**再発性うつ病**［recurrent depression］ 2つ以上の**大うつ病性エピソード**のある**大うつ病性障害**。

**再発性の**［recurrent］ 繰り返し生じること，あるいは間歇期や寛解の後に再発すること。（たとえばうつ症状の）慢性，再燃，反復性エピソードを特徴とする障害に用いられる。

**再発防止**［relapse prevention］ 再発を少なくするために，病気や障害の治療が成功した後に用いられる手続きのこと。この手続きには，治療終結前にクライエントに教える認知的スキルと行動的スキルの組合せが含まれることがある。また，この手続きは再発の可能性が高い障害（例，中毒や抑うつ）に適用されることもある。⇨ **三次予防**

**再発防止モデル**［relapse-prevention model］ 行動変容の過程で，健康から不健康へ陥ってしまったり，あるいは悪いほうにぶり返してしまったりすること（たとえば，身体運動を改善するプログラムを中断するなど）を予測する認知行動モデル。

**再発率**［relapse rate］ 回復したクライエントや患者が，後に障害や病気が再発する割合。

**サイバネティックス**［cybernetics］ 機械や生物に応用されるコミュニケーションと制御に関する科学的研究。たとえば，温度自動調節機や神経システムのフィードバック回路などにみられる自己制御メカニズムや，コンピュータ同士や人間同士がコミュニケーションを行う際の情報の伝達や自動修正に関する研究などがある。サイバネティックスという用語はもともとは**人工知能**の研究を示すために用いられていた。［アメリカの数学者ウィーナー（Norbert Wiener: 1894-1964）によって最初に定義された］

**サイバネティック認識論**［cybernetic epistemology］ コンピュータ操作における**認識論**の哲学的問題に関する研究で，しばしばコンピュータの**知識表象**と他の**人工知能**の手法を利用する。グラウンディング（どのようにシステムは問題解決に意味を取り込むか），**スキャフォールディング**（どのようにシステムはその世界を問題解決に不可欠な

要素として用いるか），具体化（どのようにシステムが環境の一部として定義され，統合されるか）がこの研究における必須の要素である。コンピュータ認識論（computational epistemology）とも言う。

**サイバネティック理論**［cybernetic theory］　機械や他の人工的なシステムを，生物と同じように自己制御したり誘導したりするように開発する，その方法に関する研究。この理論は，主に製造，交通，通信などの領域で，コンピュータ制御の自動化されたシステムを設計する際に適用される。サイバネティック理論の中で，最も広く用いられているのは，アメリカの数学者のウィーナー（Norbert Wiener: 1894-1964）が考案した**フィードバックループ**と呼ばれる自己制御モデルである。

**再パラメータ化**［reparameterization］　あるモデルに含まれるパラメータを別の項に再配置する処理のこと。本来のパラメータ化から**一般線形モデル**の解における技術的問題を除去する目的で行われることが多い。

**裁判外紛争処理（ADR）**［alternative dispute resolution: ADR］　中立な第三者を用いて，当事者間の紛争を解決すること。この第三者は，訴訟に関与するというよりも，調停人あるいは仲裁人として行動する。

**裁判官裁判**［bench trial］　陪審員ではなく裁判官が，被告が有罪か無罪かを審理する裁判。

**裁判所命令による処置**［court-ordered treatment］　被告，原告，刑法犯に対して，裁判官が命じた査定，処遇，協議およびその他の行為。

**差異判断**［difference judgment］　2つの類似した刺激を弁別すること。弁別するのに必要な最小の差を，**弁別閾**（あるいは，丁度可知差異）と呼ぶ。

**裁判地の変更**［change of venue］　裁判の開催地を別の場所に移動すること。もとの場所では，大規模な**公判前の報道**のために，公平でバイアスがかかっていない陪審員を選ぶことが困難であろう証拠がある場合に，裁判地を変更すること。

**再犯率**［recidivism rate］　犯罪者が再び非行や犯罪行動を起こす頻度または矯正処遇を受けた犯罪者が再び罪を犯す頻度のこと。介入の効果を調べる指標として使われることがある。たとえば，強姦罪で捕まり矯正処遇を受けた犯罪者が，再び同じ犯罪で逮捕される割合は，処遇の効果を示す指標となる。

**採皮刀**［dermatome］　植皮片を得る際に皮膚を薄く切り取るためや，皮膚の損傷部分を取り除くために用いる手術器具。

**再評価カウンセリング**［reevaluation counseling］　個人の間の**コ・カウンセリング**の治療的アプローチ。その過程では，2人の人が交代でカウンセリングする立場とされる立場になる。初めに，一方の人（カウンセラー役）が相手（クライエント役）に，最近少しイライラしたできごとを2つか3つ言わせるための質問をし，次の段階に進む。クライエントは，情動的に反応し，その情動を克服するよう努める。それが終わると，役を交代する。再評価相互カウンセリング（reevaluation cocounseling）とも言う。［アメリカのカウンセラーのジャキンス（Harvey Jackins: 1916-1999）が1950年代に開発した］

**再符号化**［recoding］　記憶に貯蔵されている事柄を，ある形態から別の形態へと変換すること。たとえば一連のランダムな数字系列（たとえば，239812389712）は，4桁の価格として再符号化することができ，たとえば，$23.98, $12.38, $97.12），その結果，その数列はより容易に想起することが可能となる。⇨ **チャンキング**，**精緻化**

**差異法**［method of difference; difference canon］　イギリスの哲学者ミル（John Stuart Mill: 1806-1873）によって定められた，経験科学における5つの規範（canon）の2番目。ある現象についての十分条件を証明するものである。たとえば，もしある条件C1の下において結果E1は生じず，C1をC2に変えたところ結果E1が生じたならば，C2はE1の十分条件であると結論づけられる。そして代わりに，C1がE1の原因であるという対立仮説は棄却される。このように，結果は条件C1とC2との"差異"によるものである。

**細胞**［cell］　生物学における，生物や組織の基本単位。細胞膜，核，数種類の**細胞小器官**，液体状の**細胞質**からなる。細菌は核や多くの細胞小器官をもたない。イギリスの自然科学者フック（Robert Hooke: 1635-1703）がコルクを顕微鏡で観察している際，この構造を発見し，「小部屋（cell）」と名づけた。⇨ **細胞説**

**細胞遺伝学的地図**［cytogenetic map］　染色体地図の一種で，染色体を細胞の着色剤で処理するときに作られる別々の色で着色された縞模様のパターンを描写し，一覧表にしたもの。これらの帯は特定の遺伝子の身体的な位置と関連する。⇨ **遺伝子のマッピング**

**細胞移動**［cell migration］　発生過程において，細胞がもとの発生場所から，適切な位置まで移動する現象。

**細胞外間隙**［extracellular space］　細胞膜の外側の液体で満たされた空間。

**細胞学**［cytology］　細胞の機能，構造，発生などを対象とする生物学の一分野。

**細胞間相互作用**［cell-cell interactions; cell interactions］　発生過程において，細胞が周囲の細胞と相互作用し，その分化に影響を与える働きのこと。

**細胞構築**［cytoarchitecture; architectonic structure］　臓器や組織，特に**新皮質**における細胞の配置のこと。異なる型の皮質細胞から**皮質層**や領域が形成される。脳の各部で層の数は異なるが，典型的な新皮質は6つの層からなる。細胞構築の違いにより新皮質は機能の異なる50以上の領域に分けられる。ある器官における細胞構築の科学的研究を細胞構築学（cytoarchitectonics）と言う。⇨ **ブロードマンの脳地図**

**細胞質**［cytoplasm］　核を除く細胞内容物のこと。

**細胞小器官**［organelle］　細胞内部に存在する膜結合性の特殊化した構造物。**ミトコンドリア**や**ゴルジ体**などがある。

**細胞説**［cell theory］　すべての有機体に1つもしくはそれ以上の**細胞**から構成されているという原則。［動物についてはドイツの生理学者シュワン（Theodor Schwann: 1810-1882）が，植物についてはドイツの植物学者シュライデン（Matthias Jacob Schleiden: 1804-1881）が提唱した］

**細胞接着分子**［cell adhesion molecule］　細胞同士もしくは細胞と細胞外基質を付着させる働きを持つ，膜タンパク質。発生過程において，軸索誘導のような細胞の移動や伸長に関与するものもある。

**細胞増殖**［cell proliferation］　**有糸分裂**によって細胞が増加すること。

**細胞体**［cell body; perikaryon; soma］　ニューロン（神経細胞）の一部で，細胞核と大部分の細胞小器官を含む。⇨ **軸索**

**細胞内液**［intracellular fluid; cellular fluid］　細胞内部の液体。

**細胞分裂**［cell division］　細胞が分裂し，娘細胞を形成する現象。一般に真核生物では，核分裂が起きた後に，細胞質の分裂が起こる。⇨ **有糸分裂，減数分裂**

**再補償**［recompensation］　個人が環境に順応し，緊張状態を緩和する能力が増加すること。⇨ **補償，代償不全**

**催眠**［hypnosis］　感覚，知覚，認知，感情，運動の制御が変化することを暗示する手続き，あるいはそれによって生じる状態のこと。程度の差はあるが，通常の覚醒状態よりも暗示に対して受容的になる。心理学的な本質や心理療法としての有用性や有効性については大いに議論が残るところであり，現在も研究が続けられている。特殊な心理療法的介入として，催眠は**催眠療法**と呼ばれる。⇨ **変性意識状態，自己催眠，他者催眠，後催眠暗示，覚醒催眠**

**催眠暗示**［hypnosuggestion］　心理療法において，直接，催眠による暗示をすること。不眠，疼痛，喫煙，拒食症，様々な危機（たとえば，戦闘状態，パニック，解離性健忘）等の問題の緩和に使用される。

**催眠感受性**［hypnotic susceptibility; hypnotizability］　催眠に入ることのできる個人差。軽い催眠状態に入ることのできる人は多いが，中程度あるいは**深い昏睡状態**に入るかどうかは個人によって異なる。⇨ **スタンフォード催眠感受性尺度**

**催眠空想**［hypnagogic reverie］　催眠にかかっている状態。

**催眠劇**［hypnodrama］　催眠状態に誘導された状態で行われる**心理劇**の技法であり，クライエントあるいは**主人公**は，**補助自我**の助けを借りながら対人関係や外傷体験を実演することが奨励される。自分自身の問題を劇にすることに対するクライエントの抵抗に打ち勝つために用いられたり，過去の出来事や情動を喚起する場面を鮮烈に再現することを促すために用いられる。今日では用いられることは稀である。［1959年にオーストリア生まれのアメリカの精神科医モレノ（Jacob Levi Moreno: 1889-1974）によって提唱された］

**催眠健忘**［hypnotic amnesia］　指定された事象を暗示によって忘れること。催眠状態になりやすい人（⇨ **催眠感受性**）は，催眠状態の経験すべても自然に忘れることができる。

**催眠後健忘**［posthypnotic amnesia］　催眠状態にあった間の出来事を覚えていられないこと。一般的には，催眠術師から事前に与えられた手がかりを呈示されるまでの間，催眠中の経験を忘れるように教示されている場合，その手がかりが呈示された時に記憶が甦る。しかし，感受性の強い人間は自ずから催眠後健忘症になることがある。

**催眠剤**［soporifics］　特に深い睡眠，眠気を作り出す作用のある薬剤のこと。睡眠剤（sopoforics）とも呼ばれる。

**催眠状態**［hypnoid state］　軽い催眠の状態にあること。

**催眠状態からの覚醒**［dehypnosis］　催眠における用語で，催眠の幻想が現実である，という考えを取り除くプロセス。

**催眠性硬直**［hypnotic rigidity］　催眠中の暗示によって誘導された見かけ上の筋肉の硬直状態のこと。

**催眠退行**［hypnotic regression］　催眠状態にある者に，忘却されている，あるいは抑制されているが情動の葛藤をもたらしている過去の記憶を解放するよう教示する**催眠療法**の技法のこと。

**催眠点**［hypnogenic spot］　非常に感受性が強い場合に，触れられることで催眠誘導される身体部位。この効果はおそらく**自己暗示**の結果である。

**催眠による睡眠**［hypnonarcosis］　催眠で導かれた睡眠様の状態。

**催眠の**［hypnogenic］　1．眠気を誘う。2．催眠導入の。

**催眠の特殊状態的理論**［state theories of hypnosis］　**催眠誘導**が，その人の認知を，特殊な状態に変容させると仮定した理論のこと。⇨ **催眠の非状態的理論**

**催眠の非状態的理論**［nonstate theories of hypnosis］　催眠状態を意識の変性状態と捉えるより，覚醒時の意識の心理学的・生理学的・行動的なある種の側面として解釈すること。⇨ **催眠の特殊状態的理論**

**催眠分析**［hypnoanalysis］　精神分析的治療を短縮し修正した治療，あるいは伝統的な精神分析に組み込まれた技法であり，催眠は，(a) **抵抗**を克服するのを助けるため，(b) **転移**を強めるため，(c) 記憶を呼び起こして抑圧されたものを解放するため，に用いられる。表に現れたものは，探求と，最終的には治療者の解釈によって患者の意識に統合されなければならない。しかしながら，催眠状態によって呼び起こされたものが，抑圧された記憶として確かなものであるのかどうかについては，多くの心理学者や精神分析学者によって疑問が投げかけられているため，この治療方法は論議のある方法である。

**催眠法**［hypnotism］　催眠状態に導入する行為。

**催眠無痛法**［hypnotic analgesia］　催眠暗示によって，痛みに対する反応が消失したり，痛みの感受性が大幅に低減すること。

**催眠誘導**［hypnotic induction］　催眠において，言語的暗示や被暗示状態を引き起こすとみなされている刺激の影響下に至るまでの過程を指す。個人の**催眠感受性**に左右され，注意集中やリラックスの程度も関与していることも多い。

**催眠療法**［hypnotherapy］　心理的治療に**催眠**を使用する療法。症状の緩和や行動パターンの修正に向けた**短期療法**，あるいは人格の適応や変容を目指した長期的な**再構成的心理療法**がある。催眠療法はいくつかの技術を組み合わせて使用する。催眠誘導を受けたことがある患者やクライエントに対する暗示療法（therapeutic suggestions）などが含まれる。臨床的応用に関する議論はいまだ論争が続いているが，広範囲の臨床的問題（たとえば，高血圧，喘息，不眠症，歯ぎしり），慢性疼痛や急性疼痛，習癖（たとえば，神経性無食欲症，過食，喫煙）の修正，気分障害や不安障害（たとえば，何らかの恐怖症），パーソナリティ障害などへの適用に成功例がある。また，補助療法として催眠が効果的という証拠もある。⇨ **年齢退行，自動的記述，直接暗示，夢の暗示，エリクソニアン心理療法，催眠分析，催眠退行**

**サイモン**［Simon, Herbert Alexander］　ハーバート・

アレキサンダー・サイモン（1916-2001）．アメリカの経営学・政治学・心理学者。1942年にシカゴ大学で政治学の博士号を取得。イリノイ工科大学を経て1949年からカーネギーメロン大学で退職まで勤めた。サイモンは**人工知能と認知科学**の創始者として広く知られている。サイモンはヒトの意思決定と問題解決をコンピュータで初めて再現した人物である。この研究はサイモンとニューウェル（Allen Newell: 1927-1992）の共著による Human Problem Solving（1972）の情報処理モデル（information processing model）の土台となった。サイモンの有名な著書にはModels of Man（1957），The Science of the Artificial（1996），Models of Thought（1979-1989）がある。サイモンはノーベル経済学賞（1978），米国国家科学賞（1986），全米科学アカデミーおよび米国芸術科学アカデミーへの選出，米国心理学会特別功労賞（1993）など多くの栄誉を授かっている。

**サイモン効果**［Simon effect］ 選択課題において，たとえ刺激の位置が課題に無関係であっても，反応箇所と刺激の位置が対応している場合には，刺激への反応が促進されるという知見。たとえば，青の刺激に対して（右ではなく）左のボタン押しが要求される場面では，刺激が右側に提示されるよりも左側に提示されたときに反応時間が早くなる（逆も同様）。この効果は，同期反応の自動的な活性化によるものと考えられている。［アメリカの心理学者サイモン（J. Richard Simon: 1929- ）によって発見された］

**最尤法**［maximum likelihood method］ 分布のパラメータを推定する方法であり，データを発生した母集団として最も可能性の高いパラメータを選ぶという考え方に基づく。

**採用者カテゴリー**［adopter categories］ 新製品を購入したりサービスが市場に初めて現れた後に，イノベーション（新製品に限らず新たなアイデアやサービス，習慣などを含めた概念）をどれくらいで普及していくことができるかという観点に基づいて分類される消費者の類型のこと。典型的な類型には，革新的採用者，初期採用者，初期多数採用者，後期多数採用者，採用遅滞者が含まれる。採用者カテゴリーに関する分析は，最も有望な新製品やサービスを決定する際や，市場に対する最も効果的な政略を立案する際に重要である。

**採用テスト**［employment test］ 応募者の知識，スキル，能力，その他の特性を測るために用いられる道具。テストでは，質問紙検査（inventory）とは異なって正解と不正解があり，知性，機械を使う作業への適性，感覚・運動能力，身体的能力などの様々な属性について測定をするために使用される。⇨ **誠実度テスト**，**職業テスト**，**個人テスト**，**労働サンプルテスト**

**サイラート**［Cylert］ ペモリンの商品名。

**最良回答選択式検査**［best-answer test; best-reason test］ 問題に対して可能性のあるいくつかの解決法，あるいは状況に対する理由を実験参加者が検証し，最も適切であると考えるものを選ぶ検査のこと。

**最良優先探索**［best-first search］ 問題解決の方略の一つで，可能性のある様々な解決法を成功確率の観点から評価し，最も有望な方法が最初に試行される。⇨ **発見的探索**

**再連想**［reassociation］ **催眠分析**において，忘却または抑制されたトラウマの出来事を個人のパーソナリティや意識に統合させるために，そのトラウマを再生または回想させる手続きのこと。

**サイレントモニタ**［silent monitor］ 19世紀に，ある工場で，各側面が異なる色で塗られた木の立方体で構成された単純な装置が各労働者のそばにぶら下げられ，色によって日ごとに彼らの働き具合を示すために用いられた。このモニターはイギリスの社会・教育改革者のオーウェン（Robert Owen: 1771-1858）のアイデアによるもので，応用的場面においてフィードバックと強化を用いて行動に影響を与えた初期の事例として考えられている。

**サイロキシン**［thyroxine］（記号 $T_4$）甲状腺で産生されるヨウ素を含むホルモン。主要な甲状腺ホルモンである。細胞内での酸化率を制御することによって代謝調節を助ける。⇨ **トリヨードチロニン**

**サイロシン**［psilocin］ インドールアルキルアミン性の**幻覚剤**で，アステカ族の宗教や儀式的な目的で利用されていた向精神作用のあるプシロシビン類"マジックマッシュルーム"に含まれている。プシロシビン（psilocybin）は1958年に初めてリン酸塩系のサイロシンから分離された。プシロシビンは体へ入るとすぐに代謝され，サイロシンへと変換される。その他のインドールアルキルアミン幻覚剤（LSD, DMT）では，サイロシンは**セロトニン受容体**へと作用する。大脳皮質における$5-HT_{1A}$，$5-HT_{2A}$受容体の受容体活性化作用はこれらの薬物の向精神作用に影響されて生じる。

**サイントラッキング**［sign tracking］ 条件づけにおいて，一次強化子と確実に対になっている刺激に方向づけられた，誘発された行動。

**サヴァン**［savant］ 精神遅滞や，並外れた稀な認知的能力をもつ**自閉性スペクトラム障害**をもつ人。

**サウンドシャドウ**［sound shadow］ たとえば頭のように，音の伝達路が非伝達性の物体によりブロックされること。

**サーカス**［CIRCUS］ 就学前から3年生までの子どもの知識とスキルを査定するために**教育テストサービス**によって開発された，学力テストバッテリー。4つのグレード（A〜D）で，15の下位検査と3つのカテゴリー（基本の尺度，別の尺度，特別な目的のための尺度）から構成されている。（適切な水準で）扱われている領域は，読解力，聴解力，語彙解釈，書くスキル，数学的概念，計算，問題解決，知覚運動協応，視覚的記憶，視覚識別である。加えて，子どもの教室での行動と家庭の教育的背景を教師が記録できるように2種類の質問紙もある。もともとは1970年代に開発されたが今は使用されていない。

**サキシトキシン**［saxitoxin: STX］ 外側の細胞を利用し，細胞膜を通って進入してくるナトリウムイオンをブロックする動物性毒素。

**サーキット抵抗訓練**［circuit resistance training］ 一連の様々な訓練を，特定の順序，一定の間隔で，繰り返し行うこと。訓練の種類や順序は，リハビリテーション，たとえば脊髄損傷，糖尿病，肥満，その他の病気に関連した訓練として，あるいはスポーツ選手の体力作りとして，目的に従って決められる。

**サキュバス**［succubus］ 眠っている男性と性交すると信じられている，女性の姿をした悪魔もしくは悪霊のこと。

⇨ **インキュバス**

**作業**［work］ 1. 課題達成や物理的材料，情報，その他資源から，ものやサービスを生み出すための身体的，精神的，情緒的活動。2. 生計を立てることに関わる仕事，職務。3. 物理学において，物体にかかる力の大きさと物体が動いた距離の積。ジュールを単位として測定される。

**作業仮説**［working hypothesis］ さらなる実験ですぐに見直しの対象となる暫定的な仮説のこと。

**作業曲線（エルゴグラム）**［ergogram］ **作業記録器**の出力のことで，一方の軸に実施した作業の量，もう一方の軸に筋肉の身体活動の量を示したもの。

**作業記録器**［ergograph］ ある筋肉，または筋肉群の作業能力，または**疲労**を記録するために用いられる装置。

**サ行構音障害**［sigmatism］ 1. 歯擦音の異常発音の一種で，特に，［s］音や［z］音を誤って発声するもの（歯擦音の発音不全）。2. 歯擦音の異常発音の旧式名称。

**作業制限テスト**［work-limit test］ 得点が作業遂行の所要時間に基づいている，すべての受験者が同じ作業を行うテスト。

**作業チーム**［work team］ 共同ユニットとして協力し合う従業員のグループ。

**作業療法（OT）**［occupational therapy: OT］ 健康の改善，怪我や障害の予防，生活の質の向上，そして，病気や障害，または他の精神的・身体的障害を抱えた人の自立性を高水準に発展・維持し，回復させるために，目的のある課題や活動を用いる治療的，リハビリ的プロセス。典型的には，個人の**機能的状態**のアセスメント，条件に応じた治療プログラムの開発と実施，そして，適切な**福祉機器**装置を使用するトレーニングだけでなく，自宅や職場環境での適応調整を勧めることも含まれる。セラピーを実施する人が用いる作業（occupation）という用語は大きく，人間活動の3カテゴリー，つまり，(a) 日常生活の活動，(b) 仕事や生産的活動，そして (c) 遊びや休暇活動を表す。

**作業力測定**［ergometry］ 様々な課題要求のもとで筋肉を使って行われる身体的作業（身体活動）を測ること。

**作為**［manipulation; manipulative behavior］ 他者を利用したりコントロールしようとして行う意識的な行動。たとえば，泣いたり，わめいたりすること，仮病，自殺の脅し，特別な関心や利益を得ようとするための嘘や悪だくみ。

**錯活動**［parergasia］ スイス出身のアメリカの精神医学者マイヤー（Adolf Meyer: 1866-1950）が，**早発性痴呆**に代えて紹介した統合失調症の以前の名称。彼はこの障害はでたらめな行動や歪曲した試行過程が顕著にあらわれると信じていた。

**錯嗅症**［parosmia; parosphresia］ ニオイを正確に識別することができない嗅覚の障害のこと。たとえばビールのニオイを呈示されたときには，漂白剤のニオイであると答えるなど。⇨ **嗅覚障害，嗅覚錯誤**

**錯語**［heterophemy; heterolalia; heterophasia; heterophemia］ 意図とは異なる語や句を言ってしまう，または書いてしまう行為。しばしば，意図していた内容とは反対の意味が代わりに出てくる。異語とも言う。⇨ **フロイト的失言，言い間違い**

**錯誤**［paraphasia］ 不正確で，歪められた，あるいは不適切な言葉の使用によって特徴づけられる発話の乱れ。音声や意味上では正しい言葉として似ている側面もあれば，無関係で意味を成さないような側面もある。たとえば，車椅子が"回転する車輪"と呼ばれることがあるし，注射針は"ネクタイピン"と呼ばれることもある。この症状は様々な形の中で生起し（たとえば，**字性錯語症，意味性錯語**），脳組織の障害や**ピック病**において最も共通してみられる。

**錯誤記憶**［memory illusion］ 知覚上の錯覚に似た，想起における錯誤。不正確な想起を行ったり，実際には起こらなかった事実を想起したりする。ディーズパラダイムは錯誤記憶の一つである。

**錯誤共変動**［illusory covariation］ 実際には存在しない2つの現象（対象または事象）の間にある明確に予測可能な，または系統的な相関のこと。⇨ **共起，共変動**

**錯語症［1］**［acataphasia; akataphasia; paraphemia］ 不適切な言葉の常同的な表出，あるいは意味をなさない言葉の組合せによって特徴づけられる発話障害。統合失調症や**失語症**の患者にしばしばみられる言語障害である。⇨ **失文法，構文失語**

**錯誤症［2］**［parergasia］ 統合失調症の症状の一つで，意図的でない動作をすること。たとえば，目を閉じるように指示されると，口を開けるなど。［ドイツの精神科医クレペリン（Emil Kraepelin: 1856-1926）によって定義された］

**錯誤相関**［illusory correlation］ 1. 現実には存在しない関係が現れること。2. 2つの変数間の関連性の程度（相関）を過大評価すること。たとえば，異常な行動が青年期と同時期に起きたのならば，その行動は，青年期によって引き起こされたという仮説は，錯誤相関である。

**錯語的誤り**［paraphrasic error］ 支離滅裂な発話が引き起こす誤りのこと。その多くは存在するいくつかの言葉を一つに結びつけたり，言葉の音節を取り除いたり，新たな言葉を創出したりする。⇨ **言葉のサラダ**

**錯視**［optical illusion; visual illusion］ 1. 物理的あるいは心理的な要因が生む偽りの視覚像。⇨ **錯覚** 2. 病理学的条件や視覚刺激への誤った解釈によって引き起こされる，外部刺激に対する誤解。病理学的錯視として，たとえば，外部刺激が提示されなくなったあとも像が持続したり再現されたりする現象がある（⇨ **反復視**）。他に，1つの物体を観察しているのに複数の像が見える現象（⇨ **多視**），ある位置から別の位置へ像が転位する視性異所感覚（visual allesthesia），色覚の歪み（⇨ **大脳性色覚異常**）がある。⇨ **幻視**

**サクシニールコリン**［succinylcholine］ 電気ショック療法前に麻酔点滴として使用される骨格筋弛緩薬。神経筋の遮断に働き，痛みの緩和や鎮静効果はない。アメリカでの商品名はアネクチン（Anectine）などがある。

**搾取志向**［exploitative orientation; exploitative character］ フロム（Erich Fromm）の実存的精神分析における人格パターンの一つで，自分の望むものを獲得するためにこそこそ動いたり，嘘をついたり，権力や暴力を用いることを特徴とする。この人格パターンの示す創造性は自然で豊かというよりは，剽窃的である。⇨ **溜め込み志向，市場志向**

**錯書**［paragraphia］ 文字，単語の置き換えや脱落，もしくは不正確で無関連な語が挿入されることにより，文章が誤っていることを指す。

**削除**［deletion］　**生成文法**において，文の**表層構造**（使用される文章）から**深層構造**の要素が削除されるプロセス。たとえば，"I am happy, my mother is too" という文は，"I am happy, my mother is happy too" という深部構造に基づいているが，2回目の「happy」は削除されている。このような削除が文処理の心理的モデルとしての役割を果たすのかという問題は，心理言語学的研究のテーマとなってきた。⇨ **省略**

**錯触［1］**［haptic illusion］　直接1つの物体や複数の物体に触れることで（⇨ **能動触**）自発的に知覚される触覚の錯覚。ミューラー・リヤー錯触はその一例である。

**錯触［2］**［tactile illusion］　触覚の錯覚。物体や表面に関する情報を得るために自発的な動作でパターンを触るときよりも，パターンが皮膚に押しつけられたときの方が錯触が生じやすい。

**サクセスフル・インテリジェンス**［successful intelligence］　**知能の鼎立理論**において，環境へ適応したり，環境を形成したり選択したりすることを通して，自分自身の成功の定義に従って人生で成功するための能力。長所を活かしたり，弱点を補ったり修正したりすることが含まれる。サクセスフル・インテリジェンスの達成のために用いられる主な能力は3つで，分析的能力，創造的能力，実践的能力であり，それらが組み合わさることによって，人は幅広い種類の課題を行うことが可能になる。

**サクセスフルエイジング**［successful aging］　病気や障害の回避をし，認知的な能力を維持し，人生において積極的な関与をし続けること。

**錯聴症**［paracusia］　**1.** 部分的な難聴のことで，特に低い音に問題がある。**2.** 音が来る方向の決定に対する機能障害である位置錯聴（paracusia localis）のような，単純難聴以外の聴覚の異常のこと。

**錯読**［paralexia］　読書中において，文字，音節，言葉を入れ替えたり，置き換えたりすること。⇨ **視覚性失読**

**錯文法**［paragrammatism］　失語症の一形式であり，代用，倒置法，語中音脱落，語中音節脱落，文中の語順転換から成る。錯文法的な発話は，その程度が重篤な場合，理解できないものになりうる。

**錯味覚**［parageusia］　**1.** 味覚についての歪んだ感覚（錯覚）のこと。**2.** 幻味。⇨ **味覚障害**

**サクラ（協力者）**［confederate］　超心理学において，霊能者であるとされている者に力を貸して協力をする者のこと。霊媒者にクライエントの関心，選好，背景，状況についてこっそりと伝え，このことによって，霊媒者の超常的な能力を作り出し強化をする。

**錯乱**［confusion; mental confusion］　明瞭に考え行動することができず，当惑し無力である状態。時間や場所，人物に対する**失見当識**。

**錯乱精神病**［confusional psychosis］　類循環精神病の一形態。認知過程の障害が顕著で，他者の誤認をしばしば伴う顕性不安や，無言症や寡動症によって特徴づけられる不安定な（非常に変わりやすい）感情状態を示す。後者については，自己管理や自発性が保たれ拒絶症がみられないことから**緊張病性混迷**とは区別される。［ドイツの精神科医レオンハルト（Karl Leonhard: 1904-1988）によって定義された］

**錯論理**［paralogia］　統合失調症患者において時折観察される，激しい非論理性，もしくは妄想的思考とその言語表現のこと。スイスの精神科医であるブロイラー（Eugen Bleuler: 1857-1939）は，「スイスは自由を愛し，私は自由を愛する。故に私はスイスだ」と言って，自分はスイスであるという主張を正当化しようとした患者の例を示した。錯論理思考（paralogical thinking），倒錯的論理（perverted logic），倒錯的思考（perverted thinking）とも呼ばれる。⇨ **回避**

**作話**［confabulation; fabulation］　その個人にとって虚構を真実と信じて記憶を再生するという記憶の歪み。他者を騙そうとする意識は概して認められない。作話は**コルサコフ症候群**に最も頻繁にみられ，他の状態ではより狭い範囲において健忘症と関連する。法医学の文脈では，目撃者はもし彼らが圧力を感じた場合，作話に頼り，彼らが覚えているよりも多くの情報を思い出す懸念がある。⇨ **妄想**［スイス生まれのアメリカの精神科医マイヤー（Adolf Meyer: 1866-1950）が用いた用語］

**作話症**［fabrication］　話の全体または一部分を，混ぜ合わせるまたは創作する行為。騙そうとする意図をもつこともある。

**坐骨神経**［sciatic nerve］　脊髄に続く足にある受容体と効果細胞につながった大きな末梢神経。尻から足の先にかけての，この神経全体に拡大する圧の痛みは坐骨神経痛（sciatica）と呼ばれる。その原因は通常，脊髄から出る神経路に対する椎間板ヘルニアの圧力である。

**サザンブロット法**［Southern blot］　DNA分子の混合物中の特定のDNA配列を検出する方法。ゲル電気泳動でDNAを分離し，ニトロセルロース膜に転写した後，ラベルしたDNAもしくはRNAプローブをハイブリダイズさせ，目的のDNA配列を光らせる。⇨ **ノーザンブロット法**，**ウェスタンブロット法** ［イギリスの生化学者サザン（Edward Southern: 1938- ）により1970年代に確立された手法］

**サージェンシー**［surgency］　特性心理学において，朗らかである，責任感がある，自発的である，社交的である，などを特徴とするパーソナリティ特性を指す。**外向性**や**躁病**ほどではない。［イギリスの心理学者キャッテル（Raymond Cattel: 1905-1998）によって定義された］

**差戻し**［remand］　上級裁判所が，上訴のあった下級裁判所に，手続き方法を付して事件を送り返すこと。

**挫傷**［contusion］　打撲または打撲傷。様々な種類の**頭部損傷**が脳挫傷の原因となる。

**サーストン**［Thurstone, Louis Leon］　ルイス・サーストン（1887-1955），アメリカの心理学者。1912年にコーネル大学で工学の修士学位を取得した後，シカゴ大学とカーネギー工科大学でそれぞれエンジェル（James Rowland Angell）とビングハム（Walter Van Dyke Bingham）に師事し心理学を学ぶ。1917年にシカゴ大学で博士号を取得。サーストンは心理テストと心理測定の分野で**心理測定学**の草分けとして知られている。妻のテルマ・サーストン（Thelma Gwinn Thurstone: 1897-1993）とともに米国教育協議会の高校の卒業生と大学の新入生に対する検査の維持と発展に尽力し，**学力評価試験**（SAT）の先駆けとなった。サーストンは統計技術の発展として因子分析を用いた**基本的能力**を開発した。彼は1936年に心理測定学会を設立し，*Psychometrika* という機関誌を発行した。全米

科学アカデミーおよび米国芸術科学アカデミーの会員に選ばれたこともある。

**サーストン態度尺度**［Thurstone attitude scales］　**態度対象**に対する否定性または肯定性の様々なレベルを反映するために行う**直接的態度測定**のこと。まずは，多くの意見を準備し，各意見に対してどれくらい肯定的かまたは否定的かについて，9から11段階の尺度を用いて評定者に尋ねる。次に，各意見の尺度値および評定者による評価の分散を計算し，分散の低い意見を選ぶ。尺度値1の意見を2つ，尺度値2の意見を2つ，など尺度値を反映した2つの意見を入れた態度尺度を完成させる。完成した尺度を実施する際には，どの意見に賛成するかを回答者に尋ね，賛成とされた尺度値の中央値を被験者の態度得点とする。⇨ **リッカート尺度**，**セマンティックディファレンシャル法**　［サーストン（Louis Thurstone）による］

**嗄声**［hoarseness］　声の酷使や，喉頭の障害，胃逆流や甲状腺疾患のような疾患などが原因で声帯が障害され，異常にかすれていたり，耳障りであったり，不自然に力んでいたりするような声のこと。

**殺意**［malice aforethought］　第一級殺人において有罪とされるのに必要である**故意**および思考。または，人間の生命を極端に軽視するといった精神的要素のこと。

**雑音効果**［noise effects］　時間的に長い，もしくは心的・体力的に困難な課題の遂行中に聞こえる雑音に対する生理的ストレス反応。雑音は複雑な課題の成績に悪影響を及ぼし，**学習性無力感**を引き起こし，睡眠を妨害し，挑発に対する攻撃性を高めることがある。⇨ **環境ストレス**

**錯覚**［illusion］　**1**. 偽りの知覚。視覚的，光学的錯覚のような感覚における錯覚は，感覚刺激に対する誤解釈によって生じる。たとえば，平行の線路は遠方で交わるように見える（⇨ **線遠近法**）。視覚的な錯覚の別の例として，**仮現運動**，**対比錯視**，歪曲錯視群（**ヘリング錯視**，**ミューラー・リヤー錯視**，**ポッゲンドルフ錯視**，**ポンゾ錯視**，**ツェルナー錯視**），**パーヌム現象**があげられる。他の感覚が関わる錯覚には，**アリストテレスの錯覚**がある。これらすべての錯覚は極めて普通の状態で生じるが，幻覚症状や統合失調症，あるいは向精神薬の服用に伴う症状においても生じる。また，錯視は病理学的な症状として生じることもある。**2**. 既視感のような記憶の歪み（⇨ **錯誤記憶**）。

**サッカード**［saccade］　眼の弾道性の動きで，注視する位置を視野内のある位置から別の位置へと跳躍させることができること。ひとたび開始されると，軌道を変えることはできない。⇨ **マイクロサッカード**，**円滑性追跡眼球運動**

**サッカード時間**［saccadic time］　サッカードと呼ばれる衝動性眼球運動の持続時間。通常15〜100msであり，サッカードの終了から次のサッカード開始までに約150msの経過を要する。

**サッカード速度**［saccadic speed］　サッカードと呼ばれる衝動性眼球運動の速さ。ヒトのサッカード速度は，1秒間に視角700度に及ぶ。

**撮空摸床**［floccillation; carphology］　無意味に衣類や寝具類を掴んだりむしり取ったりすることで，一般的に認知症やせん妄，高熱と関連して生じる。疲労困憊の徴候の場合があり，しばしば予後の悪さと関連する重篤な症状と考えられる。

**雑種**［hybrid］　遺伝学において，遺伝的に異なる植物もしくは動物を交雑して得られる産物のこと。⇨ **雑種形成**

**雑種強勢**［hybrid vigor］　遺伝的に異なる植物または動物を交配させることによって，優れた性質がより強くなること。

**雑種形成**［hybridization］　異なる遺伝的特質をもつ個体を異種交配すること。含まれる遺伝子の性質によって，**雑種**はどちらか一方の親の特質，もしくは両親の特質の組み合わせが発現する。交配は，行動の遺伝的伝達を評価する方法として動物行動学において使用されている。

**殺人**［murder; homicide］　ある人間がある人間を殺害すること。法律に反して人を殺すこと。特に，行為が故意である場合をいう。アメリカの刑法では，免責殺人（excusable homicide: 自己防衛や事故の結果として生じた殺人），正当殺人（justifiable homicide: 死刑を実行することよる殺人），殺人罪（殺人または過失致死による殺人）に細分化される。

**殺人狂**［homicidomania］　他人を殺したい願望として表れる，心的・感情的な撹乱のこと。しばしば，実際にそれを試みることも含まれる。

**殺人後の自殺**［murder-suicide］　故意に人を殺した後に，自ら命を絶つこと。⇨ **拡大自殺**

**サディズム（加虐性愛）**［sadism］　**1**. 性対象に苦痛や屈辱を与えることで性的満足を得る加虐的行為（⇨ **性的サディズム**）のこと。サディズムの対象は人に限らず動物にまで及ぶ場合がある。西洋文化の規範からいえばサディズムと考えられる言動のいくつかは，西洋以外の文化圏の一部では性交の前戯として許容されることがある。ただ，真性のサディストは性的な快楽や機能として苦痛を与えることを，求め欲するものである。**2**. 残忍性に由来する快感の形態。精神分析理論において，サディズムは**死の本能**の働きに属し，早期発達段階より現れる生得的な攻撃性を示す。たとえば，**口唇期**では，乳児は噛むことで快感を得る。⇨ **肛門サディズム**，**口唇性サディズム**，**マゾヒズム**　［フランスの軍人・作家サド（Donatien Alphonse Francois, Comte（Marquis）de Sade: 1740-1814）に因む］

**サディズム性人格障害**［sadistic personality disorder］　DSM-Ⅳ-TRにはないがDSM-Ⅲ-Rに掲載されていたパーソナリティ障害の一つ。暴力的で脅迫的な振舞いを特徴とし，他者に何かを強要したり屈辱を与えることで満足を得ようとする。サディズム性人格障害では，危険なことや罰せられることを気にかけず恐れないことが多い。

**サテライトオス**［satellite male］　動物の行動において，縄張りをもつオスのとりまきのオス。誇示行動をするオスグループ内に存在しながら，誇示行動は行わない個体。縄張りをもつオスがいなくなるとすぐに取って代わり，しばしば，縄張りをもつオス個体に引き寄せられたメスを横取りして**スニーク交尾**を行う。

**サテライトクリニック**［satellite clinic］　母体となる医療機関と運営管理は同一だが，その医療機関から離れた場所に設置された外来患者向けの医療施設のこと。母体の医療機関とサテライトクリニックでは医療サービスとスタッフが共有される。

**作動志向性**［agentic orientation］　達成すること，実行すること，成功すること，名をあげることを強調するもの

で，競争性やセルフフォーカスといった特性を通して表出される。

**差動増幅器**［differential amplifier］　2つの入力端子間の電圧差を増幅する電気装置。神経学的研究では，電位変化が1μVほどの大きさしかないことがあり，電気抵抗と干渉の発生源が観測された電圧よりも大きいことがありうる。このような場合，差動増幅器のような複合電気装置が必要となる。

**作動薬（アゴニスト）**［agonist］　受容体に結合し反応させることにより生理学的な変化を引き起こす神経伝達物質，薬剤，ホルモン他の物質のこと。たとえば，神経細胞を作動薬で刺激すると，神経インパルスを発火させることになるか，あるいは抑制することができる。特定の受容体に作動薬として働く薬剤は，通常その受容体に内在する化学的伝達物質が作用するのと同様の生理学的効果を引き起こすよう働く。⇨　**間接的作動物質，逆の作動薬，部分的作動薬**

**作動領域**［operating space］　知的作業の遂行をするために割り当てられた**ワーキングメモリー**内の領域。［カナダの発達心理学者ケース（Robbie Case: 1944-2000）が定義］

**里親家庭**［foster home］　精神障害や身体障害を抱えた人が，ケアや生活維持を目的に，社会福祉機関によって預けられる施設のこと。里子家族には福祉機関からお金が支払われるのが普通で，期間は一時的なこともあれば，ずっと続くこともある。

**里子保育**［fostering］　子ども，もしくは親類ではない他者に対し，家族的な環境の中でケアを提供するプロセスのこと。⇨　**養護**

**サドマゾ的人格**［sadomasochistic personality］　精神分析学の古典的概念で，同一人物が攻撃的な行動を与えることと受けることの両方をもっているという人格特性。

**サドマゾヒズム（SM）**［sadomasochism: SM］　1．加虐嗜虐性愛とも言う。一方は相手に苦痛を与え（⇨　**性的サディズム**），もう一方は苦痛の体験を楽しむ（⇨　**性的マゾヒズム**）ことでお互いが満足を得る性行為。2．痛みを与えることから性的興奮を得るサディズムと痛みを受けることから性的興奮を得るマゾヒズムの両方が，同一人物内に存在する**性嗜好異常**。

**悟り**［satori］　禅宗において，精神的に覚醒したり，真実がわかったと啓発される状態や瞬間のこと。

**サナトリウム**［sanatorium; sanitarium］　古くからある，慢性疾患を患った人の治療や療養のための施設。慢性疾患の中でも，リウマチや結核，神経性疾患，精神障害の人などが多い。

**サバイバーシップ**［survivorship］　1．重症な疾患（たとえば，癌），トラウマ的なライフイベント（たとえば，児童虐待），もしくは自然災害（たとえば，地震）を克服した後に，普通の生活や生存期間をもつ状態のこと。2．最晩年を生きる状態のこと。

**詐病［1］**［malingering］　特定の利益（経済的援助，または責任，刑罰，収監，兵役の回避）を得るために，意図的に病気や障害を装うこと。たとえば，裁判で被告人が精神病を装う，損害賠償を得るために身体的な障害を装う，スポーツの分野において練習や試合を避けるために怪我を装ったり，リハビリの状態について周囲の人間に誤った情報を与えることなど。詐病は動機づけのような特定の外的要因が含まれる**虚偽性障害**とは異なる。

**詐病［2］**［pathomimicry; pathomimesis］　意識的，または無意識的に，病気や障害の症状を装ったり作り上げたりすること。⇨　**虚偽性障害，ラステニードゥフェリョール症候群**

**サフィックス効果**［suffix effect］　聴覚提示されたリストの後に再生する必要のない項目が続くと，そのリストの最後の項目の記憶が阻害されること。

**サブテスト**［subtest］　ある試験や検査もしくは一連の試験や検査を分割したもの。通常，それらは同一のものとして扱えるような内容をもつ（たとえば，数学試験の乗算についてのサブテスト）。

**サプライザル**［surprisal］　情報理論において，信号の予測可能性に関する測度。信号は，それが受け取られる前に存在した情報の不確実性を減らすように情報を伝達する。一般的には，情報の予測可能性が低いほど，伝達する情報が多い。高い情報価をもつ信号は，非常に予測可能性が低く，したがって不確実性を大きく低減させる。そのような信号は，しばしば高いサプライザルをもつといわれる。

**サブリミナル意識**［subliminal consciousness］　その人が気づいていなくても，ある刺激が行動に影響を及ぼす意識水準のこと。⇨　**閾下知覚**

**サブリミナル広告**［subliminal propaganda］　写真や単語を意識的に知覚されないよう素早く提示する宣伝の一種。しかし，無意識的に人に影響を与えている。

**サーベイ知識**［survey knowledge］　人が空間環境の鳥瞰図的視点をもっているかのような，その環境の地図に類似した心的表象。ルート知識とは対をなす（⇨　**経路学習**）。

**サーベイリサーチ**［survey research］　調査者は1つ以上の属性に関して，母集団の現状を明らかにしようと行われる研究法である。サーベイリサーチは調査者によるいかなる介入も行われることがない。

**差別**［discrimination］　異なる民族あるいは宗教，国家，その他の集団のメンバーに対して不当な処遇をすること。通常，差別は，偏見の行動表明であるため，排斥された集団メンバーに対する否定的，敵意的で，有害な処遇が伴っている。それとは逆に，肯定的差別は，典型的に好意的とされる集団よりも虐げられた集団へ有利な処遇を施すことである。⇨　**人種差別，性差別，社会的差別**

**差別的効果**［adverse impact; disparate impact］　ある特定の集団（たとえば，民族，年齢，性別，障害，性的指向などによって定義されたもの）の雇用に対する好ましくない，もしくは悪い影響や，差別とみなされる社会的慣習のこと。**人事選考**を例に考えると，書き英語の能力試験は，最近移民してきた人には不利な影響を与えるかもしれない。この能力が，**実質的職業資格**ではない場合，このような試験は避けられるべきである。⇨　**従業員選抜手続の統一ガイドライン**

**差別なく平等に漂わされる注意**［free-floating attention］　精神分析学やその他の力動的心理療法において，治療セッションでみられる分析者の平等に漂った注意の状態。これにより，分析者は，クライエントの発言一つに焦点を当てるのではなく，現れるすべての素材を傾聴し，クライエントの情動や無意識の思考に同調する。

**サーボ機構**［servomechanism; servo］　事前に設定され

た点において，ある機能のパフォーマンスを自動的に変化あるいは修正する装置。たとえば，自動車の運転制御では，一定の速度を保つためエンジンの出力が自動的に調整される。⇒ コンパレーター

**サボタージュ** [slowdown; go-slow] 従業員が経営者から妥協を引き出すための戦略の一つ。この戦略は，意図的に製品生産スピードを遅らせることで経営コストに圧力をかけるが，契約に違反するものではない。

**サポートグループ** [support group] メンバーが課題を共有し，支援や快適さ，方向性を提供するという意味においてセルフヘルプグループと類似しているグループである。サポートグループの特筆すべき特徴は，メンバーの課題を共有しない専門職やファシリテーターによるリーダーシップにある。加えて，サポートグループはセッションの参加予定数に制限を設け，出席料金は有料の場合がある。

**サポートシステム** [systems of support] 精神遅滞をもつ人に必要なサービスとサポートの特徴と概略を示すフレームワークのこと。知的機能や適応のスキル，心理学的要因や情緒的要因，身体的健康や病因学的要因，環境的要因や状況の要因に基づく。

**さまよい行動** [wandering behavior] 目的性，方向性を失った運動を含む運動機能の異常。神経学的障害，認知症，アルコール依存，極度のストレスなどで生じる。

**サーミスタ** [thermistor] 半導体物質の電気抵抗に温度が影響を及ぼすことを利用して温度を測定するための素子。動物のニューロンに微小のサーミスタを埋め込むことで，神経系が機能する時の代謝活動のエネルギーなどのデータを測定することができる。

**サムナー** [Sumner, Francis Cecil] フランシス・サムナー（1895-1954），アメリカの心理学者。1920年にクラーク大学で心理学のPh.Dを取得。サムナーはアフリカ系アメリカ人としてアメリカで初めて心理学の博士号を取得した。ハル（G. Stanley Hall）のもと，フロイト（Sigmund Freud）とアドラー（Alfred Adler）の精神分析理論に関する論文を書いた。サムナーはワシントンDCにあるハワード大学に移籍するまで，多くのアフリカ系アメリカ人向けの大学で教鞭をとっていた。ハワード大学では1928年に心理学部長になり，退職まで勤めた。サムナーは黒人差別撤廃前に黒人心理学者を教育するプログラムを作り，管理，教育を施したことでよく知られている。サムナー指導のもとハワード大学は黒人心理学者を育成し，その数はアメリカにあるハワード大学以外のすべての黒人心理学者の数より多かった。サムナーはアメリカのアフリカ系アメリカ人施設で初めて宗教学専攻の心理学を設立し，黒人と白人の学生へアメリカの法律制度のもとでの正義に関する評価の調査を行ったことでも有名である。⇒ 宗教心理学

**サーモグラフィ** [thermography] 身体表面の温度変化を検知するため，温度に対して感受性が高い液晶や赤外線写真を用いた診断技術。腫瘍などの病変組織は周囲の組織よりも熱を発しているため，その熱を赤外線放射によって計測することもサーモグラフィの機能である。

**座薬** [suppository] 弾丸形の医学的調合剤。直腸液に溶解し，薬を放出する。膣座薬は婦人病治療に使用される。

**左右失見当識** [right-left disorientation] 左右の区別が全般的に困難になる特徴をもった障害。失語症やその他の理解の障害と関連しているが，そのような障害がなくとも生じる。大脳皮質左頭頂葉の障害と関連していると考えられているが，健康な大人に生じる場合もある。

**左右相称** [bilateral symmetry] 生物の身体の右半分と左半分がおおよそ鏡像となっているような，中心軸に対して左右対称な配置のこと。人の身体も左右相称である。

**左右定位テスト** [right-left orientation test] 左右方向間の識別能力を測定する検査の総称。

**作用** [action] プロセスもしくは機能（たとえば，酵素の働き）の生起もしくはパフォーマンス。

**作用因（動力因）** [efficient cause] ギリシャの哲学者アリストテレス（Arisstotle: BC 384-322）が提唱した四原因説において，特定の効果の「質料因」「形相因」「目的因」を用いることによって因果のプロセスを始める行為者を指す。アリストテレスは，道具を造る熟達した職人を一例として挙げる。その他，一児の父親となった男性の例もある。より一般的な意味として，この単語は因果のプロセスにおいて，因果の効果をもたらす源を意味して用いられる。

**作用心理学** [act psychology] 心理的プロセスを構成する作用と心的内容は別々に機能すると仮定することに基づいた哲学的かつ心理学的アプローチのこと。たとえば，色を見るという作用は，視覚的内容もしくは画像の認識につながる。作用心理学の提唱者は，内観や意識する内容を強調するヴント（Wilhelm Wundt）とは対照的に，内容よりもむしろ作用こそが心理学の適切な対象であると考えている。⇒ 意図性　［ドイツの心理学者・哲学者ブレンターノ（Franz Brentano: 1838-1917）によって提唱された］

**作用の錯覚** [illusion of agency; illusion of will] 実際には何の制御下にもない行為に対して，制御していると思ってしまう錯覚のこと。［アメリカの心理学者ウェグナー（Daniel M. Wegner: 1948- ）により定義された］

**作用の発現** [onset of action] 薬の効果が現れた瞬間。一般的には，投薬からその薬の薬学的効果が現れるまでの経過時間によって測定される。

**作用物質-拮抗物質** [agonist-antagonist] 複数の受容体に同時に結合する物質で，1つの特定の受容体に作動薬もしくは部分的作動薬として作用したり，一方，異なる受容体では拮抗薬として作用したりする。

**サリヴァンの対人関係理論** [Sullivan's interpersonal theory] 発達における社会的な影響性を強調する理論であり，鍵となる関係性や時間とともに，関係性が発達したり変化することに焦点を当てている。個人の自我の概念は，他者のその人への態度の反映であると提唱し（すなわち，対人関係や状況から生じる），個人的な自己概念はゆっくり発達するが，自己の安全の欲求は生まれたときから生じると仮定される。サリヴァンは，自己の尊厳への脅威は不安として経験され，自尊心への攻撃はその人の外側の原因から生じると仮説を立てた。特に，幼少期や思春期の発達を通して，それらの多くが密接に関連している。彼の理論では，関係性発達の3つの相を提案している。(a) 前思春期，同性の友人との親密性，(b) 思春期初期，同性仲間から異性仲間への変化，(c) 思春期後期，恋愛のパートナーとの親密で互恵的な関係が完全にできるようになる。［アメリカの精神科医サリヴァン（Harry Stack Sullivan:

1892-1949) による]

**サリチル酸塩**［salicylates］ ヤナギの樹皮から得られる化合物であるサリシン (salicin) や，サリシン酸やそれを含む誘導体がもとになっている薬の種類。後者は鎮痛剤，解熱剤，消炎鎮痛剤として用いられる。これらは，末梢神経，中枢神経，視床に働きかけ，副腎皮質ホルモンの構造に似ている。一番知られているのは1899年に発売が開始された**アスピリン**（アセチルサリチル酸）であり，その他にサリチルアミド (salicylamide) がある。筋肉や関節痛を和らげる際に使われる。

**サリチル酸中毒**［salicylism］ **アスピリン**の過剰摂取によって起こるサリチル酸塩に伴う中毒のこと。サリチル酸中毒が軽い場合の症状は，耳鳴り，精神錯乱，頭痛，むかつき，嘔吐が主である。しかし，重い場合には，出血や発作，こん睡状態，死をもたらすなどの精神状態を引き起こす。

**サリドマイド**［thalidomide］ らい性結節性紅斑（ハンセン病の重度・急性型）の皮膚症状の治療のための免疫抑制剤として1998年にアメリカで再導入された薬。鎮静薬**グルテチミド**の誘導体で，もともと（1950年代後半～1960年代前半にかけて），生命を脅かす深刻な出生異常との関係が明らかになるまでは，不安神経症や妊娠中のつわりの治療に用いられていた。四肢発生の異常（⇨ **アザラシ肢症**）や胃腸，心臓，神経学的障害を含む多数の胎児異常が多発し，サリドマイドは回収された。処方には，調剤者・薬剤師が特別な訓練を受けることが必要であり，妊娠している女性は服用してはいけない。サリドマイドを服用した人（男女とも）は，様々な指示条件や避妊方法に従わなくてはならない。サリドマイドの作用機序は，まだ明らかになっていない。アメリカでの商品名は，サロミド (Thalomid)。

**サルペトリエール**［Salpetriere］ パリで1656年に設立された女性のための機関で，高齢で体の弱った人のための保護施設。一度に1万人を収容しており，そこでの治療はおそらく荒々しいものだったとされている。サルペトリエールはピネル (Philippe Pinel: 1745-1826) の時代に改革され，彼はその施設の監督に1794年に就任し，多くの先駆的な改革を精神疾患を抱える人々の治療に導入した。1860年代から，その病院はシャルコー (Jean-Martin Charcot: 1825-1893) の精神病理学的調査の中心となった。1885年にシャルコーの学生の中に，若き日のフロイト (Sigmund Freud) がいたという説がある。

**サルペトリエール学派**［Paris Medical School］ パリにあるサルペトリエール病院の医師と学生のグループで，催眠やフランス人神経学者であるシャルコー (Jean-Martin Charcot: 1825-1893) の研究，特に，ヒステリーと催眠との関係を仮定したシャルコーの神経学的研究を発展させた。シャルコーのもとで研究していたフロイト (Simund Freud) も，初期の研究やその後の方向性について，サルペトリエール学派から多大な影響を受けた。

**ザレプロン**［zaleplon］ ベンゾジアゼピンとバルビツール酸塩等の睡眠薬とは異なり，少量の使用では不安を低減しない睡眠薬のこと。また，関連化合物の**ゾルピデム**と**ゾピクロン**のように，ザレプロンには筋肉の弛緩作用はなく，**GABA受容体**（ω1 レセプター）のみに作用するため，睡眠作用のみがある。アメリカでの商品名はソナタ (Sonata)。

**酸**［acid］ クロッカー－ヘンダーソンのニオイ記号法における4つの主要な臭質の一つ。

**残遺**［residual］ 外傷や手術後に残存する能力（たとえば残遺聴力），もしくは残存する障害（たとえば視力喪失の残遺）。

**残遺型統合失調症**［residual schizophrenia］ DSM-Ⅳ-TRにおいては**統合失調症**の下位分類とされ，少なくとも一つの統合失調症的エピソードをもつが，陽性症状（たとえば妄想，幻覚，支離滅裂な発言や行動）はもはや顕著でない時，このように診断される。しかし，陰性症状（たとえば感情鈍麻，発話の減少，意欲低下）や軽度の行動障害や認知障害（たとえば奇異な行動，軽度に支離滅裂な発言，奇妙な信念）は続いている。DSM-Ⅲでは，残遺型精神分裂病 (residual type schizophrenic disorder) と呼ばれていた。

**残遺注意欠陥障害**［residual attention-deficit disorder］ DSM-Ⅲにおいて，注意欠陥／多動障害と以前，診断された子どもの，多動要素が治まった状態（注意欠陥障害残遺状態：attention-deficit disorder, residual type と呼ばれる）。DSM-Ⅳ-TRでは，同じ診断が**特定不能の注意欠陥／多動性障害**，または**注意欠陥／多動性障害における主に不注意型**とされる。

**酸化**［oxidation］ 物質が酸素と結合する，あるいは電子が失われる化学反応。**薬物代謝**において，酸化は第一相反応の共通メカニズムであり，そこで薬物は酸素原子の付加によってさらにイオン化（さらに水溶性化）する。この過程はしばしば酵素の**チトクロムP450**の作用を介して行われる。

**参加**［participation］ 1. ある活動に加わること。通常，一緒に行動する他者のいる活動への参加を指す。2. 相互に影響し合う二者以上の組織による相互作用。

**参加型意思決定**［participative decision-making: PDM］ 意思決定過程に従業員を参加させる経営慣行。参加の度合いは，従業員が情報を提供し，意思決定者と話し合うといった比較的弱いものから，従業員が全面的に関わり，実際に意思決定を行うといった強いものまである。⇨ **産業民主主義**，**品質管理サークル**，**スキャンロン方式**

**参加型経営**［high-involvement management］ 従業員の潜在能力を引き出す組織経営の方法。具体的には，様々な決定に際して従業員の意見を聞き，業務に関する情報を共有し，技術の強化のための訓練を行い，技術向上や責任に伴う報償を与える。［アメリカの経営理論家ローラー3世 (Edward E. Lawler III: 1938- ) により説明された］

**参加型設計**［participatory design］ 人間工学における設計形態の一つ。機器やソフトウェアの**開発サイクル**の間，その使用者が開発に直接参加できるようにする形態。

**参加型人間工学**［participatory ergonomics］ 組織内で働くあらゆる人々が，働き手の健康面と安全面の改善に向けた人間工学的な取組みの開発や向上に能動的に関与する方法のこと。

**参加型評価**［participatory evaluation］ プログラム評価の一形態のこと。サービスを提供する側の人々が，そのサービスやプログラムの評価においても役割を果たす。この公式の評価者は評価を促進するが，実際に評価を実施するというよりも，情報提供者として活動する。共同評価

(collaborative evaluation)，エンパワーメント評価（empowerment evaluation）とも呼ばれる。

**参加型リーダーシップ** [participative leadership] リーダーシップスタイルの一つで，従業員は意思決定に関与することが許されるとともに，課題遂行を自律的に行うことができる。

**三角関係** [triangulation] **家族療法**において，葛藤を抱える家族のメンバー2人が，それぞれもう1人のメンバーを自分の側に引き入れようと試みる状況のこと。三角関係が起こりうるのは，たとえば，2人の両親が葛藤状態にあり，子どもが両者の中間に捉えられている場合である。

**三角筋** [deltoid] 肩を覆う筋肉。腕を側方に上げるために使われる。

**参加者** [participant] 調査，研究，または実験に参加する人のこと。たとえば実験者によって設定された課題を実行したり，研究者によって用意された質問に答えたりする。参加者はさらに実験群参加者（experimental participant）（⇨ **実験群**）や統制群参加者（control participant）（⇨ **統制群**）として分類されることもある。参加者は被験者と呼ばれることもあるが，人間対象の場合は現在は大抵は参加者と呼ぶ方が好まれる。

**参加者モデリング** [participant modeling] 行動変容技法の一つ。モデル（セラピストなど）によって効果的な行動スタイルが示された後，クライエントがその課題を学習するために必要な援助が与えられる。[バンデューラ（Albert Bandura）によって開発された]

**III型細胞** [Type III cell] 電子顕微鏡で見たときに，II型細胞に似たように見えるが，基底部分に有芯小胞をもつ**味覚細胞**の一種。III型細胞は味蕾の細胞の約15%を占め，末梢神経線維の活動のためのアセチルコリンとセロトニンを包含している。中間細胞（intermediate cell）とも呼ばれる。

**3型2色覚** [tritanopia] 短波長色素の欠如により可視スペクトルの青の部分における明度が損なわれている，稀な型の色覚異常。

**参加取りやめの自由** [freedom to withdraw] いつでも実験を取りやめることができる研究への参加者の権利のこと。

**三環系抗うつ薬** [tricyclic antidepressants: TCAs] 薬物の種類の一つ。1950年代に開発され，抑うつの治療のためのオリジナルの**第一選択薬**である。モノアミン神経伝達物質（セロトニン，ドーパミン，ノルエピネフリン）がシナプス前のニューロンに再取り込みされるのを阻害することで働き，その結果，シナプス後の受容体の利用可能なまとまりの総量が増えると仮定されている。三環系抗うつ薬は三環の分子の極をもつ。これらは第三級アミン（たとえば，**イミプラミン**，**アミトリプチリン**）または第二級アミン（たとえば，**デシプラミン**，**ノルトリプチリン**）と考えられている。他の**クロミプラミン**に含まれるグループは，プロトリプチリン（Protriptyline），**ドキセピン**，またトリミプラミン（Trimipramine）がある。三環系抗うつ薬の副作用として抗コリン作用薬効果（口の渇き，視界の歪み，便秘，尿閉）または眠気，不眠，混乱，不安，吐き気，体重増加，インポテンツなどがある。これらはまた，心血管系の合併症（特に心拍の乱れ）を引き起こす。三環系は坑うつ剤治療の主力であり，1957年にフルオキセチン（プロザック：Prozac）が発売されるまで，イミプラミンとして発売されていた。最初のSSRIは1987年に発売された。これらは抗うつ剤として働くが，副作用や，それ以上に重要な過剰摂取による致死性は使用の深刻な低下をもたらした。

**産業エルゴノミクス** [industrial ergonomics] 肉体的な可能性や限界に関する知識を産業分野における**労働システム**の設計に応用する**人間工学**の専門分野。

**産業・組織心理学（I/O心理学）** [industrial and organizational psychology: I/O psychology] 労働環境におかれた人間の行動を研究する心理学の分野。労働に関連する問題，特に，**人事選考**，**職業訓練**，**人事考課**，労働条件，**事故予防**，**職務分析**，**職務満足感**，リーダーシップ，チーム効率，ワークモチベーションといった問題に基礎心理学の原理を応用する。組織における個人や集団の行動を理解することを目的として実践的な研究を行い，**組織有効性**や従業員の福利厚生を改善するためにその知見を利用する。ビジネス心理学（business psychology），雇用心理学（employment psychology），産業心理学（industrial psychology），職業心理学（occupational psychology），組織心理学（organizational psychology），労働心理学（work psychology）とも呼ばれる。⇨ **職業健康心理学**，**人事心理学**

**産業民主主義** [industrial democracy] 従業員が重要な決定に参加して組織を管理する制度のこと。たとえば，従業員が自分の作業手順や割当を決め，評価と成果の報酬に責任をもつような，自律的な作業集団を用いることがあげられる。⇨ **参加型意思決定**，**品質管理サークル**，**スキャンロン方式**

**散形終末** [flower-spray ending] **筋紡錘**の終端にある，神経線維終端の一形態で，紡錘（spindle）の表面に枝分かれしている。二次感覚終末（secondary sensory ending）とも言われる。⇨ **らせん終末**

**三原色** [primary hue] ⇨ **原色**

**残効** [aftereffect; aftersensation; perceptual aftereffect] ある刺激とは別の刺激に長時間接することによって，感覚刺激（通常は視覚刺激）が通常とは異なって知覚されること。残効は通常，元の刺激とは逆の形態になる。たとえば，左に傾いている線分パターンを見続けると，直線パターンが右に傾いているように見える。⇨ **傾き残効**，**随伴残効**，**運動残効**，**回転残効**，**残像**

**三項随伴性** [three-term contingency] ある**強化随伴性**における刺激環境，反応，成果の仕écる。SD: R → SRとして定式化されるか，ABCと表現される（antecedent, behavior, consequenceの頭文字）。

**三項平均** [tri-mean] 中心的傾向の測度として，メディアン，25%点，75%点の3つの値の平均をとること。

**残酷さ** [cruelty] 傷害，痛み，悲嘆，苦悩，その他の身体的もしくは心理的苦痛に対する無関心，または故意にそれらを与えること。

**産後の情緒異常** [postpartum emotional disturbance] 出産後の女性に生じるいずれかの**気分障害**。

**産後抑うつ** [postpartum depression] ⇨ **大うつ病性エピソード**，または一般的ではないが**小うつ病性障害**であり，出産後4週間以内の女性に起こる。⇨ **ベビーブルー**

**残差** [residual] 統計において，実験的に観測された値とモデルによって予測された値との差のこと。

**散在性双極細胞**［diffuse bipolar cell］　複数の受容体から入力を受ける**レチナール双極細胞**。⇒ **小形双極細胞**

**三叉神経**［trigeminal nerve］　脳神経の中で最大の神経であり、感覚神経線維と運動神経線維の両方をもつ。第Ⅴ脳神経とも呼ばれる。運動神経線維は主に咀嚼や舌運動、摂食に用いる筋肉に関連する。感覚神経線維は顎に加えて歯や舌のほとんどを含めた、同じ領域を刺激する。三叉神経の一部の線維は角膜や顔面、頭皮、脳の硬膜を刺激する。

**三叉神経核**［trigeminal nucleus］　それぞれの三叉神経の3つの主な経路と結びついている2つの核のいずれかのこと。三叉神経脊髄路核（spinal trigeminal nucleus）は延髄の下にある脊髄の上部にまで及び、痛み受容器や温度受容器から線維を受け取る。三叉神経主知覚核（principal sensory trigeminal nucleus）は、肌の圧受容器から巨大な有髄線維を受容しており、電気信号を上方の視床へと中継している。

**三叉神経痛**［trigeminal neuralgia; tic douloureux］　三叉神経に関連する耐え難い痛みの発作を特徴とする片側顔面**神経痛**のこと。

**三叉神経の化学受容**［trigeminal chemoreception］　鼻腔にある三叉神経の自由神経終末で生じる刺激。ニオイ化学物質によって、くすぐったい感覚や突き刺すような感覚、暖かさや冷たさの感覚が生じる。三叉神経は呼吸で生じる流速変化にも感受性をもつ。

**残差分析**［residual analysis］　ある特定のデータ群にモデルを適用する際の問題を診断するため、残差について行われる一連の分析の総称。⇒ **回帰診断**

**三次医療**［tertiary care］　専門性の高い医療であり、障害や死の危険性の高い患者に施される。三次医療は、神経科医や胸部外科医など、専門性の高い医師による洗練された技術と、集中治療室などの施設を必要とする。⇒ **プライマリーケア、セカンダリーケア**

**三者訓練モデル**［triad training model］　セラピストやカウンセラーを訓練するアプローチであり、異なる文化のクライエントを理解して、多文化的なカウンセリング能力を発達させることを重視する。特定の文化に属するセラピストやカウンセラーの訓練生に対しては、3人の講師チームによる教訓的なシミュレーションが適している。講師は、(a) セラピストやカウンセラーの訓練生が属する文化の代表であるプロのカウンセラー、(b) 訓練生や訓練生によるセラピー、あるいは訓練生が属する文化に対して指導を受けたクライエント、(c) クライエントの民族集団、地方、所属を代表する、仲介的役割の反カウンセラーである。仲介的役割の講師は、コミュニケーションの橋渡しを行い、クライエントをはじめグループの成員全員が問題や内容、訓練生への効果的なアプローチを明らかにできるように積極的に援助する。⇒ **多文化カウンセリング**［アメリカの心理学者ペダーセン（Paul Bodhold Pedersen: 1936- ）が開発した］

**三重盲検法**［triple blind］　実験参加者、研究者、結果を分析する統計解析者が実験参加者の受ける実験条件を全く知らない研究手続きを意味する。⇒ **盲検法、二重盲検法、一重盲検法**

**産出欠如**［production deficiency］　1.　問題解決において、課題の実行自体を失敗することとは別に、課題遂行のための正しい、もしくは最良の方略をみつけるのに失敗すること。2.　子どもが指示された時に使うことのできる方略を自発的に利用できないこと。⇒ **媒介欠乏、利用欠如**

**産出語彙**［productive vocabulary; active vocabulary; working vocabulary］　当人が普段用いている語によって定義されるような個人の語彙。他人が用いたときに理解できる語とは異なる。⇒ **受容語彙**

**三色型色覚**［trichromatism; trichromatopsia］　正常な色覚のこと。「明るい－暗い」「赤－緑」「青－黄」の三原色の体系を区別することができる。

**三色型色覚異常**［anomalous trichromatism; anomalopiai anomalous trichromasy］　**色覚異常**もしくは**色弱**の一種で、三種の網膜錐体を有しているが、そのうちの一種の網膜錐体の色感受性が正常な錐体視細胞の応答とは異なる網膜錐体を有する人で症状が認められる。赤緑色覚系への応答能力低下が特徴である。それらの色を弁別する能力は、色の明度と比例して増加するため、色の鮮やかさが乏しい陰影の場合は識別が困難となる。

**産褥性うつ病（出産後うつ病）**［depression after delivery］　産後うつ病性疾患の総称。

**産褥精神病**［puerperal disorder］　女性の出産によって引き起こされる医療的あるいは心理的疾患は、子宮をもとの状態に戻すことを遅らせる。産褥精神病は、生物学的要因、心理社会的要因、環境の要因によって突然引き起こされた、精神病的反応や抑うつ的反応、躁症状や、精神錯乱状態を含む。⇒ **産後抑うつ、産後の情緒異常**

**三色説**［trichromatic theory; three-component theory］　色覚の生理学的原則に関する概念の一つ。三原色の混色によってすべての色相を作ることができるという混色実験による証拠に基づく。**ヤング－ヘルムホルツの色覚説**は最も有名な三色説である。三色説の三原色（青、緑、赤）におよそ対応したピーク感度をもつ3つの異なる錐体の光色素（⇒ **ヨドプシン**）が後続の研究によって見出された。⇒ **反対色説**

**三次予防**［tertiary prevention］　既に生じている心理的、身体的状態や障害、疾患をもつ個人や集団に対してさらに悪化しないように予防したり、治療を行ったりすること。三次予防には、状況の悪化を最小限に抑えたり、合併症や再発を予防したり、身体的、心理的機能を可能な限り高い状態に回復させることが含まれる。⇒ **一次予防、二次予防**

**算数障害**［mathematics disorder］　DSM-IV-TR において、暦年齢、教育歴、知能指数などから予想されるよりも算数能力が格段に劣っている**学習障害**のこと。この障害では、数えること、掛け算九九の暗記、応用問題の理解、記号の読み、数字の複写などに難点がみられる。

**サンセット手続き**［Sunset procedures］　アメリカの連邦法であり、以下のことを義務づけている。(a) すべての連邦政府のプログラムは10年ごとに法に定められたスケジュールに従って再認可される。(b) その再認可に先立って、標準化された委員会による審査が行われる。(c) 連邦政府のプログラムの一覧が作られ維持される。(d) 米国議会の委員会はいくつかのプログラムを選択して徹底的な再審査を行う。サンセット法案は、連邦政府もしくは州政府が投資したプログラムを評価するための正式な手続きに関する基準とガイドラインを提言し、議会に提出され

**残像［1］**［afterimage］　刺激がなくなった後も刺激が残存する現象。陽性残像（positive afterimage）は稀に生じ，数秒程度持続するが，それは刺激の休止後にも受容器と神経処理が継続することで生じる。陽性残像は，もとの刺激と色や明るさは概ね同じである。より一般的で，より強く，長時間持続する陰性残像（negative afterimage）は，もとの刺激の色や明るさに対して相反的である。たとえば，刺激が明るい黄色だった場合，陰性残像は暗い水色となる。
⇨ **残効**

**残像［2］**［persistence of vision］　実際の刺激が消失した後に短時間続く視覚刺激の感覚のことで，おそらくは視覚信号の統合の遅れによって生じる。暗闇の中で急速に動く輝く棒の光の痕跡は残像の一例である。

**酸素欠乏愛好症**［hypoxyphilia］　自らを窒息させながら行う性愛。⇨ **仮死愛傾向，自体愛窒息**

**残存視覚**［residual vision］　比較的無意識の視覚処理。有線皮質（一次視覚野）への損傷によって意識的な視覚の喪失を引き起こした際に用いられる。⇨ **盲視**

**三段階理論**［three-stage theory］　スキル獲得は，次第に注意を必要としなくなり，自動化される3つの段階を経るという考え方。アメリカの心理学者フィッツ（Paul M. Fitts: 1912-1965）によれば，その3つの段階とは認知的段階，連合的段階，自立の段階であるという。

**三段論法**［syllogism］　演繹推論の形式の一つで，ある定言命題。すなわち，「すべてのXはYである」「どのXもYでない」「あるXはYである」「あるXはYでない」という形をとるが，その命題と共有する名辞をもつ第二命題と合わされたときに，結果として第三の定言命題（結論）を産出する。たとえば，「すべての男性は人間である。何人かの男性は背が高い。それゆえ何人かの人間は背が高い」というものである。妥当でない三段論法の例としては「何人かの女性は背が高い。すべての母親は女性である。それゆえ何人かの母親は背が高い」というものがある。この結論は経験則的に言えば間違いなく正しいが，ここにあげた前提からその結論を演繹することはできない。

**散瞳**［mydriasis］　ムスカリン受容体に作用する抗コリン作用薬（たとえば，アトロピンやスコポラミン）による瞳孔の過剰拡張（拡大）のこと。

**三人組精神病**［folie à trois］　親密な関係の3人が，同時に同様にまたは全く同じ妄想を共有するという稀な精神病性障害。フランス語で，3人の精神異常"triple insanity"の意味。**共有精神病性障害**の例である。

**三人婚**［ménage à trois］　3人が同じ家庭のメンバーである男女関係。たとえば，結婚した夫婦と夫の妾とが共同生活をすること。

**三人称視点**［third-person perspective］　人間の行動や経験に関する公共的，外的，客観的な見方のこと。⇨ **一人称視点，二人称視点**

**産婆術**［maieutic technique］　心理療法において，問いかけられた人について部分的な理解を得るために適切な質問をする手法として一般的に用いられる**ソクラテス式問答法**の形。質問者は既に答えを知っていることも多い。［ギリシャ語の"maieutikos"から］

**三半規管**［semicircular canals］　内耳にある3つのループ状の管。頭部の動きを感知し，バランスを保つために必須の動的平衡感覚をもたらす。**前庭器**の一部をなす。管内は液体（内リンパ）で満たされ，互いが約90°の角度になるように配置されているため，異なる三平面上の動きを感知できる。各管には膨大部（ampulla）という膨らんだ場所があり，その中にクリスタ（内襞：crista）と呼ばれる感覚受容構造がある。膨大部にはゼラチン質のキャップ（クプラ：cupula）上に突起が結束された有毛細胞がある。ある平面状で頭部が動くと，対応する管内の内リンパが流れ，クプラを動かし，有毛細胞を曲げる。これが有毛細胞の神経発火を引き起こす。それにより運動の方向の情報が脳に送られる。

**360°フィードバック・システム**［360° feedback system］　従業員の**職務成績**や従業員が受けたフィードバックを評価する手続き。従業員自身だけでなく，上司，同僚，部下にも評定を求めることによって従業員の作業を評価する。他者評定と従業員の自己評定の比較がフィードバックされる。

**サンフィリポ症候群**［Sanfilippo's syndrome; heparitinuria; mucopolysccharidosis Type Ⅲ; polydystrophic oligophrenia; Sanfilippo（A, B, C, D）］　骨や関節の不全による障害と関連する，重症精神遅滞および小人病傾向を引き起こす障害。さらに，この障害を抱える子どもは，角膜混濁の兆候がみられる。この障害は，全身型の**ムコ多糖症**を引き起こすものとして常染色体劣性遺伝する。標準の初期の精神発達の後，精神遅滞を起こす。運動制御機能と同じように，発話能力は衰退し徐々に失われる。寿命は10～20年である。［1963年にアメリカの小児科医サンフィリッポ（Sylvester Sanfilippo）が用いた用語］

**散布図**［scatterplot; scatter diagram］　データを表す点を2次元空間にグラフ表示したもの。なお，グラフの軸は，考察しようとしている変数によって定義される。

**散布度**［dispersion］　ある一群の得点が平均から逸脱する程度。バラツキ（spread）の程度とも呼ばれる。

**サンプル（標本）**［sample］　実験で実際に調査される事例や対象。

**散歩カウンセリングセッション**［walk-talk counseling session］　散歩したり，ジョギングしながらカウンセリングを行う技法のこと。

**酸味**［sour］　酸によって生起する味。酸っぱさの強さは，概してペーハー（pH）の低下に伴って生じる。酸は多くの生理学的プロセスに関わり，また熟していないあるいは腐った食べ物に特有である。そのため，酸の検出は，有機体の**ホメオスタシス**と食物選択において必要不可欠である。

**三位一体脳**［triune brain］　進化論的発達を反映した3層から脳が構成されているという，現在では時代遅れの見解。最も古いとみられている第1層は，古皮質またはR領域（爬虫類複合体を意味し，脳幹や小脳を含む）である。第2層は，哺乳類系または**大脳辺縁系**である。最も新しく進化した層は**新皮質**である。［アメリカの医師・神経生理学者マクリーン（Pail D. MacLean: 1913- ）が提唱した］

**3文字子音綴り**［consonant trigram］　言語学習実験で用いられる，通常は単語を綴るものとはならない3つの子

音（例，JCL）。子音トリグラムとも言う。⇨ **聴覚による無意味3文字子音綴り**

**参与観察**［participant observation］　観察法の一種であり，訓練された観察者が研究目的のために集団のメンバーに入ること。その際，集団の時間的変化を変えうることや，データに偏りを生じさせうるような目立った役割は避ける。文化人類学者は，実世界における文化の構造や推移を研究する目的でその文化に参加する際，**参与観察者**となる。

**参与観察者**［participant observer］　研究対象となっている集団にその成員として加わる個人のことで，集団に加入すると同時に，集団過程や集団構造を科学的に観察する役割も果たす。

**散乱**［scattering］　意味不明な話として受け取られる，脱線や無意味な連合を特徴とする思考形態。統合失調症に特徴的である。

# し

**死**［death］ 1. 生命体の物理的・精神的過程が永久に停止すること。1980年代初め，米国医師会と米国弁護士会は「死の判定に関する統一法」を制定した。「死の判定に関する統一法」では，核となる生理的機能（つまり，自発的な呼吸や循環）の不可逆的停止，または大脳機能の不可逆的停止（つまり，**脳死**）として定義された。その後，心肺機能を支援する技術が高度に発達したため，特に法律専門家の間では，脳死が判定に最も重要であると考えられるようになった。⇨ **死の過程，死亡学** 2. 細胞の変性や崩壊。⇨ **壊死，神経細胞死，プログラムされた細胞死**

**地**［ground］ 図地知覚において，比較的均一で曖昧な背景のこと。

**ジアセチルモルヒネ**［diacetylmorphine］ 化学名は**ヘロイン**。**モルヒネ**の合成類似化合物（モルヒネ分子のアセチル基を水酸基に変える）で，モルヒネや**コデイン**のような，エンドルフィンやエンケファリンの受容体を活性化する純粋なオピオイド作動薬（⇨ **内因性オピオイド**）である。ジアセチルモルヒネは作用が速やかに始まり，モルヒネと同じような作用の持続時間があることに特徴づけられる。しかし，モルヒネより3倍も強力である。イギリスやカナダでは，激痛の管理のために臨床的に使用されている。たとえば末期症状の患者に使用される。しかし，アメリカでは乱用の可能性が懸念されるため合法的には入手できない。ジアモルヒネ（diamorphine）とも呼ばれる。⇨ **オピオイド鎮痛薬**

**ジアゼパム**［diazepam］ アルコール離脱の治療のため，および**抗痙攣薬，抗不安薬，筋弛緩剤**として使用される長時間作用型の**ベンゾジアゼピン**。これはデスメチルジアゼパム（nordiazepam）の活性化合物や**オキサゼパム**を含んだ，複数の半減期をもった代謝産物を生産するために肝臓で分解される。この複雑な代謝や半減期が長いために，ジアゼパムは肝疾患や高齢者に使用するのに適していない。アメリカの商品名はバリウム（Valium）。

**ジアゼパム結合阻害因子**［diazepam-binding inhibitor: DBI］ ベンゾジアゼピン受容体に結合する内因性の**神経ペプチド**。ベンゾジアゼピンなどの効き目を無効にし，不安を増す。薬物依存症の発達に関与している可能性がある。

**指圧療法**［acupressure］ 手指あるいは親指からの圧力を身体の患部にあてる**補完・代替医療**の一形式。疼痛緩和，病気の症状の治療，全体的な健康改善を目的として行われる。⇨ **鍼療法**

**シアトル縦断研究**［Seattle Longitudinal Study］ 高齢者の知能および認知機能を測定する基本的精神能力テスト（Primary Mental Abilities Test ⇨ **基本的能力**）を，横断的研究と縦断的研究の2つの方法を併用し，かつ逐次計画でデータを収集している包括的な研究のこと。1956年から現在まで，7年ごとに測定が行われている。［アメリカの心理学者シャイエ（K. Warner, Schaie: 1928- ）が始めた研究］

**g**［g］ （記号：*g*）一般因子を表す記号。

**自慰（マスターベーション）**［masturbation］ 性的満足の目的のために性器器官，特にペニスやクリトリスをいじること。この行為は通常，官能的な空想や文学，写真，ビデオを使って遂行される。自慰には器具を使用したり肛門や乳首などの器官を自ら刺激することもある。

**CRF**［CRF］ コルチコトロピン放出因子の略。

**CAGE**［CAGE］ アルコール依存症を発見するためのスクリーニング検査。この検査は以下の4つの質問から構成される。(a) あなたは今まで飲酒量を減らさなければならないと感じたことがありますか，(b) あなたは飲酒のことで人から非難されてイライラしたことがありますか，(c) あなたは今まで飲酒について悪いと思ったり罪悪感をもったりしたことがありますか，(d) あなたは今まで朝酒を飲んだことがありますか。

**GHB**［GHB］ ガンマ-ヒドロキシ酪酸塩の略。抑制性神経伝達物質ガンマアミノ酪酸（GABA）の代謝物である強力な**中枢神経抑制薬**である。現在はナルコレプシーの治療とアルコール排出の管理のために使用されている。また，アメリカ以外の国で静脈注射の全身麻酔薬として使用されることもあった。幸福感と鎮静作用をもたらすためドラッグとして一般的に使用されることもあり，性的な興奮を高めるなどの噂もある。記憶喪失や意識不明の状態を誘発する作用があるので，**デートレイプ薬**とみなされた。重篤な毒性の徴候は40〜60 mg/kg以上の量で起こる場合があり，通常アルコールに混ぜられている場合，死に至ることもある。不安，震え，錯乱，稀に発作を特徴とする離脱症候群の報告もある。アメリカでの商品名はザイレム（Xyrem）。

**CNS血管拡張**［CNS vasodilation］ 脳血管の拡張であり，脳血流が増加する。亜酸化窒素など様々な要因により生じる。

**COPEモデル**［COPE model］ 他者からの不快な入力を処理するためのモデルのこと。この名前は，この方法の頭文字である。つまり，感情の操作（Control emotions），入力の体制化（Organize input），計画（Plan responses），遂行（Execute）である。

**飼育**［captivity］ 動物が，自然生育環境下と異なる人工的な環境下で育てられている状態。多くの研究が，実験環境を厳密に制御するために，飼育下の動物を用いて行われている。⇨ **フィールド研究**

**G群常染色体トリソミー**［autosomal trisomy of group G］ G群として知られている21番または22番の染色体対のいずれかに，1本余分な常染色体が含まれている状態。このような常染色体異常で最も一般的にみられるのが**トリソミー21**である。⇨ **ダウン症候群**

**C線維**［C fiber］ 小径の**非ミエリン化**神経線維。痛み情報をゆっくりと伝え順応させる。

**G耐性限界**［G-tolerance limits］ 加速によって頭から足の方向（+Gz方向）へと血が下がることで生じるブラックアウトの直前で，個人が耐えうる最大限の重力効果（慣性力）。高性能機の操縦士はGスーツと筋緊張動作を用いることで+9 Gzに耐えうる。重力曝露の継続時間と使用された安全保護の種類はブラックアウトが生じたかどうかを決定するうえで重要である。

**Gタンパク質**［G protein］ あるタイプの膜受容体（タンパク質共役受容体：G-potein-coupled receptor）の細胞

内部分と共役し，その受容体が細胞外表面の適切なリガンド（たとえば，神経伝達物質）と結合したときに活性化するタンパク質。そのため，Gタンパク質は信号伝達（たとえば，間接的な化学的神経伝達に含まれるような）において役割を演じる。ヌクレオチドのグアノシン二リン酸（GDP）やグアノシン三リン酸（GTP）と結合して働き，様々な方法で（たとえば，細胞内の**セカンドメッセンジャー**の合成を調整することで）その受容体から他の細胞成分（たとえば，イオンチャネル）へと信号を伝達する機能をもつ。

**恣意的記号** [arbitrary symbol] 表現する物や概念と明らかな類似性が存在しない言語的**記号**（書かれた言葉，もしくは話された言葉）（⇨ **指示物**）。すべての言語における単語の多くが，このカテゴリーに当てはまると考えられるため，恣意性はしばしば人間の言語の重要な特徴とされる。この考え方は，言語に対する構造主義的研究法において特に重要なものである。⇨ **構造主義**，**アイコニック・シンボル**，**語音象徴**

**恣意的推論** [arbitrary inference] 証拠とは関係のない，または矛盾する結論を導き出してしまう**認知の歪み**。

**恣意的見本合わせ** [arbitrary matching to sample; symbolic matching to sample] **見本合わせ**の一形態であり，選択段階の正しい選択肢が，見本として呈示されている刺激と恣意的な関係にあることをいう。

**自慰等価** [masturbation equivalents] **自慰**の心理的置き換えとしてある理論家によって同定されてきた行動（ギャンブル，爪噛み，耳たぶを引っ張ること，髪の毛を一房ねじること）。しかし，そのような行動は性的刺激やオーガズムを体験できないし，そのような行為（たとえば，不安の減少）には他にも理由があることも考えられるので，この概念は妥当性があるとは認められていない。

**G保護装置** [G-protection device] 飛行中の重力の影響を計測する装置のこと。スピードが上昇するにつれて，重力による加速（自由落下の加速）が大きくなる。パイロットの意識を保つために，フライトスーツの膨張式圧力カフスが重力の影響の測定に役立っている。

**子音** [consonant] 1. 声道が一部あるいは全体的に収縮している場合に生み出される，有声あるいは無声の言語音。2. これらの音声を文字で表す際に用いられるアルファベットの一つ。⇨ **母音** 3. 子音により特徴づけられるもの，あるいは子音。

**視運動性作用** [optokinetic effect] 1. 眼球運動に対する様々な知覚反応または運動反応。2. 様々な移動刺激に対する眼球自体の運動。⇨ **視覚性運動反射**

**シェイコー** [Shakow, David] デヴィッド・シェイコー（1901-1981）。アメリカの心理学者。シェイコーはマサチューセッツ州にあるウスター精神病院で働きながら，ハーバード大学で1942年に博士号を取得した。その後イリオン大学医学部，シカゴ大学を経て1956年〜1966年まで全米精神衛生研究所で心理学実験室責任者を勤めた。シェイコーの主な研究分野は心理分析学と統合失調症患者の運動行為であった。しかしシェイコーの最も有名な功績は，米国心理学会が1940年代後半に**臨床心理学**の専門集団になる助けとなった研究を行ったことである。シェイコーはセラピスト，研究者，診断者などの**科学者-実践家モデル**という臨床心理学者のトレーニングのためのモデルや基準を立案することに貢献した。シェイコーのトレーニングモデルは臨床心理学の分野で数十年間支持され，今でも卓越したモデルとして知られている。

**シェイピング** [shaping; approximation conditioning; behavior shaping] 新たに**オペラント行動**を形成する方法の一つであり，目標とする行動を遂行するために強化していくというもの。⇨ **連続的近接法**

**自益的バイアス** [self-serving bias] 成功に対しては自己の評価を高め，失敗には外的要因のせいにして自己の責任を認めないようなやり方で出来事を解釈する傾向。自益的バイアスは，高い**自尊心**を維持することを目的とする自己欺瞞とみなされる。⇨ **集団奉仕バイアス**

**使役動詞** [causative verb] 何かが引き起こされたという観念を表現する動詞。たとえば，納得させる（convince），調和させる（harmonize），活性化させる（enliven）など。子どもの使役概念の獲得は，言語・認知・社会的発達が複合的に関わる部分として，発達研究の中でも，積極的に研究が進められている分野である。⇨ **行為動詞**

**シェーグレン-ラルソン症候群** [Sjögren-Larsson syndrome] 様々な遺伝的要因によって生じる鱗状の皮膚，痙攣，精神遅滞によって特徴づけられる常染色体の劣性状態を指す。汗腺はまばら，または不十分である。その鱗状の特性は世界中のいろいろな地域集団の間での特定の事例において一様ではない。[1957年スウェーデンの内科医シェーグレン（Torsten Sjögren: 1896-1974）と科学者ラルソン（Tage Konrad Leopold Larsson: 1899-1986）によって報告された]

**ジェスチャー** [gesture] 1. こぶしを握り締める，手を振る，足踏みといった，特定の意味を伝達したり，個人の感情状態や態度を示す動作のこと。⇨ **象徴的しぐさ**，**アイコニック・ジェスチャー**，**非言語行動** 2. 多くの場合，象徴的で，他者の態度に影響を及ぼすことを意図した状態や行動のこと。

**ジエチルスチルベストロール** [diethylstilbestrol: DES] エストロゲンを活性化する非ステロイドの合成化合物。これは妊娠の女性が流産や早産を避けるために以前は広く処方された。しかし，女性の子孫の生殖異常や癌を含むジエチルスチルベストロールに関連した健康上のリスクのために，そのような使用は1970年代初期に中止された。乳癌や前立腺癌の症例の治療に臨床的には使用されることもあるが，稀である。

**ジエチルプロピオン** [diethylpropion] 肥満の治療の食欲抑制剤として使用される**中枢神経興奮薬**（⇨ **中枢興奮薬**）。アメリカの商品名はテヌエイト（Tenuate）。

**シェフェの検定** [Scheffé test] 事後検定の一種で，対比（任意の個数の平均値を重みづけしたうえで比較すること）の有意性検定を行う手法。ありうるすべての対比の集合全体について，**第一種の誤り**を犯す確率を事前に定めた水準に統制しつつ，それらを検定する。[アメリカの数学者シェフェ（Henry Scheffé: 1907-1977）による]

**ジェームズ** [James, William] ウィリアム・ジェームズ（1842-1910）。アメリカの心理学者・哲学者。1868年にハーバード大学医学部で学位取得後，ハーバード大学にて生理学，哲学，心理学の教授となる。その時代における最も偉大な心理学者であり，彼が教えた学生の中にはカル

キンス（Mary Whiton Calkins），ハル（G. Stanley Hall），ウッドワース（Robert S. Woodworth），ソーンダイク（Edward L. Thorndike）など，アメリカの心理学の発展に貢献した学者たちが名を連ねる。また，ベストセラーとなる心理学の教科書 *Principles of Psychology* (1890) を執筆し，当時草創期であった心理学の学問分野の形成に貢献した。心理学にダーウィンの進化理論を取り込み，慣習や感情，意識などの心理過程が生物の生存に役立つことを強調する機能主義的アプローチを導入したことで知られる。ジェームズは，*Varieties of Religious Experience* (1902) で宗教の心理について，また精神生活の無意識的要因を明らかにすることを通じて，心霊研究について後世に残る貢献をした。さらに，デューイ（John Dewey）とパース（Charles S. Peirce: 1839-1914）とともに，哲学に対するアメリカの最大の貢献である**実用主義**の創始者の一人である。
⇨ **ジェームズ-ランゲ説**，**機能主義**，**自己**，**意識の流れ**

**ジェームズ-ランゲ説**［James-Lange theory］ 様々な感情状態は内臓や随意筋から脳へのフィードバックに起因するという説。この説においては，様々な感情の分だけ様々な生理反応があるとしており，なおかつ生理反応は感情の後ではなく，感情に先行すると考えられている。［ジェームズ（William James）とデンマークの生理学者ランゲ（Carl Georg Lange: 1834-1900）による説］

**シェルショック**［shell shock］ 第一次世界大戦中の**戦闘ストレス反応**に対して用いられた名称のこと。当時，その障害には心理的な要因が含まれることなく，砲弾や爆弾が起爆したことが原因で生じた，単に生命に関わらない脳出血や脳震盪であると言われていた。

**シェルドンの体型論的パーソナリティ理論**［Sheldon's constitutional theory of personality］ すべての人間は3つの主要な気質をもっているとするパーソナリティ理論。この3つの気質は，3つの基本的な体格（体型）と関連しており，その体格は7段階で評定される。**外胚葉型，内胚葉型，中胚葉型**の3つの体型は，それぞれ**頭脳緊張型，内臓緊張型，身体緊張型**の3つの気質と相関すると言われている。しかし，体型は人間の基礎的な側面を規定するものの，栄養状態や人生早期の経験も体型と気質それぞれに影響を与える。［アメリカの心理学者シェルドン（William H. Sheldon: 1899-1970）］

**シエロピア**［scieropia］ 視覚異常の一種で，物体が暗く見えること。この症状は，感情的あるいは心理的な原因によって生じることがあり，その場合は神経性シエロピア（scierneuropsia）と同一とみなされる。

**四塩化炭素**［carbon tetrachloride］ 揮発性の液体であり，吸入により多幸感，見当識障害，離人障害など，多くの鎮静剤と同様の効果がみられる。継続的な使用により認知症の急速な進行など身体的な問題を引き起こす。⇨ **吸入因子**，**吸入剤乱用**，**吸入剤依存**，**吸入剤中毒**

**支援技術サービス**［assistive technology service］ 障害を有した個人を直接的に支援するための組織，ビジネス，機関，供給業者のことで，支援技術を用いた装置の選択，購入，リース，利用に関わるサービスのこと。特注生産，メンテナンス，更新を含む。

**支援教員**［resource teacher］ **特別支援**の子どもや，才能のある子どもなど，特別な子どもに対して教育を行う専門家。他の教師のコンサルタントにもなりうる。

**ジェンキンス活動性調査**［Jenkins Activity Survey: JAS］ 客観的な計量心理学的手法で**タイプA行動パターン**の臨床評価に準ずることを目的とした自記式，多肢選択式検査。タイプAの特徴である極端な競争意識，達成と個人的評価に向けた野心，攻撃性，性急さ，我慢のなさ，爆発性のような行動パターンを測定する。［アメリカの心理学者ジェンキンス（Carlyle David Jenkins: 1928- ）］

**支援工学（AT）**［assistive technology: AT］ 制限や障害のある人々の機能を改善するための機器の発展や，サービスの提供に関連した分野。⇨ **バイオエンジニアリング**

**ジェンセン主義**［Jensenism］ IQのなかの人種差が少なくとも部分的には遺伝し，環境的介入を通じてIQを上げる試みが大部分は失敗すると仮定する論争の的になっている理論。［アメリカの心理学者ジェンセン（Arthur Jensen: 1923- ）による］

**支援ソフトウェア**［assistive software］ 障害者がコンピュータアプリケーションを使用できるようにデザインされたコンピュータプログラムのこと。たとえば，視覚障害をもった利用者のためにデザインされたソフトウェアプログラムである**スクリーンリーダ**は，コンピュータモニタ上の情報を音声に変換するため，**音声合成装置**とともに用いられる。

**ジェンダー**［gender］ 男性，女性，あるいは中性である状態。社会的性とも言われる。人間に関しては，ジェンダーと性との区別はこれらの単語の使い方に現れる。性は，男性性や女性性の生物学的側面を指すことが多いのに対して，ジェンダーは男性であることや女性であること（つまり，男らしさや女らしさ）の心理学的，行動的，社会的，文化的側面を含意する。⇨ **性役割**

**ジェンダー安定性**［gender stability］ 自分や他者の性別が，時間によって変化しないということを理解していること。⇨ **ジェンダー不変性**

**ジェンダー一貫性**［gender consistency］ 自分や他者の性別が，外見や態度などの表面的な変化に関わらず，どんな状況においても一定であることを理解していること。⇨ **ジェンダー不変性**

**ジェンダー概念**［gender concept］ その文化に特有の**性役割**の考え方。ジェンダーは社会的に構成される概念で，生物学的な性別に基づいてその文化での男性や女性の役割や期待を含んでいると考えられてきた。子どものジェンダー概念，特にその文化でどのように自分自身を男性あるいは女性とみなすかという点については，子ども時代の発達を通して育まれる。⇨ **性役割の社会化**

**ジェンダーコーディング**［gender coding］ ある特性もしくは行動を，男性か女性のいずれのものであるとして偏った形で割り当てること。

**ジェンダー差**［gender differences］ 男性と女性の間の典型的な差異を指す。職業キャリア，コミュニケーション，健康，社会意識，環境への定位などといった各領域の文化において固有のものである場合が多い。

**ジェンダー心理学**［engendering psychology］ ジェンダー問題に敏感に反応した心理学的議論を発展させるためのプロジェクト。⇨ **フェミニスト心理学**，**女性中心心理学**［アメリカの心理学者のデンマーク（Florence L. Denmark: 1932- ）によって導入された］

**ジェンダースキーマ**［gender schema］ ジェンダーも

しくは生物学的性（sex）に対する理解を導く体制化された信念や期待.

**ジェンダースクリプト**［gender script］　一時的に体制化された，ジェンダーに関連する一連の出来事．ステレオタイプ的な女性のジェンダースクリプトには，洗濯をすることや台所で夕食の支度をすることなどが含まれる一方で，ステレオタイプ的なアメリカ男性のジェンダースクリプトには鳥小屋を作ることやバーベキューをすることなどが含まれる．⇨ **スクリプト**

**ジェンダーステレオタイプ**［gender stereotypes］　生物学的な性に基づいて，ある文化の人に普通で適切と考えられるような，比較的固定的で過剰に一般化された態度や行動．これらの**ステレオタイプ**は記述的なだけでなく規範的でもあることが示されている．ジェンダーステレオタイプは，性役割の社会的条件づけの基盤となることが多い．

**ジェンダーの不一致**［gender nonconformity］　自分と同じ性別の他者あるいは文化的に期待される男性および女性の行動から逸脱した行動を指す．

**ジェンダーバイアス**［gender bias］　女性と男性に対して異なる取り扱いをすることをいう．これらのバイアスは，"医師とその妻"といったような，言語的に表現される不当な仮定を含む場合がある（"医師とその配偶者"であれば，医師は男性のはずであるという含意を回避している）．また，たとえば心臓疾患における医学調査において両方の性の人々が議論対象となっているときに，"he"を用いることによって女性を除外するなどの言語的表現を指す．

**ジェンダー判定**［gender assignment］　誕生時に子どもを男性もしくは女性に分類すること．**外性器異常**をもって生まれた子どもは，通常は，両親もしくは医師によってジェンダーを割り当てられる．

**ジェンダー不変性**［gender constancy］　少年または少女であることについての永続的感覚が子どもに発現すること．または，**性同一性**，**ジェンダー安定性**，**ジェンダー一貫性**という一連の段階で生起する理解のこと．

**ジェンダー類型**［gender typing］　人々の行動についての生物学的性に基づく期待．

**支援付き自立生活**［supported living］　精神障害をもつ者が一人，もしくは小さなグループで日常生活動作に関する支援や自立生活に必要な生活スキルを学ぶための支援を，一時的に受けながらアパートや自宅（多くは賃貸であるが，持家の場合もある）で生活している状況のこと．居住者の技量に応じて支援者が支援の程度を変更する．

**支援的関係**［helping relationship］　仲間の中の少なくとも一人の成長，発達，成熟や，他者の役割の改善を目的とする関係性のこと．仲間は個人のことも集団のこともある．［ロジャーズ（Carl Rogers）によって1961年に定義された］

**支援の輪**［circle of support］　ある個人に対して支援を行う人々の集団のこと．たとえば，発達障害を抱える人にとって，その集団は，家族，友人，知人，同僚，そして，時としてサービス提供者や調整役から構成され，彼らは定期的に会合し，その個人が目標を達成することを支援する．集団の目標は，個人の経歴，現在の好みや興味関心を広範かつ繰り返し査定することにより決定される．そうした目標は，その時点での一つの段階を表すものであり，その時々の状況に応じて段階的に設定される．

**視黄**［visual yellow; xanthopsin］　感光色素である**ロドプシン**が退色したもの．⇨ **色素漂白**

**ジオプター**［diopter］　メーターで測定された**焦点距離**の逆数と等しいレンズの度の単位．1ジオプターのレンズはレンズの1m後ろの場所に平行光線の焦点を合わせる．

**歯音**［dental］　**1.** フランス語の"t"の音のように，上側の前歯に舌をあてて調音される音声を意味する．**2.** より広義には，**歯茎音**，**歯**，**歯間音**の発声を意味する．**3.** 歯音声．

**ジオン**［geon］　より複雑な知覚において基礎的部品と考えられている単純な3次元要素のこと（たとえば，球面や立体）．⇨ **要素による認識理論**　［アメリカの心理学者ビーダーマン（Irving Biederman: 1939- ）が最初に提唱した］

**耳音響放射（OAEs）**［otoacoustic emissions: OAEs］　蝸牛によって生み出される弱い音のこと．**外耳道**に置かれたマイクを使って記録される．自発的耳音響放射（spontaneous otoacoustic emissions: SOAEs）は，外部から呈示された音が存在しない時に記録される．誘発耳音響放射（evoked otoacoustic emissions: EOAEs）は音，特に瞬間的な音（クリック音），持続的な純音，あるいは一組の音に対する反応である．誘発耳音響放射は反射の結果として生じるものではないことから，別の呼び名である蝸牛エコー（cochlear echo）は厳密には正しくない．すべての耳音響放射は正常な蝸牛の働きを必要としており，おそらくは外的な**有毛細胞**の運動によって媒介された，蝸牛内部で生じる能動的な力学的過程が存在する強い証拠を与えていると考えられる．誘発耳音響放射の計測は聴覚検査で広く行われるようになってきている．蝸牛放射（cochlear emissions）とも呼ばれる．

**自我**［ego］　**1.** 自己，特に自分というものの自覚（ラテン語の"I"）．一般的かつ準専門的意味において，自我は自分に関連する心理的現象や過程，また態度，価値観，関心などすべての心理学的現象・過程で言及される．**2.** 精神分析理論において，外界とその実質的な要求を取り扱うパーソナリティの要素．すなわち，自我は，個人が知覚し，推論し，問題を解決し，現実を吟味できるようにし，超自我からの命令に対してイドの本能的な衝動を調節する．⇨ **反リビドー的自我**，**身体自我**，**支持的自我**

**視蓋**［optic tectum］　中脳にある蓋の一部分で視覚系の機能を果たす．⇨ **上丘**

**耳介**［pinna; auricle］　外耳の一部で頭から出ている部分．

**視蓋核**［tectal nucleus］　中脳の背側部にある**上丘**と**下丘**に位置する特定の**核**．視蓋核は視覚系と聴覚系の中継機能を果たし，反射機能を統合する．視蓋核にある一部のニューロンは視覚系と聴覚系の双方に応答するという二面性がある．

**自家移植**［autoplasty］　患者自身の他の部位の身体組織を使い回復させる外科手術．

**視蓋脊髄路**［tectospinal tract］　**上丘**からはじまり，中脳の正中を通って中脳や橋，延髄へ伝わっていき，脊髄の頸部で終点とする神経線維の束．視覚，聴覚，体性感覚の刺激に反応して頭部を動かす機能がある．⇨ **腹内側経路**

**紫外線（UV）**［ultraviolet: UV］　0.5 nm〜400 nmの間の電磁スペクトルの一部．紫外線のスペクトルの上限は紫

と知覚される波長をほんの少し下回る。昆虫や魚の中には，紫外線の波長に感受性のある光色素を網膜に有しているため，紫外線刺激を見ることができるものもいる。

**自我異和性同性愛**［ego-dystonic homosexuality］ 異性へ性的興奮が起きないことに悩まされている状況を指す。明確な同性への性的興奮状態でありながらも，それを望んでおらず，むしろしつこく悩まされている状態。その状況にはしばしば孤独や恥，不安，抑うつという感情が伴う。DSM-Ⅳ-TR では**特定不能の性障害**と分類されている。

**自我異和的**［ego-dystonic］ 精神分析理論では，**自我**や**自己**にとって受け入れ難い，あるいは嫌悪感が生じるような欲動や願望，思考を意味する。自我異質的（ego-alien）とも呼ばれる。⇨ **自我親和的**

**耳科学**［otology］ 耳の疾患の研究，診断，治療に関する医学分野。

**自我確認理論**［self-affirmation theory］ 人は，自分が適応的で，道徳的で，有能で，安定しており，重大な結果を自らコントロールできるという考えを維持するように動機づけられている，と仮定する理論。この自己認識に問題が生じると，心理的な不快が生じる。このとき，新しい情報と自己との間の不一致を直接解決しようとしたり，自己の他の側面を肯定したり，あるいはその両方を行ったりすることで，不快感を減少させようとする。自己確認理論は，**認知的不協和理論**とは異なる説明として用いられてきた。⇨ **不協和低減**，**認知的不協和の自己一貫性理論**［アメリカの心理学者スティール（Claude M. Steel: 1946- ）によって最初に提唱された］

**自我関与**［ego involvement］ 心理的に価値があるか重要であるというように，**態度対象**が認められる範囲。態度の強度の決定要素であると推定される。また態度の関与（attitudinal involvement），個人的関与（personal involvement），自己関連性（self-relevance）とも呼ばれる。⇨ **態度の重要性**

**自我機能**［ego functions］ 精神分析理論における，**自我**の様々な働き。それには外的世界の認知，自己知覚，問題解決，運動機能の制御，現実適応，記憶，欲動と思考との葛藤への仲介などが含まれる。自我はしばしば**現実原則**の枠の中で機能しているために，人格の実行機関として描写される。⇨ **二次過程**

**自我境界**［ego boundary］ 1. 自己と非自己を区別するための概念。明確な自我境界に欠けていると言われる人はあまりに簡単に，あるいは極端に，そして頻繁に自己と他者を同一視するために，自己と非自己の区別がぼやけてしまう。2. 精神分析において，**自己**と**イド**との間の境界（**内的境界**），あるいは，自我と外の現実との間の境界（**外的境界**）を指す。

**自我境界喪失**［ego-boundary loss］ 自身の身体，精神や影響力の終わりがどこで，他の生命体や非生命体のそれらがどこから始まるのかの明確な感覚が欠けている状況を指す。

**自我強度**［ego strength］ 精神分析理論における，**イド**の内的欲動や**超自我**，そして外的現実との間のバランスを上手く維持する能力のこと。強い自我（strong ego）をもった人は欲求不満やストレスに耐え，満足感を維持し，必要に応じて自身の欲動を修正し，**神経症**になる前に内的葛藤や情緒的問題を解決することができる。

**視覚**［vision］ 見るという感覚。目は受容器であり，刺激は，可視**スペクトル**の放射エネルギーである。⇨ **視覚系**

**視角［1］**［look angle］ 人間工学において，課題遂行中にオペレータが見る方向。頭や目を動かさず，前方を見ながら操作できるような仕事台や装置の設計が目標となる。⇨ **ヘッドアップ・ディスプレイ**

**視角［2］**［visual angle］ 眼の節点において，ある視対象が張る角度。腕を伸ばしたときの成人の親指の幅はおよそ視角1°であり，頭を取り巻く周囲は視角360°となる。

**視覚運動性行動リハーサル**［visuomotor behavior rehearsal］ パフォーマンスの強化のため用いられる，**漸進的筋弛緩法**とイメージを連合させたプログラム。

**視覚運動統合**［visual-motor coordination］ 視覚情報と身体の違う部分の運動を協調させる能力のこと。

**視覚－運動統合発達検査**［Developmental Test of Visual-Motor Integration: VMI］ 視覚運動の発達尺度。この検査では，直線から複雑図形へと難易度が上がる幾何学図形を白紙の上に模写することを要求される。現在のものは第5版であり，VMI は視知覚，運動協応，視覚-運動統合の問題を確認するために用いられる。この検査では2つのバージョンを利用できる。一つは，簡易形式で15種類の図形を用い，適用年齢は2歳〜8歳。もう一つは，完全形式で24種類の図形を用い，適用年齢は18歳まで。［アメリカの心理学者ビアリー（Keith E. Beery: 1932- ）とブクテニカ（Norman A. Buktenica: 1930- ）によって1967年に初版が開発された］

**視覚化**［visualization］ 1. 個人の心の中で視覚像を創造する過程（⇨ **視覚的イメージ**）。または，技術の習得や能力の向上のために計画した動きを心の中で繰り返し行うこと。2. 心理療法において，クライエントが抱く意図的形態。それは，ある場面の心的視覚イメージ，抑圧された過去の事件，不安の原因に関するものである。その目的は，視覚化されたシーンを，その場の治療場面に持ち込むことであり，そこでは，視覚的場面が議論され，否定的意味合いを減じるように解決される。⇨ **感情誘導イメージ法** 3. 平穏感を導いたり，増加させたりするときに用いられる催眠法。そこではたとえば，家で座っている状況をイメージし，その状況（たとえば，窓でなびくカーテン，肘掛け椅子の感触）を感じとるときに全ての感覚を用いるように言われる。十分にこれらの特徴に集中すればするほど，より深くリラックスする。4. 消費者心理学において，消費者がその商品を選んだ本当の理由を探るために，仮想的あるいは架空的な状況を用いて動機を明らかにする調査方法のこと。たとえば，その商品をなぜ好きなのか嫌いなのかについて尋ねるのではなく，その商品を買いそうなのはどのようなタイプの人か思い描いてくださいといった尋ね方をする。

**視覚学習**［visual learning］ 視覚的な手がかりに依存する訓練または**条件づけ**。視覚学習に関する脳の中枢は，視覚的な入力を分析する際に皮質細胞が強く賦活することが示されている**下側頭葉皮質**内にあるとされる。

**視覚記憶**［visual memory］ 以前に見たことがある視覚映像の形態を思い出す能力。⇨ **運動記憶**，**言語性記憶**

**視覚機能**［visual function］ 視覚刺激を処理する能力。

**視覚系**［visual system］ 視覚に寄与する神経系や非神

経性の眼からなる構成要素。**角膜**や**水晶体**といった眼の前端構造物は**網膜**上に光を集め，そこで光子が神経信号に変換される。神経信号は**視神経**と**視索**を経由して，視床や脳幹にある核に伝わる。そして，意識的な分析を行うために大脳皮質にある**視覚野**に順次信号を伝達する他，脳幹と脊髄にあり眼球運動を生み出す運動中枢にも信号を直接伝える。

**視覚形態失認**［visual form agnosia］ **視覚失認**の一種。視力や視覚閾値といった基本的な視覚機能が傷ついていないにも関わらず，複雑な物体や写真の認識ができない。言語的，総合的な知的機能もまた損傷を受けていない。したがって，視覚形態失認を患った人はその物体に触れると，正しく認識することができる。この失認は一般的に，**下側頭葉皮質**にある**視覚野**の損傷によって生じる。対照的に，**外側膝状体**や**V1**といった視覚系の初期水準への損傷は**暗点**を生み出す。視覚物体失認（visual object agnosia）とも呼ばれる。

**視覚欠損**［optical defect］ 光線の焦点を網膜上にうまく合わせることができない状態のこと。⇨ **屈折異常**

**視覚健忘**［visual amnesia］ 神経学的疾患や損傷による，見慣れた対象や，印字されたもしくは手書きの文字などの認知能力の欠損のこと。

**視覚構成テスト**［visuoconstructive test; visual-construction test］ 非言語技能を評価するために，最終的な結果を作るにあたって視覚技能と運動技能の組合せを必要とする様々なテスト。最も一般的な例として描画テスト，**ブロックデザイン検査**，ジグソーパズルテストがあげられる。

**視覚サイクル**［visual cycle］ 光刺激中の**ロドプシン**からの全トランスレチナールの開放と，それに続く網膜**色素上皮**での全トランスレチナールの11シスレチノールへの変換，そしてロドプシンの再構成のための11シスレチノールの光受容器への再移動を含む，生物物理的，生物化学的な一連の事象のこと。

**視覚刺激**［visual stimulation］ 網膜上の受容野の反応を引き起こす光による刺激のこと。

**視覚失語**［optic aphasia］ 視覚的に呈示されたものの名前を言えない障害。

**視覚失認**［visual agnosia］ 物体のような視覚刺激を認識するのができない状態。統覚型視覚失認（apperceptive visual agnosia）の原因として視覚異常，連合型視覚失認（associative visual agnosia）の原因として知覚的機能障害以外の要因が考えられる。視覚失認に似た症状は，物体に触れて認識する必要がある人間以外の動物でも観察されているほか，脳に損傷を負った人間にもみられる。物体失認（object blindness）とも呼ばれる。⇨ **先天性視覚失認**，**視覚形態失認**

**視覚受容野**［visual receptive field］ 刺激が網膜上の神経細胞からの反応を引き起こすような**視空間**内の領域のこと。網膜受容野とも言う。

**視覚障害**［visual impairment］ 視力の部分的，もしくは完全な欠損のこと。視力障害は盲目からロービジョンまでの意味を有する。これは，疾患または変性疾患（たとえば，緑内障，糖尿病性網膜症，または黄斑変性白内障），怪我，または先天性欠損（乱視屈折異常など）に起因する。視覚障害の程度は日常生活における不便さによって変わる。⇨ **中途視覚障害**，**先天性視覚障害**

**視覚情報伝達**［visual transduction］ 網膜上の**光受容体**において光エネルギーが神経信号に変換される生物化学的，生物物理的な過程のこと。⇨ **異性化**，**視覚サイクル**

**視覚処理**［visual processing］ **視覚系**のすべての水準における視覚信号の変更および分析。

**視覚性運動反射（OKR）**［optokinetic reflex: OKR］ 比較的大きく，ゆっくりとした頭部運動を行っている間，視覚的標的に対して固視し続けることを可能にする補完的な眼球運動。視覚性運動反射は視覚信号によって駆動される。⇨ **前庭動眼反射**

**視覚性過敏反応**［hypermetamorphosis］ 任意の視覚刺激に対して過剰な反応を示したり，注意を過度に注いだりする強い傾向性のこと。

**視覚性共感覚**［photism］ **共感覚**の一様式のことで，聴覚などのほかの感覚刺激に応答して，光もしくは色の感覚が生じる。

**視覚性失読**［visual dyslexia］ 後天性失読の一つ。単語中の文字の交換や位置移動を含む読みの多彩なエラーが特徴。間違えられた単語は真の単語と非常によく似ている。たとえば，wife を life，bug を dug と読み間違える。［イギリスの神経心理学者マーシャル（John C. Marshall）とニューカム（Freda Newcombe: 1925-2001）によって提唱された］

**視覚性失行**［optic apraxia］ 道具と他の物体とを，対応する行動で関連づける能力が損なわれる機能障害。視覚性失行の人は物を適切に使用できない，意図した行動をとるために必要なものを選択することができない，お茶の準備をする，衣服をするといった複雑な行動を誤った順序で行ってしまう，あるいはその作業を成し遂げられない，という理由から，日常生活を送るのが困難である。ほとんどの場合，左脳の側頭頭頂連合野か前頭連合野（あるいはその両方）に損傷がある。

**視覚性失調**［optic ataxia］ まひや視覚障害がないにもかかわらず，手足の動きの制御ができない状態（たとえば，物をつかむことができない）。典型的な視覚性失調は両側性あるいは一側性（概して右側）の脳の後頭頭部への損傷によるもので，**バリント症候群**の特徴である。視覚性運動失調症（visuomotor ataxia）とも呼ばれる。

**視覚性失名**［visual anomia］ 視覚認識が正常であるのに視覚刺激の名称を正しく答えることに失敗すること。

**視覚性消去**［visual extinction］ **視覚性無視**の一種であり，視野の片側で見えていた刺激が，ある刺激が視野の反対側に同時に現れると消失してしまう。視覚性消去は通常消失が生じる視野の反対側の頭頂-後頭葉への脳損傷の結果として生じる。

**視覚性知覚転移**［visual allachesthesia］ 視覚像が空間の反対点に転置される（たとえば，視野の片一方からもう一方へ）という**頭頂葉損傷**の症状である。

**視覚性注意障害**［visual attention disorder］ 視覚刺激を検出したり，注意を固定したりする能力の障害。バリント症候群や視覚性無視がこれにあたる。⇨ **知覚的消去**

**視覚性無視**［visual neglect］ 感覚性無視の一つ。視野の半分を無視する現象。右後頭葉の障害を反映した左視野で最もよく起こる。⇨ **無視**

**視覚探索**［visual search］ ディストラクタ刺激の中に

あり標的となる視覚刺激を探す過程。**視覚的注意**の根底にある知的活動を調べるために，標的やディストラクタの特徴が操作される。⇨ **特徴統合理論**

**視覚探査障害**［visual-search perceptual disorder］　大脳半球の損傷によって，ランダムに配列された数字の中から特定の数字を見つけることが困難になる障害。通常，この患者にとっては正中線より左にある数字の方が見つけやすいと言われている。左半球に損傷を負った患者も，正中線よりも左側にある数字のほうが見つけやすいが，右半球に損傷を負った患者の場合は右側にある数字の方が見つけやすいと報告されている。

**視覚追跡**［visual pursuit; visual tracking］　動いている対象への注視を保つための眼球運動のこと。眼球追跡とも言う。

**視覚手がかりリーチング**［visually guided reaching］　標的を設置したり障害を避けたりするのに並列している視覚情報を用いる運動。視覚手がかりリーチングは，覚えているが見えていない標的への運動や，触覚など他の感覚が手がかりとなる運動と対比される。

**視覚的閾値**［visual threshold］　1. 視覚的に検出されるのに最低限必要な刺激の度合いのこと。2. 強度，解像度，コントラスト感度，運動，位置などを含む視覚刺激の様々な側面を検出するためのあらゆる閾値のこと。

**視覚的意識**［visual consciousness］　視覚的認識の内容。報告や各々の区別，指示された行動で表すことができる視覚的事象から構成される。

**視覚的イメージ**［visual imagery］　心の中に"映像"をもつ感覚を伴う心的イメージ。イメージは，以前の視覚的経験や，想像によって生成された合成体（たとえば，ピンクのカンガルーを思い浮かべるように）などがある。視覚的イメージは，トラウマ的な出来事を処理したり，脱感作階層を確立したり，身体能力を改善するために用いられる場合がある。⇨ **視覚化**

**視覚的快適率（VCP）**［visual comfort probability］　不快な光（過剰な視覚刺激による干渉）に対する感受性や，部屋や職場の適切な光のレベルを推定したりするための測度。

**視覚的形態弁別**［visual form discrimination］　異なる形態を見分けること。

**視覚的構成障害**［visuoconstructional impairment］　対象を組み立てたり，絵を描いたりといったような構成課題で困難が生じることによって特徴づけられる障害。⇨ **構成失行**

**視覚的コミュニケーション**［visual communication］　個体間のコミュニケーションの手段として，視覚系によって検出される特有の色や形もしくは運動を使用すること。たとえば，動物は繁殖期に特有の色となり，繁殖できる状態であることを示し，脅威を感じるような状況では毛をけば立たせて体を大きく見せることがある。また他の様々な状況に応じて，四肢や頭を使って意思表示をする。

**視覚的再生**［visual reproduction］　視覚的に提示された物体を描いたり創造したりする能力。

**視覚的順応**［visual adaptation］　持続的な刺激の結果として視覚系自体もしくは視知覚に生じる変化。例として，暗所に長く居ることで光受容器が反応する光強度の範囲が変化することがあげられる。このように視覚系内のニューロンが順応することで多くの視覚的残効が生じる。⇨ **暗順応，明順応**

**視覚的体制化**［visual organization］　知覚に関するゲシュタルト法則において，視野がまとまりのある，意味のあるものとして感じられることをいう。

**視覚的体制化検査**［visual organization test］　視覚的，非言語的な刺激の体制化に関係するあらゆる検査。

**視覚的断崖**［visual cliff］　まだ言葉を話せない幼児や動物の奥行知覚の発達を研究するための装置。特に，奥行き知覚が生得的な能力であるか，または視運動経験を通して学習されるかに焦点が当てられた。この装置はチェッカーボードパターンが描かれた机からなっており，急勾配の"崖"と机の天板から一定距離下に同じパターンが描かれた表面がつながっている。装置は透明な面で覆われており，被験者は天板と崖の間の境界線上に配置される。崖を覆う透明な面の上を這おうとしなければ，被験者が装置の天板部分と崖部分の奥行きの違いを弁別することを示しているとされた。6か月程度の幼児であれば多くの場合，崖の方へは行かない。［ギブソン（Eleanor J. Gibson）によって考案された］

**視覚的注意**［visual attention］　標的となるあるアイテムが，妨害刺激となるいくつかの競合するアイテムの中から分析のために選択される過程。⇨ **特徴統合理論**

**視覚的テクスチャ**［visual texture］　2次元形態の属性。または3次元物体を，表面特性を表現している2次元画像として描写したもの。視覚的テクスチャは触覚におけるテクスチャと関連するが，同じではない。たとえば，"輝く"や"たくさんの小さな斑点がついた"は視覚的テクスチャを表現しているが，"滑らかな"や"波打つ"は触覚的テクスチャを表現している。2次元的な背景の中で奥行きを暗示するために，視覚的テクスチャの勾配がよく用いられる。

**視覚的統覚検査**［visual apperception test］　参加者のほとんどが子どもや若年者であり，視覚志向の課題を実施する投映法。たとえば，人や物体，状況を描いたり，未完成の絵を完成させたり，1つまたは複数の視覚刺激から物語を作ったりする課題を行う。

**視覚的弁別**［visual discrimination］　形態，パターン，隠された図形，その他の像と，わずかな違いしかない類似の対象との違いを区別する能力。

**視覚的ぼけ**［visual blurring］　中心視野において形態を知覚する能力が障害されて生じる感覚であり，主に視力低下や空間的な**コントラスト感度**の減衰と関連している。視覚的ぼけは，網膜疾患（たとえば，**黄斑変性，糖尿病性網膜症**）や視神経（たとえば，多発性硬化症と関連して）や視覚野への損傷の結果として生じうる。抗コリン作用薬の副作用や**調節痙攣**の結果としても報告されている。患者は読書や顔知覚（特に白黒写真）に困難を伴うようになる。

**視覚的捕捉**［visual capture］　実際の音源に関わらず，音がもっともらしく思われる視対象から発せられているように感じる傾向。例として，映画の俳優の声が音を出すスピーカーではなく，スクリーンに映し出される像から発せられているように感じることがあげられる。腹話術効果（ventriloquism effect）とも言う。

**視覚的誘導**［visual induction］　ある視覚刺激もしくは**視野**の一部分が近接した刺激や視野の他の部分に及ぼす影

響をいう。視覚誘導の例として，**色対比**効果があげられる。

**視覚投影**［visual projection］　3次元的な対象を2次元像に変換してシルエット（影絵，輪郭）を描くこと。

**視覚認識**［visual recognition］　視覚的に物体を認識する能力。

**視覚認識テスト**［visual recognition test］　物体を単独または複数提示する間に，参加者に見慣れた一連の物体を識別させるテスト。

**資格認証制**［professional licensing］　当該の専門職として雇用されるための最低基準に法的規制を課すこと。専門資格は通常は，期限付認証，正規認証，再認証の3つである。⇨ **許可**

**視覚皮質**［visual cortex］　後頭葉にある大脳皮質であり，特に**有線皮質（一次視覚野）**を指す。人間では，視覚皮質は脳の後頭極の外側面にある小さい領域を占めており，そのほとんどが脳の内側面にある鳥距溝に埋もれている。視覚皮質は**視索**を通って**外側膝状体**から入力を直接受ける。そして**視覚連合野**を構成する複数の皮質への出力を送る。

**視覚-踏み直し反射**［visual-placing reflex］　目に見える物の表面に向けて足を置こうとする動物の反射行動。**皮質除去**の外科処置を受けた動物はこの自動的な反応を失い，見えている物の表面に向けて足を伸ばさなくなる。

**視覚マスキング**［visual masking］　ある視覚刺激が他の刺激を見えなくしてしまうこと。⇨ **マスキング**

**自覚夢**［lucid dream］　睡眠中において，自分で夢を見ていると自覚しながら見ている夢のことであり，夢の物語の進展を左右することができるといわれる。事前に明示した夢の特徴を自分の意思で夢見ることも可能である。

**視覚野**［visual area］　大脳皮質には，主に視覚刺激への選択性をもつニューロンをもつ多くの領域がある。全体として，すべての視覚野は**視覚皮質**からなる。ほとんどの視覚野は解剖学的接続（すなわち**細胞構築**）と特有の視覚感度に基づいて，互いに区別することができる。視覚野は"V"と数字によって指定される。その数字により，その視覚野が**有線皮質**からどのくらい離れているかがおおまかに示される。⇨ **V1，V2，V4，V5**

**視覚優位**［visual dominance］　聴覚や他の刺激が同時に呈示されているときでも，視覚刺激が優先されて気づくようになる傾向のこと。

**視覚誘発電位（VEP）**［visual evoked potential: VEP］　視覚刺激に応答した視覚皮質の上部を覆う頭皮から記録された電位のこと。

**視覚リハビリテーション**［vision rehabilitation］　盲目や弱視などの視覚障害をもつ人の**社会復帰**のこと。視覚的機能の査定や，**オリエンテーションと運動トレーニング**，リハビリテーション教育（たとえば，**日常生活動作**に適応するためのスキルトレーニング），視覚補助装置や福祉機器の使い方指導，キャリア支援や訓練，心理的カウンセリングなどを含む。

**四角療法**［quadrangular therapy］　夫婦や各配偶者を受けもつ個人セラピストが一緒になって介入する**夫婦療法**のこと（⇨ **カップル療法**）。各配偶者は別々に自分自身のセラピストと会い，そのあと1つのグループとして一緒になる。

**視覚連合野**［visual association cortex］　大脳皮質にある**視覚野**であり，線条皮質の外側に位置する。V2やV4,

V5を含む。⇨ **有線前野**

**自我欠損**［ego defect］　精神分析理論において，**自我機能**の制限が欠如していること。自我の主な機能には，現実の知覚と現実への適応がある。自我欠損は治療の対象になるか，回復を遅らせる欠陥になるかのいずれかである。

**自我構造**［ego structure］　精神分析理論における**自我**の構成を指す。

**シカゴ学派**［Chicago school］　心理学者であるデューイ（John Dewey）やエンジェル（James R. Angell），カー（Harvey Carr: 1873-1954）によって，20世紀初期にシカゴ大学で誕生した心理学の学派。**機能主義**と呼ばれる彼らのアプローチは，ブレンターノ（Franz Brentano: 1838-1917）の**作用心理学**と関連していた。つまりそれは，心的活動が心理学の中心となるべき適応的な生物学的行動の働きを促進するというダーウィンの思想を導入することによって，心理学の主題を修正しようとする試みだった。

**歯科催眠**［hypnodontics］　歯科医療において，緊張した患者の緊張をほぐしたり，不安を和らげたり，麻酔の補強あるいは代替として，また，歯ぎしり（床をこする）癖を矯正したりする方法として催眠暗示を用いること。

**自我志向性**［ego orientation］　ゲームの勝利，または社会的比較において優位な地位を獲得することに対し，当てられる動機づけに関する焦点。自我志向は**達成ゴール理論**の構成要素である。

**自我状態**［ego state］　精神分析理論において，環境や他者との関係を決定する精神の統合された状態。

**自我心理学**［ego psychology］　精神分析において，欲動の制御や外的環境に対処する**自我**の機能を強調する立場。原始的な性的欲動や敵意に関心の焦点を当てる**イド心理学**とは対照的である。また，自我は**葛藤外領域**を含んでおり，衝動的な願望から独立した目標を追求するためのエネルギーを自身に内蔵すると主張する点で，**自我心理学は古典的な精神分析**とは異なる。自我心理学理論は社会・文化的次元の複雑な影響を認め，生理学と心理学的観点を融合することによって古典的な精神分析的欲動理論を超えて拡張された。その結果，精神分析の射程は無意識的な出来事や精神病理学から，対人的，家族的，社会・文化的な力を基盤とする適応過程の探索に広がった。

**自我親和的**［ego-syntonic］　自我あるいは**自己概念**と矛盾しないこと。自我に対する脅威がなく，超自我からの干渉も受けずに活動できる時，思考，希望，欲動，行動が自我親和的であると言われる。⇨ **自我異利的**［フロイト（Sigmund Freud）によって1914年に初めて紹介された］

**自我ストレス**［ego stress］　個人に挑戦したり，**自我**による適応を要求するストレス（緊張や不安など）を生じさせる，内的，外的な状態。自我ストレスは，しばしば**解離**，**身体化**，あるいはパニックの防衛反応として現れる。

**自我対処スキル**［ego-coping skills］　個人的な問題や環境ストレスに対処するために獲得した個人の適応方法のこと。

**自我超越**［ego transcendence］　人が自身への関心を超えるために自己中心的に偏らずより大きな客観性で現実を認めることができるという感覚。

**自我同一性**［ego identity］　1. 精神分析理論において，他と区別され，独自の**自我理想**を統合して生じたと認められる，持続的な実体，生活上の役割，現実に適応する方法

としての自己の体験のこと。2. エリクソン（Erik Erikson）が人格発達における重要な過程であると考えていた，連続感（過去・現在・未来にかけて自分が連続しているという時間的連続性の感覚），価値がある感覚（自他ともに受け入れられている感覚），統合感（自分はこの世にたった一人の存在であると認識する感覚）を，段階的に（漸進的に）獲得すること。⇒ **エリクソンの発達の八段階，アイデンティティ**

**自我統制** [ego control] 情緒的衝動や動機づけの強い欲求の表出を禁じる傾向を基礎とする性格特性。統制の程度は過小から過大まである。

**歯牙年齢** [dental age] 永久歯の生えた数をもとにした歯の発達尺度。暦年齢を算出するために用いられることもある。

**自我の苦しみ** [ego suffering] 精神分析理論において，超自我が自我に不同意である際に，**超自我の攻撃的なエネルギー**によって，**自我**の中に罪悪感が生成されること。

**自我の枯渇** [ego depletion] 特に**自己制御資源理論**では，自己の**意志力**（自発性や選択，**自己制御**）の能力低下によって特徴づけられる状態。自我枯渇は一般に一時的なものであり，休息などによって回復する。

**自我のための退行** [regression in the service of the ego] 原始的な素材（⇒ **一次過程**）に触れるために機能する正常な自我の適応的な回避。しばしば創造的な活動と結びつく。[スイス生まれのアメリカの精神分析家であるクリス（Ernst Kris: 1900-1957）が最初に提唱した]

**自我の弾力性** [ego resiliency] 感情的衝動の抑制や表出の度合いを，社会的要求に応じて適応的に変化させる能力。

**自我の統合** [ego integration] 精神分析理論における，衝動や態度，目標といった，人格の様々な側面がバランスのとれた全体に組織化される過程のこと。

**自我の発達** [ego development] 1. 他者，特に両親は別の全く異なった個人である，ということに乳児が新たに気づくこと。2. 古典的精神分析理論における，環境からの要求の結果として**イド**の一部が**自我**に変化する過程のこと。それは自我が部分的にしか発達していない意識の前段階と，それに続く自我が成熟して推論や判断，現実検討などの自我機能が働き，内外の脅威から個人を守るのを助けることができるようになる意識の段階からなる。自我形成（ego formation）とも呼ばれる。⇒ **イド自我**

**自我の弱さ** [ego weakness] 精神分析理論において，**自我**が衝動を統制することができず，フラストレーションや失望やストレスに耐えることができないこと。それゆえに，弱い自我（weak ego）をもつ個人は，不安や葛藤に苦しみ，**防衛機制**を多用したり，未熟な防衛機制を用いたり，神経症の兆候が表面化したりする傾向がある。⇒ **自我強度**

**自我備給** [ego cathexis] 精神分析理論において，自身の自我を**愛情の対象**として**心的エネルギー**を自分自身に集中して充当すること。したがって，自我備給は**自己愛**の一形態である。自我リビドー（ego libido）とも呼ばれる。⇒ **対象備給，備給**

**自我不安** [ego anxiety] 精神分析理論における，**自我・イド・超自我**の欲求のぶつかり合いによって起こる不安。このことから明らかなように，自我不安は外的欲求というよりは内的なものとして言及される。⇒ **イド不安，不安信号**

**自我分析** [ego analysis] 自我の強さと弱さを発見し，受容し難い衝動に対する**防衛**を明らかにすることを指向する精神分析の手法の一つ。自我分析は精神分析の短縮形式であり，欲動の根源や抑圧にまで入り込むことはしない。⇒ **自我強度，自我の弱さ**

**自我分裂** [ego-splitting] 1. 精神分析理論で，ある事象に対して，正反対の方向性をもちながらも共存した態度をもっていることを意味する自我の発達の段階。健常者，神経症者，精神病者のいずれにおいても認められる。健常者では，自我の分裂は自分自身に対する批判的態度にみられる。神経症者では特定の行動に対する矛盾した態度が基本である。自我の分裂は，精神病者では"観察する"という部分を自我にもたらして，妄想的な事象を報告させてしまうことにもなる。2. クライン（Melanie Klein）の**対象関係理論**における，悪いものとして知覚されている部分が主要な自我から分裂していくという意味での**自我の分裂**。

**自我防衛** [ego defense] 精神分析理論の**防衛機制**を用いて，外的脅威と同様に脅威を与える衝動や葛藤によって生じる不安から**自我**を守ること。

**しがみつき行動** [clinging behavior] **愛着行動**の一種で，6か月あるいはそれ以上の子どもが主な養育者にしがみつき，1人にされると悲しみを示す。しがみつき行動は長くて1, 2歳までみられるが，その後ゆっくりとおさまる。

**自我欲動** [ego instincts] 精神分析理論における，飢えのような，自己保存に向けた欲動。フロイト（Sigmund Freud）の初期理論では，自我欲動のエネルギーは**自我**によって**性衝動**に対する防御のために用いられた。

**自我理想** [ego-ideal] 精神分析理論において，誠実さや忠誠心のような，心から敬服し，真似たいと望む両親の目標や価値への肯定的な同一視で，**自我**の一部。そして，それは彼・彼女がどのようになりたいかのモデルとして働く。新しい同一視は，後の生活に取り込まれるため，自我理想は発達し，変化するものである。フロイト（Sigmund Freud）の後期の理論では自我理想は超自我概念に合体された。自己理想（self-ideal）とも呼ばれる。

**詩歌療法** [poetry therapy] **読書療法**の一種。詩を読んだり書いたりすることで，感情表出を促し，癒しと成長を促進する。心理詩（psychopoetry）とも呼ばれる。[訳者補足] 日本では詩のみならず，和歌や俳句も含めており，芸術療法とも呼ばれている。

**子癇** [eclampsia] **子癇前症**に罹っている患者に起こる発作のこと。この深刻な状態は妊婦にのみ起こり，癲癇やその他の脳障害には関連しない。発作は大抵，昏睡状態に続くものであり，出産前，中，後に関わらず起こりうる。

**弛緩** [relaxation] 筋が収縮後，休止状態に戻ること。

**時間** [time] イベントが過去，現在，未来に順序づけられ，それらがどれくらい持続するかが計測対象となりうる概念。時間は，変化という普遍的な現象に印をつけるために用いられる。時間は地球の自転などの循環する現象の観察を通して区分され，イベントの持続や変化の速度を測るために用いられる。時間は非常に抽象的に思われ，同時にとても基本的なものであるため，普遍的かつ満足されるような定義はなされていない。時間が，人類が変化に印をつけることによって生じた抽象的な構成物であるのか，あ

るいは，変化が生じるときのある種の媒介物であるのかについては議論の余地がある．古典的力学では時間を絶対的なものと考えていたが，特殊相対性理論は，時間は運動に関係すると主張する．哲学者の間では，時間が絶対的なものであるのか，特定の見方や状況に関係するものであるのかについて意見が一致していない．

**時間圧縮音声**［time-compressed speech; time-altered speech］ 小さな要素が取り除かれて耳に提示される単語や句．提示速度を上げる効果がある．時間圧縮音声は聴覚の能力を調べるために用いられる．⇨ **ひずみ語音検査**

**時間延長法**［time-extended therapy］ 通常のセッション時間を変更して，あるセッションの時間を延長させる**集団心理療法**の一技法．疲労やその他の理由により，参加者は防衛的なゲームを行うのには十分なエネルギーを保てなくなるため，より情緒的で，暴露的なセッションになるのが一般的である．⇨ **促進的相互作用，マラソングループ**

**歯間音**［interdental］ 歯間音の話音．舌を前歯の上と下に挟んで出す発音のこと（たとえば，［th］）．

**時間感覚**［time sense］ 時計の情報を用いずに，時間間隔や時刻を見積もる能力．太陽の位置，日々の規則的な出来事（たとえば，食事時間や学校の授業），身体の内部リズム（⇨ **体内時計**）など，非常に多くの外部・内部手がかりが時間感覚に寄与している．しかし，時間経過の見積もりは多くの要因の影響を受け，歪められることがある．⇨ **心理的時間**

**時間管理**［time management］ 時間を最大限効率的に使うように自分を規律させる技法や戦略を使うこと．

**時間作業研究**［time and motion study］ 作業あるいは他の複雑な課題を，それぞれに要する時間を調べながら，成分ステップに分析すること．初期の科学的管理に共通してみられ，この種の研究は，雇用者が作業目標を設定したり，生産性の増加，合理的な給与査定，価格設定，従業員の疲労の防止，事故の防止といった多様な目的を達成したりするのに有用である．作業時間研究（motion and time study）とも呼ばれる．⇨ **要素動作**

**時間差相関**［time-lagged correlation］ ある時点で得られた測度と別の時点で得られた同一測度との間の相関．たとえば，5歳児で測定されたIQ得点と，11歳になってからのIQ得点との相関．

**時間失見当**［dischronation; chronotaxis］ **失見当識**の一症状で，時間に関する混乱が生じる．

**時間失見当識**［time disorientation］ 時間の経過に関する認識が侵される状態．今が何年何月何日何時なのかを正確に答えることができない精神障害の症状．⇨ **失見当識**

**時間失認**［time agnosia］ 通常，側頭葉の障害によって生じる，時間の経過を認識できないという障害．時間の存在への気づきは保たれる．脳卒中や昏睡，頭部損傷などが原因で起こる．また，戦争で外傷を受けたことで時間失認を経験する兵士も報告されている．短時間の間隔を正確に推定できなかったり，長時間の間隔を実際に体験している時間よりも非常に短い時間と評価したりするなどの症状がみられる．

**志願者バイアス**［volunteer bias］ 研究協力を自ら志願した参加者とそうでない参加者の間に生じる系統的な差異のこと．

**時間周波数弁別**［temporal-frequency discrimination］ 視覚，聴覚や他の感覚刺激（触覚によるパルスの頻度など）の時間的なパターンの違いを区別する能力．⇨ **パターン分類**

**時間条件づけ**［temporal conditioning］ パブロフ型条件づけの手続きの一つで，無条件刺激が均一の間隔で呈示され，付随する条件刺激が存在しない手続き．⇨ **痕跡条件づけ**

**時間推定**［time estimation］ 経過した時間をモニターする能力．**定時強化スケジュール**を用いたオペラント条件づけ研究では，動物はある報酬と次の報酬の出現の間の時間を推定できる．自然界では，時間推定は一日の中で決まった時間あるいは決まった季節に現れる餌を見つけるのに重要であり，太陽や星を手がかりに用いたナビゲーションに欠かせない（⇨ **太陽コンパス**）．

**時間制限心理療法**［time-limited psychotherapy; TLP; limited-term psychotherapy］ 予め終結までのセッションの数と期間を設定して行われる心理療法．⇨ **短期療法**

**時間生物学**［chronobiology］ 睡眠－覚醒周期などの**生物学的リズム**に関する研究を行う生物の学問分野．

**弛緩性まひ**［flaccid paralysis］ 筋肉の緊張の喪失と反射の欠如に特徴づけられるまひの種類であり，患部の弱くてたるんだ状態を生み出す．⇨ **痙性まひ**

**子癇前症**［preeclampsia］ 妊娠中の女性に生じる浮腫，タンパク尿（尿内のタンパク質の存在）に伴う血圧の上昇（⇨ **高血圧症**）やその両方のこと．頭痛やめまい，神経過敏などが兆候として生じることもある．子癇前症は重い**子癇**に移行する場合もある．

**時間知覚**［time perception］ 時間の経過を知覚する能力．⇨ **心理的時間，時間感覚**

**時間知覚障害**［temporal perceptual disorder］ 左脳半球の損傷でみられることがある状態．視覚的，聴覚的な刺激の時間的知覚が困難である．たとえば，一定の時間をあけて繰り返された一連の母音のつながりを同定できない．

**時間的加算**［temporal summation］ インパルスが，1つずつでは反応を引き起こすのに十分な強さをもたない2つの連続した**シナプス後電位**（PSP）によって伝播される，という神経メカニズム．最初のPSPによって引き起こされた部分的な脱分極は数ミリ秒間続き，第二のPSPによる相加的効果によって，活動電位を生じるに十分な，閾値を超える脱分極が起こる．⇨ **空間的加算**

**時間的勾配**［temporal gradient］ **逆向性健忘**にみられる一つの傾向であり，健忘（記憶喪失）のはじまりに近い近接過去の事象の記憶が遠い過去の事象の記憶よりも失われることが特徴である．⇨ **リボーの法則**

**時間的誤差（時間錯誤）**［time error］ 精神物理学において，刺激の相対的な時間的順序に依存して，刺激について誤った判断がなされること．たとえば，連続して鳴った2つの同一の音のうち最初の音のほうが後に聞こえた音よりも大きく聞こえる．

**時間的先行の原則**［temporal precedence］ 原因とされるものは，その影響よりも前に生起する必要があるという原則．

**時間的評価理論**［temporal appraisal theory］ 過去の自分自身への評価は，現在の評価よりも低くなる傾向にあるという理論のこと．

**視感度**［luminosity］ 光源の明るさについての視覚の

感覚であり，光源から発せられるパワーと様々な波長に対する眼の感度に依存している。その他の要因も影響する。たとえば，ある**光度**の光が暗い色の壁の部屋よりも，白い壁の部屋でより明るく見えるといったことがある。

**視感度曲線**［luminosity curve］ 光の波長の関数としての視感度（知覚された明るさ）のグラフ。

**視感度係数**［coefficient of visibility; luminosity coefficient］ 特定の波長光に対する視感度の尺度。**明所視**に対する視感度係数は，555 nm において 1 であり，そこに明順応感度のピークをもっている。

**時間の歪み**［time distortion］ 時間が非常に急速に進んでいるように感じたり，逆に非常にゆっくりと進んでいるように感じたりする認知の障害であり，意識障害を伴うこともある。過去や未来の認知が変容することもある。

**時間変調伝達関数**［temporal modulation transfer function: TMTF］ 刺激の大きさの時間的変化を追う能力を表す関数。**音響心理学**において，通常，時間変調伝達関数は，変調を検出するのに必要な正弦波の振幅**変調**（変調閾値: modulation threshold）の大きさを，変調周波数を関数として測ることによって得られる。時間変調伝達関数は，他のモダリティにおいても同様に計測できる。時間変調伝達関数の実用性は線形システム理論，特に，**線形システム**の伝達関数によってシステムを完全に記述できるという原則に基礎をおいている。

**時間弁別**［temporal discrimination］ 条件づけにおいて，刺激や特定の環境の持続時間が統制変数となる**弁別**。

**時間見本法（タイムサンプリング法）**［time sampling］ 長期的に観察をする過程。この過程には，一定時間（たとえば，5 分ごと）の場合と，時間間隔がランダムな場合がある。それらの時間内に行われる観察は，時間見本（time sample）として知られる。

**時間療法**［chronotherapy］ **概日リズム睡眠障害**に対する治療で，希望の就寝時間になるまでインターバルをおいて徐々に遅い時間へと系統立てて就寝時間を移していく（位相後退）方法。

**時間割引き**［time discounting］ 未来の事象に現在の事象ほどの重みや重要性を与えないこと。事象と連関する効用価値に関連することが多い。

**色覚異常［1］**［color blindness］ 色同士の区別と色合いの知覚に困難を示すこと。色覚異常は，病気，薬，脳損傷などによって生じるが（⇨**後天的色覚異常**），多くの場合は，男性の 10% で遺伝的素質によって生じる（先天的色覚異常：女性では稀）。最も広く使われている色覚異常の分類は，三原色を示す接頭語，つまり，proto-（赤），deutero-（緑），trit-（青）に基づいてなされる。障害のタイプは，接尾語で示される。つまり，三原色のうちの 1 つかそれ以上の部分的な障害であるアノマリー（anomaly）と，完全な障害である色盲（anopia）がある。最も共通している障害は，網膜における錐体細胞の緑と赤の受容体を含む障害であり，それは赤-緑の混同を引き起こす（⇨ **2 型 2 色覚**，**第一色盲**）。すべてについて色覚異常であることは稀で，100 万人に 3 人程度である。⇨ **無色症**，**二色型色覚**，**3 型 2 色覚**

**色覚異常［2］**［dyschromatopsia］ 色の弁別に関する先天性もしくは後天性の障害。

**色覚異常検査**［color-blindness test］ 異なった色刺激を区別する能力を測定する課題や装置のことで，特に，色知覚の異常をみつけるために作成された。最も共通する方法は，明るさではなく色情報を必要とする条件において，色のついた背景から色のついた図をみつけるというものである。⇨ **石原式色覚異常検査**

**磁気感覚**［magnetic sense］ 地球の磁力，あるいは磁場の力の線に従って自身を方向づける生命体に備わった能力。ある種の渡り鳥は，磁気を感知する感覚器官によって地球の磁場を感知して，移動する。伝書バトは，たとえば曇りの日など，**ナビゲーション**に用いる太陽の手がかりを失った際に，そのバックアップシステムとして磁気感覚を用いる。

**磁気共鳴画像法（MRI）**［magnetic resonance imaging: MRI］ 非侵襲的診断技術の一種。体内の臓器や組織（たとえば，脳）の 3 次元画像を構成するために強磁気パルスを用い，細胞分子内の水素の反応を観測する。**コンピュータ断層撮影**より正確な画像が得られる。⇨ **機能的磁気共鳴診断装置**

**色彩計**［colorimeter］ 単色か，三原色が混ざったものかを比較することで比較，同定，複写を行う器具のこと。

**色彩順応**［chromatic adaptation; color adaptation］ 色刺激の長期提示の結果，特定の色に対する感度が減少すること。

**色彩調和**［color harmony］ 色の組合せで調和を感じること。少なくとも，補色や同じ色調同士とは異なり，彩度や明るさが異なるものは，最も調和的であると判断される。

**色彩奔逸**［flight of colors］ 短くて非常に強い閃光の後に生じる，色の連続から構成される**残像**のこと。

**色彩論**［chromatics］ 光学における色の感覚についての研究。

**色視症**［chromatopsia; chromopsia; dyschromatopsia］ ある色に対して過度の視感覚を呈する色覚に関する異常のこと。色視は，薬，過度の刺激や**雪盲**によって生じる。また，目からの出血，水晶体の摘出，電気刺激や視神経委縮によっても生じる。赤視症，緑視症，黄視症，青視症等，様々な事例がある。

**色弱**［color weakness］ 色を正確に知覚する能力を失うこと。この語は，間違って**色覚異常**と互換的に用いられることがある。⇨ **無色症**，**色覚異常**

**色情狂**［erotomania］ 1. 自分は他人に愛されているという誤った信念。⇨ **色情妄想** 2. 異性への強迫的，強欲的性行為。⇨ **ドン・ファン**，**ニンフォマニア**

**色情パラノイア**［erotic paranoia］ **色情妄想**を体験する障害のこと。色情型妄想性障害（erotomanic-type delusion disorder）とも呼ばれる。⇨ **妄想性障害**，**クレランボー症候群**，**シムノン症候群**

**色情妄想**［erotic delusion; erotomanic delusion］ 著名人や他の個人に自分は愛され，性的関係をもったことがあるという誤った認知や信念のこと。⇨ **クレランボー症候群**，**妄想性障害**，**色情パラノイア**，**シムノン症候群**

**色相**［hue］ 主観的な色の質のことで，第一に波長，次に振幅で決定される。

**色相環**［color circle］ 1. 円環表現による**有彩色**の配列のこと。その色は，スペクトルの順序で配置されているが，スペクトルに含まれない紫色と赤色も含まれている。補色はお互いに反対側に配置されている。2. 扇形の色配置の

こと。この円盤の回転によって様々な色が混ぜられ，灰色になる。

**士気喪失仮説**［demoralization hypothesis］ 有効な心理療法は，セラピストがクライエントの士気喪失状態を克服することに依存するという考え。クライエントの吐露の奨励，症状の説明，解決する可能性のある治療上の儀式の提供によって克服を達成させることができる。このようなアプローチは様々な治療法の成功の基礎をなす共通因子であると考えられている。［アメリカの心理学者フランク（Jerome D. Franc: 1909-2005）によって提唱された］

**色素上皮**［pigment epithelium; retinal pigment epithelium］ 網膜の光受容体の先端と接する色素細胞の立方単層上皮。細胞内の色素は光の散乱により，光受容器で捉えられなかった光子を吸収することで減少する。また，光受容器から継続的にはがれ落ちる膜板の貪食作用にも寄与しており，光受容器の健康に非常に重要である。

**色素性乾皮症**［xeroderma pigmentosum］ **常染色体劣性**であり，極端な光感受性の高さが特徴である病気のこと。これは紫外線によるDNAのダメージを修復する機能の欠損により生じ，皮膚細胞の癌化とそれによる死亡率の増加を引き起こす。

**色素漂白**［pigment bleaching］ 光子を吸収したときに生じる光色素**ロドプシン**の変化のこと。色素の色は紫（視覚での紫）から透明で淡い黄色（視黄）に変化する。⇨ **視覚サイクル**

**色聴**［chromatic audition; phonopsia］ 音が聞こえたときに色の感覚を経験する共感覚の一つのタイプ。⇨ **色共感覚**

**字義的解釈主義**［literalism］ 聖書の直解主義にみられるような，文章や教義に明確に述べられた意味に忠実であること。

**色度**［chromaticity］ 輝度とは異なり，刺激の純度や波長によって決められる色刺激の質のこと。色度と輝度は両方とも，観察者の知覚と独立した色刺激の記述を与える。

**識別感覚**［epicritic sensation］ 圧力や温度のように，検出閾が非常に低い皮膚感覚のこと。1920年にイギリスの神経学者であるヘッド卿（Sir Henry Head: 1861-1940）は，低次の動物はヒトよりも皮膚刺激に対して感度が低いと提唱した。

**識別検査**［identification test］ 参加者が絵の中にある対象もしくは対象の部分を見分ける言語知能検査のこと。

**識別指数**［index of discrimination; discrimination index］ テストもしくはテスト項目が，個人間の違いにどれだけ敏感であるかを見積もるもの。

**識別性システム**［epicritic system］ 2つの**体性感覚系**のうちの一つ。もう一方は**原始性システム**。識別性システムは，関節の運動や軽い接触，強い圧力に感受性のある受容体をもつ。これらの受容体から出たパルスは脳の**体性感覚野**に運ばれる。

**識別力**［discriminating power］ 測定される2つの集団を区別する検定力の度合い。

**色名呼称不能症**［color anomia］ 色調弁別は正常であるのに，目の前の色名を呼称できないこと。色名呼称不能症は，左半球における言語野から色処理の皮質への不連絡によって説明される。

**自虐性愛**［automasochism］ 自慰行為もしくは他者との性行為時に自己に痛みを与えることで性的快感を得ること。

**自虐的空想**［masochistic fantasies］ 自虐的な傾向の表現，特に性的な興奮を得る方法として，激しく叩かれ窒息させられるか，もしくは傷つけられたり虐待される空想のこと。⇨ **性的マゾヒズム**

**子宮**［uterus; womb］ 哺乳類のメスがもつ筋肉でできた中空器官で，胚は**着床**から誕生までその中で成長する。子宮は**ファローピウス管**を通って卵巣とつながり，また子宮頸部（neck）が突出した膣を通って体外につながっている。子宮の**子宮内膜**（lining）は**月経周期**に伴い変化する。

**子宮外妊娠**［ectopic pregnancy; eccyesis; extrauterine pregnancy; paracyesis］ 子宮の外で生ずる妊娠で，多くが卵管において生ずる。

**子宮収縮薬**［oxytocics］ 子宮筋の刺激的な収縮をおこすのに有効な薬品。人工分娩や選択的，治療的中絶，分娩後出血を抑制するため臨床的にも使用される。子宮収縮薬は，**麦角デリバティブ**（たとえばエルゴノビン：ergonovine）やいくつかの**プロスタグランジン**も含んでいる。⇨ **オキシトシン**

**持久性運動**［endurance activity］ 有酸素能力，すなわち，酸素を使ってエネルギーを長時間にわたって産生する能力に依存した身体運動。持久活動であるスポーツ競技には，マラソンや一万メートル以上のランニング，トライアスロンなどがある。有酸素運動（aerobic activity）とも言う。⇨ **有酸素運動，無酸素運動**

**子宮羨望**［womb envy］ 1. 精神分析理論の用語。女性の生殖機能への男性の羨望であり，その男性を女性蔑視に導く無意識の動機となる。⇨ **膣羨望**［ドイツ生まれのアメリカの精神分析家ホーナイ（Karen D. Horney: 1885-1952）によって提唱された］2. 女性としての同一性をもつ男性の性転換願望であり，女性の服を着たり，性転換手術をすることもある。

**糸球体**［glomerulus］ 1. 嗅球の一部である嗅神経線維の中の小さな血管の束ないしは塊。2. 腎臓皮膜に包まれた毛細血管の束ないしは塊。

**子宮内膜**［endometrium］ 子宮の内側を覆う細胞層。月経周期の間に厚みが変化する。受精卵の着床準備のため，排卵の約1週間後に細胞増殖のピークに達し，卵が受精しなかった場合は，排卵の2週間後に月経出血としてはがれ落ちる。

**子宮ファンタジー**［womb fantasy］ 精神分析理論の用語。子宮に回帰する，あるいは子宮の中にいるというファンタジー。通常は，水の中に住むとか，洞窟の中に一人でいる，というように象徴的に表現される。

**至近要因的説明**［proximate explanation］ 適応価ではなく，生理学的ないしは発達経験による行動の説明のこと。⇨ **究極要因的説明**

**軸**［axis（pl. axes）］ 1. DSM-Ⅳ-TRにおいて，個人の行動を記述するための次元。臨床心理アセスメントを容易にする目的で用いられる。DSM-Ⅳ-TRは5つの軸に基づいた**多軸分類**である。5つの軸とは，臨床疾患（第Ⅰ軸），パーソナリティ障害と知的障害（精神遅滞）（第Ⅱ軸），一般身体疾患（第Ⅲ軸），心理社会的および環境的問題（第Ⅳ軸），全体的機能評定（第Ⅴ軸）である。2. 特定

の面で身体や器官と交差している仮想の線。たとえば，長軸（long axis）や頭尾軸（cephalocaudal axis）は正中線を通り，身体を左右半分ずつに分けている。3. 座標系にある固定された基準線。⇨ **横座標**，**縦座標**

**視空間**［visual space］視野における3次元的な奥行感。

**視空間失認**［visuospatial agnosia］空間的な定位の障害。物体または視野の異なるところに位置する他の刺激への指差しを行うことで，視空間失認を確かめることができる。これを患った者は，視野にある物体を報告することはできるが，2つ以上の物体における空間関係を捉えることはできない。

**視空間スクラッチパッド**［visuospatial scratchpad］視覚情報や想像情報，空間情報のリハーサルや操作のために使用される**ワーキングメモリー**の構成要素または下位組織。⇨ **中央実行系**

**視空間能力**［visual-spatial ability］地図を読んだり，迷路を進んだり，違った視点から見た場合の物体を概念化したり，様々な幾何演算を行うといった課題を学習し遂行するときに，視覚表象や空間関係を把握し概念化する能力。思春期初期では，平均して男子が視空間能力に関して明らかな優位性を示す。一方，平均して女子は**言語能力**のある面において優位性を示す。

**軸勾配**［axial gradient］体軸に沿って発達速度や代謝率に違いがあること。⇨ **頭部−尾部発達勾配**，**頭尾方向の発達**

**軸索**［axon］ニューロンから伸びた細長く円筒状の部位。細胞膜や軸索鞘（axolemma）により取り囲まれた細胞質や軸索原形質（axoplasm）から構成されている。通常，神経インパルスを細胞体から運ぶ。軸索の直径は0.25μm〜10μm以上である。人の場合，脊髄から脚へ伸びる軸索は長さ1m近くになる。神経線維（nerve fiber）とも呼ばれる。

**軸索間シナプス**［axo-axonal synapse］2つの神経細胞間のシナプス。樹状突起と軸索をつなぐ軸索樹状突起間シナプス（axodendritic synapse），細胞体と軸索をつなぐ軸索細胞体間シナプス（axosomatic synapse）と異なり，軸索から別の軸索へ神経インパルスを伝えるシナプス。

**軸索細胞体間シナプス**［axosomatic synapse］⇨ **軸索間シナプス**

**軸索終末**［axon terminal］軸索や軸索の枝にある終末。ニューロンやその他の標的上で**シナプス**を形成している。⇨ **終末ボタン**

**軸索小丘**［axon hillock］ニューロンの**細胞体**にある円錐形の部位。ここから**軸索**がのびている。軸索が神経インパルスを伝えるために，脱分極が軸索小丘で閾値に達する必要がある。

**軸索切断**［axotomy］軸索を切断すること。このタイプの脱神経操作は神経科学の研究でしばしば使用され，神経疾患のモデルとなる。

**軸索束**［axonal bundle］平行した軸索の集合のこと。束（fasciculus）とも呼ぶ。

**軸索側枝**［axon collateral］ニューロンの**軸索**から出た枝。

**軸索反射**［axon reflex］痛みに関係していることが多い末梢の神経反射のこと。神経線維への刺激で生じたインパルスは，物質が放出される終端部に向けて線維を伝わっていく。

**軸索輸送**［axonal transport］ニューロンの**軸索**に沿った物質の輸送。**細胞体**から**樹状突起**にある離れた領域へ，あるいは軸索終末から細胞体へと輸送される。軸索流（axoplasmic flow）や軸索原形質輸送（axoplasmic transport）とも呼ばれる。

**ジグソー法**［jigsaw method］集団学習法の一つで，もともとは人種差別を撤廃した学校で生徒間の偏見や敵意を緩和するために考案された。協力的な学習環境を促進したり，社会的な孤立を少なくしたり，学業成績を向上させたりするために用いられる。生徒はいくつかのグループに分かれて単元に取り組む。教論はグループ内の生徒一人ひとりに対して，その単元に関する特定のテーマを割り当て，同じテーマの生徒たちがもとのグループを離れて，同じ課題を与えられた他の生徒とそのテーマを学習できるようにする。その後，生徒たちは再びもとのグループに戻り，それぞれが学習した内容を他のメンバーに教え合う。ジグソー教室（jigsaw classroom）とも言う。［1970年代にアメリカの実験社会心理学者アロンソン（Elliot Aronson: 1932- ）らによって開発された］

**軸椎**［axis］第二頸椎のことであり，その上で頭蓋骨が回転する。

**軸文法**［pivot grammar］単純な文法の一種。言語発達の初期段階（特に二語段階）にみられる。軸文法は二語の表現が特徴で，限定詞や前置詞のような単語（軸語：pivot word）が通常**機能語**になり，名詞や動詞のようなもう一方の単語（開放語：open word）が**内容語**になる。幼少期には，語彙に含まれる軸語は少ないが頻繁に使用され，開放語とは異なり常に同じ位置で用いられる。開放語はそれほど頻繁には用いられないが，学習される数は多く，自由な位置で用いることができる。ジュースもっと（more juice），明かり消して（light off），全部なくなった（all gone）などが典型的な軸文法の例である。この場合，もっと（more），消して（off），全部（all）が軸語，ジュース（juice），明かり（light），なくなった（gone）が開放語である。

**シクリッド**［cichild］ひれに固いとげのある淡水魚。行動研究の対象に用いられる。

**シクロスポリン（サイクロスポリン）**［cyclosporine; cyclosporin］免疫抑制薬の一つ。当初は臓器移植の際の拒否反応を抑えるために用いられていたが，炎症性大腸炎や重症のアトピー性皮膚炎といった自己免疫障害の治療にも用いられている。**チトクロム P450** 3A4 酵素によって大幅に代謝されるため，同じ酵素を用いて代謝される向精神薬と多くの潜在的な相互作用がある（たとえば，クロニジン，ネファゾドン，セイヨウオトギリソウ）。抑うつ，不安，その他の精神的混乱は副作用としてはあまりみられない。アメリカの代表的な商品名はサンディミュン（Sandummune）。

**シクロベンザプリン**［cyclobenzaprine］急性骨格筋痙攣の治療に用いられる薬物（⇨ **筋弛緩剤**）。構造は三環系抗うつ剤に関連しており，多くの共通点をもつ。鎮静作用と強い**抗コリン作用**をもつ。少量の投薬は**線維筋痛症候群**の治療に効果的である。三環系薬物と似ているため，シクロベンザプリンは**モノアミンオキシダーゼ阻害薬**と同時に服用すべきではない。アメリカの商品名はフレクセリル

（Flexeril）。

**歯茎音**［alveolar］　上の歯槽堤に舌を接触させるか，近づけることにより生じさせる発声音（speech sound）を示す。たとえば，[d]，[t]，[n]，[s] である。⇨ **歯音**，**歯間音**

**死刑求刑の資格をもつ陪審員団**［death-qualified jury］　宣誓下において裁判官または法定代理人から質問を受けることにより，死刑を課すことができるとみなされた陪審員団（アメリカの制度）。

**時系列計画**［time-series design］　決められた時間間隔でユニット（住民や国家）を観測する実験計画。

**刺激〔1〕**［stimulation］　1. 生体の活動量を増やすような行動やプロセス。2. 神経心理学については⇨ **電気刺激**

**刺激〔2〕**［stimulus］　1. 内的，外的を問わず，有機体からある反応を引き出すような，作因，出来事や，状況のこと。⇨ **条件刺激**，**無条件刺激**　2. 感覚受容体を活性化させる物理的エネルギーの変化。⇨ **遠刺激**，**近刺激**

**刺激エラー**［stimulus error］　刺激の意味や語義の側面（たとえば，イス）に着目し，他の特性（大きさ，形など）には着目しない反応の誤り。

**刺激オブジェクト**［stimulus object］　生物から反応を引き出す，あらゆる対象（たとえば，物事，人，状況）のこと。

**刺激価**［stimulus value］　1. 基本単位によって測定される，与えられた刺激の強さのこと（たとえば，40 V のショック）。2. 強化子としての有効性の指標とされる，刺激の理論的特性。

**刺激回避性**［abience］　刺激から離れる動きを引き起こす反応や行動。刺激からの身体的退避，または刺激から完全に回避しようとする行動を起こす。背向的行動（abient behavior）は与えられた刺激への接触を防いだり減らしたりするように意図された，**回避反応**または退避行動である。⇨ **対向性**

**刺激過負荷**［stimulus overload］　周囲の環境から快適に処理がなされる以上の多くの入力が提示され，結果として均衡を保つためのストレスや行動が生じること。⇨ **通信過負荷**，**情報過負荷**，**感覚過負荷**

**刺激間間隔**［interstimulus interval: ISI］　刺激の呈示間隔。通常，ある刺激の呈示終了後から次の刺激を呈示するまでの時間をいう。

**刺激関数**［stimulus function］　刺激の強度と反応の大きさとの数学的関係のこと。

**刺激機能**［stimulus function］　反応を喚起する際の刺激の役割のこと。たとえば，**道具的条件づけ**の手続きにおいては，刺激は反応を喚起するための信号や手がかり，あるいは誘因として機能するように計画されている。

**刺激強度**［stimulus strength］　刺激がもつ実際の強度，あるいは意図した反応を生じさせる刺激の能力。

**刺激強度ダイナミズム**［stimulus-intensity dynamism］　ハルの学習の数理演繹的理論における，**刺激強度**が大きくなれば，それにつれて有機体の反応の強度も大きくなるという考え。

**刺激駆動**［stimulus-bound］　1. ある刺激に対する特異的な反応の結果として生じる行動。たとえば，ある食べ物を目にした後，その食べ物を採って食べること。2. 行動に柔軟性がなく，主に刺激の性質によって行動が決定されるような傾向にある個人（体）の特徴。

**刺激語**［stimulus word］　研究への参加者の反応を誘発する対象を表す，その言葉のこと。

**刺激勾配**［stimulus gradient］　ある次元についての刺激の変化のこと（たとえば，音の大きさの変化など）。

**刺激状況**［stimulus situation］　有機体が反応する刺激を含み，全体として取りうる発生あるいは経験に関するすべての要素のこと。この用語は多くの要素（たとえば，コンサート，競技の競争）を含む単一パターンである，行動生起事象の複雑さを強調するために使用される。このアプローチは伝統的な行動分析の専門家とは異なり，刺激をより小さな別々の要素に分解する傾向がある。

**刺激性制御**［stimulus control］　行動が異なる刺激条件によって影響を受ける程度。異なった刺激が存在することで異なる反応が起きることや，異なった刺激が存在することで単一の反応の速度，時間構成，分布（⇨ **反応トポグラフィ**）が異なる点について言及できる。

**刺激探索**［diversive exploration］　覚醒状態を高めるために，新しいものを求めたり，刺激を追求する**探索行動**。⇨ **点検的探索**　［イギリス生まれのカナダの心理学者バーライン（Daniel E. Berlyne: 1924-1976）によって定義された］

**刺激置換**［stimulus substitution］　条件刺激が無条件刺激の機能をもつようになったといえる際の，**パブロフ型条件づけ**の結果の表現方法。たとえば，パブロフ（I. P. Pavlov）の初期の実験では，食べ物と対になった音が最終的には，ちょうど食べものが引き起こすように，唾液の分泌を生じさせるようになった。すなわち，音が食べ物に「置換された」。このような表現は，もはや広くは受け入れられていない。

**刺激抽出理論**［stimulus sampling theory: SST］　刺激とは仮説的な要素から構成されたものであり，学習および練習によって，それぞれの要素の一部が望ましい反応と連合すると説明する**数理学習モデル**。［エスティス（W. S. Estes）によって開発された］

**刺激頂**［terminal threshold］　ある感覚を生じさせる最大の刺激強度。

**刺激追求**［sensation seeking］　興奮や覚醒を高める方法として，スリルのある活動を探し出し，それに従事する傾向。人間集団に限定すると，スカイダイビングやレースカーの運転のように，危険の知覚を伴う非常に刺激的な活動に関わる形で典型的に現れる。

**刺激提示開始時間間隔**［stimulus onset asynchrony: SOA］　ある刺激の提示が開始されてから，後続する刺激の提示が開始されるまでの時間。**マスキング**の実験において主に使用される用語。⇨ **刺激間間隔**

**刺激的な作業**［stimulating occupation］　興奮を高め刺激する活動や課題。たとえばダンスなど。⇨ **鎮静な作業**

**刺激等価性**［stimulus equivalence］　2つあるいはそれ以上の関連する刺激が，同じ反応を生じさせる状態。刺激が，反射性（reflexivity），対称性（symmetry），推移性（transitivity）を示すことができれば，等価性の数学的な定義を満たす。たとえば，**恣意的見本合わせ**手続きの文脈では，ある刺激が見本として出現したときにも選択されれば，反射性が表れたといえる。もし刺激Bが見本の際に

刺激Aが選択され，刺激Aが見本の際に刺激Bが選択されれば，対称性が表れたといえる。もし刺激Aが見本のときに刺激Bが選択され，刺激Bが見本の際に刺激Cが選択され，さらに刺激Aが見本のときに刺激Cが選択されれば，推移性が表れたといえる。

**刺激般化**［stimulus generalization］ 最初の条件づけの間に呈示された刺激と，ある点で異なっている刺激に対して，（オペラントかパブロフ型かを問わず）条件づけの効果が広がること。もし反応がもとの刺激がある場合にみられるものと区別がつかない場合，**一般化**は完了したといえる（すなわち，刺激の違いには注意が向かなくなっている）。もし反応が検出されるほど異なっている場合には，般化の他に**弁別**もみてとれる。⇨ **刺激性制御**

**刺激反応適合性**［stimulus-response compatibility］ 刺激と反応の関係が反応を促進する程度のこと。速さと正確さはこの関係の影響を受ける。たとえば，左にある刺激に対して左のキー押しで反応するのは，左にある刺激に対して右のキー押しで反応するのに比べてより速く，より正確である。これは個々の刺激が定められた範囲で対応づけられていることにより生じる属性水準適合性効果（element-level compatibility effect）の一例である。言語刺激に対して言語で反応するほうが，言語刺激に対して空間的に反応するよりもより速く，より正確である。これはセット水準適合性効果（set-level compability effect）の一例である。

**刺激被影響性**［stimulus-bound］ 集中力に乏しい人（通常，子ども）が無関係な刺激に阻害され，そのために自身の知的能力を下回る成績となる状態。

**刺激評価チェック**［stimulus evaluation checks: SECs］ 個人が出来事やその感情的強度や質のインパクトを評価するときにいくつかの次元で作られた評価のこと。刺激評価チェックの例は，社会期待を伴う行為や出来事の斬新さや目的関連，および一致・不一致のチェックを含む。［スイスの心理学者シューラー（Klaus Scherer: 1943- ）の評価の理論の中で提案された］

**刺激標本抽出**［stimulus sampling］ 実験参加者についてだけでなく，実験参加者に呈示される刺激や処理状況も**標本抽出**することによって，研究結果の一般化可能性を上げるための手続き。

**刺激フィルタリング**［stimulus filtering］ 生体にとって必要な情報のみを選択的に脳に伝達する神経系の働き。メスのウシガエルは，オスの求愛音声に含まれる主要な2つの周波数のみに反応する2つの聴覚器をもつ。ガの聴覚神経は，コウモリの発する超音波に特異的に反応する。ガの中枢神経系は，コウモリの超音波以外の音を処理しないメカニズムをもつ。

**刺激分化**［stimulus differentiation］ **1.** たとえば，ある刺激が存在する時には反応するが，他の刺激には反応しないというように，刺激に異なって反応することによって，有機体が2つの刺激間の区別を学習する処理のこと。⇨ **弁別学習 2.** ゲシュタルト心理学において，視野内の異なる部分やパターンを区別するプロセスを指す。

**刺激への構え**［stimulus set］ 反応時間の実験において，応答すべき刺激を絞り込む際に生じる予測や準備。⇨ **反応の構え**

**刺激弁別**［stimulus discrimination］ **1.** 異なる刺激を区別する（たとえば，楕円と円を区別する）能力のこと。**2.** 異なる刺激の存在に対して，異なる反応をすること。⇨ **弁別**

**刺激ホルモン（栄養ホルモン）**［tropic hormone; trophic hormone］ 他の内分泌腺からの分泌に影響を与える**下垂体前葉ホルモン**。甲状腺刺激ホルモン，**副腎皮質刺激ホルモン**，卵胞刺激ホルモン，黄体形成ホルモンが含まれる。

**刺激命題**［stimulus proposition］ 心象をもたらす状況の内容のこと。刺激命題はイメージすることが実行を強化するために，どのようにまたなぜ働くのかに関する**生命情報理論**の一部である。⇨ **反応命題**

**刺激要素**［stimulus element］ 形や色など，複雑な刺激におけるあらゆる個別の特徴。

**刺激連続体**［stimulus continuum］ 特定の次元で相互に関連する一連の刺激（たとえば，一連の音階や連続した青の色合い）。

**試験可能性**［testability］ 仮説または理論が経験的に評価されることが可能である程度のこと。

**試験管ベビー**［test-tube baby］ 体外受精で生まれた赤ちゃんに関する俗称。

**資源競争**［competition for resources］ **生態学**では，すべての個体の必要性に応えるには不十分な量しかその資源が存在しない場合に，同種間（intraspeific competition），または，異種間（interspeific competition）の個体同士で同じ資源を共用することを指す。**自然選択**の主要因子である。生存競争（struggle for existence）とも呼ばれる。⇨ **ダーウィニズム**，**適者生存**

**次元内態度一貫性**［within-dimension attitude consistency］ 特定の基本的次元（明確に分けられた情報の一つ）に関連した態度関連知識の各要素が評価の点から一致すること。態度を構成する各次元上にあるすべての情報が評価的に一致しているなら（たとえば，すべて正，あるいはすべて負），次元内態度の一致性が高い。しかし，それは必ずしも異次元間の態度一貫性（cross-dimension attitude consistency）が高いことを指すわけではない。たとえば，ある次元に関連した情報は非常にポジティブで，別の次元に関連した情報は非常にネガティブな場合，次元内一貫性は高いが次元間一貫性は低い。同様に，次元間一貫性が高いことは必ずしも次元内一貫性が高いことを意味するわけではない。⇨ **態度のアンビバレンス**，**態度の複雑さ**

**資源の自覚**［resource awareness］ コミュニティサービスにおける治療者からクライエントに与えられる知識。クライエントのニーズを満たし，有効な方略，方向性，心理療法から得られた利益などを支えることによってクライエントを援助する。

**資源配分**［resource allocation］ プログラムやサービスの各パートに，プログラムの労力を割り振ること。

**試験販売**［test marketing］ 新商品，価格，選択肢に対する消費者の反応を評価するための調査を行うこと。企業は，競争相手が変化に気づかないようこの調査を秘密裏に行うことが多い。試験販売の結果に基づき，商品が市場に投入されたり，変更を加えたり，あるいは，投入されなかったりする。

**資源防衛型一夫多妻**［resource defense polygyny］ 一夫多妻の一つの形。オスが資源量の異なる領地を多数もち

その資源を防衛し，その中に複数のメスが繁殖するに足りる資源がある場合に起こり得る。資源をもっているオスは，メスにとってより魅力的な良い遺伝子をもたない場合でも，メスに資源を供給できるという能力により，より多くの子孫を増やすことができる。

**資源防衛による競争**［competition by resource defense］テリトリーや他の擁護スペースを用いて，資源への外部からのアクセスを排除すること（⇨ **縄張り性**）。直接的な攻撃や競争によらず，間接的に資源を防衛する。特殊なケースとしては，**資源防衛型一夫多妻**がある。これは，通常の域を超える，より大きな資源を守ることができた場合，オスは複数のメスを追加して得ることができる，というものである。

**資源理論**［resource theory］所持している資源の量（情報，愛，地位，金，物，サービスなど）が，対人関係の質に大きく影響すると考える人間関係理論。自分が必要とする資源よりも多くの資源をもっている人は，余剰分を他の仲間に分配することによって，受け取った相手が必要とする資源の分だけ，その相手に対して力をもつ。この理論では，相手から必要とする資源を留保された場合には相手との軋轢が生じ，資源の交換によってお互いが同じ力をもち平等となった場合には相手と友好的な関係が築けると考える。［1974年にアメリカの心理学者フォア（Edna B. Foa: 1937- ）とフォア（Uriel G. Foa: 1916-1990）が提唱した理論］

**事故**［accident］予想外，あるいは意図的ではない出来事のこと。特に，死傷やシステムの被害・損失をもたらすもの。

**自己**［self］個人の全体性を示す，すべての特徴，属性，意識と無意識，精神と身体から成る構成概念。自らのアイデンティティや存在，体験という事柄の中でその基礎として参照される場合は別として，心理学用語として使われる場合にはかなりの多義性を含んでおり統一された意味はない。ジェームズ（William James）によれば，自己は評価される対象となる自分（つまり，自分が何をしているかを内省して評価する自分）と，エージェントの源となる自分（すなわち，自分の知覚，思考，行動の統制，その源は自らの身体と心に属しているという自分）に，分けることができる。またユング（Carl Jung）は，自己とは**個性化**の過程によって発達していくものであり，晩熟に至るまで完成するものではないと主張した。アドラー（Alfred Adler）は，自己を人々が自らの実現を追及する姿，つまり個人の**ライフスタイル**であると考えた。さらにドイツ生まれでアメリカの精神分析家ホーナイ（Karen D. Horney: 1885-1952）は，自らの成長と発達のための独自の能力を構成するものとして，理想的な自己像と対になる**真の自己**という概念を展開した。そしてオールポート（Gordon Allport）は，自己という用語の代わりに**プロプリウム**という言葉を用い，それは個人の基礎として意識され，身体感覚，**アイデンティティ**，自己評価，自己価値の感覚，自らの態度，意思へと段階的に発達するものとした。⇨ **偽りの自己**，**現象的自己**，**自己感覚**，**本当の自己**

**自己愛［1］**［narcissism］1.過度の自惚れ，自己中心主義を指す。ナルシシズムとも言う。⇨ **自己愛性パーソナリティ障害** 2.精神分析理論の用語。性愛の対象として，あるいは**リビドー**を向ける対象として自分自身の自我，あるいは身体を当てること。または，自分との類似性に基づいて他者との関係を作ったり，人を選んだりすること。⇨ **身体的自己愛**，**一次的自己愛**

**自己愛［2］**［self-love］1.自分自身の存在や自分を満足させることについての興味，関心のこと。⇨ **エゴティズム** 2.過度な自己中心性や，自分の身体，能力，パーソナリティに対するナルシシズム的態度。⇨ **エゴティズム**

**自己愛性人格**［narcissistic personality; narcissistic character］過度の自己への関心，そして自己への過剰評価に特徴づけられる特性，行動パターン。

**自己愛性パーソナリティ障害（NPD）**［narcissistic personality disorder: NPD］DSM-Ⅳ-TRにおけるパーソナリティ障害の一つであり，以下の特徴を有する。(a) 長期にわたり持続する様式であり，大げさな自己の重要性と自身の才能や業績に関する誇大化された感覚，(b) 限りない性，権力，才気，あるいは美しさに関する空想，(c) 注意や称賛を得るための自己顕示欲，(d) 冷淡さや無関心，あるいは批判や無関心，敗北に対する激怒，屈辱感，空虚感，(e) 様々な人間関係上の障害。たとえば，自身が特別視される権利を有すると感じること，他者に有利であろうとすること，他者感情への共感に欠くことなどである。［アメリカの精神科医であるライヒ（Wilhelm Reich: 1897-1957），カーンバーグ（Otto Kernberg）や，コフート（Heinz Kohut: 1913-1981），そしてアメリカの心理学者であるミロン（Theodore Millon: 1929- ）によって提唱された］

**自己愛的対象選択**［narcissistic object choice］精神分析理論の用語。自分自身に類似した仲間，あるいは**愛情の対象**を選択すること。⇨ **依託的対象選択**

**自己暗示**［autosuggestion］道徳的教化やリラクセーション誘導，疾患からの回復促進のように，自分自身への肯定的暗示のプロセス。自己示唆（self-suggestion）とも呼ばれる。⇨ **宣誓**，**自律訓練法**

**自己暗示性**［autosuggestibility］**自己催眠**のように，自己暗示に影響を受ける感受性。

**自己意識**［self-consciousness］1.自分自身について考え内省していることを指す人格特性のこと。心理学的には自己内省の個人差を表す場合にのみ用いられ，いわゆる人前での気まずさや気恥ずかしさを表すことには使用しない。これまでの研究によって，自己意識は2種類に区別されることが指摘されている。(a) 私的自己意識（private self-consciousness）：人々が自分自身の私的で内的な側面について考えていることであり，たとえば，自分の思考や動機，感情などをいう。他者は間接的にしか観察できない部分である。(b) 公的自己意識（public self-consciousness）：人々が自分自身の公的で外的な側面について考えていることであり，たとえば，自分の外見や容姿，行動上の癖や人前での行動そのものなどを言う。これは他者にも観察できる側面である。2. ⇨ **内省意識** 3.自分自身の行動，容姿，態度に関する極端な敏感性や，他者からの印象に関する過度の関心のことで，それは，他者が存在する場でのきまり悪さや居心地の悪さをもたらす。

**自己意識的情動**［self-conscious emotion］自身が他者の評価の対象であると知らされるときに，自己とその行為を称賛あるいは非難する感情のこと。自己意識的情動は，

恥，誇り，罪悪感，困惑を含む。近年では，他者による評価の重要性をより強調するために，他者意識的情動（other-conscious emotion）という用語が提案されている。

**自己委託**［self-referral］　医師免許をもった専門家か，それと同等の人からの紹介なしに，雇い主，配偶者または法廷によってそのような援助を求めることを強いられることなく臨床サービスプロバイダまたは健康管理開業医に意見を聞く行為のこと。自己委託による個人は，処置のためにより動機づけされ，問題を認めようとする傾向がみられる。

**自己一貫性**［self-consistency］　理論や組織などのあらゆる側面の融和性。

**自己一致**［congruence］　ロジャーズ（Carl Rogers）の現象学的人格理論において，(a) 型にはまったセラピストイメージよりも，むしろセラピスト自身の真の感情に一致して行動することがセラピストには必要であるということ，あるいは (b) 自己のなかに経験が意識的に統合されているということ。

**思考**［thinking］　発想やイメージ，**心的表象**，あるいは他の仮説的な思考の要素が経験され，あるいは操作される認知的行動。この意味では，思考は想像すること，記憶すること，問題解決すること，空想すること，**自由連想法**，概念形成，また他の多くの処理を含む。思考は，(a) 隠れたもの，すなわち直接的には観察不可能であるが，行動や，自己報告から推測されうるものであるということ，また (b) 象徴的なもの，すなわちその本質についてはいまだ曖昧で議論を呼ぶような（⇨ **シンボルプロセス**），心的な象徴や表象の操作を伴うものであるということ，の2つの定義的な特徴をもつとされる。

**試行**［trial］　1. 検査や実験において与えられた課題について1回の練習セッションや実行のこと。2. 超心理学研究において，実験参加者が**透視**や**テレパシー**によってターゲットを特定したり，**念力**によってターゲットに影響を与えたりする，1回の試み。ツェナーカードを用いた実験では，カード1枚ずつがそれぞれ別々の試行となる。

**思考回避**［thought avoidance］　不愉快で不協和な精神的現象を，回避して考えないようにする能力。心理学的な**防衛機制**の一つであり，同時に治療的手段でもある。

**思考化声**［audible thought］　自分が心の中で考えていることが声となって聞こえてくる幻聴の一種のこと。

**思考型**［thinking type］　ユング（Carl Jung）は**分析心理学**において，情報や概念を理性的，論理的に処理する機能型を指す。この型はユングの類型論で2つの**合理的タイプ**の一つである。もう一つの合理的機能をもつのは**感情型**である。⇨ **直観型**，**感覚型**

**思考過程**［thought process］　推論，想起，想像，問題解決，意思決定など，単純な知覚を超えた心的活動に関わる何らかの**認知過程**。⇨ **思考**，**高次心的過程**，**媒介過程**，**シンボルプロセス**

**試行間間隔**［intertrial interval: ITI］　一連の実験試行で，与えられた課題の遂行終了時から次の試行までの時間。

**思考形式の障害**［formal thought disorder］　思考形式または思考構造の混乱によって特徴づけられる思考障害の一種。例として，**脱線**や**脱線思考**がある。思考内容に関する障害である**思考障害**とは区別される。⇨ **統合失調症思考**

**視交叉**［optic chiasm］　脳底に存在する2つの眼球からの視神経が合流する場所。ヒトの場合，両目の網膜からの神経線維の半分ずつが交叉するため，左右どちらの大脳半球も両目からの入力を受け取っている。この部分的な交叉を半交叉（partial decussation）と呼ぶ。

**試行錯誤学習**［trial-and-error learning］　生体が，目標とする反応を生み出すことに成功するまで，一見無作為に，ある状況下で次々に様々な反応を試してみるという学習の一種。試行を続けていくと，成功となる反応が徐々に早く現れるようになる。行き止まりでない経路を最終的に見つける迷路学習は試行錯誤学習の一例である。思考錯誤は，道具的学習もしくは強化学習を説明するものとして，ソーンダイク（Edward L. Thorndike）のS-R理論から生まれた。しかし，彼は当初，試行と偶然の成功（trial and accidental success）というより記述的な言い回しを好んだ。

**視交叉上核**［suprachiasmatic nucleus: SCN］　脳の**視床下部**にある小さな領域で，**視交叉**の上にある。ここは概日振動体のある場所で概日リズムを制御している。網膜から直接入力を受け取っている。⇨ **体内時計**

**視交叉症候群**［chiasmal syndrome］　視神経交叉や隣接する視神経，視索の損傷と関連がある視力の喪失や視野異常のこと。典型的な特徴は，**両耳側半盲**と**視神経萎縮**である。多くの場合，脳腫瘍によって生じる。

**志向作用**［noesis］　心理学において，知的な，あるいは認知的なプロセスの働きを指す。

**思考サンプリング**［thought sampling］　治療や実験の目的で**意識の流れ**の内容を書き留める方法。⇨ **思考モニタリング**

**志向姿勢**［intentional stance］　自分の信念や欲望に応じて人間は合理的に行動するという，理性的観点から行動を解釈し予測するための方略を指す。［アメリカの哲学者デネット（Daniel C. Dunett: 1942- ）］

**思考実験**［thought experiment; Gedanken experiments］　理論的研究の方法や得られる結果について想像する方法。現実での実験をよりよいものにするためにも使われるが，実際に実験が実施できない場合は，理にかなった結論に達することを目的とする。

**思考障害**［thought disorder; thought disturbance］　コミュニケーションや言語，思考内容に影響を与える認知的過程における障害のこと。**観念の貧困さ**，**言語新作**，**錯論理**，**言葉のサラダ**，**妄想**を含む。思考障害は統合失調症の最も重要な特徴として考えられているが（⇨ **統合失調性思考**），気分障害や認知症，躁病，神経疾患などとも関連する。⇨ **思考形式の障害**

**侵入思考**［thought intrusion］　頭をよぎる意思とは無関係な考えによって一連の意識の流れが遮断されること。

**思考吹入**［thought insertion］　他者の思考が強引に自分の精神に入ってくると感じ，それらを外部からの物とみなす妄想のこと。

**志向性**［directedness］　持続的な動機づけ，連続性，そして未来への志向性を，成熟した個人に与えるような統一された目的の感覚のこと。［最初に述べたのはオールポート（G. W. Allport）である］

**至高体験**［peak experience］　マズロー（Abraham Maslow）の人間性理論における，畏怖，恍惚，超越の瞬

間のこと。ときに自己実現者（⇨ **自己実現**）によって経験される。至高体験では、「生命は時空や自己を超越した力強い結合体である」という洞察が突然得られる。

**思考奪取**［thought withdrawal］　自身の思考が他者によって抜き取られてしまうという妄想のこと。

**試行治療**［trial therapy］　心理療法の初期や、長期の心理療法に入る前段階において、クライエントの治療過程への適性や治療を受けることに準備ができているかを検討するために計画された一時的な治療過程のこと。試行治療は、セラピストがクライエントと治療技法との相性を査定したり、その治療技法による問題解決の可能性を査定するために行われることもある。

**思考停止法**［thought stopping］　ネガティブな思考を止めたり、ポジティブもしくは中立的な思考に変えるような身体的、認知的手がかりを使った技法。行動療法で用いられる方法で、クライエントを不快にする思考を中断させるために、セラピストが「ストップ！」と叫んだり、この方法をクライエントが習得できるように訓練すること。

**思考伝達**［thought transference］　ある人の精神活動が、物理的手段なしに他者に伝わると考える現象。読心術と並んで、**テレパシー**の2つの形態の一つ。

**思考内容の障害**［content-thought disorder］　統合失調症や他のいくつかの精神障害（たとえば、**強迫性障害**や**躁病**）に典型的にみられる思考障害のタイプの一つ。複合的か断片的、あるいは奇妙な妄想を特徴とする。

**思考の運動理論**［motor theory of thought; motor theory of consciousness］　1920年代に行動主義の研究者によって一般化された概念で、運動機能の反応は運動皮質と感覚野の結合による条件反射でコントロールできるという理論。この理論は後に生理学的、解剖学的根拠が欠けていることを指摘した研究者によって批判された。

**思考の断片化**［fragmentation of thinking］　主に統合失調症の症状として考えられる連合障害。思考過程が混乱し、完全な動作や考えができなくなる。軽い症状では、質問に対して、具体的な回答よりも一般的な回答をする。

**思考の適応的制御理論**［adaptive control of thought theory］　⇨ **ACT**\*

**思考の法則**［laws of thought］　同一性の原則や矛盾原理のような、法則の特徴として仮定されるほど合理的思考において本質的であると考えられている論理の法則。実際、そのような法則はまさに論理的思考の考え方として定義される。しかし、どの論理的法則が法則群に含むべきかは議論のある問題である。

**思考の抑制**［thought suppression］　特に望ましくない思考やイメージが浮かばないように押し込めようとする精神活動のこと。

**試行評価**［pilot testing］　**予備研究**における資料や手順について評価すること。

**思考モニタリング**［thought monitoring］　自分の思考の記録を追跡、作成する過程。

**自己嘔吐**［autemesia］　器官的な原因が特定できない嘔吐。

**自己回帰モデル**［autoregressive model］　特に**時系列**の解析に用いられるモデルで、それぞれの連続した観測値の少なくとも一部が、一つかそれ以上の前の観測値に依存する。一つの例は、**回帰分析**における誤差の系統的構造で、そこでは時点 t のときの**誤差項**が、前時点での誤差に新しい誤差項が加わった定数の一部となっている。

**自己開示**［self-disclosure］　**自己**、特に私的な自己に関する情報を他者にみせる行為。心理療法では、クライエントの個人的な最も深い部分の感情、心象、経験、切望を明らかにしたり表出したりすることは、健康上の変化や個人の成長に必要不可欠であると信じている人が多い。加えて、クライエントにセラピストの個人的な情報を適切に表出することは、それが慎重に用いられるのであれば、クライエントとのラポールを強化し、信頼を得るための一つの手段となる。

**自己解釈**［self-construal］　**自己**についての特異的信念。この用語は、**相互独立的自己観**と**相互依存的自己観**とを区別する際に特に用いられる。自己解釈は、**自己概念**よりも特異的な意味をもつ。

**事後介入**［postvention］　外傷体験のサバイバーや、心的外傷や自然災害を直接的に経験した人々を相手にした援助者に求められる感情の解放のこと。災害の被害者との作業に伴うデブリーフィングとも似ている（⇨ **緊急事態ストレス・デブリーフィング**）。［アメリカの心理学者シュナイドマン（Edwin S. Schneidman）によって定義された］

**自己概念**［self-concept］　自分についての概念、自分自身の評価のこと。特に、自らを自分で評価することを自己評価（self-evaluation）、自分を正確に評価しようとすることを自己査定（self-appraisal; self-assessment）とも言う。また心理検査などで自分のことを自ら評価する場合には自己評定（self-rating）とも呼ばれる。自己概念は心理的かつ身体的な特性や資質、技能を含んでおり、個人のアイデンティティの感覚に常に影響を与えている。自己概念の中でも意識水準の表象の一部は、自己における無意識のスキーマ（枠組み）からもたらされている（⇨ **スキーマ**）。自己概念はある程度意識化できるものであるが、中には表象化されずにいて、いまだ判断や気分、行動様式に影響を与えているものもある。⇨ **自己像**、**自己知覚**

**自己概念テスト**［self-concept test］　パーソナリティ検査の一つ。被検査者が自分の態度、価値観、目標、身体概念、自己価値や能力について、どのように捉えているのか調べる。**形容詞チェックリスト**、パーソナリティ検査における**人格目録検査**の反応の解釈、Q分類技法の3つが最も多く用いられている。

**自己学習のための装置**［autoinstructional device］　プログラム学習などで用いられる自己学習を可能にする装置。学習帳、CD-ROM、カセットなどがある。そばにいる教師や離れた場所にいる教師からの直接的な手助けがない状態で、個人の教育をより深めるために用いられる。

**自己拡張**［self-extension］　オールポート（Golden Alport）によると、**プロプリウム**や自己の発達の初期段階は、およそ4歳児ほどから始まり、子どもが人やモノ、抽象的な概念を、自己概念に包括する能力の発生を意味する。このように、自己を自分が親近性や一体感を感じる自分以外のモノに投資することを指す。

**自己確認仮説**［self-verification hypothesis］　人は、既にある**自己概念**を確認するために、その自己概念の良し悪しとは無関係に、自分自身に関する情報を探し求めるという仮説。この理論によると、自己確認を求める**一貫性への動機**は、自己についての好ましい情報を求める**自己高揚動**

機や，自己についての正確な情報を求める**評価動機（診断性）**以上に強力である。人は，(a) 自己概念を確認できる状況に取り組むこと，(b) 自己確認的フィードバックを信じるために探したり選択したりすること，(c) 自分の考えの正当性を自分自身に納得させようとすることのために自己確認を行う。

**自己価値**［self-worth］　価値ある人間としての評価。自己価値の肯定的感情は，高い**自尊心**や高い**自己受容**と関連する。

**自己価値に一致する事柄**［contingencies of self-worth］　その人の**自尊心**に関連する，人生における特殊な領域。その領域における地位や能力は**自己概念**に決定的な影響力をもつ。自尊心を抱く領域は個人によって異なる。ある人にとっては物質的な成功や職業上の成功がその自尊心にとって極めて重要であるのに対し，他者から好かれることや性的な魅力があることのほうが重要だとする人もいる。

**自己価値の低下**［self-derogation］　非現実的に自分自身をさげすむ傾向。**大うつ病性エピソード**に関係することが多い。

**自己活動**［self-activity］　外部からの促しによらず，自分自身によって決定された活動の遂行。

**自己感覚**［sense of self］　アイデンティティ，独自性，自己へ向かう傾向の感覚。⇨ **自己概念**，**自己像**，**アイデンティティ感覚**

**自己監視**［self-monitoring］　セラピストがクライエントに行動を記録する宿題を与える治療技術。行動はしっかりとした自己の監視下にあるとき変化するものである。

**自己関連づけ**［personalization］　ウェブページや雑誌の掲載内容を特定個人に合わせて変えるように，特定個人に特異で，有意義で，適切であるように変更したり，調整すること。

**自己欺瞞【1】**［bad faith］　人間としての自由の否定，または自分の行動が限定されず強制されないための不本意。自分の行動や選択の結果に対する責任拒否や，自分自身に対して意図的に真実を隠ぺいすることにつながる。⇨ **実存主義的心理療法**［フランスの実存主義哲学者サルトル（Jean-Paul Sartre: 1905-1980）によって提唱された］

**自己欺瞞【2】**［self-deception］　1. 自身の限界を認識することができないこと。2. 誤った，もしくは非現実的な自己概念を構築すること。

**自己客観化**［self-objectification］　自己あるいは自己認識に関する目的知識の達成のこと。心理的成熟のためのオールポート（Gordon Allport）の7つの適応特性のうちの一つ。

**自己強化**［self-reinforcement］　適切な行動や望んだ目標の達成に対して，自分自身に報酬を与えること。たとえば，試験のために勉強した後にご褒美を買うことなどがあげられる。自己管理強化（self-managed reinforcement）とも呼ばれる。

**自己教示イメージ**［self-instructional imagery］　スキルの学習や熟達に用いられるイメージ。たとえば，過去の行為についてのイメージであり，エラーを検出し修正するのに用いられる。また，あるスキルに対してまだ実行していない代替となるスキルについてのイメージも一例にあげられる。⇨ **メンタルプラクティス**

**自己教示トレーニング**［self-instructional training］　対象者の不適応な信念や認知を修正し，新しい技術を身につけることを目的とする**認知行動療法**の形式の一つである。この心理療法では，セラピストが構造化された自己教示（self-instructions; self-statements）を教示することで，患者の不適切な思考（たとえば「皆は自分を嫌っている」など）を明らかにし，適切な行動を形成していく。患者は，教示を声に出して繰り返しながら，行動を真似していく。⇨ **自己宣言訓練**［アメリカの心理学者マイケンバウム（Donald Meichenbaum: 1940- ）が提唱者］

**自己訓練**［self-discipline］　長期的な目標や一般的な成長のために，即時的な願望の充足を控えて，自分自身の衝動や欲求を制御すること。⇨ **セルフコントロール**，**自己制御**

**事故傾性**［accident proneness］　慢性的な事故の引き起こしやすさをいう。この概念は，1920年前後に紹介されてから激しい論議にさらされてきた。そして，事故を起こしやすい一定の人格の存在にたくさんの疑問が提出された。しかし，いろいろな個人変数と社会学的，環境的状況的要因が，事故への巻き込まれの重要な予測因子として同定された。それは，攻撃性，敵意，衝動性，スリルと冒険を求めること，作業負荷と認知要求，ストレスなどである。⇨ **故意の事故**

**自己啓発**［self-development］　自分自身の資質や能力の成長または向上。

**自己啓発グループ**［personal-growth group］　エンカウンターと呼ばれる手法を用いた小集団のこと。ゲームやディベート，演技などを，自己発見のためやメンバーの成長のために用いる。⇨ **エンカウンターグループ**，**人間性回復運動**

**自己軽蔑**［self-abasement; self-debasement］　1. 自己を過少評価すること。2. 他の人の意図への過剰な服従。

**自己決定**［self-determination］　外部からの要求ではなく，内部の信念や決定によって自分の行動をコントロールすること。自己主導（self-direction）とも呼ばれる。

**自己決定理論**［self-determination theory］　健全な調節を生み出す**自律性**と**内発的動機づけ**の重要性を強調する理論のこと。この理論によれば，人が主に外部からの力および報酬によって動かされる時，それに続いてネガティブな結果が起こるとされる。

**自己嫌悪**［self-hate］　強い**自己価値の低下**。

**自己言及**［self-reference］　議論や他の人の注意を自分自身に向けようとする執拗な傾向。それは個人の関心や知覚に及ぶ。

**事後研究**［ex post facto research］　既に収集済みのデータに基づき開始する研究，あるいは実験的な操作がなされた後に行われる研究。［ラテン語の"ex post facto"には，"事後に"という意味がある］

**自己言語化**［self-verbalization］　自己に焦点を当てた私的な発話，考えていたことを口に出すこと。自己言語化は，言語的に行動を統制することで，内的な自己調整を促進する認知的方略である。また，新しい技術を教授したり，問題解決能力を促進したり，それまでに保持していた信念を改めるために使われることもある。このような言語化については，ヴィゴツキー（Lev Vygotsky），ピアジェ（Jean Piaget），ルリア（Alexander Luria）などによる様々な見方がある。

**自己顕示癖**［exhibitionism］　特に目を引く行動を通して、自身に注意を向けようとする気質や傾向のこと。

**事後検定**［a posteriori test］　ある研究が終わり、データが精査された後に立てられた仮説の統計的検定。

**自己肯定**［self-affirmation］　1. 自分自身の肯定的な部分を表現しようとする行動のことで、しばしば自分の中の価値や属性、何かの集団の一員であることなどを肯定的に主張すること。**自我確認理論**では、自己肯定化の欲求は人にとって基本的かつ広範な性質をもつもので、多様な行動がこの欲望に動機づけられていると仮定されている。2. 心理療法で、クライエントの自分自身に関する肯定的な語り、またはその構えのこと。しばしば、うつや否定的な思考、低い自尊心の治療の一環として、そして治療に欠かせないものとして、定期的に自己を肯定することが求められる。3. 課題遂行状況や競争的状況において、信頼でき、生き生きとした自分自身についての思考、およびポジティブな特性、能力、技術を促進する自分自身についての思考。

**事故行動**［accident behavior］　自身や他者を傷つけたり、施設や環境に物理的な損傷を与える可能性のある行動のこと。不注意やリスクテイク要因のような純粋に個人的要因のほか、過密な労働スケジュールや作業システムの不備のような環境要因に基づくこともある。⇨ **事故予防**

**自己高揚**［self-enhancement］　自尊心あるいは他者による評価を高めるよう計画された戦略的行動。自己高揚は、成功を追及するという形態をとることもあるし、単に自分に好都合なように出来事を歪めるやり方をすることもある。⇨ **自己防御、補償的自己高揚**

**自己高揚動機**［self-enhancement motive］　自分自身を良く思ったり、他者に良く評価されたいといった願望。この動機は人々に好意的にみられたいという気持ちを生じさせる。この動機が強いと、正確だが好ましくない情報よりも、むしろ、お世辞でも好ましい情報を好むよう促される。⇨ **評価動機、一貫性への動機**

**自己効力感［1］**［perceived self-efficacy］　ある課題遂行において、その課題に対する自分自身の能力についての、個人の主観的な知覚。感情、動機、行動の変化の主要な決定要員として、バンデューラ（Albert Bandura）により提唱された。

**自己効力感［2］**［self-efficacy］　望んだ結果をもたらすために効果的に振る舞う能力。特に、その個人によって知覚されたものを指す。

**自己催眠［1］**［autohypnosis］　自己誘導された催眠。自発的に生じるか、**自己暗示**の訓練によって可能になる。

**自己催眠［2］**［self-hypnosis］　**自己暗示**によって、自分自身をトランスやトランスに類似した状態に導入すること。

**自己催眠弛緩法**［self-hypnorelaxation］　**自己催眠**の一種。クライエントが自らの弛緩暗示に反応するよう訓練する。

**自己催眠的健忘**［autohypnotic amnesia］　抑圧に関するユング派の用語。催眠下で引き起こされる**催眠健忘**に基づく。

**自己参照**［self-referencing］　広告やマーケティングにおいて、現在提供中の製品価値を評価させるために、個人に自分の過去の体験に製品を関連づけて考えることを促すこと。

**自己参照効果**［self-reference effect］　自己と自己概念に関連する刺激に対する記憶が優れているという広く一般的な傾向のこと。

**自己刺激**［self-stimulation］　1. 自分自身の覚醒水準を引き上げたり増加させる行為やプロセスのこと。自己刺激は様々な状況で観察される。たとえば、刺激を受けていない幼児は、周辺を探索したり、もごもごとひとりごとを言う。2. ⇨ **頭蓋内自己刺激、自慰、自己強化**

**自己指針**［self-guide］　自己の特定の像や目標。自己制御の方向づけに用いられる。特に、自己指針には、価値があるとされるか選好される特性の心的表象、つまり人がどのようにあるべきかという理想や観念が含まれる。これらの理想や概念は自分で選ぶ場合も、他者に由来する場合もある。

**自己実現**［self-actualization; self-realization］　自分のもつ能力の発揮。マズロー（Abraham Maslow）によると、これは身体的、社会的、知的、感情的な要求を理想的に統合し、個人が自己実現の発達を最大化することができるような"才能、能力、潜在能力の十分な利活用"であり、すべての潜在的可能性に向かって努力する過程は根本的なものである。しかし彼は、身体的生存、安全、愛と所属、承認などの基本的欲求が満たされている時のみ、自己実現は十分に満たされうると考えた。⇨ **人間性心理学、マズローの動機の階層**

**自己実現尺度（POI）**［Personal Orientation Inventory: POI］　自己実現の測定のための一覧。もともとは1966年に開発され、150項目で構成されている。各項目には価値や振舞いの状態の記述が2つ含まれている。各項目に対し、参加者は最も自分自身を表している記述を選択する。自己実現尺度は2つの主な尺度で得点化され、さらに10の下位尺度がある。すなわち、自己実現の価値、実存性、感受性、自発性、自己肯定、自己受容、人間性の本質、統合性、攻撃性、人間関係形成能力である。［アメリカの心理学者ショストロム（Everett L. Shostrom: 1921- ）によって開発された］

**自己実施検査**［self-administered test］　教示が十分で実験者によるさらなる説明が必要でないような形式の検査のこと。

**自己修正**［self-correction］　ある個人が、エラーを犯した後に、外部からの教示や手がかりなしにそのエラーを自発的に直すような状況。

**自己充足**［self-gratification］　自己の欲求が満たされている状態。

**自己充足的コミュニケーション**［consummatory communication］　送り手の考えまたは感情を伝達するのが唯一の目的であり、受取人からの返答または行動を必要としないコミュニケーションのこと。

**自己主張**［assertion; self-assertion］　自分自身の意見を言ったり、義務や権利、あるいは願望を表現する行動。自己主張はしばしば治療目的とされ、時には構造化された集団療法の目的となることもある。

**自己主張訓練**［assertiveness training］　1. 個人の言語的、非言語的シグナルと行動パターンを変化させ、対人間コミュニケーション一般に通用する技法を強化する教育技法。感情や意見、好み（ポジティブなものもネガティブなものも）を明確、直接的に、かつマナーに沿って表現でき

るようにする。**ロールプレイ**または**行動リハーサル**は，実際の生活状況での適切な自己主張を訓練する。アサーティブ・トレーニングとも呼ばれる。2．スポーツにおいて，競技ルールの範囲内での身体能力向上を目的とする訓練。

**自己主張性**［assertiveness］　個人が感じたことや要求を，他者への配慮を保ちながら直接表現するコミュニケーションの型。

**自己受容**［self-acceptance］　自分の能力と達成に関するより客観的な感覚や認識のこと。自身の限界を認め受け入れることも伴う。自己受容の欠落は情緒的問題の主要な特徴としてしばしば認められる。

**自己受容感覚**［proprioception; proprioceptive sense］　身体の運動と位置の感覚のことで，筋，腱，関節にある**自己受容器**と内耳迷路にある**前庭受容体**への刺激によって生じる。自己受容感覚によって視覚手がかりがなくても身体の空間的な定位が可能になり，姿勢の安定性を維持できる。

**自己受容感覚の刺激**［proprioceptive stimulus］　生体内から生じる刺激のことで，身体位置を検出する受容器である自己受容器からの刺激に基づく。⇨ **外部受容刺激**，**内部受容刺激**

**自己受容器**［proprioceptor］　四肢の動きなどの，身体の動きや位置を感受する受容器。**筋紡錘**や**ゴルジ腱器官**などがある。⇨ **自己受容感覚**

**自己消去**［self-effacement］　ドイツ生まれのアメリカの精神分析家ホーナイ（Karen D. Horney: 1885-1952）が提唱した概念。服従や依存に対する神経症的な理想化，嫌悪する自己への同一化の反応としての無償の愛，などがこれにあたる。⇨ **従順な性格**，**神経症的傾向**

**自己成就予言**［self-fulfilling prophecy］　たとえば，就職面接において自分の神経質さが自分のパフォーマンスを妨害すると予期すると，その期待や信念が，それを実現するように促す。生徒の能力に関する教師の先入観が子どもの成績に良い影響あるいは悪い影響を与えたりする。⇨ **ローゼンタール効果**，**上方ピグマリオン効果**，**要求特性**，**期待効果**

**自己小児性愛**［autopedophilia］　子どものまねや，子どもについての想像をすることで得られる性的快楽。

**自己心理学**［self psychology］　1．**自己**に関する心理学の諸体系。2．精神分析理論の一学派。健康な自己発達における他者との関係の重要性を説いた。子どもの情緒的要求に対して養育者が反応できない場合，他者との関係において多くの心理的問題が生じることを明らかにした。自己心理学的精神療法では，セラピストは古典的な精神分析のような情緒的距離をクライエントとの間にとるのではなく，クライエントと共感的な関係を作ろうと試みる。［オーストリア生まれのアメリカの精神分析家コフート（Heinz Kohut: 1913-1981）によって提唱された］

**自己性器刺激**［autogenital stimulation］　人間もしくは動物が自己の性器を何らかの方法で刺激すること。それには腰を突き出す動き，**自慰**，性交前の自慰などがある。同性もしくは異性の存在，他者の不在により生じることがある。

**自己制御**［self-regulation］　自己の行動の制御。それは，望ましい行動や望ましくない行動を引き起こす条件の自己モニタリングを通して，あるいは，望ましい行動を促進し，望ましくない行動を誘発する状況を回避するように個人的環境を構造化することを通して，また，自己評価，罰と報酬を自己投与することによって，自分自身の行動をコントロールすること。自己制御プロセスは**行動療法**で重視される。⇨ **セルフコントロール**，**セルフマネジメント**

**自己制御資源理論**［self-regulatory resources theory］　包括的かつ限定的な資源による**自己制御**モデル。資源のプールは，状況からの要求によって一時的に減少する。⇨ **自我の枯渇**，**意志力**

**自己制御モデル**［self-regulation model］　外的制約がない状態でとられる行動の自己調節プロセス。問題の同定，コミットメント，実行，環境調整，般化という5つの段階からなる。

**自己精神病**［autopsychosis］　自分が世界の救世主であったり，悪魔の化身であったり，認められない天才であるというような，個人が歪んだ思考を維持するときの妄想状態。

**自己性欲**［autoeroticism］　以前は**睡眠時性喚起**を指していた。睡眠時性喚起は，現在では性的な興奮を伴う夢によって生じるのではなく，睡眠のある段階において生じる一般的なものであることが知られている。

**自己宣言訓練**［self-statement training: SST］　認知的リハーサルの一つ。「私は，尊敬に値する有能な人間である」などの肯定的陳述を定期的に考えたり口に出したりする。**自己教示トレーニング**で用いられる。⇨ **宣誓**，**内的対話**

**自己選択的グループデザイン**［self-selected groups design］　実験参加者自身で，当てはめられる群や提示される条件を選択する実験デザイン。実験参加者の割り当てがランダムではないため，収集されたデータにおける因果推論は疑わしさが伴う。

**自己宣伝**［self-promotion］　**自己呈示理論**における，自分の能力や才能を強調したり誇張したりすることによって，他者に自己をよくみせる戦略のこと。

**自己像**［self-image］　自分自身がもつ，自己の捉え方や自己概念のこと。自己像は個人的性格の大変重要な一面であり，良好な関係性の成否や一般的な幸福の意味を規定する。否定的な自己像は機能不全や，自分を虐げ，打ち負かし，破壊するような行動の原因となることが多い。⇨ **スキーマ**

**自己相関**［autocorrelation］　統計学と実験計画において，観測対象それ自身の時間経過に伴う観測値間の相関で，通常**時系列**または**反復測定計画**で用いられる。

**自己想起記憶**［autonoetic memory］　個人的記憶の想起，あるいは過去のある時点を追体験するような意識。**エピソード記憶**と同義。エストニア生まれのカナダの心理学者タルヴィング（Endel Tulving: 1927-　）が提唱した，記憶の単階層的理論における最終段階。⇨ **非知識的な記憶**，**ノエティックメモリー**

**自己想起的**［autonoetic］　ある人がある物事について意識的に知っていたり覚えていたりするだけではなく，その物事に関連した個人的経験をも意識している際に，その知識や記憶の水準を表した言葉（⇨ **自己想起記憶**）。自己想起意識（autonoetic consciousness）はそれに対応する意識の水準であり，この水準では，ある人がもつ事実や概念，意味に関する知識は，そのときの自分自身の存在を意識することに介されている。⇨ **アノエティック**，**ノエ**

ティック［エストニア生まれのカナダの心理学者タルヴィング（Endel Tulving: 1927- ）によって定義された］

**自己像幻視**［autoscopy］外の空間に自分自身の分身をみること。その姿は，一般的には一時的でぼやけてかすんでおり，無色である。自己像幻視現象（autoscopic phenomenon）とも呼ばれる。⇨ **ドッペルゲンガー現象**，**霊体離脱体験**

**自己像バイアス**［self-image bias］自分自身の得点が高くなるような基準に従って他者も評価する傾向。ある特性において自分自身を好ましく評定するほど，その人が他者を認知する際にその特性がより中心的で重要なものになりやすい。自己像バイアスは，**自己概念**が他者認知を歪ませる巧妙なバイアスの一つである。

**自己疎外**［self-alienation］人が自分自身を見知らぬ人であると感じる状態。典型的には，顕著な感情の乖離が同時に起こる。自己疎外化された個人は，その人自身の精神過程に無自覚であったり，表現できないことが多い。

**自己疎外症候群**［self-alien syndrome］自己のある側面が自分の正常な体験や統制の外にあると知覚される状態のこと。こうした知覚は通常，神経学的ないし心理的障害に起因するが，日々の生活の中でも衝動統制の失敗の結果として起こりうる。

**自己組織**［self-system］両親，あるいはその他の重要な大人との関係の結果生じた比較的固定したパーソナリティ。その関係において，態度や行動パターンが認められるとパーソナリティとして維持される傾向があり，非難されると抑制される。［アメリカの精神科医サリヴァン（Harry Stack Sullivan: 1892-1949 によって最初に提唱された］

**自己組織システム**［self-organizing system］単に内因的な属性の結果として，高次の構造を形成するために要素が結合するシステムのこと。

**自己尊重**［self-respect］自己価値や**自尊心**の感覚のことで，特に自らの価値や特性，尊厳に適切な関心を向けること。

**自己対照群**［own control］同一の集団や個人に対して多重測定が行われる**反復測定計画**の一つ。この研究デザインでは，参加者自身が対照となるため，独立した対照群は必要ない。

**自己態勢**［self-dynamism］**自己組織**を構成する欲求や衝動のパターン。特に生物的満足，安全，不安からの解放，などの追求が含まれる。［アメリカの精神科医サリヴァン（Harry Stack Sullivan: 1892-1949）によって提唱された］

**自己脱感作**［self-desensitization］**行動療法**の技法。恐怖や不安を生じさせる出来事や状況に直面したとき，不安を減少させるようにデザインされた対処方略を用いること。この対処方略には，肯定的な自己宣言文を繰り返し読むこと，将来の直面化に備えて心の中でリハーサルすること，筋弛緩法を行うこと，などがある。⇨ **脱感作**，**系統的脱感作**

**自己知覚**［self-perception］自己や，自己を構成する心的，身体的性質についての見方。そのような見方は，真の自己認識を含むが多少なりとも歪みを含む。自己概念（self-percept）とも言う。⇨ **知覚された自己**，**自己概念**

**自己知覚理論**［self-perception theory］個人は，自分の態度，信念，特性，心理状態に対してしばしばわずかしかアクセスできないと仮定する理論。そのような場合，個人は，他者について判断する時に使用する推論過程と類似した方法で，これらの内的手がかりの性質を推論しようと試みる。たとえば，個人は，**態度対象**と関連した過去の行動をもとに，自分の態度がどうであるかを推測することがある。つまり，接近行動は肯定的態度を意味し，回避行動は否定的態度を意味する。自己知覚理論は，以前は**認知的不協和理論**の観点から説明されてきた現象に対して，これに代わる説明を提供してきた。この理論は **フット・イン・ザ・ドア・テクニック**の効果を説明するのにも用いられる。［アメリカの心理学者ベム（Doryl J. Bem: 1938- ）によって最初に提案された］

**自己中心語**［egocentric speech］明らかに他者に向けられていない，他者とのやり取りを目的としていない，他者の視点をくみ取っていない発話であり，集団の独語（private speech）ともいう。ピアジェ（Jean Piaget）によると，子どもの自己中心語の使用は7歳〜8歳までみられるが，その後，他者の要求に合わせる**社会的発話**を発達させると，消失する。しかしヴィゴツキー（Lev Vygotsky）は，自己中心語は問題を解決する際にみられるある程度声に出された社会的発話であり，**内言**へと発達するとしている。

**自己中心主義者**［idiocentric］**1.** 集団の目的よりも個人の目的を重視する人のこと。**2.** 他者や他の集団の興味や目的よりも，自分の個人的な興味や動機を優先させる特性的な傾向をもつ人のこと。**個人主義**に基づく社会は集団における個人の権利を強調するが，自己中心的な人は，個人の欲求を強調し集団や共同体から感情的に離れている。彼らは，所属や役割よりも個人の質や特性の観点から自己を記述する傾向がある。⇨ **自己中心性**，**個人主義**，**他者中心的**

**自己中心性**［egocentrism］**1.** 人が属する社会的単位あるいはグループのニーズや関心ではなく，その人の個人的欲求を強調し，かつ個人の関心に注目する傾向のこと。自己中心（egocentricity）とも呼ばれる。⇨ **病的利己主義**，**自己中心主義者**，**ソシオセントリズム** **2.** ピアジェの認知発達理論であり，自分自身の見え（視点）から状況を認知する傾向のこと。「他者は自分と同じ視点から物事を見ており，出来事によって他者は自分と同じように考えたり感じたり行動したりする」と信じること。

**自己中心的**［autocentric］自分中心の，あるいは自分のみの。⇨ **他者中心的**

**自己中心的苦境**［egocentric predicament］個々人の経験した内容は基本的にはその人だけのものであるという前提から生じる困難な状態。この問題は，次の1つまたはいくつかの説として通常説明される。(a) どのようにして人は他者の経験内容を知ることができるのかを説明することは困難である。(b) どのようにして外的世界の一般的な知識を個々の経験から分離することができるのかを理解することは同様に困難である。(c) 経験は基本的にはその人だけのものであると仮定したとき，コミュニケーションの内容と表象は同様にその人だけのものであるため，どのようにして二者間での見せかけでないやりとりを可能にするかを理解することが難しい。自己中心性における困難さはしばしば**デカルト的自己**の避けられない結果であると言

われている。⇨ 唯我論

**自己超越**［self-transcendence］ 自分自身に対する関心を超越した状態であり，他者，仕事，関心事，活動に対して十分に没頭できる状態をいう。人間性心理学者は，その人の力量を越えた深いコミットメントや没頭（一心不乱な状態）は，健康の中核的な特徴だと主張している。［オーストリアの精神科医フランクル（Viktor Emil Frankl: 1905-1998）によって提唱された］

**自己懲罰**［self-punishment］ 自分の悪行を認めて，身体的，あるいは心理的な傷を自らに負わせる行動。自己懲罰は**自責**から，**自傷行為**，**自殺企図**にまで及び，重篤な**大うつ病性障害**に多い。

**自己直面化**［self-confrontation］ 自分自身の態度や行動，欠点について探索し，自分が他者にどのように知覚されているかについて洞察を得て，変容のための刺激を受けること。

**自己陳述の修正**［self-statement modification］ **認知行動療法**によって明らかとなった，自己の不適応的な考えを変容させる技法の一つ。⇨ **自己教示トレーニング**

**自己呈示**［self-presentation］ 自己についてのある特定の印象や情報を他者に伝えることを意図した行動。自己呈示動機は，なぜ，他人が存在したり見たりしていると思うと，しばしば，すぐに自分の行動が変化するのかを説明する。自己呈示でよく使われる戦略には，**例証**，**自己宣伝**，**懇願**が含まれる。⇨ **印象操作**

**自己摘出**［autoenucleation; self-enucleation］ 個人の器官や腫瘍を自身の体から切除するような，自己切断の行為のこと。たとえば，精神病患者が眼球を取り除こうとするなど（⇨ 摘出）。

**事後テスト**［posttest］ 主要なテスト，あるいは指導計画の遂行後に実施するテストのこと。これは，**事前テスト**とともに実施されうるものであり，それは主となるテストの内容およびその本質の理解度の査定のみならず，査定手段としての有効性を調べるためでもある。

**事後テストカウンセリング**［posttest counseling］ 遺伝相談の一種で，遺伝子テストの結果を公開した際と，その後で行われる。事後テストカウンセリングは，個人のテスト結果の意味と**スクリーニング**の選択についての理解に焦点を当てている。特に注意が向けられるのは，個人の心理状態であったり，その個人が遺伝的あるいは心理的援助をさらに必要としているかどうかを査定することである。

**自己統一**［self-consistency］ 個人内の調和や安定性が高い行動やパーソナリティ。

**自己洞察**［self-insight］ 自分自身を複層的に理解すること（⇨ 洞察）。自己洞察は多くの心理療法にとって目標の一つとなり，望ましい治療の成果とされる。⇨ **派生的洞察**

**自己投資理論**［theory of personal investment］ 動機づけの理論。この理論においては，個人が利益を予期して時間や努力に関する個人的な資源を活動に投資する程度は，自分への励み（熟達志向，競争志向，所属，地位）や信用（受容能力や自助，目標志向性，アイデンティティの感覚），知覚選択肢（特定の場面において利用可能であるとされる行動の選択肢）を反映している。

**自己統制法**［self-control therapy; self-management therapy］ **行動療法**の一種で，セルフモニタリング（日々の活動記録など），自己評価，目標設定，行動契約，ティーチング，自己強化，再発防止などの手法を含んでいる。［オーストリア生まれのアメリカの臨床心理学者カンファー（Frederic Kanfer: 1925-2002）によって開発された］

**自己同定**［self-identification］ 特定の観点から自分のアイデンティティを同定する行為。多くの場合，自分は特定の集団や分類の一員であるという点（たとえば，「自分はヒスパニック系アメリカ人である」「自分はレズビアンである」「自分は父親である」など）や，自分は特徴的な特性をもっているという点（たとえば，「自分は知的能力が高い」「自分は不幸である」「自分は太っている」など）で，自分のアイデンティティを同定する。

**自己投与**［self-administration］ 動物研究における実験手続きの一種で，薬物の報酬効果を調べるために用いられる。動物（霊長類やげっ歯類であることが多い）がレバー押しなどの**オペラント反応**を達成すると，報酬として薬物が静脈内カテーテルまたは脳内に埋め込まれた**カニューレ**を通して注入される。

**仕事減退**［work decrement］ 1. 課題についての生産率や規模が減衰すること。2. 実験において，反応頻度に応じて反応の大きさが減衰すること。

**仕事中毒**［workaholic; workaholism］ ワーカホリックとも言う。強迫的に仕事をする要求をもっていたり，過度な仕事を抱えていたり，仕事を休むことに問題を抱えている人を指す口語表現。この類の仕事に対する過剰な没頭は，しばしば重大なストレス，対人的困難，健康問題の原因となる。⇨ **エルゴマニア**

**仕事の凝集性**［task cohesion］ チームやグループのメンバーが課題に魅力を感じる程度，課題を達成するためのスキルを統合することによって仕事を共同で行う程度のこと。

**事故における手順**［incident process］ 火災や天災，爆弾や銃撃に直面するなど，命の危険がある状況で推奨される系統立った行動の手順。学校場面でも，生徒に習熟させるため，こうした手順が反復訓練されることが多い。

**自己認識**［self-understanding; self-awareness］ 自身の行動，動機，反応，防衛，強みと弱みに対する理解を獲得すること。自己認識の獲得は，心理療法の重要な目的の一つである。

**自己の区別**［differentiation of self］ とりわけ家族システムにおいて，別の方法でやるように感情や社会からのプレッシャーがある状態で，個人の考え，感情，目標，同一性を識別し維持する能力のこと。

**事後の経口避妊薬**［morning-after pill］ モーニングアフターピルとも言う。性交後，緊急的に経口摂取する避妊薬の一般的な名称のこと。これは通常服用する2倍のプロゲスチンを服用するか，プロゲスチンとエストロゲンを組み合わせて服用することで避妊効果があり，性交後72時間以内に服用しなければならない。

**自己の障害**［disorders of the self］ **自己心理学**の用語。両親のような重要他者の反応が，その個人の必要に対し不十分な場合に引き起こされる自己愛の問題。自己心理学によると，自己のまとまり，自尊感情，生命力は，他者による共感的な応答によって生じ，維持されている。この応答の不足が，他者を愛することや自分自身に注目することを

できなくさせる可能性がある。[オーストリアの精神分析学者コフート (Heinz Kohut: 1913-1981) によって定義された]

**自己の人格妄想**［autopsychic delusion］　ある人物のパーソナリティに関する妄想。外界について言及する外界妄想（allopsychic delusions）や，自身の身体について言及する**心気妄想**とは区別される。[ドイツの神経学者であるウェルニッケ (Carl Wernicke: 1848-1905) によって定義された]

**自己敗北型人格障害**［self-defeating personality disorder］　DSM-IV-TR にはないが，DSM-III-R に掲載されていたパーソナリティ障害の一つ。楽しい体験を避けたり，自分の利益を優先して搾取するような他者との関係を選んだり，ひどい自分の欠点ばかりに目がいく，そして幸運な物事を自分で壊してしまうなどの傾向が特徴的である。
⇨ **マゾヒスティックパーソナリティ障害**

**自己破壊**［self-destructiveness］　自分自身を傷つけたり，自分自身への関心がない人の行為。その行動は，反復され，治療に抵抗し，ときに自殺企図に至る。その人は，そうした行為の有害な影響に気づかないか，結果として生じる損傷をある程度期待している。⇨ **死の本能**

**自己発見**［self-discovery］　自身の個性や自我同一性を探し発見するためのプロセス。

**事後比較**［post hoc comparison; post hoc contrast］　分散分析や重回帰分析において，データの検定がなされた後に計画される2つないしそれ以上の平均の比較。⇨ **事前比較**

**自己卑下［1］**［self-abasement; self-debasement］　自らの価値を下げるように振舞う行為のこと。

**自己卑下［2］**［self-degrading］　自分や自分の能力を低くみなす原因になるような否定的イメージまたは**否定的自己対話**。

**自己卑下欲求**［abasement need］　他者に屈服したり，避難や罰を受け入れようとする欲求。または，罪を認め，償いをしようとする欲求。⇨ **マゾヒズム**　[アメリカの心理学者マレー (Henry A. Murray: 1893-1988) によって定義された用語]

**自己否定［1］**［self-denial］　願望や欲望を抑え込み，満足をあきらめるような行為のこと。

**自己否定［2］**［self-repudiation］　自分自身がもつ権利や，自分が楽しむことを否定すること。多くの場合，罪悪感や低い自尊心に起因している。

**自己非難**［self-censure］　個人の価値観や道徳的基準と一致しない行動をとったと判断された場合に生じる自己糾弾，自責の意識。

**自己批判**［self-criticism］　自分の欠点，誤り，短所の認識を伴う，行動の自己調査や自己評価。自己批判には，肯定的な影響と否定的な影響のいずれもありうる。たとえば，粗雑な自己批判は，うつ病のリスクファクターだと考えられている。

**自己批判性抑うつ**［self-blaming depression］　不適切な罪責感が特徴として目立っている**大うつ病性障害**。

**自己評価**［self-rating］　心理測定において，自分自身の特徴について報告したり，記述したりする行為のこと。

**自己評価維持モデル**［self-evaluation maintenance model］　(a) 自分の価値と関連性が低い分野において優れている人と関わることによって，また (b) 自分に重要な分野において優れている人とは関わりを避けることによって，個人が自尊心を維持したり高めたりすることができると仮定する集団帰属の概念的分析。[アメリカの社会心理学者テッサー (Abraham Tesser: 1941- )，キャンベル (Jennifer D. Campbell: 1944- ) らによって発展した]

**自己表現**［self-expression］　視覚，装飾，文学，演劇などの手段によって自分の感情，思考，才能，態度，衝動などを自由に表現すること。他の日常的活動（ガーデニング，スポーツ）が用いられることもある。

**自己評定尺度**［self-rating scale］　協力者が自分自身の特徴（たとえば，態度，興味関心，能力，パフォーマンス）を評価する質問紙，調査表 (inventory)，その他の器具のこと。

**自己標的意識効果**［self-as-target effect］　外的な出来事を自分に向けられたものとして誤って仮定したり，過度に推測する傾向のこと。たとえば，人は他人の会話や行動，または音楽の歌詞でさえもかなり間違った考えをもつことがある。自己標的意識効果の軽度の形成は一般的で正常であるが，その形成が極端であれば**妄想**と関連づけられる。

**自己フォーカス**［self-focus］　自分自身や自分自身の考え方，要求，欲望，感情について意識的に注意を向けコントロールする能力。自己フォーカス特性 (trait self-focus) は，自己に注意を向ける習性やパターンを指すのに対して，自己フォーカス状態 (state self-focus) は，自己に注意を向ける一時的な状態を指す。

**自己複雑性**［self-complexity］　**自己概念**の異なる側面が互いに切り離されている状態，あるいはその程度のこと。自己複雑性が低い場合は必然的に相応の統合性がみられ，自己複雑性が高い場合は**区分化**となってしまい，自己のある側面が他の側面に影響しないという状態になりうる。

**自己分化**［self-differentiation］　自分の特性や独自性を，特に社会集団内の他者との比較において認識しようとする傾向。

**事故分析**［accident analysis］　同様の事故が再度起こる可能性を低減することを目的として行われる事故の原因分析に関わる系統的な分析過程。⇨ **アクシデント・パスモデル**，**故障モード影響解析**，**フォルトツリー解析**，**職務安全性分析**

**自己分析**［self-analysis］　1. 一般的には，自らの思考や感情，行動を深く理解する目的で**自己**を調べ探索することを指す。自己分析は日々の生活の中において，多くの場面で意識的かつ無意識的に起こる。自己分析は，ときに何らかの助けを借りることもありうる。特に，治療者による解釈は多くの心理療法にとって重要な過程となる。2. 精神分析の理論を，その人自身の衝動，感情，行動の探求に応用すること。フロイト (Sigmund Freud) は，その研究の初期において，精神分析家になる準備の一部としてこれを提唱したが，後期には**教育分析**のほうを推奨するようになった。フロイトの初期の精神分析理論の多くは，*The Interpretation of Dreams* (1900)（邦題『夢判断』）で述べられている彼自身の自己分析に拠っている。

**自己分泌**［autocrine］　ある細胞から化学伝達物質がその周辺に分泌され，その細胞自身に対しフィードバックを生じさせるような細胞信号伝達機構を指すために使う用語。たとえば，ある種の神経細胞は，その細胞が分泌した神経

伝達物質によって影響を受ける**オートレセプター**をもっている。⇨ **内分泌，傍分泌**

**事後分布**［posterior distribution］ ベイズ解析において，問題のパラメータの確率値についての事前の期待と経験上のデータを結びつけることによって得られるパラメータについて推定された分布。

**自己への怒り**［anger-in］ 自らに向けられた敵意のこと。とりわけ抑うつ感情を引き起こすとされる。⇨ **自責**

**自己防衛本能**［self-preservation instinct; self-preservative instinct; survival instinct］ 人間および人間以外の動物にとって，危険を避けて生存の可能性を最大限にするよう行動するための基盤となる傾向（危険な状況や捕食者から逃げるなど）のこと。古典的精神分析では初期の理論展開の中で，フロイト（Sigmund Freud）は**性衝動**と並び，自己防衛本能は人間の行動を動機づける本能の一つであると主張した。フロイトは後に，両者を**エロス**，すなわち**生の本能**としてまとめ上げ，対となる**タナトス**，すなわち**死の本能**と対置した。

**自己防御**［self-protection］ **自尊心**あるいは他者からの評価を失うことを避けるために意図された戦略的行動。自己防御はリスク回避志向を促進し，**自己高揚**としばしば対比される。

**自己報告**［self-report］ 個人が，自分自身の状態，感情，信念などについて言明したり，一連の質問に回答すること。協力者が正直で，自己認識があるということが前提である（⇨ **自己報告バイアス**）。特に，直接に観察することが容易ではない行動や特性を測定するために用いられる。

**自己報告式目録**［self-report inventory］ 質問紙の一種で，協力者が，列挙された記述文が自分にどの程度当てはまるかを回答するもの。

**自己報告バイアス**［self-report bias］ 協力者の思考，感情，行動を研究者が直接かつ客観的に測定するのではなく，それらのことを当人自身に記述してもらった結果をもとにするときに生じる方法論上の問題。回答者が回答の一部始終を理解しているわけではない，あるいは好印象を与えたい（⇨ **社会的望ましさ**）という理由で，回答が当人の実態を十分に反映したものでないかもしれない。直接観察が実行できるときは常に自己報告でなく直接観察を行うべき理由として，しばしば引き合いに出される。

**自己補償理論**［self-completion theory］ ある一定の仕方で行動することによって，人が自分自身がある種の人であることを象徴的に「証明する」ように，望ましいアイデンティティを主張するために多くの行動が遂行されるとする理論のこと。そうありたいと欲するような人間であることについての不安は，しばしば自己補償行為をとる理由となる。たとえば，とても健康で，活動的であると自負する人は，病気や疲労の初期症状に対して，自身の活動を減らすよりもむしろ増やすように反応すると考えられる。

**自己矛盾**［self-contradiction］ **1.** 論理学において，ある議論についての2つ以上の前提の間に，両者が同時に真となることができないような，根本的な矛盾があること。**2.** より一般的な，個人や集団の2つ以上の信念，意図，欲望，行動の間の深い不一致。そのような不一致はしばしば衝動を生み出す。

**自己鞭打ち性愛**［autoflagellation］ 自己を殴ったり，叩いたり，鞭で打ったりすることから性的快感を得ること。

**自己免疫**［autoimmunity］ 身体の免疫システムが自身の組織を「自分自身である」と認識できず，自身の細胞を排除しようとする状態。自己免疫は年齢に伴い免疫システムが低下することで増加する。リウマチ性関節炎や全身エリテマトーデスといった自己免疫障害（autoimmune disorders）の発症の主要因である。自己アレルギー（autoallergy）とも呼ばれる。

**自己要求スケジュール**［self-demand schedule］ 動物飼育や子育て研究に用いられる手法で，餌や食事が，固定スケジュールではなく，個人のニーズや希望によるスケジュールに従って与えられる。

**事故予防**［accident prevention］ 事故の発生数や甚大性を低減する，科学的に検証された手法群を適用すること。事故やそれが起きた環境についての系統的な研究（⇨ **事故分析，職務安全性分析**），**事故傾性**の心理学的研究，車両や工業機械の再設計（⇨ **排除デザイン**），標識・警告・安全表示の改善，**目標設定**やインセンティブ，過失行動や不注意行動への不寛容を通じた従業員の動機づけ，アルコールの検出テスト，個人用保護具の使用，カウンセリングや心理療法を通じた個人のストレスの低減，そしてトレーニングプログラム，安全問題に関してのグループディスカッション，ロールプレイといった教育的手法などを含む。事故低減（accident reduction）とも呼ばれる。⇨ **管理的制御，危険管理，安全工学**

**自己理想Qソート**［self-ideal Q sort］ 個人の**自己概念**とその人自身の自己理想（self-ideal）との乖離を調べる測定法（⇨ **自我理想**）。被検者は，パーソナリティの特徴が書かれたカードを2回選ぶ。まず，現在の彼ら自身を表していると思うカードを選び，次に，こうなりたいと思うカードを選ぶ。⇨ **Qソート**

**視索**［optic tract］ 視交叉で視神経が半交叉した後の視神経線維の束。視索の主な到達点は視床の**外側膝状体**と中脳の**上丘**である。

**視索上核**［supraoptic nucleus］ 視床下部の核で，視交叉の上に位置する。この核のニューロンは**オキシトシン**と**バソプレシン**のホルモンを分泌する。

**詩作精神錯乱**［rhyming delirium］ 時折，**躁病エピソード**に関連して生じる，強迫的な発話，あるいは韻を踏んだ応答のこと。

**視索前野**［preoptic area］ 視交叉のやや前方上部に位置する**視床下部**の一部。ここにある核は体温調節，および**視床下部ホルモン**の放出に関わっている。

**視差効果**［parallax］ 頭を左右に動かしたときの，視野内にある物体の運動の錯覚のこと。固視点の向こう側にある物体は頭部運動と同じ方向に，固視点より近くにある物体は反対の方向に動くように感じられる。視差は**奥行知覚**に対する単眼手がかりとなる。

**示差性**［distinctness］ **1.** 注意が当てられている物体が，はっきりと，かつ他の刺激と弁別できて知覚される性質。**2. 選択的注意**を要する課題において，ターゲットが**ディストラクタ**刺激と異なっている程度。選択的注意のパフォーマンスは，ターゲットがディストラクタと示差的に異なっているときにより良い。

**自殺**［suicide］ 自らを殺す行為。**大うつ病性エピソード**によって生じることが多いが，物質使用障害や統合失調症の患者が自殺することもある。精神病を患わない者で

あっても，特に理不尽な状況（身近な人との死別や健康状態の悪化など）では，自殺してしまうこともある。⇨ **自殺企図**，**受動的な自殺**

**自殺遺伝子**［death gene］　細胞が**プログラムされた細胞死**に委ねられる場合のみ発現する遺伝子。

**歯擦音**［sibilant］　舌と口蓋の間のすき間に空気を通し，シューという音を作り出すことで生じる**摩擦音**を表す。たとえば，［s］［z］［sh］など。

**歯擦音の異常発音**［lisp］　誤った舌の配置や構音メカニズムの異常によって生じる，歯擦音（sibilant）の不正確な生成。言語聴覚士は様々な唇の種類について，次の主要な4形態を含めて，類型化した。(a) 舌が前歯の間から突き出され，口腔気流が前方に向かい部分的にしか遮られない，歯間（前向）リスプ（interdental or frontal lisp）。(b) 舌が前歯や歯槽堤（alveolar ridge）の上に乗ったり押したりして舌が接触することによって，気流が部分的に妨げられる，歯のリスプ（dental lisp）。(c) 大きく広がった舌の側面を超えて，空気と唾液が前に押し出され，「湿った」音をつくりだす，側音リスプ（lateral lisp）。(d) 舌の中間部分が**軟口蓋**の後方部に触れていることによって，気流が一部妨害される，口蓋リスプ（palatal lisp）。⇨ **サ行構音障害**

**自殺学**［suicidology］　自殺とその予防に関する研究を行う学問分野。学際的で多職種の専門家が関わっており，(a) 科学者（疫学者，社会学者，統計学者，人口学者，社会心理学者），(b) 臨床家（臨床心理学者，精神科医，社会福祉家，訓練を受けたボランティア，聖職者），(c) 教育者（公衆衛生の教員や学校・大学の教職員）などである。

**自殺企図**［attempted suicide; suicide attempt; suicide attempt］　不成功に終わった**自殺**の企てのこと。

**自殺傾向**［suicidality］　自殺の危険性のこと。自殺を考えることや自殺の意図によって示される。

**自殺念慮**［suicidal ideation］　自殺思考および自殺について考えることを指し，**大うつ病性障害**の患者によくみられる。自殺念慮は**自殺企図**にまで進展しないことが多い。

**自殺の危機**［suicidal crisis］　自殺がほのめかされたり，試みられたりする状態。

**自殺のまね**［suicidal gesture］　死に至る危険が低い**自殺企図**やそれと同様の自己破壊的な行動をすること。

**自殺予防センター**［suicide-prevention center］　希死念慮のある者や自殺企図者やその恐れのある者を主な対象とする**危機介入**施設のこと。自殺予防センターでは，ソーシャルワーカーやメンタルヘルスについて素養のある準専門家が働いていることが多い。彼らは，対面や電話ホットライン上でそのような危機を扱うための訓練を受けている。自殺予防センターは，さらに地域教育やアウトリーチを提供しており，スタッフは自殺した者の近親者や愛する者のための死別支援を提供することもある。

**時差ぼけ**［jet lag］　時差のある地域を短時間で移動した際に生じる，**概日リズム**の適応障害のこと。休息や仕事，食事，体温，副腎皮質ホルモンの分泌などのサイクルが現地時間に適応するには数日が必要となる。⇨ **概日リズム睡眠障害**

**資産効果**［deep-pockets effect］　陪審団が損害賠償の裁定する際，その評定が被告人の所有する資産によって影響を受けてしまうこと。陪審団は，被告人が資産を所持する場合に原告に好意的となること，被告人により過剰な裁定を下すことが見出されている。

**指示**［directive］　行われるべき行動の種類を特定する，命令，提案，指令。セラピーの場では，セラピストによる特定の指示のことであり，クライエントがある問題や状況に直面した時に，特定の方法で行動し，感じ，考えるように求めること。セラピーにおける指示の使用は，セラピーの方法に大きく依存する。ある方法（例，精神分析）では指示はめったに用いられない（もしくは全く用いられない）が，他の方法（例，行動療法）ではより頻繁に用いられる。

**支持**［supportiveness］　心理療法やカウンセリングで，治療者やカウンセラーが示してみせる受容や励まし，安心させる態度や反応のこと。

**視軸**［visual axis］　固視点から眼の節点を通って中心窩までを結ぶ直線。⇨ **視線**

**指示検査［1］**［directions test］　一連の課題に関する教示に従う，参加者の能力を測定する知能検査の一種。ほとんどの指示検査は指示の理解をはっきりとは測定してないが，指示を理解できないと典型的には得点の低下となるため，暗黙裏にそれを測定している。

**指示検査［2］**［pointing］　参加者はまず目を開き，その後目を閉じた状態で，人差し指を伸ばして，向かい合って立っている実験者の人差し指に触れるテストのこと。実験者の指の場所がわかっているので，実験参加者は目を閉じていても実験者の指に触れることが可能である。

**指示された幻想**［directed reverie］　個別あるいはグループセラピーにおける技術の一つ。セラピストはクライエントに人生初期に起きた夢や出来事のメンタルイメージを作って説明することにより，その夢や出来事を再体験するように指示する。

**四肢知覚まひ**［acroanesthesia］　疾患の結果もしくは知覚まひの後遺症として，手足の感覚がなくなること。⇨ **肢端触覚異常**，**知覚過敏**

**脂質異常症**［hyperlipidemia］　血液中に過剰な脂質（たとえば，コレステロール，中性脂肪）が含まれていることを指し，粥状性動脈硬化症の原因となりうる可能性がある。

**事実記憶**［fact memory］　事実や知識の特定の項目に関する記憶。⇨ **事実知識**，**ソース記憶**

**事実検索**［fact retrieval］　それほど大きな心的努力を要することなく長期記憶から直接的に事実を検索すること。

**事実贈与者**［fact giver］　**集団心理療法**において，特定の話題について討議する際に，情報提供の役割を担う者のこと。

**脂質代謝障害**［lipid-metabolism disorders］　血中や組織内の脂肪性物質の異常水準を特徴とする一群の代謝異常のこと。遺伝，内分泌，あるいは外的な要因，さらには臓器不全などによって引き起こされる。脂質代謝障害は，**ニーマン‐ピック病**や**テイ・ザックス病**にも関与している。

**事実探究者**［fact seeker］　特定の話題に関連して，さらなる情報を求める役割をとる人のこと。たとえば，**集団心理療法**での話し合いの場面でみられる。

**事実知識**［factual knowledge］　いつその事実を学習したかという記憶のない，特定の事実情報に関する知識。事実知識は専門的には**意味的知識**もしくは一般的知識を指す。

**指示的カウンセリング**［directive counseling］ カウンセラーや治療者が妥当であるとみなした方向に沿って，治療過程を進めていくカウンセリングや心理療法のアプローチを言う。指示的カウンセリングは，カウンセラーや治療者の専門的訓練や体験によって，治療過程を管理したり，クライエントの行動を導くことができるようになるという仮定に基づいている。この治療は，無意識的な動機づけや情緒的な力動を強調する**力動的心理療法**とは対照的に，知的な方向に沿って，進展すると考えられている。指示的心理療法（directive psychotherapy）とも呼ばれる。

**支持的サービス**［supportive services］ より自立的に労働力や職務として参加することを可能とするために必要なソーシャルサービスプログラム（たとえば，子育てや移動）のこと。

**支持的自我**［supportive ego］ 自らのもつ心理的問題や人格的難しさを仲間のメンバーが解決しようとするのを支援する**積極療法**グループの一員のこと。［ロシア生まれでアメリカの心理療法家スラブソン（Samuel Richard Slavson）が初めて用いた］

**指示的集団精神療法**［directive group psychotherapy］ 教育的課題や集団指導，集団カウンセリング，治療的レクリエーションを通して，メンバーが環境に適応するのを助けることを意図した集団心理療法の一つ。［ロシア生まれのアメリカの臨床心理学者スラブソン（Samuel Richard Slavson）によって開発された］

**指示的信号**［referential signal］ 外界のある特定の物や出来事についての情報を発するために，動物が用いる伝達信号。ベルベットモンキーは，主な捕食者であるワシ，ヒョウ，ヘビに対しそれぞれ特定の異なる鳴き方をする。多くの鳥とサルは食物の在処について特異的な鳴き声をもっている。記号的な信号伝達であり，これが言語の基礎なのではないかと主張する学者もいる。

**支持的心理療法**［supportive psychotherapy］ 葛藤の原因を探索したり，基盤となる人格構造を変えようとすることなく，情緒的な苦痛や症状を軽減することを目指す治療形式の一つ。その手法としては，再保証，再教育，助言，説得，環境調整，牧師カウンセリング，死別のケア，読書療法，再動機づけ，望ましい行動へと導く励ましなどがある。これらの手法は，気力を維持したり崩壊を防ぐ手段として，比較的問題が少ない人や，脆弱さのある入院患者によく用いられる。

**支持的-表出的心理療法**［supportive-expressive psychotherapy］ **短期力動的心理療法**の一つの形態で，治療者とクライエントの関係性，そして面接場面の外で行われている人間関係のパターンに焦点を当てる。中核をなす人間関係のパターンを同定することで，治療で焦点を当てるべき内容が決定される。［アメリカの臨床心理学者ルボルスキー（Lester Luborsky: 1920- ）とクリス-クリストフ（Paul Crits-Christoph）が開発した］

**指示的遊戯療法**［directive play therapy］ 決められた遊び道具を提供し，"ごっこ"遊びや感情表出をする中でその遊び道具を使うように子どもに促すことによって，子どもの活動を構造化しつつ，治療者が積極的に遊戯療法に関与する統制されたアプローチのこと。⇨ **非指示的遊戯療法**

**指示的リーダー**［directive leader］ 集団の計画，活動および意思決定を積極的に導く集団のリーダーのこと。治療集団では，指示的リーダーは，相互作用の過程を導き，集団成員に様々な課題を与え，言語的説明と忠告を与える人である。対照的に，非指示的**集団中心的リーダー**は指示や説明を控える。

**指示討論方式**［directed discussion method］ 2人ないし複数で特定の話題について対話すること。ここでは，ある一人の役割は一定の方向に焦点を当てた対話あるいは一定の方向に進む対話を維持することである。その人物は教師，グループリーダー，調停者などである。教育場面において，たとえば，教授は経験に基づいてカリキュラム指向の焦点を与え，一方，生徒は自身の研究から様々な視点や幅広い情報を提供する。

**四肢不全まひ**［quadriparesis; tetraparesis］ 運動神経の機能が失われることによる四肢の脱力や部分的なまひのこと。脳の損傷や末梢神経の障害により進行する可能性がある。

**指示物（指示対象）**［referent］ 言語学において，語句が指示している外的物理世界の事物（あるいはプロセス，状況）のこと。言語の構造的説明では（⇨ **構造主義**），言語的**記号**（言葉）はシニフィアン（文字・音声などの物理的形態）とシニフィエ（シニフィアンに指し示された概念）という要素で成り立っており，他のいかなる外的指示物も必要としないとする。

**指示変数**［indicator variable］ 質的属性の種類を量的に示すために**一般線形モデル**で利用される変数。

**四肢まひ**［quadriplegia; tetraplegia］ 四肢のまひのこと。一般に，頸部圧迫からまひへと至る重篤な大脳まひ，脊髄損傷，後天性の脳損傷に付随する。⇨ **対まひ**

**思春期**［puberty］ 生殖器官が成熟し，第二次性徴がみられ始める発達段階のこと。これは**青年期**の開始を示している。男性の特徴としては射精があり，女性では月経の開始と乳房の発達が特徴的である。そして両性ともに陰毛が生え，性的関心が増加する時期である。⇨ **早発思春期，持続性思春期**

**思春期儀礼**［puberty rite］ 思春期に達した共同体成員が儀式，文化の伝承，教化，慣習を通じて成人期に入る際の通過儀礼のこと。伝統社会における若い男性にとっては，苦痛，苦悩，恐怖を経験することを強いられるといった身体的および心理的に苦しい試練がしばしば含まれる。

**思春期の発育急進**［pubescent growth spurt］ 思春期における成長ホルモン分泌の増加反応としてみられる急速な筋骨の発達。生殖器官の発達や第二次性徴に伴い，身長と体重が劇的に増加する。青年期の発育急進（adolescent growth spurt）とも呼ぶ。

**思春期前**［preadolescence; prepubertal stage; prepuberty; prepubescence］ 青年期以前の**子ども期**の段階であり，思春期の開始時期のおよそ2年前がそこに当たる。

**シーショア音楽才能検査**［Seashore Measures of Musical Talents; Seashore Measures of Musical Ability］ 音楽的な才能の構成要素に関する一連のテスト。調の記憶，時間感覚，リズム感，音高識別，音色感覚，音量識別といった能力を測る。これら6つのサブテストにおいて，音程，調進行，リズムパターンといった様々なペアが提示され，参加者は特定の性質に基づいてそれぞれのペアを識別しなければならない。たとえば，時間感覚のサブテストでは，

参加者は50の音程の各ペアに対して2つ目の音の方が最初の音よりも長かったか短かったか示さなければならない。[1919年に初めて開発された後，1939年にシーショア(Carl Seashore)によって改訂された]

**シーショアの聴力計**[Seashore audiometer] 音の強度に関する閾値を測定するために使用された装置。[スウェーデン生まれのアメリカの心理学者シーショア(Carl Emil Seashore: 1866-1949)]

**シーショア・リズムテスト**[Seashore Rhythm Test] 神経心理学的テストの一つで，参加者は録音されたリズムパターンのペアを聞き，それが同じか否かを答えるもの。元来は音楽の才能や知識を予測する**シーショア音楽才能検査**の下位テストとして開発されたものであるが，神経学者はこのテストを一般的な大脳皮質機能の指標として使っている。[シーショア(Carl Seashore)による]

**視床**[thalamus] 灰白質の塊であり，第三脳室の壁を形成している**間脳**の一部を構成する。感覚核や運動核，自律神経核，連合核の集合から成り立つ。脊髄や脳幹，大脳皮質の間を走る神経インパルスの中継として働く。体表や大脳皮質の特定の部位は，視床の特定の部位と関連づけられる。視床の多くの構造的，機能的領域は，背内側核や側腹側核，後腹側核を含めて同定されている。⇨ **視床上部**，**腹側視床**

**事象**[event] 確率論において，確率実験の単一試行から生じる名前のついた物事のこと。たとえば，サイコロを振った時，事象としては，1から6までの目の数，偶数の目，奇数の目がありうる。

**自傷**[self-inflicted wound] 自ら傷つける行為や自殺企図の結果としての物理的な傷。

**歯状回**[dentate gyrus] 海馬と嗅内皮質をつなぐ細長い形状の灰白質。海馬体の一部。

**視床下核**[subthalamic nucleus] 大脳基底核からの下行性経路の一部として，淡蒼球から線維を受け取る**腹側視床**の一部。錐体外路の一部をなしている。

**視床核**[thalamic nucleus] 視床にある様々な核。

**歯状核**[dentate nucleus] 小脳にある細胞体の集合。熟練した動きや素早い動作と関係があると考えられている。

**糸状仮足**[filopodium] 微細，チューブ状に細胞から伸びたもの。たとえば，神経細胞の**成長円錐**がある。

**視床下部**[hypothalamus] 間脳の一部で，**視床**の腹側に位置し，自律機能の主な制御を行う中枢である。自律神経活動が体内・体外の刺激に対して適切な応答をする手助けもしている。⇨ **視床下部ホルモン**，**外側視床下部**

**視床下部−下垂体前葉−副腎皮質系（HPA 系）**[hypothalamic-pituitary-adrenocortical system: HPA system] ストレスに対する生理的反応に関わる神経内分泌系。扁桃体から視床下部への生成物は**視床下部−下垂体門脈系**への**副腎皮質刺激ホルモン放出ホルモン**（CRH）の放出を促す。CRHは下垂体前葉からの**副腎皮質刺激ホルモン**の放出を促し，今度はこのホルモンが副腎皮質から血流へのストレスホルモン（たとえば，コルチゾール）の生産と放出を調整する。

**視床下部−下垂体門脈系**[hypothalamic-pituitary portal system; hypothalamic-hypophyseal portal system] 視床下部から下垂体前葉へと**放出ホルモン**を輸送する毛細血管系。⇨ **視床下部−下垂体前葉−副腎皮質系**

**視床下部室傍核**[paraventricular nucleus: PVN] 視床下部の神経核。この神経核にある神経はオキシトシンホルモンとバソプレシンを合成する。

**視床下部症候群**[hypothalamic syndrome] 視床下部の損傷から生じる様々な障害のこと。飲食，睡眠，水分バランス，体温，第二次性徴などが障害される。⇨ **外側視床下部症候群**，**腹内側視床下部症候群**

**視床下部ホルモン**[hypothalamic hormone] 視床下部のニューロンから分泌されるホルモンの総称。視床下部の神経内分泌細胞はホルモンである**オキシトシン**と**バソプレシン**を産出する。それらの細胞の軸索突起は下垂体柄（漏斗）を通って下垂体後葉へと伸び，そこでホルモンは血液中に放出される。視床下部の他の神経内分泌細胞は**放出ホルモン**（これは下垂体前葉ホルモンの分泌を促す）か，あるいは抑制ホルモン（これは下垂体前葉ホルモンの分泌を妨げる）を産出する。それらのホルモンは**視床下部−下垂体門脈系**を通って下垂体前葉に運ばれる。

**視床間橋**[interthalamic adhesion; massa intermedia] 視床の中間部にある内側表面から第三脳室の正中線へかけてわたる**灰白質**の塊。中間質と呼ばれることもあるが，視床間橋は特定の中間としての機能（たとえば接続などの機能）はもっていない。

**事象関連磁場**[event-related magnetic field: ERF] 脳磁図において，刺激呈示や反応開始などの事象によって引き起こされる，頭皮で検出される脳の磁場の変化（⇨ **脳磁図計測法**）。事象関連電位よりも周囲の脳構造の影響を受けにくく，より正確に機能の位置を同定することができる。

**事象関連電位による態度測定**[event-related-potential measure of attitudes: ERP measure of attitudes] 皮質脳波活動に基づく態度の生理学的測定。測定においては，事象関連電位の成分の一つである後期陽性電位（P300）が刺激の種類の関数として変化するという現象を使用する。この成分は標的刺激が文脈にそわないと判断されると大きくなり，文脈にそうと判断されると小さくなる。態度を測定する際には，もともと肯定的あるいは否定的な性質をもつ一連の対象物のうちの一つとして標的となる**態度対象**が評価される。態度対象が否定的な性質をもつ文脈の中で評価されたときに大きな後期陽性電位が生じ，そして肯定的な文脈で評価されたときに小さな陽性電位が生じたら，その対象に対する肯定的な態度を示す。逆のパターンであれば，否定的な態度を示すことになる。[アメリカの心理学者カシオッポ（John T. Cacioppo: 1951- ），クリターズ（Stephan L. Criters）と彼らの同僚によって始められた]

**次常期**[subnormal period of neuron] ニューロンの興奮が正常以下になっている間の，ミリ秒単位で計測される期間。絶対**不応期**，あるいは過剰興奮期の後にくる。

**自傷行為**[self-mutilation] 自分自身を傷つける行為。最もよくみられる自傷行為は切って傷つけるものである。

**自傷行動**[self-injurious behavior] 自分自身の体を傷つける，明らかに意図的な行動。

**市場志向**[marketing orientation] フロム（Erich Fromm）の実存主義的精神分析における性格類型。この類型の人は，人々を商品とみなし，一人ひとりの価値を商品性という観点で評価する。仕事や社会的成功につながるとみなされる特質は，知識，創造性，誠実さ，献身よりも

価値が高いとされる。フロムによれば，市場志向は，浅薄な人間関係，自己や社会からの孤立につながる。市場性格（marketing character）とも呼ばれる。⇨ **搾取志向**，**溜め込み志向**

**視床上部**［epithalamus］ 間脳の一部で**視床**のすぐ後上部にある。**松果腺**や**後交連**を含んでいる。

**市場調査**［market research］ 消費者の心の中の様々な業者の相対的な位置を評価することによって，特定の市場における競争的挑戦を理解するために取り組む研究。たとえば，良質なサービスと質の高い食事を安価で提供すると認知されているレストランと，良質なサービスと質の高い食事を高価で提供すると認知されているレストランとを比較するなどがある。

**視床枕**［pulvinar］ 視床の背側後部領域を形作る脳の大きな核。**帯状回**と求心性，遠心性のつながりがある。

**視床投射システム**［specific thalamic projection system］ 視床を経由する，視覚，聴覚，体性感覚の直接的な感覚経路。つまり，特定の受容体から視床へ，そして視床から各特定の感覚野へと投射するニューロン。

**糸状乳頭**［filiform papillae］ ヒトの舌上面の大部分を占めているザラザラした表面を形成する4種の乳頭の中の一つ。味蕾はなく，味覚には関与していない。

**視床-皮質系神経回路網**［thalamocortical system］ 特に哺乳類において，**視床と大脳皮質**はとても密接で相互に連結しているため，しばしば単一の系統として扱われる。この系統の標準的な働きは，正常な意識下での体験と行動にとって必要であると考えられている。

**視床病変**［thalamic lesion］ 視床の一部に起こる構造または機能の喪失。回避学習の障害をもたらす。視床病変を経験した動物は電気ショックへの回避を学習するのにかなりの時間を要するが，最終的には学習する。病変のある視床の箇所により影響はやや異なる。

**事象標本抽出**［event sampling］ 標本抽出枠が出来事や行動からなる標本抽出のこと。たとえば，パーティーに行く，ある疾患の症状を経験する，といった出来事や行動に基づく標本抽出である。標本は，研究において無作為に決められた参加者集団にとっての出来事に基づいている。

**視床ペースメーカー**［thalamic pacemaker］ 視床に存在する核群。大脳皮質における電気活動を引き起こす。髄板内核や中核，網様核，腹側前核（ventralis anterior nucleus）を含む様々な視床核が視床ペースメーカーとして機能することがわかっている。網様核にあるペースメーカーニューロンは，**徐波睡眠**のパターンと同期する大脳皮質の神経活動を誘発する。

**視床味覚野**［thalamic taste area］ 味覚情報を**孤束核**から**一次味覚野**へ送る視床野。視床のニューロンの1/3が味覚に反応する。残りは口腔における触覚や温度感作，さらには接近している味覚刺激に対する予期によって活動する。

**矢状面**［sagittal］ 身体や器官を左右に分けて水平面で記述すること。中央矢状（midsagittal or medial sagittal）面とは身体を真ん中で半分に分けることを意味し，側矢状平面（parasagittal plane）は身体や器官の中心から平行に，体や器官の片側半分に位置する。

**自食**［self-feeding］ 他者の直接の補助なしに自ら食事をする行為。自食能力がない身体障害者であっても，ある種の支援装置の助けを借りることで，自ら食事を摂ることが可能になる場合もある。

**自食作用**［autophagy］ 1. 自分自身の肉を噛んだり食べたりすること。2. 極度の飢餓状態において，自身の身体組織を費して行われる栄養補給のこと。

**自助グループイデオロギー**［self-help group ideology］ セルフヘルプグループの成員を団結させている問題が生じる原因と，問題に対する最善の対処方法に関する信念のまとまり。それぞれの自助グループは，当該の種類の問題に対する援助や対処方法を提供する独自のイデオロギーを発展させる。たとえば，**アルコホーリクス・アノニマス**の場合，グループのイデオロギーには，アルコール依存症は生涯にわたる問題であるという信念や，問題への取り組みの第一歩として，アルコール依存は抑制できないということをグループのメンバー全員が認めることなどが含まれる。

**自信**［self-confidence］ 1. 自分の能力，才能，評価などに関する自信を指す。適応的な個人特性の典型であることから，自信を高めることは，精神療法を行う目標となったり，その目標を仲介するものとして扱われることが多い。2. 自分は課題の要求をうまくやり遂げることができるという信念のこと。

**唇歯音**［labiodental; labial dental］ 唇歯音性の語音のこと。⇨ **唇の**

**自信過剰**［overconfidence］ 1. 自分の遂行能力を過剰評価したり，競争相手の遂行能力を過小評価すること。2. 望んだ結果が生じるだろうという根拠のない信念や非現実的で肯定的な期待のこと。

**視神経**［optic nerve; cranial nerve II］ 第II脳神経。**網膜神経節細胞**の軸索を伝達し，網膜から**視交叉**まで広がる。

**視神経萎縮**［optic atrophy］ 視神経線維の変性であり，**歩行性運動失調**や，鉛やメチルアルコールによる中毒，多発性硬化症によって生じる。

**視神経炎**［optic neuritis］ 急激で痛みを伴う，視力低下をきたす視神経の炎症。

**視神経円板（視神経乳頭）**［optic disk］ 網膜から出て視神経を形成する前に**網膜神経節細胞**の軸索が集まる網膜の領域。この領域には光受容器がないため，視野に**盲点**を形成する。

**地震波コミュニケーション**［seismic communication］ 動物が個体間で信号を伝達するために地面やその他の媒質を用いること。カエルやカンガルーネズミの中には，脚を使って特有のパターンで地面をたたくものもいる。これは個体識別の手がかりとなり，また仲間を呼ぶときや侵入者を追い出すときにも利用される。ゾウもまた長距離コミュニケーションの手段として地震波コミュニケーションを用いる。

**指数関数**［exponential function］ $a$を定数とし，$y=a^x$で表される**関数**のこと。代表的なものに，$y=e^x$がある。$e$（値は，2.718…）は基礎的な数学定数の一つであり，自然対数の底である。この種の関数（たとえば，$e^{x+a}$）は，$\exp(x+a)$と表記される。

**指数分布**［exponential distribution］ 心理学研究で用いられる基本的分布の一つ。確率分布関数は，

$(1/\beta)\exp[-(x-\alpha)/\beta]$, $x \geq \alpha$, $\beta > 0$

で与えられる。ここで，$\alpha$は分布曲線の位置を決定する位置パラメータであり，$\beta$はその曲線がどの程度の広がりをもつのかを決定する尺度パラメータである。

**ジスキネジア**［dyskinesia］ チックや痙攣，舞踏病，バリズム，ミオクローヌス運動のような，ゆがんだ随意運動。⇨ **錐体外路性運動障害**，**口顔部ジスキネジア**，**遅発性ジスキネジア**

**シスタチオニン尿**［cystathioninuria］ アミノ酸の代謝における遺伝的障害。シスタチオナーゼ酵素の欠損によって特徴づけられその影響は血管や骨格，目の障害などがある。精神遅滞は半数以下のケースで生じ，しばしば行動障害も伴う。ガンマシスタチオナーゼ欠損（gamma-systathionase defciency）とも呼ばれる。

**システム**［system］ 1. ある職務を遂行するために個々が組織化された集合的実体のこと。それらは相互に関連あるいは相互に影響しあう。2. 分類や手続きの秩序立った方法のこと。たとえば，米国議会図書館システム。3. 哲学のシステムにみられるような，思考や信念の枠組みを提供する，体系化された事実や概念，仮説のこと。⇨ **概念体系** 4. 有機体あるいはその主要な身体的構造の一部。たとえば，呼吸器系。

**システムエンジニアリング**［systems engineering］ システムの構成要素，人，プロセスの複雑な相互依存を説明するために，作業システムの設計と分析に対する統合的で学際的アプローチを採用する分野。その目標は能率と安全性を高めることである。⇨ **人間工学**，**マクロ人間工学**，**社会技術システムズアプローチ**，**工学心理学**

**システムフローチャート**［system flow diagram］ 人間工学において，作業システム内で資材や人がどのように流れているかや情報の流れを説明するのに使われるフローチャート。

**ジストニア**［dystonia］ 不随意的な緊張や歪曲した姿勢による筋収縮といった異常。たとえば，首のねじれ（斜頸）や背中の湾曲があげられる。⇨ **錐体外路作用**，**遅発性ジスキネジア**

**ジストロフィー**［dystrophy］ 筋肉の萎縮や弱体化を含む何らかの障害。⇨ **筋ジストロフィー**

**ジストロフィン**［dystrophin］ 正常な筋肉の機能に必要なタンパク質。**筋ジストロフィー**のいくつかのタイプで欠損している。

**ジースポット（G-スポット）**［Graefenberg spot: G-spot］ 膣に対して4cm（1～2 in）にある膣壁の前方部分の場所のこと。ある女性は，この場所に対する刺激から喜びを感じ，この腺から射出を経験すると考えられている。しかしながら，多くの女性がこの腺をもっているのか，性行動時に重要な場所であるのかはわかっておらず，いくつかの研究では，この射出は，膀胱から噴き出す尿である可能性が示唆されている。［ドイツの婦人科医グレーフェンベルク（Ernst Graefenberg: 1881-1957）］

**ジスルフィラム**［disulfiram］ アルコール中毒，依存を抑える上でアルコールを嫌悪させる薬のこと。ジスルフィラムは，肝臓のアルコール（エタノール）の代謝に関与する酵素である，アセトアルデヒド脱水素酵素の活性化を抑制する。ジスルフィラムの投与によってアルコールの摂取は，有毒なエタノールの代謝産物であるアセトアルデヒドを蓄積し，吐き気，嘔吐，発汗，頭痛，頻拍，動悸の不快な効果を生む。肝臓や腎臓の損傷を含む，これら重症の影響があるために，十分な**インフォームド・コンセント**がジスルフィラムの使用の前に必要である。ジスルフィラム自体は，ほとんどアルコール依存症を抑制するには効果的ではなく，十分な行動の投与計画に一致するときのみ使用すべきである。アメリカの商品名はアンタビュース（Antabuse）。

**姿勢**［posture］ 直立位（erect），リクライニング（recumbent），腹臥位（prone），仰臥位（supine）など，身体の位置や方向のこと。通常，運動時には協調的な姿勢変化を伴う（バランスを保ったり力を分散させたりする）。

**自制［1］**［continence］ 性的な衝動あるいは排便や排尿の衝動を抑制する能力。

**自制［2］**［temperance］ 自分の感情や動機，行動をモニタリングし，調整する自己制御として，また適応的な目標を達成させるうえでの自己統制として示される自制形態の一つ。

**時制**［tense］ 言語学において，伝達される活動（あるいは状態や状況）の時間と発話の時間の関係を示すために，動詞がとる一連の形の一つ。単純な現在形（"I run"）や単純な過去形（"I ran"）に加えて，英語には助動詞の"shall"や"will"を使って形成される未来時制がある。付加的な動詞の相（aspects），すなわち完了や活動の持続の表現は，助動詞の"be"，"have"，や"do"を使って形成することができる（"I did run"，"I am running"，など）。［訳者補足］日本語では動詞の語尾，たとえば現在形「る」，過去形「た」で表現する。

**姿勢異常**［posturing］ 長時間，奇抜で不適切な姿勢や態度をとること。**緊張病**においてよく認められる。

**自声強聴**［autophonic response; autophonia; autophony］ 自分の声が反響的に再生されたり，振動したりすること。「自分の声が聞こえる」と訴えのあることが多い。通常，耳管が開いたままの状態になる中耳や外耳道の病気が原因で起こる。

**字性錯語症**［literal paraphasia］ 言語障害の型の一つで，発語において音素が入れ替わるため，何を言おうとしているのか理解が困難になる。たとえば，carの代わりにtarが使用される。⇨ **錯誤**

**姿勢残効**［postural aftereffect］ 先行する刺激の残効として生じる姿勢の変化のこと。たとえば動く風景を見ているときは，典型的には動きの方向へ体が傾く。動きの終わりを見ているときは身体の姿勢は垂直位置に戻り，それから一時的に反対方向に傾く。

**視性失書**［visual agraphia］ 文字や数字，単語の認知の失敗によって生じる書字能力の障害。後頭頭頂葉の損傷によって起こる。⇨ **失書症**

**字性失読症**［literal alexia; literal dyslexia］ 個々の文字や数字を認識できず，［d］や［b］などの文字を混同する**失読症**の形態。

**姿勢制御**［postural control］ 身体の位置を制御する能力のこと。姿勢制御の発達は生後3週間頃で最初の現れがみられる，この時，うつ伏せの乳児は頭を持ち上げ，顎を上げることができる。数週間以内で，頭を直立に保持したり回したりといった，更なる姿勢制御の発達が達成される。そして，支えられながら座ったり，支えなしでそれができるようになる。

**視性立ち直り反射**［visual-righting reflex］ その時の視覚的な注視点に対して頭を自動的に向ける反射のこと。

**私製テスト**［informal test］ 基準というものがなく，

直観的な評価がなされた標準化されていないテスト。

**姿勢の構え** [postural set]　筋肉を緊張させるなどして，反応に備えて準備している体の姿勢の状態。たとえば，バッターボックスに立った野球選手の姿勢の状態。

**視声範囲** [eye-voice span]　音読の際，発声している単語と目で追っている単語の隔たり。両者の間にある文字数で表す。⇨ **読みの範囲**

**姿勢反射[1]** [attitudinal reflex]　たとえば，敵に向け攻撃を準備するというような，複雑な反応を生じるために必要な位置や状態にもちこむ反射のこと。

**姿勢反射[2]** [postural reflex]　身体の**姿勢**を維持するための様々な自動運動の総称。

**姿勢反射[3]** [stance reflex]　1. 立位を安定に保つための骨格筋の反射反応。2. 発情期のメス豚が背中を丸め身を硬くするような，特別な立位姿勢を保つための反射の総称。

**姿勢保持困難** [asterixis]　手や腕を固定できず，痙攣性の恢復運動が生じること。代謝障害によって生ずる振戦と関連することが多い。羽ばたき振戦とも関連する。

**耳石** [otolith]　内耳の**前庭嚢**のゼラチン基質の中にある多数の微小なカルシウム粒子。聴砂（otoconium），平衡砂（statoconia）とも呼ばれる。

**自責[1]** [remorse]　現実的あるいは想像的な歪曲を受けているかもしれない罪悪感に起因する苦痛のこと。罪悪感を軽減するために，贈り物を贈ったり，罪を償ったりするなど様々な手段が用いられる。

**自責[2]** [self-accusation]　ネガティブな事象について自分に過剰に責任をおしつけてしまうこと。多くは大うつ病エピソードと関連する。

**施設** [institution]　個人が長期間にわたって治療を受けたり閉じ込められたりする建物，あるいは建物群。特に精神病院や監獄のこと。

**自切** [autotomy]　身体の一部を放棄する動物の行動のこと。トカゲが捕食者から逃げるときに尾を切り落とすのがその例である。

**施設ケア** [institutional care; residential care]　1. 病院やナーシングホーム，他の居住設備に入っている人が受ける，医学的，もしくはメンタルヘルス的なケアサービスのこと。2. 高齢者，慢性病をもった患者あるいはリハビリテーション中の個人に対して，住居や食事，また医療，介護およびソーシャルサービスを提供する長期医療のこと。

**施設内治験審査委員会**　[institutional review board: IRB]　組織の中で行う研究計画の倫理的容認性を吟味するために，その組織によって作られた委員会。

**視線[1]** [line of fixation]　焦点位置にある対象と**中心窩**間の直線。

**視線[2]** [primary line of sight]　瞳孔の中心と見つめた点をつないだ線。⇨ **視軸**

**視線[3]** [sighting line]　固視点から網膜上の中心窩を結んだ線に沿った視軸。

**自然** [nature]　人間および人工物に対して，植物，動物，自然環境などの自然界の現象を意味する。

**自然一元論** [natural monism]　心的，身体的側面双方に共通する単一の真実があり，その真実は物的なものであると考える立場。この立場では，心理学を含むすべての科学は究極的には物理学や化学に還元できるとみなす。⇨

**観念論的一元論，中立一元論，心身問題**

**自然概念** [natural category]　"歌"や"兎"などといった，現実の世界にみられる物体や事象のような分類。分類過程を研究するために実験室的な状況で作られた**アドホックカテゴリー**や人工概念（artificial category）とは逆のもの。

**自然科学的心理学** [Naturwissenschaftliche Psychologie]　19世紀後半に，ドイツの心理学者によって同定された心理学的諸問題への2つの研究アプローチのうちの一つ。このアプローチでは，知覚のような現象を明らかにする際に有効な実験的手法や実験室技法が用いられる。ただし，これらの技法では，高次の心的過程，言語，そして社会的現象を扱うことは適切ではないとされ，そこでは代わりに異なるアプローチ（⇨ **精神科学的心理学**）の技法が適用された。

**自然寛解** [spontaneous remission]　何らかの治療的な介入なしに，一時的もしくは永久に，症状が軽快もしくは消失すること。この現象は，心理的条件が関与するというより，むしろ医学的な現象として説明されている。⇨ **待機者名簿現象**

**自然観察** [random observation]　自然に偶発的に行われた観察のことであり，統制されておらず，計画的あるいは組織化された観察パターンではない。

**自然観察法** [naturalistic observation]　フィールド状況におけるデータ収集であり，通常，実験室的な変数の統制や操作は行われない。この手続きは，通常訓練を受けた観察者によって行われる。観察者は，自然の環境にいる参加者（participant）を毎日見て記録する。自然観察法の例には，チンパンジーの行動に関する民族学的研究や，子どもの遊びに関する文化人類学的研究がある。⇨ **観察法**

**自然強化子** [natural reinforcer]　食物や水のように，生得的な強化子であり，好ましい対象となるための学習を必要としない刺激や環境のこと。自然強化子はより正確には無条件一次強化子（unconditioned primary reinforcers）として知られている。⇨ **一次的強化**

**事前嫌悪刺激** [preaversive stimulus]　条件づけにおいて，嫌悪刺激の呈示に先立つ刺激。⇨ **条件性抑制，エステス−スキナー手続き**

**自然言語** [natural language]　人間の間で使用されるために自然に進化してきた言語。コンピュータプログラムに使用されるような**人工言語**と対比される。

**自然言語カテゴリー** [natural language category]　言語以外（科学や論理学）の分類体系ではなく，特定の**自然言語**の意味的構造によって他のカテゴリーとは異なるカテゴリーとして定義される，物や人々などの分類である。カテゴリー化の体系は言語間で大きく異なる（⇨ **言語決定論，言語相対性**）。それぞれの自然言語カテゴリーは認知的プロトタイプにより定義され，そのカテゴリーに含まれるかどうかは特定の実体がこのプロトタイプと類似している程度により決定されると考える研究者もいる。たとえば，「鳥」カテゴリーは，理想的，あるいは典型的な鳥を表す一連の特徴（くちばしをもっている，羽をもっている，飛べるなど）によって構成されるプロトタイプにより定義され，これらの特徴のすべて，または大半をもっている実体がこのカテゴリーに属すものとして受容される。

**事前検定** [a priori test]　ある仮説について，データが

そろう前，あるいはデータを解析する前に行う統計的検定のこと．

**慈善行動**［charitable behavior］　社会で成功するために必要な資源の不足が主な理由で，援助を必要としている他者に利益を与える行動．**利他性**とは異なり，慈善行動は見返りとしての利益を期待したものと考えられる．

**自然作業チーム**［natural work team］　被雇用者のグループが，関連のある業務や補足的な業務で１つの協力的ユニットとして働くこと．そのようなチームを作ることが**ワークモチベーション**を高める効果をもつことが見出されている．

**自然作業モジュール**［natural work module］　被雇用者あるいはそのチームが製品全体を生産したり，あるいは初めから終わりまで意味ある一連の業務を完遂する仕事のユニットのこと．このようなやり方は，被雇用者が業務の背景について，ほとんどあるいは全くわからないまま遂行するよりも，大きな職務アイデンティティを生み出し，それゆえに大きな動機づけを生み出すことが見出されている．

**自然児**［natural child］　**交流分析**において，屈託がない，楽しいことを愛する，創造性豊か，衝動的，せっかち，などを特徴とする子どもの自我状態の一つ．⇨ **従順な子ども**

**事前事後計画**［before-after design; pre-post design］　一つかそれ以上の実験参加者グループに対して**プレテスト**と**ポストテスト**を実施することで特徴づけられる実験計画．事前事後計画は統制されていない計画であることもあるし，準実験計画もしくは完全無作為計画であることもある．

**事前事後テスト計画**［pretest-posttest design］　実験参加者が無作為に実験条件か統制条件に割り当てられ，実験操作の前後で測定されるような実験計画のこと．

**事前指示**［advance directive］　自らの判断能力を喪失した場合，その後に期待する健康管理（たとえば，長期的な治療方針）について，当人が事前に希望や指示を明確にしておく法的メカニズム．これは，**永続的委任状**もしくは**リビング・ウィル**といった手段で行うことも可能である．

**自然実験**［natural experiment］　自然災害（たとえば，洪水，竜巻，火山噴火）といった自然事象を実験条件とし，他の統制条件と比較すること．自然事象は操作できないため，自然実験は正確には実験というより準実験（quasi experiments）である．⇨ **準実験的研究**

**自然集団**［natural group］　**1.** 自然な社会的プロセスを通じて構築された集団のことで，特にグループ・プロセスの研究を行う際に研究者が作ったアドホックな実験集団と対比される．例としては聴衆，重役会，徒党，クラブ，委員会，群衆，ダンスのグループ，家族，ギャング，陪審員，オーケストラ，社交クラブおよびサポートグループといったものがあげられる．**2.** 家族や部族のような，共通の家系や習慣を通じてメンバーが結びついているグループのこと．

**自然主義**［naturalism］　**1.** 哲学において，現実世界を構成するものは単に自然物のみであり，それゆえに自然科学的手法は，現実の解釈や知識を実在のものにのみ依拠するという考え方．自然主義は**物理主義**や**物質主義**と深く関連し，超自然主義や**神秘主義**のような自然界や物質の世界を超えた現実を想定する立場とは相反する．**2.** 文学や他の芸術において，19世紀後半に発展した運動のことで，しばしば，**現実主義**から発生したとみなされる．一般に現実主義に先行した文学の運動およびスタイルである．自然主義の作家は，理想主義の幻想や文学的技巧を排除した生命を描くことを意図し，離婚または売春のような，挑戦的な主題あるいは禁制とされていた主題をしばしば選んだ．演劇と小説には，登場人物が先祖から受け継いだものや環境に関連づけられて説明されている登場人物の行動を伴う，心理的**決定論**への強い傾倒がしばしばみられた．自然主義をリードした人々には，フランスの作家ゾラ（Emile Zola: 1840-1902），ドーデー（Alphonse Daudet: 1840-1897），モーパッサン（Guy de Maupassant: 1850-1893），ノルウェーの戯曲作家イプセン（Henrik Ibsen: 1828-1906），ドイツの戯曲作家ハウプトマン（Gerhart Hauptmann: 1862-1946）がいる．⇨ **実証主義**

**自然主義的誤謬**［naturalistic fallacy］　より限定的には，存在論的前提（例，その事象が何であるのかという前提）に対して，道徳的な結論（例，何をすべきかという結論）に基づく誤謬のこと．例として「戦争は歴史の中で事実生じていることなので，道徳的に受容できるものである」という議論があげられる．この種の議論すべてが必然的に誤った推論であるということを，すべての哲学者が賛同しているわけではない．［イギリスの哲学者ムーア（George Edward Moore: 1873-1958）による定義］

**自然出生力**［natural fertility］　生理学において，避妊処置や人工妊娠中絶を行わない場合の動物の生殖能力を意味する．

**自然選択**［natural selection］　競争，疾病または気候などの圧力で厳しい環境に適しにくい個体を死に至らせ，生き残った個体が繁殖する過程のこと．その結果，累代を経て，集団の性質が変わっていく．これは生伝の進化また新たな種の誕生を駆動する基本的な仕組みで，最初にイギリスの博物学者のダーウィン（Charles Darwin: 1809-1889）とウォレス（Alfred Russel Wallace: 1823-1913）が提案した．⇨ **ダーウィニズム**，**進化論**，**選択**，**適者生存**，**人為選択**

**事前選択**［preselection］　実際の遺伝子がわからないにも関わらず，家族成員のうち１人またはそれ以上を遺伝子変異だとして扱うこと．他の家族成員はその人物が突然変異で遺伝子変異者であることを前提として特別な関わり方をする．

**事前調査**［preinquiry］　特定の研究の**要求特性**を明らかにするために考案された手続きのことで，その研究が完了する前の調査中に参加者に様々な点で感じることを報告するよう求める．⇨ **実験後調査**

**事前手がかり**［precue］　環境（たとえば実験者によってコントロールされた実験の状況など）から得られる事前情報の一部．環境から，次に行う動作に備えるための情報となりうる．事前手がかりにより**運動計画**に必要な時間が減少することを示す研究は，運動計画の構造を理解するために重要な手法とされる．

**事前テスト**［pretest］　あるテストの内容や性質に個人や集団を慣れさせるために行われる予備的なテストや試行のこと．**事後テスト**とともに行われることもある．

**自然な産児調節**［natural family planning］　避妊薬，子宮内装具，ペッサリーなどではなく，**リズム法**などのように自然な避妊法を用いて産児数をコントロールすること．

**自然の結末**［natural consequences］ 両親が子どもの行動に干渉するのではなく、その行動の結果に罰や教訓としての役割を果たさせるしつけの仕方。たとえば、暴風雨の際に室内に持ってこなかったおもちゃが破損することで、子どもは教訓を学習する。

**自然犯**［malum in se］ 法律用語。殺人のような"それ自体が悪"であるため、悪だと考えられる行動のこと。⇨ **法定犯**

**事前比較**［planned comparison; planned contrast］ 分散分析または回帰分析において、データを観測する前に特定がなされている2つまたはそれ以上の平均を比較する方法。

**自然分娩**［natural childbirth］ 麻酔等の医療的介入を含まない分娩法。母親は事前に教育を受ける。そこには、呼吸とリラクゼーションとの協働、陣痛と分娩時に関係する筋肉のエクササイズ、陣痛を楽にし、意識のある状態で出産を可能にする体位、などが含まれる。⇨ **ラマーズ法**

**自然法**［natural law］ 1. 科学および自然哲学において、重力の法則のように自然界における観察された規則についての基本的真実のこと。⇨ **法則、因果法則** 2. 倫理学や政治哲学において、自然や神の真実を反映した倫理的原理を表すもので、それは、人間の理性や経験から演繹されるものではなく、普遍的に適用可能なものとされる。自然法は、倫理的、法的体系に反映されるべき規範を提供するものとみなされている。

**自然法論**［natural law theory］ 倫理学や政治哲学における考え方の一つ。当然の真実それ自身、または神のような存在から与えられる法によって生じる、真の普遍的な倫理的原理があるという考え。自然法論の主要な系統においては、これらの原理は理性によって理解されると仮定されており、客観的思考ができることによってのみ適用が可能となる。自然法理論は古代ギリシャのストア哲学に端を発し、ローマ法の形成に強く影響を及ぼし、それはさらに中世以降のキリスト教哲学者たちにも影響を及ぼした。⇨ **相対主義**

**自然流産**［spontaneous abortion］ 自然発生的な原因によって胎児を失うこと。妊娠を持続するために必要なホルモンのアンバランスが主な原因。感情の不安定も要因の一つと考えられる。ヒトの妊娠の10%は自然流産する。⇨ **流産**

**自然療法**［naturopathy; naturopathic medicine］ 病気を防ぎ、自然療法（たとえば、食事の制限、鍼療法やマッサージ）を用いることで、身体と精神の健康を促進させ基本的な病気に対処することを目指す、代替的なヘルスケアシステム。⇨ **補完・代替医療**

**シゾイド状態**［schizoidism; schizoidia］ ひきこもり、静かさ、全般的な言構成などの行動特性パターン。個人が環境から切り離され、関心が自分自身に集中することを意味しており、多くの場合、統合失調症への傾向を示すとされる。［スイスの精神科医ブロイラー（Eugen Bleuler: 1857-1939）の定義］

**シゾイド躁状態**［schizoid-manic state; shizomania］ 躁的興奮状態および統合失調症的な興奮状態の両者の特徴が合わさった精神病状態。［スイス生まれのアメリカの精神科医マイヤー（Adolf Meyer: 1866-1950）、オーストリア生まれのアメリカの精神科医ブリル（Abraham Brill: 1857-1948）、およびスイスの精神科医ブロイラー（Eugen Bleuler: 1857-1939）によって同定された］

**氏族**［clan］ 1. 人類学の用語で、共通する祖先をもつとする血縁集団をいう。氏族では、多く場合、成員間の婚姻が禁止されている。しばしば、氏族は、特定のトーテム（totem）を崇拝する。⇨ **血縁集団、フラトリー** 2. スコットランドやアイルランド地方でみられたかつての社会単位で、領地保有の伝統的制度および氏族の長に忠誠を尽くすといった観念を基礎としたもの。氏族の構成員は、Mac（スコットランド）やO'（アイルランド）に続けて、氏族の創始者とされる人の名を名乗ることが多い。ただし、この名は、共通する祖先と必ずしも関連しているわけではない。

**視測障害**［dysmetropsia］ それが何であるかは認識されるかもしれないが、サイズあるいは形状を判断することができない障害。⇨ **視覚形態失認**

**持続処理課題**［continuous performance test: CPT］ 持続した注意、集中力を測る課題一般を指す。多くの場合、目標外の刺激を無視したうえでの、聴覚や言葉による標的刺激に対する反応が測定される。

**持続睡眠療法**［Dauerschlaf］ 薬物（たとえばバルビツール酸など）によって誘発される長時間の睡眠による治療の一種。持続睡眠療法は、薬物依存やてんかん重積状態、さらには急性精神病状態の治療に用いられてきた。その効果と使用は激しい議論の的となり、最近ではほとんど行われていない。［原語はドイツ語で"永続的な睡眠"］

**持続性**［persistence］ 始動刺激がなくなったにも関わらず、特定の行動、過程、活動を続けたり反復すること。

**持続性健忘**［continuous amnesia］ 特定の期間から現在に至るまでのすべての出来事についての記憶の喪失が進行している状態。

**持続性思春期**［persistent puberism］ 発達における第二次性徴が止まり、後の人生において思春期の影響が留まる状態のこと。

**持続的作業**［sustained operations: SUSOPS］ 需要の要請のある状況下で労働時間を延長すること。持続した作業負荷は、疲労や睡眠減少を伴うので職務パフォーマンス、生産性、安全性、効率を低下させてしまう。

**持続的注意**［sustained attention］ 一定の継続時間を通して課題に向けられた注意。

**持続的パネル**［continuous panel］ 人々の態度、価値あるいは行動の変動を検出できるように、構成された消費者陪審制の形態（⇨ **消費者陪審員テスト**）。パネルメンバーは、住民の人口統計学的あるいは心理学的特性を代表するように慎重に選ばれ、一般住民における態度変容を反映する心的移動性のサインを見出すため、定期的に調査される。

**持続的ひきこもり**［conservation withdrawal］ 感情的、または身体的な（あるいは両方の）ストレッサーに対する反応。家族や友人から距離をとろうとしたり、疲労感に襲われたり、あるいは、活動するためのエネルギーや力が減退する傾向がある。エネルギーを維持し、心身の力を取り戻す手段でもあるこの反応は、**大うつ病性エピソード**にみられる症状に類似している。

**自尊心**［self-esteem］ 自分の**自己概念**がどれくらい肯定的に知覚されているか、その特性や質の程度のこと。自尊感情とも言う。自尊心は、身体の自己イメージ、達成や

能力の見通し，価値の感覚，日々の生活の中で知覚されている成功感，また，他者が自分をどう見ているか，他者が自分にどう反応するかを含んでいる。このような自尊心の特性や質がより肯定的に蓄積されていくほどに，自尊心は高くなる。ある程度高い自尊心は精神的健康に必要不可欠とされており，逆に，低い自尊心や価値がないという感覚はうつの症状に共通したものといわれる。

**自尊心脅威モデル**［threat to self-esteem model］ 他者からの援助は，受け手が無能であるとか劣っていることを暗に意味することから，自己への脅威として知覚されるとする理論。これらの状況では，受け手がネガティブに反応することがある。

**子孫退行の法則**［law of filia regression］ 遺伝的特性はその種の平均に戻る傾向があるという法則。たとえば，とても背の高い父親の息子の背は，平均に比べると高いものの，その父親よりは低い傾向がある。つまり，父親よりは，背の高さが平均に近いということになる。また，とても背の低い父親の息子の背は，平均よりも低いものの，その父親よりは高い傾向がある。

**自尊欲求**［esteem needs］ マズローの欲求階層の第4段階のことで，何らかの達成やよい評判，名声から生じる個人的な価値感を得ようと奮闘することが特徴である。この段階では他者からの称賛と承認が自尊心の発達を促す。

**自体愛**［autoeroticism］ 性的な興奮や満足感を自分で作りだすこと。マスターベーションによる場合もあれば，性的行動（例，生殖器以外の体の部分を刺激する）や，考え（例，空想，ファンタジー）による場合もある。 ⇨ **二次的自体愛**［イギリスの性科学者エリス（Havelock Ellis: 1859-1939）が定義した］

**自体愛窒息**［autoerotic asphyxiation］ 自慰の間の呼吸困難によって得られる性的快楽。自ら首を絞めることも含まれる。事故死とみなされたケースには自分で首に巻いたロープを外せなかったものも含まれる。

**死体愛ファンタジー**［necrophilic fantasies］ 性的興奮を得るために，異性または同性の死体と性交渉をもったり，もつことを想像する男性（女性のこともある）のファンタジー。このファンタジーは，売春婦が死体を装おうことで満足させられる場合もある。

**死体恐怖症**［necrophobia］ 死体への偏執的で不合理な恐怖。⇨ **死の恐怖**

**事態検査**［situation test; situational test］ ストレス状況下で問題を解決する望ましい適応行動をとることができるか，あるいはストレスフルな体験をしたときにどのような反応をとればよいと信じているかといった点を査定するために，自然な状況や可能な限り自然に近い実験状況に個人をおいて検査すること。たとえば，恐怖反応を軽減するための脱感作療法の中で，クライエントが恐怖の対象に遭遇する事態検査から開始する場合などである。そこでの反応は個人の欲求や特定の治療法との関係で，検査され，検討される。⇨ **ストレス状況テスト**

**死体性愛**［necromania］ 死体に対して病的に夢中になること。通常，死体への性欲，葬儀，死体安置所，検視および墓地への病的な関心も含む。

**時代精神**［Zeitgeist］ 時代精神（ドイツ語の"time spirit"）。世界の中で動いている個人を超えた精神に言及し，特定の歴史的時代における特定の社会の考え，態度，意識が広がった文化的世界観を明らかにするために，ドイツの哲学者ヘーゲル（Georg Wilhelm Friedrich Hegel: 1770-1831）が用いた言葉（⇨ **世界観**）。このように用いられるとき，この言葉は明確な特徴がある。歴史に関する時代精神理論は，歴史への個人主義のアプローチとは対照的に経済学，技術および社会的影響のような状況的要因の役割を強調している。この言葉はイギリスの詩人および文芸評論家アーノルド（Matthew Arnold 1822-1888）が英語で初めて使用し，組織をテーマとして概念を創造性，科学的な移行および歴史編集法の議論に使用したボーリング（Edwin Garrigues Boring）によって1929年に心理学に導入された。⇨ **地域精神**

**自体損傷**［autotomy］ **自傷行為**や自分の体の一部を切ること。

**舌足らず**［lisp］ 舌足らずな発音で話すこと。

**シータ波**［theta wave］ 脳波検査において，4 Hz～7 Hzの周波数をもつ**脳波**。動物の**レム睡眠**，人間の**睡眠段階2**および新生児・青年期・若年成人の傾眠状態でみられる。また，**トランス**，催眠および深い**白昼夢**でも記録される。神経学的には，シータ波の起源として海馬がよく知られている。シータリズム（theta rhythm）とも言う。

**シータ波フィードバック**［theta feedback］ 4 Hz～7 Hzのシータ波を用いた**バイオフィードバック**のこと。

**下向きコミュニケーション**［downward communication］ 集団や組織の中で相対的に高い地位にある人から従属的な地位にある人へ向かう情報の伝達のこと。このコミュニケーションは，指示的な情報であるが，一方で，**上向きコミュニケーション**は，情報を要求したり，事実に関する情報を提供したり，あるいは苦情の意を表すこともある。コミュニケーションは，階層的に組織されたグループの中で下方へ流れる傾向がある。⇨ **コミュニケーション・チャネル**，**コミュニケーション網**

**シタロプラム**［citalopram］ SSRIと呼ばれる抗うつ薬の一つ。シナプス前部のセロトニン**トランスポーター**をブロックする働きにより，シナプス前細胞へのセロトニンの再吸収を防ぎ，脳内のセロトニンの総量を増やすことなく**シナプス間隙**で利用できるセロトニンの量を増やす。アメリカでの商品名はセレクサ（Celexa）。

**肢端失認症**［acroagnosia; acroagnosis］ 手足の感覚的な認識が損なわれる障害のこと。この障害をもつ者は，手足を見たり，その存在を認識できる場合もあるが，手足の存在を感じとることができない。

**肢端触覚異常**［acroparesthesia］ 四技にしびれやうずき，その他感覚異常が生じること。この種の肢端触覚異常には，循環障害を併発するノートナーゲル型肢端触覚異常症（Nothnagel's acroparesthesia）や循環異常が認められないが，末梢神経の易興奮性の特徴を有するシェルツ型肢端触覚異常症（Schultze's acroparesthesia）が含まれる。⇨ **先端知覚まひ**，**知覚過敏**

**視知覚**［visual perception］ **視覚系**の生理機能と観察者の内的・外的環境との相互作用によって生じる視覚的感覚に基づく気づき。

**視聴覚トレーニング**［audiovisual training］ 大学教育や技能訓練，個人訓練において，聴覚教材や視覚教材，あるいはその両方を用いて教授すること。具体的には，フィルムやスライド，ビデオテープ，オーディオテープ，テレ

ビ，コンピュータなどを使用した教授法を指す．視聴覚的方法（audiovisual method）とも言う．

**視聴率測定**［audience measurement］　ある特定のメディアを視聴している個人の数を評定する方法のこと．

**膝**［genu］　**1．** 膝がしら，あるいは膝に似た解剖学的構造．**2．** 脳梁前方の屈曲した部分．

**室**［ventricle］　心臓の心室のような，体内にある解剖上の空洞のこと．

**嗜痛**［algedonic］　痛みに対して，快楽，ないしは，体験の快-不快の次元が関連づけられること．嗜痛学（algedonics）は快楽と痛みの混合を研究する分野である．

**失音楽症**［amusia］　聴覚性失語の一種で，音楽を認識できなくなる疾患のこと．この疾患は，通常，脳の左頭頂葉の病変と関係している．表出性失音楽症（expressive amusia）では音楽を生み出すことができなくなる．⇨ **運動性失音楽**，**感覚性失音楽**

**失音調**［dysprosody］　アクセントのパターン，速度，イントネーションまたは発語のリズムにおける異常，または異常な変化．

**膝蓋腱反射**［knee-jerk reflex］　**伸張反射**の一つで，膝の下の腱である膝蓋腱をたたくと足がけり上げられる．脊髄前角炎，多発性神経炎，脚気などの神経学的な検査に用いられる．⇨ **振り子膝蓋腱反射**

**悉皆探索**［exhaustive search］　ターゲット項目の有無について判断を下す前に刺激セットのすべての項目を調べるような**探索**過程．記憶における特定の項目についての探索，**視覚探索**，複数の経路の選択肢から解決に至る最も優れた経路を選ぶような問題解決など．⇨ **自動打ち切り型走査**，**アルゴリズム**，**発見的探索**

**疾患**［disease］　器官由来の，説明可能な病的過程．身体全体あるいはその一部に影響を与え機能を損なう症状，あるいは症状群が出現する．

**質感**［quality; sense quality］　感覚または実在する物の，それ独自の性質のこと．質感は量ではなく種類の違いを表す．たとえば，音量の大小ではなく，異なる楽器で同じ音符の音を出したときに，倍音の分布が異なるために生じる様々な音の違いが質感である．⇨ **第一性質**，**第二性質**，**クオリア**

**室間孔**［interventricular foramen］　脳の**第三脳室**と左右いずれかの**側脳室**をつなぐ孔．脳室を通って脳脊髄液が流れるのを可能にする．

**失感情症**［alexithymia］　自身の感情を表現したり，記述したり，区別することができない状態．アレキシサイミアとも言う．様々な障害で起こりうるが，特に心身症やある種の物質乱用障害，トラウマ的なストレッサーに繰り返し曝露されることで起こりやすい．

**湿球黒球温度**［wet-globe bulb temperature］　気温と湿度の影響を説明するため，そして暑さからくる怪我や病気の予防を目的として，ストレスをモニターするために用いられる指標．

**失禁**［incontinence］　基本的な身体機能を統制できないこと．特に排尿や排便（⇨ **大便失禁**，**尿失禁**）．失禁は身体障害，神経損傷や損害，あるいは器質的な異常，変化によって引き起こされることが多いとされる．

**湿気効果**［humidity effects］　空気中の水分量が周囲の温度知覚に与える影響のこと．高い湿度は，体の熱を蒸発させる大気運動の冷却効果を減衰させるため，不快な暑さを感じさせる．

**実験**［experiment］　ある関係についての因果推論を引き出すため，統制された状況下で行われる一連の観測のこと．典型的には，**独立変数**を操作し，**従属変数**を測定し，何人かの実験参加者を1つ以上の実験条件に割り当てることが含まれる．

**実現［1］**［actualization］　個人の潜在力を結集し，具体的な形でそれらを表現したり，実現したりする過程のこと．⇨ **実現傾向**，**自己実現**

**実現［2］**［fulfillment］　要求と欲求の実際の，または知覚された満足感，あるいは切望の達成．⇨ **願望成就**

**実験仮説**［experimental hypothesis］　ある実験条件において，科学者が実証したい仮定のこと．

**実現可能性基準**［feasibility standards］　企業やプロジェクトの実用性，実行可能性，コスト効率性を判断する時に使用される基準のこと．たとえば，状況評価調査における実現可能性は，技術的に実現可能であるかどうかや，**ステイクホルダー**間での政治的な実現可能性，調査を実施するために必要なコストに基づいて決定される．⇨ **精度基準**，**妥当性の基準**，**効用基準**

**実現可能性検査**［feasibility test］　反応測度の特徴を見出したり，研究計画の実現可能性を検討するために，研究の前に導入される予備研究のこと．反応測度の妥当性を確認するために，起こりうる効果について初期情報を提供するために，あるいは，新しい方法論を試すために用いられる．⇨ **評価可能性査定データ**，**実現可能性基準**

**実験協力者（サクラ）**［confederate］　実験状況で，実験助手が参加者のように振る舞っているが，彼らは実験者から事前にリハーサルを受けている．実際の参加者は，場合によって，ナイーブな参加者（naive participants）と呼ばれる．⇨ **能動的ディセプション**

**実験群**［experimental group］　ある実験の中で**独立変数**の特定の水準に割り当てられた実験参加者群．この実験群の反応が，**統制群**や他の実験群，あるいはその両方と比較される．

**実験群試行列**［experimental series］　ある実験で**統制群**に施された試行に対して，**実験群**に施された試行のこと．

**実験計画**［experimental design］　妥当な結論に達するための科学実験における手続きの概要，あるいは計画のこと．調査の場合には，調査計画という．

**実現傾向**［actualizing tendency］　ロジャーズ（Carl Rogers）の人間性人格理論において，人間が発達し，自己を十分に実現しようとする生まれながらの傾向を指す．⇨ **実現**，**自己実現**

**実験後調査**［postexperimental inquiry］　**要求特性**を明らかにするために計画された手続きのこと．実験参加者が実験中に自分のとった反応について尋ねられる．⇨ **事前調査**

**実験参加者選択の偏り**［selection bias］　研究のために実験参加者を選択するときに生じる偏り．こうしたことが生じ得る例としては，特別な動機をもった実験参加者が選択されてしまう時や，実験参加者を統制群あるいは実験群に割り付ける時があげられる．選択の偏りは非ランダムサンプリングや非ランダム割り付けと関連する．

**実験参加者内計画**［within-subjects design］　同一実験

参加者がすべての処理条件（実験条件）を受け，そこで観察された得点を比較することで，処理の効果を検討する実験計画のこと。

**実験者**［experimenter］ 被験者が遂行する課題を考案し，課題遂行する際の条件を決定し，結果を観察し，解釈する人。

**実験者解釈効果**［experimenter interpreter effect］ 観測されたデータに対する研究者の解釈にバイアスがあるときに（たとえば，研究者の期待によって）生じる系統的な誤り。

**実験社会心理学会**［Society of Experimental Social Psychology］ アメリカにおいて，社会心理学の研究を推進する科学的組織。*Journal of Experimental Social Psychology* を発行している。

**実験者観察効果**［experimenter observer effect］ 研究者による，データの知覚もしくは記憶における系統的な誤り。多くの場合，結果に対する研究者の期待から予測できる。

**実験者期待効果**［experimenter expectancy effect］ 実験者効果の一種で，実験者の期待が参加者の反応に影響した結果，実験結果が歪んでしまうこと。実験者の身体動作，身振り，表情，声のトーンは，いずれも無意図的に参加者の反応に影響することが示されている。この用語は，ローゼンタール効果の同義語的に使用されることが多い。⇨ 実験者バイアス

**実験者効果**［experimenter effect］ 実験バイアスのうちの次のいずれかである。(a) 研究の結果についての実験者自身の期待によって起こる，実験者の側の誤り。(b) 年齢，性別，人種，言語的特徴といった実験者の個人的特性が，実験参加者に影響を与えることで引き起こされるバイアス。⇨ 実験者バイアス，実験者期待効果

**実験者ドリフト**［experimenter drift］ 実験者の実験を行う方法が次第に変化してしまうこと。

**実験者による心理社会的な影響**［experimenter psychosocial effect］ 参加者の反応に意図しない効果を引き起こす，実験者の心理的，社会的特性による影響。

**実験者バイアス**［experimenter bias］ 観察や解釈もしくは計算上の誤り，ないしは実験者期待効果により生じる，系統的な実験者誤差。こうしたバイアスは研究の生態学的妥当性を脅かす可能性がある。

**実験者モデリング効果**［experimenter modeling effect］ 実験参加者が，実験者が課題に対してとる反応方式に非常によく似た課題への反応方式をみせる系統的な誤り。

**実験神経症**［experimental neurosis］ 不安レベルの高さに特徴づけられる障害された行動や情動状態のことであり，問題を解決すること，あるいは非常に類似した音や形態やその他の刺激を弁別することを求められ，それができないという実験統制下で，動物（例，イヌやチンパンジーやブタなど）に対して人為的に作り出される。失敗に対して罰を与えたり強化を撤回することで，固定的行動，強迫行動，混乱した反応，過剰な情緒表出，感情鈍麻のような症候が増大しやすくなる。また，人為的神経症（artificial neurosis）とも呼ばれる。

**実験心理学**［experimental psychology］ 実験室やその他の実験環境内での行動，動機や認知に関する科学的研究であり，行動や心理学的現象の予測，説明や制御を目的としている。実験心理学は，統制された様々な条件下での反応の分析と，これらの観察結果に基づいた適切な理論的説明の統合を通して，条件と反応の量的関係性や説明理論の確立を目指す。⇨ 経験心理学

**実験心理学者協会**［Society of Experimental Psychologists］ 実験心理学に関する学会を開催することで，心理学を発展させることを目的とした国際的な組織。1904 年に実験主義者協会としてティチェナー（Edward Bradford Titchener）によって設立され，1927 年に現在の名称で再編された。

**実験遂行**［experimentation］ 実験を実行すること。

**実験操作**［experimental treatment］ 研究において，1つ以上の群に対して適用される，結果に変化を与えると想定される実験条件のこと。

**実験単位**［experimental unit］ 実験操作が適用された 1 つの単位のこと。たとえば，実験操作があるクラスルームの学生に適用された場合，そのクラスルーム（個々の学生ではない）は，実験単位である。実験単位は，通常，分析の単位である。

**実験的観察**［controlled observation］ 自由なあるいは偶発的な状況ではなく，ある基準に沿った計画的な状況の下で行われる観察のこと。

**実験的研究**［experimental research］ 因果推論を引き出すことを目的とした無作為化実験に基づく研究のこと。

**実験的行動分析**［experimental analysis of behavior］ 内的変化の指標ではなく，行動を重視する実験心理学へのアプローチ。この方法では，集団平均ではなく，個人の行動に重点を置いており，特定の環境下における経験と行動変容との関係について検討する。

**実験的手法**［experimental method］ 仮説を検証し，独立変数と従属変数との間に因果関係を確立することを企図して行われる科学的研究法の一つ。通常は，統制された条件下で行われる実験の計画に基づいて作成・実施される。

**実験的治療**［experimental treatment］ 病気や病的な状態の治療や改善につながる見込みがいくつかはあるが，その有効性，安全性，受容性がまだ評価されていない治療法または治療計画のこと。⇨ 治療可能レベル

**実験的内観**［experimental introspection］ 統制された状況のもとで自分自身の経験について深く省みること。

**実験哲学**［experimental philosophy］ 1. 17 世紀後半〜18 世紀にかけて，実験科学において現れた新領域の名前。しばしばこの用語の使用には，自然哲学の中で提唱されてはいたものの未解決であった問題に対して実験科学ならば答えることができるという楽観的な見方が伴う。実験哲学と特徴づける一つの例としてイギリスの物理学者ニュートン（Isaac Newton: 1642-1727）による体系的な研究があげられることがある。2. 神経科学を典型とする現代の実験科学が最終的に思考の生物学的基盤を解明し，ひいては認識論における問いに対して物質的な答えを与えるだろうと考える 20 世紀後半の動きを指す。いわば実験哲学は，将来的に心やその活動に関する哲学的問題への答えは，脳がどのように機能するのかという問いに還元しうると考える。⇨ 還元主義

**実験てんかん**［experimental epilepsy］ 電気的に，あるいは薬物を用いて脳を刺激して，動物にてんかん発作を誘発させること。

**失見当識**［disorientation］ 自分が誰であるか，または自分のおかれた状況と関連した時間や場所，他の周りの特徴を理解する能力が低下している状態。長時間の失見当識は，器質性の神経生理学的，心理学的疾患の特徴となりうる。一時的な精神的錯乱は，アルコールや薬物によって引き起こされたり，火事や地震のような突然のストレス状況下によって引き起こされうる。⇨ **錯乱，時間失見当識**

**実験に関する社会心理学**［social psychology of the experiment］ 実験において，実験者や実験参加者に関連して起こる想定外の望ましくない効果についての研究。

**実験の現実性**［experimental realism］ 実験状況が心理学的に現実的であり，実験参加者から妥当な感情反応を引き出しうる程度を指す。より強い実験の現実性を達成するために「だまし」が使用されることがある。⇨ **能動的ディセプション，消極的ディセプション，日常的現実性**

**実験美学**［experimental aesthetics］ 自然物や芸術形式およびその構成要素について実験心理学的手法を用いて研究すること。実験美学の研究ではゲシュタルト等の考え方を使って，色やパターンの情緒的効果や選好を分析する。

**実験変数**［experimental variable］ 実験において，通常実験者によって操作され，**従属変数**との関連や影響が検討される変数のこと。⇨ **独立変数**

**実現モデル**［fulfillment model］ パーソナリティ理論の基本的なものの一つ。行動の第一の動機は自己実現であるという仮定に基づく。その動機は，個人の内的な潜在力を実現させるために働く。マズロー（Abraham Maslow），ロジャーズ（Carl Rogers）らによる人間性心理学は，実現モデルの著名な例である。［アメリカの心理学者マッディ（Salvatore R Maddi: 1933- ）によって導入された］

**失語**［aphonia］ 咽頭の疾患や損傷，または心理的障害の結果声を失うこと。⇨ **運転転換症状，緘黙**

**失行**［apraxia］ 運動機能，感覚，注意，協応，動機づけ，理解が損なわれていないにも関わらず，洋服を着たり，車を運転するといった意図的運動を行う能力が損なわれた状態のこと。この疾患では，運動遂行を計画，選択，順序立てる能力が損なわれる。脳損傷や脳腫瘍，脳卒中などが原因の後天的失行（acquired apraxia），もしくは生まれながらに症状が認められる発達性失行（developmental apraxia）がある。失行にはいくつかのカテゴリーやタイプがあり，それには**着衣失行，観念失行，構成失行，口腔顔面失行**などが含まれる。

**実行**［praxis］ 運動計画の医学上の呼称のこと。実行の不全は**失行**である。

**実行器官**［executive organ］ 刺激に反応する際に主要な役割を果たしている身体器官。たとえば，刺激が物体への接触を引き起こした場合，手が実行器官である。たとえば，手を適切な方向へと向けさせるのに役立つ目など，他の器官がしばしば補助的な役割を果たす（補助器官）。

**実行機能**［executive function］ 行動を体制化し実行する高次の認知過程。論理と推論，抽象的思考，問題解決，プランニング，および目標志向的行動の停止を含む（ただし，これらに限定されない）。統合失調症では，目標や課題関連情報の選択，余分な情報の消去といった特定の認知能力が大きく損なわれると考えられており，神経リハビリテーション的治療の対象となっている。中央過程（central processes），実行機能性（executive functioning），高次過程（higher order processes）とも呼ばれる。

**実行機能不全**［executive dysfunction］ 抽象的に考え，複雑な行動を計画，開始，順序立て，モニター，停止する能力における障害。前頭葉および関連下位皮質経路の損傷に特に関係し，**アルコール誘発性認知症や物質誘発性持続性認知症**を特徴づける，複合的な認知障害の一つ。遂行機能障害（disturbance in executive functioning）とも呼ばれる。

**実行系**［executive］ 認知心理学において，他の心的活動を体制化・制御するような心的活動のプロセスあるいはステージを指す。たとえば，実行系は刺激リストを覚えるために**リハーサルプロセス**を始動させる。注意監督システム（supervisory attentional system）とも呼ばれる。⇨ **認知的コントロール，コントロールプロセス**

**実効刺激**［effective stimulus］ 刺激－反応実験において，生命体に実際に特定の効果を及ぼす刺激。これは，実験者が定義した**名義刺激**とは必ずしも一致しない。たとえば，実験者が名義刺激として音を呈示したならば，実効刺激は，音とその音が呈示された小部屋との組合せとなる可能性がある。機能的刺激（functional stimulus）とも言う。

**失行失認**［apractagnosia］ 一連の運動や熟達した運動活動を体系づけて記憶，遂行する能力や，空間関係を分析する能力が失われる障害。この症状は，後頭葉や頭頂葉の下部が傷つくことで生じる。空間的失行失認（spatial apractagnosia）とも呼ばれる。

**実行制御のための構造**［executive control structures］ 問題状況の表象，課題における目標の表象，問題解決のための特定の方略や手続きの表象などから構成される問題解決のための理論的精神構造。［カナダの発達心理学者ケース（Robbie Case: 1944-2000）によって提唱された］

**実効性比**［operational sex ratio］ ある時点において生殖が可能なオスとメスの相対数のこと。妊娠と授乳が可能な哺乳類においては，たとえ両性の成体が同数存在する場合でも，交尾を受け入れ可能なメスは交尾可能なオスよりも少ないことが多く，このことはオスへの実効性比の偏りを生み出す。一夫多妻制の種においては（⇨ **一夫多妻**），受け入れ可能なメスは交尾可能なオスよりも多いことがあり，このことはメスへの実効性比の偏りを生み出す。

**実行部位**［executive area］ 思考や推論など，高次脳機能に役割を果たしていると考えられている脳部位（⇨ **実行機能**）のこと。一般的に前頭葉が実行部位であると言われている。

**失語症［1］**［aphemia］ フランスの医師ブローカ（Pierre Paul Broca: 1824-1880）によって初めて定義された。非流暢性，つまり発語の欠落を伴うが，書記によって証明されるように言語機能に損傷は認められない**運動性失語**。後に**ブローカ失語**と改名された。

**失語症［2］**［aphasia］ 脳の障害や疾患によって，言語理解や言語表現が欠落したり障害された状態。受容性失語症（receptive aphasia）は言葉，記号，身振りの理解能力に障害のある状態を指す。**表現性失語症**は，発語，書字，意味のある身振りを行う能力に障害のある状態をいう。脳損傷の主な原因は，脳卒中，脳腫瘍，脳炎，頭部損傷である。失語症には，多数の類型や形態の失語がある。その中で最も重要，あるいは一般的なものには，**健忘失語，聴覚性失語，ブローカ失語，ウェルニッケ失語症**などがある。

⇨ **失語**

**実在**［reality］ 哲学において，通常単に存在しているようにみえるということと対比して，真に存在しているということ。⇨ **絶対的存在，客観的現実，現実**

**実在意識性**［reality awareness］ 外的対象を自己と区別し，または相互に区別して知覚すること。現実接触（reality contact）とも言う。

**実際の出現率**［actual incidence］ ある特定の事象の発生状況について，（既存の）報告や仮定に基づく割合に対して，実測値や観測値に基づいた割合のこと。

**実在論**［realism］ 一般用語や抽象的な観念などの**ユニバーサル**は，肉体的，個別的なものよりも真の実在をもっているという古典的な哲学の説。いわゆる**プラトン的理想主義**。⇨ **唯名論**

**失錯行為**［parapraxis］ 無意識的な願望や態度，衝動などが表現されたものであると考えられる間違いのこと。書き間違いや言い間違い，その他の**言語性漏洩**，重要な出来事の失念，不快な連想を伴う物の置き間違い，意図しない語呂合わせ，動機づけられた事故などがこれの例である。錯行為（parapraxia）とも呼ばれる。⇨ **フロイト的失言，徴候的行為**

**実子**［natural child］ 養子に対して，生物学上の親の後代を指す。

**実質**［parenchyma］ 臓器や腺の機能組織のこと。支持組織や結合組織とは区別される。

**実質合理性**［substantive rationality］ 決定それ自体の合理性のこと。ある決定に到るために用いられた過程の合理性とは異なる。⇨ **手続き的合理性**

**実質的職業資格**［bona fide occupational qualification: BFOQ］ 特定の仕事を適切に遂行していくうえで純粋に必要とされる資格や個人の特性（たとえば，年齢，性別，身体的能力）のことで，その仕事に対して通常結びつけられることが多いものの有効な成果を導くために実際に必須ではない資格や特性とは異なるもの。⇨ **差別的効果，雇用年齢差別禁止法，米国障害者法**

**実質的フェミニズム**［material feminism］ 19世紀～20世紀初頭にかけての女性の実質的な条件を改善しようとする**フェミニズム**運動。この運動の主眼は，法的な不平等や教育は職場の差別を終わらせ，女性の家庭における負荷を和らげることであった。

**実施評価**［implementation evaluation］ プログラムが遂行される方法とそれが受け手に届いたかどうかということに焦点を当てた評価方法。

**実習指導**［practicum supervision］ 生徒が特定領域での専門家になる見通しをもつための，多様で広範にわたる訓練体験のこと。現場体験の運営は，指導者か経験をつんだその他の専門家によってなされる。

**実証主義**［positivism］ 哲学的立場の一つ。すべての有意味な命題は感覚的な経験と観察に還元されるとし，よってすべての真の知識は経験的方法による厳密な証明に基づくべきだとする。実証主義は初め，フランスの思想家であるコント（Auguste Comte: 1798-1857）とアンリ・ド・サン＝シモン伯爵（Claude Henri de Rouvroy, Comte de Saint-Simon: 1760-1825）の著作で明確な位置づけがなされたが，最も初期の形の**経験論**を様々な形で暗に含んでいた。その影響から，科学はあらゆる形式の正当な研究の手本として確立され，宗教，形而上学，思弁哲学の真理主張は退けられた。実証主義，特に，**論理実証主義**は，心理学の初期の発展にとって非常に強い影響をもち，実証的方法を重視する立場を促進した。現在の心理学にとっても，引き続き大きな影響力をもっている。⇨ **マッハの実証主義**

**実証主義犯罪学**［positivist criminology］ 自由意思や選択の行使（古典的犯罪学はこの立場をとる）ではなく，人の行動に影響を及ぼす様々な内的要因（たとえば，生物学的要因や心理学的要因）や外的要因（たとえば，文化的要因や社会的要因）がもたらす結果から犯罪行動を説明しようとする学問。⇨ **犯罪人類学**

**膝状体**［geniculate nucleus; geniculate body］ 脳の視床の表面上にある神経細胞体（⇨ **核**）の塊。一対の**外側膝状体**と一対の**内側膝状体**があり，それぞれのうち片方が視床の片側に，もう片方が逆側に位置している。外側膝状体は視覚系のインパルスを，内側膝状体は聴覚のインパルスを，それぞれ大脳皮質へ中継している。

**失象徴**［asymbolia; asemasia; asemia］ 単語，ジェスチャー，合図，音符，化学式，標識などの象徴記号を理解し，使用する能力が欠損した状態のこと。失象徴は，**失語症**の一種で，**失読症，失書症，無表情**などの疾患を含む。

**失書症**［agraphia］ 書字能力が損なわれる障害のこと。この障害が最もよく生じるのは脳卒中，頭部外傷，**脳炎**等の脳損傷が原因であり，それは後天性失書症（aquired agraphia）と呼ばれる。しかし，稀にではあるが，失書症は，他の障害を伴わない局所的な先天性欠損により生じることもある。

**失神［1］**［faintness］ 急激なめまいや脱力感のこと。

**失神［2］**［syncope; fainting］ 脳への血液供給が急激に減少することによって生じる，意識の一時的な喪失。このような発作は，脳血管障害をもつ人が体験したり，あるいは心理学的要因や他の要因（たとえば，極度の恐怖や重度の疼痛など）によって引き起こされたりすることがある。

**実生活内暴露法**［in vivo exposure therapy］ クライエントにとって不安を引き起こす場面や刺激的な現実の状況にクライエントをさらす**行動療法**。不安を克服し，不安な場面や状況でも正常でいられるようになることを目指す。たとえば，飛行機が怖いクライエントにセラピストが付き添って空港まで行き，深呼吸など不安軽減のテクニックを用いながら飛行機に乗る。⇨ **暴露療法，現実脱感作**

**実践**［praxis］ 理論に対する実践。ギリシャの哲学者アリストテレス（Aristotle: BC 384-322）は，実践や実践的活動を理論的・合理的行動と対比した。この用語は，理論的，概念的知識に対する実践的，生産的活動を主として表すものとして，またそれらに由来する知識を示すものとして時に使われる。

**実践ガイドライン**［practice guidelines］ メンタルヘルスに関して，特定の疾病や疾患に対し，倫理面も含め，臨床医を支援するための分類や戦略。このようなガイドラインは，最新で有効な科学的研究，または特定の専門研究班による判断が基盤となる。⇨ **診療ガイドライン**

**実践スタンダード**［standards of practice］ 心理学的，医学的，教育的問題などを抱える個人に介入する実践を行うために用いる方法や順序を記述するガイドライン。実践スタンダードは米国心理学会および他の専門職協会によっ

て開発されたものであり，実施者が最も研究され有効であるとされる治療計画を使用できるようにしたものである。

**実践的知能**［practical intelligence］ 個人の知能を実際的で日常的な場面に用いる能力のこと。**知能の鼎立理論**では，新たな環境への適応，形成，選択の際に要求される知能の側面としている。

**実践的知能課題**［practical intelligence task］ **実践的知能**の発揮を要求する課題のこと。たとえば，ある場所を探すために地図を参照したり，運動競技イベントでのチケットの値段を計算するために数学を利用するなどである。このような課題は大抵は明確に教えられることのないような暗黙の知識を測定しうるものでもある。そして，ある環境への適応，形成，選択について知識はほとんど言語化されることすらない。⇨ **学業的知能課題**

**実存主義**［existentialism］ 2つの世界大戦の間にヨーロッパで生まれ，1940年代～1950年代には大陸の思想において流行した哲学的・文学的運動のこと。実存主義は単一の定義に要約することが難しいことで有名であり，それは運動に携わっていたであろう人々がラベル付けを拒否していたことや実存主義の運動自体が構造化や分類を嫌ったことが原因である。実存主義の起源は，フランスの哲学者で数学者でもあるパスカル（Blaise Pascal: 1623-1662）やデンマークの哲学者キルケゴール（Søren Aabye Kierkegaard: 1813-1855），ドイツの哲学者ニーチェ（Friedrich Nietzsche: 1844-1900），ロシアの小説家ドストエフスキー（Fyodor Dostoevsky: 1821-1881）を含む幅広い思想家たちまで遡る。しかしながら，実存主義の最初に十分に発達した哲学は，ドイツの哲学者であるハイデッガー（Martin Heidegger: 1889-1976）によって1910年代～1920年代に作り上げられた**実存主義的現象学**であるとされることが多い。ハイデッガーの**現存在**という概念は，フランスの実存主義哲学者・作家のサルトル（Jean-Paul Sartre: 1905-1980）の作品に大きな影響を与えた。終戦直後の数年でサルトルは「実存主義」という単語と現在それに関連する多くの思想を社会に広めた。実存主義は，形而上学的絶対的存在や合理的必然性を重視する体系的な哲学からの脱却を表現し，単に"与えられた"だけの不確かな世界に"投げ入れられた"一人の人間という具体的な存在を重視することを目指した。このような存在は，不条理で目的のない宇宙に自分の意味や価値を作り出すことを強いられ，主観的な意識として世界に直面する。人間は不変の**本質**や固有の性質を見出す当てもなく，合理的必然性の可能性も全くない状態で，意味や価値を見出さなければならない。けれども，このような課題を処理するという重荷を受け入れ，宗教の"不誠実"や他の偽の合理化を拒否することによって，**真正性**を得ることができる。様々な形態の**実存心理学**が人間の存在に関する実存主義者の仮定に基づいて人間の行動を説明し，理解し，治療する作業に着手した。彼らは意味を見出し不安を克服する際の困難のほかに，**疎外**や真正性や自由などの構成概念を強調した。

**実存主義的現象学**［existential phenomenology］ ドイツの思想家フッサール（Edmund Husserl: 1859-1938）の**現象学**からの哲学的な発展形で，より明確にはドイツの哲学者ハイデッガー（Martin Heidegger: 1889-1976）やフランスの哲学者メルロ－ポンティ（Maurice Merleau-Ponty: 1908-1961）の著作にみられる。現象学は，純粋な意識に対する学問だと自らを表明するように，当初は現象を最も根本的なレベルで即時的・直接的に理解しようとするものであった。ハイデッガーの寄与により，現象学の方法は，単に意識というものではなく実存的あるいは実際の体験へと変わっていった。よって，実存主義的現象学は，実際の体験自体を慎重に体系的に分析することでその意味を見出すことを目的とする。その基本的な計画とテーマにおいて，ハイデッガーの1910年代から1920年代にかけての著作は戦後時代のフランスの実存主義に先んじている。⇨ **世界内存在**，**現存在**

**実存主義的心理療法**［existential psychotherapy］ クライエントの過去や隠された力動よりも，クライエントの全体的な状況の**いま，ここ**を扱う心理療法の一つ。人生の意味に対する探索や発展，情緒的体験や意思決定に焦点を当てたり，自身の存在に対して責任を負わせることが強調される。⇨ **ロゴセラピー**

**実存主義的判断**［existential judgment］ 哲学において，**存在**や起源あるいは物の性質（実際の状態）に関係する判断のことで，物の意味や価値あるいは重要性に関する判断と対比される。

**実存神経症**［existential neurosis］ 見せかけの生活，つまり自分自身の人生に責任をもつことや生活の中で自ら選択して意味を見出していくことの失敗から生じる絶望や不安に特徴づけられた**神経症**。⇨ **真正性**，**実存的危機**，**実存的空虚感**

**実存心理学**［existential psychology］ **実存主義**に由来する心理学的理論や実践への一般的なアプローチ方法のこと。人間の経験は，主観的で個人特有のものであり，選択は個人的な責任によってなされることを強調する。このアプローチは，スイスの心理学者ビンスワンガー（Ludwig Binswanger: 1881-1966）によって提唱された。⇨ **世界内存在**，**世界デザイン**，**人間性心理学**

**実存的危機**［existential crisis］ **1.** 実存主義において，個人が人生で意味や目的をみつけ，自分の選択に責任をもつことに直面する重大な局面や転機のこと。**2.** より一般的には，人間の存在に関する根本的な問題を個人に投げかけるような，心理学的もしくは道徳的な危機のこと。

**実存的空虚感**［existential vacuum］ 人生の意味を見い出すことも作り出すこともできないことであり，空虚や疎外，無意味，目的のなさといった感情が導かれる。多くの実存主義者は意味の欠如が現代の症状や病の真髄であると考えている。⇨ **実存的危機**，**実存神経症**，**ロゴセラピー**［オーストリアの実存心理学者のフランクル（Viktor E. Frankl: 1905-1997）によって紹介された］

**実存的知能**［existential intelligence］ 知能の多因子説で"対象"となる知能として提唱された知能の一種。この知能は，幅広く基本的な実存に関する問いや，世界の中での人間の役割や立場を理解することに関わるものである。今のところ，実存的知能を測定する尺度は開発されていない。

**実存的に生きること**［existential living］ 今を十分に生き，新しい経験に対して恐れを抱かず自由で柔軟に反応する力のこと。実存的に生きることは，**十分に機能する人間**の中核的な特徴と考えられている。［ロジャーズ（Carl Rogers: 1902-1987）の心理学で定義された］

**実存的ヒューマニスティック心理療法**［existential-humanistic therapy〕　行動や認知，あるいは潜在的な動機よりもむしろ，人間全体に焦点を当てる心理療法の一形式。クライエントの主観的体験や自由意志，自身の人生において歩むべき道を決定する能力を強調する。人間性・実存的療法（humanistic-existential therapy）とも呼ばれる。

**実存不安**〔existential anxiety〕　究極的には人生に意味などなく無益であるという感情や，私たちは他者のみならず自身からも疎外されているという感情と関連のある不安や苦悩（angst）の全般的な感覚のこと。

**実存分析**〔existential analysis〕　精神分析の一タイプであり，また実存主義的心理療法の一段階でもある。この技法では，意味を探求していく際に，非意識的な動機づけや動因よりも意識的な知覚と経験のほうに強調点をおく。セラピストは典型的には，難易度の高い問題を課し，不適応的な意志決定に注目することによって，能動的で対立的な役割を担う。存在（being）に対するアプローチは，未来志向的で成長志向的であり，この技法の目的は，クライエント自身の側での高度に意識的な意思決定の進展と奨励である。実存的精神分析（existential psychoanalysis）とも呼ばれる。

**実体**〔noumenon; noumenal〕　ドイツの哲学者のカント（Immanuel Kant: 1724-1804）の考えで，「もの自体（thing in itself）」を感覚や理解を通して知る「もの」と対比する（⇨ **現象**）。実体はその人の経験の原因であるが，彼らが時間と空間の外にいるように，彼らは彼ら自身を決して経験することができない。すなわち，量，質，関係など一般的概念が現象だけにあてはまるので，彼らは思索的な方法によって自分自身を理解することができない。

**実体性**〔entitativity; entitivity〕　集団や他者から独立した個人の集まりではなく，実在しているとみなされる程度のこと。一般に，そのメンバーが共通の運命を共有しており，相互に類似しており，近くに一緒におり，ただの**集合**ではなく，集団らしいと考えられる集団。〔最初にキャンベル（Donald Campbell）によって記述された〕

**実体的知能観**〔entity theory〕　知能のレベルなどの心理学的特性は固定的で，段階的に発達する属性というよりも本質的な資質であるという信念のこと。〔アメリカの性格心理学者ドゥエック（Carol S. Dweck: 1946-　）によって，認知や性格，動機づけに関する分析をもとに定式化された〕

**失談話**〔alogia〕　中枢神経系の機能障害によって，会話能力が欠損していること。より症状の軽い状態では，談話困難（dyslogia）と呼ばれることがある。

**室頂核**〔fastigial nucleus〕　小脳の奥深くにある**核**。橋や中脳の**前庭神経核**や**網様体**に投射する。

**失調性構音障害**〔ataxic dysarthria〕　早口で不明瞭，音量の統制困難，声帯機能の突発的な痙攣性異常が特徴的な症状としてみられる発話障害。失調性言語（ataxic speech）とも呼ばれる。

**失調性失発語症**〔ataxiophemia〕　話す際に用いる筋肉の協調運動に関する障害。本質的には**構音障害**と同義である。

**質調整生存年**〔quality adjusted life years: QALYs〕　生存年と生活の質を組合せた尺度のこと。完全に健康な状態であった年に1を付与し，疾病や不健康な年は1以下と評価する。この尺度は，医療処置や医学的介入によりどの程度利益がもたらされたかを査定する方法として用いられる。

**失調性歩行**〔ataxic gait〕　小脳損傷者に認められる，ガニ股で，千鳥足の歩き方のこと。

**質的研究**〔qualitative research〕　定性研究とも言う。観測結果を数量化しない（数値で表現しない）研究アプローチ。

**質的データ**〔qualitative data〕　定性データとも言う。行動や経験に関する記述など，数値で表現することができないデータ。質的データは必要に応じて量的に表現されることもある。⇨ **量的データ**

**質的評価**〔qualitative evaluation〕　主に　非構造的なデータ収集法，自然観察，既存の記録などからナラティブ（物語）を生成する評価方法。**プログラム評価**の初期段階や拡散段階において，**評価目的を設定する十分な機会を得るために行われる。目標志向型評価よりも，目標にとらわれない評価に関連深いアプローチである。**⇨ **量的評価**

**嫉妬**〔jealousy〕　愛する人を第三者に奪われそうになる（奪われそうにみえる）ことに憤慨する否定的感情。嫉妬には，妬む人，妬む人が関係をもつか関係を欲している相手，その関係に脅威を与えるライバルという社会的な三角関係が必要である。恋愛関係は嫉妬を生む源泉であるが，どのような重要な関係（親，友人など）でも嫉妬が生じうる。三者が常に巻き込まれる羨望とは異なる。⇨ **妄想的嫉妬**

**失読失書**〔alexia with agraphia〕　後天的な失読症（⇨ **失読症**）の一つで，読み書き両方の能力が障害されるもの。しばしば，発話や理解においても問題が現れる。こういった異常は**角回**の損傷に関連していると考えられており，脳の**頭頂葉**の損傷も伴っている場合がある。⇨ **純粋失読**

**失読症〔１〕**〔alexia; acquired dyslexia; visual aphasia; word blindness〕　**失語症**の一種で，それまでは有していた文書を読む能力を失うこと。脳卒中やその他の脳損傷と関係する。

**失読症〔２〕**〔dyslexia〕　ディスレクシアとも呼ばれる。読み書き，ときには算数に深刻な困難を示す，脳の神経的基盤に基づく学習障害。失読症は，音を処理する能力の障害，つまり，書かれた文字と音とを結びつけることが困難であることに特徴づけられる。書かれたものは**逆転誤り**の特徴をもつことが多い。後天的である場合も，発生的である場合も（⇨ **発達性読み書き障害**）ある。また，知的能力とは独立である。発語や視覚の障害が併発する場合もあるが，それらとは関連がない。また，動機の欠乏や，感覚障害，不適切な教育・環境，あるいに情緒障害などが要因ではないとされる。研究者によって様々なタイプの失読症が提起されてきた（**深層性失読，表層性失読，語形失読症，音韻性失読，無視失読症**など）が，世界的に広く受け入れられている分類法は存在しない。⇨ **読書障害**

**失読症〔３〕**〔legasthenia〕　物議をかもしている症候群であるが，主な症状としては，知能や知覚能力は十分であるにも関わらず，文字を言葉に統合したり，逆に，言葉を構成する文字に分解したりすることに困難を感じることがあげられる。

**失認**〔agnosia〕　意味や感覚を認識，解釈，理解する能力の喪失あるいは障害のこと。状態は脳損傷または神経学的障害と関わり，様々な形で現れる（たとえば，身体部位失認，指失認，相貌失認，視覚失認）。

**失敗恐怖**［fear of failure］　標準に達しないことや，自分や他人が決めた目標に達しないことに対する持続的で不合理な不安。学術的地位，職を失うこと，性的欠陥，面目を失うことや自尊心の喪失に対する不安が含まれる。失敗恐怖は**完全主義**と関連があり，**不安障害**や**摂食障害**などの多くの精神的疾患と関わりがある。病的な失敗恐怖は，失敗恐怖症（kakorrhaphiophobia）と呼ばれている。しかし，この名前は現在はほとんど使われていない。

**疾風怒濤の時代**［storm-and-stress period; Sturm und Drang period］　情緒的な動揺の時期を指す。この言葉はホール（G. Stanley Hall）が青年期の特徴を表すものとして使用した。彼は，青年期とはまさに，未開文化の社会が文明社会へと劇的に変化する過渡期として例えられると考えていた。この用語はドイツ語の Sturm und Drang（嵐と衝動）の翻訳であり，もともとはクリンガー（Friedrich Maximilian von Klinger）が1776年に書いた戯曲の題名である。後にドイツでの文学運動を指す言葉としても用いられた。

**ジップの法則**［Zipf's law］　言語学において，あらゆる言語における単語の長さは利用頻度に反比例するという現象。高頻度語は一般的に短く，耳慣れない単語は一般的に長い。ジップの分布（Zipfian distribution; Zipf's distribution）とも呼ばれる。

**失文法**［agrammatism; agrammalogia; agrammaphasia; agrammata; agrammataphasia; agrammatologia］　**失語症**の一形態。文法（たとえば語の使用や動詞の時制や主語と動詞の呼応を左右する規則）から逸脱した発話が特徴である。**ピック病**や**アルツハイマー病**においてよく起こり，統合失調症においても時折みられる。

**疾病**［illness］　心や体の不調や健康さの欠如のこと。

**疾病狂**［nosomania］　いずれかの特定の疾患に苦しんでいるという根拠のない異常な信念のことで，ほとんど使用されない用語。⇨ **心気症**

**疾病行動**［illness behavior］　身体，あるいは精神に関する疾病の経過中に個人が示す行動，態度，感情などのこと。他者に対しての疾病に関連する不安の表出，機能の変化，健康管理サービスの利用などがあげられる。

**疾病分類学**［nosology］　疾患や障害に関する科学的研究であり，その分類を指す。精神疾患と身体疾患の両方を取り扱う。⇨ **精神医学的分類**

**疾病分類学的アプローチ**［nosological approach］　疾患の命名や分類を重視するアプローチ。特徴的な兆候や症状の同定，診断のための症候群の組み分けを行う。疾病分類学的アプローチは**精神力動的アプローチ**と対比され，後者では因果的要因を重視する。

**疾病への逃避**［flight into illness］　**1.** ストレスフルな状況や感情から逃れるための無意識的手段として，生命に別段関わりのない身体の問題を重大視したり誇張したりする傾向のこと。**2.** 心理療法において，クライエントや潜在的なクライエントが，突如として神経症の症状や身体的症状を悪化させること。精神分析理論では，深層に存在する葛藤と向き合うことを避けるための**防衛機制**と考えられている。

**疾病モデル**［disease model］　病理的状態や経過への原因と推移に関する種々の理論。

**疾病予防管理センター**［Centers for Disease Control and Prevention: CDC］　アメリカにおいて，1946年に設立された米国保健社会福祉省の主要な13機関の一つであり，感染症，慢性疾患，怪我，職場における危険，身体障害，環境汚染などから市民の健康を守るために最前線で研究を行っている行政機関のこと。国内外を問わず公衆衛生に関わる様々な機関と連携しながら，市民の健康を監視し，健康に関する問題を調査し，疾病予防のための研究を実施し，健康的な生活と安全な地球環境を促進し，適切な公衆衛生政策を提唱するなどの活動を行っている。

**失歩**［abasia］　歩く機能を完全に失うこと。⇨ **失立-失歩**

**悉無律**［all-or-none law; all-or-none principle］　刺激を与えられたニューロンの**活動電位**の大きさは，その刺激の大きさから独立するという法則のこと。ある閾値を超えた刺激は，同一の大きさの活動電位を生じる（その頻度は異なる場合もある）。閾値を超えない強度の刺激は局所的な緩電位を生じることがあっても，活動電位を生じることはない。全か無かの法則とも言われる。⇨ **不減衰伝導**

**失名辞失語症**［anomia］　物事の名前を思い出す能力が低下していること。⇨ **健忘失語，色名呼称不能症**

**失名詞症（聴覚検索障害）**［dysnomia-auditory retrieval disorder］　聴覚記憶の物の呼称，文字列検索，聴覚記憶の欠陥の問題に特徴づけられる発話障害，言語障害のこと。罹患児は高い言語技能や普通，または高い口頭表現がある場合でも，時系列的に重要な情報を覚えること（たとえば文章や話を表現する）が困難な場合がある。記憶障害は**注意欠陥／多動性障害**の症状の一部に似ている。しかし，行動は全く問題にならない（欲求不満は見受けられるかもしれないが）。この症状は研究文献において支持されてきているが，DSM-IV-TR ではこの障害はまだ取り上げられていない。

**質問紙**［questionnaire］　個人のライフスタイル，態度，行動，特性など，研究上の関心のあるテーマについて，情報を得るための質問項目のリスト。

**質問書**［interrogatories］　当該事件に関する情報をもっている人に対して，公判前に質問するために作成する，質問を記載した文書のこと。公判での証人尋問を申し出る際にも用いられる。

**質問に対する被暗示性**［interrogative suggestibility］　暗示的な質問に対する感受性の程度。感受性のレベルは2つの方法で査定される。（a）服従，あるいは質問が導くほうへ肯定的な返答をする程度，（b）変更，あるいは否定的なフィードバックを受けた時にそれまでの返答を変更する傾向。

**実用重視評価**［utilization-focused evaluation］　評価調査研究における結果の実用性を，想定される利用者や**ステイクホルダー**のために最大限に伸ばす試み。評価の設計および遂行におけるすべての側面がこの目的に向けられているべきである。⇨ **効用基準，参加型評価**

**実用主義**［pragmatism］　ある命題や理論の真理値は実用上の結果の中で見い出されうると考える哲学上の立場。たとえば，もし神を仮定することが人間を高潔で幸福なものにするなら，その仮定が真であると考えてよいとする。実用主義には思想の物質的な結果のみを強調する立場もあるが，ジェームズ（William James）の思想を含む抽象的結果や道徳的結果を認めるより洗練された立場もある。一

般的に，実用主義のすべての立場は**相対主義**へ向かう傾向がある。なぜなら，それらは経験的な根拠を与えるだけで，真かどうかを決定するための絶対的な根拠を提供できないし，当の結果が良い結果なのか悪い結果なのかを判断する基盤も提供できないからである。［アメリカの科学者・哲学者パース（Charles Sanders Peirce: 1839-1914）が用いた用語］

**実用的リラクセーション**［applied relaxation］ クライエントが少しずつ適応し，より速やかにリラックスするための技法。パニック発作，不安，恐怖症，苦痛などの症状を，一連のセッションを通して抑制する。その目標は，症状が発生しても20秒〜30秒でリラックスできることである。⇒**漸進的筋弛緩法**

**失立–失歩**［astasia-abasia］ 1. 起立（**起立不能**）や歩行（**失歩**）できなくなるという深刻な損傷や損失のこと。2. 横になっている間のコントロールは正常であるが，歩行に関してふらつきや足元のよろめきなどが認められる障害。これは心因性のものだと信じられており，**転換性障害**の症状の可能性もあると考えられている。ブロック症候群（Blocq's disease）とも呼ばれる。

**質量作用の法則**［law of mass action; principle of mass action］ 脳は感覚・運動機能に特化したそれぞれの領域をもつにも関わらず，それ以外の皮質の多くの領野が学習過程で協働すると考える説。皮質が損傷した場合，損傷部位よりも損傷のサイズが学習の低下に影響する。質量作用の法則は，1929年のラシュレー（Karl S. Lashley）の実験から発展した。ラシュレーは，様々な脳損傷がラットの問題箱からの脱出能力に及ぼす影響を調べ，学習の低下は，破壊した組織の場所でなく，大きさと相関することを示した。⇒**等能性の法則**

**失語句**［aphrasia］ 個々の単語の使用や理解はできるにも関わらず，句の中に配置された単語の発語や理解が不可能になる状態のこと。

**指定薬物**［scheduled drugs］ 処方や使用が米国麻薬取締局によって取り締まられている薬物のこと。スケジュールⅠに属する薬物は安全性が検討されておらず，すべて違法のものである（たとえばLSD, ヘロイン）。スケジュールⅡに属する薬物はアヘン剤，覚醒剤（コカイン，アンフェタミン，メチルフェニデート），バルビツール酸塩，テトラヒドロカンナビノールである。スケジュールⅡは再処方や電話による処方は禁止されている。スケジュールⅢに属する薬物は，オピオイド，バルビツールなど乱用のおそれのある覚醒剤である。スケジュールⅣに属する薬物は，オピオイド，覚醒剤，ベンゾジアゼピンなどである。スケジュールⅤに属する薬物は，乱用のおそれの低いアヘン剤である（コデインなどが低容量含まれるもの）。スケジュールによる薬物統制は，もともとは一般的に乱用される薬物の処方を制限するためであり，需要のある新しい薬剤が定期的に更新されている。

**私的自己**［private self］ **自己**の一部で，主に自分自身として知られる部分。個々の内部感覚や**自己概念**のようなもの。私的自己は，**公的自己**や**集合的自己**と区別される。

**私的なイベント**［private event］ 参加したり経験した人にだけしかわからない活動や刺激のこと。一般に，私的な行動（イメージすることなど）や，私的な刺激（頭痛など）を指す。

**自伝**［autobiography］ 心理療法またはカウンセリングにおいて，クライエントの視点によって書かれる**生活史**の技法。クライエントの行動パターンと感情についての情報が入手できる。構造的自伝（structured autobiography）は，セラピストやカウンセラーからの質問やトピック・ガイドラインに基づく。非構造的自伝（unstructured autobiography）はこうしたガイドラインを含まない。⇒**ライフレビュー**

**視点取得**［perspective taking］ 自分の通常の視点とは異なる観点から状況をみること。他者の見方を採用したり，役割演技において特定の社会的役割の視点を得たりすることが含まれる。

**自伝的記憶**［autobiographical memory］ 1. エピソード記憶の一種で，出来事の起こった時と場所の想起を伴う鮮明な個人的記憶。2. 自己に関する物語の，事実的知識。

**自伝的記憶インタビュー（AMI）**［Autobiographical Memory Interview: AMI］ 自伝的記憶やその欠損を検査するために行われる半構造化面接。この面接で検査される欠損は，多くの場合，逆行性健忘症を明らかにするものであり，潜在的には様々な神経学的，精神医学的障害と関連する。AMIには自伝的記憶スケジュールと個人的意味記憶スケジュールが含まれる。前者は，特定の個人的に経験した出来事を子ども時代から成人期初期，最近にかけて尋ねる。一方後者は，自己についての一般的意味的な側面について，子ども時代と成人期と，最近の情報に分けて尋ねる。［1989年にイギリスの神経精神学者のコペルマン（Michael D. Kopelman），臨床心理学者のウイルソン（Barbara A. Wilson），認知心理学者のバッドリー（Alan D. Baddeley: 1934- ）によって開発された］

**自動維持**［automaintenance］ 行動とに関係なく，刺激と強化子のそれぞれを連合することによって形成された行動を維持すること。**自動反応形成**によって形成された，ハトのキーつつき行動の維持がよく取り上げられる。

**自動打ち切り型走査**［self-terminating search］ 当該の目標が検出されるとすぐにその検索が終了するすべての**探索**過程。記憶検索課題や**視覚探索**，または複数の選択肢の中から正しい回答を見つける問題解決場面などが例としてあげられる。⇒**悉皆探索**

**自動運動効果**［autokinetic effect］ 暗室で固定されている光点を観測するとそれが動いているように見える錯覚のこと。自己運動効果は，いくつかの心理学実験，たとえば被暗示性や集団規範の確立を調べる研究で利用されている。自動運動錯視（autokinetic illusion），シャルパンティエの錯視（Charpentier's illusion）とも呼ばれることがある。

**自動音声認識（ASR）**［automated speech recognition: ASR］ コンピュータ処理を利用した音声認識。ここでの認識とは，通常，音声単語の記述的表象を産出することを意味する。**自動自然言語理解**とは異なり，認識された単語の意味の理解は必要としない。

**自動化［1］**［automation］ 作業遂行中に外部からの指示を必要とせず，特に電子制御システムによって自動的に活動が実行されている状態，状況。

**自動化［2］**［automatization］ スキル（技能）あるいは習慣が，ルーチン化されて，意識的な努力や方向づけがほとんど必要ないようなレベルにまで発達すること。

**自動化学習**［automated learning］　電子機器や機械装置を用いて知識を習得する方法。しばしば伝統的な設備環境の範囲外になり，個人に特化した教育モジュール，課題，読書教材，相互作用コンピュータ，オンラインプログラム，CD-ROMを含む。

**児童学**［pedology］　20世紀初頭における児童の身体的心理的発達の科学的研究を目的としたヨーロッパの教育動向によって生まれた学問。児童学に対する関心は1920年代のソビエト心理学の中でみられ，ヴィゴツキー（Lev Vygotsky）によって支持された。しかし，能力を測定し，個人差を検証することが重視されていたため，ソビエトからは"疑似科学"であると弾圧された。

**自動化した行動**［routinized behavior］　非常によく学習され頻繁に繰り返された結果，実行するための意識的な制御を要さなくなった行動（例，歩行）。たとえば，**エリートスポーツ選手**は，基礎的なスキルを実行する行動を自動化させるので，運動の他の側面により多くの注意を向けることができる。自動的遂行（automatic performance）とも呼ばれる。

**児童期延長**［impuberism］　児童期の特徴が青年期，成人期にまで持ち越されること。

**児童虐待**［child abuse］　両親やその他の養育者による児童の虐待のこと。虐待とは一般的に身体的虐待を暗示しているが，性的虐待や感情的虐待，育児放棄なども包括した用語である。⇨ **被虐待児症候群，育児放棄，ネグレクト，情緒的近親姦，儀礼虐待，性的虐待**

**児童研究運動**［child study movement］　科学的な方法を子どもの研究に適用しようとする最初の組織的な試みは，19世紀の終わりにホール（G. Stanley Hall）によって始められた。その運動は子どもの福祉を重点的に取り扱い，とりわけ子どもの労働と義務教育を管理する法律を通すことに貢献した。

**自動作用**［automatism］　行動が，意図的ではなく，意識されることもなく自動的に行われること。運動も言語も含み，口唇の不随意運動（lipsmacking）や同じ語句の反復（たとえば，「いわば」など）のような単純な反復行動から，夢中歩行や自動筆記のような複雑な行動まで範囲は広い。自動作用は**緊張型統合失調症**や**複雑部分発作**を含むいくつかの障害でみられる。

**自動自然言語理解**［automated natural language understanding］　コンピュータ処理によって，発話あるいは記述を理解すること。ここでの理解とは，質問や指示に対して適切な反応ができるように，発話内容や記述内容の意味を決定することを意味している。⇨ **自動音声認識**

**自動車テレマティックス**［automotive telematics］　走行中の自動車やその他の路上走行車に対して情報を届ける技術。配信される情報には，選択したルートの道路交通状況，代替ルートの提案，ホテル予約，安全運転に関わるニュース，同乗者に対するエンターテイメント・コンテンツなどを含む。

**指導者不在集団療法**［leaderless group therapy］　指導的立場の人がいない状態でミーティングを行う**集団心理療法**の一種。(a) 従来のセラピストによる心理療法において補助的に実施されたり，(b) 指導的立場の人なしに自主的に集まる形で実施されたりする。

**自動症の抗弁（法律用語）**［automatism defense］　犯行が行われた時に，被告に人格の解離が生じていたか，あるいは被告が非意識的な状態にあったために犯罪の意図（ラテン語で"犯意"の意味）が欠落しているということを主張する法的な抗弁。この抗弁は，アメリカにおいてよりも，イギリスとカナダにおいてより頻繁に用いられる。

**自動進級**［automatic promotion］　ある学年の学力や知識を十分に習得していない子どもをより高い水準の教育やより高い学年に上げること。

**児童神経症**［childhood neurosis］　フロイト派の理論では，葛藤に対する防衛的努力に応じて，幼少期の心理的症状が発展することをいう。

**児童心理学**［child psychology］　誕生から青年期までの子どもの行動や適応，成長に関する体系的な研究と関連する心理学の領域。子どもの行動や精神，情動における障害の治療とも関連する。⇨ **発達心理学**

**自動推論**［automated reasoning］　コンピュータを利用した数学的推論。幾何学的定理の証明，代数方程式の解，数学的定理の証明などの領域を網羅する。**人工知能**の下位区分。

**自動性**［automaticity］　素早く，かつ努力や意図を伴わずに実行される心理的過程の特性（自動的過程：automatic process）。⇨ **意識的過程，無意識的過程**

**児童・青年期の統合失調症質性障害**［schizoid disorder of childhood or adolescence］　DSM-Ⅳ-TRでは，親族以外に親しい友だちがいない，友だちを作ることに全く関心を示さない，仲間との交流によって楽しみが得られない，社会的なつながりを一時的に避ける，他の子どもと関わるようなチームスポーツや他の活動に関心を示さないなどの状態が少なくとも3か月持続することによって特徴づけられる障害。

**児童相談**［child guidance］　治療だけでなく将来起こりうる障害の予防にも焦点を当てた，子どもに対するメンタルヘルスアプローチ。子どもやその家族に対して助言や情報，治療的な援助を提供する。児童相談サービスと治療は，一般的に専門的な児童相談クリニック（child-guidance clinics）が提供する。児童相談の動向は20世紀初期に始まり，最も強まったのは1940年代から1970年代にかけてである。

**自動脱感作装置（DAD）**［device for automated desensitization: DAD］　恐怖症の治療を行う**脱感作療法**のためのコンピュータシステム。装置は視覚または聴覚的な教示を出しながら，階層的に筋肉弛緩と恐怖をもたらす視覚刺激を与える。⇨ **潜在的脱感作，系統的脱感作**

**自動脱感作法**［automated desensitization］　録音テープ，ビデオテープ，デジタル化されたメディアなどを用いて，引き起こされた不安を和らげ，刺激への敏感さを低減することを意図した**系統的脱感作**。特に，クライエントがセラピストの前で脱感作を行うことに気が進まないような場合有用である。⇨ **自動脱感作装置**

**自動的活性化**［automatic activation］　刺激と，刺激に連合された反応の準備に対する，無意識的な処理。自動的活性化は，**注意や意図から生じる活性化**よりも素早く生じる傾向にある。

**自動的記述**［automatic writing］　課題に集中していない時，あるいは催眠によるトランス状態で意識の覚醒を伴わない時の記述行動。催眠療法において，セラピストがク

ライエントの無意識的な要素を利用できるようにするために用いられることがある。⇨ **自動描画**

**自動的行動**［automatic action］ 注意や意識的覚醒を伴わずに実行された行動。

**自動的思考**［automatic thoughts］ **1.** 人間の動作様式や行動に影響を及ぼす瞬間的で習慣化された無意識的に生じる思考。クライエントが自動的思考の存在と影響力に気づけるよう手助けすることが，認知療法の中心的な課題である。そのような思考に気づいた後，クライエントはその妥当性について分析し，必要であれば，別のより合理的で受け入れる余地のある思考を作り出すよう励まされる。**2.** 十分に学習され習慣的に繰り返されているため認知的な負荷をかけなくても生じる思考。たとえば，熟練したスポーツ選手は，相手チームの特定の配置を観察する際，分析することなしに一貫して正確な個人の行動パターンを選択する。ルーティン化された思考（routinized thoughts）とも言う。

**自動的発話**［automatic speech］ **1.** 意識的制御を伴わず，無意図的に生じる発話。老衰や**トゥレット障害**，感情が高揚した状態を原因としてしばしば生じる。合成発話や**合成音声**とは異なる。**2.** 内容についてほとんど，あるいは全く意識的に考えずに発される発話。たとえば，曜日，数，アルファベット，その他よく覚えていることなどが発話される。

**自動的服従**［automatic obedience］ 他者の依頼や提案，命令に対して過剰に，無批判に，また機械的に従うこと。⇨ **命令自動**

**指導的養育**［authoritative parenting］ 共同的な**養育**スタイル。親や養育者は子どもの**自律性**と自立を奨励しながらも，子どもの行動に対して一定の制限と制約を課している。親は大抵そのような制限や制約の理由について説明し深く話し合おうとする。⇨ **許容的養育，拒絶-放置的養育**［アメリカの発達心理学者バウムリンド（Diana Baumrind: 1927- ）が最初に用いた用語］

**自動的話者認識**［automatic speaker recognition; automatic speaker identification］ 音声の特徴を分析することによって話者を特定すること。通常，コンピュータが用いられる。

**児童統合失調症**［childhood schizophrenia］ 12歳までに発症する統合失調症のこと。DSM-Ⅳ-TRにおいては，統合失調症の定義はすべての年代の集団にわたって本質的には共通である。歴史的に，この用語は人生の初期に発現する統合失調症的な行動の名称として幅広く用いられており，特に**広汎性発達障害**や**自閉性障害**を包括する用語である。

**指導の個別化**［individualized instruction］ 生徒に，個別に個人のペースで作業をさせる教育方法。教師は，生徒に対して，発達させる必要のあるスキルや獲得すべき知識の援助を行う。集団で行う作業も，そのプログラムの中に組み込まれる。

**自動判断**［automatic decisions］ 習慣や心理的ショートカットによって，速やかに，ほとんど思考を介さず判断すること。たとえば，消費者が，ある製品の多くのブランドから一つを選択するような場合。

**自動反応形成**［autoshaping］ オペラント行動を形成する手続きの一つで，誘発された反応に対して報酬を与える方法。ハトに対して最もよく用いられる。行動とは無関係に反応装置（ハトの場合はつつくためのキー）に信号が呈示され，反応が記録され，そのすぐ後に強化子が呈示される。

**自動描画**［automatic drawing］ 催眠性トランス状態や，注意散漫な状況でイメージや対象について描くこと。催眠療法において，セラピストがクライエントの無意識の素材に近づくために用いられる。⇨ **自動的記述**

**児童福祉**［child welfare］ 子どもの精神的または身体的健康について，特に法的な問題や社会問題の側面で，子どもの生活を豊かにしたり介入できるように設計された法制度や社会づくりのこと。

**児童分析**［child analysis］ 精神分析的原理（**古典的な精神分析**からは大幅に修正されたものではあるが）の，子どもの治療への適用。フロイト（Sigmund Freud）は，彼にとって最初の，そして最も有名な事例として，5歳の**ハンス少年**の分析を行った。その際フロイトは，ハンスの父親に子どもについて照会したものの，直接子どもの患者を分析することはしなかった。この分野のパイオニアは，子どもの無意識に対する深い分析を行うため**精神分析的なプレイテクニック**を発展させたクライン（Melanie Klein），そして，教育的で自我の発達を育む方法を採用したアンナ・フロイト（Anna Freud）である。⇨ **遊戯療法**

**児童保育所**［child care facilities］ アメリカにおいて，親が就業時間の間，児童に定期的な在外養護を施す許可を受けた施設のこと。児童養護施設は私的に運営されることもあるが，企業，教会，社会的団体と提携している場合もある。こうした施設は，保育所（day care center）と呼ばれることも多い。

**児童保護**［child care］ 家庭に深刻な問題があるか，家庭のない子どもを終日施設で保護すること。

**児童ポルノ**［child pornography］ 子どもを用いたポルノ。これには裸の子ども，または子どもが性的行為を行う物語，写真，ビデオが含まれる。児童ポルノはアメリカでは非合法であり，製造元や流通先は厳しく訴追される。

**児童用性格検査**［Children's Personality Questionnaire: CPQ］ キャッテルのパーソナリティ因子理論に基づいた140項目からなる自己評価式検査で8歳～12歳の子どもを対象としている。14の性格特性（例，「引っ込み思案な-大胆な」「自信のある-心配な」「冷静な-熱心な」）を測定するもので，個人の適応力，社会性の発達，学業成績を評価，理解，予測する際に有用なものとして概念化された。［アメリカの教育学者ポーター（Rutherford Burchard Porter: 1909-2022）とイギリス生まれのアメリカの性格心理学者キャッテル（Raymond Bernard Cattell: 1905-1998）によって1959年に開発された］

**児童用不安尺度**［Children's Manifest Anxiety Scale: CMAS］ テイラー顕在性不安尺度を子ども向けに修正した尺度で，53項目からなる。アメリカの心理学者のカスタネダ（Alfred Castaneda: 1923- ），マッカンドレス（Boyd R. McCandless: 1915- ），パラモ（David S Palermo: 1929- ）によって1956年に開発されたもので，その後1978年に，アメリカの教育心理学者であるレイノルズ（Cecil R. Reynolds: 1952- ），リッチモンド（Bert O. Richmond: 1929- ）によって改訂された。この改訂版児童用不安尺度（Revised Children's Manifest Anxiety Scale:

RCMAS）は，「はい」-「いいえ」で回答する37項目から構成されており，6歳〜19歳の不安症状の特徴や程度を測定する。

**シトシン**［cytosine］（記号：C）遺伝暗号を構成するDNAおよびRNAの4つの塩基の一つであるピリミジン化合物。

**シドマン型回避スケジュール**［Sidman avoidance schedule］指定された反応がないときに短時間の回避不可能な嫌悪刺激を固定間隔（**ショック間隔**）で呈示する手続き。反応がなされた場合には，嫌悪刺激が決まった量の時間（**反応ショック間隔**）だけその反応時点から延期される。無警告型回避（avoidance without warning signal），継続型回避（continuous avoidance），フリーオペラント回避（free-operant avoidance）とも言う。［アメリカの心理学者シドマン（Murray Sidman: 1928- ）に由来する］

**耳内倍音**［aural harmonic］耳の中で生成される歪み成分のこと。⇨ **倍音**

**シナゴジー**［synergogy］問題解決やグループ活動の中での学習，共同プロジェクトなどに焦点をおく協同的学習。教育におけるどの水準においても効果的であることが示されている。たとえば成人の学習では，講義や通常の討議などの形式よりも，このようなやり方によれば，学生がより多くの情報を獲得し，保持することができる。学習の輪（circles of learning）とも呼ばれる。

**シナノン**［Synanon］直面させることや患者同士の圧力を利用し，嗜癖への取り組みを促進するよう組み立てられた施設薬物治療プログラム。1958年にカリフォルニアでディデリック（Charles Dederich: 1914-1997）が創設し，ディデリック自身がアルコール中毒を克服した。シナノンはアメリカ初の大規模薬物治療プログラムであり，嗜癖を克服するためのタフラブ法（Tough Love approach）は革新的で効果的な方法として広く発表された。ディデリックは1970年代中期にシナノンを宗教としての実験的共同体と公表し発展した。その後，当局によって起こされた訴訟において，ディデリックは殺人未遂の容疑にかけられたが異議申し立てせず，シナノンは最盛期に撤退，1991年，最終的に解散となった。

**シナプス**［synapse; synaptic junction］神経信号が片方（シナプス前ニューロン）からもう片方（後シナプスニューロン）へと転送される際に通る特殊な接合点。ほとんどのシナプスにおいて，前シナプスニューロンの軸索にある節状の**終末ボタン**が，シナプス間隙という狭い隙間をわたった先にある後シナプスニューロンの樹上突起あるいは細胞体に面している。神経信号の到達は，終末ボタンにある**シナプス小胞**からシナプス間隙への**神経伝達物質**の放出を引き起こす。そこで神経伝達物質の微粒子がシナプス後膜の受容体を活性化させ，シナプス後細胞の**イオンチャネル**を開ける。どのイオンチャネルが開けられるかによって，シナプス後細胞に興奮と抑制のどちらをもたらすかが決まる。⇨ **軸索間シナプス**，**電気シナプス**

**シナプス刈り込み**［synaptic pruning］生まれる前，および最長で10代までの間に発生する神経発達の過程で，ニューロン間の最も弱いシナプスが消滅すること。統合失調症の研究では，早すぎる，あるいは過度の刈り込みが，いくつかの障害の原因になっているのではないかとの説がある。

**シナプス間隙**［synaptic cleft; synaptic gap］あるニューロンの終末ボタンと，隣り合うニューロンの樹上突起もしくは細胞体との間にあるシナプスの隙間。シナプス間隙は大抵20〜30 nmである。

**シナプス形成**［synaptogenesis］軸索と樹上突起の間におけるニューロン間のシナプスの構築。⇨ **経験依存的プロセス，経験−期待的可塑性**

**シナプス後**［postsynaptic］1.神経伝達物質の受容と反応を行う**シナプス**内にある領域の，あるいはそれに関連する。2.シナプス経由の信号を受け取るニューロンの，あるいはそれに関連する。

**シナプス後受容体**［postsynaptic receptor］シナプス後ニューロンの細胞膜，あるいはその内側に位置する受容体。シナプス前ニューロンやその他の場所から放出されるエフェクター物質（たとえば神経伝達物質など）との相互作用によって，シナプス後ニューロンの興奮と抑制などの生化学的な現象の連鎖を生じさせる。

**シナプス後電位**［postsynaptic potential: PSP］樹上突起，あるいはニューロンのその他の表面において，インパルスが**シナプス**を介して伝達された後に発生する電位。シナプス後電位は**興奮性シナプス後電位**と**抑制性シナプス後電位**の両方がありうる。

**シナプス再編成**［synapse rearrangement］シナプス結合の改良として起こる，シナプスの喪失やシナプスの構築。発達やニューロンの喪失と損傷に伴ってよくみられる。

**シナプス小胞**［synaptic vesicle］シナプス前ニューロンの終末ボタンの細胞質にある多数の小さな球状の囊。**神経伝達物質**の分子を含む。終末ボタンに神経インパルスが到達したとき，伝達物質が**シナプス間隙**に放出される。

**シナプス前**［presynaptic］1.神経伝達物質を放出する**シナプス**内にあるニューロンの領域に関連した。2.シナプスを介して他の1つあるいは複数のニューロンに信号を伝達するニューロンに関連した。

**シナプス抑圧**［synaptic depression］**シナプス**の，神経信号を伝達する能力低下。**神経の可塑性**の一形態。

**シナリオ型設計**［scenario-based design］人間工学で，製品やシステムが様々なやり方で使用されることを想定し，設計者が起こりうる問題や失敗を確認し修正するのに役立つよう分析する設計手法。

**シナリオ分析**［scenario analysis］経営者などの組織の管理者が，将来起こりうる（空想ではなく論理的に組み立てられた）状況（シナリオ）を概念化し，組織や組織の活動におけるシナリオの意味を明らかにしようとする試み。この分析の目的は，将来の予測にあるのではなく，実際に起こる可能性の少ないシナリオも検討の対象になる。この分析の目的は，よりよい意思決定のためであり，組織のシステムや機能を厳しく吟味し，特に非常の事態が生じた場合に柔軟に対処できる能力を高めることである。シナリオ分析は，政治，軍事戦略，ビジネス，人間工学，事故防止などの分野で重要視される。

**屍肉あさり行動**［scavenging behavior］他の動物の食べ残しや死肉などの，死んだ有機物を食べること。この行動はハゲワシやハイエナ，ジャッカル，チンパンジーなど，様々な動物にみられる。

**シニフィアン**［signifier］1.言語学や**記号論**における**記号**の物理的形態。記号表現。能記。言い表された観念も

しくは概念（シニフィエ：signified）とは対立的なもの。したがって，実際の言語では，シニフィアンは，話し言葉や書き言葉，もしくはそれらの構成要素（音声，文字）に当たる。シニフィアンとシニフィエの区別は，**構造主義**や**ポスト構造主義**において極めて重要である。［スイスの言語学者ソシュール（Ferdinand de Saussure: 1857-1913）が提唱した］**2.** フランスの精神分析家ラカン（Jacques Lacan: 1901-1981）の理論において，言語も症状も象徴であり，患者の無意識のある側面を間接的に表現したものと考える。ラカンはシニフィアンという用語を自らの理論の中核をなすものとして用い，無意識は言語によって構成されるものとした。

**嗜尿**［urolagnia］ 尿や排尿に性的な興味が集中すること。他人の排尿を見たり，性行為中に排尿させたり，パートナーに排尿したり，自分の尿を飲んだりすること。⇨ **尿道性愛**

**死ぬ権利**［right to die］ 医者の援助の下で自殺する権利のことで，末期症状の患者には適用可能であると考える人もいる。これは，患者が生活支援に依存している場合の，**治療を断る権利**と異なる。

**シネクティックスモデル**［synectics model］ 創造的な問題解決を重視したり，生徒の創造性を育てるような教育（類推による思考を育てることなど）を重視するような教育的アプローチのこと。

**シネメット**［Sinemet］ レボドーパとカルビドーパ（carbidopa）の複合製剤のアメリカでの商品名。線条体ドーパミンの欠乏が原因で生じるパーキンソン病の治療に使われている。カルビドーパは末梢組織の酵素**ドーパ脱炭酸酵素**の働きを抑制する。それによって，脳に効果的に集結をもたらすためのレボドーパを少ない薬量で投与することを可能にし，線条体酵素をドーパミンに転換する。

**視能矯正学**［orthoptics］ 障害のある両眼視の研究および治療。

**視能訓練**［orthoptics］ 眼の訓練を行うことにより，眼筋の不均衡がある人の左眼と右眼の視覚を調整すること。

**死の概念**［death concepts］ 直線的な時間，終局性，確実性，非可逆性，普遍性，人の傷つきやすさなどについての認知的解釈のことであり，死ぬ運命への一般的理解を形成するその他の要素となるもの。幼児の別離への恐怖は，これらの抽象的な観念の初期の前兆と考えられることもあるが，通常は青年期前期までは発達することはない。青年期になっても，人生の終末や死の不可避性の受容に関する幻想と現実との闘争が続く。

**死の過程**［dying process］ 進行性で不可逆的な生体機能の喪失のことであり，最終的には生命の終末を迎える。健康から死への移行が短いのか長いのか，また予想できるかできないかは，生命を脅かす状況や患者の精神力，治療可能性による。⇨ **人生の終わり**，**死への軌跡**

**死の願望**［death wish］ **1.** 精神分析理論で，他の人，特に親が死ぬという意識的，無意識的な願望をいう。フロイト（Sigmund Freud: 1856-1939）によれば，このような願望は罪悪感や自己懲罰への欲求，抑うつなどの主要な源である。**2.** 自己破壊的行動や危険な行動において顕在化する，自分自身の死への無意識的欲望のこと。⇨ **死の本能**

**死の儀式**［death rite］ 死に際であったり，死を迎えたことによってもたらされる，文化結合儀式，儀礼，宗教的あるいは慣習的な行いのこと。⇨ **通過儀礼**

**死の教育**［death education］ 死とそれに関連した出来事（例，死別による感情的な影響）について人々を教育する学習活動や学習プログラムのこと。情報の提供や討論，気づきを促すサポート，態度や感情の振り返りを通じて行われる。

**死の恐怖**［thanatophobia; death phobia］ 死に対する持続的で不合理な恐怖。この恐怖は，自身の死や愛する者の死に対して生じる場合があり，しばしば**心気症**と関連している。フロイト（Sigmund Freud）は，死の恐怖は他の不安を語ることで偽装されて表現されると述べている。つまり，無意識的には自分の死を信じることができないために，現実的に体験している脅威に対する恐怖として死の恐怖は表現される。

**死の禁忌**［death taboo; death tabu］ 死が非常に危険であるとみなし，死者，死に瀕している人，比較的最近に親類縁者を亡くした遺族との接触を避けるだけではなく，それらについて話すこと，考えることさえ控えるべきであるという死に関する信念。1959年，アメリカの心理学者フェイフェル（Herman Feifel: 1915- ）は，アメリカ社会が死に対してあまりに否定的で回避する傾向があったため，人類学者によって観察された多くの部族社会や村落社会における厳密で極端な事例と比較することができると考えた。

**死の権限性**［mortality salience］ 死ぬことの不可避性について考える傾向性。思想家の中には，このような傾向性が，自分や自分の属するグループを正当化する多様な行動を動機づける力となっていると考える者がいる。

**死の社会システム**［death system］ ある社会が存続可能な状態を保つため，かつ個人の要求を満たすために，死との関係を仲介する動的な社会・文化様式のこと。すべての文化は死の社会システムをもっている。その主要な役割は，死を警告し，予言し，予防し，死に瀕している人をケアし，死者を弔うこと，死後の社会的な機能を強化すること，そして死の意味を創り出すこと，があげられる。このような死のシステムがどのように機能するかは，経済的な優位性，宗教的な価値体系，憎しみや差別の伝統，および技術的な発展レベルを含めた多くの要因によって著しく影響を受ける。［1977年アメリカの心理学者カステンバウム（Robert J. Kastenbaum: 1932- ）によって初めて提起された］

**死の段階**［stages of dying］ 死の過程に生ずる出来事，気分，コーピングステージに関する一連の仮説のこと。仏教では，生理学的，心理学的，スピリチュアルな現象に関する8つの段階を具体的にあげている。西欧諸国でのその段階仮説は，1969年のキューブラー・ロス（Elisabeth Kübler-Ross: 1926-2004）によるものがよく知られている。それらは，**否認／衝撃の段階**に始まり，**怒りの段階**，**取引段階**，**うつ病期抑うつ状態**，**受容段階**と続く。これらの段階は常に同じ順に生ずるのではなく，重複することもある。

**死の不安**［death anxiety］ 記憶や思考を含んだ，避けざる死が想起されることによって引き起こされる情緒的不安や安心感のなさのこと（⇨ **存在論的直視**）。古典的精神分析理論では，無意識は自身の死を信じることができないので死の恐怖（thanatophobia）はより深層の恐怖のための偽装であると主張されている。実存主義者は後に，しば

しば偽装されるが死の不安はすべての恐怖の源であると主張した。自己報告式の尺度を用いた研究の多くは（⇨ **死の不安尺度**），ほとんどの人々が低いレベルから中程度レベルまでの間で死の不安を有していることを示唆している。⇨ **エッジ理論**，**恐怖管理理論**

**死の不安尺度**［death-anxiety scales: DAS］　死についての関心の度合いを算出する自記式質問票。苦しみへの恐れや存在しなくなることへの恐れなど，不安の種類を区別している。⇨ **死の恐怖**

**死の本能**［death instinct］　精神分析理論において，精神的緊張を最も低減しようとする（つまり死）ことを目的とする欲動のこと。最初は自己破壊傾向として内に向かい，後に**攻撃的欲動**の形で外に向けられる。フロイト（Sigmund Freud）の二大本能論において，死の本能である**タナトス**は生の本能である**エロス**と対極にあり，攻撃性やサディズム，マゾヒズムのような行動の基底にある欲動と考えられている。破壊本能（destructive instinct）とも呼ばれる。⇨ **デストルドー**，**モルティドー**，**涅槃原則**

**死の前の明晰さ**［premortem clarity］　一定期間にわたる意識の混濁や混乱の後，死ぬ前に一時的に意識が明晰になること。この結果，人生最後の言葉や，遺言や遺言状の確認や変更に結びつくことがある。

**支配**［dominance］　他者に影響を与えたり他者を制御すること。⇨ **動物の優位性**

**芝居［1］**［dramatics］　リハビリテーションの技術としての演劇。患者が役者となり，既存の台本あるいはオリジナルの台本を使う。⇨ **心理劇**

**芝居［2］**［playacting］　児童，もしくは青年ないし成人（集団心理療法への参加者を含む）が，各々異なる役割をとる演劇的なプレイのこと。この手続きにおいて，参加者は演技という安全な領域の中で，様々な関係性を試し，状況に対処するための様々な方法をリハーサルする。さらに，重要な対象と同一化し，広範な感情状態や行動を演じきることができる。⇨ **心理劇**

**支配思考**［supervalent thought］　あるトピックについて極端に拘泥すること。⇨ **強迫観念**，**反芻**

**支配・従属関係**［dominance-subordination relationship］　集団における社会的関係性の一形態で，資源への優先権をもち，共同体のメンバーを従えるリーダーや主要なメンバーが存在する。ヒヒの群れでは，支配者のオスたちは従属するオスよりも食料資源や異性と接触することができ，また，すべてのオスはメスを従えている。ハイエナの集団の関係性は逆で，メスがオスを従える。

**支配性**［ascendance; ascendancy］　集団状況において，卓越した存在でいたい，自説を主張したい，他者よりも権力的な位置を獲得したい，という欲求をもちやすい傾向のある人格特性のこと。伝統的な質問紙検査では，支配性の高さは小集団でのリーダーとしての輩出を予測する。⇨ **支配**

**支配的なイデオロギー命題**［dominant ideology thesis］　マルクス主義理論において，支配階級は被支配階級に自分たちのイデオロギーを強制することによって社会における地位を確固たるものにしており，被支配階級はそれを無批判に受けいれるようになるという見方のこと。⇨ **ヘゲモニー**

**支配と服従**［dominance-submission］　対人間行動の重要な特徴。**因子分析**による分析結果によると，連続したつながりに沿って極端な支配（能動的，話し好き，外向的，主張的，管理的，力強い）から極端な従属（受動的，静か，内向的，従属的，弱い）に分類される。

**自白薬**［truth serum］　アモバルビタール，ペントバルビタール，チオペンタールなど，バルビタール系の薬物の俗称。ある程度の量が静脈に注入されると，リラックスし，半催眠状態になり，抑制が取れ，情報を引き出すことができる。この用語は，容疑者から自白を引き出すためにこれらの薬が警察で使われたという報告に由来する。

**自発運動［1］**［locomotor activity］　動物が探索や追跡をするときなど，ある場所から他の場所へ移動する際などにとる一般的な肉体の動きの形態のこと。⇨ **落ち着きのなさ**

**自発運動［2］**［spontaneous movement］　事前の計画や意図なしに生じる運動。自発運動の減衰はパーキンソン病の症状の一つである。

**自発運動描器器**［automatograph］　運動を測定するために使用された古い機器の一種。金属製の球体に乗せられた板から構成されており，板の上に置いた手の運動がその板に伝わる仕組みとなっている。付属部品を使用することにより，ごくわずかな不随意運動も記録できる。

**自発性**［voluntary］　自動運動（たとえば反射）や意図しない運動とは対照的に，活動，運動，動作が選択や意思，もしくは皮質の制御下で生じること。⇨ **観念運動**

**自発性訓練**［spontaneity training; spontaneity therapy］　クライエントが現実生活の場面で自然かつ自発的に振る舞えることを学習するための，人格を訓練するプログラムのこと。段階的にセッションを重ねて自発的な行動を練習していく。［オーストリア生まれのアメリカの精神科医モレノ（Jacob Levi Moreno: 1889-1974）が導入した］

**自発性劇場**［Theater of Spontaneity］　オーストリア生まれのアメリカの精神科医モレノ（Jacob Levi Moreno: 1889-1974）によって，1921年にウィーンに設立された実験的な劇場。アドリブで演じることは，役者の訓練としての効果だけではなく，対人関係を築く上でも効果的であることが証明されている。その後，この技法は1925年にモレノによってアメリカにもち込まれ，**心理劇**として発展した。即興劇場とも言う。

**自発性 対 罪悪感**［initiative versus guilt］　エリクソンの発達の八段階の第3段階で，3歳～5歳の間に起こる。この段階で中心的なものは，空想や遊び，他の行動を計画・実行し自発的に始める際に，子どもが自由だと感じることである。初期の2つの段階の解決がうまくいかなかった場合や，子どもがずっと非難されたり屈辱を感じたりしていた場合，自発性ではなく罪悪感や非所属感が発達することになる。

**自発性テスト**［spontaneity test］　グループセラピーで用いられる一種のソシオメトリックテスト。このテストは，感情的に（肯定的，あるいは，否定的に）つながりを持つ，グループの他のメンバーを交えた典型提起な日常場面を自由に早期するように促される。治療グループの個人についての一種の**ソシオメトリック・テスト**のこと。目的は，標準的ソシオメトリック・テストによって明らかにできない個人の関係に対する洞察を得ることにあり，魅力および嫌悪のみを扱うことができる。［オーストリア生まれのアメ

リカの精神科医モレノ（Jacob Levi Moreno: 1889-1974）によって考案された]

**自発的回復**［spontaneous recovery］ オペラントまたはパブロフ型どちらかの条件づけの反応が，実験的に消去された（⇨ **消去**）後で再び現れること。

**自発的交替**［spontaneous alternation］ 異なる選択肢が存在する状況で，それらの間で反応が自発的，連続的に交替すること。たとえば，学習・記憶実験では，**T迷路**にいるラットは，ある試行では左の経路を選択し，次の試行では右の経路を，次は再び左の経路をといった選択をする傾向がある。

**自発的神経活動**［spontaneous neural activity］ 自動的に行われているニューロンの発火，あるいは観測可能な刺激がないときに起こる発火。⇨ **自発放電**

**自発的心像**［spontaneous imagery］ 偶然で意図されずに湧き起こる心的イメージのこと。⇨ **イメージ**

**自発的転職**［voluntary turnover］ ある期間内に，通常他の組織でのポストを要求するために，自発的に組織あるいは組合を辞める従業員の総数。自発的転職率が高いと，職務満足が低いことを示す。⇨ **不本意離職**

**自発的特性推論**［spontaneous trait inference］ 意識的にそうした判断をしようと意図しないで，個人の人格特性についての自動的な判断。

**自発的な退行**［spontaneous regression］ 人生早期（たとえば幼児期）の出来事を突然再体験し，その当時の年齢に即した行動をとる現象。

**自発的な追悼**［spontaneous memorialization］ 予期しない，暴力的な死に対する自然発生的な民衆の反応。たとえば，テロリストからの攻撃や，惨劇（商店主が殺害されたり，子どもがひき逃げにより死に至る場合）の現場に，メッセージや花束や品物が添えられること。この自発的な追悼の特徴は，少人数の集団，もしくは個人から自然に生じる，直接的で情緒的な反応であり，制度化された公的な追悼式典とは区別される。⇨ **外傷性悲嘆**

**自発的発話**［spontaneous speech］ 特定の質問や指示への反応ではない発話。

**自発的プロセス**［voluntary process］ 意図や意志力により特徴づけられるあらゆる処理。反射的活動や不随意行動とは対照的に，こうした行動は意識的に望まれ，選択され，計画され，制御され，**皮質コントロール**の下におかれる。

**自発放電**［spontaneous discharge］ 外部刺激に依存しない神経細胞の自発的な活動。

**ジバルプロエクスナトリウム**［divalproex sodium］ **バルプロ酸**から得られる**抗痙攣薬**で，欠神発作の治療に独自に使用され，今は主に躁病の安定や双極性障害の予防に使用されている。これは，自閉症，片頭痛や他の種類の頭痛や慢性の片頭痛，境界性パーソナリティ障害に関連した気分症状の治療にも使用されてきた。この薬を使うことで肝臓障害や血小板の減少（血小板減少症）が起こることもある。特に治療の早い段階や，肝不全が起きた子どもが最も死亡率が高いので，特に子どもに処方する場合には，血球数や肝機能の測定が必要である。**神経管欠損**に関連している可能性があるため，ジバルプロエクスナトリウムは妊娠時に投与すべきでない。この薬は，抗うつ薬，抗精神病薬，精神安定剤や多くの他の種類の薬剤に有意な相互作用がある。アメリカでの商品名はデパコート（Depakote）。

**篩板**［cribriform plate］ 頭蓋内のふるいのような層。嗅球を支える。嗅覚受容細胞の線維はふるいの穴を通り嗅上皮に達する。

**慈悲**［mercy］ 悲嘆に暮れている人に対する思いやり，同情，あるいは寛容さのこと。

**耳鼻咽喉科学会**［Association for Research in Otolaryngology］ 聴覚，平衡感覚，発語，味覚，嗅覚に関する基礎と応用研究に従事している科学者と医者の国際学会。同学会は Journal of the Association for Research Otolaryngology: JARO を発行している。

**ジヒドロエルゴタミン**［dihydroergotamine］ 急性片頭痛の治療に用いられる麦角アルカロイド**エルゴタミン**の半合成誘導体。これはセロトニンとドーパミン受容体と同様に血管の**アルファアドレナリン受容体**を中和する能力があるため強力な**血管収縮薬**である。アメリカの商品名はDHE 45，ミグラナル（Migranal）。

**ジヒドロキシフェニル酢酸**［dopac: DOPAC］ ドーパミンの主要な代謝産物。脳におけるドーパミン活動の指標として分析される。

**ジヒドロテストステロン**［dihydrotestosterone］ テストステロンの代謝分解によって産生される強力な男性ホルモン。男児胎児の生殖器官や男性の第二次性徴の発達に重要である。半合成型は治療に用いられる。⇨ **スタノロン**

**ジヒドロモルヒネ**［dihydromorphine］ オピオイド受容体の研究で主に使用する，半合成の**オピオイド鎮痛薬**。これはジヒドロコデインの代謝産物でもある。⇨ **オピオイド**

**指標変数**［index variable］ 決定因または真の因果要因ではなく，研究の下で複雑な過程を表現したり象徴化するための変数のこと。

**ジフェニルメタン**［diphenylmethanes］ 抗不安薬として主に使用されるH₁受容体に作用し鎮静効果をもつ**ヒスタミン拮抗薬**の分類。これは心細動を妨げ，局所麻酔効果もある。原型は**ヒドロキシジン**である。

**ジフェンヒドラミン**［diphenhydramine］ H₁受容体やコリン作動性受容体などに作用する鎮静効果をもつ**ヒスタミン拮抗薬**。アレルギー反応を抑制するために一般的に用いられる。精神的健康で鎮静剤と睡眠薬として，あるいは定型の抗精神病薬に誘引するパーキンソン病様症状を抑制するのに用いられる。アメリカでの商品名はベネドリル（Benadryl）。

**至福千年説**［millenarianism］ **1.** 1000年の平和と至福の期間の後に，人類の歴史の終わりが迫っているという信念（しばしばキリストの再来と関連づけられる）。このような信念は初期のキリスト教会で流行し，主に11世紀〜17世紀にかけての政治的，知的危機の期間に，社会的に無視されたグループの中で散発的に現れた。いくつかのニューエイジ集団も似たような信念を宣言したが，キリスト教の言葉やイメージは使わなかった。**2.** 急速で激しい変化は正義と平和の黄金時代をもたらすという信念。

**感光色素**［photopigment］ 桿体や錐体にある物質で，光と相互作用して化学反応カスケードを開始させ，光エネルギーを電気シグナルに変化させる。桿体細胞の感光色素は**ロドプシン**であり，錐体細胞は3つの異なる感光色素（ヨドプシン）のうちの一つをもつ。これら3つは異なる

波長の光に対して感受性をもつ（→**長波長色素，中波長色素，短波長色素**）。桿体細胞，錐体細胞の外側の膜面に位置する。視物質（visual pigment）とも呼ばれる。

**事物配列検査**［object-assembly test］　一度バラバラになった事物（パズル）を再構成させる課題を使ったテスト。

**シフト勤務**［shift work］　前夜間（通常午後4時～午前零時）あるいは夜間（午前零時～午前8時）に予定される勤務のこと。研究によれば，シフト勤務に対する被雇用者の態度は様々で，睡眠，食事，社会生活パターンに適応できる能力も人によって異なる。⇒ **概日リズム睡眠障害**

**シブトラミン**［sibutramine］　肥満症の管理のために用いる**食欲抑制剤**のこと。シブトラミンは中枢神経に作用し，神経伝達物質エピネフリンの再取り込みを阻害する。また，セロトニン，ドーパミンにも効果の程度は低いが同様の影響を与える。シブトラミンはモノアミンを放出させる効用があり，血圧を高める可能性があるため，**モノアミンオキシダーゼ阻害薬**との併用は禁忌である。他の食欲抑制薬のように，食事制限に対してのみ効能がある。アメリカでの商品名はメリディア（Meridia）。

**ジプラシドン**［ziprasidone］　統合失調症，急性躁病，または双極性障害の治療に使用される**非定型抗精神病薬**のこと。ジプラシドンは心周期のQ-T間隔（⇒ **心電計効果**）を狂わせる可能性があるので，不整脈の患者や抗不整脈薬を飲んでいる人に処方されてはならない。一般的な副作用には起立性の低血圧と鎮静作用がある。アメリカでの商品名はゲオドン（Geodon）。

**シプリースケール**［Shipley Institute of Living Scale: SILS; Shipley-Hartford Institute of Living Scale］　2つのサブテストから構成される一般的認知機能の簡単な評価。サブテストの一つは語彙に関するもので，被験者は対象となる単語に最も意味の近い単語を選ぶ。もう一つは抽象化に関するもので，参加者は数字，文字，あるいは単語の並びの最後の要素を答える。このスケールは，いくつかの精神疾患に関係する知能低下を精神科で識別，診断するため，1940年に初めて開発された。［アメリカの心理学者シプリー（Wakter C. Shipley: 1903-1966）による］

**シプロヘプタジン**［cyproheptadine］　**ヒスタミン拮抗薬**や**セロトニン拮抗薬**として作用する薬物であり，アレルギー症状（鼻水，涙目）や，食欲増進，偏頭痛の低減のための治療に用いられる。アメリカ（その他の国）の商品名はペリアクチン（Periactin）。

**四分位数**［quartile］　得点分布を1/4に分割する値。たとえば，分布の第1四分位数は得点の下位25%，第2四分位数は26%～50%を分割する値である。

**四分位範囲**［interquartile range］　得点のばらつきの指標の一つであり，分布の75パーセンタイル～25パーセンタイルで求められる。

**四分位偏差**［semi-interquartile range; quartile deviation］　四分位範囲を2で割ったもの。すなわち，第1**四分位数**と第3四分位数の距離で定義される**散布度**の測度。

**嗜糞症**［coprophilia］　排泄物を愛好すること。肉体から出る排泄物そのもの，またはそれを表す物体や言葉に対し，過度にあるいは病的に没頭する。古典的な精神分析では，このような性癖は肛門期への固着を意味すると考えられている。⇒ **特定不能の性嗜好異常**

**四分相関**［tetrachoric correlation］　2変数とも観測値は2値であるが，背後に連続的な変数を仮定できる変数間で推定される相関。

**自分ではないもの**［not me］　アメリカの精神分析家サリヴァン（Harry Stack Sullivan: 1892-1949）の**自己組織理論**の用語。これは，圧倒的な不安，恐怖，憎悪を生じるような個人内体験に基づく，自己の人格化の一つである。悪夢や情緒の危機，統合失調症的な反応をもたらす可能性がある。⇒ **悪い自分，良い自分**

**4分表**［fourfold table］　2×2分割表のこと。

**四分盲**［quadranopia; quadrantanopsia; quadrantic hemianopia］　正常な視野の1/4あるいは1つの象限が失われる**視野欠損**。同名四分盲（homonymous quadranopia）はそれぞれの眼の視野の同じ側（右または左）における象限（上または下）の視覚（たとえば，左上の象限）を失うことであり，視交叉後の脳の損傷によって生じる。⇒ **後視交叉性視覚障害**

**自閉症**［autism］　1. 神経の機能不全による行動的な症候群。社会的な興味の限定，言語的，非言語的なコミュニケーションの障害，常道的な行為という特徴がみられる。DSM-Ⅳ-TRでは，自閉性障害は3歳までの特徴に基づいて診断される。自閉性障害は広範性発達障害に分類される。2. 異常な内向性と自己中心性。スイスの精神科医であるブロイラー（Eugen Bleuler: 1857-1939）が記述した統合失調症の初期症状である。

**自閉性障害**［autistic disorder］　DSM-Ⅳ-TRでは，3歳までに現れる社会性や，コミュニケーション，顕著な常道行為，限られた興味，柔軟性の欠如という，一連の特徴をもつ広範性発達障害の一つである。発達レベルや言語能力に特徴的な障害が生じる。自閉性障害は知的障害とも関連する。1万人中の2～20人は，特異な知的能力をもつ。児童期自閉症（childhood autism），早期幼児期自閉症（early infantile autism），幼児期自閉症（infantile autism），カナー症候群（自閉症）（Kanner's syndrome: autism）とも呼ばれる。

**自閉性スペクトラム障害**［autistic spectrum disorder］　様々な特徴がみられるが，多くの場合，コミュニケーションや社会的相互作用において著しい困難を特徴として示す広汎性発達障害群の総称。典型的には幼少期から出現し始める。この中には，**自閉，特定不能の広汎性発達障害，レット症候群，アスペルガー障害，小児期崩壊性障害**が含まれる。自閉性スペクトラム障害の子どもの大多数が，アスペルガー障害を除いて，程度は様々であるが知的障害を合併していることが報告されている。自閉症スペクトラム障害（autism spectrum disorder）とも呼ばれる。

**自閉的空想**［autistic fantasy］　**防衛機制**の一つ。情緒的葛藤やストレッサーに対して，実際の人間関係や積極的，直接的な問題解決の代わりに極端な空想にふけることによって対処する。

**自閉的思考**［autistic thinking］　自己愛的で，利己的な思考過程。現実感が乏しい幻想や夢。思考と似ているが，現実とかけ離れている点で異なる。

**死別反応**［bereavement］　特に友人や愛する人の死による喪失感のこと。あとに遺された人は情緒的な痛みや悲嘆（⇒ **悲嘆，外傷性悲嘆**）を経験する場合があり，その悲嘆を他者に表す人もいれば表さない人もいる（⇒ **喪，公認されない悲嘆**）。個人の悲しみや喪の反応は様々であ

る。また，死別は社会的な身分が変わることを意味する（例，妻から未亡人へ）。

**死への軌跡**［trajectories of dying］　生命を脅かす状況から死へと至る生命活動の変化と時間的な経過のこと。長期間にわたる軌跡（lingering trajectory）とは，終末期の患者にみられるように積極的な治療を行うことがほとんどない場合であり，急な軌跡（quick trajectory）とは，生死が不確実であり，あらゆる治療が試みで終わるかもしれない緊急事態を言う。

**ジベンゾキサゼピン**［dibenzoxazepine］　ロクサピンを含んだ化学的に関連した化合物の分類のうちの一つで，フェノチアジンの分類に属していない古い抗精神病薬の一つ。この分類は構造的にジベンゾジアゼピンに似ている。

**ジベンゾジアゼピン**［dibenzodiazepine］　クロザピンを含んだ化学的に関連した化合物の分類のうちの一つで，最初に**非定型抗精神病薬**が臨床医学で導入された。この分類は構造的にジベンゾキサゼピンに似ている。

**ジベンゾチアゼピン**［dibenzothiazepine］　クエチアピンを含んだ化学的に関連した化合物の分類のうちの一つで，**非定型抗精神病薬**である。この分類は構造的にジベンゾジアゼピンやジベンゾキサゼピンに似ている。

**思弁的心理学**［speculative psychology］　実験や調査ではなく，**スペキュレーション**に基づく，心理学上の対象や問題に対する考え方。⇨ **肘掛け椅子の心理学**，**合理的心理学**

**脂肪**［fat］　脂質，主にトリグリセリドの混合物で室温では個体である。ヒトを含む哺乳類では，最も濃縮された食物エネルギーの蓄えとなり，皮膚の下また臓器の周りに蓄えられている。多くの動物では断熱のためにも使われている。

**司法アセスメント**［forensic assessment］　法廷で告訴することを目的とした被告，証言者，犯罪者の精神状態に関する評価。メンタルヘルスの専門家が用いる様々な技法（たとえば，面接，標準化した測定尺度）は公判能力，**刑事責任能力**，**リスクアセスメント**，性的虐待の可能性に焦点を当てている。

**脂肪異栄養症**［lipodystrophy］　リポジストロフィーとも言う。脂質代謝に関する障害。脂肪異栄養症には，中枢神経系の病変に関連して生ずる消化管の脂肪吸収不良を特徴とする腸性脂肪異栄養症（intestinal lipodystrophy）やウィップル病（Whipple's disease），そして皮下脂肪沈着や腎臓，心臓，腹腔周辺の脂肪の異常沈着で対称性喪失を示す進行性脂肪異栄養症（progressive lipodystrophy）が含まれる。神経学的異常と進行性脂肪異栄養症との関係性は一貫しては示されないものの，ある研究では20％近くの患者が精神遅滞の兆候を示したとされている。進行性脂肪異栄養症の原因は不明である。また，脂肪異栄養症はインスリンを投与された領域に皮下脂肪の喪失を特徴とする形態の糖尿病に関連している。これは，脂肪萎縮性糖尿病（lipotrophic diabetes mellitus），あるいはインスリン脂肪異栄養症（insulin lipodystrophy）として知られる。脂肪異栄養症の兆候は，HIV患者にしばしばみられる。⇨ **限局性リポジストロフィー**，**全身型脂肪異栄養症**

**死亡学**［thanatology］　死に関する行動，思考，感情，現象について研究すること。死は，1960年代までは主に神学の分野であったが，その後，実存主義者，医療従事者，教育者，社会科学や行動科学の研究者など幅広い分野で，死に関する問題に興味が向けられるようになった。

**脂肪細胞**［adipocyte］　脂肪組織を形成する細胞。トリグリセリドの合成保管に特化し，身体の脂肪を保持している。また，脂肪細胞は貯蔵された脂肪を脂肪酸とグリセロールに変化させる酵素を含んでいる。⇨ **脂肪の代謝**

**脂肪酸**［fatty acid］　通常は偶数の炭素原子を含んでいる長く側鎖のない炭化水素による有機酸。脂肪酸はトリグリセリドのような脂質の基本構成要素である。脂肪酸は身体で生成されるものもあるが，必須脂肪酸であるリノール酸のように食事から得なければならないものもある。⇨ **脂肪の代謝**

**司法神経心理学**［forensic neuropsychology］　民法や刑法の問題に**臨床神経心理学**を応用することであり，特に脳損傷に関わる問題を扱う。

**司法心理学**［forensic psychology; legal psychology］（刑事と民事双方の）法律や法律制度に関する法的問題や法的状況に対して心理学の原理や技法を応用したもの。その役割は，犯罪者やその他の評価，診断，処遇，**弁護**や**鑑定**の提供，研究，政策分析などである。⇨ **矯正心理学**

**脂肪性器性ジストロフィー（脂肪性器栄養異常症）**［adiposogenital dystrophy; adiposogenitalsm］　⇨ **フレーリッヒ症候群**

**司法精神医学**［forensic psychiatry; legal psychiatry］　法的問題，審判，公判と関わりをもつ異常行動，精神障害に関する精神医学の一分野。主な関心領域は**心神喪失**（⇨ **精神異常抗弁**），心神喪失の法的定義，精神病院への入院措置手続き，後見人の身分（⇨ **後見人**），守秘義務を含んでいる。

**視放線**［optic radiations］　**外側膝状体**から後頭葉の**視覚皮質**，および視蓋前部へ至る神経線維。視蓋前部とは，光に対する反射的瞳孔収縮のために重要な中脳に存在する組織のことである。視放線は側脳室の周囲で湾曲（ループ）しているため，マイヤーループ（Meyer's loop）とも呼ばれる。

**脂肪族フェノチアジン**［aliphatic phenothiazines］　分子構造において脂肪族（脂肪酸）側鎖を包含する**フェノチアジン抗精神病薬**。クロルプロマジン，プロマジン，トリフルプロマジンを含み，フェノチアジン系の中でも効能は最も低く，現在めったに使われない。

**脂肪組織**［adipose tissue］　皮下や臓器の周辺にみられる**脂肪細胞**からなる結合組織のこと。防護，断熱の役割をもち，エネルギー保持の機能も有している。⇨ **褐色脂肪**，**脂肪の代謝**

**司法ソーシャルワーク**［forensic social work］（刑事と民事双方の）法律や法律制度に関する法的問題や法的状況に対してソーシャルワークの原理や技法を応用したもの。その役割は，法体制や矯正システムの中にいる様々な個人に対して相談，教育，訓練を提供することである。また，児童養護，その他の関連する問題についての提言，**鑑定**や**弁護**の提供，研究，政策分析なども行う。

**脂肪定常説**［lipostatic hypothesis; lipostatic theory］　長期的にみると食物摂取は，血中の遊離脂肪酸の濃度によって制御されているという仮説。脂質の新陳代謝を反映する。濃度が高いときには，蓄積された脂質が減少し，食品の体内摂取を増加させる。濃度が低いときは，脂質は蓄

積されるので体内摂取は減少する。⇨ **糖定常説**［1953年にケネディ（Gordon C. Kennedy）によって提唱された］

**脂肪の代謝**［fat metabolism］　身体の脂肪の分解，生成，貯蔵に関わる生化学的なプロセス。過剰の炭水化物は脂肪に変えることができ，全身に散らばる特化した**脂肪組織**に貯蔵される。過剰の脂肪についても同様に貯蔵される。食事の後のグルコースの脂肪細胞への取り込みと脂肪の生成は，**インシュリン**によって促進される。脂肪の遊離化は，絶食，運動，ストレス反応によって生じ，**エピネフリン**，交感神経の終端で放出されるノルエピネフリンによって引き起こされる。蓄えられた脂肪は，それの構成物（**脂肪酸とグリセロール**）に分解されることによって，他の組織，中でも肝臓と筋の栄養源として血中に放出される。脂肪酸は，$\beta$酸化と呼ばれるプロセスによってエネルギー担体であるATPに変化される。ただし，脂肪酸は脳の栄養源であるグルコースに変化させることはできない。

**死亡妄想**［necromimesis］　自分は死んでいると信じ，まるで死んでいるかのように行動する妄想のこと。

**資本主義**［capitalism］　社会主義や共産主義においてみられるような経済の国家管理よりも，個別の企業や自由市場の原理，利潤の追求，個人や企業による資本の所有権を重要視する経済システムのこと。

**字幕づけ**［captioning］　一般的に映画館で用いられるような，テレビ（⇨ **クローズドキャプションのついたテレビ**）に表示される話された言葉の文章のこと。

**シミュレーション**［simulation］　1. 現実的な方法で環境の模擬実験を行うことによって，社会や他の環境における個人の行動や心理的過程，心理的機能を調査するために用いられる実験法。2. 行動やデータに関して数学やコンピュータの使用を通じて，実験のようなデータを人工的に作成すること。

**シミュレーショントレーニング**［simulation training］　業務外訓練法の一つで，受講者は仕事の模擬演習として複雑で危険な仕事を学習する。コンピュータ・シミュレーション，機器による訓練補佐，作り物だが実際にありそうな勤務シナリオなどが使われる。⇨ **ビジネスゲーム**，**ケースメソッド**，**シナリオ分析**

**シミュレーター**［simulator］　パイロットのフライトシミュレーターのように，実際の操作場面における状況や環境を模擬したり，実際の装置を使用している様子を模擬する訓練装置。

**市民緊急事態**［civil emergency］　一般市民に脅威を与える，自然的，または人工的に引き起こされた惨事。このような緊急事態では，通常，市民防衛や危機および災害管理のために，市民と軍事的機関との協調の努力が求められる。

**嗜眠状態**［drowsiness］　覚醒時に見られる**脳波パターン**と**デルタ波**が交互に入れ替わる，覚醒度の低い状態。⇨ **過眠**，**傾眠**

**嗜眠性脳炎**［encephalitis lethargica; Economo's disease］　1915年〜1926年にかけて世界的に観察され，流行し，ウイルスが起源と考えられている（1914年から1918年のインフルエンザの大流行に続いて現れた）伝染性の**脳炎**の一つ。症状として病的睡眠やとうとすること，無気力や視覚的まぼろしがみられる。

**自民族中心主義**［ethnocentrism］　自民族集団やそのメンバーを美化すると同時に，他の民族集団やそのメンバーを拒絶あるいは中傷する傾向。自分を他者よりも優れたものと判断する傾向である**自己中心性**のように，自民族中心主義は自集団を他集団よりも優れていると判断することから類似した傾向であると言える。⇨ **内集団バイアス**，**人種差別主義**

**市民的不服従**［civil disobedience］　特定の法に従うのを拒否したり，税金を払わないといった非暴力的な形で，政府や警察機関に反抗したり，抗議すること。一般的には，良心に基づく行動。⇨ **消極的抵抗**

**事務職検査**［clerical test］　事務所において，事務的あるいは管理上の支援をする地位に必要とされる知識やスキルを個人が有している程度を測定する試験。

**事務能力の適性**［clerical aptitude］　認知（知覚）速度（名前と番号の対応），入力速度，速記習得，語彙のようなオフィスワークで求められる特定の技術を習得する能力のこと。

**シムノン症候群**［Simenon's syndrome］　愛されている，または，有名人や他の人と性的な関係をもったという誤った知覚や信念によって特徴づけられる妄想状態のこと。⇨ **色情妄想**，**色情パラノイア**，**クレランボー症候群**［ベルギー生まれのフランスの小説家シムノン（Georges Joseph Christian Simenon: 1903-1989）がこの状態について作品に取り上げたため，この名前がついた］

**自明**［self-evident］　支持する論証や経験的証拠を必要とせずに真実であるとすぐにわかること。**演繹推論**においては，自明であると考えられている**公理**から論証が始まることが普通である。哲学者は様々なタイプの**生得観念**を自明なものだと考えている。

**自滅的行動**［self-defeating behavior］　自らの目標や希望を妨げる行動のこと。これには，何かと攻撃的に競い合おうとするので職を失いがちであるといった傾向や，反社会的な人が非常にリスクのあることばかりにはまり込む傾向も含まれる。

**湿り**［clamminess］　冷感，湿り気，粘着性などから構成された感覚のこと。

**ジメルジン**［zimeldine］　重篤な神経学的副作用をもつために，1983年，世界市場から撤退されたSSRI特性をもつ抗うつ薬。ヨーロッパでの商品名はゼルミド（Zelmid）であった。

**ジメンヒドリネート**［dimenhydrinate］　$H_1$受容体で，一般に乗り物酔いの症状を抑制する非処方**ヒスタミン拮抗薬**。アメリカの商品名はドラマミン（Dramamine）。

**シモンズ病**［Simmonds's disease］　脳下垂体の部分的または完全な不全により生じる障害のこと。この結果，二次的に脳下垂体のホルモン刺激を受けていた生殖腺，副腎皮質，甲状腺が不全となる。食欲不振，性的特徴の衰退，性欲の欠乏，低血圧，徐脈，低血糖がこの障害の症状である。［ドイツの内科医シモンズ（Morris Simmonds: 1855-1925）］

**視野**［visual field］　眼の位置が固定された状態で，見ることができる空間範囲。片眼の視野の限界は，およそ鼻側に60°，耳側におよそ90°，上側に50°，下側に70°である。またこの範囲は加齢とともに変化する。非常に幼い子どもと高齢者の視野はより狭いものとなっている。固視点

近傍の対象が最も明瞭に見えるのは，視力，空間的コントラスト感度，そして色覚が中心視野において最も良い状態にあるからである．

**斜位［1］**［heterophoria］ 眼筋の不均衡による眼球の偏位のこと．

**斜位［2］**［phoria］ 対象が両眼で観察されて1つの像として見えるときの2つの眼の位置のこと．この用語は通常は複合語の一部として用いられ，**内斜位**や**外斜位**のように両眼からの像が融合できないときに生じる眼球位置の変化を記述する．

**ジャイレーター治療**［gyrator treatment］ "無気力さが中心のうつ病患者"と診断され，脳の血流減少が原因であるとみなされた患者に対する精神医学的代替治療法．18世紀後半〜19世紀初頭にかけて行われた．回転運動がめまいや発汗，吐き気を誘発することによって病は追い出され，回転運動の遠心力が脳への血流を回復させるとの考えから，患者は回転装置に固定された．回転治療（rotation treatment）とも呼ばれる．［アメリカの医師ラッシュ（Benjamin Rush: 1745-1813）により考案された］

**社会**［society］ 1. その成員が相互依存し，政治やその他の制度，法律や道徳規範，共通の文化を共有している，特定の場所に住んでいる永続的な社会集団のこと．2. 人々との仲間付き合い．3. ヒトや動物の個体のゆるぎない集団．集団のメンバーは，生殖活動や比較的自給自足的な行動によって獲得される．

**社会移動**［social mobility］ 社会階層，社会的地位，社会的役割における変化を，社会が容認したり促したりする程度．社会は，社会的階層間の移動や変化を容認したり促進したりする程度によって異なる（⇨ **固定的階級社会**，**開放的階級社会**）．社会的柔軟性（social flexibility）とも言う．⇨ **社会的不変性**，**下方移動**，**水平移動**，**上方移動**，**垂直移動**

**社会運動**［social movement］ 社会的変化の達成や阻止を望む個人や集団の，計画的で，比較的組織的な努力のこと．社会運動は，主に容認された政治組織の外側で発生し活動する．彼らは，特定の社会問題（たとえば，十代の妊娠）に焦点を当てて視野狭窄になったり，あるいは，**女性解放運動**や1950年代と1960年代の公民権運動のような社会の重要な問題に取り組んだりする．改革運動は既存の社会制度や社会的慣習の重要性を求め，革命運動は大規模な社会的秩序の再編を求め，保守運動は変化を拒み，共産主義運動は現代社会における調和のとれた生活環境の構築を目指して闘う．⇨ **コミュニティ運動グループ**，**社会貢献活動**

**社会化**［socialization］ 1. 人が，社会や特定の集団の中で効果的に機能するために必要な，社会的な技術や信念，価値観を習得する一連のプロセスのこと．2. 従業員が組織文化に適応するプロセス，あるいは，上司，同僚，部下，顧客，その他の人たちから期待されている知識，技能，態度，価値を習得するプロセス．3. 人が，異なるライフスタイルや行動を意識するプロセス．それは，個人に，社会的，集団的価値体系の行動パターンを学習したり，自分がその成員である社会的環境にとって標準的である，あるいは望ましいとされるものが何かを学習することを可能にする．

**社会階級**［social class］ 地位，収入，権力，名声などのレベルが共通であること，または共通の価値をもつ，ある場合には宗教や社会パターンが類似している集団あるいは社会の区分．⇨ **社会経済的地位**

**社会階層［1］**［social pyramid］ ピラミッドのような形で表現される，社会構造における権力の階層的分布のこと．最高権力は，ピラミッドの頂点に位置する少数の人々の手中に集中しており，階層を下っていくに従って，権力のレベルは減少し，人数が増加する．ピラミッドの底辺は，最も権力のない最も多くの人々を表している．

**社会階層［2］**［social stratification］ ある社会において社会経済的に異なる水準が存在することやそれが発生すること．⇨ **社会階級**，**社会経済的地位**

**社会改良プログラム**［social reform program］ システム内の機能不全の影響を減少させることを主目的として，社会システムの有害な側面に対応するために，開発され，実行される介入プログラムのこと．封止策介入プログラム（countermeasure-intervention program）とも呼ばれる．

**社会科学**［social science］ 科学的な観点から個人の社会的相互関係について検討する学問分野のこと．これらの学問分野に，人類学，経済学，地理学，歴史 言語学，政治学，精神医学，心理学，社会学のみならず 数学や生物学との関連領域も含まれる．さらには，経営管理，ジャーナリズム，法学，医学，公衆衛生や社会福祉に関連する心理学の研究も含まれる．分析の対象に，個人から機関および社会システム全体までがその範囲となっている．そして，社会的相互作用の理解や，社会問題の解決策の提案を主な目標とする．

**社会学**［sociology］ 社会の起源，発展，組織化，形態やその機能に関する科学的研究のこと．分析では，個人と集団間の関係性，制度，社会そのものを対象とする．

**社会学的測度**［sociological measure］ 正常な行動，あるいは精神衛生に関わる問題の発達と維持に作用する社会の諸側面についての形式的測度のこと．社会学的測度は，人や社会の構成要素間の相互作用を量的，または質的に測定し評価する．

**社会学的要因**［sociological factors］ 人間行動に影響を与える社会的条件のこと．具体的には，社会経済的水準，教育水準，環境要因（たとえば，過密状態）．風習や個々の社会集団の慣習といった要因があげられる．

**社会化された非行**［socialized delinquency］ **下位文化**の考え方や価値観を支持する少年が起こす違法行為．これらの少年は，ギャングなどと同じように，犯罪行動や反社会的行動を称賛する．下位文化非行（subcultural delinquency）とも言う．

**社会化された欲動**［socialized drive］ 欲動を社会的に許容される行動で充足させるため，**社会的学習**によって修正された**一次的動因**のこと．たとえば，性的に満足を得るために互いに同意のもとで大人が性交をする場合などである．⇨ **社会的動因**

**社会活動**［social activity］ 人が集い，交流を深めることを目的としたイベントのこと．たとえば，ダンス，歌，ゲーム，またはパーティーを開くといったことを指す．社会活動は精神または身体に障害を負った人に対するリハビリテーションの一環となることも多い．

**社会慣習**［social conventions］ 社会生活上において，行動の指針として比較的長期間にわたって社会通念上受け

入れられている規則，方法，過程のこと．多くの場合，明文化されておらず，恣意的で，自己永続的である．エチケットや，冠婚葬祭，礼儀作法など，比較的に日常生活に密着した事柄に関するものが多い．⇨ **社会規範**

**社会技術システムズアプローチ**［sociotechnical systems approach］　第二次世界大戦後のイギリスで開発された**労働システム**の構造や評価に関するアプローチの一つ．職務，役割，技術，社会システムは相互に関連するたった一つのシステムで構成されているという理論に基づいている．そのため，一部を変更させることはその他の部分を調整しなければならないと仮定する．たとえば，新しい技術を導入するといくつかの職務タスクは自動化するかもしれないが，業務満足度の低下をもたらすことで，組織は変化への抵抗を示すと考えられる．このアプローチの目標は，人々が様々な状況で技術と相互に影響し合う過程である組織，あるいは技術的構造を最適化することである．

**社会計画**［social planning］　コミュニティの成員全体に対する生活の質を高めることを目的とした，教育，公衆衛生，福祉サービスの供給のような領域における戦略や計画の開発のこと．

**社会経済的地位**［socioeconomic status: SES］　社会経済的階級における個人や集団の地位．それは，収入，教育年数と種類，職業の種類と威信，居住地，（いくつかの社会や社会の一部でみられる）種族的出自や宗教的背景，これらの組み合わせによって規定される．⇨ **社会階級**

**社会契約**［social contract］　政治理論において，社会は暗黙の了解に基づいており，それによって人は，政府や法の支配から得られる大いなる安全や，他の恩恵の利益を得るために，自然の自由の一部を放棄するという考え．社会契約理論の古典的定式化は，イギリスの哲学者ホッブズ（Thomas Hobbes: 1588-1679），イギリスの哲学者ロック（John Locke: 1632-1704），スイス生まれのフランスの哲学者ルソー（Jean-Jacques Rousseau: 1712-1778）がそれぞれ異なるやり方で発展させた．ホッブズは，社会契約は無政府状態に対する唯一の防壁になるとして絶対制を正当化した．ロックは，不当な恣意的支配者の解任を容認した．ルソーは，社会の"一般意志"に対する個人の自発的な服従を要求した．

**社会契約的法律志向**［social contract orientation］　道徳的発達に関するコールバーグの理論において，**脱慣習的レベル**の2段階のうち，最初の段階のことを社会契約の法律志向とした．この段階には，社会的な相互関係の理解や，他者の幸福への興味に基づいて，道徳的な判断をすることなどが含まれる．⇨ **普遍的原理の段階**

**社会言語学**［sociolinguistics］　言語と社会の関係性や，言語使用における社会的環境（特に，ジェンダーや社会階級，民族性といった特徴に関係するもの）を扱う研究のこと．社会言語学は言語学や社会科学の手法や知見を用いて社会共同体や文化内での言語の使用を検討する．当該分野内には，文化的に規定されたルールや慣習が言語の使用法を統治する言語コードについての研究がある．社会的要因は言語がどのように経時的に変容するのかを分析するうえでも重要な役割を果たす．

**社会現象**［social phenomenon］　2人以上の個人の相互作用に起因するあらゆるプロセス，出来事，成果．

**社会工学**［social technology］　**1.** 社会の対立や問題に向かい合い，それを解決するための実用的な方略を開発する**社会科学**の原理や手法の使用のこと．**2.** 発達した技術のこと．

**社会貢献活動**［social action program］　動物保護法の制定や精神科病院の改善といった，社会のある側面を変えようとする計画的で組織化された取り組みのこと．⇨ **社会運動**

**社会構造［1］**［social order］　その社会の慣習法や特徴的な形態に関する，社会を維持する構造，慣習，および組織化原理．⇨ **社会組織**

**社会構造［2］**［social structure］　集団や社会における個人間の出来事を組織化したり調整したりするプロセス，形態，システムの複合体．集団の社会構造は，規範や規則のシステムと同様に，成員同士を結びつける地位，魅力，コミュニケーション関係を含む（⇨ **集団構造**）．ある社会の社会構造は，構成する個人，集団，機関，慣習，習律などの間の複合体である．

**社会構築主義**［social constructivism］　主に**ポストモダニズム**に関連した立場であり，現実世界での知識に関する仮説（たとえば科学的な主張など）は，言語および文化，社会によって構築された構成概念であり，客観性普遍的妥当性は，特にないとする立場．⇨ **状況的知識**

**社会指標**［social indicator］　社会生活の質を評価する変数のこと．1人当たりの所得，貧困，失業，労働条件，教育，メンタルヘルス，全身の健康，公害，住宅費，余暇とレクリエーションの機会，犯罪率，栄養摂取，平均寿命，および高齢者の地位といった多くの社会指標が，様々な機関によって示されている．

**社会情緒的リーダー**［social-emotional leader; relationship leader］　援助的で，人間関係において調和的な行動スタイルで他者を導く人物．

**社会進化**［social evolution］　政変や自然災害などによって引き起こされた突然かつ劇的な変化と特に対比されるような，社会における時間をかけた緩やかな変化の過程のこと．⇨ **文化的漂流，社会変動**

**社会神経科学**［social neuroscience］　しばしば相互に排他的とみなされてきた，人間行動に対する社会的アプローチと生物学的アプローチを統合することを目的とした新たな学問領域．社会神経科学は，脳の生物学的メカニズム（特に神経，免疫，および内分泌系）と人間行動が生起する社会的文脈や文化的文脈との相互作用を解明するための手法を用いている．

**社会心理学**［social psychology］　実際に，あるいは想像上で，もしくは象徴的に提示された他者の存在に，どのように個人の思考，感情，行動が影響されるかに関する研究のこと．心理学的社会心理学と社会学的社会心理学は，前者が内的な心理学的プロセスをより重視するのに対して，後者は地位や役割や階級のような社会生活に影響を与える要因により注目するということで区別される．

**社会性**［sociability］　仲間や友人などの社会的な関係を追及するために必要なもの，およびその傾向．

**社会静学**［social statics］　**1.** 特定の社会についての経験的な研究より，抽象的に考えられた人間社会と社会制度の特殊な性質に注目する社会学のこと．⇨ **社会動学**　［フランスの哲学者コント（Auguste Comte: 1798-1857）によって概念化された］**2.** 人間社会と社会政治的なシステ

**社会生活技能訓練**［social skills training: SST］ 社会スキルの不足により，社会的な制限を受け，無力な状態にある人の改善を目的として行われる集団療法。**自己主張訓練**や**認知的リハーサル**，**行動リハーサル**などを含む様々な手法が用いられる。

**社会性昆虫**［social insects］ 複数世代に渡る共同生活，幼虫の世話の協力，生殖行動の分担など，グループ単位で活動する昆虫。ミツバチ，アリ，スズメバチ，シロアリなどのコロニーでは，生殖活動は1匹〜数匹の女王に限定されており，不妊のメスを含む多数の働き手が巣を作り，採餌し，幼虫を世話し，巣を防衛する。社会的な昆虫は，オスが未受精卵から発生するハプロジプロイド（⇨ **半倍数体**）である。これは，働き手の個体は75％の遺伝子を共有し（女王と働き手の遺伝子は50％が共有），自身の子孫を育てるよりもきょうだいを世話するほうが**包括適応度**が大きくなる。⇨ **真社会性**

**社会生態学**［social ecology］ 人間もしくは人間以外の生物と社会的環境との関係に関する研究分野。⇨ **生態学的研究**，**生態学**，**人間生態学**，**都市生態学**

**社会-性的アセスメント**［sociosexual assessment］ 社会での人間関係や性的活動，性交渉の実際と結果に関して有している知識，性的活動の志向やその実態について，個々人の中でどのような文化的規範をもっているかという意識を同定し，測定するためのアセスメントを言う。このアセスメントは，社会文化的に制裁を受けるような性的活動を行っている危険性の評価も含むことがある。

**社会性難聴**［sociocusis］ 疾病，騒音にさらされたり，加齢など，近代社会における生活にすべてを伴う危険によって生じる聴力の損失。

**社会性破綻症候群**［social breakdown syndrome］ 慢性的な精神疾患で入院した人だけではなく，長期の囚人や高齢者のような集団にもみられる症状パターンのこと。この徴候は，ひきこもり，無気力，従順，進行性の社会・職業的機能不全などである。かつては，これらの徴候は精神疾患性とみなされていたが，現在では，刺激を欠く，過密で，変化のない日常を伴い，スタッフが無関心である施設の要因と，そこでの**病的役割の受け入れ**，ラベル付け効果（⇨ **ラベリング理論**）などの負のステレオタイプの内在化，また，ソーシャルサポートの欠如が原因であると考えられている。施設症（institutionalism），施設ノイローゼ（institutional neurosis），社会能力障害症候群（social disability syndrome）とも言う。

**社会性発達**［social development］ 他者と関わり，社会の一員として機能するために，個人が身につけなければならない，言語や社会スキルなどの特定のスキル，態度，関係性や行動を，徐々に獲得していくことを指す。

**社会性評価**［sociability rating］ 社会的活動に割く時間の量に基づいた，社会性の程度に関する評価のこと。

**社会生物学**［sociobiology］ 社会的行動における生物学的要因を系統的に研究する学問。社会生物学者（sociobiologist）は，人口は攻撃，ストレス，繁殖力，移民，捕食，疾病などによって，その状況における最適な値に維持されると考える。ダーウィンの**自然選択**の原理の一部である。

**社会層**［stratum］ 社会における水準あるいは階層。

**社会測定距離**［sociometric distance］ 社会的距離尺度で測定される個人間または集団間の親密性や受容の程度のこと。⇨ **ボガーダスの社会的距離尺度**，**プロクシミクス**，**社会的距離**

**社会測定的**［sociometric differentiation］ 他の集団成員との関係の質が低下するのに伴い，次第にある集団成員らとの間に強く肯定的な対人関係のつながりが発達すること。⇨ **魅力に基づく関係**，**ソシオメトリー**

**社会組織**［social organization］ 社会あるいは他の集団の成員間のすべての**対人関係**のことで，集団の構造やその構造内での個人の立場を決定する。これらの関係は，同族関係，年齢，性別，特に人間に関しては，宗教，結婚，共通の興味といったものを含む変数がもとになっている。社会組織は通常，**支配**，**縄張り性**，**配偶システム**および**協力**に関する社会的相互作用によって生じた行動規則によって動いている。

**社会ダイアド**［social dyad］ 社会的な文脈において交流を行う二者，もしくは2つのグループ。こうした関係の例として，きょうだい関係にある2人やライバル関係にある2つのスポーツチーム，共生関係にある母親と乳児，またビジネスパートナー間の調和や不仲関係などがあげられる。

**社会調整療法**［sociotherapy］ 人間関係の適応改善を目的とした環境調整に基づく支持的アプローチのこと。このアプローチは多様な場面で用いられ，両親ないし里親との協調，家族療法，職業の再訓練，重度の精神障害者が退院後に地域社会で再適応できるよう支援することなどがある。

**社会抵抗**［social resistance］ 支配的な文化の価値観や制限に対し下位集団が抵抗すること。

**社会的アイデンティティ**［social identity］ 他者に対する一貫した主張や表現によって示されるパーソナリティ特性。この特性は，安定した本質的な自己の一側面として捉えられる。この公的な関係に対してあらわになるペルソナは，その人の私的で個人的な自己を正確に表現している可能性がある一方で，その人が意図的に作りだした自己イメージの可能性もある。⇨ **社会的イメージ**

**社会的アイデンティティ理論**［social identity theory］ **1.** 公けの場で主張したり表明した自己に影響を与える個人的要因と対人的要因に関する一般的な社会心理学理論。**2.** 集団が成員の自己概念や自尊心に影響を与えると仮定される集団プロセスや集団間関係に関する理論的立場。特に，個人が集団成員としてカテゴリー化されたり，その集団と強い一体感があるときに影響が大きくなる。この理論によると，人は，**外集団**よりも**内集団**を好む傾向があり，それは，内集団が自己概念の一部であるからである。自己にとっての集団成員の重要性に重点をおくと，社会的アイデンティティ理論は，集団所属の重要性を軽視する行動の個体分析と対照をなす。

**社会的遊び**［social play］ **1.** 楽しみやスポーツを通して他者と交流する遊び。たとえば**闘争遊び**や，ときには**ごっこ遊び**を含む。**2.** アメリカの幼児発達の研究者であるパートン（Mildred Parten）が，1932年に提唱した遊びのパターンの分類システムのこと。このシステムは，就

学前の子どもの社会性の発達の水準を特定するために使われる。

**社会的圧力**［social force; social pressure］　他の人や集団によって，ある人や集団に影響力が行使されること。**集団圧力**のように，社会的圧力には，合理的討論，**情報的影響**，**規範的影響**，一方では要求や脅迫や個人的攻撃，他方では報酬の約束や社会的承認といった**対人影響**がある。⇨ **社会的影響**

**社会的遺産**［social heritage］　世代を超えて変わらない文化的に学習された社会的行動。特別な場合に贈り物をすることや，部屋に入るときに他の人たちに挨拶をすること，握手をすることといったものがその例である。⇨ **文化遺産**，**社会的伝達**

**社会的異性関係**［heterosociality］　異性との（性的，ロマンティックな関係ではなく）社会的レベルの関係のこと。

**社会的イメージ**［social image］　個人の公的な人格，すなわち公的な状況で他人に示されるアイデンティティのこと。⇨ **社会的アイデンティティ**

**社会的インセンティブ**［social incentive］　社会的に承認される行動への誘因。例として，受容，賛同，仲間への受け入れ，地位の提供などの対人的報酬があげられる。

**社会的インパクト理論**［social impact theory］　ソース（source）がターゲットに及ぼす影響量は，(a) ターゲットのソースと比較したソースの強さ（たとえば，ソースの社会的地位とターゲットの社会的地位），(b) ターゲットへのソースの即時性（たとえば，それらの身体的あるいは心理的距離），(c) ソースとターゲットの量（たとえば，一つのターゲットに影響するいくつかのソース）に依存していると仮定された，社会的影響に関する理論。ターゲットへのソースのインパクトは，ターゲットと比較したソースの強さ，即時性，数に伴って増加する。⇨ **ダイナミック社会的インパクト理論**　［アメリカの心理学者ラタネ（Bibb Latane）によって初めて提案された］

**社会的影響**［social influence］　**1.** 他者によって引き起こされた個人の考え，感情，行動の変化のこと。その他者とは，実際に存在したり，想像上であったり，期待されたり，あるいは，単に示唆された人のことである。**2.** 人に，考え，感情，行動を変化させるようにする対人間プロセス。⇨ **情報的影響**，**対人影響**，**規範的影響**，**社会的圧力**

**社会的影響アセスメント**［social impact assessment］　計画段階で，提案された建設計画の社会的影響を評価すること。これは，新しい設備を利用する人や環境の利益を予測するとともに，地価，交通量，仕事や家屋の移動，生態系の均衡，大気汚染，その他関連する要因の潜在的な影響を検討することによって行われる。

**社会的介入**［social intervention］　社会財あるいはサービスの種類を増やすことを目的としている社会的な活動プログラムのこと。

**社会的学習**［social learning］　他者との関係を通して促進される学習。**社会的促進**，**模倣**を含む多様な形式の社会的学習が確認されている。

**社会的学習理論**［social learning theory］　学習の大部分あるいはすべてが他者との社会的関係に依拠しているという一般的考え方。個人の行動および個人に影響を与える環境に対する，(a) 他者の影響のような外的刺激となる出来事，(b) 賞賛・非難・報酬のような外的強化，(c) 思考・判断のような認知過程によって，行動一般が発達し，調整されると考える。［バンデューラ（A. Bandura）によって発展］

**社会的隔離**［social isolation］　実験的研究において，実験動物を同種の別の個体から隔離すること。社会的隔離はしばしば，異常行動や生理学的変化を誘発する。

**社会的隔離症候群**［social isolation syndrome］　動物実験において，他の同一種個体から完全に隔離された状態で育てられることで生じる症候群。欠陥的な性行動に加え，体を揺らす，縮こまる，自己の体を抱き締める，隅にひきこもるなど，重度の異常行動が生じる。

**社会的カテゴリー**［social category］　ホームレスや失業，退職のような社会性の一般的な属性や，**社会階級**によって定義づけられた人々の集団。

**社会的慣習**［social mores］　社会集団によって確立された行動や習慣のコードのことであり，必ずしも法的な制裁によって支持されるわけではないが，法律のような拘束力をもつ。⇨ **社会慣習**，**社会規範**

**社会的干渉**［social interference］　**1.** 他者の活動やその他の経験と対立するような行動や，それらを妨害したり，邪魔したり，台無しにしたりするような行動のこと。**2.** 他者とともに働くことが生産性の低下を生じさせること。

**社会的飢餓感**［social hunger］　他者からの受容を渇望すること。

**社会的絆**［social bond］　対人間の情緒的な関係性。親密な友人関係や家族間の心情的なつながりなど。

**社会的規制**［social control］　教育，メディア，宗教，経済システムなどの社会的勢力が，個人や集団の行動に影響を及ぼすこと。

**社会的規範**［social norms］　(a) ある文脈においてどの行動が典型的とみなされるか（**記述的規範**），(b) その文脈においてどの行動が適切とみなされるか（**命令的規範**）を表す，社会的に規定され合意された基準。潜在的であっても顕在的であっても，これらの規範は，その状況における反応に対して社会的に適切なやり方を命じるだけではなく，できるだけ回避すべきとしてある行動を禁止することもある。統計的規範とは違い，両タイプの社会的規範は評価的性質をもち，これに従わない人，あるいは違反に対して受容可能な説明を与えることができない人を否定的に評価する。社会規範は，集団や社会的環境を通して適用されるが，集団規範は特定の集団に特異である。⇨ **社会慣習**

**社会的強化**［social reinforcement］　正の対人的刺激。たとえば，言語による賞賛，笑顔，接触，またそれ以外の肯定を示す行為。これらはその直前に行われていた行動の頻度を高める。⇨ **社会的刑罰**，**強化**

**社会的距離［1］**［social distance］　心理学的にいうと，個人や集団が，他の社会集団の成員からどの程度離れていたいかの度合い。これは，個人や集団が，異なる民族，人種，国民性，その他，社会的背景の他者をどの程度受け入れるかを反映している。

**社会的距離［2］**［social zone］　社会心理学で，たとえば弁護士とクライエントの関係のように，形式的な間柄にある人々の間で適用される距離範囲のこと。社会的距離は，$1.25〜3 m$（$4〜11.5 ft$）の領域と定義される。⇨ **プロクシミクス**，**親密距離**，**個体距離域**，**公衆距離**

**社会的距離尺度**［social distance scale］ 別の民族，国家，社会集団に属する人を，どの程度受け入れられるかという，集団間の態度を測る尺度のこと。比較的距離の離れた状況（「自分の国に住ませてもいいと思う」）から，近い状況（「婚姻により血族関係になってもよいと思う」）まで，幅広い状況について質問を行う。⇨ **ボガーダスの社会的距離尺度**

**社会的刑罰**［social punishment］ **村八分**，感情的離脱，あるいはその他の不承認のサインのような否定的な対人間刺激。その刺激の直前に先行した行動の頻度は減少する。⇨ **社会的強化**

**社会的係留**［social anchoring］ 自分の態度や価値観や行動などを，時に極端なまでに，他人の立場をもとに決定すること。社会的比較（⇨ **社会的比較理論**）では自分と他者の立場を比較するが，社会的係留では自己による価値判断ができないことを含意する。

**社会的欠陥**［social deficit］ 年齢や知能，身体機能に相応した社会的活動を行うことができなかったり，正しい判断を下せないといった欠陥のこと。こうした欠陥をもつと社会的援助を受ける可能性を低下させると考えられており，極度に問題がある人に対しては治療，とりわけ行動療法の対象となっている。

**社会的決定スキーマ図式**［social-decision scheme］ 集団における戦略や法則の一つ。その集団での討議中に提案・議論された複数の選択肢の中からある一つの選択肢を選ぶ際に用いられる。これらのスキーマや法則は，ある選択肢を支持する者の集計が公式にとられ，その数が一定以上の割合であればその選択肢が採択される場合のように，その集団内で明示的に認められている場合もあれば，最も有力な成員が支持しているであろう選択肢がその集団に受け入れられる場合のように，潜在的かつ非公式である場合もある。

**社会的決定論**［social determinism］ 歴史的事象や個人の行動などは，経済の影響などの社会的現象により決定づけられているとする学説，もしくは主義のこと。⇨ **文化決定論**，**決定論**

**社会的現実**［social reality］ 集団や社会の成員がもっている態度，意見，信念のコンセンサス。

**社会的行為**［social action］ **1.** 共同体やある人口区分のために社会的利益を得ることを目指した個人または集団の活動のこと。⇨ **行動主義**，**コミュニティ運動グループ**，**社会運動** **2.** 社会学における，社会的文脈の観点からみられるあらゆる人間の活動。そのような活動は社会学の領域において特徴的な対象である。

**社会的交換理論**［social exchange theory］ 参加者が公平や公正とみなした範囲の中で，利益を最大化しようとして交換する社会的相互作用を論じた理論。この仮説の本質は，**互恵性規範**である。人は，受け取った利益に報いようとする。社会的交換理論は，**公平理論**と類似しており，そして，社会的関係で公正を求め，その関係における各当事者の結果（利益）と貢献（関係に対して提供した資源）の比率が同じときに公平が存在することを主張する。［オーストリアの社会学者のホーマンズ（Geoge C. Homans: 1910-1989）とブルー（Peter Blau: 1918- ）によって提案された］

**社会的行動**［social behavior］ **1.** 相互依存する同種（同一種）のメンバーによる行動。**2.** 他者によって直接的，あるいは間接的に影響された行動。他者とは，実際に存在するか，想像上か，期待されたか，それとも単に示唆された人物である。**3.** 社会的共同体を形成する社交的な種にみられる一連の行動。**協力**，**親和**，**利他性**などを含む。

**社会的固着**［social ossification］ 変更することが困難な，深くしみ込んだ社会的行動のこと。たとえば，異なる社会的規則や基準をもった新しい環境に個人が移る場合にみられる。

**社会的孤立**［social isolation］ 自発的あるいは強制的な他者との接触の欠落。⇨ **孤立**，**孤独感**

**社会的困難行動**［dyssocial behavior］ 暴力行為やすり，売春，違法賭博などの，非行や犯罪活動と関連のある行動についての旧式名称。社会病質的行動（sociopathic behavior）とも呼ばれ，歪んだ道徳や社会的影響が原因となり，崩壊家庭や恵まれない家庭環境がしばしばそれをさらに悪化させる。そのような行動は現在では，**反社会性パーソナリティ障害**の一側面とみなされている。

**社会的差別**［social discrimination］ 文化的背景，社会階級，学歴，他の社会文化的差異に基づく差別的扱い。⇨ **差別**

**社会的サポート**［social support］ 他者への支援や癒しの提供。一般的には，様々な生物学的，心理学的，社会的ストレッサーへの対処を支援するために行われる。サポートは，家族成員，友達，隣人，宗教団体，同僚，介護者，支援団体などの社会的ネットワークにおける対人関係から生じる。それは，日常活動や金銭など実用的な援助，情報的支援（たとえばアドバイスや指導），そして最も基本的なレベルでは，個人に価値があり，受容され，理解されていると感じさせる感情的支援といった形態をとる。社会的サポートは，一般に身体的，心理的にポジティブな影響があるといわれており，特に，悪影響を与えるストレスから個人を守る。⇨ **コーピング**，**社会的統合**

**社会的死**［social death］ 他人が存在することを無視するような集団の行動パターンのこと。社会的死は言語，および非言語コミュニケーションが集団の全構成員間で行われることを前提とした状況下で，一人ないしは複数の人間をその輪から外すことで起こる。⇨ **現象学的死**

**社会的刺激**［social stimulus］ 対人関係に関わる反応（反応）を引き起こす社会的意義をもった**刺激**。

**社会的自己**［social self］ **1.** 自分にとって重要な，社会的関係に影響された**自己**の側面。⇨ **集合的自己**，**公的自己**，**社会的アイデンティティ** **2.** 社会的状況における人の特徴的な行動。**3.** 他の人々に接するときに，人が示すかもしれない現実の自己とは対照的なうわべの自己のこと。⇨ **社会的イメージ**

**社会的尺度**［social scale］ 人を，職業や財産，教育，生活様式のような要因に基づいて社会的に分類して割り当てたシステム。

**社会的習慣**［social habit］ 深く根づいていて，しばしば無意識的に行っているようにみえる社会的行動の共通の形式。（たとえば，「ありがとう」と言うこと。）

**社会的従属**［social subordination］ 個人やグループが社会での地位や威信の位置を下げること。［ドイツの哲学者・社会学者のジンメル（Georg Simmel: 1858-1918）によって明確にされた概念］

**社会的受容**［social acceptance］　1. 個人が，公式あるいは非公式にある集団に承認されること。2. 社会的不承認がないこと。

**社会的状況**［social situation］　ある特定のときに，個人の行動に影響を与える社会的要因の形態。

**社会的承認**［social approval］　社会集団による，人やもの（行動，特性，性質，または同様のもの）へのポジティブな評価や承認。その明示は，賛辞や称賛，賛同の表明などを含んでいる。⇨ **社会的不承認**

**社会的情報処理**［social information processing］　人の**情報処理**の一つ。社会的情報を符号化し，関連する情報と比較し，検索することで自分と他者の関係に影響を及ぼす。[アメリカの心理学者ドッジ（Kenneth A. Dodge: 1954- ）が提唱]

**社会的ジレンマ**［social dilemma］　対人的状況の一つ。ある個人が，自分が所属する大きな集団の利益を犠牲にして，個人的で利己的な利益を追求している状況。このような複合的な動機が存在する状況には，大きな社会集団の利益になる形ではなく，むしろ利己主義的に振る舞うことを奨励する利益構造が存在する。しかし，もし一定数の個人が個人の利益を最大限に求めたならば，彼らが得られる利益は，集団の利益を求めた場合よりも少なくなってしまう。社会的ジレンマは，**囚人のジレンマ**のような**混合動機ゲーム**でのシミュレーションが行われる。⇨ **社会的トラップ**

**社会的浸透理論**［social penetration theory］　親密な関係は，徐々に本質的な**自己開示**を行って親密になっていくというモデル。

**社会的推論**［sociality corollary］　その人のコミュニケーション能力，もしくは相手のパーソナルコンストラクトへの理解をもとにした相互交流。[アメリカの心理学者ケリー（George A. Kelly: 1905-1967）によって提唱された]

**社会的スキル**［social skills］　ある社会的文脈において効果的，適応的に相互作用し合えるようにする一連の学習された能力。最も一般的に知られている社会的スキルは，主張，コーピング，コミュニケーション，友人関係形成スキル，対人間問題解決，認知や感情や行動を制御する能力などである。⇨ **社会的能力**

**社会的正義規範**［social justice norm］　援助してもらうのにふさわしい場合に限り，他者に助けられるべきであるとする社会規範（social norm）。⇨ **互恵性規範**，**社会的責任性規範**

**社会的制限**［social limitation］　個人の役割の達成を制限したり，完全な社会参加に関わるサービスや機会に個人がアクセスするのを否定するような，社会的政策や構造のあるいは態度の障壁に起因する制約のこと。

**社会的制裁**［social sanction］　集団内のルールを破ったメンバーが受ける罰や，その他の強制的手段。⇨ **社会的刑罰**

**社会的成熟**［social maturity］　社会的な基準と，その基準に従った行動の水準のことを指し，一般には，一定の年齢ごとに，その年齢に相応な達成すべき基準が示されている。

**社会的成熟度尺度**［social maturity scale］　個人が年齢に応じた行動をとる程度を測定する尺度のこと。これらの行動は，主に家族や地域社会での機能に関係し，精神遅滞が存在することを示すための知的障害の尺度と結びつけて考えられる。

**社会的成長**［social growth］　他者や他の集団との関わりに関する知識および能力が発達すること。社会的な成長は，ほとんどが文化的な期待の程度とは異なり，適合性という観点に限ったものではない。

**社会的責任性規範**［social responsibility norm］　援助を求めてくる者に対して可能な場合には助けるべきであるとする社会的基準や規範のこと。⇨ **互恵性規範**，**社会的正義規範**

**社会的相互作用**［social interaction］　2人以上の個人が相互に刺激し合ったり，反応し合うプロセスのこと。これらは，親子間の最初の出会いから，成人期における多数の人との複雑な相互作用にまで及ぶ。社会的相互作用は，協力と競争の展開，地位や社会的役割の影響，集団行動やリーダーシップ，適応のダイナミクスを含む。特定の個人間の持続的社会的相互作用は，**対人関係**の形成を導く。社会的相互作用の緻密な観察だけが，**社会組織**や**社会構造**を推測することができる。

**社会的促進**［social facilitation］　他者がいるときに課題の成績が向上すること。この効果は，単純な課題のときに生じたり，前もって学習を通して習得されたりするときに起こる傾向がある。この向上が，覚醒水準の高揚，自意識の高まり，重要でない集中を妨害する周辺的刺激に対する注意の低下などによるものかどうかに関しては諸説がある。反対に，課題が複雑であるとき，特に学習されていないとき，他者の存在は効果的な成果を頻繁に妨害する。⇨ **観衆効果**

**社会的体型不安**［social physique anxiety］　自分自身の見かけを他者がどのように知覚するかに関連した心配事，懸念，そして恐れのこと。

**社会的態度**［social attitude］　1. 社会問題における個人の一般的なものの見方や，社会的責任へのアプローチ。2. 他者に対する一般的な傾向や態度。たとえば，友好的や敵意的といった態度。3. 社会集団によって共有された意見や評価。

**社会的ダイナミクス**［social dynamics］　すべての社会集団において働いている変化の力，あるいはそのプロセス。

**社会的ダーウィニズム**［social Darwinism］　社会的関係性は，イギリスの博物学者ダーウィン（Charles Darwin: 1809-1882）が提唱した**自然選択**の原則に従って発展するという，現時点においては疑問視されている理論。イギリスの哲学者スペンサー（Herbert Spencer: 1820-1903）や他の学者が唱えたように，この理論は，社会は**適者生存**を通じて進化すると考える。ここでの「適者」とは，富や権力，生存競争における「自然的な」優位性を有する者として定義される。社会的ダーウィニズムは，社会的，経済的，人種的不平等性を合理化することから，19世紀後期〜20世紀初期にかけて，自由放任主義経済，帝国主義，**優生学**を正当化する，大きなイデオロギー媒体となった。

**社会的探求モデル**［social-inquiry model］　社会における相互作用の役割を重視した指導モデル。社会的探索モデルでは，学術的探究と結びついた，論理的プロセスによる社会的問題の解決手法が用いられる。

**社会的地位**［social status］　個人や集団における相対的な名声，権力，特権のこと。社会的地位は多くの要因（職

業，教育水準，民族性，宗教，年齢，階級，業績，財産，評判，権力，家柄）によって規定される。地位をメンバーに分配するとき，上記のうちのどれを強調するかは集団や社会によって異なる。

**社会的知覚**［social perception］　社会的事象に関する個人の認識のことで，特に他者や他集団の社会的行動から受ける動機や態度，価値を推論する能力を指す。対人知覚（interpersonal perception）とも呼ばれる。

**社会的知覚障害**［social imperception disorder］　共通の社会的相互作用および対人行動に対する自覚の欠如，他者の感情や情動理解についての障害，および社会的対人関係の問題に対する非常に限られた自覚によって特徴づけられる状態のこと。

**社会的秩序**［social order］　社会が安定している状態や平和な状態にあること。

**社会的知能**［social intelligence］　社会的関係において個人が容易にかつ効果的に能力を発揮できる程度。

**社会的知能指数**［social quotient］　**社会年齢**と**暦年齢**との間の比率。社会的知能指数はIQと類似する概念である。そこでは，100はその年齢で平均的な成績であることを示し，100以下は平均的な能力より低いことを示す。⇨ **社会の成熟度尺度**

**社会的抵抗**［social resistance］　政治的・経済的・社会的な活動，または政府や社会の政策に対する集団的な抵抗のこと。

**社会的適応**［social adaptation］　社会の要求，制約，慣習への適応。他者と協同的に生きることや働くこと，社会的相互作用や関係を満たす能力を含む。社会的順応（social adjustment）とも言う。

**社会的手抜き**［social loafing］　一人で作業しているときに比べて，集団で作業しているときに生じる，個人の努力の減少のこと。⇨ **社会的促進**，**社会的干渉**

**社会的伝達**［social transmission］　ある世代から次の世代へ，習慣，言語あるいはグループの**文化遺産**の他の状態を伝達すること。

**社会的動因**［social drive］　社会関係を築いたり，集団に属したいという動因のこと。⇨ **親和動因**，**群居性**

**社会的同化**［social assimilation］　1. 2つ以上の文化や文化的集団が次第に融合するプロセス。ただし，そのうちの一方が優位を維持することが多い。2. 人が優勢な集団の文化や習律の一部となっていくプロセス。⇨ **文化変容**

**社会的動機**［social motive］　他者との交流の結果として獲得する動機。この動機には普遍的なもの（例，親和欲求），または文化固有のもの（例，達成欲求）がある。⇨ **心理的欲求**

**社会的統合**［social integration］　1. 分離した集団が統一社会に結合されるプロセス。特に，入念な政策として試みられている場合を指す。人種差別廃止は，差別的社会を生み出す慣習の終結を公式に表すものであるが，統合は，他の集団成員個々人を受容することによって協力的に行動することを意味する。2. 個人が集団に同化されるプロセス。

**社会的統制**［social control］　個人や集団の行動に影響を与える，あるいは，それらを統制する社会的慣習，組織，法律の力。同調傾向が強い人に対してほど，社会的慣習が行動に作用する力は大きい。⇨ **行動制御**

**社会的動物**［social animal, social being］　ある種の動物は，生得的に社会的な生き物であり，相互のニーズや要求に応える性質をもつという概念。⇨ **社会的本能**

**社会的トラップ**［social trap］　集団の目標よりも個人の目標を追求することで，個人の利得をより大きくすることができるが，あまりに多くの人々が利己的に振る舞うと，すべての集団成員が実質的には長期的な損失を負うという**社会的ジレンマ**のこと。社会的トラップの多くは公共財に関するジレンマに関係している。**共有地の悲劇**がその一例である。もし牧草地を共有する農業経営者の多くが牛の群れの規模を拡大させてしまうと，牧草地は荒れ果ててしまうことになる。より広義には，社会的トラップとは，強化によって形成された人の行動が，行動結果と矛盾してしまう状況のこと（⇨ **強化分析**）。即時的な正の強化は，長期的な視点からみたときに，個人（たとえば，中毒）または社会（たとえば，共有地の悲劇）にも有害な行動を導く。即時的な負の強化は，長期的な視点からみたときには，個人（たとえば，勉強）または社会（たとえば，公共交通機関の利用）にも有益な行動をとることを阻害する。⇨ **混合動機ゲーム**

**社会的トンネル現象**［social tunneling］　他者からの警告や言語的な指示のように，課題に関連しているものを，無視したり，注意を払わない心理状態。この心理状態は，ストレスフルな環境や困難な課題に直面しているときに起こりやすい。⇨ **認知的トンネル状態**

**社会的内向性**［social introversion］　内気，抑制的，内向的な態度によって示される行動特性。

**社会的な回復**［social recovery］　社会療法やソーシャルスキルの改善を通して得られた，適応的で高機能の精神状態の回復のこと。

**社会的認知**［social cognition］　1. 人が自分自身の社会的行動や他者の行動を知覚したり，考えたり，解釈したり，分類したり，判断したりする認知のこと。社会認知の研究は，認知心理学と社会心理学の両方の側面と関係している。ほとんどの領域が，**帰属理論**，**対人認知**，**社会的影響**，道徳的判断と関連した認知プロセスを含む。2. 動物の行動において，グループ内の個体が同じ社会的グループに属する個体に関してもつ知識，およびその知識に基づいて他個体の行動について判断を下す能力。たとえば，ベルベットモンキーは，ある家系に属する個体Aが，別の家系に属する個体Bを攻撃した後，家系Bのメンバーは家系Aのメンバーを攻撃する確率が高まる。

**社会的認知バイアス**［sociocognitive bias］　評価者が影響を受けやすい判断における気づきにくいバイアス。価値判断とは異なり，社会的認知バイアスは，十分な認知処理を伴わないことによる不適切な判断である。価値や倫理に関わらずあらゆる場面で起こりうる。

**社会的認知理論**［social-cognitive theory］　性格の機能は，社会文化的環境との相互作用を通して得られた認知的内容やプロセスの観点から説明されるという理論的枠組み。［バンデューラ（Albert Bandura）とアメリカの性格心理学者ミシェル（Walter Mischel: 1930- ）によって展開された］

**社会的ネットワーク**［social network］　個人または集団が他者ともっている関係構造のこと。社会学者と社会心理学者によって，社会的ネットワークを測定するための量的

分析法（社会的ネットワーク分析）が開発されている。

**社会的ネットワーク療法**［social-network therapy］　異なる生活の一面をもちつつ，患者やクライエントと重要な人間関係を保っている様々な人たち（例，親戚や友人，同僚など）が，小規模から大規模の集団精神療法にクライエントと一緒に出席する，心理療法の一つ。⇨ **ネットワーク療法**

**社会的能力**［social competence］　対人関係におけるスキルで，特に，様々な社会的状況に効果的に対処する能力のこと。

**社会的望ましさ**［social desirability］　**1．**社会集団内で，人や事柄（特徴や性質，その他同様のもの）が立派であると称賛されたりみなされたりする程度。**2．**人を，大多数の他者に肯定的にみられるように振る舞わせるバイアス。社会的望ましさのバイアスはしばしば，面接，質問紙，その他の自己評定法の妥当性を減少させるが，それは，回答者が正確さよりも知覚された社会的望ましさに基づいて回答する傾向があるからである。⇨ **印象操作**，**反応の構え**

**社会的望ましさによる反応の構え**［social desirability response set］　本心の意見を表明する回答よりも，好意的な評価を生じさせる回答をしようとする回答者や参加者の傾向。⇨ **反応の構え**，**社会的望ましさ**

**社会的剥奪**［social deprivation］　**1．**社会的な経験をする適切な機会が欠如していること。**2．**貧困や差別，その他の不利な状況が原因で社会資源に対するアクセスを制限すること。⇨ **文化的剥奪**

**社会的発話**［social speech］　他者に伝達することを意図して行う発話を指す。⇨ **自己中心語**

**社会的判断理論**［social judgment theory］　あるメッセージによって生み出された**説得**の強さは，そのメッセージが主張する立場と人の態度がどの程度異なるかに依存していると仮定する**態度変化**の理論。メッセージの立場が，明らかに容認できるものでも，明らかに反対すべきものでもないとき，説得が最も起こりやすい。⇨ **受容域**，**非関与域**，**拒絶域**

**社会的比較理論**［social comparison theory］　能力や態度を評価する客観的な基準が欠けているとき，人は他者と比較して（つまり，比較過程を通して）自分の能力や態度を評価するとする理論。人が他者と自分自身を比較する方法（**比較集団**，あるいは**準拠集団**）は，1954年にフェスティンガー（Leon Festinger）によって説明された。彼はまた，比較集団として選ばれた人は，大抵その人自身の能力や考え方と比較的類似した能力や態度をもつ人であると考えた。

**社会的ひきこもり**［social withdrawal］　よそよそしさ，孤立，無関心などの態度を伴い，社会や対人関係から退却する傾向。社会的ひきこもりは，うつ，自閉症，統合失調症と関連することが多い。⇨ **離脱反応**

**社会的フィードバック**［social feedback］　自身の行動および他の人々に関する発言に対する印象の直接的な報告のこと。人の冗談に対する笑いがその一例である。

**社会的風土**［social climate］　個人や集団が住む社会環境の一般的な性質。つまり，人々の行動や適応に影響を与える優勢な習慣，規範，態度を総合したもの。

**社会的不承認**［social disapproval］　社会集団によって人や事柄（行動，特徴，性質，その他同様のもの）を非難したり拒否すること。その表明は，侮辱，批判，軽視，**村八分**などを含む。⇨ **社会的承認**

**社会的不適応**［social maladjustment］　**1．**"他者と親しくなりたい"という親和動因を満足させるような対人関係を，形成することができないこと。**2．**社会的適合性や対応力が欠けていること。**3．**建設的な社会的関係を維持するプロセスが機能停止すること。

**社会的不変性**［social immobility; social fixity］　固定された社会規範をもつ社会の特徴，あるいは，ある他の社会階層に移動することが実質的には不可能である，あるいは極めて稀にだが一定方向にのみ可能な固定化された階層制度。伝統的なヒンドゥー**カースト**制度は，そのような固定化された階級社会（fixed class society）の例である。⇨ **社会移動**

**社会的不利**［handicap］　身体または非身体障害の結果，教育的，身体的，社会的な課題の1つ以上ができないこと，またはそのような課題で一貫して平均的な実行を下回ること。たとえば，車椅子の人にとって利用できない出入口は物理的な阻害であるだろうが，雇用に関する差別は非物理的な阻害である。⇨ **障害**，**情緒的ハンディキャップ**

**社会的分化**［social differentiation］　社会や社会的集団の中で，階層的な社会的地位が発達していく過程のことを指す。たとえば，介護施設では，自分の年齢，どのくらい動けるかや身体的な機能障害の程度などの規準によって，その施設内での地位が決まっていく。

**社会的文脈**［social context］　個人の行動や対人間行動の社会的枠組みとしての機能を果たす，特定の状況や一般的な環境。この文脈は，文脈内で生じる行動や感情に，少なくともある程度は影響を与える。

**社会的分裂**［social fission］　社会集団が小さな集団に分裂すること。通常，派閥内の解決できない内部対立のために起こる。

**社会的本能**［social instinct］　**1．**社会的に交流して所属感を得たいという欲望のことであり，集団に加入し，集い，関わる行動傾向で明らかとなる。**2．**アドラー（Alfred Adler: 1870-1937）の**個人心理学**によると，社会的本能は個人を共同体感覚へと導く内的衝動とされる。共同体感覚とは，自らが所属する集団への貢献を通し，自己実現を獲得することを指す。⇨ **群居性**，**群居本能**

**社会的密度**［social density］　**1．**ある一定の空間に留まる人間の数を変えることによって変化させることが可能な人口密度のこと。社会的密度は**クラウディング**の重要な決定要因であり，**空間密度**よりも人の行動／判断に影響を与えるとされている。**2．**ある特定の場所で起こると考えられる個人間の相互活動の数。⇨ **プロクシミクス**

**社会的役割**［social role］　中隊長，教師，副大統領のような，ある社会集団において公式の立場にある人によって演じられる機能的役割のこと。この種の立場は役割カテゴリー（role categories）と呼ばれ，各カテゴリーと関連した態度や行動は，**役割期待**と呼ぶ。

**社会的役割物価安定策**［social role valorization］　ソーシャルロール・バロリゼーションとも言う。**ノーマライゼーション**の原理を継承して開発され，障害をもつ人々に対する社会的に評価された役割の創出や，支援の重要性を強調した原則。この原則によると，評価された社会的役割を遂行することは，人が社会的に他者から受け入れられ，より容易に満足できる生活の質に到達する可能性を高める。

[ドイツ生まれのカナダの社会学者で，特殊教育の教育者のボルフェンスベルガー（Wolf Wolfensberger: 1934- ）によって1983年に定式化された]

**社会的役割理論**［social role theory］　男性と女性のすべての心理学的差異は，生物学的要因よりもむしろ，文化的基準やジェンダーに関する期待に帰属されると主張するモデル。

**社会的有機体**［social organism］　意図や自己保存のような，動的で生物的な性質をもった有機体としての社会集団や社会のこと。

**社会的要因**［social factors］　社会的文脈において思考や行動に影響を与えたり，自己概念（self-concept），他の個人，集団に対する影響を与える要因（たとえば，態度）。

**社会的要因に関する仮説**［sociogenic hypothesis］　統合失調症または犯罪行為といった精神障害または行動障害の主因になっている社会条件（たとえば，貧困地域での居住）についての仮説。

**社会的抑圧**［social repression］　対人的な手段を通して，個人や集団あるいはより大きな社会集団を統制，制圧，抑制する行為およびプロセスのこと。社会抑制の技術には，情報管理，民衆の改革運動の排斥，地域指導者の操作などが含まれる。

**社会的抑制**［social inhibition］　感情，態度，動機などが他の人に知られると否定されるという信念から，それらを表出しないように抑止すること。⇨ **観衆効果**

**社会動学**［social dynamics］　特定の社会，もしくは社会システムの歴史的な変化の過程についての実証的な研究に焦点を当てた社会学のアプローチのこと。⇨ **社会静学**［フランスの哲学者コント（Auguste Comte: 1798-1857）により概念化された］

**社会統計学**［social statistics］　社会の課題や問題を理解するための統計手法の応用分野のこと。⇨ **人口統計学**［ベルギーの社会統計学者ケトレ（Adolphe Quetelet: 1796-1874）］

**社会時計**［social clock］　ある文化において，特定のライフイベント（学校の開始，独り立ち，結婚，子どもの誕生，退職など）を経験することが期待される年齢についての一連の規範。

**社会年齢（SA）**［social age: SA］　個人の社会的能力を，規準に基づいて評価したものであり，その算出方法はいくつかある。小さい子どもを対象とした臨床場面では，主に，親などの大人へのインタビューに基づいて評価し，**バインランド適応行動尺度**で点数を算出する。

**社会病質**［sociopath］　反社会性パーソナリティ障害の旧式名称。

**社会福祉機関**［social agency］　健康，福祉，社会復帰などに関する個人向けのサービスを，監督または提供する民間団体あるいは政府機関のこと。社会福祉機関の一般的な目的は，クライエントの生活の質の向上にある。

**社会福祉事業**［social services］　**1.** 政府と非政府機関が提供する社会福祉の改善を必要とする人に提供するサービスのこと。たとえば，低所得者，病気あるいは障害をもつ人々，高齢者および子どもがその対象者となる。サービスには，健康管理，保険，補助金を支給する住宅，食糧補助金などを含む。**2.** 全市民の生活水準を改善するための政府によるサービスのこと。具体的には，道路や公共交通機関，上水道，電気，遠隔通信や公衆衛生機関の設置があげられる。

**社会復帰**［social rehabilitation］　**1.** クラブ活動やその他の地域保健活動への参加などの集団活動を通して，精神障害をもつ人たちが，自らの社会的機能の水準を高めるようにすること。**2.** 日常生活動作（⇨ **日常生活動作**），雇用，移動に関するニーズ，住居といった，障害をもつ人々の参加の障壁となる社会的側面への援助を行うことで，身体的機能不全や障害をもつ人々の自立機能をより高いレベルで達成すること。**3.** 犯罪者が犯罪を起こさない生活を送り，社会の生産的なメンバーになることを支援するために設立されたサービスと援助のこと。

**社会復帰チーム**［rehabilitation team］　個人を基準に患者が社会復帰する際の努力を調整するヘルスケア専門家の集団。患者のニーズに応じて，社会復帰チームには形成外科医，整形外科医，神経学者，心理士，精神科医，身体セラピスト，職業セラピストなどが含まれる。

**社会文化的視座**［sociocultural perspective］　健康，精神衛生，歴史，政治，経済，または社会，文化および社会的相互作用に関わる環境要因を強調する人間の経験を扱ったその他の領域に対する視点やアプローチのこと。

**社会文化的視点**［sociocultural perspective］　発達心理学では，子どもの認知発達には，その子どもと大人の関わり合いに加え，その関わり合い方や，関わった状況，関わった時期などの大部分を規定する文化的文脈が影響していると考えられている。この社会文化的アプローチの第一人者であるヴィゴツキー（Lev Vygotsky）の社会文化理論（sociocultural theory）では，子どもの発達プロセスについて，生得的な認知機能が，その子どもを取り巻く周りの文化の中で，自分より熟達者である友人や親，先生からの支援を受けたり，彼らとのやり取りを通じて，徐々に熟達してくことを指すとしている。⇨ **導かれた参加**，**発達の最近接領域**

**社会文化的要因**［sociocultural factors］　健康および適応的行動の一部に関与する環境条件のこと。または非適応的行動，精神障害や社会病理の病因の一部となっている環境条件を指す。社会文化的要因の肯定的性質の例としては，家族意識，コミュニティ支援，メンターシップなどを強く意識し，良い教育，健康管理，娯楽施設の利用可能性や芸術に接することがあげられる。社会文化的要因の否定的性質の例としては，スラム街のような状況，貧困，極端か限定的な職業の圧力，良質な医療ケアの不足，適切な教育機会が与えられないことがあげられる。

**社会変動**［social change］　19世紀の産業革命や20世紀のより自由な性表現の導入にみられるような，社会の一般的な構造や特徴が変化するプロセスのこと。社会変動は，非人間的経済や技術力の結果であったり，あるいは個人や集団による行動によって規定されたりする。⇨ **文化変容**，**社会進化**，**社会運動**

**社会方言**［sociolect］　ある特定の社会集団が話す方言。

**社会保障**［Social Security］　基礎的な退職所得および保険，障害者および遺族，メディケアへの給付金を提供する包括的な社会的プログラムのこと。このプログラムは1935年に制定され，米国社会保障局によって運用されている。

**社会療法**［social therapy］　人間関係の機能を改善する

ために，社会組織や社会体験を有効に活用する治療的かつリハビリテーション的アプローチのこと。**環境療法**や**治療共同体**などがある。

**社会歴史的発達**［sociohistorical development］　個人のもつ価値観や規準，技術などの，年月をかけた社会の中での変化。ヴィゴツキー（Lev Vygotsky）は，このように社会の中で起こる一連の変化の過程が，個人の認知スキルや思考パターンを形成していくとした。

**社会老年学**［social gerontology］　老化の社会的過程，および，高齢者と高齢者を取り巻く環境の相互作用に関する研究。高齢者の共同体への貢献，共同体において高齢者のために提供されるサービス，集合住宅や共同体の高齢者のための活用といった問題が含まれる。

**弱視**［amblyopia］　目に器質的な不全が認められないが，視力が低下している状態のこと。⇨ **大脳性弱視**，**不同視弱視**，**機能弱視**，**視力発達異常**，**経線弱視**

**弱視・斜視検査鏡**［amblyoscope; orthoptoscope］　両眼の斜視角（斜視の程度）を明らかにするために使用される装置の一つ。片眼もしくは両眼が斜視の場合は，両眼をどの程度，協応的に動かすことができるかを明らかにするためにも使用される。

**弱者**［disadvantaged］　社会資源（特に，生活必需品または教育，雇用機会）への機会の平等を剥奪された個人，家族，コミュニティを意味する。⇨ **文化的不遇**

**ジャクソニアン・マーチ**［Jacksonian march］　運動性の症状を伴う単純**部分発作**。古くは間代性の運動症状と呼ばれた。一部の筋肉群から運動がはじまり，規則的に（行進のように）近接する群に運動が移動することが，一つの領域もしくは半身において生じる。［イギリスの神経学者ジャクソン（John Hughlings Jackson: 1835-1911）による］

**ジャクソンの法則**［Jackson's law］　脳の障害により起こる機能障害は，より高次でより最近に発達した機能から先に失われていくという基本的性質。［ジャクソン（John Hughlings Jackson）による］

**シャクター**［Schachter, Stanley］　スタンレー・シャクター（1922-1997），アメリカの心理学者。1949年にミシガン大学でフェスティンガー（Leon Festinger）に師事し博士号を取得。ミネソタ大学で1949年から1961年まで教鞭をとり，その後はコロンビア大学で教員として引退するまで勤めた。シャクターの研究は社会心理学，健康心理学に影響を与えている。彼の功績は，複雑な社会心理学のテーマに厳密な実験方法を確立し，臨床場面でその有用性を実証したことである。彼の研究は，グループ間での社会的抑圧，社会コミュニケーション，**帰属理論**，多食症や喫煙などの中毒的行動といった問題点に焦点を当てていた。シャクターの有名な論文に Cognitive, Social, and Physiological Determinants of Emotional State（1962年の心理学評論，シンガー（Jerome E. Singer）との共著）がある。それまで科学者は特定の身体的変化が起こり，それに対応する特定の情動変化が起こると考えていた。しかしシャクターとシンガーは，同じ身体的変化（たとえばアドレナリン注射による興奮）であっても，社会的文脈に応じて恐れ，怒り，興奮などと，解釈が変わることを証明した。つまり身体的状態，認知的状態，情動的状態は相互依存的であることを証明した。シャクターの著書に Social Pressures in Informal Groups（1950），Theory and Experiment in Social Communication（1950），When Prophecy Fails（1956），The Psychology of Affiliation（1959）がある。米国心理学会特別功労賞を受賞した他，全米科学アカデミーの会員にも選ばれている。

**シャクター-シンガー理論**［Schachter-Singer theory; Schachter theory］　情動状態の経験，識別は，生理的**覚醒**および生理的状態の認知的解釈の両方の作用であるとする理論。情動の帰属（attribution of emotion），情動の認知的喚起説（cognitive arousal theory of emotion），情動の二要因説（two-factor theory of emotion）とも呼ばれる。⇨ **ジェームズ-ランゲ説**　［アメリカの心理学者シャクター（Stanley Schachter）とシンガー（Jerome E. Singer: 1924- ）による］

**尺度**［scale］　項目を，たとえば，それらの大きさや値に従って，小さなものから大きなものへという一定の方向性をもつ系列上に配列するための体系。

**尺度化**［scaling］　何らかの量あるいは特質（たとえば，身長，体重，幸福度，共感性）をアセスメントするために**尺度**を構成する過程のこと。

**尺度開発**［scale development］　測定手段を構成し，標準化し，妥当化する過程のこと。

**尺度化可能性**［scalability］　値や得点が小さなものから大きなものへという方向に配列された系列の中に，（たとえば，ある検査の）項目が適合することができる性質。

**尺度化された検査**［scaled test］　複数の項目が，困難度が増していく順に配列されたテストのこと。あるいは，項目に対して何らかの値や得点が割り当てられたテストのこと。

**尺度再現性**［scale reproducibility］　累積尺度上における回答者の総得点（の位置）から，回答者がその尺度上で，総得点より低いすべての項目に「はい」と回答（または正答）し，総得点より高いすべての項目に「いいえ」と回答（または誤答）したことが推測される程度（この推測は完全に正しい場合，尺度が一次元的であり誤差がないことを意味する。完全から遠ざかるほど再現可能性が低くなる）。

**尺度値**［scale value］　観測結果や協力者（被験体）の属性を表す，尺度上の数値。

**灼熱性熱感（灼熱痛）**［thermalgia］　極めて強い焼けるような痛みを感じること。

**灼熱痛**［causalgia］　末梢神経損傷に起因する激しい焼けるような痛み。この状態はしばしば，銃弾や小刀により負った穿通創のために生じ，非常に耐えがたい痛みに加え，腫脹，発赤，発汗を伴う。

**若年性愛**［juvenilism］　子どもや思春期の若者に性的な魅力を感じること。⇨ **エフェボフィリア**，**幼児性愛**

**斜頸**［torticollis］　顎が曲がったり，頭部が片方にねじれたりする原因となる，持続的もしくは痙攣性の首の筋肉の収縮のこと。神経学的な要因に起因する場合もあり，先天的な場合もある**ジストニア**の一種であり，薬物治療や**バイオフィードバック訓練**が有効である。ただし，心因性による斜頸もある。また，時に複雑性（筋緊張性）**チック**に分類されることもある。

**視野計**［perimeter］　半球状の装置で視野の範囲の限度を表示するために用いられる。まずその半球の内側に座り，中心点の光をじっと見る。その後，小さな光の点滅を検出

するように求められ，それによって視野が調べられる。視覚の検出感度を調べるため，点滅の大きさと明るさが視野内の多くのポイントで変えられる。

**視野計測**［perimetry］ 視野範囲の計測のこと。⇨ **視野計**

**視野欠損**［visual field defect］ 視野範囲の減少を意味し，部分盲と全盲とがある。視野欠損は網膜と視覚野間の視覚的インパルスの流れへの干渉によって生じる。この干渉は，**視交叉**や**視放線**のすべてもしくは一部の損傷，または周辺部分の損傷によるとされている。この損傷には単眼，もしくは両眼の神経束を含む可能性がある。損傷する部位によって異なる欠損が生じる。

**斜交**［oblique］ **1.** 独立していなくて，相関している状態。**因子分析**において相関する因子間の関係を記述する際に用いられる。**2.** 直角ではない。⇨ **直交**

**社交**［society］ 通俗的かつ大雑把に捉えた場合の上流階級のこと。典型的には資産家や権力者，著名人など高い**社会経済的地位**をもつ人々から構成され，何らかの形で流行に沿っていると考えられている。

**斜交回転**［oblique rotation］ 2つ以上の因子に相関がある**因子分析**で使われる因子軸の回転法。

**社交恐怖**［social phobia: social anxiety disorder］ 極端で持続的な**社交不安**あるいは**パフォーマンス不安**を特徴とする不安障害のこと。この不安は強い悲哀を引き起こし，日常的な活動への参加を妨げる原因となる。この恐怖的状況を回避することが一般的だが，場合によっては著しい不快感を感じながらも我慢することもある。

**社交性**［sociality］ 社会的相互作用が明瞭に組織化された集団の一部として生活する傾向や，集団の要求に協力したり適応したりする能力のこと。ヒト以外の動物では社交性は，捕食者探知や回避，情報の共有を介した狩猟採集成功率の増加，子どもの保護といった利益をもたらす。そのコストは，寄生される危険の増加，集団成員間の競争の激化，捕食者に見つかる可能性の増加などである。

**社会的飲酒家**［social drinker］ 酒を社交場で，控えめに飲む傾向のある人のことを一般的には意味する。

**社交的コミュニケーション**［phatic communication］ 情報をやりとりするよりは，社会的な関係性をまずは構築したり維持したりすることを目的とした，言葉や文章によるコミュニケーションのこと。

**社交不安**［social anxiety］ たとえば，会話をしたり，見知らぬ人と出会うとき，またデートをするときなどの気後れを感じたり，あるいは，たとえば愚かであるとか弱々しい，心配性などといった具合に他者から否定的に評価されかねないような社交的な場面を恐れることである。社交不安は自分の社会的地位や役割，行動への懸念を伴う。そのような不安が深刻な苦悩や機能不全をもたらすときには，**社交恐怖**の診断がつく可能性がある。

**ジャーゴン**［jargon］ **1.** 特定の職業や活動領域の中で用いられる言語の，特殊な単語や形式のこと。技術的，専門的な対象を扱ううえで，ジャーゴンの使用はしばしば避けられないが，ジャーゴンの不適切な使用や不必要な使用は，それを理解できない部外者を疎外する可能性がある。**2.** 言葉を話す前の子どもにみられる，会話のように聞こえるが理解不能の**喃語**のこと。

**斜視［1］**［strabismus; heterotropia; squint］ 正常な両眼注視，すなわち両眼視が不可能となる慢性的な異常のこと。斜視の眼は別々の方向を向いているので，脳に競合する情報が送られ，**複視**が生じることもある。あるいは，脳は片方の眼の情報すべてを単純に無視あるいは抑制することもある。水平方向の斜視が最も頻繁に起こり，片眼あるいは両眼が，内に（**内斜視**）あるいは外に（**外斜視**）それる。しかし，上方向（上斜視：hypertropia），下方向（下斜視：hypotoropia）にそれる形や，また稀に時計回りあるいは反時計回りにねじれる（回転斜視：cyclotropia）形で生じることもある。

**斜視［2］**［tropia］ 単一目標を見る際の両眼間の視覚軸に相対偏差が存在すること。両眼の異常な照準合わせをもたらし，その輻輳異常は修正できない。この用語は，**外斜視**もしくは外偏斜，**内斜視**もしくは内偏斜，のような複合語として一般的に使用されている。

**邪視**［evil eye］ 悪意ある視線や敵対的な凝視に宿るとされる超自然的な力についての民間起源の信念。それは，その受け手に対して，災難，病気，あるいは破滅をもたらすものと信じられている。この用語は特に，地中海沿岸の国々や諸地域において，文化結合症候群を指す場合に用いられている。⇨ **ウィッチクラフト**

**斜視計**［strabismometer］ 斜視の度合いを計測するための装置。

**斜指症**［clinodactyly］ 1本以上の指が，常に横に曲がっていること。遺伝的，もしくは染色体障害と関連のある，一般的な身体的特徴であり，精神発達遅滞とも関係する。

**写実要因**［realism factor］ 心理学的美学における，芸術評価への独立的・客観的影響の効果のことで，主観的または観念的な要因に左右される判断と対照的なものである。

**射精**［ejaculation; seminal discharge］ **1.** 複数の筋肉群の随意または不随意な収縮によって陰茎から精液が排出されること。⇨ **オーガズム，早漏，逆行性射精 2.** 性交，夢精，マスターベーションの際に起こる，精液の放出。

**射精管**［ejaculatory duct］ 前立腺の左右両側にある管。**輸精管**と**精嚢**の輸出管が融合して形成されている。前立腺で合流し，膀胱の下で尿道に流れ込む。

**ジャックナイフ法**［jackknife］ 一度とられたデータから繰り返して再標本をとって行われる推定手続き。この手続きを通して，たとえば標準誤差や信頼区間を推定することができる。

**尺骨神経**［ulnar nerve］ 前腕と手の側面（外側）を支配する感覚神経と運動神経。その神経線維は第8頸部および第1胸部**脊髄神経根**からきており，**腕神経叢**の中央部を通る。

**シャッファー側枝**［Schaffer collateral］ **海馬**にあるCA3領域のニューロンから出る軸索の枝。CA1領域に投射している。

**シャーデンフロイデ**［schadenfreude］ 他人の不幸によって喚起される喜びや満足感のこと。［ドイツのシャーデン（Schaden）の"危害"とフロイト（Freud）の"幸福"から生まれた用語］

**シャドーイング**［shadowing］ 認知検査において，メッセージが提示されると同時に，参加者がメッセージを一語ずつ復唱する課題で，通常別の刺激とともに提示される。主に**注意**の研究で用いられる。

**シャトルボックス**［shuttle box］　2つの区画からなる箱で，動物の退避条件づけに関する研究に用いられる。特定の時間（たとえば30秒）より長く1つの区画に留まった場合，足への電気ショックが生じるよう設定される。被験体は常にある区画から別の区画へと移動する（すなわち両者の間を往復する）ことで，電気ショックを避けることができる。しばしば，別の区画に移動するために，飛び越えたり押したりする必要のある小さな障害が置かれる。

**社内評価**［in-house evaluation］　組織の内部的なプログラム評価。**内部評価者**により実施される評価で，**外部評価者**により実施されるものとは対照的である。

**ジャニス－ファイヤアーベント仮説**［Janis-Feyerabend hypothesis］　説得的談話は，自分の側を否定するような攻撃に答える前に，自分の反対側の議論に最初に反発したほうが，より友好的になるという仮説のこと。［オーストリア生まれのアメリカの哲学者ジャニス（Irving L. Janis: 1918-1990），およびアメリカの心理学者ファイヤアーベント（Paul Feyerabend: 1924-1994）による］

**ジャネ検査**［Janet's test］　触覚感度検査であり，参加者は検査者の指が触れたかどうかを尋ねられ，「はい」または「いいえ」と答える。［フランスの心理学者・神経学者ジャネ（Pierre Janet: 1859-1947）］

**ジャバーウォッキー**［jabberwocky］　無意味であるが文法的には正しい文章もしくは話し言葉。［イギリスの作家キャロル（Lewis Carroll: 1832-1898）Through the Looking-Glass（1871）（邦題『鏡の国のアリス』）内の滑稽詩から］

**視野表象マップ**［retinotopic map］　**有線皮質**のような視覚系の構造体における，網膜表面のそれぞれの位置に対応する神経表象のマップ。視野マップ（visuotopic map）も時に視野表象マップの同意語として用いられるが，より厳密には各神経構造体における視野との対応関係を指す。

**シャピロ－ウィルクス検定**［Shapiro-Wilks test］　標本が**正規分布**をもつ母集団から抽出されたという仮説を検証する検定のこと。［アメリカの統計学者シャピロ（Samuel S. Shapiro: 1930-），ウィルクス（Samuel Stanley Wilks: 1906-1964）］

**遮蔽指示照合法**［screened touch matching］　ツェナーカードを使った超心理学的な実験技法の一つ。5種類の記号に対応した5つの置き場所の1つを指し示すやり方で，裏向きのカードの山の一番上の記号を当てる。カードは指示された場所に裏向きのまま置かれ，後で確認する。カードを触る人物は図柄を見ていないので，この方法は，**テレパシー**と対照的に**透視**の検証に使われる。⇨ **基本的方法**

**シャーマン**［shaman］　様々な土着文化，特に自然や先祖の崇拝を行う文化において，超自然的，呪術的な力によって占い（特に，診断：diagnosis）を行い，精神的・身体的疾患を癒すことができるとされる男性あるいは女性の宗教指導者。シャーマンたちの地位は，社会的に承認された組織によって与えられたものではないが，重大な身体的・精神的転機から，あるいは世襲によってシャーマンとなる。シャーマニズムは，広範囲の伝統的信念や慣習を含み，その多くは，身体的精神的癒しを求めて，魂や動物の世界とコミュニケーションをとろうとする。

**シャーマン様トランス**［shamanic trance］　幻覚剤，律動的な行為や音楽，暗示，憑依の体験，その他の類似の手段によって誘発された**変性意識状態**。⇨ **シャーマン**

**シャルコー・マリー・トゥース病**［Charcot-Marie-Tooth disease］　緩徐進行性の神経と筋の障害。上肢（肘より先）と下肢（膝より下）の筋力の低下（萎縮）と衰弱が特徴で，感覚と運動機能も失われる。一般に，このような末梢運動神経と感覚神経の変性によって生じる疾患では生命の危険はない。通例は**常染色体優性**であるが，劣性型がより深刻な症状を引き起こすこともある。腓骨筋萎縮症（peroneal muscular atrophy）とも呼ばれる。［シャルコー（Jean Charcot: 1825-1893），フランスの神経学者マリー（Pierre Marie: 1853-1940），イギリスの内科医トゥース（Howard Tooth: 1856-1925）］

**シャルパンティエのバンド**［Charpentier's bands］　暗い面に明るい運動するスリットが現れることで錯視を生じさせる明暗のついた帯のこと。［フランスの実験心理学者シャルパンティエ（Pierre Marie Augustin Charpentier: 1852-1916）］

**シャルル・ボネ症候群**［Charles Bonnet syndrome; Bonnet syndrome］　一般的に，重篤な視覚障害をもった高齢者にみられ，妄想や洞察ではない複雑な幻視のこと。この幻視は，多くの場合，精神病や心理学的異常を示さない。［スイスの博物学者・哲学者のボネ（Charles Bonnet: 1720-1793）］

**ジャンキー**［junkie］　薬物中毒者，特にヘロイン中毒者に対する俗語。⇨ **ヘロイン依存**

**ジャンクサイエンス**［junk science］　法廷にもち込まれる根拠に乏しい研究結果。裁判官，弁護士，陪審員は怪しげな研究を見抜く科学的トレーニングを受けていないため，ジャンクサイエンスは懸念材料となる。

**ジャンプ台**［jumping stand］　弁別を研究するのに正式に使用される器具の型。ラットは台の上に乗せられ，少し離れた足場にあるドアをジャンプし通り抜けて，餌を獲得しなければならない。大抵は2つのドアが提示され，各々に弁別刺激が示される。一方のドア（正解）を通り抜けると，餌にたどりつける。もう一方のドアに向かってジャンプすると，ドアには鍵がかかっていて，ネットに落ちてしまう。この器具では，多くの変数が統制されていなかったため，後に使用されなくなった。

**種**［species］　**生物学的分類学**における，分類の基本単位。生殖能力のある子孫を残す交配が可能な生物の集団からなる。属の主な下位区分。

**呪医**［witch doctor］　多くの伝統的な社会において，魔術的な力をもつと信じられている人物。治療やそのほかの**ウィッチクラフト**から人々を守るために魔力を使うとされる。⇨ **シャーマン**

**主意主義**［voluntarism］　**1.** 心理学において，人間の行動を，少なくとも一部分においては，意志力を行使した結果であるとする観点。⇨ **自由意思**　**2.** あらゆる人間活動において，意思や選択が重要な要因であるとする一般的立場。たとえば倫理学では，主意主義はいかなる道徳的規範への傾倒も，主に「信じる意思」であると強調し，人はそれを自分でコントロールする。認識論では，同じことが知識にも当てはまるとされる。歴史研究の分野では，意思を発揮することが人事の自然な成り行きでの主要な要因であるとしている。それゆえに，人間でない経済の力の役割を強調する**マルクス主義**のようなアプローチとは対立して

**主意説**［voluntarism］　形而上学において，知性や魂や他の実体ではなく，意志こそが実在の根本であるとする立場。この立場の最もよく知られた哲学者，ドイツの思想家ショーペンハウアー（Arthur Schopenhauer: 1788-1866）である。

**主位的地位**［master status］　「母親」「スポーツ選手」など，文化的に定義された，人のアイデンティティの側面。自己概念を形成したり，その人の特性と行動に関する他の人の認知に影響したりする役割を果たす。その結果，場合によっては，人生の機会に影響する。「前科者」などのネガティブな主位的地位はしばしば永続する汚名を伴う。

**手淫**［onanism］　中絶性交，マスターベーションのこと。この言葉は，聖書の登場人物 Onan から名づけられた。「彼は，兄の妻との性交の際に，精子を地に流した」（旧約聖書 38.9）

**主因**［primary cause］　個人がある特定の疾病に罹りやすくなる条件や事象のこと。そのような要因がない状況では生起しないと考えられる。たとえば，性交渉は性感染症に関する一般的な主因である。

**自由遊び**［free play］　集団のリーダー，教師や遊戯セラピストによるコントロールや指示のない遊び。

**周囲環境**［ambience; ambiance］　出来事や状況の文脈や環境のこと。特に，文脈や環境は情動的効果やその評価に影響を及ぼす。

**周囲光**［ambient light］　環境もしくは物理的状況内の物体や構成要素を照らす，自然に利用することができる光のこと。

**自由意思**［free will］　人間の自己決定の力や能力。意志の機能は，ある考えや行動へと方向づけあるいは心構えをさせることである。したがって，自由意思という概念は，自律性をもたない人々に影響を及ぼすような力によって，方向づけ，傾向性，思考，行動が完全に決定されているわけではないことを示唆している。自由意思は，一般に，道徳的行動や道徳的責任に不可欠であるとみなされる。また，自由意思は，我々が意識的に何かをしたり，抑えたりする力をもっているという日常の経験の多くから，その存在を暗に示している（⇨ **自由のパラドックス**）。しかしながら，人間の行動を含むすべての出来事は予め決定されていると考える**決定論論者**からは，自由意思は幻想であるとして否定されることが多い。⇨ **エージェント，意志力**

**自由意思の感覚**［sense of free will］　行動を強いられない感覚。通常の自発的コントロールの一側面を指し，肉体を超えた**自由意思**とは異なる。自らの行動が，望まれていない感覚，強要されている感覚，外的な影響によって支配されているという感覚と対比される。⇨ **自己疎外症候群**

**周囲条件**［ambient conditions］　特定の環境における物理的な変数（たとえば温度，湿度，大気環境，騒音レベル，光の強度など）であり，概して独特な感じや気分を喚起させる雰囲気を作り出す。またこれは特定の環境要素との識別が可能である。

**周囲への気づき**［ambient awareness］　視覚的，聴覚的情景の注意を払っていない周辺についての気づきのこと。奇妙な刺激要素は，別の場所に注意が向けられていたとしてもある程度は処理される。

**自由エネルギー**［free energy］　精神分析学における，イドにある**心的エネルギー**。移動可能で，**一次過程**に関連する。⇨ **拘束エネルギー**

**周回**［go-around］　各メンバーが他のメンバーに対して，ディスカッションのテーマや，記述されたり，設定された状況において反応を求めるという集団心理療法で使用されるテクニックのこと。

**重回帰**［multiple regression］　1つの連続変量の**従属変数**と2つ以上の**独立変数**との間の線形関係を検討する統計手法。複数の説明変数から個人の得点のような基準変数を予測する際にしばしば用いられる。

**自由回答式質問**［open-ended question］　回答者が自分の言葉で回答する質問のこと。たとえば，小論文テスト。⇨ **閉じられた質問**

**就学準備**［school readiness］　1. 幼稚園入学前の子どもが，公的な学校に入学する前の準備のために作られたプログラムのこと。一般的には，保育所（prekindergarten school; nursery school）のことを指す。2. 子どものために最良の環境を提供しようとする組織を支援する取り組みのこと。特に，健康や早期教育，就学支援などの分野について行われる。子どもの就学を阻害する要素を減らすことを重視する。

**就学前教育**［preschool program］　就学前の子どもに対する教育課程のこと。または，知的あるいは情緒的な問題を抱える子どもの社会的スキルの発達や，彼らが適度な刺激を受けられるように意図された幼稚園や保育園における過程のこと。

**臭化物幻覚症**［bromide hallucinosis］　臭化物中毒の結果として生じる不安反応が刻みつけられたために伴う幻覚状態の拡大のこと。

**獣化妄想**［lycanthropy; lycomania; zoanthropy］　自分が狼，あるいは他の動物である，あるいはそれになれると信じ込む妄想。

**自由からの逃走**［escape from freedom］　人々が抱える孤独や孤立の悩みを解決するために，社会的同調へと逃げ込もうとすること。［フロム（Erich Fromm）によって定義］

**習慣**［habit］　十分に学習した行動や自動化された行動系列のうち，比較的特定の状況で生じ，時間が経つことで運動性の反射となり，動機づけや認知の影響を受けなくなり，意識的な意図をほとんど，あるいは全く伴わずに遂行されるもの。たとえば髪をいじる習慣は，ついには本人が明確に意識することなく生じるようになる。

**獣姦**［zoophilia; zoophilism］　動物を性的興奮や性欲を満足させる対象としてしばしば選択したり，性欲の満足が動物にのみに限定されている**性嗜好異常**の一種。家で飼っているペットや農場の家畜と性交する場合の他にも，動物愛護者でありながら自分をなめさせたり，こすらせるように調教し性的興奮を得る場合もある。田舎では，ブタやヒツジが対象として選ばれることが多い。⇨ **獣性愛**

**習慣化**［habituation］　コカインのような薬物の使用に精神依存が生じる過程のこと。ただし，嗜癖に特徴的な耐性の増加や身体依存は生じない。［訳者補足］なお，WHO 薬物依存専門家委員会は 1964 年に嗜癖（addiction）や習慣（habit）という用語は科学的に不適切として，これに代わるものとして依存（dependence）を提唱した。

**習慣化エラー**［error of habituation］　極限法において，

判断を変更しなければならないにも関わらず，事前の反応（ターゲットの在‐不在のどちらかに対する反応）を続行してしまう傾向。

**習慣強度**［habit strength］　学習強度を反映するとされる仮説構成体で，強化数や強化量，刺激と反応の間隔，反応と強化の間隔によって変化する。［ハル（Clark L. Hull）により1943年に提案された］

**習慣形成**［habit formation］　反復や条件づけを経ることで，ヒト以外の動物やヒトの行動が，規則的で，ますます遂行容易になっていく過程。

**習慣性チック**［habit tic］　器質性のチックとは対照的に心因性のもので，短く繰り返される運動のこと。具体的には，顔をしかめる，瞬きをする，繰り返し頭を一方に傾けるといったものがある。

**習慣の悪化**［habit deterioration］　精神病や身体疾患の結果として，社会的行動が統合的でないものへと退行する傾向。

**習慣の退行**［habit regression］　以前にやめた行動的習慣，行動パターンへと回帰すること。感情的苦痛の結果として生じることが多い。

**臭気嗜好**［osphresiophilia］　臭気への異常な興味。

**自由記述式テスト**［free-response test］　解答を学生が生成するタイプの試験。短答式テストや小論文試験が例としてあげられる。この種の試験は主観的テストと呼ばれることもある。⇒ 強制反応テスト

**周期性**［periodicity］　おおよそ規則正しい間隔をおいて，繰り返される状態のこと。

**周期性嘔吐症候群**［cyclical vomiting syndrome］　数時間ないし数日間継続する周期的で重篤な嘔吐エピソードであるが，その間には全く正常で健康な時期が入る。ストレスが重要な要因と考えられており，子どもに起こりやすい。

**終期段階**［terminal link］　連鎖スケジュールにおいて，1次強化で終了するスケジュール。並列連鎖強化スケジュールで多くみられる。

**臭気物質**［odorant］　ニオイ感覚を生じさせる大気中の揮発性物質。臭気物質はその強さと質の双方において異なる。

**臭気物質結合タンパク質**［odorant-binding protein］　臭気物質に結合し，嗅上皮にある粘膜に覆われたニューロンへと臭気物質分子を運搬する小さなタンパク質を指す語。

**宗教**［religion］　通常は全能の神への崇拝のもとにまとめられた霊的な信仰や実践の体系であり，祈り，瞑想，公的な儀式への参加といった行動が含まれる。体系づけられた宗教のその他の特徴としては，特定の倫理的教えが神の権威をもつという信念が存在したり，特定の人，場所，文書，物体を神聖で崇拝すべきものとみなすといったことがある。⇒ 宗教心理学

**従業員援助プログラム**［employee assistance program：EAP］　職務上の成果に影響を与えるような被雇用者の個人的な問題（たとえば，薬物乱用，家族の問題，心情的な問題など）に対して援助をするためのもので，組織内で指定を受けた公式の機能。この従業員援助プログラムは通常，被雇用者を，問題に対処するために必要なサービスを提供してくれる外部コンサルタントに対して委託する。

**従業員選抜手続の統一ガイドライン**［Uniform Guidelines for Employee Selection Procedures］　雇用者が従業員の雇用に関する市民法（civil-rights legislation）にいかに従うかを，助言する平等雇用機会委員会が開発した公的なガイドライン。⇒ 5分の4ルール

**従業員比較法**［employee comparison technique］　人事考課において，ある従業員の成果を他の従業員の成果と比較する諸方法のことで，勤務年数にはよらないもの。具体的な技法例としては，序列法，強制分配法，対比較法がある。

**従業員満足のビタミンモデル**［vitamin model of employee satisfaction］　従業員満足に影響する9の属性を提唱したモデル。ビタミン投与のように，従業員は自分たちの仕事に満足するためには，各々の属性の最低限の投与量を必要とする。3つの属性（給与，身体的安全，評価に値する社会的地位）があれば，従業員満足に否定的な影響はあまりない。しかしながら，あるビタミンのように，残りの6つの属性（外的目標，変化，明確性，統制性，使用スキル，個人的関係）が強すぎると問題を生じることもある。［イギリスの組織心理学者ウェア（Peter B. Warr）によって提唱された］

**宗教心理学**［psychology of religion］　心理学的観点から行われる霊的体験や既成宗教に関する実証的または学問的な研究。神秘主義に関連するような特殊な体験を記述・分析したり，一般的に信仰がその人の行動や認知過程にどう影響するかを調べたりする。この研究分野の先駆者として，ヴント（Wilhelm Wundt）とジェームズ（William James）がいる。

**宗教性**［religiosity］　敬虔な，誇張された宗教への熱狂。

**宗教的本能仮説**［religious instinct hypothesis］　人間は生来，崇高なる力を信仰し崇拝することに惹かれるという仮説。宗教の信者からは，神の存在や宗教の妥当性に関する主張の根拠として用いられ，一方，懐疑論者からは，人生に意味を見出し，快適な気持ちでいるために，人間がいかに神話をつくりだしてきたかの説明として用いられる。最近では，宗教的本能が生物学的な起源をもち，進化上の目的を果たした可能性について議論されている。

**宗教による治療**［religious therapy］　パストラルカウンセリング，聖書に関する勉強，そして，教会支援のコミュニティ活動などによる治療的介入法。時々，精神健康の専門家がこの介入法を先導することがあるが，そうでないこともある。⇒ 支持的心理療法

**就業前訓練**［prevocational training］　競争的仕事状況と職場環境に入る準備を個人にするように手助けするようにデザインされたプログラムのこと。訓練は経歴や職位に特定的ではなく，人々が良い仕事の習慣を開発したり，指示に従うことや時間を守ることなど，どのような仕事でも必要とされる基本的なスキルや能力を得るのを手助けすることに焦点が当てられている。就業前訓練は，卒業間近の大学生や遅れて労働人口に参入する成人など競争的な職業市場で実際に仕事経験のなかった人に提供されることもあるが，通常は，青年や障害のある成人に提供される。

**宗教妄想**［religious delusions］　宗教的信念や，宗教的思想と関連した妄想。この妄想には，しばしば，自分は救世主，預言者だという信念や，すべての病気を治すことができる特別な力をもっているという信念が含まれる。そのような信念は，妄想性障害の誇大妄想タイプの特徴として考えられている。

**宗教妄想狂**［theomania］ 自分が神としての使命を受けている，または神が取り付いていると信じるような妄想。

**周期理論**［periodicity theory］ 音に対する神経反応の時間的構造，特に神経発火（スパイク）のタイミングの中に音の高さが符号化されているとする理論のこと。周期音は強い音の高さを引き起こすが，この周期音に対しては，音の周期の整数の倍数で聴覚神経線維の発火が生じる傾向がある。⇨ **位相固定，場所説**

**自由継続リズム**［free-running rhythm］ 外部環境の同調がなくても，行動や生理学的な活動で周期性が生じていること。⇨ **生物学的リズム**

**自由形態素**［free morpheme］ 言語学において，それ自体で単語のように独立している**形態素**を指す。自由形態素は，組合せによってしか現れない複数形の"s"のような**拘束形態素**と対比される。

**集計問題**［aggregation problems］ 調査の分析単位として既存の集団や団体が使用される際に，状況による影響を個人の影響と切り離すことが困難なこと。たとえば調査者は，団体間の特性を個人の特性と捉えがちである。

**終結**［termination］ セラピーにおける治療の終わり。終結は，セラピストもしくはクライエントから提案され，相互の同意によってなされる。終結は即時的な場合も，その後のセッションに延長される場合もある。後者の場合には，終結日が決定されてそれまでの面接間隔が長くなることが多い。早すぎた終結（premature termination）とは，セラピストとクライエントのいずれか一方が治療が終わったと考えるより前に終結となった場合である。このような終結は，たとえばセラピストとクライエントの関係づくりのまずさや，必要な治療期間の理解不足，クライエントの経済状況の変化や転居などによって起こる。

**充血**［hyperemia］ 身体の一部で血液量が増加すること。部分によっては，この状態が外見上の紅潮を生じさせる。⇨ **赤面**

**集合**［1］［aggregation］ ある場所において，最小限の共通目的や結びつきがあるものの明らかな**社会構造**や**社会組織**がない有機体の集まりのこと。たとえばショッピングモールの人々，地下鉄プラットフォーム上の通勤者，水たまりの周りの一群の蝶など。

**集合**［2］［set］ 数学および論理学において，複数の事柄の集まりのこと。そして，この集まり自体も一つの事柄とみなすことができる。集合の要素が同じ一つないし複数の属性をもたなければならない，といった特定の条件により定義される集合が**クラス**である。

**集合経験**［collective experience］ **集団心理療法**において，ある特定の感情経験を共有すること。その過程では，各メンバーが抱える問題や相互のサポートや共感とともに，一人ひとりの存在を認めることが促進される［最初にこの方法を説明したのはロシア出身のアメリカの心理学者スレイヴソン（Samuel Richard Slavson）であった］

**集合構成**［collective formation］ フロイトの精神分析学理論において，人は形成された集団において相互に影響しあうと考えられた。その際，人の多様性が増すにつれ，**自我観念**をもつようになると考える。

**集合行動**［collective behavior］ 共有化されている，あるいは類似した行動が，集合的集団（collective）のメンバーによって実行されること。特に，集合的集団以外の人にとって異常な行動を指す。例としては，リンチや暴動であり，パニックを含む特異な状況で強まる。流行，うわさ，**集団ヒステリー，社会運動**といった現象は，より広範囲の人々が類似した行動に携わることで生じる。⇨ **集団運動**

**集合心理学**［collective psychology］ 1. 観衆や群衆，社会運動など集団と一体化している人々による特有の精神的・感情的状態やプロセス。2. そのような現象の科学的研究。

**集合生活施設**［congregate living facility］ 高齢者が独立して暮らす集合住宅のこと。入居者らは一緒に食事をしたり，他の社会活動にもともに参加したりする。

**集合的意識**［collective conscience］ 共有された価値，規範，感情，信念が，凝集的社会において道徳判断や行動の基盤となること。共通意識（common consciousness）とも言う。［フランスの社会学者・哲学者であるデュルケーム（Emile Durkheim: 1858-1917）が導入］

**集合的記憶理論**［collective memory theory］ ユング（Carl Gustav Jung）の**普遍的無意識**という概念をもとにした，人の学習に関する理論。イギリスの生物学者シェルドレイク（Rupert Sheldrake: 1942- ）によって1981年に提唱された理論であり，1987年にアメリカの心理学者マールベルク（Arlen Mahlberg: 1948- ）が，難易度が等しい2種類の暗号を学習する実験を行うことで検証した。この実験の結果，暗号の学習において，使われる機会が多い暗号ほど，その暗号の学習が容易になることを示した。つまり，既に多くの人々が学習しているモールス信号の学習は初期から容易に学習される一方で，新規の暗号はその学習が比較的困難である。1997年，マールベルクはこの理論を用いて，IQテストの得点が年代とともに上がる現象を説明している。

**集合的効力感**［collective efficacy］ チームや集団のメンバーに，課題を完遂するために必要な団結力や，それに持続的に取り組む力があるという信念。⇨ **コミュニティ能力**

**集合的罪悪感**［collective guilt］ 1. 自集団や社会ユニットが，倫理的，あるいは社会規範に違反しているという認識を人々が共有し，不快な感情状態が生起すること。後悔の感情と結びついている。⇨ **罪悪感** 2. 他の集団メンバーが順守する規範や法律を破ることが許されていないと考えること。大抵の場合，その考えは誤りで，有害でもある。⇨ **集団錯誤，連座制**

**集合的自己**［collective self］ 自己（あるいは，自己概念）の一部で，他の人々との関係，あるいはカテゴリー化された集団の成員性から生じる。集合的自己は，**公的自己**や**私的自己**と区別される。また，社会的アイデンティティ（social identity）とも呼ばれる。⇨ **社会的自己**

**集合的自尊心**［collective self-esteem］ 家族，小集団，近隣，部族，国家や地域などの社会集団における成員性に基づいて個人が自己概念の一部を主観的に評定すること。集合的自尊心は，しばしば，集合的自尊心尺度（Collective Self-Esteem Scale）を用いて測定される。この尺度は，アメリカの社会心理学者ルタネン（Rila K. Luhtanen）とクロッカー（Jennifer Crocker: 1952- ）によって1992年に作成された。回答者は，自分たちの一般的集団成員性に関連する4つの下位尺度で評定する。4つの下位尺度は，(a) 成員性尊重（集団メンバーについての価値評定），

(b) 私的集合的自尊心（集団における価値評定），(c) 公的集合的自尊心（集団における他者の知覚評定），(d) 集団同一性の重要性である。

**集合的集団**［collective］　群衆や暴徒といった大人数で，自然発生した一過性の社会集団。集合的集団は，しばしば，広いエリアに散らばった面識のない者同士を含んでいるが，彼らの意見や行動に公共性がみられる場合がある。

**集合的表象**［collective representations］　公共機関，法律，シンボル，儀式，物語などが，その社会の重要な概念，価値，独自のアイデンティティ，生活様式など共同体としての独自の社会意識を具体化するもの。［フランスの社会学者・哲学者であるデュルケム（Emile Durkheim: 1858-1917）が紹介］

**集合的無知**［pluralistic ignorance］　集団内で優勢であるとされる態度や信念を，その集団のほとんどすべての成員が内心では否定している状態。各成員は，集団の全成員がこれらの基準を受け容れていると信じ込んでいる。（たとえば性行動に関する）社会的道徳観の見かけ上の急激な変化は，集団内の他者が自分と同じように考えていると多くの個人が認知するようになっていくことで説明できる。［アメリカの社会心理学者オールポート（Floyd Henry Allport: 1890-1978）によって1920年代に提唱された］

**集合反射**［mass reflex］　1. 恐怖による"フリージング"に見られるような，特定の刺激によって引き起こされる人体の効果器（例，筋肉）における非特異的な反応。2. 重篤な脊髄損傷に伴って現れる症状を指し，自律神経系や体神経系の不随意な反応のこと。

**集合モデル**［confluence model］　兄弟姉妹の知能は家族規模に相関するという，問題の多い学説。このモデルによれば，知能は家族内の子どもの数が増えるほど下降する。したがって，子どもの数が増えば増えるほど，子どもたちの知能レベルは下がると予想される。知能は**出生順位**に従って下がると考える。例外は一人っ子である。教師役を務める年長の兄弟姉妹が一人もいないために，その知能は伸び悩む。しかしながら，このような説は，たとえば子どもの年齢差などの多くの変数を考慮しなければならないため，妥当性は低い。

**集合論**［set theory］　集合の性質を扱う数学的・論理的分野（言い換えると，それ自体を実体とみなす実体の集合）。⇨ **クラス理論**

**重婚**［bigamy］　既に誰かと結婚している時に，他の誰かと結婚することに関する犯罪。個人が複数の配偶者をもつことが許されている文化では，重婚ではなく，**複婚**と表現する。

**収差**［aberration］　視覚においては，光をある一点に集中できなくなることで，それは水晶体の歪み，いわゆる球面収差（spherical aberration）によるもの，もしくは水晶体に色つきの干渉縞が形成されることに起因する（**色収差**）。

**自由再生**［free recall］　記憶実験の一種。項目リストが1つずつ呈示され，参加者は順序不問でそれらの項目を想起する。最初と最後に呈示された項目が一番よく想起される。**記憶の二重貯蔵モデル**の支持者は，この現象を，最後の項目はまだ**短期記憶**にあるために再生可能であり，一方で最初の項目は最も**リハーサル**を経験していて**長期記憶**に移されている，という事実に起因すると考えている。⇨

**再認法**

**自由最大化状況**［least restrictive alternative］　不本意ながら収容された患者の治療においては，多くの処遇よりもむしろ処遇を少なくすること（たとえば，病院に対して介護施設など）が最も望ましい方針であるとする，法的な指示。最も考慮すべき点は，安全性に対する懸念と患者の自由に対する制限の最小化を同時に実現することである。この見解は，アメリカの控訴裁判所の裁判官バゼロン（David L. Bazelon: 1910-1993）が1966年に下した2つの判決（Rouse v. Cameron および Lake v. Cameron）において重視された。

**自由裁量課題**［discretionary task］　種々の手順を用いて，グループやグループのリーダーの裁量で解決することができる比較的構造化されていない課題のこと。⇨ **加算的課題，補償的課題，総合的課題，離散的課題**

**周産期ヘルペス・ウイルス感染症**［perinatal herpesvirus infection］　単純ヘルペスウイルス2型の感染に伴う合併症を指す。妊娠女性の保持するウイルスが子宮内に入り込むことで生じる。この子宮内感染によって，深刻な血液障害や致命的な脳炎を生じる場合がある。この合併症は妊娠後期に生じやすい。⇨ **ヘルペス感染**

**修辞的疑問メッセージ**［rhetorical-question message］　メッセージに対するより慎重な吟味を促す手段として修辞的疑問を含めた説得的メッセージ。⇨ **メッセージ要因**

**収集癖**［collecting mania; hoarding］　不要物やゴミの無分別な収集に強迫的に没頭すること。このような症状は，慢性の統合失調症，認知症，重度の強迫神経症でよくみられる。⇨ **貯蔵**

**習熟遊び**［mastery play］　言語や知的能力などの新たな技能を習得することへと導く遊び。

**収縮期血圧**［systolic blood pressure］　肺動脈から大動脈に血液を送るために，心筋の収縮によって生じる動脈壁への血圧。⇨ **血圧，最小血圧**

**習熟度テスト**［mastery tests］　特定の教科の分野における包括的知識の獲得の程度を測ったり，進捗状況や理解の程度を評価したりするためのアセスメント。

**収縮能**［contractility; contractibility］　生の組織，特に筋が刺激に応答して収縮する能力。

**従順さ［1］**［docility］　受け身あるいは穏やかで，扱いやすい，または，攻撃することがあまりない状態。従順さは，選択飼育を通しての動物系統から引き出されたか，種族の自然変異の一部として起こったと考えられる。内気から大胆への**気質**の連続体は，魚から人間の種の範囲で観察されている。

**従順さ［2］**［submissiveness］　他者の要請に応じる，もしくは命令に従う傾向のこと。⇨ **応諾**

**従順な子ども**［adapted child］　交流分析の概念で子どもの自我状態の一つ。従順で操作されやすいことが特徴とされる。

**従順な性格**［compliant character］　その主要な動機は他者からの好意を求めることである。ドイツ出身のアメリカの心理学者ホーナイ（Karen D. Horney: 1885-1952）は，このような性格は3つの基本的な**神経症的傾向**のうちの一つから発達したと考えた。その神経症的傾向は**基底不安**に対する防衛で用いられる。⇨ **攻撃的性格，超然的性格**

**重症筋無力症**［myasthenia gravis］　アセチルコリン受

容体の欠如に由来し，神経筋接合部における神経インパルスの不完全な伝達により生ずる自己免疫疾患（⇨ **自己免疫**）。影響を受けた筋肉は容易に疲労し，まひすることもある。食事に関与する筋肉は食事の終盤では正常に機能できなくなることもある。会話も，ある一定の時間が経過すると早口で不明瞭になり，声が弱まることもある。眼瞼下垂，複視，嚥下障害が起こることもある。進行性であり，最終的にはすべての筋肉に影響を与える。

**重症躁病**［hypermania］ 常に活発で，風変わりな行動をし，**失見当識**，支離滅裂な会話が特徴的な，極度の躁状態。⇨ **急性致死性緊張病**

**就職後支援**［postemployment services］ **職業的リハビリテーション**において，最近就職した障害をもった人が，新しい職務状況に適応するのを助けるためにデザインされた，事後支援的な援助や計画。カウンセリング，経済的支援，継続的な治療といったものが例としては含まれる。

**就職面接試験**［employment interview］ 求職者に対する面接で，人事関係者，役職者，管理・監督者が同席して次のことを行う。(a) 会社・企業についての情報を伝え，質問に答える。会社・企業の製品や労働環境，提供される福利厚生についての情報を含む。(b) 応募者が関心をもっている仕事について説明をする。(c) 仕事に対する応募者の適格性の判断に役立ちうると思われる，応募者に関する情報を得る。得られる情報は，通常，候補者のパーソナリティに関する印象，モチベーションの高さ，言語的スキル，対人関係スキル，面接の中で示されるその他のスキルを含む。就職面接（job interview）とも呼ばれる。⇨ **パターン化面接**，**構造化面接**，**非構造化面接**

**重心**［center of gravity］ ある物体の質量が，そこを中心として均等に分散している点。たとえば，足の位置と重心位置との関係を調べることで，直立姿勢が安定しているかどうかを知ることができる。

**終神経**［nervus terminalis］ 嗅上皮の近くから生じる神経線維の集合。その起源はこれが鋤鼻系の一部であり，**フェロモン**の知覚に関係していることを暗示しているが，その本当の機能については議論が続いている。

**重心計**［stabilimeter］ 人が目隠しされた状態で直立し，動かないよう教示されている際に，姿勢の安定性と体の揺れを計測する装置。

**自由神経終末**［free nerve ending］ 肌にある求心性神経の端部で，痛みや温度などの感覚の受容器だと考えられている。

**囚人のジレンマ**［prisoner's dilemma］ 競争と協力を研究する**ゲーム理論**で用いられる**混合動機ゲーム**の一つ。ゲームのプレイヤーは，自己利益を拡大し他のプレイヤーに損失をもたらす行動か，自分の利益は少ないがすべてのプレイヤーにそれなりの利益をもたらす行動のどちらかを選択しなければならない。囚人のジレンマという名前は，有罪を示す証拠がないときに警察が用いる戦術からきている。その戦術では，2 人の容疑者は別々にされ，自白すれば釈放か軽い刑罰ですむと教えられる。囚人は，相手もそうすると期待して黙秘（協力戦略）することができるが，相手が自白すれば重い刑罰を受けるというリスクもある。一方，相手を犠牲にすることにはなるが自分の状況を改善するために自白（競争戦略）することもできる。それぞれの囚人には，相手がどう行動しようとも，自白しようとする誘因がある。囚人のジレンマは**社会的交換理論**や**社会的ジレンマ**研究と密接な関連がある。

**修正**［correction］ 統計的推定のように，測度の精度を高めるためにある量に対して加算・減算したりその他の方法で調整したりすること。たとえば，ある方法に関する**仮定**と分析されるデータの性質の対応関係を改善するために，修正がなされる。

**獣性愛**［zooerasty; zooerastia; bestiality］ 動物との性交や性的接触によって性的興奮や性欲を満足させること。DSM-Ⅳ-TR における**獣姦**と同義。旧式名称として獣姦がある。⇨ **ソドミー**

**修正感情体験**［corrective emotional experience］ セラピストとともに味わう対人関係上の新たな情緒体験を通して，クライエントは意味ある永続的変化に到達するとの仮定に立つ，精神分析による概念。クライエントが子どものような心を抑制できない状況に関しては，特によく当てはまるとされる。この概念は，精神分析的な治療を行う団体内部とその外部双方で議論され続けている。［ハンガリーの精神分析家であるアレキサンダー（Franz Alexander: 1891-1964）によって主張された］

**従性形質**［sex-influenced character］ 一方の性別に優勢で，他方の性別に劣性な遺伝特性のことである。たとえば，男性型の脱毛症は，男性に優性で女性に劣性と考えられる対立遺伝子によって調整されている。それゆえに，通常は男性型脱毛症は男性にしかみられないのである。

**集積評定法**［summated ratings method］ ある態度を測定する尺度を作成する際，最も良い項目群を選択するために項目分析を使用する手法。

**自由選択給餌**［cafeteria feeding］ 飢餓衝動のある子どもやヒト以外の動物に対し，様々な食べ物を提供し，その中から生体に必要な栄養をどう選ぶかを観察することにより研究する方法。⇨ **食事の自己選択**

**重相関**［multiple correlation］（記号：$P$）特定の 1 変数（たとえば，従属変数）と他の 2 つ以上の変数（たとえば，複数の独立変数）との関連性の程度を示す数的指標。

**重相関決定係数**［coefficient of multiple correlation］（記号：$R^2$）2 つないしそれ以上の**独立変数**によって**従属変数**が説明される程度を示す数的指標。たとえば政策の分析者は，労働者の年収に対する年齢，性，教育年数の効果を測定するため重相関を用いる。重決定係数（coefficient multiple determination），重相関係数の平方（multiple correlation squared; squared multiple correlation）とも言う。⇨ **決定係数**

**従属**［subordination］ 動物の社会的グループにおいて，資源競争の際に他個体よりも資源を得られないような個体。安定した社会的グループでは，個体は最少限での闘争や直接攻撃によって資源を分配するため，どちらが優位で，どちらが下位なのかを即座に学ぶ。⇨ **動物の優位性**

**収束的思考［1］**［convergent thinking］ **批判的思考**の一種で，問題に対して既に考えられた多くの解決策の中から，最も成功しそうなものを選ぶために分析する思考。⇨ **拡散的思考**

**収束的思考［2］**［convergent production］ 問いに正しく答える能力，または問題の最も良い解決法を選択する能力。ギルフォードの知能理論で認識された能力の一つ。⇨ **ギルフォードの知能の次元**，**拡散的思考**

**収束的妥当性**［convergent validity］　概念的に高い相関を示す質問項目について，測定手段の程度をもとにした**構成概念妥当性**の形式のこと。⇨ **弁別的妥当性**

**従属変数**［dependent variable: DV］　独立変数の生起あるいは変動の後で変化が生じることが観察される「結果」変数。従属変数は独立変数と因果的関連をもっていることもあれば，もっていないこともある。

**充足理由の法則**［law of sufficient reason］　ドイツの哲学者ライプニッツ（Gottfried Wilhelm Leibniz: 1646-1716）によって導入された命題。もし何かが存在するなら，必然的にその存在に十分な理由がある，ということ。この原理は，全世界に対して本来的に備わっている理論的根拠を示唆し，またライプニッツの不充足理由の法則（law of insufficient reason），つまり，もし何かの存在に対して十分な理由がないならば，それは存在しえない，という法則によって補完される。

**集束力**［focusing power］　収束レンズが光の平行光線を屈曲させる程度のこと（⇨ **屈折**）。集束力が強いときはレンズの近くの点に光の焦点が合う。集束力が弱いときはレンズの遠くの点に光の焦点が合う。レンズの集束力は**ジオプター**によって測定される。レンズの拡大力（magnification power）は，そのレンズを通して物体を観察したときに物体が何倍の大きさで見えるかを表す。たとえば，4×レンズはその物体の4倍の像を作り出す。

**収束論**［convergence theory］　同様のニーズや価値，ゴールあるいは個性をもつ個々人が，社会運動などの集団を形成することに対する集団行動の概念分析のこと。

**重大な生活上の出来事**［critical life event］　人生において，適応（adjustment）や適応行動を必要とする重大な出来事。このような出来事は，後に振り返ると大きな成長，あるいは極めて重要な態度や人格の形成をもたらしたものだとみなされることが多い。重大な生活上の出来事の一般的な例としては，親友や近親者との死別，離婚，失業などをあげることができる。

**集団**［group］　1. 特定の物や人の集合体。2. 社会心理学において，互いに社会的相互作用を通して影響を及ぼし合うような，2人かそれ以上の相互依存的な人々を意味する。集団の一般的な特徴には，当座の課題に焦点を当てた共行動または集団成員間の対人関係への関心のいずれか，役割や規範に関する構造，凝集性の程度，共有された目標が含まれる。社会集団（social group）とも呼ばれる。3. 動物行動における組織化された個体の集合体のことで，一緒に移動するか，あるいは共通の目標を達成するためにともに行動する。ここでの共通の目標とは，生殖や若い個体の世話，資源の防衛，捕食者に対する防御などである。⇨ **集合**

**集団圧力**［group pressure］　集団が個々の成員の判断に影響する直接的あるいは間接的な**社会的圧力**。このような圧力は，合理的な議論や説得（**情報的影響**），集団規範に対する服従の要請（**規範的影響**）といった形態をとる場合や，あるいは，要求，威嚇，個人攻撃，報酬の確約や社会的支持などのような，さらに直接的な影響の形態（**対人影響**）をとる場合もある。

**集団意識**［group consciousness］　1. 集団もしくはその成員の意識。また，集団成員たちが示す共通性。**自己意識**が自己の意識に関係しているのと同様に，集団意識は共同体の意識に関係している。2. 集団の総合的な意識のことで，個々の成員の知覚の総体を超えたものとされる。3. ⇨ **集団心理**

**集団意思決定支援システム**［group decision support systems: GDSS］　集団による意思決定の質，速さ，有効性を改善し，斉一化への圧力のような，錯誤の原因を避けるのを援助するために用いられる技術のこと。集団意思決定支援システムは集団が議題について自由に意思伝達を行い，中心的な利害関係者，前提，生成されたアイデアを確認し，代替案を評価し投票するのを助けるコンピュータソフトウェアモジュールのような形態をとる。

**集団医療実践**［group medical practice］　医師の集団，一般的には多様な専門家の集団による医療実践のこと。運営上の理由だけでなく，協同での診断・治療・予防といった臨床目的にも関連している。

**集団運動**［collective movements］　物理的な距離を越えて多くの人々が影響を受けるまでに，ある出来事や経験に対して同じように反応する人の数が時間とともに増えていく，**集合行動**の実例。**社会運動**といったような運動は，組織され，個人を巻き込んだり，個人に影響を及ぼすことを意図的に試みているものもある。一方で，自然発生的に起こるもの（流行，はやり，たとえば**集団ヒステリー**のような）もある。

**集団過程**［group process］　集団活動の中で生み出される内容（決定や情報など）とは対照的に，その活動の対人的な要素のこと。

**集団感覚**［group feeling］　集団の成員がもつ要求の一つ。他の成員と関わり合い，共同活動に参加し，集団における全体的な善を追求しようとする要求である。

**集団間葛藤**［intergroup conflict］　2つ以上の集団とそのメンバーの間の不一致，あるいは対決のこと。身体的暴力，対人関係の不和あるいは心理的緊張を含む。⇨ **集団内葛藤**

**集団関係理論**［group relations theory］　ある人の行動に影響を与える要因として，その人に独特な特性のパターンだけではなく，その人が社会的要請および期待に従おうとする要求をもあげる見解を指す。特に同調性や偏屈な思考に基づいた偏見を変容させようとする集団セラピーにおいて，この社会的決定因が明瞭となる。

**集団間ダイナミクス**［intergroup dynamics］　集団間で推移し続ける関係に影響するような，静的ではなく動的な過程のことで，集団間のステレオタイプ化，競争，葛藤，**内集団バイアス**を含む。⇨ **グループ・ダイナミクス**

**集団間問題解決**［intergroup problem solving］　2つ以上の集団が関わる手続きを用いて，葛藤，疑念，不確実性などの問題を解決すること。

**集団規準準拠テスト**［norm-referenced testing］　ある人物のパフォーマンスを同じテストの**規範集団**のパフォーマンスとを比較するテストの方法。集団規準準拠テストでは個人間の差を明らかにして，被評価者を彼らのパフォーマンスに基づいて規準集団内に位置づける。たとえば，全国的に標準化された集団規準準拠テストでは，ある人のパフォーマンスを集団規準と比較することによって全国的にどのレベルのパフォーマンスであるかを示す。⇨ **目標基準準拠テスト**

**集団帰属エラー**［group attribution error］　ある集団成

員の個人的特徴や好き嫌い，信念，態度，判断などが，その成員の属する集団のそれらに類似していると仮定する傾向のこと。たとえば，ある論点に対して反対意見を公言している集団があるとすると，その集団内部が全会一致ではない可能性がある場合でさえ，その集団成員である個人もまたその論点に対して反対であろうと仮定することである。⇨ **集団錯誤**，**外集団同質性バイアス**

**集団帰納**［collective induction］　ある一連の事実や事例から，一般的な結論やルールについての確認を行うグループディスカッションや問題解決のこと。⇨ **帰納**

**集団境界**［group boundary］　集団の様々な側面に制限を設ける潜在的・顕在的な基準のこと。つまり，成員となるための要件や，成員に期待される義務，あるいはそのグループが成員に許可する行為などを指す。

**集団極性化**［group polarization］　ある問題について集団討議をしているメンバーが，討議が始まる前にもっていた態度よりも極端な方向へ動く傾向のこと。結果として，討議前の個々の成員の態度による期待値よりも，集団全体はより極端な方法で反応する。極性化は社会的比較（⇨ **社会的比較理論**），他のメンバーによる比較の極端な反応，ならびに集団の暗黙裡の社会的決定計画によって形成される。⇨ **選択シフト効果**，**リスキーシフト**

**集団空間**［group space］　集団の周囲に形成される一時的障壁で，非成員からの無用の介入に対する防壁となるものである。集団パーソナルスペース（group personal space）または相互的テリトリー（interactional territory）とも呼ばれる。

**集団形成**［collective formation］　社会的な集合体またはグループの最初の構成のこと。特に，個人が互いに交流し，自然にグループが形成されている場合には生じやすい。

**縦断研究**［longitudinal design］　同じ事例や人に関する1つないし複数の変数について，一定期間，ときには数年かけて行う研究のこと。縦断研究の一例として，認知発達を深く調べる目的で，都市の学校と郊外の学校において，同一の子ども集団を数年かけて調べる比較研究があげられる。⇨ **クロスセクション計画**

**集団構造**［group structure］　集団内における，対人現象を構成し制御するプロセス，形態，システムの複雑性のこと。集団構造は，集団内における地位や役割，権威や魅力，成員を結びつけるコミュニケーション関係のネットワークによって定義される。こうした関係性は，**公式集団**の構造においてみられるように集団内で明示的に示されているか，非公式集団の構造にみられるように集団によって暗黙のうちに認められるにすぎないこともある。⇨ **社会構造**

**終端行動**［terminal behavior］　1. **間欠強化**でのフリーオペラント条件づけで，強化が生じる直前の時期に優勢な行動。⇨ **付随行動**　2. 生体の現在の行動のレパートリーに入ってない，あるいは，望ましい頻度や強度，大きさで生じていない反応のこと。終端行動を増やすことが，特定の行動介入の目的である。

**集団行動**［group behavior］　集団全体あるいは集団の一部である複数の個体による行為のこと。特に，集団の直接的あるいは間接的影響によってある行為が発生し，かつ，その行為がそれら集団成員の個人場面での典型的行為ではない場合を指す。

**集団催眠**［collective hypnotization; group hypnosis］同時にある集団に対して催眠術をかける行為。

**集団錯誤**［group fallacy］　1. 個々の成員の質を分析するだけでは完全に理解できない，顕在的で連続的な性質を集団がもっていると考える前提のことで，間違いとみなされている。⇨ **群衆心理**，**フォークソウル**，**集団心**　2. 実際には成員が多様な側面において相互に異なっているにも関わらず，集団が全体として統一されているという誤った前提のこと。こうした錯誤は多様な形態の偏見に関連があり，大抵，**集合的罪悪感**の背景にある。

**集団作戦**［group mission］　軍隊が行う作戦で，集団の**凝集性**が成功のための主要な要因である。

**集団殺戮**［genocide］　ある人種，民族，国家，宗教の集団を意図的，体系的に殲滅すること。1948年に国連ジェノサイド条約でこのように定義され，国際犯罪と認定された。⇨ **民族浄化**

**集団式検査**［group test］　複数の人に同時に実施される検査。⇨ **個別式検査**

**集団式知能検査**［group intelligence test］　集団内のすべての人に対して一斉に施行される知能検査のこと。一度につき1人だけに施行される個人知能検査（individual intelligence tests）と対比される。

**集団思考**［groupthink］　効果的な集団意思決定を妨害する，強力な**一致性探求**傾向のこと。明らかな満場一致，完全性と道徳的適切さに対する幻想，外集団に対する歪んだ認知，対人的圧力，自己検閲と防衛的な意思決定方略を含んでいる。原因は，集団の**凝集性**と孤立化，弱いリーダーシップ，意思決定に関わるストレスといったものがあると考えられている。［アメリカの心理学者ジャニス（Irving L. Janis: 1918-1990）によって発見された］

**集団自殺**［mass suicide］　社会的集団の全員，あるいは，少なくともその成員の大部分が計画的に死に至らしめられること。直接的な自死のケースと，死に至る危険性が非常に高い行動を選ぶという間接的な自死のケースがある。例としては，生命の危険が非常に高い軍事上の任務に就く場合（⇨ **受他的自殺**），人民寺院の集団自殺（⇨ **ジョーンズタウン集団自殺**），1994年〜1997年にかけてヨーロッパとカナダで起こった太陽修道会の70名の自殺，1997年に起こったアップルホワイト（Marshall Applewhite）の追従者による"天国の門"信者の39名の自殺などがある。集団自殺は，グループのカリスマ的リーダーの指示によって，絶望よりもより崇高な存在への希求によって引き起こされることがある。

**集団実験**［group experiment］　集団を分析の単位とする実験のこと。たとえば，専制型リーダーシップと民主型リーダーシップ下における，集団パフォーマンスの比較など。

**集団社会化**［group socialization］　1. 個人が集団に加わることを考えたときに始まり離脱するときに終わる，個人と集団の相互作用過程のこと。2. 集団状況における，個人の，幼児期から発達した，他者との相互作用や他者観察を通した**社会化**のこと。

**集団社会化理論**［group socialization theory］　子どもは本来仲間によって社会化され，親や教師の影響は子どもの仲間集団を通して少しずつ理解されると主張するパーソナリティ発達理論。この理論によれば，子どもは自分の親の

ようにでなく，むしろ仲間のように振る舞おうとする。[アメリカの発達心理学者ハリス（Judith Rich Harris: 1938- ）によって提案された]

**集団主義**［collectivism］　1. 自分自身を独立した存在としてではなく，大きな集団（家族あるいは社会的な集団）の成員とみなす傾向。2. 社会，文化的伝統，イデオロギー，あるいは，個人のものの見方が集団成員それぞれの特性よりも集団や共同体の統合性を強調する。協調，自民族中心主義，構造的相互依存，文化的役割，歴史的慣習への同調などを強調するなどに関して，アジア，アフリカ，南米社会は西洋社会よりも集団主義を価値づける傾向が強い。⇨ **個人主義**

**集団承認**［group acceptance］　ある集団の成員が，新しくその集団の一員となる可能性のある者を承認すること。集団の成員となることに関する許可や，受け入れた場合の役割や相対的地位に関する判断を含む。

**集団情報処理過程モデル**［collective information-processing model］　集団意思決定に関する一般的な理論的説明のこと。この理論では，グループのメンバーはグループディスカッションによって情報を組み合わせて，決定，選択および判断を策定するために情報を処理していくことを前提としている。

**集団心**［group mind］　国や人種のような，集合に関する個々人の意識が合体することで作られる，仮想的で，超越的な意識のこと。しばしば**集団錯誤**の原始的な例とされているが，この概念については様々な議論があり，集合心が個々人の心理的経験の総和を超えていること，個々人の意思を超越するほどに強力なものと考えられている。⇨ **群衆心理**，**フォークソウル**　[フランスの心理学者ルボン（Gustave Le Bon: 1841-1931）によって最初に提唱された]

**集団神経症**［collective neurosis］　軽度で一時的な症状を呈する神経症の古典的名称（ヒステリー，強迫，または恐怖症，不安など）。個人というよりむしろ集団で生じる場合に用いられる。⇨ **集団精神病**，**集団ヒステリー**

**集団心理**［mass psychology］　一般的な特徴を共有していなくても，全体として捉えられるような大多数の人に起こる精神的かつ情緒的な状態や過程。

**集団心理療法**［group psychotherapy］　1人以上の治療者が，触媒の役割や，ファシリテーター，解釈を行う役割を果たす中で，2人以上の参加者が抱えている心理的問題について情動レベルでも認知レベルでもお互いに相互交流し合うことで治療を図る方法である。集団心理療法のアプローチは様々であるが，互いに尊重し理解するという雰囲気の中で，問題を共有することができる環境を用意していることは，ほとんど共通している。集団心理療法では，自尊感情を高めたり，自己理解を深めたり，対人関係を良くしたりしようとする。集団療法（group therapy）とも言われる。

**集団生産性の錯覚**［illusion of group productivity］　実際より多くのものを作業集団が生み出しているという印象。

**集団精神病**［1］［collective psychosis］　一人よりも集団全体で示される非常に歪んだ反応（たとえば，幻覚，抑うつ，妄想）に対する旧式名称。⇨ **集団神経症**，**集団ヒステリー**

**集団精神病**［2］［folie à groupe］　非論理的であるが，集団の総意として妥当性を帯びている現象。集団内の大多数における偏狭な信念のようなもの。[フロム（Erich Fromm）によって定義された]

**集団性超自我**［group superego］　精神分析理論の用語で，親との**同一化**から作りだされた超自我に対立する，仲間集団から形成された**超自我**のこと。

**集団正当化**［group justification］　集団がその行動や関心を守ったり，集合的自尊心を促進するために提供する理由づけや説明のこと。しばしば**外集団**の軽視や差別に関わる。⇨ **集団奉仕バイアス**，**内集団バイアス**，**社会的アイデンティティ理論**

**集団中心的リーダー**［group-centered leader］　一般的には，伝統的な義務とリーダーの権力を，ほかの集団成員と分け合うリーダーシップスタイルを採用する個人を指す。セラピー集団においては，この種のリーダーは自分自身に制限を課す。つまり，彼らは，集団成員に対してテーマや目標を明らかにするように指示したり，解釈を提供したりするなどといったやり方で，相互作用のやり方を指示することを避けようとする。⇨ **指示的リーダー**

**集団調和**［group harmony］　集団内の相互作用が友好的で，対立や葛藤がないこと。

**縦断的**［longitudinal］　調査において，時間の次元について言及すること。つまり，長期間追跡すること。

**集団的独語**［collective monologue］　自己中心的で社会化されていない発語の形態。2, 3歳の子どもが意味のあるやり方で他者と明確にやり取りすることなく一人で話すこと。つまり，他者が言うこととは関係がないように思われる子どもの発話。擬似的会話（pseudoconversation）とも呼ばれる。[ピアジェ（Jean Piaget）によって最初に提唱された]

**集団的努力モデル**［collective effort model: CEM］　課題作業は，成功した目標達成の期待を低くすることにより，また集団の目標値を下げることにより，メンバーの動機づけを集団的に低下させるというグループの社会的手抜きについての**期待－価値モデル**。⇨ **カモ効果**　[アメリカの社会心理学者カラウ（Sterven J. Karau: 1965- ）とオーストラリア生まれのアメリカの社会心理学者ウィルアムズ（Kipling D. Williams: 1953- ）によって1993年に提起された]

**集団的能力**［group abilities］　言語理解力，空間認識力，記憶力のような能力のこと。それらは，集団内における知能検査で個体差の情報源となる。

**集団的風土**［group climate］　集団でのカウンセリングや心理療法の関係性を特徴づける，表現に対する受容・寛容・自由の相対的程度。一般に，対人行動の範囲は社会的な状況よりも自由で広くなり，多くの場合，その対人行動の意味が集団内ディスカッションにおける話題の中心となる。

**集団同一化**［group identification］　フロイト（Sigmund Freud）の精神分析理論において，個人が情緒的に社会的集団と結びつくようになる過程のこと。ちょうど幼児が親にくっつき手本とするように，大人は所属する集団の特徴と絆を結び，真似をする。

**集団同一視**［group identification］　個人が集団の特徴（行動，信念，基準，外見など）を模倣したり内面化したりして，自己を集団やその成員に強く関連づける行動や過程のこと。この過程は，集団への所属感，集団への誇り，

集団へのコミットメントを促進するだけでなく，自己を集団全体に帰属される特徴の一典型例として受け入れる自己ステレオタイプを促進し，独自の個人であるという感覚を低減させる（⇨ **脱個人化**）。

**集団淘汰**［group selection］ **自然選択**において，ある社会集団が適応的な集合体となること。⇨ **血縁選択，個体選択**

**集団内葛藤**［intragroup conflict］ ある一つの集団の2人以上の成員の間での不一致や対立。⇨ **集団間葛藤**

**集団認知行動療法**［cognitive behavioral group therapy］ 行動論的に定められた目標を達成するため，モデリング，認知再構成，リラクセーショントレーニング，コミュニケーションスキル・トレーニングなどの**認知行動療法**の技術や方法を用いる，集団心理療法の一技法のこと。グループは，多様な問題をもったクライエントで構成されることもあれば，ある特定の問題（たとえば，広場恐怖，怒り）をもったクライエントに限定されることもある。⇨ **ベック療法**

**集団ネットワーク**［group network］ 集団や共同体のメンバーを結びつける，比較的体制化された連結システムのこと。対人的に互いを評価しあう関係（友人関係，顔なじみ同士の関係，互いに嫌悪しあう関係など）や，相互のコミュニケーション，資源のやり取り，あるいは正式な役割関係（例として監督者と部下の関係）などもこれに含まれる。いわゆる標準的ネットワーク（standard networks）では，そのすべての成員が相互作用可能である。自我中心的ネットワーク（ego-centered networks）は，中心的成員もしくは自我と，それに結びついている複数の他者によって構成される。知覚的ネットワーク（perceptual networks）は，ある個人もしくは自我によって知覚される成員間の関係性の絆を指す。

**集団発達**［group development］ 1. 集団の歴史にわたって展開される，自然的に発生した成長と変化のパターンのこと。この用語は，複数の研究者によって，(a) 連続的かつ漸進的というよりむしろ非連続的で特定の段階で起き，(b) 繰り返し起こるのではなく漸進的で不可逆な動き，とされている。⇨ **集団発達均衡モデル** 2. 集団過程や集団機能を変化させるための体系的な介入。大抵，集団の現在の発達段階を測定し，その使命や目標を明確化するのを支援し，運営手続きを調査する。⇨ **チーム形成**

**集団発達均衡モデル**［equilibrium model of group development］ 一般的に，いかなる概念的分析においても，集団発達（group development）が上下に変動する一因となるプロセスを仮定する。変動が起こると，一定間隔で揺り戻しが生じ，静止点に至ると正反対に力が作用することでバランスがとられる，あるいは抑制される。たとえば，アメリカの社会心理学者ベレス（Robert Freed Bales: 1916- ）は，集団目的の達成を強調するとき，集団が時間とともに，メンバー間の対人社会的関係性の向上を強調するときがあり，その程度は変動すると仮定している。

**集団ヒステリー**［collective hysteria; group hysteria; mass hysteria］ 集団や社会的集合体の中に，異常な考え，感情，行動が自然発生すること。この現象は心因性疾患，集合的幻覚，奇怪な行動を含むと考えられる。伝染性の熱狂やパニックの例として，中世における**ダンスエピデミック**，17世紀の**チューリップマニア**，1938年のウエルズの"オーソン・ウエルズによる世界戦争放送"に対する視聴者たちの反応がある。これらの原因は，慣習的，個人的な疾患というよりも伝染性ヒステリーにある。⇨ **感化**

**集団分析**［group analysis］ あるグループにおける病的な行動について研究すること。

**集団分析的心理療法**［group-analytic psychotherapy］ グループ全体において生じている相互作用やコミュニケーションに焦点を当てた集団心理療法の一つであり，治療的集団分析とも言われる。介入においては，個人の力よりも集団の力を最も重要な治療的作用因として利用する。［フォールクス（Sigmund Heinrich Foulkes: 1898-1976）が1940年代に考案した］

**集団奉仕バイアス**［group-serving bias］ 自分の所属する集団を過大評価しようとする認知的傾向の一つ。特に，所属するグループの成功の際にはその集団の能力を信用するのに対して，失敗の際にはその原因を外的要因によるものであると考える傾向である。⇨ **自益的バイアス，帰属錯誤，内集団バイアス，ソシオセントリズム**

**集団面接**［group interview］ 1人以上の質問者が，実験的状況や現実生活の状況で，2人以上の回答者から情報を引き出す会議や打ち合わせ。この方法では，インタビューされる人が，インタビュアーに回答するときに，互いに相互作用することを促す。集団面接は動機づけの調査にしばしば用いられる。なぜなら，特にインタビューされる人がクラブなどのグループのメンバーとして互いに知り合いであるならば，多くの人の参加は，個人を別々にインタビューするよりも多くの情報を得られるとされているからである。

**集団問題解決**［group problem solving］ 疑わしさ，不確実性，未知の困難を伴う出来事を解決するために社会集団を用いること。(a) 問題への同一化と解決のためのプロセス，(b) 情報収集と討議による代替案の評価，(c) 解決法の選択，(d) 解決法の実行，の段階からなる集団による問題解決の典型的な方略。

**集団役割**［group roles］ 集団における特定の人々に期待される首尾一貫した行動のセットを指す。集団の内部には，リーダーとフォロワーという基本的な役割だけではなく，集団の課題と目標に付随する**課題役割**や，集団成員の対人的・情動的要求に対応した**関係役割**が存在することがある。ある役割に関連した行動が明確に定義されていない場合，**役割の曖昧性**が発生することがある。また，ある成員が2つもしくは3つの役割をもっており，それぞれの役割が互いに矛盾した行動を要求する場合，**役割葛藤**が発生する場合がある。

**集団遊戯療法**［play-group psychotherapy］ 就学前児童や低学年児童に対して用いられる集団精神療法の一つ。粘土や玩具，ブロック，置物といった多種多様な道具を用い，葛藤やファンタジーの表現を促す。さらにそれらを用いることで，セラピストが質問をする機会を生み出し，児童がそのグループの中で，自分の感情や行動，関係性を理解できるように手助けする（⇨ **集団心理療法**）。［1940年代初期にロシアで生まれたアメリカの心理療法家であるスラブソン（Samuel Richard Slavson）が提唱した］

**集団要因**［group factors］ **集団的能力**の基盤をなす心理測定上の要素のこと。

**集団リスクテイキング**［group risk taking］ 社会的集

団が，有害で危険，あるいは不確実な行動に着手すること。**集団極性化**および**選択シフト効果**の研究によれば，集団意思決定は個人の意思決定に比べて，より過激あるいはリスキーになりがちである。⇨ **リスキーシフト**

**集団連帯**［group solidarity］ 共通の目的，責任，興味によって結ばれた共同体の成員が示す，共同と一致の感覚のこと。⇨ **凝集性**，**共有精神**，**団体精神**

**集中**［concentration］ たとえば中心的な問題や議題に思考を集中させるような，1つにする，あるいは焦点を当てる行為。⇨ **注意**

**集中困難**［concentration difficulty］ **大うつ病性エピソード**の症状。集中力や，物事を明確に考える能力が減退する。

**集中治療室**［intensive care unit: ICU］ 重篤な患者が集中的な治療や，継続的な看護，蘇生装置や高機能なモニタ装置を用いた管理を受ける病院施設。新生児集中治療室といったように，しばしば特定の患者群を治療するために組織される。認知症や頭部外傷，脊髄損傷など，重篤な問題のある人を治療することに特化した治療部門のこと。⇨ **継続治療部**［訳者補足］アメリカでは SCU（special care unit）と表記される。なお SCU は脳卒中集中治療室（stroke care unit）のことでもある。

**集中治療症候群**［intensive care syndrome］ 集中治療を受けている人に観察される精神状態の異常のこと。これは，感覚遮断の影響が想定される隔離された，馴染みのない環境下で身動きが取れない者にみられる。その要因としては，集中治療に先立つ個人の身体的，精神状態，患者の年齢，内科的・外科的な合併症，そして薬物投与による行動への影響などがあげられる。

**集中的精神療法**［intensive psychotherapy］ 個々人の懸念事項や問題に対する広範で徹底した長期にわたる心理療法。「集中的（intensive）」という修飾語は，個人の生活史や葛藤を詳細に調べる対話の性質と，心理療法の実施期間の両方を示している。⇨ **カウンセリング**，**短期療法**

**集中瞑想**［concentrative meditation］ 単一の刺激（例，呼吸），特定のイメージ，特定の音・音節・単語・句（⇨ **マントラ**），あるいは特定の考え方に焦点を当てる**瞑想**の一種。刺激に関連のない思考が意識に入り込まないことから，**洞察**の反義語といえる。⇨ **超越瞑想**，**マインドフルネス瞑想**

**集中練習**［massed practice］ 単一の長いセッションか，短い時間間隔で区切られた複数のセッションで教材を学ぶ学習方法。集中練習は**分散練習**よりも効果が低いことが多い。

**自由度**［degrees of freedom］ （記号：$df, v$）統計計算において，自由に変化する要素の数，あるいは数学的な制約の数を得点の数から引いたもの。もしも得点群の平均が固定されていれば，自由度の数は得点の数より1つ少ない。たとえば，4人の IQ が平均 100 であれば，3つの IQ がわかれば4つ目の IQ がわかるため，自由度は3である。⇨ **カイ二乗分布**

**習得試行**［acquisition trial］ ⇨ **学習試行**

**習得志向性**［mastery orientation］ 達成行動の適応的なパターン。挑戦を楽しんだり，求めたりし，障害に直面してもやりぬき，失敗を能力不足よりも努力不足や戦略の不使用が原因とみなす傾向がある。

**習得的反応**［acquired response; acquired reaction］ 古典的条件づけ反応ないしは強化された反応といった，既に学習された刺激に対する反応。

**重度精神遅滞**［severe mental retardation］ IQ 20～30 の診断区分に当てはまり，**精神遅滞**の7％を占めている。このカテゴリーに属する人は，概して学習能力を身につけておらず，高い頻度で感覚運動の問題がある。しかし，重度精神遅滞者は会話することができ，着衣，食事，自分の面倒をみること，厳重な管理の下で単純な仕事を行うことを身につけることができる。

**自由度調整済み決定係数**［adjusted $R^2$］ 説明変数が基準変数を説明する程度を適切に推定するために，説明変数の数と標本の大きさを考慮したうえで調整した**重相関決定係数**のこと。以下の式で算出される。

$$R^2_{\text{adj}} = 1 - \frac{n-1}{n-p-1}R^2$$

ここで，$n$ は標本の大きさの数を，$p$ は説明変数の数を表す。

**重度の肥満**［hyperobesity］ 著しく標準体重を超えた状態を指し，身長，年齢，体格からみて，一般に認められた理想体重を 45 kg 超えた状態と定義されている。⇨ **病的肥満**

**重度の抑うつ**［deep depression］ 精神運動抑制や罪悪感，希死念慮，精神病的症状によって特徴づけられる重篤な大うつ病エピソードを言う。反芻が頻繁に生じ，自殺の危険性が高い。

**12のステップ**［twelve-step program］ 嗜癖依存強迫，もしくは行動上の問題を克服するために特化されたアプローチ。当初はアルコール依存からの回復を目的として，アルコホーリクス・アノニマス（AA）で開発された。現在では，他の多くの自助グループによって改定されている。たとえば，AA の 12 ステップのプログラムでは，メンバーに次のことを依頼する。(a) 飲酒を制御できないことを認めてください。(b) 至高のスピリチュアルパワーの存在を認めてください。そのパワーは，メンバーに強さを与えることができます。(c) 過去の過ちを検討してください。その過程は，支援者としての別のメンバーとともに行われます。(d) それらの過ちを償いなさい。(e) 新しいルールと生活スタイルをみつけてください。(f) サポートを必要としている他の患者を助けなさい。薬物乱用や薬物依存，ギャンブル依存などのためのバリエーションがある。

**自由の意識**［consciousness of freedom］ 意思決定を行い，行動を制御する上で人間がもつ選択の感覚。自由意思という広く受け入れられている考えの直観的な基盤となっている可能性がある。⇨ **自由意思の感覚**

**自由のパラドックス**［paradox of freedom］ 人間行動における**決定論**の想定の下に生じる基本的なパラドックス。つまり，特定の行動が特定の先行要因に起因するならば，大抵の人間は，例外なく，行動をする際にその行動をするかしないかという自由の感覚を経験するであろう。それに対して，**固い決定論**では，選択自由の感覚は幻想であると主張しパラドックスを解決しようとするが，**柔らかい決定論**では，その感覚は実際には因果の説明と矛盾することを論じる。

**周波数**［frequency］ 時間単位における周期的な波形の反復の数のこと。音響学において，**純音**の頻度は，1秒

間に生じる正弦波で変化する圧変化の周期数である。周波数の標準測度はヘルツ（Hz）で，サイクル毎秒（CPS）と同等である。つまり，複雑で周期的な波形では，1つの周波数成分以上（たとえば平方波）からなる。周波数は波形の反復の割合であり，基本周波数（fundamental frequency）（あるいは基本音：fundamental tone あるいは単純に fundamental）と呼ばれる。波形の周期（period）は1反復を完成させるための時間であり，周波数（あるいは基本周波数（fundamental frequency））と同等のものである。**ノイズ**のような周期的ではない波形では，周波数は定義されない。そのような場合において，スペクトルの特徴が記述される。⇨ **音響スペクトラム**

**周波数解析**［frequency analysis］ 事象関連電位における周波数変化についての分析。

**周波数局在構造**［tonotopic organization］ 異なる周波数は哺乳類の聴覚系の構造の異なる場所を刺激する，という基本原理。この組織化は蝸牛に始まる。蝸牛では，異なる周波数は**基底膜**に沿った異なる部位で最大の振動を引き起こし，ひいては異なる**有毛細胞**を刺激する傾向がある。有毛細胞は個別に神経支配を受けており，したがって，異なる聴覚神経線維は比較的限定された範囲の周波数に反応し，その線維の至適周波数（best frequency）で最大応答を示す。この周波数-位置マッピングは**聴覚皮質**にも存在する。

**周波数選択性**［frequency selectivity］ ほかの周波数よりもある周波数に対して応答性がよくなる調整を可能にするシステムの特性のこと。このようなフィルタリングの選択性の度合はQとして記述されることもある。これは帯域幅によって分割されるフィルタの中央周波数もしくは至適周波数のことであり，Q値が高いことは周波数選択性が高いことに相当する。聴覚系の周波数選択性は聴覚の基本的な側面であり，何十年も主要な研究テーマになっている。帯域幅選択性（bandwidth selectivity）とも呼ばれる。⇨ **聴覚フィルタ**，**臨界帯域**，**周波数局在構造**，**同調曲線**

**周波数弁別**［frequency discrimination］ 純音の周波数の変化を検出する能力のこと。⇨ **音の高さの弁別**

**終板**［end plate］ 神経効果器接合部において，筋細胞膜のうち，運動ニューロン末端に面している特殊化した部分。

**終板器官（OVLT）**［organum vasculosum of the lamina terminalis: OVLT］ 脳室周囲器官の一種。血液脳関門が弱い場所に位置し，神経細胞による血液中の物質のモニタリングの場となる。

**終板電位**［end-plate potential: EPP］ 筋肉細胞の終板で，隣接する運動ニューロン終末から放出された神経伝達物質に刺激されることによって引き起こされた脱電極のこと。

**修復的司法**［restorative justice］ 刑事司法に関する考え方の一つ。加害者を罰することよりも，加害者を矯正し，被害者が受けた損害を回復させることを重視する。

**修復的治療**［reparative therapy］ 児童期の性的虐待や成人のレイプなどの性的暴行を受けた人々に施される治療法。一般に，治療と，自己批判などの問題に焦点を当てた認知療法が含まれる。修復的治療の目的は，被害者が逆境を乗り越えることができ，情緒的，対人的，そして，性的機能が正常に戻ることである。

**十分位数**［decile］ 統計分布の10等分。ケースの最初の10％が第1十分位数となり，次の10％が第2十分位数などとなる。

**十分統計量**［sufficient statistic］ 関心のあるパラメータを推定するために標本のすべての情報を使用する統計量。

**十分な標本**［adequate sample］ 標本の大きさの点で母集団を適切に反映した標本であること。

**十分に機能する人間**［fully functioning person］ 健全なパーソナリティをもつ人。選択や行動が自由であり，創造的で，**実存的に生きること**の資質をもち合わせている。［ロジャーズ（Carl Rogers）の**来談者中心療法**において定義された］

**習癖**［habit disorder］ 社会的，教育的，あるいは他の重要な領域の機能を妨げる反復的な不適応行動のこと。DSM-Ⅳ-TR において，習癖は**常同性運動障害**の診断分類に含まれる。

**周辺**［peripheral; periphery］ 1. 神経システムにおいて，脳の外側および脊髄に位置する，あるいはそこで発生すること。2. 視覚において，網膜の**中心窩**の外の細胞によって処理される，視野の周辺の領域。

**自由変異**［free variation］ 言語学において，同じ言語単位の異型が一見して無作為に現れる状態。この用語は音韻論において最もよく使用される。たとえば，話し言葉では，多くの話者が，全く恣意的に，過去形の形態素の最後の閉鎖子音である"ed"をはっきり発音したりしなかったりする（walked, stalked などのように）。⇨ **相補分布**

**周辺意識［1］**［fringe consciousness］ 重要ではっきりとした知覚（たとえば，色覚，触覚，味覚）がないにも関わらず，強い確信と高い正確性をもって報告される体験のこと。周辺体験は，意図的な努力の感覚から，**のどまで出かかる現象**，不思議な感覚をもたらす**既知感**まで多岐にわたる。

**周辺意識［2］**［marginal consciousness］ アウェアネスの閾上であるにも関わらず，注意の中心にはない，意識の背景的な内容。周辺刺激は閾下刺激と区別される。⇨ **閾下知覚**

**周辺化**［marginalization］ 特有の価値観や慣習など，比較的独特の性質をもつ個人や集団が，より大きな集団で完全には受け入れられない個人や集団として特定されるようになっていく相互過程。

**周辺失読**［peripheral dyslexia］ 後天性の失読症（⇨ **失読症**）であり，文字の形状の同定が難しいなど，言葉の視覚的側面の処理に困難が認められる。これは**中心性失読**とは異なり，視覚的分析系の損傷に起因している。

**周辺視野**［peripheral vision］ **中心窩**からかなり外側に外れた網膜刺激によってもたらされる視覚のこと。⇨ **中心視**，**中心傍視覚**

**周辺集団**［marginal group］ 比較的均質な国や地域において，宗教的・文化的信念のように1つ以上の重要な点において異なるために，社会的な主流に同化されず，区別される集団。

**周辺人**［marginal individuals］ ホームレスのように所属する社会の周辺部に住む人や，移民のように2つの社会の間を移行する状態にあり，どちらの社会からも完全には受け入れられていない人のこと。

**周辺的**［marginal］ 統計用語。⇨ **周辺度数**

**周辺的手がかり**［peripheral cue］　論証（argument）そのものとは関係のない要因．ある**態度対象**が肯定的・否定的のどちらに評価されるべきか決定するための，比較的認知的努力のいらない根拠として用いられる．⇨ **精緻化見込モデル**，**説得の周辺ルート**

**周辺度数**［marginal frequency］　データ行列のある行に含まれる数字をすべて合計したもの，あるいは，ある列に含まれる数字をすべて合計したもの．たとえば，学生の人数を性別と専門分野によって分類した数字を示す行列において，性別の周辺度数は，専門分野に関わらずそのすべてを合計した学生数である．一方，専門分野の学生数は男性と女性の学生を加算した人数であり，これも周辺度数である．

**周辺の［1］**［peripheral］　視覚において，中心に近づくというよりは，視野の周辺に向かうこと．周辺刺激の出現はその位置へ注意を引く傾向がある．

**周辺の［2］**［marginal］　支配的な集団か文化に同化されておらず，そのため特定の社会の周辺にとどまっている個人もしくは集団．⇨ **周辺集団**

**終末医療**［terminal care］　通常，病院から独立していたり，病院に併設された**ホスピス**や，設備が整った高齢者の療養施設で提供される末期症状の患者へのサービスのこと．緩和ケアや，苦痛を和らげること，患者の気持ちを心理的に支持すること，家族との交流や社会活動に参加することなどを通して，患者が快適で，穏やかで，尊厳ある生を全うすることを目的としている．

**終末器官**［end organ］　筋肉の終板や感覚受容器など，神経終末に結合している構造．⇨ **カプセル化された終末器官**

**終末期降下**［terminal drop; terminal decline phenomenon; terminal drop-decline］　死の直前に，認知能力が急激に低下すること．認知能力の終末期降下は，正常な加齢の影響をほとんど受けていない人に最もよくみられる傾向がある．⇨ **保持機能**

**週末入院**［weekend hospitalization］　精神病の患者が，平日はコミュニティで過ごすことができるにも関わらず，毎週末に入院してしまうという**部分的入院**．

**終末ボタン**［terminal button］　**軸索**の末端部分のことで，神経伝達物質の放出により，シナプスを越えて隣り合う神経細胞の樹状突起や細胞体に神経信号が伝えられる．終末ボタンは直径約1μmであり，1つの軸索上に複数個ある．**前方伝導の法則**の項で説明するように，通常，神経インパルスが移動する方向は樹状突起から同じ神経細胞の終末ボタンである．シナプスボタン（synaptic bouton），シナプス小頭（synaptic knob），末端膨大部（terminal bulb）とも言う．

**絨毛生検**［chorionic villus sampling: CVS］　胎児の遺伝子，染色体異常や病気の診断に用いられる手法．バクテリアや代謝物，DNAなどを解析する．絨毛細胞（胎児の保護膜にある小突起）を採取し，**羊水穿刺**とは異なり，妊娠の最初の三半期に検査することができる．

**絨毛膜**［chorion］　発生中の胎芽を包み，保護する一番外側の膜．ヒトを含む多くの哺乳類では胎盤の一部である．

**絨毛膜嚢**［chorionic sac］　胎芽，胎児を守る外側の膜．

**雌雄モザイク**［gynandromorph; gynander］　オスとメスの身体的特徴を両方含む生物．ほとんどの場合，オスの特徴は身体の片側に現れ，メスの特徴はもう片側に現れる．頭部がメスであり，身体の残りの部分がオスである場合も稀にある．⇨ **両性具有**

**重要な他者**［significant other］　1. 配偶者，あるいは性的関係を結んだ他者のこと．2. 人の情緒の安全や健康に重大な影響を与える誰かのこと．

**重要変数**［critical variable］　特定の結果をもたらす，もしくは特別な予測をするために必要とされる変数のこと．

**週4日制**［four-day week］　週40時間勤務を，8時間勤務5日間ではなく，10時間勤務で4日間に配置する勤務スケジュール．

**集落標本抽出**［cluster sampling］　まず全母集団を集落（調査単位の集まり）に細分化し，次に一定の集落から無作為抽出する調査の標本抽出法．たとえば，大きな管轄区（たとえば州）で選挙人を抽出する際，地理的近接性に基づいて集落（たとえば郡）を決め，次いで郡集落から標本（たとえば町や市）を抽出するといったものである．この手続きは経済的であり，いろいろな場所に点在する個人を標本とするより，低いコストで調査対象者に接触することができる．⇨ **集落無作為標本**

**集落無作為標本**［clustered random sample］　個々人ではなく，集団の無作為標本．⇨ **集落標本抽出**

**重量感覚**［barognosis］　手に持った物体の重さの違いを検出する能力．⇨ **圧覚失認**

**重力錯覚**［oculogravic illusion］　重力方向が変化したときに生じる，物体が移動したように感じる錯覚．たとえば，航空機が回転したときに，線分が傾いたように見える．

**重力受容器**［gravireceptor; graviceptor］　体位，平衡，重力に関する情報を脳に提供する，内耳，関節，筋，腱に位置する様々な特殊化した神経終末および受容体のこと．

**重力による意識喪失（G-LOC）**［gravity-induced loss of consciousness: G-LOC］　加速によって生じる慣性力と関連した意識喪失．加速が急激に行われ高い加速度が生じたとき，いかなる生理的な症状が意識されるよりも前に，意識喪失が前兆なく突然生じることがある．⇨ **加速度効果**

**収斂進化**［convergent evolution］　特定の環境下に生息する複数の生物が，その環境に適応するために，類似した体の構造を発達させること．多くの水生生物は水の中を速く動くために流線形をしており，表皮も滑らかである．⇨ **成因的相同**，**分岐進化**

**自由連想検査**［free-association test］　被検者は，刺激語を提示され，その刺激語から連想した単語をできるだけ速く答えることが求められる検査．

**自由連想法**［free association］　精神分析や様々な**力動的心理療法**における基礎的な手続きであり，患者は，どんなに恥ずかしいと感じたり，愚かなことだと思ったり，関係がないと思ったことであっても，心のうちに思い浮かんだことは何でも，検閲や選別をすることなく自由に言語化するよう治療者によって促される．その目的は，心的外傷体験や自らを脅かすような欲動といった無意識の素材，あるいは抑制された考えや情動を解釈可能な表層にまで引き上げることである．自由連想法は，患者が過度にコントロールしてきた感情の一部を吐き出すことを促進するとも仮定されている．⇨ **基本原理**，**言語化**

**就労準備段階**［job-placement stage］　競争的な雇用市

場に進出する準備ができたとみなされた障害者の更生レベルと職能訓練のレベル。更生人事部署は就職申請書の記載や就職面談の準備を支援する。⇨ **プレイスメントカウンセリング**

**16PF 人格検査**［Sixteen Personality Factor Questionnaire: 16PF］ 自記式の包括的な**人格目録検査**の第5版(1995)。この質問紙は、親近、警戒、推理、抽象、適応、隔絶、支配、懸念、躍動、変革、規則、自立、大胆、完璧、感度、緊張の16因子によりパーソナリティをアセスメントする。この16因子は、外向性、自立性、精神の強さと脆弱さ、不安、自己コントロールの5つの上位因子に分けられる。[この人格検査は、キャッテル(Raymond B. Cattell: 1905-1998)とその協力者によって開発された]

**主格**［nominative］ 節や文の主語を形成する、名詞、代名詞、名詞句の格のこと。⇨ **対格、与格、属格**

**主格の自身**［nominative self］ 知られている自己よりむしろ、自己を知る者としての自己。心理学者ジェームズ(William James)は、主格の自身"I"と、**経験的自己**"me"を、対比させている。

**主観**［subjectivity］ 一般に、事実を解釈したり、自分の感情、信念、経験などに照らして判断を下す傾向。

**主観音**［subjective tone］ 聴覚入力として提示されていない音色のような音の知覚。**結合音、耳鳴り、幻聴**を含む幅広い知覚が対象となる。

**主観主義**［subjectivism］ 1. 倫理学において、倫理的判断が参照するところの、たとえば"善"という観念は、独立した現実の反映というよりも個人の判断が反映したものであるという考え方。主観主義では、倫理的な規定は個人的あるいは文化的嗜好を単に記述しているに過ぎないと考える。2. 一般に、事実や価値の判断は、個人から独立して真あるいは偽であると言及することができるような事物の状態ではなく、むしろ個人の心の状態を反映したものであると考える態度のこと。

**主観性**［subjectivity］ 実証研究において、**客観性**の適切な基準に達することができないこと。

**種間相互作用**［interspecies interaction］ 種間で行われるあらゆるタイプの相互作用を指す。長期の相互作用には、ある種が宿主となる他の種に(あるいはその内部で)コストをかけながら依存して生活する**寄生**や、双方の種が相互作用から利益を得る**相利共生**、そして双方の種が利益もコストもなくともにする**共生**がある。短期の種間相互作用には捕食・被食関係や、ともに餌を確保し**警戒声**を与え合うための混合**群れ**がある。

**主観的**［subjective］ 1. 精神内部にのみ生じる、もしくは存在すること。2. 個々のその人らしさがあるために、他者の体験や観察に対して本質的に到達しがたい様。3. 個人的な感情、解釈、偏見に基づいたり、影響を受けたりする様。⇨ **客観的**

**主観的確率**［subjective probability］ ある特定の事象や結果が起こりうる可能性についての主観的な経験から導き出される個人的な推測。主観的確率の推測は、**主観的期待効用**を算出するために使用される。

**主観的観念論**［subjective idealism］ 哲学において、**外界**と通常考えられているものは、実際には個人がそれを認識する心によって、一部あるいは全部が構成されているとする形而上学的立場。⇨ **理想主義、唯我論**

**主観的期待効用**［subjective-expected utility: SEU］ 複数の選択肢から合理的な選択を行う場合、とりわけ経済的問題において、人々が(ほとんど常に無意識的に)計算すると仮定されている仮説的な価値。一定の選択肢の中から選択を行う際に、それぞれの選択肢が(a)与えられた効用値、および(b)望ましい結果が起こる**主観的確率**の推定値と結びついているとして、人々は(a)×(b)の値を最大化するように行動する。

**主観的期待値**［subjective-expected value］ 意思決定分析において、ある結果が(a)望ましい、もしくは価値があるもので、かつ(b)意思決定者にとって起こりうると思われる、という程度。多くの中から一つの選択肢を選ぶということは、かなりの程度、ある選択肢によってその結果に至ると知覚される確率(期待)と、特定の行動や結果に対して個人が認める個人的(または主観的)価値の関数である。多くの分析では、選ばれた選択肢とは、その選択肢に対する期待と主観的価値との積が最も大きいものであると仮定する。

**主観的規範**［subjective norms］ その人にとって重要な人が、ある行動をするはずである、あるいはしないはずであるとみなす知覚のこと。⇨ **計画的行動理論、合理的行為理論**

**主観的競争状況**［subjective competitive situation］ 競合状態の基準を満たすような、状況に対する個人的知覚や評価、受容。

**主観的幸福感**［subjective well-being］ 人が自分の人生の全般的な質について下す判断のこと。どのように感じるべき、あるいは感じるだろうということについての願望や期待と実際の生活環境とが、どのくらいよく一致しているかを評価した結果生じる感情の起伏を足し合わせることによって判断される。

**主観的時間**［chronesthesia］ 進化の過程で獲得された、過去と未来を常に意識することを可能にする人間の脳あるいは心の仮想された能力。この"心的な時間の移動"の鍵となる特徴は、過去の出来事を想起することによって未来を予想できるようになること、つまり未来において何を避けるべきか、どのように振舞うべきかを学習することである。たとえば、主観的時間によって人は時間が経っても社会的関係において敵と友達とを区別すること、そして職業活動においてはより良く作用する道具を開発する(そしてそうでない道具を放棄する)ことが可能になる。[エストニア生まれのカナダの心理学者タルヴィング(Endel Tulving: 1927- )が提唱した]

**主観的視野**［subjective visual field］ 観察者の視点に基づいた**視野**。

**主観的職能考課**［subjective assessment of performance］ 職務の達成レベルを自分自身の観察、あるいは他者による観察や決められた基準に基づいて決定すること。

**主観的心理学**［subjective psychology］ 内省的もしくは現象学的なデータに焦点を当てた心理学的手法のこと。⇨ **客観的心理学**

**主観的責任**［subjective responsibility］ 10歳以上の子どもは、道徳性の判断に際して、「何かの行動を判断するときに、その動機を考慮するべきだ」と考える傾向がある。このような特徴を指す。

**主観的属性**［subjective attribute］ 特定の味や色のよ

**主観的体制化**［subjective organization］ 記憶を促進するために，学習すべき項目の中で自分自身に特有の一連の連合や分類を作り出すこと。［エストニア生まれのカナダの心理学者タルヴィング（Endel Tulving: 1927- ）によって提唱された］

**主観的テスト**［subjective test; subjective examination］ 個人の判断や**客観的テスト**ほどに体系化されていない基準によって，得点化される測定用具のこと。たとえば，論文式問題などである。ほとんどの主観的テストは，ある概念の中心的かつ重要な特徴を，学生が明瞭に表現できているかという程度を測定しようと試みるものである。

**主観的等価点（PSE）**［point of subjective equality: PSE］ 観察者にとって，標準刺激よりも同程度に高いもしくは低いと判断される比較刺激の値のこと。

**主観的なデータ**［soft data］ 主観的データや何らかの欠陥があるデータのこと。たとえば，実験の無作為化を欠いていることや調査研究における正式な無作為抽出法を欠いていること，エピソードにおいてのみ基づいていることなどによってそれは生じる。

**主観的輪郭**［subjective contour］ 観察者の脳内処理の結果として画像に知覚されるエッジや線。有名な**カニッツァの図**では，三角形の各辺が主観的輪郭によって構成される。錯視的輪郭（illusory contour）とも呼ばれる。

**主義**［doctrine］ ある信念体系の教示，ドグマ，教義。あるいはそうした教示の総体。

**ジューク家**［Juke］ アメリカの社会科学者ダグデール（Rchard Lewis Dugdale: 1841-1883）によって研究されたニューヨークの家族の偽名。調査は 7 世代に及び，1877 年に研究成果が報告された。その研究では，売春行為と非嫡出子に関係が見出され，その結果として育児放棄が起こること，浪費と飲酒に関係が見出され，犯罪行為や良識の欠落に結びつくことが示された。**社会的ダーウィニズム**の流れを汲むダグデールの研究成果は，20 世紀初頭の研究に多大な影響を及ぼした。後の研究では，不品行と精神遅滞に関係があるといった誤った解釈がなされ，環境要因が重要だとするダグデールの結論は無視されるに至った。

**縮小モデル**［reduced model］ 一般線形モデルにおいて，比較される一群のモデルの中でパラメータが最も多いモデルよりもパラメータが少ないモデルのこと。一般に縮小モデルは，母数が最も多いモデルの部分集合である。

**縮瞳（瞳孔縮小）**［miosis; myosis］ 眼球の瞳孔が収縮すること。

**熟慮－衝動型**［reflectivity-impulsivity; reflection impulsivity］ **認知スタイル**の次元の一つで，衝動的に課題に取り組み，最初に頭に浮かんだことを直ちに行動に起こすことを好む人がいる一方で，より熟慮的で行動に移す前に多くの選択肢について深く考えることを好む人もいる，という観察に基づいたもの。この側面（**概念的テンポ**）は，**同画探索検査**という手法によって測定することが可能である。［アメリカの発達心理学者カーガン（Jerome Kagan: 1929- ）によって 1963 年に初めて提唱された］

**熟慮的心理教育**［deliberate psychological education: DPE］ 現実での役割経験と内省的な問いのバランスをとりながら，青年期の人格的，倫理的，審美的，哲学的な発達を促進することを目指して作られたカリキュラム。カウンセラーは心理教育者または発達を促す指導者としての役割を務める。

**主語**［subject］ 言語学において，節や文の中で，それについて何かが述べられている主要な名詞句（⇨ **述部**）。主語は通常（必ずというわけではないが），主要な動作の**動作主**であり，英語では通常，その数や人称が主要な動詞の形を規定する名詞句として特定できる。

**主溝**［sulcus principalis］ サルの脳における，**前頭皮質**の背側面と前頭葉の腹側面の間の境界にある溝。隣接する皮質組織は知覚とワーキングメモリーに関係している。

**主効果**［main effect］ 分散分析において，**交互作用効果**とは対照的に，デザイン内のすべての要因について処理（独立変数）の一貫した効果。

**手工具器用さ検査**［hand-tool dexterity test］ 手工具を効果的に使うことができる能力の検査のこと。

**手工芸療法**［manual arts therapy］ 木工や金工といった工芸を用いた訓練。リハビリテーションの一部として治療的な目的で行われる。⇨ **作業療法**

**手根管症候群**［carpal tunnel syndrome: CTS］ 反復的な圧迫や身体的な怪我，あるいは正中神経周辺の組織を腫れさせるような他の状態により引き起こされる手の炎症性の障害。手根管内の腱を保護する裏層に炎症や腫れが生じたときや，管の天井を形成する靭帯が厚く拡張したときに起こる。⇨ **反復性疲労障害**

**手根骨年齢**［carpal age］ 手根骨の骨化数から推定される，解剖学的年齢のこと。

**主軸因子分析**［principal-axis factor analysis］ ある変数の他のすべての変数についての**重相関決定係数**がその変数に対する最初の**共通性**推定値として用いられる**因子分析**における因子抽出法の一つ。

**手指失認**［finger agnosia］ 指によって触知される異なる種類の刺激を区別することが難しく，自分自身または相手の指を認識し，名前を言い，指し示すことができないといった症状を特徴とする失認症の一種。たとえば，もしも指が 2 か所に触れていた場合，視覚的手がかりなしにはその感覚が同一の指から感じられるのか 2 つの異なる指から感じられるのかを判断することができないことがある。

**樹脂の（ニオイ）**［resinous］ ヘニングの嗅覚プリズムの主要なニオイの質の一つを表す。

**取捨選択的な行動主義**［eclectic behaviorism］ 1 つの理論モデルに当てはまるのではなく，**パブロフ型条件づけ**，**モデリング**，**オペラント**，**条件づけ**，自制メカニズムおよび認知再構成を含む必要とされるいくつかの技術のうちのいずれかに当てはまる**行動療法**へのアプローチ。

**手術狂**［tomomania］ 手術を受けたいという強迫的な欲求。⇨ **ミュンヒハウゼン症候群**

**呪術思考**［magical thinking］ 誰かの考えや願望，儀式によって，事象や他人の行動に対し影響を及ぼすことができるという信念。呪術思考は通常 4 歳～5 歳までの子どもにみられ，それ以降の年齢になると現実的思考が優位を占めるようになる。

**手掌コンダクタンス**［palmar conductance］ 手のひらの皮膚の電流透過性のこと。⇨ **皮膚コンダクタンス**

**主症状**［presenting symptom］ 治療を求めるクライエントや患者の症状や問題のこと。心理療法において，クライエントは抑うつ，不安，パニック，怒り，慢性的な痛み，

家族や母親との問題といった症状を示す。こういった症状が治療の焦点になる可能性がある。また、援助を求めるクライエントによって根本的な問題が認識されていない場合には別の問題として示されることもある。

**樹状突起**［dendrite］ 細胞体から糸状に分岐しながら伸びる突起で、**ニューロン**が情報を受け取りやすくするために細胞体の表面積を広げている。

**樹状突起異常**［dendritic pathology］ 樹状突起の異常。精神的疾患や疾患、神経損傷を伴う。

**樹状突起がない**［adendritic］ 樹状突起を欠くニューロンを指す形容詞。

**樹状突起間シナプス**［dendrodendritic synapse］ 2つの神経細胞の**樹状突起**の間の**シナプス**。

**樹状突起棘**［dendritic spine; dendritic thorn］ 神経細胞の**樹状突起**の上に隆起したもの。軸索終末と樹状突起棘との間にはたくさんのシナプスが生じる。

**樹状突起樹**［dendritic tree］ 一つの神経細胞全体の**樹状突起**の配置のこと。

**樹状突起伸長**［dendritic branching］ 神経細胞の**樹状突起**が拡張する形や性質。

**樹状突起電位**［dendritic potential］ **樹状突起**の膜電位。通常は**静止電位**を指す。

**樹状突起領域**［dendritic zone］ 神経細胞の受容面のこと。**細胞体**の膜も含む。

**手掌反射**［palmar reflex］ 手のひらを引っ掻くと指が曲がるという反射。⇨ **把握反射**

**主人格**［primary personality］ 解離性同一性障害を伴う個人が有するもともとの人格のことで、**第二人格**、あるいは諸々の2次的な人格に対立するものである。

**主人公**［protagonist］ **心理劇**において、ドラマや**ロールプレイ**の主役に選ばれた人物のこと。

**受信者**［receiver］ **テレパシー**の実験で、**送信者**から伝えられる情報の受信を試みる参加者のこと。⇨ **知覚能力者**

**受信者操作特性曲線（ROC曲線）**［receiver-operating characteristic curve: ROC curve］ 検出、識別、認識課題における、**ヒット率**（正しく「yes」と反応した割合）と**フォルス・アラーム**比率（誤って「yes」と反応した割合）の関係である。これは観察者の反応基準が結果に影響を及ぼしているかを測定するために曲線として描かれる。等感度関数（isosensitivity function）、反応-動作特性曲線（response-operating characteristic curve）とも言う。⇨ **dプライム**

**受精**［fertilization］ 精子と卵細胞が**接合子**となるために融合すること。魚類や両生類は、メスの体の外で起こる体外受精。哺乳類、鳥類、爬虫類では体内受精する。人間では、**ファロピウス管**で受精が起こる。

**主成分因子分析**［principal-component factor analysis］ **因子分析**における因子抽出法の一つ。その際、個々の変数の最初の共通性推定値が1とされる。

**主成分分析**［principal component analysis］ 互いに相関する複数の変数の相互関係を主成分と呼ばれる少ない数の新しい変数で完全に再現する統計的手法。各主成分は互いに直交し、変数全体の分散のうち各主成分で説明される割合によって順序づけられる。多くの場合、最初の少数の主成分によって全分散のほとんどが説明される。この手法はその目的において**因子分析**に似ているが、異なった技術的特徴をもつ。

**主題**［thema］ アメリカの心理学者マレー（Henry Alexander Murray: 1893-1988）の**人格学**における、"主題"の統合、あるいはその相互作用。個人と環境の間で、欲求や**圧力**が、満足を生み出すために相互作用する。

**主題狂的論理**［thematic paralogia］ 1つの主題について病的にとらわれ、延々と話し続けること。

**主題検査**［thematic test］ 被検者が物語を作るように求められる検査を指し、その物語からその人の心理学的機能、特にその人の無意識的な願望や欲求について解釈がなされる。

**主題性錯語症**［thematic paraphasia］ 主題や題材からそれた、取りとめのない発話。

**主題統覚検査（TAT）**［Thematic Apperception Test: TAT］ アメリカの心理学者マレー（Henry Alexander Murray: 1893-1988）とその同僚によって開発された投映法であり、曖昧なモノクロの絵を見て被検者が口頭や記述によって報告した物語から、被検者の態度、感情、葛藤、人格特徴を把握する検査。検査前に被検者は正しい答えや間違った答えはないことや、その絵から過去、現在、未来の物語を作るように教示される。最後に診断目的で、その物語についていくつかの質問を行い答えてもらう。TATの物語から被検者の達成動機や、権力への欲求、愛情欲求、親和欲求、性同一性、**防衛機制**、対人関係に影響を与えている心理的なプロセスなどの人格的機能を査定するために、信頼性と妥当性の確立された系統立った記号化システムが現在開発中である。TATは、臨床場面における診断や、人格把握、人格機能の査定の領域で、最もよく用いられ、研究されている心理検査の一つである。

**受胎率**［conception ratio］ **1.** 人口統計学において、男女の比率はおおよそ150:100と考えられている。男性の胎児は女性の胎児よりも脆弱であるため、**出生数比**はおおよそ110～105人の男児に対して100人の女児の割合である。一次性比（primary sex ratio）とも言う。⇨ **性比** **2.** 畜産において、種づけをされた回数に対して、メスが妊娠した回数を比率にして表したもの。

**受託者**［fiduciary］ 受信関係において、信託財産の管理を任されている人のこと。

**手段対象**［means object］ **目的論的行動主義**において、あらゆる対象、反応、出来事または状態は、**目標**に向かった生活体の進歩に貢献する。手段状況（mean situation）とも呼ばれる。

**手段目的分析**［means-ends analysis］ より一般的には、現在の状態と目標となる状態を評価し、その差異を減らすような手段を発見しようとする問題解決方略。この方略では、直接的には到達できない目標状態を達成しようとする手段は放棄されないが、同時にそのような中間的問題を解決する手段も検討される。

**手段目標分析**［means-ends analysis］ **人工知能**において、ゴール（最終目標）に到達する手段として下位目標を設定し、再帰的な目標簡約探索手法を用いて下位目標と最終目標を比較し、問題を解決する手法。⇨ **一般問題解決機**

**主張行動**［assertion］ スポーツにおいて、対戦相手よりも戦略的有利を得るため、ゲームのルールの中で実力行

使を行うこと。能動的攻撃性（proactive aggression）とも呼ぶ。⇨ **反応的攻撃**

**出血**［hemorrhage］　動脈または静脈からの血液の流出のこと。出血は外的にも内的にも起こりうる。内出血は皮膚などの組織の内部で生じる。たとえば、痣は皮膚内部での出血である。裂けた動脈からの出血は明るい赤色をしており、心臓の鼓動に合わせて勢いよく噴出する。動脈からの出血は、一般に静脈からの出血（そこでは暗赤色の血液が安定して緩慢に流出する）に比べてより深刻である。脳出血は頭部外傷や**動脈瘤**を原因として生じ、一部の事例では広範な損傷を引き起こす。⇨ **脳出血**

**出血性脳卒中**［hemorrhagic stroke］　脳内の血管が破裂することによって起こる**脳卒中**のこと。脳卒中の約10％は脳内出血が原因であり、**大脳基底核**、**内包**や脳幹で起こりやすい。

**出現率**［incidence］　一定の事象や条件の下で新しい事例が生じる割合。たとえば、一定期間中に特定の人口で障害、病気、症状あるいは怪我が発生する割合のこと。出現する割合は通常、年間、人口100,000人当たり出現する事例の数として表現される。⇨ **有病率**

**術語体系**［nomenclature］　人文科学や自然科学で使用される専門用語の系統的分類。

**述語的思考**［predicate thinking］　いくつかの対象が特定の属性を共有しているという理由で、どの対象が似ているのか、あるいは同一であるのかについて考える過程のこと。ピアジェ（Jean Piaget）によれば、そのような思考は初期の認知発達における**前操作期**に該当する。同様に、そのような思考は心理分析では**一次過程思考**と結びつくものであり、それは夢や空想で現れる**イド**の特徴である。

**述語分析**［predicate analysis］　個別の命題内における要素間の関連、および全体としての命題間の関連に関する**記号論理学**の体系のこと。述語論理（predicate calculus）とも言う。⇨ **命題分析**

**出産［１］**［delivery］　分娩の第二段階で、子どもが産道を通って外界へ出てくること。⇨ **後産**

**出産［２］**［labor］　出産の最初の段階。子宮の頸部が拡張を行う時から、赤ちゃんの頭が産道に現れるまでの段階を指す。

**出産計画**［planned parenthood］　カップルや個人が出産について計画している状態のことで、キャリアや他の家族の決定にあわせる。

**出産経験一度の**［primiparous; primipara; uniparous］これまでに一度だけ出産したことのある女性を表す言葉。出産が一度であれば、生まれた子どもの数は１人でも複数人でもこの言葉が使用される。⇨ **初妊婦**

**出産後の期間**［postpartum period］　出産後、母親の妊娠システムが徐々に妊娠前の状態に戻る約６週間をいう。産褥期とも呼ばれる。この期間に抑うつを経験する人もいる。⇨ **ベビーブルー**、**産後抑うつ**

**出産時外傷**［birth trauma］　出産時の心理的ショックのことで、子宮という安全な世界から外界という刺激に攻められる世界という突然の変化のために生じると考えられている。フロイト（Sigmend Freud）は、誕生について子どもが最初に経験する不安であり、分離不安の原型であるとしている。出産時外傷という観念を最初に提唱したオーストリアの精神分析学者であるランク（Otto Rank: 1884-1939）は、これを神経症を引き起こす重大な要因であるとしている。⇨ **原不安**、**原外傷**

**出生順位**［birth order］　家族における子どもの順序的立場（第一子、第二子、末子など）のこと。出生順位は個人の適応や家族の状態に及ぼす影響について多くの心理学的調査が行われている。出生順位について早くに関心を示したのはイギリスの科学者ギャルトン（Ffancis Galton: 1822-1911）とフロイト（Sigmund Freud）である。しかし、出生順位がパーソナリティの発達において重要な因子であることを最初に提唱したのはアドラー（Alfred Adler）である。現在、家族構成の調査研究では出生順位は原因因子でさえなく、むしろ、重要性という点ではプロセス指向の変数（たとえば、親のしつけ、きょうだいとの相互作用、遺伝的・生理的体質）に伴う間接的な変数とみなされている。出生順位は小さく、微妙な影響力（知能よりパーソナリティに関してやや強く）をもつようにみえる。今後、出生順位についてさらなる研究が必要だが、心理学の結果において強く、一貫した効果があるとは考えにくい。

**出生率差**［differential fertility］　他の集団と比較した、ある集団（たとえば、ある民族集団や社会経済的集団）の出生率。

**出所信頼性**［source trustworthiness］　説得的メッセージの出所が正当であるとみなされる程度のこと。情報源の信頼性は**出所要因**である。⇨ **情報源の信頼性**

**出所魅力**［source attractiveness］　説得的メッセージの源が物理的に魅力的であるとみなされる程度のこと。出所魅力は**出所要因**の一つ。

**出所要因**［source factors］　メッセージの効果に影響を与える説得的メッセージの情報源に関する特性のこと。**出所魅力**、**情報源の信頼性**、**情報源の多数派／少数派の地位**、**出所信頼性**は、どれも出所要因である。

**出生儀礼**［birth rite］　新生児が生まれる前、誕生、幼年時代と関連する文化固有の儀礼、宗教儀礼、その他慣習のこと。西洋社会においては、洗礼や割礼、命名儀礼も含まれる。⇨ **通過儀礼**

**出生後の感覚神経的病変**［postnatal sensorineural lesions］　内耳や聴覚神経による障害のことで、結果的に聴力を失う恐れがある。これには、おたふくかぜ、麻疹、猩紅熱といった病による損傷、薬物の毒性、ウイルス感染によるもの、単純な加齢によるものも含まれる。

**出生コホート**［birth cohort］　乳幼児期から成人期にかけて同じような歴史的体験を共有する、ほぼ同じ時期に生まれた人たちのグループ。

**出生時損傷**［birth injury］　出生時に受ける身体的な損傷で、特に奇形や脳損傷を意味する。損傷は、横位や逆子での出産、器具を使う分娩、未熟児や多産、**無酸素症**や**低酸素症**、または遷延分娩において生じやすい。

**出生数比**［birth ratio］　出生数の男性対女性比、様々なカテゴリー対全出生数比のこと。たとえば、十代の出生（出生児に対する十代の母親の数）対全出生数比のような、一方の出生数に対するもう一方の出生数の比のこと。⇨ **性比**

**出生前カウンセリング**［prenatal counseling］　妊娠中、もしくは妊娠を計画しているカップルや独身女性に対するカウンセリング。ときに妊娠中絶をアドバイスすることもある（⇨ **妊娠中絶カウンセリング**）。出生前カウンセリン

**出生前ストレス**［prenatal stress］ 妊娠中の女性のストレス。子宮内感染の可能性が増加するにつれてストレス関連ホルモンが上昇するなどの生物学的変化が特徴。早産と出生時低体重は，母体に高いストレスが加えられた場合に生じやすい。心理的ストレスが高い場合は，早産になる可能性も高まる。早産で出生した乳児は，慢性肺疾患も含め，合併症を起こす割合が高い。子宮内でのストレスは，乳児の気質や神経行動学的発達にも影響すると示唆する研究もある。妊娠中，特に妊娠初期3か月に母体が強いストレスにさらされると，その幼児は抑うつ的な，あるいはイライラしやすい兆候を示すことが多い。

**出生前の影響**［prenatal influence］ 妊娠から出産の間の生物発達におけるいくつかの影響のこと。これには放射線の影響，母体の病気（たとえば風疹，トキソプラズマ症），アルコール依存，薬物依存，過度な喫煙，血液の不適合，栄養不足，精神的ストレスなどが含まれる。

**出生前の男性化**［prenatal masculinization］ 出生前に**アンドロゲン**の影響によって起こる，胎児の解剖学的，脳の神経回路的男性化のこと。

**出生前発達異常**［prenatal developmental anomaly］ 生まれる前の発達段階を原因とする先天性の異常のこと。たとえば口蓋裂，二分脊椎，**アザラシ肢症**などがある。

**出生率**［birth rate］ 特定の期間における特定の共同体，あるいは地域の，総人口に占める総生児出生の割合。多くの場合，年間人口1,000人当たりの出生数として表現する。ネイタリティ（natality）とも呼ばれる。⇒ **繁殖力**

**出生力**［fertility］ 人口統計学において，個人あるいは母集団から実際に生まれた子どもの出生数。⇒ **繁殖力**

**出席者数**［attendance］ クラスや学校にいる生徒の人数。または教育活動に参加している生徒の人数。

**出典健忘**［source amnesia］ その情報自体はよく覚えているにも関わらず，どうやって，いつ，あるいはどこでその情報を習得したのか記憶できなくなる障害。出典健忘はしばしば前頭葉の病理と関連づけられる。

**出版バイアス**［publication bias］ 公表された研究結果が，公表されていない研究結果と異なる度合のこと。

**出版倫理**［publication ethics］ 科学的研究，または学術業績の結果を一般に公表する過程に関する原則や基準。たとえば，与えられるべき人に適切な帰属の承認や原著者としての地位を与えること，既に他所で公表された結果をその事実を示さずに再び公表するために投稿しないことなどがある。

**述部**［predicate］ 1．言語学で，**主語**の特性，行為，あるいは状態を述べる文や節の一部を指す。文の述部は単一の自動詞（例，彼女は笑った）から，長く複雑な構文にまで及ぶ。⇒ **補語** 2．論理学において，命題の主語に帰せられた属性や特性。アリストテレス派やスコラ論理学（⇒ **スコラ学**）において，述部は命題の主語に対して特定の関係にあることを述べた2番目の名辞である。たとえば，「エドワードは男性だ」という場合の「男性だ」や，「人間には寿命がある」という場合の「寿命がある」がそれにあたる。

**出眠時幻覚**［hypnopompic hallucination］ 睡眠と完全な覚醒の間の期間で生じる間違った感覚知覚のこと。

**出眠状態**［hypnopompic］ 深い睡眠と覚醒との間，うとうととした半意識状態。

**出力干渉**［output interference］ 記憶の想起の際に発生する干渉。ある項目を想起する一連の行為が，後に行われる他の項目の想起を妨げるため発生する。たとえば，**直後再生テスト**の間，リスト中で想起されていない項目は他の項目が想起される過程における干渉が原因で忘れられたものかもしれない。

**主動筋**［agonist］ 意図した方向への力を生成する作用をもつ収縮筋。

**受動現象**［passivity phenomena］ 自分のある面が他者の制御の下にあると感じる現象。行動，刺激，移動，感情，思考などがあり，患者は仕向けられている，他者に考えさせられている，他者の行動や感情を体験している，といったことを典型的に報告する。

**受動者**［patient］ 言語学において，"James opened the door"や"James knocked on the door"の「door」のように，節や文で記述される主な行動によって影響される，あるいはそれを受ける存在。文法的には**目的語**であることが多く，そのような場合には最も簡単に同定できる。しかし，"The door was opened by James"（⇒ **受動態**），"The door swung open"，（分析によっては"The door is open"のような構造をもつ場合には，「door」は主語であり，かつ受動者でもある。**格文法**では"Angus felt threatened"や"Angus saw it all"という文の「Angus」のように，知覚される受動者のために，**経験者格**という用語が用いられることがある。⇒ **動作主**，**具格**

**受動主義**［passivism］ とりわけ性関係における従順な態度。たとえば男性受容。

**受動触**［passive touch］ 観測者が動かないときに生じる感覚経験によって特徴づけられる触覚の形態のこと。受動触では刺激は皮膚に押し付けられる。⇒ **能動触**

**受動性**［passivity］ 適応または不適応の一形態。受動性をもつ人は，服従，依存，ひきこもり，無為などのパターンを身につけている。

**手動制御効果**［manual-control effects］ 航空機や宇宙船の手動制御を行う場合に，課題の性質や複雑さ，G力（加速度），気体の空力学特性が人間のパフォーマンスに及ぼす影響。

**受動態**［passive voice］ 言語学において，行動の**受動者**が節や文の文法的な**主語**にみえ，**動作性**が文法的な**目的語**にみえるときに用いられる動詞のカテゴリー。受動態は，標準的な**能動態**よりも一般的ではないが，たとえば，「スリが財布を盗んだ（The thief stole the purse）」という文は，「財布がスリに盗まれた（The purse was stolen by the thief）」という文のような形をとる。

**受動的**［passive］ 1．作用するよりは，作用を及ぼされること。2．従順で，外的な力に影響を受けやすく，他者に対して依存的なパーソナリティ。⇒ **依存性パーソナリティ障害** 3．文法における，動詞の**受動態**。

**受動的回避**［passive avoidance］ オペラント条件づけの一種で，個人が回避刺激を産み出す顕在的な行動や反応を控えなければならない条件づけ。⇒ **能動的回避**

**受動的回避学習**［passive-avoidance learning］ 罰の一般的に用いられる誤称。特別な訓練なしに罰せられる行動

が生起する状況において用いられることが多い。たとえば，台の上のネズミが，電気の流れている格子に降りた後，二度と格子に降りなくなるというような場合があたる。

**受動的学習**［passive learning］　**1．**情報あるいは行動に接することによって，学習する意図がなく起こる学習。⇨ **偶発学習　2．** ドリルや機械的学習のような，能動的な記憶法（⇨ **記憶法**）を用いることなく起こる学習のこと。

**受動的攻撃性**［passive-aggressive］　一見，あたりさわりなく偶発的かつ中立的であるが，実際は無意識の攻撃的動機が間接的に反映されているという行動特徴。たとえば，見た目は従順な生徒が遅刻の常習犯だったり，バスを乗り過ごしたり，宿題を忘れてきたりする際，そこには学校に行かなければならないことに対する無意識的な憤りが表現されていることがある。

**受動的攻撃性パーソナリティ障害**［passive-aggressive personality disorder］　自己と他者に向けられた**両価性**が，先送りや時間の浪費，頑固さ，意図的な無効力感，約束の忘却，重要なものの置き間違い等の形で表現され，それが長期にわたって続くパーソナリティ障害のこと。これらの操作は，背景にある両価性や**拒絶症**の受動的な表現であると解釈される。こうした行動パターンは，より適応的な行動をとることが明らかに可能な場合でも認められる。そして，これらは職業的・家庭的・学業的な成功を阻害することがしばしばである。この障害は，DSM-Ⅳ-TRの付録において拒絶性パーソナリティ障害（negativistic personality disorder）という名称で分類されている。これは，アメリカの心理学者であるミロン（Theodore Millon: 1929- ）の理論的な提案に従ったものである。

**受動的疼痛性愛**［passive algolagnia］　サドマゾヒズムを含む関係の中でマゾヒストになり，性行為において痛みを経験することに興味と喜びを得ること。

**受動的な自殺**［passive suicide］　積極的ではないが自己破壊的な傾向をもち，ときに自殺念慮を反映している曖昧な行動。たとえば，食事や基本的なセルフケアをしないことも含まれる。

**受動的な窃視症**［passive scopophilia］　他者に性器を見られることへの性的興味や興奮。受動的な窃視症は他人とではなく了承を得たパートナーの参加が通常である点で**露出症**と異なる。

**受動的リハーサル**［passive rehearsal］　リハーサルセット1つにつき，少数の（大抵は1つ）項目を含めることによって，短期記憶において情報を維持する方略。⇨ **累積的リハーサル**

**受動的レクリエーション**［passive recreation］　レクリエーション療法の一形態。ミュージカルを楽しむなど，個々人の娯楽を重視する。⇨ **動的レクリエーション**

**受動輸送**［passive transport］　細胞のエネルギーを費やすことなく細胞膜を通って物質が移動すること。イオンチャネルを介した単純なイオンの拡散や，輸送タンパク質を介した大きな分子の拡散促進などがこれに当たる。⇨ **能動輸送**

**種特異的行動**［species-specific behavior］　特定の種の構成員のほとんどに共通する行動。学習せずに（経験によって修正はされるが）現れ，その種の生物は本質的に同じ行動をする。

**種特異的防御反応**［species-specific defense reaction: SSDR］　これまでに経験したことのない有害刺激に対して，その種の動物が示す反応行動特性。有害刺激に対する**逃避行動**のうち，どの程度が学習によるものなのかを知るための指標となる。

**種認識**［species recognition］　他の動物が同種か異種かを同定する能力。異種との交配を避けるために**配偶者選択**には重要。種特異的な色，発声，ニオイ，行動などが手がかりとなる。

**主波長**［dominant wavelength］　白色と混ぜたときに任意の色相に一致する単波長のこと。

**首尾一貫感覚**［sense of coherence］　**1．**自分は明確かつ明瞭なものをもっているという知覚。つまり，自分自身について考え，明白に一貫した振舞いで自分のことを表現できることを指す。**2．**自分自身についての語りを理解可能でわかりやすいように表現する能力。

**守秘義務**［confidentiality］　メンタルヘルスケアや医療的ケアに従事する者に求められる職業上倫理の原則。患者の身元や体調，あるいはその治療法が外部にもれることも，査定中および治療診断中に専門家が知りえたいかなる情報の漏洩も制限される。同様の保護が学術調査の参加者や質問紙などの調査回答者にも与えられる。秘密裏に明かされた情報を勝手に入手することも認められていない。⇨ **インフォームド・コンセント，タラソフ判決**

**守秘義務付情報**［privileged communication］　内密の情報。とりわけ，個人によって専門家に提供されるもので，その知識と個人の同意のない第三者に暴露してはいけないもの。この守秘義務は，患者と医師，臨床心理士，あるいは他の健康管理の専門家の間だけでなく，依頼人と弁護士，懺悔者と聖職者，配偶者間でも適用される。

**シュプランガー価値類型**［Spranger's typology］　6つの基本的文化価値によって人間を分類するシステム。理論，経済，美学，社会，政治，宗教の6つの価値である。［ドイツの哲学・心理学者シュプランガー（Eduard Spranger: 1882-1963）によって提案された］

**種分化**［speciation］　新しい種の形成。1つの集団が繁殖の観点から互いに独立した2つ以上の集団に分離することで生じる。長い時間をかけて得られた集団間の遺伝的相違が大きくなると交配ができなくなり，種分化が起こる。

**寿命［1］**［life span］　1つの種全体が存在している期間のこと。

**寿命［2］**［longevity］　人が生存する実際の期間の長さ。⇨ **平均余命**

**受容**［acceptance］　**1．**考え，状況，人や集団に向けられた好意的な態度のこと。心理療法やカウンセリングの分野では，セラピストやカウンセラーの，受け入れようとしながら中立的である態度のことであり，それは暗黙の尊敬を伝え，クライエントを個人として尊重する。**2．**物質乱用やその他の依存的行動からの回復において，他のどの効果的たりうる介入をするよりも前に，まず到達しなければならない第一段階（たとえば，彼，もしくは彼女は問題を抱えているということを受容する）のこと。⇨ **否認**

**受容域**［latitude of acceptance］　人の好みの傾向と受容可能な範囲を含む態度姿勢の範囲のこと。**社会的判断理論**の一部として初めて提唱された。⇨ **非関与閾，拒絶域**

**腫瘍学**［oncology］　良性および悪性の腫瘍（⇨ **新生物**）に関する研究と治療。腫瘍学の医薬品部門と行動科学，

あるいは統計科学の部門は癌を取り扱う。これらはさらに内科腫瘍学，放射線腫瘍学，外科腫瘍学，行動腫瘍学，腫瘍疫学に細分化される。

**受容器**［receptor; receptor cell］　刺激の**変換**に関与する感覚系の細胞。受容器細胞は外的，内的環境からの特定の刺激を感受し，応答するよう特化している。眼の**桿体**や**錐体**，耳の蝸牛の**有毛細胞**が例としてあげられる。

**受容器順応**［receptor adaptation］　継続的な刺激に対して受容器が応答しなくなる性質。

**受容器電位**［receptor potential; generator potential］　受容器細胞への刺激により生じる電位。大まかには感覚刺激の強度に比例し，（十分な大きさであれば）シナプス後細胞に**活動電位**を起こす。

**主要業務**［primary task］　人間工学で，複数の課題の同時遂行が求められる状況での最優先課題のこと。仕事の成果全体のレベルを維持するために，業務従事者はこの主要業務にまず十分な心的資源を配分するように期待され，それから，他の業務に残った資源を割り当てる。⇨ **副次業務**

**受容言語**［receptive language］　人が知覚したり，心的に処理した言語のこと。人が発した言語と対照的である。人の受容言語スキルは**表出言語スキル**とは非常に異なることがある。

**受容語彙**［receptive vocabulary; passive vocabulary; recognition vocabulary］　人が通常用いる語彙とは異なり，その人が理解できる単語として定義される個人の語彙。⇨ **産出語彙**

**主要組織適合性複合体**［major histocompatibility complex: MHC］　免疫システムの反応を制御する遺伝子複合体。その免疫システムによって組織は病気から保護される。主要組織適合性複合体は個体間の差が大きく，**配偶者選択**や**血縁識別**の基盤と考えられている。マウスは，主要組織適合性複合体の異なるつがいを好み，個体のニオイの違いをもとに選択している。

**受容体**［receptor; receptor molecule］　神経伝達物質やホルモン，薬剤などの特定の伝令分子を結合し，細胞内に応答を起こす細胞膜上の分子。⇨ **神経受容体**

**受容体部位**［receptor site］　（神経細胞などの）特化した細胞表面の上の部位で，そこには**受容体**分子がある。特定の伝令分子（神経伝達物質など）を受容し，反応する。

**受容段階**［acceptance stage］　5つの**死の段階**の最終段階。スイス生まれのアメリカの精神科医キューブラー・ロス（Elisabeth Kübler-Ross, 1926-2004）によって提唱された。差し迫った死という現実への諦念と人生からの撤退を特徴とする。

**主要皮膚感覚**［primary skin senses］　温かさ，冷たさ，触れること（つまり接触），痛みの感覚のこと。湿り気などの皮膚からの別の感覚は2次的な混合であると考えられる。⇨ **タッチブレンド**

**受容-表出混合性言語障害**［mixed receptive-expressive language disorder］　DSM-IV-TR では，言語理解と言語表出の発達のレベルが，言語理解と言語表出の発達や機能に関する標準化された検査によって測定される言語的あるいは非言語的な知的能力の水準から予測される水準よりも下回っていることが特徴の障害である。この障害は，学業や就労の成功や社会への適応の妨げになる。また，この障害は精神遅滞，動作性の発話障害，感覚聾害，感覚遮断，広汎性発達障害によってのみ生じるわけではない。

**受容野**［receptive field; receptor field］　刺激が呈示されると感覚細胞の最大応答を引き起こす領域。視覚では，網膜神経節細胞の受容野は同じ円状の領域であるが，視野空間だけでなく，対応する網膜上の光受容細胞を表すこともある。聴覚神経細胞の受容野に関しては，音程（周波数）の領域を指す場合と，反応を引き起こす受容体を指す場合がある。

**受理面接**［intake interview］　セラピストやカウンセラーがクライエントに行う最初の面接で，問題となっている事柄に関する情報や，本人やその家族歴に関する基本的な情報を得ることを目的とする。

**狩猟行動**［hunting behavior］　食糧ないしは娯楽のために他の動物を捕獲しようとすること。狩猟行動には，対象に忍び寄ること，動く対象を追跡すること，隠れること，カモフラージュすることが含まれる。チンパンジーや社会的な肉食動物（たとえば，オオカミ，ライオン）では，協力的な狩猟行動を行っている証拠が存在する。それらの動物は狩猟行動を複数の個体の間で協調して行っていると考えられる。

**シュリンク**［shrink］　心理学者および精神科医など精神療法を行うメンタルヘルスの専門家を指す専門用語である。精神科医を指す Headshrinker（干し首から派生した呼び名）を短縮したものである。

**シュレーダーの階段**［Schröder staircase］　階段に関する**曖昧図形**の一つで，観察者の見方によって上部あるいは下部から見た階段の形状がどちらにも知覚される。階段錯視（staircase illusiton）とも呼ばれる。［ドイツの細菌学者・教育専門家のシュレーダー（Heinrich Schröder: 1810-1885）］

**手話**［sign language］　話し言葉の代わりに，手や顔，身体の位置やジェスチャーによって作られた記号を用いる，コミュニケーションのシステム。主に重度聴覚障害者との，あるいは重度聴覚障害者によるコミュニケーションに用いられる。手話は固有の統語法と感情や情動のニュアンスを伝達する方法を備えており，現在ほとんどの言語学者が，手話には人間の口頭・聴覚言語の定義的特徴のすべてがみられることを認めている。手話の形式は，特定の脳神経学的障害を有する子どもや，ヒト以外の霊長類との意思疎通に用いられることもあるが，こうした場合における手話のシステムは，聴覚障害者が用いるシステムに比べてはるかに洗練されていない。サイニング（signing）とも呼ばれる。⇨ **アメリカ手話，指文字**

**手話主義**［manualism］　コミュニケーションのために，**手話**や**指文字**を用いる重度聴覚障害者のための教育方法であり，手指法（mannal method）とも言われる。

**手話法**［manual communication］　発話によってではなく，手を用いたコミュニケーション。手話法は，**手話**と**指文字**を含み，主に重度の聴覚障害の人との間，もしくは聴覚障害の人同士で使用される。

**シュワン細胞**［Schwann cell］　末梢神経の軸索周囲にある**ミエリン鞘**を形成するグリア細胞（⇨ **神経膠**）の一種。1つのシュワン細胞の延長は複数の隣接する軸索の周囲に何回もきつく巻き付いている。そのため，ミエリン鞘はシュワン細胞の細胞膜による複数のレイヤーから構成さ

れている。[ドイツの組織学者シュワン（Theodor Schwann: 1810-1882)]

**手腕振動症候群**［hand-arm vibration syndrome: HAVS］ 機器の振動に過度に接することで生じる職業病。レイノー病の一種。白蝋病（vibration white finger）とも呼ばれる。

**順位**［rank order］ 大きさの順に項目を配列すること。

**順位制**［dominance hierarchy］ 集団メンバー間における名声，地位，権威の安定した直線的序列システム。集団のつつきの順位によって命令者が誰なのか，その命令を実行するのか誰なのかが決定される。社会心理学の分野で議論される。⇨ 地位関係

**順位相関**［rank order correlation］ それぞれ順位づけられた2つの変数の関連性の程度を表す測度。スピアマンの順位相関（Spearman rank order correlation）とも言う。

**順位変換**［rank transformaiton］ 変換の一種。実験参加者の実際の数値得点を得点の全体集合内における得点順位に置き換えること（すなわち，実験参加者の属している計画の特定のセルとは無関係に行う）。順位変換は各種のノンパラメトリック検定を実施するうえでの基礎となる。

**準F比**［quasi-F ratio］ 分散分析において，複数の分散成分の重みづけ総和で構成した誤差項によって算出されるF比のこと。

**純音**［pure tone; simple tone］ 瞬間的な音圧が時間のシヌソイド関数である音のこと。シヌソイド（sinusoid）とも呼ばれる。⇨ 複合音

**順化**［acclimatization; acclimation］ 1. 新しい状況や環境条件に適応すること。2. 環境の変化に耐えうるように個体の能力を向上させる生理学的変化のこと。

**馴化**［habituation］ ある刺激を繰り返し経験することで，その刺激に対する反応が弱くなるか，刺激の効果が弱くなること。⇨ 脱馴化

**巡回教員**［itinerant teacher］ 子どもたちに特別授業をするため，いくつかの学校や教室を回る教師のこと。

**純化コカイン**［freebase］ エーテルでコカインを処理して製造される高濃度の化学変化したコカインの形態。喫煙によって摂取される。

**循環行動**［circular behavior; circular response］ 他者に似たような行動を促進させる行動のこと。たとえば，あくびや笑いなど。

**循環性疾患**［cyclic illness］ 双極性Ⅰ型障害（⇨ 双極性障害），大うつ病性エピソードや躁病エピソードが代替的に生起する障害。

**循環的因果関係**［circular causality］ ある結果がその発端となった原因に戻り，その原因を変化させたり確定させたりして新しい一連の因果を生み出す，その原因と結果のこと。たとえば，フィードバックループなど。

**瞬間的連続視覚刺激提示**［rapid sequential visual presentation: RSVP］ 精神物理学的テストにおける方法論の一つである。形や単語といった一連の視覚的刺激を1項目当たり数ミリ秒程度の短い間隔で提示する。

**循環反応**［circular reaction］ 1. その活動を反復するための刺激を供給する反応を自身が起こす活動。そのような反応では強度や反応時間が増すことが多い。例としては，筋収縮時に脳や脊髄に向かう神経信号が筋の収縮を維持する信号となって返ってくることなどがあげられる。循環反射（circular reflex）とも呼ばれる。2. ピアジェ（Jean Piaget）の認知発達理論の感覚運動期にみられる反復性の行動であり，第一次循環反応，第二次循環反応，第三次循環反応がある。第一次循環反応は効果的でない反復的な行動を意味する。第二次循環反応に強化の結果として生じる反復的な行動を意味するが，概して因果関係の理解はない。第三次循環反応は反復的なものの操作を意味するが，概して続いて生じる行動には少しバリエーションがある。

**循環論**［vicious circularity］ 1. 自己参照的なパラドックスを含む論理的問題（たとえば「この文章は嘘である」）のこと。また，ある集合はそれ自身の中に含まれる一要素でもありうるという集合論の難題。2. ⇨ 循環論法

**循環論法**［circular reasoning］ 日常における誤謬の一種であり，ある結論が導かれたとき，その結論が議論の前提と思われることと実質的に変わらないこと。言い換えると，ある議論が証明すべきことをその議論の前提としてしまうことである。循環論法は，前提と結論が正確に同じ用語では表されていないため見落とされやすく，それらが実際は同じものであることを曖昧にしている。⇨ 論点先取，理論ねだり

**準拠集団**［reference group］ 自分の能力，態度，信念を選んだり評価したりする際，基準や準拠枠となるような集団や社会的集合のこと。準拠集団は，個人が同一視または称賛する公式および非公式の集団，個人間の相互作用のない統計的な集団，想像上の集団，個人が成員になることのできない集団（非成員準拠集団：nonmembership reference group）までもが含まれる。

**準拠集団理論**［reference-group theory］ 個人の態度，価値観，自己評価が部分的には準拠集団への同一化や，準拠集団との比較によって形成されると仮定する概念的枠組み。たとえば，自己概念の準拠集団理論では，個人は自分の経済的，知的，社会的，文化的成果を準拠集団の成員と比較すると仮定する。同様に，価値観の準拠集団理論では，個人は準拠集団の大多数の成員が支持する価値観を自分のものとして採用すると考えられている。

**準拠力**［referent power］ 影響者の魅力や影響者への尊敬に基づく，他者への影響力のこと。

**準拠枠**［frame of reference］ 1. 社会心理学において，人やグループが，アイデアや行為，経験を判断する際に用いる一連の仮定や基準のこと。バイアスやステレオタイプにおいては，準拠枠はしばしば知覚を制限したり，歪めたりする。2. 認知心理学において，世界を知覚し評価する際に用いられる，特定の心的スキーマやより広い認知構造を定義する一連の変数。⇨ 概念体系，知覚の構え

**準拠枠トレーニング**［frame-of-reference training］ 人事考課に関わる者が，正確に成績を評価するようになるためのトレーニング。評価のための参照基準が与えられ，その基準に照らして評価する訓練が行われる。

**純潔**［chastity］ 不正な性的関係，もしくはもっと広げて言えば，あらゆる性的な活動を控えている状態。宗教的な慣習では，性的な衝動や不潔な考えをもたないという考えも含まれる。⇨ 禁欲

**順向干渉**［proactive interference: PI］ 類似した，あるいは関連した材料について以前に学習したために生じる，新奇な学習への干渉のこと。たとえば，アメリカ人では高校でフランス語を学習したことは，後に大学でのスペイン

語の学習に干渉する可能性がある。順向抑制（proactive inhibition）とも呼ぶ。⇨ **順行抑制解除**，**逆行干渉**

**順行条件づけ**［forward conditioning］　パブロフ型条件づけにおいて，条件刺激が無条件刺激の前に提示されるような2つの刺激の**ペアリング**のこと。前方向提示（forward pairing）とも呼ぶ。⇨ **逆行条件づけ**

**順行性**［anterograde］　時間や空間において，前方に向けて進んだり広がることを意味する。

**順行性変性**［anterograde degeneration］　神経細胞が損傷を受けた後，損傷部位から遠位に，つまり細胞体からみて末梢に向かって広がる変性のこと。ワーラー変性（Wallerian degeneration）とも言う。⇨ **逆行変性**

**順行抑制解除**［release from proactive interference］　再生されるべき項目のカテゴリーを変更することで，あるタイプの項目を再生する能力が回復すること。たとえば，3ケタ数字を継時的に記銘することは，**順向干渉**を導き，数字の直後再生量を減少させる。しかし3文字子音の記銘にスイッチすると，順行干渉から解放され，記憶が改善する（つまり，数字よりも文字が容易に思い出される）。

**準実験計画**［quasi-experimental design］　実験条件や統制条件に実験参加者を無作為に割り当てることができない場合に用いられる実験計画。この実験計画を用いた研究を準実験と言う。

**準実験的研究**［quasi-experimental research］　研究者が**独立変数**の統制や操作は行えないが，**従属変数**の測定方法を決めることができる研究のこと。準実験的研究の例として，自然災害や社会政策上の大きな変化を変数とし，それに対する大規模集団の反応を扱う研究があげられる。非実験的研究（nonexperimental research）とも言う。

**順序**［rank］　1. 規則性のある連続体上の特定の位置。2. 大きな値からや小さな値からなど，段階的に項目を並べること。

**順序距離尺度**［ordered metric scale］　測定単位間の差異を最小値から最大値まで並べ替えることで得られる測定尺度のこと。

**純色**［pure color］　ある1つの波長を包含する光である単色光によって誘発される色の感覚のこと。

**順序効果**［order effect］　反復測定計画において，実験処置を最初に受けるときに生じる効果。2回目，3回目と継続して実験処置を受けるときの効果ではなく，ときに**系列効果**と混同される。

**順序尺度**［ordinal scale］　態度測定の参加者の順序づけを反映するような方法で発展した測定の仕組み。⇨ **間隔尺度**，**名義尺度**，**比尺度**

**順序性**［ordinality］　多い，少ないといった大小関係の基本的理解。

**順序づけられた尺度**［ordered scale］　測定単位を最小から最大に並べた測定尺度。

**順序統計量**［order statistic］　一連の観測値において一つの観測値の位置に基づいた統計量。たとえば，最大観測値。

**純粋語聾**［pure word deafness］　話し言葉の理解はできないが，非言語音の理解や読み書き，発話は比較的通常通りにできること。この症候群は，**失語症**における言語障害が比較的少ないという点において，「純粋」と考えられる。

**純粋失読**［pure alexia］　読字に障害がある後天的な**失読症**のことで，聴覚を通じての文字や言葉の認知，書字能力には問題はみられない。純粋失読者は，文字の各構成要素を声に出してゆっくり名づけることによってのみ，文字を読むことができる。また，彼らは自発的に書いたり書き取ったりできるが，印字された内容や文章に関しては，書かれているにも関わらず，それらを写すことができない。これらの症状は脳の**後頭葉**における脳梁線維の**発育不全**，あるいは，その損傷に関係すると考えられている。失認性失読（agnosic alexia），書字可能な失読（alexia without agraphia），逐字読み（letter-by-letter reading）とも呼ばれる。⇨ **失読失書**

**純粋な意識**［pure consciousness］　内容をもたない意識。ヴェーダの終極の中心概念。

**純粋な小頭症**［pure microcephaly］　頭以外に先天的な奇形はなく，異常に頭蓋骨が小さい（⇨ **小頭症**）ことが特徴である。その影響を受けた人は，顔の大きさは普通であるが，精神遅滞がみられる。身長は平均より低く，多くの場合，手足の痙縮の影響を受ける。⇨ **原発性小頭症**

**準統制参加者**［quasi-control subjects］　実験が行われた状況を想起し，自分や実験参加者の行動にどのように影響するかを考察するように要求される研究参加者のこと。

**順応〔1〕**［adaptation］　1. 瞳孔が暗がりや明るい光に対してその大きさを変えるように（⇨ **視覚的順応**），刺激の強度や質に対応して感覚器官の反応が変化することで，感覚，知覚的経験の変化をもたらすこと。⇨ **感覚順応**　2. 進化の過程において，環境変化や異なる環境におかれた際，自らがうまく繁殖する能力および自らの子孫が生き残り繁殖する能力を増大させるために，生命体が構造・機能・行動を修正すること。

**順応〔2〕**［orientation］　ある人が新しい状況（引っ越した場合の新居や近隣住民，街の様子など）に慣れ親しむ過程のこと。過程に伴い，その状況において，地図などの記憶の手がかりを用いずにすむようになり，最終的には習慣となる。

**順応化**［adaptation］　ある刺激や状況に長期的，もしくは反復的に接触した結果，その刺激や状況のもつ効果が減少すること。

**順応計**［adaptometer］　**視覚的順応**までの時間を測定するための装置のことで，夜盲症やその他の視覚障害の診断にも使用される。

**順応時間**［adaptation time］　刺激の呈示開始から，刺激を受容した感覚器官が完全に順応し，反応しなくなるまでの期間。

**順応水準**［adaptation level］　順応の結果として形成された刺激評価の基準のこと。たとえば，小都市の交通量は農家にとっては多くても，都会人にとっては少ないと思われるかもしれない。順応は感覚知覚研究に起因するが，順応水準理論（adaptation-level theory）は，たとえば態度変容研究など，様々な領域に応用されている。［アメリカの心理学者ヘルソン（Harry Helson: 1898-1977）が提唱］

**準備**［preparation］　認知心理学で，たとえば，行動を実行する前に計画を立てたりイメージすることで，ある活動のための即応性を高めるような処理を指す。⇨ **プラン**

**準備間隔**［preparatory interval］　準備調整における，警告のシグナルから刺激の提示までの時間間隔。

**準備された学習**［prepared learning］　ある特定の知識を素早く学習するという，種に固有の生得的な傾向のこと。刺激，反応や強化子の間の連合には，生物学的な**学習準備性**のために反対に準備された（contra prepared）連合に比べてより容易に形成されやすいものがある。たとえば，動物は新奇な食物と疾病とを関連づける準備性をもっている可能性があることや，人でも準備性のためにある種の恐怖症をより容易に学習しやすいことが示唆されてきた。⇨ **帰属性原理**

**準備時間**［foreperiod］　反応時間を測定する実験での，準備の合図と刺激提示の間にあるポーズ（間）のこと。

**準備調整**［preparatory adjustment］　警告のシグナルを受けて脳と体が次の活動に備え，結果として成績を向上させるメカニズム。最適な準備調整には，500 ms 程度を要するとされる。

**瞬膜**［nictitating membrane］　多くの脊髄動物に見られる透明あるいは半透明の膜で，他のまぶたとは独立に，三つ目のまぶたのように左右にまばたいて目を覆うことができる。ヒト以外の動物（たとえばウサギ）で，エアパフ（**無条件刺激**）と光または音（**条件刺激**）のペアでこの"まばたき"（瞬膜反応）の条件づけができる。

**瞬目反射**［blink response; blink reflex］　明るい光，注意のシフト，目への刺激に反応し瞼を急速に閉じること。

**順連合**［forward association］　1つの項目とその項目に系列的または連続的に続く項目との連合の形成のこと。⇨ **逆行連合**

**掌**［palmar］　ヒト以外の霊長類では，すべての肢のひらを指す。

**昇圧効果**［pressor effect］　バソプレシンといった**血管収縮薬**の効果。

**昇圧薬**［vasopressor］　血管を縮小させ，血圧を上げる薬のこと。⇨ **血管収縮薬**

**上衣**［ependyma］　室や脊髄中心管の内膜。発達の初期には神経細胞を，また生涯を通じて上衣細胞（ependymal cells: 神経膠の一種）を作り出す。

**上位運動ニューロン**［upper motor neuron］　皮質脊髄路に寄与し，**下位運動ニューロン**に影響を与えたり調節したりする一次運動野のニューロン。

**上位カテゴリー**［superordinate category］　多くの**基礎レベルカテゴリー**を含み，より抽象的な分類レベルを反映する高位のカテゴリー。たとえば「動物」は「ネコ」「魚」「ゾウ」などという基礎レベルカテゴリーを含む上位カテゴリーである。上位カテゴリーは通常，(a) メンバー間の類似性のレベルが低いこと，そして (b) そのカテゴリーのメンバーとそれ以外のカテゴリーのメンバーとの間に根本的な違いがあること，という2点によって特徴づけられる（たとえば，ゾウと魚はあまり似ていないが，その両方が木とは大きく異なる）。

**情意教育**［affective education］　理性よりも感情に焦点を当てた学習過程，あるいは理性よりも感情に由来する学習過程を伴うあらゆる訓練を指す。たとえば，児童・生徒の感情的・社会的行動を変化させ，そのような行動への理解を深めることを目指したカリキュラムなど。この考え方は，学校における葛藤や攻撃行動を減少させる方法として普及しつつある。

**上位目標**［superordinate goal］　1. 他の目標や条件つき目標よりも優先される目標。2. 組織のメンバーのほとんどが自分たちの能力，労力，資源を総動員することのみでしか達成できない目標。集団間葛藤の低減を研究した**ロバーズ・ケイブ実験**で，上位の目標は両方の集団が協力してあたらなければ解決できない緊急事態を作り出すことで導入された。

**上位離断脳**［cerveau isole］　実験のため，**中脳**の上丘と下丘（⇨ **丘**）の間を切断した動物の脳のこと。⇨ **下位離断脳**

**小うつ病性障害**［minor depressive disorder］　持続的な抑うつ気分，または**アンヘドニア**の症状が他の症状と並行して，少なくと2週間以上継続する気分障害のこと。その他の症状には，著しい体重の増減を伴う拒食または過食，不眠または過剰な睡眠，**精神運動激越**または**精神運動抑制**，極度の疲労，無価値感および不合理な罪悪感，集中力と決断力の欠如，死に対する継続的な思考，**自殺念慮**および**自殺企図**が含まれる。正式な診断基準によると，これらの症状は**気分変調性障害**の兆候ではなく，**大うつ病性エピソード**を経験したことのない者に生じる症状であるとされている。しかし，臨床の現場では，小うつ病性障害の診断はうつ病の既往歴に関わらず，**大うつ病性障害**の症状がなく，上記の兆候がみられた場合に適応される。⇨ **特定不能のうつ病性障害**

**上オリーブ複合体**［superior olivary complex; superior olive］　**脳橋**に位置する脳核の集合。その細胞は，脳幹にある反対側の**蝸牛神経核**から興奮性の入力を，同側の蝸牛神経核から抑制性の刺激を受け取っている。反対側の入力は，橋の横行神経線維が集中している**台形体**を経ている。

**消化**［digestion］　身体によって吸収・同化されるために食物が分解される過程。エネルギーと栄養素が得られる。

**昇華**［sublimation］　精神分析理論の**防衛機制**の一つ。受け入れ難い性的，攻撃的な欲動を，社会的に受け入れられる形で表出するために，無意識的に切り替えられること。つまり，受け入れ難い欲動やエネルギーは新しく学習された行動へと置き換えられるが，原初的な欲動も何らかの充足を間接的に得られることとなる。たとえば，露出したいという衝動が舞踊という形で新たに解放されたり，のぞきをしたいという欲望が科学的研究という形を導いたりするかもしれない。またフットボールを通して，危険で攻撃的な欲動が罪に問われない形で表出されたりする。置き換える形で解放，充足させることで，原初的な欲動によって引き起こされる不安から自分を守っていると仮定されている。

**照会**［referral］　評価，専門家との相談，治療などのために，患者をセラピストや医師，専門機関，施設などに向かわせること。

**障害［1］**［disability］　個人内での能力低下障害を言う。セルフケア，歩行，コミュニケーション，社会的相互作用，性的表現，雇用といった日常生活の活動に関して，1つあるいはそれ以上の領域で機能に重大な問題があり，身体的・精神的欠陥が持続すること。たとえば，目の見えない人は，視覚的な能力障害をもっていること。

**障害［2］**［disorder］　異常な行動，持続的で強烈なストレス，生理学的機能の崩壊などを含んだ症状群のこと。⇨ **精神障害**

**生涯教育**［continuing education］　成人教育の一種であり，大人がそれまでに獲得したスキルや知識の基盤，専門

**障害者差別**［ableism］ 障害をもつ個人に対する差別。
⇨ 障害

**生涯性格**［lifetime personality］ 生まれてから死ぬまでの間，人の生活様式を支配する行動パターン。［アメリカの心理学者マレー（Henry Alexander Murray: 1893-1988）の性格理論の用語］

**生涯的文脈性**［life-span contextualism］ 人間の発達において，人を生産物と生産者の両者とみなす考え方。人間の発達は生涯にわたって家族，仲間，他の社会的な集団，組織などと相互作用している。

**生涯発達心理学**［life-span developmental psychology］ 加齢に伴う個人間の心理的相違や，誕生から老齢に至るまでの個人内での加齢に伴う心理的変化について扱う学問。

**生涯発達的視点**［life-span perspective］ (a) 人間の発達は生涯にわたる変化のプロセスであること，(b) 発達的な変化は多次元的で多方向的であり，個人の遂行（認知的課題の遂行など）において年齢によって獲得と喪失，つまりは成長と低下の両方を含むこと，そして (c) 生涯を通じて人間の行動には可塑性があること，といった点に重きをおく一般的な見地。

**障害評価**［disability evaluation］ 欠損（すなわち身体機能の喪失）がその個人の能力に対して及ぼす影響の評価。特に有給雇用に関わる彼／彼女の能力という観点からなされる。

**障害評価尺度**［Disability Rating Scale: DRS］ 中等度から重度の脳損傷を負った人の回復過程の程度をモニターするために，リハビリテーション施設で最初に用いられる評価尺度。覚醒度や意識状態，認知能力，他者への依存状態，心理社会的な順応性などを評価する。この尺度の8つの項目（開眼，コミュニケーション能力，運動能力，食事，排泄，身づくろい，セルフケアの機能レベル，雇用適性）は，それぞれ0点から3～5点で評価され，加算されて総得点になる。得点範囲は0点（障害なし）から29点（極端な植物状態）になる。［もともとは1982年に精神科医ラパポート（Maurice Rappaport: 1926- ）らによって考案された］

**障害法**［obstruction method］ 動因の相対的強度を測定するための方法。実験動物は，たとえば餌（飢え）対，水（のどの渇き）のような，様々な動因の目標を1つもしくは複数提示され，その目標に到達するために，障害（たとえば，電流を流した格子）を乗り越えなければならない。動因の強度と優劣を表すために，その動物がどの目標を選択するかだけでなく，障害を乗り越えるまでにかかる時間も使用される。

**生涯リスク**［lifetime risk］ 生涯で（通常70～85年間において），人が病気あるいは異常と診断される可能性。特に**遺伝相談**の対象者にとって，次の5～10年で発症する可能性と生涯リスクとを区別することは重要である。

**障害理論**［defect theory］ 知的障害をもつ人の認知過程や行動発達が知的障害をもたない人のものと質的に異なるという考え。障害傾向（defect orientation），相違仮説（difference hypothesis）とも言う。⇨ **発達理論**

**消化型**［digestive type］ 消化器系が他の系よりも優位な生来の体型（⇨ **ロスタンタイプ**）。クレッチマーの類型論の肥満型に対応する。

**消化管運動**［gastrointestinal motility］ 消化管の内容物を送り出す不随意の運動。主に消化管の内壁を形成する環状筋と縦走筋の線維束による収縮・弛緩の繰り返しによって行われる。

**消化管ホルモン**［gut hormone］ 胃や腸で（ときに食物への反応として）分泌されるホルモン。

**浄化行動**［purging］ 食べ物を吐き出す活動のことで，下剤などが使われることもある。浄化行動は**神経性無食欲症**や**神経性過食症**において，暴飲暴食と関連して生じる。その目的は，排泄や，現実あるいは想像的な体重の増加を減少させることである。

**商仮説**［quotient hypothesis］ ある惑覚系列における2つの連続する**弁別閾**の商，あるいに比率は等しいという**ウェーバーの法則**に適合する仮説。

**松果腺[1]**［conarium］ フランスの哲学者デカルト（René Descartes: 1596-1650）の理論に出てくるもので，**レス・コギタンス**と**レス・エクステンサ**の間を媒介するものを指し，デカルトはそれが脳の松果体にあると考えた。後の解釈者たちによると，フロイトのイドもほとんど同じ概念を表していると言われる。⇨ **デカルト二元論**

**松果腺[2]**［pineal gland］ 脳の第三脳室の後壁に茎で付着した小さい錐体型の腺。両生類と爬虫類においては，この腺は視覚システムの一部としての機能をみせる。哺乳類においては，この腺から**メラトニン**ホルモンが分泌されている。脳の中央部に位置する対になっていない組織であるため，フランスの哲学者デカルト（René Descartes: 1596-1650）はこれが理性的魂の台座であり，精神と身体の接続部であると考えた。松果体（pineal body）とも呼ばれる。

**小眼球角膜の不透明痙攣性症候群**［microphthalmos-corneal opacity-spasticity syndrome］ **小頭症**をもって生まれてくる子どもの遺伝性障害であり，角膜が不透明な小さな眼球をもち，痙攣性両まひがあり（両手両足の痙攣），精神障害がある。両足のガニ股（交差）は，そのような患者に共通にみられる。

**正気[1]**［lucidity］ 複雑な問題を論じたり理解したりする能力が備わっているとはいえないが，自分の行動に対して法的責任を背負う十分な精神力をもっている心的状態のこと。

**正気[2]**［sanity］ 法律上，狂気（⇨ **心神喪失**）の状態にないことを指す。つまり，精神的な障害や欠陥がなく，自分の行為を理解，認識して，法的要件に従う能力が損なわれていないことを意味している。

**上機嫌（幸福）**［eudemonia; eudaemonia］ 道徳的基準や人間が行動する動機と考えられる幸福感のこと。現代の上機嫌の解釈は，心理学でみられるように，個人主義者や快楽探求の観点がしばしば強調されている。古代，特にギリシャ哲学者のアリストテレス（Aristotle: BC 384-322）の理論では，人は高次の善，あるいは真の幸福の源泉である"豊かな生活"に向かう本質がもたらされた存在であるという概念をより強調している。

**上丘**［superior colliculus］ 脳の丸みを帯びた突起（小隆起）。ペアになっており，そのうち一つは各**大脳脚**の近く，**下丘**の吻側で，**松果腺**のすぐ下に位置する。上丘は視索から線維を受け取り，**外側膝状体**や**網様体**といったいく

つかの部位へと投射している。上丘は**視蓋脊髄路**を生じさせており，外部刺激に対して頭と目の動きを定めるのに関係している。

**消去**［extinction］ 1. **パブロフ型条件づけ**において，(a) **条件刺激**を単独で呈示するか，条件刺激と**無条件刺激**を互いに別々に呈示することによって，刺激事象間の**ペアリング**を打ち切る手続きのこと。あるいは，(b) こうした手続きで得られた結果。すなわち**条件反応**の生起確率や強度が徐々に減少することを指す。2. **オペラント条件づけ**において，(a) 強化子を中断する手続きのこと。言い換えれば，強化刺激はそれ以降呈示されない。もしくは (b) こうした手続きで得られた，過去に強化された反応の割合が下がるという成果のこと。

**状況意味論**［situational semantics］ 発話の意味，特に発話の真理値は，発話と世界における事実との対応関係だけでなく，発話がなされた状況も考慮した上で理解されなければならないと考える，**意味論**の一分野。この考え方の主な含意は，真理は状況依存的であるということ，また，言語は第一に状況を表すものであり，状況によらない事実を表すのではないということである。この考え方は，**社会構成主義**や**ポストモダニズム**，ある種の**フェミニズム**と関連する。

**状況間の一貫性**［cross-situational consistency］ 個人の傾向や認知スタイルなどの心理的属性が，異なった社会的環境においても同じ，あるいは，ほとんど同じようにみられる程度のこと。

**状況帰属**［situational attribution］ 1. **帰属理論**において，自他の行動を，他者からの圧力のような外的，状況的原因に帰属すること。2. 運，他者，状況のような，その人が関連していない原因に出来事や結果を帰属すること。環境帰属（environmental attribution）や外的帰属（external attribution）とも言う。⇨**属性帰属**

**状況決定因**［situational determinants］ 生体（生物）の反応前後に存在する環境条件のことで，この行動の誘発に影響を及ぼす，行動分析における4変数の一つ。

**状況効果**［situational effect］ 参加者または実験者の振舞いに対する異なった環境状況の影響のこと。

**状況サンプリング**［situational sampling］ 行動に関する研究の一環として，いくつかの実際の状況での個人に関する観察。実験的な状況とは対照的である。

**状況主義**［situationalism; situationism］ 個人的な性質や他の内的要因というより，むしろ生体の環境的，状況要因との相互作用が行動の主要な決定因子であるという見方。［レヴィン（Kurt Lewin）によって提案された］

**状況準備性パニック発作**［situationally predisposed panic attack］ **パニック発作**の一種で，特定の状況に反応して起こるが，必ず発作が起こるとは限らないもの。⇨**手がかりパニック発作**，**突発性パニック発作**

**状況証拠**［circumstantial evidence］ 事実の直接的立証にはならないが，特定の事実の存在が推論される証拠。

**状況性オーガズム不全**［situational orgasmic dysfunction］ 特定のパートナー，または特定の状況でのオーガズム体験ができない女性のこと。⇨**女性オーガズム障害**

**状況精神病**［situational psychosis; reactive psychosis; traumatic psychosis］ トラウマ的な出来事ないし状況（たとえば投獄）に対する，妄想や幻覚といった症状を含む重篤な，しかし一次的な反応のこと。

**状況的アイデンティティ理論**［situated identities theory］ 人の行動パターンが他者あるいは状況によって根本的に変化するように，個人はそれぞれ異なる社会・文化の状況に応じて，それぞれ異なる役割を担うという理論。

**状況的学習**［situated learning］ 教室などの特定の心理学的，社会的文脈で行われる学習のこと。一般に，他者と関わったり，現実場面と関わることによって知識学習は促進される。地図学習を例にとると，実際に地図に描かれている場所へ行くことで，地図の学習が促進されるであろう。しかしながら，状況学習で学んだ内容は，その学習が獲得された状況では有効であるものの，その他の状況に置かれた場合に，その知識をうまく使えないことがあるため，他の学習方法よりも，その教育的意義という面で少し劣るという見方もある。

**状況的条件**［situational conditions］ 教育心理学において，教室にある，生徒の学習や達成に関係すると考えられるすべての外的要因のこと。たとえば，実際に置いてあるものや，教授方略，時間，目標，教材の構成，テスト方法，成績，強化の方法，対人関係などがある。

**状況的知識**［situated knowledge］ 埋め込まれた知識のこと。つまり知識は，ある人物が実際におかれる歴史・文化・言語・価値の文脈に影響を受けるということ。この用語は，**社会構成主義**，**急進的フェミニズム**，**ポストモダニズム**の観点から，絶対的・普遍的な知識はありえないという見解を強調するために，最も頻繁に用いられる。社会的・文化的・歴史的な要因は，知識が構築されるプロセス自体を制限することをしばしば含む。知識が埋め込まれている限り，ある種の認識論的**相対主義**を避けることは困難である。

**状況的認知**［situated cognition］ 状況に埋め込まれた認知ともいう。適用された文脈から切り離せない認知。この点からは，知能もまた適用された文脈からは切り離せない。状況的知能（situated intelligence）とも言う。⇨**ストリートインテリジェンス**

**状況的ホモセクシャリティ**［situational homosexuality］ 異性との機会が見当たらない状況や同性の個人との親密な接触が生じる環境で進展する同性間の性的行動のこと。状況的ホモセクシャリティは，個人が彼らの性別によって分離されて，共同生活をする刑務所や学校，あるいは軍事施設といった状況で生じることがある。典型的には，かつては異性愛者だった人は，一度この状況から離れれば，異性愛者に戻る。⇨**偶発的性倒錯**

**状況的リーダーシップ論**［situational leadership theory］ フォロワーの成熟度に応じて指示的リーダーシップ（課題志向的）と支援的リーダーシップ（関係志向的）を使い分けるようリーダーに勧めるリーダーシップ条件即応理論。ここでいう成熟度とは，仕事の成熟度（たとえば，経験，能力，知識）と心理的成熟度（たとえば，動機づけレベル，責任受容意思）などである。成熟度が低いと，リーダーは指示的で組織志向や課題志向に専念すべきである（⇨**指示的リーダー**）。フォロワーの成熟度が高くなると，リーダーは支援的行動を増やす必要がある。成熟度が最も高いレベルでは，フォロワーは，指示的リーダーシップも支援的リーダーシップも必要ではなく，自由放任型が効果的である（⇨**放任型リーダー**，**リーダーシップ**

代用理論)。リーダーシップの状況即応理論（situational theory of leadership）とも呼ぶ。[アメリカの経営理論家ハーシー（Paul Hersey）とブランチャード（Kenneth H. Blanchard）によって提案された]

**状況認識**［situation awareness］　目前の環境や，その中で起こりつつある出来事の意識的な理解。状況認識には，環境内の要素の知覚，それらが意味することやそれらが互いにどのように関係するかについての理解，それらの未来の状態に関する予想が含まれる。たとえば，人間工学では，状況認識は，システムの現在の状態と予想される未来の状態に関するオペレータの認識を意味する。状況認識は，ストレスなどの多くの要因による影響を受ける。また，**認知的トンネル状態**や**社会的トンネル現象**により阻害される可能性もある。

**状況の制限**［situational restraint］　環境調整（たとえば，窓に格子を入れたり，家具を固定したりすること）によって，感情や思考に問題をもつ患者が破壊行為や危険行為に至るリスクを最小限に抑えること。身体的な拘束とは対照的に用いられる。

**状況分析**［situational analysis］　自然な場面での行動や他の現象を研究する方法。実験室で研究するものとは対照的である。

**状況面接**［situational interview］　就職希望者にシナリオが提示され，それらの状況で何を行うか尋ねられる就職面接試験のこと。その後，潜在的な仕事の能力について，**行動アンカー評定尺度**を用いて評価される。

**状況倫理**［situation ethics］　行為の道徳性は，倫理的規範によって解釈された，状況的文脈において評価されるべきであるという見方のこと。⇨ **道徳的絶対主義**

**消極的安楽死**［passive euthanasia］　死に近づいている人の延命治療を意図的に控えること。人生を終えるための直接的な行動（たとえば，致死注射）をとる**積極的安楽死**とは区別される。裁判所は，医師が延命するためのあらゆる手段をとる必要はないと定めているが，線引きについて意見が分かれている。能動的および受動的の区別についても，どちらも命を縮めることから議論となっている。⇨ **安楽死**

**消極的抵抗**［passive resistance］　政府，政策，法に対して，断食，示威行動，**市民的不服従**といった非暴力的手段を用いて抵抗すること。

**消極的ディセプション**［passive deception］　調査対象者に対して研究に関する情報の一部を隠すことにより，研究の詳細について知られることを避けること。省略によるディセプション（deception by omission）とも呼ばれる。

**消去主義**［eliminativism］　信条，感情および意図のような精神状態は人間の行動の科学的な説明に必要ではないという考え方。これらは非公式で直感的な概念によって人間行動の説明を提示する民族心理の材料と見なされる。消去主義的な見方によると，真の科学的心理学が民族心理学にとって代わられるに十分すぎるほど進歩したときに，精神状態の説明言語は，おそらく生物学的状態の説明言語に置き換えられると論じる。⇨ **同一説**，**還元主義**，**意識的唯心論**

**消去抵抗**［resistance to extinction］　消去時における条件反射の持続性や耐久性。

**証言**［testimony］　法廷において宣誓した個人によってなされる証言。⇨ **鑑定**，**目撃証言**，**鑑定意見**，**直接的意見陳述**

**条件**［condition］　1. 結論が依存する論理的な前提，あるいは，出来事か状態が依存する経験的な前提のこと。条件はしばしば，必要あるいは十分に特徴づけられる。必要条件は，一方が除いた考えでは理論的に続かないもしくは，出来事が生じないものである。十分条件は，特定の結論を直接伴うかもしくは，他の状況に関係なく特定の出来事を生じる力があるものである。2. パブロフ型条件づけ，**オペラント条件づけ**，その他の行動主義的パラダイム（⇨ **行動主義**）によって，生物に反応あるいは行動を教え込むこと。学習は大部分が自動的であり，意識的ではなく，反射に近い過程に基づいていることを示唆している。

**上限**［upper threshold］　1. **弁別閾**にとって，標準よりも大きいと判断される刺激での閾のこと。2. 痛みを伴わずに知覚される刺激の最大強度のこと。

**条件回避反応（CAR）**［conditioned avoidance response: CAR］　嫌悪を伴う刺激の頻度や強さを予防（prevent），延期（postpone），あるいは低減（reduce）する条件反射。嫌悪を伴う刺激を停止する条件反射は　条件性逃避反応（conditioned escape response）と呼ばれる。たとえば，サルが大きな騒音を消すレバーを押すことを覚えた場合，レバーを押すことが条件性逃避反応となる。⇨ **回避条件づけ**

**条件刺激**［conditioned stimulus: CS; concitional stimulus］　それまで見られなかった反応を引き出すようになるまで，非条件性刺激と繰り返し関連づけられた中立刺激（⇨ **ペアリング**）。多くの場合，条件刺激による反応は，非条件性刺激による反応と類似する。たとえば，光が食べ物と繰り返しペアにされることにより（非条件性刺激），光が単独で提示された場合においても，食べ物と同じ反応を引き出すようになる（唾液分泌）。

**条件性強化子**［conditioned reinforcer］　強化子となる能力を獲得した中立刺激。多くの場合，一次強化子とペアになり（⇨ **一次的強化**）強化子となるか，もしくは**弁別刺激**となる。たとえば，商品は食べ物とペアになることによって，条件性強化子となる。二次強化子（secondary reinforcer）とも呼ばれる。

**条件性情動反応（CER）**［conditioned emotional response: CER］　パブロフ型条件づけの結果として，中立刺激と関連するようになるすべての否定的感情反応。一般的に恐怖や不安。**条件性抑制**の基盤となる。

**条件性弁別**［conditional discrimination］　反応の強化が他の刺激の存在に依存する**弁別**。たとえば，**見本合わせ**の手続きにおいて，見本刺激と同じ比較刺激への反応が強化される場合。すなわち，反応の正しさの判断は見本刺激に依存する。⇨ **同時弁別**，**継時弁別**

**条件性味覚嫌悪**［conditioned taste aversion］　食べ物や飲み物の味覚と，嫌悪刺激（多くの場合，胃腸の不快感や病気）との連合。これにより，特定の味覚に対する早急かつ長期間にわたる嫌悪が生じるか，あるいは少なくともこの味覚を好まないようになる。条件性味覚嫌悪は，効果を生み出す上で必要な食べ物と病気の間のペアリングが非常に少なく（多くの場合，1度のペアリングで十分），味覚の経験と具合が悪くなる間の遅延が比較的長く（すなわち長い**強化遅延**），嫌悪が**消去する**という現象はほとんど

みられないことから，従来の連合学習の理論に疑問を呈した。学習性味覚嫌悪（learned taste aversion），味覚嫌悪学習（taste-aversion learning），中毒（toxicosis）とも呼ばれる。

**条件性抑制**［conditioned suppression］　オペラント条件づけテストにおいてみられる現象で，正の刺激に対する**条件反応**が，嫌悪を伴う刺激と関連した刺激によって低減される現象。たとえば，ラットが餌を得るためにレバーを押すよう訓練され，この手続きの間に音に続いて発生する短い電気ショックに時々さらされたとする。その結果，音のみを聞いたラットがレバーを押す割合は低くなる。条件抑制は**パブロフ型条件づけ**の研究にも用いられている。⇨ **エステス‐スキナー手続き**

**条件節**［conditional clause］　仮説や可能性を表す従属節であり，典型的仮定か除外例から一つを導入すること。⇨ **反事実的条件文**

**条件説**［conditionalism］　人は原因を知っていることで，物事の効果を予測できる。すなわち，効果はその原因から説明できるという見解。

**条件つき確率［1］**［conditional probability］　別の事象が起こるという条件の下で，ある事象が起こる確率。

**条件つき確率［2］**［contingent probability］　0から1の間の数字で表現される，ある要因が，別の要因の存在がするときに生じる確率。たとえば，麻薬愛用者の子どもが麻薬愛用者になる確率。必ずしもそうとは言えないが，（一般的な母集団に対して）条件つき確率が異常に高い（低い）ということは，2つの要因間の因果関係を示唆している。

**条件つき推論**［conditional reasoning］　「もしXならば，Yである」形式の推論。たとえば，「サムが男ならば，サムは母親ではない」などである。正式な論理学では，"もし"に続く条件命題は**前件**，"ならば"に続く帰結命題は**後件**と呼ぶ。

**条件つき退院**［conditional discharge］　患者の収容期間中に一定の条件と制限（スーパーバイザーへの定期的な報告や服薬など）を課して精神医学の機関から患者を退院させること。

**条件つきの肯定的配慮**［conditional positive regard］　条件つきの受容的・尊重的態度のこと。その際の条件は，送り手側の，他者の行動に対する受容可能性や個人的評価基準に基づく。ロジャーズ（Carl Rogers）の人格理論によれば，肯定的関心を得たいという欲求は一般的なものであるが，条件つきの関心は，受け手側の健全な心理的成長や適応にマイナスに働いてしまうとされる。⇨ **無条件の肯定的配慮**

**条件づき方略**［conditional strategy］　生物の現在の環境と状態に適した別の行動方略を発達させる能力。たとえば，経験豊かな大人のオスの動物は縄張りを積極的に防御し，メスを守る（⇨ **配偶者防衛**）。一方，若いオスはサテライトオスとして居り，縄張りを作ったり防御したりするのではなく，未婚のメスと交尾しようとする（⇨ **スニーク交尾**）。常駐のオスが死んだりいなくなったりすると，若いオスは縄張りを守るオスになるために迅速に方略を変更することができる。

**条件づけ**［conditioned; conditioning］　1. 経験の結果として発生，呈示，あるいはその両方が出現する行動に関連するもの，あるいはその行動の説明。結果的に条件性行動となる経験の主な2つのクラスは**オペラント条件づけ**と**パブロフ型条件づけ**である。2. ある特定の経験が，特定の行動の頻度に影響する過程。⇨ **道具的条件づけ，オペラント条件づけ，パブロフ型条件づけ**

**条件づけ装置**［conditioning apparatus］　動物を用いた研究において，条件づけの手続きに用いられる装置の総称。最も一般的な条件づけ装置は**オペラント箱**である。⇨ **オペラント条件づけ箱**

**条件づけ場所嗜好性**［conditioned place preference: CPP］　ある刺激を伴う経験が，その経験が生じた場所に強化を与えるかどうかを決定する方法。たとえば，ネズミにコカインを注射し，2つに仕切られた空間の一方に入れる。何度も練習させた後，テストを実施する。その際，ネズミは仕切られた2つの空間を自由に移動できるようにする。もしネズミがその自由な時間の大部分をコカインを注射されたほうの空間で過ごせば，コカインの投薬が強化になったという結論が得られる。場所条件づけ（place conditioning）とも呼ばれる。

**上限年齢**［ceiling age］　スタンフォード・ビネー知能検査のような心理テストにおいて，上限の水準を規定すること。すべてのテストが失敗したところでテストは中止される。この概念は，現在ではあまり使用されない**精神年齢**を採用している。

**条件反応**［conditioned response: CR］　**パブロフ型条件づけ**において，条件刺激に対する，学習あるいは獲得された反応。条件反射（conditioned reflex）とも呼ばれる。

**条件反応消去**［deconditioning］　**行動療法**における技法の一つであり，恐怖症のような，学習された反応を学習されていない（条件づけられていない）状態にするもの。たとえば，飛行機で飛ぶことへの恐怖反応を示す人に対して，まずは，ただ空港に行くことだけで条件づけを解除したり，不安をコントロールするために呼吸法を用いたりすること。⇨ **脱感作**

**条件抑制**［conditioned inhibition］　異なる環境において以前経験された刺激の提示によって生起する**条件反応**の低減。

**証拠**［proof］　法律用語で，係争の相手による主張の正しさを立証し，支持する証しのこと。法廷に提出された証拠だけ証拠とする。つまり，それから**陪審**が，これらの証拠が適切な証拠となっているかを決めなければならないということである。刑事事件では，無罪を証明する証拠の基準として**合理的疑いを越える証明**であることがあげられる。

**症候学**［semiology; symptomatology］　1. 病気もしくは障害に結びついた兆候や，標識，指標のこと。2. 病気もしくは障害の標識や，指標の科学的な研究のこと。

**症候群**［syndrome］　通常一つの原因（あるいは関連する一連の原因）による，症状や兆候の組合せを指す。全体として，ある特定の身体的，精神的な疾患や障害の存在を表す。症状群（symptom complex）とも呼ばれる。

**小膠細胞**［microglia］　非常に小さなグリア細胞からなる**神経膠**。損傷細胞や死滅細胞から細胞残屑を取り除く。

**上行性伝導路**［ascending pathway］　神経インパルスをより低次の神経系から脳へ運ぶ神経線維によって成り立っている経路。⇨ **上行路**

**上行性網様体賦活系**［ascending reticular activating

system: ARAS] 神経インパルスを中脳の**網様体**から視床を通って，大脳皮質の全箇所へ送る経路。

**上行路**［ascending tract; ascending nerve tract］ 神経インパルスを脳へ運ぶ中枢神経系にある，神経線維の束（⇨ **神経束**）。上行性伝導路（ascending pathway）とも呼ばれる。⇨ **下行路**

**証拠開示手続**［discovery］ 法的な係争で，起訴側がその事件に関連する文書のすべてを利用可能な形にするか，コピーをとるように，通常は弁護側が主張する申し立てのこと。紙に記された文書，およびコンピュータまたはビデオ上に格納されたあらゆる情報が含まれる。

**小骨**［ossicles］ 小さな骨全般のことを言うが，特に耳小骨のことを指す場合が多い。耳小骨は中耳の中にある3つの微小な骨が連結したものであり，音の振動を鼓膜から内耳の**卵円窓**へと伝える役割を果たす。その3つの骨とは，鼓膜に付着した鎚骨（malleus），砧骨（incus），鐙骨（stapes）である。鐙骨の底板は卵円窓をほぼ覆っている。耳小骨は空気中から液体で満たされた蝸牛へと音を効果的に伝達することを可能にする。

**証拠不同意手続**［motion in limine］ 公判前に，供述，質問，証拠などが訴訟手続きにもち出されないよう裁判所に申し立てること。["in limine"はラテン語で「予備的に」という意味］

**冗語法**［pleonasm］ 言語の冗長性の一形式。「非常に大きな巨漢」（a great big giant）のように，考えを表現するために過剰に言葉が用いられること。

**小細胞系**［parvocellular system］ **外側膝状体**の4つの背層（小細胞層：parvocellular layers）に存在する小さい神経に投射したり，そこから発信したりする視覚系の一部。詳細な部分，色，明るさの大きな変化の知覚に関与する。小細胞系は他の動物に比べて霊長類の方が肥大している。細胞が小さく，軸索も細いため，小細胞系は情報を比較的ゆっくり伝達する。⇨ **大細胞系**

**詳細問診**［detailed inquiry］ 臨床面接を行う際の段階の一つで，治療者が患者について理解するため，様々なトピックに関して直接的な質問を行う。トピックは日常生活に関するありふれた内容から，特殊な事象に対する特定の反応に関するもののような非常に細緻な内容まで多岐にわたる。

**省察**［self-reflection］ 自分の思考や行動を吟味し，熟考し，分析すること。⇨ **内省意識**

**小肢**［micromelia］ 発達の障害によって四肢が異常に短く，または小さいこと。精神発達の遅れに関係している場合もある。

**常識心理学**［commonsense psychology］ 必ずしも実証研究や臨床研究からではなく，共通体験から得られた心理学の問題に関する考え。⇨ **民族心理学**，**通俗心理学**

**正直な信号**［honest signal］ 動物のコミュニケーションにおいて，個体の内的状態や意図についての正確な情報を与える信号のこと。一部の理論家は，生存を確実にするために，コミュニケーションは他の個体を騙したり操作したりするものでなければならないと論じているが，正直な信号が，つがいの選択にとって重要な情報である物理的特徴（身体の大きさなど）と高い相関性をもつ場合や，**不正直な信号**が見破られて「ぺてん師」が懲罰を受けるような安定した社会集団の中で使用される場合には，正直な信号

は有用である。

**小視症**［micropsia］ 対象物が実際よりも小さく見える錯視の一種。⇨ **変視症**，**巨視**

**小字症**［micrographia］ 書字が非常に小さくなり，ほとんど読むことができなくなる症状。**パーキンソン病**にみられることが多い。

**上矢状静脈洞**［superior sagittal sinus］ 大脳組織から血液を流す血管系の一部。大脳皮質の頭頂部を渡る。目の上の領域から内頸静脈へつながる横静脈洞へと静脈血を流す。

**硝子体液**［vitreous humor］ 眼球の水晶体の背後にある空洞である硝子体（vitreous body）を満たす粘度が強く，透明な液体。ガラス体液とも言う。

**硝子体出血**［vitreous hemorrhage］ 糖尿病の合併症は，網膜の毛細血管の破裂による眼球内出血で特徴づけられる。⇨ **糖尿病性網膜症**

**上斜位［1］**［hyperphoria］ 片眼の偏位が上向になっていること。⇨ **斜位**

**上斜位［2］**［sursumvergence］ 一方の眼を，他方の眼に対して上方向に調節すること。⇨ **斜視**

**上斜筋**［superior oblique］ 眼の外筋で，眼が鼻の方向を向くときに眼球を上方向に回転させ，正面方向に眼球を収束させる際に，**上直筋**とともに上方向の動きに寄与する。

**照射効果**［irradiation effects］ 自然（バックグラウンド）放射線量が高い地域における先天性異常の確率エビデンスに基づく，放射線の発生の要因。無脳症や小頭症，ダウン症，脳委縮，そして精神遅滞といった病態が照射効果と関連がある可能性がある。放射線に曝されてから2時間で精巣の細胞に異常な部位が認められるというほどの影響力がでる場合がある。

**勝者効果**［winner effect］ 前の柁手に勝った結果として，攻撃対象にある個人が勝つであろう見込みが増加すること。テストステロンの増加に関連があると考えられている。⇨ **敗者効果**

**焦臭性**［empyreumatic］ ツワーデマーカーの嗅覚計において，焙煎されたコーヒーやクレオソートの香りのような臭質を意味する言葉。

**常習性**［recidivism］ 精神疾患の重複的再発。

**上縦束**［superior longitudinal fasciculus］ 前頭葉から後頭葉まで大脳皮質の隆線（脳回）をつなぐ神経線維の束。そのほとんどは，近接する脳回をつなぐ短い線維である。束の中間付近では，両方向からくるいくつかの線維が，運動野と体性感覚野に向かって急激に上向きに曲がっている。

**小集団**［small group］ 通常10あるいはそれよりも少ない数の実験参加者の小集合で，実験条件における反応が，別の1つあるいはそれ以上の群と比較される。

**常習的欠勤・欠席**［absenteeism］ 仕事，学校または大学を，特に習慣的，持続的に，正当な理由なく欠席すること。欠席数や期間，その理由の記録が通常監督者によって管理され，**職務基準**の一つとして用いられることがある。常習的欠勤は**職務満足感**と関連しているとされているが，**組織文化**のような他の要因とも関連性があることも考えられる。⇨ **詐病**

**成就指数**［accomplishment quotient］ 学力達成指数の旧式名称。

**症状**［symptom］ 身体的あるいは精神的な障害を示す

と考えられる，通常の機能からのあらゆる逸脱。症候群や心理的障害だと判断されるためには，症状の明確なパターンが必要である。

**上昇・下降系列**［ascending-descending series］ 精神物理学では，大きさが増加していく刺激と，大きさが減少していく刺激という，2つの刺激対が，**極限法**では使用される。上昇系列での刺激は，当初は閾値下から閾値を超えるまで少しずつ増加する。下降系列では，当初刺激は閾値を超えているが，閾値を下回るまで漸次減少される。この手続きは**習慣化**や**固執誤差**を制御する。

**症状クラスタ**［symptom cluster］ 症候群として一連の症状群が現れること。

**症状形成**［symptom formation］ **1.** 精神分析理論において，不安を引き起こすような無意識の衝動や葛藤の，身体的あるいは行動による表現の展開。代理形成（substitute formation）とも呼ばれる。**2.** 身体的あるいは心理的な疾病や疾患の兆候が発展するプロセス。

**症状限定発作**［limited symptom attack］ 他と区別できる明確な**パニック発作**であるが，診断基準における身体的，認知的症状のうち，呈しているのが3つ以下の場合。

**症状除去**［symptom removal］ 心理療法において，問題の背景や無意識的な欲求を扱うことなしに直接症状を除去する方法を言う。⇨ **表層的技法**

**症状代理形成**［symptom substitution］ フロイト（Sigmund Freud）による古典的な精神分析理論において，治療の結果として明らかにされたものを置き換えるための症状の発症を指す。もともとの症状に対応する無意識の衝動や葛藤が治療で扱われていない場合に起こると言われている。症状代理形成という用語は，行動療法や暗示，ある種の催眠療法のような，症状の除去のみを目的とした治療に対する反発としてしばしば用いられるが，この仮説は立証されていない。

**症状チェックリスト90-R（SCL-90-R）**［Symptom Checklist-90-R］ 心理的な症状や社会的困難，医学的な苦痛や，精神医学的反応を測定する90項目からなる自記式の質問紙。9つの主要な症状と3つの全般的な指標からなる。SCL-90-Rは，ホプキンス症状チェックリストの5因子に，敵意，不安の身体化，パラノイア，精神病傾向の4因子を加えたものである。

**症状転嫁**［transitivism］ 自分の症状や状態が他者にも認められるとする非現実的な考え。たとえば，統合失調症患者は他者も自身の幻覚（声が聞こえるなど）や妄想（迫害されているなど）を体験していると信じることなどをいう。

**茸状乳頭**［fungiform papillae］ 舌前面にあり，ヒトでその数は200，それぞれはキノコのような形をしている。約半分の茸状乳頭は**味蕾**を有していないが，他は1から36（平均で3）の味蕾を有している。茸状乳頭の受容体は，特に塩みと甘みに関連した物質を感じる。⇨ **乳頭**

**ショウジョウバエ**［Drosophila］ 一般的にショウジョウバエとして知られる多くの種を含むミバエの属。*Drosophila melanogaster*（キイロショウジョウバエ）は遺伝学的研究に広く用いられている。

**症状-文脈法**［symptom-context method］ 心理療法のセッションにおいて，心理療法研究，症例の定式化，治療の一助として，生体内に生じた症状のデータを集める方法。**中核葛藤関係テーマ**と同様である。［アメリカの臨床心理士ラボースキー（Lester Luborsky: 1920- ）が開発した］

**少数実験計画**［small-N experimental design］ 少ない数の**標本抽出単位**による実験計画。

**少数派集団**［minority group］ 全体の多数派とは異なる社会的，宗教的，民族的，人種的，その他の特徴をもった人々による下位集団。この用語は，文字通りの少数派であろうとなかろうと，抑圧や差別の対象となるあらゆる集団を指すように拡大して用いられることがある。⇨ **民族集団**，**下位文化**

**少数派の影響**［minority influence］ ある集団の小さな部分が多数派の部分に及ぼす**社会的圧力**。これに関する研究からは，一貫して変化を主張する少数派の人々は，その集団に対して，長く保持されてきたあるいは以前は疑問をもたなかった仮定や手続きすらも再考を促すことができることが示唆されている。**多数派の影響**は直接的で**同調**を引き起こすことが多いが，少数派の影響は間接的で，多数派の成員が自分たちの判断が正しいことを証明しようとする際には，**革新**や**転換**を生じさせる。

**小精神病**［micropsychosis］ ストレス時に，非常に短期間（数分～数時間程度）にわたって生じる精神病エピソード。**境界性パーソナリティ障害**，**精神経症性統合失調症**の初期にみられる。現在では，診断的な価値はほとんどない。

**常染色体**［autosome］ **性染色体**ではない染色体。ヒトは，各体細胞の核の中に通常合計で44本の常染色体（22組の**相同対**で配列されている）を有している。ただし，1本かそれ以上の常染色体が付け加わったり失われたりすることで不規則な数になることもある。常染色体の**相同対**が余分な常染色体を1本有している状態を**トリソミー**と言う。また相同対の1本を欠いている場合を**モノソミー**と言う。

**常染色体異常**［autosomal aberration; autosomal abnormality; autosomal anomaly］ 性染色体ではない染色体対（⇨ **常染色体**）の構造や数の変化が関連する，構造や機能，もしくは両者の障害のこと。このような障害の一つが**ダウン症候群**である。

**常染色体性**［autosomal］ **常染色体**上にある，もしくは常染色体によって伝えられる遺伝的な特徴。

**常染色体優性**［autosomal dominant］ たった一つの変異性**対立遺伝子**が存在し**常染色体**上で伝達されることによって子孫の身体的形質などにおいて影響が現れる**メンデル遺伝**のパターンの一つ，もしくはそれに関連する事柄（⇨ **優性対立遺伝子**）。他の対立遺伝子が正常であっても，個人は変異性対立遺伝子によって伝達される形質や罹患性を有するようになる。常染色体優性遺伝病の人は，50%の確率で変異性対立遺伝子を（それゆえに，形質や罹患性や疾患を）子どもに伝える。このような疾患には**ハンチントン病**などがある。

**常染色体劣性**［autosomal recessive］ 双方の**相同染色体対**に変異対立遺伝子がある場合のみ，子孫においてその影響が現れる**メンデル遺伝**のパターンの一つ，もしくはそれに関連する事柄（⇨ **常染色体**，**劣性対立遺伝子**）。常染色体劣性遺伝病には，**テイ・ザックス病**などがある。

**上側頭回**［superior temporal gyrus］ 脳の**側頭葉**の上部表面に沿って伸びる隆起（脳回）。上方に**外側溝**との境

界が，側面に上側頭溝との境界がある。

**小帯［1］**［frenulum］ 解剖学において，構造部位を支持したり動かないようにしているひだ状のもの。たとえば，舌下の膜（舌小帯：ingual frenulum あるいは frenum），包皮の後方への動きを制限している組織下にあるひだなどがある。

**小帯［2］**［zonules］ 眼球の**水晶体**の皮膜と**毛様体突起**をつなぐ弱く弾性のある線維。低靭帯，チン小帯とも呼ばれる。⇨ **毛様筋**

**状態**［state］ 基盤となる要素や要因が比較的安定していることによって特徴づけられる，ある特定の時における実体やシステムの状況，事態のこと。要素や要因は質的に安定していることが必要不可欠であるが，過活動や流動的な状態として，それら要素や要因が動的な場合もある。

**状態依存学習**［state-dependent learning］ ある特定の生理的あるいは心理的状態で生じ，後に個体が同じ状態にある時によりよく想起される学習。想起は個体が異なる状態にある時には減衰する。たとえば，向精神薬（例，ペントバルビタール）が作用している下で迷路を走るよう訓練された動物は，薬物がなければうまく迷路を走破できないことがある。分離学習（dissociated learning）とも呼ばれる。⇨ **文脈固有学習**

**状態依存記憶**［state-dependent memory］ 人は記憶が最初に形成された時と同じ生理的，心理的状態にある時に，過去の記憶が強化される状態。このため，アルコールは，過去にアルコールの影響を受けていた時の出来事の経験の想起を高めうる（この想起の水準は，しらふの状態で**符号化**と**検索**の両方を行う条件での想起よりは低い）。薬物や，気分，あるいは特定の場所により生じることがある。⇨ **文脈固有学習，気分依存記憶，状態依存学習**

**状態依存行動**［state-dependent behavior］ 感情によって影響される行動。たとえば，怒っているときに，他者にひどいことを言うこと。

**小帯回**［fasciolus gyrus; gyrus fasciolaris］ **海馬体**の一部の脳回。繊細な組織が集まったような様相をしており，灰白質の薄板，すなわち灰白層のうち脳梁の表面の部分と情報のやり取りをしている。嗅覚機能と関連している。

**状態空間**［state space］ ゲームや，他の探索に基づく問題解決を特徴づけるのに用いられる図的な表現である。状態空間はその構成要素として，(a) ノードや状態の集合，(b) ノードや状態の部分同士を結びつけている弧の集合，(c) 空間の始点ノードとして示されるノードの空でない集合，(d) 空間の終点ノードの空でない集合，の4つをもつ。終点ノードは，状態自体の特性（たとえば，チェックメイトなど）または，終点ノードに至るまでの道筋の特性（たとえば，最短の道筋など）のいずれかによって同定される。**プロダクションシステム**や**分類子システム**のようなアーキテクチャは，状態空間検索を行うことができる。⇨ **グラフ，探索，木**

**状態志向**［state orientation］ ジレンマや葛藤の場面で，迅速にきっぱりと行動するのではなく，決定する選択肢を長々と分析し，評価するやり方で対応すること。⇨ **行動的志向**

**状態対変換**［states versus transformations］ ピアジェ（Jean Piaget）によると，子どもが変換（モノがある状態になるように施した操作）と，状態（モノが存在する状態）のいずれに注意を向けるかは，その子どもの認知発達段階によって異なる。たとえば，**前操作期**の子どもは特定の状況に注意を向け，変換を無視する傾向にあるが，**具体的操作期**の子どもは逆の傾向を示す。

**状態特異科学**［state-specific science］ 意識の変化は異なった科学の種類や内容を生み出しうるため，科学は意識の特定の状態に依拠しているとする，科学についての考え方。［アメリカの心理学者のタート（Charles T. Tart: 1937- ）により提唱された］

**状態特性不安目録（STAI）**［State-Trait Anxiety Inventory: STAI］ 状態不安と特性不安の尺度を含む自記式評価用紙。状態不安項目は，特定の状況で経験される不安の強さを測り，特性不安項目は，環境の脅威に直面した際に経験する不安の頻度を測る。［1970年にアメリカの心理学者スピルバーガー（Charles D. Spielberger: 1927- ）らが考案］

**状態不安**［state anxiety］ 危険や脅威であると認知される特定の状況に対する不安を意味する。状態不安の強度は変化し，その変動は時間経過によって変動する。⇨ **特性不安**　［1972年，1983年にアメリカの心理学者スピルバーガー（Charles D. Spielberger: 1927- ）によって定義された］

**承諾年齢**［age of consent］ 個人が法的に何かを承諾する資格をもつ年齢，特に性的交わりや結婚に関する承諾が法的に認められる年齢のこと。

**小多脳回**［micropolygyria］ 大脳皮質の小領域が通常より多い回（隆線）をもつことで特徴づけられる脳の奇形。

**正中中心核**［center median; centromedian nucleus］ 脳の視床における最大の**髄板内核**。他の視床核と異なり，大脳皮質とは接続せず**大脳基底核**にのみつながる。

**象徴**［symbol］ **1.** 国旗やロゴ，画像，宗教的象徴（すなわち，十字架）のような何かを象徴する物や図形，イメージ。書き言葉や話し言葉はある特定の象徴とみなされうる（⇨ **恣意的記号，シニフィアン**）。一般的に文献や芸術において，象徴の意味するものは暗に示される。たとえば，バラは美，愛，女性性，はかなさを暗に意味している。ユング（Carl Jung）は，宗教や神話，芸術は人種的無意識の解明に役立つと述べている。**2.** 精神分析理論における，抑圧された観念，衝動，願望が変形した表象。⇨ **象徴化**

**象徴遊び**［symbolic play; make-believe］ 幼児は，母親などの実在する人物や，架空の人物を演じて遊ぶことがある。その際，たとえば場面を夕飯時や赤ちゃんを寝かしつける時，というように設定し，その設定した場面で起こりうる行動を演じることができる。こういった遊びを象徴遊びと呼ぶ。象徴遊びは，他の人と一緒にしたり，何かモノを使う必要はない。⇨ **ファンタジープレイ，空想の友達，ごっこ遊び**

**象徴化［1］**［symbolism］ 精神分析理論における**象徴**の代用化。象徴は，抑圧された衝動や脅威の対象が，超自我による検閲を避けるために用いられる。たとえば，ペニスの代わりに尖ったものを**男根象徴**の夢を見ること。

**象徴化［2］**［symbolization］ バンデューラ（Albert Bandura）の**社会的認知理論**における，言葉やイメージから社会的行動について考える能力のこと。

**象徴界**［Symbolic］ 象徴もしくはシニフィエの領域。

精神分析的領域の3つの側面の一つであり，フランスの精神分析家ラカン（Jacques Lacan: 1901-1981）によって定義された．象徴化の完成は，自我の分化の始まりを表し，幼児の言葉や文化，法，道徳性の世界への入り口に続いている．他の2つの領域は，**想像界と現実界**である．⇨ **鏡像段階，父の名**

**象徴過程**［symbolic process］　精神分析において，象徴を抑圧された思考や衝動の代用とする操作のこと．

**象徴機能**［symbolic function］　ピアジェ（Jean Piaget）は，**感覚運動期**の終わり頃から，対象を記号で象徴するという，基本的な象徴性が発現するとした．この象徴機能は，**延滞模倣**や言語活動，**象徴遊び**，心的**イメージ**において重要な働きをする．

**象徴主義**［symbolism］　文学や視覚芸術などの，人間の文化に概してある象徴の利用（⇨ **記号論**）．ある特定の早期の近代運動は，象徴主義と呼ばれており，写実主義や自然主義に対抗して19世紀半ばから後半にかけてフランスで発展した．著述や初期の詩作や戯曲は，強い喚起を引き起こし，個性や状況や行動を表すために，二次的な象徴言語として幅広く用いられた．先導的な代表者は，フランスの詩人ボードレール（Charles Baudelaire: 1821-1867），ランボー（Arthur Rimbaud: 1854-1891），そしてマラルメ（Stephane Mallarme: 1842-1898）とベルギーの戯曲家メーテルリンク（Maurice Maeterlink: 1862-1949）である．これらの著者らの作品は，アイルランド詩人のイェーツ（William Butler Yeats: 1865-1939），アイルランドの小説家ジョイス（James Joyce: 1882-1941），アメリカ生まれのイギリスの詩人エリオット（T. S. Eliot: 1888-1965）といった他の重要な文学様式に甚大な影響を与えた．

**冗長性**［redundancy］　1. システムが必要最低限以上の構造や機能をもつ性質．ある部の不全や損傷が機能の発揮を妨げることのないようにするため，生体システムは冗長性を有することが多い．⇨ **分布の冗長性**　2. 言語学や情報理論において，必要不可欠な内容を失うことなく削ることのできる伝達部分がある状態のこと．反復や類語反復，丁寧な言い回しなどの明らかに不要な付け足しだけでなく，文法や構文における慣習に基づいた多重的表現である場合もある．たとえば，"All three men were running"という文書において，主語が複数だということは，all や three という単語，men や were といった複数形というように4回示唆されている．このような種類の冗長性のために，部分的にしか聴こえなかったことや言譎などから正しい内容を推測することができる．書かれた，あるいは話される英語のおよそ50%ほどが冗長性を含んでいると言われている．

**冗長性分析**［redundancy analysis］　もともとの顕在内容が累積的な正準変量群から再確認されうる程度を説明する統計的技法．

**象徴的意識**［symbolic consciousness］　感覚的内容を超えた意味をもつ出来事の自覚のこと．

**象徴的学習理論**［symbolic learning theory］　パフォーマンス強化においてイメージがどのように機能するかを説明しようとする理論．この理論は，ある行為を完遂するためにしなければならないことに関する心的な青写真をつくる符号化システムを，イメージが発達させ，強化させる，ということを提案している．

**象徴的しぐさ**［emblem］　文化の中のほぼすべての人が，言葉やフレーズを使わずに，直ちに理解することができる体の一部を用いたジェスチャー．たとえば，首を横に振れば NO，そして，首を縦に振れば，それは YES の合図になる．

**象徴的思考**［symbolic thinking］　記号，象徴，概念，抽象的な関係，などについて考える能力のこと．言語，計算，芸術的あるいは儀式的な表現によって証明される．象徴的思考は，以前に考えられていたよりももっと早期，おそらく旧石器時代の終わり頃（すなわち，7万年以上前）から発達してきたと考古学から示唆される．⇨ **シンボルプロセス**

**象徴的実現**［symbolic realization］　達成することが困難な目標や，満たすことが困難な欲求を，代わりのもので達成することを指す．権威主義者である父親に逆らうことができない者が，権威の象徴である法律や慣習に反することをしてしまうことなどが例としてあげられる．

**象徴的相互作用論**［symbolic interactionism］　自己概念は，社会的相互作用の中で他者に示された象徴的なジェスチャー，単語，行動，容姿の相互作用を通して形成されると仮定する社会学的理論のこと．豊富な内的性質を前提とし，社会的相互作用を，それらから生じるものとみなすフロイトや他のアプローチとは対照的に，象徴的相互作用論者は，内的構造が社会的相互作用から生じると考える．アメリカの社会的思想家であるミード（George Herbert Mead: 1863-1931）やクーリー（Charles Horton Cooley: 1864-1929）は，このような見方を認めている．⇨ **鏡映的自己**

**象徴的態度**［symbolic attitude］　道徳的価値に一致ないし不一致とする程度に基づいて行われる**態度対象**の評価のこと．⇨ **態度の価値表現機能**

**象徴的転移**［symbolic displacement］　もとの刺激からそれを表すものへと反応が転移する過程のこと．通常その反応は感情的なものである．たとえば，殺人衝動を抱える男性はナイフや銃に病的なまでの恐怖を抱くようになる．

**象徴的表象**［symbolic representation］　心の中の体験を象徴的に（たとえば，言語や音を通じて）表現するプロセスのこと．知識を表象する3つの形態のうちの一つ．⇨ **動作的表象，映像的表象，象徴的様式**［アメリカの発達心理学者ブルーナー（Jerome Seymour Bruner: 1915-  ）によって提唱された］

**象徴的報酬**［symbolic reward］　それ自体に本質的な価値はないものの，それが何か価値のあるものを表象するために評価されるもの．たとえば，紳士録に記載されることは，高い社会的地位を得ることに対する象徴的報酬とされることがある．

**象徴的様式**［symbolic mode］　幼い子どもが，象徴的表象を用いて，言葉や音，遊びを通じて，自分の意見を表現したり，他者に伝えられるようになる認知発達段階のこと．たとえば，この時期の子どもは，おもちゃのブロックを押し，サイレンの音を真似ることで，消防車を表現することができる．

**冗長なコード化**［redundant coding］　人間工学で，形態と色など，2種類以上の次元で表示部や操作部を記号化すること．冗長なコード化は，**制御弁別性**を高める．

**上直筋**［superior rectus］　眼の外筋で，眼が鼻から逸

れた方向を向くときに眼球を上方向に回転させ，正面方向に眼球を収束させる際に，**上斜筋**とともに上方向の動きに寄与する筋．

**情緒遮断性小人症（愛情遮断性小人症）**［deprivation dwarfism］母子分離，あるいは感情的なネグレクトのような非器質性要因のための幼児期の身体発育の成長阻害．⇨ **発育不全**

**情緒性**［emotionality］感情を体験し，表現する度合いのこと．感情体験の質は問わない．

**情動的**［emotive］情動および情動を刺激することに関連する．

**情緒的安全感**［emotional security］懸念からの安全，信頼，自由の感覚．ドイツ生まれのアメリカの精神分析家であるホーナイ（Karen D. Horney: 1885-1952）は，情緒的安全感の欲求はパーソナリティと行動の根元的な決定因だとする．また，アメリカの精神分析家であるサリヴァン（Harry Stack Sullivan: 1892-1949）は，情緒的安全感それ自体は主として対人関係によって決定されると考えた．⇨ **安全操作**

**情緒的安定性**［emotional stability］気分の変化が急速に生じないことによる，情緒的反応の予測可能性と一貫性．⇨ **情動の不安定**

**情緒的依存**［emotional dependence］感情的支援，慰めやいたわりを得るために他者に依存すること．

**情緒的意味**［affective meaning］音楽作品や絵画，時には言葉や言葉づかいといった刺激によって誘発される態度や感情のこと．この用語は時として内包の意味（connotative meaning）と置き換え可能な語として用いられる．⇨ **外延の意味**

**情緒的解放**［emotional release］**カタルシス**，および，閉じ込めたり，抑圧したりした感情の突然の流出．

**情緒的近親姦**［emotional incest］親のイメージと子どもとの間の非身体的な性的特徴をもつ相互作用による**性的虐待**の一形態．情緒的近親姦は，親が子どもの性的魅力を批評したり，親が子どもの第二次性徴（例，胸，陰毛）に性的な興奮をおぼえたり，子どもが性的に活動するように示唆したりする（例，子どもを売春婦と呼ぶ）ようなことを含む．

**情緒的傾向**［emotional disposition］感情経験の特有の類型（タイプ）または水準（レベル）を有する傾向（たとえば，ポジティブ感情またはネガティブ感情）．

**情緒的コミットメント**［affective commitment］被用者の組織コミットメントの要素の一つ．組織との一体感および組織の目標や目的との同一視に基づいて生じる．⇨ **継続的コミットメント**

**情緒的再教育**［emotional reeducation］**心理療法**は，感情による妨害，障害から生じる情緒的葛藤，自滅的な行動に対して，クライエントが深い洞察を獲得するように援助することで，クライエントの態度，感覚，反応を修正することを目的とする．主たる目標は，自己確信，社会性および自己信頼の増進である．その方法には，グループディスカッション，個人カウンセリング，関係療法，自己探求が含まれる．

**情緒的サポート**［emotional support］個人あるいは集団から受ける安心，励まし，理解，共感や承認のこと．メンバーが情緒的サポートを受けたり提供したりする**セルフヘルプグループ**において，その効果をもたらす主要な要因である．

**情緒的遮断**［emotional insulation］防衛機制の一つ．欲求不満を起こさせる状況や失望する出来事に対する反応で，見せかけの無関心や分離という特徴がある．情緒的遮断の極端な状態では，完全な感情鈍麻（アパシー）や緊張病性のまひが認められる．より弱い形態としては，情緒的隔離として現れる．

**情緒的成熟**［emotional maturity］情緒的な統制や表現の水準が高く，適切であること．⇨ **情緒的未成熟**

**情緒的相違**［emotional dissemblance］ある個人の内的な感情状態とその外的な表出との間の不一致．感情的相違には2つの幅広いカテゴリーが存在する．一つは，文化的に許容される**表示ルール**であり，もう一つは，非言語的ないし言語的な欺瞞である．

**情緒的調整**［emotional regulation］情動，あるいは一群の感情を調整する能力．意識的な情緒的調整の技術には次のものが含まれる．よりうまく感情を扱うために，状況に対して異なる解釈を行うこと．より良い結果を生み出すために，ある感情（例，怒り）のターゲットを変化させること．ある感情状態への支援としての行動の意味を明確に理解すること．情緒的調整の能力は，一般的に，生涯にわたって発展する．

**情緒的洞察**［emotional insight］1. その人自身の情緒的反応に関しての気づきや，他の情緒的反応に関しての気づき．2. **心理療法**のなかで，それぞれの人たちの症状の根底にある情緒的な力（たとえば内的葛藤や心的外傷体験）に関するクライエントの気づき．これは，多くの心理療法において，心理的変化が生じるための必要条件として考えられている．

**情緒的なつながり**［affectional bonds］人間の間，動物の間，または人間と動物の間の情愛と情緒的愛着のこと．情緒的つながりは，くっつく，寄り添う，撫でる，抱擁する，のような行動で示される．情緒的つながりの存在はまた，喪失の感覚，悲嘆，分離されたときに体験される不安によっても証明される．⇨ **分離不安**

**情緒的ハンディキャップ**［emotional handicap］他者への共感および同情に起因する**利他的行動**について説明する理論．

**情緒的表現**［emotional expression］個人が，直接的というよりもむしろ他者の仲介を通して，周囲との関係に影響を与えようとする感情的な反応．たとえば，悲しい顔や落ち込んだ態度は他者の同情を顕在化させる．表出は，まわりに直接影響を与えようとする**行為傾向**とは異なる．また，相互交流の重要性に関する精神内体験である**感情**とも異なる．

**情緒的未成熟**［emotional immaturity］1. 状況に対して遠慮なく，あるいはその状況に不相応な感情を表す傾向のこと．⇨ **情緒的成熟** 2. **不適応**に対する世俗的な用語．

**情緒的離婚**［emotional divorce］パートナー間の正常な交流をもたずに，個別の生活を送る夫婦関係のこと．

**情緒の強度**［affect intensity］情緒の特質（たとえば，ポジティブかネガティブか）に関わらず，とても強く感情を体験する傾向のこと．

**情緒不安定［1］**［emotional instability］感情の，予測できない急な変化を示す傾向．⇨ **情動の不安定**

**情緒不安定[2]**［labile］　情緒的安定性が欠けていること。⇨**情動の不安定**

**焦点運動発作**［focal motor seizure］　運動異常を引き起こす一側**部分発作**であり，運動に関して重要な脳領域に限局した発作活動によって生じる。

**焦点距離**［focal length］　（記号：$f$）レンズの表面とそのレンズを通る光の焦点を合わせた点との距離のこと。

**焦点効果**［focusing effect］　**超感覚知覚**と**念力**の研究における見せかけの現象のことで，**ターゲット**が特別に注意を向けられた物体（おそらくそれは被験者にとって特別な重要性をもつため）であるときの課題では成績が良くなる。⇨**下降効果，差異効果，位置効果，選好効果，羊-山羊効果，ツェナーカード**

**焦点心理療法**［focal psychotherapy］　恐怖症性不安（phobic anxiety）や罪悪感といった症状の軽減を目的とした**短期療法**。ただし，**深層療法**アプローチは含まれない。

**焦点調節機構**［focusing mechanism］　**毛様筋**や**水晶体**の弾性，眼圧によって，眼がイメージを網膜上に鮮明に焦点化（フォーカス）させる仕組みのこと。水晶体は球面であり，近くの対象にフォーカスされる。遠くの対象にフォーカスするには，毛様筋の**小帯**や眼圧によって水晶体を扁平にしなければならない。

**焦点的意識**［focal consciousness］　最も明瞭な意識内容。⇨**周辺意識**

**焦点的注意**［focal attention］　他の刺激を無視しながら特定の刺激に焦点を向けた注意。個人の**注意持続時間**内に入る情報は焦点的注意下にあるといわれている。焦点的注意の情報容量を究明すること，そしてその容量を超過した時に焦点的注意が様々な記憶システムとどのように相互に作用するのかを理解することを目的として多くの研究がなされている。焦点化注意（focused attention）とも呼ばれる。

**焦点投機**［focus gambling］　どの特徴の組合せが概念を定義できるか，という仮説生成を要求する課題において，ある仮説から次の仮説にうつるとき，1つ以上の特徴を変化させる方略を示す。焦点投機は，概念との関連性を確かめる際に，一度に1つの特徴のみ変化させる保守的な方略とは対照的な方略である。⇨**概念発見課題**

**焦点分析**［focused analysis; direct analysis; focal therapy］　古典的精神分析を修正した手法のことで，患者のもつ特定の問題や病理（たとえば，特定の症状や**転移**のような特定の側面）に焦点づけて解釈を行うこと。⇨**期待分析**

**照度**［illuminance］　（記号：E）ある表面の単位面積に入射する光の明るさ（光束）。標準単位はルクス（lx）。

**衝動**［impulse; impulsion］　**1.** 急激で抑え難い行動の原因となるもの。その目的を想起できないような行動を引き起こすことがある。⇨**衝動制御障害，衝動的**　**2.** 精神分析理論における，セックスや飢えなどの欲動と関連する**心的エネルギー**の動きのこと。

**情動**［emotion］　複雑な反応パターン。経験的，行動的，生理的な要素を伴う。また，個人が一人の人間として重要な事柄や出来事に対処しようと試みることによる。感情の特有の性質（例，恐怖，恥）は，その出来事に特有の意味によって決定される。たとえば，その意味が脅威を伴うものであれば恐怖が生じやすくなる。また，その意味が他者からの非難を伴うものであれば恥が生じやすくなる。感情は，典型的，一般的で，暗黙のうちに了解される**感情**を含む。

**情動アセスメント**［affective assessment］　個人の感情状態や心理状態，さらには，感情の強さの程度を査定すること。

**常同運動**［stereotyped movement］　チック，体を揺り動かすこと，激しく頭を振ること，などの反復的運動や身振り。

**情動危急説**［emergency theory of emotions］　緊急事態（⇨**闘争逃走反応**）に直面したとき，**自律神経系**によって情緒的反応や生理的反応が引き起こされることで，ヒトに闘争または逃避する準備をさせるという理論。感情の**キャノン-バード説**の一部に由来する。緊急理論（emergency theory）とも言う。

**常同行動**［stereotyped behavior］　特定のパターンで状態の変わらない，杓子定規的な行動のこと。⇨**常同症**

**小頭症**［microcephaly］　頭が他の身体部位からみて異常に小さい状態。多くの原因，症状がある。しばしば，中等度から最重度の精神遅滞が併発する。⇨**原発性小頭症，純粋な小頭症，大頭症**

**常同症**［stereotypy; stereotyped behavior］　**1.** 同じ単語や表現，音や行動を，何度も病気のように繰り返す症状を指す。自閉症の子どもや強迫神経症，緊張型統合失調症の患者にみられる症状である。ヒト以外の動物でも，社会的に孤立していたり，幼い頃から社会的剥奪やネグレクトされていると，同様の症状がみられる。⇨**常同性運動障害**　**2.** 正常の範囲を含めた反復性の行動，または，しぐさのこと。

**情動焦点化カップル療法**［emotion-focused couples therapy］　関係性に関わる問題はほとんどの場合，情動的な欲求，特には愛着（アタッチメント）の欲求の実現が妨げられることによるという前提に基づいた**カップル療法**の一形態。この介入は，実現を阻止された欲求に関わる葛藤を分離する，否定的な相互作用サイクルを遮る，葛藤に対する捉え方を再構成する，パートナーの情動的な経験を適切で正当なものであると受け入れる，といったことを含む。

**情動焦点型コーピング**［emotion-focused coping］　ストレッサーの変化を求めて行動を起こすのではなく，ストレッサーに対する否定的な感情反応を統制することを焦点化する**対処方略**の一種類。情動焦点型コーピングには，ひきこもり，回避，状況の容認などがある。また，受動的コーピング（passive coping）とも呼ばれる。⇨**二次的コーピング，問題焦点型コーピング**

**情動焦点化療法**［emotion-focused therapy］　統合的な**個人療法**で，パーソナリティの発達と心理療法的な変化のキーとなる決定因として情動に焦点を当てる療法。心理療法のセッションにおいて，セラピストは，問題解決ならびに成長を促進する方法として，情動に気づき，情動を受容し，情動に意味を与え，情動を制御することができるように，クライエントを援助する。**来談者中心療法，ゲシュタルト療法，認知行動療法**といった療法から技法が引き出される。このアプローチ法の主な提唱者は，アフリカ生まれでカナダの心理学者であるグリーンバーグ（Leslie S. Greenberg）である。

**情動性**［affectivity］　快や痛みなどの情動刺激に対する反応や感受性の程度。情動性の評価は心理学的見立てにおいて重要な要素である。セラピストや臨床家は，**感情鈍麻**，**不適切な感情傾向**，**感情喪失**，**両価性**，**離人症**，**意気揚々**，**抑うつ**，**不安**といった反応がないか調べることがある。

**常同性運動障害**［stereotypic movement disorder］　DSM-IV-TR においては，この障害は反復性の非機能性のものであり，しばしば，頭をぶつけたり，体の一部を噛んだり，打ちつけたり，強く動かしたり，手を揺り動かしたりするような自傷行動により特徴づけられる。精神遅滞と関係しており，どの年齢でも発症する。常同性運動障害は，**チック障害**や**広汎性発達障害**のような常同行動により特徴づけられる他の障害と区別されている。

**衝動制御**［impulse control］　衝動・欲求・誘惑に耐え，それらを行動に移す過程を調節する能力のこと。⇨ **衝動制御障害**

**衝動制御障害**［impulse-control disorder］　自他を傷つける危険な行為の衝動，動因，誘惑への抵抗の失敗によって特徴づけられる障害。DSM-IV-TR における**他のどこにも分類されない衝動制御障害**も含まれる。他に物質誘発性障害や性的倒錯，非行や気分障害は衝動制御の問題を含む可能性がある。

**情動性混迷**［emotional stupor］　抑うつまたは強い不安によって特徴づけられる，緘黙を伴う情動性昏迷の一形態。

**情動体験**［affective experience］　感情によって占められた体験のこと。

**情動知能**［emotional intelligence］　情動的な情報を処理し，その情報を推論やその他の認知的活動において使用する能力に関係する知能。アメリカの心理学者サロベイ（Peter Salovey: 1958- ）とメイヤー（John D. Mayer: 1953- ）によって提唱された。メイヤーとサロベイの1997年のモデルによれば，情動知能は以下の4つの能力によって構成されている。(a) 情動を正確に知覚し，評価する能力，(b) 情動が認知を促進するときに，情動にアクセスし，それを引き起こす能力，(c) 情動的な言葉を理解し，情動的情報を活用する能力，(d) 成長と幸福を促進するために，自分自身の情動および他者の情動を制御する能力。彼らの考えは，アメリカの心理学者で科学ジャーナリストのゴールマン（Daniel J. Goleman: 1946- ）によるベストセラー本によって，一般に広まった。ゴールマンは多くの性格変数を含めるように情動知能を再定義している。⇨ **心の知能指数**

**衝動的**［impulsive］　危険が伴うかもしれない結果に対して，ほとんど，もしくは全く用心・熟慮・考察をしないことに特徴づけられた行動の描写。⇨ **内省的**，**熟慮 - 衝動型セルフコントロール**

**衝動的性格**［impulsive character］　軽率で配慮のない行動をとりやすい性格傾向。

**情動伝染**［emotional contagion］　一人，もしくは少数の人数から他者への急速な情動の伝播のこと。たとえば，病気に罹るという恐怖はコミュニティを通して急速に広まっていく。⇨ **行動的伝染**，**感化**，**マス伝播**

**情動の合理性**［rationality of emotions］　公理と前提から導きだされる論理的な結論と同じくらい必然的に，個人が下す**評価**によって生じる情動が論理性をみせるという考え。情動と理性はお互い正反対のものである，という伝統的な見解に反論する。この意見は後に，アメリカの心理学者ラザルス（Richard S. Lazarus: 1922-2002）とスイス生まれでカナダ・イギリスの心理学者ソウザ（Ronald B. De Sousa: 1940- ）の研究へとつながる。

**情動の不安定**［affective lability; affective instability］　情緒が安定していないことで，感情表現の突然の変化を認める。統合失調症，双極性障害，境界性パーソナリティ障害，老人性認知症，外傷性脳損傷のような障害においてしばしばみられる。感情易変性（labile affect）とも呼ばれる。

**情動の放出**［affective discharge］　過去の体験をより深く吟味できるようセラピストが働きかけた際に，クライエントから出される強い感情表出のこと（悲しみや怒りなど）。情動の放出は心的エネルギーの解放と考えられている。備給の放出（cathectic discharge）とも呼ばれる。

**情動不安**［dysphoria］　悲しみや不満，落ち着きのなさによって特徴づけられる心的状態。

**照度基準**［illumination standards］　特定の作業において効率的なパフォーマンスを行うために推奨される照明の量。北米照明学会（Illuminating Engineering Society of North America）により決定された。かつてはフートキャンドル（foot-candle）が使われたが，今日ではルクス（lx）が用いられる。

**照度単位**［illumination unit］　1 **フートキャンドル**当たりの光の量。現在はルクス（lx）が用いられている。

**小内臓症タイプ**［microsplanchnic type; microsplanchnic build］　腹部が小さく，身体が長い体型タイプの一つ。［イタリアの内科医であるヴィオラ（Giacinto Viola: 1870-1943）が提唱した］

**小児科心理学**［pediatric psychology］　児童，青年とその家族に影響を及ぼす健康と疾患の問題における，身体・行動・感情的発達の相互作用を追求する研究と実践の学際領域。より広範な学問分野である**健康心理学**との結びつきから，小児科心理学は児童や青年に焦点を当てるだけでなく，家族や学校，保健医療の見地から児童をみることに重点をおいていることが特徴である。この領域は，適応に関する定型発達的な観点を採用している。この観点は，健康状態や，医学的治療，そして家族や仲間の心理社会的な相互作用に基づいており，疾患や障害への適応といった精神病理学的観点とは異なっている。

**小児期欠神てんかん**［childhood absence epilepsy］　7歳以下の子どものてんかんの一形態で，頻繁な**欠神発作**を引き起こす。以前はピクノレプシー（pyknolepsy）と呼ばれた。

**小児期の障害**［childhood disorder］　小児期にみられる社会面，情緒面，行動面，教育面における障害全般のこと。

**小児期崩壊性障害**［childhood disintegrative disorder］　DSM-IV-TR においては，以前に獲得されていた言語スキル，社会スキル，適応行動，腸や膀胱のコントロール，遊び，運動スキルのうち2つ以上が明らかに損なわれることによって特徴づけられる**広汎性発達障害**。このような機能の退縮は，正常な発達を経た後，2歳〜10歳の間に生じる。社会的相互作用とコミュニケーションの障害もみられる。

**小児症**［infantilism; puerilism］　年長の子どもや大人の行動，生理的特徴，心の機能に，乳幼児の特徴的がみられ

ること。⇨ 退行

**小児精神病**［childhood psychosis］　小児期に発症する**精神病性障害**。DSM-Ⅳ-TRでは，精神障害として定義される特徴は，基本的にあらゆる年代において同じである。歴史的には，この用語は未だに，たとえば精神遅滞や広汎性発達障害を含む重篤な機能障害の原因となる子どもの様々な障害や精神状態を表すのに用いられている。

**小児精神薬理学**［pediatric psychopharmacology］　子どもや青年の精神や行動障害薬物の理解や処方に関する薬理学の一分野。子どもの年齢，診断，障害の持続や，病気の重症度，行動や実験室での薬の効果の観察が可能などによる薬物の選択に寄与する。

**小児性欲**［infantile sexuality］　精神分析理論の概念。乳児期を通して，様々な身体器官に集中した**心的エネルギー**，あるいは**リビドー**が性的な快を引き起こすこと。これは，発達段階における**口唇期**で母親の乳房を吸う行為や**肛門期**で排便行為，そして**性器期**初期の自己を刺激する活動に現れる。この用語と概念はフロイト（Sigmund Freud）によって初めて表明されたが，当初から大きな議論を呼んだ。乳幼児期における授乳や排便，身体の発見などの官能的な性質，そして性的感情の起源や発達から得られる快感情の役割を重視する後の理論と矛盾していない。

**小児大理石骨病**［infantile osteopetrosis］　頭蓋骨を含む骨が異常なほど密集し，もろくなる珍しい遺伝性の病気。この病気は時に網膜退化や脳神経のまひを伴う。小児患者の20％以上が知的障害をもっているとされる。

**小児のうつ病**［childhood depression］　小児期に発症する大うつ病性エピソード。主たる症状が，抑うつ気分よりも怒りっぽさである点において，成人のうつとは異なる。また，期待される体重の増加がない場合は，体重が減少していると考えたほうがよい。

**小児抑うつ尺度**［Children's Depression Inventory: CDI］　ベック抑うつ尺度を基にした自己評価式の質問紙で，7歳～17歳の抑うつ重症度を測定するために作成された。ただし，小児抑うつ尺度は本来，研究用の尺度である。特定の症状の程度を3つの選択肢から選び，27項目で構成されている。各項目につき，被検査者は2週間以内の自分の状態を最もよく表している選択肢を選ぶ。［1977年にアメリカの臨床心理士コバチ（Maria Kovacs: 1944- ）によって開発された］

**情熱**［passion］　ある活動や物，観念などに没頭することへの強い好みや願望。

**情熱的な愛情**［passionate love］　感情喚起が高いことが特徴の愛情の一種。友愛とともに社会心理学者に特定されている2つの主要な分類のうちの一つ。情熱的な愛情をもつものは，相手に没頭し，感情を相互に一致させたがる。関係がうまくいかないと非常に苦痛を感じることが多い。
⇨ リメランス，恋愛，愛の三角理論

**情念**［passion］　情欲。

**少年愛**［pederasty］　特に成人男性と少年や青年による性的関係のこと。少年を愛する男色家（pederast）に因む。

**少年移送審判**［juvenile transfer hearing］　アメリカにおいて，少年を裁判に付すよう刑事裁判所に移送するかどうか決定するために，裁判所が行う事実認定のこと。

**少年司法制度**［juvenile justice system］　少年事件の判決に関わる裁判所およびその他政府機関の仕組みのこと。少年は成人よりも処遇に従って更生しやすいという考えに基づいている点において，基本的に成人の刑事司法制度とは異なる。このため，少年司法制度では少年の更生を重視し，少年が「犯罪者」というレッテルを貼られて周囲から非難されないように，成人の制度よりも多くの労力を費やしている。

**少年非行**［juvenile delinquency］　少年による違法行為。大人であれば犯罪となる行為を含む。器物破損，軽微な窃盗，自動車盗，強姦，放火，薬物乱用，暴行など。

**小脳**［cerebellum］　脳幹の背側にあたる菱脳の一部であり，**小脳脚**によって接続されている。小脳は，適切に調節された滑らかな運動を行うための筋肉の収縮を司り，実際の身体運動の前に身体位置を予測することで平衡状態の維持に寄与し，ある種の運動調節に必要となる。

**小脳回**［cerebellar folia］　細いひだパターンであり，**小脳皮質**をさらに分割する。

**小脳核**［cerebellar nucleus］　**小脳**の白質内にあるニューロンの小塊。

**小脳脚**［cerebellar peduncle］　神経線維の3つの束であり，**小脳**の各半球と脳の他の部分を接続する。上小脳脚または**結合腕**は小脳と**中脳**を接続し，中小脳脚は小脳と**脳橋**を接続し，下小脳脚は小脳と**延髄**を接続する。

**小脳橋角**［cerebellopontine angle］　**小脳**が脳橋と接触する人間の脳領域。この領域において，**顔面神経**と**内耳神経**が脳幹に入り込み，いずれかの神経には腫瘍がしばしば発生する。

**小脳性運動失調症**［cerebellar ataxia］　小脳損傷による筋肉協調障害のこと。その患者は，随意運動の統合ができないため，立つことや歩くこと，食事をすること，複雑な活動をすること（ピアノを弾くなど）に困難を示す。

**小脳性発語**［cerebellar speech］　小脳への損傷が原因の，ギクシャクし，不均整で，とぎれとぎれの発語のこと。

**小脳性歩行異常**［cerebellar gait］　歩くときにふらついたり，ぐらついたりするヒステリー性歩行障害のこと。酔った場合と似ており，小脳の病変や機能障害が想定される。

**小脳テント**［tentorium cerebelli］　小脳の上方（背部）表面と，大脳の後頭葉と側頭葉の下方（基部）表面を分ける硬膜。小脳テントは正中で大脳鎌とつながっている。大脳鎌は，それぞれの大脳半球にある内部（中間）の表面を覆う垂直の硬膜である。

**小脳半球**［cerebellar hemisphere］　**小脳**の2つの主要部位の片方を指す。

**小脳皮質**［cerebellar cortex］　小脳の表面を覆う灰白質または無髄の神経細胞。

**樟脳様**［camphoraceous］　嗅覚の立体化学説における7種類のニオイ物質の中の一つ。

**上皮**［epithelium］　身体の外表面や肺や消化管など体腔の内側を覆っている細胞層のこと。

**消費者**［consumer］　品物あるいはサービスを購入し使用する個人のこと。医療や精神保健の面においては，消費者は医療サービスを得る，あるいは受ける人々のことである。

**消費者カウンセリング**［consumer counseling］　個人の資産運用において，よい意思決定を行うことに焦点を当てた，個人のカウンセリングのこと。

**消費者教育**［consumer education］ 主に以下の点について消費者を教育するプログラムのこと。(a) 複雑な専門的な商品とサービスを評価するための基準，(b) 決定スキル，(c) 企業や政府，市場の働き，(d) 債権の広告をし，売るかどうかを判断する方法，(e) 節約と購入の方略。

**消費者研究**［consumer research］ 消費者行動の研究において，臨床的，科学的，そして統計的な研究技術を適用すること。消費者研究は，消費者の好みや選択，包装デザインの影響や見込み客の心理特性に関する研究を含んでいる。⇨ **市場調査**，**モチベーション・リサーチ**

**消費者行動**［consumer behavior］ 経済財やサービスを得ること，消費することに関係する個人あるいはグループの行動のこと。このような行動に先行し，付随する意思決定過程を含む。

**消費者心理学**［consumer psychology］ メーカーの製品を購入する消費者の意思決定に影響を及ぼすために，消費者としての個人の行動や情報を伝達する方法について専門的に扱う心理学の分野。消費者心理学者は，非営利と同様に営利のマーケティングにおいて，行動の根底にある理由や心理過程を調査する。

**消費者調査**［consumer survey］ ある製品のカテゴリー（たとえば，飲料）における消費者の好き嫌いに関する調査のこと。それは，消費者が魅力を感じるであろう方法に関して，製品のデザインやパッケージについての情報を与える。消費者調査は，質問紙，詳細な面接，集団面接，映像化や類似した方法により行われる。

**消費者特性**［consumer characteristics］ 広告戦略に影響を与えうる消費者の性格特性。消費者特性についての最も洗練された研究では，地域，性別，収入，住環境を超えて購入の決め手となる動機を分析するため，精緻な心理学的技術が使用されている。⇨ **サイコグラフィックス**

**消費者のエンパワーメント**［consumer empowerment］ サービスの購入者が，サービス選択の練習やサービスがどのように，いつ，誰によって開発され，届けられ，変えられるか，に対する影響力を高めることに関する実践のことである。

**消費者陪審員テスト**［consumer-jury technique］ 実際のプロモーションキャンペーンを開始する前に，広告アピールが有効であるかを検証するための手法の一つ。当該製品の典型的消費者から「陪審」が構成され，「陪審」は複数の広告について，どの広告が最も購買意欲を引き起こすかを判断するように要請される。この手法は広告効果について，正確な予測を与えるとされている。⇨ **持続的パネル**

**消費者保護運動**［consumerism］ （心理療法や医学的ケアを含む）利用可能な商品やサービスの質や安全性についての消費者の権利を守るための運動のこと。消費者保護運動は結果として，治療を受けること，治療を拒否すること，そして，**インフォームド・コンセント**のない実験的な，異常な，あるいは危険な治療を与えられないように，個人の法律的な実行権利をもたらした。

**商品理論**［commodity theory］ 製品やサービスの価値は，その有用性に関連していると提案する理論。一般に不足している製品は容易に手に入る製品よりも，より高い価値をもつとみなされる。しかし，製品の価値はその製品の需要にも関連している。稀なことだが，誰もある製品を欲しがらないとしたら，その製品は高い価値をもたない。商品理論は，製品やサービスの制限が生じる際の消費者行動を説明するのに使われる。

**娼婦嗜好**［pornolagnia］ 性的パートナーとして，互いに惹かれあう人物ではなく，娼婦を選ぶこと。

**障壁［1］**［barrier］ 発達や最終的な目的の達成を制限したり，妨げたり，防ぐようなもののこと。心理学的な背景における障壁とは，個人や集団の精神的，感情的，行動的な限界を指す。

**障壁［2］**［block］ 心理療法において，越えることのできない壁とみなされ，治療の進展を妨げるもの。

**小胞［1］**［follicle］ その中にある構造や細胞を取り囲み，保護し，養うひとかたまりの細胞のこと。たとえば，毛胞やグラーフ濾胞。⇨ **卵胞刺激ホルモン**

**小胞［2］**［vesicle］ 液体を満たした袋状の構造。神経伝達物質分子を貯蔵している軸索終末の**シナプス小胞**など。

**情報**［information］ 1. 通信理論において，あるメッセージによって低減される不確実性のこと。すなわち，情報はまだ知らなかったことについて教えてくれるものであるということである。**情報理論**において情報の一般的な単位として**ビット**が用いられている。2. 調査，経験，実践を通して得られた事実やアイデアについての知識。

**上方移動**［upward mobility］ 個人あるいは集団がより高い社会的地位に向かって移動すること。上方移動は，拡張する経済の中で働く比較的緩やかな階層制度の特徴となる傾向がある。社会的上昇（social ascendancy）とも呼ぶ。⇨ **社会移動**，**下方移動**

**情報エラー法**［information-error technique］ 態度対象に関する客観的知識を問う，一連の質問項目から構成される**間接的態度測度**。質問項目は，ほとんどの人々が正答できないようなものだが，態度対象に対するポジティブ，あるいはネガティブな評価が反映されるように構成されている。たとえば，この手法を用いた死刑制度に対する態度の測定では，冤罪で死刑になる人の割合や，ある地域における暴力犯のうち死刑になる人の割合といった質問項目が含まれる。この手法は，回答者は自らの態度をもとに推論を行うという仮定に基づいており，ポジティブな回答とネガティブな回答の個数の割合をもとに態度が推定される。

**情報科学**［information science］ 情報の貯蔵，検索，伝達に関わる学問領域。情報科学は通常，コンピュータ科学とコミュニケーション科学を含む。⇨ **情報理論**

**情報仮説**［information hypothesis］ 意識的な感覚処理は**情報理論**の形式概念を用いてモデル化，説明できるとする理論的主張。

**情報過負荷**［information overload］ 環境的刺激の量や強度が個人の処理容量を超えた際に生じる状況のこと。環境的な情報の無意識的，もしくは潜在的な無視を引き起こす。

**情報技術（IT）**［information technology: IT］ 情報科学の実用的な目的への応用。コンピュータ技術やコミュニケーション技術を含む。

**情報源混乱**［source confusion］ 記憶の誤帰属のこと。これは，犯罪の周辺にある出来事について目撃者の話を歪めてしまう可能性がある。たとえば，目撃者が警察官から犯人が犯罪現場で銃を使ったことを聞けば，その後，犯罪現場で銃を見たと信じると考えられる。⇨ **無意識的転移**

**情報検査**［information test］ 対象者の一般的な知識（種々の領域，異なった困難度にわたる）を測定する検査。

**情報源の信頼性**［source credibility］ 説得的メッセージの情報源の範囲のことで，正確な情報（情報源専門性と**出所信頼性**で定義される）を提供しようとする際にみられる。情報源の信頼性は**出所要因**である。

**情報源の多数派／少数派の地位**［source majority or minority status］ **出所要因**の一つで，(a) メッセージの発信者（情報源）が，母集団において（数のうえでの）多数派または少数派の地位にある，(b) メッセージの発信者（情報源）が，（数の上での）多数派または少数派である社会集団の一員である。

**情報システム**［information systems］ データの収集や整理，管理，貯蔵，報告に使われる技術。こうした技術の一例として，ヒューマンサービス・デリバリー・システム（human service delivery system）の記録のコンピュータデータベースがある。データベースによって収集された顧客データから作られた報告は，多くのプログラムのサービスやコスト，成果について，根拠を付したり説明したりするのに役立つことがある。

**情報処理**［information processing: IP］ 1. 問題解決やコミュニケーションといったある目標を達成するために，コンピュータを用いてデータを操作すること。2. 認知心理学において，知覚システムや記憶貯蔵，意思決定プロセス，反応メカニズムなどに関与する，人間の神経系を経由する**情報**の流れ。情報処理心理学（information processing psychology）は，これらの働きを理解することに重点をおくアプローチである。⇨ **情報理論**

**上方制御**［up-regulation］ ホルモンレベルの上昇に応じたターゲット細胞による受容体分子の増加形成のこと。⇨ **下方制御**

**小胞体**［endoplasmic reticulum: ER］ 動物や植物の標準的な細胞において，核から外膜に延びる膜小管と嚢。タンパク質や脂質が適切に細胞内で配置され，分泌されるために必要な処理や修飾を行う。

**情報的影響**［informational influence; informational social influence］ 1. 人の信念の正確さや行動の適切さに訴える対人過程で，これによって変化を促す。このような影響はコミュニケーションや説得の結果のような直接的な場合と，情報接触や他者との比較を通じてのような間接的な場合とがある。⇨ **社会的比較理論**，**対人影響**，**規範的影響** 2. 不確定な状況についてのある人物の判断や意見が，他者から正確なものとして，つまりその状況の現実を反映しているものとして受け入れられる程度のこと。

**上方ピグマリオン効果**［upward Pygmalion effect］ 部下の行動が，リーダーや上司らの期待に合致する方向へ導かれる効果のこと。リーダーの行動は，彼らの真の能力や，性格特性によるものではなく，リーダーのもつ部下への認識を反映している。⇨ **ローゼンタール効果**，**役割期待**，**自己成就予言**

**上方評価**［upward appraisal］ 組織において，部下が上司の評価をすること。

**情報フィードバック**［information feedback］ 個人の行動や考えの，正しさ，物理的効果，あるいは社会的，感情的影響を当人に知らせる応答。この概念は**結果の知識**の背後にある原則，すなわち学習には即時的フィードバックが有益であるという原則に類似したものである。対人関係や心理療法において，情報フィードバックは他者の経験に対する洞察を個人に与える。**行動療法**では，情報フィードバックは行動を変化させたり形成したりするのを直接援助する目的で用いられる。

**情報理論**［information theory］ 不確実性を減らすメッセージである**情報**のやり取りと伝達に関係する原則。これらの原則は，メッセージの**符号化**と**符号解読**，**コミュニケーション・チャネル**とその情報処理速度の種類，処理に対する数学的手法の適用，ノイズ（歪み）の問題，様々な種類の**フィードバック**の相対的効果などを取り扱う。⇨ **情報処理**

**静脈切開**［phlebotomy］ 診断や治療のために身体から脱血すること。通常，注射針やカテーテルを静脈に挿入し，負圧をかけて行う。19世紀前期から中期にかけて，この手法は瀉血（bloodletting）として知られており，当時は大量の脱血によって，治療や予防の方法としていた。放血（venesection）とも呼ばれる。

**静脈注射（iv注射）**［intravenous injection: iv injection］ 物質を皮下注射器を用いて静脈に注入すること。この手法は薬物の素早い吸収が必要とされるときや，薬物が皮膚や筋肉組織を刺激するものであるとき，あるいは消化器官を通じて投与することができないものであるときに使用される。静脈注射では薬理作用が速やかに発現するため，この手法を通じての投与には危険が伴い，致死的な作用を引き起こす場合もある。静脈内輸液（intravenous infusion: iv infusion）と呼ばれるゆっくりとした静脈注射は，輸血，栄養の非経口投与（消化器官をバイパスしての血流への直接投与），薬物の持続的投与に用いられる。⇨ **投与**

**静脈注射薬の使用**［intravenous drug usage］ 薬物使用の一形態。薬物を注射器を用いて静脈に直接注入する。オピオイド（特にヘロイン）はしばしばその効果を増幅させるために静脈に注射される。悪い衛生状態の中で不潔な注射器を利用することは，**肝炎**とHIV感染症を含む重篤な血液媒介性感染症に罹るリスクを増大させる。

**照明**［illumination］ 光を点灯する行為，光を投射すること。

**証明**［proof］ 1. 命題や理論が正しいという確証，もしくは確証するための手段。命題や理論が本当に証明されたのかについての多くの議論がなされる。論理学や哲学において，妥当な論証でさえ，その最初の前提が偽であるなら，正しくない可能性もある。（例，「すべての木は松である」「私の庭には木がある」「したがって私の木は松である」という妥当な論証。）心理学のような経験科学においては，論理的問題と方法論的問題のために，理論や仮説が真であることを証明することは不可能である。経験科学に依存する学問領域は，その理論や仮説の経験的支持に基づく一種の**蓋然論**に甘んじざるをえない。⇨ **反証可能性** 2. 数学や論理学において，定理の真実性や命題の妥当性を正しく立証する一連の過程。

**照明条件**［illumination conditions］ 照度やまぶしさ，環境内での利用可能性なども含めた，照明の種類のこと。特に，課題への適合性や，課題実施の際の快適さ等に関連するものを言う。

**消耗症**［marasmus］ 通常，幼少期に生じる状態で，重度のタンパク質 - エネルギー栄養失調症の結果である無

感情やひきこもり，衰弱（ギリシャ語の"marasmos: 消耗"より）によって特徴づけられる。治療が施されなければ，身体の発達や認知的発達が遅れたり，死に至ることもある。消耗症はしばしば，早産や急な離乳，飢餓，あるいは，食物の種類が限られたことによるビタミン欠乏の結果として，ほとんどが発展途上国で生じる傾向にある。しかしながら，先進国においても，たとえば，農村や都市部の貧しい地域で暮らす子どもや，慢性的な病におかされた子ども，施設に収容された子どもに生じる。⇨ **クワシオルコル**

**消耗性せん妄** [exhaustion delirium] 長期的な不眠，飢餓，過剰な暑さや寒さ，中毒状態などのストレス形態が併存している時に，長期的で激しい活動によって過度に疲労した状況下で生じる**せん妄**状態のこと。末期癌に苦しんでいたり，病気により衰弱した人だけではなく，登山者や長距離泳者，探検家やその他の極限の環境下におかれている人など，極度の身体運動を求められる人にも一般的に関わりがある。⇨ **せん妄**

**睫毛徴候** [eyelash sign] まつ毛をさすって刺激することで生じる眼瞼運動反応のこと。機能，あるいは心因による**意識消失**の診断検査の一部として使用される場合がある。もし意識喪失が神経性の病気や傷害による場合，反射は起こらない。

**消耗療法** [depletive treatment] 患者を故意に衰弱させることにより，有害だと考えられる何らかの物質を出し切る（と信じられている）治療法。たとえば放血，下剤投与，水ぶくれをつくる，催吐などの方法をとる。古代ギリシャの医師ヒポクラテス（Hippocrates: BC 460-377）の時代に始まり，何世紀にもわたって実践されてきた。近年では，特定の精神障害の治療においてのみ，ショック療法の意味で用いられている。

**剰余意味** [surplus meaning] 言語学的分析において，言語のあらゆる使用は，表層的な意味や意図された意味以上の幅広い意味を含んでいるという考え。**脱構築**と**ポスト構造主義**の基本的原理である。

**剰余変数** [extraneous variable] 実験で調べようとしている変数ではないが，**従属変数**に対して予期しない影響をもつ可能性のある変数のこと。

**剰余法** [method of residues] イギリスの哲学者ミル（John Stuart Mill: 1806-1873）によって定められた，経験科学における5つの規範（canon）の4番目。過去の経験に基づく別の潜在的要因を，既に知られている法則を取り除くことにより，ある現象についての十分条件を証明するものである。たとえば，もしC1とC2を前提とする現象E1とE2がともに生じ，先行研究や証明済みの法則により，C1はE2でなくE1の要因だとわかっていたら，C2はE2の要因だと結論づけられる。

**省略** [ellipsis] 文法上あるいは論理上の理由で通常必要とされる単語が省略された言語構造。簡潔さや強調，あるいはその両方のために用いられることがある。たとえば「彼女はどこですか？（Where is she?）」という質問に対して「出かけた（Gone）」という応答など。⇨ **削除**

**省略符号** [ellipsis] 精神分析において，**自由連想法**や夢における重要な思考の見落としを含む**失錯行為**の状態。精神分析では，この思考を回復するための努力がなされる。

**症例** [case] 1. 疾患もしくは障害の事例のことで，通常は患者個人のレベルのもの。境界例（borderline case）という場合は，その症状は疾患もしくは障害の様相を呈するが，完全には診断基準に当てはまらない障害。⇨ **発端者** 2. ある特定の事例やその生起，あるいは実例。

**症例アンナO.** [Anna O.] オーストリアのソーシャルワーカーであり，フェミニストであるパッペンハイム（Bertha Pappenheim: 1842-1925）のペンネーム。彼女は，オーストリアの内科医のブロイアー（Josef Breuer: 1842-1925）と，その友人であったフロイト（Sigmund Freud: 1842-1925）の患者であった。ブロイアーが行った彼女のヒステリーへの治療は，**精神分析**にとって重要な先駆けとなる初期の事例研究として書かれている。⇨ **お話療法**

**症例対照標本抽出** [retrospective sampling] 過去の危険因子への暴露やある特定の処理の終了に基づいて症例を選択する標本抽出法。参加者は現在特定の条件や状態にあるかどうか調べられる。その際しばしば，危険に暴露していない，あるいは処理を完了していない他者と比較される。⇨ **要因対照標本抽出**

**症例発見** [case-finding] スクリーニングテストを実施し，精神疾患のために治療が必要な個人を特定するプロセス。社会福祉機関や精神科病院への連絡，家庭医からの紹介，もしくは災害後のトリアージを経て特定される。

**小論文試験** [essay test] 受検者が文章などを書いて解答する試験のこと。このような試験の評価の信頼性は通常**客観式試験**よりも低いが，妥当性は高いこともある。

**上腕** [brachium] 1. 肩から肘にかけての上肢。2. 解剖学で，腕に似た構造のこと。たとえば**結合腕**。

**初回エピソード統合失調症** [first-episode schizophrenia] 患者が統合失調症の診断基準に初めて合致するとみなされるときのこと。患者自身や家族の否認や悲嘆など，医師が対応すべき難しい問題が生じる。このとき，以前の**抗精神病薬**の影響を考慮する必要がないので，障害の特異性，潜在する神経学的欠陥，治療経過を研究することが有益である。

**初回面接** [initial interview] 心理療法における，クライエントとの最初の面接。ここでは以下のような目標があげられる。良好な関係を築くこと，クライエント自身の言葉で述べられる問題を聴きとること，暫定的な診断をすること，そして診断のための検査，可能な治療，他への紹介といった計画を立てることである。

**初期教育用アルファベット** [Initial Teaching Alphabet: ITA] 発音に近い44個の文字からなるアルファベットで，それぞれ単音をもつ。1960年代初期から英語話者の子どもに読みを教える際に使われてきたが，効果がまちまちであった。このシステムは，独自に，拡張ローマ字（Augmented Roman）と呼ばれた。[イギリスの教育者・出版者のピットマン卿（Sir James Pitman: 1901-1985）によって考案された]

**初期経験** [early experience] 人生最初の5年間において獲得された経験のことであり，子どものその後の認知，社会性，情緒の発達に重大な影響を与えると考えられている。20世紀初期から中盤において，初期経験は子どもの発達を不変的に方向づけるとの説が支持されていたが，より最近の研究では，後の経験によって初期経験の影響は修正可能であることが指摘されている。

**初期症状**［primary symptoms］ 病気の初期の段階で現れる症状。⇨ **二次症状**

**書記素**［grapheme］ ある言語の表記体系において意味のある最小単位。通常はその言語の**音素**に対応する一文字あるいは文字の決まった組合せである。

**初期値の法則**［law of initial values; initial values law; rate dependence effect; Wilder's law of initial values］ 生理反応の初期値は，同じシステムの後の反応の大きな決定要素であるとする法則。もし個体のパルスレートが高ければ，情動誘発刺激に対する心臓血管系反応が，最初のパルスレートが低かった時よりも弱い。⇨ **奏効率依存性**［アメリカの神経精神病学者ワイルダー（Joseph Wilder: 1895-1976）が1957年に提唱した］

**ジョーク**［joke］ 笑いを引き起こすことを意図した物語や発言のこと。⇨ **ユーモア，ユーモアの不適合理論**

**食依存**［food addiction］ 自身の身体イメージや体重への没頭，食べ物に関する強迫思考，快楽のための食べ物の消費，**強迫性摂食**によって特徴づけられる摂食障害のこと。また，食べ物の摂取を減らしたり，特定の食べ物を絶ったりする試みをする期間に，離脱症状を経験する者もいる。⇨ **むちゃ食い障害，神経性過食症**

**処遇バイアス**［treatment bias］ 特定の介入戦略に対する，治療者や研究者の主観的なバイアス（肯定的な場合も否定的な場合もある）。

**触運動知覚**［haptic perception］ 能動触や物体や表面の意図的な探索による知覚。⇨ **触覚**

**職業**［occupation］ 同じような課題を行い，同じようなスキルや訓練や個人の特性が求められる仕事の類型。たとえば，各種組織における簿記の仕事は，なすべき課題や要求されるスキルレベルに多少の違いはあるだろうが，簿記という同じ職業としてまとめるに十分な共通性がある。職業はまた共通の**職業文化**によって定義されることもある。⇨ **専門職**

**職業ガイダンス**［vocational guidance］ 以下の (a), (b), (c) の方法で適性のある職業を選択することを援助するプロセス。(a) 深層面接，(b) 適性検査，関心，パーソナリティ検査の実施，(c) 関心を示した仕事タイプの性質や必要条件について話し合うこと。職業相談（vocational counselling）とも呼ばれる。

**職業カウンセリング [1]**［vocational counseling］ **1.** 組織内でのキャリア開発，新しい職務や役割に対する適応などの問題に関して，あるいは職務満足感に影響を与える個人的またはその他の問題に関してガイダンスを求めている従業員に提供される相談サービス。⇨ **再就職斡旋カウンセリング 2.** ⇨ **職業ガイダンス**

**職業カウンセリング [2]**［occupational counseling］ 20世紀初頭の職業ガイダンスのアプローチ。カウンセリング過程は3つのステップから構成される。(a) 自己分析，(b) 職業理解，(c) 分別のある選択のための正しい推論である。［アメリカの教育学者であるパーソンズ（Frank Persons: 1854-1908）によって提唱された］

**職業基準**［occupational norm］ 特定の**職業**に従事している人々の特定の能力，特性，興味関心に関するテストから得られる平均的あるいは標準的な得点のこと。

**職業訓練 [1]**［personnel training; employee training］ 産業や組織の中におけるプログラムのことで，新規雇用者の指導，知識や技術の向上，あるいは監督者や雇用者の態度の修正といった目標の達成のために行われる。職業訓練の研修手順としては講義や講演（⇨ **講義方式**），視聴覚器具やシミュレーション機器（⇨ **シミュレーショントレーニング**），ロールプレイ，実習訓練，事例検討（⇨ **ケースメソッド**），行動モデリング，ビジネスゲーム，あるいは**プログラム学習**が含まれる。これらの訓練は，通常の労働環境の内外において実施されうる（⇨ **業務外訓練，職場内訓練，研修所訓練**）。⇨ **管理職コーチング，マネジメント開発**

**職業訓練 [2]**［vocational training］ 特定の職務や仕事に就くために，必要なスキルや資質を習得させるよう計画された組織的な教育プログラムのこと。職業教育（vocational education）とも言う。⇨ **職業的リハビリテーション**

**職業健康心理学**［occupational health psychology］ 就業場所における健康，病気，怪我と関連する事柄の理解に向けた理論と研究，およびその知識を被雇用者の身体的，精神的健康の改善のために応用する心理学の一分野。⇨ **産業・組織心理学**

**職業サービス**［vocational services］ 職業ガイダンス，テストの実施，訓練の実施など，求職のための実践的支援のこと。学校，大学，病院，リハビリテーションセンターなどで行われている。

**職業神経症**［occupational neurosis］ 仕事を苦痛に感じたり，仕事への嫌悪感が増大するような仕事に関連する**心因性**の抑制。仕事を続けると辛さが増し，仕事のパフォーマンスが低下したり，反応性の症状（疲労やめまい）が現れたりする。場合によっては仕事の遂行を妨害する特徴的な抑制があり，書痙，裁縫婦痙攣，手根管症候群のように，ある仕事に必要な機能が損なわれることがある。これらの抑制は，内的葛藤を反映した転換症状であると信じられていたが，次第に医学的な説明も可能になってきている。職業抑制（occupational inhibition）とも呼ばれる。

**職業ストレス**［occupational stress］ 労働者が仕事で経験する緊張や重圧のこと。過酷なスケジュール，難しい決定，同僚や上司との関係，不快な労働条件，疲労，職業上の危険，過当競争，解雇の不安といった要因で発生する。⇨ **経営層のストレス，ストレス**

**職業生活の質**［quality of worklife: QWL］ 産業・組織心理学的な理論・研究・応用の一領域。**参加型経営**や**職務充実化**のポリシーを実行することによって，**ワークモチベーション，職務満足感，組織コミットメント**を高めることが主たる関心事である。

**職業性痙攣**［occupational cramp］ 通常，手や腕の筋肉における有痛性の痙攣。その痙攣によって，書いたり，運転したり，縫物をしたり，楽器を弾いたりすること，などが妨げられる。ジストニアの一形態である。⇨ **ミュージシャンの痙攣，書痙，反復性疲労障害**

**職業選択**［vocational choice; vocational selection］ 職業やキャリアの選択。この種のプロセスが現実に始まるのは青年期である。それは，ある職業に関わる個人的関心，強さ，制限などを意識的に検討することである。成熟した職業選択には，特定の職業や職種において求められる条件と個人的関心および能力が合っているかどうかを十分に自己理解することが必要である。稀に**人事選考**と同義に使わ

れる。⇨ **職業適応**，**職業的成熟**

**職業相談［１］**［placement counseling］　その人に適した最適な雇用を見つけるためのアドバイスや支援をするサービスのこと。職業相談は，採用面接に向けた指導や訓練，応募書類の書き方など，職を得るための活動全般を支援する。

**職業相談［２］**［employment counseling］　職業に関連する問題に関して，個人を援助するようデザインされた相談（カウンセリング）で，求職，職業との適合性，仕事の成果を妨げるような外部圧力，雇用の終了，作業上の効率について相談を行う。組織内では，職業相談は**従業員援助プログラム**を通じて提供されることがしばしばある。

**職業適応**［vocational adjustment］　自分の関心，特性，能力に合った仕事やキャリアの種類を選択するのに成功した程度。個人が客観的な職場条件に合うかどうかというよりも，キャリアが個人的目標や個人的才能に合うかどうかという色彩が強い点が，**職業適性**と異なる。

**職業適性［１］**［occupational adjustment］　個人の能力，興味・関心，パーソナリティが特定の**職業**に合致する程度。この用語は，各個人の特徴とその仕事に関連する客観的要求，条件，契機との相互作用を強調する点で，**職業適応**と違いがある。

**職業適性［２］**［vocational aptitude］　ある職業に関する課題をうまく遂行するために必要な個人的能力や個人特性のこと。

**職業適性検査**［vocational aptitude test］　能力，関心，個人特性など，ある職業で成功するのに必要不可欠だと考えられる要因を評価する検査のこと。この検査は，参加者のプロフィールが，その職業において典型的で理想的な人物のプロフィールとどのくらい合致するかを評価するのによく使われる。

**職業的成熟**［vocational maturity］　従業員の抱える問題や職業選択における発展的で的確な方向づけ。職業上の成熟度が高い人は，自分の職の選択肢について現実的で，自分のキャリア決定に合理的なアプローチを行う。

**職業的地位**［occupational status］　ある職に就いていることによって社会から尊重される程度のこと。好意的にみられる職業は高い地位にある職業である一方，否定的にみられる職業は低い地位の職業である。

**職業的リハビリテーション**［vocational rehabilitation］　生産性を向上または回復させるために精神的あるいは身体的障害を負った人に対する**リハビリテーション**。職業的リハビリテーションプログラムは，評価，**職業ガイダンス**，競争的な職業市場などの状況に従業員が復帰する能力を向上したり回復するための訓練や支援（⇨ **過渡的雇用**）である。職業上のリハビリテーション（occupational rehabilitation）とも呼ばれる。⇨ **労働リハビリテーションセンター**

**職業テスト**［occupational test］　職業についての能力の見込みや実際の熟練度を測定するように設計されたテスト。⇨ **採用テスト**，**労働サンプルテスト**

**職業人間工学**［occupational ergonomics］　人間工学の専門領域の一つ。特定の職業内に，作業者の身体的，認知的，心理的特徴にうまく応答するような作業の体系と手順を作る試み。

**職業能力**［occupational ability］　一般的仕事や専門的仕事を遂行する能力のこと。一連の**職業テスト**で測定される。

**職業病**［occupational disease］　患者が常とする仕事や専門分野に関連する要因によって起こる疾病。

**職業評価**［vocational appraisal］　クライエントがある職業において職業的成功や職業的達成を行う可能性に関する職業カウンセラーの予測。職業評価は，インタビューや検査によって示されたクライエントのパーソナリティ，知能，技能，関心との関連で，職業機会がどれくらいあるとカウンセラーが判断するかに基づいている。

**職業文化**［occupational culture］　同じ**職業**のメンバーによって共有され，彼らの言語，価値，態度，信念，習慣に反映されるような，他とは異なる特殊な思考や行動のパターン。たとえば，アメリカの警察官はこの種の特異な**文化**をもつとみなされている。⇨ **組織文化**

**職業分割**［occupational segregation］　同性あるいは同じ民族の人々が他の性あるいは民族を押してある職業で働いている程度のこと。たとえば，看護師の高い割合は女性であるという事実が性別職業分割を示唆している。

**職業分析**［occupational analysis］　特定の**職業**に関して，系統的な情報の収集，処理，解釈をすること。

**職業分類**［occupational classification］　職業情報ネットワーク（O-ET）のようなシステムを使用して仕事を**職業**に割り当てること。

**職業倫理**［professional ethics］　ある職業の成員が従うことを期待されている望ましい行為の規則。⇨ **境界性の問題**，**倫理綱領**，**倫理学**

**贖罪的刑罰**［expiatory punishment］　犯罪者が違法行為の深刻性に応じて厳しく処罰する刑罰であるが，必ずしも犯罪の性質を反映するものではない。⇨ **応報罰**

**食作用**［phagocytosis］　貪食細胞（phagocytes）と呼ばれる細胞により，外来物質や食物断片，他の細胞などの固形物が飲み込まれる過程のこと。物質は膜に包まれ貪食細胞内で液胞を形成し，リソソーム（lysosome）と融合する。リソソームは飲み込んだ物質を分解する酵素を含む細胞内小器官である。ある白血球細胞は**免疫反応**の一環として貪食細胞として振る舞う。

**食思**［orexis］　活動や行動の情緒的，食欲上の特性。認知的特性と対置される。

**食事**［diet］　生物によって常々摂取されている食物や液体のこと。

**食事の自己選択**［self-selection of diet］　人間の幼児や子どもを含む動物が，提供された食べ物から食べ物を選択する権利を得た場合に，身体に良いものを選ぼうとするという概念のことを指す。

**食餌無制限の体重**［free-feeding weight］　餌や水を自由に摂れる条件下で，実験用動物が長期間かけて到達する体重。

**食事問題**［feeding problem］　食べることの拒絶，十分な量と種類の食物を持続的に摂取しないこと，摂取した食物を留めておけないことを特徴とする子どもの行動障害の一つ。胃腸やその他の内科系の病気や，手に入る食物自体の不足によるものではなく，**摂食障害**でもない。栄養補給障害（feeding disturbance）とも言う。⇨ **反芻性障害**

**食衝動**［eating compulsion］　異常な摂食行動へとつながる抑えがたい衝動。これは，**神経性過食症**，クリュー

ヴァー-ビューシー症候群，食依存のような多くの摂食障害の初期症状である。⇨ **強迫性摂食**

**触走性**［stereotaxis; thigmotaxis］ 固い物体やある物体の表面と直接に接触することで生じる有機体の能動的な運動。⇨ **走性**

**触知覚**［tactile perception］ 触覚によって対象を知覚したり感覚を判断する能力。空間的な皮膚刺激や皮膚上に提示されたパターンの判断を指して用いられることが多い。液体温度などの皮膚刺激を含む感覚事象についての判断を指すこともある。研究者によっては，**受動触**に限定して用いられる。⇨ **触運動知覚**

**触地図**［haptic map］ 視覚障害者が感じることができる触地図。このような地図は浮彫の線を含む2次元的なものであったり，3次元的なランドマークを用いたりしたものである。

**触点**［touch spot］ 特に軽い接触に対して感受性の高い，皮膚の小さい領域のこと。

**食道発語**［esophageal speech］ 喉頭を使わず，咽頭食道部位（喉頭咽頭と食道の接合部にある括約筋のような筋肉）を新声門（振動装置）として働かせることで食道上部の狭い部分から給気を起こす発声の一種。

**触媒［1］**［catalyst］ 特定の化学反応の速度を速める物質。反応の前後で，触媒自身には変化が生じない。酵素（enzyme）は有機的触媒である。

**触媒［2］**［catalytic agent］ 集団精神療法において，参加者の感情的な反応を刺激する役割をもつ人のこと。

**触媒作用**［catalysis］ 触媒が化学反応の反応速度を速める働き。

**職場内訓練**［on-the-job training］ 被雇用者の知識，スキル，能力の向上発達を目的として，通常の仕事時間内に職場で課される訓練。⇨ **業務外訓練，研修所訓練**

**職場における精神病質者**［industrial psychopath］ 反社会性パーソナリティ障害の特徴とされる行動パターンを職場で発現させる人。このような人は，他者の気持ちを考慮せず，自分を評価してくれる者，評価しない者の両者を操ろうとし，職場において昇進することにつながることも多い。また，急激に変化する組織において成功する可能性が高い。

**植物学**［botany］ 植物を対象にした科学的研究のこと。

**植物魂**［vegetative soul］ ギリシャの哲学者アリストテレス（Aristotle: BC 384-322）の思想において，植物によって支配された魂のタイプのこと。成長力のある魂は成長・再生能力をもっているが，印象に対する感覚の享受・反応能力あるいは理性的な熟考能力をもっていない。⇨ **理性的な魂，感覚的な魂**

**植物状態**［vegetative state］ 個人が動けない，コミュニケーションがとれない，自身や環境を認識していない，また，刺激に対して応答しない状態。深刻な脳損傷で起こることが多く，大脳皮質の非機能が特徴。⇨ **遷延性植物状態**

**食糞**［coprophagia; coprophagy］ 糞便を食べること。

**触法精神障害者**［criminally insane］ 精神障害や問題を患っていると判断されたため，関与した犯罪に対する法的責任が赦免された被告のこと。この用語は今はほとんど使われない。

**職務アイデンティティ**［task identity］ アメリカの心理学者ハックマン（J. Richard Hackman: 1940- ）や組織行動学者オレマン（Greg R. Oleman: 1947- ）の**職務特性モデル**に述べられている課題動機づけの性質。数々の仕事をまとめて達成しなければならない仕事は，職務アイデンティティを高める（⇨ **自然作業モジュール**）。たとえば，本の執筆において企画から完成までアクション・プログラムを遂行するなどである。

**職務安全性分析**［job-safety analysis］ 職場の危険を特定し，制御するために使用される**課題分析**の特殊な形態。仕事の定義づけ，課題の特定，危険の特定，危険の除去や制御のための提言などが含まれる。職務危険性分析（job-hazard analysis）とも呼ばれる。⇨ **事故分析，アクシデント・パスモデル，故障モード影響解析，フォルトツリー解析**

**職務拡大**［job enlargement］ 特定業務に関連する責任が拡大すること。水平方向の職務拡大（horizontal job enlargement）あるいは水平方向の負荷（horizontal loading）では，従業員が自分の職務と同等の複雑さをもつ課題をより多く遂行するよう求められる。垂直方向の職務拡大（vertical job enlargement）あるいは垂直方向の負荷（vertical loading）では，より複雑で，より責任が増す職務を遂行するよう求められる。

**職務関与度**［job involvement］ 自分の仕事に同一化している度合い。職務関与が高い水準にある人は，大抵仕事から生活上の満足を得ている。職務の達成には誇りと自尊心を強く抱き，職務の失敗には不満と落胆を覚える。⇨ **職務満足感**

**職務記述指標**［Job Descriptive Index: JDI］ 職務，管理，賃金，昇進，同僚などに関する従業員の意識態度を測定する72項目の尺度。各項目は形容詞や短いフレーズで（たとえば，"退屈だ"，"昇進するよい機会"），被験者は，「はい」「いいえ」「どちらともいえない」の3択で答える。1969年に初版が発行され，1985年と1997年に改訂版が発行された。［アメリカの心理学者スミス（Patricia Cain Smith: 1917- ），カナダの心理学者ケンドール（Lorne M. Kendall），アメリカの組織心理学者フリン（Charles L. Hulin: 1936- ）により開発された］

**職務記述書**［job description］ 特定の職務についての公式の記載で，組織の人事部門がその地位にいる人や応募する人に提供する。形式は様々であるが，職務記述は大抵，(a) 職務の名前，場所，組織構造の説明（つまり，上司や部下との関係）などを含む識別情報，(b) その職務の目的を要約した簡単な説明，(c) **職務次元**，特別の義務や責任などについての詳細な説明，といった3つの要素から構成される。職務記述は通常**職務分析**の体系的過程で集められ，その後でその職務を効率的に遂行するために必要な属性を記載する**人材募集条件**の基礎として用いられる。ジョブプロフィール（job profile）とも呼ばれる。

**職務基準**［job criterion］ 職務のある側面に関して，従業員の成績を評価する際に用いられる基準。管理者による業績評価と生産量や欠勤回数などの客観的測度から構成される。⇨ **分割基準，基準データ，基準次元，人事考課，職務成績**

**職務再設計**［job redesign］ 仕事のやり方，設備，労働環境を改善する系統的な取り組み。主だったアプローチには，効率的な作業デザインに焦点を当てる**方法分析**，施設

や設備，環境のデザインに関する**人間工学**，そして仕事の多様性，複雑さ，責務を拡張する職務拡大（job enlargement）と職務充実（job enrichment）がある。

**職務次元**［job dimensions］　**1.** 事務，受付任務，意思決定責務など，仕事の性質を定義する職務カテゴリー。職務のリストを編纂する際は，すべてを網羅するのではなく，主要な次元を定義するのが慣例となっている。**2.** 野心，細部へのこだわり，対人スキルといった，仕事をするうえで重要だと考えられている能力，パーソナリティ特性，態度などの一般的な資質。職務経験や語学力などの特殊技能や資格に加えて，こうした属性を**人材募集条件**に含めることがある。**3.** ⇨ **職務特性モデル**

**職務充実化**［job enrichment］　仕事における「生活の質（quality of life）」を改善することで，仕事への興味や態度が向上すること（⇨ **職業生活の質**）。職務充実の方法には，従業員に幅広い課題を与えて退屈さを減らしたり，自分で勤務計画を作成させたりすることなどが含まれる。

**職務状況**［job context］　仕事の物理環境，職場のテクノロジー，仕事仲間や上司などといった，労働環境に関する重要な要素。

**職務情報**［job information］　**職務分析**研究で使われる仕事と労働者に関するデータ。これには，仕事で必要となる動作，意思疎通や意思決定といった一般的に求められる行動，**人材募集条件**，扱う材料や使用する装置などが含まれる。

**職務診断調査**［Job Diagnostic Survey: JDS］　アメリカの心理学者ハックマン（J. Richard Hackman: 1940- ）と組織行動主義者オールダム（Greg R. Oldham: 1947- ）の**職務特性モデル**によって示された仕事の動機づけに関する尺度。従業員の動機づけを測る5つの次元（スキルの多様性，**職務アイデンティティ**，**課題の意義**，自主性，フィードバック）について自己報告する。得点が低い場合，**職務拡大**や**職務充実化**が推奨される。

**職務遂行適性評価**［fitness for duty evaluation; fit for duty evaluation: FFDE］　従業員の精神状態あるいは精神機能に関する心理アセスメント。従業員が安全かつ効果的に職務を遂行できるか推定するために実施される。職務遂行が精神疾患やストレスによって妨げられるか判断する際にも使用される。アメリカでは，警察官が職務中に外傷体験（traumatic experience）を負った後に実施される。

**職務成績**［job performance］　職務に関連する行動の有効性。量的・質的な成功を基準として，あるいは複数の**基準次元**に即して評価される。⇨ **人事考課**，**職務基準**，**業績審査**

**職務成分妥当性**［job-component validity］　職務への適合度を予測するテストバッテリー（test battery）に関して，その能力を推定する上で考慮される**総合的妥当性**。**職務分析質問紙**の使用が含まれる。

**職務成分法**［job-component method］　職務内容が似ていれば職務上の要求も似たようなものになり，よって給与体系を対応させることができるという前提に基づいた**職務評価**のテクニック。職務成分法は，**職務分析質問紙**データの統計分析を経て適用される。⇨ **分類法**，**要素比較法**，**ポイント法**，**序列法**

**職務設計**［job design］　**職務満足感**と**組織有効性**を最大限引き出すことを目的として，仕事の内容（義務と責任）を詳述すること。⇨ **職務再設計**

**職務テニュア**［job tenure］　学術機関のような特殊な職業における終身雇用の保証。終身地位保証（tenure）とも呼ばれる。

**職務特性モデル**［job-characteristics model］　被雇用者の心理学的状態，特に動機づけに影響するような職務の基本的変数を特徴づけるためのモデル。技術多様性，**職務アイデンティティ**，**課題の意義**，自律性，フィードバックという5つの中核的な職務次元（job dimensions）が見出されている。このモデルによれば，これらの次元が最大化されるように職務が設計，再設計されるならば，**ワークモチベーション**，**職務成績**，**職務満足感**のすべてが改善される。⇨ **職務診断調査**，**職務拡大**，**職務充実化**　［アメリカの心理学者ハックマン（J. Richard Hackman: 1940- ）と組織行動学者オールダム（Greg R. Oldham: 1947- ）が提起した］

**職務評価**［job evaluation］　給与体系を決定するために行われる職務の分析と比較。職務評価の方法には，(a) 会社にとっての価値を主観的に推定した結果から仕事を格づけすること（⇨ **序列法**），(b) 職務説明書に基づいて仕事を分類すること（⇨ **分類法**），(c) 報酬の対象となる職務因子に関して基準職務と比較すること，(d) 教育，経験，自発性，努力など定められた基準に従って点数化すること（⇨ **ポイント法**），(e) 仕事内容についての標準的な質問への回答から仕事を格づけすること（⇨ **職務成分法**），などが含まれる。

**職務プレビュー**［job preview］　雇用されることを期待する就職応募者に提供される情報。現実的な仕事情報の事前開示（realistic job preview）では，採用者の失望を避け，**在職期間**が長くなるよう，肯定的な情報と否定的な情報の両方を提供する。

**職務分析**［job analysis］　特定の職務についての情報の収集と分析。データは，その職務に携わる人や監督している人から，面接や筆記式質問（⇨ **職務分析質問紙**）で，あるいは職務の観察や視聴覚記録を通じて集められる。重要な職務情報には，行動，道具，労働条件，その仕事に関わる技能などが含まれる。職務分析は，効果的な**人事選考**，**人事考課**，**職務評価**，**職業訓練**プログラムを作り出す第一歩である。データが集められた後で，統計的手法と主観的判断から職務の主要な次元を決定し，同じ職務と分類できるほど十分に類似した特徴を見出すことが職務アナリスト（job analyst）の役割である。

**職務分析質問紙**［Position Analysis Questionnaire: PAQ］　職務分析のための標準化された質問紙。職務に関連する課題や技術よりも，その職務によって求められる行動のタイプとレベルを分析する。全194項目で構成されており，情報入力，関連する心的過程，他者との関係，仕事の環境（物理的と社会的），仕事成果，その他の6区分からなる。PAQデータは，報酬を設定するための評価（⇨ **職務成分法**）や人事考課の予測的妥当性の検証（⇨ **職務成分妥当性**）に使うことができる。［1970年代にアメリカの産業・組織心理学者マコーミック（Ernest J McCormick: 1911-1990），ジャンヌレ（Paul R. Jeanneret: 1940- ），メカム（Robert C. Mecham）によって開発された］

**職務満足感**［job satisfaction］　自分の仕事に対する態度。仕事や報酬（賃金，昇進，承認），あるいは環境（労

働条件，同僚）への好き嫌いといった快的な反応として現れる。⇨ **職務関与度**

**職務要件**［job requirements］　安全かつ効率的に仕事上の課題を遂行するうえで必要な資質と技能。言語コミュニケーションスキル，トラック運転の技術，高度な計算能力などが含まれる。普通は**人材募集条件**で特定される。

**職務ローテーション**［job rotation］　一定間隔のスケジュールで異なる職務を遂行する雇用慣行。モチベーションの維持向上と能力開発の手段として実行される。

**食毛症**［trichophagy］　自分の髪をしつこく噛んだり食べたりする行為。

**食物摂取調整機能**［food-intake regulation］　気温や環境，行動することによるエネルギー消費，その他の要因にしたがって必要となる食物の熱量や他の栄養素の取り込みを調整する能力。その結果，カロリーやタンパク質，脂肪，ビタミン，ミネラルなどの栄養素において，取り込みと消費の間につり合いがとれる。**ホメオスタシス機能**の一例である。

**食物選択**［dietary selection］　生物が，栄養バランスのとれた状態を維持するため，それに適した種々の栄養素を含む食物を選択する能力のこと。カロリーだけでなく，脂肪，タンパク質，ミネラル，ビタミン等も重視される。多くの種が，適切な食物を自分で選択する能力を有しているように思われているが，それは特定の栄養素欠乏による疾病を防ぐ食物サンプリングを行っているためである。ただし，大抵の種は，生存のための重要なミネラルであるナトリウムに対し明確に食欲を示す。

**食欲**［appetite］　食物に対する欲求，また，より広くは，その他の心理的欲求を満たそうとする欲望のこと。生得的なもの，あるいは，学習されそれゆえに経験によって変容するものである。

**食欲過剰**［hyperorexia］　病的な食欲の増加のこと。⇨ **過食症，食欲不振**

**食欲調節機構**［appestat］　食欲や食物の摂取を調節していると考えられている仮説的な脳領域のこと。視床下部（**外側視床下部や腹内側核**）や脳幹（**孤束核**）は，食欲や食物摂取に関与していることが明らかになっている。しかし，単一の食欲中枢があるとする考え方は単純化しすぎだと思われる。

**食欲の減退**［inappetence］　食べることへの欲求の減退のことであり，うつ病の症状である。

**食欲不振［1］**［asitia］　食べ物のことを考えること，見ることに対する嫌悪感。⇨ **拒食症**

**食欲不振［2］**［dysorexia］　食欲の低下，あるいは通常の摂食行為についての心の動揺。⇨ **摂食障害**

**食欲不振［3］**［hypophagia］　異常に食欲が減退していること。⇨ **拒食症，食欲過剰**

**食欲抑制剤**［appetite suppressants; anorectants］　食欲の減少と，体重のコントロールのために使用される薬剤。アンフェタミンや，刺激剤（**フェンテルミン，ジエチルプロピオン**），**シブトラミン**，セロトニン作動薬などがこれに含まれる。セロトニン作動薬の使用，特にフェンテルミンとの同時使用は，心臓の弁の障害を引き起こすことが明らかとなり，この混合薬は市場から除去された。食欲抑制剤は，短期間で体重を落とすことができるかもしれないが，行動の管理計画をしないで，長期にわたって体重減少できる証拠はない。

**初経（初潮）**［menarche］　女性が初めて**月経**を経験すること。思春期がきたことを示す。初経を迎える年齢は個人によって，また文化によって異なる。西洋では比較的早い年齢で迎える傾向があるが，これは他の地域より栄養状態が良いことが一因であると考えられる。

**書痙**［writer's cramp; mogigraphia; scrivener's palsy］　文字を書いたり，タイプする際に，筋肉が異常に震えること。**職業性痙攣**や機能障害の一種でもある。⇨ **反復性疲労障害**

**助言者**［mentor］　経験の浅い人に対して，指導，促進，導入，助言などの支援を提供し，スキルを伸ばすよう援助する熟達者のこと。

**除睾術**［orchidectomy］　1つあるいは両方の精巣を外科的手術で除去すること。癌によって男性の生殖機能が侵される時のように，精巣が傷ついたり，病気にかかったりした時に除睾術が行われる。除睾術は必ずしもインポテンツを引き起こさないが，性欲が減少することもある。思春期以前に行われる除睾術は二次的男性性の発達に影響を与える。精巣摘出（orchiectomy）とも呼ぶ。⇨ **去勢術**

**書字運動性失語**［graphomotor apraxia; apraxic agraphia］　筆記用具を操る通常の能力があるにも関わらず，書字と描写に関する運動活動を行うことができないこと。

**書字角度**［writing angle］　水平の基線と個々の文字の上下をつないでいる想像上のラインの間の角度によって定義された，人の手書きの特徴。

**書字症**［graphomania］　書くことへの病的な衝動。その最も重篤な状態である**書字漏出**へ増悪することがある。

**書字障害［1］**［dysgraphia］　**失語症**の一種で，この障害の人は書字に必要な動作を行うことができない。

**書字障害［2］**［writing disorder］　書字に関する能力を妨げる運動，感覚，言語の障害のこと。

**書誌データベース**［reference database］　書誌情報の供給元のこと。特定の研究領域の包括的な見通しを得る際に，大きな価値をもつ。

**女子同性愛**［lesbianism］　女性同士の性的な志向や行動のこと。女性同士のエロティックな活動をありありと描いた詩人のサッフォ（Sappho: BC 600）が住んだエーゲ海のレスボス島（Lesbos）から名づけられた。サッフォニズム（Sapphoism）とも呼ばれる。

**書字表出障害**［disorder of written expression］　DSM-IV-TRにおいては，文章能力が実年齢，正規の教育の経験，測定された知能から期待されるものよりも大幅に下回る**学習障害**。文法，句読点，段落構成の誤りを含む文章能力の困難は，手書き能力の極端な悪さや綴りの間違いにしばしば結びついていて，文章能力を必要とする学業成績や日常生活の活動を著しく妨げる。発達性表出性書字障害（developmental expressive writing disorder）とも言う。

**書字病理学**［graphopathology］　筆跡分析とも言われ，筆跡の研究に基づいてパーソナリティについて分析すること。

**処女膜**［hymen］　生まれた時から，通常，膣口を部分的に覆っている薄い膜。処女膜は最初の性交体験まで破れないこともあるが，普通は思春期やその前に破れる。それゆえ，処女膜がないことは処女喪失の信頼できる証拠にはならない。

**書字漏出**［graphorrhea］ 支離滅裂で意味をなさない単語の長いリストを作成する行動。躁病エピソードで生じることがある。

**除神経**［denervation］ 神経の切除や遮断のこと。

**女性**［femaleness］ 対となったX染色体，メス型を有していることによって，解剖学的に，また生理学的に女性であること。

**女性オーガズム障害**［female orgasmic disorder］ DSM-Ⅳ-TRにおいては，通常の性的刺激に続く，女性のオーガズムの欠如とされている。これは生涯にわたる問題であり，通常のオーガズムが得られた時期の後に生じたり（後天的タイプ：acquired type），どのような形態の性的活動においてもオーガズムが得られなかったり（一般化タイプ：generalized type），決まった方法でしかオーガズムに達することができなかったり（状況タイプ：situational type）といったタイプがある。

**女性化**［feminization］ 女らしさを獲得するための過程を指す用語。性別に関わらず用いられる。

**女性解放運動**［women's liberation movement: WLM］ 1. 1960年代後半の生活実態と広い意味でのフェミニストの目標のための活動から生じた積極行動主義（例，19世紀および20世紀前半の婦人参政権拡張活動）にみられる女性の社会運動。(a) 法律制定によって雇用機会均等，教育を受ける機会の獲得を行うこと，(b) ポルノや女性への暴力に反対する社会活動を行うことで男性の支配から自由になること，(c) 男女平等に至るために欠かすことができない資本主義の転覆を実現することを目指す。活動は地域の婦人活動グループによって構成されており，学生運動，反ベトナム戦争運動，公民権運動から流入した女性も取り込んで展開された。2. 女性による性的な二重規範から自由になるために行われる活動のこと。子育てや家事の責任から女性を自由にすること，理由より感情が先行し受身で依存的で脆弱な存在というステレオタイプな女性像から女性を自由にすることを目指す。⇨ **フェミニズム**，**急進的フェミニズム**

**女性化乳房**［gynecomastia］ 男性における乳房組織の異常な発達のこと。若い男性では通常両方の乳房に生じるが，50歳過ぎの男性では片方のみに生じる傾向がある。女性化乳房は，腫瘍に伴って生じるホルモンバランス異常や，あるいは，**抗男性ホルモン**や**ドーパミン受容体**に対する治療（そこでは多くの抗精神病薬が使用される）の副作用として生じるホルモンバランス異常によって引き起こされる。ドーパミンは脳下垂体前葉からの**プロラクチン**というホルモンの分泌を抑制する。それゆえ，ドーパミン作用の抑制はプロラクチンの過剰分泌を引き起こし，乳房組織のうっ血やあるいは乳汁の分泌をもたらす可能性がある（⇨ **乳汁漏出**）。女性化乳房はまた（稀ではあるが）SSRIの投与においても観察される。

**女性化妄想**［eviration］ 男性の，女性になり変わったという妄想。

**女性器割礼**［female genital mutilation］ いくつかのアフリカやアジアの文化でみられる思春期前，あるいは思春期の少女の性器に行われる手術。女性の性器切断は，少女が婚前性交を行わないために行われる。婚前性交を行うことが，良い縁談の機会を失わせたり，将来の夫の家族から払われるはずの持参金が減らされたりする文化がある。ある文化では，陰核包皮を取り除くだけだが，また別の文化ではクリトリスを切除する。そして，陰唇は生理をできるくらいの小さな穴だけを残して縫合される（⇨ **陰核切除**，**陰部封鎖**）。女性性器割礼は，しばしば，女性（クリトリス）割礼（female circumcision; clitoral circumcision）と呼ばれている。言葉の響きによって，このしきたりの悪影響を大したものではないと誤認してしまうが，性的機能を著しく損なわせてしまい，ほとんどの女性が手術によってオーガズムに至ることができなくなってしまう。また，手術を行うのが医者ではない場合がほとんどで　手術道具の殺菌や消毒剤も使われないため，毎年，多くの少女が感染症によって亡くなっている。陰核切除（female circumcision; clitoral circumcision）とも呼ばれる。

**女性擬態癖**［gynecomimesis］ 男性が，女性のふりをすることに性的関心や性的興奮を覚えること。

**女性コンプレックス**［femininity complex］ 精神分析理論における，女性の出産能力に対する男性の羨望のこと。これは男児がもつ母親の身体に対する羨望に端を発していると考えられている。一部の分析家は女性の**去勢コンプレックス**や**ペニス羨望**と対になるものとして女性コンプレックスを捉えている。［ドイツの心理学者ベーム（Felix Boehm: 1881-1958）が1930年に初めて用いた］

**助成想起**［aided recall］ 1. 記憶の再生のために，あるきっかけを与えられた条件下で何かを思い出す過程。助成想起の測定値はどのくらい物事が思い出されたかを反映している。2. 消費者に広告を含む情報を想起させるための刺激の使用。宣伝や他のメッセージの効果を確かめるときに利用される。多肢選択課題だけでなく　一般的質問で調査を始めてそれから特定の質問に移行するインタビュー（funnel interviews）の利用が，助成想起に含まれている場合がある。たとえば，インタビュワーが一般の人々にある特定の広告を見た覚えがあるどうか質問する。もし見覚えがあれば，それからインタビュワーはその広告の特定の側面について質問する。

**女性段階**［femininity phase］ クライン（Melanie Klein）の**対象関係理論**における，**エディプス・コンプレックス**の早期段階であり，男児女児ともに，父親に対して女性的態度をとったり，父親の望む子どもになろうとしたりする段階。クラインは，最初の対象である母親から離れて，父親を自分のものとしたい対象とする段階であると考えている。

**女性中心心理学**［woman-centered psychology］ 特に女性に特徴的な身体的，心理的，社会的経験を強調する心理学のアプローチ。⇨ **ジェンダー心理学**，**フェミニスト心理学**

**女性の性的興奮障害**［female sexual arousal disorder］ DSM-Ⅳ-TRにおいて，女性が一連の性的反応（たとえば，膣の潤滑や膨張）の興奮（覚醒）段階において，適切な反応に達したり維持することができないこととされている。

**女性発端者**［proposita］ 女性の発端者のこと。⇨ **男性発端者**

**女装癖**［gynemimetophilia］ 女性の服装を身に着けたり，女性の役割を演じたりする男性の性的趣味や性的興奮のこと。

**所属**［belonging］ 集団や社会全体から受容され，承認されているとの感覚。所属性（belongingness）とも呼ぶ。

⇨ 疎外

**所属性**［appurtenance］ **ゲシュタルト心理学**では，ある知覚領域の要素間の相互作用もしくは相互影響のことで，要素がまとまってみえること。［コフカ（Kurt Koffka）によって1935年に定義］

**所属性原理**［principle of belongingness］ ある項目同士が何らかの形で密接に関連しているならば，項目間の結びつきがより容易に形成されやすく，その結果ある項目は他方の項目を喚起しうる（たとえば，Coney と Island など），とする学習原理のこと。［ソーンダイク（Edward L. Thorndike）によって提唱された］

**所属欲求**［need to belong］ 他者と関係を築いたり，集団に所属したり，また他者から肯定的にみられたいという動機づけ。⇨ **親和動因**

**触覚［1］**［touch］ 物体と皮膚表面の接触により生じる感覚。触覚の感度は身体部位によって異なる。たとえば，唇と指は胴体や背中よりもはるかに感度が高い。

**触覚［2］**［touch sense; tactile sense］ 皮膚表面に接触する刺激（物体，表面，材料など）を（押したり撫でたりすることで）知覚する能力。⇨ **触運動知覚**，**触知覚**，**皮膚感覚**

**触覚円**［tactile circle］ 2つの触覚刺激が同時に提示されたときに1つの刺激に感じられる皮膚の領域。

**触覚画**［haptic picture］ 盛り上がった線で描かれているため，視覚障害者も感じることができる絵画。

**触覚学**［haptics］ 触覚に関する研究。とりわけ，環境に関する情報の探索や獲得の手段およびそれらの通信システムへの応用を取り扱う。

**触覚感度**［thigmesthesia］ 圧力に対する感度のこと。
⇨ **触覚**

**触覚計**［esthesiometer; aesthesiometer］ コンパスのような装置であり，触覚の絶対感度もしくは空間感度（⇨ **二点弁別閾**）を測定するために使われる。⇨ **触覚測定法**，**フレイ触覚計**

**触覚形態知覚テスト**［Tactile Form Perception］ 視覚的には隠された，研磨紙製の幾何学図形を片手で触り，12の描画の中から触ったものを同定するテスト。合計20の幾何学図形があり，10が片手に提示され，残りがもう片方の手に提示される。この検査では，非言語的な触覚情報処理能力を評価し，正しく同定した数によって数値化される。［1983年にアメリカの神経科学者ベントン（Arthur Lester Benton: 1909- ）によって開発された］

**触覚形態認知テスト**［Tactile Form Recognition］ 物体が何であるかを触覚のみで認識する能力のテスト。通常，参加者は目隠しを装着し，手に置かれた物体の名前を答える。

**触覚検査**［tactile test］ 触覚に関する検査。

**触覚コミュニケーション**［tactile communication］ コミュニケーションの手段として触覚を用いること。イヌやオオカミでは，頭と首を他の個体の背中に乗せることは優位の印である。ヒトを含む多くの霊長類において，**アログルーミング**は社会的関係の維持に重要であり，また，アログルーミングによって，生理学的な鎮静作用や報酬としての効果を与えるホルモンが放出される。

**触覚失認**［asterognosis; astereognosia; tactile agnosia; tactile amnesia］ 触覚で物体や幾何学的形態を特定する能力が損なわれるのが特徴の**失認**の一種。同疾患は，しばしば疾病や外傷による脳の**頭頂葉**の損傷と関係する。⇨ **形態合成不能症**

**触覚受容器**［tactile receptor］ **皮膚受容器**または**体性感覚**に関する他の受容器。

**触覚障害**［tactile perceptual disorder］ 触覚受容器に関する知覚の弁別が，脳の損傷により困難である状態。単に物体に触るだけでは形や大きさ，テクスチャー，その他の物理的特性を判断することができない。

**触覚水平垂直錯覚**［haptic horizontal-vertical illusion］ 垂直線分が水平線分の長さと異なって判断される触覚の錯覚。この錯覚は図形の特性に依存し，逆さにされた T の形で特に強く生じる。

**触覚性能検査（TPT）**［Tactual Performance Test: TPT］ 神経心理学的検査で，**ハルステッド－レイタン神経心理学バッテリー**の下位検査。目隠しした状態で，木製のパーツ（たとえば，星形）を45°に傾けられた型版にはめ込む検査。はめ込むのを，利き手のみ，非利き手のみ，そして両手で同時に行い，その後目隠しを外し，被検者はパーツの形と型版上の相対的な位置を描く。この検査は，運動スキル，触知覚，非言語的記憶，問題解決力，そしてその他の実行機能を測定している。

**触覚測定法**［esthesiometry; aesthesiometry］ 触覚感度の測定法。古典的には，コンパスのような装置である触覚計を使って，皮膚上の**二点弁別**を測定する。より洗練された測定技術が現在発達している。

**触覚定位消失**［topoanesthesia］ 触覚が生じた場所を定位する能力を失うこと。

**触覚ディスプレイ**［tactual display］ 触ることによって，「読む」といった処理が可能となるように情報を変換する機器。触覚ディスプレイはコンピュータや文字の形態情報から**ブライユ点字法**の出力をすることができる。振動やピンの隆起，あるいは皮膚電気刺激が使用される。触覚ディスプレイは視覚障害者にとって有用であり，聴覚障害者を補助するために用いられるものもある。⇨ **触覚による感覚補助**

**触覚による大きさ弁別**［tactual size discrimination］ 触覚によって2つの見えない物体の相対的な大きさを判断する能力。この能力に干渉するような脳損傷があるかどうかを調べるために用いられる。

**触覚による感覚補助（器）**［tactile sensory aid］ 視覚や聴覚の障害にうまく対処するために触覚を利用する機器。触覚による感覚代行（器）ともいう。触覚による感覚補助の一つの例は，聴覚に障害のある人にドアベルが鳴っていることを知らせる振動器である。そのほか，視覚障害者の読書の補助や，電気刺激の移動回数で移動時の方向や可動性について手がかりを与える機器もある。触覚による感覚補助は，触覚補助（tactile aids）とも言われるが，後者の用語は，聴覚情報を皮膚刺激のパターンに変換する機器についてのみ用いられることがある。振動による補助器（補助振動器: vibrotactile aid）または電気による補助器（電気触覚補助器: electrotactile aid）は，深刻な聴力障害者とのコミュニケーションや，言語発声法の指導に用いられる。
⇨ **触覚ディスプレイ**

**触覚による形状弁別**［tactual shape discrimination］ 物体の形状を触覚のみで認識する能力。たとえば，物体が見

えない状態で，円柱と他の物体を区別するよう求められる際など．

**ショック**［shock］ 1. 他の神経の中枢とのつながりが切断された後に，神経の中枢の敏感性が低くなる状態のこと．たとえば，**脊髄**ショックは，脊髄の索状組織と脳との間のつながりが切断されたときに起こる．2. 血液循環の不全や血液その他の体液の不足による体内血流の急激な減少．低血圧や皮膚の冷感，多くのケースで**頻脈**，稀に不安神経症を伴う．3. 心の均衡が突然乱れること．

**ショック間隔**［shock-shock interval: SS interval］ **シドマン型回避スケジュール**において，特定の反応が生じない場合に，嫌悪刺激（しばしば，電気刺激）を連続的に呈示する時間間隔のこと．

**ショック療法**［shock therapy; shock treatment］ 重度の精神障害者に対する治療法で，薬物を投与したり電流を流して中枢神経系にショックを与えること．それによって，意識消失や痙攣発作を誘発させる．⇨ **昏睡療法**，**電気ショック療法**

**初頭効果**［primacy effect］ 初めに提示された事実，印象や項目が，一連の流れで後に提示された材料に比べてよく学習されやすい，あるいはよく記憶されやすいという傾向のこと．この傾向は，形式に沿った学習状況と社会的文脈のどちらでも生じうる．たとえば，この傾向は，ある人について最初に得られた情報はその人についての後の印象や評価に対して多大な影響をもたらすという，第一印象バイアス（first-impression bias）をもたらす．初頭性の法則（law of primacy），初頭性の原則（principle of primacy）とも言う．⇨ **新近性効果**

**助動詞倒置**［auxiliary inversion］ 文法で，疑問文を作る際に，平叙文における**主語**と**助動詞**の通常の順序が逆になること．たとえば，"the poodle is barking" は "Is the poodle barking？" となる．このような構造は，**生成文法**や**心理言語学**の主要な関心事となっている．⇨ **疑問文**

**ショートカットキー**［shortcut key］ 人間工学で，よく使う機能を一度の操作で作動させるための操作パネル上の1つのキーあるいはキーの組合せのこと．馴染みの例は，パソコンのキーボードにあるファンクションキーで，ユーザーは，メニュー一覧を開かずに機能を選べる．

**初乳**［colostrum］ 出産後すぐ女性が分泌する最初の母乳．初乳は薄い乳白色をしており，残りの授乳期間に分泌される母乳と比べて栄養成分が異なる．初乳には高いレベルの抗体が含まれており，それが乳児に不活性の**免疫**を与える．

**初妊婦**［primigravida］ 初めて妊娠した女性のこと．⇨ **妊婦**，**出産経験一度の**

**除脳**［decerebration］ 脳幹の切断や手術による**大脳**の除去．脳血流の遮断により，物の識別や学習，行動の統制ができなくなること．除脳動物（decerebrate）は除脳が行われた動物を指す．

**除脳硬直**［decerebrate rigidity］ 主に脳損傷や脳血管障害などによって脳幹が大脳皮質から機能的に分離したときに起こる身体の硬直．四肢の強固な伸展，内転，過回内が顕著に現れる．

**徐波睡眠**［slow-wave sleep］ 睡眠脳波中の**デルタ波**で特徴づけられる**深睡眠**の睡眠段階．脳幹のセロトニン神経系によって制御される．セロトニンレベルの上昇は徐波睡眠を促進し，セロトニンレベルの異常低下は不眠の原因となる．徐波睡眠は，疲労感を解消するなどの回復機能をもつ．⇨ **睡眠段階**

**ジョハリの窓**［Johari window］ 個人間の開示的なコミュニケーションの程度を評価するために用いられるモデル．コミュニケーションを行う自分と他者という次元と，情報を知っているか知らないかに関する次元を組み合わせた4つの領域から構成される．(a) 開放（open）の窓は，自分にも他人にも知られている自己の情報を含む，(b) 盲点（blind）の窓は，他人にしか知られていない自己の情報を含む，(c) 隠ぺい（hidden）の窓は，自分しか知らない自己の情報を含む，(d) 未知（unknown）の窓は，自分も他人も知らない自己の情報を含む．この目標は，自分も他人も知っている自己の情報を増やすことである．［1950年代にアメリカの心理学者ルフト（Joseph Luft）とインガム（Harrington V. Ingham）によって考案された］

**徐反応**［abreaction］ 忘却された，もしくは隠された素材（すなわち，経験や記憶）を無意識から意識へと持ち込む治療的過程のこと．感情の解放と緊張と不安の発散が同時に起こる．⇨ **カタルシス**

**鋤鼻系**［vomeronasal system: VNO］ **フェロモン**に感受性の高い哺乳類にみられる一連の特化した受容細胞のこと．性行動や生殖生理において重要な役割を果たす．ヒトでは，この系は化学刺激に対して生理的な応答を示し，また脳中枢を活性化するが，ヒトの臭覚での役割はわかっていない．ヤコブソン器官，鋤鼻器（VNO）とも呼ばれる．

**処分決定審判**［dispositional hearing］ 裁判で有罪を言い渡された後に，少年裁判事件で科せられる手続き．類似するものとして，成人に対する刑事裁判での量刑手続きの審判あるいは処置審査がある．

**処方**［prescribing］ 1. 心理療法や薬物療法において，特定の状況で行うことを患者にアドバイスすること．2. 投薬の使用を依頼すること．

**処方（箋）特権**［prescription privilege］ 医学的障害や精神障害の治療に必要な医薬品や薬剤を処方する法律上の権利．

**徐脈［1］**［bradycardia］ 器質性や心因性で起こる遅い鼓動．⇨ **不整脈**

**徐脈［2］**［bradyrhythmia］ 心拍動のリズムが緩慢になること．

**所有欲**［possessiveness］ 1. 所有や所有権を主張するために非常に努力すること．2. 他者をコントロールしたり支配する異常な傾向．普通は，他者の社会的な関係を制約することも含まれる．この極端な例では虐待行為を伴う．⇨ **嫉妬**

**処理効果**［treatment effect］ 研究において，特定の処理（**独立変数**）が反応変数（**従属変数**）に及ぼす効果の大きさのこと．通例，統制条件と処理条件における反応水準の差分として，標準化された単位で測定する．

**処理効率理論**［processing-efficiency theory］ 不安とパフォーマンスとの関係を説明する理論のこと（⇨ **覚醒水準とパフォーマンスの関係**）．この理論では不安は2つの機能をもつことが示されている．(a) 心配を高めて注意資源に加える，(b) 心配は，重要なタスクを確認すると，モニタリング機能を発動させ，注意資源以上の努力をさせる．

**処理困難な自動化**［clumsy automation］　人間工学の用語で，人間と機械との間でどのようにシステムの再割り当てを行ったとしても，安全性と効率性の点で期待された利得を得ることはできないということ。この原因は，通常，自動化が人間の操作者の課題を変えてしまうから，つまり，作業負荷が増加するか，逆に負荷が低すぎるようになるからである。同様に，機械の機能が人間に対して誤った割り当てが行われることもある。⇨ **適応的な課題配分**，**機能配置**　［これらは1989年にアメリカの経営科学者ウィナー（Earl Wiener: 1949- ）によって定義された］

**処理速度指数**［Processing Speed Index］　ウェクスラー成人知能検査や他のウェクスラー式検査での，非言語処理の速さを測定する指数。

**処理の組合せ**［treatment combination］　**要因計画**による異なった**要因**の組合せのこと。

**処理の精度**［precision of process］　（記号：$h$）一連の測定値の平均への近接の指標。**分散**の逆数。すなわち，$h = 1/\sigma^2$。

**序列法**［ranking method］　1.　産業・組織心理学で，賃金や給与を決める目的で仕事を評価する方法の一つ。仕事は会社にとっての相対的な価値に従って順位づけられる。この方法の利点は，手軽で単純なことである一方，そのような仕事全体の比較は，主観的になりがちで組織内の仕事の種類が増えるほど困難になるのが欠点である。⇨ **分類法**，**要素比較法**，**職務成分法**，**ポイント法**　2.　**従業員比較法**のことで，選抜されたグループの中の被雇用者が，1つ以上の**基準次元**上で最低から最高まで順位づけられる。

**初老期認知症**［presenile dementia］　65歳以前に発症する**認知症**。

**ジョーンズタウン集団自殺**［Jonestown mass suicide］　1978年に発生した人民寺院純福音教会信者900人余りによる集団自殺。人民寺院は，当初サンフランシスコを拠点としていたが，多くはリーダーのジョーンズ（Jim Jones）とともにガイアナの人里離れた開拓地に移住し，ジョーンズタウンと呼ばれる町を作り上げた。やがて，ジョーンズタウンに対する社会的批判が高まると，事実究明のために連邦議会の視察団が現地を訪問した。このときに，一部の信者が視察団のメンバーを襲撃して殺害すると，ジョーンズは信者に対し，毒入りジュースを飲んで自殺するよう命じた。

**ジョンヘンリー効果**［John Henry effect］　統制群と実験群の間が敵対することによって，競争的努力が導かれ，実験全体へ妨害を及ぼす効果のこと。特に産業心理学においてとても危険な現象であり，異なる課題条件であるにも関わらず結果を比較してしまうことにつながる。この用語は，ジョンヘンリーの伝説に由来している。彼は蒸気ハンマーと対決して命を落とした鉄道工夫である（というアメリカの逸話がある）。

**シリーズ**［series］　ある項目の後に次の項目…という順に配列された，複数の項目からなる集合（たとえば，検査や実験）。

**自律**［autonomous］　自分の目標に従って活動，行動すること。

**自律訓練法**［autogenic training］　リラクセーション技法の一つ。疑似的な催眠状態を自己誘発して，メンタルイメージや呼吸コントロール，四肢の温かさと重さ，整った脈拍，腹部の温かさ，額の冷たさを含んだ身体感覚に焦点を当てた練習などを通して深いリラクセーションを得る。不安に結びつく自律神経系の覚醒をコントロールし，**理想的な心理状態**を得ることで，ストレスを減じることを目的としている。［20世紀初頭にドイツの神経学者であるシュルツ（Johannnes Heinrich Schultz: 1884-1970）が発展させた］

**自立した生き方**［independent living］　障害者が健常者と同じ社会的・政治的自由と機会均等の権利をもち，自分自身の人生を決定し，社会の建設的な一員となるべきとする哲学と改革運動のこと。この考え方の中心は，自己決定，自尊心，仲間との助け合い，受益者中心の援助やサービス，政治や社会の改革である。自立した生き方センター（Centers for Independent Living: CILs）は，障害者によって運営されている住み込み型ではない非営利組織である。このセンターでは，情報提供，仲間によるカウンセリング，自立生活訓練（たとえば，**福祉機器**による援助，お金の管理，食事の準備，移動の手段，職探し，住宅や健康のケアなど）を実施することによって，障害者の生活のすべての側面において自律性を高めることを目的とする。自立した生き方センターは，障害者のための法律的・社会的変化を促すことも目的とする。

**自律神経異常反射**［autonomic dysreflexia; autonomic hyperreflexia］　6番目の胸椎より上の脊髄損傷における自律神経系の過剰活動。それはイライラや痛みによって引き起こされ，損傷部位より下の神経系への刺激によることもあり，致死的なこともある。症状は，突然の頭痛や過緊張，**徐脈**，発汗，瞳孔の拡大，視界のかすみ，鼻づまり，紅潮，鳥肌などである。

**自律神経学習**［autonomic learning］　学習された反応が心拍数や血圧のような**自律神経系**などの生理的機能の変化から成り立っている学習。⇨ **条件反応**

**自律神経器官**［autonomic apparatus］　**自律神経系**によって制御されている，分泌腺や内臓などの身体器官のこと。

**自律神経機能の亢進**［autonomic hyperactivity］　不安と恐怖に関連した症状を発生する**自律神経系**の覚醒状態。症状は発汗や動悸，口の乾き，意識朦朧，むかつきなどがある。自律神経系は交感神経系と副交感神経系からなり，身体の危機に対する準備に関与し身体の広範な変化を引き起こす（心拍の増加，アドレナリンの血中への放出，消化の抑制，血圧の増加）のは，交感神経系の働きである。

**自律神経系**［autonomic nervous system: ANS］　中枢神経系と末梢神経系のうち，循環器，消化器，呼吸器といった，主に不随意な身体機能に関わる箇所。自律神経系は**交感神経系**と**副交感神経系**に分かれており，自律神経と**自律神経節**を含む。自動応答（autonomic responses）は主に平滑筋活動または腺活動の変化に関連する。また，心拍や唾液分泌，消化，発汗，**副腎髄質**からのホルモン分泌，陰茎や陰核の怒張における変化を含む。かつて自律神経系は中枢神経系から独立した機能であると考えられていたため，自律神経系と呼ばれている。

**自律神経系の条件づけ**［autonomic conditioning］　バイオフィードバック訓練，瞑想，ヨガ，**条件づけ**を通して，自律神経系のプロセス（たとえば心拍）を意識的あるいは自発的にコントロールできるようになる手続き。

**自律神経障害**［dysautonomia; autonomic neuropathy］交感神経や副交感神経の機能の低下，不全，過活動を含む自律神経系の機能不全のこと。機能不全は局所的であることもあれば全身にわたることもあり，急性であることもあれば慢性であることもあり，いくつかの障害に関連している。自律神経機能不全（autonomic dysfunction）とも呼ばれる。

**自律神経制御の学習**［learned autonomic control; visceral learning］体内部の機能の調整を学習する能力のことで，たとえば通常は自律神経系によって制御されている血圧や体温などを自発的にコントロールすること。この能力はバイオフィードバック（生体自己制御）によって得られるが，催眠によって達成される場合もある。

**自律神経節**［autonomic ganglia］**自律神経系**の神経節。交感神経の神経節と，より末梢に位置している副交感神経の神経節の２つがある。

**自律神経節後ニューロン**［postganglionic autonomic neuron］交感神経鎖の神経節に細胞体をもつ**交感神経系**のニューロン。このようなニューロンは，腎臓や卵巣，唾液腺といった特定の標的器官を神経支配する。⇨ **自律神経節前ニューロン**

**自律神経節遮断剤**［ganglionic blocking agents］**自律神経節**のシナプスで神経伝達物質アセチルコリンの働きを抑制する薬。心拍数と血圧を下げる効果もあり，以前は高血圧の治療で広く使われていたが，副作用が重いため現在使用されるのは稀である。⇨ **メカミラミン**

**自律神経節前ニューロン**［preganglionic autonomic neuron］中枢神経系にその細胞体を位置させ，**交感神経鎖**の神経節に軸索を伸ばしている**交感神経系**のニューロン。膀胱や心臓といった臓器を支配する**自律神経節後ニューロン**とつながっていることもある。

**自律神経のバランス**［autonomic balance］**自律神経系**の交感神経と副交感神経による，相補的で対立する作用のこと。

**自律神経の反応性**［autonomic reactivity］**1.** 生体がストレッサーのような刺激に対して反応する程度のこと。**2.** それぞれの個体の生涯において，特徴的な**自律神経系**の反応パターンのこと。

**自律神経リストリクタ**［autonomic restrictors］他の不安障害の人々に比べたときの，GAD（**全般性不安障害**）をもつ人々の心拍の低さ，血圧の低さ，皮膚の電気伝導力の低さ，呼吸数の低さのこと。

**自律性［1］**［autonomic］**自律神経系**に関係していること。また，それによって制御されている処理のこと。

**自律性［2］**［autonomy］個人や集団や社会が自立していて自己決定がなされている状態。いくつかの理論に従うと，自己決定と達成に焦点を当てすぎることは，**大うつ病性障害**の発症の危険因子である。⇨ **機能的自律性**，**他律性**

**自立生活**［independent living］自分のことは自分でできる能力のこと。すなわち，身の回りのことや必要な家事，仕事などのすべて，あるいはほとんどすべてを他者の助けなしに遂行できること。

**自立生活プログラム**［independent-living program］**1.** アメリカにおいて，身体障害者が，他者に頼らず自分の個人的機能の最高の水準を達成できるよう支援するために設計された，地域を基盤としたサービスや支援の制度。自立生活プログラムは州の職業指導リハビリテーション局で管理されている。⇨ **自立生活 2.** アメリカにおいて，16歳～20歳の児童養護を受けていた若者が自立へ移行するために，連邦から資金提供を受け，州で管理されているプログラムのこと。

**自律性 対 恥・疑惑**［autonomy versus shame and doubt］エリクソンの発達の八段階の２つ目の段階であり，1歳半～3歳の間の時期。この段階において，自身のペースで発達できるような環境があれば，子どもはある程度の自立と自信を獲得する。しかし，両親が過度に批判的であったり，過保護であったり，一貫性がなかったりする場合，自分自身や周囲の世界を制御する自身の能力に疑問を感じるようになる。

**自律性抑うつ**［autonomous depression］心理社会的ストレスへの反応によって生じたものではない**大うつ病性エピソード**。

**自律的活動**［autonomous activity］**一般システム理論**において，外部の誘発刺激がない場合でも自発的に起こる過程または行動のこと。

**自律的作業集団**［autonomous work groups］手順を改善したり，製作過程を組織立てたり，必要とされる製品を作り出せるようにしたり，製品の質を維持したりといったことに責任をもった，組織内での小規模で，自己規制的で，労働者中心のユニットであり，外部の機関や管理者・経営者の指導や助言なしに行う。

**自律的段階**［autonomous stage］ピアジェ（Jean Piaget）の道徳性の発達に関する理論において，子どもが，規則や法律は世界の不変的で固定的な特性ではなく，人々が作った柔軟で変更可能な実体であるということを最終的に理解するようになる段階のこと。おおよそ10歳かそれ以上の子どもがこの段階である。子どもは徐々に親の権威に頼らなくなり，個人の独自の道徳性を信頼するようになる。そして，ある行動の道徳性を判断する際に，その結果や罰を受ける可能性ではなく，意図が重要であることを理解できるようになる。自立的道徳性（autonomous morality）とも言う。⇨ **道徳的自立**，**道徳的相対主義**，**他律的段階**，**前道徳的段階**

**自律的統語論**［autonomous syntax］統語論が言語の意味（意味論：semantics）や機能（語用論：pragmatics）とは独立して作用する，自立した言語要素であるとする理論。この立場からは，意味内容や伝達機能をもたない文が，どのように母語話者から文法的に正しいと認識されるのかを説明することができる（⇨ **文法性**）。また，主語と動詞の数の一致といった文法規則が，なぜ文の要素間の意味関係に関連せずに機能するのかについても説明できる。たとえば，"The boy is slamming the doors" と "The doors are slammed by the boy" という２つの文について，「the boy」が行為の**動作主**であり，「the doors」が被動者であるという点では同じであるにも関わらず，それぞれのbe動詞は文法上の主語と一致するように異なる形態をとる（"The boy 'is'" と "The doors 'are'"）。⇨ **格文法**［チョムスキー（Noam Chomsky）によって導入された］

**支離滅裂**［incoherence］明確な思考形式で自分自身を表現不能であり，会話は繋がりや明瞭さを欠く。混乱し，障害された思考。

視力［1］［vision］　視ること。宗教的，神秘的体験を含む幻視。

視力［2］［visual acuity］　視知覚における明瞭度あるいは鮮明度。視力を測定する方法にはいくつかある。たとえば，ある図形の2つの部分の間にある非常に小さな間隙を検出する能力を調べたり（最小分離法），明るい背景上の微細な暗い線または暗い背景上の明るい線を識別する能力を調べる方法がある。⇨ 視力検査縞，ランドルト環，スネレン視力表

視力欠損［anopia; anopsia］　末梢視覚系，あるいは中枢視覚系の欠陥により，片方のもしくは両方の眼の視野の半分が欠落し，盲目となっている状態。⇨ 半盲，四分盲

視力検査縞［acuity grating］　個人の視力を測定するために使用される，白黒線で作られた縞模様。実験参加者はこの刺激が複数の白黒線から構成されているのか，均一化したものかを判断する。均一のものと知覚されるぎりぎりの縞の幅が，視力の指標となる。線のコントラストを変化させることにより，コントラスト感度を調べることもできる。

視力発達異常［lazy eye］　病変はないものの，屈折異常のために矯正レンズで調整した後でさえ視覚に障害をもたらす眼。⇨ 弱視

シルバーコード症候群［silver-cord syndrome］　父親が不在，または消極的で，母親が横柄な場合の親との関係のこと。かつては，この家族パターンは，統合失調症の発症を招く感受性を増進すると信じられていたが，この見解はもはや維持されなくなった。⇨ 統合失調症を引き起こす母親，統合失調症を引き起こす親

シルバー・ラッセル症候群［Silver-Russell syndrome］　低身長，半身の異常発達，早期の性的成熟を伴わない泌尿器の性腺刺激ホルモンの増加により特徴づけられる。多くの場合，筋肉の虚弱により運動技能発達は遅れる。身体的な特徴には，偽水頭症（pseudohydrocephalus）が含まれ，頭の状態が通常であっても顔が小さく，見かけには頭が大きく見える。多くの研究では，患者は，平均よりも高い割合で精神遅滞を伴うことが明らかとなっている。シルバー症候群（Silver's syndrome）とも呼ばれている。［アメリカの小児科医シルバー（Henry K. Silver: 1918- ），イギリスの病理学者ラッセル（Alexander Russell: 1914- ）］

シルビウス水道狭窄［stenosis of aqueduct of Sylvius］　X染色体の劣性形質として遺伝される，遺伝性，家族性の障害。中脳水道が狭いために，頭が大きく拡大した状態で生まれたり，水頭症が起きるなどにより特徴づけられる。いくつかのケースにおいて，この障害は先天性の状態ではなく，成人期後に知らない間に進行すると報告されている。

ジルヤン［jiryan］　インドで見られる文化依存症候群で，腎虚と類似した症状を伴う。

事例研究［1］［case study］　個人，または家族，その他の社会的一群に関する深い調査のこと。複数のタイプのデータ（心理学的データ，生理学的データ，個人の履歴，環境）がその対象者の背景や，人間関係，行動を理解するために集められる。

事例研究［2］［one-shot case study］　変化を生起させると仮定されたある出来事の後，単一集団が一度だけ観察されるような研究デザインのこと。このデザインにおける統制の程度を大半の研究方法論者は低いとみなしており，非科学的な研究デザインとされる。

事例史［case history］　診断や治療を目的とした，個人の心理学的，医学的状態に関する情報の記録。テスト結果，面接，専門家による評価，社会的側面，職歴や学歴の情報も含まれる。

自励式回路［self-exciting circuit］　出力の一部が起始細胞に戻ってきて，活動を維持する神経回路または神経経路。⇨ 正のフィードバック，反回回路網

事例証拠［anecdotal evidence］　形式的ではなく統制されていない個人的観察に基づく証拠。

事例ベース推論［case-based reasoning］　1. 決定や予測をするため，あるいは問題を解決するために，以前経験した同様の状況（事例）から得た情報を現在の状況に活用する方法。⇨ 類推的思考　2. 人間工学において，製品やシステムに関するユーザーの知識や推論パターン，動機づけや前提を引き出すために，細かなシナリオや事例を用いること。⇨ 知識抽出法

事例報告［case report］　人の心理的な，または診察的な状態に関連したデータの集まりのこと。

事例理論［instance theory; exemplar theory］　カテゴリー化は，抽象的なプロトタイプ，あるいはカテゴリー中の要素を決定する特徴に基づくルールではなく，カテゴリー中のある特定の記憶された事例によって行われるとする仮説。事例理論は数ある問題の中でも特に，注意，技能の獲得，社会的意思決定の問題に対して適用されてきた。たとえば，先入観の事例理論によれば，ステレオタイプとは特定のグループメンバーに典型的な特徴を抽象化したものではなく，グループメンバーの特定個人に関して知覚者がもっている記憶に基づいたものであるとされる。

歯列［dental pattern］　口内の各四分部分における，種特異的な歯の配置（つまり，切（門）歯，犬歯，小臼歯，臼歯）のこと。

ジレンマ［dilemma］　等しく望ましいか，あるいは等しく望ましくない2つの選択肢の中から，1つを選択しなければならない状況。心理学者，経済学者，社会学者が考案した概念であり，個人あるいは集団に呈示して意思決定の研究を行う。⇨ 倫理的ジレンマ，囚人のジレンマ，社会的ジレンマ

シロバナヨウシュチョウセンアサガオ［jimsonweed; devil's trumpet］　Datura stramonium。毒性をもつナス科の植物であり，世界の温帯から亜熱帯にかけて分布する。アルカノイドであるスコポラミンやアトロピンなどの抗コリン作用成分をもち，喘息や百日咳，筋痙攣の治療薬や鎮痛薬として利用されてきた。過剰摂取により，異常高熱や顔面紅潮，粘膜の乾燥，嘔気嘔吐，頻脈，視覚障害，幻覚，譫妄，昏睡などを引き起こし，健忘が生じたり死に至る場合もある。

至論理論［persuasive arguments theory］　ある問題や選択について議論している集団成員の意見は，集団が多数派の立場に偏った議論を生じやすいせいで，成員の多くがある基本的な立場をえこひいきすることにより極端な方向に向かっていくことを仮定する，集団極性化の分析。⇨ 選択シフト，選択シフト効果

視話［visual hearing］　視覚が聴覚の代行をすること。限度はあるが，読唇やジェスチャー解釈によって可能となる。

**指話術**［dactylology］ 指でサインを作ることによって考えを伝達すること。⇨ **指文字**，**手話**

**人為選択**［artificial selection］ 人為淘汰とも言う。動物や植物の繁殖に対する価値や有用性を改善させるための人間の介入のこと。⇨ **自然選択**

**心因性過眠**［psychogenic hypersomnia］ 恐怖やその他の不安を呼び起こす状況から逃避したいと願うといった心理的要因により生じる過眠や睡眠エピソードのこと。

**心因性緘黙**［psychogenic mutism］ 身体的原因ではなく，心理的原因により生じる発話の欠如のこと。⇨ **緘黙**

**心因性幻覚**［psychogenic hallucination］ 心的要因によって生起する**幻覚**のこと。自己評価を高めることや，罪悪感からの解放を求めるものであり，興奮などの生理的条件によって主に生起するような幻覚とは異なる。

**心因性障害**［psychogenic disorder］ 特定の器質性機能不全では説明できず，葛藤やストレスといった心理的要因によるものだと考えられている，あらゆる障害を指す。心因性障害には，不安障害，身体表現性障害，パーソナリティ障害，機能性精神病などが含まれる。心理学や精神医学において，心因性障害と機能障害とが同じものと誤って考えられている。

**心因性心臓血管障害**［psychogenic cardiovascular disorder］ 心臓もしくは循環器系の障害であるが，特定の器質性機能不全や一般的な医学的疾患では説明できず，心理的要因に関連すると考えられるもの。胸痛や動悸，胸の苦しさもこれに含む。

**心因性搔痒症**［psychogenic pruritus］ 治療抵抗性の機能性の痒みによって特徴づけられる心身症的皮膚疾患。しばしば不安障害，うつ病，強迫性障害で生じる。

**心因性**［psychogenic］ 心理学的，精神的または情緒的要因に起因するもので，器質因性や身体因性のものと対比される。⇨ **機能的**

**心因性のめまい**［psychogenic vertigo］ 不快で架空の自己もしくは環境の運動の感覚である。特定可能な神経学的機能不全もしくは他の器官の機能不全では十分には説明することはできず，心理的要因に関連していると考えられる。心因性のめまいはパニック障害，広場恐怖症，統合失調症，身体表現性障害を含む多くの精神疾患によくみられる。

**心因性の欲求**［psychogenic need］ アメリカの心理学者マレー（Henry Alexander Murray: 1893-1988）の**人格学**において，生物学的満足に対する情緒的満足に関係する欲求。心因性の欲求は**親和欲求**，**優位欲求**，隠遁欲求に含まれるとマレーは定義した。⇨ **内臓性欲求**

**心因性非てんかん性発作**［psychogenic nonepileptic seizure: PNES］ 心理的苦痛や心的外傷の行動的・情動的な現れであり，てんかん性発作と類似しているが，脳の異常な電気活動によるものではない発作。多くの心因性てんかん性発作は転換性非てんかん発作であるが，**虚偽性障害**や**詐病**と結びつくこともある。心因性発作（psychogenic seizures）とも呼ばれる。

**心因性皮膚疾患**［psychocutaneous disorder］ 心理的要因が大きな役割を果たしていると考えられる皮膚疾患のこと（⇨ **心身症**）。いくつかの事例（たとえば，**じんましん**，**心因性搔痒症**）では，心理的要因によって引き起こされたり悪化したりする。その他，ニキビや乾癬，湿疹，皮膚炎等は，ストレス要因によって引き起こされる傾向がある（⇨ **脆弱性ストレスモデル**）。

**心因性夜間多渇症**［psychogenic nocturnal polydipsia］ 有機的あるいは物理的要因ではなく，心理的要因による過度な夜間の喉の渇き。統合失調症の患者に最もよくみられており，大量の水の慢性的な消費が身体の水分バランスに重大な危害を与えている。そのため，危険であり，生活を脅かす障害の可能性があると認知されている。

**人員不足**［understaffing］ プログラムや機能を維持するのに必要な人員数を下回った状況のこと。⇨ **過剰人員**

**心エコー図検査**［echocardiography］ 超音波の反射を用いて心臓の内部構造の画像記録（心エコー図：echocardiogram）を作成する検査のこと。この検査では，すべての心室や弁の計測やポンプ機能の測定が可能である。

**進化**［evolution］ 生命体の集団に世代を超えて徐々に起こった変化の過程のこと。このような変化によって，地球上で生命が誕生して以来，比較的少ない祖先から現在の多様な生命体が生じたことが説明されると考えられている。生物進化（organic evolution）とも言う。⇨ **進化論**，**収斂進化**，**分岐進化**

**侵害**［impingement］ イギリスの精神分析家ウィニコット（Donald Winnicott: 1896-1971）の**対象関係理論**における用語。母性的環境における乳幼児の体験が妨害されること。こうした体験は，**偽りの自己**を導くとされている。なぜなら，乳幼児は，思うがままに環境を発見することで，自分の真の傾向や能力に気づくことができず，侵害への一連の反応を通してしか発達せざるをえないからである。

**侵害刺激**［noxious stimulus］ ネガティブな行動の強化因子として作用する嫌悪刺激。重度な場合ではその刺激が当事者に痛みや損傷を与えるため，比較的軽度な場合は刺激が不快なために，強化因子として作用する。

**侵害受容器**［nociceptor; pain receptor］ 有機体に痛みあるいは損害を与える刺激に反応する感覚受容器のこと。

**深海の狂喜症候群**［rapture-of-the-deep syndrome］ スキューバや深海ダイバーが経験する急性の一時的な精神病。過度に高い血液尿素窒素レベル（窒素中毒：nitrogen narcosis）の結果だと考えられている。

**侵害反射**［nociceptive reflex］ 痛みの刺激や有機体にダメージを与える恐れのある，刺激から起こされる防御反射のこと。

**進化機構**［evolved mechanism］ 自然選択を通じて生存・繁殖において成功した結果であると考えられる脳のサブシステム。たとえば，3次元空間中の物体を知覚する機能をもつ脳の視覚系（実際は，視覚は光を網膜という2次元平面に投射しているのであるが）は，動物自身と環境中の物体の間の距離を決定するという問題を解決した，進化したメカニズムであると考えられる。

**神格化**［deification］ 1. 生きている人または亡くなった人を神として崇敬すること。たとえば，古代ローマの皇帝や，古代の他の支配者の事例がこれにあたる。2. 人や物を賛美し，神のように扱うこと。

**人格学**［personology］ 1. 全体論的な視点からのパーソナリティに関する学問で，個人の行動や反応，考えや感情や個人的・社会的機能を，全人間的な視点から理解するという理論に基づいている。2. 人間が環境に適応するた

めの安定した傾向としてアメリカの心理学者マレー（Henry Alexander Murray: 1893-1988）によって提案されたパーソナリティ理論。マレーによれば，パーソナリティは，内因性欲求（⇨ **内臓性欲求**）と心因性欲求（⇨ **心因性の欲求**）の両方を含み，個人の基本的な欲求と環境からの要請との間を媒介するものと考えられる。

**人格形成**［personality development］　パーソナリティの段階的な発達のことであり，以下の観点で示される。すなわち，情緒的反応の特徴や気質，人生の捉え方，個人的な役割やその振舞い，価値と目標の設定，定型的な順応性，典型的な対人関係や性的関係，性格特徴，そして比較的固定化された自己イメージである。⇨ **パーソナリティ心理学**，**パーソナリティ構造**

**人格検査**［personality test］　パーソナリティを評価したりパーソナリティ特性を測定するために使われる，あらゆる手段。人格検査では，自己報告のデータを集めることができ，被検者は自分のパーソナリティに関する質問に回答したり，パーソナリティ描写した項目を選択したりする。さらに，パーソナリティの無意識的側面を測定するとされる投映法検査（⇨ **投映法**）も人格検査である。

**人格主義**［personalism］　1. パーソナリティが心理学の中心的な主題であるという視点。⇨ **人格主義的心理学**　2. 他者の行動が，個人のもつ特性の現れであるというよりも，自分自身に向けられていると信じる傾向。

**人格主義的アプローチ**［personalistic approach］　歴史上重要な出来事や業績は，主に重要な個人によって引き起こされたとする歴史観。これとは対照的に，歴史上の出来事や業績は時代精神や「時代の流れ」によってもたらされるという説もある。偉人仮説（great man hypothesis）とも呼ばれる。

**人格主義的心理学**［personalistic psychology］　パーソナリティが心理学の中心として強調され（⇨ **パーソナリティ**），すべての人間の独自性が強調され，特性（と特性群）がパーソナリティや適応性の鍵概念だとして研究された初期の心理学。［ドイツの心理学者シュプランガー（Edward Spranger: 1882-1963），スターン（William Stern: 1871-1938），その他のヨーロッパ人により創始され，オールポート（Gordon Allport）によってアメリカで発展した］

**人格の荒廃**［personality deterioration］　自我同一性や自己価値，動機づけ，感情面といった感覚が，まるで「人が変わったように」もしくは「人間でない」かのようにみえるほど減退していくこと。⇨ **後退**

**人格の崩壊**［disintegration of personality］　信念，態度，習性，行動反応が，もはや統合され予想可能な状態ではないほどの人格の断片化。最も重度の人格の崩壊・破壊の例は統合失調症でみられる。

**人格目録検査**［personality inventory］　通常，様々な特徴や行動パターンを網羅した一連の文章からなる人格査定の道具であり，被検者は「はい」「いいえ」「いつも」「しばしば」「稀に」「全く」といったような，予め用意された回答を自分自身に当てはめて反応する。こうした検査の採点は客観的であり，結果は標準化された基準に従って解釈される。**ミネソタ多面人格目録**がこの代表としてあげられる。

**進化心理学**［evolutionary psychology］　心理学的問題へのアプローチの一つ。人間の認知と行動を，進化する身体的・社会的環境および知能の変化への適応，というダーウィン進化の文脈で理解しようとする。**情報処理**と人間の心の構造への**自然選択**の効果を重視する点において，主に**社会生物学**と異なる。

**進化的に安定な戦略**［evolutionarily stable strategy: ESS］　2つの異なる適応戦略間の平衡状態のこと。双方の戦略が集団内で維持される。たとえば，臆病な動物は冒険的な動物よりも捕食者に見つかりにくい行動をとると考えられるが，冒険的な動物のほうが新たな食料源を見つけたり多くの仲間を得たりするかもしれない。したがって，集団内には，臆病・冒険的な動物の両方にとって最適なコストと利益のバランスがあり，両方のタイプの動物が生存していくことができる。進化的に安定な戦略は，集団内で多様性が維持されることを説明するメカニズムである。

**進化発達心理学**［evolutionary developmental psychology］　現代の人間発達を説明するために，ダーウィンの進化論（特に**自然選択**）の基本原理を適用する学問のこと。進化の発達心理学は遺伝的・環境的メカニズムの研究と関係があり，この研究は社会的・認知的能力の一般的な発達と，それらの能力をある状態に適応させる発達的な後生的過程（**遺伝子環境インタラクション**）の基礎となっている。成人特有の行動と認知は選択圧（自然淘汰の圧力）の所産であり，進化過程を超えて作用するが，それだけではなく子どもの行動や心についても同様であると想定している。［発達心理学者ビョークランド（David Bjorklund: 1949- ）とペレグリーニ（Anthony D.Pellegrini: 1949- ）によって2002年に提案された］

**進化美学**［evolutionary aesthetics］　特別な芸術による力の影響を受けた変化というよりはむしろ，芸術に内在する固有の力によって芸術が進化するという概念。

**心窩部反射**［epigastric reflex］　乳首より下の腹部をピンで軽く叩くことによって，腹壁の中心上部で引き起こされる**脊髄反射**。

**進化論**［evolutionary theory］　いくつもの世代を超えた生物の進化を説明する理論。初期の有力な例としては，ラマルク（Lamarck）の用・不用による進化論があった（⇨ **ラマルク説**）。今日では，ネオ・ダーウィニズム（⇨ **ダーウィニズム**）と呼ばれる，**自然選択**によるダーウィン進化論の修正版が最も広く受け入れられている。進化の特定の側面に関する理論としては，**共進化**，**外適応**，**幼形成熟**，**断続平衡説**，**反復説**などがある。すべての進化論に反対する立場として**創造説**がある。

**進化論的認識論**［evolutionary epistemology］　人間の知識の誕生と発展を，生物進化，主にダーウィン進化から説明しようとする認識論の一連のアプローチ。あるアプローチは，考えや解釈は生物の進化と類似した道筋で進化すると提唱する。つまり，考えや解釈は，それらが適合的であることや有用であることによって生き延びる。別のアプローチは，考えの生物学的起源があり，論理規則など特定の考えは，それらをもつ個体の生存率を増加させ，それによって考え自体も生き延び，重要となっていくと提唱する。

**新奇恐怖**［neophobia］　1. 変化や，新しい，不慣れな，奇妙なものに対する，持続的で不合理な恐怖。2. 特に新しい食べ物を避けること。

**真偽テスト**［true-false test］ 真か偽のどちらかを述べるテストのこと。

**心気症**［hypochondriasis］ DSM-Ⅳ-TRでは，身体症状の間違った非現実的な解釈をもとに，重篤な身体的病気にかかっているという恐れや信念にとらわれることを特徴とする**身体表現性障害**のこと。この恐れや信念は病気ではないと医者に保障されても少なくとも6か月の間持続し，社会的職業的に十分に機能することを妨げる。

**新奇性**［novelty］ 新しさや奇妙さの性質のこと。注意を方向づける，主な決定的要因のうちの一つである。新奇性への魅力は早くも1歳に始まることが示されている。たとえば，幼児は視覚的な模様の絵を見せられると，既に見た模様より新しい模様をより長く凝視する。消費者行動では，新奇性への魅力は，現状に対する不満がない状態においてでさえ，変化への欲求として表される。たとえば，ある製品に満足しているにも関わらず，場合によっては，単に新しいというだけで，多くの消費者が別のブランドに移行する。

**新奇性選好課題**［novelty preference task］ 幼児に提示される課題で，慣れている物と同時に新しい物が提示される課題。幼児の認知研究に用いられ，幼児が慣れたものより新しい物を視覚的に探索するという事実に基づいている。幼児の視覚的な注視の持続時間は，注意，驚き，新奇か見慣れたものかを数値で表す際に用いられる。

**真偽値**［truth value］ 論理学と哲学的において，命題の真偽のこと。⇨ **二値，無限値論理**

**心気妄想**［somatic delusion: somatopschic delusion］ 1つ以上の身体器官が不適切に機能しているか病気に罹り障害され，あるいは変容しているという誤った信念のこと。標準的な検査ではこの信念を確証できないが，それでいながら確信はゆるがない。

**新旧区別**［given-new distinction］ 文あるいは他の言語的構造において，受け手にとっておそらく新しい情報と，既に知っている情報（あるいは文脈から明らかと考えられる情報）の間にある区別。どの情報がどちらのカテゴリーに分類されるかに関する話し手あるいは書き手の想定は，大抵の場合，単語順，強調場所，その他の観察可能な言語特徴に影響する。**語用論**や**談話分析**において重要。⇨ **前景化**

**腎虚**［shen-k'uei; shenkui］ 中国もしくは台湾文化圏の男性に生じる**文化依存症候群**のことで，不安，パニックそして**身体化**（性的機能不全，不眠，めまい）症状によって特徴づけられる。症状は，身体因には帰属できず，典型的には，抑制できない性的活動のために精液を過剰に失っているためとされる。⇨ **ダート，ジルヤン，スクラブラメハ**

**心筋**［cardiac muscle］ 心臓を構成する筋肉。枝分かれし，絡み合った横紋筋で構成され，筋線維間には電気的な結合が存在する。このため，**活動電位**は迅速に筋線維間を伝わることができ，筋線維の同期した収縮を可能にする。

**伸筋**［extensor muscle］ その収縮が身体のある部分を伸展させる筋肉。たとえば，三頭筋群は腕を伸展させる（真っ直ぐにする）。⇨ **屈筋**

**伸筋運動ニューロン**［extensor motor neuron］ 神経線維が伸筋エフェクタ（収縮することで体の一部を拡張する筋肉）と接続している**運動ニューロン**。⇨ **伸筋**

**親近感**［affinity］ ある特定の人，場所，物に対して感じる魅力のこと。多くの場合共通性に基づいている。⇨ **選択親和力**

**伸筋硬直**［extensor rigidity］ 伸筋の硬縮のこと。硬直はときとして，運動ニューロンの損傷部位を示すことがある。小脳の損傷は，小脳性硬直（cerebellar rigidity）と呼ばれる伸筋緊張の増加を引き起こす。⇨ **除脳硬直**

**心筋症**［cardiomyopathy］ 原因が特定できない，心筋に関する何らかの疾患。

**親近性**［familiarity］ ある状況，出来事，場所，人などが，具体的に思い出されているわけではないのに，主観的な再認感を引き起こし，それゆえにそれが記憶中にあるように思われる想起の形態。親近性の感覚（feeling of familiarity）とも呼ばれる。

**新近性効果**［recency effect; law of recency; principle of recency; recency error］ 最後に呈示された事実，印象，項目がそれ以前に呈示されたものよりも学習または記憶されやすいという記憶の現象。正式な学習状況や社会的文脈のどちらでも起こる。たとえば，ある人物に関する最後に受けた情報が影響して，その人物の能力や特徴について不正確な評定をしたり印象を形成したりすることがある。⇨ **初頭効果**

**伸筋突伸**［extensor thrust］ 足の裏に刺激が与えられたときに起こる脚の伸展反射。通常，歩いているときや走っているとき一歩進むごとに起こり，身体支持の必要性が伝えられ，次の一歩の推進力が得られる。⇨ **伸張反射**

**真空活動**［vacuum activity; vacuum response］ ある行動パターンを引き起こす外的な刺激（**解発体**またはサイン刺激）がなくても**固定的行動パターン**が起こること。**生得的解発機構**を超えた行為特異的または動機的なエネルギーの蓄積によって起こると考えられている。［オーストリアの動物行動学者であるローレンツ（Konrad Z. Lorenz: 1903-1989）によって提唱された］

**シングルセッションセラピー**［single-session therapy］ 1回の面接で終える治療法で，通常はクライエントの選択で行われるが，心理療法の種類によってはこのセラピーが選択される場合がある（⇨ **エリクソニアン心理療法，解決焦点型短期療法**）。1時間の面接で十分な達成感を得たと主張するクライエントの中には，治療者からみれば**健康への逃避の現れ**であったり症状から一時解放されただけという人の場合もある。シングルセッションをより成功に導く手立てとして，電話などを使って事前準備を行うことが増えている。

**シングルテスト**［singles test］ 念力に関する超心理学的実験で，参加者が1個のサイコロの目の出方に影響を与えられるかをみる技法のこと。

**シングルペアレント**［single parent］ パートナーの援助なしで子どもを育てる人。

**神経**［nerve］ 中枢神経系の外側にある神経線維（⇨ **軸索**）の束。索状の構造を形成する結合組織の鞘に包まれている。神経は中枢神経系を体内の組織や器官とつなげる役割をもっている。運動性，感覚性，混合型（運動性と感覚性ニューロンの両方の軸索を含むもの）がある。⇨ **脳神経，脊髄神経，神経束**

**神経インパルス**［nerve impulse］ **活動電位**の形をした脱分極の波動。神経系で信号を伝える手段として，ニュー

ロンあるいはニューロンの鎖に沿って伝搬される。⇨ **シナプス**

**神経栄養性因子**［neurotrophic factor］　ニューロンで合成し放出するポリペプチド。特定のニューロンの成長や生存を促進する。⇨ **脳由来神経栄養性因子**

**神経液**［neurohumor］　一種の**神経伝達物質**あるいは局所の**神経ホルモン**のこと。

**神経炎**［neuritis］　神経の炎症のこと。特別な感染から生じる自己免疫因子による。

**神経解剖学**［neuroanatomy］　神経系の様々な部分の構造や相互関係を調べる学問のこと。

**神経回路**［neural circuit］　ニューロンの配置とその相互接続。神経回路はしばしば，**負のフィードバック回路**，**正のフィードバック回路**，**発振回路**のような限られた特定の機能を遂行する。局所回路（local circuit）では，特定領域の脳組織レベルの中で，神経細胞間の相互接続がみられる。

**神経化学**［neurochemistry］　神経系の機能における原子，分子，イオンの役割を取り扱う**神経科学**の部門。生理系の化学物質は他の環境にも適用可能な自然法則に従う。そのため，神経伝達物質，薬，神経系におけるその他の分子も基本的な化学概念の観点から説明することができる。

**神経科学**［neuroscience］　神経系に関する科学的研究。**神経解剖学**，**神経化学**，**神経学**，**神経生理学**，**神経薬理学**，および心理学的，精神医学的応用が含まれる。⇨ **行動神経科学**，**認知神経科学**

**神経科学学会**［Society for Neuroscience］　アメリカにおいて，脳と神経系を研究する基礎科学者および医師による非営利団体のこと。1970年に設立され，*The Journal of Neuroscience* を発行する。

**神経学**［neurology］　正常，異常両方の状態の神経系を取り扱う医学の一部門。神経系の疾患に関する診断と治療は臨床神経学（clinical neurology）と呼ばれる。神経科医は脳卒中，認知症，頭痛，背痛，その他疾患をもった患者を診断，治療する。

**神経学的評価**［neurological evaluation］　個人の精神状態，感覚，運動機能など，検査を行う医師により集められたデータの分析のこと。通常，この検査には認知，発話や行動，見当識や覚醒レベル，筋力や筋緊張，筋肉協調と筋肉運動，腱反射，脳神経，痛みや温度感覚，そして感覚弁別などの査定が行われる。

**神経学的評価尺度（NES）**［Neurological Evaluation Scale: NES］　統合失調症に関連する神経学的異常や障害を，標準化されたツールで評価するために1989年に開発された。双極性障害などの重篤な精神障害を評価する際にも使われることが多い。［アメリカの精神科医ブキャナン（Robert W. Buchanan）とハインリクス（Douglas W. Heinrichs）によって開発された］

**神経芽細胞**［neuroblast］　神経細胞まで発達できる未分化の細胞のこと。

**神経芽腫**［neuroblastoma］　胎児の原始神経細胞に似る神経細胞から発現する腫瘍。細胞の大きさに比べて核は異常に大きく，ひだ状，こぶ状，ひも状に集合する。副腎髄質や自律神経系に発現することが多い。

**神経幹**［nerve trunk］　すべての軸索が混ざった神経の本体。典型的な脊髄神経の幹は2つの**脊髄神経根**の結合から形成され，その分枝を通して抹消器官や組織に分配されていく。

**神経管**［neural tube］　神経板のひだが丸まって結合する胎芽の発達初期に形成される構造。神経管の細胞は，将来的に**前脳**，**中脳**，**菱脳**に相当するよう膨張するために，前後軸上の長さを分化させていく。管の後部は脊髄へと成長する。管の空洞は最終的に脳室，および脊髄の中心管と相互接続する。神経系の多くの先天的欠陥は，発達のこの段階で生じる。⇨ **神経管欠損**，**神経胚形成**

**神経管欠損**［neural tube defect］　神経板から**神経管**の不完全な発達による，あらゆる先天的障害群を意味する。

**神経感応性**［neural irritability］　刺激に対して反応させ，また伝達されてくる**活動電位**に対して反応可能にさせる**神経組織**の性質のこと。速度，そしてプラズマ膜のイオンチャネルを通るイオンの一時移動に依存し，膜における可逆性をもつ**脱分極**を引き起こす。

**神経基質**［neural substrate］　特定の行動を仲介する神経系の一部。

**神経弓**［neural arc］　受容器から効果器へ神経インパルスを伝える経路。**反射弓**では，感覚神経は直接，もしくは**介在ニューロン**を介して運動神経に接続する。複雑な行動に関する経路はより長く複雑な接続をもつ。

**神経筋接合部**［neuromuscular junction; myoneural junction］　運動神経とその神経が神経支配する筋肉線維の間の結合部。骨格筋では，筋細胞の原形質膜（筋鞘）が，運動神経の軸索の終末で大きく折れ曲がり，**運動終板**を形成する。インパルスが軸索終末に伝達されると，軸索と運動終末間の間隙に神経伝達物質が拡散する。この神経伝達物質は筋鞘にある受容体と結合し，筋の収縮を引き起こす**終板電位**を発生させる。

**神経筋疾患**［neuromuscular disorder］　神経や筋肉に関する何らかの病態のこと。共通する症状としては，虚弱，痙攣，まひがある。この疾患の例としては，**筋ジストロフィー**，**重症筋無力症**，そして**ミオパチー**がある。

**神経筋標本**［nerve-muscle preparation］　生理学的実験で用いられる，体から切開された少なくとも一部の筋肉および運動神経。

**神経系**［nervous system］　**内分泌系**とともに，内部および外部の環境から受け取った信号に反応して有機体の活動を調節する**ニューロン**，**神経**，**神経束**，連合組織のシステム。高等脊椎動物の神経系は，しばしばその分割の観点から，主に**中枢神経系**，**末梢神経系**，**自律神経系**に分けて考えられる。

**神経系疾患**［neurological impairment］　疾患，損傷，あるいは薬物や化学物質の効果による神経系の破損によって現れる状態。

**神経経路**［neural pathway; nerve pathway］　中枢神経あるいは末梢神経の線維を通る神経インパルスの経路。1つの神経経路は，簡単な**反射弓**あるいは複雑で特化した経路により構成される。たとえば，特定な波長をもつ音を蝸牛から聴覚皮質まで伝導するインパルスの経路など。⇨ **求心性経路**，**ドーパミン作動性経路**，**遠心性経路**，**運動神経経路**

**神経言語学**［neurolinguistics］　言語構造や言語処理が脳内でどのように符号化されているかを調べる言語学の一分野。

**神経言語学的なプログラミング**［neurolinguistic programming: NLP］ 個人が他の人々や環境と相互に関わり，反応し，成長する世界の"メンタルモデル"や精神的なプログラム（mental programs）を修正することで，対人関係やコミュニケーションを改善することを目指した技法や手法の体系のこと。このアプローチは，**神経言語学**から得られた原則を用い，これらのプログラムは，それが影響を及ぼす行動と同様に，脳や言語，身体間の相互作用から生じると仮定する。望んだ変化を得るために，まず主観的体験と，その体験の基礎をなす思考の構造（たとえば精神的なプログラム：mental programs）を理解することから始まる。次に，必要に応じて（たとえば，様々な状況での適応的行動の強化や，優れたパフォーマンスを獲得するために）そのプログラムを修正していく。最初は心理療法（psychotherapy）やカウンセリングに適用された神経言語学的なプログラミングであったが，その後，経営管理や人工知能，教育のような場で主に開発されてきた。[1976年にアメリカの数学者かつセラピストであるバンドラー（Rlchard Bandler: 1950- ）と言語学者のグリンダー（John Grinder: 1940- ）によって開発された]

**神経原性コミュニケーション障害**［neurogenic communication disorder］ 他者との情報交換を困難にする，神経系の障害に基づく発話障害，言語障害。

**神経原線維変化**［neurofibrillary tangles］ ニューロン内における異状線維のねじれた束。アルツハイマー病に伴って発生する。線維は顕微鏡で見られる程度の結び目，あるいはもつれを形成する。それらは通常**微小管**と関連したタウタンパク質から構成される。タウの構造が異常な状態になると，微小管（microtubule）の構造が崩壊し，タウタンパク質が原線維変化をもたらす。

**神経膠**［neuroglia］ 非神経細胞からなる神経系内の組織。ニューロンに構造的，栄養的，その他補助的な支援を行っている。ある種の神経膠は，軸索の周りにある**ミエリン鞘**を形成する。それが中枢神経系の**希突起膠細胞**と，末梢神経系の**シュワン細胞**である。その他の種類の神経膠には**アストロサイト**，**小膠細胞**，上衣細胞（⇨ **上衣**）がある。グリア細胞（glial cell）とも呼ばれる。

**神経効果器接合部**［neuroeffector junction; neuromuscular junction］ 神経細胞と筋肉あるいは腺の間の機能的な連結のこと。

**神経効果器伝達**［neuroeffector transmission］ 神経インパルスが神経細胞から**神経効果器接合部**を介して2つの代表的な効果器（筋肉と腺）まで伝達すること。

**神経膠芽腫**［glioblastoma］ 中枢神経系の支持細胞を由来とする，進行の速い悪性の脳腫瘍。広範囲に及ぶ認知機能損傷を引き起こし，多くの場合は死に至る**アストロサイトーマ**の一種である。最も悪性の形態は多型性神経膠芽腫（glioblastoma multiforme）や退形成性星細胞腫（anaplastic astrocytoma）であり，未分化な細胞からなる。

**神経膠腫**［glioma; neuroglioma］ 最も悪性度の高い脳腫瘍の形態。中枢神経系の**神経膠**から生じる。関与する支持細胞の形態によって，大きく3タイプに分類される。すなわち，星状膠細胞による**アストロサイトーマ**，**希突起膠細胞**による乏突起膠腫，上衣細胞（⇨ **上衣**）による上衣腫の3タイプである。通常，神経膠腫は原発腫瘍であるが，中枢神経系の範囲を越えて転移することは滅多にない。発症頻度の最も高い脳の癌であり，脊髄腫瘍の約4分の1の原因にもなっている。

**神経膠症**［gliosis］ 中枢神経系の損傷部位における**アストロサイト**過剰のこと。脳卒中を含む一部の神経疾患はこの神経膠症を顕著な特徴として有する。

**神経行動学**［neuroethology］ 生物学の一部門で，動物の行動と神経過程また神経構造の間の関係を研究する学問。

**神経根**［nerve root］ 脳あるいは脊髄に直接つながった神経の一部。脊髄神経は**後根**と**前根**を通じて脊髄から生じ，それらが結合することで形成されている。いくつかの**脳神経**も2つの神経根が結合することで形成されている。

**神経根炎**［radiculitis］ **脊髄神経根**，特に脊椎と椎間運河（intervertebral canal）の間の部分の炎症のこと。症状は一般に，患部である脊髄神経が司る体の部分の感覚の喪失や痛みや衰弱を含む。

**神経根障害**［radiculopathy］ **脊髄神経根**の障害のことをいう。神経根障害は，**椎間板ヘルニア**として知られているような状態，つまり脊椎骨が神経根を圧迫する状態のために生じる。

**神経再生**［neural regeneration; neuronal regeneration; regeneration of nerves］ 損傷した神経細胞の再生。この現象は非常に低い割合で生じる。損傷した神経細胞に新しい細胞が完全に取って代わることは，ある種の魚や両生類によくあるが，哺乳類にはめったにない。哺乳類の場合，末梢神経系では切れた軸索の再生は早い。軸索先端の成長は**細胞接着分子**で誘導される。

**神経細線維**［neurofibril; neural fibril］ 神経細胞の細胞質に発見された細い線維。微細のタンパク質線維および**微小管**より構成される。神経細線維の異常な構成はアルツハイマー病の特徴である**神経原線維変化**の進行をもたらす。

**神経細胞移動**［migration of nerve cells］ 神経系の発達における，もとの脳室帯からの神経細胞の移動。脳核や大脳皮質の層といった特殊な細胞集団を作るために行われる。

**神経細胞死**［neuronal cell death］ 神経系の発達中に起こる，遺伝子にプログラムされた，選択的な神経細胞の死。⇨ **プログラム細胞死**

**神経弛緩薬悪性症候群**［neuroleptic malignant syndrome］ 従来の（典型的なあるいは第一世代の）**抗精神病薬**を用いた治療法に稀に起こる合併症。発熱，血圧の調節不能，呼吸困難，（昏睡を含む）意識変容といった特徴をもつ。致死率は25％に達するとみられている。主として，治療開始時や投薬量を急増させた時に起こる。この症候群の発生率はもともと高いものではなかったが，従来の抗精神病薬の**大量投与薬物療法**の廃止と第二世代**非定型抗精神病薬**の到来によってさらに低下した。

**神経弛緩薬症候群**［neuroleptic syndrome］ 抗精神病薬を摂取した人にみられる一連の効果のこと。特徴的な症状としては，運動活性と情動性の低下，外部刺激に対して興味を示さなくなる，高い運動協調性を要する課題をこなす能力の低下などがある。投薬量が多いと患者は強硬症になる場合もある。

**神経軸**［neural axis］ 1. **中枢神経系**のこと。2. 正中線に沿った中枢神経系の構造。脊髄と脳幹を含むが大脳半球と小脳半球は含まない。中枢神経軸（neuraxis）とも呼ばれる。

**神経刺激走性**［neurobiotaxis］ 発達するときに神経線

維が刺激先の組織まで伸びること。神経刺激走性に影響を与える要素は現在成体生物の神経発達の研究テーマで，障害や疾病後の神経再生や代償の可能性を示唆している。

**神経刺激走性の法則**［law of neurobiotaxis］　成長中のニューロンの**樹状突起**は近隣している活性ニューロンの**軸索**に沿って伸びていくという法則。⇨ **神経刺激走性**

**神経質［1］**［nervous］　心配や不安に関する一時的な感情状態。

**神経質［2］**［nervousness］　落ち着きのない緊張状態，感情性のこと。体の震え，心配，その他不安や恐怖に関する何らかの兆候を示しやすい。

**神経支配**［innervation］　器官（たとえば筋肉や腺）や体内の領域に対して神経ないしは神経線維を供給すること。

**神経支配比**［innervation ratio］　一つの運動軸索によって神経支配される筋線維の数を表す比率。小さな筋での軸索ごとに筋線維3本という値から，腕や脚の大きな筋束での軸索ごとに筋線維150本という値まで，その比率は変化する。比率が小さくなればなるほど運動の制御は精細になる。

**神経褶**［neural folds］　胚の形成時期において，**神経板**の周辺にある外胚葉の隆起部。溝（神経溝）をなし，次に融合して**神経管**となる。

**神経修飾物質**［neuromodulator］　伝達物質の放出あるいはそれに対する**受容体**の反応に影響を与えることによって神経伝達物質の効果を調整する物質のこと。

**神経柔組織**［neural parenchyma］　構造的な要素と区別して，神経系の本質的な機能を果たす組織を指す語。

**神経終末**［nerve ending］　**軸索**の終端。筋紡錘の**らせん終末**と**散形終末**の他，**籠状終末**，**クラウゼ終末小体**，**マイスナー小体**，**自由神経終末**など，様々な種類の神経終末がある。

**神経受容体**［neuroreceptor; neurotransmitter receptors］　神経細胞の細胞膜に位置する**受容体**分子。特定の神経伝達物質，ホルモン，薬物あるいは類似物の分子に結合し，ニューロンの中の特定な反応を引き起こす。

**神経症**［neurosis: psychoneurosis］　はっきりとした不安または持続的で不合理な心配，強迫観念，強迫的行動，解離状態，神経質で抑うつ的な反応といった苦悩に満ちた感情的な症状によって特徴づけられる様々な精神障害の総称。パーソナリティの崩壊に関連したものや，病識の欠如，現実との接触の不足を含まない（⇨ **精神病**）。精神分析においては，一般的に広くみられるものといわれ，内的な葛藤や不安への無意識の対処法であるとされている。DSM-Ⅳ-TR では，神経症と呼ばれるものの多くは不安障害（anxiety disorders）と呼ばれる。

**神経症解決**［neurotic solution］　**神経症的葛藤**を意識しないようにしてそれを解決する方法のこと。

**神経障害性疼痛**［neuropathic pain］　末梢神経に損傷が生じたことで引き起こされる痛みのこと。

**神経鞘腫**［schwannoma］　末梢神経を覆う組織の，他の組織への浸潤を伴わない被包された腫瘍。**シュワン細胞**より生じるこの腫瘍は一般に良性であるが，増殖すると周囲の細胞を圧迫する。**神経線維腫**に似ているが，カプセルによって神経線維を巻き込まないことによって区別される。

**神経症性障害**［neurotic disorder］　受け入れがたい，異質で独特なものとして認識される精神症状によって特徴づけられる精神疾患のこと。**現実検討力**に問題がなく，行動にそれほど大きな混乱はない（しかしながら反応は明確に悪化している）。その不安は治療がない場合は持続し，また頻回発生する。一時的なストレッサーへの反応として限定されず，自然に発生するものとしては説明されない。DSM-Ⅳ-TR において，神経症性障害の診断的妥当性は認められていない。DSM の初期のものにおいて存在した項目は他の様々なカテゴリー下にまとめられることになった。

**神経症性不安**［neurotic anxiety］　精神医学の理論において，無意識的な葛藤のなかで生み出される，環境に不適応的な不安のことで，感情や行動，または治療抵抗性を高める妨害要因の側面をもつ。神経症性不安は外部の危険や強迫に関する**現実的不安**と対をなしており，超自我において生成され，断定される罪悪感である倫理的不安とも対をなす。

**神経症性抑うつ**［neurotic depression］　精神病的特徴含まない**大うつ病性エピソード**。

**神経症的葛藤**［neurotic conflict］　精神分析理論において，不適応と情緒障害に発展する**精神内界**の葛藤。

**神経症的傾向［1］**［neuroticism］　**1.** 神経症である状態，あるいは**神経症**へのなりやすさを示すもの。**2.** アイゼンクの類型論における三大次元の一つ。対極は情緒安定性。他の次元は，内向性 対 **外向性**，精神病傾向 対 衝動コントロールである。⇨ **パーソナリティの特性論**

**神経症的傾向［2］**［neurotic trend］　ドイツ生まれのアメリカの精神分析家ホーナイ（Karen D. Horney: 1885-1952）によれば，**基底不安**を打ち消す方略として，次の3つの基本傾向のうちどれか一つが選択される。これらの方略は強い神経症的要求を発生させる。3つの基本傾向とは，(a) 人に流されること，あるいは他者にまとわりつくこと（⇨ **従順な性格**），(b) 人から離れること，あるいは独立や自己信頼を強く主張すること（⇨ **超然的性格**），(c) 人に逆らって行動すること，あるいは権力・名声・財産を求めること（⇨ **攻撃的性格**）。

**神経症的習癖**［nervous habit］　爪噛みやチックのように，不安が根底にあり，緊張を下げるために行われる常同的な行動。

**神経症的性格**［neuroticism］　**パーソナリティの5因子モデル**と**ビッグファイブ**の次元の一つ。慢性的な情緒不安定性と心理的苦痛への素因を特徴とする。

**神経症的断念**［neurotic resignation］　精神的葛藤をもたらすような現実を回避すること。全体的には不活発だが，ある領域においては過活動的なひきこもりが含まれる。力動的断念（dynamic resignation）とは区別される。より有望なものが出るまでの先延ばし行動という一時的な解決である。⇨ **現実からの逃避**，**現実への逃避**　［ドイツ生まれのアメリカの精神分析家ホーナイ（Karen D. Horney: 1885-1952）］

**神経症的要求**［neurotic needs］　精神分析論において，**基底不安**から自らを守るために使う戦略から生じる過度な動因や要求。ドイツ生まれのアメリカの精神分析家ホーナイ（Karen D. Horney: 1885-1952）は，10の神経症的要求を列挙した。すなわち，愛情と承認への要求，自分の人生を引き受けてくれるパートナーへの要求，人生の制限への要求，権力への要求，他者を利用する要求，名誉への要求，称賛への要求，達成への要求，自己充足と自立への要求，

完全への要求，である。神経症的欲求にパーソナリティが支配されている場合は，**神経症的傾向**を示す。

**神経症目録**［neurotic inventory］ 個人の**神経症的傾向**を明らかにするための質問紙のこと。質問項目は病歴や関連する材料から選定されており，被検者は各項目に対して当てはまるか，当てはまらないかを回答する。理論的に，被検者が当てはまると回答するものが多いほど，神経症傾向も高くなる。

**神経心理学**［neuropsychology］ 神経科学と心理学を結合する科学の一つ。⇨ **臨床心理学**

**神経心理学アセスメント**［neuropsychological assessment］ 様々な**神経心理学テスト**の結果によって得る，状態や特性，脳のダメージや機能の程度の評価のこと。

**神経心理学的リハビリテーション**［neuropsychological rehabilitation］ 脳の損傷や機能不全に起因する認知的，情動的，行動的問題に対応し，治療する心理学的方法。

**神経心理学テスト**［neuropsychological test］ 記憶や学習，注意，視覚や聴覚空間や構成といった認知機能を測定するための様々な臨床的手段のこと。たとえば，**ハルステッド-レイタン神経心理学バッテリー**や**ルリアネブラスカ神経心理学バッテリー**といったテストバッテリーがある。

**神経衰弱症**［neurasthenia］ 疲労，衰弱，不眠，疼痛，苦悩といった特徴をもった状態のこと。この名称はギリシャ語で「神経衰弱」を表す"neurastheneia"に由来し，19世紀には疲労，主に過労によるものだと信じられていた。しかし最近は，この名称が使われることは減多にない。今日ではこの状態は主に情動的な葛藤，緊張，フラストレーションやその他の心理的要因によるものだと考えられている。また，DSM-Ⅳ-TRにおいては，**鑑別不能型身体表現性障害**に分類されている。［1869年アメリカの神経科医ベアード（George Miller Beard：1839-1883）によって作り出された言葉］

**心係数**［cardiac index］ 体表面積当たりの心拍出量（1分当たりに心臓から送り出される血液量）を示す値。

**神経性過食症**［bulimia nervosa］ むちゃ食いエピソードを含む，一定期間に異常な量の食べ物を摂取する摂食障害（**摂食障害**）のこと。不適切な代償行為（たとえば自己誘発嘔吐，下剤の乱用，断食，過度な運動）によって補おうとする。⇨ **むちゃ食い障害**

**神経制御**［neurocontrol］ 人間の神経構造を真似して，自動システムやデバイスを制御するすべての方法。このような方法は，既に先端のロボット工学分野や宇宙船のナビゲーションのようなハイテク応用の分野で開発されている。

**神経性健忘症**［neurological amnesia］ 神経系に作用する疾患や損傷によって引き起こされる記憶の喪失あるいは障害。

**神経成長因子**［nerve growth factor：NGF］ らせん神経節と交感神経系の神経節にある，ニューロンの成長と発達を刺激する内因性のポリペプチド。

**神経生物学**［neurobiology；neurobiological］ 生物学の一部門で，神経系の構造や活動過程を研究する分野。

**神経性無食欲症**［anorexia nervosa］ 摂食障害の一つであり，思春期の女子に最も多くみられる。持続的な食事の拒否，体重が増えることへの極度の恐れ，標準体重の下限ぎりぎりの体重の維持身体像の歪み，少なくとも3周期にわたる無月経などの症状を呈する。⇨ **神経性過食症**，

**反転拒食症**

**神経生理学**［neurophysiology］ 神経科学の一部門で，1個の神経細胞の化学または電気活動を含み，神経系の正常または異常な機能に関する研究のこと。

**神経節**［ganglion］ 中枢神経系の外側にある，ニューロンの**細胞体**の集合体のこと。無脊椎動物には，一元化された神経系がなく，分散した神経節しかもたないものも多い。⇨ **核**

**神経線維**［nerve fiber］ 細胞体から伸びるニューロンの軸索。

**神経線維腫**［neurofibroma］ **シュワン細胞**の異常な増殖による末梢神経の腫瘍。神経線維腫は**神経鞘腫**に非常に似ているが，嚢膜をもたず，その結果として神経線維を取り込んでしまう点で異なる。⇨ **フォン・レックリングハウゼン病**

**神経増強**［neural reinforcement］ 二度目の神経反応の同時あるいは偶然な活動による神経反応の強化のこと。

**神経束**［tract］ 中枢神経系にある神経線維の束または集合。束の名称は一般的に，発生地点の後に終結地点をつなげて呼ばれる。たとえば，**網様体脊髄路**は脳幹の網様体から脊髄へ流れている。

**神経組織**［nerve tissue］ 神経系の機能的要素を構成する細胞体，およびニューロンの線維性突起。**神経膠**のような支持組織が含まれることもある。

**神経痛**［neuralgia］ 神経路か神経群に沿って起こる急激で発作的な痛み。典型的には再発性である。⇨ **三叉神経痛**

**神経堤**［neural crest］ **神経管**の両側にあり，外胚葉の隆起部より構成される胚構造。脊髄神経節および交感神経と副交感神経系の様々な組織に発達する。

**神経的葛藤**［neurotic conflict］ ドイツ生まれのアメリカの精神分析家ホーナイ（Karen D. Horney：1885-1952）が提唱した，相反する**神経症的要求**がもたらす矛盾のこと。たとえば，権利と独立に対する過度の欲求と愛と依存に対する欲求の間の不一致など。⇨ **神経症的傾向**

**神経伝達**［neurotransmission；neural transmission；neuronal trasmission］ 信号や活動を神経細胞から隣接する神経細胞や他の細胞に伝達するプロセス。シナプス伝達はシナプスを介して2つのニューロンの間での伝達で，基本的には化学伝達を利用し，**神経伝達物質**の放出と結合のプロセスであるが，電気伝達の場合もある（⇨ **電気シナプス**）。神経伝達は，ニューロンと効果器官あるいは腺の間でもニューロンと骨格筋細胞の間でも起こりうる。

**神経伝達物質**［neurotransmitter；chemical transmitter；synaptic transmitter］ ニューロンの間の縫合部（シナプス）で神経信号を伝導するニューロンより放出される何種類もの化学物質の総称。神経インパルスで誘発されると，神経伝達物質は**終末ボタン**より放出され，**シナプス間隙**を通し，シナプス後の細胞膜にある**受容体**分子と結合して作用する。神経伝達物質はアミン系（**アセチルコリン，ノルエピネフリン，ドーパミン，セロトニン**），アミノ酸系（**ガンマアミノ酪酸，グルタミン酸，グリシン**）を含む。

**神経伝導**［neural conduction］ 神経インパルスが神経線維に沿って通過すること。⇨ **伝導，神経伝達**

**神経統合**［neural integration］ 後シナプスニューロンの興奮や発火頻度を決める，興奮性または抑制性の**シナプ**

ス後電位の代数的加算。

**神経毒**［neurotoxin］ 中枢神経系または末梢神経系に一時的にあるいは永久的にダメージを与える物質のこと。

**神経毒性学**［neurotoxicology］ 毒素と毒の神経への効果の研究。

**神経内分泌学**［neuroendocrinology］ 神経系，特に脳と内分泌系の間の関係についての研究。神経系の中の一部の細胞は局所的に，または体循環のレベルでホルモンを放出する。これらの細胞は神経内分泌（neuroendocrine），あるいは神経分泌（neurosecretory）と言う。**視床下部**，たとえば，下垂体ホルモンを調節する**放出ホルモン**を作る。ノルエピネフリンのような物質はホルモンと神経伝達物質の2つの役割を果たしている。

**神経の可塑性**［neural plasticity］ 1. 経験や環境刺激に応じて神経系が変わる能力のこと。2. 不変かつ連続の活動による神経系およびその構成要素の反応度が変化すること。

**神経構成主義**［neural constructivism］ 脳の発達，そして認知の発達は**神経基質**の発達と環境の間の動的な相互作用であると唱える理論。

**神経進化論**［neural Darwinism; neuronal group slection; selectionist brain theory］ 心に関する生物学の理論で，学習や記憶などの独特の認知機能は，個体の脳にある一部の特定の神経構造によることだと解釈するもの。最も適応できる構造が選択されるとするこの理論は，ダーウィンの進化論の**自然選択**の基本構想と同じである。生殖を伴わない場合，自然選択は応用できないという反論もある。［アメリカの神経科学者エデルマン（Gerald M. Edelman: 1929- ）が1987年に提唱した］

**神経胚形成**［neurulation］ **神経管**から**神経板**を形成する過程を含む，胎の早期段階における初期神経系が発達するプロセスのこと。

**神経梅毒**［neurosyphilis］ 梅毒の未治療，あるいは治療不十分による晩期症状であり，通常は初期感染後，数年で生じる。病原細菌である梅毒トレポネーマ（treponema pallidum）が脳や脊髄を損傷，破壊する。この結果，失明，重度の神経学的欠損（記憶障害，集中力欠如，行動の悪化）をきたす。⇨ **無症候性神経梅毒**，**進行まひ**，**歩行性運動失調**

**神経発生**［neurogenesis］ 非神経細胞が分化して神経細胞を作ること。

**神経板**［neural plate］ 胚の背側表面において，一次細胞層の外側（外胚葉）にある特定の部分。最終的に中枢神経系に発達する。発達につれ，神経板が折り曲がり，**神経管**を作る。⇨ **神経胚形成**

**神経皮膚炎**［neurodermatitis］ 擦ることによって悪化するアトピー性皮膚炎の皮膚の損傷のこと。精神的ストレスによって生じる可能性もある。

**神経病理学**［neuropathology］ 神経系の疾患に関する研究。

**神経フィードバック**［neurofeedback; neurobiofeedback］ 一種の学習戦略で，脳波計で記録した人の脳波の特徴に関する情報をビデオディスプレイ，または聴覚信号によって記録された人に提示し，その人はこれらの情報を利用して自分の脳波を変えること。⇨ **バイオフィードバック**

**神経フィラメント**［neurofilament］ ニューロンの軸索にみられる小さな桿状の構造。神経フィラメントは軸索に沿った物質の運搬に関わっている。

**神経ブロック**［nerve block］ 薬物（たとえば麻酔薬）や機械的手段による神経の遮断のこと。

**神経分泌**［neurosecretion］ 神経組織がホルモンや神経伝達物質などの物質を分泌すること。

**神経ペプチド**［neuropeptide］ 神経伝達物質または神経ホルモンとして神経細胞より放出されるすべてのペプチド。以下の物質が含まれている。**内因性オピオイド**（たとえば，エンケファリン，エンドルフィン），脳と末梢神経系の両方に見られるペプチド（たとえば，**P物質**，**ニューロテンシン**），視床下部**放出ホルモン**（たとえば，甲状腺刺激ホルモン放出ホルモン），下垂体ホルモン（たとえば，成長ホルモン，プロラクチン），そして他の循環ペプチド（たとえば，心房性ナトリウム利尿ペプチド，ブラジキニン）。

**神経ペプチドY**［neuropeptide Y］ 脳，心臓または副腎に見つかる神経ペプチド伝達物質。血管収縮を刺激し，授乳行動を調節する。神経ペプチドYがアルツハイマー病に関与している可能性が指摘されている。

**神経保護物質**［neuroprotective］ 脳や脊髄への損傷を防ぐとされている薬物やホルモンなどの物質を意味する。

**神経ホルモン**［neurohormone］ 体循環に放出される神経組織が作り出すホルモン。⇨ **神経内分泌学**

**神経網**［neuropil］ 大部分の中枢神経系の灰白質を構成する軸索と樹状突起の微細線維のネットワーク。神経細胞の**細胞体**はこれらの線維のネットに埋め込まれている。

**神経薬理学**［neuropharmacology］ 神経系の薬の効果の科学的研究。

**神経誘導**［neural induction］ 1つもしくは一群のニューロンが，他のニューロンの発達に影響を及ぼすこと。

**神経量子論**［neural quantum theory; quantal hypothesis; quantal theory］ 線形の精神物理特性を説明するために，S字の累積分布曲線に代わって使われる理論。神経活動の「全か無かの法則」に基づき，感覚の変化量は離散的で非連続的であると仮定される。この理論において，量子は感覚経験を生じさせるための，機能的に独立したユニットであり，物理量ではなく感覚量で定義される。

**神経路切断術**［tractotomy］ 脳幹または脊髄にある神経路の外科的切断。神経路切断術の一種は，他の治療法に耐性をもつ双極性障害に有効である。

**心血管系**［cardiovascular system; circulator system］ 心臓や血管など，血液を全身に循環させるための器官のこと。

**心血管反応性**［cardiovascular reactivity］ 精神的，物理的な課題やストレスによって引き起こされる，心血管反応の変化の程度。この変化量が大きいと，**高血圧症**や**冠状動脈性心臓病**などの心血管疾患のリスクが高いことを示す。

**親権裁判**［custodial case］ 子どもの法的な親権を，誰が保有すべきかについての裁判のこと。⇨ **子どもの養育義務**

**腎原性の糖尿病**［nephrogenic diabetes insipidus］ 尿細管が脳下垂体が生成するバソプレシンに反応しないため，腎臓が規定濃度の尿を作れない糖尿病（diabete）である。患者は大量の水を飲み，大量の希釈尿を出す。この障害は，

喉の渇きを伝えられない幼児にとっては致命的なものである。水分枯渇に陥った場合，原因が突き止められる前に脳がダメージを受けたり，精神遅滞に至る場合がある。

**親権評価**［child custody evaluation］　アメリカにおいて，両親の行動評価，子どものニーズに対応する両親の能力の分析，および**子どもの養育義務**の取り決めに関する勧告を司法機関に提出する一連の手続き。臨床心理士が指導することが多い。

**信仰**［religious faith; worship］　神や霊的な力に対する信念や信頼。霊的な力は行動基準を定め，祈りに応答し，(通常は)悪に対する善の最終的な勝利を約束する。信仰はある面では極度に個人的なものであるが，通常は特定の宗教団体や体系化された儀式や教義に従う信者が存在する。一神教におけるほとんどの神学者は，信仰とは単に特定の教えを知的に受容することではなく，全人格を神に向けることであると説く。

**信号**［signal］　1．何らかの行動や反応を引き起こす情報の表現のこと。2．刺激のこと。⇨ **信号検出理論**　3．個人と他者で，あるいは電気機器から他者へやり取りされるわかりやすいサインのこと。

**人口**［population］　ある一定地域における個体（人またはその他の有機体）の総数。

**人工意識**［machine consciousness: MC］　コンピュータやロボットを通じた意識機能の再現。

**人工陰茎**［penile prosthesis］　男性の性交能力を戻すために使用される埋め込み装置のこと。このような装置は通常は変形可能な素材で作られるか膨張式であり，取り付けには手術が必要とされる。

**親交関係**［rapprochement］　一般的に個人間または集団間で心のこもった関係の状態のこと。

**人工言語**［artificial language］　**自然言語**ではないあらゆる言語，あるいは言語に類するシステム。エスペラント語のような作られた言語やコンピュータプログラミングに用いられる様々な言語を含む。論理学や数学における形式言語（formal language）も含まれることがある。言語学や心理言語学（psycholinguistics）においては，自然言語における規則の特定の側面を模したり破ったりするために開発されることもある。

**信号検出課題**［signal detection task］　観察者にはターゲット刺激（シグナル）が存在するときと，存在しない（ノイズ）ときを区別することが求められる課題のこと。信号検出課題は，知覚の感度に関する客観的測度を提供する。検出課題（detection task）とも言う。

**信号検出理論**［signal detection theory: SDT］　第二次世界大戦中，ノイズのあるレーダー信号の探知に応用された情報理論，電気工学，決定理論からなる一連の概念と技術のこと。これらの概念は，1950年代後半に聴覚，視覚作用に関する精神物理学に応用され，現在でも心理学の多くの領域で広く使われている。信号検出理論における方法論的に重要な寄与は，感度と評価基準，意思決定要因の分離を可能にするように精神物理学的な技術を改善させてきたことである。また，信号検出理論は，知覚と他の認知的な側面を表現するため，また，感覚生理学からの知見と精神物理学的な現象を関連づけるために，価値ある理論的な枠組みを提供してきた。信号検出理論の重要な概念は，多くの課題に対する人間の遂行能力は，内的・外的なノイズが原因で生ずる，刺激に対する内的表象のばらつきによって制限されている。信号検出理論における多くの理論的な概念は，サーストン（Louis Thurstone）によって予想されていた。検出理論（detection theory）とも呼ばれる。⇨ **dプライム，受信者操作特性曲線**

**人口集団ステレオタイプ**［population stereotype］　人間工学で，ある民族・文化集団の人々の知覚的，認知的，身体的特性について知られる一般論で，その集団に向けたシステムや製品の設計に関係してくる。たとえば，アメリカでは右側バイアス（右側へ動く傾向や右側のドアを選ぶなど）や赤色に「止まる」「危険」「消す」の含意がある。⇨ **文化的人間工学**

**人工授精**［artificial insemination: AI］　受精のために精子をメスの生殖器に注入する医療的・外科的技術。人間においては提供者（精液を提供するために自慰する）から膣または子宮頸部の開口部を通して直接子宮に精子を注入する。本来の性交と同様に，成功率を高めるために，排卵日に合わせて数回実施する必要がある。成功率は通常75%程度である。

**人工心肺装置**［cardiopulmonary bypass machine］　心臓や肺の手術を行う際，それらの機能を一時的に代替する装置。心臓直前の静脈から血液をバイパスさせ，人工心肺に送り，血中に酸素を取り込ませた後，動脈に送り返す。

**進行性意味性認知症**［progressive semantic dementia］　徐々に悪化する認知症で，抽象的なものや高次の言語構造，特に価値観や倫理観，好みに関するものを理解する能力が失われていく。

**進行性核上性まひ**［progressive supranuclear palsy; Steele-Richardson-Olszewski syndrome; supranuclear palsy］　通常，60代に始まることが多く，**動眼神経まひ**によって特徴づけられる進行性神経障害で，下方注視を伴う。**パーキンソニズム**に付随して起こるとされ，姿勢の不安定性，会話の困難および嚥下困難，**ジストニア**，人格変容，認知の軽度悪化が特徴。神経病理として，ニューロンの脱落や脳幹，大脳基底核，または中脳の様々な領域における**神経膠症**がみられる。

**人工生命**［artificial life］　コンピュータベースの生命体を作り出す，**人工知能**の研究分野。オーストリア生まれのアメリカの数学者であるノイマン（John von Neumann: 1903-1957）によって初めて提唱された。このような生命体は，しばしば**セルオートマトン**で構成される。セルオートマトンは，それぞれのセルの状態とすぐ隣のセルの状態とにより生存が決まるというモデルである。この研究分野では，コミュニケーションや他の社会的スキルが生存に与える役割をシミュレートすることが目的とされることが多い。

**信号対雑音比（S/N比）**［signal-to-noise ratio: S/N］　ノイズに対する信号の比率のこと。通例，**デシベル**を使って表現される。信号が音声である場合，音声対雑音比（speech-to-noise ratio）と呼ばれる。

**人工知能（AI）**［artificial intelligence: AI］　人間の知能をシミュレートするプログラムを作成することを目的としたコンピュータ科学の一分野。この目的のために，LISP, Prolog, Smalltalkといった非常に高級なコンピュータ言語が開発されている。AIには，**ロボット工学**，コンピュータビジョン，機械学習，ゲームプレイング（game playing），**エキスパートシステム**など，多くの部門がある。AI は，**認知科学**や計算言語学など，関連する分野の研究を支えている。⇨ **チューリングテスト**

**人口調査**［population research; demographic research］人やその他生体の数や数の変化に関する研究のことで，成長や衰退の理由，移動パターンや生体の空間的分布，ならびにそれに関連する問題に焦点を当てる。⇨ **人口統計的パターン，人口統計学**

**人口調査標準地域**［census tract］ 国勢統計区，調査地区などとも言う。人口調査データの収集と報告を促進するように，確立された境界をもつ，小さな，一般的には地理的に均質な地域。地域の特徴と，メンタルヘルスの必要性など地域の特徴や必要事項を評価するために地域共同体の人口統計データがよく用いられる。⇨ **キャッチメント・エリア**

**人工的な感情**［cold emotion］ ある種の興奮剤（エピネフリンなど）に対する反応のこと。それらの興奮剤の投与により喚起される感情に対する生理的な反応を伴う。

**人口統計学**［demography］ 地理学的分布，性別や年齢の分布，大きさ，構造や成長傾向など，様々な要因や特徴に関する人間母集団の統計調査。こうした分析は，疫学的研究など数多くの研究に用いられる。⇨ **生物統計学，社会統計学**

**人口統計的パターン**［demographic pattern］ 結婚，出生，乳児死亡率，収入，医療あるいは精神衛生サービスの使用に関する地理学的分布など，人口変数の統計調査によって明らかにされた有意なパターン。

**人工瞳孔**［artificial pupil］ 目に入る光の量を制限する人工開口装置のこと。

**新行動主義**［neobehaviorism］ **論理実証主義**の影響から生じた，心理学へのアプローチの一つ。経験的な行動の観察と，説明装置としての意識や心的事象の利用を通して，行動の包括的な理論と枠組みを展開することに重点をおいている（例としてハル（Clark Leonard Hull）やトールマン（Edward C. Tolman）の理論や枠組み）。新行動主義は，この点で，心理学を心理主義的な概念や説明から解放しようとした古典的**行動主義**とは対照的である。アメリカの心理学者・哲学者のコッホ（Sigmund Koch: 1917-1996）によると，新行動主義は，20世紀の実験心理学の支配的なアプローチとして1930年頃には古典的行動主義に取って代わったが，その影響は1950年代には衰退し始めた。⇨ **徹底的行動主義**

**人口動態統計**［vital statistics］ 住民のライフイベント（誕生・死亡・疾病・結婚など）について，政府機関によって集計されたデータ。

**人工内耳**［cochlear implant］ 特にスピーチについて，聞いたり解釈したりすることに甚大な**感音難聴**をもつ人のために設計された電子装置のこと。音を検出するためのマイクロホン，音を変換するためのヘッドピース，音をデジタル化するためのプロセッサ，聴覚神経を刺激するために蝸牛において外科的に埋め込まれた電極へ合図を送るレシーバから構成されている。

**人工妊娠中絶**［elective abortion］ 手術または薬物による，胎児摘出による計画的で早い時期の妊婦の人工中絶。⇨ **妊娠中絶**

**人工妊娠中絶薬**［abortifacient; abortient.］ 妊娠中絶を誘発する薬物の総称。

**人口のゼロ成長**［zero population growth］ 社会における出生数と死者数のバランスがとれている状態のことで，人口が増えも減りもしなくなること。多くの先進国において典型的にみられる。

**進行波**［traveling wave］ 基底膜に沿って移動する波であり，内耳の蝸牛に音が到着するときに生じる。**純音**に反応すると，基底膜に生じる瞬間的な波が，蝸牛管内を移動する。だが，基底膜のある点では，進行波は純音と同じ周波数をもつ正弦曲線に近似する。

**人工物**［artifact］ 生産された物体。特に歴史的に意味のある生産物。

**進行まひ**［general paresis］ 脳の梅毒感染の進行による認知症であるが，現在，梅毒は早期に診断され，治療されるため，極めて稀な疾病である。初期症状は，初感染から5〜30年の潜伏期間を経て現れる。心理学的兆候としては，易怒性，錯乱，疲労，健忘，頭痛，作話，怠惰，道徳感情の欠如などがみられる。抗生物質による治療がなされないと，徐々に身体症状が現れ，**アーガイル・ロバートソン瞳孔**，顔面筋のたるみ，うつろな表情，つまずき言葉，悪筆，**歩行性運動失調**，着衣失行，まひ，痙攣，尿失禁や大便失禁，植物状態への漸進的進行などがみられる。以前は，中枢神経梅毒（general paralysis of the insane），まひ性認知症（dementia paralytica あるいは paralytic dementia），まひ性精神病（paretic psychosis）としても知られていた。

**人口密度**［population density］ 単位空間当たりの人間あるいは他の有機体の数。

**人工流産**［induced abortion］ 薬物や医療装置のような人工的な手段によって，発育段階（子宮外で発育可能な段階）の前に，子宮から胎児を故意に取り除くこと。⇨ **妊娠中絶**

**信仰療法**［faith healing］ 現代医学によらない医療行為で，その効果は治療者や治療方法に対する患者の信仰に依存すると言われている（⇨ **プラセボ効果**）。その効果は，超常的で超自然的な作用によるというよりも，心身相関の作用によると考えられる。⇨ **メンタルヒーリング，心霊治療**

**人工論**［artificialism］ 世の中に存在するものはすべて，その質や動きに直接責任のある，神や人類などの意識をもつ存在によって作られたという仮定のこと。ピアジェ（J. Piaget）によって提唱され，存在物自身が自らの動きを方向づけたり自らの基本的な性質を決めたりする内的な力やエネルギーをもつと仮定する**アニミズム**と対比された。どちらの仮定も，発達の**前操作期**にいる子どもに特徴的にみられる。

**人材募集条件（人事明細書）**［personnel specification］ 募集される職に必要な人物の属性や能力などの正確なリスト。学歴その他の資格，訓練，実務経験，身体的特徴（頑強さや健康），その職務関連の具体的能力など。興味関心やパーソナリティなど，より一般的な基準もリストに加えられることもある。これらの属性は仕事の成果を予測するものと考えられているので，募集案内で強調され，選考過程でそれらが検証される。職務明細書（job specification）とも呼ばれる。⇨ **職務次元，職務要件，知識・スキル・才能および他の特徴，実質的職業資格**

**心耳**［auricle］　両心房の上部の外側にある小さな耳たぶ状のふくらみのこと。

**人事監査**［personal audit］　性格の強みや弱みを評価するために作成された口頭か記述されたインタビューや質問紙。

**人事考課**［employee evaluation］　被雇用者の全般的な**職務成績**および関連する性格特性（たとえば，同僚と仲良くやっていけるか）についての判断。人事考課は通常，上司かコンサルタントによって行われる。従業員査定（employee appraisal），職能評価（work evaluation）とも呼ばれる。⇨ **基準次元**，**職務基準**，**業績審査**

**人事心理学**［personnel psychology］　産業・組織心理学の一領域で，従業員の選考，配置，訓練，昇進，評価，相談を扱う。

**人事選考**［personnel selection］　**個人情報**，**就職面接試験**，**採用テスト**などの手続きを用いて，特定の業務に最適な従業員を選考する過程。

**真実のかけら仮説**［kernel-of-truth hypothesis］　「わずかな真実仮説」「瑣末な事実仮説」とも呼ばれる。**ステレオタイプ**は様々な個人からなる集団について過度に一般化されてはいるものの，その集団の性質について正確に描写した要素を有することもある，とする考え。

**人事データ**［personnel data］　1. 応募書類，面接，**採用テスト**，健康診断，人物証明書をもとに得られた新規採用された従業員の情報で，個人と業務との対応づけに用いられる。⇨ **個人情報**　2. 人事部や人材開発部が所有する従業員の情報で，履歴書，組織内の職位，給与と給付金，職務評価が含まれる。

**真社会性**［eusociality］　動物にみられる社会的構造のことで，労働する個体と希少な生殖個体，その他多数の非生殖個体が存在し，集めた食材や巣材を守ったり，幼い個体の世話が行われる。真社会性は，ミツバチやスズメバチなどの社会性昆虫などにみられる社会構造の一般的な形式である（⇨ **社会性昆虫**）。半倍数体の遺伝様式により，若い女王の世話をする非生殖個体の順応性の説明が容易となる。

**人種**［race］　身体的特徴，祖先や言語といった共通性によって，人口を部分化したり，"区分"するためによく用いられる社会的概念。この用語は，地理，文化，宗教や国家グループに対し，大雑把に用いられることも多い。人種というカテゴリーを用いることによって，グループを客観的に定義できたり，その同質性といったことを示せる点が重要であるという指摘がなされるが，一方で，カテゴリー内での異質性がかなり存在することや，カテゴリー自体が文化によって異なる，といった問題点が指摘される。さらに，人種に関する自己報告では，社会的な文脈によって変更されることもあったり，1つ以上の人種にアイデンティティをもつこともある。⇨ **民族集団**，**民族的アイデンティティ**，**人種差別主義**

**侵襲的**［invasive］　1. 皮膚の穿刺や切開，あるいは身体への器具や異物の挿入を必要とする処置や検査。2. 感染や悪性腫瘍（⇨ **癌**）のように，1つの組織から別の組織へと拡散する性質をもっていること。⇨ **非侵襲的**

**人種間結婚**［intermarriage］　異なる人種，民族，宗教団体に属する2人が結婚すること。⇨ **族外婚**，**人種混交**，**異系交配**

**人種混交**［miscegenation］　異なる民族間の結婚，性的活動，生殖活動のこと。特に，皮膚の色などきわだった身体的な差異が強調されるようなときに使われる。この言葉は，伝統的に強い非難感を伴い，現在では古めかしく好まれない言葉である。⇨ **族外婚**，**人種間結婚**，**異系交配**

**人種差別**［racial discrimination］　人種を理由に個人に対する対応を変えること。ほとんどの差別は**偏見**が行動として発現したものであるため，被差別集団の成員に対する非好意的，否定的，敵意的，または不当な対応が含まれる。⇨ **人種差別主義**

**人種差別主義**［racism］　ある人種集団の成員が弁別的な特徴をもち，それがその集団を他集団より劣ったものにしていると思い込んでしまうといった**偏見**の一形態。人種差別主義には，一般に，当該集団に対する否定的な感情反応，負の**否定的ステレオタイプ**の受容，その集団成員に対する人種差別が含まれ，暴力を導くこともある。⇨ **回避的人種差別**，**日常的人種差別**，**制度的人種差別主義**，**現代的人種差別主義**，**自民族中心主義**

**人種心理学**［race psychology］　比較心理学の一分野で，**人種民族的差異**の実証的研究を目指す今日では用いられていない領域。

**人種的アイデンティティ**［racial identity］　特定の**人種**の成員であることによって自己アイデンティティが部分的に定義されるという感覚。この感覚の強さは，その人種集団の成員性に関連する心理的，社会政治的，文化的，状況的要因を内面化している程度に依存する。⇨ **民族的アイデンティティ**

**人種的な記憶**［racial memory］　世代から世代に受け継がれ，個人の精神や行動に基本的な影響を及ぼすために保持される思考パターンや感情，経験の痕跡のこと。ユング（Carl Jung）とフロイト（Sigmund Freud）は2人とも系統的な継承（⇨ **系統発生**）の概念を取り入れたものの，異なる事例に焦点を当てた。フロイトは不安や罪悪感を緩和するための宗教的儀式を引き合いに出し，**エディプス・コンプレックス**や彼自身の**原始群理論**から説明した。ユングは，異なる文化で自然に発生するイメージやシンボル，擬人化を参照し，**普遍的無意識**の**元型**から説明した。人種的無意識（racial unconsciousness）とも呼ばれる。

**人種民族的差異**［racial and ethnic differences］　ある変数に関して2つ以上の人種や民族においてみられる差異。実証研究からは，民族集団間の，知能や性格特性，感覚の鋭敏さなどの生得的な違いは示されていない。アメリカの心理学者ニズベット（Richard Nisbett: 1941- ）の文献レビューによれば，こうした人種民族的差異を環境の点から解釈することを支持する証拠が優位であった。⇨ **人種心理学**

**新小脳**［neocerebellum］　小脳の背部にある最も新しく進化した部分で，哺乳類にのみみられる。脳橋の核に通じる線維がある。⇨ **旧小脳**

**浸食**［erosion］　気候の影響や人間を含む生命体の利用による，物理的環境の劣化や腐食。たとえば，森林地帯に作った小道の損耗の度合いは，使用の度合いの目安と考えることができる。⇨ **アクリーション**

**心身医学**［psychosomatic medicine］　疾患の原因や治療に関して，心理的要因の役割を重視する研究分野。

**人身攻撃**［ad hominem］　非形式的誤謬，もしくは説得

テクニックの一つ。ある説を支持，あるいは反対している人の（想像上の）欠点のために，その説の正誤が判断されてしまうこと。たとえば，「X理論は正しいとされるべきである。なぜなら，それはアルコール依存のY教授が反対しているからである」という主張。［ラテン語で"人に対する（つまり，反対する）"という意］

**心身耗弱**［diminished capacity］　公訴事実にある犯意（⇨ **犯意**）に対して，酩酊状態（⇨ **酩酊抗弁**）または精神障害による精神異常を理由に被告人の限定責任能力を主張する法的擁護手段。

**心身症**［psychosomatic disorder］　病気が起こるのではないかと思い込む疾患のタイプ。

**心身症的**［psychosomatic］　精神が，様々な身体的な症状に影響を与える，すべての疾患からなるという考えをもとにしているアプローチが特徴である。

**心神喪失［1］**［alienatio mentis］　精神異常を意味する法律用語。［原語はラテン語，逐語的な英語表現ではalienation of the mind］

**心神喪失［2］**［insanity］　法的に，犯罪的行為に対する責任を負えなくなるような精神的状態のこと。したがって，**心神喪失による無罪**とされた被告人は，彼らの行為に対する**刑事責任能力**も欠如している。この法的基準において，その人が精神異常者であるかどうかは，心理士や精神科医ではない審判や陪審によって決定される。犯罪責任の決定に関する多くの法的基準，**精神異常抗弁**を扱ううえでの中心的問題は，多くの司法組織で何度も取り上げられている。これらには，**ダラム準則や米国法律協会模範刑法典心神喪失検査**，**マクノートン・ルール**が含まれる。⇨ **部分精神病**

**心神喪失［3］**［non compos mentis］　精神の欠陥，あるいは法律上の正気を失った状態であり，その結果，自らの行動に責任をとれないこと。⇨ **健全な精神**

**心神喪失による無罪**［not guilty by reason of insanity; NGRI］　被告に刑事責任を問える意思能力のなかったことが判明した場合に，裁判所が下す終局判決のこと。⇨ **刑事責任能力**，**心神喪失**

**心身物理主義**［dual-aspect physicalism］　心身問題に対する理論的解決法。現実世界には物理世界と主観世界の2つの側面が存在するが，そのうち本質的なのは物理世界であるとする考え。

**人身保護命令書**［habeas corpus］　人を矯正施設または他の施設に拘束するに足る理由があるかどうかの判定を裁判所に託すための令状。［ラテン語で"身柄を留置している"との意味］

**心身問題**［mind-body problem; body-mind problem］　精神的過程と身体的過程（魂と身体）との間の関係を説明し記述する問題のこと。この問題の解決法は，大きく6つのカテゴリーに分かれる。(a) 相互作用説（interactionism）は，精神と身体は，互いに影響を及ぼすのだが別々の過程であるとする説（⇨ **デカルト二元論**）。(b) **心身並行説**は，精神と身体はそれぞれ対応するが別々の過程であり，因果的つながりはないとする説（⇨ **偶因論**，**予定調和**）。(c) **観念論**は，精神のみが存在し，身体は精神の一機能であるとする説。(d) **二重側面説**は，身体も精神も両者とも，存在が共通してもつ機能であるとする説（⇨ **中立一元論**）。(e) **随伴現象説**は，精神は身体過程の副産物であるとする説。(f) **唯物論**は，身体が唯一の現実であり，精神は存在しないとする説である。(a)と(b)のカテゴリーは二元論の立場であり，その他は一元論の立場である。精神病理学との関係においては，心身問題から生じる2つの主要な問題は，精神と身体のどちらから病気が発症したり進行していくかということと，精神と身体が互いにどのように影響を及ぼすのかということである。

**信心療法**［faith healing; religious healing; spiritual healing］　祈りや按手などの宗教的しきたりによって身体的，または精神的な病気を治療すること。この治療法を信じている人は，祈りを受けている人が何が起こっているかを理解していなくても，また，信仰していなくても，治癒効果はあると考えている。信仰療法（faith cure）とも言う。

**深睡眠**［deep sleep］　睡眠周期において，覚醒水準が最も低く，意識消失が最も明確に起こる段階を指す。深睡眠時には脳波の大部分を**デルタ波**が占める。⇨ **徐波睡眠**

**真性異言**［xenoglossy］　超心理学の用語であり，全く知らない言語を話したり書いたりすることができる見せかけの能力。

**新生児**［neonatal; neonate］　生まれたばかりの子ども。人間の乳児は，妊娠満期（full-term neonates）として知られる通常36週の妊娠期間後に生まれ，この期間が終わる前に早く生まれる乳児は，早期新生児（preterm neonates）として知られる（口語では"未熟児"）。

**新生児期**［neonatal period］　人間の発達において，妊娠満期後に出生した新生児の誕生から約1か月の期間（早産の場合は，その期間は長くなる）。ヒト以外の種では，新生児期は，種によって多様である。たとえば，イヌは，誕生から約12～14日までの範囲であり，ラットは誕生から約21日までである。⇨ **発達レベル**

**新生児の薬物依存症候群**［neonatal drug dependency syndrome］　妊娠後期の母親の薬物乱用（大抵がオピオイドの乱用）のため，赤ん坊が薬物依存で生まれてくる症候群。この状態の赤ん坊は低体重で生まれてくることが多い。妊娠時の薬物依存は，赤ん坊の子宮内での死亡，早産，新生児の死亡率などの問題を引き起こす。

**新生児模倣**［neonatal imitation］　他者を見て，顔の表情などのいくつかの行動を模倣する新生児の能力。⇨ **能動的感覚間マッピング**

**真正性**［authenticity］　実存主義の用語で，人間が自由や選択，責任という重荷や，無意味な世界に自分の価値や意味を構築していく必要性を受容することで到達できると考えられる存在のこと。

**真性同性愛**［primary homosexuality］　異性への性的興奮や異性との性的行為を一度ももったことのない個人における同性への性的志向。

**真正な幻覚**［veridical hallucination］　超心理学の用語であり，亡霊の幻影のように一見すると錯覚であり不可能であるとみなされるにも関わらず，なぜか複数の人に目撃される事象。刺激がないときの知覚からなるため，その体験は幻覚として分類される。だが，この幻覚は複数人に共有されるので，単なる幻覚ではなく"真正な"と形容して呼ばれる。⇨ **ゴーストイメージ**

**人生の嘘**［life lie］　1. 他者や，自分ではコントロールできない環境のために自分の人生設計が崩壊するに違いないと考える誤った信念。自らを責任から解放する手段だと

考えられている。[アドラー（Alfred Adler）によって定義された] **2.** 人生を構築している誤った信念のこと。

**人生の終わり**［end of life］　個人とその家族，友人，介護者が差し迫った死に関する問題と決定に直面し，揺さぶられる時期のこと。こうした概念は，医学的要因だけというよりも，死出の旅についての全体的な文脈の中で検討する方法の一つである。人生の終わりの問題は終末ケアの質（ホスピスか伝統的なものとするか），蘇生についての判断，資産の分配，葬式や追悼式の準備，家族や友人と別れを告げることや和解の可能性についての決定を含んでいる。⇨ **事前指示，インフォームド・コンセント**

**人生の各時期における危機**［age crisis］　人生の特定の段階で生じる内的葛藤に関連した理論上の人格の質的変化。実証的な研究では，そのような人生の特定の段階に関連する人格における激しい変化の兆候は明らかとなっていない。⇨ **中年期危機**

**人生の危機**［life crisis］　深刻な，あるいは重要な人生体験（離婚，結婚，転職，身近な家族成員の死など）のことであり，ストレスを生み出し，かなりの適応力を要するものである。人生の危機と健康に関する研究では，かなり大きなストレス喚起体験をして間もない者は，そうでない者よりも身体的，精神的状態において重大な変化を示しやすいとされる。⇨ **ライフイベント評価尺度**

**人生のゴール**［life goal］　アドラー（Alfred Adler）の自己心理学の用語。人が人生のなかで達成しようとする自己概念で，現実の，もしくは想像上の劣等感を代償する方法とみなされる。

**神聖病**［sacred disease］　古代ギリシャ時代のてんかんの呼称。発作は神の災いによるものと信じられていた。しかし，ヒポクラテスはこうした見方を否定して，「これは確実に，他の病気がそうであるように，てんかんにもその本態と原因がある。したがって，他の病気がそうであるように，治療する手段があるものだ」と述べた。

**真正表現型変換**［euphenics］　病気の発現を最小限に抑えるように環境を変えることによって遺伝病の結果を改善しようとする治療処置。たとえば，**フェニルケトン尿症**の人々は，患者食からフェニルアラニンの主要原（たとえば，甘味をアスパルテームでつけられた清涼飲料水）を取り除くことで発現を減少させたり防いだりすることができる。

**新生物**［neoplasm; neoplastic］　良性または悪性の異常増殖（腫瘍）のこと。病理学的には腫瘍（tumor）と同義である。一般的には悪性腫瘍を意味する（⇨ **癌**）。腫瘍は構造性をもたずに，細胞の分裂の形で急速に増殖する。悪性腫瘍は，近接の細胞を破壊しつつ侵略的に増殖するとともに，近接でない部分にも転移する。良性腫瘍はカプセル化されているため拡散することはないが，近接組織を圧迫して損傷を与えることがある。

**親戚**［relation］　家系や結婚，養子縁組による他者との個人的なつながりのこと。⇨ **親族**

**親切**［kindness］　他者に対する意図的な慈悲的，援助的行為。親切は，はっきりとした報酬を獲得するためや，明らかな罰を避けるためではなく，他者を助けたいという欲求に動機づけられるものである。⇨ **利他性**

**振戦**［tremor］　神経学的あるいは心理的な原因によって，身体や手などの身体の一部が不随意に震えること。緊張による心理的（psychological），あるいは心因性（psychogenic）振戦は軽度であるが，深刻な障害の場合には激しく，制御できない。薬物の中毒作用や重金属によって一過性振戦（transient tremor）が生じることがある。粗大振戦（coarse tremor）はゆっくり運動する大きな筋肉群を伴って生じ，微細振戦（fine tremor）は急速に動く小さな筋線維束によって生じる。随意運動をしているときにのみ生じる振戦もあるが（⇨ **動作時振戦**），それ以外の振戦は随意運動のないときに生じる（⇨ **静止時振戦**）。老年性振戦（senile tremor）は加齢に関係する。⇨ **本態性振戦**

**新線条体**［neostriatum］　比較的最近発達した**大脳基底核**の一部。**被殻**と**尾状核**を含む。**淡蒼球**に代表される，系統発生学的により古い旧線条体（paleostriatum）と対比される。

**振戦せん妄**［delirium tremens: DT］　極度の興奮，パラノイア，幻視や幻触を含んでいる比較的稀なアルコール離脱症候群。これは無治療ならば生命に関わるものである。⇨ **アルコール離脱せん妄**

**振戦まひ**［paralysis agitans; shaking palsy］　パーキンソン病の旧式名称。

**腎臓系**［renal system］　老廃物を身体から排出するための腎臓および関連構造。尿管，膀胱，尿道，腎血液供給，腎神経支配を含む。

**心臓血管疾患**［cardiovascular disease］　心臓や血管に影響を及ぼす先天的もしくは後天的な何らかの疾患のこと。心血管疾患は，高血圧（⇨ **高血圧症**），うっ血性心不全，**心筋梗塞，動脈硬化，冠状動脈性心臓病**，そしてリュウマチ性心疾患を含む。

**深層構造**［deep structure］　チョムスキー（N. Chomsky）により提唱された**変形生成文法**において，構成要素間の論理的な文法関係が明確である，文の基底となる抽象的な形式のこと。深層構造は変形（transformation：たとえば，語順を変化させたり，要素を追加したり削除したりすること）によって，文の**表層構造**を生成する。基底構造（base structure）とも呼ばれる。

**深層志向短期療法**［depth-oriented brief therapy］　**構成主義的心理療法**の原理を時間制限を設ける形で適用した短期療法の一つ。

**心臓神経症**［cardiac neurosis］　心臓の異常，心臓の異常への疑い，もしくは冠状動脈疾患の進行への恐怖により促進される不安反応を言う。心臓神経症は，情動的ストレスからくる医学的に問題のない心雑音，動悸，胸痛を患者が感じとったときに生じることもある。また別のケースでは，内科医の診察によって生じたり悪化したりすることもある（⇨ **医原病**）。心臓疾患への不安は，**パニック障害**によくある症状であり，それはまた**心気症**においても訴えの中心となっている。

**深層心理学**［depth psychology］　感情的な不安，心理的混乱や症状，そして人格，態度，創造性，ライフスタイルの源となる無意識的な心理過程にここで焦点を当てた心理学や心理療法のこと。この典型的な例は**古典的な精神分析**であるが，他にもユング（Carl Jung）の**分析心理学**，アドラー（Alfred Adler）の**個人心理学**などがある。

**深層性失読**［deep dyslexia］　後天的な失認症の一種（⇨ **失読症**）で，意味性錯誤（オウムをコナリアと読むなど），抽象語（考え，日常），機能語（the, and），言いやす

い無意味語を読むことができないことに特徴づけられる。 ⇨ **音韻性失読**，**表層性失読** ［1973年にイギリスの神経心理学者マーシャル（John C. Marshall）とニューカム（Freda Newcomb: 1925-2001）によって初めて記された］

**心臓精神病** ［cardiac psychosis］　心臓発作の後にみられる，激しい不安と恐怖状態に関連した思考過程の解体のこと。

**心臓の心理学** ［cardiac psychology］　健康心理学における，心血管機能や，健康と心疾患との関連にのみ特化した専門分野。

**心臓病恐怖症** ［cardiophobia］　心臓に対して，特に，心臓の異常がある，または生じるのではないかという過度の恐れのこと。⇨ **心臓神経症**

**心像不形成** ［aniconia］　心的イメージの欠如。

**心臓ペースメーカー** ［cardiac pacemaker］　異常な心拍を制御するため，胸部に埋め込まれる電気装置。心臓の特定の部位に装置からの導線が取り付けられ，心筋の収縮を監視し，異常な収縮がみられたときにのみ電気的な刺激を心筋に加える。

**心臓発作** ［heart attack］　冠状動脈の一部が塞栓することで生じる突然の激しい胸痛のこと。冠状動脈の障害によって，心筋梗塞（すなわち，心筋の一部の壊死）によって引き起こされることもある。

**深層面接** ［depth interview］　非難されることへの恐れや面接者の反応を気にすることなく，自身を自由に表現するよう励ますことによって，心の奥にある感情，態度，意見，動機を明らかにする面接方法。このような面接は，たとえばカウンセリングや質的な市場調査の一部に採用されている。一般に比較的時間を要し，構造化されておらず，1対1で行われる傾向にある。

**深層療法** ［depth therapy］　短期であっても，長期であっても，行動や適応の基底にあってそれらを妨げている無意識的な葛藤や体験を特定し，徹底操作（working through）を行う心理療法を指す。⇨ **表層的技法**

**親族** ［kinship］　生まれ，共通の先祖，結婚あるいは養子によって関係がある状態。親族であるか否かの見解は文化によってかなり異なる。たとえば父権の強い社会では（⇨ **家父長制度**），母の血縁では最も近い人でも親族とはみなされないこともある。

**親族移住** ［kinship migration］　1. 年配者，特に未亡人の居住地の変化で，家族の近くに引っ越すことなど。2. ある場所から別の場所に家族が引っ越すことで，全員がまとまって動くこともあれば，個人別，小グループに分かれて動くこともある。

**親族ネットワーク** ［kinship network］　ある文化や社会の中で拡大家族を作っている公式，非公式な関係のこと。典型的なものとして血縁，結婚，養子縁組に基づくものがある。親族ネットワークや血縁集団の分析は文化人類学で研究対象として興味がもたれたことがある。

**身体依存** ［physical dependence］　薬物を繰り返し使用してきた人物が，薬物使用を中止した際に，不快な生理的症状を経験する状態（⇨ **物質離脱**）。DSM-Ⅳ-TR では，離脱や耐性が明らかな場合に，身体的依存を伴う**薬物依存**と診断する。⇨ **精神依存**

**身体－運動感覚性の知能** ［bodily-kinesthetic intelligence］　多重知能理論において，身体運動の態勢と調整に関わる知能。たとえば，ダンス，バイオリンの演奏，バスケットボールにおいて使われる。

**身体運動幻覚** ［kinesthetic hallucination］　身体運動に関する幻覚。

**身体化［1］** ［embodiment］　人間の思考の多くは，身体とその周辺環境の経験の比喩的な拡張であるという主張。［アメリカの認知言語学者レイコフ（George Philip Lakoff: 1941- ）に由来する］

**身体化［2］** ［somatization］　オーストラリアの精神分析家ステッケル（Wilhelm Steckel: 1868-1940）が，今では**転換**と呼ばれているものを説明するために最初に使用した。ほぼすべてのタイプの不安障害にも生じる身体的な症状に言及するだけでなく，心因性の喘息，消化性潰瘍のような**心身症**の症状の表現にも用いる研究者もいる。

**身体概念** ［body concept］　人が自分の身体を認識する際の思考，感情，知覚。つまり，自分の身体の概念的なイメージ。⇨ **身体知覚**，**身体像**

**身体化障害** ［somatization disorder］　DSM-Ⅳ-TR においては，何年にもわたる多様な身体症状（少なくとも8つ，そのうちの一つは疑神経症状であること）の病歴をもつ**身体表現性障害**のこと。そのため，医学的な援助を探し求め続けてきた過去があるにしても，それが身体的障害や損傷によるものとは明らかにならない。訴えはしばしば曖昧でいながら生き生きとして誇張されるが，患者はしばしば不安なようにみえ，抑うつ的となる。訴えの中には，病気のような気がする，飲み込みづらい，歩きづらい，目がかすむ，お腹が痛い，吐き気がする，下痢をしている，生理痛あるいは生理が不順，性的な関心がわかない，性交が痛い，背中が痛いあるいは関節が痛い，息がしづらい，動悸がする，胸が痛いといったものがある。

**身体感覚受容器** ［somatic receptor］　皮膚上にある感覚器の総称。深部の運動感覚器（⇨ **運動覚**）も含む。自由神経終末，メルケル触盤，マイスナー小体，クラウゼ終末小体，ゴルジ腱器官，籠状終末などがある。

**身体緩衝帯** ［body buffer zone］　不快を感じないために，自分自身と1人，またはそれ以上の他者との間で維持したいと望む物理的距離。この範囲は，他者との関係性によって変化する。たとえば，親密な関係にある場合には狭くなる。また文化によっても変化する。

**身体記憶** ［body memory］　痛み，覚醒，緊張，不快などの心的外傷の感覚的な想起であり，通常，言葉やイメージが伴う。身体記憶は，しばしば，**幼児期健忘**の間に起きた心的外傷が原因となり，認知的ではなく，感覚運動的に外傷的出来事が記憶される。⇨ **感覚運動記憶**

**身体境界** ［body boundaries］　身体の境界線の明確さを形成しているボディイメージの構成要素。ロールシャッハ法における防壁反応，たとえば，「甲羅のある亀」「鎧をまとった人間」は，明確な身体境界を示している。一方，**透過反応**，たとえば「出血している人」「裂けたコート」は，不明確な身体境界を示している。

**身体緊張型** ［somatotonia］　シェルドンの体型論的パーソナリティ理論において，中胚葉型の体格に関係する性格類型。身体緊張型は，精力的な活動，物理的に危険な状況に立ち向かう肉体的勇気，力への希求性，などによって特徴づけられる。

**身体サイズ過大評価** ［body-size overestimation］　客観

的な測定に対して，身体（たとえば，ウエスト，ヒップ，太股）のサイズを過大評価すること。かつて**神経性無食欲症**に必ず付随する心理的特徴と考えられていた。⇨ **身体の歪み**

**身体自我**［body ego］ 精神分析理論の用語で，身体に関する自己知覚から発達した**自我**の部分のこと。個人の記憶，感覚，観念，願望，努力，空想を含む，自我周辺にまとめられている自己に関するすべての知覚の核となる。⇨ **自己関連づけ**

**人体視察法**［anthroposcopy］ 身体測定のための計測技術を用いるのではなく，視診によって人体構造を判断する方法。

**人体自然発火**［spontaneous human combustion］ 全く火の気がないところから，人間の体が自然発火し，灰になるまで焼きつくされてしまうという主張。多くの疑わしいケースがあるが，一般的に，都市伝説（urban legend）の一つと考えられている。

**身体疾患に影響を与える心理的要因**［psychological factors affecting medical condition］ DSM-Ⅳ-TR においては，その他の疾患に分類される。**一般身体疾患**の結果や治療，進行に悪影響を与える心理的，行動的要因（たとえば症状の憎悪，回復の遅れなど）。この要因には精神障害，心理的症状（大うつ病障害，不安），パーソナリティ特性（敵意，否認），ストレスへの身体症状，健康に不利益をもたらす行動パターン（過食，アルコールの多量摂取）を含む。多くの身体疾患は，心理的な要因に影響を受ける。その例として，心臓血管系，胃腸系，神経系の疾患，リウマチ障害，癌などがあげられる。

**身体失認**［asomatognosia］ 自己の身体の感覚的気づきが欠損した状態。同疾患がある人は自己の身体部位を認識することができなくなる。

**身体醜形**［body disfigurement］ 先天的な奇形，後天的身体損傷，その他個体の身体的統合性をゆがめる病気による，外見上の客観的な欠陥。

**身体醜形症**［body dysmorphia］ 客観的な証拠に基づかない，外見のある部分に対する極端な非難のこと。あったとしても身体的特徴に軽い欠点があるだけの場合や，極端な事例では，主張される外見のぶっかこうさや奇妙さに何ら客観的な証拠がないこともある。⇨ **身体醜形障害，筋肉異醜症**

**身体醜形障害**［body dysmorphic disorder: BDD］ DSM-Ⅳ-TR では**身体表現性障害**の診断名が与えられる。この障害では，容姿に欠陥があると想像し，過度にこだわるか，些細な身体の奇形について過剰な関心をもつ。もともとは身体醜形恐怖（dysmorphophobia）として知られていた。典型的なこだわりは，欠陥を頻回に確認する行動を伴う。身体醜形障害は**強迫性障害**の特徴をもち，たとえば容姿についての強迫観念とそれに伴った強迫行為（たとえば，鏡での確認行動）が生ずる。そして著しい苦痛を体験するか，社会的，職業的あるいはその他の領域における機能が重篤に障害される。

**身体心理学**［somatopsychology］ 生理学的な病気，または身体障害の心理学的な影響に関する研究のこと。この用語はあまり使用されていない。そして，その研究対象は，今では健康心理学に含まれる。

**身体図式**［body schema］ 身体に対するイメージや，感情を含めた認知のこと。

**身体性認知**［embodied cognition］ 知的な人間行動を，事物や目標，期待からなる実在世界で活動する，身体的かつ情動的な身体基盤をもつ**行為者**の行為としてみなす，人間の問題解決の理論。このアプローチは，知性を抽象的な力とみなす，より合理主義者的な観点と対比される。⇨ **スキャフォールディング**［1980 年代にレイヴ（J. Lave）らによって提唱された］

**身体像**［body image］ 自らの身体全体の形態に関する心的表象。物理的，**身体知覚**とそれらの特徴に対して**身体概念**の両者を含む。身体アイデンティティ（body identity）とも呼ばれる。⇨ **身体図式**

**身体像回避**［body-image avoidance］ 自分の外見に関わる過度の関心が行動に現れること。満足していない身体の部分を目立たなくし，隠すために，社会的な機能性よりも隠すことを主な目的とする行為（たとえば，大きいサイズのゆったりとした服を着るなど）によって明らかとなる。

**身体像の歪み**［body-image distortion］ 個人の身体の外観，サイズや変化に対する主観的イメージや心的表象が歪んでいること。この用語は通常，身体サイズに対する過大評価や精神病者の知覚体験を定義するのに用いられる。身体像の障害（body-image disturbance）とも呼ばれる。⇨ **神経性無食欲症，身体の歪み，身体醜形障害**

**人体測定学**［anthropometry］ 人体のサイズや比率が年齢，性別，人種，文化などの変数によってどのように影響を受けるのかに関する科学的研究。

**身体知覚［1］**［body awareness］ 自己のイメージの構成要素の一つとしての，自分の身体構造に対する知覚。内部感覚や運動，外部世界との接触から由来する。

**身体知覚［2］**［body percept］ 自分自身の身体的特徴として形成される心理的イメージ。つまり，痩せているか筋肉質か，強靭か虚弱か，魅力的か魅力的でないか，背が高いか低いかなどである。⇨ **身体概念，身体像**

**身体的介入**［physical modality］ 熱や氷といった物理的媒介を用いた治療の介入。

**身体的懸念**［somatic concern］ 身体的な症状（たとえば，胸痛，吐き気，頭痛，痛み，息切れ）に関連した身体的な健康に関する心配のこと。また，苦悩を与えるような身体の病気，機能障害に関する信念のこと。⇨ **心気症**

**身体的自己愛**［body narcissism］ 自分の身体や自身の性感帯に対する関心や魅力が誇大化したもの。

**身体的自尊心**［body esteem］ 自身の身体の様々な部位やそれらの外見を，個人が肯定的に捉える度合いのこと。

**身体的精神病**［somatopsychosis］ 身体あるいは身体の一部に関わる妄想や，身体疾患に基づくとされる精神病。［アメリカの精神科医であるサザード（Elmer Southard: 1876-1920）の定義による］

**身体的な強迫**［somatic obsession］ 身体や身体の一部に没頭すること。この懸念は，身体部分に関する強迫的な確認（たとえば，鏡に映したり，触れたりするなど）に関連しており，他者と比較したり，新たな自身を得ようとする。身体的な強迫は，**身体醜形障害**の中心的な特徴であるが，他の強迫性症状があるならば，**強迫性障害**の特徴もまた含むことがある。

**身体的抑うつ**［somatic depression］ 身体症状が目立つ**大うつ病性エピソード**の一つ。

**身体電極配置**［body electrode placement］　心臓，脳，皮膚や他の臓器で電気的な特性を記録する場合に使われる電極の配置パターンのこと。

**身体動作の閾値**［threshold for bodily motion］　身体動作を知覚するために必要な回転，加速，減速の最低限の度合い。

**身体認知［1］**［body cognitions］　自己の外見の特徴についての信念や態度。身体認知に関する否定的，自滅的な思考は，主観的な不満とつながる。

**身体認知［2］**［somatognosia］　自身の身体ないし身体の一部についての意識。自分の身体部位の否定は**身体失認**と呼ばれる。

**身体年齢**［physiological age］　身体の様々な系において標準から個々がどの程度，発達または劣化しているかを数値化したもの。

**身体能力**［physical abilities］　産業・組織場面において，職務遂行のために要求される強さ，速さ，機敏さといった個人的特徴のこと。もしこれらが正当な**実質的職業資格**であるなら，それらはポストに対する**人材募集条件**に含まれることになる。

**身体の拡張装置**［physical extension device］　障害をもつ人の届く範囲を拡張する機器もしくは装置。⇨ **ヘッドスティック**，**マウススティック**

**身体の歪み**［body distortion］　身体の大きさを過剰に捉えたり，異様な知覚経験のある傾向。⇨ **身体サイズ過大評価**，**身体像の歪み**

**身体の弱さ**［somatic weakness］　心理学的ストレスに対する人や生物のシステム上で仮定された脆弱性。生来の感受性が原因となっているとされている。この脆弱性のために，生き物は**心身症**の対象となる。

**身体病恐怖性精神病**［somatophrenia］　身体疾患を想像する，あるいは誇張する傾向のこと。⇨ **心気症**

**身体表現性障害**［somatoform disorder］　DSM-Ⅳ-TRにおいては，身体症状が特徴となる一群の障害のこと。身体症状は特定の医学的条件を示唆している。ただしその医学的条件に対応した器質的な事実は存在せず，心理的な要因の関わりが示唆される。この症状は著しい苦しみを引き起こし，そのために通常の社会的あるいは職業的機能が大きく損なわれる。⇨ **身体化障害**，**鑑別不能型身体表現性障害**，**転換性障害**，**疼痛性障害**，**心気症**，**身体醜形障害**

**身体部位失認**［autotopagnosia］　自己もしくは他者の身体部位を認識したり，言語化したり，指示したりすることができなくなる状態のこと。**失認**の一種で，**頭頂葉**と**視床**間の神経経路の損傷により生じる。

**身体浮揚反応**［floating-limb response］　標準的な催眠導入時にみられる，手や腕が上方に浮くという暗示に従うような身体反応。⇨ **コーンスタム・テスト**

**身体療法［1］**［body therapies］　心理的緊張やその他の症状を軽減するための集団療法で，身体を操作することで，リラクセーション，マッサージ，呼吸運動や身体部位の姿勢や位置を変えることを通して行われる。この治療は，身体とその機能は個人の基本的なパーソナリティや生き方を具体的に表すという理論を基礎としている。⇨ **ボディワーク**

**身体療法［2］**［somatic therapy; somatotherapy］　生理学的手法による精神障害者の治療法のこと。向精神薬の処方や電気ショック療法，ビタミンの大量投与療法などがある。

**身体類型**［body type］　体格や体型による性格分類。⇨ **体格類型**，**外胚葉型**，**内胚葉型**，**中胚葉型**，**無力体型**，**発育異常型**，**肥満型**

**身体類型論**［body-type theories］　体型や身体のサイズが，心理学上の習性として性格を決定するという理論。

**シンタクシス**［syntaxis］　論理的で現実に基づいた，思考およびコミュニケーションの方法。⇨ **シンタクシス・モード**，**シンタクシス思考**

**シンタクシス思考**［syntaxic thinking］　論理的，目的的，かつ現実志向な思考を含む，認知の最も高次な段階。［アメリカの精神科医サリヴァン（Harry Stack Sullivan: 1892-1949）によって定義された］

**シンタクシス・モード**［syntaxic mode］　妥当性確認，シンタクシス思考（syntaxic thinking）の発達，および広く受容された言語による思考の表現によって特徴づけられる，世界を体験することにおける最も高次な段階のこと。［アメリカの精神科医サリヴァン（Harry Stack Sullivan: 1892-1949）によって定義された］

**診断**［diagnosis: Dx］　1. たとえば，検査や診察という査定手法や利用可能な証拠を通して，兆候や症状から疾病や障害の特徴を特定・決定する過程のこと。2. 疾病，障害，異常，各種の特徴等に基づいて，個人を分類すること。心理学的診断に関してはDSM-Ⅳ-TRに特に詳しく集積され，専門家向けに公刊されている。

**診断学**［pathognomy］　特にそれらが病気の兆候であるときの，感覚や情動や性格特性の認識。

**診断学的面接法（DIS）**［Diagnostic Interview Schedule: DIS］　うつや統合失調症，アルコール・薬物依存を含んだ，現在・過去の精神医学的症状を査定する構造化された面接法（**構造化面接**）。DISは最低限の臨床的判断を得るための客観的な診断法として設定された質問集であり，一定の順序で質問を行うことが決められている。1970年代遅くの全米精神衛生学会（National Institute of Mental Health）による疫学的管轄区域調査（epidemiologic catchment area survey）での利用を起源として発展した。

**診断性**［diagnosticity］　自己認識を求める人にとっての相互作用，出来事，フィードバックに関する情報的価値のこと。高い診断性をもつ情報は**自己概念**との明確な関連をもつ一方，低い場合は不明確，曖昧，不正確となることがある。自身に関する高い診断性をもつ情報を求める衝動は**評価動機**と呼ばれる。

**診断センター**［diagnostic center］　アメリカにおいて，訓練された人材，適切な研究所や患者の状態を評価し，患者の身体的ないし心理的不調の原因を特定するための設備を有する施設のこと。診断センターは，大きな医療施設あるいは独立機関の一部であることもある。

**診断的処方教育アプローチ**［diagnostic prescriptive educational approach］　障害をもった子どもに対する教室での授業が効果的かどうかは，教師がどのくらいその障害を理解しているかに大きく依存するという考え方。たとえば，水頭症に対して教師や教育運営をする側が深く知っているほど，この障害をもつ生徒に対する適切な教育プログラムをより効果的にデザインし，生徒にあったものにすることができる。

**診断的不分明化**［diagnostic overshadowing］ 重複障害をもつ人を査定する際に，その諸特徴をある主要な障害に帰してしまったために，別の障害の存在を見落としてしまうこと。特に，疾患の症状を誤って精神遅滞によるものであるとしたために，精神遅滞を伴う個人の精神疾患や精神障害を見落とすことを指す。⇨ **二重診断**

**診断的面接**［diagnostic interview］ 心理士や他のメンタルヘルスの専門家が，治療計画を作っていくのと同時に，診断や予後の定式化という目的をもって，患者が呈している問題，現在の状況，背景を探索する面接のこと。

**診断テスト**［diagnostic test］ 身体的，心理的，行動的問題や異常の性質や原因について明らかにするのに役立つ検査や査定手法のこと。

**診断の定式化**［diagnostic formulation］ 患者に関する包括的評価であり，行動的，感情的，精神生理学的な障害についてのまとめである。診断の定式化には患者の生活史全体の最も重要な特徴を含んでおり，心理学的・医学的検査の結果，障害の起源や発展に関する暫定的な説明，障害の診断的分類，基礎的なものだけでなく付加的な治療も含めた治療の計画，その計画を進めた場合の予後の評価などを含んでいる。

**診断ベースライン**［diagnostic baseline］ 病気や障害を特定し治療する上で用いられる，病気に関連した症状の治療前の状態。診断ベースラインは，患者を研究に関連した集団に割り当てるためにしばしば使用される。⇨ **ベースライン**

**診断別関連群**［diagnosis-related groups: DRGs］ アメリカにおいて，ヘルスケアの提供者に支払いを行うための財政ツールとして使われている入院患者もしくは病院の区分のこと。各診断別関連群（現在は500以上ある）では，診断，患者の年齢と性別，治療手続き，入院期間に基づいて予め値段が設定されている。

**伸張受容器**［stretch receptor］ 筋の伸張に対し主に反応する受容器細胞。骨格筋の**筋紡錘**など。

**伸張反射**［stretch reflex; myostatic reflex］ その筋が伸張された際に起こる筋収縮反応。重力に対して身体を支える働きをもつ。筋伸展反射（myostatic reflex）とも言う。

**心的エネルギー**［psychic energy; mental energy］ 精神分析理論において，すべての心理過程の背景の力学的な力。フロイト（Sigmund Freud）によれば，このエネルギーの根本的な源泉は，**イド**にある**本能**あるいは欲動で，**快楽原則**に従って目前の満足を得ようとする。ユング（Carl Jung）も，それが精神的エネルギーの宝庫だと信じていたが，フロイトが強調した生物学的本能の満足を与える喜びには意義を唱え，このエネルギーが人格発達と，文化的，霊的な価値表現に注がれることを強調した。⇨ **リビドー**

**心的折り紙検査**［mental paper-folding test］ 実験参加者に，折り線の入った折り紙を立体へと戻した際に何に見えるかを答えてもらう検査。この検査では空間視覚化の能力が測定される。

**心的外傷**［psychic trauma］ 精神に苦痛を与える経験であり，しばしばその影響が持続する。たとえば性的暴行（強姦）や児童虐待がある。⇨ **トラウマ**

**心的外傷後健忘症**［posttraumatic amnesia: PTA］ **1.** 心的外傷後に生じる健忘症の段階。心理的苦痛を受けた事件を忘れる（逆行健忘症），その後に起こった出来事を忘れる（順行性健忘症）といった症状が起こりうる。このような健忘状態が続くこともあれば，心理的苦痛を受けた事件の記憶を曖昧で不完全な形で想起することもある。**2.** 頭部損傷の直後に起こった事象に対する記憶障害。

**心的外傷体験に隣接した解離**［peritraumatic dissociation］ 心的外傷体験の時点，あるいはその直後に起こる一過性の解離状態（⇨ **解離**）。症状としては，心的外傷体験が自分ではなく他者に起こっているかのように感じられたり，映画の中の出来事のように感じられたり，ぼんやりしたり，見当識を失うこともある。これは，後に外傷後ストレス障害へ発展する予測因子となる。

**心的回転**［mental rotation］ 通常の向きから，時計回り，または反時計回りにある程度回転させた刺激について，2刺激間の異同判断を求める実験課題。この判断には，刺激を通常の向きへ心的に回転させることが必要だと考えられている。［アメリカの心理学者シェパード（Roger Newland Shepard: 1929- ）によって開発された］

**心的構え**［mental set］ 状況へ反応したり，ある問題を特定の方法で解決するといった心的機能を実行したりするための，一時的な準備状態（readiness）。教示により規定されることが多いが，そうである必要はない。⇨ **構え，アウフガーベ，決定論，アインシュテルング**

**心的緊張**［psychic tension］ 非常時，あるいは内的葛藤や不安を生み出す状況で経験する感情的に緊張した感覚。⇨ **ストレス，緊張**

**心的苦痛**［psychic pain］ （器質的異常よりも）強烈な心理的苦痛によって引き起こされた耐え難い痛みのこと。極端な場合は，長期の心的苦痛が自殺企図を導きうる。⇨ **精神痛**

**心的結合**［mental combination］ 認知発達に関するピアジェ（Jean Piaget）の理論。**感覚運動期**の最終段階に特有の認知処理タイプ。この段階では，13～24か月の幼児が，心的問題解決に取り組んだり，対象を表象するために心的イメージを使用し始める。幼児の行為志向的世界と児童の記号志向的世界の間の転換を促進するものである。心的結合を通じた新しい意味の発明（invention of new means through mental combination）とも呼ばれる。

**心的決定論**［psychic determinism］ 特に，フロイト（Sigmund Freud）と関連する考え方。心理的（精神的）出来事は，偶然によって起こるのではなく，常に，分析によって明らかにすることができる根本的な原因があるとする。⇨ **決定論，フロイト的失言**

**心的言語**［mentalese］ 思考の仮想言語。認知的システムと意味的システムを結びつけ，概念と命題に作用する。

**心的現実**［psychic reality］ 空想，願望，恐れ，夢，記憶，予感といった内的な現実。実際の出来事や経験といった外的現実とは区別される。

**人的資源**［human resources］ 集団の目標達成を可能にする，**知識・知能・スキル・才能および他の特徴**をもった個人や集団のこと。

**心的自己統治理論**［theory of mental self-government］ 個人が自らの認知能力について考えたり表現したりするための観点を，政治の統治機能になぞらえて提案する**認知スタイルモデル**。提案される観点に次の通りである。(a) 統

治：認知の立法，行政，司法機能における優先権（たとえば，計画，実行）。(b) 問題解決：君主的（続けざまに1つの目標を追い求める傾向），階層的（異なる優先度をもつ複数の目標），寡頭政治的（等しく重要な複数の目標），無政府主義的（組織立っていなくて行き当たりばったりの問題解決）であると呼ばれる方法。(c) 包括的思考−局所的思考：問題を大局的，抽象的に考えるか，具体的な詳細を考えるか。(d) 内面的思考−外面的思考：内向−外向や社会的技能，協調性に関連する。(e) 保守的か急進的：規則に則った学習−創造的で方針転換がある学習。[1988年にアメリカの心理学者スタンバーグ（Robert J. Sternberg: 1949- ）が提唱した]

**心的処理** [mental process]　心において生じるあらゆる処理。この用語は**認知過程**と同意語として使用されることが多い。⇨ **高次心的過程**

**心的水準の低下** [abaissement]　眠ってはいるが夢を見ていることに気づいているときのように，意識の閾値が低く，無意識的思考が意識されるような精神状態のこと。[フランスの医師・心理学者であるジャネ（Pierre Janet: 1859-1947）によって初めて確認，定義された]

**心的装置** [psychic apparatus; mental apparatus]　精神分析的理論における精神構造および機構のこと。フロイト（Sigmund Freud）が，初め（1900年）無意識，前意識，意識に，その後（1923年）に，**イド**，**自我**，**超自我**に分類した。イドは無意識，自我と超自我は，ある部分は意識，別の部分は前意識，またある部分は無意識であると説明された。⇨ **構造的モデル**，**局所モデル**

**心的地図** [mental map]　**1.** 客観的な地理学的知識というよりもむしろ主観的な知覚に基づく，現実世界あるいは現実世界の一部についての心的表象。こうした心的地図では，通常，自宅周辺，自分の住む町，自国が優先されるが，個人的経験（たとえば，休暇旅行），文化的な結びつき（たとえば家族の歴史や言語的関連），マスメディアにおける報道の水準によっては，もっと離れた場所が優先されることがある。また，これらの場所に対する個人のネガティブまたはポジティブな感情も組み込まれており，そうした感情は慣習的な考えやステレオタイプを反映していることが多い。心的地図は，国民性，地域性，民族性，ジェンダー，教育，社会経済的地位によって大きく異なることが，研究によって示唆されている。**2.** 2次元空間または3次元空間の内的な表現。⇨ **認知地図**

**心的統合** [mental synthesis]　着想やイメージを統合し，思考の対象へと形成する過程，または，意識の対象を意味のある全体へとまとめる過程。

**心的統制のアイロニー** [ironic mental control]　何らかの心的内容を意識から排除しようとする努力が，余計にその内容の想起をもたらすという現象。[アメリカの心理学者ウェグナー（Daniel M. Wegner: 1948- ）により定義された]

**心的内容** [content]　心理学において，意識的な経験における思考，イメージ，感覚を指す。ヴント（W. Wundt）の内観の対象であり，彼の心理学的枠組みの主題であった。内容は，その根底にあるメンタルプロセスや神経の構造と対比される。

**心的二重視** [mental diplopia]　錯覚，幻覚あるいは虚偽記憶における体験を指すもので，このような体験は同時に現実でないもの，異常なものであるという意識を伴っている。

**心的非対称性** [mental asymmetry]　2つの認知機能のバランスがとれていないこと。たとえば，**高カルシウム血症候群**（ウィリアムズ症候群：Williams syndrome）では，視覚空間認知能力に障害がある一方で，非常に優れた言語能力をもつことがある。

**心的表象** [mental representation]　認知的な操作をしている間，知覚，思考，記憶，あるいはそれらに類する心の中のものを象徴するとされている仮説的な概念である。たとえば，暗算をする際には，数字や数的演算子に対応した心的表象を演算対象としている。また，物体の裏側を想像している際には，物体の心的表象を操作している。電話を掛けながら，電話番号を声に出して繰り返している時には，数字名の心的表象を操作している。ただし，心的表象が何であるのかについての同意はまだ得られていない。⇨ **思考**

**心的まひ** [psychic numbing]　心的外傷後症状の一つで，感情表現，愛情，他者への親密さを受け入れられないこと。⇨ **失感情症**

**心的メカニズム** [mental mechanism]　精神力動において，個人が環境の要求に適合し，自我を守り，内的欲求を満たし，内的・外的な衝突や緊張を和らげるのに，全体として，役に立つ心理的機能。その中には，(a) 思考の表現を可能とする言語，(b) 問題解決に必要な情報を貯蔵する記憶，(c) 現象の認識や解釈を含む知覚がある。さらに，精神分析理論や精神力動理論では，**合理化**や**補償**のような多様な防衛機制が，不安を防ぎ，自尊心を守るのを助けると考えられている。

**人的要因** [human factors]　**1.**（人間工学において）人間特有の能力や限界を伴うことによる，システムの機能に対する人間の影響。**2.** 安全性や効率性や快適性など，人間が使用するシステムをデザインしたり評価，最適化する際になされるべき配慮。

**ジンテーゼ（合）** [synthesis]　哲学における，弁証法的過程の最終段階，すなわち**テーゼ（正）**と**アンチテーゼ（反）**との間の対立を解決する第三の定理。進行中の弁証法の次の段階において命題としての役割を果たす。この用語の使い方は，ドイツの哲学者であるヘーゲル（Georg Wilhelm Friedrich Hegel: 1770-1831）の考えに由来する。
⇨ **弁証法的唯物論**

**シンデレラ症候群** [Cinderella syndrome]　自らを"シンデレラ"，すなわち，親からの拒絶，ネグレクト，虐待の被害者であるという信念に基づいた幼児期の行動。

**心電計効果** [electrocardiographic effect]　心電計で記録する際に心臓の電気活動が変化することであり，特に，薬の投与に伴って生じる。心臓の循環周期，特にQ-T間隔（心室の収縮周期）の延長が，多量の抗精神病薬や三環系抗うつ薬の過剰摂取に伴って観察される。悪性の心電図変化として，トルサード・ド・ポワント（torsades de pointes: フランス語で"屈曲点"を意味する）として知られる不整脈があり，心電図の追跡記録における特徴的な線図からこのように呼ばれている。トルサード・ド・ポワント症候群は，特定の薬の相互作用による血清濃度の高まりや単剤（例，ピモジド）に対する異常反応が要因となり，影響を受けやすい人に生じる可能性がある。

**心電図** [electrocardiogram: ECG; EKG; cardiogram] 心筋の伝導系の電気的インパルスを表す波形。印刷される場合や画面に表示される場合がある。患者の胸, 脚, 腕などに取り付けられた電極によって電流が検出され, 心電計 (electrocardiograph) という機器に記録される。この心電図記録法 (electrocardiography) と呼ばれる方法では, 心電図の波形が心腔と弁の状態, ひいては心臓障害の兆候を明らかにする。

**伸展反射** [extension reflex] 肢や肢の一部を胴体から離そうとする反射運動。**伸筋突伸, 伸張反射, 交差性伸展反射**などが含まれる。⇨ **屈曲反射**

**浸透** [osmosis] 濃度の異なる2つの溶液間で, 溶媒を分離している透過性の膜を通じて行われる溶媒分子の受動的移動のこと。溶媒は薄い溶液から濃い溶液へと流れる傾向がある。

**振動** [vibration] 音叉のように, 通常**ヘルツ**で計測される周波数をもった対象の周期的な運動のこと。

**浸透圧** [osmotic pressure] 低濃度溶液の領域から高濃度溶液の領域へ半透過性膜を通じて水 (あるいは他の溶媒) が移動するのを防ぐために必要な圧力。異なる濃度の溶液が半透過性膜によって分離されている時に生じる分子の自然な運動に由来する。

**浸透圧受容器** [osmoreceptor] 視床下部にあり, 身体の細胞外液における様々な物質の濃度変化と細胞内脱水に反応するとされる受容体。**バソプレシン**の分泌を調整し, 渇きに関与する。⇨ **浸透圧性渇き, 浸透圧調節**

**浸透圧性渇き** [osmometric thirst; osmotic thirst] 細胞内液の喪失と**浸透圧**の相対的増加によって引き起こされる渇き。細胞内性渇き (intracellular thirst) とも呼ばれる。⇨ **浸透圧調節, 血液量減少性渇き**

**浸透圧調節** [osmoregulation] 生物の体細胞と細胞外液の中の水および電解質の最適含有量を維持するための複合的なメカニズム。体液調整 (water regulation) とも呼ばれる。⇨ **浸透圧性渇き, 浸透圧受容器**

**振動かご** [jiggle cage] バネの上に設置された檻であり, 内部の動物の小さな動きを記録するために用いられる。

**振動環境** [vibration environment] 移動中の乗り物の振動が, 座席や床・壁・ハンドルを通じて人間に伝わるような環境のこと。加速が与えるのと類似した物理的影響を人体に与える。振動効果の大きさは, 振動の頻度と人体の力学的反応の関係性によって決まる。

**浸透（圧）計** [osmometer] 浸透圧や, 異なる液体における浸透作用 (溶質が高濃度側から低濃度側へ膜を通過すること) の大きさを測定するための機器。

**振動受容器** [vibration receptor] 広い範囲の振動周波数に反応する神経終末のこと。**パチーニ小体**などの組織学的研究によって同定されてきた。皮膚表面から骨表面を覆う結合組織までの深さに存在する。ある受容器は100～500 Hzの振動に最も感受性が高く, その他の受容器は 100 Hz 以下の振動に感受性が高い。

**振動触覚閾値** [vibrotactile threshold] 振動として知覚される刺激の最小強度。様々な**機械受容器**は各々異なる振動周波数に対して反応する。

**振動触覚マスキング** [vibrotactile masking] 2つの振動触覚刺激が時間的に近接して提示されたときに, ある刺激が他方の刺激に干渉しうることをいう。**マスキング**は順行的にも逆行的にも生じうる。

**浸透性** [permeability] たとえば小さな穴が開いている場合など, 気体, 液体, 溶質などが浸透する状態のこと。完全膜には浸透性は全くないが, ほとんどの生体膜は選択的透過性 (selectively (partially) permeable) または半透性 (semipermeable) で, 細胞膜を栄養が透過するように, 特定の物質を選択的に透過する。⇨ **浸透圧**

**振動体験** [vibration experience] 素早く振動して, 皮膚の受容器を刺激するような物体に接触することで生じる感覚。振動感覚は, 振動の効果が得られる周波数閾値に調整できる機械振動子を用いて測定される。

**浸透度** [penetrance] 遺伝学における**対立遺伝子**が, それを処理する個体に出現する効果の程度のこと。対立遺伝子を所有し, その結合形質を示している個体の比, あるいは割合で表現される。もしすべての人が結合形質を促す特定の支配的対立遺伝子をもつならば, その対立遺伝子は100%の完全浸透度 (complete penetrance) といえる。反対に, 不完全浸透度 (incomplete penetrance) が生じるのは, 特定の対立遺伝子をもつ個体が結合形質を促さない場合である。

**振動病** [vibration disease] 音波もしくは機械による振動や衝撃が手や腕に伝わることによって生じる職業上の健康被害。振動にさらされる頻度や期間によって損傷の程度は異なる。

**シンナー遊び** [paint sniffing] 薬物乱用の一種。塗料用シンナーや揮発性溶剤の吸入を含む。⇨ **吸入剤乱用**

**心内辞書** [mental lexicon] 人が通常使用したり (⇨ **算出語彙**), あるいは他者に使用されたりする (⇨ **受容語彙**) ときに認識される単語の集合。心理言語学によって, そのような辞書のための多様なモデルが提唱されている。それらのモデルでは, 単語は, 意味, 辞書カテゴリー, 頻度, 長さ, 音などの特徴に関して心的に構造化されている。

**心内膜炎** [endocarditis] ときとして心弁も含む心臓の裏側にある心内膜の炎症のこと。要因には細菌や菌による感染 (例, 梅毒, 結核, ブドウ球菌) や, ときに Q 熱感染に伴う心弁へのリケッチア菌の侵入がある。

**侵入エラー** [intrusion error] 記憶テストで, 記憶するために呈示された刺激にはない項目が再生されること。忘却の性質についての情報を得ることができる。たとえば, 侵入したものが同意語, 同韻語, あるいに正しい項目の関連語である場合など。

**侵入思考** [intrusive thoughts; task-unrelated images and thought: TUITs] 思考中の, あるいは課題に関連した思考を阻害する心的事象のこと。これは, このような思考を避けようと不断の努力を行ったとしても生じる。この思考は, 心的外傷後ストレス障害, 強迫性障害などに共通してみられる特徴である。

**信認義務を負う** [fiduciary] 個人が相手との二者関係において, 「信頼に値する人」の役割を担い, 相手が最も関心を向けている事柄に自身の能力や努力を向けるよう要求される関係性のこと。カウンセラーとクライエントは受託的関係をもち, カウンセラーは他の何よりもクライエントの幸福や最も関心のあるものを扱う存在とみなされる。

**信念 [1]** [belief] 1. 態度の心理学において, ある特徴や特質と**態度対象**との連合を指す。通常, 連合される特徴や特質は評価的な性質をもつ (たとえば, この車は信頼

できるなど)。⇨ **態度基盤** **2.** より一般的に，ある事物（たとえば，現象，人の誠実さ，理論など）の真実，現実，あるいは妥当性を受容すること。⇨ **信仰**

**信念 [2]** [conviction] 社会心理学において，ある**態度**をもつことに価値を感じる主観的感覚，または**自己概念**の重要な側面のこと。信念は**態度基盤**に関連している。

**信念体系** [belief system] 記憶の中で相互に連合している，信念や態度，あるいはその両方の集合体。⇨ **態度システム**

**信念の固執** [belief perseverance] ある信念の起源となっていた情報が反駁されたり，あるいは間違っていることが示されたりした後でも，その信念を保持しつづける傾向。

**信念 – 欲求推論** [belief-desire reasoning] 他者の行動を，その人の願望や信念への理解に基づいて説明，あるいは予測しようとする過程。信念 – 欲求推論は**心の理論**の基礎である。⇨ **マインド・ブラインドネス**

**真の自己** [real self] 個人の真の願望や感情や，さらなる成長や発達の可能性のこと。⇨ **自己，現実自己，本当の自己** [ドイツ生まれのアメリカの精神分析家ホーナイ（Karen D. Hrney: 1885-1952）が提唱した]

**真の得点** [true score] 古典的テスト理論おいて測定された個人のもつ特性に関する実際の量を反映した測定値または得点の一部のこと。

**真の分散** [true variance] 研究参加者間の自然発生的なばらつきのこと。この分散は，参加者の性質に由来するものであり，測定誤差研究において関心のある変数を記述するために用いられるモデルの不正確さまたは外部要因によるものではない。

**審美 [1]** [aesthetic appreciation] ある刺激が，その美的性質のために人々に愛好され楽しまれる程度。

**審美 [2]** [aesthetic taste] 一般に受け入れられている基準に従った芸術作品の美しさや適切さの評価のこと。

**真皮** [dermis; derma] 皮膚の最外層（**表皮**）の下の層。真皮は血液とリンパ管，神経と神経終末，毛包をもつ。

**新皮質** [neocortex] 最も新しく進化した**大脳皮質**の一部で，6つの細胞層がある。一次感覚野，運動野および連合皮質をといった，人間の脳の表面にみられる皮質はすべてこの新皮質である。同種皮質（isocortex）とも呼ばれる。⇨ **皮質層，細胞構築，不等皮質，古皮質，旧皮質**

**神秘主義** [mysticism] **1.** 知覚的経験と合理的推論以上の知識と真実の源があるとする価値観。それらの知識は，霊感や啓示，知覚的要素を多少含む可能性はあるが，厳密には知覚的経験とは言えない諸々の経験により構築される。それらの知識はたやすく共有したり他者に伝えることはできず，個人的に達成されるものである。よって神秘主義は主観主義的な意味合いをもつ。**2.** 神に直結する知識，あるいは神との融合は，個人の宗教的経験を通して得られるという信念。様々な宗教的伝統の書物の中で神秘的な経験の描写がみられる。大抵の場合，集中したトランス状態，瞑想状態になり，恍惚とした忘我の感覚により深い洞察が生じるとされる。**3.** 不合理的，非科学的信念。自己妄想や故意の**反啓蒙主義**が特徴である。

**真皮節** [dermatome] 主に**脊髄神経**の後根線維による支配を受ける皮膚の部位。

**神秘的解釈** [anagogic interpretation] 夢や他の無意識の素材を，本能に基づく精神分析的解釈とは対照的に，理想（ideals）の表現や霊的（spiritual）な力として解釈すること。[ユング（Carl Jung）が紹介し，オーストリアの精神科医ジルベレ（Herbert Silberer: 1882-1923）が発展させた]

**神秘的合一** [mystic union] 神，自然，あるいは宇宙全体との宗教的同一化の感覚。⇨ **仏教，宇宙の同一化，大洋感情，超越瞑想，ヨガ，禅療法**

**神秘的参加** [mystical participation] 自然と精神，自分と環境との境界を踏み越えるか，もともと存在しないとする心の有り様。この用語はフランスの哲学者で民俗学者のレビブリュール（Lucien Levy-Bruhl: 1857-1939）によって示された。このような神秘的な体験は原始的な文明の特徴である。⇨ **融即の法則**

**深部感覚** [bathyesthesia; deep sensibility] 身体の深部（皮下）組織が圧力，痛み，または筋や関節の動きを感知すること。深部圧覚（deep-pressure sensitivity）とも呼ばれる。

**振幅** [amplitude] **1.** 刺激や反応の大きさのこと。**2.** 正弦波の最大変位量の絶対値。

**振幅ひずみ** [amplitude distortion] 大きい音が歪んで聞こえたり，その音を聴き誤ってしまうこと。

**深部構造** [deep structure] 解剖学において，身体の表層下にある器官や組織。たとえば，心臓，肝臓，腎臓。

**深部小脳核** [deep cerebellar nucleus] 中位核のような，小脳の基底部にある核のこと。

**深部静脈血栓症** [deep vein thrombosis: DVT] 静脈に血栓が生じること。下肢にみられることが最も多い。長期の固定が原因となり，肺塞栓症を引き起こす可能性がある。⇨ **血栓症**

**シンプソン・パラドックス** [Simpson's paradox] 2つ以上の研究の素データを結合させる場合に生じる現象で，個別の研究の結果とは異なる結果を生じさせる。たとえば，2つの変数 $X$ と $Y$ との間で相関 0.00 を示す2つの研究が，不適切な方法でデータが結合された場合に，$X$ と $Y$ との間で強い正の相関を示すことがある。

**深部体温** [deep body temperature] 身体の内部器官の温度。⇨ **体温**

**人物画検査** [figure-drawing test] 人物を描く心理検査の総称であり，知的発達の評価や投映法として用いられる。⇨ **マコーバー人物画テスト**

**人物誤認** [misidentification] 誤った信念によって生じた人物または物体認識の誤りのこと（妄想的な誤認：delusional misidentification）。⇨ **人物誤認症候群**

**人物誤認症候群** [misidentification syndrome; delusional misidentification syndrome] 自分自身や他者，場所あるいは物について妄想的な**人物誤認**をすることが特徴である障害のこと。誤認とは，個人がある方法によって他者の同一性を身体的または精神的に変化させた誤った認識，あるいは経験した場所や物事の特徴を変化させた誤った認識のことを言う。⇨ **カプクラ症候群，フレゴリの錯覚，相互変身錯覚症候群**

**人物失認** [misidentification] 個人を正しく認識することの失敗。健忘症やアルコール依存症などの記憶障害や混乱状態で発生するほか，ときには躁病によっても発生する。

**人物成長研究所** [personal-growth laboratory] 感受性

訓練を行うためのコースあるいは集団のこと（⇨ **感受性訓練**）。建設的な人間関係，創造的努力，リーダーシップ，他者理解などといった能力を開発することを目的としている。芸術活動，知的な議論，感覚的刺激，情動的相互作用などの様々な手法を利用する。

**シン・ブュン**［shin-byung］　韓国でみられる**文化依存症候群**のことで，不安と身体愁訴（全般的な虚弱，めまい，食欲不振，不眠，胃腸の問題）によって特徴づけられ，解離や先祖の霊が憑依したとされる後に生じる（⇨ **解離性トランス障害**）。この経験は，シャーマンになる幻覚を経験し，改宗した時に治癒するような宗教的な病に影響すると考えられる。

**新プラトン主義**［Neoplatonism］　ギリシャの哲学者プラトン（Plato: BC 427-347）の教えの理解をもとに，アレクサンドリアの哲学者プロティノス（Plotinus: 204-270）によって展開された哲学の流派。新プラトン主義には，この世界とは別の，完全にして真実の世界が存在する（⇨ **プラトン的理想主義**）というプラトンの考えに基づく。しかしながら，プロティノスによって構築された体系では，世界の究極的一元性を強調し，理性とは対極の**神秘主義**という新たな視点が，別の世界を理解する方法であるとした。新プラトン主義は，中世・ルネサンス期において，古典哲学とキリスト教の調和にも影響を及ぼした。

**シンプルステップファミリー**［simple stepfamily］　片親が以前の家族形態から新しい家族へ子どもを移し替えること。⇨ **ステップファミリー**，**混合家族**

**新フロイト派**［neo-Freudian］　フロイト（Sigmund Freud）の**古典的な精神分析**から派生した学派。しかし，概してこの学派は生物学的な本能を超え，社会的，対人的な要素に重きをおく修正や改訂を行っている。この用語はフロイトの同輩であるアドラー（Alfred Adler）やユング（Carl Jung）といったかなり初期にフロイトから離別した者のアプローチに適用されることは通常ない。エリクソン（Erik Erikson）やフロム（Erich Fromm），ドイツ生まれのアメリカの精神分析家であるホーナイ（Karen Horney: 1885-1952），そしてアメリカの精神科医であるサリヴァン（Harry Stack Sullivan: 1892-1949）などが最も影響を与えた新フロイト派の理論家，実践家といえる。

**シンボル**［symbol］　安全工学の分野において，労働者や消費者に道具やシステムに関連した危険を警告するリスク・コミュニケーションで用いられる絵画模様。

**シンボル数字検査**［symbol-digit test］　人に与えたシンボルリストに関する課題であり，すべてのシンボルは類似の数字をもち，その後，数字なしのシンボルリストが与えられ，参加者の記入が求められる。テストが測るのは，固定された時間で完成されたシンボル数字組の数，または固定された数を完成する時間である。⇨ **コード検査**

**シンボルプロセス**［symbolic process］　認知心理学において，概念やイメージ，あるいはその他の**心的表象**が思考の媒介として機能するようなすべての認知的活動。この用語は**高次心的過程**を，(a) 知覚のような低次の認知機能，あるいは (b) 表象レベルでの処理の基礎となる神経生理学的なプロセス，のいずれかから区別するためによく使われる。⇨ **象徴的思考**，**思考**

**人本主義**［humanism］　宗教的信念や超自然主義に反対の姿勢をとる立場。

**じんましん**［hives; urticaria］　かゆみを伴う腫れなどの急な発生が特徴の皮膚の一時的な炎症。この症状は心理的要因やアレルギーによって生じる。

**新マルサス主義**［neo-Malthusian］　必要な資源を確保し，環境を保護するために，家族計画や避妊を用いて人口の制御を行おうとする現代的な教義，もしくは運動のこと。

**親密性 対 孤立**［intimacy versus isolation］　エリクソンの発達の八段階の6番目の段階で，青年期後期から求婚，初期の家庭生活を経て，中年期初期に至るまでの段階のこと。この期間では，自分自身を見失うことなく共有し他者を労わることを学習しなければならない。このことに失敗すれば，一人ぼっちで孤独を感じることになる。この前の段階で一貫した自己同一性が発達していれば親密感が達成される機会がもたらされるが，自己同一性の拡散が発達していると，この段階においてポジティブな結果に至ることは難しくなってしまう。

**親密距離**［intimate zone］　社会心理学で　非常に近い関係の人たちがとるような小さな**距離ゾーン**で，たとえば母親とその子どもとの間にみられる。⇨ **個体距離域**，**公衆距離**，**社会的距離**，**プロクシミクス**

**親密さ**［intimacy］　ある人の**個人空間**に　その人を不快にさせることなく他の人が入ることができるくらいの感情的な近さをもった対人状態。その関係にある人は，お互いよく知っていて，大抵はやさしく愛情のある個人的関係が特徴的である。

**親密さの問題**［intimacy problem］　身体的か心理的かに関わらず，近い関係性を形成したり，他者と親密になったりする際の困難。性的接触，自己開示，信頼，継続する関係性への関わりの難しさを含む。

**親友**［confidant］　非常に個人的な考えや思いを吐露できる相手のこと。

**信頼**［trust］　1. 人や物の価値，真実に対する信用のこと。親密な関係，社会的関係，治療的関係いずれにおいても，他者との成熟した関係を築く主成分であると考えられている。⇨ **基本的信頼**，**対人信頼**，**安全**，**信頼 対 不信**　2. 人や物を信用すること。

**信頼区間**［confidence interval］　標本で得られたデータから母集団のパラメータの値を推定するための領域（区間）。区間は推定されたパラメータの真値を含む確率であり，予め固定して設定される。多くの研究は標本を用いてなされるが，それは関連する母集団全体について推論するためである。⇨ **点推定**

**信頼ゲーム**［trust exercise］　集団心理療法や成長グループにおいて，他者を信頼する習慣を身につけるために用いられる手続き。あるメンバーを不安定な状況におき，他のグループメンバーの助けに頼らせるといった訓練内容が含まれる。

**信頼限界**［confidence limits］　信頼区間の上限と下限。すなわち，既知の確率によって予測されたパラメータの値を含む上限と下限の値である。

**信頼性［1］**［authenticity］　心理療法やカウンセリングの場面における，純粋であり親切であるとされるセラピストやカウンセラーの特性。多くの場合，信頼性は専門家の側から証明されるが，クライエントによる専門家に対する現実的な態度によっても証明される。

**信頼性［2］**［reliability］　測定器具（たとえば，検査）

がある特性を一貫性をもって測定している程度のこと。その器具を用いて得られたデータの妥当性を評価する際に重要となる。信頼性の基礎的指標は**相関係数**である。**内部一貫性**の信頼性は項目群や下位検査群の相関によって指標化される。**評価者間信頼性**は2度以上実施した測定の相関によって指標化される。⇨ **評価者間信頼性**

**信頼性指数**［index of reliability］　観測されたテスト得点と、それらと理論的に対応している真の得点との間の直線的関係を推定したもの。

**信頼 対 不信**［trust versus mistrust］　エリクソンの発達の八段階の最初の段階。生後1年ほどの期間で、大まかにはフロイトの**口唇期**と対応している。この段階では、養育の仕方によって、乳児の、他者や自分自身に向けられた信頼もしくは不信の態度に影響が出るとされている。⇨ **基本的不信**，**基本的信頼**

**心理アセスメント**［psychological assessment］　心理学的な評価や判定、提案を行うために、データを集め、統合すること。心理士は様々な精神医学的問題（たとえば不安、物質乱用など）や、非精神医学的問題（たとえば知能や職業的関心など）といった様々な事柄を査定する。査定は個人的に行うこともできるし、1対1でも、家族全体に対しても、集団に対しても、組織全体に対しても行うことができる。査定のデータは、**臨床面接**や、**行動観察**、**心理検査**、生理学的あるいは心理生理的測定、さらにはその他の特別な検査道具など、多様な方法で収集される。

**心理カウンセリング**［psychological counseling］　感情的・認知的・行動的問題や、その解決について探索し、特に直接的なアドバイスを提供するための、クライエントとのやりとり、相互作用を言う。⇨ **カウンセリング心理学**

**心理学**［psychology］　1. 心と行動に関する学問のこと。歴史的には、心理学は哲学の一領域であった（⇨ **認識論**）。現在は、いくつかの主要な研究部門（実験心理学、生物心理学、認知心理学、発達心理学、人格、社会心理学など）と、研究と応用の心理学としていくつかの下位領域（臨床心理学、産業・組織心理学、学校・教育心理学、人的要因、健康心理学、神経心理学、異文化間心理学など）から構成される種々の科学的専門分野である。心理学の研究には、人間や動物の行動の基礎となる生物学的、認知的、感情的、人格的、社会的なプロセスや刺激を調べるための観察や実験、検査、分析が含まれる。心理学の実践では、心的、感情的、肉体的、社会的な機能不全を理解し治療を行う、様々な人間活動の環境（学校、職場、法廷、競技場、戦場など）での行動を理解し向上させる、人間が利用するために機械や建築のデザインを改良する、などの目的のために心理学的知識を用いる。2. 行動や特徴、態度やその他の個人や集団を特徴づけるものに関して情報を集めてまとめること（女性心理学など）。

**心理学者**［psychologist］　心理学の1つ以上の部門や分野における研究や演習や指導のいずれか（あるいはすべて）について専門的な教育を受けた個人のこと。教育は心理学を専門とする学部や大学院で行われ、哲学博士、心理学博士、教育学博士（それぞれ Ph.D., Psy.D., Ed.D.）の取得につながる。心理学者は、研究所、学校、大学、福祉機関、病院、診療所、軍、工業、企業、刑務所、政府、個人開業などの様々な環境で働く。心理学者の専門的な活動もまた様々であるが、心理カウンセリングや健康管理サービス、教育的試験や評価、研究、指導、企業や組織のコンサルティングなどが含まれている。これらの環境や活動の多くで独立して働くには、正式な**認証**や**資格認証制**が必要である。

**心理学振興協会**［Association for the Advancement of Psychology: AAP］　心理学の専門性・科学性の向上を通して人間の幸福を促進する目的で1974年に設立された組織。心理学振興協会は以下のことで心理学者の関心を集めている。(a) 公共あるいは政府の団体より優位な代表性、(b) 心理学における専門性・科学性の推進のために他の組織や政府との協力、(c) 立法活動を行う心理学者としての政治委員会の運営。

**心理学的アナフィラキシー**［psychological anaphylaxis］　先行する問題や外傷的出来事の結果として生じる心理的感覚過敏。過敏性を生み出したものと類似する状況や出来事に暴露され、その時の心理的症状が再発すること。

**心理学的キネジオロジー**［psychological kinesiology］　心理学的な観点から人間の運動に関わる行動を研究すること。⇨ **キネジオロジー**

**心理学的検査**［psychological examination］　パーソナリティ、適応、能力、興味、生活の重要な領域における機能を評価するために、面接、行動観察、心理テストによって患者を検査すること。検査の目的は、患者の欲求、困難さ、問題を評価し、精神疾患の診断と治療法を決定する一助となることである。

**心理学的原子主義**［psychological atomism］　心の中身が、突き詰めていくと、それ以上分けることのできない、個別の独立した思考単位で構成されているという考え方。これらの心理的原子は、それ以上の分割や区別ができなくなるまで、複雑なアイデアを単純なものに分解していくことにより到達される。構成心理学（⇨ **構造主義**）は、心理学的原子主義の一種に基づくとされている。

**心理学的治療**［psychological treatment］　心理療法や臨床的介入、行動変容法などの、様々な治療と心理教育の手法を指す。クライエントの適応や、自立機能を向上させることを意図している。心理学的治療は、訓練を受けた精神保健の専門家に限られた援助法であり、クライエントの行動、思考、感情に健康的で適応的な変化を生じさせるための、広範な種々の理論や方法を包含したものである。この術語はときおり薬物治療と対比して用いられるが、薬物は様々な心理的治療において補助的に用いられることもある。⇨ **補助療法**

**心理学的場**［psychological field］　レヴィン（Kurt Lewin）の社会心理学において、任意の瞬間に知覚する個人の生活空間や環境のこと。⇨ **場の理論**

**心理学的美学**［psychological aesthetics］　絵画や音楽、彫刻や写真建築、景観などに含まれる、形式やパターン、色、構成などの心理学的影響を扱う、心理学の一領域。たとえば、ある色やパターンは見る者を熱狂させ、また別の色やパターンは落ち着かせるような効果をもつ。また、心理学的美学は芸術作品の政治的・社会的・経済的影響に関する研究にも適用されている。

**心理学的剖検**［psychological autopsy］　死に先行する精神状態を決定するために、死後に行う分析のこと。心理学的剖検は、死が複雑もしくは曖昧な状態で生じた時に実施され、死が事故や殺人、あるいは、自殺によるのか、自

然死なのか決定するためにしばしば用いられる。死に関連した事実，動機，意味を再構築するために，その人の人生全体にわたって注目する。[1970年代にロサンゼルス自殺予防センターの心理学者のシュナイドマン（Edwin S. Shneidman）やファーブロウ（Norman L. Farberow），検死官マーフィー（Theodore J. Murphy）が先駆者となる]

**心理機能タイプ**［functional types］ユング（Carl Jung）の分析心理学において，自我の機能に基づいて分けられた4つの性格タイプ。ユングは，4機能を特定し，そのうちの1つの機能が，他の3つが無意識に留まっている間に意識的自我を支配するとした。個性化に向かう人（⇨ **個性化**）はすべての機能を意識可能な性格に統合する。心理機能タイプは，(a) **感情型**，(b) **思考型**，(c) **感覚型**，(d) **直観型**に分けられる。⇨ **四位一体，態度タイプ**

**心理教育問題**［psychoeducational problems］深刻な情緒的，心理的悩みを経験する青年や成人の実体を十分に検討する教育の問題。⇨ **学校心理学**

**心理劇**［psychodrama］ある役割や出来事を演じきることを通じて，クライエントが新しい洞察を獲得し，望ましくない行動パターンを変容させるための心理療法の技術。この方法は以下の過程からなる。すなわち，(a) **主人公**，もしくはクライエントがホスト役として自分自身の感情的問題や対人関係上の問題を演じる。(b) 訓練された**補助自我**が演劇化された状況における重要人物を演じ，支持的な役割をとる。(c) **監督**，もしくはセラピストは，この過程を演出し，それが終了した後に，解釈的な話し合いをリードする。役割交換や独白，夢の再演，催眠下の戯曲化といった特殊な方法が，セラピーを進めるために用いられる。心理劇には，以下のような様々な種類のものがある。(a) **ソシオドラマ**：これは社会全体や集団を積極的に構造化するものである。(b) 身体劇（physiodrama）：これは心理劇に身体的な条件を加えたものである。(c) 倫理劇（axiodrama）：これは真実や正義，美といった永遠の真理や倫理を扱うものである。(d) **催眠劇**：これは心理劇と催眠を組み合わせたものである。(e) 心理音楽（psychomusic）：これは心理劇の一部となった自然発生的な音楽である。(f) 心理舞踏（psychodance）：これは心理劇の中で自発的な舞踏を用いることである。⇨ **自発性劇場**［オーストリア生まれのアメリカの精神科医モレノ（Jacob Levi Moreno: 1889-1974）が1920年代に開発した］

**心理言語学**［psycholinguistics］形式的言語モデルを用いて，言語の用法やそれに伴う認知プロセスを探究する，心理学の一分野。特に，チョムスキー（N. Chomsky）らによって提唱された**生成文法**モデルは，子どもの**言語獲得**や大人の発話生成と発話理解を説明したり，予測したりする際に用いられてきた。この点において心理言語学は，(多くの他領域やアプローチを含む) より一般的な領域である言語の心理学とは区別される特定の分野といえる。

**心理検査**［psychological test］知能，心的能力（推論，理解，抽象的思考など），適性（機械作業への適性，手先の協調性，器用さなど），学業（読み，書き，算数など），態度，価値観，関心，人格とパーソナリティ障害，その他，心理学者が関心を寄せる特質を測定する際に使用される標準化された手法（すなわち，検査，目録，尺度）。

**心理工学**［psychotechnology］**1.** 心理学の実践的応用に関わる心理学的事実や原理のこと。**2.** そのような知識の応用。

**心理社会的アプローチ**［psychosocial approach］精神的健康，人格発達，行動に及ぼす社会的および文化的影響を強調する心理学理論，研究，実践のこと。

**心理社会的ストレッサー**［psychosocial stressor］精神障害や精神疾患そして不適応行動の発症や悪化に寄与する可能性のある普通ではないもしくは強いストレスを引き起こす生活状況のこと。心理社会的ストレッサーの例としては，離婚，子どもの死，慢性疾患，望まない住居変更，自然災害もしくは非常に競争的な仕事状況がある。

**心理社会的剥奪**［psychosocial deprivation］社会的・知的刺激を得るための適切な機会が欠けていること。児童における感情障害や精神発達の遅れ，知的発達の遅れなどの重大な原因となる。社会文化的剥奪（sociocultural deprivation）とも呼ばれる。⇨ **偽精神遅滞**

**心理社会的発達**［psychosocial development］**1.** エリクソン（Erik Erikson）の理論によると，パーソナリティの発達は一生を通じて社会的，文化的要因によって影響されるプロセスである。⇨ **エリクソンの発達の八段階 2.** 規定の社会的行動の発達のことであり，**向社会的行動**（たとえば，協力）と有害な行動（たとえば，攻撃）の両者が含まれる。心理社会的発達は，子どもの目に見える行動の変化の他に，彼らの**社会的認知**の変化も関与する。たとえば，子どもは他者の視点を取得できるようになり，他者の行動がその人の知識や願望に基づいていることを理解できるようになる。

**心理社会的要因**［psychosocial factors］個人および集団の精神的健康や行動を左右する社会的，文化的，環境的現象や影響のこと。こうした影響には社会的状況，対人関係，圧力が含まれ，たとえば，教育や健康管理といった社会的資源をめぐる競争やそれらを利用できるかどうか，技術の急速な変化，仕事の締め切り，女性の役割や少数派集団の地位の変化などがある。

**心理社会的リハビリテーション**［psychosocial rehabilitation］精神疾患に罹患した後に，個人に対して一般的な心理的・行動的・社会的なスキルを取り戻す過程のこと。焦点化されたプログラムやテクニックを用いて特殊な専門家から支援を受けて実施する。精神病院や他の施設（たとえば，刑務所）に住んでいる者が地域に戻ることを支援することを目的としている。

**心理社会療法**［psychosocial therapy］問題状況の対人的側面に重きをおいた心理的介入のこと。感情・行動障害を抱える人々が，家族や作業集団，地域，もしくはその他の社会的単位といった，他者との社会的な相互作用が要求される状況に適応できるよう援助することを意図して作られた。

**心理尺度**［psychological scale］**1.** 心理学的変数や心理学的機能（例，知能）に関する測定の尺度。**2.** 測定を行うために用いる器具のこと。

**心理主義**［psychologism］以下の1つまたは複数の事柄を主張する立場や理論的観点。(a) 論理規則は心の働き方を反映しているものであるため，論理が説得的なのは，それが心の働きに「合致する」ためである。(b) 真実とは外的事実と内的な考えが合致することを証明することによって確立されるものである。(c) 認識論的な問いには，心がどのような法則によって働いているのか理解すること

によって答えうる。(d) 言葉の意味は，それに対応する考え（idea）によって決まる。この用語は一般的に，不確かな心理プロセスを知識の基盤とする，特定のアプローチや理論に対する批判として用いられる。すなわち，心理主義は不確かなものを知識の基盤とみなすので，認識論的相対主義へと導かれる，という批判である。このような心理主義という用語の批判的な使用は，数理論理学において心理主義を厳格に排除しようとしたドイツの哲学者フレーゲ（Gottlob Frege: 1848-1925）によって紹介された。これは後に論理実証主義者や（⇨ **論理実証主義**），異なる観点からはイギリスの経験論や観念連合説の伝統を批判するために用いたドイツの現象学者フッサール（Edmund Husserl: 1859-1938）によって引き継がれた。⇨ **実存主義的現象学**

**心理主義的である**［psychologistic］　1. ある問題を扱う際に，心理学的な説明や専門用語を過度に使う特徴があること。2. 心理主義の性質や特徴をもつこと。

**心理診断**［psychodiagnosis］　1. 特に病的行動の原因となる諸要因を発見することを意図した手続きのこと。2. 心理学的な手法や検査を用いた精神疾患の診断。

**心理・性的**［psychosexual］　心理学的な要因がベースとなっているか，もしくはその影響を受けている人間の性的側面のこと。遺伝や化学反応やその他の生物学的基盤をもつ性的側面とは対照的である。

**心理・性的外傷**［psychosexual trauma］　現在の感情的問題に関係している，人生初期の恐ろしく侮辱的な心的外傷を伴った性的体験。近親姦や児童への**性的虐待**，**性的暴行**，**デートレイプ**などが，例としてあげられる。

**心理・性的機能障害**［psychosexual dysfunction］　DSM-Ⅲにおいては，性的疾患の分類で，DSM-Ⅳ-TRにおいては**性機能不全**と呼ばれる。

**心理・性的障害**［psychosexual disorders］　DSM-Ⅲにおける，器質的要因ではなく，心理的要因から生じた性の障害の総称。DSM-Ⅳ-TRにおいては，**性同一性障害**がこうした問題に適用される。

**心理・性的発達**［psychosexual development］　フロイト（Sigmund Freud）による古典的精神分析理論における，性的生活の段階的な成長のことであり，これが人格発達に影響する。フロイトの考えでは，心理・性的発達の推進力は**リビドー**という単一のエネルギー源に根ざしているという。このリビドーが，幼少期に様々な器官に集中し，**口唇期**，**肛門期**，**男根期**，**潜在期**，**性器期**といった心理・性的段階（psychosexual stages）を発生させる。これらの段階はそれぞれその時期に特有の性的活動（たとえば，口唇期では吸ったり噛んだりする）を生じさせる。そしてこのような初期段階の表出が，**サディズムやマゾヒズム**，**窃視症**，**露出症**といった，後の人生における"倒錯した"行動を引き起こす。さらに，それぞれの段階はその個人の性格や人格に痕跡を残していく。特に，特定の段階に**固着**することで性的発達が阻まれてしまった場合において，その影響が大きくなる。

**心理戦**［psychological warfare］　軍事作戦において，兵士や一般市民の態度，信念，行動に影響を与えることを意図した様々な活動。これらの活動には，自国の人々の態度や士気を鼓舞したり，敵軍や対立国の人々のそれを変えたり損なわせたりする意図がある。

**心理測定学**［psychometrics; psychometry］　1. 精神測定のための心理学的理論（例，科学的知識）と技法（例，一連の過程）。2. 測定可能な因子を扱う心理学の一分野。精神測定心理学（psychometric psychology）とも呼ばれる。

**心理測定専門家**［psychometrician; psychometrist］　アメリカにおいて，心理検査を実施し，その結果を解釈するよう訓練された人。資格をもった心理士（psychologist）の監督の下で働いている。

**心理的機能障害**［psychological dysfunction］　精神機能や行動パターンの低下や異常のこと。

**心理的機能の回復**［restitution of psychological function］　脳損傷の結果低下した心理学的，もしくは認知的機能が，以前の水準にまで戻ること。⇨ **機能回復**

**心理的距離**［psychological distance］　誰かあるいは他の人々との情緒的関与から孤立あるいは離脱している程度。

**心理的苦悩**［psychological distress］　不安と抑うつにおける一連の心理的・身体的症状のこと。どの心理的障害の基準にも当てはまらない人々に生じる。多くの抑うつを測っていると考えられている尺度によって査定されるとみなされている。心理的苦悩は多くの場合，通常の気分変動を反映しているが，**大うつ病性障害**の病歴をもつ人物においては**大うつ病性エピソード**の始まりを示していることもある。

**心理的決定論**［psychological determinism］　行動を含む様々な心的現象が，特に物理的要因や人が統制できない要因によって決定されているという一般的見解。⇨ **決定論**，**同一説**

**心理的時間**［psychological time］　時間についての主観的な判断や体験のこと。主として時間についての内的・外的刺激に対する脳の処理や解釈に依存するが（⇨ **時間感覚**），その他の要因によっても影響される。一般に，退屈しているときには時間がゆっくり過ぎ，活動に夢中のときには時間が速く過ぎる。特定の**至高体験**は時間が消失したり，停止したりする感覚を生み出す（⇨ **タイムレスモーメント**）。薬物や催眠を，時間知覚の変化のために使うこともある。⇨ **タチサイキア**

**心理的自伝**［psychobiography］　自伝の一種であり，本人の人生経験といったよくある記述に加え，心理的なプロフィールや，人格の分析を提供するもの。

**心理的瞬間**［psychological moment］　体験されている生の現実。⇨ **見かけの現在**，**タイムレスモーメント**

**心理的スキルトレーニング**［psychological skills training: PST］　運動競技の遂行に関連する心理的な技能の指導や実践プログラムのこと。そこには，**リラクセーション**，**集中**，**イメージ**，**目標設定**，**エナージャイジング**が含まれる。

**心理的な見せかけ**［psychological masquerade］　心理的な障害のように見える医学的な病状のこと。たとえば，てんかん，多発性硬化症，アルツハイマー病や脳腫瘍などを含む。

**心理的な欲求**［psychological need］　マズローの動機の階層の4つの高次段階の欲求。⇨ **生理的欲求**

**心理的ネットワーク**［psychological network］　人々が個人的に有意味な方法で相互作用する個人，家族，社会集団の集合のこと。これは，人々に心配の種となっていることへの意見を与え，情緒的サポートを提供する。

**心理的不応期**［psychological refractory period: PRP］最初の刺激に応答した後に，その刺激のすぐ後に提示される2つ目の刺激に対する応答が遅れる期間のこと。1つ目の課題の刺激のすぐ後（250 ms 以内）に2つ目の課題の刺激が生じるときに反応時間は増加する。この PRP 効果（PRP effect）は反応選択が妨げられた結果であると考えられている。

**心理的普遍性**［psychological universal］様々な文化に渡って生起し，認められる心理的特性。時に異なった形態のものであることもある。1980年にアメリカの心理学者ロンナー（Walter J. Lonner: 1934- ）が，心理的普遍性とみなされる観念や概念を分類する7段階の構造を提案した。(a) 単純な普遍性（simple universals: 例，人に攻撃性があるというゆるぎない事実）。(b) 多様な普遍性（variform universals: 例，多様な形態をとるものの変わらず生じる攻撃性）。(c) 機能的普遍性（functional universals: 社会的に同一の帰結をもつが，局所的にふさわしくなるよう均衡化された変化）。(d) 通時的普遍性（diachronic universals: 時間的に不変だが，異なったように解釈される行動の普遍性）。(e) エソロジー志向の普遍性（ethologically oriented universals: 系統発生的な普遍性。ダーウィン主義的な関連）。(f) 組織行動的な普遍性（systematic behavioral universals: 心理学の多様な下位区分）。(g) カクテルパーティーの普遍性（cocktail-party universals: 人は普遍的だと感じているが，測定ができない現象として論じるしかない普遍性）。

**心理的誘拐状態**［psychological kidnapping］その人の人格が自由に機能する状態を奪うこと。通常，カルトによる心理的なマインドコントロールを表現する際に用いられる。⇨ **洗脳**

**心理的要因**［psychological factors］パーソナリティの発達，健康とウェルビーイングの維持，精神的・行動的障害の原因に関係する機能的な要因。器質的（体質的，遺伝的）要因と比較される。例としては，子どもと大人との関係性，社会環境（たとえば学校や職場）におけるストレス，外傷体験などがある。

**心理的要求**［psychological need］心的健康に欠かせない要求であり，生物学的には必要でない要求。喜びに対する要求などは，完全に内的に生み出されると考えられ，社会的是認や正義感，働き甲斐に対する要求などは，個人と環境の相互作用により生み出されると考えられている。⇨ **社会的動機，生理的欲求**

**心理投影連想法**［projective device］消費者心理学における，**モチベーション・リサーチ**で用いられる言語連想法のこと。中立の背景単語とキーワードが混ぜられ，被験者はどの言葉がキーワードか気づかない状態で連想するように求められる。この方法により，広告主は広告コピーが使われるときにどの言葉が最も消費者を引きつけるかを判断できる。方法の中には，漫画のキャラクタや場面を含み，対話を作るように求めることもある。

**心理統計学**［psychological statistics］心理科学，または行動科学において用いられる統計的手法。

**心理モデル**［psychological model］ **1.** 特定の心理的過程を説明することを意図した理論（通例，心理的な結果を予測するためのメカニズムを含む）。⇨ **構成概念，仲介変数 2.** 複雑な状況（例，これまで入ったことのない航空機の操縦席）における個人のパフォーマンスを見積もり，評価するために用いられる，人間の認知特性や反応特性を表現したもの。

**診療ガイドライン**［clinical practice guidelines］特定の臨床症状への適切な医療および精神医療ケアの決定を行う際に，医療提供者，クライアント，患者を支援するための，体系的に開発された文書のこと。

**診療所**［clinic］急病や外来患者の診断や治療のための医療施設のこと。

**心理リハビリテーション**［psychological rehabilitation］先天性および後天性（事故，怪我，手術等）の身体障害者に対して，個人ないし集団心理療法やカウンセリング，能力査定といった心理的アプローチや向精神薬を用いて，効果的で適応的な同一性を発達・回復させること。障害者自身による自己像の改善や感情的問題への対処能力，有能性や自律性の改善・再獲得を助けることが目的である。

**心理療法**［psychotherapy］訓練を受けた専門家によって提供される心理学的なサービスのこと。このサービスでは主として，機能障害である感情的な反応や，思考様式，個人だけでなく家族（⇨ **家族療法**）や集団（⇨ **集団心理療法**）の行動パターン等を査定し，診断，治療するため，対人間のコミュニケーションと相互作用という方法を用いる。心理療法の種類は多様であるが，一般に主たる4つのカテゴリーに分けられる。すなわち，心理力動的（⇨ **精神分析**，**来談者中心療法**），認知行動的（⇨ **行動療法**，**認知行動療法**，**認知療法**），人間性的（⇨ **実存主義的心理療法**），統合的心理療法の4カテゴリーである。心理療法家（psychotherapist）とは，心理的・感情的・行動的障害を心理学的な方法によって治療するために，専門的な訓練を受け，その資格を取得した者を指す（アメリカでは各州の委員会が認定する）。こうした人々は 臨床心理士（⇨ **臨床心理学**）や精神科医，カウンセラー（⇨ **カウンセリング心理学**），ソーシャルワーカー，精神科看護師といった職に就く。単にセラピー（therapy）とも呼ばれる。

**心理療法過程**［psychotherapeutic process］心理療法の過程で，クライアントとセラピストとの間もしくはそれぞれの内で生じるすべてのこと。ここには，クライアントとセラピストの体験，態度，感情，行動，そして両者間の力動や相互作用が含まれる。⇨ **プロセス研究**

**心理療法研究学会**［Society for Psychotherapy Research］あらゆる形式を含めて心理療法を科学的に研究することを指向する，アメリカに本部をおく国際的かつ学際的な学会。機関誌として *Psychotherapy Research* を発行している。

**人類一元説**［monogenism; monogenesis; monogeny］すべての人類は同じ2人の祖先の子孫であるという信念または理論。

**人類学**［anthropology］人間に関する研究のこと。これには人文地理学や年代学の範囲を超えて，広く人間集団の中でも言語や美的表現，社会構造の類似性や差異性の記述や説明が含まれている。文化人類学（cultural anthropology）や社会人類学（social anthropology）は主に習慣や信念，制度の発展や機能に関心をもっているのに対し，自然人類学（physical anthropology）は，人間集団の起源や進化，環境適応に焦点を当てている。アメリカ以外の国では，文化人類学や社会人類学を**民族学**と呼んでいる。歴

史的にみると，人類学は文字をもたない人々に関心が集中していたが，最近では非部族社会や都市集団にまで関心は拡大している。

**人類言語学**［anthropological linguistics］ある言語の特徴と，その言語が話されている社会における文化的実践，社会構造，世界観との結びつきを記述する言語学の一分野（⇨ **言語決定論**，**言語相対性**）。この分野は当初，ナバホ語やホピ語のような北アメリカ先住民族の言語を描写する際に生まれた関心から発展した。

**人類発達法則学**［anthroponomy］他の種の発達や環境と関連づけて人類の発達を明らかにしようとする科学。

**心霊研究会**［Society for Psychical Research］イギリスの学術的団体で，1882年に超心理的現象や超常現象に対して科学的アプローチによる研究の推進を目的として設立された。1884年から *Jouranl of the Society for Psychical Research* を発行している。

**心霊写真**［spirit photography］19世紀末に流行した，写真撮影のトリックを使って死んだ人の心霊を目に見えるようにする試み。特に，心霊はよく最愛の人の写真にかすかに写りこむと信じられていた。最初に心霊写真撮影とされたのは，アメリカの彫刻家のマムラー（William H. Mumler）が1862年に作り出したもので，彼は，それで詐欺（結局，不成功に終わったが）を試みた。その時代に心霊像といわれた写真のほとんどは，単純な二重露光，あるいはフィルムを重ねたものであった。

**心霊主義**［spiritualism; spiritism］死者の魂が別の世界や別の次元で存続し，霊媒を通して，生者と死者とのコミュニケーションが可能であるという信念。**魔法**や**オカルト芸術**とともに，心霊主義は**超心理学**の哲学的，宗教的な側面とみなされている。

**心霊体**［ectoplasm］エクトプラズムとも言う。**心霊主義**の用語。降霊術を施している際の霊能者の身体から発散されるという粘着性の物質で，死者の顔や姿を借用するためのものとされる。心霊体（teleplasm）とも呼ばれる。⇨ **具現**

**心霊治療**［psychic healing］超心理学，心霊主義における心身の治療のこと。⇨ **クリスタルヒーリング**，**信心療法**

**心霊的な自殺**［psychic suicide］自己破壊としての意味で身体的な器官に頼ることなく死を選ぶこと。⇨ **ブードゥー死**

**新連合主義**［neoassociationism］伝統的な哲学的**観念連合説**を受けて発展した連合形成の理論。新連合主義では，ハル（Clark L. Hull）の理論のように，学習と条件づけの理論の両方を含む場合が多い。

**新連合主義理論**［neoassociationist theory］行動を，先行する出来事に対する，条件づけられたあるいは条件づけられていない反応であるとする現代的理論の総称。とりわけ，アメリカの心理学者のバーコヴィッツ（Leonard Berkowitz: 1926- ）が，武器の存在が攻撃性を誘発するという現象を説明するために提案した攻撃手がかり理論の中で用いた。⇨ **欲求不満攻撃仮説**，**仮説**，**武器効果**

**親和**［affiliation］社会心理学において，物質的な利益よりもむしろ，好ましさや個人的な愛着を基盤とした，他者との社会的関係性のこと。このような関係が欠如することで，孤独が生じ，無価値感，絶望感，無力感を感じることが多くなる。⇨ **親和行動**，**親和動因**

**神話**［mythology］1.特定の文化における初期の歴史に関連した伝承的な物語（神話）。一般に，超自然的な存在や出来事を含み，また特定の自然現象や文化現象（たとえば季節の移り変わりや特定の慣習）を，その想像上の起源にまでさかのぼって説明しようとする。神話は，歴史上の出来事とは必ずしも関連しない**伝説**とは区別されることが多い。2.ユングの**分析心理学**において，**普遍的無意識**にあるといわれている根源的なイメージや**元型**のこと。

**神話学**［mythology］神話の研究のこと。フロイト（Sigmund Freud）は神話と，隠れた意味をもつとする**夢**を比較することによって，たとえばオイディプスの神話から人間の本質を明らかにするように，神話を生んだ文化を独自の観点から説明することができると考えた。

**親和行動**［affiliative behavior］人間関係の維持や強化を目的として実行される行動のこと。⇨ **親和**，**親和動因**

**親和動因**［affiliative drive］社会心理学において，1人ないしはそれ以上の他者との個人的な関係性をもとうとする欲求のこと。通常その関係性とは，物質的な利益を第一の基盤とするようなものを含まず，友好や愛着，組織への参加，社会的な集会を楽しむことを促進する。**親和**は喪失や不安，葛藤を感じることがないような，感情的な安全を基本的な源泉として現れる。他者とともにいたいという欲求の強さとは異なり，ストレス状況では典型的に親和を必要性が高まる。これは特に他者が同じストレスにさらされている場合に顕著で，おそらく集団の力で状況の不快さを減少させる。親和動機（affiliative motivation）とも呼ぶ。⇨ **親和行動**，**群居性**

**親和欲求〔1〕**［affiliative need］人間の基本的欲求の一つ。自分と類似したり，好意を抱いた人物，あるいは自分に好意をもってくれる人物と協調し，友好的関係を築こうとする欲求。［アメリカの心理学者のマレー（Henry Alexander Murray: 1893-1988）による］

**親和欲求〔2〕**［need for affiliation: n-Aff］人付き合いをしたり，集団の一員になりたいという強い願望。親和欲求の高い人は，しばしば他者からの承認や受容を求めようとする。⇨ **親和動因**［マクレランド（David McCleland）によって提唱された］

# す

**水圧モデル**［hydraulic model］ システムにおいて圧力が増したり減じたりするような状況の下でシステムを通過する流動流体の類似性に基づいた生理学もしくは心理学的モデル。抑圧と開放（**カタルシス**）のエネルギーである**リビドー**のフロイト（Sigmund Freud）のモデルはよく知られた例である。水圧モデルを文字通り利用したものとして，フランスの哲学者デカルト（René Descartes: 1596-1650）によって17世紀初頭に紹介された神経システムの誤った概念がある。彼は，動物精気（animal spirit）が脳から筋肉まで流れる管が神経であると信じていた。このモデルによると，習慣は神経管を繰り返し利用することで，管が拡張したり塞がったりすることで形成される。

**随意運動［１］**［autokinesis］ オートキネシスとも言う。1. 自発的に生じる何らかの運動のこと。2. 運動の錯覚の一種で，パイロットが夜間飛行時に経験することがある。薄暗い，止まっている光源を暗い中で固視すると，運動しているように見える錯視。

**随意運動［２］**［voluntary movement］ 反射のような自動的な動きに対して，選択や意図によって起こる動きのこと。

**随意運動不能**［dystaxia］ 弱程度の**運動失調**。協調性筋肉運動における遂行障害がみられる。部分的運動失調とも言う。

**随意行動**［voluntary behavior］ 反射行動とは対照的に，本質的に意図的な行動（例，歩行，食べ物を受け取るためのキー押し行動）。⇨ **オペラント行動**

**随意制御**［voluntary control］ 意識的な意図による，活動や行動（例，運動，衝動，感情）の制御。

**推移的推論課題**［transitive inference task］ 子どもの推移的推論を行う能力，すなわち先に獲得した情報に基づいて２つの概念もしくは物体の間の関係を推論する能力を評価するのに用いられる課題の一種。一例をあげれば，一組の棒が順に長くなっていくように並べられているとする（たとえば，A, B, C, D, E）。もし児童が D>C かつ C>B ということを知っていて，DとBを一緒に見たことがないにも関わらず D>B であるといえば，彼らは正しい推移的推論をしたことになる。

**随意反応**［voluntary response］ 意図的に選択された刺激への反応。視覚や他の系からのフィードバックをもとに，興奮性の衝動と抑制性の衝動との間の複雑な調整が必要とされる。

**推移律**［transitivity］ 推移性とも言う。関係性が要素にまたがって転移するような要素間の関係の性質。たとえば，もし $a>b$ かつ $b>c$ であるならば，$a>c$ であるという関係は推移的関係である。⇨ **非推移性**

**錘外線維**［extrafusal fiber］ 筋紡錘の外側にある筋紡錘で，筋肉の収縮の力の大部分を担っている。⇨ **紡錘内線維**

**水銀スイッチ**［mercury switch］ ガラス管の中に水銀が入っており，その一端に電極が付いているといった使用者と装置をつなぐ接点のこと。中立位置からガラス管が傾いたときにスイッチが作動する。このスイッチは身体に障害のある使用者の手，手首，腕やその他の体の部位に取り付けられ，わずかな体の動きで作動する。

**遂行イメージ**［performance imagery］ ある行為中に，身体に何をすべきかを伝えるための手がかりとしてイメージを用いること。たとえば，高跳びの跳躍の際に，足元で爆発をイメージするなどである。

**遂行機能障害症候群**［dysexecutive syndrome: DES］ 行動の統制機能の不全（⇨ **実行機能不全**）などの症状の集合。前頭葉の損傷によって生じる。この症状に陥ると，日常の作業はこなせるが，新しい課題や状況に対処できなくなる。行動を開始したり切り替えたりするのに困難を伴う。たとえば，不適切だが自然とやってしまいがちな行動をとらないようにしたり，適切な行動に変えるということができない。遂行機能障害に対する質問紙（Dysexecutive Questionnaire: DEX）と呼ばれる質問表がこの障害の重度を評価するのに使われる。

**遂行自己**［executive self］ 通常，自発的行為が帰属される**行為者**のこと。遂行自己の概念は，研究が進められている脳の**前頭前皮質**機能と関連づけられたため，かなりの科学的信頼性を得た。しかし，これは遂行制御についての一種の誤った帰属である。⇨ **作用の錯覚**

**遂行−操作特性**［performance-operating characteristic: POC］ 同時に行われる２次的課題の成績（の測度）に対する，１次的課題における成績（の測度）。遂行−操作特性は，一方の課題成績の向上が，もう一方の課題成績の低下とどのように関連するのかを示している。

**遂行的**［performative］ 話者の主張したい意図が，その表現自体に備わっている表現を指す。たとえば，このお店が空いている，と謝る（I apologize），と約束する（I promise），と断言する（I declare）などにみられる。遂行的な**発話行為**の性質については，20世紀の言語哲学において大きく注目されていた。⇨ **発話内行為**

**遂行能力目標**［performance goal］ アメリカのパーソナリティ心理学者デュエック（Carol Dweck: 1946- ）の動機づけ理論において，個人の能力や成果を評価する立場の人間に対して，個人が特定の能力やその他の特性をもっていることを実証するという目標のこと。これは，個人が能力や特性を発達させようと意図する**学習のゴール**とは対照的なものである。

**遂行評定**［merit rating］ 特定の課題における個人の遂行の評価のこと。

**遂行目標**［performance goal］ ある水準の達成という形で設定されている目標のこと。たとえば，5分30秒間に1マイルを完走するなどである。⇨ **目標設定**

**髄質**［medulla］ **副腎髄質**のような，器官の中心，あるいは最も内側の領域。⇨ **皮質**

**衰弱不安**［debilitative anxiety］ 個人（たとえばアスリート）が，怖じ気づくとか調子を崩している（out of the zone）といったような，遂行成績に干渉するものとして感じられる不安のこと。

**水準**［level］ 実験デザインにおける独立変数（もしくは変数）の量，大きさもしくは分類のこと。

**水晶占い**［crystal gazing; scying］ 1. 代替的な治療法

の一種。技法の一つに，クライエントが水晶，電球，鏡などを凝視している間に，重大な体験を心に思い浮かべたり，連想するように指示するものがある。2. オカルト的な行為で，占い師あるいは透視能力者が，未来の光景や秘匿されている事実を「見抜く」ために水晶玉をのぞき込むこと。通常，クライエント本人の人生に関することについて行われる。

**髄鞘形成**［myelination］　神経細胞の軸索の周りに**ミエリン鞘**が形成，発達していくこと。**シュワン細胞**などの神経グリアによって作られる。髄鞘形成過程の異常が深刻な精神疾患（例，統合失調症）のいくつかの状態を説明できるのではないかと注目する研究者もいる。軸索髄鞘形成（axonal myelination），髄質化（medullation），ミエリニゼーション（myelinaization）とも呼ばれる。

**髄鞘構築**［myeloarchitecture］　脳の神経細胞の線維（特に髄鞘線維）の発達，分布過程のこと。⇨ **皮質層**

**水晶体**［lens］　眼球の前方部分にある透明な，両凸面の構造体であり，光学系の焦点を精細かつ調整可能なものにする。水晶体は，水晶体線維と呼ばれる六角柱型細胞からなっている。⇨ **調節**

**水晶体鏡**［phakoscope（phacoscope）］　眼の水晶体の形，および調節中に生じる形の変化を観察することを可能にする装置のこと。

**脊髄瘤**［myelocele］　二分脊椎にみられる脊髄の突起。⇨ **髄膜脊髄瘤，脊髄髄膜瘤**

**水素イオン濃度**［hydrogen-ion concentration］　物質の酸性度（acidity）やアルカリ度（alkalinity）の尺度。酸性物質やアルカリ性物質が水中で電離すると，水素イオン（$H^+$）と水酸化物イオン（$OH^-$）が放出される。酸性度やアルカリ度はいずれかのイオンが過剰に存在していることと関連している。水素イオン濃度はpHスケール（pH scale）で測ることができる。このスケールでは，値は水素イオン濃度の負の対数で表されるので，水素イオンが過剰になればなるほど，pH値は下がることになる。pH 0は過剰な水素イオンが可能な最大量に達していること，あるいは「純粋な」酸になっていることを表す。反対に，pH 14はアルカリ度の最大値を表す。pH 7は中性溶液であることを表す。ヒトの体液は平均して約pH 7.4であり，ややアルカリ性である。もしpH値が7.8以上に上がったり6.8以下に下がったりすると，体内にある酵素や他の生化学物質が機能異常を起こす。⇨ **アシドーシス，アルカローシス，ホメオスタシス**

**膵臓**［pancreas］　腹腔の後壁付近にある腺性の臓器。**セクレチン**によって様々な分解酵素を含む膵液の分泌が促進される。さらに，膵臓内の小さな細胞群（**ランゲルハンス島**）は，**インシュリンやグルカゴン**などのホルモン分泌を行う**内分泌腺**である。

**膵臓炎**［pancreatitis］　重度の腹部の炎症，胆管の障害（たとえば胆石），アルコール依存症，ウイルス感染，特定の薬物（たとえばいくつかの抗精神病薬）への反応などによる膵臓の炎症。

**推論妥当性**［inferential validity］　実験環境における因果推論が，実生活における環境と対応している度合い。

**推測統計**［inferential statistics］　推定時に生じる誤差を（少なくとも部分的には）統制しつつ，標本から，それが抽出されたであろうもとの母集団の性質を推測する統計技法。これらの技法には，仮説検定の方法やパラメータの推定が含まれる。

**衰退**［decadence］　一般に，長所や他のいくつかの特性が失われたり，減少すること。

**錐体**［pyramid］　延髄の前部にある膨らみ。高次中枢からの運動神経線維が，片側の脳から反対側の脊髄へと交叉している。⇨ **錐体路**

**錐体（細胞）**［retinal cones］　網膜にある光受容器であり，これが活動するためには中程度以上の明るい光を必要とする。一方で，桿体の活動はほとんど光を必要としない。霊長類の錐体は網膜の**中心窩**に集中しており，そこでの高い空間密度と錐体路内の結合パターンが視力において重要な意味をもつ。錐体路は色の情報も伝える。これは，スペクトラムのうち，短い波長，中程度の波長，長い波長の光に対して最大感度をもつ3種類の錐体があることによって可能となっている。錐体の種類が多い動物もいる。たとえば，ある魚は，紫外線の波長に対して感受性の高い錐体をもつ。⇨ **明所視，感光色素**

**錐体外路**［extrapyramidal tract; extrapyramidal system］　中枢神経系の運動系で，運動皮質，運動ニューロン，皮質脊髄路を除く部分（⇨ **錐体路**）。**大脳基底核**やそれとかなり密接な関連組織（たとえば，**視床下核**），中脳への下行経路を含む。錐体外路の機能は筋緊張や体位の統制，また骨格筋や関連する骨の動きを調整することである。錐体外路運動系（extrapyramidal motor system）とも呼ばれる。

**錐体外路作用**［extrapyramidal effects］　運動の統制を司る中枢神経系の**錐体外路**に影響する薬の副作用のこと。それらには薬物によって引き起こされたパーキンソン病（例，随意運動の緩慢さ，表情の乏しさ，四肢硬直，震顫）やジストニー（顔面や身体の運動の異常）やアカシジア（akathisia: 落ち着きのなさ）がある。錐体外路作用は**高力価の抗精神病薬**の副作用の中で最も一般的であり，その他の薬（例，SSRI）の使用に関しても報告されている。また，錐体外路の症状（extrapyramidal symptoms: EPS），錐体外路の症候群（extrapyramidal syndrome: EPS）とも呼ばれる。

**錐体外路性運動障害**［extrapyramidal dyskinesia］　**錐体外路**の損傷に関連した，震え，痙攣，顔面痙攣，硬直，歩行障害といった自発運動における種々の歪み（dyskinesias）。こういった運動障害は神経障害やアカシジア（akathisia），**急性ジストニア，遅発性ジスキネジア**を引き起こす抗精神病薬の副作用として生じうる。

**錐体細胞**［pyramidal cell］　大脳皮質で見られる大型ニューロンの一種。その**細胞体**はほぼ錐体の形をしている。⇨ **皮質層**

**減衰説**［decay theory］　学習された材料は脳の中に痕跡を残しており，その痕跡は用いられない限り，自律的に減衰または消滅していくという理論。忘却理論の一つ。痕跡減衰説（trace-decay theory）とも言われる。

**錐体路**［pyramidal tract］　運動ニューロンが通る主要な経路。皮質の運動野，運動前野，体性感覚野，脳の前頭葉および頭頂葉から発する。錐体路の線維は末梢の筋肉へ向かう線維につながっている。左右の大脳半球が反対側の体の運動活動を司るという反対側関係のために，錐体路の線維は髄質の**錐体**で交叉している。錐体路は**皮質脊髄路**を

含んでおり，これら2つの用語は時に同意語として用いられる。錐体路運動系（pyramidal motor system），錐体路系（pyramidal system）とも呼ばれる。⇨ 錐体外路

**垂直移動**［vertical mobility］　個人や集団が，ある社会的階級から別の階級へと移動すること。上方移動と下方移動がある。⇨ 水平移動，社会移動

**垂直的グループ**［vertical group］　社会的階層の異なる人々によって構成されるグループのこと。

**垂直的デカラージュ**［vertical décalage］　ピアジェ（Jean Piaget）の認知発達理論における，異なる発達段階（感覚運動期，前操作期，具体的操作期，形式的操作期）に到達する一定の順序。⇨ 水平的デカラージュ

**スイッチ機器**［switch device］　人が，環境制御装置を作動することを可能にする入力機構。⇨ 制御装置，フィードバック装置，ターゲットデバイス

**スイッチ・コスト**［switch cost］　タスクスイッチングの研究において，あるタスクから別のタスクへの注意の切り替えの際に起こる効率性の損失のこと。

**スイッチプロセス**［switch process］　双極性障害の人が，大うつ病エピソードから躁病エピソードに，もしくはその逆への移行を経験するプロセス。このプロセスには，比較的機能が損なわれない短い期間が含まれる。

**スイッチング**［switching］　1. 心理療法においてセッション中に話題を変化させること。話があまりに核心に迫ったために，クライエントが意図的，無意識的に行うこともあるが，扱うことがより適切であると考える問題にセラピストが変化させる際にも行う。2. 多重人格障害において，ある人格から別の人格に急に移行すること。

**推定**［estimate］　観測されたデータから分布のパラメータの値を最もよく推測すること。

**推定可能関数**［estimable function］　データから一意的に推定される，あるモデルの母数の関数のこと。推定可能関数は一般線形モデルの適用において重要である。

**推定器**［estimators］　与えられた集合が5や7でなく6個の要素から成り立っていると認識する能力のように，量の判断に関わる心的過程のこと。⇨ オペレータ　［アメリカの統計学者ゲルマン（Andrew Gelman）によって定義された］

**推定の標準誤差**［standard error of estimate］　回帰線が一組のデータに適合する程度についての数値。もし，$y'$が回帰線からの予測値，$y$が実測値，$n$をデータ数とするなら，推定の標準誤差は，

$$\sqrt{\sum(y-y')^2/n}$$

となる。

**推定量**［estimator］　ある規則に従う標本の値から算出された量のことで，母集団における推定値を与えるのに用いられる。たとえば，標本平均は母平均の推定量であり，その標本平均の値は推定値である。

**水頭症**［hydrocephalus; hydrocephaly］　脳脊髄液が脳室に過剰に蓄積することによって起こる状態で，頭蓋内圧の上昇を引き起こし，頭痛，嘔吐，悪心，協調運動障害，歩行障害，尿失禁，発達の遅れ，無気力，眠気，興奮や記憶障害，人格や認知の変化を伴う。水頭症は，一般的に頭部外傷，脳腫瘍，頭蓋内出血によって脳脊髄液が貯留することによって生じる。過剰な脳脊髄液を血管に流すシャント手術によって減圧することが可能である。乳児では，水頭症は頭蓋の拡大を引き起こす。

**随伴**［contingent］　状況，出来事，あるいは条件に依存すること。⇨ 随伴性

**随伴陰性変動**［contingent negative variation: CNV; expectancy wave］　頭皮から記録される遅い事象関連電位のこと。随伴陰性変動は，注意信号と行動の信号との間のインターバルにおいて生じる。⇨ 誘発電位

**随伴強化**［contingent reinforcement］　行動主義において，望ましい行動のパフォーマンスに応じて，正の刺激の事象を行ったり（例，社会的あるいは物質的報酬の受渡し），あるいはごく稀に負の刺激の事象を排除（例，罰則）すること。リーダーシップおよび経営論において，随伴強化はリーダーが部下にやる気を出させる上で報酬や罰則を用いるアプローチとして適用されている。⇨ 強化

**随伴現象**［epiphenomenon］　その過程自体には何の影響も与えない単なる副産物のこと。この用語は，脳内過程の産物とみなされる心的事象について言及する際に最も頻繁に用いられる。したがって，ある意味では心的事象は現実であるが，生物学的な状態や事象が現実なのと同様には現実ではなく，心的事象自体に関する説明は必要ない。随伴現象には，何の因果的効力もないと考えられる。マルクス主義では，文化的・知性的な移動は弁証法的唯物論の過程により産出された単なる随伴現象であるとされる。⇨ 随伴現象説

**随伴現象説**［epiphenomenalism］　身体的（物理的）事象が思考や感情などの心的事象を引き起こすが，その心的事象には身体的（物理的）事象を引き起こす原因となる力はないとする立場。したがって，心的事象と身体的事象との因果関係は一方向にのみ発生する。同じ立場でより急進的な考え方では，心的事象は他の心的事象を含むいかなるものに対してもこの因果的効力をもたないと付け加える。この急進的な立場の例として，意識は脳機能の単なる側面効果にすぎず，なんら因果関係をもたないという主張がある。⇨ 随伴現象，心身問題，還元主義　［イギリスの哲学者・心理学者ウォード（James Ward: 1843-1925）が提唱した］

**随伴残効**［contingent aftereffect］　ある刺激の特徴次元（たとえば，色）における残効が他の特徴次元（たとえば，傾き）に依存している視覚現象のこと。たとえばマッカロー効果（McCullough effect）では，水平の赤い直線を並べたものと，垂直の緑の直線を並べたものを交互に繰り返し呈示した後に，水平もしくは垂直に並んだ白い直線を見せると，水平の直線は緑色に，垂直の直線は赤色に見える残効が生じる。これは，残効の色がテスト刺激の傾きに随伴する例である。

**随伴する**［contingent］　哲学において，すべてではなく，ある一定の条件下で真実となる命題を意味する。

**随伴性［1］**［concomitance］　2つ以上の現象の共起性（同時に起こること），特に，本質的に全く異なる兆候が単一の現場で生じる現象のこと。たとえば，象徴と意味は同時に存在している。ユング心理学によると，同時に起こる出来事はこの方法で両立する。⇨ 共時性

**随伴性［2］**［contingency］　2つの事象間の関連を条件つき確率で示す。事象Aの生起を条件として，事象Bが起こる確率が1のとき，完全な正の随伴性（positive contingency）という。逆に，事象Aを所与として，事象Bが起こらないことが完全に予測できるとき完全な負の随伴性（negative contingency）という。随伴性は事象間の従属性による場合もあり，偶然による場合もある。⇨**偶発的強化**，**強化随伴性**

**随伴性強化**［contingency reinforcement］　行動療法において，望ましい行動がとられるごとに強化あるいは報酬を与える技法。報酬は行動と随伴して与えられる。

**随伴性形成行動**［contingency-governed behavior］　直接的な強化随伴性の結果としてだけの行動のこと。熟慮なしで生じる。⇨**ルール支配行動**

**随伴性契約**［contingency contract］　望ましい行動変容に関して，教師と学生，親と子，もしくはクライエントとセラピスト間で合意により決定した文書。通常は，修正の対象となる行動を特定し，それに随伴される正負の結果を明記する。

**随伴性認知**［contingency awareness］　1つの変数がもう一つの変数に依存することへの気づき。⇨**共変動**

**随伴性の法則**［law of contiguity］　学習が個々の項目（たとえば，刺激，反応，もしくはアイデア）の時空間的近接性に依存するという法則。随伴性は**観念連合説**のうちの一つの法則である。⇨**連想の広がり**

**随伴性マネジメント**［contingency management］　強化マネジメントの制御のこと。「誰が強化を行うか？どれくらいの作業にどれくらいの強化が必要か？強化が行われるのはいつか？それは何で構成されているか？」という問題と関連する。

**髄板内核**［intralaminar nucleus］　視床にある白質の垂直層付近，内側髄板内に位置するいくつかの核。これらの核のうち，最も大きいものは**正中中心核**である。

**髄板内システム**［intralaminar system］　視床神経細胞の広範なシステムで，睡眠と覚醒状態に関連している。**網様体**の一部だとされている。

**随伴発射**［corollary discharge; efference copy］　意図した運動指令を符号化する神経信号のこと。これは，実際運動から生じる感覚のフィードバック（リアファレンス）とともに意図された運動と比較ができる脳組織（脳コンパレーター：brain comparator）に送られる。たとえば，眼が動いたとき，たとえ像が網膜上を動いたとしても，実世界が動いているようには見えない。意図された運動に関する随伴発射は，網膜上における実世界の運動を相殺する。まぶたを押しつけることによって眼が受動的に動かされたときは，随伴発射は起きず，実世界が跳んだように見える。

**随伴報酬**［contingent reward］　行動主義の理論において，具体的な行動のパフォーマンスに対して与えられる，特定の個人への社会的，象徴的，物質的報酬。

**水平移動**［horizontal mobility］　同じ**社会階級**の内において，個人やグループが，ある地位や役割から別へ移動すること。⇨**垂直移動**，**地理的移動性**，**社会移動**

**水平感染**［horizontal transmission］　個体から個体への感染のこと。次世代への感染を示す垂直感染（もしくは胎盤を通じた感染）とは対照的である。

**水平垂直錯視**［horizontal-vertical illusion］　実際は2つの線分が同じ長さであるときに，垂直線分が水平線分よりも長くなるという錯覚。大文字「T」の垂直成分は，水平線分と同じ長さだとしても，水平線分より長く見える。

**水平断**［horizontal section］　1．画像法における，背側－腹側軸に垂直な平面における身体や器官（たとえば脳）の理論上の「スライス」。2．器官の背側－腹側軸に対して垂直に切断された，顕微鏡を用いた研究のための組織薄片のこと。

**水平的グループ**［horizontal group］　同じ社会階級からの人々により構成されたグループのこと。⇨**垂直的グループ**

**水平的コミュニケーション**［horizontal communication］　組織における権力が同水準の立場にある従業員間の，文面や口頭でのメッセージの交換のこと。⇨**下向きコミュニケーション**，**上向きコミュニケーション**

**水平的思考**［lateral thinking］　基本的前提を再検討したり，見方や方向性を変えたり，問題解決に新規なアプローチを行うことを意識的に試みる，創造的な思考。⇨**拡散的思考**　［イギリスの心理学者デボノ（Edward de Bono: 1933- ）によって定義された］

**水平的職業移動**［horizontal career move］　高い権力をもつ職業への昇進ではなく，職務上の分野や専門的知識の変化を伴う職業移動。

**水平的組織構造**［flat organizational structure］　経営管理の階層が少ない組織構造。近年，ビジネスの世界では，こうした組織構造が好まれる傾向にある。

**水平的デカラージュ**［horizontal décalage］　ピアジェ（Jean Piaget）の認知発達理論において，ある特定の発達段階での達成には不変的な順序があるということ。たとえば，量の**保存**の理解が達成された後に，重さの保存の理解が達成され，その後に重さの保存の理解が達成される。⇨**垂直的デカラージュ**

**水平面**［horizontal plane］　体や脳を上部と下部に分ける平面。横平面（transverse plane）とも呼ばれる。

**髄膜**［meninges］　脳や脊髄を保護するカバーとなる三層の膜性板。外側の丈夫な**硬膜**，中層の**クモ膜**，薄く透明な**軟膜**。軟膜は脳表面の様々な細胞をぴったりと覆っている。

**髄膜炎**［meningitis］　髄膜，または脳や脊髄を覆う3つの被膜層の炎症。通常，細菌やウイルス，菌類により引き起こされる。症状として，高熱，嘔気と嘔吐，斜頸，頭痛などを伴う**細菌性髄膜炎**には，髄膜炎菌性髄膜炎と**結核性髄膜炎**がある。ウイルス性髄膜炎（viral meningitis），あるいは無菌性髄膜炎（aseptic meningitis）は軽度の非細菌性疾患であり，原因としては流行性耳下腺炎，急性灰白髄炎，ヘルペスウイルス，そして**エコーウイルス**などがある。未治療，あるいは迅速に治療がなされなかった場合，様々な髄膜炎によって錯乱，倦怠感，昏睡が引き起こされ，最終的には死に至る。

**髄膜腫**［meningioma］　髄膜のクモ膜層に発生する良性の**脳腫瘍**。脳と脊髄のすべての腫瘍のうち15～25％を占める。髄膜腫は典型的には成長が緩徐だが，脳を圧迫することによって障害を引き起こす。初期症状として頭痛や痙攣発作が生じる。

**髄膜脊髄瘤**［meningomyelocele］　脊椎骨の障害によって生じる脊髄とそれを覆う脊髄膜の脱漏を指す。髄膜脊髄瘤によって，脳脊髄液が含まれている外側の嚢において髄膜の形成不全や脊髄の奇形が生じる。⇨**二分脊椎**

**髄膜脳炎**［meningoencephalitis］　脳，および脳を覆う

髄膜の炎症。

**髄膜瘤**［meningocele］ 頭蓋骨や脊髄における髄膜（脳や脊髄を覆っている3層の膜）の異常拡張によって生じる先天的な脱漏（突出）を指し，脱漏部分への脳脊髄液の漏洩を伴う。この障害は，**水頭症**をはじめとする良好な予後の経過を妨げるような神経学的疾患を引き起こす場合がある。脱漏部分に神経組織が含まれている場合には**脳瘤**に分類される。

**睡眠**［sleep］ 部分的または完全な意識の停止，筋の弛緩と不活性，新陳代謝の減少，刺激に対する相対的無反応などを伴う脳の状態の一種。覚醒と睡眠を区別する他の心的，物理的特徴には，睡眠後の出来事に対する記憶喪失，独特の睡眠関連脳波，脳イメージングパターン（⇨ **睡眠段階**）などがある。これらの特徴は通常睡眠と怪我や病気，薬による意識喪失を区別する上で役立つ。

**睡眠異常**［dyssomnia］ 睡眠の量，質，タイミングでの異常に特徴づけられる様々な**睡眠障害**。DSM-IV-TRにおいて睡眠異常は，**原発性不眠症**，**原発性過眠症**，**ナルコレプシー**，**概日リズム睡眠障害**，**呼吸関連睡眠障害**，特定不能の睡眠異常（dyssomnia not otherwise specified）が含まれている。睡眠異常は，過度の騒音，過度の光，他の環境要因，睡眠不足の継続，**エクボム症候群**，**夜間ミオクローヌス**によることもある。

**睡眠衛生**［sleep hygiene］ 不眠症への行動療法的なアプローチ。安定した睡眠リズムを作るために，生活習慣の改善に関する具体的指示を患者に与える。典型的な指示としては，睡眠と性交渉以外にベッドを使わないこと（たとえば，ベッドで読書をしないこと），日中に仮眠をとらないこと，カフェイン摂取を少なくすること，あるいは一定の時刻以降はカフェインを摂取しないこと，決めた時間に規則的にベッドで横になること，睡眠日記をつけること，などがあげられる。

**睡眠学**［somnology］ 睡眠，睡眠障害に関する研究のこと。

**睡眠学習**［sleep learning］ 睡眠中に呈示された材料を学習すること。真の睡眠学習の可能性は，未だ議論の余地の残る話題である。**パブロフ型条件づけ**のような単純な学習であれば睡眠中にでも起こるかもしれないが，外国語の習得といったような，より複雑な学習は，これまでのところ信頼できる形では証明されていない。

**睡眠覚醒周期**［sleep-wake cycle; sleep rhythm］ 睡眠と覚醒を交互に繰り返す，脳が制御する自然の生体リズム。睡眠覚醒周期の乱れの要因は，飛行機による移動で生じる時差，シフト制の仕事，薬物使用，ストレスなどがある。⇨ **概日リズム睡眠障害**，**単相性睡眠**，**多相性睡眠**

**睡眠覚醒スケジュール障害**［disorders of the sleep-wake cycle schedule］ **睡眠障害**の4つの基本的なタイプのうちの一つ。体内の**概日リズム**と環境から要求される睡眠スケジュールが一致しないことによって起こるという点で，他のタイプとは異なる。DSM-IV-TRでは，**概日リズム睡眠障害**として分類されている。交代制の勤務形態（交代勤務型）や遠距離の高速移動に伴う時差ぼけ（時差型：jet lag）がよくみられる型である。この睡眠障害の診断は，夜間覚醒，睡眠時間，睡眠効率，呼吸様式，体温，**レム睡眠**と**レム睡眠潜時**を測定することができる睡眠研究所での観察を必要とする。

**睡眠覚醒スケジュール障害**［sleep-wake schedule disorder］ ⇨ **概日リズム睡眠障害**

**睡眠逆転**［sleep inversion］ 昼に寝たり，眠い状態が続き，夜起きている傾向。

**睡眠効率**［sleep efficiency］ 横になっている時間と，実際に眠っている時間の割合。睡眠効率は，いくつかの薬（ある種の抗うつ剤）によって悪くなることがあり，様々な心理状態（たとえば，抑うつや不安）によっても悪くなる。

**睡眠サイクル**［sleep cycle］ **徐波睡眠**期間のあとに**レム睡眠**期間が続く，**睡眠段階**のサイクルパターン。人間の場合，1回の睡眠サイクルは約90分間続く。

**睡眠時驚愕障害**［sleep terror disorder］ 見当識障害，極度のパニック，極端な不安の徴候を伴い，**ノンレム睡眠**から突然に覚醒する出来事の繰り返しにより特徴づけられる**睡眠障害**のこと。悪夢よりも激しく，眠ってからの最初の1時間程の間に生じる。これらの出来事に典型的に1～10分続き，叫んだり，汗を多くかいたり，瞳孔が散大したり，心臓の鼓動が速くなるような自律神経覚醒の症状がでる。睡眠時驚愕障害の人は，目を覚ましたり，快適に過ごすことが難しく，詳細な夢の想起ができない。また，エピソードの記憶は完全に喪失することがよくみられる。この障害は，通例，ほとんどの場合子どもに生じ，一般的に青年期の間に解決する。大人においては，通例，精神病理学と結びつけて考えられており，より慢性的な経過をたどる。⇨ **睡眠時随伴症**，**悪夢障害**

**睡眠時随伴症**［parasomnia］ 睡眠中や睡眠と覚醒の移行状態に生じる異常な行動や生理学的事象によって特徴づけられる**睡眠障害**のこと。DSM-IV-TRにおいて睡眠時随伴症は**悪夢障害**，**睡眠時驚愕障害**，**睡眠時遊行症**，特定不能の睡眠時随伴症からなり，**睡眠異常**とともに原発性睡眠障害の大きな2群のうちの一つとなっている。⇨ **睡眠・睡眠段階あるいは部分的覚醒と関連した機能不全**

**睡眠時性喚起**［genital arousal in sleep］ **レム睡眠**（そこで人は夢を見る）の間に生じる，男性における陰茎勃起と女性における陰核肥大および膣液分泌。これは骨盤内血流の増加の結果であり，あらゆる夢の内容に伴って生じる。そのため，性的な夢のみに関連するわけではない。夜間陰茎勃起の欠如は**勃起不全**に含まれる身体機能障害の基準であるため，この現象は男性の勃起障害に対する診断手続きの一部として利用されている。

**睡眠時無呼吸**［sleep apnea］ 睡眠時に一時，呼吸が止まること。粘液や扁桃肥大によって，上気道が完全または部分的に塞がれることで起こり，短期間の規則的な呼吸が妨害される。睡眠時無呼吸は多くの場合，高いびきや痙攣，腕を振り回したり，目覚めることなく起き上がるなどで止む。また，日中に強い眠気を引き起こす可能性があり，治療を受けない睡眠時無呼吸は高血圧や脳卒中，心臓発作と関連することが立証されている。⇨ **無呼吸**

**睡眠時遊行症**［sleepwalking disorder］ **ノンレム睡眠**徐波の間に複雑な運動活性する持続することにより特徴づけられる**睡眠障害**のこと。これらのエピソードは，典型的に睡眠の最初の1時間の間に生じ，ベッドから出たり歩いたりすることを伴う。この症状をもつ人は，食べたり，話したり，機械を操作するような，さらに複雑な動作をすることがある。この状態にある間，その人は無表情に一点を

見つめ，基本的には反応をしない。そして，大きな困難が伴った時のみ目覚めることがありうる。また，歩いたエピソードについては覚えていないのである。夢遊症（noctambulation; somnambulism）とも呼ばれる。⇨ **睡眠時随伴症**

**睡眠障害**［sleep disorder］睡眠の量，質における**睡眠パターン**の持続的な障害のこと。あるいは睡眠の間の異常な出来事ないしは行動の慢性的な出現を含む。DSM-Ⅳ-TR においては，睡眠障害は見かけ上の原因によって大まかに分類されている。それらは内因性の要因であるかもしれないし，条件づけられたものであるかもしれない（原発性睡眠障害：primary sleep disorder），あるいは他の精神障害，医学的条件，物質使用によるかもしれない。原発性睡眠障害は**睡眠異常**と**睡眠時随伴症**に下位分類される。睡眠障害協会センターで 1979 年に導入された分類システムは，睡眠障害を露わになる症状に従って分類している。それらは，**入眠・睡眠維持障害，過剰睡眠障害，睡眠覚醒スケジュール障害，睡眠・睡眠段階あるいは部分的覚醒と関連した機能不全**である。

**睡眠衝動**［sleep drive］睡眠に対する，特に休息が必要な場合の，基本的な生理的欲求。視床下部および**網様体賦活系**により部分的に制御されると考えられている。

**睡眠・睡眠段階あるいは部分的覚醒と関連した機能不全**［dysfunctions associated with sleep, sleep stages, or partial arousals］睡眠障害の基礎的な 4 つのタイプのうちの一つであり，睡眠や不眠の時間に関するメカニズムの異常というよりもむしろ，睡眠中の不適切な時期に生理学的活動が現れることによって他の障害から区別される。このタイプには**悪夢障害**や**睡眠時驚愕障害，睡眠時遊行症**が含まれる。DSM-Ⅳ-TR では**睡眠時随伴症**と分類されている。

**睡眠性愛**［somnophilia］眠っている人に向けられる性的関心や興奮の旧式名称。それには，眠っている人を注意深く観察しながら，自慰を行うことや愛撫を行う人を含むことがある。

**睡眠潜時**［sleep latency］眠ろうとしてから実際に入眠するまでの時間。**睡眠障害**の診断に使われる。ベンゾジアゼピンなどの睡眠薬は睡眠潜時を短縮し，早く眠れるようにする働きをもつ。

**睡眠段階**［sleep stages］通常の夜間の睡眠中にみられる脳波の 4 段階の変化。睡眠段階 1 では，入眠直前のリラックスした状態に測定される規則的な**アルファ波**が次第に減衰して断続的になり，4～6 Hz の波形へと変わる。眼球の動きや眠気がみられる。続く浅い睡眠である睡眠段階 2 では，脳波に**睡眠紡錘波**や **K 複合**の成分が現れる。睡眠段階 3 と睡眠段階 4 は，深い眠りであり，**デルタ波**（⇨ **徐波睡眠**）が脳波の主成分となる。これらの睡眠段階は**ノンレム睡眠**と呼ばれる。一方，夢をみる睡眠段階は，**レム睡眠**と呼ばれ，一連のノンレム睡眠の合間に観察される。通常，深い眠り（睡眠段階 3，4）の後は，浅い睡眠（睡眠段階 2），レム睡眠，もしくはその両方へ戻る。このサイクルは睡眠中に複数回繰り返される。

**睡眠段階 1**［stage 1 sleep］睡眠の初期段階。入眠直前のリラックスした状態に測定される規則的な**アルファ波**が次第に減衰して断続的になり，4～6 Hz の波形へと変わる。心拍が低下し，筋肉が弛緩する。⇨ **睡眠段階**

**睡眠段階 2**［stage 2 sleep］脳波に 14～18 Hz の規則的な波形（⇨ **睡眠紡錘波**）が現れる浅い睡眠。その振幅は睡眠の経過に伴い増減する。⇨ **睡眠段階**

**睡眠段階 3**［stage 3 sleep］1～4 Hz の**デルタ波**の中に，睡眠段階 2 でも観察された睡眠紡錘波が散見される**徐波睡眠**の段階。⇨ **睡眠段階**

**睡眠段階 4**［stage 4 sleep］振幅の大きな**デルタ波**が観察される**徐波睡眠**の段階。⇨ **睡眠段階**

**睡眠中枢**［sleep center］視床下部の領域を指す現在では使われていない言葉。かつては視床下部が睡眠を制御していると考えられていた。現在では，脳の単一の領域が**睡眠覚醒周期**を調節しているのではなく，視床下部と**網様体賦活系**を含む複数の領域がその調節に関わっていることが明らかになっている。⇨ **覚醒中枢**

**睡眠中の失見当**［sleep disorientation］半醒半睡で，心的には悪夢を見ているような思考の状況下にあり，通常の見当識が失われている状態。この状態にある人のなかには，ひどく暴力的になり，近くの人に怪我をさせることもある。以前，この状態は傾眠症（somnolentia）と呼ばれていた。

**睡眠てんかん**［sleep epilepsy］1. 睡眠時にのみ発作が起こるてんかんの一種。2. **ナルコレプシー**の旧式名称。

**睡眠の取り戻し**［sleep recovery］睡眠不足の後，その代償であるかのように通常以上に眠ること。

**睡眠パターン**［sleep pattern］習慣的な睡眠のパターン。1 日 1 回の 8 時間睡眠，1 日 2 回の 4 時間睡眠，昼寝，不眠，過眠など，様々な形で個人差がある。⇨ **睡眠覚醒周期**

**睡眠不全**［hyposomnia］不眠症やその他の睡眠を乱すものの影響で，睡眠時間が減少すること。⇨ **睡眠障害，過眠**

**睡眠紡錘波**［sleep spindles; spindle waves］睡眠段階 2 の睡眠脳波に現れる紡錘状の波形。約 15 Hz の短く一時的な波形で，その振幅は睡眠の経過に伴い増減する。睡眠紡錘波は，しばしば **K 複合**とともに観察される。スピンドルとも言う。

**睡眠ポリグラフ**［polysomnography; polysomnograph］睡眠に関係する診断を目的とし，眼球運動，脳波，心拍，陰茎勃起などの様々な生理指標を一晩中測定すること。

**睡眠まひ**［sleep paralysis］眠りにつく直前や目覚めた直後に一時的に動いたり話したりできなくなることで，しばしば幻覚を伴う。すべての人に起こりうるが，**ナルコレプシー**が起きる人に特にみられ，**網様体賦活系**の一時的な機能不全によって生じると考えられている。

**睡眠薬**［hypnotic］眠気を促進し，運動筋肉の活動を低下させることによって，睡眠を引き起こし維持させる薬。一般的に睡眠薬は，服用量が多いと，睡眠を促し，麻酔の効果があり，服用量が少ないと，不安を取り除いたり鎮静作用がある。この点で鎮静剤と異なる。**ベンゾジアゼピン**は，最も広く処方される睡眠薬である。抗ヒスタミン薬やその他の薬は，使用される度合いが少ない。ゾピクロン，ゾルピデム，ザレプロンといった非ベンゾジアゼピン系睡眠薬は，副作用が少ないことから普及している。

**水様液**［humor］眼球内部の空間を満たす半液体状の物質のこと。⇨ **眼房水，硝子体液**

**水曜会**［Wednesday Evening Society］フロイト（Sigmund Freud）の薫陶を受けた精神分析家によって 1902

年に結成された非公式のグループ。1910年にはウィーン精神分析協会に発展した。⇨ **ウィーン学派**

**水路づけ** [canalization] 心理学においては，生体が，自らの欲求を，たとえば食物の嗜好や娯楽的嗜好のような，特定の欲求満足へと向かわせること。

**推論[1]** [inference] 1. 妥当な**推論規則**に従って初期の前提や前提から導き出される**結論**，またはこういった結論を導き出す過程のこと。単なる結論と対比させると，推論は導き出された推論と前提が真であれば，人は現実に信じるということを要求している。論理推論（logical inference）とも呼ばれる。2. 統計解析において，標本に基づいて母集団についての結論を導き出す過程。この種の推論の最も一般的な例は統計的仮説検定である。

**推論[2]** [reason; reasoning] 1. 事実や前提から結論を導くために帰納的または演繹的論理プロセスが用いられる思考のこと。⇨ **演繹推論，帰納的推論** 2. 結論を導く際の一連の論拠や証明のこと。

**推論規則** [rules of inference] どんな種類の前提からどんな種類の推論を妥当であるといえるのかを示す，論理的な主張を構成するための規則。⇨ **演繹，演繹推論**

**推論検査** [reasoning test] 帰納的思考，演繹的思考，またはその両方に関するスキルの検査のこと。例として，一連の数字と単語の分類（帰納法）や，様々な種類の三段論法（演繹法）がある。⇨ **帰納的推論，演繹推論**

**水和** [hydration] 水が付加ないしは結合する作用，あるいは過程。たとえば，体細胞ではナトリウム摂取量が増加すると水和が起こる。⇨ **脱水**

**数** [number] 言語学において，名詞，代名詞，任意の単語を，単数か複数（あるいは言語によっては双数）であるかによって，それに**一致**するよう分類する，文法上の分類。英語においては，数は，最も一般的には，末尾が-sで終わる複数名詞によって表現されたり（たとえば，boyではなくboysとなるなど），主語の数に一致するように動詞の語尾が変化することで表現される（たとえば，The boy runsではなくThe boys runとなるなど）。

**数学的な能力** [mathematical ability] 数学的言語に関する問題，コンピュータに関する問題，数概念に関する問題などの様々な数学的な問題を解決するために用いられる能力。数学的な能力が多くの相異なるスキルから構成されていることは明らかである。

**崇敬** [adoration] 神性あるいは神への敬虔な愛情。

**数唱範囲課題** [Digit Span] ウェクスラー成人知能検査における注意を測定する下位テストの一つで，長さが増加していく数列を復唱する能力を測定するテスト。順行数唱範囲（Digit Span Forward）は，数字の呈示後すぐに，呈示された順序そのままで復唱できる数字の個数を測定する。逆行数唱範囲（Digit Span Backward）は，数字の呈示後すぐに，呈示された順序と逆順に復唱できる数字の数を測定する。前者は**既時記憶**の指標，後者は**ワーキングメモリー**の指標とみなされている。

**数値尺度** [numerical scale] ある対象の特性を量的（数的）に表すことができる尺度や測定器具のこと。

**数の因子** [number factor] 数的問題を扱う能力検査によって測定される知能因子。⇨ **知能の因子理論，基本的能力**

**数的能力** [numerical competence] 一部の動物にある能力で，異なる数の物体に関係している基数を同定して，正しい順番に数値を並べることができる。オウムやチンパンジーは提示される数値を数えることができたり，1,5,8のような昇順で数字の順番をつけることができる。

**崇拝[1]** [adoration] ある個人が他者に対して抱いている多大な尊敬と敬意。

**崇拝[2]** [worship] 神や超自然現象，または人や原理を崇め奉ること。

**数秘術（数占い）** [numerology] 数字の超自然的な有意性の研究。たとえば，誕生日や名前の画数から，その人の性格や将来を推測し，解釈すること。

**数理演繹法** [mathematico-deductive method] 数式で表現された前提や命題を用いて，モデルや理論を発展させる方法。⇨ **仮説演繹法**

**数理学習モデル** [mathematical learning theory] 統計的学習モデルの一つで，生物の正反応の確率は，それぞれの試行で経験した結果によって，試行の度に，どの程度変化するかを仮定するもの。その重要な例に**刺激抽出理論**である。

**数理心理学** [mathematical psychology] 心理プロセスのモデル化とその結果の予測のために数理的方法を利用する心理学のアプローチ。

**数理生物学** [mathematical biology] 生物学的現象，たとえば，条件づけや神経伝導などの数理モデルを発展させる生物学の一部門。

**数理モデル** [mathematical model] 心理的現象や物理現象などを数式で表現すること（例，**フェヒナーの法則**）。

**数量詞** [quantifier] 言語学において，many, most, some, all のように量の概念を示すために用いられる**限定詞**。

**頭蓋顔面異常** [craniofacial anomaly] 一般的には先天的なものと考えられる顔や頭蓋の構造上の奇形の障害。これは**トリーチャ・コリンズ症候群，クルーゾン症候群，ハーラー症候群**を含む異常が特徴的である（⇨ **ガーゴイリズム**）。

**頭蓋骨縫合異常症** [Kleeblattschadel syndrome; cloverleaf skull] 脳が頭蓋骨の縫合部分を通り抜け隆起することによって生じる，三小葉の頭蓋骨を特徴とした先天性欠損症。患者は水頭症，重度の精神遅滞，および異常に短い手足をもっている。［ドイツ語で"kleeblat"はクローバーの葉，"schadel"は頭である］

**頭蓋骨癒合症候群** [craniosynostosis syndrome] 頭蓋骨の早期癒合により，頭蓋骨奇形となった状態。多くは頭蓋骨頭頂に沿った矢状縫合を必要とする。単独の頭蓋骨の早期癒合は脳の成長や知能には影響は少ないと考えられているが，複数の頭蓋の早期癒合は神経疾患のリスクを高める。

**頭蓋終脳異形成症** [craniotelencephalic dysplasia] 頭蓋骨前部の隆起と知的障害を伴う，頭蓋骨縫合線の早期閉合（⇨ **頭蓋骨癒合症候群**）による疾患。頭蓋骨から脳が飛び出す脳ヘルニアを伴うこともある。罹患者の染色体に異常はみられないが，いずれかの常染色体の劣性遺伝と関連する可能性が指摘されている。

**頭蓋頂電位** [vertex potential] 頭蓋骨の頭頂に置かれた電極から記録される脳電位。多様な刺激によって誘発されるが，特に注意と関係している。

**頭蓋内圧** [intracranial pressure; ICP] 頭蓋内の圧力。

過度の頭蓋内圧は脳へのダメージと脳内の血流の妨げを引き起こし，記憶喪失，平衡感覚障害，認知症，昏睡，死といった様々な影響を及ぼす．頭蓋内圧の上昇の原因には，水頭症，出血，血腫，脳腫瘍，頭部損傷などがある．

**頭蓋内出血**［intracranial hemorrhage］ 頭蓋骨内で起きる出血．脳内出血やクモ膜下出血を含む．

**頭蓋二分**［cranial bifida］ 前頭部の中央平面にある馬蹄形凹みによって特徴づけられる先天性疾患．中央裂口蓋（median-cleft plate），すなわちノッチ（notch）から全体へとおよぶ鼻の断裂と，広く離れた両目が特徴である．出生前発達時期における頭部の両側の結合の失敗が原因となって，左右の大脳半球をつなぐ脳梁に欠陥がみられる．精神遅滞を生じるのが普通である．

**スカトロジー**［scatologia; scatology］ 主に糞便といった排泄物やわいせつなものに心奪われること．ギリシャ語で"糞"を意味する言葉に由来する．精神分析理論では，スカトロジーとは基本的に肛門愛を指す．

**スキゾタクシア**［schizotaxia］ 統合失調症の遺伝子素因であり，この素因により，症状が表面化したり，周囲の環境のストレスによって症状が活性化するとされている．［ミール（Paul Everett Meehl）が 1962 年に提唱した概念］

**スキナー**［Skinner, Burrhus Frederic］ バラス・フレデリック・スキナー（1904-1990），アメリカの心理学者．1931 年にハーバード大学にて博士号を取得．その後 1948 年にハーバード大学に戻るまで，ミネソタ大学とインディアナ大学で教鞭をとり，ハーバード大学でも退職するまで研究を行った．20 世紀で最も有名な実験心理学者で，**オペラント条件づけ**の創始者としてよく知られている．この特徴的な**行動主義**をスキナーは**徹底的行動主義**と呼んでいた．**パブロフ型条件づけ**と対照的なオペラント条件づけは，周囲の環境条件が生物の行動を決定するという考えに基づいている．つまり，環境により強化された行動は次第に発現頻度が増加し，環境により弱化された行動は次第に発現頻度が減少するという考えである．スキナーはスキナーボックス（⇒ **オペラント条件づけ箱**）という実験装置を開発した．スキナーボックスは，ラットやハトの行動形成過程である**強化のスケジュール**の詳細な研究を可能とした．スキナーの研究は実験室の中だけにとどまらず，養育，言語獲得，心理療法や文化分析といった教育方法へ自身の考えを応用した**応用行動分析**という分野を創始した（⇒ **プログラム学習**，**ティーチングマシン**）．彼の有名な著書には *Behavior of Organisms*（1938），*Verbal Behavior*（1957），*Walden Two*（1948），*Beyond Freedom and Dignity*（1971）や *About Behaviorism*（1974）がある．全米科学アカデミーや実験心理学会のメンバーに選ばれた他，米国心理学会功労賞と特別功労賞の両方を授与されている．⇒ **記述的行動主義**

**スキナー箱**［Skinner box］ オペラント条件づけ箱の口語表現．［発案者はスキナー（B. F. Skinner）］

**スキーマ**［schema］ **1.** 知覚，解釈，想像，問題解決を導く機能をもつ，概念や事物についての基本的な知識の集合．たとえば，「寮の部屋」というスキーマは，ベッドと机がおそらくはその情景の一部であること，電子レンジがあるかどうかは不明であること，高価なペルシャ絨毯はたぶんないことを示唆する．認知的スキーマ（cognitive schema）とも呼ばれる．⇒ **準拠枠**，**知覚的スキーマ 2.** 客観的現実に関わらず，自己，他者，世界について個人が抱いている見方や仮定．たとえば，「私は傷つけられた人間だ」とか「私が信用する人は誰でも最後には私を傷つける」などは，子ども時代前半の実際または想像の育児放棄から生じる可能性のあるネガティブなスキーマである．特に**認知療法**では，治療の目標が強調される．それは，クライエントが，より現実的で，現在志向的なスキーマを発達させて，それを，子ども時代に，あるいはトラウマ的経験を通じて発達させたスキーマと置き換えるのを助けるためである．⇒ **自己像 3.** 社会心理学において，あるものや状況について，これらの間の性質と関係を含む人がもつ知識を表す認知的構造のこと．スキーマは，通常は**抽象化**であり，したがって，その人の世界を単純化する．1932 年にイギリスの心理学者バートレット（Frederic C. Bartlett: 1886-1969）が，過去の経験はスキーマとして記憶に貯蔵され，他者の印象もこのように構造化されると考えられると示した．

**スキーマチェンジ法**［schema change methods］ 個人が幼少期の体験から自己や他人，社会集団，状況を理解し，現在適応した生活を妨げている，認知的，情動的，生理的な意味のパターンを変える技術．⇒ **スキーマ**

**スキーマのイメージ**［schematic image］ 対象の最も目立つ特徴からなる対象の心的イメージや描写のこと．いったん形成されると，スキーマのイメージは類似した知覚構造を持つものとの比較判断のためのモデルとなる．

**スキミング**［skimming］ 内容を包括的に理解するために，素早く，やや表面的に材料を読みとること．⇒ **走査**

**スキーム**［scheme］ 認知的構造のことを指し，人が，自分の行動を環境的な状況に適応するように学習し始めるとされる乳幼児期以降，各段階で発達していくものとされる．乳児のおしゃぶりスキーム（最初は乳首や乳房へ適用され，後に指や柔らかいおもちゃへと適用されていく）のような単純なスキームから，車の運転などの複雑なスキームなど，すべてのものにスキームが存在する．年齢に伴い，中心となるスキームは，行動的なものから，認知的なものへと変化していくとされる．［ピアジェ（Jean Piaget）によって初めて提唱された］

**スキャフォールディング**［scaffolding］ **1. 身体性認知**への認識論的アプローチ．**行為者**がその内部で作用する世界を，その行為者の知性の必須条件とみなす．単純な例としては，複雑な計算手続きを実行するための紙と鉛筆の使用があげられる．**2.** 新しい技術や概念を学ぼうとしている生徒が自立するために，最良の目標を設定して，支援および手助けをすることを指し，ヴィゴツキー（Lev Vigotsky）の発達の最近接領域に基づく考え方である．具体的には，生徒が一人で学ぶことができる，ちょうどそのレベルの教材を呈示することを指す．また，この一連のプロセスの手助けをする足場作りの道具（scaffolded tools）として，コンピュータのソフトウェアなどの技術が使われる．

**スキャンロン方式**［Scanlon plan］ ゲイン・シェアリングプログラムの一種．ボーナスや生産問題の解決に参加することによって，被雇用者の生産性改善を動機づける．監督者と被雇用者からなる生産委員会が組織の各部所に設置され，この委員会はコスト削減や生産性改善のために被

雇用者から出てきた話をふるい分ける。コスト削減分や改善された製品の価値など，獲得された成果は提案した個人にではなく，グループ全体に配分される。⇨ **産業民主主義，参加型意思決定，品質管理サークル**［アメリカの組合リーダーのスキャンロン（Joseph Scanlon: 1899-1956）による］

**スクイーズ法**［squeeze technique］ 早漏を克服する技法の一種。男性が十分に性的な興奮を喚起されるまでペニスを刺激し，そのタイミングで，ペニスの陰茎の部分と亀頭がつながった部位を，パートナーが短い時間圧迫するように握る。圧迫から解放した後は，30秒～1分間はペニスに刺激を与えないようにする。圧迫と小休止（刺激を与えないこと）により興奮が低下した後に，再び刺激を与える。この刺激-圧迫-小休止-刺激のサイクルを何度か繰り返してから，男性は刺激で射精することが許される。この方法で男性は射精に至るまでの勃起の持続時間を長くできるようになる。［アメリカの婦人科医マスターズ（William H. Masters: 1915-2001）と心理学者ジョンソン（Virginia E. Johnson: 1925- ）が開発した］

**スクシンイミド**［succinimides］ 欠伸発作治療に効果的な化学的関連のある薬品群。薬物依存による痙攣に対する解毒剤を研究する過程で発見され，鎮静効果があるが，行動の変容が起こる可能性がある。スクシンイミドの一つにエトスクシミド（Ethosuximide）があり，ザロンチン（Zarontin）という商品名でアメリカで販売されている。

**すくみ足歩行**［stuttering gait］ 足を踏み出すのをためらうことが特徴的な歩行で，統合失調症や転換性障害の患者にみられる歩行様式。**パーキンソン病**のように，神経学的原因によって生じる場合もある。

**すくみ行動**［freezing behavior］ 受動的な回避行動の一つで，動かないまま，走ったり隠れようとはしない。攻撃されている状況で反応としてよく観察される。野生動物で，捕食者が接近したり他の危険のあることを告げる**警戒声**への反応としても生じる。⇨ **不動性**

**スクラプラメハ**［sukra prameha］ スリランカで発見された**文化依存症候群**。中国の**腎虚**と同じ症状をもつ。

**スクランブル競争**［scramble competition］ 動物行動における交配競争の一種で，メスが散り散りになっているか一緒に行動しているため，オスが縄張りや資源をもっていても繁殖において優位にならない環境下での競争。そのため，オスは広く歩きわたり，求愛行動や**配偶者選択**などほとんどせずに出会ったメスと交尾していく。一般に，メスと最初に交尾することのできたオスが最高の**繁殖成功率**を果たす。

**スクリーニング**［screening］ 1. 患者にとって，医学的か心理学的かなど，どのような治療法が適切か，または，より適切な治療機関にリファーすべきか否かなどを決定するために，最初になされる評価のこと。評価の際には，医学的，心理学的観点から生活史を探索する，**認知機能検査**を行う，診断基準を参照するなどを総合して行う。2. 個人や集団に対して，病気の初期の兆候を発見するための手続きやプログラムのこと。遺伝負因から病気を発症する恐れのある人は，継続して定期的にスクリーニングを受けることが助言される。⇨ **スクリーニングテスト** 3. ある心理検査のために，項目を選択する過程のこと。4. ある個人が目的や課題に適しているか，予備的検査を通じて決める過程。⇨ **選抜テスト**

**スクリーニング聴力検査**［screening audiometry］ ある音やあるレベルに固定されたいくつかの音を用いて行われる，短時間の集団聴力検査。

**スクリーニングテスト**［screening test］ ある特定の対象や人々を特性や属性によって選別することを意図した検査のこと。スクリーニングテストは病気や障害をもつ人，また病気になる前の状態にある人を，そうでない人たちと区別するために，よく用いられる。たとえば，うつ病の人を発見するための健康予防の一環として実施される。スクリーニングテストは高い確度をもつよう作成されている。複数回にわたり使用されるような特定の内容を測る検査は，初回測定時の結果との比較検討がしばしば行われる。

**スクリプト**［script］ 1. 複雑な行動を構成する基礎的な行動（および時間的，因果的関係）を含む認知的スキーマの枠組み，すなわち心理的行程表（mental road map）。たとえば，パスタを作るスクリプトは以下のようになるだろう。鍋の食器棚を開く，鍋を選ぶ，鍋を水で満たす，鍋を火にかける，パスタを取り出す，適当な量のパスタを量る，沸騰したお湯にパスタを入れる，茹で上がりを判断する，鍋を火から下ろす，水を切る，食器に盛る。スクリプトスキーマ（script schema）とも呼ばれる。2. グループとしてまとまることで，人の日常的状況に潜在する意味的関係性を捉えるような一連の**概念依存**からなる構造化された表象のこと。コンピュータによる物語理解を実現する目的で作られた。［1966年にアメリカの認知科学者でコンピュータ科学者のシャンク（Roger C. Schank）と心理学者エイベルソン（Robert P. Abelson: 1928- ）によって開発された］

**スクリプト理論**［script theory］ 喜びや恐怖のような独立した情動が行動の一次的動機であり，パーソナリティ構造やパーソナリティ機能は自己定義された情動的場面やスクリプトによって理解される，という主張。［アメリカのパーソナリティ心理学者であるトムキンス（Silvan S. Tomkins: 1911-1991）によって提唱された］

**スクリープロット**［scree plot］ **因子分析**において，共通性調整された相関行列から得られた**固有値**のプロット。このプロットの変化点が採択する因子数決定に役立つ。

**スクリーン拡大鏡**［screen magnifier］ 視力障害のある人々に対する適応的手法の一つで，パーソナルコンピュータのスクリーン上に表示された文章と図形の両方の情報を拡大する。

**スクリーンリーダ**［screen reader］ 視力障害者のためのソフトウェアプログラム。パソコンのディスプレイ上の文字，グラフィック情報を**音声合成装置**で読み上げたり，再生可能な**ブライユ点字**ディスプレイに表示したりする。

**ズクロペンチキソール**［zuclopenthixol］ チオキサンテンクラスの第一世代の**抗精神病薬**である。副作用には鎮静，神経筋硬直，ジストニア等があり，遅発性ジスキネジーの長期的なリスク要因となっており，ズクロペンチキソールはアメリカでは入手できない。

**図形結束性**［figural cohesion］ ゲシュタルト心理学の法則で図の複数の部分がたとえ互いに離れていても全体として知覚される傾向を示す。⇨ **閉合**

**図形再現検査**［recurring-figures test］ 無意味な図形や幾何学的な形を描いた一連のカードを見る記憶検査。1

枚以上のカードに提示される図形があり，参加者は，図形が前のカードで提示されたかどうかを思い出さなくてはならない．

**図形残効**［figural aftereffect］　形態知覚に関する現象のことで，最初に提示される図からの視覚の変化により，次に提示される図に最初の図の像が重ね合わされること．

**スケープゴーティング**［scapegoating］　攻撃者のフラストレーションの真の原因が，直接的に対峙できない誰かまたは物事にある場合に，怒りと攻撃性が他の，多くはより弱い集団や個人に向けられる（**感情の置き換え**）過程のこと．⇨ 投影

**スケープゴート理論**［scapegoat theory］　**1.** ネガティブな経験（失敗や他者による虐待など）を被っている人が，その経験の原因として，罪のない人・集団を責めることがあると考える，暴力と攻撃性に関する分析．その結果，これに続くスケープゴートへの虐待は，個人の欲求不満や敵愾心のはけ口として機能する（⇨ **置き換えられた攻撃**）．スケープゴートが何年ものあいだ攻撃の対象になっていると，攻撃を誘発する刺激としての性質を，それゆえに獲得することも示唆されている．**2.** ネガティブな経験を他の集団のせいにする個人の傾向によって生じる集団間葛藤を仮定する**偏見**の分析の一種のこと．景気が低迷し失業率が高い時に人種差別が増加することを示す研究がこの理論を支持している．⇨ **現実集団葛藤理論**，**欲求不満攻撃仮説**

**スコット**［Scott, Walter Dill］　ウォルター・スコット（1869-1955），アメリカの心理学者．ヴント（Wilhelm Wundt）のもとで学び，ライプツィヒ大学で1900年に博士号を取得した．ノースウェスタン大学で長く教鞭をとり，1920年にはこの大学の学長に就任した．スコットは，**広告心理学**や産業界の人員採用や管理に重要な貢献を果たしたとして応用心理学分野の重要人物と認識されている．第一次世界大戦の間，人事審査に関する軍の委員長を務め，兵士選抜のための優れたテストを考案した．米国政府は彼の功績に対して殊勲賞を与えている．スコットの重要著作は，*The Theory of Advertising*（1903），*The Psychology of Advertising*（1908），*Increasing Human Efficiency in Business*（1911），*Personnel Management*（1923）である．

**スコトプシン**［scotopsin］　網膜の杆体にあるオプシンタンパク質部分の一形態．シスレチナール（11-cis retinal）と結合して，杆体の感光色素であるロドプシンを形成する．

**スコポラミン**［scopolamine］　**抗コリン薬**で，**ヒヨス**やそれに関する植物のアルカロイドとして発見された．一般的には乗り物酔いを緩和するために用いられる．昔は半麻酔状態（意識はあるがまどろんだ状態で，痛みに対する敏感さが失われる状態）を生じさせることや，出来事の記憶を消失させることなどに用いられた．低量の服用では鎮静剤効果があるが，大量の服用では不安，興奮，幻覚を引き起こすおそれがある．ヒヨスチン（hyoscine）とも呼ばれる．アメリカでの商品名は Scopace, Transderm-Scop．

**スコラ学**［Scholasticism］　中世ヨーロッパの大学に所属する学者によって教えられていた論理学，哲学，神学の体系．**アリストテレス的**論理，初期のキリスト教教会の教父著作，伝統と教義の権威を基盤としている．主な関心には，信仰と理性を一致させる試みと，**唯名論**と**実在論**の論争が含まれている．著名なスコラ哲学者には，イタリアの牧師であり哲学者であったアクィナス（Thomas Aquinas: 1225-1274），フランスの哲学者ビュリダン（Jean Buridan: 1295-1358），スコットランドの論理学者スコトゥス（John Duns Scotus: 1226-1308），イギリスの牧師であり哲学者であったオッカム（William of Occam: 1285-1347）がいる．

**図式的表象**［schematic representation］　現実的あるいは潜在的な相互作用に関する個人，物，出来事あるいは過程についての表象のこと．

**図地反転**［reversible figure-ground］　ルビンの図形のような曖昧図形において，図を構成する要素と地を構成する要素が入れ替わって知覚されること．

**図示法**［graphic method］　データの記録，呈示，解釈における視覚表示の使用．

**ススト**［susto; chibih; espanto; pasmo; perdida del alma; tripa ida］　アメリカのラテン系およびメキシコ，中央アメリカ，南アメリカの集団間で発生する**文化依存症候群**．恐ろしい事象を経験した後には魂が体から離れてしまうと怯えることを指す．症状は，体重減少，倦怠感，筋肉痛，頭痛，下痢，悲哀，不眠症，モチベーションの欠如，自尊心の低下など．

**図像性**［iconicity］　2つの物体やイメージ，出来事などが類似していることによって，一方が他方の象徴となるような，形式と意味との連合のこと．

**スター**［star］　ソシオメトリーにおいて，グループのメンバーが他のメンバーを選ぶときに最も一緒に仕事をしたいと思うような，仲間にしたい，称賛される個人のこと．そのような個人は最も人気があり，集団の最も良いと思われている成員であり，もしも，集団内で，たった1人のスターが出現するとすれば，その人はグループの**ソシオセンター**になる．⇨ **孤立**，**コミュニケーション・チャネル**

**スタイルズ・クロフォード効果**［Stiles-Crawford effect］　瞳孔の中心からの入射光と，瞳孔の周辺からの入射光の明るさが，異なって知覚されること．瞳孔の中心からの入射光のほうが明るく感じられる．［スタイルズ卿（Sir Walter Stiles: 1901-1985），クロフォード（Brian H. Crawford）による］

**スタガード・スポンダイク・ワードテスト**［Staggered Spondaic Word Test: SSW］　同じアクセントをもつ2音節語を用いた聴覚処理能力のテスト．ある単語の1音節目が片耳に提示されるのと同時に，別の単語の2音節目をもう片方の耳に提示する．［1962年にアメリカの聴覚学者カッツ（Jack Katz）によって初めて発表された］

**スタージ・ウェーバー症候群**［Sturge-Weber syndrome; Encephalofacial angiomatosis; Kalischer syndrome; Parkes-Weber syndrome; Sturge-Weber-Dimitri syndrome］　髄膜の血管の奇形（軟髄膜の血腫），顔の**ブドウ酒様斑点**，緑内障，局所的運動発作を特徴とする先天性障害．皮膚色素沈着が顔の半分あるいは両側に発生したり，それが頭皮の領域にまで広がったりする可能性がある．罹患者の約半分は精神遅滞を有しており，それ以外の人も神経心理学的なテストによって見出される特定の認知障害を有する可能性がある．その他の特徴として，対側片まひ，頭蓋内石灰沈着，情動あるいは行動障害が含まれることもある．［イギリスの医師スタージ（William A. Sturge: 1850-1919）とウェーバー（Frederick Parkes Weber:

1863-1962），オーストリアの医師ディミトリ（Vicente Dimitri: 1885-1962），ドイツの医師カリシャー（S. Kalischer）による]

**スタナイン**［stanine］ スコアの範囲を9つに分割し，そのスコアが**正規分布**するようにすること。スタナイン尺度は，平均が5であり（すなわち，スタナイン5が平均となる），標準偏差は2となる。任意のスコアセットにおいて，最も低い4％はスタナイン1となり，次の7％は2，その次の12％は3，17％が4，20％が5，17％が6，12％が7，7％が8，4％が9（最も高いスコア範囲）となる。この尺度は，第二次世界大戦時にアメリカ空軍によって開発された。現在は教育業績を査定するのに主に使用されている。

**スタノロン**［stanolone］ 腫瘍抑制効果があるため，乳癌の治療に用いられる**ジヒドロテストステロン**の相似形の半合体のこと。

**スターン**［Stern, Lewis William］ ウィリアム・ルイス・スターン（1871-1938），ドイツの心理学者。1893年にベルリン大学でエビングハウス（Hermann Ebbinghaus）に師事し博士号を取得。1897年～1916年にかけてブレスラウ大学で教鞭をとる。1916年にハンブルク大学の心理学教授に任命され，ここで1933年まで心理学研究所の主任を務めた。ドイツでナチスが台頭すると，スターンはアメリカへ移住してデューク大学で5年間研究し生涯を終えた。スターンは多くの心理学分野へ影響を与えた。スターンが書いた初期の3冊の本は発達心理学の草分けであり，最も有名なのが *The Psychology of Early Childhood up to the Sixth Year of age*（1914）である。スターンはドイツ語の *Journal of Applied Psychology* を発行し，応用心理学の様々なテーマに関する多くの雑誌を出版した。スターンは知能テストの結果から判断される知能指数（⇒ **IQ**）の概念を発達させたことで最もよく知られている。彼の著書である *On the Psychology of Individual Differences*（1900）と *Methodological Foundations of Differential Psychology*（1911）は**差異心理学**の分野で基本的な研究である。スターンは人間の個性の問題に注目した批判的人格主義の哲学体系を研究していた。しかしこの研究はスターンの研究生活の柱であるにも関わらず，あまり知られていない。

**スタンバーグ三頭能力検査**［Sternberg Triarchic Abilities Test: STAT］ 研究を目的として用いられる**集団式知能検査**。分析能力，創造性，実務能力を測定するため，他項選択式の言語項目，量的項目，図形項目と作文からなる。検査の改訂版では，それらとともに，実務的問題の解決を試験するために物語の記述，物語の語り，創作や映画鑑賞といった項目が加えられている。検査では，分析，創造，実務の領域に分けてスコアを算出する。[1980年にアメリカの心理学者スタンバーグ（Robert J. Sternberg: 1949- ）によって開発された]

**スタンフォード催眠感受性尺度**［Stanford Hypnotic Susceptibility Scale］ 被検者が催眠暗示に対して示す反応から，**催眠感受性**を測るために用いられる，12項目の標準化された尺度。軽い催眠では，伸ばした手を下げたり，目を閉じたり，前に倒れるような暗示が提示される。深い催眠においては，催眠後健忘や特定の幻覚を見るような暗示が示される。[スタンフォード大学のヒルガード（Ernest R. Hilgard）によって開発された]

**スタンフォード達成検査**［Stanford Achievement Test］ 多項選択と自由回答方式の質問を用いた評価ツールで，読解，数学，言語，書字，リスニング，科学，社会科学の向上を測定できるようにデザインされている。現在，第10版（2003）を重ね，新しい版ごとに現代の教育慣習が反映されている。

**スタンフォード・ビネー知能検査（SB）**［Stanford-Binet Intelligence Scale: SB］ 2歳～89歳までの個人の知性や認識能力について測定するための標準化された検査。現在，5つの言語に関する下位検査と5つの非言語に関する下位検査からなっており，言語IQ，非言語IQ，そして全体のIQが算出される（平均が100，標準偏差が15となる）。また，流動的推論，知識，量的推論，視空間プロセス，作業記憶についての得点も算出される。スタンフォード・ビネー知能検査は，ビネー（Alfred Binet）とフランス人の医師であるシモン（Theodore Simon: 1873-1961）によって，フランスの子どもの知的能力を査定するため1905年に開発されたオリジナルのビネー・シモン検査（最初の近代的な知能テスト）の改訂，拡張版として，1916年にスタンフォード大学の教授であるターマン（Lewis M. Terman）によってアメリカに持ち込まれたことからそう名づけられた。現在のスタンフォード・ビネー知能検査（SBS）は，アメリカの心理学者ロイド（Gale H. Roid: 1943- ）によって開発され，2003年に出版された第4版のものである。第1版と第2版は，それぞれ1937年と1960年にターマンとアメリカの心理学者であるメリル（Maud Merrill: 1888-1978）によって，また，第3版は，1986年にアメリカの心理学者であるソーンダイク（Robert L. Thorndike: 1910-1990），ハーゲン（Elizabeth P. Hagen: 1915- ），サトラー（Jerome M Sattler: 1931- ）によって作成された。

**スチュワート－モレル症候群**［Stewart-Morel syndrome］ 頭蓋骨前方の肥大，肥満，頭痛，神経系の障害，精神遅滞の傾向により特徴づけられる障害のこと。またの名をモレル症候群と言う。[アメリカの外科医スチュワート（Douglas Hunt Stewart: 1860-1943），スイスの精神科医モレル（Ferdinald Morel: 1888-1957）による]

**頭痛**［headache; cephalalgia］ 群発頭痛，片頭痛，緊張性頭痛などからくる頭の痛み。

**巣作り**［nest building］ 親行動の一種で，魚，鳥そして哺乳類によく見られる。産卵または出産するために適切な場所を探して用意する。巣作りは様々な形をもっているが，基本的に日長や温度の変化，オスの求愛または後代の現れによるメスのホルモン活性に関連する。両親が協力して子育てをする種，たとえば，多くの一夫一婦制の鳥やげっ歯類はオスとメスが協力して巣を作る。ある種の魚はオスだけが巣を作る。幼い動物が目の前に現れることで巣作りを始める妊娠していないメスの哺乳類もいる。⇒ **コンカベーション**

**ステイクホルダー**［stakeholder］ 評価研究において，プログラムのスポンサー（資金提供者），設立者，意思決定者，個人，あるいはプログラムの機能において利害関係をもつか，潜在的にそのプロセスと結果の評価に起因する情報によって影響を受けるサービス受取人といったすべての人のこと。特に，**評価目的**の重みや異なる利益をもった

ステイクホルダーの任意のグループ間において軋轢が生じる場合がある。

**スティグマ**［stigma］　心的，身体的，あるいは社会的欠陥とみなされた個人の特性に対するネガティブな社会的態度。スティグマは社会的不支持を意味し，個人に対して不当な差別や排斥を導く。

**スティグマトフィリア**［stigmatophilia］　特に陰部にタトゥーや傷跡があるパートナーや，または自分の陰部にタトゥーをすることによる性的関心や興奮のこと。

**スティーブンズ・ジョンソン症候群**［Stevens-Johnson syndrome］　皮膚，粘膜，目，性器などの粘膜の多くの部位に水疱の発疹ができる状態のこと。致死率は15％であり，**抗痙攣薬**と抗生物質製剤の副作用に関係している。［アメリカの小児科医スティーブンズ（Albert M. Stevens: 1884-1945）とジョンソン（Frank C. Johnson: 1894-1934）による］

**スティーブンスの法則**［Stevens law］　感覚に関する心理学的強度は，それを作り出す刺激のべき乗に比例するという精神物理学的法則。これは，$\Psi=ks^n$と表記され，$\Psi$は感覚の強さ，$k$は比例定数，$s$は刺激の強度，$n$は特定の刺激によって異なるべき乗の定数である。これはスティーブンスのべき法則（Stevens power law）とも呼ばれる。⇨ **フェヒナーの法則**，**ウェーバーの法則**　［アメリカの精神物理学者であるスティーブンス（Stanley Smith Stevens: 1906-1973）による］

**スティム検査**［stim test］　ポリグラフ（polygraph）検査で使われるテクニックの一つで，検査が間違いないものであると被検者を納得させるために行う。被検者にトランプ一組の中から1枚選ばせた後，検査者が見かけ上の質問をして，被検者の身体反応からどのカードを選択したかを測定する。実際には，被検者の選択したカードを正確に識別するためにカードにマークが付けられている。

**スティラーの兆候**［Stiller's sign; costal stigma; Stiller's rib］　第十肋骨が浮いていること。これは神経衰弱の傾向に関連している。［ハンガリーの内科医であるスティラー（Berthold Stiller: 1837-1922）による］

**スティーリング色覚検査**［Stilling Color Vision Test］　**仮性同色表**の検査で，色弱を発見するために開発された。様々な色，彩度，明度のドットからなり，そのドットの集まりが数字を形成する。この数字は健常な目では識別可能であるが，色覚異常や色弱の目ではそれができない。検査自体が既に時代遅れとなっており，現在は，一般的な色盲テストとして**石原式色覚異常検査**が用いられている。［1877年にドイツの眼科医スティーリング（Jakob Stilling: 1842-1915）によって開発された］

**スティール・リチャードソン・オルスゼフスキー症候群**［Steele-Richardson-Olszewski syndrome］　⇨ **進行性核上性まひ**　［カナダの神経学者スティール（John C. Steele），リチャードソン（John Clifford Richardson），ポーランド生まれのカナダの神経病理学者オルゼフスキー（Jerzy Olzewski）による］

**ステインザー効果**［Steinzor effect］　ディスカッション・グループにおいて，個人が向かい合って座っている人の発言の直後に話す傾向のこと。その効果は，リーダーのいないグループにおいて最も強い。⇨ **上座効果**　［アメリカの臨床心理学者のステインザー（Bernard Steinzor: 1920- ）による］

**ステータス一般化**［status generalization］　ある分野において成功していたり，権威とみなされていたり，あるいは尊敬を受けていたりする個人が，その分野とは別の，関係のない分野であっても高い地位を享受する傾向のこと。たとえば，有名なスポーツ選手や，裕福な人は，（スポーツや資産といった）帰属的地位（diffuse-status characteristics）が適切でないような分野であっても，集団内の地位の向上が早い。

**ステータス差別化**［status differentiation］　グループ内の何人かの個人による，より大きな権威をもった地位への段階的上昇のことで，他のメンバーによって行使された権威の減少を伴う。

**ステータスシンボル**［status symbol］　グループや社会における人の名声や高い地位に関する指標のことで，たとえば高価で希な所有物や贅沢なライフスタイル，あるいは高級クラブのメンバーなど。この用語は，特に他者にステータスレベルを伝えるための指標として用いられることがある。

**ステータス役割**［status role］　評判，特殊能力あるいは業績のためにグループ全体の名声を高める個人によってもたらされる集団内の特別な位置のこと。

**ステップ・ダウン試験**［step-down test］　ラットやマウスの電撃回避学習に関する研究で用いられる記憶検査。最初に，動物が測定室の高台から降りた場合に電気ショックを与える。次の実験試行では，電気ショックに関する記憶の指標として，降りるまでの時間が計測される。

**ステップファミリー**［stepfamily］　再婚などによって以前の世帯から現在の世帯へ連れてきた子どもがいる家族形態のこと。⇨ **混合家族**，**シンプルステップファミリー**

**ステップワイズ回帰**［stepwise regression］　予め定められた基準によって説明（独立）変数を回帰方程式へ一度に1変数（もしくは1変数群）ずつ投入する（あるいは回帰方程式から説明（独立）変数を削除する）回帰技法。同時にすべての変数を投入する最小二乗回帰（least squares regression）と対比される。

**ステートメント妥当性分析**［statement validity analysis］　性的虐待に関する面接の間，子どもによって主張される真実を査定するために用いられる。面接者が，妥当なものと，信じがたいものとを区別することを可能にする様々な基準を提供する。⇨ **基準に基づいた内容分析**

**ステルス陪審員**［stealth juror］　予備尋問で，裁判官や弁護人からバイアスをもっていることを隠し通した陪審員のこと。

**ステレオグラム**［stereogram］　奥行きをもつように知覚される画像。両眼で統合されるために，同じ情景に関する2つの異なった画像で作成されていて，各画像は水平方向に微妙にズレている。なお画像を見るために**立体鏡**が多くの場合用いられるが，単純に眼を交差あるいは非交差させることで2つの像を融像させることもできる。

**ステレオタイプ**［stereotype］　ある特定の集団や社会的カテゴリーの成員の特質や特徴に関する，ひとまとまりの一般化された認知（たとえば，信念，予期など）のこと。**スキーマ**のように，知覚や判断を単純化したり，迅速に処理したりするが，往々にして誇張され，ポジティブというよりはネガティブであり，知覚者がステレオタイプと整合

しないような特質をもった個人に出会った時であっても，改められにくい（⇨ **偏見**）。個人的に保持している，カテゴリー集団に基づいた他者についての予期とは異なり，ステレオタイプは集団の成員に広く共有されている。⇨ **否定的ステレオタイプ，肯定的ステレオタイプ，事例理論，ジェンダー・ステレオタイプ，真実のかけら仮説**

**ステレオタイプ脅威**［stereotype threat］ 所属する集団の**否定的ステレオタイプ**は，行動に関する他者の判断にネガティブに影響するという個人の予想のこと。この予想は，個人が現実的に上手く行動するための能力を損なわせる。たとえば，アフリカ系アメリカ人の学生が，黒人の知能についての否定的ステレオタイプを参照して判断され，不十分に実行することを期待されると考えることによる不安により，知能テストに支障が出る。⇨ **偏見** ［1995年アメリカの心理学者のスティール（Claude M. Steele: 1946- ）とアロンソン（Joshua Aronson: 1961- ）によって定義された］

**ステレオタイプ精度**［stereotype accuracy］ 人の特性を，年齢集団，エスニックグループ，職業集団あるいは他の関連したグループに，どのようにあるいはどの程度まで**ステレオタイプ**に関連づけるかを正確に決定する能力のこと。⇨ **精度差**

**ステロイド**［steroid］ 相互に連結した4つの炭化水素環に基づく有機分子のこと。男性，女性**性ホルモン**は，コルチコステロイドとビタミンDやコレステロールのような他の自然物質のステロイドとして存在している。

**ステロイド使用**［steroid use］ 筋肉量を上昇させるためにステロイド摂取を行うこと。この行動は，オリンピック競技やほとんどのアマチュアスポーツのルールに反することである。

**ステロイドホルモン**［steroid hormone］ 相互連結した4つの炭素原子の環構造からなるステロイド核をもつ分子構造をしたホルモンの総称。**性ホルモン**や**コルチコステロイド**が例である。

**ストーカー法**［stalking law］ 安全を脅かすに足る危害を加えようとして，特定の人を，執拗に，悪意をもって，繰り返し後をつけたり，困らせたり，脅かしたりする行為を犯罪とする法律（⇨ **ストーキング**）。アメリカのストーカー法は州ごとに異なる。

**ストーキング**［stalking］ 1. 過度に思い込んだ，押しつけの強い，困らせるようなやり方で，特定の人の後をつけたり，監視したりする反復的行動。思いを寄せていた人に拒絶されたことがストーキングのきっかけとなったりする。ストーキングには，直接脅威を与える，困らせたり身体的な危害を加えたりしようと企む，対人暴力を振るうなどの行為がある。色情パラノイアの一側面。⇨ **家庭内暴力** 2. 動物の行動においては⇨ **捕食，捕食行動**

**スードスコープ**［pseudoscope］ 左眼と右眼の像を転置させ，距離の関係をひっくり返すことで錯視を生じさせるために考案された光学的装置のこと。立体的で中身のある物体が窪んで見え，窪んだ物体は立体的で中身があるように見える。

**図と地**［figure-ground］ 知覚は，輪郭によって浮き出る図と不明瞭で一様な地の2つの領域をもつということ。

**図と地の知覚**［figure-ground perception］ 視野に提示された物体と背景を適切に区別する能力のこと。この知覚能力の機能障害は子どもの学習能力に深刻な影響を及ぼす可能性がある。

**図と地の歪み**［figure-ground distortion］ 物体それ自体の知覚と同時に起こる物体の配置の干渉であり，観察者がその物体に焦点を合わせられない状態になる。

**ストックホルム症候群**［Stockholm syndrome］ 人質などで監禁された者が，監禁した者に対して忠誠心やときに愛情までも示すかのような，精神的，情緒的反応のこと。監禁された者は，監禁した者を危険な目に遭わすので，警官や救助隊を敵とみなす。この名称は1973年にスウェーデンのストックホルムで，女性がある銀行で人質になった事件に由来する。人質となった女性は強盗のひとりに情緒的な愛着を覚え，別の男性との婚約を破棄してしまった。そして，その強盗が刑務所にいる間も「自分を人質にした男」に忠誠を尽くした。［スウェーデンの精神科医・犯罪学者ベジェロー（Nils Bejerot: 1921-1988）の造語］

**ストッティング**［stotting］ 有蹄類の動物が行う，4本の足を同時に地面から離して高く飛び上がる行動。捕食者に対し，個体に力があり捕獲が困難であることを示す行為だと考えられる。動物がストッティング行動を見せた場合，捕食者は捕獲に失敗したり捕獲をあきらめたりする確率が上がることが報告されている。

**ストップシグナル課題**［stop-signal task］ 選択反応課題に用いられる手続き。参加者に反応しないよう指示した信号が，選択反応課題中のいくつかの試行において刺激の提示後様々な間隔で提示される。これは，処理のどの時点で反応が抑制されなくなるのかを測定するために行われる。

**ストリキニーネ**［strychnine］ マチンから得られるアルカロイドのこと。中枢神経の刺激薬（⇨ **中枢神経興奮薬**）。抑制性神経伝達物質を中和させる働きがあるが，呼吸筋のまひにより死を招くことのある強力な痙攣薬である。ストリキニーネは，長きにわたり殺鼠剤として用いられ，現在でも使用し続けられている。しかしながら，ストリキニーネは臨床応用はされていない。ストリキニーネに対する耐性発現は示されておらず，繰り返しの暴露によって中毒が起こる。

**ストーリーテリング**［storytelling］ 患者が問題を理解できるように，療法士が記号や寓話を用いて，話をすることを指す。

**ストリートインテリジェンス**［street intelligence］ 日常生活で人々が用いる知性のこと。1990年代に心理学者のヌーズ（Terezhina Nunes）とカーラー（David Carraher）らが，路上生活をうまく生き抜くブラジルのストリートチルドレンは，路上生活で普段使用しているスキルについて，ペーパーテストでは非常に低い成績を示した。これらの子どもの路上生活での知恵は，特殊なペーパーテストの環境ではうまく変換ができない状況に即した知性（⇨ **状況的認知**）であると考えられる。

**ストリーミング**［streaming］ 教育心理学で使われる用語であり，過去の学習内容の習熟度が後続の学習内容に繋がるというように，すべての学習機会が連続していることを指す。

**ストリーミングメディア**［streaming media］ メディアから伝達され，見たり聞いたりする表示のこと。一般的にはコンピュータでのプレゼンテーションを指しているが，テレビやラジオもまた，ストリーミングメディアであると

もいえる。

**ストーリーモデル**［story model］　陪審員の意思決定時に，陪審員が事例を理解したり，記憶することを助けることを目的として，公判の情報を物語のように構成して呈示すること。

**ストループ色単語干渉テスト**［Stroop Color-Word Interference Test］　以下の3つの部分から構成されるテスト。すなわち，（a）色名を可能な限り速く読む，（b）棒や他の形の色を素早く命名する，そして最も重要な（c）色の名前を印字するのに別の色が使われている（たとえば，「緑」という語が赤で書かれている）ときには，用いられている色を素早く呼唱する，という3つから成る。参加者が印字された語に干渉されやすい程度は，彼らの認知的柔軟性や，選択的注意の尺度となる。ストループテスト（Stroop test）とも呼ばれる。⇨ **反応競合**　［アメリカの心理学者ストループ（John Ridley Stroop: 1897-1973）による］

**ストループ効果**［Stroop effect］　単語を印字したインクの色を参加者が命名するのにかかる時間は，中立単語やインクの色と一致する色名を表す単語よりも，インクの色と一致しない色名を表す単語のほうが長くなる，という知見。たとえば「青」という単語が赤インク（不一致）で書かれていると，「緑」という単語が赤インクで書かれていた場合（中立）や，「赤」という単語が赤インクで書かれていた場合（一致）に比べて参加者は「赤」と命名するのに時間がかかる。⇨ **ストループ色単語干渉テスト**

**ストレス**［stress］　内的・外的なストレッサーに対して身体的・心理的に反応している状態。ストレスはほぼすべての身体組織に影響を与え，人がどのように感じ振る舞うかということにも関与している。たとえば，動悸，汗，口の渇き，息切れ，貧乏ゆすり，早口，疲労感の持続，また既に否定的な感情が湧いていたときはその感情が増大することなどで，ストレスは顕在化することがある。重度のストレスは**汎適応症候群**につながる。ストレスによってもたらされた心身の変化は，直接的に身体および精神的な病気や障害を招き，心身の健康に影響を及ぼすことに加えて，生活の質を低下させる。［1940年にカナダの医師セリエ（Hans Selye: 1907-1982）が，ストレスという用語を心理学の分野で初めて使用した］

**ストレス訓練**［stress training］　ストレスの原因を理解して，ストレスを管理，予防する方法を学ぶことができるように支援する諸活動。実際的な訓練や模擬演習（水難救助，脱出訓練，消火活動など）は，ストレスの強い環境に従事する一定の職業の隊員にとっては，教育上，必要なこととみなされている。

**ストレス残余効果**［stressor aftereffects］　環境的なストレッサーにさらされたことに起因する残余効果のこと。この効果は急性あるいは慢性的なストレッサー（たとえば騒音，交通渋滞，社会的葛藤）にさらされた直後に顕在化しやすい。

**ストレス弱点モデル**［stress-vulnerability model］　統合失調症や気分障害などの疾患には，生物学的な遺伝子性素因が関係しており，これらの症状が現れるかどうかという点に，心理的要因および社会要因が関係しているとする理論のこと。

**ストレス状況テスト**［situational-stress test］　ある決められたストレスをかけて行う**事態検査**。

**ストレス傷病者**［stress casualty］　作戦上のストレスや危険因子に身をさらすことが原因で，任務を果たすことができない兵士のこと。そのようなストレスは，結果的に身体や行動の症状を招く。その主要な原因は，生命に対する差し迫った外的な脅威であり，それによって脅威に対処できなくなる状態が導かれ，結果として圧倒的な無力感が生ずるのである。

**ストレス性尿失禁**［stress incontinence］　強いストレスが原因となった**失禁**の一つ。

**ストレス代償不全モデル**［stress-decompensation model］　強いストレスにより異常行動が発達していくという理論。強いストレスが正常な行動を徐々に進行して崩壊に導き，非常に重大な機能不全の状態にまで至らしめる。

**ストレス耐性**［stress tolerance］　ストレス状況下で，圧力や緊張に耐え，不安を最小限にして効果的に機能するための能力。⇨ **ストレス免疫**

**ストレステスト**［stress test］　1. 意図的にストレスが多く設定された状況下で，比較的複雑な作業をこなすことができる能力を調べるために計画された検査や評価。2. 循環機能について，身体的運動によって誘発されるストレスの影響を査定する医学的評価。最も一般的には，患者がランニングマシーン上で歩いたり走ったりして，その間の循環器，呼吸器，その他の生理学的プロセスをモニターする。

**ストレス反応**［stress reaction］　緊張やプレッシャーを感じる状況で生じる不適応な行動や病的な行動を指す。例としては，極度の緊張感を感じたり，パニックになってしまったり，会話が支離滅裂になってしまうことがあげられる。また，アルコールや薬物，情動的なストレスによって引き起こされるアクシデントもストレス反応とされる。

**ストレスマネジメント**［stress management］　ストレス誘発状況や，まさにストレス下にあるような状況に対処するために，弛緩訓練，ストレス反応予測，呼吸法のような，特定の技法や戦略，プログラムを用いること。⇨ **COPEモデル**，**予防的ストレス管理**，**タイムアウト理論**

**ストレス免疫**［stress immunity］　1. 感情的な緊張に耐えられる，高度に発達した能力。2. 緊張の多い状況や出来事に対する反応の失敗。

**ストレス免疫化**［stress immunization］　人生早期に軽いストレスを受けることで，後の人生でストレスをよりよく扱えるようになること。

**ストレス免疫訓練（SIT）**［stress-inoculation training: SIT］　**認知行動療法**でしばしば用いられる，ストレス管理のための4段階からなる訓練プログラム。第1段階では，ストレスへの反応と，それが心理的機能や健康にどのような影響を与えているかを確かめる。第2段階では，リラクセーションや自己制御の技法を学ぶ。さらに第3段階で，対処的な自己教示の技法を学ぶ（⇨ **自己宣言訓練**）。そして第4段階で，ストレスが誘発されるもともとの状況や出来事にクライエントが対処できるようになるまで，想像や映像，役割演技，実際の場面などを用いて，ストレスが増大する状況に取り組めるよう支援する。［アメリカの心理学者マイケンバウム（Donald Meichenbaum: 1940- ）が開発した］

**ストレス面接**［stress interview］　この面接での被質問

者は，対立的で敵対的な対応を故意にされたり，感情的に不安定な状態におかれたり，攻撃的な質問と悪環境（たとえば，強烈な光をあびせられる）にさらされたりする。こうした面接技法は，警察や軍隊における尋問に関連する。一般の人事部門でも，緊張を処理したり，ストレスに対処したりする能力の検査に用いられたこともあるが，一般的な有用性は疑問視されている。

**ストレス誘発性無痛覚症**［stress-induced analgesia］ 極端な身体的外傷にさらされた場合に起こる，痛みの減退。たとえば，戦闘中の兵士が負った傷を無視して攻撃し続けること，傷を負いながら肉食動物から逃げている小動物が傷を無視した行動をとること，などがあげられる。メカニズムは明確になっていないが，エンドルフィンの大量分泌と関連すると考えられている。

**ストレッサー**［stressor］ 身体的あるいは感情的ストレスをもたらす，あらゆる出来事や力，状況のこと。ストレッサーは内的あるいは外的な力であり，それは影響を受けた個人の適応あるいは**対処方略**に関係する。

**ストレンジ・シチュエーション**［Strange Situation］ 2歳くらいまでの乳幼児の愛着の質を調査するために用いられる実験技法のこと。普段とは異なり，ストレスが高まるような状況の個室に親と一緒に入室する。その部屋に，見知らぬ他者を入室させ，短時間ではあるが養育者を退室させて，子どもと他者を二人きりにする。各状況での子どもの反応から，子どもの親に対する愛着の安全性を評価する。⇨ **アンビバレント型愛着，回避型愛着，混乱型愛着，不安定型愛着，安定型愛着**［カナダ生まれの心理学者エインズワース（Mary D. Salter Ainsworth: 1913-1999）が提唱した］

**ストロボ錯覚**［stroboscopic illusion］ **1.** 映画のように密接に連続した順序一連の異なる刺激が生じることによる仮現運動。**2.** 回転する扇風機のような運動物体を，一連の断続的な光によって照明することで生じる，見かけ上の運動の欠如あるいは運動の反転。ストロボ効果（stroboscopic effet）とも呼ばれる。

**ストロボスコープ**［stroboscope］ 一連の画像を非常に速く提示したり照明することを可能にする装置。連続した静止画像が装置によって提示された場合，動画のように運動の知覚が生成される。

**ストロング**［Strong, Edward Kellogg, Jr.］ エドワード・ケロッグ・ストロング（1884-1963），アメリカの心理学者。1911年にコロンビア大学にて広告に関する論文を書いて博士号を取得した。ストロングはテネシー州のジョージ・ピーボディ教育大学で一時的に教鞭をとりつつも，第一次世界大戦で兵士選別の委員会メンバーとして兵役に服していた。戦争後はカーネギー工科大学にて教鞭を執った。1923年にスタンフォード大学へ移籍し，退職まで勤めた。ストロングは**応用心理学**の草分けの一人と考えられており，特に人員分類（personnel classification）と職業分析（occupational analysis）の分野で有名である。ストロングは個人の興味や関心を職業選択に反映させる個人評価テストを同僚と作ったことで有名である。ストロング関心用紙（Strong Vocational Interest Blank）ともともと呼ばれていたが，現在では**ストロング職業興味検査**として知られており，職業指導プログラムとして今でも広く使われている。ストロングの著書には *Psychology of Selling Life Insurance*（1922），*Job Analysis and the Curriculum*（1923），*Vocational Interests of mMen and Women*（1943）がある。ストロングは1944年にコロンビア大学からバトラーシルバーメダルを授与されている。

**ストロング職業興味検査**［Strong Interest Inventory: SII］ 特定の職業で成功した人達には，共通して，他の職業で異なる興味や好みがあるという理論に基づき，ストロング（Edward Kellogg Strong, Jr.）が作成した**興味検査**のこと。2004年に作成された最新の検査は，「とても好き」「好き」「どちらでもない」「嫌い」「かなり嫌い」の5件法で，291項目に回答するよう求められる。これらの項目は，様々な職業や領域，活動内容，他者との関わりや，特徴などに関連したものとなっており，6種の一般的な職業領域，244の職業尺度，30の基本的な興味尺度 5つの特性尺度からなる。以前は，ストロング職業興味検査（Strong Vocational Interest Blank）を改訂したストロング・キャンベル興味検査（Strong-Campbell Interest Inventory: SCII）という呼び方が主流であった。

**スニーク交尾**［sneak mating］ 縄張りをもたず，メスを引きつけるような声を出したり誘引行為を行わないオスの個体が，メスがより大きく優位なオスと交尾する前に，そのメスを横取りして交尾すること。

**スネレン視力表**［Snellen chart; Snellen test］ 視力を検査するための道具で，とても小さいものから大きなものまで含まれた印字された文字によって構成される。観察者は，特定の距離から文字を読み上げる。［オランダの眼科医スネレン（Herman Snellen: 1834-1908）による］

**スノー**［snow］ コカイン，または，ヘロイン，アンフェタミンの俗語のこと。

**頭脳型**［cerebral type］ 中枢神経系が支配的な役割を有していると考えられる体型の一種で，知的能力や認知的能力が顕著であるとされる。⇨ **カルス類型，ロスタンタイプ**

**頭脳緊張型**［cerebrotonia］ パーソナリティ類型で，**シェルドンの体型論的パーソナリティ理論**によると，外胚葉型（直線的で壊れやすい）の体格（⇨ **外胚葉型**）に関連しているもの。頭脳型は，内向，控えめ，抑制，自由への愛，孤独，および繊細という傾向が特徴。

**スパイシーさ**［spicy］ **1.** 香ばしさ，風味の効いた食べ物の味のこと。スパイシーさは，**味覚系**よりむしろ三叉神経（⇨ **三叉神経の化学受容**）を通じてもたらされる。**2.** ヘニングの嗅覚プリズムの一つの主要な香りのこと。

**スーパーウーマン症候群**［superwoman syndrome］ 仕事，母親，主婦や妻のように，いくつかの異なるフルタイムの役割をすべて全うしようとする女性にみられる特徴。

**スパート**［spurt］ 思春期に急激な成長を遂げるように，プロセスにおける処理率が突出して上昇すること。⇨ **エンド・スパート，イニシャル・スパート**

**スーパービジョン**［supervision; therapy supervision］ 心理療法やカウンセリングを行うときの指導や，診断評価についての助言を行うこと。スーパーバイザー（supervisor）には経験豊かで確かな治療者やカウンセラーがなり，訓練生を監督し指導する。スーパービジョンは臨床訓練には必須である。訓練生はスーパーバイザーに，面接の過程を記録した資料や音声テープ，ビデオテープなどを提出することがある。一般にメンタルヘルスの分野で資格を

得るには，その一つの要件として，スーパービジョンを受けることが必要である．

**スパム** [spam] 不要な**電子メール**によるメッセージのこと．典型的には，大規模なメーリングリストに含まれたアドレスに送信される．多くは製品やサービスの宣伝広告であるが，政治的なプロパガンダなどの拡散にも用いられる．⇨ **ワーム**

**スピアマンのS** [Spearman's S] 知能の二因子説において，$s$因子として表される**特殊能力**．[1904年にスピアマン（Charles Spearman）によって提唱された]

**スピアマンのG** [Spearman's G] 知能の二因子説において，$g$因子として表される**全般能力**．[1904年にスピアマン（Charles Spearman）によって提唱された]

**スピアマン−ブラウンの公式** [Spearman-Brown prophecy formula] 検査の長さ（項目数）やその信頼性に関する**古典的テスト理論**の基本的な理論に関する数学的公式．項目数の増加が検査の信頼性の増加につながるとするもの．[イギリスの心理学者・心理測定学者スピアマン（Charles Edward Spearman: 1863-1945），イギリスの心理学者ブラウン（W. Brown）による]

**スピーチ不安** [public-speaking anxiety] 多勢の人の前でスピーチをしたりプレゼンテーションをする際の，否定的に評価されることや他者に恥をかかされるのではないかという予期による恐怖．これは普遍的な恐怖であるが，**社交恐怖**とも関連する．

**スピード** [speed] アンフェタミン（覚醒剤）の俗語のこと．特に**メタンフェタミン**のことを言う．

**スピードテスト** [speed test] 1. 人が指定された時間制限内で活動しなければならない任意の検査．2. 参加者の速度が成績に寄与する検査．

**スピードボール** [speedball] ヘロインと強力な覚醒剤の混合物の口語的表現（たとえば，**コカイン**と**アンフェタミン**）のこと．

**スピリチュアリティ** [spirituality] 1. 特に物質的な事柄に対立するものとしての，**魂**についての事柄への関心や感受性のこと．2. より具体的には，神や宗教への関心および宗教的体験への感受性のこと．3. 霊的な状態や，現実のこと．

**スピリチュアル要因** [spiritual factor] 人の思考や感情，行動に及ぼす，モラル，宗教，神秘的信念．

**ズーファーマコロジー** [zoopharmacognosy] ヒト以外の動物が，熱を下げる，寄生虫を除去するなどの医療的な目的で植物や植物の一部（葉や髄など）を選ぶ能力．タンザニアでチンパンジーが熱や寄生虫に用いる植物は，人間が同じ病気に用いるものと同一の植物である．

**スフィンゴミエリン** [sphingomyelin] 動物の細胞膜上に豊富にあるリン脂質．脳内の脂質の1/10を占める．

**スフェンタニル** [sufentanil] オピオイド受容体に結合する持続時間の短い**オピオイド**．安定した全身麻酔の維持に利用される鎮静薬．アメリカの商品名はスフェンタ（Sufenta）．⇨ **フェンタニル**

**スプリー殺人** [spree murder] 短時間に，2箇所以上で殺人を犯すこと．⇨ **大量殺人**

**スプリッティング** [splitting] **クライン学派分析**では，すべての**防衛機制**のなかで最も原初的な防衛として考えられている．両価性と不安を喚起させる**対象**を，良い側面と悪い側面（⇨ **部分対象**）に分けて扱うことにより，統合されていない自分自身や他者のイメージが引き起こされる．通常，スプリッティングを用いると，その人の認識は良いものと，悪いものとに分化し，その認識は異なる人々に投影される．このメカニズムは，分化された認識を統合できない乳幼児や幼い子どもだけでなく，両価性の処理に機能不全が生じている大人（しばしば**境界性パーソナリティ障害**との関連が示唆されている）にもみられる．このスプリッティングの概念は，**フェアバーン理論**において中核的な役割を果たしている．対象の分裂（splitting of the object）とも言われる．

**スプリットラン法** [split run] 広告やプロモーションの効果を検討するために用いられる手法の一つ．対象の半数にある広告やプロモーションを提示・実施し，もう一方の半数には提示・実施しない．もしくは異なった広告を提示する．プロモーションの効果は，プロモーションで用いられたクーポンの使用数や，プロモーションの有無を識別する情報（特定店のためのメンバーカードやIDカードなど）から評価される．

**スペキュレーション** [speculation] 1. 科学的に確定した根拠に必ずしも支持されていない憶測に基づく思考．2. ごく大まかに支持されている理論や説明のこと．

**スペクトラムレベル** [spectrum level] 音のスペクトル密度のことで，通常は**デシベル**（dB SPL: sound pressure level）と表される．連続スペクトラムを伴う波形では，パワースペクトル密度（power spectrum density）は，$\Delta f$がゼロに近づく周波数$f$を中心とした$\Delta f$ Hzの帯域幅におけるエネルギーのことである．周波数$f$でのスペクトラムレベルはdB SPlと表現されるパワースペクトラム密度のことである．

**スペクトル** [spectrum] 1. 波長を減衰させて表示される電磁波の分布のこと．可視スペクトル（visible spectrum）の場合は，白色光がプリズムを通して屈折したときに生じる一連の色（波長の帯域が400〜700 nm）のことである．2. 広範囲の関連がある要素，質，行動，出来事のこと．

**スペクトル外色相** [extraspectral hue] 波長の合成により構成される色相であるため，結果として可視スペクトルに含まれない（⇨ **スペクトル色**）．例として紫と白がある．紫は長波長と短波長の合成であり，白は，すべての波長を合成したものである．非スペクトル色相（nonspectral hue）とも言う．

**スペクトル吸収** [spectral absorption] 特定の波長の光を吸収する化学物質の能力のこと．これは化学物質の溶液を通過するほぼ純粋な波長の光と，吸収された光の量の測定によって決まる．視覚的スペクトル吸収では，どのくらい光の異なる波長が網膜の光色素の分子を変化させるのかを測定することでこの法則を適用する．

**スペクトル色** [spectral color; spectoral hue] 可視スペクトルの色のいずれかのことで，白色光がプリズムで屈折するときに作られる．可視スペクトルは約130の識別可能なスペクトル色に分類することができる．⇨ **スペクトル外色相**

**スペクトルスケール** [spectral scale] 丁度可知差異（⇨ **弁別閾**）によって，異なる波長や周波数の光の色スペクトルを抽出する尺度のこと．

**スペリー**［Sperry, Roger Wolcott］ ロジャー・ウォルコット・スペリー（1913-1994），アメリカの心理学者。1937年にオベリン大学で心理学の修士号を取得，1941年にシカゴ大学で神経生物学者のワイス（Paul Weiss: 1898-1989）に師事し，動物学の博士号を取得。博士号取得後の4年間をヤーキーズ霊長類研究所でラシュレー（Karl Spencer Lashley）のもと研究し，その後数年間をシカゴ大学で教員として過ごした。1954年以降退職まで，カリフォルニア工科大学で新設された心理生物学部の講義をした。スペリーは脳梁を切断した分離脳（⇨**交連切開術**）患者による両半球の機能調査と神経再生説で有名である。スペリーは研究を通して意識の源泉や意識と肉体の相互作用といった，ヒトの根源的な謎の答えを模索した。代表的な研究にNeurology and the Mind-Brain Problem (American Scientist, 1952), Hemispheric Disconnection and Unity in Conscious Awareness (American Psychologist, 1968), 著書ではScience and Moral Priority (1983)がある。米国芸術科学アカデミーの会員に選ばれた他，米国心理学会特別功労賞も授与されている。1981年にはノーベル医学・生理学賞も受賞している。

**スペンス**［Spence, Kenneth Wartinbee］ ケネス・スペンス（1907-1967），アメリカの心理学者。エール大学でヤーキーズ（Robert Mearns Yerkes）に師事し，1933年にPh.Dを取得。スペンスは大半の研究生活をアイオワ大学で過ごし，同大学の心理学部を22年間先導した。スペンスは実験心理学者で，動物の**弁別学習**とヒトにおけるパブロフの瞬目反射の巧みな実験を行った。ハル（Clark Leonard Hull）とともに1940年代から1950年代にかけて大きな影響力をもった**新行動主義**を発展させた。ハル－スペンスモデルはスキナー型の**オペラント条件づけ**原理と対照的な，**パブロフ型条件づけ**原理を基本とした動物の学習と動機づけを説明する理論的体系を構築した。全米科学アカデミーおよび実験心理学会のメンバーに選出された他，1956年には米国心理学会功労賞を授与されている。⇨**観念連合説**，**近接学習理論**，**迷路学習**

**スポーツイメージ尺度**［Sport Imagery Questionnaire: SIQ］ **1.** アスリートが，5つの異なる心的イメージ（imagery）機能をどの程度用いているのかを測定する質問紙。心的イメージは，(a)動機全般：覚醒（生理的，感情的覚醒に関連したイメージ），(b)動機全般：統制（セルフコントロールをしているというイメージ），(c)動機詳細：勝利や目標達成のイメージなど，(d)認知全般：試合中に使う戦略イメージ，(e)認知詳細：適切な遂行，あるいはスキル上達のイメージ，である。SIQは，現在，30項目からなり（たとえば，私は，競い合うことを考えると興奮すると思う），参加者に，「めったにしない」から「しばしば」の7件尺度を用いて回答を求める。［1998年にホール（Craig R. Hall）とマック（Diane E. Mack），実験心理学者のパイビオ（Allan U. Paivio: 1925- ），健康心理学者のホセンブラス（Heather A. Hausenblas: 1970- ）によって開発された］ **2.** アスリートのイメージ能力を測定する質問紙。参加者は，スポーツをしている4つの場面（ひとりでトレーニングをしている状況，他者の目の前でトレーニングをしている状況，チームメイトが見ている状況，競争している状況）をイメージするように求められ，そのイメージに基づいて5つの特性を「現在イメージしていない」から「とってもクリアーでリアルにイメージできている」の5件尺度で評定する。［1982年にスポーツ心理学者マーティン（Rainer Martens: 1942- ）によって開発された］

**スポーツイメージ法**［sports imagery］ 感情コントロール，メンタル・リハーサル，新しい技術の完成や学習，などのためにスポーツの競技者によって用いられるイメージによる練習法。⇨**筋感覚的運動イメージ**，**メンタルプラクティス**，**スポーツイメージ尺度**

**スポーツ運動心理学**［sport and exercise psychology］ スポーツ場面や，運動場面での人間の行動を理解するために，心理学的理論を適用したり，発展させる学問のこと。この定義は，スポーツ心理学が発達したものであり，**運動心理学**が**健康心理学**と統合して変わっていった。

**スポーツ科学**［sport science］ スポーツ行動を研究するための生物物理学的あるいは社会科学的な方法の適用のこと。スポーツ科学は，生物学的，力学的，心理学的，社会学的，そして経営学的な学問領域を含むものである。

**スポーツ社会化**［sport socialization］ 社会の中で適切に自分の役割を果たすために必要な技能や特性を教え，学ぶための手段として，スポーツを利用する過程のこと。それは，権威（たとえば，審判）への尊敬を学ぶこと，約束を果たすこと（たとえば，練習に行くこと，チームを辞めないこと）等を含んでいる。

**スポーツ社会学**［sport sociology］ スポーツに関わる社会学的理論の適用と成果のこと。その主な焦点は，社会の中でスポーツが果たす役割，スポーツに関連する諸組織，文化がスポーツに及ぼす影響，スポーツが文化に及ぼす影響にある。

**スポーツ身体活動心理学欧州連合**［European Federation of the Psychology of Sport and Physical Activity］ 運動心理学の分野におけるヨーロッパの国立機関の連合。この組織は，フランス語の名称（Fédération Européenne de Psychologie des Sports et des Activités Corporelles）の頭文字をとって，FEPSACと呼ばれることも多い。

**スポーツ心理学**［sport psychology］ スポーツ状況下における人間行動の理解とその充実のために心理学的な理論を応用もしくは発展させたもの。スポーツ心理学者は，教育やトレーニング，仕事の領域によって，**臨床スポーツ心理学者**，**教育スポーツ心理学者**，**研究スポーツ心理学者**として同定される。

**スポーツ心理学者**［sport psychologist］ スポーツ選手の環境や結果を研究するために心理学理論を用い，スポーツの向上と維持にも心理学理論を用いる研究者。スポーツ心理学者は，教育や育成，現場での仕事に応じて，**臨床スポーツ心理学者**，**教育スポーツ心理学者**，**研究スポーツ心理学者**と名乗る。

**スポーツ選手としてのアイデンティティ**［athlete identity］ 個人が自分自身をスポーツ選手だと考える程度。自己概念の領域。スポーツ選手としての役割のみに強く依存しすぎて自身を明確にできない人は，スポーツ活動への関わりが終わった際の精神的な問題に対して脆弱である。

**スポーツ選手の介入**［athlete-based intervention］ **1.** スポーツ選手の知覚や経験を促進させる介入のこと。**2.** スポーツ選手によって始められ統制される介入のこと。

**スポーツ選手の対処スキル目録**［Athletic Coping Skills Inventory: ACSI］ スポーツに特有の7つの領域における

個人の心理的スキルを評価するために用いる自己報告式目録。この7つの領域とは，(a) 逆境に対する対処，(b) 心理的圧力下での実力発揮，(c) **目標設定と心的な準備**，(d) **集中**，(e) 悩みからの解放，(f) 自信（confidence）と達成動機，(g) 指導可能性である。この目録の最新版は ACSI-28 であり，1995年に出版された。これは28項目（たとえば，「私は上手にプレイすることに自信を感じている」など）から成り立っており，回答者は「ほとんどない」から「いつもそうだ」までの4段階の**リッカート尺度**で回答する。［アメリカの心理学者スミス（Ronald E. Smith: 1940- ），統計学者シュッツ（Robert W. Schutz），心理学者スモール（Frank L. Smoll: 1941- ），心理学者プタセク（John T. Ptacek: 1962- ）によって開発された］

**スポーツと運動科学における心理テスト要覧**［Directory of Psychological Tests in the Sport and Exercise Sciences］ スポーツや運動に関係する心理学的尺度や質問紙，目録を集めたもの。それにはそれぞれの尺度や質問紙，目録についての出典，目的，解説，構造，信頼性，妥当性，基準，有効性，参考文献が掲載されている。

**スポーツと人格に関する議論**［sport personality debate］ スポーツへの参加の決定や，スポーツを行う能力に関して，パーソナリティ特性がどの程度関連するかという議論。多くの研究は，パーソナリティ特性が，決定や能力にとって妥当な要因ではないという立場を支持している。

**スポーツに関連した生活技能**［sport-related life skills］ スポーツに関連する目的で取得された心理的技能で，他の環境や状況における行動にも適用できるもの。

**スマート・ハウス**［Smart House］ いくつもの機器が組み込まれた住宅。それらの機器は，タスクが自動的に実行されるように，もしくは，複合的なシステムが単一のシステムにまとめられ，ユーザーが1つのタッチパネルから操作できるようにプログラミングされている。たとえば，家の中の煙センサーに反応があると，ドアが自動でロック解除されるようにプログラムされている，あるいは，電気のスイッチのオンとオフを，リモートコントロールで遠隔操作できるなどである。スマート・ハウス・テクノロジーは，精巧なシステムと住宅機器を監視するセンサーを組み込んでいる。居住者は，電化製品や暖房冷房システムを必要に応じて変更，調節できる。このような家は，自活を高めたり，生活の質を高めたりするため，特に，高齢者や障害者に有益である。

**ズーマニア**［zoomania］ 動物性愛の特に強いもの。

**スミス-レムリ-オピッツ症候群**［Smith-Lemli-Opitz syndrome; RSH syndrome; Smith Syndrome］ 常染色体劣性疾患であり，**小頭症**，低く幅広い鼻，合指症，多指症，精神遅滞などの症状がみられる。ほとんどの男性患者に，尿道や生殖器の奇形がみられる一方で，女性患者には生殖器奇形がみられなかったため，初期の研究者たちは，誤ってこの疾患を男性特有のものであると考えていた。7-デヒドロコレステロールレダクターゼ（DHCR7），および第11染色体（遺伝子座は11q12-13）の突然変異による疾患であると考えられている。当初，この疾患をもつ者として報告された3家族に因み，RSH症候群とも呼ばれる。［アメリカの小児科医スミス（David W. Smith: 1926-1981），ベルギーの小児科医レムリ（Luc Lemli: 1935- ），アメリカの遺伝学者オピッツ（John M. Opitz: 1935- ）が発見した］

**巣戻し行動**［retrieving behavior］ 動物の子育て行動の一つ。遠くへ行ってしまいそうな子や巣の外で生まれた子を巣に連れ帰る行動を指す。

**Smalltalk**［Smalltalk］ 初期のオブジェクト指向性コンピュータ言語の一つで，Xerox社により1970年代に開発された。この名称は，この言語が子どものコミュニケーション媒体となることを意図していたことから選ばれた。この初期の研究プロジェクトから，最終的にはウィンドウシステムとマウス操作による制御が生まれた。

**スリップ**［slip］ 言い間違いのように，間違いであるとわかっていても，意図せず起こしてしまう間違い。意識制御の一時的な欠落を含意している。

**スリーパー効果**［sleeper effect］ 説得的なメッセージの効果が時間が経つにつれて増加すること。比較的強い主張を含んだメッセージを綿密に調べた後に，割引手がかり（そのメッセージが無視されるべきであると示唆するいくつかの情報）を受け取った際に，この効果が最も強く生じる。この割引手がかりは，そのメッセージの最初の効果を弱めるが，それの手がかりと当初の主張が記憶の中でうまく統合されないと，その手がかりは次第に忘れられる。こうしたケースで，その主張のインパクトは最初に提示された時よりも後の時点の方が強くなる。

**スローガン**［slogan］ 製品イメージと関連ある人目を引くための広告手法として開発された表現法の一つ。スローガンは，消費者に製品ブランドの名前を思い出すことを促すこともできる。たとえば，Maxwell House Coffee社の"最後の一滴までのおいしさ"やIvory Soap社の"99 and 44/100 percent pure"などである。スローガンは，消費者心理学から継続的に提供される研究成果に基づいて，定期的に見直される。

**スロッソン知能検査（SIT）**［Slosson Intelligence Test: SIT］ 4歳以上の個人のために作られた言語的知能に関する簡単な個別検査。それは6認知領域（語彙，一般知識，類似性，理解力，計算能力，聴覚的記憶）を測定する187個の口頭の問題からなっている。SITは，最初1963年に開発され，1991年に改訂（SIT-R），続いて2002年に改訂された（SIT-R3）。［スロッソン（Richard Lawrence Slosson, Jr.: 1910-）による］

**スローラーナー**［slow learner］ 知能が平均よりも低い学習者を指す。ただし，IQが平均以下であるということは，必ずしも他の人に比べて，学習が遅いということを示しているわけではない。学校人口の15～17%の生徒がこの学習者に分類される。身体的，社会的，情動的な基準と大きく逸脱した値をとるというわけではないため，ほとんどの場合，通常学級に配属される。**軽度精神遅滞**の子どもや，標準的な能力をもつものの知的発達が遅い子どもなどが，誤ってスローラーナーに分類されてしまうことがよくある。

# せ

**性**[sex] 特に身体的，生物学的性質によって，オスとメスに分けられる性質。一方"gender"は社会的，文化的性質によって分類した性質であるが，通常この2つの言葉が区別されることは少ない。

**性愛的欲動**[erotic instinct] **エロス**，および**生の本能**。

**性アイデンティティ**[sex identity] 生物学的に決定された個人の性的状態。

**性愛発現**[erotogenesis] 精神分析理論における，肛門，口唇，性器を含む部位からの性衝動の発現のこと。

**性意識**[psychogender] **性同一性**，または性自己意識という呼称がより一般的。**間性**や**性同一性障害**の治療における精神的性と生物学的性を区別するために用いられる。

**成因的相同**[homoplasy] 共通の祖先をもたない種間において特徴が類似すること（たとえば，マグロとイルカの体型）。この表面的な類似性はしばしば，それらの種が同じ環境に生息しているために起こる**収斂進化**の過程を通じて生じる。⇨ **相同性**

**制淫薬**[anaphrodisiac] 性欲を軽減ないし抑制するための鎮静作用をもつ薬物あるいはその他の試剤。物質の中でこの効能をもつといわれているのが，臭化カリウム，ヘロイン，カンフルである。制淫薬は，**性感覚消失**の原因ともなりうる。⇨ **化学的去勢**

**整羽**[preening] 動物のグルーミング行動の一種で，鳥が自分やグループ内の他の個体の羽をくちばしで整える行動。

**性衛生**[sex hygiene; sexual hygiene] 性的活動に関連する健康維持方法。たとえば，性感染症の予防や管理である。

**精液**[semen, seminal fluid] 射精の際に放出される液体。精子，**前立腺分泌物**，**尿道球腺分泌物**，**精嚢分泌液**を含む。

**精液漏**[spermatorrhea] オーガズムなしに精液が不随意に放出されること。

**青黄色盲**[blue-yellow blindness] 青色と黄色が混同されることで明らかになる珍しい部分色盲。

**性カウンセリング**[sexual counseling; sex counseling] 産児制限，不妊症，不適切な性行為全般の問題を抱えるセックスパートナーへのガイダンス。特定の**性機能不全**の問題を扱うのは，性カウンセリングよりもむしろ**セックスセラピー**であると考えられている。

**生化学**[biochemistry] 化学物質，生体で生じる化学反応についての研究。

**性科学**[sexology] 特に人間におけるセクシャリティの研究を指し，性的活動や生殖の解剖学，生理学，心理学を含む。

**生化学的アプローチ**[biochemical approach] 1. 精神疾患を含む行動パターンについて化学的な見地から行う研究のこと。たとえば，精神疾患は，セロトニンのような神経系のある特定の物質が超過することや欠乏することによって説明できる。2. 精神疾患の処置について，向精神薬を用いること。⇨ **薬物療法**

**生化学的欠陥**[biochemical defect] 様々な脳内の化学的な不平衡や異常のなかで，神経学的であったり精神科的な疾患に結びつくと思われるもの。生化学的欠陥は，**神経伝達物質**や脳機能に必要とされる生化学的物質に関係すると考えられる。

**性科学的検査**[sexological examination] 生理学的，心理学的，社会学的，特定の遺伝と環境の影響といった観点から行われる個人の性行動に関する研究のこと。

**生化学的マーカー**[biochemical marker] それが直接の原因となるかどうかは別にして，疾患と関連の強い生化学的な変化のこと。たとえば**デキサメタゾン抑制試験**。⇨ **バイオマーカー**，**臨床的指標**

**性格**[character] 個人の態度やパーソナリティ特性，特に特徴的な道徳，社会，宗教的態度の全体をいう。性格はパーソナリティと同義に使われることがある。

**性格異常**[character disorder] かつては，精神分析学における**パーソナリティ障害**の代わりの名称であった。

**性格学**[characterology] 1. 個性とパーソナリティに関する心理学の領域。性格分析（character analysis）とも言う。2. 髪の色や顔のタイプなどの外見よって個性を"読む"ことができるとする疑似科学。

**性格形成**[character development] パーソナリティ形成の本質的側面である，道徳概念，良心，宗教的価値・立場，社会的態度の段階的発達を指す。

**性格構造**[character structure] その人の**性格**を作り上げる特性と態度の構造。

**性格神経症**[character neurosis] 精神分析学において，**パーソナリティ障害**を表すために，神経症的性格（neurotic character）とともに用いられた旧式名称。

**正確度**[accuracy] 1. ある課題や検査などのパフォーマンス測度における正確な反応の割合のこと。2. 誤差のないこと。⇨ **精度**

**性格と感情の円環モデル**[circumplex model of personality and emotion] 性格特性と感情との関係やその相互作用を円形で描くことによって，性格特性と感情の類似度を決定するモデルの一種。円において互いに隣接した要素は極めて類似し（正の相関），要素間の類似性（相関関係）は要素の間隔が開くにつれて小さくなる。ある要素同士は全く無関係である（無相関）。円において相互に正反対の要素は極めて異なり（負の相関），対極の次元を表す。たとえば，「愛想の良い－へそ曲がり」「歓喜－悲哀」「悲観主義－楽観主義」。

**性格特性**[character traits] パーソナリティの特性概念では，価値，動機，行動制御に関する生得的傾向は，道徳や倫理的規範に一致していると考える。

**性格特性論**[trait theory] 特性，つまりは，個人の行動を決定するような内的な性格からパーソナリティについて説明するアプローチ。たとえば，**オールポートの性格特性論**，**キャッテルのパーソナリティ因子理論**，**パーソナリティの5因子モデル**などがある。

**性格の潜在的測定**[implicit measures of personality] 心理的特徴を明示的に報告させるのではなく，表現したくなかったり，気づいてさえいないような心理的内容を捉える微妙な指標を使って測定すること。明示的に意識上で表

現されるものではない．回答の内容とは無関係に，回答にかかる時間を測定することが多い．

**性格の強さ**［character strength; human strength］　道徳的にそれ自体価値があり，自己と他者の要求を満たし成就させるもの．親切さやチームワーク，希望などの肯定的特性．⇨ **ポジティブ心理学**

**性格描写**［characterization］　その個人の心理的側面の描写．パーソナリティ特性，特性，動機を含む．

**性格分析**［character analysis］　精神分析における，**性格異常の治療とその理論**．

**性革命**［sexual revolution］　アメリカにおいて（ある程度はヨーロッパでも），性的価値観や行動が大きく変化した2つの時期に関する歴史のこと．最初の性革命は，ビクトリア朝が終わりをつげた20世紀初頭に発生．性的知識の向上，セックスにおける女性の快楽の正当化，売春の排除，といった取り組みが含まれた．次の性革命は1960年代，経口避妊の開発，男女の性的行動に関するキンゼイ（A.C. Kinsey）報告の発表などに刺激されて発生した．このことは，文学・メディアにおける性的表現の開放，性的活動の増進を促し，さらに，かつては「逸脱」の活動と考えられた活動や，女性のセクシュアリティの受け入れにもつながった．

**性格類型**［character type］　精神分析理論におけるパーソナリティタイプ．使われている**防衛機制**の種類（たとえば**恐怖症的性格**），もしくは**心理・性的発達**の特定の段階における**固着**（たとえば**口唇期性格**）によって定義される．

**生活空間**［life space］　レヴィン（Kurt Lewin）の**場の理論**で，ある時のある人にとっての"起こりうる出来事の全体"，つまり，自分自身を含んだ環境とその人が取りうる選択肢のこと．生活空間は，ある人にとってある時点における固有の現実を定義する環境的，生物学的，社会的，心理学的影響に関する表象である．生活空間には，ポジティブな価値やネガティブな価値，つまり，その人を目標に接近させたり，知覚された危険から遠ざけたりするような力や圧力も含まれている．

**生活史**［life history］　心理療法やカウンセリングにおいて，クライエントが誕生から現在に至る発達の過程を体系的に説明するものであり，クライエントの感情的，社会的，知的発達の重要な側面を含むものである．この説明は，セラピストやカウンセラーによってクライエントから直接引き出され，加えて，自叙伝的に述べられるものになる．

**生活上の出来事**［life events］　生涯を通じての重要な場面のことで，年齢に関連して予測ができること（たとえば結婚，定年退職）も，年齢とは無関連で予測できないこと（たとえば事故，移住）も含まれる．パーソナリティの文脈理論では，パーソナリティは**重大な生活上の出来事**から生じるストレスに対する反応によって形作られると考えることが多い．

**生活上の問題**［problems in living］　慢性的な精神障害（統合失調症など）の患者が頻繁に遭遇する具体的な問題（仕事の継続できないことや居住場所など）．これらは，症状が安定した後，最も重要な治療の焦点となる．生活上の問題は，しばしば，デイケアや入院後のケアにおいて扱われる．［ハンガリー出身のイギリスの精神科医であるサス（Thomas S. Szasz: 1920- ）によって提唱された］

**生活ストレス**［life stress］　仕事での失敗，夫婦の別居，あるいは愛する人の喪失などのような**重大な生活上の出来事**や同様の経験によって引き起こされる強い緊張．

**生活の質（QOL）**［quality of life］　個人が生活から満足を得る程度．生活の質を高めるうえで，情動的健康，物質的資源，身体的健康，対人関係の形成，技能などの個人的発達の機会を得ること，権力の行使と自己決定的な生活スタイルの選択，社会参加が重要である．慢性疾患のある人，発達障害などをもつ人，医療的もしくは心理的治療を受けている人に対しては特に，生活の質を高めることが重要である．

**生活場面面接**［life-space interview］　**危機介入**の一つ．病院や施設で治療を受けている子どもたちに，危機や強いストレスが生じているその場で即座に行われる面接，および面接で用いられる技法や戦略のこと．たとえば，心理的に混乱をきたす手紙を受け取ったときや，他の子どもから攻撃されているときなどに介入する．子どもたちの自信を回復し，自我を強くするなどの方法で，日常の出来事を治療的体験に変換するように試みられる．［オーストリア生まれのアメリカの心理学者リードル（Fritz Readl: 1902-1988）によって提唱された］

**生活満足**［life satisfaction］　人が自分の生活を豊かである，有意義である，満たされている，質が高いなどと判断する程度のこと．様々な標準的な集団と比較して生活満足の指数を測定するために，数多くの尺度が開発されている．生活満足を高めていくことは，特に高齢者において治療の目標となることが多い．⇨ **生活の質**

**成果連動型雇用契約**［performance contract］　雇われる人に期待される成果と成果に応じて与えられる補償や他の報酬について，雇用者と被雇用者の間に交わされる正式な合意契約．

**性感**［sex sensations; sexual sensations］　性器やほかの性感帯への刺激の効果のこと．

**性感覚消失**［sexual anesthesia］　性交を含む性行為について正常な感覚が欠如していること．性感覚消失の多くは心因性である．しかし，一部の患者はパートナーとの性交渉では性的興奮が得られないがマスターベーションでは得られると報告するが，性感覚消失の多くはどのような性行為でも性的に興奮することがない．⇨ **勃起不全，女性の性的興奮障害**

**正看護師（RN）**［registered nurse: RN］　公認の教育プログラムを終え，国家資格試験に合格した専門看護師．正看護師は患者の症状と反応を観察し，記録するといったサービスを提供する．また，担当医とのコンサルテーションのもとで治療プランを立て，薬を管理し，そして，自己治癒の方法について患者やその家族を教育するといったサービスを提供する．

**性感染症**［sexually transmitted disease: STD］　性的行動により感染する感染病のこと．ウイルスによって生じたものや（たとえば，B型肝炎，ヘルペス，HIV），バクテリアにより生じたもの（たとえば，クラミジア，淋病，梅毒）を含めて，20種以上の性感染症が確認されている．性感染症は性病（venereal disease）としても知られており，その単語は伝統的には梅毒と淋病に対して用いられている．

**性感帯**［erogenous zone］　性愛や性的な感情や快感の

源となる，刺激に敏感な身体部位。個人の知覚次第で身体のすべてが性感帯と考えられるかもしれないが，第一義的な区域としては性器やその周辺，胸（特に乳首），臀部，肛門，口である。性感発生帯（erotogenic zone）とも呼ばれる。

**精気**［spirit］ 生きている人間の多くのあるいはほとんどの活動の源とされる，何らかの永続性をもった非物質的存在。

**正義**［justice］ 法的な手続きに従い，適切な懲罰を課して，葛藤や不一致を偏りなく公正に解決すること。⇒ **共通感覚の公正**，**手続き的公正**，**修復的司法**

**性器（期）化**［genitalization］ 1. 精神分析理論において，**性器期的性格**の達成を指す。2. 精神分析理論において，性的リビドーを性的ではない対象に向けること。その対象とは，たとえば，ナイフ，靴，髪の房など，性器に似ていたり，性器を象徴しているようなものである。⇒ **フェティッシュ**

**性器期**［genital stage］ 精神分析理論における**心理・性的発達**の最後の段階で，思春期に確立されることが理想である。この段階では，**エディプス・コンプレックス**が十分に解決されており，性的関心と性行為が，生殖可能な相手との性交渉に絞られる。⇒ **性器的愛**，**性器期的性格**

**性器期的性格**［genital personality］ 精神分析理論における，**心理・性的発達**の**性器期**で理想的な発達がなされ，性的に成熟したパーソナリティのこと。性器期の発達が確立されている者は，**エディプス・コンプレックス**を十分に解決しており，真の親密性を伴い，自分自身の満足と相手の満足について同等に関心を向けることのできる，成熟した性行動を示すことができると考えられている。⇒ **性器的愛**

**性器性欲**［genitality］ 生殖器に性的興奮を感じる体験ができる能力のこと。子どものマスターベーションに始まり，成人の性愛で頂点に達する。

**性器切除**［genital mutilation］ 外性器を傷つけて物理的に変形を加えること。これには，(a) **割礼**や**女性器割礼**などの文化的，宗教的儀式の場合や，(b) 重度の精神疾患に伴う自傷行為の場合，あるいは (c) 戦時での敵兵の去勢などのような他者に対する暴力的行為の場合がある。

**性器的愛**［genital love］ 精神分析理論における，**心理・性的発達**の**性器期**で達成される，他者に対する性的に成熟した愛。⇒ **性器期的性格**

**性機能低下**［hypogonadism］ 成長や性的発達の遅れを伴う性腺の機能活動の低下。

**性機能不全**［sexual dysfunction］ DSM-Ⅳ-TRにおいては，性的反応サイクル（sexual-response cycle）の一つ以上の段階での問題によって特徴づけられる，性的障害のカテゴリーのこと。性機能不全には性的欲求低下障害（hypoactive sexual desire disorder），性嫌悪障害（sexual aversion disorder），女性の性的興奮の障害（female sexual arousal disorder），一次的勃起機能不全（primary erectile dysfunction），早漏（premature ejaculation），男性オーガズム障害（male orgasmic disorder），女性オーガズム障害（female orgasmic disorder），性交疼痛症（dyspareunia），膣痙攣（vaginismus）を含む。

**性器発育過度**［hypergenitalism］ 生殖器系が異常に発達すること。

**性器発育過度型**［hypergenital type］ 性的特徴が早熟で過度に発達する特徴をもつ，生まれつきの性質。比較的短い手足，大きな胸部と頭骨をもつ。女性の性器発育過度型は，極めて敏感な胸と生殖器をもち，早期に初潮を迎える。［イタリアの内分泌学者のペンデ（Nicola Pende: 1880-1970）により定義された］

**性器発育不全型**［hypogenital type］ 下肢が異常に長く，生殖器や他の性的特徴の発達が遅延している体型。性器発育不全型の軽微なものは性器発育不全本質（hypogenital temperament）と呼ばれる。［イタリアの内分泌学者ペンデ（Nicola Pende: 1880-1970）によって定義された］

**正規分布**［normal distribution］ 2つのパラメータ（期待値：$\mu$，分散：$\sigma^2$）の関数として理論的に連続な**確率分布**のこと。
$$P(x) = [\exp(-(x-\mu)^2/2\sigma^2)]/\sigma\sqrt{2\pi}$$
として導かれる。正規分布は，同じ測定が何度か行われ，平均値の変動がランダムである場合，期待される分布である。正規分布は，統計学的に有用な特徴を備えており，分布が未知の場合は，しばしば正規分布を仮定して分析が行われる。ガウス分布（Gaussian distribution）とも呼ばれる。

**性器ヘルペス**［genital herpes］ 単純ヘルペス2型によって性器に引き起こされる**ヘルペス感染**のこと。性器ヘルペスは通常，性的接触によって感染するが，都市や高い人口密度の場所での他の感染性手段（たとえば，至近距離での接触など）があるとも考えられている。

**制御**［control］ 出来事や行動，状況，あるいは人々に対する，権利や権力あるいは影響のこと。2. 実験におけるすべての無関係な条件と変数を統制することにより，いかなる従属変数の変化も，独立変数の操作のみに帰することができる。言い換えれば，得られた結果は，他の要因ではなく実験条件または統制群のみによっていると言える。

**性教育**［sex education］ 公的に教室で行われる生殖過程に関する授業のことを指す。性教育を行うことで，若者が，性行動の身体的側面と心理的側面の両方に関して，事実に基づいた正しい知識を身につけることができると考えられる。

**制御機能ロジック**［control function logic］ 人間工学の用語で，制御装置あるいは入力装置の操作と，ディスプレイ上で結果として生じた動きや効果との間でのロジカルな（論理的な）もしくは典型的で予期される関係性のこと。たとえば，ある人がコンピュータマウスを左に移動させたならば，スクリーン上のカーソルもまた左に動くはずで，制御機能ロジックが維持されることになる。⇒ **ディスプレイとコントロールの適合性**

**制御系**［regulatory system］ 器官や生体において**ホメオスタシス**の維持およびその他安定性に寄与する機構系のこと。

**制御行動**［regulatory behavior］ **一次的欲求**の充足による生理的な均衡維持のためにとられる行動。

**制御-克服理論**［control-mastery theory］ 1. 統合的心理療法の根底にある観点で，幼少期の家族の中で愛着や安全を得られなかったことによりクライエントが形成した，無意識的で不適応的な信念の変化に焦点を当てるとの見方。クライエントは生得的に健康への動機づけをもっているとされ，その結果，**転移**を通して，また受動性を能動性へと

変える行動を通して，これらの信念を試していく。この試みが生産的なものとなった時，クライエントは適応的な目標を自由に追求することができるようになる。［アメリカの精神科医ワイス（Joseph Weiss）が発展させた］**2**．子どもが家庭において愛着や安全を必要とする結果として生じる思考や感情，行動に焦点を当てた子どもの発達に対する統合的なアプローチ。

**制御困難**［dyscontrol］ 意思決定，感情，行動，認知，その他の領域において，個人の機能を管理あるいは制御する能力が正常に機能しないこと。衝動に抵抗する能力の欠如や，誘発事象のない異常行動がしばしば生じる。

**制御指令**［control order］ 人間工学の用語で，制御装置あるいは入力装置の操作と，ディスプレイ上で結果として生じた動きや効果との間での特定のタイプの関係性。たとえば，ジョイスティックは，モニター上のカーソルに対して場所あるいは速さの少なくとも一方をコントロールしている。

**制御装置**［control device］ 環境制御装置の操作に対して，機能を実行するために**ターゲットデバイス**に対する命令を送るメカニズムのこと。⇨ **フィードバック装置**，**スイッチ機器**

**制御的過程**［controlled processing］ 認知心理学において，制御や努力，意図を要する注意深い処理のこと。⇨ **注意**

**制御‐表示比率**［control-display ratio］ 人間工学の用語で，制御装置あるいは入力装置（例，コンピュータマウス）が操作者によって動かされた距離と，それが制御した対象（例，カーソル）がディスプレイ（例，コンピュータスクリーン）上において，制御の結果として動かされた距離の比率をいう。

**制御弁別性**［control discriminability］ 人間工学の用語で，ある制御がインターフェース上の別の制御や事物から区別される容易さを表す。弁別の容易さは，その活性化あるいはその利用がシステムに対して与える影響と正確に一致する。制御の弁別性は，サイズ，形，色，その他のデザイン上の特徴の関数となる。

**制御目標**［controlling goal］ 通常他者に設定された目標で，**外発的報酬**を受けるために達成されなければならないもの。

**生起率**［occurrence rate］ 観測中にある出来事が生じる頻度。

**生気論**［vitalism］ **1**．生命体の機能は生命の力と原理によって少なくとも部分的に決定されているという理論。ドイツの生物学者ドリーシュ（Hans Driesch: 1867-1941）は，この理論についての代表的存在であった。彼は生命のプロセスが自律的で目的的であり，成長と発達のための潜在的可能性は，彼がエンテレケイアの用語をあてはめた主体の操作を通して実現されると考えた。**2**．より一般的には，自然主義と心理的生命力を生物学的構造および過程に還元することに対するすべての理論。

**声区**［vocal register］ 個人の声の調子や高さの幅。⇨ **胸声**，**仮声**，**頭声**

**性決定**［sex determination］ 子孫の性別を規定する遺伝メカニズムを指す。ヒトの場合，X染色体を2つもつ受精卵は女性，X染色体とY染色体の両方をもつ場合には男性になる。⇨ **性分化**

**性嫌悪障害**［sexual aversion disorder］ DSM-Ⅳ-TRにおいては，性的活動に対する負の情緒反応（たとえば不安，恐怖，嫌悪感）とされる。この結果，性的活動を回避したり，自分やパートナーにストレスが生じる。生涯にわたって，または後天的な原因によりすべての性的活動に対して当てはまるタイプ（generalized type）と，特定の行為や特定のパートナーに対してのみ当てはまるタイプ（situational type）に分けられる。この嫌悪感は，身体状態や薬物，薬物の副作用によって引き起こされたものではない。

**制限環境刺激**［restricted environmental stimulation］ 生物や個人のさらされる環境情報（すなわち，外的刺激）の水準の低下のこと。例として，実験的手法において用いられる。

**精原細胞**［spermatogonium］ オスの生殖細胞。⇨ **精子形成**

**制限された信念**［circumscribed belief］ 別の面では全く健康にみえる妄想症や脳損傷の例において，狭義に定義された妄想的信念。CIAに追われていると信じていたり，自分は神だと確信していたり，面接者が自分への敵意を隠していると思っていたりする。一般的に，その誤った信念体系は極めて一貫しており，反証に強く抵抗し，その人の他の信念とは切り離されて機能しているようにみえる。

**正検出**［correct detection］ 信号検出課題において，信号がある試行中に参加者がターゲット刺激（信号）を正しく検出すること。しばしば正答率として示される（⇨ **ヒット率**）。⇨ **コレクトリジェクション**，**誤検出**，**誤棄却**

**正弦波**［sine wave］ 三角関数や正弦，余弦を伴う数学的表現のこと。物理特性の多くにおいて，正弦波は時間の関数である。たとえば，聴覚において，純音は時間の正弦関数である音圧の変化である。正弦波の変数はその周波数，振幅，位相である。正弦波は複合波とは異なり，一つの周波数成分しかない。

**性交**［coitus; coition; intercourse; sexual intercource］ 性的な結合行為。通常は射精前にペニスを膣に挿入すること。⇨ **カレッツァ**，**性交痛**

**性行為露出嗜癖**［autoagonistophilia］ 自らの性的行為を観察される，もしくは撮影されることにより性的興奮を得ること。

**成功恐怖**［fear of success; fear of success syndrome; Horner effect］ 目標を達成することや，社会で成功することに対する恐怖のこと。また，それらを避ける傾向。成功恐怖は，最初は主に女性が経験するものだと考えられていた。なぜなら，女性にとって成功を得ようとすることは，一般的な達成欲求と女性は成功するなという過剰な社会的価値との葛藤に身をおくことになるからである。現在では，男性も女性も同じように成功恐怖を体験している。⇨ **ヨナ・コンプレックス**［1969年にアメリカの心理学者ホーナー（Matina Horner: 1939- ）によって提唱された用語］

**生合成**［biosynthesis］ **1**．生体が行っている，酵素反応による栄養から化学物質の生成のこと。**2**．生物学的，医学的な目的によって行う分子の合成のこと。研究室で行われるものから商業的なものも含んでいる。たとえば組換えDNA技術によるものがある。

**斉合性理論**［consistency theory］ 人間は自身の認知の間に調和あるいは一貫性を維持しようという欲求によって，

主に動機づけられているとする社会心理学の理論の集合。オーストリア生まれのアメリカの心理学者であるハイダー（Fritz Heider; 1896-1988），フェスティンガー（Leon Festinger）などにより提唱された斉合性理論が具体的に適用されたのは，コーマン（Abraham K. Korman; 1933- ）がこれを職業行動に適用した1970年であった。コーマンの理論は，バランスの概念と自己イメージの基準という2つの前提に基づくものである。それによれば，従業員は自身の認知的バランスの感覚を最大化させる行動をとり，これを満足させる行動を模索し，その自己イメージと一貫する行動をとるよう動機づけられているという。自己斉合性理論（self-consistency theory）とも呼ばれる。⇨ **一貫性への動機**，**自己確認仮説**

**性交痛**［painful sexual intercourse］ 性交中の不快感のことで，細菌感染による膣の炎症による痛みから，後傾子宮への深い挿入による激しい痛みまで様々である。他の原因として，硬い処女膜，尿路疾患，膣の裂傷，更年期の膣の萎縮，膣筋肉の障害などがある。男性が痛みを伴う性交を経験することは稀である。⇨ **性交疼痛症**

**性行動**［sexual behavior］ 生殖と関連した行動あるいは妊娠ではなく，快を求めて生殖器官を刺激する行動。性行動は，**求愛行動**の中で示されるパートナーの志向性，性交のための体位の調節，性器反射などを含む。ある種ではある季節だけ，あるいは**発情周期**中の特定の段階でのみ性行動が生じることもある。妊娠を伴わない性行動は人間を含む多くの種にみられ，社会的関係や**つがい関係**を維持する機能を果たすが，**父性の確実性**を曖昧にする。

**性交疼痛症**［dyspareunia］ 特に女性の**性交痛**。これはしばしば性交を楽しむことができないこととして使用される。しかし，DSM-Ⅳ-TRでは，**女性の性的興奮障害**または男性の勃起障害（⇨ **インポテンツ**）の痛みはないにも関わらず性交を楽しむことができないことを示している。痛みについて医学的原因がなかった場合，診断は**機能的性交疼痛**である。

**性交無オーガズム症**［coital anorgasmia］ 陰茎と膣による性交中に女性がオーガズムに達することができないこと。複数の研究で，性交中に同時に陰核への刺激がなければ女性のおよそ半分はオーガズムに至らないことを示している。セックスセラピストはこれを機能障害とはみなしていない。つまり，もしその女性が性交の相手と他の方法によりオーガズムを得ることができ，性交を楽しめるなら，性交によるオーガズムは必ずしも必要ではないからである。

**整骨療法**［osteopathy］ 整体医学（osteopathic medicine）とも言う。多くの障害は，筋骨格系の構造上の問題によって引き起こされるという信念に基づいたヘルスケアシステム（health care system）のことである。整骨療法はプライマリケア（primary care），予防，患者の健康へのホリスティックアプローチ（holistic approach）に焦点を当て，基礎疾患プロセスを扱うために，伝統的，内科的，外科的そして薬理学的な治療も一緒に用いながら，患部関節と筋肉（とりわけ背骨）の整骨を特に行う。⇨ **補完・代替医療**

**性差**［sex differences］ 1. オスとメスの肉体的特徴の差。脳の構造や一時的，二次的**性徴**の差を含む。2. 行動や思考において，男性と女性間にみられる差のこと。性差は，環境要因（環境）というよりはむしろ，実際の生物学的な性の不均衡（遺伝）によって引き起こされるとみなされることがあり，認知や行動のどちらにも影響を与える。⇨ **ジェンダー差**，**性役割**

**制裁**［sanction］ 職権によって執行する罰やその他の強制的方法。不適切な活動や許可のない活動を罰して，やめさせる。⇨ **社会的制裁**

**精細管**［seminiferous tubule］ 精巣小葉の多数の小さな回旋状の管。精細管は精子を生み出す精子母細胞に沿って存在する（⇨ **精子形成**）。セルトリ細胞も含む。それぞれの小葉内には数個の精細管があり，1つの精巣には400ほどの小葉がある。

**政策調査**［policy research］ 企業政策や公共政策の指針の形成のために行われる実証的調査のこと。

**政策分析**［policy analysis］ 情報を統合する技術の集合のことで，(a) 代替案となる政策や計画を特定して，コストとベネフィットという視点から選択する，(b) 組織の目標をインプットと結果という視点から評価する，(c) 調査活動に照らして，将来の決定に対する指針を提供する。

**省察**［reflection］ イギリスの哲学者のロック（John Locke: 1632-1704）の思想において，複数の知覚から由来する**単純観念**がより抽象的な**複合観念**に変換される，その内省的思考プロセスのこと。ロックによると，すべての知識が知覚や省察におけるソースをもつ（**生得観念**は存在しない）。

**性差別**［sex discrimination; gender discrimination, sexual discrimination］ 性に基づく個人に対する待遇の違い。こうした待遇の中には男性よりも女性をひいきするものもあるが，現代社会では，多くの性差別が女性より男性を優遇している。その顕現の多くは，不公平な雇用や昇進慣行を含んでおり，男性と同じ仕事内容をこなす女性に対して低賃金が支払われ，男性よりも女性と関連する性格や利害を過小評価する傾向がある。結婚に対する態度の変化，デイケア施設の利用の拡大，教育機会の増加，家庭内の役割変化，ある産業分野における労働人口不足などは，ジェンダー・ステレオタイプの誤った本質に対する意識を高め，男性と女性が何ができるかに対する考え方を変えてきた。加えて，多くの社会において，法律で性差別が禁じられている。それにも関わらず，働く女性に対する不十分な支援や，女性に対する健康管理の水準が低いこと，女性に対する暴力を含む性差別が存続し，多くの社会問題となっている。⇨ **ガラスの天井**，**偏見**，**セクシズム**

**生産性**［productivity］ 1. 出力（製品やサービス）と，その出力を生み出すのに必要な入力（時間，材料など）の質的，量的関係のこと。2. 価値と交換されるようなサービスや商品を生産する能力のこと。職業的リハビリテーションプログラムは，障害をもった人々の生産性をプログラムの有効性の評価の主要な規準に用いる。3. 言語における3つの形式的特性の一つで，際限なく文を創り出すために個々の単語を組み合わせることができる性質のこと。⇨ **意味性** ［ブラウン（Roger Brown）によって定義された］

**生産的愛情**［productive love］ 精神分析理論において，その人の個性を奪うことなく親密かつ相互依存的な関係を築く健康な能力。尊敬，配慮，責任，他者についての知識が必須要素である。フロム（Erich Fromm）によると，愛する能力は，自発的な努力を通じて実現する，生産的な

**生産的構え**［productive orientation］　精神分析理論において，外界への過剰な依存を伴わずに発達でき，その人のもつ可能性を利用できる人格傾向。そうした個人は，愛情，思考，他者との関係において積極的で，同時に，独立性と自分への誠実さを保持している。［フロム（Erich Fromm）によって紹介された］

**生産的思考**［productive thinking］　フロム（Erich Fromm）の理論の中で，ある質問や問題について，問題全体に対する重視や関心をもつと同時に，客観的に考える思考のこと。**生産的構え**の特徴とされる。

**正視**［emmetropism; emmetropia］　眼が正常な光学系であり，離れたところにある対象の像が角膜とレンズの屈曲によって網膜上に正しく結像している状態。こういった正常な光学系は正視状態（emmetropic）であるとされる。⇨ **遠視**，**近視**

**制止**［inhibition］　条件づけにおいて，ある刺激に対する反応の積極的な妨害や遅延のこと。

**精子**［spermatozoon; perm］　オスの配偶子。受精時にはメスの配偶子（⇨ **卵**）と融合する。

**生歯**［teething］　歯が歯茎から生える過程であり，特に4か月～9か月の間に起こる。この過程の間，乳児は，頻繁にむずかる，睡眠が乱れる，ミルクを嫌がる，歯茎の腫れやよだれの増加など，付随的な症状を見せる。

**政治遺伝学**［political genetics］　政治的な理論や実践を，遺伝学の科学から見出そうとする様々な試みのこと。そのような考え方のほとんどは，**社会的ダーウィニズム**が支持する選択的な繁殖方針や人口統制，さらにはナチスによる支配的民族の概念にわたるまで，忌み嫌われている。

**性・ジェンダー・生殖のためのキンゼイ研究所**［Kinsey Institute for Research in Sex, Gender, and Reproduction］　インディアナ大学に所属する民間非営利法人。活動目的としては，人間の性，ジェンダー，生殖の領域に関する学際的調査，研究の促進である。1947年にキンゼイ（Alfred Kinsey）により設立されたが，キンゼイは初代所長を務め，人間の性行動に関する多くの先駆的な研究を実施した。

**正式起訴**［indictment］　アメリカの陪審員制度において，大陪審が裁判の前に行う刑事事件の正式な告発のこと。大陪審は，公訴するかどうか決定するために，事件の告訴状を再審査する責任を担っている。

**精子競争**［sperm competition］　複数のオスと性交したメスの卵を受精するために異なるオスの精子が競合すること。精子競争にはいくつか方法があり他のオスが性交できないよう，栓をメスの膣にする**配偶者防衛**，前に性交したオスの精子を取り除く，などがある。メスはこれらの方法に対抗する術をもっている（⇨ **隠れたメスの選択**）。ブラジルのウーリークモザルは膣に蓋をする栓を作るが，メスも，次に性交するオスも，その栓を除くことができる。

**精子形成**［spermatogenesis］　精巣内の輸精管で起こる精子を作り出す過程。輸精管内にある男性の精原細胞（spermatogonia）が，1次精母細胞（primary spermatocytes）に分化する。1次精母細胞は**減数分裂**を経て精子となる。1つの1次精母細胞から4つの精子が作られる。減数第一分裂では，1次精母細胞が2つの2倍体2次精母細胞（secondary spermatocytes）に分裂する。それぞれが2つの精子細胞（spermatids）を作るべくさらに分裂する。その後，**セルトリ細胞**の働きにより精子に成熟する。この過程は，**下垂体性腺刺激ホルモン**に制御されている。下垂体ゴナドトロピンは精巣間質細胞から分泌されるテストステロンの放出を促し，テストステロンは精子形成を促進する。精子形成はヒトでは思春期以降継続的に起こり，他の動物では季節性に起こる。

**性嗜好異常**［paraphilia］　DSM-IV-TRにおける，異常もしくは奇異な空想・行動によって性的に興奮する性障害。パラフィリアとも言う。そうした空想や行為が最低6か月以上持続し，そして以下のような様々な形式をとる。人間以外の対象（動物，異性の衣服など）への選好。現実もしくは擬似的な肉体的・精神的苦痛や屈辱（ムチ打ちや緊縛）を含む性的行為を繰り返すこと。同意していない相手との性行為を繰り返すこと。性嗜好異常は，**フェティシズム**，**窃触症**，**幼児性愛**，**露出症**，**窃視症**，**性的マゾヒズム**，**性的サディズム**といったタイプを含む。

**精子細胞**［spermatid］　成熟していない精子。⇨ **精子形成**

**静止時振戦**［resting tremor］　病気に冒された身体部位が静止しているときに生じる震え。安静時振戦，休止時振戦とも言う。**パーキンソン病**の特徴的症状の一つであり，その場合はパーキンソン振戦（parkinsonian tremor）と呼ばれる。

**政治社会学**［political sociology］　政治制度，政治運動，政治権力，公共政策の社会的基盤や，これらに対する社会的影響を検討する学際的領域。

**青視症**［blue-sighted］　青色刺激への感度が通常とは異なる状態を指す言葉。白内障を軽減するために黄味がかった水晶体を取り除くと，多くの患者は青色刺激への感度が高まったことを報告する。

**精子障害**［dysspermia］　精子の機能あるいは構造における障害。

**政治心理学［1］**［political psychology］　1. 心理学的な観点から行われる政治問題や政治過程に関する研究。2. 心理学の原理や知識を，特に精神衛生に関連する公共政策の策定に応用すること。⇨ **公共サービス心理学**

**政治心理学［2］**［psychopolitics］　1. 社会とその成員における政治システムの異なる類型（民主主義，ファシスト，社会主義）による効果政治行動や政治構造の心理的側面の研究のこと。2. 政治的目標を達成するために心理的戦略と方略を使用すること。

**性質**［disposition; personal disposition: PD］　個人と他者とを識別する再発性の行動的，情動的傾向。

**誠実性集団心理療法**［integrity group psychotherapy］　集団心理療法の一つ。すべての参加者から開放性や誠実性が期待され，参加する集団成員が，誠実さや参加のモデルとしての機能を果たすとされる。［マウラー（O. Hobart Mowrer）によって開発された］

**誠実さ**［honesty］　心理療法において，本当の気持ちを表現し，葛藤，両価性，自責的態度を含むその場での体験を伝える能力。

**誠実度テスト**［integrity testing］　従業員や就職希望者が組織の中で非生産的な行動をとるかどうかを判断するために用いられる手続き。顕在的誠実度テスト（overt integrity tests）は，不道徳な振舞い，違法行為，非生産的

な活動についての態度や行動を尋ねる筆記テスト。人格ベースの誠実度テスト（personality-based integrity tests）は，不道徳な振舞い，違法行為，非生産的な活動に関わる性格特性を測定するテスト。正直さテスト（honesty tests）とも呼ばれる。

**誠実な交渉**［good-faith bargaining］　**全米労働関係法**のもとで，雇用者は組合を被雇用者の代表とみなすという原理は，雇用の期間と条件にわたってその組合を被雇用者の排他的な代表として扱い，そしてその組合と誠実に開かれたやり方で交渉することを認めている。⇨ **団体交渉**

**政治的社会化**［political socialization］　学校，親，仲間，マスメディアなどの担い手を通して，政治規範を伝達すること。⇨ **社会的伝達**

**政治的正しさ**［political correctness］　人種，民族性，性別，性的関心，障害，外見に基づいて他者を，主として言葉によって攻撃したり差別することは避けるべきであるという信念を支持したりこれに同調すること。通常，独断主義や過敏症などに対して軽蔑的に用いられる。

**静止電位**［resting potential］　休止期あるいは非興奮期，神経細胞などの興奮性細胞の原形質膜を介して存在する電位。脊椎動物の神経では通常 $-50$ mV～$-100$ mV の範囲であり，膜内に負に帯電したイオンが多く存在する。⇨ **活動電位**

**精子の**［seminal］　精液に関連していること。

**静止反応**［arrest reaction］　突然不動状態になること（freezing）を特徴とする行動のこと。ネコによって研究されることが多く，脳の様々な部位を電気刺激することで引き起こされる。⇨ **驚愕反応**

**精子分析**［sperm analysis; seminal analysis］　精液1ml当たりの精子数，精子の形態（形，構造），運動性による，オスの生殖能力評価。

**静止網膜像**［stabilized image］　眼球が動いても，網膜上で移動しない像のこと。視覚システムのニューロンは，固定された刺激よりも変化のある刺激に敏感であるため，静止網膜像はすぐに知覚されなくなる。**固視**中でも，通常眼に入る像は，微細な眼球運動（⇨ **マイクロサッカード**）のため完全に静止しておらず，標的に対して眼が常に動くことで網膜への刺激は常に更新されている。

**斉射**［volley］　異なる神経線維に沿って同時に神経インパルスが起こるような，同期した神経発火のこと。

**脆弱X染色体**［fragile X chromosome; fragile X syndrome］　主に男性の子孫に影響を及ぼし，精神発達障害を伴う遺伝的障害。この障害は，葉酸欠乏培地を用いた染色体検査において，遺伝子座 Xq27 において FMR1 遺伝子の変異による欠陥が存在するときにX染色体長腕遠位が切断されやすい傾向にあるため，そのように名づけられた。脆弱X染色体は，男性の精神発達障害の原因としては**ダウン症候群**に多くみられる。明確な身体的特徴はなく，診断には遺伝子検査が必要である。

**脆弱性**［vulnerability］　特定の薬品や状況にさらされた時に，ある状態や障害，疾患になりやすい敏感性を有すること。

**脆弱性ストレスモデル**［diathesis-stress model］　精神障害および身体障害は，その障害に対する遺伝的体質あるいは生物学的体質（脆弱性）と，障害を引き起こしたり進行させたりする作用をもつストレスフルな条件との結びつ

きによって発現するという説。脆弱性ストレス仮説（diathesis-stress hypothesis），脆弱性ストレスパラダイム（diathesis-stress paradigm），脆弱性ストレス理論（diathesis-stress theory）とも言う。⇨ **ストレス弱点モデル**

**脆弱性要因**［vulnerability factor］　人が，ある状態，障害，疾患になる可能性に影響を与える引き金となる変数。

**斉射説**［volley theory; volley principle］　聴神経のある神経線維が連続した音刺激の1つ目の波に反応する一方で，他の線維が2番目，3番目もしくは $n$ 番目の音刺激に反応するという理論。結果として，連続して発射されたインパルスが刺激入力と対応することになり，単一の線維がすべての波に反応する必要がなくなる。このようにして，聴神経は個々の神経線維では対応できないようなより高い周波数（たとえば，1000 Hz）の刺激を反映できるようになる。⇨ **聴覚理論**　［アメリカの心理学者ウィーバー（Ernest Glen Wever: 1902-1999）によって提唱された］

**成熟**［maturation］　機能的になる。また十分に発達する過程。

**成熟仮説**［maturation hypothesis］　行動の中には，完全に遺伝的だが適切な器官や神経系が成熟するまで表出されないものがある，ということの一般化。

**成熟状態**［maturity］　成人期のように，成長発達が完結した状態。⇨ **発達レベル**

**成熟退行仮説**［maturation-degeneration hypothesis］　誕生から死に至るまでの機能や能力は，早期にピークに達し，しだいに減退する曲線の軌跡を描くという原則。

**成熟の遅れ**［maturational lag］　特定の脳障害は含まれないが，学習に影響を及ぼすような神経的発達のいくつかの状況に遅れのあること。

**成熟の危機**［maturational crisis］　入園，婚約，結婚，親になること，退職など，ある発達位相から次へと移行することによって突然引き起こされる，行動，気分，情動などの急性の無秩序状態。発達的危機（developmental crisis），標準的危機（normative crisis）とも呼ばれる。

**成熟評価**［maturity rating］　同年齢集団の標準と比較した特定の特性における行動の評価。

**正準相関**［canonical correlation］　ある変数群から作られた合成変数と別の変数群による合成変数との線形関係を示す相関係数。正準相関は，たとえば，知性と生産性の間の相関を研究する計画に用いられる。この計画においては，知性について3つの下位尺度があり，生産性については5つの下位尺度がある。しかしながら，この統計手続きは，構造方程式モデリングにほとんど取って代わられたため現在あまり使われていない。

**正準相関分析**［canonical analysis］　2つもしくはそれ以上の変数群の間の相関の程度を評価する統計解析の方法。例としては，判別分析と重回帰分析がよくあげられる。

**清浄**［ablution］　純化・精製を目的として，身体や所有物を象徴的な意味で洗浄すること。

**正常**［normality］　大まかに**精神保健**に対応する広い概念のこと。絶対的な基準はなく，かなり文化による違いもあるが，いくつかの柔軟的な心理的および行動的基準を示すことができる。(a) 内的葛藤による能力低下に陥っていない，(b) 組織化されて合理的な効果的方法で考えたり行動することができる，(c) 一般的な人生に対する要求や問題について対処することができる，(d) 極度の感情的

な苦悩（不安，意気消沈，持続する不調感）がない，(e) 精神障害の明確な兆候（強迫観念，恐怖症，精神錯乱，見当識障害）がない．

**正常圧水頭症**［normal-pressure hydrocephalus: NPH］頭蓋内圧は正常だが，脳室が拡大する**水頭症**．高齢者に最もよくみられ，合併症も生じるが，シャント術で改善する．低圧水頭症（low-pressure hydrocephalus）とも呼ばれる．

**正常以下**［subnormal］標準，または期待される水準を下回っていることを指す．しばしばかなり下回っていることを意味する．この用語を知的能力に関して使うことは，今ではほとんどなく，一般的には平均以下（below average）という用語が使われている．

**性障害**［sexual disorder］何らかの性的機能や行動の不全のこと．性障害には**性機能不全**と**性嗜好異常**が含まれている．⇨ **性同一性障害**

**星状細胞**［stellate cell］様々な種類の枝を多数もつ小さな神経細胞．⇨ **皮質層**

**正常精神状態**［eurgasia; orthergasia］正常に精神または心理生物学的機能が働いていること．［アメリカの精神医学者マイヤー（Adolf Meyer: 1866-1950）によって定義された］

**性衝動**［sexual instinct］基本的な衝動．種を保存するための衝動．広義には，単に性生活に関連する自己や自己の生理的，心理学的欲求．

**生殖**［reproduction］生物学では親から新しい個体を生み出すことを指す．これにより種が保存される．有性生殖では受精により雌雄の**配偶子**が接合するが，**無性**生殖では接合は起こらない．

**静止抑うつ**［retarded depression］精神運動抑制や食欲不振を含む**大うつ病性エピソード**の旧式名称．

**生殖過剰**［overproduction］ある種が利用可能な食料，空間，他の生命維持に必要な資源に対して，過剰な数の子孫を産んでいる状態．

**生殖型**［reproductive type］生殖システムが他のシステムを凌駕していることが特徴の**体格類型**（⇨ **ロスタンタイプ**）．これは**性器発育過度型**と類似している．

**生殖器**［genitalia; genitals］男性および女性の生殖に関わる器官．男性生殖器（male genetalia）は陰茎，陰嚢，睾丸，および関連する組織である，前立腺，精嚢，尿道球腺を含む．女性生殖器（female genetalia）は膣，子宮，卵巣，卵管，および関連する組織を含む．女性の外生殖器（external genitalia）は**陰門**からなり，男性は陰茎からなる．⇨ **外性器異常**

**生殖器による性交**［genital intercourse］性的行為の他の形態とは対照的に，ペニスを膣へ挿入することを伴う性交．

**生殖機能**［reproductive function］新しい個体を作り出すための全過程のこと．または，その過程の中の特定の行動（たとえば性交）のこと．

**生殖行動**［reproductive behavior］繁殖のための活動．単細胞生物の分裂や多細胞生物の出芽から，有性生殖における雌雄両親の染色体混合まで幅広い機構があり，子孫が独立して生きて行けるまで育てるところまで含むこともある．求愛行動，配偶者選択，交尾行動，子育てが生殖行動にあたる．

**生殖細胞**［germ cell］生殖腺の中に存在し，増殖と減数分裂を含むプロセスによって**配偶子**を生じさせる細胞．⇨ **卵形成，精子形成**

**生殖細胞系列**［germ line］生殖細胞（卵子と精子）を発生させ，それによって後続世代の生物へと継承される細胞の系列．生殖細胞系列の突然変異は，体細胞の突然変異とは異なり，子孫へと遺伝し，疾病や他の形質への素因となりうる．

**生殖質**［germ plasm］1. 後に続く胎生発達の間に**生殖細胞**を生じさせることになる，卵細胞に含まれる細胞質の領域のこと．2. ドイツの細胞学者ワイスマン（August Weismann: 1834-1914）によると，彼の生殖質説（別名，生殖質: continuity of germ plasm の連続性またはワイスマン説: Weismannism）において，生殖細胞の中で代々変わらないまま伝達する遺伝物質のこと．それは現在ではDNAであることが明らかになっている．

**生殖障害**［reproductive failure］妊娠，あるいは，成人まで成長する子の出産ができないこと．

**生殖性 対 停滞性**［generativity versus stagnation; generativity versus self-absorption］エリクソンの発達の八段階の第7番目の段階のこと．生殖性は壮年期の積極的な目標のことであり，生殖の点からだけでなく創造性の点からも説明される，次世代に対する十分な親としてまたは社会的な責任を果たすことを指す．また，自己または自己陶酔への狭い関心と比較されて扱われる．

**生殖腺**［gonad］男性および女性の主要な生殖器官．すなわち，精巣および卵巣．

**生殖腺機能停止**［gonadopause］内分泌腺に関係した生殖機能の停止．加齢とともにいずれの性においても生じる．⇨ **更年期，男性更年期**

**生殖腺調整理論**［gonadostat theory］思春期の始まりと関連して，卵巣ホルモンや精巣ホルモンが視床下部および下垂体での分泌を調整するという説．［1955年に神経内分泌学者のハリス（Geoffrey Wingfield Harris: 1913-1971）によって提唱された］

**生殖腺ホルモン**［gonadal hormones］男性および女性の主要な**性ホルモン**．

**正書法**［orthography］言語の正式な書字システム．

**精神［1］**［mind］1. 特に個人特有の意識，認識．2. 脳と区別し，実体のない存在とみなされる人間の意識．⇨ **デカルト二元論，機械の中の幽霊** 3. 意思，あるいは意欲．4. 見解，あるいは考え方．5. 広義には，有機体の知性的，心理的現象すべてを意味し，動機，感情，行動，知覚，認知の各体系を含む．狭義には，知覚，注意，思考，問題解決，言語，学習，記憶など認知的な活動と機能のみを意味するのに使われることが多い．精神と身体との関係性については，脳とその活動のメカニズムを含め，これまで多くの議論がなされてきており，今後もなされるであろう．⇨ **心身問題，心の哲学** 6. 脳そのもの，または脳の活動のこと．この視点からみると基本的には精神は解剖学的臓器としても，その働きとしても存在することとなる．7. ある集団に特有の考え方の特徴のこと．たとえば犯罪者の心理や軍人の心理など．

**精神［2］**［spirit］1. 観念論者の哲学において，世界における根本的な実在や事象を動かす力とされる普遍的な心や観念．⇨ **絶対的観念論** 2. 永久に，または一時的にその人を特徴づける，気分，気質，傾向．

**成人**［adult］　1. 成人期に達した人のこと。2. 成人として法的に定義された年齢に達した人。成人に達する年齢は根拠となる法の範囲によって異なるが，日本では一般に20歳，アメリカでは18歳である。

**成人愛着面接**［adult attachment interview］　その人の愛着体験について心理状態を分類するのに用いられる1時間程度の**パターン化面接**。インタビューされる人の両親との関係，特に痛ましい経験，分離としつけを中心とした経験の報告を基にしている。そのような面接から明らかにされる成人の愛着のカテゴリーには以下のものがある。(a)（愛着が関連する経験と関係の）はねつけ：幼児の**不安−回避型愛着**に相当する。(b)（過去の愛着関係や経験への）とらわれ：面接において怒り，消極性，恐怖の反応を示す。幼児の不安−抵抗型愛着に相当する。(c) 未解決または混乱：喪失や虐待について話しているときに話の論理に些細な過ちを示す。幼児の**混乱型愛着**に相当する。(d) 安定または自律：愛着を大事にし，関係性について客観的で首尾一貫した説明を与えている。幼児の**安定型愛着**に相当する。

**精神安定剤**［ataractics; mood-altering drugs; tranquilizer］　1. 平静の状態を生み出し，気分が穏やかで静かになる作用のある薬剤。トランキライザー（ataraxics）とも呼ばれている。2. 薬理学作用によって個人の情緒的状態を変化させる物質であり，多くの場合，服用しても意識の混濁は生じない。精神安定，鎮静，抗うつの効果がある。3. 不安の心理的または主観的兆候を低減させるために用いられる薬物のこと。過去において，メジャートラキライザー（major tranquilizer）（⇨ **抗精神病薬**）とマイナートラキライザー（minor tranquilizer）（⇨ **抗不安薬**，たとえば，ベンゾジアゼピン）として区別されていた。

**精神医学**［psychiatry］　パーソナリティ障害，行動障害，精神障害の研究，診断，治療，予防に関する医学の専門分野。医学の専門分野としての精神医学は，精神障害や感情障害の根底には生物学的原因が存在するという前提をその基礎としている。しかし，精神科医の中には生物学的モデルに限定することを支持していない人もおり，問題を社会的・行動的問題として治療している。精神医学の教育は，精神病理学，生化学，精神薬理学，神経学，神経病理学，心理学，精神分析学，遺伝学，社会科学，地域精神保健のほか，この分野内で発展した理論や技法など広範囲にわたっている。

**精神医学的障害**［psychiatric disability］　精神障害を原因とする慢性的な機能の低下や欠如で，生活を送るうえで深刻な問題となりうる。

**精神医学的診断**［psychiatric diagnosis］　精神疾患の診断であり，現在はDSM-Ⅳ-TRに基づいて行われている。⇨ **臨床診断**

**精神医学的分類**［psychiatric classification］　精神疾患の診断・統計マニュアル（Diagnostic and Statistical Manual of Mental Disorder, DSM-Ⅳ-TR）などの精神障害の分類や診断カテゴリーの中の心理的問題のこと。この分類は，症状状態を組織化すること，治療効果を高めること，原因究明を目的とする研究に用いられる。

**精神異常**［1］［lunacy; lunatic］　1. 法的責任をとることができないほど精神的な能力がないこと，あるいは**心神喪失**を指す。2. 精神障害における一部状態は，月の位相の影響を受けるという理論。⇨ **月フェーズ研究**

**精神異常**［2］［mental aberration］　精神的または情緒的障害，あるいは個人にみられる精神的，情緒的障害の兆候を指す。

**精神異常抗弁**［insanity defense］　刑法上，犯行に刑事責任がないことを理由にする抗弁。⇨ **米国法律協会模範刑法典心神喪失検査，限定責任能力，ダラム準則，マクノートン・ルール**

**精神異常発現性**［psychotomimetic］　幻覚，妄想，その他の精神病症状を誘発する傾向を指す。

**精神異常発現物質**［psychotomimetic; psychomimetic］　もともとは，薬の効果によって精神病や精神病のような症状を引き起こすかどうかを確かめるために実験室で用いられた薬物。LSDや**アンフェタミン類**を含む薬のこと。

**精神依存**［psychological dependence］　精神作用物質がもたらす強化によるその物質への依存。使用頻度の高さ，その物質への強い渇望，使用中止後の再発傾向，が特徴である。薬物依存の動機づけとしては，強化よりも**耐性**と**身体依存**によって形成される。⇨ **身体依存**

**精神遺伝学**［psychogenetics］　心理的特性の遺伝に関する研究。

**精神運動**［psychomotor］　心的活動の結果として生じる行動や運動に関係していることを指す。

**精神運動激越**［psychomotor agitation］　状況に沿わないような，絶え間ない身体的・心的活動を指す。歩き回ったり，字を書き続けたり，服などを伸ばしたり擦ったりすることなどを含み，**大うつ病性エピソード**と躁病エピソードに共通の症状である。精神運動性興奮（psychomotor excitement）とも呼ばれる

**精神運動幻覚**［psychomotor hallucination］　身体の一部が身体の別の領域に移動させられている感覚のこと。

**精神運動検査**［psychomotor test］　**トレイルメイキング・テスト**のような，認知と運動・活動の協調を必要とするテスト。

**精神運動障害**［psychomotor disorder］　1. 運動を心理的に制御するうえでの障害。2. 心理的要因によって引き起こされる運動障害のこと。たとえばストレスによって引き起こされるてんかん性発作，うつ病に関連した**精神運動抑制**，躁病エピソード中に現れる行動過多などがあげられる。

**精神運動スキル**［psychomotor skill］　認知プロセスと運動プロセスの連合や協調を必要とするパフォーマンスを行う能力（たとえば，筆記，描画，車の運転など）。

**精神運動性**［psychomotility］　心理過程に影響される運動作用や反射的な反応のこと（たとえばチック，書字，歩行，口ごもり，構音障害など）。それらは精神運動障害の指標となる。

**精神運動てんかん**［psychomotor epilepsy］　複雑性部分てんかん（complex partial epilepsy）の正式名称。**複雑部分発作**によって特徴づけられるてんかんの一形式である。

**精神運動抑制（遅滞）**［psychomotor retardation］　返答が遅く緩慢な話し方，思考の緩慢さ，身体の動きの遅さが特徴の，精神的・身体的活動の減速または抑制。うつ病の典型的な症状である（⇨ **大うつ病性エピソード**）。以前は寡動（症）（hypokinesis）と呼ばれていた。低活動性（hypoactivity），低運動性（hypomotility）とも言う。

**精神衛生**［mental hygiene］　精神的健康の維持，精神疾患の予防を目的とした全般的な取組みのこと。教育的プログラム，安定した感情生活や家族生活の促進，予防サービスや早期治療サービス（⇨ **一次予防**），公衆衛生対策などの手段が用いられる。この用語そのものは，以前と比べて今日ではあまり広く用いられなくなった。

**精神衛生病院**［mental hygiene clinic］　現在は**メンタルヘルスクリニック**，または地域精神保健センター（community mental health center）という呼称が一般的。

**精神科医**［psychiatrist］　精神疾患や感情障害の診断，治療，予防，研究を専門とする医師。アメリカの精神科医教育は，大学4年間の医学部進学課程における教育，医大での4年課程（最後の2年間は少なくとも5領域の医師とともに医員として学ぶ），そして4病院もしくは米国医学会の認める研修機関における4年間の研修からなる。研修期間のうち1年は病院のインターンとして働き，精神科研修医としての最後の3年間では診断と治療だけでなく，精神科薬剤の処方やその他の治療法を学ぶ。研修を終えた後，多くの精神科医はAmerican Board of Psychiatry and Neurologyによる認定試験を受験する。

**精神外界の**［extrapsychic］　精神の外側で起こる，あるいは精神と環境との間で起こる事物に関連した，ということ。

**精神外界の葛藤**［extrapsychic conflict］　個人と環境の間に生じる葛藤のこと。**精神内界の葛藤**と対比される。

**精神化学**［psychochemistry］　化学物質，行動（遺伝学的，代謝としての側面を含む），心理的過程の間の関連の研究。

**精神科学**［psychoscience］　心理と心理的な行動，精神的な疾患やそれらの治療を扱う科学。特に，**心理学**，**精神医学**，**認知科学**を指す。

**精神科学的心理学**［Geisteswissenschaftliche Psychologie］　19世紀にドイツの学者によって定義された心理学の2つのテーマのうちの一つ。様々な訳語があるが，言葉の意味は文字通り，心や精神の科学を扱う心理学を指す。たとえば，行動の道徳的，精神的，歴史的，ヒューマニスティックな側面が対象となる。今では，**社会科学**として知られる。⇨ **自然科学的心理学**，**了解心理学**

**精神科施設**［mental institution］　アメリカにおいて，知的障害や重度の精神障害者のための治療を目的とした施設のこと。訓練を受けた心理士や精神科医が援助スタッフとしてスーパーバイズのもとに一般診療やセラピーを行う。一般的に外来診療による精神薬の処方だけでは自立して生活できない患者が対象となる。⇨ **精神科病院**

**精神科病院**［psychiatric hospital; mental hospital］　精神疾患をもつ人々に対する広範な診断技術や，入院加療を提供する公的・私的機関のこと。⇨ **精神科病棟**

**精神科病棟**［psychiatric unit］　アメリカにおいて，総合病院における入院治療をベースとした精神疾患の救急治療のための病棟のこと。通常，これらの病棟は以下の治療についての適用と承認に関する規定をもっている。緊急時における向精神薬投与や電気痙攣療法，集団精神療法，心理検査，そしてソーシャルワーク，作業療法，芸術療法，運動療法，音楽療法，ディスカッショングループのような付加的な心理療法に関してである。

**精神鑑定**［mental examination］　病理学的原因を証明するか，あるいは排除するために行われる，個人の行動，態度，知的能力に関する包括的評価。

**成人期**［adulthood］　十分な身体的成長と成熟がみられ，生理，認知，社会，人格などの諸側面の変化が加齢に関連して生じる人間発達の期間。**青年期**の次の期間。成人期は，成人期前期（おおよそ19歳～45歳），中年期（おおよそ45歳～60歳），老年期（60歳以降）の3つに分けられることがある。さらに，老年期に属する人は，**前期高齢者**，**後期高齢者**，超高齢者（oldest old）の3つに分けられることがある。

**精神既往歴**［mental history］　個人の精神保健（⇨ **事例史**）に関する情報の記録。構造化，ないし非構造化面接により収集された精神既往歴では，通常クライエントとその家族の両方の経歴が取り扱われる。

**精神技術**［psychotechnics］　**1.** 経済学，社会学，ビジネスの中などに，心理学的法則を実践的応用すること。**2.** 個人の行動を変容し統制するための心理学原理の応用。

**精神機能**［mental function］　思考，感覚，推論のような，すべての認知的過程，活動。

**成人期の発達**［adult development］　青年期後期から始まり老年期まで続く生物学的，心理的，社会文化的発達。

**成人教育**［adult education］　成人のための正規の学校教育。しばしば夜間に開講され，特に，職業上の能力や技術の向上，または関心のある特定の科目を学習することを望む成人のために提供される。⇨ **生涯教育**

**精神緊張**［mental tension］　通常，不快な感情を伴う精神活動のこと。

**精神外科**［psychosurgery］　精神・神経学的障害を，脳への外科的方法によって治療すること。重症側頭葉てんかんに対する**側頭葉切除術**や，歴史的には，重度の精神障害（特に統合失調症）に対する前頭葉切除術（⇨ **白質切断術**）がこの例としてあげられる。精神外科は1935年～1960年の間最も盛んに行われ，これまで行われてきたあらゆる精神医学的治療の中でも，最も議論の的となったものである。今日の精神外科的アプローチは，初期の方法に比べてはるかに精密に手術対象部位を絞り，その範囲も制限されている。そのため，最先端の画像技術や微小な損傷に限定するための，高度に制御可能な技術が用いられている。

**精神検査**［mental test］　**1.** 単一もしくは複数の個人の心理学的特性を測定する様々な検査のこと。**2.** 知能検査。

**精神現象の判定基準**［criteria of the psychic］　有機体が意識を有すること，または，純粋生理的なものとは対照的な行動が意識から生ずること，などを理論化するために提案された徴候や指標。基準が定式化できるという考えは，ヤーキーズ（Robert Yerkes: 1876-1946）によって提案された。ヤーキーズの構造的基準とは，全般的形態，神経構造，神経系の分化であり，機能的基準とは，弁別，反応の可変性と流動性であった。

**精神錯乱**［lunacy］　様々な精神疾患に対して使われていた旧式名称。

**精神史**［psychohistory］　歴史的な人物，出来事，社会的動向への精神分析理論の応用を指す。歴史的精神分析（historical psychoanalysis）とも呼ばれる。

**精神疾病分類学**［psychonosology］　精神障害の体系的分類法。⇨ **精神医学的分類**

**精神主義**［spiritualism］ すべての人間や動物，植物，その他の自然的物体は魂をもち，それらはより大きな，普遍的な精神の一部であるという信念。⇨ **汎心論**

**精神障害**［mental disorder; psychiatric disorder; psychiatric illness］ 精神症状，異常行動，機能不全といった症状，またはこれらの症状の組合せによって特徴づけられた障害である。先に述べた症状はあらゆる領域において臨床的に著しい苦痛を引き起こす。また，これらの症状の原因として，器質的，社会的，遺伝的，化学的，心理的要因が考えられる。精神障害の明確な分類基準は米国精神医学会によって作成された「精神障害の診断と統計の手引き（DSM-Ⅳ-TR）」と世界保健機構によって作成された**国際疾病分類**がある。精神疾患（mental illness）とも呼ばれる。

**精神障害者保護施設**［insane asylum］ 重症の精神疾患患者が，治療のために宿泊できる施設の初期（19世紀）の名前。精神異常者保護施設（lunatic asylum）とも呼ばれた。

**精神障害授産施設**［work-for-pay unit］ 入院患者やアフターケアを必要とする患者が働く施設。精神障害のある患者のための総合的リハビリテーション・プログラムを提供する。このような施設は，就業前適性検査や評価，職業訓練，自我強度の測定，監督者の下での単純な職務から複雑な職務などを提供する。これらに対して賃金が患者に支払われる。

**精神障害に起因しない条件**［conditions not attributable to a mental disorder］ DSM-Ⅲ，およびその初期の編集者の間では，DSM-Ⅳ-TRにおける未処理のカテゴリー条件は**臨床的関与の対象となることのある他の状態**としてラベルづけされると考えられた。

**精神障害のための連合会**［National Alliance for the Mentally Ill: NAMI］ 精神病で影響を受ける親類と個人の感情的で教育的なサポートを提供するアメリカの**セルフヘルプグループ**のネットワーク。

**精神症状の改善**［attenuated psychotic symptoms］ 統合失調症や他の**精神病性障害**において，現実に即した知覚が増え，妄想，幻覚，つじつまの合わない会話，見当識障害が減少することを指す。

**精神神経内分泌学**［psychoneuroendocrinology］ 心理的要因，神経系，行動と健康状態を決定する内分泌系の関係に関する研究。神経内分泌系（⇨ **神経内分泌学**）に対する心理的ストレスの効果を調べる。また，これらのシステムの変化が正常な状態，および精神病理的な状態での行動にいかに影響するかも研究されている。

**精神神経免疫学**［psychoneuroimmunology］ 脳と行動がいかに免疫反応に影響しているかに関する研究。［アメリカの心理学者エイダー（Robert Ader: 1932- ）によって始められた］

**精神身体介入**［mind-body intervention］ 身体的な変化，あるいは病気や障害の症状を軽減させるために，精神集中を利用する治療的方法のこと。リラクセーショントレーニング（たとえば，**自律訓練法**，**漸進的筋弛緩法**），瞑想，祈り，**創造的芸術療法**などを含む様々な方法が利用されている。

**精神衰弱**［1］［mental asthenia］ 精神力の喪失。課題に対するエネルギーやモチベーションの欠如が認められ，しばしば，集中困難（concentration difficulty）として訴えられる。

**精神衰弱**［2］［psychasthenia］ 不安障害の旧式名称。ミネソタ多面人格目録の指標の一つとしては未だに用いられている。

**精神図法**［psychography］ 精神分析において，個人の精神現象の発展史とその描写を指す。心理学的な生育歴または性格の描写のこと。⇨ **心理的自伝**，**精神史**

**精神生物学**［psychobiology］ **生物学的心理学**の類義語として稀に使われる。

**精神生理学**［psychophysiology］ プロセスと行動に関係があるとき，心理的機能と生理学的機能の間の関係性について研究する分野。⇨ **心身医学**

**精神生理学的アセスメント**［psychophysiological assessment］ 心理的なプロセスを推察するために筋電図，心電図，脳波図，眼電図など生理学の尺度を使用すること。精神生理学的モニタリング（psychophysiological monitoring）とも言う。

**精神測定**［mental measurement］ 心理的過程を測定する際に量的尺度や手法を用いること。心理検査（mental testing）とも言う。⇨ **心理測定学**

**精神測定検査**［psychometric examination］ 知能，器用さ，人格特性，関心や，その他の心的因子を解明するためになされる一連の心理検査。

**精神遅滞（MR）**［mental retardation: MR intellectual disability］ 知的障害ともいう。DSM-Ⅳ-TRでは，平均よりも著しく低い知的機能（標準偏差を15とするIQ指標の場合，70以下を指す）と適応行動が損なわれることにより特徴づけられる障害となっている。この状態は，発達中に明らかになり，18歳以下，22歳以下などで様々に定義されている。乳児への診断は，臨床的な判断に基づいてなされる。精神遅滞は脳損傷や脳の疾患，あるいは遺伝的な原因によるものであり，通常，教育的，社会的，そして職業上の能力の欠如が特徴的である。⇨ **軽度精神遅滞**，**中等度精神遅滞**，**重度精神遅滞**，**最重度精神遅滞**

**精神遅滞者の権利に関する国連宣言**［United Nations Declaration on the Rights of Mentally Retarded Persons］ 1971年に精神遅滞者の人権を保障した国連の宣言。主に，1993年の障害者のための機会均衡に関する基準規則に取り入れられた。

**精神遅滞者のコミュニティ**［communities for people with mental retardation］ いくらかでも自立できる能力のある精神遅滞（知的障害）のある成人に対し，（地域の中で）障害のない人々とともに仕事や日常生活に参加する集合住宅から構成されるサービスの仕組みのこと。スタッフによるサポートを受けながら，自立して住まいを管理し（献立を考え，食べ物を購入・調理し，家事に加わるなど），仲間とレジャーを楽しむことができる。多くの場合，スタッフも同じ地域で暮らしている。

**精神遅滞を伴う結節性裂毛症**［trichorrhexis nodosa with mental retardation］ 短くてもろい頭髪，歯のエナメル質が薄い，不完全な爪，深刻な精神遅滞によって示される先天的な障害である。研究に参加した患者は**小頭症**を示し，X線検査により，頭蓋骨が小さいことが明らかになった。ポリット症候群（Pollitt syndrome）とも言う。

**精神遅滞を伴う精神病**［psychosis with mental retardation］ 精神遅滞の患者に起こる，興奮，抑うつ，幻覚，

妄想などの症状。このような症状は穏やかで，定期的にあるいは不規則に再発する。そして，これらはその人の知的，社会的，発達的な状態と関係する一貫性のある情動や行動特徴と区別しなくてはならない。

**精神治療運動**［mind-cure movement］ 19世紀における自助運動のこと。楽観主義や自己肯定，そして気分の自己制御として捉えられる"正しい"思考によって，身体的な健康はもたらされると考えられた。

**精神痛［1］**［algopsychalia］ 身体よりも，精神に起因するものとして患者に認識される身体的な痛み。ときに精神的困難を伴う（たとえば，不安，統合失調症，うつ）。⇨ **心的苦痛**

**精神痛［2］**［psychache］ 自殺のリスク要因になると考えられるような，激しい心理的苦痛のこと。

**精神的化学**［mental chemistry］ イギリスの哲学者ミル（John Stuart Mill: 1806-1873）によって提唱された概念で，彼の父であるミル（James Mill: 1773-1836）が唱えた**精神力学**の代替案としたもの。この概念は自然科学の化学において共通する現象をモデルとしており，2つの化学物質が結合して，構成要素に含まれない性質をもつ化合物が作られるという。これと同様に，化合された思考はただ単により単純な概念の結合でなく，それらは構成要素の中で存在しない他の性質を保有しているものであるとミルは述べている。ゆえに，このような思考は本来的に新しい一つの思考となりうる。⇨ **観念連合説**，**観念連合**

**精神的苦痛**［distress］ 特定できない，あるいは同定できない感情のうち，否定的な感情を言う。例として幼児の**人見知り**があげられる。多くの場合は泣くなどのわかりやすい否定的行動によって見知らぬ人への苦痛（stranger distress）が明らかとなる。

**精神的消耗**［nervous exhaustion］ 精神的な負荷による，重度の疲労状態の一般用語。⇨ **神経衰弱症**

**精神的成熟**［mental maturity; lexical memory］ 平均的成人における，完全に発達した精神機能。

**精神的成長**［mental growth］ 精神機能，普通は知能の増大のことを指す。それは年齢とともに増加する。

**精神的な膣痙攣**［psychic vaginismus］ 痛みを伴う膣痙攣で，性交にも痛みを伴い，場合によっては性交できなくなる。DSM-Ⅳ-TRの**膣痙攣**に一致する。

**精神的跛行**［mental claudication］ 脳への一時的な血流障害により，精神状態の変化が短時間出現すること。

**精神的ハンディキャップ**［mental handicap］ 認知的発達の遅れや深刻な機能障害を伴う精神障害によって社会に適応することが困難になる状態。

**精神的模倣症候群**［psychomimic syndrome］ ある病気の器質因をもたない人が，その病気で亡くなった他者の症状を呈する状態。その他者の命日の頃に生じやすい。⇨ **記念日反応**

**精神電流反射**［psychogalvanic reflex: PGR］ ⇨ **皮膚電気反応**

**精神毒性**［psychotoxic］ アルコールの暴飲，重金属，揮発性溶液，殺虫剤のような脳を損傷を引き起こす薬剤を意味する。

**精神内界の葛藤**［intrapsychic conflict; inner conflict; iternal conflict; intrapersonal conflict; psychic conflict］ 精神分析理論において，心の中で正反対の力がぶつかり合うこと。たとえば，動機，願望，作因の葛藤などである。

**精神内失調**［intrapsychic ataxia; mental ataxia］ 感情，思考および意志の調整が欠如すること（たとえば，落ち込んでいる時に笑うなど）。1904年，オーストリアの精神科医であるストランスキー（Erwin Stransky: 1878-1962）によって提唱された概念であり，統合失調症との関連で紹介された。しかし，これは次第に他の障害にもみられるようになった。⇨ **不適切な感情傾向**

**精神内的構造**［endopsychic structure］ 精神分析学の中で，心や精神の内的構造。フロイト（Sigmund Freud）の理論では，心は3つの要素，**イド**，**自我**，**超自我**に分類される。⇨ **構造的モデル**

**精神内分泌学**［psychoendocrinology］ ホルモンシステムの研究のことで，生物的，行動的な影響や心理的過程が生じる部分や経過を見出す。多くの場合，精神障害を生じさせる生化学的異常を同定することに関連する。

**精神年齢**［mental age: MA］ 個人の知能テストの結果を，同年齢集団の平均点で割ることで得られる数量的な尺度単位。すなわち，IQテストで150点をとる4歳児は，精神年齢が6歳になる（年齢相応の平均点は100であるから，精神年齢＝（150/100）×4＝6）。精神年齢の遂行尺度は14歳を超えると有効ではない。

**成人の感覚神経障害**［adult sensorineural lesions］ 聴覚系の構造的器質的損傷で，内耳から音を知覚する脳の領域間に生じる。これらの病変は，一般的に蝸牛や**聴神経**に多く認められる。蝸牛の感覚の病変は**メニエール病**，長期にわたる大きな音への暴露，ウイルス感染，または薬物の影響が原因である可能性が高い。聴覚神経の損傷は，しばしば腫瘍によって引き起こされる。⇨ **聴神経腫瘍**，**感音難聴**

**成人のデイケア**［adult day care］ 機能的な障害がある成人の，健康面，社会面，そして機能面でのニーズを満たすために計画された，家以外における通所ケアと管理のグループプログラム。⇨ **デイケアセンター**

**精神薄弱**［feeblemindedness; mental defective］ **精神遅滞**，**知的障害**，**学習障害**に対する旧式名称。

**精神発達**［mental development］ 成熟，学習，経験によって精神過程が漸進的に変化すること。⇨ **認知発達**

**精神病**［psychosis］ 1. 最も基本的な高次脳機能（知覚，認知，認知過程，情動あるいは感情）における重篤な障害によってもたらされる異常な精神状態のことで，たとえば妄想，幻覚，著しく解体した会話などの行動として顕現する。⇨ **精神病性障害** 2. 歴史的には，日常の基本的な行動を遂行する機能や能力が著しく妨げられる重篤な精神障害のこと。3. 1845年，オーストリアの精神科医フォイヒタースレーベン（Ernest von Feuchtersleben: 1806-1849）によって，精神異常，精神混乱，精神異常全般を意味するものとして使用された。

**精神病エピソード**［psychotic episode］ 幻覚，妄想，解体した会話といった精神病症状が出現する時期やその体験。⇨ **急性精神病エピソード**

**精神病患者**［psychotic］ 精神病や精神病性障害の影響を受けている人。

**精神病傾向**［psychoticism］ アイゼンクの類型論における人格特性の次元を指し，攻撃性，衝動性，無関心，反社会的行動によって特徴づけられる。これは，精神病や精

神障害のなりやすさを意味している（⇨ **反社会性パーソナリティ障害**）。本来は健常者と統合失調症、あるいは双極性障害の患者を区別する因子として開発されたものであり、そこでは空間距離判断、読みの速度、鏡映描写の熟達度、数字列の加算の検査が用いられている。

**精神病質**［psychopath; psychopathy］ 反社会性パーソナリティ障害の旧式名称。自己中心性、衝動性、罪悪感や自責感などの情緒性の欠如に特徴づけられるパーソナリティ特性をもつ。

**精神病性衒奇性**［psychotic mannerism］ 精神病に関連し、影響されていると思われる、頻繁に繰り返される複雑な動き。たとえば、手をもむ、自分の髪を撫でるなど。

**精神病性障害**［psychotic disorder］ 原因に関わらず重篤な精神障害のことで、**現実検討力**が粗大に損なわれるのが特徴的である。知覚や思考の正確さは損なわれ、反する証拠があるにも関わらず、外的現実について誤った推論を行う。妄想、幻覚、まとまりを欠いた話や思考、行動が特徴的であるが、自身では症状についてほとんど全く洞察できない。DSM-IV-TR においては、精神障害は統合失調症、統合失調症様障害、統合失調感情障害、妄想性障害、短期精神病性障害、共有精神病性障害、一般的な症状による精神障害（psychotic disorder due to a general medical condition）、**物質誘発性精神病性障害**、**特定不能の精神病性障害**とされている。

**精神病特徴**［psychotic features］ 気分障害において、大うつ病性エピソード、躁病エピソード、混合エピソードを引き起こす妄想や幻覚のこと。⇨ **気分に一致した精神病性の特徴、気分に一致しない精神病性の特徴**

**精神病発現薬**［psychotogenic］ 幻覚剤のような精神病の症状を誘発する薬。

**精神病前パニック**［prepsychotic panic］ 統合失調症の進行段階において、自己イメージが障害されること。罪悪感、愛されない感覚、屈辱感などが生じるが妄想や幻覚にはまだ至らない状態。［イタリア生まれのアメリカの精神科医アリエティ（Silvano Arietini: 1914-1982）によって定義された］

**精神病理学**［psychopathology］ 1. 精神疾患に関する科学的な学問分野であり、理論、研究、診断、治療といった内容を含む。この広範囲に及ぶ学問分野は、心理学や生化学、薬理学、精神医学、神経学、内分泌学等といった学問と密接に関係している。精神病理学者（psychopathologist）とは、精神疾患の原因を研究している医学もしくは心理学の専門家のことを指す。2. 異常な、あるいは不適応な行動や思考過程のパターンのこと。時に精神疾患（mental illness）や**精神障害**の同義語として使われる。

**精神疲労**［brain fag］ 西アフリカでも特に高校生や大学生に多くみられる**文化依存症候群**。典型的な症状には集中、記憶、情報理解の困難が含まれる。その他、頭や首周辺に痛みや締めつけ、熱を感じたり、視覚障害、過度の思考による疲労などがみられる。

**精神賦活薬**［psychic energizer］ 抗うつ作用のある薬。この名称は現在めったに使われない。1950 年の終わりにアメリカの精神科医のクライン（Nathan S.Kline: 1916-1983）によって用いられた。抗結核薬として開発されていたイプロニアジドから**モノアミンオキシダーゼ阻害薬**が発見された。イプロニアジドは、中枢神経系への強力な作用のため、結核薬としては製造されなかった。

**精神物**［mind stuff］ イギリスの数学者クリフォード（William K. Clifford: 1845-1879）の哲学において、現実を構成する単一の物質のことである。この精神物は、内的世界では精神で構成されているが、外的世界には物質形で現れる。彼の論は、進化論からすれば、意識は人間に存在し、人間は物質から進化したものであるのだから、物質にも意識はあるに違いないというものであった。クリフォードの立場は汎心論の一つと捉えられることが多い。

**精神物理学**［psychophysics］ 刺激の大きさや、刺激の相違などについての関係性を扱う心理学の分野。

**精神物理学的尺度構成法**［psychophysical scaling method］ 物理的刺激と知覚された刺激の大きさについて、構成概念を測定する方法。この方法は直接観察して判断できるかどうかによって、直接的、間接的に分類される。

**精神物理学的測定法**［psychophysical methods］ 調整法、等現間隔法、極限法のような、精神物理学的な問題を調べる際に用いられる標準的な方法のこと。

**精神物理学的法則**［psychophysical law］ 物理的刺激の強度と経験される感覚の強度の数学的関係のこと。精神物理学的法則は、ドイツの精神物理学者のウェーバー（Ernst H. Weber: 1795-1878）とフェヒナー（Gustav Fechner）によって主にライプツィヒ大学で行われた実証的研究から発展した。心身問題の直接的な科学的研究を目的としたこの仕事は、実験的科学としての心理学の基礎を築いた。⇨ **内的精神物理学、外的精神物理学**

**精神文化的ストレス**［psychocultural stress］ 多くの場合は心理的な緊張、不安などに表れる。文化的、社会文化的要因による精神障害のこと（たとえば人種差別、科学技術の進歩）。

**精神分析**［psychoanalysis］ 心そのものや心的障害、心理的な治療方法に対する研究分野の一つ。フロイト（Sigmund Freud）が 20 世紀初頭に発展させた。精神分析の顕著な特徴は、多くの心的活動は無意識的であり、そのため人々を理解するためには彼らの顕在的行動の背景にある無意識的意味を把握する必要がある、という仮定にある。したがって、精神分析（ときに分析：analysis と略される）は第一に、抑圧された衝動や内的葛藤、子ども時代の心的外傷が、心的生活や適応状態に及ぼす影響に焦点を当てる。その他の古典的な精神分析の基礎には、以下のようなものがある。すなわち、(a) **小児性欲**の概念、(b) **エディプス・コンプレックス**、(c) **本能**の理論、(d) **快楽原則と現実原則**の理論、(e) **イド、自我、超自我**という精神の三構造、(f) 神経症反応における不安と**防衛機制**の果たす重要性である。治療方法としての精神分析は、第一に精神神経症を対象としたものであり、人格の根本的修正を引き起こすことによって、それを取り除こうとする。これは、建設的な治療関係、もしくは**転移**を分析家との間で形成し、神経症を生み出した無意識の葛藤を明らかにし、そしてそれを解釈することによってなされる。この目的を達成するために用いられる方法は、**自由連想法、夢分析、抵抗**と防衛の分析、治療過程において明らかにされた感情の**徹底操作**などである。フロイト的アプローチ（Freudian approach）、フロイト主義（Freudianism）とも呼ばれる。

**精神分析家**［psychoanalyst］ 精神分析理論とその実践に関して特別な訓練を受け、フロイト（Sigmund Freud）

が発展させた心理的障害の治療方法を採用する治療者のこと。アメリカにおける精神分析家は，最初精神科医か臨床心理士としての訓練を受ける。その後，精神分析の研究所において厳しい訓練を受ける。ヨーロッパの研究所では，いわゆる**レイアナリシス**を認めていて，興味関心をもち，試験に合格した専門家が精神分析の訓練を受けることが可能である。しかしながら，承認されているすべての訓練所は，フロイトの業績に関する徹底的な研究や，その他の領域に関する研究，スーパービジョンを受けながらの臨床訓練，**教育分析**，精神分析の個人教育課程などを義務づけている。⇨ **分析家**

**精神分析的集団心理療法［1］**［analytic group psychotherapy］ 精神分析的な概念を応用し，以下3つの年齢グループに対して行う集団心理療法。(a) 就学前の子どもを対象とした**集団遊戯療法**，(b) 思春期前の子どもを対象とした**活動インタビュー集団心理療法**，(c) 思春期の者や成人を対象とした面接による**集団心理療法**。［ロシアで生まれたアメリカの精神分析家のスラヴソン（Samuel Richard Slavson）による］

**精神分析的集団心理療法［2］**［psychoanalytic group psychotherapy］ **自由連想法**や**抵抗**と**防衛の分析**，**夢分析**といった，精神分析の基礎的な概念や方法を集団向けに修正し，それを用いる**集団心理療法**である。この方法における最も傑出した主導者は，イギリスの精神分析家ビオン（Wilfred Bion: 1897-1979）である。

**精神分析的心理療法［1］**［analytical psychotherapy］ 精神分析の原理を用いた短期間の心理療法。精神分析ほど深くなく，より積極的にセラピスト側から介入する。また，実際の精神分析において求められるほどの面接頻度を要さない。

**精神分析的心理療法［2］**［psychoanalytic psychotherapy］ 古典的な**精神分析**の形式で行われるか，もしくは**力動的心理療法**のような，古典的方法から発展した一般に短縮した形式の方法を採用する治療法を指す。通常，セラピストとクライエントとの間における，1対1の相互作用を含む。この治療法では，人間行動の決定因となる無意識の動機や葛藤の重要性を強調し，クライエントが異常な行動を乗り越え，人生上の問題に適応することを援助する。**自由連想法**や，セラピストによる解釈，**治療同盟**の構築などが，よく用いられる技法である。

**精神分析的なプレイテクニック**［psychoanalytic play technique］ 1920年代にクライン（Melanie Klein）によって開発された**児童分析**の手法の一つで，そこでの遊びは潜在的なファンタジー（空想）と葛藤の象徴として解釈され，**自由連想法**の代わりとなる。セラピストは玩具を用意し，子どもの無意識の願望と葛藤を明らかにするために自由に想像的な遊びを行うよう促す。

**精神保健**［mental health］ メンタルヘルスとも言う。充実感，適応的な行動，不安や困難からの解放，建設的な対人関係の構築能力などの特徴をもつ心の状態，および日常生活のストレスへの対処のこと。⇨ **元気さ**，**正常**

**精神保健サービス**［mental health services］ 心理査定（アセスメント），診断，治療，カウンセリングなどのあらゆる介入を指す。私的，公的な機関で，入院，通院の形で提供される。精神的健康を維持したり高めたりすること，あるいは精神障害や行動の問題の治療が目的とされる。個人またはグループで行われる。

**精神発作**［psychic seizure］ **複雑部分発作**の一種で，錯覚や幻覚，感情体験，認知的変化（既視感等）といった心理的障害が特徴である。

**精神薬理学**［psychopharmacology］ 精神的，情緒的，行動的な過程に対する薬物の影響を検討すること。たとえば，急性，慢性の統合失調症に対して抗精神病薬などを投与することである。こういった薬剤で精神障害を治療することは難しいが，症状の軽減として役立つ。

**精神薬理薬**［psychopharmacological drugs］ 精神障害や行動障害の治療に用いられる薬物のこと。

**精神力学**［mental mechanics; mental physics］ イギリスの哲学者ミル（James Mill: 1773-1836）によって提唱された，早期の連合主義的立場の多くと共通する概念である。この概念では，結合の法則によりすべての複雑な思考を単純な思考同士が結合した単なる集合体であるとする。⇨ **精神的化学**，**観念連合**

**精神力動**［psychodynamics］ 動機的な力，意識，無意識といった，特に態度，活動，症状，精神障害といった心理的な事象や状態を生じさせるもの。これらは活動や願望，情動，防衛機制，生理的欲求（飢えや性欲）も含んでいる。心理的，情動的過程や意欲，やる気と関連する。⇨ **力動的心理療法**

**精神力動的アプローチ**［psychodynamic approach］ 無意識的な動機が人格を形成し，態度に影響し，さらに感情的な障害を生み出すといった立場から，人間の行動をみる心理学的・精神医学的アプローチのこと。精神力動的アプローチは認知よりも感情に重きがあり，推論の根拠として臨床素材を選び，内省という方法を拒否する。局所論的なアプローチ（⇨ **局所モデル**）や，客観的な出来事や人格特徴，症状などを中心に据えた**疾病分類学的アプローチ**とは対照的に，その焦点は行動とその起源を追うことにおかれる。⇨ **動的心理学**

**精神力動理論**［psychodynamic theory］ 欲動とその他の力の相互作用を基礎とした，人間の心理的機能に関する理論の総体。とりわけ，その提唱者であるフロイト（Sigmund Freud），アンナ・フロイト（Anna Freud），ユング（Carl Jung），クライン（Melanie Klein）といった，名だたるフロイトの同僚たちが発展させた精神分析理論を指す。最近の精神力動理論は，程度の差こそあれ欲動や動機の相互作用の視点を保ち続けている一方で，変化の過程を重視し，人格発達における対人的な観点と交流的な観点とを組み合わせた，より現代的なアプローチへ移行している。⇨ **精神力動的アプローチ**，**精神力動**

**精神リンク**［psychic link］ 超心理学や心霊術で，人と人の精神の直接的なつながりのこと。感覚経路は使わない。⇨ **テレパシー**

**精神漏**［psychorrhea］ 曖昧で，奇妙で，支離滅裂な理論の流れで成り立っている，**解体型統合失調症**の症状。

**精神論**［spiritualism］ 形而上学における，世界の根源的な現実は非物質的なものであるという立場。

**性ステロイド**［sex steroid］ 生殖腺から分泌されるステロイドホルモンの総称。⇨ **性ホルモン**

**生成**［generation］ 再生または創造を行うこと，またはその過程。

**生成効果**［generation effect］ 実験において記憶される

べき項目の記憶が，参加者がその項目を生成した場合に促進されるという現象。たとえば，アツイという単語は，単に読まれただけのときよりも，「サムイの反対: ア＿＿」といった形式で呈示され，参加者自身が単語を生成したときのほうがよく記憶される。

**性成熟** [sexual maturation] 生殖機能が，性交および生殖が可能になるまでの発達段階のこと。

**生成文法** [generative grammar] 有限な生成規則の集合を用いて，言語におけるありうる文法的な文の無限集合を説明することを目的とした言語学のアプローチ。自然言語のコーパスに基づき記述し推論することを目指すそれまでの帰納的アプローチとは異なり，1950年代および1960年代にチョムスキー（N. Chomsky）によって発展した生成文法の理論は，母語話者の，何が文法的で何が文法的でないかに関する言語直観を基礎的なデータとしてあげた（⇨ **コンピテンス**，**文法性**）。この心理主義的（mentalist）アプローチをとることで，チョムスキーは言語使用および言語獲得に関するあらゆる行動主義的説明を否定しただけでなく，言語学領域全体に革命を起こし，事実上，言語学を認知心理学の一分野として再定義した。心理言語学における多くの研究は，これ以降，生成文法によって示唆される種々のモデルが言語の産出や受容において心理学的実在性をもつかに焦点を当ててきている。⇨ **有限状態文法**，**統率束縛理論**，**変形生成文法**

**成績** [grade points] A〜Fなどの成績を数値に変換したもの。典型的な例として，A＝90〜100（明らかに平均を越える素晴らしい成績），B＝80〜89（要件をすべて満たし，満足のいく成績），C＝70〜79（要求に適う成績），D＝60〜69（最低限受容可能な成績），F＝59以下（失格）である。⇨ **ポイント時間比率**

**成績インフレ** [grade inflation] 実際の成績を越える高い評価が与えられる傾向。成績の上方均質化（upward grade homogenization）とも呼ばれる。

**成績基準** [grade norm] ある集団における平均的な達成の度合いを表す標準得点や得点の幅。たとえば，ウィスコンシン州における5年生すべての平均的な成績は，州の5年生の標準に相当すると考えらえる。⇨ **学年同等値**

**成績時間比率** [point-hour ratio: PHR] 学生が取得した数値上の評定平均のことで，**成績評価値**を2期あるいは4半期の授業に出席した総時間で割ることで決定される。

**成績評価値** [grade points] 学習課題に割り当てられるA〜Fなどの成績を数値に置き換えたもの。通常，A＝4，B＝3，C＝2，D＝1，F＝0である。この置き換えによって得られた平均値をもとに，学業成績を反映した適切な報酬や指導が与えられる。

**整然さ** [orderliness] すべての物がこぎれいで，きちんとしている傾向。過度な整然さは強迫性障害，あるいは強迫性パーソナリティ障害の症状に含まれる。

**性腺刺激ホルモン** [gonadotropin; gonadotropic hormone] 生殖腺の働きを刺激するいくつかのホルモン。性腺刺激ホルモンは，**性腺刺激ホルモン放出ホルモン**に対する反応として**下垂体前葉**によって生成される**卵胞刺激ホルモン**および**黄体形成ホルモン**や，胎盤によって生成される絨毛性性腺刺激ホルモン（⇨ **ヒト絨毛性ゴナドトロピン**）を含む。⇨ **ヒト閉経期ゴナドトロピン**

**性腺刺激ホルモン放出ホルモン** [gonadotropin-releasing hormone: GnRH] 下垂体前葉からの**黄体形成ホルモン**および**卵胞刺激ホルモン**の放出を制御する視床下部ホルモン。⇨ **放出ホルモン**

**性染色質** [sex chromatin; Barr body] バー小体とも言う。メスの細胞分裂を起こしていない**体細胞核**にある凝縮した**染色質**のことであり，2本あるX染色体のうち体細胞の代謝に含まれない方を指す。一般的に，この性染色質は，オスの細胞核にはみられず，メスと性同定する証拠とみなされている。⇨ **染色質陰性**，**染色質陽性**

**性染色体** [sex chromosome] 個体の性別を規定する染色体のこと。ヒトなどの哺乳類は2つの性染色体をもつ。一つは，雌雄両方にみられ，性特性の遺伝子をもつ**X染色体**である。もう一つは，オスにしかない**Y染色体**である。一般に，身体的特徴や雌雄同体現象に関わらず，X染色体を2本もつ場合（XX型）にはメス，X染色体とY染色体をもつ場合（XY型）にはオスとみなされる。さらに，性染色体における疾患遺伝子（通常はX染色体にみられる）は，**伴性遺伝**の疾患を引き起こす。

**性染色体異常** [sex-chromosomal aberration] 性染色体の異常（性染色体が部分的，もしくは完全に欠如していたり，性染色体を過剰にもっていること）に伴う構造上，機能上の疾患を指す。例として，**クラインフェルター症候群**や**XYY症候群**，**ターナー症候群**などがある。

**精巣** [testis] オスの主要な生殖器官で，陰嚢の中に2つある。精巣は精細管で精子を，**間質細胞**で雄性ホルモン（アンドロゲン）を産生する。⇨ **停滞睾丸**，**移動性精巣**

**精巣萎縮[1]** [microorchidism; microrchicia] 片方，あるいは両方の睾丸の大きさが異常に小さいこと。クラインフェルター症候群でみられる。

**精巣萎縮[2]** [testicular atrophy] 睾丸萎縮とも言う。血液供給の閉塞，負傷，感染，鼠径ヘルニアの外科的修復の結果として，精巣が収縮する，またはその機能が失われること。精巣萎縮は，性的発達時期の腹腔や精巣の正常な発達を妨げることがある。

**精巣過剰** [polyorchidism] 3つ以上の睾丸をもつ状態のこと。

**精巣上体** [epididymis] 精巣の上側と背側に沿って延びる小管で，精巣の精細管から受け取った精子を貯蔵する。**輸精管**へとつながる。

**生息環境** [habitat] 生物が生息する外的環境。動物は生存と生殖にとって最適な特徴を持つ生息環境を選択すると考えられている。ある生物の生息環境には，土壌，気候を含む環境の物理的側面に加えて，その生物にとって重要な他の生物種や植物種が含まれる。

**生存価** [survival value] 行動特性や生理的・身体的特徴が**繁殖成功率**に貢献する程度。所与の環境で繁殖に成功する確率を上昇させることがわかっている特徴や形質は生存価が高いとされる。

**生存・関係・成長理論** [existence, relatedness, and growth theory: ERG theory] **マズローの動機の階層**を，産業・組織心理学に応用した派生理論の一つ。このモデルでは，**ワークモチベーション**に関して3つの主要なカテゴリーを区別する。(a) 生存欲求（existence needs）: 生体の身体的な欲求に関係する欲求（衣食住），(b) 関係欲求（relatedness needs）: 仕事上ならびに仕事上ではない他者との対人関係に関する欲求，(c) 成長欲求（growth needs）：個人としての発達や向上の形式をとる欲求，の3つの欲求である。［アメリカの組織心理学者アルダファー（Clayton P. Alderfer: 1940- ）によって提唱された］

**生存期間**［life span］　ある人が実際に生存する期間のこと。⇨ **平均余命**

**生存時間解析**［survival analysis; event history analysis］　ある事件（たとえば，患者の死，設備の故障）が起こるまでの時間を計算するモデルを作り上げるために使われる統計的手法。

**生存者の罪悪感**［survivor guilt］　悲惨な状況で感じる自責の念および罪悪感を指す。たとえば，他者が亡くなっているのに自分だけ助かったり，他者が辛い状況に耐えているのに自分はそうではないようなときに生じるとされる。この感情は，悲惨な状況を防ぐために十分な対策をできたのか，という思いから生じる一般的な感情である。さらに，家族に，疾患および死につながる有害な遺伝子変異が見つかったときや，愛する人の生前にやり残したことを感じている場合にも，こういった罪悪感を感じることがあるとされる。

**声帯**［vocal cords; vocal folds］　喉頭の壁から突き出る1組の組織ひだ。その間の狭い空間（声門：glottis）を吸い込まれた空気が通る時に振動して音を出す。

**生体アミン**［biogenic amine］　神経伝達物質である**カテコールアミン**，ドーパミン，エピネフリン，ノルエピネフリンやインドールアミン神経伝達物質のセロトニンなど，心理的活性をもつ**アミン類**のこと。これらは**神経ホルモン**として特定されることもある。

**生体アミン仮説**［biogenic amine hypothesis］　生体アミン，中でもノルエピネフリン，ドーパミン，セロトニンの生理的，代謝的な異常によって精神疾患が引き起こされるとする考え方のこと。⇨ **カテコールアミン仮説**，**ドーパミン仮説**

**生体外**［in vitro］　生体の外側で起こった，もしくは起こるように作られた，生物学的な状態や過程のこと。大抵は，実験室の皿の上で起こる（ラテン語で"in glass"の意味）。⇨ **生体内**

**生体解剖**［vivisection］　調査や実験のために生きている動物を用いて解剖すること。多くの科学者や研究者は実施に反対しており，その科学的妥当性や必要性に疑問を抱いている。また，多くの人はそれを非人道的であったり非倫理的であるとして批判している。⇨ **動物の権利**

**生態学**［ecology］　生命体と物理的・社会的環境との関係に関する研究。**行動生態学**は，動物の行動が物理的・社会的因子にどのように影響を受けるかを調べる研究分野である。

**生態学的観点**［ecological perspective］　コミュニティを，関わる人々，人々の役割，組織，出来事，用いることのできるリソース，抱える問題の相互関係によって考察しようとする**コミュニティ心理学**の考え方。個人と環境間の複雑な相互作用を説明する。この考え方の前提は，コミュニティへの介入は，コミュニティ全体の発展に貢献すべきだということである。

**生態学的研究**［ecological studies］　1．生命体と環境の相互関係に関する研究のこと。⇨ **生態学**　2．心理学において，個人の行動や心の健康における環境因子の影響を評価する研究のこと。⇨ **人間生態学**，**社会生態学**，**都市生態学**

**生態学的システムモデル**［ecological systems theory］　人間が生活する実環境において，人間発達を方向づけるプロセス（方法）と条件に関する一連の漸進的な理論や研究のこと。一般的に生態学的システム論では，発達の背景要因としての環境をミクロからマクロといった円環の入れ子構造で表しており，この環境は個々の人間がもつ生物心理学的特徴が果たす役割と同じくらい人間発達にとって重要であるとしている。まだ研究は進展途中であるが，最新の理論的枠組みは**生物生態学的モデル**と呼ばれている。⇨ **生態系アプローチ**　［アメリカ生まれのロシアの発達心理学者ブロンフェンブレンナー（Urie Bronfenbrenner: 1917-2005）によって最初に命名された］

**生態学的妥当性**［ecological validity］　1．研究や実験で得られた結果が，より広い条件においても代表的である度合い。たとえば，専ら大学生を対象として行われた心理学的研究は，人口全体に対しては低い生態学的妥当性しかもたないかもしれない。生態学的妥当性は，**実験者バイアス**や参加者の偏った選択などの拙いサンプル抽出法によって脅かされる。⇨ **妥当性**　［ハンガリー生まれのアメリカの心理学者ブルンスウィック（Egon Brunswik: 1903-1955）の仕事を基礎として，オーストリア生まれのアメリカの心理学者オルネ（Martin T. Orne: 1927-2000）によって定義された］　2．知覚において，**近刺激**（すなわち，受容器に影響を及ぼす刺激）が**遠刺激**（すなわち，物理的な環境の中にある実際の刺激）と共変する程度のこと。［ブルンスウィック（Egon Brunswik）によって提唱された］

**生態学的知覚**［ecological perception］　生体が現実環境（すなわち，実験環境とは異なるものとしての生態系）へ没入し，行動することでもたらされる**アフォーダンス**や不変を検出すること。ギブソン（J. J. Gibson）は，生態学的な知覚は総体的なものである（生体と環境は切り離すことができない単一のシステムと考えた），環境の諸特性はそれ自体意味のあるものとして知覚される，そして知覚は直接的なものであり，視覚やその他の手がかりから脳の高次中枢によってなされる解釈を必要としないと考えた。⇨ **直接知覚**

**生態学的ファクター**［bionomic factor］　生体の発達や進化を決めたり制限している環境側の要因のこと。

**生態系**［ecosystem］　ある環境において異なる種の個体間で維持される，動的で相互作用的な均衡のこと。いかなる種や集団の行動も，環境内での競合的・協力的な種との関係において理解されなくてはならない。捕食者，餌，食物資源，生息環境に関してそれぞれ均衡があり，いずれかの構成要素に変化が起こると，他の構成要素においても変化が生じる。

**生態系アプローチ**［ecosystemic approach］　個人あるいは家族と，学校，職場および社会的機関のような，より大きな社会的コンテキストの間の相互作用を強調する治療のアプローチ。このアプローチは相互作用と相互依存を強調し，心理学，社会学，人類学，経済学および政治学を含む種々の学術領域に関係する。特に**家族療法**は，複雑な問題を抱えた家族や，相互に影響を与えあう家族への介入を考える際にこのアプローチを利用してきた。⇨ **生態学的システムモデル**　［ロシア生まれのアメリカの発達心理学者であるブロンフェンブレンナー（Uri Bronfenbrenner:

1917-2005）によって開発された］

**生体計測**［somatometry］　心理学的な特性と体格のタイプを関連づけたり，体型を基にした分類を行うこと。

**生体工学**［bionics］　生物の知覚，問題解決行動をいかにコンピュータのような電子機器に作り込むことができるか探求する生物系研究のこと。Bi(ology)＋(electr)onicsに由来する。

**性対象**［sexual object; sex object］　精神分析理論では，性的エネルギーが向かう対象は個人の身体や精神だけではなく，人間，動物，無生物にまで拡張して捉えられている。

**生態心理学**［ecological psychology］　ある場面で起こる行動パターンの予測を目的として行われる**行動場面**の解析のこと。物理的・社会的要素が行動の産生において場面に果たす役割に注目する。行動場面理論によると，ある場面で起こる行動は，人柄，年齢，性別やその個人に属する他の特徴に関わらず，その場面がもつ役割とそのような役割がもつ行動によって主に規定される。たとえば，礼拝では，1人や何人かは指導者（聖職者で，礼拝者に説教し伝道する）であり，多くの参加者は信奉者（信徒）である。行動を形成する他の因子として，場面の大きさ，その場面を維持するのに必要な役割の数，透明性（外部や非メンバーへの開示性），そこで予測される行動に関する規則の明示性などがある。

**生体組織検査（バイオプシー）**［biopsy］　疾患を有していたり異常があると考えられる器官や生体から少量の生物組織を外科的に取り出すこと，また顕微鏡下で調べること。得られた標本は，悪性腫瘍や他の異常兆候の有無を検討され，適切な診断と治療方法を決めるために用いられる。

**生態的地位**［ecological niche］　1．物理的または生物学的環境において生命体や生命体集団が果たす役割や地位のこと。2．生息環境において，ある生命体や生命体集団が占領する地域のこと。

**生体内**［in vivo］　生体の中で起こった，もしくは観察された，生物学的な状態もしくは過程のこと。⇨ **生体外**

**生体内変化**［biotransformation］　物質（薬など）が，生体内で化学反応によってある物質から別のものに変化する代謝プロセスのこと。この変化による代謝物や産生した物質は，そのシステムにおいて活性であることもあれば，非活性であることもある。

**精緻化**［elaboration］　1．覚えるべき情報を既に知っている情報と結びつける，あるいは関連づける過程（⇨ **精緻化リハーサル**）。もともとの概念を拡大するような詳細や関係性を組み込んだり，その概念を記憶の中の他の情報と関連づけることによって，考えを発展させる過程。**記憶の処理水準モデル**では，情報が処理されるときにその情報に適用された精緻化のレベルが，記憶に保持される時間の長さと検索容易性の両方に影響を及ぼすと考えられている。⇨ **活性化－精緻化**，**チャンキング**，**深い処理**，**再符号化** 2．態度に関係する情報を吟味し思考する過程。この情報から推論できることについて考えること，情報の妥当性を評価すること，情報に対する反応がもつ意味を考察することが含まれる。⇨ **説得の中心ルート**，**精緻化見込モデル**，**説得の周辺ルート**

**精緻化の規定要因**［determinant of elaboration］　態度関連情報に接したときに，人々が行う**精緻化**の程度に影響を及ぼす要因。精緻化する能力に関する要因（たとえば，

社会的文脈上の攪乱要因）や精緻化する動機に関する要因（たとえば，態度対象との個人的関連性）がある。⇨ **精緻化見込モデル**

**精緻化見込モデル**［elaboration-likelihood model: ELM］　態度変容は精緻化の連続体上で生じると仮定する，**説得**についての理論の一つ。特定の状況下では，態度変容に関連する情報を広範に精査することで態度変容が生じ，またある状況下ではそうした情報をほとんど精査せずに態度変容が生じる。この理論では，**態度の強度**は，態度の基礎となる精緻化の程度に依存していると仮定する。また，説得の過程に影響を与える変数（**論証**，**バイアス因子**，**精緻化の規定要因**，**周辺的手がかり**）によって，4つの心理学的過程がありうることを提唱した。［アメリカの心理学者のペティー（Richard E. Petty）とカシオッポ（John T. Cacioppo: 1951- ）によって最初に提唱された］

**精緻化リハーサル**［elaborative rehearsal］　新しい情報を既に知っている情報に結びつけることによって，記憶の形成を促す**符号化方略**。たとえば，ある人がジョージという名前であることを覚えようとする時に，ジョージという名前の人々について知っている名前以外の5つのことを考える，など。⇨ **深い処理仮説**，**精緻化**

**正中巨口症症候群**［median-cleft-face syndrome］　顔面の正中線の組織の不完全な融合によって特徴づけられる先天的障害。裂け目は目，鼻先，口蓋，前上顎骨を含む場合がある。症状をもつ約20％が，ある程度の精神遅滞を伴う。

**正中神経**［median nerve］　**腕神経叢**に由来し，上肢腹側の中央を走行する，やや太い神経線維。尺骨神経，橈骨神経とともに，腕や手の感覚および運動に関わる。

**成長**［growth］　受胎から成熟期までに生起する一連の身体変化。その成熟した状態に向かうあらゆる事象の発達を指す。

**性徴**［sex characteristics; sexual characteristics］　性別のもつ独自性と関連する特性のこと。第一次性徴（primary sex characteristics）は，男性の精巣や女性の卵巣などの，種の生殖に直接的に関係があるものを指す。第二次性徴（secondary sex characteristics）は，生殖と直接関係あるものではなく，声変わり，ひげ，乳房の発育などを指す。

**声調**［tone］　言語学における，**ピッチ**の次元に則った音声の変動。標準中国語やタイ語などの声調言語（tonal language）では，声調は音素としての機能をもち（⇨ **音素**），同一の発音をもつ単語同士が声調の違いによって区別される。英語では，声調は発話の重要な**超分節的特性**をもち，異なる抑揚（intonation）パターンによって陳述文や疑問文といった異なる発話のタイプを区別することができる。

**成長円錐**［growth cone］　軸索または**樹状突起**にみられる成長中の構造。

**成長関数**［growth function］　ある従属変数と，いくつかの水準をもつ独立変数との間の関係性の一つ。このとき，独立変数は時間の単位（日数，週数，月数，年数など）あるいはその他の発達的指標（語彙数など）によって定義されていなければならない。

**成長曲線**［growth curve］　1．生物の成長率の図示表現。2．個人あるいは集団の学習における増加の図示表現。

⇨ **学習曲線**

**成長グループ**［growth group］　個々のメンバーの成長と発達に焦点を合わせるグループ。⇨ **エンカウンターグループ**, **マラソングループ**, **Tグループ**

**成長原則**［growth principle］　強制と歪曲がない雰囲気の中で，個人の創造的で統合的な力によって，より十分な適応，洞察，自尊心と可能性の実現に至るとする概念。［ロジャーズ（Carl Rogers）の考案による］

**成長スパート**［growth spurt］　身体的発達が加速している期間で，特に**思春期の発育急進**を指す。

**成長ホルモン**［growth hormone: GH; somatotropic hormone］　下垂体前葉によって分泌され，細胞と組織の成長を促進するホルモン。タンパク質の合成や，発達初期における骨成長，蓄積された脂肪の動員，および炭水化物の蓄積を促す。ヒトでは，成長ホルモンの過剰分泌は子どもにおける**巨人症**を，成人における**先端肥大症**を引き起こす。

**正定値行列**［positive definite］　すべての**固有値**が正である正方対称行列のこと。

**聖ディンフナ病**［Saint Dymphna's disease］　精神疾患の初期の名前で，神経症や精神疾患を患った守護聖人の名前が由来である。伝説によると，中世アイルランドの女王Dymphnaは発狂している父親の口説きから逃れるためにベルギーへ逃れたが，結局はGheelの近くで父親に殺される。⇨ **ギールコロニー**

**性的アイデンティティ**［sexual identity］　**性アイデンティティ**や**性同一性**としばしば同義語で用いられる。

**性的逸脱**［sexual deviancy; sexual deviation］　規範的な文化基準に照らして著しく異なっているとみなされる性的行動。DSM-Ⅳ-TRでは**性嗜好異常**と呼ばれる。性的行動の異常の形式によって，窃視症，フェティシズム，獣愛，死体愛，服装倒錯，サディズム，露出症などと呼ばれている。同性愛による性的行動は特定の文化圏では異常とみなされるが，精神的健康に関わるほとんどの専門家の間では異常とは考えられていない。⇨ **性倒錯**

**静的運動失調**［static ataxia］　一定の姿勢を保つ能力の欠如で，過度に身体を揺らす，眼を閉じた状態で立っているとよろめく，片足で体のバランスを保てない，しっかりと腕を伸ばせないなどの症状がある。

**性的解放**［sexual liberation］　性的自由を促進するための社会的な傾向やプロセスのこと。

**性的覚醒パターン**［erotic-arousal pattern］　性的反応を生み出す一連の行為や刺激のこと。行為あるいは刺激は種によって様々である。人類では服装やニオイ，音楽，前戯を含む場合もある。

**性的価値体系**［sexual-value system］　**1.** 性的な刺激と個人的感覚である反応のシステムのことで，満足な性的関係に必要なもののこと。**2.** 性的な行動や活動について，何が正常で，道徳的で，許容可能かということに関する個人の信念。

**性的過敏症**［sexual erethism］　性器への刺激に対して異常なほどに易刺激性があり，不快感が強いこと。**性嫌悪障害**の患者にみられることがある。

**性的感情**［sex feeling; sexual feeling］　性交あるいは他の性的接触に関連する快感情のこと。

**性的機能**［sexual functioning］　性交の実行や性交を実行する能力のこと。

**性的虐待**［sexual abuse］　性的手段による暴力や搾取を言う。子どもの児童虐待には，大人と子どもの間で起こるあらゆる性的行為・交渉が含まれる。性的虐待は信頼が築かれた人間関係でも起こりうるものである。

**性的拒絶症**［sexual negativism］　性的なホルモンの不足に起因する，性的関心の欠如のこと。［ドイツの性科学者ヒルシュフェルト（Magnus Hirschfeid: 1868-1935）により説明された］

**性的緊張**［sexual tension］　性欲動や性的エネルギーを解放したいという正常な欲望について不安を覚え，安心できない状態のこと。性的な緊張は，性的能力が不十分なのではないかという恐れや妊娠してしまうのではないかという恐れ，また性行為を見つかってしまうのではないかという恐れやその他の事柄によって，悪化することがある。

**性的空想**［sexual fantasy］　快的感情を覚える，性行為に関する精神的なイメージや話（ストーリー）。パートナーとの関係性や状況で得られる現実的な事柄に，特に制限は受けない。

**性適合**［gender reassignment］　自らの**性同一性**に適合するように性的特徴を変化させる過程。ホルモン療法や外科的手術，あるいはその両方を含む。⇨ **性同一性障害**, **性転換**, **性転換症**

**性的好奇心**［sexual curiosity］　性やセクシャリティを学ぶことに対する好奇心や関心のこと。場合によっては自身で十分な性的満足やオーガズムを得ることをいう。

**性的攻撃**［sexual aggression］　ある性別から別の性別へ向けられる攻撃性。多くの場合，交配行動時に観察される。オスがメスよりもかなり大きい種では，オスがメスの意思に関わらず，性的攻撃によって交接を行うと考えられている。⇨ **動物の攻撃性**

**性的興奮**［sexual arousal］　性的な接触や官能的な刺激によって誘発される**生理的覚醒**の状態。中枢神経系から脊椎の仙骨部へ神経インパルスが伝達され，性ホルモンの放出をうながし，陰部へ血液を供給する血管を膨張させ，腰神経の血管収縮神経を抑制する。性的興奮には視床下部の働きが関係している。⇨ **性的反応サイクル**

**性的サディズム（性的加虐性）**［sexual sadism］　**性嗜好異常**の一種で，他者に身体的，精神的な苦痛を与えることで性的興奮に達するもの。傷つける行為は同意を得られたパートナーとの間で行われることもあり，適度に身体を傷つけられる苦痛と自傷行為とが混在している場合がある。同意を得ていないパートナーを傷つける性的サディズムは，執拗かつ重い傷を与え，致命的な外傷にまで至ることもある。性的サディズムは繰り返し行われる傾向にあり，行為を重ねる度に加虐性は増大していく。⇨ **サディズム**, **サドマゾヒズム**

**性的嗜好［1］**［sexual orientation］　男性パートナーや女性パートナー，あるいは両方に対する，人の持続的な性的魅力のこと。性的嗜好は，異性愛者，同性愛者（ゲイやレスビアン），またはバイセクシャルである場合がある。**性方針**（gender orientation），**対象選択**（object choice）とも呼ばれる。

**性的嗜好［2］**［sexual preference］　特有の性的な興味や興奮の様式であり，この様式が捉える範囲は，比較的常識的なもの（たとえば，特定のパターンの前戯や特定の体位）から，**性嗜好異常**に関するものにまで及んでいる。

**性的嗜好グリッド**［sexual orientation grid］ 7つの要因（性的空想，性的魅力，性行動，情緒的な魅力，社会魅力，社会的マナー，自己同一性）に基づいて**性的嗜好**を分類する方法。これらの要因は，それぞれ3つの期間（過去，現在，理想的な将来）で評価される。したがって，人の性的嗜好は3×7のグリッドに位置づけて記述される。［性的嗜好のキンゼイ（Alfred Kinsey）の単一スケールがあまりにも単純すぎると考えたアメリカの精神科医クライン（Fritz Klein: 1932- ）によって開発された］

**性的児童虐待**［child molestation］ 児童に対する**性的虐待**。大人による子どもへの性的虐待。⇒ **情緒的近親姦**，**儀礼虐待**

**性的受容性**［receptivity］ メスがオスからの性交渉に応じる期間。通常は（常にではないが）排卵期である。オスからの性交渉をメスが受動的に受け入れたり，我慢したりすることを暗に意味することもある。逆に，**能動的性行動**はメスがオスを誘惑することを指す。

**性的条件づけ**［sexual conditioning］ 学習された手がかりによってその後の性行動がコントロールできるように，交尾の機会を予測する手がかりを学習すること。鳥と魚の両方において，いつ交尾相手が現れるかを予測する性的条件づけは，条件づけられたオスの**繁殖成功率**を高める。⇒ **性的刷り込み**

**性的刷り込み**［sexual imprinting］ 敏感期，あるいは臨界期における配偶相手に関する選好の発達。たとえば，もしキンカチョウが生まれてから最初の40日間をジュウシマツの親により育てられると，成鳥になったときにジュウシマツと好んで交尾するようになる。鳥は生まれてから最初の1か月に接触した鳥に似た鳥と好んで仲間になろうとする。

**性的精神病質**［psychopathia sexualis］ ドイツの精神科医クラフト-エビング（Richard von Krafft-Ebing: 1840-1920）によって提唱された**性的逸脱**のことで，1886年に公的に用いられた。

**性的接触**［sexual contact］ 人と人との接触で，なでる，キスする，噛む，性交するなどのように，性器や性感帯，粘膜への接触や結合を含むものをいう。

**性的相乗作用**［sexual synergism］ 同時に経験される刺激の連合の結果生じる性的興奮のこと。その刺激は，愛と憎しみ，不安，痛み，恐怖のように，いくらか矛盾しているようにみえる場合もある。

**性的対象**［sexual object］ 一般的に，性的魅力に関してのみに注目を受けている人。

**性的態度**［sexual attitudes］ セクシュアリティに関する，価値感や信念のこと。人の個々の性行動においてはっきりと現れるこれらの態度は，性的関心，性教育（公式・非公式の両方）と過去の性的経験に関する，家族や文化的なものの見方に基づいている。

**性的態度を再評価するためのワークショップ**［sexual attitude reassessment workshop: SAR workshop］ 同性愛傾向，高齢者の性，性的価値，性教育などに関する様々な問題について，集団で考えながら学ぶことを指す。たとえば，性に関する映像を見て，グループ討論を行ったり，省察を行ったりする。

**性的中毒**［sexual addiction］ **性嗜好異常**や**性欲亢進**のような問題のある性的行動のことで，薬物中毒に類似した形式の中毒性とみなされる。性的中毒の特徴は，コントロールすることができない深刻な結果を引き起こす性的行動で，やめたいと思っていてもやめることができないことがあげられる。その他の特徴としては，多くの時間を性的活動や幻想に費やし，社会，仕事，様々な活動を放棄すること，性的活動に関連した気分の変化といったリスクの高い固執行動や自己破壊的な行動があげられる。

**性的適応**［sexual adjustment］ 1人以上の性のパートナーと満足な関係を築く過程のこと。性的適応は物理的要因だけでなく，心理的要因にもよる。

**性的適応度**［erotic plasticity］ 性的衝動や性的行動が，社会・文化・状況的要因によって形成された程度。⇒ **行動の可塑性**

**性的同一化**［sexual identification］ 男性や女性であることと関連した態度や行動パターンを徐々に身につけること。性的アイデンティティの明白な概念は，身体的な性差の知覚から次第に発達する。3, 4歳から始まり，少し遅れて，心理学的性差の意識が文化や家族によって形成される。性同一化（sex identification）とも言う。⇒ **性役割**

**性的倒錯**［degeneracy］ その人が属する社会で普通だと考えられる道徳的な性的規範をほとんどもっていない状態のこと。しばしば一般的に性的犯罪について特に用いられる。

**性的トラウマ**［sexual trauma］ 性行為に関連した何らかの歪んだ体験。強姦や近親姦など何らかの性的暴力が，子どもが成長した後，または大人になってから，性的トラウマの原因となりうる。性的トラウマは**外傷後障害**と**解離性障害**の共通因子にもなっている。

**性的二型**［sexual dimorphism］ 同種のオスとメスの身体的構造に，明らかな違いがあること。⇒ **性徴**，**性差**

**性的二型核**［sexually dimorphic nucleus］ 男女で異なる大きさをもつ中枢神経系の**核**。たとえば，人間では，**性腺刺激ホルモン放出ホルモン**を合成する視床下部の**内側視索前野**にある核は，女性よりも男性の方が大きく活動的である。なぜなら，男性の性腺刺激ホルモンの放出は間断なく行われるからである（女性は周期的である）。メスよりもオスの方がよく歌う鳴き鳥において，歌の習得と創出に関わるいくつかの脳核が，メスよりオスの方が大きくなっている。

**性的能力**［potency］ 男性の性的な行為をする能力。すなわち，勃起を維持し射精に達すること。⇒ **インポテンツ**

**性的発達**［sexual development］ 幼少期から思春期にかけての，性的な成熟の過程を指す。身体的な発達だけでなく，行動および態度の発達も含まれる。⇒ **心理・性的発達**

**性的バーンアウト**［sexual burnout］ 過剰かつ頻繁に性行為を求められた時期があるために性的な機能や関心が失われること。また性的バーンアウトは，年齢不相応に性行為に衰えがきているという意味でも使われる。この場合，年齢それ自体はまだ性的な機能や関心が衰える年齢ではないときに用いる。

**性的反射**［sexual reflex］ 1. 男性外性器に対する刺激により起こる陰茎の勃起。2. 女性外生器に対する刺激により起こる膣内分泌，潤滑および，陰核の膨張。3. オーガズムに関わる反射活動。4. 挙睾筋反射のような性的行

動の要素。高次な脳活動の制御下にはなく、脊髄もしくは延髄を介した反応である。

**静的反射**［static response; static reflex］ 引力などの力に逆らって身体の位置を正す**姿勢反射**の一つ。

**性的反応**［sexual response］ 性的刺激に対する反応。男性における最も目立った性的反応は、陰茎の勃起である。
⇨ **性的興奮**

**性的反応サイクル**［sexual-response cycle］ 性的反応の4段階からなるサイクル。女性にも男性にもあり、両者には解剖学的な違いしかない。(a) 数分から数時間続く興奮期（arousal phase, or excitement phase）（⇨ **性的興奮**），(b) 男性では陰茎勃起、女性では陰核の膨張が著しい30秒から3分ほどの高原期（plateau phase），(c) 男性では射精、女性では**オーガズム**が起こる15秒ほどのオーガズム期（organic phase），(d) 15分から1日続く後退期（resolution phase）からなる（⇨ **不応期**）。

**性的フェミニズム**［erotic feminism］ フェミニズムの一種で、女性搾取や男性の支配に対抗する手段として、女性のセクシュアリティやその表現を強調したもの。性的な表現に対して慎重であり、軽蔑する傾向のある主流のフェミニズムとは、対照的な傾向を示す。

**性的暴行**［sexual assault］ 人を暴力的に姦淫すること。具体的には、無理やり、膣性交、オーラルセックス、アナルセックスをすることをいう。⇨ **強姦**

**性的マゾヒズム**［sexual masochism］ DSM-Ⅳ-TRにおいては、屈辱を与えられたり、縛られたり、打ち負かされたり、身体的な害を被ったり、生命に対する脅威を加えられたりすることを通して、性的な興味や興奮が繰り返し、またはこれらの場合にのみ得られる**性嗜好異常**のこと。診断には、これらの活動が幻想の中ではなく、現実に生じなければならない。そして、単に痛みを伴う体験のふりをするのではなく、実際に痛みが生じなければならない。

**性的誘惑**［seduction］ 強制することなく性的な関係に誘い込むこと。各地の法律で性的誘惑の解釈は異なり、法律的に犯罪とされないのが一般的である。しかし、犯罪とされるものもある。それは、男性が女性に近いうちに結婚すると約束し、そのために女性が性交を行う場合である。

**性的幼児性**［sexual infantilism］ 成人でありながら幼児の性的行動にのみ従おうとする傾向のこと。性的幼児性は**窃視症**、フェティシズムや前儀行為のみの性行動（たとえば、キスする、嚙む、肌をなでる）によって明らかとなる。

**性的抑制**［sexual inhibition］ 性的行為をしたり性的満足を得ることに対して、性衝動が抑制されたり、性的欲求を感じることのできない状態のこと。⇨ **性的欲求低下障害**，**女性オーガズム障害**，**男性オーガズム障害**

**性的欲求低下障害**［hypoactive sexual desire disorder］ DSM-Ⅳ-TRにおいては、性的関心や性行為を望むことが低下した状態。これは、性的活動全般、あるいは、限られた人や状況などにのみ低下することも含まれている。そして、生涯続くこともあり、ライフイベントや対人関係の問題から生じる。人はパートナーからの圧力によって性行為をさせられることがあるため、性的活動の頻度は、病気の診断の基準として使用できない。

**性的ライフスタイル**［sexual lifestyle］ 性的指向やパートナーの数、性的行為の種類といった、性行動の個々のパターンのこと。性的ライフスタイルは、その起源である家族についての幼児期観察、幼年期と思春期の男性および女性の接触経験、および文化的、宗教的価値観などへ影響をもたらす。

**性転換**［sex reversal; sex change］ 反対の性別へ身体的に可能な限り似せるために、外科的手術、ホルモン療法によって性別の特性を変えること。この方法は、**両性具有者**や偽半陰陽（⇨ **仮性半陰陽**）の場合に、性別を特徴的に示す身体部位を形成するためにも用いられる。⇨ **性適合**，**性転換症**

**性転換症**［transsexualism］ 自己の性についての持続的な不快感と不適切感や、自身の性器を除去したり、反対の性として生きてゆきたいという持続的な願望からなる**性同一性障害**の一つ。DSM-Ⅳ-TRでは、統合失調症などの他の精神障害によるものではなく、**間性**や遺伝学的な異常によるものではない場合にのみ診断される。性転換症の多くは、自分は反対の性であり、どこかで間違った身体になってしまったと感じている。そのため、外科手術やホルモン治療などで性転換をしようとする例もみられる（⇨ **性転換**）。

**精度**［precision］ 正確さの測度。統計学において、小さな標準誤差をもつ推定値は高い精度をもつとみなされている。

**声道**［vocal tract］ 声帯や声門、**喉頭**と咽頭、鼻腔、口、そして**調音器官**など発声に関係する構造の総称。

**性同一化**［gender identification］ 自分自身を男性あるいは女性とみなし、その性の役割や価値に適応する過程のこと。⇨ **ジェンダー概念**，**性役割の社会化**，**ジェンダースキーマ**

**性同一性〔1〕**［gender identity］ 自分は男性、あるいは女性であるという認識と、その認識の自己概念への内在化である。男性性あるいは女性性の感覚は、家族や文化などの環境による影響を含めた心理的要因と生物学的要因の組合せによってもたらされる。主要な生物学的な要因とは、男性ホルモンの分泌における Y 染色体の作用であり、脳の発達に影響し、男性的な行動を引き起こす。女性の性同一性は、この Y 染色体がないことに由来する状態である。
⇨ **ジェンダー一貫性**，**性役割**，**役割混乱**

**性同一性〔2〕**［sexual identity］ 1. 異性愛、同性愛、両性愛といった**性嗜好**に関して内在化された同一性のこと。2. 性と関連した、学習され社会化されたアイデンティティのこと。

**性同一性障害〔1〕**［gender identity disorder］ 反対の性同一性（すなわち、反対の性になりたいという切望や行動による主張）や、自分の性が本当の自分には合っていないという確信から生じ、持続的な不快感からくる、臨床的には著しい苦痛や機能的障害によって特徴づけられた障害（⇨ **性転換症**）。この障害は、性役割に伴う不満や不調和とは区別される。子どもでは、性による身体的特徴に対する嫌悪感や慣習的な性役割の拒絶として表れる。青年や大人では、自分が間違った性で生まれてきたという確固たる確信や、第一次性徴や第二次性徴を変えることへの執着によって示される。DSM-Ⅳ-TRにおいて、特定不能の性同一性障害（gender identity disorder not otherwise specified）という分類は、性同一性障害では分類できない、先天的な**間性**に関連した**性別違和感**、ストレス性の服装倒錯

行為（⇨ **服装倒錯**），精巣摘出術や陰茎切除術（ペニスの切除）へのとらわれといった性関連の障害を分類するために用いられる。

**性同一性障害［2］**［sexual and gender identity disorders］DSM-Ⅳ-TR においては，器質的要因ではなく心理的要因から生じる性の区別の障害として分類されている。これは，**性機能不全**，**性嗜好異常**を含んでいる。

**性動因**［sex drive; sexual drivo］性的満足を得るための動因であり，最終的には生殖をもたらす動因。個体の生存には不可欠ではないが，種の保存には不可欠とされる原始的動因。多くの動物において，多様な要因（たとえば外的刺激）によって動因は生じうるが，性的活動は周期的である（たとえば季節性であったり，周期的なホルモン分泌による）。⇨ **リビドー**

**正当化**［justification］1．倫理学において，正しい行いと適切な信念を決定する過程。2．臨床心理学において，行動の防衛的な合理化を示すもの。自分でも誤っている，あるいは弁解の余地がないとわかっているような行動，認知，感情を言い訳しようすること。3．認識論において，観念や行為，情動，主張，理論などについての信念の規範に関する知的責任（intellectual responsibility）を表す概念。

**性倒錯［1］**［inversion］性心理学における，同性者への性的行為や志向性，あるいは異性の役割をとることを示す旧式名称。

**性倒錯［2］**［parasexuality］性交中の成人のパートナーとの自然な性的行為や自然な自慰に含まれない性的行動。⇨ **性嗜好異常**

**性倒錯［3］**［sexual perversion; sex perversion］性的興奮やオーガズムに達する手段が異常だとみなされる性的行為。異常かどうかはコミュニティや文化によって異なるが，夫婦間での陰茎と膣による性交以外はすべて異常とみなす文化もある。西洋社会では性倒錯はかなりの逸脱行為とみなされ，サディズム，マゾヒズム，死体愛，露出症，小児性愛，フェティシズム，窃視症，動物性愛などの種類がある。DSM-Ⅳ-TR には性倒錯は**性嗜好異常**と記載されている。

**正統性**［legitimacy］伝統や社会慣習に由来する権威や権力のこと。⇨ **正当勢力**

**正当勢力**［legitimate power］影響者の集団内地位や役割と，「そのような地位にある人は指示に対する服従を求める権利がある」という成員の認識とに基づいて，他者に影響を与える能力。⇨ **勢力**

**性淘汰**［sexual selection］つがい相手の選択（⇨ **配偶者選択**）に基づいた，オスとメスの肉体や行動の差の進化に関する説。ダーウィン（Charles Darwin: 1809-1882）によって提唱された。

**精度基準**［accuracy standards］評価報告書で示されている情報や結論の数値を評価するために用いられる基準のこと。データ収集が完全であるか，手続きや方法の信頼性や妥当性を検証し，質的あるいは量的分析を適切に行い，結論を公平に報告することを含む。⇨ **実現可能性基準**，**妥当性の基準**，**効用基準**

**生得観念**［innate ideas］あらゆる経験の前には心が存在しているという考え方。生得観念は**公理**や**矛盾原理**（X は X ではないものでない）といったような証明が不要な，直感的に明らかなものである。本概念の創始者として考えられているフランスの哲学者デカルト（Rané Descartes: 1596-1650）によると，生得観念は何かしらの特定の考えではなく，真実としてすぐに直感することができるような考え方を認める合理化の能力や過程を指す。生得観念は後に，イギリスの哲学者ロック（John Locke: 1632-1704）や，他の**経験論者**からの批判にあった。⇨ **派生観念**

**生得性**［nature］遺伝で決定すると仮定される生まれつきの人の特性や行動。心理学において，伝統的に生得性と関連があるとされる特徴に，気質，体型，パーソナリティがある。⇨ **養育**

**生得説**［nativism］1．心は，生得的に一定の構造をもっており，知識の創出において，経験に限られた役割しかもたないという考え方。⇨ **生得観念**，**言語生得説**，**構成主義**，**経験論** 2．心的・行動的特性が，環境要因ではなく，主に遺伝によって決定されるという理論。⇨ **生まれか育ちか論争**

**生得的**［innate］生まれたときから生体に存在する能力や特徴のことを指し，それは，肉体もしくは精神の本質的な構造と関係している。生得的なプロセスは，養育下にある幼児期や児童期に発達するものとは区別されなければならない。

**生得的解発機構**［innate releasing mechanism: IRM］動物行動学において，適切な**解発体**（信号刺激）が**固定的行動パターン**を生じさせるまで，本能的な行動を抑制すると仮定する説。たとえば，オスのイトヨのジグザグダンスは，膨れた腹部をもった他の魚を見たときにのみ発動する。

**生得的行動**［innate behavior］特別な訓練や経験なしに発達し，発現したようにみえる行動のことで，強固な遺伝的基盤をもっている。ほとんどの行動は完全には生得的ではなく，また，完全に学習や経験によるものでもないということは一般に受け入れられている。⇨ **後成説**，**生まれか育ちか論争**

**精度検査**［accuracy test］速さなどの他の基準を用いずに正確さだけに基づいて得点化する検査のこと。

**精度差**［differential accuracy］ある人の特性が，その人の属する年齢集団，民族集団，職業集団や，その人が関わるその他の集団の**ステレオタイプ**とどの程度，どのように異なるかを正確に見定める能力のこと。⇨ **ステレオタイプ精度**

**生徒指導プログラム**［guidance program］学校において学習上のあるいは社会的な問題の解決を援助するためのスタッフや方法のリソース全体。専門的な訓練を受けたカウンセラー，ソーシャルワーカー，試験監督官（test administrator）などが参加し，それぞれがプログラム全体の中で特別な役割を担うような場合もあれば，専門家を極力減らし，教員と監督官がプログラムの機能を担う場合もある。

**制度的人種差別主義**［institutionalized racism］宗教組織や政府，企業，メディア，教育機関といった社会的な**施設**による，人種に基づいた個人に対する差別的な扱いのこと。たとえば，雇用における**差別**，仕事における昇進，隔離制限についての規則，新聞や雑誌での少数派集団に対する不公平な記述，特定の人種カテゴリーに属する構成員の市民権を制限する法律上の身分を含む。⇨ **人種差別主義**

**生徒による授業評価**［students' evaluation of teaching; SET］ 1960年頃のアメリカで，生徒が教師の教え方などのパフォーマンスを評価することに関して，物議をかもした。生徒は，たとえば授業期間など，一連の学習期間が終わる頃に，教師の能力やパフォーマンスに関する質問紙に回答する機会を与えられ，この生徒の回答をもとに，教師は自分の教え方などを修正することが目的とされた。この教員評価は，公式に標準化された評価だけでなく，非公式なものも含まれることが多い。近年，アメリカでは，生徒による評価を全国標準とする流れが起きている。

**青年期**［adolescence］ 思春期（10歳～12歳）から始まり生理学的な成熟（だいたい19歳頃）をもって終わる人間発達の期間。ただし，正確な年齢は個人によって異なる。この期間の中で，性的特徴，ボディイメージ，性的関心，社会的役割，知的発達，自己概念において様々な速度で大きな変化が生じる。

**青年期危機**［adolescent crisis］ 青年期において，個人が古い情緒的つながりを放棄し新たな関係を発達させることによって自立を達成しようとしたり，身体の変化に適応しようとする際に生じる情緒的混乱。

**青年期のカウンセリング**［adolescent counseling］ 青年に対して，個人面接，生育歴に関する資料の分析，心理テストといった手段を用いて，専門的な指導や助言を行ったり情報を提供したりすること。

**青年期の自己中心性**［adolescent egocentrism］ 青年期においてしばしば経験される個人の独自性の感覚。つまり，特有の存在であり，絶えず他者から注意を向けられるだろうと確信していること。

**青年期の女性化乳房**［adolescent gynecomastia］ 青年男性の胸部が肥大したもの。一般には**アンドロゲン**の不足によって生じる。通常は大きな問題はなく一過性のものである。⇨ **女性化乳房**

**青年期の性的特徴の変化**［adolescent sex changes］ 思春期に生じる身体的生理的変化のこと。性器官の加速度的な発達や第二次性徴の出現，少年においては初めての射精，少女においては初潮が生じる。⇨ **青年期**

**青年期の同性愛**［adolescent homosexuality］ 思春期にみられる同性愛行動。推定では，アメリカでは，少なくとも少年の20％，少女の3％が，青年期の終わりまでに，同性との間でオーガズムに至る行為を行ったことがあると考えられる。そして，この数字の約2倍の者が，青年期の間に軽くあまり積極的でない同性愛行動を経験したと考えられる。特に少年において，これらの経験の多くが実際には異性の刺激に対する双方の自慰行為を伴っている。したがって，これらが同性愛欲を示すものではないし，成人期における同性愛志向を予測するものではない。

**青年期の妊娠**［adolescent pregnancy］ 青年期の間に生じる妊娠。特に青年期の初期や中期での妊娠の場合，一般的には子どもを育てるための情緒的，経済的準備がなされていないため，物議をかもす社会的問題となる。社会文化的慣習，家族の背景や教育，経済的，社会的状況など多くの原因が青年期の妊娠率の変動に寄与している。

**青年期の認知発達**［adolescent cognitive development］ 青年の生理学的，知的，社会的成熟に伴う，認知過程の発達。多くの場合，抽象的に考える能力，計画を立てる能力，仮説に基づいて現実を評価する能力，別の視点から過去の経験を再考する能力，複数の次元でデータを評価する能力，心の中で熟考する能力，複雑な枠組みを発展させる能力，未来の複雑な筋書きを計画する能力といった高度な能力が発達する。青年期の人が自身の可能性を最大限にするうえで，標準的な機械的学習に加えて，新たに発達した抽象的な技能を使用し実践する多様な機会が必要となる。青年が認知過程の社会的適応性を発展させるうえで，大人は重要な役割モデルとなる。

**青年期の発育急進**［adolescent growth spurt］ ⇨ **思春期の発育急進**

**青年期の反抗**［adolescent rebellion］ 青年が，家族の価値観に対して，そして，自身の行動が家族によって管理されることに対して拒絶すること。自立を強めたいという青年の欲求を反映している。

**青年心理学**［adolescent psychology］ 青年期の人々やその発達，行動を記述し研究する心理学の分野。

**精囊**［seminal vesicle］ 男性の膀胱と直腸の間に位置する2つの膜性嚢。ヒトでは約8cmの大きさ。前立腺の分泌液と混ぜて精液を作るための液体を貯蔵，分泌する。

**性能ルーチン**［performance routine］ 個人（たとえばアスリート）が注意，エネルギーレベル，自信，制御などを維持するために，予め決めている一連の身体的，精神的な行動。

**正の加速**［positive acceleration］ 学習や練習の結果として，試行間で継続的に成果が増える状況。⇨ **学習曲線，負の加速**

**正の強化**［positive reinforcement］ 1. ある活動の結果として，ある特定の刺激や状況が生じることにより，その活動の生起率が上がること。2. ある反応後に，正の強化子を与える手続きのこと。⇨ **強化，負の強化**

**正の屈性**［positive tropism］ 植物が刺激の方向に向かう性質。たとえば，花が太陽の方に向くこと。⇨ **屈性**

**正の幻覚**［positive hallucination］ そこに何もないにも関わらず，存在するように知覚される特徴をもった，偽りの知覚体験のこと。一般的に，正の幻覚は通常の知覚が誇示されたものである。正の幻覚は統合失調症のような精神疾患の特徴であるとされ，上記の知覚体験は催眠によっても引き起こされる。⇨ **幻覚，負の幻覚**

**正の検出率**［positive hit rate］ 正解であることがわかっている選択肢を選ぶ回数を，その選択肢を選んだ回数で割った値のこと。

**性の消極性**［sex-negativity］ 生殖のための夫婦の性交以外のあらゆる性行動に対する消極的な態度や姿勢。⇨ **性の積極性**

**性の積極性**［sex-positivity］ 性的活動に対する積極的な態度や心構えのことで，同意のある個人間の正常な対人関係や自己表現の形として認められる。セックスは本質的には良いものでも悪いものでもなく，性的関係の目的は婚姻関係における性交のみであるとは考えられていない。⇨ **性の消極性**

**性の潜伏**［sexual latency］ 精神分析理論において，6歳頃から思春期までの時期に，子どもが性への関心を，ほとんどもしくはわずかしか示さなくなること。

**正の相互依存性**［positive interdependence; promotive interdependence］ ある人や集団の成功が他の人や集団の成功率を高め，また，ある人や集団の失敗は他の人や集団

の失敗率を高めるという関係性のこと。この種の相互依存性は，協力や，葛藤のない相互作用を引き出す。⇨ **相互依存関係**

**正の的中率**［positive hit rate］　人事選考（personnel selection）において，その仕事で実際に成功している人の割合のこと。

**正の転移**［positive transfer］　過去の学習によって現在の学習が向上・促進されること。たとえば，プログラム言語のCを学習したことが，Javaの学習を促進しうるなど。⇨ **訓練の転移，負の転移**

**正の罰**［positive punishment］　ある反応の結果に付随して与えられる刺激や出来事による罰のこと。たとえば，ある反応の結果，大きな音を聞かされ，その経験により，その反応が生じにくくなった場合，そこには正の罰が与えられている。

**正のフィードバック**［positive feedback］　機械的または生物学的に，あるシステムの出力がシステムに戻されることにより，入力信号の効果が増強されること。生体における正のフィードバックは稀である。⇨ **フィードバックシステム**

**正の弁別刺激**［positive discriminative stimulus］　**正の強化**の随伴性に関わる刺激。

**生の本能**［life instinct; erotic instinct］　精神分析理論の用語。個の生存や**性衝動**を目的とした**自己防衛本能**をなす動因のこと。これは種の保存の目的にも適う。フロイト（Sigmund Freud）による二大本能論では，生の本能，あるいは**エロス**は**死の本能**，あるいは**タナトス**と対をなす。

**生の目的**［purpose in life: PIL］　生のプロセスや，存在それ自体の目標または目的についての内的，精神的な感覚。この概念は**実存主義的心理療法**では特に重要であり，不安や抑うつ，それらに関連する情緒的状態の展開と治療の中心だと考えられている。明確な生の目的をもつとネガティブな状態が改善する。

**正の誘因**［positive incentive］　望ましい目標になる対象や条件のことで，**目標志向的行動**を導く。⇨ **負の誘因**

**青斑核**［locus ceruleus（locus coeruleus; locus caeruleus）］　脳幹にある青色がかった小さな核で，そのニューロンはノルエピネフリンを生合成し，前脳の広い領野に投射する。

**性犯罪**［sex offense; sexual offense］　法律によって禁止されている性的行為。このような犯罪を行う者を性犯罪者（sex offender）と言う。セックスを伴う暴力行為や社会的タブーの侵害など。どのような行動が性犯罪となり，どう罰せられるかについては，文化や法域の違いにより大きな違いがある。法域によっては，同意のある性交行為であっても違法となる。性犯罪には，強姦，売春や売春の斡旋，性的倒錯，男色，強姦殺人，強制わいせつなどがある。⇨ **痴漢**

**性比**［sex ratio; sex disribution］　所定の指定されたライフステージ，主に妊娠（⇨ **受胎率**）や誕生（⇨ **出生数比**）だけでなく，生と死の任意の段階における女性への男性の割合。

**製品イメージ**［product image］　ある製品の独自性，特別なブランドのこと。通常は，消費者の心にその製品を受け入れる素地を作るための入念な心理学的研究によって確立される。たとえば，コーヒーでは，実際にはアフリカやインドネシア産のコーヒーも含むのだが，「南米山地で育成」「熟練農家による手摘み」「深みと豊穣のための丁寧なロースト」といった特殊化が図られる。

**製品テスト**［product testing］　新製品を販売する前あるいは後に消費者の反応をみるテストのこと。アメリカでは通常，オマハ，ネブラスカ，ロチェスター，ニューヨークなどの限られた地域市場でテストが実施される。これらの地域データには蓄積があり消費者の特徴もよくわかっている。この製品テストの結果を受けて，製品やパッケージのデザインに変更を加え，大規模な広告キャンペーンが展開される。

**生物医学工学**［biomedical engineering］　医療，リハビリ，特別なニーズに応じた装具の研究と開発を専門とする工学から派生した学問。応用の例として，宇宙で宇宙飛行士の生理的状態をモニターする装置，義肢や人工臓器のデザインおよび創造，**超音波**装置の開発などがある。⇨ **バイオエンジニアリング**

**生物音響学**［bioacoustics］　動物の聴覚的コミュニケーションと関連行動についての研究。これは，音の生成や音の知覚のメカニズム，動物の音声信号の物理的構造，種々の環境における動物の音声の変化，そして動物の音声が他の動物の行動に与える影響についての研究を含むものである。

**生物学**［biology］　生体や生命活動を扱う科学。

**生物学主義**［biologism］　行動や心理的現象を説明する際に，**生物学的決定論**や生物学の概念を活用する一方で，心理学的概念や法則を排除しようとする傾向のこと。⇨ **還元主義**

**生物学的一次的能力**［biologically primary ability］　言語獲得といった進化において選択され，普遍的に獲得される能力。子どもは典型的にそれらの能力に含まれる課題を実行することに高い動機づけがなされている。**生物学的二次的能力**と対照的である。［アメリカの心理学者ギアリー（David Geary: 1957- ）によって仮定された］

**生物学的家族**［biological family］　結婚，養子縁組，里親によって得られた関係ではなく血縁による関係。

**生物学的観点**［biological viewpoint］　器質性の原因因子に基づく異常心理学の研究方法。たとえば，アルツハイマー病における原因因子と考えられている**老人斑**のようなもの。

**生物学的決定論**［biological determinism］　心理学的，行動的な特徴は完全に生得的であって生物学的な要因で決定されるとする考え方。環境の条件は，このような特徴が出現するかどうかに関与すると考えられる。⇨ **環境決定論，決定論，遺伝子決定論，生まれか育ちか論争**

**生物学的誤謬**［biological fallacy］　1. 合理性，文化，倫理のようなものを含め，人間による現象のすべては生物学的なプロセスによって説明できるとする仮定。自然主義的**還元主義**の一つ。2. 一部のエコロジカルな理論家による議論の余地を残した視点。生命を個体の生命とみなすことは誤りであり，生命を表す生命力は，それ自体固有のものであり，質的なものであり，生態系の完全性としてより明らかにできるとする。

**生物学的心理学**［biological psychology; biopsychology］　心理学と生物学で重なり合う領域と，心理学的過程と生物学的過程との相互関係を扱う科学。**行動神経科学**，臨床的

**神経科学**，**認知神経科学**，**行動内分泌学**，**精神神経免疫学**といった分野が含まれている。また，行動に影響を及ぼし行動からも影響を受けるような神経，内分泌，免疫のシステム間の相互作用も含まれている。以前は，生理心理学（psysiological psychology）として知られていた。

**生物学的測定**［biological measures］ 身体活動や自然界の生物システムで生じたものやそのプロセス自体に関する測定値や基準のこと。免疫，神経系，内分泌，心肺の測定値など。

**生物学的知能**［biological intelligence］ 認知的な能力に必要とされる生物学的な起源をもつ精神的な能力のこと。この用語は，前脳機能に関わる能力を従来の概念である知能と差別化させるために導入された。生物学的知能は検査バッテリーで測定される。本来生物学的なものとはいえ，この種の知能は頭外傷による脳損傷にみられるような環境によっても影響される。

**生物学的治療**［biological therapy; biomedical therapy］ 生理機能を変化させようとする，精神疾患のための治療法の一つで，様々な薬物療法，**電気ショック療法**，**精神外科**を含む。⇨ **臨床精神薬理学**

**生物学的動因**［biological drive］ ある必要な物質（水，酸素）が不足したり欠乏したりすることによって生じた生得的にモチベーショナルな状態。生理学的な平衡状態に達するための行動を駆り立てることになる。⇨ **動因**

**生物学的同等性**［bioequivalence］ 2種類の製剤について，全体的な**生物学的利用能**を比較測定すること。生物学的に同等な製剤は，有効成分が変化せずに同じ割合で体循環に到達する。2つの製剤（即効性，徐放性の製剤）を比較したり，先発薬とそのジェネリック製剤を比較したりする臨床的な場合にも，生物学的同等性は使われる。

**生物学的二次的能力**［biologically secondary ability］ 読みといった**生物学的一次的能力**に基づいた能力。しかし，それらは主に文化的発明であり，その習得のために多くの反復や外発的動機づけを必要とする。［ギアリー（David Geary）によって仮定された］

**生物学的分類学**［biological taxonomy］ 生命体を分類する科学。階層的な順位（種，属，科，目，綱，門，界）にグループ分けする。種は，スウェーデンの生物学者リンネ（1707-1778）によって1758年に考案された二名法を用いて命名される。ヒトが *Homo sapiens* であるように，それぞれの種は2つの名が与えられ，最初の方はそれが属している属を示し，二番目のものは種そのものを特定するようになっている。⇨ **分岐論**

**生物学的変換システム**［biological transducing system］ エネルギーや情報を他のものに変換する生物学的なシステムのこと。⇨ **変換**

**生物学的要因**［biological factor］ 心理学的な異常に関連した身体的，化学的，遺伝的，神経学的な状態のこと。

**生物学的ライフイベント**［biological life events］ 思春期や閉経期といった年齢的に決定された生物学的な変化。⇨ **更年期**

**生物学的リズム**［biological rhythm; biorhythm; internal rhythm］ 生体の生理学的，心理学的な機能において生じる周期性の変動のことで，たとえば活動性の高低，性的な欲望，月経などが該当する。そのようなリズムは，日長や季節など循環的に生じる環境側の情報の影響によって，日周性（**概日リズム**），年周性（**概年リズム**）となる。個体，またその個体が生涯でどの時期にあるかによって変化する。生物リズム，内因性リズム，内的リズム，ライフリズムとも呼ばれている。⇨ **長日リズム**，**長周期リズム**

**生物学的利用能**［bioavailability］ 投与された薬理物質が，身体内にいきわたり目的となる組織や部位で有効に働く量のこと。

**生物型**［biotype］ 特別の環境に適した有機体を識別できる，他の環境での同じ種の有機体には生じない物理学上の特性のこと。

**生物圏**［biosphere］ 大気を含む地球上の生命体が生活するすべての場所。

**生物工学**［biotechnology］ 製品を製造したり，人々の要求に対応したサービスを作り出すために，生物学的器官や細胞，またプロセスなどを用いる技術のこと。

**生物社会的**［biosocial］ 生物学的要因と社会的要因との交互作用あるいは交絡。たとえば，人間の行動は，神経の作用と学習した社会的意味に同時に影響される。

**生物社会的な実験者効果**［biosocial experimenter effect］ 実験データを収集する者の生物的あるいは社会的特性が，本人が意図しないにも関わらず，実験結果に影響を及ぼすこと。

**生物社会理論**［biosocial theory］ 生物学的素因の見地からパーソナリティや人間の行動を説明しようとするアプローチ。これは社会的要因や環境的要因によって影響される。

**生物心理社会的システム**［biopsychosocial system］ 精神的健康や特定の精神疾患を，生物学的，心理学的，社会的アプローチを統合し，システム的観点から研究すること。⇨ **一般システム理論**

**生物生態学的モデル**［bioecological model］ 人間発達を生涯通じ，かつ世代を超えて続くプロセスとみなすパラダイム。したがって歴史的一貫性と，隣接するプロセスへの影響を通して人間発達に間接的に影響を与えるような力としての変化を同じように重視する。

**生物電位**［bioelectric potential］ 神経，筋，その他の組織で発生する電位のこと。

**生物統計学**［biostatistics］ 1. 出生率，疾患率，死亡率を含む人口について編集されたデータのこと（⇨ **人口動態統計**，**人口統計学**）。2. 統計的手法を（特に医学や疫学における）生物学的過程へ応用する統計学の分野。生物計測学（biometrics）ともよばれる。

**生物発生説**［biogenesis］ 生物の起源を他の生物に求める説。遺伝子工学（biogenetics）は，遺伝のメカニズムを含む，他の生命体からの生命体の発生を支配する原理と過程についての科学研究。

**生物物理学**［biophysics］ 生物学と物理学の学際領域，物理学の方法による生物の構造や機能の研究が含まれる。たとえば，視覚や聴覚の研究で物理学の原理を使うことがあげられる。

**生物物理学的なシステム**［biophysical system］ 1. 物理法則や物理学の手法を使うことによって，物理学的な側面から記述し，研究された生物系のこと。2. 性的な反応の中で，ホルモンや生殖器によって生じる部分。［マスターズ（William H. Masters: 1915-2001）とジョンソン（Virginia E. Johnson: 1925- ）による定義］

**生物分類学**［biotaxis］ 解剖学的な特徴，形質による生物の分類学．

**生物兵器戦**［biological warfare］ 敵の自由を奪ったり，殺傷することを目的として，病原体（例，バクテリア，ウイルス）を用いること．

**生物力学**［biomechanics］ 生物系の構造や機能の研究に，機械学の原理を適用すること．運動中であったり休止状態にある生体にかかる物理的ストレスや負荷の研究などがあげられる．この研究領域では，作業従事者と工具や機械，対象の物との間に存在する物理的な相互作用を明らかにすることにより，筋骨格系の疾患の発生リスクを低減し，作業効率の最大化をはかる検討がされる．

**生物類型学**［biotypology］ 体質的，解剖学的，生理学的，心理学的特徴に応じたヒトの分類．⇨ **体格類型**

**性分化**［sex differentiation］ 発生中に性的な特徴を得る過程．ヒトの性分化は受精時に **Y 染色体** の有無で遺伝的に決まる．Y 染色体をもつ受精卵は男性胚へと分化し，Y 染色体をもたない受精卵は女性胚として発生する．これは **Y 染色体決定領域遺伝子**（SRY 遺伝子）という特定の遺伝子の存在による．SRY 遺伝子は，精巣分化因子をコードしており，シグナルカスケードを介して，精巣および他の男性生殖器の発生を誘発する．この遺伝子がないと，胚発生は初期設定の通り，女性型となり，卵巣および女性生殖器が発生する．

**成分分析**［componential analysis］ 1. 過程や体系を一連のサブシステムや成分に分けるための分析のこと．2. 単語を成分に分ける形式意味論的分析のこと．たとえば，man＝human＋male など．特定の文化の人々によって使用されている言葉の意味を理解する助けとして使われることが多い．

**性別違和感**［gender dysphoria］ 自身の身体的，あるいは社会的な性に対して違和感を覚えること．⇨ **情動不安，性同一性障害**

**性への興味**［sex interest; sexual interest］ 性的接触に関連したり，それに導いたりする会話や観察などに参加する準備性．

**精母細胞**［spermatocyte］ 精巣内で発達中の精子の中間段階．

**性ホルモン**［sex hormone］ 様々な生殖機能を刺激するホルモンの総称．主要な分泌源は雌雄の生殖腺（精巣と卵巣）で，下垂体ホルモンである **卵胞刺激ホルモン** や **黄体形成ホルモン** の刺激を受け，性ホルモンを産生する．主な男性性ホルモン（**アンドロゲン**）はテストステロン，女性性ホルモンは **エストロゲン，プロゲステロン，プロラクチン** である．

**精密コード**［elaborated code］ 通常，公的場面（たとえば，学問的会話など）で用いられる言語的レジスター（register）で，幅広い語彙，複合的な構文，予測しにくい語と考えのつながりに特徴づけられる．非公式な会話でよく用いられる制限コード（restricted code）と対比される．制限コードは，狭い語彙，単純な構文や予測可能な定型的形式によって特徴づけられ，意味を伝えるために文脈や非言語的コミュニケーションに多くを依存する．

**精密把持**［precision grip］ 親指とそのほかの指先で物体を把持する様式のこと（たとえばペンを使うとき）．⇨ **つまみ，握り**

**生命機能**［vital functions］ 生命を維持するための身体の機能のこと（たとえば，呼吸，血液循環）．多くの生活機能が脳幹によってコントロールされる．

**生命情報理論**［bioinformational theory］ なぜ，どのようにして，イメージがパフォーマンス強化をもたらすかを説明しようとする理論．メンタルイメージは **刺激命題** や **反応命題** として長期記憶に貯えられ，そのどちらも活性化させることで，刺激命題や反応命題を変化させる．

**生命の躍動**［élan vital; life force］ フランスの哲学者ベルクソン（Henri Bergson: 1859-1941）が考案した概念で，人間を含む生命体を活動的にし，精進を重ねて人生をある目的まで導くような生命力や活力のこと．⇨ **気論**

**生命倫理学**［bioethics］ 医学や生命科学における臨床実習の行為および調査に関する **倫理** と価値の研究分野．

**声紋**［voiceprint］ 電子的記録により生成された声のデジタル画像．識別や認証を目的に使用される．また，声紋は周波数や持続時間，振幅といった音声特性，発話特性の分析にも使われる．

**声門**［glottis］ 左右の **声帯** の間の隙間のこと．広義には，声帯それ自体や発声に関わる喉頭の要素（の集合）を指す．

**声門音**［glottal］ hobble の［h］音のような，声門の収縮によって生み出される発声音．

**声門閉鎖音**［glottal stop］ 完全に声門を閉じた状態から急激に息を放出した際に生じる破裂的な発声音．言語によっては標準的な発声音だが，英語では，ほとんどの場合，ロンドン訛りにおける daughter の［t］音のような特定の方言のように，他の言語から「借りた」特定の単語においてみられる．

**制約**［constraint］ 特定の状況下においてのみ適用可能となる，言語学的規則の限界．たとえば，英語には **埋め込み文** の構成素に関する「wh-」の疑問（誰？どこ？なぜ？いつ？何？など）を形成することはできないという複合名詞句の制約がある．これはすなわち，答えが Mary となるような who？の疑問文を，"I know the boy that Mary likes" という **複文** から作り出すことはできないということを示している．

**制約的質問**［constraint question］ 特に心理療法において，尋ねる領域を狭めるような，一連の質問のこと．

**制約の道徳性**［morality of constraint］ 児童（およそ 10 歳まで）の道徳性であり，両親が決めたルールを順守することに疑問を持たず，問題にしないことをいう．順守は，恐れや両親が決めた決まり事が固定的で，永久的で，必ず正当であるという認識に基づいている．⇨ **ゲームのルール，協力の道徳性**［ピアジェ（Jean Piaget）によって提唱された］

**性役割［1］**［gender role］ ある文化において男らしさ，女らしさを定義する行動，パーソナリティ特性，態度のパターン．性役割は子ども時代のしつけられ方に規定されるところが大きく，個人の **性同一性** に一致する場合もしない場合もある．⇨ **役割混乱**

**性役割［2］**［sex role］ ある社会で定義された男らしさや女らしさと関連した特徴的な行動や態度様式のこと．性役割は，生物学的伝統と社会化の圧力の相互作用を反映している．この用語は顕在的行動に言及するものであり，**性同一性** とは区別するべきであるが，両者は対応する．人

がどの程度典型的な性役割行動を示すかは，家族や文化の影響によって大きく変化する。性的役割とも呼ぶ。

**性役割ステレオタイプ**［sex-role stereotype］　それぞれの性にふさわしいと信じられている社会的役割を，過度に単純化した固定的な観念。⇨ **ジェンダー・ステレオタイプ**

**性役割の社会化**［gender-role socialization］　男性，女性という点でその社会が規定するような役割，期待，あるいは行動に個人を条件づけること。

**西洋人参木**［agnus castus; vitex agnus castus］　西洋人参木の種から抽出される植物性生薬で，ドイツの医薬品・医療機器研究機構のE委員会によって，月経周期の黄体期後期に関連した症状（⇨ **月経前不快気分障害**）の管理や，月経周期異常ないし不順の緩和に対する使用が承認された。その有効成分や作用機序は解明されていないが，西洋人参木は有効なエストロゲン作用をもち，脳下垂体に作用することが示されている。西洋人参木はまたドーパミン作用をもつため，現在，**ドーパミン受容体作動薬**もしくは**ドーパミン受容体拮抗薬**との併用は潜在的な相互作用が生じる可能性があるということで，推奨されていない。西洋人参木の使用による副作用はめったに生じないが，発疹やかゆみ，嘔気や嘔吐症状，めまい，頭痛，眠気，意識障害を生じる可能性があるとされている。チェストツリーとも言う。

**性欲減退**［hyposexuality］　性的行動が異常に低いレベルであること。性欲減退症の人は性的欲動や性行動への興味を示さない。

**性欲亢進**［hypersexuality］　性行動が極端に多かったり，性行動に対する過度な欲求を抱いていること。動物実験では，扁桃体あるいは海馬切除との関連が示されているが，人間における直接的な証拠は不足している。⇨ **ニンフォマニア**

**性欲動**［sexual instinct］　精神分析理論において，性的な欲求をはじめ，その欲求の昇華など，すべてを包括する基本的な欲動を意味する。この欲動は，性器的性欲として示されるだけではなく，性的エネルギーが，芸術や科学，その他の探求に向け変えられることや，口唇や肛門に示されることも含む。また，フロイト（Sigmund Freud; 1856-1939）は後期の公式化において，性欲動を，排泄や喉の渇き，飢餓感などの自己保存の欲動をも含む，より広い**生の本能**の一部としてみなしていた。⇨ **エロス**，**リビドー**，**自己防衛**

**性欲発生的**［erotogenic; erotogenetic］　性的な感情もしくは反応を引き起こすあらゆる刺激を意味する，もしくは関連する言葉。

**生理学**［physiology］　化学的物質の過程や細胞，組織，臓器の活動を含む，生きている生物の機能に関する科学。解剖，構造的因子の科学に対する言葉。

**生理学的アセスメント**［physiological assessment］　身体，組織，器官の機能状態の評価のこと。物理的，化学的因子および過程の評価も含む。

**生理学的拮抗作用**［physiological antagonism］　2つの物質が反対の生理学的作用をする拮抗作用（⇨ **拮抗薬**）の一種。たとえば，興奮剤（例，カフェイン）は抗不安剤（例，ベンゾジアゼピン）との併用で生理学的拮抗作用を示す。⇨ **薬理学的拮抗作用**

**生理学的パラダイム**［physiological paradigm］　精神的な障害は神経学的構造や処理の異常に起因しているという概念。この見方は精神医学的の領域や実践の根底を成しており，諸々の精神異常は薬物や外科的処置，あるいは身体の不具合を調整するために通常用いられるような手法で対処できるとみなしている。

**生理学的要因**［physiological factors］　生体機能に関係する因子，または，その機能に関わる化学的や物理的過程の一部。

**生理食塩水**［physiological saline］　水と塩（塩化ナトリウム）の混合物であり，蒸留水1000 ml中に食塩9 gを含むものを指す。これは，哺乳類における細胞外液のオスモル濃度に近似する塩分濃度である。生理食塩溶液（normal saline）とも呼ばれる。

**生理的覚醒**［physiological arousal］　血圧の上昇，呼吸数の上昇，胃腸の活動減少など，生理指標に現れる覚醒の様態。このような生理的覚醒反応は，交感神経系が支配している。⇨ **自律神経系**

**生理的眼振**［physiological nystagmus］　正常な小さく急速な眼球の運動のことで，安定した世界を見ることを可能にする。⇨ **前庭性眼振**，**眼振**

**生理的周期**［physiological cycle］　睡眠覚醒周期のような，日常的に繰り返す一連の身体の周期的反応のこと。⇨ **生物学的リズム**

**生理的ゼロ点**［physiological zero］　肌に接触した物体が温かくも冷たくも感じられない温度のこと。手または足に接触する物体の温度が約32℃（90°F）である。

**生理的相関**［physiological correlate］　生理的測定値と行動的測定値の関係性。生理的相関があるということは，生理と行動の間の因果関係を示唆するが，必ずしも行動の原因を特定するわけではない。

**生理的動機**［physiological motive］　食欲のような**生理的欲求**による欲求。⇨ **欠乏動機**，**動機づけ**

**生理的反応特異性**［physiological response specificity］　個人が，複数の刺激に対して同じ生理的反応を示すという原理。たとえば，ある人は，いくつかの刺激に対して，心拍の増加によって反応するが，別の人は同じ刺激に対して呼吸数の変化によって反応すること。

**生理的欲求**［physiological needs; basic physiological need］　マズローの動機の階層の最下位の欲求。食べ物，空気，睡眠，その他の生存のための欲求から成る。⇨ **一次的欲求**，**内臓性欲求**

**生理病理学**［physiopathology］　病態生理学の研究。

**勢力**［power］　他者に対して，抵抗を受けようとも，影響を及ぼすことのできる能力。社会的勢力は次のような様々な源泉から生じる。**報酬勢力**，**強制勢力**，**正当勢力**，勢力保持者への同一視，魅力，尊敬による**準拠力**，勢力保持者が優れた技術や能力をもっているという信念による**専門勢力**，情報資源を利用可能できることから生じる情報勢力（informational power）である。

**勢力格差**［power distance］　組織，制度，社会全体において，文化的に勢力の不平等な分布が生じる程度。勢力格差の大きい文化の人々は，小さい文化の人々より，勢力の格差を受容する。［オランダの文化心理学者ホフステード（Geert Hofstede: 1928- ）により提唱された］

**勢力基盤**［power base］　他者に影響を及ぼす能力の対

人的な源泉。たとえば，**報酬勢力**は影響者による資源に対する統制に，また**正当勢力**は応諾を求める合法的権利に基づいている。

**勢力−強制戦略**［power-coercive strategy］　経済的，社会的，政治的勢力を利用した社会変化をもたらすための戦略で，通常は非暴力的な手段（たとえば，組織の不買運動，ストライキ，座り込み，示威行動，有権者登録：registration drives，陳情運動）がとられる。⇨ **経験的−合理的戦略，規範的−再教育的戦略**

**セオリー理論**［theory theory］　認知発達は子どもが物理的，社会的世界に関する理論を生成し，試し，そして変化させていくことで発達していくと提唱する。新生得説（neonativism）と**構成主義**を結びつけた認知発達のモデルのこと。

**世界改革パラノイア**［reformatory paranoia］　誇大妄想症の一種。世界を改革する計画をでっちあげ，そのアイデアに他者を従わせ納得させようとするパーソナリティ特性。

**世界観**［Weltanschauung］　人，文化あるいはサブカルチャーに支持されている，宇宙やその中の人類の立場に関する任意の基本的理解（ドイツ語で"world-view"のこと）。そのような世界観は，文化が創造されうる理論や哲学と同様に，文化の実質的な発展に影響するものである。それは，理論的傾倒のみならず実際の態度や行動にも影響し，支持者の間で広まった議論領域を確立する。

**世界精神衛生連盟（WFMH）**［World Federation for Mental Health: WFMH］　精神障害や情動障害の予防や治療，精神衛生の国際的な促進を目的として，1948年に設立された国際的非政府組織。世界精神的健康の日を提唱した。

**世界デザイン**［world design］　実存主義心理学の用語。人の世界観，あるいは人生の基本的方向性。**世界内存在**の基本的モード。この概念はスイスの精神科医ビンスワンガー（Ludwig Binswanger: 1881-1966）によって提唱された。人が体験している世界と自らのパーソナリティの全体性を統合する方法が世界デザインには含まれる。世界デザインを理解することはその人を理解するために不可欠であると考えられた。

**世界内存在**［being-in-the-world］　**実存主義**から得られた理論や臨床的アプローチにおける，動物や無生物，抽象物とは対照的な，人間に固有な存在様式のことである。この用語は，ドイツの哲学者であるハイデッガー（1889-1976）が用いた**現存在**とほぼ同義語である。"存在"という言葉は，人間という存在が状態や状況よりも活動を強調していることを意味している。同じように，"世界"という言葉は，"環境"のような内容の乏しい意味よりも，人間の生活にとってより豊かで意味深い場所であることを意味している。世界内存在とは，本質的に人は意味づけと成長へと方向づけられているということである。すなわち，世界内存在とはすべての人間を特徴づけると同時に，個人は唯一の存在であることを表している。また，従来の心理学では，**アイデンティティ**や**自己**として説明されている。
⇨ **世界内存在でありながら世界を超える，世界デザイン**

**世界内存在でありながら世界を超える**［being-beyond-the-world］　実存心理学における用語。無償の愛を通して**世界内存在**の限界を超えることができる人間の潜在的な力を指す。⇨ **現存在**　［スイスの精神科医ビンスワンガー（Ludwig Binswanger: 1881-1966）によって提唱された］

**世界方域**［world regions］　ドイツの哲学者ハイデッガー（Martin Heidegger: 1889-1976）の思想。異なる3つの側面をもつ人間の生きた経験は，同時に，存在による3つの世界として特徴づけられる。自身の世界（すなわち個人的で主観的な世界），世界（すなわち社会的世界），そして環境（すなわち周囲の物質的環境世界）のことである。

**世界保健機構（WHO）**［World Health Organization: WHO］　国家間の医療技術や医学的協力の促進，疾患の抑制や撲滅，人間生活の質の向上を目的とした国連の機関。4つの主な機能を担う組織として1948年に設立された。(a) 世界的に健康に関する指導を行うこと。(b) 健康に関わる国際的な基準を定めること。(c) 国際的な健康プログラムの強化のために国家と協力すること。(d) 健康に関する科学技術や，情報，基準を発展させること。WHOは健康を，"単に病気や疾患がないことではなく，身体的，心理的，社会的ウェルビーイングが満たされた状態"と定義している。本部はスイスのジュネーブにおかれている。

**セカンダリーケア**［secondary care］　循環器科や泌尿器科，皮膚科などの専門医療者による保健医療サービスのこと。二次医療ともいい，通常は**プライマリーケア・プロバイダー**からリファーされてきた患者に提供されるサービスである。⇨ **プライマリーケア，三次医療**

**セカンドメッセンジャー**［second messenger］　神経伝達物質やホルモン，薬などの作動薬による**受容体**刺激に呼応して，その濃度が増減する細胞内の分子やイオン。様々な細胞内活動を引き起こすことで，受容体（ファーストメッセンジャー）からの信号を中継し，増幅する。たとえば，神経伝達物質のカテコールアミン受容体は**Gタンパク質**と共役しており，このGタンパク質のシナプス後細胞内活性により，イオンチャネルの開閉に寄与するセカンドメッセンジャーの量が変化する。セカンドメッセンジャーには**サイクリックAMP**，IP3（⇨ **イノシトールリン酸**），カルシウムイオンなどがある。

**赤外線**［infrared］　電磁波スペクトルの一部分で，周波数は0.8 μm〜1 mmの間に相当する。0.8〜3 μmの近赤外線（near-infrared）部分では熱を感じる。赤外線カメラ（infrared cameras）は物体からの熱放射に対して感度をもち，暗闇での写真撮影を可能にする。

**赤核**［red nucleus］　脳幹に存在する核。小脳からの入力を受け取り，**赤核脊髄路**へつながる。

**赤核脊髄路**［rubrospinal tract］　脳幹の赤核から生じる運動神経路。脊髄へと側面から下っていき，そこで屈筋運動ニューロンを興奮させ，伸筋運動ニューロンを抑制する。

**赤色反射**［red reflex］　観察者の眼の注視線に沿って網膜に光を当てたとき，瞳孔を通って赤色が見えること。これは網膜の血管に光が反射するために起こるので，赤色反射の消失はレンズの白濁や網膜異常のサインである。

**赤色盲**［scoterythrous vision］　色盲の一種で，赤系統の色域に対する知覚欠損によって，赤色が暗く見える。

**脊髄**［spinal cord］　**中枢神経系**の一部。脳の基底部，延髄の下端から背骨の中心にある管を通って腰まで伸びている。横断面を見ると，脊髄はHの形をした灰白質の核

（⇨ **中心灰白質**，**前角**，**後角**）と，それを取り囲む白質から構成されている。その白質は，**白交連**でつながれたコードの両側にある。求心性，遠心性の長い神経線維の束からなっている。脊髄は**髄膜**によって覆われており，その起源は 31 の**脊髄神経**のペアである。⇨ **脊髄神経根**

**脊髄空洞症**［syringomyelia］ 液体の溜まった空洞が脊髄の中に現れ，それが時間とともに拡大，伸長するという特徴をもった障害。脊髄への段階的な損傷によって生じ，手足の衰弱や温感，痛覚の喪失をもたらす。脊髄空洞症は外傷，髄膜炎，出血，腫瘍，先天的な欠損などの合併により生じる可能性がある。

**脊髄ゲート**［spinal gate］ 痛みのゲート制御理論において，脊髄の**膠様質**の細胞が，興奮と抑制の両方の信号を脳へ伝達するメカニズムのこと。このメカニズムは，過去の経験，感情，**痛み知覚**のその他の要因などに基づいて，痛みの信号を調節することができる。ゲートコントロール（gating mechanism）とも呼ばれる。

**脊髄後索**［dorsal column］ **脊髄**の白質の背側を走る感覚神経線維の束。⇨ **楔状束**，**薄束**，**脊髄後索系**，**毛帯系**

**脊髄後索系**［dorsal column system］ 触覚情報を，脊髄の**脊髄後索**を介して脳に伝達する体性感覚システム。

**脊髄視床路**［spinothalamic tracts］ 脊髄から視床へと伝わる体性感覚のインパルスが通る 2 つの求心性の経路。これらは**前側索系**の一部分を形成している。前脊髄視床路（anterior spinothalamic tract）は触覚と圧覚を，外側脊髄視床路（lateral spinothalamic tract）は痛みと温度の情報を主に運ぶ。

**脊髄疾患**［spinal cord disease］ 感染症，損傷あるいは先天的な脊髄の障害により生じた病理学上の状態のこと。たとえば，ブラウン・セカール症候群，ホルナー症候群，脊髄膜炎，筋委縮性側索硬化症，多発性硬化症，脊髄空洞症などがある。

**脊髄小脳路**［spinocerebellar tract］ 筋肉とその他の自己受容体から脊髄を通り，**小脳**へとインパルスを運ぶ主要な神経経路。

**脊髄ショック**［spinal shock］ 脊髄の損傷箇所に，一時的な反射機能の損失が生ずること。

**脊髄神経**［spinal nerve］ **脊髄**の灰白質から生じ，体の皮節（皮膚の領域）や骨格筋に伸びる，脊椎骨の隙間に現れる神経。全部で 31 のペアがある。脊髄神経は，8 つの頸神経，12 の胸神経，5 つの腰神経，5 つの仙骨神経，1 つの尾骨神経からなる。それぞれが**後根**と**前根**という 2 つの短い枝を経由して脊髄に付随している。⇨ **脊髄神経根**

**脊髄神経根**［spinal root］ **脊髄**と**脊髄神経**の結合部。脊髄神経は脊髄の近傍で 2 つに分かれ，感覚情報を伝達する**後根**と運動情報を伝達する**前根**に入る。⇨ **ベル－マジャンディーの法則**

**脊髄神経節**［spinal ganglion］ 各**脊髄神経**の**後根**でみられる**神経節**。感覚性ニューロンの細胞体を含んでいる。

**脊髄髄膜瘤**［myelomeningocele］ **二分脊椎**において，脊髄を含む嚢と，それらを包んでいる髄膜が脊柱から飛び出した状態のこと。⇨ **髄膜脊髄瘤**

**脊髄性筋萎縮症（SMA）**［spinal muscular atrophy: SMA］ 遺伝的な**運動ニューロン**疾患であり（常染色体），**前角**にある神経細胞の病変と関連する骨格筋萎縮が特徴。発症年齢と重症度をもとにした下位分類がある。Ⅰ型（乳児型脊髄性筋萎縮症：infantile spinal muscular atrophy もしくは，ウェルドニッヒ・ホフマン病：Werdnig-Hoffmann disease とも呼ばれる）は，出生時，もしくは生後数か月で明らかとなり，ほとんどが 2 歳前に死に至ることから，最も重篤とされている。Ⅱ型（中間型脊髄性筋萎縮症：intermediate spinal muscular atrophy とも呼ばれる）は，生後 6 か月〜2 歳までの間に発症し，運動機能の発達の遅れ，筋力の進行性減退や歩行機能の喪失をもたらす。Ⅲ型（若年性脊髄性筋萎縮症：juvenile spinal muscular atrophy，もしくはクーゲルベルク・ウェランダー病：Kugelberg-Welander disease と呼ばれる）は，1 歳〜15 歳の間で出現し，最も発症率が低く，進行も最も遅いことから，最も軽症であるとされている。さらに 30 歳以降で発症し，症状も軽度から重度まで幅のあるⅣ型（成人発症型脊椎性筋萎縮症：adult-onset spinal muscular atrophy，もしくはアラン-デュシェンヌ病：Aran-Duchenne disease と呼ばれる）も存在する。また進行性筋萎縮症（progressive muscular atrophy），進行性脊髄性筋萎縮症（progressive spinal muscular atrophy）とも呼ばれる。

**脊髄節間反射弓**［intersegmental reflex arc］ 運動ニューロンと連絡するために，ある脊髄分節から他の脊髄分節へと伝わる，感覚ニューロンないしは介在ニューロンの線維によって形成された**反射弓**。

**脊髄損傷**［spinal cord injury］ 突発性，または進行性の外部の力により生じた脊髄の障害のこと。脊髄損傷は，打撲，大出血，裂傷，切断，脊髄性ショック，圧搾を含む。⇨ **神経根障害**，**椎間板ヘルニア**

**脊髄動物**［spinal animal］ 外科的に脊髄が脳から分離され，身体の末梢部が脊髄および神経のみによって制御されている実験動物。

**脊髄反射**［spinal reflex］ 脊髄が中枢となる神経回路で起こる**反射**。姿勢や運動の制御を行うものが多い。回路が 1 つの分節しか介さない場合は脊髄分節反射（segmental reflex），複数の脊髄分節にまたがってインパルスが送られる場合は脊髄節間反射（intersgmental reflex）に分類される。脳活動を必要とする反射は髄節上反射（suprasegmental reflexes）と言う。

**脊柱**［spinal column; spine; vertebral column］ 背骨のこと。軟骨の板（椎間板）で連結され，筋，腱で支えられている一連の骨（脊椎）からなる。頭蓋から尾骨まで続き，脊髄を覆う。身体の主軸となる。

**脊柱管**［spinal canal］ 脊柱内を走る管。脊髄が通っている。

**脊柱後弯症**［kyphosis］ 猫背を生じさせる，頸部（首）における背骨の湾曲。外傷，発達上の問題，または変性疾患に起因することがある。⇨ **脊柱前弯症**

**脊柱前弯症**［lordosis］ 側面から見た際の，頸部の脊柱の異常湾曲のこと。この姿勢は時々，脊柱弯曲症（swayback）や，サドルバック（saddleback）と呼ばれる。極端な場合は，脊柱前弯過度（hyperlordosis）の状態として知られている。⇨ **脊柱後弯症**

**脊柱側弯症**［scoliosis］ 脊柱の側弯のこと。

**脊椎披裂**［rachischisis］ 二分脊椎のような，脊柱の先天的な裂溝のこと。

**責任の混乱**［confusion of responsibility］ 生じた問題について他者から非難されることを避けるために，傍観者

が緊急事態でもそうでなくても助けることを控える傾向。これは**傍観者効果**の一因である。⇨ **責任の分散**

**責任の分散**［diffusion of responsibility］ 集団や社会的集合体に所属する個人にしばしば起こる責任の減少のこと。**傍観者効果**の一因であるとされており，集団の中の傍観者が，集団外の見物人と同様に困っている人を放っておく傾向がある。集団での義務感は，具体的な個人に焦点が当たらずに，すべての人に責任が分散する。この分散過程は，**選択シフト**や**脱個人化**，**社会的手抜き**，**社会的ジレンマ**といった集団レベルの現象を媒介している可能性が確認されている。⇨ **責任の混乱**，**群衆行動**［1970年にアメリカの社会心理学者ダーリィ（John M. Darley: 1938- ）とラタネ（Bibb Latane: 1937- ）が最初に示した］

**赤面**［blushing］ 不随意に顔を赤らめること。時に困惑，自意識，謙虚さ，恥のような感情と結びついている。

**積率**［moment］ 確率変数の期待値の累乗。たとえば，$E(x^k)$は$x$の$k$次の積率である。積率は，**平均**，**分散**，**歪度**，**尖度**など分布の測度の計算に使用される。

**積率相関**［product-moment correlation］ 2つの変数間の相関の程度を表す統計値。イギリスの統計学者のピアソン（Karl Peason: 1857-1936）により開発され，ピアソンの積率相関（Peason product-moment correlation）として知られる。

**赤緑色覚異常**［red-green blindness］ 赤と緑が混同される，色覚異常の一種。⇨ **2型2色覚**

**赤緑色盲**［xanthocyanopsia］ 色覚異常の一種で，赤と緑が知覚されないため，物体が黄色あるいは青の陰影がついたものとして見える。

**赤緑反応**［red-green responses］ ある波長の光に対し，ある網膜受容細胞は興奮性の，別の網膜受容細胞は抑制性の反応を示すという色視概念。赤と緑はスペクトルの両端なので，赤に対する興奮性応答に付随して，緑に対する抑制性応答が起こると仮定される。

**積和**［sum of cross products］ $\overline{X}$が$X_i$の平均値であり，$\overline{Y}$が$Y_i$の平均値であるとすると，

$$\sum(X_i-\overline{X})(Y_i-\overline{Y})$$

によって表される2組の変数$X_i$と$Y_i$から算出された統計的数値。積和は**多変量分散分析**で使用される。

**セクシズム**［sexism］ 差別，偏見，これに基づく行動が2つの性のうちの一方に対して向けられること。大抵は女性に向けられる。性差別的文化は，予め定められた経済的，社会的，家族的，感情的役割を**性役割ステレオタイプ**をもとにして男性と女性に割り当てる。それは，経済的社会的組織によって強化され，女性の生殖役割を養育者と呼ぶことによって正当化される。⇨ **性差別**，**偏見**

**セクシャルハラスメント**［sexual harassment］ 相手が望まない，あるいは，相手が不快に思う性的言動を行うこと。一般に，職場でのそれを言う。アメリカでは，1964年に制定された公民権法第七編に，被雇用者がセクシャルハラスメントを理由に雇用者を訴える権利が認められている。アメリカの**平等雇用機会委員会**（EEOC）によると，セクシャルハラスメントには，見返り（quid pro quo）と敵対的職場環境を構成する行動の二タイプがある。

**セクシュアリティ**［sexuality］ 1. 特に，性行為から形作られる，あらゆる性的行動，活動から快楽を得る特質のこと。2. 性行動のすべての側面。性的アイデンティティ，性的志向，性的態度，性的行動を含む。3. 精神分析理論において，口，肛門，尿道，胸，皮膚，筋肉および性器を含む身体のすべての**性感帯**が，性交や自慰，排尿，排便，食べること，噛むこと，吸うことによって刺激されることによって，高まる"器官快感"を意味する。

**セクショニング**［sectioning］ 同じ授業を1日に何回か行う教育方略を指す。一般的には，一つの授業は同じ教員が継続して担当する場合が多い。この方略をとることで，生徒と教員との人数比率を低く保ったまま，多くの生徒が同じ授業を受講することが可能になる。

**セクション**［section］ コンピュータ断層撮影や磁気共鳴画像法などの手法で得られた身体の断面像。

**セクター療法**［sector therapy］ クライエントの情緒的問題を引き起こしている連想パターンを，より現実的で構造的なパターンに置き換えようとする治療手続きのこと。**深層療法**とは異なり，治療過程は目標限定的適応療法（goal-limited adjustment therapy）と呼ばれ，クライエントの自伝的な語りによって明らかにされた特定の領域（セクター）にのみ焦点を当てる。この手続きにより，クライエントは自分の中の誤った関連性が理解でき，治療者の助けを借りて新しい自分を作り上げていくことができる。［ドイチュ（Felix Deutsch: 1884-1964）によって開発された］

**セクレチン**［secretin］ 胃から送られる酸性の内容物に反応して小腸上部で産生されるホルモン。膵臓からの膵液分泌および肝臓から胆汁分泌を促進する。セクレチンの機能は1902年にイギリスの生理学者ベイリス（William Maddock Bayliss: 1860-1924）とスターリング（Ernest Starling: 1866-1927）により発見された。ホルモンであることが証明された最初の物質である。

**セサメット**［Cesamet］ ナビロンの米国における商品名。

**世代**［generation］ 1. 両親の出生と彼らの子孫の出生の間の平均時間間隔。2. 共通の祖先をもつ血統の中で同じ層にいる子孫の全体。⇨ **子の世代**

**世代関係図**［genogram］ 系図の情報だけでなく，既往歴や死因，家族間の関係性についても組み込まれた家族に関する図のこと。

**世代間断絶**［generation gap］ 価値，道徳，態度や行動について，ある社会の若者と年長者との間に存在するようにみえる差異。この単語が最初に用いられたのは，1960年代後半の**若者文化**の急速な展開に伴っている。ジェネレーションギャップとも言う。⇨ **コホート効果**

**世代間伝達**［transmission］ 連続する世代を通して受け継がれる特性のこと。

**世代内学習文化**［cofigurative culture］ 主に同年代の他者から学習がなされる社会，文化。たとえば，子どもは他の子どもから，若者は他の若者から学ぶ。共具象化文化（configurative culture）とも呼ばれる。

**節**［clause］ 文より短く，句より長い言語単位のこと。従来の文法では，主語と定形動詞（主語の人称，数，時制によって形を変化させる動詞）をもつものとして定義されている。節は主に2種類のタイプに分かれる。1つは主節（main clause）であり，このタイプの節はそれ自体のみで意味や文章が成立する。もう一つに従属節（subordinate clause）であり，このタイプの節は意味や文章の成立は主

節に依存する。たとえば、"I smiled at Jane, who waved back"という文章において、コンマの前の言葉は主節であり、コンマの後の言葉は従属節である。言語心理学では、節は、文処理における重要な単位だと考えられている。1つ以上の従属節を含むことで統語論的観点から複雑だと判断される文章は、心理的にも複雑だとみなされる。⇨ **複文**、**等位**

**舌咽神経**［glossopharyngeal nerve; cranial nerve Ⅸ］第9脳神経で、咽頭や軟口蓋、舌根部の1/3の部分の味蕾に分布する。嚥下反射、耳下腺分泌刺激、頸動脈洞の神経支配を通じた心臓の反射調整などに関わっている。

**舌下神経**［hypoglossal nerve; cranial nerve Ⅻ］第12脳神経で、脳の中の第4脳室床の核からはじまり、舌や下あご、首や胸に分布する運動神経。

**積極行動主義**［activism］特に政治的もしくは社会的目的の達成のために、意図的な行動を行う政策もしくは実践的行為のこと。⇨ **コミュニティ運動グループ**、**社会貢献活動**

**積極的安楽死**［active euthanasia］非常に苦しんでいて回復の見込みがないとみなされた人（あるいは動物）の人生を終わらせることを目的とした直接的行為。今日最も一般的な積極的安楽死の方法は、致死注射や一酸化炭素の投与である。この実践は、治療は控えるが人生を終わらせるための直接的な行為も行わない**消極的安楽死**とは区別される。⇨ **安楽死**

**積極的苦痛性愛者**［active algolagnia］他者へ苦痛を与えることで覚醒する性的興奮。⇨ **性的サディズム**

**積極的傾聴**［active listening］心理療法の技法の一つで、セラピストがクライエントの感情の深さと内容を十分に理解しようとする試みにおいて、必要であれば質問しながら、クライエントの話にしっかりと注意深く耳を傾けること。セラピストは一般的に、クライエントが「理解されている」ことを保証するために、クライエントが述べたことを言い直して返す。積極的傾聴は、特に**来談者中心療法**と関連している。

**積極的抗弁**［affirmative defense］被告人が犯罪行為を認め、起訴されていても、犯意に関する検察や原告の主張を弱める証拠を提出する弁護方法。**精神異常抗弁**、**限定責任能力**、寄与過失（原告の不注意や無関心にも部分的に責任があるとする被告人の主張）、自己防衛が積極的抗弁の例である。

**積極的差別是正措置**［positive discrimination］特に雇用や教育において、人種や性別などに関して不利な立場にある集団を優遇すること。⇨ **アファーマティブ・アクション**、**機会均等**、**差別**

**積極的な窃視症**［active scopophilia］他者が性的行為をしているのを見ることや彼らの性器を見ることについての病的な興味関心をもつこと。これらの行動によって性的に興奮する人は**性嗜好異常**と言われる。⇨ **窃視症**

**積極的評価の偏り**［positive findings bias］研究者が**帰無仮説**よりも研究仮説を支持する結果を望み、認知し、報告する傾向のこと。⇨ **実験者効果**

**積極的分析的心理療法**［active analytic psychotherapy］ドイツの精神分析家シュテーケル（Wilhelm Stekel: 1868-1940）の治療のアプローチ。分析家は**古典的な**精神分析で想定されているよりも、もっと積極的な役割をとり、児童期初期の体験を探求するよりも、患者の最近の生活における精神内葛藤により注意を向ける。治療者は自由連想の過程に介入して重要な事柄を話し合い、患者の抵抗に直接立ち向かい、助言や激励をして、患者が夢を、現在の態度や問題の観点から直観的に解釈するのを助ける。これらの方法を通して、同時に**転移の分析**などのフロイト（Sigmund Freud）の分析手続きを無視して、シュテーケルは治療プロセスを大幅に短くしようとした。積極的分析（active analysis）とも呼ばれる。

**積極療法**［active therapy］**1**. セラピストが積極的、指示的な役割を担う形の心理療法の一つ。積極的治療者（active therapist）は、意見を表明し、解釈を提示し、提案や推薦を行い、禁止命令を出し、クライエントに不安を喚起する状況に立ち向かう行動をとるように促す。［ハンガリーの精神分析家のフェレンツィ（Sandor Frenczi: 1873-1933）によって紹介された］**2**. 精神分析において、分析家が（a）患者を**禁欲規則**を破るように励まし、（b）患者の行動や決断についてアドバイスを与えることに対する禁止を無視することによって、古典的なフロイトの実践から離れた治療の技法。

**接近-回避葛藤**［approach-avoidance conflict］目標の様相と結果が、好ましいものと好ましくないものの両方をもっている場合に生ずるアンビバレンス状態。たとえば、好ましいが、低い報酬しか支払われない仕事の場合である。目標に近づくほど不安と怖れが増加し、目標から遠ざかれば好ましさが減少し不安の循環が生じる。**接近-接近葛藤**、**回避-回避葛藤**、**二重接近-回避葛藤**。

**接近可能性**［accessible］社会心理学や心理療法において、個人的な相互作用や他の外的な刺激に対し、受容的もしくは応答的であること。心理療法では、治療者に対し、ラポールの構築や、認知的・感情的・行動的な事柄の検討を促進するようなやり方でクライエントが応答する場合、そのクライエントは接近可能であると考えられる。

**接近勾配**［approach gradient］生物が目標に対して接近した程度を関数とする動因の強さの変動のこと。たとえば、ラットの目標志向的な行動は、食物という目標に近づけば近づくほど激しくなる。接近勾配は**回避勾配**よりも緩やかである。⇨ **接近-接近葛藤**、**接近-回避葛藤**

**接近-接近葛藤**［approach-approach conflict］同じくらい好ましいが両立しない2つの目標の間で、一方を選ぶような葛藤状況。たとえば、2つの魅力的な仕事のどちらかを選ばなければならないような場合である。これはまた二重接近の葛藤（double-approach conflict）とも呼ばれる。⇨ **接近-回避葛藤**、**回避-回避葛藤**

**接近動機づけ**［approach motivation］たとえば肯定的な感情経験といった報酬に対する期待。目標志向的な行動を引き起こす条件となる。

**接近反応**［approach response］生物を刺激へと近づける行動。⇨ **対向性**

**接近不能**［inaccessibility］外的刺激への無反応を言う。自閉症や統合失調症でみられる、ひきこもりの状態に関連することが最も多い。

**セックス**［sex］繁殖や性的快感に関係する肉体的、精神的過程。

**セックスセラピー**［sex therapy］性的障害の治療法で、問題とその重症度に特化した技法が用いられる。セックス

セラピーは一般的には心理学的・精神医学的な治療が行われるが，場合によっては薬物療法や医学的処置による介入もなされる。多くの場合，認知行動療法や対人間の関係性に焦点を当てたシステム論的な心理療法が実施される。さらに，誤った情報を正して，性に関する生理学や解剖学，また性技の基礎知識を教示する。しばしば教科書となる本や映像教材が用いられる。

**赤血球生成促進因子**［erythropoietin］ 腎臓と肝臓で作られるホルモン。骨髄における赤血球の産生を促進し，循環している赤血球のレベルを最適に維持する。

**ゼッケル症候群**［Seckel's bird-headed dwarfism; Bird-headed dwarf; Bird-headed dwarf of Seckel; Bird-headed dwarfism; Seckel dwarfism; Seckel syndrome; Seckel's syndrome］ 現在では，染色体3番の欠落（locus 3q22.1-24）によるとされており，小頭症，尖った鼻，大きな目，小さな顔，低身長などの特徴を伴う症候群である。一般に，軽度から重度の発達遅滞がみられる。また，ゼッケル小人病（Seckel nanism）とも呼ばれる。［ドイツの医者ゼッケル（Helmut P. G. Seckel: 1900-1960）が報告したものである。また「鳥頭の小人」とはドイツの病理学者ウィルヒョー（Rudolf Virchow: 1821-1902）が用いた用語］

**接合子**［zygote］ 半分は父，もう半分は母からの二倍体の染色体をもつ受精卵や卵子のこと。接合子は胚になるため分裂し，分裂を続けることで発達・分化する。ヒトでは最終的に胎児になる

**接合子卵管内移植**［zygote intrafallopian transfer: ZIFT］ 実験用容器の中で卵と精子が混ぜられ，受精卵（接合子：zygotes）が卵管に戻される**体外受精**の様式。⇨ **配偶子卵管内転送**

**絶好の機会**［psychological moment］ 他者に対して特定の影響を及ぼすにあたって，最も望ましい瞬間のこと。

**窃視異常**［mixoscopia bastialis］ 他人が獣姦している様をのぞいて興奮し，覚醒するタイプの性的倒錯のこと。

**窃視症［1］**［scopophilia; scoptophilia; scotophilia; autoscopophilia］ 人の裸や服を脱いでいるところ，また性行為に及んでいるところを覗き見ることで，性的快楽を覚えること。⇨ **積極的な窃視症，受動的な窃視症**

**窃視症［2］**［voyeurism; inspectionalism］ 裸の人や，服を着替えている人，性行為をしている人を覗くことに性的興味や興奮を覚える，もしくはそれのみに興奮を覚える**性嗜好異常**の一つ。観察している人との性行為を求めるわけではないが，覗いている最中やその後そのシーンを思い出しながらマスターベーションをすることでオーガズムに達するのが一般的である。

**接辞付加**［affixation］ 屈折形や派生形を作り出すために接辞（affix）（**接頭辞，接尾辞，接中辞**）が単語に追加される言語過程（例，un-glue, walk-ing, material-ize）。言語によって接辞付加の程度と接辞付加の種類の相対的頻度が異なる。⇨ **膠着，膠着語**

**接種効果**［inoculation effect］ 説得力の弱いメッセージに接触したり，議論することによって，強い説得力をもつメッセージが次に現れても，それに対して抵抗が強まるという知見。⇨ **接種理論** ［アメリカの心理学者マグガイア（William J. McGuire: 1925- ）によって最初に実証された］

**接種理論**［inoculation theory］ **説得**に対する抵抗力は，人々を簡単に論駁される説得力の弱い攻撃にさらすことにより作られうることを主張する理論のこと。これは，人々に自身の態度は批判されうるものであると気づかせるのと同様に，彼らの態度を擁護する際にも役に立つ。そして，後のより強いメッセージに対する抵抗力を作り出す。⇨ **接種効果** ［アメリカの心理学者マグガイア（William J. McGuire: 1925- ）によって提唱された］

**切除**［ablation］ 毒物や外科手術によって生物学的組織や構造を除去したり破壊したりすること。通常，治療やその機能の研究のために行われる。たとえば，脳の切除は，脳機能の破壊や喪失を伴う。⇨ **生体組織検査**

**舌状回**［lingual gyrus］ 後頭葉から側頭葉にかけての下側部表面に沿って伸びる。大脳皮質の表面の比較的短い回旋。紡錘状回の中央に位置する。

**舌小帯短縮症**［ankyloglossia］ 舌小帯が極度に短いことにより舌の動きが制限される病。正常な発話は妨げられる。

**接触慰安**［contact comfort］ 母親，もしくは代理母との接触において，幼児や子どもの動物がうけるポジティブな影響。ハーロー（Harry Frederick Harlow）による，アカゲザルを用いた古典的な実験によって見出された。ハーローの実験では，子ザルに対し給餌装置のない布製の擬似母ザルと，給餌装置のついた針金製の擬似母ザルの両者が提示された。結果，子ザルは布製の擬似母ザルと多く接触し，また恐怖に陥った際にも，布製の擬似母ザルがいたほうが素早く沈静化した。

**接触仮説**［contact hypothesis］ ある集団に所属する人々が，他集団のメンバーとの接触が増えることで，彼らに対する偏見が減少していくという（そして多くの場合，より好意的になる）理論。現在は，他集団と同等の立場で，互いの集団が競争関係でなく，異質であるというレッテルを他集団に貼ることのない場合を除いて，接触の増加が集団間の偏見を低減させる可能性は低いと考えられている。集団間接触仮説（intergroup-contact hypothesis）とも言う。

**接触感覚**［contact sense］ 受容体に対する直接的な刺激から生じる感覚意識のことで，**化学感覚**と**触覚**を含む。

**接触強迫**［délire du toucher］ 物に触る強迫行為や観念のこと。**強迫性障害**や**トゥレット障害**における複雑性チックとの関連性が考えられる。

**接触言語**［contact language］ ピジン語など，異なる言語を話す話者間の接触の状況において生じる，コミュニケーションの即席システム。多くの場合，接触言語は制約された語彙，単純化された文章構造，複雑な文法屈折の欠如という特徴をもつ。

**接触行動**［contact behavior］ 親密な個人的な関係（たとえば，性的な関係）か比較的匿名性の高い関係（たとえば，商品の売買）のいずれかの対人関係で起こる行動や相互作用。

**摂食行動［1］**［appetitive behavior］ 中枢神経系の一部と，脳幹領域と視床下部の神経核を含む部位によって影響を受ける食行動。たとえば，腹内側核の障害は過食の，**外側視床下部**の神経核の障害は小食の原因となる。

**摂食行動［2］**［feeding behavior］ 栄養（食物）を得る行動のこと。ヒトの摂食行動の発達では，(a) 幼児初期

にみられる吸引，飲み込み反射，(b) 乳房や哺乳瓶への適応と自己の要求に基づいて食べること（**自己要求スケジュール**），(c) 4月齢あたりの噛みつき，(d) 先行する咀嚼，(e) 歯が発達し咀嚼する，(f) 指による食餌から様々な器具を使ったものへ広がる，がある。

**窃触症 [ 1 ]** [frotteurism] DSM-Ⅳ-TR においては，しつこく他人に擦りつけることによって，性的興奮を探し求める**性嗜好異常**のこと。エレベータや行列のような混雑した公共の場所では偶発的接触が生じているようにみせかける。このような行動をみせる人は，フロタージュをする人（frotteur）や擦る人（rubber）と呼ばれている。また，フロタージュ（frottage）とも呼ばれる。

**窃触症 [ 2 ]** [toucherism] 見知らぬ他者の胸部や臀部，性器などに触れることに性的関心があったり，性的興奮を得ること。事故を装って，出入口や廊下などで行われることが多い。

**摂食障害** [eating disorder] 主に病的な摂食行動に特徴づけられる障害。DSM-Ⅳ-TR において摂食障害は，**神経性無食欲症**，**神経性過食症**，またはどの特定の摂食障害の基準も満たさず，**むちゃ食い障害**を含む特定不能の摂食障害（eating disorder not otherwise specified）と分類される。その他の摂食の関する障害には，一般的には幼児期，小児期に診断され，DSM-Ⅳ-TR において幼児期または小児期早期の**哺育・摂食障害**と分類される**異食症**や**反芻性障害**がある。

**接触脱感作** [contact desensitization] 系統的脱感作の一種で，リラクセーション訓練の代わりに**参加者モデリング**を行う方法。特に不安の治療に用いられる。クライエントにとって最も弱い不安喚起状況から始め，セラピストが適切な行動を示し，クライエントも同様の行動ができるように援助していく。たとえば蜘蛛恐怖のクライエントとの治療では，まず，クライエントが見ている前でセラピストが蜘蛛の近くに座り，次に蜘蛛に触れ，さらに蜘蛛を捕まえるという行動をとる。クライエントは，セラピストの助言と援助を受けながら，同じ順序で同じ行動を行っていく。

**摂食中枢** [feeding center] 外側視床下部の伝統的な名前。この領域が刺激されると摂食行動が促される。空腹中枢（hunger center）とも呼ばれる。

**接触痛** [haphalgesia] 通常無害であるか無痛の触覚刺激に対する皮膚痛覚受容器の極端でめったにない感覚のこと。個人に対して特別の意味がある特殊な物質に対する反応によって観察されるため，接触痛は心因性の原因である可能性がある。たとえば，磁気への接触を考えると，激しい痛みや焼けるような感覚が生じるなどがあげられる。

**舌神経** [lingual nerve; gustatory nerve] **三叉神経**（第5脳神経）の分枝で，味蕾乳頭や粘膜を含む，舌の前部2/3に線維を伸ばす。

**節制** [sophrosyne] 古代ギリシャの哲学者プラトン（Plato: BC 427-347）が主張した理想的な特性。英語では「節制」（temperance）や「節度」（moderation）と訳され，判断を行う上でのバランス，分別，自制，堅実さを意味する。

**舌腺** [lingual gland] 舌の表層にある腺。この腺の漿粘液性分泌は味覚細胞間で味物質を広めるためにあると考えられている。

**接続詞** [conjunction] 言語学において，2つ以上の文章の構成要素あるいは複数の文章を結合する**機能語**。最も一般的な例は「ジョンとメアリーが結婚した」という文章における「と（and）」である。その他の一般的な連言には，「しかし（but）」「なぜなら（because）」「あるいは（or）」「もし（if）」などがある。⇨ **等位**

**絶対閾** [absolute threshold; absolute limen: AL; detection threshold; sensation threshold.] 感覚や反応を生み出すために必要な最小の刺激量のこと。絶対閾は，複数回の試行を経ることで計測される。ほとんど聞き取ることができない音のように，試行の半分（50%）で検出可能な最小，最弱レベルの刺激を指す。このことは，ある一定水準で，刺激が効率的に感覚を生み出していることを示唆しているが，絶対閾は受容器や環境条件の変化によっても変動する。

**絶対印象** [absolute impression] 「今日は晴れた日だった」のような暗黙の基準あるいは曖昧な基準に基づいた精神物理学的な判断のこと。

**絶対音感** [absolute pitch] 基準音を使用せずに，正確に音の高さを特定する能力のこと。

**絶対誤差** [absolute error] 誤差の種類（真値よりも高いまたは低い）を考えずに表す測定値の不正確さの程度。絶対誤差は，期待値と実測値との差の絶対値（⇨ **絶対値**）を平均することで算出される。この測定方法は，十分に定義された目標との距離やズレを示す全体的な正確さを記述するものでもある。⇨ **定誤差**，**偶然誤差**

**絶対値** [absolute value] 算術的な符号を取り除いた値のこと。

**絶対的** [absolute] 1. 他のものから制約を受けるものではなく，あるいは相対的なものではないこと。哲学では，絶対的な倫理的価値，美的価値，または認識論的な価値が存在するという立場は絶対主義として知られている。そのような立場は，**相対主義**の排除を含んでいる。⇨ **文化的普遍性** 2. 絶対零度のように，最終的な限界状態を示していること。

**絶対的観念論** [absolute idealism] 精神的および物質的現実性の両方が，ある普遍的かつ絶対的な心もしくは精神の現れであるとする哲学的立場のこと。⇨ **理想主義**，**観念論的一元論** ［ドイツの哲学者のヘーゲル（Georg Wilhelm Friedrich Hegel: 1770-1831）によって提唱された］

**絶対的キャリア** [obligate carrier] 個人の両親や子ども，もしくは一卵性の双子のきょうだいが特定の遺伝子変異をもつ場合，たとえその個人が遺伝子変異の検査を受けていなかったとしても，必ず同様の遺伝子変異をもつことが暗示される。⇨ **キャリア**

**絶対的存在** [absolute reality] 哲学において，現実に存在するものの全体性，すなわち人間によって経験され解釈された**現象**の世界を超越するまとまりとみなされるもの。絶対的実在の概念は，ドイツの哲学者カント（Immanuel Kant: 1724-1804）の研究から派生した理想主義者にとっても，非常に重要とされている。⇨ **実体**，**先験主義**

**絶対的要求** [demandments] 自身によって作られた，しばしば自滅的で無意識的な自分への命令のことであり，「完璧でなければならないのに，上手くできないから，私はダメな人間だ」のように，大きな願望や目標を絶対的な要求に変えてしまう。⇨ **理性情動行動療法** ［アメリカの

心理療法家エリス（Albert Ellis: 1913-2007）によって定義された〕

**絶対判断**［absolute judgment］　単一刺激が特定のカテゴリー（「明るい」「音が大きい」など）に属するかを判別する精神物理学的測定法のこと。「どちらかといえば明るい」「音がより大きい」などのように，基準刺激もしくは比較刺激を使って複数の刺激を比較判別する手法とは対照をなす。⇨ **比較判断**

**絶対判断法［1］**［absolute-judgment method］　実験参加者に対して，複数の刺激に関する**比較判断**ではなく，個々の刺激に関するカテゴリー判断を行うよう求める**精神物理学的測定法**のこと。この刺激は，通常，明るさや音の大きさなどの1次元もしくは2次元の間で変化する。

**絶対判断法［2］**［method of absolute judgment］　被験者に対して刺激をランダムに呈示し，それらの刺激に対して1つのラベルや数値を同定する精神物理学的測定法の一つ。測定された結果は**情報理論**を用いて分析することができる。

**絶対評価尺度**［absolute rating scale］　絶対値に従って，人間や事物などの対象を評価する**評定法**のこと。評価される対象は，他の対象とは比較されず，独立した基準のもとに評価される。

**切断分布**［truncated distribution］　分布の両端または一方を取り除いた状態の分布のこと。

**接中辞**［infix］　単語の意味を調整するために，単語の内部に挿入される要素。英語で唯一知られている例は「fan-fucking-tastic」のような罵り言葉である。⇨ **接頭辞，接尾辞**

**折衷主義**［eclecticism］　別種の概念的な公式や技術を一つに統合する，あるいは統合しようとする理論的，実証的アプローチ。⇨ **好意的折衷主義**

**折衷主義的技法**［technical eclecticism］　**統合的心理療法**において，クライエントの複雑な問題に対応するために様々な理論の枠組みを組み合わせて用いる技法。折衷主義的技法は，系統的かつ慎重に，理論的見地や治療プロセスなどのバランスを考慮して行われる。〔南アフリカ生まれでアメリカの心理学者ラザルス（Arnold Allan Lazarus: 1932- ）によって提唱された〕

**折衷的カウンセリング**［eclectic counseling］　異なる理論体系から選ばれた学説や発見，手法を組み合わせ，それらを融合させた**カウンセリング理論**とその実践。

**折衷的心理療法**［eclectic psychotherapy］　治療者の専門的な経験も含め，多くの様々な理論やアプローチを組み合わせて統合し，それを基にした概念や技法を用いる心理療法。より定式化された処方箋的折衷的心理療法（prescriptive eclectic psychotherapy）では，よい結果をもたらすように形式や方法，プロセスといった観点から具体的に心理療法的アプローチが組み合わされ順番に配列されている。

**絶頂**［acme］　性的快感の最も高い時点。リビドーの頂点（summa libido）とも呼ばれる。

**舌痛症**［glossodynia; glossalgia］　観察可能な異常は認められないが，舌や頬粘膜に痛みを感じる症状のこと。

**節点**［nodal point］　視野内の対象物とそれが投射された網膜像とを結ぶ，レンズ内の点。

**Z**［Z］　相関係数を変換するために用いられる統計量。相関係数を平均する目的で利用されることがある。⇨ **フィッシャーのZ変換**

**窃盗淫欲**［kleptolagnia］　性的興奮と関連づけられている病的な窃盗衝動。しかし多くの理論家は性的な問題とは無関係であると主張している。

**接頭辞**［prefix］　言語学で，ある単語の派生形を作るために先頭に加えられる**形態素**を指す。たとえば，unlikelyのunやex-wifeのex-などがある。⇨ **接辞付加，接中辞，接尾辞**

**窃盗癖**［kleptomania］　何かを盗みたいという衝動の制御に失敗するという特徴をもつ衝動制御障害。この窃盗行為は怒り，幻覚，妄想，そして躁病エピソードや別の障害によっては説明することができない。DSM-Ⅳ-TRにおいて窃盗癖は，他のどこにも分類されない衝動制御障害で説明される。

**説得**［persuasion］　ある争点，人物，概念，事物に関する他者の態度，信念，感情を変えようとする能動的な試み。⇨ **説得の二過程モデル**

**説得的意図の警告**［forewarning of persuasive intent］　後続のコミュニケーションが，受け手の態度を変容するよう意図されているという情報を受け取ること。これは，メッセージで主張されているものに対して，精緻化にバイアスをかけることになり，結果として態度変容を減少させる傾向がある。⇨ **バイアス精緻化，バイアス因子**

**説得的コミュニケーション**［persuasive communication］　個人の態度や行動過程を変容させたり鼓舞したりする情報のことで，文章，音声，視覚，視覚と音声の両方といった形をとる。

**説得的状況の警告**［forewarning of persuasive position］　後続のコミュニケーションが，特定の立場を擁護する議論を含んでいるという情報を受け取ること。コミュニケーションが反態度的唱導であるという警告は，コミュニケーションの内容に対する**精緻化**に影響を与え，**態度変化**を減少させる傾向がある。⇨ **バイアス精緻化，バイアス因子**

**説得の帰属分析**［attributional analysis of persuasion］　説得を理解するための方法の一つで，説得的メッセージの伝達者が特定の態度をとる理由について人々がどう推論したかという観点に立つ。

**説得の周辺ルート**［peripheral route to persuasion］　態度形成あるいは態度変容の過程の一つ。態度に関連した情報を慎重に精査するよりもむしろ，周辺的手がかりを使用することの結果として生起する過程である。⇨ **精緻化，精緻化見込モデル，説得の中心ルート**

**説得の多重役割**［multiple roles in persuasion］　精緻化見込みモデルにおいて，4つの可能な役割のうちの1つ以上において変数が説得に影響力をもつという過程のこと。精緻化の見込みが低いとき，変数は周辺的手がかりとして説得に影響する。状況的要因と性格的要因が極めて高いあるいは低くなるために精緻化が起こらなかった場合，変数は精緻化量を決定することによって説得に影響を与える。精緻化の見込みが高いとき，変数は**態度対象**を評価することと関係するかどうかの論証，または，精緻化におけるバイアス因子を提供する。

**説得の中心ルート**［central route to persuasion］　態度関連情報の中心的価値を入念に精査し，判断することによって，態度形成や態度変化が生じる過程。⇨ **精緻化，**

精緻化見込モデル，説得の周辺ルート

**説得の二過程モデル** [dual process models of persuasion] 態度関連情報を非常に大きな努力で処理するか，あるいはほとんど努力せずに処理するかの方略の違いに応じて態度変化が生ずると提案する説得理論。このタイプで最も有名な理論は，**精緻化見込モデル**と**ヒューリスティック・システマティック・モデル**である。

**説得療法** [persuasion therapy] 支持療法の一種。セラピストはクライエントの論理力や意志，自己批判力に訴えかけ，問題のある態度や行動パターンの修正を引き起こそうとする。この手法はアドラー（Alfred Adler）や，スイス生まれのフランスの医師であるデュボア（Paul-Charles Dubois: 1848-1918），デジェリーヌ（Joseph Jules Dëjerine: 1849-1917）らによって，心理療法における簡易な再構築的手法（⇨ **再構成的心理療法**）の代替手法として提唱された。

**Z理論** [Theory Z] **日本的経営**の諸側面をアメリカの企業文化に組み入れようとする経営哲学。従業員の**参加型意思決定**を重視し，チームスピリットや管理者と従業員相互の尊重を育成し奨励する。⇨ **デミング式管理法**，**総合的品質管理** ［アメリカの経営理論研究者オウチ（William G. Ouchi: 1943- ）によって考案された］

**切迫尿失禁** [urge incontinence] 膀胱の尿量に関わらず，膀胱の不随意収縮の結果生じる，排尿したいという突然の強烈な欲求を伴う，**尿失禁**の一つ。膀胱が実際に緊縮するので，尿は早急に放出される。そのため，切迫性尿失禁の人にとって，この問題の発生を予測したり制御することは困難である。

**折半法信頼性** [split-half reliability] 検査の内的信頼性の測度。それは，検査の半分の回答ともう半分の回答との相関によって得られる。

**接尾辞** [suffix] 言語学において，語や語幹の末尾に付け加えて屈折形や派生形を作る**形態素**のこと。たとえば，books の -s や driving の -ing，encouragement の -ment などがある。⇨ **接辞付加**，**接中辞**，**接頭辞**

**切片** [intercept] グラフにおける線と軸の交点。たとえば，方程式 $Y=a+bX$ については，$X=0$ のときの $Y$ の値を指す。

**絶望 [1]** [despair] 1. ひどく不都合な状況が良い方向に変わらないという，希望を失っている情動や感情を指す。人間の感情および行動の中で最もネガティブかつ破壊的なものの一つで，心理療法による介入の主要な対象である。2. エリクソンの発達の八段階における用語。⇨ **統合性 対 絶望**

**絶望 [2]** [hopelessness] ポジティブな感情や，状態の改善を体験できないだろうという感情。絶望は重篤な**大うつ病性エピソード**やその他の**うつ病性障害**においてよくみられ，自殺や自殺企図と関連がある。

**説明** [explanation] 何らかの現象や出来事に対して因果的条件の観点から意味を与える記述のこと。あるいは，一連の信念や仮定のこと。または，既知のものに対象を関連づけるメタファーのこと。⇨ **科学的説明**

**説明スタイル** [explanatory style] 何らかの現象や出来事，あるいは個人史について述べたり説明したりする際に用いられる個々人に独特なスタイルのこと。

**説明責任** [accountability] 特に専門的な立場にあるものが，彼／彼女の行動，決定，判断について，第三者（たとえば指導者や公の審査機関）に対して説明する義務を負うこと。

**絶滅 [1]** [annihilation] 完全な破壊。精神分析理論では，絶滅は自己の破壊を指す。**対象関係理論**では，絶滅の恐怖（絶滅の不安：annihilation anxiety）は最も早期の不安の形式だと考えられている。クライン（Melanie Klein）はそれを**死の本能**によると考えた。イギリスの精神分析家ウィニコット（Donald Winnicott: 1896-1971）は，環境との衝突に伴う不安だとみなしている。

**絶滅 [2]** [extinction] 生物学において，種や亜種が完全に，またはある環境内で失われること。たとえば，リョコウバトは地球上で絶滅し，コンドルやアメリカシロヅルは以前に見られていた場所で見られなくなったが，飼育下繁殖が成功し再導入されている。

**雪盲** [snow blindness] 非常に強い強度の白い光にさらされることで生じる視覚の歪み。すべての物体が赤に見える錯視（⇨ **色視症**）である**光線恐怖症**や，一時的な視覚の喪失が特徴である。

**節約率** [savings score] 過去に学習したが現在は忘却した記憶材料を再学習する際の節約の量。節約は，初回学習に比べての再学習に要した学習時間や試行回数で数値化される。⇨ **再学習法**

**セファロメトリー** [cephalometry] 頭部の寸法を計測する手法。歯列矯正の際，顔の成長を予測するために使用される。胎児セファメトリーとは，母体内の胎児の頭骨サイズを超音波や X 線を利用して計測する手法である。

**セマンティックディファレンシャル法（SD法）**
[semantic differential] 個人が語や概念に対して抱く情緒的意味を探索するために用いられる技法。まず，「良い－悪い」，「美しい－醜い」，「温かい－冷たい」，「大きい－小さい」などといった対義語の対を呈示して，回答者に7件法の尺度上で語や概念について評定してもらう。次に，それらの評定結果を平均するか要約するかして，態度に関する最終的な指標を得る。この手続きが態度を評価するために最もよく使用される手続きの一つであることは言うまでもないが，計量心理学的なテストの領域や，（広告業や政治学などの分野において）製品や，公共的な論争，パーソナリティに対して公衆がどのような反応を示すかを測定・評価するためによく利用される。⇨ **態度対象**，**対象**，**直接的態度測定** ［1950年代にアメリカの心理学者オズグッド（Charles E. Osgood），スシ（George J. Suci），タンネンバウム（Percy H. Tanenbaum: 1927- ）によって開発された］

**セラピスト** [therapist] 精神的，身体的障害や疾患の治療を行うための一つもしくはそれ以上の技法を，訓練によって修得した者，治療者。しばしば，心理療法家と同じ意味で用いられる。⇨ **心理療法**

**セラピーパペット** [therapy puppet] 子どもの治療において**ロールプレイ**で用いる人形のこと。子どもとセラピストが直接コミュニケーションをするよりも，人形を用いたセラピーのほうが子どもに思考や感情を伝えられることもある。

**セル** [cell] 統計において，表の行と列が交差する場所に形成されるスペースのこと。たとえば，男性と女性の利き手に関する研究で用いられる表は，4つのセルから構成

される。すなわち，左利きの女性，左利きの男性，右利きの女性，右利きの男性である。

**セル・アセンブリ**［cell assembly］　同期して活動するニューロン集団であり，1つの機能単位として発達する。この集団の1つのニューロンを刺激するだけで，集団すべてが活動する。この結果，1つの手がかりから，関連する様々な記憶を呼び起こしたり，物体の一部を見るだけで，残りすべてを想像したりすることができるようになる。ヘッブ（Donald O. Hebb）によって，1949年に提唱された仮説であり，記憶に関する研究分野で大きな影響をもっている。

**セルオートマトン**［cellular automata］　**人工生命**の研究で用いられるコンピュータプログラムのこと。典型的なものとしては，最初の複数の状態をもつセルを，配列したセルに分割し，コンピュータのスクリーン上に表示される。パターンは，決まったルール（たとえば，隣接したセルが決まった数で占有されているかどうか）により，連続したステップを通して進化する。このタイプのプログラムは，社会行動や進化発生のような現象を調べる際に用いられる。

**セルトラリン**［sertraline］　大うつ病，パニック障害，外傷後ストレス障害，強迫性障害を含むうつ病性障害と不安障害の治療に用いられるSSRI。これは月経前不快気分障害の治療にも用いられている。アメリカでの商品名はゾロフト（Zoloft）。

**セルトリ細胞**［Sertoli cell］　精細管内の大きな細胞で，発達中の精子を保護，滋養する。精子は成熟するに従って精細管の内側に向かい，セルトリ細胞に埋め込まれた形になる。［イタリアの組織学者のセルトリ（Enrico Sertoli: 1842-1910）］

**セルフ・モニタリング**［self-monitoring］　運動プログラムの中などで用いられる動機づけの技術のこと。⇨ **訓練日誌**

**セルフアドボカシー**［self-advocacy］　自己決定によって，人々が自分の選択や，自分たちの権利を行使するプロセスのこと。発達障害や他の障害をもつ人々のために，セルフアドボカシーは，たとえば，サービスに関連した資源の制御の増加を必要とすることになるかもしれないし，受け入れや拒否，あるいはそれに代わるサービスを通知することを必要とすることになるかもしれない。⇨ **消費者のエンパワーメント**

**セルフインベントリー**［self-inventory］　被験者に自分自身に適用されていると考える特性や特徴をチェックさせる質問あるいは一連の文。

**セルフケア**［self-care］　他者の助けを受けず自身で管理することができること。⇨ **日常生活動作**

**セルフコントロール**［self-control］　人々の行動（潜在的-顕在的，情動的-生理的に限らず）の要求に従ったり，衝動を抑制する能力のことを指す。たとえば，短期的な報酬と，長期的な大きな報酬が対抗するような状況において，長期的に得られる結果を選択する能力のことである。短期的な結果を選択することを衝動性（impulsiveness）と言う。⇨ **衝動的，自己訓練，自己制御**

**セルフコントロールテクニック**［self-control technique］　**行動療法**で用いられる技法の一つ。クライエントが自らの行動を評価し，適切な物質的，社会的報酬を得られる行動を強化できるよう訓練する。

**セルフスキーマ**［self-schema］　ある特定の経験領域における役割や行動に関連をもとに組織された，自己に関する体系的な情報から構成される認知的な枠組み。たとえば，親や労働者としてのはっきりとした自己概念など。

**セルフ・ディスクレパンシー**［self-discrepancy］　自己概念の異なる側面間の不一致。特に**現実自己**と**理想自己**，あるいは現実自己と**義務自己**間の不一致である。［アメリカの心理学者ヒギンズ（E. Tory Higgins: 1946- ）の理論に由来する］

**セルフテスト**［self-test］　訓練を受けた専門家による補助がなくても実施することができるテスト。

**セルフトーク**［self-talk］　自分自身にフレーズや文章を語りかける内的対話。セルフトークは，否定的な信念や態度を硬直化させたり強化したりする。たとえばそれは恐怖や間違った向上心などであり，感情や反応に否定的な影響を与える。ある種の心理療法では，患者の自己破壊的で否定的なセルフトークを，より建設的で肯定的なものに置き換えることを勧める場合もある。スポーツ領域では，アスリートに肯定的なセルフトークを使う訓練を行うこともある。たとえば，セルフトークによって特定の方法で行動するよう体に指示を出す，**注意の焦点を指示する**，動機づけを高める，**自己効力感を強化する**，気分を変える，などが行われる。⇨ **内言，理性情動行動療法**　［アメリカの心理療法家エリス（Albert Ellis: 1913- ）によって提唱された］

**セルフ・ハンディキャッピング**［self-handicapping］　たとえば，オーディションの前にリハーサルを怠るなど，失敗するとかうまくできないと思う課題において，成功の可能性をわざと減らす心理的方略。その目的は予測された結果に対して受容可能な言い訳を作り出すことによって，欠陥を環境に帰属したり，能力不足に帰属されないようにすることである。

**セルフフォーカス**［self-focus］　精神そして感情の状態を分析したり評価する個人の能力。

**セルフヘルプ**［self-help］　専門職の方針ではなく本人の方針に焦点を当て，生活課題に対処しようとする方法のこと。独立独行，利用可能な情報や資源の獲得，同様の境遇の者との協働が含まれる。⇨ **セルフヘルプグループ**

**セルフヘルプグループ**［self-help group］　同様の生活上の課題を互いに対処しようと支援する者同士で構成されるグループ。専門職によって導かれない点，料金が発生しない点，参加者の数に制限が加えられないという点においてセルフグループは治療グループと異なる。また，友情や情緒的な支援，経験知，アイデンティティ，所属感といった専門職が提供できない多くの利益を参加者に提供できるという点においても特徴的である（⇨ **セルフヘルプグループ過程**）。心理学者はセルフグループの開発支援や調査に積極的に関わってきた。セルフヘルプグループの例としては，アルコホーリクス・アノニマス，コンパッショネート・フレンズ，Recovery, Inc. がある。⇨ **相互サポートグループ，サポートグループ**

**セルフヘルプグループ過程**［self-help group processes］　セルフヘルプグループによるメカニズムのことで，その過程において参加メンバー間の影響力を用い，所属感，適応性のある信念，情緒的支援，役割モデル，コーピングの手法，経験知，他者へ有意義な提案を行う機会，個人のソー

シャルネットワークの拡張もしくは再建といったことを提供する。

**セルフヘルプグループ類型**［self-help group typology］セルフヘルプグループのタイプ別分類のこと。嗜癖／強迫グループ（たとえば，**アルコホーリクス・アノニマス**），生活ストレス／変遷グループ（たとえば，**コンパッショネート・フレンズ**），精神疾患／精神障害，身体的疾病／健康／障害グループ（たとえば，多発性硬化症協会：National Multiple Sclerosis Society）などがあげられる。

**セルフヘルプ支援センター**［self-help clearinghouse］アメリカにおいて，セルフヘルプグループに関する情報を提供する組織のことであり，管轄する地域で活動する全グループの最新情報を提供している。このサービスは市民や活動団体，専門家にとって重要な資源となっている。情報センターの中には，セルフヘルプの活動団体や団体のリーダーに対してコンサルテーションを行い，また，社会や専門職に対してセルフヘルプ活動団体の本質や価値，有効性の教育を行っているものもある。

**セルフマークテスト**［self-marking test］テスト受検者の反応の正否を自動的に得点化するタイプのテスト。

**セルフマネジメント**［self-management］ 1. 個人が自分の行動をコントロールすること。セルフマネジメントは通常，個人の私的な環境と社会環境において望ましい一面と考えられるが，ときにセルフマネジメントが精神的肉体的不健康になることもある（⇨ **対処機制**）。精神療法とカウンセリングは，しばしば後者の特定手法と前者に適用するための修正方法を提供するための取り組みである。 2. **行動療法**のプログラムの一つで，たとえば，喫煙や過食，キレる行動などをより望ましい行動へと変容できるように，クライエントを援助する技法。クライエントは問題を正確に把握し，行動変容のために現実的な目標を設定し，様々な随伴性を活用する。その上で望ましい行動を作り上げ維持し，継続的に進行状況をモニタリングする。

**セルフ・モニタリング**［self-monitoring］ 1. 行動を管理するために用いられる技法の一つで，自らの行動を継続的に記録する。時間経過や場所，行動の中身やそのときの感情などを詳しく記録する。特に自己を変容，統制しようと努力するときに用いられる。⇨ **自己制御** 2. 状況からの圧力，機会，規範に応じて行動を調整する能力を反映するパーソナリティ特性。セルフ・モニタリング能力が高い人は状況からの要求に同調するのに対して，それが低い人は自らの内的な感覚に同調する傾向がある。

**セル平均モデル**［cell-means model］観測得点が，偶然誤差を伴って生じる**セル**の母平均の関数としてモデル化されている線形 ANOVA（**分散分析**）モデルすべてのこと。

**セレギリン**［selegiline］パーキンソン病の治療に用いられる薬物。少量の使用においては選択的に神経伝達物質であるドーパミンを分解するモノアミンオキシダーゼB（MAO-B）へと作用し，脳内のドーパミンのレベルを増加させる。セレギリンは非可逆**モノアミンオキシダーゼ阻害薬**（MAOI）であり，多量の使用の際にはMAO-AとMAO-Bの両方に作用する。このような非選択的かつ非可逆なモノアミン酸化酵素阻害薬の副作用を避けるため，薬用量を超えないように十分注意すべきである。薬物の併用による悪影響は抗うつ薬とセレギリンの併用によって共通して観察されてきた。デプレニール（deprenyl）とも言う。

**セレブロシド**［cerebroside］脂質の一種であり，神経線維のミエリン鞘に含まれる。

**セレンディピティ**［serendipity］偶然に幸運な発見をする才能のこと。セレンディピティは創造的な科学者の特徴だと考えられることが多い。この単語は1754年にイギリスの作家ウォルポール（Horace Walpole: 1717-1797）によって，彼の小説の表題 The Three Princes of Serendip から生まれた（Serendip はスリランカの古いアラブでの呼び名で，その王子にこの能力があるとされた）。

**ゼロサムゲーム**［zero-sum game］ゲーム理論において，プレーヤーの利益と損失の合計がゼロになるゲーム。参加者たちが得ることができる資産の合計は固定であり，あるプレーヤーの利益は必ず他のプレーヤーの損失を伴う。この用語は取引行動や経済行動の分析に用いられる。

**セロトニン**［serotonin; 5-hydroxyrtyptamine: 5-HT］脳内，中枢神経系におけるモノアミン神経伝達物質。胃腸系反応，心血管系および呼吸器系平滑筋，血管平滑筋にもみられる。L-トリプトファンから合成され（⇨ **トリプトファン・ヒドロキシラーゼ**），松果体でメラトニンに変換される。脳幹上部，特に**縫線核**に大量のセロトニンがある。セロトニンは最初モノアミンオキシダーゼにより分解され，主な代謝産物である **5-ハイドロキシインドール酢酸**（5-HIAA）になる。感情整理，幻覚，反射制御など多くの生体制御過程にセロトニンが関係している。たとえば，セロトニン量は攻撃性と逆相関し，セロトニンの放出は睡眠を促進する。うつ，不安障害，睡眠障害，攻撃性，精神病など，多くの心理学的症状との関連が指摘されており，向精神薬の多くは，セロトニンが仲介する**神経伝達**に影響を与える。

**セロトニン拮抗薬**［serotonin antagonists; serotonin inhibitors］セロトニンに拮抗的に作用する薬。これは片頭痛発作の予防に用いられる**シプロヘプタジン**と**メチセルギド**，制吐薬の**オンダンセトロン**が含まれる。

**セロトニン再取り込み抑制剤**［serotonin reuptake inhibitors: SRIs］ ⇨ **SSRIs**

**セロトニン作動性ニューロン**［serotonergic neuron］神経伝達物質のセロトニンによって放出あるいは活性化されるニューロン。脳においては，ほとんどのセロトニン作動性神経経路は**縫線核**からはじまり，脳のその他の場所や脊椎に拡散的に投射される。

**セロトニン受容体**［serotonin receptor］セロトニン（5-hydroxyrtyptamine: 5-HT）を結合し，反応する複数の受容体の総称。これらは脳内および末梢にあり，リガンドや阻害薬の影響の強さから異なる感受性をもつことがわかっている。セロトニン受容体には，様々な生理的，心理的過程に関与する少なくとも15の型がある。それらは下付きの文字および数字で表現される（例，5-HT$_{1A}$，5-HT$_{1B}$，5-HT$_{1D}$，5-HT$_{2A}$など）。

**セロトニン受容体作動薬**［serotonin-receptor agonists］脳や末梢組織の様々な**セロトニン受容体**での**セロトニン**に対する親和性，有効性を増加する薬。一般的に使用される**間接的作動物質**は SSRIs（フルオキセチン，シタロプラム）で，セロトニンの再取り込みをシナプス前で防ぐ働きがある。それによって，シナプス後受容体でセロトニンの

有効性が増加する。他のセロトニン受容体は直接的に受容体部位に作用を発揮する。たとえば，トリプタン（triptan）は受容体サブタイプの5-HT$_{1B}$と5-HT$_{1D}$での直接的な作動薬である。抗不安薬の**ブスピロン**は後シナプスの5-HT$_{1A}$受容体での**部分的作動薬**であり，一方，セロトニンに類似した**幻覚剤**（例，LSD）は5-HT$_{1A}$受容体で作用する部分的作動薬である。

**セロトニン症候群** [serotonin syndrome]　神経伝達物質セロトニンの過剰分泌による，振戦，混乱，せん妄，血圧上昇などの症状群。薬物の相互作用によって，セロトニン量が中毒レベルまで上昇した結果生じる。

**腺** [gland]　何らかの身体機能や身体からの排出のために必要とされる物質を分泌する器官。**外分泌腺**は物質（たとえば涙や汗）を身体の外部や消化管の内部へ排出するのに対して，**内分泌腺**はその産物（ホルモン）を血流へと排出する。外分泌腺は一般にその産物を導管を通じて放出するが，内分泌腺はそのような導管をもたない。

**善悪テスト** [good-and-evil test]　刑事責任能力の評価に使われる善悪テストの一種であり，起訴の対象となっている行為に関与していた時点において，被告人が行動の善悪を分別していたかどうかを判断するためのもの。

**遷移確率** [transitional probability]　推移確率とも言う。ある状態や条件から別の状態や条件に移り変わる確率。

**線維筋痛症候群** [fibromyalgia syndrome]　広範囲に及ぶ筋骨格痛や慢性疲労を特徴とする原因不明の症候群。痛みは，身体にある多数の圧痛点に圧力が与えられることによって引き起こされる。その他の一般的な症状は，筋硬直，頭痛，睡眠障害，抑うつである。症状は**慢性疲労症候群**の症状と重複する。線維筋痛症候群は**過敏性腸症候群**や片頭痛などの他の疾患と同時に生じる。この疾患は，以前は原発性線維筋痛症（fibromyositis-fibromyalgia syndrome）と呼ばれていた。⇨ 筋筋膜性疼痛

**前意識** [preconscious: Pcs]　**1.** フロイト（Sigmund Freud）の提唱した古典的精神分析理論における精神の水準の一つである。意識には顕在していないが，おおよそ即時に意識にのぼることができる思考や感情，衝動が含まれている。友人の顔や定型句，もしくは最近起きた出来事の記憶などが，この例としてあげられる。⇨ **意識，無意識** **2.** 一般的には，心のこの水準における思考や感情，衝動を示す，またはそれに関連するものを前意識的という。先行意識（foreconscious）とも呼ばれる。

**前意識的思考** [preconscious thinking]　**1.** 論理的思考の発達に先立つ，子どもの絵画的，魔術的，あるいは空想的な思考。[オーストリアの精神分析学者フェニケル（Otto Fenichel: 1897-1946）によって1938年に紹介された] **2. 前意識的思考** [preconscious thinking]　精神分析理論における，**前意識**の水準で行われる思考のこと。前意識的思考は，一見して無意識的で，直感的な思考過程や，ある種の創造的な飛躍や洞察を説明するために用いることがある。

**前因果的思考** [precausal thinking]　8歳以前の子どもにみられる雨，風，雲といった自然現象に対する知覚傾向のことで，それらの現象には意思や意図があると見なされる。すなわち，機械的というよりは擬人的な捉え方である。⇨ **アニミズム的思考** [最初にピアジェ（Jean Piaget）が提唱した]

**前運動野** [premotor area; premotor cortex]　運動計画に関連する運動皮質の一部。補足運動野とは対照的に，運動前野への入力は主に視覚からであり，通常その活動は外部の事象によって引き起こされる。ブロードマンの脳地図6野（Brodmann's area 6）とも言う。

**先鋭化** [sharpening]　もとの経験と比較して，時間の経過とともに記憶のある部分がより厳密に定義，強調され，また誇張されること。

**前エディプス期** [preoedipal]　より一般には，エディプス・コンプレックスの開始以前の構造や機能を指す。⇨ **前男根期的**

**前エディプス期的** [preoedipal]　精神分析理論における，**男根期**でのエディプス・コンプレックス形成前の，**心理・性的発達**の第一段階に関連すること。この段階では，男女双方にとって母親が唯一の愛情の対象であり，父親はまだライバルや愛情の対象とはみなされていない。

**線遠近法** [linear perspective]　対象の視覚像の大きさは眼からの物体までの距離の関数であるとする法則。したがって，同じ対象をある距離まで遠ざけるとより小さく見える。2つの対象は，水平線上に収束していく線路のように，2対象からの距離の増加とともにより近接しているように見える。

**遷延性植物状態** [persistent vegetative state: PVS]　基本的な脳機能や自発呼吸は維持されるが，長期にわたって意識が消失しており，コミュニケーションがとれず，刺激に対する自発的な反応がみられない生物学的状態を指す。この状態は脳死とは区別される。若い外傷患者は，時折この状態から回復する。しかし，年齢を重ねた患者の場合は，3か月間この状態が続いた後に回復することは稀である。長期間この状態にある人々については，ときに永久的植物状態（permanent vegetative state）という。

**前オーガズム** [preorgasmic]　オーガズムを今まで経験したことのない人の状態を指す。

**漸加** [recruitment]　刺激が続いたり強くなったりした際，刺激に応答する神経細胞の数が増えること。

**前角** [anterior horn]　**1.** 脊髄の前方部分にある灰白質の領域。前根を形成している軸索をもつ巨大な運動ニューロンを含む。腹角（ventral horn）とも呼ばれる。⇨ **中心灰白質，後角** **2.** それぞれの**側脳室**における前方の一部区域。

**腺窩性小梗塞** [lacunar stroke]　脳の大きな血管から直接枝分かれしている動脈の梗塞に起因する小さな**梗塞**が原因である**脳卒中**。腺窩性小梗塞は，すべての脳卒中の約20%を占める。

**前カテゴリー的音響貯蔵（PAS）** [precategorical acoustic storage: PAS]　聴覚情報が解釈されたり理解されたりする前にその情報を一時的に保持する**感覚記憶**のことで，エコイックメモリーの現象の理論的な説明となる。PASは視覚系のアイコニック記憶と並列の貯蔵庫であるとみなされる。[アメリカの心理学者クラウダー（Robert George Crowder: 1939-2000）によって提唱された]

**全か無かの学習仮説** [all-or-none learning hypothesis]　学習を繰り返した場合，完全かつ全面的に学習がなされるか，もしくは全く学習されないかに関する理論のこと。全か無かの学習仮説は，試行錯誤による段階的な学習理論と対照的に位置づけられる。

**前慣習的レベル**［preconventional level］ コールバーグの道徳性発達理論では，子どもの道徳的推論における第1段階の特徴を指す。養育者が示す道徳的説明には従順で疑うことはなく，さらには具体的な動作がもたらす結果だけを評価する。このようなレベルの初期段階（モデル全体でみたときの段階1 ⇨ 罰と服従への志向）は，罰や報酬に対する関心によって特徴づけられる。その後の段階（段階2 ⇨ 素朴快楽説）では，未だに行動はそれ自体を満足させているかどうかという観点から評価されるが，他者の要求に対する認識が表れ始める。⇨ **慣習的水準，脱慣習的水準**

**前期**［prophase］ 細胞分裂の最初の期。染色体は短く厚くなり，長軸に沿って姉妹染色分体に分かれ，核膜は消失する。**減数分裂**では相同染色体が結合して二価染色体を形成する。

**前戯**［foreplay］ 心理的・身体的な刺激の呈示に特徴づけられる，**性交**前に行われる活動のことで，接吻・愛撫・性的興奮などが含まれる。この行為の目的は性的興奮を高めることであり，数分間から数時間にわたることもある。

**前期高齢者**［young-old］ 65歳から75歳の間の成人。⇨ **後期高齢者**

**宣教師と人食い人種**［missionaries and cannibals］ 問題解決の研究においてしばしば用いられる問題。3人の宣教師と3人の人食い人種が川の一方におり，2人乗りのカヌーで反対側に渡らなければならない。両岸の宣教師の数が人食い人種よりも少なくなると，彼らは食べられてしまう。また，カヌーは川を渡る際，最低でも1人は乗っていないといけない。問題を解く人は，これらの制約の中で，この集団全員が生きて川を渡れる一連の動きを計画しなければならない。

**漸近**［asymptote］ 心理学において，学習試行を繰り返して最大の反応へ近づいていくこと。

**漸近線**［asymptote］ 統計学において，曲線に近づくが決して接しない直線のこと。

**漸近的正規性**［asymptotic normality］ 1つかそれ以上の分布のパラメータがとても大きく（たとえば，二項分布の$n$やカイ二乗分布の$v$）なると，分布が正規分布と区別することができなくなる分布の特性。

**前駆期**［prodrome］ 精神的，あるいは身体的障害の初期症状。前駆期は，しばしば，障害予防の手段として，警告やサインとして利用される。例として，てんかん発作の前にはしばしば**前兆**が起こり，片頭痛や頭痛，疲労，めまい，潜在性の能力悪化は，しばしば脳卒中の前に起こる。前駆段階とも呼ばれる。

**前駆症候群**［prodromal syndrome］ 心理学的あるいは神経学的障害を生じやすくすると考えられている一定の特徴，症状あるいは神経学的障害。

**前駆症状尺度**［Scale of Prodromal Symptoms: SOPS］ 統合失調症などの精神障害の**前駆症候群**を鑑別，査定するための心理査定法。行動面での診断基準も含まれ，5つの**陽性症状の改善**，4つの解体症状，4つの全般的症状の重篤度を評価する6つの尺度が含まれる。［オリジナルは，アメリカの精神科医マックグラッシャン（Thomas H. McGlashan: 1941- ）らによって2001年に開発された］

**前屈症**［camptocormia］ 背中が鋭角（30°～90°）に前屈する病気。ケースによっては，**転換性障害**の珍しい表れ方であり，背中の痛みか震え，もしくはその両方を伴う。

**前駆物質**［precursor］ 生化学において，化学反応により，それから別の化合物が生成される化合物を指す。たとえば**チロシン**は神経伝達物質カテコールアミン（ノルエピネフリン，ドーパミン）の前駆物質である。

**前景化**［foregrounding］ 注意を焦点づけるために，複雑な刺激の一側面を強調する方法。たとえば，話し手や書き手が，情報を伝える際に，いくつかの要素に対して，その他の要素よりも焦点を当てるときなどに前景化が生じる。通常，言葉の順番，文の構造，言葉による明示（「よく聞いてください」「最も重要な点ですが」など）などの組合せによって成立する。演説においては，アクセントをつける，区切りを入れる，身振りや表情をつけることなどによって強調される。**談話分析**は，話し手や書き手が，情報の中のある部分を無意識のうちに前景化させている方法に強い関心を寄せるものである。⇨ **新旧区別**

**線形回帰**［linear regression］ 説明（独立）変数が，基準（従属）変数と線形の関係であることを前提とした**回帰分析**のこと。

**線形システム**［linear system］ 複雑な入力に対する反応が，分離された入力成分に対する分離された反応の加算となるようなシステムのこと（これは重ね合わせ（superposition）の原理である）。加えてもう一つの条件（homogeneity），つまり，もし入力がある要因によって上昇するなら，その出力も同様の要因によって増大しなければならないということが必要となる。

**線形性**［linearity］ 1つの変数が他の変数の線形関数として表現できるような2つの変数の関係のこと。つまり，すべての係数（coefficients）が1次（first power）となる。線形的な関係は，必ずしもではないが，しばしば直線的関係となる。

**線形の因果関係**［linear causation］ 最も単純なタイプの事象間の因果関係で，通常は，単一の原因が関わっており，単一の結果もしくは直接的な**因果連鎖**を生み出す。線形の因果関係はたびたびより複雑な複数の原因と結果が関わる因果モデルと対比される。⇨ **因果曖昧性，因果テクスチャー，フィードバックループ**

**前景－背景**［foreground-background］ 知覚における区分のことで，前景となる注意を向けられた物体と，特定の注意をあまり向けられない背景内の細部との区分を指す。

**線形変換**［linear transformation］ 等式$Y=a+bX$を用いることによる$X$から$Y$への変換のこと。ここで，$a$と$b$は定数である。

**線形モデル**［linear model］ モデルのパラメータに関して，線形である実証データのためのモデルのこと。つまり，従属変数の値は独立変数の線形関数と関連しているとするモデル。最もよく使われる統計学的技法（分散分析，回帰分析など）は線形モデルとして表現される。⇨ **一般線形モデル**

**前件**［antecedent］ 1. ある出来事に先行し，また，ある特定の行動や反応を引き出したり導く出来事や状況，あるいは刺激のこと。⇨ **随伴性** 2. 「もし～だったら，～」という形の条件命題における，「もし」に続く部分のこと。たとえば，「もしソクラテスが人間だったら，必ず死ぬ」という条件命題においては，「ソクラテスが人間である」

という部分が前件である。前提命題（protasis）とも呼ばれる。⇨ **前件肯定，前件否定**

**漸減**［tapering］　薬理学において，薬物の投与を急にやめることによって望ましくない副作用が現れるのを防ぐために，投与量を次第に減らすこと。それらの副作用には激しいもの（痙攣）や比較的穏やかなもの（頭痛，軽い胃腸障害）がある。生理的依存性のある薬物（たとえば，アヘン剤，ベンゾジアゼピンなど）は禁断症状の発症を防ぐため漸減される。ベンゾジアゼピンの投与を急にやめた結果発作が生じる（⇨ **鎮静剤・催眠剤または抗不安薬離脱**）。

**選言概念**［disjunctive concept］　すべての事例に属性集合のすべてが含まれることが必須ではないという概念。たとえば，「車」という概念は，(a) 内部に燃焼機関をもつ，(b) 4つの車輪をもつ，(c) ハンドルを1つもつ，(d) ヘッドライトがある，などという属性によって定義されうる。しかしながら，これらの属性のうち1つもしくはそれ以上欠けている車を想像することは可能である。⇨ **連言概念，家族的類似性**

**前件肯定**［affirming the antecedent］　論理的に，"もしXならばYである"のような条件文がもし真であると認められたとすれば，後件(Y)が肯定されるかは，前件(X)が肯定されることから推論され妥当であると見なすことができる。たとえば，雨が降っているならば，草は湿っている。雨が降っている。ゆえに，草は湿っている。ラテン語で"modus ponens"とも呼ばれている。⇨ **後件肯定，前件否定，後件否定**

**前言語的**［prelinguistic］　発話能力を獲得していない乳児期において示される，あるいはそれに関連する。前言語期（prelinguistic period）には非言語的音声や身振りを使ったコミュニケーションがみられ，生後半年以降でみられる喃語と同様，初期の乳児の発声が含まれる。一語文は通常，生後1年前後でみられる。

**前言語的構成物**［preverbal construct］　言語の獲得以前に構成されるが，言語的な符号がなくとも，その後の人生での経験を形作るのに使われる可能性のある概念。［アメリカの心理学者ケリー（George A. Kelly: 1905-1967）によって提唱された］

**前言語的発達**［prespeech development］　最も初期における知覚経験，学習，コミュニケーションの発達。これらは実際の発話に先行し，その発達に必要となる。たとえば，新生児は，生後間もなく音へ注意を向け，1か月以内で人の声をその他の音と区別することができる。比較文化研究では，母親が決まって乳児の言語獲得を促すような手法を用いることが明らかとなっている。たとえば，表出を短くしたり，重要な言葉を強調したり，単純な構文にしたり，高い音域で話したりし，さらにははっきりと区別できるように誇張する。⇨ **喃語，対乳児発話**

**先験主義**［1］［apriorism］　哲学において，**生得観念**の実在性と，経験によらない，または経験に依存しない知識の妥当性を主張する立場。それゆえに，**経験論**とは逆の立場である。

**先験主義**［2］［transcendentalism］　ギリシャの哲学者プラトン（Plato: BC 429-347）の**イデア論**にあるように，究極の実在性は感覚現象や経験を越えて存在する，という考えをもつ哲学的立場のこと。ドイツの思想家カント（Immanuel Kant: 1724-1804），哲学者ヘーゲル（Georg Wilhelm Friedrich Hegel: 1770-1831），フィヒテ（Johann Gottlieb Fichte: 1762-1814）は，後の時代の先験主義の例である。アメリカの随筆家で，詩人である哲学者エマーソン（Ralph Waldo Emerson: 1803-1882）と彼のニューイングランドの仲間は，直観を通しての実在性を探し求め，先験主義哲学者として記載されている。⇨ **理想主義，神秘主義**

**宣言的記憶**［declarative memory］　思い出すよう要求されたときに意識的に想起される記憶のこと。**健忘症**ではこの種の記憶が損傷を受けている。宣言的記憶には**エピソード記憶**や**意味記憶**が含まれているとする理論もある。宣言的知識（declarative knowledge）とも呼ばれる。⇨ **顕在記憶，非宣言的記憶，手続き記憶**

**前件否定**［denying the antecedent］　形式的誤謬の一種で，「AならばBである」の前件が否定されることで，結果もまた誤りであると結論づけること。たとえば，「もし雨ならば，地面は濡れるだろう。雨は降っていない。したがって，地面は濡れていない」がこれにあたる。前件が否定されたという事実から，妥当でない結論が導かれてしまう。⇨ **前件肯定，後件肯定**

**全健忘**［global amnesia］　言語的・非言語的情報を含み，情報が提示される感覚モダリティに関係なく生起する健忘。⇨ **一過性全健忘**（TGA）。

**選好**［preference］　1. 条件づけにおいて　2つあるいはそれ以上の同時に可能な反応のうち1つが生起する確率。通常，（すべての測定された反応の頻度と比較された）**相対頻度**，あるいは比率として表される。2. 一般的に，ある選択肢を他の選択肢よりも選ぶ行為。

**先行オーガナイザー**［advanced organizers］　講義における学習者の注意を向上させたり情報獲得を促進させたりするために，説明をする前に，学習者に口頭または書かれた形で提供される情報のこと。その目的は，(a) 内容の初期理解を促す，(b) 講義・授業における情報の呈示方法に生徒を慣れさせる，(c) 当該の題材・教材を学ぶ目的を確認することである。先行オーガナイザーの効果を高める方法としては，概略図，テンプレート，事前知識の活性化などがあげられる。

**先行効果**［precedence effect］　1. 様々な方向からくる反射音を意識せずに音源を定位するときの脳における効果のこと。たとえば，音が特定の発信位置から出ていて壁から反射されるとき，第二の発信位置からの音が短い時間（70 ms以下）で届くという条件では，最初の発信位置のみを知覚する。2. 遂行課題において，刺激の全体的特徴が局所的特徴よりも優勢である傾向のこと。

**選好効果**［preferential effect］　超心理学的実験において，参加者の「読み」や推測が実験で使う一部の**ターゲット**（サイコロの目の大きな数やツェナーカードの星形）に関して正確になるという知見のこと（サイコロの目の小さい数やツェナーカードの十文字）。⇨ **下降効果，差異効果，焦点効果，位置効果，羊-山羊効果**

**先行詞**［antecedent］　言語学において，代名詞（特に，who, that, whichなどの関係代名詞）が参照する名詞または名詞句のこと。たとえば，in the train that I caught yesterdayの場合，thatの先行詞はtrainである。⇨ **前方照応**

**前向性健忘**［anterograde amnesia］　**健忘症**発症後の出

来事についての記憶を失うこと。たとえば，頭部への強いパンチを受けたボクサーが，試合の終了時点を思い出せないこと。前向健忘はそれを引き起こした出来事との関連で定義される，新たな学習ができない障害（impairment in new learning）と同義である。⇨ **逆向性健忘**

**選好注視法〔1〕**〔preferential looking technique〕 言語能力に乏しい乳児や動物の知覚能力を評価する方法のこと。乳児は「より興味を引く」刺激が「より興味のない」刺激と同時に提示されたときに，両者の識別が可能な場合に限り前者を優先的にじっと見る。バイアスを最小にするために，各試行では実験者は乳児を観察して乳児がどの刺激をじっと見ているかを判断できるが，刺激自体は乳児にしか見えない場所に位置する。視力を測定する例をあげると，最初の試行では粗い**視力検査縞**が同一の平均輝度で一様の灰色の刺激と対にされる。乳児は優先的に格子を見る。その次の試行では格子の**空間周波数**が増加して（棒がより狭くなる），その格子と一様の領域の位置が無作為に決められる。その格子が乳児によってもはや区別できないとき，格子が選択的に注視される可能性は偶然の確率まで落ちる。

**選好注視法〔2〕**〔visual preference paradigm〕 乳幼児の視覚的弁別を調べるのに用いる研究手法。乳幼児がどの刺激を好むかをみつけるために，異なる視覚刺激を注視するのに費やした時間を測定する。より注視された刺激はふつう選好されており，そのような選好は刺激弁別能力を示しているという仮定がなされる。

**前交通動脈症候群**〔anterior communicating artery syndrome: ACoA syndrome〕 左右の大脳動脈をつなぐ小さな血管である，前交通動脈の動脈瘤の破裂によって生じる症候群。急性期は，著しい混乱と注意障害が特徴的である。混乱期を通過すると，**前向性健忘**と**逆向性健忘**の両方がみられ，見当識障害が現われる。また，**作話**と病識の欠如がみられる。⇨ **前頭葉症候群**

**選好テスト**〔preference test〕 たとえば2種類ないしそれ以上の飲料のような，競合する製品の間における選好を消費者に問う研究。

**先行入力の法則**〔law of prior entry〕 2つの刺激が同時に呈示され，1つの刺激には注意が向けられ，他方の刺激には注意が向けられていないとき，注意を向けられた刺激が他方よりも前に呈示されたように知覚されるという法則。⇨ **複化実験**

**先行変数**〔antecedent variable〕 変数（b）に先行し，変数（b）と因果的に関わることがあるような，別の変数（a）のこと。

**選好法**〔preference method〕 ある有機体がいくつかの刺激の中からどれを選ぶのかを調べる技法のこと。そのような手法の例としては，ある動物が特定の食物を選ぶこと，あるいは人間が数種類の絵画，活動，あるいは職業のうちのどれを選ぶのかがあげられる。

**前交連**〔anterior commissure〕 大脳半球の部分と接続している有髄線維の塊。前交連は嗅索の線維も含んでおり，嗅覚の喪失に関わるいくつかの障害に関連する。⇨ **交連**

**前後軸**〔anterior-posterior axis〕 身体の前方から後方へ走る線または面。

**産後精神病**〔postpartum psyhosis〕 産後の女性に短期に生じる精神病的症状（妄想や幻覚）であり，大抵は**産後抑うつ**と関連している。

**前後即因果の誤謬**〔post hoc ergo propter hoc〕 後に起きたということだけで，その前に起きたことが原因だと考えるという**誤謬**のこと（ラテン語）。⇨ **虚偽の原因の誤謬**

**仙骨部**〔sacral division〕 仙骨（背中の下の方の部位）にある脊髄から生ずる副交感神経系の神経。⇨ **頭蓋部**

**全語法**〔whole-word method; look-say; sight method〕 単語を構成する個々の音に焦点を合わせることなく，生徒が話をするときに単語全体の意味を一度に理解すべきであり，また完全な単語を使うべきである，という考えに基づいた言語と読みの指導に広く使われる方法。最新の研究結果は耳が聞こえない子どもたちが手話を学んだり練習したりするために実際に音声学を使うと説明するが，この方法はもともと耳が聞こえない子どもたちに読みを教えるために使われる学習方略に基づいている。⇨ **フォニックス**〔アメリカの教育学者・聖職者のガロデト（Thomas H. Gallaudet: 1787-1851）によって開発された〕

**前根**〔ventral root; anterior root〕 運動神経線維を運び，脊髄の腹側から出ている**脊髄神経根**。運動根（motor root）とも言う。⇨ **後根**，**ベル-マジャンディーの法則**

**センサー**〔sensor〕 1. 受容体細胞，器官。2. 何かの存在に応答する装置（たとえば煙探知機）。

**潜在意識**〔subconscious〕 1. 意識外で生じることを示す心的プロセス。2. フロイト（Sigmund Freud）の局所モデルの中で，意識下にあり，**前意識**と**無意識**からなる部分のこと。

**潜在学習〔1〕**〔implicit learning〕 学習しようとする意図や，何を学習しているかという認識なしに生じる，認知的あるいは行動的な課題の学習のこと。記憶することに対する顕在的な要求への反応としてではなく，課題成績の向上によって潜在学習が証明される。⇨ **潜在記憶**，**顕在記憶**

**潜在学習〔2〕**〔latent learning〕 意識的努力や自覚，意図，強化子なしに獲得される学習で，パフォーマンスに対する特別な要求が生じない限りはその変化が明らかにならないもの。たとえば，ライティングの試験を受けている学生は，そのときは学習しようと努力していたわけではないのに，以前見たことのある文章を適切に引用できるかもしれない。動物においては，報酬なしで迷路を探索していたラットは，迷路に入れられていなかったラットよりも早くゴールを見つけられるようになる。⇨ **偶発学習**〔トールマン（Edward C. Tolman）が最初に説明した〕

**潜在感覚**〔cryptesthesia; cryptaesthesia; telesthesia; cryptesthetic〕 既知の感覚刺激への言及では説明できないような，**透視**，**透聴**，**テレパシー**，あるいは**超感覚知覚**に関する経験のこと。

**潜在眼球症候群**〔cryptophthalmos syndrome〕 家族性または遺伝性の障害。子どもは片目または両目が皮膚で覆われた状態で生まれる。目は顔の皮膚の下に大抵はあるが，まぶたやまつ毛，そしてほとんどの場合，涙管が欠損している。この症候群の人は光と色を見分けることができる。耳にも異常があり，失聴が共通してみられる。この症候群はしばしば精神遅滞を伴う。

**潜在期**〔latency stage; latency period〕 精神分析理論の用語。**心理・性的発達**の一段階で，経済的に性的興味が昇華されて，子どもの注意が技術や自らの性別と同じ仲間との活動に向けられる段階。この段階は，**エディプス・コ**

ンプレックスを解決する最終段階に位置づけられ，6歳〜11, 12歳の思春期までが1つのまとまりをなす。潜在(latency)，潜在期（latency phase），潜在段階とも呼ばれる。

**潜在記憶**［implicit memory］ 再生に対する意識的な要求や記憶が関連しているという認識なしに，先行する事象や経験について，間接的に生み出される記憶。たとえば，先に文脈上で"しんぶん"という語を見た後は，"しんぶん"という語を直近に見たことを覚えていなくても，"し○○ん"のように断片化された語を見て，"しつもん"よりも"しんぶん"を完成させやすい。健忘や脳障害によって意識や**顕在記憶**が機能していなくても，潜在記憶は生じうる。

**潜在処理**［implicit process］ 最適条件下であっても，正確に記述することができない認知的事象。

**潜在性**［potential］ 発達するため，あるいは生存するための能力。

**潜在制止**［latent inhibition; conditioned stimulus preexposure effect］ 無条件刺激と対呈示される以前にその**条件刺激**に接触した経験があることが原因となって起こる，**パブロフ型条件づけ**の遅延。

**潜在的因果関係**［implicit causality］ 因果関係がその動詞の**動作主**か，被動者かのどちらかに既に内在するという，**動詞**の性質。

**潜在的過程**［implicit process］ 無意識的過程を指す類義語。⇨ **顕在的過程**

**潜在的感作**［covert sensitization］ クライアントが行いたくない，あるいは楽しくないと思うような望ましくない行動を減らすことを目的とした**行動理論**の技法のこと。

**潜在的行動**［covert behavior; implicit behavior］ 直接的には観察されない行動のこと。たとえば，認知的処理や感情反応。

**潜在的自己**［covert self］ 自分の本質についての個人の知覚。

**潜在的消去**［covert extinction］ クライアントが，最初に，望まれない行動をイメージし，そして，その行動に対して報酬や強化を受け取れないことをイメージする**潜在的条件づけ**の手続きのこと。⇨ **潜在的正の強化**

**潜在的条件づけ**［covert conditioning］ **行動療法**の技法の一つ。想像力を用いる。潜在的行動と顕在的行動とは関連しつつ，それぞれはもう一方に影響し，両者は学習の法則に従うと仮定する。クライアントは，問題をはらんだ現実状況において望ましい行動を遂行しているところを想像し，それを想像できたことに対して自らに報酬を与える。最終的には実際上の行動変化が生じると考えられている。潜在的行動強化（covert behavioral reinforcement）とも呼ばれる。［アメリカの心理学者のコーテラ（Joseph R. Cautela: 1927-1999）により1966年に展開された］

**潜在的正の強化**［covert positive reinforcement; covert reinforcement］ **行動療法**において，よい結果につながるような望ましい行動をしている場面をイメージさせ，その行動が結果的に身に付くという期待の中でリハーサルを行わせる技法。⇨ **負の強化**

**潜在的対処能力**［coping potential］ 環境からの要請や，個人的な関与をうまく処理できるという見通しについての評価。潜在的対処能力は，（資源の実際の展開よりも）うまく処理できるという将来性を扱うという点において**コーピング**とは区別される。

**潜在的態度**［implicit attitude］ 個人がほとんど，あるいは全く意識していない態度。⇨ **明示的態度**

**潜在的態度測定**［implicit attitude measure］ 特定の態度対象に対する態度が測定されているという事実に人が意識しない態度測定のこと。このタイプの測定は，一般的に**間接的態度測度**である。⇨ **直接的態度測定**，**顕在的態度測定**

**潜在的脱感作**［covert desensitization］ クライアントの心的イメージの中にある不安を生み出す刺激を回想する間にリラックス方法を身につけることによって恐れや不安の克服を援助する**脱感作療法**の形態のこと。最も不安が少ない刺激から最も不安が多い刺激まで並んだ配列で，階層が作られている。クライアントは，不安を感じることなく刺激をイメージできるまで，階層の刺激を順番にイメージしていく。⇨ **現実脱感作**，**系統的脱感作**

**潜在的注意**［covert attention］ 注視点とは異なるある位置へ向けられた注意のこと。⇨ **潜在的定位**

**潜在的定位**［covert orienting］ 注視方向とは別に，注意を向けること。内発的定位は，眼球運動がない場合のキューが出された位置に対する目標刺激の検出が改善されることによって観察される。⇨ **潜在的注意**

**潜在的認知**［implicit cognition］ 人が顕在的には認識していないにも関わらず，認知処理や行動に影響を及ぼす考え，知覚，あるいは概念のこと。⇨ **認知**

**潜在的発話**［covert speech］ 自分自身に話しかけること。

**潜在的反応**［covert response］ 考え，心像，感情，体内の物理的反応など，一般的に観察できない反応のこと。その存在は，多くの場合，間接的に測定される。たとえば，物理的反応に対する潜在的準備は，**偏側性準備電位**の測定，あるいは，電気筋運動記録によって測定される。⇨ **顕在的反応**

**潜在的負の強化**［covert negative reinforcement］ **行動療法**において，クライアントにまず嫌悪的な出来事を想像させ，その後，その想像を標的行動に従事している場面に切り替えさせる技法。たとえば，クライアントがレストランで一人でおり，不安や不幸を感じていることを想像した後，それを，誰かをデートに誘ってよい返事をもらう場面に切り替える。⇨ **潜在的正の強化**

**潜在的偏見**［implicit prejudice］ 意識してもっているわけではない特定の社会的グループに対する偏見。

**潜在的モデリング**［covert modeling］ クライアントがモデルを演じることを想像する**潜在的条件づけ**の手続きのこと。モデルのように振舞うことを想像し，その行動の中で特に好きな部分を表現する。⇨ **潜在的正の強化**

**潜在的要求**［latent need］ 本人は気づいていないが，抱いていると仮定される，行動を決定させる要求。

**潜在的リハーサル**［covert rehearsal］ 心の中で行われる反復的リハーサル。言葉や行動を機械的に暗記したり精巧にしたりする技術のことを言う。この方法は，記憶の向上，顕在的な発話や行動の準備のために用いられる。⇨ **行動リハーサル**

**潜在的連合テスト**［implicit association test: IAT］ 潜在的態度を測定するテスト。たとえば，昆虫に対する潜在

的態度を測定する場合，参加者はコンピュータで，潜在的態度の対象（昆虫）に属する可能性のある単語（アリ，ハエ，バッタなど）を昆虫であるか否かに分類する。また，明らかに評価しやすい単語（幸せ，喜び，悪意，失敗など）をポジティブかネガティブかに分類する課題もある。最初のフェーズでは，左のボタンが"昆虫である"または"ポジティブ"に対応し，右のボタンが"昆虫でない"または"ネガティブ"に対応する設定でしばらく課題を行う。次のフェーズでは，左のボタンが"昆虫である"または"ネガティブ"に対応し，右のボタンが"昆虫でない"または"ポジティブ"に対応する設定で課題を行う。もし，参加者の昆虫に対する潜在的態度がポジティブであれば，昆虫とポジティブが対応している最初のフェーズの反応時間が短くなり，参加者の昆虫に対する潜在的態度がネガティブであれば，昆虫とネガティブが対応している次のフェーズの反応時間が短くなる。［アメリカの心理学者グリーンワールド（Anthony G. Greenwald: 1939- ）とその共同研究者によって初めて発表された］

**潜在特性理論**［latent trait theory］ 知能といったようなものにおいては，観測された特性はより基本となる観測されない特性（潜在特性）の反映であるということを取り入れた一般的な心理測定理論である。いくつかの量的モデル（たとえば反応項目理論や因子分析）は顕在的な観察変数から潜在因子の同定と推定が可能となるように開発されてきた。

**潜在内容**［latent content］ **1.** 発言や他のコミュニケーションによって示された**顕在内容**の裏に隠された意味や願望，考えのこと。**2.** 精神分析理論で，夢や幻想で表現されるような無意識の願望。無意識の材料は，**自我**を守るために検閲を受け，**夢作業**によって象徴的表現に歪曲される。**夢分析**によって潜在内容の覆いは外される。⇨ **夢の検閲**

**潜在変数**［latent variable］ 直接的に測定される観測された顕在特性の基盤にあると思われる，仮説的な観測できない特性。潜在変数の値は**顕在変数**間の相互関係のパターンから推測される。

**潜在目標**［latent goal］ 公には宣言されていない，あるいは公式な声明としては認められていない，プログラムや機関の目標。内部の者には知られていることもある。**明確な目的**を達成しようとすることから生じるが，明瞭ではなかったり，前もって計画されないような働きにもこの用語が用いられる。

**センサス**［census］ 母集団全体をすべて調べる全数調査や悉皆調査のこと。センサスは，観察された標本から母集団全体に一般化することを見込んで母集団からの**標本**を使用する多くの実験的研究とは異なっている。

**前視交叉性視覚障害**［prechiasmatic visual deficit］ 視交叉よりも前にある（つまり視覚処理においてより早い）視覚系の一部の損傷によって生じる視覚障害のこと。これは単眼（たとえば一方の眼もしくは視神経の疾患や損傷の場合）もしくは両眼（たとえば視交叉それ自体に関与する場合）に影響を及ぼす。⇨ **異名半盲，視交叉症候群**

**全失語症**［global aphasia; total aphasia］ 言語表出・聞き取り・読解の言語技能を完全に失うこと。⇨ **感覚運動失語症**

**腺腫**［adenoma］ 通常，腺上皮から生じる良性腫瘍のこと。中枢神経系における腺腫は，下垂体で最もよくみられ，下垂体腺腫（pituitary adenoma）と呼ばれる。

**禅宗**［Zen Buddhism］ 6世紀に成立した仏教の宗派。経典を理解するのではなく，直接的，直感的な体験を通して悟りを開く。悟りを開くためには，「片手で拍手をしたらどのような音がするか」といった解決不能な矛盾問題に没頭する方法や座禅を組む方法がある。どちらの方法も，人種，道具的思考，言語の壁を超越することを目的としている。欧米では，1960年代以降，禅宗の人気が高まっている。

**前出生期**［prenatal period］ 妊娠から出生段階までの発達段階。人間では共通して**胚芽期**（およそ最初の2週），**胎芽期**（その後6週），**胎児期**（2か月～出生まで）へと分化する。

**前障**［claustrum］ 脳の灰白質の薄い層であり，**レンズ核**の白質と島を隔てる。**大脳基底核**の一部をなすが，その機能はわかっていない。［ラテン語で"障壁"］

**洗浄強迫**［hand-washing obsession; ablutomania］ 必要以上に手を洗うことに対して，夢中になること。これは**強迫性障害**の特徴の一つである。⇨ **強迫観念**

**線条体**［corpus striatum; striatum］ 大脳半球の**大脳皮質**の下方と**視床**の前方にある，核と有髄神経線維の塊。尾状核，レンズ核（⇨ **大脳基底核**），それらの間を両方向につなぐ**投射線維**の帯からなる。投射線維は，**内包**を通り，交差部分で縞模様に見える。⇨ **新線条体**

**線条体外視覚野**［extrastriate visual areas］ 大脳皮質にある視覚応答領域で，一次視覚野（線条皮質）の外側，すなわち視覚前野（有線前野）に位置している。線条体外視覚野はV2，V4，V5を含んでいる。

**線状皮膚萎縮**［stria atrophica］ 紫の傷跡のようなもので，後に白色になる。胸部，大腿部，腹部，臀部にみられる。それらは，妊娠，思春期／青年期の急成長，クッシング症候群，副腎皮質ホルモンの局在的または長引く治療と関わっている。

**染色**［stain］ 顕微鏡下での組織の視認性を上げるため，組織に化学染料で色をつけること。使用される染料の種類は，対象の組織や研究目的によって異なる。

**染色質**［chromatin］ クロマチンとも言う。染色体および細胞核に存在する物質。ある種の識別色素で容易に染まる。タンパク質と結合した核酸（主にDNA）を含む（核タンパク質）。

**染色質陰性**［chromatin negative］ ヒトの体細胞が男性由来の**性染色質**を核内にもたないことを意味する。

**染色質陽性**［chromatin positive］ ヒトの体細胞が女性由来の**性染色質**を核内にもつことを意味する。

**染色体**［chromosome］ 核酸（主に人間のDNA）とタンパク質（⇨ **染色質**）からなる，通常は目に見えない成分あるいは繊状組織。それらは個体の遺伝子や特徴を伝える。細胞の核酸の中にある染色体は，細胞分裂の間は顕微鏡を通して目に見える。正常な人間の染色体は全部で46本23対（44本の**常染色体**と2本の**性染色体**）あり，3万以上の遺伝子を含んでいる（⇨ **ゲノム**）。対になっている染色体のうちの1本はそれぞれの親に由来する。子どもは自分の染色体の半分は母親から，もう半分は父親から受け取っている。

**染色体異常**［chromosomal aberration; chromosome abnormality] **1.** 染色体の構造上異常変化。**2.** 異常な染色体が原因と考えられる先天性の異常。⇨ **常染色体異常**, **性染色体異常**

**染色体起因障害**［chromosome disorder］ 1つ以上の染色体の構造あるいは数の欠陥によって引き起こされる障害。**常染色体異常**または**性染色体異常**が原因で生じる。

**染色体数**［chromosome number］ 個体の細胞組織に存在する染色体の数。通常は種によって染色体数は決まっており，ヒトの場合には46本である。人間の配偶子あるいは生殖細胞の染色体数は体細胞の染色体数の半分，つまり23本である。⇨ **欠失**

**染色体地図**［chromosomal map］ 顕微鏡下で観察される染色された染色体の様子。それぞれの染色体には帯状の明るい部分と暗い部分があり，視覚的に**核型**を調べることができる。

**染色体モザイク現象**［chromosome mosaicism］ 胚の細胞分裂の初期に，分裂によって新たに生じた細胞の配列のエラーによって生じる異常。1つの個体の中に異なる染色体数の細胞が2つ，ときには3つ作られる。性染色体のモザイク現象は珍しくはない。⇨ **両性具有者**

**染色分体**［chromatid］ 細胞分裂時に見られる複製された2つのうちの片方の細いサブユニットを指す。2つは**動原体**でつながっていて染色体を形成する。分裂時には2つの染色分体が別々の極へ向かい，娘細胞の新しい染色体となる。

**全身型脂肪異栄養症**［total lipodystrophy］ **脂肪異栄養症**の一つの型で，先天的であることが多いが，後天的にかかることもある。皮下組織，腎周囲部位，心外膜，および腸間膜における脂肪組織の欠落が特徴。

**前進後退仮説**［progression-regression hypothesis］ 学習はより複雑な制御方略の利用を導き（前進），ストレスや忘却がより単純な制御方略の利用を導く（後退）という仮説。

**全人的医療**［holistic medicine］ 医学の一分野。疾病の予防と治療において，症状のみでなく，身体的，精神的，スピリチュアル，社会的，環境的側面を含んだ人間の全体性に焦点を当てる。全人的医療の主要な特徴には，健康や幸福感を維持，促進させる行動と態度を患者に教育することが含まれる。さらに，ダイエット，エクササイズ，その他の方法を通じて治療プロセスへ患者が参画し，セルフヘルプすることも含まれる。従来の医学（たとえば，投薬，手術）や補完・代替医療と連携して行われる。

**漸進的筋弛緩法**［progressive relaxation］ 全身をリラックスできるようになるための訓練方法。人は様々な筋肉の緊張に気づけるようになり，そして一度に1つずつ筋肉を弛緩させることができる。場合によっては，意識的に特定の筋肉や筋肉群を緊張させた後，緊張を解くことで，体全体を弛緩させる。ジェイコブソン・リラクセーション法（Jacobson relaxation method）とも呼ばれる。⇨ **弛緩**［アメリカの医師ジェイコブソン（Edmund Jacobson: 1888-1983）が開発した］

**漸進的目的的退行**［progressive teleologic regression］ 奇妙で，恐怖にさらされ続けてきた身体イメージ，緊張，ストレス，不安から逃げるために統合失調症の患者が意図的に原始的なレベルに戻ること。その目的を達成することができない場合，より極端なレベルに戻ることになるため，この退行は進行する。

**宣誓**［affirmation］ 肯定的な思考や信念，行動を自らの思考に浸透させるためクライエントが何度も繰り返す短い発言。多くの心理療法で使われるが，特に**認知行動療法**で用いられる。たとえば，愛されていないと感じているクライエントが「私は愛される価値のある人間だ」と繰り返すこと。

**前性器期**［pregenital phase］ 精神分析理論の用語。性器期（例，**口唇期**や**肛門期**）周辺の**リビドー**の体制に先行する**心的・性的発達**の早期段階。前性器期の男根期を含む場合もあるが，**前エディプス期**と同義で用いる場合もある。

**前性器期的体制**［pregenital organization］ 精神分析理論の用語。**性器期**に先行する早期**心的・性的発達**での**リビドー**機能の体制。

**占星術**［astrology］ 疑似科学であり，十二宮図の星座に関連して惑星の動きと位置が出来事の成り行きや個人の人生に影響を与えるという信念に基づいている。占星術の組織的研究は古代バビロンに端を発し，ギリシャ，中国，インド，イスラム世界に広がった。教会からの否定にも関わらず，占星術は中世やルネサンスの時期にヨーロッパにおいて広い影響を残した。現代の科学的世界でさえ，多くの人々はその**ホロスコープ**（生まれた時の天空の地図）が個人の性格，特定の病気への傾向，良いもしくは悪い運命に対する義務を決定するものだと信じている。おそらく**自己成就予言**として以外には，これを信じる証拠はない。占星術は主に心理学の興味の対象であった。なぜなら心理学は性格の類型の早期の理論に関わっており，個人の身体的および心理学的特徴が，天国に影響すると思われたからである。

**前精神病的パーソナリティ**［prepsychotic personality］ エキセントリック，ひきこもり，衝動性，無気力，過敏性のような性格や行動。将来の精神病性障害の指標となる。

**専制政治**［autarchy］ より一般的には，最高かつ絶対的な権力。⇨ **万能感**

**漸成説**［epigenesis］ エリクソン（Erik Erikson）の理論で，自我と社会性の発達の各段階において，異なる目標が出現すること。⇨ **エリクソンの発達の八段階**

**専制的**［absolute］ 絶対権力でみられるように，制限や制約を受けることがない状態。

**専制的支配**［autarchy］ 精神医学では，乳幼児期に，子どもが本能的要求を満たしてくれる他者（例，両親）に専制的な支配力を発揮する期間を指す。

**専制的リーダー**［autocratic leader］ 無制限の権力を発揮する**リーダー**で，他の集団成員に意見を求めるというよりも，自分自身ですべての意思決定，問題解決，目標設定を行う。専制的リーダーは多くの場合，集団成員に情報を求めるが，彼らの意見や問題解決法を求めようとはしない。

**専制的良心**［authoritarian conscience］ (a) 外的権威への恐怖や，(b) **超自我**のような外的権威を内在化したものの声によって導かれる良心のこと。⇨ **人間主義的良心**［フロム（Erich Fromm）により定義された］

**前操作期**［preoperational stage］ ピアジェ（Jean Piaget）の理論によれば，認知発達の主な段階の2段階目であり，およそ2歳～7歳の間に該当する。その頃の子どもは象徴的な方式で体験を記録し，対象や事象，発話中の感情，動作，描写などを表象できるようになる。前操作期

の2年後には，自己中心性が著しく消失し，他者視点を取得できるようになる。象徴期（symbolic stage）とも言う。⇨ **具体的操作期，形式的操作，感覚運動期**

**前操作的思考**［preoperational thought］ 子どもの象徴的，直感的，非論理的な思考特性のことで，認知発達の主な段階の2番目に該当する（およそ2歳〜7歳の間でみられる）。⇨ **前操作期**［最初にピアジェ（Jean Piaget）が述べた］

**戦争心理学**［war psychology］ 戦時に軍事の場面に使用する応用心理学的な原則や手法をいう。特に危機のうち，ストレスの多い様々な場面に対する人の能力も含める。⇨ **軍事心理学**

**先祖返り**［atavism; reversion］ より一般的には，より古く，より初期の特徴や形質が再び現れること。もしくは，そのような特徴や形質に戻ること。たとえば，遺伝的形質の表出が，両親には現れていない場合，その子は，直近の家族よりも遠い先祖によく似ていることなど。

**喘息**［asthma］ 発作的な収縮による気管支管の遮断と，粘膜の引き起こす喘鳴とあえぎの障害。喘息の誘因は，アレルギーやタバコや殺虫剤の刺激であるが，不安やストレスなどの心理的要因も悪化させ，発作を引き起こす要因といわれている。気管支喘息（bronchial asthma）とも呼ばれる。

**前側索系**［anterolateral system］ 脊髄の前側にある白質を通る上行路からなる主要な**体性感覚系**。その線維のほとんどが後角細胞由来であり，痛みや温度，触覚に関する情報を高次中枢へと運ぶ。⇨ **脊髄視床路**

**先祖伝来の先天的資質**［ancestral trait］ 有機体の集団に付随する相同性をもつ進化の特徴。ただし，その集団に独自のものではなく，進化の原初である共通の祖先から枝分かれした多くの他の有機体によって共有される。それゆえ，一集団の特徴を定義するものではありえない。

**全体から特殊への発達**［mass-to-specific development］ 胎児期および乳幼児期の発達において，身体全体を含む大まかでランダムな運動から身体各部のより洗練された運動へと進行すること。

**全体的学習**［configural learning］ ある結果をもたらす2つ以上の刺激の組合せに対する反応を学ぶこと。ただし，それぞれの刺激は単独でその結果とペアにはなっていない。たとえば，音あるいは光が単独で呈示された際にはこれに続いて食べ物が与えられることはないが，音と光の組合せが呈示された際に，これに続いて食べ物が与えられた場合，音と光の組合せにより条件反応が引き出され，全体的学習が生じる。

**全体的速度低下**［general slowing］ **認知処理**のスピードを落とすような様々な認知課題における高齢者の認知パフォーマンスの低下に影響する**認知的加齢**の説明。

**全体得点**［aggregate score］ 概念的あるいは経験的に相互に関連性のある2つ以上の変数の得点を合成すること。

**前大脳動脈**［anterior cerebral artery］ 大脳外側溝付近を始点として，視神経の上方を通り大脳縦裂の始点に至る**内頸動脈**の枝。左右それぞれの前大脳動脈は大脳縦裂で平行に通り，途中で曲がって脳梁の上表に沿って戻る。血液を前頭葉，そしてその内側面と上面に供給する。

**全体把握不全失読症**［dyseidetic dyslexia］ 単語全体を認識することが困難であり，そのため，毎回目にするたびごとにその単語を発音することに過度に頼らずをえないことに特徴づけられる失読症の一種。これはおそらく**視覚記憶，視覚的弁別**の欠損によるものである。しかし，失読症のこの状態について信頼できる実験的証拠がない。⇨ **音声障害をもつディスレクシア**［1973年にアメリカの心理学者のボーダー（Elena Boder: 1907-1995）が提案した］

**全体表象**［Gesamtvorstellung］ 最初の単語を発する前に，文のすべての内容を心的に保持しておく行為。［ドイツ語で"完全な概念"の意味。ヴント（Wilhelm Wundt）による造語］

**全体分析（形態分析）**［configurational analysis］ ケースフォーミュレーション，心理的介入，結果評価（outcome evaluation）の統合的な精神力動モデル。クライエントのかかえる問題や関心事，防衛，アイデンティティや人間関係の文脈における心の不適応状態が，査定や療法の焦点である。［アメリカの精神科医ホロヴィッツ（Mardi Horowitz）が発展させた］

**全体報告法**［whole report］ アイコニックメモリー（iconic memory）の研究で使われる，参加者に呈示された情報すべての想起を求める方法。⇨ **部分報告法**

**全体野**［Ganzfeld］ 1. ガンツフェルトとも言う。特別な形などを含まない等質な視野のこと。実験においては，観察者は白い領域を覗き込む。そして，色が提示されたとき，その色は消えてしまう傾向がある。このことは，色（あるいは形）の知覚維持が，刺激の変化を必要とすることを示している。2. 超心理学（parapsychology）の実験において，観察者を知覚環境から分離させる方法のこと（たとえば，目を覆い，耳をヘッドホンで塞ぐこと）。［原語はドイツ語で"whole field"の意味］

**全体論**［holism］ システムや有機体は整合的で統一的な全体をなしており，それを個々の部分ないしは特徴から完全に説明することはできないと考えるアプローチ，もしくは理論。この考えによれば，システムや有機体はその各部分がもつ性質に加えて，完全な存在者ないしは現象として何らかの性質をもちうる。したがって，各々の部分を分析したり理解したりすることは全体についての理解をもたらさない。

**全体論的心理学**［holistic psychology］ 心理的現象は全体として研究されるべきであるという見解，もしくは，個人は生物学的，心理的，社会文化的な総体であり，個々の構成要素や特徴からでは十分に説明できないという見解に基づく心理学へのアプローチのこと。全体論的心理学は，特定の学派ではなく，特定のアプローチの理論，方法論，実践を示す見解のことである。たとえば，**人間性心理学**や**来談者中心療法**がある。

**選択［1］**［choice］ 複数の選択肢から，1つの選択肢に対する選好を示すかたちの意思決定問題。⇨ **二者選択**

**選択［2］**［selection］ 1. 動物の行動において，特定の個体，およびその子孫が，他の個体と比較して差別的に生き残ること。その個体の生理的，行動的性質が次世代の個体にとって好ましい場合に起こる。通常は，**個体選択**と**血縁選択**からなる**自然選択**として知られる過程により起こる。2. 特定の目的（研究，テストや検査，分類，仕事：従業員の選抜など）のために，ある項目（たとえば，個人あるいは対象）を選ぶこと。

**選択学習**［selective learning］ いくつかの可能な反応

のうちある一つの反応だけをすることを学習する．もしくは複数の刺激が利用可能な時にある一つの刺激について学習すること．ある特定の反応もしくは刺激は，生物学的**学習準備性**や先行経験，ある状況における顕著さによって，選択的利点をもっていることがある．⇨ **ブロッキング，隠蔽，準備された学習**

**選択科目**［elective］　いくつかの選択肢の中から選択される授業科目で，ある特定の学習プログラムにおいて必須とされていないもの．学生がコア科目や専攻科目の必修科目以外に選択できる任意の科目であり，典型的には美術や体育，学生の主専攻以外の分野のコア科目などが含まれる．

**選択強化スケジュール**［alternative schedule of reinforcement: ALT］　**定率強化スケジュール**または**定時強化スケジュール**のうち，どちらか先に完了したほうに従って，維持された反応の強化が生じるようにするテクニック．

**選択グループ**［selected group］　研究の目的と関係する特定の基準について選択された，明示的**サンプル**のこと．

**選択行動**［choice behavior］　多くの選択肢や行動の中から一つを選ぶこと．

**選択公理**［choice axiom］　意思決定の数学モデルであり，いくつかの選択肢が与えられたときに，採用された選択肢の確率は，一連の決定とは独立していると仮定するモデルである．［1959年にアメリカの数学者・心理学者ルース（R. Duncan Luce: 1925- ）によって開発された］

**選択作用**［selective action］　強化子がある反応に対し，他よりも強く影響する作用．すなわち，その効果が選択的に働く作用．

**選択式反応テスト**［alternate-response test］　正解か不正解かのような，2つの選択肢から正しいと思う選択肢を選ぶように求めるテストのこと．

**選択刺激**［choice stimuli］　反応時間課題において，特定の試行内で起こりうる刺激の配置．それぞれの刺激や項目には（押すボタンが違うなど）異なる反応をさせる．被験者は特定の刺激に対し，どのような反応をするか決めなくてはならない．

**選択シフト**［choice shift］　集団討論の結果として現れる，個人の選択あるいは決定における変化のこと．討論前後の反応を比較することによって測定される．多くの場合，このような変化の結果は，集団全体における**選択シフト効果**である．⇨ **コーシャスシフト，リスキーシフト**

**選択シフト効果**［choice-shift effect］　集団で行われた意思決定は，個人が行った意思決定や集団の多くの人が行った意思決定よりも，より極端に，あるいはより危険なものとなるという傾向のこと．⇨ **集団極性化，集団リスクテイキング，リスキーシフト，コーシャスシフト**

**選択ジレンマ質問紙**［Choice Dilemma Questionnaire: CDQ］　リスキーシフトの初期の研究で用いられた実験方法で，個人の危険な決定または慎重な決定をしようとする個人の傾向を測定する．まず，回答者に，金銭的，対人的，教育的な利益を得る，あるいは得られない行動についてのシナリオを提示する．それから，回答者は，成功のオッズがいくらかを示し，選択すべき行動を推薦する．⇨ **選択シフト効果**

**選択親和力**［elective affinity］　特別な他者や物事，考えに対して，共感や魅力，あるいは繋がりを感じること．この用語は化学的工程の説明に使われていたが，ゲーテ（Johann Wolfgang von Goethe）による小説，*The Elective Affinities*（邦題『親和力』）が1809年に出版されて以降，新しい比喩的な意味を表す言葉として使われている．また，文化的あるいは国民的アイデンティティを形作ったり，集団や下位集団を区別したりする優先傾向や共通感情を意味するためにしばしば使われる．

**選択的エージェント**［selective agent］　**淘汰圧**を発揮し，**自然選択**を引き起こす環境因子．

**選択的健忘**［selective amnesia］　特定の物事や人物，出来事を忘却することで，正常な忘却では説明がつかないもの．時間的な要因よりはむしろ，情緒的要因によるものと考えられている．何が忘却されるかは，追想できない当人にとって都合がよく得となるものであることが多い．⇨ **解離性健忘**

**選択的細胞死**［selective cell death］　発生初期の過程において，感覚や運動の機能をもたなかった神経細胞が死ぬこと．

**選択的飼育**［selective rearing］　実験パラダイムの一つで，ある動物を，生まれた瞬間または目を開けた瞬間から視覚的経験の制限された環境下で生育すること．このパラダイムは視覚システムの構造と機能に長期的な変化をもたらす．たとえば，**単眼飼育**は**有線皮質**にある両眼刺激に応答するニューロンの数を減少させ，**眼優位性コラム**の構造を変化させる．また，プリズム眼鏡をかけて目に見える方位を制限すると，方位選択的ニューロンや線条皮質にある**方位選択性コラム**が改変される．

**選択的順応**［selective adaptation］　他の刺激に対する順応とは独立して，特定の刺激に対する順応が起こること．たとえば，運動の順応とは独立して，色に対する順応は起こる．

**選択的情報処理**［selective information processing］　バイアスのある方法で態度に関連した情報を処理すること．潜在的なバイアスは無数にありうるが，このタイプの処理が起こる時は，態度を確証するようにバイアスが働くと古くから仮定されている．バイアスは，接触，注意，符号化，知覚，検索の処理段階の1つもしくはそれ以上で生じうる．⇨ **バイアス精緻化，バイアス因子，防衛的処理**

**選択的増強**［selective potentiation］　ある特定の**神経回路**の感度または活動の促進．

**選択的知覚**［selective perception］　人が常に感覚に提示されている無数の刺激の配列から後に注意を向けることになる1つもしくはいくつかの刺激を選択する過程．⇨ **注意，知覚的構え**

**選択的注意**［selective attention］　ある環境内にある特定の刺激のみに対して注意を集中させることで，周辺にもある刺激あるいは偶発的な刺激と，重要な刺激とを区別することを可能にする．通常，実験参加者にある情報に注意を向け，他の情報は無視するよう教示し，その有効性を指標として計測される．制御された注意（controlled attention）や方向づけられた注意（directed attention）とも呼ばれる．

**選択的聴取**［selective listening］　2つあるいはそれ以上の音脈が提示されたときに，どちらか1つの音脈に注意を向けること．

**選択的透過性**［selective permeability］　ある特定の物質だけを透過する膜の性質．⇨ **浸透性**

**選択的ドロップアウト**［selective dropout］　研究対象から，意図的に被検者を除外することを指す。

**選択的な順応**［selective adaptation］　ある刺激に反復的にさらされることで，後続刺激の知覚に影響を与える感覚順応が生み出される精神物理学的な手続きのこと。

**選択的な沈黙**［selective silience］　心理療法において，クライエントに話をしたいと思う気持ちを生み出すためにセラピストによって与えられる長い沈黙で，セッションにおけるコミュニケーションはこれにより開始，あるいは再開される。

**選択的不注意**［selective inattention］　1. ある物理的もしくは情動的な刺激に対し，無意識的に注意をしていなかったり，注意を向けることに失敗すること。2. 不安を喚起するような経験，あるいは脅威的な経験を，無視もしくは忘却する知覚的防衛。［アメリカの精神科医サリヴァン（Harry Stack Sullivan: 1892-1949）によって定義された］

**選択的保持**［selective retention］　記憶の鮮やかさ，正確さ，量，特定の内容という点において，想起する能力についての個人間の変動。この選択性は通常，関心，経験，動機づけ，感情の覚醒度といった要因によって決定される。

**選択的リマインド法**［selective reminding test］　記憶テストにおいて，参加者が思い出せないときは答えを教え，後続の試行で正しく答えられるようにする方法。たとえば，"鉛筆"という単語が記憶すべき単語リストに含まれていて，参加者がそれを思い出せないとき，思い出せなかった他の単語とともにその単語が表示される。

**選択点**［choice point］　一連の事象の中で，選択や決定が行われる時点。

**選択の研究**［selection research］　実証的な精査を行うことによって，**人事選考**で使われる手続きの信頼性，妥当性，有用性，公正さを見極め，それらの手続きの効果を最大にすること。

**選択の妥当性一般化モデル**［validity generalization model of selection］　個人選抜において，ある検査が特定の**職務基準**に関する成績を予測するうえで妥当性があるかどうかを評価するアプローチ。検査予測の平均的な妥当性は，先行研究の妥当性を基準に評価されるという研究がある。そこでは，妥当性の分散が，基準変数，サンプルの大きさ，得点分布のレンジといったアーティファクトの研究間の差異にどの程度帰属可能かが決定される。もしこれらのアーティファクトを修正した後の分散が小さければ，この検査予測の妥当性は通常は一般化可能であると結論づけることができる。換言すれば，先行研究で見出された妥当性は新しい状況に一般化され，転移可能である。この証拠に基づいて，雇用主は，その検査予測が様々な雇用環境で従業員選択において妥当であると正当に結論づけることができる。

**選択反応**［selective response］　選択可能な反応群から選択された反応。

**選択反応時間**［choice reaction time］　前もって決められた刺激が呈示されたときに，実験参加者が単純反応（たとえばキー押しなど）をすることを求められる課題における，反応時間のこと。⇨ **複雑反応**，**単純反応時間**，**複合反応時間**，**弁別反応速度**

**選択法**［method of choice］　精神物理学的な手続きの一つで，参加者には標的を含む，あるいは含まないいくつかの刺激配列が呈示される。参加者の課題は標的刺激を含む刺激配列を選ぶことである。

**先端巨大症型パーソナリティ**［acromegaloid personality］　多くの先端巨大症の患者に観察される人格パターン。主な特徴は，頻繁な気分の変化，衝動性，気性の爆発，短気，そして進行した事例では，自発性の喪失，自己中心性，傾眠があげられる。

**前男根期的**［prephallic］　精神分析理論における，男根期に先立つ**心理・性的発達**の段階（つまり**口唇期**と**肛門期**）に関係すること。⇨ **前性器期**，**前エディプス期的**

**尖端樹状突起**［apical dendrite］　錐体細胞から大脳の一番外の表面に伸びた錐体細胞。⇨ **基底樹状突起**

**専断的忌避権**［peremptory challenge］　予備尋問時に，陪審員候補者を変更するよう裁判所に要求すること。特別な理由を示す必要はない。刑事裁判では，原告，被告ともに，一定回数の専断的忌避が認められている。⇨ **理由付き忌避**

**先端肥大症**［acromegaly］　腕，脚，その他の骨格各所の先端が異常に拡大していること。この状態は，正常な骨の発達が既に停止した成人には稀にしか生じない。原因は，成長ホルモン分泌過剰に伴う脳下垂体腺異常である。成長途上にある小児において骨が依然成長し，その結果は**巨人症**として知られる。

**先端矮小症**［acromicria］　指や足の指，または，見鼻立ちが異常に小さいことが特徴である発育不良の一種。

**全チャネル**［whole-channel］　できる限りすべての感覚を使用する方法で情報を教授するという教授方法を意味すること，またはそれに関連すること。

**前注意処理**［preattentive processing］　環境中に提示されている刺激群の中にある特定の刺激に注意が向く前に生じる，その刺激に対する無意識的な心的処理のこと。この例としては，視覚刺激中に提示される多数の単語の中にある特定の単語の意味の曖昧性が，その単語の意識的な知覚の前に解消されることがあげられる。前注意処理は基本的な刺激の特徴を並列に，容量の制限なしに同定すると考えられている。前注意分析（preattentive analysis），前知覚処理（preperceptural processing），無意識的処理（unconscious processing）とも呼ばれる。⇨ **並列処理**

**前兆**［aura］　個人にてんかん発作や片頭痛の兆候を前もって知らせる，もしくは警告する主観的感覚のこと。それには，味覚や嗅覚の異常，光の点滅（視覚性前兆：visual aura），しびれ，非現実感，不安，胃の苦痛感，**既視感**などの現象が含まれる。

**前兆（オーメン）**［omen］　理にかなっていようがいまいが，将来の予兆とみなされる出来事のこと。良い運命にも悪い運命にも存在する。超自然的な前兆の研究は**占い**として知られていた。

**疝痛**［colic］　急性で，発作性の腹痛。

**穿通性頭部外傷**［penetrating head injury］　弾丸のような物体が脳を貫通している頭部損傷を指す。⇨ **開放性頭部外傷**

**前提**［presupposition］　言語学で，発話の根底にありながら，発話の中では明確には述べられない**命題**のこと。たとえば，「サイモンは最終的に喫煙をやめたのですか」という質問は，サイモンが喫煙者である，あるいはサイモンはかつて喫煙者であったということを前提としている。

⇨ 含意

**前庭**［vestibule］ 体腔へとつながる，または体腔同士を結ぶ空洞のこと。膣前庭（vestibule of the vagina）とは陰門にある前庭のことで，小陰唇の間に位置し，中には膣，尿道，そして大前庭腺がある。内耳の前庭（vestibule of the inner ear）とは卵形嚢と球形嚢（前庭嚢）を含み，三半規管と蝸牛につながった骨迷路（bony labyrinth）にある前庭のこと。

**全提案調停**［total-package arbitration］ 対立している者が和解のために中立の者（調停者）に優先使用語を提出する論争解決の一形態。その調停者は一方のいくつかの要求と他方のいくつかの要求を選択的に受け入れるのではなく，一方から提出された要求全体を選択しなければならない。譲歩は他方の提案を強制させるよりもより良い結果をもたらすため，このようにして論争が解決すると知ることによって，対立関係にある者は調停者に先立って合意に至ろうとする。

**前庭階**［scala vestibuli］ 内耳の蝸牛にある3つの管のうちの一つ。外リンパを含む。ライスネル膜で中央階と隔てられている。鼓室階の基部は前庭窓と呼ばれる。

**前庭器**［vestibular apparatus］ 均衡や平衡を司る器官。内耳にあり，空間内での位置やその変化を検出する受容器を持つ。三半規管と前庭嚢からなる。⇨ 前庭系

**前庭系**［vestibular system］ 均衡や姿勢の維持，また空間内での身体の方向に関与するシステムで，移動やその他の運動に重要な役割を果たす。内耳の前庭器，前庭神経，そして前庭（均衡）情報に関わる多くの皮質領域から構成される。

**前庭受容体**［vestibular receptors］ 均衡の感覚に関わる神経細胞で，三半規管のクリステと，卵形嚢と球形嚢の平衡斑にある。これらは類似した形態をしている。それは，杯型の神経終末に取り囲まれた有毛細胞とシナプスの底部に神経終末が接する筒型の有毛細胞である。

**前庭順応**［vestibular adaptation］ 前庭の機能（均衡）の抑制を引き起こす繰り返しの刺激の効果のこと。頻繁に頭を回転させるような日常活動を行う人（たとえば，バレエダンサーやフィギュアスケーター）でみられる。

**前庭神経**［vestibular nerve］ 内耳にある前庭系から神経線維である内耳神経の一部。前庭神経は，空間での平衡感覚や方向感覚に関係する。前庭神経線維は脳幹の前庭神経核まで伸びている。

**前庭神経核**［vestibular nuclei］ 脳橋の背側部や脳の延髄にある核。前庭神経核から線維を伝え，空間での平衡感覚や方向感覚を担う。前庭神経核は線維を小脳や網様体，視床，前庭脊髄路に伝える。

**前庭性眼振**［vestibular nystagmus］ 一方向へのゆっくりとしたドリフト（横滑り）と，その後反対方向への急速な眼球運動からなる不随意的な眼球運動である。これは，頭を回転させて前庭器官を刺激することで生じる。回転性眼振（rotational nystagmus）ともいう。⇨ 生理的眼振

**前庭性錯覚**［vestibular illusion］ 不正確な前庭情報（平衡情報）が原因で方向感覚を失うこと。たとえば，前庭受容体の順応により引き起こされる。

**前庭脊髄路**［vestibulospinal tract］ 前庭神経核から脊髄へインパルスを送る神経束。外側枝と内側枝に分かれており，空間の平衡および方向を調整する役割を果たす。

**前庭腺**［vestibular glands］ 膣口の左右にある二対の腺。その分泌液は外陰部と膣を滑らかにし，性交中にペニスが挿入されやすくする。大きい方の一対（大前庭腺：greater vestibular glands）はバルトリン腺（Bartholin's glands）とも呼ばれる。

**前庭動眼反射（VOR）**［vestibulo-ocular reflex: VOR］ 頭部の小さく短い運動の間，視対象への注視を保つために起こる眼球の非随意的な補償運動のこと。⇨ 視覚性運動反射

**前庭嚢**［vestibular sacs］ 内耳にある卵形嚢と球形嚢の2つの嚢で，三半規管とともに前庭器を構成する（⇨ 前庭系）。重力に反応し，頭部の向きに関する情報を記録する。前庭嚢を低周波で刺激すると，めまいや眼振と呼ばれるリズミカルな眼球運動が起こる。

**先天性欠陥**［congenital defect］ その原因を問わず生まれつき存在する異常のこと。原因としては，胎児期の発達障害（たとえば，二分脊髄，口蓋裂），遺伝要因（たとえば，ハンチントン舞踏病），染色体異常（たとえば，ダウン症候群），母体の状態が胎児の発達に影響するもの（たとえば，母体のアルコール症候群），代謝欠陥（たとえば，フェニルケトン尿症），出産前または出産時の脳損傷（たとえば，脳性麻痺のいくつかのケース）が考えられる。先天性欠陥は，生後数年経つまで（たとえば，アレルギーや代謝障害）あるいは時に成人期に至るまで（たとえば，ハンチントン舞踏症）明らかにならない場合がある。先天性欠損（birth defect），先天性異常（congenital anomaly）と呼ばれることもある。

**先天性甲状腺機能低下症**［congenital hypothyroidism］ 甲状腺ホルモンの不足により運動機能や精神活動が低下する状態。最も多い原因は遺伝性代謝異常であるが，多数の原因によってこの障害は特徴づけられてきた。予後は胎児期や初期乳児期の代謝異常の程度によって変わる。しかし，早期に適切な甲状腺ホルモン療法を受けることで一般には徴候や症状を回復させることができる。⇨ クレチン病

**先天性視覚失認**［congenital visual agnosia; developmental visual agnosia］ 物体や顔の処理と関連した脳部位の異常発達によって出産時に生じる視覚失認のこと（先天性物体失認，先天性相貌失認）。先天性視覚失認は，視覚，認知，言語などの喪失によって説明することができない特殊な視覚認知障害である。

**先天性視覚障害**［congenital visual impairment］ 生まれたとき，あるいは生まれてすぐに生じる視覚障害のこと。多くの場合は，感染症，両眼白内障，早産などで生じる。特別な刺激がなくとも，この視覚障害をもった子どもは，感覚，運動，社会性の発達において遅れを示す。⇨ 中途視覚障害

**先天性代謝異常**［inborn error of metabolism; metabolic anomaly］ 遺伝的欠陥によって生起する生物化学的疾患。構成や筋肉の細胞の酵素反応においてや細胞膜を介した生命維持の物質の輸送における欠損または欠落として表出される。糖尿病や通風，フェニルケトン尿症，テイ-サックス病といったものが含まれる。

**先天性多発性関節拘縮症**［arthrogryposis multiplex congenita］ 遺伝負因が30％の先天的な障害であり，体の関節の歪みや湾曲足が特徴であり，精神遅滞の合併の可能性も高い病である。手が内側に回る，臀部の位置がずれ

るなども特徴的であり，筋肉が小さく弱く筋抵張症を引き起こす。そのためこの用語は「ねじれ関節障害」を意味する。この障害には4つのタイプが知られている。関節拘縮（arthrogryposis）とも呼ばれる。

**先天性動眼失行**［congenital oculomotor apraxia］　出生時に，子どもが物体に対して正常に注視できない状態のこと。水平面における**サッカード**と円滑性追跡眼球運動の喪失によって特徴づけられる。しかし，垂直方向の眼球運動は障害を受けていない。したがって，この子どもは，失明していると間違って考えられることがある。4〜6か月において，子どもは，衝上運動，水平方向の頭部運動を発達させ，視点を変えようとするとき，ときどき顕著に瞬きをしたり，まぶたをこすり合わせたりする。先天性動眼失行の原因はわかっていないが，年齢が進むにつれて改善される。

**先天性白内障**［congenital cataract］　出生時，あるいは出生直後に起こる眼球の水晶体の不透明さのこと。この影響は，網膜において光が散在したり，像がかすんで見えたりすることである。視覚剥奪によって，パターン認知の発達を妨げる。中心視は，多くの場合影響を受けるが，周辺視は抑制される。先天性白内障は，片眼あるいは両眼で起こる。これは遺伝的であり，先天性の感染あるいは代謝異常によって生じる。

**先天性発話障害**［congenital speech disorder］　出生時から存在する発話障害で，通常，遺伝的要因や出産過程での事故が原因となる。⇨ **後天性発話障害**

**先天性風疹症候群**［congenital rubella syndrome］　母体が妊娠初期に風疹ウイルスに罹患することによって，新生児に多様な先天異常をもたらすもの。この異常には，聾唖症，白内障，心疾患，脳性まひ，小頭症（小頭），精神遅滞が含まれる。神経学的異常は，罹患者の約80％に生じ，脳の重さは正常以下であることが多い。刺激に対する反応の欠如を特徴とする精神運動遅滞や知能の障害はよくみられる。先進国においては，風疹ワクチン接種によりこの症候群の発生率は広く低下してきた。⇨ **風疹**

**先天性緑内障**［congenital glaucoma］　生まれつきの眼の障害であり，眼球が視神経にダメージを与えるほどの異常に高い眼圧が持続する（buphthalmos）。これは，眼の拡大を引き起こす。70％のケースで両眼が影響を受ける。女性よりも男性で多く，兄弟姉妹とその子孫においては，生じる割合が5％上昇する。先天性緑内障は，多くの発達的症状によって起こることが想定されている（たとえば，**無虹彩症**，**スタージ・ウェーバー症候群**）。視覚の低下は，視神経萎縮，角膜混濁，乱視，視覚遮断，高度近視，斜視によって生じる。加えて，子どもは，多くの場合，**光線恐怖症**と眼瞼痙攣を示す。

**先天的形質**［congenital character］　誕生時から存在する特徴あるいは特性。それには遺伝的なものや，胎児の発達あるいは分娩時に経験された要因の影響によって生じるものもある。

**先天的な失語症**［congenital aphasia］　誕生時から存在する欠陥によって生じる書く能力または話す能力における障害。

**先天聾**［congenital deafness］　その原因を問わず生まれつき存在する聾。⇨ **中途失聴**

**セント**［cent］　音響学において，周波数比を表示するときによく用いられる対数の単位のこと。1オクターブは，1200セントであり，均一に調律された音階における連続した音符や音程は100セント，あるいは半音によって分けられている。

**尖度**［kurtosis］　確率分布の4次の**中心積率**。

**前頭**［frontal］　1．体や脳のような組織の正面や前方部に関連すること。2．前頭骨や頭蓋骨の前頭骨に相当するところ。

**先導虚構**［guiding fiction］　アドラー（Alfred Adler）の理論の用語。指針として役立つ個人的な原理原則であり，それによって，自分自身の経験を理解，評価し，ライフスタイルを決断することができる。理性的で良い精神的健康状態にある個人では，先導虚構は現実的で適応的だと想定される。一方，精神的健康状態が良くない場合は，無意識的，非現実的，非適応的だと考えられる。

**前頭筋**［frontalis muscle］　前額部の皮下にある筋。

**先導者**［initiator］　問題を定義し，目標を定め，そして特定の行動指針に着手することを助ける集団のメンバーによって採択される**課題役割**のこと。［ナショナルトレーニングラボラトリーにおいて行われた討議グループの研究を受けて，1948年に，アメリカの教育理論家のベン（Kenneth D. Benne: 1908-1992）とアメリカの社会心理学者のシーツ（Paul Sheats）によって定められた］

**前頭視野欠損**［frontal eye-field lesion］　頭部と眼球の運動に関与する運動前野における損傷。外科的に，あるいは外傷によって起こる。この損傷により，損傷部位の反対側の半側盲が起こる。

**戦闘ショック**［battle shock］　戦闘ストレス反応による心理的障害。中東戦争の折に今以上の戦闘に耐えられなくなった**ストレス傷病者**の状況を説明するために用いられた。

**尖頭頭蓋合指症**［acrocephalosyndactyly］　頭蓋や顔面，上肢，下肢の異常を引き起こす遺伝性の障害（すべて優性形質）に関連した障害の総称。**アペール症候群**，アペール-クルーゾン（Apert-Crouzon）症候群，**ファイファー症候群**（尖頭頭蓋合指症のタイプⅠ，Ⅱ，Ⅴ）は，染色体10上のFGFR2遺伝子（繊維芽細胞の成長受容体に符号化される）の染色体変異によって生じる。**チョーゼン症候群**（タイプⅢ）は，FGFR2の表出に影響する染色体7におけるTWIST遺伝子（遺伝子座の7p21.3-21.2）の染色体変異によって生じる。

**戦闘ストレス低減**［combat stress reduction］　戦闘ストレス反応を低減させるためのスキルを発達させるよう考えられた方法。ストレスの低減には，治療の手続き，制御テクニック，予防方略（心理的対処テクニック）が含まれる。

**戦闘ストレス反応**［combat stress reactions: CSR］　軍隊の仕事における心的外傷を引き起こす出来事に対する心理的反応。その反応は軽いものから激しいものまであり，異常な出来事に対する通常の反応である。第一次世界大戦では，そのような反応は**シェルショック**として知られていた。一方，第二次世界大戦では戦闘神経症，戦争神経症，戦闘ヒステリーという用語が広く用いられている。DSM-Ⅳ-TRでは，それらは**外傷後ストレス障害**として分類されている。⇨ **ストレス傷病者**

**前頭前皮質**［prefrontal cortex］　脳の両大脳半球に存在する**前頭葉**の最前部。注意，計画，記憶に関する機能を

もち，背側部と眼窩前頭部（⇨ **眼窩前頭皮質**）に分けられる。ヒトの場合，前頭前皮質を損傷すると感情，運動，認知に関する機能に障害がでる。前頭前連合野（frontal association area）とも呼ばれる。

**前道徳的段階**［premoral stage］　**1.** ピアジェ（Jean Piaget）による道徳発達理論によると，5歳以下の子どもでは協同合意としての規則を認識できない。すなわち，善悪の区別ができない。⇨ **自律的段階，他律的段階**　**2.** コールバーグの道徳性発達理論の**前慣習的レベル**に先行する段階で，生後およそ18か月の乳児の頃に該当する。

**前頭皮質**［frontal cortex］　**大脳皮質**の最前部。⇨ **前頭前皮質**

**戦闘免疫**［battle inoculation］　模擬戦闘状況（たとえば，本物の武器からの射撃）で訓練を行って，兵士に戦闘に対する覚悟をうえつけること。1人の兵士の戦場におけるパフォーマンスは，兵士がこれまでに受けてきた部隊および個人単位でのトレーニングの質と量によって決まる。この訓練は，各部隊が戦争時に直面しうるミッションや気候条件に直接関連する内容でなければならない。生の射撃訓練は，戦闘の衝撃や騒音の訓練となる。リアリティの高い訓練は，戦闘などの軍事行動のストレスに対する免疫をつけさせるだけでなく，これらのストレスへの対処法を身につけるためにも役立つ。軍事行動（特に戦闘）の経験を積むことで，兵士は将来の状況に備えられるようになる。⇨ **ストレス訓練**

**前頭葉**［frontal lobe］　それぞれの大脳半球にある4つの脳葉のうちの一つ。**中心溝**の前部に位置する。運動やより高次の**実行機能**に関わる。⇨ **大脳**

**前頭葉機能低下**［hypofrontality］　前頭葉皮質の活動が低下したり，不適切な働きをしている状態のこと。理論上は，統合失調症の要素の一つとされるが，統合失調症に特徴的な現象なのか，原因なのかは明らかになっていない。

**前頭葉症候群**［frontal lobe syndrome］　前頭葉の病変による精神疾患。目的行動の機能障害，情緒不安定，社会的判断の障害，固執とインパルス制御，抽象的思考と無気力障害のような症状によって特徴づけられる。症状は病変の大きさや位置によって変化する。

**前頭葉徴候**［frontal release signs］　前頭を損傷した成人に出現する，通常では乳幼児にみられる，数か月で消える原始反射のこと。吸啜，把握，索餌反射など。

**前頭葉切離術**［frontal lobotomy］　前頭葉につながる神経線維を切断したり，前頭葉の一部を切除したりする外科手術。かつてはうつ病，攻撃性，不安症，統合失調症，激痛の治療に用いられたが，1950年代以降その効果は疑問視されている。脳葉切除（lobotomy）とも呼ばれる。⇨ **白質切断術**

**セントジョンズワート**［St. John's wort］　多年生の花を咲かせる植物。別名セイヨウオトギリソウ。長い歴史をもち，特に鎮痛剤として，神経系の痛み，マラリア，外傷，火傷，虫さされの鎮静などに伝統的に使用されてきた。最近では，軽度のうつ，不安，不眠の治療薬として使用されて民間に普及している。いくつかの研究がこれらうつ病等の治療薬としての有効性を支持しているが，重いうつ症状を治療するのにセントジョンズワートが偽薬以上の効果を出すという報告は未だにない。またいくつかの研究において，ハーブがもつ抗炎症と同様に抗酸化物質の性質をもっ

ていることが報告されている。成分中の**ヒペリシン**が主要な役割を果たすと考えられている。ヒペリシンは，ノルエピネフリン，ドーパミン，セロトニンの再取り込みを阻害する効果のある抗うつ薬と共通の効果を発揮するとして知られている。また，GABAやグルタミン酸塩などの神経伝達物質を調節することによって効果を発揮する。稀に，口の乾き，めまい，下痢，吐き気，太陽光への過敏，倦怠感などの副作用が起こる。また，他の薬，特にエイズや癌の治療，移植の拒絶を防ぐのに用いられる薬の効果を制限してしまう可能性もあり，使用には細心の注意が必要である。

**セントロイド**［centroid］　$p$次元分布の平均ベクトル。ベクトルの$i$番目の要素は，多変量分布の$i$番目の成分における周辺分布の平均である。

**先入観 [1]**［preconception］　対象についての十分な情報が獲得される前に抱かれる，**態度対象**に関する信念や期待。

**先入観 [2]**［prejudice］　好ましいか好ましくないかに関わらず，予めもたれている，あらゆる態度や視点のこと。

**洗脳**［brainwashing］　態度，信念，感情を徹底的に変化させることを意図して行われる強烈でしばしば強制的な戦術のこと。この戦術の主な対象は，戦争捕虜やカルト宗教の宗徒であった。⇨ **心理的誘拐状態**

**前脳**［forebrain; prosencephalon］　脳の一部で，胚の神経管の前部から発達する。**大脳半球**や**大脳基底核**，**扁桃体**，**海馬**を含む。視床や視床下部を含めて前脳と呼ぶこともある。⇨ **間脳**

**洗脳解除**［deprogramming］　新しい態度，信念，価値観を深く取り入れた人が，もともともっていた態度，信念，価値観を取り戻すプロセス。この技法は通常，宗教のカルトのように非常に強制力の高い社会集団から脱会したり，追放された人に対して用いられる。⇨ **洗脳**

**前脳基底部**［basal forebrain］　脳梁の近くにある腹側前脳にある領域。広く前頭葉や**海馬**に投射していて，記憶や学習，注意の側面において重要であると考えられているコリン作動性ニューロンを含む。アルツハイマー病において，この領域のわずかな損傷が観察されることがある。より広範囲な損傷により，健忘や作話が生じる可能性がある。

**前脳基底部大細胞核**［magnocellular nucleus of the basal forebrain; basal nucleus of Meynert; Meynert's nucleus; nucleus basalis magnocellularis］　**前脳基底部**にあるニューロンの集合。コリン作動性の神経支配の供給によって，**新皮質**の多くの領域における活動を調節する。**アルツハイマー病**に関係している。

**浅薄な感情**［shallow affect］　情緒的に反応する能力の障害。たとえば，多くの人が強い感情を喚起する状況でも情緒的な反応を示さない。感情の浅薄さ（shallowness of affect）とも呼ばれる。⇨ **平坦な感情**

**選抜育種**［selective breeding］　ある遺伝的形質をもつ動物を繁殖させること。研究目的で同一の遺伝的性質をもつ一様性の動物を作ったり，ある種の動物を作り出したりするために行われる。

**選抜テスト**［selection test］　特定の課題に対して個人がどの程度ふさわしいかを評価する，身体面や心理面のテスト。一般にこうしたテストは，教育場面におけるクラス

分けや，産業場面における従業員の人員配置を目的として，人をスクリーニングしたり選抜したりするために用いられる。⇨ 採用テスト

**選抜の重回帰モデル**［multiple regression model of selection］　人事選考のモデルの一つ。就職志願者はいくつかの予測指標で測定され，その得点は，予測指標と所定の職務基準に照らした仕事ぶりの**適合度**のよさを反映するように重み付けられる。その適合のよさは，重回帰手続きを使って評価される。このモデルでは，予測指標は職務基準と線形的な関係にあり，加算的で互いに補完できると仮定する。

**選抜の多基準モデル**［multiple cutoff model of selection］　人事選考のモデルの一つ。就職志願者が雇用されるためには，いくつかある選抜課題（試験や検査）の最低基準点をすべて満たさなければならないとするモデル。多重障壁モデルと違って，多基準手続きは，特定の順序で選抜課題を受験して合格していくことを要求するものではない。

**選抜の多重関門モデル**［multiple hurdle model of selection］　人事選考のモデルの一つ。就職志願者は，一連の選抜課題（試験や検査）のすべてに合格しないと，次の選抜で評価を受けられないとするモデル。そのため，志願者の数は「障壁」ごとにふるい落とされ減少してゆく。⇨ バンディング

**選抜率**［selection ratio］　選抜の目的にかなう対象のうち，実際に選抜された対象の比率（例，研究の対象者数）。たとえば人員採用では，雇用された応募者数を応募者全体の数で除した値。選抜率が低いほど競争的な雇用状況であり（他の条件が同じなら）選抜に関するどのような**予測変量**も有効性が高まる。⇨ テーラー・ラッセルの表

**全般性神経心理学的障害尺度**［General Neuropsychological Deficit Scale］　ハルステッド-レイタン神経心理学バッテリーの中から複数のテストを組み合わせて作られた尺度。全般的な認知障害を評価するために作成された。得点が高いほど，障害が大きいことを示す。

**全般性不安障害**［generalized anxiety disorder: GAD］　イベントや活動（たとえば，世界的なイベント，お金，健康，外見，家族や友人との付き合い，仕事や学校など）について過度な不安と心配をしてしまう障害のこと。落ち着きのなさや疲労，集中力のなさ，短気，筋肉緊張，不眠などの症状を伴う。不安は毎日のように起こり，コントロールするのは難しい。

**全般的能力**［general ability］　すべての知的課題をこなすための基礎だと信じられている測定可能な能力。⇨ 一般因子

**全般発作**［generalized seizure］　限局された脳領域というよりも脳全体の異常な電気活動による発作である。最も多くみられるものとして，**欠神発作**と**強直間代発作**の2つがある。

**尖筆迷路**［stylus maze］　様々な経路に沿って尖筆を動かすことで実行する迷路。この課題は視覚的，もしくは触覚的に行われる。

**潜伏期**［incubation］　感染の進展における無症状の期間。

**潜伏性同性愛**［latent homosexuality］　明確には表出されず，たとえば抑圧によって通常は認識されない，当人が積極的に否定するゲイやレズビアンの傾向。無意識の同性愛（unconscious homosexuality）とも呼ばれる。

**前腹側核**［ventral anterior nucleus］　大脳基底核からの入力を受け取り大脳の中心前野との連絡を送る**視床**前核。

**潜伏付加期間**［latent addition period］　先行する刺激に続いて2つ目の刺激を呈示する際，先行刺激による効果を途切れさせない程度の，非常に短い刺激間の時間間隔。神経線維のサイズとシナプスの要素により期間の変動があるが，約0.5 msである。

**全米科学アカデミー**［National Academy of Sciences: NAS］　科学や工学の研究に携わる一流の学者の民間の非営利組織であり，科学技術の促進や一般の福祉にそれらを利用することに献身する。本部はワシントンDCにある。全米科学アカデミーは，1863年に米国議会によって設立され，1916年には全米学術研究会議，1964年には全米技術アカデミー，1970年には米国医学研究所を含むまでに拡大した。これら4つの組織はまとめて全米アカデミー（National Academy）として知られている。

**全米国立科学財団**［National Science Foundation: NSF］　アメリカ政府の独立した機関で，1950年の米国国立科学財団法で設立された。その目的は科学の進歩を促進すること，つまり国民の健康，繁栄，福祉を向上させ，国家の防衛を保証することである。その権限の範囲内の活動には，科学技術研究の指導や支援，研究者間の情報交換，技術開発，連邦政府資金の大学や他の研究組織への分配，科学技術における国家的方針や研究の政治的擁護などが含まれる。

**全米精神衛生協会**［National Mental Health Association: NMHA］　アメリカで最も大きな非営利団体。メンタルヘルスと病気の全面を扱う。1909年に設立され，メンタルヘルスを推進，精神病を擁護，教育，調査などのサービスを行う。

**全米精神衛生研究所**［National Institute of Mental Health: NIMH］　1949年設立の連邦政府機関。精神，脳，行動を研究し，精神疾患の負担を軽減することを目的としている。将来の精神衛生研究者を育てるための科学教育プログラムも遂行している。それには，分子科学，認知・感情神経科学をはじめとして，精神疾患と脳の研究に必要とされる学術的訓練が含まれる。

**全米労働関係法**［National Labor Relations Act］　1935年に米国議会を通過した法令で，被雇用者が組合を組織し運営すること，**団体交渉**をすること，ストライキを行うことの権利を認めた。また，雇用者による**不当労働行為**を発見して禁止し，この法令を管理し，施行するために全米労働関係局を設けた。ドイツ生まれのアメリカの政治家ワグナー（Robert F. Wagner: 1877-1953）が後援者で，ワグナー法（Wagner Act）としても知られる。⇨ 労使関係法

**選別**［triage］　評価研究であり，社会的プログラムの希少資源を割り当てるための方法のこと。

**前方照応**［anaphora］　言語学において，通常は繰り返しを避けるために，既に用いられた単語に戻って参照する単語（多くは**代名詞**）の使用法。「あなたがコーンスープにするなら，私もそれにします」という例においては，"それ"が"コーンスープ"を示す前方照応として用いられている。このような構造を作り，処理する能力は，**生成文法**や**心理言語学**の主要な関心の対象である。⇨ 先行詞

**前方伝導の法則**［law of forward conduction; forward-conduction law〕　自然な条件において，神経インパルスはいつも細胞体にある軸索の発生点（軸索小丘）から軸索の終末ボタンまでの同じ方向に向かって伝導されるという法則。⇨ 逆行性伝導

**前脈絡叢動脈**〔anterior choroidal artery〕　比較的狭い動脈で，**中大脳動脈**の後枝。前脈絡叢動脈は視索を通過して側脳室の下角へ向かう。脈絡叢や海馬，視床，扁桃体，そして関連する深部構造に入っていく。

**鮮明度**〔definition〕　光学的に，写真や光学システムによって再生された像の明確さ。⇨ 解像度

**鮮明度訓練**〔vividness training〕　非常に明瞭で鮮明な心的イメージを生み出す能力を改善するための訓練。心的イメージによっては，色が明瞭であり，イメージされる状況の詳細が表される。

**繊毛**〔cilium〕　内耳にある蝸牛**有毛細胞**上の不動毛のように，通常，房状または束状になっている細胞上の髪のような毛。

**線毛**〔fimbria〕　**白質**の帯で，**海馬**脳室面の内側縁に沿った部分に位置する。海馬采（fimbria hippocampi）とも呼ばれる。

**せん妄**〔delirium〕　注意が持続することができない環境が誤って知覚され，思考の流れが混乱する意識障害の状態。認知障害（見当識障害，記憶障害，言語障害を含む）や知覚障害，幻覚，錯覚，視聴覚の変容を経験することがある。エピソードの発現は早く，短時間に変動する。せん妄は，脳腫瘍，薬物中毒，薬物離脱，頭部外傷，発作に限らず，様々な条件によって引き起こされる。様々な種類のせん妄は個々の条件ごとに議論される。

**せん妄状態**〔delirious state〕　**せん妄**の基本的な特徴を呈する臨床上の心理状態。せん妄状態はアンフェタミンやバルビツレート，フェンシクリジン中毒時やアルコールの離脱時に起こる。あるいは他の中毒状態や全身感染，低酸素状態，頭部外傷，チアミン欠乏，術後期，発作の結果として起こる。

**せん妄発生薬**〔deliriant〕　一般に落ち着きのなさや興奮に関連する急性の**せん妄**の状態を誘発することのできる薬。急性のせん妄は過度の抗コリン薬の摂取（⇨ **中枢性抗コリン症候群**）やアルコール離脱やある他の薬の離脱を生む。

**泉門**〔fontanel; fontanelle; soft spot〕　新生児の頭蓋にある膜で覆われた十分に骨化していない部位のこと。頭蓋骨が結合し，通常は2歳より前に閉じる。

**専門家証言の対立**〔battle of the experts〕　ある法的な論争点に関して相対立する立場の専門家証言が，その論争点を解決するために決定されなければならない問題について合意に至らない場合のこと。このような相矛盾する証言は，当該事件の量刑を決定するに際して裁判官や陪審員にとってしばしば有益なものとはならない。

**専門家適性テスト**〔professional-aptitude test〕　専門的な訓練の候補者を選ぶために使われるテスト。典型的な適性テストには，精神的なキャパシティ，情報や技術を習得する能力，一般的に，高等教育や，心理学や法律，科学，看護，工学，歯科医，薬剤師，会計学，セオロジー，教育といった専門性に必要とされる認知スタイルといったものが含まれる。

**専門家の誤謬**〔expert fallacy〕　専門家が自らの専門的なスキルもしくは知識について説明するのが不得手であり，自身が熟達した領域内で何も言うべきことをもたないかのように感じているという逆説的な知見。こうした専門知識は自動化されており，そのために内観や報告へアクセスしにくくなっていると考えられる。

**専門管理職**〔professional manager〕　組織内の管理部門の長のこと。この役職のために相当の準備と訓練を受けており，重要な原理原則，実践，手続きに関する特別な知識をもつ。

**専門職**〔profession〕　特別な知識が必要な**職業**のこと。その職に関して，最小限の質，トレーニング，能力基準，報酬と一般的業務内容，仲間や仕事の依頼者との倫理関係などを取り決めるガイドラインや規則が確立されている。
⇨ 職業倫理，資格認証制，専門職基準　適職

**専門職開発**〔professional development〕　しばしば**専門職**に就く人に期待され，要求されるような継続的な教育，あるいは訓練のこと。専門職組織は研修や会議，論文やその他の支援を提供することによって，構成員の専門性開発を支えている。⇨ キャリア開発，マネジメント開発

**専門職基準**〔professional standards〕　ある専門職に求められ，期待される仕事のレベル。⇨ 倫理綱領，職業倫理，実践スタンダード

**専門職補助員**〔paraprofessional〕　訓練を受けているが，専門家としての資格をもたない労働者で，病院や地域において患者に対する治療を手助けする者を指す。

**専門用語**〔technical term〕　一般用語に妥当な用語がない，またその分野に特有である物体または概念を表すために，専門分野で使われる単語または語句のこと。⇨ ジャーゴン

**前梨状野**〔prepyriform area〕　脳の側頭葉基底部に位置する嗅覚の**投射野**。

**旋律失語症**〔tonaphasia〕　旋律を思い出す能力の不能あるいは喪失。音楽失語症（musical aphasia）とも呼ばれる。

**前立腺**〔prostate gland〕　哺乳類オスの分泌腺。ヒトではクルミくらいの大きさ。尿道の周囲，膀胱の直下にある。性的刺激により増加する薄いアルカリ性の液体を分泌する。特に高齢者では癌が生じやすい。

**戦略**〔strategy〕　1. 目標を達成したり課題を遂行するように意図された行動計画。2. 生物学における戦略は⇨ K戦略，r戦略

**戦略的人的資源管理**〔strategic human-resource management: SHRM〕　**人的資源**を効果的に利用することによって，組織が競争力のあるパフォーマンスを高めたり，目標達成を促進したりするための計画的で機敏な取組み。

**戦略派家族療法**〔strategic family therapy; strategic intervention therapy〕　**家族療法**の流派の一つで，家族が問題の根本原因について洞察を深めるよう援助するよりも，行動変容を生み出すような新しい介入方法を策定して適用することに焦点を当てる。

**禅療法**〔Zen therapy〕　**禅宗**の考えや実践を組み込んだ心理療法で，現在の環境への適応や症状の除去というよりむしろ，**実存主義**のように，クライエント特有の人生の意味を普遍的な文脈の中に探していく。熟慮と直感を通じ人間の本質や人間という存在について瞑想することは，クライエントに万物との一体性の感覚や，魂（ひいては認知や

感情，行動）の変容といった治療的な効果を与えると考えられている。⇨ **神秘的合一**

**前臨床精神薬理学**［preclinical psychopharmacology］
新薬の臨床応用に先んじる精神薬理学の領域のこと。薬の薬理学的作用についての実験研究，人への使用に関する研究データからの推定，既にある薬や患者の多様な状態との相互作用などを含んでいる。

**前論理的思考**［prelogical thinking］　精神分析理論の用語。**快楽原則**よりも**現実原則**の影響下にあるとき，早期幼児期の特徴である原始的思考が進行すること。そのような思考は後の人生で，白昼夢状態や**願望成就**の優勢時に生じる。⇨ **一次過程**

# そ

**Soar（ソアー）**［Soar］ 人間あるいは機械の処理に関する包括的な見方を反映させることを意図した，**認知アーキテクチャ**もしくは，全体的な計算論的表象。入出力装置，適切な知識利用，探索ベース処理，学習された構成要素からなる。Soar は人間の問題解決の**プロダクションシステム**モデルに基づいている。⇨ **適応的プロダクションシステム**［State, Operator and Results の頭字語で，1990 年にアメリカの心理学者ニューウェル（Allen Newell: 1927-1992）により作成された］

**素因［1］**［predisposing cause］ 精神疾患，身体疾患，遺伝的特徴の原因とはなるが，直接的な原因にはならない可能性を増加させる因子。⇨ **増悪原因**

**素因［2］**［predisposition］ 遺伝学では，一定の必要な条件の下で，特定の形質や疾病の進行をもたらす遺伝的要因を指す。素因検査（predisposition testing）とは，100％以下の浸透（⇨ **浸透度**）の突然変異に対する遺伝テストである。したがって，陽性の検査結果は，その個人に疾病を促す強固な素因があることを示すが，必ずしもそれが正しいとは限らない。ある突然変異が完全に浸透する場合，変異性の遺伝子を有する者は疾病が進行するため，素因検査は予測的検査（predictive testing）として参照される。

**槽**［cisterna（*pl.* cisternae）］ 解剖学における拡張スペース。たとえば，脳の**大槽**がある。

**叢**［plexus］ 機能的，解剖学的に相互接続された似た組織（神経や血管など）のネットワーク。例として，**腕神経叢**，**頚神経叢**，**腹腔神経叢**などがあげられる。

**層**［stratum］ 1. 調査**標本抽出**における部分母集団。2. 構造における層（通常は多数の平行した層のうちの1つの層）。

**ソーヴァル－ソファー症候群**［Sohval-Soffer syndrome］ 精神遅滞，精巣機能不全，骨奇形，糖尿病などの症状を伴う珍しい疾患で，遺伝によるものであると考えられている。患者の中には，精神病を伴うものや，知能が低い者も少数ながらいる。身体的な特徴としては，陰茎や睾丸の小ささ，ひげや陰毛の薄さなどがあげられる。

**双安定性知覚**［bistable perceptual events］ 感覚刺激のなかでも視覚刺激においてよく体験される知覚であり，2つの互いに排他的な見え，もしくは意味が交互に"反転して"経験されるような知覚（⇨ **交替性の見え**）。たとえば，**ネッカーの立方体**は2つの見えが交互に知覚される。"若い女と老婆"という錯視図形は若い女性と老婆の見えが交互に体験される。⇨ **曖昧図形**

**創意工夫**［ingenuity］ 日常生活（仕事や家など）の決まった問題を解決する手際のよさのこと。日々の**創造性**

**増悪原因**［precipitating cause］ 特定の因子，ときには心的外傷の体験やストレス体験が，精神的・身体的疾患の原因になることがある。一つの出来事が，疾病を潜在状態から顕在化させることもある。⇨ **素因**

**憎悪犯罪**［hate crime］ 被害者の属する集団に対するバイアスや憎悪で動機づけられる暴力犯罪。たとえば，ある男性を同性愛者である（あるいは，そのように思われる）ために殺害することや，宗教的少数派の礼拝所を爆破することなどが憎悪犯罪の例としてあげられる。

**騒音基準**［preferred noise criterion: FNC］ 閉じた空間における恒常的な環境騒音として設定される雑音のレベルのことで，許容可能な背景雑音レベルを定めたりテストしたりするのに用いられる。

**騒音規制**［noise abatement］ 騒音公害のレベルを下げるために規制や技術を適用すること。騒音規制は，自動車または航空エンジンのデザイン変更，夜間の空港の使用を禁止する法令あるいは交通経路を住宅地区から遠ざけることなどを求める。⇨ **雑音効果**

**騒音計**［sound-level meter］ 音圧を測定する装置。マイクロホンから入力された音圧は変換，処理され，一般的にはデシベル音圧レベル（⇨ **デシベル**）で表現される。人の聴覚特性に近似させるため，周波数補正尺度をもつものもある。デービーシー（dBC）尺度は，**可聴範囲**の大部分においてほぼ同じ補正係数をもつ。デービーエー（dBA）尺度は，環境音の大きさや騒がしさによく近似するとみなされる。

**騒音公害**［noise pollution］ 個人の健康や福利にとって望ましくないか，不利益となる，あらゆる環境騒音（例，交通音のこと）。

**騒音性難聴［1］**［exposure deafness］ 長期にわたって大音響にさらされることによる聴覚障害。この症状は一時的である場合もあれば，恒常的となることもあり，音の大きさ，さらされる時間，そして音の周波数に依存する。⇨ **聴覚疲労**

**騒音性難聴［2］**［noise-induced hearing loss］ 長い間騒音に続けてさらされることによって起こる難聴。⇨ **騒音暴露難聴**

**騒音量**［noise dose］ 職場環境で人が受ける騒音の量を，その許容限度に照らして表す百分率。雇用者が**工学的制御**や**管理的制御**において適用すべき基準を決定するために使われる。

**総括制度**［total institution］ 1. 高度に組織され，拘束性のある社会的**施設**のこと。その制度機関の成員，あるいはその機関に収容されている個人の活動に対してかなりの統制力をもっている。刑務所や精神療養施設，軍事基地はその手本となる。なぜなら，囚人や患者，職員のほとんどはスタッフや役人によって管理されているからである。2. 伝統的な社会制度。融通が利かないため拘束的な社会制度の性質を強く帯びている。たとえば結婚は，成人の生活様式や選択においてかなりの高い均一性をもたらしているので総括制度としての特徴を有しているといえる。

**層化無作為抽出**［stratified random sampling］ 人口の複数の層や下位区分に対して行われる**無作為抽出**のこと。得られた標本（層化標本：stratified sample と呼ばれる）にはそれぞれの層（たとえば，若い層と年老いた層，もしくは男性の層と女性の層）を代表する個人が含まれる。各々の層から集められる標本の割合は，標本抽出前に決定する。

**相関**［correlation］ 2つの属性の間の（大抵は線形）関係の程度のこと。

**相関行列**［correlation matrix］　正方対称**行列**で，変数群内で$i$番目の変数と$j$番目の変数の間の相関係数は，行列内の$i$番目の行と$j$番目の列の交差するところに示される。相関行列の対角線上の値はすべて1になる。

**相関クラスタ**［correlation cluster］　実質的に相互に相関関係をもつ変数群。

**相関係数**［correlation coefficient］　2つの測定された属性間の（大抵は線形）関係の程度を示す数値による指標で，+1の値は完全な正の関係を，-1の値は完全な負の関係を，0の値は無相関を表す。

**相関研究**［correlational study］　2つ以上の変数間の関係に関する研究のこと。

**相関障壁**［correlation barrier］　知能検査間で得られる相関関係は最大になるという考え，および知能検査は生活における成功に関する様々な測度を予測することが意図されるということ。通常，知能検査は学校の成績やその後の成功に関する測度と適度な相関関係（たとえば，相関係数では0.30～0.50の間）をもっている。

**相関比**［correlation ratio］（記号：$\eta$）　イータ（$\eta$）で表される統計的指標で，2つの変数間の非線形関係の程度を示す。

**想起［1］**［recollection］　過去の出来事や経験を思い出す行為。つまり，日常生活や**自由連想法**において自然に起こるプロセスであるが，催眠暗示，絵画，または雑談によっても刺激されることもある。

**想起［2］**［remembering］　過去の出来事や経験，情報を意識的に呼び起こしたり，意識上にもってくる過程。想起は項目を維持する過程とも関わっており，この過程なしでは訓練や練習，過去の経験からの恩恵を受けられないことから，学習に不可欠な過程である。エストニア生まれのカナダの心理学者タルヴィング（Endel Tulving: 1927-）によれば，想起は知っていることと区別される（⇨**リメンバー・ノウ判断**）。想起を測定する方法は，**再生法，再認法，再学習法**などがある。

**早期介入**［early intervention］　将来における疾病や疾患の進行を予防する，あるいは病気の影響を最小限にとどめることを目的とする，発達，行動，その他の側面に関する疾患の発症可能性をもつ個人，あるいは疾患の初期段階にある個人のための対策やサービス。

**臓器感覚**［organic sensation］　身体深部から生じる感覚（たとえばお腹の鳴る感覚）のこと。内臓感覚（visceral sensation）とも呼ばれる。

**早期記憶**［early memory］　学習能力が誕生時に存在するとして，典型的には3歳くらいまでさかのぼった，子ども時代の思い出。**幼児期健忘**とも呼ばれる。子ども時代早期についての記憶の欠如はフロイト（Sigmund Freud）の時から気づかれていた。この説明には神経学的な未成熟，出来事の記憶を組織化する言葉や大人の**スキーマ**の欠如，幼児の異なった符号化の特性などがある。

**早期・定期スクリーニング診断・治療**［Early and Periodic Screening, Diagnosis, and Treatment: EPSDT］　病気や障害の早期の徴候を発見するために行われる定期検診。アメリカでは，メディケイドの被保険者である子どもや青年に対し，予防的保健医療サービス（視覚，聴覚，歯科などが対象）や，精神疾患・行動スクリーニング（薬物濫用などが対象）などにおける早期・定期スクリーニング・診断・処理プログラムが実施されている。

**早期の二か国語使用**［early bilingualism］　人生の早期にバイリンガリズムが獲得された状態のことで，家庭で2つの言語を同時に獲得するか，5歳頃までに第一言語獲得前に第二言語に接触した場合に起こる。5歳以降（あるいは，ある定義では思春期の後）の第二言語獲得を指す後期の二か国語使用（late bilingualism）と対比して使われることが多い。早期の二か国語使用は，後期の二か国語使用よりもネイティブスピーカのような発音と文法を獲得しやすい。

**想起の補助**［aided recall］　犯罪の被害者や目撃者のような人々に対して，出来事に関連する記憶を検索するのを助けるのに用いられるいくつかの方法のこと。

**増強［1］**［augmentation］　1. 加算平均された誘発反応（**加算平均法**）の振幅が増大すること。加算平均法において背景雑音以上に振幅が増大している状態を指す場合と，予測される刺激による増加以上に振幅が増大している状態を指している場合とがある。2. より一般的に，すべての増加，拡大，成長のこと。

**増強［2］**［facilitation］　神経科学の用法で，**シナプス**への繰り返された信号や，閾値下のインパルスが刺激によって，神経細胞の活動電位が伝播する閾値を低下する現象。

**増強法**［augmentation strategies］　他の薬を加えることで向精神薬の効果を促進させる方法。抑うつの治療において広く用いられている。この治療では，他の抗うつ剤やリチウム，チロキシン，刺激薬が追加される。

**双極**［bipolar］　双極ニューロンのように2つの終端をもつ構造を指す言葉。

**双極因子**［bipolar factor］　**因子分析**において，ポジティブとネガティブ両極にわたる連続体上の比較的中心に位置する中立的な側面が特徴である因子（変数）のこと。たとえば，仕事に対する態度は，「非常に従事している」から「どちらでもない」「非常に退屈している」にまでわたっている。

**双極性**［bipolar］　気分障害の，躁と抑うつを伴う状態に言及したもの。⇨ **双極性障害**

**双極性刺激**［bipolar stimulation］　特定の**ニューロン**や脳の部位に対して，近距離に設置した陽極と陰極（⇨ **電極**）を用い電流によって活性化させること。

**双極性障害**［bipolar disorders］　気分障害の一つ。躁状態と抑うつ状態の両方の症状が起こる。DSM-Ⅳ-TRにおいては，双極Ⅰ型障害（bipolar Ⅰ disorder）と双極Ⅱ型障害（bipolar Ⅱ disorder）に分けられている。DSM-Ⅲでは，双極性障害は現在，または最も最近のエピソードの性質によって，抑うつ型（depressive），躁型（manic），混合型（mixed）のグループに分類されていた。正式名称は双極性障害であるが，躁うつ病という呼び名が現在でもたびたび使用される。

**双極的概念**［bipolar concept］　特定の現象は，幸福と悲しみのような反対の属性により特徴づけられることによって正確に記述されうるという観念のこと。しばしば**気分や感情**に用いられる。悲しみの程度がより大きい，小さいといったような一つのある属性の程度によって特徴づけられる，1次元的概念（unidimensional concept）と対比される。

**双極ニューロン**［bipolar neuron; bipolar cell］　細胞体の反対側から伸びる突起を2つ（**軸索**，**樹状突起**）しかもたないニューロン。この種の細胞は，網膜（⇨**網膜双極細胞**）や神経系の他の箇所でもみつかっている。⇨**多極ニューロン**，**単極ニューロン**

**双極評定尺度**［bipolar rating scale］　反対の用語（たとえば，とても速い，とても遅い）によって両極に固定される評定尺度。単極の評価尺度（unipolar rating scale）とは区別される（たとえば，非常に速いからまったく速くない，または非常に遅いからまったく遅くない，など）。

**相互依存**［interdependence; interdependency］　**1.** 2人の人々，2つ以上のもの，状況あるいはその他の存在がお互いに依存していること。⇨**相互依存関係**，**結果相互依存**，**正の相互依存性**　**2.** 複数の要因で，一方がもう一方に影響せずには変化しえないように相互に依存しながら反応する状態。

**相互依存的自己観**［interdependent self-construal］　社会的関係の一員であることが強調され，個人の特性や能力は軽視されるような自分に対する見方（**自己解釈**）。⇨**相互独立的自己観**

**相互依存理論**［interdependence theory］　各人の得る結果がどのように他者の行為に依存するのかに焦点を当てて社会的な相互作用や関係を分析するアプローチ。⇨**結果相互依存**

**装甲化**［armoring］　防衛機制の一つ。自身の体験や，人生を肯定的にさせる感情（悲しみ，喜び，怒り，悲嘆，恐怖）を阻止することによって，感情表現を抑え込むこと。

**走光性**［phototaxis］　光源に近づくように，または光源から離れるように運動すること。正の走光性は光に近づく運動，負の走光性は光から遠のく運動である。昆虫の中には筋の活動と光の方向に関係が示されているものもある。ハエやハチの左目を覆うと，左側の脚が身体を右目で見えている光の方向へ向けようとする。⇨**走性**

**総合的妥当性**［synthetic validity］　産業や組織状況において，**職務分析**から選抜試験の妥当性あるいは職務成績を予測する技法。それは，ある職務をその要素に分析すること，各要素に基づいて成績予測する試験や因子の妥当性を査定すること，そして，各要素の妥当性を組み合わせて職務全体に対する試験や因子の妥当性を査定する。総合的妥当性は，**併存的妥当性**や**予測妥当性**に必要な大規模サンプルが利用できないような小規模組織体における選考手続きの妥当性を査定する際に有益である。

**総合的品質管理**［total quality management: TQM］　産業・組織に関する理論の一つで，品質や生産性の継続的な改善に関する包括的アプローチである。この理論には，職場における訓練やコミュニケーションの改善，意思決定における従業員の参加，作業工程の再構築，品質管理の統計的技術の使用などが含まれている（⇨**統計的プロセス管理**）。総合的品質管理プログラムは顧客志向である。雇用者は内部顧客と外部顧客を区別し，そのニーズを査定し，何よりも総合的にこれらのニーズを満たすことを目指す。

**奏効率依存性**［rate dependency］　行動薬理学において，奏効率に対する薬物の効果の大きさや方向（あるいはその両方）が薬物が存在しないときの奏効率に依存する現象のこと。通常，低い奏効率は薬物により増加させられ，高い奏効率は薬物によってもほとんど増加しないか，あるいは減少する。

**相互学習グループ**［interpersonal learning group］　ある個人が自己を理解し，他者との関係性を改善できるように支援するために作られた集団のことで，実践集団，Tグループ，あるいは**成長グループ**といったものがある。⇨**構造化した学習集団**

**相互偽装**［mutual pretense］　すべての参加者がその状況において最も重大な事実に気づいていないかのように振る舞う相互作用パターンのこと。たとえば，参加者の一人が末期的疾患に患っている状況。このパターンは，不安を生じ，コミュニケーションを抑制し，緊張を高め，ひいては互いのサポートを失わせる結果になると臨床家や研究者は考えている。

**相互決定論**［reciprocal determinism］　過剰な環境決定論に反対し，環境と行為，個人の間に相互の影響が存在することを仮定するという考え方。環境から行動への単方向の影響を考えるのではなく，相互に影響を与え合っていると考え，また環境と行動の両者が個人に影響を与え，個人もまた，それらに影響を与えると考える。こうした考え方は**社会的学習理論**と関連づけられる。

**相互行動心理学**［interbehavioral psychology］　有機体とその環境との相互作用に関係した心理学のシステムのこと。焦点は，刺激機能（刺激の使用や役割），レスポンス関数（レスポンスの目的）の相互作用，および文脈と経験がどのように相互作用を及ぼすかである。相互行動主義（interbehaviorism）とも呼ばれる。［アメリカの心理学者カンター（Jacob Robert Kantor: 1888-1984）によって提唱された］

**相互交流**［transaction］　2人以上を交えた人と社会的・物理的環境との相互作用のこと。

**相互交流主義**［transactionalism］　ある人間とその人の物理的・社会的環境との相互作用の継続的過程を強調する**環境心理学**のアプローチ。この過程は，人間の行動が環境的要因によって修正される，あるいはその逆によって修正される一連の"取引"として特徴づけられる。

**相互サポートグループ**［mutual support groups］　共通の生活上の問題を抱える人々がそれに対処することを目的として定期的に集まるグループのこと。この用語は**セルフヘルプグループ**の研究者や実践家から，伝統的なセルフヘルプグループという呼び名の代わりとして用いられることがある。その場合は，**セルフヘルプグループ過程**がもつ「相互性」または「支え合いの性質」が強調されている。

**相互作用**［interaction］　相互にあるいは互恵的に影響を与え合う複数のシステム，人，集団における関連性。⇨**社会的相互作用**

**相互作用説**［interactionism］　**1.** 心と体は別であり，互換性がないにも関わらず，相互作用し，互いに影響を与えあうという理論。フランスの哲学者のデカルト（René Descartes: 1596-1650）と特に関連している。⇨**デカルト二元論**，**心身問題**　**2.** 特に性格心理学において用いられる用語。行動は，パーソナリティ属性や状況の影響ではなく，状況と行動の相互作用によって説明できるとする説。

**相互作用の相補性**［complementarity of interaction］　ダイナミックな場面において，各々が誘発的な役割と反応的な役割の双方の役割を果たしているという考え。反応とは反対に，相互作用であることを重視する。

**相互作用分析**［interaction analysis］　人対人の相互作用，人対システムの相互作用，チームや集団での相互作用を記述，カテゴリー化，あるいは評価する一連の手法である。相互作用分析は特に人的要因工学，人とコンピュータの相互作用，カルチュラルスタディーズ，コミュニケーション研究で用いられている。

**相互作用分析過程**［interaction-process analysis: IPA］　たとえば，**集団心理療法**の中で，集団のメンバー間での感情的，そして行動的な相互作用を研究するために用いられる技法のこと。観察者は，集団のメンバーによるすべての行動を，「情報を求める」「緊張を示す」といった12の相互排反なカテゴリーの一つに分類する。⇨ **カテゴリーシステム法**，**構造化観察測定法**　［アメリカの社会心理学者ベイルズ（Robert Freed Bales: 1916- ）によって開発された］

**相互作用領域**［interaction territory］　社会心理学において，2人以上の人が話しているときの周囲のスペースのこと。相互作用領域は，会話の進行中に侵入されるべきではない領域として，外部の人間からは認識される。⇨ **集団空間**，**プロクシミクス**

**相互作用履歴**［reactional biography］　アメリカの心理学者カンター（Jacob Robert Kantor: 1888-1984）が提唱した**相互行動心理学**における，有機体の環境内の刺激と反応との相互作用の履歴のこと。その後の心理的発達と行動に影響を与えるとされる。

**相互主体性**［intersubjectivity］　間主観性，共同主観性とも言う。哲学的には，すべての公的，客観的出来事は，実際には，相互に共有された主観的経験であるという考え方。⇨ **一人称視点**，**二人称視点**，**三人称視点**

**相互相関メカニズム**［cross-correlation mechanism］　両耳間の時間差をもとにして，音の位置同定を行うと考えられる聴覚のメカニズムのこと。⇨ **両耳聴キュー**

**相互態度の一貫性**［interattitudinal consistency］　態度システムの中の態度が，評価的に相互に一貫している程度のこと。高い一貫性は，そのシステムの中で各態度が他の態度と同じことを示す時に生じる。低い一貫性は，システム内のある態度が，その他の態度の反対のことを示す時に生じる。

**相互調整**［mutual accommodation; reciprocal regulation］　**1.** 2人以上の集団成員が，調和的な相互作用を行うために，互いに他者の態度や願望，欲求，行動パターンなどに適応しようとする状況。⇨ **社会的適応**　**2.** 状況の変容に対する，1人以上の人間による，繰り返しないしは相互に行われる行動の適応的変化。

**蒼古的遺産**［archaic inheritance］　個人の心的過程の発達において系統発生的な要素をもつものとみなされているもの。ユング（Carl Jung）の**分析心理学**における**人種的な記憶**や，元型を指す。⇨ **系統発生**

**蒼古的思考**［archaic thought］　抽象的概念によって触発された行動によって特徴づけられる，抽象概念の中の**具体的思考**の一つのタイプ。

**相互独立的自己観**［independent self-construal］　独自の特性や業績を重視し，社会的関係のネットワークに関連するような要求を軽視する，自己に関する見方。⇨ **自己解釈**，**相互依存的自己観**

**相互扶助**［mutual help］　専門的にではなく，生活状況と問題に対処する方法を探るために類似の他者とともに参加することを含むセルフヘルプ（自助）の形式。相互扶助は直接の場合もあれば，電話によって，あるいはインターネットを通して行われる場合もある。

**相互変身錯覚症候群**［intermetamorphosis syndrome］　肉体的にも心理的にも他者に変わってしまったという妄想によって特徴づけられる誤認症候群。

**相互役割**［reciprocal roles］　他の地位の人の行動パターンに反応するために，集団や社会のある地位の者によって示される特徴的な行動パターンのこと。

**相互抑制**［reciprocal inhibition］　2つの連想関係にある考えや言葉がお互い干渉しあって想起不可能になること。

**操作**［operation］　一種の認知スキーマ。精神上のもので（すなわち表象を必要とする），行動に由来し，その他すべての操作（全体の構造：structures of the whole）と統合された組織化されたシステムの中に存在する。可逆性などの一連の論理的な規則に従う。⇨ **具体的操作**，**形式的操作**　［ピアジェ（Jean Piaget）が提唱］

**走査**［scanning］　医学で，放射線や磁気，または他の手段を用いて，身体の一部を視覚化する過程。例として，病気の診断のために脳解析を用いる場合などがある。

**総再生数**［total recall］　再生課題において，条件もしくはテスト内全体で再生された項目の総数。

**相殺的誤謬**［compensating error］　他者の誤りの影響を相殺するような個人の誤りのこと。より一般的には，最終的な誤りや偏見を残さずに相互に相殺する一連の誤り。

**走査仮説**［scanning hypothesis］　夢を見ている眠りの間に観察される**急速眼球運動**が，夢を見ている人が夢の中でまわりを見て特定の位置を固視するときの主観的な視線シフトに対応するという仮説。

**操作主義**［operationism; operationalism］　科学的概念の意味はそれを確立するために使われた手段によるため，各概念は1つの観測可能，あるいは計測可能な操作によって定義されるという立場。具体的には，操作主義は情緒的疾患を診断テストにおける特定のスコアであると定義してもよいとする。このアプローチは主に急進的**行動主義**と関連がある。

**操作主義的意識**［operationist view of consciousness］　意識的な体験は，弁別反応のような客観的に観察できる事象に帰すかもしれないという考え。［アメリカの心理学者スティーブンス（Stanley S. Stevens: 1906-1973），ボーリング（E. G. Boring）によって支持された］

**操作性工学**［usability engineering］　システムを使いやすくするために，典型的なマン-マシン・インターフェースのデザイン構築の際，人間の能力と限界があるという知見を適用した専門分野。これらは，直観的に学習しやすく理解しやすいデザインを改良することによって発展してきた。⇨ **工学心理学**，**ユーザー中心のデザイン**

**操作チェック**［manipulation check］　実験者が実験的操作の効果を評価するのに役立つよう設計された，つまり実験者が意図したように，操作が参加者に影響したかを確認するための質問や質問群。

**操作的思考**［operational thought］　ピアジェ（Jean Piaget）の理論で，子どもの認知発達の後半の2段階である**具体的操作**と，**形式的操作**の思考の特徴のこと。

**操作的知識**［operative knowledge］　**操作**の過程で獲得

される知識であり，**形象的知識**（たとえば，事実に基づく知識）よりも基本的で，後の知的機能の予測力が高いと考えられている。[ピアジェ（Jean Piaget）が提唱した]

**操作的定義**［operational definition］　観察および測定可能な操作の用語を用いて概念を定義すること。たとえば，不安の操作的定義は，試験の成績，行動の離脱，交感神経系の活性化などの表現によってなされる。⇨ **操作主義**

**早産時の生存能力**［preterm viability］　子宮外で生き延びるための胎児の能力のこと。胎児は受胎したあと約20週から生存能力がある。

**相似**［analogy］　特定の限られた観点における2つの実体の類似のこと。生物学では，異なる進化的起源をもつ，構造上の機能の類似を意味する。たとえば，人間の手と象の鼻は物の操作に用いられる点で相似である。⇨ **相同性，成因的相同**

**相似形質**［analogue］　構造や**系統発生**において異なっているのであるが，ある生物種のもつ組織がほかの生物種の組織と類似した機能を有していること。たとえば，コウモリの翼とハエの翅。

**創始者効果**［founder effect］　祖集団の創始者における突然変異の存在によって，突然変異が住民において高頻度で発生すること。創始者効果の存在により特徴的な遺伝子構造が明らかになり，長期にわたって特定の民族集団あるいは住民の移動を追跡することが可能になる。たとえば，東ヨーロッパのユダヤ人集団，スカンジナビア人，アイスランド人の乳癌，卵巣癌，大腸癌の素因となる突然変異が創始者効果によるものであることが発見されている。

**桑実胚**［morula］　胎生発育の初期段階の一つ。娘細胞は受精卵の最初の**卵割**から始まり，次々に分割して**胞胚**まで形成されていく。

**早熟**［precocity］　子どもの身体的，精神的機能や人格特性が，非常に早期の段階でしばしば早く発達していること。

**相乗作用**［potentiation］　薬物間相互作用の一種で，あとに服用した薬が先に服用した薬の効果を増大させること。毒性のない薬が，有毒性の薬を単独で服薬したとき以上の毒性を与えることを指す場合が多い。

**巣症状**［focal symptoms］　特定の領域に限定した症状のこと。

**相称操作**［reciprocity］　ピアジェ（Jean Piaget）の認知発達理論。⇨ **補償**

**躁状態**［manic state］　症状に関しては，**躁病エピソードや軽躁病エピソード**の基準をすべて満たす状態だが，必要とされる持続期間を必ずしも満たしてはいない。

**相乗的結婚**［synergic marriage］　パートナーが互いの心理的なニーズを積極的に満たすことで強化される結婚やパートナーシップのこと。⇨ **共存的婚姻関係**

**巣状病変**［focal lesion］　（たとえば，脳の）特定の領域に限定した病変。

**総処理スペース**［total processing space］　ある人がある課題を実行するのに利用できる**ワーキングメモリ**内の貯蔵と操作スペース（すなわち，心的スペースの全体）の総和。[カナダの発達心理学者ケース（Robbie Case: 1944-2000）によって初めて記述された]

**送信者**［sender］　テレパシーの実験で，レシーバーに情報を送ろうとする側の参加者のこと。⇨ **行為者**

**走性**［taxis; taxic behavior］　運動性の生体にみられる，刺激に対する反応としての自発的な運動。走性は，刺激から遠ざかろうとする運動に特徴づけられる負の反応と，刺激に向かって運動する正の反応がある。走性は，植物にみられるような，位置変化を伴わずに，単に自然の力（光や重力など）に方向づけられる**屈性**とは異なる。走性の一種として，運動が光源に向かう**走光性**，重力方向に運動する**走地性**，環境中の化学物質に反応して運動する**走化性**（chemotaxis）がある。転向走性（tropotaxis）は食べ物のニオイのような情報源に向かう直進路を示す。屈曲走性（klinotaxis）は運動中に刺激源を評価するために休止が入る。⇨ **キネシス**

**双生児研究**［twin studies］　双子を用いる研究。このような研究の目的は，大抵，何らかの性質に対する遺伝と環境の相対的な寄与を調べることである。具体的には，一緒に育てられた一卵性または二卵性双生児と，別々に育てられた一卵性または二卵性双生児を比較する，ということがよく行われる。たとえば，双子の知能を調べるために次の2つのタイプの研究が行われてきた。a）別々に育てられた一卵性双生児。このとき，遺伝子型は同一であるが，環境は異なるので，知能の差は環境の差から生じたと考えられる。（b）一緒に育てられた一卵性双生児と一緒に育てられた二卵性双生児との比較。このとき，それぞれの双生児対は同一の環境で育ったと考えられるが，一卵性双生児は遺伝子が100％同じである一方，二卵性双生児は遺伝子のうち50％だけが同じである。しかし，これらの研究で用いられている前提が完全に満たされることはない。たとえば，別々に育てられた双生児も，それが子宮内だけであれば問題はないのだが，同じ環境もいくらか経験しているかもしれない。さらに，一緒に育てられた一卵性双生児は大抵，一緒に育てられた二卵性双生児よりもより似た環境を経験している。これらの違いがあるため，知能の遺伝に関する推定結果は確固たるものではない。

**双生児統制法**［twin control］　双生児研究において，対象である双子の一方のみに実験条件を経験させ，その経験のないもう一方，つまり統制個体，と比較する方法。

**早成性**［precocial］　生まれた（孵化した）時から，高度に発達した行動を見せる動物を表す用語。たとえば，多くの鳥の種は巣立つまで数週間にわたり餌を与えられる必要があるが，ガチョウのヒナは孵化の翌日には母鳥を追いかけ採餌できる。哺乳類では，ウシやヒツジなどの有蹄類が霊長類よりも高い早成性をもつ。

**想像**［imagination］　直接的な感覚情報がないところで**観念やイメージ**を作りだす能力のことで，過去の感覚情報の断片を新たな統合体へと合成する。⇨ **創造的想像力**

**想像界**［Imaginary］　イメージの領域のこと。フランスの精神分析家ラカン（Jacques Lacan: 1901-1981）によって定義された精神分析の3側面の一つ。幼児が他者や外界から明確に区別される感覚をもたず，人間の文化に居場所を感じられない状態。幼児が**象徴界**（言語，文化，道徳の世界）に入った後は，ファンタジーの中でしか完全な想像界に戻ることはできなくなる。⇨ **現実界**

**想像上の観衆**［imaginary audience］　青年期にみられるもので，存在しない観衆が青年に対して絶え間なく注意を払っていると信じること。青年期早期の考えであり，急激な自己意識を反映するものであり，**青年期の自己中心性**

**創造性**［creativity］　独自の成果，理論，技術，思考を生み出したり発展させる能力。創造的な人は，通常，高い独自性や創造力，表現力を示す。ある人がなぜ他の人よりも創造的であるのかについてはまだ十分明らかになっていないが，創造性は非常に持続的な特性だと考えられている。⇨ **創造的想像力**，**創造的思考**，**拡散的思考**

**創造性テスト**［creativity test］　創造性または拡散的思考を測定するための心理テスト。単語やアイデアの**流暢性**，また独創的な連想を働かせる能力など，多様な要因に焦点を当てたテストがある。課題には，物語の異なるエンディングを考えたり，ある物の珍しい使い方を考えたりするなど実践的な問題への解決法を見つけるものなどがある（⇨ **代替用途検査**）。⇨ **トーランスの創造的思考テスト**

**創造的演技法**［creative dramatics］　とりわけ子どもが用いる，自発的なドラマ志向の遊び（振り）の使用のこと。その遊びは創造性と想像性を高め，コミュニケーションと社会的スキルを発達させ，健康を促進するように作られた治療的な手法として用いられる。創造的演技法は最終的に作られるもの（たとえば，演技）ではなく，むしろそれを創造するプロセス自体を重要視する。

**創造的芸術療法**［creative arts therapy］　コミュニケーションや感情表現の促進，自己認識の深化，健康や変化を育むために，音楽，詩歌，踊り，ドラマといった芸術的な試みや媒体を用いて治療的介入を行うこと。⇨ **芸術療法**，**ダンス療法**，**ドラマ療法**，**音楽療法**，**詩歌療法**

**創造的思考**［creative thinking］　領域を問わず，新しい発明，解決，統合を導く心的なプロセスのこと。創造的解決は既存の物やアイデアを用いるかもしれないが，その要素を用いてそれらの間に新しい関係性を創る。新しい機械，社会的なアイデア，科学理論，芸術作品が例としてあげられる。⇨ **批判的思考**，**拡散的思考**

**創造的想像力**［creative imagination］　新しく，ありふれていない考えを作り出す能力。特に，今ある考えの単なる組み合わせによって説明可能なものではないような考えの場合をいう。創造的想像力の作用は，積極的で意識的な思考を伴う潜在的なあるいは無意識的な要素によってしばしば説明される。⇨ **創造的思考**，**創造性**，**拡散的思考**，**想像**

**創造的知性**［creative intelligence］　知能の鼎立理論における，創造し，発明し，発見し，調査し，創造し，推測するのに用いられる一連のスキル。この一連のスキルは分析的で実用的なスキルとは比較的（全面的にではないが）はっきりと区別できると言われている。⇨ **分析的知能**，**実践的知能**

**創造的統合**［creative synthesis］　いくつかの考えやイメージの組み合わせ，またはそれを新しく一つに連合すること。とりわけ，その要素のいずれかとは基本的に区別される。⇨ **心的統合**　［ヴント（Wilhelm Wunt）によって作られた用語］

**想像妊娠**［false pregnancy; pseudocyesis; pseudopregnancy］　実際には妊娠していないにも関わらず，女性が一般的な妊娠の兆候の大部分またはすべてを示す状態のこと。多くの場合は心因性だが，内科疾患によるものもある（たとえば腫瘍や内分泌疾患）。

**創造論**［creationism］　最も一般的な意味において，世界は高次の知性によって無から創られたという考え方。対照的な考え方として，世界はそのような介在なしに存在するようになった，あるいは以前から存在しているというものがある。このような考え方のほとんどは宗教的なものであるが，必ずしも宗教的なものである必要はない。⇨ **インテリジェントデザイン**

**相対音感**［relative pitch］　基準となる内的な音の高さを用いて，音の高さを正確に同定する能力。⇨ **絶対音感**

**双胎学**［gemellology］　双胎および双胎現象に関する研究。

**相対感度**［relative sensitivity］　ある刺激を別の刺激と比較して何らかの判断を行うときに，強さや質などの刺激の違いを弁別する感度。一度に一方の刺激しか提示されないとき，刺激の違いに対する感度は低下する。

**相対効率**［relative efficiency］　同一の**有意水準**のもとで同一の仮説を検証する2つの検定（AとB）がある場合に，2つの検定が同一の**検定力**をもつために検定Aに必要なケース数と検定Bに必要なケース数の比のこと。

**相対主義**［relativism］　真理や価値に関する絶対基準の実在を批判する立場。認識論において，相対主義は真理や知識の絶対的根拠は存在しないと主張する。つまり，真実と考えられるものは個人的判断や文化の局所的条件に依存しており，個人や集団の経験を反映している。相対主義は，経験の列挙や一時点での経験的予測の基盤を例外とし，科学の妥当性を批判する。倫理学において，相対主義は絶対的な倫理の存在を否定する。つまり，善悪の判断は，局所的な文化や伝統，個人の選好，人為的な諸原則に基づいて行われる。行為の諸基準は，個人，文化，歴史的時点によって著しく変化する。それらを仲裁することや，普遍的な倫理の諸原則を作り出すことは，それらが真実であることを知る方法がないために不可能である。このように，認識論の相対主義と倫理学の相対主義は関連しあっている。⇨ **虚無主義**，**個別主義**，**ポストモダニズム**

**相対調節**［relative accommodation］　眼球が**輻輳**を保ったまま**調節**できる量。

**総体的知能**［global intelligence］　言語性知能と非言語性知能のことであり，とりわけ様々なウェクスラー検査の言語性下位検査と動作性下位検査によって測定されるものを指す。**一般知能**と同じ意味で使われることもある。

**相対的剥奪**［relative deprivation］　個人がもつ金銭や社会的地位などの資源の量が，ある比較基準より少ないという知覚。期待される資源量や，自分と比較する他者のもつ資源量がこの基準となる。この概念は，第二次世界大戦中のアメリカ軍における士気に関する研究結果として提唱された。この研究は，同僚兵士と同程度の軍事報酬を得ていないと思っている兵士の不満が高いことを示した。1966年にイギリスの社会学者であるランシマン（Walter Garrison Runciman: 1934-）は，個人的相対的剥奪（egoistic relative deprivation）と集団的相対的剥奪（fraternalistic relative deprivation）を区別した。前者は個人の現状と比較基準との相違の知覚であり，後者は自分の所属する内集団の地位と，その人が得るべきだと考える地位との相違の知覚である。相対的剥奪が高まったときに，非常に大きな社会不安が生じやすいことが知られている。⇨ **社会的比較理論**

**相対頻度**［relative frequency］　相対度数とも言う。あ

る事象に関する類型やカテゴリーの頻度を，すべての類型やカテゴリーの全体度数に占める比率として表したもの。たとえば，「はい」という回答の相対頻度は，「はい」の回答数を「はい」「いいえ」「わからない」という回答の合計で割ることで算出できる。

**相対リスク**［relative risk］ 相対危険度とも言う。ある障害や疾患が特定のリスク要因にさらされた（または保有する）集団で生じた率と，そうした要因にさらされていない（または保有していない）集団で生じた率との比。

**相談心理学**［consulting psychology］ 心理学の一領域で，ビジネス，産業，連邦政府や州当局の機関，軍，教育・科学団体，宗教団体，ボランティア組織や公的サービス組織において，専門的な心理学的指導や助言を与える。相談心理学の専門家は，臨床，コミュニティ，学校，教育，産業・組織といった様々なアプローチを専門的に深め，幅広いサービスを提供している。最も一般的なサービスは，個人に対するアセスメント（査定），個人と集団過程のコンサルテーション，組織発達，教育とトレーニング，従業員の選抜と評価，調査と評価テストの構築，マネジメントのコーチング，マネジメントの変革である。

**装置**［apparatus］ ある実験の中で刺激を提供したり，反応を測定するために用いられる1つ以上の器具や装置の一部のこと。

**走地性**［geotaxis］ 重力に対して身体の向きを維持するのを助ける，生物の示す不随意運動のこと。⇨ **走性**

**装置デザイン（機器デザイン）**［equipment design］ 人間工学の一領域で，作業道具や家庭用電化製品，およびその他のすべての種類の機器（機器のディスプレイと制御を含む）のデザインに関心を向ける領域。非常に重要な応用の一つに，道路，道路標識，それらを利用する乗り物といった交通システムのデザインがある。主要な目的は，安全，疲労，利便性，快適さ，効率性といった心的な**人的要因**を考慮して，装置がデザインされているかどうかを考えることである。⇨ **ツールデザイン**，**ワークスペース設計**，**工学心理学**，**人間工学**

**装置の自動化**［equipment automation］ 装置が人の介在なしに作動しうる程度のこと。たとえば，手送り式から全自動式への進歩は，「装置の自動化」の程度が増加したことを示す。

**早朝覚醒**［terminal insomnia］ 常に早く目が覚めてしまったり，疲労感が抜けなかったり，再び入眠できないといった**不眠症**の一形式。**大うつ病性エピソード**の主症状の一つ。⇨ **入眠困難**，**中途覚醒**

**相同**［homologous］ **1.** 共通の祖先に基づいて類似性を示すこと（⇨ **相同性**）。**2.** 異なる**対立遺伝子**をもっているかどうかに関わらず，その可視的構造と遺伝子断片の位置とに関して同一である染色体を指す。ヒトのような二倍体の生物はその体細胞の核に相同染色体の対（⇨ **常染色体**）をもつ。⇨ **組換え 3.** 核酸（DNAかRNA）ないしはタンパク質の断片で，それぞれ，その塩基配列ないしはアミノ酸配列が他の断片と類似しているものを指す。

**相同性**［homology］ 共通の祖先が基になっている類似性のこと。たとえば，脊椎動物の前肢構造の類似性など。相同性は，共通の祖先から異なる種の進化があることを示唆するものである。⇨ **相似**，**成因的相同**

**相動性受容器**［phasic receptor］ 刺激が持続して提示される際，神経インパルスの頻度が急激に下がる特性をもつ受容器細胞。

**挿入課題**［interpolated task］ 2つの実験課題の間に提示される作業課題。空き時間を埋めるためや，2つの実験課題のつながりを覆い隠すために行われる。たとえば，記憶実験では，練習試行とテスト試行の間に計算課題が挿入される。⇨ **干渉**

**挿入型ヘッドホン**［insert headphone］ 密封された外耳道内で音を提示する装置。概して，変換器は遠くに置かれ，音は細い管を通る。管の終末は，やわらかい発泡体のプラグに埋め込まれている。その耳栓と管は外耳道に挿入される。このようなシステムによって，一般的なヘッドホンを用いるよりも優れた音遮断が実現され，鼓膜に対する音の作用をより統制することができると考えられる。

**創発**［emergence］ **1.** 心の哲学において，意識経験は脳の作用の結果であるが，脳の作用に還元することはできないとする考え方。**2.** 高次の現象は低次の現象から派生するが，それらは低次の現象からは予測できないような様相を呈するという考え方。⇨ **後成論**

**創発規範論**［emergent-norm theory］ **集合行動**の説明原理の一つ。**群衆**や**カルト**といった集団においてしばしば見られるような行動の同調は，集団内で自発的に成立した独自の行動基準（規範）に，集団の個々の成員が同調することによって生じることを示唆する。

**早発思春期**［precocious puberty］ 通常，女性で8歳，男性で10歳以前に生じる，異常に早い性的発達のこと。真の早発思春期は，排卵や精子形成が可能な生殖腺の成熟や，成人レベルの女性・男性ホルモン，第二次性徴によって特徴づけられる。一方，偽早発思春期（pseudoprecocious puberty）は，早発した第二次性徴の結果である内分泌腫瘍によって生じることが一般的である。思春期早発症（pubertas praecox）とも呼ばれる。

**創発主義**［emergentism］ 複雑な現象やプロセスは創発特性をもつとする考え方。複雑な現象やプロセスはその根底となる，より基本的なプロセスの相互作用により生じるが，それらのプロセスの本質や論理によっては説明されないとする。

**早発性痴呆**［dementia praecox］ 今は使われていないが，もともとは統合失調症を意味していた。最初にこの用語が使用されたのは1896年ドイツの精神科医であるクレペリン（Emil Kraepelin: 1856-1926）によってである。早発性痴呆は1857年にオーストリア生まれのフランスの精神科医であるモレロ（Benedict A. Morel: 1809-1873）が出版した *démence précoce*（英語名 *early deterioration of mind*）に由来する。名前はこの疾患の症状が思春期あるいはそれより前に発症することや，治すことのできない進行性であるという点を反映している。スイスの精神科医であるブロイラー（Eugen Breuler: 1857-1939）はこの2点に疑問を投げかけ，1911年に統合失調症という疾患名を使用した。

**創発的進化**［emergent evolution］ 新しい現象が，そのもととなる出来事間の相互作用から進化して生まれ，それらに還元されることはないという理論。

**創発特性**［emergent property］ 系の構成要素の分析からは予測できず，潜在的にも存在しないような，複雑系の特性のこと。たとえば，水の流体状態は，水の構成要素

である水素と酸素それぞれの気相状態からは予測できない創発特性といわれる。また同様に，意識経験は，脳の分析からは説明できない。

**相反神経支配**［reciprocal innervation］ ある筋群へ運動ニューロンの活動が伝えられると，拮抗筋群へは反射的に活動抑制シグナルが伝えられるという法則のこと。⇨ **相反抑制**

**相反法則**［reciprocity law］ 感覚の強さは刺激の強度と持続時間の積で決まるという一般原則。相反則（reciprocity principle）とも言う。**ブロックの法則**は視覚における相反法則の例。

**相反抑制**［reciprocal inhibition］ 1. 神経科学において，他の脊髄反射が起きている時に，別の脊髄反射が起きないよう抑制することを指す。［イギリスの神経生理学者シェリントン（Charles Scott Sherrington: 1857-1952）が用いた用語］2. 作用の相反する筋が同時に収縮することを防ぐ神経機構のこと。

**躁病**［mania］ 1. 躁病エピソード，あるいは，時に**軽躁病エピソード**。2. 興奮や過活動，**精神運動激越**であり，しばしば判断力の低下を伴う。3. 躁病エピソードを体験している人の過去の呼称。今は使われていない。

**躁病エピソード**［manic episode］ 少なくとも1週間持続する，高揚し，開放的または易怒的な気分で，以下の3つ以上の症状を伴う。活動の増加または**精神運動激越**，多弁または発話圧力，観念奔逸またはいくつもの考えが競い合っているという主観的な体験，自尊心の肥大あるいは誇大，睡眠欲求の減少，注意散漫，そして悪い結果になる可能性が高い快楽的活動に熱中すること，たとえば制御のきかない買い漁り，馬鹿げた投資，性的無分別，無謀運転など。これらの症状はすべて，職業的機能や他者との人間関係を損なう。1回以上の躁病エピソードがあることが，双極I型障害に特徴的である。⇨ **双極性障害，混合エピソード**

**躁病患者**［maniac］ 躁病を経験している人を表す旧式名称。⇨ **躁病**

**増分妥当性**［incremental validity］ あるテストを適用しなかったときに得られる決定の正確さの水準を超えて，そのテストを適用して行われる決定の正確さの水準が増えること。

**総平均**［grand mean］ 各群の平均をさらに平均した値。全体の平均。

**双方血統**［bilateral descent］ 人類学において，男系，女系の両方を血統と認めるシステムのこと。双系血統（bilineal descent）とも呼ばれる。

**僧帽細胞**［mitral cell］ 嗅球の層を形成する錐体細胞。各僧帽細胞は，嗅上皮に埋め込まれた何百もの嗅覚受容体から信号を受け取る。

**相貌失認**［prosopagnosia］ 顔を認識することができなくなるという**失認**の一つ。先天性の症状である場合もあるが，それ以外では脳の損傷や疾患の結果発生する。

**双峰分布**［bimodal distribution］ 2つの最頻値（図で表現した場合，2つの山になる）をもつ一連の得点のこと。2つの離れた値の周りに得点が集まる傾向を反映している。

**相補性**［complementarity］ 二者関係において，お互いに充足した感覚を与え，2人の関係性にバランスを提供する，互いに異なる個人の資質が存在すること。

**相補的分類**［complementary classification］ 分類課題において，概念的に異なるカテゴリーの項目を，過去の経験からの心的連合に基づいて，上位カテゴリーにおいて同一カテゴリーに分類すること。たとえば，ウシ，トラクター，農夫は，農地で見るという理由によって同一カテゴリーに分類される。機能的分類（functional classification），スキーマ的分類（schematic classification），テーマ的分類（thematic classification）とも言う。⇨ **概念分類，知覚的分類**

**相補分布**［complementary distribution］ ある音素に含まれる2つあるいは3つ以上の異音が，異なる環境で背反的に出現するという関係。⇨ **自由変異**

**走馬灯**［phantasmagoria］ 幽霊や魂の幻影。19世紀の演劇で，幽霊や亡霊のイメージを表すために魔法のランプが用いられたことに由来する。

**搔痒症**［pruritus］ 生理的，あるいは心理学的状態に起因するかゆみ。⇨ **心因性搔痒症**

**相利共生**［mutualism］ 種間相互作用の一種。異なる2つの種が相互に利益があるために密接につながって共生すること。⇨ **共生，寄生**

**双列相関**［biserial correlation］ 連続変数と二値変数の関連を調べる測度のこと。

**早漏**［premature ejaculation］ **貫通**のあと短時間で，あるいはそれより前に，少ない性的刺激で望むより早く射精してしまう性的機能不全のこと。診断においては年齢，パートナーとの慣れ，性交の持続や頻度を考慮する。薬物の直接的な作用（たとえばオピオイドの離脱症状）による場合にはこの診断はあてはまらない。⇨ **スクイーズ法**

**早老**［presenility］ 脳病や脳損傷により高齢になる前に認知症を生じること（典型的には，65歳より以前）。

**早老症**［geromorphism］ 実年齢よりも歳をとっているように見える状態。

**疎外**［alienation］ 1. 自分の属する社会集団（たとえば，家族，職場，地域，学校，教会）から疎遠になること。2. 個人的経験を伴う根深い不満感。原因としては，社会的・身体的環境や自分自身への信頼の欠如があげられる。

**疎外感テスト**［alienation test］ 個人の環境，仕事，自我からの疎外と孤立の感覚の評定。

**阻害要因**［disincentive］ 阻害するもの。具体的には，産業・組織心理学領域で，たとえば不快な作業条件といったような，努力や生産性を妨げ，**動機づけ**を低める傾向にある要因のこと。ある状況下では，税や福祉のシステム面といったような職場の外にある要因が阻害要因として働きうる。⇨ **衛生要因**

**属**［genus］ 生物学的な分類学における科の主な下位分類であり，類似した，関連する種のグループを含む。

**族外婚**［exogamy］ 人類学における，家族や部族，社会ユニット外部の人々と結婚をする慣習。

**属格**［genitive］ 所有者-所有されたものの関係を表す，名詞や代名詞，名詞句などの**格**のこと。英語では，屈折の多い言語とは異なり，属格は所有格で表されており（my/mine, your/yours, our/oursなど），名詞の終わりに-'sあるいは-'を用いることだけで所有を示している。⇨ **対格，与格，主格**

**側坐核**［nucleus accumbens］ 中隔核にある最大規模の核の一つ（⇨ **中隔野**）。腹側被蓋野からドーパミン作用

性の神経支配を受けている。この領域に放出されたドーパミンは、薬物乱用を含む多くの活動の質を強化する。

**即座の把握**［subitize］物体がいくつ呈示されたかを、数えることなしに一目で知覚すること。［英語のsubitizeはラテン語の"subito"（即時に）という言葉から］

**即時記憶**［immediate memory］記憶の種類あるいは段階の一つで、住所や電話番号のように、直前に提示された情報を再生すること。再生直後には、その情報は忘却されることもある。即時記憶は知性や脳障害を評価する試験によく用いられる。⇒**短期記憶**

**即時充足**［instant gratification］遅れることなくすぐに欲求や願望が満たされること。欲求を先延ばしにしたり遅れに耐えなければならないとき、もしくはそれがクライエントにとって最大の利益になるとき、即時充足の願望を減じるよう援助するためにセラピーが重要となる。

**即時の満足**［immediate gratification］反応したあと即座に与えられる満足する経験または報酬のこと。⇒**快楽原則、満足の遅延**

**測時分析**［chronometric analysis］刺激入力状況の変化や参加者の反応時間の測定を含んだ心的過程の研究方法のこと。刺激の変数と反応時間との間の関係は、多くの場合、心的過程の基底にあるものを推定させる。⇒**ドンデルス法**

**速食**［tachyphagia］早食いの病的な形式。

**速書症**［agitographia］文字や語、もしくは、その一部の省略および歪みを伴った、非常に速い書字。

**促進**［facilitation］ある反応に対して、まわりの状況が支持することによって、強度を増させたり生起を増加させること。⇒**社会的促進**

**促進的相互作用**［accelerated interaction］集団のプロセスと感情交流が増すこと。その体験集団において、集団セッションが持続的で、かつ、他と隔絶されている際に起こる。⇒**マラソングループ、時間延長法**

**側性**［laterality］摂食動作、筆記、そして蹴る動作といった機能が、身体の一方の側で優先的に行われること。⇒**利き手、側性の混在**

**属性**［attribute］人、感覚、対象の性質や特性。たとえば、音の属性はピッチ、ラウドネス、音色である。

**側性化**［lateralizaion］利き手、眼球優位性（eye dominance）、利き足や、他の機能の半球側性化。他の霊長類に比べ人間で頻繁にみられ、課題遂行の様式において顕著である。局所的な脳損傷の影響からも推定できる。**方向の混乱**や**失読症**は、側性化テストに基づいて診断される障害・病気の一種である。

**属性帰属**［dispositional attribution; internal atrribute; personal attibution］1. 帰属理論における、自分自身や他の人の行動をパーソナリティや心的状態、態度といった内的要因や心理的要因に帰属すること。2. 出来事や成果がその人自身に特有の内的要因、または心理的要因に起因したものと帰属すること。その例として、決断や判断、能力、努力がある。⇒**状況帰属**

**速成耐性**［tachyphylaxis］薬物に対して素早く耐性が形成されること。試験を繰り返すごとに次第に反応が減ることによって明らかとなる。たとえば、患者の血圧を通常は下げるはずの薬を繰り返し投与しているにも関わらず、高いままであることなど。

**属性による消去**［elimination by aspects: EBA］段階的な選択肢の消去を通じて1つの選択肢に到達すると考える意思決定理論。各段階において、意思決定者は重要であると考える属性や特徴を選択し、その属性が欠如している選択肢を消去する。そしてその次に最も重要である属性が選択されて、選択肢が1つになるまでその過程が続く。［イスラエル出身の心理学者トヴァスキー（Amos Tversky: 1937-1996）が1972年に発表した］

**側性の混在**［mixed laterality; lateral confusion］特定の行動を行う際に側性が体の右側から左側へ移る傾向のこと。または、ある行動を右手でするのを好み、他の行動を左手で行うのを好む傾向のこと。

**側線系**［lateral-line system］多くの魚類や数種の両生類においてみられる感覚システムであり、体表に対する水の流れを知らせる。

**塞栓症**［embolism］血流に運ばれてきた塞栓（embolus）が血管を塞ぐことにより血液の流れが阻害されること。塞栓は、血栓や空気泡、脂肪飛沫、組織細胞などによる。一般的に塞栓は血管の分岐点や狭窄部に生じる。症状は各器官への正常な血液の流れが阻害されることに伴って生じ、患部の痛みや無感覚や体温の低下がある。環状動脈に塞栓が生じると致死的な心臓発作を引き起こし、脳において**塞栓性脳卒中**を起こす。

**塞栓性脳卒中**［embolic stroke］動脈壁や心臓壁から剥離した血栓やコレステロールやフィブリンなどが、動脈幹を巡り突如収縮した脳動脈に滞留ことが要因で生じる**脳卒中**（⇒**脳塞栓**）。塞栓性脳卒中は、すべての脳卒中において約30％を占めており、突如発症する。

**測定過少**［hypometria］対象に向かって手を伸ばすなど、自発的な運動活動を行っている時に対象に到達できないこと。これは視覚的な位置づけの障害や、視覚運動協調の異常、あるいは眼球運動や手の運動の実行における障害によって引き起こされる。⇒**測定障害、眼球運動障害、測定過大**

**測定過大**［hypermetria］随意運動において、対象を通り越してしまうこと。視対象定位の障害、視覚運動協応の障害、眼球運動や手の運動の遂行障害によって生じうる。⇒**測定障害、眼球運動障害、測定過少症**

**測定誤差〔1〕**［error of measurement］測定値の真値からの偏差、あるいは、ずれのこと。

**測定誤差〔2〕**［measurement error］測定対象のパラメータとその観測値との差。測定プロセスの不十分さやバイアスを原因とする。

**測定時点効果**［time-of-measurement effect］測定（観測）時点に存在する社会歴史的な要因の効果。縦断的研究において、この効果を加齢効果と分離することは難しい。

**測定障害**［dysmetria］行為の距離、速度、力の制御能力の障害。これは小脳損傷の重要な兆候である。

**測定の標準誤差**［standard error of measurement: SEM］測定理論において、観察された得点から真なる得点を推測する際の誤差。

**足底反射**［plantar reflex］足の裏をなでると爪先が屈曲する反射。

**側頭**［temporal］側頭葉という使われ方のように、こめかみに関係する、または近接していることを示す。

**側頭骨**［temporal bone］　頭蓋骨の側面と基部に位置し，**中耳**と**内耳**を含む骨。

**側頭平面**［planum temporale］　脳の上側頭葉にある一部分。**聴覚皮質**に隣接しており，**ウェルニッケ野**の一部を含む。ヒトの場合，大抵は右大脳半球よりも左大脳半球の側頭平面の方が大きい。

**側頭葉**［temporal lobe］　それぞれの**大脳半球**にある4つの主要な葉の一つ。**外側溝**のすぐ下に位置する。側頭葉には一次聴覚野や聴覚連合野だけでなく，高次視覚処理の領域が含まれている。**内側側頭葉**には記憶形成にとって重要な領域がある。

**側頭葉症候群**［temporal lobe syndrome］　側頭葉てんかんに関連した人格面や行動面での障害。正義感の強さ，細かな事に対するこだわりの強さ，書字・描画強迫，狂信的な態度，性行動の変化など。

**側頭葉性健忘**［temporal lobe amnesia］　側頭葉（特に海馬などの内側部）に二次的な損傷を受けることによって，記憶を新しく定着することができなくなる記憶障害のこと。

**側頭葉性錯覚**［temporal lobe illusions; temporal hallucinations; temporal lobe hallucinations］　側頭葉のニューロンの過剰な放電に起因する**複雑部分発作**と関連して起こる知覚の歪み。物体の大きさや形の歪み，夢幻様状態，既視感などがある。また，自分を脅す声が聞こえてくるというような幻聴を体験することもある。

**側頭葉切除術**［temporal lobectomy］　側頭葉やその一部を外科的に切除すること。側頭葉てんかんの治療として用いられており，それによって影響を受ける脳内の組織や機能は病巣の位置や大きさによって異なる。

**側頭葉てんかん**［temporal lobe epilepsy］　側頭葉の**複雑部分発作**が反復して生じることが特徴のてんかんの一種。

**速度検査**［speed test］　予め指定された一定の時間内で，受検者が解くことや遂行することが可能な問題数や課題数を調べることを意図された検査の種類。受検者は，常にではないが，しばしば時間制限があることについて知らされる。

**側脳室**［lateral ventricle］　大脳の各半球の中にある，複雑な形をした室で，脳脊髄液を貯蔵する（⇨ **脳室**）。それぞれの側脳室は，視床の近くにおいて**第三脳室**に接続する。

**続発症状（随伴症状）**［secondary symptoms］　障害の直接的な結果ではなく，関連する，もしくは付随的に生じる症状（たとえば，強迫性障害に付随して生じる社会からの逃避）。

**側副溝**［collateral sulcus］　各大脳半球の下面に沿って，**後頭葉**の後端から**側頭葉**の前端まで伸びる裂溝。

**側腹側核**［lateroventral nucleus; ventral lateral nucleus］　視床の中継核の集合の一つ。筋運動協調のため，小脳から**運動皮質**にインパルスを伝える。

**側方突進**［lateropulsion］　不随意に半身を動かしてしまう症状で，中枢神経系の疾患（たとえばパーキンソン病）でみられる。

**側抑制**［lateral inhibition］　受容器が感覚神経を興奮させる一方で，近傍（側方）受容器を抑制する方向に働くことで，コントラストを検出するメカニズム。たとえば，ある位置では光に反応する一方で，当該位置の周囲においては神経細胞群が抑制されるというように側抑制がみられる。

**ソクラテス効果**［Socratic effect］　信念の単純な表明が信念構造内の論理的一貫性を高める傾向があるという知見。［アメリカの心理学者マクガイア（William J. McGuire: 1925- ）が初めて示した］

**ソクラテス式問答法**［Socratic dialogue］　構造化された問いと討論の過程のこと。日々の活動や判断の根底にある概念や価値を探究するために2人以上の人間の間で行われる。心理療法のいくつかでは，セラピストがクライエントの核となる信念や感情を明らかにするために構造化された質問群を用いる手法を指す。また，**認知療法**では，当該の状況における慣習的解釈の歪みをクライエントに気づかせるために用いる。心理療法においては，ソクラテス式療法（Socratic-therapeutic method）としても知られる。

**速話症［1］**［agitophasia; agitolalia］　音や語，もしくは語の一部の省略および歪みを伴なった，非常に速くまとまりのない発話。

**速話症［2］**［tachyphemia］　常に能弁で早口が特徴の話し方。⇨ **語漏症**，**発話圧力**

**祖語**［protolanguage］　系統言語学において，同じ語族に属する言語の共通の祖先となる言語。最も有名な祖語はインド・ヨーロッパ祖語であり，すべてのインド・ヨーロッパ語族の祖先と考えられている。記録の残っていない先史時代の言語である。⇨ **音韻変化**

**阻止［1］**［block］　ある特定の精神活動（たとえば，言いたかったことを表現するための言葉をみつける，など）ができないことに突然気づき，不意に，無意識的に思考や発話の流れが妨害されること。心的阻止（mental block）とも呼ばれる。⇨ **検索ブロック**，**のどまで出かかる現象**

**阻止［2］**［blocking］　人の思考や発話の流れが突然妨害されること（⇨ **障壁**）。思考剥奪（thought deprivation）や思考妨害（thought obstruction）とも呼ばれる。

**ソシオグラム**［sociogram］　社会集団の成員間の関係性を図に表現したもの。多くの場合，集団内の各成員は丸や四角によって表現され，成員間の関係性の種類（たとえば，コミュニケーションのつながりや友人関係）は矢印で示される。**ソシオメトリー**は，オーストリアの精神科医であり，哲学者でもあったモレノ（Jacob L. Moreno: 1889-1974）が開発した。ソシオグラムを作成するために，観察者の記録，または集団成員からの自己報告を使用する。モレノ自身は，状況を表現するために4種類のソシオグラムを使用している。(a) 最初のセッションでセラピストが作成する直感的ソシオグラム，(b) 共同セラピストの印象から作成された客観的ソシオグラム，(c) **ソシオメトリック・テスト**に基づいた客観的ソシオグラム，(d) 各成員が他の成員を受容または拒否しているのかを示す，知覚的ソシオグラム。実際には，ソシオグラムは主に集団内の好意や非好意のパターン（**魅力に基づく関係**）を強調するために使用される。

**ソシオジェネティクス**［sociogenetics］　社会の起源や発展に関する研究のこと。

**ソシオセンター**［sociocenter］　ソシオメトリー（sociometry）の中で，集団の心理的中心に位置する成員を指す。つまりは，最も人気のある成員，または最も目立ったスター（star）のことである。

**ソシオセントリズム**［sociocentrism］　1. 個人的で自

己中心的な関心よりも，社会的単位または集団の要求や関心事への視点に重点をおく傾向のこと。⇨ **他者中心的** 2. 自分自身の個人的な視点からではなく，社会集団の視点から状況を知覚し解釈する習慣のこと。3. 様々な領域において，他の集団よりも自分自身の集団が優れていると判断する傾向のこと。自分と同じ民族，宗教，人種，全国組織を選択的に支持する傾向を意味する**自民族中心主義**に対して，ソシオセントリズムは，通常，成員間の対面型の相互作用に特徴づけられるような，より小規模の集団へを支持する傾向を意味する。⇨ **自己中心性**

**ソシオドラマ** [sociodrama] ドラマ化や，ロールプレイを用い，対人関係やソーシャルスキルを向上させるための技術のこと。⇨ **心理劇**

**ソシオトロピー** [sociotropy] 個人の自立よりも他者との関係性に対して過剰な価値をおく傾向。争いや対人関係の喪失が起こると，その反応として抑うつ的になりやすい。

**ソシオノミクス** [socionomics] 社会集団に対する非社会的な影響（すなわち物理的環境が社会を変化させる様式）に関する研究のこと。これは，異なる土地および気候条件が経済および社会組織に与える影響を含む。

**ソシオフーガル** [sociofugal] 同じ方向を向くように並べられた座席の列（たとえば教会信徒席）や，あるいはコミュニケーションを邪魔するような騒音のように，集団成員の間の相互作用の妨げとなるような環境条件のこと。これらの特性がある物理的環境はソシオフーガルな空間と呼ばれる。⇨ **ソシオペタル**

**ソシオペタル** [sociopetal] 集団メンバーの相互作用を促進する，円形の座席配置や快適な室温などの環境的条件のこと。これらの特徴をもった物理的条件は，社会的求心スペース（sociopetal space）と呼ばれる。⇨ **ソシオフーガル**

**ソシオメーター理論** [sociometer theory] **自尊心**は，社会的アピールの基準として重要であるとする理論。高い自尊心は，自分自身が有能で，人から好かれ，道徳的で，身体的な魅力があり，他者から受け入れられるであろう特性をもつことを意味する。

**ソシオメトリー** [sociometry] 集団内成員間の関係のパターンを分析し，その知見を数的でなおかつ図で要約するための技法を研究する分野。多くの場合，研究者は集団成員に，仲間の成員に対する1つ以上の質問をする。具体的には，「この集団内であなたが最も好意をもつのは誰か」「集団内の誰と最も仕事をしたいか」「あなたが最も好意をもたないのは誰か」という質問をする。それらの回答は**ソシオグラム**にまとめられる。ソシオグラムでは，各成員はそれぞれ番号または文字による記号で表し，関係の方向性は矢印で表現する。多くの場合，最も多く選ばれた成員（**スター**）が中心に位置し，**孤立児**は周辺に位置するというパターンに組織化される。この方法は，さらに集団構造や集団凝集性に関する様々な指標を算出する。具体的には，選択ステータス（他の集団成員から個人が選ばれた回数），拒絶ステータス（他の成員から個人が拒絶された回数），集団内の相互関係にあるペアの相対な数などを含む。[オーストリアの精神科医・哲学者であるモレノ（Jocob L. Moreno: 1889-1974）によって開発された]

**ソシオメトリック・テスト** [sociometric test] 集団内の成員間の関係性について自己報告形式で測定すること。集団構造を分析し図で表現するための**ソシオメトリー**で用いられる。⇨ **ソシオグラム**

**ソシオメトリック分析** [sociometric analysis] ある集団の構造的性質の研究。好き嫌いのパターンに特に焦点が当てられている。⇨ **ソシオメトリー**

**組織** [1] [organization] 機能を果すために互いに相互作用する多様な構成要素からなる構造化された事業体。流通，製造，サービス業の事業体はこのように構成されている。

**組織** [2] [tissue] 同一もしくは類似した機能をもつ，同一または類似した細胞種からなる構造。たとえば，**脂肪組織**，陰茎の勃起組織，または筋組織など。

**組織アセスメント** [organizational assessment] 組織の有効性や従業員の士気および生産性に影響を及ぼす構造，手続き/手順，風土，環境要因を評価する活動。全般的評価や個別評価（たとえば，変化への準備，職務満足，離職）は，**カウンセリング心理学**や**産業・組織心理学**など様々な領域の実務家によって行われる。

**組織化** [organization] ピアジェ（Jean Piaget）の理論における，有機体の調和的な生物学的活動であり，遺伝的要因と環境要因の相互作用，そして成熟水準によって決定される。どのような知的操作も他のすべての知的活動と関連しているという概念に基づいている。心的過程も段階的に組織化されていく。心的過程の組織化は，反射的行動，直接的刺激に対する反応の段階から自律し，自己生成し，思考を反映することが可能な段階になる。

**組織階層** [organizational hierarchy] 組織における指揮系統のことであり，権限と責任の程度を規定する。階層中の高位置にいる人は低位置にいる人より大きな権力をもつ。

**組織化仮説** [organizational hypothesis] 発達過程で新しく形成された精巣によって作られたステロイドが，成長中の脳を男性化し行動を永続的に変化させるという仮説。

**組織学** [histology] 組織の構造と機能に関する科学研究。

**組織化効果** [organizational effect] 行動と神経機能に永続的な変化を与える，通常は胎児発達や出産後の早い時期に生じるホルモン作用の長期的効果のこと。若いオスのラットの体内にあるテストステロンは長期の雄特有の行動をもたらし，新生期のメスのラットはテストステロンの投与によって雄性化される。⇨ **活性化効果**

**組織形成** [histogenesis] 身体組織の形成のこと。

**組織構造** [organizational structure] 組織を構成する様々な要素の編成や相互関係。組織構造の分類には，単純と複雑，集中と分散，階層と非階層といったいくつかの次元がある。

**組織行動変容** [organizational behavior modification] 組織内改変を行うために学習理論の原理を応用すること。

**組織コミットメント** [organizational commitment] 組織に対する従業員の献身や，組織の一部としてそこにとどまりたいと思うこと。組織コミットメントには，**情緒的コミットメント**と**継続的コミットメント**があるとされる。

**組織市民行動** [organizational citizenship behavior: OCB] 被雇用者による組織の利益になる行為のことで，業務として求められてはいない行為，あるいは正式な業務

には入らない行為（例．同僚のパソコントラブル解決に自発的に手を貸すこと）．

**組織損傷**［tissue damage］　多発性硬化症における神経の損傷や放射線による損傷など，機能障害を引き起こす体内組織の損傷．組織損傷は痛みの原因である．切り傷や刺し傷などの痛みは，**ヒスタミン**や痛み受容器を興奮させることが知られている他の物質の放出を伴う．

**組織的観察**［systematic observation］　客観的で秩序づけられたデータ収集．このようにして得られたデータは，関心対象の現象や行動の理解のための信頼できる情報となる．

**組織的公正**［organizational justice］　組織が公正であるかどうかに関する従業員の知覚のことで，従業員が受けとる結果の公正性（分配的公正）と，これらの結果を分配する際に用いられる手続きの公正性（手続き的公正）からなる．⇨ **公平理論**

**組織的人間主義**［organizational humanism］　**組織有効性**を改善するためのアプローチであり，実験参加者が**自己実現**能力を最大限に発揮することで，有効性が高まるとの想定に基づいている．⇨ **人間性心理学**

**組織風土**［organizational climate］　従業員が知覚する組織環境全体に関する一般的特徴．**組織文化**が発現したものである．

**組織文化**［organizational culture］　同じ組織成員に共有されている言葉遣い，価値観，態度，信念，習慣に表れる思考や行動の際だったパターンのこと．組織文化は人の性格にたとえられる．⇨ **ASAモデル**，**職業文化**

**組織文化分析**［organizational culture analysis］　組織の発達を目指した総合的な方策．経営者と従業員が一緒になって組織文化を論じたり，組織の目標達成を左右する組織文化の諸側面を明らかにしたりすること．［アメリカの産業心理学者シャイン（Edgar H. Schein: 1928-　）によって提唱された］

**組織への同一化**［organizational identification］　**集団同一視**の一種で，個人（たとえば，従業員）が特定の組織や集団への自我関与や成員性に基づいて自己を定義すること．

**組織有効性**［organizational effectiveness］　組織の成功の程度を示す多次元的な構成概念．**目標達成モデル**によれば，有効性とは，組織が自らの目標を効率的なやり方で達成できる程度をいう．**評価のシステムモデル**における有効性とは，長期的な存続を達成する組織の能力のことであり，資源を調達し，環境の変化に適応し，組織内部の健全さを維持することが含まれる．生態学的な観点からすれば，有効性とは，重要な顧客の期待を最低限満足させる組織の能力のことである．これらの要因はいずれも組織の有効性評価に含まれうる．

**組織論的アプローチ**［organizational approach］　感情の研究における，**一般システム理論**に基づく概念的枠組み．適応における感情の役割に加え，調節器としての役割や，個人内および個人間の決定要因としての感情の役割を重視する．組織論的アプローチは，知覚，動機，認知，行動に伴って，どのように重要な感情の変化がもたらされるのかについても重視する．

**素質**［predisposition］　障害や疾患の発症しやすさに関わる感受性．特定の生物学的要因，心理学的要因，環境要因の相互作用によって作られる．

**素質的精神病質者**［constitutional psychopathic inferior］　反社会性パーソナリティ障害の旧式名称．精神病質者（psychopathic inferior）という用語は，1888年にドイツの医師ロコッホ（Robert Koch: 1843-1910）により紹介され，1893年にドイツの精神科医クレペリン（Emil Kraepelin: 1856-1928）が自身の精神障害分類に含めた．アメリカの精神科医マイヤー（Adolf Meyer: 1866-1950）は，根が深い（しかし先天性ではない）という意味を込めて素質的という語を加えた．

**ソーシャルエンジニア**［social engineer］　社会政策を計画し，犯罪や薬物乱用，都市荒廃のような問題を改善するための共同体活動プログラムの構成に従事している人．抽象的思想を社会に強要することによって社会を無理矢理変化させようとする人を指す軽蔑語としての意味を含むこともある．

**ソーシャルクライミング**［social climbing］　より高い社会階層の人々と付き合うことで，自分の社会的地位を向上させようとする試みのこと．高い社会階層の人々に自分自身の良い印象を与えることや，その人たちの要求に応じること，時にはそのどちらの努力も伴うことが多い．

**ソーシャルスキルトレーニング**［social skills training: SST］　就職面接や，デートなどの特定な場面における効果的な社会的交流を教授すること．

**ソーシャルマーケティング**［social marketing］　マーケティング手法を使い，社会的に望ましい行動を引き出すこと．たとえば，健康食品の摂取，安全運転，予防検査の受診などの促進がある．

**ソーシャルワーカー**［social worker］　認定校やソーシャルワークの大学院において，精神障害や身体障害，貧困，生活調整，社会生活，婚姻関係，子育て，職業上のストレス，失業に関する生活課題をもつ個人や家族を支援するための訓練を受けた者．認定を受けたソーシャルワーカーは，治療やリハビリテーションを行う診療所や行政機関，メンタルヘルスセンター，精神科病院，総合病院などにおけるチームにおいて重要なメンバーである．⇨ **コミュニティ・ソーシャルワーカー**

**訴訟後見人**［guardian ad litem］　未成年者や精神障害者，身体障害者に代わって訴訟を起こす裁判所によって任命された代理人．訴訟後見人としての立場は一時的で，当該訴訟の判決後に解任される．

**訴訟能力**［competency to stand trial］　被告人が起訴理由や判決の重さといった裁判内容を理解できるか，あるいは，答弁を弁護士が支援すべきかなど，当事者が適切に裁判を受けるための能力．裁判能力（adjudicative competence）や裁判適合性（fitness for trial）とも呼ばれる．⇨ **ダスキー・スタンダード**

**ソース記憶**［source memory］　記憶や知識の源，つまり，今覚えている何かをどこで，どうやって知ったのかという記憶を覚えていること．⇨ **事実記憶**

**ソースモニタリング**［source monitoring］　記憶や知識，信念の源を判断すること．たとえば，ある出来事を実際に経験したのか，テレビで見たのか，人から聞いたのかを判断すること．現実性モニタリング（reality monitoring）とも呼ばれる．

**素性**［feature］　音素論において，**有声**であるかないかというように，ある**音素**を他の音素と区別する上で重大な

役割を果たす言語音の属性。⇨ **二項素性**, **最小対**

**祖先崇拝**［ancestor worship］ 様々な文化，特にアジアやアフリカにおいて認められる慣習。亡くなった親族を崇拝したり，儀式を通じて祖先の霊（ancestral spirits）を召喚する行為。

**粗大運動**［gross motor］ 胴体や手足を動かしたり，バランスを維持しようと姿勢をコントロールしたりするために行う，大きな筋肉を利用した活動ないしは技能を指す。粗大運動技能（gross motor skill）には，腕を振ることや，歩くこと，跳ねること，走ることなどが含まれる。⇨ **微細運動**

**即興［1］**［ad lib］ より一般的に，拘束されないこと。［ラテン語で"任意に，要望どおり"のこと］

**即興［2］**［improvisation］ 心理劇における，事前の準備なしで，問題や状況から即座に演じること。

**卒業認定試験**［equivalency test］ 特定の学習課程を修了したかどうかに関わらず，教育レベルの評価を行うこと。たとえば，アメリカでは適切な卒業認定試験を受けることによって，高等学校の必修課程を修了せずに高等学校を卒業することができる。

**速筋線維**［fast muscle fiber］ 骨格筋にある**骨格筋の一**種で，急速に収縮し，すぐに疲弊するもの。⇨ **遅筋線維**

**測光**［photometry］ 光の強度の測定のこと。

**卒中**［apoplexy］ 器官への出血。たとえば，下垂体卒中（pituitary apoplexy）。

**卒中体型**［apoplectic type; habitus apoplecticus］ ずんぐりし，まるみのある見かけを特徴とする体形のことで，**クレッチマーの類型論の肥満型**にほぼ該当する。シェルドンの体型論的パーソナリティ理論では内胚葉型となる。⇨ **内胚葉型** ［ギリシャのヒポクラテス（BC 460-377）により定義された］

**素点**［raw score］ 他の単位や形式に変換される前のもとのテスト得点のこと。

**ソトス症候群**［Sotos syndrome; cerebral gigantism; Nevo syndrome］ 遺伝的な疾患であり，**大頭症**，非進行性脳障害，精神遅滞に加え，身体面においては，過成長，目が離れているなどの特徴があるとされる。さらに，軽度の脳室拡張やEEG（脳波図）での非特異的変化を示したり，発作を起こすという報告もある。近年では，ソトス症候群に伴うハンディキャップは，かつて考えられていたものほど大きくはなく，年齢に伴い改善されていくと考えられている。［アメリカの小児科医ソトス（J. F. Sotos: 1927- ）によって提唱された］

**ソドミー**［sodomy］ 1. 人間同士の肛門性交（anal intercourse）や，人間と動物での異種間の性交（⇨ **獣性愛**）のこと。この用語は聖書の創世記 18, 19 章にある堕落した街ソドムに起源をもつ。2. 法的には，通常の性交以外のあらゆる性的暴行。

**ソニックブーム**［sonic boom］ 高圧の音響的衝撃波のことで，超音速で進む飛行機や自走ミサイルなどによってしばしば生じる。

**その他の心理・性的障害**［other psychosexual disorders］ DSM-Ⅳ-TR においては，**特定不能の性障害**と呼ばれる用語の DSM-Ⅲ における呼称である。

**「そのとき，そこで」アプローチ**［there-and-then approach］「いま，ここ」を扱うアプローチに対して，過去の体験にさかのぼり，クライエントの不適応の根本に焦点を当てるアプローチ。⇨ **いま，ここ**

**ソパイト症候群**［Sopite syndrome］ 運転，飛行シュミレーターのような**バーチャルリアリティ**に長く浸した後に罹る症候群のこと。症状は，めまい，吐き気，慢性疲労，自発性の欠如，眠気，不活発，無気力状態，易怒性を含む。これらの特性は，仮想環境が終了した後でもなお存続する。シミュレーター病（simulator sickness），スペースモーション病（space motion sickness）とも呼ぶ。

**ゾピクロン**［zopiclone］ ゾピクロンはベンゾジアゼピン**睡眠薬**と違い，ザレプロン系の薬のように特定の**GABA 受容体**複合体に選択的に作用するので，深い鎮静作用と催眠作用がある。大人の不眠症の短期治療のために使用され，副作用として過度の鎮静作用や混乱，口渇，口の苦み等がある。

**ソフトサイン**［soft sign］ 神経性欠陥の存在の可能性を示す臨床的，行動的または神経学的な徴候のこと。ソフトサインは微妙で，非特異的，曖昧である（それらは神経学的な欠陥がない人にもみられる）。たとえば，話し方，足取り，姿勢，行動のわずかな異常，睡眠障害，身体的な成熟の遅れ，感覚や知覚的な欠損，短い注意持続時間などが例としてあげられる。疑わしい徴候（equivocal sign），ソフト神経学的徴候（soft neurological sign）とも言う。

**素朴快楽説**［naive hedonism］ **コールバーグの道徳性発達理論**における，**前慣習的レベルの 2 つの段階における2 番目の段階**。この段階では，子どもは規則の適正な解釈に従い，何が自分の要求を満たすのか，あるいは何が他者との協議で成立するのかに基づいて道徳的な意思決定をする。道具主義的な相対主義志向（instrumental-relativist orientation），素朴道具主義的な快楽説（naive instrumental hedonism）とも呼ばれる。⇨ **罰と服従への志向**

**素朴実在論**［naive realism］ ヒトの感覚知覚は外的現実の直接の知識になるという信念もしくは仮定。ヒトの感覚器官や個々人の観点とは無条件に決まるもの。**デカルト主義**の出現によって，大半の哲学者にそのような立場を受け入れなくなった。ピアジェ（Jean Piaget）の認知発達理論は，子どもの発達は素朴実在論から離れ，概念化や論理的推論に向かうことを強調した。概念化や推論が発達しながら，素朴実在論は消失すると仮定されている。直接的実在論（direct realism），感覚知覚的絶対主義（phenomenal absolutism）とも呼ばれる。

**素朴心理学**［folk psychology］ 日常的な常識に基づく暗黙的知識であり，それは，他者（そして自己）の行動の予測や説明を，関係する心的状態に基づいて行うことができる。そのような理解は多くの社会心理学や人格心理学において受け入れられているが，それを錯誤的あるいは神話的なものだとみなし，それを科学的考察に値しないとされることもある。**消去主義**においては"素朴心理学"という言葉は，生理的状態でなく，信念や意図などの心的状態に言及するあらゆる説明的文言に対して，軽蔑的に用いられる。日常心理学。通俗心理学。⇨ **常識心理学**, **通俗心理学**

**素朴な観察者**［naive observer］ 観察している出来事あるいはその出来事に関与する人々に関する先験的情報をほとんどあるいは全くもっていない観察者のこと。心理学実験では，ある個人が犯罪者であるといったような特定の

情報（または誤った情報）を与えられている他の観察者と比べ、素朴な観察者は高度な水準で観察対象を明らかにする可能性がある。

**ソーマ**［soma］　古代アーリア人が神聖視していた植物の一つ（そして植物神ソーマとして神格化されている）。霊薬。ベニテングダケではないかと考える専門家もいる。

**ソマーズの d**［Somers d］　2つの順序変数間の関連に関する非対称性尺度。［ソマーズ（Robert H. Somers）］

**ソマトスタチン**［somatostatin; somatotropin-release inhibiting factor: SRIF］　視床下部で分泌され、下垂体前葉からの**成長ホルモン**（ソマトトロピン）の放出を抑制するホルモン。膵臓のランゲルハンス島からも分泌され、インスリンやグルカゴンの放出を抑制する。ソマトスタチンの類似物質は**先端肥大症**の治療に使われる。ソマトトロピン放出抑制因子とも呼ばれる。

**ソマトタイプ**［somatotype］　体型から個人の気質や行動の特性を分類する古典的な方法。⇒ **体格類型**

**ソマトメジン**［somatomedin］　成長ホルモンの刺激を受け、肝臓で合成されるある種のポリペプチドの総称。タンパク質の合成を促進し、成長を促す。

**ゾルゲ**［Sorge］　ドイツの哲学者であるハイデッガー（Martin Heidegger: 1889-1976）が、何かを気にかけたり、心配する人間特有の様子を指して用いた言葉。ハイデッガーがこの用語を使用したことで、哲学や心理学の分野で広く用いられるようになった。［原語はドイツ語で"Care"の意味］

**ゾルピデム**［zolpidem］　不眠症の短期治療のために1993年にアメリカ市場にでた非ベンゾジアゼピン系睡眠薬。ベンゾジアゼピン系の薬とは構造的に異なるが、**GABA受容体**の特定のサブタイプと結合することによって、同様の作用が得られる。作用としては抗不安作用というよりは、鎮静作用である。

**ソロモンの4グループデザイン**［Solomon four-group design］　予備検査を経験したことが実験的処理の効果に及ぼす影響を算定するための実験デザイン。予備検査の適用が実験結果に影響した場合は、その効果が検出される。［アメリカの心理学者ソロモン（Richard L. Solomon: 1919-1992）］

**ソーン**［sone］　ラウドネスの単位。

**損壊危険規準**［damage-risk criteria: DRC］　永久に聴力を失う原因となるような音のレベルや時間のこと。たとえば、職業安全衛生管理局（OSHA）の基準によれば、85 dB 未満の雑音への8時間未満の連続接触や、110 dB 未満の雑音への30分未満連続した接触も許容範囲である。⇒ **騒音計**

**損害賠償**［compensatory damages］　理想的には損害した以前の状態に被害者を回復させるために民事訴訟で裁定された補償金額の総額。通常、損害賠償で補うことができる損害には、医療費、未払い賃金、痛み、苦しみに対する賠償がある。⇒ **懲罰的損害賠償金**

**存在**［existence］　**1.** 実在、すなわちあるものをそのものたらしめ、それ以外のものとは区別する性質。**2.** 実存主義において、**本質**のようにより抽象的な人間の概念とは反対の、実世界に根差した人間の具体的な実体験のこと。

**存在愛**［being love; B-love］　マズロー（Abraham Harold Maslow）の**人間性心理学**において、相互依存によって特徴づけられる愛の一形態とされる。相互性、他者の幸福に対する真の関心、依存、利己性、嫉妬の減少を特徴とする愛の形。マズローは、存在愛を自己実現に導く性質の一つにあげる。⇒ **自己実現**, **欠乏愛情**

**存在感覚**［sense of presence］　自分は、いま、ここに存在することに関して気づき、理解すること。

**存在感知**［sense of presence］　超心理学で、霊魂の存在や出現などの異常現象に気づくことや意識すること。

**存在認識**［being cognition; B-cognition］　**1.** マズロー（Abraham Maslow）による人間性心理学において、人々の日常的な現実の知覚（deficiency cognition あるいはD-cognition）とは区別される例外的な認知のこと。存在認識は以下の2つのうちいずれかの形態をとる。一つは、人は全宇宙と、そこに内包されるすべての存在（知覚者自身も含む）の相互関連性を認識することである。もう一つは、単一の対象（たとえば、自然現象、芸術的な営み、あるいは自分が愛している人）に対して、それ以外の宇宙のすべて（自身を含む）が消失したかのように感じるまで、すべての意識を集中させることである。マズローによれば、自己実現（⇒ **自己実現**）を達成した人々は、頻繁に存在認識を経験するという。⇒ **至高体験**, **タイムレスモーメント**　**2.** 人の存在の核心部、すなわち自己や自己同一性を認識すること。

**存在の大いなる連鎖**［great chain of being］　ギリシャの哲学者プラトン（Plato: BC 429-347）が提唱し、後の多くの哲学者によって精巧に作り上げられた考え。生物を、神を頂点として、天人、人間、動物、植物、無生物と続く連鎖的な階層構造で捉えている。この考えの歴史に対する古典的研究は、アメリカの哲学者ラブジョイ（Arthur O. Lovejoy: 1873-1963）による1936年のものがある。

**存在－非存在**［being-not being］　ドイツの哲学者ハイデッガー（Martin Heidegger: 1889-1976）によると、人間を動機づける基本的な疑問、すなわち、死ぬことや、もはやここに存在しないことに対する不安や関心の言い換え。⇒ **現存在**

**存在論**［ontology］　存在そのものへの問いを扱う哲学の系統。哲学的観点では、実在とは何かを根源的に問う**形而上学**と同義である。しかし、現代の**実存主義**や**解釈学**の観点では、存在論は伝統的な形而上学で大きく欠如していた存在の意味に対する問いも含むとしている。つまり、形而上学では、"存在とは何か"、"なぜ存在するのか"を問うが、存在論では"存在は何を意味するのか"を問う。たとえば、"Smith is a professor" と "Smith is hungry" とは、be 動詞の意味が異なる。また、現代における存在論の分析的観点の始まりは、ドイツの哲学者ハイデッガー（Martin Heidegger: 1889-1976）の業績によるものと言われている。この伝統にならえば、心理学は人間の存在論の適切な理解を追究している。つまり、心理学は「人間であることは、何を意味するのか」を問うており、問うべきである。⇒ **世界内存在**, **現存在**, **実存主義的現象学**

**存在論的直視**［ontological confrontation］　自分は死すべき運命なのだということを、直接的にまざまざと意識すること。人は普段、自分の死という恐怖から身を守っているが、環境や誘発された記憶によってその守りが揺さぶられた際に、この認識は生じうる。⇒ **死の不安**, **恐怖管理理論**

**損傷[1]**［impairment］　身体の典型的な構造や身体的あるいは心理的機能から逸脱すること。

**損傷[2]**［lesion］　怪我や病気，外科手術のために，通常の組織や生体機能の全体，もしくは一部が壊れたり，損傷すること。傷や潰瘍，腫瘍，白内障など，組織の病理学的変化も指す。

**損傷否認**［injury denial］　損傷の存在や重症度に関する認識ができないこと。

**ソーンダイク**［Thorndike, Edward Lee］　エドワード・リー・ソーンダイク（1874-1949），アメリカの心理学者。ハーバード大学においてジェームズ（William James）のもとで修士号を得た後，コロンビア大学のキャッテル（James McKeen Cattell）の下で1898年に博士号を得た。ウエスタン・リザーブ大学での1年間を除いて，コロンビア大学の教員として過ごした。彼の学位論文は今や古典ともいえる *Animal Intelligence*（1898）として発表されている。動物学習について初めて実験室研究を行い，**試行錯誤学習**の概念や**結合説**の理論（状況と反応の連合結合が新しい習慣や行動を学ぶ基礎であるとする理論）を発展させた。彼はさらに準備性，練習，結果の法則を唱え，学習理論に貢献した。この法則は，生体（人間も含め）は満足する結果が続いた行動をより反復し，好ましくない結果が続いた行動はあまり反復しないとするものである。ソーンダイクはまた単語の使用頻度に基づいた子どもの単語集を編集し，軍事心理学・応用心理学に関する論文も発表している。⇨ **所属性原理**，**問題箱**，**S-R心理学**

**ソーンダイクの試行錯誤学習**［Thorndike's trial-and-error learning］⇨ **試行錯誤学習**［ソーンダイク（Edward Thorndike）］

**ソーンダイク-ロージ単語リスト**［Thorndike-Lorge list］　1944年に作成された英単語頻度表のこと。先駆的で影響力の大きいものであり，後に多くの改訂がなされたが，経験的な単語頻度表の総称として用いられる用語である。［アメリカの心理学者ソーンダイク（Edward Thorndike），ロージ（Irving D. Lorge: 1905-1961）による］

**損得分析**［cost-reward analysis］　社会心理学において，特定の援助行動に伴う強化とコストの観点から**援助行動**を説明しようとするモデル。高い強化値と低いコストを有する援助行動は，低い強化値と高いコストを有する援助行動と比較して，より実行されやすい。

**ゾンビ論法**［zombie argument］　意識がある存在と同様のあらゆる能力をもつ（ロボットやゾンビなどの）無意識的な存在から，（人間などの）意識をもつ存在を識別することが困難であることに焦点を当てた哲学的議論。

# た

**体**［corpus］ 脳梁や黄体のように解剖学的に他と区別できる構造体および組織のこと。

**（動詞の）態**［voice］ 言語学においての用法は ⇨ **能動態**, **受動態**

**ダイアド**［dyad; diad］ 特に情緒的なレベルで親密な依存関係にある2人の人間関係のこと（たとえば，双子，母親と乳児，新婚のカップル）。⇨ **社会ダイアド**

**ダイアネティックス**［dianetics］「すべての非器質的精神障害，すべての非器質的心身症に完全な治癒を保証する」ような治療を行うとされている治療法のこと。心理学や精神医学の分野では，ダイアネティックスは疑問視されている。［アメリカの作家であり後にサイエントロジー（scientorogy）の発起人となったハバード（L. Ron Hubbard: 1911-1986）によって1950年に紹介された］

**胎位**［fetal presentation］ 出産する時の胎児の傾きのこと。特に産道から出てくる時，胎児の頭が，先であるかどうかを指す。胎児が傾いていると尻が先となり，これは殿位（骨盤位）として知られている。殿位分娩は，母体と胎児へよりリスクを与える。

**大域知覚**［global perception］ 物体や状況の，部分よりも全体に注意を向けた知覚のこと。

**帯域幅**［bandwidth］ **1.** 測定機器が利用できる情報の範囲。一般に，より大きな帯域幅をもつことは**忠実度**の低下を伴う。**2.** 周波数帯域の幅。一般にHz（サイクル/秒）で表現される。これは，通信チャネルの容量，言い換えれば，チャネルが単位時間当たりに伝達できる情報量の指標となる。

**第一印象**［first impression］ 他者に対する最初の知覚のこと。多くの場合，身体的・心理的な特徴に関する印象の他に，肯定的，ないしは否定的な評価を含んでいる。これらの印象は多くの場合，直接会った際に得られる他者についての最初の情報に基づいており，後に一貫しないような情報が得られたとしても持続する傾向がある。理論的分析の中には，こうした効果は初期に得られた情報は，後に得られた情報よりも，大きな重みが与えられるためだと説明するものがある。また，初期の情報が，後に得られる情報の解釈を方向づけるためだと説明されることもある。

**第一色弱**［protanomaly］ 赤色の色覚異常の型の一つ。赤色に対するいくらかの検出感度は残っていることが確認できるが，赤色を感知する網膜錐体が正常に働かない。⇨ **第一色盲**

**第一色盲**［protanopia］ 色覚異常の型の一つで，赤の領域の波長の範囲の色知覚が喪失する。赤と緑が互いに混同され，赤色の刺激は非常に不鮮明に見える。その原因としては網膜錐体の赤色を感知する光色素の欠乏，もしくは通常の赤色の知覚に必要とされる受容器の欠如である可能性がある。⇨ **第一色弱**

**第一次疾病利得**［primary gains; paranosic gains］ 精神分析理論において，神経症的症状形成によって得られる根本的な心理的利益。本質的には，衝動の葛藤や脅かされる経験によって生み出された不安の除去である。⇨ **第二次疾病利得**

**第一次循環反応**［primary circular reaction］ ピアジェ（Jean Piaget）の認知発達理論では，初期に見られる乳児特有の非反射的な反復動作を指す。たとえば，生後1か月の空腹の乳児は，繰り返し口の中に手を入れようとする。それは効果的な目標志向的行動とは言えないが，空腹を抑えるといった目標と，手をくわえようとするといった動作の原初的な結びつきを示している。第一次循環反応は**感覚運動期**に発達し，続いて指しゃぶりや，飲み込み，泣き，四肢の動きといった反射的な活動がみられる。⇨ **第二次循環反応の協応**, **第二次循環反応**, **第三次循環反応**

**第一性質**［primary quality］ イギリスの経験論哲学者ロック（John Locke: 1632-1704）の哲学において，物理的属性のような物体の実体的な性質。重さ，大きさ，運動といったその物体自体やその物理的属性を示す数。ロックは，色や味，ニオイなど**第二性質**と呼ばれる性質と対比している。

**第一選択薬**［first-line medication］ 特定の疾患を治療するために最初に選択される薬。副作用を引き起こす確率が最も少なく，治療に有効性が高い薬が選ばれる。

**第一種の誤り（過誤）**［Type I error］ 帰無仮説が実際に事実である場合に，それを棄却する誤り。現実に存在しない効果あるいは関連性を見い出したと分析者が信じる場合，この誤りが生じる。アルファの誤り（alpha error）とも呼ばれる。

**退院率**［discharge rate］ 入院した患者のうち，定められた期間内に病院や他の施設から退院した患者数の割合。改善率，回復割合とも言われる。

**大うつ病（中等症レベル）**［moderate depression］ 大うつ病性エピソードで，重症度や症状の数において，**急性うつ病**の診断基準は満たさないものの，**軽度のうつ病**の基準は超えているもの。

**大うつ病性エピソード**［major depressive episode］ 気分障害の病相で，抑うつ気分または**アンヘドニア**が以下に挙げるような兆候（4つ以上）とともに2週間以上継続する状態を指す。体重の増減を伴った食欲の増進または減退，不眠または過度の睡眠，**精神運動激越**または**精神運動抑制**，極度の疲労を伴った気力の減退，無価値感または不適切な罪悪感，集中力または決断力の低下，死についての反復的思考，**自殺念慮**，または**自殺企図**。以上に挙げた兆候によって強い苦痛を感じ，正常な心身の機能（社会的能力，職業的能力など）が失われる。大うつ病エピソードは大うつ病障害や双極性II型（軽い躁状態を伴う）に特徴的な病相で，双極性I型（躁状態を伴う）においてもしばしばみられる。⇨ **双極性障害**

**大うつ病性障害**［major depressive disorder; major depression］ うつ病性障害の中で，少なくとも1回以上の**大うつ病性エピソード**を経験し，**躁病エピソード**，**混合エピソード**，または**軽躁病エピソード**を一度も経験していない状態のこと指す。

**大英博物館アルゴリズム**［British Museum algorithm］ 問題解決方略の一種。最も少ないステップの解からはじめて，すべての可能な解を1つずつ試していく方法。十分な時間さえあれば，たとえサルの大群がタイプライターを

打ったとしても，大英博物館にあるすべての本を書ききることができる，という冗談話に由来する。⇨ **アルゴリズム**，**ブルートフォース**，**悉皆探索**

**体液**［humor］古代において，人間の身体的・心理的特徴に関係するとされた4つの体液（血液，黒胆汁，黄胆汁，粘液）のこと（⇨ **体液説**）。「気分（mood）」を意味するために"humor"という語を使うことや（「上機嫌（good humor）」），「気まぐれ（whim）」を意味するために使うこと（「彼女の気まぐれだ（It is her humor）」）は，この語に由来する。

**体液説**［humoral theory］身体的，心理的健康や病について，様々な体液のバランスという観点から説明した理論。古代ギリシャの医師ヒポクラテス（Hippocrates: BC 5世紀）は，健康は4つの体液の適切なバランスによって成り立つと考えた。4つの体液とは，すなわち，血液，黒胆汁，黄胆汁，粘液である古典的体液（classical humors）もしくは四体液（cardinal humors）。この考えは，気質を説明するためにも用いられる。血液が優勢だと**多血質**になり，黒胆汁では憂うつ気質，黄胆汁では短気な気質，粘液では粘液質気質となる。この考え方は古代ローマの医師ガレノス（Galen: 129-199）によって広められ，17世紀まで信じられていた。体液説は心理学にとって最初期の人格類型論，心身相関モデルである。

**ダイエット**［dieting］通常，体重の減量や健康の向上を目的とする，食事の種類や量の計画的な制限のこと。専門家によっては，肥満の治療法とみなす場合と，**摂食障害**に関連した重大な病理とみなす場合とがある。

**対応**［correspondence］帰属理論において，列で前に並んでいる他者を押す経験などの観察された行動が，無礼や攻撃的であるといった一般的な性格特性に関連していると帰属すること。観察者は，特性（**根本的帰属のエラー**）と行動の対応関係を過大評価する傾向が強い。⇨ **対応推論理論**

**対応推論理論**［correspondent inference theory］他者の行動を観察することによって，どのように人が相手の持続的な性格的特徴を推論しているのかを説明する理論。行動と特性の**対応**は，行為者の振舞いが，(a) 自由で，(b) 意図的なものであったり，また (c) その状況において特異な仕方や，(d) 通常は報酬や社会的承認をもたらさない仕方で行われたときにより推論されやすい。⇨ **帰属理論**［1965年にアメリカの社会心理学者ジョーンズ（Edward Jones: 1926-1993）とデーヴィス（Keith E. Davis: 1936- ）によって提唱された理論］

**対応づけ**［matching］背景変数の値を同程度にすることで，実験・調査参加者の比較可能性を確かにする研究上の手続き。たとえば，**統制群**と**実験群**の実験参加者は，教育年数，収入，配偶者の有無などについて対応づけられる場合がある。

**対応のある実験計画**［matched-group design］実験群と統制群が，実験実施前に1つ以上の背景変数について対応づけられて割り当てられる実験計画。このような対応のある（matchedまたはequivalent）群を用いて得られた結果は，群間の参加者の特徴による差異ではなく，**独立変数**の操作に帰属することができる。⇨ **ランダムグループデザイン**

**対応法則**［matching law］オペラント条件づけにおいて，多数の課題選択肢があるときの反応の分配を記述する法則。ある選択肢に分配される反応の割合は，その選択肢から得られる強化子の割合に対応する。たとえば，選択肢Aから2/3の強化子を，選択肢Bから1/3の強化子を得られる場合，ハトは全反応数の（あるいは反応従事時間の）2/3を選択肢Aに向ける。⇨ **一般対応法則**

**対応網膜点**［corresponding retinal points; congruent retinal points］視空間の1つから刺激を受容したそれぞれの網膜上の1点のこと。

**対応問題**［correspondence problem］2つの像がいくつかの点で互いに異なっているとき，視覚システムは，1つの像の要素の一部と，もう一方の像の要素の一部との対応をとらなければならないという必要条件のこと。両眼立体視においては，奥行き情報が推測される前に，左眼から入力された特徴は右眼から入力された特徴と一致しなければならない。**仮現運動**においては，もし，要素が動いているように知覚されるのならば，ある静止画像の要素は，他の静止画像の要素と一致されなければならない。物体認知理論は，たとえ，物体が2つの異なったシーンで現れたとしても，同じ物体として認知する能力を考慮に入れなければならない。対応問題は，視覚システムによっては簡単に解くことができるが，自然画像においては，かなり解くことが難しい。

**体温**［body temperature］身体の温度のこと。ヒトでは正常時37℃である。体温は代謝過程に影響を与え，細胞は0〜45℃の範囲に保たれなくてはならない。動物は体温を制御する能力によって**内温動物**と**外温動物**に分けることができる。

**体温調節**［thermoregulation］正常体温を維持する行動・生理学的過程全般を指す。発汗や震えなどを含む。⇨ **ホメオスタシス**

**退化〔1〕**［retrogression］より成熟したテクニックが葛藤解決に失敗したとき，成熟の早期段階では適切だった行動に，あるいは以前の不適切な行動に戻ること。**退行**とほぼ同義であるが，精神分析的には不十分な概念だと考えられている。

**退化〔2〕**［degeneracy］**1.** 人の身体的，精神的，あるいは道徳的質が，早期の発達状態へ衰退あるいは戻った状態。**2.** 生物学において，高度な組織化が失われ，より単純な発達段階へ逆戻りすること。

**体外受精（IVF）**［in vitro fertilization: IVF］卵子が女性の体内から取り出され，体外で精子を受精させた後に，子宮へと戻すという処置のこと。**不妊症**の最も困難な症例を治療するために使用されるが，その成功率は高くはない。

**胎芽期**［embryonic stage］人間の胎児期の発達において，3層の胚（原腸胚）が育つおよそ6週間の期間。胎芽期は**胚芽期**（受精後2週間〜）に続いて起こり，**胎児期**（受精後9週〜出生）より先に起こる。

**体格**［body build］胴，手足の長さ，肌まわりにより身体を採寸すること。

**対格**［accusative］言語学において，節もしくは文の直接的な**目的語**を構成する名詞，代名詞，もしくは名詞句の格のこと。英語の場合，他のより屈折した言語とは異なり，対格の位置に出現する際には特定の人称代名詞や所有代名詞のみがその語形を変化させる（そのため，たとえば英語話者は"She hit me"とは言っても"She hit I"とは

言わない）。目的格（objective）とも言う。⇨ **与格，属格，主格**

**大学院進学共通テスト**［Graduate Record Examinations: GRE］　アメリカの大学院入試において志願者の合否判断を行うために行われる適性試験群。大学院進学共通テストの試験は，現在，2問の小論文と約60問の多肢選択式の問題で構成される。批判的思考，分析的ライティング，言語推論，数的処理などの能力を評価する。大学院進学共通テストの8つの学科試験（生化学，生物学，化学，計算機科学，英米文学，数学，物理学，心理学）は，現在のところ，66から230問の多肢選択式の問題で構成され，個別の学問領域における知識を評価する。

**体格インデックス**［body-build index］　体格の種類に関する指標。（身長×100）/（胸部径×6）の式によってグループ化できる。**中胚葉型**：筋肉質で，平均から1標準偏差以内の場合。**外胚葉型**：平均より1標準偏差以上の場合。**内胚葉型**：平均より1標準偏差またはそれ以下の場合。

**大学環境**［college environment］　大学に入学してきた学生を取り巻く全体的な物理的・社会的環境。建物や授業，人々，影響力，状況，刺激を含む。

**体格指数**［body mass index: BMI］　肥満指数とも言う。肥満や脂肪ననの指標として広く用いられている指数。体重（kg）を身長の2乗（$m^2$）で割った値。

**大学進学適性試験**［Scholastic Assessment Test: SAT］　かつては"Scholastic Aptitude Test"と呼ばれていたものであり，大学入学試験の受験者の選抜に使われるテストである。学校生活および自学自習によって培われた批判的読解能力，数学的推論能力，言語的能力が測定される。かつて言語領域と呼ばれていた批判的読解領域では，書かれていたことを理解し分析する能力と，文章間の関係を認識する能力が，数学領域では，計算および代数学，幾何学の知識を要する問題を解決する能力が測定される。言語領域では，自分の考えを構成し，自分のもつアイデアを発展させ，それらを文法規則に則って，言語で表現する能力が測定される。大学進学適正試験は，標準的な評価を行うのできるテストとして，ほとんどのアメリカの公立および私立大学で，入学試験の選抜に用いられている。

**大学入学試験**［college admission tests］　大学の志願者に対するテストであり，大学が受け入れるか否かを決定するために使う。これらのテストとして，**大学進学適性試験**（SAT）や米国大学入学学力テスト（⇨ **ACTアセスメント**）が含まれる。大学入学資格試験（college boards）とも言う。

**体格類型**［constitutional type］　体格やその他の生物学的特性に基づいた個人の分類。あるいは，精神障害固有のタイプが発現すると考えられる体質，性格，傾向のような心身の特性間の因果関係仮説に基づいた個人の分類。⇨ **クレッチマーの類型論，シェルドンの体型論的パーソナリティ理論，カルス類型**

**大学レベル試験プログラム（CLEP）**［College Level Examination Program: CLEP］　アメリカにおいて最も広く受け入れられている，試験による単位履修プログラム。このプログラムでは，どんな年齢の学生でも彼らの既にもっている知識について単位証明を得ることによって大学の単位を取得できる。学生はそれぞれのCLEP試験を合格すると，3～12の学位取得のための単位を得ることができる。

**体感異常**［cenesthopathy］　体の特定の部分に特定されない不快な感じや，病気ではないかと感じること。

**体感幻覚**［somatic hallucination］　たとえば，身体に電流が流れているなど，身体の中で何かが起こっているという現実とかけ離れた知覚の歪み。

**体感消失**［acenesthesia］　1. 身体が存在する感覚を喪失すること。2. 自己身体に関する認識が欠如すること。⇨ **離人症**

**大気遠近法**［aerial perspective; atmospheric perspective］　奥行知覚への単眼性手がかりのことで，異なる大気条件下での対象物の相対的な明瞭度からなる。近辺の対象物は，通常，細部まではっきりしているが，遠方の物体は不明瞭で，青みがかって見える。空気遠近法とも言う。

**大気汚染行動効果**［air-pollution behavioral effects］　空気汚染による人間行動への影響，さらには個々の有毒物質の行動的影響を指す。大気汚染にさらされることは，気分と感情に悪影響を及ぼす。苛立ち，無力感，（特定の状況では）攻撃の増加や利他行動の抑制が生じる。⇨ **行動毒性学，大気汚染適応**

**大気汚染適応**［air-pollution adaptation］　居住地域の大気汚染レベルに慣れ，健康や美容に対して悪影響があることに鈍感になること。**信号検出理論**によれば，実際に閾値が変化しているのではなく，**反応バイアス**であるとされる。⇨ **大気汚染行動効果**

**待機者名簿現象**［waiting-list phenomenon］　心理療法やカウンセリングにおいて稀に起こる現象で，治療の予約待ちをしているだけで生じる"治癒"現象。プラセボ効果と同様に，治療の見通しが立つことそれ自体が重要な心理的な効果をもつのではないかと考えられている。

**待機者リスト内統制群**［waiting-list control group］　通常，無作為に選ばれた統制群で，実験群と同じ介入を実験が終わった後に受ける。

**大気条件**［atmospheric conditions］　生活あるいは作業環境で人々の快適さ，および仕事での実績に影響を与える様々な大気の様相（たとえば，温度，湿度，気流，気圧，組成，毒性）のこと。

**大頬骨筋**［zygomaticus］　顔面神経に支配された筋肉で，上唇を外側，上側，後方へと動かす。その動きは情動の研究において記録される。

**対鏡症状**［mirror sign］　鏡に映った自分を認識できないこと。

**対極**［polar opposites］　あるパラメータが一方の極（例，熱い）からもう一方の極（例，冷たい）へ移動する場合における極の連続体の終端点。

**退屈**［boredom］　環境刺激への関心が欠如した結果生じる，疲労や倦怠の状態。

**体型**［habitus］　身体の一般的なみかけ。

**台形体**［trapezoid body］　脳橋にある横行神経線維の束。脳橋では，求心性線維が蝸牛神経核から上オリーブ複合体や外側毛帯の核に至っており，遠心性線維が下丘や外側毛帯から蝸牛神経核にまで及んでいる。

**体系妄想**［systematized delusion］　堅固に体系化されてしまった，現実的ではない，不合理な思い込みのこと。妄想体系とも言う。

**体験過程心理療法**［experiential psychotherapy］　1950年～60年代から始まる，実存主義-人間主義的な心理学の

影響下で生み出された心理療法。このアプローチの中核的な信念は，クライエントの真なる変化は，クライエントが治療のある時点で心の表層ならびにより深層において，何を経験し何を感じているのかといったような，直接的で積極的な「体験」を通して起こるというものである。体験過程心理療法の治療者は極めて直接的にクライエントの内的感情に触れ，クライエントに体験を表現させ，現在・過去両方の人生場面を体験させようとする。体験過程心理療法は，アメリカの精神科医ウィティカー（Carl A. Whitaker：1995年没）やマローン（Thomas P. Malone：2000年没），アメリカの心理学者ロジャーズ（Carl Rogers），アメリカの哲学者で心理学者のジェンドリン（Eugene T. Gendlin: 1926- ）などの業績がさきがけとなっている。

**体験的な家族療法家**［experiential family therapist］　家族成員を治療するうえで，直感や感覚，あるいは潜在的な過程を重視し，理論的な枠組みにあまり重きを置かない治療者のこと。体験的家族療法は治療者自身の感覚の重視やクライエントとのやりとりの中での自己開示を特徴とする。著名な体験的家族療法家にはアメリカの精神科医ウィタカー（Carl A. Whitaker: 1995没）やサティーア（Virginia M. Satir: 1916-1988）がいる。

**退行**［regression］　1. 一般的には，後方に向かうことや後退すること。心理学では，典型的には，退行は認知的，情緒的，または行動の機能がより前段階かつ低水準の状態に戻ることを指す。2. 精神分析療法における**防衛機制**の一つ。圧倒的な外的問題や内的葛藤によって不安が引き起こされたとき，未熟な行動や**心理・性的発達**のより早期段階に逆戻りすること。

**対抗暗示**［countersuggestion］　心理療法においてセラピストによってなされる暗示のことであり，先行する暗示や個々の固定観念に対して否定あるいは対抗するようなものを言う。この方略は，先行する暗示や観念の影響を減少させたり，代替物を与えたりするため，もしくはその両方のために用いられる。

**退行期うつ病**［involutional depression］　主として中年期後期から老年期において発生する**大うつ病性エピソード**の旧式名称。

**対抗強迫**［countercompulsion］　もとの**強迫**が続けられなくなった場合，それに対抗して二次的に起こる強迫のこと。新しい強迫がもとの強迫に取って代わるため，強迫行為は継続する。⇨ **強迫性障害**

**対抗恐怖症的性格**［counterphobic character］　人が通常，不安の高まりを覚えるような，冒険的もしくは危険な行為を追い求めることに快楽を見出すパーソナリティ。精神分析理論においては，不安を扱いこなす感覚が満足をもたらすような，躁的な**防衛**として説明される。

**対向性**［adience］　刺激に向かうことになる反応や行動のこと。

**退行的**［involutional］　加齢による身体やその部分の機能の最良水準からの衰えを指す。

**退行的-再構成的接近**［regressive reconstructive approach］　心理療法における技法の一つ。そこでは，クライエントは人生早期での情緒的に強烈なトラウマ状況を再体験するよう促される。**転移**や**解釈**のような同時発生的，または引き続いて起こるメカニズムを通して，退行的-再構成的接近はクライエントのパーソナリティ変化，そして情緒的適応の発展や成熟をもたらすことに役立つと考えられている。

**大後頭孔**［foramen magnum］　頭蓋骨の基底にある大きな開口部分で，ここを通して脊髄，椎骨動脈や他の組織が，頸部から頭蓋骨内部に向け入り込む。

**対抗被暗示性**［contrasuggestibility］　暗示や要求されたこととは反対のことを行う，あるいは話す傾向のこと。

**対抗文化**［counterculture］　普及している文化規範に反する独自の道徳観や価値観を主張する**社会運動**。歴史的にはヒッピー（hippie）運動や，それに伴い1960年後半および1970年初期に登場した**麻薬文化**と関連がある。これらは労働倫理や伝統的な家族構成といった社会規範を拒絶するものであった。

**大交連**［great commissure］　1. 脊椎動物の場合は**脳梁**のこと。2つの大脳半球を結ぶ，圧倒的に大きな交連であるためこのように呼ばれる。2. 昆虫における，2つの前大脳をつなぐ交連のこと。

**滞在日数**［length of stay: LOS］　患者が病院に継続的に入院している期間のこと。**内部監査**は，通常は地域規準と比較され，診断ごとの平均滞在日数として表される。

**体細胞**［body cell; somatic cell］　**生殖細胞**以外の細胞のこと。通常二倍体の数の染色体を有している。

**大細胞**［M-cells］　細胞がいくつかの明瞭な層構造をなしている**外側膝状体**のうち，腹側の2層に含まれている比較的大きなニューロンのこと。大細胞は**大細胞系**を形成するもとである。**網膜神経節細胞**のうち，外側膝状体にある大細胞に投射するものは，M型神経節細胞（M-ganglion cells）と呼ばれている。

**大細胞系**［magnocellular system］　視覚系の一部。**外側膝状体**の腹側の2層（大細胞層）で中継される。動き，形状，輝度変化の情報伝達が速く，刺激位置，色に対する感度は高くない。⇨ **大細胞**，**小細胞系**

**体細胞原形質**［somatoplasm］　身体の組織を構成する細胞。生殖細胞とは区別される。⇨ **生殖質**

**第三次循環反応**［tertiary circular reaction］　ピアジェ（Jean Piaget）の認知発達理論において，新しい状況に応じて既存の**スキーマ**を創造的に変化させる行動。第三次循環反応は，**感覚運動期**の終わり頃，すなわち2歳の初め頃に発現する。この反応は，子どもが目標を達成するために初めに新しいスキーマを作るという初期の行動とは異なる。積極的に実験することによる新しい意味の発見（discovery of new means through active experimentation）とも呼ばれる。⇨ **第一次循環反応**，**第二次循環反応**

**第三者支払者**［third-party payer］　通常は保険会社，前払い制度や政府機関といった組織が，被保険者が被る医療費を填補する。（契約に対する）第三者は，サービスを受ける個人と，サービスを提供する個人や機関である他方の当事者とは区別される。

**第三脳室**［third ventricle］　脳脊髄液で満たされた脳の空洞。大脳半球の下にある**視床**の2つの裏の間に裂け目を形成する（⇨ **脳室**）。第三脳室は**側脳室**と通じており，尾側で**中脳水道**を介して第四脳室と通じている。

**第三の変数の問題**［third-variable problem］　2変数の間で観測された相関は，2つの変数が互いに関係性をもっているというよりも，3番目の変数に原因があるかもしれないということ。

**胎児**［fetus］　ヒトで，受精後8，9週間から出産までの発達後期の胚のこと。

**胎児アルコール症候群**［fetal alcohol syndrome: FAS］　妊娠中における母親の極度なアルコール摂取に関連した状態。低出生体重や発育遅延，頭部顔面奇形（たとえば小頭症），神経行動学的問題（たとえば活動性過度），知能発育不全が生じるのが特徴である。これらの症候群のいくつかの特徴を示している子どもは，胎児性アルコール効果（fetal alcohol effect: FAE）をもつとみなされる。

**胎児活性**［fetal activity］　たとえば蹴るあるいは他の動きなどのように，子宮内で発達している間の胎児の活動レベル。

**胎児監視**［fetal monitoring］　胎児の生理的特徴（たとえば，心拍数）を測定すること。胎児監視は，出産前と出産中に胎児のウェルビーイングを評価するのに用いられる。

**胎児感染**［fetal infection］　胎盤を介して母親から感染する感染性病原体によって生じる，胎児に影響を及ぼすあらゆる疾患。胎児感染は大抵はウイルスによって生じる。その他の病原体には，結核菌，梅毒スピロヘータ，トキソプラズマ症原虫がある。風疹は，一般的なウイルス性の胎児感染であり，様々な先天性欠損症を引き起こす（⇨ **先天性風疹症候群**）。

**胎児期**［fetal stage］　受精後8，9週目から出産までの，ヒトの周産期発達の最後の期間。それは胎芽期の後にある。

**胎児鏡検査**［fetoscopy］　視聴器具の胎児鏡（fetoscope）によって妊婦の腹部を通し羊膜嚢の中まで至る，子宮内の胎児を観察する処置。

**胎児性タバコ症候群**［fetal tobacco syndrome］　妊娠中に過度に喫煙した母親から生まれた幼児の状態を指しており，分娩時低体重の状態をいう。

**胎児切迫仮死**［fetal distress］　母体の疾患や障害によって胎児の生命や健康が脅かされる状態のこと。胎盤からの酸素供給が不十分であることによって生じることが多い。⇨ **胎児感染**，**ハイリスク胎児**

**体質［1］**［habitus］　特定の**ソマトタイプ**に関連した特定のタイプの身体疾患に対する罹病性のこと。

**体質［2］**［constitution］　個人の生得的特性の概要。

**体質性疾患**［constitutional disorder］　個人の身体構造または生理学的特徴から生じる生得的に有している，状態，疾患，行動ないし行動布置のこと。

**体質的因子**［constitutional factor］　性格，気質，特定の心身の疾患病因に関係すると考えられている生理学的性質のこと。

**胎児低酸素症**［fetal hypoxia］　胎児への酸素供給が顕著に減少すること。統合失調症などの重篤な精神障害の危険因子と考えられている。⇨ **低酸素症**

**胎児の反応**［fetal response］　胎児の環境状況に対する反応。たとえば，母親の喫煙時に胎児の心拍数が増加するという。また，母親が耐え難い感情的ストレスを経験しているときに胎児の活動が増加すると報告している研究者もいる。⇨ **出生前の影響**

**胎児母体間交換**［fetal-maternal exchange］　妊娠中，母体と胎児間で**胎盤**を経て行われる物質交換のこと。胎児は，これによって栄養や酸素の供給を受け，不要なもの（二酸化炭素，尿素）を処理する。低分子の物質は胎盤関門を通過するが，タンパク質のような大きな分子は通過できないことから，胎児は母親から得たアミノ酸から自分自身でタンパク質を作らなければならない。薬剤（アルコール，オピオイド），疾病の原因（風疹ウイルス）は通過することができ，先天性の影響を与える。

**代謝**［metabolism］　生細胞や生命体がその生命を維持するために必要な物理的，化学的過程のこと。高分子を低分子に分解し，その過程でエネルギーを得る異化作用（catabolism），低分子から高分子へ合成する同化作用（anobolism）が含まれる。⇨ **基礎代謝**，**炭水化物代謝**，**脂肪の代謝**，**タンパク質代謝**　［ドイツの生理学者 シュワン（Theodor Schwann: 1810-1882）による造語］

**代謝異常**［metabolic defect］　タンパク分子の構造や酵素機能の欠如，または**先天性代謝異常**や毒物または食物の過剰摂取（アルコール中毒，コレステロールの多い食物など）で引き起こされる障害による物質の細胞膜透過の欠如を示すもの。

**代謝拮抗物質**［antimetabolite］　正常な生理学的機能に必要である物質に酷似した分子構造をもつために，必要分子として受容され，そのため正常な代謝過程を中断させる物質。たとえば，抗凝固剤のビスヒドロキシクマリンは，ビタミンKが，血液凝固物質プロトロンビンを生成するのを妨げる代謝拮抗物質として機能する。

**代謝産物**［metabolite］　**代謝**に必要な，または代謝に含まれる，代謝によって生み出される物質のこと。

**代謝スクリーニング**［metabolic screening］　先天性代謝異常（例，フェニルケトン尿症）の可能性の予測・診断に使用される検査方法。検査には新生児の所定の血液検査，親の家族性代謝欠陥傾向の**遺伝相談**，羊水穿刺が含まれる。

**代謝性脳症**［metabolic encephalopathy］　代謝性症候群によって生じる**脳症**の一つ。中毒・代謝性脳症（toxic-metabolic encephalopathy）とも呼ばれる。

**代謝調節型受容体**［metabotropic receptor］　神経伝達物質受容体の一つ。それ自体は**イオンチャネル**をもっていないが，近くのイオンチャネルを開くために**G タンパク質**を使うことができる。⇨ **グルタミン酸受容体**，**イオンチャネル型受容体**

**代謝当量**［metabolic equivalent: MET］　身体から発せられる熱，またはエネルギーを計測するための単位の一つ。1 MET＝50（kcal/h）/体表面積（m$^2$）。MET 単位は与えられた運動に対する酸素消費量を評価するために使用される。たとえば1 MET は身体の安静時，3〜5 MET は軽い運動，9以上は激しい運動を意味する。

**代謝の栄養モデル**［metabolic-nutritional model］　生態における毒素や栄養素の欠乏などの要因の影響を長期的に査定することに主眼をおいた，精神障害の研究システムのこと。

**代謝率（新陳代謝率）**［metabolic rate］　一定期間中に生命体が使用するエネルギー率のこと。一日当たりのエネルギー（キロジュール，またはキロカロリー）で計算される。⇨ **基礎代謝**

**体臭**［body odor］　発汗などによって生じる皮膚分泌物にバクテリアが作用することによって生じたニオイ。体臭に対する態度は文化によって大きく異なる。

**大衆極性化**［mass polarization］　メディアの情報や他の出来事の結果として生じる消費者態度の極端な方向への動き。たとえば，リコールの結果，特定のモデルの車やタ

イヤのブランドに対するネガティブな態度が高まる可能性がある。

**第13染色体のトリソミー**［chromosome-13 trisomy］ 13番染色体の過剰に起因する染色体異常症。この場合の新生児は，精神遅滞，口唇裂や口蓋裂，多指症（手指や足指の余剰），脳の奇形，無眼球，小眼球，白内障，虹彩欠損などの眼球の異常など，様々な欠損を伴う。Dトリソミー（D trisomy），パトー症候群（Patau's syndrome），13トリソミー（trisomy 13），13-15トリソミー（trisomy 13-15）とも呼ばれる。

**体重調整**［weight regulation］ 一定の体重に達した生物において，採食とエネルギー消費の間の最適な均衡を脳がみつける過程のこと。複数の神経メカニズムによって支配されている。環境的な要因のような，いくつかの他の要因も影響する。

**第18染色体の長腕欠失**［chromosome 18 deletion of long arm］ 染色体の障害であり，第18染色体の長腕の一部が欠損している。そのため小頭症や聴覚障害，精神遅滞が生じる。筋肉の緊張の低下と眼振（無意識的な眼の動き）のような別の神経的な影響もみられる。

**対称**［symmetry］ 1. 数学と統計学において，軸に対する相等の関係。2. 美学において，芸術の物体または芸術品の比率にある均衡と調和であり，審美的に気持ちの良い特性である。対称の異なった型は広く生み出される。3. 鏡のような中心の反対側の面の対応のこと。⇨ **左右相称**

**対象[1]**［object］ 1. 精神分析の理論において，**本能**が満足感を得るという**目的**を達成するための，人，物，体の一部。⇨ **対象備給，対象関係** 2. ある個人の**自我**に愛される人のこと。つまり，その個人の**愛情の対象**。

**対象[2]**［target］ ある過程や質問，活動の焦点となっている領域や物体。

**代償[1]**［substituting］ **集団心理療法**において，言葉よりも，笑顔，なでること，ハグをするような行動によりソーシャルサポートを提供すること。

**代償[2]**［substitution］ 受け入れがたい感情や達成できない目標を代わりの感情や満足に置き換えること。代償は適応的で肯定的な解決策としてみられるときもあれば，否定的で不適応的な反応とみられる場合もある。前者は子どもを産めない人が養子をもらうなどの場合で，後者は会社でイライラした日にはやけ食いするなどの場合である。⇨ **防衛機制**

**対象愛**［object love］ 1. 精神分析理論において，自己以外の人を愛すること。対象愛は**自我**の機能であり，**対象備給**におけるような本能的機能ではない。⇨ **愛情の対象** 2. 精神分析理論の用語。**本能**を満たす**客体**とは対照的に，個人の**自我**に愛される他者のこと。

**帯状回**［cingulate gyrus］ **大脳皮質**の細長い切れであり，大脳半球の内側面にある。帯状回は隆起しアーチ状になり，一般的に**脳梁**の位置の外形に沿うが，**脳梁溝**によって隔てられている。**大脳辺縁系**の一要素である。

**帯状回切開**［cingulotomy; cingulumotomy］ 慢性疼痛の治療に用いられる手順であり，**帯状束**の一部を破壊するために電極が用いられる。稀ではあるが，他の，非外科的治療に反応しない慢性の精神障害（たとえば強迫性障害）の治療にも用いられる。

**対象化態度**［objectifying attitude］ 個人的感情を無視した，対象・人・出来事への反応傾向。

**帯状感覚**［girdle sensation］ 胴体にきつい帯が巻き付いているような感覚のこと。**多発性硬化症**において体験されることがある。

**対象関係**［object relations］ 1. 外界と個人との関係。2. 精神分析における，**対象**（現実に存在するものや想像されたもの）と個人の関係。対象とは，人，活動，物事といったリビドーや攻撃的な欲求充足の源として機能するもの。

**対象関係理論**［object relations theory］ **対象**に関わる欲求が，**本能**の変化よりもパーソナリティ構造や動機づけの中核と考える精神分析理論。この理論は古典的なフロイディアンの精神力動的理論から発展した。内的対象表象とそれらの表象関係からなる複雑な世界という観点から，パーソナリティは組織化されていると考える理論である。たとえば，**フェアバーン理論**やクライン（Melanie Klein）の立場。

**対称強迫**［symmetry compulsion］ 対象をある方法（例，室内）や，特別な秩序（例，机の上）で整える強迫。対称強迫は潔癖さや完璧さについての強迫観念に関連する，強迫性障害，もしくは，時に強迫性パーソナリティ障害の症状。

**帯状溝**［cingulate sulcus］ 上前頭回と**帯状回**を隔てる裂溝であり，大脳半球の内側面にある。

**対照実験（統制実験）**［control experiment］ もとの実験の妥当性を高める目的で繰り返される実験。実験条件は，**従属変数**を測る別の測度を用意するか，実験者が前の実験で統制しきれなかった疑いのある変数の影響力を測定するか，いずれかが繰り返される。

**対照質問法**［control question test; CQT］ ポリグラフ検査で用いられる技法の一つで，典型的には犯罪捜査において使用される。犯罪に関連する質問および生理学的な反応のベースラインパターンを得るための質問（無関連な質問）に加えて，対照質問法では，過去の行動に関する質問（例，「あなたはこれまでに税金をごまかしたことはありますか」）も含める。その目的は，検査の一部で，強い生理学的な反応を誘発するためである。⇨ **比較領域検査，有罪知識テスト，関連-無関連質問法**

**代償性眼球運動**［compensatory eye movements］ 頭部の運動の逆向きに眼球が動くこと。例として**前庭動眼反射**があげられる。

**対称性のゆらぎ**［fluctuating asymmetry］ 身体各部分の対称（相称）性について，その種で典型的なものからその個体が異なっている程度のこと。他の個体に対し，その個体の健康状態についての情報を与えることになる。より対称的な身体を有した個体は，そうでないものに比べ健康的で活力がある状態と考えられることから，**配偶者選択**において重要な役割をもっている。

**代償性反射**［compensatory reflex］ 他の反応の逆向きに起こる，他の反応を補償するような反応のこと。たとえば，オピオイド薬による痛みの抑制に対する代償性反応は痛みの感受性増大である。つまり，同じ効果を得るためにはより多くの薬が必要になっていく。

**苔状線維**［mossy fiber］ **歯状回**から**海馬**にかけて広がる神経線維のこと。CA3領域でシナプスを形成する。

**対象選択**［object choice］ 精神分析の理論において，

リビドーあるいは**心的エネルギー**が向けられる人の選択。⇨ **依託的対象選択，自己愛的対象選択**

**対象喪失**［object loss］　精神分析理論において，良い対象として機能していた人物を実際に失うこと。また，対象喪失は**取り入れ**に先行し，**分離不安**をもたらす。母親との分離の際に，良い対象を失うかもしれない不安は乳幼児のパニックを引き起こす。成人の**悲嘆**や**喪**は乳幼児期や児童期における対象喪失や分離不安と関係しながら，悲嘆反応を強めたり，悪化させることがある。

**帯状束**［cingulum bundle］　**帯状回**の下に位置する神経線維の縦断。**前頭葉**と，**海馬傍回**や**側頭葉**などの隣接領域を接続している。

**対称の法則**［law of symmetry; principle of symmetry］　複数の左右対称な境界線によって区切られた領域は一つの図形として知覚されるというゲシュタルト心理学における法則。

**対象備給**［object cathexis］　精神分析理論において，**リビドー**や**心的エネルギー**を自己の外側にある対象（例，人，目標物，考え，または活動）に備給すること。対象リビドー（object libido）とも呼ぶ。⇨ **自我備給，備給**

**代償不全**［decompensation］　個人における防衛機制の破綻であり，正常機能の漸進的な喪失や精神症状の悪化に導く。

**対照分析**［contrastive analysis］　言語学において，2つの言語の比較であり，通常第二言語もしくは外国語の効果的な指導について理解を深めることを目的とする。

**対称分布**［symmetrical distribution］　平均以上の値が平均以下の値の鏡像である分布。

**対症療法**［symptomatic treatment］　精神衛生の実践において，症状の原因となっている状況や人格に焦点を当てるのではなく，苦しんでいる症状自体を取り除くことを目的に直接働きかける治療法。対症療法としては主に催眠療法や，暗示療法，薬物療法，麻酔療法などが用いられる。

**対照レトリック**［contrastive rhetoric］　異なる言語は異なるレトリックの特徴をもつとする言語学の理論。たとえば議論の構成，提示方法にみられる。対照レトリックという考え方は，第二言語の教授，特に上級のレベルにおいて多く議論されてきた。たとえばネイティブの話者が，ネイティブではない話者が作成したエッセイやビジネスレターなどに文法や語彙に間違いがなくても，違和感か何か「間違っている」と感じることが多いのかを説明するものである。対照レトリックは「言語は文化に結びついた思考パターンを体現する」という広く受け入れられている仮説と関連すると考えられることもある。⇨ **言語決定論**　［アメリカの応用言語学者カプラン（Robert B. Kaplan）が1966年に提唱］

**対処機制**［coping mechanism］　ストレスの多い経験や状況における緊張や不安を低下させるため，意識的，あるいは無意識的に行われる調節や適応。不適応的な対処機制を修正することが，心理的介入の焦点となることは多い。⇨ **対処行動，対処方略**

**対処技法トレーニング（コーピングスキルトレーニング）**［coping-skills training］　不愉快な，あるいは不安を喚起させる状況に対処する能力を身につけるための，治療的，教育的介入法。その適用範囲は，比較的正常な，あるいは通常でも生じうる状況での問題（受験や離婚など）から，精神障害（恐怖症など）まで幅広い。訓練される技術は状況にあわせて調整されるが，認知，行動，情動における熟達度が向上するものが含まれる。

**退職カウンセリング**［retirement counseling］　退職に備えて被雇用者を支援する個人あるいは集団でのカウンセリング。退職という転換への期待，心身の健康，娯楽活動，パートタイムやコンサルタント業，財政，保険，政府施策，転居に関連する問題などについて話し合う。

**退職サポート**［supported retirement］　精神遅滞をもつ高齢の人たちのための日常的な，あるいは定期的なプログラムやスケジュール。リハビリテーション活動や職業的関与といった通常の精神遅滞に対するデイサービスというよりも社会化やレクリエーションを強調している。

**退職者面接**［exit interview］　雇用の終了の前に，スーパーバイザーや人事に関わる職員と，退職していく被雇用者との間で行われる最後の面接。この面接から得られた情報は，スタッフの離職を低減させたり，**職務満足感**を高めることに役立つ。

**対処行動**［coping behavior］　ストレスの多い状況や脅威を感じる状況に対処する際にとられる，特徴的でしばしば自動的な行動あるいはそれらの行動のまとまり。対処行動には，慌ただしい日の昼に瞑想したり運動したりする時間をとるなど肯定的（適応的）なものや，深刻な病気の兆候が出ているあるいはその状態が続いているときに医者に診察してもらわないなど否定的（不適応的，回避的）なものもある。⇨ **対処機制，対処方略**

**対処心象**［coping imagery］　以前に恐怖が喚起したのと同じ状況でも，不安をコントロールできたというイメージを伴うリラクセーションで，脱感作のテクニックの一つ。⇨ **対処技法トレーニング**　［アメリカの心理学者コーテラ（Joseph R. Cautela: 1927-1999）による］

**対処スタイル**［coping style］　ある個人が緊急事態あるいはストレスや不安を誘発する状況に直面した際にとる特徴的対処のパターン。

**対処方略**［coping strategy］　ストレスが多く，不快な状況に直面する，あるいは，そのような状況に対する反応を修正するために用いられる行動や思考プロセス。対処方略は，通常，問題が自覚され，直接的に対処される。それに対比されるのが，**防衛機制**である。⇨ **対処行動，対処機制，情動焦点型コーピング，問題焦点型コーピング**

**対人影響**［interpersonal influence］　人や集団に対して他の人や集団から与えられる直接的な**社会的圧力**。要求や威嚇という形態がある一方で，報酬の約束や**社会的承認**のような形態もある。⇨ **情報的影響，規範的影響**

**対人葛藤**［interpersonal conflict］　目標，価値，あるいは態度という点での人々の間の不一致や不和。⇨ **精神外界の葛藤**

**対人関係［1］**［interpersonal relations］　1. 2人以上の人々の間での結びつきや相互作用で，特に社会的，感情的に意味のあるもの。2. 個人が他の人々とやり取りする際にみられるパターン。

**対人関係［2］**［social relationship］　長年にわたる個人間の**社会的相互作用**の集積。一時の社会的相互作用は，育児，支配－服従，あるいは攻撃－恐怖の相互作用などの点から説明できるが，社会的関係は，反復された相互作用から生じる質である。二者関係は，報酬的あるいは相補的で

ある．一般に肯定的あるいは否定的な社会的関係である．長期間の社会的関係にある二者関係は，互いに受け取ったフィードバックと一致するように行動を調整する．

**対人関係再構成療法**［interpersonal reconstructive psychotherapy］ **統合的心理療法**や心理力動，認知行動的な技法を融合した症状分析の方法であり，現在の問題や症状に焦点を当て，それらが長期の対人関係上の困難に関連するものとみなす．介入法は積極的であり，現在の問題を持続させている愛着に関係する要因に焦点が当てられる．［アメリカの臨床心理学者ベンジャミン（Lorna Smith Benjamin）によって開発されたアプローチである］

**対人関係集団療法**［interpersonal group psychotherapy; interactive group psychotherapy: IGP］ 心理的，行動的，感情的な問題の治療に対する集団的療法．対人関係による学習の治療効果を重視し，集団の外で生じる問題を検討するよりもむしろ，集団における出来事，体験，関係性の分析を行う．

**対人関係理論**［interpersonal theory］ 精神分析における人格理論．アメリカの精神分析家であるサリヴァン（Harry Stack Sullivan: 1892-1949）によって展開された．この理論は，他者，特に**重要な他者**との相互作用が安心感や自己の感覚，そして自身の行動を左右する活力力動を決定づけるという考え方に基づく．サリヴァンによれば，人格は長期にわたるいくつかの段階の生成物であるとされ，その段階において個人が他者に対して"良い気持ち"という感じを，そして自分自身に対して"良い自分"の感覚を徐々に発展させるという．また，人は不安を回避し，他者に対する歪んだ知覚を正すやり方を学び，**妥当性確認**を通して，自分自身の考えを修正する方法を学習し，そしてとりわけ対人関係を成熟した水準にまで高めようとする．

**対人関係療法**［interpersonal psychotherapy: IPT］ アメリカの精神分析家サリヴァン（Harry Stack Sullivan: 1892-1949）の**対人関係理論**に基づく心理療法．他者との関係は行動を動機づける原初的な力になると考える．対人関係療法の主な特徴は，セラピストを含む重要な他者との対人的関係の明確化にある．セラピストは，クライエントが現在や過去の経験を詳細にわたって探求する手助けをし，対人的な反応だけでなく，適応・不適応な考えや行動に対する環境の影響にも着目する．

**対人恐怖症**［taijin kyofusho］ 恐怖，**社交恐怖**に類似するもの．日本に特有のものであり，体の一部や身体機能，表情が他者に対して緊張または攻撃的になるという強い恐怖によって特徴づけられる．

**対人距離**［interpersonal distance］ 自分自身と他者との間で個々人が維持しようとする距離（⇨ **パーソナルスペースの気泡概念**）．大抵の人々が，見知らぬ人よりも友人の方に短い対人距離をとろうとすることが示されている．⇨ **プロクシミクス**

**対人信頼**［interpersonal trust］ ある人や集団が，他の人や集団の信頼性という点で抱く確信．特に，何かをするために他の人に依存できると感じている程度．他者のもつ本来的な誠実さではなく，その人がそのように確信できることのほうが主要な要因である．

**対人スキル**［interpersonal skill］ 協力すること，思考や感情を伝達すること，適切な社会的責任を全うすること，あるいは適度な柔軟さをもつことなどのような，ある人が他者と効果的な関係を結び続けることを可能にするような適性．

**対人スタイル診断テスト**［Test of Attentional and Interpersonal Style: TAIS］ 個人の注意スタイル（⇨ **注意の焦点**）ならびに対人間相互作用スタイルを測定する自記式質問紙である．スポーツ選手の運動能力の予測や向上，特定の職業における採用や訓練などに広く利用されている．144項目，17下位尺度からなる．［アメリカの心理学者ナイデファー（Robert M. Nideffer: 1942- ）が1976年に作成した］

**対人知能**［interpersonal intelligence］ **多元知能理論**では，知能は他者を理解したり関係を結ぶことにも関わる．対人的知能はこの理論で仮定されるその他の知能とは比較的独立しているとみなされる．

**対人調整**［interpersonal accommodation］ 満足のいく対人関係の構築に関わるギブアンドテイクの過程のこと．

**対人的同調**［interpersonal concordance; good-boy-good-girl stage; good-boy-nice-girl orientation］ **コールバーグの道徳性発達理論**における，**慣習的水準**の2段階のうちの初めの段階のこと．動機や潜在的な意図が出現し，道徳的行為は承認される．⇨ **法と秩序の志向**

**対人認知**［person perception］ 人々が他者について考え，評価するプロセスのこと．対人認知の重要な側面は，行動の動機の帰属である（⇨ **帰属理論**）．

**対人の**［interpersonal］ 2人以上の個人間での行為，出来事，感情に関する．

**対人プロセス想起法**［interpersonal process recall: IPR］ 心理療法のプロセスの理解，カウンセラーやセラピストの訓練に使用される方法のこと．カウンセリングや精神療法のセッションの録画・録音を含む．それらの記録は，後ほどスーパーバイザーがいるところで，カウンセラーやセラピストにより再体験，分析される．スーパーバイザーはカウンセラーやセラピスト，クライエントの思考や感情について質問したり，議論したりする．⇨ **スーパービジョン**［アメリカのカウンセリング心理学者カーガン（Norman I. Kagan: 1931-1994）によって開発された］

**対人魅力**［interpersonal attraction］ ある個人に対するもう一人の人の関心や好意，あるいは，2人以上の個人間での相互の関心や好意．対人魅力は共通の経験，外見，内的動機づけ（たとえば孤独など），あるいはこれらの組合せに基づく．⇨ **魅力**

**大錐体神経**［greater superficial petrosal nerve: GSP nerve］ 軟口蓋からの味覚情報を伝達する感覚神経．GSP神経とも言う．大錐体神経は鼓索神経（chord tympani: 前舌部の味蕾に分布する神経）と合流して，主に**顔面神経**（第7脳神経）の感覚根である中間神経（intermediate nerve or nerve of wrisberg）を形成する．

**対数線形モデル**［log-linear model］ いくつかの**カテゴリー変数**間の関係性を研究するために用いられる統計学的手法の一種．**カイ二乗検定**に比べると，対数線形モデルは比を用いるというよりも**オッズ**を用いる（⇨ **比例**）．また，線形対数モデルは，**共分散分析**の方法におけるいくつかの名義変数間の関係性を検定するために用いることもできる．

**大数の法則**［law of large numbers］ 標本の大きさが増大するのに従って，統計的特性の理論的予測は，さらによい現実に近づいていくことを示す数学的原理．

**代数の和**［algebraic summation］　項の符号を考慮した合計のこと。興奮性シナプス後電位と抑制性シナプス後電位が神経細胞に誘導されるとき興奮電位が少なくとも閾値の量だけ抑制電位を超える場合にのみ活動電位が誘発される。

**耐性**［tolerance］　薬物の継続的使用によって起こる，同じ投与量の通常使用では効果が著しく減少したり，同程度の効果を得るためには投与量を増やす必要が生じたりすることを特徴とする状況のこと。耐性は，薬物への身体的依存の主要な2つの兆候のうちの一つである（もう一つは離断症候群）。薬物耐性の獲得には，薬理学的メカニズム（つまり，代謝耐性と薬力学的耐性）と行動学的メカニズム（つまり，行動の条件づけ過程）などいくつかのメカニズムがある。薬剤耐性（drug tolerance）とも言う。⇨ 薬物依存

**胎生**［viviparity］　生児生出，すなわち胚が出生までメスの体内で成長する繁殖のこと。⇨ 卵生

**体制化**［organization］　ゲシュタルト心理学で用いられ，たとえば顔のように，様々な要素が統合されて一つの全体としてまとまって知覚されること。⇨ 体制化のゲシュタルト原理

**胎生学**［embryology］　生命体の形成や初期の成長，発達を研究する生物学の一分科。

**体制化のゲシュタルト原理**［gestalt principles of organization; gestalt laws of organzaization］　要素の特徴よりも全体的なレベルで形状を知覚し解釈するようなゲシュタルト心理学者に由来する知覚原理のこと。これらは，1923年，ドイツの心理学者ウェルトハイマー（Max Wertheimer）によって提唱された体制化の法則（law of grouping）を含む。また，終結，共通運命，連続の法則，近接の法則，類同の法則，対称の法則などを含む。⇨ 形状の良さ，プレグナンツの原理

**体性感覚**［somatosense; somatic sense; somesthetic sense; somesthesia］　運動覚を含む触覚と内臓感覚，関節感覚（⇨ 関節覚），皮膚感覚に関連するすべての感覚。

**体性感覚系**［somatosensory system］　接触，振動，痛み，温度，位置（⇨ 体性感覚）などを知覚する神経系。これらの感覚の神経線維は脊髄の後根に入り，視床の後腹側核まで主に脊髄後索を上行する。視床からは（直接，間接に）頭頂葉皮質にある体性感覚野に伝達される。

**体性感覚障害**［somesthetic disorder］　体性感覚に関するすべての機能不全で，姿勢の維持や身体位置に関する気づきが困難，痛み，触覚，温度に対する感度の欠如などがある。通常，頭頂葉の障害と関連する。

**体性感覚的組織**［somatotopic organization］　骨格筋の活動に関連した，運動皮質における位置特異的な機能分布。皮質上のある点を電気的に刺激し，その結果として生じる顔や体幹や手足の骨格筋の運動を記録することにより，脳内の体性感覚の表象がマッピングできる。⇨ 運動機能ホムンクルス

**体性感覚野**［somatosensory area; somatic sensory area; somatic area; somatosensory cortex］　大脳皮質にある領域。様々な体性感覚の刺激に対して，特異的に反応する部位の集合からなる。体性感覚野は種によって若干差がある。人間においては，一次体性感覚野は前部頭頂葉の中心後回に位置しており，二次体性感覚野は外側溝のちょうど背部である頭頂葉の外側面に位置する。

**体性機能**［somatic function］　体性神経系が関与する感覚および筋収縮などの機能の総称。

**対性支配**［contralateral control］　それぞれの脳半球運動皮質が身体の反対側の運動を主に制御する仕組み。

**体性神経系**［somatic nervous system］　感覚器官と骨格筋を刺激する感覚と運動のニューロンからなる神経系の一部。自律神経系の対語である。

**耐性推定量**［resistant estimator; robust estimator］　外れ値（極端値）に影響される可能性が低いパラメータの推定量のこと。

**体制づくり**［initiating structure］　その仕事のために集団を組織することを含む効果的なリーダーシップの機能のこと。典型的には，基準と目標の設定，役割の同定，その役割につくメンバーの配置，手順を実行する基準の開発，失敗の批判，そしてリーダーと部下の間の関係を明示することによる。⇨ 配慮

**大槽**［cisterna magna; cisterna cerebellomedullaris; posterior subarachnoidean space］　小脳の下部面と延髄の背側面の間にある拡張スペースであり，脳脊髄液の容器として働く。

**対側眼**［contralateral eye］　体の反対側に位置する眼のこと。たとえば，左の外側膝状体は，右眼の網膜神経節細胞から入力を受け取る。⇨ 対性支配

**対側性**［contralateral］　体の反対側への影響のこと。たとえば，運動性まひが体のある側に起こると，その反対側に脳障害がみつかる。⇨ 同側性

**対側半球**［contralateral hemisphere］　参照点として考慮される器官や部位からみた体の反対側の大脳半球のこと。⇨ 対性支配

**代替案の比較基準**［comparison level for alternatives: CLAlt］　社会的交換理論において，ある関係に留まるか否かに関して，個人が決断を下す際に用いる査定基準。この説によれば，そのような決断は，現在進行中の関係の結果（メリットと損失の比）と入手可能な代わりの関係からもたらされると想定される結果との比較に基づいてなされる。後者がより高ければ，現在の関係は不安定になり，継続しない。[1959年アメリカの社会心理学者ティーバウト（John W. Thibaut: 1917-1986）とケリー（Harold H. Kelley: 1921- ）が提唱した]

**代替機能**［vicarious function; vicarious brain process］　脳へのダメージの影響を回復する能力について説明した説。機能の多くが厳密には脳内で局所化していないこと，またダメージを受けた脳領域がそれまで担っていた機能を他の多くの脳領域が引き継ぐことを示す証拠に基づく。

**代替形式**［alternate form］　ある尺度と密接に類似する項目からなる尺度のこと。この尺度に含まれる項目は，同じ検査の別版としてみなされる。代替検査形式（alternate test form）や平行形式（parallel form）とも呼ばれる。

**代替形式による信頼性**［alternate-forms reliability］　ある尺度の平行形式間の相関係数から推定される尺度の信頼性のこと。比較可能形式の信頼性（comparable-forms reliability）とも呼ばれる。

**代替行動**［alternative behavior completion］　望ましくない行動の代わりに，それとは両立しない行動をすることで，好ましくない習慣を消去するという行動療法のテク

ニック（例，爪かみの代わりにネイルケアを利用する）。この技法は，現実場面で実践されたり（⇨ **現実脱感作**），セラピーセッションの中で想像的に用いられたり，もしくは宿題として与えられたりする。軽度の**嫌悪療法**の代わりにしばしば用いられる。⇨ **競合反応訓練**

**代替行動分化強化**［differential reinforcement of alternative behavior: DRA］ 別のターゲット行動を減衰させる手段として，ある特定の行動を強化すること。強化された代替行動との競合の結果，ターゲット反応の**消去**が起こると予測される。

**代替コミュニケーション**［facilitated communication］ 重度の発達障害者（自閉症など）が援助者（facilitator）に手紙，語，句，文をタイプライター，コンピュータのキーボード，文字盤でタイプしてもらう，賛否両論のあるコミュニケーション方法。代替コミュニケーションには，援助者がキー選択に影響することなく障害者が打ちたいキーをより打てるように手を支援するための，手順を示した段階的なマニュアルがある。この手法を使用したところ年齢相応またはより優れたコミュニケーション内容，文法，表現の流暢さがみられたことから，予想以上の読み書き能力を生起させる手法であると主張されている。しかしながら，科学的な調査結果によって，これらの優れたコミュニケーション内容は援助者の無意識的な手の動きによって決定されていることが明らかにされている。［オーストラリアの教育者クロスリー（Rosemary Crossley: 1945- ）によって1970年代に開発された］

**代替心理学**［alternative psychology］ 学術的，科学的，あるいは主要な見解を無視したり，拒否して心理学的問題を理解しようとする様々なアプローチのこと。これらのアプローチは，異端な形而上的な仮定や宗教的で神秘的な影響も含んでいることもある。さらに，これらのアプローチは，特に主流の心理学が目を向けない人間の考えた感情，行動の側面を取り上げている。

**代替心理療法**［alternative psychotherapy］ 心理療法の主流とはみなされない治療アプローチのこと。たとえば，1960年代における**LSD精神療法**は代替心理療法と考えられていた。原初療法とライヒ学派の精神分析もまた，多くのセラピストによって代替アプローチとみなされている。

**代替的な量刑手続き**［alternative sentencing］ 有罪が宣告された犯罪に対して，伝統的な収監以外の制裁を課すこと。具体例としては，ショック療法的監禁プログラム（⇨ **分割刑**），電子監視，グループホームでの活動などがある。コミュニティ内での更正（community correction）とも呼ばれる。

**代替用途検査**［alternate-uses test］ ある特定の対象について，通常使用される用途以外に，できる限り多くの用途をあげることを求める**拡散的思考**の検査のこと。たとえば，新聞は，火を起こし始めるときに使われたり，箱に物を詰める際に荷物が動かないようにすきまに詰めたりするときなどに使われる。

**代替療法**［unconventional therapy］ ヘルスケアに関わる職種によっては，通常，認めていない，独創的で議論の余地がある治療法のこと。⇨ **補完・代替医療**

**大腸炎**［colitis］ 結腸，特に大腸の炎症。大腸炎は抑うつや不安といった情緒障害によって生じたり悪化することがある。

**ダイテルス細胞**［Deiters cells］ **コルチ器官**において外有毛細胞を支持する細胞のこと。［ドイツの解剖学者ダイテルス（Otto Deiters: 1834-1863）による］

**態度**［attitude］ 1. 社会心理学では，物，人，集団，論点，概念に対する比較的永続的で，全体的な評価。非好意的評価から好意的評価の間で幅をもつ。2. ある対象に結びついた主観的な信念や評価。

**態度一致記憶効果**［attitude-congeriality memory effect］ 態度と評価的に一致している情報に対する記憶のほうが，態度と評価的に一致していない情報に対する記憶よりも良い傾向となること。

**大頭症**［macrocephaly］ 頭部の異常増大を伴う，稀にみる先天的障害。脳の支持組織の異常増大，あるいは**水頭症**が原因である。視覚障害や発作を伴う，中程度から重度の精神遅滞を引き起こす。巨頭症（megalophaly）とも呼ばれる。⇨ **小頭症**

**大動脈弓症候群**［aortic arch syndrome］ **動脈硬化**，**動脈瘤**，あるいはそれらに関連する問題によって，動脈弓の主要部位の破壊が進行していくことによって生じる障害。一般に，脳枝の1つあるいは2つが含まれ，頭部への血液の流れに影響を及ぼす。頸動脈や脊椎動脈がこれに含まれていると，脳は影響を受けることになる。この患者は，失神発作，てんかん様発作，一時的な失明，半身まひ，失語症や記憶障害，およびそれらのいくつかを体験する。典型的な影響は，頸動脈洞症候群（carotid-sinus syndrome）であり，この患者は頭を回した後に意識を失うことがある。側副の循環は，血液の流れの阻害をある程度補うが，その間に，徐々に視覚を失うこともある。

**態度基盤**［bases of an attitude］ 態度を導く情報のタイプ。伝統的に，研究者は基盤を次の3つのカテゴリーに区分している。感情的基盤（emotional basis）は，**態度対象**と関連した情動，感情，気分を指す。また，認知的基盤（cognitive basis）は，態度対象の特質に関する信念のことをいう。行動的基盤（behavioral basis）は，過去の行動や将来的な行動意図といった，態度対象に対する反応を指す。態度成分とも呼ばれる。⇨ **態度の三要素理論**

**態度グループ**［attitudinal group］ 個人的成長や治療を目標とした集団のこと。受容的な環境で，グループの成員が感情や意見の表明と交換の機会が与えられる。

**態度行動一貫性**［attitude-behavior consistency］ **態度対象**に対する行動が，その対象に対する態度と一貫している程度。好意的な態度は接近行動と，非好意的態度は回避的行動と結びついている。

**態度システム**［attitude system］ 記憶システムの中で，相互に関連しあっている2ないしは複数の態度。態度システムは，システムに含まれる態度の数や態度間の関連の強度，数，その様相，さらにはシステム内の態度の一貫性によって特徴づけられる。

**態度尺度**［attitude scale］ 態度を査定するために用いられる測度のこと。⇨ **リッカート尺度**，**セマンティックディファレンシャル法**，**サーストン態度尺度**

**態度条件づけ**［conditioning of attitudes］ ある環境において，快刺激あるいは不快刺激と**態度対象**が連合した結果によって生じる態度の形成あるいは変容。態度は**パブロフ型条件づけ**あるいは**オペラント条件づけ**の過程により条件づけられる。

**態度増強**［bolstering of an attitude］　態度と一貫した新たな認知要素を生成することによって，**認知的不協和**を低減する方法。これは，一貫しない要素に起因する不協和を補正するためと推定される。

**態度測定**［attitude measure］　個人を，特定の態度を反映するよう体系的に構成された量的な値に割り当てる手続き。**直接的態度測定，間接的態度測定，顕在的態度測定，潜在的態度測定**といった，幅広い測定が開発されている。

**態度対象**［attitude object］　態度はある対象に対する評価であり，態度対象は人や社会集団，政策的立場，抽象概念あるいは物理的なものなど，評価する対象のことをいう。

**態度タイプ**［attitudinal types］　ユング（Carl Jung）の**分析心理学**における**外向性**と**内向性**とによって定義される2つのパーソナリティタイプ。⇨ **内向性－外向性，心理機能タイプ**

**態度調査**［attitude survey］　1つ以上の**態度対象**への態度を評価するように計画された，一連の**態度測定**のこと。

**態度内一貫性**［intraattitudinal consistency］　単一の態度に基づく評価的反応が，もう一つの態度と一貫している程度のこと。同様なポジティブ反応あるいは同様なネガティブ反応は，高い一貫性を生じさせる。ポジティブおよびネガティブ反応がともに存在することは，低い一貫性に反映される。⇨ **態度のアンビバレンス**

**態度のアクセス可能性**［accessibility of an attitude］　**態度対象**に接触した記憶から，特定の態度が自動的に活性化される可能性のこと。アクセス可能性は，記憶内にある対象の表象と評価の連想リンクの強度に依存すると考えられている。すなわち，表象と評価のリンクが強いほど，より素早く当該の態度が想起されやすくなる。想起されやすい態度は，行動のより良い指針となると信じられている。アクセス可能性は，**態度の強度**の規定要因である。

**態度のアンビバレンス**［ambivalence of an attitude］　態度に関する評価的な反応が互いに矛盾している程度。評価的な反応が一様にポジティブかネガティブであれば，アンビバレンスは低い。ポジティブとネガティブの両方が態度と結びついていれば，アンビバレンスは高い。⇨ **感情・認知の一貫性，感情・評価の一貫性，認知的評価一貫性，次元内態度一貫性**

**態度の意味的プライミング測定**［evaluative semantic priming measure of attitudes］　態度の測定対象に対して一致した評価をもっている場合は，一致していない場合よりも，プライミングによってその対象を評価する速度が速くなるという現象に基づいた**潜在的態度測定**の測定方法。たとえば，多くの人にとってネガティブな言葉（例，ゴキブリ）を提示した後に商品の名前を提示すると，その商品に対してネガティブな態度をもっていた場合，ポジティブな態度をもっていた場合よりも反応が速くなる。プライム対象に対する態度測定は，プライム刺激と対になったネガティブな評価対象とポジティブな対象をコンピュータを用いて作成し，それぞれに対する評価速度の違いを調べることによって測定することができる。ボナファイド（真実の）パイプライン（bona fide pipeline measure of attitudes）とも呼ばれる。⇨ **直接的態度測定，顕在的態度測定，間接的態度測定**　［オリジナルの概念はアメリカの心理学者ファジオ（Russell H. Fazio: 1952- ）によって提唱された］

**態度の価値表現機能**［value-expressive function of an attitude］　中核となる価値観を表明する際に，ある態度が果たしうる役割。たとえば，ある人がある宗教的なシンボルに対してポジティブな態度をとるのは，そのシンボルが重大な宗教的価値観と結びついているからと考えられる。⇨ **態度への機能的アプローチ**

**態度の強度**［strength of an attitude］　長期間持続すること，変化に抗うこと，情報処理に影響を与えること，行動を導くことといった4つの特徴から示される態度の程度のこと。強い態度とはこれらすべての特徴を備えている態度のことである。その一方で弱い態度はこれらの特徴を欠いたものである。**態度のアクセス可能性**や**態度のアンビバレンス，態度の重要性，態度の持続性**などは態度の強さの予測因子である。

**態度の組み込まれ度**［embeddedness of an attitude］　ある態度が，記憶内で別の認知構造と関連，あるいは連合している程度のこと。このような構造は，別の態度や価値観，信念を含む。⇨ **態度システム，信念体系，相互態度の一貫性**

**態度の構造**［structure of an attitude］　態度に関する心的表象の内容に関連した特性。表象の量，それらの表象間の連合の強さやパターンが検討される。⇨ **態度の三要素理論**

**態度の功利的機能**［utilitarian function of an attitude］　報酬を獲得する，罰を避ける，あるいはその両方において態度が果たす役割。たとえば，ある商品が効果的だという理由でその商品に肯定的態度をとり，効果的でないという理由で競合商品に対して否定的な態度をとること。⇨ **態度への機能的アプローチ**

**態度の三要素理論**［tripartite theory of attitudes; tricomponent theory of attitudes］　態度は感情・認知・行動の3つの要素によって構成されるという理論。⇨ **態度基盤，態度の構造**

**態度の自己防衛機能**［ego-defensive function of an attitude］　態度が，その態度をとる個人の自尊感情の向上あるいは維持のために担う役割。たとえば，肯定的な自己愛を維持する手段として，所属している社会的集団に対して非常に肯定的な態度をとること。

**態度の持続性**［persistence of an attitude］　態度変容をもたらす直接的な働きかけがない状況下において，態度が継時的に安定しており，不変である程度のこと。⇨ **態度の強度**

**態度の自動的活性化**［automatic activation of attitudes］　**態度対象**と遭遇した際，自動的に記憶から態度が活性化すること。**態度のアクセス可能性**に依拠して自動的に活性化している可能性が高い。

**態度の社会的調節機能**［social-adjustive function of an attitude］　態度が，社会的相互作用を促進したり社会的集団の成員間の団結を強める役割を果たすという考え。たとえば，十代の若者が仲間集団に認めてもらう手段としてある種の服装や音楽に対してポジティブな態度をとることがある。⇨ **態度の自己防衛機能，態度への機能的アプローチ，態度の知識機能，態度の功利的機能，態度の価値表現機能**

**態度の重要性**［importance of an attitude］　ある人が何らかの**態度対象**について個人的に気にかける程度，あるい

はそれに心理学的な重要性を付与する程度。重要性は**態度の強度**に関係がある。⇨ **自我関与**

**態度の知識機能** [knowledge function of an attitude] 態度が，曖昧な情報の解釈や情報の体制化を助ける際に果たす役割。たとえば，友人に対する肯定的な態度は，その人物の否定的な行動を個人的特徴ではなく状況要因に帰属するのを助けることがある。⇨ **態度の自己防衛機能，態度への機能的アプローチ，態度の社会的調節機能，態度の功利的機能，態度の価値表現機能**

**態度の抵抗度** [resistance of an attitude] 非難や反論に対して，態度が変わらない程度のこと。

**態度の複雑さ** [complexity of an attitude] 明らかに異なるいくつもの次元が態度関連知識（attitude-relevant knowledge）の根底にあること。次元の数が多ければ（たとえば，態度関連情報が異なるカテゴリーである），より複雑な態度となる。研究者は，態度の複雑性を2タイプに分類している。一方は基本次元が相互に無関連なタイプ（分化: differentiation と呼ばれる），他方は互いに関連しているタイプである（統合: integration と呼ばれる）。

**態度のマグニチュード尺度法** [magnitude scaling of attitudes] 態度やその他の構成概念を物理的刺激のように表現することによって測定する手法。光の明るさ，線分の長さ，音の高さなどについて，参加者は刺激の知覚的特性を規定することによって自分の態度を示す。たとえば，光がないことは極端に否定的な態度を表し，最大に明るいことは極端に肯定的な態度を表すとき，参加者は光の明るさのつまみを回すことによってある対象についての評価を示すことができる。この手法には，2つの異なった知覚的特性についての態度を報告することと，その2つのモダリティ間の数的関係が，そのモダリティについて既に確立された数的値に近いと確認することによって測定手続きを妥当化することが含まれている。[アメリカの心理学者ロッジ（Milton G. Lodge: 1936- ）によって主に発展した]

**態度の両極性** [extremity of an attitude] 態度対象への個人的な評価が中立から外れる程度。態度の両極性は**態度強度**と関係がある。

**タイト文化** [tight culture] 同質性の高い社会的集団で，その構成員は同じ文化的特性を共有し（たとえば，言語，社会的習慣，宗教），その集団の集合的規範を固く順守する傾向がある。[アメリカの心理学者トリアンディス（Harry C. Triandis）によって定義された]

**態度への確信** [certainty of an attitude] 人が自分自身の態度の妥当性について思っている，主観的な自信の程度。**態度の強度**に関連している。

**態度への機能的アプローチ** [functional approach to attitudes] 態度は，一つもしくは，複数の機能があり，**態度変化**や**態度行動一貫性**のような過程に影響を及ぼすことがあると仮定している理論的展望。⇨ **態度の自己防衛機能，態度の知識機能，態度の社会的調節機能，態度の功利的機能，態度の価値表現機能**

**態度変化** [attitude change] 態度が変化すること。態度を変更しようとする他者の積極的な試みや特定の態度をもった人に主導された結果として態度変化が生じると考えられる。

**態度療法** [attitude therapy] 再教育的治療の一形式。態度の原因，これらの態度によってかなう目的，態度の歪みなどの観点から，現在のクライエントの態度に焦点を当てる治療法。

**タイトルナイン** [Title IX] アメリカ合衆国教育法の1972年の修正案であり，教育プログラムの提供を性によって差別することを禁止したもの。スポーツにおいては，すべての施設がいずれの性の人に対しても平等に運動の機会を与えなければならない，という意味を表す。

**体内化** [incorporation] 精神分析理論における用語。外的に存在する**対象**を飲み込んでしまったという空想。その対象を自分の体内に物理的に存在すると感じる。最初に生じるのは，乳幼児が母親の乳房を飲み込んでしまったと空想する口唇期である。体内化は，**同一化**や**取り入れ**としばしば混同される。

**体内化の夢** [incorporation dream] その内容の全体，あるいは部分に現在の感覚刺激が取り入れられている夢。

**体内時計** [biological clock; internal clock] 外からの手がかりがなくても生じる**生物学的リズム**や**活動リズム**の周期性を制御している生体内のメカニズム。常に同じ明るさのなかで生活させた鳥でも，生物学的な時計に基づく約24時間のリズムが残るのは，この体内時計の働きである。哺乳類の体内時計は視床の視交叉上核にある。昆虫でも哺乳類でも概日リズムの分子メカニズムは同じである。

**ダイナミック** [dynamic] 動機づけ，心的過程，力と相互作用の複合性を強調する心理学体系の記述。⇨ **動的心理学，精神力動**

**ダイナミックアセスメント** [dynamic assessment] 機能障害，とりわけ矛盾に関する複合的理由を詳細に説明することを目的としたアセスメント。

**ダイナミック画像表示** [dynamic visual display] 人間工学の用語で，温度，スピード，音量など変動的情報を表示するために設計された画像表示のこと。

**ダイナミック・コア** [dynamic core] 意識的経験を支える脳の**視床-皮質系神経回路網**にある神経細胞群を含む理論的構成概念。関わる神経細胞群に刻々と変わるが，ダイナミック・コアは，情報の統合と細分化を常に最適化する。⇨ **複雑性仮説** [アメリカの神経科学者エーデルマン（Gerald M. Edelman: 1929- ）とイタリア人でアメリカで活躍する心理学者トノーニ（Giulio Tononi: 1960- ）によって提案された]

**ダイナミック社会的インパクト理論** [dynamic social impact theory] 社会的影響の結果として生じる，心的状態，主観的な感覚，感情，認知や行動の変化について説明する**社会的インパクト理論**を拡張した理論。このモデルでは，影響力は，強さ，直接性，存在する人数（より正確には，影響源）の関数であり，この影響力は，統合（多数派の成長），クラスタリング（成員が同様の意見をもつ小集団の出現），関連づけ（多様な問題に関する集団成員の見解の収束），継続的に相互作用し，空間的に広がっている集団内での継続的多様性（少数派の成員の信念が維持される）に帰着すると仮定している。[アメリカの社会心理学者ラタネ（Bibb Latané: 1937- ）によって提唱された]

**ダイナミックタッチ** [dynamic touch] 物体を振り回したり，操作したりすることによる物体の特徴知覚。ダイナミックタッチによって物体の形や長さを知覚することができる。

**第二眼位** [secondary position] 第一眼位（primary

position）以外の両眼固視位置。

**第二言語としての英語（ESL）**［English as a second language: ESL］　英語が母語でない学生のための英語教育のこと。多くの場合，言語に習熟することを重要視している。英語の習熟が成し遂げられると，その使用によって，より幅広いカリキュラムに対応することができる。以前は，English as a foreign language（EFL）として知られていた。

**第二視界**［second sight］　超常現象の一つで，時間的・空間的に離れた出来事を見ることができること。⇨ 透視，予知

**第二色盲**［deutan color blindness］　緑の色相が不完全に知覚されたり，緑が赤と混同されたりするという色盲の一種。場合によっては，このような状態が青や黄といった異なる2つの色相のみしか知覚できないことによって生じる。

**第二次疾病利得**［secondary gains］　精神分析理論において，不安や内的葛藤を軽減する**第一次疾病利得**に加えて，**神経症**に由来する利益のこと。たとえば，過度の注目，同情，仕事からの逃避，他者を支配することなどが含まれる。このような利得は，本当の原因に代わり，他者からの疾病に対する反応から引き出されるために二次的なものと考えられる。しばしば神経症を遷延化させ，治療抵抗を生みだす。

**第二次循環反応**［secondary circular reaction］　ピアジェ（Jean Piaget）の認知発達理論によると，生後4か月〜5か月頃にみられる同じ行動を反復する現象は，乳児が何かを起こしたいという目標を示している。たとえば，乳児は「ベッドをガタガタ鳴らす」といった，過去に自分の求める結果が得られた行動を繰り返すが，新たな状況での自分の要求に合うように，その行動を調整することはできない。この反応は，**感覚運動期**で生じるものである。⇨ 第二次循環反応の協応，第一次循環反応，第三次循環反応

**第二次循環反応の協応**［coordination of secondary circular reactions］　ピアジェ（Jean Piaget）の理論における，感覚運動的発達の4番目の副段階（⇨ **感覚運動期**）。この段階では，乳児は目的を達成するために2つ以上の行動パターンを調整することができる。子どもは自分の望む目的を達成するために反復的な**第二次循環反応**を目的に合わせて組み合わせ，それを熟達させていくようになる。たとえば，枕の下にあるおもちゃを取るために枕を引っ張るようになる。この行動は大抵は0歳の終わり頃に出現するが，新たな状況の要求と論理的に関係づけるように発達させた**スキーム**を選択・調整することができることから，より早期の行動とは区別される。二次的スキームの協応（coordination of secondary schemes）とも呼ばれる。

**第二種の誤り（過誤）**［Type II error］　帰無仮説（null hypothesis）が実際に真実でない場合に，それを棄却する誤り。現実に特殊な結果もしくは関連性は真実であっても，実験者がそれは存在していないと結論を下す場合，この誤りが生じる。ベータの誤り（beta error）とも呼ばれる。

**第二人格**［secondary personality］　解離性同一性障害の行動を繰り返し支配する第二のアイデンティティ。このパーソナリティは**主人格**とは正反対であり，異なる名前をもち，劇的に異なる態度，行動，話し方，洋服のスタイルをもつ。

**第二性質**［secondary quality］　イギリスの経験論哲学者ロック（John Locke: 1632-1704）の哲学において，ある対象の感知される性質は，対象自体に存在するのではなく，知覚する者の経験の中に存在すると考えられるということ。たとえば，ある色の感覚は，対象が特定の光の状態のもとに置かれたときに初めて生じるのだから，色は二次的性質である。

**第二の幼年期**［second childhood］　高齢者の心理状態が子どものような状態に戻ってしまうこと。

**大脳**［cerebrum; telencephalon］　脳の最大部位であり，前脳の大部分を形成し小脳の前および上に位置する。**脳梁**によってつながった2つの**大脳半球**からなり，各半球は4つの主要な部位に分けられる（**前頭葉**，**後頭葉**，**頭頂葉**，**側頭葉**）。大脳の外層である**大脳皮質**は複雑に折り畳まれ，灰白質からなる。

**大脳化**［encephalization］　進化の過程で，認知機能が原始的な脳から大脳へと移されること。つまり，最も最近進化した，より大きな脳をもつ動物では，**大脳皮質**による神経機能の制御の度合いが高くなっている。皮質化（corticalization）とも言う。⇨ 脳の進化

**大脳感染**［cerebral infection］　ウイルスや細菌などの病原菌が脳組織に侵入すること。ほとんどのケースはウイルス感染の合併症による（⇨ **脳炎**）もので，最も一般的な細菌感染は髄膜炎である。

**大脳基底核**［basal ganglia］　大脳半球内の深い位置にある核（⇨ **核**）の集合。尾状核，被殻，淡蒼球を含む。被殻と淡蒼球は合わせてレンズ核として知られる。大脳基底核は目標指向随意運動に関わる。基底核（basal nuclei）とも呼ぶ。

**大脳脚**［cerebral peduncle; crus cerebri］　神経線維の円筒形の束。**脳橋**を通り，主に**大脳半球**と脊髄を接続する。脳幹の中脳の一部。

**大脳形成不全**［cerebral hypoplasia］　大脳半球の発達不全のこと。先天性欠損あるいは幼児学齢前期の栄養障害により生じる。

**大脳作用**［cerebration］　思惟作用とも言う。あらゆる種類の意識的な思考のこと。具体的には，熟考や問題解決など。

**大脳縦裂**［longitudinal fissure; interhemispheric fissure; sagittal fissure］　大脳の左右半球の間の**脳溝**。裂溝の底部において，各半球は脳梁によってつながっている。

**大脳性色覚異常［1］**［cerebral achromatopsia］　色覚の喪失をもたらす色覚障害の状態。極端な種類では，視覚世界が青白く，色がさめ，全く色のない状態になり，灰色の影のみが現れる。一般的な損傷個所は，腹側内側の後頭葉である（⇨ **V4**）。⇨ 半色盲症

**大脳性色覚異常［2］**［cerebral dyschromatopsia］　あたかも色のついたフィルタを通して見ているような色覚の歪みのこと。

**大脳性弱視**［cerebral amblyopia］　左右半側の視野（半側の**偏側弱視**），あるいは，左右両側の視野（両側の偏側弱視）のどちらかにおける明るさ知覚の機能低下および形と色の視覚の完全な喪失のこと。運動知覚は，一般的に損傷を受けない。⇨ リドッホ現象

**大脳半球**［cerebral hemisphere］　大脳の右もしくは左半分のこと。左右の半球は**大脳縦裂**により分けられているが，交連線維や投射線維，連合線維などにより機能的に結

合している。一般的に，ヒトのそれぞれの半球は，体の逆側の機能を担っている。

**大脳半球間転移**［interhemispheric transfer］　記憶痕跡，あるいは学習体験を片方の大脳半球からもう片方へと伝達すること。

**大脳半球機能差**［lateral specialization］　大脳の左半球か右半球に特化して発達した能力のこと。たとえば，左半球は話すこと，書くこと，計算すること，そして言語をより多く司り，右半球では非言語的概念，空間構造を優位に制御している。

**大脳半球機能分化**［lateral difference］　様々な行動の制御や認知機能における大脳半球間での差異。

**大脳半球切除術**［hemispherectomy］　脳から大脳半球の一方を手術により切除すること。

**大脳半球優位**［cerebral dominance］　1. 大脳または大脳皮質による下部脳中枢の制御。2. 片方の**大脳半球**が，ある種の行動を制御または多大な影響を与えること（たとえば，言語は右利きの人間では大抵左半球である）。⇨ **優位**，**半球側性化**

**大脳半球優位性**［cerebral specialization; hemispheric specialization］　大脳半球の片側が，ある機能に関して優位に働くという考え方。⇨ **半球側性化**

**大脳皮質**［cerebral cortex］　脳の**大脳半球**の外側を覆う灰白質の層。大部分が**新皮質**からなり，6つの主要な細胞層をもつ（⇨ **皮質層**）。層の**細胞構築**における領域の違いは，異なる機能をもちブロードマン野（⇨ **ブロードマンの脳地図**）と呼ばれる特定の領域の認識を導く。6つの層をもたない大脳皮質の領域は**不等皮質**として知られている。大脳皮質は，言語，学習，記憶，知覚，計画のような高次認知機能と関わりがある。

**大脳皮質基底核変性症**［corticobasal ganglionic degeneration: CBGD］　**大脳基底核**の変成状態。**失行**，固縮，ジストニア，認知的欠損などの結果を引き起こす。大脳皮質線条体黒質変性症（corticostriatonigral degeneration）とも呼ばれる。

**大脳辺縁系**［limbic system］　緩やかな定義に基づく広範囲にわたる脳核の集まりで，相互に刺激して，感情と学習の自律的かつ内蔵性のプロセスおよびメカニズムに関わるネットワークを形成する。大脳皮質の一部（⇨ **辺縁系**），視床，さらに**扁桃体**，**海馬**，**中隔野**などの若干の皮質下構造を含む。

**体罰**［corporal punishment］　身体的な罰，すなわち痛みを喚起するような身体的な力を使用した罰。傷つけることではなく個人の行動を正すあるいは統制することを目的とする。子どもを叩くことは体罰の一種である。

**胎盤**［placenta］　哺乳類の胚が作る特殊な器官。子宮壁と結合することで，老廃物を取り除くこと，栄養，エネルギーを供給すること，母体の呼吸を介して胎児のガス交換をすることを可能にする。

**胎盤哺乳類**［placental mammal］　子宮内で発育する胚に栄養を送るために特化した**胎盤**という器官を作る哺乳類。**有袋類**と単孔目以外の哺乳類はすべて胎盤哺乳類である。

**対比**［contrast］　1. 質の比較において，ある物体，出来事，考えについて他のものとの差異が強調された状態のこと。2. 認知心理学においては，**対比効果**のことである。3. **分散分析**においては，**自由度**による群間の比較を意味する。4. 何らかの判断を行う際に，判断されるものと判断されるものを取り巻く文脈の間に，差異が認められること。たとえば，特定の人の魅力は，身体的に魅力的な人が集まる社会的な文脈（ハリウッドスターが集まるパーティーなど）の方が，中立的な文脈に比べより否定的な評価がなされる。このような場合には，人の魅力の評価は，社会的文脈において対比がなされているとする。⇨ **同化**

**対比重み**［contrast weight］　**自由度**の対比を生じさせるために，実験デザインにおいて，実験条件から得られたデータに割り当てられた重みのこと。

**対比効果**［contrast effect］　1. 同時対比あるいは継時対比における刺激間の差異を知覚すること。例としては，バイオリンの後にトロンボーンが続いたとき，明るい黄色と赤色が同時に見えることなどがあげられる。2. 心理学の実験では，**係留**から離れるような参加者の反応のことである。⇨ **同化効果**

**対比誤差**［contrast error］　対象人物の評価が同一グループ内の他者のパフォーマンスに影響を受ける評定誤差の一種のこと。他者のパフォーマンスが高い場合，対象人物の評価は実際よりも低くなる。他者のパフォーマンスが低い場合，対象人物の評価は実際よりも高くなる傾向にある。

**対比錯視**［contrast illusion］　知覚的大きさ，色，明るさ，角度などの刺激属性の程度が，同じ刺激属性における別の刺激提示によって影響される錯視のこと。たとえば，複数の大きな円の中心にある1つの小さな円は，複数の小さな円の中心にある同じ大きさの円よりも小さく感じられる。

**対比相関性**［contrast correlation］　従属変数およびデータに含まれる他の変動要因を削除した後の差異重量（つまり予測値）との相関性のこと。

**対比の法則**［law of contrast; principle of contrast］　物事や性質について考えるとき，対立するものについて考える傾向を述べる連合の法則。後期連合三義者は，この法則を**随伴性の法則**の特殊な例であると考えた。⇨ **観念連合説**，**対比**

**対比分析**［contrast analysis］　1. グループ間の**平均**のパターンに関する問題を解決するような2つ以上のグループ間の比較。2. 得られたデータと予測されたデータがどの程度一致するか（すなわち，仮説や理論をどの程度支持するか）を判断するためにデザインされたデータ分析。対照分析からは，算出される対象ごとに**効果量**の推量と関連する有意水準が得られる。

**代表性**［representativeness］　母集団を正確に代表した標本が抽出されることにより，標本と母集団に対応がみられること。代表的な標本は，正確な比率で母集団の本質的な特徴や構成を再現している。

**代表性ヒューリスティック**［representativeness heuristic］　部分的な情報であったり，例となるものがそのカテゴリーの典型的・平均的成員とどれだけ適合しているかに基づいて，ある人あるいはターゲットに関して一般化してしまうこと。たとえば，"詩人"と"会計士"という2つのカテゴリーから選ぶ際に，詩集を読んでいて一般的でない服装をしている人を詩人であろうと判断する。しかし，集団内で会計士のほうが頻度が多い場合には，その人は会計士である可能性が高い。このように，代表性ヒューリス

ティックは基準率錯誤の形態をとる。⇨ **無作為抽出**

**代表値（中心傾向）**［central tendency］　いくつかの異なる統計量（たとえば**平均**，**中央値**）によって推定された**分布**の中間もしくは中心の点のこと。

**代表的デザイン**［representative design］　調査結果を現実世界に対してより現実的に当てはめるために，意図的にバックグラウンド変数を統制しない実験デザイン。⇨ **生態学的妥当性**，**日常的現実性**

**代表的標本抽出**［representative sampling］　全母集団を正確に反映することができるような標本の選択のこと。⇨ **無作為抽出**

**対比理論**［contrast theory］　物体の外観が，大きさ，色，パターンについて若干異なるが似ている他の物体との比較によって認識可能であること。

**タイピング**［typing］　性的な型づけやジェンダー類型など，型の同定のこと。

**タイプA行動パターン**［Type A behavior］　冠状動脈性心臓病のリスク増加に結びつくと考えられる行動パターン。競争，達成動機，攻撃性，敵意，短気，時間の切迫感，一度に2つ以上のことをする行動（たとえば，新聞を読んでいる間，ひげを剃ったり，食べたりすること）が特徴である。⇨ **タイプB行動パターン**

**タイプAパーソナリティ**［Type A personality］　慢性的な競争心，達成動機の高さ，敵意などが特徴のパーソナリティ。タイプA行動パターンのライフスタイルは冠状動脈性心臓病にかかりやすくするといわれている。⇨ **タイプBパーソナリティ**　［1970年代にアメリカの医師フリードマン（Meyer Friedman: 1910-2001）とローゼンマン（Ray H. Rosenman）によって提唱された］

**タイプTパーソナリティ**［Type-T personality］　覚醒，刺激，スリル，アドレナリン亢進を引き起こしたり増大させたりする状況を求める素因傾向。⇨ **刺激追求**

**タイプトークン比率（TTR）**［type-token ratio: TTR］　ある特定のやりとりにおけるタイプの数（異なった単語グループや単語カテゴリー）とトークンの数（総単語数）の比較。比率として表現される。タイプトークン比率は言語学における分析や研究で言語の多様性を検討するために用いられる。トークンの数と比較してタイプの数が多いほど，その指数は高くなり，よって多様性が高いことを示す。

**タイプB行動パターン**［Type B behavior］　攻撃性と敵意のない行動パターン。時間の切迫感と，自分の業績と達成を誇示したり話題にしたりする欲求の欠如が特徴。⇨ **タイプA行動パターン**

**タイプBパーソナリティ**［Type B personality］　競争心の低さ，フラストレーションの低さ，くつろいでおおらかな対人関係アプローチ，などが特徴のパーソナリティ。典型的には，優越感や能力の自己顕示への欲求がない。⇨ **タイプAパーソナリティ**　［1970年代にアメリカの医師フリードマン（Meyer Friedman: 1910-2001）とローゼンマン（Ray H. Rosenman）によって提唱された］

**タイプ変容形成外科**［type-changing plastic surgery］　その人の特徴を，あるタイプから別のタイプへ（たとえば，鼻を高くすることで）変えてしまう**形成外科**。以前の状態に戻す形成外科（たとえば，頬を拳上すること）とは対照的である。

**タイプ分け**［typing］　共通あるいは典型的な性質に関する何かを示すこと。⇨ **分類**

**大便失禁［1］**［encopresis］　4歳（あるいはそれに相当する精神年齢）以降に発生する不適切な場所（例，衣類や床など）での反復的な随意的，不随意的な排便のことで，薬物（例，便秘薬）や一般医療状態によるものではないもの。大便失禁は便秘に伴う場合も伴わない場合もあり，不十分なトイレットトレーニングやストレスの多い環境に関連する頻度が高い。機能的大便失禁（functional encopresis）とも呼ばれる。

**大便失禁［2］**［fecal incontinence］　腸の制御の喪失，怪我，器質性の病気によって，不適切な場所（衣類，床など）で，意志に反したガスや便の排出をしてしまうこと。腸失禁（bowel incontinence）とも言う。

**太母**［mother archetype］　ユング（Carl Jung）の**分析心理学**の用語。古代より，様々な文化的概念や神話において繰り返し現れる，生殖力があり，養育力のある理想の母親像に関する根源的なイメージ。これは，**普遍的無意識**に位置づけられている。⇨ **元型**，**マグナマーテル**

**大麻**［cannabis］　アサに属する3つの植物種（カンナビス・サティバ，カンナビス・インディカ，カンナビス・ルーディラリス）のうちいずれかの花穂や葉を乾燥させたもの。レクリエーショナルドラッグ（脱法ドラッグ）として広く流通。マリファナとして知られる。この植物中の主な精神作用物質Δ9-**テトラヒドロカンナビノール**（THC）は樹脂に含まれその大部分は花穂に存在する。これを吸引すると，THCが急速に血液内に吸収されて即時に脳に作用し，直ちに自覚効果が発現し，それが2〜3時間続く。その効果には，多幸感や幸福感，笑い易さ，知覚変容，集中力や短期記憶能力の低下，食欲増進が含まれる。不安やパニックなどの相反する効果も稀ではなく，高用量では幻覚も起こりうる（⇨ **大麻誘発性精神病性障害**，**大麻中毒**）。繰り返し使用することでTHC作用に対する耐性が増すが，**大麻依存**の報告は稀である。最も作用の強い大麻加工品は**ハッシッシ**と呼ばれるもので，純正の樹脂からなる。作用の弱い加工品はシンセミアまたは**マリファナ**と呼ばれるもので，アサの花冠から作られる。最も作用の弱いものは**インド大麻**またはヘンプ（hemp）と呼ばれる。

**タイマー**［timer］　測定をしている際の時間の経過のこと。

**大麻依存**［cannabis dependence］　DSM-Ⅳ-TRにおいては，大麻による重篤な問題があるにも関わらず大麻の継続的使用を示す認知的，行動的，心理的症状のこと。こうした反復性の大麻摂取パターンは耐性を高め，使用を中止すると離脱症状（主に運動性興奮）を起こし，使用に対する動因が抑えられなくなる。⇨ **大麻乱用**，**薬物依存**

**大麻中毒**［cannabis intoxication］　大麻を摂取あるいは吸引している間または直後に起こる可逆的な症候群。臨床的に明らかな行動的または心理的変化が生じる（たとえば，幸福感の増大，知覚の増感，時間の経過が遅く感じる）。また，1つ以上の生理的変化が併発する（たとえば，脈拍数の増加，結膜炎，口や喉の渇き）。⇨ **物質中毒**

**大麻誘発性精神病性障害**［cannabis-induced psychotic disorder］　大麻中毒に伴う被害妄想を特徴とする稀な障害。時に，著しい不安，情緒不安定，離人症，エピソードに対する健忘を伴う。この障害は通常1日で寛解するが，数日間持続することもある。大麻精神病（cannabis psychosis) とも呼ばれる。

**大麻乱用**［cannabis abuse］ DSM-Ⅳ-TR においては，頻回の著しい有害事象によって明らかにされる反復性の摂取につながる**大麻使用のパターン**のこと。この診断は，**大麻依存**の診断に先んじて用いられる。もし大麻乱用と大麻依存の基準がともにあてはまるときは，後者の診断のみが与えられる。

**怠慢**［negligence］ 義務の履行や，当然期待される反応，行為，注意を怠ること。人間工学では，システムの設計，開発，評価において，人間の安全や設備を守るための適切な配慮を欠くことも怠慢に含まれる。法律においては様々な種類の過失がある。⇨ **過誤**

**タイムアウト**［time out: TO］ 行動療法の技法。望ましくない行動が弱まり，出現頻度が減少する。典型的には，クライエントをその行動を強化する環境から離す。たとえば，子どもが良くない振舞いをしたときに，その場から一時的に移動させる。子どもの望ましくない行動を減らすために，教師や親によって用いられることが多い。強化からのタイムアウト（time out from reinforcement）とも呼ばれる。

**タイムアウト理論**［time-out theory］ ストレスマネジメントの一技法であるエクササイズの効果を説明する理論。この理論は，エクササイズを通して個人が現実世界やストレス誘因から離れることによって，身体的・精神的なストレス反応が身体に生じることを抑制すると仮定している。

**タイムシェアリング**［time sharing］ 2つ以上の課題を同時に遂行するときに，注意をある課題から別の課題へ素早く切り替える過程。個人のタイムシェアリング能力は，複雑な課題におけるその人のパフォーマンスを予測するのに用いることが可能である。

**タイムスコア**［time score］ 特定の課題を解決する時間に基づく得点。たとえば，3歳児が簡単なパズルを解くまでに要する時間など。

**タイムラグ効果**［time-lag effect］ 横断的研究にみられる年齢差の効果のこと。コホート間の違いに起因する。この効果は，異なった時代に同年代の人を調べることや，結果を比較（たとえば，1953 年に生まれた人を 2003 年に調査した結果と 1948 年に生まれた人を 1998 年に調査した結果の比較）することによって測定することができる。

**タイムレスモーメント**［timeless moment］ 1. 伝統的な線形時間によって概念化されたような，現在のこの瞬間の意という極めて小さな次元。⇨ **心理的瞬間**，**見かけの現在** 2. 人の時間的な経験が分解され，他者や，物事や，あるいは全宇宙と一体になっていると感じる体験。そのような**至高体験**は，特に**人間性心理学**において関心がもたれている。⇨ **存在認識**

**代名詞**［pronoun］ 言語学において，通常反復を避けるために，名詞や名詞句，あるいはより大きい名詞ユニットの代わりとして用いられる語。英語の代名詞には人称代名詞（I, you, she など），指示代名詞（this, that など），関係代名詞（that, which など）が含まれる。⇨ **前方照応**，**先行詞**

**代名詞反転**［pronoun reversal; pronominal reversal］ 自閉症の子どもにみられる言語現象。子どもが自分自身を，二人称や三人称（たとえば，あなた，彼，彼女）で呼ぶ一方，他者を一人称（たとえば，私）で呼ぶ。

**対面グループ**［face-to-face group］ メンバー同士が個人的に接触をはかることができるため，互いのニーズや反応を知ることができ，直接的な相互作用を継続することができる。Tグループ（T-group）や心理療法グループもそれに含まれる。直接接触グループ（direct-contact group）とも呼ばれる。

**対面相互作用**［face-to-face interaction］ 2人以上の人の間で直接的な接触をすること。対比されるのが，文章や電話，その他のメディア，第三者を介したコミュニケーションである。

**ダイヤフラム**［diaphragm］ 円形またはらせん状のバネにラテックス製の厚いゴムをかぶせたカップ型の避妊具。ダイヤフラムにゼリーを塗り，膣に挿入することによって，性交中に精子が膣から子宮頸部に入ることを防ぐための障壁とする。バネは固定されており，1882 年以降使用されている。

**大洋感情**［oceanic feeling］ 身体を超越した意識の拡大であり（無限の拡張），全体としての宇宙との同一化と関係する無限の力感覚である（⇨ **宇宙的同一化**）。精神分析理論によれば，大洋感情は乳幼児が外界を認識したり，自我と非自我の区別を認識する以前の人生最初期に生じる。その後の人生において，大洋感情は妄想や宗教的またはスピリチュアルな体験の一部として再現される。

**太陽コンパス**［sun compass］ 方向を示し運行方向を決定する刺激として太陽を使用すること。太陽は日中，季節ごとに異なった軌道をとるため，太陽コンパスには**時間推定**も必要になる。南へ向かうには，午前9時に太陽は左になければならないが，午後3時には右になければならない。ハチ，魚や鳥など，様々な種の生物が時間補正済みの太陽コンパスを利用していることがわかっている。夜行性動物は星コンパス（star compass）を利用していることも証明されている。

**大洋の状態**［oceanic state］ 自己が無限であるかのように知覚される状態。時に全能感の知覚を伴う。恍惚状態，意識が変化した状態，対人間の結合や融合，あるいは霊的な融合をした状態，解離性の体験をした状態である可能性がある。⇨ **変性意識状態**，**宇宙意識**

**第4染色体の短腕欠失**［chromosome 4 deletion of short arm］ 染色体の障害であり，第4染色体の一部が欠損している。そのため，小頭症や視覚欠損，重度の精神遅滞，痛み刺激に対する反応の欠如などが生じる。1965 年までは第5染色体の影響を受ける**ネコ鳴き症候群**の変異したものだと考えられていたが，ネコ鳴きのような様子はめったに報告されていない。

**代理意思決定**［surrogate decision making］ 医学的，外科的，その他の健康管理の手続きに関する同意に対して特別な決定を下すことができない人，多くの場合は知的障害者や認知症患者，精神障害者などに，代理人の任命を許可される契約の条項や規定のこと。代理人が当該の人に代わって決定を下すことになる。

**代理外傷**［vicarious traumatization; VT］ トラウマをもつクライエントと感情的に親密な接触を繰り返したセラピストに起きる。**逆転移**以上に，セラピストとクライエントとの関係や状況に影響を与える。結果として，セラピストに世界観や，正義や安全に関する感覚の変化が生じてしまう。トラウマワークにおけるセラピストの孤立や巻き込

まれが代理外傷の危険を増加させる。

**大陸哲学**［continental philosophy］　20世紀半ばより起こった，欧州大陸に起源をもつ哲学的発展のこと。**現象学**，**実存主義**，**構造主義**，**脱構築**などの運動を含む。

**大理石骨病**［osteopetrosis］　骨密度の増大を特徴とする，稀な遺伝的障害。骨の異常な侵食（破壊，移動，置き換え）により，骨の形や大きさの異常が生じる。骨は密度が高いにもかかわらず，もろく，砕けやすい。

**代理父**［father surrogate］　父親の代理であり，代表的な父親機能を果たし，同一視と愛着の対象の役割を果たすもの。

**対立**［confrontation］　主張の不一致，あるいは敵意のある不一致。

**対立遺伝子**［allele］　父親と母親から遺伝された各相同染色体上の特定の遺伝子座（場所）にある**遺伝子**の様々な形態の一つ。人間は，通常各遺伝子について両親から受け継いだ2つの対立遺伝子を有している。対立遺伝子の違いによって，髪の毛の色や血液型といった遺伝的特徴に違いが生じる。⇨ **優性対立遺伝子**，**劣性対立遺伝子**

**対立仮説**［alternative hypothesis］　実験の効果や変数間の関係があるとする仮説のこと。**帰無仮説**が**有意水準**で棄却されたとき，対立仮説は採択される。

**対立値（対帰無値）**［counternull value］　帰無仮説が仮に棄却された場合の**効果量**の大きさ。帰無仮説が採択されたときの効果量も考慮して求められる値のこと。

**代理的な喜び**［vicarious enjoyment; vicarious pleasure］　他者との同一化によって，他者の成功やポジティブな体験を自身の喜びとして感じること。

**代理の**［vicarious］　身代わりの，間接的に。たとえば，テレビ番組の出演者の体験を視て満足を得ること。不安反応の条件づけは間接的にも生じる。欲求は他者の行動を見ることによっても部分的には満足される。

**代理母［1］**［gestational surrogate］　第三者である男女の卵子と精子を用いた**体外受精**によってつくり出した受精卵を着床させた女性のこと。

**代理母［2］**［mother surrogate; mother substitute; surrogate mother］　生物学的な母親の基本機能をもつ産みの母親の代理（たとえば，姉，父親，友人，教師，育ての母親）。ハーロー（Harry Frederick Harlow）の古典的研究では，幼いサルは，単に針金で作られた乳がある代理母親より，布で覆われた代理母親の方を好むことが示された。

**代理変数**［proxy variable］　ある変数Aの代用となる変数Bのこと。AとBは実質的に相関しており，しばしば変数Aのデータを収集することが難しかったり，コストがかかったりすることから変数Bの得点のみ利用可能な場合に用いられる。

**代理ミュンヒハウゼン症候群**［Munchausen syndrome by proxy: MSP］　医学的検査や治療を受けるために，介護者が被介護者に対して傷害を与え，被介護者が医療行為が必要であるように装う精神的疾患の形態である。介護者は母親である場合が特に多く，自分の子どもが病気であることに心を痛めているように振舞い，子どもの病気の原因については知らないふりをする。その母親にとっては自分が子どものために並はずれた努力をしている母親であるようにみえることが最大の動機づけであり，彼女の振舞いは周囲からの同情を集めるものである。DSM-Ⅳ-TRにおいては，代理人による人工的な疾患（factitious disorder by proxy）と変更している。⇨ **特定不能の虚偽性障害**

**滞留**［retention］　排便や排尿ができないこと，またしないこと。

**大流行病**［pandemic］　広範囲（たとえば数か国）で発症すること。伝染性により広まる。

**大量殺人**［mass murder］　複数あるいは多数の人を殺すこと。ある集団全員（人種や民族）の殺人は**集団殺戮**と呼ばれる。⇨ **スプリー殺人**

**大量投与薬物療法**［megadose pharmacotherapy］　1970年代，1980年代のアメリカでよく使われた投薬方法で，抗精神病作用を速めるために，高用量の抗精神病薬を急速投与する。この方法は，シナプス後ドーパミンD2受容体の急速遮断が精神病の症状を早期に解消するという予測に基づいている。しかしながら，急速反応を引き起こす効果はほとんどなく，深刻な運動障害や**神経弛緩薬悪性症候群**による死など，多くの副作用が生じた。1980年代後半に報告された研究により，低用量の投薬でも高用量の投薬と同程度の効果があり，しかも副作用はほとんどないことが明らかになった。治療効果の欠如と，高頻度の副作用から，大量投与薬物療法は使われなくなった。急速神経遮断（rapid neuroleptization）とも呼ばれる。

**ダイレクト・マーケティング**［direct marketing］　購入歴，人口統計および他の要因に関する知識を利用した，マスメディアを通じて流したのではない，個人に向けたコミュニケーション方略によって製品を売る方法。ダイレクトメール・キャンペーン，テレマーケティングおよびターゲットを定めたeメールといった例がある。

**第六感**［sixth sense］　1. 日常語では，五感や通常の認知過程の意識的使用なしに正しい判断や意思決定を行うことを可能にするような**直観**もしくは**本能**のこと。2. 超心理学で，**超感覚的知覚**現象を担うとされる感覚モダリティのこと。⇨ **超能力**　3. アリストテレス派の哲学において，5つの特別な感覚からの情報が統合されている**共通感覚**（"常識"）のこと。

**対話**［dialogue; dialog］　**ゲシュタルト療法**において，クライエントに仮想の話し合いをさせる技法。対話の相手となるのは，(a) クライエントが疎外感をもっている身体部分，(b) クライエントの母親や父親など，特定の人物が椅子に座っていると想像したもの（⇨ **エンプティ・チェア技法**），(c) 夢から連想される対象。この技法によって強い感情が引き出されることが多い。対話技法とも言う。

**対話型広告**［interactive advertising］　インターネットマーケティングで用いられる手法の一つで，消費者が広告やプロモーションを見るために，質問に答えたり，ウェブサイトにアクセスする必要があるようになっているもの。

**対話型スポーツ**［interactive sport］　参加者に行動を合わせ，統合することを要求するスポーツのこと。フットボールやバスケットボールは対話型スポーツの例である。⇨ **共同的-相互作用的スポーツ**，**共同的スポーツ**

**多因子遺伝**［multifactorial inheritance］　身長，あるいは特定の病気になりやすい傾向というような特性的遺伝であり，単一の遺伝子だけではなく，追加的に作用する多数の異なる遺伝子によって決定される。そのような特性は，

分離的ではなく連続的で，特定の集団の成員内で多様であり，しばしば栄養状態のような環境要因に大きく影響を受ける。ポリジーン遺伝（polygenic inheritance）とも呼ばれる。

**多因子遺伝性形質**［polygenic trait］　単一の遺伝子だけというよりは複数の遺伝子によって決定される形質のこと。平均的な知能がその一つの例である。⇨ **多因子遺伝**

**多因子モデル**［multifactorial model］　特性に関する遺伝要因や環境要因が単一の連続的変数，すなわち罹病性（liability）を構成すると仮定する遺伝モデル。もし罹病性が上回ればその特性が発現する。

**ダーウィニズム**［Darwinism］　**自然選択**による進化論。イギリスの博物学者ダーウィン（Charles Darwin: 1809-1882）とウォレス（Alfred Russel Wallace: 1823-1913）によって提唱された。遺伝のメカニズム，特に自然選択が作用する遺伝的多様性の起源を説明するため，20世紀になって修正され，ネオダーウィニズム（neo-Darwinism）となった。ダーウィン主義とも訳される。⇨ **適者生存**

**ダーウィンアルゴリズム**［Darwinian algorithm］　**進化発達心理学**における用語で，特定の適応機能を実現させるために進化した先天的な領域固有の認知プログラム。たとえば，顔認証に関する認知メカニズムがある。［イギリスの博物学者ダーウィン（Charles Darwin: 1809-1892）による］

**ダーウィン適応度**［Darwinian fitness］　特定の生物あるいは遺伝子型が子孫を生存可能にする相対的成功のこと。これは，**自然選択**によって決定される。

**ダーウィン反射**［Darwinian reflex］　新生児が示す把握反応のこと。把握反射とも言う。

**タウ効果**［tau effect］　**1.** 刺激のタイミングが，その刺激に知覚される空間位置に及ぼす影響。たとえば，等距離にある3つの光が継時的に光り，このとき，1つ目と2つ目の間の時間間隔のほうが2つ目と3つ目の間の時間間隔よりも短いと，1つ目と2つ目の光が，2つ目と3つ目の光よりも近くに位置するように感じられる。**2.** 対象の大きさあるいは進む速度はどうであろうとかまわず，互いの方へ一定の速度で移動している対象と観察者の接触時間は，観察者の網膜にある対象の像の拡大比率に反比例する。研究により，タウ効果は，運動制御に関係するいろいろな状況で利用されていることが示されている。たとえば，球技をする人がボールを受けようとする，ダイビングするカモメが魚を捕まえる際に，水面をたたく前に翼を引っ込ませるという場合である。

**ダウジング**［dowsing］　地下水や貴金属の鉱脈などの隠れた物を見つけるための手法。ダウザーと呼ばれる人が二股の棒（deviding rod）を動かし，棒の下向きの動きによって鉱脈を探し当てる。⇨ **占い棒**

**ダウン症**［mongolism］　**ダウン症候群**の旧式名称。

**ダウン症候群**［Down syndrome; Down's syndrome］　過剰染色体21（ある場合では22）に特徴づけられ，丸く平らな頭やつりあがった目を示す染色体異常のこと。脳の大きさや体重が平均を下回り，大抵軽度から重度の精神遅滞があり，おとなしく，感じがよい傾向がある。筋肉運動は遅く，ぎこちない傾向がある。多くの場合，知的発達に遅れがあり，舌が長く，指が太くて短い。心臓欠損や呼吸不全や幼児期に手術で治すことができる奇形がある場合がある。しかし，寿命は一般の人と比べ短く，大抵早期の**アルツハイマー病**を示す。ダウン症候群は最も一般的な精神遅滞の器質的原因の一つである。ランゲドンダウン疾患（Langdon Down's disease），先天性肢端わい小症（congenital acromicria）とも言う。

**ダウンスルー法**［down through］　積み重ねられたツェナーカードの山の上から下までの順番を尋ねる透視能力の検査法。⇨ **アップスルー**，**基本的方法**，**遮蔽指示照合法**

**唾液腺**［salivary gland］　酵素αアミラーゼ（プチアリン）を含む唾液を分泌する口腔内の壁にあるいくつかの腺。主要な唾液腺は耳下腺，顎下腺，舌下腺である。また，小唾液腺は頬と下のあたりに散在している。⇨ **唾液分泌**

**唾液反射**［salivary reflex］　無条件刺激または条件刺激がエフェクター神経を刺激することによって引き起こされる，唾液腺の分泌の変化。⇨ **条件反応**，**無条件反応**

**唾液分泌**［salivation］　唾液腺による唾液の分泌，典型として食物に関連づけられた刺激に対する反射的な反応があげられる。

**他我**［alter ego］　**1.** 比喩的に，本人の代理として存在する，本来とは異なった性格をもった第二のアイデンティティや態度。**2.** あたかも「もう一つの自己」であるかのように，あらゆるタイプの問題や経験を共有してくれる親密で協力的な友人。**3.** 心理劇において，**主人公**の人生における重要な人物の役割を担い（⇨ **補助自我**，また主人公が感じていても表出できないことに声を与えたり，行為で表現したりするセラピスト以外のメンバー。

**互いに素な集合**［disjoint sets］　集合論において，共有する要素のない2つの集合のこと。共通部分は空であり，互いに排他的。

**互いに排反な事象**［mutually exclusive events］　**1.** 全く共通の要素をもたない2つ以上の事象で，互いに素な事象のこと。⇨ **互いに素な集合**　**2.** 確率論では，同時に生じない2つ以上の出来事を意味する。つまり，一方の生起によって，他方が，同時にまたは後続して生じない。たとえば，1回のコイン投げでは，表と裏が同時に出ることはない。そのため，この事象は互いに排反な事象である。

**多角的適性検査**［multiple-aptitude test］　単一である一般的知能とは対照的に，異なった領域における調査対象者の能力を測定し，そのプロフィールを算出するために組合せられた複数の検査のこと。検査の組合せを変えることで，異なった能力のパターンを測定できる。多角的適性検査の例としては，教育や職業訓練におけるカウンセリングで用いられる**適性判別テスト**をあげることができる。

**多渇症**［polydipsia］　過剰な，あるいは異常なのどの渇きのことで，通常は長期間にわたる。糖尿病のような，器質的要因に起因する。あるいは，心因性多渇症（psychogenic polydipsia）においては，心理的要因が関係していると考えられている。また，環境要因によっても誘発されるようである。⇨ **付随行動**

**高安病**［Takayasu's disease］　心臓上部の大動脈弓から脳に血液を運ぶ循環器系の障害。脈なし病とも言う。腕や首の脈拍が弱まるために腕頭動脈，左鎖骨下動脈，左頸動脈が閉塞し，脳虚血により腕の痙攣性の痛みや失神発作が生じる。この病気は若い女性に多いといわれている。［日本の医師高安右人（Mikito Takayasu: 1872-1938）によって発見された］

**高笑い**［cachinnation］　抑制のない，不適切な笑いであり，**解体型統合失調症**の人にしばしばみられる。

　**多感覚的学習**［multisensory learning］　学習の素材が，単一の感覚モダリティにのみではなく，いくつかの感覚モダリティ（たとえば，視覚，聴覚や触覚）を通して呈示されるという学習。

　**多感覚法**［multisensory method］　視覚，聴覚，運動感覚や触覚モダリティを利用して読み書きを教えるという方法のこと。ヴァクト（VAKT）とも呼ばれる。⇨ **フェルナルド法**

　**多感覚ユニット**［polysensory unit］　中枢神経系や感覚受容器において，通常1つ以上の刺激に対して反応する細胞。つついた痛みとつねった痛みの両方を受容する皮膚感覚の受容器などがそれにあたる。

　**抱き合わせ**［tie-in］　プロジェクトや提案の一部，あるいはそれに関して開発されるアイデアや商品のこと。マーケティングや広告において，映画と関連して開発された音楽や衣服などの商品が例としてあげられる。

　**抱きしめ行動**［cudding behavior］　しっかりと抱きしめること。個体間で行われる**愛着行動**の一種であり，愛情を伝えたり安心を与えたりすることを意図して行われる。発達心理学では，一般的には親あるいは養育者と子どもとの間で行われるそのような行動を表す。

　**タキストスコープ**［tachistoscope; T-scope］　視覚的な素材を非常に短時間スクリーンに提示する装置。単語，数字，図形や記号を素早く右か左の視野に提示することができる。

　**多義性［1］**［ambiguity］　言語学において，2つ以上の解釈可能性をもつような単語や語句，文章の性質を指す。語句や文章における多義性は「むかついている（腹を立てている／吐き気をもよおしている）」のように語彙的であったり，「黒い猫と犬（黒猫と犬／黒い猫と黒い犬）」のように構造的であったりする。また，しばしば両要因の組合せもみられる。**心理言語学**における主要な関心の対象は，「田中さんが好きな人が近づいてきた」のように，**表層構造**が，全く異なる2つの**深層構造**を示しうるような文の理解に用いられる処理過程である。精神分析の理論では，多義性のある単語や語句は，通常，対象に関する話し手の隠された感情や無意識の願望の兆候であると解釈される。⇨ **同音異義語，だじゃれ**

　**多義性［2］**［polysemy］　ある単語が1つ以上の意味をもつ状態。たとえば"dear"は"loved"と"expensive"の意味をもつ。心理言語学の実験から，**心内辞書**の構造がしばしば多義性として利用されることが示されている。⇨ **同音異義語，だじゃれ**

　**多義的刺激**［ambiguous stimulus］　複数の解釈を行うことが可能な感覚モダリティ刺激のこと。

　**滝の錯視**［waterfall illusion］　**運動残効**の最もよく知られた例で，一定の時間滝を見つめた後，滝の周りの静止した物体に凝視をずらすことによって生じる。これらの静止した物体は上方向に，すなわち，順応刺激である流れ落ちる水とは反対の方向に運動して見える。

　**妥協形成**［compromise formation］　精神分析学では，抑制された願望や思考は，夢や症状のなかで変形されたり偽装されたりしているので見分けられないと考えられている。それらは自我の**防衛**の要請と無意識の願望との間の妥協として表現される。

　**多極ニューロン**［multipolar neuron］　細胞体から多数の樹状突起と1つの軸索を伸ばしているニューロン。⇨ **双極ニューロン，単極ニューロン**

　**タギング**［tagging］　分子に標識をつけ**放射性同位元素**を作成するために，分子を放射性同位元素と結びつける過程。タギングにより，体中の物質の道筋や分布を観察すること，およびその測定が可能になる。

　**托卵**［brood parasitism］　一部の鳥類のメスがもつ行動で，他の種の巣に自身の卵を置き，その親鳥にヒナを養育させること。コウウやカッコウがこの托卵をする。寄生する種は，巣にある育ての親となる種の卵を巣から捨ててしまい，寄生する種の子どもはより早く孵化して，より強くせがむことによって育ての親の子孫との競争で勝ち抜く。

　**タクリン**［tacrine］　アルツハイマー症に関連した中程度の認知症を緩和治療するために使われるアセチルコリンエステラーゼ阻害薬（⇨ **向知性薬**）。副作用として肝機能不全が知られており，使用が制限されている。商品名はコグネックス（Cognex）。

　**多形性**［polymorphism］　遺伝学では，特定の遺伝子の位置における2つあるいはそれ以上の異なる遺伝子（つまり，**対立遺伝子**）の個体の存在のことを指す。たとえば，ヒトの血液群の多様性は，赤血球の特徴を支配している特定の遺伝子の多形性によるものである。⇨ **一塩基多型**

　**多形倒錯**［polymorphous perversity］　フロイト（Sigmund Freud）による古典的な精神分析的理論において，触れる，匂いを嗅ぐ，吸う，見る，露出する，揺れる，排便する，排尿する，傷つける，傷られる，という日常的な出来事に性的興奮を覚える幼児の反応。

　**多血質**［sanguine type］　ローマ時代の医師ガレン（Galen: 129-215）によって考案された4つの体質，もしくは気質型の一つ。血色の良い顔色や朗らかな外観は，他の体液と比較した場合の血液の優位性を表すとガレンは信じていた。⇨ **体液説**

　**ターゲット**［target］　1．ある課題において目標となる対象。たとえば，ある**視覚探索**におけるターゲットは，ランダムに並べられた文字列の中から「S」という文字を見つけることである。また一部の**概念発見課題**では，あるカテゴリーに属する，あるいは属さない対象を分類するルールがターゲットとなる。ある探索が複数の項目を目標として有しているときには，それらはターゲットセット（target set）として知られる。2．ホルモンや神経科学物質，薬物，微生物によって選択的に作用される細胞の組織や器官，標本。3．他のニューロンからの**樹状突起**または**軸索**の伸長を誘引するニューロン。4．超心理学実験において，**透視**のテストでは参加者が識別しようとする対象や事象，テレパシーのテストでは送り手が送るメッセージ，念力のテストでは影響を及ぼそうとする対象のこと。

　**ターゲットデバイス**［target device］　制御装置からのコマンドに応答する電化製品，供給，設備。⇨ **環境制御装置，フィードバック装置，スイッチ機器**

　**多言語使用**［multilingualism］　複数の言語が同一のコミュニティで使用される社会言語学的状況。普通，地理学的，経済学的，軍事的な相互作用の結果生じる。主として，多様な言語は異なる社会的機能の役目を果たし，異なる地位を確立している。⇨ **複舌**

**多言語版失語症調査**［Multilingual Aphasia Examination: MAE］ 失語症の有無，タイプ，または重症度を決定する際に用いられる神経心理学のテストバッテリー。表出的・受容的な言語機能の多様な側面を評価する11の下位項目には，視覚命名，文の反復，**統制発語連想**，発話スペリング，書字スペリング，ブロックスペリング，**トークンテスト**，単語や語句の聞き取り能力および読解，発音の評定，書字習慣の特徴の評定が含まれる。多言語版失語症調査は，1978年に初版が開発され，現在は第3版（2001年）が発行されている。しかし，その名前とは裏腹に英語とスペイン語の版のみが利用されている。［アメリカの心理学者ベントン（Arthur Lester Benton: 1909- ），ハムシャー（Kerry deS. Hamsher: 1946- ），シヴァン（Abigail B. Sivan: 1943- ）によって開発された］

**多言語反応**［polyglot reaction］ 多言語を操る人物が，母国語以外の言語を使用することで，**失語症**から回復すること。⇨ **ピトレの法則，リボーの法則**

**多元主義**［pluralism］ 社会学において，社会の中で，異なる宗教，人種，文化的背景をもった人々が存在している状態のこと。

**多元的草稿理論**［multiple drafts hypothesis］ 意識的な知覚は，脳の特定の場所で発生しているのではなく，むしろ感覚皮質上に広く分散した感覚入力の多数の情報（草稿）を通して起こっているとする理論。［アメリカの哲学者デネット（Daniel Clement Dennett: 1942- ）とイギリスの医師キンスボーン（Marcel Kinsbourne: 1931- ）によって提唱］

**多元論**［pluralism］ 1. いかなる存在も複数の側面をもち，その存在は複数の原因と意味をもちうるという考え方。2. 哲学において，究極の現実とは，1つの実体または実在の基本的性質よりさらに多くのもので構成されている，とする理論。⇨ **二元論，一元論**

**多項回帰**［polynomial regression］ 1つもしくはそれ以上の項が1（たとえば，$Y_i = \beta_0 + \beta_1 X_i + \beta_2 X_i^2 + \beta_3 X_i^3 + \cdots$）よりも大きな累乗で大きくなる線形回帰モデル（⇨ **線形モデル**）の種類。

**多幸症**［euphoria］ 安寧感や幸福感が過度に高い気分となること。現実的な環境を反映しないほどの思い込みの強い多幸症は高い頻度で躁病エピソードや軽躁病エピソードの兆候である。

**多項選択実験**［multiple-choice experiment］ 通常は学習された特殊な手がかりに基づいて，参加者がいくつかの可能性のある選択肢のうちどれが正しいかを決めるという実験。

**他行動の分化強化**［differential reinforcement of other behavior: DRO］ ある特定の反応が決められた時間内に起こらない場合に強化が起こる手続き。ターゲット反応の頻度を減少させるために用いられる。逸脱トレーニング（omission training）とも呼ばれる。

**多項分布**［multinomial distribution］ 標本に含まれる$k$種類の要素それぞれの母集団から無作為に抽出された$n$個の対象の分布を記述するための理論的確率分布。二項分布におけるコイン投げをサイコロ投げに変えたと考えればよい。

**ダコスタ症候群**［Da Costa's syndrome］ 南北戦争中の兵士によくみられた不安神経症。軍人の戦いによるストレスや，疲労，動悸，胸の痛み，呼吸困難が特徴的な**パニック障害**として認識されている。⇨ **努力症候群**［アメリカの外科医ダコスタ（Jose Da Costa: 1833-1900）による］

**多剤処方**［polypharmacy］ より強い治療的な反応をもたらす目的で，同等または異なるクラスの様々な薬を同時に使用すること。異なる働きをする薬が1種類の薬を使用するよりもより臨床的効果を高めることを期待して，精神疾患に対して，たとえば，2種類以上の抗うつ薬を同時に処方することも行われる。多剤処方は複数の薬を同時に使用したときに批判される。そのような使用法を支持する十分な対照試験が行われていないことや，薬の相互作用の問題が大きいからである。しかしながら，単剤治療でうまくいかない患者には，多剤処方は望ましい場合もある。

**多視**［polyopia］ 眼球の屈折障害，脳損傷（→**反復視**），疲労もしくは**心因性障害**により網膜上の1つの物体が多数の像を形成すること。⇨ **錯視**

**多軸分類**［multiaxial classification］ いくつかのカテゴリーや要因に基づいて精神障害を分類する分類体系。たとえば，臨床症状と同時に，社会的，文化的影響も評価する。DSM-Ⅳ-TRは多軸分類を採用しており，障害の病因論を含む様々な要因からの説明が可能であるが，より簡易な臨床評価にも用いることができる。⇨ **軸**

**多次元**［multidimensional］ 1. 因子や変数が1つ以上の次元によって表現される分析のこと。2. 複数の次元をもつ尺度や測定。

**多次元尺度法**［multidimensional scaling: MDS］ 複数の刺激について知覚された類似性を，類似したもの同士を空間的に近く，類似していないもの同士を空間的に遠く付置することによって表現する尺度構成法。多次元尺度法は，データや刺激の広大な多次元行列を扱うという点では，**因子分析**の代わりとなりえる方法である。

**多次元睡眠潜時検査（MSLT）**［Multiple Sleep Latency Test: MSLT］ 20分間のうたた寝を2時間ごとに5回測定する方法。入院中に睡眠研究所（sleep laboratory）で実施される。被検者が寝入るまでの時間を測定し，日中睡眠傾向（daytime sleep tendency）を査定することが目的である。脳波，眼球運動，心拍，筋電図を用いる。**原発性過眠症**とナルコレプシーの診断で用いられる。

**多次元様相療法**［multimodal therapy; multimodal behavior therapy: MMT］ 心理療法の一つであり，治療者はクライエントの重要な行動（Behaviors），感情反応（Affective responses），感覚（Sensations），イメージ（Imagery），認知（Cognitions），対人関係（Interpersonal relationship），そして薬物やその他生物学的な介入（Drugs and other biological interventions）の必要性について査定する。これらの頭文字からBASIC IDと呼ばれるが，これはこの療法の相互作用のある7つの基本様相を要約したものである。多次元様相療法では，こうした様相が相互作用的で流動的状態にあり，行動や他の心理生理的プロセスと複雑に結びついていると仮定している。治療者は通常，クライエントと協力しながら，BASIC IDを通してどのような問題が最も顕著であるかを決定する。多次元様相療法は主に，多くの支持を得ている社会的認知学習理論から導き出された折衷的なアプローチである。［南アフリカ生まれのアメリカの臨床心理学者であるラザルス（Arnold Allan Lazarus: 1932- ）により開発された］

**多肢選択テスト**［multiple-choice test］　いくつかの呈示した選択肢の中から，回答者が正しいと思う選択肢を一つ選ぶ形式のテストのこと。⇨ **閉じられた質問**

**多シナプス性アーク**［polysynaptic arc; multisynaptic arc］　いくつかの**シナプス**を伴う**神経弓**。たとえば，1つ以上の感覚ニューロンが，複数の介在ニューロンを経由して，1つ以上の運動ニューロンにつながっている時の状態。⇨ **単シナプス性アーク**

**多シナプス反射**［polysynaptic reflex］　2つ以上の**シナプス**を介して起こる反射反応の総称。

**他者催眠**［heterohypnosis］　他者によって被暗示性が高められた状態。⇨ **自己催眠**

**他者志向**［other-directed］　個人の基準ではなく集団や社会的な基準に基づいて価値観や目標，行動を形成する人々のことで，外部指向（outer-directed）とも言う。⇨ **内部志向**，**伝統志向**　［アメリカの社会学者リースマン（David Riesman: 1909-2002）が提唱した］

**他者中心的**［allocentric; interdependent］　1.　自分以外の事物や人に興味や注意の焦点を当てる心理的傾向（すなわち自己中心的ではない）。2.　自分自身よりも，集団の目標や欲求を優先する傾向を特性的にもっている人。**集団主義**を基礎とする社会では集団成員と集団の繁栄の関連性が強調されるように，他者中心的な人々は，自己と他者や集団との関連性を強調している。彼らは集団に参画しやすく，また集団成員性に基づいたアイデンティティをもちやすい。⇨ **自己中心主義者**，**ソシオセントリズム**

**他者配役**［altercasting］　他者に課せられたアイデンティティや社会的役割がその人に適しているかのように振るまうことで，他者にアイデンティティや社会的役割を強要すること。

**他者養育**［alloparenting］　子の両親でない人による乳児の養育のこと。特に，両親ではない養育者（alloparents）（ヘルパーあるいは巣のヘルパー：helpers at the nest としても知られる）が幼児の生存に必要な世話を提供する共同繁殖の種に認められる。

**だじゃれ**［pun］　通常ユーモアを目的とした，言葉の**多義性**を意図的に用いた表現。多くのだじゃれでは，異なる意味をもつ同じ（あるいはほぼ同じ）音がする同音現象を利用する。⇨ **多義性**

**多重関係**［multiple relationship］　治療の文脈において，治療者がクライエントと1つ以上のタイプの関係をもっている状況。多重関係は，治療者がある人に対して専門的な役割を遂行しており，かつ（a）同時にその人に対して別の役割を担っている，（b）同時にクライエントと近しい関係にある人や血縁関係にある人と恋愛関係にある，または（c）クライエントと近しい関係にある人や血縁関係にある人と将来別の関係を結ぶことを約束するとき，に生じる。心理療法家は，倫理上，多重関係に陥らないことが期待されている。なぜならば，治療者として機能するうえでの客観性，能力，効果を減じてしまうだけでなく，治療関係にあるクライエントを傷つけ利用してしまう可能性があるからである。二重関係（dual relationship）とも呼ばれる。

**多重共線性**［multicollinearity］　重回帰において，独立変数（予測変数）間に非常に強い相関関係があり，従属変数に対するそれぞれの効果を分離して決定することが困難な状態のこと。

**多重痕跡理論**［multiple trace hypothesis］　1つの出来事が複数回発生した場合，すでに存在する記憶を強めたり更新したりするのではなく，それぞれの発生時に完全に新しい記憶が作られるという理論。

**多重資源モデル**［multiple-resource model］　注意を多数の資源のプールからなるものとみなす注意のモデル。各プールは1つの刺激モダリティ，あるいは反応の種類に応じた固有のものである。各タスクがそれぞれ異なる資源に要求をだす。2つのタスクが異なる資源プールから引き出されたものだと，同じプールから引き出した時よりもパフォーマンスは落ちない。たとえば，自転車に乗りながら話すことは，同時に2つの会話をしようとするよりも発生する問題が少ない。⇨ **複数課題成績**，**単一資源モデル**

**多重知能理論**［multiple-intelligences theory］　知能は，言語的知能，音楽的知能，身体運動的知能，論理数学的知能，空間的知能，博物的知能，内省的知能，対人的知能，という8つの独立したカテゴリーによって構成されるという考え。［1983年にアメリカの心理学者ガードナー（Howard Gardner: 1943- ）によって提案された］

**多重比較**［multiple comparisons; mjultiple contrasts］　全般的にテストされた複数の群間の平均値について，事後比較を行う方法のことで，**第一種の誤り**が生じる確率を減らす措置がとられる。

**多重分類**［multiple classification］　形と色というような，同時に1次元以上の観点から要素を分類する能力。ピアジェ（Jean Piaget）の認知発達の理論によると，この能力は**具体的操作期**までは得られない。

**多重妄想**［multiple delusions］　同時に発生する**妄想**。必ずしも相互に関連性があるわけではない。

**多食症**［polyphagia］　過度に大量の食べ物を食べたいという異常な衝動

**多数決法**［majority vote technique］　超心理学の実験において，単一の対象についての予知や予測を複数行わせ，最も多く現れたものをその被検者の反応とみなす手法。

**多数派の影響**［majority influence］　集団の大部分が個々の成員や一部に対して及ぼす社会的圧力。多数派は同調や安定を迫ることが多く，これに対して成員は，多くの場合，多数派の立場を自分自身のものとして受け入れること（転向）や，公的には従うが私的には自分の立場を維持すること（応諾）で応答する。⇨ **少数派の影響**

**多数論証**［ad populum］　世論，信念，感情に訴えることによって論証が真である主張を行う，非形式的**誤謬**の一種もしくは説得テクニックを指す。たとえば，理論Xはほとんどの人々が正しいと信じているから正しいと認められる。⇨ **バンドワゴン効果**　［語源はラテン語で"人々へ"の意味］

**ダスキー・スタンダード**［Dusky standard］　1960年にアメリカ合衆国最高裁判所が下した有力な判決。その判決内容は，被告の**訴訟能力**は，刑事訴訟を正しく理解，評価する能力，そして，与えられた権利（例，抗弁）の選択において自らの法廷弁護士を合理的に補佐できる能力と関連していなければならない，というものである。

**タスク（課題）**［task］　知覚や認知の実験でなされる活動。刺激の提示と，参加者が取りうる反応を実験者が統制することによって，課題のパラメータの変化に応じてどの

ように知覚や認知が変化するのかを正確に推定することができる。⇨ **探索**

**タスク切り替え（課題の切り替え）**［task switching］参加者が2つあるいは3つ以上の課題を規則的な段取りに従って切り替える手続き。通常，同じ課題が単純に反復されるときに比べて，課題が切り替わったときの方が，反応が遅くなる。

**タスクフォース**［task force］特定の目的で比較的短期間に課せられた任務に責任を負う小集団のこと。

**多世代伝播過程**［multigenerational transmission process］心理学的問題や生来の不安が家族関係を介していくつかの世代にわたって伝播すること。**家族システム理論**の中心的概念の基本原理であり，次世代の成員に対して高レベルの不安の無意識的な伝播を要件とする。その不安は，適応的思考と適応的行動をくつがえす。この伝播を断ち切るようにする介入は，家族関係を記録し，対象となる配偶者と相互作用する方法を個人に指導することである。こうした配偶者は，多くの場合，不安が低く最適水準の機能を有している。［アメリカの精神科医ボーレン（Morray Bowen: 1913-1990）によって提唱された］

**多相性睡眠**［polyphasic sleep］1日にとる睡眠が，24時間中に分散した，比較的短時間の複数回の睡眠で構成されること。ヒトの幼児は，生まれた直後は多相性睡眠であるが，しだいに変化し，学齢に至る頃には，毎日1回の長時間睡眠をとる単相性睡眠となる。1回の長時間睡眠に加えて1回の昼寝をとることを二相性睡眠とよぶ。二相性睡眠は高齢者や，様々な文化の形（たとえば，シエスタ）としてもみられる。⇨ **単相性睡眠**

**多層的学力調査テスト**［Multilevel Academic Survey Tests: MAST］読解と数学の学業成績を評価するための方法で，特定の内容に関する弱点を識別したり，指導や改善を強化する際に適切な領域を決定するために用いられる。多層的学力調査テストは，3段階のテスト（幼稚園から小学2年生までの初級版，小学3年生から高校3年生までの簡易版と拡張版）と基準参照カリキュラム段階テストに分けられる。前者は単独で実施されたり，後者のいくつかと同時に，あるいは組み合わせて実施されたりする。［初版は1985年にアメリカの教育学者ホーエル（Kenneth W. Howell），ツァッカー（Stanley H. Zucker），モアーヘッド（Mada K. Morehead）によって開発された］

**多層ベースライン法**［multiple baseline design］どの項目が実験的操作に応じた関数として体系的に変化するかを決定するために，行動に関するいくつかの項目を実験的操作の前後に繰り返し課すという実験計画法の一種。

**多属性効用分析**［multiattribute-utility analysis］ある計画に関する社会的効用や価値を定量化するために，判断の評定を用いる方法。計画の結果に関わる次元がランクづけされ，その相対的な社会的重要性によって重みづけされる。また，それぞれの計画はすべての社会的価値の次元において得点化される。この分析法によって，異なる社会計画の比較が可能となる。

**戦い回避**［leaving the field］乗り越えられないように思われる障害，解決できない問題，葛藤，非常にストレスのたまる問題に直面したとき，その状況から身を遠ざける行為。身体の禁断症状を伴う**心因性**の疾患になりきったり，注意散漫や会話の最中に話題を変えるなどの行動を引き起こす。

**叩かれるというファンタジー**［beating fantasy］フロイト（Sigmund Freud）の古典的な精神分析で用いられる用語。子どもは両親に叩かれるという幻想をもっている。この幻想は**原光景**において父親が母親を叩いているのを目撃したという子どもの確信に基づく，父親へのエディプス的欲求の表出として解釈される。

**正しい実験**［true experiment］参加者は2つの群にランダムに分けられており，実験的に統制された研究である。

**多段階理論**［multistage theory］ある特定の過程を成し遂げるために，一連の段階を経ると仮定されたあらゆる種類の理論。

**多段標本抽出**［multistage sampling］標本抽出において，まず高次の集団（たとえば，州）を抽出し，その後，その中からより低次の集団（たとえば，州の中の郡，郡の中の町）を抽出する技法。この技法を用いれば，母集団全体を**標本抽出枠**とする必要性を回避できる。

**タチサイキア**［tachypsychia］時間の加速または減速を感じるような，時間の異常知覚。⇨ **心理的時間**

**立ち直り反射**［righting reflex; rightning reaction］バランスを崩されたり，脊柱をある位置にもっていかれた時に，自動的に直立位に戻ること。

**立場**［position］集団の社会心理学では，特に社会的地位，身分，ある争点に関する立場などにおいて，集団内の他者と比較したときの自分の状況のこと。

**脱愛着**［detachment］発達心理学における用語。新しく経験することや新しいスキルを発達させることに対する子どもの欲求。これは子どもが両親や養育者への全幅の愛着や依存の段階から脱し始める約2歳頃に生じる。

**脱核**［enucleation］細胞核の破壊もしくは除去のこと。

**脱価値化**［devaluation］防衛機制の一つで，自己を含む人や物の重要性の引き下げること。

**脱学校論**［deschooling］1960年代後半から1970年代にかけて起こった非組織的な運動で，フォーマルな教育システムは狭い意味での学校の知識を強調し，実生活での経験やすべての学習が生じる広い社会的文脈を無視していると批判した。オーストリア生まれのアメリカの文筆家イリッチ（Ivan Illich: 1926-2002）のような思想家や論客たちは，制度化された文脈から教育を分離してとらえ，インフォーマルな生涯学習という考えを広めようとした。

**脱感作**［desensitization］ある刺激に対する情動的反応や身体的反応を低減させる手続きのこと。反応の本質や原因への洞察，**カタルシス**，**条件反応消去**などの方法が用いられる。⇨ **潜在的脱感作**，**現実脱感作**，**系統的脱感作**

**脱慣習的水準**［postconventional level］コールバーグの道徳性発達理論では，3番目の最も高次の道徳推論の段階であり，家族や集団，国家といったあらゆる枠から独立した道徳原則を考えることができる段階である。後慣習的水準の初期の段階（モデル全体でみたときの第5段階⇨**社会契約的法律志向**）は，個人の権利を社会的要請との関係で捉えることに特徴がある。その後の段階（第6段階⇨**普遍的原理の段階**）は，自己決定や普遍的妥当性をもつ合理的な原理の適用と関連づけられている。⇨ **慣習的水準**，**前慣習的水準**

**脱クレオール化**［decreolization］クレオール語が形成された後に生起することがある言語進化のプロセスの一つ

で，標準言語と他の言語の言語接触の影響によって，その構造がより精緻なものとなること。このような状況で生じる複雑な言語状況は，しばしばポストクレオール化連続体（postcreolization continuum）と呼ばれる。

**脱拘禁化**［decarceration］　矯正施設から多くはコミュニティ施設へ犯罪者を移すプロセスのこと。

**脱攻撃化**［deaggressivization］　精神分析理論における，攻撃の動因の**中和**のことで，これによりそのエネルギーを**自我**のもつ様々な課題と願望に変えることができるとされる。⇨ **昇華**

**脱構築**［deconstruction］　「言語のための，確固たる**指示物**は存在しない」「真実だという主張に対する適切な根拠（adequate grounding）もまた存在しない」という2つの仮定に基づいて，テキストや哲学的立場を批判的に分析する形式のこと。脱構築は西洋哲学の原則的な基盤に対して挑戦するものではあるものの，その方法と動機はまさにその流派から生じていることが認められている。テキストを脱構築的に読むとは，通常伝統的な批判的手法を用いながら，テキストがそれ自身の意味や一貫性に対する主張を無数のやり方で破綻させていることを示すことである。より一般的には，脱構築という用語は考えや真実だという主張を破壊することと同義的に用いられる。⇨ **ポスト構造主義**　［フランスの哲学者デリダ（Jacques Derrida: 1930-2004）によって導入された］

**脱個人化**［deindividuation］　自己認識の喪失，知覚を変化させる，あるいは内的抑制の低下を特徴とする心的状態。そこでは，独特で，異常な行動パフォーマンスがもたらされる。この結果はいくつもの要因によってもたらされるが，例として，匿名性あるいは集団への没入感があげられる。

**脱施設化**［deinstitutionalization］　発達的，または神経的な障害をもつ人を，構造化された組織の施設から彼らの在宅地域に移動させ，包括的なコミュニティベースで，彼らのニーズを満たすことを重視して，日中の在宅，言語，医療，支援サービスを発達させること。⇨ **コミュニティケア**

**脱社会化**［desocialization］　個人的な思考過程に没入したり，特異で，しばしば奇妙な行動をとったりして，社会的接触や対人コミュニケーションから徐々に遠ざかること。

**脱集中化**［decentralization］　慢性的な精神病患者を，長期的な施設収容（通常は公的病院）から，地域に密着した居住施設の中に移してケアしようとする方針のこと。

**脱熟練化**［deskilling］　知識や技術，能力，学習時間が少なくてもすむように組織におけるタスクを再設計すること。脱熟練化は，科学技術や組織の変化の結果として現れることが多く，大抵一部の従業員が意欲を失うという結果をもたらす。

**脱馴化**［dishabituation］　新しい刺激が呈示されることによって，馴化した反応（刺激に繰り返しさらされていることで，弱くなっていた反応）が再出現したり，強化されたりすること。脱馴化は，ある刺激が別の馴化した刺激と区別できることを知らせるシグナルとして解釈できるため，言語を用いない個人あるいは動物の知覚を検査するのに有益な方法である。⇨ **習慣化**

**脱象徴化**［desymbolization］　象徴性がなくなるプロセスであり，特に，語では，既にもっている意味を取り除く代わりに，変容された，造語された，内閉的または具体的なアイデアを用いるプロセス。脱シンボル化とも言う。

**脱人格化**［depersonification］　**1.** 他者のことを，その他者の本来的，実際的な個性とは異なる何かとしてみなすこと。たとえば，親が自分の子どもを自分の拡張的存在として扱うと，子どもの自己感覚は歪む。**2.** 精神分析における，**超自我**の成熟過程の段階の一つ。親の**イマーゴ**の取り入れに続く段階であり，親の価値観を抽象的観念として統合していく。

**脱水**［dehydration］　身体組織における水分の不足。脱水とは，通常の状態との差に着目した場合には絶対的であり，浸透圧を維持するために必要な水分に着目した場合には相対的である。排出による水分損失と，水分の補給を促す喉の渇きの感覚との差を自発性脱水（voluntary dehydration）と言う。⇨ **水和**

**脱髄**［demyelination］　神経線維を覆う髄鞘（ミエリン鞘）の障害。

**脱髄疾患**［demyelinating disease］　中枢神経および末梢神経の神経線維を包む**ミエリン鞘**の崩壊によって起こる様々な病理的な状態をいい，多発性硬化症が代表例である。

**脱水素酵素**［dehydrogenase］　水素原子の除去を触媒する酵素のこと。⇨ **乳酸デヒドロゲナーゼ**

**脱水反応**［dehydration reactions］　身体への水分供給が正常量と比較して落ち込んだときに起こる生理的障害。初期症状は感情鈍麻，易刺激性，眠気，集中力の欠如，不安感など。脱水反応は精神錯乱，痙攣，失明，難聴，昏迷へと進行し，体重の10%が失われた場合には死に至る。

**達成**［1］［achievement］　**1.** 何らかの目標を達成すること，もしくはその達成された目標。**2.** ⇨ **学問的達成，達成欲求**

**達成**［2］［attainment］　特定の教育上の成績や成果。

**脱性愛化**［desexualization］　精神分析において，性目標が排除あるいは**中和**されることを指す。脱リビドー化（delibidinization）ともいう。⇨ **昇華**

**達成可能性**［achievement potential］　**1.** 特定の計画された熟達レベルに達するために，特定のスキルや特性を発展させる個人の能力。**2.** 教育や訓練を通して時間が経つとともに伸びると考えられる学問的スキルや能力。

**達成ゴール理論**［achievement goal theory］　動機づけ理論において，課題志向型（⇨ **課題志向性**）および自我志向型（⇨ **自我志向性**）の2種類の達成目標があると考え，それらを，課題に関する能力の自己認知の個人差と達成行動達成行動に関連づける諸理論を指す。

**達成志向型リーダーシップ**［achievement-oriented leadership］　リーダーシップの**パス-ゴール理論**の中のリーダーシップ形態の一つ。部下への高い信頼の表出と，困難な目標の設定を通じて，高業績の達成やたゆまぬ向上を促す。

**達成者**［achiever］　ある行為を成し遂げたり，望んだ結果を得ることができた人。

**達成水準**［achievement level］　**1.** 客観的，ないしは主観的な基準によって決定される，個人や集団の課題上の成績の水準のこと。**2.** 学業全般において達成された熟達の程度。読みや算数，芸術や運動競技における成功のような特定のスキルにおいて達成された熟達の程度。

**達成動因**［achievement drive］　目標を達成するために，特に目標の達成によって認められたり賞賛されたりする

めに，最善を尽くそうとする強い欲求。強い達成動因をもつ生徒は，同様の能力がありながらも達成動因が弱い生徒より，良い成績を得ることが見出されている。様々な社会における文学研究によれば，高度経済成長期に達成を主題とした文学作品が多くなるという。⇨ **達成動機**

**達成動機**［achievement motivation］障害を乗り越えたり，困難な課題を克服しようとする意欲のこと。達成動機の高得点者はより高い基準を設定する傾向があり，才能豊かな低得点者よりも根気よく取り組む傾向がある。マクレランド（David Mcclelland）は，高い達成動機と小児期の早い独立との間に有意な関係を見い出した。加えて，高い達成動機と人生の後半における実績の間には正の相関がある。⇨ **達成動因**，**達成欲求**［アメリカの心理学者マレー（Henry Alexander Murray 1893-1988）によって最初に記述された］

**達成度測度**［achievement measures］ある生徒の能力を実証したり仲間集団と比較することで，パフォーマンスの価値や強み，質を確認するために設計された課題や道具，そしてシステムのこと。

**達成欲求**［need for acievement: n-Ach］目標を達成したり，高いレベルでの課題遂行を実現したりしようとする強い願望。高い達成欲求をもつ人は，適度な成功可能性のある課題に取り組もうとする一方で，挑戦する余地がないような簡単すぎたり，失敗への恐怖が強いような難しすぎたりする課題は，避けようとする傾向がある。達成欲求の概念は，アメリカの心理学者マレー（Henry Alexander Murray: 1893-1988）によって提唱され，マクレランド（David McCleland）によって広く研究された。

**達成倫理**［achievement ethic］仕事や余暇活動の両方で高い水準の達成が求められる個人的あるいは文化的基準のこと。⇨ **労働倫理**

**脱線［1］**［derailment］思考障害の症状の一つで，しばしば統合失調症の症状として表れる。思考の明確な妨害や，ある一つの考えから全く脈絡のない別の考えに移るといったことにより認められる。通常は話す際に認められるが（スピーチ脱線：speech derailment），書字の際にも認められることがある。脱線は本質的には**連合弛緩**と同質である。⇨ **認知的弛緩**，**意志行為の脱線**，**脱線思考**

**脱線［2］**［divagation］まとまりのない，本題からそれてしまう会話，文書，考え。⇨ **解体した会話**

**脱線思考［1］**［thought derailment］まとまりのない，つながりのない思考過程。ある一つの主題から直接的に関連するものではないか，全く関連しない他の主題に思考が移行する傾向にみられる。脱線思考は統合失調症の症状である。この用語は本質的に**認知的弛緩**と同等のものである。⇨ **脱線**

**脱線思考［2］**［tangentiality］話が無関係な話題に脱線したり，話の結末に到達することが困難な思考障害の一種。極端な場合，統合失調症に最も頻繁に認められる**連合弛緩**の症状となる。⇨ **迂遠**

**脱線した発話**［tangential speech］言語発話が繰り返しもとの主題からそれること。まとまりのない思考過程または注意を向ける能力の欠損が原因と考えられ，脱線は主題に関する発話が終了するまで続く可能性がある。このタイプの思考脱線は統合失調症やせん妄と関連するとされることがある。

**脱炭酸酵素**［decarboxylase］カルボキシル基（-COOH）除去反応を触媒する酵素のこと。

**脱男性化**［demasculinization］胎児の男性としての発達が，アンドロゲンが不十分であることにより抑制されること。

**タッチセラピー**［touch therapy; therapeutic touc］身体的な苦痛を低減したり，リラクセーションやウェルビーイングを促進したりするために，身体に触れたり，身体を動かしたりする治療法。タッチセラピーは，特に子どもで有効性や改善がみられることが示されている。この治療法を用いることを通して，両親との絆を作ったり，コミュニケーションが促進されるために，早産の乳児の身体的・心理的発達や，自閉症児が他者に触れられることの耐性を高めるとの指摘がある。⇨ **補完・代替医療**，**マッサージ**

**タッチブレンド**［touch blends］**能動触**によって生じる複雑な触覚体験であり，硬さや柔らかさ，粗さ，滑らかさ，湿り気や乾き，滑りなどの物体の様々な性質についての体験のこと。

**脱中心化［1］**［decentering］1. 広義には中心的思考を開放性の思考へと変化することを目指した様々な技能を指す。中心的思考の者は，他の重要な特徴を完全に排除するために，1度にたった1つの目立つ特徴にしか着目できない。2. 自己とアイデンティティの間の統一性が消失すること。

**脱中心化［2］**［decentration］ピアジェ（Jean Piaget）の認知発達理論における用語。子どもは自己中心性から離れ，他者との現実的な共有へと漸進的に発達する。脱中心化には，どのように他者が世界を知覚するのかを理解し，自分の認識とは異なる方法を知り，人は自分とは異なる動機と感情をもっていることを認知するといったことが含まれる。これにより子どもは，たとえば保存の概念（concept of conservation）の理解のように，状況，問題，対象の多くの側面を考えられるようになる。⇨ **中心化**

**タッチング**［touching］名づけと類似した連合障害の一種であり，ある物体に触れることができるものの，それが何であるかを認知できないことであり，統合失調症患者にみられる。

**脱同期**［desynchronization］脳波において，注意を喚起するような外部刺激のために，**アルファ波**が，高周波・低振幅の不規則な波形に取って代わられること。⇨ **アルファブロッキング**

**脱道徳**［demoralization］急激な社会変動，危機の拡大（戦争，経済不況）あるいは個人がトラウマを受けている時期に起きるような，個人や集団における，価値観や基準，道徳観の崩壊のこと。脱道徳した人は混乱し，迷子になったように感じたり，途方にくれたり，不安に感じたりする。

**脱破局化**［decatastrophizing］不合理なあるいは誇張された恐怖心をもつ人に対して用いられる技法で，想像や予期される出来事よりもむしろ現実を探索させるもの。

**脱反省**［dereflection］注意を別のことへ転換させ自己から離すことで，不安の軽減あるいは不適応行動を制止するために用いられる共通したテクニック。これは，自身についての過度の熟考，羞恥，心配を軽減させるために用いられ，**森田療法**の中心的要素である。

**脱備給**［decathexis］精神分析において，外界の欲動

対象（すなわち他者）から**リビドー**を撤去することをいう。
⇨ **備給**

**脱分化**［dedifferentiation］　専門性，または高度に組織された機能の損失のこと。たとえば，ある種の癌が進行する際に成熟した細胞が，より一般的で単純な，分化前の状態に退行すること。統合失調症における思考滅裂としてもみられる。

**脱分極**［depolarization］　細胞，特に神経細胞の**膜電位**の減少のこと。神経細胞が発火していないとき，膜の内側は，膜の外側に対して陰性の電位をもつ。脱分極は膜が刺激されたときや神経インパルスが伝達されるときに起こる。
⇨ **活動電位，過分極**

**脱文脈化**［decontextualization］　**1.** 埋め込まれた文脈から対象を切り取って，検証し，熟考し，解釈するプロセス。意識的に生起することもあれば（たとえば，現象やプロセス中の1つの構成要素をより詳しく個別に検討しようとするときなど），無意識的に生起することもある。いずれにおいても，脱文脈化はより明快な理解をもたらす可能性がある一方で，過度に単純化された不正確な理解につながることもある。**2.** 知覚において，無意識的もしくは文脈的な事象を対象の意識的知覚や信念にする過程のこと。

**脱抑制**［disinhibition］　条件づけの実験において，**消去**の結果出現しなくなっていた反応が，新しい刺激が呈示された際に再び出現すること。

**脱力発作**［atonic seizure］　**全般発作**の稀な一型。筋緊張が急速に低下し，突如として地面に崩れ落ちる発作。以前は無動発作（akinetic seizure）と呼ばれていた。

**縦安定**［longitudinal stability］　心理学的特徴の所有や表出が一貫している程度。

**縦座標**［ordinate］　グラフやデータ配置における垂直座標。つまり，Y軸のことである。⇨ **横座標**

**縦の**［longitudinal］　解剖学において，体の長軸（**軸**）のことを指す。

**ダート**［dhat］　DSM-IV-TRにおける，インド特有の**文化依存症候群**。ダートは精液の排出，白く変色した尿，脱力感や疲労感に関する重度の不安や心気念慮を含んでいる。これは**腎虚**と似ている。

**多動症候群**［hyperactive child syndrome］　注意欠陥／多動性障害の旧式名称。

**多動性**［hyperactivity］　その年齢の人と比べて，落ち着きがなく，衝動的で粗大な運動を特徴とする状態。注意欠陥／多動性障害の主要な特徴だが，適切な診断のためには，その他の特徴もなければならない。⇨ **発達的多動性，無目的な過活動**

**妥当性**［validity］　**1.** 真実，正確さ，事実あるいは法則に基づいて見出される性質のこと。**2.** 実験や測定によって目的としているものが正確に測定，反映されているかどうかを表す程度。妥当性には**併存的妥当性，構成概念妥当性**および**生態学的妥当性**を含む，様々なタイプが存在する。

**妥当性確認**［consensual validation］　**集団心理療法**において，自分の認知の正確さや経験したことの成り行きを，クライエント自身が他者の認知などと比較，点検していくことを，セラピストが援助する過程。

**妥当性基準**［validity criterion］　測定することを目的とする尺度の性質を定義するため，また，測定尺度における妥当性を評価するために使用される外的基準。

**多動性障害**［hyperkinetic-impulse disorder］　注意欠陥／多動性障害の旧式名称。

**多動性症候群**［hyperkinetic syndrome］　注意欠陥／多動性障害の旧式名称。

**妥当性の一般化**［validity generalization］　特定の測定技法の妥当性に関わる研究について量的検証を行うこと。

**妥当性の基準**［propriety standards］　調査研究における法的，倫理的要請のこと。これらの基準には，研究者間の公的または文書による合意，研究対として参加する人の人権保護，プログラム評価者と参加者間の利益相反の回避，プログラムの構成かつ完全な遂行，すべての結果の報告，会計の健全性の維持がある。⇨ **精度基準，実現可能性基準，効用基準**

**妥当でない換位**［invalid conversion］　論理や議論における日常的な**誤謬**の一種で，前提の意味を広くとりすぎる，あるいは狭くとりすぎることによって起こる。

**多特性多方法行列**［multitrait-multimethod matrix］　一つの研究において，**収束的妥当性**と**弁別的妥当性**についての情報を体系的に収集するための統合的な多変量手法。この手法では，2つ以上の特性や構成概念について，2つ以上の方法や技法を用いて測定し，測定変数間の相関関係を検討する。

**タドマ法**［Tadoma method］　聴覚と視覚の両方に機能障害をもつ人のコミュニケーション技法の一つ。親指を相手の口に当て，その他の指を相手の頬と首に当てて，振動と筋肉運動から，言葉に翻訳することを学習する。［アメリカの教師のアルコーン（Sophia Alcorn; 1883-1967）が1930年代に創出。名称は彼女の2人の生徒TadとOmaから］

**ターナー症候群**［Turner's syndrome］　2つのX染色体のすべてか一部がないことが特徴の染色体異常。性的幼稚症，低身長，IQが平均よりわずかに低い，などの症状を示す。神経性難聴や空間知覚異常を示すこともある。多くの症例で核型は45,XO（すなわち，X染色体の完全な欠失）であり，不妊症となるが，妊娠できる女性でも染色体の一部が欠失しているために発症することがある。生殖腺形成不全症（gonadal dysgenesis）またはXO症候群（XO syndrome）とも言う。⇨ **ヌーナン症候群**［アメリカの内分泌学者ターナー（Henry H. Turner: 1892-1970）によって1938年に報告された］

**タナトス**［Thanatos］　ギリシャ神話に登場する死の化身であり，ヒュプノス（眠りの化身）の兄弟。ここから，フロイト（Sigmund Freud）は，生命活動を還元する方向に働く傾向のことをタナトスと名づけた（⇨ **死の本能**）。フロイトの二大本能論においては，タナトスは，性愛に向かい，発達し続け，高められる体験としての**エロス**（愛）と対になるものとして，弁証法的に言及された。⇨ **生の本能，デストルドー，涅槃原則，慣性原則**

**ダニ恐怖症**［acarophobia］　皮膚寄生虫（ダニ），アリ，ミミズなどに対する持続的で不合理な恐怖。ひいてはピンや針のような小さな物体に対しても恐怖感を抱くことがある。虫が皮膚の上や下を這いまわる感覚に関連しているとされる状態で，アルコール依存症，コカインの使用，麻薬依存，髄膜炎，脳炎，リウマチ熱，ジフテリアによるせん妄において起こる。⇨ **蟻走感，リリパット幻覚**

**他人の四肢症候群**［alien limb syndrome］　患者が一方の手足を認識しない，もしくは自分の体の一部として認めないという**半側無視**のこと。⇒**幻肢**

**他人の手症候群**［alien-hand syndrome］　自分の手に対して，手そのものの意思で動くようだと知覚したり，「自分の手とは違う異質な」ものだと知覚したりする現象。これは多くの場合，脳梁または前頭葉の病変に関連づけられる。エイリアンハンドシンドロームとも呼ばれる。

**他人の手兆候**［strange-hand sign］　触覚障害の一つで，自分自身の左手が認識できなくなることが特徴。左手を使って書くことができるが，自分自身で書いていると感じられない。また，両手を握りしめているとき，視覚的な証拠がなければ左手が自分のものだと認めることができない。脳の脳梁の損傷によって生じる。

**ダネットの多重比較検定**［Dunnett's multiple comparison test］　複数の実験群それぞれの平均値と一つの統制群の平均値とを比較するための**多重比較**の手法。その比較対象の**有意水準**を$\alpha$（危険値）によって統制する。［カナダの統計学者ダネット（Charles W. Dunnett: 1921- ）による］

**楽しみ**［fun］　活動から自分の欲求を達成することによってもたらされる喜びと幸せの認知。

**束仮説**［bundle hypothesis］　意識的体験の中で，感覚特徴が"束ねられる"もしくは結びつけられているという考え方。⇒**バインディング仮説**　［ウェルトハイマー（Max Wertheimer）によって提案された］

**タバコ**［tobacco］　植物 *Nicotiana tabacum* と他の *Nicotiana* 種（熱帯アメリカ原産であるが現在では世界中で栽培されている）の葉を乾燥させたもの。その刺激効果を得るために，煙を吸ったり，噛んだり，ニオイを嗅いだりする。主な有効成分は**ニコチン**。葉は揮発性油も含み，特徴的な香りと風味のもとになっている。タバコは最初にヨーロッパの探検家が到着したときには，アメリカの先住民族に使われていたが，すぐに世界中の菜園や大農園に移植された。タバコには治療の有用性はないが，広く使用されており，また心臓血管・肺への毒性や発癌性があるため，商業的・医学的に重大な意味をもつ。実際，30年以上前に，喫煙は死と身体障害の回避可能な原因であると米国公衆衛生局長官に認定された。

**多発スパイク記録**［multiple-spike recording］　コンピュータにつながった**微小電極**を使用して急速なニューロンの発火から電位を記録し解析すること。

**多発性硬化症**［multiple sclerosis: MS］　神経を保護しているミエリン鞘における炎症や多発的な損傷が特徴である中枢神経系（脳，脊髄）の疾患であり，鞘や下層にある神経が損傷または破壊され，神経伝達が阻害される。多発性硬化症の主な初期症状は視覚障害，目のかすみや複視，赤－緑の同定不能，片目の視力喪失があげられる。進行すると，機能性まひや手足の筋力低下，無感覚，筋肉の硬化や痙攣，筋肉や背中の痛み，身体機能の調整やバランスの維持が困難になる，内臓の機能不全，抑うつなどの症状がみられる。集中力や記憶，判断力の低下といった認知機能不全が生じる場合もある。20歳〜40歳で発病し，症状の緩和がみられると，この疾患は25年以上継続する。発病からすぐに死に至ることは稀である。女性の発病率は男性の2倍であるが，その原因は知られていない。しかし，ミエリン鞘の破壊は自己免疫反応によって生じるとされている（⇒**自己免疫**）。

**多発神経炎**［polyneuritis］　同時に複数の神経炎が生じること。多くの場合末梢神経の感染症による。激しい痛み，筋の委縮，まひなどの症状がある。

**多発ニューロパチー**［polyneuropathy］　多くの，またはすべての末梢神経に変調をきたす，あらゆる病気。⇒**末梢神経障害**

**多発脳梗塞性認知症**［multi-infarct dementia］　DSM-Ⅲによると，脳血管障害によって生じる**認知症**である。DSM-Ⅳ-TRでは，**血管性認知症**と変更された。

**タバンカ**［tabanka］　トリニダードで発見された**文化依存症候群**。高い自殺率を示すうつ症状がみられる。妻に見放された男性にみられる。

**タビストッククリニック**［Tavistock Clinic］　1919年にロンドンのタビストックスクエアに設立された，イギリスにおける主要な臨床精神保健サービス機関の一つ。1947年に，社会のニーズによって心理学と社会科学の研究所であるタビストック人間関係研究所（Tavistock Institute of Human Relations）が独立して設立され，国民保健事業の一部となった。1994年には，タビストッククリニックと**ポートマンクリニック**は，国民保険事業の受託機関の一部となり，精神保健分野の卒後訓練機関となった。

**タブー**［taboo; tabu］　**1.** 宗教的，道徳的，社会的慣習によって，ある特定の行為や事物を禁止したり，特定の人間に接触することを禁止すること。ポリネシア語の「神聖な」を意味する tabu が語源。この言葉は，神事に関わる事物や儀式，それに携わる人物について用いられてきた。それゆえに，世俗的な文脈においては禁止や不純，触れることができないものの意で用いられている。**2.** 禁忌，禁止のこと。

**多夫多妻**［polygynandry］　メスは複数のオスと，オスは複数のメスと交配する配偶システム。⇒**一夫一婦，一妻多夫，一夫多妻**

**タフマインド**［tough-mindedness］　**1.** 社会的な交流において，共感性の低さと，攻撃性の高さを特徴とするパーソナリティ特性。［アイゼンク（Hans J. Eysenck）によって提唱された］**2.** 経験主義，実利主義，懐疑主義，運命論を特徴とするパーソナリティ特性。⇒**テンダーマインド**　［ジェームズ（William James）によって記述された］

**タブラ・ラサ概念**［tabula rasa concept］　生まれたとき，心は「白紙状態の石板（ラテン語より）」のようなものであるため，すべての知識は感覚経験から与えられるという考え。**生得観念**の考えは，作り話であるとして却下される。この表現は，主にイギリス経験論の哲学者ロック（John Locke: 1632-1704）に関連づけられるが，彼が実際にこの言葉を用いたわけではない。ロックが用いた表現は"white paper"（白紙）であった。⇒**経験論**

**W状態**［W-state］　覚醒状態のこと（⇒**覚醒状態**）。D状態（⇒**夢状態**）やS状態（**睡眠状態**）ではないこと。

**ダブル**［double］　心理劇において，**補助自我**の役割をする人。主人公の考えを想像して話したり実演したりする。すなわち，探られた問題を差し出す人。この技法はダブリング（doubling）と呼ばれる。

**WHO（10）ウェルビーイング指標**［WHO（10）Well-Being Index］　世界保健機関によって作成された10

項目からなる質問紙。ウェルビーイングの肯定的側面と否定的側面の両方を含む単一次元で構成されている。この質問紙は慢性疾患をもつ患者のウェルビーイングを測定するために用いられる。

**ダブルエージェントリー**［double-agentry］　患者に対するセラピストの忠誠が，機関や他の専門家からの要求と矛盾する状況。⇨ **利害の葛藤**

**ダブルディセプション**［double deception］　研究参加者が本当のデブリーフィング（報告）だと思っているものに組み込まれるディセプション（ごまかし）。本当のデブリーフィングだと思っているもの自体がディセプションである。⇨ **ディセプションを用いた研究**

**ダブルバインド**［double bind］　個人が1人または2人の他人から矛盾するメッセージを受け取るような状況のこと。たとえば，子どもが愛情のこもった行動を受けようとするとき，親が否定的な反応をするが，その一方で，子どもが背を向けたり去ろうとすると，子どもに戻ってくるように言うようなことがあげられる。ダブルバインド的なコミュニケーションはかつて統合失調症の原因となると考えられていた。［イギリスの文化人類学者ベイトソン（Gregory Bateson: 1904-1980）が提唱した］

**多文化カウンセリング**［multicultural counseling］　様々な国のクライエントの，人種，民族の差異だけでなく，スピリチュアリティ，性的志向性，能力と障害，社会階級や経済性にも配慮した心理療法。実践者の潜在的な文化バイアス（人種主義，性別主義），迫害や辺境に追いやられた集団の歴史，人種の多様性，2つの世界で生きることに関する問題，クライエントに影響する政治的力などについても配慮する。多文化間カウンセリング（cross-cultural counseling），多文化療法（multicultural therapy）とも呼ばれる。

**多文化教育**［multicultural education］　社会的公平性，教育における質，および他国や他文化の伝統や言語に関する理解や認識を重視する先進的教育アプローチ。多文化プログラムには，2つ以上の民族集団または文化集団が参加し，参加者が自分の民族的あるいは文化的アイデンティティを明確にすることを援助したり，他の民族的・文化的アイデンティティを正しく認識するようにデザインされている。プログラムの目的は，社会の包括性や文化的多元性を促進することである。

**多文化主義**［multiculturalism］　**1.** 社会において，異なる民族集団や文化集団が対等な地位をもちつつ，それぞれの集団が自己のアイデンティティや特徴などを維持している状態。**2.** 社会における文化的多様性を推進したり高く評価したりすることで，文化多元主義（cultural pluralism）とも言う。⇨ **文化的一元論**

**多文化多元的測度システム**［System of Multicultural Pluralistic Assessment: SOMPA］　5歳～11歳にかけての子どもを対象に文化的，民族的に公平な形式で知能的将来性を推定できるアセスメント。9個の測定を集め，その得点を独自のイデオロギー的視点から解釈する。多文化多元的測度システムは，文化的，言語的差異の弊害を避け，すべての学生の能力や必要とするスキルを明らかにすることで，それぞれにふさわしい特別教育プログラムを構成することができる。［1978年に社会学者マーサー（Jane R. Mercer）とルイス（June F. Lewis）によって開発された］

**多分相関**［polychoric correlation］　どちらも順序カテゴリーとして集計された2つの変数間の相関のこと。

**多弁**［volubility］　過剰で，コントロールがきかないおしゃべり。躁病エピソードでよくみられる。

**多変量**［multivariate］　実験計画や相関分析などが，複数の変数によって構成されていること。

**多変量解析**［multivariate analysis］　複数の**従属変数**を同時に解析する統計的手法。

**多変量分散分析**［multivariate analysis of variance: MANOVA］　**分散分析**（ANOVA）モデルを拡張したものであり，複数の従属変数に対して独立変数の効果を同時に検討することが可能である。

**魂**［soul］　人間の非身体的な側面のことであり，人間の精神の機能や個々の人格に働きかけ，しばしば物体の死後も生き残ると考えられている。この単語は，ギリシャ語のプシュケ（psyche）と対応し，"精神（mind）" とも訳される。ラテン語のアニマ（anima）の訳語でもあるが，これは，通例，"魂（spirit）" と訳される。魂の概念は，古代ギリシャの思想に存在し，多くの哲学の体系と最も宗教的な特徴を備えてきた。伝統的に考察されてきたのは，魂は有形か無形か，動物や植物，また動きがない自然物も魂をもつのか（⇨ **汎心論**），そして，魂は死後に存続する人格をもつ個々のものなのか，それとも，遍在する "宇宙の" 魂の現れなのかということであった。魂の存在は実験による検証ができないので，一般的に科学はその概念を無視してきたと同時に，**唯物論**，**実証主義**，**還元主義**を支持し，完全に拒否した。それにも関わらず，その単語は，人間のアイデンティティの最も深い中心を意味し，最も重要な道徳，感情，審美的な経験の源として生き残ってきている。⇨ **理性的な魂**，**感覚的な魂**，**植物魂**

**魂イメージ**［soul image］　ユング（Carl Jung）の**分析心理学**においては，**アニムス**，男性の原型と**アニマ**，女性の原型から成り立つ精神の深い無意識の一部であるとされている。

**ターマン**［Terman, Lewis Madison］　ルイス・ターマン（1877-1956），アメリカの心理学者。ロサンゼルス師範学校で4年間働きながら，1905年にクラーク大学で博士号を取得。その後スタンフォード大学で退職まで勤めた。ターマンはその研究生活を心理検査の発展と応用に費やした。アメリカにおけるビネースケール使用のための検証と修正を行った他，**スタンフォード・ビネー知能検査**，第一次世界大戦での**軍隊知能検査**の作成，スタンフォード標準学力テストの発展，Psychological Factors in Marital Happiness（1938）の質問紙の作成などを行った。ターマンは天才児や著名な人物の研究を発展させたことでも有名である。⇨ **天才**，**ターマンの天才研究**

**ターマンの天才研究**［Terman's giftedness study］　カリフォルニアで，優れた才能のある子ども1,528名を対象にした生涯にわたる長期的研究であり，1920年代に始まった。対象者は3歳～19歳であり，IQは135以上であった。この研究で慣習的な社会的基準に基づいて測定した結果，子どものうちに優れた才能を示す人は，そうでない人に比べて人生で多大な成功をおさめることが明らかになった。さらに，人口の2%にあたる天才は，そうでない人に比べて健康で幸せな生涯を送ることが示された。［アメリカの心理学者ターマン（Lewin Madison Terman）が

1921年に開始した]

**ターマン-マクネマー知能テスト**［Terman-McNemar Test of Mental Ability］　初期の**集団式知能検査**であり，7歳〜12歳児を対象とし，4つまたは5つの選択肢からなる162の質問項目で構成されている。下位検査は，言語性の7タイプであり，同義語，分類，論理的選択，情報，類推，反対語，最適解である。このテストは1920年に修正・改訂され，ターマン集団知能テスト（Terman Group Test of Mental Ability）が作られた。これも集団実施式のテストであるが，10の下位検査からなる二者択一式の質問項目になった（分類，論理的選択，情報，類推，最適解，単語の意味，文の意味，混合文，計算，数列）。［アメリカの心理学者ターマン（Lewin Madison Terman）とマクネマー（Quinn McNemar: 1900-1986）が1942年に開発した］

**ダミー**［dummy］　二重盲検法による薬物試験において，試験対象の薬物とすべての点（たとえば薬の形状や投与法）で同一の偽薬のこと。したがって，患者と臨床の研究者ともに，実験については何も知らないままでいることになり，それが研究上有益である。

**ダミー変数**［dummy variables］　理論ベースで，ある領域内の任意の要素を表す変数。

**ダミー変数のコード化**［dummy variable coding］　変数が集合の要素を反映するように**カテゴリー変数**に数値（多くは0と1）を割り当てる方法。

**溜め込み志向**［hoarding orientation］　フロム（Erich Fromm）の実存分析において，硬直しており，頑固で，強迫的，規則的だと考えられるパーソナリティ。貯蓄的人格（hoarding character）とも呼ばれる。⇨ **肛門期性格**，**搾取志向**

**多薬物依存**［polydrug dependence］　複数の薬物への依存（身体的，精神的，あるいは両者）。⇨ **薬物依存**

**多要因規定**［multidetermination］　疾患の因果関係論において複数の異なる要因が相互に作用していること。

**多要因行動理論**［multidetermined behavior］　人間の行動は過去や現在の複数の要因の相互作用によって影響されていることを表す概念。一般的に，主要な影響は，遺伝的要因，環境的要因，身体的要因，心理学的要因である。

**多様性［1］**［polymorphism］　生物学において，1つの生物種内または集団内において，複数の身体的特徴や行動がみられること。ある種の魚ではオスの身体の大きさが2種類あり，大きなオスは縄張りを守り，メスを引きつけ，交配する。小さなオスはメスの振りをして大きなオスの傍にいて，メスの卵のいくらかに精子を振りかける。イギリスに生息するオオシモフリエダシャクは大気汚染の進んだ地域では黒色型，進んでいない地域では淡色型である。

**多様性［2］**［variety］　言語学において，**標準語**からは音韻的，もしくは文法的に異なる変種の言語。地域性，民族性，社会階層性などのカテゴリーと結びついていることもある。⇨ **方言**

**多様性トレーニング**［diversity training］　従業員が文化，民族，人種，性別，性的嗜好，その他の違いを認め適切に扱えるようになるための，人材トレーニングプログラムのこと。

**タラソフ判決**［Tarasoff decision］　タラソフとカリフォルニア大学理事会の裁判に対して，カリフォルニア州最高裁判所が1976年に下した判決のこと。この判決によって，精神保健に携わる者はクライエントが他者に脅威を与える危険性があることを知っている場合には，潜在的な被害者をその危険から守る義務があるとして，クライエントの守秘に関する権利に制限を設けたもの。これには，クライエントが脅威を与えるかもしれない潜在的な被害者への警告と，その旨の警察への通報が含まれる。なおその判例は，現在友だちを殺すかもしれないと思っており，将来的にそれを実行するかもしれないとセラピストに打ち明けたケースに基づいたものであった。⇨ **保護義務**，**警告義務**

**ダラム準則**［Durham rule; Durham Decision; Durham test; product rule］　1954年，ダラム被告が関与した事件にアメリカ合衆国控訴裁判所が下した判決。ダラム準則は「不法行為が精神疾患の所産である場合，被告人は刑事責任を負わない」と記載している。このルールは，**米国法律協会模範刑法典心神喪失検査**に取って代わった。

**他律［1］**［heteronomy］　人が他者に情緒的，あるいは物理的に依存し，自分自身の行動を統制することができない状態のこと。

**他律［2］**［heteronomous］　様々な外的要因による制御もしくは影響下にあること。

**他律性**［heteronomy］　ピアジェ（Jean Piaget）の他律的段階のように，子どももしくは子どものような人が他人の考えや価値に左右されること。⇨ **自律性**

**他律性の超自我**［heteronomous superego］　精神分析理論の用語。他者からの承認を得るために，差し当たり期待されている態度にそって振舞うことを求める**超自我**のこと。

**他律的段階**［heteronomous stage］　ピアジェ（Jean Piaget）の道徳性の発達理論において，およそ6歳〜10歳の子どもが，道徳性と，親や他の権威的存在のルールや主義を同一視する段階。つまり，子どもは行動の善し悪しを大人の許可や制裁，それによって生じる結果や起りうる罰の観点から評価する。⇨ **内在的正義**，**道徳的絶対性**，**道徳的実在論**，**自律的段階**，**前道徳的段階**

**タルティーニ音**［Tartini's tone］　結合音の一種であり，特に，差音のこと。［タルティーニ（Giuseppe Tartini: 1692-1770）が初めて言及した］

**ダルマ**［dharma］　1. ヒンドゥー教において，宇宙を維持し，支配する自然法則の原理のこと。狭義には，精神的な成長への正しい行程を極めるために従わなければならない社会的な法や規範を表す。2. 仏教において，人間界の基礎にある宇宙の法則。とりわけ，カルマによる再生の法則を表す（⇨ **業**）。この用語は，その他にも，ブッダの教えの中で述べられた真実，行動規範や倫理法則，顕現，人間の思考内容等，多くの意味をもつ。

**タレンテッド・アンド・ギフテッド**［talented and gifted: TAG］　適切に標準化された評価手続きによって，平均よりも有意に高い知能水準や，特別な能力，またはその両方を示す子どもを指す言葉。タレンテッド・アンド・ギフテッドは，教育支援運動や研究，教育者と両親の考えの共有を促進する組織のことも指す。

**ダレンバッハ刺激装置**［Dallenbach stimulator］　統制された熱刺激を皮膚へ与えるための装置。［アメリカの心理学者ダレンバッハ（Karl M. Dallenbach: 1887-1941）による］

**単位行列**［identity matrix］ 左上から右下の対角線に1が入り，それ以外の要素はゼロの正方行列。単位行列は，いかなる行列$A$に対しても$AI=A$となる性質をもつ。すなわち，線形代数において単位行列は掛け算に関しての単位元のことである。

**単一遺伝子病**［single-gene disorder］ 単一の突然変異した遺伝子に起因する疾患および症状のこと。単一遺伝子病は比較的珍しく，多くの疾患は，**多因子遺伝**によって生じ，環境的な要因の影響も受ける。たとえば，単一遺伝子病の例としてはハンチントン病や鎌状赤血球病などがある。一般的に，単一遺伝子の突然変異は，生命維持に不可欠な身体という組織の成立や，食料の新陳代謝に必要な酵素機能の統合の問題によって生じるものである。

**単一エピソードうつ病**［single-episode depression］ これまで大うつ病エピソードの既往がない人の**大うつ病性エピソード**。今回が初めてのうつ病エピソードである人と，既往のある人とでは，治療効果が異なると考えられている。

**単一眼**［cyclopean eye］ 実際の眼の中央に位置する理論的な眼のこと。これは，両眼の機能に関与しており，空間知覚や眼球運動を記述する際に用いられる。

**単一刺激法**［method of single stimuli］ 単一の刺激を呈示し，その刺激に対する反応を求める精神物理学的測定法である。

**単一資源モデル**［unitary-resource model］ 注意を様々な過程に利用できる分化されていない資源の単一のプールとして捉えたモデル。単一容量モデルともいう。課題は特定の資源ではなく全体的なプールに依存する。最初の課題が資源の総和に与える負荷の程度が，同時に行われる他の課題でのパフォーマンス低下を決定するとされる。つまり資源への需要が供給を上回ると，配分戦略が重要になる。⇨**多重資源モデル**

**単一試行学習**［one-trial learning］ 1回の**試行**でスキルをマスターしたり，学習を増大させたりすること。

**単一絨毛膜性双胎**［monochorial twins; monochronic twins］ 子宮内で同じ外胚膜（**絨毛膜**）を共有した双子。単一絨毛膜性双胎は常に**一卵性双生児**であるが，一卵性双生児が常に単一絨毛膜性双胎であるとは限らない。⇨**二絨毛膜性双胎**

**単一症状の限定**［monosymptomatic circumscription］ 単一症状によって特徴づけられた精神障害。

**単一性爆発性障害**［isolated explosive disorder; cathaymic crisis］ 暴力的破壊的な行為の単独のエピソードや突然の激怒によって第三者を銃で撃つといったような破局的な行動によって特徴づけられる情動調節性障害の一つ。そのエピソードはいかなるストレスにも釣り合うものではなく，他の精神障害によるものではなく，また一般的な医学的な状態によらず，物質誘発性によるものではない。間欠性爆発障害と区別される。⇨**間欠性爆発障害**

**単一チャネルモデル**［single-channel model］ **系列処理**のみが可能な，人間の**情報処理**モデル。認知が一度に1つの情報源と1つの処理チャネルだけを扱う離散的系列の段階からなるという特徴をもつ。⇨**分散処理**，**並列処理**

**単為発生**［parthenogenesis］ 文字通り，単為生殖つまり，卵と精子の受精なしに子孫が作られること。通常の繁殖法とする生物種もある。

**単音**［phone］ 単一の言語音。

**段階**［stage］ 時間を相対的に離散した段階に分類したもの。一般に，分類された段階間では，機能的な面で質的に異なっているとされている。

**弾劾証拠**［impeachment evidence］ 公判で証人がした証言を攻撃したり，証言の信用性を否定したりするために使われる証拠。

**段階法**［gradation method］ 小さく等価な単位についての変化を測定する精神物理学的手法のこと。

**単眼**［simple eye］ ほとんどの脊椎動物および無脊椎動物の一部にみられる眼の形態。単一の焦点要素，特に（節足動物では）外骨格の厚化，（軟体動物では）眼表面の小孔，（脊椎動物では）水晶体レンズ，および1つまたは複数の光覚細胞からなる。⇨**複眼**

**単眼視**［monocular vision］ ものを見るのに片方の眼のみ用いること。

**単眼飼育**［monocular rearing］ 動物が，まぶたを閉じて縫合されたり，不透明なコンタクトレンズを片眼にはめ込むことで視覚を単眼に制限して育てられるという実験パラダイム。臨界期における単眼飼育は，皮質ニューロンの**眼優位性**を非優位眼を好むように転換したり，開いている眼に対応して**眼優位性コラム**拡大をしたりといった，視覚系の発達にとって機能的および構造的に深刻な結果を招く。

**単眼遮蔽**［monocular deprivation］ 片眼への光を遮断すること。⇨**両眼遮蔽**

**単眼性手がかり**［monocular cue］ 距離や奥行き知覚において，単眼のみに含まれている手がかりのこと。単眼性手がかりには，**線遠近法**，相対位置，相対運動，**明暗法**，調節や**大気遠近法**が含まれる。⇨**両眼性手がかり**

**単眼の**［monocular; uniocular］ 片方の眼に関すること。

**ダンカンの多重範囲検定**［Duncan multiple-range test］ 事後の多重比較検定の方法。複数の平均値間のどこに有意な差があるかを$\alpha$（危険値⇨**有意水準**）によって対比較で生じる第一種の過誤（⇨**第一種の誤り**）を統制しながら検定する。［アメリカ生まれのオーストラリアの統計学者ダンカン（David Beattie Duncan: 1916- ）による］

**単眼抑制**［monocular suppression］ 一方の眼が抑制されている間は他方が優越するという傾向のこと。結果として両眼視不全をまねく。

**短期記憶（STM）**［short-term memory: STM］ 限られた量の材料を約10～30秒後に再産出，再認，もしくは再生すること。短期記憶は，理論上**長期記憶**と区別されることが多く，これら2つの記憶は**記憶の二重貯蔵モデル**の構成要素となっている。短期記憶は，しばしば知能検査や神経心理学検査においてテストされる。⇨**即時記憶**，**記憶モーダルモデル**，**記憶の多重貯蔵モデル**，**一次記憶**

**短期刺激療法**［brief stimulus therapy; brief stimuli therapy: BST; brief stimulus technique］ 電流の流れを操作することで発作を引き起こすのに必要な刺激の持続時間を減らす**電気ショック療法**（ECT）。研究者や臨床医の中には，この方法によって標準的な電気ショック療法に比べて満足いく臨床的な結果を得るだけでなく，錯乱や記憶の悪化を減らすこともできると主張している。

**短期集中集団認知行動療法**［brief intensive group cognitive behavior therapy］ セッションを長くしたり（例，1日中）日にちをまとめたりして（例，週末），短期間短

時間に集中的に行われる**認知行動療法**の一つ。典型的には不安障害，なかでもパニック障害で用いられる。

**短期精神病性障害**［brief psychotic disorder］ DSM-Ⅳ-TR では，突然，精神病的症状（たとえば支離滅裂，連合弛緩，妄想，幻覚，極めて解体した行動，緊張性行動）がでる障害とされている。この状態はしばしば情緒不安を伴い，1日から1か月ほど持続する。配偶者の死など，大きなストレスを機に発症する。DSM-Ⅲにおいて，引き金となるストレス要因に関連する短期精神病性障害は，短期反応精神病（brief reactive psychosis）と名づけられていた。

**短気なタイプ**［choleric type］ 怒りっぽく，すぐに癇癪を起こすことが特徴の性格の一類型。古代ローマの医者ガレノス（Galen: 129-199）によって記述された。⇨ **体液説**

**単極刺激**［unipolar stimulation］ 一方の電極を組織の上または中に置き，もう一方の電極を組織の外側において行う電気刺激のこと。

**単極性うつ病**［unipolar depression］ うつ病性障害の一つで，1つかそれ以上の**大うつ病性エピソード**があるか，もしくは躁病や軽躁病エピソード，混合性エピソードはないが長期間の抑うつ症状がみられる時に診断される気分障害のこと。

**単極性躁病**［unipolar mania］ 双極性障害の一つで，躁病エピソードのみがみられるもの。稀なケースを除けば，1つかそれ以上の**大うつ病性エピソード**に続いて躁病エピソードが現れる傾向がある。

**単極ニューロン**［unipolar neuron; monopolar neuron］ 細胞体から単一の伸長のみをもつニューロン。細胞体から伸びる軸索は2つに分岐する。分岐した軸索の一方の終点は受容極，もう一方は出力域である。単極ニューロンは体表からの触覚情報を脊髄に伝達する。⇨ **双極ニューロン**，**多極ニューロン**

**短期力動的心理療法**［brief psychodynamic psychotherapy; short-term dynamic psychotherapy］ 治療的変化を促進するために，時間という問題に積極的に取り組んだ，時間制限のある**力動的心理療法**の総称。治療者は典型的には積極的で，今一現在のクライエントの問題，特にセッションの中で明言された問題に直面化し焦点を当てる。［ハンガリーの心理学者アレキサンダー（Franz Alexander: 1981-1964）と彼の同僚フレンチ（Thomas French）が最初に発展させた］

**短期療法**［short-term therapy; brief psychotherapy］ 精神内界の葛藤や不適応的対人関係のパターン，自己についての否定的な感情を，短い期間（一般に10回〜20回の面接）で治療することを目的とした心理療法のこと。治療を効果的なものとするため，短期療法は質問や焦点化，目標設定といった積極的な技法に重点をおいている。短期的なアプローチは，**力動的心理療法**などのより深層を扱う場合，情動の**再教育**の場合，また**行動療法**の再条件づけなどで症状レベルを扱う場合でも，応用できる可能性がある。⇨ **指示的カウンセリング**，**現実療法**，**セクター療法**

**単形性**［monomorphic］ 両性が似たような体の大きさや配色，その他の特徴をもっている様。別名，性的単形性（sexually monomorphic）とも呼ばれる。⇨ **性的二型**

**単光子放射コンピュータ断層撮影**［single photon emission computed tomography: SPECT］ 機能的イメージング手法の一つ。放射能染色体からのガンマ放射を用い，体内の血流画像を作成する。脳イメージングでは，大脳の新陳代謝と活動の直接的測定となる，大脳血流の測定に用いられる。

**単語完成課題**［word-fragment completion task］ 予め呈示された単語の記憶を間接的に測る方法。課題では，単語に含まれる文字のうち，いくつかはそのまま，残りは空白で呈示される。参加者の課題はこの空白を埋めることである。単語完成課題は**潜在記憶**のテストのために頻繁に用いられる。

**単語スパンテスト**［word-span test］ 単語リストを呈示順に覚える能力を測るテスト。

**単語整序課題**［disarranged-sentence test］ 単語がバラバラに並んだ文で，単語を適切な位置に並び替える課題。たとえば，"Boy town the to went bustling the" を "The boy went to the bustling town" のように並び替えることを要求される。

**単語認知閾**［word-recognition threshold］ 単語の認知テストにおいて，単語が正しく同定されるのに必要な最低呈示時間。

**単語認知スキル**［word-recognition skills］ 小学校低学年レベルの見ただけで理解できる重要単語（**サイトワード**）の瞬間的な認知（instant recognition），**文脈手がかり**の解釈，フォニックス（phonics）や構造分析（structural analysis）の使用など，読解度書き（reading）において単語を認知するのに用いられる方略の集合。⇨ **サイトワード**

**単語頻度研究**［word count］ たとえば3，4年生向けの児童書50冊，特定の大統領演説など，指定されたスピーチや文書内での特定の単語の生起率や普及率を調べる研究。

**単語流暢性**［word fluency: WF］ 特定のアルファベットから始まる単語など，指定されたカテゴリーから，素早く単語をリストアップする能力のこと。優位脳半球の前頭葉に位置する**ブローカ野**の前方脳部位と関連する。当該部位の損傷者は言語的な検査や課題において単語流暢性に困難を抱えることが多い。⇨ **基本的能力**

**男根期**［phallic stage; phallic phase］ フロイト（Sigmund Freud）による古典的精神分析理論において，3歳頃に起こる**心理・性的発達**の段階。リビドーが性器（ペニスもしくはクリトリス）に焦点づけられ，身体的な発見や操作が主要な喜びとなる。この時期の男児は**去勢不安**を抱き，女児はペニス羨望を抱き，男女ともにエディプス・コンプレックスを経験する。

**男根期加虐性**［phallic sadism］ 精神分析理論における，子どもの**男根期**の**心理・性的発達**と結びついた攻撃性のこと。子どもは性交渉を暴力，つまり男性側，特に男性器による攻撃的行為であると解釈する。⇨ **原光景**，**サディズム**

**男根期人格**［phallic personality］ 精神分析理論における，傲慢さや自信過剰，虚栄心，衝動的な性行為，さらに一部の事例では攻撃性や自己顕示性に基づく行動などが特徴としてあげられる，自己愛的な行動様式のこと。男根期性格（phallic character），男根期自己愛性格（phallic narcissistic character），男根期自己愛人格（phallic narcissistic personality）とも呼ばれる。

**男根象徴**［phallic symbol］ 葉巻，鉛筆，木，超高層ビル，ヘビ，金槌など，ペニスに似ているか，表現していると受け取られる物。

**男根崇拝**［phallicism］ 特に自然を創造する力を象徴するとされる男根に対する畏敬の念。⇨ **男根中心主義**

**男根崇拝のプライド**［phallic pride］ 精神分析学において，少年が自分にはペニスがあって女性にはペニスがないことに気づいたときに経験する優越感や力強さの感覚。これらの感情は去勢不安を抑制する手助けとなると信じられている。⇨ **男根期**

**男根像**［phallus］ 陰茎および陰茎に似た形のもの。生殖能力を示す象徴像。

**男根中心主義**［phallocentric］ 文化もしくは信念体系の一つで，男根を生命の与える存在，勢力の源泉，生殖の象徴とみなす。⇨ **男根崇拝，勃起持続症，男性中心主義**

**探査**［probing］ 精神分析的治療において，特別な議論を意図した直接的な質問において使われる。関連する情報を明らかにしたり，患者が特別な理解に達したり，洞察を成し遂げる助けを期待している。

**淡彩**［color tint］ ミディアムグレーよりも明るいあっさりとした色。

**探索**［search］ 1. ある特定のターゲット項目の有無について，一連の記憶もしくはその他の**心的表象**が照合される心的過程。たとえば，以前の教師の名前を思い出すために記憶を検索する，など。 2. 参加者が，一連の提示された刺激列，もしくは過去に記憶した刺激のリストを探索し，一連のターゲット刺激がその配列あるいはリストの中に存在するか否かを判断する課題。⇨ **視覚探索，一貫したマッピング，変動マッピング法** 3. 問題解決において，解決者が様々な選択肢の中から正答もしくは最良の解を見つけようとする過程。⇨ **逆方向探索，最良優先探索，悉皆探索，発見的探索，自動打ち切り型走査** 4. 人工知能において，解決発見の一端として問題やゲームの状態を体系的に調べること。様々な探索へのアプローチがあり，**バックトラック検索，深さ優先探索，幅優先探索，A*探索**などが含まれる。様々なアプリケーションに対してこれらのアプローチが適用できるか否かを調べるために利用可能な手法が数多く存在する。

**探索行動［1］**［investigatory behavior］ 新しい物あるいは環境の他の要素を探索すること。探索行動は，新しい食料資源を探したり，隠れている捕食者を見つけたり，**行動圏**を拡張したり，住処を見つけたりする際に重要となる。実験室での研究では，あらゆる外部の報酬から独立している探索行動がしばしば観察される。⇨ **好奇心**

**探索行動［2］**［exploratory behavior］ 新しい環境に適応する際に，人間や他の動物が行う行動。探索行動は，明らかに生物学的報酬を伴わない時でさえ生起する。新規場面における探索行動の有無は，しばしば恐怖感や情緒性の測定基準として使用されている。⇨ **刺激探索，点検的探索**

**探索像**［search image］ 他に適切な餌がある場合でさえ，また好ましい餌がその領域で減少している場合でさえ，捕食者がある特定の種類の餌に固執するのを説明する原理。捕食者は，（自分が探索像をもつ）限られた種類の獲物を見つけるのに注意と感覚を集中させた方がより成功しやすいと仮定されている。探索像をもっていた種類の動物が希少になったり完全にいなくなってしまった場合にだけ探索像を他の動物へと切り替える。

**探索的因子分析**［exploratory factor analysis］ 共分散行列や相関係数行列に対して行われ，その行列の数値の背後にある構造を明らかにするデータ解析法の一つ。この方法は，ただ一つの解をもたらすものではない。通常，テストの得点は，その背後にある因子の多次元空間中に固定されるが，因子を解釈する際に用いる軸は固定されておらず無数にある。それらの軸は，相互に関連性のない因子を算出する直交か，相互に関連性のある因子を算出する斜交かのいずれかに分類される。よく用いられる軸の形態は，非回転軸（初期解）と単純構造へと回転された軸の2つである。前者は第1因子から順に個人差変数の量が最大になるように設定された軸である（知能を例にとると，一般因子を見出そうとすることに近い）。後者は，特定の得点がある因子に比較的強くあるいは低く負荷し，その中間に負荷することがないように設定された軸である。

**探索的実験**［exploratory experiment］ 事前に練られた問いに明確に答えを示すというよりも，変数間にみられる関連性や後のより厳密な実験に用いることが可能な手続きについて予備的な示唆を得るために計画された実験。

**探索的データ解析**［exploratory data analysis］ 事前に立てられた研究課題に取り組むというよりも，新たな研究課題や洞察を見出すために計画されたデータ解析のこと。⇨ **確証的データ分析**

**探索動因**［exploratory drive; exploration drive］ 有機体に自身がおかれた環境を探索せずにいられなくさせる動機づけのこと。探索動因は，探索の引き金となる恐怖や飢えのような動因の次にくる二次的な動因である。また，**探索行動**は別個の独立した動因となりうる。⇨ **好奇心**

**探索反射**［rooting reflex］ 健全な新生児にみられる反射で，頰や口の周辺に優しく（指や乳首で）触れると，触られた方向に頭を回す反射。

**探索非対称性**［search asymmetry］ 視覚探索の研究において，ある特徴が存在するかどうかを探索することと，その特徴がないかどうかを探索することが異なる結果のパターンを生む状況。たとえば，「O」の文字が敷き詰められた場所から「Q」を探索することは比較的容易であるが（すなわち，「Q」の「しっぽ」のような部分を探索する），「Q」の文字が敷き詰められた場所からOを探索することは困難である（すなわち，「しっぽ」のような部分の不在を探索する）。

**探索法**［exploratory procedures］ 物の表面に触れるために用いられる方法。人には情報収集を最適化するため触れ方を変える傾向がある。その場合，硬さを判断したりなどようとして，手触りを感じるための人差し指で表面に触れ続けることがある。［カナダの心理学者レダーマン（Susan J. Lederman）とアメリカの心理学者クラッキー（Roberta L. Klatzky: 1947- ）によって1987年に提唱された］

**炭酸脱水酵素阻害薬**［carbonic anhydrase inhibitors］体内の炭酸脱水酵素の作用を抑える薬物群。これらの薬はもともと利尿薬として用いられていたが，近位尿細管からの重炭酸ナトリウムの再吸収をブロックするという働きを介して排尿と電解質バランスを改善するため，炭酸脱水酵素阻害薬の使用は毒性の少ない利尿薬に取って代わられて

いる。現在では，アセタゾラミド（acetazolamide）（商品名はダイアモックス：Diamox）や他の炭酸脱水酵素阻害薬は，主に緑内障や急性高山病に処方される。この薬はてんかん治療の補助薬としても用いられる。アセタゾラミドはてんかん発作を抑え，脳脊髄液の生成を低下させる。

**タンジェント・スクリーン**［tangent screen］　特定のニューロンの視覚受容野の位置をプロットした垂直のスクリーン。光の点や線をスクリーン上で動かし，反応が最大となる点を記録する。正接スクリーン，平面視野計，黒板視野計とも言う。

**単耳聴**［monotic］　音を片方の耳にのみ呈示することに関すること。

**単シナプス伸張反射**［monosynaptic stretch reflex］　突然の腱の伸張に反応して起こる筋肉収縮の反射のこと。この反射には感覚細胞と運動ニューロン，脊髄につながっているシナプスのみが関与している。膝蓋腱反射は単シナプス伸張反射である。⇨ 反射弓

**単シナプス性アーク**［monosynaptic arc; two-neuron arc］　単シナプス伸張反射などで，2つのニューロン間にある1つのシナプスのみで発生する単一の神経弓。⇨ 多シナプス性アーク，反射弓

**単シナプス伝達**［monosynaptic transmission］　単シナプス性アークのような単一のシナプスのみに関与する神経インパルスの伝達。

**タンジブル・ユーザー・インターフェース（TUI）**［tangible user interface: TUI］　コンピュータのスクリーン上で直接身体的に触れてデータを操作する実験的タイプのユーザー・インターフェース。データにアクセスしたり操作する時に使われるもので，図や絵に表されたものではなく，ウィンドウ，アイコン，ハンドルなどのデバイスが，握ることができる物理的な対象として具現される。TUIの一般的目標は，デジタル世界と身体的環境の間のギャップを解決することである。(a) 壁，ドア，テーブルなど建物の表面をデジタル世界からアクティブなインターフェースに変換すること，(b) 本，写真，模型などのタンジブル対象と，関連するデジタル情報の間の直接的なリンクを生成すること，(c) オペレータに背景情報を伝えるために，光や音など環境メディアを使用すること。⇨ グラフィカル・ユーザー・インターフェース，知覚的ユーザー・インターフェース

**単純解体障害**［simple deteriorative disorder］　DSM-IV-TRに掲載されている精神障害の一つ。顕著な陰性症状が少なくとも1年以上続き，発症時期よりも明らかに重症化していると認められ，職業や学業面で深刻な機能不全を起こしていることを基本特徴とする統合失調症の一つの型である。感情鈍麻，意欲減退が緩やかに進行して自分の身の回りのことをかまわなくなる。社会的にひきこもり孤立していく。陽性症状はあったとしても，ほとんど目立たない。歴史的には，単純型統合失調症として知られている。

**単純型細胞**［simple cell; simpe cortical cell］　通常，有線皮質にみられるニューロン。細長い中心領域と2つの細長い周辺領域からなる受容野をもつ。受容野の中心への刺激に対する単純細胞の応答は，周辺領域への刺激に対する応答と逆になる。これは，特定の幅や特定の方向性をもち，視野内の特定の位置にあるエッジ，あるいは，バーに単純細胞が最もよく反応することを意味している。⇨ 複雑型細胞

**単純型統合失調症**［simple schizophrenia］　ドイツの精神科医クレペリン（Emil Kraepelin: 1856-1926）とスイスの精神科医ブロイラー（Eugen Bleuler: 1857-1939）が記述した統合失調症の4亜型のうちの一つで，社会的な交わりから徐々に引き下がっていき，自発性に欠ける，感情が鈍麻するのが一次的な特徴である。DSM-IV-TRの診断カテゴリーの中で同等なものは単純解体障害である。

**単純観念**［simple ideas］　観念連合説における，様々な感覚から導かれた単純で体制化されていない感覚のことで，すべての知識の基礎を形成するもの。省察という合理的過程を通じて，単純観念はより抽象的な複合観念に変換されうる。［イギリスの哲学者ロック（John Locke: 1632-1704）により定義された］

**単純効果**［simple effects］　要因計画において，ある要因の群平均を別の要因の特定の水準において比較すること。

**単純効果の検定**［test of simple effects］　要因計画において，他の要因が特定の水準にある時の，ある要因（独立変数）の水準間の差異に関する統計の検定のこと。

**単純構造**［simple structure］　回転後の因子分析の解の正確さのための一連の基準。これらの基準は，各因子がある変数では高い負荷のパターンを示し，他の変数では0に近い負荷のパターンを示すことを要求する。

**単純接触効果**［mere-exposure effect］　人が名前，音，写真などある刺激オブジェクトに繰り返し接触した結果，それに対する選好や好意が増加することを示す現象。この効果は，刺激対象に対してもともと否定的な態度をもっていない場合に起こりやすく，その人物が刺激呈示に意識的な気づきがない場合に最も強まることが示されている。単純接触効果は呈示された刺激に嫌悪刺激が伴わない条件づけ過程によって生じることが示唆されてきた。［1968年にアメリカの社会心理学者ザイアンス（Robert Zajonc: 1923- ）によって発見された］

**単純な因果関係**［simple causation］　一つの識別可能な前提，すなわち単一事象が多数の原因あるいは他の原因が介在するプロセスなしに引き起こされる因果関係の実例。⇨ 複合因果律

**単純反応時間**［simple reaction time: SRT］　光や音のような刺激が提示されたら，簡単な反応（たとえばボタン押し）をするよう求められる課題において計測される反応時間。一種類の刺激が提示され，単純な反応をすることだけを要求される。⇨ 選択反応時間，複雑反応時間，複合反応時間，弁別反応速度

**単純ヘルペス脳炎**［herpes-simplex encephalitis］　単純ヘルペスウイルスに感染することで生じる脳炎（脳の炎症）の一つである。発症の早期には，発作が繰り返し起こり，重篤な記憶障害が生じることもある。ウイルスは側頭葉と前頭葉に病変を生じさせる傾向がある。

**単純無作為標本抽出**［simple random sampling］　参加者が，乱数表を用いるような無作為化された手続きに基づいて個別に選ばれる抽出計画。

**単色光**［monochromatic light］　単波長光のこと。単波長光は単色光分光器（monochromator）やレーザーによって産出される。単色光分光器には可視スペクトラムを屈折させるためにプリズムを用いたり，単波長を観察者に利用させるために光を制限するためのスリットを用いたり

炭水化物［carbohydrate］　分子式で$C_x(H_2O)_y$と表すことのできる有機化合物。単純な単糖（グルコースなど）のような小さな分子から，デンプンやグリコーゲン，セルロースなどの巨大分子まで含まれる。植物によって合成される炭水化物が動物のエネルギー源となっている。

炭水化物代謝［carbohydrate metabolism］　デンプンや糖などの**炭水化物**を様々な酵素の働きによって**グルコース**にまで分解すること。グルコースは脳や他の臓器を構成する細胞にとって最終的なエネルギー源となる。

ダンスエピデミック［dance epidemic］　外観的には自然発生的で強迫的な踊りの現象のことで，広汎な地理的範囲を横断しつつ，住民の広い階層に影響を及ぼすほどの**感化**をもって蔓延するもの。この現象は，とりわけ10世紀のイタリアや腺ペストが流行した時期（14〜15世紀）のヨーロッパの一部で報告された，風変わりで熱狂的で，なおかつ強迫的な踊りの実例に関連すると考えられている。
⇨ **流行性舞踏病**

ダンス療法［dance therapy］　技法として，様々な形式のリズム運動（クラシック，モダン，フォーク，ボールルームダンス，音楽に合わせた運動など）を使うことによって，身体への気づきや社会的交流を増加させ，心理的・身体的機能を拡張させる治療法。⇨ **運動療法**　［プロのダンサーであったチェイス（Marian Chace: 1896-1970）によって1942年に始められた］

男性オーガズム障害［male orgasmic disorder］　DSM-Ⅳ-TRでは興奮を伴う性的な場面において男性のオーガズムが永続的または頻繁に，遅れるまたは感じない状態を意味する。診断の際には男性の年齢，質的状況や期間も考慮する。薬物や投薬治療，他の疾患のためだけにこれらの障害が起きた場合にはオーガズム障害とは診断されない。

男性化［1］［virilism; masculinization］　筋肉の増加や多毛などの男性特有の二次性徴が女性に起こること。アンドロゲンの過剰分泌をもたらす副腎皮質の過活性によるもので，治療可能な場合もある。

男性化［2］［androgenization］　男性の性的特徴の発達などにおいて，アンドロゲン，特に**テストステロン**の影響によって，それに影響を受けやすい身体組織や器官が男性的な特徴を有すること。

男性解放運動［men's liberation movement］　男性，男性性を関心の中心とした社会運動と団結した立場の一種。

単系譜［unilateral descent; unilineal descent］　人類学において，家系や相続のシステムに関し男性のみの系列をたどる場合（**家父長制度**）と，女性のみの系列をたどる場合（**母権制**）を意味する用語。⇨ **双方血統，血縁集団**

男性更年期［male climacteric; andropause; male climacterium; male menopause］　女性の更年期（⇨ **更年期**）と比較される男性の人生の仮説的な時期。一般的に男性更年期として知られている。男性更年期は女性の更年期より約10年ほど後に起こり，テストステロンなどの様々なホルモンレベルの低下と関連していると考えられている。男性更年期の症状としては，倦怠感，記憶力や集中力の低下，性欲の低下，勃起不全，また時にはうつを伴う。

単生児［singleton］　一人で成長した胎児や，一人で生まれた子どものことである。

男性性［masculinity］　男性の特徴を示すと考えられている社会的な役割行動を有すること。遺伝的に決定される**雄性**と対比される。

男性性徴欠乏［anandria］　男性に男性らしさが欠如していること。

単精巣［monorchidism］　陰嚢に1つだけ精巣がある状態のこと。2つ目の精巣は機能していない（⇨ **停滞睾丸**）。
⇨ **停留精巣，異所性精巣**

男性中心主義［androcentric］　女性や女性の経験を排除または過小評価する男性の態度。⇨ **男根中心主義**

男性中心性［phallocentric］　男性の力の象徴としてのペニスに焦点を当て固執すること。

男性度-女性度検査（M-Fテスト，性度検査）［masculinity-femininity test］　被検者の男性性や女性性の度合を測る様々なテストのこと。最も古いものは，ターマン-ミルズ態度関心分析テスト（Terman-Miles Attitude-Interest Test: 1938）である。他には，目録形式のものが多く，ミネソタ多面人格目録（MMPI），ギルフォード-ジマーマン気質検査，ゴフ女性性尺度（Gough Femininity Scale）がある。ベム性役割尺度は，両性具有性を含む数少ない男性度-女性度検査の一つである。

男性の性障害［male sexual disorder］　男性が経験するすべての性機能の問題の総称のこと。⇨ **性的欲求低下障害，男性オーガズム障害，早漏，一次的勃起不全，二次的勃起不全**

男性の同性愛売春［male homosexual prostitution］　参加者が金銭的またはその他の利益のために男性と性交渉を行うこと。研究によって女性の売春と同様に男性売春にも社会的階級が存在することが知られている。最下級はストリートハスラ（street hastler）で大抵の場合は10代の少年であり，彼ら自身がゲイとは限らない。次の階級はバーハスラ（bar hustler）であり，最上級の特権階級はコールボーイ（call boys）であり，彼らは公に客を誘うことはしない。

男性不信［misandry］　男性を嫌ったり，蔑んだりすること。

男性発端者［propositus］　男性の**発端者**のこと。⇨ **女性発端者**

男性ホルモン作用タンパク同化ステロイド［anabolic-androgenic steroids］　筋肉の増強に用いられ，第二次性徴にも影響を及ぼすステロイド類。

淡蒼球［globus pallidus］　**大脳基底核**の一部で，大脳基底核からの出力の主な領域。その出力神経細胞は視床まで伸びており，視床神経細胞が今度は大脳皮質へ投影する。

淡蒼球破壊術［pallidotomy］　電極を用いて淡蒼球を選択的に切除する神経外科手術のこと。淡蒼球切断は，パーキンソン病のような**錐体外路**を含む様々な障害の除去を目的に用いられる。

断層撮影法［tomography］　ある平面上の組織や器官の詳細な構造を明らかにする技術。**コンピュータ断層撮影**や**ポジトロン断層法**などがある。

単相性睡眠［monophasic sleep］　1日に1回長時間眠る睡眠様。一般的には夜に行う。単相性睡眠や二相性睡眠（⇨ **多相性睡眠**）は両者ともに身体的精神的健康や，よりよい覚醒に貢献する。⇨ **睡眠覚醒周期**

断続平衡説［punctuated equilibrium］　進化理論の一つで，新たな種が進化するような急激な変化の時期を，ほぼ

変化のないあるいは全く変化のない比較的長い時期と区別してとらえる説。

**男尊女卑**［male chauvinism］　男性は生まれつき女性より優れているという信念。⇨**排外主義，セクシズム**

**団体（協会）**［society］　特別な目的，あるいは，より一層の公共的利益や活動を目的として設立された組織。

**団体交渉**［collective bargaining］　労働組合化された職場で，雇用者が被雇用者の代表と交渉をするプロセスのことで，賃金，福利厚生，労働時間，および他の労働条件（年功序列制度，規則，解雇手続きなど）について交渉をする。⇨**誠実な交渉**

**団体精神**［esprit de corps］　まとまった集団や組織のほとんどまたはすべての成員に共有された，つながり，コミットメント，目的や**集合的効力感**の感覚のこと。団体精神を備えたグループの成員は互いを身近に感じ，喜んでグループの利益のために自分の個人的な要望を犠牲にすることもある。成員が集団に対して不満をもっていたり関心をもっていない状態である**グループモラール**とは異なり，団体精神は，集団に対する自信や集団に熱を注ぐことを指す。→**凝集性，共有的感情，共有精神，集団連帯**。

**単調**［monotonic］　ある変数が，2番目の変数の増減によって，その方向を変えずに，次第に増加または減少すること。たとえば，単調に増加する変数は，2番目の変数が増加すると上昇する。

**単調関係**［monotonic relationship］　2変数間で，一方の変数の値が増減すれば，他方もそれに一致して増減する関係のこと。

**ダンディ・ウォーカー症候群**［Dandy-Walker syndrome］　胎児の脳の後部の大きな囊胞の先天異常。（a）脳液の量の増加による第4脳室の閉塞，（b）囊胞によって小脳虫部が置き換わったことによる小脳の中部（小脳虫部）の全体または部分的な発育不全。［アメリカの神経外科医ダンディ（Walter Dandy: 1886-1946），神経学者ウォーカー（Arthur Earl Walker: 1907-1995）による］

**断綴言語**［scanning speech］　様々なイントネーションや，無意識に音節間が途切れてしまうなどの特徴を伴う，ゆっくりとした発話のこと。**失調性構音障害**の特徴である。

**端点停止型細胞**［end-stopped cell］　大脳皮質の**視覚野**にある神経細胞で，ある長さの線分や刺激の頂点に対して応答が最大になるもの。このような神経細胞は線分や頂点がある点を超えているときには応答が抑制される。末端停止は有線皮質における**超複雑細胞**の特徴である。

**短答式テスト**［short-answer test］　多肢選択，穴埋め，正誤，選択肢のマッチングのような技術を用いた客観的テスト。対するものとして長く複雑な回答を要求するテストがある。

**弾道様な（バリスティック）**［ballistic］　一度始められた動作（もしくは動作の一部）がフィードバックに基づいた補正を受けない様子を示す用語。弾道様という用語は素早い動作を述べる用語として誤って用いられることがある。⇨**バリズム**

**単独治療**［monotherapy］　単剤療法とも言う。特定の障害あるいは**主症状**を治療するに当たり，様々な方法を組合せて用いるのではなく，単一の方法をとるもの。たとえば，抑うつの治療に対して**薬物療法**と心理療法の組合せを用いる代わりに，薬物療法のみを用いること。

**単独陪審員評決理論**［one-juror verdict theory］　陪審員の間でその事案に共感を示すと期待される潜在的なリーダーを同定し，**専断的忌避権**を通して，すべての他の潜在的リーダーを退けて，陪審員選任過程で用いられる。評議過程でこの人が，自分の視点に賛成するよう残りの陪審員を説得できるかどうかによる。

**タントリックセックス**［tantric sex］　中国の**道教**の哲学的，信仰的なシステムをもとにした性的アプローチ。このアプローチは，性交を高く価値づけ，性的な活動によって長生きができ，不死さえ手に入れられると考える。性的な技法は，パートナーそれぞれが相互的に平等な性的喜びを体験するという狙いがある。長時間の全身愛撫で愛情を形成する段階と，性交を長時間行う技法が強調される。

**ダントロレン**［dantrolene］　一次作用が直接骨格筋に作用する**筋弛緩剤**。これは二次作用として中枢神経系にも影響する。ダントロレンは脊髄損傷，脳卒中，脳性まひ，多発性硬化症，**神経弛緩薬悪性症候群**に関連した筋肉痙攣の治療に用いられる。アメリカの商品名はダントリウム（Dantrium）。

**断念**［renunciation］　1. 一般的に，何かを諦めたり，自制する行為のこと。2. 精神分析理論において，イドの衝動に従うことをエゴが拒否すること。

**タンパク質**［protein］　**アミノ酸**の長いポリマーからなる分子。事実上，細胞機能のすべてに関わり，生体の基本要素であると同時に，**酵素**として細胞の構築，修復，維持を担う。ヒトでは，体内で合成できない必須アミノ酸を供給する働きも担う。**タンパク質欠乏症**は様々な症状を引き起こす。タンパク質の過剰摂取は免疫系を過剰反応させ肝臓の障害の原因となり，肥満にも関係するとされる。⇨**ペプチド**

**タンパク質欠乏症**［protein deficiency］　タンパク質，特に食品や体細胞における完全タンパク質の数が正常より欠けていること。すべてのタンパク質は**アミノ酸**を含む。必須アミノ酸は体内の化学反応では合成できないので，食事により外的環境から摂取しなければならない。アミノ酸は身体の基本的な構造的・機能的過程において必要とされることに加え，グルタミン酸，リジン，シスチンといった数種のアミノ酸は学習やその他の心理的活動でも必要となる。タンパク質欠乏症は，疲労や成長の遅れ，筋肉量の欠如，頭髪の欠如，インスリン抵抗性，ホルモン異常を引き起こす。食品中の炭水化物もしくは脂質の欠乏によって生じるが，これは身体がそれ自体のタンパク質をエネルギー源として消費するからである。反にこうした自己消費的なプロセスをコントロールできなければ，生命維持に必要不可欠な器官への不可逆的なダメージが生じる。⇨**クワシオルコル，消耗症**

**タンパク質代謝**［protein metabolism］　タンパク質の生成分解に関わるすべての生化学反応のこと。酵素，抗体，ある種のホルモン（インスリンなど）やケラチン，コラーゲンといった構造タンパク質，および筋内のアクチン，ミオシンなど多岐にわたる複雑なタンパク質を**アミノ酸**から合成する。基本的な代謝回転に加え，有害タンパク質，異常タンパク質の除去の際にタンパク質は分解され，アミノ酸に戻る。エネルギーが欠乏した際には，蓄積した脂質が枯渇し，グルコースを作るための炭素を捻出するため，タンパク質が分解されるが，この反応は正常な身体の機能を

侵す。

**タンパク質ホルモン**［protein hormone］　タンパク質からなるホルモンの総称。**副甲状腺ホルモン，プロラクチン，成長ホルモン，インシュリン**などが例としてあげられる。

**短波長色素**［short-wavelength pigment］　錐体の3つの集団の1つに存在する**感光色素**で，419 nmの波長に最大の感度をもつ。短波長色素に関する遺伝子の欠如は，青と緑が混同される色盲が生じる形で**3型2色覚**を引き起こす。⇨ **長波長色素，中波長色素**

**断片化**［fragmentation］　部分や細部に分割，分離すること。特に，通常は統合されている思考や行動が，部分に分裂するときの心理学的混乱。たとえば，**連合弛緩**，曖昧思考，衒奇的行動。

**断片的妄想**［fragmentary delusion］　まとまりがなく，未熟な**妄想**，あるいは一貫性がなく論理的な関連をもたない妄想。非体系的妄想（unsystematized delusion）とも言う。⇨ **体系妄想**

**単変量研究**［univariate research］　1つの従属変数を用いた研究。

**単変量の**［univariate］　変数が1つであること。

**単峰分布**［unimodal distribution］　特性値の周りに集まる得点の傾向を反映する一つの最頻値（地理的分布の中で1つの峰として表される）をもつ得点の集合のこと。⇨ **双峰分布**

**単まひ**［monoplegia］　片腕，片脚，一本の指だけ，のように体の一部分だけがまひすること。

**断眠**［sleep deprivation］　計画的な睡眠の抑制，実験的な目的のものもあるが，囚人による苛酷な懺悔の方法や処罰の形態としても用いられる。これまでの研究によれば，一晩眠らないことは身体的，精神的機能への実質的な効果はもたず，30～60時間起き続けた被験者は，小説を読んだり，課題を試してもほとんど欠陥がみられなかったが，注視のような退屈な課題には耐えられなかった。また，これ以上断眠が続くと，言葉が不明瞭に発音され，心理検査の成績はますます低くなる。見当識障害や現実からの解離，知覚変容，妄想反応のような精神病の多くの症状は6～7日の断眠後，発現する。

**断面**［cross section］　検査のために物体や臓器を切断した面。⇨ **冠状断面，水平断**

**短絡**［shunting］　血液や脳脊髄液を，臓器や体の一部から他のところへ迂回させること。この過程は，先天性欠損や水頭症の症状を和らげるために脳の外部にある首の静脈に脳脊髄液を人工的に流す外科手術の際に生ずる。⇨ **脳室心房短絡**

**談話分析**［discourse analysis］　言語学で，会話，物語，文書など，単一の文を超えた構造を研究する分野。談話分析では特に，2つ以上の文の連続が，個別に文を考えたときに見出される意味とは異なった，あるいはそれ以上の意味を，どのように産み出すかに関心がある。そうした意味の重要な源は"フレーム"，つまり談話の形式（ニュース記事，御伽噺，ジョークなど）であり，フレームが示唆する様々な規則を認識することである。会話を支配する規則や期待は，会話で用いられる言語構造一般とともに，談話分析の主要な関心事となっている。さらに，特に関心がある領域として，背景情報と注意を向ける前景情報（⇨ **前景化，新旧区別**）の区別，明示的・暗示的な意味の関係（⇨ **会話上の推論，含意，前提**）がある。

**談話領域**［universe of discourse］　所与の話題を分析し，理解することができるような考えや概念，用語，表現などの総合的な体系。論議領域（領界）ともいう。談話領域は，ある対象について何を言えるのか，およびどのように言えるのかを定義する。ある特定の談話領域の中で意味のある発言は，他の談話領域の中では意味をもたない可能性がある。たとえば，"悲しい空が泣いている"は詩においては容認されるが，気象学ではほとんど容認されない。談話領域の考えは，**フェミニズム，ポスト構造主義**流派の急進的な論者によっても研究されてきた。そのような批評家は，ある特定の社会において談話領域をコントロールすることによって，何を語り，考えられるのか，また何を語れず，考えられないのかを，権力をもつエリートがコントロールしていると主張している。

# ち

**チアネプチン**［tianeptine］ 三環系構造をもつ新しい抗うつ薬。従来の抗抑うつ薬と異なり，シナプス前のセロトニン（⇨ **SSRIs**）の再摂取を遮断するのではなく促進し，その結果，セロトニンの神経伝達を減少させる。効能は従来の反抑うつ化合物と似ており，アメリカで臨床的使用について調査されている。フランスの商品名はスタブロン（Stablon）。

**チアミン**［thiamine; thiamin］ 種々の食物や血漿，脳脊髄液に含まれるビタミンB複合体のこと。チアミンの不足によって，脚気，**アルコール性ニューロパチー**および**コルサコフ症候群**が起こる。深刻な場合，**ウェルニッケ脳症**になることもある。ビタミン$B_1$（vitamin $B_1$）とも言う。

**地位**［status］ 個人またはグループの状態や位置のことであり，たとえば社会集団の中での個人の立場のこと。

**地位関係**［status relations］ グループや組織内の服従と権威を決める，相対的な名声と尊敬のパターンのこと。いわゆる「命令系統」，**順位制**，**つつきの順位**のこと。権威関係（authority relations）とも言う。

**地域言語学**［areal linguistics］ 決められた地理的区域内で，地域的な影響を強調して言語や方言を検討する学問のこと。このアプローチは，**言語類型論**や**系統言語学**とは異なる。

**地域精神**［Ortgeist］ 原語はドイツ語で"土地の精神"を意味する。この用語は，特定の地域における物理的，文化的な環境が，社会的，経済的，芸術的な人間生活の発展に影響をもつことを表すために用いられる。

**地域標本抽出法**［area sampling］ 研究のために対象者を選定する方法の一つであり，たとえば，事前に特定の地区，街，家，あるいはその他の地理的な地域のもとに研究対象者が選定されるような方法。

**地域密着型介護システム**［boarding-out system］ 重度の精神疾患をもつ親を，居宅環境において介護するシステム。⇨ **ギールコロニー**

**地位勢力**［position power］ 組織や集団において意思決定をしたり，集団への献身を要請したりする権利をもつ公的地位に就いていることを，周囲の他者が認めることによって生じる他者への影響力。換言すれば，この勢力は地位それ自体と関連し，その地位に就く人物には依存しない。⇨ **正当勢力**，**勢力**

**地位比較**［status comparison］ 自分の能力と立場に関する他者との比較のこと。

**地位役割**［status role］ グループ内の一流の，高位の，あるいはその他の影響力のある地位のこと。

**チェス盤錯視**［chessboard illusion］ 網膜に接近して，意図的にねじれたチェッカーボードパターン（ヘルムホルツのチェスボード）が提示されるときに起こる奥行きの錯覚のこと。このパターンは，中央に小さな正方形を含んでおり，周辺に向かっていくにつれて連続的に大きくなっていく。正方形の連続的な拡大は，網膜の周辺における像の連続的なねじれを補う。［ドイツの生理学者・物理学者ヘルムホルツ（Hermann Ludwig Ferdinand von Helmholtz: 1821-1894）による］

**チェッカーボードパターン**［checkerboard pattern］ 視覚的に反応する脳細胞を刺激するために，精神物理学の実験において使われる明るい四角と暗い四角が交互に配置されたパターンのこと。

**チェック**［check］ 1. 観測値や計算の正確さの検証。2. 観測値や計算の正確さを検証すること。

**チェック表示**［check reading］ 人間工学の用語。マシン・ディスプレイがシステムの状態についての情報を提供し，そのシステムが通常許容される限界内で作動しているかどうかを操作者が査定するために用いられるもの。⇨ **警報器**

**チェックリスト**［checklist］ 観察，記録，治療対象の項目リスト。⇨ **行動チェックリスト**

**チエノベンゾジアゼピン**［thienobenzodiazepine］ アメリカ市場に1996年に導入された**非定型抗精神病薬**。オランザピンを含む化学的な化合物に関連する種類に属する化合物。

**遅延**［retardation］ 条件づけにおいて，学習・獲得された条件反応の出現が，以前の経験のために遅れること。たとえば，後に条件刺激として使用される刺激の呈示が，条件づけの成立を遅らせることがある。

**遅延強化**［delayed reinforcement］ 反応が生じた直後には行われない**強化**のこと。遅延は知らされることもあれば，知らされない場合もある。遅延が知らされる場合，刺激変化は反応後すぐに起こり，強化子が生起するまでその刺激は残る。一方，遅延が知らされない場合，刺激の変化はない。

**遅延効果**［delayed effect］ 原因となる出来事や要因に触れた後にいくらか時間をおかないと観察されない効果のこと。最終的には，明白な効果を持つ過程や連続した出来事を開始することで，（効果を生むことを）促進するような出来事が間接的に効果を持つ。⇨ **因果潜時**，**遠因**

**遅延再生**［delayed recall］ 以前に獲得した情報を思い出す能力。記憶の実験室研究で頻繁に用いられる一方で，神経心理学でも，既定の規準と比較して獲得した情報がどのくらい失われたのかを検討するために用いられる。

**チェンジエージェント**［change agent］ 地域のメンタルヘルス向上を目指し，社会政策計画，社会貢献，ソーシャルエンジニアリングにおいて積極的に役割を担うメンタルヘルスの専門家のように，組織あるいは集団の中に変化を引き起こす，あるいは，実際に変革する個人のこと。

**遅延射精**［ejaculatio retardata］ 多くの場合，心因性の要因，または，老化，薬物使用によって，性交時，射精までの時間が過度にかかること。意図的に遅らせられる場合もある。

**遅延条件づけ**［delay conditioning; delayed conditioning］ **パブロフ型条件づけ**において，**条件刺激**が，**無条件刺激**が呈示されるまでの一定の時間（遅延）呈示され続ける手続きのこと。このような対呈示を繰り返し行うことで条件反応が生じる。遅延が十分に長い場合には，**延滞制止**が観察されることがある。

**チェーン-ストークス呼吸**［Cheyne-Stokes breathing］ 1回の換気量の増加と減少の割合が交互に生じる不自然な

呼吸。未熟児や昏睡状態の成人でみられる。[スコットランドの医事文筆家チェーン（John Cheyne: 1777-1836），アイルランドの内科医ストークス（William Stokes: 1804-1878）による］

**遅延聴覚フィードバック**［delayed auditory feedback: DAF］聴覚フィードバックの一つ。聴取者は，自分の声が話された後短い時間をおいて，ヘッドホン越しに自分の話す声を聴取する。数々の発話障害や言語障害，とりわけ吃音症において，流暢性を高めたりろれつをより明瞭にするよう仕向けるための手法の一つである。矛盾しているようにみえるかもしれないが，遅延聴覚フィードバックにおける遅延は，流暢に発話する健常者において**流暢性不全**を引き起こすことが知られている。

**遅延反射**［delayed reflex］刺激後，異常に長い潜時をもつ反射のこと。

**遅延反応**［delayed response］**弁別刺激**が取り除かれて一定時間が経過した後に生じる反応のこと。動物に対する最も一般的な遅延反応課題（delayed response task）では，動物は，遅延時間経過後に，報酬がある場所を想起する必要がある。

**遅延フィードバック**［delayed feedback］特定の動きをガイドまたはモニターする際に用いられる感覚からのフィードバックが遅れること。遅延フィードバックは意思決定や行動の妨げとなる。たとえば，話しているときの**遅延聴覚フィードバック**は話の速さや処理に重大な妨げをもたらすことがある。

**遅延変化課題**［delayed alternation task］遅延反応課題の一種で，人間以外の動物を対象としており，試行ごとに反応を交互に変えなければならない。最も一般的な課題では，試行間に一定の遅延をはさんで，報酬となるエサが交互に反対側へと移される。動物は事前の試行とは反対側にある容器にエサが入っていることを学習しなければならない。遅延反応変化（delayed response alternation）とも呼ばれる。

**遅延見本合わせ課題**［delayed matching to sample: DMTS］条件性弁別に関連する手続きの一つ。実験参加者はまず見本として刺激を呈示され（学習フェーズ），様々な遅延時間をおいた後，一対の刺激が呈示される（テストフェーズ）。課題は，学習フェーズで呈示された見本と一致する刺激をテストフェーズの刺激から選択するというものである。見本刺激と一致する刺激に反応すると，その反応は強化される。遅延なし見本合わせ課題（zerodelay matching to sample）では，実験参加者が反応するとすぐに見本刺激は取り除かれ，それと同時に比較刺激が呈示される。見本刺激とテスト刺激との時間間隔が長くなればなるほど課題は難しくなる。遅延非見本合わせ課題（delayed nonmatching to sample）では，実験参加者は学習フェーズで呈示されなかった刺激を選ばなければならない。⇨ **見本合わせ**

**チオキサンテン**［thioxanthenes］**抗精神病薬**のグループ名。中間効能の一般的なものであり，薬理活性や分子構造は**フェノチアジン**に似ている。チオキサンテンは主に精神障害の治療に用いられる。フェノチアジンのように，心臓血管や抗コリン作用薬，またドーパミン遮断薬と同様の**錐体外路症状**といった副作用を引き起こす。これらの薬物の使用は新たな抗精神病薬にとって代わられている。チオキサンテンはチオチキセン（thiothixene）（アメリカの商品名はナーベン：Navane）やフルペンチキソール，**ズクロペンチキソール**を含んでいる。チオチキセンのみがアメリカで使用することができる。

**チオペンタール**［thiopental］初期に意識を即時に失わせるように作用する麻酔薬として用いられた，作用の短い**バルビツール酸塩**であり，覚醒剤や痙攣誘発薬の過量投与の解毒剤として用いられることもある。かつては，心理療法の分野において，リラクセーションの状態を引き起こしたり，被暗示性を高めたりすることに使われていた。非医学的な分野においては**自白薬**として悪名を轟かせている。アメリカの商品名はペントタール（Pentothal）。

**チオリダジン**［thioridazine］ピペリジンフェノチアジンクラスの作用の弱い抗精神病薬であり，そのクラスの薬物に類似している。鎮静状態や抗コリン作用薬の副作用を引き起こす。一日の投与量が 800 mg を超えると網膜変化を引き起こし，失明に至らせるようなチオリダジン特有の副作用をもつ。また心拍リズムの撹乱を引き起こす。つまり，Q-T 間隔を延長するその薬効が致死的な不整脈（⇨ **心電計効果**）を引き起こすということである。心不整脈の患者や Q-T 間隔を延長する薬を投与している患者にこの薬を投与すべきではない。アメリカの商品名はメラリル（Mellaril）。

**知覚**［perception］感覚によって物体，関係性，事象に気づく過程もしくは結果のことで，認識する，観察する，弁別する，などの活動が含まれる。これらの活動は生体が刺激を組織化したり解釈したりして，意味のある知識として受け取ることを可能にする。

**知覚-運動学習**［perceptual-motor learning］重要な刺激の知覚的弁別と，適切な運動反応の関連づけを必要とする能力の学習（たとえば，ボールを打つことや自動車を運転すること）。

**知覚運動協応**［perceptual-motor coordination］進行中の運動の制御に知覚的に生成された情報（たとえば視覚や触覚）を用いること。

**知覚運動対応**［perceptual-motor match］知覚情報を，以前に学習した運動反応セットと関連づける能力。脳に損傷のあるヒトは，知覚と運動反応の関連づけが自動的にできないため，眼に入るものすべてに触れてみなくてはならない場合もある。

**知覚化**［perceptualization］統合失調症における，抽象概念の特定の感覚への変換。たとえば，自己評価が低い者が，体から悪臭を感じるという幻覚を持ったり，性格が腐っているため，体から腐臭を発するという幻覚を持ったりする。知覚化は**アクティブな具体化**の最も進行した段階である。［イタリア生まれのアメリカの精神科医アリエッティ（Silvano Arieti: 1914-1982）によって定義された］

**知覚学習**［perceptual learning］外界における刺激と物体の関係，もしくは刺激間の違いを知覚できるようになること。

**知覚拡大**［perceptual expansion］理論的，情緒的，感覚的データを意味ある方向へ認識し，解釈し，組織化する能力の発達のこと。

**知覚過敏［1］**［hyperesthesia］あらゆる感覚における極端な反応のこと。とりわけ，触覚に対する異常な敏感さがあげられる。

**知覚過敏 [2]**［acroesthesia］手足に対する刺激への異常な過敏さ。神経科医はこれを**異常感覚**と呼ぶ。⇨ **先端知覚まひ**，**肢端触覚異常**

**知覚の構成理論**［constructive theory of perception］観察者が，無意識的に，距離や過去の経験と網膜像から知覚の構成までの情報を統合するという理論のこと。

**知覚訓練**［perceptual training］知覚した物体や事象を具体的な表現として解釈するための，個人の能力を高める方法。たとえば，子どものアルファベットの文字を認識する能力を高めるためには，それらの文字をなぞることが有効であると考えられる。

**知覚欠損**［perceptual deficit; perceptual deficit］感覚体験を体系化したり解釈したりする能力の障害のことで，人や状況，言葉，数字，概念，イメージを観察したり，認識したり，理解したりすることが困難になる。

**知覚合成**［perceptual synthesis］聴覚における，欠落した音もしくはかすかな音を知覚する現象のことで，それらが作る隙間がホワイトノイズで埋められたときに生じる。

**知覚された自己 [1]**［perceived self］自分でも認めている個人的な性質に関する主観的評価。

**知覚された自己 [2]**［self as known］内省を通じて理解する自己の側面。⇨ **経験的自己**，**主格の自身**

**知覚障害**［perceptual disturbance; perceptual disorder］知覚の障害のこと。たとえば（a）単語ではなく文字を認識する，（b）大きさもしくは方向が判断できない，（c）背景を前景と混同する，（d）音や眼に見えるもので意味のないものを排除することができない，（e）身体像の歪み，（f）空間的関係の理解の困難さ（例，直線と曲線の違いの知覚）などがあげられる。

**知覚遅鈍**［bradyesthesia］遅延した，もしくは鈍くなった感覚。

**知覚手がかり**［perceptual cues］刺激やその特徴を特定したり判断したりするために，特定の状況や環境で生体によって知覚されたり利用されたりする刺激の特徴のこと。

**知覚的アンカリング**［perceptual anchoring］他のアンカーとなる刺激と比較して，刺激の性質を知覚する過程。

**知覚的鋭敏化**［perceptual sensitization］情動的に影響を受けやすい，もしくは脅迫的な出来事に対して感覚の閾値が低下すること。

**知覚的構え**［perceptual set］1．ある物体や出来事を知覚するための一時的な準備のこと。たとえば，自動車を運転する人は安全を脅かすかもしれないなど物事を特定するための知覚的構えをもつ。⇨ **選択的知覚**，**構え** 2．人が物体，出来事，人物を知覚する方法に影響を与える**スキーマや準拠枠**。たとえば，勤務中の警察官と画家は，混雑した通りの状況を全く異なった知覚的構えで捉えるであろう。

**知覚的消失**［perceptual extinction］脳の片側の頭頂-後頭領域における損傷による影響のことで，通常は触覚刺激もしくは視覚刺激であるが，刺激が検出されなくなる。もし単一刺激が正中線に対しどちらか片側に提示されても，その刺激は検出される。しかしながら，2つの類似した刺激が正中線に対しそれぞれの側に一つずつ，同時に提示されると損傷領域とは反対の身体側に提示された刺激が検出されなくなる。この現象は注意のメカニズムを調べる神経心理学的研究で用いられている。感覚消失（sensory extinction）や感覚性不注意（sensory inattention）とも呼ばれる。

**知覚的スキーマ**［perceptual schema］感覚器を通して意識に上ってくる情報を解釈するための，もしくはある特定の知覚的情景がどのように見えるのかという予期を活性化するための**準拠枠**を与えるメンタルモデル（mental model）。⇨ **スキーマ**

**知覚的体制化**［perceptual organization; perceptualization］感覚に与えられる構造，パターン，形態などの特性に基づいて概念的な体制化を行う過程のこと。各感覚が，このような組織化のスキーマを成立させる（もしくは学習する）。伝統的なゲシュタルト心理学によれば，部分は体性化されて，独立した単なる部分にとどまらない全体像を形成する（⇨ **体制化のゲシュタルト原理**）。芸術家は伝統的に知覚的体制化の原理を用いて目的とする気分や感情を創造したり，観察者の期待に挑んだりしている。

**知覚的定位**［perceptual localization］刺激（たとえば音）の物理的位置を決定する能力のこと。⇨ **音源定位**

**知覚的手がかり**［perceptual cues］望ましい行動が何であるか示唆する状況の特徴のこと。⇨ **要求特性**

**知覚的統合**［perceptual synthesis］外界および外界との相互作用に関する知識を形成するために，すべての感覚器からの経験を統合すること。類似点と相違点の観点から重要でない情報を削除することも含まれる。

**知覚できない差異**［imperceptible difference］2つの刺激事象間において，観察者の**弁別閾**以下で提示される物理的な差異。結果として，2つの事象は，物理的には同じではないものの，心理的には同じ事象として判断される。

**知覚的表象システム**［perceptual representation system; PRS］物体と言葉を同定する機能をもつ**記憶システム**。これまでに経験した刺激を素早く認識することを可能にする。知覚はこれまでに経験した形式，つまり見た言葉なのか聞いた言葉なのかによって認識される。知覚的表象システムは刺激の意味を認識しない。刺激の意味は**意味記憶**により扱われる。

**知覚的分類**［perceptual classification］分類課題において，知覚的特徴に基づいて項目をまとめること。⇨ **相補的分類**，**概念分類**

**知覚的閉合**［perceptual closure］不完全な刺激（たとえばある部分が欠けた円の線画）が完全である（たとえば全部そろっている円）として知覚される処理のこと。⇨ **閉合**

**知覚的変換**［perceptual transformation］新しい情報を包含したり，異なる観点を導入したりすることによって，問題や出来事や人物が知覚されるやり方を変えること。

**知覚的防衛**［perceptual defense］精神分析における，不安喚起刺激が無意識に歪曲されて生じる知覚の錯誤のこと。もしタブー語がいきなり提示されたならば，それは誤って解釈される。たとえば，anal という単語刺激が提示されたならば，被験者は無難な語である canal を見たと報告するだろう。

**知覚的ユーザー・インターフェース**［perceptual user interface］コンピュータシステムが使用者の顔の表情・発話・ジェスチャー・動き・その他ユーザーに特徴的な知覚に基づくコミュニケーションのパターンを"知覚"し，解釈し，適切に反応することを可能にするインターフェー

ス。現実世界で人々が経験する接触に似た，現実に基づく，相互作用的な体験を提供することが目的である。⇨ グラフィカル・ユーザー・インターフェース，タンジブル・ユーザー・インターフェース

**知覚的流暢性**［perceptual fluency］　視覚対象が処理される容易さのこと。**視覚的注意**の知覚的流暢性理論（perceptual fluency theory）では，連続する試行で**ディストラクタ**を提示する間に所定の対象を繰り返し提示することで，その対象への知覚的流暢性が増加すると考える。その結果，対象とディストラクタを区別することが容易になる。

**知覚闘争**［perceptual rivalry］　同一物体の異なる知覚が両立しないこと。2つの異なる知覚の解釈が可能な**曖昧図形**を見たとき，知覚の結果としては常に1つのみ可能であり，知覚は2つの競合する解釈の間で入れ替わる。この知覚の切り替えは主には意図せずに生じる。

**知覚の恒常性**［perceptual constancy］　照明の強さや網膜上の像の大きさ，混同する状況手がかりのような実際の刺激条件の変化に関わりなく，物体の特徴（たとえば大きさ，形，色）の知覚を維持する能力のこと。⇨ **形の恒常性，大きさの恒常性，明るさの恒常性，白色恒常性**

**知覚のサイクル仮説**［perceptual cycle hypothesis］　認知が知覚探索に影響を与え，続いて認知が現実世界の経験によって修正されるといったように，認知，注意，知覚，そして現実の世界を結ぶサイクルが形成され，そのサイクルにおいて，それぞれが相互に影響を及ぼしているとする理論。それゆえに，感覚経験は完全に内的なものでも，外的なものでもない。［1976年にアメリカの認知心理学者ナイサー（Ulric Neisser: 1928- ）によって提唱された］

**知覚の再構成**［perceptual restructuring］　新しい情報に適応するために知覚を修正する過程のこと。

**知覚の変容**［perceptual transformation］　以下の2つによって生じる**知覚表象**の変容のこと。一つは（a）物理的刺激への追加，物理的刺激からの削除，または物理的刺激の変化であり，もう一つは（b）刺激の新たな解釈，構えもしくは態度の変化，またはその構成要素に関する突然の洞察，である。

**知覚場**［perceptual field］　**ゲシュタルト心理学**において，個々人が特定の時間で知覚する環境の全体を指す。つまり，その時に気づいている環境のあらゆる側面のことである。

**知覚発達**［perceptual development］　身体的・心理的発達過程における感覚技能を獲得すること。すなわち，感覚刺激を意味のあるものへ組織化することを可能にすること。

**知覚表象**［percept］　**知覚**の産物であり，個々人により体験される刺激物体や事象のこと。

**知覚フィルタリング**［perceptual filtering］　常に存在している多数の感覚刺激の中から選択された一部に注意を向ける過程のこと。多数の情報源を処理したり応答したりする認知的，物理的能力には制限があるため，知覚フィルタリングは欠かすことができない。⇨ **ボトルネックモデル**

**知覚分離**［perceptual segregation］　物理的境界によって，もしくは注意をそらす手法によって，全体から**知覚場**の一部分に分離すること。

**知覚変動**［fluctuation of perception］　競合する刺激間で知覚が交互に変化する傾向のことであり，刺激は統合されたり合成されたりすることはない。⇨ **双安定性知覚**

**知覚変容**［perceptual distortion］　知覚体験の不正確な解釈のこと。例としては，夢や幻覚剤で作り出される歪んだイメージ，幾何学的錯視（例，**ミューラー・リヤー錯視**），感覚遮断や脱水症の状態で生じる視覚，聴覚刺激を変えることで生成される歪みなどがあげられる。また，知覚の歪みは後天的脳損傷の結果でも生じることがある。⇨ **変視症**

**知覚様式**［perceptual style］　知覚刺激に注意を向け，選択し，変更し，解釈する際の特徴的な様式。知覚機能は，個々人の様々な心理的機能不全によってゆがめられるという考えもある。

**力の場**［force field］　**場の理論**の，変化（たとえば，行動変化）に影響する任意の瞬間に共存する要因の全体性のこと。

**痴漢**［molestation］　嫌がっている相手に対して，性的ないたずらをする行為。一般的には，"合法的な同意なく"被害者の体を撫で回したり触ったりする行為を指す。被害者が子どもや知的障害のある者の場合，法的にみて，彼らが当該行為に対して同意を与える能力はないと考えられる。⇨ **性犯罪**

**置換検査**［substitution test］　受検者がある記号の代わりに他のものを代用するような検査。置換検査の例であるコード検査では，記号や文字が数字の代わりとして用いられる。

**置換療法**［replacement therapy］　1．個人内で欠損したものの代用として，自然物あるいは人工物を用いる治療。⇨ **ホルモン補充療法** 2．建設的な活動や関心事に焦点を当てた治療を用いることで，異常な思考や行動をより健全な思考や行動に取って代える手続きのこと。

**地球外生物による誘拐**［alien abduction: extraterrestrial kidnapping］　個人が地球外生物（extraterrestrial: ET）に誘拐されたことがあると主張すること。この現象は，一般に妄想的思考や**外傷後ストレス障害**や急性ストレス反応に関連するものであるが，これを主張する者は他の明らかな精神障害の症状をもたない。このような主張の妥当性を支持する決定的な証拠は得られていない。

**チキンゲーム**［chicken game］　取引と競争に関する実験的研究で用いられる実験用のゲームの一種で，相互作用関係にある各当事者が，協力的な選択肢よりも非協力的な選択肢を選ぶと勝利するもの。たとえば，信号のない狭い交差点で2台の対向車が停止し，どちらの運転手も急いでいる場合（すなわち，どちらも自分の目的を達成しようとしている場合），双方とも自己の利益を追求し（非協力的な選択肢を選ぶ），相手が道を譲ってくれることを期待し（すなわち，相手がより協力的な方法を選ぶことを期待する），先に交差点を渡りたいと考える。双方とも非協力的な方法を取りうるという危険が生じる。このゲームは，相手と協力する，あるいは対抗する誘因のどちらももっている**囚人のジレンマ**とは異なる。⇨ **ゲーム理論**

**遅筋線維**［slow muscle fiber］　**骨格筋**の中にみられる筋線維の一種。ゆっくり収縮するが疲れにくい。⇨ **速筋線維**

**痴愚**［imbecility］　かつては，IQが25～55の間である，中程度から下程度の知的障害であり，社会的・実践的スキ

ルは2歳〜7歳と同程度であることを意味した。このレベルの知的障害は，現在，**重度精神遅滞**もしくは**中等度精神遅滞**と表現される（程度による）。

**逐語再生**［verbatim recall］ 言語材料の一字一句を想起すること（たとえば，会話，詩，引用をそのまま再現する）。⇨ **機械的再生**

**逐語的痕跡**［verbatim trace］ 正確で一字一句もとどおりの記憶表象。**ファジートレース理論**によれば，逐語的痕跡は，**ファジートレース**と比べて，アクセスしにくく，一般に使用するのに多くの労力を必要とし，干渉と忘却の影響を受けやすい。

**逐次効果**［sequential effect］ 選択反応課題において，直前の先行試行が現在の試行におけるパフォーマンスに影響すること。**プライミング効果**のように，自動的な要素と戦略的な要素の両方を含む。

**逐次悉皆探索**［serial exhaustive search］ **短期記憶**内の特定の対象項目を探索するという仮説的なプロセス。適合するかどうか各項目を順番に調べるプロセスを含む。

**逐次探索**［serial search］ 探索課題において，一度に1つの対象を探索する処理。⇨ **並列探索**

**逐次分析**［sequential analysis］ 一群の統計的な手続きである。この方法では，実験を進めながらその都度，データ収集を継続するかどうかの決定がなされる。標本の大きさが事前に決められていて，全標本の収集を終えてから初めてデータを解析する研究と対照をなす。

**治験**［clinical trial］ 新しい治療法や新薬の効果を，既存の標準的治療やその他の対照条件（⇨ **統制群**）と比較するために計画された調査研究。治験は，一般的に，科学的な疑問に答え，特定の疾患や異常を抱える人々へのより良い治療法を発見することを目的として行われる。

**遅効性薬剤**［slow-release preparation］ 有効成分が長期間にわたって放出されるように処方されている薬物製剤のこと。たとえば，皮膚に貼り付けられ，それを通して成分がゆっくりと放出される経皮パッチの形式と，有効な薬量が胃と腸で溶ける比率が異なるよう分かれてコーティングされている長期放出カプセルの形式などがある。注入可能な遅効性の形式（デポ製剤）は通例，油性である。それらは，体内の貯蔵脂肪の中に吸収され，数日から数週間の長期にわたって放出される。長期除放性製剤（extended-release preparation），除放性製剤（sustained-release preparation）とも言う。

**知識**［knowledge］ 1. ある特定の話題や世界一般についての情報や理解のこと。通常は体験や学習によって獲得される。2. 何かが実在することに対して気づいていること。

**知識・スキル・才能および他の特徴**［knowledge, skills, abilities, and other characteristics: KSAOs］ **人事選考**，**配置**，**業績審査**，**職業訓練**を目的として測定される従業員や採用者の特性。業務に関わる課題の詳細な分析に基づいて，従業員に求められる資質が特定される。⇨ **職務要件**，**人材募集条件**，**実質的職業資格**

**知識抽出法**［knowledge elicitation］ 人間工学において製品やシステムに関するユーザーの知識の中身を引き出す様々な方法。その方法には，**事例ベース推論**，**会話分析**，**課題分析**が含まれる。知識の抽出には**専門家初心者の差異**が考慮されなければならない。

**知識の島**［islands of knowledge］ 分割され，組織化された専門的知識の小さな領域。こうした知識の組織化は，工学や薬学の分野の専門家によくみられる。これらの専門家は，視覚的イメージ，比喩，抽象的論理形式，直観的な経験則を使用しながら，それぞれの知識の島の間を自発的に移動する。

**知識の想起理論**［reminiscence theory of knowledge］ ギリシャの哲学者プラトン（Plato: BC 429-347）の理論で，知識は，人間が物の本当の形や本質に触れる，誕生以前の仮定的実存から生じるというもの。誕生の後，この知識は想起や回想の精神過程を通して回復する。プラトンによると，これは"perfect equality"など，経験からは引き出しえない特定の観念的概念に関する，人間の知識についての唯一可能な説明である。⇨ **プラトン的理想主義**，**イデア論**

**知識表象**［knowledge representation］ 人工知能プログラムにおいて，知識や意味情報を符号化するのに用いられる方法。これは（通常は）実装されたコンピュータ言語ではなく，その言語を用いて符号化された，体系的に開発された構造である。たとえば，述語論理や**概念依存**，**フレーム**など。

**知識ベース**［knowledge base］ 1. ほとんどの認知課題におけるパフォーマンスに影響する，個人の一般的な背景知識のこと。2. 事実や推測に基づいた情報の貯蔵庫のこと。通常は機械処理可能な形態をもつ。3. 組織が特定の問題や事柄に対処しようとするときの指針となる，蓄積された情報（調査や最優良事例など）のまとまり。

**知識欲**［epistemophilia］ 知識に対する愛。研究や探究することへの強い欲求。⇨ **好奇心**

**致死性家族性不眠症**［fatal familial insomnia］ 脳の**プリオンタンパク**を原因とする，**常染色体優性**の障害。視床の異常が原因となり進行性不眠症や認知症が引き起こされ，発症後約18か月で死に至る。

**地誌的見当識障害［1］**［topographagnosia］ 脳の半球にある**頭頂葉**のうち，片方への損傷により引き起こされる地理的方向に関する障害。この症状を持つ者は周囲の道案内をするのが苦手で，通りで道に迷う可能性がある。

**地誌的見当識障害［2］**［topographical disorientation］ 大脳皮質の損傷による空間視覚化の障害。自分が住んでいる家の中の部屋の配置や，部屋の中の家具の配置を再生できないといった例がある。さらに，隣の家の目印やその他の物も再生したり記述したりすることができない。

**致死率**［lethality］ ある計画的な行動に関連した危険の割合，あるいは死亡の見込み。自殺の方法を比較する時にしばしば用いられる。

**致死率尺度**［lethality scale］ 自殺もしくは自殺未遂が起こる確率を予測するのに用いられる基準のこと。そのような尺度は様々あるが，そのほとんどが性別，以前の自殺未遂，精神科の診断と往来歴を含む。

**致死量**［lethal dose: LD］ 死をもたらすのに必要な薬物の投与量。一般的には，投与される薬物によって動物の50％が死に至るために必要な服用量である半数致死量（median lethal dose: LD$_{50}$）で表される。⇨ **有効量**

**地図追跡課題**［map-tracing test］ 視覚的空間関係を表象し空間内での自分の向きなどを把握する能力を測定する検査。たとえば，地平線など参照になる情報がまったくない状態で空間の上下を区別するというような航空パイ

ロットに必要な能力を測ることができる。

**知性 [1]** [nous] 古典的なギリシャ哲学における理性あるいは知性を表す。プラトン（Plato: BC 427-347）は知性（ヌース）を理性の最高の形式とし，現実の基本的で変わらない原則について理解することができるとした。またアリストテレス（Aristotle: BC 384-322）は，一時的な出来事と偶発的な出来事の理解を可能にする経験から得られる知識（それは本質と非偶発性の理解を可能にする）と知識としてのヌースを区別した。後のプラトン派や新プラトン派の考えでは，ヌースは時々，宇宙自体を支配している合理的な原則と同一視された。⇨ **新プラトン主義**

**知性 [2]** [intellect] 1. 精神の**知的機能**の総称。2. 抽象的，客観的な推理を行う能力。特に，感じる，想像する，行動することの能力と対比される。

**知性主義** [intellectualism] 心理学において，認知機能がすべての心的状態よりも卓越しているという立場。感情や動機づけなどが経験されている状態は，より基礎的な認知状態から説明される，あるいは生じる，とする。

**知性の構造モデル（SOI）** [structure of intellect model: SOI] 5つの操作（認知・記憶・拡散的思考・収束的思考・評価），6つの所産（単位・類・関係・体系・変換・含意），5つの内容（図形的・意味的・行動的・聴覚的・視覚的）の，合計150（初期版の理論では120）の独立した知能因子を仮定する知能モデル。この理論を支持する根拠はかなり弱く，その大部分はアメリカの心理学者ホーン（John L. Horn: 1928- ）によって否定された。⇨ **ギルフォードの知能の次元**［1950年代にギルフォード（Joy Paul Guilford）によって最初に提唱された］

**父親殺し** [patricide] 1. 父親を殺すこと。2. 父親を殺した人。⇨ **母親殺し**

**父の名** [name-of-the-father] フランスの精神分析学者ラカン（Jacques Lacan: 1901-1981）の理論において，幼児が**象徴界**期に入ったことを示すもの。幼児が「父親の名を名乗る」ことは，象徴化を初めて用いることでもあり，**エディプス・コンプレックス**で父親がライバルであることを初めて認めたことを意味する。⇨ **鏡像段階**

**父親理想** [father-ideal] 精神分析理論における，**自我理想**の中の父親部分であり，両親との同一化を通して形成される。

**父方居住** [patrilocal] 結婚した夫婦が夫の父もしくは親戚と一緒に（あるいはその近くに）居住すること。もしくは，そのことが規範となっている文化。

**父への固着** [father fixation] 精神分析理論における，父親に対する過度に強固な愛着のこと。

**父−娘の近親姦** [father-daughter incest] 父親とその娘の間でもたれる性的な関係のことで，近親姦において最も多い。

**膣** [vagina] 哺乳類のメスがもつ筒型の構造で，子宮頸部から体外へとつながる。膣の筋肉壁は粘膜で覆われていて，膣口周辺の2組の**前庭腺**が性交中のペニスの挿入を助ける分泌液を出す。

**膣オーガズム** [vaginal orgasm] 1. 膣を刺激することで得られる快感。2. 初期の精神分析理論によれば「成熟した女性」のオーガズムは，クリトリスの刺激によって生じる。この見解は長い間，異議を唱えられてきた。実際に，研究者たちはクリトリスが女性の性的な応答の焦点であり，膣のオーガズムが主として性交の間の陰核と陰唇の間接刺激に関連することを示した。⇨ **性交無オーガズム症**

**膣外射精** [coitus interruptus] 性交中，オーガズム前にペニスを引き抜き，膣外でオーガズムを迎えること。主に，妊娠の確率を下げるために行われるが，いくらかの精液はオーガズム前に分泌されるため，あまり効果的とは言えない。

**チック** [tic] 突発的で，不随意な筋肉の収縮（運動性チック）や，反復性で，非リズム的，常同的な発声（音声チック）のこと。チックには，単純性（たとえば，瞬き，肩をすくめる，しかめっ面，咳払い，喉で音を鳴らす，鋭い声で叫ぶなど）と，複雑性（たとえば，手を動かす，触る，飛び跳ねる，**反響言語**，**汚言**など）がある。またチックには，心因性のもの，薬物性のもの，その他の物質によるもの，頭部外傷によるもの，神経学的障害によるもの，一般的な身体疾患によるものがある。

**チック障害** [tic disorder] DSM-Ⅳ-TRでは，一般的な身体疾患や薬物によるものではなく，運動性チックや音声チックが1日中頻回に起こる障害とされている。⇨ **トウレット障害**，**慢性運動性または音声チック障害**，**一過性チック障害**，**特定不能のチック障害**

**膣痙** [vaginismus; functional vaginismus] 性交時やその直前に，膣周辺の筋肉の痙攣性収縮が生じる性機能障害で，性交時に苦痛を伴ったり，性交自体ができなくなる。膣痙が単に内科的疾患による影響であった場合は診断されない。

**秩序型犯罪者** [organized offender] 慎重に犯行計画を練るタイプの犯罪者。一般に，**無秩序型犯罪者**に比べて，知的であり，社会的に孤立もしていない。秩序型と無秩序型という二分法は，凶悪犯罪者のプロファイリングを行う上で有効である。⇨ **犯罪者プロファイリング**

**膣羨望** [vaginal envy] 妊娠，出産できる能力をもちたいと希望する男性の心理的特徴。⇨ **女性コンプレックス**，**子宮羨望**

**知的可塑性** [intellectual plasticity] 知的能力が修正可能で，様々な種類の変化に対応することのできる範囲のこと。

**知的機能** [intellectual function; intellectual operation] 観念や概念，仮説を獲得し，発達させ，関連づけることに与かる精神機能のこと。記憶，想像，判断なども知的機能と考えられる。⇨ **高次心的過程**

**知的刺激** [intellectual stimulation] 他者やグループとの議論を通じて，個人のアイデアや意見が変化するときに起こる，創造性や判断力，洞察などの認知過程の高まり。

**知的順応の道具** [tool of intellectual adaptation] 子どもが社会のより有能な成員との相互作用から内面化した，思考，学習，想起の方法や問題解決方略。［ヴィゴツキー（Lev Vygotsky）が定義した］

**知的触発** [intellectual stimulation] 新しい，難しい，面白いアイデアと遭遇することによって生じる，挑戦されている，刺激されるという楽しい感覚。

**知的成熟** [intellectual maturity] 知能発達の成人の段階で，典型的には，優れた判断ができるレベルになり，しばしば**叡智**を兼ね備える時期である。

**知的低下** [intellectual impoverishment] 問題解決能力や集中力のような知的能力が減少すること。慢性統合失調

症，老化，うつ病の症状としてもみられるが，刺激の少ない恵まれない環境にいる人にもみられることがある。⇨ **観念の貧困さ**

**知的洞察** [intellectual insight] 心理療法において生じる，経験や関係性に対する理性的な気づき。知的洞察には，ほとんどあるいはまったく感情（感情的な内容）が含まれないので，それ自体は治療に役立たず，むしろ妨げる可能性もあるとみなす理論もある。

**知的能力** [mental abilities] 空間知覚，知覚速度，数的処理，言語理解，ことばの流暢さ，記憶，帰納的推理等の領域に関するテストによって測定された個人の能力のこと。⇨ **基本的能力**

**地動説** [heliocentric theory; Copernican theory] 太陽が太陽系の中心にあり，地球と他の天体は太陽の周りを回っているという宇宙論。地動説は，古代ギリシャに起源があり，ポーランドの天文学者コペルニクス（Nicolaus Copernicus: 1475-1543）によってよみがえらせられ，イタリアの物理学者で天文学者でもあったガリレイ（Galileo Galilei: 1564-1642）によって詳細に説明された。地動説は16世紀と17世紀に論争となった。なぜなら，地球は宇宙の中心で静止しているというカトリック教会の伝統的教義に地動説は対立するものだったからである。⇨ **天動説**

**チトクロムオキシダーゼ** [cytochrome oxidase] ミトコンドリア内膜内にあり好気呼吸に重要な酵素のこと。視覚皮質にはチトクロムオキシダーゼ活性の"斑"がある（⇨ **チトクロムオキシダーゼブロブ**）。

**チトクロムオキシダーゼブロブ** [cytochrome oxidase blob: CO blob] **有線皮質**にある神経細胞の小さな斑点で，**チトクロムオキシダーゼ**活性が周囲より高い部位。ここにある神経細胞は視覚刺激の波長に感受性がある。単に**ブロブ**（斑）と呼ばれることもある。

**チトクロム P450** [cytochrome P450: CYP] 肝臓や他臓器の細胞内の滑面**小胞体**にあるタンパク質群で，他の酸化酵素とともに向精神薬など様々な化合物の代謝に関わる。ヒトではおよそ50種のチトクロム P450 酵素（還元型酵素の分光吸収が450nmにピークをもつためその名がついた）が同定されており，CYP2D6 サブクラス，CYP2C バリアント，最も多い CYP3A4/5 サブクラスのいずれかに分類される。チトクロムは**薬物代謝**の初期段階に活性化し，酸素の電子を提供することで，薬剤をより親水化し，排泄されやすくする。一つのチトクロムにより膨大な種の薬剤が代謝されるので，これらの酵素は**薬物間相互作用**に重要である。

**知能** [intelligence] 情報の獲得や経験からの学習，環境への適応，理解，あるいは思考や推論の適正利用を可能にする能力。知能には多様な定義があり，たとえば，ボーリング（E. G. Boring）によって提案された「知能とは**知能検査**によって測定されたものである」というような操作的定義もある。過去から現在に至るまで，「知能とは何か」について，多くの議論がなされている。

**知能検査 [1]** [intelligence test; intelligence scale] 個別に検査される標準化されたテストで，問題解決，概念形成，推論，細部への着目，その他知的課題遂行の能力を測定することにより，知能レベルを決定するために用いられる。難易度が段階的になっている心的課題，言語的課題，遂行課題から構成され，それらは母集団の代表標本に使用した結果から標準化されている。知能検査の例として，**スタンフォード・ビネー知能検査**や**ウェクスラー成人知能検査**がある。⇨ **IQ**

**知能検査 [2]** [measures of intelligence] 概念を学び推論し理解して知識を獲得する個人の能力を判定するために用いられる集団基準準拠テスト。⇨ **知能の査定**

**知能指数** [intelligence quotient] ⇨ **IQ**

**知能知識ベースシステム** [intelligence knowedge-based system: IKBS] イギリスにおいて，推論や意思決定のために利用されているシステム。知識表象システムを用いて，人工知能によって開発された。問題に対する解法を提供したり，意思決定を支援したりする。

**知能に関する心理測定学の理論** [psychometric theories of intelligence] 標準的な知能（例，数の理解，言語による類推）を検査した際の得点に基づく知能の理論。もしくはその検査得点によって検証される知能の理論。これらの理論は常にではないが，しばしば**因子分析**に基づき，人間の知能の根底にあるとされる一揃いの因子群を規定する。スピアマン（Carles Spearman）の**二因子説**や，サーストン（Louis Leon Thurstone）の**基本的能力**理論がある。⇨ **知能の3層モデル**

**知能の遺伝的基盤** [genetic bases of intelligence] その人の遺伝子構造に応じてより優れる，またはより劣る知能の理論的性質。一部の調査者は現在，知能の個体差の生起に関わる正確な遺伝子を同定しようとしている。たとえばイギリスの行動遺伝学者プロミン（Robert Plomin: 1948-）のような一部の研究グループは，すでにこれらの違いに関係があると思われる遺伝子を分離させた。

**知能の因子理論** [factor theory of intelligence] 知能は複数の異なった因子から構成されており，それらの因子における個人の能力は，知能検査得点によって測定できるとする理論的立場。たとえば，ある知能の因子理論では，多くの異なった知能検査得点の背後には，言語性因子と非言語性因子の2つがあると考える。これらの因子は仮説的構成概念であるが，検査得点の背後に推定された個人差の源泉について分析を行う**因子分析**のような心理測定的手続きに基づき，その存在が仮定されている。

**知能の階層理論** [hierarchical theories of intelligence] 知能を構成する能力は，一般的なものから特殊なものまでの一連の（階層）水準に整理できると仮定する知能の理論。これらの理論の多くは，アメリカの心理学者ホルジンガー（Karl J. Holzinger: 1892-1954）が最初に提案した3水準の因子に基づいたものである。それは，(a) 一般因子（すべての知的課題に適用される），(b) 群因子（すべてではないがいくつかの知的課題に適用される），(c) 特殊因子（個々の課題に適用される），である。そのような理論としては，**知能の3層モデル**や**キャッテル-ホーンの知能理論**がある。

**知能の家族研究** [familial study of intelligence] 遺伝的関連があることが明らかな人々の知能についての尺度または測定に関する研究。ある尺度の成績が遺伝的相似性によって変化する程度が，その尺度の**遺伝率**の指標として使用される。

**知能の結合サンプリング理論** [bond-sampling theory of human intelligence] 知能の**一般因子**は単一の心理学的な構成要素（一般的能力，つまり $g$）に起因するのではなく，

むしろ多様な要素（結合と呼ばれ，方向の理解や質問への反応，関係性の推測などのスキルを含むもの）に起因することを前提としている理論。この理論によると，一般因子を形成するためには，知能を測定する検査のすべての下位検査を必要とし，そして一つに合わせられるのである。[イギリスの心理学者トムソン卿（Sir Godfrey Thomson: 1881-1955）により提案された]

**知能の査定**［assessment of intelligence］ 学習，思考，概念理解，知識獲得のための能力を決定するために個人に行われる標準化された検査のこと。

**知能の3層モデル**［three-stratum model of intelligence］ 利用可能な数百のデータセットを用いた因子分析に基づく知能の心理測定学的モデル。一部の研究者は，このモデルが様々な**知能に関する心理測定学の理論**の中で最も支持を得たと考えている。3つの層はそれぞれ，(a) 第一（下位）水準の小グループ因子，(b) 第二水準の大グループ因子（流動性知能，結晶性知能，一般的記憶と学習，広義の視知覚，広義の音声知覚，広義の記憶検索能力，広義の認知的速さ，処理速度），(c) 第三（最上位）水準の一般（g）因子に対応する。［アメリカの心理学者キャロル（John B. Carrol: 1916-2003）が1990年代に提唱した］

**知能の進化**［evolution of intelligence］ 知能が，初期のより単純な種から後のより複雑な種になるにつれて発展する過程のこと。知能がどのように進化したかについては多くの理論があるが，それらの多くはダーウィンの自然選択の過程を重要視する。つまり，進化は，環境への適応に関して長い年月の間より有用であった機能に有利に働く。

**知能の生物生態学的理論**［bioecological theory of intelligence］ 生物学的傾向が発達するうえで，知能はその生物学的傾向と環境の相互作用によって発達すると仮定する知能の理論。［アメリカの心理学者セシ（Stephen J. Ceci: 1950-）によって提唱された］

**知能の相互作用説**［interactionist view of intelligence］ 知能は常に生物学的資質と環境条件の相互作用として発達するのであり，それら2つの要因からの寄与を区別することは困難，あるいは不可能であるとする見方。相互作用論者は，遺伝子は常に一定の環境を通じてそれ自身を表現する（個体にその影響を表す）のであり，遺伝子の表現はそれが表現される環境の関数として，環境ごとに異なると主張する。

**知能の多次元理論**［multimodal theory of intelligence］ 知能は多数の能力を複合したものであるという理論。

**知能の鼎立理論**［triarchic theory of intelligence］ 分析的，創造的，実践的という3つの重要な能力を提唱する知能の理論。これら3つの能力は完全に区別はできないもののおおまかに分かれるとみなされている。この理論によると，知能は多くの情報処理の構成要素から構成されており，その構成要素は環境に適応し，環境を形成，選択するために，経験（特に新奇な経験）に適用される。この理論は3つの下位理論を含んでいることから鼎立とされる。3つの下位理論とは，一つは知能の構成要素を特定し（⇨ **コンポーネントの下位理論**），一つは構成要素が適用される経験の種類を特定し（⇨ **経験的下位理論**），一つは様々な種類の環境的文脈の中で用いるためにどのようにして構成要素が経験に適用されるのかを特定する（⇨ **文脈下位理論**）。

［アメリカの心理学者スタンバーグ（Robert J. Sternberg: 1949-）によって1985年に提唱された］

**知能レベル**［levels of intellingence］ 知能は複数の水準が連なっているとする理論において，**全般的能力**は階層の頂点から生じ，そこから連続した狭義の能力は階層のより低い水準から生じるとみなすこと。第1水準は一般知能から構成されるが，第2水準では大きなグループの要素があり，第3水準では小さなグループの要素があり，第4水準では特殊な要素がある。大きなグループの要素は（すべてではないが）いくつかの知能検査で測定することができ，小さなグループの要素は若干の検査で測定することができる。特殊な要素は特別な検査によってのみ測定することができる。

**知能労働**［intellectualism］ 1. 哲学において，心やアイデアの優位性を強調した**理想主義**または**合理主義**と一致した立場にある理論。2. 言語学において，知性に誇張された価値や依存性をおく傾向のこと。

**知の統合**［consilience］ 物理法則と生物進化の法則が，人間存在のすべての側面の基礎となっているという知見。人間の活動すべては物理法則と生物進化の法則の影響を反映しているはずであり，これらに起因する基本的な科学的原理に基づいた一貫性がある。［アメリカの生物学者ウィルソン（Edward O. Wilson: 1929-）の著書 Concilience: The Unity of Knowledge（1998）で提唱された］

**遅発性**［tardive］ 遅発性ジスキネジアのように，症状や疾患が後発したり，遅れて現れること。

**遅発性ジスキネジア**［tardive dyskinesia］ **抗精神病薬**，特に，主にドーパミン受容体拮抗薬として作用する標準的な抗精神病薬の服用に関連する動作異常。月単位や年単位の長期的な服用や，年配の患者，女性，気分障害をもつ人が罹りやすい。症状は，震え，舞踏病アテトーシス様運動（⇨ **舞踏病アトテーゼ**），特に口腔顔面筋と四肢の筋肉群の痙直がある。発症は潜行性であり，抗精神病薬の継続的な服用のため発症がわかりにくいことから，薬が中止されたときや服用量が減らされたときに初めて気づくことが多い。罹患率は従来の抗精神病薬の長期的な服用者で40％に上ると推定され，非典型的抗精神病薬では罹患率がより低くなる。効果的な治療方法は知られていない。

**遅発性心的外傷後ストレス障害**［delayed posttraumatic stress disorder］ **外傷後ストレス障害**の一つの状態で，心的外傷性のストレッサーが現れた後，6か月以上経ってから初めて症状が現れるときに診断される。

**遅発性知的障害**［tardive dysmentia］ 長期間にわたる抗精神病薬の使用により生じた行動上の障害であり，感情，社会的行動，活動水準の変化が特徴。症状には，不適切なほどの大声とおしゃべり，多幸感，侵入的な行動（他者のプライバシーの侵害を含む），思考障害などが含まれる。加えて，過剰に感情的な反応や爆発的な敵意など，過活動のエピソードのなかに，社会的ひきこもりのエピソードが点在することもある。この状態は，**遅発性ジスキネジア**の行動面に相当すると考えられている。医原性統合失調症（iatrogenic schizophrenia），遅発性精神病（tardive psychosis）とも呼ばれる。

**遅発性パラフレニー**［late paraphrenia; late-onset paraphrenia］ 60歳以降に発症する妄想性障害。遅発性パラフレニーは，ヨーロッパでは診断として用いられるが，

DSM-Ⅳ-TR には記載されていない。

**遅発統合失調症**［late-onset schizophrenia］ 中年期以降（一般的には45歳以降）に発病する精神病的状態。遅発統合失調症は，若年発症統合失調症とは異なると考えられている。

**乳房羨望**［breast envy］ クライン（Melanie Klein）の精神分析理論において，幼児は母の乳房がもつ滋養力や創造力を羨望するという概念。このような羨望は，後にペニス羨望へと変容することがあると考えられている。

**乳房ファントム現象**［breast-phantom phenomenon］ 切断された乳房がまだ存在し，しばしば失われた器官のあたりにうずく，痛みといった感覚が生じる錯覚のこと。あるケースでは，取り除かれてしまったことを否定する人もいる。これは，乳房の脳内表象が残っており，正常な体性感覚刺激の欠如により，自発的あるいは他の脳の組織からの刺激の結果として生じると考えられている。⇨ **幻肢**

**チフスせん妄**［typhomania］ 腸チフスと発疹チフスに伴って発生する**せん妄**のこと。

**チミン**［thymine］ （記号：T）DNA に含まれる4つの塩基のうちの一つであるピリミジン化合物のこと。RNA（リボ核酸）では，チミンはウラシルと入れ替わる。⇨ **遺伝暗号**

**チーム**［team］ 課題に焦点を当てた組織的な集団のこと。このような集団成員は，共通の目標を達成することを目指す中で個人のインプットをうまく結集させる。一般に凝集性があり，統一的である。

**チーム形成**［team building］ チームとして集団の機能を高めるために計画された構造化された介入のこと。このような介入は，現在の**集団発達**のレベルを評価したり，目標を明確にし，優先順位をつけたり，集団の凝集性を高めたりすることを含むことがある。

**チームメンタルモデル**［team mental model］ 人間工学における，チームのメンバーが共通してもっている労働システムの**メンタルモデル**のこと。理想的には，チームメンバーは共通するシステムの心象とその性質をもち，ゴールに向かうチームの進捗状況を共有しているべきである。正確で完璧だが，柔軟な共通のメンタルモデルにチームメンバーがまとまるにつれ，協調性，効率性，精度は上昇する。共有メンタルモデル（shared mental model）とも呼ばれる。

**チーム目標**［team goals］ 1. チーム全体で設定される目標。2. チーム成績のためにコーチによって設定される目標。

**チームワーク**［teamwork］ 共通の目標あるいは共通のプロジェクトに対してなされる協同的な努力のこと。

**チャイルドケア労働者**［child care worker］ 様々な集団状況において，一日単位で，子どもの世話をするように訓練をされた人のこと。チャイルドケアセンター，学校，会社企業，一般家庭，ヘルスケア施設などで働く。着替え，食事，入浴，遊びの監視などを行う。

**チャイルド・ファインド**［child find］ アメリカの教育制度における，各州の教育省が管理している組織的なスクリーニングプログラム。特別なサービスが必要な就学前の子どもを発見し，発達障害のリスクと就学に対するレディネスを評価する。

**着衣失行**［dressing apraxia］ 正常に衣類を着ることができないこと。たとえば，衣類を体の右側だけにまとい，左側には着ないというようなことがある。脳損傷を伴う場合もある。

**着床**［implantation］ 排卵の6～8日後 発達の**胚盤胞**期において，子宮壁に受精卵が付着すること。

**チャクラ**［chakra］ 東洋哲学で，身体にあるとされる7つのエネルギーの集中点のこと。チャクラは内分泌系とほぼ一致する。それぞれのチャクラは異なった上昇の欲求を象徴しており，それぞれにマントラと色をもつ。ヨガやその他の治癒的手法として，チャクラに意識を向け沈思することが行われる。

**着陸管制テスト（アプローチ・コントロール・テスト）**［Approach Control Test］ 航空機の着陸操縦のための航空管制シミュレーションとアセスメント用テスト。タイムプレッシャーのようなストレス要因の影響を評価する。

**チャット**［khat; chat; kat; qat］ カート，カットとも呼ばれる**中枢神経興奮薬**。北西アフリカやアラビア半島の原産の常緑低木であるチャットから得られ，刺激効果のために葉を噛んだり，茶として飲用されたりして利用されてきた。心理学的な効果は，アンフェタミンと類似した構造をもっている成分であるカチノンによる。アンフェタミンと同様に，依存性や様々な副作用が，継続的，あるいは多量の使用の結果生じる。西欧諸国にまで使用が広がり，これらの国の多くではチャットの使用は違法とされている。

**チャート**［chart］ 1. データの図表表現。2. 図表を作成すること。

**チャネル**［channel］ 情報伝達システム。たとえば，神経システムはコード化されたメッセージを感覚受容器（インプット）から効果器（アウトプット）へ送信する。

**チャネル要因**［channel factors］ 説得コミュニケーションにおけるメッセージの提示方法の特徴のこと。たとえば，テキスト（録音）による説得メッセージの呈示はチャネル要因である。⇨ **メッセージ学習アプローチ**

**チャネル容量**［channel capacity］ 情報理論における，あるチャネルが対応することができる情報やメッセージの最大容量。

**チャーノフの顔**［Chernoff faces］ 顔の表情を使って，微妙な変化を識別するのに有利にデザインされ様式化された顔表現のこと。

**チャーム**［charm］ 幸運を願ったり，不幸を避けたりするために身につけられるお守りのこと。

**チャンキング**［chunking］ 1. 短期記憶に保持できるよう，情報を小さなわかりやすいまとまり（チャンク：chunks）に整理する過程のこと。この**再符号化**の結果，記憶の中にある1つの項目（たとえば，キーワードやキーとなるアイデア）が，他の多数の項目を表せるようになる（たとえば，関連した項目同士の短いリスト）。短期記憶の容量は，保持できるユニットの数が一定である（⇨ **7プラスマイナス2**）といわれているが，ユニット自体は，一つひとつの文字や数字といった単純なチャンクから，言葉やフレーズといった複雑なチャンクまで多岐にわたる。記憶可能なチャンクの数は，各チャンクの大きさや，各チャンクにどれだけ副次的なチャンクが含まれるかに依存する。2. 人間の効率的コミュニケーションは，チャンクにできる認知容量を超えないよう，情報をユニット分割することに基づく。文書，図表，視覚教材，ウェブサイトなどの内

容とレイアウトに有用である．たとえば，9つより多い箇条書きは通常，2つかそれより短いリストに再分割するべきである．[1956年にアメリカの認知心理学者ミラー（George Armitage Miller: 1920-2012）が提唱]

**注意**［attention］ 意識の状態の一つで，この状態では感覚が環境の諸側面に選択的に向けられ，中枢神経系が刺激に対して反応しやすい状態になる．人間はすべての物事に注意を向けられるだけの無限の能力をもっていない．すなわち，ある項目に注目すると，その代わりにそれ以外の項目に注目できない．そこで，これまでの研究の多くは，どのような要素が注意に影響するのかを判別すること，および情報の選択的な処理に関わっている神経機構を解明することに主眼をおいてきた．たとえば，過去の経験が知覚経験に影響を与える（私たちにとって意味のある物事をそう認識できる），ある種の活動（たとえば，読書）には意識の参与（つまり意図的に注意を向けること）が必要であるなどである．しかし，一方で注意は（意図せずに）捕捉されるものでもある．これは強度・動き・反復・対比・新奇性といった環境内の刺激の特性による．⇨ **減衰理論**，**分割的注意**，**フィルター理論**，**焦点的注意**，**選択的注意**，**視覚的注意**

**注意過剰**［hyperprosexia; hyperprosessis］ 注意がある考えや刺激に過剰に固着して，他の刺激が入らない状態になっていること．注意過剰は**強迫性神経障害**の特徴の一つ．

**注意過負荷**［attention overload］ 過度の注意が必要になることから生じる心理学的な状況．この効果は，利用可能な注意が一時的に欠乏し，注意を必要とする課題に対処することができなくなることを指す．注意過負荷は，航空管制塔から民間航空機の監視をする仕事の課題において生ずることがある．単一資源モデルのような，注意の資源モデルにおける過負荷は，注意資源に対する需要が供給量を超えている状況のことを指している．⇨ **情報過負荷**

**注意記憶指数**［Freedom from Distractibility Index］ ウェクスラー成人知能検査やその他のウェクスラー式検査で算出される群指数であり，短期的な注意集中力を測定するもの．

**注意欠陥障害（ADD）**［attention-deficit disorder: ADD］ **注意欠陥／多動性障害**の以前から，そして，依然として一般的に用いられている名称．

**注意欠陥／多動性障害（ADHD）**［attention-deficit/hyperactivity disorder: ADHD; AHD］ DSM-Ⅳ-TRでは，長期間（6か月以上）にわたり，(a) 不注意（例，課題を完成できない，注意して聞くことができない，集中できない，注意散漫），(b) 衝動性，多動性（例，質問が終わる前に答える，短気，落ち着きのなさ，仕事を整理できない，順番を守ったり，席についていることができない，過剰なおしゃべり，駆けまわる，いろいろなものによじ登ろうとする）などの特徴を持つ症候群とされる．社会において，また，学業面や職業生活において機能を阻害するこのような症候群は7歳以前に発生し，複数の状況で生起する．学童の3%～7%がADHDであると推定される．DSM-ⅢではADHDは，多動性を伴う注意欠陥障害とされていて，多動性を伴わない注意欠陥障害と分けられていた．

**注意減退**［hypoprosexia; hypoprosessis］ 注意能力が異常に低下していること．

**注意減退（症）**［aprosexia］ 注意を集中する能力の欠如．脳の損傷または精神医学的障害に起因する．

**注意散漫［1］**［wandering attention］ 個人が十分に注意を向けているように見えるにも関わらず，多くの外部刺激に気を散らされる注意の障害のこと．**変動注意**の場合に比べて，**神経軸**の上部にできた腫瘍などの中枢神経系の障害によって起きる．

**注意散漫［2］**［distractibility］ 注意の転導性とも言う．注意持続の困難，あるいはすぐに注意がそれてしまう傾向．過度な注意散漫は，学習障害を伴う**注意欠陥／多動性障害**の子どもや，**躁病エピソード**や**軽躁病エピソード**でしばしばみられる．

**注意散漫［3］**［inattention］ 集中・焦点化された注意の欠如，もしくは，散漫な状態．⇨ **選択的不注意**，**知覚的消失**

**注意散漫なスピーチ**［distractible speech］ 外的，内的な刺激に反応して，話のトピックが急激に変わるようなスピーチ．躁病の一般的な症状である．⇨ **観念奔逸**

**注意持続時間**［attention span］ ある個人がある対象に集中することができる時間の長さ．

**注意シフト**［attention shifting］ 注意の焦点をある場所から別の場所へと移すこと．注意の移動は意図的に行うこともできれば，突然生起した刺激によって自動的に起こることもある．意識的に注意を移動するためには，ある場所へと注意を移動させるために必要な情報が表示される数百ミリ秒前に，空間的な手がかりが呈示されている必要がある．

**注意集中**［attending］ 注意を人物，位置，物体，出来事に向ける行動．注意を向けられた対象の情報は処理が増加し，意識上でより認識されやすくなる．

**注意障害［1］**［attention disorder］ 1つの行動に集中できない，または，他者の要求に答えることが困難という特徴のある障害のこと．この用語は脳の障害のために，注意機能に制限がある脳機能障害に対して用いられる．⇨ **学習障害**

**注意障害［2］**［confusional state］ 意識は清明であるが，時間，場所，同一性についての首尾一貫性や見当識に関する精神機能が損なわれた状態．とりとめのない支離滅裂な発話，幻覚，**精神運動**障害を伴うこともある．脳障害，外傷，毒物，薬剤，神経伝達物質の失調，睡眠障害，アルツハイマー病，鎮静剤，発熱など様々な原因によって生じる．

**注意水準**［attention level］ 課題や出来事がどの程度報告，もしくは意識可能かに関する水準のこと．高い注意の水準をもつ複数の課題を，同時に行われなければいけない場合は，それらの課題は相互に干渉しやすくなる．

**注意性失読症**［attentional dyslexia］ 後天的な**失読症**の一種で，単語を読むことはできるが，単語を構成する文字を識別できない症状のこと．これは，文字と単語の結合システムの不全によるもので，単語間の文字の見落としを生み出す．注意性失読症患者は，文字や単語が文章の一部として一緒に提示されるよりも，別々に提示されたときのほうが文字や単語を上手に読むことができる．

**注意統制訓練**［attention-control training: ACT］ 個人がより効果的に，適切な**注意の焦点**を維持できるよう援助するプログラム．注意の強さや弱さ，個人がパフォーマン

スを行う環境における注意の必要性，ストレスを誘発し圧力下での行動を左右するとみられる環境的・個人的特徴，典型的なエラーのパターンとそれが起こる状況等の査定によってこのプログラムは達成される。この査定から，介入計画の策定が導かれて，それによって個人は，所与の状況において，課題に関連したすべての手がかりに注意を集中し，課題に無関係な手がかりは無視するように教えられ指導される。

**注意の狭窄**［attentional narrowing］ 強いストレス状況下において，視野や情報に向けられる注意が制限されること。もし重要な情報がこの制限の外にあった場合，課題成績などが低下する。すなわち，不安な状況下では，課題に関連する情報すべてに注意を向けることがしばしば困難になり，課題に関連する情報を見落としてしまうことで課題に失敗する。たとえば，大急ぎで病院に向かって車を運転している時，運転手の注意は目前の道路のみに向いており，歩行者が横断歩道を渡り始めたというような道路脇の出来事には気づかない。

**注意の後期選択説**［late-selection theory］ 選択的注意は刺激同定のあとに向けられると考える説。後期選択説によれば，感覚的制約の中で，すべての刺激（注意の向けられている刺激も向けられていない刺激も）は，同定されるまで同じ分析レベルで処理される。その後，最も重要な刺激のみが選択的に処理される。⇨ **注意の初期選択説**

**注意の焦点［1］**［focus of attention］ 注意が向けられている内部または外部の事象の側面。

**注意の焦点［2］**［attentional focus］ ある瞬間における個人の注意の焦点のこと。この焦点は内的（つまり，認知的・感情的・痛覚的手がかりへ向けるもの）でも，外的（環境内の手がかりへ向けるもの）でもある。⇨ **連合・分離方略，対人スタイル診断テスト**

**注意の初期選択説**［early-selection theory］ 注意に関する理論の一つで，情報処理の初期の段階で注意によるフィルタリングが行われ，注意が向けられていない刺激は識別される前に遮断されるとする理論。⇨ **減衰理論，フィルター理論，注意の後期選択説**

**注意のスポットライトモデル**［spotlight model of attention］ 注意の焦点をスポットライトになぞらえる注意のモデル。スポットライトの外側の情報は，注意を要する処理を受けないと考えられる。

**注意の低下**［deterioration of attention］ 注意が一定せず転導しやすい状態，および外界の現実に注意集中する能力に障害のある状態を指す。

**注意の範囲［1］**［attention span］ 刺激や情報に接している間に把握された事物の総量。

**注意の範囲［2］**［range of attention］ 注意の期間や広さ。

**注意の捕捉**［attentional capture］ 刺激の変化などに，意図せず注意が向くこと。これによって，他の処理が阻害される。

**注意の瞬き**［attentional blink］ 文字を素早く連続で呈示した後に，同定のターゲットとなる文字（たとえば，白い文字）が呈示されると，**プローブ**となる事象（たとえば，文字列「X」）を検出する能力が失われること。通常，この能力の欠如は，ターゲットとプローブの間にいくつかの文字がある時に最大になるため，知覚の欠如ではなく，ターゲットとなる文字を処理する際に必要になる注意の欠如であると考えられている。

**注意範囲テスト**［apprehension-span test; attention-span test］ 一瞬だけ提示される項目（たとえば，文字）の配列におけるある側面を参加者が報告するテスト。**全体報告法**課題では，参加者はできるだけ多くの文字を報告する必要がある。近年の研究では**部分報告法**課題が用いられる。瞬間提示されるディスプレイにおいて，不正解の文字の集合の中に特定の文字があったかどうか報告するものである。

**注意深さ**［attentiveness］ 注意を払うときの覚醒しており活動性の高い状態。

**注意負荷測定**［attention load measure］ 各課題に求められる処理要求を評価するために競合する認知課題を使用する手法のこと。一方の課題の作業成績の低下は，もう一方の課題に求められる注意要求の程度として取り扱われる。

**注意方略**［attentional strategy］ 課題の効率的な遂行のための注意の焦点のパターン。このパターンは，限定的に学習されるか習慣的に生じる。たとえば，フットボールのクオーターバックは，最初，周りに広く注意を向け（敵に対する守りのパターンの決定），次に，自身に注意を集中し（適切なプレーの決定），スナップの後，再び周りに広く注意を向け（パスのパターンの決定），最終的に比較的狭い範囲に注意を集中させる（レシーバーの決定と投げる動作の実行）。⇨ **連合・分離方略**

**中咽頭**［oropharynx］ 口腔の後ろにある**咽頭**の一部分。（舌の付け根にある）舌骨の位置から**軟口蓋**まで延びており，消化管と呼吸管が機能的に交差する部分を含んでいる。

**中央階**［scala media; cochlear duct］ 内耳の**蝸牛**にある3つの管のうちの一つ。内リンパ液で満たされており，**ライスネル膜**，血管条（stria vascularis），基底膜で，前庭階と鼓室階を隔てている。⇨ **聴覚迷路**

**中央系容量限界**［central limited capacity］ 意識と関連する認知システムの処理容量に限界が観察されること。意識的であったり努力を要したりする課題について，ある瞬間に達成できるのはただ一つだけであることなど。そのような課題を同時に遂行すると，成績が低下する。⇨ **二重課題競合**

**中央実行系**［central executive］ ワーキングメモリーの構成要素の一つ。短期記憶が寄与すべき様々な課題に注意を分散させ，割り当てる。ワーキングメモリーの複数要素モデルによれば，言語と空間の2つの処理システムは中央実行系の支配下にある。⇨ **音韻ループ，視空間スクラッチパッド**［イギリスの認知心理学者バッドリー（Alan D. Baddeley）によって提唱された］

**中央集権的組織**［centralized organization］ 階層の上位に，意思決定を支配している権威的立場がある**組織構造**。⇨ **分権組織**

**中央処理系機能不全**［central processing dysfunction］ 情報の分析，保存，統合，象徴的使用に障害があること。これらのプロセスは記憶の基礎過程であることから，これらの機能不全は学習における困難に関連していると考えられている。

**中央値［1］**［medium］ 2つの要因や条件の間，あるいは，同じ尺度の上で中間の値。

**中央値［2］**［median］ **分布**を2つの同じ割合の部分

に分ける値。メディアンとも言う。

**中央値検定**［median test］　2つ以上の変数における中央値の同等を検定するノンパラメトリックな統計的処理のこと。

**中央プロセッサ**［central processor］　1. コンピュータの一部で，データに対する操作をコントロールし，実行するところ。2. コンピュータの**情報処理**のアナロジーに基づく知識モデルにおいて，保持された表象に対する操作を実行するシステムのこと。人の認知システムを単一の中央プロセッサで表そうとする考えは，**分散処理**や**並列分散処理**，**並列処理**に基づくモデルから批判されている。

**仲介因子**［mediator］　刺激と反応の間や，神経インパルスの発源点と到達点の間，通信における送信機と受信機の間に存在する過程やシステムのこと。

**仲介行動**［mediating behavior］　強化スケジュールにおいて，ターゲットとなる行動の強化の比率や確率が高まるような適応的行動の形成を仲介する行動のこと。⇨ **付随行動**，**副次的行動**，**合間行動**

**仲介変数**［intervening variable; mediating variable; mediator variable; mediating variable; mediator variable］　1. **独立変数**から影響を受け，**従属変数**に影響を与えると仮定された変数。2. より限定的には，刺激と反応の関係に影響を与える刺激となる事象と反応時間との間に，有機体の中で起こると推論された見ることのできない過程あるいは出来事を指す。たとえば，**ハルの学習の数理演繹的理論の誘発的な動機づけ**は，仲介変数の例である。媒介変数（mediating variable, mediator variable）とも呼ばれる。

**中核葛藤関係テーマ**［core conflictual relationship theme］　研究，ケースフォーミュレーション，**力動的心理療法**の方法論であり，クライエントの物語の中にある中核的な関係パターンを強調すること。以下の3つの要素について分析する。(a) 他者に関してクライエントがもつ願望，欲求，意図，(b) それに対しての，その他者の期待される反応と実際の反応，(c) その反応に対するクライエントの感情，行動，症状。［アメリカの心理学者ルボルスキー（Lester Luborsky: 1920- ）の用語］

**中核性同一性**［core gender identity］　精神分析理論における，幼児が抱く男性もしくは女性としての自分自身の感覚のこと。典型的には，2歳頃に固定するとされる。⇨ **性同一性**，**性アイデンティティ**

**中核的コンプレックス**［nuclear complex］　中核的な葛藤や問題が，幼少期に起源があること。たとえば，アドラー（Alfred Adrer: 1870-1937）の劣等感，フロイト（Sigmund Freud: 1856-1939）の**エディプス・コンプレックス**などを指す。

**中隔野**［septal area］　側脳室を分ける，中隔核（septal nuclei）と透明中隔を含む前脳の領域。側坐核を含む中隔核は，**大脳辺縁系**の不可欠な部分をなしている。これらは**内側前脳束**に線維を送り，扁桃体，海馬，視床下部の領域と相互接続されている。この領域は快楽と怒りの抑制機能をもつ。

**中間言語**［interlanguage］　第二言語習得時に，学習者が，母語と第二言語の両方の性質に一貫した文法システムを構築すること。⇨ **化石化**，**個人方言**，**言語転移**

**昼間言語障害**［hemeraphonia］　心因性の言語障害。日中には声を出すことができないが，夜になると普通に声を出すことができる。

**中間子症候群**［middle-child syndrome］　すべての中間子に共有されると主張されている仮説的立場であり，家族内の中間子は長子や末子とは異なったパーソナリティ特性を発達させるという想定に基づいたものである。現在の研究では，特定の家族内における子どもの出生順序は，パーソナリティや知能にわずかな影響しかもたず，心理的結果に強力で一貫した効果はないことが示唆されている。⇨ **出生順位**

**中間施設**［halfway house］　アルコール中毒や薬物中毒から回復し，施設から退所した人のための，移行期における生活施設。彼らは病院やリハビリテーションセンターでの治療を終えてはいるが，さらになお，自らの生活の再構築を手助けしてくれる支援を求めている。

**昼間失声症**［nyctophonia］　**場面緘黙**の一形態で，夜は話す子どもが，昼間は無言になること。

**中間層**［middle class; bourgeoisie］　労働者階級と上流階級との間の一般的な社会経済的階級。専門職，管理職，中小企業経営者などの上位中間層（upper middle class）と，商店主，職人，事務員，サービス作業員などの下位中間層（lower middle class）で構成されると考える場合もある。後者は物質的な面で相対的に特権をもつ者ではあるが，社会の権力構造において優位な地位にあるとはみなされないことが多い。⇨ **社会階級**，**社会経済的地位**

**中間表現型**［endophenotype］　遺伝配列より検出が容易で，広範囲の心理的・神経学的障害の受けやすさを研究するうえで，遺伝配列と情緒的，認知的，行動的発症との関係を示すのに有用な**生物学的測定**。

**中間部位**［indifference point］　経験上の両極間の中間領域。たとえば，快楽－苦痛の次元における，偏らず中立な反応を引き起こす刺激の程度。

**中間欲求**［intermediate need］　マズローの動機の階層において，心理的ベースとなっている**欠乏欲求**のこと。自尊心，愛，安全への欲求など。

**忠義**［fidelity］　人，集団，信念などに対して信義の厚いこと。

**中継核**［relay nucleus］　中枢神経系において神経インパルスをある経路から別の経路へと中継する核。たとえば，**外側膝状体**は，視索から線維を受け取り視覚野へ線維を送っている。中継核は特に**視床**において顕著である。

**昼行性の**［diurnal］　日中に活発であること。⇨ **夜行性の**

**中国語の部屋の問題**［Chinese Room argument］　哲学的問題の一つ。コンピュータや記号処理システムが，記号が並べられた構文列を受け取ることが可能なだけで，意味情報を受け取っているわけではないという主張。この名前は，小部屋の中に閉じ込められたモノリンガルの英語発話者が，中国語の文章に対してあるルールに従って回答することにより，中国語での会話を成立させることができるという思考実験から由来する。［アメリカの哲学者サール（John Searle: 1932- ）によって提唱された］

**仲裁**［arbitration］　集団が抱えている論争を解決したり，裁判官や労使紛争の中で仲裁人，仲裁委員会などの公平な代理人への情報を支援する方法。仲裁者の決定は，双方の合意によって最終的なものとされる。これは，**調停**（互いに受け入れられる合意の実現を補助する外部の代理

**注察妄想**［delusion of observation］　他の人に見られているという誤った推論。

**注視**［gaze］　1. 固視点への視線方向を維持すること。2. 注視すること，およびその過程。⇨ **アイコンタクト** 3. 視線の方向のことであり，他者は，その人物がどこを見ているのかを解釈するために，これを利用する。注視方向は隠された物体の位置を伝達するための効果的な方法であり，機能的には指さしに類似している。ヒト以外の動物が注視方向の機能を理解できるかについては論争がある。

**中耳**［middle ear］　耳の鼓膜から奥のことを言う。中耳腔，耳小骨，耳管からなる。中耳腔は，頭蓋の側頭骨で薄膜で覆われた空洞部分で，空気で覆われており，耳管を通じて鼻咽頭とつながっている。中耳腔には，鼓膜に接して，つち骨，きぬた骨，あぶみ骨からなる耳小骨があり，鼓膜に伝わった空気の振動を内耳に伝達する。

**中耳炎**［otitis media］　中耳の炎症あるいは感染症である。一般的に副鼻腔炎（sinusitis）や上気道感染（upper respiratory infections），アレルギーと関連しており，伝音性難聴（hearing loss）に至る（⇨ **伝音性難聴**）。急性中耳炎（acute otitis media）は小児に一般的で，ウイルス感染や細菌感染によって生じる。滲出性中耳炎（serous otitis media）とは，中耳内に濃い液体が溜まる中耳炎のことである。感染症の後，中耳内に液体が存在し続けると，永続的な癒着が生じ，癒着性中耳炎（adhesive otitis media）となる。これら癒着は**小骨**に損傷を与える。

**注視痙攣**［oculogyric crisis］　数分から数時間にわたって，ある一点で凝視が持続すること。**脳炎**やある種の抗精神病薬によって引き起こされることがある。注視発作（oculogyric spasm）とも言う。

**注視線**［line of regard］　注視している物体と眼球回旋点（眼球の中心）を結ぶ直線。

**忠実性**［fidelity］　1. 計測器の精度の程度のこと。2. 電子機器（音響システムやテレビなど）の音や視覚の再生精度の程度のこと。

**注視まひ**［gaze palsy］　眼筋は収縮するにも関わらず，**サッカード**によっても**円滑性追跡眼球運動**によっても前に見ていた方向から目を動かすことができないこと。垂直注視まひ（上下運動に影響）や水平注視まひ（左右運動に影響）がその典型である。完全な注視まひの場合には，どの方向にも視線を移すことができない。注視まひは脳幹や視床，後頭葉後部，頭頂葉，前頭葉の損傷によって引き起こされ，**動眼視野**に制限を与える。注視不全まひ（gaze paresis）とも呼ばれる。

**抽象化**［abstraction］　1. 個別事例から"魚"や"偽善"などの一般的な観念（idea）や概念（concept）を形成すること。これを生じさせる精緻な認知過程は現在も研究の対象である。⇨ **概念形成，概念化** 2. 条件づけにおける，複数の属性をもつ刺激のうち一つの属性に基づく**弁別**のこと。

**抽象概念**［abstraction］　特に，"善"や"美"など，全体としてのひとつの形をもたない概念。

**抽象学習**［abstract learning］　抽象的な（一般的な，形のない）材料について知識を獲得すること。たとえば，**概念**や**命題**の意味，それらの間の論理的・体系的な関係である。

**抽象化実験**［abstraction experiment］　正事例（example）あるいは負事例（nonexample）として呈示された具体的な事例から，カテゴリーや概念の一般的な属性を導き出す能力を調べる研究のこと。⇨ **概念発見課題，概念形成テスト**

**抽象語**［abstract word］　言語学において，感覚器官による知覚が難しい概念（concept）やアイデア（idea）を表す語。好奇心（curiosity）や隠喩（metaphor）といった語はその例である。⇨ **具体語**

**抽象-写実次元**［abstract-versus-representational dimension］　芸術作品が現実を表象している程度（抽象的か具象的か）のこと。具象芸術は詳細へのこだわりによって特徴づけられるのに対して，抽象芸術に詳細を含めるかどうかに関して極めて選択的である。

**抽象的概念化**［abstract conceptualization］　抽象概念の形成過程。それは全体的で，多数の個別事例に適用されるような抽象概念（たとえば，"犬"や"魚"），もしくは，形がなく，具体的な物質的指示対象をもたないような抽象概念（たとえば，"図書館"や"若者"）を形成する過程。⇨ **抽象化，概念化**

**抽象的観念**［abstract idea］　"正義"といった，具体的な物質的指示対象（referent）をもたないような観念（idea）や概念（concept），または，"犬"といった，個々の項目からは離れた意味をもち，非常に多くの個別事例に適用される観念（idea）や概念（concept）のこと。⇨ **ユニバーサル**

**抽象的思考**［abstract thinking］　抽象化と一般化の使用を特徴とする思考。⇨ **具体的思考，抽象的態度，カテゴリー思考**

**抽象的態度**［abstract attitude; categorical attitude］　認知スタイルの一つであり，個々の具体的状況にとらわれずに，本質的要素と共通要素を理解する能力，先を予測しプランを立てる能力，シンボルを用いて考え結論を引き出す能力に関わる。これらの能力は特定の神経学的・心理学的障害をもつ人では損なわれていることが多い。⇨ **具体的態度，抽象的思考**［ドイツ生まれのアメリカの神経科学者ゴールドシュタイン（Kurt Goldstein: 1878-1965）によって定義された］

**抽象的知能**［abstract intelligence; abstract ability］　抽象的概念に関する知的思考能力。⇨ **抽象的思考，具体的知能**

**抽象的表象**［abstract representation］　認知理論においては，抽象的あるいは本質的な形式での刺激の**心的表象**のことで，可変的な表面的形態とは結びつかない。たとえば，Aという文字について考えるとき，a, A, aといった特定の表現形式とは無関係な抽象的なレベルで考えることが可能である。⇨ **具体像，映像的表象**

**抽象表現主義**［abstract expressionism］　1950年代に盛んであった抽象絵画のスタイル。

**中心暗点**［central scotoma］　中心視が弱くなることで，視覚の全体的な喪失と，視覚の部分的な喪失がある。片方の目の末梢システム（網膜や視神経）が傷ついたり，障害を受けたとき，片方の目の中心視が影響を受ける。中枢システムの障害が想定される場合（つまり，視神経を越えた部分で障害を受けた場合），両眼の中心視が影響を受けてしまい，その患者は，注視，物体位置の固定，読字や顔認

知に大きな困難を受ける。⇨ 暗点

**中心窩**［fovea centralis］　通常は水晶体が最も明瞭に像の焦点を合わせる，網膜上の小さな窪みのこと。**錐体細胞**が最も集まっている網膜上の部分でもある。

**中心化［1］**［centered］　環境に完全に統合された生体の状態を述べたもの。［ドイツ生まれのアメリカの神経学者ゴールドシュタイン（Kurt Goldstein: 1878-1965）によって定義された用語］

**中心化［2］**［centering］　スポーツ心理学で，**理想的な心理状態**を達成することにおいて運動選手を助けるのに使われるテクニックのこと。身体の中心にある点に集中することおよびその状態にあることをイメージすることを含む。このテクニックはダイビング，野球の打撃，短距離走，バスケットボールのフリースローといった，"クローズド・スキル"のスポーツで最も有用である。

**中心化［3］**［centration］　ピアジェ（Jean Piaget）の認知発達理論における**前操作期**の子どものもつ傾向であり，問題やもの，ある時点の状況の一つの側面にのみ注意を向け，別の側面を排除する傾向。⇨ 脱中心化

**中心灰白質**［central gray］　脊髄の中心部分で通常H字型を形成する，**非ミエリン化**（そのため灰色）している神経細胞と神経線維。**灰白交連**によって接続される，両側の**前角**と**後角**からなる。

**中心核**［central nucleus］　脳内で**扁桃体**の**皮質内側核群**の一部を形成する核。他の扁桃核からの入力を受け，視床下部や**中脳水道周囲灰白質**を含む多数の脳幹組織に投射する。恐怖行動などに関わっている。

**中心化傾向誤差**［central-tendency error］　判断や評定などの査定において，評定値が広くばらつくというよりも，平均や中点（⇨ **代表値**）の周辺付近に固まってしまい，実際には査定可能範囲の全体を反映できていないという誤差。

**中心管**［central canal］　脊髄の中心にある管であり，**脳脊髄液**を含む。

**中心極限定理**［central limit theorem］　観測値が抽出された母集団が正規分布しているかどうかに関わらず，値の一次結合（それらの値の平均を含む）は標本の大きさが増大するにつれ，標本抽出が繰り返されると，正規分布する傾向があるという統計的定理。

**中心溝**［central sulcus; central fissure; sulcus centralis; fissure of rolando; rolandic fissure; rolandic sulcus］　**大脳半球**の外側面に沿って，大脳の頂点付近からほぼ垂直に通る大きな裂溝。**前頭葉**と**頭頂葉**の境目となる。

**中心後回**［postcentral gyrus］　脳の**頭頂葉**にある回。**中心溝**のすぐ後ろにある。**一次体性感覚野**の部位である。

**中心行動**［nodal behavior］　集団精神療法において，活動が増加する時期を指す。個人と個人との間に挑戦，攻撃，混乱が生じ，比較的平穏な期間である非中心行動（antinodal behavior）があとに続く。

**中心後野**［postcentral area］　脳の**頭頂葉**にある感覚領域。**中心溝**の後部に位置する。触覚，固有受容感覚，運動感覚，味覚に関わっている。

**中心視**［central vision; Foveal vision］　視野の中央で刺激を見る能力のこと。中心視は，中心窩の働きに基づいている。⇨ **中心傍視覚**，**周辺視野**

**中心周辺拮抗型受容野**　［center-surround receptive field］　視覚野や体性感覚野でよくみられる，**中心周辺拮抗作用**を示す受容野。多くの中心周辺拮抗型受容野は円状の中心部と，環状の周辺部からなる。

**中心周辺拮抗作用**［center-surround antagonism］　受容野の中心における刺激は，受容野の周辺における刺激に対して正反対の反応を引き起こすといった視覚や体性感覚の多くの細胞の受容野に当てはまる特性のこと。ある神経細胞は，受容野の中心の刺激入力を脱分極させ，一方，同じ刺激が受容野の周囲の領域に現れたときに過分極させるが，その他の神経細胞は，正反対の反応パターンをもつ。中心周囲拮抗作用は，コントラストに対する神経システムの感度を大きく上昇させる。⇨ **オフ反応**，**オン反応**，**単純型細胞**

**中心性失読**［central dyslexia］　後天的な失読の一種（⇨ **失読症**）であり，書かれた単語の発音と理解の困難を特徴とする。周辺失読とは異なり，視覚的な分析システムには問題がないが読字を含む他の経路とシステム（例，意味システム）への損傷がある。

**中心積率**［central moment; moment about the mean］　平均についてとられる確率分布の積率。確率変数 $X$ の $k$ 次の中心積率は $E[X-E(X)^k]$ である。$E$ は期待値を示す。

**中心前回**［precentral gyrus］　脳の**前頭葉**にある回。**中心溝**のちょうど前に位置する。運動制御に極めて重要な役割を果たしている**運動野**の部位。

**中心値**［midrange value］　度数分布（frequency distribution）において，最高得点と最低得点の平均をとることで得られる，おおよその**代表値**。

**中心的概念構造**［central cenceptual structure］　概念と認知プロセスの統合されたネットワーク。認知発達の間に，様々な課題にまたがる子どものパフォーマンスを仲介する際に心的な役割を果たす。［カナダの発達心理学者ケース（Robbie Case: 1944-2000）によって提唱された］

**中心的葛藤**［central conflict］　現実自己の健康で建設的な力と，理想化された自己イメージの神経症的な力との間で起こる闘争。［ドイツ生まれでアメリカの精神科医のホーナイ（Karen Horney: 1885-1952）によって提唱された］

**中心的関係テーマ**［core relational themes］　1. 感情の**認知的評価理論**において，特異的な感情状態（たとえば，怒り，楽しさ，ねたみ，恥ずかしさ）によって生じるような，参加者自身に対する特別な出来事についての特異な判断のこと。中心的関係テーマは，3つの構成要素をもつ。それは，目的の妥当性，自我関与，潜在的対処能力である。⇨ **一次的評価**，**二次的評価**　2. 両親や人生の早い段階で影響を受けた個人との関係によって形成されると推測される，他者と関わる際の反復的なパターンのこと。これらの中心的関係テーマは，独立的なパターンと，懐疑的なパターンが含まれる。

**中心的特性**［central trait］　個人の性格の基礎的パターンを構成する特性群（例，思いやり，熱意，社交性，頼りになる）。［オールポート（Gordon W. Allport）によって定義された］

**中心脳システム**［centrencephalic system］　様々な心理過程や自由意思は，脳の中心領域（centrencephalon）の活動により発生するという考え方。［カナダの神経外科医ペンフィールド（Wilder Penfield: 1891-1976）により提唱

**中心脳性**［centrencephalic］ 脳の中心やその近くに位置する。

**中心傍視覚**［paracentral vision］ 中心窩を含みはしないが中心窩に隣接して取り囲む網膜領域を利用する視覚の様式のこと。⇨ **中心視，周辺視野**

**中枢**［center］ 神経生理学において，ある機能を司る部位や領域のこと。脳の呼吸中枢など。

**中枢興奮薬**［analeptics］ アンフェタミンの使用によって生じる効果と類似した物質性効果を生み出す，アンフェタミン以外の興奮薬。これらの影響は，覚醒，気分高揚，エネルギー増大感，食思不振，易怒性，不眠として示される。この一群は，**ジエチルプロピオン，メチルフェニデート，ペモリン**を含む。⇨ **食欲抑制剤**

**中枢刺激**［central stimulation］ 脳に対する電気的，化学的な刺激のこと。⇨ **脳内刺激，頭蓋内自己刺激**

**中枢神経系（CNS）**［central nervous system: CNS］ ニューロン，軸索と支持組織が多数集まって大きなまとまりになっている領域であり，脳と脊髄を構成する。中枢神経系は主に，精神活動や入力される神経信号と出力する運動信号の統合に関わっている。⇨ **末梢神経系**

**中枢神経系異常**［CNS abnormality］ 脳組織および脊髄，すなわち中枢神経系の構造的あるいは機能的欠陥。

**中枢神経系障害**［central nervous system disorder］ 中枢神経系（すなわち，脳と脊髄）に生じる神経障害全般のこと。

**中枢神経興奮薬**［CNS stimulants］ CNS興奮薬とも呼ばれる。低用量から中等量で覚醒を高め，疲労を減じ，活力や幸福感を引き起こす薬の一種。高用量になると，より強い薬の刺激により，激越，パニックによる興奮，幻覚，妄想を生じうる。一般にはこの薬は**カテコールアミン**神経伝達を高め，**交感神経系**の活動を増加させることにより効果を発揮する。**コカインやアンフェタミン類**はドーパミン作動性神経伝達を増強することにより報酬系（側坐核，大脳辺縁系，前頭皮質）を活性化させると考えられている。カフェインやニコチンは，**アデノシン受容体やニコチン受容体**でのそれぞれ異なる作用機序をもつ中枢神経興奮薬である。非西洋文化圏では，**ビンロウの実，コカの葉，ガラナ，チャット**など多数の物質が興奮剤として使用されている。いくつかの興奮薬は精神保健や精神医学の領域で臨床的に用いられており，しばしば精神刺激薬（psychostimulants）と呼ばれている。これらの薬はアンフェタミンの構造を含み，同様に化合物に作用する（たとえば，**メチルフェニデート，ペモリン，モダフィニル**）。これらは，注意欠陥／多動性障害，ナルコレプシー，抑うつ，器質性脳症候群の治療や，食欲抑制薬として用いられる。カフェインやエフェドリンは，処方箋不要の"覚醒"薬の成分である。

**中枢神経性失語**［central aphasia］ 脳の損傷によって生じる言語を理解する能力あるいは表出する能力の欠如，つまり**失語症**のこと。［ドイツ生まれのアメリカの心理学者ゴールドスタイン（Kurt Goldstein: 1878-1965）が1948年に最初に定義した］

**中枢神経抑制薬**［CNS depressants］ CNS抑制薬とも呼ばれる。低用量で，脳の中枢神経の機能を抑制する薬の一種。やや高用量になると，他の神経機能を抑制し，反応時間を遅めたり呼吸や心拍数を低下させたりする。高用量の投与が続くと，昏迷や昏睡，さらに死に至ることがある。中枢神経抑制薬の例は，**アルコール，バルビツール酸塩，ベンゾジアゼピン，吸入因子，メプロバメート**など。⇨ **鎮静剤，睡眠薬，抗不安薬**

**中枢性抗コリン症候群**［central anticholinergic syndrome］ 精神薬理学的効果をもつ医薬品を併用した患者にみられる症候群。特に，三環系抗うつ薬，弱いフェノチアジン誘導体，抗パーキンソン病薬の中枢神経系に対する副次的な**抗コリン作用**に起因する。この症状には，不安，失見当識，短期記憶の喪失，視覚の歪みまたは幻覚，興奮が含まれる。⇨ **抗コリン作動性症候群，末梢抗コリン作動性症候群**

**中枢性聴覚障害**［central deafness］ 感音性あるいは伝導性の損傷ではなく，中枢性聴覚システムの損傷によって生じる聴覚の喪失や欠損のこと。中枢性聴覚障害の人は，純音の鋭敏さについては障害が認められないことが多い。⇨ **伝音性難聴，感音難聴**

**中枢性聴覚処理障害**［central auditory processing disorder: CAPD］ 聴覚情報を意味のある情報として符号化する能力および音に対する聴覚感度が若干変化しただけにも関わらず，発語を区別する能力が障害を受けること。大人の場合，中枢性聴覚処理障害は，脳卒中，障害，多発性硬化症のような神経変性の疾患などの脳損傷との関連が想定されている。子どもの場合は，脳における顕微病理学と言語理解の発達遅滞との関連が想定されている。

**中枢性疼痛**［central pain］ 脳腫瘍や脊髄の感染や障害などの中枢神経システムの障害によって生じた痛みのこと。

**中枢性抑制**［central inhibition］ 行動を制御する神経活動を，中枢神経系において，妨げたり遮断したりする過程。

**中枢動機状態**［central motive state］ 外的な刺激がない状態でも存在する神経活動や，もととなる誘因がなくなっても神経活動が持続する現象を説明するための，理論的な神経系の機能。

**中枢ニューロン**［central neuron］ 中枢神経系に含まれるニューロン。

**中枢パターン発生器**［central pattern generator］ 脊髄に存在する，歩行などの振動運動を発生させるためのニューロン群。結合振動子を用いてモデル化できる，反復協調運動の神経基盤であると考えられている。

**中枢反射時間**［central reflex time］ **潜伏性反射**の中で，中枢神経系における活動が占める時間の割合。つまり，筋肉や内分泌の反応時間は含まない。

**中性**［androgyny; androgyneity; androgynism］ 洋服などで外見では男性だとも女性だとも区別できない状態。⇨ **雌雄モザイク，両性具有者**

**中性刺激**［neutral stimulus］ **パブロフ型条件づけ**において，条件づけの指標として測定される反応の類を喚起しない刺激のこと。たとえば，ベルの音は唾液の分泌になんら影響を与えないことから，ベルの音は唾液の分泌に関しては中性刺激であり，唾液分泌反応の条件づけに用いるにはよい対象である。

**忠誠心**［loyalty］ ある個人や集団に対する誠実さや忠実さ。

**中性点**［neutral point］ 単一波長の可視光は，二色型

色覚を有する人，すなわち，3種類ではなく，2種類の網膜錐体細胞しかもたない人にとっては色がつかない光（白もしくは灰色）として認知される。中性点の特定波長はどちらの感光色素が失われているのかによって異なる。正常色覚者（trichromatism）は3種類の網膜錐体細胞を有することから中性点は認められない。

**中尖**［mesokurtic］正規分布よりも平坦すぎでも突出しすぎでもない統計的な分布に対する記述。⇨ **緩尖**

**中大脳動脈**［middle cerebral artery］**内頚動脈**の最も大きな分枝。はじめに**外側溝**を通り，次に島の表面を上方へ向かう。ここで**前脈絡叢動脈**を含むいくつかの枝に分かれ，大脳半球の外側面全体に広がっていく。

**中断［1］**［dropout］治療が終結する前に患者やクライエントが治療を終わらせてしまうこと。

**中断［2］**［time out: TO］**オペラント条件づけ**において，その時間中に行動が起こらない時間間隔。中断手続きは，先行行動の刺激効果を消去するため，あるいは一連の事象におけるマーカーとして用いられる。

**中断時系列計画**［interrupted-time-series design］介入前の複数の時点で得られた結果と介入後の複数の時点で得られた結果を比較することで，介入の効果を評価する実験計画。

**中程度の体つきの**［mesosomatic］**体格インデックス**において，身長と胸囲の値をかけたものが平均の標準偏差内に入る個人の体質の様。⇨ **体格インデックス**

**中等度精神遅滞**［moderate mental retardation］IQ 35～IQ 49の場合に適用される診断的分類のカテゴリーであり，精神遅滞の約12％が含まれる。中等度精神遅滞に分類された者で小学校2年生程度の学習レベルまで発達することは稀である。手足の協応がうまくいかないことが多いが，自分自身で身のまわりのことをすることができるようになる。また，あまり難しい技能を必要としない仕事であれば，一定の監督のもとにある支援施設や適切な設備が用意されているならば通常の職場に就労することができる。

**中頭の**［mesocephalic］中程度の大きさの頭をもつ。⇨ **頭長幅指数**

**中途覚醒**［middle insomnia］一度眠った後に生ずる不眠状態。再び寝つくことができない。**大うつ病性障害**でよくみられる症状。⇨ **入眠困難，早朝覚醒**

**中毒性障害**［toxic disorder］急性あるいは慢性的な中毒による脳の障害。水銀や，マンガン，鉛，臭化物，アルコール，バルビツール酸塩の中毒などが含まれる。

**中毒性精神病**［toxic psychosis］毒物や麻薬の摂取や，体内から発生する毒素によって生じる**精神病**。

**中毒物質**［intoxicant］精神機能に一時的な変容を引き起こす物質のこと。中毒の発生は中毒物質の精神活性作用に依存している。一般的に軽い中毒では，わずかな知覚の変容，多幸感が認められる。より広義には，中毒では行動の脱抑制，知覚の歪曲，幻覚症状，震顫が認められ，重度の中毒となってくると，運動制御と認知的機能，自律機能が失われ，昏睡や死に至ることもある。

**中途視覚障害**［adventitious visual impairment］正常な視覚能力を有していたが，外傷や疾病によって**視力障害**になること。障害の発症は，深刻な悲しみや悲嘆反応，依存を生じることがある。その結果，残存する視覚能力が効果的に使用されなくなったり，心理的問題や社会的適応問題が悪化することもある。⇨ **先天性視覚障害**

**中途失聴**［adventitious deafness］正常な聴力を有していたが，外傷や疾病によってその能力を失うこと。⇨ **先天聾**

**中年期危機**［midlife crisis］成人期中期（おおよそ45歳～60歳を指す）にある人に生じる心理的苦悩の段階。要因として，重大なライフイベントや健康，職業上の問題や心配事などがあげられる。⇨ **人生の各時期における危機**［カナダの組織心理学者ジャック（Elliot Jaques: 1917-2003）により1965年に作られた用語］

**中脳**［midbrain; mesencephalon］**前脳**と**菱脳**の間に位置する比較的小さな神経組織の領域。下丘，上丘，**網様体**の一部で，神経路，運動神経路，反射中枢を含む。

**中脳核**［mesencephalic nucleus］**三叉神経**の3つの核のうちの一つ。脳橋から中脳の下部まで伸びており，その線維は頭の筋肉と関節を支配する。

**中脳水道**［cerebral aqueduct; aqueduct of sylvius］中脳を通り，第三・第四脳室を接続する経路。脳脊髄液で満たされている。

**中脳水道周囲灰白質**［periaqueductal gray: PAG］脳幹に存在する領域。神経細胞体（すなわち灰白質）が豊富な領域で，中脳水道の周囲に位置する。**大脳辺縁系**の構成要素で，防御行動に重要な役割を果たす（たとえば，すくみ行動など）。

**中脳性てんかん**［centrencephalic epilepsy］全般発作（欠伸発作やいくつかの強直間代性発作）により特徴づけられるてんかんの一形態であり，中脳近くに起源をもつと考えられている。このてんかんは特定の部位の解剖学的もしくは機能的障害とは関連しておらず，むしろ大脳両半球が関与している。この用語は，1940年代にアメリカ生まれのカナダの神経外科医であるペンフィールド（Wilder Penfield: 1891-1976）と，アメリカ生まれのカナダの神経科学者であるジャスパー（Herbert Jasper: 1906-1999）により考案されたが，その使用は主として歴史的な意味しかもたない。

**中脳線条体系**［mesostriatal system］ドーパミン作動性ニューロンのネットワークで，その軸索は中脳（midbrain）から発し，**大脳基底核**を支配する。黒質から線条体をつなぐニューロンを含む。⇨ **黒質線条体路**

**中脳被蓋**［mesencephalic tegmentum］中脳の背部の領域。大脳，脊髄，視床，腹側視床の間の神経接続をもち，間接的な皮質脊髄路を形成している。

**中脳皮質系**［mesocortical system］脳におけるドーパミン作動性ニューロンのネットワークで，内側前頭前皮質と前帯状回から構成される。側坐核，分界条核，扁桃体を含む，その他辺縁系の一部につながっている。腹側被蓋野からの入力を受け取っており，その活動は情動，報酬，薬物乱用に関係している。

**中脳辺縁系**［mesolimbic system］脳におけるドーパミン作動性ニューロンのネットワークで，側坐核，扁桃体，嗅結節から構成される。腹側被蓋野からの入力を受け取っており，その活動は情動，報酬，薬物乱用に関係している。

**中胚葉**［mesoderm］動物胚の**原腸胚段階**における3つの初期**胚葉**の中部。外胚葉と内胚葉の中間に位置する。中胚葉は軟骨，骨，結合組織，筋，血管，血液細胞，リンパ系，性腺，排泄器官へ発達する。

**中胚葉型〔1〕**［eumorphic］　正常な形態と構造を特徴とする生得的な体型を指し，ほぼ中肉中背（normosplanchnic type）に相当する。

**中胚葉型〔2〕**［mesomorph; mesomorphic body type］　シェルドンの**体型論的パーソナリティ理論**における体格（⇨ **ソマトタイプ**）の一つ。筋骨たくましく，がっちりとした体格である。この理論によると，**身体緊張型**と相関が高いとされる。⇨ **体格インデックス**

**中波長色素**［medium-wavelength pigment］　網膜の錐体細胞の1/3を占める**感光色素**。531 nmの波長に最も強い感度をもつ。中波長色素の遺伝子の欠損は**2型2色覚**（赤－緑色盲）の原因となる。⇨ **長波長色素**，**短波長色素**

**虫部**［vermis］　**小脳**の中葉。小脳半球の間にある。小脳虫部（vermis cerebelli）とも言う。

**昼盲症**［day blindness; hemeralopia］　明るいところで見えにくいが，暗いところでは正常な視覚があるという，**中心窩**の感度異常の一種。

**中立**［neutrality］　セラピストが用いる行動の役割あるいは態度のこと。セラピストは，受動的で寛容であるだけでなく，善悪の判断を表したり，クライエントの行動のうち，何が適切な行動かを提案したりすることはしない。

**中立一元論**［neutral monism］　実在を規定する単一の構成要素を想定するが，それは心的でも物理的でもいずれでもないという考え方。観念主義と**物質主義**の双方に付随する哲学的問題を回避する。イギリスの哲学者ラッセル（Bertrand Russel: 1872-1970）と同様に，ジェームズ（William James）が主張した。しかしながら，実在の性質をそのように区分することについて十分な結論を得ることは難しい。⇨ **観念論的一元論**，**自然一元論**，**心身問題**

**中立的アプローチ**［nonjudgmental approach］　心理療法において，治療者の役割として中立的で無批判的態度を示すこと。これはクライエントに自身の考えや気持ちを自由に表出するように働きかける目的でなされる。⇨ **中立**

**中和**［neutralization］　精神分析理論における用語。性的あるいは攻撃的エネルギーを，**本能**ではなく**自我**に従う形で利用する方法。すなわち，問題解決，創造的な想像，科学的研究，判断プロセスのような心理機能として現れる。**昇華**は中立化されたエネルギーを使用する。本能の飼育（taming of the instinct）とも呼ばれる。⇨ **脱性愛化**

**中和者**［neutralizer］　集団療法のメンバーが，他のメンバーの衝動的・攻撃的・破壊的な行動を緩和したりコントロールしたりする役割をとること。［ロシア系のアメリカの心理療法家スレイブソン（Samuel Richard Slavson）が定義した］

**チューリヒ学派**［Zürich School］　フロイトを支持する**ウィーン学派**に対抗して，チューリッヒに組織したユングを支持する精神分析家のグループ。

**チューリップマニア**［tulipmania; tulipomania］　17世紀のオランダで起こったチューリップの球根への異常な過大評価のこと。1500年代後半にオランダに初めて球根が紹介されると，すぐに高価なものとなった。その価値は40年間でかなり高騰し，珍しいものでは一軒家が買えるほどであった。そのような球根は所有者の富の象徴としての意味をもつようになっていった。ある人は喜んで領地や金と球根を交換し，それを転売することでさらに市場価格は上昇していった。だが，1637年には，球根に投資していた多くの者が経済的な破たんを来たし，球根の価格は急落した。

**チューリングテスト**［Turing test］　どのような状況であればコンピュータのプログラムが知能をもつと言えるのかを決定するために，1950年に提唱されたテスト。もともとはイミテーションゲーム（imitation game）と呼ばれていた。テストにおいて，参加者は個室で1人きりにされ，コンピュータまたは他の人間とやり取りができる。もし参加者が，質問することを通して，やり取りをしているのがコンピュータなのか人間なのか判断できなければ，そのときはそのプログラムは知能をもつとみなされる。［チューリング（Alan Turing）による］

**チューリングマシン**［Turing machine］　あるアルゴリズムが，証明可能な数学の問題を証明するために書かれているかどうか，また実際に用いることができるかどうか決定するために1930年代に設計された概念上の計算機械。チューリングマシンは4つの構成要素で構成される。すなわち，トークン（token）の記号体系，有限状態機械，無限のテープ，そして，有限状態機械によって生み出された情報をテープから読み取りテープに記録するために使われる読み書きのヘッドである。読み書きのヘッドが常にデータを供給されており，新しいデータを書くためのスペースをもつと想定されている，という点においてのみテープは無限である。チューリングマシンの状態を記述する方法はいくつか存在する。その一例では，トークンのアルファベットによって与えられる5つの値をとる。すなわち，（a）有限状態機械の状態，（b）テープから読み取られたトークン，（c）テープに書かれたトークン，（d）読み書きのヘッドを動かすための教示，（e）有限状態の機械の次の状態である。5つのトークンのこれらのパターンの集合が機械上でプログラムを構成している。プログラムを機械のテープ上に載せることができる時には，それは万能チューリングマシン（universal Turing machine）と呼ばれる。チューリングマシンは，計算可能な機能のすべてを計算できる最も強力な種類の機械の一例であることが後に証明された。⇨ **ゲーデルの証明**　［イギリスの数学者チューリング（Alan Mathison Turing: 1912-1954）］

**超意識**［superconscious］　1. トランスパーソナルな気づきを表すニューエイジ用語。2. 東洋の伝統では様々なバリエーションがあるが（⇨ **仏教**　**ヒンドゥー教**，**道教**），熱情と欲望から解き放たれ，最高次の知性をもち，苦痛から自由になり，完全な精神的洞察を得られる状態を指す。最も深層で究極の超意識状態を獲得するために，**瞑想**と**ヨガ**が実践される。

**腸ウイルス感染症**［enteric virus infection］　ピコルナウイルス科であるポリオウイルスやコックサッキーウイルス，エコーウイルス（エンテロウイルス: enterovirusesと呼ばれる）のうちの一つによる病気。それらの感染はポリオや無菌性髄膜炎，水疱性口峡炎，心筋炎を起こす。これらのウイルスは人間の胃腸管内で増殖するので腸ウイルスに分類される。エンテロウイルス感染症（enteroviral infection）とも呼ばれる。

**超運動感覚**［hyperkinesthesia］　**体性感覚系**（たとえば触覚，重量，圧力，運動，そして身体の位置に対する）における高レベルの感受性のこと。⇨ **運動覚**，**自己受容感覚**，**低運動感覚**

**超越状態**［transcendental state］　覚醒状態，睡眠状態，催眠状態を超えると考えられる意識水準。超越状態は，肉体的には低くなった代謝や減少したアドレナリン作動性機能といった特徴をもつ。心理学的には緊張や心配，欲求不満の緩和や高い水準の落ち着きをもたらす状態。⇨ **超越瞑想**

**超越瞑想（TM）**［transcendental meditation: TM］　意識の深遠な状態に到達するための集中的思考のテクニック。バガバット-ギーターやその他の古代ヒンドゥー教の書物をもとにしており，1959年にアメリカにて，インド生まれのヒンドゥー教導師ヨーギー（Maharishi Mahesh Yogi）によって伝えられた。原型の規律を現代版にしたものは6つのステップからなり，1日2回各20分間座った状態で目で閉じマントラを繰り返すことで，深遠な状態に到る。マントラの復唱は，思考が逸れるのを妨ぎ，リラクセーション状態を引き起こすのに役立つ。リラクセーション状態のイメージと思考は，心のより深いレベルから現れ，すべての思考と存在の宇宙源から現れる。その結果は，よりすばらしい幸福感だけではなく，より円満な対人関係と，究極の自己認識と安らかな覚醒状態への到達でもある。⇨ **神秘的合一**

**超越欲求**［transcendence need］　精神分析家のフロム（Erich Fromm）による，受動性を超えて向上する人間の創造欲求のこと。永久的ではない，見かけ上無原則で偶発的な宇宙の中で，意義と目的に到達しようとする欲求のことでもある。フロムは，超越欲求が現れるためには，創造性と破壊性の両方が必要であると考えた。

**調音音声学**［articulatory phonetics］　人間における発音メカニズムの生理学と人間の言語音（speech sounds）の物理的特性の関係に焦点を当てた音声学の一分野。⇨ **音響音声学**

**調音器官**［articulator］　調音（articulation）に，すなわち，言語音（speech sounds）の形成や生成に関与する発声器官（vocal tract）（唇，舌，軟口蓋など）のあらゆる構成要素を指す。一部の専門家は，頬，喉頭，口蓋垂，歯茎，鼻，歯も含まれるとするが，見解は一致していない。

**超音波**［ultrasound］　人間の可聴範囲を上回る音の周波数であり，20 kHzを超える音のこと。医学の分野では，超音波は超音波検査法（ultrasonography）（またはソノグラフ: sonography）の画像技術で身体内の構造を測定して記録するために使われる。組織表面から反響する超音波のエコーを分析することによって内部の器官と構造が記録される。この技術は，たとえば妊娠中に成長する胎児を調べたり，心臓，肝臓，腎臓，胆嚢などの器官の画像を得るために使用される。

**超音波コミュニケーション**［ultrasonic communication］　人間には聴こえない音域（20 kHz以上）における動物のコミュニケーションのこと。コウモリやイルカなど，移動や捕食のために反響定位をする動物が用いる。高周波信号は波長が短いため遠い距離は届かないが，身近な環境内の物体や獲物について高精度の空間的分析が可能である。⇨ **超低周波コミュニケーション**

**超音波照射**［ultrasonic irradiation］　開頭し1000 kHzの音波を最大14分間照射する精神外科の一技法。前頭葉白質切截術（⇨ **白質切断術**）の代替療法であったが，今日では行われることはほとんどない。

**超音波脳検査法**［echoencephalography］　診断目的で，超音波を用いて頭の中をマッピングする方法。超音波脳検査器（echoencephalograph）と呼ばれる機器を用いて，両側から頭に超音波を当て，その正中内側部構造（midline structures）からの反響が視覚的イメージとして記録される。中線からの反射の変異は脳構造の異常を示すことが多い。その記録は超音波脳検査図（echoencephalogram）と呼ばれる。

**調音ループ**［articulatory loop］　ワーキングメモリーモデルにおいて，発話，聴覚的情報を保持する，専用の記憶貯蔵庫（memory store）。たとえば，電話番号を覚えようと頭の中で何度も復唱する（⇨ **機械的リハーサル**）といったプロセスは，調音ループで生じる。

**聴解**［auding］　情報の聴取，理解に関わる聴覚受容の水準のこと。

**聴覚**［auditory sensation］　音もしくはその他の**聴覚刺激**によって生じる感覚のこと。

**聴覚閾値**［auditory threshold］　聴覚に関する閾値のことで，**弁別閾**，痛覚閾値，アブミ骨筋反射閾値，骨導閾値を含む。

**聴覚学**［audiology］　聴覚障害の評価や治療，聴覚に関係する障害（平衡障害など）のリハビリテーションに重点をおく，聴覚に関する学問のこと。

**聴覚過敏**［hyperacusis; hyperacusia］　鋭い聴力，大きな音に対する耐性の低さ。

**聴覚記憶**［auditory memory］　記憶の一種で，聴覚によって得られた情報を保持すること。**短期記憶**，あるいは**長期記憶**のどちらにもなりうる。また，保持される情報は，言語的（たとえば，単語など）でもよいし，非言語的（たとえば，音楽など）でもよい。

**聴覚記憶範囲**［auditory memory span; auditory span］　連続する単語や数字を一度だけ聞いた後に，同じ順序で繰り返して再生することができる項目の数。ワーキングメモリーの容量を示している。聴覚範囲（auditory span）とも言う。⇨ **記憶範囲**

**聴覚距離知覚**［auditory distance perception］　音情報だけを手がかりに音源距離を見積もる能力のこと。人間の聴覚距離知覚は比較的貧弱である。現実聴取環境での主な手がかりは，直接音と残響音とのエネルギー比とされる。

**聴覚系**［auditory system］　聴覚に関与する生物学的構造と処理のこと。末梢聴覚系（peripheral auditory system; auditory periphery）には，外耳，中耳，内耳，そして**聴神経**が含まれる。**聴覚皮質**を含む，脳の聴覚関連部位が中枢聴覚系（central auditory system）を構成する。

**聴覚経路**［auditory pathways］　蝸牛の**有毛細胞**から**聴覚皮質へ**（上行性伝導路または求心性伝導路），**聴覚皮質**から蝸牛へ（下行性伝導路または遠心性経路），聴覚情報を運ぶ神経構造。聴覚経路は主に，**聴神経**，**蝸牛神経核**，**上オリーブ複合体**，**外側毛帯**，**下丘**，**内側膝状体**，聴覚野から構成されている。

**聴覚血栓症**［auditory thrombosis］　内耳動脈の血栓が突発性難聴を生じること。

**聴覚健忘（症）**［auditory amnesia］　音声を認識したり話したりする能力の欠如。⇨ **ウェルニッケ失語症**

**聴覚刺激**［auditory stimulus］　聴覚を生じる刺激のこと。通常は空気伝搬音を指すが，**骨伝導**や体内事象で生成

した振動を含むこともある。

**聴覚障害**［dysacusis; disacousia; dysacusia］　蝸牛からの耳鳴りや鼓膜の病気といった場合などにみられる末梢起源の雑音や音の感覚であるが，かなり主観的な場合もある。

**聴覚障害者用通信機器**［telecommunication device for the deaf: TDD］　聴覚障害や発語障害をもつ人が電話線を介して意思疎通するために使う機器。キーボードや文字表示画面，受話器の受け台があるのが典型であり，プリンターが備え付けられているものもある。聴覚障害者用通信機器を使って伝言を入力し送信すると，聴覚障害者用通信機器をもつ相手が受信し，画面上で伝言を見て返信をする。文字電話（text telephone: TTY）とも言う。

**聴覚処理**［auditory processing］　聴知覚の基礎となっている処理あるいは機能。

**聴覚スキル**［auditory skills; auditory processes; central auditory abilities］　**聴覚弁別**，聴覚注意（auditory attention），**聴覚記憶**などを含む，聴覚に関係する技能のこと。

**聴覚性共感覚**［phonism］　共感覚の一様式で，別の感覚を通じて，つまり見られるもの，嗅がれるもの，味わわれるもの，感じられるものによって聴覚が生じる。

**聴覚性言語健忘**［audioverbal amnesia］　聴覚的に示された単語を記憶して繰り返すことはできるが，複数の単語を記憶し繰り返すことはできないといった**聴覚性失語**の一形態。これは，脳の中側頭回における損傷と関連がある。

**聴覚性色覚誘発**［synopsia］　共感覚の一形態。ある特定の色が特定の音と結びつくこと。共鳴視，共視症（synopsy）とも呼ばれる。

**聴覚性失語**［auditory aphasia; auditory agnosia; word deafness］　病気や傷害，もしくは脳の左半球における未発達のために，話された言語を理解する能力が弱い，あるいは欠如していること。**感覚性失語**の一形態である。

**聴覚ディスプレイ**［auditory display］　**1.** ヘッドホン提示する音情報のことで，しばしば現実聴取環境のシミュレーションに関係する。⇨ **バーチャルリアリティ**　**2.** 音情報の提示法のこと。

**聴覚的言語学習テスト**［auditory verbal learning test］　言語材料の学習を含む記憶テスト。通常，単語が聴覚的に呈示される試行が繰り返される。様々な遅延時間後に行われる再生あるいは再認が，学習の指標として用いられる。

**聴覚特性**［auditory attributes］　音の知覚上の質のことで，**ラウドネス**，**ピッチ**，**音色**が含まれる。

**聴覚による無意味3文字子音綴り**［Auditory Consonant Trigram: ACT］　記憶テストの一種で，"DCI"のように，子音のみから構成される3文字の**無意味綴り**のこと。同綴りは，口頭で提示され，実験参加者は様々な遅延時間後（たとえば，9秒，18秒，36秒後など）にその綴りを思い出すよう求められる。遅延時，実験参加者は妨害課題を行う（たとえば，ある値から3ずつ逆算を行うなど）。⇨ **ブラウン・ピーターソン妨害法**

**聴覚認知**［auditory perception］　耳を通して聴取した感覚情報を解釈し，体制化するための能力のこと。

**聴覚認知障害**［auditory perceptual disorders］　脳の様々な領域の損傷に起因する一連の言語認知障害。脳の左半球の損傷は**聴覚性失語**を生じる。また，上側頭回の損傷は，**音素の弁別**（たとえば，bitch と pitch の弁別）を困難にさせる。

**聴覚の**［aural］　聴覚や聴覚系に関連づける用語。

**聴覚能力**［auditory abilities］　様々な音や音色を符号化し，弁別するための能力のことで，いくつかの知能理論によれば（たとえば**知能の3層モデル**や**キャッテル-ホーンの知能理論**），視覚刺激を弁別するために使用される視覚能力とは区別される。

**聴覚の感覚単位**［auditory sensation unit］　音の強さにおける丁度可知差異のこと。⇨ **弁別閾**

**聴覚皮質**［auditory cortex; auditory projection area］　大脳皮質の側頭葉に局在する聴覚に関する感覚皮質のこと。

**聴覚疲労**［auditory fatigue］　大きな音にさらされたことによって生じる一過性の聴覚低下のことで，**可聴閾値**の感度低下が特徴である。⇨ **騒音暴露難聴**

**聴覚フィードバック**［auditory feedback］　自分が話しているときに聞こえる，音の強さ，速さ，発話の明瞭度が調整された自分の声。自然に生じるこのようなフィードバックに加え，音声，発話，言語療法においても，**同時増幅**，**遅延聴覚フィードバック**，**メトロノームペーシング法**のような聴覚フィードバックを用いて発話をコントロールする方法がある。

**聴覚フィルター**［auditory filter］　聴覚システムの周波数選択性に関与する過程のこと。聴覚処理の初期段階は，しばしば，異なる中心周波数をもつ聴覚フィルターから構成されていると考えられている。この用語は，**臨界帯域**の概念と密接に関係しているが，単純にその臨界周波数帯域幅を重視するのではなく，むしろ聴覚フィルターの形状もしくは特性が重視されている。⇨ **周波数局在構造**，**同調曲線**

**聴覚不全症**［hypoacusia］　聴覚に対する感度が減衰している状態。難聴（hypacusia; hypacousia），聴力障害（hypacusis）とも言われる。

**聴覚フリッカー**［auditory flicker; auditory flutter］　連続的ではなく，隔たりを有し離散的に提示される音のこと。隔たりがあるにも関わらず，聴覚融合（auditory fusion）が生じることで，聴取者は連続的な音を聞きとる。⇨ **臨界融合周波数**

**聴覚ブレンディング**［auditory blending］　単語の個々の音（音素）を合成する能力で，これにより単語全体を認識することが可能になる。

**聴覚弁別**［auditory discrimination］　音を区別するための能力のこと。たとえば，音の強度弁別は，強さのみに違いが設けられた2つの音の差異を検出するための能力を意味する。

**聴覚補完**［auditory closure］　聴覚提示上は省略されている単語を自動的に埋め合わせる能力のこと。

**聴覚マスキング**［auditory masking］　ある音（信号やターゲット）を検出，弁別，再認する能力が低下することで，別の音（マスク）の存在によって生じる。聴覚マスキングでは，マスクにより生じた検知閾の増加量を調べるが，マスキング量（amount of masking）はデシベル（dB）で測定される閾値の増加量に該当する。たとえば，マスクを伴わない検知閾は音圧レベル10 dBだが，マスキング量が50 dBの場合，マスクは50 dBのマスキング効果があるので，閾を音圧レベル60 dBまで高める。ある音が別の音をマスクする能力は聴覚系の**周波数選択性**を評価するために幅広く用いられている。⇨ **臨界帯域　マスキング**

**聴覚迷路**［auditory labyrinth; acoustic labyrinth］　聴覚に関する感覚受容器を含む側頭骨の内部にある管や腔のこと。**蝸牛**は骨迷路の一部を形成する。聴覚受容器である**有毛細胞**は，**中央階**の内部に位置し，膜で覆われた管の一部は，膜性迷路の一部を形成する。

**聴覚誘発電位**［auditory evoked potential］　音に対し生物学的に生じる電気反応のこと。様々な種類の聴覚誘発電位が存在しており，異なった記録法や音処理によって検証される。

**聴覚理論**［hearing theories］　音の感覚や知覚に関する理論のこと。1960年代までこのような理論は，**場所説**，電話説（telephone theory），**斉射説**や進行波説（traveling wave theory）といったほとんど内耳の音響処理に関連するものであった。現代の理論は，ピッチ知覚，強度の符号化，両耳聴といった聴覚の様々な側面に関連する。

**聴覚連続処理課題**［Auditory Continuous Performance Test: ACPT］　聴覚刺激に対する子どもの注意能力を調べるためのテスト。このテストは，一音節語からなる6つの試行リストから構成される。語は急速提示されるが，子どもはターゲット語が何回提示されたかを回答するように教示される。テスト全体における不正解反応数は，全体的な注意能力の指標となりえる。すなわち，6つの試行リストそれぞれにおける不正解反応数は，同課題時における注意の変化の指標となる。［1994年に聴覚医学者キース（Robert W. Keith）が開発］

**超過食症**［hyperbulimia］　異常な食欲と，過度の食物摂取のこと。たとえば，ある精神疾患をもつ人や視床下部に障害がある患者においてみられる。⇨ **過食症**，**過食**

**超感覚知覚（ESP）**［extrasensory perception: ESP］　既存の感覚チャンネル以外の方法によって外的事象を覚知できると主張されていること。超感覚知覚には，**テレパシー**，**透視**，**予知**，さらに広義にはサイコキネシス（念力: psychokinesis）が含まれる。多くの研究が行われてはきたものの，このようなモダリティ（様式）が存在しているかどうかについては，かなり問題視されたままである。超常現象の認知（paranormal cognition）とも呼ばれる。⇨ **超心理学**

**超幾何分布**［hypergeometric distribution］　各試行が次の試行の結果の確率を変化させる非復元標本抽出モデルで利用される，離散型の**確率分布**。⇨ **復元抽出**

**長期記憶（LTM）**［long-term memory: LTM］　最初に学習してから長い時間が経過した後でも，スキル課題を遂行したり，出来事を思い出したり，名前や数を言ったりすることを可能にするような，長期間持続する記憶。⇨ **二次記憶**，**短期記憶**

**長期増強**［long-term potentiation: LTP］　数週間持続するようなシナプス伝達の増強（⇨ **シナプス**）で，後シナプス細胞の刺激を引き起こす神経細胞を連続的に短刺激することで生じる。長期増強は海馬組織において最もよくみられる。長期増強は記憶形成を支える神経変容モデルとして研究され，ある種の学習とも関わるメカニズムだと考えられる。⇨ **長期抑圧**

**長期抑圧**［long-term depression: LTD］　（海馬の場合には）持続的なシナプス弱刺激，また（小脳の場合には）シナプス強刺激により，神経応答の強度の低下が長期的に継続すること。⇨ **長期増強**

**鳥距溝**［calcarine fissure; calcarine sulcus］　大脳半球の内側面にある裂溝であり，**後頭葉**の最後部隆起から**頭頂後頭溝**に伸びる。⇨ **鳥距領**

**鳥距領**［calcarine area］　鳥距溝の周囲部位を指し，脳の後頭葉内側面にある。有線皮質と有線前野を部分的に含む。

**長期療法**［long-term therapy］　数か月から数年の長期にわたる心理療法。主な例としては，2～5年あるいはそれ以上継続する古典的な**精神分析**がある。

**超グレコ・ラテン方格**［hyper-Graeco-Latin square］　直交ラテン方格が重ねられた**グレコ・ラテン方格**。超グレコ・ラテン方格とグレコ・ラテン方格の関係は，直交する1次元が加わったものであるという点では，グレコ・ラテン方格とラテン方格の関係に等しい。

**超経験的**［metempirical］　経験による立証を条件にはしない知識の描写やそれに関することであり，科学的な方法によって証明できないものである。イギリスの作家であるルイス（George Henry Lewes: 1817-1878）によって述べられたように，超経験的（metempirical）は，ドイツの哲学者カント（Immanuel Kant）によって発展させられた卓越した観念にあたる。

**聴原性発作**［audiogenic seizure］　騒音によって誘発される発作。⇨ **反射性てんかん**

**兆候**［sign］　病気や障害の客観的で観察可能な指標。⇨ **ソフトサイン**

**徴候**［symptom］　一般的な文脈では，他の出来事を示唆するあらゆる出来事を指す。たとえば，度重なるストライキは，経済不安の徴候として考えられる。

**徴候的行為**［symptomatic act］　一見，ある目標の達成に向けた行動のように見えるが，他方の隠れた目的や意義には背くような行動のこと。精神分析学では，このような行動は，抑圧された衝動が表出されたものであると解釈される。⇨ **フロイト的失言**，**失錯行為**，**症状形成**

**徴候特定性**［symptom specificity］　この仮説では，**心身症**の患者は，ストレスに対する特定の生理学系の反応が，通常とは異なっていると考えられている。この仮説によると，患者の反応は，様々な器官で現れるというわけではなく，心臓などの特定の器官に集中し，心血管反応など，その器官（この場合だと心臓）に関係する反応として現れる。

**腸骨下腹神経**［iliohypogastric nerve］　腰部の脊髄から広がる神経の一種。臀部から下腹部にかけての皮膚へとその枝を分散させている。

**腸骨鼠径神経**［ilioinguinal nerve］　生殖器へとその枝を伸ばしている神経。男性の場合，腸骨鼠径神経は精索に続いて鼠径輪を通り，陰茎と陰嚢へと枝を伸ばしている。女性の場合，この神経は恥丘および大陰唇へと広がっている。

**調査［1］**［probe］　インタビューやアンケート調査における追跡質問。

**調査［2］**［survey］　1. 参加者集団がある母集団から選ばれ，その参加者に関するあるデータあるいはその参加者の意見を収集，測定，分析する研究のこと。得られた結果から，母集団全体を推定する。⇨ **サーベイリサーチ**

**調査誤差**［survey error］　系統誤差や偶然誤差など，調査結果に含まれるあらゆる誤差。

**調査フィードバック**［survey feedback］　職場の様々な

問題に対する従業員の態度を調査する組織開発技法。その結果について，解釈や解決法を提案する小集団が議論する。

**超自我**［superego］　精神分析において，個人の道徳的要素は社会的標準を表し，個人の標準的な善悪，意識の基準を決定づけると考えられている。目的や願望（⇨ **自我理想**）も同様である。古典的なフロイト派の精神の三層構造は，**自我**が人の衝動や行動方針を超自我の規則や原則によって操作し，超自我は両親からの要望や禁止を原則的な根幹としている。超自我の形成は無意識の水準で生じ，始まりは人生最初の5年間であり，児童期，青年期，成人期を通じて，両親その他の賞賛すべき行動モデルと同一化される。⇨ **他律性の超自我，一次性超自我**

**超自我サディズム**［superego sadism］　精神分析理論の概念で，超自我あるいは意識における攻撃的で頑固，そして罰を与えたがる側面のこと。そのエネルギーは**イド**の破壊的な力から引き出されており，その強さは子どもの内に存在する生存にかかる暴力的でサディズム的な空想に依るところが大きい。⇨ **サディズム**

**超自我抵抗**［superego resistance］　精神分析理論の概念で，精神分析の過程で超自我によって生み出される**抵抗**の一種。この超自我抵抗が罪悪感や罰の要求を，持続する症状という形に作り上げる。⇨ **抑圧抵抗，イド抵抗**

**超自我不安**［superego anxiety］　精神分析理論の概念で，無意識での超自我の活動によって引き起こされる不安のこと。罪悪感や贖罪の要求を生み出す。⇨ **自我不安，イド不安**

**超自然世界**［supernatural］　物理的法則からかけ離れた，あるいは超えているように思われる現象。特に，これらの現象が神，悪魔，霊によって引き起こされたときにいう。

**超自然的**［preternatural］　既知の物理的世界の法則では説明不可能にみえる現象の記述。⇨ **超自然世界**

**長日リズム**［infradian rhythm］　女性の月経や動物の冬眠など，生理的反応や行動が1日よりも長い周期で規則的に変動すること。⇨ **概日リズム，長周期リズム**

**長寿**［longevity］　長生きすること。

**長周期リズム**［ultradian rhythm］　生理的および心理的機能の周期的な変動のこと（⇨ **生物学的リズム**）。たとえば，24時間かそれ以上の周期で繰り返される人間の月経周期など。⇨ **概日リズム，長日リズム**

**長睫毛網膜変性症候群**［trichomegaly-retinal degeneration syndrome］　身長が異常に低い，まゆ毛やまつ毛が長い，弱視などによって示される珍しい障害。網膜色系の変性による。患者によっては精神運動（psychomotor）の発達が遅く，IQが70未満であるが，知能が正常範囲の患者もいることが報告されている。

**聴重力錯覚**［audiogravic illusion］　身体を傾けたとき，もしくは重力の見かけの方向を変えたときに音の誤定位が生じる錯覚。

**腸障害**［bowel disorders］　ストレスや不安への反応としてしばしば生じる腸の障害。便秘や下痢のような一過性の障害が向精神薬の副作用として生じる場合もある。心理学的要因が原因か，症状を悪化させる主な腸障害には，**便秘，過敏性腸症候群，大腸炎**がある。

**超常現象**［paranormal］　既存の科学知識では説明できない情報やエネルギーの転移が関わるあらゆる現象を指していう。この用語は，特に超心理学的研究の領分である**超感覚知覚**と言われる形式に適用される（⇨ **超心理学**）。⇨ **オカルト，超自然的，超自然世界**

**聴触覚装置**［audiotactile device］　福祉機器装置の一種で，触覚感応パッドと，パッドから入力に応じて音声出力を生成する音声合成装置から構成される。

**聴診**［auscultation］　診断方法であり，聴診器を用いて体内の音を聞こうとする間接的聴診（mediate auscultation）と，体の表面に直接耳をあてることで体内の音を聞こうとする直接的聴診（immediate auscultation）とがある。

**超人**［superman］　ドイツの哲学者ニーチェ（Friedrich Wilhelm Nietzsche: 1844-1900）によって提唱されたUbermenschというドイツ語の訳。ニーチェにとって超人は人生の理想の形であり，人間性の最も創造的で力強い特質を実現し，力への意思（Wille zur Macht ⇨ **権力への意志**）に応えて人生を勇敢につかみ取り，ニーチェがその時代の文化の特性であると考えていた「奴隷道徳」を回避する人である。ニーチェはこうした肯定的で真なる人生を送れる人はほとんどいないと信じていたため，この理想は本質的に貴族的であって，庶民的なものではなかった。この概念は人種的な要素を含んでいなかったものの，後の時代にナチスは，想像上のものにすぎないアーリア人の優越性を肯定し，攻撃と圧政的人種政策とを正当化するためにこの概念を用いた。

**聴神経**［auditory nerve; acoustic nerve］　聴覚に関係する第Ⅷ脳神経（⇨ **内耳神経**）の一部。聴神経は蝸牛が始点であり，そこから脳幹にある核のいくつかの層を通る。神経線維の大部分は，**聴覚皮質**が終点である。前庭蝸牛神経（cochlear nerve）とも言う。

**聴神経腫瘍**［acoustic neuroma］　蝸牛と脳幹間の聴覚神経に生じる良性腫瘍のこと。一般的症状としては，耳鳴り，片側難聴，めまいがあげられる。

**超心理学**［parapsychology］　現在知られている科学的データや法則では説明できないような情報やエネルギーの転移が関わるといわれている心理学的現象の研究体系のこと。**テレパシー**や透視など**超感覚知覚**に関する様々な形式に焦点を当てているが，**ポルターガイスト**活動や霊媒のお告げといわれるような現象も含めている。超心理学は科学的な方法と手続きに従っているが，依然として多くの心理学者を含むほとんどの科学者から疑惑の目でみられている。それにはおそらく3つの主な理由がある。(a) 科学的に説明のつかない因果関係の事例が1つでも認められると，これまで確立されてきた法則や科学原理がすべてひっくり返るという事実，(b) この領域で最も完成された支持的な知見でさえも再現できないという事実，(c) 詐欺にかかった研究者もいるという悪名高い事実。⇨ **ツェナーカード**

**調整［1］**［accommocation］　障害者のニーズに応えるために，環境や作業課題を調整，変更すること。車椅子の利用しやすさを高めるためにスロープを設置したり，聴覚障害者のために手話通訳者を派遣したり，学習障害者のためにテストの形式を変更することなどが該当する。

**調整［2］**［adjustment］　標準に合わせるための修正。⇨ **調整法**

**調性**［tonality］　音の音楽的な**ピッチ**のこと。音の彩度（tonal chroma）とも呼ばれる。

**調整強化スケジュール**［adjusting schedule of reinforcement: ADJ］　強化のための要求される反応がパフォーマンスに基づいて変化する**強化のスケジュール**。強化間で変化するか，あるいは1つの強化から他の強化へと変化する。

**調整された平均値**［adjusted mean］　共分散分析で，共変量の効果を調整した後に得られる値のこと。

**超正常刺激**［supernormal stimulus］　普通よりも大きい，または強いために通常の刺激よりも行動への影響が大きい刺激。たとえば，カモメにそのカモメ自体の卵と，より大きな人工的な卵を提示すると，大きな卵の方を温める。超正常刺激に対する過剰な反応は，クジャクの尾や有蹄動物の枝角など，ある種の装飾の進化と関係があると考えられる。⇨ ピークシフト，感覚バイアス

**聴性脳幹誘発反応**［brainstem auditory evoked response: BAER］　聴覚刺激に反応して脳幹から発生する事象関連電位をいう（⇨ 聴覚誘発電位）。こういった記録は神経系の異常，乳幼児の聴覚障害，そして神経学的機能不全を診断するために用いられる。

**調整範囲設計**［design for adjustable range］　多くの人々の身体的特徴にあうよう器具等を調整できるように設計すること。⇨ 平均的な人間のためのデザイン，ユニバーサルデザイン

**調整プロセス**［adjustment process］　人間がそれを通じて環境の要求に適応しようとするあらゆる機能もしくは活動。例として言語，知覚，記憶，想像があげられる。言語は，情報を集めたり他者と交流したりすることで，問題解決を可能にする。知覚は，経験・出来事の認識・解釈を可能にする。記憶は必要時に要求される知識を貯蔵する。想像は，新しいアイデアや解決を心に描くことを可能にする。適応プロセス（adaptive process）とも呼ばれる。⇨ 適応行動

**調整法**［method of adjustment; adjustment method; error method; method of average error; method of equivalent］　**精神物理学的測定法**の一つで，被験者が値の変化する刺激を値の変化しない標準刺激と同じになるよう調整する方法である。たとえば，観察者はある特定の強度の視覚刺激（標準刺激）を呈示され，比較刺激の明るさを標準刺激と同じ明るさになるよう調整するよう求められる。

**調節[1]**［accommodation］　**1.** 眼の焦点を近辺もしくは遠方の対象に合わせることで，網膜上に明瞭な視覚像を形成する過程のこと。調節は，主に**毛様筋**の収縮と弛緩の働きによって行われるが，それは水晶体に付着している**小帯**の張力に影響を与え，遠方のものを見るために水晶体を平らにしたり，近辺のものを見るために水晶体を丸く厚みをもたせたりする。両眼の**輻輳**における調節と瞳孔の大きさも調節に寄与する。**2.** 既存の心的**スキーマ**に合うように経験を変更させる**同化**とは対照的に，経験を通して得られた情報に合うよう心的スキーマを調整すること。⇨ 順応　［ピアジェ（Jean Piaget）によって定義された用語］

**調節[2]**［adjustment］　現在の，変化する，特殊な，想定外の状況を修正するもしくは把握する過程。

**調節痙攣**［accommodative spasm］　眼の焦点を近くに合わせた後にそれを弛緩させるための**調節**に関与する眼筋がうまく機能しなくなったことで生じる一過性近視のこと。単眼もしくは両眼に影響を及ぼすことがあるが，通常，副交感神経系の損傷や頭部外傷によって引き起こされる。主な症状は，すべての距離における視覚のぼやけで，多くの場合，症状は数か月から数年続く。

**調節減退**［hypotaxia］　運動がない状態，もしくは運動調整能力に乏しい状態。

**調節時間**［accommodation time］　視覚刺激提示後にその刺激に眼の焦点を合わせるまでに要する時間のこと。

**調節的動因**［regulatory drive］　生理的**ホメオスタシス**の維持を助け，それゆえ生物の生存に必須であるような動因のこと。

**調節反射**［accommodation reflex］　両眼の**輻輳**，瞳孔の収縮，**毛様筋**の収縮もしくは弛緩による水晶体の形状変化によって，様々な距離に応じた視覚の調節に関与する反射作用のこと。

**調節不全**［accommodative insufficiency］　視覚の**調節**の機能効率が低下すること。その程度は，ごくわずかな低下から著しい低下にまで及ぶ。主な症状は，視野のぼやけである。通常，調節に関与する眼筋の機能不全，もしくは中脳損傷で生じるが，後前頭野にある眼球運動制御系の損傷によっても観察される。約20％の外傷性脳障害者に調節機能不全が認められる。

**調節変数**［moderator variable］　消費者行動を規定する変数的な特徴をもつもの。こうした特徴は様々な心理的帰結をもたらす。たとえば，消費者の動機づけは，ある製品に対する態度形成の調節変数となる。態度形成に対する動機づけが高い場合，製品特徴を吟味することで得た製品の品質に基づいて態度を形成する。一方，動機づけが低い場合，その製品の広告に出ている人物の魅力度などの要因に基づいて態度が形成される。

**調節変数（調整変数）**［moderator variable］　統計学で，基準変数とは無関係であるが，他の予測変数と有意な関連があるために**回帰方程式**で保持される変数のこと。

**調節領域（調節部位）**［modulatory site］　リガンド（薬物など）が結びついた時にその作動薬（神経伝達物質など）の受容体の反応を変化させる**受容体**の部位のこと。

**挑戦**［challenge］　**1.** 脅威というよりもむしろ好機として評価される障害のこと。自分の対処の手段がその障害に伴うストレスを克服するためだけでなく，予測可能なやり方でその状況を改善するためにも適切であると判断されるとき，脅威は挑戦になる。**2.** 障壁や脅威に構え，直面すること。

**聴旋回錯覚**［audiogyral illusion］　聴取者が回転させられたときに，静止音源が動いているように聞こえる錯覚。

**超然性**［detachment］　問題事に巻き込まれたり，厄介な状況や人物と関わりあいになったりすることがほとんどないために，情緒的に開放されている状態の感情を指す。

**挑戦的行動**［challenging behavior］　危険な行動あるいは幼稚園や教育的サービス，大人のサービスへの参加を妨げる行動であり，特別な介入を計画・実行することがしばしば必要となる。この用語はイギリスでは福祉サービスにおいて主に使用され，アメリカでは教育的サービスにおいて，より一般的には知的障害をもつ人々あるいはそれと関連する状態の人々の行動について言及する際に使用される。

**超然的性格**［detached character］　極端な自己充足と他者への感情の欠如を特徴とする人格。ドイツ出身のアメ

リカの精神分析家ホーナイ（Karen D. Horney: 1885-1952）はこの特性について，**基底不安に対する防衛**として現れる3つの原初的な**神経症的傾向**の一つであるとした。⇨ **攻撃的性格，従順な性格**

**朝鮮人参**［ginseng］ 東洋文化において薬効成分のために高く評価されているPanax属（トチバニンジン）の植物の根のこと。性欲促進剤として評価を得ており，また，全体的な身体的，精神的健康の向上，体力の強化，エネルギーを高め，ストレスを軽減する効果があり使用されるが，これらの効果を支持する臨床所見はほとんどない。しかし，いくつかの研究では，朝鮮人参は糖尿病の治療的使用のため調査されてきており血糖値のレベルを調整，免疫機能を向上させるかもしれないと示唆されている。副作用は吐き気，嘔吐，下痢，不眠，頭痛，鼻血，および血圧の異常などがあり，これらの副作用は頻繁に起こる。その上，朝鮮人参は抗凝固剤，カフェイン，**モノアミンオキシターゼ阻害薬**，経口血糖降下薬などと相互作用する可能性もある。

**彫像フェティシズム**［pygmalionism］ 自分自身の創作物を愛する行為。ピグマリオン（Pygmalion）が自分が彫ったアフロディーテ像に恋したというギリシャ神話に由来する。

**聴知覚**［hearing］ 音を感じ，音の性質や源についての情報を得るための感覚を解釈し処理する生体の能力。ヒトの聴覚では音の知覚にあたる。

**調停**［mediation］ 紛争解決で，係争中の双方の意思伝達と妥協に至る手助けをする中立的な部外者の人物，つまり**調停者**を利用すること。たとえば別居や離婚の手続きを進める夫婦のための調停（⇨ **離婚調停**）などについて，そのプロセスはよく知られるようになってきた。

**調停者［1］**［mediator］ 係争中の双方の意思伝達と妥協に至る手助けをする，たとえば弁護士や心理学者のような人物。⇨ **離婚調停，調停**

**調停者［2］**［harmonizer］ 集団の社会心理学において，集団成員によって採用された**関係役割**のことで，外交に関する役割を果たし，対立する立場を仲裁し対人間の緊張を緩めることにより，集団の調和を促進する。

**超低周波コミュニケーション**［infrasonic communication］ 動物のコミュニケーションのために，ヒトの可聴域未満の周波数（20 Hz未満）の音を利用すること。ゾウとクジラは超低周波コミュニケーションを広範囲に用いている。低周波は非常に長い波長をもち，非常に長い距離を伝わる。これによって数km離れた個体間で活動の協調が行われていることが確認されている。⇨ **超音波コミュニケーション**

**超伝導量子干渉装置（SQUID）**［superconducting quantum interference device: SQUID］ **脳磁図計測法**において，脳の磁波を検出するための装置。非常に高感度の装置であるため，外部のすべての磁気源が遮蔽された空間で使用すべきである。ヒトの脳活動に関する研究で有用である。

**丁度可知差異法**［method of just noticeable differences; method of just noticeable differences］ 知覚することのできる最小の刺激の大きさを特定するために用いる精神物理学的測定法のこと。標準刺激は比較刺激とともに呈示される。比較刺激は大きさの違いを報告することのできる点まで減少させる系列と，増加させる系列で変化させる。2つの系列の平均をとることで，大きさの違いを50％の確率で認識することのできる閾値を計算することができる。

**丁度可知時間**［just noticeable duration］ 基準刺激の持続時間に比べて，知覚的にちょうどより短く，あるいはちょうどより長く感じられるときの比較刺激の持続時間をいう。最小可知時間（least perceptible duration）とも言う。

**聴能訓練**［auditory training］ 難聴の人に対して，残存聴力の最も効果的な使用法と状況や環境に関する文脈的な手がかりを見つける方法を教えることで，より適切に音を聞き分け，話し言葉が理解できるように支援すること。

**超能力**［psi］ 現存する科学的説明を受けつけない**テレパシー**などの超心理学的過程に関する特定不能の精神機能のこと。

**超能力現象**［psychic］ テレパシーや**透視**など科学的説明を受けつけない現象を指す。この用語はそうした現象に関して推定される様々なパワーや力や才能を指す。⇨ **超能力**

**超能力者（サイキック）**［psychic］ 霊媒（medium），**感知者**など超常現象を起こす能力をもつ人。

**超能力ヒット**［psi-hitting］ 超心理学的実験の検証において，偶然による期待値を有意に上回る試行結果のこと。⇨ **超能力ミス**

**超能力ミス**［psi-missing］ 超心理学的実験の検証において，偶然による期待値を有意に下回る試行結果のこと。⇨ **超能力ヒット，一貫した誤答**

**長波長色素**［long-wavelength pigment］ 錐体の3群のうちの一つに含まれている**感光色素**。最大感度が558 nmの光波長にある。長波長色素に関する遺伝子欠損は**第一色盲**を引き起こす（赤色色盲）。⇨ **中波長色素，短波長色素**

**懲罰的損害賠償金**［punitive damages］ アメリカにおいて，民事訴訟において被告が原告に対して支払いを命令される金銭。裁判所が被告の犯意のある行動や不道徳な行為を罰し，他の人による同様の行為を抑止しようとするときに命令される。⇨ **損害賠償**

**超反応**［parareaction］ 比較的些細な出来事に対する，異常か，もしくは誇張された反応（ハイになる，などのこと）。妄想の土台になることもある。

**超皮質性**［transcortical］ 大脳皮質のある部位から別の部位へ向かう活動の通路を示している。

**超皮質性失語症**［transcortical aphasia］ **ブローカ野**と**ウェルニッケ野**の間の損傷によって起こる**失語症**の一種で，その結果，これらの領域が他の脳領域から隔絶されることとなる。結果として，その個人は話し言葉を繰り返すことはできるものの，独立した発話を生成することや発話を理解することが困難になる。

**重複記憶錯誤**［reduplicative paramnesia］ 記憶あるいは**作話**の混乱。身近な人や場所が複製されているという主観的確実性をもつ。たとえば，自分が治療を受けた病院が複製され他の場所に移動したと信じてしまう。これは様々な神経的障害によって引き起こされる。脳障害の場合は通常，前頭葉，右半球，あるいは両方を伴う。⇨ **カプクラ症候群**

**重複決定**［overdetermination］ 精神分析理論において，いくつかの無意識的な要因が組み合わさって，1つの症状や夢，障害や行動を生じさせること。欲動や防衛が同時に

働き，パーソナリティの異なる層から現れるとき，夢は1つ以上の意味をもち，1つの症状は複数の目的のために役立ち，複数の無意識的な希望を叶える。

**超複雑細胞**［hypercomplex cell］ 視覚野にある神経細胞で，その適刺激はある特定の長さをもった動く線分または動く角である。⇨ **端点停止型細胞** ［アメリカの科学者ヒューベル（David Hubel: 1926- ）とスウェーデンの科学者ウィーゼル（Torsten Wiesel: 1924- ）によって1965年に初めて論述された］

**重複喃語**［reduplicated babbling］ 同じ音節を繰り返す喃語（たとえば，バァバァバァバァバァなど）。これは，8～10か月児に特有の喃語である。

**超分節的**［suprasegmental］ 言語学において，発話の音韻的特徴が個々の**音素**を形成するのではなく，一連の**文節音**にまで及ぶこと。英語において基本的な超分節的特徴には**声調**（ピッチ），**強勢**，そして**連接**がある。韻律的（prosodic）とも呼ばれる。⇨ **パラ言語**，**プロソディ**

**超味覚者**［supertaster］ 非常に低い味覚閾値をもち，適度な濃度の味覚刺激に強い反応を示す人。**味蕾**の数が著しく多い。

**跳躍**［saltation］ 1. ミエリン化された神経束にそって神経刺激が伝わる方法。⇨ **跳躍伝導** 2. 感覚を感じる際，それが実際に生じた場所とは異なった場所から生じたと感じる現象。

**超躍進化**［saltation］ 突然変異または，種の変異。突然変異（mutation）を表す旧式名称。

**跳躍伝導**［saltatory conduction］ **有髄線維**において起こる神経インパルスの伝導の種類の一つ。跳躍伝導する神経インパルスは，一つの**ランヴィエ絞輪**から次のランヴィエ絞輪へと跳ぶ。この跳躍伝導はミエリン化されていない神経束と比べてより速い伝導速度である。

**聴力**［auditory acuity］ 音の違いを検出し，弁別するための能力のこと。たとえば，周波数聴力（auditory frequency acuity）は，周波数に違いがある音を区別するための能力である1 kHzの音と1005 Hzの音とを弁別することが可能であるときには，周波数聴力が高度であることを示唆している。

**張力**［tension］ 筋肉・腱の収縮・伸展によって生じた力のこと。

**聴力計**［audiometer］ 聴覚感度を測定するために用いられる電子機器で，通常は臨床現場で使用される。**聴力図**を作成するために主に使用される。

**聴力検査**［audiometry; diagnostic audiometry］ 聴覚障害の性質やその程度を明らかにし，障害を診断するために**聴力計**等を使用して個人の聴覚を調べる検査のこと。聴力検査は，補聴器の使用，聴覚リハビリテーション（残聴を利用しやすくするための訓練），そして考えられうる外科的措置への指針を与える。⇨ **脳波聴力検査**，**電気生理学的聴力検査**，**スクリーニング聴力検査**，**語音聴力検査**

**聴力障害[1]**［hearing loss］ 通常の範囲の音の周波数を聞けないこと，もしくは，音量を知覚できないこと，あるいは，その両方である。

**聴力障害[2]**［hearing disorder］ 病気，傷害，先天的な状態による**難聴**のこと。

**聴力図**［audiogram］ 正常な聴覚をもつ人に対して周波数ごとに**純音閾値**を関係づけたグラフのこと。$x$軸は音の周波数を，$y$軸は聴力（hearing level）を示す。聴力の指標はデシベルである。たとえば，ある人の聴覚閾値が4 kHzでは30 dBであったとすると，聴力図ではその該当部に印が付けられる。聴力図は，聴覚障害を評価，診断するための基礎的な臨床測定品である。⇨ **聴力計**，**聴力測定ゼロ値**，**可聴曲線**

**聴力測定ゼロ値**［audiometric zero］ 正常な聴覚を有する人が検出可能なある周波数における**純音**の音圧レベルのこと。たとえば，アメリカの基準（ANSI S 3.6，聴力計に関する1996年の仕様書）によれば，TDH49ヘッドホンにおける1 kHz純音の聴覚閾値は音圧レベル7.5 dBである。聴覚閾値は，聴力計を調整し，聴力レベル0 dBに合わせるために使用される。⇨ **聴力図**

**聴力保護**［hearing protection］ 耳に入る騒音の強度を減らすことによって，騒音への暴露を制御するために使用される方法や装置のこと。技術は単純な障壁法（たとえば，耳栓）から**能動的騒音防御**にまで及ぶ。

**調和[1]**［harmony］ 1. 人々の間の友好的，協調的な関係。2. デザインや芸術作品，またはそのようなものにおいて，部分の配置（たとえば，線や音楽の音）からなる全体が，心地よくバランスのとれているように考慮されていること。

**調和[2]**［consonance］ コミュニケーションにおいて，内容（外延的意味）と意図（内包的意味）の調和のことである。たとえば，平和に関する題目の話が穏やかな口調で述べられるならば，内容と意図は一致している。そして，そのコミュニケーションは調和していると言える。

**調和的配列**［concinnity］ 全体的なデザインとそれを構成する各要素，および，要素相互の調和的な配置に関する芸術的デザインの質のこと。

**調和平均**［harmonic mean］ **代表値**の測度。$n$個の調和平均は$n/\sum(1/x_i)$，つまり，$1/x_1+1/x_2+\cdots+1/x_n$で$n$を割ることで求められる。

**チョーキング**［choking］ スポーツ心理学において，アスリートが，外的な援助なしにはパフォーマンスのコントロールを維持できないときに生じるパフォーマンスの悪化のこと。アスリートが，パフォーマンスに対する心身の障害を引き起こすような高レベルのストレスに出会う状況下で，最も頻発する。

**直後再生テスト**［immediate recall test］ 参加者が刺激の呈示直後に再生（再構成）を求められる課題。

**直示**［deixis］ 言語学において，単語や句の意味が用いられる文脈に依存する言語表現のこと。たとえば，"The tree on my side of the fence"の意味は，話し手が誰なのかやその人がどこにいるのかによって決まる。人称代名詞や指示代名詞，here, there, nowなどの副詞などは，必ず直示的である。直示への心理学的な関心は，直示が含みうるいくつかの異なる観点をどのように識別しているのか，ということにある。

**直接暗示**［direct suggestion］ 催眠療法下のクライエントに対して，治療中と日常生活のいずれにおいても治療者の指示に従うように誘導する催眠療法の技法。

**直接嗅覚効果**［direct odor effect］ 嗅索や関連する脳構造を直接刺激することによって生じる神経系の変化。それに対して，間接嗅覚効果（indirect odor effect）は，嗅覚に関連した予期のような，認知に起因する中枢神経系の

変化のことである。

**直接グレア**［direct glare］　視野内の光源からくる明るい光によって生じる視覚への干渉。表面からの反射によって生じる干渉である反射グレア（reflected glare）の対義語。

**直接経験**［immediate experience］　何ら分析を加えていない現在の経験と印象のこと。⇨ **媒介経験**，**同時性**

**直接性行動**［immediacy behavior］　快適さ，親密さ，あるいは2人の人間の間の親密な関係を示すあらゆる行為，動作，身体状態のこと。たとえば，**アイコンタクト**，触ること。

**直接選択**［direct selection］　個体がもつといくつかの行動的，身体的，生理的な特徴は，その子孫が生き残り繁殖する可能性を向上させるとする**自然選択**の考え方。これは，ある生物の行動はその直系の子孫の生存には貢献しないかもしれないが，代わりに親族の利益となるであろうとする**血縁選択**とは対照的である。

**直接知覚**［direct perception］　知覚に必要とされる情報は観察者の外側にある，すなわち，推論，記憶，表象の構築や他の認知過程による助けを借りず，人は**遠刺激**の属性のみに基づいて物体を直接知覚することができるという理論。⇨ **生態学的知覚**，**構成主義的**　［ギブソン（James J. Gibson）によって提案］

**直接的意見陳述**［ultimate opinion testimony］　係争中の問題について，鑑定人が法定で直接する**鑑定意見**のこと。たとえば，鑑定人が被告には精神障害があると証言した場合，この証言は直接的意見陳述である。

**直接的攻撃**［direct aggression］　フラストレーションや怒り感情の原因に向けられた攻撃行動のこと。⇨ **置き換えられた攻撃**

**直接的コーピング**［direct coping］　ストレスフルな状況や問題のある事態に関して，対峙，処理，解決への焦点化を積極的に行うこと。

**直接的失読症**［direct dyslexia］　単語を読み上げることはできるが，読まれたものを理解できないことに特徴づけられる，後天的な失読症（⇨ **失読症**）。発達性過読症との並行性も指摘されている。

**直接的態度測定**［direct attitude measure］　自分の態度を報告するように求める，態度を測定するための手続きのこと。**リッカート尺度**，**セマンティックディファレンシャル法**，**サーストン態度尺度**などの伝統的な態度測定の手法は，直接的態度測定の例である。⇨ **潜在的態度測定**，**間接的態度測度**

**直接的な助言**［direct suggestion］　**支持的心理療法**の技法の一つ。再保証や励ましや直接的な指示を与えることで，個人の感情的な苦悩や不安を軽減させようとするもの。

**直接反射**［direct reflex］　身体の同じ半側の受容体と効果器が関与する反射のこと。

**直接法**［indicative］　言語学において，命令形や疑問形ではなく，通常の**宣言的な記述**を作るのに用いられる動詞の叙法（⇨ **ムード**）。**命令**，**疑問文**，**主語**

**直線型プログラム**［linear program］　情報が，スモールステップで，離散的に，段階的なフレームの中で，通常徐々に複雑になるように提示される**プログラム学習**の一形態。正解は各フレームの後に与えられ，それによってエラーが続くことを防ぎ，直後にフィードバックと連続強化（continuous reinforcement）が与えられる。⇨ **分岐**

**直面化**［confrontation］　1. 情報，信念，態度，行動に影響を与える困難な状況，矛盾した行為，否認したい事実と直接向き合う行為。または，それらと向き合うよう励まされ，要求されること。直面化技法は治療的に使用されることがある。たとえば，クライエントの報告した実際の行動の矛盾点を明らかにし，自己分析するよう促すこともある。しかし，こうした治療法は，クライエントを前向きにさせる可能性もあるが，混乱を引き起こす可能性もある。2. **個人心理学**において，クライエントが決断する，もしくはその状況の現実に向き合うよう動機づけることを意図した発言や質問。

**直面化法**［confrontational methods］　個人を強制的に自分の失敗や弱点に向き合わせて行動を変える方法。この方法は，たとえば麻薬経験者たちで構成された泊まりこみのドラッグ・プログラムで使われる。類似しているがより消極的な方法が，**エンカウンターグループ**において気づきや行動変容を促す手段として使われる。調査研究では，直面化を用いたアプローチの有効性は確認されておらず，患者たちからも否定的な反応が多い。

**直立**［erect］　1. 真っすぐ立った状態。⇨ **立毛**，**姿勢**　2. 勃起したペニスのように腫れていること。⇨ **膨張**

**直流増幅器**［DC amplifier］　皮質電流を記録し調べることを目的として，神経細胞の細胞膜内外の電位差を増幅するために使われる装置。

**貯食**［food caching］　動物が，後で食するために餌を隠し保管すること。アメリカ西南に生息する鳥であるハイイロホシガラスは毎年30,000の実を隠すといわれていて，それらを取り出すことによって冬季の生存を可能にしている。これらの鳥は，すぐれた**空間記憶**と大きな**海馬**を有する。⇨ **貯蔵**

**チョーゼン症候群**［Chotzen's syndrome］　大抵は冠状縫合を含む1つあるいは2つ以上の頭蓋骨縫合（⇨ **頭蓋骨癒合症候群**）の早期癒合による頭部の異常形成と，指やつま先の合指が同時に生じる遺伝的異常。精神遅滞はこの障害と関係するかもしれないが，しばしば平均的な知能をもつ。この特徴は常染色体優性遺伝子（⇨ **尖頭頭蓋合指症**）によって遺伝する。III型尖頭合指症（acrocephalosyndactyly Type III），セスレ・チョーゼン症候群（Saethre-Chotzen syndrome）とも呼ばれる。［ドイツの医師チョーゼン（F. Chotzen）による］

**貯蔵〔1〕**［hoarding］　1. 生存にとって必要と思われる食糧や他の物品を運び込んで保存すること。本能的行動ないしは学習された行動（あるいは両方）であることが確認されている。たとえば，げっ歯類による貯蔵は周囲の気温に応じて変化し，気温が下がると増加し，上がると減少する。⇨ **貯食**　2. **強迫性障害**に特徴的な**強迫**は，役に立たないコレクション（古い新聞や雑誌）に熱中し，捨てられない。収集物は，生活空間の妨げになったり，苦痛を生じさせたりする。他者が収集物を捨てるという試みは，極度な不安を引き起こす。⇨ **収集癖**

**貯蔵〔2〕**［storage］　項目が記憶の中に保持されている状態。**符号化**の後の段階で，かつ**検索**の前の段階。⇨ **保持**

**貯蔵容量**［storage capacity］　記憶の中に保持することができる情報の量。**感覚記憶**と**短期記憶**の容量には限界が

あるといわれているが，**長期記憶**の容量は無限であるとされる。

**直解主義**［literalism］　**1.** ピアジェ（Jean Piaget）の**客観的責任**の構成概念に示されるような，観察可能な事実に対する固執。**2.** 催眠中の質問に対して，認知的精緻化をすることなく，言語的あるいは非言語的に「はい」または「いいえ」と答えること。この回答を催眠によるトランス状態を示す者であるという主張とそれに反対する主張がある。

**直観［1］**［Anschauung］　直観力のこと（原語はドイツ語で，"見通し"または"認知"を意味する）。ドイツの哲学者カント（Immanuel Kant: 1724-1804）の考えでは，直観はどの知識が直接関連するか，もしくは概念に基づかないかを知る手段であるという。カントによれば，賢明な対象であるかを判断する知識はこの種のものであるという。

**直観［2］**［intuition］　瞬間的な洞察や知覚。意識的な推論や内省に対比される。二者択一的に，神秘的体験とされるか，あるいは本能，感情，最小限の感覚印象や無意識的な影響の産物とされてきた。

**直観型**［intuitive type］　1961年にユング（Carl Gustav Jung）の**分析心理学**において，「無意識の示唆を使って適応し，曖昧な刺激を正確に，鋭敏に知覚し解釈する」ことを特徴とした**心理機能**タイプ。直観型は，**感覚型**と同様に，ユングの**非合理的タイプ**の一つである。⇨ **感情型，思考型**

**直観期**［intuitive stage］　ピアジェ（Jean Piaget）の認知発達理論における**前操作期**の期間のこと。およそ4歳〜7歳にかけて，子どもの思考は感覚に支配されてはいるが，クラスという観点から思考したり，数概念を処理できるようになる。

**直観説**［intuitionism］　**1.** 知識は主に**直観**によって獲得されるという考え方。**2.** 人々が物事を考え，推測し，覚える際には，正確な表象から論理的に物事を導くよりも，不正確な記憶表象に基づいて処理することを好む傾向。⇨ **ファジートレース理論**［アメリカの心理学者ブレイナード（Charles Brainerd: 1944- ）とレイナ（Valerie Reyna: 1955- ）によって提案された］

**直観像**［eidetic image］　ある事象の後に，一定期間（数分から数か月）の間保持される視覚的シーンについての心的イメージ（心像）。眼前の像と同様に，直観像はその細部や細部間の関係について振り返り，報告することができる。直観像を経験する人は直観像所有者（eidetikers）と呼ばれる。この種のイメージは成人よりも子どもにおいてより一般的なものである。

**直観的知識**［intuitive knowledge］　ある特定の学習ではなく，主観的な判断や直観に基づいているとみられる知識。多くの場合，**潜在記憶**や**手続き記憶**など，知っていることの言語的意識を必ずしも伴わず，無意識的に想起された情報に基づいている。

**直観的判断**［intuitive judgment］　主観的な感情に基づいて達成された決定。決定に至った経緯を容易にはっきりと説明することができず，またすべてが意識的に行われていないこともある。⇨ **直観**

**直交**［orthogonal］　**1.** 独立，もしくは無相関であること。**2.** 何かに対して直角，垂直であること。⇨ **斜交**

**直交回転**［orthogonal rotation; right rotation］　座標軸を直角に保ちながら多次元空間を回転すること。

**直交対比**［orthogonal contrasts］　1要因における各水準の平均値の比較。その際，各水準の平均値は，重複せず無相関であり，要因の**平方和**を完全に分割する必要がある。

**直交多項式の対比**［orthogonal polynomial contrasts］　データにおける1次（線形），2次，それ以上の高次の傾向を推定する係数の比較。

**直交配列**［rectangular array］　データを2次元に配列したもの。

**直交配列法**［orthogonal design］　すべての**セル**が同数の実験参加者もしくは観測値を有し，その数は比例定数をもつ要因計画。⇨ **非直交計画**

**チョムスキー**［Chomsky, Noam］　ノーム・チョムスキー（1928- ），アメリカの言語学者。1955年にペンシルベニア大学で博士号を取得。1951年〜1955年までハーバード大学で研究し，その後，マサチューセッツ工科大学に在職した。博士論文をもとに *Syntactic Structure* (1957) を執筆した。チョムスキーの**変形生成文法**の理論は，20世紀の言語学の理論や分析に革命を起したとされる。チョムスキーの理論は，人間は，すべての言語や文化に共通する，文法の抽象的な変形規則に対応する**深層構造**として文法の基本構成を学ぶ，生まれつきの能力をもっているとしている（⇨ **コンピテンス，言語普遍性**）。チョムスキーのこの視点は，当時の主要な言語学の学説や，*Verbal Behavior* (1957) において，言語は経験を通して獲得されると主張した心理学者のスキナー（B. F. Skinner）の理論と矛盾した。1959年に，チョムスキーは，*The Journal of Language* 誌に "Verbal Behavior" なる評論を発表し，スキナーの理論を批判した。他の主要著書として，*The Logical Structure of Linguistic Theory* (1975) がある。チョムスキーは，アメリカの対外政策や社会政策の批評家としても知られている。チョムスキーは米国芸術科学アカデミーや全米科学アカデミーの会員に選ばれた他，米国心理学会功労賞を受賞している。

**散らばり**［scatter］　複数のデータポイントが互いに異なる傾向のこと。一例として，同一の個人にテストを繰り返したときの得点の変動があげられる。

**チラミン**［tyramine］　食べ頃のチーズやソラマメ，麦角，ヤドリギ，ワインなど，様々なものに高濃度でみられる**生体アミン**である。チラミンはアミノ酸であるチロシンによってもたらされ，心臓の働きや血圧を上昇させる交感神経系作動薬である。チラミンを含む食べ物は，**モノアミンオキシターゼ阻害薬**と反応して，チラミンの代謝を妨害し，血圧に影響を与え，状況を悪化させることがある。

**地理的移動性**［geographical mobility］　人々が，ある地理的地域から別の地域に移動する能力もしくは移動の容易さのこと。⇨ **水平移動，移動性，社会移動**

**地理的区分**［geographic segmentation］　居住地域に基づき，消費者を複数のグループに分類すること（郵便番号等が使用される）。地理的区分はしばしば人口学的情報と組み合わせるが，その場合はしばしば地理的人口学的区分と呼ばれる。

**地理的健忘**［topographical amnesia］　地理的な記憶，つまり場所や空間的配置の記憶の損傷。

**治療**［treatment］　病状の軽減を目的とした，適切な処置（たとえば，薬，手術，療法）を行うこと。

**治療域**［therapeutic window］ 最適な薬効が生じるような血中濃度の範囲のこと。適切な治療域に関するエビデンスは未だ確立されていないが，おそらく最も強いエビデンスは三環系抗うつ薬**ノルトリプチリン**である。現代の向精神薬はほとんどが治療モニタリングを必要としないが，**リチウム**は例外である。つまりその治療域はせまく，血中濃度以上では薬効が生じず，血中濃度以下では毒性を生み出すような副作用が生じる。治療域は現代の臨床精神薬理学においてあまり重要視されていない。

**治療可能比**［therapeutic ratio］ 薬物の安全率の臨床的有効性に関連する指数であり，**致死量**（LD$_{50}$）の中央値と**有効量**（ED$_{50}$）の中央値を用いて算出する。薬物は治療可能比が少なくとも10である場合にのみ安全であると考えられることがある。［ドイツの細菌学者，免疫学者エールリヒ（Paul Ehrlich: 1854-1915）によって紹介された］

**治療可能レベル**［treatment level］ 集団や参加者が研究や実験の対象とされる際のある特定の条件のこと。たとえば，4集団への調査計画の場合，ある薬品の投薬量を集団ごとに異なるものとし，それぞれの投薬量の合計は治療要因のレベルを表している。

**治療監査**［treatment audit］ 健康管理における質的保証を評価する手続き。監査活動は，提供された治療構造，治療過程，そして治療結果の査定評価を含む。監査は定期的に行われ，治療を改善，維持するようなフィードバックを受け，次の監査で再び評価される。⇨ **プログラムの全体性**，**プログラムモニタリング**

**治療教育**［remedial education］ 教科やスキルの教授後に行われる学習過程のこと。治療教育は特に，特定の教科や分野において不十分なスキルを改善することを目的とする。

**治療共同体**［therapeutic community］ 援助の必要性がある心理的な問題や障害をもつ個人に対して，その利用者間ならびにスタッフと利用者間における対人的，社会的相互作用によって援助しようとする方法（方法としてのコミュニティ，治療としてのコミュニティ）。短期間居住プログラムや長期居住プログラム，デイケアなどの通院によるプログラムなども含まれる。そのスタッフには，精神保健，医療，職業訓練，教育，財政，法律やその他の領域のサービスを行っている職員や臨床家など学際的なメンバーがなる。伝統的な医学や精神医学的アプローチの代替的サービスを目指すこの方法は，心理学的な治療の中でも有効な方法となっている。⇨ **環境療法**　［イギリスの精神科医ジョーンズ（Maxwell Shaw Jones）によって開発された］

**治療計画［1］**［treatment plan］ クライエントの査定を通して治療者やカウンセラーが考案する治療のための段階。**管理医療**プランの多くは，治療への同意の前に，正式な治療計画の書面を提出することを求めている。

**治療計画［2］**［regimen］ 特定の目標を達成するために計画された特定の行動を指す。医療では，ダイエット，エクササイズ，休息，薬物療法，その他の治療法などを含む詳細な治療プログラムを指す。多くの心理療法，たとえば認知行動療法などでは，治療全体のなかで治療計画が立てられる。そのようなプログラムではスケジュールが立てられ，構成，技法，治療期間などが明確にされる。

**治療後のフォローアップ**［posttreatment follow-up］ 心理療法や医学的治療を受けていた人々のその後の進展を，定期的にチェックすること。研究においては，その治療法の効果が維持されるか，それともすぐに消えてしまうかを検討するために，治療後のフォローアップが導入される。もし効果が維持されていれば，そうした治療の効果は一時的なものではなく，恒久的なものであると推測される。

**治療指数**［therapeutic index］ 薬物の安全率の臨床的な有効性に関連する種々の指数のことであり，最も一般的であるのが**治療可能比**である。その他の治療指数は中毒性の最小値と**有効量**の最小値の合計と，有効量の最小値と中毒性の最小値の差の割合である。

**治療者−患者関係**［therapist-patient relationship］ 心理療法を通して形成される心理療法家と患者（クライエント）間の関係。この関係については，時間とともにどのように変化するのか，心理療法においてどのような力動的意味をもち，どのような結果をもたらすのかといった多くの理論や研究がある。倫理に関する事項として，しばしば**実践ガイドライン**に明記されている。⇨ **治療同盟**

**治療集団**［therapeutic group］ メンバーの相互作用を通して精神的，情緒的健康の促進を目的とした，治療者主導で編成されたグループ。

**治療探索行動**［treatment-seeking behavior］ 精神や身体を病んでいる人，不安定な人，動揺した人が積極的に治療を求めること。⇨ **援助要請行動**

**治療抵抗**［treatment resistance］ 心理的・医学的治療を受けることに対する拒否感や抵抗，セラピストや医師の指示や指示された治療法に従うことに対する不本意感のこと。心理療法においては，クライエントがこれまで行われてきた技法に対してネガティブな反応を示していることや，クライエントが治療同盟の決裂を感じていること，もしくはセラピストによって治療同盟を修復するための他の方略や努力を求めることを意味する。治療抵抗には，課題をしてこなかったり，沈黙が長かったり，話題が脱線したり，セラピストのアプローチや提案，解釈に対する表面的で要領を得ない反応等がある。⇨ **服薬不履行**

**治療抵抗性**［refractory］ 以前に効果的であった治療に応じない疾患や障害のケースにみられるような，コントロールへの抵抗のこと。

**治療抵抗性精神障害**［refractory mental illness］ 難治性の**精神病**のこと。

**治療的因子モデル**［curative factors model］ 個人的な成長と適応を手助けし，促進する治療的な**集団**に存在する要素を明らかにしようとするモデル。アメリカの心理学者のヤーロム（Irwin Yalom: 1931-　）は，希望をもつこと，**一般性**，情報伝達，利他主義，対人関係の学習を含む10〜15の治療的因子を見出した。

**治療的転機**［therapeutic crisis］ 通常，思いがけない洞察や，新たな事実が語られることで生じる治療過程における転換点。この用語は良い意味でも悪い意味でも用いられ，どのような結果になるかは，そのテーマをどのように扱えるのかによる。

**治療的独白**［therapeutic soliloquy］ クライエントが，妨害されることなく，グループに対して自分自身のことを語る方法。［オーストリア生まれのアメリカの精神科医モレノ（Jacob Levi Moreno: 1889-1974）によって開発された］

**治療的な関わり**［therapeutic communication］　クライエントの気づきや自己理解を増す，治療者によるあらゆる発言や観察．

**治療的な雰囲気**［therapeutic atmosphere］　クライエントが自由に自らの思考や行動，感情について語ることができ，態度や反応を建設的な方向へ変化させるような，受容的で，共感的な，**無条件の肯定的配慮**な環境．

**治療的役割**［therapeutic role］　心理学的障害を治療したり，困難な状況の結果生じた症状や苦痛を和らげたり，不適応的な思考や行動を除去する治療者もしくは別の**治療薬**の機能のこと．

**治療的要因**［therapeutic factors］　**集団心理療法**における，モデルと技法にわたって効果的に働く治療的な要因．要因は，利他主義，カタルシス，団結，家族の再演，フィードバック，希望，同一化，対人的な学習，現実検討，役割の柔軟性，普遍性，他者の経験からの学習などからなる．治療的要因は**共通要因**と混同されやすいが，両方とも理論的なモデルと治療技法にわたって効果的な要因を表したものだからである．しかし，共通因子は個人心理療法に，治療的要因は集団心理療法に，それぞれ関連している．

**治療同盟**［therapeutic alliance］　クライエントとセラピストの間の協力的な作業関係であり，治療を成功させるためには必須であると考えられている．精神分析の作業同盟の概念から派生した用語であり，治療同盟は絆，目標，作業からなる．絆とは，クライエントの治療者に対する態度や，治療者のクライエントとの関係のもち方であり，治療環境の本質的な要因である．目標とは，相互に話し合い，理解し，合意した治療目標である．作業とは，クライエントとセラピストの両者によって進められる活動である．⇨

**治療者‐患者関係**　［アメリカの心理学者のボーディン（Edward S. Bordin: 1913-1992）によって発展された概念］

**治療の保留**［treatment withholding］　完治や短期間での症状の回復を目的として，患者にとって利益がないと思われる薬物治療を軽減すること．

**治療バイアス**［treatment bias］　治療の選択や実施において，患者の社会階層や文化的背景が影響を及ぼす傾向のこと．

**治療プロトコル**［treatment protocol］　心理療法において用いられる正式的な手続き．**体験過程心理療法**のような"ルール"をほとんど明示しないシステムがある一方で，**行動療法**のようにクライエントに課題を行ってもらうために，厳密に治療の実施要綱を定めるシステムもある．⇨ **治療計画**

**治療法律学**［therapeutic jurisprudence］　治療者に関わる法律についての学問分野．治療法律学には，どのような法律や訴訟手続きによって審理が行われるのか，法律制度（たとえば判決や執行人）の中でどのような役割をすることが他者（たとえば被告人や被害者）にとって利益もしくは不利益になるのか等が含まれる．

**治療マトリクス**［therapeutic matrix］　**協同的療法**においてそれぞれのパートナーに別のセラピストをつけたり，**コンジョイントセラピー**において事前にお互いのカップルに会わせるなどの，**カップル療法**における特別なセラピストとクライエントの組合せ．

**治療薬**［therapeutic agent］　投薬，作業療法，治療専門家による治療，または**治療共同体**といった治療過程を進めようとするすべてのこと．治療薬は患者の変化の原因物質であると推定される．

**治療を断る権利**［right to refuse treatment］　治療が患者にとって最良のものではない場合，潜在的に危険で侵襲的な治療法（たとえば，**電気ショック療法や向精神薬**）を患者が拒否できる権利．アメリカでは多くの州法や裁判所判断がこの患者の権利を支持しているが，意見が統一されているわけではない．⇨ **強制治療**

**チロシン**［tyrosine］　ほとんどのタンパク質に含まれる必須アミノ酸ではない**アミノ酸**．**カテコールアミン**の神経伝達物質であるドーパミン，ノルエピネフリン，エピネフリンの前駆体であり，構造的に分子の1つの位置がグループと異なる．チラミンは必須アミノ酸フェニルアラニンから作られる．

**チロシンヒドロキシラーゼ**［tyrosine hydroxylase］　カテコールアミンの神経伝達物質である**ドーパミン**，ノルエピネフリン，エピネフリンの生合成の最初の段階で帯域制限のある触媒作用を及ぼす酵素である．食物中のチロシンを，補酵素テトラハイドロビオピテリンや酸素分子を使い**レボドーパ**に変換する．

**鎮咳薬**［antitussives］　脳の延髄の咳中枢に作用し，咳を鎮静させる薬のこと．咳中枢は，**オピオイド**に敏感であるため，オピオイド系の薬は咳を鎮静させる効果がある．鎮咳薬として使用されるオピオイド系は，コデインや**デキストロメトルファン**である．一般に，咳止め（cough suppressants）と呼ばれている．

**賃金圧縮**［wage compression］　常勤社員と彼らより後に雇われた社員の間にある給与のギャップ傾向の一つ．狭義には準社員の給与の上昇率と比べて幹部社員の給与上昇が下回ることを指す．極端な場合では，準社員が幹部社員よりも高給となる逆転現象が起こる．

**鎮痙薬**［antispasmodic drugs］　筋肉を緩和させることによって，筋肉痙攣に対処する働きのある薬剤．抗コリン薬は，鎮痙薬として作用する．⇨ **筋弛緩剤**

**鎮静椅子**［tranquilizer chair］　初期の精神医学で使用された，重い木製の椅子．椅子に座らされた患者は胸，腹，足首，膝を縛られ，頭部は木製の箱の中に閉じ込められる．この抑制手段は，拘束服よりも好まれた．頭部への血流を減少させるが，身体への血流を妨げなかったからである．標準的な治療法の一つであった．［アメリカの内科医で精神科医でもあるラッシュ（Benjamin Rush: 1745-1813）によって考案された］

**鎮静剤**［downers; sedative］　鎮静剤・催眠剤または抗不安薬の俗語．鎮静作用のある薬物．不安・心の興奮，行動上の興奮を中枢神経を抑制することにより和らげるもの．鎮静の度合いは，薬剤，投与量，投与の仕方，患者の状態による．少量の鎮静薬剤は，より多量においては眠気を誘発することもある．そして，**睡眠薬**として用いられる．そのような薬剤は通例，催眠・鎮痛剤（sedative-hypnotics）として知られている．**ベンゾジアゼピン**は通例，鎮痛剤として使用されている．

**鎮静剤・催眠剤または抗不安薬**［sedative, hypnotic, and anxiolytic drugs］　その鎮静（例，鎮静薬），睡眠誘発（例，催眠薬），不安緩和（例，抗不安薬）の効果から治療的な用途をもつ**中枢神経抑制薬**のこと．バルビツール酸塩，メプロバメート，ベンゾジアゼピンを含む．日中帯

に服し不安を緩和することを用途として少量処方される場合や、睡眠剤として多量に処方される場合がある。控え目に使用する場合は効果的であるが、長期間になると概ね顕著な耐性を誘発し、使用を停止すると生命に危険を及ぼす離脱症状を引き起こす可能性がある。急激な乱用で中毒効果を生みだす可能性があり、慢性的に乱用すると様々な深刻な状態を引き起こす可能性がある。

**鎮静剤・催眠剤または抗不安薬依存**［sedative, hypnotic, or anxiolytic dependence］ DSM-Ⅳ-TR においては、これらの物質に関連して明らかな問題があるにも関わらず、鎮静剤、催眠剤、または抗不安薬の継続使用が示される一群の認知的、行動的、生理的症状とされる。耐性、使用停止による特異的な離脱症状、統制不可能な使用継続への衝動という結果に至る反復的な使用様式がある。⇨ **鎮静剤・催眠剤または抗不安薬乱用**

**鎮静剤・催眠剤または抗不安薬中毒**［sedative, hypnotic, or anxiolytic intoxication］ 直近の鎮静剤、催眠剤、または抗不安薬の摂取に特化した可逆性症候群。1つ以上の生理学的問題の徴候（たとえば、不明瞭な言語、歩行の不安定さ、不随意な眼球運動、記憶や注意の問題、協調運動の失調、まひや昏睡）があると同時に臨床的に明らかな行動面、心理面の変化（たとえば、不適切な性的、攻撃的行動、気分の不安定さ、判断力の低下、社会的、職業的機能の低下）がある。

**鎮静剤・催眠剤または抗不安薬誘発性持続性健忘性障害**［sedative-, hypnotic-, or anxiolytic-induced persisting amnestic disorder］ 鎮静剤、催眠剤、または抗不安薬の持続的な効果による記憶障害。新しい情報を学習したり以前に学習した情報を再生する能力が著しく、以前の機能水準からの明らかな衰退が現れ、社会的、職業的機能を妨げられるほど深刻な障害を受ける。**アルコール誘発性健忘性障害**と診断される場合とは異なり、この障害と診断される場合は記憶機能の回復が可能である。

**鎮静剤・催眠剤または抗不安薬乱用**［sedative, hypnotic, or anxiolytic abuse］ DSM-Ⅳ-TR においては、これらの物質の反復的な摂取に伴い顕著な悪影響が現れる鎮静剤、催眠剤、抗不安薬の使用様式とされる。この診断は**鎮静剤・催眠剤または抗不安薬依存**の診断に差し替えられる。つまり、鎮静剤、催眠剤、または抗不安薬乱用の基準と鎮静剤、催眠剤、または抗不安薬依存の基準の両者に当てはまる場合、後者の診断が採用される。

**鎮静剤・催眠剤または抗不安薬離脱**［sedative, hypnotic, or anxiolytic withdrawal］ DSM-Ⅳ-TR においては、鎮静剤、催眠剤、または抗不安薬を長期的に多量に摂取した後にそれを停止（または削減）することで生じる生命に危険を及ぼす可能性のある特異的な離脱症状とされる。症状として、自動的過活動、手の震えの増加、不眠、吐き気や嘔吐、一過性の視覚、触覚、聴覚の幻覚や錯覚、精神運動性動揺、治療の契機となった不安状態の悪化（ぶり返し）かあるいはその状態の再発、緊張・間代の発作がある。生理的な依存や離脱の危険性は、ベンゾジアゼピン類や同じ作用をもつ抗不安薬を長期的に使用によりもたらされる。非持続的作用性のベンゾジアゼピン類に特定の離脱症状の危険性を引き起こす。また、非持続的作用性の薬剤を多量に服薬している患者は副作用を回避するため長時間をかけて慎重に使用をやめなければならない。

**鎮静剤・催眠剤または抗不安薬離脱せん妄**［sedative, hypnotic, or anxiolytic withdrawal delirium］ 鎮静剤、催眠剤、または抗不安薬を長期的に多量に摂取した後にそれを停止することで短期間（一般的には数時間から数日）に生じる可逆性症候群。これらの物質による離脱に関連した通常の症状を超えて、認知変化（たとえば、記憶障害、失見当識、言語障害）に付随した意識障害（たとえば、注意の集中、維持、変換能力低下）が起こる。⇨ **鎮静剤・催眠剤または抗不安薬離脱**

**鎮静な作業**［sedative occupation］ その反復性から緩和、鎮静効果がある編み物や織り物のような作業や課題。⇨ **刺激的な作業**

**鎮静能力**［soothability］ 乳幼児や子どものもつ、苦痛から逃れたり、悩みを落ち着ける能力のこと。

**鎮静薬健忘障害**［sedative amnestic disorder］ ⇨ **鎮静剤・催眠剤または抗不安薬誘発性持続性健忘性障害**

**鎮痛**［anodyne］ 鎮痛剤（アスピリン）、麻酔剤、鍼療法などを含む痛みを解放するための作用や処置のこと。

**鎮痛剤**［analgesics］ 痛みを緩和する薬物、あるいはその他の試剤。鎮痛剤は通常、その化学成分や身体依存に対する可能性によってオピオイド（麻薬性）もしくは非オピオイド（非麻薬性）に分類される。**オピオイド鎮痛薬**は、一般に痛みの緩和に最も効果的とされる。最も広く用いられている依存性の低い非オピオイド性の鎮痛剤は、**非ステロイド性抗炎症薬**（非ステロイド系抗炎症剤）であり、そのなかで最も知られているのが**アスピリン**と**アセトアミノフィン**である。

## つ

**ツァイガルニク効果**［Zeigarnik effect］ 完了した課題よりも中断された未完了の課題のほうがよく記憶されるという傾向のこと。［1927年にロシアの心理学者ツァイガルニク（Bluma Zeigarnik: 1900-1988）が論じた］

**ツァイトゲーバー**［Zeitgeber］ 日照時間のように，**生物学的リズムを活性する，または計るための手がかり**のこと。⇨ 同調 ［原語はドイツ語で"時間を与えるもの"。初めに科学的に定義されたのは1954年，ドイツの生理学者アショフ（Jürgen Ashoff: 1913-1998）による］

**追加平方和原理**［extra sum of square principle］ モデルで加えられた**パラメータ**の値が**平方和**の誤差の減少という点から評価される，**一般線形モデル**で検証するモデル比較の有意性に関する基本的なアプローチ。

**椎間板ヘルニア**［slipped disk］ ゼラチン状の椎間板の内部の状態が，その繊維質の皮質部分がもろくなることで押されて動かされ，近隣の神経根と随伴する組織を圧する状態のこと。これは，椎間板とそれに関連した神経，時には神経損傷（無感覚，感覚低下を招く）に依存して背中，脚，腕に痛みを生じさせる。一般に**坐骨神経**は最も影響を受ける。この状態に対する病名も，椎間板ヘルニア（prolapsed intervertebral disk）という。

**対鏡症状**［mirror sign］ 表面（窓，鏡など）に映る自分自身を頻繁に，または長時間にわたり見る傾向。［アベリー（Paul Abely）により統合失調症の初期症状の一つとして1927年に初めて記述された］

**対形成**［twinning］ 1つの物体を分割することによって2つの対称的な物体を生成すること。

**対効果**［dyadic effect］ 特徴的な相互関係に起因する2人の行動の一部のこと。その特徴的な相互関係は他の人との関わり方とは異なる。

**椎骨動脈**［vertebral artery］ 首にある椎骨に並行して上行する対の動脈。椎骨動脈はそれぞれ脊柱の最上部近くにある**大後頭孔**を通って頭蓋骨に入る。2本の椎骨動脈が合流して脳底動脈を形成する。

**追試**［replication］ もとの実験や1つの実験に含まれる試行を，その**内的妥当性**，**再現性**，他の場面への適用可能性に関する情報を得るために再び実施すること。正確な追試（exact replication）は，もとの実験と同一の手続きに従うか，または可能な限り近い手続きを再現して行われる。修正を施した追試（modified replication）は，代替な手続きや追加の実験条件を組み込んで行われる。概念的な追試（conceptual replication）は，理論的な情報を得るために別の手法や操作を導入して行われる。

**追試平面**［replication plane］ **追試**が行われた研究の**効果量**を組み合わせて作成される平面図のこと。

**（眼球による）追従**［tracking］ 運動する物体を眼で追うプロセス，または眼球運動を用いて何かの軌跡を追うこと。⇨ 視覚追跡

**追随行動**［following behavior］ 特定の動物の子が親や代理親の後を走ったり泳いだりするような，種に固有の特性であり，**刻印づけ**の現れである。

**追跡計**［pursuitmeter］ 1. 参加者の動く対象を追跡する能力を測定する装置のこと。2. **追跡ローター**の旧式名称。

**追跡調査[1]**［follow-up study］ 治療的介入の効果がどの程度持続するのかを検討するために企図された長期的な研究のこと。また，追跡調査は，実験室実験の参加者に対して実験条件の効果がどの程度持続するのかを検討する際にも用いられる。

**追跡調査[2]**［tracking］ テストや宿題の点数を記録する，教室での行動を観察する，自己報告をさせる，あるいはそれらを組み合わせることによって，ある生徒の進捗を観察すること。

**追跡ローター**［pursuit rotor］ 円盤に埋め込まれた小さい対象からなる**視覚運動統合**を検査する装置のこと。参加者が行うことは，可変の速度で円盤が回転することによって動く対象の上に針を置き続けることである。

**追想**［retrospection］ 過去の経験について振り返ったり考えたりすること。特にそう遠くない過去についてそうすること。⇨ 内省

**対まひ**［diplegia; paraphegia］ 身体の両側の対応した部位（たとえば，左右の腕）がどちらもまひすること。

**対連合学習**［paired-associates learning; paired associations］ 学習に関する研究において用いられる手法で，参加者は音節，単語，その他項目を2つ一組で学習し，その後各組の片方が提示され，それに対してその対となるもう一方を答えなければならない。対連合法（paired-associates method）とも呼ばれる。［コーキンズ（Mary W. Calkins）によって導入された］

**通過儀礼**［rite of passage］ 誕生，結婚，死といった人生の転換や，バル・ミツバー（ユダヤ人の男子が13歳になるときに行われる成人式），卒業，新しい職業や組織への加入といった成長の節目を記念する儀式。近代科学以前の多くの社会では，個人がある段階から別の段階にうまく移行する上で，こうした儀式は不可欠であると考えられている。しかし，そうした信念のない現代の世俗社会においても通過儀礼が維持されていることは，それが個人および集団にとって何らかの重要な心理的機能を果たしていることを意味する。

**痛覚[1]**［algesia］ 痛みを感じとる能力のこと。⇨ 無痛覚症

**痛覚[2]**［pain sense］ 体表と内部器官にある自由神経終末が関与する感覚のことで，特に組織が損傷したときに，痛みとして特定される特異的な作用が生じる。⇨ 痛みメカニズム，痛み伝達経路，痛み知覚

**痛覚過敏**［hyperalgesia; hyperalgia］ 痛みに対する異常な敏感さのこと。ひどく傷ついた皮膚において，新たな神経終末が形成されることによってしばしば生じる。

**痛覚計**［algesimeter; algesiometer; algometer; dolorimeter］ 痛みに対する個人の感度を測定するための装置の一つ。この装置には，痛覚閾値を測定するために体表を圧迫するための目盛り付きの針が備わっている。

**痛覚鈍麻**［hypoalgesia; hypalgesia］ 痛みの感覚が低下していること。

**通時言語学**［diachronic linguistics］ 文献学や比較言語

学で慣習的に用いられているように，言語を時間を経て変化するものとして扱う研究。一方，共時言語学（synchronic linguistics）は歴史的要因や発達的要因を考慮に入れず，ある時点での複数の言語または単一の言語を研究するため，対比されることが多い。言語に対する共時的アプローチは言語的**構造主義**の基礎となっている。［スイスの言語学者ソシュール（Ferdiand de Saussure: 1857-1913）が提唱］

**通常科学**［normal science］ 科学の性質（慣行，前提，方法論，実証的手段の進歩を求めること）についての普遍的な合意で構成されている**パラダイム**によって特徴づけられる発達段階としての科学のこと。⇨ **未成熟な科学**，**パラダイムシフト**，**科学革命** ［アメリカの科学哲学者クーン（Thomas Kuhn: 1922-1996）が唱えた］

**通信過負荷**［communication overload］ あるシステムや人が正常に処理できる，あるいは効率的に利用できる量を超える量の情報がシステムや人に与えられている状態。⇨ **認知的過負荷**，**情報過負荷**，**感覚過負荷**，**刺激過負荷**

**通信工学**［communication engineering］ 電話やラジオ，テレビ，コンピュータネットワークといった，通信のための技術システムの発達に科学の原理を応用したもの。コンピュータネットワークの発展と拡大により，通信工学ではコンピュータ技術の知識が中心になってきている。

**通信理論**［communication theory］ 情報の貯蔵や送信に関わるすべての分野（工学，物理学，心理学，社会学など）に関連した科学の一分野。⇨ **情報理論**

**通俗心理学**［popular psychology］ 1. 一般大衆によって理解されている心理学的知識のことで，過度に単純化され，誤って解釈され，時代遅れのことが多い。⇨ **常識心理学**，**民族心理学** 2. 特に一般大衆に利用されることを目的とした心理学的知識のことで，自助本や，テレビやラジオのアドバイス番組といったものがある。

**通電法**［exosomatic method］ 心理電気反応研究で用いられる手法であり，外部電源からの小さな電流に対する皮膚抵抗を測定する。⇨ **皮膚電気反応**

**通報義務**［mandated reporting］ 心理専門家や他の福祉サービス職員（例，ソーシャルワーカー，看護師）は，児童虐待か**ネグレクト**の疑いがあったり，知っていたりする場合，どのようなケースでも報告するというアメリカの法的必要条件。そのようなケースの報告を怠った人は，法的・職業的な制裁を受ける可能性がある。

**通訳**［interpret］ 口頭で，1つの言語からもう1つの言語に翻訳すること。オリジナルの言語の意味を伝えれば十分とする「意訳（interpreting）」と，態や形式の複製も重視する**翻訳**とに分類することもある。

**杖**［cane］ 視覚障害をもつ人などの起立，着座，**移動**の補助を目的とする道具。柄は体重を支えるために通常は固い木材か鉄製で丈夫に作られる。上部は，湾曲した，あるいは水平の取っ手で，下部にはゴム製のチップが用いられる。視覚障害者の杖は一般的に，より細く，軽く，長い金属製のもので，定位のために用いられる。⇨ **オリエンテーションと運動トレーニング**

**ツェナーカード**［Zener cards］ トランプに似ていて，**超感覚知覚**や他の超心理学的現象に関する実験で使うのに作成された，標準化された刺激材料。25枚からなり，それぞれに5つのシンボル（星，波線，十字，円，四角）のうちの一つが描かれている。それぞれのカテゴリーに5枚ずつ割り当てられている。**テレパシー**の典型的な課題では，カードをシャッフルし（普通は機械的に），指名された**送信者**がシンボルを調べるためにカードを1枚ずつめくる。一方，**受信者**は送り手の思考を読むことでシンボルを推測しようとする。**透視**の実験では送り手によるカードの検査がなくても，受け手はシャッフルされたカードの順番を特定しようとすることもある（⇨ **遮蔽指示照合法**）。**念力**の実験では，参加者が直接シャッフルの結果を調整しようとする。ラインカード（Rhine cards）とも呼ぶ。⇨ **基本的方法**，**ESP強制選択テスト** ［アメリカの心理学者ライン（Joseph B. Rhine: 1895-1980）がこのカードを考案し，採用したシンボルを作成したアメリカの知覚心理学者ツェナー（Karl E. Zener: 1903-1964）に因んで命名］

**ツェルナー錯視**［Zöllner illusion］ いくつかの平行の線分のうち，ある線分には一定方向に傾いた短い斜線，別の線分には逆の傾きをもつ斜線が交差していると，線分が平行に見えなくなる錯視。［ドイツの天体物理学者ツェルナー（Johann Karl Friedrich Zöllner: 1834-1882）による］

**つがい関係**［pair bond］ パートナーとの親和行動，パートナーとの分離や喪失に伴う感情的行動，再会時の反応などにより特徴づけられる二個体間の関係。二親性保育を行う生物種では重要。メスは，子どもを育てる際にオスの協力を期待し，オスでは**父性の確実性**が上昇する。

**使い魔**［familiar］ 民俗学と悪霊学において，誰かと一緒に暮らして，その使用人の働きをする超自然的な精霊であり，しばしば動物（たとえば，魔女のネコ）の形をとる。

**使いやすい（ユーザーにやさしい）**［usable］ 人間工学において，フラストレーション，エラー，使いにくさを最小限にした，使いやすいデザインの商品やシステムを表す言葉。

**つかの間の現在**［fleeting present］ 意識的経験の絶えず変わる現在の瞬間。［ジェームズ（William James）によって定義された］

**月の錯視**［moon illusion］ 月が空高くにある時と比べて水平線にある時に，知覚される月の見かけの大きさが変化すること。⇨ **大きさ−距離のパラドックス**

**月フェーズ研究**［moon-phase studies］ 月の満ち欠けと暴力の発現あるいは精神障害の間に想定された関係性の研究。その関係は，民族伝承，民間療法，言葉それ自体（たとえば，精神錯乱：luncy や精神錯乱者：lunatic という語句）で長い間表現されてきた。行動に関する月の満ち欠けの効果を研究したもので，方法論的に信頼できるものはほとんどない。

**憑き物**［inhabitance］ 幽霊や魂は，特定の場所を支配したり，人や動物に取り憑いて制御を奪ったりできるという考え。⇨ **悪魔払い**

**償い[1]**［expiation］ 犯罪行為に対する償い。それは謝罪を表し，罪悪感を緩和または軽減し，状況改善に向けて動くことなどである。

**償い[2]**［reparation］ クライン（Melanie Klein）の**対象関係理論**において，**抑うつポジション**の間に良い対象との関係を修復するためになされる行為。クラインは，成人期のすべての生産的，肯定的な行為を償いの例だと考えた。

**土食い**［geophagy］ 土や泥を食べること。精神遅滞の

人や幼い子どもによくみられ，ときに妊娠した女性にもみられる。たいていは**異食症**の症状の一つだが，慣習として受け入れている文化もある。

**つつきの順位**［pecking order］　組織および社会的集団において，権威，地位，名誉などの直線的な序列（**階層構造**）のこと。この語は，ニワトリおよびその他の動物における優位性についての行動パターン（つつく，脅す，追跡する，格闘する，回避する，縮こまる，発声するなど）に由来する。⇨ **順位制**，**地位関係**

**綴り障害**［dysorthographia］　字を綴る能力の障害。

**妻殺し**［uxoricide］　夫が妻を殺すこと。

**つまみ**［pincer grip］　把握動作の一種で，親指と人差し指で対象をつかむ様式のこと。⇨ **握り**，**精密把持**

**罪の文化**［gulit culture］　社会的に受容される行動を促すために罪悪感を用いることが特徴的な社会での傾向や体系化された原理。⇨ **恥の文化**

**爪かみ症**［nail biting］　緊張を緩めるために爪を噛むという強迫的な癖。咬爪癖（onychophagia; onychophagy）とも呼ばれる。

**冷たさ**［coldness］　**1.** 皮膚温よりも低い刺激によって形成された温度感覚のこと。**2.** 他者に対する共感や情緒的サポートを欠くような心理的特徴。

**強い方法**［strong methods］　**1.** 特定の領域や応用に固有の問題解決テクニック。たとえば医学的診断など。**2.** 人工知能において，特定の領域やアプリケーションに固有の知識を組み込むプログラム。たとえば，チェスをするプログラムを作る際にはチェスのルールに関する知識を組み込む。⇨ **弱い方法**

**ツールデザイン**［tool design］　**人間工学**において，筋肉の疲労や怪我を避けるなどの**人的要因**を考慮した機器やツールのデザインのこと。⇨ **装置デザイン**，**ワークスペース設計**

**ツワーデマーカーの嗅覚計**［Zwaardemaker olfactometer］　両端が空いている単一のガラス管で構成された初期の**嗅覚計**。ガラス管の片方の端は鼻孔内に挿入し，もう一方は**臭気物質**で満たされた管にはめる。ニオイを嗅ごうと吸引すると，臭気物質が**嗅上皮**に到達する。［オランダの生理学者ツワーデマーカー（Hendrik Zwaardemaker: 1857-1930）による］

**ツワーデマーカーの嗅覚系**［Zwaardemaker smell system］　スウェーデンの植物学者であるリンナエウス（Carolus Linnaeus: 1707-1778）によって開発された枠組みをもとに作られた，ニオイの質の分類体系。ここでは，エーテル臭，芳香，花香，アンバー，ニンニク臭，焦臭，ヤギ臭，むせるような臭い，吐き気のする臭いの9つの基本となるニオイの質が存在し，これらの組合せによってニオイの感覚が生じるとされる。［ツワーデマーカー（Hendrik Zwaardemaker）による］

**つわり**［morning sickness］　妊娠した女性が妊娠1か月目，もしくは妊娠期間全期にわたって経験する吐き気や嘔吐のこと（ただしすべての女性が経験するわけではない）。英語ではつわりは morining sickness と呼ばれ，起床後にすぐに起こる場合が多いが，人によっては一日中起こりうる。妊娠悪阻（nausea gravidarum）とも呼ばれる。

**ツング自己評定抑うつ尺度**［Zung Self-Rating Depression Scale: SDS］　広く使用されている成人対象の自己評定形式の抑うつスクリーニング器具。抑うつ，あるいは，気分障害の強さを測定するように設計されている。うつ治療に対するクライエントの反応を時間ごとに追跡するツールでもある。SDS は 20 項目からなり，その質問に参加者は，「まったく，あるいは，ほとんどない」から「ほとんど，あるいは，常に」の4件尺度で回答する。項目の半分が肯定的に（たとえば，私は，睡眠障害がある），もう半分が否定的に表されている（たとえば，私は，希望的に考えることができない）。［1965 年にアメリカの精神科医ツング（William W. K. Zung）によって最初に開発された］

# て

**T**［T］ 精神物理学の用語で，判断の変化点の略語。

**DIN 表色系**［DIN color system］ 色調，明度および飽和の属性によって色を表すためのヨーロッパ由来の色を表記する体系。アメリカの**マンセル表色系**に同じ。［ドイツ語で，ドイツの（D（eutsche）），業界基準（I（ndustrie-）N（orm）の略］

**DICE モデル**［DICE model; dissociable interactions and conscious experience model］ 独立モジュール間の相互作用と意識経験モデル（dissociable interactions and conscious experience model）のこと。意識システムを実行システムと関連づける認知モデル。［アメリカの心理学者シャクター（Daniel L. Schacter: 1952- ）によって提案された］

**ディアノイア**［dianoia］ 間接知，推論知とも呼ばれる。哲学の分野で，感覚知覚や経験に基づく推論。特に，**知性**の純粋な知的操作と対比されて用いられる。⇒ **ノエシス，理解**

**定位 [1]**［orientation］ 外的刺激（光や重力，あるいは環境の他の何らかの側面）へと身体を向けること，ないしはそれに向けて身体を動かすこと。

**定位 [2]**［localization］ 刺激，過程，その他の事項の発生源（起源）や場所の特定。

**TENS**［TENS］ 経皮的（末梢）神経電気刺激（法）。皮膚に接着した小型の電極を通して弱い電気パルスを送る方法。TENS は，慢性的な痛みを取り除く，または緩和するために用いられることが多い。痛みを感じる部位につながる神経をパルスで刺激することで，痛みの信号の伝達を抑制する。

**DET**［DET; diethyltryptamine］ ジエチルトリプタミン。LSD や**サイロシン**や DMT も属しているインドールアルキルアミン群に属している合成**幻覚剤**。

**定位装置**［stereotactic instrument］ 近傍の組織を傷つけることなく，動物の脳に実験的な操作を行うことができるよう設計された装置。動物の頭部をある位置に固定することで，脳座標アトラス（stereotactic atlas）に当てはめたとき，**電極**，**カニューレ**，あるいは手術器具を，脳の正確な領域あるいは構造に挿入することを可能にする。

**定位反射**［placing］ 赤ちゃんが足を上げ，その足を面の上に乗せる反射運動。出生後 3 か月間ほど起こる。

**定位反応**［orienting response］ **1.** 変化した刺激や新しい刺激，あるいは突然の刺激に対する行動反応。たとえば予期しないノイズに対して顔を向けるといった反応が含まれる。定位反応に関与する多様な生理学的要素には，瞳孔の拡張，血管の膨張，心拍数および皮膚の電気抵抗の変化が含まれることが明らかになっている。［パブロフ（Ivan Pavlov）によって 1927 年に導入された］ **2.** 特定の刺激の方向に関係する生物の反応のこと。定位反射（orienting reflex）とも呼ばれる。⇒ **走性，屈性**

**低意欲**［velleity］ 低水準の**意志力**。

**低運動感覚**［hypokinesthesia］ **体性感覚系**（たとえば，触，重さ，圧力，運動および身体位置）における感度の低下。⇒ **運動覚，自己受容感覚，超運動感覚**

**DA**［DA］ **ドーパミン**の略語。

**DAT**［DAT］ アルツハイマー型認知症の略語。**適性判別テスト**の略語。⇒ **アルツハイマー病**

**DSM-IV I 軸のための構造化面接**［Structured Clinical Interview for DSM-IV Axis I Disorders: SCID-I］ 37 種の最もよくみられる DSM-IV 第 I 軸臨床障害について臨床家が標準化された信頼度の高い診断を行い，また，拙速な診断を避けるために用いられる用具。このアセスメントでは，患者に対する面接の中で標準質問セットが使われる。

**DSM-IV-TR**［DSM-IV-TR］ 『精神疾患の診断・統計マニュアル・新訂版（第 4 版の改訂版）』のこと。米国精神医学会の『DSM-IV』の特別専門委員会によって作成され，2000 年に出版された。特定の原因論に偏らない診断のカテゴリーに分類されており，辞書的に使えるよう編集されている。世界保健機構によって作成され，修正された**国際疾病分類**（第 9 版，1978）から多くを取り込んでいる（『ICD-9-CM』）。しかし，多軸コーディング方法だけでなく，多くの詳説や最近の変化なども含むことが特徴である（⇒ **軸，多軸分類**）。それまでの版に，『DSM-I』1952 年，『DSM-II』1968 年，『DSM-III』1980 年，『DSM-IV』1994 年に出版されている。その間に確認された障害の数は，約 100 から 300 以上にまで増えた。

**DSM-IV II 軸パーソナリティ障害のための構造的臨床面接（SCID-II）**［Structured Clinical Interview for DSM-IV Axis II Personality Disorders: SCID-II］ 抑うつ性パーソナリティ障害，受動的攻撃性パーソナリティ障害，特定不能のパーソナリティ障害などのように，10 のパーソナリティ障害（II 軸）を規準化し，信頼性のある診断をするために研究者や臨床家によって作られた面接法。患者との面接で尋ねる一連の質問が含まれる。

**DST**［DST］ **デキサメタゾン抑制試験**の略称。

**DNA**［DNA］ デオキシリボ核酸。生命体にみつかる 2 種類の核酸のうちの一つ。染色体と**ミトコンドリア**に含まれる遺伝情報の主要な運び手。DNA 分子の一部がその生命体の遺伝子を構成する。構造的には，DNA は 2 本の撚り合わさった，らせん状に巻いたヌクレオチドの鎖（二重らせん：double helix）からなる。各ヌクレオチドは，4 つの塩基（アデニン，グアニン，シトシン，チミン）のうちの一つを含む。片方の鎖上の塩基は，もう一方の鎖上の塩基と水素結合を形成し，らせん状の梯子の「ステップ」のような塩基対（base pair）を形成する。アデニン（A）はチミン（T）と，グアニン（G）はシトシン（C）と，常に対を形成する。DNA のそれぞれの鎖が鋳型となって相補的な鎖を作る自己複製を経て，もともとのらせんと全く同じ塩基対をもつ 2 つの DNA 分子が得られる。遺伝子 DNA の塩基配列は**遺伝暗号**に従う情報をもち，製造するタンパク質やリボソームの仕様を定める。複製時に塩基配列を保存する DNA の性質のため，単一の生命内での細胞分裂時にも生殖時にも，それがもつ遺伝情報もまた保存して子孫に伝えられる。⇒ **RNA，組換え DNA**

**DFFITS**［DFFITS］ **回帰分析**における，適合度の差異のこと。特定の場合($i$) が予測値 $\hat{Y}_i$ に対してもつ影響の指標。回帰分析における問題を診断するために用いられ

**DFBETAS**［DFBETAS］ 回帰分析におけるβ値の差異のこと。回帰係数の推定上のi番目のケースの影響を記述する指標。回帰分析における問題を診断するために用いられる指標の一つである。

**DMT**［DMT; dimethyltrypatamine］ ジメチルトリプタミン。LSDやサイロシンやDETも属しているインドールアルキルアミン群に属している合成幻覚剤。

**DOM**［DOM］ ジメトキシメチルアンフェタミンのことで，**STP**（平静：serenity，平穏：tranquillity，安らぎ：peace）とも呼ばれる合成幻覚剤。MDAやMDMAも属するフェニルイソプロピルアミンファミリーの一つ。

**帝王切開（C切開）**［cesarean section; caesarean section; C-section］ 経膣分娩が勧められない環境下にある分娩のため，女性の腹部から子宮壁にかけて切開する外科的手法。この名前は，カエサル（Gaius Julius Caesar: BC 100-44）がこの方法により分娩されたという誤った信念に由来する。

**ディオニソス的**［Dionysian］ 非合理的，感性的，無秩序的，さらには陶酔的，熱狂的といった心の状態を指す（ギリシャのワインの神であり，酩酊，祭典的熱狂，あるいは恍惚の神でもあるディオニソスに由来）。この用語を，上記の意味で最初に用いたのはドイツの哲学者ニーチェ（Friedrich Nietzsche: 1844-1900）であり，ニーチェは人間の本質としてのディオニソス的側面と**アポロ型**側面の対比を描いた。また，ディオニソス的態度は，道徳性，宗教，哲学を支配するアポロ型態度に拮抗する，とニーチェは考えた。

**綴音不能**［asyllabia］ **失語症**の一種。アルファベットの個々の文字を認識することはできるが，音節や単語を構成したり理解することができない。

**低温法**［cryogenic method］ 診断，治療，研究に極度の低温を使用すること。たとえば，様々な病気に関わる免疫グロブリンは，血清から分離する温度まで試料の温度を下げることで検出する。顕微鏡実験の資料をスライスするために組織を凍らせる手法も用いられる。パーキンソン病の症状に関係する視床病変破壊術では凍結手術（cryogenic surgery）が行われる。低温学（cryogenics）は科学研究に関係し，低温および低温の結果生じる現象を適応する物理学の分枝である。

**定冠詞**［definite article］ 言語学において，既知または定義された特定の事柄に言及していることを示すために名詞句とともに用いられる冠詞のこと（英語でのthe）。"The patient died last night"や"The patient who died last night"のtheがこれにあたる。

**低感情型**［hypoaffective type］ 感情の反応性がないことを特徴とする生得的体質。

**低強度**［underintensity］ 覚醒，関与，努力，断定，注意の集中の1つもしくはすべてが，最適水準より下にある状態。

**Tグループ**［T-group］ トレーニンググループ。体験グループの一種であり，12名以下で行われ，効果的なリーダーシップやコミュニケーションといった"基本技術"の向上と，態度の変化を生み出すことを目的とする。Tグループトレーニングは，1940年代の終わりに，全米集団発達訓練研究所（National Training Laboratory in Group Development）によって開発され，レヴィン（Kurt Lewin）の，小グループ力動の功績をもたらした。しばしば**エンカウンターグループ**の同義語として用いられるが，強調点が個人的な成長よりも，**感受性訓練**と実際的な対人関係スキルにおかれている。たとえば，マネジメントトレーニングなどである。Tグループの目標の一つは，グループ力動について，また集団や組織内におけるメンバー個人の役割について，理解を深めることにある。

**デイケア**［day habilitation］ 高齢者や精神遅滞の人あるいはそれに類する状態にある人のために提供される，**在宅・地域ベース医療介護サービス**。このサービスは，臨床サービス，介付添サービス，社会化，レクリエーション，職業的発達や，ライフスタイルの改善を含む，個人サービスや援助計画に基づく活動の生産的な日常計画を提供する。

**デイケアセンター**［day care center］ 管理者や介護者がいないと多くの日常的な課題を行うことができない成人のための，健康社会サービスを提供する居住用ではない施設。⇒ **成人のデイケア**，**児童養護施設**

**提携**［coalition］ 一時的な協力関係のこと。この関係は，それぞれの個人1人によって得られる結果よりもさらに良い結果を得るために，2人またはそれ以上の人数で形成される。連合において，メンバーではないものを犠牲にして自分のメンバーの利益を得ようとするところがあり，敵対的になる傾向もある。提携に関して，（a）事情によっては，自然な関係ではなく，関係の形成を強いられているものがいる，（b）より有益な関係を形成するために，今までの協力関係を見捨てるということもあり，不安定なところもある。このような協力関係は，人間以外の動物にもみられる。たとえば，チンパンジーでは，下位のオスが連合を形成し，集団の中で支配権を握るオスを襲うこともある。また，イルカが性的なアプローチをする際には，オス一匹ではメスに上手くかわされることもある。そのため，オスのイルカはメスとつがいになるために，オス同士で連合を形成している。⇒ **最小勢力理論**，**最小資源理論**

**低血圧症**［hypotension］ 異常に血圧が低い状態。めまいや失神が起きる。

**低血糖**［hypoglycemia］ 血液中の糖の形成阻害や糖の過度の利用のため，糖の血中濃度が低くなる状態。幼児における主要な症状は，震え，チアノーゼ，発作，アパシー，虚弱，呼吸問題，知的発達の遅れがみられる。幼児特発性疾患は，一つの劣性遺伝子が原因である。成人における主要な症状は，衰弱，おびただしい汗，神経質，めまいである。成人の場合，精神生理学的反応（機能的インスリン過剰症：functional hyperinsulinism）がみられ，糖尿病における炭水化物の摂取不足やインスリンの過剰投与の結果である可能性がある。

**t検定**［t test］ 帰無仮説が正しいとした場合，t分布に検定統計量が基づいていることを利用する統計的検定のこと。多くのt検定は母集団の平均あるいは異なる母集団の平均の差についての仮説を扱う。

**定言命法**［categorical imperative］ 至上命令とも言う。ドイツの哲学者カント（Immanuel Kant: 1724-1804）によって言語表現された道徳的指示。同一環境におけるすべての人々の行動を支配する普遍的法則として，その指示を守ることで人が満足を得るとするものである。絶対的であり無条件であるがゆえに，定言命法は「もしYという結

果を達成するというのなら，Zという行為をせよ」という型の**仮言命法**と対比される。定言命法は道徳哲学と心理学における道徳的行為の理論において非常に影響力を及ぼしてきた。⇒ **普遍化可能性**

**抵抗**［resistance］ 1. 一般に，何かまたは誰かに対して，反抗，無視，あるいは耐えるあらゆる行為のこと。2. 微生物が引き起こす病気に対し，生体がもつ自己防衛の度合いのこと。3. 病気をもたらす微生物が薬品の作用に耐える程度のこと。4. 心理療法や精神分析において，治療者や分析家が治療で生み出される心的材料を引き出し，解釈する方法が患者の言葉や行動によって無意識的に妨害されること。古典的な精神分析理論では，抵抗を**防衛**の一形態として捉え，次の3つのタイプを区別している。つまり，**意識的な抵抗，イド抵抗，抑圧抵抗**である。

**抵抗症**［Gegenhalten］ 神経学の用語で，四肢の受動的な運動に対する不随意的な抵抗。［原語はドイツ語で"抵抗すること"を意味する］

**定向進化原理**［orthogenetic principle］ （認知や知覚などを含む）機能のすべての側面の発展は，分化が欠如した状態から分化，分節，階層的統合が増大した状態へと進むという仮説。［オーストリア生まれのアメリカの心理学者ウェルナー（Heinz Werner: 1890-1964）によって提唱された］

**定向進化説**［orthogenesis］ 種の進化はその生物に内在的な諸要因によって決定された方向に従い，続く諸世代も**自然選択**に関わりなく同じプランに従うという理論。

**抵抗分析**［analysis of the resistance］ 精神分析の基本的な手続き。患者が無意識的な衝動と経験の**抑圧**を保持しようとする傾向が分析的に吟味される。抵抗を説明するプロセスは，自己理解とポジティブな変化に大きく寄与すると考えられている。

**定誤差**［constant error］ ある特定の方向に発生する系統的なバイアスや誤差のこと。精神物理学や運動制御において，定誤差は，判断の平均値の基準からの偏差に表される。たとえば，1 kgのものが平均して1.5 kgと判断される場合，定誤差は500 gとなる。⇒ **絶対誤差，偶然誤差**

**テイ・ザックス病**［Tay-Sachs disease: TSD］ **常染色体劣性**障害は当初，中欧，東欧のアシュケナージ系ユダヤ人に多くみられるものであった。この病気はヘクソサミニデスA酵素の不足が原因であり，すべての細胞における$G_{M2}$ガングリオシドーシスの蓄積をもたらす（⇒ **ガングリオシドーシス**）。病気の経過はニューロンの形の変容により徐々に脳や神経細胞を破壊しながら進行していくものである。一般的に6か月までの乳児に発症した後に，運動や視覚，認知的能力が低下し，3歳～5歳の間に死に至る。$G_{M2}$ガングリオシドーシス（$G_{M2}$ gangliosidosis）とも呼ばれる。［イギリスの医師テイ（Warren Tay: 1843-1927）とアメリカの神経科医ザックス（Bernard Sachs: 1858-1927）が用いた用語］

**低酸素血**［hypoxemia］ 血液中の酸素が欠乏すること。どの程度の低酸素血であるかを測定する最も信頼できる方法は，動脈血の酸素分圧を決定するための血液ガス分析である。血液への酸素供給不足は**低酸素症**をもたらすことがある。⇒ **無酸素血症**

**低酸素症**［hypoxia］ 身体組織が利用可能な酸素が減少すること。これは酸素欠乏の度合いとその持続時間に応じて広範な脳障害をもたらしうる。これを引き起こす多数の原因には，(a) **高山病**の場合のような大気中の酸素欠乏，(b) 肺による十分な換気を阻害する肺疾患，c) 組織への酸素の不十分な輸送・供給につながる貧血や循環不全，(d) 毛細血管と組織の間での酸素と二酸化炭素の交換を妨げる組織自体の**浮腫**や他の異常な状態，が含まれる。低酸素症の徴候および症状はその原因に応じて様々である。一般に，**呼吸困難，頻脈，失神**，そして精神異常（たとえば，せん妄や多幸感）が含まれる。⇒ **無酸素症**

**低酸素性低酸素症**［hypoxic hypoxia］ 標高が高いために気圧が減少し，血中に十分な酸素がいきわたらないことで生じる低酸素症。⇒ **高山病**

**dc（d/c）**［dc（d/c）］ 薬理学における使用中止の略記。

**定時強化スケジュール（FIスケジュール）**［fixed-interval schedule: FI schedule］ **強化のスケジュール**の一種で，規定の期間が経過した後の一番最初の反応が強化される。かつては周期的強化（periodic reinforcement）として知られていた。FR 3 min とは，その前の強化（あるいはその他の時間指標）から少なくとも3分が経過した後に一番最初に起こる反応に対して強化が与えられることを意味する。しばしば，FIスケジュールを経験することは時間的な反応パターンを生むこととなり，期間の最初はほとんどあるいは全く反応せず，その後強化が目前に迫ってくると反応率が増大するというような特徴をもった反応パターンをもたらす。このようなパターンはしばしば定間隔スキャロップ（fixed-interval scallop）と呼ばれる。⇒ **累進的間隔強化スケジュール**

**低脂肪血**［hypolipemia］ 血液中の脂質の水準が異常に低い状態。

**定常状態**［steady state］ 行動学的研究において，特定の状況で，現実的に同じような行動が繰り返し観察される状態のこと。⇒ **行動ベースライン**

**D状態**［D-state］ 睡眠状態（S-state; sleeping state）や覚醒状態（W-state; waking state）に対して，**夢状態**を指す略語。

**低植物型**［hypovegetative type］ クレッチマーの類型論における**無力体型**に相当する体質的な特徴のこと。

**D睡眠**［D sleep］ 夢を見ている時の睡眠（dreaming sleep）（⇒ **夢状態**），あるいは非同期性睡眠（desynchronized sleep）の略語。レム睡眠のこと。⇒ **S睡眠**

**ディストラクタ**［distractor］ 実行されている課題や行動とは無関係な刺激，あるいは刺激の側面。記憶研究において，参加者が再生をしようとする前の時間を埋めたり，思い出されるべき項目のリハーサルを最小限にするために，ある項目あるいは課題をディストラクタとして使うことがある。たとえば，参加者は，実験の学習と再生フェーズの間にディストラクタ課題として，計算問題を与えられることがある。⇒ **視覚的注意**

**ディーズパラダイム**［Deese paradigm］ 虚再生研究で用いられる実験室記憶課題。いくつかの関連する単語リスト（たとえば，いびき，休息，夢，起きる）が呈示されたあと，呈示されていないが強く関連する単語（例，睡眠）を実験参加者が誤って再生した，という1959年の報告がもとになっている。その後，方法に関する研究が繰り返し行われ，現在は一般的にDeese-Roediger-McDermott paradigm（DRM）と呼ばれている。［アメリカの心理学者

ディーズ（James Deese: 1921-1999），認知心理学者ローディジャー（Henry L. Roediger III: 1947- ）とマクダーモット（Kathleen B. McDermott: 1968- ）]

**ディスプレイとコントロールの適合性**［display-control compatibility］ 人間工学において，制御装置に対応する表示装置は運動方向，色，位置や配置といった次元において一致すべきであるというデザインの原則。⇨ **制御機能ロジック**，**近接互換性**

**ディスポネシス**［dysponesis］ バイオフィードバックにおいて，高血圧や偏頭痛，歯ぎしりなどを引き起こす緊張状態のこと。

**ディセプションを用いた研究**［deception research］ 研究参加者が誤った方向へ誘導されたり研究目的を伝えられない研究のこと。⇨ **能動的ディセプション**，**ダブルディセプション**，**消極的ディセプション**

**ディセプションを用いた広告**［deceptive advertising］ 消費者を誤った推論に導く広告を行うこと。たとえば，特定の食物サプリメントをとると体重が減るといった広告。

**貞操帯**［chastity belt］ 女性が性的交渉ができないままであることを保証するために，かつて使用された装置のこと。通常この装置は，腰に固定するための革ひも，および排尿と排便を可能にする小さな穴があり，両足の間の骨盤領域を覆う金属部分からできている。貞操帯は，中世の歴史資料の中で最初に言及された。しかし，いつの時代にどれくらい一般的に使用されたかについては明らかではない。

**低体温**［hypothermia］ 体温が異常に低下した状態。震えのような正常な反射作用の欠如によって引き起こされたり，場合によっては脳の疾患や障害に関係して生じたり，非常に厳しい寒さにさらされることで生じたりすることがある。偶発性低体温（accidental hypothermia）は，冬の時期に環境温度による冷却効果に対処することができない高齢者に最も生じやすい。症状としては，無気力，嗜眠状態，無感覚，進行する凍傷を感じられず，（処置しなければ）昏睡状態や死に至ることもある。⇨ **低体温法**

**低体温法**［induced hypothermia］ 通常，医学的な理由により人工的な方法で体温を徐々に低下させること。たとえば，外科手術では（特に心臓），身体の酸素の必要を減らすためにも用いられ，熱を引き起こすような神経疾患の治療においても用いられる。

**停滞睾丸**［arrested testis; under secondedtesticle］ 正常な導管が阻害されることによって，鼠径部の管の中に位置する精巣が，陰嚢へ下ることができなくなること。⇨ **停留精巣**

**ティチェナー**［Titchener, Edward Bradford］ エドワード・ティチェナー（1867-1927），イギリス生まれのアメリカの心理学者。黎明期のアメリカの心理学者の一人で，1892年にライプツィヒ大学でヴント（Wilhelm Max Wundt）に師事し博士号を取得。オックスフォード大学を経て1895年にコーネル大学で心理学教授となり退職まで勤務する。心理学を厳密な実験科学として決定づけたことにより，ティチェナーはアメリカでの**構造主義**の普及において主要な役割を担った。感覚，知覚，印象といった実験室で体験できる要素を可視化し，体系的な内観法を用いることが重要であると説いた。ティチェナーは実験技法の発展にも寄与し，現在ではティチェナーの個々の要素を独立させた研究よりも有名である。ティチェナーは実験科学としての心理学の更なる飛躍を目指して"The Experimentalists"と呼ばれるクラブ（club）を設立し，これは後に**実験心理学者協会**となった。会員になれるのは招待状をもった者だけであり，しかも女性の実験者は参加できなかったため，ティチェナーのクラブはその排他性により心理学者の間で議論の的になった。ティチェナーの分厚いテキストである *Experimental Psychology: A Manual of Laboratory Practice*（1901-1905）は広く影響を及ぼした。
⇨ **無心像思考**

**ティーチングマシン**［teaching machine］ (a) 前もって決められた教材を自動で学習者に呈示し，(b) 課題や質問を通じてそれぞれの段階で理解度をチェックする機会を提供し，そして (c) 応答が正解か不正解かのフィードバックを提供する，扱いやすい精巧な装置。ティーチングマシンに相当するものの一つには，スキナー（B. F. Skinner）が推奨した**プログラム学習**がある。今日においてティーチングマシンに相当するのはパーソナルコンピュータであり，個々の内容領域に加えて，複雑な概念や課題，技能を教えるための補助資源として広く受け入れられている。⇨ **分岐**

**DDAVP**［DDAVP］ デスモプレシンの商品名。

**DT→PIモデル**［DT→PI model］ 規範的指導モデルのための診断テスト。公立，私立両方の学校のニーズに対応するためにジョンズ・ホプキンス大学の才能ある若者のためのセンター（Center for Talented Youth: CTY）で展開されている指導スタイル。指導に関するこのモデルでは，重要な知識，能力，学習スタイル，個々の学生のモチベーションを考慮に入れ，学生の特別なニーズに合うように指導方法を調整している。このスタイルは学生の幅広い範囲に適しており，大抵のことが可能である。

**Tデータ**［T data］ テストを通して得られた個人の個性に関する情報。⇨ **Lデータ**，**Oデータ**，**Qデータ**

**低度技術支援装置**［low-technology assistive device］ 安価で，幅広く利用されている技術を使って，身体障害のある人の機能の増大，維持，あるいは改善を行うための装置。例として，組み立て式の取っ手がついた食器がある。⇨ **福祉機器**

**デイ・トリートメント**［day treatment］ 身体障害や精神疾患や身体疾患や薬物乱用の問題をもっている人のためのアセスメント，療法，社会復帰援助のプログラムのこと。このプログラムは専門家や専門家の助手によって一般的に1か所で6時間以上の時間提供される。さらに援助には技術や職業訓練の取り組み，調整プログラムなどを含んでいることもある。

**低反応率の分化強化**［differential reinforcement of low rate: DRL］ 刺激に対する反応回数が低い場合にのみ強化が与えられる，**強化のスケジュール**。多くの場合，反応間の間隔が許容される最小値よりも大きい場合にのみ強化が与えられる。長い反応時間の分化強化（differential reinforcement of long response times）とも呼ばれる。

**定率強化スケジュール（FRスケジュール）**［fixed-ratio schedule: FR schedule］ 特定の回数の反応後に強化が与えられる**強化のスケジュール**。FR1は反応の度に強化が与えられることを意味し，FR50は50回反応した後に強化が与えられることを意味する。⇨ **比率累進的強化スケジュール**

**d プライム** [d prime] （記号：d′） 信号を検出する際の，個人の能力の指標。より専門的には，**信号検出理論**によって算出される，感度あるいは弁別能力に関する反応バイアスに影響されない指標。**ノイズ**分散の平均値と信号＋ノイズ分散の平均値の間の差分（標準偏差の単位における差）である。d′が偏りのない指標であるという妥当性は，決定がなされた確率分布がガウス分布（正規分布）であり，等分散であること，という前提によって規定される。この条件を満たせば，d′は**受信者操作特性曲線**を記述する。慣習的に，d′は精神物理学的パフォーマンスの"ベストな"指標となるのに十分なほど，反応バイアスに影響されないことが証明されている。本質的にはd′は**標準得点**であり，**フォルス・アラーム**率と**ヒット**率の標準化スコア間の差分として計算される。d′=3は，完全なパフォーマンスに近似することを意味し，d′=0は，偶然（あて推量）のパフォーマンスである。

**t 分布** [t distribution] パラメータの中でとりわけ母集団の平均についての仮説を検定する際に中心的な役割を担っている理論的**確率分布**のこと。$\mu_0$は標本を抽出した母集団の平均であり，$M$は母平均についてのデータからの推定値であり，$s$は得点の標準偏差であるとすると，統計量$(M-\mu_0)/s$の標本分布はt分布に従う。t分布はスチューデントのt分布（student's t distribution）とも呼ばれる。

**デイホスピタル** [day hospital] 患者が昼間だけ様々な治療を受けて，夜間には自宅に帰る医療施設。この施設の提供サービスは，個人・集団療法，心理評価，作業療法，リクレーション療法，身体療法を含んでいる。このコンセプトは，スコットランド生まれの精神科医であるキャメロン（Donald Ewen Cameron: 1901-1967）によって，入院治療に代わる手段として，1946年に北アメリカに導入された。その後このサービスは，精神障害患者等の脱施設化の流れの中で，部分入院の普及とともに発展した。現在では，リハビリテーションや精神治療において導入されている。⇨ **デイ・トリートメント**

**啼鳴** [animal vocalization] 体内の状態や，これからとるであろう動作についての情報を与えることや，他個体の行動を変容させる目的で動物が発する叫び声や音のこと。通常，哺乳類では喉頭，鳥では鳴管，クジラでは潮吹き穴のような器官の振動によって産出されるが，両生類の鳴嚢のような特殊な器官によって増幅されることもある。⇨ **音声コミュニケーション**

**T 迷路** [T maze] Tの文字のような形をしており，スタートボックスと左か右の腕に延びる選択肢に続く分岐点から構成される迷路。左と右の腕の一方が誤りで他方がゴールボックスに続く。複数のT迷路を順につなげることでより複雑な迷路を作ることができる。

**Duso プログラム** [Duso program] 自己・他者理解の発達（developing understanding of self and others）のプログラム。これは，情緒障害児にセラピーを提供するために，アメリカのガイダンスサービスによって開発された教育プログラムである。このプログラムは，カリキュラム環境を提供するいくつかの類似した方法の一つで，これを通じて子どもは自分が感じていることを模索し，これらはどのように友達や家族に影響を与えるのかを理解できる。

**T ユニット** [T-unit] 言語学における，分割可能な最小限のまとまりの略。Tユニットは，書き言葉もしくは話し言葉の列を（終止符や大文字の挿入によって）分割することが可能な，最小単位かつ文法的に完結したまとまりである。Tユニットの平均的な長さは，学生の文章の構造的な複雑さを測定するものさしとして用いられることが多い。［アメリカ人の教育学者ハント（Kellogg W. Hunt）によって1965年に初めて用いられた］

**テイラー顕在性不安尺度（MAS）** [Taylor Manifest Anxiety Scale; Manifest Anxiety Scale: MAS] **ミネソタ多面人格目録**から抽出された65項目からなる自記式の尺度。1951年に開発され，1953年に50項目に短縮された修正版が作成された。「一つのことに集中できません」というような質問に対して，被検者は「はい」もしくは，「いいえ」と回答する尺度であり，以前は全般的な不安症状の測度としてよく用いられていた。他の不安尺度や不安の生理学的指標とも相関がみられている。⇨ **不安尺度** ［アメリカの心理学者テイラー（Janet Taylor Spence: 1923- ）によって作成された］

**定理** [theorem] 数学や論理学において，論理的な一連の手順で出される公式や命題のこと。

**停留** [fixation pause] 眼の焦点が物体に直接向けられている期間のこと。

**停留精巣** [cryptorchidism] 精巣が陰嚢に下降しない男性の状態。これは特異的なことではなく，男性のホルモン機能に干渉するものではないが，もしその個人が幼少時に治療を受けていない場合には精子形成はありえない。未治療の場合は人生後半期における精巣癌の発生の増加と関連している。⇨ **停滞睾丸，移動性精巣**

**定量的脳波記録** [quantitative electroencephalograph: qEEG] 脳波記録の一種であり，統計的分析が可能となる数量的な結果を生成する。⇨ **脳波測定法**

**ディルドー** [dildo] 通常，ゴム製かプラスチック製の人工ペニス。木やその他の素材が用いられることも稀にある。マスターベーション行為，およびその他の性的行為に使用される。オリスボス，リンガ，ゴドミシェとも言う。

**テイルフリック** [tail flick] ヒト以外の動物，普通は，げっ歯類の疼痛感受性を測定する試験。尾の特定の箇所に強烈な光線を集中させる。その後，動物は光線を避けるために尾を動かす。この尾を動かすまでに経過した時間が疼痛感受性の指標として使用される。鎮痛剤（たとえばモルヒネ）を投与すると**反応潜時**は増える。

**ティンパノメトリー** [tympanometry] 鼓膜の動きを調べる検査。**伝音性難聴**の診断で用いられる。

**デオキシグルコース** [deoxyglucose] グルコースに似ているが，代謝されない化合物。したがって，組織学的検査やイメージングにおいて細胞を標識するために用いられる。たとえば，**ポジトロン断層法**では，放射性同位体で標識された2-デオキシグルコースが用いられる。

**デオキシコルチコステロン** [deoxycorticosterone] 副腎で合成される強力な**ミネラルコルチコイド**ホルモン。コルチコステロンの前駆体。

**テオブロミン** [theobromine] カカオの木のテオブロマカカオの種で生じる**メチルキサンチン誘導体**アルカロイド。テオブロミンはコーヒーの中のカフェインや紅茶の中のテオフィリンに構造が類似しているが，それらのメチルキサンチン誘導体よりも薬理学的効果は少ない。

**手がかり**［cue］　行動を導くために与えられる刺激。⇨ **検索手がかり**

**手がかり依存忘却**［cue-dependent forgetting］　学習が生じた際に存在した刺激（または手がかり）がテスト時にないことによって生じる忘却。⇨ **文脈固有学習**，**気分依存記憶**，**状態依存学習**

**手がかり過負荷の原則**［cue-overload principle］　検索手がかりが，関連づけられた事物の増加により，記憶の再生促進の効果を失うこと。

**手がかり逆転**［cue reversal］　最初に関連づけられていたものと反対のものを示すように刺激の結果を変えること。たとえば，刺激Aは食べ物を意味し，刺激Bは食べ物を意味しないことを学習したとする。その後，手がかり逆転によって結果が変えられると，参加者は刺激Bが食べ物のサインで，刺激Aが食べ物のサインでないことを学習しなければならない。

**手がかり再生**［cued recall］　記憶実験の一種で，覚える項目が手がかりとともに提示され，その後，実験参加者はその手がかりが与えられたときにその項目を再生することが求められる実験。

**手がかり漸減法**［vanishing cues methodology］　記憶障害をもつ人に新しく複雑な知識を教えるのに考案された，コンピュータを用いた訓練技法。この技法では，部分的な手がかりに反応するといった患者の温存された能力を利用する。はじめのうちは患者が正しい反応をするために，十分情報を提供する必要がある。学習試行の中で，患者が手がかりなしで正しい反応をすることができるようになるまで，情報を徐々に減らす。

**手がかり統制リラクセーション**［cue-controlled relaxation］　手がかり語とリラクセーションを連合させるようにクライエントを指導する技法のこと。⇨ **実用的リラクセーション**

**手がかりの弁別**［discrimination of cues］　2つもしくは2つ以上の刺激を区別する能力。オペラントあるいはパブロフの**弁別トレーニング**手続きは，多くの場合，この能力を反映した行動を可能にするために用いられる。

**手がかり曝露**［cue exposure］　**行動療法**の技法の一つ。クライエントは物質（たとえばアルコールやタバコなど）への渇望を誘引する刺激にさらされるが，その一方でセラピストはその渇望を低減もしくは消失させる他の技法を行使する。この技法は，薬物乱用や禁煙プログラムにおいてよく用いられる。⇨ **曝露療法**

**手がかりパニック発作**［cued panic attack］　DSM-IV-TRにおいて，**パニック発作**とは，ある何かにさらされたり，それを予想したりする，またはある特定の状況のトリガーにさらされた場合に生じる。たとえば，社会恐怖に罹患した個人はもうすぐ何かが示されることを考えることがパニック発作につながると考えられている。これらは状況に固有のパニック発作（situational bound panic attack）とも呼ばれている。⇨ **状況準備性パニック発作**，**突発性パニック発作**

**デカダンス**［decadence; Decadent movement］　19世紀中後期に起きた開放的な芸術運動のことであり，特に文学，視覚芸術が中心。極端な唯美主義であり，人の発見といった人為の自然に対する優越性を主張した。そして，革新的，非典型的である経験的なものの見方や存在のありかたを重視した。

**デカドロン**［Decadron］　デキサメタゾンの商品名。

**デカラージュ**［décalage］　ピアジェ（Jean Piaget）の認知発達理論の用語で，認知的遂行の発達における不変の順序。⇨ **水平的デカラージュ**，**垂直的デカラージュ**　［フランス語で"interval""shift"の意味］

**デカルト劇場**［Cartesian theater］　アメリカの哲学者デネット（Daniel Dennett: 1942- ）により伝統的な見解として特定された，**意識の隠喩的概念**。デネットはその妥当性を問題にしてきた。フランスの哲学者，数学者，科学者であるデカルト（René Descartes: 1596-1650）が定義した知る主体もしくは自我の観念に基づき，デカルト劇場は，統一された現象世界をもたらすために，経験のすべての側面が集合する場所として想定される。⇨ **デカルト二元論**，**デカルト的自己**

**デカルト座標系**［Cartesian coordinate system］　直交座標系とも言う。空間で $n$ 本の互いに直交する軸に沿い，共通の原点からの距離を指定することによって $n$ 次元空間における点の位置を決定するための体系のこと。［フランスの哲学者・数学者・科学者デカルト（René Descartes: 1596-1650）による］

**デカルト主義**［Cartesianism］　フランスの哲学者・数学者・科学者であるデカルト（René Descartes: 1596-1650）によって展開された哲学の体系。体系の3つの基本的な主義は以下のとおりである。(a) すべての知識は単一体を形成する。(b) 知識の目的は人類に自然界を支配する手段をもたらすことである。(c) すべての知識は疑う余地のない最初の原則，すなわち直観的に知り得る真実という基礎から構築されなければならない（⇨ **生得観念**）。心理学において影響を及ぼしている多くの考えや仮定は，デカルトにさかのぼることができる。それらの考えや仮定には，真実を知ることができる合理的自己の概念，最も信頼できる知識はある人自身の心の内容であるという論争，数学において確実性を生み出すのに成功してきた演繹的な方法は人間が努力している他の領域においても同様に妥当な知識を生み出すのに適用できる，という考えといったものが含まれる。心理学の発展にとって特に重要なのは，デカルトのエゴについての理解（⇨ **デカルト的自己**）とデカルトの心と身体の関係を説明する試み（⇨ **デカルト二元論**）である。⇨ **モダニズム**，**合理主義**

**デカルト的自己**［Cartesian self］　フランスの哲学者・数学者・科学者であるデカルト（René Descartes: 1596-1650）の体系における，知識主体もしくは自我のこと。デカルト的自己は，一つの基本的な確実性をもつことができる。他のすべてが疑う対象であるとしてさえも，人は自分が考えているということを本気で疑うことはできないからである。疑うことは考えることだからである。ゆえにデカルトは**我思う，ゆえに我あり**と結論づける。この立場から，デカルトは，同じ明瞭性をもって直観されたすべての観念と，コギト（cogito）としての明瞭性は同様に真実であるはずだ，このことは，神の存在や外的世界といったさらなる疑う余地のない真実の直観も可能にすると主張した。しかし，自己にとって最も明確な観念が心の内容なので，デカルト的自己の概念は，心の内的生活（主観性）と物体の外的世界（客観性）との間の極端な二元論を導いてきた。デカルト的自己はまた，知識は必然的に主観的で

あるという観念も導いてきた。そして，観念としてでなければ，どうやって他の人間を含む外的世界は知られうるのか，という問いを発した。⇨ **デカルト二元論，自己中心的苦境，唯我論**

**デカルト二元論**［Cartesian dualism］ フランスの哲学者・数学者・科学者であるデカルト（René Descartes: 1596-1650）がとった考え方。世界は2種類の異なった，互換性のない実体で構成されているとするものである。**レス・エクステンサ**，あるいは延長実体は空間的に広がりをもっている。**レス・コギタンス**，あるいは思惟実体は空間的に広がりをもたない。身体（脳を含む）は延長された，分割できる実体で構成されており，一方，心はそうではない。デカルトによると，このことは，物質的な身体が存在しなくても心は存在し続けることを意味している。彼は，いくつかの活動では心が身体の影響から独立して作用し，別の活動では身体が影響を及ぼすと考えて，心と身体の間に相互作用があることを認めた。同様に，いくつかの身体活動では心からの影響があり，他の活動では影響がない。デカルトは，心と身体の相互作用のための場所は**松果腺**と呼ばれる脳の松果体にあるものであると提案した。しかし，そのような互換性のない実体がいったいどうやって相互作用しうるのかという問いに対してデカルトは答えていない。⇨ **二元論，機械の中の幽霊，心身問題**

**敵意**［hostility］ 行為，感情，態度において，不親和もしくは敵対心が表れること。

**敵意的証人**［hostile witness］ 法廷で証言することを嫌がる個人または直接尋問を行う関係者に対して敵意や偏見を示す個人のこと。裁判所がその個人を敵意ある証人と認めれば，尋問を行う弁護士に誘導尋問の許可が下りる。⇨ **敵性証人**

**敵意の転移**［hostility displacement］ 怒りの感情を引き起こすもとになった張本人ではなく，別の標的（時にスケープゴートと呼ばれる）に対して敵意や怒りを向けること。その原因は複雑である。従来の説明では，その攻撃に対する罰を予想しないために，標的が選ばれるということであったが，ミラー（Niel Miller）による古典的分析によれば，敵意の転移の強さは，怒りの根源と結びつく標的と関連する。このことは，選ばれた標的が，以前にも怒りの被害者と関係があることを示唆している。⇨ **スケープゴート理論**

**適応［1］**［adjustment］ **1.** 個人の必要性の認識や変わりたいという願望に基づいて，態度や行動，またはその両方が変化すること。適応は，外的環境による強制や，異なった方法，もしくはより良い方法の必要性を理解した時に生じる。適応や行動変容は，治療の介入の目標である。**2.** 個人と環境の間における，つり合いや調和の程度。たとえば，よく適応した人は，健康的かつ有益な方法で本人のニーズに満足しており，おかれた状況や要求に対して適切に社会的・心理的応答を示すことができる。

**適応［2］**［adaptation］ **1.** ⇨ **社会的適応 2.** ピアジェ（Jean Piaget）の認知発達理論において，人の認知構造を環境の要求に合うよう調整するプロセスのこと。同化と調整との相補的なプロセスを伴う。

**適応型テスト**［adaptive testing］ 個々の受検者の反応特徴に応じて調整するようデザインされたテスト技術のこと。通常このテスト技術はコンピュータによって適用される。たとえば，すべての試験は，最初に中程度の困難度の問題から始まる。もし，受検者が正しい反応をすれば，その受検者に対してより困難な問題が提供される。一方で，受検者が間違った反応をすればより簡単な問題が与えられる。このプロセスは，受検者の**能力水準**について安定した推定ができるまで続けられることになる。

**適応期間**［adaptation period］ 実験参加者が教示や実験装置に慣れるまでの時間のこと。

**適応機制**［adjustment mechanism］ 個人が生の要求を満たすことを可能にする習慣的な行動パターン。

**適応行動［1］**［adaptive behavior］ **1.** 個人が，社会的役割に応じた課題を遂行できている程度や遂行の巧みさ。ここでいう課題とは，個人の自立や個人的・社会的責任に関する文化的期待への対処などを指す。一般的に査定されるのは，適応行動のうち，自立，移動性，健康管理，コミュニケーション，家庭生活能力，消費者能力，地域社会の利用程度，実践的学力，言語能力などの領域である。適応行動に制限があることは，発達障害の診断基準となる。⇨ **適応行動尺度 2.** 個人が環境に適切に，また効果的に適応することを可能にする行動。⇨ **適応的行為，調整プロセス**

**適応行動［2］**［adjustive behavior］ 環境や状況から要求されることを有効に取り入れる，生命体のあらゆる応答のこと。

**適応行動尺度**［adaptive behavior scale］ **1.** 文化的な期待に一致した，個人の自立や社会的責任の達成という課題の実現に必要なスキルについて，個人の日常的遂行能力を記録し，定量化するための標準化された心理測定的査定方法。たとえば，米国精神遅滞協会の適応行動尺度（ABS），ヴァインランド適応行動尺度（VABS），自立的行動尺度（Scales of Independent Behavior: SIB）。⇨ **適応行動 2.** 個人の行動的，社会的能力を発達基準に基づいて査定する手続き。発達段階，課題の複雑性，困難さの上昇度を考慮した構造となっている。**3.** **ベイリー乳幼児発達スケール**の構成要素の一つ。

**適応尺度**［adjustment inventory］ 人の感情的および社会的適応度を評価する調査用紙のこと。同一母集団における大規模な代表的サンプルと比較することができる。

**適応障害**［adjustment disorder］ DSM-Ⅳ-TRにおいて，ストレスの多い出来事，たとえば離婚，仕事上の危機，家庭内不和，入学，親になった，退職といったストレスの多い出来事から3か月以内に起きる不適応な反応。出来事は外傷になるほどストレスが大きいわけでではない（⇨ **外傷後ストレス障害**）。適応の失敗は，ストレッサーに対する過剰な一つの反応として顕現するのではなく，社会的，あるいは，職業的に機能しなくなったり，予想以上の重篤な症状を呈する。これらの症状は，ストレスが亡くなったり，新しい水準の適応が可能になるとき収まっていく。慢性的適応障害においては，ストレッサーの持続性や重大性が原因で6か月以上続く。

**適応症候群**［disease of adaptation］ 高血圧や心臓発作を含む疾病群。ストレスに対する長期にわたる不適応的な生理・心理的反応が関係する。［オーストリアの医者セリエ（Hans Selye: 1907-1982）によって名づけられ定義された］

**適応スキル**［adaptive skills］ 衝動のコントロール，新

環境への適応，新しい物事の積極的学習といった自己管理を必要とする活動。

**適応的アプローチ**［adaptational approach］　精神分析的精神医学の一分野。幼少期の体験を強調する伝統的な分析を避け，その代わりに，患者の不適応行動がどのような性質を持ち，どのように発達してきたのか，患者が新しくより効果的なパターンを発達させていくためにどのようなステップを踏むべきかといったことに焦点を当てる。適応的精神力動学（adaptational psychodynamics）とも呼ばれる。［ハンガリー出身のアメリカの精神分析家ラド（Sandor Rado: 1890-1972）が発展させた］

**適応の仮説**［adaptive hypothesis］　一次的自律的自我の機能は，知覚，記憶，感情制御，運動性を通じて，「平均的に予測される環境」と協調することであるという考え方。オーストリア生まれのアメリカの精神分析家ハルトマン（Heinz Hartmann: 1894-1970）は，彼の主張する**自我心理学**においてこの立場をとった。

**適応的行為**［adaptive act］　生体が，環境への適応のために必要とされる適切な反応を行うことを学習するためのプロセス。たとえば，かごの中のハトは，餌を得るために光るキーをつつくことを学習する。

**適応的システム**［adaptive system］　人間工学において，利用者やシステムの処理可能性あるいは環境的状態の特徴に応じて，情報呈示やインターフェース・デザインあるいはアウトプットを変えることができるシステムを指す。

**適応的知能**［adaptive intelligence］　問題解決や他者との相互作用（たとえば，言語理解）などの実践的な目的のために知識を用いる能力。環境と相互作用したり，環境から学んだりする効率的能力を表している。

**適応的な課題配分**［adaptive task allocation］　人間工学において，システムの状態やオペレータ（操作者）の状態（例，疲労しているなど）あるいは他のルールに従って，人（オペレータ）や機械に対する課題配分をサポートするシステム・デザイン。

**適応的プロダクションシステム**［adaptive production system］　環境との相互作用の結果として，プロダクション記憶におけるルールの変更や調整が可能な**プロダクションシステム**のこと。**ソアーシステム**と**分類子システム**はこのカテゴリーに属する。

**適応的方略選択モデル**［adaptive strategy choice model: ASCM］　子どもの認知的能力の中には問題解決のための多様な戦略が存在することを仮定し，継時的に変化するこれらの戦略をどのように使用するのかについて説明する理論的モデル。本モデルによると，戦略は，利用する際に他の一つの戦略と競合する。すなわち，時間を経て経験を積むことで，より効果的な戦略がより高頻度に利用される一方で，より効果的でない戦略は完全に消失することはないものの，より利用されなくなる。この理論は，より効果的な戦略がより効果的でないものに取って代わるという戦略的発達段階説（stage theory of strategy development）とは対照的である。［アメリカの発達心理学者シーグラー（Robert S. Siegler: 1949- ）とシップレイ（Christopher Shipley）によって提唱された］

**適応的無反応理論**［adaptive nonresponding theory］　睡眠は，毎日の生活の中でそれぞれの種に特有の不活動の時間を作り出す手段として進化したものであり，その時間は捕食者に対して非常に強い恐怖を感じる時間と一致するという理論。

**適応能力**［adaptability］　1．環境の変化に応じて適切に対応する能力。2．状況や相手の変化に合わせて自分の行動を修正したり，適合させる能力。

**適応反応**［adjustment reaction］　ある状況における一時的な，不適応的な心理的反応。そのような反応は，DSM-Ⅰにおける**一過性状況的パーソナリティ障害**のカテゴリーに含まれていた。幼児期，児童期，青年期そしてその後の人生の適応的な反応とDSM-Ⅱにおける過度的状況障害（transient situational disturbance）からなる。DSM-ⅢとDSM-Ⅳ-TRにおけるこれらの反応に相当するカテゴリーは，**適応障害**である。

**適合**［congruence］　環境心理学の用語。

**適合性［1］**［congruence］　一般に，合意や調和，同調の意。

**適合性［2］**［fitness］　生物学で，ある特定の環境や**生態的地位**において，ある個体や集団が成長できる子孫を残せる程度のことで，生物やその集団がその環境で適応している尺度となる。⇨ **ダーウィン適応度，包括適応度，繁殖成功率**

**適合性理論**［congruity theory］　態度変化における説得的コミュニケーションの役割に焦点を当てた理論である**認知的斉合性理論**。適合性理論は，人々が互いに内的矛盾を抱えないような認知システム内の要素を好む傾向にあることを仮定している点で**バランス理論**と同じである。このため，説得的コミュニケーションの受け手が，メッセージの内容に対して否定的態度をとるがメッセージの情報源には肯定的態度をとるとき，もしくは逆もまた同様に，人々は適合性を再興するためにこれらの態度両方を修正しようとする。適合性理論は要素の評価の階調を考慮し要素間の適合を回復に必要な変化の大きさについて正確な予測を行う点でバランス理論と異なる。［アメリカの心理学者オズグッド（Charles Osgood）とタネンバウム（Percy Tannenbaum: 1927- ）によって最初に提唱された］

**適合度**［goodness of fit］　モデルによって予測される値が実験や調査によって観測された値と一致している程度を表す指標。

**適合同調**［congruence conformity］　**適合性理論**において，説得的コミュニケーションの標的が自身の態度をコミュニケーション可能な位置まで自ら近づけようとする態度の変化のこと。

**出来事**［event］　明確な始まりと終わりがあり，変化に関連している，もしくは，変化を生み出す現象や事柄のこと。

**デキサメタゾン**［dexamethasone］　生物作用に似た**コルチゾール**の合成類似化合物。これは抗炎症薬として吐き気，嘔吐の治療に使用される。アメリカの商品名はデカドロン（Decadron）。

**デキサメタゾン抑制試験**［dexamethasone suppression test: DST］　**コルチゾール**の合成類似化合物であるデキサメタゾンが**副腎皮質刺激ホルモン**の分泌を抑制し，結果として血液中のコルチゾールレベルを抑える能力の試験。試験では，デキサメタゾンが投与され，待ち時間の後，コルチゾールレベルを調べる。健常者では，コルチゾールレベルはデキサメタゾンによって抑制される。もしコルチゾー

ルが依然として高ければ，その被験者は非抑制者に分類される。この試験は主に，クッシング症候群の診断を助けるために用いられる。かつては，デキサメタゾンによって抑制が起こらなかった場合，その被験者は**大うつ病性障害を**もつ，もしくは発症しつつあることを示すと考えられたが，現在ではその予測に信頼性はないことがわかっている。このため，また，侵襲性やコストの低い診断法が発達したため，デキサメタゾン抑制試験はうつ病の臨床診断方法としては用いられなくなっている。

**適刺激** [adequate stimulus] 特定の感覚器に特に適合した刺激のタイプのこと。たとえば，眼にとっての適切な刺激は光エネルギーである。眼への機械的な圧力や電気刺激は網膜を刺激し，光の感覚を生み出すことが可能だが，それらは眼にとって適刺激ではない。

**適者生存** [survival of the fittest] ある環境により適応した人ほど，生き残りや子孫を残すことに成功するという傾向のこと。この概念はダーウィン（Charles Darwin: 1823-1913）とウォレス（Alfred Russel Wallace: 1823-1913）によって提案された進化論，自然選択の考え方を踏襲している。⇨ **資源競争**，**ダーウィン適応度**

**摘出** [enucleation] 腫瘍や身体器官のような生体内の構造を傷つけることなく除去すること。視神経や眼球とつながった眼筋が損傷を受けた結果として眼球を完全に取り除くというときに摘出と呼ぶことが多い。⇨ **自己摘出**

**適職** [vocation] ある人にとって特に適した仕事や職務，特に使命や天職であるという感覚を伴うような仕事や職務のこと。

**デキストロアンフェタミン** [dextroamphetamine] アンフェタミン分子が右旋性の構造をしている交感神経様作用薬である**中枢神経興奮薬**。ナルコレプシーや注意欠陥／多動性障害の治療に用いられる。すべての**アンフェタミン類**同様，これは乱用と依存が発生する傾向がある。デキサンフェタミンとも呼ばれる。アメリカにおける商品名はデキセドリン（Dexedrine），アデラール（Adderall）。

**デキストロメトルファン** [dextromethorphan] 咳止め薬として臨床的に用いられる合成**オピオイド**。この作用機序は不明であるが，これは，**NMDA受容体**と結合することが知られている。デキストロメトルファンは咳止め，風邪の市販薬に含まれる一般的な成分であり，特に若者の間で，薬物乱用としての使用が増えている。肝臓酵素の**チトクロムP450**（CYP)2D6によって，これは広範に代謝されるので，ある薬がCYP酵素を阻害する程度を算出する時，薬理学での比較として用いられる。**モノアミンオキシダーゼ阻害薬**を服用している人にとって，これは同時に服用するべきではない。どちらかの薬の血漿濃度が突然高くなることが生じるかもしれないので（⇨ **酵素抑制**），CYP2D6の阻害物質（フルオキセチン，パロキセチン）を服用している人には，注意して使用するべきである。デキストロメトルファンが含まれている一般的なアメリカの商品名は，コリシディン（Coricidin），ナイクイル（NyQuil），ロビタシン（Robitussin），タイレノールPM（Tylenol PM），ヴィックス44（Vicks44）。

**適性** [aptitude] 訓練を通じて，能力や技能を獲得することのできる才能のこと。ピアノ演奏を学ぶ，算術計算を遂行するなどが比較的容易にできる人物は，これらの活動に対して素質（natural apitude）があると言われる。特殊適性（specific aptitude）は，特定の領域での潜在能力をいう（芸術的，数学的適性）。一般適性（general aptitude）は複数の分野における潜在能力のこと。⇨ **学業的適性**

**適性検査** [aptitude test] 以下の３つの領域を測定するように設計された測定器具のこと。(a) 器用さや視力，事務のパフォーマンスのような個人の具体的能力，(b) 医学や法律，看護のように専門的なトレーニングを受ける候補者の能力，(c) 言語力，計算能力，機械知識，推論のような学術的成功や職業的成功を収めるために求められる基本的かつ広範囲な能力。

**敵性証人** [adverse witness] 法廷内で証言するために喚問された関係者に対して偏見をもつ個人。**敵意的証人**とも言う。

**適性処遇交互作用** [aptitude-treatment interaction] 人々のもつ適性様式の違いによって，より適切に反応する処遇が異なるという交互作用のこと。たとえば，空間的な適性が高い人々にとっては資料が図表や略図を用いて視覚的に提示された方がより学習が促進されるのに対し，言語的な適性が高い人々にとっては，同じ資料を言葉で提示された方がより学習が促進される。

**適性測定** [aptitude measure] 同輩集団と比較して，トレーニングを通したコンピテンスやスキルを獲得するための個人の能力を算出する設備や器具，システムのこと。

**適正手続き** [due process; due process rights] 原則に則った法執行を指し，特に自然的正義や被告人の権利を守るものである。アメリカでは，アメリカ合衆国憲法修正第5条と第14条によって保証されている。

**適正手続きモデル** [due process model] 被告人が刑事司法制度の中で裁かれる手続き，および被告人の権利が重視される法的手続きの観点。⇨ **犯罪統制モデル**

**適性判別テスト** [Differential Aptitude Tests: DAT] 大人と同様に中学１年生～高校３年生に対し教育的，職業的カウンセリングで使用するためにデザインされたテストバッテリー。このバッテリーの尺度には抽象的な推論（abstract reasoning），機械的な推論（mechanical reasoning），言語的推論（verbal reasoning），語の使用（laguage usage），数に関する能力（numerical ability），空間関係（spatial relations），知覚速度と正確さ（perceptual speed and accuracy）があり，これらを通じて学生の長所と短所を正確に示し，学校と職場の両方での成功を予測する。適性判別テストは現在第5版が1990年に出版されている。［初版は1974年にアメリカの心理学者ベネット（George Kettner Bennett: 1904-1975），シーショア（Harold G. Seashore: 1906-1965），ウェスマン（Alexander G. Wesman: 1914-1973）によって開発された］

**適切な感情** [appropriate affect] 思考，行動，反応，発語などと調和を保っているあるいはそれらを自然に示しているような気分や感情の表出のこと。

**適切な死** [appropriate death] もし機会が与えられるならば，人が選択するであろう死に方のこと。「適切な死」の概念は，人生の終末期における個人のニーズや価値観に注目する。患者ではなく疾患を治療する医療や，すべての人にとって同じ意味をもつ「良き死」が存在するという一般論に異議を唱える。特にホスピスで提供される**苦痛緩和医療**は，当事者を保護し，コミュニケーションの機会を提

供し，死にゆく人がその人らしい意味ある判断を下すために最適かつ必要な環境を提供する．

**敵対的な作業環境**［hostile work environment］　他の従業員の振舞い（たとえば，不適切な発言や身振り，好ましくない性的な誘惑）や職場環境（たとえば，不快だったり侮辱的だったりする掲示物）の結果，従業員にとって威圧的であったり，攻撃的であったりする職場状況．⇨セクシャルハラスメント

**滴定**［titration］　特定の個人において薬によって望ましい効果を得るのに必要な最適投与量を決めるために用いられる技術．顕著な改善が観察されるまで徐々に投与量を増加させていくか，望ましくない副作用や毒性を避けるために明らかな過量から徐々に減らしながら調節する方法がある．薬物療法開始時，ある種の薬に関しては，望ましくない副作用を避けるために，治療容量までゆっくりと量を増やしていかなくてはならない．同様に，治療を止める際には，断薬による副作用を避け，症状の再発を監視するために，量をゆっくりと減らさなくてはならない．⇨漸減

**テクスチャの勾配**［gradient of texture］　観察者が遠ざかっていくにつれて，物体のテクスチャとその表面の粒々が，連続的にきれいに現れること．⇨視覚的テクスチャ

**テクスチャ知覚**［texture perception］　物体や物質の表面特徴の知覚であり，典型的には，触覚か視覚を用いる．⇨視覚的テクスチャ

**テクスチャ分離課題**［texture segregation task］　検出課題の一つ．検出すべき図がテクスチャの要素で決まっており，異なるテクスチャからなる地のパターンから区別する必要がある課題．

**テクストン**［textons］　情景の中のいずれかの対象に注意を向ける前の，前注意的知覚の基礎となる視覚刺激の基本特徴（⇨特徴統合理論）．テクストンは以下の3つの部類に分けられる．色，方位，幅をもつ長円状の小塊，それらの端点，それらの交点である．［ハンガリー生まれのアメリカの技術者ユレシュ（Bela Julesz: 1928- ）が1980年に提唱した］

**手口**［modus operandi］　ある人がよく用いる特徴的な行動パターンのこと．特に，犯罪行動について言う．

**出口面接**［exit interview］　高校・大学・専門学校への進学，職業訓練プログラムへの参加，仕事の開始のために学生が学校を離れる前に，学生とスクールカウンセラーの間で行われるミーティング．将来の計画，将来の教科課程，学生の準備の進み具合について話し合われる．

**てこ比**［leverage］　特定のケースがほかの説明変数の観点から，外れている程度を表す多重回帰（multiple regression）に用いられる指標．この指標は，影響の大きいケースを同定するのに役立つ．

**デザイン流暢性検査**［design fluency test］　被検者が（与えられた時間内に）一定の基準を満たす一連の図形を作図する検査の総称．**言語流暢性検査**と同様に，順応性や計画性といった非言語的能力に関する臨床的情報が得られるよう開発されている．たとえば，5本の線を使った複数の図形を作るよう被検者に求める．被検者は一定の方法にのっとって，毎回5本の線を同時に使う新たな方法を考え，新たな図形あるいはデザインを作り出さなければならない．図形流暢性検査（figural fluency test）とも言う．

**デジタル**［digital］　離散あるいは数値（典型的には二値）の形での情報を表示すること．

**デジタルコンピュータ**［digital computer］　数値計算を含む，情報を処理する電子装置．その機械の基本の仕組みが記憶装置や処理モジュール上での数値計測や比較，再配置であるため，デジタルと呼ばれる．これらの計算における単位（デジタル）はビットと呼ばれる．⇨アナログコンピュータ

**デジタル・サブトラクション血管撮影法**［digital subtraction angiography］　造影剤を注入した血管を視覚化する血管造影法．バックグラウンドや他の軟組織をコンピュータで最小化・除去し，鮮明な画像が得られる．

**デシプラミン**［desipramine］　三環系抗うつ薬であり，イミプラミンの主要な代謝産物．肝臓内のイミプラミンの脱メチル反応によって体の中で生産される．デシプラミンは，イミプラミンと比べ，セロトニンの再取り込みよりもノルエピネフリン再取り込みに対する産物がより強い阻害物質である．一般に，これは，イミプラミンよりも鎮静効果がより少なく，**抗コリン作用**より弱い．以前は頻繁に行動障害や子どもの不眠の治療に用いられた．しかし，三環系抗うつ薬のように，より安全な薬が手に入りやすくなってきたのにつれて，使用されなくなった．アメリカの商品名はノルポラミン（Norpramin）．

**デシベル**［decibel］　（記号：dB）音響強度の比や電力の比を表現するために使用する対数単位．1ベルの増加は，強度において10倍の増加に等しい．デシベルは，ベルの1/10であり，1デシベルの強度変化がちょうど検出可能であるということもあって（おおよそ実験室の条件下で），より広く一般に使われる単位である．**音の強度**（強度比の分子）や音響レベル（sound level）は通常デシベル音圧レベル（decibel sound-pressure level: dB SPL）で明確に記述される．dB SPLの基準強度（強度比の分母）は$10^{-12}$ W/m²で，20 μPa（マイクロパスカル）音圧に相当する．基準強度で呈示された音は0 dBSPLで，1 kHz純音の絶対閾に近い．しばしばSPLは省略されるが，"60 dBの音"というのは通常60 dB SPLを意味するように，SPLは文脈において含意される．デシベルは対数測度であるため，多くの混乱を引き起こしてきた．たとえば，同時に鳴らされた無相関の2つの60 dB SPLの音は，120 dB SPLの音ではなく63 dB SPLになるというように，デシベルは単純加算できない．

**テスト**［test］　1. ある要因あるいは現象の存在を検査し，測定する方法．2. 受験者の知識，技能，興味，また他の特性を評価するために設計された標準化された問題群や項目群のこと．3. 仮説の**妥当性**を検証するために行われる統計的な手続きのこと．4. テストを実施すること．

**テスト–学習–テスト法**［test-study-test method］　単語の綴り（または，綴りと同様に，内容の獲得が目指される教科）の教授アプローチであり，子どもが知っている単語を同定するための事前テストを行い，知らない単語の学習をした後に，もう一度テストを行うこと．

**テストカットオフ**［test cutoff］　前もって決められた達成基準となる得点である．この得点またはこの得点以上にいる人を考慮する．たとえば，あるプログラムまたは大学でこの得点以下にいる人は考慮されない．

**テスト構成**［test construction］　テストの構築のことを指す．通常，テストの標準化に必要な**妥当性**，**信頼性**など

の規準にあうようにテストは作成される。

**テスト項目**［test item］　テストの要素，または最も小さな得点をつけることができる構成単位。

**テスト-再テスト相関**［test-retest correlation］　時間が経つことによる変数の安定性を表す**相関**。

**テストステロン**［testosterone］　雄性ホルモンの一つで，精巣で産生される最も強力なアンドロゲン。前立腺などの生殖器官の発達や顎ひげや骨，筋肉の成長など第二次性徴を促進する。メスは通常，副腎皮質や卵巣から少量のテストステロンを分泌する。

**テスト中断**［test cutoff］　評価のために前もって決められた終点や制限のこと。制限は時間，間違った回答数，受けた問題数等である。

**テスト通**［test-wise］　多くのテストを受けている個人を表す。多くのテストを受けているので，テストをあまり受けない人に比べてテストを受けることに関してより適応的である。⇨ **テスト慣れ**

**テスト得点**［test score］　テスト上での遂行の測度として割り当てられる数値のこと。

**テスト慣れ**［test sophistication］　特定のテストまたはある種類のテストに慣れているため，次のテストの得点に影響を与える可能性があることをいう。⇨ **テスト通**

**テストバイアス**［test bias］　テストが実施される個人または特定の集団（たとえば，少数民族，性別など）にいるメンバーの真の得点を系統的に過大評価あるいは過小評価をするテストの傾向をいう。⇨ **バイアス**

**テストバッテリー**［test battery; battery of tests］　別々に実施されたテストの得点や記録を，組み合わせて総合的に調べること。

**テスト不安**［test anxiety］　テスト場面に対する緊張や懸念。⇨ **パフォーマンス不安**

**デストルドー**［destrudo］　**死の本能**，すなわち**タナトス**と結びついたエネルギーを指す。**生の本能**を意味する**エロス**のエネルギー，すなわち**リビドー**の対照概念である。⇨ **モルティドー**　［オーストリア系イタリア人の精神分析家ワイス（Edoardo Weiss: 1889-1970）による定義］

**デスモプレシン**［desmopressin］　水分保持を促進したり血液を上昇させる下垂体ホルモンバソプレシンの合成類似化合物。デスモプレシンは夜尿症や**尿崩症**を治療するため鼻腔用スプレーとして用いられる。バソプレシンよりも抗利尿作用（身体からの過度の水分損失を防ぐ）が強く，血圧上昇作用が弱い。

**テーゼ（正）**［thesis］　**1.** 論理学において，立証や反証に関して論理的分析が必要とされる命題のこと。**2.** より一般的に，いかなるアイデアや提案も，議論して出すこと。**3.** 哲学において弁証過程の最初の段階。すなわち**アンチテーゼ（反）**によって対立する命題のことで，**ジンテーゼ（合）**として言及される新しい命題を生み出す。ジンテーゼは進行中の過程の次の段階にとってのテーゼとなる。この用語の使用は，特にドイツ人哲学者ヘーゲル（Georg Wilhelm Friedrich Hegel: 1770-1831）の著作と関連している。⇨ **弁証法的唯物論**

**データ**［data］　観測値や測定値のこと。通常量化されており，調査によって得られる。

**データ駆動型処理**［data-driven process］　刺激の意味ではなく，刺激の物理的属性に主に焦点を当てた心的活動。獲得している概念をほとんど利用しないまま，感覚入力が処理される，ボトムアップ処理である。⇨ **概念駆動プロセス**，**浅い処理**

**データ収集**［data collection］　調査や実践的目的のため，系統的に情報を集めること。メール調査，面接，実験室実験，心理検査などがその例である。

**データ・スヌーピング**［data snooping］　**1.** 予期しない効果をデータ中に探し求めること。**2.** 実験終了以前にデータを検討すること。時に，実験の失敗を招いたり，結論を誤った方向へ導いてしまうことがある。

**デタッチメント**［detachment; intellectual detachment］　客観性。つまり，問題をその真価に基づいて検討する能力。

**テタヌス後増強**［posttetanic potentiation: FTP］　シナプスに短時間で高頻度の刺激（テタヌス）を加えると，その後しばらくの間，後シナプス細胞の活動電位の振幅が増加すること。高テタヌス性増強とも呼ばれる。⇨ **神経の可塑性**

**テタヌス性攣縮**［tetanic contraction］　繰り返しの素早い刺激によって引き起こされた，筋肉の持続的収縮。

**データプーリング**［data pooling］　2個以上の研究，あるいは下位研究のデータをまとめること。この手法はときに誤った結論を導くことがある。⇨ **シンプソン・パラドックス**

**データ分析**［data analysis］　（観察あるいは測定による）データを要約し，一般的パターンを見い出すために，図的な，統計的な，あるいは質的な技法を適用する過程のこと。

**データベース**［database］　**1.** コンピュータに検索可能な形で貯蔵された大規模で構造化された情報の集まり。**2.** カルテにおける**問題指向型記録**の5つ部分のうちの一つ。

**データリダクション**［data reduction］　一群の測度・変数を，より少なく，統制しやすくて信頼性の高い，理論的に妥当な測度・変数群にするデータ処理，加工のプロセス。

**哲学**［philosophy］　根本的な問題，とりわけ真実というものの本質や，**認識論**，倫理について説明するために注意深く道理に基づいた議論を用いる知的学問のこと。したがって，心理学を含め，多くの他の学問に知的基盤を提供する。科学的学問としての心理学は，18世紀〜19世紀の哲学への認識論的関心のなかで誕生し，哲学的思想に影響され続けている。⇨ **哲学的心理学**

**哲学的心理学**［philosophical psychology］　心理学，およびその理論と方法の根底にある哲学的仮定に関する，哲学的な問題について研究する心理学の一派。形而上学，認識論，倫理学，思想史，科学哲学，秩序立った哲学的分析などの知識から得られる幅広い視点で心理学にアプローチした。哲学的心理学者はモデル構築やデータ収集ではなく，その分野から生じるより大きな問題に専心する傾向がある。

**哲学的心理療法**［philosophical psychotherapy］　認知，感情，行動に関連するような信念や態度についての哲学的原理を基盤にした心理療法，もしくは特定の哲学的立場に基づいた心理療法のこと（たとえば，実存主義心理療法）。一方で，哲学を学習したが，精神保健領域での訓練を受けていない者は，心理療法やカウンセリングを提供するのに不適格であるとみなされる。

**撤退破壊性**［withdrawal-destructiveness］　フロム（Erich Fromm）の精神分析理論で用いられる用語。他者

からの孤立やひきこもり，他者への破壊行動，あるいはその両方に基づく対人関係スタイル。フロムによると，このスタイルは，依存の恐怖を生まない感情的距離を他者との間に確立したいという動機から生じるという。

**手続き**［procedure］　一連の手順や行為。

**手続き学習**［procedural learning］　ある課題における技能獲得過程のことで，特に，徐々に自動的に（すなわち，注意を向けることなく）行うことができるようになる課題の技能獲得のことを指す。これと対照的なものに，**事実知識**の獲得がある。

**手続き記憶**［procedural memory］　ある課題に関する技能の長期記憶。手続き記憶は熟練した遂行によって表され，多くの場合，その知識を言語化する能力と区別される（⇨ **宣言的記憶**）。たとえば，タイピングやスケートをする仕方は手続き記憶を必要とする。手続き知識（procedural knowledge）とも呼ばれる。

**手続き的公正**［procedural justice］　訴訟手続きにおいて，公正な決定を行うこととは別に，公平で偏りのない方法や手続きを用いること。目撃証人をどのように尋問するかやどのような証拠を裁判で採用するかなどの様々な規則は，法制度において手続き的公正が適用されている例である。

**手続き的合理性**［procedural rationality］　結論自体の合理性ではなく，結論に到達するために用いた手続きの合理性。⇨ **実質合理性**

**徹底操作**［working through］　**1.** 心理療法において，セラピストの話を通してクライアントが，知的なレベルと情緒的なレベルの両方で心理学的問題を同定したり，探索したり，扱ったりする過程のこと。**2.** 精神分析の用語。患者が徐々に**抵抗**を克服して無意識的な材料を語れるようにしたり，患者の困難さの根源となっている抑圧された感情や脅かされている衝動，内的葛藤を，面と向かって繰り返し扱う過程のこと。

**徹底的行動主義**［radical behaviorism］　意識やその中身ではなく，行動こそが心理科学の適切な研究トピックであるべきとする考え方。この用語は，ワトソン（John B. Watson）によって1913年に提唱された古典的**行動主義**を，比較的穏健派である**新行動主義**から区別する際にしばしば用いられる。しかし，同時にこの用語は，強化および強化と行動との関係の重要性（すなわち，行動の環境的決定要因）に焦点を当てるスキナー（B. F. Skinner）によって後に提唱された行動主義を意味するものとして発展してきた。スキナーは思考や感情，想像のような私的出来事（private event）の存在を認めるものの，それらは行動の原因ではなく，説明が必要な「行動」，あるいは外的な刺激と同様の一般法則に従って機能する内的な刺激と考え，私的出来事の存在は問題とされないとした。⇨ **行動分析**，**記述的行動主義**

**テトラヒドロカンナビノール**［tetrahydrocannabinol: THC］　大麻に含まれる**カンナビノイド**の一種，精神活性物質である。テトラヒドロカンナビノールは合成医薬品として知られ，化学療法が起こす悪心嘔吐，吐き気の治療薬として，またはHIVに伴って生じる食欲不振に対する食欲促進剤として用いられるドロナビノール（Dronabinol）に含まれる。眼圧を低下させ，鎮痛剤として効果があることが研究によって示唆されている。アメリカの商品名はマリノール（Marinol）。

**テトラベナジン**［tetrabenazine］　ハンチントン病やその他の運動亢進症の治療に用いられる薬物。モノアミン神経伝達物質ドーパミンやノルエピネフリン，セロトニンを減少させることで機能する。パーキンソン様の症状，鎮静作用，抑うつなどの副作用をもたらす。現在，アメリカでは使用することができない。カナダの商品名はニトマン（Nitoman）。

**デートレイプ**［date rape; acquaintance rape］　知人，デート相手，その他に被害者と面識のある者が性的暴行を働くこと。アルコールまたは**デートレイプ薬**を伴うことがしばしばあり，これらは被害者が拒否を示す意思表示能力を阻害することもある。

**デートレイプ薬**［date-rape drug］　性的暴行を目的として意識や記憶を失わせるために密かに投与される薬物のこと。この種の薬物は複数の人間がいる社会的な場で，アルコール飲料に混ぜて使われることが多い。一般的なデートレイプ薬としては，バルビツール酸系睡眠薬，高効力ベンゾジアゼピン（**フルニトラゼパム**，**トリアゾラム**），禁制品のGHB（γ-ヒドロキシ酪酸）を含んでいる。暴力犯罪を犯すことを意図し，規制薬物を無意識となった人に与えることを連邦犯罪とするアメリカの国会は，1996年に，性的暴行を目的として，意識のない人に規制薬物を与えることを連邦犯罪とする法律を通した。

**テトロドトキシン**［tetrodotoxin: TTX］　フグの卵巣由来の毒。神経細胞膜にある電位依存性ナトリウムチャネル（⇨ **電位依存性イオンチャネル**）を阻害し，活動電位の伝導を妨げる。

**テネシー自己概念尺度（TSCS）**［Tennessee Self-Concept Scale: TSCS］　「常にあてはまる」から「常にあてはまらない」までの5段階評定の項目を用いて測定する自己評価尺度のこと。13歳以上を対象とした82項目からなる成人用と，7歳～14歳までを対象とした76項目の子ども用の2種類がある。3領域（アイデンティティ，満足度，行動）から構成され，その中に自己概念に関する6つの側面（身体的側面，道徳的側面，個人的側面，家族的側面，社会的側面，学業的職業的側面）がある。TSCSは1964年に公表され，最新版は1996年に改訂されたTSCS-2である。［初版はアメリカの心理学者フィッツ（William H. Fitts: 1918- ）によって開発された］

**テバイン**［thebaine］　モルヒネと化学的によく似ているが刺激作用をもつ**アヘンアルカノイド**。自然界のアヘンの約0.2%を占める。テバインはモルヒネの鎮痛作用をもたないが，いくつかの重要なオピオイド作動薬・拮抗薬へと変換される（たとえば，ブプレノルフィンやナロキソン）。

**手袋状知覚まひ**［glove anesthesia］　手と前腕の一部において，感覚の機能的な消失が生じる**感覚性転換症状**のこと（つまり，その部分が手袋に覆われているようなこと）。⇨ **靴下状知覚まひ**

**ディブリーフィング**［debriefing］　調査後に参加者に説明を行う過程のこと。調査開始時や調査中に行う説明より，より詳細な説明が行われる。

**テーブル運動**［table-tilting; table-tipping; table-turning］　**心霊主義**において，交霊会の参加者が霊と交信した結果生じたようにみえる，テーブルの動きのこと。超心理

学においては，その種の動きは，**念力**とみなされる。

**デポプロベラ**［Depo-Provera］　酢酸メドロキシプロゲステロンの商品名。性犯罪者の治療に**抗男性ホルモン**として使用される。⇨ 化学的去勢

**テマゼパム**［temazepam］　不眠症の短期治療に用いられる中間時間作用型ベンゾジアゼピン。テマゼパムは肝臓内で代謝産物を作り出すために，**半減期**を予測することができ，反復投与によって体内に蓄積されることがない。しかしながら，他のベンゾジアゼピン**睡眠薬**と同様に**耐性**の反復投与は蓄積される。アメリカの商品名はレストロリル（Restroril）。

**デミング式管理法**［Deming management method］　マネジメントの一方式で，製品やサービスの質を常に改良し続けることを実行することによって客のニーズと合致させていく際に，経営上層部の戦略的役割を強調するアプローチ。この手法は，総合的品質管理（total quality management）を開発していくうえで重要なものとなった。⇨ 日本的経営，Z理論　［アメリカの経営管理の専門家デミング（W. Edwards Deming: 1990-1993）］

**手無感覚症**［acheiria; achiria］　感覚障害の一つ。患者は，どちら側の手が外部から刺激を受けたのかの区別ができなくなる。

**デューイ**［Dewey, John］　ジョン・デューイ（1859-1952），アメリカの哲学者・教育者・心理学者。1884年にジョンズ・ホプキンス大学においてモリス（George S. Morris: 1840-1889）のもとで博士号を取得した後，ミシガン大学とシカゴ大学にてそれぞれ10年間ずつ教鞭をとった。その後，コロンビア大学へ異動し晩年まで勤めた。デューイはアメリカで心理学の最初の科学的教科書 *Psychology*（1886）を書き，ジェームズ（William James）やアンジェル（James Rowland Angel）らとともに機能主義的，道具主義的アプローチを発展させた。心理学における**機能主義**はデューイの1896年の評論"The Reflex Arc Concept in Psychology"によって誕生したと考えられている。また，デューイの研究は教育学や哲学にも大きな影響を与えた。デューイは機能主義的見解から，教育は，子ども自身の経験と関連するものであり，子どもが参加するものであり，また学校だけでなく，現実的な問題解決へ到達する探究心を発達させるものでなければならないと考えた。哲学の分野では，デューイはジェームズやパース（Charles S. Perce: 1839-1914），ミード（George Herbert Mead: 1863-1931）とともに，アメリカのプラグマティズム（⇨ **実用主義**）の創始者として有名である。⇨ **道具主義**，プログレッシブ教育

**テューキーのHSD検定**［Tukey's Honestly Significant Difference Test: Tukey's HSD Test］　群間のすべての対比較を行う事後分析のこと。検定群の**有意水準**を維持したまま，複数の対比較が可能である。［アメリカの統計学者テューキー（Johon Wilder Tukey: 1915-2000）による］

**デュシェンヌ・スマイル**［Duchenne smile］　対照的に両側が上がった唇と，目の周りの眼輪筋の働きによって作られた目尻のしわによって特徴づけられる笑顔。眼輪筋の働きを欠いた作り笑いと反対に，デュシェンス・スマイルは本当の笑顔であると信じられている。

**テーラー・ラッセルの表**［Taylor-Russell tables］　産業・組織に関する理論の一つ。この理論は，(a) **選抜率**，(b) 説明変数の妥当性，(c) 従業員が現在の手続きの下で成功する**基準比率**に基づいて，人事選考を担当する人たちが，テストその他による予測の価値を見積もるための表。［アメリカのパーソナリティ心理学者テーラー（Harold C. Taylor）とラッセル（James T. Russell）による］

**デルタアルコール中毒**［delta alcoholism］　アルコール依存症の4番目の段階。毎日の飲酒で特徴づけられ，細胞順応のために耐性が増加し，1日から2日間飲酒をやめた場合，離脱症状がある。これらの人は衝動的な渇望を経験せず，摂取量の管理が完全に失われている。⇨ **アルファアルコール中毒，ベータアルコール中毒，ガンマアルコール依存症，イプシロンアルコール症**　［アメリカの医師ジェリネック（Elvin M. Jellinek: 1890-1963）が定義した］

**デルタ運動**［delta movement; delta motion］　**仮現運動**の一種。刺激間の大きさ，距離，時間といった特定の条件が揃うと，明るい刺激が暗い刺激に近づくように見える。

**デルタ則**［delta rule］　学習中の連合の強さの変化は，連合の可能最大強度とその時点での連合の強度の差に依存するという法則。デルタ則は**学習の観念連合的な理論**と条件づけでよく用いられる。

**デルタ波**［delta wave］　最も低い周波数の**脳波**。1〜3Hzの周波数で，大きく，規則的な形状をもつ。深い，夢を見ない睡眠（デルタ波睡眠：delta-wave sleep）と関係があり，大脳の細胞の同期を表す。デルタ律動（delta rhythm），徐波（slow wave）とも言う。⇨ **ノンレム睡眠，睡眠段階3，睡眠段階4**

**デールの法則**［Dale's law］　一つの神経細胞の**終末ボタン**は一つの神経伝達物質しかもたない，という考え。今では誤りだったことがわかっている。デールの原理とも言う。［イギリスの神経生理学者デール（Henry Hallet Dale: 1875-1968）］

**デルファイ法**［Delphi technique］　集団内での合意形成や改善を，対人関係や支配関係の影響を排除するように行う方法。意見の相違には，質問紙を回すことによって対応する。質問紙は，直近の意見に基づいてまとめられ，編集された後，参加者からさらなるコメントを得るために再度回される。デルファイ法は，意見の収束（たとえば，目標の決定，基準の設定，必要性や優先順位の決定や順位づけなど）が望まれる多くの状況で用いられる。

**テルフェアインストラクション**［Telfaire instructions］　アメリカでの裁判において，目撃者による同定が被告に対して最も決定的な証言であるかもしれない場合，その証言の信頼性や目撃された状況を考慮に入れるように陪審員に聞かせる警告的な指示。アメリカ合衆国 対 テルフェア（1972）裁判での訴えを聞いた裁判官が提案した問題に基づく。この裁判では，被告と人種が異なる目撃者の証言だけで，被告に有罪が宣告された。

**デルブーフ錯視**［Delboeuf illusion］　大きな2つの円からなるリングを同心状に配置すると，リングの中心にある中くらいの円は小さく見え，そのリングの中心にある円と等しい大きさの円を小さな円で囲んだ場合には大きく見えるという，大きさの**対比錯視**。［フランスの心理学者デルブーフ（Joseph Remi Leopoold Delboeuf 1831-1896）による］

**デルフラー−スチュアートテスト**［Loerfler-Stewart test］　第二次世界大戦中に考案された機能性難聴の検査。

静音下または**マスキングノイズ**の存在下で，2つの音節からなる単語に反応する能力を調べるために使われる。［アメリカの聴覚学者デルフラー（Leo G. Doerfler: 1919- ），スチュアート（J. P. Stewart）による］

**テレオペレータ**［teleoperator］　オペレータの操作に対する即時の反応を維持しながら，その物理的能力を拡張する遠隔操作装置あるいはシステム（自動化されたロボットとは異なる）。テレオペレータの中には，オペレータの身体操作を模倣するように設計されているものもある。テレオペレータは，空中，水中，高層ビルなど接近不能な構造物，あるいは地雷除去のような危険な作業において用いられる。

**テレグノシス**［telegnosis］　超心理学において，通常の情報収集手段を経ることなく遠隔地の出来事を知ること。**透視**やテレパシーによってなされるとされる。

**テレゲン没入スケール**［Tellegen Absorption Scale: TAS］　ある作業やある状況への没入傾向を測定する尺度。「はい」，「いいえ」で答える34個の質問（たとえば，雲の形が変わっていくのを見ていることが好きである）からなり，被暗示性を簡易に測定できるように考案されている。［1974年にアメリカの心理学者テレゲン（Auke Tellegen: 1930- ）によって開発された］

**テレパシー**［telepathy］　いわゆる，通常用いられている感覚器とは異なる手段によって，ある人の考えが別の人に直接伝達されること。**超感覚知覚**の一種。

**テレパシー夢**［telepathic dream］　真偽は別として，同じ部屋で眠っている他者の夢によって影響を受けて見たり刺激される夢のこと。［オーストリアの医師シュテーケル（Wilhelm Stekel: 1868-1940）が用いた用語］

**テレメトリー**［telemetry］　量的な情報を測定し，その情報を記録，解釈できる遠隔地へと伝送する処理過程。たとえば，体温，心拍，血圧といった生理的変数だけでなく全般的な活動水準を測るために，動物の体内に無線送信機を移植することがある。送信機は動物の体外にある受信機に信号を送る。

**テレルギー**［telergy］　超心理学において，遠隔地から他者に超常的な行為をさせるとされる能力。

**テロ防止活動**［antiterrorist activities］　想定される化学・生物攻撃のようなテロ行為を発見し，対応するためのセキュリティプログラム。

**テロリズム**［terrorism］　非合法，かつ，予測不能な武力や暴力を使って，あらゆる物，人，政府を攻撃し，政治的目的や宗教的目的を達成しようとする組織的な脅威や強行手段のこと。

**転移[1]**［transference］　精神分析の用語。元来は両親などの幼少期の重要な他者に向けられていた患者の無意識の感情や願望が，精神分析家に置き換えられたり，**投影**されたりすること。この過程は，精神分析治療の中核とみなされ，それらを再体験し，検討し，徹底操作することで，抑圧された内容を顕在化させることが可能になる。この過程を通して，神経症的な困難さを発見したり，苦痛に耐えられるようにする。転移という概念は精神分析の領域を超えて，以前の行動が無意識のうちに反復されたり，新しい対象に投影されるという意味で，人間の対人関係に関する領域において広く用いられるようになった。カウンセリングや短期力動的心理療法においては転移の役割はよく認識されており，治療的なエンカウンターにおいても転移の役割についての研究が進められている。⇨ **転移の分析**，**逆転移**，**陰性転移**，**陽性転移**，**転移性抵抗**

**転移[2]**［transfer］　**1.** ある位置から他の位置へ，ある形態から別の形態へ，ある状況から別の状況へと変化あるいは移行すること。**2. 訓練の転移**のように，変化をすることにより，生み出されること。**3. ゲシュタルト心理学**において，1つ目の問題と要素を共有する2つ目の問題の解決に，1つ目の問題の解法を使用することを指す。

**転位**［transposition］　一般的に，システムにおける2つ以上の要素間の位置を入れ替えることである。

**電位**［potential］　静電場の中にある単位電荷を，無限遠点からある1つの位置へ移動させるのに必要なエネルギー量を表す。単位はボルト。2点間の電位差が，そこへ電流が流れるエネルギー源となる。神経系の情報は電気化学的な電位として伝達されるため，多くの電位は神経科学的，生物心理学的に重要である。⇨ **活動電位**，**後電位**，**緩電位**，**局所電位**，**膜電位**，**シナプス後電位**，**静止電位**

**電位依存性イオンチャネル**［voltage-gated ion channel; Voltage-activated gate］　膜電位の違いに応じて開閉するイオンチャネルのこと。**活動電位**を伝達する電位開口型ナトリウム（$Na^+$）チャネルなど。⇨ **リガンド依存性イオンチャネル**

**転位行動**［displacement behavior; displacement activity］　最初の行動が失敗したとき，あるいは矛盾した行動を導くような2つの競合する動機が現れたときに代わりに行う別のタイプの行動。同時に起こる相手への攻撃と恐れの反応のため，たとえばカモメは，境界域にいるライバルではなく大地の方へ攻撃に似た行動を向けることがある。また，実験動物に食事の量を少なくしたり，遅く出したりすることでフラストレーションを生じさせると，食べることの代わりに飲む転位行動がみられる場合がある。

**転移神経症**［transference neurosis］　精神分析の用語。患者の早期の葛藤や外傷体験が再燃したり，再体験されることで神経症的な反応が転移の形で表現されること。この反応は，もともとの神経症が治療者との関係に置き換えられていると考えられており，患者の態度や行動は，幼児期の欲求が実際に反復されているという洞察を与える。転移神経症は，過去の体験が原因で生じている苦痛から自由になったり，より適応的な態度や反応をとれるようにするために解消されなければならないと考えられている。

**転移性抵抗**［transference resistance］　精神分析の用語。患者が沈黙したり，過去の対人関係における愛や憎しみの感情を精神分析家に転移させ行動化するなどの反応であり，治療を促進させる無意識的な材料の顕在化に対するある種の抵抗を言う。⇨ **転移の分析**

**転移適切性処理**［transfer-appropriate processing］　記憶成績は，学習時とテスト時で同様な処理を行うと，良くなるという考えに基づいた記憶処理の概念。たとえば，学習条件とテスト条件の両方が意味処理もしくは知覚処理のいずれか一方を強調する場合にはテスト成績は比較的良いが，学習条件がある一方（たとえば，意味処理）を強調し，テスト条件が別のもう一方（たとえば，知覚処理）を強調した場合には，テスト成績はそれほど良くならない。

**転移の分析**［analysis of the transference］　精神分析において，患者の幼少期の関係性や経験が，現在の分析家と

の関係性に反映され，表現されているとして解釈すること。転移分析（transference analysis）とも呼ばれる。⇨ **転移，転移性抵抗**

**点打ち検査**［dotting test］　紙と鉛筆を使った運動機能のテスト。制限時間内に出来る限り多くの点を打つことが課題となる。点打ちをランダムに行う場合はタッピングテスト（tapping test），小さな円内に打つ場合はエイミングテスト（aiming test）と呼ばれる。

**伝音性難聴**［conduction deafness; conductive deafness］　蝸牛に音を送る構造に障害があるために生じる難聴。原因は，**耳小骨**の通常の機能が妨げられるような損傷や障害にあると考えられている。⇨ **気導骨導差**

**電解質平衡異常**［electrolyte imbalance］　水分のバランスや酸塩基のバランスや他の体細胞の機能など生命維持に必要な役割を担う化学イオンである電解質（electrolyte）の1つ以上が異常水準となること。影響を受けやすい電解質として，水分調整および正常な神経機能と筋機能に必要なナトリウムや酸塩基のバランスに必要なカリウム，血液機能と筋機能に必要不可欠なカルシウムがある。

**転嫁行動**［redirected behavior］　前後関係とは無関係に起こる全く別の行動のこと。⇨ **転位行動**

**てんかん**［epilepsy］　一群の慢性的な脳障害を指し，脳細胞の電気的な放電がうまくいかないことと関連がある疾患。周期的な**発作**によって特徴づけられ，意識混濁ない し意識消失を伴う場合も，伴わない場合もある。症候性てんかん（symptomatic epilepsy）は，脳の炎症や脳腫瘍，血管性障害，構造的異常，脳損傷，変性疾患など既知の疾患によるものである。特発性てんかん（idiopathic epilepsy）はその起源が不明で脳の障害が特定できない場合に分類される。発作の種類は異常放電の性質や影響を受けている領域（⇨ **欠神発作，全般発作，部分発作，強直間代発作**）によって異なる。てんかんは以前，転倒病（falling sickness）として知られていた。発作障害（seizure disorder）とも呼ばれる。⇨ **てんかん重積状態，側頭葉てんかん**

**転換**［conversion］　1. 心理的葛藤により引き起こされた不安が身体的症状に変容する，無意識下で起きる過程。この過程は，伝統的に**転換性障害**に含まれると推定されていたが，DSM-Ⅳ-TRではそうした関連づけはなされていない。2. **社会的影響**による，個々の信念，態度，あるいは行動の実際の変化のこと。表面上や一時的な**応諾**とは異なり，転換は，説得力のあるメッセージによって目標とした個人を説得したり，あるいは，他の集団の構成員によって表現された信念を，内面化したり受け入れること。個人の受容とも呼ばれる。⇨ **同調**　3. グループのすべての構成員がひとつになることであり，当初は異なった意見を述べていた個人も，最終的に他のグループの構成員と同じ立場をとること。⇨ **集団極性化**　4. 治療過程において，クライエント自らの最初の解釈から離れて治療者の勧告するものに変化すること。

**てんかん外科手術**［epilepsy surgery］　脳の一部，しばしば前部側頭葉の，難治性の（制御できない）てんかん発作の病巣を取り除く神経外科手術。手術の目標は発作を軽減あるいは無くすことである。

**てんかん原性焦点**［epileptogenic focus］　発作を起こす放電を生じさせる脳の領域。

**てんかん原性病変**［epileptogenic lesion］　てんかん発作を引き起こす，脳の中の損傷を受けた組織の領域。てんかんは様々な脳損傷，たとえば，頭部損傷，裂傷，腫瘍，出血などによって，損傷後すぐに，場合によっては数か月や数年後に起こる。

**てんかん重積状態**［status epilepticus］　死に至ることもある。発作の連続のこと。直ちに医療的な処置，通例，静脈内への投薬による処置が求められる。

**てんかん性叫声**［epileptic cry］　**強直間代発作**の強直段階における胸部または喉頭部の突然の筋肉収縮によって生じる瞬間的な叫声。初期叫声（initial cry）とも呼ばれる。

**転換性障害**［conversion disorder］　DSM-Ⅳ-TRにおいて，自発運動や感覚機能に，身体的な障害を示唆するような1つ以上の症状があるが，その原因が心理的なものである**身体表現性障害**。この障害は，患者の意識的なコントロールによるものではない。まひ，失声，失明，発作，咽頭球，平衡感覚の喪失，痛みや触覚の欠損がある。（⇨ **運動転換症状，感覚性転換症状**）。

**転換性非てんかん発作**［conversion nonepileptic seizure］　転換性障害の結果として起こる**心因性非てんかん性発作**（PNES）の一種。脳波の異常電気活動とは無関係であり，PNESの多くはこれにあたる。転換性発作とも言う。

**転換性まひ**［1］［conversion anesthesia］　特定の身体部位の感覚消失を特徴とする**感覚性転換症状**であり，どの器質的病理や欠陥にも分類できない。⇨ **手袋状知覚まひ，靴下状知覚まひ**

**転換性まひ**［2］［conversion paralysis］　神経学的には生じないような肢の筋肉や体の一部の機能のはっきりとした喪失がある**心因性障害**のこと。**器質性まひ**とは違って，反射運動は喪失しておらず，筋緊張は正常であり，患者の注意がどこか他の場所にあるとき，麻痺肢は不注意に動かされる。これは，**転換性障害**の徴候である。

**転換ヒステリー**［conversion hysteria］　転換性障害の旧式名称。

**てんかん様の**［epileptoid; epileptiform］　てんかんに似た症状，あるいは突発的な発作が起こること。

**てんかん様発作**［epileptiform seizure］　てんかん発作と類似したエピソードであるが，てんかんとは無関係であるもの。⇨ **非てんかん性発作**

**電気感覚**［electric sense］　いくつかの生物種がもつ，電場を生成したり，環境内の電場を感じることができる能力。特化した筋細胞が連動して大きな電場を発生させ，特化した神経受容器もしくは器官が電場の変化を検出する。ウミヤツメやウナギは電流を発生させて，獲物を失神させるが，電場を感じとっていないようである。コザメは砂の中に隠れ，ロレンツィニ器官（Lorenzini ampullae）と呼ばれる特化した受容器を用いて獲物が作る電流を検出する。熱帯地方の魚群は電気信号を作ることも検出することもでき，信号生成を調整することで近傍の魚で込み合うことを避けたり，放電率を変えて，攻撃状態であるか繁殖状態であるかを伝える。

**電気眼振記録**［electronystagmography］　眼振の存在を確認するために用いられる，眼筋の運動を測定する神経学的検査のこと。眼の運動が図式的に表され，めまい，**聴神経**や**三半規管**の機能を評価されるために用いられる。

**電気緊張**［electrotonus］ 神経や筋肉に電流を流した後に起こる，興奮性，伝導性，または電気的状態の変化のこと。

**電気緊張性伝導**［electrotonic conduction］ 神経または筋膜に沿った，電荷の受動的な減衰性の伝導。能動的に伝播する活動電位とは反対である。⇨ **ケーブル特性**，**減衰伝導**

**電気痙攣療法**［multiple monitored electroconvulsive treatment: MMECT］ **電気ショック療法**の一形態。1回の治療セッション内で複数箇所に電気ショックを与えることによって全体の治療時間を短縮する目的で行われる。

**電気刺激[1]**［electrical stimulation］ 電気・電子装置によって脳部位，感覚受容器，もしくは感覚・運動神経細胞を刺激すること。多くの場合，実験動物が用いられるが，脳手術を受けている人間の患者に対して行われることもある。

**電気刺激[2]**［electrostimulation］ 電気ショックの使用を伴う嫌悪療法において，負の強化に用いられる技法。⇨ **嫌悪療法**

**電気刺激装置**［electrostimulator］ 身体の特定領域に電気刺激を制御して提示する装置。

**電気シナプス**［electrical synapse］ シナプスの一種で，シナプス前膜とシナプス後膜が裂け目で分かれているのではなく，**ギャップ結合**によってつながっているもの。その結果，神経のインパルスが伝達物質に変わることなくシナプス後膜へと伝えられる。

**電気ショック療法**［electric shock method］ 治療において，電気を使用すること。⇨ **電気療法**

**電気ショック療法（ECT）**［electroconvulsive therapy: ECT; electroshock therapy: EST］ 片方あるいは両方のこめかみから，統制された微量の電流を通電することによって発作を引き起こす，議論の多い治療法。本治療の前に準備として，患者に麻酔の施術と筋弛緩剤の投与を行う。電流はこめかみに置かれた電極を通してほんのわずかの時間流され，すぐに2段階の（緊張性と間代性の）発作が起きる。ECTは両側あるいは片側（通常は右半球）で行われる。現在ではあまり用いられない方法であるが，抗うつ薬に反応しない重篤な内因性のうつ病患者に対しては時々用いられる。効果は一時的で，治療作用のメカニズムはよくわかっていない。⇨ **短期刺激療法**，**ECT 誘発健忘症**［イタリアの精神科医セレッティ（Ugo Cerletti: 1877-1963）とビニ（Lucio Bini: 1908-1964）によって導入された］

**電気診断**［electrodiagnosis］ 1. 脳波測定法や筋電図検査など，電気的技術を診断用手段として用いること。2. 診断目的で電流を神経や筋肉に流すこと。

**電気睡眠療法**［electrosleep therapy］ 抑うつ，慢性的不安，不眠症に対する古い治療法の一つで，低電圧の経頭蓋電気刺激（electrical transcranial stimulation: ETS），あるいは頭部電気刺激（cranial electrical stimulation: CES）を与えることによって，リラックスした状態または眠気を誘導する方法。ソビエトで1940年代に開発された技法。

**電気生理学**［electrophysiology］ 組織の電気的性質・過程に関する研究。心電図記録法，脳波検査，眼電図検査，網膜電図検査など，特殊化した亜領域がある。

**電気生理学的聴力検査**［electrophysiologic audiometry］ 聴覚機能を測定するために，音刺激によって誘発される電気的反応を用いる手続の総称。平均化脳波聴力検査や蝸電図法（electrocochleography）などが含まれる。用いられる反応には，聴性脳幹反応（auditory brain-stem response: ABR）や脳幹誘発反応（brainstem evoked response）などがある。

**伝記法**［biographical method］ 要因や事象と個人の人生の結果との関係を研究するために，個人的なデータを体系的に利用すること。

**電気麻酔**［electronarcosis］ 電気療法の一つで，ある量の電気，ある時間の通電，またはその両方によって，全身の筋肉が収縮，弛緩を繰り返す間代性痙攣には至らない程度の強直性発作を引き起こす。電気麻酔は一般的に，標準的な**電気ショック療法**（ECT）と比較して効果が弱く，副作用を生じやすい。電気麻酔はリラクセーションや睡眠を誘導するためにも用いられる。

**電気容積記録法**［electroplethysmography］ 血液量や，器官，器官系または血液循環の容積変化の測定に基づいた検査。

**電極**［electrode］ 生物組織を電気的に刺激したり，組織における電気活動を記録するために用いる陰極と陽極をもつ器具。双極電極（bipolar electrode）とも言う。⇨ **微小電極**

**電極配置**［electrode placement］ 神経活動によって生じた電位変化を記録するため，電極を皮上や神経細胞内に配置すること。動物実験やヒトを対象とした研究では，針状の**微小電極**が特定の脳細胞内に配置される。

**電気療法**［electrotherapy］ 電流を中枢神経系に対して流すという方法を含む治療法のこと。⇨ **電気ショック療法**

**典型性効果**［typicality effect］ 典型的成員に関するカテゴリー判断のほうが，非典型的成員に関するカテゴリー判断に比べて速いという知見。たとえば，クジラが哺乳類であることよりもイヌが哺乳類であることのほうが速く判断できる。

**点検的探索**［inspective exploration; specific exploration］ 不安，恐れや新奇な刺激に伴う不確実性を減じるための手段として用いられる**探索行動**で，それにより興奮が収まる。⇨ **刺激探索**［イギリス生まれのカナダの心理学者バーライン（Daniel E. Berlyne: 1924-1976）により定義された］

**転座**［translocation］ DNA の比較的大きな部分がある染色体からちぎれ，別の染色体に結合すること。染色体変異の一つの型。

**天才[1]**［genius］ 1. 創造性やその他の能力が極端なほど高いこと。並外れたことを達成することで実証される。2. 上述の能力をもつ人のこと。イギリスの科学者ギャルトン（Francis Galton: 1822-1911）は，初めて天才について体系的に調査し，傑出した家系から輩出されると誤って結論づけ，天才は遺伝すると考えた。反対に，キャトル（James M. Cattle）は，天才の出現は環境によると主張した。一方，ターマン（Lewis M. Terman）は，IQ 140以上の子どもを指してこの用語を用いていたが，その子どもらの大規模集団を50歳まで追跡調査した結果，天才は少数しかいないことを明らかにした。アドラー（Alfred Adler）は，天才とは感情の劣等を過度に補償す

るために例外的に獲得されるものだとした。一方，フロイト（Sigmund Freud）は，天才はもって生まれた特別な能力だが，芸術や科学において自分を表現することによって感情的な問題を解決せざるをえない矛盾や葛藤に満ちた人々だと考えた。ただし，彼の説が広く受け入れられたとは言い難い。一般的には，天才は，遺伝と環境の両方の要因によって生み出されると考えられており，一所懸命ひたむきに，成すべき仕事を行う人々だとみられている。

**天才[2]**［prodigy］　一般には，子どもが示す並はずれた優れた才能のこと。特に，数学や音楽，チェスといった抽象的な専門領域においてよくみられる。そのような稀な能力は天賦の才能とはいえ，天才はさらに自身の才能の強化に専念することや，発展するための機会を求める。また，天才は必ずしも成熟した大人になるとは限らず，それらの間の移行が重要であると考えられている。そして，この移行期をうまく切り抜ける天才はごくわずかである。⇨**英才**

**電子カルテ**［automated clinical records］　コンピュータ化されたデータベース。患者に対するケアのモニタリング，マネジメントのためのデータを提供し，臨床医の理解や治療を支援する目的で用いられる。

**電子掲示板**［electronic bulletin board］　コンピュータネットワークを通じてアクセスされる，電子的な形式の掲示板。掲示板にアクセスすることで，メッセージを投稿したり，読んだりすることができる。一般に，掲示板を設置しているコミュニティが興味をもつと考えられるメッセージが投稿される。また，あるトピックに関する質問も一般的な掲示板の使われ方である。

**電磁スペクトル**［electromagnetic spectrum］　ガンマ線（非常に短い波長）から電波（非常に長い波長）に至る電磁放射のもつ波長の帯域のこと。人間の眼が感受できるのは400～700 nmの非常に狭い帯域のみである。⇨**スペクトル**

**天使の粉**［angel dust］　フェンサイクリジン（phencycligine: PCP）の結晶の俗称である。エンジェルダストとも言う。その結晶はオレガノ，パセリ，アルファルファなどに振りかけられ，マリファナとして売られることもある。

**電子鼻**［electronic nose］　ガス，特に臭気を感知することができる装置。たとえば，悪臭のひどい食料品の検知というように商業的に用いられたり，科学的には嗅覚系をモデル化する際に用いられたりしている。

**電子ブレインストーミング**［electronic brainstorming］　オンラインでの議論や，電子メールによるリアルタイムのコミュニケーションのような，コンピュータによる手続きを用いて，独創的なアイデアを生み出したり，問題解決を行うこと。

**電子メール**［e-mail］　即時に伝達可能で，複数の宛先に一度に送信可能であり，転送などの機能が付加された，従来の郵便の電子的な類似物。メッセージはある利用者から他の利用者（群）に，**コンピュータネットワーク**，特にインターネットを介して送られる。文書や画像などのデータを添付してメッセージが送られることも一般的である。

**転写**［transcription］　遺伝学において，DNAに含まれる遺伝情報がメッセンジャーRNA（mRNA）分子に移される過程のこと。mRNAはさらにタンパク質の合成を指定する。mRNAの塩基配列はDNA鎖の塩基配列と相補的で，遺伝子にコードされたタンパク質のアミノ酸配列を正確に表す。⇨**遺伝暗号**

**天井効果**［ceiling effect］　ある一定点以上のテストの測定能力がなくなること。項目がやさしすぎるために起こることが多い。⇨**床効果**

**点状出血**［petechial hemorrhage］　微小出血。出血範囲はしばしば針の先程の狭いものである。

**点推定**［point estimate］　母集団パラメータについて一つの数値で推定すること。⇨**区間推定**

**転生**［reincarnation］　古代ギリシャ哲学，仏教，ヒンドゥー教などにみられる教義で，人間の魂は死後も生き続け，他の身体（多くは他人の身体）に生まれ変わるという考え方。⇨**輪廻**

**伝説**［legend］　古くから言い伝えられている伝統的な物語のことで，歴史的な真実の一部を含むこともある。伝説は大抵，**連鎖的再生**の過程で生まれる。⇨**神話**

**伝達**［transmission］　1. 神経学において　**神経伝達**のこと。2. 慣習などが世代から世代へと受け継がれること。⇨**社会的伝達，文化遺産**

**伝達速度**［velocity of conduction］　神経の軸索を伝わる神経インパルスの速度。様々な技術による計測から，軸索が伝達速度を大きく変化させていることがわかった。最大速度はミエリン化された**A 線維**の80～120 mm/秒，最小速度はミエリン化されていない**C 線維**の0.5～2 mm/秒。⇨**末梢神経線維分類**［ドイツの生理学者ヘルムホルツ（Hermann von Helmholtz: 1821-1894）が初めて伝達速度を計測した］

**テンダーマインド**［tender-mindedness］　主知主義的，理想主義的，楽観的，独断的，良心的，一元論的といった特徴をもつ性格特性。⇨**タフマインド**［ジェームズ（William James）によって最初に用いられた］

**転置**［transpose］　行列代数において，もとの行列の行と列を入れ替えて形成される行列のこと。

**点定位**［point localization］　刺激された皮膚上の点を位置づける能力のこと。点定位検査（point-localization test）は体性感覚についての検査であり，通常は手の皮膚に二度，1秒間隔で刺激が与えられる。検査の参加者は刺激が与えられた点が同じ場所かどうかを判断するように求められる。触覚定位（tactual localization）とも呼ばれる。

**テンティング**［tenting］　女性の**性的反応サイクル**の興奮期および高原期の膣と子宮の興奮状態のこと。これらの変化が陰茎の挿入を助長し，性行為の快楽を高める。

**伝統**［tradition］　他民族や家族の一連の社会的慣習が代々伝えられること。⇨**遺産**

**伝導**［conduction］　生理学で，神経，筋，その他の組織に沿って興奮が伝わることを指す。神経細胞では閾値以下の刺激は**減衰伝導**になるが，一方で，閾値を超えた刺激は**活動電位**を伝え，神経インパルスを生じる。

**10-20法**［ten-twenty system］　頭皮上に線を想定して，**脳波測定法**の電極の配置を可能にする標準化された方法。

**伝導時間**［conduction time: CT］　2点間の**活動電位**の伝導のような活動の伝達に必要な時間のこと。

**伝統志向**［tradition-directed］　個人的価値，目標，行動が伝統的な文化遺産，つまり，両親から伝承された社会的規範によって広範囲に決定されている人々の特徴。⇨

**内部志向, 他者志向**　［アメリカの社会学者リースマン（David Riesman: 1909-2002）によって紹介された］

**伝導失語症**［conduction aphasia］　失語症の一種で，自発的な発話は損なわれていないにも関わらず，発話の音を区別することとそれらを正確に反復することが難しいという特徴がある。これは発話の解釈とコントロールに携わる脳の領域をつないでいる神経の束である**弓状束**の損傷と関係する。

**伝統主義**［traditionalism］　**1.** 経済的，技術的に未発達で，構造と慣習が比較的不変で，都市部よりも郡部に多い。世俗的というよりも宗教的側面が強く，個人の権利や野心よりも家族や集団に対する責任を強調する社会に特有とみなされる一連の社会的慣習や条件。伝統的社会と現代社会を二分するこの見解の妥当性は，決して広く受け入れられているわけではない。⇨ **近代化，文化的なエポックセオリー，原始的**　**2.** もっと広い意味では，一連の政治的，宗教的，文化的伝統を順守すること。

**転導推理**［transductive reasoning］　認知発達の**前操作期**の子どもにみられる傾向であり，互いに無関連の事実同士を，帰納でも演繹でもない方法で結びつけること。たとえば，子どもが「僕がまだお昼寝していないから，今は昼じゃないよ」と言う。［ピアジェ（Jean Piaget）が提唱した］

**天動説**［geocentric theory］　アレクサンドリアの天文学者，地質学者，数学者であったプトレマイオス（2世紀）による，地球は宇宙の中心であり，天体は地球の周りを回っているという理論。⇨ **地動説**

**伝統的結婚**［traditional marriage］　**1.** 家族を築くことを主な目的とした，所与の社会の伝統的規範に従った結婚。婚前の習慣は文化によって様々であるが，伝統的結婚は一般的に，求愛の期間，公的な結婚，報告，結婚式と続く。⇨ **非伝統的結婚**　**2.** 夫婦において，夫は主要または唯一の稼ぎ手であり，妻は家庭を維持して育児を管理するための主要または唯一の責任を担っているという結婚。

**伝導度**［conductivity］　**1.** 電気伝導，熱伝導，皮膚伝導などにおける，物質のエネルギー伝導能のこと。**2.** 組織のもつ**シグナル**を伝えたり，刺激に反応したりする能力のこと。

**テント切痕ヘルニア**［transtentorial herniation］　たとえば腫瘍や頭部の怪我によって生じた**頭蓋内圧**の増大が原因で，側頭葉内側部や脳の深部構造体がテント切痕（大脳と小脳を分ける硬膜の開口部）を越えて内側・下方へと移動したときに起こる**ヘルニア**。さらに進行すると中脳が外側・下方に移動し，死に至ることがある。テントヘルニア（tentorial herniation），鉤ヘルニア（uncal herniation）とも言う。

**デンドロフィリア**［dendrophilia］　**性嗜好異常**の一つで，樹木に対して性的興味をもつもの。実際に樹木と性的接触をもったり，樹木を男根の象徴として崇めたり，あるいはその両方を行ったりする。デンドロフィリー（dendrophily）とも言う。

**臀部脂肪蓄積**［steatopygia］　臀部に大量の脂肪があること。文化によっては，この臀部脂肪蓄積が女性の美しさの要素であるとされる。

**電文体発話**［telegraphic speech］　**1.** 最も高次な情報を伝えるため，最も中心的な語のみが話される，要約あるいは省略された発話。通常，名詞や動詞が主に用いられ，一方で形容詞，副詞，冠詞，発話中の接続部は取り除かれる。**2.** おおよそ18か月〜30か月の間の子どもの発話のこと。通常は2語表出の形式をとる。こうした発話は，接続語，前置詞や他の付属語は無視され，言語の最も適切で顕著な特徴のみが用いられるという点から，電文体と言える。**3.** 二語段階の後に発達する，おおよそ24か月〜30か月の子どもの発話。短いが，複数単語を用いた表現に特徴づけられる（たとえば，「イヌが骨を食べる」など）。電文体段階（telegraphic stage）とも呼ばれる。

**展望記憶**［prospective memory］　将来に行うべきことを覚えておくこと。たとえば「薬を後で飲む」といったこと。展望記憶は，回想記憶（retrospective memory）や過去の出来事を覚えておくこととは対照的な記憶である。

**電話相談**［telephone counseling］　**1.** 電話を使用してクライエントの問題の相談や治療をすること。電話相談の技法には，(a) 電話という手段を媒介にして問題を選択する慎重さ，(b) 問題の主要因についての手がかりを得るための積極的な傾聴，(c) クライエントを適切に導くための熟達した対話技能，(d) 気まずい沈黙を避けるための素早い対応力等が含まれる。**2.** カウンセリングというよりも，傾聴したり，特定のサービスについて説明をする無料のホットラインサービス。ホットラインボランティアは，正式なカウンセリングとは異なるが，特に自殺念慮などの深刻な状況において情緒的に支持できるように訓練されている。⇨ **遠隔療法**

**電話わいせつ**［telephone scatologia］　**性嗜好異常**の一種。わいせつな電話をかけ性的快感を得ること。⇨ **糞便性愛**

# と

**ドア・イン・ザ・フェイス・テクニック** [door-in-the-face technique] 目的の要求の直前に，それよりも極端な要求を先に提示する応諾を増強する二段階手続きのこと。譲歩的依頼法とも言う。最初の要求を拒絶すると，人々は後で提示される要求がそれ単独で提示される場合よりも目的の要求を受け入れやすくなる。⇨ **フット・イン・ザ・ドア・テクニック**，**応諾先取り法**，**特典付加法**

**トイレトレーニング** [toilet training] 自然な反射を抑制し，適切な場所で適切な方法で排泄することを子どもに教える過程。排便や排尿は自律神経システムの働きによるが，トイレトレーニングでは，個人が反射的行動を乗り越えて自発的に神経を制御するよう条件づける。⇨ **排便反射**，**排尿反射**，**大便失禁**，**遺尿症**

**島** [insula] 霊長類の脳に存在する大脳皮質の一部。外側溝の下端付近にある裂け目に埋没している。

**等位** [coordination] 言語学において，たとえば"The boy ate the cake, and the girl drank the milk"（少年はケーキを食べ，少女はミルクを飲んだ）のように，複数の同等の節を**等位接続詞**（たとえば and や but）を用いて結びつけること。一方，従属（subordination）では，"The boy ate the cake that the girl liked"（少年はその少女が好きなケーキを食べた）のように，節の1つが他の節に意味的に従属している。⇨ **複文**

**同意** [consent] 自発的な同意・承認のこと。特に，医療的・心理的治療や研究参加への同意のこと。個人は，治療または研究，およびそのリスクと潜在的利益について，十分に説明を受けなくてはならない。

**同一化** [identification] 精神分析理論の用語。**対象喪失**に関連する不安を緩和したり，対象と自分との間にある敵意を減らすために，**自我内部**の**客体**を包含する**防衛機制**のこと。

**同一化移行転移** [identification transference] 集団心理療法における，集団内の他者との同一化と他者の模倣への欲求。[20世紀のロシア生まれのアメリカの心理療法家スレイヴソン（Samuel Richard Slavson）によって初めて記述された]

**同一基準でない** [incommensurable] 比較できないということ。たとえば，同じ単位で測定されていない2つあるいはそれ以上の特性や変数は，同じ尺度や基準という点から比較することができない。このような状況のことを同一基準でないという。

**同一視** [identification] 他者やその特徴，視点などを，自己と密接に結びつけるプロセスのこと。このプロセスは様々な形をとり，例として，幼児が自分を母親の一部だと感じたり，子どもが両親の態度や判断基準，性格特性などを徐々に取り入れたりすることがあげられる。青年期には仲間集団の特徴を取り入れたり，成人期には特定の職業や政党を同一視することもある。多くのプロセスが，無意識的，半意識的な水準で行われる。

**同一性障害** [identity disorder] DSM-Ⅲにおいて，思春期後期に発症する慢性的な混乱状態で，長期的目標やキャリア選択や性的志向や行動，グループへの忠誠，道徳的価値，そして宗教的一体感などの同一性に係わる問題によって生み出される不安定感や悩みが特徴である。DSM-Ⅳ-TR では，臨床的関与の対象となることのある他の状態（Other Conditions that May Be a Focus of Clinical Attention）の中の同一性障害（identity problem）として分類される。

**同一性の拡散** [identity diffusion] 1. 個人のアイデンティティの要素のいくつかにおける安定性や焦点の欠如。2. エリクソン（Erik Erikson）の自我心理学において，アイデンティティの不確定性や願望や態度あるいは目標についての混乱を特徴とする，「アイデンティティと社会的役割の混乱との対立の段階」の起こりうる結果の一つである。

**同一性の原理 [1]** [identity principle] 論理学において，XはYと同一だと知られていた場合，X（またはY）についてのいかなる言明はY（あるいはX）についての同じ言明と同じ意味であり，真実であるだろうとする原理。たとえば，「パリ」についてのいかなる言明も「フランスの首都」についての言明と同じ意味をもつ。⇨ **矛盾原理**，**思考の法則**

**同一性の原理 [2]** [identity principle] ピアジェ（Jean Piaget）の理論で，子どもが物理量の**保存**に気づく際の基礎となる原理のことである。

**同一説** [identity theory; central state theory; identity theory of the mind] 精神的な状態は脳の状態と同一であるという理論。**トークン同一説**（token identity theory）では，精神と脳との同一状態は個人内で生じるとする。**タイプ同一説**（type identity theory）は2人またはそれ以上の人々が精神状態を共有するとき（たとえば，アイスは冷たいと確信すること），彼らの脳の状態は同じであると理論を拡張した。⇨ **消去主義**，**随伴現象説**，**物質主義**，**心身問題**，**物理主義**，**還元主義**

**統一犯罪報告書** [uniform crime reports] アメリカ中の地方および州の法執行機関から集約した犯罪情報に関する全国規模のデータベース。犯罪活動に関する統一的で信頼性の高い犯罪統計をまとめることが目的。

**同一要素説** [identical elements theory; identical components theory] 新しい課題の中に，以前に習得した課題の要素が含まれているとき，その課題を学習する能力が高まる，という考えのこと。

**同遺伝子型個体群** [biotype] 遺伝子型（遺伝子構造）がとても類似しているか同一である個体群。表現型（可視的特徴）は同じであっても異なってもよい。

**動因** [drive; drive state] 活動や行動様式を誘発したり動機づける**レディネス**の状態。動因は大抵は必要な物資（たとえば食物）の欠如，負の刺激（たとえば痛み，寒さ）の存在，否定的出来事の生起によって生じる。動因は，刺激や出来事が**強化子**として機能することに必要だとされている。

**動因強度** [drive strength] 動因の強度。特に，**ハルの学習の数理演繹的理論**によって，欲求を何時間剥奪されたかを定量化されたもの。

**動因刺激** [drive stimulus] ハル（Clark Hull）の学習

理論で，**動因**（drive state）によって生み出される，あらゆる仮説的な神経インパルスのこと。これらのインパルスを減少させる行動が，強化あるいは増強される。⇨ **動因低減理論，ハルの学習の数理演繹的理論**

**動因低減理論**［drive-reduction theory］　動機づけられた行動の目標に達したときには，動因状態（drive state）が低減するという学習理論。すべての動機づけられた行動は動因から生じ，ホメオスタシスが崩れるので，そうした動因の減少（ホメオスタシスの回復）を導く反応が強化される傾向がある，という前提に基づいている。⇨ **動因誘導理論**［ハル（Clark Hull）によって提唱された］

**動因弁別**［drive discrimination］　生命体が多様な心理的，感情的，生理的な要求を区別し，それに応じて反応を向ける能力。たとえば，喉が渇いたときは飲み，腹が空いたときは食べる，など。［トールマン（Edward C. Tolman）によって定義された］

**動因誘導理論**［drive-induction theory］　**強化**は，与えられた強化子によって引き起こされる**動因**の程度に依存するという理論。この理論によれば，強化子（たとえば，飲食，性行為）を満足させることによって生み出される喚起状態や興奮は行動の強化を生み出し，強化子が生み出す動因状態（drive state）を減少させることはない。動因誘導理論は，ハルの**動因低減理論**に代わるものとして提案された。強化の完了反応理論（consummatory response theory of reinforcement）とも呼ばれる。［アメリカの学習理論研究者シェフィールド（Frederick Sheffield: 1914-1994）によって提唱された］

**投影**［projection］　精神分析理論や心理力動理論において，ある人が自分のもつ肯定的・否定的特徴や感情，衝動を，他の人や集団に帰属する過程を指す。これは，不快で受け入れられないような衝動やストレス，考え，感情，責任などを他人に帰するという，**防衛機制**であることが多い。たとえば，投影は人が怒りを表現することに葛藤を感じている際に，「私は彼が憎い」と言うべきところを「彼は私を憎んでいる」へと変化させることが可能である。こうした防衛的なパターンは，偏見を正当化したり，責任逃れをしようとするときによく生じる。さらに，もっと深刻な場合では，たとえば他人を責めてばかりいる人が，他人による陰謀の標的になっていると信じるようになるといったような，パラノイア的な妄想を発展させる場合もある。古典的な精神分析理論では，投影は自分の失敗から目を背けることを可能にするものとしていたが，現代的な用法では，投影された特徴は自己にとって未知であるという条件が放棄されている。

**投影された嫉妬**［projected jealousy］　浮気をしている人，浮気をしたいと思っている人が，「自分の恋人は浮気をしている」と言って責めること。⇨ **投影**

**投影性同一視**［projective identification］　**1.** 精神分析で使われる用語。**防衛機制**であり，自己にとって受け入れられないような性質を他者の中に投影すること。さらに，人は，意識的・無意識的な対人関係上の圧力を通じて，その投影された性質を内在化する。さらに，そうした性質は自分自身の特徴として適切かつ正当であると信じるようになる。⇨ **投影**　**2.** クライン（Melanie Klein）による対象関係論における防衛機制。その人の**自我**の一部が分裂し，対象を操作したり害するために**客体**の中に投影されると空想し，それによって，自身の万能的な操作への確信を維持できるとされる。投影性同一視は，クラインの**妄想分裂ポジション**の必須の特徴である。

**投影的遊戯療法**［projective play］　人形やその他の玩具を使った**遊戯療法**の一種。それを用いて，子どもは自分の感情を表現する。心理的障害の診断に役立つ場合がある。

**投映法**［projective technique］　個人に特有な，時にはかなり特異な反応を引き起こすことを目的とした，比較的曖昧な一連の刺激からなる，人格査定法の総称。ロールシャッハ法や主題統覚検査，そして文章完成法や言語連想法などが，この代表としてあげられる。投映法は議論の絶えない方法であり，一つの投映法だけによるデータを抜きにした人格査定は不十分であるという見解もあれば，こうした手法には信頼性や妥当性が欠けており，ここから得られる人格構造や機能に関する解釈は全くの仮説にすぎず，科学的でないという見解まで，幅広く議論されている。

**投映法心理療法**［projective psychotherapy］　心理療法における一手法。クライエントに対して投映法検査の反応を選択的にフィードバックする。それについてクライエントは，精神分析の患者が夢について自由連想するのとほぼ同じような方法で連想する。［アメリカの心理学者ハロワー（Molly Harrower: 1909-1999）が開発した］

**同音異義語**［homonym］　綴りか発音のどちらか（またはその両方）が同じだが，それぞれの意味が無関連である2つ以上の語のこと。たとえば「岬」を意味する"cape"と，「衣服の一種」である"cape"は同音異義語である。
⇨ **同形異義語，同音異字**

**同音異字**［homophone］　発音は全く同じだが無関連な意味を有す，2つ以上の語のこと。綴りが異なることも，同じであることもある。たとえば，"whole"と"hole"は同音異字である。⇨ **同形異義語，同音異義語**

**頭音転換**［spoonerism］　スプーナリズムとも言う。2つの音声要素（通常は頭子音）が非意図的に入れ替わり，結果的に異なった，しばしば面白い意味の発話になる言い間違いのこと。たとえば，"sons of toil"が"tons of soil"になる。［イギリスの研究者スプーナー（W. A. Spooner: 1844-1930）によりこの種の言い間違いが指摘された］

**頭化**［cephalization］　**1.** 重要な器官（脳や感覚器）は生体の前方に形成されるという，進化上の傾向。**2.** 脳がその大きさを増やすという，進化上の傾向。⇨ **大脳化，脳の進化**

**等価**［equivalence］　一方がもう一方に取って代わってもよい，2つ以上の項目（刺激や変数など）の関係。

**同化**［assimilation］　**1.** ピアジェ（Jean Piaget）による認知発達理論において，認知的な構造に，その構造を変えることなく情報を取り込んでいく過程のこと。⇨ **ピアジェの知能理論，調整，順応**　**2.** 判断を行う際に，判断対象と判断を行う文脈の特徴の間に類似点を見出すこと。たとえば，心地よい社会的文脈（楽しいパーティなど）で人に面会することは，中立的文脈で面会するよりも，その人に対する肯定的な評価につながることがある。このような場合，その人の評価は肯定的な社会的文脈に組み込まれたといえる。⇨ **契約**　**3.** 移民が，その文化の信念や慣習を身につける過程。

**頭蓋**［cranium］　**1.** 頭蓋骨。**2.** 頭蓋骨の脳を包む部分。

頭蓋学［craniology］ ヒトの頭蓋の大きさ形，その他の性質に関する科学的研究。

頭蓋陥没骨折［depressed skull fracture］ 頭蓋骨の一部が脳に向かって押しつぶされた骨折。頭蓋骨の破片が脳組織に入り込むこともある。

頭蓋奇形［cranial anomaly］ 先天的な障害による異常な頭部のこと。頭部は**水頭症**のように異常に大きいか，**小頭症**のように異常なほど小さい。時として骨化石症に見られるように，方形になっているか，頭蓋骨縫合部が閉じていないこともある。多くの場合染色体異常に関連している。17番と18番の染色体が**トリソミー**になっていたり，他の異常が関わっていることが多い。

頭蓋指数［cranial index］ 頭骨の最大幅を最大長で割ったものに100をかけた値。⇨ **頭長幅指数**

頭蓋測定［craniometry］ 頭蓋の科学的測定。

頭蓋直径［cranial diameter］ 頭蓋骨の最大幅。

頭蓋内鋳型［endocast］ 頭蓋骨の空洞に合わせて作製した鋳造物。絶滅種の化石の脳の大きさや形を調べるときに特に有用である。

頭蓋内自己刺激［intracranial self-stimulation］ 埋め込み式電極を，埋め込まれた当の個体が操作することによって，脳領域へ与えられる刺激。動物実験においては，これは動物によるレバー押しなどの**オペラント型条件づけ**によって行われる。電極が脳内の特定領域に置かれると，動物はレバーを非常に頻繁に押すようになるが，このことはその領域への刺激が報酬となっていることを示している。脳自己刺激（brain self-stimulation）とも呼ばれる。［アメリカの心理学者オールズ（James Olds: 1922-1976）とカナダの心理学者ミルナー（Peter M. Milner）によって考案された］

頭蓋内の［intracranial］ 頭蓋骨ないしは頭蓋の内部。

頭蓋描画［craniograph］ 頭蓋の図や写真のこと。

頭蓋描画装置［craniograph］ 頭蓋を測定する装置。

頭蓋描画法［craniography］ 頭蓋の配置や角度と頭蓋測定点との関係を測定して得られた描画や写真を用いた研究。現在ではあまり使われない。

頭蓋部［cranial division］ **副交感神経系**のうち，脳神経から伸びる神経線維をもつ部分。⇨ **仙骨部**

統覚［apperception］ 1. 意識的に何かを知覚する行為または過程。2. ある知覚や考えが，既存の個人の知識や思考，感情に取り込まれていく心理的過程。⇨ **偏向統覚**

同化効果［assimilation effect］ 心理実験において，実験参加者の判断が実験開始後に**係留**へと推移する効果のこと。たとえば，距離や重さの相対的判断は，通常，実験者が係留点を与える前はある基準に従って等しく分布するが，一度，係留点が与えられると，その判断は係留点周辺に集まるようになり，同化効果が生じたといわれることになる。⇨ **対比効果**

同化作用［anabolism］ 単純な分子より複雑な分子が形成されていく代謝過程のこと。⇨ **異化**

同画探索検査［Matching Familiar Figures Test: MFF］ 呈示された標準図形の図と同じ図形を，6個の類似した選択図形の中から同定する視覚検査。各項目は，第1選択にかかった時間，第1選択が正答であった回数，誤答の回数によって得点化される。この検査は**概念的テンポ**，すなわち個人が複雑な課題に対して行う判断の相対的な速さを評価するために用いられる（⇨ **熟慮－衝動型**）。［1965年にアメリカの発達心理学者であるカガン（Jerome Kagan: 1929-）によって発表された］

総括的評価［summative evaluation］ 教育評価を研究する場合，生徒の達成度をすべての教育プログラムを統合して評価することを総括的評価と呼ぶ。

等価得点［equated score］ 1つ以上の特性について，評価測度Aの分布に合うように変換された評価測度Bからの得点分布のこと。⇨ **変換**

同化の法則［law of assimilation］ 生物はよく知った状況と似たような方法で新しい状況に反応するという原理。⇨ **一般化**

透過反応［penetration response］ 投映法検査において，弱さや透過性（壁の穴など）を示唆する内容であると解釈できる反応。そのような解釈は，突き詰めれば精神分析における**投影**の概念を曖昧に使用した結果であり，妥当性は低い。

等価フォーム［equivalent form］ 原型としては，同様の精神測定法的な特性をもつ検査の代替フォーム。

等間隔ステップ［equal steps］ 強度の異なる一連の刺激において，物理的もしくは知覚的に等しく割り振られた増分量。

動眼視野［field of regard］ 一度に（同時に）見ることのできる空間の全体や空間内にある対象のすべてのこと。

動眼神経［oculomotor nerve; cranial nerve III］ 第Ⅲ脳神経。眼球や瞳孔収縮の運動と調節に関するほぼすべての筋肉（外直筋と上斜筋を除くすべての筋肉）を支配する運動性および感覚性の神経線維。

動眼神経核［oculomotor nucleus］ 脳幹の中にある核。動眼神経と関連している。

動眼神経副核［Edinger-Westphal nucleus］ 中脳にある小さな神経細胞の一群。**副交感神経系**の経路の一部で，視覚調節機能を果たす眼球の毛様筋や瞳孔括約筋へとつながる。エディンガー－ウェストファル核とも言う。［ドイツの神経解剖学者エディンガー（Ludwig Edinger: 1855-1981），神経学者ウェストファル（Karl Friedrich Otto Westophal: 1833-1890）］

動眼神経まひ［oculomotor palsy］ 眼筋のまひ。筋肉そのものの損傷（筋原性），運動終板の損傷（神経筋性），第3，第4，あるいは第6脳神経の損傷（神経原性）によるものと考えられる。最も一般的な原因は，糖尿病，高血圧，多発性硬化症である。眼筋まひ（ocular palsy）とも呼ばれる。

動悸［palpitation］ 不安発作，過度の緊張，労作などに伴う心臓の速い鼓動。

同期［synchronization］ あるニューロンのまとまりが，別のまとまりのニューロンと同じ位相で活動しているため，いくつかの領域の脳波のパターンが組織立って現れること。もともと，同期は熟睡中に現れるデルタリズムを指していた。⇨ **デルタ波**

動機［1］［motive］ 個人の行動の説明のため，あるいは，行動の原因として提案された概念。

動機［2］［motivation］ 1. 条件づけにおいて，強化子の効果を変える変数の総称。⇨ **確立操作** 2. 目的を達成するために，身体的・精神的な努力を行おうとする意図のこと。

**討議グループ**［discussion group］ 様々な言語的場面，教育場面，指導，治療，コミュニティ場面における問題や疑問を探索するために設けられる集団のこと。学校では，教授技術の一つとして用いられる。精神医学や他の治療場面では，情緒的な事柄や対人的な事柄に焦点が当てられる。職業訓練，進路指導や社会的場面では，意思決定過程を促進することであったり，集団を学習や行動に向かわせることが目的となる。

**同義語**［synonym］ 同じ言語における他の語と，完全に，あるいはほとんど完全に同じ意味をもつ語。このため，この２つの語は大抵，相互に言い換え可能である。⇨ **反意語**

**同期性**［synchrony］ 物事や出来事が同時に起こること。

**動機づけ**［motivation］ 人間や動物の行動に目的や方向性をもたせ，意識的水準，あるいは無意識的水準（⇨**無意識的動機**）で作動する推進力となるもの。動機は，(a) 生理的，一次的，生体的な動機（飢え，渇き，睡眠に関する欲求など）と (b) 個人的，社会的，二次的な動機（親和，競争，個人の興味，目標など）に分けられることが多い。これらの重要な差異に加えて，さらに内的に動機づけられる力と賞罰のような外的な要因とに分けられる。動機は，特定の行動を促したり阻止したりする。⇨ **外発的動機づけ，内発的動機づけ**

**動機づけ強化療法**［motivational enhancement therapy］ 行動変容ステージモデルに基づく，多理論統合的な治療法。変化への準備性の個人差を考慮に入れ，クライエントに適した介入を行う。この治療法は，当初は物質乱用を対象に用いられていたが，今では他の問題行動にも普及している。

**動機づけスタイル**［motivational styles］ 人々の学習や成績に関する分類で，個人の動機の違いに基づいてカテゴリー化される。動機には，内的‐外的動機，熟達指向，競争などが含まれるが，これだけに限るわけではない。動機づけスタイルの概念は特に教育，ビジネス，スポーツに用いられており，強みと弱みの自覚や，学習と成績を向上させるための戦略立案のために役立つ。

**動機づけ要因**［motivators］ アメリカの臨床心理学者ハーツバーグ（Frederick Herzberg: 1923-2000）が提唱した仕事の動機づけ２要因理論において，満足感や動機づけを高めるような，仕事状況に含まれる諸要素のこと。動機づけ要因は，会社や給与など仕事の背景よりも，仕事そのものに内在し，担当職務の濃密化や高度化（⇨ **職務拡大**）によって高まる。⇨ **衛生要因**

**動機づけられた健忘**［motivated forgetting］ 不都合な記憶を避けようとする欲求に基づく記憶の欠落。幼少期のトラウマ記憶によって生じる認知機制の一つ。

**動機のポーター・ローラーモデル**［Porter-Lawler model of motivation］ **価値‐道具性‐期待理論**と，**生存・関係・成長理論**，**公平理論**，**内発的動機づけ理論**を含む，理論的視点を統合したワークモチベーションのモデル。［イギリスの科学者ポーター（Thomas Cunningham Porter: 1860-1933），アメリカの物理学者フェリー（Edwin Sidney Ferry: 1868-1956）による］

**討議法**［discussion method］ 教師と生徒の両方が教室での対話を行い，指導過程に積極的に貢献する教授法。

**道教**［Taoism; Daoism］ 紀元前５世紀に老子が定式化した中国の伝統的な思想である。「道路」を意味する「道（Tao）」は，すべての創造物の起源とみなされ，その本質を知ることはできないが兆候を観察することができ，人生に対する精神的アプローチの基礎となっている。

**動機要因**［motivational factor］ 行動を喚起，または維持，方向づけする生理学的，心理学的要因のこと。たとえば，**生理的欲求**や，興味，**外発的報酬**など。

**討議リーダー**［discussion leader］ **討議グループ**の一員で，議論を刺激し，導くことに責任を負う人のこと。

**道具主義**［instrumentalism］ 1. ある意見について，その真の価値よりも実用的な価値を強調する，知識に関する理論。この立場からすると，ある考えや意見，判断の価値は，その考えが経験世界との実在的・機能的相互作用をいかにうまく説明し，予測し，統制することができるかどうかに依存する。この立場は**実用主義**と関連している。［デューイ（John Dewey）によって提案された］ 2. 社会的相互作用は主体の利益に強く動機づけられており，他者を利益をもたらす道具としてみなし，利用するという立場や見方。

**道具使用行動**［tool-using behavior］ 動物が物体を道具として用いる能力。人間は，かつて考えられていたような，道具を作り道具を使う唯一の動物ではない。フィンチはサボテンのとげを使って昆虫がいるかどうかを調べる。アリジゴクは砂の粒を捕食対象に投げつけて穴に落とす。チンパンジーは棒をアリの巣の中に突っ込んだり，葉っぱを，体を洗ったりするためのスポンジとして使ったり，いろいろな大きさの石をハンマーや金床として使って木の実を割ったりする。アフリカ全域で，異なるチンパンジー集団によって違った道具使用のパターンがみられ，これは道具使用行動の"文化的伝統"を示唆している。飼育されているチンパンジー，オランウータン，オマキザルも新奇な物体を手の届かない食べ物を取るための道具として使用する能力を示す。道具使用行動は，環境における物体の存在とそれによって自身の守備範囲を拡張する有益性との関係を一般化する能力を必要とする。⇨ **動物の道具使用**

**道具性理論**［instrumentality theory］ ある出来事に対する人の態度は，その出来事が望ましい，または望ましくない結果をもたらすかという道具としての機能についてのその人の知覚に依存しているとする理論のこと。⇨ **価値‐道具性‐期待理論**

**道具的依存**［instrumental dependence］ 仕事を遂行するために他者に頼ろうとする傾向。

**道具的行動**［instrumental behavior］ 1. 正または負の強化を通じて学習され，引き起こされる行動。本能に基づく反応ではなく，実験の目的に沿うような特定の反応を指す。通常，一連の活動を必要とする**条件づけ手続き**（たとえば，問題箱の解決など）の行動を記述するときに，**オペラント行動**の類義語として用いられる。 2. 他個体の行動に直接作用したり，それを操作したりする行為のこと。下位の動物は，脅迫的な行為や攻撃的な行為を阻止するために幼い個体であるかのような振舞いを行うことがある。また，一部の動物は，自身が邪魔されずに価値のある資源を利用できるように，他の集団メンバーを妨害するために**警戒声**を利用する。

**道具的志向**［instrumental orientation］ 割り当てられ

た仕事や目標と，それを達成することで得られる有形の利益（報酬の増加など）に，それを達成することに関する対人関係に対してよりも焦点を当てる，個人や集団の傾向のこと。⇨ **課題志向的，課題志向集団**

**道具的条件づけ**［instrumental conditioning］　正反応が**強化**の中心となっている**条件づけ**。道具的条件づけは**オペラント条件づけ**と類義語であり，多くの場合，目的を達するための複雑な行動を含む（ラットが餌を得るために迷路を進むようにするための訓練など）。反応に関わりなく強化が施される**パブロフ型条件づけ**と対比される。道具的学習（instrumental learning），タイプⅡ条件づけ（TypeⅡ conditioning），タイプR条件づけ（Type R conditioning）とも言う。

**道具的反応**［instrumental response］　目的を達成するか，またはその達成に貢献するような反応のこと。たとえば，報酬の獲得あるいは痛みの回避に効果的な反応などを指す（餌を得るためのラットのバー押し反応）。

**同型**［isomorphism］　1. 2つ以上の異なる実体間あるいはその構成要素間で，1対1の構造対応があること。2. 特にゲシュタルト心理学で用いられる概念で，知覚的な経験と脳の精神神経活動との間に構造的な一致があるとみなすこと。

**同形異義語**［homograph］　綴りは完全に同じだが，無関連な意味を有する2つ以上の語のこと。たとえば「列」を意味する"row"と，「口論」を意味する"row"は同形意義語である。⇨ **同音異義語，同音異字**

**統計学的検定**［statistical test］　実証的仮説の正しさを検証するために用いられる特定の数学的な手法。⇨ **仮説検定**

**統計学**［statistics］　科学的な問題や他の定量可能な問題についての答えを見つける，もしくはそれを支持するために，データを記述的もしくは推測的に用いる数学の分野。

**同系語**［cognate］　他の単語と同じ歴史的な起源に由来する単語のこと。特に，他の言語の中でも，形態や意味が類似した単語のことを言う。たとえば，英語のpicture，スペイン語のpictura，イタリア語のpictoralは同系語である。

**統計誤差**［statistical error］　実験結果から妥当な結論を導き出すことを妨げる標本抽出，測定，処理方法に関するすべての誤差。

**統計的学習理論**［statistical learning theory］　学習の過程を記述するために数学モデルを用いる理論的アプローチ。この用語はよく**刺激抽出理論**に特定的に適用されるが，より一般的に他の理論に対しても適応される。

**統計的決定理論**［statistical decision theory］　意思決定を行う際にデータを使用する統計科学の一領域。最も有利な選択決定を行うために，特定の方程式によってそれぞれの行動方針と関連する損失量が計算される。

**統計的心理学**［statistical psychology］　現象の記述とその説明を行うために統計的モデルや統計的方法を使用する心理学の一領域。

**統計的統制**［statistical control］　実験中に統制もしくは取り除けなかった要因の影響を軽減するために統計的方法を用いること。

**統計的プロセス管理**［statistical process control: SPC］　組織や産業理論の分野で，業績データを統計分析することを通じて，製品，システム，従業員のパフォーマンスを監視し評価する継続的な改善方法の一つ。

**統計的分析**［statistical analysis］　確率モデルを用いたデータの分析や解析。

**統計的有意性**［statistical significance］　ある結果が単に偶然性やランダムな要因の作用に帰することができないと合理的に考えられる度合いのこと。

**同型の問題**［problem isomorphs］　同一の潜在的構造をもち，したがって，解に達するために同一の操作を本質的に必要とする複数の問題のこと。このような問題は，表層的な構造や，解く側の経験する困難度は千差万別である。⇨ **同型**

**同型配偶子**［homogametic］　2つの類似した**性染色体**をもつ性のこと。哺乳類の雌性や，鳥類の雄性など。⇨ **異型配偶子**

**統計量**［statistic］　データの観測値の関数のこと。統計量は，データを記述する最適な方法でパラメータを推定する，あるいは仮説を検定するために使用される。

**等現間隔法**［method of equal-appearing intervals; method of equal sense difference; method of mean gradations］　1. 心理尺度法において，等しい間隔をもつように尺度づけられた項目をランダムに提示し，個人が選んだ項目の尺度値の中央値によってその個人の態度の測度とする方法。2. 精神物理学的方法において，刺激の間の距離が等しくなるように，刺激の大きさを調整する方法。

**動原体**［centromere］　染色体の一部で，染色分体同士が結合している部位。細胞分裂の際の，紡錘体との付着部位である。動原体の異常が，ある種の疾患の原因となることがある。⇨ **ネコ目症候群**

**統合［1］**［synthesis］　1. 物理的なものか概念的なものかに関わらず，個別の部分あるいは要素を全体としてひとまとめにすること。たとえば，態度，衝動，遺伝的形質などの個人特性要因を，全体として統合すること。2. ゲシュタルト心理学において，現象を全体として知覚，認識すること。⇨ **サイコシンセシス**　3. 化学的あるいは生化学的な成分から化合物が形成される過程。⇨ **生合成**

**統合［2］**［integration］　1. 一般的には，部分を全体にまとめること，あるいは，各部分を一定の秩序や関係に整えることを指す。2. 動因，経験，能力，価値観，パーソナリティの特徴が徐々に組織化された全体として形成される，発達プロセスのこと。

**瞳孔**［pupil］　光が通り眼に入る開口部のこと。水晶体のすぐ前に位置する。開く大きさに自律神経系の線維により支配される周りの筋（虹彩）によって制御される。

**統合医療**［integrative medicine］　伝統的な医療的処置と，安全性と効能に科学的なメリットがあることが証明された補完的治療とを組み合わせること。⇨ **補完・代替医療**

**統合運動障害**［dyspraxia］　巧みな協応運動を行うための能力が障害されること。神経学的な基盤があり，筋肉的・感覚的な欠損によるものではない。⇨ **構成統合運動障害，発達性統合運動障害，失行**

**統合型学習**［integrative learning］　同時あるいは連続的に，複数のモダリティ（たとえば読み書きなど）の機能を必要とする課題を学習する過程のこと。

**統合型交渉**［integrative bargaining］　双方に利益があるような結果を達成するために両者が協力し合う交渉形態。

**統合型情報ディスプレイ**［integrated display］　人間工学において，類似した情報カテゴリーは一か所にまとめて提示するという原則に基づいて設計された情報ディスプレイ。⇨**分離ディスプレイ**

**瞳孔間距離**［interocular distance］　眼が通常の**固視**状態にあるときの，左眼の瞳孔と右眼の瞳孔の間の距離。

**統合教育**［mainstreaming］　身体的または認知的障害をもっていたり，**挑戦的行動**を示す子どもを通常学級の環境におくこと。その目的は，一人ひとりの子どもに，リハビリテーション効果を促進し学業上の成長を支える可能性が最も高い環境で学習する機会を提供することである。⇨**フルインクルージョン**，**最も制約の少ない環境**

**統合（医療）供給システム**［integrated delivery system: IDS］　医師，病院，および付随サービスを含む統合的なヘルスケアサービスを提供する，運営的，臨床的に統合された医療従事者組織のこと。統合供給システムは，1980年代初頭から発展しはじめ，1990年代に急速に増加した。典型的なものは，ケアを行うため，病院と内科医，あるいは**集団医療実践**間の連携が図られている。

**瞳孔計**［pupillometer; coreometer］　眼の瞳孔の直径を測定する装置のこと。

**統合された人格**［integrated personality］　特性や行動様式，動機づけなどが，矛盾なく，最小限の努力で効果的に利用できるよう構成されている人格。統合された人格によって，自分自身をよく知り，人生を楽しむことができるように思考できる。よく統合された人格（well-integrated personality）とも言う。

**統合システム**［integrated system］　障害者が，コンピュータの機能や自分を取り巻く環境，電話でのコミュニケーションや電子制御の移動補助装置などを一括制御できるようにしたプログラムのこと。

**統合失調感情障害**［schizoaffective disorder; schizoaffective psychosis; schizoaffective schizophrenia］　DSM-Ⅳ-TRにおいては，統合失調症の主要な症状（たとえば妄想，幻覚，解体した会話，緊張病的行動）と同時に，時にうつ病エピソード（major depressive episode），躁病エピソード（manic episode），混合エピソード（mixed episode）を示す，あるいは同じ時期に顕著な気分症状がなく，少なくとも2週間の，妄想あるいは幻覚を示す連続的な疾患。

**統合失調質パーソナリティ障害**［schizoid personality disorder］　DSM-Ⅳ-TRでは，長期の情緒的な冷たさ，他者に対する思いやりの欠如，賞賛や批判に対する無関心，他者の感情に対する無関心，2人以上親友を作ることができないことによって特徴づけられるパーソナリティ障害のこと。**統合失調症型パーソナリティ障害**の特徴である会話，行動，思考における自己中心性は，統合失調質パーソナリティ障害には認められない。

**統合失調症**［schizophrenia］　思考（認知），情緒的反応，行動における障害によって特徴づけられる精神障害のこと。統合失調症は，ドイツの精神科医のクレペリン（Emil Kraepelin: 1856-1926）が早発性痴呆として19世紀の後半に記述したものが公式的に現れた最初であった。1911年にはスイスの精神科医ブロイラー（Eugen Bleuler: 1857-1939）がこの障害を「統合失調症」と言い直し，**基礎症状**と彼が呼ぶものを記述した。最も広く使用される診断の基準となっているDSM-Ⅳ-TRに従えば，特徴的な障害は少なくとも6か月間持続し，少なくとも1か月の妄想，幻覚，まとまりのない会話，著しくまとまりのないまたは緊張病様の行動，あるいは**陰性症状**（たとえば，情緒的な反応の欠如，極端な無関心）の中から2つ以上の症状をもつとされている。これらの徴候や症状は著しい社会的，職業的障害と結びついている。まとまりのない思考（⇨**思考形式の障害**，**連合弛緩**，**統合失調性思考**）は，ブロイラーにはじまる何人かの研究者によって単一の最も重要な統合失調症の症状であると述べられてきた。しかし，思考障害の客観的な定義がないためまた個人の会話の評価に限られているため，DSM-Ⅳ-TRとその以前の版では，この特徴を重視してこなかった。発症年齢は，通常，10代の後半〜30代の中頃までであり，場合によってはより遅発性のものもある。統合失調症の5つの亜型，すなわち**緊張型統合失調症**，**解体型統合失調症**，**妄想型統合失調症**，**残遺型統合失調症**，**鑑別不能型統合失調症**がDSM-Ⅳ-TRには記述されている。DSM-Ⅲでは統合失調症は，一群の**統合失調性思考**から構成されているとみなされていた。

**統合失調症ウイルス仮説**［viral hypothesis of schizophrenia］　統合失調症様の精神病とインフルエンザの流行との関連があったことから，20世紀初頭に提案された理論。その後，統合失調症様の症状を生じさせるウイルス性の**脳炎**が観察されており，特に子宮内での，統合失調症発症に関わるウイルス剤の影響が研究されている。アメリカの精神科医トーレイ（E. Fuller Torrey: 1938- ）は，ウイルス感染が起こりやすい1月〜4月に生まれた統合失調症患者が多いことから，ウイルス仮説を提唱している（⇨**季節性効果**）。しかし，最近ではウイルスの感染は統合失調症発症の主要な原因というよりも，リスクファクターの一つであるとの見方が優勢となっている。

**統合失調症エピソード**［schizophrenic episode: acute schizophrenic episode］　幻覚，妄想，解体した思考，情緒反応と行動における障害のような，統合失調症の顕著な出来事のこと。

**統合失調症型パーソナリティ障害**［schizotypal personality disorder］　DSM-Ⅳ-TRでは，奇妙な思考，知覚，会話，行動を特徴とする重篤なパーソナリティ障害のことを指す。それらの特徴は統合失調症の診断に適ってはいるが，診断に十分なほどには重篤ではないものである。この障害をもつものでは，次のうちいくつかの症状をもつ。すなわち，(a) 魔術的思考（magical thinking），(b) 関係念慮（idea of reference），(c) 社会的孤立，(d) 頻発する錯覚（たとえば亡くなった親族が生きているという感じ）あるいは離人感（depersonalization），(e) 支離滅裂というわけではないが曖昧あるいは比喩的な会話，(f) 超然としているあるいは感情を欠くことによる他者との不適切な関係，(g) 猜疑的あるいは妄想的観念，(h) 現実に対する過度な感受性あるいは想像に基づいた批判。

**統合失調症患者治療成果調査チーム**［Schizophrenia Patient Outcomes Research Team: PORT］　アメリカの医療政策研究所と精神保健研究所によって1992年に組織された研究チーム。このチームは統合失調症の治療管理を精査するため，5年間の調査を行った。この調査には，薬物療法，家族を含んだ心理的介入，職業訓練，包括型地域生活支援が含まれている。5年間の後，患者の予後を改善する

ための15の提言がまとめられた。さらに研究者たちは治療に科学的根拠が認められるかどうかを検討するため，まず統合失調症の治療と予後に関する文献を概観した。加えて，アメリカの2つの州から統合失調症と診断された人を無作為に719人選び，都市と地方，入院と外来といった観点も入れて実際の臨床介入も調べた。その結果，研究チームの提言と一致する治療を行っていた割合はおよそ50％を下回っていた。そのため，研究成果が実践に生かされ，治療成果改善の鍵となる包括的で個々の状況に応じた治療戦略が採用されるよう，なお一層の努力が必要であることが示された。指摘された治療戦略には，適切な薬物療法を適切な投与量によって行うだけでなく，患者本人と家族への教育と支援も含まれている。

**統合失調症源**［schizophrenogenic］ 統合失調症の発症原因とみなされる要因あるいは統合失調症の進行を悪化させるものを指す。

**統合失調症後抑うつ**［postschizophrenic depression］
急性統合失調症エピソードに続いて抑うつエピソードが生じること。統合失調症後の抑うつは，回復したあとの日常生活，統合失調症のエピソードにより目立たなくなっていた気分の乱れ，薬物治療の副作用など，様々な原因で生じる。

**統合失調症質**［schizoid］ 感情の喪失，社会的受動性，内省力の乏しさによって特徴づけられる。

**統合失調症性パーソナリティ**［schizophrenic personality］ **統合失調質パーソナリティ障害**または**統合失調症型パーソナリティ障害**。

**統合失調症様障害**［schizophreniform disorder］ DSM-Ⅳ-TRの用語で，基本的な症状は**統合失調症**と同じだが，症状が1か月以上6か月未満持続する場合に用いられる。病期が**短期精神病性障害**と統合失調症の中間にあたる。社会・職業的な機能低下は診断に必要とはされない。診断は1か月〜6か月の期間のエピソードによるものではなく，すでに回復している状態で判断されることが多い。また，6か月未満のときに回復が不確かな場合の暫定的診断といえる。もし，障害が6か月を超えて持続した場合は，統合失調症と診断名が変わることになる。

**統合失調症様人格構造**［schizotypy］ スキゾタイピーとも言う。研究上の用語で，統合失調症にみられる**認知スリップ**などの**陽性症状**や，快の感情を体験できない（⇨**アンヘドニア**）などの**陰性症状**を，軽い症状としてもつ人格構造の一つである。統合失調症様人格構造は統合失調症へのなりやすさや予測因子として，個人やその家族を対象に研究されている。

**統合失調症様精神病**［schizophreniform psychosis］ 核統合失調症（nuclear schizophrenia）の典型的な症状があるが，病前の適応がよい（premorbid adjustment）非統合失調症精神病のタイプのこと。明らかに原因となる出来事への反応としての突然の発症であり，良い予後を示し，機能レベルが健前に戻ることが多い。統合失調症様精神病の特徴は，DSM-Ⅳ-TRの統合失調症様障害（schizophreniform disorder）の診断カテゴリーに認められる。統合失調症様状態（schizophreniform state）とも呼ばれる。［ノルウェーの精神科医であるラングフェルド（Bagriel Langfeldt: 1895-1983）によって1930年代後半に提案された］

**統合失調症を引き起こす親**［schizophrenogenic parents］ 両親の有害な影響が子どもに統合失調症を引き起こすという概念は特に1940年代に多くの議論をよんだテーマであるが，現在ではあまりに単純すぎるものとみなされている。

**統合失調症を引き起こす母親**［schizophrenogenic mother］ 統合失調症患者の典型的な母親のこと。情動的に混乱しやすく，冷たく，拒絶的，支配的，完全主義的で，感受性を欠く。しかし一方で過保護で，子どもに依存し，さらには誘惑的でありながら同時にひどく道徳的でもあるとされている。かつては，このタイプの母親は統合失調症の発症の原因となると考えられてきた。しかし現在では支持されていない考えである。⇨ **統合失調症を引き起こす親**［ドイツ生まれのアメリカの精神科医ライヒマン（Frieda Fromm-Reichmann: 1889-1957）が1948年に最初に定義した］

**統合失調症性思考**［schizophrenic thinking］ 統合失調症の広範で顕著な思考障害。統合失調症の陽性症状としての**連合弛緩**，陰性症状としての連合の緩慢さを指す。思考は直接観測できず，推察するしかないものであり，また，思考を推察するための定義や普遍的な用具がないため，思考を問題にするには自発的な発話や書かれたものを吟味するしか方法がない。ロールシャッハ・テストやMMPIのような心理テストでは，統合失調症者の思考は，逸脱言語表現（deviant verbalizations）によってわかるとされている。この表現は通常はテストによって提示される項目についての誇張されたあるいは異常な反応である。たとえば，ロールシャッハのインクブロットを記述するために新しい単語を発明する（neologism）ような反応が見られる。統合失調症性思考のウィトカー（Whitaker）指標（WIST; 1980）では，陽性統合失調性思考と陰性統合失調性思考の両者を検査するものであるが，思考障害は同時に非論理的でかつ障害があり，自覚なしでその程度が著しい場合と定義されている。

**統合失調性障害**［schizophrenic disorders］ DSM-Ⅲでは，DSM-Ⅳ-TRで**統合失調症**の亜型と認められている一群の障害のこと。すなわち，**緊張型統合失調症**（catatonic type），**解体型統合失調症**（disorganized type），**妄想型統合失調症**（paranoid type），**残遺型統合失調症**（residual type），**鑑別不能型統合失調症**（undifferentiated type）である。

**統合失調性リアクション**［schizophrenic reaction］ スイス生まれのアメリカの精神科医マイヤー（Adolf Meyer: 1866-1950）の理論を起源とした統合失調症のかつての診断名。⇨ **反応型**

**統合障害**［asyndesis］ 十分な量の文脈結合なしに，断片的な思考による分解された会話が連続して発せられる障害。統合障害は，統合失調症に頻繁にみられ，ときに別の障害でも認められる。

**統合性 対 絶望**［integrity versus despair; ego integrity versus despair］ エリクソンの発達の八段階の最後の8番目の段階で，老齢期に起こる。この段階では，これまで過ごしてきた人生を振り返り，統合か絶望のどちらかをもつようになる。すなわち，良い人生を歩んできたという満足感や心安らかに死を迎え入れられるという感覚，あるいは，機会を逃したり時間を無駄にしたという苦さや死への恐怖

感である。

**瞳孔測定**［pupillometrics; pupilometrics; pupillometry］ **1.** 眼の瞳孔の科学的測定。**2.** 刺激（通常は視覚像）に対する瞳孔の反応を計測して，その刺激に対する参加者の興味を測定するための研究方法のこと。［アメリカの心理学者ヘス（Ekhard Hess: 1916-1986）によって考案された］

**統合的カップル行動療法**［integrative behavioral couples therapy: IBCT］ **行動的カップル療法**の技法を用いるカップル療法。カップルの各々が互いに相容れない事柄をいかに許容して受け入れることができるかに焦点をあてる。このセラピーは，互いに相容れない事柄を変えようとすることが，逆に変わることを困難にしたり，変われないことが不必要なフラストレーションを生むという考えに基づいている。

**統合的実証主義**［unified positivism］ 心理学が断片化するという問題に対する解決策の一つ。個々の発見を統合し，理論やモデルを導くという科学的作業を強調することで，各分野の統合を目指す。**論理実証主義**の基本前提，つまり物理学モデルに基づき，厳密な実証主義を通して，すべての科学は統合される，という考え方から着想された。⇨ **科学の単一性** ［アメリカの心理学者であるスターツ（Arthur Staats: 1923- ）によってもたらされた］

**統合的心理療法**［integrative psychotherapy; integrated therapy; psychotherapy integration］ 様々な治療や学派のモデルや技法をクライエントの特定の問題に合わせて選択して利用する心理療法。たとえば，**いま，ここでの解釈**の実践を通して，**力動的心理療法とゲシュタルト療法**が結びつく。1983年に設立された心理療法の統合を探求する学会（The Society for the Exploration of Psychotherapy Integration: SEPI）からもその関心の高まりがうかがわれる。このアプローチは急速に発達を遂げており，治療技法も使われるようになってきている。⇨ **折衷的心理療法**

**統合的複雑性**［integrative complexity］ 態度対象がポジティブな特徴とネガティブな特徴のどちらももっているとみなされる程度。あるいは，どちらかの特徴がもう片方の特徴と関連しているとみなされる程度。態度対象が単独にポジティブ，あるいはネガティブだとされる場合には，統合的複雑性が低い。その対象がポジティブ・ネガティブ両方の特徴をもっているが，その特徴間の関係があまりない場合には，中程度の統合的複雑性である。ポジティブ・ネガティブ両方の特徴があり，それらが互いに関連している場合には高い統合的複雑性が起きる。

**瞳孔反射〔1〕**［pupillary reflex］ 明るさや固視点の変化に応答して生じる瞳孔の大きさの無意識的な変化のこと。瞳孔は明るい光に応答して収縮して，薄暗い光では拡張する。対光反射（light reflex）とも呼ばれる。⇨ **調節**

**瞳孔反射〔2〕**［Piltz's reflex］ 物体やイベントに注意した際に，瞳孔が自動的に無意識に広がること。［ポーランドの神経学者ピルツ（Jan Piltz: 1870-1931）］

**瞳孔不同**［anisocoria］ 左右の瞳孔の大きさが等しくないこと。およそ，人口の1/4が臨床的には瞳孔不同であるとされている。この数字は加齢に伴い増加する。60歳以上の1/3が瞳孔不同であるとされている。

**等興奮度のわな**［isohedonic trap］ 同じ量の興奮度を生じる刺激は同じように選好されるとするバーライン（Daniel Berlyne）の美的選好理論（⇨ **覚醒可能性**）の欠点を指す。同じだけの興奮度は，快刺激からも不快刺激からも生じることを考慮するとこの理論は正しくない。

**統合モデル**［integrated model; dependent model］ 評価研究における，**形成的評価**を用いた管理的関係性。プログラムディレクターと複数の生産ユニットの間には，それぞれを作り上げる作家やデザイナーがおり，さらにプログラム開発とプログラム評価のすべてに関与している評価者で構成されている。これらのユニットのメンバーは，プログラムディレクターに対して，必ずしも等しく重要なアクセスを共有しない。⇨ **分離モデル**

**等語線**［isogloss］ 異なる言語を使用している地理上の境界を示す，地図上の線。たとえば，ある訛りの分布など。

**橈骨神経**［radial nerve］ 感覚性，運動性の神経を統合したもの。前腕，親指を含む手の中央内側に分布している。この線維は第5から第8頸**脊髄神経**と第1胸神経からきており，**腕神経叢**を通る。

**同語反復症**［palilalia］ 単語や語句が不必要に早口で繰り返される発話障害。

**統語論**［syntactics; syntax］ **1.** **意味論**と区別される場合の，言語の構造的，文法的側面。**2.** ある言語での語句が文法上正しい文の中でどのように配列されるかを記した一連の規則，あるいは，そうした規則を研究する言語学の部門。**形態学**とともに，文法学の2つの伝統的下位区分のうちの一つである。

**動作維持困難**［motor impersistence］ 神経に損傷がある場合にみられる動作への影響で，自発運動（たとえば舌を出す）や姿勢を作ることはできるが，運動機能の機能不全によって行動や姿勢の維持が困難であること。

**動作学**［kinesics］ 手ぶりや眼球運動などといった，意図を伝達するときに身体の動きによって表される要素を研究する学問。⇨ **ボディランゲージ**

**動作学テクニック**［kinesics technique］ 人の**ボディランゲージ**（例，表情）に関する分析のこと。特に容疑者への尋問中に用いられる。

**倒錯**［perversion］ 文化的に許容されない，もしくは禁じられた，特に性的な行動様式。⇨ **性倒錯**

**動作経済の原則**［motion economy］ 生産工程の効率的な作業の原則。アメリカの技術者フランク・ギルブレス（Frank Gilbreth: 1868-1924）とその妻で技術者であり心理学者のリリアン・ギルブレス（Lillian Moller Gilbreth: 1878-1972）により開発された。その提言で推奨されたのは，両手の同時使用での反対方向の動作，直線的な動きよりも曲線的な動き，可能な限り少ない動き，不必要な手の動きを除去する固定具の使用，簡単で自然なリズムでできるような作業配置，手を伸ばす必要のない作業配置，などである。

**動作検査**［performance test］ 主に言語ではなく，運動による応答を必要とする能力検査。例として，複数の異なる種類の様々な対象の操作を検査することなどがあげられる。

**動作行動**［motor behavior］ 運動制御，運動発達，運動学習を含む，人間の運動の一側面。

**動作時振戦**［action tremor］ 休息時よりも，むしろ自発的な活動を行っているときに発生する震えのこと。そのような震えはパーキンソン病でよくみられる。随意振戦（volitional tremor）とも呼ばれる。⇨ **意図振戦**

**動作主**［agent］ 言語学において，節および文中で主動作を行う実体。典型的には**有生名詞**であり，必ずではないものの，大抵，節の文法上の**主語**である。**格文法**においては，重要なカテゴリーである。⇨ **経験者格**，**具格**，**受動者**

**動作単位**［action unit］ 顔面動作記述システムにおいて，コードとして使用される最も単純な顔面動作のこと。動作単位は，単一の顔面筋の働きにより，目に見える表情の動きを表す。

**洞察**［insight］ 1. ある問題についての解法が，はっきりと，しばしば突然ひらめくこと。洞察がどのように形成されるのか，また洞察にはどのような種類があるのかについては，様々な理論がある。たとえば1990年代にはアメリカの心理学者のスタンバーグ（Robert Sternberg: 1949- ）とデイビッドソン（Janet Davidson）が，洞察には，(a) 無関係な情報から関係のある情報を区別する際に使われる選択的符号化洞察，(b) 既に長期記憶に貯蔵されている情報のうち，どれが目的に関連しているかを識別する際に使われる選択的比較洞察，そして，(c) ある問題の解法を考案するために，利用できる情報をまとめる際に使われる選択的組合せ洞察，という3種類が存在するという理論を提唱した。2. 心理療法において，その人自身，もしくは，他者の情緒的，認知的，行動的な困難を生じさせている根源への気づき。

**洞察学習**［insightful learning］ 問題を理解し解決に至るために，その問題の要素を心的に再配置したり再構成したりすることを伴う認知形式の学習。洞察学習は1920年代に，チンパンジーが餌を手に入れるために箱を積み上げたり，棒を使ったりするという観察に基づいてケーラー（Wolfgang Köhler: 1887-1967）によって記述され，条件づけに基づく学習に代わるものとして提唱された。

**洞察訓練法**［awareness-training model］ 自己洞察，自己実現，探索，対人的感受性を強調する心理学や教育の方法。洞察訓練法は，ドイツ生まれのアメリカの心理学者パールズ（Frederick (Fritz) S. Perls: 1893-1970）やアメリカの心理学者シュッツ（William C. Schutz: 1925-2002）と関連する。

**洞察的思考**［thinking through］ 個人が自身の反応，思考処理や行動について，理解し，洞察を得ようとする，典型的には複数段階で多重階層的な思考処理。たとえば，因果関係の考察と分析など。

**洞察療法**［insight therapy］ クライエントが自分の歪んだ態度の起源や防衛手段を理解しないと根本的で持続的な人格変容には至らないという理論に基づいた心理療法。このアプローチ（たとえば，精神分析：psychoanalysis や精神力動療法：psychodynamic psychotherapy）は，症状の除去や行動の修正を目的とする心理療法とは対照的である。

**動作的表象**［enactive representation］ 幼児や幼い子どもに特徴的な，行動と運動を通して事物や事象を表象すること。子どもは操作したり，使ったり，行動したりすることを通して物事を理解する。⇨ **動作的様式**［アメリカの発達心理学者のブルーナー（Jerome Seymour Bruner: 1915- ）の提唱による］

**動作的様式**［enactive mode; enactive stage］ 子どもが最初に，身体的なやりとり（たとえば，事物に触れたり操作したり，ハイハイをしたり）を通して自らの環境を理解するようになる方法。動作的様式は行動することを通して理解することであり，一方，**映像的様式**は心理的イメージを通して理解することであり，**象徴的様式**は言語と推論を通して理解することである。［アメリカの発達心理学者のブルーナー（Jerome Seymour Bruner: 1915- ）の提唱による］

**透視（千里眼）**［clairvoyance; remote viewing］ 超心理学の用語で，通常の視覚範囲を越えて物（はるか遠方にある物や隠れた物，過去や未来の出来事など）が「見える」という真偽の疑わしい能力。⇨ **透聴**，**超感覚知覚**，**第二視界**

**動詞**［verb］ 行為や出来事，状態を記述するのに使われる語や句。文の**述部**の基本的な部分を形成する。動詞は，文の時間性（**時制**）や叙法（⇨ **ムード**，**態**（⇨ **能動態**，**受動態**）や主語との数の**一致**を指し示す構成要素ともみなしうる。⇨ **行為動詞**，**使役動詞**

**導師（グル）**［guru］ 教育者，カウンセラー，知的リーダー。とりわけ，並外れた知識や経験を有するとみなされた者。

**同時確率**［joint probability］ 2つの出来事が同時に起こりうる確率。

**闘士型**［athletic type］ 筋肉質で，均整のとれた，肩幅の広い体格をもつ体型。クレッチマーの**類型論**によれば，このようなタイプは精力的で攻撃的な気質をもつ傾向があるとされる。⇨ **カルス類型**，**体格類型**

**同時活性化**［coactivation］ 異なる2つの刺激により同時にある反応が活性化されること。

**頭字語**［acronym］ 複合語の一部の頭文字ないし先頭の数文字からなる省略語のこと。単語のように発音される。たとえば，**エイズ**（AIDS: acquired immune deficiency syndrome）やソナー（sonar: sound navigation and ranging）などである。発音が文字ごとに行われる省略語は，頭文字語（initialism）と呼ばれる。たとえば，アイアールエス（IRS: Internal Revenue Service）などがこれにあたる。

**同時識別触覚**［double-simultaneous tactile sensation］ 同時に異なる領域において2つの触感覚を受に取り知覚することができる能力のこと。たとえば，左右の手で同時に触ることや，左の顔と右の手を同時に触ることなどがあげられる。一つないし両方の同時に呈示された触覚刺激を知覚できないことを触覚消失（tactile extinction）と呼ぶ。⇨ **顔手テスト**

**同時失認**［simultanagnosia］ **失認**の一種。複雑な視覚刺激内にある複数の要素を統合する能力に障害が起こる。脳の左**後頭葉**前方部分の損傷によって生じる可能性がある。たとえば，絵に描かれた物体に名前をつけることはできるが，描かれている行動を識別することはできない。

**同時条件づけ**［simultaneous conditioning］ パブロフ型条件づけの一種であり，条件刺激と無条件刺激を同時に呈示して条件づけることである。

**同時信頼区間**［simultaneous confidence intervals］ 同一データから同時に複数のパラメータを推定するために形成される**信頼区間**。

**同時性［1］**［contemporaneity］ 心理療法において，直近の経験に焦点を当てるという原則。⇨ **いま，ここ**

**同時性**［2］［synchronism］ 現象が同時に発生，または存在すること．

**同時増幅**［real-time amplification］ 声質と発声法を向上させるための**聴覚フィードバック**の技術．ヘッドホンがついたマイクに向かって話すのと同時に，時間遅れなく声と音声パターンを増幅してフィードバックする．背景ノイズの帯域幅（100〜80000 Hz）は除去されて増幅されるため，発話するのと同時に最適な聴覚フィードバックを得ることができる．

**同時対比**［simultaneous contrast］ 2つの刺激が空間的に近接して同時に提示された際に，刺激間の差異に関する知覚が促進されること．⇨ **色対比**，**対比錯視**，**マッハの帯**，**継時対比**

**糖質コルチコイド**［glucocorticoid］ 主に炭水化物代謝に作用する**コルチコステロイドホルモン**．糖質コルチコイドには**コルチゾール**，**コルチコステロン**，**コルチゾン**が含まれる．

**同質集団**［homogeneous group］ 多くの重要な点において互いに似通った個人や他の要素の集まり．社会的場面では，たとえば，同質集団は年齢や社会経済的背景，価値観，職歴，教育などが同じ人たちを含んでいる．教育的場面では，同質集団は，ある特定の領域（数学など）における似通った能力に基づく，クラスあるいは，より小さい集団のことである．⇨ **異質集団**

**同質性**［homogeneous］ 同じ，あるいは比較的似通った性質をもっていること．⇨ **異質性**

**同時発生のコスト**［cost of concurrence］ 二重課題の文脈において，一方の課題を強調する教示がある場合でさえ，その課題のパフォーマンスが低下すること．このコストは，反応時間や正確さの変化の観点から測定されたり，**遂行-操作特性**の分析から推定される．

**同時弁別**［simultaneous discrimination］ 条件づけにおいて，同時に存在する2つの利用可能な刺激を**弁別**すること．

**投射感覚**［referred sensation; eccentric perception］ 刺激された身体部位から離れた位置に定位（体験）される感覚．たとえば，ひじを打ちつけたとき，指がピリピリとする感覚が生じることがある．

**等尺性収縮**［isometric contraction］ 重量挙げの選手がバーベルを掴んだときのように，緊張時にも筋肉が短くならないタイプの筋肉収縮．

**投射神経細胞**［projection neuron］ 細胞体からかなり伸ばされた長い軸索をもつニューロン．ゴルジ1型細胞（Golgi Type 1 neuron）とも呼ばれる．

**投射線維**［projection fiber］ 大脳皮質から皮質下の構造（たとえば，視床，視床下部，基底核）にインパルスを伝える神経線維．

**投射野**［projection area］ 特定の感覚器からの入力を受け取る**大脳皮質**の領域．各感覚は2つ以上の投射野に連絡を送っている．

**同種**［conspecific］ 1. 同じ種に属すること．2. 同じ種に属する構成員のこと．

**同種移植形成術**［alloplasty］ 患者の体外から，合成材料もしくは有機材料を体内に埋め込み，病気に羅ったり損傷を受けたりした組織を外科的に修復すること．⇨ **自家移植**

**同情**［compassion］ 他者の悲哀や苦悩に対する強い共感．通常，その人を助けたいあるいは慰めたいという欲望が含まれている．⇨ **共感性**

**同情性**［sympathy］ 複数の個人間における，類似した感情，好みや傾向，気質を基盤とした親近性のこと．

**塔状頭蓋**［oxycephaly］ 頭蓋骨が高く尖っている状態．尖頭症とも言われる．

**同情論証**［ad misericordiam］ 哀れみや同情に訴えることに基づいて議論の正しさを裏付けようとする非公式的誤謬または説得技法．たとえば，「理論Xは正しいとみなされるべきである．なぜなら，もし正しいとすれば，そのことによって社会の中で不利な立場にある特定の集団を勇気づけられるから」といった考え．［原語はラテン語"かわいそうに思うこと"（to pity）の意味］

**同所性種**［sympatric species］ 生息地を同一にする複数の種．居住空間を共有できない種は，異所性種（allopatric）と呼ばれる．

**同時療法**［concurrent therapy］ 1. 同時に2つの治療法を用いること．2. **夫婦療法**や**家族療法**において，クライエントと同時に配偶者や他の家族との治療も，個人療法もしくは集団療法として行うこと．その際，クライエントと同じセラピストによって行われる場合と，複数のセラピストにより行われる場合とがある．⇨ **併用療法**

**頭振**［head nystagmus］ 人が回転させられ，回転方向に急速な頭部運動が生じたあと，反対の方向にゆっくりと頭部運動をすること．

**陶酔薬**［euphoriant］ 健康や幸福などの主観的感覚を誘発することができる薬物のこと．

**頭声**［head voice］ 音域の高い話声や歌声．この声は，口，鼻腔，頭蓋骨に共鳴して，一般には興奮したときや不安を覚えるときに発生される．⇨ **胸声**

**同棲**［cohabitation］ 異性や家庭のパートナーとして，結婚することなく，ともに生活している状態．⇨ **内縁関係**，**同棲関係**，**同性愛婚**

**同性愛**［1］［homosexual love］ 性愛的，感情的，性的な感情と関連する，同性の人との性的な関係．

**同性愛**［2］［homoeroticism］ 同性の相手に対する性的な欲望のこと．ホモエロティシズムとも呼ばれる．

**同性愛**［3］［homosexuality］ 同性間での，性的魅力や行為のこと．この語は，男性，女性を問わずそのような性的傾向を指すものであるが，現在の慣習ではゲイの男性とレズビアンの女性を区別し，同性愛それ自体は，共通に，同性の性的傾向や行為について指し示すものである．

**同性愛恐怖症**［homophobia］ 偏見に関係していて，同性愛者に対する嫌悪，恐れ，怒りのこと．これは，雇用や住居，法的な権利における差別の問題を引き起こし，暴力にまで発展することもある．

**同性愛好**［isophilia］ 自分と同じ性別の仲間に対する愛情，もしくは慈愛深い行動．しかし，同性への性的行動という性器期的な特徴はない．

**同性愛行動**［homosexual behavior］ 自分自身と同じ性に向けられる性的衝動，感情，ないしは関係．

**同性愛婚**［same-sex marriage］ 同性の2人の間の長期的，親密，安定的な関係で，法的に認められることもある．英語では，homosexual marriageと呼ばれることはあまりない．⇨ **同棲関係**

**同性愛差別**［heterosexism］　異性愛ではない行動，関係，コミュニティに対する偏見で，特に同性愛男性やレズビアンに対する蔑視のこと。**同性愛恐怖症**は一般に，同性愛男性やレズビアンに対する個人の恐れや恐怖を指すのに対して，これは，異性愛に価値を置いて同性同士の性行動やその志向性を蔑むような，信念，態度，組織的な構造などの幅広いシステムを意味する。

**同性愛者**［homophile］　自分と同じ性別の他者を愛する人，すなわち，ゲイやレズビアン。

**同性愛者コミュニティ**［homosexual community］　ある国，地域，都市において，特に，集会場所，慣習，言語表現，組織等を共有しているゲイやレズビアンのこと。

**同性愛パニック**［homosexual panic］　(a) 自分がゲイあるいはレズビアンかもしれない，あるいはゲイあるいはレズビアン衝動を露呈させてしまうかもしれないと考える無意識的な恐怖，(b) 同性に性的な攻撃を受けるかもしれない恐怖，(c) 同性のパートナーの喪失あるいは分離，によって誘発される急性で突発性の不安のこと。

**同棲関係**［domestic partnership］　安定して親密な関係にあって，結婚しているカップルと同じ方法で世帯の責任を共有し，一緒に生活している2人の人間。外国やアメリカの複数の州や会社は，結婚しているカップルと同様の法的ないし経済的権利（例，保険と死亡保険金）を，同棲関係にある相手にも認めている。⇨ **内縁関係**，**同性愛婚**

**統制群**［control group］　統制条件（control conditions）に割り当てられた実験参加者の集団のこと。統制条件とは，処置（処理）を含まない，あるいは独立変数が関与しない実験条件のことである。⇨ **実験群**

**統制された露出技法**［controlled-exposure technique］　限られた聴衆に，雑誌，ラジオ，テレビなどの手段で広告を提示し，広告の効果をあらかじめ評価しようとする方法。たとえば，広告の種類をいくつかに変え，将来の消費者に対する効果の違いを，タキストスコープ，隠しカメラ，生理的反応を検出するGSR，質問紙などで調査する。

**統制トレーニング**［mastery training］　環境条件を建設的に対応する方法や自己主張のやり方を教えることによって，回避したい状況や葛藤に対処するための，実験的，あるいは，現実的訓練。

**統制の所在**［locus of control］　人々の基本的な動機的志向性や，人々がおかれた状況をどれだけコントロールできるかに対する知覚の分類。外的な統制の所在（external locus of control）をもつ人々は，外的な状況に反応するように行動する傾向にあり，また，彼らの人生は自分でコントロールできない要因の結果として生じたものと認知する傾向にある。内的な統制の所在（internal locus of control）をもつ人は，内的な状態や意図への反応として行動する傾向にあり，彼らの人生は自分自身と能力を使った結果から生じたものであると認知する傾向にある。［アメリカの心理学者ロッター（Julian Rotter: 1916- ）によって導入された］

**統制の反復**［control series］　実験あるいは試行を繰り返すこと。多くの場合，手続き，機材，教示などの確認を伴う。

**統制発語連想（COWA）**［Controlled Oral Word Association: COWA］　参加者が特定のアルファベットから始まる単語を可能な限りすべて列挙するテスト（よく用いられるのはF, A, S）。列挙する単語に固有名詞を含むことはできず，また既にあげた単語に接尾語をつけたものは認められない。統制発語連想は最も広く用いられている語の流暢性を測定する課題であり，**実行機能**の測定に用いられている。FASテストとも呼ばれる。［アメリカの神経心理学者ベントン（Arthur Lester Benton: 1909- ）により1968年に初めて開発された］

**統制分析**［control analysis; supervised analysis; supervisory analysis］　資格をもった**精神分析家**の指導のもとで訓練生により行われる精神分析治療であり，指導する精神分析家は，訓練生が治療の方向性を決められるように，そして訓練生自身の**逆転移**に気づけるように援助する。

**統制力トレーニング**［controllability training］　イメージをコントロールする方法を教え，その能力を向上させるための練習のこと。

**統制連想**［controlled association］　参加者の反応を特定の指示に従う形で刺激に関連づけるように，参加者の反応を制限する手法。たとえば刺激語が提示される実験において，参加者は各単語の類義語や反意語をあげるよう指示される。制限連想（constrained association）とも呼ばれる。⇨ **自由連想法**

**透析認知症**［dialysis dementia］　長期間にわたり透析を受けている場合にみられる，アルミニウムが原因となる脳症。主な症状は進行性の精神障害，人格変容，発話障害で，発作，**構音障害**，名辞失語（物の名前の想起の困難），**統合運動障害**といった神経系の症候を伴う。

**逃走**［flight］　飛翔または他の移動方法を使って，危険回避のためにすみやかに離脱すること。⇨ **闘争逃走反応**

**闘争**［fighting］　二者間の直接的な身体的攻撃。動物では，攻撃は威嚇表示と**服従シグナル**で伝達されることが多く，闘争は，二者がこうした表示だけでは収まらない場合に起こる。

**闘争遊び**［rough-and-tumble play: R&T play］　運動遊びの活発な形態であり，追いかけっこやレスリング，大騒ぎなど，特に女児よりも男児によくみられる活動である。闘争遊びは，必然的に，仲間などの他者を含む社会的活動であり，これは動物にもみられる。

**闘争逃走反応**［fight-flight reaction］　危機に遭遇したときに生じる情動や内臓が示す反応のこと。問題を生じるような対象に対し，攻撃または回避を行うためのエネルギーが動員されるようになっている。身体を活動させるためにエネルギー動員を必要とするようなストレスは，**交感神経系**の活動を引き起こし，その結果生じた生理学的な一連の変化が特徴的である。自律的反応に，(a) 平滑筋や代謝，体温調整にエネルギーを供給，(b) エネルギーを維持する，(c) 心拍，呼吸，汗腺の活性や血糖値を増加させる，などがある。ストレスで生じた反応を抑制するため**の副交感神経系**がこれを後追いすることになる。**情動危急説**では，これらの変化がヒトの情動の基盤とされている。⇨ **キャノン-バード説**　［アメリカの心理学者キャノン（Walter B. Cannon: 1871-1945）による］

**同側眼**［ipsilateral eye］　ある構造や対象にとって身体の同じ側に位置している眼。たとえば，左側の**外側膝状体**の第5層は（同側である）左眼から伸びる**網膜神経節細胞**の軸索から入力を受けとる。⇨ **対側眼**

**同族結婚**［endogamy］　自分たちの同族ネットワーク，

あるいはカースト，宗教，社会集団内での結婚の慣習や慣わし．⇨ **族外婚**

**同側性** [ipsilateral] 身体の同じ側面であること．⇨ **対側性**

**同側性欠損** [ipsilateral deficit] 脳障害か脳損傷によって，それと同側の身体機能が失われること．しかし，脳障害の結果として反対側の機能が失われる対側性欠損が生じることのほうが多い．

**統率束縛理論** [government and binding theory] すべての人の言語の生成性を明らかにする，とりわけ普遍と個別の関係を説明しようとする，抽象化の多重レベルを組み込んだ**生成文法**の改良版．

**淘汰圧** [selection pressure] 特定の遺伝型の生存率を高め，集団内の世代にわたる遺伝的組成を変化させる**自然選択**の強さの指標．

**動態的自己分布** [dynamic self-distribution] ゲシュタルト心理学において，部分が全体によって影響を受けるように，構成要素が全体構造の中で分布していくようになる傾向のこと．[ケーラー（Wolfgang Köhler）による]

**淘汰値** [selective value] **自然選択**によって進化する器官や形質，種を決定する際の要因の，相対的な重要性や価値．選択価とも言う．⇨ **選択的エージェント**

**到達枠** [reach envelope] 人間工学で，オペレータが座ったり，立ったりする場所から手の届く領域のこと．ワークスペース設計においてオペレータが使用するディスプレイや道具の置き場所を決めるために使われる．

**等置型バイリンガル** [coordinate bilingual] 第一言語とは独立に異なる環境で第二言語を学習し，2つの言語を常用する人のこと．2つの言語に関連した知識の心的表象は，比較的独立だと考えられる．一方，複合型バイリンガル（compound bilingual）は，2つの言語を用いるが，その2つの言語に同程度かつ同時期に接した結果，言語を習得した人のことを指す．⇨ **コード切り換え，二重符号化理論，二言語使用**

**透聴（透聴力）** [clairaudience] 超心理学の用語で，通常の聴覚範囲を越えて声や音（霊的な導き役：spiritual guide や死者からの想像上のメッセージを含む）が「聞こえる」という真偽の疑わしい能力．視覚的な能力として同等の能力は，**透視**と呼ばれる．⇨ **超感覚知覚**

**同調[1]** [entrainment] **生物学的リズム**に関するタイミングを活性化する，もしくはもたらす過程のこと．たとえば，季節繁殖動物における生殖腺ホルモンの産生は，日長が長くなることへの同調の結果であるということができる．**概日リズム**の調節は，日の出や日没への同調として起こりうる．

**同調[2]** [conformity] 自分の意見，判断，行動を調整し，他者の意見，判断，行動，あるいは社会集団や状況の規範的基準に合致させること．同調は，一時的な応諾（compliance）であるが，彼らが表面上，集団に同意していたとしても，心からそれを受け入れているとか，考え自体を変えているとは限らない．むしろ，集団に適応しようとしているだけのことがある．⇨ **反同調，非同調，多数派の影響，仲間からの圧力**

**同調曲線** [tuning curve] 方位，波長，周波数のような連続的な刺激特性を横軸に，ニューロンの反応（単位時間当たりのスパイク数）を縦軸にとって，関係を表したグラフ．ニューロンは刺激特性のある値に最も強く反応するように"チューニング"されている．また，最も強い反応を示したピークからその半減値にいたる部分で定義される曲線の幅は，ニューロンが特定の刺激特性に対して，どのくらい広くまたは狭くチューニングされているのかを表す．

**頭頂後頭溝** [parieto-occipital sulcus] 各大脳半球の内側に沿って上方へ走っている溝．脳梁膨大部よりも後方にある鳥距溝との接合部から伸びており，楔部と楔前部の領域の境界になっている．

**同調性** [synchrony] 特に**ダンス療法**などでよく用いられ，親密な人々に合わせた調和的な動きをすること．自己同調性（self-synchrony）とは，自身の言葉と同調した動きをとることである．相互作用的同調性（interactinal synchrony）とは，話し手の言葉や動きと聞き手の動きが対応していることである．

**等張性収縮** [isotonic contraction] 二頭筋を屈曲させた時のように，筋肉が短く厚くなるタイプの筋肉収縮．⇨ **等尺性収縮**

**等張性制御** [isotonic control] 人間工学において，中立点から制御が変移することで作動する，ボタンやスイッチのような制御装置のことを指す．いかなる抵抗ももたず，作動する際には供給されたエネルギーの程度に依存しない．

**同調動作** [movement conformity] 社会の動き，文化的動きに自らの価値観，判断，行動を沿わせること．⇨ **同調**

**頭頂皮質** [parietal cortex] 頭頂部にある大脳皮質．

**頭長幅指数** [cephalic index] 頭指数とも言う．頭部の最大幅を最大長で割ったものに100をかけた値．人の場合，75～81の間の値の場合，中頭型（mesocephalic）と言う．75を下回ると，細長い形となり長頭型（dolichocephalic）となる．81を上回ると，幅広の頭型となり，単頭型（brachychephalic）と呼ばれる．⇨ **頭蓋指数** [スウェーデンの解剖学者であるレッツィウス（Andres Retzius: 1796-1860）により考案された]

**頭頂葉** [parietal lobe] 各大脳半球にある4つの主な葉のうちの一つ（⇨ **大脳**）．各大脳半球の上部中央領域に位置する．**前頭葉**の後部，**後頭葉**の前部，**側頭葉**の上にある．頭頂葉の一部は体性感覚活動（物体の大きさ，形，テクスチャの識別など），視覚活動（視覚誘導性の運動など），聴覚活動（発話の知覚など）に関与している．

**同値類** [equivalence class] **条件性弁別**の文脈において，反射性（reflexivity），対称性（symmetry），推移性（transitivity）を満たす刺激群．換言すれば，それらの刺激群は**刺激等価性**を示す，つまり互いに代替可能である．

**疼痛性愛** [algophilia] 痛みを伴う体験や罰を好むこと．⇨ **苦痛性愛，マゾヒズム，サディズム**

**疼痛性障害** [pain disorder] DSM-IV-TR では，機能の妨げとなる，重度で，持続する痛みに特徴づけられる**身体表現性障害**とされる．医学的状態だけでは説明できない痛みであり，その発現，重症度，悪化，持続などに心理学的な関与が認められる．しかし，その痛みは偽りや意図的に作られるのではなく（⇨ **虚偽性障害，詐病**），嫌な活動から逃れる，特別な注目や他人からのサポートを得るといった心理学的な役割を果たす．疼痛性障害は正式には，心因性疼痛障害（psychogenic pain disorder）や身体表現性疼痛障害（somatoform pain disorder）と言われる．

**糖定常説**［glucostatic theory］ 食物摂取の短期的な抑制は，グルコースの総合的な血中濃度によってではなく，グルコース代謝（つまりはその利用）の速度に基づいているという説。⇨ **脂肪定率説**［フランス生まれのアメリカの栄養学者メイヤー（Jean Mayer: 1924-1993）によって1950年代に提唱された］

**動的システム**［dynamic system］ 一か所に起こる変化がその他すべての関連する部分に影響を及ぼすシステム。このようなシステムはいくつかの方程式で表される法則に従って相互干渉的に刻々と変化を続ける複数の量的変数によって記述される。例として振り子の運動などがあげられる。動的システムモデルは心理学的現象（たとえば，精緻で秩序立った動作，発達的な現象，意思決定など）を理解する方法として記号的モデルに替わる重要なモデルを提供する。

**動的システム理論**［dynamic systems theory］ 非線形的体系法則に基づく理論。行動やパーソナリティを，生物学的要因や環境要因間の変化を続ける自己組織の相互作用の点から説明しようとする。様々な時間枠と多層的分析によって操作される，カオス理論と強く関連する。

**動的人体測定**［dynamic anthropometry］ 適応の必要性を利用者から製品に移すことを目的として，製品やその利用者の行動を考慮した設計のやり方。たとえば，使用者の動きに応じて背もたれの角度が自動的に変わるようにする，など。⇨ **人体測定学**

**動的心理学**［dynamic psychology］ 行動について原因と動機，特に，刺激－反応関係を行動のメカニズムとみなし生命体の変動は媒介変数であるとする刺激－生命体－反応連鎖，を重視する心理学の理論。⇨ **S-O-R心理学**

**動的特性**［dynamic trait］ 動機づけや，行動を引き起こす性格特性。キャッテルのパーソナリティ因子理論における**根源特性**の3分類の中の一つであり，他に**能力特性**と**気質特性**がある。

**動的な**［dynamic］ 絶えず変化あるいは流転し続けること。

**動的平衡**［dynamic equilibrium］ 異なる（多くは相対する）反応，あるいは複数の処理が同頻度で生起し，それらが互いに拮抗しているシステムの状態。その場合，システム全体に最終的な変化はないことになる。⇨ **動的システム**

**動的レクリエーション**［active recreation］ レクリエーション療法の一つの形。参加者は，ダンスのような身体的または精神的な努力を求められるアクティビティに積極的に参加する。⇨ **受動的レクリエーション**

**道徳**［morals］ 人々の行動を導く倫理的な価値観や原則。⇨ **道徳性**

**道徳性**［morality］ 正しい行為に関する信念体系，あるいは価値の集合であり，それによって，行動を受け入れるか受け入れないかを判断する。

**道徳的一貫性**［moral consistency］ ある個人が様々な状況で見せる，安定した，予測可能な道徳的態度のパターンのこと。

**道徳的行為**［moral conduct］ 社会や集団によって受容されている価値や慣習，規則に沿うような行動のこと。

**道徳的実在論**［moral realism］ 良い行動と順守とを同一視する児童の特徴的思考のタイプ。児童は行為の道徳性をその結果とのみ一致させる。たとえば，故意に壊された1個のコップより，間違って15個のコップを壊すほうがはるかに罪が重いと判断し，理由としてはより多くのコップが壊れたことをあげる。道徳的実在論は，およそ8歳までに子どもの思考を形成する。またそれは，目的，概念，および情状酌量に関する概念が子どもの初期の**道徳的絶対性**を変更し始める時期である。⇨ **道徳的相対主義**［ピアジェ（Jean Piaget）が提唱した］

**道徳的自立**［moral independence］ 児童期後半に，道徳的行為が，結果によって決まるのではなく，実際にはその動機づけの判断や他の主観的判断によって決定されることを認識することで達成される。道徳的自律は道徳性発達における**自律的段階**の特徴である。⇨ **道徳的相対主義，道徳的実在論**［ピアジェ（Jean Piaget）が提唱した］

**道徳的絶対主義**［moral absolutism］ 行為が道徳的であるか否かを，一定の基準に従って判断しうるという信念。⇨ **道徳的相対主義，状況倫理**

**道徳的絶対性**［moral absolutism］ ピアジェ理論における，規則やルールを絶対的なものとして解釈する，道徳性発達に関する**他律的段階**における子どもの傾向。⇨ **道徳的実在論**

**道徳的相対主義**［moral relativism］ ピアジェ理論における，道徳性発達の**自律的段階**の子どもの能力。それは，行為が適切であるか不適切であるかを判断する際に，酌量すべき状況に従って行為の背後にある意図を考慮する能力である。⇨ **道徳的実在論**

**道徳的発達**［moral development］ 個人の善悪，自意識，倫理的価値，宗教的価値，社会的態度，行動に関する考え方の漸次的発達。道徳性発達の領域における主な理論家には，フロイト（S. Freud），ピアジェ（J. Piaget），エリクソン（E. Erikson），コールバーグ（L. Kohlberg）がいる。

**道徳的マゾヒズム**［moral masochism］ 精神分析理論の用語。**エディプス・コンプレックス**の抑圧によって生じる，権威像からの懲罰を求める無意識的欲求。非性的な**マゾヒズム**の一種。

**道徳律**［moral code］ 社会や集団，もしくは個人によって受け容れられた，行動の善悪に関する一連の規則のこと。社会や集団の成員，また個人へは道徳律によって拘束される。

**道徳療法**［moral treatment］ 精神病患者に対する人間的で倫理的な治療のこと。この治療法は13世紀にベルギーの**ギールコロニー**で開発された家族療法プログラムに端を発したものであるが，19世紀にフランスのピネル（Philippe Pinel）（⇨ **サルペトリエール**）とエスキロール（Jean Esquirol: 1772-1840），イギリスのテューク（William Tuke: 1732-1822），アメリカのラッシュ（Benjamin Rush: 1745-1813），レイ（Isaac Ray: 1807-1881），カークブライド（Thomas Kirkbride: 1809-1883）によって完成された。機械的な拘束，身体的な罰，流血などがあった非衛生的な環境は比較的快適で，健康的で，職業的または社会的に恵まれた環境へと変えられた。また，精神科医や看護人と安心感のある会話ができるようになった。今日の**治療共同体**はこの道徳療法がルーツである。

**道徳療法**［moral therapy］ 19世紀からの心理療法の一つであり，親切で，道理をわきまえた道徳的な態度で接

することにより，精神異常とみなされる人を助けることができるという考えに基づく．

**頭内定位**［lateralizaion］ 聴覚における定位．⇨ **音源定位**

**糖尿病**［diabetes mellitus］ インシュリンホルモンの作用やその感染性生成物（infective production）によって生じる代謝障害．インシュリン分泌不全のために，患者は食物中の炭水化物を酸化させたり利用したりすることができなくなる．血中のグルコースが溜まり，それによって衰弱や疲労，尿内に糖分が現れる．脂肪の新陳代謝もまた阻害され，その結果生じる最終的な生成物（ケトン）が血液中に増加する．

**糖尿病性胃疾患**［diabetic gastropathy］ 主に糖尿病が自律神経に影響することによって生じる胃あるいは関連する消化器官の障害．⇨ **胃ニューロパチー**

**糖尿病性腸疾患**［diabetic enteropathy］ 糖尿病の消化管の合併症で，夜間の便失禁の間欠的な発生を特徴とする．この状態はしばしば自立神経障害と末梢神経障害に関連していて，糖尿病患者の内臓神経障害のいくつかの症状の一つとみなされる．⇨ **胃ニューロパチー**

**糖尿病性網膜症**［diabetic retinopathy］ 糖尿病の合併症による網膜の変質．網膜毛細血管の小さな**動脈瘤**を特徴とする．これらは初めに小さな静脈拡張や赤い点として現れ，眼科検査中に観察される．それらは，網膜上の出血や滲出まで進行し，視力を損なう．新しく異常な血管が硝子体腔内で生じることがあり，出血することもある．**網膜剥離**は合併症の一つである．治療法は，高血圧および糖尿病の制御，レーザー光凝固術，硝子体手術がある．

**糖尿病誘発因子**［diabetogenic factor］ 糖尿病を引き起こす因子のこと．

**等能性**［equipotentiality］ 1. 脳のある部分が，それまで他の脳部位によって担われていた機能を行えるように訓練もしくは調整されうる能力など，等しい潜在力をもつこと．2. ⇨ **等能性の法則**

**等能性の法則**［law of equipotentiality; principle of equipotentiality］ **連合皮質**の健全な領域は，破壊された領域の機能の一部を代償できるとする原理．つまり，異なる領域が同じく機能する能力をもつとする．皮質損傷ラットの行動研究に基づいて提唱されたが，現在では，連合皮質の領域は比較的独自の機能を担っていることが明らかになっている．⇨ **質量作用の法則**［1929 年にラシュレー（Karl S. Lashley）が提唱した］

**動能の**［conative］ 目標に向けた意思もしくは自己活性化により特徴づけられていること．

**等パーセンタイル法**［equipercentile method］ $X$ の値以上をとる受検者の確率，すなわちパーセンタイルを基準として 2 つの尺度のパーセンタイルが等しい値どうしを対応させて等化する方法．

**逃避行動**［escape behavior］ 嫌悪刺激から離れる，もしくは除去するための反応のこと．逃避反応は，精神上（空想や白昼夢）でも行動上（侵害刺激からの退避や，ショック刺激を終わらせるために動物がレバーを押すなどの条件づけされた反応）でもありうる．

**逃避反射**［withdrawal reflex］ 痛みを伴う刺激や個体の健康を脅かすような刺激によって起きる反射．ダメージを与える可能性のある刺激から急に遠ざかるような行動で，神経筋単位の即時の協調が必要とされる．

**逃避反応**［withdrawing response］ 行動心理学（behavioral psychology）において，不快な刺激への接触を断つことを目的としたあらゆる行動を指す．⇨ **逃避行動**

**頭尾方向の発達**［cephalocaudal development］ 頭部 - 尾部発達勾配によって決定されるように，構造上の発達と運動発達における頭尾方向の進行．頭とその動きが最初に発達し，それから上躯幹，腕，手が発達し，続いて下躯幹，脚，足，つま先が発達する．

**頭部回転**［head rolling; jactatio capitis nocturnis］ 寝入る際の乳児に見られる，左右に繰り返し頭を動かす動作のこと．この現象は，ベビーベッド内で動きが抑制されたり，活動的な遊びが不足していることが原因と考えられているが，胎児期の受動性が原因の場合もある．

**頭部強打**［head banging］ 機嫌の悪い時や，型にはまった行動（⇨ **常同症**）として乳児や子どもにみられる，壁や物に繰り返し頭を打つ行動．⇨ **常同性運動障害**

**同腹子分割法**［split-litter method; split-litter technique］ 動物実験において，同腹の子を，実験群と統制群など，異なる群に割り当てる方法を指す．群間の遺伝的な差異を小さくするために，この手法がとられる．

**頭部形成**［cephalogenesis］ 胚発生において頭が作られること．

**頭部収縮**［head retraction］ 鼻腔の感覚器を急に刺激されたとき，頭を反射的に引っ込めること．

**頭部制御**［head-slaved］ ユーザーの頭部の動きに対応して，仮想場面で変化が生じる**バーチャルリアリティ**環境のこと．⇨ **知覚的ユーザー・インターフェース**

**頭部損傷**［head injury］ 頭部外傷（head trauma）とも呼ばれ，頭部への外傷や，外傷の結果による脳の障害のことを指す．多くの場合は打撃によって生じるが，打撃はなくても急激な加速や減速によって生じることもある（⇨ **加速減速損傷**）．一般的には**閉鎖性頭部外傷**と**開放性頭部外傷**に分類される．

**動物**［animal］ 1. 生きている生命体のこと．植物とは，移動可能なことと外部で発生した変化に対して迅速に反応するメカニズムを有する点で異なっている．2. それらの中で，特にヒトを除いたものをいう．

**動物介在療法**［animal-assisted therapy］ 個人の身体的，社会的，感情的，認知的機能を高めるために，ペットを治療的に使用する方法．たとえば，感情をやりとりすること，特に，コミュニケーションやソーシャルスキルの発達を援助するために用いられる．愛する人との別離や喪失に苦しむ人々に対して最も効果的とされている．ペット介在療法，アニマルセラピーとも言う．

**動物学習**［animal learning］ 人間以外の動物の学習能力について研究する心理学の領域．研究される学習形態は，大抵，人間を対象とした研究におけるそれよりも複雑ではない．このことにより，動物の学習研究では，人間の参加者では常に可能とは限らない一定の精度や統制が可能となる．

**動物恐怖症**［animal phobia］ ヘビ，ネコ，イヌ，昆虫，ネズミ，鳥，クモなどの特定の動物に対する不合理で持続的に生じる恐怖症．恐怖の焦点となるのは，予期される害や危険である．嫌悪感によって，特定の動物に対する恐怖感が維持される．恐怖症の人が，その動物ないし昆虫に出

会った場合，その対象を回避するか，もしくは激しい不安や苦痛に耐えることになる。動物恐怖症は一般的に小児期に発症する。DSM-Ⅳ-TRでは，**特定恐怖症**の動物型に分類されている。

**動物形象**［zoomorphism］ 1．人間や神や物体などを形容する際に，動物の特性を用いること。2．人間の行動を説明するときに，動物の心理や生理を用いること。⇨ **擬人観**

**動物研究の倫理**［ethics of animal research］ 実験における動物の取り扱いや飼育・維持，研究目的のため犠牲にすることの倫理に関係する諸問題のこと。動物はインフォームド・コンセントを表明できないため，すべての動物実験は非倫理的であると主張する者もいる一方で，動物がきちんと世話され，思いやりをもって取り扱われるならば，動物実験に価値を認める者もいる。⇨ **機関内動物実験委員会**

**動物行動学**［ethology］ 動物の行動に関する比較研究。通常は自然の生息地で行われるが，フィールドまたは飼育下での実験も含む。動物行動学はヨーロッパの行動生物学者によって発展した。**比較心理学**と異なり，生得的・種特異的な行動パターンに関するもの，という意味をしばしば含む。動物行動学と比較心理学の理論と方法は今や密接に関連しており，**動物の行動**より中立的でより広い意味をもつ用語である。

**動物催眠**［animal hypnosis］ 動物の運動非反応の状態であり，生体に対する打撃，強い刺激，身体的拘束によって生じる。人間の催眠やトランス状態と類似すると考えられたことからこのような名称がつけられた。

**動物サディズム**［zoosadism］ 動物を虐待することで性的興奮や性的満足を得る**性嗜好異常**の一種。直接動物と性交する場合と，虐待したときの記憶を自慰行為のための空想として用いる場合がある。

**動物磁気**［animal magnetism］ 物理学でいう力にたとえられるようなものであるが，仮説であって実証されてはいない。それを体の病んでいる部分に対して特殊な棒や浴（バケー）を用いて集中させると治癒効果があるとされていた。⇨ **メスメリズム** ［オーストリアの外科医メスメル（Franz Anton Mesmer: 1773-1815）が提唱し，この手法の有効性を主張した］

**動物性愛**［zoolagnia］ 動物に性的魅力を感じること。⇨ **獣性愛**，**獣姦**

**動物認知**［animal cognition］ 動物が環境や社会における問題を解決するために使用すると推測される処理過程。直接観察することはできない。これは，機械的記憶や試行錯誤に依存しない，問題解決能力を含んでいる。つまり，動物が潜在的な解決方法について推論でき，それゆえ自発的に問題を解決できることを示唆している。⇨ **動物の知能**，**社会的認知**，**心の理論**

**動物の遊び**［animal play］ 動物，特に子どもの動物の間で生じ，一見すると明らかな機能や目的が全くない相互作用のこと。動物の遊びの中には，これらの行動がふさわしくないと思われる文脈での**動物の求愛**，**動物の攻撃性**，**捕食行動**，**動物の性行動**といった要素がよく含まれている。しかしながら，遊びは将来の**対人関係**や社会的スキルの発達，信頼感の発達，または，感覚運動系の強化に重要な機能を有していると考えられる。⇨ **遊び**

**動物のオープンフィールド行動**［animal open-field behavior］ オープンフィールドの部屋のような比較的制限のない実験室的環境で探索行動や動作，排泄回数によって測定された動物の活動性のこと。

**動物の概日リズム**［animal circadian rhythm］ 動物でみられる，おおよそ1日が単位となる行動や生理における周期的な変動（概日リズム）のこと。⇨ **生物学的リズム**，**概日リズム**

**動物の帰巣能力**［animal homing］ 動物がナビゲーションを経て，渡り行動や，実験的に移動させた後にもとの場所に戻ることのできる能力。

**動物の求愛**［animal courtship］ **性行動**に至るために，性的行動の前に起こる動物の行動のこと。相手を特定したり，配偶者選択のために自己の質をアピールしたり，繁殖にむけた生理的な準備，**つがい関係**を形成し強めたりする。⇨ **求愛行動**

**動物の協力**［animal cooperation］ 2頭またはそれ以上の個体が，より利益を得ることを目的に協調し活動する行動のこと。たとえば**社会性昆虫**による共同の造巣，探餌，養育。捕食者に対する動物のモビング，他個体に対して餌や逃げ場のありかを示す信号の生成も含む。協調することの必要性を動物が知っていることによって生じているかは不明である。⇨ **協力**

**動物の権利**［animal rights］ 尊厳を守り，人による酷使や虐待なく扱われるために動物が有する権利のこと。動物の権利を支持する者は，研究を含め，人のために動物に危害を加えたり殺したり酷使することを道徳的に悪であると考えている。そして，感じることのできるすべての生物は，人と同じ良識をもつことを主張している。動物福祉（animal welfare）の支持者は，動物と人の間には良識に関して違いはあるが，医学で，また科学で必要となる動物を扱う研究において，動物を人道的に扱う義務があると考えている。

**動物の攻撃性**［animal aggression］ 動物の行動において，ある個体から他の個体に対する直接的な攻撃や脅し。動物の攻撃性は，(a) メスの子どもが脅されたとき生じる**母親の攻撃性**，(b) 餌を得るための**捕食性攻撃**，(c) 地位やステータスを維持するための**優位性攻撃**，(d) オスが配偶個体を保護する**性的攻撃**，(e) **反捕食攻撃**，(f) **恐怖による攻撃**，(g) 競合するオスによって引き起こされる**雄間攻撃**，(h) 過去に報酬を与えられたことから生起する道具的攻撃（instrumental aggression）に分類される。

**動物の行動**［animal behavior］ 動物行動に関しての科学的な研究を指し，特にヒト以外の動物を対象としたもののこと。**動物行動学**，**比較心理学**，**行動生態学**を含んでいる。**動物の攻撃性**，**動物認知**，**動物の求愛**，**動物のコミュニケーション**，**動物の防衛行動**，**動物の情動性**，**動物の母性行動**，**動物の配偶者選択**，**動物の父性行動**，**動物の遊び**，**動物の社会行動**，**採餌**，**親の行動**などの研究領域がある。

**動物のコミュニケーション**［animal communication］ ヒト以外の動物において，情報をいかに相互に伝達し合い，他の個体の行動を変容させるためにどのように意思伝達しているかを明らかにする研究のこと。⇨ **化学コミュニケーション**，**超低周波コミュニケーション**，**地震コミュニケーション**，**触覚コミュニケーション**，**超音波コミュニケーション**，**視覚的コミュニケーション**，**音声コミュニ**

ケーション

**動物の社会行動**［animal social behavior］ 動物で，グループ内または血縁者による個体間で生じる相互作用全般に対し用いる用語。**動物の攻撃性，動物のコミュニケーション，動物の協力，動物の求愛，動物の優位性，動物の遊び，親の行動，社会組織**と，社会行動についての知識から推定された**社会構造**などがある。

**動物の情動性**［animal emotionality］ 探索行動や心拍数，排便率のような生理学的な要因によって測定される動物の情動的反応のこと。探索行動が少なく，生理学的な覚醒状態が高いときに，情動反応が高まっているとされる。

**動物の性行動**［animal sexual behavior］ **動物の求愛**に始まり，**配偶者選択**に至り，**結合行動**に達する，動物間の繁殖行動のすべてを指す。

**動物の知能**［animal intelligence］ **動物学習**や**動物認知**のメカニズムを通して，取り巻く環境の中でなされる動物の様々な問題解決の能力。かつての心理学者は，知能は単純な有機体から複雑な有機体へと直線的に進化するために，動物の知能は人間の有する技能との関係で最も適切に測定しうると考えた。一方，現在では，それぞれの種が直面する特定の問題との関係で技能が評価されるようになり，単純な系統発生的関係には反論がなされている。

**動物の道具使用**［animal tool use］ 餌や水を取り出す場合のような何らかの目的を達成するために，本来は無関係なものを使うこと。**道具使用行動**は，様々な生物種においてみられるが，道具の製作（tool making）は近年までヒトに限られると考えられていた。しかし，類人猿や鳥の研究によってそれが正しくないことが報告されている。

**動物の逃避行動**［animal escape behavior］ 傷み，まずい食べ物，捕食者や同じ種の個体による脅しや攻撃のような嫌悪刺激から逃れようと試みること。**動物の防衛行動**の一種。⇨ **逃避行動**

**動物の父性行動**［animal paternal behavior］ 若い動物の生存に寄与するような，オスの親か親以外のオスによる行動。多くの鳥類や哺乳類では，その子の父親かどうかが不明瞭なため，父親からの直接的な世話（たとえば，給餌や移動）は稀だと考えられている。実際，多くの場合，父親的行動は一夫一婦制の動物でみられる。⇨ **親の行動，父性行動**

**動物の防衛行動**［animal defensive behavior］ 動物が他個体によって生じる危害を避けるために用いる行動のこと。捕食されてしまう恐れをもつ相手や同種の他個体に対する防衛的攻撃（defensive aggression）（⇨ **防衛行動**）や，危険を避けるための**動物の逃避行動**は，この防衛行動の一種である。擬態や動きを制止すること，攻撃してしまった時に生じるであろう危険を知らせるため，ガラガラヘビが人目をひくノイズを発しているようなことも，動物の防衛行動の一種である。

**動物の母性行動**［animal maternal behavior］ メスの親に特徴的な動物の**親の行動**。哺乳類における**養育行動**や他種の給餌行動から子の保護，体温調節，技術の教示まで様々である。⇨ **母親行動**

**動物の母性剥奪**［animal maternal deprivation］ 動物の行動，身体，社会，情動の初期発達における母親の重要性について評価するために用いられる実験的な操作。子どもを分離して，あるいは子ども同士の集団の中で育てることによって行われる。母親よりも集団の構成員が子どもの世話を行う種においては，このような構成員の養育能力を評価するために母性剥奪の操作を用いることができる。⇨ **母性剥奪**

**動物の優位性**［animal dominance］ 一部の個体がグループ内の他の個体達より優先して餌，すみか，求愛などを得ることができるように形成されている，動物に見られる個体間の関係のこと。優位性のランクは最下位から最上位までが順に並んでいる階段のような構造と考えられるが，下位個体同士が組むことで順位を上げる**提携**や，血縁や齢による関係で変動することもある。優位性は**動物の攻撃性**によって維持されていると考えられることが多いが，**啼鳴，視覚的コミュニケーション**を通して保たれていることもある。

**動物フェティシズム**［beast fetishism］ 動物の毛皮や皮膚に触れることによる**性嗜好異常**。それらのものは，**催淫剤**として機能する。

**動物モデル**［animal model］ ヒトに類似した動物の特徴や状態のこと。ヒトの行動，疾病，疾患を研究するのにふさわしいように調整される。

**頭部伝達関数（HRTF）**［head-related transfer function: HRTF］ 音源が3次元空間内に存在するときに，鼓膜で測定された音のスペクトル特性を記述する関数。これは，音がヘッドホンを通じて呈示されたときに，外界からの音をシミュレートするために利用される。頭部伝達関数は振動数，方位角，仰角の関数であり，主に外耳，頭部，胴体の音響特性によって決定される。頭部伝達関数は個人ごとに大きく異なりうるが，個々人の頭部伝達関数を計測することは費用がかかるため，平均化された頭部伝達関数がしばしば利用される。

**頭部-尾部発達勾配**［anterior-posterior development gradient］ 胎児期の発達において，体の尾部に比べて頭部の方が急速に成長すること。胎芽期の初期では，頭部と脳が体重の半分であり，出産時に頭部は乳児の全体重の1/4に相当する。⇨ **頭尾方向の発達**

**等分散性**［homoscedasticity］ $\mathrm{Var}(Y|X) = \mathrm{Var}(Y)$，すなわち，変数 $Y$ の分散は他方の変数 $X$ の値とは関連がないこと。等分散性は，**回帰分析**における基本的な仮定である。⇨ **分散不均一性**

**等分法**［bisection］ ある対象を2つの等しい部分に分割する行為。精神物理学では，特定の次元において，ある刺激が他の2つの刺激の中間として知覚されるように調整する測定法を意味する。

**同胞対照法**［sib-pair method］ 遺伝学で使われる技術の一つ。特に，精神医学的な要因の遺伝性について検討するために，血縁者間で，疾患発生率と一般的な疾患発生率を比較することが多い。

**動脈炎**［arteritis］ 動脈（1つ以上）の炎症のことを指す。カロチド動脈組織（とりわけ，こめかみや頭皮の動脈）など，よくみられるものは側頭動脈炎であり，高齢者の慢性疾患として知られる。炎症を起こした動脈において，多核性細胞と肉芽腫の出現が特徴である。両側の側頭部の頭痛，視力異常，片眼の失明に至ることもある。

**動脈硬化**［arteriosclerosis］ 動脈が硬化することで，動脈壁（⇨ **アテローム硬化症**）にプラークが付着することにより，血管が狭小化し，柔軟性がなくなることで生じ

る。これによって，脳血管障害や脳卒中が生じているときは，複数の動脈に**閉塞**を生じることがある。

**動脈瘤**［aneurysm; aneurism］ 脆弱になった血管組織に圧がかかることによって，その部位が拡大すること。しばしば，動脈の分岐点で生じる。

**動脈輪**［arterial circle］ 脳の基部にある血管からなる輪。脳に供給を行っている頸動脈や脳底動脈（⇨ **後交通動脈**）といった主要な動脈の枝の連結により形成される。脳出血や脳の一部の血液循環を妨げる他の障害が生じたときに，血流のための代替経路を提供する。ウィリス動脈輪（circle of Willis）とも言う。

**冬眠**［hibernation］ 温暖地域や北極地域で，冬の間，特定の温血脊椎動物に生じる，体温の有意な下降を伴う無活動の期間のこと。体温は凍結まで数度のところへ下降しうる。この期間，内分泌腺の活動は減少するが，単独で冬眠を制御している腺は見つかっていない。一部の種（たとえばクマ）は冬眠の前に大量の食糧を消費し，蓄積された脂肪で身体機能を維持する。他の種（たとえばゴールデンハムスター）は食糧を貯蔵し，冬眠期間はそれを食べて過ごす。気温が寒いときには冷血動物が睡眠状態になる。

**同名筋反射**［homonymous reflex］ ある筋肉への刺激が，同じ筋肉の収縮を引き起こす反射のこと。⇨ **異名筋反射**

**透明中隔**［septum pellucidum］ 脳にある2つの**側脳室**の前角を分ける三角形をした2層の半透明の膜。**脳梁**と**脳弓**の組織に接しており，**中隔野**の一部になっている。

**同名半盲**［homonymous hemianopia］ 後視交叉部の損傷（⇨ **後視交叉性視覚障害**）によって，左右眼球の同側（左右それぞれの眼球の左半分，もしくは逆）の視界が半分喪失すること。⇨ **半盲**

**投薬**［medication］ 感情障害や行動障害に対する治療の一環として行われる**向精神薬**のことを指す。アメリカではこれまで向精神薬を合法的に処方できるのは医師のみであったが，近年では処方の資格が軍隊に所属する心理士やニューメキシコ州の心理士に拡大された。過剰投薬（規定量を超えた薬物摂取）は投薬が適切に行われないときに生じることがある。自己投薬（self-medication）は情緒面の問題を緩和するために不適切な薬物摂取や過剰な飲酒を行う場合に通常関連している。

**投薬誘発性運動障害**［medication-induced movement disorder］ 投薬の副作用によって生じる運動障害を指し，硬直，手指をはじめとする体の震え，筋肉異常緊張症（平常時に筋肉の異常な緊張が生じる）などの運動機能に関する症状がみられる。また，投薬誘発性運動障害は抗精神病薬を用いた治療後にしばしば生じる。⇨ **遅発性ジスキネジア**

**糖輸送担体**［glucose transporter］ 細胞膜上に存在し，グルコース分子を膜透過させる分子のこと。

**投与**［administration］ 障害の治療や診断において薬物や他の物質を適用すること。投与の経路は，**局所適用**（たとえば，経皮貼布）といろいろな全身経路，経口および舌下投与，直腸投与（座薬や浣腸による），膣内投与（座薬による）があり，注射による投与を含む。注入可能な薬物は，静脈系に（⇨ **静脈注射**），筋肉に（⇨ **筋肉注射**），皮下に（⇨ **皮下注射**）直接投与できる。薬物は口や鼻から吸入することもできる（⇨ **薬物吸入**）。神経系の障害に使

われる薬物は，通常漸進的に投与される。⇨ **非経口の薬剤投与**

**動揺**［perturbation］ 不安もしくは動転した心理的状態。自殺や自殺企図の関係では，その個人がどれだけ混乱し，動揺していたかを示す尺度のこと。

**動揺視**［oscillopsia］ 周囲が周期的に振動しているように感じられること。この運動の錯覚は，（両側の）前庭小脳の損傷，外眼筋のまひや眼振によって生じうるが，発作や後頭葉の梗塞などの脳の障害によって生じることもある。

**等ラウドネス曲線（音の大きさの等感曲線）**［equal loudness contour］ デシベル音圧レベルと，特定の固定音圧レベルの1 kHz音の音の大きさと等しい**純音**の周波数を関連づけた関数。たとえば音圧が70 dBの100 Hz音は，音圧が60 dBの1 kHz音と同じ大きさである。これが，音の大きさの等感曲線上で60フォンに対応する点となる。この関数は音響機器の電子回路に組み込まれて音の大きさを補償（loudness compensation）しており，主として低い周波数の音を低い音圧で聞いているときに音の大きさが低くなるのを補正する。⇨ **ラウドネス**

**倒立像**［inversion］ 視覚における，網膜上に形成される逆さまの像のこと。

**同僚モデル**［collegial model］ 地位の相違を最小化し，すべての相互作用に等しい参加を促す共同的アプローチ。たとえば，研究において，このアプローチでは，研究の全過程に研究者が参加することが求められる。セラピーの場面では，セラピストがクライエントを等しく扱うことが求められる。

**動力**［dynamics］ 動きを引き起こす力。⇨ **運動学**

**動力計**［dynamometer］ 力，とりわけ人や動物の筋肉運動やその強さを測定するための器具。動力計は通常バネで構成されており，力が与えられることによって縮む。

**同類現象**［birds-of-a-feather phenomenon］ 自分自身と似ている人に接近したり，惹かれたりする傾向のこと。その結果，グループおよび集まった人々（たとえば，恋人同士，友人ネットワーク）は，似ている者同士からできている傾向がある。⇨ **ホモフィリー**

**同類交配**［assortative mating］ 単一，あるいは複数の特徴（例，魅力，身体サイズの類似性）に基づいて選択された雌雄間の**婚姻行動**。⇨ **配偶者選択，任意交配**

**トウレット障害**［Tourette's disorder Gilles de la Tourette's syndrome］ 多彩な運動性チック，および喉で音を鳴らしたり，鋭い声で叫んだり，ほえたり，鼻をふんふんしたりするといった1つまたはそれ以上の音声チックが存在することが特徴である**チック障害**。猥褻な言葉を発することを抑えられないといった事例もある（⇨ **汚言**）。さらに，チックが1年以上の間にわたり1日中頻回に起こり，3か月以上チックの症状がみられない期間がないことや，発症が18歳以前であることも診断基準となっている。なお，ほとんどの事例では，児童期や青年期前期に発症している。トウレット症候群とも言う。［1885年にフランスの内科医のトウレット（George Gilles de la Tourette: 1857-1904）が初めて報告した］

**当惑する**［bewildered］ 葛藤的な状況におかれた際，当惑したり混乱したりすること。⇨ **失見当識**

**兎眼**［lagophthalmos; lagophthalmus］ 完全には瞼を閉じることができない障害であり，ハンセン病において生じ

**ドキシルアミン**［doxylamine］　有効な鎮静作用のあるエタノールアミン抗ヒスタミン剤（⇨ **ヒスタミン拮抗薬**）で，多くが処方箋のいらない睡眠補助薬である。すべての抗ヒスタミン剤のように，反復使用によって効力を失うこともある。過剰摂取は体温の上昇や頻脈やせん妄を含んだ抗コリン作用薬中毒の症状が特徴である。

**ドキセピン**［doxepin］　医薬品の中で鎮静や抗コリン作用が最も強い**三環系抗うつ薬**。抗うつ薬としては現在ほとんど使用されていないが，睡眠薬や神経筋や筋骨格の痛みの抑制に比較的低用量で使用される。これは皮膚病変の局所療法としても利用されている。アメリカの商品名はサイネクアン（Sinequan）。

**トキソプラズマ症**［toxoplasmosis］　哺乳類や鳥の組織に侵入し増加する寄生原生動物トキソプラズマ・ゴンディ（*Toxoplasmo gondii*）の感染によって引き起こされる病気。たとえば，寄生虫はネコの腸細胞に生殖し，ネコの排泄物からの偶発的摂取（不注意な接触）を通して人間に感染する。人間への感染は，生または未調理で生肉を食べることや，輸血や移植手術によって生じる。妊婦の場合は胎児に寄生し（先天性トキソプラズマ症：congental toxoplasmosis），水頭症や失明，精神遅滞，その他の先天性神経障害を引き起こすことがある。

**トーキングブック**［talking book］　視覚障害やある種の学習障害（たとえば，**失読症**など）をもつ人向けに，カセットテープやCDに録音された本。特別に工夫された再生装置を使用する必要がある。一般大衆が広く利用すること（たとえば旅行中などで本を読めない，あるいは読むのを好まない状況で）を目的としたオーディオブックは含まれない。

**徳**［virtue］　倫理的な美徳。

**特異行列**［singular matrix］　逆行列が存在しない正方行列。特異行列の行列式はゼロである。

**特異刺激**［anomalous stimulus］　最近の経験と関連づけて予測することができない刺激のことで，予測しうる刺激が引き起こす神経事象とは異なった特有の神経事象を生じる。

**特異性［1］**［specificity］　1. ある特別な種類にだけ，またはある単一の現象に限って，独特な状態にあること，その質。たとえば，特別な反応を発する刺激や特定の器官（胃など）に局在化した症状などは，特異性があると言われる。2. 検査で，検査の必要のない人に，否定的な診断を与えてしまう確率のこと。無病正診率とも言う。

**特異性［2］**［idiosyncrasy］　人にとって奇妙な心身の癖や性質のこと。

**特異体質［1］**［idiosyncrasy］　個体に特有の作用因子（たとえば薬物）に対する異常な感受性をもつこと。

**特異体質［2］**［diathesis］　ある疾患あるいは障害（たとえば関節炎の体質）への遺伝的罹患性。⇨ **遺伝的素因**

**特異的学習障害（SLD）**［specific learning disability: SLD］　他の学習領域では問題のない学力を示すことができるにも関わらず，読解や数学など，特定の領域の学習や学力面では大きな困難を抱える症状のことを指す。アメリカの連邦法では，**学習障害**と同義的に用いられる。

**特異的過敏性**［pathoclisis］　1. 特定の毒に対する敏感さのこと。2. 特定の臓器や複数臓器のシステムを特定の毒がターゲットとする傾向。

**特異的態度理論**［specific-attitudes theory］　ある種の心身医学的障害は，特異的な態度と関連するという理論。たとえば，炎症の発生と虐待を受けた感覚との間の関連を指す。⇨ **特異反応理論**

**特異的発達障害**［specific developmental disorders］　DSM-Ⅲでは，精神遅滞および自閉症などが原因ではなく，一定の年齢から，特定の限られた能力や機能が適切に発達しない症状のことを指し，特異的発達障害とした。DSM-Ⅳ-TRでは，以上のような症状は，**学習障害**，**コミュニケーション障害**と分類されている。

**特異反応**［idiosyncratic reaction］　予測とは異なる効果が生じたことによる薬物に対する予想外の反応。特異反応は様々な症状を引き起こすが，一般的に，特定の事物に対し，極端な敏感性を示すか，あるいは，逆に極度の鈍感さを示すことを指す。この反応は遺伝的要因が関与している可能性がある。

**特異反応理論**［specific-reaction theory］　心身症的な症状の原因は，ストレスフルな状況おける自律神経系の生得的な反応であるとする説。⇨ **特異的態度理論**

**独裁的な**［autocratic］　1. 絶対的で，高圧的で，非民主的なこと。2. 無限の力を行使し，批判を許さないこと。

**独自因子**［unique factor］　**因子分析**において，単一変数のみに寄与する因子のこと。

**独自性［1］**［ipsative］　自分に差し戻すこと。心理学における人格特徴の独自性分析には，多元的な心理的属性の査定と，（属性についての個人差を個人間分析するのではなく）他と対比されるある属性を有する程度に関する個人内分析が含まれる。

**独自性［2］**［uniqueness］　**因子分析**において，$h_j^2$が$j$番目の変数の**共通性**である場合，$1-h_j^2$で求められる。独自性は，いかなる他の変数と共有しない変数の分散の一部である。

**独自世界**［Eigenwelt］　ドイツの哲学者ハイデッガー（Martin Heidegger: 1889-1976）による，個人の自己との関係性によって構成される**現存在**（人間が現実世界に存在すること）の側面をいう。この哲学用語は，スイスの実存主義心理学者のビンズワンガー（Ludwig Binswanger: 1881-1966）を通して心理学用語へ導入された。⇨ **共同世界**，**環境世界**　［ドイツ語で"独自の世界"］

**読者調査**［readership-survey technique］　どのくらい消費者が印刷された広告中のコピーを読んだかを検証する，広告を用いた調査方法。消費者は製品のリスト，ブランド名，会社名のリストを見せられる。もし消費者が雑誌や新聞の中でそれらが載った広告を見ていると言ったならば，広告のコピーの内容に関する情報を再生するように求められる。⇨ **再認テクニック**

**特殊因子［1］**［specific factor］　単一検査においてのみ重要であるような**因子分析**における因子のこと。すなわち，認知課題（もしくは他の課題）において特定のタイプの能力を表す因子。

**特殊因子［2］**［special factor］　イギリスの心理学者・知能心理学者であったスピアマン（Charles Edward Spearman: 1863-1945）は，多くの認知的な遂行の前提となる一般因子（g因子）と，特定の認知課題の遂行の前提条件である特殊因子（s因子）を区別した。たとえば，数

学的能力や音楽的能力などは特殊因子に分類される。⇨ **特殊能力**

**特殊エネルギー説**［specific-energy doctrine; specific energy of nerves］ 痛みの感覚は痛み受容器への刺激から，聴覚は内耳の受容器からというように，感覚経験の質は感覚受容器とそれに関連する神経系の働きで決定されるという概念。それぞれの感覚系が異なるエネルギーをもつという古典的な説を否定し，感覚経験の特異性は，感覚受容器と大脳皮質の体性感覚野の連絡によるものだとした。特殊神経エネルギー説とも言う。［ミュラー（Peter Müller: 1801-1858）によって1830年代に提唱された］

**特殊感覚**［special senses］ 頭部内にのみ受容器が存在する感覚。すなわち，聴覚，視覚，味覚，嗅覚。

**特殊飢餓**［specific hunger］ ある食物に特異的に含まれる栄養素が生体に必要な場合に，その食物に対して抱く飢餓感。たとえば，タンパク質欠乏の動物は，タンパク質が欠けていて味の良い食物よりも，タンパク質を含む味の悪い食物を好む。⇨ **食事の自己選択**

**特殊神経エネルギーの法則**［law of specific nerve energies］ 古くからある説で，感覚モダリティー間で受容体と神経チャンネルは独立しており，それぞれ特定の1種類の感覚しか生じないと考える。しかし現在では，神経インパルスは神経系全体で基本的に同じであることが知られており，法則の"名前"はふさわしくないと考えられている。［ドイツの哲学者ミュラー（Johannes Müller: 1801-1858）が1838年に初めて提唱］

**特殊精神科緊急介入チーム**［special psychiatric rapid intervention team: SPRINT］ アメリカ海軍の学際的チーム。心理学者，精神科医，ソーシャルワーカー，従軍牧師などで構成されており，緊急事態直後の短期的メンタルヘルスや心理的支援の提供を目的とする。また，地域の支援機関に，教育的支援やコンサルテーション的な支援を提供する。

**特殊創造性**［exceptional creativity; creative genius］ 自分の仕事や仕事で使用する製品を通じて，社会に対してユニークで重要な貢献をする個人の能力。創造的な生産物を生み出す特殊な創造力は，成人期にピークに達し，活動の分野に左右されるという。

**特殊創造説**［creationism］ 進化論を否定し，聖書の創造説をそのまま信じるという考え方。特に，世界は神によって6日間（あるいは極めて短期間）で創造され，人間を含めたすべての生物の種は神の分別作業によって造られたという考え。⇨ **インテリジェントデザイン**

**特殊転移**［specific transfer］ ある課題において獲得された技能や知識が，それと直接関連する類似した課題に転移すること。⇨ **一般的転移**

**特殊能力**［specific ability］ 特定の知的課題や，テストバッテリーのうちの一つの検査に対してだけに用いられる能力。他の知的能力とは相関しない。これは，他の能力と少なくとも中程度の相関がみられる**全般的能力**とは対照的である。特殊適性（specific aptitude）とも言う。⇨ **特殊因子**

**特殊能力テスト**［special-ability test］ 生徒が突出した，並はずれた能力や技術，才能を有していないかを調べることを目的とした検査のこと。

**読書緩徐**［bradylexia］ 知的障害が理由とは考えられない，読書速度が極度に遅い症状。

**読書指数**［reading quotient］ 子どもの読書能力であり，読書年齢テスト得点（⇨ **読書年齢**）を生活年齢で割った値で求められる。

**読書障害[1]**［reading disability］ 特定の年齢や発達段階の子どもがもつとされる能力より，実際の読書能力が低いこと。神経の損傷，知覚の欠損，能力習慣パターン（faculty habit pattern）（口を動かす，後戻りする），理解力の乏しさ，情動的な問題，不十分な環境などが影響する。⇨ **失読症**

**読書障害[2]**［reading disorder］ DSM-V-TRにおける**学習障害**であり，読書能力が子どもの年齢や知的能力，教育経験で期待される水準よりも低いこととして特徴づけられる。読書の困難さには，音読ができない，音読や黙読が遅い，理解ができないなどが含まれ，学業や日常生活に支障をきたす。神経系の損傷，感覚器の損傷，精神遅滞，環境遮断とは関連しない。

**読書障害[3]**［strephosymbolia］ 読み書きを行うときに，文字を入れ替えてしまう（たとえば"tap"を"pat"，"p"を"q"と書くこと）傾向を示す読字障害のこと。

**読書遅滞**［reading retardation］ 読書達成水準が個人の精神年齢よりも2年以上低い状態。

**読書治療**［remedial reading］ **読書指数**が平均以下の者や，読書様式の発達が遅れている者に対して，特別な教育を行うこと。

**読書てんかん**［reading epilepsy］ 反射性てんかんの一つの型であり，読書によって発作が突然引き起こされるもの。

**読書年齢**［reading age: RdA］ 学習者の読書能力であり，どの年齢集団と同等であるかを示す尺度によって表される。よりよく読める学習者の読書年齢は，生活年齢よりも高くなる。

**読書療法**［bibliotherapy］ 治療法の一つで，構造化された読み物を用いる治療。読書療法は，大抵，セッション内の特定の考えや方略を強化するため，あるいは生活スタイルの変化を高める目的で，心理療法に付け加えられる。入念に選ばれた本は，個人の成長と発達を助ける**セルフヘルプ**の道具としても用いられる。たとえば，コミュニケーションや問題についての自由な議論の促進，自己概念の向上，ストレスや感情的な緊張を減らすことが効果としてあげられる。

**読書レディネス**［reading readiness］ 読書のための必須条件となるスキルや能力が発達すること。スキルや能力には，聴覚的弁別や視覚的弁別，認知的能力，運動機能の協調などが含まれる。

**読唇**［lipreading］ 聴覚障害者が用いる，話者の唇の動きを聞き手が読み取って，話し言葉を理解する方法。専門家の中には，この方法では発話音の約1/3ほどしか正確に「読む」ことができず，付加的に**手話**を使用しつつ，表情や一般的な身振りに注意を向けることが，より良い理解をおおいに助けると主張している。読話（speech reading）とも言う。

**特性[1]**［characteristic］ 人の性質。その個人の本質や他者と比較した場合のパーソナリティを決定する永続的な性質を指す。

**特性**［2］［trait］ 1. 個人の行動を，様々な状況にわたって説明し決定する，長期にわたって安定したパーソナリティ特性。2. 遺伝学における，遺伝的な性質によって生じる属性（たとえば髪の色や顔の特徴）のこと。

**毒性**［toxicity］ 個体に毒性（有毒な）効果を生成する物質のもつ性能のこと。物質の毒性は薬物や工場・家庭の化学薬品，他の物質であっても，すべて一般的に体重に対する摂取量に関連しており，体重のキログラムに対する化学物質のミリグラムによって表される。毒性はまた致死量（$LD_{50}$）の中央値によって表されることもある。⇨ 行動毒性

**特性組織化**［trait organization］ 個人の特性が関連づけられ，個性的かつ統合されたまとまりとして包括された，その人特有の特性。

**特性二元論**［double-aspect theory］ 心と体は1つの実体から派生した異なる2つの性質であるとする考え方。これは，オランダの哲学者のスピノザ（Baruch Spinoza: 1632-1677）の思想に関連しており，この世界に存在する実体は一種類（スピノザの言う"神"）であるとされる。
⇨ 汎神論

**特性の特異主義**［specificity doctrine of traits］ 性格特性は，特定の階層の社会的文脈に従って表現され，この文脈を無視して，いかなる状況でも同じ性格特性が示されるわけではないという考え方。

**特性評定**［trait rating］ 特定の行動特徴か特性（たとえば，性格特性または属性）を観察し，評定し，記録する技法。

**特性不安**［trait anxiety］ 不安を経験する傾向。特性不安が高い人は，低い人よりも，世界がより危険で脅威であると考える傾向があり，特性不安の低い人であれば反応が生じない状況に対しても，状態不安が生じる。［1972年と1983年にアメリカの心理学者スピルバーガー（Charles D. Spielberger: 1927- ）によって定義された］

**特性プロフィール**［trait profile］ 各スコアが個人特性を示すテストスコアを図示したもの。これらのスコア，もしくは評定は，それらが即座に理解可能な共通の尺度に置き換えられる。サイコグラム（psychogram）とも呼ばれる。⇨ 検査プロフィール

**特性要因図**［cause-and-effect diagram］ 特定の結果に対する一群の原因を発見するための図を用いた分析ツール。日本のマネジメント専門家の石川（Kaoru Ishikawa: 1915-1989）が開発し，1943年に初めて利用された。石川ダイアグラム（Ishikawa diagram），またはその特徴的な形から魚骨図（fishbone diagram）とも呼ばれる。

**毒素**［toxin］ 有毒物質のこと。特に生体から生成されるもの。

**特徴**［1］［characteristic］ 有機体（生物），物体，場所，プロセス，状態，出来事などにおける他と区別可能な性質すべてのこと。

**特徴**［2］［feature］ ある物体や事象を別の物体や事象と区別したりカテゴリー判断を形成するうえで重要な役割を果たす属性。たとえば，独特の鼻はある人の顔の特徴であったり，羽は「鳥」カテゴリーの特徴であったり，特定の線と角度はある特定の形の特徴であったり，様々な種類の線分は文字の特徴であったりする，など。

**特徴インジケータ**［feature indicator］ 視覚野の特徴検出器に視覚的手がかりを与える物体のある側面。特徴インジケータの例としては，暗い部分と明るい部分の境界，直線縁や曲線縁，平面や曲面，特徴を連結させたもの（たとえば，クロスバーなど）が含まれる。

**特徴検出器**［feature detector］ ある特定の特徴に対して選択的に反応するメカニズムのこと。ヒトの情報処理システムには，仮説的なものや実在するものまで様々な特徴検出器がある。たとえば，視覚システムは，異なる傾きをもつ線や角から，より複雑な顔のようなものを対象とする特徴検出器をもつ（⇨ 境界検出器，コントラスト検出器，運動エッジ検出器）。言語知覚においても特徴検出器は重要な役割をもち，音素を識別するための二項素性（有声，無声音のような）を検出していると考えられる。特徴分析器（feature analyzer）とも呼ばれる。

**特徴検出理論**［feature detection theory］ すべての複雑な刺激は，各々が特定の特徴検出器によって分析されるような個別の部分（特徴）に分割できるという理論。

**特徴正弁別**［feature-positive discrimination］ 2つの類似した刺激のうち一方の示差的特徴に基づいたゴー・ノーゴー弁別手続きのことで，そこでの示差的特徴はポジティブ刺激，つまり，強度と関連づけられた刺激の一部である。

**特徴抽出**［feature abstraction］ カテゴリーの成員性を定義するために用いられる特徴をもった，様々なカテゴリーの範例（exemplar）に接した経験から学習する仮説的過程。⇨ カテゴリー化，概念形成

**特徴的である**［pathognomonic］ ロールシャッハ法において不適応傾向を示す兆候。

**特徴的な**［pathognomonic］ ある特定の身体，精神障害の指標であり，それ以外の障害とは関連しないような，1つあるいは複数の兆候や症状を説明すること。

**特徴統合理論（FIT）**［feature-integration theory: FIT］ 視覚的注意の二段階理論のこと。最初の前注意的段階では，色，明暗差，空間内の位置，形などの基本的特徴は自動的，独立的，並列的に処理される。次の注意的段階では，物体の特徴間の関係性を含んだそのほかの特徴が直列的に処理されて，知覚される単一の物体を作り出すために特徴が結合される。特徴統合仮説（feature-integration hypothesis）とも呼ばれる。⇨ テクストン［1980年にイギリスの心理学者トリーズマン（Anne Marie Treisman: 1935- ）によって提唱された］

**特徴負弁別**［feature-negative discrimination］ 2つの類似した刺激のうち一方の示差的特徴に基づいたゴー・ノーゴー弁別手続きのことで，そこでの示差的特徴はネガティブ刺激もしくはノー・ゴー刺激，つまり消滅と関連づけられた刺激の一部である。

**特徴モデル**［feature model］ 情報は特徴の集合（たとえば，「鳥」を定義する特徴）として表されるとする一般的知識もしくは意味記憶の理論。

**特定恐怖症**［specific phobia］ 不安障害。かつては単純恐怖症（simple phobia）と呼ばれ，特定の対象，活動，状況（たとえば，イヌ，血，飛行機，高所）に関する恐怖が存続し，それらが著しいことにより特徴づけられる。その恐怖は，極端，または不合理なものであり，その存在や対象，状況に対する予期不安が一定の引き金となっている。それゆえに，避けるか，もしくは著しい不安や苦痛を感じ

ながら耐えなければならない。DSM-IV-TRでは，特定の恐怖症は5つのサブタイプに分類できる。(a) 動物型 (animal type)：動物や虫に関する恐怖を含む。たとえば，ネコ，イヌ，鳥，ネズミ，昆虫，ヘビ。(b) 自然環境型 (natural environment type)：自然の環境に関する恐怖を含む（たとえば，高所，嵐，水，稲妻）。(c) 血液-注射，外傷型 (blood-injection-injury type)：血を見ること，注射されることや外傷，他の侵入的な治療手段に関する恐怖を含む。(d) 状況型 (situational type)：エレベーター，橋，運転，飛行機，閉鎖された場所など，公共交通機関に関する恐怖を含む（⇨ **閉所恐怖症**）。(e) その他の型 (other type)：他のどのサブタイプにも分類できない恐怖を含む（たとえば，窒息，嘔吐に関する恐怖，または，病気に接触することに関する恐怖，子どものピエロ，大きな音に関する恐怖）。

**特定ステータス特性**［specific-status characteristics］人々が，自分や他者の能力や社会的価値に関する判断を行うときに，意図して，あるいは意図せずに考慮する状況に関連する行動と個人特性のこと。⇨ **期待-地位理論**

**特定不能**［not otherwise specified: NOS］DSM-IV-TRにおいては広範な診断カテゴリーを示す。たとえば**特定不能のうつ病性障害**がある。特定不能の診断では，患者の問題は，疾患の特定の系統（たとえばうつ病，不安障害）にあるように見えるときに選択されるが，症候群は典型的でない場合，または正確に診断できる情報がない場合に用いられる。

**特定不能のうつ病性障害**［depressive disorder not otherwise specified］DSM-IV-TRにおいて，いずれの**うつ病性障害**（たとえば，大うつ病性障害，気分変調障害）の特徴の基準にも当てはまらないうつ症状を伴った気分障害のこと。この分類には**小うつ病性障害**や**月経前不快気分障害**が含まれる。

**特定不能の解離性障害**［dissociative disorder not otherwise specified］DSM-IV-TRにおいては，他の障害の診断基準を満たさない場合の除外診断名である。**解離性トランス障害**，離人症のない**現実感喪失**，洗脳または他の形の強制の結果の**解離状態**，そして**ガンザー症候群**を含む。

**特定不能の学習障害**［learning disorder not otherwise specified］DSM-IV-TRにおいては，特異的な障害のカテゴリーのどれにも診断基準が当てはまらないにも関わらず，読み，書き，計算の3分野すべてにおける問題によって，著しい学力達成度の機能障害を引き起こす学習障害とされている。

**特定不能の虚偽性障害**［factitious disorder not otherwise specified］DSM-IV-TRにおいては，4つの特定の下位障害のうちどれにも基準が適合しない**虚偽性障害**とされている。たとえば，代理による虚偽性障害 (factitious disorder by proxy) がある（一般的には，**代理ミュンヒハウゼン症候群**として知られている）。これは，介護者や多くの場合，母親が，病気やその治療またはその両方に影響を与える介護される人間の代わりに，意図的に症状（通常身体に）を作り上げるのである（すなわち，代理人を通じて，病気だと思い込むのである）。

**特定不能の広汎性発達障害**［pervasive developmental disorder not otherwise specified: PDDNOS］DSM-IV-TRにおける**広汎性発達障害**の残余的カテゴリーである。自閉，アスペルガー障害，レット症候群，小児期崩壊性障害といった，他の広汎性発達障害の診断基準では説明されない，コミュニケーションの困難さと結びついた社会的相互作用スキルの発達的障害，もしくはステレオタイプな行動によって特徴づけられる。このカテゴリーは　非定型自閉症 (atypical autism) を含む。非定型自閉症とは，遊びや非言語的コミュニケーション，社会的相互作用，発話に顕著な困難を示すが，自閉性障害と診断される同輩に比べると，より社会的な子どもたちを指す障害である。また，3歳までに発症していることが条件となっているこの障害とは異なり，非定型自閉症の発症は5, 6歳まで気づかれない場合もある。最近の研究では，非定型自閉症児の約半数が，様々な程度の精神遅滞を示すといわれている。⇨ **自閉性スペクトラム障害**

**特定不能のコミュニケーション障害**［communication disorder not otherwise specified］DSM-IV-TRにおいて，コミュニケーション障害のカテゴリーの中のどの特定の障害の診断基準にも当てはまらないもの。例として，**発声障害**がある。

**特定不能の身体表現性障害**［somatoform disorder not otherwise specified］DSM-IV-TRにおいては，説明できない身体症状をもつ障害のための診断カテゴリーである。これはより特定の**身体表現性障害**の診断基準には合致しない。**鑑別不能型身体表現性障害**と鑑別しなければならない。

**特定不能の睡眠時随伴症**［parasomnia not otherwise specified］DSM-IV-TRにおいては，睡眠中の異常な行動や生理学的事象を特徴とする睡眠障害に診断区分されるが，より詳細な**睡眠時随伴症**の基準を満たさない。たとえば，レム行動障害，睡眠まひなどが含まれる。

**特定不能の性機能不全**［sexual dysfunction not otherwise specified］DSM-IV-TRにおいては，標準的な特定のカテゴリー以外の性機能不全を含めたカテゴリーのこと。たとえば，身体的な正常の性的興奮にも関わらず性的官能を感じない，あるいは医学的な条件や物質乱用に由来した機能不全を含んだもの。

**特定不能の性嗜好異常**［paraphilia not otherwise specified］DSM-IV-TRにおける，**獣姦症**，**死体愛**，**尿性愛**といった，どのタイプの診断基準にも当てはまらない**性嗜好異常**からなる，残余的カテゴリー。

**特定不能の性障害**［sexual disorder not otherwise specified］DSM-IV-TRに記載された，**性機能不全と性嗜好異常**の診断基準を満たさない性的問題のこと。たとえば，性的な能力が不十分であるという感情や，持続的で著しい性的志向に関する苦悩（⇨ **自我異和性同性愛**），また不満足な，搾取的な性的関係が繰り返されてしまうことへの苦悩などである。

**特定不能の精神遅滞**［unspecified mental retardation］精神遅滞であることがかなり疑われるが，あまりにも障害が重かったり，非協力的であるために，標準化された知能検査や行動観察による評価ができない場合に診断される。DSM-IV-TRの診断基準では，精神遅滞，重症度特定不能 (mental retardation, severity unspecified) である。

**特定不能の精神病性障害**［psychotic disorder not otherwise specified］DSM-IV-TRにおいて，精神的な症状を伴う（例，妄想，幻覚，まとまりのない会話や行動）障害を含む分類で，特定の精神障害に対する基準がない。たとえ

ば，産後精神病。

**特定不能のチック障害**［tic disorder not otherwise specified］ DSM-Ⅳ-TRにおいて，特定の**チック障害**の診断基準は満たさないがチックがみられる障害をいう。チックが続いている期間が4週間未満であったり，18歳以降にチックが発症した場合などが該当する。

**特定不能の注意欠陥／多動性障害**［attention-deficit/hyperactivity disorder not otherwise specified］ DSM-Ⅳ-TRにおいて，社会や学校などの場でみられる不注意，多動性，衝動性により特徴づけられる障害。しかし，**ADHD**とは診断できないものである。たとえば，7歳以降顕著な不注意がみられるも，ADHDの診断項目が十分でない場合などである。

**特定不能の破壊的行動障害**［disruptive behavior disorder not otherwise specified］ DSM-Ⅳ-TRにおいては，社会的ルールや他の人の権利に対する侵害，攻撃または反抗を含んだ行動パターンであり，臨床的に明確な障害をもつとされた結果，適用される。ただし，他のすべての特定の破壊的行動障害の基準に当てはまらないものを指す。

**特定不能の不安障害**［anxiety disorder not otherwise specified］ 臨床的に明らかに不安や広場恐怖を感じているが，DSM-Ⅳ-TRにおける特定の不安障害に分類できない障害。

**特定不能の幼児期，小児期または青年期の障害**［disorders of infancy, childhood, or adolescence not otherwise specified］ DSM-Ⅳ-TRにおいて，幼児期，小児期，または青年期に発症する障害で，DSM-Ⅳ-TRのどの特定の障害の基準も満たさないもの。

**得点**［score］ テストの結果，あるいは他の測定可能な反応に対して割り当てられた量的な値のこと。

**得点の等化**［score equating］ テストの版やテストを実施した機会が異なっても，それらの得点の分布が等しくなるようにテスト得点を調整する過程。

**特典付加法**［that's-not-all technique］ 相手に受け入れてもらえるようにするための2段階の手続きのこと。大きな依頼をし，その依頼に対して相手が返答する前に，本来目的としていたより適切な要請に引き下げる。最初の依頼に特典をつけ，本来の要請をより魅力的にみせる方法を用いることが多い。はじめから本来の要請のみを提示するよりも相手に受け入れられやすい。⇨ **ドア・イン・ザ・フェイス・テクニック**，**フット・イン・ザ・ドア・テクニック**，**応諾先取り法**

**特別学級**［opportunity class］ 1. 特別支援を必要とする生徒に対して，質の高い指導を，安定的で協力的な環境で，特別なカリキュラムに基づいて行う教育システム。2. 生徒の知的，社会的，情動的，身体的成長を促すために，ガイダンスとカウンセリングを行う教育環境。3. 才能のある生徒，情動に障害のある生徒，おちこぼれのおそれのある生徒など，標準に適合しない生徒のための**学級外プログラム**。

**特別教育**［special education］ 子どもの障害を考慮した特別なプログラムや施設，教育を提供すること。学習面，行動面で問題のある子どもや，肢体不自由，視力障害や難聴，神経学的障害などの身体的な障害のある子どもをはじめ，基準とはかけ離れた知的能力をもち，標準的な教育とは異なる支援が必要となる子どもを対象として行われる。

**特別支援**［special needs］ 身体的，精神的，情動的な障害をもつ者や，金銭的，社会的な弱者に必要な条件や支援を指す。特別支援としては，特殊教育や訓練を行うことや，特別な治療を施すことなどが含まれる。

**特別支援学校**［special school］ 一般的な学校生活で必要な知的技能や社会的スキルを適応することが難しい子どもに対して，個々に応じた個別教育を行う教育施設のこと。

**特別支援施設**［training school］ セラピストやヘルスケアの実践家など学際的なメンバーで構成され，住居，健康，職業訓練，余暇などのサービスを提供する精神遅滞の児童や成人のリハビリテーション施設。家庭的な環境を提供するように試みられた施設ではあったが，実際にはそれほどうまくはいかなかった。また，一時は多く存在した施設であったが，20世紀後半から大幅に減少していった。

**特別児童**［special child］ **特別教育**や訓練が必要な，**特別支援**のある子どものこと。この特別児童は，学習障害や，精神遅滞，身体障害，情動障害を抱えていることが多い。⇨ **例外的児童**

**特約医療契約**［preferred provider arrangement: PPA］ 割引価格や事前合意価格でサービスを提供することに合意した医療保険会社と医療提供者またはサービス提供者の集団の間における契約合意のこと。

**独立**［independence］ 1. 他の個人あるいはグループからの影響やコントロールを受けないこと。2. 2つ以上の出来事やサンプルユニット間における完全な関係性の欠如のこと。もしくは，他者に全く影響を受けない変数や他者の変化をまったく含んでいない変化のこと。3. 確率論において，事象の確率はいくつかの他の事象の確率に依存しないという条件。もし$A$と$B$が独立事象であるならば，$\Pr(A|B) = \Pr(A)$である。

**独立事象**［independent events］ 生起した2つのどちらの事象も，他の事象の生起に影響を与えないこと。

**独立測定**［independent measures］ 相互に無関係な測定。

**独立変数**［independent variable: IV］ 特定の操作がなされた実験における変数のこと。あるいは，従属変数や結果変数が生じる以前に生じ観測された変数。独立変数は，**従属変数**の原因として関係することがある。統計的分析において，独立変数は，**予測変数**として適用される。

**トークンエコノミー**［token economy］ **行動療法**において，ある施設（たとえば病院もしくは教室）でプログラムを行う際に，食べ物や，テレビの視聴時間やその他の報酬などのトークンを与えることによって特定の行動を強化する方法。⇨ **バックアップ強化子**，**行動修正**，**オペラント条件づけ療法**

**トークン強化子**［token reinforcer］ それ自体は強化的な価値をもたないが，**強化子**と交換できる物体。最もよく知られた例は金銭である。トークン報酬（token reward）とも呼ばれる。⇨ **条件性強化子**

**トークンテスト**［Token Test］ 聴覚性言語処理の検査。参加者は，徐々に複雑になる指示に応じて形や大きさ，色の異なるトークンを操作するよう求められる。トークンテストは，**失語症**に付随する受容言語の機能障害を同定，診断するために用いられる。［1962年にイタリアの神経心理学者レンツィ（Ennio De Renzi）とビニョーロ（Luigi A. Vignolo）が開発した］

**トケイソウ**［passionflower］ つる性のハーブパッシフローラ（*Passiflora incarnate*）の一種。南アメリカおよび他の亜熱帯地方原産であるが、観賞用にも栽培される。薬用に用いられる種もあり、火傷や痔から神経痛の緩和や痙攣発作にまで使用されてきた。トケイソウ茶（passimflow tea）は不安を解消する民間療法として長い間使用されて来た。トケイソウは鎮静作用をもつとする研究もあり、1978年に24人の学際的健康専門家によってドイツの薬品医療機器連邦研究所に設立された委員会Eにも不眠症や不安症に効果があると認証されたが、臨床上明確な証拠はない。副作用はほとんどないが、悪心、嘔吐、心拍数上昇などが現れることがある。

**年上愛**［gerophilia］ 非常に年上のパートナーを性的に引き付ける力のこと。老人性愛（gerontophilia）とも呼ばれる。

**都市化**［urbanization］ 都市的特徴をもつ、コミュニティが形成されるプロセスのこと。20世紀初頭の都市化に関する心理学的研究では、当初、都市生活による精神衛生への影響に焦点が当てられ、都市居住と精神疾患の増加率との関わりについての主張がされるが、この観点は後に修正された（⇨ **漂流仮説**）。研究は、以後、心理学的・身体的次元への影響に関する調査、都市環境（たとえば、人口密度・混雑・騒音・公害）と都市生活の社会的・経済的・文化的次元における行動の影響に関する調査へと拡大した。⇨ **都市生態学**

**都市行動**［urban behavior］ 地方や郊外に住む人々と比べると、見知らぬ他者の欲求に注意を払わず、すばやく歩き、アイコンタクトが少なく、暴力や攻撃行動に頻繁にさらされる都市部に住む人々の行動。ミルグラム（Stanley Milgram）の理論によれば、都市の環境的特徴（大きさ・密度・速度）の影響によって、住民は**情報過負荷**になるため、匿名性・無力感・攻撃性・他者への無関心・狭い関心などの特徴を示すようになるという。

**閉じ込め症候群**［locked-in syndrome］ 内包レベルの脳の損傷に起因する神経学的疾患。意識はあるものの、完全な麻痺状態であり、話すことも動くこともできない状態。認知は損傷を受けておらず、脳波（⇨ **脳波測定法**）も正常である。

**年頃**［pubescence］ 思春期に達する期間、あるいはその過程。

**都市生態学**［urban ecology］ 特に人口密度と都市環境の性質に関わる都市生活の動態・組織に関する研究。都市生態学は、生物学・社会学・心理学・環境科学から派生した原則に基づく。⇨ **都市化**

**都市型学力検査**［Metropolitan Achievement Tests; METROPOLITAN］ 幼稚園から高校3年生までを対象としたテストバッテリーで、読解、作文、言語、数学、科学、社会科における発達を測定する。テストバッテリーは学年によって13の技能水準に分割され、各水準に適切な下位テストがある。初版は1931年に開発され、都市型学力検査は、現在第8版（2000年に発行）であり、各版は、作成時のアメリカの授業内容を反映したものである。

**都市伝説**［urban legend］ ホラーとユーモアの入り混じった、信じられないような、ぞっとする物語のこと。人々は「友達の友達から聞いた話なのだけど」などと繰り返し語りついでいくが、確証されたことはない。神話や寓話とは異なり、現代的背景のもとで描かれ、近代技術が関わっていることが多い。

**閉じられた質問**［closed-ended question; fixed-alternative question; multiple-choice question］ 回答者が反応する際、選択肢が与えられるような質問のこと。⇨ **自由回答式質問**

**度数多角形**［frequency polygon］ 隣接した階級の頂点を結びつけた統計的分布を描いたグラフ。

**度数分布**［frequency distribution］ 最小値から最大値まで整理された、様々な大きさの得点の出現頻度について描いたもの。

**度数分布表**［frequency table］ 測定された値の生起頻度を数的に表記したもの。

**土地言葉**［vernacular］ 言語コミュニティにおいて日常的に話されている土着の言語や方言。通常、学校や政府で使用される公式の形式ばった言語と共存している。⇨ **複舌**

**特権的アクセス**［privileged access］ 個人がもつ個人的、主観的、意識的な経験の関係で、本人にしかアクセスしたり見たりすることのできない関係性。

**突然変種**［sport］ 遺伝学的な突然変異により、親とはかなり異なって生まれた動物のこと。

**ドット図**［dot figure］ どのドットがグループ化されて見えるかによって、時間経過に伴い形態が変化する構造を作り出していると解釈されるドット配列。

**特発性**［idiopathic］ 原因がわからず、自然発生することを指す。通常、てんかんのような形態の疾患を示す。病因が不明なもの。

**突発性パニック発作**［uncued panic attack; unexpected panic attack］ 特定状況が引き金になってもたらされるというよりも、むしろ不意に起こるパニック発作。⇨ **手がかりパニック発作**、**状況準備性パニック発作**

**トップダウン解析**［top-down analysis; above-down analysis］ 1. 仮説や一般的原理から始まり、それから実験データまたは特定の事例へ進む、問題解決のための演繹的方法。⇨ **ボトムアップ分析** 2. 情報処理においては ⇨ **トップダウン処理**

**トップダウン処理**［top-down processing］ ある刺激が何でありうるかという仮説から、次に来る刺激によってその仮説が支持されるかどうかに関する判断へと進む情報処理。たとえば、読解において、文字と単語の頻度、統語、言語における他の規則性に関する知識は次にくる情報の認識を助ける（⇨ **校正者の錯誤**）。このタイプの処理においては、人の高次知識、概念、期待が低次の情報の処理に影響する。知覚的、あるいは認知的メカニズムがトップダウン処理を用いるのは、典型的には、情報が馴染み深く特別に複雑ではないときである。トップダウン解析（top-down analysis）とも呼ばれる。⇨ **ボトムアップ処理**、**概念駆動プロセス**、**深い処理**、**意味的符号化**

**トップダウン設計**［top-down design］ システムや製品の設計のための演繹的方法。実験データ（たとえば、課題結果、利用者のフィードバック）よりもむしろ概念的な指針によって設計が行われる。メニューやコンピュータインターフェース上での機能の表示における設計が例としてあげられる。これらは、一般的な機能カテゴリーから一連のサブメニューを経て、分類または特定の課題に至るまで、

概して階層構造になっている。⇨ **ボトムアップ設計**

**トップドッグ**［topdog］ 内的な道徳基準や行動基準であり、それらが満たされなかったり、達成できなかったときには不安や葛藤が生じる。トップドッグとは、負け犬（underdog）の対義語であり、優越性を感じている自我状態のことである。［ドイツ生まれのアメリカの精神科医パールズ（Frederick（Fritz）R. Perls: 1893-1970）が提唱した概念］

**ドップラー効果**［Doppler effect］ 電磁波放射線源や音源が観察者や聴取者から近づくもしくは遠ざかるときに、色やピッチが変化するといった波長や周波数の見かけ上の増加および減衰のこと。総ドップラー効果（total Doppler effect）とは観察者や聴取者と電磁波放射線源や音源の両者が運動する場合に生じる。［オーストリアの数学者ドップラー（Christian Andreas Doppler: 1803-1853）による］

**ドッペルゲンガー現象**［Doppelgänger phenomenon］ 自分と同じように見え同じように振舞う、自分と生き写しの人あるいは双子がいるという妄想。原語はドイツ語で、本来は二重の歩行者（double walker）という意味である。⇨ **自己像幻視**

**トーテム**［totem］ 1. 動物・植物・自然の力、あるいは、祖先・象徴・保護者、人々・氏族・コミュニティの守護神とみなされる無生物の対象。通常、特定の儀式の活動や、それを殺したり食べたりすることを妨げる**タブー**に焦点が当てられる。2. フロイト（Sigmund Freud）がその著作 Totem and Taboo（邦題『トーテムとタブー』）で表した、原初的な父親の象徴、あるいは表象。

**トートロジー**［tautology］ 論理学において、構成する用語の意味に基づいて、常に必然的に正しい陳述であり、その結果、命題よりなる内容がない陳述のこと。たとえば、「彼は生きているか死んでいるかのどちらかである」ということなど。⇨ **循環論法**

**トーヌス**［tonus］ 筋肉が休んでいるときの、わずかな伸張および収縮のこと。たとえば、顎筋は食事や会話のために使われていないときはトーヌスを示す。トーヌスは、行動に備えて筋肉を準備状態に維持することに役立っている。

**ドネペジル**［donepezil］ 軽度から中度の認知症の治療のための**向知性薬**として使用する**アセチルコリンエステラーゼ阻害剤**。シナプス間隙でのアセチルコリンの分解を抑制することで、ドネペジルは、**前脳基底部大細胞核**で、記憶や他の認知機能の側面の改善に関連すると考えられる、アセチルコリンが得られるレベルまで増加する。アメリカの商品名はアリセプト（Aricept）。

**トノメーター（音振動測定器、音叉）**［tonometer］ 特定の高さの音を生成したり、音の高さを測定することができる機器。

**ドーパ**［dopa: DOPA］ 3,4-ジヒドロキシフェニルアラニン。自然に存在するもの（左旋性のL-ドーパ）は**ドーパミン**Eや他のカテコールアミンの前駆体である。L-ドーパはパーキンソン病の治療薬として使われる。⇨ **レボドーパ**

**賭博者の錯誤**［gambler's fallacy］ 偶然の出来事の独立性の認識ができないこと。このため、過去の偶然の出来事の結果に基づいて現在の偶然の出来事の結果を予想できると誤って解釈してしまう。たとえば、コインを投げて表が多く出れば出るほど、次にコインを投げれば裏が出る可能性が高くなると考えてしまう。しかしながら、それぞれのコイン投げにおいて表が出るか裏が出るかは完全に独立であり、確率は毎回変わらず0.5である。

**ドーパ脱炭酸酵素**［dopa decarboxylase］ 食物由来のチロシンからカテコールアミンを生成を媒介する酵素。チロシンは**チロシンヒドロキシラーゼ**によってL-ドーパ（⇨ **レボドーパ**）に変換される。次にL-ドーパはドーパ脱炭酸酵素によって**ドーパミン**に変換される。ドーパ脱炭酸酵素は他のいくつかの芳香族アミノ酸の変換にも関わる。**ドーパミン作動性ニューロン**においては、ドーパミンが最終生成物である。一方、**アドレナリン作動性ニューロン**においては、ドーパミンはドーパミン-$\beta$-水酸化酵素によって**ノルエピネフリン**へと変換され、さらに、副腎髄質などの特殊化した細胞においては、フェニルエタノールアミン-$N$-メチル基転移酵素の作用によって、**エピネフリン**となる。芳香族Lアミノ酸脱炭酸酵素（aromatic L-amino acid decarboxylase）とも言う。

**ドーバート審問**［Daubert hearing］ 専門家の科学的証言が、信頼性や妥当性について連邦証拠規則702号による基準を満たしているかを判断するための、アメリカ合衆国連邦裁判所による公式発表や判断。このヒアリングは基本的に裁判の開始前に行われ、テスト容易性、過誤率、専門家評価、科学の領域で一般的に受け入れられているかといった要素を考慮して、証言に関して行われた調査が信頼性と妥当性を満たしているかを評価する。

**ドーバート・テスト**［Daubert test］ 専門家の科学的証言が連邦証拠規則702号で容認できるかどうかを判断するために、初期の**フライテスト**の代わりに、アメリカ合衆国連邦裁判所で使用されるテスト。**ドーバート審問**の間に大抵行われ、そこでは、テスト容易性、過誤率、専門家評価による証拠や科学の領域で一般的に受け入れられているかといった点を考慮し、証言に信頼性と妥当性があるかを評価する。

**ドーパミン（DA）**［dopamine: DA］ カテコールアミンの神経伝達物質。運動に重要な役割を果たし、多くの精神疾患に関わっている（⇨ **カテコールアミン仮説**、**ドーパミン仮説**）。脳の**ドーパミン作動性ニューロン**などに存在する。ドーパミンは食物由来のチロシンから合成される。そこではまず**チロシンヒドロキシラーゼ**によってL-ドーパ（3,4-ジヒドロキシ-L-フェニルアラニン）（⇨ **レボドーパ**）に変換される。L-ドーパは次に**ドーパ脱炭酸酵素**によってドーパミンに変換される。非ドーパミン細胞や副腎髄質では、ドーパミンはさらにノルエピネフリンやエピネフリンにそれぞれ変換される。黒質におけるドーパミン神経細胞の破壊はパーキンソン病症状（たとえば、固縮や振戦）の原因である。抗統合失調症薬の治療活性は、ドーパミン作用の抑制によって説明される。

**ドーパミン仮説**［dopamine hypothesis］ 統合失調症は、ドーパミンの過剰産生、またはドーパミンをノルエピネフリン（アドレナリン）に変換する酵素の欠損によって生じる、脳内のドーパミンの過剰が原因であるという仮説。この仮説は広く流布されているが、証拠はまだ得られていない。⇨ **グルタミン酸仮説**

**ドーパミン作動性経路**［dopaminergic pathway］ ドーパミン作動性ニューロンからなる**神経経路**。これらの経路

は，黒質から**大脳基底核**にかけての中脳線条体を含んでおり，この部位で機能障害が生じるとパーキンソン病の原因となる。また中脳辺縁皮質系もこの神経経路に含まれる。
⇨ **中脳皮質系，中脳辺縁系**

**ドーパミン作動性ニューロン**［dopaminergic neuron］ 脳や中枢神経系にあるニューロンで，神経伝達物質として主に**ドーパミン**を放出するもの。古典的には，ドーパミン含有ニューロンには3つの主要な経路があるとされている。1つ目は，中脳辺縁系-中間皮質経路（⇨ **中脳皮質系，中脳辺縁系**）で，過剰なドーパミンの活動が統合失調症の陽性症状と陰性症状に関係していると考えられている。2つ目は黒質線条体路で，運動機能やパーキンソン病に関係している。3つ目は視床の局所回路である灰質隆起漏斗路で，下垂体ホルモンのプロラクチンの制御に関わっている。

**ドーパミン受容体**［dopamine receptor］ ドーパミンや化学的に関連した化合物に感受性のある受容体分子。ドーパミン受容体は**大脳基底核**や，腎臓や腸間膜の血管など，神経系の一部に存在する。腸間膜では，ドーパミンがその受容体に結合すると，動脈の拡張が起こる。ドーパミン受容体には，D1やD2など，いくつかのサブタイプがある。

**ドーパミン受容体拮抗薬**［dopamine-receptor antagonists］ 競合的に結合し，**ドーパミン受容体**を防害することで，神経伝達物質**ドーパミン**の影響を減らす薬。古くから，メンタルヘルスでドーパミン受容体拮抗薬の臨床的な使用は，統合失調症や他の精神障害者の症状を調節してきた。大部分の定型（典型的，第一世代）**抗精神病薬**は，シナプス後のドーパミンD2受容体の拮抗を通して作用すると考えられている。大部分の第二世代（非定型）の抗精神病薬は，ドーパミンD2受容体で，ある程度の拮抗する作用をもっている。他のドーパミン受容体拮抗薬は嘔気嘔吐の予防と治療に使用される。⇨ **ドーパミン受容体作動薬**

**ドーパミン受容体作動薬**［dopamine-receptor agonists; dopaminergic agents］ **ドーパミン受容体**に結合し，直接活性化する薬で，神経伝達物質**ドーパミン**に似た生理作用をする。**ブロモクリプチン**はその一例である。パーキンソニズムは脳のドーパミンの欠損に関連しているので，ドーパミンの適正水準を維持するのに役立つ薬は，この障害の治療にとってとても有効である。ドーパミン作動薬は，抗精神病薬の使用に関連する薬剤性のパーキンソン病の症状の一部を抑えるために使用される。これは，パーキンソン病，**乳汁漏出**，プロラクチン分泌下垂体腫瘍の治療にも使用される。⇨ **ドーパミン受容体拮抗薬**

**トピラマート**［topiramate］ 抗痙攣薬であり，双極性障害の治療における**安定剤**として用いられる。トピラマートはナトリウムチャネル（⇨ **イオンチャネル**）を阻害することで神経伝達の速度を減速させる。また，**ガンマアミノ酪酸**（GABA）の神経伝達を促進し，**グルタミン酸受容体**の活動を抑制する。精神運動の低下や眠気が副作用として報告されている。アメリカの商品名はトパマックス（Topamax）。

**トポグラフィー**［topographic; topographical］ 表面特徴と構造の部分間の空間関係を含んだ構造実体の詳細な記述に関連していること。⇨ **局在機構**

**トポグラフィー心理学**［topographical psychology］ 精神を図示したり，様々な精神活動や機能を異なる領域間の作用として位置づける観点の心理学。たとえば，ユングは意識的な自我と，**個人的無意識，普遍的無意識**に分類し，フロイトは精神を**意識，前意識，無意識**の3つの水準に分類した。⇨ **局所モデル**

**ドボラクキーボード**［Dvorak keyboard］ 英語で使われる文字の頻度に基づくキーボード配列。最も頻度が多いキーがメインあるいはホーム列（指をもともと置いておく列）に置かれ，押しやすくなっている。ドボラクシンプルキーボード（Dvorak simplified keyboard）とも呼ばれる。
⇨ **コード・キーボード**　［アメリカの教育学者ドボラク（August Dvorak: 1894-1975）によって1936年に発明された］

**トポロジー**［topology］ 幾何学図形や，空間内でのその変形に関する学問。ピアジェ（Jean Piaget）は，ほとんどの3,4歳児が馴染みのある物（たとえば，鍵，くし，鉛筆）を触運動知覚によって（触っただけで）分類するにも関わらず，幾何学図形を視覚を使わずに同定できる者は20％しかいないことを見出した。レヴィン（Kurt Lewin）は，**生活空間**内での行動を記述する際に，トポロジー的な概念を用いた。⇨ **トポグラフィー心理学**

**トポロジー記憶**［topographical memory］ ある空間的環境における物体の配置や関係性についての記憶。

**トポロジー心理学**［topological psychology］ 個人の**生活空間**における引力と斥力の幾何学的関係（**誘因価**）の観点から現象を記述・分類しようとする心理学体系のこと。要求，目的，目標の幾何学的地図（**位相幾何学**）となる。［レヴィン（Kurt Lewin）が提唱した］

**トーマスS. 集団訴訟**［Thomas S. class action］ ノースカロライナ州で行われた集団訴訟であり，これにより，州の精神病院に住む精神遅滞者のための特別な学級が設置された。学級の成員の多くは，精神遅滞と，重度で慢性的なまたは再発的な精神病の両方（MR/MI）を患っている。裁判所は，必要なサービスと支援の提供を要求した。この学級は1998年に解散になったが，この訴訟事件により，精神遅滞サービスのための州主導の機関において，MR/MIサービスを管理する部門が設置されるようになった。

**トーマス心理学**［Thomistic psychology］ イタリアの哲学者・神学者であるアクィナス（Thomas Aquinas: 1225-1274）の著作物から発見され，多くのローマカトリックの思想家たちによって20世紀前半に再考された心理的原理。アクィナスの**アリストテレス的**理論では，信仰の互換性，自由意思，究極の幸福が重視されている。

**トマト効果**［tomato effect］ これまでの医療モデルに合わないという理由や，現在広く認められている医学的な理論と矛盾するという理由で，効果的な治療の実施を躊躇すること。この例として**バイオフィードバック訓練**がある。トマト効果という名称は，ヨーロッパでは古くからトマトは食されていたにも関わらず，アメリカでは1820年までトマトには毒性があると考えられ食べられていなかったことに由来する。

**ドメイン**［domain］ **生物学的分類学**において，いくつかの分類体系で使用される最も高次のカテゴリーのこと。1つ以上の界をもつ。古細菌，細菌，真核生物（動物，植物，菌類，原生生物を含む）が広く認められている。

**ドメインネーム**［domain name］ ウェブサイトを見つける際に使うように用意された名前。商品や会社のドメイ

ンネームは現実世界で使われる名前と同じであることが望ましい。

**共食い**［cannibalism］ 動物が，同種の他個体を捕食すること。いくつかの昆虫種のメスは，交尾の後，卵の成長のためのタンパク源として，オスを摂食する。栄養環境が悪い場合や，異常のある子どもが生まれた場合，その子どもを摂食する動物種も存在する。

**トライアド**［triad］ 力動的な関係性にある3人の人間のこと。たとえば，父親・母親・子ども，あるいは夫婦療法のセラピスト・夫・妻など。独特な集団的特徴や同盟を含んだ三角関係を構成するとみなされる。

**トライアビル**［Triavil］ 三環系抗うつ剤アミトリプチリンと抗精神病薬ペルフェナジンの混合物であり，不安や抑うつの同時治療に用いられる。

**トライアルデザイン**［trial design］ 新しい治療法の効果を適切に評価するために必要な**治験**の概要や計画。

**トラウマ**［trauma］ 自身や他者の生命や身体の安全が脅かされる体験や，それらを目撃することで，激しい恐怖や無力感を感じること。それらの体験は，**解離**や混乱，安全の感覚の欠如を引き起こすこともある。トラウマ体験は，公平で，安全で，予測可能であるという個人の世界に対する見方を変化させる。一般的に，トラウマは人為的な行動が原因の場合（たとえば，レイプ，殺人，人為的な事故など）の方が，自然が原因である場合（たとえば，地震など）に比べて心理学的な衝撃がより強い。

**トラコーマ**［trachoma］ 主に，結膜や角膜の感染症で，バクテリアの菌株のクラミジアトラコマチスによって生じる。トラコーマは，痛み，涙，光恐怖症から始まるもので，未治療であると失明に至る。アジアやアフリカで共通のものであり，アフリカの一部では全人口が感染している。病原細菌は，**非淋菌性の尿道炎**の形成に関与している。⇨ **眼炎**

**トラゾドン**［trazodone］ 科学物質的に抗うつ剤に特有のものであり，三環系物質の代わりに安全なものとされている。鎮静作用やその持続性，痛み，薬物を摂取している少数の男性に望まない勃起（持続勃起症）が生じるため抗うつ剤としての使用は制限されている。その抗うつ剤の活性メカニズムについては明らかとなっておらず，セロトニンやノルエピネフリンの再摂取を強力に抑制することはなく，それは5-HT$_2$セロトニン受容体の拮抗薬である。抗うつ剤として微量に使用しているが，トラゾドンは共通して寝る前の鎮静や高齢者の敵意や興奮を抑制するために投与される。関連物質としてネファゾドンがあり，それは鎮静作用と持続勃起症との関連性が少なく，現在は使用可能である。アメリカの商品名はデジレル（Desyrel）。

**トラッキング**［tracking］ 絶えず移動するターゲットを追う動作をすることが目標となっている**連続運動課題**の一種。⇨ **補正追跡**

**ドラの症例**［Dora case］ フロイト（Sigmund Freud）の初期の最も代表的な症例の一つ。*Fragment of an Analysis of a Case of Hysteria*（1905）（邦題『あるヒステリー患者の分析の断片』）と題して発表された。この女性の多様な症状（偏頭痛，失声，自殺念慮，失神発作）の研究は，彼の**抑圧**の理論や分析手法としての**夢分析**に寄与することとなった。

**ドラマ療法**［drama therapy］ 集団心理療法における，自己への気づきや自己表現を増加させるために用いられる演劇技法。⇨ **心理劇**

**とらわれ型愛着**［preoccupied attachment］ 成人の愛着スタイル。自分自身の能力や効力感に疑問をもつことが特徴のネガティブな**愛着の内的ワーキングモデル**と，他者の能力や頼りがいを信頼することが特徴のポジティブな愛着の内的作業モデルとの結合。この愛着をもつ人は，苦難に際して他者の支援を求める。⇨ **拒否型愛着**，**恐れ型愛着**，**安定型愛着**

**トランザクション**［transaction］ 精神療法中に生じる治療者と患者との相互作用。究極的には，患者と，患者の周囲に存在する人との間の相互関係を指す。

**トランス**［trance］ 1. 狭窄した意識と刺激への反応性といった性質をもつ状態。2. 催眠や自己暗示によって引き起こされた心理状態で暗示への率直性。被暗示性によって特徴づけられる（⇨ **催眠感受性**）。目を開けることができないという暗示や，手足の感覚がなくなるといった暗示を受けることで軽いトランス（light trance）に入り，中等度のトランス（medium trance）では，部分健忘や，**ポット催眠健忘**，**後催眠暗示**がみられる。深い昏睡状態では，トランスに影響せずに目が開けられない状態や，夢遊，ポジティブもしくはネガティブな後催眠性の幻覚，知覚過敏（感受性の亢進）がみられる。催眠トランス（hypnotic trane）とも言う。

**トランスアクショナリズム**［transactionalism］ 人間と環境の相互作用を強調する知覚論。このアプローチによると，人間は受動的な観察者であるのではなく，過去の経験を利用して現在の状況や新奇な刺激についての知覚を形成している。

**トランスジェンダー**［transgender］ 生物学的性別や文化的に決定する男女の役割とは異なる性別アイデンティティをもつこと。トランスジェンダーには，性転換，ある種の女装，間性（intersexuality）が含まれる。同性間の性的指向と混同すべきではない。⇨ **性同一性障害**

**トランス世代パターン**［transgenerational patterns］ 連続する世代に現れる行動やパーソナリティのパターンのこと。否定的，または不適応的な行動に関連して用いられることが多い（たとえば，薬物乱用，思春期の妊娠，児童虐待，など）。

**トランスデューサー**［transducer］ エネルギーをある型から別の型に変換する装置のこと。感覚受容器がその例である。

**トーランスの創造的思考テスト**［Torrance Tests of Creative Thinking: TTCT］ 筆記形式のテスト項目であり，2つのバッテリー，すなわち，言語的テスト（言葉で創造的に思考する）と，図形的テスト（図で創造的に思考する）からなる。幼児から大学生までのすべての段階で使用できる。このテストでいう標準的な「活動」には，面白い絵の中の行動の結果をリストアップする，おもちゃを改良する方法を言う，曲線をつないで独創的な絵を描くなどが含まれる。このテストの目的は，流暢性，柔軟性，独創性，綿密性という創造的思考の4つの特徴を測定することである。⇨ **ARPテスト**，**創造性テスト** ［アメリカの心理学者トーランス（Ellis Paul Torrance: 1915-2003）が1966年に考案した］

**トランスパーソナル心理学**［transpersonal psychology］

意識の"より高次の"状態と超越体験の本質，多様性，原因と結果などの探究に関する人間性心理学の一領域。"トランスパーソナル"は，パーソナルアイデンティティや，個人の即座に満たしたい欲求を超えた極限状態への関心，という意味。⇨ 存在認識，至高体験

**トランスフェラーゼ（転移酵素）**［transferase］ 原子や基のある分子から別の分子への移動を触媒する酵素。たとえば，アミノ基転移酵素。

**トランスポーター**［transporter］ 細胞膜にあるタンパク質の複合体。イオンや神経伝達物質などを細胞の内外に運搬する。たとえば，神経細胞の間にあるシナプスでは，シナプス前膜にあるトランスポーターは神経伝達物質と結合し，再利用のためそれをシナプス前細胞に戻す（⇨ 再吸収）。トランスポーターは，物質が細胞膜内外の濃度勾配に従って輸送される受動輸送を利用することがある。もしくは，物質を細胞膜の片側からもう一方の側に輸送するためにATPの加水分解によってエネルギーを供給する必要がある能動輸送を行う。

**トランスミッター**［transmitter］ メッセージやインパルスを受信者へ符号化し送信する，あるいはその伝達を助ける，道具や装置。

**トランスロジック**［trance logic］ 論理的矛盾または思考の流れの矛盾に同時に関わるための催眠状態での思い込んだ傾向のこと。トランスロジックは異なる水準の意識で同時に情報が登録される並列処理についての証拠から示唆された。⇨ 分離した意識，ネオ分離理論

**トランセンデンスセラピー**［transcendence therapy］ スピリチュアルなものを志向するセラピーの一種であり，悲しみや困難さ，苦難などを克服するために，運命という大きな絵の中でその人がもつ役割をまずは理解し，その過程を経て平和という内的感覚を獲得することを援助しようとするセラピーのこと。このセラピーは，人間は情報や経験をただ受け身的に享受する存在ではなく，現実を能動的に解釈し，内的対話を通して悟り，自分という存在の意味を調整することができるというフォーマティブスピリチュアリティー（formative spirituality）の概念を基盤としている。［オランダ生まれのアメリカの心理学者カーム（Adrian van Kaam: 1920- ）によって考案された］

**トランセンデントカウンセリング**［transcendent counseling］ 行動とは個人のライフスタイルの産物であり，ライフスタイルを変えるだけで行動は変わるという考えに基づくカウンセリングの一種。様々な指示的な行動志向的技法と，インターパーソナルカウンセリングの技法，リラクセーションや瞑想，栄養学のプログラムなど多岐にわたっている。［アメリカの心理学者のハーパー（Frederick D. Harper: 1943- ）によって考案された］

**トリアージ**［triage］ 整頓され組織的なやり方で，患者の選択と選別を行い，治療効果を高める方法のこと。患者は利用可能な最も適切な治療サービスを受けられるように手配される。

**トリアゾラム**［triazolam］ 初期は睡眠薬や歯科処置に関連した不安の処置のために用いられていた短期作用のベンゾジアゼピンのこと。その使用に関する深刻な心理学的混乱については，行動的脱抑制，攻撃性や動揺，短期記憶の障害（前向性健忘）を含み，その販売は1991年にイギリスにおいて禁止されている。アメリカの商品名はハルコイン（Halcoin）。

**取り入り[1]**［ingratiation］ 他者の好意や支持を獲得するための努力で，特に意図的な印象操作による。取り入りが特に人を操る目的をもつ場合には，不正で不愉快な方略とみなされることが多く，心から好かれようとする努力とは区別される。

**取り入れ[2]**［introjection］ 1. 現実的，外的なものを自己に統合しようとする無意識の過程。特に他者の態度，価値観，特性，人格の一部などがその対象となる。たとえば，愛していた人物の喪の作業で起こる。2. 精神分析理論において，外部対象の特性を内部対象として，あるいは行動に影響を与える心的表象として自分の中に取り込む過程。親の価値観や態度を超自我として取り込むことは正常な発達として位置づけられる。一方で，不安が生じる状況では防衛機制としても使われる。⇨ 同一化，内省

**取り入れられたうつ**［introjective depression］ 罪悪感や怒りの感情を自分自身に向けている状態のうつ。

**取り入れられた人格**［introjective personality］ 精神分析理論では，人格形成の途中で達成や評価に焦点が当たる際に，その発達がうまくいかない場合，無価値感，失敗感，病理的な自己批判に終始すると考えられている。⇨ 依託的人格

**トリガー刺激**［trigger］ 反応を生じさせる刺激。たとえば，ある出来事は，過去の経験の記憶やその経験に伴っていた感情の誘因となりうる。

**取り消し**［annulment］ 精神分析理論において，不愉快な考えや出来事が中性化されるか，それらが白昼夢やファンタジーに転化されることによって無効化されるプロセス。

**トリサービス統合認知機能アセスメントバッテリー**［Unified Tri-Service Cognitive Performance Assessment Battery: UTCPAB］ 実験心理学者によって1984年に作成されたテストバッテリーであり，コンピュータ処理される。神経システムの異常を査定するために開発され，精神運度検査や神経心理学的検査と客観的な関連性が認められている。

**トリソミー**［trisomy］ 染色体の相同対に加え，もう一つの余分な染色体をもつ状態のこと。21番染色体が3本あるダウン症候群など，いくつかの疾患の原因である。

**トリソミー 17-18**［trisomy 17-18］ 出生時の低体重と様々な顔面異常，後頭部の突出，指の重なり合い（人差し指が中指へ），視覚異常などを特徴とする先天性障害のこと。深刻な精神遅滞を伴う。17番または18番染色体の不分離が原因である。エドワーズ症候群（Edwards syndrome）またはEトリソミー（E trisomy）とも言う。

**トリソミー 21**［trisomy 21］ ダウン症候群のうち85%に関係する状態のこと。細胞に21番染色体が3本存在する。余剰の1本の染色体は父方か母方に由来する。21トリソミー（21 trisomy）とも言う。

**トリーチャ・コリンズ症候群**［Treacher Collins syndrome］ 主に常染色体優性の先天性疾患であり，小さく奥まった顎や虹彩異常を伴う小眼球症，外耳の奇形などの顔面異常を引き起こす。トリーチャ・コリンズ症候群は常染色体劣性の遺伝的変異を含む，いくつかの遺伝的変異が原因である。多くの発症者は伝導性難聴を患い，一部の発症者には知的障害がある。ベリー症候群やフランチェス

ケッティ-ツヴァーレン-クライン症候群、下顎顔面異骨症としても知られている。[イギリスの眼科医コリンズ（Edward Treacher Collins: 1862-1919）]

**トリヌクレオチド反復配列** [trinucleotide repeat] 核酸（DNA または RNA）において、ひと続きの3つの**ヌクレオチド**からなる配列の繰り返しのこと。特定の遺伝子における余分なトリヌクレオチドの反復は、**ハンチントン病**や**脆弱X染色体**などの遺伝的機能障害を引き起こす。

**取引** [bargaining] 利害葛藤を抱える二者（二集団）が、多少の利益と引き換えに、希少な資源の交換を行うことで、葛藤解決を試みる過程。

**取引段階** [bargaining stage] スイス生まれのアメリカの心理学者キューブラー・ロス（Elisabeth Kübler-Ross: 1926-2004）によって描かれた5段階の**死の段階**のうちの第3段階である。この段階では、死に逝く人は、自らの死期が遅くなるように、神や運命との取引を試みると言われている。

**トリフェイジックパターン** [triphasic pattern; three burst pattern] 特徴的な一連の筋肉活動であり、**作動筋**、次いで**拮抗筋**、再度、作動筋と続く、急速な活動であり、標的への一方向性の運動である。

**トリプタミン誘導体** [tryptamine derivatives] 薬物のグループ名。合成化学物質として**セロトニン**（5-ヒドロキシチラミン）と関連する。これらは LSD と類似の幻覚効果をもつ物質を多く含んでおり、DMT（ジメチルトリプタミン）、DET（ジエチルトリプタミン）、**ブフォテニン**、**サイロシン**を含んでいる。トリプタミン誘導体は置換インドールアルキルアミンとして分類されることもある。

**トリプタン** [triptans] **血管収縮薬**の一種であり、片頭痛の治療に用いられる。スマトリプタンのプロトタイプである。トリプタンは 5-HT$_{1B}$ と 5-HT$_{1D}$ 受容体において**セロトニン受容体**として働き、脳血管の収縮を引き起こすことで治療効果をもたらす。トリプタンは現在**モノアミンオキシダーゼ阻害薬**と同時に使用することができず、**セロトニン症候群**を引き起こす危険性を避けるための SSRI の使用には注意を払うべきである。

**トリプトファン** [tryptophan] 人の食べ物の基本的なアミノ酸の一つ。神経伝達物質**セロトニン**の先駆物であり、一般に生理的過程に影響を与える。植物や多くの動物において、ビタミンBである**ニコチン酸**の先駆物でもある。トリプトファン減少、つまり脳内のトリプトファンの喪失が研究のために起されることもある。

**トリプトファン・ヒドロキシラーゼ** [tryptophan hydroxylase] セロトニンの生合成における最初の段階に触媒作用を及ぼす酵素。食事由来のアミノ酸 L-トリプトファンを **5-ヒドロキシトリプトファン**（5-HTP）に変換する補酵素としてテトラヒドロロオプリテリンを使用する。この反応はセロトニン合成の律速段階であり、神経伝達物質としてセロトニンを使用するニューロンの活性化と同様に脳内のトリプトファンのレベルによって制限される。

**トリフルオペラジン** [trifluoperazine] フェノチアジンクラスのピペラジン**高力価の抗精神病薬**。このクラスの他の物質と同様に、シナプス後のドーパミン D2 受容体を阻害するように働く。トリフルオペラジンは成人や子どもの統合失調症または成人の重篤な非精神病性の不安の治療に適している。認知症に関連する行動上の症状の統制にも用いられる。その激しい副作用（たとえば、**遅発性ジスキネジア**、**神経弛緩薬悪性症候群**、そしてその他の無毒性の抗不安薬（たとえばベンゾジアゼピン）の有用性のため、不安症状への日常的な服用は勧められない。アメリカの商品名はステラジン（Stelazine）。

**トリヘキシフェニジル** [trihexyphenidyl] 従来の抗精神病薬の使用によって引き起こされたパーキンソン症状の治療に用いられる**抗コリン薬**。パーキンソン病の補助療法として用いられる。それらは副交感神経系の働きを直接的に抑制し、平滑筋をリラックスさせる効果がある。

**トリミング** [trimming] 偏った影響を取り除くために、統計的な計算をする前に分布の端を一定の割合で排除すること。

**トリメトキシアンフェタミン** [trimethoxyamphetamine: TMA] LSD と同様の幻覚性があるとみなされている幻覚誘発剤であり、幻覚を発生させる**メスカリン**のような**中枢神経興奮薬**である合成の**アンフェタミン類**派生物のこと。TMA やその他のデザイナーズドラッグの副作用や毒性は、MDMA のそれらと同様のものである。

**努力 [1]** [effort] 身体的あるいは精神的な力の活性化。

**努力 [2]** [nisus] ドイツの哲学者のライプニッツ（Gottfried Willhelm Leibniz: 1646-1716）による理論体系において、生得的で適切な最適解の完全な理解に到達するためにすべての**モナド**に含まれる固有の傾向のこと。⇨ **エンテレケイア**

**努力症候群** [effort syndrome] 現在はパニック障害と分類されている不安反応の旧式名称。その症状はパニック発作症状である。この症候群には多くの名称があり、心臓神経症、過動心臓症候群、過敏性心臓、兵士の心臓、ダ・コスタ症候群、神経循環無力症、過換気症候群などがある。

**努力の正当化** [effort justification] ある課題や行動が困難や不快である場合、それらを好意的に評価するようになる傾向のこと。この効果は、課題の遂行に明確な目的が存在しない場合最も起こりやすい。無駄であったり、つまらない課題の遂行に努力を費やしたり、それらの遂行を通じて不愉快な結果を経験することは認知的な矛盾を生じさせるため（⇨ **認知的不協和**）、人は認知的な矛盾を解消させるために、課題への評価を肯定的な方向へシフトさせると考えられる。⇨ **認知的不協和理論**、**不協和低減**

**努力の節約** [economy of effort] 生体が行為を効率的に行おうとする傾向、およびエネルギーの消費を最小化しようとする傾向のこと。たとえば、不必要な移動の回避など。

**トリヨードチロニン** [triiodothyronine: T$_3$] ヨード含有性のホルモンであり、**サイロキシン**と一緒に代謝活性化を調整するはたらきがある。⇨ **甲状腺ホルモン**

**ドリル** [drill] 学習を目的とした、身体的・心理的反応（あるいは一連の反応）の体系立った反復、あるいはシステマティックな練習のこと。学習される題材が、学習者にとって、統合されていない、あるいは内的に一貫した全体像をまだ表象していないときに必要とされる。たとえば、外国語を学んでいる個人が、ドリルを必要とすることもある。行動や技能の**自傷**を生成するのにも必要とされる。

**ドリンコメーター** [drinkometer] 動物実験において動物が飲用管をなめる回数を記録するために用いられる装

置のこと。リコメーター（lickometer）とも言う。

**ドル**［dol］ 痛覚の単位。1ドルは閾値の2倍に相当する。

**トルエン**［toluene］ 揮発性溶剤であり，慢性的に吸入すると腎不全や死を引き起こす。⇨ **吸入因子**

**トールボット**［talbot］ 1ルーメン毎秒と等しい光エネルギーの単位。つまり，1秒当たり1ルーメン伝わるエネルギーのこと。タルボット，タルボとも呼ばれる。

**トールボットープラトーの法則**［Talbot-Plateau law］ 光が絶え間なく見えるほどすばやく点滅しているとき，その明るさは点灯時間と消灯時間の比率によって決まるという法則。そのため，絶え間ないように見える刺激に知覚される明るさは，実際には，長時間で考えると，断続的な点灯時間の明るさと消灯時間の明るさの平均となる。［イギリスの物理学者トールボット（William Henry Fox Talbot: 1800-1877），ベルギーの物理学者プラトー（Joseph Antoine Ferdinand Plateau: 1901-1883）］

**トールマン**［Tolman, Edward Chace］ エドワード・チェイス・トールマン（1886-1959），アメリカの心理学者。トールマンはミュンスターベルグ（Hugo Münsterberg）のもとで研究し，ハーバード大学で1915年に博士号を取得した。ノースウェスタン大学で3年間教えた後，カリフォルニア大学バークレー校の教授陣に加わり，そこで残りの研究生活を送った。ハル（Clark Leonard Hull）やスキナー（B. F. Skinner）とともに，トールマンは，ワトソン（John B. Watson）と彼の行動主義の理論が立ち上げた道に続く**新行動主義**の創設者として知られている。しかしながら，トールマンは，目的や認知地図などの心理主義的概念に重点をおいた点で，ハル，スキナー，ワトソンとは異なっている。彼の**目的的行動主義**の理論において，トールマンは，行動は決してランダムに開始されるのではなく，目標が達成されるまでは一貫してその目標に向かって方向づけられると主張した。ゲシュタルト心理学者のレヴィン（Kurt Lewin）の**場の理論**を援用し，トールマンは，行動は目標志向ベクトルと場の内側のバランスという観点から記述できるとも論じた。彼の代表的な論文は，*Purposive Behavior in Animals and Men*（1932）と*Behavior and Psychological Man*（1951）という2つの重要な著作に集められている。トールマンの多くの称号の中には，米国科学アカデミー（1937年），米国心理学会会長（1937年）への選出が含まれる。彼は米国心理学会功労賞（1957年）も受賞している。

**トレイルメイキング・テスト**［Trail Making Test: TMT］ 点つなぎ課題であり，**ハルステッドーレイタン神経心理学バッテリー**の一部。トレイルAでは，数字が付けられた25個の点を順につなげていく。トレイルBでは，数字と文字を交互に，順につなげていく（1-A-2-B-3-C）。このテストは，認知障害に最も広く用いられているものの一つであり，いくつかの機能，特に認知的な柔軟性，注意，配列，視覚探索，運動速度などを測ることができる。トレイルメイキング・テストは，1938年にアメリカの心理学者パティントン（John E. Partington）とライター（Russell G. Leiter）によって開発されたもので，もともとは分割注意検査（Divided Attention Test）として，その後にはパティントン通路検査（Prtington's Pathways Test）として知られていた。

**トレイン**［train］ 脳刺激時に見られるような，連続して観察される神経インパルス。

**ドレッシングエイド**［dressing aid］ 障害を抱えた人が一人で衣服を着る助けとなる福祉用具。例として，ボタンフック，特別にデザインされた留め具（たとえばベルクロストリップ），手袋などが含まれる。

**トレードオフ設計**［design trade-off］ システムや製品のある属性を優先させるために，利便性を犠牲にした状況。たとえば，携帯電話の長押し機能は，偶然電源をつけてしまう機会を減らすために用いられている。長押し機能は，直観的な動作ではないため，面倒さを感じることがあるかもしれないが，偶発的な行動を排除するためには，大きなメリットをもたらすと考えられている。

**トレーナー**［trainer］ 1. 心理療法を行う資格者。2. メンタルヘルスにおける，感受性訓練集団の指導者または司会者（⇨ **Tグループ**）。

**トレーニング**［training］ 体系的な教示や練習のことで，これらによって，個人はある特定の領域，才能，職務上もしくは娯楽上の技能や活動における能力を獲得する。

**トレーニングの評価**［evaluation of training］ 職業訓練の有効性を評価すること。トレーニングの評価は，トレーニングを受けている人の態度，トレーニングに対する反応，プログラムの中で教示した情報についての知識習得度，行動の変化などに焦点を当てて行う。⇨ **訓練妥当性**

**トロアチェ**［toloache］ 植物の名前。ケチョウセンアサガオ（*Datura inoxia*）というナス科の植物であり，**シロバナヨウシュチョウセンアサガオ**の近縁種で 強い抗コリン作用を伴う多数のアルカロイドを含んでいる。この植物は北・中央アメリカの先住民の宗教の儀式や青年の通過儀礼に用いられる。

**トロイリズム**［troilism］ 3人で行われる性的行為。トロイストとは，このような関係において，パートナーが第三者との性的活動を観察するだけではなく，パートナーと異性の双方との活動に参加することを楽しむ人を指す。第三者は，トロイストかトロイストのパートナーのどちらかと同性である。トロイストと同性の場合にだけ観察は行われ，パートナーと同性の場合には双方との性的活動に参加する。

**ドロップイン・センター**［drop-in center］ アメリカにおいて，物質乱用防止プログラムと結びついた施設のこと。事前の予約なしで専門家の支援および助言を得られる。ドロップイン・センターは集会所として社会的活動，教育的活動，レクリエーションも提供する。

**ドロペリドール**［droperidol］ 手術のための前投薬や手術の麻酔を維持するために使用される**ブチロフェノン**の分類の抗精神病薬。これは急性の精神病の興奮の応急処置のために時々用いられる。極端に早く作用が始まるために，他のメンタルヘルスにほとんど応用できない。アメリカの商品名はイナプシン（Inapsine）。

**鈍感**［insensible］ 1. 無反応状態や意識のない状態にあること。2. 感情反応が欠如していること。

**ドンクアイ**［dong quai］ トウキの植物から得られた薬草剤で，中国，韓国，日本の産地の原産し，様々な症状でアジア，アメリカ，西ヨーロッパの人々に使用され，特に**無月経**，**月経困難症**や他の生理不順の治療に用いられる。月経前症候群や更年期障害に関連した身体的精神的症状を

改善するとも言われている。ドンクアイについて行った限られた研究は，ドンクアイの使用の効果について矛盾した結果が得られていて確定的ではない。副作用は，腹部膨満，下痢，他の胃腸障害，発熱，光過敏症，出血の増加がある。さらに，これは多くのフィトエストロゲン（⇨ **エストロゲン**）やクマリンのようなものが含まれているので，エストロゲンの薬剤や抗凝血剤と相互作用することもある。

**貪食症**［phagomania］　止めどないひもじさ，あるいは食物を消費することへの病的な願望。

**遁走**［fugue］　**1.** ⇨ **解離性遁走**　**2.** 短い期間意識が完全ではない状態が続き，日常の活動をこなすことができるときもあるが，その期間の出来事をその後は覚えてないという症状。この状態は，てんかんに典型的ではあるが，アルコールによる酩酊状態や緊張病性の興奮状態といった，その他の障害でも生じることがある。

**どん底**［bottoming out］　財政的破綻，自殺企図，家族やその他の親密な他者との関係の崩壊などに特徴づけられる絶望的な状態。深刻な抑うつや中毒障害（例，物質乱用，病的賭博者）の者がよく経験する。

**ドンデルスの法則**［Donders's law］　物体を見ている場合の視線の位置は，物体の位置までの眼球運動に依存しないという法則。［オランダの物理学・生理学者ドンデルス（Franciscus Cornelis Donders: 1818-1889）による］

**ドンデルス法**［Donders's method］　参加者に，それぞれの連続する課題が単一の心的段階を付加することによって先行する課題と異なるというような一連の**反応時間課題**を遂行させることで，仮説段階の心的処理を分離する方法。特定の段階の処理を終えるのに必要な時間は，ある課題における反応時間から先行する課題における反応時間を引くことによって推論できる。たとえば，ある信号に対してあるキーを押すことによって反応し，他の信号には他のキーを押すことによって反応するというような課題 A がある。このような課題 A における反応時間は反応決定段階に，ある信号に対してあるキーを押すことによって反応し，他の信号には反応しないというような課題 B における反応時間を加えたものである。減算法（subtraction method）とも言われる。⇨ **測時分析**，**複合反応時間**　［ドンデルス（Franciscus Donders）による］

**トンネル視**［tunnel vision; tubular vision］　長いトンネルや管を通して世界を見ているように知覚される**視野欠損**。周辺視が完全に失われている状態。トンネル視は，高眼圧や**網膜色素変性**の状態にある片眼あるいは両眼，または，視交叉以降の視覚処理部位の両側損傷後の両眼で生じることがある。転換症状としても現れる。

**ドン・ファン**［Don Juan］　性的な征服にのみ関心があり，女性を無情にたらし込む男性。性的征服の後は，突然，女性への興味を失う（Don Juanism）。もともとのドン・ファンは，伝説的なスペインの貴族，あるいは放蕩者（libertine）であり，文学やモーツァルトの歌劇 *Don Giovanni*（ドン・ジョヴァンニ）において主人公として描かれた。**カサノバコンプレックス**の男性が，女性を神と崇めるのとは対照的に，ドン・ファンは女性を獲物としてみなす。⇨ **色情狂**

**貪欲**［pleonexia］　**1.** 即物的なものに対する異常なまでの欲望や要求。**2.** 酸素の異常な取り込み。

# な

**内因性**［endogenous］ 正常な生化学的，生理学的過程（例，**内因性オピオイド**），あるいは素因となる生物学的，遺伝的な作用（例，**内因性うつ病**）の結果として体内で発生すること。⇨ **外因性**

**内因性うつ病**［endogenous depression］ 明確な心理学的ストレッサーが存在せず，その発生が生物学的，遺伝的要因によるものと考えられる抑うつ。⇨ **反応性うつ病**

**内因性オピオイド**［endogenous opioid］ モルヒネの鎮痛作用や陶酔させる効果をもつ，体が産生する物質のこと。エンケファリン（enkephalin），ベータ・エンドルフィン，ダイノルフィン（dynorphin）の3つの分類がよく知られている。これらはすべて，大脳神経系の**オピオイド受容体**に結合する**神経ペプチド**である。多くの場合，抑制的に，痛みを遮断する鎮静剤のように働く。エンケファリンはデルタ・オピオイド受容体に，ダイノルフィンはカッパ受容体に優先的に結合するが，オピオイド受容体に比較的非選択的に結合する。最近，新たに3つの内因性オピオイドペプチドが見つかった。オルファニン（orphanin）またはノシセプチン（nociceptin），およびエンドモルフィン（endomorphin）1と2である。オピオイド神経伝達物質（opioid neurotransmitter）とも呼ばれる。

**内因性強化子**［intrinsic reinforcer］ それを生み出す反応と自然法則的に結びついている**強化子**のこと。たとえば，ハーモニカを吹くことは自然な結果として音を生み出す。もし，その音がハーモニカを吹くことを強化する役割を果たすならば，その音は内因性強化子である。⇨ **外因性強化子**

**内縁関係（事実婚）**［common-law marriage］ 結婚していないが長期に渡り同棲し，婚姻関係にあると法的にみなされる関係のこと。アメリカの多くの州では，内縁関係は（正式な）婚姻関係とは位置づけていないが，同棲パートナーは，配偶者に相当するとみなすことができる。

**内温動物**［endotherm］ **体温**が主に体内の代謝過程によって調節される動物。真の内温動物は，哺乳類と鳥類だけである。かつては恒温動物（homeotherm）と呼ばれていたこのような動物は，一般的に，温血（warm-blooded）と表現される。⇨ **外温動物**

**内活性な活動**［intrinsic activity］ 薬理作用を生み出す際の，薬物受容体複合体の有効性のこと。本質的効果（intrinsic efficacy）とも呼ばれる。

**内顆粒層**［inner nuclear layer: INL］ 光受容器と**網膜神経節細胞**との間にある，網膜細胞の層。**アマクリン細胞**，**網膜水平細胞**，**網膜双極細胞**，**ミューラー線維**が存在する。

**内観主義**［introspectionism］ 心理学の基本的な研究方法は**内省**である（あるいは"であるべきだ"），という学問的立場。歴史的には，このようなアプローチは心理学の**構造主義派**の流れを汲んでいる。

**内観法**［introspective method］ 実験参加者が報告する彼ら自身の意識経験を調査するという研究のアプローチ。

**内観療法**［naikan］ (a) 他者にしてもらったこと，(b) 他者にして返してあげたこと，(c) 自分の行為で他者に迷惑をかけたことに関する厳しい自己省察を通じて自己の人格形成を強調する日本的セラピーのこと。セラピストの指導によって，クライエントはこの自己省察のプロセスを通じて行為への責任感を獲得し生活へのプラスの影響を理解してゆく。［浄土真宗の吉本伊信（1916-1988）が導入した］

**内頚動脈**［internal carotid artery］ 首および頭へと血液を供給する主な動脈の一つ。体の両側にある首の甲状軟骨の高さにおいて総**頚動脈**の分岐としてはじまり，眼球の高さで頭蓋へと入る。頭蓋の中では，内頚動脈から**前大脳動脈**と**中大脳動脈**へと枝分かれする。

**内言［1］**［internalized speech］ 手順について自分で確認する，これからしようとすることの予行演習をする，脅かされていると感じるときに安心する，などのために行う，声を出さないスピーチ。⇨ **セルフトーク**

**内言［2］**［inner language］ 語や概念の視覚的，聴覚的，運動感覚的な心的イメージ。

**内言［3］**［inner language; inner speech］ 発話に出ない独り言のこと。ヴィゴツキー（Lev Vygotsky）によると，内言は**自己中心語**の後に起こり，子どもの思考における言語の使用を表している。⇨ **言語的思考**

**内言語**［endophasia］ 心の中での話し言葉の再現のこと。［原語はギリシャ語の"inner speech"の意味］⇨ **潜在的発話**

**内向性**［introversion］ 外的世界の人や物事よりも，その人の内界，思考，感情に向かう志向。内向性とは，おおまかな人格特性であり，外向性と同じく態度や行動の連続体として存在する。内向的な人は，比較的内気，遠慮がち，受け身的，静かで思慮深い。よい影響を出さないように加減したり注意深くなったり，懐疑的な見方や態度をより適応したり，一人で作業をすることを好んだりする。⇨ **内向性－外向性**　［ユング（Carl Jung）の人格類型論から始まった概念である］

**内向性－外向性**［introversion-extraversion］ 内的で自分に関連した関心や行動によって特徴づけられる内向性から，外的で社会的な関心や行動に特徴づけられる外向性までの幅，あるいはそれらを両極とする連続体。⇨ **アイゼンクの類型学**，**パーソナリティの5因子モデル**　［ユング（Carl Jung）の性格の類型論の研究から始まった概念］

**内在化**［internalization］ 1. 他者や集団の性格，信念，感情，態度を取り入れ，自分独自のものにしてしまう無意識の精神的プロセス。2. 精神分析理論において，精神内界に対象関係を取り込むプロセス。心の中の現象として外的関係が再構築される。たとえば，父親と子どもの関係が内在化されることを通じて，超自我と自我の関係が構築される。内在化は投影の同義語だとしばしば誤解される。

**内在的正義**［immanent justice］ ルールは固定的で不変なものであり，罰は情状酌量に関わらず悪事の後に自動的に与えられるものである，という考え方のこと。8歳までの子どもは，行為の道徳性をその結果にのみ同一視する。ずっと後になってから，動機的・主観的な考えを判断する能力が発達する。⇨ **道徳的絶対性**，**道徳的実在論**，**分配的公正**　［ピアジェ（Jean Piaget）により主張された］

**内耳**［inner ear］ 骨**迷路**と膜**迷路**によって構成され，

聴覚と平衡に関わる感覚器官を含んだ耳の一部。聴覚のための主要構造は蝸牛である（⇨ **聴覚迷路**）。平衡感覚のための主要構造は**三半規管**，**球形嚢**，**卵形嚢**である（⇨ **前庭器**）。

**内視現象**［entoptic phenomena］　眼球内での刺激から発生する視覚的感覚。古典的な例として，片目で澄んだ青い空を見ているときに，かすかに暗い塵のようなものが視野内を動いているように見えるということがあげられる。これらは網膜表面上の血管を動く血液細胞の影である。

**内耳神経**［vestibulocochlear nerve; cranial nerve VIII］　第VIII脳神経。聴覚や平衡感覚を支配する経路をもつ感覚神経。内耳神経は**前庭神経**と**聴神経**（聴神経，蝸牛神経）の2つに分かれる。前者は前庭や三半規管に由来し，後者は蝸牛に由来する。インパルスを内耳から延髄，橋に伝達する。大脳や小脳に接続する線維をもつ。

**内耳神経毒性**［ototoxic］　耳，特に内耳や中耳に対して有毒なこと。

**内質**［endoplasm］　細胞の周辺部や核を除く細胞の大部分を満たす，比較的密度の低い**細胞質**のこと。⇨ **外質**

**内斜位**［esophoria］　筋肉が不均衡な状態にあるために単眼が内側に偏ること。両眼視へも干渉する。内斜位は**斜位**の一種である。⇨ **斜位**

**内斜視**［cross-eye; convergent strabismus; esotropia］　片方か両方の眼が他の眼の方を向いているような偏向がある状態の**斜視**のこと。多くの場合，幼児期から始まり，1つ以上の外因性の**眼筋**の活動障害によって生じる。未矯正のままの内斜視は，二重映像や**機能弱視**を引き起こす。外科的に治療することができる。

**内集団**［ingroup; we-group］　1. 一般に，ある人が所属する，あるいは同一化しているあらゆる集団を指す。特に，**外集団**とは異なっていて，多くの場合にそれよりも優れているとみなされる。2. 共通の集団成員性に基づいて，各成員が親近感と他の成員に対する忠誠心を覚えるような，**親和**が強く，結束が特徴的な集団。［アメリカの社会学者サムナー（William G. Sumner: 1840-1910）が定義した］

**内集団極性化効果**［ingroup extremity effect］　**内集団**のメンバーと彼らの行為，および成果を，大げさにポジティブなやり方で述べたり評価したりする傾向のこと。⇨ **外集団極性化効果**，**内集団バイアス**

**内集団バイアス**［ingroup bias; ingroup favoritism］　特に他の集団を参照して，自分自身の集団，そのメンバー，その特徴およびその成果をひいきする傾向のこと。内集団バイアスは，**外集団**に対する拒絶よりも著しい傾向がある。しかし，その2つの傾向は，集団間の接触の際に，より一層際立つようになる。地域的，文化的，国際的レベルにおいて，このバイアスはしばしば**自民族中心主義**と呼ばれる。⇨ **集団奉仕バイアス**

**内受容器**［interoceptor］　体温や血液の酸性度の変化，筋肉の伸張など，体内のあらゆる刺激に応答するすべての受容器。

**内受容系**［interoceptive system］　身体内部から情報を集める感覚受容器と神経の総体のこと。

**内省**［introspection］　自分自身の内的な心理的過程や状態，判断，知覚に直接接近しようとする過程。

**内省意識**［reflective consciousness］　自身の活動を指すことを可能にするような意識のあり方のこと。自意識（self-consciousness），自己反省（self-reflection）とも呼ばれる。

**内省的**［reflective］　複雑な問題に対して，ゆっくり思慮深く判断を下す人のタイプを述べたもの。⇨ **衝動的**，**熟慮－衝動型**

**内生的条件づけ**［interoceptive conditioning］　内臓を直接刺激する**パブロフ型条件づけ**。条件刺激を提示するために，胃瘻からバルーンを消化管に挿入したり，あるいは電子機器類を埋め込んだりする。

**内省的知性**［intrapersonal intelligence］　**多重知能理論**において，自己理解と，自分自身，スキル，動機などの影響を含む知能のこと。内省的知性は他の知性から比較的独立していると考えられている。

**内生的微笑み**［endogenous smile］　生後間もなくの乳児が**レム睡眠**の状態にあるときに観察される，自発的，もしくは反射的な微笑み。口角が上がるのが特徴であり，生まれたときから見られるが，社会的な刺激では引き起こされない。

**内潜的行動**［implicit behavior］　意識的には気づかない個々の行動のこと。

**内臓**［viscera］　主な体腔にある臓器，特に腹部の臓器（胃，腸，腎臓など）のこと。

**内臓感覚**［visceral sense］　内臓機能に関連した感覚。

**内臓緊張型**［viscerotonia］　内胚葉型の体格に関連する人格で，**シェルドンの体型論的パーソナリティ理論**による人格類型の一つ。快適さを求め，食に対する関心が高く，リラックスしており，社交的であるとされている。

**内臓神経**［splanchnic nerve］　腹部の**内臓**で働くいくつかの神経。**交感神経鎖**の神経節から発生する。

**内臓性動因**［visceral drive; viscerogenic drive］　生理学的な要求から生じる動因のこと。⇨ **生理的動機**

**内臓性欲求**［viscerogenic need］　アメリカの心理学者マレー（Henry Alexander Murray: 1893-1988）による観相学において，有機作用から生じる一次の生理的欲求の一つで，肉体的満足をもたらす。空気や水，食物，性交，排尿，排便などへの欲求を含む。⇨ **心因性の欲求**

**内臓脳**［visceral brain］　マクリーンの感情理論において，情動的行動や経験（動機づけられた行動も含む）の神経生理的なコントロールに関与する脳の領域のこと。その主な構造は，扁桃体，海馬体と中隔野である。これらは，原理的には，視床下部や大脳基底核によって準備された反応を調整し，それらの領域に必要な情報を送ると考えられている。行為の命令と認知的局面の統合を行う。

**内臓反射**［visceral reaction］　胃の収縮などの内臓（腹部内部）器官の反応のこと。

**内側視索前野（mPOA）**［medial preoptic area: mPOA］　視床下部の前方に位置する視索前野の前部内側に位置する領域。体温調節，性行動，母性による養育行動の選択に関わる（⇨ **性的二型核**）。

**内側膝状体**［medial geniculate nucleus; medial geniculate body］　視床後部（**外側膝状体の内側**）に存在する一対の神経核。聴覚情報は，蝸牛神経核を経て，（延髄と橋の境界部で交差）対側の上オリーブ核に中継され，**外側毛帯**，**下丘**，内側膝状体を経て大脳皮質の聴覚野（⇨ **聴覚皮質**）に達する。

**内側前頭前皮質**［medial prefrontal cortex］　前頭前皮

質に位置し，**大脳辺縁系**との強固な線維連絡をもつ．行動選択のための意思決定に関わる．

**内側前脳束**［medial forebrain bundle］ 前脳の内側部を通過する前脳と視床下部を連絡する神経線維の束．**青斑核**，黒質，**腹側被蓋野**を含み，視床下部と脳幹部の**生体アミン産生システム**との間の相互連絡を行う．

**内側側頭健忘**［medial temporal amnesia］ 内側側頭葉に損傷を負うことによって生じる健忘．後部脳動脈，無酸素状態，脳炎，側頭葉切除，心的外傷が原因である．⇨**健忘性障害**

**内側側頭葉**［medial temporal lobe］ 両側半球の側頭葉の内側の脳部位を指す．**梨状領**，**扁桃体**および**海馬**を含み，記憶形成等に関わる．

**内側束**［medial bundle］ 体組織の中央にある知覚神経線維の総称．たとえば，膝の中を走行する神経線維束などがある．

**内側直筋**［medial rectus］ 外眼筋（⇨**眼筋**）の一つで，眼球を内側に（身体の中線に向けて）回転させる筋肉．

**内側扁桃体**［medial amygdala］ **扁桃体**の内側に位置し，嗅覚およびフェロモンによる母性行動や生殖行動および情動反応（恐怖）の処理に関わる部位．視床下部に適切な情動表出を行うよう命令を出す．

**内側毛帯**［medial lemniscus］ 中脳に存在する帯状の神経線維束．触覚・固有感覚は脊髄後索を上行し，（延髄で交叉）対側の内側毛帯を経て視床に中継され，その後大脳皮質の体性感覚野に達する．⇨**毛帯系**

**内的境界**［internal boundary; inner boundary］ 精神分析理論において，**自我**と**イド**の間の境界線．⇨**外的境界**

**内的心理**［endopsychic］ 無意識的な素材や精神内部のプロセスに属すること（たとえば，心の中で生じるプロセス）．⇨**外的心理**

**内的精神物理学**［inner psychophysics］ 心理的な経験と感覚器官の興奮状態を関連づけようとする体系的試み．⇨**外的精神物理学**，**精神物理学的法則**［フェヒナー（Gustav Fechner）によって取り入れられた］

**内的対象**［internal object］ 精神内界に内在化された「存在」としての人物（特に重要な個人，両親のような）のイメージや人物との関係性．クライン（Melanie Klein）は，**対象関係理論**を発展させる過程で，**内的対象**とその人との関係がパーソナリティや症状を決定すると考えた．⇨**部分対象**

**内的対話**［inner dialogue］ 何かの作業に取り組む際に心の中で生じる討論．心理療法の中には，セッション中にその討論を言葉にするようクライエントを促すものもある．

**内的妥当性**［internal validity］ 研究や実験における内部構造の不備のなさを示す．したがって，内的妥当性が高い研究結果は，現象における真の性質を記述しているとみなされる．

**内的統制**［internal control］ 人はその行動の結果に責任をもち，あらゆる問題，脅威，挑戦に対する行動をとることができるという信念．内的統制の高さは，精神的健康と結びつくと考えられている．⇨**内的統制者**，**統制の所在**，**外的統制**

**内的統制者**［internalizers］ 自分の人生の**統制の所在**は自分の中にあり（つまり，自分でコントロールでき），自分自身や環境を変えようと努力するタイプの人間．物事に敏感に反応する．情報を積極的に集めて記憶する，決断する際には事実を重視し，細心の注意を払う，といった行動傾向がみられる．盲目的に規則に従うことはあまりせず，選択の余地があることを理解し，自身の判断に頼ることが多い．⇨**外的統制者**

**内的不公平**［internal inequity］ 雇用者が，特定の被雇用者に対し，同じ組織の他の雇用者に比べて不公平な報酬を与える状況．⇨**外部不公平**，**公平理論**

**内的欲求不満**［internal frustration］ 精神分析理論において，外的要因とは反対に，内的要因（たとえば**超自我**）によって，本能的衝動による喜びを否定すること．

**内転**［adduction］ 身体部位（手足など）が身体の中心に向かう動きをすること．⇨**内転筋**，**外転**

**内転筋**［adductor］ 身体の一部を身体や腕における正中線の方向に動かす筋肉．たとえば，母指内転筋（adductor pollicis muscle）は親指を手のひら方向に動かす．⇨**外転筋**

**内胚葉**［endoderm］ 胚の3つの主要な**胚葉**のうち，最も内側にあるもの．胃腸，気道や腺となる．

**内胚葉型**［endomorph］ シェルドンの体型論的パーソナリティ理論の中の体格型の一つであり，柔らかく，丸い体格によって特徴づけられる．**内臓緊張型**と高い相関があることが示されている．内胚葉体型（endmorphic body type）とも呼ばれている．

**内罰型**［intropunitive］ 自己に対して内的に怒り，責め，敵意を向けること．⇨**自責**，**外罰型**

**内発手がかり**［endogenous cue］ 中心におかれた矢印のように，課題の参加者に特定の位置へ注意を向けさせる手がかり．手がかりのある位置に自動的に注意を引いてしまう手がかりとは異なる．⇨**外発手がかり**

**内発的行動**［intrinsic activity］ 乳児のもつ先天的なレディネスで，環境に対して好奇心をもち関わろうとするもの．ピアジェ（Jean Piaget）の認知発達理論によれば，認知構造は本来活動的であり，子どもに環境での経験から学習しようとするとされる．

**内発的宗教**［intrinsic religion］ 他の目的のための手段ではなく，宗教性それ自体が目的であるような宗教的志向性．⇨**外発的宗教**［オールポート（Gordon W. Allport）によって導入された］

**内発的動機づけ**［intrinsic motivation］ ある特定の活動に従事することによって，得られる外的な利益（たとえば学位など）が原因でなく，活動それ自体から引き出される動機づけ（たとえば，勉強そのものの面白さ）．⇨**外発的動機づけ**

**内発的報酬**［intrinsic reward］ ある活動に内在されている，ポジティブに評価される成果のこと．たとえば，技能を身に付けることから得られる喜びや満足などがあげられる．内発的報酬は，課題遂行が直接的な起源となるものであり，他者からもたらされるものではない．⇨**外発的報酬**

**内破療法**［implosive therapy］ 行動療法の一技法．クライエントに対して，不安を喚起させるような状況を何度も想像させたり，トラウマをもたらすような出来事を何度も想起するよう促し，実際にその場で体験しているかのように強い不安を経験させるもの．その状況において，実際の危険は存在しないため，不安反応は強化されず，そのた

め次第に消去される。インプロージョン療法（implosion therapy）とも言う。⇨ **フラッディング**，**逆説志向** ［アメリカの心理学者であるスタンプル（Thomas G. Stampfl: 1923- ）とレーヴィス（Donald J. Levis: 1936- ）により開発された］

**内反足**［clubfoot］ 足の変形の一種。正常な形態に対し，多くのケースでは1箇所以上の形態のゆがみが生じる（たとえば，足が内側，下方，外側，上方に曲がる等の変異）。原因は先天的であるか，あるいはポリオなどによる損傷や障害に起因すると考えられている。内反足はしばしば，**髄膜脊髄瘤**のような他の奇形と関連している。湾足（talipes）とも呼ばれる。

**内部一貫性**［internal consistency］ テストのすべての項目が同じ事象を測定している程度を示す。⇨ **項目間信頼性**，**評価者間信頼性**

**内部感覚**［internal senses］ 体内の内受容系と固有受容系のこと。⇨ **内部受容**，**自己受容感覚**

**内部環境**［internal environment］ 体温，血圧，血糖値，酸塩基平衡を含む体内の状態のこと。外部環境の状態と対比される。ホメオスタシスのメカニズムによって，内部環境は体内の組織や器官が正常に機能するために必要な定常状態で維持される。［フランスの生理学者ベルナール（Claude Bernard: 1813-1878）によって提唱された］

**内部監査**［utilization review: UR］ 病院，クリニック，あるいは個人供給者が提供したサービスの必要性と質についての形式上の調査のこと。内部監査は特に任命された委員会によって行われて，提供されたサービスのレベルが示している問題の厳しさに最も適したものであるかどうかを監査する。⇨ **継続滞在型レビュー**

**内部志向**［inner-directed］ 自己に動機づけられていて他者からの意見や価値観，圧力に影響されにくい個人についての記述やそれに関連するもの。⇨ **他者志向**，**伝統志向** ［アメリカの心理学者リースマン（David Reisman: 1992-2002）によって発表された］

**内部集団**［internal grouping］ より大きな集団の中の，クリークや提携といった下位集団や個人のこと。

**内部充当**［endocathection］ 心的エネルギー（psychic energy）を内界に向け，外界から引き揚げること。⇨ **外備給**，**備給** ［アメリカの心理学者であるマレー（Henry Alexander Murray: 1893-1988）によって定義された］

**内部受容**［interoception］ 体内の**内受容器**（たとえば内臓）からの情報の入力のこと。⇨ **外部受容**

**内部受容刺激**［interoceptive stimulus］ 生物の内部から生じる刺激。頭痛や腹痛，空腹痛などが含まれる。⇨ **外部受容刺激**，**自己受容感覚の刺激**

**内部振動子**［endogenous oscillator］ 神経活動や行動の規則的な繰り返しを生成する**神経回路**のこと。時間生物学では，**体内時計**を指す。⇨ **概日振動子**

**ナイーブな観察者**［naive observer］ 哲学において，素朴実在論の立場をとる観察者のことを意味する。

**ナイーブな参加者**［naive participant］ 特定研究に参加した経験がない，そして実験者の仮説に気づいていない参加者のこと。⇨ **実験協力者**

**内部評価者**［internal evaluator］ サービス提供プログラムの評価を行う人のことで，評価の対象となる当該プログラムの正規の常勤スタッフでもある。⇨ **外部評価者**

**内部ラジオゾンデ**［endoradiosonde］ 内部反応や挙動を研究するために動物に埋め込まれたり，取り込まれた記録装置と無線送信器からなる小型機器。

**内分泌**［endocrine］ 化学的なメッセンジャーが細胞から放出され，効果を発揮する標的細胞まで（たとえば，血流によって）運ばれる，化学的信号伝達の一種。

**内分泌学**［endocrinology］ 内分泌腺の形態，生理，生化学，病態に関する学問。

**内分泌系**［endocrine system］ ホルモンを合成し血中に分泌する内分泌腺のこと。

**内分泌腺**［endocrine gland］ 離れた標的に向けて**ホルモン**を血流に直接分泌する腺。**下垂体**，**副腎**，**甲状腺**，生殖腺（**精巣**と**卵巣**），**ランゲルハンス島**などがある。⇨ **外分泌腺**

**内包**［internal capsule］ **線条体**の中にある神経線維の大きな帯。内側の**尾状核**から側面の**淡蒼球**と**被殻**の間に広がっている。大脳のすべての部位からの求心性および遠心性の線維を含み，脳幹近くでそれらを1つにまとめている。⇨ **外包**

**内包的意味**［intensional meaning］ 参照された物事や概念の性質の中で，最も重要，あるいは顕著な性質によって定義される，単語や語の意味。たとえば，「姉妹」の内包的意味は，「女のきょうだい」となる。⇨ **外延の意味**

**内網状層**［inner plexiform layer: IPL］ 網膜のシナプス層で，**網膜神経節細胞**，双極ニューロン，アマクリン細胞の間で樹状突起の結合が行われる。

**内容アドレス記憶装置**［content-addressable store］ コンピュータ科学から転用した記憶モデル。ここでは，記憶は任意のタグではなく，その内容の表象に基づいて保存，検索されると想定される。知識や記憶は，時間（例，昨年の夏）や意味（休暇）など，特定の次元の値によって表象される。これらの次元の同一の値の検索手がかりによって，保存された情報は効率的にアクセスされる。

**内容語**［content word; autonomous word; lexical word］ 言語学において，独立した語彙の意味をもつ単語。他の文を参照することなく，物理的世界や抽象的な概念で定義される。実際的には，内容言葉の分類はオープンクラスワードと実質的に同一である。自立語（autonomous word），語彙的単語（lexical word）とも呼ばれる。⇨ **機能語**

**内容的客観主義 対 内容的主観主義**［contentual objectivism versus contentual subjectivism］ 心理学において，客観的（外顕的）行動と，精神や意識などの主観的領域のいずれが適切な主題（内容）なのかという問い。この問いは，心理学史の初期，**構造主義**と**行動主義**の間の概念対立における重要な問題としてたびたび論争になった。⇨ **方法論的客観主義 対 方法論的主観主義**

**内容的妥当性**［content validity］ ある検査法が，研究中のテーマや行動について代表的な標本を適切に測定できている程度を示す指標。たとえば，計算能力を3段階水準で測定するよう計画された検査における内容的妥当性は，その水準で可能な計算作業の範囲をどの程度よく表せているか，ということになる。

**内容分析［1］**［content analysis］ 投映法による反応や宣伝広告，小説のような質的な題材におけるテーマをコード化するための，体系化された定量的手続き。

**内容分析［2］**［content analysis; quantitative semantics] 特定のアイデア，概念，用語の頻度を計測することによって，言語的コミュニケーションの材料（例，記事，スピーチ，映画）を扱う，体系立った量的調査。

**内リンパ** [endolymph] 内耳膜迷路，すなわち，**中央階，三半規管，球形嚢，卵形嚢**に含まれる液体のこと。

**長い遅延条件づけ** [long-delay conditioning] 条件刺激が提示される時間が**延滞制止**を引き起こすほど十分な時間ある遅延条件づけ。

**仲間[1]** [peer] 1人以上の他者と特徴や役割（年齢，性別，職業，所属する社会集団など）を同じくする人。発達心理学では，児童や青年が交流をもつ同一年齢層の他者をいうことが多い。

**仲間[2]** [socius; primary social unit; social atom] 社会における基礎的な構成員と考えられている人。

**仲間意識** [camaraderie] 友人または社会集団の間での友好関係や心地よい親密な関係のこと。仲間意識は集団のダイナミクスを形成，持続するのに必要とされる士気，凝集性，チームスピリットの重要な要素である。また，仲間意識は集団成員を保護する緩衝材としての機能を果たしうる。

**仲間からの圧力** [peer pressure] 仲間集団のメンバーに及ぼす影響のこと。集団メンバーは，集団と同じまたはそれに沿ったやり方で考えたり，感じたり，行動する（これが最も重要）ことで，集団の期待に同調したり，それに応えようとしたりする（⇨ **同調**）。仲間からの圧力は，社会化という点で良い効果をもたらすこともあるが，心身の健康に悪影響を及ぼすこともある。仲間集団からの圧力（peer-group pressure）とも言う。

**仲間教示手続き** [peer tutoring] ある科目で十分な能力を有した生徒がその他の生徒に教えることで，彼らの技術学習や概念学習を支援すること。仲間教示は教師による最小単位の訓練や指導でよく見受けられる。

**仲間集団** [peer group] 1つ以上の特徴を同じくする人の集まり。特徴とは，年齢，社会的地位，経済的地位，職業，教育などである。仲間集団のメンバーは，対等な立場で相互に交流をもち，相互の態度，情動，行動などに影響を及ぼしあう（⇨ **仲間からの圧力**）。児童は2歳になる前から仲間との交流をもつようになるが，同一年齢層による真の仲間集団が形成されるのは5歳以降である。

**ナグリエリ非言語能力テスト** [Naglieri Nonverbal Ability Test: NNAT] 幼稚園から高校3年生までの生徒を対象とした，言語や教育的・文化的背景に影響を受けない，非言語的な推論および問題解決能力のテスト。パターン完成，類推推論，系列的推論，空間的視覚化を測定する38の抽象的なマトリックスデザインで構成される。このテストは，学習障害を検査するために，あるいは，言語能力に欠ける生徒，英語が第二言語の生徒，ないし英語能力に制限のある生徒を評価する手段として使用できる。1985年の図形推論テスト（Matrix Analogies Test）を拡張し，修正したものとして，1997年に原型が開発された。［開発者はアメリカの心理学者ナグリエリ（Jack A. Naglieri: 1950- ）である］

**NASA作業負荷指標** [NASA Task Load Index: NASA TLX] 様々な人間・機械系（human-machine systems）における操作者の総合的な作業負担を評定者が査定する主観的評定手続きのこと。精神的負担，身体的負担，時間的負担，作業成績，努力，欲求不満という6つの下位尺度に関する評定の重み付き平均から全体の作業負荷得点が算出される。

**雪崩伝導** [avalanche conduction] 1つの受容体から複数の神経細胞へ，神経インパルスが発散していくこと。発作のように，最初の刺激に対し，生じる結果が過剰となる。

**ナチュラルハイ** [natural high] ドラッグによる感情状態とは対照的に，身体的，精神的な努力によって安寧と幸福を感じる状態。脳に直接作用する方法とは異なり，日常的活動から生じるものである。

**ナチュラルキラー細胞（NK細胞）** [natural killer cell: NK cell] リンパ球の一種で，感染細胞や腫瘍細胞を殺す。Bリンパ球またはTリンパ球とは異なり，宿主適合性タンパク質と結合する外来性抗原が，標的細胞の表面にある必要はない。

**名づけ** [naming] 物や行動を名づける（たとえば，検査室内の家具などを名づける）ことだけで外界と接すること。統合失調症の連合障害。

**ナツメグ** [nutmeg] モルッカ諸島（インドネシア）原産で，南アメリカ，フィリピン，そして西インド諸島で栽培される樹木 *Myristica acuminate* と *Myristica fiagrans* の種子。ナツメグの歴史は胃と胃腸の不調への民間療法が始まりである。ナツメグは，**大麻**によって生じる人を夢中にさせるような活性効果をもつエレミシン，ミリスチシンを含む揮発性の油を有している。しかし多量に摂取すると有毒である。その兆候としては瞳孔が開く，幻覚，吐き気，嘔吐，脈拍の増加などがある。⇨ **ニクズク**

**ナトリウム調節** [sodium regulation] 血漿中のナトリウムイオン濃度を正常の範囲内に維持すること。ナトリウムイオンは血漿中および細胞外液の主要な陽イオンであり，体液および電解質のバランスを保つのに重要な役割を担っている。血漿中のナトリウム濃度が下がると副腎髄質から**アルドステロン**が放出される。このホルモンは尿細管からのナトリウムイオンの再吸収を促進し，血漿のナトリウム量を保つ。重度のナトリウム欠乏は致命的であり，逆にナトリウムの過剰は高血圧を引き起こす。

**ナトリウムポンプ** [sodium pump] 濃度勾配に逆らってナトリウムイオンを細胞外に能動輸送するためにエネルギーを使う膜タンパク質。動物細胞の**静止電位**の維持に寄与し，それゆえ，神経や筋の興奮性に寄与する。主要なナトリウムポンプは$Na^+/K^+$ATPアーゼと呼ばれる。1回の反応サイクルで，ATPにより供給されるエネルギーを用い，細胞膜を介して3つのナトリウムイオンを外へ出し，2つのカリウムイオンを細胞内に入れる。

**7プラスマイナス2** [seven plus or minus two] 短期記憶にいつでも保持することができ，そのために，呈示後でも短時間の間は正確に知覚し記憶することのできる項目（チャンク）の数のこと（⇨ **チャンキング**）。この表現はアメリカの認知心理学者ミラー（George Armitage Miller: 1920- ）の The magical number seven, plus or minus two: Some limitations on our capacity for processing information（1956）という論文のタイトルに由来する。

**ナノメートル** [nanometer]（記号：nm） $10^{-9}$m（1mの10億分の1）を表す単位のこと。可視光線の電磁波スペクトルの波長は約400〜700nmの範囲である。

**ナビゲーション** [navigation] 有機体が利用している

環境を通して道を導くメカニズム。たとえば，目的地まで行くことや家へ帰ること。ヒト以外の動物は太陽や星を羅針盤に使うなど，様々な環境手がかりを利用している（⇨**太陽コンパス**）。磁場，嗅覚手がかり，視覚手がかり（例，河や海岸線），山を飛び越えるときの高度による風向の違い。⇨ **帰巣能力**，**渡り行動**

**ナビロン**［nabilone］ テトラヒドロカンナビノールと関連する大麻類。麻酔からの回復や，化学療法を受ける患者の吐き気の抑制などに使用される。カナダでは使用できるが，アメリカでは使うことができない。カナダでの商品名は Casamet。

**波の干渉パターン**［wave-interference patterns］ ホログラフィ写真では，様々な角度から集まる光の波によってパターンがつくられる。これらはフィルム上に記録され，3次元画像をつくるために空間に投影される。この原理は空間情報を記憶し想起する過程によって3次元像を再構築するという心の働きのアナロジーとして引き合いに出されてきた。

**なめらかな曲線**［smoothed curve］ 基本的な形状や方向が明らかになるように，傾きの不規則な変化や突然の変化を除去して調整された曲線。

**ナラティブ心理療法**［narrative psychotherapy］ 個人やカップルや家族が，真実だが人生の向上をもたらすような語りや物語として，自分たちの人生の出来事を再解釈したり書き換えたりするのを支援する対応法。ナラティブ心理療法は，個人は意味を作り出す存在であり自分の人生の著者であり，物語を解体することを学んだり，人生における出来事や問題を解釈するときの自分のパターンを見つめたり，有益な観点から問題や出来事を再構成したりして，物語を書き換えられると仮定する。⇨ **構成主義的**，**構成主義的心理療法**

**ナラティブ・メソッド**［narrative method］ 出来事の目撃者に質問し，既知の事実および経験についての個人の説明の両方によって，出来事を再構築する方法。

**並べ替え検定**［permutation test］ 集団に対するケースの可能なすべての並べ替えに基づいた仮説検定の技法。

**ナリンテスト**［Nalline test］ アヘンの禁断症状の有無をみるテスト。被験者は，**オピオイド拮抗薬**ナロルフィン（ナリン）の注射を受け，もしアヘンが近い時期に服用されていた場合，禁断症状が引き起こされる。

**ナルコレプシー**［narcolepsy; paroxysmal sleep］ 日中に過度の眠気におそわれる障害。仕事中などに短い眠気の発作が生じる。これらの眠気の発作は自動車を運転するなどの，潜在的に危険を含んでいる状況でも生じる。発作は，**入眠時幻覚**，**睡眠まひ**，**カタプレキシー**をしばしば合併する。そして，大抵の眠りの最初の段階を経ることなく，すぐにレム睡眠に入る。

**ナルコレプシー脱力発作症候群**［narcolepsy-cataplexy syndrome］ 筋緊張が突然，繰り返し消失する状態（⇨ **カタプレキシー**）と睡眠発作が繰り返し起きる状態（⇨ **ナルコレプシー**）からなる症候群。

**ナルトレキソン**［naltrexone］ 短時間の作用型ナロキソンのように，オピオイド受容体とオピオイド作動薬の結合を防げる**オピオイド拮抗薬**。したがって急速な離脱症状を引き起こすことがある。鎮静剤使用前にナルトレキソンを使用する場合，オピオイド剤の強化効果を妨げることになり，そのためオピオイド依存の治療に使用できる。また，ナルトレキソンはアルコール中毒の補助療法としても用いられる。アメリカでの商品名は Revie。

**慣れ**［habituation］ **1.** 一般的に，ある状況や行動パターンに慣れが生じる過程のこと。**2.** 反復や練習により，技能学習に干渉する無関係な行動が消失すること。

**ナロキソン**［naloxone］ モルヒネ由来の**オピオイド拮抗薬**。これはミュー受容体に第一の活動をもち，**オピオイド受容体**へのオピオイド結合を防げる。他のオピオイド拮抗薬のようにこれはオピオイド過量摂取の効果を逆転させ，呼吸抑制を戻すための緊急場面でも役立つ。

**ナロトフィリア**［narrotophilia］ 性行為中に露骨な性的言葉を話したり聞いたりすることで性的関心と興奮を得ること。最も一般的には，テレフォンセックスやコンピュータを使ったマスターベーションで見られる。ナロトフィリアの相手を雇い，料金を取る商売もある。見知らぬ人に電話をかけたり，無作為に電話番号を選んで電話をかけたりして，卑猥な話をすることを好む場合もある。

**縄張り意識**［territoriality］ スペースを利用する権利を統制・制御する欲求もしくは能力に関連した人間の行動のこと。慣れ親しんだスペースの使用とそれへの愛着によってもたらされる自我同一性の感情を反映している。

**縄張り性**［territoriality］ 動物が，同じ種の他のメンバーによる特定の地理的地域（縄張り）への侵入を妨げること。縄張り（もしくは**一次テリトリー**）は，能動的に防護される点において**行動圏**と，地理的地域という点において**個人空間**と異なる。縄張り性は幅広い種の動物においてみられ，食料や住みかの集中など特定の防御可能な資源がある場所でより多くみられる。**支配・従属関係**をもつグループは，資源が比較的広い地理的領域に広がっている場合に多くみられる。縄張り性は，鳥のさえずり，イヌなどの哺乳類による**ニオイづけ行動**，縄張りの境界地域でのパトロールなど，様々な形態をとる。

**縄張り性攻撃**［territorial aggression］ 同じ種の侵入者を脅かしたり闘ったりすることである空間（縄張り）を守る行動。⇨ **動物の攻撃性**，**縄張り性**

**縄張りマーキング**［territorial marking］ 縄張りの境界を示すために，ニオイづけ行動を用いること。

**縄張り優位性**［territorial dominance］ 定住している動物がある空間（縄張り）を守り大きく強い侵入者を追い払う能力。定住動物は争いにおいて通常，侵入者に対し，他の環境ではもてない強みをもつ。⇨ **縄張り性**

**喃語［1］**［lalling］ 音の省略や置き換えに特徴づけられる，乳児の発話形態。特に，［l］の音で発話者にとっては発生が困難な音を置き換えてしまうことが特徴である。たとえば yellow を「lellow」と言う。正確な発音が獲得されるべき年齢を超えて喃語が持続する場合，言語障害として捉えられる。⇨ **音韻障害**

**喃語［2］**［babbling; babble］ 乳児が6か月頃から発する「ダダダ」といった前言語期の音声。喃語は発声練習であり，後の音声言語の発達を促すとされている。⇨ **赤ちゃん語**，**前言語的発達**

**軟口蓋**［soft palate; velum palatinum］ 脊椎動物の口内の硬口蓋から後方へ伸び口蓋垂（uvula）へと続く，口腔上壁。軟口蓋は粘膜で覆われた線維筋性組織からなり，口腔と鼻咽頭を分離する。

**軟口蓋音**［velar］　軟口蓋によって構音された発話音を指す。たとえば，ウェールズ語の"Llandovery"という単語における［hl］や，スコットランド語の"loch"やドイツ語の"Bach"の［kh］など。

**喃語性せん妄**［muttering delirium］　小声での発話，不明瞭な発音，オウム返し，**構音障害**，**反復症**，およびこれらが組み合わさって生じることが特徴である**せん妄**の一つである。行動面では，落ち着きのなさや身震いが特に特徴的である。

**軟骨形成不全**［achondroplasia］　軟骨から得られる骨の形成がつなぎ目組織から得られる骨形成よりも緩徐に遅く発達する，常染色体性優位の**小人症**の一型。頭蓋の変形や異常に高い前額部の形成に結びつく。この障害によって乳幼児期の運動発達が遅れるが，多くの場合，知能は正常である。軟骨形成不全性小人症（achondroplastic dwarfism）とも言う。

**汝自身を知れ**［gnothi seauton］　この格言は，古代ギリシャ，デルポイのアプロン神殿の入口に刻まれていたが，作者については様々な説がある。自己知識，あるいはプシケの知識の追求は，ギリシャの思想家であるソクラテス（Socrates: BC 469-399）の哲学的研究課題の鍵となる要素となった。ある意味では，この研究課題は心理学の根本的な取組みである。

**難治性前進症候群**［syndrome of obstinate progression］　脳幹にある脳脚間核（2つの**大脳脚**間）とその隣接領域の欠損が原因で，前進歩行運動を続ける症状を呈すること。これらの欠損がある動物は，障害物や拘束がない限りは，障害物があったり転んだりしなければ，疲れ果てるか死ぬまで一定の方向に永遠に歩き続ける。［1942年に，アメリカの神経外科医で生理学者でもあったベイリー（Percival Baily: 1892-1973）とデイビス（Edward W. Davis）によって発見された］

**難聴**［1］［deafness］　聴覚の部分的もしくは完全な欠損のこと。このような障害は，遺伝性の可能性や，胎児のときを含めた，生涯のいずれかの段階で生じる怪我や疾病によって発生しうる。このような聴覚障害でよく知られているのは，**伝音性難聴**である。これは，音の振動が内耳の神経終末に達する前の障害に起因する。感音性難聴は（⇨ **感音難聴**），内耳からのインパルスを適切に解釈もしくは伝達するための聴覚に関連する神経や脳中枢の障害に起因する。難聴患者の中には，伝音性と感音性難聴の両方をもつものがおり，混合性難聴（mixed deafness）と呼ばれる。⇨ **中途失聴**，**ボイラー製造工難聴**，**皮質性難聴**，**騒音暴露難聴**，**感音難聴**

**難聴**［2］［hard of hearing］　通常レベルの強度において音の弁別に難があること。

**軟膜**［pia mater］　脳と脊髄の表面を覆う薄い膜。3つの髄膜の中で最も内側にある層。軟膜のある脳の部分は多くの血管が供給されており，大脳皮質の回や溝の曲線に密接に沿っている。

**軟膜クモ膜**［pia-arachnoid］　脳と脊髄の内側にある2つの被膜。**軟膜**と**クモ膜**の2つで単一構造としてみなされる。⇨ **髄膜**

# に

**ニアミス**［near miss］ 聴覚研究においては，音の強度弁別で，刺激強度と弁別閾の関係が**ウェーバーの法則**からわずかにずれること。このニアミス現象は帯域幅を制限した音で観察される。同現象は**蝸牛**における振動の非線形増幅に起因すると考えられる。

**二因子説**［two-factor theory］ **1.** 回避学習に関する理論であり，回避行動は二種類の条件づけの結果として生じると主張する。まず，回避すべき刺激（たとえば，電気ショック）の提示に先行する刺激が**パブロフ型条件づけ**によって嫌悪の対象として確立される（因子1）。次に，被験者（体）は条件づけされた嫌悪刺激（⇨ **回避学習**）を回避する（因子2）。［マウラー（O. Hobart Mowrer）によって提唱された］ **2.** 知能は2つの因子によって構成されているとする理論。一つは，すべての知能テストに影響を与えるような**一般因子**であり，もう一つは，あるテストバッテリーにおける個別のテストのみにその影響が限定されるような知能の特殊因子である（⇨ **特殊因子**）。［イギリスの心理学者のスピアマン（Charles Spearman: 1863-1945）によって1904年に提唱された］

**ニオイ［1］**［odor］ **臭気物質**の性質であり，嗅覚神経の刺激によって体験される。⇨ **ニオイメカニズム**

**ニオイ［2］**［smell］ ニオイ，あるいは神経組織に揮発性物質のニオイを検出させる感覚。気流によって運ばれたニオイの化学物質の分子は鼻汁に吸収され，**嗅覚受容体**を刺激し神経信号へと変換される。⇨ **嗅覚**，**嗅覚情報伝達**，**ニオイメカニズム**

**ニオイ識別テスト**［Smell Identification Test: SIT］ 5歳以上を対象とした，ニオイの識別応力を測る40項目のテスト。嗅覚の感度を判断するため，また神経学的・精神医学的疾患（たとえばアルツハイマー病，パーキンソン病）の重要な臨床指標となる嗅覚の障害を診断あるいは評価するために用いられる。検査を受ける人々は，ニオイがしみこんだパッチをこすって嗅ぎ，4つの選択肢からどのニオイであるかを同定する。この手続きを40個のテスト刺激について行う。簡単なバージョン（B-SIT）では，12個のニオイ刺激を用い，嗅覚感度の全体的な機能不全を特定する。ニオイ識別テストは，初版が1981年に開発され，現在は第3版である。ペンシルベニア大学ニオイ識別テスト（University of Pennsylvania Smell Identification Test: UPSIT）とも呼ばれる。［アメリカの心理学者ドーティ（Richard L. Doty: 1944-）によって開発された］

**ニオイづけ行動**［scent marking］ 周囲に自分のニオイ物質をなすりつける動物の行動。ニオイ物質はニオイづけに特化した体臭腺（scent glands）から分泌される場合が多い。体臭腺は通常，肛門性器部や腋窩，恥骨上部，口の周りにある。ニオイづけ行動は，動物の種や性別，生殖状態，集団内の優勢順位を示す手がかりともなる。ニオイづけを行った個体が去った後もしばらくの間ニオイは残り，その後，徐々に拡散していく。

**ニオイの衝動化**［instinctualization of smell］ **1.** 嗜糞症あるいは肛門固執において役割を果たすニオイの力。**2.** 性的な前戯で興奮する要因としての体臭の役割。

**ニオイの赤外線理論**［infrared theory of smell］ 嗅覚器官が赤外分光計として機能すると考える理論。**臭気物質**が固有の赤外線吸収スペクトルをもつとし，それによって，**嗅上皮**内の繊毛において一過的な冷却が生じると考える。この理論は，いくつかの臭気物質の異性体が同一の赤外線吸収スペクトルをもつ一方で異なるニオイを生じさせるという事実によって疑問を呈されている。⇨ **ニオイメカニズム**

**ニオイの伝搬物質**［odorvector; odorivector］ ニオイの感覚を生じさせる**臭気物質**の気化物質。鼻（⇨ **オルソネーザル嗅覚**）か鼻咽腔（⇨ **レトロネーザル嗅覚**）を介して感じられる。

**ニオイの補償**［smell compensation］ 実際の**臭気物質**構成よりも，臭気物質の組合せの知覚強度が弱まること。

**ニオイメカニズム**［smell mechanism］ ニオイの知覚に関する処理。**嗅覚受容体**から伸びた無数の繊毛が鼻腔の**嗅粘膜**へ伸びる。この繊毛は，柔突起とともに長細い投射層を形成する。**臭気物質**の分子は，鼻粘液に吸収され受容体が並ぶ**嗅上皮**へ運ばれる。嗅上皮の受容体は，鼻腔と頭蓋を隔てる**篩板**の微小な穴を通して，**嗅球**へと神経インパルスを伝達する。神経インパルスはその後，**扁桃体周囲皮質**へ伝達される。⇨ **ニオイの赤外線理論**，**嗅覚の立体化学説**

**二価**［bivalence］ 論理学において，どの命題も必ず真か偽かであるために，2つの**真偽値**のみ存在するという原則のこと。これは（全く同じというわけではないが）**排中律**と関連している。⇨ **無限値論理**

**2×2の要因計画**［two-by-two factorial design］ 2つの独立変数それぞれが2つの水準をもつ実験計画。この計画を行列として表すと，2つの行は独立変数の1つを表し，2つの列は別の独立変数を表す。⇨ **要因計画**

**II型細胞**［Type II cell］ 電子密度の低い（電子顕微鏡で見ると明るく見える）**味覚細胞**の一種。II型細胞は**味蕾**の細胞の20％を占め，**I型細胞**よりも大きいが，この体積は長さよりも細胞の周囲の長さによるものである。II型細胞からは短くて先端の丸い**微絨毛**が出て，**味孔**を通って化学的環境を抽出する。明細胞（light cell）とも呼ばれる。

**2型3色覚**［deuteranomaly］ スペクトルの緑部分が不十分に知覚される色盲の一種。2型3色覚者に検査すると，赤緑混合色を与えられた黄色に一致させるには緑が通常以上に必要とされる。

**2型2色覚**［deuteranopia］ 赤緑色盲。この障害は緑光に感度のある錐体**感光色素**の欠如により，緑色への感度が欠如し，緑色と赤色を混同してしまうことに起因する（⇨ **二色型色覚**）。このような状態は半側性であることがある（たとえば，片眼の色覚は正常）。⇨ **第一色盲**

**苦味**［bitter］ 不快な味を意味し，多くのアルカロイド，配糖体，ビタミン，そしていくつかの塩によって引き起こされる。各苦味物質について，約60の受容タンパクから構成される群が複数で認識する。ヒトの**味覚細胞**の約15％はこれらのタンパク質を保有しており，苦さを標識することができる。苦味はまた有毒化学薬品とも関連がある。

**握り**［power grip］　把握動作の一種で，ハンマーを使うときのように，指の付け根と手の平で対象をつかむ様式。⇨ **つまみ，精密把持**

**ニクズク**［mace］　ナツメグの種皮から生成された香味料。ナツメグの活性化成分は，主に種子の油に集中しているが，ニクズクはナツメグ中毒により引き起こされる陶酔効果と関連がある。

**肉体労働者**［blue-collar worker］　工場労働者などの手作業や技術的な肉体労働に従事する従業員。この用語は，多くの産業労働者が青いシャツを伝統的に（一部では現在も）着用していたことに由来する。⇨ **ホワイトカラー労働者**

**二型**［dimorphism］　同じ種の中で，大きさ，形，色など1つ以上の特徴において，2つの異なる型があること。⇨ **性的二型**

**二言語識字**［biliteracy］　2種類以上の言語で読み書きができる能力。⇨ **バイリンガリズム**

**二元説**［duplex theory］　視覚は2種類の受容体の活動に依存するという説。**桿体**は暗所で活動し，**錐体**は明所で活動する。二重説（duplicity theory）とも言われる。

**二元配置分散分析**［two-way analysis of variance］　従属変数に対する2つの**独立変数**の結合あるいは分離した影響を分析する統計的検定。

**二元表**［two-way table］　2つの**独立変数**の同時**度数分布**によって示される表。

**二元論**［dualism］　フランスの哲学者デカルト（René Descartes: 1596-1650）によって定義された概念で，心身は，思惟実体（いわゆる心）と延長実体（いわゆる物質）の2つの独立した領域あるいは性質から構成されるというもの。二元論的立場は思考や行動に対し，心と体がどのように相互作用するのかについて問う。⇨ **一元論，デカルト二元論**

**二項検定**［binomial test］　**二項分布**のパラメータ $\theta$ の値に関する仮説を検定する統計的手続きのこと。

**二項効果量呈示**［binomial effect size display］　実験結果を配列する方法のことで，2つかそれ以上の処理の効果を強調するために用いられる。各処理下での成功率（たとえば，生存率や改善率など）に基づいている。

**二項素性**［binary feature］　言語学において，互いに排他的な2つの側面をもつ，言語の音韻システムの特徴。たとえば，英語の有声音と無声音，ヒンドゥー語の帯気音と無気音など。このような特徴は対照を際立たせるための機能をもち，ある音素を他の音素と区別するオンオフスイッチのような働きをする。たとえば英語で，他の特徴はよく似ている［b］と［p］を別々の音素として区別できるのは，前者が有声音であるのに対し，後者が無声音であるためである。この種の二者対立は，構造主義者による言語理解より広義の構造主義一般にとって重要な概念である。⇨ **構造主義，最小対**［ロシアの言語学者ヤコブソン（Roman Jacobson; 1896-1982）が最初に提唱した］

**二項分布**［binomial distribution］　連続した $n$ 回の独立試行における成功数の分布のこと。各々の試行は成功か失敗の2つの結果のみを取りうるもので，各試行での成功の可能性を $\theta$ とする。この分布はしばしば $B(n, \theta)$ と表される。ベルヌーイ分布（Bernoulli distribution）とも呼ばれる。

**二語段階**［two-word stage］　生後18〜24か月の間の発達期間である。その期間では，子どもが話をする際に1回に二語ずつ用いる（たとえば，ワンワン・ホネとか，ママ・カップなど）。⇨ **軸文法，電文体発話**

**ニコチン**［nicotine］　主にタバコ植物（タバコ）から得られるアルカロイド。今日，タバコに最も広く使用されている向精神薬の一つである。ニコチンはタバコの主要な活性成分であり，喫煙や噛みタバコの急性薬理作用（エピネフリンの放出，グルコースの突然の放出，血圧上昇，心拍，呼吸，および皮膚血管収縮）と生起する依存の両者の原因である。（⇨ **ニコチン依存，ニコチン離脱**）。行動への影響は強い覚醒と落ち着きの感情がある。ニコチンは，末梢での他の活性とともに，いくつかの神経伝達物質，特にドーパミンの放出（コカインやヘロインなどの薬物にみられるのと同様の反応）を促し，**ニコチン受容体**を活性化することによって中枢神経系の複数の薬理学的効果を生む。大量摂取では，めまい，下痢，嘔吐，震え，痙攣，意識喪失，心臓発作，そして呼吸の筋肉のまひによる死などの症状を引き起こす。ニコチンは1828年にタバコ植物から分離されフランスの外交官ニコ（Jean Nicot）から名前がつけられた。ニコは1560年，フランスにタバコを紹介した。

**ニコチン依存**［nicotine dependence］　DSM-Ⅳ-TRにおいて，重篤なニコチン関連の問題があるにも関わらずニコチンを継続的に摂取してしまう認知的・行動的・生理的症候群。繰り返し摂取することでニコチンに耐性ができ，使用を止めると禁断症状に陥る。ニコチン乱用に関するDSM-Ⅳ-TR診断はない。⇨ **薬物依存**

**ニコチン酸**［nicotinic acid］　ビタミンB複合体の一つで，エネルギー代謝に肝心な補酵素NAD（ニコチンアミドアデニンジヌクレオチド）および関連補酵素の必須前駆体である。1937年に，アメリカの生化学研究者のエルベージェム（Conrad Arnold Elvehjem: 1901-1962）はニコチン酸がペラグラ病の防止や治療に利用できることを発見した。

**ニコチン受容体**［nicotinic receptor］　アセチルコリン受容体の一種で，アセチルコリンと同じようにニコチンにも反応する。**神経筋接合部**にあるアセチルコリンを含み，ニコチン受容体は主にアセチルコリンの興奮性活動を伝達する。⇨ **ムスカリン受容体**

**ニコチン離脱**［nicotine withdrawal］　長期的かつ多量のニコチン摂取の停止（あるいは減量）による禁断症状。DSM-Ⅳ-TRの診断には，次の2つ以上の項目が必要である。情動不安，あるいは憂うつ，不眠症，神経過敏，フラストレーション，あるいは怒り，集中しにくい，情動不安，心拍数の減少，食欲または体重の増加。

**二酸化炭素**［carbon dioxide: $CO_2$］　呼吸，燃焼，有機化合物の分解によって発生する無色無臭，不燃性の気体。植物が光合成により有機物を合成する際に，二酸化炭素を炭素源として利用する。大気中の二酸化炭素濃度の上昇が，地球温暖化の原因であると考えられている。

**二酸化炭素療法**［carbon dioxide therapy］　吸入療法の一つであり，不安，転換，もしくは精神生理学的症状を示す患者に対し，心理療法と併せて時折用いられていた。ただし，現在では用いられていない。［最初に用いられたのは1920年代，ハンガリー生まれのアメリカの精神科医メデューナ（Ladislaus Joseph Meduna: 1896-1964）によっ

てであり，彼は，精神病理的な脳回路を遮断する方法として無意識状態に誘導するためにこれを用いた]

**2次因子**［second-order factor］斜交回転によって抽出された因子間に相関を設定し，改めて因子分析を行った結果得られる（抽出される）因子。⇨ **1次因子**

**二次過程**［secondary process］精神分析理論において，**自我**や**現実原則**の統制下での，意識的，合理的な活動のこと。問題解決，判断，系統的思考を含むこれらの思考過程は，合理的，効果的な方法で，環境の外的欲求と本能による内的要求の両方にその個人を適合させることができる。二次過程思考（secondary process thinking）とも呼ばれる。⇨ **一次過程**

**二次感覚**［secondary sensation］⇨ **共感覚**

**二次感覚野**［secondary sensory area; nonprimary sensory area］すべての感覚モダリティに対する**一次感覚野**からの直接投射を受け取る大脳皮質の領域。例として二次体性感覚野があげられる。

**二次記憶**［secondary memory: SM］**一次記憶**とは対照的に，比較的永続的に大量の項目を保持する記憶。この用語は，**長期記憶**という用語によって置き換えられるまで，**記憶の二重貯蔵モデル**において用いられていた。［ジェームズ（William James）によって紹介された］

**二次吃音**［secondary stuttering］不自然さの残る流暢性の不足したスピーチを行ってしまうものの，その流暢性の不足を自覚しており調整しようと試みるような段階での吃音症を指す。一般的に，その際の努力や恐怖，不安などは，顔，頭，身体の不自然な動き（たとえば，痙攣，まばたき，唇の震え，頭の引きつけ，拳を開いたり閉じたりする）などに現れてくる。⇨ **一次吃音**

**二次形式**［quadratic form］**多変量解析**において重要な数学的形式。$x$ をベクトル，$A$ を正方行列とすると，二次形式は $x'Ax$ と表される。

**二次視覚系**［secondary visual system］**一次視覚系**の外側にある視覚経路で，一次視覚系よりも系統発生的に古い。網膜からの入力は直接**上丘**に達し，視床にある外側膝状体以外の神経核（すなわち**視床枕**と**外側後核**）を介して，**有線前野**に到達する。二次視覚系は，相対的に形の検出は悪いが，動きの定位と検出を行うことができる。新生児において比較的よく機能する。⇨ **盲視**

**二次条件づけ**［second-order conditioning］**パブロフ型条件づけ**において，無条件刺激（unconditioned stimulus）との対呈示によって効果を得た条件刺激（conditioned stimulus）と，中性刺激とを対にした結果，条件反応（conditioned response）が成立すること。⇨ **高次条件づけ**

**二次症状**［secondary symptoms］1. スイスの精神科医ブロイラー（Eugen Bleuler: 1857-1939）によると，他の疾患にも出現するために**統合失調症**特有とは考えられていない，幻覚や幻聴のような症状を指す。ブロイラーは，これらの症状は疾患から直接的に生じず，内的，外的過程への反応によって生じると考えた。随伴症状（accessory symptoms）とも呼ばれる。⇨ **基礎症状** 2. 外傷的な出来事や，疾患が経過する中で生じてくる，二次的な疾患の症状のこと。

**二次スケジュール**［second-order schedule］強化の単位が，ある単一の反応ではなく，特定の強化スケジュール（reinforcement schedule）（単位スケジュール：unit schedule）の完了となっている**強化のスケジュール**。たとえば，固定間隔30秒スケジュールについての，固定比率5の二次スケジュールFR 5（FI 30s）では，5回連続して固定間隔30秒スケジュールを完了してはじめて強化が与えられる。多くの場合，何らかの簡単な刺激が，各単位スケジュールが完了した時に与えられる。

**二次体性感覚野**［secondary somatosensory area: S2］外側溝の上方の**頭頂葉**に位置する大脳皮質領域。**一次感覚野**と，前頭頂葉のその他の領域からの直接投射を受け取り，側頭頂葉のその他の部位や運動野，前運動野へと出力を行う。⇨ **体性感覚野**

**二次的加工**［secondary elaboration］精神分析理論の用語で，夢の中にある記憶や内容を，断片的で歪んだものから，より論理的にまとまったものへと作り変える過程。⇨ **夢作業**

**二次的環境**［secondary environment］人の生活においてや，比較的簡潔で非個人的な他者との相互作用において，付随的あるいは周辺的にしか重要でない環境のこと（たとえば銀行や店）。⇨ **一次的環境**

**二次的気分障害**［secondary mood disorder］他の障害を背景として生じる**気分障害**。

**二次的コーピング**［secondary coping］出来事や現在の環境状況に適応する能力を強める**対処方略**の一種。たとえば，ストレッサーや問題を受け入れられるよう考え直すこと。二次的制御コーピングとも言う。⇨ **一次的コーピング**

**二次的自体愛**［secondary autoeroticism］マスターベーションといった直接的な手法ではなく，代わりに性感帯に関連するようなもので間接的に生じる，**自己性欲**の一種。たとえば，尿に触る行為で性的興奮を覚える場合などを指す。

**二次的集団**［secondary group］複雑な社会に特有な，大きくて非親密で，目標焦点型集団の一つ。これらの社会集団は，成員の態度，信念，行動に影響を与え，小さくより対人関係の強い**一次的集団**の影響力を補完する。家族や子どもの遊び仲間のような一次的集団は最初の社会化エージェントであるが，成人は次第に仕事仲間，クラブ，集会，団体のような二次的集団によって影響を受けるようになる。

**二次的情動**［secondary emotion］文化間で普遍的に認識されたり示されたりすることのない，その形成に社会的経験を必要とする感情のこと。ある理論では，**誇り**は**一次的情動**（喜び）と好ましい公共の反応に続いて起こる二次的情動をされる。その他の二次的情動は妬み，愛情，嫉妬を含む。

**二次的性機能不全**［secondary sexual dysfunction］生涯続くものではなく，また，あるパートナーや状況においてのみ生じる性的な機能障害。⇨ **性機能不全**，**一次的性機能不全**

**二次的精神遅滞**［secondary mental deficiency］先天的な要因ではなく，病気や脳損傷が原因で平均を下回る知能のこと。

**二次的注意**［secondary attention］意識的な努力を必要とする能動的な注意。例として，彫刻や絵を分析する際に必要となる注意があげられる。⇨ **一次的注意**

**二次的同一化**［secondary identification］精神分析理

論において，両親よりも他の人物からの賞賛に同一化すること。

**二次的動因**［secondary drive; acquired drive］ 学習された動因であり，**一次的動因**の般化や一次的動因に関連して形成された動因のことである。たとえば，**回避条件づけ**実験で，電気ショックを与えられるラットが一つの部屋から別の部屋に逃げなければならないという場合，二次的動因とはショックへの恐怖を指し，一次的動因とは苦痛からの回避を意味する。

**二次的動機づけ**［secondary motivation］ 主要な生理的欲求（たとえば，食べ物を求める）よりもむしろ，個人的または社会的報酬により作られる動機（たとえば，クラシック音楽を習いたい，映画スターになりたいという欲動）のこと。

**二次的統制**［secondary control］ 直接的には統制しないが，環境と一致した状態になるように自分自身（自分の価値，選好，行動）を変化させ，それによって統制感を生じさせる行動。⇨ **一次的統制，統制の所在**

**二次的評価**［secondary appraisal］ 感情の**認知的評価理論**における，環境との相互作用の結果に立ち向かうための個人的能力の評価。**一次評価**に付随する。⇨ **潜在的対処能力，中心的関係テーマ**　［アメリカの心理学者ラザラス（Richard S. Lazarus: 1922-2002）によって提唱された］

**二次的防衛症状**［secondary defense symptoms］ 抑圧された記憶に対し第一次の防衛ができない場合，強迫的な個人によって用いられる一組の防衛的な手段のこと。二次的防衛は，通例，強迫観念，疑惑症，思弁を含んでいた。その思弁は恐怖症，儀式，妄信，衒学として表される。

**二次的勃起不全**［secondary erectile dysfunction］ 以前は十分に性行為をする能力のあった男性が，性行為を行うのに十分なほど勃起させられないこと，または，勃起を維持できないこと。

**二次的要因**［secondary cause］ 病気を引き起こすのに十分ではない，障害の症状の発生に寄与する要因のこと。

**二次的老化**［secondary aging］ 生物学的な**加齢**による変化で，特に病気による障害によって加速されたり，またはストレスやトラウマ，ライフスタイルや生活環境などの外的要因よって生じたりする変化のこと。通常二次的老化は，先天的で加齢に伴う過程である**一次的老化**とは区別されるが，両者の線引きは明確ではない。

**二次テリトリ**［secondary territory］ **1.** 社会心理学において，人あるいは集団によって日常的に用いられる空間のことで，彼らが排他的に制御したり排他的に利用することのない空間（たとえば，地方のテニスコートなど）。ここにいる人々は，所有感を抱く一方で，他者の主張を認める。⇨ **一次テリトリー，公共領域，プロクシミクス**　**2.** 動物行動については ⇨ **行動圏**

**二次ニューロン**［second-order neuron］ すべての神経経路における二次のニューロン。たとえば体性感覚系においては，二次ニューロンは脊髄の**一次ニューロン**から入力を受け，視床に伝達する。

**二次報酬**［secondary reward］ 学習により得られた価値を伴う報酬のことで，**一次報酬**の回復を促進する。

**二次味覚野**［secondary taste cortex］ 眼窩前頭皮質に位置する大脳皮質の領域で，味覚に関する第二の皮質中継（⇨ **一次味覚野**）。味覚刺激を心地よく有益なものであるか，あるいは不愉快で望ましくないものであるかを識別する。二次味覚野からくるこの情報は，視覚，触覚，嗅覚細胞の分析と相互に作用し，統合された味わいの評価を可能にしている。

**二者関係**［dyad (diad); dynamic interactionism］ **1.** 母子，夫婦，コ・セラピスト同士，患者とセラピストのような，二者であり同時に一組の個体である関係。**2.** 心理療法やカウンセリング場面における，セラピストと患者，あるいはカウンセラーとクライエントとの間の仕事上の関係。

**二者選択**［binary choice］ 意思決定において，2つの選択肢から選択すること。

**二者択一思考**［either-or thinking］ **二分法的思考**の比較的一般的ではない言い方。

**二者択一の誤謬**［either-or fallacy］ 2つの選択肢のうち，どちらか1つを選ぶ必要性があると考える誤謬やそのように暗示する説得技法。これは，(a) 選択肢は，相容れないものではない可能性があること，(b) 他にも同じような代替案があるかもしれないことを無視している。たとえば，ある行動の原因が，その人の性質によるものか，教育環境によるものかを議論することは，因果の役割や人為的な可能性も説明の一部になりうることを無視している。

**二者面接**［dyadic session］ 治療者がある特定の1人のみの患者と面接することであり，カップルや家族を対象としたセッションとは対照的である。

**二重閾値**［dual thresholds］ 高低2つの閾値が仮定される閾値理論のこと。低い閾値を超えると，観察者は刺激が呈示されたと思うが，定かではない。高い閾値を超えると観察者は刺激が呈示されたことについて確信する。

**二重意識**［double consciousness; dual consciousness］ 2つの別個の無関係な精神状態が同一人物内に共存する状態。たとえば，**解離性同一性障害**をもった人に生じうる。

**二重解離**［double dissociation］ 記憶のタイプや脳領域の機能間の相違のように，2つの異なった心理学的あるいは生物学的システムの影響を示す研究過程。第一の実験変数が1つのシステムに影響し，第二の変数が他方のシステムに影響する。相違を生み出す変数は課題に関連しているものでも，薬学的，神経学的，あるいは個人差によるものでもよい。たとえば，**宣言的記憶**を手続き学習から分離するために，二重解離が用いられた。［ドイツ生まれのアメリカの心理学者チューバー（Hans-Lukas Teuber: 1916-1977）によって考案された］

**二重課題競合**［dual-task competition］ **二重課題成績**を検討する実験方法で観察される，参加者が2つの課題を実行することを同時に求められる（たとえば，速さを求められる反応と暗算）現象。このような課題は負荷（⇨ **意図的な努力**）を要し，互いに競合（⇨ **リソース競合**）する傾向があり，その結果，パフォーマンスが下がる。パフォーマンスの減少量は，しばしば心的容量の制約（⇨ **中央系容量限界**）の指標とされる。

**二重課題成績**［dual-task performance］ 同時に行われる2つの課題のパフォーマンスのこと。特に注意の研究において，処理限界の性質とパフォーマンスを調整するのに使われる方略を研究するために検討される活動のこと。⇨ **二重課題競合**

**二重過程理論**［dual process theory］ **1.** 行動制御を可

能にするような刺激に対する個人の反応には2つの段階が関与するという理論。その段階とは、(a) 反応するかどうかの判断、(b) 反応選択肢の選択の2つである。**2.** 再認記憶において2つの異なった認知過程（たとえば、想起と親近性）を操作することに関する記憶理論。

**二重規範**［double standard］ある行動基準が他では許容されなくても、ある集団や個人には許容されるという仮説的な信念のこと。たとえば、自由な性の表現が男性にのみ許されると信じる男性によって二重規範が保持されている場合、息子の性的放蕩を奨励するか無視する一方で、娘の処女性を強調することになる。

**二重交代**［double alternation］実験研究において、1種類のイベントが2回連続した後、別の種類のイベントに変わってそれが2回連続する、というパターン。たとえば、**オペラント条件づけ**の実験において、2つの連続する強化試行（R）が、2つの連続する非強化試行（N）に交代し、RRNNRRNN のように呈示されること。⇨ **交替**

**二重痕跡仮説**［dual trace hypothesis］短期記憶が反響回路の活動によって表象され、この回路の固定化が永久的なシナプス変化を導き長期記憶を形成することを述べた、記憶形成に関する**固執固定仮説の修正版**。⇨ **ヘッブ・シナプス**［ヘッブ（Donald O. Hebb）によって1949年に提案された］

**二重字**［digraph］単一の言語音を示すために用いられる、2つの文字あるいは他のシンボルの組合せのこと。たとえば、"digraph" の ［ph］、"house" の ［ou］など。これと対応して、3つの文字あるいはシンボルを用いる場合には三重字（trigraph）という。たとえば、"Matthew" の ［tth］。

**二重人格**［dual personality］比較的独立で、通常対比的な2つのパーソナリティをもつ状態。⇨ **解離性同一性障害**

**二重診断**［dual diagnosis］うつ病あるいは不安障害と物質乱用（たとえばアルコールあるいは薬物依存）の共存のように、同一人物において同時に2つの異なる障害が存在していることを特定すること。⇨ **コモビディティ**

**二重心理課題**［overlapping psychological tasks］2つの課題を同時に行う心理検査のこと。第1課題の刺激の後に第2課題の刺激を短く呈示した場合、第2課題の遂行は遅延することが共通知見としてある。⇨ **心理的不応期**

**二重接近-回避葛藤**［double approach-avoidance conflict］2つの目標あるいは選択肢それぞれが顕著な魅力と魅力的でない特徴をもっている場合に起こる、複雑な葛藤状態。⇨ **接近-回避葛藤**

**二重像**［double image］**1.** 眼球における障害のために生じる二重網膜像。**2.** 近くの物体を凝視したときに遠くの物体が、もしくは遠くの物体を凝視したときに近くの物体が二重像になること。⇨ **複視**

**二重態度**［dual attitudes］同じ個人によって同時に保持される、同じ物に関する矛盾している2つの態度。一方の態度は大抵明示的に、もう片方は暗黙に保持される。

**二重テクニック**［double technique; Priming the pump technique］**心理劇**で、参加者の一人、普通セラピストが、集団の成員の後ろに座り、成員自身が考えて信じていることを成員の代わりに話す手続きのこと。

**二重同時刺激**［double-simultaneous stimulation］2つの感覚刺激を同時に呈示する、頭頂葉損傷の研究で使用される検査のこと。

**二重表象**［dual representation］対象を、対象自体として、また対象以外の表象として、同時に理解する能力。たとえば、人物の写真は、写真自体と写真が表している人の両方を表象している。二重符号化（dual encoding）、二重方向づけ（dual orientation）とも呼ばれる。

**二重符号化理論**［dual coding theory］**1.** 言語入力が言語的・視覚的形式の両方によって記憶に表象されるという理論。絵を思い浮かべやすい**具体語**（「テーブル」や「馬」など）は、絵を思い浮かべにくい**抽象語**（「正直」や「良心」など）よりも記憶しやすい。これは、具体語が2つの符号で貯蔵されることによる。［カナダの認知心理学者ペイビオ（Alan U. Paivio: 1925- ）によって提唱された］**2.** バイリンガルの人々の言語知識が、2つの異なった符号によって貯蔵されているという理論。⇨ **等置型バイリンガル 3.** イメージとパフォーマンスとの関係を説明する理論で、スキルについての情報を獲得するのに2つの方法、すなわち人間の行動を符号化する運動チャネルと、スピーチを符号化する言語チャネルがあることを示唆する。視覚イメージに聴覚イメージを結びつけることで、最も効率的に**パフォーマンス強化**ができると考えられる。

**二重盲検法**［double blind］実験者と実験参加者のいずれもが実験の本来の目的、操作、遂行される処置を知らない状態で行う実験手続き。⇨ **盲検法**、**一重盲検法**、**三重盲検法**

**二絨毛膜性双胎**［dichorial twins］別々の絨毛膜をもつ双生児。受精直後に分離する**一卵性双生児**と**二卵性双生児**を含む。⇨ **単一絨毛膜性双胎**

**24時間療法**［twenty-four-hour therapy］法的に医学的、経済的に患者を統制している治療者や、治療者の指示のもとに働くアシスタントによって、患者を24時間管理する心理療法の一つ。まれに携帯電話やその他のコミュニケーション手段を用いて、治療者からの指示や情報をアシスタントが得ることもある。他の可能な選択肢がないようなかなり押し迫った状態では、このプロセスに親や患者の配偶者が加わることもある。［アメリカの心理学者ランディ（Eugene E. Landy: 1934- ）によって開発された］

**二乗平均平方根**［root-mean-square: RMS］値の平方和を値の数で割って平方根をとったもの。ある一連の値 $x_1, x_2, \cdots, x_n$ に対し、二乗平均平方根は
$$\sqrt{(x_1^2 + x_2^2 + \cdots + x_n^2)/n}$$
である。物理科学において、特定の状況下では**標準偏差**の同意語として扱われる。

**二色型色覚**［dichromatism; dichromacy; dichromatic vision; dichromatopsia］眼に2つのタイプの**感光色素錐体**のみしかないことによって生じる部分的な色盲のこと。結果的に2色型色覚者は、通常の色覚で求められる3つの光の波長ではなく、2つの光の波長に基づいて色を同定する。赤緑色盲（⇨ **2型2色覚**）はかなり頻繁にみられる一方で、青緑色盲（⇨ **3型2色覚**）は比較的稀である。⇨ **三色型色覚異常**、**無色症**

**二色型色覚異常**［anomalous dichromatism; anomalous dichromasy］二色（通常は青と黄色）のみ見ることができる部分的な色盲のこと。⇨ **二色型色覚**

**二色性の**［dichromic］2つの色のみ区別している。

**二次予防**［secondary prevention］ 潜在的な問題を含め，今後に深刻な機能不全や病気に発展する可能性がある，心身の症状や何らかの困難な状況があるとき，その初期段階で個人や集団に介入すること。⇨ **一次予防**，**三次予防**

**二親性の世話**［biparental care］ 両親による子どもの養育。

**二親等**［second-degree relative］ 祖父母や叔父，叔母，いとこのこと。たとえば，遺伝性のある病気の起きやすさを評価するときには，このような血縁関係の近い親戚の中に，遺伝性をもつ病気を抱えている者がいるかという情報が役に立つ。

**二進法**［binary system］ 2つの要素あるいは2種類の要素からなる構造や組織のこと。コンピュータ科学では，電気回路のモードやデバイスのオンオフに基づいた，通常は0と1の2つの値からなる論理的構造のことである。二進法の対比の原則は**構造主義**，特に構造言語学においてもまた非常に重要である。⇨ **二項素性**，**最小対**

**ニーズアセスメント**［needs assessment］ 1. 地域社会などの集団において，現時点ではまだ検討されていない政策に対する期待や願望を調べること。新しい事業計画を実行する前や，現行のそれを修正する前に行われる。一般に，明らかになった期待や願望は，地域社会や集団のリーダーや成員などの複数の観点から評価される。2. 職業訓練の計画の焦点となるべき領域の同定。ニーズ評価は以下の3つの重要な領域での分析を含む。(a) 被雇用者の**知識・スキル・才能および他の特徴**，(b) 被雇用者が遂行する仕事の要件，(c) 組織の要件。⇨ **パーソン・ニーズ分析**

**にせ集団**［pseudocommunity］ 被害妄想において，陥れたり，脅したり，嫌がらせをしたり，その他個人に対して否定的な何かを向けるために結成された，現実もしくは人々が信じている想像上の集団。妄想性にせ集団（paranoid pseudocommunity）とも呼ばれる。［アメリカの精神科医・臨床心理学者キャメロン（A. Cameron）によって最初に記述された］

**二足歩行**［bipedal locomotion］ 直立姿勢で2つの足を用いて歩いたり走ったりする能力。ヒトと鳥で見られる。大型類人猿や熊では，餌を探す，餌を運ぶ，濡れた地面を歩くなど短時間の二足歩行は可能である。

**二大本能論**［dual instinct theory］ 人間の生は，**生の本能**または**エロス**と，**死の本能**または**タナトス**という2つの対立する力によって支配されているとする精神分析理論。フロイト（Sigmund Freud）の後期の理論。フロイトは，「2つの基本的な本能の相互作用，すなわち2つの本能が混じり合ったり解離したりすることが，人生の事象を多彩なものにしていく」と考えた。

**日常身辺介護**［attendant care］ 衣服着脱，食事などの日常生活動作の一部で必要とする手助けを受けることによって，それ以外の面では自立した生活が送ることができる身体障害者や発達障害のある人々に提供される，医学的ではない在宅における個別ケアのこと。

**日常生活関連動作**［instrumental activities of daily living: IADLs］ 個人が自立的でいられるために欠くことのできない諸活動のことで，食事を準備する，電話を使用する，お金を管理する，徒歩圏内のところに行く，などが含まれる。⇨ **日常生活動作**

**日常生活動作**［activities of daily living: ADLs; ADL］ 個人の身のまわりの世話に欠かすことのできない動作であり，たとえば，寝起きすること，服を着ること，食べること，排泄，入浴そして身繕いなどである。日常生活動作を測定する手段は，退行性の疾病（例，アルツハイマー病）のときの日常生活動作の中で機能しうる機能の査定によく用いられる。能力のない者や突然の外傷（例，発作）を体験した者は，新しい技術や援助装置を使って，日常生活動作を習得し直す必要がある。⇨ **福祉機器**，**日常生活関連動作**

**日常生活動作のカッツインデックス**［Katz Index of Activities of Daily Living; Katz Index of Independence in Activities of Daily Living］ 高齢者や慢性疾患を抱える患者の**機能的状態**に関する，観察者による評定尺度のこと。次の6つの基本的機能を遂行するのに，どの程度の援助が必要かによって評定される。それは，入浴，更衣，食事，排泄，移動，排尿・排泄のコントロールである。測定基準は，定期的・継続的に測定されたものと比較して，有用なフィードバックを提供してくれる。［アメリカの内科医で老人病学者カッツ（Sidney Katz）によって，1963年に開発された］

**日常的現実性**［mundane realism］ 実験場面が日常的な生活場面やイベントと似ている程度のこと。たとえ実験のイベントが日常の出来事に似ていなくても，妥当な情動反応を引き起こすことができるように実験が計画される**実験の現実性**と関連している。

**日常的人種差別**［everyday racism］ 一般的，日常的な社会状況における人種差別的な扱い。たとえば，白人の教師が，アフリカ系アメリカ人の学生による質問を無視したり，白人の店員が，アフリカ系アメリカ人の買い物客よりも，白人の買い物客に対してより親密な接客をするなどの行動。⇨ **人種差別主義**

**日常的知能**［everyday intelligence］ 日常生活で使用されている知性のこと。日常的知性は精神分析学的な検証構造ではなく，人々が日常的に直面する問題に関連した知性が緩やかに概念化されている。

**二値変数**［dichotomous variable; binary variable］ 1つか2つの取りうるカテゴリーへの帰属関係を指し示す，2つの値のみ（たとえば，0と1）をもちうる変数のこと。たとえば，女性 対 男性，共和党員 対 民主党員，質問への回答としての「はい」か「いいえ」，コンピュータコードの「0」か「1」などがある。

**日没症候群**［sundown syndrome; sundowning］ 特に認知症の高齢者や施設で治療中の人で，日没時に精神機能水準の低減を体験する傾向のこと。

**日記法**［diary method］ ある個人に人生における日々の出来事を記録してもらい，それによって観察や研究を行った個人に関する詳細なデータを編集する手法。

**ニッスル小体**［Nissl bodies］ 粗面小胞体とリボソームからなる微細粒子。ニューロンの細胞体の中に多数見られる。ニッスル小体はトルイジンブルーで染色することができ（ニッスル染色：Nissl stain）細胞体の大きさと神経系の異なる領域ごとのニューロンの密度を計測することができる。ニッスル顆粒（Nissl granules），ニッスル物質（Nissl substance），虎斑物質（tigroid bodies）とも呼ばれる。［ドイツの神経病理学者のニッスル（Franz Nissl: 1860-1919）］

**ニッスル法**［Nissl method］　顕微鏡観察のためにニューロンを染める技術。特にニッスル染色を用いて**ニッスル小体**を可視化させる。

**ニッチ選択**［niche picking］　自分にとって快適で適切で有利な場や立場を積極的に探索し選択すること。

**二点弁別**［two-point discrimination］　手の上の異なる2点に同時に触覚刺激が接触したときに，2点を知覚する能力。二点弁別検査（two-point discrimination test）は，脳の頭頂葉の損傷による影響を調べるために，特に開放性頭部外傷を伴う患者を対象として用いられる。触二点弁別（tactile two-point discrimination）とも言う。

**二点弁別閾**［two-point threshold; spatial threshold; two-point limen］　皮膚上に提示された2つの刺激が1つではなく2つであるように知覚される2つの刺激間の最小の距離。触二点閾（tactile two-point threshold）とも言う。

**ニトラゼパム**［nitrazepam］　催眠に使われる，半減期が24時間以上で長時間作用性の**ベンゾジアゼピン**。ニトラゼパムの活性代謝物質はないが，日常的に服用すると，半減期が長いため蓄積してしまう。アメリカでは現在市販されていない。カナダでの商品名はモガドン（Mogadon）。

**二人組精神病**［folie à deux］　親密な関係の2人が，同時に同様のまたは全く同じ妄想を共有するという稀な精神病性障害。フランス語で，2人の精神異常"double insanity"の意味。**共有精神病性障害**の最も一般的なものである。

**二人称視点**［second-person perspective］　他者に向ける観点や他者の意識への気づき。「私－あなた」コミュニケーションが特徴。⇨ **一人称視点**，**三人称視点**

**二倍体の**［diploid］　正常の数の染色体をもっていることを意味する。ヒトでは，**常染色体**の22の相同対とXYまたはXXの性染色体の46本の染色体をもつことを意味する。⇨ **一倍体**

**2プラス2現象**［two-plus-two phenomenon］　推論における**誤謬**の一つで，観察されたもしくは受け入れられた事実が非常に"明確な"結論を導くと考えられるため，その結論を正当だと理由づけるために必要な論理的な分析が行われないというもの。

**二分**［dichotomy］　統計において，得点を2つの単位（たとえば，中央値の上と下）に分けること。

**二分脊椎**［spina bifida］　通常，脊髄を取り囲む脊椎管の不全の結果として生ずる発育障害（⇨ **神経管欠損**）。これは，体表面から脊髄が一部隆起するという結果となる（⇨ **脊髄髄膜瘤**）。二分脊椎の人は，感覚，歩行，内臓，膀胱のコントロールに障害をもっており，脚や踝より下の足の筋肉の虚弱やまひ，易感染性を経験し，そのうち，90％のケースが**水頭症**である。**髄膜脊髄瘤**は二分脊椎の中で最もよく起こる。⇨ **髄膜瘤**

**二分法**［fractionation］　感覚の大きさを測定するための精神物理学的手続きのこと。たとえば参加者は，比較される明るさに対して半分の明るさになるように，つまり明るさを二分するように調整を求められる。この典型例では，観察者は変化刺激を標準刺激の半分になるように調整するため，二等分法（halving method）とも呼ばれる。

**二分法的思考**［dichotomous thinking］　両極，すなわち最善と最悪のみから考え，その間に存在する可能性を受け入れない傾向。特に，**大うつ病性エピソード**をもつ個人によくみられ，**大うつ病性障害**の危険因子であると考えられることがある。両極化思考（polarized thinking）とも呼ばれる。

**二変数**［bivariate］　2つの変数や属性によって特徴づけられること。

**二変数度数分布**［bivariate frequency distribution］　2つの確率変数を同時に表示すること（たとえば，グラフや表），または数学的に表現すること。

**二方言使用**［bidialectism］　ある人物，あるいは**言語コミュニティ**が，ある言語について2種類以上の**方言**を標準的に用いること。⇨ **コード切り換え**，**複舌**

**日本的経営**［Japanese management］　多くの日本の会社組織に特徴的な経営方式で，持続的な品質改善の強調，全員一致の意思決定，即応の在庫品システムなど。1980年代の日本の経済的成功のために，アメリカやその他の西洋諸国は類似したやり方を採用することになった。⇨ **デミング式管理法**，**Z理論**，**総合的品質管理**

**ニーマン-ピック病**［Niemann-Pick disease］　酸素スフィンゴリエミナーゼの欠乏および，脳組織や内臓器官での脂質の累積が一般的な特徴である，遺伝性の脂質貯蔵障害。巨大肝臓と脾臓大（肝腫脹および脾腫）を引き起こす可能性がある。精神遅滞，盲目，成人前の死亡が共通している。この障害の約95％は，欠陥のあるNPC1遺伝子をもっている（染色体座18q11-12）。スフィンゴミエリン脂肪代謝異常（sphingomyelin lipidosis）とも呼ばれる。⇨ **脂質代謝障害**　［ドイツの心理学者ニーマン（Albert Niemann: 1980-1921），およびピック（Ludwig Pick: 1868-1944）による］

**ニーモニスト**［mnemonist］　記憶の符号化と検索の能力が並外れて優れた人のこと。一部のニーモニストは，よく発達した記憶戦略によってその記憶力を可能にしている。そうでないニーモニストは，たとえば，数字や外国語などのある分野のみに優れた記憶力をもつ。

**入院患者サービス**［inpatient services］　入院患者にとって利用可能で，外来患者向けの施設では利用不可能，あるいは，部分的にしか利用できない診断・治療サービスのこと。たとえば，継続的検査，医療や看護ケア，リハビリテーション療法，作業療法，運動療法，リクレーション療法，社会労働サービス等の特別治療がある。

**入院患者用多次元精神病理尺度**［Inpatient Multi-dimensional Psychiatric Scale: IMPS］　精神病患者の態度や行動を査定し，主として心理的な構造を把握するのに用いられる，面接を基本とした評価方法。症状重症度を評価したり，「敵意－妄想」「興奮－敵意」「興奮－誇大」などのような類型に患者を分類するために用いられる。この尺度の初版は，1953年の精神科患者多次元評定尺度の改訂版として1962年に出版された。［アメリカの計量心理学者ロアー（Maurice Lorr: 1910-　）と，心理学者クレッツ（C. James Klett: 1926-　），マックナイアー（Douglas M. McNair: 1927-　），ラスキー（Jullan J. Lasky: 1918-　）によって発展した］

**入院認可**［admission certification］　医療施設へ入院する患者の医療的ケアの必要性を判断する医療適正審査の一部。

**入院決定／鑑定留置**［criminal commitment］　心神喪失による無罪となった者，または被告の**訴訟能力**を証明す

るために精神医療施設へ収容すること。

**入院時面接**［intake interview］ 精神科病院へ入院，ディケア施設，あるいは物質乱用施設に入院することになった患者に対して行われる最初の面接。入院時面接は，政府支援の精神衛生事業（たとえば，地域精神衛生センター）にもよくみられ，サービスを願い出たクライエントの適性などを決定するために行われる。入院時面接は専門家によって行われるが，その専門家は必ず患者の治療にあたる者とは限らない。得られた情報は，最適の治療過程やその治療にふさわしい治療者を決定するために用いられる。

**入院症**［hospitalitis］ 病院での生活に心理的に依存している患者の心的状態で，退院がわかると突然症状が再燃する。

**入学基準**［admission criteria］ 学生を教育プログラムに参加させるかどうかを決めるために用いられる一連の基準やテスト。

**乳酸デヒドロゲナーゼ（LDH）**［lactate dehydrogenase: LDH; lactic dehydrogenase］ 逆触媒を引き起こし，乳酸塩をピルビン酸に転換できる酵素のこと。肝臓，腎臓，骨格の筋肉と心筋にある。血中 LDH 濃度の増加はこれらの臓器の損傷や病気の兆候である。

**乳児**［infancy］ 出生後の初期，大まかには最初の2年のことを指す。その間，子どもは自分では何もできず，親の世話に頼る。

**乳児行動記録**［infant behavior record］ 幼児行動スケールの旧式名称。⇨ **ベイリー乳幼児発達スケール**

**乳児・就学前検査**［infant and preschool tests］ 乳児（0 か月〜18 か月）と就学前の子ども（18 か月〜60 か月）の発達を調べるために設計された，個別実施式の検査。重要なテストとして**ベイリー乳幼児発達スケール**，**ウェクスラー就学前幼児用知能検査**などがある。

**乳児に向けられた発話**［infant-directed speech］ 成人や年上の子どもが幼児に話しかけるときに使う，特別な話し方のスタイルであり，大抵は大げさな抑揚や反復を含む。⇨ **子どもに向けられた発話**

**乳児の意識**［infant consciousness］ 生まれてから初期に，出生前にも発達する，感覚的な高次の意識のこと。⇨ **意識経験の個体発生**

**乳児マッサージ療法**［infant massage therapy］ 赤ん坊の体を優しく触れたり撫でたり，揉んだりする系統的な手法。治療効果として，赤ん坊をくつろがせ，十分に長い睡眠を誘うことがあげられる。

**乳汁射出反射**［milk letdown reflex］ 乳飲みや乳飲みと関連づけられた刺激に反応して起こる反射。母親のオキシトシンが放出され，結果としてミルクが放出される。

**乳汁漏出**［galactorrhea］ 哺乳期間外にある女性，ないしは男性に生じる乳汁の異常漏出のこと。乳汁分泌は下垂体ホルモンの**プロラクチン**によって刺激され，神経伝達物質のドーパミンは，通常，乳汁の放出を抑制する作用をもつ。それゆえ，ドーパミンの働きを抑制する**ドーパミン受容体作動薬**（従来の抗精神病薬）の投与は乳汁漏出の原因となりうる。下垂体の腫瘍や損傷は乳汁の過剰分泌を生じさせるため，これも乳汁漏出の原因となりうる。この疾患の治療にはドーパミン受容体作動薬の**ブロモクリプチン**が使われる。

**乳腺**［mammary gland］ 哺乳類のメスが乳を分泌する腺の総称。ヒトにおいては乳腺は乳房と呼ばれる。

**乳頭**［papilla］ 舌上の膨らみ。ヒトでは 200 の**茸状乳頭**が舌先に，10〜14 の**葉状乳頭**が側部に，7〜11 の**有郭乳頭**が後部にある。**糸状乳頭**と呼ばれる味覚機能のないものは舌上全域にある。舌乳頭（lingual papilla）とも呼ばれる。

**乳頭体**［mammillary body; corpus mammillare］ 脳底部，下垂体（下垂体茎）の少し後部にある小さな球状の二つ組の**核**のどちらか。**大脳辺縁系**の構成要素。

**乳頭体視床路**［mammillothalamic tract］ 脳底部において**乳頭体**を視床へとつなぐ**神経束**。

**乳頭浮腫**［papilledema］ 頭蓋内圧の増加による視神経円板，視神経乳頭の腫れのこと。脳髄膜が視神経鞘と繋がっており，眼球に圧が伝わるために生じる。うっ血乳頭（choked disc）とも呼ばれる。

**乳突**［mastoid］ 側頭骨の前方からの突起。中に蜂巣があり，鼓室とつながっている。乳様突起（mastoid process）とも呼ばれる。

**乳房**［breast］ ヒトの乳腺，乳分泌細胞と分泌管，脂肪細胞，結合組織からなる。成人女性の大きくなった乳房はヒトの特徴であり，他の種ではみられず，**性淘汰**の結果と思われる。男性において肥大した乳房は異常として生じる。⇨ **女性化乳房**

**乳房巨大症**［macromastia］ 女性における異常に大きい乳房。

**入眠期不眠症**［sleep-onset insomnia; onset insomnia］ 入眠困難が続くことにより特徴づけられる**睡眠異常**のこと。⇨ **不眠症，原発性不眠症**

**入眠困難**［initial insomnia］ 大抵は，緊張や不安，抑うつによる寝つきの悪さを指す。不安による**不眠症**の人は，入眠できないことや，眠りを導くまで十分弛緩できないことによる睡眠不足の影響を過剰に心配する。入眠困難は**大うつ病性エピソード**の徴候の可能性もある。⇨ **中途覚醒，早朝覚醒**

**入眠時空想**［hypnagogic reverie］ 眠り始める直前の，眠気や意識がなくなっていくときに生じる夢や空想。

**入眠時幻覚**［hypnagogic hallucination］ 眠りにおちる際に体験される幻覚。通常，病的なものとは考えられていない。

**入眠時心像**［hypnagogic imagery］ 覚醒と熟睡の間の眠い状態において起こる鮮明な心像のこと。

**入眠状態**［hypnagogic; hypnagogic state］ 深い眠りにおちる直前に起こる，うとうとした状態や浅い眠りの状態のこと。

**入眠・睡眠維持障害**［disorders of initiating and maintaining sleep: DIMS］ 睡眠障害の4つの基本型の一つで，**不眠症**の存在によって他とは区別される。すなわち，眠りにおちる，あるいは眠りを維持することの持続的不全を指す。対応する DSM-IV-TR の分類は**原発性不眠症**である。診断には睡眠研究所（sleep laboratory）で詳細な観察を行い，夜間覚醒，睡眠時間，睡眠効率，呼吸パターン，**睡眠段階 2** の時間的割合，**睡眠段階 3** と**睡眠段階 4** の時間的割合，**レム睡眠**の時間といった基準で判定される。

**乳幼児突然死症候群（SIDS）**［sudden infant death syndrome: SIDS; crib death; cot death］ 健康だと思われていた乳幼児が全く原因がわからずに，睡眠中に突然，予期で

**乳幼児の興奮状態**［infant states of arousal］（a）規則的，周期的，もしくは不規則な睡眠，（b）啼泣，（c）覚醒時の活動，（d）**覚醒敏活不活動**，などを含む，乳幼児が経験する行動状態。

**乳幼児発達プログラム**［infant development program］発達障害のリスクが予測される場合や明らかな発達の遅れを伴う0歳〜3歳児に対して提供される感覚刺激・リハビリ・治療・社会的なサービスを統合したプログラム。幼い子どもほど知的障害や運動・感覚障害のリスクが疑われる症候を呈しやすい。一方で，年長の子どもの場合は1歳半〜2歳時の期間に発達の遅れをもっていることが判明しやすい。サービスには査定，感覚刺激法，ペアレント（ファミリー）トレーニングの他，家族が適切な地域サービスを知り，利用できるための支援も含まれる。早期介入プログラム（early intervention program）とも言う。

**入浴療法**［bath therapy］水に浸かることを治療手段として用いる治療法。⇨**灌水療法**

**入力**［input］あるシステムへエネルギーを送るのと一緒に，コミュニケーションチャネルに送られる信号。人とコンピュータとの相互作用の状況では，通常，コンピュータに与えられるデータや命令のことを指す。⇨**出力**

**ニューエイジ療法**［new-age therapy］流行の治療ではあるものの，科学的根拠に欠き，一般的に精神保健の専門家には有効な治療実践としては受け入れられていない治療法。このような治療法を支持する成果は，独立して行われた科学的研究からも示されておらず，むしろ治療法の主張者の，主に"洞察"であったり観察によるものであったり，あるいは支持者のフィードバックされた感想や，評価に基づいている。ニューエイジ療法の一例として，**再生療法**があげられる。

**ニューマン-クールズの検定**［Newman-Keuls test］**多重比較**の一つで，3つ以上の平均値について事後的に対比を行う方法。

**ニューラルネットワーク**［neural network］ 1．認知と知覚の根底にある脳の神経性変化をモデル化する方法。多数の単純な仮想神経ユニットがそれぞれ連結しているとされる。2．学習とデータの分類に使用される。**人工知能**システムの一形態。ニューラルネットワークは通常，コンピュータになぞらえた抽象的な構造をもち，相互結合された多数の処理要素（ノード：node）からなる。それぞれのノードは有限個の入力と出力をもつ。ネットワーク内の要素は，どのようにデータを処理するかを決める「重み」をもっており，この重みは経験によって調整できる。このような方法によりネットワークの出力を最適化することで，入力データのパターンを認識するようにネットワークを「訓練」できる。このモデルは，想定上での脳内のニューロンの振舞いのアナロジーとなっている。ニューラルネットワークは，パターン認識や音声認識，言語の機械翻訳といった分野の研究に用いられている。また，金融予測などの分野でも応用されている。ニューラルネットワークは，多くの場合，入力層（input layer：ここでは入力パラメータの属性が符号化される），おそらく多層の中間層（hidden layer：ここでは入力パラメータの一般化が反映される），出力層（output layer：ここではニューラルネットワークシステムの反応が環境に伝えられる）を含む，層構造をとる。これらの層の結合性は，通常はニューラルネットワークが学習時に使用するアルゴリズムに依存して，相互に異なることが多い。データにおけるパターンの学習には複数の系統のアルゴリズムが利用される。こうしたアルゴリズムには，ヘッブ学習や逆伝播学習が含まれる。⇨**知覚**

**ニューロキニン**［neurokinin］一族の神経伝達物質で，3種類の神経ペプチド**P物質**，ニューロキニンA，ニューロキニンBが含まれている。これらの物質は情動および痛みの知覚に役割を果たしている

**ニューログラム**［neurogram］神経細胞のインパルスを表す波形のこと。紙に印刷されたりモニタ上に表示されたりする。

**ニューロクリン**［neurocrine］シナプスでアゴニスト，特に**神経伝達物質**を分泌するニューロンのこと。あるいはアゴニストそのものを指す。

**ニューロ制御**［neurocontrol］神経出力をエネルギー変換することにより，電子機器を制御すること。それらの機器は，まひがある人，身体機能に深刻な障害がある人が使用するために開発されてきた。⇨**バイオエンジニアリング**

**ニューロテンシン（NT）**［neurotensin: NT］視床下部より体循環に放出される**神経ペプチド**。広範囲で中枢神経系に分布している。

**ニューロパチー**［neuropathy］特に末梢神経に始まる神経系の障害。⇨**末梢神経障害**

**ニューロン**［neuron; neurone］神経系の基本的な細胞単位。各ニューロンはそれぞれ**細胞体**，入力された神経信号を受け取る細かく広がる分岐（**樹状突起**），神経インパルスを分岐の末端へと伝達する1本の長い伸長（**軸索**）から成り立っている。軸索終末は，**シナプス**あるいは**神経筋接合部**と呼ばれる接合点を通して，その他のニューロンや効果器（たとえば筋肉や腺）へとインパルスを伝える。ニューロンはその機能によって，**運動ニューロン**，**感覚ニューロン**，**介在ニューロン**に分類できる。構造的には，**単極ニューロン**，**双極ニューロン**，**多極ニューロン**といった様々なタイプがある。脊椎動物のニューロンの軸索はしばしば**ミエリン鞘**に包まれている。神経細胞（nerve cell）とも呼ばれる。［ドイツの医師ヴァルダイアー＝ハルツ（Heinrich Wilhelm von Waldeyer-Hartz: 1836-1921）によって作られた言葉］

**ニューロン説**［neuron doctrine］神経系は，互いにつながりつつも相互に侵入しない個別の細胞（**ニューロン**）からなるという原則。この説が受け入れられる前は多くの人が，神経系は連続した管状のネットワークだと考えていた。［ドイツの医師ヴァルダイアー＝ハルツ（Heinrich Wilhelm von Waldeyer-Hartz: 1836-1921）によって1891年にもたらされた］

**2要因計画**［two-factor design; two-way factorial design］2つの**独立変数**が操作された**要因計画**のこと。

**尿失禁［1］**［urinary incontinence］神経学的障害，膀胱や腎臓といった器官の加齢に伴う変化などの器質要因によって，排尿を意識的にコントロールすることができなくなること。⇨**腹圧性尿失禁**，**切迫尿失禁**，**遺尿症**

**尿失禁［2］**［aconuresis］不随意的な排尿。⇨**おねしょ**，**遺尿症**

**尿性愛**［urophilia］　性行為中に排尿したり，排尿されることによって興奮を得る**性嗜好異常**の一つ。

　**尿道**［urethra］　膀胱からの尿を体外へ排出する皮膜に囲まれた管。男性では，ペニスの**尿道海綿体**を通っていて，射精時の精液が通る管としても機能する。女性では，尿道は4cmに満たず膣口の前開口部にほぼ直接つながっている。

　**尿道炎**［urethritis］　痛みを伴う排尿（**排尿障害**）と尿道分泌物の症状をみせる尿道の炎症。**淋病**と**非淋菌性の尿道炎**の場合，感染は性的接触を介して起こると考えられる。

　**尿道海綿体**［corpus spongiosum; corpus covernosum urethrae］　陰茎の下側にある柱状の組織で，尿道を囲み**陰茎亀頭**まで続く。この上には陰茎海綿体の2本の柱があり，陰茎の勃起性組織は互いに結合組織で結合したこれら3つの柱からなる。

　**尿道下裂**［hypospadias］　先天的に，通常の位置より下に尿道が開いている状態。男性の場合，尿道下裂は男性器の下側に尿道が開き，女性の場合，膣の中に開いている。

　**尿道球腺**［bulbourethral glands; Cowper's glands］　男性にある一対の腺で，その分泌管は陰茎の根元で尿道につながっている。分泌物は精液に含まれる。

　**尿道性愛**［urethral eroticism; urethral erotism］　精神分析の用語であり，排尿により性的な快感を得ること。⇨**嗜尿**

　**尿崩症**［diabetes insipidus］　バソプレシン（抗利尿ホルモン）の不足を特徴とする代謝異常である。これは，尿細管からの水分の再吸収を促進する。この患者は過度の渇きを感じ，多量の尿を排出する。しかし，糖尿病患者に特有の高血糖は見受けられない。⇨**腎原性の糖尿病**

　**二卵性双生児**［dizygotic twins: DZ twins］　2つの異なる精子とそれぞれ受精した2つの卵から発生した，同性または異性の双生児。二卵性双生児は，両親の遺伝子の半分をランダムに受け継いで**単生児**として生まれた通常の兄弟姉妹よりも遺伝的に似ている。平均すると，二卵性双生児は，**一卵性双生児**の約半分程度の遺伝的近さである。1000回の妊娠のうち二卵性双生児は平均7〜12回生じる。⇨**双生児研究**

　**二律背反**［antinomy］　**1.** 一般的には二者が反対あるいは矛盾した状態を指す。**2.** ドイツの哲学者のカント（Immanuel Kant: 1724-1804）の形而上学における2つのアプリオリな命題の間の矛盾のこと。その命題はともに同程度に妥当な証拠から支持されうるものである。カントはこのような一連の二律背反を，思弁的な形而上学（speculative metaphysic）への反論および，私たちが知ることができる世界は**現象**の世界であるとする自身の立場の論拠とした。

　**二量体**［dimer］　2つの高分子サブユニット（たとえば，蛋白質の）が互いに結合してできた複合体のこと。

　**ニール対ビガーズ判決**［Neil v. Biggers］　1972年に，アメリカ合衆国最高裁判所が判決を下した裁判。大きな反響を呼んだ。この判決で最高裁判所は，目撃者の同一性識別の妥当性評価において検討すべき判断基準を次の通り示した。(a) 識別の確からしさ，(b) 目撃した出来事と識別時の時間差，(c) 目撃した出来事の視認性，(d) 目撃した出来事に向けていた注意の程度，(e) 事件に関与した人について目撃者が最初に証言した内容の正確性。

　**任意交配**［random mating］　選択性のない**配偶行動**のこと。初期の**行動生態学説**は任意交配を前提としていた。しかし，現在では，ほとんどの動物で選択的な特異性の高い交配が行われ，**同類交配**もしばしばみられることが知られている。

　**任意入院**［voluntary admission］　精神科病院やその他の入院施設に，強制されることなく本人の同意に基づいて入院すること。裁判所や病院によって入院期間が決定される強制入院（involuntary hospitalization）とは異なり，患者の意思でいつでも退院することが可能である。

　**認可**［accreditation］　政府機関や公的機関が，事前に定められた基準に照らし合わせ，教育機関や学習プログラムを評価し，承認する公的な手続きのこと。認可は機関に対し用いられ，認証は個人に対して用いられる。

　**人形遊び**［doll play; projective doll play］　**遊戯療法**の用語。人形やフィギュアの使用には，子どもに馴染みのある者を見立てる，感情を表現しやすくする，感情的ニーズを表現するような物語を演じる，重要な家族関係を明らかにするといった意義がある。

　**人間関係トレーニング**［human relations training］　他者の感情やニーズに気づき，建設的な相互作用を促進するためのテクニックのこと。⇨**感受性訓練**，**Tグループ**

　**人間関係論**［human relations theory］　**組織有効性**を達成する際に，従業員態度や，個人間の関係，**グループ・ダイナミクス**，リーダーシップスタイルの重要性を強調するマネジメント方法。人間関係論では，従業員とのコミュニケーションに思慮深く協調的であるリーダーは，独裁的なリーダーよりも，良い結果を達成することができるとされる。⇨**ホーソン効果**

　**人間・機械系**［human-machine system; man machine system; person-machine system］　**人間工学**において，オペレータと機械とプロセスの間に相互依存性を伴うあらゆるシステム。

　**人間工学 [1]**［ergonomics; human factors engineering］　生理学，**生物力学**，**人体測定学**，ならびに関連領域から得られた，人間の能力や限界についての知識を安全で効果的な遂行を行うためのシステム，装置，プロセスのデザインに適用し，工業設備，自動車，医療制度，交通システム，娯楽施設，消費財，生活環境など，人間が構成要素となるオペレーティング・システムのデザイン，メンテナンス，オペレーションを扱う学際領域。人間工学の特殊領域には，**認知人間工学**，**文化的人間工学**，**産業エルゴノミクス**，**マクロ人間工学**，**職業人間工学**などが含まれる。⇨**エンジニアリング人体測定学**，**工学心理学**，**システムエンジニアリング**

　**人間工学 [2]**［human engineering］　人間の能力の最適な利用や，最適な安全，効率性，快適性を促進させる環境や設備をデザインすること。⇨**工学心理学**

　**人間工学的トラップ**［ergonomic traps］　事故や**ヒューマンエラー**の可能性を高める一因となるデザインの構成要素。直感に合致していないとか，行動や心の働きの点で人間の通常の傾向性に違反しているデザインは，人間工学的トラップを含んでいる。⇨**行動に基づいたセーフティ・マネジメント**

　**人間行動学**［praxiology］　人間行動についての研究や，効果的な行動についての科学。ギリシャ語で「行うこと」

という意味のpraxisからきている。

**人間・システム結合度**［human-system coupling］　人間工学において，オペレータとシステムが相互依存する程度のこと。高度に自動化されたシステムは手動のシステムより相互依存の程度が低い。

**人間・車両インターフェース**［human-vehicle interface］　乗り物の機能と運転手との接点。コントロールパネルにあるすべてのコンポーネントが含まれる。

**人間主義的な態度**［humanistic perspective］　人は本質的に良い存在で，建設的であり，自己実現の傾向は生来のもので，適切な環境があれば最大の可能性を発現させるだろうという心理学における前提のこと。人間主義的な態度は，健常者研究に基づく人格理論を支持したオールポート（Gordon Allport），マズロー（Abraham Maslow），ロジャーズ（Carl Rogers）らによって成立した。⇨ **人間中心主義**，**自己実現**

**人間主義的良心**［humanistic conscience］　外的な権威によってではなく，個人の基準によって導かれる良心のこと。⇨ **専制的良心**　［フロム（Erich Fromm）によって定義された］

**人間性［1］**［human nature］　大部分は生得的であるが，順応性のある全体としての人間の特徴のことであり，行動，態度，そして人類が特徴としてもっている傾向の組合せから構成される。人間性の概念は，**マルクス主義**，**フェミニズム**，**ポストモダニズム**といった現代思想の中のいくつかの学派から批判されてきている。⇨ **本質主義**，**普遍性**

**人間性［2］**［humanity］　特定の他人との個人的関係において示される思いやり。親切心，助成心，慈善，愛など。

**人間性回復運動**［human-potential movement; human-growth movement］　人間的成長，発達，対人関係の思いやり，より大きな自由，生活の自発性への探求に基づく，精神療法および心理学へのアプローチのこと。ドイツ生まれのアメリカの精神科医パールズ（Fredrick（Fritz）S. Perls: 1893-1970）の考えは，人間性回復運動の発展において影響力をもった。それは，**人間性心理学**から一般的見解を導き出すものである。**ゲシュタルト療法**，**感受性訓練**，**エンカウンターグループ**はこのアプローチの代表例である。

**人間性心理学**［humanistic psychology］　人間性理論（humanistic theory）とも呼ばれる。1940年代から1970年代初めに発展した心理学的アプローチ。今日では心理療法やカウンセリングのアプローチの一つとして広く用いられている。**実存主義**と**現象学**に関連した概念を多く取り入れており，個人が自分で選択し，自分の人生スタイルを創造し，自分のやり方で自己実現する能力に焦点を当てる。そのアプローチは全体論的であり，無意識の分析や行動変容よりも，体験的な方法を通じて人間の可能性を発現させることが強調される。このアプローチに関連する主要な人物にはマズロー（Abraham Maslow），ロジャーズ（Carl Rogers），メイ（Rollo May）がいる。⇨ **実現モデル**，**人間性回復運動**

**人間性心理療法**［humanistic therapy］　精神分析的アプローチや行動主義的アプローチを批判した種々の心理療法的アプローチを指す。直接的な体験を通して個人の成長を促すことを探究し，人間のもつ潜在能力の開発，**いま，ここ**，具体的な人格変容，自己責任，自然な過程や自発的な感情表出に身を任せること等に焦点を当てる。人間性心理療法としては，来談者中心療法，ゲシュタルト療法，実存心理学，体験過程心理療法などがあげられる。

**人間生態学**［human ecology］　社会学における，人間とその物理的・社会的環境との関係性についての研究。⇨ **生態学**，**生態学的研究**，**生態学的システムモデル**，**社会生態学**，**都市生態学**

**人間中心主義［1］**［anthropocentrism］　人間の経験が現実の中心であるという，潜在的あるいは明確な前提のこと。ひいては，すべての現象は，それらの人間との関係に照らして評価することができるという考え方。

**人間中心主義［2］**［humanism］　心理学において，人間の価値を守ろうとし，人間や自然の事物に対する行為の価値を低めることに抵抗しようとする見方。この精神では，**人間性心理学**は，自然科学的心理学だけでなく，人間のネガティブな病理的な側面を強調する理論をも拒否する。現代心理学では，人間中心主義という語は，しばしばロジャーズ（Carl Rogers）やマズロー（Abraham Maslow）の理論や見解に，もしくは，**現象学**や**実存主義**によりもたらされた理論に当てはめられる。

**人間の可能性モデル**［human-potential model］　教育における心理学的アプローチで，学習者の可能性を最大限発現させるよう援助する重要性を強調しており，これは，**人間性心理学**の基本的理念によっている。⇨ **人間主義的な態度**

**人間の情報貯蔵**［human information storage］　心をコンピュータに類似したものと捉えたときに，外部からの情報を，記憶や操作，検索がしやすい形へ符号化（coding）する過程のこと。

**人間不信**［misanthropy］　すべての人間に対する嫌悪，反感，不信。

**認識機能**［gnostic function; epicritic sensibility; gnostic sensation］　皮膚受容器を刺激する光の違いから皮膚感覚による空間的判断を行う能力のこと。⇨ **識別性システム**

**認識された現実**［perceived reality］　客観的現実や外的現実と対照をなす，現実についての主観的体験。クライエント中心理論，人間性−実存理論，その他の関連する現象論では，人は客観的現実よりむしろ，認識された現実に従って行動すると考えられている。

**認識障害**［dysgnosia］　失認の軽症型。

**認識的対処方略**［cognitive coping strategy］　ある特定の問題や状況に行きあたった場合に用いられるあらゆる**対処方略**のこと。例として次のことが含まれる。その問題の原因を考える，他者はどのようにその問題を取り扱うか考える，注意をストレスや不安の程度が低い事象に向ける（例，幸せな時間を思い出すこと，数学の問題を解くこと）など。

**認識の自己調整システム**［cognitive self-guidance system］　問題解決行動を導く，私的で自分にのみ向けられた発話を使用すること。［ヴィゴツキー（Lev Vygotsky）によって提案された］

**認識論**［epistemology］　知識の本質や起源，限界に関する哲学の一派。真理主張の正当化にも関連する。主に，フランスの哲学者でもあり数学者でもあるデカルト（René Descartes: 1596-1650）の研究によるもので，認識論は17世紀以降の哲学の主要な問題となっている。（⇨ **デカルト主義**，**デカルト的自己**，**モダニズム**）。心理学で

は，2つの主要な根源から認識論への関心が生まれた。第一に，人間の行動研究として，心理学は知識獲得の過程やあらゆる種類の学習に長く関心を寄せてきたことである。第二に，科学として，心理学は知識主張の正当化に関心があることである。これらの関心事との関連で，心理学における認識論についての多くの研究は，科学的手法に関するものや科学的に導かれた知識主張の正当化に集中していた。一般に，心理学を案内する認識論は**経験論（実証主義）**であるが，**精神分析**や**ピアジェ**（Jean Piaget）の**発達心理学**，ロジャーズ（Carl Rogers）の**人間性心理学**のような実験参加者へのアプローチは**合理主義**に強く影響されている。

**認識論的価値**［epistemic value］ 1．信念，理論もしくは説明的モデルが，正確な知識を提供できている程度。2．感覚知覚や記憶といった認知過程が，正確な知識を提供できていると考えられる程度。3．正確な知識を伝達できる程度の指標と考えられる，理論もしくは認知過程の固有の特性。たとえば，**反証可能性**や**経験的定着化**は科学において，重要な認識論的価値をもつ。また，一貫性と明瞭さは，記憶に関する認識的価値をもつと考えることができる。

**認識論的孤独**［epistemological loneliness］ 他者からの疎外や分離についての深遠な感覚。

**認証**［certification］ 事前に定められた基準に基づいて，外部の機関により行われる評価の過程のこと。認証は個人に対し適用され，**認可**は機関に対して適用される。⇨ **資格認証制**

**妊娠**［pregnancy; fetation; gravidity］ 発生中の胚を身ごもっている女性の状態。通常，受胎から出産まで266日続く（⇨ **前出生期**）。通常は子宮内で胚は発生するが，稀に，子宮外で起こることもある。⇨ **子宮外妊娠**，**青年期の妊娠**，**想像妊娠**

**妊娠期間[1]**［gestation period］ 母親の子宮に子を身ごもっている期間のこと。トガリネズミの20日間から，アフリカサイの550日やアフリカゾウの22か月と幅がある。人間では，女性の最後の月経から数えて280日，あるいは9か月を目安に計算する。

**妊娠期間[2]**［gestational age; fetal age］ 妊娠日から計算した胎児の年齢。⇨ **月経齢**

**妊娠中絶**［abortion］ 臨月，もしくは子宮外で生存できる妊娠20週以前に，胚や胎児を子宮から娩出すること。妊娠中絶には自然に生じるものと人工的に行われるものがある。⇨ **人工流産**，**自然流産**，**人工妊娠中絶**

**妊娠中絶カウンセリング**［abortion counseling］ 妊娠中絶とその代替手段（たとえば，養子縁組や育児）について指導，助言，情報提供，援助を行うカウンセリングのこと。妊娠中絶カウンセリングは通常妊娠中絶が行われる特別なクリニックで提供されるが，総合病院でも提供される。

**妊娠中絶反対**［pro-life］ 主に宗教的な理由により，妊娠中絶の法的権利に反対し，それを制限することを目指す立場や社会運動のこと。

**妊娠中絶法**［abortion laws］ 妊娠中絶に対する女性の人権に関する法律。1973年，ロー 対 ウェイド裁判におけるアメリカ合衆国最高裁判決のもとに制定した。

**妊娠中毒症**［toxemia of pregnancy］ 妊娠晩期の3か月間に起こる浮腫，高血圧，タンパク尿などの症候群。現在では**子癇前症**として一般に知られており，これが進むと子癇になる。

**人相**［physiognomy］ 1．人の身体的特徴の形。特に顔の特徴を指す。2．性格を，身体の表面的な特徴や表情から読み取ろうとする試み。たとえば，あごの後退した人は虚弱，額の広い人は明朗な性格という仮定をもつ。この由来は，古代ギリシャの哲学者であるアリストテレス（Aristotle: BC 383-322）までさかのぼる。その後，スイスの牧師ラバター（Johann Lavater: 1741-1801）とイタリアの精神科医ロンブローゾ（Cesare Lombroso: 1835-1909）によって疑似科学へと発展した。人相学（physiognomics）とも呼ばれる。⇨ **性格学**，**骨相学**

**人相の知覚**［physiognomic perception］ 物体に表情豊かな特性をみる傾向のこと。暗い物体は憂うつに知覚され，明るい物体は幸せそうに知覚されることがある。オーストリア生まれのアメリカの心理学者ウェルナー（Heinz Werner: 1890-1964）によって子どもを対象にして最初に記述され，その後，この知覚傾向は別の研究者によって大人を対象として調べられてきている。

**認知**［cognition; cognize］ 1．あらゆる形態の認識および気づきのこと。たとえば，知覚，発想，記憶，推論，判断，想像，問題解決など。⇨ **シンボルプロセス**，**発話記録** 2．個人の知覚，考え，記憶，嗜好のこと。3．知る，もしくは気づくこと。

**認知アーキテクチャ**［cognitive architecture］ 人の問題解決を説明する仮説的な基本設計概念のことで，多くの場合，コンピュータプログラムの一要素として捉えられる。**プロダクションシステム**や**ソアー**などが含まれる。このモデルの妥当性を確かめるために，多くの場合，認知現象を実証的にテストする。

**認知科学**［cognitive science］ 認知心理学，心の哲学，認識論，神経科学，人類学，心理言語学，コンピュータ科学などの複合的な観点から，心や心的プロセスを理解しようとする学際的なアプローチのこと。

**認知課題**［cognitive task］ 知覚，注意，問題解決，思考，記憶に関わる心的プロセスを必要とする課題のこと。

**認知過程**［cognitive process］ 1．注意，知覚，言語，学習，記憶，問題解決，思考といった認知行動に関わるとされている，すべての心的機能のこと。この用語は，**心的処理**や**シンボルプロセス**と同義語として使用される。⇨ **認知**，**媒介過程**，**シンボルプロセス**，**概念駆動プロセス**，**データ駆動型処理** 2．知識を，獲得，保存，解釈，操作，変換，そして使用すること。これらのプロセスはすべて，複数の基本的理論を通して理解されており，たとえばその理論は，**系列処理**アプローチ（情報は別々に存在する個々の段階において脳で処理されるとする）や並列分散処理アプローチ（別々に段階が存在するわけではなく，同時に相互に働きかけあいながら多くの処理がなされているとする），また2つのアプローチを組み合わせたアプローチ（認知プロセスは課題が求めるものによってシリアルでもパラレルでもある）などを含む。

**認知・感情クロスファイア**［cognitive-affective crossfire］ フィードバックに対する認知的反応と感情反応との間における競合状態のこと。特に，個人の認知は**自己概念**（⇨ **一貫性の原則**）の存在を確認する情報を好むと考えられる。個人の感情は自分自身に対して，喜びや快感情の観点からの情報を好むと考えられる。

**認知・感情的パーソナリティシステム**［cognitive-affective personality system］ パーソナリティの構造についての理論的概念のこと。ここではパーソナリティを複雑なシステムとして捉え，その特徴としては，多くの認知傾向および感情傾向が高度に組み合さっていることとする。［この概念はアメリカのパーソナリティ心理学者ミッチェル（Walter Mischel: 1930-）と正田雄一が考え出した］

**認知機能検査**［mental status examination: MSE］ 面接，テストや他の情報源に基づき，精神状態，個人特性，診断，予後診断，治療の選択肢の詳細を含む，包括的な患者の**ワーク・アップ**のこと。

**認知機能障害**［cognitive dysfunction］ 思考，理解，記憶などの心的活動の崩壊のこと。

**認知機能状態**［mental status］ **精神鑑定**によって明らかになる，個人の認知，感情，行動の状態に関する全体的な評価である。ここでいう精神鑑定は，一般的健康，外見，気分，発言，社会性，協力性，表情表出，運動活動，精神活動，情動状態，思考傾向，知覚認識，定位，記憶，情報レベル，一般的知能レベル，抽象的・解釈的能力，判断のような要因を含む。

**認知機能低下**［cognitive decline］ 成人期のライフスパンの中で，記憶，意識，判断，知力などの認知能力のうち1つ以上で低下がみられること。測定される認知機能によって，機能低下の有無やその度合いは異なる。**流動性能力**はしばしば**結晶性能力**よりも大きく低下する。認知機能の低下は健常な高齢化によってもみられるが，重篤な低下は病気の症状，つまり，病気によって誘発された認知症（たとえば，**アルツハイマー病**）の一次症状である。

**認知機能の均質性**［homogeneity of cognitive function］ 認知発達段階論（たとえば，ピアジェの理論など）において，問題解決などの子どもの心的過程が，課題や文脈の違いを超えて，相対的に均質，あるいは類似したものであるという仮定。

**認知構造**［cognitive structure］ 1．特定のトピックに関わる情報体系を保持し整理する，心的枠組み，パターン，もしくは**スキーマ**のこと。たとえば，大学のテストのような場面でその必要性が増すときには，保存されている認知構造を検索し，今必要とされていることに適用できるように記憶を検索すると考えられている。2．世界や社会についての事実，信念，態度の統合された構造のこと。⇨ **認知地図，概念体系，準拠枠**

**認知行動的カップル療法**［cognitive behavioral couples therapy］ カップル療法の一形態。**行動的カップル療法**の技法を用いた方法であり，カップルが，互いの相手に対しておよびカップル一般に関してもっている，特有の考えのパターンがいかに相互に影響しているかに焦点を当てる。問題を生じさせる考えを，意識的・顕在的な形にして，**認知行動療法**を修正した技法を用いて，カップルの関係が改善へと向かうようにそれを修正する。

**認知行動方略**［cognitive-behavioral strategy］ ある課題や状況に対する認知を変えることで行動を変える方略のこと。たとえば，ある状況を，危機と捉える代わりに挑戦と捉えることで，その状況への取り組み方が変わることなど。

**認知行動療法（CBT）**［cognitive behavior therapy: CBT; cognitive behavior modification; cognitive behavioral therapy］ 認知理論や学習理論を，**認知療法**や**行動療法**に由来する治療テクニックに統合した，心理療法の一流派。認知行動療法では，認知的，感情的，行動的変数が機能的に相互関連し合っていると考える。治療は，クライエントの不適応的な思考プロセスや問題行動の特定および修正に焦点を当て，**認知再構成**や行動テクニックを通して変容が達成される。

**認知行動理論**［cognitive behavior theory］ 行動理論から派生したいくつかの理論であり，そこでは，認知的または思考的プロセスが行動変容の重要な媒介要因と考えられている。そのプロセスの中心となる理論的命題は，人間という生体が，環境自体よりもむしろ環境についての認知的解釈のほうに主に反応する，ということである。このような観点から，認知行動テクニックを行動や自己イメージの効果的変容に利用するという，一般的な治療手順が作られる。

**認知再構成**［cognitive restructuring］ **認知療法**および**認知行動療法**において用いられる手法であり，クライエントが自身の自滅的信念もしくは認知の歪みを特定し，反証し，そして，それらが適応的で合理的なものとなるよう修正するのに役立つ。

**認知資源理論**［cognitive resource theory］ リーダーシップの有効性に関する概念的分析の一つで，チームの業績は，リーダーの認知資源（例，知性，性格特性，スキル，経験）と集団状況（特に対人葛藤のレベルや集団内のストレス状態）の組合せによって決まるとされる。このモデルは，**リーダーシップ条件即応理論**から発展したもので，リーダー個人の特性に重きをおいている。⇨ **リーダーシップ理論**［オーストリア生まれのアメリカの心理学者フィードラー（Fred Fiedler: 1922-）らの研究グループによって1987年に提唱された］

**認知主義**［cognitivism］ 認知心理学の理念を支持すること。特に**行動主義**の理念に反対する立場をとること。

**認知主義者**［cognitivist］ ピアジェ（Jean Piajet）やアメリカの発達心理学者であるブルーナー（Jerome Bruner: 1915-）など知的発達について説明することや，ブラウン（Roger Brown）など初期の言語発達について説明することに主に関心をもっていた理論家のこと。

**認知症**［dementia］ 様々な原因による記憶，言語，実行機能の認知機能の低下のこと。そのような状況は個人の日常生活や社会的，職業的活動を行うにあたって非常に大きな影響を与える。DSM-Ⅳ-TRにおいて認知症は，アルツハイマー病や脳血管性疾患（⇨ **血管性認知症**），ピック病（主に前側頭葉の痛みを伴う），パーキンソン病（⇨ **レヴィー小体型認知症**），ハンチントン病，HIV感染（⇨ **エイズによる認知症**），クロイツフェルト・ヤコブ病，頭部外傷，アルコール中毒（⇨ **アルコール誘発性認知症**），または物質依存（⇨ **物質誘発性持続性認知症**）といったように分類されている。脳腫瘍，甲状腺機能不全症，血腫，また他の治療可能であると考えられる状態もまた認知症を引き起こすと考えられている。発症年齢は様々であるが，普通は老年期（65歳以上）である。しかしながら，認知症は日頃の生活への影響程度の弱い**加齢に伴う記憶障害**と混同すべきではない。

**認知障害［1］**［cognitive disorder］ 構成，制御，知覚といった**実行機能**の障害を含む思考の障害のこと。これ

らの機能障害は，多くの認知的領域の実行に影響を及ぼす。たとえば，推論，計画，判断，意思決定，感情の関与，保続，衝動コントロール，怒りの統制，意識，注意，言語，学習，記憶，時間調整など。

**認知障害[2]**［cognitive defect］ 知ること，理解すること，現実を解釈することにおける障害のこと。たとえば，(a) 物体や個人を認知すること，同定すること，(b) 推論すること，判断すること，(c) 抽象的な思考，(d) 想起すること，(e) 理解すること，言語を使うこと，(f) 数学的な計算を行うこと，がある。記憶障害を含む複合的な認知障害であり，**認知症**の特徴をもつ。

**認知障害[3]**［cognitive deficit］ 標準化されたアセスメント（言語課題，非言語課題）によって測定されるような認知成績（たとえば，記憶課題）が，その個人の生活年齢や教育経験よりも低いこと。

**認知症検査**［Dementia Rating Scale: DRS］ 脳科学的知見に沿った神経心理学的検査法の一つであり，成人における認知能力の損傷時に能力の測定に用いられる。難易度によって36のタスクが用意されており（例，数列の暗唱，即時的な物の呼称，刺激カードの図形の白紙への模写），設定された順序に従って参加者に施行される。検査は次の5つの下位尺度のパフォーマンスの評価によって行われる。注意，開始-持続，構成，概念化，そして記憶である。オリジナルは，アメリカの神経心理学者であるマリス（Steven Marris: 1938- ）によって開発された。1988年に一般用に出版され，改訂版は2001年に出版されている（DRS-2）。

**認知処理**［cognitive processing］ 感覚から得られる情報や記憶の中に保持されている情報に対して**認知過程**の操作を行うこと。⇨ **情報処理**，**ボトムアップ処理**，**トップダウン処理**

**認知処理療法（CPT）**［cognitive processing therapy: CPT］ **情報処理**理論に基づいた治療アプローチであり，自分，他者および出来事に関するクライエントの概念化を扱う。性的暴行によるPTSDの治療によく用いられる。治療では，感情表出が促進され，また，その人の自己や世界に対する一般的な認知的スキーマを用いて，トラウマティックな出来事について，適切な和解が促進される。

**認知神経科学**［cognitive neuroscience］ **神経科学**と**生物学的心理学**の一分野で，認知の神経メカニズムに焦点を当てる分野。**認知心理学**における心の研究と関心は重複するものの，認知神経科学は，実験心理学，神経生物学，物理学，そして数学といった領域を基盤とし，特に，心的プロセスが脳の中でどのように起こっているのかを検証している。そして，認知神経科学と認知心理学は互いに大きく影響を及ぼしあっている。

**認知心理学**［cognitive psychology］ 知覚，注意，思考，言語，記憶に関する心的プロセスの操作を明らかにする心理学の一分野。認知的アプローチは1940年代から1950年代に発達し，(a) 直接観察可能な行動の代わりに見えない知能という部分を強調する点，(b) 刺激と反応の関係は，シンプルかつ直接的などではなく，むしろ複雑で介在があると主張する点において，現代の**行動主義**からはっきりと分離した。精神分析が典型的には本能や他の無意識的な力に着目しているのとは対照的に，高次の心的プロセスに着目している。最近の認知心理学は，コンピュータサイエンスにおいて発達してきた**情報処理**や**情報理論**へのアプローチや，**人工知能**へのアプローチの影響を受けている。⇨ **認知科学**

**認知スタイル**［cognitive style; learning style; thinking style］ 知覚，思考，記憶，問題解決における個人の特性のことである。認知スタイルは，集団で行うことが好きか一人で行うことが好きか，より構造化されているかされていないか，視覚的符号化か言語的符号化か，などである。認知スタイルは，**熟慮-衝動型**と**抽象的態度か具体的態度**かを含んで変容する。⇨ **学習タイプ**，**心的自己統治理論**

**認知スリップ**［cognitive slippage］ 思考プロセスにつながりがなかったり，**連合弛緩**があること。認知スリップは，身体的，精神的な疾患をもつ者でみられる。統合失調者で共通にみられる特徴である。

**認知セット**［cognitive set］ 個々が自分や自分以外のものに関する複数の概念に基づく状況を理解する際に用いる，予め定められた方法のこと。個々の世界の見方を確立し，うまく生きていくための能力に影響を与える。

**認知体系**［cognitive system］ 認知の集合として，各々が明示的・暗示的関係をもつように，統合された意味の複合体である。

**認知段階**［cognitive stage］ いくつかの認知発達理論，とりわけピアジェの理論における，前後の段階とは質的に著しく異なる思考の水準によって特徴づけられる認知の段階。

**認知地図**［cognitive map］ 観察や試行錯誤を通して形成された，環境の心的理解のこと。この概念は，個体は，目標を達成するために必要とされる情報を受動的に受け取るのではなく，環境間の関係などの文脈手がかりを探索し収集するという前提に基づいている。ヒトや他の動物は，現実世界において，自分がどこに，どのように向かえばよいかを理解することを可能とさせる空間情報を含んだ十分に発達した認知地図をもっている。また，抽象化や意味づけもこの地図には含まれている。⇨ **環境認知**，**ランドマーク**，**心的地図**　［トールマン（Edward C Tolman）によって導入された］

**認知的遊び**［cognitive play］ 構成遊びのような遊びの行動。思考や推論も含まれる。

**認知的一般化**［cognitive generalization］ 1. ある文脈や領域で身につけられた知識，概念，認知スキルを，他の領域の問題に当てはめる能力のこと。⇨ **一般化**，**一般的転移**　2. 人の認知に関する一般法則。連合やカテゴリー化のように，認知の能力や領域によらず当てはまる。**認知文法**の理論では，そういった一般性が，言語における意味構築の根底にあると考えられる。

**認知的ウォークスルー法**［cognitive walkthrough method］ 人間工学において，製品やデザインの有用性を評価する方法。ターゲットとなるユーザーグループを代表し，数人の評価者が，デザインの不備から生じる問題について批評，同定，予測をしながら様々な機能を利用する。

**認識的解体**［cognitive deconstruction］ 感情の欠落，将来への展望のなさ，**いま，ここ**への集中，抽象的な思考より具体的な感覚への注目などが特徴の心的状態。問題が生じたときや感情的な苦悩から逃れる目的で強まる。

**認知的学習**［cognitive learning］ 情報の心的表象を獲得，保持すること。また，その心的表象を行動の基盤とし

**認知的仮説検証**［cognitive hypothesis testing］　ある規則がその問題に対して一貫して正しい解決を導くものだということがわかるまで，規則（仮説）を抽出，テストを繰り返す問題解決行動のこと。

**認知的課題分析**［cognitive task analysis］　課題遂行時に必要な異なる認知プロセスを特定するために使われる課題分析の一形態。

**認知的過負荷**［cognitive overload］　心理的対処能力を超えた認知負荷を人に強く強要するような状況。⇨ **通信過負荷，感覚過負荷，刺激過負荷**

**認知的加齢**［cognitive aging］　病理とは関係なく，成熟年齢期において自然に起こる，心的機能（注意，記憶，意思決定など）の加齢による変化のこと。

**認知的完結**［cognitive closure］　1. 自分があることについて理解を達成したと認識している状態のこと。2. どのように個々の要素を組み合わせているか，全体像を構造化してみる過程の最終段階。

**認知的記号原理**［cognitive sign principle］　学習を通して刺激がその環境での結果や出来事のサインになるという考え（⇨ **S-S 学習モデル**）。刺激は反応と直接結びつくようになる（⇨ **S-R 学習モデル**）と主張したハル（Clark L. Hull）のような他の行動主義者の考えに代わるものとして，トールマン（Edward C. Tolman）は認知的記号学習を提案した。

**認知的狭窄**［cognitive narrowing］　全体に注意を向けず，1つの側面，もしくは1つのグループにのみ注意を向けること。たとえば，複数のテスト形式からなるテストや質問紙において作文の箇所にだけとらわれること，新しい仕事を引き受けるにあたって損失や利益を査定する際ネガティブな面だけにとらわれること，大きな絵画において一部の図や物体にだけとらわれること，などがあげられる。

**認知的協和**［cognitive consonance］　**認知的不協和理論**において，2つの認知的要素が相互に一致している状況のこと。つまり，1つの認知的要素がもう一方の要素に随伴しているまたは包括されている状況。

**認知的均衡理論**［cognitive balance theory］　人々は，認知過程内の肯定的または否定的態度の均衡を求めており，不均衡状態にはストレスを感じて，態度変化が生じるとする理論。［オーストリア生まれのアメリカの心理学者ハイダー（Fritz Heider: 1896-1988）の研究に基づき提起された］

**認知的クリック**［cagnitive click］　自分の思考は誤っており，自分の態度や信念は変える必要があるということに，突然クライエントが気づくようになる，心理療法における瞬間。

**認知的倹約家**［cognitive miser］　問題について，ゆっくりと注意深く検討するというよりも，素早く，適切な解決法を見つけ出そうとする認知的特徴をもっている人のこと。このような人は，判断や推論を行う際に，心理的に簡便な方法を用いる傾向がある。

**認知的コントロール**［cognitive control］　心的操作を組織化し，計画し，決定する一連のプロセスのこと。⇨ **コントロールプロセス，実行系**

**認知的三徴**［cognitive triad］　大うつ病性エピソードの特徴と考えられる3つの信念のこと。自己，世界，将来に対する消極的な信念のことで，ネガティブ三徴（negative triad）とも言う。

**認知的弛緩**［cognitive derailment］　頻繁に不意に起こる思考や連想の転換のことで，その結果，それぞれの思考や連想が論理的なつながりをもたなくなる。統合失調症にみられる症状であり，脱線思考と本質的に同義である。⇨ **脱線，認知スリップ**

**認知的資源理論**［cognitive resource theory］　認知心理学において，個人が問題や課題，選択に対して応答する際に，必要な情報を能動的に符号化したり，処理したり，想起したりするが，これらの心的活動は，ある分野での重い負荷が他の分野での活動の低下を導く認知資源を要する，と考える，一般的な理論的枠組みのこと。

**認知的柔軟性**［cognitive flexibility］　客観的な査定および適切に柔軟な行動ができる能力。教師に関して最も用いられる用語である。認知的柔軟性は順応性，客観性，公正さも含んでいる。

**認知的条件づけ**［cognitive conditioning］　ある刺激が，想像上の，あるいは予測される反応や行動と繰り返し連合される過程のことをいう。精神療法のテクニックとして用いられ，この場合には一般的に嫌悪刺激を用いる。たとえば，クライエントに，自分がタバコを吸うとともに苦しい状況に陥るところを想像させる。その思考がタバコを吸うという行為を思いとどまらせるようになるまで，この手続きは繰り返される。⇨ **認知的リハーサル**

**認知的浸透性**［cognitive penetrability］　個々の知識，信念，目標から影響を受ける心的プロセスの範囲のこと。これらの影響を受けていない反射行動は，認知的に不浸透（cognitively impenetrable）であると言える。

**認識的スポーツ方略**［cognitive sports strategy］　スポーツにおける高水準のパフォーマンスを目指して，予め設定された認知を操作するための方法。⇨ **認知方略**

**認知的斉合性**［cognitive consistency］　認知的要素が，他の認知要素によって規定される程度。⇨ **認知的不協和**

**認知的斉合性理論**［cognitive consistency theory］　態度変化は，認知システムにおいて要素間の一貫性を保つことを希求した結果として生じると仮定する理論の一つ。⇨ **認知的不協和理論，適合性理論**

**認知的セルフマネジメント**［cognitive self-management］　過酷でストレスフルな状況における個人の行動を調節するための，セルフトーク，イメージ，あるいはその両方の使用を言う。

**認知的操作**［cognitive operations］　**心的表象**の心的操作のこと。⇨ **操作，シンボルプロセス，発話記録**

**認知的知能**［cognitive intelligence］　学習，記憶，推察，問題解決，正しい判断などを行う際の能力のこと。

**認知的トンネル状態**［cognitive tunneling］　課せられたタスクに専念している，あるいはストレス状況下で働いている人に特有の心理状態。そこでは，単一の，狭い範囲に限定された情報カテゴリーのみが扱われ，処理される。認知的トンネルは，タスクに関連する非常に重要な情報の処理であるが，そのタスクにとって同じく重要な2番目の情報に関する処理は，制限されるか，もしくは行われない。⇨ **社会的トンネル現象**

**認知的に導かれた指導**［cognitively guided instruction］　教師が生徒の知識や達成の水準に応じて教授に関する決定

を行う教育的アプローチ。生徒は予め作られ，教師に指示された手順に頼るのではなく，問題に対する自分なりの解決方法を生み出すよう励まされる。

**認知的媒介**［cognitive mediation］　刺激到達から反応開始までの間に心に生じる推論過程。⇨**媒介過程**

**認知的評価**［cognitive assessment］　学習，記憶，判断，推論などの能力を評価すること。

**認知的評価一貫性**［cognitive-evaluative consistency］　認知ベースの態度と（⇨**態度基盤**），全体的な態度がそれぞれ評価的において，一貫している度合いのこと。たとえば，認知ベースの態度が極端にポジティブで，全体的な態度が極端にネガティブな場合，認知的評価一貫性は低いとされる。⇨**感情・認知の一貫性**，**感情・評価の一貫性**

**認知的評価理論［1］**［cognitive appraisal theory］　認知評価が感情の形成に含まれるという理論（⇨**評価**）。この概念は，**認知－動機づけ－関係理論**においてより適切に表現され，それは，認知が感情生起に寄与する3つの操作的過程のうちの一つであるというものである。⇨**中心的関係テーマ**［アメリカの心理学者ラザルス（Richard S. Lazarus: 1922-2002）によって提案された］

**認知的評価理論［2］**［cognitive evaluation theory］　個々の行為は，良い行いに対する報酬をどう捉えるか，すなわち，報酬を真の報酬として捉えるか，あるいは報酬を与える側の行為者をコントロールするための手段として捉えるかによって，改善されたり悪化したりするという理論。［フェスティンガー（Leon Festinger）が提案した］

**認知的不安**［cognitive anxiety］　ある特定の状況での個人的経験における心配と不安の水準のこと。

**認知的不協和**［cognitive dissonance］　認知システム内の2つ以上の要素に矛盾があることによって引き起こされる不快な心理状態。覚醒水準を上昇させたり，心理的欲求（例，食欲）と類似した特徴をもつとされる。そのため，認知的不協和は，当該の不協和を低減させようとする動機的欲求を生じさせる。⇨**不協和低減**，**認知的協和**［フェスティンガー（Leon Festinger）によって最初に提唱された］

**認知的不協和の自己一貫性理論**［self-consistency perspective of cognitive dissonance theory］　**認知的不協和理論**の一種。自分自身のいくつかの側面に矛盾が生じると，**認知的不協和**が特に生じやすいと仮定される。この観点は，**自我確認理論**とは異なり，不快を生じさせる具体的な非一貫性を解消することによってのみ不協和が低減できると仮定されている。自分自身の他の側面を確証することによって不協和を低減させるという可能性は考慮されない。［アメリカの心理学者アーロンソン（Elliot Aronson: 1932- ）によって提唱された］

**認知的不協和の新理論**［new-look theory of cognitive dissonance］　「**認知的不協和**は不愉快な結論をもたらす行動の結果である」とする認知的不協和理論の一種の見解。もしある人物がこれらの結論の責任を負う場合（すなわち，ある人物が行動を自由に選び，その結論が予測可能だった場合），それは生理学的覚醒をもたらす。認知的不協和を起こすためには，結論によってこの覚醒状態を否定的に捉えている必要がある。［アメリカの心理学者クーパー（Joel Cooper: 1943- ）とファジオ（Russel H. Fazio: 1952- ）によって最初に提唱された］

**認知的不協和理論**［cognitive dissonance theory］　人は，認知システム内の要素の一貫性の維持を志向する基本的動機をもっているとする理論。矛盾が生じると，人は不快な心理状態を経験し，様々な方法で不協和を低減するよう動機づけられる。⇨**不協和低減**，**認知的協和**，**認知的不協和の新理論**，**認知的不協和の自己一貫性理論**［フェスティンガー（Leon Festinger）よって提唱された］

**認知的複雑性**［cognitive complexity］　思考過程の状態および質のこと。互いに関連した数多くの構成要素を扱った複雑な思考を指す。このような認知処理は，しばしば困難であり，努力を要する。⇨**概念的複雑性**

**認知的フラッティング法**［cognitive flooding］　主に恐怖症患者の治療のために心理療法で用いられる方法。この方法では，怖いものや状況に直面したときに経験されるのと同様の情動状態を生み出す，否定的あるいは嫌悪的な心的イメージに焦点化するようクライエントに指示する。その偽りの恐怖は統制可能なものであるとみなされ，もともとの恐怖を低減させるイメージと結びつけられる。⇨**内破療法**

**認知的プラン**［cognitive plan］　問題解決において，問題の解決や課題の完了のために遂行されるべき段階の，心的アウトラインのこと。⇨**プラン**

**認知的弁別**［cognitive discrimination］　概念同士を分割させる能力，あるいは個々の概念における例示・非例示を区別する能力のこと。

**認知的補助**［cognitive aids］　様々な心的処理を補助する外的な道具のこと。たとえば，重要なことを忘れないようにするための，リマインダーやチェックリストといったものなど。

**認知的無意識**［cognitive unconscious］　報告不可能な心的プロセスのこと。認知的無意識の存在に関しては，たくさんの証拠がある。たとえば，習慣もしくは機械的な行動の制御や，文法規則の推論，感覚運動制御の詳細，脳損傷後の暗黙の知識（⇨**暗黙知**）などがある。「不安や羞恥，罪悪感を避けるために，事象を意識しないでおく」という精神分析から由来する動的な**無意識**としばしば対比される。

**認知的リハーサル**［cognitive rehearsal］　治療上の一技法。クライエントが不安や自滅の行動を喚起しやすい状況を思い浮かべ，積極的な対処法（コーピング）について声に出したり心の中で繰り返しつぶやく方法。

**認知－動機づけ－関係理論**［cognitive-motivational-relational theory］　**認知的評価理論**の拡張であり，情動の生起に関わる3つのプロセスを等しく強調する。(a) 評価（認知プロセス），(b) 個人の努力，意図，目標の中心的役割（動機づけ的プロセス），(c) 外的事象とこれらの努力の関連性（関係づけプロセス）。［アメリカの心理学者ラザルス（Richard S. Lazarus: 1922-2002）が提唱］

**認知動物行動学**［cognitive ethology］　自然界において直面する問題に関する，動物の認知能力に関わる研究のこと。伝統的な実験室課題において成績が悪かった種であっても，自然界においては，明らかに複雑な認知スキルを示す場合も存在する。たとえば，冬の期間中，種子を保存する鳥は，多くの物に対する**空間記憶**の高い能力があることを示している。また，帰巣本能があるサケは，産卵をするために川に戻るまで海で過ごす数年間，生まれた川の匂いを覚えている。

**認知特定性仮説**［cognitive specificity hypothesis］ 抑うつや不安といった特別な心的状況が，特定の種類の自動的な思考と関連するという考え。［アメリカの精神科医ベック（Aaron T. Beck: 1921- ）によって提唱された］

**認知人間工学**［cognitive ergonomics］ 人間工学の専門分野の一つで，人間のパフォーマンスに関わる認知的過程と表象について理解することを探究する領域。認知人間工学では，パフォーマンスに及ぼす情報処理特性，タスク制約，タスク環境の結びつきについて研究し，その結果を作業システムの計画と評価といった研究に応用していく。

**認知能力**［cognitive ability; cognitive capacity; cognitive faculty］ **1.** 知覚，学習，記憶，理解，気づき，推論，判断，洞察，そして言語に対する能力や適性のこと。**2.** 個人の生得的な認知潜在能力のこと。どのような手段を用いても，その全体を知ることはできない。**3.** 言語，物体認識，顔知覚といった，心的機能の特定の側面，もしくは領域のこと。⇨ **能力心理学**

**認知能力強化教材**［Instrumental Enrichment: IE］ 知的課題の成功に重要なメタ認知的あるいは認知的な能力を養うことによって，知的能力の改善を支援するプログラム。学校の通常授業とは独立したクラスで教えられる。初期は精神遅滞児向けに用いられたが，後にすべての知的レベルの児童・生徒に応用されている。プログラムは，問題を解くことと，その問題の解決を現実世界の課題の解決へと結びつける「橋渡し」の作業を含む。なお，プログラムに含まれる問題の中には，慣習的に知能検査で用いられているものと同様の問題も存在する。プログラムの効果に対する評価は混在しているが，少なくとも，メタ認知能力の弱い精神遅滞児，およびプログラムを教える教師には，なんらかの利益をもたらすことが示唆されている。［ローマ生まれの心理学者フォイヤーシュタイン（Reuven Feuerstein: 1920- ）とその共同研究者によって1970年代に定式化された］

**認知能力テスト（CogAT）**［Cognitive Abilities Test: CogAT］ 抽象推理や問題解決能力を測定するための多肢選択式テスト。初級編（幼稚園児〜2年生）とマルチレベル編（3年生〜12年生）に分かれ，またさらに，初級編は3レベル（K, 1, 2）に，マルチレベル編は8レベル（A-H）に分かれる。どちらにも，言語，量，非言語の3つのグループに分けられる，様々な下位テスト（たとえば，文章完成，方程式作成，図形合成など）が含まれている。1954年に作成されたロージ・ソーンダイク知能テスト（Lorge-Thorndike Intelligence Tests）の改訂版であり，初版は1968年に出版された。CogAT Form 6が最新版であり，2001年に出版されている。なおイギリス版も存在し，7歳半〜17歳の生徒を対象に作成され，CATとして知られている。CATは，現在第3版が最新である（2003年に出版されている）。［アメリカの心理学者ソーンダイク（Robert L. Thorndike），ロージ（Irving D. Lorge: 1905-1961），ハーゲン（Elizabeth P. Hagen: 1915- ），ローマン（David F. Lohman: 1949- ）によって開発された］

**認知の拡大**［perceptual expansion］ 心理療法において，治療過程や力動を通して，より深い洞察に達したときに起こる，体験に関する豊かな理解。

**認知の脆弱性**［cognitive vulnerability］ 人を抑うつ状態にさせやすくすると考えられている信念や態度。たとえば，**完全主義**，**依存**，**ソシオトロピー**など。

**認知の統合理論**［unified theory of cognition］ 人間，動物，人工知能を問わずすべての認知活動を説明するための単一構造を実現することを試みた理論。具体例となるモデルに，アメリカの認知心理学者・コンピュータ科学者であるニューウェル（Allen Newell: 1927-1992）によって作成された**ソアー**がある。

**認知の範囲**［apprehension span; span of apprehension］ 複数の項目の配列を一瞥した後で，報告できる項目の数。一般的には，4〜5といわれる。

**認知の複雑性とコントロール理論**［cognitive complexity and control theory: CCC theory］ 規則に従う能力は，自意識や自制心の発達に依存しており，そのため年齢と関連して発達する，という考え。概して，4歳の幼児は3歳のときと比較して，より複雑な規則の適用が求められる問題を解決することができる。［カナダの心理学者ゼラゾ（Philip Zelaso: 1940- ）とアメリカの心理学者フライ（Douglas Frye: 1952- ）によって提唱された］

**認知の歪み**［cognitive distortion］ 欠点のある，不正確な思考，知覚，信念のこと。認知の歪みは，多かれ少なかれ，すべての人にみられる正常な心理学的過程である。

**認知発達**［cognitive development］ 知覚，想起，概念形成，問題解決，想像，推論を含むあらゆる種類の思考プロセスの成長と成熟のこと。

**認知発達理論**［cognitive developmental theory］ 思考プロセスの成長と成熟の背景にあるメカニズムを説明しようとする理論。思考における変化は，比較的急激で不連続なものであるという発達段階という用語で説明されたり，徐々にそして繰り返し連続的に生じるものであるとされたりする。

**認知評価システム**［Cognitive Assessment System: CAS］ ルリア（Alexander Luria）による神経心理学的な知能理論に基づいた個別知能検査。子どもにも青年にも適用可能であり，全体の点数と同時に，プランニング，注意，同時処理，継時処理といった4つの下位得点を出すことができる。このテストの得点は**ウェクスラー成人知能検査**や**スタンフォード・ビネー知能検査**のような既存の知能検査の得点と相関するが，知能検査間の得点でみられるほど高い相関がみられるわけではない。これは，既存の知能検査と認知評価システムが別の理論をもとに作成されたことによる。⇨ **PASSモデル**　［アメリカの心理学者ダス（J. P. Das: 1931- ）とナグリエリ（Jack A. Naglieri: 1950- ）によって作成された］

**認知負荷**［cognitive load］ 心的資源という観点から，ある特定の課題に必要とされる相対的な必要量のこと。心的負荷（mental load; mental work load）とも言う。⇨ **認知的過負荷**

**認知分析療法**［cognitive-analytic therapy］ 時間制限的で統合的，共同的な心理療法であり，**スキーマ**および，**力動的心理療法**と**認知的均衡理論**における原理や技法の統合に重きをおく。

**認知文法**［cognitive grammar］ 言語学，心理言語学における文法理論の一つで，構成する単位が，自立した言語の原理ではなく，連想記憶やカテゴリー化などの一般的な認知原理に由来することを主張する。この「言語は認知

の不可欠な部分である」という前提は，**言語の課題特異性**理論と相反する姿勢をとる。［1987年にアメリカの言語学者ラネカー（Ronald W. Langacker: 1942- ）によって提唱された］

**認知ベースの説得**［cognitively based persuasion］　主に**態度対象**の属性に対する信念（考え）を変化させることで，態度を変化させようとする能動的な試みのこと。合理性に基づいた説得（rationally based persuasion）とも言う。⇨ **態度基盤**，**感情的説得**

**認知方略**［cognitive strategy］　思考のプロセスや内容をコントロールするために，予め定めた計画のこと。たとえば，スポーツ心理学における**セルフトーク**対話の使用などがあげられ，セルフトーク対話は，選手が集中したり，やる気を高めたり，自信をつけたりするために使用される。

**認知面接**［cognitive interview］　犯罪捜査において目撃者の回想を高めるために発展した構造化された面接技法。**文脈復元**などのような，認知および記憶検索の原理に基づいており，そこでは，見当違いに思えてもすべてを報告させ，異なる順序で出来事を思い出させ，見方を変化させる。
⇨ **想起の補助**

**認知欲求［1］**［need for cognition］　広範囲の認知的活動に携わることを喜ぶパーソナリティ特性。認知的活動に携わる能力よりも，そうしたいというモチベーションを反映する。認知欲求が高い人は，情報を十分考えて態度を決めたり，行動を起こしたりする傾向がある。［アメリカの心理学者カチオッポ（John T. Cacioppo: 1951- ）とペティ（Richard E. Petty: 1951- ）によって研究が始められた］

**認知欲求［2］**［cognizance need］　質問，探究，学習を通じて，知識を身につけたいという欲求のこと。［アメリカの心理学者のマレー（Henry Alexander Murray: 1893-1988）によって提唱された］

**認知リハビリテーション**［cognitive rehabilitation］　慢性疾患，脳損傷，または外傷（例，脳卒中等）に関連して起こる，精神機能の困難に対処するために設計された，リハビリテーション介入のこと。リハビリテーションは，特定の精神的能力の再学習，影響を受けずに残っている能力の強化，失われた能力を新たな能力で補完することなどを含む。

**認知療法**［cognitive therapy: CT］　個人の感情的・行動的問題は（少なくともその一部は），自身もしくは他者に対する不適応的で誤った思考や，歪んだ態度の結果であるという考えに基づいた心理療法。この療法の目的は，そのような誤った認知を特定し，適応的なものと置き換えることであり，そのプロセスは**認知再構成**と呼ばれている。治療者は，クライエントの思考とは矛盾する根拠をあげる，またはそれをクライエントから引き出すことによって，クライエントが歪んだ思考パターンに気づき，自身の知覚や態度を修正・訂正することを助けるための積極的なガイドとなる。⇨ **認知行動療法**　［アメリカの精神科医ベック（Aaron T. Beck: 1921- ）により開発された］

**認知理論**［cognitive theory］　知覚，注意，思考，記憶，評価，計画，言語，創造性など，心的活動に焦点を当てた心に関するすべての理論のことを言い，特に，多様なプロセスが関わっているモデルを提唱している理論を指す。

**認識論的**［epistemic］　知識や認識論に関係していること，あるいはそれらそのものであること。知識欲求から生み出される認識**動因**は基礎的な欲求だと考えられている。
⇨ **認知欲求**

**にんにく臭**［alliaceous］　ツワーデマーカーの嗅覚系では，このニオイの質は，にんにく臭や塩素臭として表現される。

**妊婦**［gravida］　妊娠している女性。用語の後ろにローマ数字を用いることで，特定の女性が経験した妊娠の回数を表す。たとえば，妊婦Ⅳ（gravida Ⅳ）は4回妊娠した女性を示す。⇨ **初妊婦**

**ニンフォマニア**［nymphomania］　女性にみられる，性的な刺激や満足に関する過度で統制のきかない願望。この用語は，広い意味で女性における高い性的願望にも用いられる。女性の性的特徴に対する文化的態度とは逆であり，男性は女性の性的欲求を満たせないことに恐れを抱く。

**ニンフォレプシー**［nympholepsy］　性的に早熟な少女への強い嗜好，強迫性の欲求をもっている**幼児性愛**の種類。1995年に，ナボコフ（Vladimir Nabokov）の小説 *Lolita* のなかで作り出されたニンフェット（nymphets）という言葉に由来する。ロリータコンプレックス（Lolita complex）とも呼ばれる。

**妊孕力**［fecundity］　人口統計学で，人口母集団の子どもを産む能力（受胎能力）。平均以下の能力は，低妊孕力（subfecundity）と呼ばれる。⇨ **出生率**，**繁殖力**

# ぬ

**ヌウロジー**［noology］　人の精神を扱う科学（ギリシャ語で精神，理知"nous"から）。⇨ **知性**　［オーストリア生まれのアメリカの精神科医フランクル（Viktor Frankl: 1905-1997）によって作られた］

**抜取検査法**［acceptance sampling］　あるケースが事前に指定された**許容限度**内にあるかどうかに基づいて標本として受け入れられる統計的手順のこと。

**ヌクレオチド**［nucleotide］　窒素塩基，1つの糖，1つかそれ以上のリン酸塩基からなる化合物。ATPなどのヌクレオチドは新陳代謝に重要である。核酸（DNAとRNA）はヌクレオチドの長い鎖からなっている。

**ヌーナン症候群**［Noonan's syndrome］　皮膚，心臓，生殖巣，および骨に関する遺伝障害で，常染色体優性形質として伝わる。影響を受けると，低身長，心血管障害，難聴になる。知的発達は様々であり，平均以上の人もいるが，大抵は軽い精神遅滞であり，重度の遅滞も少数いる。男性患者は，ほとんど生殖能力がない。家族性ターナー症候群（familial Turner syndrome），アルリッチ－ヌーナンシンドローム（Ullrich-Noonan syndrome）とも呼ばれる。［アメリカの心理学者ヌーナン（Jacqueline Noonan: 1921-　）が1963年に報告した］

# ね

**寝椅子**［couch; analytic couch］ 精神分析において，患者がその上で横になる家具。寝椅子（カウチ）の使用は，この体勢が患者に対し，**自由連想法**を促進する，感情や空想といった内的世界へ直接注意を向けることを助ける，無意識的な考えを明らかにすることを可能にする，という理論に基づいている。

**ネイセイング**［nay-saying］ 反応バイアスの一種で，内容に関わらず質問への回答がネガティブになりやすいこと。⇨ **黙従反応**

**音色**［timbre; tone color］ 音の質に関する知覚属性。音の高さと大きさが同じである2つの音が，知覚的に違う音に聞こえるときは音色が異なるといえる。音色は主に**音響スペクトラム**によって決まるが，時間および強さの特性に影響を受ける。

**ネオ現象学**［neophenomenology］ 行動の決定における人の現象学的な（即座で意識的な）体験の役割を強調する心理学的アプローチ。⇨ **人格主義的心理学，現象学**［アメリカの心理学者であるスニッグ（Donald Snygg: 1904-1967）とコームズ（Arthur W. Combs: 1912-1999）による］

**ネオスチグミン**［neostigmine］ 重症筋無力症と緑内障の診断と治療で用いられる抗コリンエステラーゼ（**コリン作動性薬物**）。

**ネオフィリア**［neophilia］ 何か新しいもの，あるいは何か変わったもの（たとえば，新しい食品など）に対する強い願望。

**ネオ分離理論**［neodissociative theory］ **分離した意識**の結果の矛盾した催眠状態の現象を説明する理論のこと。たとえば，催眠術における無痛感は生理学上はまだ痛みの特徴を示す間も，痛みを主観的に痛みがないと報告する。

**ネオラリア**［neolalia］ 言語新作を使う異常な傾向。ネオラリズム（neolallism）とも呼ばれる。

**ネガティブな運動中毒**［negative exercise addiction］ 身体，精神あるいは社会的に良くない効果をもたらす過度な運動のこと。運動強迫（exercise compulsion, exercise obsession）とも言う。⇨ **ポジティブな運動中毒**

**ネガティブな感情**［negative emotion］ **否定的感情**の表出のための，不快で時に破壊的な情動反応。ネガティブな感情は，個人の目標の到達に向けたものではない。例としては，怒り，嫉妬，悲しみ，恐怖などがある。⇨ **ポジティブな感情**

**ネガティブ反応**［negative response］ 刺激の回避あるいは逃避をもたらす反応。

**ネガティブ・フィードバック**［negative feedback］ 社会心理学において，パフォーマンスに対して受ける，非建設的な批判，否認，またはその他のネガティブな情報のこと。

**ネガティブプライミング**［negative priming］ 後続する刺激に対して反応を抑制するという，先行刺激の特性。これは，2番目の刺激の検出可能性，もしくは2番目の刺激に対する反応にかかる時間によって測定される。最も顕著な例としては，実験参加者に1番目の刺激のある特徴（例，刺激の色）を無視し，その後の2番目の刺激における同じ特徴には注意を向けるよう教示したときに生じる反応の遅延があげられる。負のプライミングとも言う。

**ネクサス**［nexus］ **1.** 特に集団や一組のメンバー間の結びつきやつながりのこと。**2.** 変数間の相互依存性または因果関係。

**ネグレクト**［neglect］ 子どもの養育において，基本的な要求を満たすことができないこと。ネグレクトには，感情的なもの（拒絶や無関心），物質的なもの（食べ物や衣類を与えない），社会的サービスに関わるもの（教育や医療を受けさせない）などがある。⇨ **育児放棄，高齢者ネグレクト，虐待**

**寝言**［sleep talking; somniloquy; somniloquence; somniloquism］ 睡眠中の発話。意味の取れない不明瞭な場合もあるし，日常の発話に近い場合もある。通常は**ノンレム睡眠**の場合に起こる。また，眠っている人が質問や命令に反応する場合がある。病的とはみなされず，ほとんどの人が経験することである。

**ネコ鳴き症候群**［cri du chat syndrome; cat-cry syndrome; crying-cat syndrome］ 5番染色体の短腕の欠失に関連する染色体異常。精神遅滞の症状や，歩行と会話能力の困難さ，また喉頭と喉頭蓋の異常によってネコのようなピッチの高い物悲しい鳴き声をする。この症候群では，ほとんどの人が非常に小さい頭をもつ（⇨ **小頭症**）。その欠陥は先天的なものと考えられている。この症候群はルジューン症候群（Lejeune syndrome），5pモノソミー（monosomy 5p）とも呼ばれている。

**ネコ目症候群**［cat's-eye syndrome］ 染色体に（おそらく14番染色体に由来する）小さな追加部分があるために引き起こされる珍しい染色体の障害（⇨ **末端動原体染色体**）。鎖肛やネコのような目を作り出す虹彩の欠損を含む生まれつきの障害をもつ。患者は標準のあるいは標準に近い精神発達を示す（軽度の精神遅滞を示す場合もある）。極小端部動原体染色体症候群（extra-small acrocentric chromosome syndrome），部分的トリソミー6症候群（partial trisomy 6 syndrome），シャッヒェンマン症候群（Schachenmann's syndrome），シュミット-ラッカーロ症候群（Schmid-Fraccaro syndrome）とも呼ばれる。

**ネスティング**［nesting］ 実験計画法において，ある要因のレベル（ネストされた要因：nested factor）が，別の要因のひとつのレベルの範囲内のみでみられること。たとえば，それぞれの特定の教室は特定の学校の中だけでみられるので，学級は学校の中でネストされているという。⇨ **階層的入れ子配置**

**ねずみ男**［Rat Man］ フロイト（Sigmund Freud）の代表的な事例の一つであり，その事例は *Notes upon a Case of Obsessional Neurosis*（1909）（邦題『強迫神経症の一例に関する考察』）で記述されている。ねずみ男という名前はフロイトの患者につけられた名前である。その患者は30歳後半で，ねずみに対する強迫的恐怖心が実はエディプス葛藤によって生じた父親への死の願望を抑圧したことに起因していたという事例である。たとえば，この患者の強迫観念には，父親の墓から現れたねずみが父親の死

体を食べてしまうという信念がある。ねずみが父親の肛門から腸を通って食べてしまう空想もあった。フロイトがこれらの症状に対して行った分析は，強迫神経症に対する精神分析的解釈の土台になった。⇨ **エディプス・コンプレックス**

**妬み**［envy］　他者の財産，特性，才能，名声への欲求によって引き起こされる不満と憤慨といった**否定的感情**。類似性があり，しばしば混同される**嫉妬**とは異なる。妬みは2人の人物（妬む人と妬まれる人）を必要とする。

**熱**［heat］　1. 体温よりも高い温度をもった刺激によって生じる温度感覚のこと。2. 動物行動における熱は⇨ **発情行動**

**ネッカーの立方体**［Necker cube］　直線で描画された立方体のことで，透明な場合は，その角と面をすべて見ることが可能である。曖昧図形の一種で，観察時間が延びると3次元的に変動する。⇨ **ルビンの図形**　［スイスの結晶学者ネッカー（Louis Albert Necker: 1730-1804）が考案］

**根付き**［rootedness］　フロム（Erick Fromm）の精神分析理論における概念。他者との結びつきを確立したいという欲求。これは情緒的安定を促し，孤立と無関心を救う。人間存在の中心にあるとフロムは考えた。**友愛**で肯定的に示され，**近親姦**の結びつきで否定的に示される。

**熱狂**［enthusiasm］　ある活動，大義や目標に向けての興奮や情熱の感覚。

**熱狂症**［zelotypia］　原因を主張することに極端に熱心になること。

**熱極**［thermode］　制御された温度で水が循環する銅製の装置。熱極を動物の器官に埋め込み，温度の変化が周囲の組織に及ぼす影響を調べることもできる。温度受容器に関する多くの情報はこの手法によって得られてきた。

**熱効果**［heat effects］　通常の快適な範囲を上回った周辺温度を知覚的，あるいは現実的に感じることで，精神的，身体的な状態が変化すること。知覚される熱さは湿度や認知的要素に影響される可能性がある。たとえば，普通，高い湿度は熱さを耐えられないものにする。生理学上の主な熱効果には**熱射病**，**熱疲憊**，重度循環器疾患（たとえば心筋梗塞など）があり，熱を冷やすため皮膚付近へ血液を循環させるため心臓血管系に過大な負担がかかることによる。知覚される熱効果は変動しやすいことから，心理学的な熱効果の諸研究には議論の余地がある。とは言え，周辺温度が約32℃（90°F）まで上昇するにつれて作業効率は上がり，それを超えるとやる気や作業効率が落ちるとされている。高温には興奮や激しい情動を抑え，攻撃性に影響を与える可能性もある。しかしながら，攻撃性への影響に関する科学的で統一された見解はない。温度の上昇とともに人間の攻撃性は増すと考える研究者もいれば，逆の意見もある。著しい高温下では逃避や救援への欲求が優勢となり，攻撃性は減退するとも言われている。⇨ **順化**，**過熱**

**熱刺激**［thermal stimulation］　熱や低温によって皮膚を刺激すること。

**熱射病**［heatstroke; thermic fever］　発汗により熱に対処する身体能力が消耗したことによって生じる生理的な熱ストレス効果のこと。症状には，衰弱，頭痛，食欲不振，吐き気，ときにこむら返りや筋痙攣が含まれる。体温が汗で下がらないため，皮膚は熱く乾いているように感じられる。内部にこもった熱は脳障害を引き起す場合がある。患者に対しては冷却措置を含む応急処置をただちに行うべきである。熱性高体温症（heat hyperpyrexia）とも呼ばれる。

**熱情**［passion］　強烈で，どうにもならないほど圧倒的な感情や信念。感情（emotion）としばしば比較されるが，熱情は，人の意志に反して作用する。

**熱ストレス**［heat stress］　過剰な周囲温度にさらされることから生じる生物に対するストレス効果のこと。典型的には，**熱疲憊**，および**熱射病**を含む生理的障害がある。

**熱性発作**［febrile seizure］　明らかな脳の感染症や損傷は伴わず，高熱から生じる発作で，子どもに最も多く起こる。熱性発作は，癲癇とは関連しない。

**熱譫**［febrile delirium］　熱を伴う，あるいは熱によるせん妄。

**熱中**［mania］　特定の活動や考えへの過度の熱中。

**熱痛計**［heat dolorimeter］　熱によって誘発される痛みを計測するための装置のこと。

**ネットワーキング**［networking］　キャリア向上を意図して自らの仕事領域の内外に人脈や関係をつくること。

**ネットワーク**［network］　1. 精神的健康や精神障害の発生において重要な役割を果たす，対人間相互作用や個人のいる環境の中での対人関係システムのこと。これらの相互作用と関係性が精神機能障害の進行に与える影響は，ネットワーク効果（network effect）と呼ばれる。［ドイツ生まれの精神分析医のフォルクス（Sigmund Heinrich Foulkes: 1868-1976）によって定義された］2. ソシオメトリーにおいて，社会的伝統や世論を形成するような，非自然発生的でもなく，プロパガンダを通じてでもない，複雑な一続きの相互関係のこと。⇨ **心理的ネットワーク**，**社会的ネットワーク**，**コミュニケーション網**，**友人関係ネットワーク**，**集団ネットワーク**，**親族ネットワーク**，**意味ネットワーク**　［オーストリアの精神病医・哲学者モレノ（Jacob L. Moreno: 1889-1974）によって定義された］

**ネットワーク分析**［network analysis］　特定のネットワーク（たとえば，友人関係ネットワーク）内のサンプリング単位（たとえば，個人）間の関係に関する研究や，それらが生じるシステムのためのネットワークの示唆するところについての研究のこと。産業・組織心理学では，人々の集まりの中でみられるコミュニケーション，影響，好意およびその他の対人行動や対人的態度のパターンの解明も含んでいる。システムの特徴は突発的である。すなわち，個人間のネットワークについての知識から直ちに予測不可能である。⇨ **ソシオメトリー**

**ネットワーク分析評価**［network-analysis evaluation］　システム内の成員またはサービス成果の受領者のいずれかの一方の有利な観点に立ち，サービスのネットワークを研究する方法。

**ネットワークメモリーモデル**［network-memory model］　長期記憶は，相互に結合ないしリンクされた一連の知識表象からできているという考え方。結合強度は，反復や連合などの経験の要因によって決定される。⇨ **記憶のコネクショニストモデル**，**活性化拡散**

**ネットワーク療法**［network therapy］　個人に対する**心理療法**あるいは**家族療法**のうち，家族メンバーだけでなく親戚や友人，近隣の人を情緒的サポートや仕事を得るための潜在的なソースとして巻き込んでなされるもの。⇨

**社会的ネットワーク療法**

**熱疲憊** [heat exhaustion] 過度に暑さにさらされることで，循環虚脱や昏睡状態がみられる異常な身体の状態である。皮膚血管の拡張を調整するための循環器系の機能不全によってもたらされる。過剰な汗，脱水，アルコール摂取，下痢も誘発因子になりうる。薬物過用の症状とも似ているが，熱疲労の患者は治療反応性が速い。

**ねばならない主義** [musturbation] 成功や承認，快適さを達成するために，完璧主義的目標を完全に達成しなければならないと信じている人が行う行動。認知行動療法は，そのような不適応的認知に対して気づきや視点を与えるのに有効である。⇒**理性情動行動療法** [アメリカの心理学者エリス（Albert Ellis: 1913- ）による定義]

**粘り強さ** [persistence] 1. 触発刺激が消失しても，特定の行動を繰り返すこと。2. 妨害や支障に関わらず，課題を遂行するための行動を維持すること。また，そのための努力。

**涅槃** [nirvana] 1. ヒンドゥー教における解放，あるいは啓示を受けた状態。ブラフマンという普遍の絶対的存在に融合することで個別の意識が消失するという特徴がある。涅槃は苦しみや死，再生，その他すべての世俗的束縛から対象者を自由にする。2. ヒンドゥー教における，すべての精神修行の目的地となる完璧な至福の状態。3. 一般的に，すばらしい平和，あるいは喜びの状態，場所（サンスクリット語では"絶滅"の意）。

**涅槃原則** [nirvana principle] 精神分析理論の用語。緊張を取り除き，無機的状態の安定と平衡，つまり死を求めるすべての**本能**や生命過程の傾向。これは，**死の本能**の傾向を示すものである。フロイト（Sigmund Freud）はこれを普遍的なものと考えた。⇒ **慣性原則**

**ネファゾドン** [nefazodone] 科学的に**トラゾドン**と関連づけられるが，重要な薬学的区別がある**混合機能抗うつ病剤**。5-HT$_2$**セロトニン受容体**では拮抗剤になり，セロトニンとノルエピネフリンの再吸収を抑制する。この組合せの作用は抗うつ剤の性質をもち SSRI のような副作用がないと考えられている。鎮静剤の効果は不安や不眠などのうつ病関係の治療に役立つ可能性がある。

**ネフパターン理論** [Nafe pattern theory] 皮膚感覚の質がニューロンの発火パターンに由来するのを唱える理論。[アメリカの心理学者ネフ（John Paul Nafe: 1886-1970）]

**眠り病** [sleeping sickness; African trypanosomiasis] 熱帯アフリカだけにみられる感染症の一種で，寄生性原虫の中でも，トリパノソーマ（*Trypanpsoma*）属の2つの亜種，ガンビアトリパノソーマ（*T. gambiense*）とローデシアトリパノソーマ（*T. rhodesiense*）によって引き起こされる。この感染症は，感染したツェツェバエに血を吸われることで伝染する。初期症状としては，発熱，頭痛，発汗，リンパ腺肥大が認められる。病状が進行して脳とその保護膜の炎症（⇒**髄膜**）に至ると，無気力で非常に眠くなり（⇒**過眠**），錯乱状態となる。治療を受けない場合は，昏睡状態に陥って最終的に死に至る。DSM-Ⅳ-TR では，一般身体疾患を示すことによる**睡眠障害**，過眠症型に分類されている。

**ネルソン-デニー読解検査** [Nelson-Denny Reading Test] 高校生，大学生，成人用の，語彙，読み速度，読解力の多肢選択式検査。語彙のセクションは80個の単文からなり，被検者に対し，4つの選択肢の中から，文中で使用されている特定の単語の適切な意味を選ぶよう求めるものである。読み速度および読解セクションは同時に行われる。読み速度のセクションは，与えられた文章を1分以内にできるだけ多く読むよう被検者に求める。一方，読解セクションは，読み速度セクションで読んだ文章と，それ以外の6つの文章についての質問に答えるよう被検者に求めるものである。オリジナル版は1929年に開発され，現在のネルソン-デニー読解検査は第5版（1993年刊行）である。[アメリカの教育者ネルソン（M. J. Nelson: 1894-1970）とデニー（E. C. Denny: 1837-1984）が開発]

**ネルビオス** [nervios] アメリカや中南米のラテン系民族の幅広い症状の総称。ストレスフルで困難な体験や環境はすべてこれに帰属される。この言葉は文字通り"神経"を意味する。症状には，頭痛，めまい，集中困難，睡眠障害，腹痛，ピリピリするような痛みを含む。精神障害は存在する場合も存在しない場合もある。⇒ **神経衰弱**

**ネルンストの式** [Nernst equation] 細胞膜における平衡電位を計算する方程式。[ドイツの化学者ネルンスト（Walther Hermann Nernst: 1864-1941）]

**粘液質型** [phlegmatic type] 古代ギリシャの医学・薬学者であるヒポクラテス（Hippocrates: BC 460 頃-377 頃）によって提唱され，ガレノス（Galen: 129-199）によってまとめられた4つの気質に基づく体格類型の一つ。ガレノスは，冷淡で無関心な粘液型の気質は，粘液もしくは他の体液や気質が原因であるとした。⇒ **カルス類型，体液説**

**粘液水腫** [myxedema] 成人に生じる代謝の疾患で，甲状腺ホルモンの欠乏によって生じる（⇒**甲状腺機能低下症**）。心拍や血液の循環，体温が正常以下で，代謝活動が減少することが特徴である。罹患している者は疲労感，倦怠感を感じ，体重過多になる傾向があるが，多くの場合，チロキシンの摂取によって回復する。

**年周期** [annual cycle] 1年を単位として循環する行動のパターン。冬眠する動物は冬の前に体重を増やすため，よりいっそう食餌する。移住性の動物では，年2回の移住活動がある。繁殖期をもつ動物には，周年性で繁殖のための生理的な変化が生じ，縄張りの防衛や歌などの行動に変化が現れる。年周期は環境から季節の到来を知らせる手がかりがない場合でも出現することがある。

**粘土療法** [clay therapy] 子どもが粘土を扱う心理療法の一形態であり，しばしば，身体的リハビリテーション，知的障害児・者への刺激，多様な障害のアセスメントや治療にも用いられる。粘土は，感情のメタファーとなり，同時に可視的で，可変的で，子どものコントロール下におかれる有形の道具としての役割も担う。子どもは，粘土を見たり，注意を向け，扱ったり，握ったり，叩いたりすることができ，そのことによって不安を下げたり，敵意的な感情を行動化したり，満足，達成，受容の機会を得たりすることが可能となる。

**捻髪音** [crepitation] 1. 胸部の**聴診**で生じる軽い軋轢音。肺や気管の病変を示唆する。2. 骨や損傷軟骨面が互いに擦れ合って生じる音。**関節炎**やその他の骨の変成性病変により生じる。

**粘膜皮膚** [mucocutaneous skin] 唇の無毛皮膚。この種類の皮膚は体内と体外の接点においてみられる。

**念力** [psychokinesis: PK] 超心理学で　出来事をコン

トロールしたり，思考の力で事物を動かしたり，その形状を変化させたりする能力のこと。たとえば，サイコロの目を操ったり，「気力」を用いて金属を曲げたりする超能力者の能力など（⇨ **変化効果**）。サイコキネシス，パラキネシス，テレキネシスとも呼ばれる。

**年齢**［age］ 1. 生物体が誕生してから経過した時間の長さ。つまり，個人の**暦年齢**のこと。⇨ **妊娠期間** 2. 心身の発達の程度（たとえば，**解剖学的年齢**，**教育年齢**，**読書年齢**）。

**年齢－学年基準尺度**［age-grade scaling］ 学校における学年など，子どもを典型的な暦年齢に基づいて基準を定め検査を標準化する方法のこと。

**年齢基準**［age norm］ 平均的，もしくは期待される達成水準と結びつけられた**暦年齢**。

**年齢区分**［age］ 人生の特定の期間。中年期（middle age），老年期（old age）など。⇨ **発達レベル**

**年齢効果**［age effect］ 1. 心理機能や行動の年齢に基づく変化。青年期における同調行動の増加など。⇨ **コホート効果** 2. 集団の心理において，グループのメンバーが他者に対して反応する際に，彼らの年齢を基準に様々な認知的，対人関係的な帰結をすること。⇨ **高齢者差別**

**年齢差別**［age discrimination］ 実年齢を理由に，個人に対して他社と異なった扱いをすること。典型的には非好意的行為。アメリカでは，連邦法が成立し，どのような場面においても年齢差別は違法とされている。その一例が，**雇用年齢差別禁止法**である。

**年齢退行**［age regression］ 催眠の技法の一つ。セラピストがクライエントに対して間記憶を失うよう誘導し，その後特定の出来事が起こった過去に1年ごと戻るよう促すことで，重大な出来事を思い出せるよう促していく方法。さらに，この技法は裁判の文脈でも，目撃者や被害者が自身の経験を思い出すことを促すために用いられる。心理療法の場面でも裁判の場面でも，年齢退行を用いることは議論の的となっている。

**年齢調整**［age calibration］ **年齢等価値**に基づいて検査を標準化すること。

**年齢等価値**［age equivalent: Aeq］ 定義された人口のメンバーが所定のテスト得点を一般的に得る平均暦年齢のこと。

**年齢等価値尺度**［age-equivalent scale］ テスト得点を，年齢基準や年齢平均値を用いて表現するシステム。⇨ **年齢等価値**

**年齢得点**［age score］ 一定の年齢に属するほとんどの人々が到達する特定の水準を表す試験得点のこと。

**年齢に見合った成熟**［age-appropriate maturity］ 心理的成熟のこと。つまり，効果的，弾力的に経験に対処し，その人の年齢水準において生物学的，社会的，認知的に特徴づけられる発達課題を良好に遂行する能力のこと。

**年齢比**［age ratio］ **適性検査**の予測力の指標。あるテストを実施した際の学生の生活年齢を後に同じテストを実施した際の生活年齢で割って得られる。

# の

**ノイズ**［noise］ 1. 何らかの望ましくない音，より一般的には，望ましくない騒乱のこと（電気ノイズなど）。2. 属性が統計的に記述できる不規則または微振動の波形。ノイズには多くの種類があり，光学的・統計的属性によって区分される。ホワイトノイズ（white noise）および背景ノイズ（background noise）はすべての周波数で均等のエネルギーをもつ。広帯域ノイズ（broadband noise）は相対的に広帯域の周波数範囲（例として50 Hz～10 kHzの聴覚域）にエネルギーをもつ。ピンクノイズ（pink noise）は周波数に反比例するエネルギーをもつ。ガウスノイズ（Gaussian noise）は正規確率密度関数に従って値が決まる。3. メッセージや信号のやり取りなど，進行中のプロセスの明確さや精度に干渉したり，それらを不明瞭にさせたり，低減させたり，ないしは悪影響を与えたりするあらゆるものを指す。

**嚢**［cisterna］ 細胞生物学では細胞内の**ゴルジ体**にある扁平な膜の袋を指す。

**脳**［brain; cerebral; encephalon］ 頭蓋骨内の**中枢神経系**のうち広範囲での前部。若年成人の脳で約1,450 gあり，**大脳皮質**は100億を超える神経細胞からなる。脳は，前後軸に沿った胚の**神経管**の分化によって発達し，**前脳**，**中脳**，**菱脳**といった主要領野を形成し，それらは解剖学的および機能的特徴によりさらに下位区分できる。皮質組織は前脳に集中し，中脳と菱脳の構造はほとんどが**脳幹**である。脳機能は脳の異なる部位への入力に基づき説明される。

**脳アトラス**［brain atlas］ 脳の構造を詳細に描いたイラストレーションをまとめたもの。

**脳萎縮症**［cerebral atrophy; brain contusion］ 加齢や病気，外傷による脳の変性や萎縮。脳表面の溝の拡大と脳室の拡大よって特徴づけられる。正常な老化では認知的変化はほとんどないが，脳萎縮症は深刻な脳血管疾患，脳炎，アルツハイマー，頭部外傷によって二次的に生じる可能性がある。

**脳移植**［brain graft］ 損傷部分の交換や欠陥を補うために脳の組織を外科的に移植したり埋め込むこと。

**脳炎**［encephalitis］ 一般にウイルス感染による脳の炎症。この症状は，軽度の場合にはインフルエンザ様の特徴を示し，重篤で致命的な場合には，発熱や嘔吐，錯乱や失見当識，傾眠，発作，意識消失や昏睡を示す。⇨ **嗜眠性脳炎**，**単純ヘルペス脳炎**，**髄膜脳炎**，**灰白脳炎**

**脳炎後遺症症候群**［postencephalitis syndrome］ 脳炎の後に生じるか，もしくはその結果として生じる病的状態。脳炎後パーキンソニズムはその一例であり，1915年～1926年の間に流行した**嗜眠性脳炎**からの回復患者が発症した。いくらかの事例では，脳炎からの回復後10年経っても，この疾患の発病が観察されないこともある。

**脳炎後健忘症**［postencephalitic amnesia］ ウイルス性の脳炎から回復した患者に発生する記憶障害。少し前の記憶の全体的な欠乏，発病前の事柄に関する部分的な健忘と

いった症状が現れる。しかし，知能に異常は発生しない。

**脳回**［convolution; gyrus］ 脳表面のしわの隆起した部分。⇨ **脳溝**

**濃化異骨症（硬化性異骨症）**［pycnodysostosis（pyknodysostosis）］ 常染色体劣性症候群であり，その特徴として，密であるが不完全な骨，頭蓋縫合部の開き，低身長があげられる。その症状がある患者は成人になっても身長が150 cmに到達することはほとんどなく，彼らの20％には知的な遅れがみられやすい。

**脳外傷**［brain trauma; cerebral trauma］ 1. 脳へ与えられた身体的の傷害。頭部への強打，銃による傷，脳卒中などが原因となる。⇨ **脳震盪**，**頭部損傷** 2. 重篤な脳震盪や，挫傷，裂傷に至るほどの激しい頭部の強打による，一時的もしくは永続的なあらゆる脳損傷を指す。

**脳解析（脳スキャン）**［brain scan］ 病的な脳の構造や機能における異常を明らかにする，もしくは健常な脳の活動を測定するために考案された様々な手法。⇨ **ブレインイメージング**

**脳回切除**［topectomy］ かつて行われていた精神外科的処理。電気痙攣療法やその他の治療に反応しない，難治性の精神疾患（統合失調症）の場合，前頭皮質の領域を部分的に切除する。

**脳核**［brain nucleus］ 大脳または小脳内にある細胞の集合。⇨ **核**

**能格動詞**［ergative］ 英語や他の言語において，同じ行動を記述するために，同一の名詞とともに他動詞的にも自動詞的にも使用できる動詞を指す。たとえば，閉める（close）という動詞は，"私はドアを閉めた"（I closed the door）と"ドアが閉まった"（the door closed）というように使用でき，他動詞の直接の目的語（ここではdoor）が自動詞の主語となっている。このような構文は，**格文法**と**生成文法**において大きな関心となっている。

**脳下垂体機能亢進**［hyperpituitary constitution］ 成長期の終わり頃に下垂体の過活動を生じる身体と人格。身体的特徴としては**クレッチマーの類型論**の**闘士型**と類似しており，非常に緊張が高く，知性化によって感情をコントロールしようとする傾向がある。

**脳幹**［brainstem］ 大脳と脊髄を接続する脳の部位。**中脳**，**脳橋**，**小脳**，**延髄**を含む（最後の3つが菱脳を構成する）。

**脳器質性**［idiophrenic］ 脳疾患により引き起こされる精神疾患を指す。

**脳機能画像法**［brain imaging］ ポジトロン断層法や機能的磁気共鳴診断装置のような非侵襲的な手法によって脳の様々な部位の相対的な活動をについて測定し，各脳部位が種々の認知機能とどのように関係しているのかを研究することを言う。⇨ **機能的脳画像処理**

**脳機能局在論**［brain localization theory］ 脳の様々な領域が異なる機能を担っているという種々の理論のことを言う。19世紀初期から，機能が非常に精細に局在化されているという考え方と，脳もしくはその大部分は全体として機能しているという考え方の間で意見が様々ある。1861年にフランス人の生理学者のブローカ（Paul Broca: 1824-1880）が局部脳損傷から，脳の発話中枢が左前頭葉にあると推論した（⇨ **ブローカ野**）。それ以来，脳の局部電気刺激，脳の電気的活動の記録，そして**ブレインイメー**

ジングを含む多くの技術が脳における機能局在に関する情報を付加していった。しかし，多くの研究者は，機能の極端な細分化は，様々な脳領域の集合的活動による分散制御という考えへとつながっていくものと考えている。⇨ **量作用**

**脳機能不全**［cerebral dysfunction］　記憶，言語，注意，遂行機能を含む脳機能の障害。

**脳脚**［peduncle］　神経線維の茎状の束。たとえば，**小脳脚**や**大脳脚**など。

**脳脚幻覚症**［peduncular hallucinosis］　視覚中枢に間接的に影響を与える脳幹上部の障害による反復性幻視。幻覚は長時間持続し，鮮明で美しいため，しばしば興奮や睡眠障害が生じる。その幻覚では，患者は360°のパノラマを見ることができたり，患者自身が経験した出来事を見ることができる。脳脚幻覚は非幻覚性の知覚と混在することもある。

**脳弓**［fornix］　脳内の神経線維の長い束で，**海馬**と**視床下部**の間にアーチを形成している。これは海馬の遠心路で，主に**乳頭体**に投射している。

**脳弓下器官**［subfornical organ］　アンジオテンシンⅡに反応し，喉の乾きと給水の行動に貢献する脳の構造。**脳室周囲器官**の一つで，**脳弓**の下に位置する。

**脳橋**［pons］　**中脳**と**延髄**の間にある脳幹の一部。脳幹の腹側表面上に隆起している。**顔面神経核**まで含めた，横行性，求心性・遠心性の神経線維，神経核の束から構成される。主として，神経系の異なる領域間の橋，伝達組織として働く。また，**小脳**とともに平衡感覚の制御を行ったり，**大脳皮質**とともに随意運動の円滑化や調整を行ったりもしている。小脳とともに後脳と呼ばれる領域を形成している。

**脳虚血**［cerebral ischemia］　血流が不足し，その結果，酸素や栄養が不足している脳組織の状態。通常，影響される領域の基本的な機能が損なわれ，**脳浮腫**を伴う場合がある。短時間であれば（一過性脳虚血発作：transient ischemic attack）深刻な事態には至らないが，長時間に及ぶと，**脳梗塞**を引き起こす可能性がある。⇨ **脳血管障害**，**脳卒中**

**脳血管疾患**［cerebrovascular disease; cerebral vascular accident］　脳血管の異常な状態。**脳卒中**や**一過性脳虚血発作**の兆候として現れる。⇨ **脳血管障害**

**脳血管腫症**［cerebral angiomatosis］　脳組織に供給する血管内に多発性腫瘍が形成される病気。先天的な疾患では，脳への血流不全により発作の頻発や身体片側の筋力低下がみられる。

**脳血管障害**［cerebrovascular accident; cerebral vascular accident: CVA］　**脳出血**や**脳塞栓**，**脳血栓症**などの脳血管疾患から生じる脳障害で，一時的もしくは永久的な認知，運動・感覚障害，意識障害が生じる。この言葉は，**脳卒中**と同じ意味で用いられることもある。

**脳血管造影法**［cerebral angiography; cerebral arteriography］　脳血管中に注入した造影剤をX線を用いて撮影することで，脳構造を非侵襲に観察する手法。現在では，**磁気共鳴画像法**が，多く利用されている。

**脳血管不全**［cerebrovascular insufficiency; cerebral vascular insufficiency］　適切な酸素を豊富に含んだ血液が脳組織に供給されないこと。通常，脳の主な4つの大動脈，つまり，2つの頸動脈と2つの椎骨動脈のうちの一つが遮断されると起きる。全身性**動脈硬化**や心臓の機能不全から脳へ適切な血流を供給できないことから生じる可能性もある。

**脳研究**［brain research］　脳の構造と機能に関する研究。主として下記のような手法が用いられる。(a) 脳損傷が生じた後の心理学的，神経学的検査，(b) 脳の一部の刺激や切除が及ぼす影響の観察もしくは計測，(c) 皮質の電気的特性に関する計測，(d) 神経伝達に関連する化学物質の性質と機能に関する研究，(e) **脳波測定法**やブレインイメージングの使用。

**脳研究の化学的手法**［chemical methods of brain study］　脳の解剖や神経生理の研究において，化学物質を使用したり脳内の化学物質を分析したりする方法。**生体内**では，**化学的脳刺激**や**ポジトロン断層法**などの非侵襲的な方法が使われる。**生体外**では，培養液内で維持された組織や細胞に対し，**パッチクランプ法**などの手法が使われる。また，染色した神経細胞について，解剖的構造を調べたり，化学分析を行ったり，**オートラジオグラフィー**や**免疫細胞化学**を用いたりされる。

**脳溝**［fissure; sulcus］　表面の裂け目や溝，刻み目のこと。特に**大脳皮質**における深い溝のことを指し，脳の表面積を増大させている。

**脳梗塞**［cerebral infarction］　脳血管の破裂，血栓による脳血流の停止，血管狭窄による血流の滞留による脳組織の壊死。

**脳挫傷**［cerebral contusion; brain contusion］　頭部打撲により，脳血管の損傷を伴わず脳そのものが破損すること。損傷の程度によって，一時的な神経症状から永久的な障害まで様々な影響がみられる。

**脳死**［brain death］　神経学的な生命信号の停止。医学的な脳死基準には，反射や不快刺激に対する反応の欠如，瞳孔の開大，脳波計（EEG）上での活動消失などが含まれる。脳波活動の消失だけで最終的な脳死判定がなされることはなく，また脳波活動がいくらかでもあれば脳死判定されることはない。

**脳刺激**［brain stimulation］　機能を特定したり，行動に及ぼす効果をみるために，運動皮質や視覚皮質のような脳の特定領域を刺激すること。脳刺激には，**電気刺激**，**経頭蓋磁気刺激**などがあり，感覚器を介する刺激もある。**大脳刺激**（cerebral stimulation）と呼ばれることもある。

**脳磁図計測法（MEG）**［magnetoencephalography: MEG］　脳磁計（Magnetoencephalograph: MEG）という機器を用いて脳内の電気的活動によって発生する磁気信号を計測する方法。

**脳室**［ventricle; cerebral ventricle］　脳内には相互接続した4つの空洞があり，**脳脊髄液**の容器の役割をしている。2つの**側脳室**はそれぞれ**室間孔**を経由して，第三脳室とつながっている。第三，第四脳室は**中脳水道**を経由して互いに通じており，脊髄中心管や**クモ膜下腔**とも通じている。

**脳室拡大**［ventriculomegaly］　脳室の異常な拡大。

**脳疾患**［brain disease］　脳損傷に至らしめる疾患。変性性疾患，代謝疾患，感染性疾患などが含まれる。

**脳室系**［ventricular system］　脳室と脳内，延髄内および，クモ膜下腔内の経路を結ぶネットワークのこと。中枢神経系の組織の栄養源としての**脳脊髄液**が循環する。

**脳室周囲器官**［circumventricular organs; circumventricular system] 脳の基底部で第三，第四の脳室に沿って位置する4つの小構造体。**血液脳関門**の外側にあり，体液の**ホメオスタシス**，渇き，嘔吐，その他の生理機能に影響すると考えられている。⇨ **最後野，終板器官，交連下器官，脳弓下器官**

**脳室周囲白質**［periventricular white matter］ 大部分が有髄神経線維からなる組織（すなわち白質）。側脳室の周囲にある。

**脳室心房短絡**［ventriculoatrial shunt］ 脳脊髄液を脳室から外頚静脈へ流すための経路を外科的に作ること。**水頭症**の治療などに用いられる。脳脊髄液は右心房へと流れ込む静脈系カテーテルを通して運ばれる。

**脳室穿刺**［ventricular puncture］ 側脳室領域に該当する箇所を開頭する外科的方法。**頭蓋内圧**を軽減したり，脳に直接薬物（たとえば抗生物質）を投与したり，脳脊髄液を採取したりするために，この手術が行われる。⇨ **脳室心房短絡**

**脳室造瘻術**［ventriculostomy］ **水頭症**の治療。脳脊髄液を自由に流すために，第三脳室の床と下部の囊との間に開口部を作る。

**脳室帯**［ventricular zone］ 脳室を取り囲み，さかんに組織細胞の増殖をする領域。主に発達初期には神経細胞を，そして生涯にわたってグリア細胞（⇨ **神経膠**）を作る。

**脳重量**［brain weight］ 脳の重さ。若いヒトの成人では約1,450 gである。ゾウ，クジラの脳重量はそれぞれ，7,000 gと9,000 gである。ヒトでは脳の大きさは20歳くらいまで増加していき，その後は序々に減少する。脳重量と知能の間には有意の相関（$r=0.4$）がある。⇨ **脳成長**

**脳出血**［cerebral hemorrhage; intracerebral hemorrhage］ 脳血管の損傷による脳組織への出血。原因は，脳血管性疾患，動脈瘤破裂，激しい外傷，頭部の強打，その他の要因である。神経学的影響は，出血の程度によって異なる。⇨ **出血性脳卒中，脳卒中**

**脳腫瘍**［brain tumor］ 頭蓋内における異常な細胞の増殖（⇨ **新生物**）。健全な細胞を圧迫し，脳への血流や栄養の流れを邪魔するために，健全な細胞が破壊され，**頭蓋内圧**が亢進して生じる損傷。脳腫瘍は年齢に関わらず生じ，初期症状として，原因不明の頭痛，吐き気，突然の嘔吐が起きる。腫瘍が進行するに従い，視覚，聴覚，嗅覚の障害，共同運動の障害，精神状態の変容，筋力低下，まひなどが生じる。脳卒中は腫瘍が原因で起きることがある。⇨ **アストロサイトーマ，神経膠腫，神経膠芽腫，髄膜腫**

**脳症**［encephalopathy］ 脳の機能や構造が改変された脳における種々の広範な障害および疾患。脳症は，主として，変化した精神的状態，とりわけ錯乱によって特徴づけられる。

**脳障害**［brain disorder］ 1．脳の通常の機能が障害されることによって生じる状態。2．脳機能の損傷が原因となるか，または関連し，中等度から重度の認知と気分の障害が現れる急性または慢性的な精神障害を意味する旧式名称（DSM-Iにおける）。脳症候群（brain syndrome）とも呼ばれる。

**脳神経**［cranial nerve］ 脳から直接生じ，主に頭部と頸部の組織に向かって分かれる12組の神経であり，感覚系，運動系，混成系がある。脳神経にはローマ数字が付けられ，Ⅰが嗅神経，Ⅱが視神経，Ⅲが**動眼神経**，Ⅳが滑車神経，Ⅴが三叉神経，Ⅵが**外転神経**，Ⅶが**顔面神経**，Ⅷが**内耳神経**，Ⅸが**舌咽神経**，Ⅹが**迷走神経**，Ⅺが**副神経**，Ⅻが**舌下神経**である。

**脳神経外科**［neurosurgery］ 脳，脊髄，末梢神経に対し，機能の回復，さらなる損傷の予防を目的として外科的処置を行うこと。⇨ **精神外科**

**脳震盪**［brain concussion］ 外傷や震動による脳への中度の損傷のこと。それによって脳機能に中断されるが，概して自然回復する。意識の喪失はないと診断されたとしても，脳震盪には通常少なくとも短期間の意識喪失が伴う。症状には，記憶喪失，頭痛，刺激過敏，不適切な感情反応，行動変化が含まれる。脳震盪は，意識喪失の期間や外傷前後の記憶喪失の長さによって重症度が分類される。⇨ **頭部損傷**

**脳震盪後症候群**［postconcussion syndrome］ 脳震盪の結果，固執，認知機能や情緒機能の広汎的な変化が生じること。この症候群では神経学的には正常であっても，抑うつの持続や疲労，衝動コントロールの問題，さらに集中力や記憶力の困難さが生じるおそれがある。これは，殴られた子どもや女性など，頭や顔を繰り返し打ちつけたものによくみられる。⇨ **被虐待児症候群，被虐待女性症候群**

**脳頭蓋骨欠陥**［cerebrocranial defect］ 大脳と，頭蓋骨を形成している8つの骨の変形や機能不全。たとえば，頭蓋裂孔が異常に早く閉鎖してしまうことによって，脳組織の変化が生じること。

**脳成長**［brain growth］ 脳の大きさ，質量，複雑性の増大。人間においては，脳は胎児期にすさまじい速さで成長し，生後数年のうちに20歳の最大質量に到達すると，その後ゆっくりと衰えていく。脳のいくつかの領域は他よりも早く成長し，10代には完成する。

**脳性まひ**［cerebral palsy: CP］ 胎生期や周産期または5歳以前に生じた脳の外傷による姿勢運動における一連の非進行性の障害。症状には，痙直，不随意運動（⇨ **アテトーシス**），まひ，不安定歩行，発語の異常（⇨ **構音障害**）が含まれるが，認知の変容，発作，視覚障害，触覚障害，難聴，精神遅滞に結びつく他の脳機能障害を伴うこともある。脳性まひは一般に次のタイプに分類される。痙直型（spastic）：最も一般的で，運動皮質，皮質脊髄路，錐体路のいずれかの損傷によるもの。運動障害型（dyskinetic）：大脳基底核の損傷によるもの。失調型（ataxic）：小脳の損傷によるもの。混合型（mixed）：2つ以上のタイプが明らかにみられるもの。

**脳脊髄液**［cerebrospinal fluid: CSF］ 脊髄の**中心管**と脳の4つの脳室および**クモ膜下腔**を満たす液体。水分が緩衝し，中枢神経系の生体細胞を衝撃圧による損傷から守る。血管と脳組織の間の栄養物質などの交換を仲介する。

**脳脊髄炎**［encephalomyelitis］ 脳と脊髄の炎症。脳炎を伴うものとして，多くの場合，ウイルス性の感染によって引き起こされる。

**脳仙髄系**［craniosacral system］ **副交感神経系**を指すあまり使用されない用語。

**脳塞栓**［cerebral embolism］ 脳血管中の血栓（⇨ **塞栓症**）によって，血流の一部が妨げられるか，完全に止められてしまうこと。その結果，急性もしくは慢性の神経学的症状が出現する。⇨ **塞栓性脳卒中，脳卒中**

**脳組織片**［brain explant］ 実験での使用を目的として，

身体から取り出された小さな脳組織片のこと。

**脳卒中** [stroke] 脳の血流が途絶すること。これにより，酸素と栄養物の組織が欠乏し，組織損傷を引き起こし，通常の機能が喪失する。そして，潜在的に組織死を引き起こす。脳卒中は，脳の血管の出血（⇨ **出血性脳卒中**）や塞栓症，脳の動脈の血管が塞がった結果生ずる（⇨ **塞栓性脳卒中，血栓性脳卒中**）。この用語は通例，脳血管障害と互換的に用いられる。⇨ **脳梗塞，脳血管疾患，腺窩性小梗塞，一過性脳虚血発作**

**脳損傷** [brain damage; brain lesion; cerebral lesion] 脳への損傷。出生前の感染，出生時の損傷，頭部外傷，毒物，脳腫瘍，脳炎，重度の発作，代謝障害，ビタミン不足，頭蓋内出血，脳卒中，外科処置など，様々なものが原因となりうる。脳損傷は，脳が介在する認知，行動，感覚の障害によって明らかとなる。

**脳損傷言語障害** [brain-damage language disorder] 脳障害による結果として生じ，象徴的刺激の意味によって効果的にコミュニケーションする能力の欠如。⇨ **失語症，失読症**

**脳中心主義** [centralism] 行動は，脳により媒介された中枢神経系の機能によって生じるとする考え。

**脳定位** [stereotaxy; stereotactic localization; stereotactic technique] 3次元画像を測定する方法によって，脳の神経中枢など，身体内部の特定部分の場所を正確に定めること。脳定位は脳の微小電極の位置を確認して，診断や実験，治療目的で用いられる。また，外科の手術の前に脳の特定部位の場所を確認するためにも用いられる。

**脳底動脈** [basilar artery] 2つの椎骨動脈の結合から構成された動脈。脳底動脈の枝が脳幹や大脳半球の後方部分に血液を供給する。

**脳電位** [brain potential] 脳細胞の電気的な電位のこと。⇨ **脳波測定法**

**脳電図** [brain electrical activity mapping: BEAM] 脳の電気活動を分析し，表示するために使われる**脳波測定法**に関するコンピュータシステム。

**濃度** [concentration] 溶液または混合物における溶質（他の成分に溶けている物質）の割合。

**能動** [active] 文法において，動詞の**能動態**を指す。

**脳動静脈奇形** [arteriovenous malformation: AVM] 脳動脈と脳静脈の先天的な異常。脳動脈と脳静脈が毛細血管を介さず直結する。この奇形による直接的症状はないが，脳内出血を起こしやすく，頭痛からまい，**失語症**に及ぶ広汎な症状を伴う深刻な脳損傷の原因となる。

**能動触** [active touch] 自ら行った自発的，意図的な接触運動（特に手を使用することによる）を通じて対象物の特徴を触覚的に知覚すること。⇨ **受動触**

**能動性-受動性** [activity-passivity] 精神分析理論において，欲動的な目標を特徴づける両極を意味する（⇨ **欲動目標**）。フロイト（Sigmund Freud）は欲動そのものは常に能動的であるが，それらの目標は能動的（たとえば，**サディズムや窃視症**）にも受動的（たとえば，**露出症やマゾヒズム**）にもなりうると主張した。フロイトの男らしさを能動性と，女らしさを受動性と結びつけた公式化は，当初，女性分析家たちによって（クライン：Melanie Kleinやドイツ生まれのアメリカの精神分析家ホーナイ：Karen Horneyなど）激しく批判され，以降この公式化は多くの理論家や研究者，治療者によって否定されている。

**能動態** [active voice] 言語学において，ある文節や文の**主語**が行為の**動作主**であり，**目的語**がその行為の**被動者**になる動詞がこれに分類される。英語の文の大部分は能動態で記述される。⇨ **受動態**

**能動的回避** [active avoidance] 明示的な行動が，嫌悪刺激の到達を回避あるいは延期できるときにみられる**オペラント条件づけ**の一種。たとえば，レバーを押すと電気ショックの到達が妨害できるときなど。回避は顕在的な行動によって達成される。⇨ **受動的回避**

**能動的学習** [active learning] 1. 課題あるいは認知操作の能動的実行（active performance）を通して生じる学習。アクションラーニング（action learning）とも言う。2. 学習経験を単に受容するのではなく，新しい情報の中から積極的な探究を行うこと。能動的学習者は，目標（goal）を定め，方略を選び，いつ理解したかを認識し，さらなる学習のために他者と協同する。⇨ **メタ認知**

**能動的感覚間マッピング** [active intermodal mapping] 複数の感覚情報を統合する乳幼児の能力のこと。この認知能力が**新生児模倣**の基礎となると考えられている。[アメリカの心理学者メルツォフ（Andrew N. Meltzoff: 1950- ）とムーア（M. Keith Moore）により提唱された]

**能動的性行動** [proceptivity] **配偶行動**中に，オスの交尾行動を促すためにメスがとる行動。交尾行動におけるメスの積極的な役割を意味し，より受動的な**性的受容性**とは区別される。

**能動的騒音消去** [active noise cancellation] 騒音レベルを制御する手法の一つ。ある音を消すために，その音と打ち消し合うような音信号を生成すること。⇨ **能動的騒音低減**

**能動的騒音低減** [active noise reduction: ANR] 吸音材やデカップラを用いる騒音低減手法のこと。⇨ **能動的騒音消去**

**能動的騒音防御** [active noise protection: ANP] **能動的騒音消去**や**能動的騒音低減**に基づき，望ましくない，過剰な騒音から人々を守る手法のこと。耳栓のような単純な障壁法を使用する受動的騒音防御（passive noise protection）の対語である。

**能動的ディセプション** [active deception; deception by commision] 研究参加者を意図的に欺く過程。たとえば，研究目的に関する偽情報を与えたり，研究協力者（confederates）と気づかせずに相互作用させること。

**能動的な** [active] 過程や事物に対して効果や影響を与えていること。

**脳動脈硬化症** [cerebral arteriosclerosis] 脳を栄養する動脈が硬化すること。⇨ **動脈硬化**

**能動輸送** [active transport] 細胞膜を通してイオンや分子が移動すること。イオン間の親和性，代謝反応，エネルギーを使用するその他の過程が必要である。ナトリウムイオンやカリウムイオンの細胞膜を通した移動に関係している。⇨ **受動輸送**

**脳内刺激（ICS）** [intracranial stimulation: ICS] ヒトやヒト以外の動物の脳細胞に対して，電流や化学的刺激（ホルモンや神経伝達物質）を直接与えることによって刺激すること。

**脳軟化症** [encephalomalacia] 脳の軟化。多くは大脳

皮質野に対して血の供給が不十分であることから生じる組織破壊による。

**脳の異形成**［cerebral dysplasia］　脳の発達における何らかの異常性のこと。大脳半球の発達不全に特徴づけられる**無脳症**，異常な腔を含む半球の発達に特徴づけられる孔脳症，脳梁の**発育不全**など，様々なタイプがある。

**脳膿瘍**［brain abscess］　脳のある部位に限局的に膿が溜まり，その部位に応じた神経機能に障害を引き起こす。脳膿瘍はしばしば感染症によって二次的に生じる。

**脳の過形成**［cerebral hyperplasia］　脳組織量の異常な増加であり，通常，新しい正常な細胞の急増の結果生じる。中枢神経系が完全に生育した後は，ニューロンは増加しないが，**神経膠細胞**は成熟に向けて増殖し続ける。神経膠細胞の成長が，**水頭症**と関連している場合もある。

**脳の可塑性**［brain plasticity］　1. 疾病や損傷で失われた脳組織の喪失を補うことができる能力のこと。2. 経験によって脳が変化していく能力。この意味合いでの可塑性は，1890年にジェームズ（William James）によって初めて使われた。⇨ **機能回復**

**脳の進化**［evolution of the brain］　複雑な動物の脳は，原始的な多細胞生物にみられるような，種々の身体部分を繋ぐ**神経線維**の単純なネットワークが非常に長い年月をかけて進化したものであるという考え。神経線維の単純なネットワークの後，神経細胞を結合・統合し，細胞体を囲むように神経軸が発達し，神経軸が脊髄となった。さらに後になると，高次脊椎動物，鳥，魚，爬虫類の脳でみられるように，制御機能をもった神経細胞の集まりが脊髄の前端で発達した。哺乳類，特に鯨や類人猿，ヒトで目立つ**大脳皮質を含む前脳**は，それらの集積した脳組織から進化した。⇨ **頭化，大脳化**

**脳の中枢**［brain center］　特定の機能を有している脳部位のこと。たとえば視覚中枢や，いわゆる飢餓中枢がある。

**脳の電気刺激（ESB）**［electrostimulation of the brain: ESB］　ある脳部位が担っている機能を調べるために，その脳部位を電気刺激すること。

**脳の電気治療（CET）**［cerebral electrotherapy: CET］　低電圧の電流を直接脳に流すことであり，うつ，不安，不眠症の治療にしばしば用いられる。⇨ **電気麻酔**

**脳の電気的活動**［electrical activity of the brain］　自発的な，もしくは誘発された，脳の電位変化のこと。脳の自発的な電気的活動は1875年頃，イギリスの生理学者ケイトン（Richard Caton: 1842-1926）らによって発見されたが，洗練された電子記録装置が1930年代に開発されるまで，詳細については調べることができなかった。電極を頭皮に貼り付けることによって記録でき，電気的振動は周波数について1〜50 Hz以上まで，振幅について50〜200 mVまで変化する。⇨ **脳波**

**脳のトポグラフィックマッピング**［topographic mapping of the brain］　それぞれの物理的関係から行われる，脳の異なる部位における整理された記述とカテゴリー化。

**脳のペースメーカー**［cerebral pacemaker］　仮説上の脳の一群の神経細胞であり，大脳半球の**脳**のリズムを制御していると考えられている。脳のペースメーカーは，脳の底部の**視床下部**もしくは**網様体**にあると信じられている。

**脳の予備能**［brain reserve capacity］　1. 損傷を受けたり破壊されたりした細胞の機能を引き継ぐための脳細胞を残しておく能力。⇨ **機能回復**　2. 一般的には認められていない能力。たとえば，テレパシーや透視。

**脳の律動異常**［cerebral dysrhythmia］　異常な脳波リズムの状態であり，神経学的疾患もしくは薬物の過量服用など，他の病理学的状態と関連している。

**脳波**［brain waves］　脳の様々な領域から発せられる自発的かつ律動的な電気信号。脳波記録は**睡眠段階**と認知過程を研究するために用いられている。脳波のもつ周波数に従って，脳波は**アルファ波**（8〜12 Hz），**ベータ波**（12〜40 Hz），**ガンマ波**（40〜50 Hz），**シータ波**（4〜7 Hz）に分類される。脳波はドイツの精神神経科医であるベルガー（Hans Berger: 1873-1944）によって1929年に初めて説明がなされた。

**脳梅毒**［cerebral syphilis］　大脳皮質や髄膜周辺の梅毒を未治療のままにすると，**進行まひ**を引き起こす。初回感染から約10年後によくみられる状態としては，短気，記憶障害，集中力欠如，頭痛，不眠，行動の劣化が特徴的である。

**脳波測定法（EEG）**［electroencephalography: EEG］　頭蓋骨上の様々な点に置いた電極から脳の電気的活動を増幅し記録する機器（脳波計：electroencephalograph）を用いて**脳波**を調べる方法。得られた脳波パターンの記録（脳波図：electroencephalogram）は，睡眠研究，麻酔深度の監視，てんかんや他の脳疾患・脳機能障害の診断，健常脳の研究などに用いられる。⇨ **脳の電気的活動**

**脳波聴力検査**［electroencephalographic audiometry］　脳波測定法を用いた聴覚感度の測定。閾上刺激が呈示されたときの脳波パターンの変化から測定がなされる。

**脳波療法**［brain-wave therapy］　代替療法あるいは補助的療法として脳波を用いる治療。学習や，記憶といった心的活動に伴い，それゆえ**洞察**にも極めて重要と考えられる。**アルファ波とシータ波**を刺激する治療法。

**脳反射**［cranial reflex］　角膜への触刺激や明るい光に反応する瞬目反射のように，**脳神経**を介した反射。

**脳病理学**［brain pathology］　脳の異常，疾病についての研究。

**脳貧血**［cerebral anemia］　脳組織に送られる血液中のヘモグロビンや赤血球が異常に減少した状態のこと。**脳梗塞**の原因となることもある。

**脳浮腫**［cerebral edema］　脳組織の細胞間隙に異常に水分が貯留した状態。外傷や疾病，脳血管障害，腫瘍によって起こる（⇨ **急性高山病**）。これが膨張すると，**頭蓋内圧**を高め，放置すると，脳組織の弱体化した部分を通じてヘルニアが形成されることもある。損傷が脳幹に達すると致命的となりうるが，そうでない限り治癒は可能である。頭蓋内圧の上昇は頭痛や視覚障害を生じさせる。また，脳浮腫は認知症の原因にもなるが，浮腫が除かれればその症状は消失する。

**脳プロセス代替理論**［alternative brain process theory］　損傷を受けた脳の機能が他の部位によって肩代わりされるとする仮説。脳プロセス代償仮説とも言われる。⇨ **機能的可塑性，代替機能**

**能弁性失語**［fluent aphasia］　流暢に話すことはできるが，たとえば物体に名前をつけたり，言語を理解したり，単語を反復したりすることが困難になるという**失語症**の一種。ウェルニッケ失語症は古典的な例である。⇨ **非流暢**

性失語症

**脳胞**［cerebral vesicle］ 発生に際し，**神経管**の前部が膨らみ形成される器官のこと。最終的に脳の主要な構造である**前脳**，**中脳**，**菱脳**となる。

**脳由来神経栄養性因子**［brain-derived neurotrophic factor: BDNF］ シナプスの可塑性，神経発生，神経細胞の存続を制御するために重要であると考えられている**神経栄養性因子**。いくつかの精神医学的な異常と関係がある。

**膿瘍**［abscess］ 封じ込められた，しかし時には拡大する膿と死んだ組織を含む感染した領域のこと。**脳膿瘍**は組織の損壊が生じ，頭痛や精神的な変容といった神経学的な症状を引き起こす。一般的に対処は抗生剤か手術あるいは双方を用いることになる。

**脳瘤**［encephalocele］ 脳の先天性のヘルニアであり，頭蓋の裂け目から突き出る。

**脳梁**［corpus callosum］ 大脳の**大脳縦裂**を通って，**大脳半球**を接続する大きな神経線維路。左右の脳の主要な接続である。⇨ 交連線維

**脳梁溝**［callosal sulcus］ 大脳半球の内側に沿って，脳梁と帯状回を隔てる裂溝。

**脳梁失行**［callosal apraxia］ 脳梁の損傷のため，学習された行動や意図的行動が実行できないこと（⇨ **失行**）。

**脳梁膨大**［splenium］ 脳梁の後方端に生じる鈍い拡張。

**能力［1］**［ability］ 身体的または心的な行為を遂行するためのコンピテンスあるいは潜在的能力。生まれつきのこともあれば，教育や訓練によって獲得されることもある。

**能力［2］**［capacity］ 1. 個人が，情報や知識を受け取る，もしくは保持するための，また，心身の役割を機能させるための最大限の力量。2. 個人が知的もしくは創造的な発達や達成を果たすための潜在能力。3. 後天的な潜在能力に対しての，生得的な潜在能力。

**能力［3］**［competence］ とりわけ1つの課題あるいは一連の課題に適用する，ある人の発達したスキルのレパートリー。時として能力と遂行とは区別される。遂行とは，ある人が1つの問題あるいは一連の問題に実際に取り組む際に能力が実行される程度である。

**能力［4］**［faculty］ 認知心理学では ⇨ **認知能力**

**能力検査**［ability test］ 1. 身体的あるいは精神的行為を実行するためのコンピテンスや能力を測定するために設計された集団準拠標準検査。2. 達成度を測定するための検査。

**能力主義**［meritocracy］ 報酬が個人の達成の度合いに基づいて与えられるような政治的，社会的システム。

**能力心理学**［faculty psychology］ 心的過程はそれぞれの領域に特化したいくつかの能力に分けることができるとする考えに基づく，心理学的アプローチ。個々の能力は，筋肉を身体運動によって強化できるのと同じように，精神的な訓練によって発達させることができるとする。能力心理学は，18世紀にスコットランドの哲学者リード（Thomas Reid: 1710-1796）とスチュアート（Dugald Stewart: 1753-1828）によって考案された。彼らは，たとえば，人が何かを覚えておくことができるのは記憶の能力をもっているからだというように，意思や判断，知覚，概念，記憶等は，関係する能力を参照するだけで説明できるとした。

**能力水準**［ability level］ 評価対象の人，動物の絶対的または相対的な能力を示す達成，遂行，潜在能力の指標。

**能力水準検査**［altitude test］ ある個人が達成することのできるパフォーマンスの水準によって示される，ある特定の領域で個人の能力を算出することを意図したアセスメントや検査のこと。

**能力−達成不一致**［ability-achievement discrepancy］ ある対象領域における，個人の既知の能力と実際の遂行との差。

**能力特性**［ability trait］ 目標に到達するための個人の能力を含む人格特性のこと。キャッテルのパーソナリティ因子理論における**根源特性**の3つのうちの1つにあたり，残りの2つは**動的特性**と**気質特性**である。

**能力評価**［competency evaluation］ 被告が裁判を受ける際，被告の能力を測定するために心理学者が行う評価。

**能力ベースの指導**［competency-based instruction］ 競争ではない状況で，生徒が自分の目標に向かって自分のペースで取り組む教授方法。教師は生徒が適切な目標を定め，自分の定める目標に向かって前進するのを監督する。

**能力別グループ編成**［ability grouping］ 1. 児童・生徒を学習能力に基づいて学級に割り当てること。2. ある領域における学習者の能力に基づいて学級をグループに分ける過程。たとえば，小学校の子どもを読みの速い子と遅い子で別の読解グループに割り当てる実践など。

**能力への意欲**［competence motivation］ 問題解決や仕事の遂行のために，効果的な相互関係を築くように環境に働きかけ，また個人のスキルおよび能力開発を行っていこうとする動因。このような統御は管理，統制が可能であるという感覚をもち，肯定的な自尊心をもつことで強化される。

**脳裂傷**［cerebral laceration］ 頭部の外傷，もしくは頭蓋骨へ異物が侵入（弾丸など）して起こる脳組織の裂傷や断裂。

**ノエシス**［noesis］ 哲学において，高次の知性や知性の存在のことであり，とりわけ経験からはもたらされない真実を理解する役割のこと。⇨ **ディアノイア**

**ノエティック**［noetic］ 既知の，あるいは想起した物事の意識はあるがその物事との関係において個人的な経験をもたないような知識や記憶の水準を指す表現（⇨ **ノエティックメモリー**）。ノエティック意識（noetic consciousness）とは，個人が，事実，概念，単語，意味は意識しているが，自身の経験との結びつきは全く認識していない意識状態のことである。⇨ **アノエティック**，**自己想起的**［エストニア出身のカナダの心理学者であるタルヴィング（Endel Tulving: 1927- ）により定義された］

**ノエティックメモリー**［noetic memory］ 自分がもっている一般知識に対する意識。**意味記憶**と同義であり，エストニア出身のカナダの心理学者タルヴィング（Endel Tulving: 1927- ）により提唱された記憶の単一階層理論においては，**自己想起記憶**より下位で**非知識的な記憶**より上位の，中程度の水準の記憶にあたる。ノエティック意識（noetic awareness）とも言う。

**ノーザンブロット法**［Northern blot］ 組織抽出物のような混合物の中にある特定のRNA断片を検出する方法。**ゲル電気泳動**を使って様々なRNA分子を分け，それらをニトロセルロースに移し，さらに**ヌクレオチドプローブ**でかけ合わせ，欲しいRNA断片をハイライトする。［**サザ**

**ノスタルジア**［nostalgia］　何らかの点で現在よりも良かったと思い出される人生の早期あるいは状況に戻りたいという願望。

**ノセボ**［nocebo］　プラシーボの投与により生じた逆の，あるいは望まれない身体的・感情的症状。

**ノックアウト生物**［knockout organism］　特定の遺伝子がなかったり，不活性化されている個体や系統。⇨ **遺伝子ノックアウト**

**ノックダウン**［knockdown］　ある特定の遺伝子を有してはいるが，発現（その遺伝子の効果が顕在化）していない実験動物のこと。

**ノード**［node］　1. グラフや樹形図，もしくは，それに類する，その上で線が交わったり枝分かれしたりする点。2. 記憶の連合モデルにおける1つの点もしくはユニット。ノードは，一般に単一の概念や特徴を表しており，連合ネットワーク内のリンクによって（通常は意味的に関連する概念や特徴を表すような）他のノードと結合され，条件によって様々な度合いで活性化したり抑制されたりする。3. 情報通信において，そこで2つ以上の経路が相互に交わるような，ネットワーク内における一点。4. 人工知能における意味については⇨ **ニューラルネットワーク**

**ノートナーゲル型先端異常症**［Nothnagel's acroparesthesia］⇨ **肢端触覚異常**　［ドイツの神経学者であるノートナーゲル（Carl Wilhelm Hermann Nothnagel: 1841-1905）に由来］

**のどまで出かかる現象（TOT現象）**［tip-of-the-tongue phenomenon: TOT phenomenon］　特定の名前や単語を記憶から検索しようとするが，それができないという経験。検索したい内容には普通にアクセスできており，意識の縁のほうで出てきそうで出てこない感じがする。⇨ **検索ブロック**

**のぼせ**［hot flash］　典型的な更年期の症状の一つ。エストロゲン値の低下によって引き起こされ，首，顔，あるいは身体の他の部分が突発的にカッと熱くなることとして経験される。その熱は30秒から5分続く。のぼせは指や踵，頬，耳における突発的なうずきとして始まることがあり，一部の女性では続いて寒気が生じる。50％の女性が閉経周辺の時期にのぼせを経験する。

**ノーマライゼーションの原理**［normalization principle］　精神または身体に障害のある人が共同生活において，単に障害を理由に，社会的・性的関係，またはそうした関係に加わることを拒絶されてはならないという考え方。社会的・性的関係は，単純な友情から性的刺激およびその充足まで広範囲の情緒的および身体的接触を含む。共同生活への参加は，仕事やレクリエーションのような日常的活動への参加を含む。⇨ **社会的役割物価安定策**　［1969年にスウェーデンの心理学者ニィリエ（Bengt Nirje）によって提唱された］

**ノミフェンシン**［nomifensine］　現在使われているもののどれとも構造的に相違する抗うつ剤。シナプスのノルアドレナリンとドーパミンの再摂取を妨げるが，セロトニンは妨げない。急性溶血性貧血を含む激しい，ときに致命的な薬物反応のため，1986年に世界中で使用が取り止めとなっている。アメリカでの以前の商品名はMerital。

**ノリエ病**［Norrie's disease］　男性のみに影響を与えるX遺伝子の欠陥により引き起こされる先天的失明。進行性の聴力の減少は，しばしば失明も併発する。ノリエ病患者の2/3が精神遅滞，幻覚，その他の心理的問題を経験する。［1927年にデンマークの眼科医であるノリエ（Gordon Norrie: 1855-1941）が用いた言葉］

**乗換え**［crossing over］⇨ **組換え**

**乗り物酔い**［motion sickness; kinesia］　吐き気，めまい，頭痛，顔面蒼白，冷や汗，時には嘔吐や疲労感によって生じる不快感のことであり，耳の内部にある三半規管によって維持されている感覚のバランスが通常とは異なる動きによって崩れることによって生じる。不安や心配を感じていると症状は悪化する。

**ノルウェー基礎睡眠尺度**［Basic Nordic Sleep Questionnaire: BNSQ］　過去3か月間に睡眠障害の頻度を測定するために標準化された尺度。「全くない」から「毎晩起こる」の5段階評価。1988年にスカンジナビアの睡眠研究協会が北部ヨーロッパ（デンマーク，ノルウェー，スウェーデン，フィンランド，アイスランド）で使用するために作成した。

**ノルエピネフリン（NE）**［norepinephrine NE; noradrenaline］　カテコールアミン**神経伝達物質**やホルモンのこと。主に脳幹核および**副腎髄質**で作られる。

**ノルエピネフリン受容体**［norepinephrine receptor］　中枢神経系または交感神経系にある**ノルエピネフリン**，あるいはその機能に似ている物質と結合し，反応する受容体。⇨ **アルファアドレナリン受容体**，**ベータアドレナリン受容体**

**ノルトリプチリン**［nortriptyline］　アミトリプチリンの主要な代謝産物である，いわゆる第二世代の三環系**抗うつ薬**。臨床の効力は他の三環系抗うつ薬と同じだが，より少ない鎮静作用と，より少ない抗ニリン作用をもっていたため，ノルトリプチリンと第二世代の他の三環系抗うつ薬である**デシプラミン**は好んで利用されていた。**治療域**がノルトリプチリンに存在すると考えられている。血漿中濃度は，常に臨床効果と相関しているわけではないが，最適な応答は，薬物の血中濃度が50～150 ng/mlの間にあるときに発生すると考えられている。血漿濃度は500 ng/mlを超えると有毒である。治療のモニタリングを必要としないより新しい抗うつ薬はその有用性のために，ノルトリプチリンの使用を減少させることになった。アメリカでの商品名はAventyl, Pamelor。

**ノンパラメトリック統計**［nonparametric statistics］　正規性や等分散性のような母集団の分布の特徴に関する前提を要しない統計的検定のこと。⇨ **パラメトリック統計**

**ノンレム睡眠**［NREM sleep; nor-REM sleep］　非急速眼球運動睡眠，すなわち夢を見る急速眼球運動が起こらない睡眠段階のこと。この段階はしばしば睡眠に入ってから最初に1時間に始まり，パルス，呼吸運動，血圧はほとんど変化しない。⇨ **レム睡眠**

# は

**場 [1]** [environmental field] ゲシュタルト心理学において，ある事象が生じたり，当該事象の構成要素が相互作用する文脈のこと．

**場 [2]** [field] 1. 個人的，物理的，社会的な複合的要因が存在し，心理学的な出来事が生じる場のこと．⇨ **場の理論** 2. 人間の活動や知識が行われる領域，ないしは区域のこと．

**把握反射** [grasp reflex; grasping reflex] 生物個体が手の平に触れたものを自動的に掴もうとする不随意反応のこと．幼児ではこの反応が見られるのが正常である．成長後は，この反応は前頭葉が損傷している徴候となる（⇨ **前頭葉徴候**）．把握反射は，大脳皮質が成熟する前のヒトの幼児と若いサルに主に見られる．

**胚** [embryo] 受精卵の卵割と出生または孵化の間の発生段階にある動物のこと．ヒトの出生前の過程では，胚は妊娠後最初の8週間の胎芽を指す．それ以降は胎児と呼ばれる．⇨ **胎芽期**

**バイアス** [bias] 1. 研究において，**標本抽出**やデータ収集，データ分析，またはデータの解釈の間を通して発生する系統的で方向性のある誤差．2. 統計において，予測された統計の値と実際に得られた値との違い．3. テストによって評定された構成概念との関連はないが，集団ごとの成員に関して，継続的に異なった予測をするようなテストについての一側面のこと．たとえば**文化的テストバイアス**．⇨ **テストバイアス**

**バイアス因子** [biasing factor] 態度に関連した情報の推敲にバイアスをもたらした変数のこと．⇨ **バイアス精緻化**，**説得の多重役割**

**バイアス精緻化** [biased elaboration] 態度に関する情報を精査するとき，特定の評価に対する反応を優先的に生成する傾向のこと．⇨ **バイアス因子**，**精緻化**，**客観的精緻化**

**バイアストフィリア（強姦愛好）** [biastophilia] 性倒錯の一種．他者を驚かせたり性的に暴行することで性的興奮を起こすこと．

**胚移植** [embryo transfer] 試験管内で受精させられた卵を，もともと採取された女性の子宮，または別の女性の子宮に移す操作．

**灰色** [gray] 色相（hue）も彩度（saturation）もなく，黒から白へと変容する視感覚のこと．

**バイオエナジェティックス** [bioenergetics] 感情の障害を扱うにあたり，身体と心の働きを統合させる心理療法．バイオエナジェティックスは，身体と心は機能として同一であり，心で生じたことは身体で生じたことを反映するとする．感情，解決されていない感情的な葛藤によって生じた筋緊張状態を減ずる試みとして，姿勢の変化を訓練に用いる．このアプローチは，オーストリアの精神分析学者ライヒ（Wilhelm Reich: 1897-1957）の仕事を基礎にして，アメリカの医師アレキサンダー（Alexander Lowenni: 1910- ）が発展させた．

**バイオエンジニアリング** [bioengineering] 工学的な原理や知識を生体や生物学的なプロセスに適用すること．特に，損傷した身体部位や機能を置き換えることのできるデバイスの設計やテスト，製作のこと．例として，人工股関節手術，人工臓器，四肢まひ患者の食事や着衣を可能とする**ニューロ制御**装置などがあげられる．⇨ **リハビリテーション工学**

**バイオグラム** [biogram] バイオフィードバック体験を学習することに関して起こりうる事象のパターン．バイオグラムは意識的な記憶から始まることもあるが，繰り返し試行を通じて，他の学習体験と同様に潜在意識となることもある．

**バイオサイバネティックス** [biocybernetics] 体内の情報伝達，自己調節機能についての研究．

**バイオトランスポート** [biotransport] 細胞内で，または生体膜を経て内側に，あるいは外側へ向け物質が輸送されること．⇨ **能動輸送**，**イオンポンプ**，**受動輸送**

**バイオフィードバック** [biofeedback] 1. 生理学的に望ましいレベルに器官を制御・維持するために，筋肉，内臓器官そして生体内制御系に関する情報を提供する神経系から得られるインパルス．⇨ **フィードバック** 2. 外部監視装置を使用して，個人に自身の生理学的な状態に関する情報を提供し，心拍数などの自律的な身体機能を自発的に制御可能にすること（⇨ **バイオフィードバック訓練**）．感覚フィードバック（sensory feedback）と呼ばれることもある．

**バイオフィードバック訓練** [biofeedback training] 通常，意識的に制御できない自律的な反応（血圧，心拍，脳のアルファリズムなど）を，連続的に取得して出力する装置（血圧計，心電図，脳波計）を通すことで，自身でコントロールできるように学習すること．バイオフィードバック訓練は，高血圧や片頭痛などのストレス性の障害を改善するために用いられる．また，不眠症，薬物依存，注意欠陥／多動性障害，てんかんのような症状でも補助的な治療として使用される．⇨ **アルファ波トレーニング**

**バイオマーカー** [biological marker] 疾病に関与している生物学的な変数のこと．それが，疾病の原因になっているかどうかは問わない．

**バイオリズム** [biorhythms] 疑似科学的な説明によれば，生まれながらにもち，死ぬまでそのまま保たれ変更されることがない，3つの基本周期（身体的，感情的，知能的）のこと．その日が，種々の活動を行うのに適しているかそうでないかは，このリズムによって計算可能であるとする．占星術と同様に，これらを使って得られる予測は偶然によるものと有意な差はない．

**バイオロジカルモーション** [biological motion] 1. 生体によって作り出された動き．⇨ **移動運動**，**走性** 2. 頭部や主たる関節に取り付けられたおよそ12の光点からなる表示．この光点が互いに適切な関係を保ちながら動くとき，生体が運動しているような印象が得られる．[スウェーデンの心理学者ヨハンソン（Gunnar Johansson: 1911-1998）によって1970年代に作成された]

**バイオン** [bion] オーストリアの精神分析学者であるライヒ（Wilhelm Reich: 1897-1957）によって提唱された，仮説的な，オーガズムの源となる性的エネルギーが閉じ込

められた微細小胞のこと。⇨ **オルゴン**，**オルゴン療法**

**倍音**［harmonic］　周波数が基本周波数の整数倍である**純音**の要素のこと。たとえば，500 Hz の第3倍音は1500 Hz である。上音（overtone）は倍音であるが，1500 Hz は 500 Hz の第2上音であるというように，番号づけが異なっている。倍音が優先して使用される。

**媒介学習**［mediational learning］　2つかそれ以上の事象の関係を橋渡しするための**媒介変数**を想定した学習の考え方。事象は時間や空間が直接的に連続していない。媒介変数は，**手がかり**として提供される事象やプロセスである。

**媒介過程**［mediation process］　刺激の需要から反応の開始の間に意識の中で起こると推測されるすべての**認知過程**。感覚情報の解釈，保存された情報の検索，判断と評価，計算，推論，その他の精神的操作が含まれる。⇨ **認知的媒介**

**媒介経験**［mediate experience］　外在的事象や刺激に関する意識や解釈。媒介経験によって，事象や刺激自体には含まれていない意味や追加情報が提供される。反意語は直接経験（immediate experience），すなわち，事象や刺激の，要素や特徴を解釈することなく，直接的に受け入れることである。**内省**は，媒介経験の内容を分析する際に，直接経験を利用する。［ヴント（Wilhelm Max Wundt）による定義］

**媒介欠乏**［mediational deficiency］　幼児が課題遂行において，効果的な方略を教えられても使用することができないこと。⇨ **産出欠如**，**利用欠如**

**排外主義**［chauvinism］　社会的，政治的，あるいは民族的集団への過剰な偏愛。当初は，ナポレオンを過剰に崇拝した一人のフランスの兵士（ショーヴァン：Nicolas Chauvin）の名前に由来した用語として，過剰な愛国心のことを指すものであった。

**背外側**［dorsolateral］　背部に（後方に），かつ側面に（横に）位置する状態。

**背外側カラム**［dorsolateral column］　運動神経線維の経路で，脊髄の側背部を下降し，運動ニューロンの終点となる。このような神経線維の細胞体は大脳の**運動皮質**に存在し，神経線維は同側を下降してから延髄の**錐体**で X 字型に交差する。

**背外側前頭前皮質**［dorsolateral prefrontal cortex: DLPFC］　哺乳類の脳の領野で前部と**前頭前皮質**（ブロードマンの脳地図9野と46野）に位置する。**ワーキングメモリー**の注意制御に関連している。人間の場合この領域を損傷すると課題関連の情報を選択することや，外部の手がかりに基づいて注意を移すことができなくなる。

**媒介般化**［mediated generalization］　**刺激般化**の一つのタイプ。全く異なる新しい刺激によって導出される**条件反応**であり，何らかの方法でオリジナルの**条件刺激**に関連づいている。たとえば，ベルを聞くと不安を感じるように条件づけられた人は，"ベル"という言葉を聞いただけで心配になること。⇨ **刺激等価性**

**媒介反応**［mediated response］　刺激によって導出され，後続の行動の開始を引き起こす反応。

**媒介変数**［mediator］　変数間の関連についての統計的分析において，2つの変数間で観察された関係を説明する別の変数。

**媒介理論**［mediation theory］　「刺激は心理的過程を経て，行動に対して間接的に影響する」という仮説で，より単純な「刺激 - 反応モデル」と対立する仮説である。たとえば，認知療法士は外界の出来事の効果は，その出来事に対する個人の考え方や感じ方に影響されると主張している。

**胚芽期**［germinal stage］　1. 受精卵期とも言う。ヒトにおいては，受精後の出生前生活の中の最初の1，2週間。その時期に，受精卵（接合子）は子宮に移動し，**子宮内膜**に定着する。2. 植物における発芽が起こる間の時期。

**肺活量**［vital capacity］　肺が空気を保つ容量のことで，最大限の吸気の後に吐き出すことができる空気の最大容量で測られる。

**肺活量計**［spirometer］　肺の空気量を計測するための装置。音声・言語セラピーでは，発話に関連した呼吸機能を計測するために用いられる。

**配偶行動**［mating behavior］　動物の求愛，配偶者選択，結合行動など，繁殖に関する行動のこと。様々な動物種は**一夫一婦**，**一夫多妻**，**一妻多夫**といったそれぞれの**配偶システム**をもっている。それぞれの動物種において様々な配偶行動が認められている。そして配偶行動には，巣作りや子育てがうまくできるかなど，繁殖効率を高めるために配偶相手を見定める手がかりとしての機能をもっている。

**配偶子**［gamete］　接合子を生み出すために受精に関与する男性生殖細胞ないしは女性生殖細胞の一方のこと。ヒトやその他の動物では，女性接合子は**卵**であり，男性接合子は**精子**である。接合子は体細胞にみられる二倍体の染色体ではなく一倍体の染色体をもつ。⇨ **生殖細胞**

**配偶子形成**［gametogenesis］　**生殖細胞**から**配偶子**を形成するプロセスのこと。通常は**減数分裂**を含む。哺乳類において，メスの配偶子形成は**卵形成**と呼ばれ，卵巣で起こる。オスでは**精子形成**と呼ばれ，睾丸で起こる。

**配偶システム**［mating system］　種々における典型的な配偶パターンのこと。配偶システムは，特定のオスとメスのペア（2個体）が，つがい関係をもち，子育てなどを行う**一夫一婦**，1個体のオスが複数のメスと交尾する**一夫多妻**，1個体のメスが複数のオスと交尾する**一妻多夫**，雌雄ともに複数の相手と交尾する**多夫多妻**，に分けられる。

**配偶者選択**［mate selection］　繁殖のために適切な相手を選ぶこと。**親の投資**が高い動物種のメスにオスよりもより慎重に配偶相手を選ぶ傾向がある。一方，子孫を残すために必要な親の投資に性差がない場合，配偶者選択は雌雄のどちらの性でも認められる。配偶者選択は，(a) 縄張りを防御することができるなど他の個体よりも優位な立場にあるといった行動特性があること，(b) クジャクの豪華な羽飾りのように誇張された信号があること，もしくは (c) **動物の求愛**の評価が高いこと，などにもとづいている。オスの数よりもメスの数が少ない種においては，メスは複数のオスと配偶するか，もしくは，その集団の中でもっとも強いオスのみと配偶するケースがある（⇨ **隠れたメスの選択**，**性的攻撃**）。⇨ **性淘汰**，**任意交配**

**配偶者防衛**［mate guarding］　配偶者が他の個体と繁殖することを防ぐ方法。交尾直後，新たな交尾が受精をもたらさなくなるような時間まで，オスは配偶者の近くに滞在し，他のオスが近づいたり，メスと交尾することを防ぐ。数分間から数時間も配偶者とつながり続けるオスもいる。⇨ **精子競争**

**配偶子卵管内転送（GIFT）**　［gamete intrafallopian

transfer: GIFT］　体外受精の代替法であり，卵子と精子を卵管へ直接注入し，そこで受精を生じさせる。⇨ **接合子卵管内移植**

**背屈**［dorsiflexion］　足や手がその背面に向けて動くように足首や手首を曲げること。

**背景**［background］　1．知覚において，主要な刺激の周囲の状況を形成しているすべての環境。⇨ **図と地**　2．一般的に，個人の幼少期のしつけ，教育や，経験を合わせたもの。

**肺結核体質**［habitus phthisicus］　肺結核に罹患しやすい傾向，罹病性のこと。体質的類型学において，肺結核体質の人は細く痩せていて胸が薄い体型である。

**敗血症**［blood poisoning; epticema; sepsis］　深刻で重大な血液の細菌感染であり，大抵体内の感染箇所から侵入してくる微生物によって生じる。敗血症は，発熱，寒気，皮膚の発疹を引き起こす。神経系組織への感染の拡大は，特に危険な合併症である。菌血症（bacteremia）とも呼ばれる。また広義には，組織が膿を作る細菌や微生物，またそれら微生物が生み出した有毒物質で汚染された状態を指す。体内の血流を通して拡散した状態も敗血症と呼ぶ。

**パイジェムの質問**［Pigem's question］　認知機能検査を受けている患者に対し，投射的反応を引き出すよう計画された質問。質問内容は「人生で何を一番変えたいですか？」のバリエーションである。

**歯医者恐怖症**［dental phobia］　歯医者や歯の治療についての絶え間ない，不合理な恐怖。これは過去の外傷的歯科体験，正常よりも痛みの閾が低い，パニック発作の恐れに関連しているかもしれない。DSM-Ⅳ-TR で歯医者恐怖症は**特定恐怖症**に分類されている。

**敗者効果**［loser effect］　個人があるコンテストで繰り返し負けを経験した後，同様の資源を獲得するためのコンテストで競争する可能性が低くなること。しばしば，グルココルチコイド（コルチゾンやコルチゾール）の増加やテストステロンの減少といった心理学的変化が敗者効果とともに生じる。⇨ **勝者効果**

**売春**［prostitution］　金銭をもらい，あるいは，物や対価との交換で行う性的サービスのこと。売春婦や男娼が，異性または同性に対して性的サービスを施す。性的サービスとは，ノーマルな性交や一般的な性的行為（フェラチオ，クンニリングス，マスターベーションなど），あるいは性的倒錯者を喜ばせるような行為を指す。

**賠償**［reparation］　与えた損害を，補い償うこと。⇨ **補償**

**排除デザイン**［exclusion design］　ヒューマンエラーが起こる可能性を事前に排除するように計画されてきたツールやシステムのこと。エラートリガー（error triger: エラーを引き起こすきっかけとなるもの）や**人間工学的トラップ**を最初に検出し，それをシステムから排除するようにデザインされる。⇨ **工学的制御**，**フェイルセーフ**，**防止デザイン**

**排除法**［method of exclusion］　経験的観察により，ある現象を引き起こす可能性を排除し真の要因を結論づける原理。イギリスの哲学者ベーコン（Francis Bacon: 1561-1626）による。彼は帰納法（⇨ **帰納**）を提案した。観察者がある現象についての肯定的事実と否定的事実の両方をあげ，肯定的事実の中にはあり，否定的事実の中にはない共通要因を推測しようとする。このように，否定的事実の排除法によって現象の要因が証明される。⇨ **ベーコン法**，**ミルの規範**

**陪審**［trier of fact］　法廷において証拠や判決を聞いている人や団体のこと。裁判官か陪審員のどちらかを指す。ファクトファインダー（fact finder）とも呼ばれる。

**陪審員候補者**［venire］　アメリカにおける，地域の住民から選ばれた陪審員の候補者。選挙人名簿や運転免許証保有者リストなどからランダムに選ばれるのが一般的である。陪審員候補者として登録される前には，年齢，市民権，犯歴，過去の陪審員経験などをもとにしたスクリーニングが行われる。

**陪審による法の無視**［jury nullification］　明らかに犯罪に関与した被告を無罪とする陪審の決定。陪審員にとって被告を有罪とするのが不公正や不当であると感じられる場合や，陪審員が関わりたくないような判決（たとえば，死刑）を要するときに，このように決定されることがある。

**排斥**［rejection］　人々の集団に対する敵対的または差別的態度。

**バイセクシュアリティ**［bisexuality］　1．男性・女性の双方に対する性的な魅力や行動。多くの心理学的研究によって，男女を問わずほとんどの人に，両方の性に惹かれる場合のあることが明らかにされているが，生涯にわたって両性に対して均等に反応することは稀である。また，男性より女性のほうが多い。同性への性的な魅力や行動は，バイセクシュアルの女性においては，異性との性的交渉の後に起きることが一般的である。一方，バイセクシュアルの男性においては，最初の異性愛の体験の前か同時期に，最初の同性愛的な魅力や行動が体験されることが典型的である。人類学的研究は，バイセクシュアルが多くの文化に存在することを示している。2．生命個体に，男女双方の生殖器が存在すること。⇨ **両性具有者**，**間性**

**排泄腔**［cloaca］　1．哺乳類の初期胚に共通してみられる空洞。腸管，尿管，生殖管がここに通じる。これらの機能が近縁にあることとこれらが持つ快楽がフロイト（Sigmund Freud）の精神性的理論の主要因子である。2．哺乳類以外の脊椎動物ではオスの精子はこの空洞から放出され，メスの卵子はこの空洞に保持される。排泄もここから起こる。［原語はラテン語の"下水管，配水管"の意味］

**排泄障害**［elimination disorder］　大抵児童（あるいは精神年齢がそれに相当する者）に生じ，薬物の使用や一般的医療状態によるものではない排便や排尿に関する障害のこと。DSM-Ⅳ-TR におけるこの分類の障害として，**大便失禁**と**遺尿症**がある。

**排泄動因**［elimination drive］　体から糞便や尿を排出しようとする動因。心理学的要因は，この衝動に大きく影響する。たとえば，緊張や強い恐怖は膀胱や腸からの不随意の排尿・排便を引き起こすことがある。⇨ **膀胱コントロール**，**排便管理**，**排便反射**，**大便失禁**，**遺尿症**，**排尿反射**

**排泄物**［feces］　腸から体外に放出されるもののこと。精神分析学では，発達の初期に排泄に興味をもつのは好奇心の現れであり，排泄を抑えることは攻撃性，独立性についての最初期の表出であるとされている。⇨ **肛門排出期**，**肛門-保持段階**，**肛門期性格**，**肛門-サディスティック段階**，**括約筋コントロール**

**肺塞栓症**［pulmonary embolism］ 肺動脈内の血栓やその他の詰まりやすい物質（⇨ 塞栓症）の沈積が，肺組織への血液供給を妨げること。血栓は通常**深部静脈血栓症**によって起こる。

**背側の**［dorsal］ 身体の背（うしろ側），または脳の上面に関係すること。

**背側被蓋束**［dorsal tegmental bundle］ **青斑核**から出る神経線維の束。中心被蓋路とともに**内側前脳束**を形成する。

**背側皮質視覚路**［dorsal stream］ 背側視覚路，背側系とも言う。一次視覚野（⇨ V1）から頭頂葉（MT 野）に向かう背側の神経系。物体の運動や空間的位置の処理に関係している。そのため，簡略的に where 経路，または how 経路とも呼ばれる。⇨ **腹側経路**

**場依存**［field dependence］ 個人が一貫して内部対象（身体感覚手がかり）よりも外部対象（環境手がかり）に依存する**認知スタイル**のこと。場依存の人々は，特に単純な行為遂行や馴染のない文脈で馴染のある要素を同定することが要求される課題において，見せかけの環境手がかりに影響を受けやすい傾向がある。⇨ **場独立**

**バイタリティ**［vitality］ 肉体的，知的な活力あるいはエネルギー。現在進行中の活動への熱中や強い関心。

**配置**［placement］ 1. 教育において，学習者の能力や達成度をもとにして，彼らを適切なコースやカリキュラムへ割り当てること。2. 組織内で，現職あるいは新規採用の人が最も能力を発揮できるように適切な仕事を割り当てること。職務割り当て（job placement），人材配置（personnel placement），選抜配置（selective placement）とも呼ばれる。

**培地**［medium］ カビを生やす栄養物質，または研究室で培養された有機体のこと。

**配置カウンセリング**［placement counseling］ 教育において，学習者が適切な教育プログラムやクラス，指導のレベルを決定するために提供する支援のこと。

**排中律**［excluded middle principle］ 論理学や哲学において，ある論理式とその否定のどちらか一方が真でなければならないという規則のこと。たとえば，行動 X は自由意思による行為であるか，自由意思による行為ではないかのどちらかである。これは二価の法則と関連しているが同一ではない。排中原理（principle of the excluded middle）とも呼ばれる。⇨ **矛盾原理**

**ハイテク補助装置**［high-technology assistive device］ コンピュータ化されたコミュニケーションシステムやモーターのついた車いすなど，複雑な電子装置を使用した装置のことで，身体障害者の機能を向上させるためのものである。⇨ **福祉機器**

**梅毒**［lues; syphilis; syphilis］ 1. トレポネーマ淡青球であるスピロヘーマ菌の感染による伝染病。梅毒は一般的には**性感染症**とされるが，皮膚や粘膜の損傷から伝染したり，妊婦から胎児へ感染することもある。治療しなければ，梅毒は身体組織，特に心臓や神経系を次第に破壊していく。⇨ **脳梅毒**，**進行まひ** 2. この名前は，解剖学用語と他の用語が組み合わさって使われる。たとえば，神経系の梅毒という意味で神経梅毒（lues nervosa）と呼ぶ。

**バイトバー**［bite bar］ 1. 視知覚の実験中に被験者の頭部を固定するために使われる装置。上顎と下顎をバーで挟みつづけることになるため，被験者の歯の位置ずれによる頭部運動の影響を抑えられる。2. 動物研究において，外科手術中や検査中の動物が動かないようにするために口内に置かれる棒。

**パイトン**［Payton, Carolyn R.］ キャロリン・パイトン（1925-2001），アメリカの心理学者。1977 年～1979 年にピースコー（Peace Corps）の責任者を務め，アフリカ系アメリカ人の精神衛生の必要性を主張したことでよく知られている。1948 年にウィスコンシン大学より心理学修士号を，1962 年にコロンビア大学より博士号を取得した。1959 年にハワード大学心理学科で教鞭をとった後，心理学の経験と知識を生かして，1964 年～1970 年までピースコーの指導者を務めた。その後ハワード大学に戻り，カウンセリング部門（Howard University Counseling Services: HUCS）の教授となり，1977 年～1979 年にカーター（Jimmy Carter）大統領のもとピースコーで責任者を務めた期間を除いて引退までそこに在職した。パイトンの指揮のもと，HUCS はハワード大学の学生のみならず，地域住民のアフリカ系アメリカ人へも精神衛生のサービスを提供し，セラピストやカウンセラーの育成プログラムを提供するなど，アフリカ系アメリカ人の精神衛生の向上や教育に尽力した。パイトンは米国心理学会功労賞と特別功労賞の両方を受賞している。

**背内側核**［dorsomedial nucleus; mediodorsal nucleus］ **視床**から**前頭葉**へ投射する組織塊。主に記憶機能に関わるが，不安や恐れといった感情表現にも関係している。

**バイナリ色相**［binary hue］ 2 つのユニーク色相（unique hue）を混合しているように見える色相。オレンジは赤と黄色からなるバイナリ色相であるが，赤と黄色は色の混合では作れないため，単一色相と考えられている。

**排尿**［urination; micturition］ 膀胱と尿道をつなぐ**括約筋**の随意的な弛緩，および膀胱壁の反射収縮による膀胱からの尿の排出のこと。⇨ **排尿反射**

**排尿障害**［dysuria］ 排尿の痛みや困難。尿道や膀胱頸の炎症が生じる細菌感染が主な原因である。

**排尿反射**［micturition reflex］ 膀胱の**伸張受容器**からの信号に反応して起こる膀胱の反射収縮のこと。発達においては，子どもは排尿反射を抑え，排尿をコントロールすることを学ぶ。膀胱反射（bladder reflex）とも呼ばれる。

**ハイパーコラム**［hypercolumn］ 一揃いの**有線皮質**と一組の**方位選択性コラム**の繰り返しを含んだ有線皮質（一次視覚野）の下位領域。あるハイパーコラムに含まれるニューロン集団はいずれかの眼で知覚されたすべての傾きに対応するニューロンを含んでいる。ハイパーコラムは皮質表面上で約 1 mm$^2$ の領域を占める。

**パイパーの法則**［Piper's law］ 網膜の周囲から中心まで均一に刺激した際に，輝度の閾値は刺激された領域の平方根に反比例するという法則。⇨ **リコーの法則**［ドイツの生理学者パイパー（Hans Edmund Piper: 1877-1915）による］

**胚盤胞**［blastocyst］ 哺乳類の発達初期の**胚**。小さなくぼみをもつ球からなり内細胞塊と卵黄嚢を有する。子宮内膜への埋め込みを助ける薄い細胞層を有する。ヒトでは受精後 5～6 日で生じる。

**ハイフェノフィリア**［hyphenophilia］ 肌や毛皮，髪，革や布を触ることで生じる性的関心や性的興奮。

**背腹側の**［dorsoventral］背部から前方へと方向づけられている様子。⇨ **腹背の**

**ハイブリッド**［hybrid］分子生物学で，由来の異なる核酸によって形成された二重らせんを指す。

**バイプロット**［biplot］データ**配列**の行と列の両方を同時にグラフに表現すること。

**配分者**［allocator］交渉やゲーム理論において，別の集団（受容者あるいは回答者）への最初の提案を申し出る個人あるいは集団のこと。

**排便管理**［bowel control］排便を制御でき，排泄が適時，適所で行えるようになること。⇨ **大便失禁**，**トイレトレーニング**

**排便反射**［defecation reflex］糞便の動きや圧力に対して，直腸や大腸下部が排出しようとする反射。直腸内がいっぱいになるにつれて，受容体が脊髄にインパルスを送る。運動神経のインパルスが**副交感神経系**の仙骨線維を介して伝達され，内肛門括約筋の弛緩と腹壁の収縮を引き起こす。随意骨格筋神経によって制御される外肛門括約筋の弛緩によってこの反射は完了する。随意神経系はこの反射よりも優位であり，自動的な排便を防いでいる。直腸反射とも言う。⇨ **肛門期**，**トイレトレーニング**

**ハイマンスの法則**［Heymans's law］ある刺激に対する感度は，同時に呈示されるもう一方の刺激の強度が増大するにつれ減衰する。［ベルギーの生理学者ハイマンス（Corneille Heymans: 1892-1968）による］

**売薬（OTC薬）**［over-the-counter drugs: OTC drugs］一般用医薬品（nonprescription drugs）とも言われる。アセトアミノフィンやアスピリンのように，医師の処方箋なしに購入することができる薬物のことである。

**胚葉**［germ layer］原腸胚期の動物胚の中の細胞層で，そこから様々な器官や組織が発達する。胚葉は3つの層に分けられる。最も外側の層は**外胚葉**であり，中間の層は**中胚葉**，内側の層は**内胚葉**である。

**培養**［incubation］微生物学において，コントロールされた環境で培養菌が成長すること。

**廃用性超過敏**［disuse supersensitivity］ターゲット細胞が，脱神経や**拮抗薬**の慢性投与のために入力を失うことによって，正常数を超える**受容体**分子を産生し，神経伝達分子を投与されたときに過剰な反応を生じる状態。脱神経が原因であるときを特に脱神経性過敏（denervation sensitivity）と言う。

**バイラルマーケティング**［viral marketing］インターネットを通じたマーケティングの一種。顧客が他の顧客に向けてeメールを送り，ウェブサイトを紹介したり商品を褒めたりすることで，新商品を宣伝する。

**排卵**［ovulation］成熟した二次卵母細胞（⇨ **卵形成**）を産出し，それを卵巣の表面にある**グラーフ濾胞**から放出すること。その卵胞が破れることで，二次卵母細胞は**ファローピウス管**へと排出される。ヒトでは，卵母細胞が厳密な意味で**卵**に成熟するのは，それがファローピウス管に沿って移動している間に精子によって侵入された時のみである。

**排卵周期**［ovulatory cycle］**グラーフ濾胞**の発達に関わる卵巣内の周期的変化のこと。⇨ **月経周期**

**ハイリスク参加者の研究**［high-risk participant study］遺伝的，気質的，または環境的要因によって，社会的，身体的，精神的病気にかかる脆弱性のあるもの，すなわち，"ハイリスク"者についての研究。この研究の目的は2つあり，一つは，結局発病する者としない者との間の差異を生じる要因を特定することであり，もう一つは，各種の障害の出現統計確率を推定することである。

**ハイリスク胎児**［fetus at risk: FAR］両親（たとえば，糖尿病や高血圧の母親）や親族の影響があるとわかっているため，精神障害や身体障害をもって生まれてくる危険性の高い胎児のこと。精神障害の既往のない家庭に生まれた子どもにおける精神障害の危険性は低いが，たとえば，その障害が母方の家系から遺伝した**伴性**の劣性形質であったり，両親が近縁であったりするなど，場合によっては危険性が約50%になることもある。⇨ **胎児切迫仮死**

**背理法**［reductio ad absurdum］**1．**（a）ある前提が，それが矛盾に至り不合理であることを示すことで反証されるか，（b）ある前提が，その否定が矛盾を導き不合理であることを示すことで間接的に証明されるか，のいずれかによる正当な論証の形式。**2．**一般用語において，反対立場を否定するために，それを極端あるいは不条理な形で示す説得技法。一般に，そのような手段は論理よりも**詭弁法**に属す。

**配慮**［consideration］リーダーシップ理論において，効果的なリーダーシップの構成要素の一つ。それは，部下の感情に気づかいを示すことを意味する。それによって，葛藤を減らし，より良い人間関係を維持し，そしてグループ内の満足感や信頼を高める。⇨ **体制づくり**

**バイリンガリズム**［bilingualism］ある人物，あるいは言語コミュニティが，2種類以上の言語を標準的に用いること。⇨ **加算的バイリンガリズム**，**二言語識字**，**早期の二か国語使用**，**エリートバイリンガル**，**フォークバイリンガリズム**

**バイリンガル教育**［bilingual education］2つの言語で指導することで，典型的には母国語とその国内で優勢な言語によって教育される。1970年代，アメリカは移民の子どもの英語学習を援助するためにバイリンガル教育プログラムを取り入れた。すなわち，バイリンガルの設備を提供することで，2つの言語で同等の学術的作業を遂行する能力の獲得，英語を話すクラスメートと一緒に通常の学校での授業を受けることを可能にするといった等しい教育機会が得られる。しかしながら，現在では，一部のプログラムでは子どもの母国語でのみ教育し，バイリンガルの設備提供が十分ではない。

**配列**［array］たとえば，行が実験参加者やケースを表し，列が尺度や変数を表すなど，2次元で表になったデータの集まりのこと。この概念は2次元以上にも拡張可能である。⇨ **行列**

**パイロジェン**［pyrogen］体温の上昇を引き起こす薬。

**パイロット選考**［pilot selection］航空機のパイロットになるうえで必要な適性，器用さ，精神運動スキルをもっているかを調べるためのアセスメントのこと。

**ハインツのジレンマ**［Heinz dilemma］ハインツという登場人物が直面する道徳的ジレンマに関する話。質問に対する答えから道徳的思考のスキルを調べるために，コールバーグ（Lawrence Kohlberg）によって用いられた。あらゆる可能性を尽くしたハインツは，瀕死の妻を救うため，わずかな望みとなる高価な薬を盗むべきかどうかを決めな

けなければならない。⇨ **コールバーグの道徳性発達理論**

**バインディング仮説**［binding hypothesis］ 異なる感覚特徴を統合する複雑なプロセスによって，統合された意識知覚が生み出されるとする理論。特徴バインディングは，脳科学および心理学における両方の意識の理論の要素になっている。⇨ **特徴統合理論**

**バインディング問題**［binding problem］ 異なった特徴や共起した特性を一つの物体あるいは事象として知覚したり表象したりすることの問題。たとえば，青い円と緑の四角の中から緑の円を見つけるためには，形と色を正しく"バインド"しないといけない。この問題が起こるのは，ある刺激の異なった属性（たとえば，色，形，位置や動き）が大脳皮質の異なった領域で処理されるためである。この問題は，心の理論のような複雑な認知表象を含む，知識表象のすべての領域に関連する。

**バインランド適応行動尺度（VABS）**［Vineland Adaptive Behavior Scales: VABS］ 4領域（コミュニケーション，日常生活スキル，社会性，運動スキル）から個人の機能と社会的機能を査定する方法。VABSは，1935年に作成されたVineland Social Maturity Scaleの修正版であり，現在は生後から90歳までの対象に実施できるように構成されている。両親や養育者への半構造化面接を行い，それを評定する形式の尺度。この尺度は，認知症，頭部外傷，精神遅滞，自閉症，その他の発達上の問題などの様々な障害の診断や評価のためだけでなく，教育や治療（リハビリテーション）プログラムの策定のためにも用いられている。VABSは1984年に開発され，2005年にはVABS-Ⅱが開発された。［心理学者のスパロー（Sara S. Sparrow: 1933- ），バッラ（David A. Balla），チッケッティ（Domenic V. Cicchetti: 1937- ）によって開発された］

**破壊行為**［vandalism］ 故意の汚損，または特性の破壊。永続的な破壊行為は**行為障害**のいずれかの症状である。

**破壊行動**［destructive behavior］ 怒り，敵意，攻撃を表出して，外部の対象や自分自身に対し，危害を加えたり，破壊を行ったりすること。⇨ **自己破壊**

**破壊性**［destructiveness］ 対象を破壊したり傷つけたり汚したりするような攻撃行動を表出する傾向のこと。⇨ **自己破壊**

**破壊的行動**［disruptive behavior］ 絶えず他者を脅かしたり，社会の規範を乱す行動。この用語は子どもの行動に用いることが多いが，大人の行動を記述するために用いられることもある。DSM-Ⅳ-TRの基準に従えば，破壊的行動を示す子どもは破壊的行動障害と診断されるが，18歳以上だと反社会性パーソナリティ障害と診断される。

**破壊的行動障害**［disruptive behavior disorder］ 社会的，職業的活動に重大な損害を引き起こす破壊的行動（社会的ルールや他の人の権利に対する侵害，反抗，敵対）を基本的症状として含んだ精神疾患。DSM-Ⅳ-TRでは，破壊的行動障害は**行為障害**，**反抗挑戦性障害**，そして**特定不能の破壊的行動障害**を含む。

**破壊的な葛藤解決**［destructive conflict resolution］ 人と人との間で折り合いがつかないことを解決するために，脅迫，喧嘩，強制といったネガティブな方法を使うこと。対立している人々は，互いの視点を考慮する準備ができていないときにこうした方略を使いがちであるが，その方略自体は非生産的で，将来の相互作用においてより敵対的になるという結果に終わる。⇨ **建設的な葛藤解決**

**破壊的服従**［destructive obedience］ 無実の犠牲者に損害を負わせるとか，共同体に害を与えるといった，ネガティブな結果をもたらすような，社会，軍隊，道徳的根拠による直接的または間接的な要請に従うこと。ミルグラム（Stanley Milgram）は，明らかに他者を傷つける行動に従事するように命令するという形の破壊的服従に関する研究を行った（⇨ **服従の行動研究**）。破壊的服従の他の例として，無罪の民間人を攻撃することを命じられた時にその命令に従う兵士や，間違っているとわかっていながら医師の指示に従う医療関係者といったものがある。

**パーキー効果**［Perky effect］ イメージされた形がターゲットの形に似ているときに，イメージされた刺激が実際のターゲット刺激を見ることに干渉する傾向のこと。たとえば，参加者がブランク画面の前にいて葉をイメージするように求められる。それと同時に，参加者は知らないが，葉のぼやけた画像がその画面に投影され，徐々に明るくなっていく。参加者が葉が見えると報告する前に，画像強度は検出閾をかなり上回る。［アメリカの心理学者パーキー（Cheves West Perky: 1874-1940）によって1910年に記述された］

**歯ぎしり**［bruxism; bruxomania; stridor dentium］ 歯をひっきりなしに食いしばり，きしらせること。通常，就寝中に起こる。緊張，怒り，欲求不満，恐怖などに関連する。

**破局反応**［catastrophic reaction; catastrophic behavior］ **1.** 脅威的，外傷的な状況での対処能力の崩壊。急性の不適応感，心配，欲求不満，無力感が生じる。**2.** 激しい感情的な行動（極端な不安，突然の号泣，攻撃的で敵対的な行動など）が，**失語症**を含む脳機能障害においてしばしば観察される。こうした行動の原因は明らかとなっていないものの，アメリカの神経科医ベンソン（D. Frank Benson: 1928-1996）は，患者が以前は簡単にできていた会話や作業に苦労して取り組まなければならない欲求不満，困惑，動揺によると考えた。［ドイツ生まれのアメリカの心理学者ゴールドスタイン（Kurt Goldstein: 1878-1965）によって初めて提唱された］

**破局理論**［catastrophe cusp theory］ **認知的不安**と生理的覚醒の相互作用に関する理論。高い不安の認知をしている状態では，生理的覚醒が上昇し，ある時点までは作業能力が増加する。しかし，この時点を超えると急激な作業能力の低下が起こる。最適の作業能力を取り戻すためには，生理的覚醒の大幅な低減が必要である。

**破局理論（カタストロフィー理論）**［catastrophe theory］ 何らかの他の変数（1つもしくは複数の）の連続的変化の関数としての，ある変数の不連続な変化に関する数学理論。一つの要因における小さな変化が他の要因の突然の大きな変化を引き起こすことを提唱している。たとえば，温度が0℃もしくは100℃（32°Fもしくは212°F）に達したときの水の物理的特性の劇的な変化といったものである。カタストロフィー理論モデルは，制御パラメータの個数によって分類される。最も一般的なのは，2つの制御パラメータが同時に変動するカスプカタストロフィーモデル（cusp catastrophe model）である。

**パーキンソニズム**［parkinsonism］ **パーキンソン病**に症状は似ているが，疾病自体は認められない障害。強い

ドーパミン阻害作用をもつ抗精神病薬，特に**高力価の抗精神病薬**（たとえばハロペリドール）は，薬物誘発性パーキンソニズム（drug-induced parkinsonism）として知られる可逆性の症候群を引き起こす。

**パーキンソン病**［Parkinson's disease］　進行性の神経変性疾患であり，脳の黒質にあるドーパミン産生ニューロンの死によって起こる。このニューロンは筋運動のバランスと協調を統制している。人生後期に，軽度の腫瘍（⇨ **静止振戦**）や四肢の硬直強化，自発運動の鈍化とともに始まる。進行後の症状は，姿勢の不安定，バランス失調，歩行困難（⇨ **加速歩行**）等である。**認知症**はこの患者の20〜60％で生じ，通常，より高齢の患者ではより進行しやすい。［イギリスの医師パーキンソン（James Parkinson: 1755-1824）によって1817年に最初に記述された］

**迫害の精神錯乱**［delirium of persecution］　主症状が誰かに脅かされている強い疑念や幻覚を含んでいる**せん妄**。

**迫害妄想性障害**［persecution delusional disorder］　被害的な妄想が中心の**妄想性障害**のタイプ。

**白交通枝**［white rami communicantes］　胸部および腰上部に２つある領域において，脊髄から**交感神経鎖**の神経節へ通る神経前節枝の**有髄線維**。

**白交連**［white commissure］　感覚と運動の両方に関する**有髄線維**。脊髄の側面から反対側の側面へと横切り，両側面にある**白質線維**の上昇性コラムと下降性コラムが結合している。脊髄の前正中裂でアーチ状になっている。前白交連（anterior shite commissure; ventral white commissure）とも呼ばれる。

**白質**［white matter］　ミエリン鞘で覆われている神経線維からなる神経系の部位。他の灰色がかった神経構造を白く着色する。髄鞘は線維のみを覆うため，主に**細胞体**を含む領域は灰色である。⇨ **灰白質**

**白質切断術**［leukotomy］　前頭葉を深部中枢から切断してしまう，かつての精神外科手術（⇨ **精神外科**）。この方法は20世紀初頭に慢性的で深刻な精神障害の症状を取り除くために用いられた。抗精神病薬の開発により精神外科手術は不要となり，侵襲性が低く，より確実な効果が得られる定位的な神経外科（neurosurgery）の手術に取って代わられた。前頭葉切離術（prefrontal lobotomy）とも呼ばれる。⇨ **経眼窩ロボトミー**

**白日夢**［waking dream］　1. **全体野**で生じる現象のような夢。2. イギリスの精神分析家ビオン（Wilfred Ruprecht Bion: 1897-1979）の精神分析理論における夢のプロセス。

**白色光**［white light］　1. スペクトル中のすべての可視波長を混ぜ合わせた光のこと。白色光は適切な強度の３つの単一波長，**原色**を混ぜ合わせても生成できる。2. 死あるいは**臨死体験**を経験するとき，一部の人々によって経験されると報告される明るく白い視野。

**白色恒常性**［whiteness constancy］　たとえ照明の変化が生じても同じ明るさをもって見えるという白色表面の知覚。⇨ **知覚の恒常性**，**明るさの恒常性**

**白色症**［albinism］　眼球，そしてしばしば皮膚の色素形成を欠損した遺伝性障害の一群の総称。これは，正常なメラニン色素を生成するメラニン細胞（色素を生成する細胞）の損傷によって生ずる。白色症の最も一般的な型は，酵素チロシナーゼの欠損によって特徴づけられる代謝不全が原因となっている。チロシナーゼ陰性白色症（Tyrosinase-negative albinism）はこの障害の古典的な型であり，10万人に３人の割合で発生する。これは，無色素の皮膚と髪を特徴とするものである。チロシナーゼ陽性白色症（Tyrosinase-positive albinism）は，白色人種よりも黒色人種に多く発生する。これは生来メラニン黒色素を欠いているが，メラニン細胞が加齢とともに増加するものである。その他の型としては，限局性白色症（cutaneous albinism）がある。これは，三角形状に白い前髪をもつことを特徴としており，その他の影響は皮膚と髪に限局されている。そして，眼球白色症（ocular albinism）は眼球のみが影響されたもので，網膜中心窩の不十分な発達（中心窩形成不全: foveal hypoplasia），虹彩と網膜の障害を伴うものである。症状は，**斜視**，**眼振**，**光線恐怖症**，重篤な**屈折異常**，視力の減退を含む。

**漠然とした感情**［free-floating emotion］　特定の原因とほとんど関連がみられない，散漫で全般性の感情的な状態。一般的な例は**浮動性不安**。

**薄束**［gracile fasciculus; fasciculus gracilis］　脊髄後索の内側部で，延髄の**薄束核**に向かって伸びる上行神経線維からなっている。⇨ **楔状束**

**薄束核**［nucleus gracilis］　延髄にある**核**。脊髄後索にある**薄束**の末端。

**薄束結節**［gracile tubercle］　延髄にある薄束の上端にある細長く隆起した部分。下肢からの感覚受容器の**後根**線維を受ける**薄束核**を含んでいる。

**剥奪**［deprivation］　1. 欲求や欲望の対象が除去，拒否，もしくは獲得不可能化されること。⇨ **文化的剥奪**，**母性剥奪** 2. 条件づけにおいて，**強化子**への接近や取り入れが低下すること。

**白痴**［idiocy］　最重度精神遅滞に関する旧式名称。

**白昼の悪夢**［daymare］　深刻な不安，苦痛，恐怖の発作。このような発作は，悪夢に類似しているが，覚醒期間に生じ，覚醒状態の空想によって引き起こされる。

**白昼夢**［daydream］　意識的，または無意識的な願望や恐怖などが現れる，覚醒時の**空想**，もしくは幻想のこと。覚醒時の大半を占める思考や想像の流れの一部。自発的なものであれ意図的なものであれ，白昼夢は見かけ上明確な目的がないか，単なる幻想的な思考である。研究者たちは，個々の夢想の様式の違いによって，積極的–建設的空想，罪悪的–恐怖的空想，注意制御欠陥などといった，少なくとも３つの様式を特定している。これらは，白昼夢を見る人の，肯定感や否定感，その他のパーソナリティ特性に対する全般的傾向を反映すると考えられている。白昼夢の重要な肯定的機能には，強い情緒的反応からの解放，過去の経験を再検討する際に自己洞察を得ること，将来の状況への予行演習，創造的解決の創出，他者へのより大きな共感の産出，などが含まれる。⇨ **願望成就**

**バクテリア属**［bacterium］　単細胞の原核生物（染色体が核膜の中にない生物）のこと。バクテリアは進化上，真核生物より早い段階から存在したと考えられている。ヒトにはバクテリアが引き起こす疾病（破傷風，梅毒，結核など）がある。一方で，大きな腸の中の有害な病原体の成長を阻止したり，**免疫反応**を高める有益なこともある。

**白内障**［cataract］　未治療の場合の重症化した視覚障害によって生ずるもので，水晶体が濁ること（混濁形成）。

特に，中心視が障害を受けるが，周辺視も影響を受ける。典型的な症状は，より明るい照明，大きな活字や読字を保つための特別な方法などを必要とすることによって特徴づけられる視覚の白濁である。白内障は，老化の退行的な過程とよく関連づけられるが，先天的なものである可能性（⇨ **先天性白内障**），あるいは，病気，障害，放射能の影響，食事障害や糖尿病の不制御が原因である可能性もある。

**爆発性パーソナリティ**［explosive personality］ きっかけとなる出来事に対して不釣り合いな制御不能の怒りと敵意が頻回に噴き出すパターンを有する人格のこと。⇨ **間欠性爆発性障害**

**博物学的知能**［naturalist intelligence］ **多重知能理論**において，自然現象における様式や規則性の検出に含まれる知性。たとえば，植物や鳥類の種類を同定する際に用いられる。

**薄明視**［mesopic vision］ 明所視と暗所視の両方の側面を含む視覚。したがって，錐体と桿体の両者に媒介される。

**薄明薄暮性動物**［crepuscular animals］ 夜明けや夕暮れのように薄暗い環境で活動が活発になる動物のこと。

**歯車様強剛**［cogwheel rigidity］ パーキンソン病患者の四肢の関節を受動的に運動させた場合に，歯車様の抵抗を示す**筋硬直**のこと。これはまた，特に**フェノチアジン**の抗精神病薬による薬物療法の副作用としてもみられる。歯車現象（cogwheeling）とも呼ばれる。⇨ **鉛管様硬直**

**バークレイの成長研究**［Berkeley Growth Study］ 異なる年齢での知能を，その重要性と同様に，理解しようとする研究のこと。実験参加者のグループは，50年以上の期間にわたって追跡調査された（1920年代後半から1980年代まで）。［ベイリー（Nancy Bayley）によって行われた］

**バクロフェン**［baclofen］ 脊髄レベルでのシナプスの反射の伝達を阻害する働きをもつ筋肉弛緩剤。硬化症や脊髄損傷に関連する，痙攣の治療において頻繁に使用される。

**暴露療法**［exposure therapy］ **行動療法**の一形態であり，不安障害の治療に有効。暴露療法は，恐怖の対象となる刺激に対して，現実にあるいは想像上において，システマティックに直面させられるということを含んでいる。この療法は，(a) 繰り返し呈示することで，消去の方法によって時間の経過とともに不安が減少する（**習慣化**），(b) 恐怖を感じるという予測が不当なものであるとみなすようになる，(c) 恐怖の対象となる刺激についてさらに深い処理を行う，(d) **自己効力感**と統制（mastery）の感覚を高める，という機序によって機能する。暴露療法は，系統的な**脱感作**，**フラッディング**，**内破療法**，消去に基づく技法（extinction-based techniques）といった多くの種類の行動的介入を包含するものである。

**バケー**［baquet］ オーストリアの医師メスメル（Anton Mesmer: 1734-1815）が様々なヒステリー症状の患者を治療する際に用いたもの。鉄くず，すりガラス，瓶，水の入った大きくて薄い桶で，その容器には金属棒が等間隔に突き出ている。金属棒を患者が患っている身体部位に置くことで，患者は想定された磁気の癒しの力を経験できる。⇨ **動物磁気**，**メスメリズム**

**パケット交換**［packet switching］ コンピュータネットワーク上の点から点へとメッセージを送信する方法。この手法は，ネットワーク容量の効果的利用を可能にし，ネットワークの一部が使用不可能なときにも送信を可能とする。この方法では，デジタル化されたメッセージをパケットと呼ばれる小さな固まりに分割する。それぞれのパケットには目的地やメッセージ内の位置などの情報が明示されたヘッダ部分が加えられる。その情報をもとに，目的地までの経路として，通信経路の負荷に基づいてノードからノードへと移行する経路の選択を行う。そして目的地では，異なる経路で到達したパケットが正しく並べられ，もとのメッセージに再構築される。

**跛行**［claudication］ 1. 正常な歩行ができない状態。2. 筋肉の痙攣による痛み（断続的な跛行），特にふくらはぎの筋肉に生じる。⇨ **精神的跛行**

**箱ひげ図**［box plot］ **探索的データ解析**において，極限値，ヒンジ値，中央値を利用してデータを図示すること。

**破擦音**［affricate］ 破裂音（例，[t]）とそれに続く摩擦音（例，[sh]）で構成される言語音（speech sound）。たとえばchairの[ch]音など。

**ハザード関数**［hazard function］ 特定の事象が発生するリスクと時間の関係について表した数学的関数のことで，**生存時間解析**の要素の一つ。

**ハザード制御プロトコル**［hazard-control protocol］ 危険を排除したり危険から防御する過程において，適用される優先順位のこと。その手順は，危険のない設計，防御，警告，訓練である。⇨ **管理的制御**，**工学的制御**

**はさみ脚歩行**［scissors gait］ 脳性まひの患者などにみられる歩き方の一種で，歩く時にはさみのように足を交差させること。

**恥**［shame］ 自らの行為や状況に対して，体裁が悪い，品がない，嘲笑に値する，不名誉であるといった感覚から生じる，非常に不愉快な**自己意識的情動**であり，典型的には，社会的な関わりからの撤退が生じる。たとえば，自分が恥ずかしいと感じる行為から他者の注意を逸らしたり，隠したりする行為があげられる。このような傾向は，対人関係や心理的適応に深刻な影響を及ぼす。また恥の感覚は，回避行動だけではなく，自己防衛や報復としての怒りも喚起する。また，心理学的な調査研究では，抑うつ，不安，摂食障害，潜在性の社会病質や低い自尊心などの様々な心理的症状と，恥を感じやすい傾向との間の関連が一貫して示されている。一方で，恥の感覚がもつ，より建設的で適応的な側面に対する検討も行われている。たとえば，恥の感覚は，社会的行為に潜在する脅威を薄めたり，不適切な興味や興奮，過酷な経験を統制することにより，適応的に働くと考えられている。

**恥知らず**［shamelessness］ 恥ずかしいという感情が明らかにみられない行動。心理的問題が基盤にある場合や，脳損傷のために判断機能が失われている場合などに起こりうる。

**恥の文化**［shame culture］ 顔を立てたり恥を避けるという強い願望によって特徴づけられる社会，あるいは社会の動向や組織原理。⇨ **罪の文化**

**場所愛着**［place attachment］ 地理的な位置に対するつながりや愛情の感覚であり，安心や心地良さを提供するとともに，自我同一性にも寄与する。個人としても集団としても，人々は自宅やその近隣といった特定の場所に居着くようになる。⇨ **縄張り性**

**場所学習**［place learning］　1. 目標（たとえば，食物が見つかる場所）の場所や物理的位置の学習。⇨ **反応学習**［トールマン（Edward C. Tolman）によって定義された］2. 条件づけにおいて，場所と条件づけされていない刺激（たとえば，食物や毒）の連合を学習すること。⇨ **条件づけ場所嗜好性**

**場所細胞**［place cells］　**海馬**にある神経細胞で，動物がある特定の空間的位置にいるとき，あるいはその位置に向かって動いているときに選択的に発火する。

**場所説**［place theory］　(a) 周波数が異なると**基底膜**に沿って刺激される場所が異なるとする理論，および (b) 最大刺激の場所によって音の高さが符号化されるとする理論のこと。1つ目の提案は実験的な証拠によって強く支持されており，哺乳類の聴覚系は**周波数局在構造**を示すという事実に由来する。2つ目の仮説についてはまだ議論の余地がある。⇨ **ヘルムホルツ理論**，**周期理論**

**場所法**［method of loci］　覚える項目を心理的イメージに変換し，特定の位置や場所に関連づけるという**記憶法**。たとえば，買い物リストを覚えるために，各商品を身近な道に沿った個々の場所でイメージする。

**バージン**［virgin］　原生林をバージン・フォレストと呼ぶように，純粋または自然の状態のこと。

**パス**［path］　項目あるいは要点を結びつける，結合あるいは連結のこと。

**パス解析**［path analysis］　複数の変数間の因果関係の存在を検証するために用いる定量的手続きであり，因果的影響を示す様々な仮説的ルート（パス）を示したグラフ形で示される。因果関係は理論的に決定され，パス解析は仮説的な変数間の関係性の精度と強さの両方を決定する。

**バズ・グループ**［buzz group］　個々の考えや意見を確認するための議論に，各集団成員が直接的で活発に関われるよう，集団を分割して作った小集団。

**パス係数**［path coefficient］　**パス解析**において，システム内の変数間の関係の強さを反映した回帰係数に似た重み（偏回帰係数）のこと。

**バースト**［burst］　比較的高い頻度で引き起こされる一連の反応。多くの場合，条件づけられた反応にもはや報酬がないとき，すなわち**消去**の開始時に起こる。

**バスト・ウエストの比率**［bust-to-waist ratio］　バストの値をウエストの値で割ることで決定される曲線美の比率。

**バーストポーズ発火**［burst-pause firing］　**徐波睡眠**の特徴となる大振幅の脳波を引き起こす，深睡眠（deep sleep）中の**視床**でみられる神経細胞の発火と休止のこと。

**パストラルカウンセリング**［pastoral counseling］　洞察や規範が神学や行動科学に由来するカウンセリングや心理療法の一種。個人，カップル，家族，集団に適用される癒しや成長をする社会組織，パストラルカウンセリングは宗教と科学，スピリチュアリティと健康，スピリチュアル論と心理療法などの相互作用に関する理論と研究を中心としている。パストラルカウンセラー（pastoral counselor）は，宗教の訓練または神学の訓練あるいはその両者と，1つかいくつかの行動科学（多くの場合に心理学であるが）の高度な訓練を受ける。牧会心理療法（pastoral psychotherapy）とも呼ばれる。

**パースペクティブ**［perspective］　他者の知覚，態度，もしくは行動を考慮に入れて，それらを潜在的に理解する個人の能力のこと。

**パースペクティブ・セオリー**［perspective theory］　評定尺度による態度の自己評定は，態度の内容とそのパースペクティブによることを仮定する理論。ここで，内容とは，態度そのものの評価に関する反応であり，一方，パースペクティブとは，態度を評定する際に考慮に入れる態度の広がりの範囲である。自己評定が変化するのは，態度そのものが実際に変化している場合や，最もポジティブな態度から最もネガティブな態度までの範囲が変化する場合である。［アップショー（Harry S. Upshaw: 1926- ）とオストロム（Thomas M. Ostrom: 1936- ）により最初に提唱された］

**PASS モデル**［PASS model］　ルリア（Alexander Luria）の理論に基づく知能モデルであり，同時処理と継次処理の能力によって構成されるとみなされる。PASS モデルをなす4つの要素は，プランニング，注意，同時処理，継次処理である。［1990年にアメリカの心理学者ダス（J. P. Das: 1931- ）とナグリエリ（Jack A. Naglieri: 1950- ）によって提唱された］

**外れ値**［outlier］　得られたデータの中で著しく異なる極端な観測値，測定値，得点のこと。外れ値は要約統計量やパラメトリック検定の統計量の正確さの推定に多大な影響を及ぼすため，調査結果を歪める可能性がある。

**派生観念**［derived ideas］　心の外部に原因があり，それゆえに外在的なものに由来する観念。特定の感覚印象などがこれにあたる。フランスの哲学者および数学者であるデカルト（René Descartes: 1596-1650）は，これを心の中に自然に生じる思考プロセスからもたらされる**生得観念**と区別した。デカルトは，派生観念は生得観念に比べて，あまり明瞭でなく当てにならないものだと考えた。⇨ **デカルト主義**，**デカルト的自己**

**派生属性**［derived property］　ゲシュタルト心理学において，特定の構造や文脈における全体の存在に基づいて，ある属性が全体のうちの部分にもたせられること。たとえば，同一直線状にない3つの点が三角形を形作るように見える場合，それぞれの点は三角形の頂点であるという三角形の存在から派生した属性をもつ。

**派生的洞察**［derivative insight］　治療者による解釈なしに，クライエント自身が達成する問題への洞察のこと。

**派生的要求**［derived need］　**初期欲動**に関連，あるいはその一般化を通じて発展した要求。

**パーセプトロン**［perceptron］　入力ノードと出力ノードが結びつけられたネットワーク。連合**ニューラルネットワーク**のモデルとしてうまく働く。単一（単層）のパーセプトロンは2つのつながったニューロンを意味するが，より複雑なパーセプトロンは入力と出力の間に中間層をいくつかもつ。望ましい出力をモデル化するために，入力と出力の間の結合に重みづけを行うことができる。本モデルの目標は，神経の結合が信号を処理し連合（記憶）を形成する方法を理論的に解明していくことである。誤差逆伝搬学習アルゴリズム（back-propagation（back-prop）algorithms）は，入力と出力の間の重みづけの調整の，最もよく知られている一般的な過程を説明している。出力と望まれる結果が比較され，結合の強度に必要な変化がパーセプトロンを通して逆に伝達される。

**バーセル指標**［Barthel Index］　**機能的状態**を測定する

ためのもの．個人が**日常生活動作**を自主的に実行する能力を査定するもので10項目からなる．個人は，それぞれの項目を実行するのに必要な援助の度合いについて，得点尺度で評価される．その評価は，総合得点で示される．[アメリカの心理学者バーセル（Dorothea W. Bathel）]

**パーセンタイル強化**[percentile reinforcement]　オペラント条件づけにおける手法の一つ．それまでの反応の分布に基づく値を超過する（もしくはその値より小さい）反応に，反応が強化されるかどうかが依存する．通常，分布は最も新しい反応の集合によって決定されており，それぞれの反応によって更新される．たとえば，もし新たな反応の最大の力がこれまでの50回の反応の力の分布の90パーセンタイルより大きければ，その反応は強化に適しているであろう．その際，分布が50回の反応に基づくように，最も新しい力が分布のうち最も古いものと置き換えられる．

**パーセンタイル値**[percentile]　ある問題において，得点が劣るまたは等しいといったような，一群における対象の割合を反映し，符号化された分布における得点の位置を表す値．このように，もし得点が90パーセンタイルであるとされた場合，得点の90%がその得点と等しいまたはより低いことが示唆される．

**パーセンテージ強化**[percentage reinforcement]　オペラント条件づけ（operant conditioning）において，固定された計画の強化刺激の割合が除去される手続き．

**パーソナリティ**[personality]　独自の適応，主要な特性，興味，動機，価値，自己概念，能力や感情のパターンなどを含む性格と行動の形態のこと．パーソナリティは，一般的に，多くの力のコンプレックス，ダイナミックな統合，総体としてみなされる．パーソナリティを形作るものとしては，遺伝と生得的傾向，身体的な成熟，人生早期の訓練，大切な人や集団との同一化，文化に基づく価値観や役割，重大な経験や関係性などがあげられる．様々な理論によって，異なる方法でパーソナリティの構造や発達について説明がなされているが，すべての理論に共通する見解は，パーソナリティが行動の決定に関わっていることである．⇨ **人格形成**，**パーソナリティ心理学**，**パーソナリティ構造**

**パーソナリティアセスメント**[personality assessment]　知能やスキル，興味，適性，創造性，態度，心理発達の様相といった側面を，様々な方法を用いて評価すること．以下のような方法が含まれる．（a）行動サンプリングや面接，評定尺度を用いた観察法．（b）**ミネソタ多面人格目録**のような質問紙法．（c）**ロールシャッハ法**や**主題統覚検査**といった投映法．パーソナリティアセスメントの利用は，多種多様である．たとえば，子どもの臨床評価と大人の臨床評価，教育的カウンセリングと職業的カウンセリング，企業やその他の組織といった場面，リハビリテーションなどで用いられる．

**パーソナリティ関連性**[personality correlates]　**1．**特定の病気や障害に関連したパーソナリティ特性．たとえば，ストレスに対する感受性というパーソナリティ関連性は，内向性や強迫性，依存性を含む．**2．**パーソナリティを把握するための尺度と関連する変数．たとえば，パーソナリティ特性と観察しうる行動との間の関連は，パーソナリティ特性を把握する尺度の妥当性のエビデンスとなる．

**パーソナリティ構造**[personality structure]　基本的な要素と要素同士の関係からなるパーソナリティの組織体．主要な構造理論は，たとえばオールポート（Gordon Allport: 1897-1967）による**パーソナリティ特性**，キャテルの**パーソナリティ因子理論**における表面的特性と根源的特性，フロイト（Sigmund Freud: 1856-1939）による**イド・自我・超自我**，アドラー（Alfred Adler: 1870-1937）による個人心理学，**マズローの動機の階層**による欲求や動機など，幅広い．

**パーソナリティ障害**[personality disorders]　個人の機能を長期的に阻害するような，環境と自己に関する知覚や関わり方，思考のパターンが広範囲にわたっており，かつ，そのエピソードが単一のものでない障害の一群のこと．DSM-Ⅳ-TRでは，**妄想性パーソナリティ障害**，**統合失調質パーソナリティ障害**，**統合失調型パーソナリティ障害**，**演技性パーソナリティ障害**，**自己愛性パーソナリティ障害**，**反社会性パーソナリティ障害**，**境界性パーソナリティ障害**，**回避性パーソナリティ障害**，**統合失調症性パーソナリティ障害**，**依存性パーソナリティ障害**，**強迫性パーソナリティ障害**といった10個のパーソナリティ障害が定められている．

**パーソナリティ心理学**[personality psychology]　（a）パーソナリティの性質と定義，（b）パーソナリティの成熟と発達，（c）自己の構造，（d）基本理論（例，特性論，パーソナリティ理論，役割理論，学習理論，タイプ論），（e）パーソナリティ障害（f）個人差，（g）性格検査，などの領域を含むパーソナリティに関する学問体系．パーソナリティ心理学者は，成人の永続的で安定したパーソナリティの個人差について研究する傾向があり，伝統的に意識／無意識的な動機，要因や葛藤を含む動機，個体内のダイナミクスなどがパーソナリティにとって中心的な役割を果たすと考えている．パーソナリティ理論は，認知的，感情的，動機的，発達的，社会的側面から人間を理解するための統合的枠組みを作り上げることを目指している．主な理論に，サイコダイナミクス理論，行動理論，人間性理論などがある．

**パーソナリティ衰弱**[personality breakdown]　人格構造や防衛の崩壊．不適応行動や退行した行動として現れる．

**パーソナリティ特性**[personality trait]　行動や態度，感情や習慣などのパターンから推測される比較的安定し，首尾一貫した，永続的な内面の特徴．パーソナリティ特性という概念は，パーソナリティを要約したり，予測したり，個人の行為を説明したりするうえで役立つ．パーソナリティ特性理論（personality trait theories）には，**オールポートの性格特性論**，**キャッテルのパーソナリティ因子理論**など様々なものがある．しかしながら，これらは行動の直接的な原因については説明できず，また，発達的な根拠も示していない．そのため，動機，スキーマ，意図，計画，人生などの動的なプロセスを表す概念によって補足されなければならない．

**パーソナリティの階層モデル**[hierarchical model of personality]　高次の変数が低次の変数の機能を組織化したり管理したりするという心理学的構造体における，個人内力動，あるいはパーソナリティの個人差のいずれかを表すモデル．たとえば，パーソナリティ特性の階層モデルでは**社会性**を**外向性**よりも低次の構造としている．つまり，社会性は，より高次の外向性という特性の表現型あるいは

**パーソナリティの5因子モデル**［five-factor personality model: FFM］　パーソナリティの差異を，パーソナリティ構造の中核をなすと考えられる次の5つの領域で説明するモデル。**外向性，神経症的性格，勤勉性，協調性，経験への開放性**。ビッグファイブとパーソナリティの5因子モデルの相違点は，前者は行動を説明するものとして5次元を考え，個人差の分類法として5次元構造を扱うのに対して，後者は各因子を因果関係をもつ心理学的実体とみなすことにある。科学的文献においても，これらの相違が軽視され，同義のものとして語用されることがしばしばみられる。〔アメリカの心理学者マックラエ（Robert R. McCrae: 1949- ）とコスタ（Paul T. Costa, Jr.）により提唱された〕

**パーソナリティの特性論**［factor theory of personality］　**因子分析**によって人格の構成要素を発見し測定するアプローチのこと。個人間の差異を種々の行動側面を捉える検査を用いて明らかにする統計的研究で，主たる人格の構成要素が特定される。因子分析法はビッグファイブ人格モデルやキャッテルの人格特性論，アイゼンクの類型論といった人格モデルの中核を成す。

**パーソナリティの場理論**［field theory of personality］　個人のパーソナリティは，精神内界の諸力による力動的相互関係によって理解されるとする理論。⇨ **場の理論**　〔レヴィン（Kurt Lewin）によって提唱された〕

**パーソナリティプロセス**［personality processes］　パーソナリティのダイナミクス，つまり時間経過や状況に応じた，相手や出来事との相互作用としてのパーソナリティの変化過程。対照的な概念は**パーソナリティ構造**である。これはパーソナリティの安定した永続的な側面を説明する。

**パーソナリティ分解**［personality disintegration］　パーソナリティの統合や機能の急速な減衰。多くの場合，ストレスフルな特殊な生活環境が原因で生じる。

**パーソナリティ変化**［personality change］　様々な方法で顕在化されたパーソナリティに関する心理的機能の変容。たとえば，内向的性格から社交的性格への変化や，認識や行動の内的統制から外的決定因への変化もある。

**パーソナリティ類型**［personality type］　パーソナリティ特性，態度，行動パターン，体型（⇨ **体格類型**），その他の基準によって人を分類すること。**内向性－外向性**といった分類や，**心理機能タイプ，搾取志向や市場志向**といったフロム（Erich Fromm: 1900-1980）の社会的性格論があげられる。

**パーソナル・コンストラクト**［personal construct］　個人が知覚し，理解し，予測し，世界をコントロールするために用いる概念の一つ。クライエントのパーソナル・コンストラクトを理解することは，頑でネガティブな信念を変化させる最初の重要な方法である。⇨ **評価グリッド法**　〔アメリカの心理学者ケリー（George A. Kelly: 1905-1967）により定義された〕

**パーソナル・コンストラクト療法**［personal construct therapy］　パーソナル・コンストラクト理論をもとにした治療法。この方法の基本は，個人が自分の構成概念の有用性や妥当性を吟味したり，それらを適切に改めたり精緻化したり手助けすることである。そのことで，自分自身への理解を深め，肯定的に外界をみることができるようになり，外界との相互作用が促進される。〔アメリカの心理学者ケリー（George A. Kelly: 1905-1967）が1950年代に開発した〕

**パーソナルスペース（個人空間）の気泡概念**［bubble concept of personal space］　コミュニケーションをとる際に保たれる他者との距離を決定づける理論で，個人を取り巻く想像上のプライベートな領域が，情緒的あるいは身体的な脅威を和らげるために役立つと考えられている。"気泡"の大きさは個人や状況によっても異なるもので，たとえば，仕事上の関係の者同士より，恋人関係にある者同士は距離が近くなる。多くの人々にとって，親しい友人では0.5～1.2 m（18 in～4 ft），仕事上の関係では1.2～3.6 m（4～12 ft），知らない人とは3.6 m（12 ft）以上というように広がる。この距離は，文化によってもまた異なる可能性がある。アメリカ人にとって，ヨーロッパ人があまりに接近して会話することに違和感を感じることがある。⇨ **プロクシミクス，縄張り性**

**パーソナル・プロジェクト**［personal projects］　系統立てられ，長期にわたり，その個人に関連する活動を構成する目的。〔カナダの心理学者リトル（Brian R. Little）により分析された〕

**パーソニフィケーション**［personification］　アメリカの精神分析家サリヴァン（Harry Stack Sullivan: 1892-1949）によるアプローチにおいて，対人関係で現れる他者に対する感情や態度のパターンを指す用語。

**バソプレシン**［vasopressin］　視床下部で合成されるペプチドホルモン。**下垂体**後葉の神経終末から分泌される。体内の水分維持や血圧調整（微小動脈を収縮させ，血圧を上げる）において重要な役割を果たす。バソプレシン分泌は**視床下部－下垂体前葉－副腎皮質系**を活性化し，学習や記憶のメカニズムにも関連すると考えられている。抗利尿ホルモン（antidiuretic hormone: ADH）とも呼ばれる。

**パーソン・ニーズ分析**［person-needs analysis］　産業分野の組織で行われるニーズアセスメント。従業員にトレーニングが必要かどうか，どのようなトレーニングが必要か，従業員にトレーニングの準備があるかどうかなどを測定するためにデータを集める。

**パターニング**［patterning］　1. 刺激への応答のシステムやパターンを定めること。2. 新しい，または異なる反応を誘発するであろう刺激のパターンのこと。

**バタフライ効果**［butterfly effect］　時間が経つにつれて小さな原因が大きな予測不可能な影響をもたらしうるように，動的な複雑系が初期条件のわずかな差異に敏感である傾向（⇨ **鋭敏な依存性**）。用語は，ある場所でチョウが羽ばたいたという事実が他の場所で竜巻を引き起こすのに寄与するとみなせるか，という例から。**カオス理論**で使用される用語であるが，より一般的に非線形の因果関係を表現する際にも使用される。

**働きの喜び**［function pleasure］　何かをうまくできたことで生じる喜びで，他に何の報酬がなくとも全力を尽くして取り組むことを動機づけるもの。⇨ **活動の喜び**

**パターン**［pattern］　全体として複雑なものを作製する際の，空間，時間的な個々の要素の配置。

**パターン化面接**［patterned interview］　面接の一形式で，しばしば**人事選考**で用いられる。特定範囲の内容（職歴，学歴，家庭状況など）を必ず含むように作られている

が，同時に面接者の裁量で会話を進行し，明確にする必要のあるポイントについては質問することができる。半構造化面接（semistructured interview）とも呼ばれる。⇨ **構造化面接，非構造化面接**

**パターン行列**［pattern matrix］因子分析において，理論的な因子について顕在変数の値を表した回帰係数と似た重みの行列のこと。

**パターンコーディング**［pattern coding］活動電位の時間的パターンに基づいた感覚系情報のコード化のこと。

**パターン認識**［pattern recognition］1．多くの異なった要素によって構成されたり，埋められた複雑な全体を認識し，同定する能力。パターン認識は，視覚の能力だけではなく，聴覚においては，（a）音の時系列パターンの認識や，（b）**基底膜**の活動パターンの認識（たとえば，発話における母音の知覚の際に起こるようなパターン）のことを指す。2．データの特徴的な性質や特徴を抽出したり比較したりして，コンピュータによって，入力されたデータの意味のあるパターンを同定し，分類すること。

**パターン分類**［pattern discrimination］ヒトや他の動物が視覚，聴覚，他のタイプの刺激の相違を区別する能力。⇨ **パターン認識**

**パターン理論**［pattern theory］痛みの体験に排他的な特定の線維や末端は存在しないため，非特異的な受容器への非常に強い刺激が痛みに対する神経インパルスパターンを生じさせるとする理論のこと。この理論に従えば，痛みを検出したり伝えたりする神経は触覚などのほかの感覚と共通であり，痛みの最も重要な特徴は関与する刺激の総量であるとする。非特異性理論（nonspecificity theory）とも呼ぶ。⇨ **痛みのゲート制御理論**

**場違いな軽薄さ**［flippancy］重大な問題や不安を喚起するような話題を語る際にみられる，場に不適切な無思慮さや陽気さのこと。話し合いを発展させないための防衛的な方略であることがしばしばある。

**パチーニ小体**［Pacinian corpuscle; Pachini's corpuscle］接触，振動を受容する皮膚の感覚受容器。結合組織からなる同心円状の神経終末からなる。指，有毛皮膚，腱，腹膜にみられる。パチニ体（Pacinian body），ファーター小体（Vater's corpuscle）とも呼ばれる。

**バーチャルピッチ**［virtual pitch］複合音のもつ低いピッチ。周期的複合音におけるバーチャルピッチは，一般に含まれていないはずの基本**周波数**のピッチに対応する。この現象はミッシングファンダメンタル（missing fundamental）と呼ばれる。周期性ピッチ（periodicity pitch）と残余ピッチ（residue pitch）という用語は，歴史的には異なる経過をたどってきたが，現在はバーチャルピッチと同義語として用いられている。

**バーチャルリアリティ**［virtual reality］記憶，画像，コンピュータによって現実に似せて作られた3次元環境。飛行機の操縦や宇宙の探索といったように直接体験するには費用が高かったり，危険が伴う活動のために疑似環境が用いられる。疑似環境に没頭して訓練できるように，リアルタイムフィードバックのあるグローブや頭部モニタといった多くの補助的ハードウェアやソフトウェアが使用されている。

**バーチャルリアリティセラピー**［virtual reality therapy］クライエントの問題と関連した出来事を再現するために，コンピュータによって3次元対話型環境を作り出して行う**実生活内暴露療法**の一技法。現在，飛行機恐怖症などの不安障害の一部に，この技法は用いられている。

**波長**［wavelength］音波や電磁放射といった波動中の連続するピーク間の距離。波長は波動の伝達速度を周期で割ったものに等しい。

**波長閾**［wavelength thresholds］知覚できる光や音の波長の最小値および最大値。ヒトの視覚系では，波長閾は強度によっていくらか変わるが，最小値はおよそ380 nmで最大値はおよそ780 nmである。桿体および錐体の機能もまた波長閾の制限要因となり，種が異なるとヒトの限界波長域を超えた波長閾をもつことがある。ヒトの聴覚系では，波長閾は一般的に20 Hz〜20000 Hzの間とされる。音の波長閾も強度や種の違いによって異なる。

**罰**［punishment］1．オペラント条件づけにおいて，反応と刺激または反応と環境の関係性や**随伴性**によって，反応の生起頻度が減少するプロセス。たとえば，ハトが最初，偶然キーをつつき，エサが呈示され，ある確率でキーをつつく行動が確立されたとする。次に，同じ場所をつつく度に短い電気ショックが与えられる（一方，他条件では電気ショックは与えられず，エサが呈示され続ける）。結果として，他条件よりもハトのつつく行為が減少すれば，罰が生じたと言える。また，この電気ショックは罰子（punisher）と呼ばれる。2．加害者に与えられる，苦痛を伴うとともに望まれていない不快な事象や状況。

**発育異常型**［dysplastic type］クレッチマーの類型論における異常な体型。いろいろな特性の組合せであるが，内向的でひきこもりがちな気質傾向を示すことが多い。⇨ **体格類型**

**発育不全［1］**［agenesis］身体部位の発達不全，もしくは完全な欠損。例としては，2つの大脳半球をつなぐ神経路（⇨ **脳梁**）の発達不全である脳梁形成不全（callosal agenesis）（もしくは脳梁欠損: corpus callosum agenesis）がある。

**発育不全［2］**［failure to thrive: FTT; ateliosis］小児症や低身長症などのように，身体やその部位の発達が不完全であること。従来の意味としては，乳幼児の認知的，感情的発達段階が進んでも残存していること。反応性の進行的な低下，食欲不振，身体的または情緒的発達の遅滞を伴う。発育不全は**成長ホルモン**の放出が不十分なことによる成長阻害をある程度反映しており，場合によっては親の育児放棄と情緒剥奪と関連がある。ホルモン分泌は，情緒的であたたかな養育と対人関係の形成の期間を経ることでしばしば正常に戻る。

**発音**［articulation］明瞭な発話のために必要とされる言語音（speech sounds）を生成したり使用したりする行動あるいはプロセスのこと。一連の声道器官の正確な配置，タイミング，運動方向，力の入れ方，反応スピード，すべての動きにおける神経統合を含む複雑なプロセスである。

**発音記号システム（DMS）**［diacritical marking system: DMS］発音を表すために用いられる，統一された配列や一連のシンボルのこと。

**ハッカ**［mint］嗅覚の立体化学説におけるニオイの7分類のうちの一つを指す。

**ハッカー**［hacker］高度な技術をもつコンピュータプログラマーを指す口語表現。特に，保護されたコンピュー

タシステムやファイルに不正な目的のもとに侵入することのできる人間を指す。

**麦角アルカロイド**［ergot alkaloids］ライ麦や穀物類などで自然に生長する寄生質の菌類である麦角菌（claviceps purpurea）から得られる薬理学的な活性化物質のこと。高い有毒性があるが，麦角アルカロイドは堕胎や陣痛を誘発するために助産師によって数百年もの間使われている。リセルグ酸など，多くの麦角アルカロイドは既に使用されていないが，その合成物がアドレナリン受容体を遮断する作用（ergot derivatives）を行わせるために使用される場合がある。麦角中毒（ergotism）は幅広く流行し，ヨーロッパで比較的近代まで続いた。症状として，末梢血管の収縮（稀に壊疽に至る）や幻視などの精神機能の変化があった。麦角とLSD（リセルグ酸ジエチルアミド）とは薬理学的に関連があるため，幻覚を誘発する効果はLSDと類似する。

**麦角デリバティブ**［ergot derivatives］**麦角アルカノイド**から得られる選択的阻害作用のある**アドレナリン受容体遮断薬**群のこと。麦角デリバティブは複雑な様式で中枢神経系に作用し，形態や服用量も様々で，高次脳中枢を刺激し弱体化させうる。循環系への影響として血管収縮がある。**エルゴタミン**など，これらの作用の中のいくつかは，片頭痛の管理に使用され，時に他の薬物（例，カフェイン）と化合する。派生エルゴノビンは**子宮収縮薬**として使用される。

**発汗**［sweating; perspiration］皮膚の汗腺から分泌物（汗）を出すこと。発汗は体温調節には重要であり，水分，塩分，尿素の排泄経路でもある。

**発癌物質**［carcinogen］癌を引き起こす（発癌: carcinogenesis）化学物質のこと。たとえば，タバコの煙は肺癌を引き起こす。

**バックアップ強化子**［backup reinforcer］**行動修正**において，クライエントが得たトークンの代わりにわたされる報酬。⇨ **トークンエコノミー**

**バックトラック検索**［backtrack search］グラフ検索において，グラフにおける現在の状態（ノード）を再帰的に考慮する検索方略。たとえば，現在のノードが目標ノードではない場合，その子ノード（1つ先のノード）が検索され，そこも目標でない場合は，さらにその子ノードが検索される。もし子ノードがないときには，現在のノードの兄弟ノードが検索される。兄弟ノードも該当しない場合には，現在のノードの親ノードの兄弟ノードがさらに検索される。このプロセスは，目標状態を見つけられるか，検索されていないノードがなくなるまで続けられる。ノード，兄弟ノードや子ノードは，通常（ただし，必ずではない）左から右へと順番に検索される。

**パッケージ・テスト**［package testing］パッケージデザインが消費者購入の意思決定に及ぼす効果を強調する製品テストの一形態。あるパッケージ・テストの研究によると，女性の化粧品購入者の30%はパッケージの良い類似品が出るとブランドを変更し，50%は同じ製品がもっと使いやすくて効率的なパッケージになれば，値段が高くても買うと答えた。

**白血球**［leukocyte; white blood cell］体が感染から身を守る時に重要な役割を果たしている血液細胞（⇨ **免疫反応**）。白血球は食作用によって外来の微粒子を飲み込む好中球，好塩基球，好酸球（細胞質に顆粒があるため総じて顆粒細胞と言う）と抗体の生産や他の免疫反応に関与するリンパ球を含む。

**発言**［voicing］口頭で，アイデアや所見，意見などを述べること。

**発見学習**［discovery learning］問題解決を通じて起こる学習。仮説の形成・検証することによって，また，解決を試みようとする際の実際の経験や操作をするなかで学習する。

**発見学習法**［discovery method］教師の指導は最小限にして，生徒自身が帰納的推論と実験を積極的に行うことを通じて，科学や他の分野のプロセスを経験する指導方法。生徒は，データをまとめ，仮説を形成・検証し，結論あるいは一般的な原理を導くことを促される。発見学習法は，ピアジェ（Jean Piaget），アメリカの心理学者ブルーナー（Jerome Bruner: 1915- ）らの認知主義学派と関連がある。

**発見的価値**［heuristic value］より深い思考を刺激して促進する潜在力。

**発見的探索**［heuristic search］試行しうる可能な解決策の数を減らす戦略を使って最適化された問題空間の探索。⇨ **最良優先探索**，**悉皆探索**

**発語失行**［apraxia of speech］感覚消失やまひが認められないが，発声に用いる筋肉の協応の欠損が原因で生じる語音明瞭障害のこと。

**発語の遅れ**［delayed speech］期待される年齢で発達する発語がみられないこと。それは，**発達の遅れ**，聴覚障害，脳損傷，精神遅滞またはその他の心理学的障害，情緒障害が原因の可能性がある。

**発散**［discharge］症状としての行動・夢・空想に現れる精神的な緊張が突然減少すること。

**ハッシッシ**［hashish］最も効果のある**大麻**。大麻の一種の純粋な樹脂から作られているため，高濃度のデルタ9**テトラヒドロカンナビノール**を含んでいる。ハシーシ，ハッシシとも呼ぶ。

**発情間期**［diestrus］多発情性哺乳動物のメスにおいて，発情周期の間の性的に活動的でない時期。この時期に生殖器系は受胎・妊娠の準備をする。

**発情期**［estrus］発情周期のうち，メスの動物がオスを受け入れつがいやすい時期。⇨ **発情行動**

**発情行動**［estrous behavior］ヒト以外の動物のメスで，発情周期のうち，つがいになりやすい発情期に見られる行動パターン。発情行動は，**能動的性行動**と**性的受容性**に分けられる。

**発情周期**［estrous cycle］多くの哺乳類のメスにみられる，生殖活動の周期的な一連の変化（ヒトと他の霊長類を除く⇨ **月経周期**）。発情周期を1年に1回経験する動物を単発情性（monestrous）動物，年に数回の発情周期を経験する動物を多発情性（polyestrous）動物と呼ぶ。⇨ **発情間期**，**発情期**，**発情前の**

**発症年齢**［age of onset］素因のある人に疾病が初めて現れる年齢。遺伝的症候群の特質の一つは，遺伝的に罹患しやすい人は散発性のケースよりも発症年齢がより早いことである。

**発情前の**［proestrus］発情周期において**発情期**直前の期間。

**発振回路**［oscillator circuit］出力の繰り返しパターン

を産出する回路。**内部振動子**とは異なり，生物的なものであるとは限らない。たとえば，発振回路はコンパスにも見出すことができるし，その言葉はしばしば人工**ニューラルネットワーク**と結びつけられる。

**発声**［vocalization; phonation］　1. 発話，喃語，歌唱，絶叫などにみられるような，声帯の振動による音の産出。⇨ **啼鳴**　2. 声帯の振動による**有声音**の生成のこと。

**発声異常**［phonopathy］　あらゆる音声障害に用いられていた呼び名。

**発声障害［1］**［voice disorder］　声の高さや音量，調子，響きに影響を及ぼすあらゆる障害。⇨ **特定不能のコミュニケーション障害**

**発声障害［2］**［dysphonia］　音，とりわけ言語音の産出における機能不全（⇨ **発声**）。これは，ピッチ，強度，共鳴に影響を与える可能性がある。⇨ **痙攣性発声障害**

**発生心理学**［genetic psychology］　子どもの発達に影響を与える遺伝的要因と初期環境の要因についての研究。19世紀から20世紀初頭にかけて，発生心理学は**発達心理学**と同義語であった。

**発生心理学のジュネーブ学派**［Geneva school of genetic psychology］　発達心理学のピアジェ（Jean Piaget）の理論を支持する人々。

**発生的認識論**［genetic epistemology］　ピアジェ（Jean Piaget）によって考案された，知識の発達の実験的研究。

**発声反応時間**［vocal reaction time］　認知の研究において，参加者が刺激に対し発話による反応を開始するまでにかかる時間。⇨ **反応時間**

**発声不全**［hypophonia］　発声筋の協調運動不良や欠如が，異常に弱い声を生じさせるという音の生成における障害のこと。声を出して話すのではなく囁く必要があるということで特徴づけられる。小声症（microphonia）とも言われる。⇨ **発声障害**

**発声補助装置**［speech amplification system］　ヘッドセットに取り付けたマイクと小さな増幅器で構成されたシステム。発声障害や呼吸器系の問題が原因で大きな声で話すことのできない個人の，声の音量を増大するように設計されている。

**発達**［development］　人間あるいは他の生物のライフスパンをわたって生じる構造，機能，行動パターンにおける漸進的な一連の変化。

**発達アセスメント**［developmental assessment］　子どもの身体的，認知的，情緒的，社会的発達のレベルの評価で，特別な**発達スケール**によってアセスメントされる。

**発達異常**［maldevelopment］　組織や身体機能の正常な成長を遅らせる遺伝的，食事的，あるいは外的要因による個人の不完全な成長のこと。特に発展途上国において，幼少期に未熟な状態で親から引き離されたことによるタンパク質やカロリーの欠乏が，身体的，精神的な成長の遅れを特徴とする**マラスムス**や**クワシオルコル**などを引き起こす。

**発達加速**［developmental acceleration］　1つ以上の機能（たとえば言語）における異常あるいは早熟な成長。

**発達課題**［developmental task］　正常で健康な発達にとって人生の各段階で獲得すべき重要な身体的，社会的，知的，情緒的達成と能力。その理由は，発達とはその多くが積み重ねであるため，ある段階において発達課題を習得する能力がないことは，その後の段階における発達を妨げ

る傾向にあるからである。

**発達志向性**［developmental orientation］　多分野連携チームや個別サービス計画プロセスにおいて，期待される発達上の達成や，障害をもたない子どもや若者のパフォーマンスとの関連の中で，障害を抱える人の技術や能力，強さに強調点をおくこと。

**発達指数**［developmental quotient: DQ］　**発達年齢**，あるいは発達の代替尺度を**暦年齢**で割ったもの。

**発達障害**［developmental disability; developmental disorder］　22歳以前に発生し，認知的障害，身体的障害，あるいはその両方の障害に起因する発達レベルないし発達状態。このような障害は無期限に続くとみられ，重要な機能や適応に制限が生じる。発達障害の例としては，精神遅滞（知的障害），**広汎性発達障害**，**学習障害**，**発達性協調運動障害**，**コミュニケーション障害**，脳性小児まひ，てんかん，盲，聾，唖，筋ジストロフィーなどがある。

**発達心理学**［developmental psychology］　受胎から老年期にかけて生起する身体的，精神的，行動的変化の学問で心理学の一分野。⇨ **発生心理学**，**生涯発達心理学**

**発達心理言語学**［developmental psycholinguistics］　子どもの言語獲得を研究する**心理言語学**の一分野。

**発達水準**［developmental norm］　発達の特徴的な段階と関連する典型的なスキルと期待される到達レベル。

**発達スケジュール**［developmental schedule］　身体的発達と行動的発達のある側面が典型的にいつ生じるのかといったことについての標準的な時系列変化がまとめられたもの。⇨ **発達の目安**，**ブラゼルトン新生児行動評価**

**発達スケール**［developmental scale］　個人の典型的な**発達の目安**を通過した発達の程度をアセスメントするために用いられる測定器具。

**発達性協調運動障害**［developmental coordination disorder］　DSM-Ⅳ-TR において，運動機能障害は協調運動の発達での顕著な障害として特徴づけられる。協調運動を必要とする活動での遂行が実年齢や知能からの予測よりも大幅に下回る。学業成績や日常生活の活動の重大な障害も観察される。この障害は精神遅滞や**広汎性発達障害**によるものではない。⇨ **発達性統合運動障害**

**発達性言語障害**［developmental language disorder］　DSM-Ⅲの用語。言語スキルの発達の問題に応じて診断カテゴリーは2つのタイプ（表出タイプと受容タイプ）で構成されいる。これらのタイプのDSM-Ⅳ-TRにおける同義の分類は，それぞれ，**表出性言語障害**と**受容-表出混合性言語障害**である。

**発達性算数障害**［developmental arithmetic disorder］　算数障害に関するDSM-Ⅲの名称。

**発達性失語症**［developmental dysphasia; developmental aphasia］　脳の損傷あるいは大脳の成熟の遅れが関連していると思われる言語の困難さや言語獲得の遅れ。特徴としては，表出性言語と発音に障害があり（表出性失語症：expressive dysphasia），重症ケースの多くは言語理解の障害（受容性失語症：receptive dysphasia）もみられる。

**発達性統合運動障害**［developmental dyspraxia］　出生時から統合運動障害がみられ，発達初期の年齢あるいは段階に協調運動の実行に困難さを示す。この状態はDSM-Ⅳ-TRの**発達性協調運動障害**と同義語である。⇨ **後天性統合運動障害**

**発達性読み書き障害**［developmental dyslexia］ 発達初期の年齢あるいは段階にみられ，単語の読みと綴りの学習に困難さを示す。

**発達性読み障害**［developmental reading disorder］ 読書障害に関するDSM-Ⅲの名称。

**発達段階**［developmental stage］ 特定の能力，特徴，行動のパターンが現れている発達期間。

**発達遅滞**［developmental retardation］ 知能，運動，知覚，言語，社会性のいずれか，あるいはそれらすべてが異常なほどにゆっくりと成長していること。⇨ **発達の遅れ，発達の未熟さ**

**発達的機能**［developmental function］ 発達が長期にわたり作用している形態。異なる発達側面（たとえば身体－認知）は長期にわたって異なる変化パターンを示す可能性がある。主体（たとえば遺伝子），活動（たとえば遊び），段階（たとえば青年期）によって，あるいは生物の発達におけるその他の現象によって遂行される役割のこと。

**発達的教授モデル**［developmental teaching model］ ピアジェ（Jean Piaget: 1896-1980）らの研究に基づく一般的な教育アプローチ。認知的，社会的，道徳的発達は個別の典型的な段階をへて進むと考える。認知発達においては，論理的な推論と知的発達の向上が強調される。操作的知識にあわせてカリキュラムがたてられる。

**発達的システムアプローチ**［developmental systems approach; developmental contextual model］ 発達とは，すべてのレベルの生物学的変数（遺伝）と経験的変数（文化）との間に生じる双方向の相互作用の結果だとする視点。

**発達的多動性**［developmental hyperactivity］ 知的には平均の範囲内か超えている状態であるが，行動面に多動性が見られる子どもによって示される状態。

**発達的適応**［developmental orientation］ ⇨ **発達理論，不完全性指南**

**発達認知神経科学**［developmental cognitive neuroscience］ 心と脳がどのように関係して発達するのかを理解しようとする研究分野。従来の認知発達研究だけでなく，分子生物学，細胞生物学，人工知能，進化論も含む多様な分野のデータを用いる。⇨ **認知神経科学**

**発達年齢**［developmental age: DA］ 年齢単位あるいは**年齢等価値**において表される発達の尺度。たとえば，4歳児が言語スキルにおいて6歳の発達をしているなど。

**発達の遅れ［1］**［delayed development］ 身体的，情緒的，社会的，認知的な能力と程度が期待された発達的進歩よりもゆっくりしていること。発達の遅れをもつ子どもは，より早期の発達レベルに沿った態度，習慣，行動を示す可能性がある。

**発達の遅れ［2］**［developmental delay］ 子どもが重要な発達段階に到達する年齢における遅れや，コミュニケーション，社会性，日常生活スキルの遅れ。典型的には，重大なハンディキャップはない乳児，幼児，就学前児における遅れを示す。発達的遅れのある子どもに対しては，早期の介入や遅れに対応するような保育場面での配慮がなされることが望ましい。

**発達の教育理論**［instructional theory of development］ 組織化されていない神経要素が，分化した神経組織に発達するのは，環境要因により形成されるものであるという理論のこと。

**発達の交流モデル**［transactional model of development］ 発達を，独自の生物学的組織をもつ能動的な生体が，その変化する環境との間で行われる持続的な双方向的相互作用とみなす理論的枠組み。⇨ **発達的システムアプローチ**

**発達の最近接領域**［zone of proximal development］ ヴィゴツキー（Lev Vygotsky）の社会文化理論において，子どもの現在の能力水準と指導的な関わりをする人の手引きのもとで取り組んだ時に達成することができる能力水準との差異のこと。⇨ **社会文化的視点**

**発達の不変性**［developmental invariance］ スキルが人生の早い時期に成人の能力まで到達し，その後それが安定し続ける発達パターン。たとえば，感覚的，知覚的スキル（視覚など）は人生の早い時期に高いレベルで機能している。

**発達の未熟さ**［developmental immaturity］ 中枢神経系への損傷の臨床的，成育歴的証拠がなく，発達目標の到達において遅れを示す（大抵は一時的なもの）子どもの状態。このような子どもは，身体的発達，粗大または微細運動の能力，言語発達，社会的意識，あるいはそれらのいずれかの関連において暦年齢よりも低くみえる。⇨ **発達の遅れ，発達遅滞**

**発達の目安**［developmental milestone］ 世界のどの子どもでもほぼ同時に発達させる能力，特徴，行動といった，重要で，予測可能な身体的，認知的，社会的，情緒的発達の側面。発達の目安には，初めて歯が生えることや言語の獲得などがある。

**発達のレディネス**［developmental readiness］ 与えられた課題，科目，あるいは学年レベルのために心理学的かつ知的な準備がなされた学生の状態。

**発達の連続性 対 不連続性**［continuity versus discontinuity of development］ 発達的変化は漸進的なもの（連続的）か，それとも比較的急激なもの（非連続的）かということに関する科学的な議論。

**発達薬物動力学**［developmental pharmacokinetics］ 薬理作用のある薬がどのように幼児や子どもに処理されるかの研究（⇨ **薬物動力学**）。

**発達要因**［developmental factors］ 受胎から成熟にかけての，情緒，知的，社会性，身体の発達に影響する条件と原因。たとえば，親の態度や刺激，仲間関係，学習経験，娯楽活動，遺伝的素因などがある。

**発達療法**［developmental therapy］ 感情的，社会的，行動的な問題を抱えた子どもや青年に対する治療の方法。他者との交流や怒りの扱いのような，様々な領域でより機能できるように，クライエントを援助するために段階的で体験的な治療が行われる。

**発達理論**［developmental theory］ **1.** 人間の発達の継続性とパーソナリティの形成における初期経験の重要性に基づいた理論。たとえば，**心理・性的発達**，**エリクソンの発達の八段階**といった精神分析の理論，初期条件づけを強調する学習理論，人生における異なる役割の漸進的獲得に焦点を当てた役割理論などがある。⇨ **障害理論 2.** 精神遅滞（知的障害）は正常な発達の認知プロセスよりも遅いことが原因であり，他者の認知プロセスと質的には違わないと主張する立場。⇨ **障害理論**

**発達レベル**［developmental levels］ 典型的に分類され

た人の生涯についての段階。(a) 新生児期，(b) 乳児期，(c) 幼児期，児童期，(d) 青年期，(e) 成人期。

**バッチ**［batch］　探索的データ解析で対象とするデータ群のこと。

**パッチクランプ法**［patch-clamp technique］　1つの**イオンチャネル**を含む1μm四方の細胞膜の電気活動を記録するための方法。微細管ピペット**微小電極**を用い，神経細胞膜の小区画を吸引によって固定する。［1980年代にドイツの神経科学者ネーアー（Eewin Neher: 1994- ）とザクマン（Bert Sakmann: 1942- ）によって発明された方法］

**発展領域**［zone of potentiality］　成長や発達や特定の技能および科目における達成において学生が有している可能性の幅。

**バッドトリップ**［bad trip］　幻覚剤を摂取することで引き起こされる深刻な精神病的エピソードのこと。最新のデータによれば，こうしたエピソードは，**フラッシュバック**によっても特徴づけられるという。⇨ 幻覚剤中毒，幻覚剤誘発性気分障害

**罰と服従への志向**［punishment and obedience orientation］　コールバーグの道徳性発達理論では，2つの**前慣習的レベル**の最初の段階に該当する。その段階における子どもの道徳判断は，権威者による規則に従順であることや罰を避けることに基づいてなされる。⇨ 素朴快楽説

**発破騒音**［blast noise］　過度の聴覚的暴露（騒音，ノイズ）であり，鼓膜を破る，もしくは内耳に損傷を引き起こすことがある。

**バッファ**［buffer］　記憶の一時的な貯蔵庫。たとえば，**短期記憶**はバッファである。

**バッファアイテム**［buffer item］　検査や実験で，項目の間に点在する無関連な項目。得点化されなかったり，他の項目を離すためだけに導入される項目など。

**抜毛癖**［trichotillomania］　持続的に髪の毛や体毛を抜く衝動制御の障害であり，しばしば抜毛された部分が目立ってしまう場合がある。抜毛の前には緊張感の高まりがあり，その後は解放感や満足感を体験すると言われている。DSM-Ⅳ-TRにおいて抜毛癖は，他のどこにも分類されない衝動制御障害に含まれている。

**発揚**［exaltation］　自制の欠如を伴った，**多幸症**や**精神運動激越**の極端な状態。躁病エピソードの中で起こることがある。

**発話［1］**［speech］　慣習的な音声記号や口音記号を用いるコミュニケーション。

**発話［2］**［utterance］　話し言葉の単位の一つ。どのような長さでもよいといえるが，通常は会話における話者の交代もしくは話の流れの中の明確な途切れをもって発話とする。**発話の長さの平均**（MLU）は幼児の言語発達の重要な指標と考えられている。

**発話圧力**［pressured speech; pressure of speech］　軽躁病エピソードや躁病エピソードでみられる早口で，コントロールできない発話。

**発話音許容レベル**［speech-tolerance level］　連続的発話が不快なほどにうるさいと判断される，**デシベル**音圧レベル（db SPL）の水準。

**発話機能**［speech functions］　話し言葉が用いられる様々な目的のこと。主に，考えや情報を伝達するため，社会的関係を維持するため，感情や情動を表現するため，な

ど。⇨ 発話行為

**発話記録**［think-aloud protocol］　課題に従事する実験参加者により報告される，進行中の精神活動の筆記録。実験参加者は課題遂行中に声に出して考える。こうして後の分析のために実験参加者の認知処理の記録を作る。⇨ プロトコル分析

**発話行為**［speech act］　特に話者の意図と聞き手への効果という点から「行為」として捉えられる，発話使用の例。一つの発話文は通常，いくつかの発話行為を同時に伴う（⇨ **発話内行為**）。発話行為の研究は語用論の一般領域の一部である。

**発話産出**［speech production］　人が神経系や関節，呼吸器の能力を用いて話し言葉を産出するときのプロセス。

**発話障害［1］**［dysphasia; dysphasic］　発語において，明瞭に伝達できないこと。大抵は大脳皮質の損傷が原因。状態は一連の有意味パターンで語られた言葉を整理する際の人の困難さで識別されることが多い。⇨ 構音障害

**発話障害［2］**［speech disorder; speech impairment; speech impediment］　発話の生成に影響を及ぼすすべての障害のこと。症状としては，聴力の減衰や聞いた話を理解することが難しくなること，声のトーンがおかしくなること，不自然で聞き取りづらい音を出してしまうこと，慣習的な音とは異なるリズムやアクセントを使ってしまうことなどがあげられる。⇨ コミュニケーション障害，言語障害，運動言語障害，発声障害

**発話内行為**［illocutionary act］　**発話行為**理論において，何かを言うことでなされる行為（たとえば，依頼，命令，脅し）のこと。発話それ自体（発話行為: locutionaly act）や，発話の結果として他者に特定の効果（たとえば，説得したり，楽しくさせたり，鼓舞したりすること）が表れる行為（発話媒介行為: perlocutionary act）とは対立する概念である。実際には，大抵の発話にはこの3種の行為の遂行が同時に含まれている。⇨ 遂行的　［イギリスの哲学者オースティン（John Longshaw Austin: 1911-1960）が最初に提唱した］

**発話内容の貧困さ**［poverty of content of speech］　量的には十分だが，曖昧で繰り返しが多く，質的に不十分と言えるほど内容に欠けている発話のこと。統合失調症でよく観察される。発話量も損なわれる**発話の貧困さ**とは区別される。

**発話の長さの平均**［mean length of utterance: MLU］　幼児の言語発達の指標。自発的な**発話の長さの平均**として定義される。通常，この指標は，100語以上続く発話において，単語ではなく，**形態素**を数えることによって計算される。

**発話の貧困さ**［poverty of speech］　統合失調症や大うつ病エピソードにおいて，発話が極端に単純かつ短くなること。発話の質が低下する**発話内容の貧困さ**とは異なる。簡素な発話（laconic speech）とも呼ばれる。

**ハーディネス**［hardiness］　日常生活において目的意識をもっていることや，自分の人生で起こる出来事をコントロールできるという信念を合わせもつことで，予期せず起きた変化に対して容易に適応することのできる能力を指す。情報収集，決断力のある行動，経験からの学習を通して，ストレス状況から受ける影響を弱めることができる。例えるならば，頑健な運動選手が病気や怪我をしにくいような

ものである。

**パーティネンスモデル**［pertinence model］ 1. 注意のモデル。様々な刺激もしくは情報の発信元がそれらの関連性の観点から重みづけられる。2. 知覚のモデル。このモデルに従えば，関連度の高い刺激は，たとえその刺激が弱くとも注意を引きつける。

**ハーディ-ランド-リットラー仮性同色表（H-R-Rプレート）**［Hardy-Rand-Rittler pseudoisochromatic plates: H-R-R plates］ 色にのみ基づいて同じ小さな背景要素と区別される小さな要素からなる埋め込み図形。これらの図形は色盲の検査に使用される。アメリカ視覚仮性同色表（American optical H-R-R plates）とも言われる。⇨ **石原式色覚異常検査** ［1950年代にハーディ（LeGrand H. Hardy: 1895-1954），アメリカの眼科医ランド（Gertrude Rand: 1886-1970），アメリカの実験心理学者リットラー（M. Catherine Rittler: 1905-1987）によって開発された］

**ハードウェア**［hardware］ 情報処理プログラムが埋め込まれている，コンピュータシステムの物理的な要素や脳といった，物理的な装置のこと。

**場独立**［field independence］ 常に外的対象（環境手がかり）よりも内的対象（身体感覚的**手がかり**）を頼りにするような認知スタイルのこと。場独立的な人は人を惑わすような環境手がかりを無視することができ，特に，親近性の低い背景の中で単純な行為を遂行したり，親近性の高い要素を同定する課題（埋没図形検査など）において周辺の手がかりに惑わされることがない。⇨ **場依存**

**ハードセル**［hard sell］ 潜在的な買い手に対し，購買を促すために強制的な期限を設けたり，特別な取引を提示するなど，強い説得技術や承諾させるテクニックを用いて製品やサービスを販売すること。ハードセルはソフトセル（soft sell）と比較される。ソフトセルでは，消費者に即決させるための圧力をほとんどかけない。

**ハードドラッグ**［hard drug］ 乱用薬物，とりわけ身体依存を引き起こすものの口語的表現。⇨ **薬物乱用**，**薬物依存**

**ハードな心理学**［hard psychology］ 実験心理学の口語表現。主観的で，厳密ではない方法を採用する，いわゆるソフトな心理学に対比される。

**パトミオーシス**［pathomiosis］ 患者が病気を軽くしようとしたり否認したりすること。

**鳩胸**［pectus carinatum; pigeon breast］ 胸骨が顕著に突き出ている胸壁の先天性異常。くる病やマルファン症候群（Marfan's syndrome）のような障害の症状によることがある。

**バートレイ対クレメンス判決**［Bartley v. Kremens］ ペンシルベニア裁判所が1976年に下した判決で，親によって精神的な治療施設に関わることになった子どもに対して，法的手続き（due process）による保護と弁護人利用を拡大適用した。

**バートレット検定**［Bartlett's test］ 数個の母集団における**分散の同等性**についての帰無仮説を検定するために開発された統計的手法のことで，パラメトリック検定の多くがこの手法によっている。この手法は正規性の仮定に著しく依存している。⇨ **レーベン検定** ［イギリスの心理学者バートレット卿（Sir Frederic Charles Bartlett: 1886-1969）］

**バートレット法**［Bartlett technique; Bartlett tradition］ 記憶を単に再生されるものとしてではなく，構成されるもの，あるいは再構成されるもの（⇨ **構成的記憶**，**再構成的記憶**）としてみなすべきだとする理論に基づいた記憶の研究法。バートレットのオリジナルの1932年の研究では，イギリスの大学生に，アメリカ先住民の民話を再生させた。民話の反復再生の結果から，学生の属する文化の知識や期待が再生内容に侵入したことが明らかになった。すなわち，学生たちの再生した内容は，馴染みのない要素を合理化，あるいは消去し，無関連な要素を一貫性のある，親しみやすい枠組みへと構築したものであった。⇨ **意味理解の努力** ［バートレット卿（Sir Frederic Charles Bartrett）に由来］

**ハードワイヤード**［hard-wired］ 神経生理学において，固定された融通性のない**ニューラルネットワーク**や神経回路を指す。

**鼻**［nose］ 嗅覚感受性（⇨ **嗅上皮**）をもつ感覚組織（約600 m²）を含む器官。鼻の主な機能は，温度および吸い込まれた空気の湿度を調節し，空気を鼻腔の中にある感覚組織まで導くことである。

**バナー広告**［banner advertisement］ ウェブ上に表示される比較的小さな広告で，多くの場合，製品の詳細情報が掲載されたウェブサイトを見るためのリンクを含んだ広告（小さなバナー）を消費者にクリックさせるものを指す。バナー広告には，大抵，現在見ているウェブサイトの内容に関連したものが表示される。

**鼻の形成不全をもつ末梢性骨形成不全症**［peripheral dysostosis with nasal hypoplasia］ 短く広い手足と，鼻孔が前かがみで短く平らな鼻が特徴の先天的な異常。重篤な場合にある程度の精神遅滞を示す。足の異常により，歩行の学習が遅くなる。

**花のような**［flowery］ ヘニングの嗅覚プリズムにおける原臭属性の一つを示す。

**バーナム効果**［Barnum effect］ 漠然として，一般的な内容の個人的フィードバックを正しいものとして受け入れてしまう人々の傾向。たとえば，占星術で提供されるような漠然とした予言や，一般的な性格記述を自分に当てはまるものと信じること。名称は，アメリカの興行師のバーナム（Phineas T. Barnum: 1810-1891）の言説に因んだもので，ミール（Paul E. Meehl）によって作られた。この効果は，1949年に最初の検証を行ったフォア（Bertram Robin Forer: 1914-2000）によって誤った個人的確証（fallacy of personal validation）とも呼ばれている。

**パニック**［panic］ 前兆を知覚（例，地震，火事，エレベータの中に閉じ込められる）することによって，突然引き起こされる恐怖，混乱，非合理的な行動に関係するコントロールできない恐怖反応。

**パニックコントロール法**［panic control treatment］ パニック障害のための**認知的均衡理論**の一つ。パニックに関する教育，緩徐呼吸の訓練，パニックのきっかけに対する**生体内**での段階的曝露などに焦点を当てる。［アメリカの臨床心理学者クラスケ（Michelle G. Craske）とバーロウ（David H. Barlow: 1942- ）によって開発された］

**パニック障害**［panic disorder］ DSM-IV-TRにおける予期せぬパニック発作の反復に特徴づけられる**不安障害**のことで，以下のようなものを伴う。(a) 他の発作に対する

意識の持続，(b) 発作の可能性についての心配，(c) 発作に関係した行動の変化（例，回避状況，**安全行動に没頭**，独りで外出できない），(d) これらの組合せ。回避行動と関係したパニック障害は，広場恐怖を伴うパニック障害（panic disorder with agoraphobia）に分類される（⇨ **広場恐怖**）。

**パニック制御法**［panic control treatment］ パニック障害の認知的均衡理論のこと。パニックについての教育に焦点を当てること，ゆっくりとした呼吸の訓練，パニックに関連した生体内（in vivo）の兆候を評価するなど。［アメリカの臨床心理学者クラスケ（Michelle G. Craske: 1959- ）とバーロウ（David H. Barlow: 1942- ）によって開発された］

**パニック発作**［panic attack］ 実際に危険があるわけではないが，動悸，呼吸困難，胸痛，不快，極度の発汗，めまいなどの身体症状が付随する，突然の激しい不安や恐怖心に襲われること。発作は不定期で起こり，発狂，理性を失うこと，死などへの恐怖に関係している。DSM-Ⅳ-TRにおいて，パニック発作の診断は，13の身体的あるいは認知的症状のうち，少なくとも4つあることが必要である。精神障害（例，気分障害，物質関連障害）や医学的症状（例，甲状腺機能亢進症）と同様に**不安障害**もあらゆる背景がある中で，発作が起きる。⇨ **手がかりパニック発作**，**状況準備性パニック発作**，**突発性パニック発作**

**パーヌム現象**［Panum phenomenon］ 左右の眼に提示される異なる画像の両眼融合によって生じる錯視のこと。融合された画像は刺激よりも眼の近くに現れる。［デンマークの生理学者パーヌム（Peter Ludwig Panum: 1820-1885）］

**パーヌム融像域**［Panum's fusional area］ 2つの網膜上に異なるイメージが生じるにも関わらず，視覚システムにより統合され1つの像として表現される**ホロプター**周囲の領域のこと。この領域外（前か後ろ）に視覚対象が出ると重複して見え，観察者は複視を見る。［デンマークの生理学者パーヌム（Peter Ludwig Panum: 1820-1885）］

**はね返り現象**［rebound phenomenon］ 協調的運動のコントロールを司る小脳の機能低下を実証する検査。人が抵抗に逆らって前腕を伸ばし，その抵抗が突然解除された場合，その手は胸にはじき返る。ホルム現象（Holmes's phenomenon）とも呼ぶ。

**パネル研究**［panel study］ 1つもしくはそれ以上の集団（パネル）を長い時間をかけて調査する縦断的研究のこと。⇨ **縦断研究**

**ハノイの塔**［Tower of Hanoi］ 問題解決の研究と**実行機能**の検査によく用いられるパズル。最も基本的なバージョンでは，パズルは，垂直に立った3本の棒の内の1本に，3枚の円盤が直径が大きいものから順に上へと積み上げられているところから始まる。問題解決者の課題は，円盤をある棒から別の棒へ移すことであり，1回につき1つの円盤のみを動かして，小さい円盤の上にそれより大きい円盤を置くことなく，最小の移動回数で達成しなくてはならない。［フランスの数学者リュカ（Edouard Lucas: 1842-1891）によって1883年に考案された］

**場の構造**［field structure］ レヴィン（Kurt Lewin）の場の理論における，心理的な場内の心的機能のパターンや分布，階層構造のこと。⇨ **生活空間**

**場の理論**［field theory］ 1. 物理学において，空間的に離れた物体同士が，接触していなくとも，それら物体間の空間を満たしている場の力によって作用するという理論のこと。⇨ **遠隔作用** 2. 心理学において，個体や心理的，社会的，物理的状況の間の力動的な相互関係の様式という点で，行動を記述する体系的なアプローチのこと。状況は場空間（field space）または**生活空間**として捉えられ，力動的な相互作用は肯定的・否定的な**誘発価**を伴った力として捉えられる。［レヴィン（Kurt Lewin）によって提唱された］

**母親行動**［maternal behavior］ 母親ないし母親に準ずる養育者が乳幼児の世話をすること（⇨ **他者養育**）。動物においては，視床下部の損傷によって，ある種の母親行動が生じなくなることや，**プロラクチン**を投与されたオスで母親行動が認められるようになることがわかっている。⇨ **動物の母性行動**，**親の行動**

**母親言葉**［motherese］ 両親や他の養育者が乳幼児に話しかけるときに使う，独特な話し方のこと。単純な文法や，音韻的に明確な発音が特徴的であるが，ときに甲高く一本調子のイントネーションで話される。

**母親殺し**［matricide］ 1. 自分自身の母親を殺すこと。 2. 自分自身の母親を殺した犯人。⇨ **父親殺し**

**母親的人物**［mother figure］ 子どもとの関係において母親役割を担う人。

**母親の攻撃性**［maternal aggression］ **動物の攻撃性**のタイプの一つ。母親が天敵などの脅威から我が子の身の安全を守るために，**威嚇ディスプレイ**や**攻撃行動**をすること。

**母親優先の原則**［tender years doctrine］ 子どもの養育義務における前提であり，子どもの発達期の間は，その子の養育権が母親に与えられる。

**パパベリン**［papaverine］ 1840年代に初めて分離されたアヘンアルカロイド。精神薬理学的な作用はないが強力な血管拡張剤で，狭心症の治療の際には大動脈の血流を増加させる。ペニスの海綿体（⇨ **尿道海綿体**）に注射し，インポテンツの者の勃起に使用される。アメリカでの商品名はパラ-タイム SR（Para-TIme S. R.）。

**バーバーポール効果**［barber's-pole effect］ 渦巻状の模様が描かれている円柱（床屋の看板柱）が垂直軸を中心に回転運動すると，単に回転しているように見えるのではなく，上にのぼっていくように見える効果。

**母-息子間の近親姦**［mother-son incest］ 母と息子の間で行われる性行為であり，**父-娘間の近親姦**より稀である。⇨ **ファエドラ・コンプレックス**

**幅優先探索**［breadth-first search］ 問題解決におけるグラフの探索において状態（ノード）を再帰的に調べるグラフの探索方略。現在の状態がまだ目標状態でなければ，兄弟ノードを考える。兄弟ノードが目標ノードでなければ，さらに他の兄弟ノードを調べる。兄弟ノードが他になければ，初期ノードの最初の子ノードを考える。このプロセスは目標状態が見つかるか，考えるべき状況がなくなるまで続けられる。ノード同士，すなわち兄弟ノードや子ノードは，通常（必ずではない），左から右へと向かう形式で調べられる。この探索方式は多くの場合，キュー（queue）や先入れ先出し方式のデータ構造によって構造化されている。

**ハーバルエクスタシー**［herbal Ecstasy］ 通信販売の

カタログを通じて購入される．処方箋が必要ない興奮剤．MDMAとよく混同される．

**馬尾**［cauda equina］　脊髄底部にある神経根の束．外見が馬の尾に似ていることに由来する．

**バー表示**［bar display］　人間工学における機械表示の一つであり，システム属性の変動する値を等幅の長方形のバーの長さによって示したもの．⇨ **オブジェクトディスプレイ**

**ハビリテーション**［habilitation］　治療や訓練といった適切な手段を提供することにより，疾患や障害を有する人々の自立度，健康度，身体機能レベルを高める方法．それらの人々にとって，以前に獲得する機会のなかった技術や能力を身につけることが可能となる．⇨ **リハビリテーション**

**バビンスキー反射**［Babinski reflex; Babinski's sign］　足底を刺激した時，指先が上向きに広がる，健康な幼児にみられる反射のこと．赤ん坊が歩くようになると消えるが，**上位運動ニューロン**の機能に障害がある成人でみられる．［フランスの神経医バビンスキー（Joseph F. Babinski: 1857-1932）が発見した］

**パフォーマンス**［performance］　**1.** 何らかの結果や環境変化をもたらす活動もしくは反応の集合のこと．**2.** ある具体的な課題に直面した際の有機体の行動のこと．

**パフォーマンスアセスメント**［performance assessment］　学習，記憶，あるいは能力課題や達成課題の両者の遂行を通じた成長や低下に関する評価．

**パフォーマンスイメージ**［performance imagery］　パフォーマンスにおけるすべての感覚を認知的に再生するためにイメージを使うこと．⇨ **メンタル・リハーサル**

**パフォーマンス強化**［performance enhancement］　パフォーマンスをより高い水準に引き上げようとする行為，もしくは過程のこと．

**パフォーマンス不安**［performance anxiety］　課題が遂行できないこと，もしくは，より高い水準を期待されることへの懸念や不安に関連した恐怖．**テスト不安**は，パフォーマンス不安のよくみられる例である．他の例として，スピーチ不安，授業や会議への不安，人前での楽器演奏への不安，人前での食事への不安，などがある．パフォーマンスに関連した不安が，他者からの低評価や，当惑や恥に焦点化される場合は，**社交恐怖**に分類される．

**バブキン反射**［Babkin reflex］　手のひらへの圧に反応して口を開き，頭をひねる新生児の反射のこと．［ロシア生まれのカナダの神経医バブキン（Boris Petrovich Babkin: 1877-1950）に由来する］

**ハーフショー**［half-show］　子どものための心理療法の一つ．ハーフショーでは子どもの心理的問題が人形劇として演じられる．人形劇は重要な場面で止められ，物語がどのように終わるかを子どもに尋ねる．

**ハーブの瞳孔反射**［Haab's pupillary reflex］　暗い部屋の中で明るい対象に焦点を合わせたときに生じる，両眼の瞳孔の正常な収縮のこと．

**パブロフ**［Pavlov, Ivan Petrovich］　イワン・ペトロビッチ・パブロフ（1849-1936），ロシアの心理学者．パブロフは1883年にサンクトペテルブルグの陸軍医学学校において医学の学位を取得し，ドイツの生理学者であるハイデンハイン（Rudolph Heidenhain: 1834-1897）とルートヴィッヒ（Carl Ludwig: 1816-1895）の研究室で働いた．その後，陸軍医学学校に戻り，定年まで勤務した．パブロフの主な関心は消化の生理学であり，神経系によって制御される消化の方法であった．彼は，1904年に消化過程の研究によってノーベル生理学・医学賞を受賞したが，この研究は，続いて行われた条件反射（conditioned response）の研究のためのものであった．心理学の分野ではこの条件反射の研究が最もよく知られている（⇨ **パブロフ型条件づけ**）．彼の観察からは多くの実験が生まれ，**無条件反応**（もしくは反射：reflex），**条件刺激**，刺激の**弁別**，反応の**消去**，そして動物の**実験神経症**の生成と消去といった概念が生まれた．その後，彼は人間の神経症に焦点を当て，その原因が大脳皮質の興奮機能と抑制機能の不均衡にあるとする理論を発展させた．そして，この症状に対しては長時間の睡眠，鎮静剤，言語療法，環境療法が有効であると提唱した．

**パブロフ型条件づけ**［Pavlovian conditioning］　学習の一種．当初は中性の刺激（**条件刺激**：CS）が反射反応を引き起こすある種の刺激（**無条件刺激**：US）と対にされると，CSが提示されるだけで学習・条件づけされた反応（CR）が生じるようになること．たとえば，ある高さの音がCS，イヌの口内の餌がUSとして用いられる．これらを繰り返し対にする，すなわち，最初は唾液分泌には効果がなかった音（つまり，この音は唾液分泌にとって中性的である）を餌の直後に鳴らすと，たとえ餌が呈示されなくても唾液分泌が引き起こされる．古典的条件づけ（classical conditioning），レスポンデント条件づけ（respondent conditioning），タイプⅠ条件づけ（Type I conditioning），タイプS条件づけ（Type S conditioning）などとも呼ばれる．⇨ **条件づけ**　［20世紀初期にパブロフ（I. P. Pavlov）によって発見された］

**パペッツの情動回路**［Papez circuit; Papez circle］　情動と記憶に関する脳の神経中枢および神経線維の循環回路．海馬，脳弓，乳頭体，視床前部，帯状回，海馬傍回を含む．このシステムが損傷を受けると健忘症を引き起こす．⇨ **パペッツの情動理論**　［1937年にアメリカの神経解剖学者パペッツ（James W. Papez）によって提唱］

**パペッツの情動理論**［Papez's theory of emotion］　キャノン-バード説を改良したもの．**パペッツの情動回路**は高次の脳中枢において感情経験を統合，コントロールする場所であるとする理論．⇨ **マクリーンの感情理論**　［パペッツ（James W. Papez）］

**ハミルトンうつ病評価尺度**［Hamilton Rating Scale for Depression: HRSD; Hamilton Depression Scale: HAM-D］　**情動不安**，不眠症，体重の減少のようなうつの兆候を面接を基礎として測定するもの．抗うつ薬の有効性をみるのによく用いられ，その使用法は一般的なうつ兆候の測定というよりも，個人的なうつの診断に制限される．38項目からなる自己記述式のハミルトンうつ目録（Hamilton Depression Inventory: HDI）が1995年に発表された．［イギリスの精神科医ハミルトン（Max Hamilton: 1912-1988）によって1960年に出版された］

**場面緘黙**［selective mutism］　DSM-Ⅳ-TRに稀な障害と紹介されており，必ずしも特有ではないがそのほとんどは年少の児童にみられる．学校などの特定の社会場面で一貫して発話が困難である一方，発話に必要な言語能力を備

えている点が特徴的である。発症は5歳以前のことが多く、少なくとも1か月以上の発話困難がみられる（ただしその場合、多くの子どもが会話を恥ずかしがる学校開始1か月間は含めない）。一般的に、場面緘黙の子どもは他の面では正常な機能をもっている。しかし、一部の子どもは発話以外でも不器用な面を伴うことがある。大抵は年齢相応のスキルや学校の勉強を学ぶことができる。最近では、場面緘黙と重度の不安、**社交恐怖**との関連が想定されているが、いまだ確証は得られていない。DSM-Ⅲを含む以前の版では選択緘黙（elective mutism）と呼称、表記されていた。

**速いマッピング**［fast mapping］ 新しい語にたった1〜2回接しただけですぐに学習する幼児の能力。

**速さと正確さのトレードオフ**［speed-accuracy trade-off］ 課題を遂行する際、速さあるいは正確さのどちらかを優先することで、もう一方が犠牲になる傾向。実験では、教示、報酬、期限を用いて速さと正確さの基準を変えることで、人は多くのエラーを伴いながら速く応答したり、少ないエラーのもと遅く応答したり、それらの中間の応答を示したりする。運動制御の分野では、**フィッツの法則**が速さと正確さのトレードオフの典型例とされる。

**はやりの経営術**［management fashion］ 人気はあるが、必ずしも理論や実践による基礎が伴わない経営慣行。［アメリカの経営理論家エイブラハムソン（Eric Abrahamson: 1958- ）により定義された］

**パラアルデヒド**［paraldehyde］ かつて興奮や錯乱の処方に使用されていた沈静・睡眠剤。比較的毒性が高く、特徴的な口臭を生じる副作用がある。より安全な薬で代用されるようになった。アメリカでの商品名はパラル（Paral）。

**パラキネシス**［parakinesis］ 超心理学の用語 ⇨ **念力**

**パラグラフ意味検査**［paragraph-meaning test］ 調査対象者にパラグラフ（段落）の基本的事項や要約、意味を説明するように求める知能検査、もしくは検査の一部。

**パラクロロフェニルアラニン**［parachlorophenylalanine］ トリプトファンから**セロトニン**の合成を阻害する物質で、脳の細胞からセロトニンを結果的に除去する。

**パラ言語**［paralanguage］ 発話コミュニケーションにおける非言語的な要素を持つ発声のこと。パラ言語には、音声発話の高低や強弱といった**超分節的**な特徴だけではなく、音量や伝達速度、声質、ためらい、そして溜息や口笛、呻き声といった非言語的音声が含まれる。これらのパラ言語による手がかり（paralinguistic cues）、あるいはパラ言語の特性（paralinguistic features）は、発話全体の意味を形成する上で非常に重要になり得る。つまり、記述される言葉は同じであっても、そこには表れないような発話者による怒りや皮肉といった事実を伝達することができる。パラ言語という用語が使用されている範囲としては、身振り、表情、そして他の**ボディランゲージ**の側面がある。

**パラ言語療法**［paraverbal therapy］ 言語的コミュニケーションが困難な子どもや多動、自閉症、ひきこもり、言語障害のような条件や障害の影響がある子どものために、1970年代に導入された心理療法の一手法。こうした子どもたちは、非言語的にアプローチするならば興味をもち恐れも少ないであろうとの仮定のもと、セラピーでは音楽要素（テンポやピッチ）、身ぶり手ぶり、運動、アートなど様々な表現方法が多様なやり方で用いられ、子どもたちが自分自身を表現できるよう支援する。セラピストは子どもたちと同じようなやり方で参加し、子どもたちが真の感情を言葉で表現できるように安心感を与え、一般的な治療に向き合えるようにする。［ハイムリック（Evelyn P. Heimlich）によって開発された］

**パラコントラスト**［paracontrast］ フォワード**マスキング**の形式の一つであり、ある視覚刺激（ターゲット）の知覚が異なる空間的位置にある別の視覚刺激（マスク）の先行提示によって変えられることを指す。ターゲットとしては小さいドットが用いられることが多く、マスクはそれを取り囲むリングである。それぞれの刺激は非常に短い時間で提示され（10〜100 ms）、その間隔に系列的に変えられ、ターゲットの知覚の性質が測定される。⇨ **メタコントラスト**

**ハーラー症候群**［Hurler's syndrome; Pfaundler-Hurler syndrome; mucopolysaccharidosis Type I］ ムコ多糖体のレベルが組織内で通常の10倍以上みられる（⇨ **ムコ多糖症**）常染色体劣性の病気。高レベルの多糖体と**ガーゴイリズム**とを合併する。生後数か月の知的発達は正常に進むが、その後の知的発達に遅れが生じ、2歳くらいで知的発達が止まる。2, 3の言語を学習することはできるが、文は学習できず、**トイレトレーニング**はめったに達成できない。［オーストリアの小児科医ハーラー（Gertrud Hurler: 1889-1965）による］

**ハラスメント防止対策**［antiharassment policies］ 性別、人種、性的志向によるハラスメントを防ぎ、対応するために組織または機関が採用した方針や手続きのこと。これには、ハラスメントについて教育する意識向上訓練の実施、必要に応じた懲戒処分の実施、公的な苦情処理手続を含んでいる。

**ハラゼパム**［halazepam］ 不安障害の対応や不眠症の短期治療に用いられる**ベンゾジアゼピン**。長時間作用型のほとんどの持続性ベンゾジアゼピンのように、ハラゼパムは、かなり長い半減期をもち、そのため活動が持続するノルジアゼパム（nordiazepam）のような活発な中間化合物に代謝される。このことにより、1日に一度の服薬のみですむが、高齢者や持続性ベンゾジアゼピンを新陳代謝する能力の低下を伴う人において、蓄積を引き起こすこともある。アメリカでの商品名はパキシパム（Paxipam）。

**パラタイプ**［paratype］ 生物が遺伝的形質や特徴を発現することに影響を与える環境的な影響。

**パラダイム**［paradigm］ 1. 研究対象のプロセスや行動、もしくはそれに類するものの機能や相互作用に関するモデル、ひな形、代表例のこと。2. 実験計画もしくは実験の様々な段階のプランのこと。

**パラダイムシフト**［paradigm shift］ アメリカの歴史家・哲学者であるクーン（Thomas S. Kuhn: 1922-1996）による**科学革命**（1962）に登場する概念である。科学の性質を定義するとともに、研究方法と手続きに決定的影響を与える全体的思考パターンおよび諸々の仮定が、迅速に、かつ非常に本質的な意味において変化することを指す。

**パラダイムの衝突**［paradigm clash］ 科学や哲学において、実在性や人間に関する新しい基本的仮定が、既存のものと相容れないときに生じる対立のこと。たとえば、生物進化の理論は、生物界の起源や本質に関する思想に異議を唱え、最終的には既存の理論と取って代わった。

**パラタクシックな歪み**［parataxic distortion］　精神分析理論における，無意識や過去の経験を基にした歪んだ知覚や他者についての判断を指す。転移性歪曲（transference distortion）とも呼ばれる。［アメリカの精神分析家サリヴァン（Harry Stack Sullivan: 1892-1949）によって紹介された］

**パラテレジオマニア**［parateresiomania］　他者が脱衣したり，性的な行動をしているのを見たいという異常な欲望。DSM-Ⅳ-TRでは**窃視症**と呼ばれる。

**パラドキシカル・モーション**［paradoxical motion］　個々の要素は動いているように見えないにも関わらず，**運動残効**における運動の全体的な知覚が起こること。

**パラドックス**［paradox］　一見，真理だと思えるが自己矛盾が生じている命題のこと。伝統的に哲学では，パラドックスを論理的なものと意味論的なものに分類している。論理的パラドックスは，明らかに妥当な推論が矛盾もしくは不合理な結論を導くときに生じる。たとえば，"神は全能である"とした場合，全能であればできないことはない。つまり，神は自身が動かせないほど大きな石を作ることができる。しかし，それゆえに神は全能ではなくなる。次に，意味論的パラドックスとは，命題に含まれる言語から生じる。たとえば，"この文は真実ではない"である。言語的パラドックスは，詩や宗教において共通してみられ，従来の考え方や認識の仕方を揺さぶるために用いられている。⇨ **循環論**

**バラニー検査**［Bárány test; Bárány method］　内耳の**三半規管**が正しく機能するかを調べるテスト。患者が椅子（Bárány chair）で3方向のいずれかに回転させられ，現れる**眼振**（眼球の不随意運動）によって，正常であるかどうか示す。［オーストリアの医師バラニー（Robert Bárány: 1876-1936）による］

**パラノイア人格**［paranoiac character］　パーソナリティのタイプの一つ。主な特徴は，自分自身の問題の責任を周囲に負わせようとする傾向である。

**パラビオーゼ用剤**［parabiotic preparation］　遺伝的に類似した2つの個体が外科手術によっていくつかの解剖学的構造で繋がると，血液の循環が共有される。パラビオーゼ用剤は様々な研究目的で用いられる。

**パラフレーズ**［paraphrase］　あるテキストや発話の意味を，異なった単語で表現すること。明瞭さや簡潔さのために行われることが多い。⇨ **通訳**

**パラフレニー**［paraphrenia］　1. 遅発性の精神病的状態で，妄想と幻覚によって特徴づけられる。しかし，一般的な知的能力の障害を伴わないという点で，統合失調症とは区別される。さらに，徐々に進行し悪化していく経過を示さない点で，変性性認知症とも区別される。パラフレニーはDSM-Ⅳ-TRにもICD-10にもリストアップされていないが，世界各地で今なお診断上の単位として用いられている。⇨ **遅発性パラフレニー**　［ドイツの精神科医クレペリン（Emil Kraepelin: 1856-1926）によって最初に記述された］2. 人生の転換期（たとえば青年期や高齢期）に関連した様々な精神障害。［ドイツの医師カールバウム（Karl Ludwig Kahlbaum: 1828-1899）が1863年に定義した］

**ハーラーマン・ストライフ症候群**［Hallermann-Streiff syndrome］　体が小さい，尖った鼻，小さな目，小さな耳などを含む顔面頭蓋異常によって特徴づけられる先天性の障害。この病気を患う多くの人たちの中には，頭蓋骨の縫合線が閉じるのに時間がかかったり，思春期まで開いたままである。これらの人たちの約15%が精神遅滞である。［1948年にドイツの外科医ハーラーマン（Wilhelm Hallermann: 1901-1976），1950年にスイスの眼科医ストライフ（Enrico Bernardo Streiff: 1908- ）によって報告された］

**パラミミズム**［paramimism］　患者にとっては意味があるが，他人には理解できない身振りやその他の運動。

**パラメータ（母数）**［parameter］　たとえば，中心の位置のような，ある属性に関して母集団を特徴づける定数のこと。

**パラメトリック統計**［parametric statistics］　検証される母集団の属性の分布を仮定した統計手法。⇨ **ノンパラメトリック統計**

**パラワールド**［paraworld］　現実の世界で真であると考えられる体系や過程のモデルを構築するための基礎として提供される，理想的な条件をもつ仮説的世界のこと。このようなモデル構築の仕方は，科学において重要な方法となりうる。

**バランス**［balance］　1. 協調的関係性にあること，また相反する力が均衡している様子や要素が対照的である様子を指す。⇨ **自律神経のバランス，バランス理論，ホメオスタシス**　2. 通常の逸脱状態にある何かを特定のレベルで維持するよう力を調整すること。3. 内耳の**前庭系**によって生じた**平衡感覚**。

**バランス化**［balancing］　実験計画の直交構造を考慮に入れた効果の調整推定のための統計的手続き。

**バランス訓練**［balance training］　平衡運動の調整（立つ，歩くなどの最中に体の平衡を維持すること）が難しい人に対して，理学療法や作業療法で行われる訓練の一つ。筋肉の統制を高めたり五感の情報処理を高めるために，複数の種類の体操や，自転車や三輪車，竹馬，ポゴ（1本棒のホッピング），ロッカーボード，ゴムボールなどが使用される。運動選手が筋肉機能を高め，演技力を高めるために行うこともある。

**バランスド計画**［balanced design］　それぞれの実験条件で得られた観測値の数が等しい実験計画。最も単純なケースでは，標本の大きさを等しくする。

**バランスドラテン方格法**［balanced Latin square］　偶数の処理（条件）をもつ単一の**ラテン方格法**または奇数の処理（条件）をもつラテン方格を対にしたもの。そこでは，各処理が何番目に来るかは偏りなく等しく配置され，処理の順序も，前から読んでも後ろから読んでも処理を表す記号の並びの順が同じようになる。

**バランス理論**［balance theory］　認知システム内の要素が相互に内的一貫性をもつこと（均衡状態）を好む人々の傾向に関する理論。バランスのとれたシステムは，バランスの崩れたシステムよりも安定しており，心理的な快さを人に与えるとされる。この理論は，当初，3つの認知要素からなるシステムに限定され，検討されてきた。このシステムはP-O-Xモデル（P-O-X triads）と呼ばれる。Pは自己（Person），Oは他者（Other person），Xは刺激や事象を表す。⇨ **認知的斉合性理論**　［オーストリア生まれのアメリカの心理学者ハイダー（Fritz Heider: 1896-1988）によって最初に提唱された］

**バリアフリー環境**［barrier-free environment］　通常な動きが制御できなかったり，不安定であったり，人工装具（例，義肢，車椅子）が必要な身体的・認知的障害をもつ個人にとって障壁のない環境。環境的障壁には，道路の縁石や回転ドア，手の届かない公衆電話，視覚障害者に読みとれないエレベーターのボタンなどがある。⇨ **ユニバーサルデザイン**

**バリケード事件**［barricade incidents］　人質事件やリスクの高い事件のことで，危機管理ならびに交渉の能力が必要とされる。

**針子の痙攣**［seamstress's cramp］　**職業性痙攣**の一種。手に影響し，針に糸を通すことや裁断のはさみを使う手作業がうまくできなくなる。⇨ **反復性疲労障害**

**ハリスバーグの7人**［Harrisburg Seven］　1972年に反戦活動によりペンシルベニアのハリスバーグで逮捕され，裁判にかけられた，ベトナム戦争に反対した7人の抵抗者。この裁判では，弁護士が陪審員を選ぶことを支援するために，社会科学的な方法（⇨ **科学的陪審員選定**）が初めて用いられた。

**バリズム**［ballism; ballismus］　意図せずに行われる投げたり投げつける動作がみられる状態のこと。こうした動きは，バリスティック運動（ballistic movement）と呼ばれ，手足の筋肉の深刻な収縮による神経的な損傷が原因である。この動きが身体の両側にみられる場合と，片側にだけみられる場合がある。

**張り綱テスト**［tightrope test］　ラットが食物を獲得するために勾配のあるワイヤーを昇る際にバランスを保つ能力を検査するもの。

**バリデイティング・マリッジ**［validating marriage］　パートナー同士間で意見が合わない場合でも，互いに敬意を表している長期的な結婚のこと。

**バリフォニア**［baryphonia］　太く，重い声質を特徴とする発声。

**鍼麻酔**［acupuncture anesthesia］　**鍼療法**の針を身体の特定部位に挿入することによって，感覚，多くは痛覚を除去すること。この技術は単独でも用いられるが，他の術中の**ペインマネジメント**技法と併用されることもある。

**バリマックス回転**［varimax rotation］　因子分析において，各因子内の負荷量が0近くまたは1近くとなる数が最大となるようにする**直交回転**。

**鍼療法**［acupuncture］　細い針を身体の特定の部位に挿入する技術。疼痛緩和，外科手術の麻酔誘導（⇨ **鍼麻酔**），または治療の一形式として行われる。「気」として知られる生命力のエネルギーを指揮する「経絡」もしくは経路が皮膚と身体の有機システムの間にあるという伝統的中国医学の概念に基づいている。鍼療法が効果を生み出す過程は科学的に説明されていないにも関わらず（針を刺す部位が**痛みのゲート制御理論**における発痛点に関係するのかもしれない），その技術は多くの西洋社会で著名であり，世界保健機構によって40を超える医学的状態の治療法として適切であると認定されている。⇨ **指圧療法，補完・代替医療，陰と陽**

**バリント症候群**［Balint's syndrome］　頭頂-後頭葉部分における欠損に起因する障害の一つであり，視覚性運動失調，視覚的注意の障害，そして視線変化が困難になる心因性注視まひを引き起こす。バリント症候群を発症すると，一つひとつの対象は正しく同定できるにも関わらず，一度に2つ以上の対象に注意を向けることが難しくなる。たとえば，あるシーンを見るときに，バリント症候群の患者はそのシーンの中の1つの対象に注目することはできるが，シーン全体もしくはシーンの意味を処理することはできない。［ハンガリーの医師バリント（Rudolf Bálint: 1874-1929）によって1909年に初めて報告された］

**ハル**［Hull, Clark Leonard］　クラーク・レナード・ハル（1884-1952），アメリカの心理学者。ハルはウィスコンシン大学でジャストロー（Joseph Jastrow: 1863-1944）のもとで学び，1918年に博士号を取得。彼は，条件づけも学習も含むすべての行動は欲求から始まり，欲求を低減するように方向づけられているとする**動因低減理論**の発案者である。欲求を低減する活動は習慣と呼ばれる特定の反応を強化する。たとえば，空腹のラットが何気なくレバーを押して餌が出たとき，その反応を繰り返すことを学習する。ハルの最も重要な業績は，広く引用されてきた *Principles of Behavior: An Introduction to Behavior Theory*（1943）である。スキナー（B. F. Skinner）やトールマン（Edward Chace Tolman）と並び，彼は**新行動主義**の創始者の一人とされている。彼は研究生活のほとんどをイェール大学で過ごし，後に高名な心理学者となる多くの学生を指導した。

**ハルシオン**［Halcion］　**トリアゾラム**の商品名。

**パルス**［pulse］　信号の強度減少に続いて生じる信号増加のこと。

**ハルステッド-レイタン神経心理学バッテリー**［Halstead-Reitan Neuropsychological Battery: HRNB］　この検査は，認知機能の包括的なアセスメントによって脳の損傷部をつきとめるために行われる。検査内容は，5つの中心的な下位検査（カテゴリーテスト，**触覚性能検査**，シーショアテスト，語音知覚検査，フィンガータッピングテスト）と5つの追加検査（トレイルメイキング・テスト，レイタン・インディアナ失語症スクリーニングテスト，レイタン-クロフ感覚知覚検査，握力試験，片側優位性試験：Lateral Dominance Examination）であり，言語，注意，運動神経，抽象的な思考，記憶について測定する。このテストに追加するテストとして，ミネソタ多面人格目録とウェクスラー成人知能検査かウェクスラー児童用知能検査のどちらかはよく用いられる。HRNBには成人用，5歳〜8歳用，9歳〜14歳用がある。［ハルステッド（C. Halstead），レイタン（Ralph M. Reitan）監修］

**ハルの学習の数理演繹的理論**［Hull's mathematico-deductive theory of learning］　パブロフ派や，様々な行動を説明する多くの前提・帰結を伴う道具的条件づけに基づいた，学習の数学的システムのこと。学習の条件づけとして，**欲求低減**に重点をおくもの，接近強化による**習慣強度**の確立，反応の反復に対し強化をなくすことで達成される**消去**，時間経過による減衰の結果としての忘却などがある。［ハル（Clark L. Hull）による］

**バルビツール酸塩**［barbiturates］　中枢神経システムの活動を減少させ（⇨ **中枢神経抑制薬**），抗不安薬，鎮静剤，睡眠薬に使われるバルビツール酸由来の一群の薬。典型的には重度の**耐性離脱症状**を引き起こし，呼吸を抑制する。呼吸を完全に止めてしまうことができるので，自殺のために使われることがある。バルビツール酸塩は長期作用，

中間作用，短期作用，超短期作用という活性の速度（たとえば効果，吸収，排泄の出現）により分類される。1930年代から使用されるようになり，向精神薬の大量服薬による致死率を減らす**ベンゾジアゼピン**によって1970年代に急速に広まった。**アモバルビタール，ブタバルビタール，ペントバルビタール，フェノバルビタール，プリミドン，チオペンタール**などが同類である。⇨ **鎮静剤・催眠剤または抗不安薬**

**バルプロ酸**［valproic acid］ **抗痙攣薬**や**気分安定剤**として使用されるカルボン酸（バルプロ酸ナトリウムとして処方される）。正確なメカニズムは不明な点が多いが，バルプロ酸は，膜ナトリウムチャネル活性を減らすことによってその効果を発揮し，神経活動を遅らせる（⇨ **イオンチャネル**）。また，抑制性神経伝達物質ガンマアミノ酪酸（GABA）の合成を刺激する可能性がある。バルプロ酸やバルプロ酸ナトリウムは，双極性障害に関連した躁病エピソードやてんかん発作などへの使用が米国食品医薬品局によって承認されている。一般的にリチウムよりも毒性は低いが，特に2歳未満の子どもの膵炎や肝機能障害の致死率と関係している。したがって治療を開始するうえで，薬物濃度と肝機能の血清モニタリングが必要となる。バルプロ酸やバルプロ酸ナトリウムは，胎児の**神経管欠損**のリスクのために妊娠中に使用するべきではない。アメリカでの商品名は Depakene。

**ハルミン**［harmine］ 中東原産のペガヌム・ハルマラや南アメリカ原産のアヤワスカから自然発生する幻覚剤。ハルミンは**モノアミンオキシダーゼ抑制剤**に効果があり，また，向精神飲料である**アヤフアスカ**の主要な成分である。

**腫れ**［tumor］ 炎症の主要なしるし。

**バレエテクニック**［ballet technique］ **ダンス療法**で取り入れられているものの一つ。

**パレゴリック**［paregoric］ 重度の下痢の調整に処方されるアヘンのチンキ剤。痛みや不快を和らげ，腸運動を減少させる。新生児のオピオイドの離脱に使用され，子どもや成人にも使用できる。アヘンに，樟脳，安息香酸，グリセリン，アニス油，アルコールなどが加えられる。18世紀初期に開発された。樟脳処理されたアヘンのチンキ剤（camphorated tincture of opium）とも呼ばれる。

**破裂音**［plosive］ 言語音の一つ。空気の一部ないし全部を溜め，急激に放つ。破裂音は**有声音**（たとえば，［b］，［d］，［g］）でも，**無声音**（たとえば，［p］，［t］，［k］）でも起こる。阻害音（obstruent），閉鎖音（stop）とも呼ばれる。

**パレートの法則**［Pareto principle］ **1.** 経済学において，社会の富の80%が人口の20%によって所有されているとする原理。**2.** より一般的には，入力のうちの20%によって，出力のうちの80%が産出されているとする法則。たとえば，小売業における売り上げの80%が全顧客の20%によって得られること。80：20の法則（80：20 rule）とも呼ばれる。［イタリアの経済学者・社会学者パレート（Vilfredo Pareto: 1848-1923）による］

**バレー病**［Ballet's disease］ 眼球や瞳孔の動きがなくなる疾患。甲状腺腫の障害や，甲状腺機能亢進症に関連する状態である。バレー兆候（Ballet's sign）とも言われる。

**ハーレム**［harem］ 一夫多妻制の強い種の動物行動において見られる，一頭や二頭のオスによって支配された，または群化されたメスの集団のこと。⇨ **一夫多妻**

**バレル皮質**［cortical barrel］ ヒゲをもつ動物において，ヒゲからの神経情報を受け取る**体性感覚野**の神経細胞の列。バレル皮質は体部位の様式についてヒゲと対応する。⇨ **体性感覚的組織**

**ハーロー**［Harlow, Harry Frederick］ ハリー・フレデリック・ハーロー（1905-1981），アメリカの心理学者。Harry Israel として生まれ，ターマン（Lewis Terman）やマイルズ（Walter Miles: 1885-1978）と学んだスタンフォード大学で，1930年に比較心理学者として博士号を取得した。彼は，ユダヤ人ではないのに就職の際にユダヤ人として差別を受けると感じたターマンの助言により，名前をハーローに変えた。彼は，ウィスコンシン大学で霊長類の研究を専攻した。**学習の構え**（学習することの学習）と育児の2つが彼の成果としてよく知られている。彼は，霊長類が特定の種類の問題の解決方法を学べることを発見した。ハーローの研究より以前は，人間以外の動物が高次な**情報処理**や**メタ認知**が可能だとはほとんど思われていなかった。おそらくより有名なものはアカゲザルの社会的発達に関する一連の実験で，ハーローは，母親の存在や**代理母**は若いサルの適切な感情的・社会的発達に極めて重要であると実証した。ここでは（以前の強化理論により示唆された）母乳よりむしろ**接触慰安**が大切な要因であるとされた。彼は米国国家科学賞（1967）や米国心理財団のゴールドメダル（1973）をはじめとする数々の賞を受賞した。また，1958年には米国心理学会の会長も務めた。

**パロキセチン**［paroxetine］ 選択的セロトニン再取り込み阻害薬（SSRI）類の抗うつ剤で，現在最も処方されている抗うつ剤である。他の SSRI 同様に，うつや不安障害，パニック障害，対人恐怖，強迫神経障害などに処方される。他の SSRI との違いは，多くの患者が興奮よりも沈静を感じる点であり，そのためパロキセチンは起床時よりも午後に摂取されるべきである。**モノアミンオキシダーゼ阻害薬**を既に使用している患者は使用すべきではない。パロキセチンは即効型薬剤，また制御放出の薬剤として使用できる。アメリカの商品名はパキシル（Paxil）。

**ハロー効果（光背効果）**［halo effect］ 他者の全体的評価やある側面の評価が，その人の他の側面の判断をもとにしてなされる傾向。たとえば，全般的に嫌われている人に比べて全般的に好まれている人は，知的，有能，正直と判断されることがある。

**ハーロースクエアパズル**［hallow-square puzzle］ チーム作りのトレーニングによく用いられるもので，共同作業やコミュニケーションを強化するための課題である。この課題は，多様な構成ピースから模型を組み立てることを集団に求めるもので，ピースの一部は集団内で共有され，他の一部は個別の集団成員がもつ。

**バローナ方程式**［Barona equation］ 予測されたIQに対して用いられる人口統計学的変数（年齢や教育歴など）。脳障害や脳疾患に先立って IQ を推定するために主に用いられる。［バローナ（Andres Barona: 1945- ）による］

**ハロペリドール**［haloperidol］ 1950年代のヨーロッパや1965年以降のアメリカで使用された，**ブチロフェノン**類の**高力価の抗精神病薬**。ハロペリドールや他の高力価の抗精神病薬は心臓血管への影響や**抗コリン作用**のために，有効性が低い**フェノチアジン**より好まれる。しかし，それ

らはより有効性が低い薬剤より**錐体外路作用**や**遅発性ジスキネジア**に関連する。個人的な使用やより新しい薬剤との関連で使用されてはいるが，第二世代である**非定型抗精神病薬**の安全性が高いためハロペリドールの使用は少なくなった。もし，ハロペリドールが習慣的に使用されてきた量よりも少なく投薬されていたら，新しい薬剤とハロペリドールの間に違いがほとんど存在しないと主張する人もいる。

**バロン-ウェルシュ芸術性尺度**［Barron-Welsh Art Scale: BWAS］　美的選好に関する検査の一つであり，芸術家とそうではない人の**基準集団**を識別するために，参加者は86の白黒の図について"好き"か"嫌い"かを答える。図の複雑さは様々であり，幾何学図形のような単純な線画から多くの線からなるきめ細かな抽象画などがある。この検査は単体で用いることができるが，本来はパーソナリティ特性に関する**ウェルシュ図形選好検査**の一部である。実際に，バロン-ウェルシュ芸術性尺度の成績は創造性や基本的なパーソナリティ変数を反映する指標としても解釈される。［アメリカの心理学者バロン（Frank X. Barron: 1922-2002）とウェルシュ（George S. Welsh: 1918-1990）によって作成された］

**パワープレイ**［power play］　結果を得るために使われる攻撃的なテクニックや戦略のことで，よく他者への強制を通じて行われる。

**パワー欲求**［need for power］　他者や自らの環境を統制しようとする気質的傾向。⇨ **勢力**

**斑**［plaque］　正常な組織とは異なる外観をした異常な組織が存在する小さな斑点もしくは領域。斑の種類としては，動脈壁内膜への脂質沈着からなるアテローム斑（⇨**アテローム硬化症**）や，多発性硬化症患者の神経鞘上に発達する**脱髄斑**，さらにアルツハイマー病で生じる**老人斑**などがある。

**帆**［velum］　ベールに似た解剖構造で，たとえば，脳の第四脳室の上部に屋根のように張られた白質の薄い層である上髄帆（velum medullare superior）などのこと。

**バーンアウト**［burnout］　とりわけ仕事やキャリアにおいて生じる身体的，情緒的，精神的疲労で，動機の減少，遂行能力の低下，自分自身や他者に対する否定的な態度を伴う。これは高いストレスと緊張を伴う遂行の結果として生じ，とりわけ極度で持続的な身体的，精神的努力あるいは作業量の過度な負担からくる。アメリカの心理学者フロイデンバーガー（Herbert J. Freudenberger: 1926-1999）が過剰な取扱い件数をもつクリニックにおける従業員を引き合いに出し，1975年にこの意味で最初に使用した。バーンアウトは，サービス志向の職業において人と密接に関わる仕事（たとえば，ソーシャルワーカー，教師，矯正職員）や慢性の高レベル**ストレス**を経験する仕事の従事者に最も多く観察される。トラウマ作業（trauma work）のセラピストあるいはカウンセラーには特に深刻で，彼らはトラウマ作業の効果を証明する二次的なトラウマの累積に圧倒されると感じている。バーンアウトは，報酬や休息に釣り合わない成績に関するストレスに持続的にさらされたアスリートによっても経験される。⇨ **過剰練習症候群**

**犯意**［mens rea; criminal intent］　ラテン語で，「故意」という意味。故意に罪を犯す意思のこと。犯罪責任があったことを明らかにして有罪判決を確定させるためには，犯意と**犯罪行為**を立証しなければならない。意識的に法律を破った場合には，被告がわかってやったことと考えられるので，これも犯意となる。犯罪によっては，ある結果をもたらそうとする意図的な意思よりも，未必の故意や過失が犯意となる場合もある。

**反意語**［antonym］　同一言語の中で，ある言葉と直接反対の意味をもつ別の言葉。たとえば，「後」は「前」の反意語。⇨ **同義語**

**反意語テスト**［antonym test; opposit test］　回答者がある言葉を提示され，その反対の意味をもつ言葉を回答するテスト。たとえば，「真」という言葉を提示され，「偽」と回答することを求められる。

**範囲の効果**［range effect］　**視覚追跡**において，ターゲットの運動が小さいときに眼球運動が大きくなりすぎ，ターゲットの運動が大きいときに小さくなりすぎる傾向のこと。

**範囲の制限**［restriction of range］　標本抽出，測定手続き，あるいは他の実験計画における諸側面を通して研究者が行う制限のこと。得られる全範囲の得点をより狭く制限された一部分に制限する。たとえば，大学生の成績平均点に関する研究において，優等生リストの学生のみが参加した場合などが範囲の制限に当てはまる。ある特定の変数についての範囲制限は，当該変数間の関係性についての観測の失敗や，不適切な評価につながることがある。

**半音**［semitone］　音階の1音の半分の音程のこと。より正確には，ある周波数比の対数のこと。

**半音階**［chromatic scale］　12の半音からなる，1オクターブにわたる音階のこと。

**半音階の**［chromatic］　音楽において，それぞれの音程が，前の音程と半音異なるようにできたオクターブのこと。

**般化**［generalization］　条件づけにおいて，もともとの条件づけの手続きで用いられた刺激と類似した刺激によって**条件反応**が生じるプロセス。たとえば，特定のベルの音が鳴った時に吠えるように条件づけされたイヌは，あらゆる高さの音のベルに対しても吠える傾向を示す。波及効果（effect spread），効果の波及（spread of effect）とも呼ぶ。⇨ **誘導**，**刺激般化**

**反回回路網**［recurrent circuit］　神経活動のインパルスが出発点に戻る回路網。正のフィードバックでも負のフィードバックでも起こる。⇨ **自励式回路**

**反回性抑制**［recurrent collateral inhibition］　同じ**運動ニューロン**が速く，繰り返し発火するのを防ぐための負のフィードバック機構。神経細胞の軸索枝が抑制性の**レンショウ細胞**を介して，もとの細胞体に連絡を戻す。レンショウ細胞が，その細胞を抑制する。

**反確証主義**［anticonfirmationism］　一般的な命題の真実を確証することはできないとする立場のことであり，実例の獲得あるいは確率の評価による科学的仮説を含む。⇨ **反証主義**

**ハンガーストライキ**［hunger strike］　社会的，政治的な抵抗手段として，ある期間の間，食事をとることを拒絶すること。

**般化模倣**［generalized imitation］　モデルによって呈示されるまではみられなかった行動形態の模倣。おそらく，模倣に対する強化の履歴から生じる。

**反感**［antipathy］　非常に強い嫌悪感もしくは深く根差

した嫌悪感のこと。

**半球**［hemisphere］　大脳（⇨ **大脳半球**）または小脳の, 対になっている左右の半球状の部分。

**半球間連絡**［hemispheric communication］　2つの大脳半球間での絶え間ない信号のやり取りのことで, **脳梁経由**の直接的なものと, **大脳基底核**や**視床**などの中継部を通したものがある。

**半球側性化**［hemispheric lateralization］　何らかの機能（利き手や言語など）が一方の大脳半球によってより強く制御ないしは影響され, 各々の半球が特定の働き方をするように機能分化される過程のこと。研究者は, 現在, 半球優位（hemispheric dominance）や側性優位（lateral dominance）と語るのよりもむしろ, 半球側性化または半球機能分化（hemispheric specialization）と語るのを好む（⇨ **支配**）。

**半球皮質切除術**［hemidecortication］　脳の**大脳**の一方から**大脳皮質**を手術により切除すること。

**半球非対称性**［hemispheric asymmetry］　2つの大脳半球はその大きさ, 形, 機能において同じではなく異なるという考え。最も顕著な非対称性を示す機能は, 左半球における言語処理と右半球における視覚空間処理である。

**半球優位性の混在**［mixed cerebral dominance］　どちらの大脳半球も運動機能を明確にコントロールできていない状態のこと。発話障害や**利き手**の不一致の原因となることがある。

**反響言語**［echolalia; echophrasia; echo-speech］　他者が発した言葉やフレーズの機械的な反復。反響言語は緊張型の統合失調症や自閉症, ラタ（latah）, **トウレット障害**, 進行性の神経学的障害にみられる。

**反響症**［echopathy］　他人の動作（**反響動作**）や言語（**反響言語**）を病的, 自動的に模倣, 反復すること。

**反響書字**［echographia］　単語やフレーズをその意味を理解することなく複写してしまう病理的な書字。

**反響定位**［echolocation］　足音や杖がコツコツという音, 交通騒音など音響信号の反響から, 物体や障害物の方向や距離を判断する能力。視覚に障害のある人々は, 道を見つけたり障害物を避けるために, この能力を発達させる。動物界では, コウモリや海洋哺乳類（たとえばイルカ）は高音を発し物理的環境からの反響を利用して物体の位置を特定し, 餌を捕える。高音は低音よりも高い空間解像度をもつが, 同じ距離を伝わるのにより多くのエネルギーを必要とする。したがって, コウモリは蚊の位置を特定できるが, それは短距離に限られる。⇨ **超音波コミュニケーション**

**反響動作**［echopraxia; echomatism; echomimia］　他者の運動や仕草の機械的な真似。**反響言語**との関連の中で時々みられる。

**バングングット**［bangungut］　**文化依存症候群**で, 主に若くて健康なフィリピン女性にみられる。多くは眠っている時や明らかにひどい悪夢を見ている時に, 叫んだり, うめいたりする。予期せぬ死を体験した後に起こることがある。東洋の悪夢死症候群（oriental nightmare-death syndrome）とも呼ばれる。

**反啓蒙主義**［obscurantism］　科学的な問いや合理的な議論をすること, そして世間一般の知が進展することに反対する立場。特に, 政治的・社会的・宗教的な信念を科学的な問いや議論, 知識の獲得によって否定するようなときにそれらを制限しようとする考え。

**判決**［adjudication］　1. 裁判所の公式な決定。2. 司法上の手続きによって, ある問題を解決しようとする行為や過程。

**半減期**［half-life］　投薬されてから血中濃度が50％まで下がるのに要する時間。半減期は薬の**クリアランス**の割合で, 様々な体の機能の中で分布容積（volume of distribution）により決まり, 次の式によって表される。

$$t_{1/2}=(0.7×分布容積)/クリアランス$$

医学的に, 半減期は年齢, 病状, 他の薬の投薬の影響などにより個人差がある。半減期は薬の効果の持続と, 薬が体の中で平衡状態（安定状態）に達する時間を判断するのに使われる。一般的に, 安定状態は薬の半減期の4～5倍後にくると考えられている。たとえば, 薬が8時間の半減期があると測定するなら（薬の投薬のペースは同じまま）, 安定状態は32～40時間以内と予想される。

**犯行サイン**［signature］　犯行現場で犯人が残すような同一の独特な物, メッセージ, 記号のこと。犯罪行為には関係ないが, 犯人像の記号化された手がかりであり, **犯罪者プロファイリング**で用いられる。通常, 犯人はそのすべての犯行現場に同じ痕跡を残す。犯行告知状（calling card）とも呼ばれる。

**反抗性**［rebelliousness］　権威への抵抗であり, 特に両親やそれに相当する人のもつ権威への抵抗。

**反抗挑戦性障害**［oppositional defiant disorder］　DSM-Ⅳ-TR においては, 挑戦的, 反抗的, 攻撃的な態度を権威に対して繰り返しとる児童の行動障害とされている。特に通常同年代の子どもにみられるものよりも著しく, 少なくとも6か月以上持続するという特徴をもつ。反抗挑戦性障害は癇癪（temper tantrums）, 積極的に規則に反抗する, ぐずぐずする, 口論する, 頑固, 易怒的といった形で現れる。典型的な反抗挑戦性障害では, 攻撃, 破壊行為, 窃盗, 嘘を吐くといったことはしない。この点において**行為障害**と区別される。反抗挑戦性障害は, しばしば**注意欠陥／多動性障害**と併存するが, これらは区別されるべきである。

**瘢痕化**［cicatrization］　装飾や宗教的な目的のため, 身体の一部分を意図的に傷を付けること。

**瘢痕形成**［cicatrization］　1. 傷跡の形成, もしくは怪我が治った後の傷跡（cicatrix）。2. 美容もしくは宗教的な目的のために身体のある部分を故意に傷つけること。

**犯罪学・刑事学**［criminology］　犯罪または犯罪行為に関する科学的研究であり, その原因, 予防, 刑罰を検討する。⇨ **実証主義犯罪学**

**犯罪行為**［actus reus］　違法行為は, それを遂行しようとする犯罪の意図と結びつけられて犯罪を構成する。⇨ **犯意**［原語はラテン語で"罪のある行為"］

**犯罪者プロファイリング**［criminal profiling］　犯罪加害者の特徴を同定するための方法であり, 被害者の背景や被害者の情報（たとえば, 被害者学）とともに事件現場の体系的評価に基づいて行われる。

**犯罪人類学**［criminal anthropology］　イタリアの犯罪学者ロンブローゾ（Cesare Lombroso: 1853-1909）の理論と関連する初期の実証主義的アプローチ。彼の理論は「生来性犯罪者」という考えを取り入れており, 犯罪者はある種の身体的特徴をもっており, それをもとに非犯罪者と犯

罪者を弁別することができるという信念に基づいている。

**犯罪者性愛**［hybristophilia］ 犯罪者に対する性的な関心。多種多様な犯罪行為で服役している囚人に対して向けられることがある。

**犯罪精神病質者**［criminal psychopath］ 法をたびたび破る反社会性パーソナリティ障害を伴う人のこと。

**犯罪タイプ**［criminal type］ 犯罪行為あるいは違法行為を繰り返し行う人の分類。遺伝的傾向のためにそのようなことをすると推定される。

**犯罪統制モデル**［crime control model］ 犯人の検挙および効率的な処理，国民の保護と安全，法と秩序の維持を重視する法手続きに関する観点のこと。⇨ **適正手続きモデル**

**犯罪抑止**［deterrence］ 犯罪のような望ましくない行為に関与した個人を処罰することが，将来的にその個人だけでなく他者もそうした行為への関与を抑止するようになるという考え。

**反作用欲求**［counteraction need］ 失敗を受け止めるよりも，難題を克服しようとする欲求。権力，知恵，名声，創造的功績への願望によって動機づけられる。［アメリカの心理学者マレー（Henry Alexander Murray: 1893-1988）が定義した言葉］

**晩産**［delayed parenthood］ 相対的に人生の後半，大抵30歳を超えてから最初の子どもを持つ人々の状態を指す。

**半色盲症**［hemiachromatopsia］ 脳の後側頭野の損傷によって生じ，それぞれの眼において，損傷部位の**対側性**の視野についての色覚を選択的に喪失するという**視野欠損**の一つ。

**反事実的条件文**［counterfactual］ 言語学において，現実と相反する文のこと。特に，「もし日本がパールハーバーに爆弾を落とさなかったら，アメリカは第二次世界大戦に関わることはなかっただろう」というように，**条件節**を伴って使われる。

**反実仮想**［counterfactual thinking］ 1. 人生が違うものになっていたかもしれないと想像すること。しばしば後悔や失望感情を伴うが（例，もっと短気でさえなかったら），間一髪で逃れたときの安堵感を伴うこともある（例，もし1m左に立っていたら）。2.「もしXならばY」という条件文に基づく推論プロセス。Xには事実とは正反対で，実証的に確かめることができない事柄が入る。反実仮想は，「ヒトラーがもし1944年に殺されていたら…」のように，歴史的考察においてよくみられるものである。その他にも反実仮想は，理論あるいは**ヒューリスティック**の評価，また**思考実験**において重要な役割を果たすことがある。⇨ **アズ・イフ仮説，条件つき推論**

**反射[1]**［reflex］ 刺激に対する自動的，生得的，かつ比較的固定された応答の数々。意識する必要はなく，意識的に行うことができる反応でも意識するより早く起こる。反射反応は生まれつきもっているもので，何か特別な経験から起こるものではない。たとえば，**瞳孔反射**があげられる。反射という概念はフランスの哲学者デカルト（René Decartes: 1596-1650）によって提唱された。彼は感覚情報が脊髄へ至り，筋に戻ってくると主張した。運動神経と感覚神経の区別がなされるよりも前の時代のことである。

**反射[2]**［reflection］ 1. 頑強な表面から光線が跳ね返ってくる，あるいは戻ってくること。2. 鏡で，明るい光線の反射によって作られた像。

**反社会性パーソナリティ障害**［antisocial personality disorder］ 慢性的な反社会行動によって特徴づけられるパーソナリティ障害である。精神遅滞や統合失調症，躁病エピソードによるものとは区別される。この行動パターンは，女性よりも男性に多くみられる。15歳以前に，詐欺，窃盗，喧嘩，無断欠席，破壊行動，アルコールや薬物乱用などの素行障害を起こしたかどうかが重要となる。診断基準は18歳以上であり，さらに以下の4つ（またはそれ以上）によって示される。(a) 仕事を続けることができない，(b) 責任ある親として機能することができない，(c) 繰り返される違法行為，(d) 性的な関係において我慢したり，維持することができない，(e) 家庭内や家庭外での頻繁な喧嘩や暴力行為，(f) 借金返済の失敗や養育の困難，(g) 計画性なく，ある場所から別の場所へと移る，(h) 繰り返される嘘や詐欺行為，(i) 衝動的で極端な向こう見ずさ。反社会性パーソナリティ障害は，もともと憲法上では精神病質者や**素質的精神病質者**と呼ばれていた。この障害は，非社会的人格（dyssocial personality），精神病質人格（psychopathic personality），精神病質（psychopathic），社会病質人格（sociopathic personality），社会病質（sociopathy），反社会反応（antisocial reaction）など，様々な呼び名で知られていた。DSM-Ⅲによって，反社会性パーソナリティ障害と命名され，DSM-Ⅳ-TRにおいても学名命名として記載されている。

**反社会的**［antisocial］ 一般的な社会規範を著しく逸脱するだけでなく，他者の権利を侵害する行為を意味する。

**反社会的攻撃**［antisocial aggression］ 社会的に有害な結果，望ましくない結果をもたらすあらゆる**攻撃行動**のこと。

**反社会的行動**［antisocial behavior］ 人権や財産権を守る法体系（規則，慣習，社会規範）に反する攻撃的，衝動的，暴力的行為のこと。

**反社会病者**［anethopath］ 倫理的，道徳的に禁止された物事についての判断力が欠如している人のこと。⇨ **反社会性パーソナリティ障害**

**反射学**［reflexology］ 1. 刺激に対する不随意自動反応の生理学研究。特に動物やヒトの行動に関するものをいう。2. 足や手には身体全体に対応する反射作用点，あるいは反射作用範囲があり，それらの点を揉んだり押したりすることで健康になるのだという原則に基づいた一種の治療法のこと。⇨ **補完・代替医療**

**反射学派**［reflexology］ 人間が行う，外部からの観察ができ，記録可能な振舞いや反応の研究を基盤とした心理学の一派。すべての行動は，単純な反射を要素として構成されると考えた。［ロシアの生理学者ベクテレフ（Vladimir M. Bekhterev: 1857-1927）による］

**反射弓**［reflex arc］ 反射に関わる**神経回路**。受容器から脊髄に情報を伝導する求心性の感覚神経は，脊髄で直接または**介在ニューロン**を介して遠心性の運動神経に接続し，筋や腺といった効果器に情報を伝達する。⇨ **単シナプス性アーク，多シナプス性アーク**

**反射光学**［catoptrics］ 光の反射と関連する光学分野のこと。

**反射行動**［reflexive behavior］ 無意識的，もしくは意

識によるコントロールとは関係なく，刺激に反応すること（たとえば，食べ物の呈示による唾液分泌など）。**パブロフ型条件づけ**の基本を担っている。⇨ **計画的行動**，**随意行動**

**反射消失**［areflexia］　運動反射の欠如のこと。

**反射性交感神経性筋萎縮症**［reflex sympathetic dystrophy］　交感神経系の活動過剰のことである。神経と血管への損傷を伴った局所的（通常は上下肢）損傷の後に生じる。痛み，手足の活動停止，光沢のある薄皮（shiny, thin skin)，脱毛，骨の脱塩に至る。

**反射性てんかん**［reflex epilepsy］　感覚入力情報（例．音，接触，光など）で誘発される発作が特徴であるてんかんの一つ。⇨ **音楽てんかん**，**光原性てんかん**

**反射潜時**［reflex latency］　刺激が与えられてから反射応答が始まるまでの時間。⇨ **中枢反射時間**

**反射帯**［reflexogenous zone］　ある特定の刺激が与えられた時に，特定の反射反応を起こす身体部位のこと。たとえば，足の裏は**バビンスキー反射**の反射帯である。

**反射統合**［reflex integration］　2つの反射反応が混合され，1つのより複雑な反射反応になること。

**反射抑制**［reflex inhibition］　両立しない別の反射が起こっている時や起こった直後にみられる反射反応の減弱や阻害のこと。

**反射率**［reflectance］　ある表面から反射する光（反射放射束）の，ある表面に入射する光（入射放射束）に対する割合。ある表面の反射スペクトル（reflectance spectrum）は，可視スペクトル内でのそれぞれの波長における反射光の割合を示す。

**反準備的行動**［contraprepared behavior］　特定の種における，学習が非常に困難，あるいは不可能でさえある行動。

**反証可能性**［falsifiability］　反証を可能にする条件のこと。科学では，仮説や理論などの言明は，この言明を間違いとする結論を導く明確な観測結果が存在するとき反証可能性であるとみなされる。このような意味で反証可能な言明がもつべき特徴として，(a) この言明から結果の予測をするか，あるいは"すべての X は属性 Y をもつ"というような普遍的な主張を導く，そして，(b) 予測されること，あるいは，主張されることが観測可能であることが最も重要である。オーストリア生まれのイギリスの哲学者ポパー（Karl Popper: 1902-1994）は，反証可能性こそが真の科学の本質であると論じた。**反駁可能性**とも言う。⇨ **リスク予測**

**斑状感度**［punctate sensitivity］　皮膚上の感覚受容器官の分布が一様でないことで，ある場所では別の場所よりもある種類の刺激への感受性が高くなる。皮膚の大抵の場所では，痛点は触点，冷点，温点よりも密に分布している。

**反証主義**［falsificationism］　仮説を立証するのではなく仮説を反証することが，科学的調査としての基本的な手続きであり，科学的知見が進展するための最も重要な方法であるとする立場。また，科学的主張と，形而上学や政治的主義のようなその他の真理主張を分けるのは**反証可能性**であるとする立場である。［オーストリア生まれのイギリスの哲学者ポパー（Karl Popper: 1902-1994）によって提唱された］

**反証不可能な説明**［nonfalsifiable explanation］　何らかの実証的な手続きによって誤りであることを示すことができない説明。そうした説明は，大抵，科学の対象外にあるとみなされる。

**反証不能**［unfalsifiable］　命題や仮説，理論などについて，どんな経験的な検証法を用いても「偽」と断定できないこと。オーストリア生まれのイギリスの哲学者ポパー（Karl Popper: 1902-1994）は，反証不能な仮説や理論は，非科学的であると判断されるべきだと提唱した。⇨ **反証可能性**，**反証主義**，**リスク予測**

**繁殖成功率**［reproductive success］　個体が子孫を残すことのできる程度。個々の個体は配偶者の発見や繁殖の成功の度合いに差がある。**自然選択**は繁殖成功率の差異に基づいている。繁殖成功率の大きい遺伝的，行動的特質は世代を超えて集団の中に残り，逆に繁殖成功率の低い特質は，集団の中からだんだんと淘汰されていく。⇨ **包括適応度**

**繁殖のための性**［procreative sex］　妊娠するための性的活動のこと。文化や宗教によっては，普通の性的活動であっても，逸脱や罪深いものとされている。

**繁殖抑制**［reproductive suppression］　生殖年齢に達しているにも関わらず，集団内で繁殖できないこと。**共同繁殖**する種の多くでは，優性の繁殖力をもつ個体が下位の個体の繁殖を妨げる。行動上，生理上，両方の合図がある。オオカミやマーモセット，ミーアキャットのように繁殖抑制は一時的で，優性動物が居なくなれば即座にブリーダーになれる場合もあれば，**社会性昆虫**のように永久的な繁殖抑制もある。

**繁殖力[1]**［fecundity］　生物学の用語で，一定期間にある個体が残した子孫の数のこと。

**繁殖力[2]**［fertility］　生物学で，ある個体が子孫をもつ可能性。一般的にはメスに対して使われるが，オスの繁殖能力を指すこともある。

**半身舞踏病**［hemichorea］　身体の片側だけに舞踏病の異常な動きが現れる疾患。⇨ **舞踏病**

**汎心論**［panpsychism; psychism］　自然界のすべての要素は，なんらかの魂（精神）もしくは感性をもつという考え方。この観点は，すべての自然物が生命を所有していると考える**物活論**と同一にみなす立場もあるが，生命と精神や感性とを区別する立場もある。⇨ **アニミズム**，**精神物**

**汎神論**［pantheism］　現実のすべては統一性を構成しており，この統一性は神聖なものであるとする教義。したがって，すべてのものは神の一部である。近代の汎神論は，ユダヤ系のオランダ人哲学者スピノザ（Baruch Spinoza: 1632-1677）によってはじめて体系的に提唱された。彼は神と自然は相互に同等であると提唱した。そのような立場は，神はその創造物の総和でしかないという考えを伴うため，伝統的な**有神論**とは相容れなかった。思想家の中には汎神論と，神はその創造物のどこにでも存在するが相互等価なものではないという立場を保持する万有在神論（panentheism）を区別するものもいる。

**反芻**［rumination］　1. 他の精神活動を妨げる，過度な，反復性の思考やテーマを含む強迫的思考。**強迫性障害**の特徴。2. 胃から口へと食物を自発的に吐き出すことであり，その際には，再び口では咀嚼され，味わわれる。反芻は重度の精神遅滞者に認められることがあり，発達の遅れがこの障害に一部起因している。反芻症（merycism）とも呼ぶ。

**反芻性障害**［rumination disorder］ DSM-Ⅳ-TRでは，吐き気なしに，食べた物を排出したり再び飲み込んだりする，反復した自発的吐き戻しの障害とされる。致命的なほどの体重減少や栄養失調を起こす可能性がある。少なくとも1か月間続き，一般に乳児期（生後3～12か月）の，通常の哺乳期間に続いて起きる。しかし，重度の精神遅滞の人にみられる場合もある。

**ハンス少年**［Little Hans］ フロイト（Sigmund Freud）が報告した画期的な症例。**エディプス・コンプレックス**の例として説明されている。フロイトは，子どもの馬恐怖症がマスターベーションから派生する**去勢不安**が原因だと考えた。父を排除したいという願望が抑圧され，母をめぐる競争で父から報復される恐怖が生じ，これらの感情を馬に**感情の置き換え**をしているという。フロイトはこの少年に実際には会わなかったが，父親との文書でのやり取りを通じて分析した。この症例はAnalysis of a Phobia in a Five-Year-Old Boy（1909）（邦題「ある5歳児の恐怖症の分析」）で報告された。

**伴性**［sex-linked］ 性染色体の一つ（主にX染色体：X-linked）にある遺伝子およびその遺伝子によって規定される特性のこと。伴性遺伝のもたらす障害である血友病などを発症するのは，ほとんどが男性である。これは，欠陥のある遺伝子が**劣性対立遺伝子**であることが多いためである。女性の場合，X染色体を2つ保持しているため，一方のX染色体に欠陥があったとしても，もう一方に欠陥がなければ，正常に機能する。それに対し，男性はX染色体を1つしか保持していないため，伴性遺伝子に欠陥があると，そのまま機能の不全として表面化してしまうのである。

**反精神医学**［antipsychiatry］ 1960年代に，イギリスの精神科医のレイン（Ronnie D. Laing: 1927-1989），アフリカの精神科医のクーパー（David Cooper: 1931- ），イタリアの精神科医のバザーリア（Franco Basaglia），アメリカの精神科医のサス（Thomas Szasz: 1920- ）のもとで起こった国際的運動。精神障害者を処置し収容する権限を法的に与えられた病院中心的な精神医学の科学的，実践的妥当性について反論した。多くの反精神医学者は精神疾患そのものの存在を疑い，精神疾患と呼ばれている状態は疾患ではなく，むしろ人々に警告を与える代替的な行動なのだとする考え方を広めた。彼らは，精神医学を社会的抑圧，逸脱をコントロールする手段，偽装された社会的処罰だとみなした。

**晩成性**［altricial］ 誕生時十分に発達していないため，生存する上で授乳や食物の供給の他に相当な量の持続的な**親の行動**や他者養育が必要となる動物のこと。人類を含む霊長類など。⇒ **早成性**

**反省的抽象**［reflective abstraction］ 外的環境からのさらなる情報を必要とせずに，既有知識を振り返ることによって新しい知識に到達すること。［ピアジェ（Jean Piaget）が主張した］

**汎性欲論**［pansexualism］ あらゆる人間の行動は，性的欲動によって動機づけられているという見方。フロイト（Sigmund Freud）はこうした見方と結びつけられることが一般的である。しかし，性本能の力を強調した一方で，フロイトは自己保存の欲動（飢えや渇き）や**死の本能**と結びついた攻撃の欲動等の非性的なものの影響力にも気づいていた。

**半側感覚消失**［hemianesthesia］ 体の半側について刺激に対する感覚が消失すること。

**半側空間無視**［spatial neglect］ 空間（多くは左側）を認識することが困難になる障害。たとえば，半側空間無視の状態にある人に左側から近づいても，本人はその人に気づかない。しかし，右側から近づくと正常に気づくことができる。半側空間無視は物理的空間，身体空間，身体外空間の他に想像上の空間にも影響を与える。⇒ **無視**

**半側身体失認**［hemiasomatognosia］ 自身の体の半側についての感覚的な気づきがないこと。⇒ **身体失認**

**半側痛覚消失**［hemianalgesia］ 体の半側についての痛覚が消失すること。

**半側無視**［unilateral neglect; hemineglect］ 脳の**頭頂葉**の損傷によって生じる障害である。損傷した領域の反対側の視野（通常は左半分）にある物体に対して意識的な知覚が失われる。このほか他人の**四肢症候群**や別の顕著な神経心理学的な特性を示す。

**反対細胞**［opponent cells］ 特定の刺激（たとえば赤い光）がニューロンの受容野の中心にきたときと，その反対の刺激（たとえば緑の光）がニューロンの受容野の周辺で消されたときに脱分極を起こす視覚系のニューロン。二重反対細胞（double-opponent cells）は受容野の中心で赤い光がつき，もしくは緑の光が消され，さらに受容野周辺で同じ刺激が反対の効果をもつとき（赤い光が消える，もしくは緑の光がつくとき）に脱分極する。

**反対条件づけ**［counterconditioning］ ある刺激に対してある反応をとるよう条件づけられた動物が，同じ刺激に対してもとの反応と両立しないような異なる反応をとるように訓練される実験手続き。同様の原理は**行動療法**において望ましくない行動を除去するために多くのテクニックで用いられる。

**反対色**［antagonistic colors; complementary colors］ 赤と緑，青と黄色のように，**色相環**の反対側に位置する色のこと。

**反対色細胞**［spectrally opponent cell］ 光スペクトルのある波長の入力を受けて興奮し，別の波長の入力を受けると抑制される，視覚における受容細胞。

**反対色説**［opponent theory of color vision; opponent-color theory］「赤-緑」「青-黄」「黒-白」に応答する細胞に相当する機構の活動に基づいて色覚を説明する理論。最も高度に展開された**ヘリングの色覚説**は，スペクトルの特定の帯域に反応する受容器を前提とする**ヤング-ヘルムホルツの色覚説**と対照的な説である。いずれの理論も多くの現象を説明するが，両者は異なるものである。1950年代，アメリカの心理学者ハーヴィッチ（Leo Hurvich: 1910- ）とジャムソン（Dorothea Jameson: 1921-1998）は，2つの理論がともに正しく，ヤング-ヘルムホルツ（Young-Helmholtz）モデルは，視覚システムにおける処理の第一段階を説明しており，このシステムの出力は反対色の過程に入ると主張した。この複合的な理論は，色覚の段階説（dual process theory of color vision, stage theory of color vision）として知られる。これらの2つの理論は，網膜のニューロンの物理学的な研究がなされるよりもはるか前から提唱されていたにも関わらず，多くの条件下における細胞の反応を予測することに成功した。

**反態度的行動**［counterattitudinal behavior］ 態度と一致しない行動のこと。ある政治家候補者に否定的な態度をもっていながら，その候補者の選挙活動への寄付に同意することは，反態度的行動の例である。⇨ **態度行動一貫性**，**向態度的行動**

**反態度的唱導**［counterattitudinal advocacy］ 人の現在の態度と相反する説得力のあるメッセージのこと。

**ハンター症候群**［Hunter's syndrome; mucopolysaccharidosis Type Ⅱ］ X染色体における伴性劣性の遺伝的病気で，最も一般的なものは**ムコ多糖症**である。**ハーラー症候群**と同様に，組織内のムコ多糖沈着が過剰になっている。子どもは2歳まで普通に発達し，言葉や文法を学び，トイレトレーニングを済ませるが，多動やぎこちない歩行が2歳を過ぎると現れ，5歳頃になると身体の動きが低下する。精神遅滞は2歳になると現れる。［アメリカの内科医ハンター（Charles Hunter）による］

**判断**［judgment］ 精神物理学において，刺激の有無や相対的な大きさを決定する能力。

**判断差の範囲**［range of minus judgments］ 精神物理学的実験で得られる知覚的判断の範囲のこと。最も高い判断から最も低い判断を引き算することによって得られる。

**判断者**［judge］ 進行中の事象や事象についての記録を，描写，カテゴリー化，得点化するのを手助けする役割をもつ，評価者，解釈者やその他の人物。

**判断力の低下**［impaired judgment］ 出来事や人々に関して評価を下したり，利用可能な証拠を基に結論を出すことが困難なこと。判断力の低下は，表面上非合理的で危険な行動を引き起こす。

**範疇**［categories of thought］ ドイツの哲学者カント（Immanuel Kant: 1724-1804）の思想の中で，実体験を解釈するために不可欠な，人間の悟性（understanding）に関する12種の純粋悟性概念のこと。全体性，多数性，否定性，因果性などを含む。感覚経験を理解するのに必要であるが，それぞれの範疇自体は**アプリオリ**に与えられるものであり，経験によるものではない。時間と空間も感覚の表象を配列するのに同様の役割を果たすが，カントはこれを感性に分類し，悟性とは区別した。範疇は現象世界（⇨ **現象**）にのみ適用できるものであり，物自体（⇨ **実体**）には適用できない（適用する理由がない），とする。

**反跳性不眠**［rebound insomnia］ 催眠剤（hypnotic agents），特に短時間作用型**ベンゾジアゼピン**の使用に関連した現象。薬品の使用を急に中止した後，一時的に不眠が悪化したり，薬品の初期効果が弱まった後に眠りにつけなくなるといった特徴をもつ。後者のタイプの反跳性不眠は，しばしば2回目の投薬時の薬効を無効にする。

**ハンチントン病**［Huntington's disease: HD］ ハンチントン舞踏病とも呼ばれる進行性の遺伝性疾患で，脳の神経細胞の変性によって生じる。明らかな人格変化，感情障害，**認知症**，不随意な痙攣運動（⇨ **舞踏病**），協調運動失調，歩行や姿勢の障害などが生じる。脳画像では，**尾状核**と**被殻**，全般的な皮質の神経細胞の脱落が認められる。発症年齢は主に30歳〜50歳であるが，20歳以前に最初の症状が現れる若年発症も存在する。ハンチントン病は**常染色体優性**形式で遺伝する。原因遺伝子は第4染色体上に位置する。［アメリカの医師ハンチントン（George Huntington: 1850-1916）による］

**ハンディキャップ**［handicap］ 個人や集団を不利な状況においたり，妨害や進行の妨げをしたりすること。

**ハンディキャップ原理**［handicap principle］ 動物はつがいとしての潜在能力を示すためにコストの高い**正直な信号**を利用するという考え。鳴禽類の長く低い鳴き声や，クジャクの尾，ホエザルの低いほえ声は，すべてエネルギーコストが高く，その持ち主を捕食者に対して見つかりやすくする。しかしながら，もしそうした「ハンディキャップ」がその動物の状態や資質についての正確な情報を与えるとすれば，高い資質をもつ個体はつがいとしてより選ばれやすくなり，コストのかかる形質は将来の世代において保持されることになる。

**判定時間**［verification time］ 認知研究で実験参加者が，命令文が真か偽か述べたり，特定の刺激が事前に指定した条件に合うかの判断に要する時間。

**バンディング**［banding］ **人事選考**において，カットオフ得点を設定する方法のこと。得点域（score bands）として知られているいくつかの得点範囲は，大抵，検査のための**測定の標準誤差**や**予測変量**を基にして決定される。個々にみなされるというよりも，同じ域の中に入るすべての得点は同じものとみなされる。よくあることではあるが，同じ域の中の志願者間に区別が必要な場合には，さらなる検査や基準が用いられることになる。

**汎適応症候群（GAS）**［general adaptation syndrome: GAS］ 重度のストレスによる生理的影響のこと。この症候群は，警告期，抵抗期，疲憊期という3つの段階に分けられる。最初の段階である警告反応期（alarm reaction stage）または警告期（alarm stage）は，2つの下位段階からなる。ショック相（shock phase）は体温，血圧，筋緊張の低下，および生体組織からの体液の喪失を特徴とする。反ショック相（countershock phase）の間には，交感神経系の興奮が生じ，副腎皮質ホルモンが増加し，**闘争逃走反応**のような防衛反応が引き起こされる。抵抗期（resistance stage）または適応期（adaptation stage）は，増加した諸々の生理的レベルが定常化した状態である。高い血圧は心血管障害のリスクを伴う高血圧症へと発展しうる。永続的な器質変化が生じることもある。疲憊期（exhaustion stage）は，獲得された適応が長期のストレス状態により崩壊することによって特徴づけられる。その徴候は不眠症，易刺激性，重度の集中力低下，情動不安，運動協調を妨げる振戦，疲労，神経過敏，驚愕反応の閾値低下，不安発作に対する脆弱性，抑鬱気分，そして号泣発作である。［オーストリア生まれのカナダの内科医セリエ（Hans Seyle: 1907-1982）によって最初に提唱された］

**バンデューラ**［Bandura, Albert］ アルバート・バンデューラ（1925-），カナダ生まれのアメリカの心理学者。ベントン（Arthur L Benton）に師事し，1952年にアイオワ大学より博士号を取得。スタンフォード大学で研究に従事した。**社会的学習理論**でよく知られる。思春期の少年における反社会的攻撃行動に関する初期の研究は，*Adolescent Aggression*（1959），*Aggression: A Social Learning Analysis*（1973）にまとめられている。これらの著書には，敵意のある両親をもつ思春期の少年が，攻撃行動を示しやすいことなどがまとめられている。バンデューラらは，**観察学習**の役割の研究を進めた。**ボボ人形**を用いた有名な実験で，当時最も支持されていた行動主義理論の予測に反し

て，人間は正の強化子なしに社会的**モデリング**から学習することを示した。バンデューラのその後の研究は，**社会的認知理論**の様々なトピック，特に動機と行動における自動調節の過程とその役割を取り扱った。他に，*Social Learning Theory*（1977），*Social Foundations of Thought and Action: A Social Cognitive Theory*（1986）や*Self-Efficacy: The Exercise of Control*（1997）などの著書がある。バンデューラは米国心理学会の会長を務めた他，米国芸術科学アカデミーと全米科学アカデミーの医学院で会員に選ばれた。

**反転**［reflection］ **因子分析**における，因子の得点化の符号や方向づけの変化のこと。

**反転拒食症**［reverse anorexia］ 体を大きくしたい，特に筋肉質になりたいという個人の願望によって特徴づけられる状態のこと。痩せたいという願望をもつ**神経性無食欲症**と同様に，体型を変えたいという衝動は大規模な肉体改造を果たしたとしても減少せず，極端な筋肉量の増加にも関わらず，自己像に対する不満は依然残り続ける。⇨ **筋肉異醜症**

**反転図形**［reversible figure］ 見方が簡単に反転する曖昧図形。たとえば，**ネッカーの立方体**や**ルビンの図形**などがある。

**反転デザイン**［reversal design］ 系列，順序，**ラテン方格法**の処理が交絡した影響（⇨ **交絡**）を相殺しようとする実験デザイン。基準となる条件（A）と処理条件（B）を交互にし，たとえば，① A，B，A の順，② B，A，B の順といったように 3 回の観察を 2 セット行うことで，A と B の判断の調和をとる。

**反転理論**［reversal theory］ 覚醒とパフォーマンスの関係を説明する動機づけ，情緒，パーソナリティに関する理論。その理論では，人が覚醒量よりも覚醒をどう解釈するかがパフォーマンスに影響を与え，瞬間瞬間で解釈をポジティブ-ネガティブに反転させることが可能であると主張している。

**反動形成**［reaction formation］ 精神分析理論における**防衛機制**の一つで，受け入れがたい無意識の刺激が否認され，意識上は反対のものに置き換えられる。たとえば，無意識の偏見を隠すために，寛容さを熱心に説く場合や，拒否したい気持ちを打ち消すために，母親が子どもをむやみに甘やかす場合などである。表面上の行動は無意識の願望とその反対の願望との間の象徴的関係を表し，無意識の願望に対立しているかのようにみせかける手段となる。

**反動損傷**［contrecoup］ 反対側への衝撃によって生じる頭部側面の脳損傷。

**反同調**［anticonformity］ 受け入れられている社会的基準の順守を意図的，また自覚的に拒絶すること。反同調は，真摯に自己を表現したいという欲求というよりも，反抗心や頑固さによって動機づけられたものである。⇨ **同調，非同調**

**半透膜**［semipermeable membrane］ すべてではなく，いくつかの分子を透過する膜。⇨ **浸透性**

**ハンド・クリスチャン・シューラー病**［Hand-Christian-Schüller syndrome］ シューラー・クリスチャン・ハンド病とも言われる脂質の代謝障害である。食細胞の多さやコレステロールの蓄積に加えて，膜性骨の欠損，尿崩症，眼球突出という 3 つの症状が特徴的である。罹患者の半数に，発育の遅れや精神遅滞がみられる。［アメリカの小児科医ハンド（Alfred Hand: 1868-1949），医師クリスチャン（Henry A. Christian: 1876-1951），オーストリアの神経学者シューラー（Artur Schüller: 1874-1958）に由来する］

**パントマイム**［pantomime］ **1.** 感情や態度を，言葉でなく，しぐさで表現すること。**2.** 言語表現が妨げられた際に用いられる，非言語的な治療の技法を指す。

**パントリーチェック技法**［pantry-check technique］ 広告研究における技法の一つ。調査対象者が，自分の好みであると報告する製品を実際に使用しているか確認するために，その対象者の家庭の台所の戸棚などを調べることを指す。インタビュー調査のみでは，しばしば不適切な結果に終わることが明らかにされている。ある市場調査研究によると，インタビューを受けた者のうち 15％が，実際には購入したことのない製品や知らない製品を，自分の好みであり，使用していると回答した。⇨ **再認テクニック**

**バンドワゴン効果**［bandwagon effect］ 社会的，時に政治的な状況において，多数派の意見を知覚すると，それに同調する傾向であり，多くの人がこの傾向をもっている。⇨ **多数論証**

**晩年調整**［later life adjustment］ 慢性疾患を抱えたり，家族を亡くしたり，生活スタイルが変化したりという，高齢者と関連する出来事によって引き起こされるストレスを調整すること。

**反応［1］**［reaction］ 刺激に対する応答のこと。

**反応［2］**［response］ 刺激に対して起こる，腺性，筋性，神経性，そのすべての応答。反応は明白に定義され，結果から議論される行動単位（レバーを押す）や身体的特性（腕を上げる⇨ **反応トポグラフィ**）により測定可能である。

**反応［3］**［respondent］ 条件づけにおいて，**パブロフ型条件づけ**で条件づけされる**反射**すべてのこと。⇨ **オペラント**

**反応階層**［response hierarchy］ 応答群の順序性あるいは，特定の刺激（**レスポンデント行動**）によって引き起こされたり，特定の刺激状況によって生じうる（**オペラント行動**）応答結果の順序のこと。反応の階層（hierarchy of response）とも言う。

**反応回路**［response circuit］ 受容器から効果器への神経回路のこと。

**反応学習**［response learning］ 特定の動きや反応ができるように学習すること。トールマン（Edward C. Tolman）は，迷路において実験参加者が一連の左-右の反応を学習するという反応学習と，実験参加者が迷路の認知地図を学習するという**場所学習**を対比した。運動学習（movement learning）とも呼ばれる。

**反応確率**［response probability］ 特定の状況において反応が生じるであろう可能性。多くの場合，相対頻度や反応率から推測される。

**反応型**［reaction type］ **1.** 主症状の観点から，精神医学的症候群を分類した様々なカテゴリー。たとえば，スイス生まれのアメリカの精神科医マイヤー（Adolf Meyer: 1866-1950）は感情反応，せん妄反応，荒廃反応，隠蔽葛藤反応，器質反応，パラノイド反応のタイプに分類した。**2.** 反応時間の実験における一種の**構え**のことで，運動型（反応の準備），感覚型（刺激を受け取る準備），あるいは

それらが混合した型がある。

**万能感**［omnipotence］　精神医学では，自分以外の外的現実を，自らの意思や思考によって支配したり，制御できるとする妄想を指す。精神分析理論で強調されるのは，幼児の万能感である。これは，(a) ごく些細な身振りで食欲を満足させられること，(b) 能力の向上，(c) 無力感や不安感に対する**反動形成**として，生じると考えられている。精神医学では，万能感は，妄想が現実からの孤立，あるいは現実の完全な否認になっている場合に，軽症神経症と精神病の間に位置づけられる。⇨ **誇大妄想狂**

**反応間時間**［interresponse time: IRT］　連続的な反応間の時間。特に連続的な，同じタイプの反応間の時間を指す。

**反応器**［respondent］　刺激に応答する器官のこと。

**反応競合**［response competition］　選択反応課題において，反応をする際，正答を出すための**選択反応時間**が遅延するような，無関係な刺激や刺激特徴による干渉のこと。たとえば，**ストループ色単語干渉テスト**では，実験参加者が文字の色を答えるように求められるが，その文字は他の色を示す言葉となっている。その際，無関係な情報（文字が示す色）の活性化反応が，関係する情報（文字の色）の活性化反応と競合するため，反応時間が遅くなる。

**反応クラス**［response class］　同様の，あるいは類似した外的結果をもつ行動のカテゴリーのこと。

**反応コスト**［response cost］　オペラント条件づけにおいて，ある反応の結果として価値あるものを失うことになる手続きのこと。このような手続きを用いる意図は，罰を設けることである。

**反応時間**［reaction time: RT］　刺激が開始または呈示されてから，それに対する反応が生起するまでに経過した時間。**単純反応時間**や**複合反応時間**など，複数の種類がある。認知反応時間（cognitive reaction time）とも言う。

**反応指向の体系**［response-oriented system］　心理学の体系の一つ。初期研究のターゲットとして反応を強調する。例として**オペラント条件づけ**があげられる。⇨ **作用心理学**，**S-R 心理学**

**反応シナリオ**［response scenario］　個人が特定の刺激に直面している際に生じ得る一連の代替的行動。たとえばスポーツでは，反応シナリオは，特定の守備フォーメーションに対する攻撃的プレイの変化により構成される。

**反応遮断**［response deprivation］　オペラント条件づけにおいて，強化を起こさずに強化子を同定しようとするアプローチ。行動の機会が基準となるレベルより低い場合，その行動の機会は他の行動に対して強化子として働くと考えられる。

**反応ショック間隔（R-S 間隔）**［response-shock interval: R-S interval］　**シドマン型回避スケジュール**において，それぞれの反応がショックなどの嫌悪刺激を遅延させられる時間のこと。たとえば，刺激-ショックの間隔が 20 秒の場合，反応と同時に次のショックまでの時間を測る 20 秒のタイマーが始動する。したがって，反応がないまま 20 秒経過すると，ショックが起こる。

**反応振幅**［response amplitude］　条件づけにおける，反応の大きさのこと。

**反応スタイル**［response style］　状況的ではなく属性的に生じる反応の構えのこと。

**反応性［1］**［reactive］　一般的には，与えられた刺激や状況に対し応答する様。

**反応性［2］**［reactivity］　それが観察の対象であるという事実によって，対象が観察される条件が変化すること。⇨ **観察の影響をうけた測定**

**反応性愛着障害**［reactive attachment disorder］　DSM-Ⅳ-TR において，乳幼児期や早期児童期の障害を指す。この障害の特徴は，混乱した，発達的に不適切な社会的関係様式であり，精神遅滞または広汎性発達障害には起因しない。この障害には，適切な社会的相互作用が一貫して失敗したことによるもの（抑制型），適切な弁別的な愛着が形成されずに無差別な社会的相互作用によるもの（非抑制型）がある。また，不適切な養育（例，子どもの基本的な身体的・感情的要求を無視すること，主要な養育者が頻繁に変わること）が混乱した社会的相互作用の原因であると考えられている。愛着障害（attachment disorder）とも呼ぶ。

**反応性うつ病**［reactive depression］　職業的または対人的挫折などの苦痛な出来事や状況によって引き起こされる**大うつ病性エピソード**の一つ。抑うつ反応（depressive reaction），外因性抑うつ（exogenous depression），神経症的抑うつ（neurotic depression），神経症的抑うつ反応（neurotic-depressive reaction）とも呼ばれる。⇨ **内因性うつ病**

**反応制止**［reactive inhibition］　ハルの学習の数理演繹的理論で，試行や疲労の増加に伴い反応量が減少する傾向のこと。

**反応性障害**［reactive disorder］　厳しい環境圧やトラウマ体験（traumatic event）により引き起こされたと思われる精神障害の旧式名称。

**反応性躁病**［reactive mania］　外部事象によって引き起こされる**軽躁病エピソード**あるいは**躁病エピソード**のこと。

**反応性の**［reactive］　抑うつ的な，あるいは精神病的なエピソードを記述する際に用いられる。その個人に外傷的な出来事，ストレス，情緒的激変が生じ，二次的にエピソードが出現したことを意味する。反応性エピソードは，一般に，内因性で特定の出来事と関連しないエピソードより予後が良いと考えられている。

**反応セット**［response set］　スポーツをする際，選手が特定の状況において同じパターンのプレーを見せる傾向のこと。たとえば，バスケにおいて，ドリブルの前にいつも右へのフェイントを入れること。

**反応潜時**［latency of response; latency of reply; response latency］　刺激の始まりから反応が生じるまでに経た時間。条件づけの強度の指標にもなる。⇨ **反応時間**

**反応選択**［response selection］　人間の情報処理の中間段階で，特定の刺激に対して選択される反応のこと。反応選択は，通常，刺激とそれらに割り当てられた反応の間の関係を変化させながら学習される。

**反応的攻撃**［reactive aggression］　他者に危害を加える意図で衝動的に行われる身体的行為のことで，通常は報復時に生じる。

**反応統合**［response integration］　反射や単純な運動がより複雑な応答に統合される過程のこと。

**反応統合失調症**［reactive schizophrenia］　統合失調症

の急性型。過度のストレスのような促進的に働く環境要因に反応して発展する。一般に，予後は**過程統合失調症**より良好である。［アメリカの心理学者ガーマシー（Norman Garmezy: 1918- ）とロドニック（Eliot H. Rodnick: 1911-1999）により1959年に提唱された］

**反応トポグラフィ**［response topography; topography of response］ 持続時間，力，範囲，位置などといった，反応の物理的性質のこと。

**反応の構え**［response set］ 質問の内容に関係なく，質問に対して系統的に答える傾向。例として，**黙従反応傾向**や社会的望ましさによる反応の構えがある。⇒ **反応スタイル**［クロンバック（Lee Joseph Cronbach: 1916-2001）によって最初に広範な議論や研究が行われた］

**反応の頻度**［frequency of response］ 時間単位ごとに数えることが可能な反応の数。たとえば，もしも個人が5分間に電鍵を500回押せば，反応の頻度は1分間に100になる。

**反応バイアス**［response bias］ 刺激条件に関係なく，ある反応が他の反応よりも多くなる傾向のこと。信号検出理論における反応バイアスは，実際の信号の有無に関係なく全面的にyes（信号あり）やno（信号なし）と答えようとすることを指す。

**反応妨害法**［response prevention］ **強迫性障害**を治療するために用いられる行動療法の一つ。**強迫観念**や強迫を引き起こす状況や刺激への暴露が含まれ，強迫行動の防止を伴う。暴露および反応防止（exposure and response prevention）とも呼ぶ。

**反応ポテンシャル**［reaction potential］ ハルの学習の**数理演繹的理論**で，刺激が特定の反応を促す確率のこと。有機体の**習慣強度**と**動因強度**のかけ算で求められる。

**反応命題**［response proposition］ 想像上の条件刺激に対する想像上の反応の内容のことである。反応命題は，成績の向上において，どのように，そして，なぜ想像が機能するのかという**生命情報理論**の一部である。⇒ **刺激命題**

**万能薬**［panacea］ 悪いものすべてに効いたり，関連する問題群に普遍的に適用できる解決策や療法。

**反応抑制**［response suppression］ 実験的操作によって，反応の生起確率や割合が減少すること。たとえば，**罰**は反応抑制をもたらす。

**反応率**［response rate; response frequency］ 特定の時間間隔の範囲内で生じる反応の数。

**反応力**［response strength］ 反応の起こりやすさ，反応の大きさ，反応途絶に対する抵抗性などを包括した仮想体。**反応率**や**反応潜時**から判断されることが多い。

**半倍数体**［haplodiploidy］ 片方の性の個体群が一対の染色体しかもっていない（すなわち，**一倍体**である）状態。その個体群は未受精卵から発生しており，他方の性の個体群は二対の染色体をもっている（すなわち，**二倍体**である）。半倍数体はミツバチやスズメバチでみられ，オスが一倍体である。メスの子は同一の父親からの遺伝子を受け継ぐため，75％の遺伝子を共有する（二倍体の両親の兄弟たちは，50％の遺伝子のみを共有する）。このことが**真社会性**のための遺伝子的基盤となっている。

**販売調査技法**［sales-survey technique］ 1つかそれ以上のコミュニティで宣伝した後に製品の売り上げを分析したり，その宣伝をしなかったコミュニティでの同じ製品の売り上げを比較したりして，宣伝広告の効果を検証する方法のこと。この方法は，天候など，検証期間中の買い物客の行動に影響する様々な外部要因を考慮に入れる必要がある。

**反駁可能性**［refutability］ **反証可能性**のこと。

**反復**［iteration］ ある計算を，繰り返しても結果に変化が起こらなくなるまで，あるいは，予め定義した基準に達するまで，繰り返すこと。

**反復獲得**［repeated acquisition］ 系列的な反応として学習されるが，観察期間によってその系列が変化する手続き。たとえば，ある人が，7つの異なった刺激が順番に呈示される状況で，ある系列のキー押しを求められるとする。学習後，次のテスト期間では，同じ7つの刺激に対応させて異なった系列のキー押しを学ぶよう要求される。

**反復可能性**［repeatability］ 特定の調査研究を何度繰り返しても同じ結果が得られる程度。

**反復強迫**［repetition compulsion］ 精神分析理論において，早期のトラウマを克服する際に，そのトラウマを再現しようとする無意識的な欲求のこと。反復強迫では，早期外傷体験は抑圧された原型を象徴する新しい状況で反復される。治療目標はトラウマの反復でなく，それを想起し，現在の行動との関連を理解することであるため，反復強迫は治療的変化に対する**抵抗**として現れる。繰り返し強迫（compulsion to repeat）とも言う。

**反復視**［palinopsia; palinopia; paliopsy］ 刺激が取り除かれた後でもその視覚像が残ること，もしくは再度現れること。反復視は脳の後頭領域の損傷，薬物の影響，発作と関連がある。視覚保続（visual perseveration）とも呼ばれる。⇒ **残像**，**錯視**

**反復症**［perseveration］ 神経心理学においては，不適切な反復行動を指す。脳の**前頭葉**の損傷と関連することが多い。

**反復性疲労障害（RSI）**［repetitive strain injury: RSI］ 筋肉，腱，神経の慢性的な炎症を含む**筋骨格障害**であり，特定の身体部位を過度に使用したり，酷使したりすることによって引き起こされる。一般に，反復性疲労障害は手，手首，肘，腕，肩，背中，首に影響を与えることによって，それらの影響部位に痛みや疲労が生じる。たとえば，**手根管症候群**，腱の炎症，痛みや腫脹を伴う腱炎（tendinitis）等があげられる。反復性疲労障害は，職業的条件と関連することがあり，この障害を予防することが**人間工学**や**人的要因**にとって重要な問題である。蓄積トラウマ障害（cumulative trauma disorder: CTD），反復性運動障害（repetitive motion disoeder or injury: RMD; RMI），反復性ストレス障害（repetitive stress injury）とも呼ぶ。

**反復説**［recapitulation theory］ **1.** 生物の胎生発育段階には，種の特性が進化する際の形態的段階が反映されるという仮説。つまり，**個体発生**は**系統発生**を繰り返す。この理論は，発生学によって，個体発生と系統発生の間の一貫した対応がみられないことが示された20世紀初頭に放棄された。生物発生原則（biogenetic law）とも言う。［ドイツの生物学者ヘッケル（Ernst H Haeckel: 1834-1919）によって提唱された］ **2.** 反復発生の原理を子どもの精神発達や行動の発達に拡張したもの。［アメリカの心理学者ハル（Granville Stanley Hall）によって提唱された］

**反復設計**［iterative design］ 試作のテスト結果や定例

の**形成的評価**（formative evaluation）を使用する．製品の**開発サイクル**の中の一つの段階で，設計を変更するために行われる．前作の結果が次の製品設計に送り込まれ，再びテストや評価を受けるといった具合に，将来の設計変更につながっていく．

**反復測定計画**［repeated measures design］同一の個人に関して同一の**従属変数**を複数回測定する研究計画のこと．

**反復プライミング**［repetition priming］同じ，あるいは関連した刺激に予め接触することによって，刺激の処理（たとえば，反応速度，エラー数）が変化すること．

**反復夢**［recurrent dream］繰り返し現れる夢．フロイト（Sigmund Freud）は，反復夢を**願望成就**ではなく罰の夢とみなし，過度の野心的空想から発現する自己批判を必要とする自虐性と関連づけた．ユング（Carl Gustav Jung）は，反復夢は，一回性の夢よりも**無意識**を露わにするものとみなし，一連の夢の中で，後続の夢はそれ以前の夢を説明するものであることを見出した（⇨ **連続した解釈**）．その他の心理学者は反復夢を，妨害的経験を受け入れようとすることとみなしている．

**判別関数**［discriminant function］誤りの確率が小さくなるように2つ以上の変数で正しい群にケースを位置づけるための統計手法．

**判別分析**［discriminant analysis］予め定義された集団を最大限識別できるよう説明変数からの情報を組み合わせる**多変量**による統計手法．

**半母音**［semivowel］**1.** 母音と結合した際には音節を形成するという点では子音として機能する，母音に似た言語音．たとえば，"well"の［w］や"yellow"の［y］など．⇨ **音節主音 2.** 流音の言語音．

**反捕食攻撃**［antipredatory aggression］防衛形態としての潜在的捕食者に対する攻撃行動．⇨ **動物の攻撃性，防衛行動**

**反捕食者行動**［antipredator behavior］捕食から逃れる機能を有する活動を指す．これには，**反捕食攻撃，防衛行動，擬態，モビング，不動性，かく乱行動**（⇨ **混乱効果**），**集団行動**（⇨ **減光効果**），逃走，回避行動などがある．

**反捕食者防御**［antipredator defense］それによって捕食を逃れる手段．**擬態，ベイツ擬態，ミュラー擬態，警戒色**などがあり，また様々な反捕食者行動が該当する．

**半盲**［hemianopia; hemianopsia; hemiopia］正常視野の半分の視覚を喪失することによる**視野欠損**の一つ．半盲は視交叉や視放線の損傷によって生じる．⇨ **両鼻側半盲，両耳側半盲，異名半盲，同名半盲**

**反リビドー的自我**［antilibidinal ego］イギリスの精神分析家のフェアバーン（W. Ronald D. Faribairn: 1889-1964）の**対象関係理論**において，フロイト（Sigmund Freud）の**超自我**に類似した**自我構造**の一部．反リビドー的自我は，喜びや満足が欠如した状態，自虐，敵対的な自己像を構成する．幼児期のリビドー的自我（**イド**と類似）が親のせいで剥奪を経験し，自分の挫折した欲求を抑圧する際に，それまでの統一的な自我から脱したところに反リビドー的自我は位置づけられる．内的破壊者（internal saboteur）とも呼ばれる．⇨ **フェアバーン理論**

**汎理論的モデル**［transtheoretical model: TTM］人々の健康に関わる行動の変化を説明する5段階の理論（⇨ **変化のステージ**）．この理論により，変化には時間がかかること，異なる段階には異なる介入が有効であること，複数の段階を通して複合的な結果（たとえば，信念構造や自己効力感）が生じることが示された．［アメリカの臨床心理学者プロハスカ（James O. Prochaska: 1942- ）が1970年代に開発した］

**凡例**［legend］グラフや地図，図表上の絵や記号を説明する見出し，あるいは記号一覧．

**判例法**［case law］裁判所の判決によって確立した法律．判例法は，立法行為によって制定された法律とは区別される．⇨ **慣習法**

# ひ

**比**［ratio］　一方の数値でもう一方の数値を割って算出する2つの数値の商のこと。

**美**［beauty］　称賛や喜びを即座に誘発するような刺激の性質。

**ピアカウンセリング**［peer counseling］　カウンセリングの訓練のための大学生が他の大学生に，あるいは従業員が同僚にといった，クライエントと同じ地位の者によるカウンセリングのこと。

**ピアジェ**［Piaget, Jean］　ジャン・ピアジェ（1896-1980），スイスの児童心理学者で認識論者。1918年，ヌーシャテル大学において，軟体動物の分類に関する論文で博士号を取得。それから，チューリッヒ大学とパリ大学で心理学と哲学を学び，その後，ジェノバの児童発達研究の拠点であるルソー（Jean-Jacques Rousseau）研究所に所属。ピアジェは，認知発達における調査，および理論的研究において最も著名な研究者である。彼は，すべての子どもは規定された一連の発達段階を経ることを主張した。すなわち，感覚運動，前操作，具体的操作，形式的操作の段階である。各段階の開始年齢は文化的歴史的要因によって多様であるとは言え，段階の順序はすべての文化において共通しているという。**感覚運動期**では，子どもの**物の永続性**に関する認識が発達する。つまり，対象物が視界から消えたとしてもそれが存在し続けていることを，乳児は発達とともに認識するようになる。**前操作期**では，他者の視点をほとんど認識しないといった，自己中心性が確認される。ここでは初歩的な数の理解と同様に言語発達がみられる。**具体的操作期**は，初期にみられるような知覚に基づく思考というよりは，概念に基づく思考の発達が特徴的となる。この段階の子どもができるようになることは，**可逆性**，**カテゴリー化**，**保存**といった心の操作である。最後に，形式的操作期（⇨ **形式的操作**）では抽象的思考，**仮説演繹推論**，道徳的推論の発達がみられる。ピアジェによる最も影響力のある著書としては，*The origins of Intelligence*（1936），*The Construction of Reality*（1937），インヘルダー（Barbel Inhelder）との共著 *The Growth of Logical Thinking from Childhood to Adolescence*（1953），*The Early Growth of Logic in the Child*（1959）があげられる。1969年には米国心理学会特別功労賞を受賞している。⇨ **構成主義的**

**ピアジェ課題**［Piagetian task］　ピアジェ（Jean Piaget）によって開発された，乳児や児童，青年の認知的能力を調べるための様々な課題。その例として，乳児では**物の永続性**課題や延滞模倣がある。児童では**保存**の理解，知覚的視点取得課題（たとえば，**三つ山課題**），**クラス包含**の理解。青年では**振り子問題**などがある。

**ピアジェの知能理論**［Piagetian theory of intelligence］　ピアジェが主張した**認知発達**の理論のことで，知能の発達は4つの主な段階を通じて発達する。すなわち（a）感覚運動期（およそ0歳〜2歳），（b）前操作期（およそ2歳〜7歳），（c）具体的操作期（およそ7歳〜12歳），（d）形式的操作期（およそ12歳以上）である。この理論によれば，各段階はそれより以前の段階に基づくことによって構築されていく。したがって，それぞれの段階が達成される順序は相対的な年齢に従うように規定されるのである。つまり，ピアジェは子どもが上記の段階を早めることは不可能だと考えている。段階の通過は，次にあげる2つの過程が均衡することで促される。一つは，**同化**で，それは新たな情報を既存の認知構造の中に組み入れることを意味する。もう一つは，**調整**であり，新たな情報が既存の認知構造に適合しない場合，それが新たな認知構造の創造に利用されることを指す。

**ビアーズ**［Beers, Clifford］　クリフォード・ビアーズ（1876-1943），アメリカの博愛主義者で**精神衛生**運動の創設者。1897年にエール大学にて学士号を取得。精神疾患の予防と情報の周知を目指す国際精神衛生機構の幹事。ビアーズの一連の活動は，自ら自殺を試みた後，躁うつ病患者として入院したことがきっかけだとされる。躁状態の期間に，精神病院の環境改善を求める活動を積極的に行った。自身の躁うつ病とその回復の過程，精神病の回避と治療について綴った著書として，*A Mind That Found Itself*（1908）がある。

**ピアソンの積率相関**［Pearson product-moment correlation］　⇨ **積率相関**

**ピア・レーティング**［peer rating］　個人の行動に対する仲間や同僚による評価（たとえば医師の同僚評価）。子どもの発達研究においては，仲間集団の成員から評価を得ることがある。

**被暗示性**［suggestibility］　1. 概念，信念，態度，もしくは他者の行動が，たやすく無批判に取り入れられる状況。2. 催眠感受性と同義に用いられることもある。

**BRCA1とBRCA2**［BRCA1 and BRCA2］　乳癌と卵巣癌の罹患性に関連するとして発見された最初の2つの遺伝子。それぞれ1994年と1995年にクローン化され，BRCA1とBRCA2は広範な遺伝子検査が可能となった最初の主要な癌遺伝子で，数年以内でダイレクトスクリーニングが可能となった。これらの遺伝子のどちらかに変異がある女性の乳癌のリスクは56〜85％であり，このタイプの乳癌は多くの他のタイプと比べて若年で生じる傾向がある。また，卵巣癌のリスクも非常に高い。BRCA2の変異は男性の乳癌とも関連しているが，その割合は低い（約5％）。変異を生じるはずの遺伝子型をもちながら，これらの遺伝子の不完全な**浸透度**により，変異キャリアのうちの少数は乳癌，卵巣癌，他の関連する癌を発症しない。⇨ **リスク認知**

**P因子分析**［P factor analysis］　ある一つの機会に限定して調査を行い，多数の個体における複数の反応を検討するというよりも，むしろ単一の個体により提供された様々な場面における複数の反応の統計的分析を行う**因子分析**。

**PLISSIT**［PLISSIT］　1970年代に考案されたモデルであり，性的な問題を抱えた患者に対するカウンセリングにおいて用いられる。このモデルは，コミュニケーション，あるいは介入の連続的な段階を提示し，次の頭文字を合わせて，名づけられた。すなわち（a）許可（Permission）：ここでは，患者が認められないと思っていることが受け入れられることを伝える。（b）基本的情報の提供（Limited

Information）：ここでは，患者の関心事に直接関連した限られた情報が与えられる。(c) 個別的アドバイスの提供（Specific Suggestion）：ここでは行動が具体化される。(d) 集中的治療（Intensive Therapy）：これは患者が複雑な問題を抱えている際に必要とされる（通常，その他の治療者も含まれている）。このアプローチによってカウンセラー，あるいは治療者が判断できることは，どの地点で患者の快適なレベルや能力を超えた問題になるのかということや，別の場所へ患者を委ねることが適切かどうかといったことである。

**P技法因子分析**［P-technique factor analysis］ 時点同士の**相関行列**に関する**因子分析**のこと。この場合，2つの変数は個人でなく，時点に関して相関する。⇨ **Q技法因子分析，R技法因子分析**

**PQ4R法**［PQ4R］ 認知心理研究に基づいて開発された学習法の一種。PQ4R法とは知識を習得するために必要となる6つの段階，すなわち，下見（preview），問題（question），読解（read），熟考（reflect），暗唱（recite），復習（review）を意味する。

**p53遺伝子**［p53］ 癌抑制遺伝子。細胞増殖サイクルを制御し，細胞のDNAを損傷から守る。p53遺伝子の変異は細胞の悪性腫瘍化をもたらす。p53遺伝子の生殖細胞性変異は，リ・フラウメニ症候群（Li-Fraumeni syndrome）のほとんどのケースの原因だとされる。p53遺伝子変異に起因するリ・フラウメニ症候群をもつ家系は，90％の癌発症の生涯リスクを負う。

**Bcl-2**［Bcl-2］ 遺伝子の一つで，それの産生するタンパク質は**プログラム細胞死**を制御している。

**PGOスパイク**［PGO spikes］ 橋-外側膝状体-後頭神経発火のこと。ピークは睡眠中の脳波に見られ，睡眠中の橋，外側膝状体，後頭葉の神経活動と関係しているとされる。⇨ **夢状態**

**PCP**［PCP］ 1-（1-フェニルシクロヘキシル）ピペリジン（フェンシクリジン）。幻覚剤。もともとは外科手術に使用される健忘作用のある麻酔薬として開発されたが，幻覚や解離反応が生じることが発見された。興奮，せん妄，失見当識，幻覚などの副作用から医療での使用は中止された。PCPの作用には複雑な過程がある。**拮抗薬**として**NMDA受容体**と結合するほか，**ドーパミン受容体作動薬**としても作用し，ドーパミン，ノルエピネフリン，セロトニンの再取り込みを妨害する。PCPの中毒症状は統合失調症の陽性，陰性症状と似ているため，統合失調症の薬理モデルとして使用できると考えることもある。高容量のPCPは無感覚状態や昏睡を誘発する。1970年代にPCPは非合法の薬物として普及した。（しばしばマリファナや煙草と組み合わせて）喫煙，鼻からの吸引，経口や静脈注射（⇨ **天使の粉**）などで摂取される。⇨ **幻覚剤**

**PCP中毒**［PCP intoxication］ PCPの最近の摂取による可逆的な症候群。臨床的に重大な行動的，心理学的変化（たとえば好戦的，攻撃的，衝動的，予測不可能性，**精神運動激越**，判断力の衰え，社会的，職業的機能の衰え）や，生理学的な変化（たとえば垂直，水平方向の**眼振**，高血圧，頻脈，無感覚，痛みへの反応性の減少，不安定な歩き方，不明瞭な話し方，筋肉の硬直，発作，昏睡）が生じる。⇨ **物質中毒**

**PCP中毒せん妄**［PCP intoxication delirium］ 大量のPCP摂取の後，短期間（通常は数時間から数日）で生じる可逆的な症候群。意識障害（たとえば注意の焦点化，維持，切り替えをする能力の低下）に，過度のPCP中毒に関連するような認知の変化（たとえば記憶障害，見当識障害，言語障害）が伴う。⇨ **物質中毒性せん妄**

**P3コンポーネント**［P3 component］ 事象関連電位（event-related potential）の3つ目の正の成分。注意といった，知覚後の認識過程に関連すると考えられている。刺激のオンセットから約300 msにみられるので，P300と呼ばれることもある。

**非遺伝的継承**［nongenetic inheritance］ 直接の遺伝的基礎がない世代間における行動や心理機能の伝達のこと。たとえば，支配層のメスのマカクザルは下位層のメスよりも，自分の子どものために頻繁に上手く介入するため，子どもは自分の母親の地位を相続する。幼いげっ歯類やサルが受ける母親からの世話は，その後の親としての行動に影響する。永続的な生理学的あるいは神経学的な変化を引き起こす。

**BB**［BB］ クレアチンキナーゼ酵素の一形態で，2つとも同じBサブユニットから構成されていて，特に脳の組織に関連がある。

**P物質**［substance P］ 末梢および中枢神経系において神経伝達物質として機能する**神経ペプチド**。ニューロキニン族に属する。P物質を高濃度に保持する神経細胞は脊髄の**後角**にあり，ここは痛みの調節機能をもつ場所である。末梢組織のP物質は血管拡張作用をもつ。性行動や気分の調節にも寄与することが示唆されている。

**P1注意効果**［P1 attention effect］ 事象関連電位（event-related-potential）の最初の正の成分に関する効果。P1成分は，注意した刺激に対してのほうが，注意しない刺激よりも大きくなることが多い。P1成分の源は視覚野だと考えられている。⇨ **N1注意効果**

**ビーイング心理学**［being psychology］ 人にとっての究極を扱う心理学の領域。人間や事物の内にある聖的で，独自で，比類のないものに関心がある。［マズロー（Abraham Maslow）によって発展］

**鼻咽頭**［nasopharynx］ 咽頭の一部として，軟口蓋の上に位置している。飲み込む時や喋る時に自然反射で軟口蓋が上がり，鼻咽頭が咽頭の他の部分から隔離される。

**被影響妄想**［delusion of influence］ 他者，あるいは外部物質が秘かに自分自身に力を及ぼしているという誤った推論。影響妄想（idea of influence）は同じ意味で用いられるが，この状態はあまり明確ではなく，比較の持続期間は短く，耐え難いものではない。

**非栄養吸乳**［nonnutritive sucking］ ミルクが入っていない物（たとえば，親指やおしゃぶり）を幼児が吸入すること。なだめるときや眠らせることが目的である。**吸引反射**は，情緒の統制や自己制御の発達の役割を担う。非栄養吸乳は，幼児の好みを推測する方法として調査研究に使用され，具体的には幼児が異なる刺激を提示されたときに，吸乳率に差異が観察される。

**ピエール・ロビン症候群**［Pierre Robin's syndrome］ 小顎症（顎の小さい奇形）や口蓋裂を含む奇形を伴う先天性の障害。最も影響の強い者は，呼吸や食事を阻害する引っ込んだ顎，咽頭に落ち込んだ舌（舌下垂）とともに深刻な目の障害が生じる。精神遅滞の発生率は5〜50％であ

る。[フランスの小児科医ロビン（Perre Robin: 1867-1950）によって1923年に最初に報告された]

**ビオトープ**［biotope］ 生態学において，ある特定の環境の特徴によって定義可能な区分された範囲のこと。

**鼻音**［nasal］ 空気のすべて，もしくは大半を（口よりも）鼻腔から通すことにより生じる発話音の名称である。たとえば，"sing"の［ng］やフランス語の"bon"の［on］。

**鼻音減弱**［hyponasality; denasality］ 鼻道の一部，あるいは全体が閉塞する結果生じる共鳴鼻音の欠如。

**鼻音症**［rhinolalia］ 話し方に関する特徴の一つであり，異常な鼻響きを特徴とする。また，鼻腔内の異常や障害に起因することもある。

**被蓋**［tegmentum］ 中脳や脳橋の中核。中脳だけでなく，動眼神経核や赤核，視床下核を含めたいくつもの核を通る知覚路や運動路を含む。

**非外向性**［desurgency］ 不安，熟慮性，内閉性を特徴とする人格特性。[イギリス出身のアメリカのパーソナリティ心理学者キャッテル（Raymond Bernard Cattell: 1905-1998）による定義]

**被害者**［victim］ 1. 暴力，いじめ，ハラスメント，暴行行為の対象となった人。2. 事故や天災を経験した人。

**被害者影響陳述**［victim impact statement］ 被告の量刑を決定する際に，犯罪被害者が被告の行為によって受けた傷や苦しみについて，口頭または書面で意見すること。

**被害者非難**［blaming the victim］ 個人あるいは集団が，心的外傷や悲劇の被害者に責任を付すことで，他者の経験した難事に対処しようする社会心理学的現象。被害者非難は，非難する者と被害者の心理的距離の構築に寄与する。また，非難者が，惨事の目撃者であった場合には，介入しなかったことを合理化できるであろうし，自分自身もまた被害を受けうる脆弱な存在であることの認識からの心理的防衛も可能となる。

**被害低減法**［harm reduction］ 危険な行為（たとえば，アルコール摂取，薬物使用，成り行きでの性行為）をすっかりなくそうとするよりも，それによる被害を減らそうとすることを目的としたプログラムを用いる理論的手法である。たとえば，アルコール摂取を関するプログラムであれば，禁酒の支援をするのではなく，暴飲の危険を先に考えるように指導し，安全に飲むことを覚えてもらうようにする。

**非回答バイアス**［nonresponder bias］ （たとえば調査に対する）無回答者が回答者から異なる度合い。⇨ **志願者バイアス**

**被害妄想**［delusion of persecution; persecutory delusion］ 他者が脅威であり，陰謀を企てていると決めつける誤った信念。

**控え目**［self-effacement］ 自分自身へ注目を引かないような，あるいは目立たないような行動のこと。

**皮下感受性**［subcutaneous sensibility］ 皮膚の下にある神経受容器（たとえば，**パチーニ小体**）の感度。

**被殻**［putamen］ 脳の**大脳基底核**にある**レンズ核**の一部。運動野から入力を受け取り，運動の制御に関係している。

**美学**［aesthetics］ 自然や芸術作品における美，もしくはその欠如を心理学・哲学的に研究する学問のこと。⇨ 心理学的美学，環境美学，実験美学

**比較価値**［comparable worth］ 幅広い視点から客観的な比較を可能にする手順を用いて仕事の評価をし，類似している仕事に従事しているとされた場合，同額の報酬が支払われるべきである，とする原理のこと。比較価値の原理によれば，2つの仕事で同様な働きが求められるとき，従業員は，仕事の種類や実際の業務が異なろうと，伝統的な給与水準や現在の市場金利に相違があろうと，給与は同様に支払われなければならない。この原理は主にフェミニストの運動家が主張してきた。伝統的な女性の職業は男性のそれと比べ業務や要求されるものが類似しているにも関わらず，給与が少ないとフェミニストの運動家に論じている。同一労働同一賃金（pay equity）とも言われる。⇨ **公平理論**

**比較過程**［comparison process］ 自我心理学において，個人が自己を理解し，評価するために，その特徴や行動を他者のものと比較するあらゆる過程のこと。

**比較群**［comparable groups］ 観察や実験の目的で，同じ母集団から抽出した複数の代表的な標本のこと。

**比較言語学**［comparative linguistics］ ある言語間の歴史的な関係性を理解することを目的として，対象言語の類似性や差異について研究する言語学の一分野。⇨ **通時言語学，系統言語学，文献学**

**比較刺激**［comparison stimulus: Co］ 標準刺激と比較されるたくさんの刺激。

**比較照合的特性**［collative properties］ 構造の形態の一種。たとえば複雑性，新奇性のような芸術形態にみられるような刺激パターン。人は弱いレベルの比較照合的特性を含む刺激を好む傾向がある。⇨ **覚醒可能性**

**比較神経心理学**［comparative neuropsychology］ 脳や行動の進化および行動の根底にある神経機構を解明するために，様々な動物やヒトの行動と神経機構の関係を調べる学問。

**比較心理学**［comparative psychology］ ヒト以外の動物の行動それ自体を理解するだけの研究ではなく，ヒトの行動の理解をも深めるという二重の目的をもつ動物の行動の研究。通常，比較心理学は，実験室での研究を含み（→ 動物行動学，比較行動学），**比較法**を用いるか否かに関わらず，典型的にはヒト以外の種の研究のすべてを指す。比較心理学者（comparative psychologists）の中にはフィールドと実験室の研究の両方に従事する者もいる。⇨ **ヤーキーズ**

**比較水準**［comparison level: CL］ 社会的交換理論で，現在参与するいかなる社会的関係においても，その質を評価する際に用いる水準のこと。比較水準は，その人の以前の類似した関係の体験結果や，他者の似かよった関係をその人が観察した結果の全平均値をもとに作られたものである。多くの場合，以前の関係が有益であまり損失がない体験をした人のほうが，以前の関係においてあまりメリットがなく損失がより大きかった体験をもつ人よりも，比較水準が高かった。現在の関係でメリット対損失の比がその比較水準より下回っていれば，その人は不満を感じるとされる。[1959年アメリカの社会心理学者ケリー（Harold H. Kelley: 1921- ）とティーバウト（John W. Thibaut: 1917-1986）によって提唱された]

**比較判断**［comparative judgment; relative judgment］

2つかそれ以上の刺激が，他の刺激か基準刺激と比較されるような精神物理学的判断のこと。⇨ **絶対判断**

**比較文化心理学**［cross-cultural psychology］　心理学の一分野で，異なる文化間にみられる人間行動の類似と相違，異なる心理的構成概念の同定，各文化ごとに用いられる解釈モデルの研究をする。体系的な文化内アプローチをとる**文化心理学**と対比される。民族心理学（ethnopsychology）とも呼ばれる。

**比較文化心理療法**［transcultural psychotherapy］　文化的に定義された情動や心理力動，行動の概念などを含む，文化的な感受性や気づきに重きをおいた心理力動的心理療法。精神医学の分野ではしばしば臨床心理学の分野である**多文化カウンセリング**に類したものとして用いられている。

**比較文化的アプローチ**［cross-cultural approach; cross cultural method］　求愛行動や子育ての慣習，あるいは治療態度や行動といった特有の社会慣習に関する社会科学分野の研究方法。いくつもの異なる文化を対象に研究を行って比較する。⇨ **比較文化心理学**

**比較文化的検査**［cross-cultural testing］　ある特定の文化的好ましさが反映されないように工夫された手続きや材料を用いて，それぞれ多様な文化的背景や経験をもつ個人を測定すること。通常，**文化的に公正な検査**は，非言語的な指示や内容を用い，個々の文化に固有の特徴を示す変数の使用を避け，また，解答の速度に成績が左右されないようにする。

**比較法**［comparative method］　異なる動物種間や文化の異なる人種間，年齢の異なるヒトや動物の集団間において行動を比較分析する研究法。たとえば，マカクザルはヒトの母子関係解明のモデルとしてよく利用される。しかし，オスのマカクザルは子どものマカクザルにほとんど興味を示さず育児に関わろうともしないので，オスがいつどのように子どもの世話をするのか知るためには他の生物種の比較研究が必要である。

**非確率的標本抽出**［nonprobability sampling］　母集団から無作為に標本を抽出しない方法。⇨ **便宜的抽出**，**無計画なサンプリング**，**便宜的標本抽出**

**比較領域検査**［zone of comparison test］　**対照質問法**において，**ポリグラフ**上の生理的反応の客観的分析を促進し，実験参加者が質問形式に慣れる可能性を最小限にすることを目的とする質問配列。

**非加算的**［nonadditive］　加算をしても，算出された総和が各成分の基本的特性や成分間の関係を正しく反映しないため，意味があるようにまとめることができない値や測度のこと。

**皮下注射**［subcutaneous injection; hypodermic injection］　皮膚の下に薬剤を注射すること。通例，皮下組織の層が十分にある二の腕か大腿に行う。皮下経路は主に液体注射に用いられるが，皮下でゆっくり吸収される小丸薬を投与する薬物治療もある。⇨ **投与**

**非活動状態**［torpor］　完全に不活動，不活発になる条件。極めて強力な刺激だけがそのような条件にある個体から反応を喚起できる。

**光凝固**［photocoagulation］　レーザーやキセノンアークビームなどの照射エネルギーにより組織内のタンパク質を凝集させる方法。術後の剥離網膜処理や良性皮膚がん，末梢組織変成の処理に利用される。

**光駆動**［photic driving］　**脳波測定法**によって計測される皮質細胞の電気的活動が，リズミカルに提示される光の刺激によって変化し，その活動頻度が光刺激の点滅やパルスに同調するようになるという効果。

**光受容体**［photoreceptor］　視覚の受容器のこと。特に**桿体**，**錐体**を指す。

**光生物学**［photobiology］　生物に対する光の影響を対象とした学問。気分，認知，生理機能，行動に対する色の影響や，様々な病気の治療に色を利用すること（chromothrapy）なども含まれる。

**光誘導**［light induction］　視野の一部範囲の感覚が，当該範囲の近傍を刺激することによって生じたり，変化したりすること（たとえば，**誘導色**）。

**光療法**［phototherapy］　紫外線や赤外線の照射を伴う治療方法で，黄疸や乾癬といった特定の皮膚状態・皮膚疾患に対してだけでなく，うつ病，特に**季節性感情障害**（SAD）患者の治療にも用いられる。典型的に，SADに対する光線療法では，5000〜10000ルクスの光を放つ特殊な照明を網膜に向けて発光させる。すると，信号は視神経を介し，暗闇に反応して**メラトニン**を分泌する部位である松果腺に達する。明るい光によるメラトニン分泌の抑制は，SADの症状を緩和する。高照度光療法（bright light therapy）とも呼ばれる。

**光老化**［photoaging］　肌に日光を浴びることにより蓄積される効果。紫外線照射による皺や皮膚損傷として顕在化する。

**非関係づけ傾向**［asyndetic thinking］　観念やイメージが，断片化し，無関係となる思考過程のこと。統合失調症患者に多く認められる。

**悲観主義**［pessimism］　物事は悪い方向に進む，人々の期待や目標は満たされることが少ない，という態度。悲観主義者（pessimists）とは喜ばしくない出来事や悪い出来事が自身や他者に起こることを予期する人々，もしくは行動の良い結果について疑い，ためらう人々のことを指す。悲観主義は予期の観点から定義できる。すなわち，期待する目標の達成に対する自信の欠如である（⇨ **楽観主義**）。ほとんどの人は純粋な楽観主義と純粋な悲観主義の両極の間のどこかに位置しているが，時々，両極のどちらかの方向に，強い，比較的安定的または状況に応じた偏りをみせることがある。⇨ **期待‐価値モデル**

**非関与域**［latitude of noncommitment］　賛成でも反対でもないと，決めあぐねること。**社会的判断理論**の一部としてはじめに提唱された。⇨ **受容域**，**拒絶域**

**引き金**［triggering cause］　行動上の兆候を即座に起こす刺激もしくは事象のこと。⇨ **増悪原因**，**素因**

**引き金帯**［trigger zone］　反応を引き起こす低閾値領域。ニューロンで活動電位を引き起こす引き金帯は，**シナプス後電位**が合計される**軸索小丘**である。脳では，延髄にある**化学受容器引金帯**の刺激が嘔吐を引き起こす。

**非器質性聴力障害**［nonorganic hearing loss］　原因が生物学的に説明のつかない難聴。

**引数**［argument］　関数の値が左右されるパラメータのこと。

**引き制モデル**［pull model］　ポジティブな経験が，どのように人を奮い立たせ目標などを設定させるか，を重要視する心理学の理論。

**引き出し分析**［file-drawer analysis］ 引き出し問題を解くための統計分析のこと。メタ分析の結果のまとめが、統計的に有意ではない、すなわち、$p$ 値が0.05以上になるには、どのくらいの数の研究が引き出しに埋もれているかを推定する。検索されない研究の効果量は平均0として推定する。

**被虐待児症候群**［battered-child syndrome］ 両親あるいは養育者の身体的虐待による症状。広義には、身体的虐待だけではなく、感情的な無視や育児放棄による影響も含まれる。身体の障害だけではなく、知的発達の問題を示すこともある。

**被虐待女性**［battered women］ 配偶者やパートナーから身体的虐待を受けた女性。アメリカでは、暴力行為のなかで女性を殴ることはレイプ以上に未報告だといわれている。最近の研究では、女性への暴力は、すべての社会階級、人種、宗教、同性愛者間で共通に生じていることがわかっている。

**被虐待女性症候群**［battered-woman syndrome］ 女性が配偶者やパートナーから身体的に虐待を受けたことによる心理的影響。この症候群には、虐待している相手との関係において学習された無力感や外傷後ストレスも含まれる。虐待されたすべての女性が被虐待女性症候群になるとは限らない。虐待の深刻さや頻度が発現の要因となる。⇨ **暴力のサイクル**

**非逆転移行**［nonreversal shift］ 2つの刺激の**弁別**において、訓練の初期段階では無関連であった刺激特性が、後の段階では関連する刺激特性となるような随伴関係の変化。たとえば、様々な図形が呈示される初期の訓練時には、白い図形は正解で黒い図形は間違いであると指定されていたとする。後続の条件においては、正方形（もとの課題で出現した図形のうちの一つ）が正解で、丸（これも初期段階で呈示された図形）が不正解であると指定される。⇨ **逆転移行**

**備給**［cathexis］ 精神分析理論において、願望、空想、人物、目標、概念、社会的集団、自己など、あらゆる**客体**への**心的エネルギー**の供給のこと。個人にとって対象が、感情的な意味（肯定的もしくは否定的**感情**）をもつ場合、それらの対象は、備給されたもの（cathected）と呼ばれる。⇨ **逆備給**，**脱備給**，**自我備給**，**過剰備給**，**対象備給**

**非競合性**［noncompetitive］ 薬理学において、内因性**リガンド**と結合している部位以外と結合しながら神経伝達物質**受容体**に作用する薬品について用いる語。

**非共有環境**［nonshared environment; unshared environmment］ 行動遺伝分析において、同居人（たとえば、家族世帯）が共有せず、その結果、家族が互いに似ていなくなる環境の側面。非共有環境要因の例には、同じ世帯のきょうだいが家の外に異なる教師や友人をもつことが含まれる。⇨ **共有環境**

**非偶発的属性**［nonaccidental properties］ 観察者の視点の影響を受けない対象物の視覚的特徴のことで、物体再認において有益な手がかりを供給する。

**ピーククリッピング**［peak clipping］ 電子的手法による音声波形の高振幅領域の削除のこと。質はいくらか落ちるが、明瞭度についてはもし落ちたとしても多少である。ピーククリッピングは強いノイズを減少させることを可能にして、補聴器や拡声装置を可能なパワーでの最も良い使用状態にする。

**ビククリン**［bicuculline］ ツノコマタヒの植物から得られるアルカロイド剤。$GABA_A$ 受容体において GABA 拮抗薬として作用し、強い痙攣効果をもたらす。現代では臨床適用はされないが、様々な研究目的で実験動物に用いられることもある。

**ピークシフト**［peak shift］ 1. **刺激般化**でみられる現象。共通の次元（たとえば、明るさ）上にある2つの刺激の**弁別**トレーニングの後に生じる。反応の勾配のピーク（つまり、生活体が最大の反応を示す点）が、強化に伴って、より弱い刺激（たとえば、薄暗い光）から、その値を越える値へと移動すること（たとえば、明るい光の値を超えて、非常に明るい光の値へ）。2. 美的感覚において、好まれる刺激の極端な形態（**超正常刺激**）はその刺激の標準形よりもさらに好まれること。

**ピークパフォーマンス**［peak performance］ 個人の身体的・精神的能力が最適レベルにあるときのパフォーマンスのこと。

**ピーク法**［peak procedure］ 行動学の研究において用いられる方法。強化の**定時強化スケジュール**の反復を、固定間隔（fixed interval）の通常2〜3倍の時間を空けて行い、その間は強化を行わないこと。

**ピグマリオン効果**［Pygmalion effect］ 指導者や上司による期待が弟子や部下の振舞いを期待通りに導く効果のこと。**自己成就予言**、あるいは**期待効果**の一種である。たとえば、経営者による従業員の任務遂行に対する期待の高まりが、その従業員の遂行力を高めることがわかっている。⇨ **上方ピグマリオン効果**

**ピグミー**［pygmyism］ 小さいが、均整のとれた体型に特徴づけられる、遺伝的に受け継がれた異常。おおまかには真性の小人症体型（nanosomia body type）に相当する。このような体型の構造は、特に中央アフリカの特定の民族に典型的に見られる。似たような小人の社会は、神話や古代ヨーロッパの文学作品の中でみられる。

**ピクロトキシン**［picrotoxin］ 東南アジアの低木液果類アナミルタ由来の**中枢神経興奮薬**。ピクロトキシンは、もとは魚毒として使用され、1930年代にバルビツール酸系催眠剤の過剰摂取の治療に導入された。痙攣剤であり、$GABA_A$ 受容体複合体の特定の場所に結合することで、GABA 作動薬（たとえばベンゾジアゼピン）の作用を阻害し、GABA 拮抗薬として作用する。ピクロトキシンは現在臨床では使用されていないが、研究目的で人間以外の動物に発作を誘発するために使用されることがある。

**非経口の薬剤投与**［parenteral drug administration］ 消化管を経由する以外の薬物の摂取（非経口とは腸を経由しないことを意味する）。皮下や筋肉内や静脈の注射、直腸や膣の座薬、吸入、皮膚や粘膜からの吸収などが該当する。

**非決定論**［indeterminism］ 1. 心理学で、人は**自由意思**をもち、選択をする際に過去や現在の状況とは独立に振舞うことができるとする学説を指す。⇨ **決定論**，**固い決定論**，**柔らかい決定論** 2. 哲学において、事象は必要かつ十分な原因をもたないという立場。

**非言語学習**［nonverbal learning］ 絵画や図画、ニオイ、非言語的音声などの非言語材料についての学習過程。⇨ **言語学習**

**非言語行動**［nonverbal behavior］　言葉を発することなく，個人の態度や感情を示すことができる行動のこと。非言語行動は，**表情**，注視する方向，**対人距離**，姿勢とその変化，身振りにみられる。非言語行動は，他者についての情報を提供する（他者が信号を検知し理解することができる場合），人々の間の相互作用を規制する，非言語行動を用いている人々の親密さの程度を明らかにする機能をもっている。非言語行動は，他者にいつも意図したとおりに理解されるとは限らないにも関わらず，**非言語コミュニケーション**と同義で用いられる。

**非言語コミュニケーション**［nonverbal communication: NVC］　言語を使用しないで情報を伝達する行為。非言語コミュニケーションは，表情，身振り，身体言語，声の調子，その他，気分，態度，評価などを表す身体的サインを通して行われるが，それを理解するには文化や下位文化の知識を必要とすることが多い。心理療法では，来談者の非言語コミュニケーションは，言語コミュニケーションと同様に重視されている。

**非言語性学習障害（NLD）**［nonverbal learning disorder: NLD; nonverbal learning disability］　批判的思考のスキルが乏しいことや，非言語的情報処理の障害によって特徴づけられる**学習障害**。この障害は，子どもの学業の発達はもちろん，社会的能力，視空間能力，運動協応，感情の機能を含む他領域の機能にも影響を与える。

**非言語性語彙検査**［nonverbal vocabulary test］　言語的反応を必要としない語彙検査。たとえば，被調査者には印刷された単語と関連する絵を指させることによって語彙を調べる。そのような検査の例としては**ピーボディ絵画語彙テスト**がある。

**非言語性知能**［nonverbal intelligence］　言語を必要としない知能の表れ。非言語性知能は**動作検査**によって測定することができる。⇨**非言語性テスト**

**非言語性テスト**［nonlanguage test］　質問や問題だけでなく答えや解決法でも言葉が使われないテスト。迷路や**動作検査**が例としてあげられる。

**非言語的強化**［nonverbal reinforcement］　直前に先行する行動が増すような，身振り，表情，体の動きといった**非言語コミュニケーション**の形態のこと。たとえば，「ありがとう」という言葉がけのような子どもの望ましい反応に続く親の笑顔が，子どもの行動を強化すること。⇨**強化**，**社会的強化**

**非言語的聴覚認知テスト**［nonverbal auditory perception test］　リズムや音色，非言語音（たとえば，ベル，電車，ウシの鳴き声）の再認などで非言語的聴覚スキルを評価するテストのこと。

**非言語能力**［nonverbal ability］　色，模様，形などのような非言語刺激を理解し操作する能力。

**非現実性**［dereism］　現実，経験，論理などから逸脱した精神活動のこと。**自閉的思考**に類似している。非現実思考（dereistic thinking）とも言う。

**被験者**［experimentee］　調査参加者，すなわち**実験者**によって実験で研究される人のこと。

**被験者間計画**［between-subjects design］　一人ひとりもしくは他の抽出単位が，1つの実験条件（処遇）のみを経験するため，単独の最終得点が分析に投入されるような多くの実験計画のこと。⇨**実験参加者内計画**

**被験体**［subject］　実験や研究に参加する個々のヒトあるいはヒト以外の動物で，その反応やパフォーマンスが報告あるいは評価される。ヒトに関しては，現在，**参加者**という言葉が概して好まれるが，これは被験体という言葉が非人間的で，実験を受ける人の受動性や従属性を暗に意味するからである。

**被験体変数**［subject variable］　研究における個人差に関する変数（たとえば実験参加者の性別や人種）。このタイプの変数は，**独立変数**のように実験者によって操作されず，あるいは**従属変数**のように実験の過程で通常変化しない。

**飛行**［flight］　移動運動の一形態で，動物（特に鳥，コウモリ，昆虫）が空中を浮遊して様々な距離を移動すること。能動的な飛行，グライディング（滑空），ホバリング（停空飛翔）などの種類がある。飛翔する脊椎動物の骨は強固で軽くなければならない。飛行は，危険からの回避，探餌，季節の変化による移住（⇨**渡り行動**）で使われる。

**非行**［delinquency］　社会規範や慣習に反する行動のこと。子どもや青年の不正行為を指すことが多い。⇨**少年非行**

**鼻腔**［nasal cavity］　鼻の中の空間のこと。鼻中隔（nasal spetum）より左右両室に分けられ，この2つの穴によって外界と空気の交換を行い，さらに**鼻咽頭**につながる。また，硬口蓋によって口腔と分離し，**嗅上皮**などの粘膜に囲まれ，**声道**の一部にもなっている。

**鼻甲介（鼻介骨）**［turbinate］　鼻腔にある3つの骨。鼻甲介は鼻孔から**嗅粘膜**まで通過する気流に乱れを生じさせ，この乱れによって粘膜にある**嗅覚受容体**に空気が流れる。

**飛行機酔い**［air sickness］　飛行機による移動により生じる乗り物酔いのこと。

**飛行恐怖症**［fear of flying; aviophobia］　飛行機やその他の航空機における飛行への持続的で不合理な恐怖。DSM-Ⅳ-TRにおいては，**特定恐怖症**に分類されている。

**非攻撃的な社会**［nonaggressive society］　近隣文化から平和的に分離するかあるいは共存することを目標とする文化のこと。こうした社会における社会化は，達成欲求や勢力欲求を重視しないとともに攻撃を認めず，人間の基本的欲望（basic pleasures）を肯定する。

**非交差視差**［uncrossed disparity］　視空間の**ホロプター**の先にある像によって生成される**両眼視差**のこと。非交差視差はホロプター上の物体の像の位置と比較して鼻側の網膜に像を結ぶ。交差視差（crossed disparity）はこの反対となり，ホロプターよりも近い物体が，ホロプター上の物体と比較して耳側の網膜に像を結ぶ。⇨**奥行き手がかり**

**非構造化刺激**［unstructured stimulus］　曖昧で十分に構造化されておらず，明確に識別できない刺激。たとえば，ロールシャッハ法におけるインクブロットのこと。⇨**構造化刺激**

**非構造化面接**［unstructured interview］　（回答が定められた質問よりも）自由に回答できる質問を行い，質問された相手が自分の選択した領域で議論できる，最小量の構造をもつ面接。非構造化面接が選ばれるのは，**構造化面接**よりも，質問された人の特性や対人関係スキル，言語スキルを明らかにできる場合である。この面接法の妥当性は職

業や地位によって決まり，経験豊富で信頼できる面接者を必要とする。⇨ パターン化面接

**非交通性水頭症**［noncommunicating hydrocephalus］脳室の働きが妨害されることに関係し，脳脊髄液の正常な流れと再吸収が妨げられる**水頭症**。典型的には脳腫瘍が原因で生じる。閉塞性水頭症（obstructive hydrocephalus）とも呼ばれる。⇨ 交通性水頭症

**非合法**［illegitimacy］法に合わない，不適切な，あるいは道理や論理に反している状態。

**非合理的**［irrational］論理や適切な判断が欠如している状態。非論理的，理性を欠いていること。

**非合理的信念**［irrational belief］客観的に反対の証拠があるにも関わらず固く保持される，非合理的だったり，間違いが多かったり，あるいは歪んでいたりする信念。⇨ **無理性**，**合理的**，**認知の歪み**［アメリカの心理学者エリス（Albert Ellis: 1913- ）によって提案された］

**非合理的タイプ**［irrational type］ユング（Carl Jung）の分析心理学の用語。2つの主な**心理機能タイプ**の一つで，**直観型**と**感覚型**から構成される。⇨ **合理的タイプ**

**尾骨**［coccyx］ヒトおよびサルの**脊柱**の一番下の骨。尾椎が融合して形成される。

**微細運動**［fine motor］特に手と顔の，微細で精密な運動を制御するための微細な筋肉の調整を必要とする運動または技術のこと。微細運動（fine motor skills）の例には，書くこと，輪郭をなぞること，発話，追視，つかむこと，小さなものを手指で操作することなどが含まれる。⇨ **粗大運動**

**微細脳機能障害（MBD）**［minimal brain dysfunction: MBD］学習障害や行動障害などでみられる**ソフトサイン**を説明する微細な脳損傷。こうした徴候には，過活動，衝動性，気分易変，集中力の低下などが含まれる。微細皮質機能障害（minimal cerebral dysfunction）とも呼ばれる。

**微細脳損傷（MBD）**［minimal brain damage: MBD］1. 軽度の脳損傷であり，いくつかの**ソフトサイン**の顕在化により推測される。集中力欠如，散漫性，衝動性，多動性，感情の不安定性，乏しい運動調整，そして学習の問題が伴う。これらの障害は，神経障害，**注意欠陥／多動性障害**，**学習障害**，**コミュニケーション障害**，**発達性協調運動障害**を含む多くの状況で発生する。2. 注意欠陥／多動性障害の旧式名称。

**肘掛け椅子の心理学**［armchair psychology］実験や観察によらない，内省的で合理的なプロセスに基づく心理学的研究法のこと。実験室データや，コントロールされた観察・測定からのデータによる**経験心理学**とは対照的である。⇨ **合理的心理学**，**思弁的心理学**

**非識字**［illiteracy］読むこと，あるいは書くこと，あるいはそのどちらもできないこと。

**非指示的アプローチ**［nondirective approach］精神療法やカウンセリングのアプローチの一つ。クライエント自身が感情を表出したり，自分自身の問題を明確にしたり，自分自身の行動を解釈したりすることで精神療法やカウンセリングを進める方法。セラピストやカウンセラーは，そのプロセスを指示するのではなく，クライエントを励まし，思考を明らかにできる環境を作る。このアプローチは**来談者中心療法**の基礎である。［ロジャーズ（Carl Roegers）によって用いられた用語］

**非指示的教授モデル**［nondirective teaching model］ロジャーズ（Carl Rogers）のアプローチに関係する。自己発見，自己理解，生得的な潜在能力の開花を重視しながら，自学自習の能力開発に主な関心をもつ，人間志向型の教授モデル。

**非指示的討論法**［nondirected discussion method］2人，あるいはそれ以上でなされる討論で，ある特定の話題に関して，指導者は話題をふるのみで，介入も進め方の指示も用意しない討論のこと。この目的は，参加者に向けられた討論を生み出すことである。

**非指示的遊戯療法**［nondirective play therapy］子どもは自分自身の態度や行動を修正する能力をもっている，という原則に基づく**遊戯療法**。治療者は，数種類の遊具を提供し，直接的な提案や解釈をせずに親しげに子どもへの興味関心を示すという役割に終始し，あるいは子どもの現在の気持ちや実際に子どもが置かれている状況をめぐって子どもと会話する。治療者の受容的態度により，子どもは新たな，より適切な問題の扱い方を試すようになる。

**非指示的療法**［nondirective therapy］⇨ **来談者中心療法**

**非指示療法**［indirect method of therapy］来談者中心療法でみられる心理療法の実施方法で，セラピストはクライエントの発言を反復したり，聞き返したりするだけで（⇨ **言い換え**），クライエントのコミュニケーションを方向づけたり，クライエントの発言を評価したりしない。

**皮質**［cortex（*pl.* cortices）］脳の外側や表面の層，または構造体の層であり，中心核と区別される。哺乳類では，構造体からなる皮質は，腺や組織の名前で呼ばれ，たとえば，**副腎皮質**，**小脳皮質**，**大脳皮質**がある。⇨ **髄質**

**皮質遠心性**［corticofugal］大脳または小脳皮質から生じる，神経の線維または路に関するもの。大脳皮質からの皮質遠心性神経線維は，皮質脊髄線維，皮質核線維，皮質橋線維を含む。⇨ **皮質求心性**

**皮質下学習**［subcortical learning］1. 皮質よりも下部の脳領域で起こる学習。たとえば，ある単純な習慣や連合は皮質下で学習されることがある。2. 皮質拡延性抑制中，すなわち塩化カリウムを皮質に注入することによって皮質活動が一時的に抑制されている間に生じる学習。

**皮質覚醒要因**［cortical-arousal factor］「鎮静ー興奮」，「微弱ー強烈」という尺度において，高い評定値に関係するような，芸術作品の特質。［イギリス生まれのカナダの心理学者バーライン（Daniel E. Berlyne: 1924-1976）により提唱された］

**皮質核線維**［corticonuclear fiber, corticobulbar fiber］錐体路の一部をなす線維群の一つであり，大脳皮質から中脳，橋，延髄の核に伸びる。

**皮質拡大係数**［cortical magnification factor］視野のある空間範囲を表象する，**視覚皮質**の空間範囲を示し，**視野表象マップ**におけるスケールとして用いられる。皮質拡大係数は，視角1度を表象するのに必要な視覚皮質の大きさ（単位は mm）で表すことがある。視線の中心は，視野の狭い領域を皮質の大部分を占める神経細胞で処理するため，高い皮質拡大係数をもち，その逆に周辺視は低い皮質拡大係数をもつ。したがって，皮質拡大係数は網膜の中心窩から周縁部に向かって，一定して減少する。

**皮質下性失語**［subcortical aphasia］脳の皮質部分より

も深い部分である．皮質下の大脳基底核などを損傷した場合に，生じる失語症のこと．

**皮質下中枢**［subcortical center］　特定の機能，あるいは複数の機能をもった**大脳皮質**以下のレベルにある脳の領域．皮質下中枢は**視床**，**視床下部**，**大脳基底核**を含む．各皮質下の構造内は，視床下部の核のように，睡眠，水分平衡，タンパク質代謝，性行動を規定する複数の特殊な中枢をもつこともある．

**皮質下認知症**［subcortical dementia］　たとえば，パーキンソン病などが原因で生じる（深い部分での）脳皮質下の構造の損傷，あるいは機能障害がもたらす認知症．認知的低下，記憶障害，視空間異常，気分と情動の混乱といった特徴がある．⇨ **皮質認知症**

**皮質下の**［subcortical］　大脳皮質レベルの下に位置する，あるいはそこで発生する神経系の構造，処理過程に関係していること．

**皮質求心性**［corticopetal］　大脳または小脳皮質に向かう，神経の線維または路に関するもの．⇨ **皮質遠心性**

**皮質橋**［corticopontine］　脳内で大脳皮質と橋を接続する，または，それらに関するもの．

**皮質形成異常**［cortical dysplasia］　（大きさ，形など）大脳皮質の発達における異常．

**皮質コラム**［cortical column］　相互接続された神経細胞の垂直グループの一つ．複数の**皮質層**にまたがり，**新皮質**の基本機能組織を構築する．円柱状の組織は視覚皮質において最も顕著である．⇨ **眼優位性コラム**，**方位選択性コラム**

**皮質コントロール**［cortical control］　**1**．**大脳皮質**による，肢の運動などの活動の基本的な制御．**2**．大脳皮質からの信号による**補綴物**の制御であり，信号はコンピュータにより処理，増幅される．

**皮質障害**［cortical lesion］　大脳皮質における病理学的変化のこと．先天的にも後天的にも，また他の原因によっても生じる．

**皮質除去**［decortication］　深部組織が機能的な状態のままでの脳の外層（大脳皮質）の外科的除去．

**皮質性健忘**［cortical amnesia］　脳卒中や脳損傷といった器質性の原因による健忘の一種．

**皮質性聴覚消失**［cortical hearing loss］　脳の高次の中枢神経機能の損傷を原因とする聴覚障害に関する難聴．

**皮質性難聴**［cortical deafness］　大脳皮質における聴覚野への損傷によって生じる難聴のこと．周辺の聴覚システム（脳幹における後迷路性神経経路を含む）は，損傷を受けていない．

**皮質脊髄線維**［corticospinal fiber］　皮質脊髄路の神経線維．

**皮質脊髄路**［corticospinal tract］　大脳皮質から延髄の**錐体**を通り，脊髄の末端に至る主要な**運動神経路**．延髄の錐体では，大部分の線維が交差し，**外側皮質脊髄路**を形成する．残りの線維は，より小さな前部皮質脊髄路を形成し，脊髄の白質前部で**前角**の末端に至る．⇨ **錐体路**

**皮質切開**［cortical undercutting］　かつて精神外科で行われていた処置．前部前頭葉切截術（⇨ **白質切断術**）の一種で，深刻な感情や精神の混乱をコントロールするために用いられた．この処置では，頭蓋骨を開いて長い連合繊維を切断する．その目的は，思考過程に影響を及ぼす，前頭葉のダメージを予防することにあった．

**皮質層**［cortical layers］　大脳皮質および小脳皮質を構成する神経細胞層．大脳皮質では層の数が異なり，**新皮質**は最大で6層になる．これらの6層は，表層側からⅠ～Ⅵのローマ数字で呼ばれる．Ⅰの網状分子層は**有髄線維**の狭い帯であり，Ⅱの外顆粒層は**顆粒細胞**と**錐体細胞**を含む．Ⅲの外錐体層は，外側に中間サイズの錐体細胞，内側により大きな錐体細胞がある．Ⅳの内顆粒層は錐体細胞に区別される**星状細胞**とともに，Ⅲ層の細胞のシナプスを含む．Ⅴの神経細胞層（内錐体層）は大錐体細胞と巨大ベッツ細胞を含み，Ⅵの多形紡錘状層（多形層）は様々な形の細胞，主に紡錘状および錐体形の細胞を含む．

**皮質地図**［cortical map］　大脳皮質における，感覚モダリティまたは運動機能の表象．たとえば，視覚皮質の領野における視野の表象（⇨ **視野表象マップ**）や聴覚皮質の領野における音圧分布の表象である（⇨ **周波数局在構造**）．通常，線形ではなくトポグラフィーのマッピングをする（⇨ **局在機構**）．**機能局在化**

**皮質中枢**［cortical center］　**1**．大脳皮質の領野で，知覚線維が終着し，運動神経線維が生じる領野．**2**．言語中枢や視覚中枢など，ある機能に特化した大脳皮質の領野．

**皮質電位**［cortical potential］　大脳皮質のニューロンから生じる電位．⇨ **脳波**，**脳波測定法**

**皮質内側核群**［corticomedial group］　脳の**扁桃体**内の核の主要な2群の一つ．**中心核**を含み，嗅覚とフェロモンに関する情報を受け取る．**分界条**を経た出力は，**視床下部**と内側基底前脳に伝達される．

**皮質ニューロン**［cortical neuron］　大脳皮質内に細胞体をもつ神経細胞．

**皮質認知症**［cortical dementia］　脳の皮質下部（より深い部分）ではなく皮質部分の変質によって起こる**認知症**．このタイプの最も一般的な認知症は，アルツハイマー病である．⇨ **皮質下認知症**

**皮質脳波（ECoG）**［electrocorticogram: ECoG］　脳波測定法のように頭蓋骨上ではなく，大脳皮質の上に直接電極を置くことによって記録された脳の電気的活動のこと．

**皮質の活性化**［cortical activation］　大脳皮質または小脳皮質の部位の活性化．神経刺激や認知課題，または**経頭蓋磁気刺激**などの技法により生じる．**脳波測定法**，**機能的磁気共鳴診断装置**，ポジトロン断層法などの非侵襲性の技法により活性化を記録できる．

**皮質の電気刺激**［electrical stimulation of the cortex］　目的とする効果を得るために，電極を通して大脳皮質に電荷を導入すること．動物実験では，電極の位置や刺激の強さに依存して報酬や罰の効果が得られる．また，記憶の再生を促進するためや，治療として行われることもある．

**皮質－皮質下間運動ループ**［cortical-subcortical motor loop］　運動皮質と，**大脳基底核**や**視床**の組織の間での投射ループ．進行中の行動を監視し順序立てる．

**皮質プロセス**［cortical process］　認知に関係する大脳皮質のメカニズム．認知処理の初期段階は，低次の皮質プロセス（lower cortical processes）または初期皮質プロセス（early cortical processes）と呼ばれ，後期段階の複雑なメカニズムは，高次の皮質プロセス（higher cortical processes）と呼ばれる．⇨ **実行機能**

**皮質盲**［cortical blindness］　**視放線**や**有線皮質**の完全

な破壊のために生じる正常な瞳孔反応をもった視覚消失のこと。視覚系の白質の損傷も含んでいるため，脳性盲（cerebral blindness）とも呼ばれる。多くの場合，後頭への打撃によって生じる。また，精神的障害や**低酸素症**によっても生じる。子どもでは，水頭症，髄膜炎，毒物，高血圧性脳障害，トラウマ，変性疾患脱髄性拡散の結果として生じる。視野の一部が完全に視覚消失することは，部分的皮質盲（partial cortical blindness）と呼ばれる。

**皮質誘発電位**［cortical-evoked potential; cortical-evoked response］ 大脳皮質における**誘発電位**。

**皮質抑制**［cortical inhibition］ 大脳皮質または小脳皮質における活動の抑制。

**微視的行動**［molecular behabior］ 反射のように，より小さく分節化された特殊な単位の行動のこと。

**微視的発達**［microgenetic development］ 比較的短期間（秒，分，日）に発生する連続的変化。個体発生的発達（⇨ **個体発生**）において研究された従来の長期的変化とは異なる。［社会文化理論におけるヴィゴツキー（Lev Vygotsky）の仮説］

**微視的分析**［molecular analysis］ 行動を構成要素に分け，少しずつ時間を区切ったり，個人の反応強化シーケンスのレベルを検証する行動過程分析方法。⇨ **巨視的分析**

**微視的方法**［microgenetic method］ 比較的短期間，通常は数日あるいは数週間に渡って，単一の集団内の発達的変化を見る研究方法。

**ビジネスゲーム**［business game］ 起こりうる管理問題をシミュレーションし，その解決にあたり，従業員チームが互いに競い合う人材育成法のこと。解決するにあたって，チームメンバー内でのきめ細かな取組みや相互作用，問題に適した情報の分析や利用が求められる。⇨ **ケースメソッド**，**会議式教育法**，**マルチプル・ロールプレイング**，**シナリオ分析**

**非社会的**［asocial］ 1. 社会的な相互作用を拒否するか，関与する力がないこと。⇨ **統合失調質パーソナリティ障害** 2. 社会的価値や規範への感受性や関心の欠如。⇨ **反社会性パーソナリティ障害**

**比尺度**［ratio scale］ 絶対原点（すなわち，尺度におけるゼロが測定されるものの欠如を意味する）をもち，値に一定の比が成り立つ測定尺度のこと。よって，たとえば比尺度における3から4への増加は，7から8への増加と同等である。

**非社交的**［unsociable］ 他者と接したり関係を築いたりすることを好まず，**社会性**に欠けること。

**非周期的強化スケジュール**［aperiodic reinforcement schedule］ **変時隔強化スケジュール**の旧式名称。

**美術工芸**［arts and crafts］ 描画，製織，木工細工，革細工などの，熟練された手工芸を含む創作活動のこと。レクリエーション療法士や作業療法士が指導する，リハビリテーションプログラムにしばしば組み込まれる活動。⇨ **芸術療法**

**美術テスト**［art test］ 美術（絵画，建築物など）における特別な能力を特定するため，あるいは芸術的創造性を査定するため，芸術作品を評価する能力を測るためにつくられた検査。様々なテクニックがこういった目的のために用いられる。たとえば，制作者本人の絵画の評価と専門家の評価を比べる，記憶に基づいて物体を再現する，標準図の機械的な誤りや判断ミスを発見するなど。

**微笑**［smile］ 両側の唇が上に上がること。典型的には他者への挨拶や他者と喜びを共有する時に起こる。⇨ **デュシェンヌ・スマイル**，**内生的微笑み**

**尾状核**［caudate nucleus］ 大脳基底核に位置する神経核。細長く，尾状である。

**微小管**［microtubule］ 多くの細胞で見られる小さく空洞のある円筒状の構造物（一般的には直径20〜26 nm）。微小管は細胞内の足場（細胞骨格）であり，細胞分裂時には紡錘体（spindle）を形成する。神経細胞においては微小管は軸索輸送を行っている。

**微小終板電位**［miniature end-plate potential］ 軸索末端において，神経伝達物質が微量にランダムに放出されるために起こる**終板電位**のわずかな変動のこと。

**微小電極**［microelectrode］ 単一細胞に挿入することができる先端が直径2.3 $\mu$m 以下，場合によっては1 $\mu$m 以下の電極のこと。神経生理学や脳機能障害の研究に用いられる。微小電極技術（microelectrode technique）では直径1 $\mu$m 以下の細胞内電極を使用し，単一神経細胞を刺激したり，そこから活動を記録することが可能である。それを単一細胞記録（single-cell, single-unit recording）と言う。

**ビジョン**［vision］ 想像によって生み出された何か，もしくは誰かの心的イメージ。

**ビジランス**［vigilance］ ある集団の一人以上の成員が，覚醒水準の非常に高い状態を維持して，環境，なかでも潜在的な脅威（たとえば，略奪者，侵入者や戦闘時の敵軍）に対して警戒している状態。動物行動においては，子どもを出産した後の女性や，**警戒声**への反応でビジランスが高まる。大集団では，その役割を順番で受けもつなどの分業が行われる場合がある。軍隊においては，絶え間なく刺激変化に注意し，反応する能力といった最大限の生理学的・心理学的注意と反応への準備状態がビジランス課題（たとえば，見張り，船舶や航空交通の管理，対空・ミサイル防衛追跡）に必要とされる。こういったビジランス水準は大きな認知的ストレスや生理学的ストレス反応を作り出すことがある。

**ビジランス低下**［vigilance decrement］ ビジランス課題において，課題開始から短時間経過すると検出される標的数が減少することをいう。多くの場合，この減衰は判断基準の変化によるが，標的検出の感度の減衰を反映することもある。

**非心F分布**［noncentral F distribution］ 非心パラメータがゼロでないF分布のこと。

**非心カイ二乗分布**［noncentral chi-square distribution］ 非心パラメータがゼロでないカイ二乗分布のこと。

**ピジン語**［pidgin］ 2つ以上の言語の要素を混成した自然発生的な**接触言語**。しばしば交易のために創出される。混成語は単純な法則と限定的な語彙が特徴としてあげられる。

**非侵襲的**［noninvasive］ 1. 診断や治療のために，皮膚の穿刺や切開，身体へ器具の挿入や接続をしない手続き，検査を意味する。2. 一つの組織から他の組織まで転移しない腫瘍のこと。⇨ **新生物**，**侵襲的**

**非心臓性胸痛**［noncardiac chest pain］ 心臓病に起因できない再発性胸痛のこと。多くの場合，胃食道逆流疾

や食道痙攣など食道の問題，もしくは繊維筋炎などの筋骨格障害によって生じる。不安パニック発作は心臓性胸痛と類似した痛みを生み出すことがある。⇨ **偽性狭心症**

**非心 t 分布**［noncentral t distribution］　非心パラメータがゼロでない t 分布のこと。

**非心パラメータ**［noncentrality parameter］　検定で**帰無仮説**によって異なる値となるパラメータをもつ母集団から標本が抽出されたとき，0ではない値であるという仮説検定に用いられる確率分布のパラメータのこと。このパラメータは統計的手続きの**検定力**を決定する際に重要となる。

**非推移性**［intransitivity］　ある要素間の関連性が他の要素間の関連性へと推移しない，という二項関係の一種（すなわち，**推移律を示さない関係**である）。たとえば，推移関係では，a>b と b>c が与えられた場合，a>c となる。ところが，非推移関係ではこのような結論が必ずしも必要ではない。そのため，非推移関係は非論理的で矛盾したものであるかのようにみえるが，個人的な好みや他の主観的判断といった事柄には多く見出される。たとえば，ある人が，緑色よりも赤色を，赤色よりも青色を好きだとする。では，その人は，緑色と青色ではどちらが好きだろうか（もしかしたら，青色よりも緑色を好きかもしれない）。

**非随伴性強化**［noncontingent reinforcement］　**強化子**として有効であるとして知られていた刺激が，行動とは独立に提示されるような過程や状況のこと。不測の事態が偶然に（⇨ **偶発的強化**）発生するかもしれないので，行動と独立した刺激を提示することは，反応と刺激の間に随伴性がないことを保証できない。⇨ **強化**

**ヒスタミン**［histamine］　アミノ酸であるヒスチジンからヒスチジン脱炭素酵素によって合成される化合物。ヒトでは，ほとんどのヒスタミンは末梢組織に存在しており，そこでアレルギー反応や損傷に対する炎症反応に関与し，血管の拡張を引き起こす。脳ではヒスタミンは神経伝達物質として働き，興奮，食欲，自律機能の制御といった機能を調整している。ヒスタミン受容体（histamine receptor）は $H_1$，$H_2$，$H_3$ 受容体と呼ばれる3つのカテゴリーに分類される。多くの抗うつ病薬や抗精神病薬はヒスタミン受容体を阻害し，鎮静作用などの副作用をもたらすことがある。

**ヒスタミン拮抗薬**［histamine antagonists］　ヒスタミンの効果がある薬。これらの薬剤の多くは，医療やメンタルヘルスのために使用される。$H_1$ 受容体拮抗薬（抗ヒスタミン薬：antihistamine）は，鎮静効果や睡眠を助ける働きがある。一つの例として**ドキシルアミン**がある。他のもの（**ジフェンヒドラミンやジメンヒドリネート**など）は，アレルギー反応や乗り物の酔いの治療に使われ，また**抗パーキンソン病薬**としての機能（例，ジフェンヒドラミン）がある（⇨ **サイクリックヌクレオチド**，**ヒドロキシジン**）。非鎮静型抗ヒスタミン薬（nonsedating antihistamines）は，**血液脳関門**を通ることができず，アレルギー反応の治療のみに使われる。テルフェナジンやアステミゾールは**チトクロム P450** 3A4 酵素を抑制する効果がある。他の抑制物質（抗うつ薬のネファゾドン，フルオキセチン，フルボキサミンなど）と一緒に投与されると，命に関わるような心拍の乱れが生じる。テルフェナジンは，危険な不整脈がでるのでアメリカでは売られていない（⇨ **心電計効果**）。$H_2$ 拮抗薬は，酸を中和する化合物としてや，胃潰瘍の治療によく使用される。$H_3$ 拮抗薬は，まだ医療用に使用されていない。

**ヒスタミン頭痛**［histamine headache］　体の組織からヒスタミンが放出されることによって生じる，頭痛のこと。大抵，頭の片側で生じ，感冒症状を伴う。

**ヒステリー**［hysteria］　DSM-Ⅳ-TR では**身体化障害**として分類される状態で，歴史的に有名な名称である。まひ，失明，感覚喪失，幻覚といった症状が特徴的で，被暗示性や，感情の爆発，演技じみた行動が伴うこともよくある心因性の障害で，かつては虚言症とも言われていた。フロイト（Sigmud Freud）は，ヒステリー性の症状は性衝動への罪悪感を防衛するものと解釈したが（たとえば，手のまひは自慰を不可能にしている），現在ではその他の葛藤もあることが認められている。フロイトは，自身のヒステリーの概念に解離状態も含めたが，現在は別の障害であると考えられている。ヒステリーという名称は，ギリシャ語の husteros（子宮）に由来し，女性に特有の子宮の障害であるという初期の誤った考えからきている。

**ヒステリシス**［hysteresis］　1．刺激の知覚が直前の刺激の知覚に影響を受けるという効果のこと。ある次元で連続的に刺激が変化し，参加者にその刺激に対する知覚を述べさせるような実験において証明される。次元に沿った価値が徐々に増えると，参加者が異なるカテゴリーにおける知覚を判断し始める点になる（たとえば，音が「静か」ではなく「大きい」）。しかしながら，次元に沿った価値が減少していく場合には，そのような交差ポイントは次元に沿った異なる点で生じる。2．視覚において，条件が徐々に変化する状況下で持続する知覚的状態に関する傾向のこと。たとえば，2つの像の間の**両眼視差**が，両眼融合は通常融合できないほど非常に大きくなるときでさえ見かけの奥行きが生じる。

**ヒステリー障害**［hysterical disorder］　身体の感覚，運動，内臓の心因性の機能不全が特徴的であった病気の旧式名称。⇨ **転換性障害**，**身体化障害**

**ヒステリー性健忘症**［hysterical amnesia］　自責や失敗，拒絶といった，トラウマや不安を喚起させる出来事を思い出せなくなる病気の旧式名称で，今では使われない。

**ヒステリー性哄笑**［gelasmus］　特定の心因性疾患，統合失調症，一部の脳疾患（特に延髄の疾患）の患者における痙笑。笑い発作の様態で生起する場合，このタイプの痙笑は笑いてんかん（gelastic epilepsy）と呼ばれる。

**ヒステリー性精神病**［hysterical psychosis; dissociative psychosis］　ストレスを突然引き起こす出来事に反応する，**演技性パーソナリティ障害**（以前は，ヒステリー性人格障害と言った）を患う人における，心因性の症状（幻覚，妄想，奇妙で暴力的な行動）の出現した状態に対する旧式名称。症状は2週間ほど持続し，以前の機能水準に戻る。DSM-Ⅲ において，ヒステリー性精神病は，短期反応性精神病（⇨ **短期精神病性障害**）の診断分類に含まれる。しかし現在では，明確な臨床的実体がないとみなされるため，DSM-Ⅳ-TR に記されていない。

**ヒステリー性まひ**［hysterical paralysis］　転換性まひの旧式名称。

**非ステロイド性抗炎症薬**［NSAIDs］　非ステロイド性抗炎症薬。アスピリン，イブプロフェン，ナプロキセンなどを含む鎮痛および抗炎症剤の大きなくくり。炎症や痛みの反応に関する**プロスタグランジン**の合成をブロックする

ことによってその効果を得る。非ステロイド性抗炎症薬と**リチウム**の同時投与は，リチウムの血清レベル増加を引き起こす可能性がある。

**ヒストグラム**［histogram］　長さや高さが異なる棒を使った，連続データの図示描写。**棒グラフ**と似ているが，ヒストグラムは，データの連続性を表示するために，同じ幅の近接するブロックに分けられた $x$ 軸上にデータを表示する。たとえば，体重と身長の関連を図示するために，100ポンド以下，100〜109ポンド，110〜119ポンド，120〜129ポンド，…というような10ポンドの幅のブロックで示される。

**歪み**［strain］　過剰な力や外的な力が加わって，歪んだり，変形したり，傷ついたりすること。

**ひずみ語音検査**［distorted speech test］　聴覚や知覚処理上の問題を評価するための検査。このような検査では，特定の音響信号が削除される。たとえば，**フィルターをかけた発話**や**時間圧縮音声**。

**非制御変数**［uncontrolled variable］　実験もしくは調査時に実験者によって制御もしくは測定されることのない変数。

**非西洋的治療**［non-Western therapies］　心理療法やカウンセリングといった西洋の伝統的な治療の代替手段となるもの，補完するものであり，身体（**鍼療法**，**ヨガ**など）やすべての存在物の相互依存性を重視し，個人主義や厳格な自律を重視しない。このような治療法は一般にヨーロッパや北アメリカ以外で発展したものである。⇨ **補完・代替医療**

**非ゼロサムゲーム**［nonzero-sum game］　ゲーム理論において，全プレーヤーが経験する報酬とコストが釣り合っていない状況（つまり，報酬とコストの合計がゼロより少ないまたは多くなる状況）。そのような状況においては，**ゼロサムゲーム**とは異なり，あるプレーヤーの利得が必ずしも他のプレーヤーの損失とはならない。

**非線形**［nonlinear］　2つの値（$X$ と $Y$）の関係を $Y=a+bX$ の形で表せないこと（$a$ と $b$ は定数）。そのため，2つの値の関係を視覚化すると直線にならない。

**非線形回帰モデル**［nonlinear regression model; curvilinear regression］　パラメータが非線形である回帰モデル。そのようなモデルでは最小二乗法によって推定量を決定することができない。

**非線形動力学理論**［nonlinear dynamics theories］　ニューロンの活動やニューロンの集合を確率過程の視点で捉える，**カオス理論**を含む一連の理論。非線形理論は，確定的モデルではランダムにみえる行動を，複雑系で論議することができる。

**非宣言的記憶**［nondeclarative memory］　自動的に働き，意識的な想起へのアクセスが不可能な情報を蓄積している，様々な形式の記憶の集合体。たとえば，以前にしたことのあることは，過去の経験を思い出せなくとも，すばやく遂行できる。**手続き学習**と**プライミング**は非宣言的記憶に含まれる。非宣言的記憶は，**内側側頭葉**には依存せず，**健忘性障害**をもつ人でも維持されている。⇨ **宣言的記憶**

**微絨毛**［microvillus］　味覚において，**味覚細胞**の毛様状に伸びた部分のこと。味蕾の穴に向かって突き出しており，外界の情報をサンプリングする。微絨毛において味細胞の占める割合は表層部の3%しかないが，特定の分子に反応する受容体タンパクで覆われており，**味情報伝達機構**の場である。

**脾臓**［spleen］　リンパ球を生成する臓器。血液を濾過，貯蔵する。古い赤血球を破壊する。生命維持には必須ではないが，脾臓を切除すると感染症にかかりやすくなる。

**非操作変数**［nonmanipulated variable］　研究において観察したが実験的には操作しなかった変数のこと。

**非対称分布**［asymmetrical distribution］　平均値の上の得点の頻度が平均値の下の得点の頻度と同一でない分布のこと。

**非態度**［nonattitude］　時間や説得に対する耐性のない，非常に弱い態度のこと。そのような態度は，情報処理や行動にほとんど影響を及ぼさない。極端な場合では，態度を有していないと，**態度対象**についての意味のある評価が何も反映されない報告をしてしまうこともある。⇨ **態度の強度**　［もとはコンバース（Philip E. Converse: 1928- ）によって提唱された］

**ピーター原理**［Peter principle］　組織における個人は無能さを高めてしまうという理論のこと。すなわち，従業員は仕事でもはや成功することはないという事態になるまで，昇進と付加的な責任を与えられ続けるからであると考えられている。しかし，実際の職場では実証されていない。［1969年にカナダ生まれのアメリカの教育学者ピーター（Lawrence J. Peter: 1919-1990）によって，同名のタイトルの本で提唱された］

**ビタミン**［vitamin］　正常な成長や健康のため少量が必要となる有機物。多くのビタミンは**補酵素**として働き，炭水化物，脂質，タンパク質の代謝を助ける。人間の体内で合成されるビタミンはわずかで，多くは食事から補給される。最も重要なのはビタミンA，ビタミンB複合体（**チアミン**，リボフラビン，ピリドキシン，シアノコバラミン（$B_{12}$），葉酸，**ニコチン酸**，パントテン酸を含む），ビタミンC（**アスコルビン酸**），ビタミンEとビタミンKである。1913年にポーランド生まれのアメリカの生化学者ファンク（Casimir Funk: 1884-1967）によって，すべてのビタミンがアミンであるという考えから命名された。

**ビタミンA**［vitamin A］　脂溶性の**ビタミン**。アルデヒドとレチナールは網膜の光色素の構成物質である。ビタミンA欠乏は夜盲やその他の視覚障害をもたらす。レチノール（retinol）とも呼ばれる。⇨ **視覚サイクル**

**ビタミンA毒性**［vitamin A toxicity］　過度のビタミンA（レチノール）の摂取で起こる状態のこと。500,000 IU を超える過剰摂取で，頭痛，吐き気，骨痛，衰弱，かすみ目，過敏，皮膚のかさつきなどが起こる。長期間の1日当たり100,000 IU を超える摂取に毒性をもたらす。症状として，脱毛，頭痛，骨の肥厚，肝臓や脾臓の肥大，貧血，精神疾患，筋肉の凝り，関節痛，衰弱，皮膚の乾燥がある。一方で，ベータカロテン（体内でビタミンAに変わる）の過剰摂取は毒性効果をもたらす。

**ビタミン欠乏症**［vitamin deficiency］　通常の身体機能に必要なビタミンの欠乏。たとえばチアミン（ビタミン$B_1$）の欠乏は，重度の慢性アルコール中毒と関連がある。⇨ **ウェルニッケ脳症**，**ウェルニッケ-コルサコフ症候群**

**ビタミン大量療法**［megavitamin therapy］　ビタミンやミネラルサプリメント，特にビタミンC（アスコルビン酸），ニコチン酸（ナイアシン），ビタミン$B_6$（ピリドキ

シン），マグネシウムなどの大量投与を通して，特定の精神疾患の治療を行うもの。このようなアプローチが広く採用されているわけではなく，効果についても不確かである。

**ビタミンD毒性**［vitamin D toxicity］ビタミンDの過剰摂取で起こる状態のこと。長期間の過剰摂取は，腎臓や心臓血管への不可逆のダメージを与え，また子どもの発達を遅らせる。ビタミンの過量は高血圧や早期の動脈硬化をもたらす。吐き気，腹痛，食欲不振，体重低下，発作，不整脈が過剰摂取のサインになる。

**左利き**［left-handedness］食べる時，書く時，または物を投げるなどの主要な生活活動で，左手が優先的に使われることを指す。つまり，利き手が左手であること。⇨ **側性，左利き性，右利き**

**左利き性**［sinistrality］ほとんどの活動において，左手または体の左側を好んで用いる性質。⇨ **左利き，右利き性**

**左半球**［left hemisphere］小脳または大脳の左半分。**大脳半球**間で機能はいくらか異なり，たとえば，大半の人では左半球が言語を司る。⇨ **半球側性化，右半球**

**左半球意識**［left-hemisphere consciousness］アメリカの認知神経心理学者ガザニガ（Michael Gazzaniga）が提唱した説で，言語を司る大脳半球（大半の人では左半球）が意識の座であると考える。一方，スペリー（Roger Sperry）らの説では，両半球それぞれが意識に関わると考える。⇨ **右半球意識**

**悲嘆［1］**［grief］多くの場合は最愛の人の死であるが，重大な喪失を体験した後の苦悩のことであり，死別反応や喪とは区別されることが多い。死別反応に必ずしも悲嘆反応を生じるわけではなく，悲嘆が一般的な表現として用いられるわけでもない（⇨ **公認されない悲嘆**）。悲嘆には，生理学的症状，**分離不安**，精神的な混乱，思慕，過去への強迫的な執着，将来への不安などを伴うことも多い。強い悲嘆は，自己免疫機能の破綻，自己放任，自殺念慮などから生命の危機が生じる。また，失ったものに対する後悔，何かできたのではないかという自責，自分の不運に対する悲しみという形をとることもある。

**悲嘆［2］**［separation distress］愛着対象との接触を失ったときに感じられる悲嘆や不安。幼児が養育者との接触が失われたとき，あるいは大人であっても配偶者やパートナーを外傷的体験によって失ったときに生じる。⇨ **分離不安**

**非単調的論理学**［nonmonotonic logic］以前は正しいとされた情報が新情報に照らして修正や削除されることができる数学的な推理システムのこと。すなわち，正しいとされている他のどの情報も，情報が修正されたり削除されれば，その正しさについて再考されなければならないことを意味する。正しいと思われる情報が正しくなくなったりするので，「非単調なシステム」と言われる。これらの非単調的システムは大抵"信念改定アルゴリズム"や"真理維持アルゴリズム"によってコントロールされる。

**ヒダントイン**［hydantoins］てんかん性発作をコントロールするために開発された薬。これらは，1938年に中枢神経システムに有害な影響を与えず，電気ショックの痙攣を抑えることができるという化学の研究によって発表された。ヒダントイン分子はバルビツール酸塩の構造と似ているが，最小の発作の閾値を変えないという点が利点である。ヒダントインの原型は，**フェニトイン**（以前は，ジフェニルヒダントインと呼ばれていた）である。他のヒダントインでは，メフェニトイン：mephenytoin（アメリカではメサントインという商品名）やエトトイン：ethotoin（アメリカではペガノンという商品名）が含まれているが，これらが使用されるのは稀である。

**非知識的な記憶**［anoetic memory］意識的な気づきを伴うことなく再生される学習や知識のことで，課題達成の速さや効率的な課題達成によって実証される。エストニア生まれのカナダの心理学者タルビング（Endel Tulving）によって提唱された単一階層的な記憶理論の最も基底的なレベルの記憶と位置づけられている。**ノエティックメモリーと自己想起記憶**の下位記憶と位置づけられる。

**非嫡出子**［illegitimacy］誕生時に両親が未婚である子ども。西洋社会では，家族構造の変化（たとえば，同棲して未婚の親のもとに生まれる子どもがたくさんいることなど）に伴ってこの単語は使用されなくなってきており，以前は非嫡出子に付随していたスティグマも消えて，嫡出子と非嫡出子との法的な区別の多くもみられなくなっている。

**被調査者**［respondent］インタビューを受ける人，あるいは調査やアンケートに答える人。

**被調査者トポグラフィ**［respondent topography］被調査者の物理的性質。

**非直交計画**［nonorthogonal design］各セルの実験参加者数や観測値の数が異なるか，セルの大きさが一定の比例関係をもたない**要因計画**のこと。⇨ **直交配列法**

**筆記テスト［1］**［paper-and-pencil test］質問や記述された問題，印字された問題，あるいは描かれた問題に対する答えを書く試験のこと。

**筆記テスト［2］**［writing test］書く能力を収集したり測定したりするために考案されたテストの総称。筆記の動作，綴り，文法，そして内容が含まれる。

**ピックウィック症候群**［Pickwickian syndrome］傾眠過剰やチアノーゼ，うっ血性心不全，筋攣縮を伴う，異様な肥満が特徴的な症候群である。通常，極端な肥満による呼吸器不全の結果として生じると考えられている。この症候群の名前は，ディケンズ（Charles John Huffam Dickens）による *Pickwick Papers*（1836-1837）の登場人物に由来している。

**ヒックの法則**［Hick's law］選択反応時間を含む課題や実験において，特定のセットから刺激を分類するのにかかる時間はセット中の刺激の数に比例して増大するということ。ヒック-ハイマンの法則（Hick-Hyman law）とも言う。［イギリスの心理学者ヒック（William Edmund Hick: 1912-1974），アメリカの認知心理学者ハイマン（Ray Hyman: 1928- ）による］

**ピック病**［Pick's disease］前頭葉と側頭葉の漸進的な変性と，ニューロンの細胞質内にピック小体（Pick bodies）と呼ばれる物質が現れることが特徴的な**認知症**の一種。この疾患は，人格変容，ソーシャルスキルや複雑な思考の機能低下をその特徴とする。症状としては，新奇場面や抽象概念に対する困難さをはじめ，思考や注意集中の困難，記憶の喪失，自発性欠如，徐々に進む感情鈍麻，道徳的判断の喪失，発話の障害などがあげられる。［チェコの精神科医で神経解剖学者ピック（Arnold Pick: 1851-1924）によって記述された］

**ビッグファイブ**［Big Five personality model］　性格の個人差をはかるための主要な5つの因子。因子は**外向性**，**神経症的性格**，**協調性**，**勤勉性**，**経験への開放性**と名づけられているが，研究者によって分類がやや異なる。⇨ **パーソナリティの5因子モデル**　［アメリカの心理学者ゴールドバーグ（Lewis R. Goldberg: 1932- ）とソーサー（Gerard T. Saucier）によって主張された］

**羊－山羊効果**［sheep-goat effect］　ツェナーカードや類似のものを使った超心理学的実験で，参加者が成功したと感じた試行（羊）と失敗したと感じた試行（山羊）の間に見られるとされる結果の差異。⇨ **下降効果**，**差異効果**，**焦点効果**，**位置効果**，**選好効果**　［アメリカの超心理学者シュメイドラー（Gertrude Schmeidler）による造語］

**必須条件**［sine qua non］　不可欠な要素。原語はラテン語で"なくてはならない"を意味する。法律の分野では，たとえば，罪悪感（⇨ **犯意**）は，**刑事責任能力**の必須条件である。

**筆跡覚**［graphesthesia］　指の動きなどによって皮膚に書かれた数字や文字を認識すること。**受動触**は，脳障害の診断に使われてきた。視覚と聴覚のどちらも障害を受けている人は，点字でのコミュニケーションに慣れていないと考えられる。⇨ **筆跡覚消失**

**筆跡学**［graphology］　筆跡の物理的特徴の分析，特に書き手の安定した性格特性や心理的状態を推測することを指す。筆跡分析（handwriting analysis）とも呼ばれる。

**筆跡覚消失**［graphanesthesia］　指の動きなどによって，皮膚に痕跡として残されたあるいは書かれた数字や文字の認識ができないこと。⇨ **筆跡覚**

**筆尖**［calamus scriptorius］　延髄の背側面にある，第四脳室底部の後端。

**ピッチ**［pitch］　音を音階に位置づける主観的属性のこと。**純音**の音の高さは主に周波数によって決定され，複雑な周期音は基本周波数によって決定される。しかしながら，強度や持続時間などのそのほかの物理的パラメータも音の高さに影響を与えることがある。音の高さの単位は**メル**。音高とも言う。

**ピッチの弁別**［pitch discrimination］　音の高さに基づいて音の変化を検出する能力のこと。この弁別は音の高さの主観的属性に基づくという不確実さのため，**周波数弁別**と呼ぶ方がより適切である。たとえば，ある状況下では，周波数の変化は音の大きさの変化を引き起こす。この場合，周波数弁別は音の高さの変化というよりは音の大きさの変化に基づくといえる。

**ヒット**［hit］　1. 信号検出課題における信号の正確な同定のこと。⇨ **ミス**　2. コンピュータ関連において，ウェブサイトの訪問者によって見られた単一インスタンスのこと。広告においては，ヒット数は販売促進の成功の基準とみなされる。

**ビット**［bit］　1. コンピュータ用語で，0か1のどちらかしかとることのない変数［bi(nery)+(digi)t］。2. 情報理論において，問題の不確実性や適切な代替案を半減させる情報の量。たとえば，もし本棚に並んでいる全く同じ16冊の本の中に1冊だけ1ドル札が挟まっていて，「はい」か「いいえ」でしか答えられない質問を尋ねる回数を最小限にしてその本を見つけ出さなければいけない時，最初の方法として最も良いものはその本が中心から右に（もしくは左に）あるかどうか，というものになる。この質問への答えは，1ビットの情報を提供することになる。

**ヒット率**［hit rate］　信号検出課題において，信号が表示された後に，参加者が信号が出たと答える試行の比率。

**泌尿生殖器の**［urogenital; urinogenital］　排泄と生殖の両方に関わる器官の。

**ヒッピー**［hippie; hippy］　自由恋愛，共同生活，享楽的な麻薬の使用によって特徴づけられる新しい生活様式を支持し，主流の西洋社会や，その掲げる労働，消費主義，物質的成功といった価値を拒否する，1960年代，70年代に生じた主に若い人々の**下位文化**に属する人。ヒッピー哲学とは，本質的には快楽主義，平和主義，無政府主義の一つであった。⇨ **対抗文化**，**麻薬文化**，**若者文化**

**必要**［need］　物質，状態あるいは他のもの（例，食物，水，警備）が欠ける時に生じる状態のこと。⇨ **マズローの動機の階層**

**必要性の証明**［certificate of need; CON］　ヘルスケアに関する組織が，拡張や再構成に関する変更を行う前に，政府から得なければならない許可証明書。許可証明が必要な目的は，新しく提供されるサービスが，意図する対象者が求めるニーズを満たすことを保証することと，過度なあるいは重複した展開を防ぐことである。

**否定**［negation; inversion］　ピアジェ（Jean Piaget）の認知発達論における心的過程，すなわち**可逆性**の一形態である。人は，あらゆる操作に否定や逆がありうることを認識している。⇨ **アイデンティティ**

**非定型解離性障害**［atypical dissociative disorder］　DSM-Ⅲにおいて，解離性障害のいかなる区分にも当てはまらないもので，DSM-Ⅳ-TRでは，**特定不能の解離性障害**と名づけられている。

**非定型行為障害**［atypical conduct disorder］　DSM-Ⅲにおいて障害の診断カテゴリーが示され，DSM-Ⅳ-TRでは**特定不能の破壊的行動障害**として分類されている障害。

**非定型抗精神病薬**［atypical antipsychotics］　従来の**抗精神病薬**に比べて，**錐体外路作用**が少なく，血清の**プロラクチン**レベルの変化が生じにくく，**遅発性ジスキネジア**を引き起こしにくい，副作用の少ない抗精神病薬のこと。これらの効果は従来の抗精神病薬と逆の働きをする。これは，**ドーパミン受容体拮抗薬**としてある程度効果はあるが，セロトニンや他の神経伝達物質の効果をも遮断してしまう。非定型抗精神病薬は，統合失調症，妄想障害，認知症，その他精神症状によって特徴づけられる障害の治療のために使用される。これらは，強迫性障害や感情障害，うつ病などの非精神病状態の治療の副次的な薬としても使われる。原型は，**クロザピン**，**オランザピン**，**リスペリドン**，**イロペリドン**，**クエチアピン**，**アリピプラゾール**，**ジプラシドン**などである。新抗精神病薬（novel antipsychotics），次世代抗精神病薬（second-generation antipsychotics）とも呼ばれる。

**非定型広汎性発達障害**［atypical pervasive developmental disorder］　DSM-Ⅲにおける障害の診断分類の一つ。DSM-Ⅳ-TRでは，**特定不能の広汎性発達障害**に分類される。

**非定型・混合型またはその他のパーソナリティ障害**［atypical, mixed, or other personality disorder］　DSM-Ⅳ-TRにおいて，パーソナリティ障害に分類されるが，

特定の名称を与えるには根拠が不十分であるもの。マゾヒスティックパーソナリティ，衝動的パーソナリティ，未熟なパーソナリティは，いかなるタイプの基準にも一致せず，混合型パーソナリティ障害（mixed personality disorder），その他のパーソナリティ障害（other personality disorder）とされる。

**非定型障害**［atypical disorder］　DSM-Ⅲ以前の版において障害区分で残されたもので，通常の精神障害の，普通ではない，または特徴的ではない変種を含む区分。DSM-Ⅳ-TRでも同様に，特定不能に区分されている。

**非定型常同運動障害**［atypical stereotyped-movement disorder］　DSM-Ⅲ以前の版では診断不能の障害に含まれていたが，DSM-Ⅳ-TRでは，**特定不能のチック障害または常同性運動障害**と名づけられている。

**非定型衝動制御障害**［atypical impulse-control disorder］　DSM-Ⅲ以前の版では残余の衝動コントロール障害として区分されており，DSM-Ⅳ-TRでは，特定不能の衝動性コントロール障害と名づけられている。⇨ **他のどこにも分類されない衝動制御障害**

**非定型心理性的機能不全**［atypical psychosexual dysfunction］　DSM-Ⅲでは特定のカテゴリーに一致しない性的機能不全に含まれていたが，DSM-Ⅳ-TRでは，**特定不能の性機能不全**と名づけられている。

**非定型心理性的障害**［atypical psychosexual disorder］　診断基準と一致しない性的機能不全や逸脱行為の問題に関する障害であるが，DSM-Ⅳ-TRでは，**特定不能の性障害**と名づけられている。

**非定型性嗜好異常**［atypical paraphilia］　DSM-Ⅲではパラフィリアの区分であったが，DSM-Ⅳ-TRでは，**特定不能の性嗜好異常**と名づけられている。

**非定型精神病**［atypical psychosis］　DSM-Ⅲでは精神病的な様々な症状が生じる特異な障害であるが，DSM-Ⅳ-TRでは，**特定不能の精神病**に分類される。

**非定型性同一性障害**［atypical gender identity disorder］　DSM-Ⅲにおいては，特定の性同一性障害の区分に含まれず，特定の性同一性障害の残余と分類されていた。DSM-Ⅳ-TRでは，**特定不能の性同一性障害**に分類される。

**非定型摂食障害**［atypical eating disorder］　DSM-Ⅲ以前の版においては，摂食障害の残余のカテゴリーであったが，DSM-Ⅳ-TRでは，特定不能の**摂食障害**と名づけられている。

**非定型チック障害**［atypical tic disorder］　DSM-Ⅲではチック障害の診断に含まれていたが，DSM-Ⅳ-TRでは，**特定不能のチック障害**と名づけられている。

**非定型特異的発達障害**［atypical specific developmental disorder］　DSM-Ⅲにおける障害の残余カテゴリー。DSM-Ⅳ-TRでは，**特定不能の学習障害**か**特定不能のコミュニケーション障害**に分類される。

**非定型の特徴**［atypical features］　標準の診断基準に含まれないその他の**大うつ病性エピソード**あるいは**気分変調性障害の症状**。それらはポジティブな出来事への反応としての気分の良さ，体重の増加，**過眠**，四肢の重だるさ，人間関係における拒否への過敏性からなる。

**非定型抑うつ**［atypical depression］　**非定型の特徴**を持つ**大うつ病性エピソード**あるいは稀に**気分変調性障害の**こと。

**否定語**［negative］　言語学において，肯定文や疑問文ではなく，何かに対して否定の表明をするために用いられる文の形式である（⇨ **疑問文**）。近代英語では，否定語は"not"や"no"と助動詞（通常"be"，"have"ないし"do"）を用いて作られるのがほぼ常である。肯定と否定の文形式（たとえば，"I went"と"I did not go"）の間の構造的な関係は**生成文法**や**心理言語学**における主要な関心の対象である。

**否定主義**［negativism］　虚無主義や懐疑主義など，否定を基礎としたあらゆる哲学や学説を指す。

**否定的感情**［negative affect］　目標を達成しそこなったり，恐怖を避けることができなかったりしたときや，現在の問題状況に満足できないときに生じる内的な感情状態（⇨ **感情**）。そのような状態を経験する傾向は否定的情動性（negative affectivity）として知られる。

**否定的自己対話**［negative self-talk］　自身の考えについて外に表明せず，自分自身の心の中で自分に語りかけること（⇨ **セルフトーク**）であるが，否定的自己対話は理想的な心理状態を創り出すこととは逆行し，自身のやる気を失わせ，自己卑下に陥る。

**否定的状態解消モデル**［negative-state-relief model］　人は退屈や非活動な時間，ストレスフルな状況において，否定的な気分になることを避けたり，そこから逃れるために援助行動を行うとする理論仮説。

**否定的ステレオタイプ**［negative stereotype］　特定の集団や社会的カテゴリーの成員に関する望ましくない，好ましくない，容認されない属性や特徴を表したステレオタイプ。⇨ **肯定的ステレオタイプ**

**否定的態度**［negative attitude］　心理療法とカウンセリングで用いられる用語。セラピストやカウンセラー，治療やカウンセリングのプロセス，他者，物，自分自身などに対するクライエントの抵抗や不満。⇨ **肯定的態度**

**否定的特性偏向**［trait-negativity bias］　全般的な印象を決める際に，肯定的な人格特性よりも否定的な人格特性のほうが大きな役割を果たす傾向のこと。動機の帰属においてしばしば引用される。否定的偏向（negativity bias）とも呼ぶ。⇨ **否定的なことは肯定的なことよりも強い**

**否定的なことは肯定的なことよりも強い**［bad is stronger than good］　否定的な出来事や情報，フィードバックは，同等の肯定的な出来事や情報，フィードバックよりも個人の感情や考え，行動に与える影響が強い傾向にあること。⇨ **否定的特性偏向**

**ビデオテープ法**［videotape methods］　臨床心理学や精神医学において，治療，研究，教育を目的として治療セッションをビデオに録画すること。典型的にはスーパービジョンで用いられている。場合によっては，自らの感情や思考を振り返るために，患者もセラピストと一緒にビデオを見ることもある。

**美的閾値**［aesthetic threshold］　人が確かな美的評価を行うことが可能な閾値のこと。感覚閾値と非常に近接している。

**美的隠蔽**［aesthetic overshadowing］　ある刺激に対する好みの最重要決定因によって，その刺激についての好みがほぼすべて説明され，他の決定因の存在はほぼ無視できるような事例のこと。

**非適応的形質**［nonadaptive trait］　**自然選択**に特別な

価値をもたない形質。**繁殖成功率**には有益でも有害でもない。目の色，耳たぶの大きさ，舌をねじ曲げることなどは人間がもっている非適応的形質である。

**美的価値**［aesthetic value］ 芸術作品や自然の美によって人に与えられた情動価，精神価のこと。

**美的情動**［aesthetic emotion］ 自然美，もしくは抽象的な視覚的展示物，音楽や踊りなどの芸術体験と結びついた情動のこと。

**美的選好**［aesthetic preference］ ある特定の刺激が審美的理由により他に比べて好まれる程度。⇨ **覚醒可能性**

**非てんかん性発作**［nonepileptic seizure: NES］ てんかん発作に似たエピソードではあるが，脳の異常放電によるものでないもの。アメリカのてんかん財団によれば，このような発作は代謝障害（心拍の変化や血圧の急激な低下など）に関連し，**失神や一過性脳虚血発作**，あるいは**心因性非てんかん性発作**などが含まれる生理学的非てんかん性発作（physiologic nonepileptic seizure）に分類される。非てんかん性発作は，同様に非てんかん性イベント（nonepileptic event or attack），偽発作（pseudoseizures），偽てんかん（pseudoepilepsy）とも呼ばれるが，後者の2つに関しては現在では推奨されていない。

**非伝統的教育**［nontraditional education］ 1. 通常の教育システムで受け入れられた，あるいは習慣的な考え方に順応しない教育計画であり，教授法，カリキュラム，学年，資格要件に革新的アプローチが含まれる。2. 通常のルートを通らずに卒業証明書を得ることを可能にする教育プラン。

**非伝統的結婚**［nontraditional marriage］ その社会の伝統的な結婚のあり方とは異なる結婚。アメリカや西ヨーロッパにおける子どもをもつ予定のない結婚や，パートナーが他の人と性交渉を行うことを許容する結婚などが例としてあげられる。⇨ **伝統的結婚**

**ビドウェルのゴースト**［Bidwell's ghost］ 視覚的**残像**の一つであり，刺激の補色が見えるもの。プルキンエ残像（Purkinje afterimage）とも呼ばれる。［イギリスの物理学者ビドウェル（Shelford Bidwell: 1848-1909）］

**非等価被験者実験計画**［nonequivalent-groups design］ 治療群と統制群の反応を研究の始めと終わりに収集して指標を比較することで，無作為的研究計画の一種のこと。⇨ **非ランダム化計画**

**非同期性**［asynchrony］ 別の出来事やプロセスが発生する際に，それが時間的に一致しないこと。たとえば，子どもの言語産出が言語理解より時間的に遅れることなど。

**非同時性同腹**［asynchronous brood］ 同時性同腹（synchronous brood）のように同時にではなく，時間的に前後して孵化した子ども（主に鳥のヒナ）。たとえば，アマサギの場合，卵は一羽目が孵化してから1日か2日後に次が孵化し，最初に孵化したヒナは成長において優位に立つ。先に孵化したヒナは，後に孵化したヒナを死に至らしめるまで攻撃することが多い（⇨ **きょうだい殺し**）。しかしながら，ヒナを育てる親の効率性や幼いヒナの生存という観点に立つと，同時に孵化させる場合よりも時期をずらす方がより適当な戦略である。

**非同調**［nonconformity］ 他者の意見，判断，行動，もしくはある社会集団や社会的状況における規範的な道徳規準と矛盾する意見や判断を表明したり，そうした行動をとったりすること。非同調には，集団規範の無視や違反，独立（たとえば，集団圧力があるにも関わらず自分の支持する立場を保持するなど），他者への意図的な非同意といった反同調（anticonformity）が含まれることがある。
⇨ **同調**

**ヒト科動物**［hominid］ ヒト科の霊長類。現存する種はヒト（ホモ・サピエンス）だけである。

**美徳**［virtue］ ある社会において肯定的な意味合いをもつ性質や特徴で，精神的健康にも寄与すると考えられている。

**非特異的効果**［nonspecific effect］ どの原因や誘発因子が，その結果をもたらすかを知りえないこと。たとえば，治療を受けていないにも関わらず，薬物療法やその他の介入を受けたと患者が信じることによる効果のこと。⇨ **プラセボ効果**

**秘匿特権**［privilege］ 患者とヘルスケアの専門家との間における治療や診断の過程のような，個人と専門家との関係の過程で得られた個人情報の信頼性についての法的な権利。

**ヒトゲノム解析計画**［Human Genome Project］ 各々の人間の遺伝子を染色体上に位置づけ，ヒトのDNAにある塩基対の配列を特定する国際的プロジェクト。このプロジェクトは1990年に始まり2003年に完了した。これは，様々な病気に関与する遺伝子について，多くの価値ある情報をもたらしている。そして，効果的な遺伝子スクリーニングテストや，治療の発展にもつながるものとなる。しかし，いくつかの生命工学の組織が商業開発を見込んで，ヒトのDNA配列の特許を受けようとしていることについて論争が巻き起こっている。⇨ **ELSIプログラム**

**ビート・ジェネレーション**［beat generation］ 1950年代のアメリカにおける，円熟した作家の一集団のこと。その代表的作家には，小説家ケルアック（Jack Kerouac: 1922-1969），詩人ファーリンゲッティ（Lawrence Ferlinghetti: 1919- ），ギンズバーグ（Allen Ginsberg: 1926-1997），コーソ（Gregory Corso: 1930-2001）がいる。「ビート」という語は疲労と幸福の表明であった。彼ら伝統的アメリカ社会を宣誓して捨て去った作家たちは，伝統的アメリカ社会を下品で商業的（commercial）と捉え，仏教，文学，酒，セックス，ドラッグを通して，このうえなく幸福な光を探したのである。こうした新しいライフスタイルに適合したサブカルチャーの成員のことを「ビートニク」といった。彼らビートジェネレーションとなじみのあった年長の作家には，ミラー（Henry Miller: 1891-1980），レクスロス（Kenneth Rexroth: 1905-1982），バロウズ（William S. Burroughs: 1914-1997）がいた。

**人質交渉**［hostage negotiation］ 安全な人質解放を引き出すテクニック。

**ヒト絨毛性ゴナドトロピン**［human chorionic gonadotropin］ ヒトの胎盤で生成されるホルモンの一種。妊娠期間中に黄体の活動を維持する役割を果たす。その尿中における有無は妊娠テストの基礎として利用される。⇨ **性腺刺激ホルモン**

**人対人の評定尺度**［person-to-person rating scale］ 質問対象になる特性の程度が多様な個人の集団から選ばれた人々の特性と，被評定者の特性を比較する評定尺度（正式には，man-to-man rating scale）。評定者は，被評定者が

最も質問する特性にあっている比較集団から個人を選んで，被評価者にその人と同じ評定値を割り当てる．

　**一つ目奇形**［cyclopia; Fraster Francois syndrome; Fraster syndrome］　常染色体劣性の先天性遺伝の障害．2つの眼窩が，1つの目を含む1つの眼窩に融合していることに特徴づけられる．大抵の場合，脳下錐体が障害を受けている．一つ目奇形は，**第13染色体のトリソミー，グループGモノソミー**，18-p症候群との関与がある．

　**人の求愛**［human courtship］　カップルが相互の関わりを深めていく過程のことで，伝統的には結婚がそのゴールとなる．交際のパターンや規範は文化によって様々である．⇨ **求愛行動**

　**ヒト閉経期ゴナドトロピン（hMG）**［human menopausal gonadotropin: hMG］　更年期女性の尿から抽出される**卵胞刺激ホルモン**と黄体形成ホルモンの混合物．生殖補助を受けている女性においてや，下垂体**性腺刺激ホルモン**の欠乏による不妊治療として，排卵を誘発するために使用される．更年期女性においては，この性腺刺激ホルモンの濃度は更年期のエストロゲン排出量の低下に応じて高くなっている．

　**人見知り**［stranger anxiety; fear of strangers; stranger fear］　幼い子どもは，周囲に見知らぬ人しかいない場合に，苦痛や恐怖，不快感を示す．この現象は，認知が発達する際に標準的にみられるものであり，乳児は養育者と他の人を区別し，馴染みある人を強く好む．この人見知り傾向は，早くも生後6か月，一般には生後8か月〜9か月頃から現れ，一般的には2歳頃にはみられなくなるとされる．
⇨ **分離不安，外国人恐怖症**

　**ヒドラスチス**［goldenseal］　薬効成分をもつ低木．アメリカ東部に自生しており，民間療法として子宮出血をコントロールするために使用されてきたという長い歴史をもち，その葉は一般的に湿布薬や，抗菌剤として使用されている．ヒドラスチスの有効性を評価している臨床研究はあまりないが，有効成分（ベルベリン：berberine，ヒドラスチン：hydrastine）は広く調査された．その結果，ベルベリンは抗菌作用をもつことが示され，癌細胞の増殖を防ぐのに有効であることがわかり，ヒドラスチンは血管収縮や堕胎薬の効果があり，経口服用時に妊婦に陣痛を引き起こすことが示された．ヒドラスチスは推奨された服用でも若干の副作用がある（たとえば，口や喉，胃の炎症，皮膚がヒリヒリするなど）．しかし，高用量を服用した場合，高血圧を引き起こしたり，心拍数を上昇させる場合があり，それは中枢神経系の過度の刺激や，発作とも関係している．また，非常に高用量を服用すると，潜在的にまひや呼吸不全，死を引き起こし危険である．また，慢性的な長期使用はビタミンBの吸収を阻害することもある．その上，ヒドラスチスは抗凝固剤，高血圧治療薬，**チトクロムP450 3A4酵素**（たとえば，クロニジン，ネファゾドン，オトギリソウ）をもつ薬などと相互作用することもある．

　**一人遊び**［solitary play］　子どもが一人で従事する遊びのことを指し，特に，近くで他の子どもが遊んでいるのにも関わらず，自分一人での遊びに集中していることをいう．
⇨ **連合遊び，協同遊び，平行遊び，社会的遊び**

　**一人芝居**［monodrama］　集団心理療法におけるロールプレイング技術であり，グループの一人が単独である場面を実演すること．そのメンバーの振舞いは，他のグループメンバーによって評価される．

　**ピトレの法則**［Pitre's rule; Pitre's law］　多言語を話す人が，脳卒中や脳の損傷によって生じた**失語症**から回復する際に，最初に回復する言語は通常，失語症が起こる以前にその人が最もよく使っていたものになる．その他の言語はゆっくりと回復するが，多くの場合完璧には回復しない．
⇨ **リボーの法則**［1895年にフランスの神経学者ピトレ（Jean Albert Pitres: 1848-1927）によって提唱された］

　**ヒドロキシジン**［hydroxyzine］　ジフェニルメタン分類の抗ヒスタミン薬．手術前後の痛み，陣痛，不安，皮膚炎，嘔吐などを軽くするために使用される．禁酒のマネジメントにふさわしいが，現代医療において，この目的のために使用されるのは稀である．ヒドロキシジンには，**抗コリン作用**がある．アメリカでの商品名はアタラックス（Atarax），ビスタリル（Vistaril）．

　**ヒドロコドン**［hydrocodone］　オピオイド鎮痛薬の投薬は，激しい痛みを和らげるために使用される．**アセトアミノフィン**や非ステロイド性抗炎症薬（例，アスピリン）と組み合わさると効果的である．風邪が原因の咳を軽減させるために，よく売られている．アメリカの商品名はデツシン（Detussin: プソイドエフェドリンと組み合わせる），ビカディン（Vicadin: アセトアミノフェンと組み合わせる）．

　**人を中心におく言語表現**［people-first language］　障害より先に人を述べる表現．その人と障害を同一視するのではなく，障害をその人がもっているものとして記述する．たとえば，"a child with a learning disability"（"a learning-disabled child"ではなく），"a child with Down syndrome"（"a Down child"ではなく），"a person who uses a wheelchair"（"a wheelchair-bound person"ではなく）などの用法があげられる．

　**非内省的視点**［extraspective perspective］　経験に対する個人の内省的で主観的な説明とは逆に，行為や反応についての客観的で実証的観察に基づく方法論的アプローチ．**行動主義**アプローチは，非内省的視点の考えに基づいている．

　**否認**［denial］　不快な思考や感情，願望，出来事を無視したり，意識的な気づきから締め出す**防衛機制**．それは死に至る病や経済的な問題，嗜癖，パートナーの不義といった現実を知ることの拒否といった形をとることもある．否認は感情的な葛藤を解決するためや不安を減らすために働く無意識的な過程である．拒否（disavowal）とも言う．

　**避妊**［contraception］　妊娠の防止，すなわち精子による卵子の自然受胎の防止のこと．

　**非人間化**［dehumanizaton］　人間を人間以下の生き物や物とみなすことでおとしめるプロセスやその遂行．自立性や人格，尊厳の感性の否定を示す．

　**否認／衝撃の段階**［denial and shock stage］　スイス生まれのアメリカの精神科医キューブラー・ロス（Elisabeth Kübler-Ross: 1926-2004）が提唱した，**死の段階**における5段階のうちの第1段階．この段階では，すべてをのみ込むような不安の波によって，患者は自分自身に死が迫っているという事実を認めたり受容したりすることができなくなる．激しい状態ではあるが期間としては短い．

　**ビネー**［Binet, Alfred］　アルフレッド・ビネー（1857-1911），フランスの心理学者．彼は心理学の正式な教育を

受けたことがなかったが，暗示の研究や，高知能者や知的障害の思考プロセスに関する研究のパイオニアとなった。彼は，キャッテル（J. M. Cattel）の感覚運動機能の測定に異議を唱えた。1905年に，フランスの心理学者シモン（Theodore Simon: 1873-1961）の助けを借り，様々な問題を通じて言語能力や数的能力を測定するテスト（ビネー・シモン検査）を開発した。このテストは子どもの精神年齢を推定することによって，知的障害のために通常クラスのカリキュラムについていくことができない生徒を発見するために用いられた。ビネー・シモン検査は改訂を重ね，今日でも広く用いられているスタンフォード・ビネー知能検査につながっている。⇨ IQ

**ピネルによる診断分類** [Pinel's system]　18世紀に提唱された精神障害や精神症状の分類法。4つの主な分類は，メランコリー，せん妄を伴う躁病，せん妄を呈さない躁病，認知症もしくは知的荒廃であった。[フランスの精神科医ピネル（Phillipe Pinel: 1745-1826）による]

**美の線** [line of beauty]　イギリスの画家ホガース（William Hogarth: 1697-1764）が最も美しいとしたS字曲線。

**批判** [criticism]　1. 人のパフォーマンスや行動に対する思慮深い評価や意見のこと。特に将来のパフォーマンス改善を補助したり，異なった問題解決手法を提案するためになされるものは，建設的な批判（constructive criticism）とも言われる。2. 何かを承認できない際，欠陥や欠点を指摘して否定的評価であることを示すこと。言葉や行動によって示され，建設的な目的をもたない場合もある。

**批判的** [critical]　真実なのか，それとも誤りなのかを重視する様。

**批判的思考** [critical thinking]　目的的で問題志向的な思考法。エラーや欠点をなくすようにアイデアや解決策を吟味する際に働く。仮説の妥当性を検証したり，研究結果の意味を解釈するなどの活動において中心的な役割を果たす。⇨ 創造的思考，収束的思考

**非反応性観察** [nonreactive observation]　観察対象に影響を及ぼさない観察法のこと。

**批評** [critique]　長所と短所の両方を同定し，説明する総合的な分析のこと。

**被評価者** [ratee]　評定得点を割り当てられる個人のこと。

**非標準的影響** [nonnormative influences]　不定期に，一名ないし数名に対して起こり，人間の生涯発達に対して予測不可能な影響性をもたらすこと。

**批評力のある** [critical]　公平な評価や展望によって特徴づけられたり，それらによって示すこと。

**ピーピング・トム** [peeping Tom]　のぞき趣味の人（⇨ 窃視症）を表す俗語。11世紀のイギリスの伝説で，ゴダイヴァ婦人がコベントリー通りを裸で乗馬したとき，仕立屋トムがそれをのぞいた，というのが由来。

**皮膚** [skin]　体の外側の覆い。外層（表皮）と皮下脂肪組織層の上に乗った深部層（真皮）からなる。神経，血管供給を十分に受けており，効果的かつ感受性の高い防壁になっている。皮膚の下の組織の損傷を防ぎ，体内から水分が奪われるのを軽減し，汗腺から分泌される汗の蒸発を介して体温調節の一端をも担っている。ヒトの皮膚は，頭部と性器を除き，薄い体毛にしか覆われておらず，断熱材としての効果は小さい。ヒトにおいては断熱は主に皮下の**脂肪組織**が担う。皮脂腺から皮脂が入ってくる**毛包**に体毛根は起始しており，油脂性の分泌物により皮膚の表面は潤滑，撥水する。接触，圧力痛み，温度など様々なタイプの感覚神経終末（⇨ **皮膚受容器**）が供給されている。皮膚には，外来物質や病原体の侵入を防ぐ働きもある。

**皮膚感覚** [cutaneous sense; skin sense]　接触，圧力，振動，温度，痛みなどに対する皮膚感覚受容器に依存した感覚のこと。

**皮膚感覚経験** [cutaneous experience; cutaneous sensation; dermal sensation]　皮膚受容器への刺激によって生じる感覚のこと。このような感覚は，温かさ，冷たさ，くすぐり感，かゆみ，針の痛み（⇨ **プリック感覚**），鋭い痛み，鈍痛を含む。

**皮膚感覚点** [skin-sensory spot]　熱覚，冷覚，痛覚，触覚などの刺激に対する神経終末部を含む皮膚の総称。体には皮膚感覚点が他の部位より集合した部位がある。たとえば，$1\,cm^2$当たりの皮膚感覚点は，背中よりも指先のほうが多い。

**皮膚感度** [dermal sensitivity]　皮膚中の神経受容体によって検出される皮膚感覚。

**被服行動** [dressing behavior]　その人のジェンダーに対する社会的期待と一致するような衣服を着ること。これは**同一性**にとって重要な要因である。服装倒錯者と性転換者に関する研究では，彼らが幼年期と青春期にしばしば異性の服を着ていた（あるいは異性の服を着せられていた）ことが示されている。⇨ **服装倒錯**

**皮膚コンダクタンス** [skin conductance]　2つの電極間で流れる微小電流に対する皮膚抵抗の変化。特にヒトの**覚醒**またはエネルギー伝導のレベルを測定するのに用いられる。他の自律媒介指標と比べ，皮膚コンダクタンスは，恐怖や怒りなどの特定の情動との関与をほとんど示さず，覚醒レベルにだけ反応する。皮膚コンダクタンスのメカニズムは完全にはわかっていないが，汗腺の（汗そのものではなく）電気的活動と関連していると考えられる。⇨ **皮膚電気反応**

**皮膚視覚** [dermo-optical perception; cutaneous perception of color: DOP]　触ることだけで物体の色を同定したり，見ることができたりするといわれる能力。アメリカの心理学者ユーツ（Richard P. Youtz: 1910-1986）が物体からの熱や手の熱の反射による温度差によって色を検出することができる人々がいることを示唆した。

**皮膚刺激** [skin stimulation]　皮膚の神経受容器を通じて経験される，痛み，圧力，冷たさ，温かさ，くすぐったさ，あるいはかゆみなどの皮膚感覚。

**皮膚受容器** [cutaneous receptor]　皮膚感覚経験に関与する受容器のこと。皮膚受容器は，**パチーニ小体**，**籠状終末**，**マイスナー小体**，**メルケル触盤**を含む。

**皮膚受容体** [skin receptor]　痛み，圧，温度，などの刺激に反応する皮膚内の神経終末の総称。

**皮膚受容野** [cutaneous receptive field]　特定の末梢神経と中枢神経システムにおけるシナプス分布と関連している皮膚部位のこと。⇨ **受容野**

**皮膚知覚** [cutaneous perception]　皮膚受容器を通した知覚のこと。⇨ **皮膚感覚**

**非物質論** [immaterialism]　性質（⇨ **第一性質**，第二

性質）が内在する実体として物質の独立した存在を否定する哲学的立場。感覚対象は，物質的な土台なしに，知覚している心の中で生み出される性質の総体として存在する。この派閥で最も有名な哲学者は，アイルランドの哲学者バークレー（George Berkeley: 1685-1753）である。こういった立場を**観念論**と区別することは難しい。観念論では，精神はすべての現実にとって本質的なものであり，物体と性質は単に知覚された存在だとするからである。

**皮膚電気反応（GSR）** [galvanic skin response: GSR; electrodermal response: EDR] 特定の刺激に対して，皮膚（特に手のひらなどの無毛部位）における電気抵抗の変化として生じる反応。この現象は汗腺の活動によって引き起こされ，快および不快刺激，感情の喚起やストレス，さらには新奇な刺激や条件づけられた中立刺激に対する反応として生じる。精神電流反射（electrodermal response），フュレ現象（Féré phenomenon），タルチャノフ現象（Tarchanoff phenomenon）とも呼ばれる。⇨ **ポリグラフ**，**皮膚コンダクタンス**

**皮膚電気変化** [electrodermal changes] 皮膚の電気伝導度の変化。⇨ **皮膚電気反応**，**皮膚コンダクタンス**

**皮膚瞳孔反射** [cutaneous-pupillary reflex; pupillary-skin reflex] ほほやあごの皮膚をひっかくことによって生じる瞳孔の膨張のこと。

**ヒプノフレノシス** [hypnophrenosis] 睡眠障害のいかなるタイプも含む。⇨ **睡眠障害**

**皮膚紋理学** [dermatoglyphics] 指，掌，足の裏の皮膚にある線のパターンに関する学問。出生時欠損や障害のタイプと関連するパターンの観察をもとに染色体異常の種類を特定するのに用いられる技術。たとえば，ダウン症には掌の単一手掌横断線や小指（第5指）の皮膚に単一屈曲線がみられる。

**微分** [differentiation] 数学において，関数や変数の微分係数を得る計算に用いられる過程。

**飛蚊症** [muscae volitantes; mouches volantes] 眼の前に小さな点が浮いているように見える症状。［ラテン語で"飛ぶハエ"の意味］

**ヒペリシン** [hypericin] セントジョンズワートにおいて最も効果のあると思われている精神に作用する化合物。

**ピペリジンジオン** [piperidinediones] かつて日中の鎮静用や不眠症に使用されていた薬物。現在は一般的に臨床では用いられない。作用構造や毒性は**バルビツール酸塩**と似ている。この種の原型は**グルテチミド**である。

**ピペリデン** [biperiden] 合成**抗コリン薬**。トリヘキシフェニジルに非常に近いが，**ムスカリン受容体**よりも**ニコチン受容体**と強い結合性をもち，トリヘキシフェニジルと比較される。抗精神病薬によって引き起こされるパーキンソン病の症状の治療に用いられる。アメリカでの商品名はアキネトン（Akineton）。

**ヒポキサンチン・グアニン・ホスホリボシルトランスフェラーゼ（HGPRT）** [hypoxanthine-guanine phosphoribosyltransferase: HGPRT] 酵素の一種であり，人間の体内におけるその欠乏は**レッシューナイハン症候群**の症状につながる。不適応行動と精神遅滞を含む遺伝性疾患に関係することが見出された最初の酵素である。ヒポキサンチン・ホスホリボシルトランスフェラーゼ（hypoxanthine phosphoribosyltransferase）とも呼ばれる。

**ヒポコンデリー** [hypochondria] 体調不良であるという，不明瞭な信念が関係している憂うつ。これがひどくなると，この先入観は精神疾患に分類される。⇨ **心気症**

**ピーボディ絵画語彙テスト** [Peabody Picture Vocabulary Test: PPVT] 4つの白黒の絵のセットを被験者に見せ，実験者が発する単語と関連するものを選ばせるテスト。全部で204セットの刺激があり，12セットずつ17のグループに分けられている。現在は第3版（PPVT-III, 1997）が出ており，理解できる語彙と言語能力を評価するためのものとして，2歳半～90歳の人に使われている。［1959年ナッシュビルにあるヴァンダービルト大学ピーボディカレッジの心理学者ダン（Lloyd M. Dunn: 1917- ）とダン（Leota M. Dunn: 1917-2001）によってオリジナルが開発された］

**肥満** [obesity] 体脂肪が過剰な状態。過体重に至る。体重や，身長と体重の比（⇨ **体格指数**），皮下脂肪の分布，社会的，美的基準など，様々な点から定義される。基本的原因には，遺伝的なもの，環境的なもの，行動的なもの，あるいはそれらの相互作用がある。過食にはおそらく心理学的原因（⇨ **むちゃ食い障害**，**食依存**，**夜間摂食症候群**）があると考えられるが，器質的原因（⇨ **過食**）による場合もある。肥満は心臓病，糖尿病およびその他の深刻な病気（⇨ **病的肥満**）への罹患リスクを高めるため看過できないものである。また，肥満の人は**身体像**に関する情緒的，心理学的問題をもつ場合もある。

**肥満型** [pyknic type] 背が低く，太っていて，がっちりした体格が特徴的な体。**クレッチマーの類型論**によると，このような人は陽気で外向的であり，気分が変動しやすい。

**びまん性軸索損傷** [diffuse axonal injury: DAI] 脳の白質路（軸索路）が広範に及んで引っぱられる，または裂けること。典型的には**加速減速損傷**によって引き起こされる。

**肥満治療** [obesity treatments] かなりの体重減量を治療行為として行うこと。治療には，長期間ダイエット，クラッシュ・ダイエット，グループサポート，催眠療法，運動プログラム，栄養教育，薬物療法，食生活の改善，必要に応じたホルモン治療，力動的精神療法（過食によって無意識に欲求を満たしていることを洞察する）などがある。

**肥満病学** [bariatrics] 肥満の研究に焦点を当てた医学の一分野。予防や治療も含まれている。

**非ミエリン化** [unmyelinated] C線維のようにミエリン鞘のない神経線維のこと。

**非見本合わせ** [oddity from sample] **見本合わせ**と同様の方法であるが，見本の刺激とは異なる刺激に反応したときに強化を与えるように配列されている点が異なる。非見本合わせ学習（oddity learning）とも言う。

**ピモジド** [pimozide] 第一世代の（典型的，伝統的な）ジフェニルブチルピペリジン群の**抗精神病薬**。他の伝統的な抗精神薬のように，シナプス後ドーパミンD2受容体の阻害薬である。ヨーロッパや南アメリカでは抗精神病薬として広く使用されているが，アメリカでは食品医薬品局がトゥレット症候群に関連した声帯，運動性チックに対する処方にのみ認可している。ピモジドは心臓の鼓動を致命的に混乱させることに関わっており，不整脈の既往歴のある患者の使用や，1日10 mgを超える服用は避けるべきである。ピモジドは類似の抗精神病薬に特別に有利な点がないため，他の薬物で必要な反応を得られなかった場合に

のみ，トウレット症候群で使用すべきである。アメリカの商品名はオーラップ（Orap）。

**ビーモンド症候群**［Biemond's syndrome］　精神遅滞，発達の障害，虹彩の異常（小穴，分裂，裂け目）と，足や手の指が余分にあることとが合併している障害。

**百日咳**［whooping cough; pertussis］　鼻咽頭から細気管支までの呼吸器系が冒される高い伝染力をもつ細菌性の感染症。発作的な咳や，吸気時にゼーゼーいったりする症状がみられる。脳出血，てんかん，**無酸素症**，視覚や聴覚の損傷を合併することがある。

**非優生学の**［dysgenic］　遺伝することが有害であるような要因やその影響を指す言葉。⇨ **優生学の**

**比喩的言語**［figurative language］　類推，隠喩，擬人化によって意味を拡張したり，対句法や頭韻法などの手法によって意味を強調するような言語の使用法のこと。比喩は詩や修辞法において最も重要なものであるが，言語使用のほぼすべての分野にわたって広がっている。

**ヒューマンエラー**［human error］　人間が行動したことで，あるいは行動しなかったことで生じる**人間・機械系**における操作の誤り（⇨ **コミッションエラー，オミッションエラー**）。機械の故障，製品やシステムデザインの欠陥に対立する概念。ヒューマンエラーを根絶することは不可能だが，良いデザインが用いられればヒューマンエラーの発生とヒューマンエラーの影響の両方を最小限に抑えることができる（⇨ **排除デザイン，フェイルセーフ**）。

**ヒューマン・オペレータ・モデリング**［human operator modeling］　課題遂行中のオペレータの行動や心理プロセスを説明するために，定性的あるいは定量的なツールを用いる実践的手法。この目的のために使用される物理モデルやコンピュータモデルはヒューマン・オペレータ・シミュレーション（human operator simulation）として知られる。物理的シミュレーションは，現実の課題環境でのロボット操作や遠隔操作に関わりがある。コンピュータシミュレーションは，異なる状況をテストするために様々なパラメータを使用する。ヒューマン・オペレータ・モデリングは，多様な環境下での人間の行動を記述，説明，予測するために利用される。⇨ **ヒューマンプロセッサモデル**

**ヒューマンファクター心理学**［human factors psychology］　人間の能力や特徴に合うよう環境，設備，プロセスを見直すことを目的として，オペレーティングシステムにおける**人的要因**の役割を研究する心理学の一分野。この用語は大抵工学心理学と同義語に用いられる。⇨ **人間工学，社会技術システムズアプローチ**

**ヒューマンプロセッサモデル**［model human processor］　商品やシステムのユーザービリティを評価する際に用いられる人間の**情報処理**のモデル。実証的事実によって得られたこのモデルは，知覚，運動，認知という3つの相互作用するサブシステムから構成される。処理能力や，処理と減衰期間（⇨ **減衰説**）の推量は，様々な制限下における人間の能力を測るために用いることができる。⇨ **ヒューマン・オペレータ・モデリング**［1983年にアメリカの心理学者カード（Stuart K. Card: 1943- ）とコンピュータ科学者モーラン（Thomas P. Moran: 1942- ），認知科学者ニューウェル（Allen Newell: 1927-1992）によって作られた］

**ヒューリスティック**［heuristic］　**1.** 認知的には，問題解決や意思決定をするときの戦略で，必ずしも正しい答えにたどり着ける保証はないが効率的に回答を得ることのできる方法。対照的に，アルゴリズムは（もし回答が1つであるならば）必ず正解にたどり着けるが，ずっと非効率的である。⇨ **利用可能性ヒューリスティック，代表性ヒューリスティック　2.** 社会科学において，モデルや作業仮説のような事実に関する説明を与えるというよりもむしろ，問題の可能性を探索したり限定したりする，概念的な方略のこと。⇨ **アズ・イフ仮説，複合概念　3.** 人間工学において，専門家が利便性の指針に従って製品やシステムを評価し，その欠陥を記したリポートを作成するまでの手続き。このタイプの評価の利点は，比較的単純で安上がりなところである。しかしながら，ユーザーによるテストではないため，特定の集団（たとえば，異なる文化的背景をもつ集団）に起こりうる問題を見抜くことができないという欠点がある。⇨ **課題分析**

**ヒューリスティック・システマティック・モデル**［heuristic-systematic model: HSM］　説得的メッセージの有効性は，2つの異なる方法で評価することができると仮定する説得理論。システマティック処理は，態度に関連した情報を注意深く処理する。ヒューリスティック処理は，情報の一部分のみを使用し，メッセージを受け入れるべきかどうか判断する簡略的な決定規則を実行する（たとえば，情報源の信用性が高いので，メッセージは受容しうると判断するなど）。⇨ **説得の二過程モデル**［アメリカの心理学者チェイケン（Shelly Chaiken: 1949- ）とイーグリー（Alice H. Eagly: 1938- ）が最初に提唱した］

**ビュリダンのロバ**［Buridan's ass］　選択肢の相対的な望ましさにのみ基づいて決定することの難しさの例。このたとえ話では，等距離にある同じ量の干し草の間に立ったロバは，どちらも選べずに餓死してしまう。フランスの哲学者であるビュリダン（Jean Buridan: 1300-1358）に名前は由来するが，彼は創案者ではない。主意主義と主知主義の哲学的な妥協点を**行為理論**に見つけようとするビュリダンの試みにも関連している。

**表意記号**［ideogram; ideograph］　ある対象や観念を表すために用いられる絵やシンボルのこと。コンピュータのインターフェースでは，マウスのクリックによって選択するために用いられ，通常**アイコン**と呼ばれる。表意文字（ideograph）とも呼ばれる。⇨ **ロゴグラフ**

**病因**［etiology］　病気や障害の原因や経過のこと。

**病因（論）**［pathogenesis; nosogenesis; pathogeny］　精神的，身体的疾病や障害の起源と進行。

**病因学**［etiology］　医学および心理学の一分野で，身体障害および精神障害の原因に関する体系的な学問分野。

**病院恐怖症**［hospital phobia］　病院に対する持続的で非合理的な恐怖。DSM-Ⅳにおいて，病院恐怖症は**特定恐怖症**に分類されている。

**病因となる家族様式**［pathogenic family pattern］　精神障害や行動障害の土台となるような，家族の否定的で有害な態度や基準，行動。たとえば，養育拒否，夫婦関係に子どもを巻き込む**三角関係**，過度に厳しいこと，過度に甘いこと，一貫性のないしつけ，など。

**表音文字**［phonogram］　音素，音節（syllable），単語の書記的もしくは記号的表象。音声文字。

**評価［1］**［appraisal］　ある事象もしくは出来事の認

知的な評価のこと。いくつかの情動理論では，認知的評価は情動的経験の規定因とみなされている。⇨ **認知的評価理論**

**評価［２］**［evaluation］　**1.** 価値や望ましさを決定するために，慎重に検討したり全体的な判断を下すこと。**2.** テスト結果や実験データの解釈のこと。**3.** 定められた目標を達成しようとする際に，何か（たとえば，セラピー技法や新しく実施したプログラムなど）が成功したかどうかを決定すること。

**評価インタビュー**［evaluation interview］　**人事考課**プログラムの一部として行われるインタビュー。評価インタビューは，部下の**職務成績**に関する日常的なあるいは定期的なディスカッションであることもあるし（⇨ **業績審査**），特定の環境に起因して行われることもある。部下が，経営管理者から評価を受けるために，自分の目標を示すことを提案するというような心理的インセンティブ（やる気を起こさせるもの）を含むこともある。

**ヒョウガエル**［Rana pipiens］　神経生理学や神経解剖学の研究に用いられるカエル。

**評価活用**［evaluation utilization］　評価プログラムの結果に基づいて行動するための努力のこと。多種多様な評価の成果を管理するだけでなく，評価プロセスによって明らかになった問題の解決策を一般化することが含まれる。

**評価可能性査定データ**［evaluability-assessment data］　プログラム評価の問題のある領域を特定しようとした情報のこと。評価可能性アセスメントは，プログラムのパフォーマンス予測と評価データによる予測される回答，実行可能な計画，測定，分析を識別するプログラムによって構成されている。

**評価基準**［criteria of evaluation］　プログラム効果あるいは研究の**評価目的**において述べられるような，**プログラム結果**を明示するあるいは測定するのに使用される基準。

**評価グリッド法**［repertory grid］　個人の**パーソナルコンストラクト**を分析するために用いられる技術。多くの重要な構成概念が選択され，その各々は数的尺度を使用して，参加者により多くの次元上で評価される。発見されたものはマトリクス形式で表示され，相関関係を明らかにするために統計分析にかけられる。評価グリッド法は主に個人に関する関係性を分析する手段として開発されたが，人の思考の複雑さ（⇨ **認知的複雑性**）の決定や，他の様々な応用範囲において使用されている。［アメリカの心理学者ケリー（George A. Kelly: 1905-1967）によって導入された］

**評価懸念**［evaluation apprehension］　他者によって評価されることに対する不安または心配，特に，実験者に好意的に評価されたいという願望の結果，実験参加者によって経験される不安の感情。評価懸念を経験している参加者は，実験者が彼らを心理学的に不健康だとみなされると思われる反応（たとえば攻撃性の表出）を抑制することがある。

**評価研究**［evaluation research］　効果的なヒューマンサービス・デリバリー・システム（human service delivery system）の開発に重要な要因を同定，記述，概念化，測定，予測，変形，制御するために，科学的な原則，方法，理論を応用すること。⇨ **プログラム評価**

**評価者**［evaluator］　治療や感受性グループ，プロジェクトチーム，組織といったものの進展もしくは個人について評価しアドバイスを与える役割の人のこと。⇨ **外部評価者**，**内部評価者**

**評価者間合意**［interrater agreement］　評価者グループ（人，器具，テストに対する）が，同じ方法を用いる（同じケースに同じスコアやカテゴリーを割り当てる）程度のこと。この言葉は，しばしば**評価者間信頼性**と同義的に使用されるが，評価者間合意は，（通常）カテゴリーの割り当てに評価者が同意する程度のみを示す。

**評価者間信頼性**［interrater reliability; interjudge reliability］　テスト構成要素における一貫性の一種で，異なった実験者が，同じ人物や対象の能力や特徴を評価する際に，類似した評定を行う程度を意味する。**評価者間合意**と同じ意味で用いられることが多いが，評定者間信頼性は，**古典的テスト理論**や真の得点の想定と概念的により結びついた用語である。また，通常は，量的データについて言及する際に用いられる。

**評価尺度**［evaluative ratings］　対象集団に対する美的判断や質的な順位判断のこと。評価尺度は，描画の相対的な楽しさや問題の相対的な複雑さなどの快楽的価値に基づいていることがある。

**評価者の信憑性**［evaluator credibility］　あるプログラムの評価者が，**ステイクホルダー**から，公正で責任ある評価を実施しうるだけの信頼，技能，知識を有しているとどれだけ考えられているかの程度のこと。

**評価的推論**［evaluative reasoning］　何らかの行為・アイデア・感覚・技術・対象の有効性・妥当性・意味・関連性の評価を伴う**批判的思考**の一形式。

**評価動機**［appraisal motive］　自分自身について正確な診断的情報を得たいという欲求。この動機が高まると，高度な診断的フィードバックを探し求め（⇨ **診断性**），お世辞や偏見を拒絶する。⇨ **一貫性の原則**，**自己高揚動機**

**評価のシステムモデル**［system model of evaluation］　目標を達成できる社会単位の仕事モデルに関する組織的な有効性を評価する方法である。公の目標達成における組織の有効性の評価ではなく，運営の最適水準に達成するための組織による資源配分を評価する。

**評価の目標モデル**［goal model of evaluation］　個々人の目標ではなく，組織の公的目標に焦点を当てて組織の有効性を評価するシステム。⇨ **目標志向型評価**，**目標にとらわれない評価**

**評価への欲求**［need to evaluate］　出会う人，問題，対象を広範囲に評価的に考えたいというパーソナリティ特性。この特性が高い人は，「肯定−否定」の軸にそって無意識に態度を選択したり，対象をカテゴリー化したりする傾向がある。この特性が低い人は，状況がそのようなカテゴリー化を迫るときだけ，対象を評価的に考える傾向がある。［1996年にアメリカの心理学者ジャーヴィス（William Blair Gage Jarvis）とペティ（Richard E. Petty: 1951- ）によって研究が始められた］

**評価目的**［evaluation objective］　プログラム評価の目的の一つ。**形成的評価**の目的は，実行上の問題やプログラムの整合性を検討し，プログラムの監視をすることであるのに対し，**累積的評価**の目的は，プログラムの影響，有効性，コスト分析を主に行うことである。

**評価理論**［appraisal theory］　状況の認知的評価が，その状況に反応して感じる感情を決定するという理論的立場

のこと。⇨ **認知的評価理論**

**病気恐怖** [disease phobia; pathphobiat] 一般的な病気または特定の病気の永続的，非理性的な恐怖。以前は疾病恐怖（nosophobia）と呼ばれていた。病気の恐怖は**特定恐怖症**か，**心気症**の恐怖か，**強迫性障害**とされることが多い。

**表型模写** [phenocopy] 環境と**遺伝子型**の相互作用による**表現型**の模倣。たとえば，皮膚や髪に日光が影響することで，自然の色合い，あるいはその他の**表現型**の組織に似た変種を生む。

**美容外科** [cosmetic surgery] 身体的外観のある面をよく見せたり強調することを意図した，多種多様な特定の外科的手法の一般的名称。⇨ **形成外科**

**表現 [1]** [expression] 思考や行動，感情の伝達のこと。⇨ **情緒的表現**，**表情**

**表現 [2]** [presentation] 対人関係や社会的相互作用における個人の行動の仕方もしくは自分を表現するやり方のことで，本能的表現（instinct representation）とも呼ばれる。

**表現型** [phenotype] ある個体についての観察可能な特徴のことで，たとえば形態的特徴や生化学的特徴，特定の疾病の有無などがある。表現型は環境要因（たとえば栄養状態や気候）の影響が伴う個体の**遺伝子型**，すなわち遺伝子の発現により決定される。

**表現主義因子** [expressionism factor] 心理学的美学において，芸術家の感情経験や緊張感を強調するような，芸術的なスタイルにおける成分。イギリス生まれのカナダの心理学者バーライン（Daniel E. Berlyne: 1924-1976）によれば，表現主義因子は芸術スタイルの評定において，「緊張-平静」といった項目に高い負荷を示すとされる。

**病原性** [pathogenic] 疾患に寄与したり，**病理**を引き起こす様子。バクテリアやウイルスなどが病原体（pathogen）として知られている。

**表現性失語症** [expressive aphasia; expressve dysphasia; speech aphasia; verbal aphasia] 発話，書き取り，ジェスチャーの利用といった能力が失われたり損なわれたりする**失語症**の一つ。この症状は，しばしば脳の**ブローカ野**の損傷と関わっている。皮質性運動性失語（cortical mother aphasia），言語唖（word dumbness）とも呼ばれる。⇨ **感覚性失語**

**表現促進現象** [anticipation] 遺伝性疾患の発病が世代を経るごとに徐々に早くなること。

**表現療法** [expressive therapy] **1.** 心理療法の一形態で，クライエントは自分の抱えている問題についてすべてを話すことを奨励され，また感情について自制をすることのなくオープンに表すことを奨励されるセラピー。⇨ **抑制的技法** **2.** 変化を促進するために非言語的な方法（例，アート，ダンス，動作）を採用する様々な心理療法。

**費用効果分析** [cost-effectiveness analysis] 一連の**プログラム結果**を達成するためのコストという観点から表現された，**プログラムの効果**や経済的効率の計算のこと。プログラムに評価できる主要な成果がある場合，将来のコストが成果の変化と混同されない場合，また成果が金銭的報酬に直接的には変えられない場合，費用効果分析は最も適切となる。

**病後歴** [catamnesis] 精神障害あるいは身体障害になってからの，すなわち最初の検査後あるいは治療終了後の患者の医療履歴。治療終了後の医療履歴は，追跡調査履歴（follow-up history）としても知られている。

**氷山の隠喩** [iceberg metaphor] 小さいことや意識的事象がより大きい無意識的な心理機能領域の唯一の小さなアクセス可能な箇所となっているという考え。

**氷山の法則** [iceberg principle] 観察に基づく推論や行動に対する説明もしくは見解は不十分である，という法則のこと。大抵の真の説明は表面下にあり，それを明らかにするためには広範にわたるインタビューや他の調査技術が求められる。

**氷山プロフィール** [iceberg profile] **気分状態測定尺度**で，**活力**の得点が 50 番目の T 得点以上であるのに対し，その他の緊張，抑うつ，怒り，疲労，混乱などのスコアが平均以下であるプロフィールを示すパターンのこと。成功した**エリートスポーツ選手**はこのメンタルヘルスプロフィールを示すといわれてきた。

**表示（表示装置）** [display] いずれかの感覚へ刺激を呈示すること，およびその装置。

**表示行動** [display behavior] 他の人からの反応を引き出せるような，ステレオタイプ化された行為（すなわち，ほとんど変わらずに繰り返される行動）。**動物のコミュニケーション**には不可欠である。表示ルールは，言語的であることも，非言語的であることもあるとされ，通常，視覚的あるいは聴覚的器官への刺激を伴う。異性のメンバーへ求愛メッセージを伝達するボディランゲージ（たとえば，羽や彩りを見せるなど），あるいは敵に向けた威嚇と解釈される行為（たとえば，歯をむき出しにする，あるいはシーという音を立てる）が包含されている。これらがステレオタイプ化された動きであるため，表示は，生理的あるいは行動的反応から直接的な意思疎通のシンボルとして進化していったと考えることができる。たとえば，人間は攻撃か回避かに伴って血管拡張あるいは血管収縮をするため，好戦的な時に顔を赤らめ，あるいはおびえている時に青ざめる。これらの血管の変化は，コミュニケーションのシグナルとして理解しやすく，役に立つため，行動を予測させることを容易にさせる。

**表示デザイン** [display design] 人間工学の用語で，様々な状況で情報を効果的に伝達するためのディスプレイ（表示）のデザインのこと。ディスプレイは静的な装置であることもあれば（サイン，ラベル，ダイアグラムなど），動的な装置であることもある（スピードメータ，時計，温度計など）。表示デザインの他の次元には，ポインタのほうが移動する数的尺度なのかポインタは固定されていて尺度のほうが移動するものか，円形のディスプレイか直線形のディスプレイか，水平方向の尺度か垂直方向の尺度か，絵的なサインか言語的なサインか，単純なサインか複雑なサインかなどがある。伝達される情報には，指示や説明，安全に関わるメッセージや警告，（スピード，音量，温度といったような）特定のシステムの状態に関する変動的情報などがある。⇨ **バー表示**，**オブジェクトディスプレイ**，**統合型情報ディスプレイ**，**分離ディスプレイ**，**ディスプレイとコントロールの適合性**

**病弱者** [invalid] 家もしくは他の施設で病床についている，慢性疾患・病気を抱えた人のこと。

**病者役割** [sick role] 身体疾患，精神疾患，傷病者の人に期待される行動のこと。このような期待は自分自身や

家族の中で，また地域や社会全般の中で生じてくる。さらに，このような期待は自分がどのように振る舞えばよいか，他者は振る舞う当事者にどのように接すればよいかという期待行動に影響を与える。病者役割という考え方の先駆けとなったのは，1951年，アメリカの社会学者パーソンズ（Talcott Persons: 1902-1979）の言及である。彼は，病者役割をとる人々は世話をする人に協力してよくなりたいと願うよう期待されるが，同時に通常の義務を免除されもすると述べた。⇨ **虚偽性障害**

**表出**［ventilation］ 心理療法やカウンセリングにおいて，クライエントが感情や情動を最大限にまたは自由に（特にセッション中に）表現すること。

**表出言語**［expressive language］ 話し手，書き手が産出する言語。聞き手や読み手が受け取る言語の対語である（⇨ **受容言語**）。産出言語（productive language）とも言う。

**表出された行動**［emitted behavior］ 状況に対する自然な反応であり，外部刺激に影響されない，または左右されない行動。⇨ **レスポンデント行動**

**表出性言語障害**［expressive language disorder］ DSM-IV-TRにおける効果的に他者とコミュニケーションするための表出性言語（話す，書く，身振り）を使用する能力の障害が特徴とされる**コミュニケーション障害**のこと。最も一般的な発達上の障害形態は，多くの場合3歳までに障害が明らかとなり，ほとんどの子どもは思春期までに普通に近い表現性言語能力を獲得する。稀にある形態としては，神経性の問題，他の障害，損傷の結果として普通の言語発達を遂げた後に生じる。

**標準**［norm］ 他と比較した場合の，集団や個人（例，特定の年齢集団）の典型的なパフォーマンスを表す，価値基準や価値観の範囲のこと。

**標準化**［normalize; standardization］ 1. 正規分布を近似する新しい得点になるようにデータの**変換**を行うこと。2. ある検査についての標準的，もしくは一律の手続きを確立するためのプロセスのこと。

**標準化されたインタビュースケジュール**［standardized interview schedule］ 予め決められた質問と方法に基づいて行われる**構造化面接**の一種であり，**人事選考**などの領域で用いられることが多い。客観的な得点化を行う基準を提供し，面接者のバイアスなどを抑制することで，面接の予測値を高めることが，この手法の目的である。

**標準化した教示**［standardized instructions］ 標準化された測定技法を指示することであり，すべての被検者が標準化された実験手法および評価手法に割り当てられることと同じように，すべての被検者に正確に伝えられるべきであるとされている。

**標準化集団**［standardization group］ 母集団についての信頼性の高い基準を確立するために用いられる母集団を代表する標本。標本に対して実施した検査の結果を解析し，平均的な達成水準と平均からの偏差の相対的な頻度が確認される。標準化標本（standardization sample）とも言う。

**標準観察者**［standard observer］ 仮説の上での理想的な観察者のこと。

**標準検査**［standardized test］ その妥当性と信頼性が綿密な実証的調査と分析によって確立され，また，明確に定義された基準をもつ検査。

**標準語**［standard language］ 広く受け入れられている言語の型。正式，公式な文脈や，地位の高い使用者と結びつけられている。一般的に，主流のメディアで使われており，また学童や第二言語習得者への教育の際に使われる型である。多くの言語には，発音や語彙，文法の面で標準語とは異なった多くの非標準的な型が存在する。

**標準誤差**［standard error］ 標本分布についての標準偏差。

**標準志願書**［standard application blank: SAB］ 人事選考の分野で，年齢，性別，教育歴，資格，職歴，趣味など基本的個人情報を得るために使用される標準化された申告用紙。⇨ **重みづけ志願書**

**標準刺激**［standard stimulus］ 実験において，他の刺激に対して比較のためのもととなる刺激のこと。たとえば，所与の強度の音に対して大きな音との比較をするような実験において用いられる。

**標準的**［standard］ 人や行為，あるいは事象の良さや価値を評価する基準のこと。

**標準得点**［standard score］ もとの得点から全体の得点の平均値を引き，それを標準偏差で割ることで求められる得点。このような素点から標準得点への変換は，異なった尺度測定間の比較を可能にさせる。標準得点は，多くの場合$z$という記号で表され，$z$得点（$z$ score）と呼ばれる。

**標準に達しない知的機能**［intellectual subaverage functioning］ 知能検査のIQが，その検査の平均の2標準偏差より下であること。著明に標準に達しない知的機能（significantly subaverage intellectual functioning）と言われることもある。

**標準偏差**［standard deviation］（記号：$SD$）**平均**のまわりにどの程度狭く，もしくは広く各得点がばらついているかを表す得点の散らばり測度。標準偏差は，**分散**の平方根と等しい。もし，大きさ$n$の母集団の平均が$\mu$であれば，標準偏差は，
$$\sqrt{\sum(X_i-\mu)^2/n}$$
となる。また，母集団からの標本の平均が$\overline{X}$なら，標本標準偏差は，
$$\sqrt{\sum(X_i-\overline{X})^2/(n-1)}$$
で算出される。つまり，$n$ではなく，$n-1$で割る。⇨ **二乗平均平方根**

**表象[1]**［idea］ 認知心理学において，究極的には経験に由来しているが，知覚・感覚プロセスへの直接的な参照がなされることなく生じうる認知や心的イメージのこと。

**表象[2]**［representation］ 1. ある対象や概念に対応した符号化された情報に関する精神構造。⇨ **表象主義** 2. 精神分析理論では，脅威的な対象や抑圧された欲動の代わりに，**象徴**を用いること。3. より一般的には，何かを表し，意味するために，あらゆる対象，人物，イメージを用いること。⇨ **象徴化**

**表彰**［recognition］ 賞や賛辞の言葉を授かることによって，達成を承認されること。

**表情**［facial expression］ 顔面の筋肉の動きを使った非言語シグナルの一種。コミュニケーションに不可欠で，表情は個人の感情状態をも映し出す。イギリスの生物学者ダーウィン（Charles Darwin: 1809-1882）は，表情は生得的な反応で，明確な生存価を有しているとしている。たと

えば，赤ちゃんの笑顔は，親に養育反応を呼び起こす。異論もあるが，この理論は比較文化研究や盲目の子どもたちが表情を抑制することを示した研究においても支持されていることから，表情が，自然発生的なもので，かつ，驚き，恐れ，怒り，悲しみ，幸せといった初期情動と明らかに関連していることを意味している。しかし，表示ルールは，表情を変え，また抑制することさえもある。パーキンソン病における能面のような顔つきのように，身体状態が表情の特徴を生じさせる。顔は感情的障害を写す鏡のようなもので，苦悩の表情はその人のうつ状態を示している。

**表情錯誤**［paramimia］ 感情に対して不適切な，または感情に一致しないジェスチャーの使用のこと。

**表象主義**［representationalism］ 知覚において，精神は知覚された対象を直接意識化するのではなく，その対象の心的表象に意識化しているという考え。⇨ **現象論**

**表象的再説明**［representational redescription］ 子どもが既存の表象について新しい説明を生成する心的過程。情報をこのように記録することによって，子どもはより柔軟に思考したり，知識を巧みに使えるようになる。［イギリスの心理学者カーミロフ・スミス（Annette Karmiloff-Smith）によって提案された］

**表象的思考**［representational thought］ シンボルの利用に基づく認知。ここでいうシンボルとは，言語やイメージを含むが，それらだけに限らない。

**表象的スキル**［representational skills］ 心的表象（たとえば，イメージや言葉の使用）の観点から，人々，物体，事象からなる世界を理解することに関連する認知スキル。

**表象的制約**［representational constraints］ 表象が脳内に組み込まれていて，いくつかのタイプの知識を内化できるようになっていること。理論家の中には，乳児が，物の性質（たとえば，硬さ），数学（たとえば，単純な足し算や引き算の概念），文法についての基本的な考えを，生まれながらにもっている，または出生後すぐに発達させると主張する者もいる。表象の内在（representational innateness）とも言う。⇨ **構造上の制約**

**表象的段階**［representational stage］ ピアジェ（Jean Piaget）の理論において，**前操作期**から始まり，**具体的操作期**で終わる認知発達の期間。

**表象的洞察**［representational insight］ ある実体（たとえば，単語，写真）が，それ自体以外のものを表すことができるという知識。

**表象変化**［representational change］ 最初の信念に対する，幼い子どもの誤記憶。**誤信念課題**でのパフォーマンスが代表例である。たとえば，鉛筆が入っているようなマークがついた箱を見せられて，中に何が入っているかを問われた子どもは，箱には鉛筆が入っていると答えがちであった。それから，箱が開けられると，実際にはペニー硬貨が中に入っていることがわかった。後に，箱の中に何が入っていたともともと思っていたかということを聞かれると，多くの3歳児以下の子はペニー硬貨と答えるが，それより年長の子は，最初の信念を思い出すことができる。

**表色系**［color system］ 色相，彩度，明度の影響を考慮に入れた色刺激を構成するために考案されたシステムのこと。例として，**DIN表色系**，**マンセル表色系**，**オストワルト表色系**などがある。

**表示ルール**［display rules］ 人間の行動において，感情表出を規制する社会的に学習された基準。表示ルールは文化によって異なる。たとえば，怒りの表出は，一部の文化で適切と考えられるが別の文化ではそうではない。

**病前人格**［premorbid personality］ メンタルヘルス上の問題やウェルビーイング，もしくは特定の精神障害（うつ病や統合失調症）を個人に生じさせやすくする，人格的な強みや弱み。障害からの回復のしやすさ，回復の早さにも影響する。一次的人格（primary personality）とも呼ばれる。

**病前適応**［premorbid adjustment］ 急性の心理的障害以前の機能レベル。フィリップ統合失調症発病前適応評価尺度で使用されているように，測定尺度は統合失調症の予後を予測できることがわかっている。

**病前統合失調症**［premorbid schizophrenia］ 統合失調症が発病する前の身体的，心理的，情緒的機能の性質のこと。

**病前の**［premorbid］ 病気や障害が生じる以前の状態。

**病前能力**［premorbid abilities］ 神経的な外傷や病が生じる以前の個人の心理的能力で，損傷により低下した程度で決定される。これは損傷が生じたあとの検査やアセスメントに基づいているが，教育水準や職業経験なども考慮され，患者自身や家族から報告してもらう。

**病前パーソナリティ**［premorbid personality］ 身体的損傷や心的外傷的出来事以前，もしくは病気や障害が進行する以前に存在したパーソナリティ特性。

**表層構造**［surface structure: s-structure］ チョムスキー（Noam Chomsky）が発展させた**変形生成文法**において，話し言葉や書き言葉において実際に生じるような，文法上正しい文の構造。その背後にある**深層構造**や抽象的な論理形式と対比される。チョムスキーの理論では，文の表層構造は深部構造から，文の要素の追加や消去，並び替えといった一連の変形ルールに従って生成されるとする。心理言語学者は，表層構造が文の形成や解釈などに関連する認知プロセスを説明するモデルとして役立つのかどうか，またそれらがどの程度まで役立つのかといった点を研究している。

**表層性失読**［surface dyslexia］ 綴りと音の対応関係を過度に意識してしまうため，綴りの関係で対応関係にそわない音になってしまう単語を読むことが難しいという症状のこと。失語症の一種であると同時に，**発達性読み書き障害**の反応の一つとしても現れる症状である。⇨ **深層性失読**［イギリスの神経心理学者であるマーシャル（John C. Mardhall）とニューカム（Freda Newcombe: 1925-2001）が最初に報告した］

**表層的技法**［surface therapy］ 無意識の動機や力動を探索，分析することよりも，再保証や暗示，態度や行動のパターンを直接的に修正するといった手法で，クライエントの症状や情緒的なストレスを楽にすることを指向する心理療法。⇨ **深層療法**

**病巣病理学**［focal pathology］ 疾病に関連する身体組織や臓器，特に疾病部位の病巣に関する変化を扱う学問領域のこと。

**病態失認**［anosognosia］ 聴力低下，視力低下，発話障害，まひ状態などの異常や障害の存在の認識もしくは対処に失敗，または拒否すること。心理的な否定を反映している，またはある部位の脳損傷，特に右大脳半球におけ

る脳損傷によって生じている可能性がある。

**病態生理**［pathophysiology］　病気や障害による個人や臓器の機能的な変化。構造的な変化とは区別される。

**評定**［rate］　評定尺度を用いて，ある変数（すなわち，好意）に得点を割り当てること。

**評定確信度法**［rating scale judgment task］　実験参加者が自分の「はい」「いいえ」という回答に対する確信度を評定する信号検出課題。各評定カテゴリーが信号検出判断に対する異なる反応規準になっているため，**受信者操作特性曲線**を効果的に描くことができる。

**評定者間信頼性**［interscorer reliability］　調査対象者の反応を得点化する複数人の評定者間の信頼性。⇨ **項目間信頼性**

**評定尺度**［rating scale］　人物や対象に対して数量的次元上の得点を割り当てるために用いられる尺度。

**評定得点**［rating］　人物や対象に対して割り当てられた数量的尺度上の得点。⇨ **評定尺度**

**評定における論理的錯誤**［logical error in rating］　評価者が，実際には評価対象に適用される変数や特性として関係がないにも関わらず，評価者の心の中で関連づけられた変数や特性について関連づけた評定を侵してしまう錯誤。

**病的依存**［morbid dependency］　依存者が自立することができないような，他者や状況に対する過度の依存や欲求。⇨ **依存要求**

**病的畏怖思考**［awfulizing］　出来事や状況，知覚した脅威の否定的な結果や，潜在的な深刻さを過大評価する傾向を特徴とする不合理な思考様式のこと。

**標的患者**［target patient］　構造化された相互作用的集団心理療法において，注意や議論の焦点となるグループメンバーのこと。

**病的疑念**［pathological doubt］　たとえば家を出る時に鍵を閉めるといった，特定の行動を遂行することの失敗に関する異常な心配。病的疑念は**強迫性障害**によく認められる特徴である。

**病的強迫**［brooding compulsion］　恐ろしい出来事や状況を防いだり，ストレスを減少させるために，抽象的なことに集中したり，些細なことについて繰り返し反芻する抑制できない衝動。**強迫性障害**の一般的な症状である。

**病的虚言**［1］［pathological lying］　嘘をつくことで得られる明確な利得とは不釣合な嘘のことで，持続性で強迫的な傾向がある。しばしばアルコール依存症や脳損傷患者に生じるが，**反社会性パーソナリティ障害**に最も一般的に認められ，場合によっては，虚言そのものを理解していないかのようにみえる。⇨ **虚言症**

**病的虚言**［2］［pseudonomania］　嘘をつく，あるいは情報を偽ろうとする異常衝動。

**標的行動**［target behavior］　**行動療法**において変容させることの目標となる特定の行動や行動パターン。

**標的刺激（ターゲット刺激）**［target stimulus］　検査や実験手続きの中で参加者が注意を向ける，あるいは反応すべき特定の刺激のこと。たとえば，聴力検査における標的刺激は同定すべき特定の音である。**マスキング**の研究では，マスカーによって不明瞭になったり変化する刺激のことを示す。

**病的状態**［morbidity］　構造あるいは機能における病理学的な（病的）身体，心理状態。

**病的賭博**［pathological gambling］　慢性的で不適応的な賭博が特徴の衝動制御障害であり，重大な対人的・職業的・経済的困難を引き起こす。DSM-Ⅳ-TRにおいては**他のどこにも分類されない衝動制御障害**のカテゴリーに含まれる。

**標的反応**［target response］　研究対象となる反応，あるいは反応した後の結果が予め設定してある反応のこと。

**病的肥満**［morbid obesity］　疾病をもたらす**肥満**のこと。過剰な体重が最初は機敏さを，そしてその後に日常の運動を妨げ始める。肥満が進むにつれて，胸部組織の過剰な体重は呼吸を阻害する。このような人は，次第に**低酸素血**（血中酸素の減少）や**睡眠時無呼吸**（睡眠中の断続的な呼吸停止）をきたし，また慢性疲労や**傾眠**，果ては高血圧，肺高血圧，心筋炎，右心不全を引き起こすようになり，最終的には死に至ることもある。⇨ **体格指数**

**病的不安**［pathological doubt］　自分の能力あるいは将来に関するネガティブな信念で，結果としてしばしば行動の抑制を生じさせる。一般的に**大うつ病性エピソード**と結びつくことが多い。

**病的無気力**［pathological inertia］　自発性，意欲，動機がひどく損なわれていること。脳損傷（特に前頭葉）が関連していることもある。⇨ **無為**

**病的利己主義**［egomania］　自分の能力や価値に対する誇大的感覚がしばしば特徴的な，過剰で病的な自己にとらわれること。非常に自己中心的であり，他者の必要性に対して無関心であり，自己の衝動や欲求を充足することのみ関心を抱くなどの傾向がこれに含まれる。⇨ **エゴパシー，自己中心性**

**病的老化**［pathological aging］　加齢に伴う病気によって引き起こされる変化。通常の健康的な老化に伴う変化とは大きく異なる。

**評点**［grading］　教師が生徒の学習に成績をつけるプロセスのこと。生徒が習得した知識を表現する確実な方法は，量的な達成（たとえば，テストの結果，レポート，出席回数）と質的な評価（たとえば，授業参加，教師の認識）の両方に基づくものである。

**平等雇用機会委員会**［Equal Employment Opportunity Commission: EEOC］　人種，性別，年齢，障害，民族，宗教，国籍による差別を禁止するための法律や規制を施行する責任をもつアメリカ合衆国の連邦機関で，1964年公民権法によって設立された。⇨ **アファーマティブ・アクション，従業員選抜手続の統一ガイドライン**

**平等の法則**［law of equality］　ある図形を構成する部分がいずれも等しく知覚されるとき，それらは1つのまとまりを形成するように感じられるというゲシュタルト法則。

**表皮**［epidermis］　1.脊椎動物の外側の皮膚層。保護作用があり，血管がない。2.無脊椎動物の外側の細胞層。3.植物の葉や若い部分の最も外側の細胞層。

**費用分析**［cost analysis］　プログラムによるサービスを実施することに伴うコストを系統立てて計算すること。コストには，特定の購入者（たとえば，政府機関やクライエント）の観点や，予算上の区分および期間の観点から計算された，直接的な人件費，物品費，管理費を含む。一度計算されると，これらのコストは**コスト利益分析**や**費用効果分析**において使用される。

**費用便益分析**［cost-benefit analysis］　異なるプログラ

ムの経済効率を計算し比較しようとする分析手順のこと。コストと利益は金銭的価値に変換され，コスト利益（または，利益コスト）の比率で表される。

**標本**［sample］　関心のある母集団の一部。

**標本空間**［sample space］　1．ある母集団における一定の規模の根元事象にありうる全標本の集合。2．空間の各次元が標本を定義する基準を示す場合における標本の幾何学的表現。

**標本誤差**［sampling error］　1．標本がその選ばれた母集団を代表していない度合い。2．標本間に生じる変数の推定における変動。3．標本抽出を行う研究において生じる予測可能な誤差範囲。

**標本抽出**［sampling］　実験，調査，その他の研究に参加する，数の限られた実験参加者や症例を選択する過程。標本が母集団全体を確実に代表していることが重要である。⇨ 割当抽出，無作為抽出，標本抽出母集団，層化無作為抽出

**標本抽出計画**［sampling plan］　研究協力者がどのように選択されるかを明示した計画，あるいはその手続き。特に調査的な研究で使われる。

**標本抽出単位**［sampling unit］　標本を構成する任意の要素のこと。たとえば，標本抽出単位は人であったり，学校であったり，都市であったりする。学級が無作為に選択される場合，その学級に属する生徒ではなく，学級が標本抽出単位である。

**標本抽出バイアス**［sampling bias］　もたらされた標本が母集団を代表せず，したがって，研究結果に歪みが生じうるような標本抽出過程における不具合の総称。

**標本抽出変動**［sampling variability］　標本の統計量の値が，可能なすべての標本（すなわち，母集団）から求められるその統計平均から異なる程度。⇨ 標本誤差

**標本抽出法**［sampling methods］　研究への参加者を選ぶ様々な方法。⇨ 標本抽出

**標本抽出母集団**［sampling population］　実験的な研究において，ある標本が選択されるもとになる母集団のこと。

**標本抽出率**［sampling fraction］　母集団に含まれる標本の比率のこと。すなわち，有限の母集団における標本サイズの母集団サイズに対する比。

**標本抽出理論**［sampling theory］　母集団を正確に代表する標本をその母集団から抽出することに関わる原理。⇨ 標本抽出

**標本抽出枠**［sampling frame］　標本が選ばれる母集団におけるすべての要素の完全なリスト。

**標本重複**［sample overlap］　同じ母集団から2つ以上の標本が抽出されること。

**標本分布**［sample distribution］　1．特定の標本における得点の分布（たとえば，正規分布，歪んだ分布，二峰性分布）のこと。2．ある母集団から無限回反復して取り出された標本に関する統計量の分布，すなわち統計量の理論的分布。

**表面色**［surface color］　表面上にあると知覚される色のことで，物体に浸透する色（空間色）や表面や物体にあるとされないフィルムカラーと相対するもの。

**表面的妥当性**［face validity］　現実に適切であるかどうかに関わらず，テスト内容や項目が対象を測定するうえで適切であるようにみえる程度のこと。表面的妥当性のあるテストは経験的妥当性に欠けることもある。

**表面特性**［surface traits］　キャッテルのパーソナリティ因子理論において，個人の観察可能な行動から直接推論できる35の特徴を指す。表源特性は一貫しており，パーソナリティの基礎となる根源特性を構成する要素だと考えられている。

**表面の**［superficial］　解剖学的には身体や器官の表面，または表面胃近い部分に位置していること。

**費用抑制**［cost containment］　プログラム結果を管理し届けることに伴うコストを抑えようとするプログラム目標のこと。健康に関する施政において，多くの財政上の戦略が健康の維持や増進にかかるコストを増加させないために用いられている。⇨ 費用分析

**病理**［pathology］　1．病気や不全に関係して，またそれが原因となって生じる，個人や臓器の機能的変化のこと。2．精神的障害や病気に伴った機能と構造の変化についての科学的研究。

**病理学的誤謬**［pathological fallacy］　ある個人や限定されたグループの個人の病理特性がより一般的な集団に帰属されるような，過度な一般化。たとえば，多くのフロイト支持者でない者が，フロイト（Sigmund Freud）の理論は臨床例の一握りに基づいているので薄っぺらであると言うことなど。

**漂流仮説**［drift hypothesis］　都市部の貧困層が集中する地域でなぜ統合失調症の発症率が高いのか，ということを説明するために提唱された社会学的概念である。漂流仮説では，前臨床的段階にある人々が貧困や社会的孤立に陥る傾向があり，これが統合失調症の発症をまねくとする。

**病歴［1］**［medical history］　心理学において，発達歴や既往歴の一部を意味する。患者の人生のうちでも，健康的な面に焦点が当てられるが，先天性・後天的な疾患の既往も含まれる。現在の心理状態の原因の手がかりを可能な限り明らかにすることが目的とされる。

**病歴［2］**［biographical data; biodata］　患者のこれまでの病歴や行動パターンを，治療者，もしくは医療従事者が聴取したもの。聴き取りは主として患者本人から行うが，必要性が判断されたり，患者が同意した際には，患者の知人や近親者から情報を得ることもある。

**病歴対照群**［historical control group］　治療群との比較のために，治療群と類似するように過去のある時点のデータから選ばれた対照群。

**病歴分析**［anamnestic analysis］　家族や友人から提供された資料を基にして，患者の問題における主育歴の重要性を強調した精神分析の方法。［ユング（Carl Jung）によって紹介された］

**ヒヨス**［henbane］　地中海やヨーロッパ南部原産の有毒植物 Hyoscyamus niger であり，抗コリン性アルカロイドのアトロピン，ヒヨスチアミン，スコポラミンの素になっている。伝統的に少量で，鎮痛剤や筋肉の弛緩剤として投与されたが，ヒヨスには多量では毒性が高く，精神錯乱，幻覚，発作，昏睡，あるいは死をも引き起こすベラドンナアルカロイドの効果と似ている薬効をもつ。これは，長らく魔法といったような民間伝承と関係したり，催淫薬として評判になったことさえあった。

**ビヨンディズム**［beyondism］　進化理論に基づいて，イギリス生まれのアメリカの心理学者キャッテル

(Raymond B. Cattell: 1905-1998) によって考案された宗教的でない「宗教」のこと。ビヨンディズムは，進化は人間性の進歩につながると考えている。したがって，進化を促進させるあらゆるものは価値のあるもので，進化を妨害するあらゆるものは役に立たないとしている。もし自由に作用されるならば，進化の過程は，進化的競争を通じて世界の問題の多くを解決するだろう。そしてこのことは文明の存続とその他のものの絶滅へとつながるだろう。この信念と自発的な**優生学**のせいで，ビヨンディズムは人種差別主義者として非常に批判された。⇨ **政治遺伝学**

**ピライのトレース** [Pillai's trace] **多変量分散分析**において用いられる多変量検定統計量。**有意水準**を得るために $F$ 比を変形させたもの。[インドの統計学者ピライ (Sreedharan Pillai: 1920-1985) が開発した]

**開かれた心** [openmindedness] パーソナリティ特性が相対的に教条主義でないこと。

**開かれた社会** [open society] 人権の尊重と反対意見を言う自由，選挙で選ばれた政府によって特徴づけられた社会組織の形。この概念の要は，政府の不完全な状態への気づきと社会政策に対する反対の批判的評価の必要性である。それらが，慣習の変化と新しい視点を生み出す。反対に，閉じられた社会 (closed society) は，批判や差異への寛容性を認めない硬直した社会構造と固定したイデオロギーに特徴づけられる。⇨ **民主制** [フランスの哲学者ベルクソン (Henri Bergson: 1859-1941) によって語られ，オーストリア生まれのイギリスの哲学者ポパー (Karl Popper: 1902-1994) によって発展させられた]

**ひらめき** [sudden insight; epiphany] **1.** たとえば，問題や複雑な状況といった事柄の真実や根本的な本質について，突然知識を得たり理解したりすること。⇨ **アハ体験**，**不連続仮説**，**ユーレカ課題**，**インスピレーション 2.** 自己や他人，もしくは実体の本質的性質についての突発的な知覚のこと。

**非ランダム化計画** [nonrandomized design] 抽出したサンプルを実験条件に無作為に割り当てていない研究計画のこと。

**ビリス** [bilis] ラテンアメリカ地域にみられる**文化依存症候群**。激情や激怒を特徴とし，症状には，突然の神経性緊張，頭痛，絶叫，胃病，嘔吐，体重減少，振戦，慢性疲労が含まれる。重症の場合は意識障害や死に至ることがある。激怒により，体内の温冷の体液のバランスが乱れ，個人の心身両面の混乱を引き起こすといわれている。コレラ (colera)，ムイナ (muina) とも呼ばれる。

**比率** [rate] 相対度数のこと（たとえば，反応率）。

**比率 IQ** [ratio IQ] 実年齢に対する精神年齢の比に 100 をかけて算出される IQ。⇨ **偏差知能指数**

**比率強化** [ratio reinforcement] オペラント条件づけで，事前に決められた回数の反応が生じたあとに強化が行われること。時間スケジュールのみに基づいて行われる強化とは対照的である。このようなスケジュールでは（たとえば，**定率強化スケジュール**，**比率累進的強化スケジュール**など），強化比率は反応率の 1 次関数になる。比率強化スケジュール (ratio schedule of reinforcement) とも呼ばれる。⇨ **間隔強化**

**比率推定法** [method of ratio estimation] 強度が異なる 2 つの刺激を呈示し，観察者に知覚した強度の割合を判断させる精神物理学的測定法。

**比率累進的強化スケジュール** [progressive-ratio schedule] ある回数の反応を終えると強化子が呈示され，強化のたびに要求される反応数が増加する**強化のスケジュール**。回数の増加量はどのような種類の関数によって決定されてもかまわないが，最も一般的には強化から強化への間，一定量で増加する。累進的比率強化スケジュールは強化子の有効性を測定するためにしばしば用いられる。⇨ **定率強化スケジュール**

**ピリドスチグミン** [pyridostigmine] 重症筋無力症の治療に使用される，抗コリンエステラーゼ薬（⇨ **抗コリン薬**）。アメリカの商品名はメスチノン (Mestinon)。

**非流暢** [nonfluency] 失音症（変わった発話リズムやイントネーション），構音障害（発音障害），失文法症（文法規則の逸脱）のような障害を伴う発話のタイプ。

**非流暢性失語症** [nonfluent aphasia] 言語を理解することはできるが，言語を通じて自分自身を表現することが困難である**失語症**の一形態。ブローカ失語は古典的な事例である。⇨ **能弁性失語**

**非両立論** [incompatibilism] **自由意思**と決定論は相容れず，いかなる形式あるいは意義において共存することができないとする立場。⇨ **和合性**，**固い決定論**，**柔らかい決定論**

**ビリルビン** [bilirubin] 赤血球のヘモグロビンの分解生成物から生じるオレンジ胆汁色素。通常人体は一日 0.25 g 生成し，糞や尿として排泄される。この色素の過剰は，赤血球の異常破壊のような疾患の兆候であり，**黄疸**として知られる組織や皮膚の黄色色素の沈着において特徴づけられる。⇨ **肝炎**

**ビリルビン脳症** [bilirubin encephalopathy] 大脳基底核や脳幹核に胆汁色素である代謝ビリルビンが沈着することにより起こる脳の変性疾患。肝臓におけるビリルビン産生，分解の障害で生じる。これらの症状は，ビリルビンを十分に代謝できない新生児にみられる。

**非淋菌性の尿道炎** [nongonococcal urethritis: NGU] 通常，性感染によって伝播される。淋菌以外で伝播された生殖器への感染症。

**ヒーリング・グループ** [healing group] **集団心理療法**，**セルフヘルプグループ**，**エンカウンターグループ**，**意識高揚法**グループと同様に，精神的，情緒的な健康や幸福，あるいはメンバー内の人間関係を改善，促進するために作られた様々なグループの総称。

**ヒルガード** [Hilgard, Ernest R.] アーネスト・ヒルガード (1904-2001)，アメリカの心理学者。ヒルガードは，イェール大学でドッジ (Raymond Dodge) のもとで学び，1930 年に博士号を取得した。スタンフォード大学から心理学と教育学の兼任教員を依頼される 1933 年までイェール大学で教鞭を執った。彼は研究生活を通して，条件づけ，学習理論，催眠の分野で見事な指揮官，組織者だった。彼の初期の**眼瞼条件づけ**の研究はマーキス (Donald G. Marquis: 1908-1948) との共著である古典的な教科書 *Conditioning and Learning* (1940) を生み出した。また，次の著書 *Theories of Learning* (1948) も標準的な教科書となる。研究生活の後期には，催眠に焦点を当て *Hypnotic Susceptibility* (1965) や *Divided Consciousness* (1977) など多くの本を出版している。引退後，彼は心理学の歴史

への興味を強め，*Psychology in America: A Historical Survey*（1987）を出版している。彼は米国心理学会功労賞や米国心理財団のゴールドメダルを受賞した他，全米科学アカデミーと米国哲学会の会員に選ばれている。

**ビールショウスキー病**［Bielschowsky's disease］　一時的に垂直方向，上下，同時といった眼球の運動能力が失われた状態。［ドイツの眼科医ビールショウスキー（Alfred Bielschowsky）］

**比例**［proportionality］　統計学における，一方がもう一方の一定の比率で変化する2つの変数の関係のこと。$x=ay$ の場合は（$a$ は一定），2つの変数は正比例する（$x \propto y$ と書く）。$x=a/y$ の場合は，2つの変数は反比例する（$x \propto 1/y$）。一定の $a$ は，比例定数（constant of proportionality）と呼ばれる。

**比例原則**［principle of proportionality］　罪の深刻さに応じて厳しい処罰をすべきとする，基本的な司法原則のこと。軽罪の再犯者に対する過度に厳しい処罰は，上記の原則に反すると考えられている。

**非歴史的**［ahistorical］　いま，ここを強調し，行動を現在原因となっている要因から理解しようとする考え方のこと。歴史的な原因が，現在のプロセスの中に現れ，効果を生み出すということを暗に意味する場合もある。⇒**現在中心主義**

**非歴史的療法**［ahistoric therapy］　いま，ここでの状況や行動に焦点を当てた治療的アプローチの総称。このアプローチは，以前の出来事や状況を非常に重視するアプローチと明確に区別される。

**ヒーロー**［hero］　心理劇において，課題となる場面を演じている人物（**主人公**）のこと。

**疲労**［fatigue］　1. 感情的な緊張，激しい身体運動，倦怠または休養不足に対する通常の反応である，不快と能率低下のよくある一時的な状態。異常を引き起こす要因は情緒的ストレス，不適切な食生活，または衰弱性疾患による可能性がある。疲労はある特定の筋肉だけに集中することが多い。⇒**疲労度チェックリスト**　2. 感覚系で反応が低下すること。刺激の過剰暴露で聴覚において生じるものがある。

**疲労研究**［fatigue studies］　身体的，精神的な疲労を生じる要因についての研究。生理学や心理学による研究は多方面（仕事のストレス，介護，慢性疾患，人間工学的なデザインなど）にわたっている。

**疲労効果**［fatigue effect］　時間とともに課題遂行の成績が減衰すること。課題に飽きたり，退屈したりすることが原因とみなされる。

**疲労度チェックリスト**［fatigue chechlist］　疲労による症状のリストであり，(a) 睡眠欲の増加，(b) 新しい仕事を始めるためのエネルギーを生み出すことの困難，(c) 既に始めている仕事を完遂しようとする忍耐力の不足，(d) 仕事に集中することの困難，(e) 身体を動かす際の筋肉の虚弱性と易疲労性，などが含まれる。

**ピロカルピン**［pilocarpine］　アメリカにある熱帯植物，多くはヤボランジ（*pilocarpus jaborandi*）由来のアルカロイド。ピロカルピンは強力な副交感神経作用薬で，神経節後コリン受容体に作用する（⇒**コリン作動薬**）。緑内障の治療や瞳孔の収縮に使用される。アメリカ（およびその他）での商品名はイソプトカルピン（Isopto Carpine），ピロカー（Pilocar），ピロスタ（Pilostat）。

**広場恐怖**［agoraphobia］　文字通り，広場への恐怖（ギリシャ語の"agora：広場"から）。パニック症状がでたり，パニック発作が起きるのではないかという恐怖をもってその場所や場面に居ることへの不安に特徴づけられる。危惧は概して場面を避けることができないという恐れに向けられており，この場面に置かれてしまったからには逃れることは難しいだろう，パニックの症状を制御することは難しいだろうというものである。場面のタイプは，避けられる（あるいは重大な苦痛を耐えた）ものであり，並んでいること，人混みの中にいること，バスや電車，車で出かけることを含む。

**非論理性**［illogicality］　勝手に思い込んだり，誤った推論をする傾向。時に，妄想的な思考，発話として現れる。

**ビンガム**［Bingham, Walter Van Dyke］　ウォルター・ビンガム（1880-1952），アメリカの心理学者で，**産業・組織心理学**の基礎を築いた心理学者の一人。シカゴ大学（1908年に Ph.D を取得）で実験心理学者としてのトレーニングを受けた。ヴント流の研究の影響を強く受け，ソーンダイク（Edward L. Thorndike）の指導のもとで，メンタルテストの発展に取り組んだ。その後，カーネギー工科大学にアメリカ初となる応用心理学部（applied psychology department）を開設した。スコット（Walter Dill Scott）ならびにヤーキーズ（Robert M. Yerkes）とともに，第一次世界大戦時のアメリカ陸軍のメンタルテスト・プログラムの中心人物であった。第二次世界大戦時には，陸軍の主席心理学者となり，適性テストや学力（技能）判定検査を採用し，軍隊ならびに産業場面で貢献をした。⇒**米国応用心理学会**

**敏感期**［sensitive period］　愛着の形成や必要な技術を身につけるのに，最も適した発達段階のこと。たとえば，生後1年間は，安定型の愛着の形成や信頼関係の発達に敏感かつ重要な時期とされている。敏感期を逃してしまうと，敏感期に相当する発達を遂げられるかという点については，議論が分かれている。⇒**臨界期，刻印づけ**

**敏感性の知覚**［perceived susceptibility］　自分自身がある病気にかかる可能性に関する，主観的な見積もりのこと。脆弱性の知覚（perceived vulnerability）とも呼ばれる。その病気にかかることの深刻さはこれとは無関係である。

**貧困の女性化**［feminization of poverty］　西欧社会において，最貧層の人々のうち，女性の占める割合が相対的に多い傾向。こうした傾向は，シングルマザーの増加やそれと付随して父親からの金銭的支援の欠如，また女性労働者に対する低賃金の持続的傾向等，様々な要因に起因する。⇒**最下層階級**

**貧困妄想**［delusion of poverty］　貧しい，またはすぐに貧しくなるだろうと想定する誤った信念のこと。

**ヒンジ**［hinge］　探索的データ解析において，下位25％の値（下側ヒンジ）と上位25％の値（上側ヒンジ）のこと。

**品質管理**［quality control］　欠陥品の数を減らすように設計された製造過程や梱包過程のこと。

**品質管理サークル**［quality circle］　**参加型経営**の一形態で，被雇用者の小集団が品物やサービスを産出する仕事の中で品質を改善したりコストを削ったり，製造や生産に

関わる問題を解決したりする課題を与えられる。品質管理サークル（QCサークル）の被雇用者は，通常はこの課題に取り組む際に自立性を与えられ**統計的プロセス管理**の訓練を受ける。⇨ **スキャンロン方式**

**品種**［breed］ある生物種の中で，他のメンバーとは異なる特徴を共有していることによる下位の区分けのこと。たとえば，ジャーマンシェパードとチワワはイヌの異なる品種である。この用語は，品種改良を通して得られたバリエーションにおいて使われることが多く，種内で自然に生じたバリエーションである亜種（subspecies）とは別に扱われる。

**ビンスワンガー病**［Binswanger's disease; Binswanger's dementia; subcotical arteriosclerotic encephalopathy］認知機能の喪失，記憶障害，気分変化に特徴づけられる進行性の**血管性認知症**。症状は，動脈の血流に影響を与える。高血圧や動脈硬化症による皮質下白質での**脱髄**と関連している。なお，大脳皮質は影響を受けない。［ドイツの神経学者であるビンスワンガー（Otto Ludvig Binswanger: 1852-1929）による］

**ヒンドゥー教**［Hinduism］インド亜大陸居住者の多数派の宗教の名前で，ヨーロッパ人が名づけた。イスラム教，ジャイナ教，シーク教の教えの信奉者ではないインド人は一般にヒンドゥー教徒（Hindus）と呼ばれる。インドでは，そのような人々の宗教的な複合体は，何世紀もの間に真実のあらゆる側面を取り入れてきたということで，永遠の宗教（sanatana-dharma）と呼ばれる。神話に基づく宗教であるため，創始者も決まった聖者名簿も存在しない。崇拝や信念に関する無数の土着的カルトや伝統からは区別される。だが，すべてのヒンドゥー教徒に共通するのは，業の法則についての教えである。現代ヒンドゥー教で最も顕著な信仰は，ヴィシュヌ神を信仰するヴィシュヌ教，シヴァ神を信仰するシヴァ教，女神シャクティを信仰するタントラ教やシャクティ教の3つである。心理学においてはタントラ教が特に興味深い。シャクティ神は創造力を擬人化しており，男女の極性を統合して新しい生命を生み出す性的エネルギーを主に体現する。

**頻度曲線**［frequency curve］標本が抽出された母集団の**密度関数**を表す，実験データから導き出されたなめらかな曲線のこと。

**頻度の原理**［frequency principle］刺激の度合いが大きくなればなるほど，引き出された神経インパルスは大きくなり，有機体の反応はより激しくなるという原理。

**頻度の法則［１］**［law of frequency; law of repetition; law of use］学習の強さは練習の量によって高められるという法則。

**頻度の法則［２］**［rate law］刺激の強さはインパルスを発する神経の発火頻度により示されるという法則。

**頻度判断**［frequency judgment］テスト中に，ある特定の刺激が何回呈示されたかに関する参加者の判断。このような判断は記憶や知覚閾の研究において使用される。⇨ **語の頻度効果研究**

**頻脈**［tachycardia］病的に速い心拍であり，薬物や不安としばしば関係がある。⇨ **不整脈**

**ビンロウの実**［betel nut］インドおよびインド洋，太平洋の島々の現地人に刺激剤として食されている山島椰子（ビンロウジュ）の実。**アレコリン**薬種が含まれている。

# ふ

**ファイ・ガンマ関数**［phi-gamma function］（記号：Φ(γ)）恒常法のための，刺激マグニチュードに基づく反応確率のプロット．累積正規分布の（S字の）累積分布曲線をとる．

**歩合給業務**［piecework］　生産単位に応じて報酬が支払われる仕事のこと．差異歩合システムでは，作業研究によって決められた生産性の基準を超えると生産単位当たりの支払い率が高くなる．⇨ **科学的管理**

**ファイ係数**［phi coefficient］（記号：φ）2値の確率変数の関連性を測る係数．ファイ係数は2つの変数が(0,1)にコード化されたときの積率相関係数である．

**ファイ現象**［phi phenomenon］　**1.** 2つの明かりが別々に約150 msで断続的に点滅するときに見える**仮現運動**の錯覚のこと．光はある場所から別の場所に動いているように見える．ファイ現象は**ベータ運動**の形態の一つである．**2.** 運動以外の刺激の属性，たとえば形であるが，それらの属性と無関係な純粋な運動の感覚のこと．

**ファイファー症候群**［Pfeiffer's syndrome; acrocephalosyndactyly Type V］頭蓋骨の変形による，頭蓋縫合の早期閉鎖によって特徴づけられる遺伝的障害（⇨ **頭蓋骨癒合症候群**）．この患者のその他の特徴としては，突き出たような顔の変形，広い両眼間隔（斜視の特徴としてよくみられる），大きな親指，そして大きなつま先である．平均的な知能よりもいくらか劣る．この症状は優性の形質として遺伝する（⇨ **尖頭頭蓋合指症**）．［ドイツの医師ファイファー（Emil Pfeiffer: 1846-1921）による］

**ファエドラ・コンプレックス**［Phaedra complex］　母親が自分の息子に向ける近親愛．ギリシャ神話におけるテーセウスの妻であるファエドラの名前に由来している．彼の継息子ヒッポリュトスが彼女の愛を拒絶したとき，ファエドラは自分に言い寄ったとしてヒッポリュトスを告発し，自ら首を吊った．⇨ **母－息子間の近親姦**

**ファジートレース**［fuzzy trace］　曖昧な記憶表象．ファジートレース理論によると，こうした表象は，より容易にアクセスされ，用いるのに必要な努力が一般的には少なくて済み，**逐語的痕跡**よりも干渉と忘却の影響を受けにくい．

**ファジートレース理論**［fuzzy trace theory］　情報が，正確な**逐語的痕跡**から要約的な**ファジートレース**までの連続体として符号化されること，また，多くの認知的側面における発達の差が，符号化における年齢の差および**出力干渉**に対する敏感さの差に帰属できることを主張する理論．［アメリカの心理学者ブレイナード（Charles Brainerd: 1944- ）とレイナ（Valerie Reyna: 1955- ）によって提案された］

**ファシリテーター**［facilitator］　専門的訓練の有無に関わらずグループリーダーの機能のうちのいくつかあるいはすべてを満たす集団成員のこと．ファシリテーターは，必ずしも議論に入らず，全ての集団成員の間の議論を促進する．

**ファシリテーテッドコミュニケーション**［facilitated communication］　より有効か，より効率的である（たとえば，理解することがより容易に，あるいは速くなる）ように作成されたコミュニケーションのことで，しばしば技術的な機器か処理の援助を伴う．たとえば，難聴（⇨ **クローズドキャプションのついたテレビ**）の視聴者のためにテレビ放送にキャプションを付けることや，話すことができない人々による音声合成装置の使用があげられる．⇨ **拡大コミュニケーション**

**ファジー論理**［fuzzy logic］　論理に基づく知識表象のスキーマであり，要素が集合の一部かどうかが確率分布に基づくという原理に従っている（要素が集合の一部か否かの二値である伝統的な集合論とは対照的である）．ファジー理論の例として，ある人は，0.75の信頼度で背の高い人の集団の一部でありえると同時に，0.05の信頼度で背の低い人の集団の一部でありえる，という例があげられる．ファジー論理はまた，要素が，ある集合の成員であると同時に別の集合の成員でもありえるという点で，哲学における排中律（excluded middle）の前提を覆すものでもある．ファジー論理はアルゴリズムをコントロールするためだけでなく，**エキスパートシステム**を設計するために用いられることが多い．［ルーマニア生まれのコンピュータ工学者ザデー（Lotfi A. Zadeh）によって1965年に初めて提案された］

**ファーター小体**［Vater's corpuscle］　⇨ **パチーニ小体**［ドイツの解剖学者・植物学者のファーター（Abraham Vater: 1684-1751）による］

**ファネロタイム**［phanerothyme］　LSDのような薬物による精神状態を変化させる効果を描画したハクスレー（Aldous Huxley: 1894-1964）による造語（ギリシャ語の"phanein"明らかにする，"thymos"心，魂から）．彼は，同じ語源をもつPsychedelicという語を提案した友人のオズモンド（Humphry Osmond）への手紙（1956）で初めてこの語を使用している．⇨ **幻覚剤**

**ファーバー脂肪肉芽腫症**［Farber's lipogranulomatosis］皮膚に小瘤と色素沈着ができる脂肪病変の障害．上肢には関節炎の隆起，骨の腐食によって生じる．正常な体組織が浸潤されて，泡沫細胞となる．幼少期には呼吸困難と精神遅滞が認められる．［アメリカの小児病理医ファーバー（Sydney Farber: 1903-1973）による］

**ファリック**［phallic］　男根に関する，あるいはそれと類似していることを表す形容詞．

**ファリックマザー**［phallic mother］　精神分析理論における，母親が男性器をもっているという幻想．

**ファルトレクトレーニング**［fartlek training］　ランニングのような激しい活動とその後の歩行のようなあまり激しくない活動との間隔を変化させて行うアスレチックトレーニングの一種，またはエクササイズ．その間隔の長さや速さは個々人自らが知覚する持久力や欲求によって決まる．［原語はスウェーデン語の速いプレイ"fartlek"の意味］

**ファロピウス管**［fallopian tube］　哺乳類の卵巣から子宮へ卵子（卵細胞）を運ぶ細長い肉厚の管で，そこで受精が生じる．輸卵管，卵管とも言う．［イタリアの解剖学者ファロピウス（Gabriele Fallopius: 1523-1562）］

**不安 [1]**［angst］ 恐れること。**実存主義**によれば，不安とは人間が根底的な存在の不確実感を体験したり，意識的選択の意味や個人の責任を理解したりする中で生じる苦痛や絶望の状態である。

**不安 [2]**［anxiety］ 不幸，大災害への遭遇，身体の緊張，心配などの特徴をもつ気分による状態。脅威が現実のものであると感じる。身体も恐怖を感じることで変化する。筋肉は固くなり，呼吸は速まる。そして動悸も速まる。概念的な恐怖と，生理学的な恐怖は区別される。⇨ **急性不安**，**予期不安**，**不安障害**，**全般性不安障害**，**分離不安**，**社交不安**

**不安悪夢**［anxiety nightmare］ 時に本人の恐怖を表すような，恐ろしい夢のこと。

**不安－安心反応**［anxiety-relief response］ **行動療法**において使われる用語。不安を喚起する状況で，自らを安心させ，落ち着かせるような言葉（"落ち着いて"など）を繰り返し唱えること。

**不安階層表**［anxiety hierarchy］ 特定の不安に対して，段階的に不安を喚起するような刺激のシリーズ。**系統的脱感作**で恐怖症の治療に用いられる。患者が最も脅威を感じない状況から，最も脅威を感じる状況までが段階的に並べられる。

**不安－回避型愛着**（不安-回避アタッチメント）［anxious-avoidant attachment］ **ストレンジ・シチュエーション**における**不安定型愛着**のタイプ。乳児が探索行動を最小にし，親に対して回避や無関心の傾向を示すこと。

**不安解放**［anxiety discharge］ 日常生活と結びついた不安を低減する行動や反復的な行動（たとえば，エクササイズ，編み物，庭の手入れ）を指し，不安を抑圧する代替的方法と考えられている。

**不安感受性**［anxiety sensitivity］ 不安に関連する感覚である。不安感受性の高い人は，低い人に比べ，不安感にひどく反応する。たとえば，不安感受性の高い人は，低い人が単に不快とみなすようなめまいを病気が差し迫るサインと感じてしまう。調査によると，不安感受性の高い人は，パニック発作やパニック障害に関連するパーソナリティ特性をもつという。

**ファン効果**［fan effect］ ある概念と他の概念との関係の数が増えるにつれて，その関係内のある概念について判断を下すのにかかる時間が増すという知見。たとえば，もしジョンに兄弟が1人いて，ビルに6人いるとすれば，ジョーがビルの兄弟であることを検証するのはテッドがジョンの兄弟であることを検証するよりも長く時間がかかる。

**不安固着**［anxiety fixation］ 精神分析において，早期の発達段階の不安反応が，後の段階で維持・継続されること。

**不安尺度**［anxiety scale］ 無意識的なものではなく，現在感じている意識できる不安を査定するために構成された，多くの検査が存在する。例として，テイラー顕在性不安尺度があげられる。どの尺度も自己記入式であるが，臨床で得られたデータに基づいて作成されている。

**不安障害 [1]**［anxiety disorders］ ある対象や状況に対する不安が生じる障害のグループである。DSM-IV-TRでは，広場恐怖を除くパニック障害，広場恐怖を含むパニック障害，特定の恐怖症，社会恐怖，強迫性障害，PTSD，ASD，全般性不安障害，特定不可能の不安障害を含んでいる。統合失調症や情緒障害のような障害で生じる不安は異なる。

**不安障害 [2]**［anxiety disturbance］ 著しく持続性のある，過度な不安を特徴とする状態で，情緒的なストレスや機能の低下（たとえば，社会的，教育的，職業的），またはその両方を引き起こすものを言う。

**不安状態**［anxiety state］ もともとは，戦争の自我理想が通常の理想と葛藤する戦争時の経験によって引き起こされる外傷性神経症のこと。［フロイト（Sigmund Freud）によって定義された用語］

**不安神経症**［anxiety neurosis］ 精神分析における撹乱，神経症。その最も顕著な症状として，持続的な不安，災害が差し迫る感覚，**浮動性不安**がある。それに伴い，決断力の低下，不眠症，欲求の喪失，動悸などの症状が起こる。この用語は現在でもしばしば用いられる。慢性の不安を現在の基準で分類すると，**全般性不安障害**となる。⇨ **不安障害**

**不安信号**［signal anxiety］ 精神分析理論の概念で，内的葛藤や脅威となる刺激に反応して生起する不安のこと。差し迫った恐怖を**自我**に知らせるサインの役割を果たし，**防衛機制**を働かせることになる。⇨ **根本的不安**

**不安対象**［anxiety object］ 精神分析において，原初的不安の源が本来とは異なる対象に置き換えられたものを指す。たとえば，原初的不安が父親から引き起こされた場合に，父親を表象している人間以外の対象に不安が生じることもある。⇨ **ハンス少年**

**ファンタジー [1]**［phantasy］ クライン（Melanie Klein）の**対象関係理論**における，無意識の構造，意志，衝動といった，すべての思考や感情の背景に存在すると仮定されるものの一つ。英語表記において頭文字にFでなくPhを用いるのは，意識的な白昼夢などの日常的な**空想**と区別するためである。

**ファンタジー [2]**［fantasy］ 精神分析理論における，様々な心像がもたらす幻想のこと。この心像には，個人の意識下・無意識下にある願望や衝動を満たすような心理的イメージ，また夢や白昼夢が含まれる（⇨ **願望成就**）。クライン派は無意識下にある願望であることを明示するために，ファンタジーという用語を用いる。

**ファンタジープレイ**［fantasy play］ ある振舞いや物・人物に関するごっこ遊びのことで，母親・教師・医者などの明確な役割が演じられる。そこでなされる遊びは，現実とは区別されるものであるとの立場がとられ，また演じられるものの一部にはある状況における心理的表象が用いられる。⇨ **象徴遊び**

**不安定型愛着**［insecure attachment］ ストレンジ・シチュエーションにおいて，親と子の関係がネガティブであるいくつかのパターンのうちの一つ。子どもは親がいるときには信頼を示さず，親が離れると時に苦痛を示し，親が戻った時に避けようとしたり（⇨ **回避型愛着**），相反した行動をとる（⇨ **アンビバレント型愛着**）。⇨ **不安－回避型愛着**，**不安－抵抗型愛着**，**混乱型愛着**

**不安定感**［insecurity］ 一般に，目標・能力・対人関係についての不確実さや不安に付随して起こる，不適切で，自信がなく，問題解決ができない感覚。

**不安－抵抗型愛着**［anxious-resistant attachment］ ス

トレンジ・シチュエーションにおける**不安定型愛着**のタイプ。乳児が親の存在下において不安を，親の不在において苦痛を，親との再会において怒りを表し，しばしば父親や母親との接触に抵抗を表すこと。

**不安定さ**［instability］　自己制御の欠如，一貫性のない行動，感情の急激な変化あるいは過剰な感情，などの傾向を指す心理学用語。変化しやすさ（lability）とも呼ぶ。

**不安定相**［labile］　脳活動に影響を与える要因によって容易に乱される，初期段階の記憶形成のこと。

**不安等価**［anxiety equivalent］　精神分析において，震えや嘔気のように，意識でき，観察可能な**不安**の兆候。

**不安の相互作用モデル**［interactional model of anxiety］　状態不安は，状況に関連する要因（状況要因: situational factors）と個人の特性に関連する要因（個人要因: person factor）の相互作用によって決まるというモデル。

**不安反応**［anxiety reaction］　著しい懸念によって特徴づけられる感情反応とそれに伴う身体の緊張症状のこと。

**不安反応の孵化**［incubation of anxiety］　条件刺激を繰り返し非強化提示して生じる，条件づけられた不安反応の増加のこと。たとえば，クモ恐怖症の人がクモに毎回直面させられると，よりクモに恐怖を抱くようになる。これは，クモに接触しないでも，クモに噛みつかれるような外傷体験がない場合においても生じる。［アイゼンク（Hans Eysenck）の神経症における条件づけ理論の基礎として最初に提唱された］

**不安ヒステリー**［anxiety hysteria］　精神分析において，無意識的な性的葛藤から生じた不安が，汚染や広場への不合理な恐れのような症状や，身体的な転換症状として出現する神経症のこと。現在は分類が細分化されたため，この用語はほとんど使用されない。⇨　**不安障害，転換性障害**［フロイト（Sigmund Freud）によって定義された］

**不安マネジメント**［anxiety managemant］　バイオフィードバック訓練，リラックステクニック，薬物療法など，不安の低減を援助する認知行動療法，行動療法，その他の技法。

**不安抑うつ**［anxious depression］　高い不安により生じるうつ病エピソードである。

**不安・両価的愛着スタイル**［anxious-ambivalent attachment style］　パートナーとの関係が壊れてしまうのではないかという不安や，望んでいるにも関わらず深く親しい関係になることへのためらいによって特徴づけられる対人関係スタイルのことを指す。⇨　**愛着理論**

**部位**［locus］　1. 解剖学的な場所や部位，または病理学的疾患の場所や部位のこと（脳の出血部位や皮膚の蝶形紅斑など）。2. 遺伝子や染色体の位置のこと。

**フィーアオルトの法則**［Vierordt's law］　身体のよく動かす部分は，それほど動かさない部分に比べて刺激の二点**弁別閾**が低いという法則。［ドイツの生理学者フィーアオルト（Karl von Vierordt: 1817-1884）による］

**フィクション**［fiction］　実用的理由においては真実であるかのように個々人に受け入れられるかもしれない，心理学における立証されていない，または架空の概念。⇨　**アズ・イフ仮説**

**フィジカルマップ**［physical map］　染色体地図の一種であり，染色体上における遺伝子や遺伝標識の実際の物理的な距離を示す。距離は塩基対，キロベース，あるいは類似の単位で測られている。フィジカルマップの構成には様々な手法が用いられており，その中にはDNA配列を表したものがある。**ヒトゲノム解析計画**はすべての人間の染色体に関する完全なフィジカルマップを提供している。⇨　**遺伝子のマッピング**

**フィゾスチグミン**［physostigmine］　緑内障の治療や瞳孔を収縮させるために使用される**コリン作動薬**（アフリカのつる草の乾燥した種由来のアルカロイド）。**抗コリン薬**の過量摂取による中枢神経系への毒性作用を逆転させるためのコリンステラーゼ抑制剤としても使用される。アメリカの商品名はアンチリリウム（Antilirium），イソプトエセリン（Isopto Eserine）。

**フィッシャーの正確検定**［Fisher exact test］　2×2の**分割表**において，そのようなデータが偶然得られる正確な確率を算出する統計的検定の方法。［イギリスの統計学者・遺伝学者フィッシャー卿（Sir Ronald Aylmer Fisher: 1890-1962）］

**フィッシャーのZ変換**［Fisher's r to Z transformation］　**積率相関係数**（$r$）を，標本分布が正規分布である新しい統計量（$Z$）へと数学的に変換すること。相関に関する仮説を検定する際や相関における**信頼区間**を求める際に用いられる。［フィッシャー卿（Sir Ronald Aylmer Fisher）］

**フィッシュボウル法**［fishbowl technique］　成長グループにおいて使用される手法であり，参加者は2つの同心円を作る。内側のグループの人々は，他者とのディスカッションを行い，外側のグループの人々はその様子を観察する。ディスカッションが終了したら，外側のグループが，内側のグループに情報や意見を提供する。その後，グループは入れ替わり，そのエクササイズを繰り返す。

**不一致［1］**［incongruity］　矛盾，不調和などの性質，あるいは一般的に受け入れられた様式や基準に対する相違。知覚の実験では，たとえば一組のトランプにおいて，黒のハートや紫のスペードなど矛盾する色と絵柄マークの組合せを用いて，不一致の度合いが検討できる。

**不一致［2］**［discordance］　1. 食い違っている有様や状態。心理療法の中で，かつて動揺したある特定の経験をクライエントが話す時，感情の痕跡なしに話そうとする場合を感情の不一致（affective discordance）がみられるという。2. 双生児研究における語。特徴的な体質や疾患について双子間で相違点があること。⇨　**双子の一致**

**不一致［3］**［incongruence］　不適切な感情傾向や，状況の主観的な評価が現実と不適合なときのように，調和や適切さの欠けた状態。

**不一致刺激**［discrepant stimulus］　既知の刺激あるいはスキーマに基づいたイメージと適度に異なった刺激。たとえば，乳児にとっての知らない人の顔は不一致刺激といえる。

**不一致の評価**［discrepancy evaluation］　評価調査における用語。2あるいはそれ以上の要素または同意すべき複数のプログラム変数の間にある違いを調べること。相違点を調和させることは次の段階でプログラムの発展の主要な目的となる可能性がある。

**フィッツの運動課題**［Fitts movement task］　運動のスピードと正確さの関係をみる運動スキルテストのこと。円の輪郭に沿って鉛筆で20回タップするように求められる場合（discreteバージョン），課題を素早くやるように教

示された場合には，正確さを促された場合より円からはみ出てしまうことが多くなる。また，ある程度離れた2つの円の輪郭を交互にタップするように求められた場合（continuousバージョン）でも，正確さは低下する。現在では，モデルとして単純なdiscreteバージョンが基礎研究で用いられているが，神経心理学におけるテストや応用志向の場合にはcontinousバージョンが用いられる。運動でのスピードと正確さの関係は**フィッツの法則**として知られている。[フィッツ（Paul Morris Fitts）による］。

**フィッツの法則**［Fitts law］ 素早く遂行される動作は正確さに欠ける傾向があるとする運動制御の理論のこと（⇨ **速さと正確さのトレードオフ**）。この理論は，$MT = a + bf(DW)$ と定式化され，多様な条件で観察され，**フィッツの運動課題**によって記述される条件下で，運動時間（$MT$）が運動距離（$D$）と標的の大きさ（$W$）の比率の関数 $f(DW)$ と線形関係にあると関連づける。［アメリカの心理学者フィッツ（Paul Morris Fitts: 1912-1965）］

**フィット**［fit］ 何らかのモデルによって見込まれる価値が，経験的に認められる価値と一致する程度のこと。

**フィットトゥーウィン健康増進プログラム**［Fit to Win Health Promotion Program］ 喫煙，過度のアルコール摂取，高脂肪食品の過剰摂取といった，行動リスク因子を減少させることによって健康を増進することを目的として策定された米国国防総省の教育プログラム。

**フィットネス**［fitness］ 過度な疲労感を抱かず，余暇を楽しめるだけのゆとりも残しながら，身体的活動や日常の課題を精力的に達成する個人の属性。

**フィードバック**［feedback］ **1.** 相互作用のある要素が，その相互作用を維持，増幅，あるいは修正するプロセス。**負のフィードバック**は相互作用パターンを維持または安定させ，**正のフィードバック**は相互作用パターンを増幅または再編成する。**2.** 正確に動作するために，視覚的入力や**自己受容器**から求心性インパルスを受けとる処理過程のこと。**3.** 人やグループの行動やパフォーマンス，特に，修正したり改善したりすることを目的として提供される情報のこと。フィードバックには，提案が伴うこともある。訓練生に提供されるフィードバックは，トレーニングの監督をするうえで重要であり，他者に自分の行動がどう解釈されるかを知覚することが困難な個人にも役立つ。**4.** サーモスタットのように，調整器によって適切な信号を受信すること。⇨ **聴覚フィードバック**，**バイオフィードバック**，**情報フィードバック**，**社会的フィードバック**，**フィードフォワード**

**フィードバックシステム**［feedback system］ 出力情報（例，生物的または機械的情報）を用いて同一回路への入力の調節を行う回路。**負のフィードバックシステム**では，出力を用いて入力を減少させる。このようなシステムは，生体内の処理過程の均衡を維持するために重要な役割を果たす。⇨ **ホメオスタシス**，**正のフィードバック**

**フィードバック装置**［feedback device］ 環境制御装置の操作者に，生じた活動の状態を伝えるために視覚，聴覚，もしくは触覚信号を提示する装置のこと。⇨ **制御装置**，**スイッチ機器**，**ターゲットデバイス**

**フィードバックループ**［feedback loop］ **サイバネティック理論**において，システムの操作が目標に達しているかどうかを決定し，もし達していない場合は必要に応じた変更を行うという自己制御モデルのこと。その働きは頭文字TOTE（test, operate, test, exit: 評価，操作，評価，終了）に要約されている。2つの評価フェイズによって現状と目標・基準が比較される。操作（operate）とは，現状と基準との間の容認不可能な差異を解消するために設計された過程や介入を指す。終了（exit）とは，その状況が到達すべき基準値に達したためにフィードバックループの監視を終了することを指す。⇨ **負のフィードバック**

**フィードフォワード**［feed-forward］ **1.** 予定される運動や期待される感覚入力への準備のため，身体の部分や他のシステムに対して送られる情報や制御信号のこと。**2.** 問題を未然に防ぐよう，個人や集団，製品，システムのパフォーマンスを予測するために使われる情報。⇨ **フィードバック**

**フィート・ミュラー円**［Vieth-Müller circle］ 観察者の前にある仮想円。円上の1点が固定されている場合，観察者の両眼における，円の1点と対応する網膜位置にそれぞれ点が打たれる。フィート・ミュラー円は**ホロプター**の一例である。［フィート（G. U. Vieth）とミュラー（J. P. Müller）による］

**フィニアス・ゲージ**［Phineas Gage］ 心理学の教科書にしばしば登場する人物で，線路の工事中に鉄の棒が頭を貫通し，前部前頭葉に損傷を負った。明確な認知的障害は認められなかったが，後の行動や人格が明らかな変化をみせた。

**不意の出来事**［accident］ 予期したり，意図していなかった機会や幸運のこと。

**フィリップ統合失調症発病前適応評価尺度**［Phillips Rating Scale of Premorbid Adjustment in Schizophrenia］ 統合失調症患者の予後を左右すると言われる**病前適応**を分析するための方法。患者の病歴に関する情報から論理的に導かれた質問に基づいている。フィリップ尺度（Phillips scale），フィリップ病前適応尺度（Phillips scale of premorbid adjustment）とも呼ばれる。［1953年に精神薬理学者フィリップ（Leslie Phillips）によって開発された］

**フィルター**［filter］ **1.** 光，液体，ガスなどの混合物の中からいくつかの要素のみが通過することを許す装置もしくは器具のこと。**2.** 音響特性における，入力のスペクトル成分を変化させる装置，手続き，もしくは処理のこと。ローパスフィルター（low-pass filter）は高周波よりも低周波を非常に容易に通すことから，高周波は低周波に対して相対的に減衰することになる。ハイパスフィルター（high-pass filter）は低周波を減衰させ，バンドパスフィルター（bandpass filter）は通過帯域（passband）よりも高い周波数と低い周波数の両方を減衰させる。**3.** 刺激のある側面のみを感覚意識に伝えるような情報の認知的チャネルを指す仮説的構成概念。フィルターはしばしば**注意**に関する議論において環境のある側面に選択的に注意を向けることができる能力（例，騒々しい部屋での会話）を説明するために用いられる。⇨ **フィルター理論**

**フィルター理論**［filter theory］ **1.** 注意を向けていない情報チャネルは，同定以前にフィルターをかけられているという考えを提案している注意に関する初期の理論。この理論はその後の理論形成に大きな影響を与え続けた。⇨ **注意の初期選択説**［1958年にブロードベント（Donald Broadbent）によって提案された］ **2.** 最後の一人になる

まで、配偶者となる可能性がある人を除外していく一連のステップがあると仮定した**配偶者選択**を説明した理論。

**フィルターをかけた発話**［filtered speech］　特定の周波数帯のみを通すようにフィルターがかけられている発話。聴覚処理能力を測定するために十分な大きさの音量で耳に提示される。⇨ **ひずみ語音検査**

**フィールド**［field］　**1.** 視野のような、定義された領域あるいは空間の範囲。**2.** 心理的な出来事が起こる個人的で、物理的で、社会的な要因の複合体。⇨ **場の理論**　**3.** 人間活動の領域、知識またはそのような領域の区分。**4.** 実験やデータ収集が実施される、実験室や図書館、学術施設以外の場所のこと。⇨ **現場実験**

**フィールド研究**［field research］　自然環境下や社会的な状況下また現実的な設定において実施される実験室外の研究のこと。**生態学的妥当性**においてすぐれていて、自然で社会的状況下で、いかに行動が生じるのか、またなぜ行動が生じるのか理解するために有用であるが、実験操作や環境の統制ができないという不利な点もある。

**フィールド特性**［field properties］　生体に影響を与える、その生体を取り巻く環境側の要因のこと。

**フィールドノート**［field notes］　実験室というよりも自然環境（フィールド）内で行われる観察に関するノートのこと。

**フィールドワーク**［field work］　実験室や教室ではなく、日常の現実世界で行われる調査や研究のこと。臨床ソーシャルワーク教育において、フィールドワークは実習科目であり、経験豊富な監督者のもとで、実際の事例について責任を負うことを通じて、教室で学んだ理論を適用したり、補完したりする。

**フィルムカラー**［film color］　フィルムのように粗い肌理がない落ち着いた色であり、位置の特定性に乏しい。**物体色**の一例である面の色とは対照的である。

**フィロパトリー**［philopatry］　生まれた場所、もしくは孵化した場所に対するアタッチメント。性的にバイアスをもつ**分散**を行う種では、分散しないほうの性がフィロパトリーをもつ。たとえば、成長したオスが生まれ育ったグループを去る種では、メスがフィロパトリーをもつ。

**V1**［visual area 1: V1; primary visual cortex］　一次視覚野。霊長類においてV1は**有線皮質**とおよそ同等である。V1から投射しているV2, V4, V5などの視覚野と違って、V1のニューロンは最大限の活性化のために比較的単純な刺激を要求している。皮質領域間の機能的差異を議論するうえでV1は好まれる名称である。解剖学的には線条皮質、有線皮質、17野という名称が使われる。

**V2**［visual area 2: V2］　二次視覚野。霊長類においてV2はV1に前接する大脳皮質の帯である。ブロードマンの18野（⇨ **有線前野**）と同等であり、V1から主な入力を受ける。

**V2の細い縞**［thin stripes］　V2として知られる前有線皮質で見られる、**チトクロムオキシダーゼ活性**を示す細い縞のこと。細い縞は有線皮質の**チトクロムオキシダーゼブロブ**からの入力を受け取り、色に感受性のある神経細胞を含む。

**V4**［visual area 4: V4］　四次視覚野。霊長類では後頭側頭皮質に位置する。V4のほとんどのニューロンが光の波長に対して選択性をもつ。人間の脳では、この領域に損傷を負うと、皮質性色盲の一種である**大脳性色覚異常**を引き起こす。

**V5**［visual area 5: V5］　五次視覚野。霊長類では側頭葉に位置する。V5のほとんどのニューロンが刺激の運動速度や方向に対して選択性をもつ。人間の脳では、この領域を損傷すると**運動失認**が引き起こされる。

**フィンガータッピングテスト**［Finger Tapping Test］　指の運動速度を測定するテストのこと。被検者はできるだけ速く人差し指で反応ボタンを押す。**ハルステッド-レイタン神経心理学バッテリー**の一部である。当初はフィンガーオシレーションテスト（Finger Oscillation Test）と呼ばれていた。

**フーヴァー徴候**［Hoover's sign］　片まひの神経学的（心理的ではない）検査。寝かせた姿勢で、まひした下肢を持ち上げる。真の片まひならば、健康側の踵は床に押し付けられている。これが見られない場合には、フーヴァー徴候陽性となり、心因性の**不全まひ**や詐病の可能性がある。［アメリカの医師フーヴァー（Charls Franklin Hoover: 1865-1927）による］

**風疹**［German measles; rubella］　三日はしかとも言われる。風疹ウイルスによって引き起こされる伝染病で、伝染力は強くないが麻疹に似た症状がみられる。妊婦が妊娠期間中に風疹を発症すると、25%の確率で先天性風疹をもつ子どもが生まれてくる。ウイルス感染が妊娠3か月目であれば、胎児の奇形率は6%程度で低いが、妊娠1か月以内であれば50%程度にまで高まる。先天的な異常としては、目、耳、中枢神経系の形成異常が生じうる。⇨ **先天性風疹症候群**

**風洞**［wind tunnel］　空気が一定の速度やパターンで流れるように設計された構造。主に航空機や、屋外環境における物体・物質の性能を試験するために使われる。また、風や風圧の変化が人や動物の行動に及ぼす影響を調べる実験にも使われる。⇨ **気圧効果**

**風土性**［endemic］　特定の地域、国、人々に特有なこと。この語は英語では、しばしば疾患を意味するが、風習や習俗にも適用される。⇨ **流行**、**大流行病**

**夫婦間葛藤**［marital conflict］　配偶者間の表面化したり、潜在している敵意。葛藤の性質と強さには大きな幅がある。しかし主要な原因としては、性的不一致、子育ての相違、性格の相違（特に配偶者の1人の支配傾向）が多く、それより少ないが宗教的な相違、価値観と関心の相違、金銭感覚の不一致もあることが研究によって示されている。

**夫婦間の調整**［marital adjustment］　人が結婚の要求と機会にうまく順応する過程。夫婦間の調整で特に重要なのは、(a) 経験、関心、価値観の共有、(b) 配偶者の個人的な要求、志、気性に対する敬意、(c) 開かれたコミュニケーションと感情表現の維持、(d) 役割と責任の明確化、(e) 意志決定、問題解決、子育てへの協力、(f) 相互の性的満足への到達である。

**夫婦交換**［wife swapping］　グループセックスの一つで、性交を目的に2組以上の夫婦が同意のうえでお互いの配偶者を交換すること。夫婦交換の実施には、自身の配偶者が他の人の配偶者と性交を行うことを見ていることも含まれる。メイトスワッピング（mate swapping）、パートナースワッピング（partner swapping）とも呼ばれる。

**夫婦サブシステム**［marital subsystem］　配偶者間にお

け."る特定のルールのこと。これらのルールは，結婚の問題（例，子育て）への協力，葛藤，葛藤解消に関するものである。

**夫婦の分裂**［marital schism］ 配偶者との間の公然とした不和の状態。結婚に緊張を与え，別居や離婚に至る可能性がある。

**夫婦のゆがみ**［marital skew］ 主導権を握る配偶者の病的な行動が，もう一人によって受け入れられているような欠陥のある家族パターン。

**夫婦療法**［marital therapy; marriage therapy］ 結婚した夫婦への**カップル療法**。

**風味**［flavor］ 香り，味，触感，温度の組合せによって生み出される，嗅覚器官，味覚器，触感覚器が関与する感覚のこと。

**フェアバーン理論**［Fairbairnian theory］ イギリスの精神分析家フェアバーン（W. Ronald D. Fairbairn: 1889-1964）の精神分析的アプローチのことで，**対象関係理論**の一学派を形成する。フェアバーンは人格構造を，フロイト（Sigmunt Freud）のイド，自我，超自我の観点からよりも対象関係の発達の観点から捉えた。出生時から自我は存在しており，**妄想分裂ポジション**の期間中に自我が分裂して人格構造を形成すると考える。母親との関係において経験された欲求不満や興奮に応じて，自我は，(a)フロイトの自我の概念に相当する中心自我，(b)イドに相当するリビドー的自我，(c)超自我に相当する反リビドー的自我へと分裂する。

**フェイディング**［fading］ 条件づけにおける，ある刺激から別のものへの段階的な変化であり，**刺激性制御**からの移行のためにしばしば用いられる。刺激は段階的に取り除かれるか，もしくは段階的に取り入れられるかである。前者の例としては外部からのフィードバックの段階的な除去によって運動選手が技術習得中に感覚フィードバックに頼るようになることがあげられる。

**フェイルセーフ**［fail-safe］ 1. 機械や作業システムの中に，コンポーネントや下位システムの不具合があると自動的なシャットダウンやより安全な操作モードへの切り替えが起こるという特徴を取り入れること。このフェイルセーフ設計（fail-safe design）は，操作者が誤作動に伴う危険にさらされる確率や機械が損傷を受ける確率を低下させる。しかし，フェイルセーフ設計は事故や失敗の確率を低下させるものではない。⇨ **排除デザイン，防止デザイン** 2. 一般的に失敗が全くない，あるいはほとんどないこと。

**フェーズ**［phase］ 周期的な過程における反復状態のこと。

**フェスティンガー**［Festinger, Leon］ レオン・フェスティンガー（1919-1989），アメリカの心理学者。レヴィン（Kurt Lewin）に師事し，1942年にアイオワ大学にて博士号を取得。第二次世界大戦中は，統計学者として，空軍パイロットの訓練や人選に関わった。戦後，マサチューセッツ工科大学，ミシガン大学，ミネソタ大学を経て，1955年以降，13年間，スタンフォード大学で研究に従事した後，ニューヨーク市の The New School for Social Research に退職まで在職した。**凝集性，同調，社会的比較理論**などの，**社会心理学**の現象について研究を行ったが，最もよく知られているのは，**認知的不協和理論**に関する一連の実験である。フェスティンガーは，「なぜ，低頻度の報酬が持続的な行動を誘発するのか」等，従来の行動主義的強化理論では説明できない現象を，**不協和低減**で説明できると主張した。著書として，A Theory of Cognitive Dissonance（1957）や Conflict, Decision, and Dissonance（1964）がある。フェスティンガーは全米科学アカデミーの会員に選ばれた他，1959年に米国心理学会功労賞を受賞している。

**フェティシズム**［fetishism］ 性的興奮に達するために繰り返し，あるいは限定的にフェティッシュ（身体の一部や物品）が使用されるという**性嗜好異常**の一種。性器を刺激するために使用される対象（たとえば，バイブレーター）はフェティシズムに含まれるとは考えられていない。
⇨ **部分性愛**

**フェティッシュ**［fetish］ 1. 性的でない物品（たとえば手袋，靴，ハンカチなど）や身体の一部（足，頭髪，耳など）が性的関心や興奮を喚起する場合の，その対象のこと。象徴化の連合によって生じると考えられている。対象を目撃すること，または対象へ接吻することや舐めること，もしくは対象を目視しながらの自慰を通して欲求充足に至る。2. フェティッシュを内包する行動のこと。⇨ **オブジェクトフェティッシュ** 3. 人類学では，護符や魔除けのような，超自然的な霊魂を具現化する，または魔力を発揮すると信じられている物体のこと。4. ある考えや目的に没頭してしまうこと，または没頭しているような立ち振舞いをすること。たとえば，成功を追い求めて盲目に突き進むこと。

**フェニトイン**［phenytoin］ **抗痙攣薬**の一つ。**ヒダントイン**の原型である。フェニトインは主に，部分，あるいは強直間代性発作に処方されるが，片頭痛や神経痛に処方されることがある。稀に子どもの行動障害にも処方される。アメリカ（およびその他）での商品名はディランチン（Dilantin）。

**フェニルアルキルアミン**［phenylalkylamines］ 幻覚作用のある自然のあるいは人口の薬物の一群。**メスカリン**のような**フェニルエチルアミン**や **MDMA** のようなフェニルプロピルアミン（置換フェニルエチルアミン）を含む。

**フェニルエチルアミン**［phenylethylamines］ 共通する基本的な化学構造をもつ幻覚作用のある薬物。1896年に初めてサボテンのウバタマから分離されたアルカロイドの**メスカリン**が原型である。メスカリンは幻覚作用の最も少ないものの一つであるが，塩基性分子にメチル基を加え効能を高めることで，置換されたフェニルエチルアミン（substituted phenylethylamines）を作る。後者はアンフェタミンの派生物である DOM，MDA，MDMA を含む。
⇨ **フェニルアルキルアミン**

**フェニルケトン尿症**［phenylketonuria: PKU］ 常染色体劣性遺伝し，アミノ酸であるフェニルアラニンを利用するために必要な酵素（フェニルアラニンヒドロキシラーゼ）の欠乏代謝疾患。早期乳児期に診断され，フェニルアラニン摂取の食事制限による治療を受けない限り，フェニルケトン尿症は重度の精神遅滞や神経系の障害に繋がる。治療を受けていない患者のIQは20を下回る。この病気の治療を受けてきた女性は子どもへの神経系の影響を防ぐために妊娠中に食事制限を受けなければならない（⇨ **母性フェニルケトン尿症**）。

**フェニルシクロヘキシル誘導体**［phenylcyclohexyl derivatives］　有効な一般的な麻酔剤として1960年に導入されたが，深刻な精神的な障害を引き起こすため中止された薬物の種類。原型の薬物であるPCPは統合失調症にみられるような感覚遮断効果を生じる。この種の薬物は**幻覚剤**であると考えられているが，獣医学では麻酔剤や鎮静剤として使用されることがある。

**フェニルピルビン酸**［phenylpyruvic acid］　フェニルアラニン代謝の中間産物。**フェニルケトン尿症**患者では，フェニルアラニンが通常の代謝産物であるチロシンにまで変換されず，フェニルピルビン酸になってしまい，これが尿中に排出される。

**フェニルピルビン酸性精神薄弱**［phenylpyruvic oligophrenia］　フェニルケトン尿症のような，先天的なフェニルアラニンの代謝異常に関連，あるいはそれに起因した重度の精神遅滞の様相のこと。早期にフェニルアラニンの摂取を制限することによって，平均，あるいは平均に近い知能の発達を促すと考えられている。

**フェネルジン**［phenelzine］　モノアミンオキシダーゼと不可逆的に結びつき，モノアミン神経伝達物質の崩壊を防ぎ，抗うつ効果を発揮する**モノアミンオキシダーゼ抑制剤**。その種の他の薬物同様に，フェネルジンは，関連する有毒性，食事制限，潜在する致命的な薬物相互作用などのないより安全な薬物に取って代わられている。アメリカの商品名はナーディル（Nardil）。

**フェノチアジン**［phenothiazines］　多くは**抗精神病薬**として使用される化学的に関連した化合物の種類で，1950年代に開発された。この種の伝統的な（あるいは第一世代の）抗精神病薬は統合失調症の治療に最も広く使用された。フェノチアジンは最初の効果的な抗精神病薬で，何万もの統合失調症患者の脱施設化に大きく寄与した。治療効果は，ドーパミンD2受容体を塞ぐことによって生じると一般に考えられている（⇨ **ドーパミン受容体拮抗薬**）。同時に，フェノチアジンは，アセチルコリン，ヒスタミン，ノルエピネフリン受容体も阻害するが，これにより多くの副作用が起きる。フェノチアジンは，吐き気，嘔吐，前麻酔沈静と同様に，急性躁病，精神的動揺，統合失調症の治療に使用される。脂肪族化合物，ピペラジン，ピペリジンという3つの下位群に分類される。致命的な副作用の種類は使用用途に関連しており，**錐体外路作用**，**遅発性ジスキネジア**，沈静状態，**抗コリン作用**などがある。

**フェノバルビタール**［phenobarbital］　全般的な硬直間代性発作，あるいは部分発作に処方される抗痙攣の**バルビツール酸塩**。以前は沈静剤，睡眠剤として広く使用されていたが，毒性や，バルビツレートと関係した致命的な影響のない安全な薬物に取って代わられている。フェノバルビタールは**鎮静剤・睡眠剤または抗不安薬離脱**にも使用される。アメリカの商品名はルミナール（Luminal）。

**フェヒナー**［Fechner, Gustav Theodor］　グスタフ・テオドール・フェヒナー（1801-1887），ドイツの医師・哲学者。ライプツィヒ大学にて医学を学んだが，医学の道に進むことはなく，自然哲学の研究を極めた。若き日は，実験物理の研究にいそしんだが，大病を患い，精神崩壊を経験した。回復後，精神と物理は，同一の現実の異なる側面にすぎないという哲学的信念を追求した。精密な実験により，感覚，**残像**，美学などについて，物理量と心理学的知覚との関係を示し，精神物理学的アプローチを開発した。**丁度可知差異法**や**恒常法**，**調整法**などは，現代の感覚知覚の測定でも多用されている。これらの方法論を用いて，いわゆる，**フェヒナーの法則**を作り上げた。フェヒナーの精神物理学的法則や実験方法は，実証的科学としての心理学の確立に大きく貢献した。⇨ **二元論**，**フェヒナーの逆説**，**一元論**

**フェヒナーの色**［Fechner's colors］　黒の領域と白の領域とに分かれた円盤が軸の周りを回転するときに生じる主観的な色の感覚のこと。主観的な色（subjective colors）とも呼ばれる。［フェヒナー（Gustave Theodor Fechner）による］

**フェヒナーの逆説**［Fechner's paradox］　両眼を開けて図を見た後で片眼を閉じると図の明るさが見かけ上増加すること。［フェヒナー（Gustave Theodor Fechner）］

**フェヒナーの法則**［Fechner's law］　刺激強度の変化に対する主観経験に関する法則。この精神物理学的公式によると，感覚経験は刺激強度の対数に比例する。⇨ **スティーブンスの法則**，**ウェーバーの法則**　［フェヒナー（Gustav Theodor Fechner）による］

**フェミニスト家族療法**［feminist family therapy］　フェミニストセラピーにより知られるようになった介入モデル。家族が機能不全に陥った際，父権的権力構造に基づいて家族が相互作用するといった状態にならないよう注意しながら家族関係の立て直しを図る。

**フェミニスト心理学**［feminist psychology］　心理的諸問題に対するアプローチの一つで，生活や社会における思考，行動，感情における女性的視点の役割を強調している。伝統的な男性偏重に対抗するもので，非主流派集団におけるアプローチのモデルとみなされている。⇨ **ジェンダー心理学**，**女性中心心理学**

**フェミニストセラピー**［feminist therapy］　女性心理学やジェンダー心理学についてのフェミニストによる政治的分析や研究を概念的な基礎とした，折衷アプローチ的な心理療法。このような志向のもと，ジェンダーやジェンダー体験がどのようにして，その人の人生や受けてきた苦しみを理解するための情報を与えてくれるというのが，中心的な考えである。ジェンダーと密接な関係にある人種，階級，性の指向性，年齢層，能力が調査される。フェミニストセラピーでは，治療者がクライエントに権限を与えたり，治療者と等価価値にあるという証拠を明確にしたりすることで，平等な治療関係を構築することが意図されている。女性にも男性にも適用可能である。

**フェミニズム**［feminism］　女性の問題や見方，あるいはジェンダーに関連した生物学的，社会的現象を主題として取り上げられたあらゆる視点。フェミニズムは19世紀に大きな政治的運動として展開された。《アメリカにおいては》女性の参政権や政治的，経済的機会の問題が注目された。そして，それが広範囲な学術的，哲学的，社会的運動へと広がっていった。フェミニストの一部は，公正や平等の権利の問題に注目しているが，その他のアプローチとして，何が西洋社会で内在化され，システム化された性差別をもたらしたのかを強調するものがある。心理学において，フェミニズムは，心理プロセスにおける性差の本質や起源に焦点を当ててきた。⇨ **女性解放運動**，**エコフェミニズム**，**性的フェミニズム**，**個人主義フェミニズム**，**マ**

ルクス主義的フェミニズム，実質的フェミニズム，急進的フェミニズム

**フェラチオ**［fellatio; fellation; oral coitus; penilingus］口を用いてペニスに性的刺激を与えること。⇨ **オロジェニタル活動**

**フェリーとランドの二分裂視力検査**［Ferree-Rand double broken circles］視力と乱視を同時に検査するために用いられる図のこと。1つの円の輪郭は90°離れた2つの小さい隙間によって途切れている。検出可能な隙間の最大の大きさは視力の尺度となる（**ランドルト環**と同様）。もし1つの隙間がもう一つよりもより検出しやすければ，それは乱視が存在することを意味する。［アメリカの心理学者のフェリー（Clarence Ferree: 1877-1942）とランド（Gestrude Rand: 1886-1970）による］

**フェルデンクライス法**［Feldenkrais method］心理的機能を高めるよう考えられた身体運動過程。この方法は公認の専門家によって使用されており，多くの方法で説明されているが，常に身体運動と心理的気づきとの動的な相互作用を伴う。［物理学者・エンジニアのフェルデンクライス（Moshe Feldenkrais: 1904-1984）による］

**フェルト・センス**［felt sense］**フォーカシング**において用いられる用語であり，意識の内容に関する主観的な特質を指す。⇨ **周辺意識** ［オーストリア生まれのアメリカの心理学者ジェンドリン（Eugene T. Gendlin: 1926- ）によって定義された］

**フェルナルド法**［Fernald method］教材が複数の異なる感覚へと訴えかけるよう提示されるときに最も良い学習が行われるという考えに基づいた，読書に対する取り組み。これらの手法は，なぞる，聞く，書く，見るといった方法を導入しており，しばしばVAKT（visual, auditory, kinesthetic, tactile：視覚，聴覚，運動感覚，触覚）と呼ばれている。フェルナルド法では単語全体を教える。［アメリカの心理学者フェルナルド（Grace Fernald: 1879-1950）による］

**フェルバメート**［felbamate］**抗痙攣薬**であり，構造的に**メプロバメート**と関連している。抑制性神経伝達物質ガンマアミノ酪酸（⇨ **GABA作動薬**）の効果の促進と，興奮性アミノ酸グルタミン酸（⇨ **NMDA受容体**）の効果の抑制の両方によって作用する。この薬に付随する，再生不良性貧血や肝臓炎の発生率の増加のため，他の抗痙攣薬に比べあまり使用されていない。他の治療に不適切な反応を示す，重いてんかんの患者向けである。アメリカの商品名はフェルバトール（Felbatol）。

**フェロモン**［pheromone］同種の生物の他個体の行動に影響を及ぼす**外部の化学的メッセンジャー**。異性を引きつけたり，警告として機能したりする。ヒト以外の動物では鋤鼻系を介してフェロモンを感知している。香水やコロンなどの香りは，おそらく性的魅力や不安解消に一役買っているが，本当にヒトにもフェロモンがあるかどうかについては意見の分かれるところである。フェロモンは**月経の同期**の原因とも考えられている。外分泌ホルモン（ectohormone）とも呼ばれる。⇨ **アロモン**

**フェンタニル**［fentanyl］手術中の麻酔や，他のオピオイドに耐性のある重症の癌患者の痛みの管理や，トローチ剤や棒付きキャンディーとして処方され，子どもの外科的処置に先立って生じる重度の不安を軽減するために用いられる極めて強力な**オピオイド鎮痛薬**である。呼吸器官や血液循環の抑制が多くみられるという，この薬の毒性は他のオピオイドと同じである。違法な使用をされる場合はチャイナホワイト（china white）として知られている。現在使用中のフェンタニルの類似物質には，**スフェンタニル**，アルフェンタニル（alfentanil，アメリカの商品名はアルフェンタ：Alfenta），レミフェンタニル（remifentanil，アメリカの商品名はアルチバ：Ultiva）がある。

**フェンテルミン**［phentermine］アンフェタミン類と同様な作用構造をもった**食欲抑制剤**。他の食欲抑制剤と同様に，短期の減量にのみ有効で，長期の結果を得るには平衡して行動的な減量戦略を遵守する必要がある。フェンテルミンはフェンフルラミンやデクスフェンフルラミンと組み合わせて，"phen-fen"として以前は販売されていたが，市場に出た後に肺高血圧や心臓弁膜症が使用者から報告された。これらの深刻な副作用はフェンテルミン単独で使用した場合も除外できない。フェンテルミンはモノアミンオキシダーゼ阻害薬と併用するべきではなく，SSRI抗うつ薬を使用している者の使用は注意が必要である。アメリカの商品名はアディペックス（Adipex），イオナミン（Ionamin）。

**フェントラミン**［phentolamine］心臓や平滑筋に直接作用する$\alpha$-**アドレナリン受容体遮断薬**。褐色細胞腫の患者にあるような，カテコールアミンの過剰による深刻な高血圧の処方に使用される強力な血管拡張剤。臨床に使用されることは少ない。アメリカの商品名はレジチン（Regitine）。

**フェンフルラミン**［fenfluramine］交感神経様作用薬であり，構造上アンフェタミンと似ている。**セロトニン受容体作動薬**の役割を果たしており，以前は肥満の管理の薬として使用されていた（⇨ **食欲抑制剤**）。この薬の使用によって心臓弁の異常が発生するため，1997年にアメリカ市場から回収された。

**不応**［refractory］神経生理学において，刺激に応答できない神経細胞や筋細胞のこと。⇨ **不応期**

**不応期［1］**［refractory period］ニューロンあるいは筋細胞が興奮した後の不活動性期間のこと。細胞が再分極しているため，不応期の初期には，細胞はどんな刺激にも反応しない。これは絶対不応期（absolute refractory period）と呼ばれる。そしてその後の相対不応期（relative refractory）には，通常よりも強い刺激にのみ反応する。

**不応期［2］**［refractory phase］オーガズムの後にある，さらなる性的興奮やオーガズムが感じられない期間のことである。これは男性の**性的反応サイクル**にのみ生じる。女性の場合は即座に更なる興奮や複数回のオーガズムを経験することができる。不応期の長さは加齢に伴い増加し，高齢の男性の場合は，1日に1度以上の性的活動ができないこともある。

**フォーカシング**［focusing］**体験過程心理療法**において用いられる手法。問題や症状に関連する，自身の身体性に関わる体験へ焦点づけられるようにクライエントを導く手法のこと。閉眼したリラックスした状態で，非評価的な態度で実施される。問題の直観的な探索を，分析や思考過程の統制をせずに行う。これを通してクライエントは，問題や症状に対してより深い感情を抱くに至り，また，より

よい洞察や調和を得ると考えられている。[オーストリア生まれのアメリカの心理学者ジェンドリン（Eugene T. Gendlin: 1926- ）によって発展した]

**フォーカス**［focus］　刺激に注意を集中させること。刺激に注意を集中させること。

**フォーカス・グループ**［focus group］　一般的には8人〜12人での小さなグループで，共通の特徴をもち（たとえば，5歳〜8歳の子どもをもつ働く親），経験したことのあることを話題に話し合う（たとえば，子どもの読書能力や学校での振舞い）。リーダーは，話し合いを動かし，焦点を維持する。本来は市場で用いられた言葉で，消費者にある商品に対する評価を決定してもらうことを指している。今では，フォーカス・グループは，何らかの問題や出来事，話題について典型的な対応，適応，解決方法を決定するために用いられている。

**フォークウェイズ**［folkways］　ある特定の文化，社会，集団における伝統的な行動様式，習俗，慣習。

**フォークソウル**［folk soul］　ヴント（Wilhelm Wundt）の民族心理学において，ある集団がもつ恒久的で，基本的な特性や道徳，規範，価値観のこと。個々の集団成員の特性では説明することができないとされる。フォークソウルにおける信念は，通常**集団錯誤**の一例としてみなされている。⇨ **集団心**

**フォークバイリンガリズム**［folk bilingualism］　主に，労働者階級の移民コミュニティにおいてみられる**バイリンガリズム**の一種。母国語は主に口頭で用いられ，正式な教育を受けずに使用される。この種の二か国語の熟達は社会的地位を示すものとしてではなく，社会的に不名誉なものとして受け取られる。状況的バイリンガリズム（circumstantional bilingualism）とも呼ばれる。⇨ **エリートバイリンガル**

**フォークロージャー**［foreclosure］　心理的発達においてアイデンティティの獲得に傾倒すること。青年期において典型的にみられる。⇨ **アイデンティティフォークロージャー**，**アイデンティティ 対 役割混乱**

**フォトオプシン**［photopsin］　錐体にあり，11 シスレチナールと結合している3つの異なるタンパク質の総称。⇨ **ヨドプシン**

**フォトカウンセリング**［photocounseling］　写真やビデオを使用し，患者の実態に関する側面を提示することで，患者の振舞いや要望に対する洞察を得るばかりでなく，治療者との信頼関係も促すためのもの。

**FORTRAN**［FORTRAN］　FORmula TRANslation の省略形。1950年代後半に使われ始めた，主に数学的なモデリングや問題解決に使用されるコンピュータプログラミング言語。

**フォニックス**［phonics］　一般的にはサウンディングアウト（sounding out）として知られる，読みを教える方法のことで，1つの単位としての単語ではなく，単語の文字の音に基づく。**書記素**と**音素**に合わせるようにする。音声法（phonic method）とも呼ばれる。⇨ **全語法**

**フォーマリズム**［formalism］　芸術や文学作品の形式の研究のこと。内容や意義の研究とは対照的である。

**フォミコフィリア**［formicophilia］　小動物や昆虫，ヘビなどに性的関心をもち，性的に楽しむこと。時に，これらの生物で性器を刺激することがある。昆虫性愛，小動物性愛とも言う。

**フォルス・アラーム**［false alarm］　信号検出課題において，実際には存在しないのに，ノイズの中に信号が存在していると報告する誤った観測のこと。フォルス・アラームの確率（false alarm rate）は，課題の中で誤って"yes"と反応する割合で測定される。⇨ **信号検出理論**，**ミス**

**フォルス・コンセンサス**［false consensus］　実際には，重要な反対の意見が存在するにも関わらず，与えられたグループの中で，すべてあるいはほぼすべての人々によって保持され，誤って考えられている見解や確信のこと。⇨ **合意**

**フォルス・コンセンサス効果**［false-consensus effect］　自身の意見，信念，態度，価値観，行動傾向が実際よりも広く共有されていると考える傾向。偽の合意効果。⇨ **フォルス・ユニークネス効果**

**フォルス・ユニークネス効果（偽の独自性効果）**［false-uniqueness effect］　他者が自身と同じ才能やポジティブな性質を備えている程度を低く見積もる傾向。⇨ **フォルス・コンセンサス効果**

**フォルトツリー解析**［fault-tree analysis］　量的・質的な安全性分析の手法。論理記号を使ってシステムの事故や危険の要因を分析する。事故や危険の状態を木の「根」で表し，事故や危険を引き起こす要因を「枝」で表現する。⇨ **事故分析**，**アクシデント・パスモデル**，**故障モード影響解析**，**職務安全性分析**

**フォルマント**［formants］　発話の際に声帯や頭，喉などの他の物理的特徴により生じる音の周波数帯。音響分析器で記録すると，母音の /a/ のような単純な音は数 kHz の周波数まで広がりをもつ。

**フォローアップ面接**［follow-up counseling］　1. 継続している問題や，もともとの問題の再燃に対して，カウンセラーや治療者がクライエントを支援する方法。2. 実施しているカウンセリングの効果や，クライエントの進歩を評価すること。

**フォン・エコノモの病気**［von Economo's disease］　⇨ **嗜眠性脳炎**［オーストリアの神経学者フォン・エコノモ（Constantin von Economo: 1876-1931）が用いた用語］

**フォン・ドマルスの原理**［von Domarus principle］　統合失調性思考を説明する学説。2つの対象を，それらが単に同じ属性をもっているという理由で同じものだと知覚する現象に立脚している。[ドイツの精神科医フォン・ドマルス（Eilhard von Domarus）によって提唱された]

**フォン・フレイ特殊説**［von Frey specificity theory］　冷たさ，暖かさ，接触，痛みの感覚を，皮膚のそれぞれ異なる特定の受容器に結びつけて説明しようとした19世紀の説。現在では異論が唱えられている。その当時，解剖についての理解が十分でなかったため，フォン・フレイ特殊説は時期尚早であった。[1894年にドイツの生理学者フォン・フレイ（Maximilian von Frey: 1852-1932）が提唱した]

**フォン・レストルフ効果**［von Restorff effect］　項目の一覧の中で他よりも目立った項目は，そうでない項目より記憶されやすいという記憶過程理論。たとえば，リスト中のほとんどの単語が青インクで印字されている場合，赤で印字された単語が青の単語よりも記憶される。示差性効果，孤立効果，レストルフ現象とも呼ばれる。[ドイツの心理

学者フォン・レストルフ（Hedwig von Restorff: 1906-1962）が1933年に提唱した]

**フォン・レックリングハウゼン病**［von Recklinghausen's disease］　常染色体優性遺伝を示す疾患。皮膚の色素斑（薄い茶色）と末梢神経の**神経線維腫**を特徴とする。後者は皮下結節か柔らかい結節で，鞘状あるいはポケット状になることもある。視覚，聴覚，その他の感覚に異常が生じ，約1/4の患者に精神遅滞がある。19世紀の患者ジョン・メリック（John Merrick）がエレファントマンと呼ばれていたため，エレファントマン病（Elephant Man's disease）とも呼ばれている。また，神経線維腫症（neurofibromatosis）とも呼ばれている。［この疾患は1882年ドイツの病理学者フォン・レックリングハウゼン（Friedrich D. von Recklinghausen: 1833-1910）によって発見された]

**孵化**［incubation］　無意識あるいは半意識の水準において，問題の解決法が漸次的に産出されること。多くは，意識的，熟考的な解決の試みが失敗した後に生じる。

**部下**［subordinate］　仕事場で部下-上司の関係性のように他者の支配，あるいは，権威者の支配を受ける人のこと。

**不快**［unpleasure］　精神分析理論における，精神的な痛み，緊張，それから**自我**の苦しみであり，これは飢えや性欲のような本能的な欲求と願望が自我によって妨害され満足が得られないときに意識的に感じられる。

**深い昏睡状態**［deep trance］　催眠とシャーマニズムの実践における用語。参加者が彼らの信念と矛盾しない暗示を除いて，環境信号に最小限に反応する状態のこと。⇒ **トランス**

**部外者**［outsider］　1. 自集団に所属していない人で，特に問題視される人物を指す。2. 議論されている話題に詳しくないという理由で，集団討論に十分参加することができない人。

**深い処理**［deep processing］　知覚的特徴よりも意味的属性に焦点を当てて，刺激の認知的処理を行うこと。この意味レベルでの処理は，通常ある程度の**精緻化**を伴い，**浅い処理**よりも強力で長く持続する記憶をもたらすと考えられている。⇒ **記憶の処理水準モデル**，**概念駆動プロセス**，**意味的符号化**，**トップダウン処理**　［カナダの心理学者クライク（Fergus I. M. Craik: 1935- ）とロックハート（Robert S. Lockhart）により提案された]

**深い処理仮説**［depth-of-processing hypothesis］　記憶の強さは対象への認知的処理の程度によるとする理論。深さは，**精緻化**，認知的努力の量，形成された**記憶痕跡**の示差性など多様に定義されてきた。この理論は，**記憶の処理水準モデル**に関する実証研究を展開したものである。［1972年のカナダの心理学者クレイク（Fergus I. M. Craik: 1935- ）とロックハート（Robert S. Lockhart）の研究，および1972年のクレイクとエストニア生まれのカナダの心理学者タルヴィング（Endel Tulving: 1927- ）の研究に詳述されている]

**不快な障害**［discomfort disturbance］　論理情動行動療法（REBT）における考え方で，情動の障害の2つのタイプのうちの一つ。もう一つは自我の障害。不快さや欲求不満に対する耐性が低いため，不快な体験や欲求不満，あるいは自分の否定的な感情に過度に反応してしまうこと。

［アメリカの心理学者エリス（Albert Ellis: 1913-2007）によって定義された]

**不快不安**［discomfort anxiety］　ウェルビーイングに対する知覚された脅威についての不合理な信念から生じる緊張と，それに続く低い欲求不満耐性。たとえば「物事が思う通り進まないと耐えられない」という**病的畏怖思考**な信念をもっている場合，不快不安を体験することがある。［アメリカの心理学者エリス（Albert Ellis: 1913-2007）によって1979年に提案された]

**付加疑問文**［tag question］　言語学において，相手の同意を求める言い回しを，短い**疑問文**の後ろに添えること。たとえば，"The bird flew away, didn't it?"や"We've not been here before, have we?"など。英語では，付加疑問文の形式は主文の構造と，上の例文に見られるような代名詞化，否定，疑問，切断などの文法によって決まる。幼い子どもの付加疑問文を正しく作る能力は，文法への初期の熟達を説明する重要事項と考えられている。

**不可逆的減少モデル**［irreversible decrement model］　加齢に伴う身体的，心理的に変化は，生物学的な衰えによって引き起こされ，訓練や介入の影響を受けないという見方。

**不確実性**［uncertainty］　1. 何か（たとえば，特殊な結果の確率）が正確ではない，あるいは正確に知られていない状態もしくは条件。2. 考えや決断，意思の信頼性や明瞭さが欠けていること。⇒ **不確定性原理**

**不確実性因子**［uncertainty factor］　心理美学において，「単純な-複雑な」「明確な-曖昧な」という尺度では高い肯定的評価と関連し，「秩序のない-秩序のある」という尺度では高い否定的評価と関連する芸術作品の特性のこと。

**不確実性回避**［uncertainty avoidance］　1. 既に知られていることや考えられていること，信じられていることに固着する傾向により定義される**認知スタイル**。対照的なスタイルとして不確実性志向（uncertainty orientation）があり，新しい情報や考えを求め，不確実性を探索したり使いこなしたりするのを楽しむ傾向である。2. 曖昧さや不確実さに耐えられない，形式的なルールを求める心理的欲求。⇒ **解決要求**　［オランダの文化心理学者ホーフステッド（Greet Hofstede: 1928- ）によって定義された]

**不確実性減少理論**［uncertainty reduction theory: URT］　他者の行動をより良く予測したり説明する（不確実性を減少させる）ために，コミュニケーションによって他者に関する情報を得たいとする欲求があるとする対人関係の発達に関する社会的理論。［アメリカのコミュニケーション理論家バーガー（Charles R. Berger: 1939- ）によって1970年代初期に発展した]

**不確定区間**［interval of uncertainty］　**弁別閾**を探す際の，上限閾（基準よりも著しく高い刺激）と下限閾（基準よりも著しく低い刺激）の間の区間。

**不確定性**［indeterminacy］　1. 関係の形態や重要性を一意に決定することができないこと。2. 問題や数学的形式について唯一の解に到達することができないこと。3. **因子分析**において，因子構造を唯一のものとして表示することができないこと。

**不確定性原理**［uncertainty principle; indeterminacy principle］　ドイツの物理学者ハイゼンベルク（Werner Heisenberg: 1901-1976）によって提唱された，特定した

瞬間に粒子の位置と運動量の両方を正確に測定することができないという原理。それは，測定という行為が，測定されているシステムとともに，測定それ自体を予測不能なかたちで妨害しているだろうという事実から生じる。同じ原理はエネルギーと時間といった他の2群の変数に応用される。不確定性原理は，それが原因と結果の法則を害するようにみえるという点で哲学的にも影響を及ぼす。ハイゼンベルク原理（Heisenberg principle）とも呼ばれる。

**深さ優先探索**［depth-first search: DFS］　グラフ探索方略の一種で，グラフの中の状態を再帰的に検討する**バックトラック検索**に同じ。通常，「スタック」や「後入れ先出し」のデータ構造によって計画される。縦型探索とも言う。

**付加詞**［adjunct］　主要な構造要素（structural element）ではないが，主要な構造要素を修飾したり，詳しく述べたり，説明したりするような，文中の単語やフレーズ。

**不可知論**［agnosticism］　特定の形而上学的な考え・命題の真偽を認識することはできないとする懐疑論的な立場。この言葉は，神学上の教義，とりわけ神の存在の信仰に関して，最もよく用いられる。［1869年にイギリスの生物学者ハクスリー（Thomas Henry Huxley: 1825-1895）によって考え出された造語］

**不可入性**［impenetrability］　本質的には意識からの利用が妨げられており，内観的な分析では利用できないとされている，ある認知能力の状態。たとえば，統語など。

**不可能図形**［impossible figure］　相互に排他的で矛盾する解釈を生じさせる形や構造。

**負荷不足**［underload］　課題の要求レベルが低く，退屈や疲労が生じるような状況のこと。⇨ **過負荷**

**不感症［1］**［hyphedonia］　通常，楽しく感じる体験からの楽しさが，病理的に感じられなくなること。

**不感症［2］**［frigidity］　女性にみられる，性的欲求の欠如や十分な性的満足に達することができないこと。性的関係をもつことにあまり関心がない，オーガズムの伴わない性的興味をもつ，性行動を積極的に回避する，といった幅広い状態に用いられる。⇨ **性交疼痛症，性的欲求低下障害，性嫌悪障害，膣痙**

**不完全型**［formes frustes］　不明瞭・非定型な症状・型の疾病。［原語はフランス語で"coarse forms: 粗い型"の意味］

**不完全性指南**［defect orientation］　多分野協働，あるいは個々に行われる専門的業務のプランニング・プロセスにおいて，能力が不足する者の担っている役割がうまく機能しないこと（後退，限界，不足，欠落）に注目が向けられ強調されること。なお，この場合，対象となる者のもつスキルや才能といった長所は無視され，正当な評価を受けない。

**不完全なブロック計画**［incomplete block design］　セル全体の数を相対的に少なくするため，いくつかの高次の交互作用と主効果を意図的に交絡させた実験計画。⇨ **ブロック計画，交絡**

**不完全な要因計画**［incomplete factorial design］　各要因（独立変数）の各水準が，**ラテン方格法**を例とする完全要因計画とは異なり，他の各要因のすべての水準とともに生じることがない**要因計画**のこと。

**不義（不倫）**［adultery］　既婚者と配偶者以外とのセックスのこと。多くの西洋諸国では，不義は離婚の根拠となっている。文化によって異なるが，不義を行ったものは，罰を受けたり社会的制裁を受ける場合がある。

**不機嫌さ**［moodiness］　易怒性を特徴とする**感情状態**。対人関係における否定的サインへの過敏さと関連した**情動不安**。

**武器効果**［weapons effect］　武器を単に見ることによって敵意が増す，あるいは，攻撃傾向が高まることをいう。挑発を受けた時，前もって武器を見せられた人は，見せられなかった人より攻撃的な行動を行う。その後の研究は，攻撃行動が武器知覚にプライムされること（⇨ **プライミング**），また，攻撃と連合した他の物体も同じ効果をもちうることを示してきた。［アメリカの心理学者であるバーコヴィッツ（Leonard Berkowitz: 1926- ）とペイジ（Anthony LePage）によって1967年に提唱された］

**武器集中効果**［weapon-focus effect］　犯罪場面において，目撃者がそこに存在する武器に注意を向けてしまう傾向。このため，犯罪者の顔など，犯罪場面の他の細部を覚えられない。

**普及過程**［diffusion process］　購買や広告において，新しい概念や新製品が公衆一般に受け入れられるようにするために用いられるテクニック。そのプロセスは，泉に投げ込まれた石が，泉全体を覆うように外へと広がってさざ波を立てるアナロジーに基づいている。普及過程は，最初の核となる人々に受け入れられるかどうかに依存しており，彼らの影響は彼らの周囲の人々を通して広がっていく。

**不器用な子ども症候群**［clumsy child syndrome］　発達性統合運動障害または発達性協調運動障害に対する旧式名称で軽蔑的な呼び方。

**不協和低減**［dissonance reduction］　不快な心理的状態を低減させるプロセスで，認知的システムからなる，いくつもの要因の間で矛盾が生じることから生まれる（⇨ **認知的不協和**）。不協和は，ひとつないし複数の矛盾した要因を他の要因と一致させることによって，あるいは，知覚した矛盾の要因が重要なものではないとみなすことによって，新しく矛盾のない要因を加えることによって低減させることが可能である。最後に，**自我確認理論**では，たとえ直接的に矛盾と関連していなくとも，単純に自己の重要な側面を支持するだけで，不協和を低減させることができると仮定する。⇨ **態度増強，強制的応諾効果**

**不均衡**［disequilibrium］　発達心理学における用語。競合する認知プロセス間の緊張状態。ピアジェ（Jean Piaget）とは対照的に，生起するための重要な認知的進歩にとって，不均衡は最適な状態だとする理論家もいる。⇨ **均衡化**

**不均衡バイリンガル**［unbalanced bilingual］　二か国語を話すが，そのうちの一方がもう一方よりも堪能な人。⇨ **均衡バイリンガル**

**腹圧性尿失禁**［stress incontinence］　**尿失禁**の一種で，腹部や膀胱に圧力をかける，何か力を入れた運動，笑う，咳をするなどの身体活動で起こる。

**複化実験**［complication experiment］　注意の焦点において1つだけでなく，2つ以上の出来事が同時に生じるような実験。そのような実験は，注意の焦点の外に生じる出来事が，時間に取って代わるものとして知覚されているこ

とを示している。⇨ 先行入力の法則

**複眼** [compound eye] 低次の動物（昆虫）でみられる目の種類のことで，多くの分けられた視覚単位で構成される。⇨ 単眼

**復元効果** [restoration effect] 刺激から失われた情報を心が無意識的に復元する現象。最も有名な例は音素修復効果と呼ばれ，録音された音声の知覚者が，特定の音素にマスクがかけられていることに気づかないというものである。この復元効果は，トップダウン処理の証拠として考えられている。⇨ 終結

**復元抽出** [sampling with replacement] 標本抽出の一種で，この方法では，選ばれた標本抽出単位が母集団へ戻され，別の標本で再び抽出されることがある。復元抽出では，標本抽出単位が母集団に戻されることはない。

**復元療法** [restoration therapy] 1. 病気や障害のために，損傷を受けた身体部位やシステムの構造あるいは機能を再建する治療。たとえば，この治療には咽頭癌手術後の喉頭器官や話し機能を修復したり，まひ発作後に影響を受けた手足の機能を修復することなどがある。2. マッサージ，カイロプラクティック，整体，指圧，ハーブなどを用いた補完・代替医療の形態の一つ。それによって，特定疾患を治療し，身体的に活気のあるエネルギー（⇨ カイ）のバランスを保ち，軟部組織を破壊して全身の健康を回復させる。[日本人のオカザキ（Henry S. Okazaki: 1890-1951）によって創始された]

**複合因果律** [multiple causation] 行動を含む出来事は，めったに単一原因によって起きるものではなく，一般的にその出来事を生起するには複雑に組み合わさった複数の原因が存在しているという視点。複合因果律に対して，単一因果律，線形因果律が存在する。

**複合インパクト療法** [multiple-impact therapy] 治療法の一つ。メンタルヘルスの専門家集団が，集中的努力をもって限られた期間だけクライエントの家族に対応する。

**複合音** [complex tone] 2つかそれ以上の異なる周波数で構成された音のこと。⇨ 音響スペクトラム，純音

**複合化** [complication] 知覚において，異なる感覚から知覚された刺激の時間的位置のこと。

**複合概念** [construct] より単純な考えを合成することで形成される複雑な考えや概念。

**複合家族療法** [multiple family therapy: MFGT] 集団心理療法の一形態であり，2人かそれ以上の家族成員からなる集団が2人あるいはそれ以上の治療者と一緒に会うもの。⇨ 家族療法，コ・セラピー

**複合活動電位** [compound action potential] 1つの神経細胞の異なる軸索が同時に刺激された時に複数軸索から測定される，活動電位の複合。計測された電位の大きさや線維の伝導速度の違いから，神経細胞の反応特性の性質がわかる。⇨ 誘発電位

**副交感神経系** [parasympathetic nervous system] 自律神経系（ANS，平滑筋と腺機能を制御するもの）から分岐する2つのうちの一つ。もう一つは交感神経系である。解剖学的には自律神経系の一部から構成される。この自律神経系の一部にある節前線維は動眼神経，顔，舌咽神経，迷走神経，3つの仙骨神経を通る脊髄（spinal cord）（⇨ 脊髄神経）を経由して脳幹（brainstem）から中枢神経系を出る。機能的には，特に休息，修復，喜び，食事，睡眠，性行為，社会的優位性の制御をするシステムとされる。副交感神経系は唾液の分泌，胃の消化液の分泌を促し，縮瞳，心拍の低下，性的興奮状態における性器の血流量の増加を発生させる。

**複合観念** [complex ideas] 観念連合説における，単純観念よりも抽象的で複雑な概念のこと。連合主義では，複合観念（たとえば，美しさ）は，心的過程（たとえば，比較する，一般化する，など）によって，複数の単純な感覚から生じるとする。⇨ 観念連合 [イギリスの哲学者ロック（John Locke: 1632-1704）によって定義された]

**複合強化スケジュール** [compound schedule of reinforcement] 2つ以上の強化スケジュールが交互に，続いて，あるいは同時に（並列して）有効となるよう調整された状況で，単一反応を研究するための手続き。⇨ 共結スケジュール，混合強化スケジュール，複数強化スケジュール，連結強化

**複合刺激** [compound stimulus] 同時に生起する2つ以上の単純刺激により構成される刺激。

**複合事象** [compound event] 2つ以上の単純な事象が組み合わさっている事象。たとえば，「統合失調症の男性」というのは，「男性である」ことと「統合失調症である」ことの複合事象である。

**副甲状腺** [parathyroid gland] 甲状腺領域にみられる，対になった小さな内分泌腺。カルシウムとリン酸の代謝の調節に関与する副甲状腺ホルモンを分泌する。

**副甲状腺機能不全体質** [hypoparathyroid constitution] 副甲状腺の活動不全に関わる体質。骨格筋や平滑筋の反射亢進および運動過剰と，くる病や他のカルシウム代謝障害などを特徴とする。

**副甲状腺ホルモン** [parathyroid hormone] 血中カルシウム濃度が低下すると副甲状腺から分泌されるホルモン。骨組織の溶解と，腸管からのカルシウム吸収を促進することで，血液中のカルシウム（リン酸）濃度を上げる。カルシトニンとともにカルシウム代謝に寄与する。パラチリンとも呼ばれる。

**腹腔神経叢** [celiac plexus; celiac nerovous plexus; celiac lymphatic plexus] 1. 神経系における線維網であり，第12胸椎の高さで大動脈前方に位置する。自律神経と内臓求心性神経の大部分はこの神経叢を通る。2. リンパ系において，腹部にある求心性および遠心性のリンパ管網のこと。

**複合治療アプローチ** [multimodal treatment approach] 病気，障害，症候群の治療法の一つ。同時にいくつかの異なる方法，しばしば異なる学問や流派の治療法を用いる。

**複合的管制官適性検査** [Multiplex Controller Aptitude Test] 航空交通管制官の訓練を受ける者に課される主要な選抜試験のこと。航空交通管制の原理や手続きの学習能力が査定される。

**複合動機** [complex motives] 同時に複数の目標を達成したいという動機が同時に発生し，複合化している状態。たとえば，欲求は複数の目標が並立する（熱心に働くのは成功のためだけでなく，金儲けのためでもある）。あるいは，それぞれ異なる目標に向かうこともある（仕事を通して成功を手にしたいと願うが，同時に仕事をしないことによってリラックスを得ようとする）。

**複合反応時間** [compound reaction time] 反応前に実

験参加者による意識的な判断を要する課題において，刺激呈示と反応開始時までの間の合計時間のこと。反応を判断する上で実際に必要な時間は**ドンデルス法**を用いて算出することができる。⇨ **選択反応時間，複雑反応時間，単純反応時間**

**複合夫婦療法**［multiple marital therapy］ 夫婦各々を別々の治療者が担当し，独立して治療を行うもの。2人の治療者は内々で会い，それぞれのクライエントについて話し合う。全部で4グループ，あるいはグループの組合せによってセッションが実施される。⇨ **コンジョイントセラピー**

**複婚**［polygamy］ 同時に1人以上と結婚すること。一部の文化では複婚が認められている。⇨ **重婚，一妻多夫，一夫多妻，一夫一婦**

**複雑型細胞**［complex cell］ 受容野内の位置によらず，特定のコントラスト，方位，方向をもった視覚刺激に反応する大脳皮質の神経細胞。⇨ **単純型細胞**

**複雑強化スケジュール**［complex schedule of reinforcement］ 単体のスケジュール同士が組み合わさって呈示される**強化のスケジュール**のこと。たとえば，**共結スケジュール，合接強化，連動強化スケジュール**など。

**複雑行動**［complex behavior］ 迅速な順序立てと同時に多くの判断と行動を要する活動。たとえば，バレエを踊ることは複雑な行動の一例である。

**複雑図形テスト**［Complex Figure Test; Rey Complex Figure Test: RCFT; Rey-Osterrieth Complex Figure Test］ 複雑な図柄に関する非言語的な記憶テスト。参加者は，はじめに記憶テストについては知らされずに複雑な図柄を写すよう求められ，その直後または遅延後の再生試行で，記憶からその複雑図形を描く。写しと再生のパフォーマンスを比較することで，空間視と運動視のプロセス，課題に対する戦略，記憶能力がパフォーマンスに及ぼす影響を検討する。子ども向け複雑図形テストもある。

**複雑性仮説**［complexity hypothesis］ 意識的な出来事は，**ダイナミック・コア**における高レベルの複雑性をもつ神経システムから生じるという仮説。ここでの複雑性は，神経統合や神経分化の結合機能によって定義される数学量である。［イタリア系アメリカ人の心理学者トノーニ（Giulil Tononi, 1960-　）とアメリカの神経科学者エデルマン（Gerald M. Edelman, 1929-　）によって提唱された］

**複雑性の要因**［complexity factor］ 心理学的な美学では，芸術作品の特質を考える際，複雑性がその様式に関する評価の主たる構成要素となる。複雑性の要因は，たとえば，ピカソのゲルニカのような絵画における情報の過負荷や，また，芸術家の感情の緊張を表している。逆にシンプルな芸術作品は，静穏な感情を伝えてくる。

**複雑性悲嘆**［complicated grief］ 通常予測されるものより著しく逸脱した死別のありかたに対する反応。複雑性悲嘆には少なくとも「慢性悲嘆」「遅発性悲嘆」「悲嘆の不在」の3つの異なるタイプがある。慢性悲嘆は，より激しいもの，または遷延するもの，あるいはその両方を含む。最もよくみられるものは，即時の喪失反応が非常に重篤であるパターンや，時間の経過によっても感情的な苦痛を和らげられない，あるいは適応機能を回復できないパターンである。複雑性悲嘆の概念は，初期の用語である異常悲嘆や病的悲嘆に取って代わるものである。

**複雑反応**［complex reaction］ 反応時間を計測する実験において，実験参加者が反応する前に意思決定を行わなければいけない状況。

**複雑反応時間**［complex reaction time］ 複数の異なる刺激のうち，どの刺激が呈示されるかによって実験参加者が異なる反応をしなくてはならない課題における，実験参加者の反応時間。⇨ **選択反応時間，単純反応時間，複合反応時間，弁別反応速度**

**複雑部分発作**［complex partial seizure; psychomotor seizure］ 複雑な心理学的症状，反復的な運動舌動，特定の感覚体験により特徴づけられる**部分発作**。発作の間，意識状態は障害されるもしくは変化して，しばしば昏睡状態のようになる。典型的には**虚偽記憶**（たとえば，**既視感**）を伴い，また，恐れ，不安，（一般的ではないが）悲しみもしくは喜びのような感情を体験する。しかめっ面，吸てつ，咀嚼，嚥下といった常同的な運動行動が現れ，視覚性もしくは嗅覚性の幻覚がみられることもある。複雑部分発作は，側頭葉のニューロンからの異常な放電と関係していることが非常に多く，以前は側頭葉発作（temporal lobe seizures）と呼ばれていた。

**副作用**［side effects］ 薬剤の投与後に起こることのある，意図された治療効果とは異なる反応のこと。通例，それらは望ましいものではなく，時折，予期しないものである（⇨ **薬物副作用**）。副作用は，2種の同時投薬による相互作用の結果生ずる（⇨ **薬教育**）。また，患者の**過敏反応**や，時として情緒的な影響も含まれる。

**複産**［multiparous］ 1. 2回以上の出産を経験した女性を指す。2. 一度に2個体以上の子孫を出産すること。

**複視**［double vision］ 単一の物体がそれぞれの眼で分かれた像として知覚されること。複視は通常**斜視**によって生じ，以下のような複数の型があることが明らかになっている。(a) 右の眼で知覚される像が，左の眼によって知覚される像の左に見えるもの，(b) 両眼で見ると2つの平行に並んだ像が見えるもの，(c) 2つの像が垂直にずれているため，一方が他方の上にあるように見えるもの。真っすぐ前を見ている時ではなく，左や右を見ているときにのみ生じる。通常，複視は眼筋のまひや脆弱性が焦点や調整に障害をもたらすことに起因する。複視に機能的症状でもあり，脳への損傷によっても生じうる（大脳性多重視：cerebral diplopia）。⇨ **二重像**

**副次課題法**［secondary task methodology］ 注意研究の実験計画で用いられる。参加者は主課題をできるだけうまくやり，その遂行を維持しながら可能な程度に副次課題を遂行する。2次課題の遂行は，様々な位相における主課題に必要な注意の配分情報を提供する。

**福祉機器**［assistive technology: AT］ 障害のある人々が，移動やパーソナルケア（身辺自立）などの領域でより自立的に機能するように援助する設備。補助器具（assistive divice）や，福祉用具（assistive technology devices）は，杖，歩行器，リーチャー（金具のついた伸縮棒），持ちやすい取っ手のついた食器のような，単純な**低度技術支援装置**から，音声制御コンピュータや電子音声出力装置などの**ハイテク補助装置**まで幅広い。日常生活支援用品（daily-living aids）や自立支援用品（independent-living aids）とも呼ばれる。⇨ **自立生活**

**副次業務**［secondary task］ 人間工学でいう，**複数課**

題成績が要求される状況で，中心的，主要業務に対し2次的，周辺的課題のこと。業務従事者は，副次業務の処理に認知資源を割り当てる前に，主要業務に十分な資源を割り当てるよう期待される。

**副次的行動**［collateral behavior］　**強化随伴性**に制御されていないが，随伴性によって直接強化された行動と時間的に関連して，規則的に生起する行動のこと。⇨ **付随行動，合間行動，仲介行動**

**服従［1］**［obedience］　直接的な命令に対する応諾行動。

**服従［2］**［subjection］　他人，もしくは政府やその他の組織による支配下におかれている状態，特にそれが制圧的だと感じられている場合をいう。⇨ **社会的従属**

**服従シグナル**［submissive signal］　**下位個体**が支配的な動物に対して送るシグナルで，これ以上資源をめぐって他の個体と競争はしないことを示唆するもの。服従的なシグナルを送ることでランクの低い個体は攻撃されるのを防ぐことができ，集団内での物理的攻撃の全体的な水準も低くなる。

**服従の行動研究**［behavioral study of obedience］　個人が権威からの命令に従ってしまう傾向に関する実験的分析で，特にミルグラム（Stanley Milgram）が1960年代に行った実験を指す。ミルグラムの実験では，参加者は教師役を務め，"他の参加者（生徒役）"が問題に誤答するごとに，痛みを伴う電気ショックを与えるよう指示された。ただし，実際には，この生徒役の参加者は，**実験協力者**であり，彼らが意図的に誤答してもショックは与えられなかった。この実験は，ショックの増加に対して被害者が苦痛や抗議を示しているにも関わらず，相当数の参加者（65%）が完全に服従することを明らかにした。⇨ **権威服従状態，破壊的服従**

**副腎**［adrenal gland］　腎臓の隣にある内分泌腺。外側を包むのは副腎皮質で，副腎アンドロジェン，グルココーチコイド，**ミネラルコルチコイド**などのホルモンを分泌する。内側は副腎髄質で，アドレナリン（エピネフリン），ノルアドレナリン（ノルエピネフリン）を分泌する。

**副腎アンドロゲン**［adrenal androgen］　副腎皮質から分泌される男性ホルモン（デヒドロエピアンドロステロン，アンドロステンジオンなど）のこと。

**副腎過形成**［adrenal hyperplasia］　通常，先天性の障害はコルチゾール前駆物質とアンドロゲンの副腎産生が増加することを特徴とする。子宮内のアンドロゲン分泌の増加は，女性器の男性化と男児の拡大陰茎を引き起こす。小児のうちは最初に急速に成長するが，骨格成熟が早過ぎるため，成人としては身長は平均以下となる。

**副腎機能亢進体質**［hyperadrenal constitution］　副腎の活動亢進に関連する身体やパーソナリティのタイプのこと。筋力と筋肉の発達，高血糖，高血圧傾向，そして多幸感や道徳的・知性的な活力を特色とするパーソナリティによって特徴づけられる。

**副腎機能不全体質**［hypoadrenal constitution］　副腎の機能低下に関わる体質。その体質の持ち主は瘦身で骨細であり，骨格筋と平滑筋の発達不全を患い，抑うつ傾向をもち，平均かそれ以上の知性を示す。［イタリアの内分泌学者ペンデ（Nicola Pende: 1880-1970）によって定義された］

**副神経**［accessory nerve; cranial nerve XI］　第XI脳神経。首の胸鎖乳突筋と僧帽筋を支配する神経。機能の一つが第X脳神経（⇨ **迷走神経**）の付属であることから名づけられた。

**副腎髄質**［adrenal medulla］　副腎の中心部分。神経伝達物質でもあるアドレナリンとノルアドレナリンを分泌する。

**副腎生殖器症候群**［adrenogenital syndrome］　異常なアンドロゲンの分泌増加をもたらす，第二次性徴の変化に関連した症状の一群。この術語は，女性における男性的特徴の発達や男性における思春期早発に対して最も広く用いられる。

**副腎摘出**［adrenalectomy］　一方または両方の副腎を外科的に取り去ること。

**副腎白質ジストロフィー**［adrenoleukodystrophy］　脳神経の周りにある**ミエリン鞘**の損傷（脱髄）と，副腎の進行性機能不全とを特徴とする遺伝性疾患。神経機能が不安定となり，結果として，身体の緊張状態，運動神経の活動，歩行，発話，摂食能力，視覚の変化といった様々な生理的症状や行動上の症状が生じる。副腎白質ジストロフィーにはいくつかのタイプがあり，そのうち，小児X染色体連鎖型（the childhood X-chromosome-linked form）は，最もよくみられ，最も重篤なものである。

**副腎皮質**［adrenal cortex］　副腎の外郭部分のこと。副腎男性ホルモン，糖質コルチコイド，鉱質コルチコイドなど種々のホルモンを分泌する。副腎皮質は下垂体前葉から分泌される副腎皮質刺激ホルモンによってコントロールされている。

**副腎皮質機能亢進症**［adrenal-cortical hyperfunction］　一つの副腎皮質ホルモン，もしくは複数の過剰生産による障害。症状は過剰なホルモンによって変わる。たとえば，女性において男性特徴が存在する（副腎性男性化）ことは，アンドロゲンの過剰分泌の特徴であるし，グルココルチコイドの過剰産生はクッシング症候群となる。アルドステロンの過剰分泌は，高血圧，ナトリウム貯留，および（一部の例では）神経の損傷を引き起こす（⇨ **アルドステロン症**）。複数のホルモンが過剰産生されると，症状が重なることもありうる。原因には，先天性もしくは後天性のいずれもがあり，良性または悪性の腫瘍，副腎過形成がある。

**副腎皮質機能亢進性思春期徴候**［adrenarche］　副腎皮質によるアンドロゲンの分泌が始まることによって特徴づけられる思春期前の段階。通常は6歳〜8歳の間で生じ，**男性化**に至ることはない。思春期レベルの**副腎アンドロゲン**で特徴づけられる早性副腎皮質機能亢進性思春期兆候は，陰毛が早期に現れることによって明らかとなる。そして，それによって心理的動揺が生じる。子どもに関する**診断学的面接法**における親の報告によると，早性副腎皮質機能亢進性思春期兆候の子どもの44%は，主に不安障害などの精神的疾患の診断基準を満たしている。このような状態は，自己報告による抑うつや親が報告する問題行動，そして様々な心理検査における低い成績とも関連している。

**副腎皮質機能低下症**［adrenocortical insufficiency］　副腎皮質の機能低下によって，正常な代謝機能に必要なホルモンを生成することができない状態。筋力低下や疲労，めまい，うつといった症状を呈する場合がある。⇨ **アンディソン病**

**副腎皮質刺激ホルモン（ACTH）**［adrenocorticotropic hormone: ACTH］　副腎皮質のステロイドホルモン分泌を制御している．下垂体前葉から分泌されるホルモン．

**副腎皮質刺激ホルモン放出ホルモン（CRH）**［corticotropin-releasing hormone: CRH］　視床下部で産生される**放出ホルモン**の一つ．腺下垂体から放出される**副腎皮質刺激ホルモン**の日周リズムを制御する．副腎皮質刺激ホルモン放出因子（AHCH-releasing factor），コルチコトロピン放出因子（corticotropin-releasing factor: CRF）とも呼ばれる．

**副腎ホルモン**［adrenal hormones］　副腎皮質や副腎髄質から分泌されたホルモン．副腎皮質はコルチゾール，アルドステロン，アンドロゲンを分泌し，髄質は主にエピネフリンを分泌する．

**複数課題成績**［multiple-task performance］　2つ，あるいはそれ以上の課題を同時に遂行しなければならないという状況での課題成績．課題間で注意の資源をどれだけ分割できるかで成功が決まる．⇨ **多重資源モデル，単一資源モデル，遂行-操作特性**

**複数強化スケジュール**［multiple reinforcement schedule］　複合強化スケジュールの一つであり，2つ以上のスケジュールが交互に行われ，それぞれのスケジュールは異なる**外部受容刺激**と関連づけられる．たとえば，複数の固定間隔消去スケジュール下で，固定間隔スケジュールが実施されている間は音が提示され，消去が実施されている間は提示されないこと．

**複数交配**［multiple mating］　**配偶者選択**メカニズムとしてオスの**父性の確実性**を避けるためにメスがとる戦略．1匹のメスがグループ内の多数のオスと交尾をすることによって，それぞれのオスにメスとその子を守るための潜在的な役割をもたせることになる．メスが受胎が最もしやすいタイミングで交配をすることをコントロールできる場合には，複数交配は**隠れたメスの選択**の一形態と言える．

**複数選択式テスト（多重回答式テスト）**［multiple-response test］　テストの各項目において，1つ以上の選択肢を選択させる**多肢選択式テスト**のこと．

**腹性片頭痛**［abdominal migraine］　周期的に起こる重篤な嘔気や嘔吐を伴う腹部疼痛のエピソード．このエピソードは数時間ないし数日持続するが，完全に健康な状態を間に挿入しながら持続する．腹性片頭痛は小児に最もよく生じる．

**複舌**［diglossia］　あるコミュニティ内で，2種の異なった言語が同時に存在し，かつそれぞれが異なった社会的機能をもつ状況．多くの場合，使用頻度・高（H）と低（L）によって特徴づけられ，Hは正式な使用や読み書き能力と関連し，Lは日常的な使用と関連する．⇨ **コード切り換え，多言語使用，土地言葉**　［アメリカの言語学者ファガーソン（Charles Ferguson: 1921-1998）によって1959年に最初に記述された］

**輻輳**［convergence］　網膜中心窩に像を投射するために2つの眼球を光源に向けて回転させること．輻輳によって，それぞれの眼球に映る異なった対象像をまとめて1つの像を生み出すことができる．また，その輻輳に伴う筋肉の緊張は，眼から対象までの距離を推定する手がかりとなる．

**輻輳運動**［vergence］　眼球の回転運動のこと．眼球が内側に回転するとき，運動は**輻輳**となり，外側に回転するときは**開散**となる．

**輻輳近点**［near point of convergence］　対象物が二重に見えることなしに，両眼で焦点を合わせられる最短距離のこと．

**服装倒錯**［cross-dressing; transvestism; transvestitism］　異性の服を着る行為またはその過程．たとえば，パフォーマンスの一環として，社会的主張として，あるいは性転換の予備段階としてなど，様々な理由があげられる（⇨ **性転換症**）．異性服装倒錯と同義であるが，**服装倒錯性フェティシズム**とは区別される．また単に，反対の性の服装をする習慣を指すこともある．

**服装倒錯性フェティシズム**［transvestic fetishism］　DSM-Ⅳ-TRにおいて，男性または女性の異性愛者によって性的興奮や覚醒を引き起こすために異性の名好を継続的に着衣する**性嗜好異常**のこと．一般的に幼少期または青年期から始まり，服装倒錯と混同すべきではない．服装倒錯は男性または女性の性的嗜好のことで，非病理学的な**服装倒錯**である．

**腹側経路**［ventral stream］　腹側視覚路，腹側系とも言う．大脳皮質にある特化した視覚野の連なり．後頭葉の**有線皮質**（一次視覚野）からはじまり，前方，下方にある下部側頭葉に投射される．知覚の"what"経路として知られている．⇨ **背側皮質視覚路**

**腹側視床**［subthalamus］　脳の**間脳**の一部で，**視床**と視床下部の間に挟まれている．視床下核をもち，**大脳基底核**と黒質とともに，骨格筋による動きの制御を規定する機能がある．

**腹側の**［ventral］　身体の正面（前側）もしくは脳の下部（下側）を表す．⇨ **背側の**

**腹側被蓋野**［ventral tegmental area］　中脳の一領域で，**中脳水道周囲灰白質**の腹側または黒質の背側に位置する．**大脳辺縁系**の一部を形成していて，**中脳皮質系**と**中脳辺縁系**にドーパミン作動性ニューロンを投射する．

**腹側扁桃体投射系**［ventral amygdalofugal pathway］　脳の扁桃体からの2つの遠心性投射系のうちの大きなもの（⇨ **分界条**）．基底外側核，中心核からはじまり，視床下部や前脳の様々な領域（**帯状回**や**眼窩前頭皮質**を含む），そして脳幹（双方向に連絡している）へと連絡する．

**複聴**［diplacusis］　1つの音が2つに聞こえる状態．

**腹内側核**［ventromedial nucleus］　脳の視床下部にある領域で，扁桃体からの入力を受け取る．摂食行動や性行動に関連する．腹内側核は摂食の停止において支配的であると推定され，実際に構造的，機能的な損傷によって過食が起こることから，腹内側核は伝統的に満腹中枢（satiety center）と呼ばれている．だが，現在では他の神経領域も同様にこの機能に関わっていることが知られている．⇨ **腹内側視床下部症候群**

**腹内側経路**［ventromedial pathways］　運動系の主要な経路．大脳皮質や中脳，小脳からの情報を運ぶ．これらの経路は，運動野から脊髄の前角へ直接投射する前**皮質脊髄路**，平衡反応の調節のために**前庭神経核**からの情報を運ぶ**前庭脊髄路**，頭部運動や眼球運動の調節を行う**視蓋脊髄路**，姿勢維持を担う**網様体脊髄路**を含む．

**腹内側視床下部症候群**［ventromedial hypothalamic syndrome］　脳の視床下部の**腹内側核**を実験的に切除する

ことにより生じる一連の症状。この症候群は2つの段階からなる。最初の（動的）特徴は**過食**（過食症），その後の体重増加，その結果の肥満である。第二の（静的）特徴は，体重が変わらなくなる，食物を得る行動への抵抗，食物が簡単に手に入り，美味しいものだけを食べようと思うような偏食（finickiness）である。視床下部過食（hypothalamic hyperphagia）とも呼ばれる。⇨ **外側視床下部症候群**

**腹背側の**［ventrodorsal］ 身体の正面（前方）から背面（後部）へ向かった。⇨ **背腹側の**

**複文**［complex sentence］ 言語学において，主節と1つ以上の従属節から成り立つ文のこと。これとは対照的に，1つの主節から成り立つ単文（simple sentence）や，複数の主節から成り立ち等位接続詞で連結される複合文（compound sentence）などもある。⇨ **等位**，**埋め込み文**

**覆面算**［cryptarithmetic］ 問題解決の研究で用いられる問題で，数字が文字に置き換えられた計算問題。参加者は，それぞれの文字がどの数字を表しているかを解答する。⇨ **コード検査**，**暗号文**

**覆面象徴化**［cryptophoric symbolism; metaphoric symbolism］ 隠喩により間接的に表される表現の種類。たとえば，難しい関係のことを，読めない地図や動かないドアと表すことがある。**隠喩療法**では，患者は新たなメタファーをみつけることで，態度や知覚を変えるよう促される。［アメリカの心理療法士コップ（Richard Royal Kopp: 1942- ）が提唱した］

**服薬不履行**［nonadherence; noncompliance］ 患者が決められた治療規制を守らないこと。この規制，不履行は薬剤を間違った量で摂る，間違った時間で摂る，もしくは処方された，あるいは市販の薬剤や，アルコール，食材等の不適切な組み合わせで摂ることを含む。心理療法でのアドバイスに最後まで従わないことも含まれる。また伝統的に患者の反抗的な態度によるものであるとされてきたが，肉体的・認知的限界によって患者が治療のアドバイスに従えない（例，患者と医師の言語の違い，身体障害による治療計画への妨げ）などして医師と患者と意思疎通が不十分な状態であることや，副作用が適切に知らされていない，のどちらかであると思われる。**健康心理学**の一義的な目的は服薬不履行を減らし，履行を増やすことにある。

**袋小路**［blind alley; cul-de-sac］ 迷路の一種。または，唯一の出口が入り口である通路。行き止まり（dead end）とも呼ばれる。

**不潔恐怖**［dirt phobia］ 汚れの永続的，非理性的な恐怖は汚れの恐怖や手洗いの衝動に付随して起こる。汚れの恐怖は**強迫性障害**に関連する一般的な**強迫観念**である。

**不潔嗜好**［mysophilia］ 汚物や排泄物に対する異常な興味を示し，しばしば，汚れたい，汚いものに触りたいという欲求が湧く。不潔嗜好は排泄物で汚れたパートナーに対して性的な興奮を感じる**性嗜好異常**とも言われる。

**不減衰伝導**［nondecremental conduction］ 軸索に沿って伝達する神経インパルスの進行に伴い，その強度が維持されること。⇨ **減衰伝導**，**悉無律**

**符号化**［encoding］ 1. 感覚入力を，適切に処理し，記憶に貯蔵できるような形式へ変換すること。符号化は記憶過程の最初の段階であり，**保持**，**検索**が順に続く。2. 通信分野において，メッセージやデータを，通信路で伝送できるような符号，あるいは信号に変換すること。

**符号解読**［decoding］ 情報理論において，情報の受け手（たとえば，脳や，携帯電話のような装置）が信号（音，文字，ジェスチャー，電子パルス）を意味のあるメッセージに変換するプロセスのこと。

**符号化可能性**［codability］ ある言語を話す人たちが，ある対象に対する名称に同意する程度のこと。たとえば，ある色の符号化可能性は，その色の呼び方にどの程度同意が得られるかで決定される。

**符号課題**［Digit Symbol］ ウェクスラー成人知能検査における動作性を測定する下位テストの一つで，数字とシンボルの対応表に基づいて，抽象的シンボルと対応する数字を発見するのに要する時間を測定するテスト。**流動性能力**と動作性知能の指標となっており，その成績は成人の年齢と負の相関がある。

**符号化特定性原理**［encoding specificity principle］ 記憶の**検索**は，検索状況（たとえば検索時に存在する前後関係もしくは手がかりなど）が記憶形成時の状況を再現している際に，最適化されるという原理。［1983年にカナダの心理学者タルヴィング（Endel Tulving: 1927- ）によって提唱された］

**符号化方略**［encoding strategy］ 学習や記憶を確立するために使用される，心的な，あるいは行動の方略。たとえば，**精緻化リハーサル**，心的イメージ，もしくは**記憶法**など。

**符号形式**［sign system］ **心理療法**では，認知的，情動的，行動的な問題や疾患の隠れた要因の理解および調査を行うための主要なツールとして，言語が使われている。このような側面を強調した心理療法の呼び名。

**符号検定**［sign test］ 分布の中央値に関する仮説におけるノンパラメトリック検定。一般的に，対応するペアにおける中央値の差が0であるという仮説を検証するために用いられる。

**不合理指摘検査**［absurdities test］ 実験参加者が絵や物語り，またはその他の書面による実験材料から，不合理さや矛盾，不一致を特定しなければならない検査のタイプのこと。**スタンフォード・ビネー知能検査**にはこの不合理指摘検査が含まれている。

**不合理性**［irrationality］ 理性的思考に欠けた状況，状態，あるいは性質。この単語は通常，非論理的な認知行動（たとえば，思考，意思決定）と関連して用いられる。

**不合理な**［nonrational］ 行為者の合理的な利己心を理由にした説明をすることが難しい行動や行為についての説明のこと。

**不合理な推論**［non sequitur］ 論理学において，特に論理的な論証が全く行われておらず，論証の前提に従っていない結論のこと。

**プサイ**［psi］ （記号：$\psi$）しばしば心理学を象徴して用いられる。

**負債カウンセリング**［debt counseling］ 財政問題を抱えた個人を支援することを目的として助言するカウンセリングのこと。カウンセリングにおいて与えられる支援および助言は，予算編成，クレジットカード使用法，多重債務の一本化，金銭管理の難しさを自覚することを含んでいる。負債カウンセリングは，カウンセリングあるいは他の問題の対処法の一部と考えられる。また，負債カウンセリングはフィナンシャルプランナーと会計士によって実施される

場合もある。

**ふざけ症** [moria] 冗談を言うことへの強迫的，病的な欲望。認知症でも同様にみられるが，そのユーモアは不適切なものである。

**不死身幻想** [illusion of unique invulnerability] 他者を悩ます危険や不幸から自分が安全に守られているという誤った信念のこと。この幻想が人にシートベルトやコンドームのような安全対策を軽視させる原因になると考えられている。

**浮腫** [edema] 身体の細胞，器官，窩洞に余分に液体が溜まる状態のこと。要因として，循環障害の症状，流動路の閉塞による脳脊髄液の流れの阻害，あるいは余液を吸収する組織の損傷などにより，血管壁を透過する液体が失われたことによるものと考えられる。⇨ **脳浮腫**

**不十分な備給** [hypocathexis] 精神分析理論において，**客体**に注がれる**心的エネルギー**が異常に乏しいこと。⇨ **過剰備給，備給**

**プシュケ** [psyche] 心理学において，心はその全体性によって身体の器官と区別される。この用語は，魂，あるいはまさに命の本質として考えられ，ギリシャ神話のプシュケに由来する。プシュケは美少女の形をした魂の人格化。いったんは恋愛の神エロスの愛を失ったが，結局は彼と再結合して不死となった。

**不正直な信号** [dishonest signal] 動物のコミュニケーションにおいて，個体の大きさ，質，または意図に関する虚偽的情報を表す信号。不正直な信号のうち，**警戒声**は他のグループのメンバーを追い払い食料を得やすくする。また，交配相手を惹きつける活力を表す虚偽的印象を与える不正直な信号もある。不正直な信号は，**自然選択**の競争過程において，**正直な信号**よりも適応的であると主張する研究者もいる。

**婦人科医学** [gynecology] 女性生殖器の疾患や異常に関する医学部門。

**不信感** [suspiciousness] 他者の真意や誠意を疑う態度を指す。自己防衛や生存に関わるような場合には，嫌疑を抱くことが自然であったり，必要であると考えられる。**妄想性パーソナリティ障害**の患者は，上記のような限られた場合だけでなく，あらゆる場合において，過度な嫌疑を抱いてしまうという特徴をもっている。

**不随意運動** [involuntary movement] 意図や意思がなくとも生じる運動。たとえば**チック**，**ミオクローヌス運動**であり，これは抑制の努力に関わらず生じる。

**不随意神経系** [involuntary nervous system] **自律神経系**（不随意的な身体機能に関連する神経回路と神経経路）に対する，あまり一般的でない名称。

**不随意性注意** [involuntary attention] 顕著な刺激によって捉えられる注意。たとえば，個人によって意図的に向けられた刺激ではなく，周辺視野での刺激でみられる。

**不随意反応** [involuntary response] 眩しい光に対する瞳孔の反射的な収縮のような，意識の制御下にない反応のこと。

**付随行動** [adjunctive behavior] ある刺激に接した後に出現する，比較的定型化した行動のこと（すなわち，ほとんど変動せずに繰り返される行動のこと）。それは，単純な**レスポンデント行動**，すなわち，行動の出現傾向が刺激提示間隔の影響を受ける行動とは異なる。一例は，少量の食物を断続的に与えることで多飲水行動を生起させるスケジュール誘導性多飲水行動（schedule-induced polydipsia）である。⇨ **末端行動**

**付随性[1]** [concomitance] 統計学と実験心理学において，従属変数（検討中のものなど）が独立変数以外の変数との間に共起性をもってしまうこと。**共分散分析**などの統計的手法において，その効果は統制される。

**付随性[2]** [supervenience] 哲学において，もとの事実や特性自身の変化の後にのみ変化が起こるというように，一連の事実や特性に依存している状態。たとえば，意識経験は，脳や心のプロセスを超越する現実性のレベルに依存（付随）する。

**付随的な** [collateral] 他の何かの派生的な様。たとえば，神経の側枝（collateral fiber）は主な軸索から分枝したものであり，また傍循環（collateral circulation）は主要な血管の血流が妨害された時の代替経路である。⇨ **吻合**

**ブースターセッション** [booster sessions] セラピー，とりわけ**認知行動療法**において実施されるセッション。メインのセッションの正式な終了後に，進歩の強化あるいはセラピーを通じて生じた肯定的な変化の持続に支障を来たす問題を解決するために不定期，断続的に実施される。

**ブスピロン** [buspirone] アザスピロン系の非ベンゾジアゼピン抗不安薬。ブスピロンと，その一次代謝物である第6ヒドロキシバスピロンの両方とも，鎮静状態，行動的脱抑制，ベンゾジアゼピンへの依存のリスクなく不安の自覚症状を安定させる。ベンゾジアゼピンと比較すると効果は限定される。アメリカでの商品名はブスパー（Buspar）。

**父性行動** [paternal behavior] 自分の子どもの世話や保護に関するオスの行動。直接的父性行動（direct paternal behavior）は給餌や運搬などの子育てに関わる行動からなり，間接的父性行動（indirect paternal behavior）は資源を得るとか害悪から集団を守るなど，間接的に子どもの生存を高める行動を指す。二親性の子育てを行う種のオスは，**プロラクチン**や**エストロゲン**の分泌が増加するといったメス同様のホルモン変化を経験する。多くの種において，幼い子どもとの初期の経験は優れた父性行動をとるうえで重要である。

**父性の確実性** [certainty of paternity] 親が，自分が確かにその子どもの親であるとみなす程度。体内受精と体内妊娠する哺乳類では，すべてのメスの母性は確実であるが，オスの父性は100％確実ではない。鳥類では，どちらの性も卵を抱くという習慣があり，たとえ**托卵**のない親でも雛を世話する。

**不整脈** [arrhythmia] いかなる個体にも，正常な心拍リズムがある。心拍リズムの変化は，診断や治療の点からも比較的重要視される。幼児の正常な心拍リズムは，1分間に150回と高く，大人であれば**頻脈**と考えられており，心臓に関する危険信号であると捉えられる。1分間に60回よりも少ない場合も，心臓病のサインである可能性がある。不整脈には，心房粗動（atrial flutter）や心ブロック（heart block）がある。心房粗動は，心房が1分間に400回も収縮する異常であり，心ブロックは，収縮に必要な電気刺激が中断したり遅れるために，心臓が収縮しない異常である。

**不全まひ** [paresis] 部分的あるいは不完全なまひ。

付属［adjunct］　補助的あるいは本質的でない部分のこと。

附属構造［accessory structure］　生物学において，補足的に，また他の機能を肩代わりする構造のこと。

賦存効力［endowment effect］　人がいったん所有していたか，なにか他の方法でいったん自己に関係していた物に，より高い価値をおく傾向。賦存効果は，対象に対しての増大した肯定的な感情が特徴である。

双子の一致［concordance in twins］　双生児研究において，双子の片方のある特性または障害が双子のもう一方においてもみられる確率。その特性または障害が生じるのに遺伝的要因が寄与しているとする根拠は，一卵性双生児と二卵性双生児との間の一致率の比較によるものである。⇨ 不一致

不確かさ-覚醒要因［uncertainty-arousal factor］　心理的な美的感覚において，芸術作品の鑑賞者がみせる皮質覚醒とは対照的な，自律反応を反映した応答のこと。主観的な不確かさを反映するといわれる。「単純-複雑」「明瞭-曖昧」「無秩序-秩序」などの構成要素が要因に含まれる。

ブタバルビタール［butabarbital］　即効性のあるバルビツール酸塩で，不眠症の治療や術前の鎮静に用いられる。他のバルビツール酸塩のように，非選択性中枢神経抑制薬であり，過剰な投与は極めて有害である。これは中枢神経抑制薬の効果よりも早く，鎮静剤，睡眠薬としての耐性が生じてしまうためである。治療指数や致死量の可能性は服用が増加することで上昇するとされている。乱用のおそれもあり臨床での使用は減少している。アメリカでの商品名は Butisol Sodium。

布置［constellation］　認知心理学において，共通のテーマや連合をもつ概念の集まりのことを言う。

不注意による見落とし［inattentional blindness］　注意が他のところへ向くことで，目の前のシーンに存在する知覚可能な刺激を見落としたり，覚えられなかったりすること。この現象の存在から，知覚意識が生じるためには注意が必要であるという説が提唱されている。⇨ 変化盲，知覚的構え，選択的知覚　［アメリカの心理学者マック（Arien Mack: 1931- ）とロック（Irvin Rock: 1922-1955）によって定義された］

ブチリルコリンエステラーゼ［butyrylcholinesterase］　脳やその他の組織から発見された酵素で分解したアセチルコリンに含まれる。アルツハイマー病（たとえばタクリン）に用いられているいくつかの薬剤はアセチルコリンエステラーゼ（アセチルコリンの分解のための一次的酵素反応）やブチリルコリンエステラーゼを抑制するとされている。また，2つの酵素には血小板の形成，神経原線維変化に関連した病気を減少させる可能性が予測されている。

ブチロフェノン［butyrophenones］　従来型の抗精神病薬で統合失調症，躁病，激しい興奮などの第一の治療薬として用いられる。原型的なブチロフェノンはハロペリドールである。ブチロフェノンは高力価の抗精神病薬に分類され，またそれらの使用は神経弛緩薬悪性症候群や遅発性ジスキネジアといった多くの錐体外路作用に関係している。

復活回想［revivification］　催眠技術の一つであり，そこでは，人に忘却し，抑圧された記憶を取り戻させ，追体験させる際に，暗示が用いられる。

物活論［hylozoism］　すべての物質は，生命として程度や性質を備えているという考え方。この考え方は，汎心論に等しく，すべての物質は，精神的な属性をもつことを意味する。生命の性質をもつことは，必ずしも魂や感覚をもつことを必要とするわけではない。

仏教［Buddhism］　ゴータマ（Siddhartha Gautama: BC 563-483）によってインドで確立された，無神論の宗教および哲学。ゴータマはブッダ（サンスクリット語，パーリ語で"目覚めた者"の意）としても知られる。仏教では，人が目指すべき目標は悟り，すなわち意識の変容だとし，それが輪廻転生から逃避できる唯一の手段だと説いている。悟りは，望みや欲求を克服し，八正道（正語，正業，正命，正精進，正念，正思惟，正見，正定）を実践することで達成される。輪廻からの解脱は，個々の意識が解体されて，より大きな統一体に帰すことを意味している。この状態は涅槃と呼ばれ，修行の最終地点を表している。フロイト（Sigmund Freud）はこの静かな感覚を涅槃原則という概念で捉えようとした。⇨ 禅宗

復帰抑制［inhibition of return: IOR］　以前に注意を向けていた位置に注意を戻すのが困難であること。一定の時間にわたって注意がある場所に向けられたことがあると，他の場所に注意を向けるのに比べてその場所に再び注意を向けることは難しい。抑制残効（inhibitory aftereffect）とも呼ばれる。

物質［substance］　1. 精神病理学において，経口その他の方法で身体に取り込まれ，有害な影響を生じさせる精神作用物質（たとえば，アルコール，大麻，コカイン，吸引），薬（たとえば，鎮静薬や抗不安薬），もしくは毒素のこと。2. 哲学において，独立した，自己充足的な存在で，その属性や特性は変化する可能性はあるが一貫してそれ自体のままであるものを指す。哲学者は，何を物質とみなすのか，また，実在は単一の物質から構成されるのか（⇨ 一元論），複数の物質から構成されるのか（⇨ 二元論，多元主義）について意見を異にしてきた。

物質関連障害［substance-related disorders］　DSM-IV-TR において，物質によって引き起こされた障害のカテゴリーのこと。物質使用障害（物質乱用，物質依存），物質誘発性障害（たとえば，中毒）を包含する。

物質主義［materialism］　ものの獲得や贅沢を追求し，個人の価値はその豊かさによって評価されるとする価値体系。しばしば，モラルや社会的配慮は犠牲にされる。

物質中毒［substance intoxication］　何か一つ，またはそれ以上の身体的兆候が認められ，臨床的に重大な行動的，心理的変容を伴う，特定の物質を摂取したことに起因する可逆性の症候群。⇨ アルコール酩酊，アンフェタミン中毒，大麻中毒，コカイン中毒，幻覚剤中毒，吸入剤中毒，アヘン類中毒，鎮静剤・催眠剤または抗不安薬中毒

物質中毒性せん妄［substance intoxication delirium］　物質の過剰摂取後に，短時間（大抵は数時間から数日）に増悪する，可逆的で物質特異的な症候群。物質の中毒に関連したものが多く，認知の変化（たとえば，記憶障害，失見当識，言語障害）を伴う意識障害（たとえば，注意の焦点性，持続性，転導性などの障害）が生じる。⇨ アルコール酩酊，アンフェタミン中毒せん妄，コカイン中毒せん妄

物質誘発性気分障害［substance-induced mood disorder] DSM-Ⅳ-TR において，物質の生理学的な影響により生じると信じられてきた重篤な持続的な気分障害（抑うつ症状，躁症状，または両者を伴う）のこと．それには，麻薬乱用，医薬または重金属と毒素（たとえば，ガソリン，ペンキ，有機リン酸塩殺虫剤）がある．物質乱用が生じた時，気分障害は必ず生じ，その間または1か月以内に中毒や禁断症状が，そして，物質中毒または物質禁断症状症候群の一部として通常の体験よりもより重症となると考えられている．気分障害を引き起こす薬物には，抗高血圧剤，ステロイド剤，向精神薬，その他多くのものがある．

**物質誘発性持続性健忘性障害**［substance-induced persisting amnestic disorder］ 物質の影響が持続することが原因で生じる記憶の障害（⇨ **健忘性障害**）．新しい情報を学習したり，また，以前に学習した情報を思い出す能力は，社会生活を営んだり職業機能を妨げるほど十分に損なわれ，以前の機能水準からの重大な低下が示される（⇨ **アルコール誘発性健忘性障害，鎮静剤・催眠剤または抗不安薬誘発性持続性健忘性障害**）．

**物質誘発性持続性認知症**［substance-induced persisting dementia］ 薬物乱用の持続的な効果によって生じる複合的な**認知障害**．最も知られている特徴は記憶障害だが，失語症（言語の表現と理解の障害），失行症（熟練した行動，複雑な行動の不能），失認症（感覚を正しく解釈する能力の障害），**実行機能不全**が起こることもある．⇨ **アルコール誘発性認知症**

**物質誘発性精神病性障害**［substance-induced psychotic disorder］ 物質の生理学的な直接の影響が原因で生じる顕著な幻覚や妄想．幻覚症（hallucinosis）とも呼ばれる．⇨ **アルコール誘発性精神病性障害，アンフェタミン誘発性精神障害，大麻誘発性精神病性障害，幻覚剤誘発性精神病性障害**

**物質誘発性不安障害**［substance-induced anxiety disorder］ 麻薬，毒素，または他の物質に接することによる直接の生理学的な影響により生じる臨床的に重篤な不安（たとえば，全般性不安障害，パニック発作，恐怖症の症状，または強迫症状）．不安の症状は，物質中毒（たとえば，アルコール，アンフェタミン，カフェイン），物質禁断症状（たとえば，アルコール，コカイン，鎮静剤），薬物使用（たとえば，麻酔薬，抗コリン薬，甲状腺治療薬），または，重金属と毒素に身をさらすこと（たとえば，ガソリン，ペンキ，二酸化炭素）に関連することがある．

**物質離脱**［substance withdrawal］ 長期間の多量摂取が中断（もしくは減量）されることで出現する症候群．解毒効果（detoxication effect）とも呼ばれる．

**プッシュダウンスタック**［push-down stack］ 記憶の貯蔵方法を，食堂のトレイ回収棚のトレイの山になぞらえた記憶のモデル．新しい記憶項目は，新しいトレイのように積み重なった山の上に加えられ，他の項目はそれらが収納できるように下の方に押しやられる．記憶へのアクセスは最も「上」にある項目からしか行われない．もともとはコンピュータ分野で用いられたモデルであるが，現在は人の**短期記憶**にも適用されている．

**物体位置記憶**［object-location memory］ 環境内の物体の位置（たとえば，車のキーをどこに置いたかなど）を記憶する能力．

**物体色**［object color］ 属する物体をもたない**フィルム**カラーに対して，固体に属する色のこと．

**物体の恒常性**［object constancy］ 観察条件が変化しても，物体があまり変化していないように感じられる傾向．

**物体引き寄せ現象**［apport］ 超自然的な手段による降霊会中の物質の出現．このような物質は霊からのしるしや贈り物とみなされる．⇨ **具現**

**物体ベースの注意**［object-based attention］ 空間ではなく，主に物体上で機能するとされている注意．⇨ **空間ベースの注意**

**物体優位効果**［object-superiority effect］ 視覚認知課題における研究結果の一つ．短時間提示される直線に対する判断は，その直線が3次元の物体の一部であるときの方が，2次元の図の一部であるときより効率的であるという発見．⇨ **形態優位効果**

**フット・イン・ザ・ドア・テクニック**［foot-in-the-door technique］ 応諾を高めるための二段階の手続きのことで，最初に小さな要求を提示し，その後，より重要な本来の要求を提示する方法である．最初の要求に対する同意により，目的の要求を単独で提示するよりも目的の要求が同意されやすくなる．⇨ **ドア・イン・ザ・ドア・テクニック，応諾先取り法，特典付加法**

**物理主義**［physicalism］ 1. 現実とは物質により構成されているという教義．この立場において，精神とは物質に還元可能なものとされている．⇨ **同一説，唯物論，心身問題** 2. すべての有意義な命題は物理科学の言葉と操作的定義で明言されるとする考え方．⇨ **論理実証主義，実証主義**

**物理療法**［physical medicine］ 身体的な方法や機器（たとえば運動やマッサージ）による病気や障害の診断と治療に特化した療法の一種．物理療法は身体障害の患者の**リハビリテーション**にも関係する．物療医学（physiatrics）やリハビリテーション医学（physiatry）とも呼ばれる．

**物理療法学**［physical therapy: PT］ 医学・健康保健の一分野であり，一時的，慢性的，永続的な運動機能不全や身体障害の矯正，緩和，予防を目的としている．

**不定愁訴**［malaise］ わずかに気分が悪い，不快な，落ち着かない感情．

**不適応［1］**［unfitness］ 生物学において，生物が所定の環境内で生き残れる子孫を作ることができないこと．⇨ **適応**

**不適応［2］**［maladaptation］ 1. 生物学的あるいは心理学的特性，行動パターン，防衛メカニズムが有害で非生産的であったり，あるいは環境との適切な相互作用，日常生活での脅威やストレスに対する効果的な対処など，多様な領域において最適な機能が阻害されている状態．2. 効果的な関係性を維持したり，様々な領域でうまく役目を果たしたり，困難やストレスに対処したりできないこと．3. 比較的軽症の様々な情緒障害を指す．

**不適刺激**［inappropriate stimulus］ 通常はその刺激によっては誘発されない反応を誘発する刺激（ないしは条件）のこと．たとえば，閉じた瞼を押すと光の知覚が誘発される．つまり，力学的な刺激が通常は光に対して反応する**光受容体**の反応を誘発する．

**不適切な感情傾向**［inappropriate affect］ 状況にそぐわなかったり，表出された思考や願望と矛盾したりする情

緒反応。たとえば，友人の死について笑いながら知らせるなど。極度の不適切な感情傾向は，解体型統合失調症（disorganized schizophrenia）の特徴として記述される。

**不適当**［unfitness］ 調子の良さや健康を欠いた状態や状況。

**太い縞**［thick stripes］ V2として知られる前有線皮質で見られる，**チトクロムオキシダーゼ活性を示す幅広の帯**。太い縞は**有線皮質**のIVb層からの入力を受け取り，**大細胞系**が運ぶ信号を分析する。

**ブードゥー**［voodoo; vodun］ 統合宗教であり，主にカリブ海で実践され，西アフリカの魔法と先祖崇拝の伝説が，カトリック教から影響された儀式と融合したもの。典型的なものでは，歌，吟唱，太鼓，踊りなどが用いられ，**恍惚的トランス状態**を生じさせる。その状態では，霊が信者に乗り移り，彼らを通して話したり，行動したりすると信じられている。

**浮動幻覚**［phantasmagoria］ 夢や幻覚における，人を混乱させたり判断を誤らせるような移り変わるイメージ。

**不登校**［school refusal; school avoidance; school phobia］ 継続して学校に行く気持ちにならない状態で，多くは小学校時代から始まり，教育的，社会的，環境の問題に起因する症候群。**分離不安障害**の特徴として現れることもある。大事な人やペットを失ったり，転校，引っ越しで友人がいなくなるなどが，不登校のきっかけになることがありうる。また，養育者と充実した時間を過ごした夏休み明けに起こりやすい。不登校は，胃のむかつきや吐き気，めまい，頭痛などの身体症状を伴うことが多く，1日の始まりである朝には不安を覚え，身体の調子が悪いので学校に行けないとしばしば訴える。

**不同視**［anisometropia］ 屈折の強さが両眼で異なる状態のこと。

**ブードゥー死**［voodoo death; bone pointing; thanatomania］ ハイチ，アフリカ，オーストラリア，および太平洋やカリブ海周辺の島で観察される**文化依存症候群**。儀式やタブーに違反した人に対して呪術師や魔法使いが呪いをかけ（違反者に骨を刺す），その人は数日以内に死に至る。アメリカの生理学者キャノン（Walter B. Cannon; 1871-1945）は，ブードゥー死者に関わる初期の研究者の一人で，呪いに対する信者の強い信念が身体内に生理的反応を発生させ，死を招くと主張した。⇒ **心霊的な自殺**

**不同視弱視**［developmental amblyopia］ 微細なパターンの識別に関する神経回路の早期発達が中心視像のぼけによって阻害され，中心視が影響を受けている状態。不同視弱視には2つの型がある。一つは不同視性弱視（anisometropic amblyopia）であり，両眼が異なる屈折指数をもつことにより生じる。もう一方は，斜視性弱視（strabismic amblyopia）で，一方の眼からの像が外因性の**眼筋**における不均衡によって優先されることにより生じる。

**ブドウ酒様斑点**［port-wine stain］ 青みがかった赤色の変色の永続的な母斑（あざ）。顔に広がったブドウ酒様斑点は，**スタージ・ウェーバー症候群**の症状の可能性がある。

**浮動小数点表記**［scientific notation］ 非常に大きな数，あるいは非常に小さな数をコンパクトに表記する方法。報告される数の表記法は"ある値×10の正または負の値の累乗"である。たとえば，$p=0.0025$の書き表し方は，$2.5\times10^{-3}$となる。

**不動性**［immobility］ 擬死やすくみ行動におけるように，生物が行動の徴候を示さない状態のこと。これは捕食者と関連している可能性のある突然の刺激に対する反応として起こりうるし，恐怖条件づけ研究において，回避条件づけをされたシグナルに対する学習反応としても引き起こりうる。

**浮動性不安［1］**［free-floating anxiety］ 1. 明確な状況や対象がない，びまん性の慢性的な不安や心配。不安障害，特に，**全般性不安障害**の特徴である。2. 精神分析学において，もともと不安を引き起こしていた環境から切り離されてしまっている全般的な悲嘆。

**浮動性不安［2］**［free-floating fear］ ある特定の物や状況を直接対象としない全般性の恐怖の感覚。

**不等像視**［aniseikonia］ 片眼ずつ対象を見たときに，両眼のときとは同一ではない大きさや形状の像を知覚する症状。それは角膜や水晶体の手術に対する予期しない結果として生じることがある。

**不等像視計**［eikonometer］ 不等像視の程度を測定するための装置。

**不等皮質**［allocortex］ 新皮質の皮質層は6層であるが，不等皮質とはそれより少ない皮層をもつ大脳皮質の部位のことである。**古皮質**や**旧皮質**を含む。不等皮質の例として，3層構造の**歯状回**や**海馬**のCA1領域があげられる。

**舞踊病**［chorea］ 手足や顔の筋肉の，不規則で無意識的なぎくしゃくした動き。舞踊病は，**ハンチントン病**や，溶連菌感染症の合併症（例，リウマチ熱）の一つとして発症するシデナム舞踏病（Sydenham's chorea）（以前は「聖ヴィトゥスのダンス（Saint Vitus's dance）」として知られていた）を含む様々な障害と関連する。

**舞踏病アトテーゼ**［choreoathetosis］ 顔，舌，手足のアトテーゼ（無意識に生じる，くねるような運動）に付随して起こる舞踏病。症状は，**ハンチントン病**と同じである。

**不当労働行為**［unfair labor practices］ **労使関係法**や，それを受けた修正案に照らして，不公正とされる労働組合や雇用者の行動。

**フートキャンドル**［foot-candle］ （記号：fc）照度の古い単位であり現在は**ルクス**が使われている（1 fc = 10.764ルクス）。平均的な街路灯はおよそ1 fcである。

**ブートストラッピング**［bootstrapping］ 1. 情報処理におけるあらゆる過程や操作のこと。それらにおいては，システムはその初期の資源をより強力で複雑な処理手順（これらはその後，同じやり方で使用される）を累積的に発展させるために用いられる。**言語獲得**においては，際なく再適用される複雑な言語ルールを，非常に限られたデータから学習する子どもの能力のことをいう（⇒ **コンピテンス**，**言語獲得装置**）。この用語は「自力で進む（to pull oneself up by one's bootstraps）」という慣用語に由来している。2. パラメータの推定値の精度を推定するためのコンピュータを利用した方法。$n$個の無作為標本が得られたら，そこから標本抽出を繰り返し，同じ大きさの他の標本の数値を得る。

**フードファディズム**［food faddism］ 健康に対して，特に病気の予防や治療に対して，食べ物や栄養の効果について，ときに間違った，行き過ぎた確信をもって食事療法を実践すること。変わった，あるいは不適切な食習慣やダ

イエット熱によって明らかになることも多い。健康的でない体重の減少や，栄養不足からくる二次的症状が認められることもある。**神経性無食欲症**などの摂食障害と関連している場合もある。

**ブトルファノール**［butorphanol］　合成**アヘン**で混合性拮抗薬として作用する。κオピオイド受容体の作用薬であるが，μオピオイド受容体の拮抗薬としても作用する。臨床的には片頭痛などの重い痛みの緩和などに用いられる。注射用製剤，鼻腔へのスプレーとして利用されるが，手軽に使用できることから乱用されることもある。その他のオピオイド製剤とともにブトルファノールは呼吸抑制，吐き気，依存性を生じさせる恐れがある。アメリカでの商品名はStadol。

**不妊**［sterility］　不妊症または外科的処置，医療介入が原因で，子孫を産み出す能力がない状態のこと。

**不妊症**［infertility］　男性のパートナー（ケースの約40％）や女性のパートナー（ケースの約60％）のどちらか，あるいは両方の側の低い生殖レベルのために，出産が不可能なこと。不妊症は物理的な問題によって起こる。心理的なケースは明確には報告されていないが，妊娠のストレスは要因の一つとして示唆されている。⇨ **人工授精，体外受精**

**負の加速**［negative acceleration］　練習の結果として，ある活動や機能の発達する変化速度が低下する状態。たとえば，連続的に練習を行うことにより，学習や遂行における進歩はますます小さくなる。⇨ **学習曲線，正の加速**

**負の強化**［negative reinforcement］　反応に対して，**嫌悪刺激**を除去，妨害，延期すること。これは，結果的に，当該反応の生起確率を増加させる。⇨ **正の強化**

**負の幻覚**［negative hallucination］　催眠暗示でグループ内のある人を知覚するのを失敗するような，直接それを見ている間に，人や物を知覚することに失敗することが特徴の誤った知覚経験。⇨ **正の幻覚**

**負の向性**［negative tropism］　有機体が刺激のもとから離れようとする方向。⇨ **屈性**

**負の自己確証理論**［negative self-verification theory］　抑うつ状態にある人が，自身のネガティブな信念を確証するか強めるような，他者からの評価や扱いを求めたり引き起こしたりするため，抑うつ的な気分が悪化したり維持されたりするという理論。

**負の準拠集団**［negative reference group］　個人が同一視したいと思わず，その集団の規範や基準に合わせたくないと思うような集団のこと。

**負の順応**［negative adaptation］　長期的な刺激により徐々に敏感さが失われたり反応が弱まったりすること。

**負の条件刺激**［negative conditioned stimulus］　パブロフ型条件づけにおいて，条件刺激と無条件刺激が対呈示される状況で，無条件刺激が後に続かないような刺激のこと。

**負の相互依存性**［contrient interdependence］　ある一団の成功が他の一団の失敗の可能性を増大させるような団体の成果間の因果関係。こうした構造は，競争や闘争に関連する。⇨ **正の相互依存性**［アメリカの心理学者ドイチュ（Morton Deutsch: 1920 -）が発展させた］

**負の提案**［negative suggestion］　他者の感情，指向，行動を変えたり抑えたりしようとする発言のこと。

**負の転移**［negative transfer］　先行学習が現在の学習を妨害，干渉する過程。たとえば，バドミントンをしている人がテニスを学習するときには，手首のスナップを使ってスイングをする傾向を忘れなければならない。⇨ **訓練の転移，正の転移**

**負の二項分布**［negative binomial distribution］　$n$回のベルヌーイ試行により生じる$r$回の成功を得るための試行数の分布を表す理論的な離散確率分布のこと。パスカル分布（Pascal distribution）とも言う。

**負のフィードバック**［negative feedback］　入力信号の効果を減らすように，システムの出力の一部を，それが機械的であるか生物学的であるかに関らず，フィードバックする形での調整。こうしたシステムは，望ましい状態からの偏差を測定し，修正を加えるものであり，**ホメオスタシス**を実現するのに重要である。これに対して，**正のフィードバック**を採用するシステムは，小さな偏差を増幅し，極めて不安定になる傾向がある。

**負の弁別刺激**［negative discriminative stimulus］（記号：$S^Δ$または$S^-$）　オペラント条件づけにおいて，ある反応が強化されないことを意味する刺激であり，この刺激の存在はその反応が強化されるような他の刺激状況が少なくとも1つは存在することを暗示する。⇨ **弁別刺激**

**負の誘因**［negative incentive］　**嫌悪刺激**を構成する対象や条件。したがって，負の誘因は回避行動を促進させる。⇨ **正の誘因**

**腐敗臭**［foul］　1. ツワーデマーカーの嗅覚系においてトコジラミとコウオウソウを連想させるニオイの属性を示す。2. ヘニングの嗅覚プリズムにおける原臭属性の一つを示す。

**ブフォテニン**［bufotenin］　自然界に存在する，軽い幻覚誘発物質で，ヒキガエル類の肌やアナデナンテラ（Anadenanthera）科の植物から抽出される。統合失調症患者の尿の成分に含まれているという報告もある。ブフォテニンはLSD，サイロシン，DMTに関係している。⇨ **幻覚剤**

**ブプレノルフィン**［buprenorphine］　オピオイド鎮痛薬でオピオイド受容体のアンタゴニスト活性や作用物質の両方を有しており，痛みの緩和やオピオイド依存の治療に用いられる。これはμオピオイド受容体を部分的にブロックする働きがあり，オピオイドに関係した自覚的，生理的な効果，陶酔感を軽減する。また，オピオイド離脱症状に役立ち，長期間の使用によるオピオイド依存の治療でオピオイドの代替となる。アメリカでの商品名はBuprenex。

**ブプロピオン**［bupropion］　多くの場合，抑うつの治療に用いられるアミノケトン作用薬。また，禁煙の治療の補助薬としても利用されている。抗うつ薬の効果をよりよくするために他の抗うつ薬とともに用いられたり（⇨ **増強法**），注意欠陥/多動性障害の治療にも使われている。ブプロピオンは即効性，持続改善性の両方の効果が期待できる。アメリカでの商品名はWellbutrin, Zyban。

**部分隠蔽**［partial concealment］　誰もしくは何が観測されているかのみを，実験者が対象者に隠すこと。

**部分強化効果**［partial reinforcement effect: PRE］　継続的な強化の後ではなく，断続的な強化の後で，**消去抵抗**が増加すること。部分強化消失効果（partial reinforcement extinction effect: PREE）とも呼ばれる。

**部分最小二乗法**［partial least squares］　数が多く，共

線性が高い説明変数がある時に，予測モデルの構築用に開発された**重回帰分析**の変形法。

**部分失書**［partial agraphia］　**書字障害**の，あまり一般的でない旧式名称。

**部分順序尺度**［partially ordered scale］　部分的に**名義尺度**と**順序尺度**の間にまたがる測定尺度のこと。概して（ただし，いつもではない），尺度構成単位（スケーリングユニット）は，最少から最大まで順序づけすることまたは階級化することができる。

**部分性愛**［partialism］　唇，胸，性器のような通常の性的な部位以外の性的パートナーの一部の身体部位（たとえば足）に触れることで性的充足感を得る**性嗜好異常**の一種。部分性愛は靴のような物体を性的パートナーの代わりとする**フェティシズム**とは区別される。

**部分精神病**［partial insanity］　犯罪行動に全く責任能力のないとするには十分でないが精神疾患がある境界状態。訴訟では，精神障害の証拠があるとき部分精神病の結論は被告側に，障害によって審議を受ける能力がない，故意や悪意はない，第一級犯罪を犯すのは異常な精神状態である，といった主張をすることがある。そのような状況ではより軽い有罪判決が下される。⇨ **限定責任能力**，**心神喪失**，**マクノートン・ルール**

**部分-全体比**［other-total ratio: OTR］　個人が社会的状況において経験する**自己認識**の程度を予測する指標。自己認識は，個人が属する下位集団の成員数に対する，集団全体の成員数の割合と正比例するとされ，

自己認識＝集団の成員数/下位集団の成員数

が成り立つ。［アメリカの心理学者ミューレン（Brian Mullen: 1955-　）によって1983年に提唱された］

**部分-全体問題**［part-whole problem］　**1．**特に心理学的な問題に対して，原子論的立場と全体論的立場のいずれから接近すべきかに関する論争を指す。言い換えると，ある現象を理解するに際して，構成要素が構造化されたセットであるとみなすか，あるいは統合的に機能する全体であるとみなすかについての論争である。**2．**あることを学習する際に，部分的な構成要素を記憶することによって学習するか，全体を記憶しようとして学習するかという問題。

**部分相関**［part correlation; semi-partial correlation］　2つの変数の一方のみに対して第3の変数の影響を取り除いた相関のこと。⇨ **偏相関**

**部分対象**［part-object］　**1．**精神分析理論において，**本能の要素**が向けられる対象のこと。そのような対象は通常，人物全体ではなく，身体の一部である。**2．**クライン（Melanie Klein）の**対象関係理論**において，乳児が対象を悪い性質をもつ部分と良い性質をもつ部分に**スプリッティング**することによって生じる早期の対象表象のこと。そのような対象が，乳児の世界に対する初めての経験を構成し，自分を満足させるものは良い対象として，不満を与えるものは悪い対象として認識すると考えられている。部分対象の**内在化**は対象の内的世界のはじまりを表象し，その関係性が子どものパーソナリティを作り出すと考えられている。⇨ **抑うつポジション**，**妄想分裂ポジション**

**部分的学習法**［part method of learning］　学習材料をいくつかの要素に分割して学習する方法。それぞれの要素は連続した順序で個別に習熟される。⇨ **学習の全習法**

**部分的作動薬**［partial agonist］　受容体に結合する物質であるが，完全な作動薬が同じ受容体部位へ作用する程度の反応とはならないか，または内在する神経伝達物質による作用の一部のみ実行する。受容体部位に対して部分的作動薬は完全な作動薬と同様の親近性を持ち，競合的な抑制剤のように作用する。受容体や結合物質の化学的構造のわずかな違いが，特定の受容体部位に作用する完全作動薬となるか，部分的作動薬となるかどうかを決定する。

**部分的先行目標反応**［fractional antedating goal response］　反応系列の条件づけにおいて漸次的により早く発達し，後続の反応への**条件刺激**となりうる反応のこと。

**部分的入院**［partial hospitalization］　1日24時間に満たない，時間制の入院治療のこと。⇨ **デイホスピタル**，**週末入院**

**部分報告法**［partial report］　記憶を調べるための手法の一つ。提示されているすべての情報の中から一部分のみを思い出させる。たとえば，被験者に文字列が並んだいくつかの行を提示した後，被験者に対して特定の1行のみを思い出すよう指示する。部分報告法は**アイコニック記憶**の研究において**出力干渉**を最小化するために使われる。

**部分発作**［partial seizure］　脳の局部から発生する発作で，徐々に**全般発作**へと進行する。単純部分発作（simple partial seizures）では，感覚，運動，自律神経活動を含む臨床症状に関わらず，意識変容を生じることはない。複雑部分発作は感覚，運動，自律神経活動など，単純部分発作とよく似た症状を呈するが，発作の最中に意識障害もしくは意識変容を伴うことによって特徴づけられる。部分発作の両タイプの病巣は，最も一般的に，頭頂葉である。焦点発作（focal seizure）とも呼ばれる。

**不分離**［nondisjunction］　染色体のペアが細胞分裂する時の失敗のこと。2本の染色体とも片方の娘細胞の細胞核に入った結果，もう片方の娘細胞は染色体をもらえない状態を指す。

**部分リスト手がかり抑制**［part-list cuing inhibition］　**再生**テストにおいて，学習したリストにある他の項目が検索手がかりとして提供される場合に，個別の項目の再生能力が下がること。部分セット手がかり効果（part-set cuing effect）とも呼ばれる。

**不変**［invariance］　**1．**周囲の状況が変化しても，性質が変化しないままであること。**2．**統計学において，**変換**によって変化しないという性質を意味する。

**普遍化可能性**［universalizability］　倫理学において，特殊な道徳判断が暗示された普遍的判断を常に発展させるという原理。したがって，たとえば，「ダフニは彼に嘘をつくべきでなかった」と言うことは，ダフニに対し全く同じ状況で誰も嘘をつくべきでないとする普遍的判断を示唆する。普遍化可能性の原理は**定言命法**と関係がある。

**不偏推定量**［unbiased estimator］　期待値が推定された母数値であるという統計量。したがって，もし$G$が母数$\theta$を推定するために使用される場合，$G$が$E(G)=\theta$であるときのみ不偏であると言える。

**不変性**［invariance］　投射される面との距離が変化するにも関わらず，イメージや残像が大きさを保ち続けること。

**普遍性**［universalism］　人間の心，行動，道徳性のある側面が普遍的かつ根本的で，それゆえ，すべての文化，歴史的時代にみられるものであるとする立場。普遍性は一

種の**本質主義**であり，**相対主義**とは反対である。

**普遍的原理の段階**［principled stage］コールバーグの道徳性発達理論の，脱慣習的なレベルにおける２つの段階の２番目に該当する。その段階に至ると，個人的信条，良心，堅実さ，普遍性，倫理基準などに従うようになる。⇨ **社会契約的法律志向**

**普遍的順序性**［invariant sequence］ピアジェ（Jean Piaget）理論のような発達段階理論において，発達段階が起こる順序が不変であること。子どもはこれらの段階を順番に進んでいき，スキップすることはできない。

**普遍的無意識**［collective unconscious］無意識の一部であり，ユング（C. G. Jung）によれば，それは全人類共通のもので，**元型**と呼ばれる概念・イメージの中にある，人間の根源的体験の先天的な蓄積を含むとされる。無意識の最深部の，最もアクセスしづらい部分である。⇨ **個人的無意識，人種的な記憶**

**不変特徴**［invariant feature］異なる環境下で観察されても，変化が生じない物体特性。物体側あるいは観察者側の操作によって影響を受けないため，人や機械による物体認知の強力な手がかりとなる。たとえば，個体を様々な角度から眺める場合，物体の体積は一つの不変特性である。

**普遍文法（UG）**［universal grammar: UG］チョムスキー学派の言語学において，すべての自然言語（⇨ **言語普遍性**）においてみられる文法構造の根底にあると考えられている仮説的な高次文法。普遍文法の概念は，心理言語学者，特に言語獲得領域を研究しているものにとって大変興味深いものである。

**不法行為**［tort］契約違反を除き，民事訴訟において損害賠償の対象となるような不正な行為のこと。

**父母カウンセリング**［parent counseling］専門家による親へのガイダンス。親自身の役割に関することを含め，子どもを養育するうえで問題となることを扱う。

**不本意離職**［involuntary turnover］従業員が不本意ながら離職すること。制御不能の不本意離職（死，退職，人員削減）と制御可能な不本意離職（業務上の事故，病気，業績不振による解雇，規律違反）は区別される。制御可能な不本意離職が多い場合，深刻な組織上の問題を抱えているとみなされる。⇨ **自発的転職，離職率**

**不満**［grievance］不当に扱われた印象から生じる怒りの感覚。

**不眠症**［insomnia; agrypnia; ahypnia］入眠および睡眠維持の障害のこと。不眠によって起こる症状の程度が重く長く続くときには，臨床的に重大な苦痛や機能の障害をもたらす。不眠症は一時的または慢性的な物理的環境，または心理的な心配によって引き起こされる。⇨ **入眠・睡眠維持障害，致死性家族性不眠症，入眠困難，間欠性不眠，中途覚醒，原発性不眠症，仮性不眠症，早朝覚醒**

**ブーメラン効果**［boomerang effect］説得メッセージが，意図とは逆方向の**態度変化**を生み出す効果。ブーメラン効果は，もとのメッセージに含まれた主張（argument）よりも，受け手が生成した反論のほうが明らかに強い場合に生じる。

**負誘導**［negative induction］条件が固定された環境において，ある刺激に対する反応が減少すること。別の実験における刺激交替による反応の減少の結果として生じる。⇨ **行動対比**

**不愉快さ**［unpleasantness］ある事象が目的と一致しないとき，もしくは痛みと関わるときに体験される情動状態のこと。⇨ **感情の次元理論**

**フューチャー・ショック**［future shock］急速な技術的・社会的変動に伴う，個人の混乱および社会非当識の喪失のこと。［アメリカの未来学者トフラー（Alvin Toffler: 1928- ）によって定義された］

**フライテスト**［Frye test］アメリカの裁判所において，証拠として認められているテストであり，フライ判決（1923）によるものである。初期の嘘発見器による証拠（⇨ **ポリグラフ**）は，「まだ一般的に受け入れられていなかった」ため，証拠能力がないとされていた。この「一般的に受け入れられるようになった」テストは，1993年に**ドーバート・テスト**に置き換えられるまで，州と連邦裁判所の両方で科学的根拠が認められ，判断を下すための主要な基準となった。

**プライバシー**［privacy］**1.** ある個人や集団の望んでいる社会的な相互作用が，その度を超さない状態のこと。**2.** 他者が個人の世界に心理的または物理的に接近するのをコントロールする権利。例として，物理的または他の境界（ドア，パーティションなど）を使って他者が入ってくるのを制限することや，他者とのコミュニケーションにおいて自分自身を表出するのを制限することなどがある。**3.** 患者やその他の人々（消費者など）が自分自身について明かした情報の量や処理をコントロールする権利。⇨ **守秘義務付情報**

**プライマリーケア**［primary care］患者がヘルスケアシステムからの援助を求めて，最初に受けることになる基本的・一般的なヘルスケア。一般開業医，家族医，内科医，産科医，小児科医などが，**プライマリーケア・プロバイダー（PCPs）**として知られている。**プライマリー・ヘルス・ケア**（primary health care）とも呼ばれる。⇨ **セカンダリーケア，三次医療**

**プライマリーケア心理学**［primary care psychology］健康心理学，臨床心理学，カウンセリング心理学内の専門領域。クリニックや病院，個人開業といった環境において，医療専門家の支援の下で心理的な予防・治療サービスを提供する。直接的に行う場合もあれば，コンサルテーションを行う場合もある。

**プライマリーケア・プロバイダー（PCP）**［primary care provider: PCP］プライマリーケアを提供し，患者がその後に利用するヘルスケアシステムを紹介するゲートキーパーとして振舞う医師のこと。通常プライマリーケア・プロバイダーは総合診療医（たとえば，内科医，小児科医，家族医，一般開業医）が務め，ときに産科医や婦人科医が務めることもある。**プライマリーケア医**（primary physician）とも呼ばれる。

**プライミング**［priming］**1.** 認知心理学で，ある刺激に関する直前の経験により，同じ刺激や類似した刺激に対する後の処理が促進あるいは抑制される効果を指す。**反復プライミング**では，ある特定の感覚刺激を呈示されることで，参加者が後のテストにおいて同様の刺激や類似した刺激を同定する可能性が高められる。**意味プライミング**では，ある単語や記号が呈示されることで，参加者の後続する単語や記号の解釈の仕方が影響を受ける。**2.** 同種の別個体の行動に影響を与えるフェロモンの作用。

**ブライユ点字法**［braille］ 重篤な視覚障害をもつ人々のための書き言葉として取り入れられた文字，数字，句読点，そして科学に関する記号や音楽記号のこと．触ることができる突起の組合せからなる．各文字は，並行している2つの垂直列に配置された6つの突起から作られる特定のパターンで表現される．接頭記号が大文字や数字を示すために使われており，その他様々な規則が200以上のよく使われる単語や文字の繰り返しを表現するために使われている．［フランスの教師であり発明家ブライユ（Louis Braille: 1809-1852）によって1829年に考案された］

**ブラインドテスト**［blind testing］ 消費者が，商品名を表示されていない多くの製品の中から自分の好み（preference）を回答するように依頼される製品テストの方法で，比較する商品は異なるブランドの製品であることもあれば（⇨ **ブランド選好**），ある製品の新製品と既成製品であることもある．検査者自身も，テストされている商品を知りえないように計画されることもある．この場合は二重ブラインド・テスト（double-blind testing）と呼ばれる．

**ブラインド判断**［blind judgment］ その人の状況を評価する際に影響を与える可能性のある情報を除いて評定すること．この手法は意識的，無意識的バイアスを除くために用いられる．ブラインド判断は臨床実験によく用いられる．たとえば，患者が受けてきた治療についての情報を得ずに最近の患者のうつ症状を判断する．また，論文の学問的な査読においても用いられ，著者がどの学会に所属しているかは査読者には明かされない．

**ブラインド・マッチング技法**［blind-matching technique］ 実験参加者が，不完全なあるいは不適切な知識に基づいて，異なるプロトコルや診断的データを一致させる手続きのこと．たとえば，一連の得点における個々のテスト得点を，その得点を実際にとった人と結びつけるという手続きをとる．

**ブラウン**［Brown, Roger］ ロジャー・ブラウン（1925-1997），アメリカの心理学者．**権威主義的人格**の社会心理の研究で，1952年にミシガン大学より博士号を取得．その後は，1957年〜1962年のマサチューセッツ工科大学での在外研究期間を除き，引退するまでハーバード大学にて研究を続けた．彼の心理学に対する最も大きな貢献は社会心理学と心理言語学の分野にある．ハーバード大学で，発達心理学者のブルーナー（Jerome Bruner: 1915- ）とともに，認知過程の研究を行い，言語と心の関係に興味をもつようになった．著書の *Words and Things*（1957）は心理言語学の古典ともいわれる．また，子どもの言語の発達過程を追った *A First Language: The Early Stages*（1973）はこの分野における非常に重要な貢献となった．**のどまで出かかる現象**など，科学的な検証が困難であるとされてきた現象の科学的な認知実験による検証にも成功し，**フラッシュバルブ記憶**という用語をつくった．ブラウンのその他有名な著書としては，改訂され広く使われているテキスト *Social Psychology*（1965, 1986）がある．彼は米国科学芸術アカデミーと全米科学アカデミーの会員に選ばれた他，米国心理学会功労賞を送られている．

**ブラウン－セカール症候群**［Brown-Sequard's syndrome］ 脊髄の片側が損傷することによって引き起こされる状態．損傷部分と反対側の身体部位の痛みや温度の無感覚や痙攣性まひ，損傷部分と同じ側の身体部位における振動感覚の喪失，腱や関節の無感覚といった症状が組み合わされることが特徴である．

**ブラウン・ピーターソン妨害法**［Brown-Peterson distractor technique］ 記憶研究で用いられる方法で，参加者は，リハーサルが制限された中で短時間記憶を行う．通常，3つの刺激（単語など）が提示され，その後しばらく数字を逆順で数えた後（**ディストラクタ**），最初に提示された単語を思い出すようにする．［アメリカの心理学者であるブラウン（John A. Brown），ピーターソン（Lloyd R. Peterson: 1922- ），ピーターソン（Margaret Jean Peterson: 1930- ）らによって提唱された］

**フラストレーション耐性**［frustration tolerance］ 緊張に耐えたり，障害に直面した時に比較的に冷静さを保ったり，欲求を満たすことを我慢したりする個人の能力．十分なフラストレーション耐性の成長は，一般的な認知と情緒の発達特徴である．

**プラセボ**［placebo］ 「効果がない」と信じられている医学的治療や心理学的介入．調査対象である治療法との対照群として用いる．⇨ **プラセボ効果**

**プラセボ効果**［placebo effect］ 治療的な薬理作用を示さない物質，または有効性のない治療法に対し，臨床的に重要な反応が生じること．プラセボ効果はすべての薬（有効であっても無効であっても）に伴うものであり，また，特異的治療の効果にも寄与していると考えられている．⇨ **偽薬**

**ブラゼルトン新生児行動評価**［Brazelton Neonatal Behavioral Assessment Scale: NBAS］ 調査や臨床場面で，新生児から生後2か月までの乳児について神経学的状態と行動状態を評価するのに用いられる手段．ここでは子どもの様々な刺激に対する反応が示される（目に光を当てる，ボールを移動する，ガラガラを鳴らすなど）．ブラゼルトンのスケールは現在のところ神経学的項目14項目と行動項目26項目で構成されている．反応の強さを以前は4段階で評定したが，後に9段階評定とした．1973年にオリジナルが開発され，ブラゼルトン新生児行動評価は2000年に改訂された．新生児行動評価スケール（Neonatal Behavioral Assessment Scale: NBAS）とも言う．［アメリカの小児科医ブラゼルトン（Thomas Berry Brazelton: 1981- ）］

**プラダー－ウィリー症候群**［Prader-Willi syndrome: PWS; Royer's Syndrome; Prader-Labhart-Willi Syndrome; Prader-Labhart-Willi-Fanconi Syndrome］ 精神遅滞，低い身長，低血圧（弛緩性筋肉），性腺機能低下症（生殖器の発達不全），肥満，痛みへの鈍感さ，短い手足などに特徴づけられた先天性の障害．15番染色体の異常（父方の15番染色体q11.2-12の欠落）により引き起こされ，生殖腺の異常がみつかりやすい男性に多い．食欲の亢進と頻繁な摂食が特徴である．糖尿病はこの状態に関係している．［スイスの小児科医プラダー（Andrea Prader: 1919- ），ウィリー（Heinrich Willi: 1900-1971），ラブホルト（Alexis Labhart: 1916- ）によって報告された］

**ブラックアウト**［blackout］ **1.** 脳への血液供給が突然低下することや，酸素供給が低下することで引き起こされる意識の喪失．**2.** 意識を完全に失うこと．たとえば，突然の血圧低下や，脳への酸素供給が減少することによって生じる．**3.** アルコールが原因で生じる記憶喪失．ア

コール・ブラックアウト（alcoholic blackout），一過性全健忘とも呼ばれる。

**ブラックアウトレベル**［blackout level］生理学的な変化で意識を喪失するレベルのこと。ブラックアウトは，アルコールのような物質の過剰摂取，特別に深い場所へのスキューバダイビングなどによって引き起こされる。

**ブラックボックス**［black box］内部特性やプロセスがわからない，あるいは特定できず，その内部を知るためには外部要因（入力）と結果として生じた効果（出力）との間に観察された実証的関係に基づいて仮説を立てなければならない，装置やシステム，あるいはその他の複雑な対象や構成体に関するモデル。

**ブラックボード**［blackboard］多くの「知識ソース」からアクセスされる，一般的にアクセス可能なグローバルデータベース（blackboard）で構築されるソフトウェアアーキテクチャ。一つひとつの知識ソースは独立して相互作用し，ブラックボードを利用して情報を投稿したり，情報を消費したりする。初期のブラックボードアプローチは，Hearsay（有声音声を認識，知覚するプログラム）の開発中に用いられた。

**フラッシュカード**［flash card］定義または問題と解答が書かれた，あるいは印刷された，一連の小さな厚紙や紙片のことで，学習の補助教材として使用される。多くの場合，問題がフラッシュカードの正面に書かれ，裏にその答えが書いてある。生徒は問題を読み，解答し，その後カードを裏返して正答を確認することができる。フラッシュカードは，通常素早く連続して用いられ，暗記を助けるために使用したり，事実や概念の学習を促進することを目的として使用される。

**フラッシュバック**［flashback］ 1. 心的外傷に対する適応がいったん形成されたようにみえた後に，外傷の出来事が追体験されること。フラッシュバックは**外傷後ストレス障害**の一症状であり，心的外傷場面を連想させるような言葉・音・ニオイ・光景によって，忘却された記憶が喚起されることを指す（たとえば，敵から発砲された際の不安感が，車のバックファイアで喚起させられること）。 2. 薬物の使用を止めたあとに，**大麻**や**幻覚剤**の摂取によって経験されるものと同様な，主に幻視が自然再発する現象。これらの幻覚は，大抵の場合，LSDの反復摂取に続いて生じ，最後の使用から数か月間生じる。⇨ **LSDによるフラッシュバック**

**フラッシュバルブ記憶**［flashbulb memory］個人的に重要で感情的な出来事と結びついた記憶。そのような記憶は，個人がその感情を体験した瞬間を撮影した写真のような性質をもっており，その時どこにいたか何をしていたかなどの詳細を含んでいる。［1977年アメリカの心理学者ブラウン（Roger Brown）とキューリック（James Kulick: 1940- ）が，アメリカのケネディ（John F. Kennedy）大統領暗殺事件などの公の出来事に関する人々の回想についての研究の中において記述したのが最初である］

**ブラッシュフィールド-ワイアット症候群**［Brushfield-Wyatt syndrome］いくつかの身体的障害と関連した精神遅滞のこと。この身体的障害には，拡張性のブドウ酒様血管腫や原因となる領域とは反対側のまひ，脳腫瘍などである。［イギリスの医師のブラッシュフィールド（Thomas Brushfeild: 1858-1937）による］

**フラッディング**［flooding］最も強い不安を喚起する状況や刺激に，想像上（⇨ **イメージフラッディング**），あるいは実際に（⇨ **現実脱感作**），段階を踏まずにいきなり直面させる**行動療法**の技法。フラッディングの目的は，望まない慣習的な行動を減らしたり消したりすることであり，たとえば，恐怖症の治療に用いられる。⇨ **内破療法**，**系統的脱感作**

**プラトー**［plateau］学習における段階の一つ。一時的に**学習曲線**の上昇が停滞し，平坦になる。主に疲労，飽き，動機の消失，必要な能力の水準の変化などの理由による。高原とも言う。

**プラトニックラブ**［Platonic love］性行為や性的欲望がない恋愛の一類型。この言葉は古代ギリシャの哲学者プラトン（Plato: BC 427-347）の教えの誤解に由来する。

**プラトーの螺旋**［Plateau's spiral］鮮明な**運動残効**を作り出すために使用される刺激のことで，中心点の周りを回転する黒と白の螺旋から構成される。刺激の回転中に観察すると，回転の方向に依存して螺旋は拡大もしくは収縮するように見える。しかしながら，螺旋が止まると反対方向に動いているように見え，拡大もしくは収縮の知覚を生じさせる。さらに，錯覚の拡大もしくは収縮は螺旋を止めたのちにすぐに観察されるほかのあらゆる静止物体にも現れる。［ベルギーの物理学者プラトー（Joseph Antoine Ferdinand Plateau: 1801-1883）による］

**フラトリー**［phratry］共通の血縁関係を伴う社会的単位のことで，**単性系譜**を主張する重層的な**氏族**で構成される。⇨ **血縁集団**

**ブラトルボロラット**［Brattleboro rat］利尿に関わる機能的なホルモンの生成を阻害する**バソプレシン**に関わる遺伝子に変異を有するラット。ブラトルボロラットは**尿崩症**の兆候を示す。

**フラートン-キャッテルの法則**［Fullerton-Cattell law］観測誤差と**弁別閾**は刺激の大きさの平方根に比例するとする一般化のこと。フラートン-キャッテルの法則は**ウェーバーの法則**に代わるものとして提唱された。［アメリカの哲学者フラートン（George S. Fullerton: 1859-1925），キャッテル（James McKeen Cattell）による］

**プラトン的理想主義**［Platonic idealism］我々の世界の現象は，現象の理想的（イデア的）形相や観念的実在を熟慮することにより真に知られると考えたギリシャの哲学者プラトン（Plato: BC 427-347）の著作から直接的かつ間接的に派生した普遍的な哲学的立場。認識といったものは，感覚や理知よりも合理的知性または**知性**により得られるものである。プラトンは著作 The Republic（邦訳『国家』）において，この世界の事物は時間と空間の外側に存在する超越的な領域（界）としての理想的（イデア的）形相の陰影もしくは鏡映であるという中核的な概念をもって哲学的体系を発展させた。このイデアの領域は「現実」世界である。なぜならば，世界を構成する形相は我々の世界の事物のように変化や衰退，もしくは限定されるといったことのない完全かつ永遠なものだからである。「プラトン的理想主義」は本質的には不適切な名称である。イデア（ideas）に関するプラトンの教義は，事実上，**理想主義**ではなく**現実主義**の形相として，特に**言語普遍性**に関連したものを含め論理的な，そして他の問題をも解決することを部分的に試みている。（例として，青色の事物に対して「青」とい

**ブラフマチャリア**［brahmacharya］ 1. サンスクリット語で，禁欲または純潔のこと。ヒンドゥー教の伝統では（⇨ **ヒンドゥー教**），思考，言語，そして行動において禁欲を意味する用語であり，ラージャヨガの最初の段階での五大美徳の一つである。人間の人生はヴェーダの伝統によれば4つの段階に分かれるが，その最初の段階を表すのにブラフマチャリアという用語を用いる。その他にも，見習い僧のための聖職位授与式を表すのに用いられる。2. **仏教**における生活上の聖なる行い。教義にある規律を遵守した生活が重要であり，仏僧の俗欲を断った生き方をしばしば表す。

**プラン**［plan］ 認知心理学において，発話や複雑な動作のような意図的な行為の**心的表象**。当該の行為の実行を導くとされる。⇨ **準備，認知的プラン**

**ブランク幻覚**［blank hallucination］ 幻覚の一種であり，空間を浮いているような感覚，平衡感覚や身体の大きさの変化，その他のぼんやりした感覚を含むものである。多くの場合，ストレスへの反応として，または眠りに落ちるときに生じる。精神分析理論においては，乳を飲んで心が和んでいる体験を再現することで幼児期の防衛機制を繰り返しているのだと考えられている。

**ブランク試行**［blank trial］ 実験の一試行であり，規則性のない，もしくは意味のない刺激条件を用いて，参加者が推測したり，自動的に反応するのを妨げるために行われる。⇨ **キャッチ試行**

**ブランクの原則**［Planck's principle］ 新しい科学理論は，系統的な妥当性の検証により，この理論の正しさを認めない人々を納得させることによって承認されるのではないという考え方。そうではなくて，新しい理論を認めない科学者は，老齢化し死亡し，新しい理論を若い時に学び受け入れた新世代の科学者の登場によって新しい科学が承認される。この考え方は，**検証と反証可能性**に対する直接的な挑戦である。［ドイツの物理学者プランク（Max Planck: 1858-1947）によって提唱された］

**ブランダイスブリーフ**［Brandeis brief］ 1908年にミュラーがオレゴン州を相手に起こした裁判で示された概要のことであり，長時間労働が女性に及ぼす有害な影響を示している。弁論において数多くの社会科学研究に関する参考文献をもとにした初めての弁論趣意書の一つとされている。［アメリカ合衆国最高裁判所判事ブランダイス（Louis Dembitz Brandeis: 1856-1941）による］

**ブランド使用調査**［brand-use survey］ 消費者が特定の広告宣伝に掲載されている特定のブランド製品を購入するかどうかを決定するにあたってインタビューを行う広告心理学のテスト。ブランド使用調査は調査結果を妥当なものにするために**パントリーチェック技法**を併用することがある。

**ブランド選好**［brand preference］ 商品（たとえばビールやマーガリンなど）の特定のブランドを選好すること（⇨ **ブランド・ロイヤルティ**）。消費者が自分の好みのブランドを認識できるかどうかを確かめるために，目隠しテスト，あるいはラベルが貼られていないパッケージや瓶を消費者に見せるという，2種類のテストがよく用いられている。⇨ **ブラインドテスト**

**ブランド名**［brand name］ 製品を特定のブランドのものであると一意に識別できるもの。例として，ペプシコーラやナイキシューズがあげられる。ブランド名は，同じ機能を有する多くの製品の中での差別化を消費者ができるようにする。特定のブランド名は，ユーザーに価値，信頼，サービスおよび地位への期待をもたらす。

**ブランド・ロイヤルティ**［brand loyalty］ 一貫して特定のブランドを購入するという消費者の傾向のこと。強いブランド・ロイヤルティは，お気に入りのブランドを手に入れるためにより高いお金を支払ったり，より努力したりしたいと思う意欲によって明らかにされる。

**フーリエ解析**［Fourier analysis］ 正弦や余弦関数（フーリエ級数）の無限の和として表現できるという事実を使った複雑な波形の数学的分析。フーリエ変換（Fourier transform）は，異なった周波数と振幅とをもった単純な波形の集合へと波形を分解する数学的操作である。単純な構成要素からの複雑な波形の再構築はフーリエ合成（Fourier synthesis）と呼ばれる。フーリエ解析は音の研究において特に重要で（⇨ **音響スペクトラム**），フーリエ解析とフーリエ合成とは視覚的分析の理論的理解にとって重要である。［フランスの数学者・物理学者フーリエ（Jean Baptiste Joseph Fourier: 1768-1830）による］

**フーリエスペクトル**［Fourier spectrum］ イメージに関する**フーリエ解析**からなるすべての正弦波の周波数を表した振幅のグラフのこと。［フーリエ（Jean Baptiste Joseph Fourier: 1768-1830）による］

**フリーオペラント**［free operant］ いつでも自由に生じる，状況への反応のこと。⇨ **オペラント**

**プリオン**［prion］ 正常なタンパク質細胞の異常複製のこと。特定の脳疾患（⇨ **プリオン病**），とりわけ**クロイツフェルト・ヤコブ病**の感染性因子である。

**プリオン病**［prion disease］ 自己複製する異常プリオンタンパクによって引き起こされる，致命的な神経変性疾患群。歩行障害や，協応の不全，筋肉の震えや痙動，嚥下困難を症状とする。人における病型には，**クロイツフェルト・ヤコブ病，致死性家族性不眠症**，ゲルストマン・ストロイスラー・シャインカー症候群，**クル**などがある。死体解剖時の脳の状態から，海綿状脳炎（spongiform encephalopathies）としても知られている。

**ブリクスの温度実験**［Blix's temperature experiment］ 温度感覚の感度のよい皮膚上の領域を特定するための実験。温かいもの，もしくは冷たいものを接触させて刺激をしたときに，皮膚上の点は温かさ，もしくは冷たさのいずれかに感受性があるものの，両方には感受性はない。［スウェーデンの生理学者ブリクス（Magnus Blix）による］

**ブリケー症候群**［Briquet's syndrome］ **身体化障害**の旧式名称。［フランスの医師ブリケー（Paul Briquet: 1796-1881）が1859年にその特徴を初めて体系的に記述した］

**振り子膝蓋腱反射**［pendular knee jerk］ 小脳障害の患者にみられる異常な膝蓋腱反射のこと。最初の反射の後，下腿が何度か運動する。

**振り子問題**［pendulum problem］ 認知発達の実験に用いられる**ピアジェ課題**。実験参加者は，紐につながれた物

体の振幅速度が何によって決まるのかを尋ねられる。これは長さ，重さ，落下にかかる力，高さによる力などの変数を組織的に調べる能力を調べるものであり，一般的には青年期前期において，その思考がみられる。これは**形式的操作**の発達段階にみられる**仮説演繹推論**の証拠を示している。

**ブリソー小児症**［Brissaud's infantilism］ 幼児の心理的・身体的な特徴をもつ発達異常が思春期を過ぎても続くもので，甲状腺機能の欠陥が原因である。小児粘液水腫（infantile myxedema），ブリソーメージュ症候群（Brissaud-Meige syndrome）とも呼ばれる。［フランスの医師ブリソー（Edouard Brissaud: 1852-1909）とメージュ（Henry Meige: 1866-1940）による］

**フリッカー刺激**［flicker stimulus］ 急速に交互に入れ替わる感覚を生じさせる周期的に変化する視覚もしくは聴覚の刺激。

**フリッカー弁別**［flicker discrimination］ 光源の明るさの変化を知覚する能力のこと。この能力は異なる明るさが交互に切り替わる頻度（周波数）によって変化し，**臨界融合周波数**に達すると観察者は安定した水準での明るさを見る。

**フリッカー融合**［flicker fusion］ 点滅する光源によって生じる感覚のこと。光が非常に急速に点滅するために，途切れのない明かりへと融合したように感じられる。⇨ **臨界融合周波数**

**プリック体験**［prick experience］ ピン，針，もしくは小規模の電気刺激が皮膚の受容器のある領域に与えられることで生じる感覚のこと。チクリとするプリック体験はその刺激がどのように与えられるかに依存して，痒み，くすぐり，痛み，圧などのほかの体性感覚と似ていることもある。

**ブリッジング**［bridging］ より効果的であるとの判断から，セラピストが，最初にクライエントが好む治療部分（たとえば，認知）に焦点を当ててから，別の部分（たとえば，感覚）へ移るという**多次元様相療法**で使用される技法。

**フリードマン検定**［Friedman test］ 対応がある分析における中央値の等質性に関するノンパラメトリックテストのこと。

**フリードライヒ運動失調**［Friedreich's ataxia］ 筋協調不能の遺伝性，進行性症状であり（⇨ **運動失調**），脊髄内の神経組織と腕と脚の筋運動を制御する神経の変性に起因する。最初に脚，次に腕と体幹に影響を及ぼす**常染色体劣性**の遺伝の状態である。初期症状は典型的には小児期もしくは青年期早期に現れ，歩行困難，歩行不安定，反射消失があげられる。これらの症状はしばしば足奇形，脊柱湾曲症（後側弯症），不随意の急速眼球運動（⇨ **眼振**），言語障害を伴う。フリードライヒ運動失調では通常，症状発現から15～20年以内で車椅子生活を余儀なくされ，大抵は成人早期に死亡する。遺伝性運動失（hereditary ataxia）とも呼ばれる。［ドイツの神経科医フリードライヒ（Nikolaus Friedreich: 1825-1882）による］

**プリミドン**［primidone］ 一次代謝産物が**フェノバルビタール**であるバルビツール酸塩の**抗痙攣薬**。強直間代性発作の治療に適しているが，多くはより安全な新薬に変更されている。アメリカでの商品名はMysoline。

**フリーライダー**［free rider］ 共同作業にほとんど，あるいはまったく貢献しないにも関わらず，作業従事者と同じ利益を得る者。ただ乗り行為に対する怒りは，共同作業の効率を妨げることになる。

**ブリルスケール**［bril scale］ 刺激の知覚された明るさを測定するために使われるデシベル（dB）尺度。直接法による尺度構成（direct scaling method）で作成されており，0 dBが**絶対閾**と近似するとされている。ブリル（bril）は輝度の単位であり，標準的な観察者の知覚した明るさが0 dBの参照レベルよりも40 dB高いときの明るさを表している。1ブリルは10万ミリランバートと等しい。

**不倫**［affair］ 二者間における性的関係。特に，一方の他方における不貞。⇨ **不義**

**フリン効果**［Flynn effect］ IQが最初に測定された時期から，IQの値が漸進的に上昇し続けている現象のこと。IQテストの定期的な再標準化によってIQの平均値は100のままになっているが，**素点は上がり続けている**。これらの増加は，一世代ごと（たとえば30年間）に，おおよそ9ポイント上がっている。この知見は能力の種類の違いによってばらついた結果となっており，**流動性能力は結晶性能力**と比べて上昇するという結果を示している。［ニュージーランドの哲学者フリン（James Flynn: 1934- ）がこの現象を初めて記した］

**ブルー**［blues］ うつ的な症状，特に悲しみや**アンヘドニア**を意味する口語表現。⇨ **ベビーブルー**

**フルインクルージョン**［full inclusion］ 知的障害，身体障害，行動障害をもつ子どもたちに，ホームスクール（在宅学習）でのサービス提供と，全日での通常学級への参加をできるようにする実践活動。⇨ **コミュニティ・インクルージョン，最も制約の少ない環境，統合教育**

**フルオキセチン**［fluoxetine］ SSRIs（選択的セロトニン再取り込み阻害薬）の原型である抗うつ剤。セロトニントランスポーターの抑制や，シナプス前ニューロンの**終末ボタン**へのセロトニンの再取り込みを防止する作用をする。その結果，シナプス後受容体との交互作用が可能な神経伝達物質の高いレベルをもたらす。フルオキセチンは，生物学的代謝活性産物であるノルフルオキセチンが，単回投与後の5～7日の長期の半減期であり，薬が定常状態の濃度になるのに約30日（20～35日）かかるという点で他のSSRIsとは異なる。他のSSRIsと同様に，モノアミノキシダーゼ阻害薬と一緒に使用するべきではない。アメリカでの商品名はプロザック（Prozac），サラフェム（Sarafem）。

**フルオレセイン血管造影**［fluorescein angiography］ 網膜の血管を検査する診断手法。蛍光物質であるフルオレセインを循環系に注射し，網膜表面の血管に流れ込んだところを特殊なカメラを使い造影する。

**プルキンエ現象**［Purkinje shift］ 照明の明るさにより，色が変化するように見える現象。たとえば，夕方，暮れ始めには，バラは鮮やかな赤，鮮やかな緑の葉に見えるが，日が落ちるとともに，黒い花，灰色の葉に見えるようになる。青よりも赤の色域に先に影響を与える。

**プルキンエ細胞**［Purkinje cell］ 脳の**小脳皮質**にある大型で高度に分岐した細胞。筋肉の動きを調整するために，体の位置に関する入力信号を受け取って脊髄神経に信号を送る。

**プルキンエ-サンソン像**［Purkinje-Sanson images］固定された物体が生じさせる3つの反射像。角膜表面，水晶体の前面と後面に反射して生じる。［フランスの外科医プルキンエ（Johannes Purkinje），サンソン（Louis Joseph Sanson: 1790-1841）による］

**プルキンエ像**［Purkinje figures］外側から強膜を通して眼球に光をあてることにより，自分自身で見ることができる網膜上の血管。プルキンエ血管像とも言う。

**ブルクシュ指数**［Brugsch's index］人体測定学における胸囲の指数。計算手順は，胸囲の測定値に100をかけ，それを身長で割る。［ドイツの内科医ブルクシェ（Theodor Brugsh: 1827-1884）による］

**プールされた相互依存性**［pooled interdependence］タスクが複数の個人，単位，集団に分割され，それぞれが仕事の流れについては互いに関係がなく，相互の接触や調整が要求されることはほとんどないという形で，独立に課題を遂行する課題状況のこと。それぞれの個人，単位，集団の成果は最終的にプールされ，組織の全体目標に全体として貢献するようになっている。たとえば，ある企業の営業部の個々のメンバーは会社の製品を売るために一日中独立して仕事をし，一日の終わりに全員の売上額を合わせてその企業の売上高を算出する。プールされた相互依存性は，それぞれの個人や集団によって達成された成果が他の個人や他の集団の達成にほとんど依存しない。

**プールされた分散**［pooled variance; pooled within-cell variance; within-cell variance］複数の独立した分散の推定値を統合することによって得られる単一の共通分散の推定値のこと。

**ブルシン**［brucine］灌木類のニガキ科植物（*Brucea*）から得られるアルカロイドで，抑制性神経伝達物質のグリシンに対する受容体部位の拮抗薬である。ブルシンはマチンからも得られる。ストリキニーネに類似しているがそれより毒性は弱い。

**ブルース効果**［Bruce effect］化学的情報の影響で妊娠しているメスの流産を誘発すること。メスのネズミにおいて，最初の交尾から数日で新たなオスの臭気にさらされると妊娠を中断する。⇨ **ホイットン効果**　［イギリスの内分泌学者ブルース（Hilda M. Bruce: 1959- ）によって説明された］

**プルースト現象**［Proust phenomenon］感覚的，感情的表出を伴って，突然記憶が思い出されること。フランスの作家プルースト（Marcel Proust: 1871-1922）の名前を用いた用語で，彼の長編小説 *In Search of Lost Time* の第1巻で，1つのマドレーヌ（小さい貝の形をしたスポンジケーキ）を食べた経験が，彼を子ども時代の記憶の中へ連れ戻した様子を描いていることに由来する。

**プールする**［pooling］複数の独立したパラメータの推定値を単一の推定値に結合する手続きのこと。この手続きは，**重みづけ**のある，またはない独立した推定値の平均値を算出することにより行われる。しかしながら，プールされた推定値は単純にすべてのデータを単一データへと統合し，まとまったデータからパラメータの推定値が算出されているのではないことに注意する必要がある。

**ブール代数**［Boolean algebra］様々な領域の言明を符号化する論理体系。この符号を公理論的なルールに従って操作することによって倫理的な結論を得ることができる。コンピュータサイエンスでは，ブール代数はデジタルコンピュータの複雑な論理回路のもととなっている。［イギリスの数学者・論理学者ブール（George Boole: 1815-1864）による］

**ブルックランズの実験**［Brooklands experiment］多くの重度知的障害児が居住施設で暮らしていた時に，子どもにとっての家庭的な家族居住環境の利点を研究した実験。この実験では，17名の子ども（平均年齢7歳，平均IQ 25）は看護スタッフ，スーパーバイザー，教育担当者と一緒に住居施設から大きな家へ引っ越し，類似したグループは施設に留まった。フォローアップにおいて引っ越した子どもたちは，言語およびその他のスキルの使用と理解に関する能力において向上がみられたが，施設に留まったグループの子どもたちにはみられなかった。［イギリスで研究を行っているニュージーランド生まれの心理学者ティザード（Jack Tizard: 1919-1989）によって1964年に報告された］

**ブルートフォース**［brute force］問題解決の戦略。問題に対して可能性のある解決策をすべて検討する方法（コンピュータを用いることが多い）。総当たりとも言う。⇨ **アルゴリズム，悉皆探索**

**フルニトラゼパム**［flunitrazepam］いくつかの国（アメリカは含まれない）では，不眠症の短期治療のためや麻酔前投薬として合法的に処方されている**ベンゾジアゼピン**。また，乱用薬物の鎮静や脱抑制効果のためにも使用されている。他の多くの**中枢神経抑制薬**と同様に，アルコールと結合すると深刻な問題を引き起こす（⇨ **デートレイプ薬**）。商品名はロヒプノール（Rohypnol）。

**ブルニンクス-オゼレツキー式運動能力テスト**［Bruininks-Oseretsky Test of Motor Proficiency: BOT］4歳〜21歳を対象とした，**微細運動**と**粗大運動**のスキルをアセスメントするために標準化されたテストで，53項目が8つのサブテストで構成されている。すなわち，微細運動精度（fine motor precision），微細運動の統合（fine motor integration），手指の巧緻性（manual dexterity），左右協調（bilateral coordination），バランス（balance），疾走速度と敏捷性（running speed and agility），上肢の協調（upper-limb coordination），強度（strength）である。ブルニンクス-オゼレツキー式運動能力テストは1923年の運動成熟のオゼレツキーテスト（Oseretsky Tests of Motor Proficiency）の改訂版として1978年に初版が出版され，現在は第2版（2005年）となっている。［アメリカの心理学者ブルニンクス（Robert H. Bruininks: 1942- ），ロシアの心理学者オゼレツキー（N. I. Oseretsky）による］

**フルフェナジン**［fluphenazine］ピペラジンフェノチアジン類の**高力価の抗精神病薬**。神経筋症状や錐体外路症状の主症状に対して**ハロペリドール**と同じ程度強力であり，同様の副作用がある。ハロペリドールと同様に，油性の注射剤型のものがある。これらの，いわゆる持効性製剤は，数週間の投与期間で筋肉に注射され，とてもゆっくり吸収される。アメリカの商品名はプロリキシン（Prolixin）。

**プルフリッヒ効果**［Pulfrich effect］片方の眼では通常通りに，もう一方の眼では薄暗いフィルタを通して，平面上で揺れ動く振り子を見るときに生じる奥行きの錯覚のこと。この状態で作られる視覚信号のタイミングの差異が脳

によって**両眼視差**として解釈され，振り子は前後の往復というよりは楕円状に動いているように見える。プルフリッヒ現象（Pulfrich phenomenon）とも呼ばれる。⇨ **マッハードボラック立体錯視** ［ドイツの科学者プルフリッヒ（Carl Pulfrich: 1858-1927）による］

**フルボキサミン**［fluvoxamine］ 強力な **SSRI**（選択的セロトニン再取り込み阻害薬）。作用の仕組みや抗うつ効果は他のSSRIと同様であるが，主に，強迫性障害の治療の薬として市販されている（⇨ **クロミプラミン**）。商品名はルボックス（Luvox）。

**フルマゼニル**［flumazenil］ **ベンゾジアゼピン**の過剰摂取による症状の緊急解除や，ベンゾジアゼピンによって誘導された鎮静状態を無効にする麻酔として使用される薬。GABA受容体複合体の結合部位からベンゾジアゼピン（**GABA作動薬**として作用している）を移動させることによって作用している（⇨ **ベンゾジアゼピン抗作動薬**，**GABA_A受容体**）。短時間作用薬であるため，複数回投与が必要とされる。即効作用は急激な離脱症候群を引き起こすため，ベンゾジアゼピン依存の管理や，他のGABA作動薬（たとえば，バルビツール酸塩）の中枢神経作用を遮断したり，それらの効果を無効にする効果はない。アメリカでの商品名はロマジコン（Romazicon）。

**ブルーム・イェットン・ジャーゴーのリーダーシップ理論**［Vroom-Yetton-Jago model of leadership］ ある状況下でフォロワーをどのくらい意思決定に関わらせるべきかをリーダーが判断するための理論。複数のルールとツリー型の意思決定アルゴリズムに従って判断する。リーダーは，状況の特徴（たとえば，**課題構造**が高いか低いか）や，選択肢をめぐってフォロワーの間でどのくらい葛藤が生じるか，反対していたフォロワーが決定を受容してくれるかについての期待度，そしてその受容の重要性などについて査定する。この査定に基づき，フォロワーの参加レベル（リーダーの独裁的決定・助言的アプローチ・全員参加・代表団参加など）を選択する。［カナダの組織心理学者ブルーム（Vivtor H. Vroom: 1932- ），オーストラリアのマネジメント専門家イェットン（Philip W. Yetton），アメリカの組織心理学者ジャーゴー（Arthur G. Jago: 1949- ）による］

**フルラゼパム**［flurazepam］ 不眠症の短期治療において使用される**ベンゾジアゼピン誘導体**。アメリカの商品名はダルメーン（Dalmane）。

**ブルンスウィックの顔**［Brunswik faces］ 顔を単純化した線画であり，目の離れ具合や高さ，鼻の長さ，そして口の高さといったパラメータを変えることができる。この線画は，弁別や分類に関する知覚研究に用いられている。［オーストリア生まれのアメリカの心理学者ブルンスウィック（Egon Brunswik: 1903-1955）による］

**ブルンスウィックの比率**［Brunswik ratio］ 環境要因が変化する中で得られる**知覚の恒常性**についての数式であり，$(P-R)/(O-R)$と表現される。たとえば大きさの恒常性において，$P$が知覚された大きさ，$R$が網膜像の大きさ，そして$O$は客観的な（すなわち，実際の）大きさとされる。［ブルンスウィック（Egon Brunswik）による］

**ブレイクスルー**［breakthrough］ セラピーにおいて，時に突然起こる重要な前進のこと。特に，非生産的な膠着状態が続いた後にみられる。

**ブレイクとムートンのマネジリアル・グリッド**［Blake-Mouton managerial grid］ リーダーの行動を，人と生産に対する関心の2次元で査定するリーダーシップのモデル。管理者のリーダーシップスタイルは，各次元について9段階尺度で記述され，総計81のスタイルに分類可能である。最もよく議論されるスタイルは，9対1（生産への高関心，人への低関心：権威型），1対9（生産・低，人・高：仲良しクラブ型），5対5（生産・中，人・中：妥協型），1対1（生産・低，人・低：放任型），9対9（生産・高，人・高：チームリーダー型）の5つである。2次元のリーダー行動空間（two-dimensional leader behavior space）とも言う。［1964年にアメリカの心理学者であるブレーク（Robert R. Blake: 1918-2004）とムートン（Jane S. Mouton: 1930-1987）によって提唱された］

**フレイ触覚計**［Frey esthesiometer］ 皮膚上に感覚を生じさせるために必要となる最小強度の圧刺激を測定するために用いられる装置のこと。長さと密集度が異なる毛で構成され（フォン・フレイの髪：von Frey hairsと呼ばれる），ちょうど毛が曲がる力で皮膚の様々な領域に当てられる。［ドイツの心理学者フォン・フレイ（Maximilian von Frey: 1852-1932）による］

**プレイスメントカウンセリング**［placement counseling］ 1. 里親制度において，子どもと養子をとる親が養子縁組を調整するのを助けるサービス。2. 職業的リハビリテーションにおいて，障害をもった人が適切な就業機会を得られるように助言したり準備したりするサービス。

**プレイスメントテスト**［placement test］ 教育機関が実施する試験のこと。これによって能力や達成度，興味関心に応じたクラスへ生徒を配置する。

**ブレイドの斜視**［Braid's strabismus］ 両眼が内側によって，なおかつ上方に向くことで催眠状態が誘発されうる**斜視**の一種。［イギリスの外科医・催眠研究者ブレイド（James Braid: 1795-1860）による］

**フレイミンガム心疾患研究**［Framingham Heart Study］ 心疾患の理解，予防，および治療に焦点を当てた大規模調査。マサチューセッツ州のフレイミンガムに住む3世代を対象にデータを50年間にわたり収集した。それによると，心疾患や心臓発作の第一危険要因は，喫煙，身体的低活動，肥満，高コレステロール値，糖尿病，高血圧であった。この研究は前方向的に行われ，最も信頼性のある研究の一つとみなされている。つまり，元来心疾患をもたない人を対象に，疾患の兆候が出現する前の食事その他の生活習慣を記録する研究計画が採用されている。

**ブレインイメージング（脳撮像）**［brain imaging］ 磁気共鳴画像法（MRI）やコンピュータ断層撮影（CT）のような非侵襲的技術を用いることで頭蓋を無傷のまま脳の構造について研究することをいう。

**ブレインストーミング**［brainstorming］ アイデアを自発的に，かつ抑制されずに産出する問題解決方略。通常，集団状況で行われる。その場では，アイデアの潜在的価値について批判的な判断をすることはしない。⇨ **創造的思考，拡散的思考**

**ブレインバンク**［brain bank］ 病理学的な研究をより有効に行えるように，特定の神経学的な疾患を有した人々の脳を収集するプログラム。

**ブレインマッピング**［brain mapping］ 様々な機能が異

なる脳領域によって担われていることを視覚的に表現すること．マッピングは，種々の行動下の局部脳損傷の効果，脳の電気的活動記録そして**ブレインイメージング**といった様々な情報源に基づいている．⇨ **脳機能局在論**

**プレグナンツの原理**［principle of Pragnanz］ ゲシュタルト心理学における，条件が許す限りの，最も単純で，意味があり，安定していて，完全な構造として形を知覚する傾向の原理のこと（ドイツ語で Pragnanz は"簡潔さ"）．プレグナンツの法則（law of Pragnanz）とも呼ばれる．
⇨ **閉合，体制化のゲシュタルト原理**

**ブレグマ**［bregma］ 頭蓋の真上にある，前頭骨と頭蓋骨の側面を形成している頭頂骨とを結合している（動きのない結合）場所の名称．様々な測定において，ランドマークとして使われる．⇨ **脳定位**

**フレゴリの錯覚**［Fregoli's phenomenon］ 自分を迫害する者が顔を変えることができるという妄想的仮定に基づいて，よく知っている様々な人々（たとえば，隣人，医師，店員）を，自分を迫害する者だと確信する**人物誤認症候群**．［1927年に初めて報告され，外見を変えることができるということで有名になったイタリアの俳優フレゴリ（Leopoldo Fregoli: 1867-1936）から名づけられた］

**ブレスト認知症スケール（BDS）**［Blessed Demential Scale: BDS］ 認知症の深刻さに関するアセスメントにおいて用いられる行動評価尺度．援助者に対して実施されるもので，下位尺度では，毎日の仕事の変化，活動や習慣の変化，パーソナリティや動機づけの変化を測定する．［1968年にイギリスの老年精神医学者ブレスト（Gary Blessed），神経学者トムリンソン（Bernard E. Tomlinson），精神科医ロス（Martin Roth）が発展させた］

**プレセニリン**［presenilin］ 膜貫通型タンパク質群の構成要素であり，その変異は家族性早期発症**アルツハイマー病**の発症に関連している．

**プレゼンティング**［presenting］ 交尾行動を可能にするため，動物のメスがオスの個体に背中を向けて臀部を高く上げること．交尾行動以外の場面では，下位個体（劣位個体）が上位個体（優位個体）に対して行うプレゼンティングがある．げっ歯類にみられるプレゼンティングは，ロードシスと呼ばれる．

**プレゼンテーション**［presentation］ 1. 資料を提示し，自分の考えを説明する方法．学習や理解を促す目的で用いられる．2. 実験において，人間の被験者や動物を，実験刺激にさらすこと．3. 精神分析理論において，本能が表出される手段，または媒体．

**プレチスモグラフ**［plethysmograph］ 器官や身体組織の体積や体積変化を測定して記録する装置のことで，たとえば器官を通じて流れる血液供給などを指標とする．陰茎の大きさを記録して，血流量や勃起を測定する陰茎プレチスモグラフ（penile plethysmograph）や膣の壁の血液量の変化を記録して，性的興奮を測定する膣プレチスモグラフがその例である．

**フレックスタイム**［flextime; flexitime］ コアタイム（core hours）に職場で勤務することを条件として，出退勤の時刻を従業員の自由裁量とすること．家事，育児といった職務以外の必要に応じて，従業員が労働時間を調整することを認める．

**フレッシュ指数**［Flesch index］ 単語，文の長さ，語彙，語句を検査することによって文書の読みやすさと読解レベルを評価するために使用されるシステム．［アメリカの文献言語学者・心理学者フレッシュ（Rudolph Flesch: 1911-1986）による］

**プレテスト**［pretest］ 介入を行う前や統制条件に対して，事前に行う試行のこと．

**ブレード・カッティング**［braid cutting］ 性的活動の一部として毛髪を切り取ること．毛髪への病的な執着．

**プレパルス抑制**［prepulse inhibition］ 強い刺激の前に弱い刺激を提示することにより，反射反応を減衰させること．たとえば，大きなノイズ音の提示は驚愕反応を引き起こすが，ノイズ音の直前にトーン音を提示すると驚愕反応は減る．

**フレーベル主義**［Fröbelism］ 幼稚園制度の創始者であるドイツの教育者フレーベル（Friedrich Fröbel: 1782-1852）によって開発された教育方法．フレーベルは，学習と身体運動を推奨する開かれた環境を与えることが，子どもの発達にとって重要であると考えた．

**プレマックの原理**［Premack's principle］ 比較的高い**ベースライン**確率の行動をすることによって，より低いベースライン確率の行動が強化されるという見方．たとえば，空腹のラットの食行動の確率は高いかもしれないが，レバーを押す確率はそれよりも低いかもしれない．そこで，レバーを押すことで食行動が左右される機会を与えることにする．すると，レバー押しの頻度が高まると考えられる．プレマックの法則（Premack's rule）とも言う．［アメリカの心理学者プレマック（David Premack: 1925- ）による］

**フレーミング**［framing］ 文脈や論点を知覚し評価するために役立つ疑問や問題，出来事にまつわる文脈や論点を定義するプロセスのこと．フレーミング効果（framing effect）とも呼ばれる．⇨ **リフレーミング**

**フレーム**［frame］ 1. 人工知能において，オブジェクトシステムのように，計算システムの知識を表現し，構造化するために用いられる**知識表象**スキーマ．［1981年にアメリカの数学者でコンピュータ科学者のミンスキー（Marvin Minsky: 1927- ）によって初めて提唱された］ 2. 教育分野における用法は⇨ **プログラム学習，直線型プログラム**

**フレーム問題**［frame problem］ 人間の認知に関する**人工知能**や計算論的モデルにおいて生じる技術的困難のこと．フレーム問題とは，本質的には，ある与えられた状況が変化を含む中で変化せずに残っているものを，効率的に特定あるいは記述するために，**形式論理学**をどのように用いるかという問いである．言い換えれば，状況の特性には何の効果も及ぼさない特定の行動は何か（例，物体に色を塗ることは物体の場所を変化させない）を考えることである．この用語は，**認知心理学**や**認知科学**において，新たな信念の形成をうながすような関連知識を用いて，環境における出来事の意味づけとして妥当と思われる仮説を素早く生成してきた．入力される情報に対して敏感に反応するような人間の能力をモデル化する困難さをも意味するように拡張されてきた．［アメリカの哲学者・心理学者フォーダー（Jerry Alan Fodor: 1935- ）により提唱された］

**フレーメン**［flehmen］ 頭を上方に向け唇を引き上げた動物の姿勢のことで，ドイツ語の「上歯をむき出しにす

る」の意に由来する。しばしば鼻を鳴らす息や深い吸気とともに生じる。フレーメンは、種に特異的な嗅刺激処理のための嗅器官である鋤鼻系へ化学的な信号を送るために寄与している。オスの有蹄動物が、**発情期**であるかどうか探るためにメスの尿を探しているときにみられる。

**フレーリッヒ症候群**〔Fröhlich's syndrome〕下垂体前葉の機能低下によって引き起こされる疾患（下垂体機能低下症：hypopituitarism）。主な症状は、性器と第二次性徴の未発達、一般的な不活発、肥満であり、いくつかのケースでは、多尿症（頻尿）、多渇症（液体の頻繁な摂取）、軽度精神遅滞がある。また、**脂肪性器性ジストロフィー**、ローノア-クララ症候群（Launois-Cleret syndrome）とも言う。〔オーストリアの神経学者フレーリッヒ（Alfred Fröhlich: 1871-1953）が提唱した〕

**プレローディング**〔preloading〕動物が餌や水を得る前に、餌、水、またはなんらかの栄養分が、胃やそのほかの消化器系の部位に取り入れられる実験的手続きのこと。これに続いて、動物の摂食行動や飲水行動におけるプレローディングの効果が測定される。

**不連続運動課題**〔discrete movement task〕認識可能な始まりと終わりがある運動課題。たとえば、物体をつかむ、ボールを蹴る、車のギアを入れ換えるなどが含まれる。⇨**連続運動課題**

**不連続仮説**〔discontinuity hypothesis〕**ゲシュタルト心理学**において、問題解決や**弁別学習**の成功における知覚的再体制化と突然の洞察の役割を強調する観点のこと。このような観点によれば、正解は全体として問題と正解との関係が発見されたときにのみ認識される。不連続理論（discontinuity theory）とも言われる。⇨**連続説**、**アハ体験**、**全か無かの学習仮説**、**ユーレカ課題**

**フロー**〔flow〕スポーツをする、芸術に向き合う、面白い本を読むといった楽しむことのできる活動に没頭することで生じる最適状態の体験のこと。フローは、課題で求められていることと能力が等しいときに生じ、内発的な動機づけが頂点に達し、最大限の能力が発揮されており、強い統制感を抱き、活動に苦はなく、専心している状態をいう。

**ブロー**〔blow〕1. コカインを意味する隠語。2. コカインやマリファナを吸引すること。⇨**コカイン中毒**、**大麻中毒**

**フロイト，A.**〔Freud, Anna〕アンナ・フロイト（1895-1982）。オーストリア生まれのイギリスの精神分析家。アンナ・フロイトは、ジーグムント・フロイト（Sigmund Freud）の末娘で、最初、小学校の教師としての教育を受け、その後、ウィーンで精神分析家としての教育を受けた。特に、**防衛機制の研究** The Ego and the Mechanismes of Defense (1936)（邦題『自我と防衛機制』）を通して、精神分析の理論と実践に独自の貢献を数多くなした。**児童分析**の領域の開拓者であるが、1938年にナチスがオーストリアを侵略した後に移ったイギリスのハムステッド診療所で精力的に仕事を行った。多くの点で伝統的な精神分析家であるといえるが、子どもの正常な発達にこの上ない関心を払い、1965年には Normality and Pathology in Childhood（邦題『児童期の正常と異常』）を刊行した。また、アンナ・フロイトは、生涯しばしば指導的な立場に立ち、有名なウィーンの精神分析学会においては、1920年代～1930年代にかけてナチスの侵略と同時に学会が解散するまで、会長を務めた。⇨**メタ心理学的プロフィール**

**フロイト，S.**〔Freud, Sigmund〕ジーグムント・フロイト（1856-1939）。オーストリアの神経科医であり、**精神分析**の技法を創始した精神分析家である。ウィーン大学にて心理学者であるブレンターノ（Franz Brentano: 1938-1917）と生理学者であるブリュッケ（Ernst Brücke: 1819-1892）のもとで学び、1881年にウィーン大学で医学博士を取得した。神経科学分野において重大な貢献を果たすなど、神経科医として科学者の道を歩み始めた。しかし、パリにおいて、フランスの医師シャルコー（Jean-Martiin Carcot: 1825-1893）の催眠の実演に立ち会って以後、ヒステリーのような精神障害への心理学的アプローチに関心のすべてを払うようになった。症状の除去に限界のある催眠を捨て、神経症の主な要医である**無意識**の性的葛藤と抑圧の存在を認識させた**自由連想法**を考案した。これらの概念は、フロイトが精神分析学と名づけた新たな学問分野の基礎となった。精神分析学は、(a) 幼少期からの敵意感情や性的感情が置き換えられた夢の解釈、(ɔ) 治療者と患者の間にある抵抗と関係性の分析、(c) 早期体験と性心理的発達からみた患者の現在の症状の検討、といった手続きに焦点を当てるものであった。長い歳月を必要とするこの治療の目的は、症状を除去することのみならず、患者の精神全体を再構成することでもある。フロイトはまた、精神分析的方法を、ダ・ヴィンチ（Leonardo da Vinci）といった歴史上の人物の研究や、個人の幼少期と人類の「原始時代」を比較しながら原始的文化を探究することに応用した。フロイトは、当時、非常に論議の的となった（現在も論議の余地が残る）自身の考えを広めるため、多くの弟子に教え、最初の精神分析学会を創立することに力を注いだ。*The Interpretation of Dreams*（1900）（邦題『夢判断』）、1905年には *Three Essays on the Theory of Sexuality*（邦題『性理論に関する3つの論文』）、*Totem and Taboo*（1913）（邦題『トーテムとタブー』）、*Beyond the Pleasure Principle*（1920）（邦題『快楽原則の彼岸』）、*The Ego and the Id*（1923）（邦題『自我とエス』）を含む著書を続けて刊行した。⇨**フロイト派の性格理論**、**新フロイト派**

**フロイト的失言**〔Freudian slip〕精神分析理論において広く受け入れられている解釈であり、書記や発言、行動における無意識の誤りは、容認できない衝動が自我防衛を通り抜けて生じたものであり、その人の本当の願望や感情を表していると考えられるものである。⇨**失錯行為**、**言い間違い**、**徴候的行為** 〔フロイト（Sigmund Freud）に由来する〕

**フロイト派の性格理論**〔Freudian theory of personality〕性格や人格は、**心理・性的発達**の早期段階における体験と**固着**の産物であるという一般的な精神分析の概念。⇨**精神分析**

**ブロイラーの理論**〔Bleuler's theory〕統合失調症の基礎となる症候学を提示した理論。本疾病を診断するために4つの**基礎症状**が求められる。そして、統合失調症において明らかに認められるもの（例、妄想、幻覚）は、他の疾患にもみられるため、二次的な症状（⇨**二次症状**）とみなされる。〔スイスの精神医学者ブロイラー（Eugen Bleuler: 1857-1939）による〕

**プロオピオメラノコルチン（POMC）**〔proopiomelanocortin: POMC] 下垂体で生成されるタンパク質で，複数のホルモンの前駆物質となる．酵素により異なる位置で切断されることで，生理学的に活性のある物質が作られる．**ベータ・エンドルフィン**，**アルファメラニン細胞刺激ホルモン**，**副腎皮質刺激ホルモン**などが作られる．

**ブロカイン**［procaine］ 局所麻酔のために医療行為や歯科行為で用いられる．コカインの代用品として1905年に初めて紹介された．

**ブローカ失語**［Broca's aphasia］ **表現性失語症**であり，話すことや書くことが難しいが，身ぶりを用いることは可能である．これは，下前頭回の下部で，時に44領域とされる脳の領域（⇨ **ブローカ野**）の損傷と関連している．［フランスの医師ブローカ（Pierre Paul Broca: 1824-1880）による］

**ブローカ野**［Broca's area］ 発話の制御に関わるとされる，**大脳半球の下前頭回の後部領域**．右利きの人，および左利きの人の一部では，左半球に位置する．［1861年にブローカ（Pierre Paul Broca）によって発見された］

**プロクシミクス**［proxemics］ 社会心理学において，対人間の空間的行動の研究のこと．プロクシミクスは，**縄張り性**，**対人距離**，空間設計，**クラウディング**といった，行動に影響を与える物理的環境に関連している．

**プロクラステス回転**［Procrustes rotation］ 最小二乗法によって，目標（ターゲット）**行列** $Y$ に最も適合するように，行列 $X$ 上で表示された点の**線形変換**．通常，目標（ターゲット）行列上の点は，理論的因子構造，または種々な母集団における**因子分析**の結果に基づく．この名前は，連れ込んだ旅人の手足を引っ張ったり切断したりしてベッドに無理矢理合うようにした，ギリシャ神話の追い剥ぎから来ている．

**プログラム学習**［programmed instruction; programmed learning］ 教育的，応用的状況において，自己学習のために用いられる学習方法．この方法では，教材は一連の段階的な手順，すなわちフレームの中で呈示される．学習者はそれぞれの段階において応答を求められる．もし応答が正しければ次の段階に進み，応答が正しくなければさらに復習を行う．⇨ **ティーチングマシン**

**プログラム結果**［program outcome］ あるプログラムの実施がもたらすあらゆる効果のこと．プログラム出力とも言う．

**プログラム効果**［program impact］ 良いサービスを生み出すために設計されたプログラムの効果のことで，目標の達成という点で成功か失敗かを測る．

**プログラム細胞死**［programmed cell death］ 古い細胞や感染細胞において，また発生中の組織形成の際に見られる秩序だった細胞死，および余剰細胞の廃棄のこと．一生を通じて起こる．アポトーシス（apoptosis）とも呼ばれる．

**プログラムの完全性**［program integrity］ 意図したプログラムがどれくらい実際に行われているかの程度．治療的完全性（treatment integrity），治療の妥当性（treatment validity）とも呼ばれる．

**プログラムの効果**［program efficacy］ 統制された科学的な条件下で介入することにより，プログラムの結果について考察を示すこと．治療される患者のタイプや提供される治療の性質などは綿密に定義されている．しかし，この方法は現実場面とは異なる条件の場合もあり，高い**外的妥当性**を達成しない危険性がある．

**プログラム評価**［program evaluation］ プログラムの導入，継続，拡大，保証，修正のために，社会調査の手法を適用する過程のこと．プログラム評価は，プログラムへの支持あるいは反対の論拠として使われ，社会科学や行動科学における，社会的介入や社会実験についての基本的な知識をもたらす．

**プログラムモニタリング**［program monitoring］ プログラムのパフォーマンスの測定に重要な指標を使うこと．この活動の目的や方法は多様であり，**過程評価**，運営情報システムから提供される情報やプログラムの結果を測定するパフォーマンス測定に関わっている．通常，これらの方法はプログラムの効果を測るわけではない．⇨ **プログラム有効性**，**プログラム効果**

**プログラム有効性**［program effectiveness］ 厳密に統制された実験状況（狭義では，患者への処し方，提供するサービスの質等の一類型として定義される）における介入の効果のテストから得られる**プログラム結果**についての評価結果のこと．この方法は，現実世界では日常のサービス提供の在り方が大きく異なっている状況でのサービス提供に関わっており，**外的妥当性**がかなりの確率で保証されないおそれがある．⇨ **プログラム評価**

**プログレッシブ教育**［progressive education］ もともとはデューイ（John Dewey）の考えに基づく，幅広い教育的取り組みを指す．そこで強調されているのは，独断主義に対する考え方としての経験主義である．また，行動することによって，学習すること，個人の学習ペースの評価，関心に応じた学問領域の選択の自由，専門領域の学習と教室外の世界での経験との密接な関係性が強調される．

**プロクロルペラジン**［prochlorperazine］ 吐き気，むかつき，嘔吐の治療，時には不安のコントロールに対しても用いられる効果が弱めの**フェノチアジン**のこと．かつては抗精神病薬として用いられていた．アメリカでの商品名は Compazine．

**プロゲステロン**［progesterone］ 主に卵巣の**黄体**から分泌されるホルモンで，着床に必要な子宮の**子宮内膜**の保持に働く．着床が起こると最初は黄体から，その後は胎盤からプロゲステロンは分泌され続け，妊娠中の子宮を維持し，卵巣からの排卵を抑制する．乳腺における乳汁分泌細胞の発達も促進する．

**プロゲストゲン**［progestogens］ 天然のホルモンプロゲステロンとプロゲステロンと同様の生理活性をもつ合成ステロイド（progestin）を合わせたステロイドの名称．プロゲスチンはプロゲステロンやテストステロンから作られる．プロゲステロンは発情抑制作用を示すが，プロゲスチンは発情促進といった異なる作用をもつ．経口避妊薬，**ホルモン補充療法**，月経不順の治療などに使用される．

**プロジェクトインテリジェンス**［Project Intelligence］ 1979年に展開された認知スキルを向上させるためのプロジェクトであり，もともとはベネズエラの青年期初期から中期の子どものために考案された．このプロジェクトは高く評価されており，認知スキルの向上に有効であることが明らかになっている．

**プロジェクトメソッド**［project method］ 生徒が教師の直接指導が最小限である学習計画を通じて，作業を単独

あるいは共同で開始し，展開し，実行する授業構造のこと。

**プロシクリジン**［procyclidine］ 抗コリン薬でパーキンソン病の治療薬として用いられる。アメリカでの商品名はKemadrin。

**プロスタグランジン（PG）**［prostaglandin: PG］ 動物の体内において局所性ホルモンとして作用し，様々な生理的効果を引き起こす化学物質群のこと。基本的な型がいくつかあり，大文字に続いて，側鎖の脂質の飽和度を示す数字を下付きで記す（例，$PGE_2$，$PGH_2$）。血圧に影響を与えたり，平滑筋を刺激したり，炎症を亢進させたりする。

**プロセス・ロス**［process loss］ 社会心理学の集団研究において，あらゆる集団が完全な可能性に到達するのを妨げるような行動，操作，ダイナミクスのことで，労力を省くこと（**社会的手抜き**），協調作業の失敗（**協調減損**），コミュニケーション不足，非効果的なリーダーシップといった例がある。⇨ **集合的集団努力**，**リンゲルマン効果**，**社会的干渉**，**カモ効果**

**プロセスオブザーバー**［process observer］ 1. 集団内で，集団の機能について観察し評価する成員。この役割は，1人かそれ以上の成員が公式または非公式に担う。2. 集団がうまく機能するように観察したり，観察したことについて話しあったりすることで，集団がパフォーマンスを改善するのを支援するコンサルタントのこと。

**プロセス研究［1］**［process research］ 治療効果，セラピストやクライエントの反応に影響する様々な心理的メカニズム，心理療法の過程を研究すること。基本的な目的は，研究によって心理療法の手段や過程が肯定的な効果をもたらすことを確認し，それと同時に適用すべきでないケースや限界についても検討することである。⇨ **心理療法研究**

**プロセス研究［2］**［process study］ 活動の結果に影響を与えるメカニズムや変数について調べる研究を指す。たとえば，集団心理療法セッションのプロセス研究は，各個人，または集団に生じる肯定的，中立的，否定的な変化に関連する治療的相互作用を調べるために行われる。

**プロセスと反応**［process-reactive］ 症状の漸進性や急性・慢性の区別に基づく統合失調症の疾患モデルに関連する用語。**過程統合失調症**は，統合失調症が顕在化する前の，長期的，漸進的な増悪が特徴である。一方で，**反応統合失調症**は，発症前は比較的健康な時期があり，急性の症状が出現する。

**プロセス評価**［process evaluation］ 評価研究における組織内の機能の一つで，評価者がすぐに評価すべき状況に入り，評価を行い，必要であれば迅速な計画修正のために計画実施者に研究結果を伝達し，またこの手続きを繰り返すといった機能が含まれる。⇨ **形成的評価**

**プロセス分析**［process analysis］ 心理療法において，会話の内容ではなく，セラピストとクライエントの相互作用や，関係性の変化について検討すること。

**プロセス変数**［process variable］ 1. 心理療法やカウンセリングの経過に作用して，行動の変容や発達に影響を与える対人関係，感情，認知，行動の要因。2. 時間をかけて生じる進行や緩和に影響する一連の**心理的要因**のこと。

**プロセッサ**［processor］ 1. 情報理論において，適切な方式で提示されたデータに特定の操作を行うことができる装置やシステム。2. コンピュータ科学において，コンピュータもしくはその主要な動作部分のこと。⇨ **中央プロセッサ**

**プロセティック**［prothetic］ 刺激がある感覚次元において，質を保ったまま大きさや量が変化する場合の，その次元のこと。⇨ **メタセティック**

**プロソディ**［prosody］ 話をするときの音韻的特徴のことで，個別の**文節音**ではなく連続的な**音素**と関連しているもの。たとえば，アクセント，抑揚，強度，持続時間など。⇨ **パラ言語**，**超分節的**

**プロソディ障害**［aprosodia; aprosody］ 話し言葉のリズム，アクセント，音の高低などに，通常起こるはずの変動がなく，結果として単調な発話となってしまうこと。脳損傷あるいは感情的な原因から生じると言われる。⇨ **運動性プロソディ障害**，**感覚性プロソディ障害**

**プロダクションシステム**［production system］ 意思決定や問題解決を行う，ルール依存型のコンピュータプログラム（⇨ **ルールベースシステム**）。ある状態が起こったときに，それと連合された動作が実行され，その結果，その状態が変化し，また新たな動作を起動させる，といったような，一連のif(状態)-then(動作)というルールに従って作動する。プロダクションシステムは3つの要素で構成される。具体的には，(a) if-thenの集合として表現される「プロダクションメモリー」，(b) 問題解決における現在の状態に関連する情報を保持し，プロダクションメモリーに提出されるパターンとして表される「ワーキングメモリー」，(c) ワーキングメモリーから一連のプロダクションルール（production rules）へと（問題解決の現在の状態を表す）パターンを運ぶ管理レジームである。このパターンとあるプロダクションルールが一致した時にプロダクションルールは「発火」し，（問題解決の新しい状態を反映した）新しいパターンを産出し，そのパターンが今度はワーキングメモリー内に置かれる。このサイクルはワーキングメモリー内のパターンがプロダクションルールに一致しなくなるまで続く。プロダクションシステムアプローチは，認知科学の多くの研究者によって**認知アーキテクチャ**として用いられる。⇨ **適応的プロダクションシステム**，**ソアー**

**プロダクションルール**［production rules］ 「ある認知スキルに関連する規則が適用されると（if‥），特定の行動がとられる（then）」というルールに従う状態を記述するif-then文。⇨ **プロダクションシステム**

**プロダクト・チャンピオン**［product champion］ 技術革新を与える個人のこと。このような個人に新しい技術に精通し，保有する情報をターゲットとなるユーザーに提供することで，技術革新を組織レベルに広めることができるため，**技術革新の普及**と**変革管理**において重要な役割を果たす。

**ブロッキング**［blocking］ 事前に行った学習が新しい刺激に対して反応を条件づけることを制限したり抑制したりする，**刺激性制御**の現象。たとえば，何試行か光と無条件刺激とが対呈示されると，光に対する条件づけを引き起こす。この時点で音を付け加え，**複合刺激**を作ると，音が誘発刺激としてもたらす効果は，最初から音が呈示されていた場合よりも弱くなる。ブロッキング効果（blocking effect），カミン効果（Kamin effect）とも呼ばれる。

**ブロック**［block］ 1. 思考や話の流れの，突発的で，

不本意な中断。特定の精神活動（たとえば，言いたいことを表現する言葉を見つけだすこと）ができないことに突然気づくこと。心理的ブロック（mental block）とも呼ばれる。⇨ **検索ブロック，のどまで出かかる現象 2.**（心理療法において）乗り越えることのできない障害として知覚される発達上の障害。**3.** プロセス，機能，活動を妨げたり，遅らせたりする身体的，生化学的，心理的な障害や障害物。**4.** 実験的な**ブロック計画**において，被験者の全サンプルが細分化される比較的同質な部分集合や階層。**5.** 被験者を部分集合に細分化すること。**6.** 妨害や邪魔をすること。

**ブロック因子**［blocking factor］　実験の精度さを高めることを目的として，実験参加者や他のサンプリング単位を異なったグループに分けるために用いられる変数のこと。

**ブロック計画**［block design］　比較的等質になるように実験参加者を**ブロック**に分ける実験計画のこと。各ブロックはいくつかのあるいはすべての実験条件に参加する。各ブロックの等質性が高くなるほど，その分析の統計的な検出力は高くなる。⇨ **不完全なブロック計画，乱塊法**

**ブロックデザイン検査**［block-design test］　主にウェクスラー知能検査でみられる，知能検査の下位検査のこと。回答者は，あるデザインと一致するように色の付いたブロックを組立てるよう求められる。また，精神疾患や知能の低下の診断にも利用される。⇨ **コース立方体組み合わせテスト**

**ブロックの法則**［Bloch's law］　輝度×呈示時間が一定であれば閾値に達することを述べる**時間的加重**に関する法則。仮に視覚刺激の明るさが半分になったとしても，その呈示時間が2倍となれば刺激は検出されうる。ブロックの法則は相対的に短く（100 ms以下），薄暗い刺激に関してのみ成立する。ブンゼン-ロスコーの法則（Bunsen-Roscoe law）とも呼ばれる。

**ブロック標本抽出**［block sampling］　まず定義された母集団からサンプルが抽出され，その後，各サンプル内から抽出される技法のこと。通常，多段階手続きの一部である。

**プロテアン・キャリア**［protean career］　職業経歴パターンの一つ。組織間，役割間，状況間の移動が多く，それが外部要因ではなく，主にその個人の要求，目標，選択によるものとされる。プロテアン・キャリアは多くの雇用領域でみられるようになってきており，1つの組織に長く雇用され，仕事の保障や定期昇進を暗に約束された伝統的な組織内キャリア（organizational career: 終身雇用）とよく対比される。この新しい働き方で成功する際に必要な属性は，自己理解，適応力，自立性，持続的学習である。成功を測るのは，給与や役職や地位ではなく，個人の達成感や満足感である。

**プロテイン・キナーゼ**［protein kinase］　タンパク質分子にリン酸基（$PO_4$）を付加する酵素の総称。

**プロテンシティ**［protensity］　心的プロセスや意識の時間的属性（たとえば，時間的な広がり）。

**プロトコル**［protocol］　言語的に表現された参加者の思考，感情，アイデアなどの報告や記録のこと。事例，研究，実験などで，面接や試行の最中や直後に記録される。

**プロトコル分析**［protocol analysis］　声に出しながら課題を行わせること。これらの**発話記録**は，タスクを行う際に潜む認知過程の研究のために分析される。

**プロトタイプ**［prototype］　**1. 概念形成**において，カテゴリーの最も典型的なもの，または平均的な事例。たとえば，鳥のプロトタイプ（prototypical bird）とは，人が知識をもっている，または経験したことのある，すべての異なる種類の鳥を心的に平均したようなものである。**2.** 最終的な製品の姿を何らかの形で表している初期モデルのこと。

**プロトタイプ性**［prototypicality］　ある物が，それの属するカテゴリーの中でどれくらい典型的であるかの程度。

**プロトタイプモデル**［prototype model］　**カテゴリー化**理論の一つ。人はカテゴリーの成員の平均を形成し，その平均を**プロトタイプ**としてカテゴリーの成員であるかどうかを判断する際に用いると考えている。

**ブロードベント**［Broadbent, Donald E.］　ドナルド・ブロードベント（1926-1993），イギリスの心理学者。バートレット卿（Sir Frederick Bartlett: 1886-1969）のもとで，ケンブリッジ大学でPh.Dを取得。第二次世界大戦によりイギリス空軍に従軍する中で，注意，知覚，記憶に関する問題が軍隊のコミュニケーションに影響を及ぼしていることに関心をもった。通信工学と数理的意思決定理論を心理学に応用し，人間の心を競合し合う入力チャネルとそれを調整するフィルターをもつ情報処理装置と比較したことで知られている（⇨ **フィルター理論**）。彼の注意過程に関する理論的・実験的研究は，新たな研究領域を開拓した。主要な著書は，*Perception and Communication*（1958），*Behaviour*（1961），*Decision and Process*（1971）など。王立学会特別研究員（1968），米国科学アカデミー外国会員（1971）などに選ばれた他，米国心理学会功労賞（1975）など，多くの賞を受賞している。

**ブロードマンの脳地図**［Brodmann's area; Brodman's cytoarchitecture area］　大脳皮質における，細胞の配列などの形態的特性の違い（⇨ **細胞構築**）に基づく領野の区別。これらの領野は数字で区別され，多くの場合，特定の脳機能と結びついている。たとえば，17野は**有線皮質**または一次視覚野で，18野と19野は**有線前野**，4野は**運動野**，6野は**前運動野**である。1909年に発表されたブロードマンのもともとの脳地図では47の領野があったが，その後研究者によって精緻化された脳地図では200以上の皮質領野に区別されている。［ドイツの神経学者ブロードマン（Korbinian Brodman: 1868-1918）による］

**プロドラッグ**［prodrug］　生物学的に不活性であるか，または活性が抑制されており，代謝生成物がより大きな活性をもつ薬物のこと。

**プロバイダー**［provider］　ヘルスケアの専門家もしくは機関のこと。患者にヘルスケアサービスを提供する心理士，精神科医，医師，病院，熟練した看護や集中治療施設などがこれに当たる。⇨ **プライマリーケア・プロバイダー，特約医療契約**

**プロパガンダ**［propaganda］　非常にバイアスのかかった情報や，時として偽情報を提示することによって，他者の信念，態度，行動を変えたり強化することを目的とした社会的コントロールの方法。通常，ある考え方や行動過程への支持を勝ち取ったり，他者の考えやプログラムを軽視したり過小評価したりするように計画されることが多く，感情に訴える方法がとられる。⇨ **カードスタッキング，**

恐怖アピール，サブリミナル広告

**プロパガンダ分析**［propaganda analysis］プロパガンダの技術，主張，質，効果についての研究のこと。

**フローパターン**［flow pattern］景色を見渡したときに，目に映る構成要素の全体の動き。

**プロパンジオール**［propanediols］プロピリアルコールから分離した化合物で，抗不安薬として発展してきた化学群のこと。薬剤としての効果は筋弛緩，中枢神経系の低下，自律神経反応を遮ることによる沈静効果がある。**メプロバメート**の原型である。多量摂取による影響は，ベンゾジアゼピンによる精神安定作用やその他の精神性作用に匹敵する。メプロバメートの前駆体である**カリソプロドール**は現在では筋弛緩として使われている。

**プロビット解析**［probit analysis］二値型基準変数（従属変数）のための**回帰分析**の一つ。このモデルでは，観測可能な独立変数は，二者択一の事象が起こる確率を決定する潜在的な連続変数に影響を与えると考えられる。

**プロファイリング**［profiling］1. ⇨ **犯罪者プロファイリング** 2. スポーツにおいて，アスリートが最高のパフォーマンスに必要な身体的・精神的要因を同定し，その時点で自分自身がどの程度それらの要因を有するかを見積もるために行う運動のこと。

**ブロファロミン**［brofaromine］可逆的モノアミンオキシダーゼ抑制剤（RIMA）の抗うつ薬で，**モノアミンオキシダーゼ A** に対して比較的選択的に作用する。それゆえ，不可逆的な非選択的モノアミンオキシダーゼ阻害薬の使用を制限するような食品相互作用の多くは，RIMA では存在しない。ブロファロミンは，現在アメリカでは使用されていない。ヨーロッパでの商品名はコンソナール（Consonar）。

**プロフィール**［profile］1. 多様な指標に関する個体得点（もしくは集団の平均得点）のグラフ表示。グラフの $x$ 軸は様々な指標を表し，$y$ 軸はその指標に対応する個人の得点である。通常，複数の点は短い線分によって結ばれる。2. ある行動に関わる傾向のある，人の特定のタイプを示す特性群。⇨ **犯罪者プロファイリング**

**プロフィール適合システム**［profile matching system］**人事選考法**の一つ。応募者の特性とその仕事の理想的あるいは典型的なプロフィールとの適合度に基づき，採用か不採用かを決める。⇨ **インタビューア・ステレオタイプ**

**プロフィール分析**［profile analysis］いくつかの変数における得点プロフィールの形状と得点の値の両方に関して，個人の集まりを比較する**多変量解析**の手法。

**プローブ法**［probe technique］記憶テストの一つで，参加者には呈示された一連の項目の中に特定の項目があったかどうかを再生してもらう。たとえば，参加者が 1, 3, 5, 7 という刺激を聞いた場合，「6 はリストの中にあったか？」という質問がプローブとなる。

**プロプラノロール**［propranolol］高血圧を治療するための**ベータ遮断薬**。低容量では，主に手の震えや声の震えといった不安障害の周辺症状をコントロールできるため，公的な場での発表や演説といった社会恐怖の治療に補助薬として用いられる。**ベータアドレナリン受容体**の非特異的阻害作用があり，気管支の滑らかな筋肉組織を収縮させ呼吸困難を生じさせるおそれがあるため，喘息や反応性気道疾患の患者には用いるべきではない。

**プロプリウム**［proprium］自己，すなわち，個人の中心にあって固有のものを表す概念で，オールポート（Gordon W. Allport）によって提唱された。プロプリウムは，次の 8 つの機能，すなわち，身体感覚，自己同一性，自尊心，自己拡張，合理的思考，自己像，**固有性希求**という発達に対応した機能と，それに加えて認識機能を持つ。

**プロポキシフェン**［propoxyphene］合成薬**オピオイド鎮痛薬**。アスピリンのような痛みを和らげる非ステロイド抗炎症性物質と合成して販売されるのが一般的である。

**ブロマイド**［bromides］不安の処置において抗痙攣剤，鎮静剤として使われた薬物のこと。毒性と副作用のために，20 世紀初めにフェノバルビタールに取って代わられた。ブロマイド中毒（bromism）は，初期には認知障害や感情障害を発症し，やがて精神障害，昏睡，死を招く。

**ブロマゼパム**［bromazepam］不安の治療に用いられる**ベンゾジアゼピン**。低液体溶解度のため，作用の持続時間を介するには短く（血清は最大 30 時間で半減する），利きはじめが遅い（⇨ **血液脳関門**）。ブロマゼパムはアメリカでは現在使用できない。商品名にレキソタン（Lexotan）。

**フロム**［Fromm, Erich］エーリッヒ・フロム（1900-1980），ドイツの精神分析医。1922 年にルプレヒト・カール大学ハイデルベルクで博士号を取得。ベルリンやミュンヘンで精神分析を学んだ。その後，アメリカにおいて，(a) 意味の探索，(b) 人格や社会的に生産的な関係の発達，(c) 性格，所属の欲求，個性の発達，正気の社会における商業的な**市場志向**の変換に焦点を当てたアプローチを展開した。人生における幸福は，協力，思いやり，愛する能力などを支えに成し遂げられるとした。これらの概念は *Man for Himself*（1947）（邦題『人間における自由』），*The Sane Society*（1955）（邦題『正気の社会』），*The Art of Loving*（1956）（邦題『愛するということ』）などの著書で明確に説明されている。

**プロメタジン**［promethazine］吐き気や乗り物酔いの治療，アレルギー抑制，鎮静剤としての効果がある**フェノチアジン**。中脳辺縁系の $H_1$ **ヒスタミン**受容体やドーパミン受容体のブロック作用が含まれる。

**ブロモクリプチン**［bromocriptine］パーキンソン病の症状を軽減するために用いられる**ドーパミン受容体作動薬**。プロラクチン下垂体ホルモンを取り除くことにより**乳汁漏出**の治療に用いられることもある。また，無月経，不妊，プロラクチン分泌性腺腫，パーキンソニズム，従来型の抗精神病薬の薬剤性錐体外路作用の治療にも使われる。アメリカでの商品名は Parlodel。

**プロラクチン**［prolactin］**下垂体**の前葉から放出されるホルモン。乳腺からの乳汁分泌を促す。乳腺刺激ホルモン（lactogenic hormone），黄体刺激ホルモン（luteotropic hormone）とも言う。

**フローラル**［floral］嗅覚の立体化学説における 7 つの臭気物質の中の一つ。

**Prolog**［Prolog］PRO（gramming）LOG（ic）の省略形。**人工知能**研究に重要な，高水準言語（コンピュータ言語の種類）。Prolog における推論は演繹形式であるが，いくつかの実用上の妥協が原因で数学的に妥当なものではないところがある（たとえば，バックトラッキングを制御するために「cut」を使うことや，正しい実行結果を得られ

なかったときに「negation」を使うなど）。この言語の長所は，**プロダクションシステムのアプリケーション向けの，単一化（unification）に基づく強力なパターンマッチ機能**である。

**プロンプティング**［prompting］　心理療法において，クライアントの論議を促進するために，治療者がある話題を提案したりほのめかしたりすること。前もって話し合われた題材をクライアントに思い出させること，以前に話し合われた話題を結びつけること，ある話題についてのクライアントの理解を助けるために，文章や思考をまとめること，などが含まれる。

**不和**［incompatibility］　2人あるいはそれ以上の人の間で調和的に相互作用できない状態のこと。⇨ **和合性**

**雰囲気効果**［atmosphere effect］　1. 特定の環境や状況におかれることで，たとえそれが不適切なものであったとしても，特定の行為を行ってしまう傾向。たとえば電話口でジェスチャーを行う，下手な演説にも拍手をしてしまうなど。2. たとえば，三段論法において，前提が肯定形で結論も肯定形だと間違っているにも関わらず正しいと判断されやすいように，その問題が述べられた言い回しによって，個人の思考が非論理的に影響を受ける傾向のことである。⇨ **係留バイアス**

**分化**［discrimination］　1. 異なる刺激の呈示に対して異なるやり方で応答できる能力のこと。条件づけにおいて，**分化強化**や**分化条件づけ法**により，通常は実験中に確立される。⇨ **発見学習，弁別トレーニング**　2. 胎生学における用語。組織（筋力，ニューロン，骨など）を形成できるように，発達している胚細胞が構造と機能を特殊化するために必要である変化を遂げるプロセス。

**文化**［culture］　1. ある社会，あるいは，あるコミュニティにおける典型的な慣習，価値，信念，知識，芸術，言語。2. 職業，社会階層，年齢層といった文化内の特定集団における特有の態度や行動。⇨ **対抗文化，若者文化**

**憤慨**［resentment］　侮辱的かつ加害的なものと認知されるものによって引き起こされる苦々しさや憎しみ，あるいは敵意感情。

**分解[1]**［degradation］　生理学において，**神経伝達分子**が壊され，活性のない物質に代謝される過程のこと。

**分解[2]**［decomposition］　複雑な事柄をより単純な構成要素に分ける過程。たとえば，問題解決において，問題を2つ以上のより単純な問題に変換する方略のようなこと。

**文化遺産**［cultural heritage］　個々の文化的集団において各世代から次の世代まで引き継がれてきた慣習，言語，価値体系および技術体系のことであり，アイデンティティの維持を助長する。さらに文化遺産は，技術的ないし芸術的に達成されたものを含む。⇨ **遺産，社会的遺産，社会的伝達**

**分界条**［stria terminalis］　脳の**扁桃体**から出る2つの遠心性の経路のうちの小さい方（⇨ **腹側扁桃体投射系**）のこと。この線維は扁桃核の**皮質内側核群**から中隔，視床下部，視床領域へとインパルスを運ぶ。

**文化依存症候群**［culture-bound syndrome］　少数派の民族や文化に独特の精神疾患や異常行動のパターンのことで，西洋の精神疾患の分類と一致しないもの。文化依存症候群には，特に，**アモク，アムラク，バングンッグト，ミ**リアチット，ススト，ブードゥー死，ウィンディゴが含まれる。

**文化化**［enculturation］　幼年期に始まる，社会成員の中で特定の文化価値，考え，信念，行動様式を徐々に習得する過程のこと。⇨ **文化変容，文化遺産，社会的伝達**

**文化学習**［cultural learning］　獲得した情報や振舞いを世代内あるいは世代間で忠実に伝達すること。文化学習理論では，**模倣学習，教授学習，協同学習**という3段階の文化的な学習が提唱されている。［アメリカの心理学者トマセロ（Michael Tomasello: 1950- ）らが提唱した］

**文化-家族性精神発達遅滞**［cultural-familial mental retardation; familial retardation; sociocultural mental retardation］　通例は軽い精神発達遅滞のことで，器質的原因がない場合に，遺伝要因や人生早期（就学前）の環境要因によるものとされる。遺伝的変異がない場合には，遺伝要因は集団構成員間の知的能力における自然変動を含む。

**文化葛藤**［culture conflict; intergroup culture conflict］　1. 異なる文化の間での敵対意識ないし競争。しばしば，少数派集団における文化的慣習や信念が弱体化することで，優勢，あるいは隣接する文化のそれに取って代わられることで生じる。2. 個人は下位文化の文化的信念を支持しているが，優勢な文化の慣習や信念も支持している。そのために，葛藤を経験すること。内的文化葛藤（internal culture conflict）とも呼ばれている。

**文化規範**［cultural norm］　社会的ルール，価値，基準などで，文化内で受け入れられ，適切とされる行動が何かを説明するもの。⇨ **非標準的影響，社会規範**

**分化強化**［differential reinforcement; differentiation］　条件づけにおいて，ある選択された行動のみ強化すること。たとえば，1秒以上レバーを押している場合には強化するが，1秒未満である場合には強化しない場合など。反応分化強化（response differentiation）とも呼ばれる。

**文化共存**［coexistent cultures］　異なった特徴をもつ2つ以上の文化が，共生関係ではなくとも，葛藤なく平穏に近接して存在すること。

**文学の精神分析**［literary psychoanalysis］　文学解釈のための精神分析および精神分析的理論の応用。

**文化決定論**［cultural determinism］　個人や集団の性格は，その大部分が，経済的，社会的，政治的，宗教的組織によって生み出されるという理論や前提のこと。⇨ **国民性，決定論，社会的決定論**

**文化拘束的**［culture bound］　態度，慣習，行動が，ある特定の文化でのみ生じ，他の文化であまりみられないこと。

**分化した情動の理論**［differential emotions theory］　情動が子どもの行動において初めて適応の役割を果たすようになる年齢で，ある種の感情の，限定的ではあるが大部分が，社会的な学習なしに存在しているとする理論。［アメリカの心理学者イザード（Carroll E. Izard: 1923- ）の研究より］

**文化順応性**［cultural adaptability］　移民先などの新しいコミュニティの異なった文化に対し，自らを適応させる個人あるいは集団の能力のこと。

**分化消去**［differential extinction］　他の関連する条件づけされた反応はそのままである一方，1つ以上の条件づけられた反応が消去されること。

**分化条件づけ**［differential conditioning］　パブロフ型条件づけの実験で，2つ以上の刺激を用いて行われるが，そのうち1つのみが条件反応を生み出す実験。刺激は，異なった結果を導くもの同士が対にされる。一般的に，ある刺激（正の条件刺激，たとえば光など）が無条件刺激（たとえば，食物）と対呈示され，他の条件刺激（たとえば，音など）とは対呈示されない。通常の結果として，条件反応は，正の条件刺激によって生み出されるが，ほかの刺激からは生み出されない。

**文化心理学**［cultural psychology］　一般心理学を学術的に拡張させた分野で，文化によって特有の体系化された心理的プロセスに関心を向ける。人々と社会的背景との相互作用によって生じる様々な構造が，どのようにして人間の心理機能を構築させるかを説明する。この視点は，ユニークな観点である。文化心理学の領域は文化人類学，社会学，記号論，言語哲学，文化研究と関連しており，心理学において，文化心理学は，異文化，社会，発達，認知などの諸問題と関連している。

**分化成長**［differential growth］　身体の他の器官とは異なった速度で器官が成長すること。

**文化相対主義**［cultural relativism］　人々の態度，行動，価値規範，諸概念および業績がその人々の文化的環境において理解されなければならないとする見解のことであり，また，その人々にとっての異文化の基準によって判断されてはならないという見解のこと。そのため心理学における相対主義者の立場は，心理学理論，研究調査，治療技法，臨床的アプローチ研究をあらゆる場面に応用することに対して疑問を抱く。なぜなら，ひとつの文化の中で用いられ発展してきた心理学研究の成果は，おそらく普遍的な応用に対して妥当性を欠いており，あるいは全く別のものへ適用できるからである。⇨ **相対主義**，**文化的普遍性**

**分割**［segmentation］　行動修正の一つ。複雑な行動を要素に分解する手法。これにより，クライエントは，一度に1つあるいは2つの要素を容易に学習できるようになる。

**分割基準**［criterion cutoff］　対象者を別個のカテゴリーに分離するための分割点となるスコアで，測定用具（査定用具）で測られたもの。たとえば，産業・組織心理学において，職務成績に関する特定測度上の分割基準が，当該次元上での優良業績者と考えられるグループと優良業績者ではないと考えられるグループとに人々を分割する。

**分割刑**［shock probation］　短期間矯正施設に収容した後に，保護観察官による監督の下で犯罪者を社会に戻す刑事判決。主に少年やあまり凶悪ではない罪を犯した初犯者などに適用される。収監されてショックを受けた後であれば，社会復帰が成功すると考える理論に基づいている。ショック拘禁（shock sentencing）とも言う。

**分割的注意**［divided attention］　2つもしくはそれ以上の課題が同時に行われるように，同時に2つもしくはそれ以上の情報チャネルに対して注意を向けること。分割的注意は，1つの感覚（たとえば，聴覚）で起こることもあれば，2つ以上の感覚（たとえば，聴覚と視覚）がそのプロセスに関与することもある。

**分割表**［contingency table］　ケースの数とそれが得られた地点を行と列に記入した2次元の表。たとえば，サンプルとなる個人の年齢と地域ごとに職業を分割表で示したとき，ニューヨークの25歳以下を$X$名，ロサンゼルスの25歳以下を$Y$名，ニューヨークの25歳〜35歳までが$Z$名，などというように表記する。⇨ **交差分類**

**文化的一元論**［cultural monism］　多文化主義が社会的な結びつきに反して作用し，支配的な文化によって少数民族や他の少数者の同化が促進されるべき，と考える視点および展望のこと。

**文化的感受性**［cultural sensitivity］　特定の文化，民族，人種集団に典型的な価値，規範，信念を自覚し，理解していること。そして，自分の態度をそれと合わせようとする意欲が伴っている。

**文化的虐殺**［cultural genocide］　文化的な資産，価値，慣習の破壊。通常，他の支配的文化集団によって行われる。

**文化的整合性のある検査**［culture-relevant tests］　文化的文脈に整合するよう特別に設計された検査。この検査は，文化間の単なる言葉の違いを超えて，妥当性を得るために慎重にスクリーニングされている。

**文化的制約がない検査**［culture-free tests］　環境の影響を全く受けないか，特殊な文化の影響を反映している項目を含まず，文化的な偏りを完全に除去するよう設計された知能検査。しかしながら，このような検査を作成することは，ほとんど不可能である。⇨ **文化的に公正な検査**

**分化的接触**［differential association］　個人の行動が，長期的に関わる特定の人々によって影響されるとする理論。この概念は，なぜ犯罪多発周辺地域に住む人々が犯罪に関与しやすいのかということを説明するために提唱された。さらに，特定の犯罪類型への接触がどのような犯罪者を生み出すかということを示した。［アメリカの犯罪学者サザーランド（Edwin H. Sutherland: 1883-1950）が提唱した］

**文化的先行**［culture lead］　全体的な進展よりも早く変化を遂げている文化の一側面のこと。科学技術や経済の発展は，この種の例に当てはまる。⇨ **文化的遅滞**

**文化的遅滞**［culture lag］　**1.** ある文化における，いくつかの特徴は他の特徴よりもゆっくりとした変化がみられるという特徴。信念や風習，価値観の滞留の結果として，経済的な変化や科学技術の進歩に見合わない状況が生ずる。**2.** 特定の文化的遺物。⇨ **文化的先行**

**文化的テストバイアス**［cultural test bias］　他文化の人たちをなおざりにして，信頼する文化の人を優遇してしまうテストのバイアス。このバイアスは，項目内容あるいは項目形式，テストを受けること自体にも作用すると思われる。⇨ **文化的に偏った質問項目**

**文化的なエポックセオリー**［cultural epoch theory］　かつては影響力があったが，現在ではその大部分が疑われている理論を指す。たとえば，すべての人類文化において，社会的および経済的組織が同じ段階を経て発展していくという理論。この理論のほとんどのバージョンでは，狩猟社会から遊牧生活や農耕，そして近代的に発展した世界をもたらした初期産業化の時代までの進化の道筋を含んでいる。それぞれの段階は，前の段階よりも複雑に組織され，そしてより永続的なものとしてみなされる。⇨ **近代化**，**原始的**，**反復説**，**社会的ダーウィニズム**

**文化的に偏った質問項目**［culturally loaded items］　参加者が文化的ないし下位文化的な意味に十分に精通していない場合，正確に答えることができないような質問をテストすること。文化的に偏った質問項目は，彼らが典型的に

描き出されている経験によって，そのテストの対象となるグループないし特定の社会階級に利益になるようにテストにバイアスをかける傾向がある。おそらく文化の影響は巧みに隠されているので，単にテストの項目をみるだけでは文化的に偏った影響をはっきりと識別することは困難である。⇨ **文化的に公正な検査**

**文化的に公正な検査**［culture-fair tests］ 各人に共通の経験を基礎とし，特定の文化からの影響に対して相対的に公正であると主張される知能検査。大部分が中産階級の経験を反映した標準的な知能検査とは異なり，文化的に公正な検査は，社会的な分類を超えて適用可能であり，異なった文化の人々を公正に比較することが可能なように設計されている。同一形体の照合や，系列に当てはまるデザインの充当，また人物の絵の描写など，非言語的で，非学術的な質問項目が用いられる。しかし，どのような知能検査であっても，特定の文化規範からの影響を完全に避けることは不可能であり，結果として特定の文化に属する人間が，他の人間に有利になる傾向がみられるとする研究報告もある。たとえば，円の図形はある地域においては太陽を連想させるが，他の文化ではコインを，また別の文化では車輪を連想させる，といったことが報告されている。［1966年，ウェクスラー（David Wechsler）による］ ⇨ **比較文化的検査**

**文化的人間工学**［cultural ergonomics］ 人間工学の特殊領域の一つで，人間のパフォーマンスや労働システムのデザインと評価に関連する文化的要因に焦点を当てる。特定の文化や下位文化の中で効率的かつ安全に作動するシステムを創生する課題の一部として，固有の文化，エスニシティ，ジェンダー，階級といった要因を査定する。⇨ **現地研究員，人口集団ステレオタイプ**

**文化的剥奪**［cultural deprivation］ 1. 経済的剥奪，低水準の住宅事情，差別などのために，文化的活動に参加することができないこと。⇨ **偽精神遅滞** 2. 環境の中で，文化的に刺激的な出来事が欠如していること。3. より大きい文化，もしくは支配的な文化への融合の結果生ずる，固有の文化的遺産のアイデンティティ喪失。⇨ **文化剥奪**

**文化的発達の一般的な遺伝法則**［general genetic law of cultural development］ 子どもの発達が，文化に埋め込まれる過程に際して，2つの水準に基づいて生起するという考え。最初に社会的水準が人々との間で現れ，思考が子どもによって内在化されるにつれて後に心理的水準が現れる。［ヴィゴツキー（Lev Vygotsky）によって提唱された］

**文化的パラレリズム**［cultural parallelism］ 文化人類学の分野において，隔絶され，互いに交流が全くなかったはずの集団が，酷似した文化様式を発展させること。たとえば，太陽崇拝がそれにあたる。

**文化的漂流**［cultural drift］ 文化独特の規範や価値観，行動様式などが，時間とともに徐々に移り変わっていくこと。⇨ **文化変容，社会変動，社会進化**

**文化的不遇**［culturally disadvantaged］ 子どもたちの住む環境が，彼らの社会的，知的発達の妨げとなっていること。⇨ **文化的剥奪**

**文化的普遍性**［cultural universalism］ 種々の文化での価値，概念，行動特性が普遍的な基準に準じて理解され判断されるべきという考え。そのような考えは，少なくとも，**文化相対主義**の排斥を含んでいる。文化絶対主義（cultural absolutism）とも呼ばれる。

**文化的プロセス**［cultural process］ 民族的あるいは社会的価値が世代間で伝達されるか，あるいは影響力が価値を上回ることでこれを修正するプロセス。

**文化的盲**［cultural blindness］ 自らの文化のものの考え方や態度，価値観に固執し，ある問題が異なった文化の人からはどうみえるかを理解することができないこと。⇨ **文化変容**

**文化特性**［culture trait］ 経済的，政治的，社会的，宗教的組織の一側面に含まれる農事，法律，儀式，育児に関する信念，建築様式のようなその文化を識別することができる基本的な信念や慣行，技術，物体のこと。⇨ **文化複合体**

**文化の継承**［cultural transmission］ 社会の中で慣習，信念，儀式，知識が，次世代へと伝達されること。

**文化の衝突**［culture clash］ 異なる2つの文化や下位文化の態度，道徳，意見，慣習の差異が露になること。これが起こる例として，学術やビジネス界といった畑の違う専門の人たちが，共同プロジェクトに取り組む時をあげることができる。

**文化バイアス理論**［culture-bias theory］ 知性の測定における理論で，知能の測定はある文化集団のメンバーに有利なように偏っており，他の文化集団のメンバーに不利なように偏っている可能性が排除できないとする理論。

**文化剥奪**［deculturation］ 伝統的な文化的信念や習慣が，別の優勢な文化と接触した結果として，抑圧されたり変えられたりする，意図的または非意図的な過程のこと。⇨ **文化変容**

**文化複合体**［culture complex］ 特定の文化に存在する中心的な生活形態と結びついた特徴的な活動，信念，儀式，伝統の様相のこと。たとえば，ネイティブアメリカンの民族には，バッファローの狩猟などに関した一連の活動，儀式，伝承，歌，物語がある。文化様式（culture pattern）とも呼ばれる。⇨ **文化特性**

**文化変容**［acculturation; culture change］ 集団や個人が，自文化と他文化の間に存在する異なる社会・文化的価値観，思想，信念，行動パターンを統合する過程。心理的文化受容（psychological acculturation）とは，異文化に対して，個人が態度や行動の上で適応することを指し，一般に適応の程度や形式は様々である。文化的同化（cultural assimilation）や文化的統合（cultural integration）とも言う。⇨ **社会的同化** 共同体における文化の変容は，徐々に時間をかけて変わるケースと（⇨ **文化的漂流**），他文化との接触の結果としての急速に変わるケースがある。⇨ **文化剥奪，社会変動**

**文化保全**［cultural conserve］ 技術，発明，概念，道徳的価値観など，文化的に価値の高い記憶を保存する効果をもつもののこと。たとえば，伝説や伝統，芸術品など。

**分化理論**［differentiation theory］ 知覚とは，感覚パターンの本質的な特徴を識別することを学ぶ一方で，環境ノイズ（たとえば，必須ではなく偶発的な情報）を排除するための漸増するフィルタリング過程であると解釈される理論のこと。

**分岐**［branching］ 1. プログラム学習の一種。標準的教材が適切に理解されず，所与の習熟レベルまで達しなかった場合に，教材についていけるように追加的ステップ

や分岐を与える。問題に正答したか誤答したかによって，別の問題がでる異なる分岐に進み，生徒の理解度に合わせて異なる順序で学習を完了できるようにする。分岐プログラム（branching program）とも呼ばれる。2．言語学で文章の形式構造を分析する方法の一つで，組織的なヒエラルキーの枝分かれ構造のダイアグラムで表される。**句構造文法**では，この種の枝分かれダイアグラム（フレーズマーカーとも呼ばれる）は，文法上正しい文章を作る際のフレーズと構造に関する一連の規則を示すのによく用いられる。また，そのようなダイアグラムは，対象となる文章の**構成素**分析ともいえる。枝分かれ理論は，心理言語学的な現象の予測や**言語類型論**の創成に用いられてきた。

**分岐進化**［divergent evolution］ 異なる生息環境において異なる**淘汰圧**が働くことによって，個体群が互いに異なっていく過程のこと。分岐進化は，新しい種の誕生における主要な様式である。似た生息環境への適応によって異なる種がより似てくる。⇨ **収斂進化**

**分極**［polarization］ 2つの表面，もしくは1つの面の両側の間における電位の違いのこと。化学的な活動の結果生じる。神経細胞や筋細胞などの生きた細胞内で生じ，細胞膜の片側で正，反対側で負の電位を保持する。⇨ **分極した膜**

**分極した膜**［polarized membrane］ 片側が正，反対側が負の電荷をもった膜。すべての細胞は細胞膜を介して異なるポテンシャル，膜電位を維持する。静止状態では膜の内側に対し，外側が正の電荷をもつ。⇨ **静止電位**

**分岐論**［cladistics］ 進化上の相関に基づき生物を分類する方法。分岐図（cladograms）と呼ばれる樹木のような図で表示される。

**文献学**［philology］ 様々な言語，および言語間の相互作用についての歴史の研究であり，通常は文章として残されたものの記録の分析を伴う。⇨ **比較言語学**，**通時言語学**，**系統言語学**

**分権組織**［decentralized organization］ 意思決定の権利が，階層のトップに与えられているのではなく，組織中に分散されている**組織構造**のこと。⇨ **中央集権的組織**

**吻合**［anastomosis］ 1．通常は別個である構造，器官，あるいはスペースといった二者の間の接続あるいは開通。2．主な経路から枝分かれすることによって形成された別経路のこと。神経，血管，リンパ腺にみられる。脳は，血栓や血管の破断によって，ある経路がブロックされたとしても継続的な血流が保障されるように，動脈の吻合をもつ。

**分光学**［spectroscopy］ 電磁放射線の**スペクトル**，特に物体と相互作用する可視スペクトルに関する学問。そこで行われるスペクトルの解釈は，化学的な分析や分子構造の分析，あるいは他の様々な目的に使用される。分光器（spectroscope），分光計（spectrometer），分光光度計（spectrometer）が使用される。

**分光感度**［spectral sensitivity］ 網膜の光色素によって，異なる光の波長が吸収される相対的な度合い。各々の光受容器が，固有の分光感度をもつ。

**分散**［1］［dispersal］ 動物が，生まれた群れから離脱し，他の群れに加わったり交配相手を見つけたりすること。分散は，近親交配を減少させたり同性他個体との競争を避けたりするのに重要であると考えられる。オスによる分散が多いか，メスによる分散が多いか，両性とも分散するかは種によって異なる。分散する個体は捕食や同種他個体からの攻撃を受ける危険性が高まるため，コストのかかる行動である。

**分散**［2］［variance］ 標本の得点の広がりや**散布度**の測度のこと。分散が小さいということは，似た得点が多く，すべてが標本平均に近いことを示す。また，分散が大きいということは平均から離れた得点が多く，広範囲に得点が広がっていることを示す。

**分散安定化法**［variance stabilizing transformation］ 構造内のセル全体に対して，セル平均に依存して変化するセル内での観測のばらつきの影響を減じることを目的とした**変換**のこと。

**分散共分散行列**［variance-covariance matrix］ 多変量統計において，対角成分が変数の分散，非対角成分が変数中の共分散である**行列**のこと。

**分散処理**［distributed processing］ 単一で，専用の**中央プロセッサ**で処理されるのではなく，一連の処理装置，複数のユニットによって計算される情報処理。⇨ **並列分散処理**，**並列処理**

**分散成分モデル**［components-of-variance model; random model］ モデルのパラメータが定数ではなく**確率変数**で推定される**分散分析**モデル。

**分散認知**［distributed cognition］ 入力情報が個別の独立した情報源から由来する，あるいはその入力情報の処理が自律的な計算システムで起こるとする知的問題解決のモデル。エージェントベースの問題解決は分散認知として記述されることがある。

**分散の異質性**［heterogeneity of variance］ 実験計画において，母集団や**セル**が異なる分散を有している状況。⇨ **分散の同質性**

**分散の同質性**［homogeneity of variance］ 実験計画において，複数の母集団や**セル**が同じ分散を有しているという状況。多くの統計的な手続きの基本的な仮定である。⇨ **分散の異質性**

**分散の不偏推定量**［unbiased estimator of variance］ 期待値が $\sigma^2$ である統計量のこと。ただし $\sigma$ は**分散**である。

**分散反復の原理**［principle of distributed repetitions］ 課題の反復が連続的になされるよりも，時間をおいて分散してなされた際に効率的な学習が生じるという考え方。⇨ **分散練習**

**分散表象**［distributed representation］ 情報処理において，与えられた一つひとつの知識に関する情報が，単一の存在として一緒に貯蔵されるのではなく，処理システムの多くの個別のコンポーネントによって実行される表象システム。

**分散不均一性**［heteroscedasticity］ $\mathrm{Var}(Y|X)$ が $X$ のすべての値において同じというわけではない状況。つまり，$Y$ の分散が変数 $X$ の関数となっている状況。⇨ **等分散性**

**分散分析**［analysis of variance; ANOVA］ 従属変数に対する**独立変数**の組合せの効果と個別の効果を切り離し，それらの統計的有意性を検証する統計的手順のこと。⇨ **一般線形モデル**

**分散練習**［distributed practice］ 特定の活動の練習期間，あるいは特定の材料の再生を改善する練習期間が，連続ではなく，ある程度の時間の休息期間，異なった活動や他の題材の練習期間と，規則正しく分けられた学習手続き。

多くの学習状況において，分散練習は，**集中練習**よりも効率的であることがわかっている。練習の分散（distribution of practice），分散学習（spaced learning），間隔をおいた練習（spaced practice）とも呼ばれる。

**分子アプローチ**［molecular approach］ いかなる理論や方法も，現象の構成要素や，過程，体系を圧迫し，その解析には，要素を用いることが必要であるという立場。⇨ **微視的分析**，**モル・アプローチ**，**原子論**，**要素主義**

**噴射式嗅覚計**［blast olfactometer］ 空気を噴射することで鼻腔へ臭気物質を送り込む嗅覚計。噴射はニオイだけではなく，触覚的な効果をももつため，現在多くの嗅覚計では一定の気流で着臭剤を送り込んでいる。⇨ **流動嗅覚計**，**ツワーデマーカーの嗅覚計**

**文章完成テスト**［sentence-completion test］ 被検者が空欄に単語や熟語などを埋めることによって未完成な文章を完成させるテスト。能力検査として用いられる場合は，特定の単語や熟語で空欄を埋めることが要求される。しかし，文章完成法テストは，知能の測定というよりはパーソナリティの評価に用いられている。この場合，被検者は，「今日私は＿＿＿な気分です」などの何らかの状況を示した文章の空欄を埋める。投映法としては，反応の自由度が高い言語連想検査の一つであり，心理学的にも重要な素材であるとされる。不完全文章テスト（incomplete-sentense-test）とも呼ばれる。

**分水嶺梗塞**［watershed infarction］ 境界域と呼ばれる末梢灌流領域の梗塞によって生じる神経壊死。

**分析家**［analyst］ 一般的に，精神分析を行う者。これは，通常，フロイト（Sigmund Freud）の伝統における**精神分析家**である。しかし，この語は，ユング（Carl Jung）（⇨ **分析心理学**）やアドラー（Alfred Adler）（⇨ **個人心理学**）の方法をとるセラピストも指す。

**分析心理学**［analytic psychology; analytical psychology］ ユング（Carl Jung）によって提唱された，精神分析の体系。その中で「こころ」は，主として哲学的価値や原始的なイメージ，象徴といった観点から解釈されており，自己実現へと駆り立てるものである。ユングの基本的概念は，(a) **自我**は，意識と無意識の活動の均衡を維持し，**個性化**を通して徐々に自己を発展させていく。(b) **個人的無意識**は，個人的体験を基にした記憶，思考，感情からなる。(c) **普遍的無意識**は，祖先からのイメージ，あるいは引き継がれた個人の知的生活と人格との基盤を構成する**元型**からなる。(d) 力動的両極性や緊張システムは，心的エネルギーを**リビドー**から引き出し，自我の発達と表出，すなわち，意識と無意識，昇華と抑圧，合理的と非合理的といった対立に影響を与える。人生における目標とユングの治療法における目標は，これらすべての力の創造的な均衡を達成することである。

**分析単位**［unit of analysis; analysis unit］ 実験あるいは調査において研究対象となる人々や物あるいは実体の集団のこと。

**分析的アプローチ**［analytic approach］ 複雑な過程を理解しやすくするために，複数の構成要素に分解すること。これは，分析的方法（analytic method）とも呼ばれる。

**分析的心理療法**［analytical psychotherapy］ 歴史的には，ウィーンの精神分析学者シュテーケル（Wilhelm Stekel: 1868-1940）が精神分析の代替法として提唱した方法を指す。

**分析的知能**［analytical intelligence］ 知能の鼎立理論において，分析，比較，評価，批判，判断といった通常の知能検査によって測定される技能。⇨ **創造的知性**，**実践的知能**

**分析哲学**［analytic philosophy］ 20世紀の初めにオーストリアの哲学者ヴィトゲンシュタイン（Ludwig Wittgenstein: 1889-1951）およびイギリスの哲学者ラッセル（Bertrand Russell: 1872-1970）によって開発された哲学的アプローチのこと。この立場の見解によると，複雑な文の真偽は，単純な，基本的な，論理的な命題を分析することによって決定することができるとしている。したがって，哲学の主要な課題は，推論システムや理論を作り出すことよりもむしろ，思案と言語を説明することである。このアプローチは，**論理実証主義**に影響し，そして20世紀の間，イギリスとアメリカで支配的な考えであった。⇨ **大陸哲学**

**分析の法則**［analytic rules］ フロイト（Sigmund Freud）によって定められた精神分析療法の3つの原則。すなわち，抑圧された衝動や経験を表面化させるために無意識を自由にさせる自由連想法の**基本原理**，治療的プロセスに利用できるエネルギーを排出させないようにする**禁欲規則**，感覚や出来事を言語化する代わりに**アクティング・アウト**させないという原理。

**分節**［articulation］ ゲシュタルト心理学において，構造の中に含まれる複雑さのレベルを指す。

**文節音**［segment］ 言語学において，子音もしくは母音の**音素**が，連続した一連の**音素**の一部として生じること。⇨ **超分節的**

**分節言語**［articulate speech］ （動物とは異なり）意味があり音節に分かれた口頭言語。

**扮装**［impersonation］ 他者のアイデンティティを故意に引き受けること。多くは地位や利益を得る手段として行われる。⇨ **インポスターシンドローム**

**吻側の**［rostral］ 生物の鼻，もしくは嘴に向かって起こる様。また器官の前側に向かって起こる様。

**憤怒**［furor］ 不合理な暴力行為が伴う場合もある，突然の爆発的怒りや興奮のことであり，てんかん性憤怒（furor epilepticus, epileptic furor）としても知られる。てんかんにおいて稀ではあるが，間欠発作，強直発作，複雑部分発作の代理症状として引き起こされる。⇨ **爆発性パーソナリティ**，**単一性爆発性障害**

**分配型活動理論**［distributed actions theory］ リーダーシップモデルの一つで（⇨ **リーダーシップ理論**），意思決定や課題遂行，**体制づくり**，メンバー間関係の向上といったリーダーの主要な役割を，リーダーがすべて背負い込むのではなく，集団全体のメンバーが分担している場合で，集団有効性やメンバーの満足感が高まると仮定する。

**分配決定**［allocation decision］ 集団における問題解決場面において，特定の役割や業務を集団から個々人に対して割り振ること。

**分配的駆け引き**［distributive bargaining］ 競争状況での駆け引きの一つで，競争状況下にある各陣営は，自分たちが望む結果を示したり，威嚇や主張といった戦術を用いたり，自分の立場への固執を正当化するといったことで互いに自分の要求をし合う。競争的駆け引き（competitive bargaining）とも言う。

**分配的公正**［distributive justice］　規則は変更されうること，そして，罰と報酬は，平等と衡平などの相対的な基準によって分配されうるという信念。平等ステージ（8歳～10歳）の子どもは，すべての人に同じように扱われることを要求する。だが，衡平ステージ（11歳以上）に至った子どもは，個人的な状況や動機といった個人的な判断を考慮に入れる。⇨**内在的正義**　［ピアジェ（Jean Piaget）によって仮定された］

**分配的分析と統合**［distributive analysis and synthesis］　精神生物学で発展した心理療法アプローチ。第一段階では，過去や現在の体験について患者から得られた情報によって体系的な分析が行われる。次に，症状と不定愁訴，長所と短所，病的か未成熟反応かといったカテゴリーに分けられる。第二段階では，こうした分析と分配が，患者自身の強さ，目標，能力を構造的に統合するために用いられる。［スイス生まれのアメリカの精神科医マイヤー（Adolf Meyer: 1866-1950）によって展開された］

**分泌（物）**［secretion］　1. 細胞（多くの場合は腺）から，身体の別の場所へ，特定の物質を合成し放出すること。生成された物質は血中に直接放出されたり（**内分泌**），管を通って放出されたりする（⇨**外分泌腺**）。2. 分泌の過程によって放出される物質。

**分布**［distribution］　変数の取る値と，各値が取るケースの相対的数との関係のこと。分布は，単純に変数間の関係の実証的記述，あるいは事象の関連性の数学的（確率的）明確化といえる。

**文復唱テスト**［sentence-repetition test］　実験者が文を読み上げた直後に参加者にそれを復唱させるテスト。文は難易度と複雑度が徐々に増加していく。このテストは一次記憶機能を計測する。

**分布によらない検定（ノンパラメトリック検定）**［distribution-free test］　母集団の分布型（母数）について一切の仮定を設けない，あるいはもしあるとすれば，ごくわずかな前提に基づく統計的有意性の検定。

**分布の冗長性**［distributional redundancy］　心理美学における，ある要素が他の要素よりも頻繁に生じることでつくられる芸術様式の不確定さに関する発展のこと。分布の冗長性は様式変化における2つの内的抑制のうちの一つであり，もう一方は，ある要素の組合せが他の組合せよりも頻繁に生じる，相関的冗長性（correlational redundancy）である。

**糞便嗜好症**［coprolagnia; koprolagnia］　性嗜好異常の一つ。排泄物を見ることによって，または排泄物について考えることで性的快楽を得るもの。

**糞便性愛**［scatophilia］　性的なことや排泄物について話したり，わいせつな言葉を使うことに，性的な興味をもち興奮すること。

**文法**［grammar］　言語学において，どのように言語が働くのかを既述した規則の抽象的な体系。伝統的にこの体系は**統語論**（語を文の中に配列する際の規則）と**形態学**（語の形態に影響を与える規則）によって構成されていると考えられてきたが，近年の文法体系のいくつかでは**音韻論**と**意味論**も含まれると考えられている。

**文法錯誤**［dysgrammatism］　不正確な文法に対する固執的な使用のことで，教育的低下というよりもむしろ**失語症**の症状として生じる。⇨**失文法**

**文法性**［grammaticality］　文法規則に従っている程度。チョムスキーの言語学において，ある文が文法規則に従っているかどうかは母語話者ならば直観的にわかり，形式文法（formal grammar）の規則によって説明できるとされる。文はたとえ意味がない場合でも，文法的なものとして認識される。無意味な文としてチョムスキーがあげた有名な例が「無色で緑の思考は猛り狂って眠る」（Colorless green ideas sleep furiously）である。

**文脈**［context］　1. 一般に，ある現象が生じた条件や環境のことを指す。2. 認知研究において，記憶や学習，判断，その他の認知過程に影響を及ぼした結果，特定の事象が発生した環境。3. 言語学において，単語，句，あるいはその他の単位の前後に位置し，意味を明確にする，スピーチあるいは文章の一節。

**文脈化**［contextualize］　既存の知識の枠組の範囲で事象を解釈すること。

**文脈下位理論**［contextual subtheory］　**知能の鼎立理論**の下位理論の一つ。個人の知能と所与の状況への知的な反応は，いずれも環境における要因により構成されるとする。この下位理論によると，環境に効果的に適応，形成，選択できる限りにおいて，人間はその文脈において知的である。

**文脈干渉効果**［contextual interference effect］　異なる文脈において訓練が行われた場合，あるいはある課題の試行が異なる課題の試行と交互に行われる場合に起こりうる学習の効果。学習は，文脈の変化や課題の介在により遅延されるが，形成された知識は持続性があり，異なる課題や領域に容易に転移しうる。

**文脈固有学習**［context-specific learning］　特定の場所や文脈において発生する学習。学習した文脈においてのみ現れ，異なる文脈においては現れない。⇨**文脈的連合**

**文脈主義**［contextualism］　1. 経験は，連合主義者の原理が説明するように事象の間の結びつきの結果として記憶されるだけでなく，経験の周囲の文脈が事象に与える意味によって記憶されるとする理論。2. ある出来事が起きる環境が，その出来事やその出来事の解釈が内在的情報として存在すると主張する世界観。

**文脈手がかり**［context clues］　サイトワードではない単語を認識可能にする，直接の文脈から得られる手がかり（文章や段落など）。⇨**単語認知スキル**

**文脈的連合**［contextual associations］　生体が経験した項目や材料と，それらを経験した文脈との間の学習された連合。たとえば講義は，これが行われる教室と連合する。文脈の連合は検索を促すため，講義の想起は教室の外よりも教室内で優れる。

**文脈独立学習**［context-independent learning］　スキルが適用される具体的な状況から独立して行われるスキルや方略の学習。

**文脈復元**［context reinstatement］　記憶の検索を促進するために用いられる方法。目撃証言の想起の場合には，個人は想起すべき心的な事象を，それを経験した文脈において心的に再現させることを求められ，また，当該の事象の周辺にある多くの刺激について考えるように促される（例，ニオイ，音）。⇨**認知的知能**

**文脈変更**［context shifting］　会話中や治療中に，重荷に感じる心配事などの話題を避けるために，不意に話題を

**文明**［civilization］　高度に発達した社会。このような地域では，一般教育，科学，技術，法，宗教，道徳，社会的価値の発展がみられる。

**文明社会**［civilization］　文化，知性，技術的発展が高度に進んだ状態にある現在の人間社会全体。

**分離**［segregation］　1. 人（たとえば民族）や他の実体（たとえば，心的過程）を分離あるいは隔離し，双方の間の相互作用を最小にすること。2. 遺伝学において，生殖細胞の形成につながる，細胞分裂中に起こる**対立遺伝子**の分裂のこと。⇒ **減数分裂**　3. 遺伝学において，有糸分裂のような標準的な細胞分裂中に起こる，染色体ごとの姉妹**染色分体**の分裂のこと。

**分離-個体化**［separation-individuation］　発達用語の一つ。幼児が母親と自分自身との差異を段階的に認識し，母親とは分離したアイデンティティに気づき，相対的に自律的な段階へ到達すること。［オーストリアの児童精神分析家マーラー（Margaret Mahler: 1897-1985）により定義された］

**分離した意識**［divided consciousness］　たとえば，インタビュー中に聴く，問題を考える，ノートにとるなど，2つ以上の精神的活動を同時に行うときに現れる状態。活動が意識と注意を必要とする程度まで，人はそれぞれを分離する傾向にある。⇒ **二重課題競合**

**分離ディスプレイ**［separated display］　人間工学で，2次的な情報から重要な情報を区別して表示する装置のこと。この設計は，重要な情報を他よりも目立たせて注意を向けたいという要求に基づいている。⇒ **統合型情報ディスプレイ**

**分離脳**［split brain; divided brain］　脳梁が切断されているため（⇒ **交連切開術**），大脳半球が分離している脳の状態。外科的な脳梁離断は，実験目的で分離脳の実験動物を生み出すため，またときには，重度のてんかんで症状を緩和するために人に対しても行われる。分離脳は外科的な介入だけではなく，脳梁の傷病によっても起こる場合がある，人や動物での分離脳の研究は，2つの半球の各役割を定義することに貢献している。

**分離比分析**［segregation analysis］　ある特性がメンデル遺伝を示すかどうかを見極めるための統計的な手法。

**分離不安**［separation anxiety］　子どもが愛着している人（特に両親）からの分離によって（あるいは分離するかもしれない事態に直面して）体験する正常な不安あるいは恐怖のこと。分離不安は6～10か月の間で最も活発なものになる。愛するものからの分離は後年同様な不安を引き起こすことがある。

**分離不安障害**［separation anxiety disorder］　DSM-Ⅳ-TRにおいては，小児期あるいは青年期に起こる，家庭からのあるいは主要な愛着対象からの分離についての発達的に不適切な，持続性の，過度な不安を特徴とする不安障害のこと。他の特徴は，分離を引き起こすかもしれないような出来事（たとえば喪失），あるいは愛着対象に悪いことが起こるかもしれないことについての持続的で過度な心配，および来たるべき分離に対する著しい**予期不安**を含むことがある。あるいは登校拒否，一人になることの恐怖あるいは現在の主要な愛着対象なしには眠れない，分離に関連した悪夢，予期された分離に連合した身体症状（たとえば嘔吐，吐き気，頭痛，胃痛）の繰り返される訴えのこともある。これらの症状は臨床的に重い悲嘆あるいは機能障害を引き起こすことがある。

**分離モデル**［segregated model］　評価において，3つの異なった実体としてのプログラムディレクター，制作部門と評価部門間での**形成的評価**を使った管理関係のこと。このモデルにおいて，生産部門と評価部門は，プログラムディレクターへの同程度の重要性をもち，より改善された連絡手段を共有する。⇒ **統合モデル**

**分類**［classification］　1. 認知心理学における**カテゴリー化**のこと。⇒ **カテゴリー化**　2. 臨床心理学と精神医学における，特性と症状を基準とした精神障害の分類。⇒ **DSM-Ⅳ-TR**，**国際疾病分類**，**疾病分類学**　3. 生物学においては⇒ **生物学的分類学**

**分類学**［taxonomy］　分類することを目的とした学問。たとえば，**生物学的分類学**

**分類過剰**［overclassification］　少数民族の子どもが**特別教育**の生徒として分類される危険が高い現象であり，地域の学校から国家の教育様式までの様々なレベルで生じる。

**分類課題**［sorting test］　概念化する能力を評価する手法。参加者（通常は子ども）はカテゴリー別に共通する対象の集まりを整理するように求められる。この課題において用いられる方法は認知発達の水準を反映する。たとえば，かなり年少の子どもは，完全に主観的な理由で無作為な対象を互いに分類するかもしれない。ところが，年長の子どもは，機能的な関係に基づいて対象を分類する。⇒ **クラス包含**

**分類再生課題**［sort-recall task］　記憶探索で用いられる課題の一つ。実験参加者（通常は子どもである）は，後で思い出すことになる項目を，再生する前に，複数の群に分ける機会を与えられる。

**分類子システム**［classifier system］　"if → then"という分類子ルールの形をとる知識が反応を返す環境にさらされ，その結果，修正を繰り返す（学習を行う），という計算システムから成り立つ**認知アーキテクチャ**。システム全体は，最小限とみなされる分類子ルールの重要性に従って何度も評価がなされる。⇒ **適応的プロダクションシステム**［コンピュータ科学者ホランド（John Henry Holland, 1929- ）によって作られた］

**分類テスト**［classification test］　1. 対象者に物や人，事象，刺激を特定のカテゴリーに分類させるテスト。⇒ **カテゴリー化**　2. 所定の反応に従って，対象者が自分自身をカテゴリー（能力や心理学的タイプなど）に分類するテスト。

**分類のプロトタイプアプローチ**［prototypal approach to classification］　異常行動を分類する過程。複数の特性（行動障害の原型）が，常に同時に起こる傾向があるという前提で行われる。ただし，実際には，特性の結合の典型例は存在しないことや，特徴の類似したプロトタイプどうしが混合されることもあると認めている。

**分類表**［classification table］　表の行列にある属性に基づいてサンプルのケース数を分類した表であり，通常2次元であることが多い。

**分類法**［classification method］　産業・組織心理学の領域で，賃金や給与を決定するために職務を評価する方法の一つ。職務は，予め定められていた階級やカテゴリーに対

して，通常は肩書（職位）や職務記述書に基づいて割り当てられる。この方法では多くの場合，1つ以上の**基準職務**との比較を含む。この分類法の例は，アメリカの公務員制度での一般職（general schedule）に対する評価システムである。⇨ **要素比較法**，**職務成分法**，**ポイント法**，**序列法**，**職務評価**

**分裂［1］**［fission］ **1.** 生物学で，細胞や単細胞生物が分割し2つになること。**2.** 聴覚において，同時に存在する2つの音を別々の知覚的連続（streams）もしくは聴覚対象（auditory objects）として分離すること。2つの連続したものが1つとして知覚されるときは，聴覚融合（auditory fusion）が生じたと考えられる。⇨ **融合**

**分裂［2］**［splitting］ **コ・セラピー**において，セラピストが他のセラピストよりも共感的だとクライエントが感じたとき，セラピストの一人にクライエントから伝えられること。スプリッティング状況（splitting situation）とも呼ばれる。

**分裂した動機づけ**［disjunctive motivation］ 永続的で真の満足というよりも，一時的で代替的な満足を得るために懸命になること。⇨ **結合動機** ［アメリカの精神科医サリヴァン（Harry Stack Saullivan: 1892-1949）によって定義された］

**分裂人格**［split personality］ **解離性同一性障害**の人に対する俗称。時々，**統合失調症**と混同されている。統合失調症の原語は精神の分裂を意味するが，分裂人格は第二の人格を形作ることはない。

# へ

**ベアネーズソース効果**［sauce béarnaise effect］ 条件性味覚嫌悪を指す一般用語。ベアネーズソースのような新奇な食物を摂取した後でたまたま気分が悪くなると，その後，その食物を嫌いになったり避けたりすることがある。つまり，気分が悪くなったことの実際の原因に関わらず，ソースがその原因であると捉えられるのである。⇨ **準備された学習**

**ベアフット 対 エステレ判決**［Barefoot v. Estelle］ 1983年の判例で，精神科医が被告は100％間違いなく再犯すると証言したことを受けて，アメリカ合衆国最高裁判所が死刑判決を支持した。ただし，精神科医は被告を検査してはいなかった。

**ペアメイト**［pairmate］ **つがい関係**の関係にある二個体のうちの一方。

**ペアリング**［pairing］ 行動学において，2つのイベントを一定時間内に並列に行うこと。たとえば，眼に対してエアパフが出る直前に音が鳴る場合，パフと音はペアリングされているということになる。

**ペアリング仮説**［pairing hypothesis］ パブロフ型条件づけの重要な特徴は，条件刺激と無条件刺激との時間的な共起（つまり**ペアリング**）であるとする仮説。対呈示仮説ともいう。

**ペアレンツ・アノニマス**［Parents Anonymous: PA］ 効果的な育児方法を学びたいと考えている両親たちが主体となり，専門家を招いて運営する集団のこと。家族を支援し，児童虐待を防止するための方法を提供する。

**ベーイエソン-フォルスマン-レーマン症候群**［Börjeson-Forssman-Lehmann syndrome］ 小頭症，重度の精神遅滞，低身長，性機能の低下によって特徴づけられる疾患。また，本疾患の患者は，重度の精神遅滞と，成人になっても陰毛がほとんど，あるいは全くないのが特徴である。この症候群は，X連鎖性劣性遺伝子と関連している（Xq26-27に位置する）。［スウェーデンの医師ベーイエソン（Mats Gunnar Börjeson: 1922- ），フォルスマン（Hans Axel Forssman: 1912- ），レーマン（J. O. Orla Lehmann: 1927- ）による］

**平滑化**［smoothing］ 一群のデータやそのデータの一区画（曲線）における不規則性を減らすために用いられる技法。特に**時系列**分析において用いられる。移動平均（moving average）の使用はそのようなデータを平滑化する一例である。

**平滑筋**［smooth muscle］ 横縞がなく**自律神経系**の制御下にある筋の総称。平滑筋は長時間収縮状態を保つことができ，また半永久的に疲労することなく周期的な収縮を続けることができる。消化器や血管壁，眼球などに存在する。不随意筋（involuntary muscle）とも呼ばれる。⇨ **心筋，骨格筋**

**平均**［mean］ （記号：$\bar{X}, M$） **代表値**のうち最もよく使われる統計量。計算式は次のとおりである。

$$\bar{X} = (\sum_i X_i)/n$$

ここで，$X$はデータ，$n$はデータの数。すなわち，データを加え，その和をデータの数で割る。算術平均（arithmetic mean; arithmetic average）とも呼ばれる。⇨ **幾何平均，調和平均**

**平均誤差**［average error］ 一連の観測値が絶対的基準（たとえば，標準体重や標準身長）あるいは相対的基準（たとえば，与えられた条件下での観測値の平均）に関して不正確であるかの典型的な程度。

**平均絶対偏差**［average absolute deviation］ それぞれの得点と**平均**の差の絶対値の平均。得点の分布の**散布度**の指標。⇨ **絶対値**

**平均的な人間のためのデザイン**［design for the average］ 人が使用することになる装置が平均的な人間の特徴に合わせてデザインされ，極端な特徴（たとえば，5パーセンタイルより下や95パーセンタイルより上）は犠牲になるような原理。真に「平均的な」人物は存在しないものの，調整可能なデザインが開発されず，極端な特徴のためのデザインがありえないか，または実行不可能な時にこの原理が用いられる。

**平均脳波聴力検査**［averaged electroencephalic audiometry］ ⇨ **脳波聴力検査，電気生理学的聴力検査**

**平均の標準誤差**［standard error of the mean］ （記号：$\sigma_M$） $\sigma$が母集団分布の標準偏差，$n$を標本の大きさであるとすると，$\sigma/\sqrt{n}$で与えられる，平均の標本分布についての標準偏差のこと。

**平均平方**［mean square］ **平方和**をその自由度で割ったもの。分散の推定量となる。

**平均への回帰**［regression toward the mean］ 回帰効果とも言う。信頼性の低い測定器具によって生じる**バイアス**の一例。標本平均から著しく外れた最初の測定値は，再検査においてもとの値よりも標本平均の値に近くなる傾向がある。

**平均偏差**［mean deviation］ データの散らばりの指標であり，各データと平均の差の絶対値の和をデータの数で割った値。数式では

$$(\sum |x_i - \mu|)/n$$

となる。ここで，$\mu$は平均，$n$はデータの数。

**平均余命**［life expectancy］ 人が，平均で生存できると期待される年数のこと。平均余命は，統計的確率に基づいており，医療や衛生状態の改善で上昇する。

**閉経**［menopause］ メスの繁殖周期の終わりに月経が停止する時期。

**閉経期抑うつ**［menopausal depression］ 女性の**更年期**（月経閉止期）に生じる重度の**情動不安**である。特に，閉経期以前から抑うつ傾向があった女性に生じやすい。

**平衡**［equilibrium］ たとえば，姿勢や生理的過程，心理的適応など，身体的・精神的バランスや安定性の状態のこと。⇨ **ホメオスタシス，平衡感覚，前庭系**

**閉合**［closure; law of closure; principle of closure］ ゲシュタルト心理学においては，人々が不完全な形（画像や音）を完全なものとして知覚しやすい傾向にあるという原理。不完全なものと完全なものとの間のギャップの効果において，全体として画像や音を知覚するために，間違った部分同士を統合することで生じる。⇨ **聴覚補完，形状の**

良さ，プレグナンツの原理，視覚閉合

**平行遊び**［parallel play］子どもが互いに隣にいるが，お互いと遊んでいるわけではない**社会的遊び**のこと。⇨ **連合遊び，協同遊び，一人遊び**

**平衡感覚**［sense of equilibrium; equilibratory sense; static sense］座っているとき，立っているとき，歩行時，あるいはその他の身体を操る場面で，バランスを保つことを可能にする感覚。**自己受容感覚**の一部で，頭部の運動を検出する受容器（⇨ **前庭受容体**）をもつ，**内耳**内の**前庭系**によって部分的に制御される。迷路感覚（labyrinthine sense），前庭感覚（vestibular sense）とも呼ばれる。

**平行関係**［parallelism］一般的に，平行状態，構造的な類似性，もしくは対応した特徴の性質や状態のこと。

**平衡障害**［disequilibrium］**1.** 小脳の異常や損傷が原因だとされ，**パーキンソン病**や**運動失調**にみられるような身体の平衡能力の喪失。平衡機能障害ともいう。**2.** 極度の気分変動や**情動の不安定**でみられるような感情のアンバランス。

**平行線維**［parallel fiber］**小脳皮質**の最も外側の層を形成する顆粒細胞の軸索。

**平衡電位**［equilibrium potential］イオンが高濃度部分から膜を越えて流れようとする傾向と，膜両側の反対方向の電位差がちょうど釣り合っている状態のこと。

**平衡点モデル**［equilibrium-point model］手足に働く**主動筋**と**拮抗筋**群の間の平衡点として運動目標が定められるとする，手足の制御のモデル。このモデルから派生したモデルとして，バネ質量モデル（mass-spring model）やラムダモデル（lambda（λ）model）がある。⇨ **インパルスタイミングモデル**

**平衡斑**［macula］聴覚において，重力に対する身体位置についての情報を与える，内耳の**卵形嚢**と**球形嚢**における感覚組織の一部。平衡斑は，感覚**有毛細胞**を含み，その突起（不動毛）は炭酸カルシウムの結晶（耳石：otoliths）を含むゼラチン状の基質（クプラ：cupula）に埋め込まれている。頭部の方位が変化すると，相対的に密集した耳石が重力に反応し，ゼラチン状の塊を移動させ，不動毛を屈曲させる。このことが有毛細胞の繊維における神経インパルスを誘発し，脳への信号として作用する。

**並行論**［parallelism］**1.** 一般的には，平行であること，構造的に類似していること，および対応する特徴を有していることを指す。**2.** 哲学における命題の一つである。心と体が互いに異なる現実を構成するにも関わらず，両者が全体論的に振舞い，かつ，両者が相互に因果関係を及ぼし合っているようにみえること。⇨ **心身問題，偶因論，予定調和 3.** 人類学における概念。⇨ **文化的パラレリズム**

**米国医療専門分野委員会**［American Board of Medical Specialities: ABMS］アメリカにおける24の承認された医療専門分野委員会の統括組織。1933年に設立され，その使命は，アメリカの医療ケアの質の保持や改善を図ることである。メンバーである委員会が，各々の専門医評価認定のための専門的・教育的基準を開発促進していくことを助成している。

**米国応用心理学会（AAAP）**［American Association of Applied Psychology: AAAP］アメリカの心理学者の応用的な関心をより効果的に示すために，**米国心理学会**から分派した心理コンサルティングの専門家，臨床心理学者，教育心理学者，産業心理学者のグループによって1937年に創立された専門組織。主な刊行物は Journal of Counsulting Psychology であった。1944年に American Psychological Association と再統合された。

**米国カウンセリング学会（ACA）**［American Counseling Association: ACA］カウンセリングという専門職の発展や促進を目的とする職業団体であり，学術団体。職業カウンセラーのための世界最大の団体であり，専門的・倫理的基準の制定に貢献してきた。1952年に American Personnel and Guidance Association（APGA）として設立され，1983年に American Association of Counseling and Development と名前を変えた。現在の名称が採用されたのは1992年である。

**米国科学振興協会**［American Association for the Advancement of Science: AAAS］すべての科学分野のために1848年に創設された学術団体。米国科学振興協会の大きな目的は，全人類のために世界中で科学を発展させることである。AAASは，国民に対する科学への教育を促進し，また科学と技術を推進することにも責任をもっている。さらに，世界最大の総合科学機関として，Science 誌を発行している。

**米国教育研究学会（AERA）**［American Educational Research Association: AERA］教育に関連する学術研究を奨励し，研究結果の普及および実践的な応用を促進させることによって，教育プロセスの改善を図ることを目的として1916年に設立された専門組織。

**米国矯正精神医学会**［American Orthopsychiatric Association: AOA］精神的健康への予防的，治療的，権利擁護的アプローチに携わる学際的専門機関。接頭辞のortho（orthos はギリシャ語に由来し，「まっすぐな」という意味）は予防的アプローチの必要性を強調する。American Journal of Orthopsychiatry はこの分野の主要ジャーナルである。［1924年アメリカの医師メニンジャー（Karl Menninger: 1893-1990）が創設した］

**米国健康・体育・レクリエーション・ダンス学会連合（AAHPERD）**［American Alliance for Health, Physical Education, Recreation and Dance: AAHPERD］6つの団体（活動的な生活様式とフィットネス学会，米国健康教育学会，米国余暇とレクリエーション学会，スポーツを行う女性のための全米協会，全米スポーツ・体育学会，全米ダンス学会）の連合組織。体育や健康教育，レクリエーション，ダンス，スポーツにおける質の高いプログラムを通して健康的な生活様式を促進させることを目的とする。この組織では，各分野の専門性が関心の中心となっている。

**米国障害者法（ADA）**［Americans With Disabilities Act: ADA］身体的，精神的障害のために主要で基本的な職務を遂行することができないことが認められる場合を除いて，このような障害に基づいて処遇を差別する雇用の慣習を禁止するアメリカの連邦法。障害に，1つ以上の主要な日々の活動を損ねる実際のあるいは感覚上の制約と定義される。米国障害者法は，公的機関によって提供されるプログラムやサービスやその他の活動（医療，社会的サービス，裁判，地域集会など）の利用，公共施設（レストラン，ホテル，学校や大学，レクリエーション施設など）の利用，通信（電話やテレビなど）の利用といった他の領域における差別についても，それを禁止する。⇨ **実質的職業資格**

**米国心身医学協会**［American Psychosomatic Society: APS］ 1942年に発足した学際的専門家組織であり，その使命は，人間の健康と病気における生物的，心理的，社会的，行動的な要因間の関連についての科学的理解を促進することである。主要発行物は *Psychosomatic Medicine* である。

**米国心理学協会**［American Psychological Society: APS］ 臨床実践に従事している人とは対照的に，科学的，応用的，そして学術的な心理学者によって1988年に創設された学術団体。米国心理学協会の目的は，人間の幸福に関する研究や応用，改善について科学に志向した心理学の知見を促進し，保護し，また発展させることである。米国心理学協会は，*Psychological Science*, *Current Directions' in Psychological Science*, そして *Psychological Science in the Public Interest* の3冊の雑誌を発行している。

**米国心理学財団**［American Psychological Foundation: APF］ 1953年に創設された非営利の慈善団体。米国心理学財団は，人類の幸福に対して貢献すると期待される心理学の科学や実践を進展させるため，奨学金や補助金，また賞を提供している。

**米国心理学会（APA）**［American Psychological Association: APA］ アメリカにおける心理学分野の科学的かつ専門的団体で，1892年に創設された。米国心理学会の目的は，科学および職業としての心理学，そして健康・教育・福祉の増進の手段としての心理学を進展させることとされる。米国心理学会の目標として，心理学研究を促進させ，研究方法を改善すること，米国心理学会の会員に対して高い水準の専門的倫理性を確立して維持すること，そして年間に45冊の学術雑誌，米国心理学会出版マニュアル，75冊の書籍とビデオテープ，そして5つのデータベースによって心理学の知識を普及させることがある。

**米国心理学会大学院生部会**［American Psychological Association of Graduate Students: APAGS］ 全世界の心理学に従事する大学院生の非常に大きな組織。1988年に**米国心理学会**の中のグループの一つとして設立された。当該の教育や訓練の問題に関する情報を普及させると同時に，奨学金や賞，学会の支援活動，専門家としての発達の機会の提供を通して学生を支援する。

**米国心霊研究協会**［American Society for Psychical Research］ 超心理学的現象や超常現象の科学的研究を専門とする学術団体である。当初は1885年にジェームズ（William James）らのグループにより設立され，1906年に再び独立するまで，英国**心霊研究会**の支部であった。*Journal of the American Society for Psychical Research*（1907年創刊）を発行している。

**米国スポーツ医学会（ACSM）**［American College of Sports Medicine: ACSM］ 運動生理学者，スポーツ医学の医師，アスレチックトレーナーや教育者からなる学際的な組織であり，健康やフィットネスに関する最新の知見を提供することを目的とする。さらに，健康とフィットネスの分野において資格認定も行っている。

**米国スポーツ教育プログラム（ASEP）**［American Sport Education Program: ASEP］ 保護者，指導員，競技役員，青少年スポーツボランティアの運営者を対象としており，方針として運動選手を第一に考えた一連の教育課程。以前は，指導のための有効性プログラム（American Coaching Effectiveness Program: ACEP）として知られていた。

**米国性教育者・カウンセラー・療法士協会**［American Association of Sex Educators, Counselors and Therapists: AASECT］ 1967年に設立された，非営利で学際的な専門職認定団体。その使命は，専門教育を提供し，性教育者，カウンセラー，セラピストを認定し，人間の性と健康な性行動についての理解を促進することである。

**米国精神医学会（APA）**［American Psychiatric Association: APA］ 精神・感情の疾患や薬物乱用による障害の診断と治療を専門とする医師のための全国規模の医学学会。1844年に Association of Medical Superintendents of American Institutes for the Insane として設立され，1892年には American Medico-Psychological Association と改名。現在の名称は1922年に採択された。アメリカ全土にわたる，情報公開，教育，啓蒙活動や参考資料を通して，精神疾患をもつ人々のケアの向上と改善を活動の目的としている。広範囲にわたる出版物の中には，8つの学術誌と，世界で最も広く使われている精神医学図書である *The Diagnostic and Stastitical Manual of Mental Disorders*（精神障害の診断と統計の手引き）（⇨ **DSM-Ⅳ-TR**）がある。

**米国精神遅滞学会（AAMR）**［American Association of Mental Retardation: AAMR］ 1876年に設立された専門組織であり，知的障害の人々の普遍的な人権を促進させるとともに，精神遅滞の領域においてより発展した政策，堅実な研究，効果的な実践を促進させることを役割とする。この分野においては最も古く長い学際的な組織である。

**米国精神分析学会**［American Psychoanalytic Association: APsaA］ 精神分析家のための，教育，研究，会員の地位向上を目的とする学術団体。1911年に設立された，最も古い全国規模の精神分析の団体である。29の公認の訓練機関をもち，42の精神分析団体と提携している。また，国際精神分析学会のアメリカ支部である。主な学会誌は *Journal of the American Psychoanalytic Association* である。

**米国専門職心理学委員会（ABPP）**［American Board of Professional Psychology: ABPP］ アメリカの13の心理学を専門職とする委員会を包括する上部団体。1947年に創設され心理学の実践における専門領域について規範の制定，実行，維持，調査を行うことを目的とする。ここでの「専門職」とは，特定の焦点づけられた領域であり，そこでは一連の系統立った教育，訓練，実務経験を通して一定の能力が獲得されるものと定義される。

**米国哲学学会**［American Philosophical Society: APS］ アメリカで最も古い学術組織。1743年にフランクリン（Benjamin Franklin）の推進により，現在も本部のあるペンシルベニア州フィラデルフィアに設立された。メンバーは科学や人文学における傑出した業績により選出される。1771年に初めて公刊された学会の紀要や，学会誌，要旨集，年報が出版されている。学会は特別賞や研究補助金により優秀な学術研究を支援している。

**米国疼痛学会**［American Pain Society: APS］ 痛みに関する研究，教育，治療，実践を活動目的とする学際的な専門組織。国際疼痛研究学会（IASP）のアメリカ支部として1977年に設立。

**米国パーキンソン病協会**［American Parkinson Disease

Association, Inc.] パーキンソン病の患者やその家族のために，支援グループや情報を提供したり，専門医などへの委託を行う機関。

**米国法律協会ガイドライン**［ALI Guidelines］ 米国法律協会によるガイドラインの略。⇨ **米国法律協会模範刑法典心神喪失検査**

**米国法律協会模範刑法典心神喪失検査**［American Law Institute Model Penal Code Insanity Test］ 刑事責任能力の確立に関する法定基準。1962年に採用され，**マクノートン・ルール**と抗拒不能の衝動に関する規則の要素を併せもつ。

**米国臨床心理学者協会**［American Association of Clinical Psychologists: AACP］ 1917年，臨床心理学者たちが，臨床心理学の実践の場でのトレーニングの促進と規範の制定を求めて，**米国心理学会**から分裂した時に設立された専門的団体。1919年には，米国心理学会の初の分科会（臨床心理学部門）として，米国心理学会に復帰した。

**閉鎖**［closure］ 閉鎖的な行動や閉鎖的な状態のこと。

**閉鎖系**［closed system］ 1. 外部の環境とのいかなる接触ももたない独立したシステムのこと。2. 血管系や宇宙のモジュールのように自己完結したシステムのこと。3. 新しい情報や変化に抵抗する社会システムのこと。⇨ **開放系**

**閉鎖性頭部外傷**［closed head injury］ 頭が物にぶつかっても，頭蓋骨が割れたり，貫通したりしない脳震盪のような頭部外傷の一つ。⇨ **開放性頭部外傷**

**閉鎖的養子縁組**［closed adoption］ 子の出生家族と養子家族の間で，養子縁組成立前後の接触を許可しない養子縁組の形。

**閉鎖病棟**［locked ward］ 重度の精神障害者が入院している病院の一部。収監されている，あるいは病気のために処罰されているという感じを患者が抱く可能性もあり，閉鎖病棟は廃止される傾向にある。この傾向に拍車をかけている他の要因として，心理的介入の進歩，向精神薬の使用，患者対スタッフ比率の増加，開放型病院や**治療共同体**などがあげられる。

**閉所恐怖症**［claustrophobia］ 閉じられた部屋への持続的な理由のない恐怖（たとえば，エレベーター，小さい部屋，トンネル，小さな車の後部座席），または閉じ込められることや逃げ場のない状況への恐怖（たとえば，歯医者のイス，人ごみ，座席の真ん中）のこと。恐怖に意識の焦点を当てると，パニック発作が誘発される（たとえば，呼吸がうまくできない感情，息苦しさ，動悸，汗，非人格化，コントロールができないことや狂ってしまうのではないかという恐怖）。DSM-Ⅳ-TRにおいて閉所恐怖症は，状況型の**特定恐怖症**として分類されている。より広範囲の状況が恐れの対象となった場合は，**広場恐怖**と診断する方が適切である。

**平叙文**［declarative］ 疑問や要求，命令ではなく，直接的な言明形式をとる文や節のこと。⇨ **直説法**

**ベイズネットワーク**［Bayesian belief network］ 人工知能の分野において，**ベイズの定理**に基づいたモデリング手法および推論手法。ベイズ分析の組合せ問題における表現で仮定が作られる。これらには因果関係の仮定が含まれており，この仮定において，原因となる状態が一意的に結果の状態に関与する。すなわち，結果が原因を引き起こすことはない。他の事象が条件つきで独立しているか，無視できるくらいのとても小さな相互関係をもつ場合，原因の状態が結果を規定する。

**ベイズの定理**［Bayes' theorem］ 2つの条件つき確率に関連する確率理論から導出された公式。事象$B$が生じる条件の下での事象$A$の確率を$p(A|B)$とし，事象$A$が生じる条件の下での事象$B$の確率を$p(B|A)$とすると以下のような関係が導かれる。

$$p(A|B)p(B) = p(B|A)p(A)$$

この公式は，たとえばある前件$A_i$が観察された事象$B$と関連があったときの確率を計算するときに利用される。

$$p(A_i|B) = [p(B|A_i)p(A_i)] / \sum_{i=1} p(B|A_i)$$

この定理は事前確率と事後確率をつなぐ基盤となる。［イギリスの数学者・神学者ベイズ（Thomas Bayes: 1702-1761）による］

**ベイズ法**［Bayesian approach］ 評価研究において，様々なプログラム結果間の選択の目的で条件的確率を用いること。［ベイズ（Thomas Bayes）による］

**平静**［ataraxy; ataraxia］ 知的能力の低下や意識の混濁がない状態で，精神状態が穏やかで，超然と落ち着いていること。

**閉塞**［occlusion］ 妨害あるいは閉鎖。大脳動脈の閉塞は，血栓性あるいは塞栓性の脳卒中を引き起こす。

**閉塞物**［obturator］ 始めたり開けたりすることを妨害するもの。

**併存的妥当性**［concurrent validity］ 同じ時点での2つの測定法間の相関。具体的には，同じ時点で測定した別の測定法（関連する概念について既存の標準化された尺度など）の結果と比較することによって，ある検査法の妥当性が評価されること。⇨ **内容的妥当性，基準妥当性**

**並体結合**［parabiosis］ 2つの個体が人工的あるいは自然に結合していること。結合体双生児にみられるように，循環系が相互につながっている。

**兵隊病**［soldiers' disease］ アメリカ南北戦争中の**モルヒネ依存**のこと。

**平坦な感情**［flat affect; emotional flatness; flattened affect; flattening of affect; flatness of affect］ いかなる状況・出来事に対しても情動反応がないこと，または外見上の情動反応のなさ。⇨ **浅薄な感情**

**ベイツ擬態**［Batesian mimicry］ **擬態**の一種。毒をもたず捕食されやすい種が，有毒な種のもつ形態や配色に擬態すること。たとえば，ある種のハエは毒針をもつハチと似た黒と黄色の彩色をもつ。捕食者が有害な餌についてそれを回避するための学習ができ，類似の外見をもつ動物にまでそれを汎化させれば，有毒種を擬態できる無害な種はより生き残る可能性が高くなる。［イギリスの博物学者ベイツ（Henry Walter Bates: 1825-1892）による］

**ベイトソン対ケンタッキー判決**［Batson v. Kentucky］ アメリカ最高裁判所が下した判例で，**予備尋問**中に人種を理由として陪審員を罷免するために**専断的忌避権**を行うことは憲法に違反することを示した。

**平方和**［sum of squares］ 標本の各々のばらつきの程度の2乗を合計することによって算出された値（言い換えれば，各得点から標本の平均を引いたものを2乗し，それらを合計することで得られる値）。すなわち，変数$X_i$に

おいて，$\overline{X}$ を $X_i$ の平均値とすると，
$$\Sigma(X_i-\overline{X})^2$$
となる。⇨ 二乗平均平方根

**ヘイメソッド**［Hay method］組織の給与体系を決定する際に用いられる職務評価の方法。職務がどの程度の専門知識や問題解決，説明責任を必要とするか評価し，その評価に応じて報酬を与える。この方法は**要素比較法**と**ポイント法**の要素を組み合わせたものである。［アメリカの経営専門家ヘイ（Edward N. Hay）による］

**併用療法**［combined therapy］**1.** クライエントが，同一のもしくは異なったセラピストから2つ以上の治療を受ける心理療法のこと。たとえば，**カップル療法**は，個人療法に加えて何組かのカップルによる集団療法を含んだり，各々のカップルへの**コンジョイントセラピー**を含んだりする。**2.** 心理療法と薬物療法を組み合わせて用いる治療。⇨ **補助療法**

**併用療法**［treatment combination］いくつかの治療法を組み合わせること。

**ベイリー**［Bayley, Nancy］ナンシー・ベイリー（1899-1994），アメリカの心理学者。ベイリーは1926年にアイオワ大学にて博士号を取得。彼女の論文は人間発達のトピックが多岐にわたっており，身体的，心理学的特性における身体的成長と性差において影響力のある研究もある。彼女は**ベイリー乳幼児発達スケール**の考案者として最もよく知られている。彼女はカリフォルニア大学バークレー校に長くいたが，1954～1964年は全米精神保健研究所の乳幼児発達部門のチーフを務めた。また，1966年には米国心理学会功労賞を女性で初めて受賞した。

**ベイリー乳幼児発達スケール**［Bayley Scales of Infant and Toddler Development］1か月～42か月までの乳幼児の発達状態を検査するアセスメントスケール。子どもに難易度が増す特定の課題を行わせて特定の反応を引き出すために，ボード，ブロック，図形，身近な物（たとえば台所用品）や，その他ありふれた用具をテスト刺激として用いる。最近のベイリースケールは精神スケール（Mental Scale），運動スケール（Motor Scale），行動評価スケール（Behavior Rating Scale），社会-情動スケール（Social-Emotional Scale），順応行動スケール（Adaptive Behavior Scale）の5つで構成されている。精神スケールでは知覚，記憶，学習などの機能を評価するようにデザインされている。運動スケールでは腹這い，座位，把握，対象の操作といった全般的かつ微細な運動能力を測定する。行動評価スケール（以前は乳児行動記録（Infant Behavior Record））には5段階評定による行動の特定カテゴリーについて詳細な記載がある。これは精神と運動スケールを補い，全体的な注意と覚醒，適応と従事，情動制御，運動の質を示す。そして，社会-情動スケールと順応行動スケールでは質問紙を用いて保護者の子どもの発達についての認識を得る。ベイリースケールは1969年に初版が出版され，1993年に改訂，さらに2005年にBayley-Ⅲへと改訂された。［ベイリー（Nancy Bayley）によって開発された］

**閉ループシステム**［closed-loop system］**1.** 外部からの入力がない状態で，物質，情報，エネルギーが再循環するシステムのこと。⇨ **オープンクラスワード**，**機能語 2.** ある制御メカニズムが，その感知器からの**フィードバック**によって，一連の動作条件を維持する自己制御システムのこと。例として，一定の温度を維持するように設定されている冷暖房があげられる。⇨ **開ループシステム**

**並列**［parataxis］言語において，接続詞なしで統語単位（たとえば，単語や句）を結びつけること。たとえば，「来た，見た，勝った」（I came, I saw, I conquered）など。

**並立オペラント**［concurrent operants］複数の**オペラント**が出現し，これが強化される状況。

**並立強化スケジュール**［concurrent schedules of reinforcement］複数の強化スケジュールが同時に施行されるオペラント条件づけの手続き。これらのスケジュールにおいては，お互いに独立した**オペラント**と関連する。

**並列処理**［parallel processing］相互に独立したプロセッサによって，2つ以上の連続した操作が同時に実行される**情報処理**。従来，人間における並列処理能力は，異なった認知機能を同時に実行する能力を説明するとされてきた（たとえば，車を運転する間に音楽を聞いて会話をする，など）。しかしながら，脳では真に並列処理をしていないと考える研究者もおり，彼らはこの能力を「機能と情報ソースの急速な切り替えの能力である」と説明する。並列処理という用語は，**並列分散**のモデルにおける分散された個別の神経ユニットの水準とは反対に，より高次で抽象的な処理を指すために使われることが多い。同時処理（simultaneous processing）とも言う。⇨ **系列処理**

**並列探索**［parallel search］探索課題において，同時に多くの項目を探索しても，効率が下がらない探索過程。⇨ **逐次探索**

**並列分散回路**［parallel distributed circuit］同じ刺激を処理するために，数種の異なった回路を同時に包含する相互作用ネットワーク。コンピュータにおいては比較的最近発展したが，神経系の古典的な性質でもある。

**並列分散処理（PDP）**［parallel distributed processing: PDP］情報の表現が，複雑に結合した仮説的な神経ユニット群の活性パターンとして分散している，という考えに基づく認知モデル。仮説的な神経ユニット群は，相互に作用し，互いに並列的であるという特徴をもつ。⇨ **分散処理**，**並列処理**，**グレースフルデグラデーション**

**並列連鎖強化スケジュール**［concurrent-chains procedure］初期段階と呼ばれる**並立強化スケジュール**のいずれかが完了した際に，1次強化そのものではなく，終期段階と呼ばれるもう一つの強化スケジュールが呈示される手続き。終期段階のスケジュール完了は1次強化をもたらす。初期段階は同時に存在するため，生体は実質的には2つの終期段階を選択する機会を与えられることになる。ただしいったん終期段階に達したら，これを完了しない限り次の選択の期間には進めない。

**ペインドローイング**［pain drawing］痛みの大きさ，重症度，種類を特定するための診断の手段のこと。人間の身体の正面図と背面図が渡され，決められた記号を使って痛みの場所と種類を特定するように求められる。

**ペインマネジメント**［pain management］身体的，精神的な苦痛や不快感の防止，削減，除去のことで，薬物治療（たとえばオピオイドやそのほかの鎮痛剤の投与），行動療法，神経学的，麻酔学的手法（たとえば神経ブロック，自己投与鎮痛薬注入器），補足的，代替的手法（たとえば**鍼療法**や**指圧療法**），もしくはこれらの組合せによってもたらされる。広範な心理学的介入がうまく治療に用いら

れており，人々が痛みに対処したり痛みを制御するのに役立っている．たとえば，**バイオフィードバック**と**弛緩**が単独もしくはほかの認知的手法と組み合わされて慢性頭痛や顔面痛を治療するために用いられている．催眠療法もまた鋭い痛みややけどに伴う痛み，転移性疾患を治療するためにうまく用いられている．外界への**注意の焦点**，ニュートラルもしくはポジティブな**イメージ**，問題解決，コミュニケーションスキル，それから精神療法アプローチと並んで，認知的行動の**対処技法トレーニング**は，**慢性疼痛**症状の治療の際に物理療法と併用されている．

**べき乗関数**［power function］ある変数の値がべき乗で増加する他の変数の関数として変化する場合の関係性．数学的には，$X, Y$が変数，$a, b$が定数であるような等式$Y=aX^b$によって表される．**両対数方眼紙**上に描かれる場合，べき乗関数は直線となる．べき乗関数は，反応時間と練習との関係を特徴づけるのと同様，知覚された物理的強度を特徴づけるのに用いられる．

**冪等行列**［idempotent matrix］$X=X^2$の性質をもつ行列$X$のこと．

**べき法則**［power law］1. 感覚の大きさが刺激の大きさのべき関数として増加することを示した法則のこと．2. 学習や記憶の成績の増加量が，練習の量の対数に対応する**学習曲線**で示されることを示す概念．たとえば，横軸に示した練習量が1試行，10試行，100試行ならば，学習曲線は直線となる．

**ベクトル**［vector］1. 行列代数における行列の列もしくは行．2. **多変量解析**において，項目尺度の$n$個の得点が配列される1次元配置．3. 大きさと方向をもつ数学の概念．

**ペグボード検査**［pegboard test］手先の器用さと微細運動速度を測るための検査．参加者は，初めは利き手，次にその反対側，最後に両手で，ボードに開けられた穴にできるだけ速く釘を差す．最もよく知られているのはプルデューペグボード検査（Purdue Pegboard Test）である．［インディアナ州ウェスト・ラファイエットのプルデュー大学で開発された］

**ペグワード記憶法**［peg-word mnemonic system］単語の一覧を覚える際に使われる**記憶法**の一つ．一つひとつの項目を頭の中で，数と単語の対（ペグ：peg）と結びつける．たとえば，もし"one is a bun, two is a shoe"のようにペグが韻を合わせたペアであった場合，覚えるべき最初の項目はbunと結びつけ，2個目の項目はshoeと結びつける，というように続ける．

**ベケシー型聴力計**［Bekesy audiometer］初めて自動化された**聴力計**であり，患者がボタン押し反応を行うことで検査が進められる．また，検査中に聴力図を描くためのペン書き記録計を備えている．特定の周波数で提示される連続音と断続音に関する記録を行う．［ハンガリー生まれのアメリカの物理学者ベケシー（Georg von Békésy: 1899-1972）］

**ヘゲモニー**［hegemony］個人，集団，国家が他の個人，集団，国家を支配すること．20世紀のマルクス主義では特に，支配的な社会階層のイデオロギーが，物事の「自然な」摂理となるように，他の階層に強要するのに成功することとしている．⇒**支配的なイデオロギー命題**

**ベーコン法**［Baconian method］科学的研究の帰納法のことで，イギリスの哲学者であるベーコン（Francis Bacon: 1561-1626）によって初めて提唱された．この方法は，統制された条件下（たとえば実験）で観察された特定の例から一般的な法則や原理を推論することを意味している．いかなる一般化も妥当とするためには，観察者はある出来事や状態がもう一つの出来事や状態をもたらすといった物事の関連性に関する肯定的な例を探し求めようとしなければならないだけでなく，出来事や状態が，他の出来事や状態が存在しないことで生じないといった否定的な例についても同様なことを行う必要がある（⇒**排除法，ミルの規範**）．最終的に，観察者は確立された因果関係に対する説明を定式化しようと試みる．⇒**帰納的推論**

**ベーシックエンカウンター**［basic encounter］他者と関わるなかで，個人が意味のある経験をすること．この経験は相互の信頼感や共感に基づく．治療やカウンセリングでこのような出会いが生じると，治療プロセスやクライエントの予後に有益だとされている．⇒**来談者中心療法**

**ベース**［base］1. 研究あるいは質問調査における基盤もしくは開始点のこと．2. 要素的な，あるいは基本的性質であること．

**ペースメーカー**［pacemaker］あるバイオリズムを規定して保持するための自然もしくは人工の装置のこと．限定がない場合は，通常は**心臓ペースメーカー**のことを指す．自然装置には心臓の律動運動を調節する洞房結節や視床ペースメーカーがあげられる．

**ベースライン［1］**［baseline］比較対照の基準となる安定した行動的パフォーマンスのことであり，特定の操作や介入の効果を評価する場合に特に用いられる．たとえば，ベースラインと比較して，行動変容が期待される実験的治療．⇒**行動ベースライン**

**ベースライン［2］**［baseline measures］何かの実験的介入の施行以前の実験参加者の観測値の反応．

**ベースラインアセスメント**［baseline assessment］1. 介入効果を評価するために，介入前に個人もしくは集団の特徴を測定すること．2. 時間による人間やその他動物の特性の自然な変化を評価するため，発達上のある特定の時点での特性を調べる測定方法．

**ベースライン性能**［baseline performance］介入を実施する以前に，ある行動の度合いを測定することで，介入効果についての比較および評価をすることができる．たとえば，教室内でのオンタスク行動を増やすことを目的した介入が実施される前に，タスクオフの基準が確立されている．

**へその緒**［umbilical cord］円筒形の皮膜組織の中を2本の動脈と1本の静脈が通るひも状の構造をしており，妊娠期間中に胎児と**胎盤**をつなぐもの．

**ベータ**［beta］（記号：$\beta$）**第二種の誤り**の確率．

**ベータアドレナリン受容体**［beta adrenoreceptor］ノルエピネフリンと結合する2つのレセプターのうちの一つ．ベータ1，ベータ2の2つのサブタイプがある．ベータ1アドレナリン受容体は心筋を刺激する効果があり，速く強い鼓動を生じる．ベータ2アドレナリン受容体は，平滑筋の弛緩に関与し，血管の拡張，気管の拡張，子宮の弛緩などを引き起こす．

**ベータアドレナリン受容体キナーゼ（barK）**［beta-adrenergic receptor kinase: barK］ベータアドレ

ナリン受容体を不活化するサイクリックAMP依存の酵素。細胞内にあるセカンドメッセンジャーを活性化する受容体に抑制効果があり。ベータアドレナリン受容体キナーゼはアゴニストに受容体が占領されている場合に働くGタンパク質結合受容体酵素である。

**ベータ・アミロイド**［beta-amyloid; β-amyloid］　アルツハイマー病の患者の脳にある老人斑に蓄積するタンパク質。

**ベータアルコール中毒**［beta alcoholism］　アルコール中毒の第二段階。胃，肝臓，膵臓，腎臓に悪影響を及ぼし，多発ニューロパチーの原因となりうる不摂生な飲酒の仕方に特徴があるが，身体的，心理的な依存は未だみられない。患者は，栄養失調の兆候や作業効率の減少，またはその両方を呈する場合もある。⇒ **アルファアルコール中毒**，**ガンマアルコール依存症**，**デルタアルコール中毒**，**イプシロンアルコール症**　［アメリカの内科医イェリネク（Elvin M. Jellinek: 1890-1963）により定義された］

**ベータ運動**［beta movement; beta motion］　仮現運動の一種であり，視野の異なる位置に静止刺激を継時的に呈示すると刺激が滑らかに動いているような知覚が生じる。

**ベータ・エンドルフィン**［beta-endorphin］　痛みと餓えに関わる神経ペプチドのこと。オピオイド受容体に結合することによってドーパミン系に脱抑制を起こし鎮痛性の効果を生じる。⇒ **内因性オピオイド**，**エンドルフィン**

**ベータ・グルクロニダーゼ欠損症**［beta-glucuronidase deficiency; Sly syndrome; mucopolysaccharidosis Type VII］　複雑な炭水化物（⇒ ムコ多糖症）の分解に関わる酵素ベータグルクロニダーゼが不足すること。この欠損症は，肝臓，脾臓の肥大，尿中のデルマタンサルフェイト，骨の障害，白血球封入体，精神遅滞を引き起こす。染色体7の異常と合わせて生じる。

**ベータ遮断薬**［beta blockers］　ベータアドレナリン受容体の競合的拮抗薬として働き，カテコールアミンを介した神経伝達を減少させる薬物のこと。ベータ遮断薬には複雑な薬理があるが，主な効果として，(a) 心筋活動の低減と心拍の低下，および (b) 気管支樹や繊管束走向の平滑筋の圧縮がある。ベータ遮断薬は主に高血圧の管理に使用されるが，それだけではなく，本態性振戦の治療にも使用される。場合によっては，ある種の社交恐怖に伴う末梢的不安（震え，声の衰弱）の症状の緩和やリチウムや抗精神病薬により誘発される震えの低減など，メンタルヘルスにおいて応用されている。また，ベータアドレナリン遮断薬（beta-adrenergic blocking agents），ベータアドレナリン作動性受容体遮断薬（beta-adrenoreceptor blocking agents）とも呼ばれる。

**ベータ水準**［beta level］　帰無仮説を，それが誤りであるのに棄却するのに失敗する確率のこと。つまり，第二種の誤りを犯してしまう確率である。

**ベータセクレターゼ**［beta-secretase; β-secretase］　ベータアミロイドを形成するアミロイド前駆タンパク質を分解する酵素。脳へ蓄積するとアルツハイマー病を引き起こす。

**β線維**［β fiber］　交感神経鎖に神経インパルスを伝達する自律神経系の有髄神経線維。β線維は直径約 $2\mu m$ 以下で，$3\sim 15 m/s$ の速度でインパルスを伝える。⇒ **A線維**，**C線維**

**ベタネコール**［bethanechol］　下位運動ニューロン疾患や術後，分娩後の尿閉の状態を管理する際に膀胱を刺激するために使用されるコリン作動薬。アメリカでの商品名はウレコリン（Urecholine）。

**ベータの重み**［beta weight］　（記号：$β$）回帰分析において，予測式（たとえば，$y=a+bx$ における $b$）における基準変数の予測に対する説明変数の貢献を反映する係数のこと。ベータ係数（beta coefficient）とも呼ばれる。

**ベータ波**［beta wave］　脳波のあるタイプのことで，覚醒，大脳皮質が活動している状態に関係するもの。周波数は 12 Hz 以上で，40 Hz 以上まで含まれる。ベータ活動は精神的な働きがなされている時に記録されるが，不安の兆候としても現れる。ベータリズムとも呼ばれる。

**ベツォルト−ブリュッケ現象**［Bezold-Brucke phenomenon］　明るい照明が黄みがかった刺激をより黄味を強く感じさせ，青みがかった刺激をより青味を強く感じさせる効果。［ドイツの物理学者ベツォルト（Johann Friedrich W. von Bexold: 1837-1907），生理学者ブリュッケ（Ernst Wilhelm von Brucker: 1819-1892）による］

**ベックウィズ−ヴィーデマン症候群**［Beckwith-Wiedemann syndrome］　新生児期低血糖，巨舌，巨大な腹壁ヘルニア，内臓の肥大の症状がみられる状態。小頭症と精神遅滞は，おそらく重度の遷延性低血糖によってこの症候群と関連している場合もある。この症候群のほとんどのケースはインスリン成長因子2を符号化する遺伝子の刻印づけの欠如によるものと考えられている。父親性刷り込み遺伝子と母親性発現遺伝子によって符号化された関連する抑制因子は，11番染色体短腕（遺伝子座11p15）にある。［アメリカの内科医ベックウィズ（John Bruce Beckwith: 1933- ）とドイツの小児科医ヴィーデマン（Hans Rudolf Wiedemann: 1915- ）によって1960年に示された］

**ベック希死念慮尺度**［Beck Scale for Suicide Ideation: BSS］　自殺の危険性があるとみなされた患者に施行される検査。患者の自殺への意図について問う詳細な質問項目からなる。［ベック（Aaron T. Beck）により提唱された］

**ベック絶望感尺度**［Beck Hopelessness Scale: BHS］　20項目で構成され，「はい」−「いいえ」の2件法によって，「将来」「動機の欠如」「期待」に対する個々の態度を測定する尺度。この尺度は自殺リスクを予測するために用いられることが多い。

**ベック不安質問票**［Beck Anxiety Inventory: BAI］　21項目からなる，自己記述式質問紙。不安をどれほど体験しているかを査定する。不安をうつから切り離して査定するように構成され，成人の心理的健康な母集団に対応している。

**ベック抑うつ尺度**［Beck Depression Inventory: BDI］　抑うつの症状を査定するために作成された，自己記述式質問紙。13歳〜80歳までに適応可能である。臨床場面や調査などで広く使用されている。21項目からなる。どの項目も抑うつに関する態度や症状を反映している。回答者は過去2週間，どのように感じていたか，最もあてはまるものに回答していく。

**ベック療法**［Beck therapy］　認知行動療法で，個人や集団で行う心理療法。治療者はクライエントと共同で，セッションの内容や，不適切な思考や認知の妥当性について検討するためのホームワークを決定する。クライエント

は，否定的な思考や認知を同定し，それらをラベルづけする（例，過度の一般化，全か無か思考）。そして，その妥当性を検討し，代わりとなる説明を考える。さらに，こうした代わりの説明による影響について話し合い，その考えを実践するためのホームワークを行う。［ベック（Aaron T. Beck）により提唱された］

**ヘッジ**［hedge］　話し手が明白に意味を限定したり，もしくは，回避的か曖昧にするために様々な言語的手段を使用する状況のこと。

**ベッツ細胞**［Betz cell］　大脳皮質の第5層，特に**運動皮質**でみられる巨大な錐体細胞の一種である（⇨ **皮質層**）。ベッツ細胞は筋運動と関連しており，低い刺激閾をもつ。［ロシアの解剖学者ベッツ（Vladimir A. Bet: 1834-1894）に由来］

**ペッティング**［petting behavior］　オーガズムまで続けられないか，前戯としてセックスに関連する行為。ペッティングには，キスや胸や性器への愛撫，オーラルセックス，性器への接触が含まれる。

**ヘッドアップ・ディスプレイ**［head-up display: HUD］　乗り物のフロントガラスなど，操作者の前方の視界に重要な情報を提示するディスプレイ方式。⇨ **視角**

**ヘッドスタート**［Project Head Start］　米国政府の出資による，早期の幼児教育を支援するためのプログラムのこと。特に危険性の高い貧民街に暮らしている，5歳までの少数派の子どもとその家族に対するものである。

**ヘッドスティック**［headstick］　頭部機能は十分である障害者が使用する一つの**身体の拡張装置**のこと。ヘルメットに棒が備え付けられており，物体を指したり，引いたり，掴んだり，押したりするのに使用される。

**ヘッブ**［Hebb, Donald Olding］　ドナルド・ヘッブ（1904-1985），カナダの心理学者。ヘッブはハーバード大学でラシュレー（Karl Lashley）のもとで学び，1936年に博士号を取得した。モントリオール神経学研究所やオンタリオ州キングストンのクイーンズ大学で働いた後，フロリダのヤーキーズ霊長類研究所で再びラシュレーと研究した。その後，モントリオールのマギル大学に移り，そこで研究生活の大部分を過ごす。行動主義者が脳や神経構造を単に不明なもの，ブラックボックスとして扱うことを主張していた時代の中で，ヘッブは脳と行動の関係の理解に大きく貢献した。*The Organization of Behavior*（1949）にはヘッブの主要な理論が含まれている。その中で，彼は**セル・アセンブリ**と呼ばれる神経細胞（ニューロン）のネットワークは，視覚的経験への反応により発達可能であると示唆した。同じような視覚刺激を経験すると，細胞の集合体は連続的に賦活する。彼が仮定した恒久的なシナプスの変化はその時代には発見できなかったが，今では新しい技術の発達により実証が可能になってきている。彼は1960年に米国心理学会の会長を務めた。⇨ **機能局在化**

**ヘッブ・シナプス**［Hebbian synapse］　**シナプス後細胞**に発火が起こると伝達効率が増強されるシナプスのこと。⇨ **二重痕跡仮説**　［ヘッブ（Donald O. Hebb）］

**ヘッブの知覚学習理論**［Hebb's theory of perceptual learning］　知覚は奥行きを知覚するといった先天的な構成要素と形の弁別といった後天的な構成要素の2つをもつという一種の学習理論。［ヘッブ（Donald O. Hebb）］

**ペーツル現象**［Pötzl phenomenon; Poetzl phenomenon］　閾下提示された言葉や絵がその少し後にイメージや夢に現れる現象のこと。**閾下知覚**の一例とみなされている。［オーストリアの神経学者・精神科医ペーツル（Otto Pötzl: 1877-1962）による］

**ペーツル症候群**［Pötzl's syndrome］　視覚野の異常や色覚異常に伴う**純粋失読**の一種。脳梁への損傷に伴う，優勢な脳半球の舌状回髄層の損傷によって生じると考えられている。［オーストリアの神経学者で精神科医ペーツル（Otto Pötzl）による］

**ヘテロスタシス**［heterostasis］　有機体が最大限の刺激を得ようとすること。［クロプフ（A. Harry Klopf）によって定義された］

**ヘテロ接合**［heterozygous］　異型接合とも言う。1組の**相同染色体**の各々における異なる遺伝子座に2つの異なる形態の遺伝子（異なる**対立遺伝子**）を有していること。1つの対立遺伝子は母親から受け継がれ，もう1つは父親から受け継がれる。そのような個体においては，**優性対立遺伝子**は発現するが，**劣性対立遺伝子**は発現しない。⇨ **ホモ接合**

**ヘテロフィリー**［heterophily］　1. 自分とは異なる特性をもった個人との社会結合を確立しようとする傾向のこと。**ホモフィリー**ほど一般的ではない。異なるが補完的な特性をもつ人々が関係を形成する**相補性**は，ヘテロフィリーの例である。2. 社会的絆を共有する個人間の相違の程度のこと。

**ペテン師**［charlatan］　超心理学において，奇術や，他の慎重に考慮された騙しを用いて，超常的なパワーがあることを主張する人。

**ペドモーフィズム**［pedomorphism］　子どもっぽい行動特徴を大人にあてはめること。⇨ **擬成人化**

**ベドラム**［Bedlam］　1247年にロンドンに修道院として作られ，1547年のヘンリー8世時代に精神科病院となったベツレヘム聖マリア慈善病院の通称。入院患者は手足を拘束され，飢え，なぐられ，公衆が1ペニーで見物できるように展示され，混乱状態におかれていた。そのため，bedlamという言葉は大混乱や狂乱と同義語となった。

**ペニス羨望**［penis envy］　フロイト（Sigmund Freud）の古典的精神分析理論における，女児や女性の男性器をもちたいという仮説的な願望。フロイトは，ペニス羨望は3歳〜6歳の間の**男根期**で生じると考えた。この間に女児は，自分にペニスがないということを知り，さらに，自分はハンディキャップをもっており，ひどい扱いを受けていると感じ，ペニスを失ったことについて母親を責め，ペニスを取り戻そうとしたがるという。ドイツ生まれでアメリカの精神分析家であるホーナイ（Karen D. Horney: 1885-1952）などによると，ペニス羨望は生物学的な器官自体に対する羨望というよりも，男性の社会的地位の高さに対する女性の羨望の表象である。いずれにせよ，この概念は発表当初から活発な議論の的であったが，最近ではその重要性は低い。⇨ **去勢コンプレックス**

**ベニテングダケ**［fly agaric］　かつてはハエを殺すための殺虫剤として使用されていたほど，非常に毒性の高いキノコである。**ムスカリン**は確認される第一活性成分であるが，現在は**イボテン酸**や代謝産物ムシモール（muscimol）として知られている抑制性神経伝達物質ガンマアミノ酪酸（GABA）と構造が似ており，**GABA作動薬**として作用す

る主な活性成分である。人間への影響は，初期は，幻覚による強い高揚感から，活動過剰または興奮状態に及ぶ刺激があり，その後，鎮静状態や深い眠りに誘導する。中毒症状は，めまい，腹痛，嘔吐，筋痙攣，運動困難であり，大量に投与されると，これらの症状のあとに，意識不明や窒息，昏睡状態，死に至る可能性もある。ベニテングダケは，戦いの前に古代スカンジナビアのベルセルクによって投与された薬物，古代に崇拝された植物ソーマ，キャロル（Lewis Carroll）の『不思議の国のアリス』では，アリスが食べると実物よりも大きくなったキノコの名前として知られている。

**ヘニングの味の四面体**［Henning's taste tetrahedron］4つのいわゆる**基本味**（甘味，塩味，酸味，苦味）を表現するための配置法。これらの基本的味覚は四面体の頂点に位置する。塩味と苦味のような2つの性質を組み合わせた味（たとえば塩化カリウムの味）は辺に沿って位置づけられる。塩味と甘味と苦味のような3つの性質を組み合わせた味（たとえばサッカリンナトリウムの味）は面上に位置づけられる。ヘニングは4つの基本的味覚のすべてを生じうる化学物質は存在しないと考えていたため，味の四面体は中身が空洞である。［ドイツのヘニング（Hans Henning: 1885-1946）によって1927年に提唱された］

**ヘニングの嗅覚プリズム**［Henning's odor prism; Henning's smell prism］ 6つの**原臭**とそれらの関係に関するプリズム型の図式表現のこと。焦げ臭，スパイス臭，樹脂臭，腐敗臭，果実の香り，花の香りがプリズムの角を占める主要な要素である。それぞれの面は，その面の角にある主要要素と似ているニオイの位置を示す。［ドイツの心理学者ヘニング（Hans Henning: 1885-1946）による］

**ベネフェクタンス**［beneffectance］ 慈善と有能の結合したものである。アメリカの社会心理学者グリーンウォルド（Anthony G. Greenwald: 1939- ）によると，人は日常的に自身の事前の行為に関する記憶を歪めることにより，ベネフェクタンスの感覚を強化するのである。それはすなわち，自己欺瞞であり，自身や他者にとって道徳的で，善意がある，有能で地位があるかのように映るのである。

**ペーパーレス・オフィス**［paperless office］ コミュニケーションや記録などのために，紙・用箋・書籍ではなく，コンピュータが用いられる職場のこと。コンピュータの出現でペーパーレス・オフィスの時代になるという予測は誤りであった。

**ヘビ恐怖症**［snake phobia; ophidophobia］ 持続的かつ不合理とわかりながらもヘビを恐れること。この種の恐怖症は**特定恐怖症**，動物型に分類される。⇨ **動物恐怖症**

**ベヒテレフ眼振**［Bekhterev's nystagmus］ 眼振の一種であり，迷路の損傷後に発症する。眼振は2つの迷路のうち一つの迷路の破壊によって生じるものの次第に弱まる。しかし，結果として2つ目の迷路の損傷の後に補償効果として再発する。補償的眼振（compensatory nystagmus）とも呼ばれる。［ロシアの神経病理学者ベヒテレフ（Vladimir Mikhailovich Bekhterev: 1857-1927）による］

**ヘヒトの視覚理論**［Hecht's theory of vision］ 漸増的な光強度の弁別は光受容体に存在する**ロドプシン**のような光化学物質の漸増的な変化に起因するという理論。［ポーランド生まれでアメリカの生物学者ヘヒト（Seling Hecht: 1928-1947）によって1934年に提案された］

**ベビーブルー**［baby blues］ 約70％の女性が，産後10日間に体験する一時的な抑うつ症状の名称。産後うつとは区別される。マタニティブルー（maternity blues）とも言われる。

**ペプシノーゲン**［pepsinogen］ タンパク質の分解に必要なタンパク質分解酵素であるペプシンの先駆体。胃腺から分泌され，胃酸があるところでペプシンに変化する。

**ペプチド**［peptide］ ペプチド結合（peptide-bond）で連なったアミノ酸の短い鎖のこと。通常，鎖を構成するアミノ酸の数で同定される。たとえば，ジペプチドは2つの，トリペプチドは3つの，テトラペプチドは4つのアミノ酸からなる。⇨ **ポリペプチド**，**タンパク質**

**ペプチドホルモン**［peptide hormone］ ペプチドに分類されるホルモンの総称。**副腎皮質刺激ホルモン**，**副腎皮質刺激ホルモン放出ホルモン**，**オキシトシン**，**バソプレシン**，**コレシストキニン**などが含まれる。

**ベム性役割尺度**［Bem Sex Role Inventory: BSRI］ **男性度 - 女性度検査**のこと。男性性と女性性の特性を示す60の項目を自己評価式で実施する質問紙。男性性と女性性は独立した変数によって評価される。男性性と女性性のいずれの特性（例，積極性と優しさ）においても高いスコアを示した人は両性具有型（⇨ **両性具有**）と分類され，いずれの特性においても低いスコアを示した人は未分化型とされる。［アメリカの心理学者ベム（Sandra Bem: 1944- ）による］

**ヘモグロビン（Hb）**［hemoglobin: Hb］ 赤血球の中に存在する，鉄分を豊富に含む色素。酸素分子を運搬し，血液が赤色である原因となっている。酸素で飽和すると明るい赤色を呈する。

**ペモリン**［pemoline］ 注意欠陥／多動性障害（ADHD）に処方される非アンフェタミン**中枢神経興奮薬**。作用は**アンフェタミン類**や**メチルフェニデート**などに似ており，作用の構造はドーパミンの再取り込みの妨害を含む。ペモリンは，稀にだが致命的な肝不全や，**トゥレット障害**の進行と関係する。安全上の懸念から1999年にカナダの市場では使用中止となった。ペモリンはADHDの**第一選択薬**とは考えられていない。ペモリンを使用した治療を開始する前には**インフォームド・コンセント**を含んだ，肝機能の検査や患者の教育が求められる。アメリカでの商品名（他でも）はシラート（Cylert）。

**ペラグラ病**［pellagra］ 虚弱，胃腸障害，皮膚疾患や，無気力，精神錯乱，見当識障害，神経炎などの神経学的症状を特徴とする，ビタミンB**ニコチン酸**（ナイアシン）の欠乏症。ニコチン酸欠乏症（nicotinic acid deficiency）とも呼ばれる。

**ベラドンナアルカロイド**［belladonna alkaloids］ Atropa belladonna（通常ベラドンナとして知られる）灌木から得られる物質。古代インド地方に知られ，中世には毒物として使われた（この属名は運命の糸を切るとされた運命の女神の一人アトロポスの名前からとられた）。薬理学については1860年代まで知られることはなかった。心拍数，唾液分泌，他の身体機能への影響が発見されている。

**ベラドンナせん妄**［belladonna delirium］ アトロピンやスコポラミンなどのベラドンナアルカロイドを大量に服用したことによる中枢神経系への影響のために生じる精神錯乱。症状には，せん妄に加え，幻覚や過剰な四肢運動な

**ベラドンナ中毒**［belladonna poisoning］ *Atropa belladonna*（ベラドンナとも呼ばれる）の木の液果類を摂取することによる中毒。これらは，副交感神経の一部をまひさせるアトロピンを含む。それらの症状は，幻覚，無言症，瞳孔の拡大，無反応，失見当識を含む。

**ペリツェウス-メルツバッハー病**［Pelizaeus-Merzbacher disease］ 不随意の急速眼球運動（⇨ **眼振**），筋協調不能（⇨ **運動失調**），痙性を特徴とした中枢神経システムの稀な進行性の障害。特定の**ミエリンタンパク質**の生産を制御する遺伝子の変異が原因となる。重症度や発症時期は様々で，変異の種類により，痙性対まひの成人での発症のような軽いものから，幼児に発症し小児期早期に死に至る重篤なものまである。［ドイツの神経学者ペリツェウス（Friedrich Pellzaeus: 1850-1917），医師メルツバッハー（Ludwig Merzbacher: 1875-1942）による］

**ヘリンググレー**［Hering grays］ 黒から白まで主観的に等間隔に定められた50枚の灰色用紙のセット。［ドイツの生理学者・心理学者ヘリング（Heinrich Ewald Hering: 1834-1918）による］

**ヘリング錯視**［Hering illusion］ 2本の平行な直線が，中央から放射状に広がる線分パターンに重ねられると生じる錯視の一つ。2本の平行な直線が中央の点をまたいで互いに等距離に配置されると，2本の直線は直線ではなく中心から外側に湾曲して見える。

**ヘリングの残像**［Hering's afterimage］ 色度と彩度がもとの刺激と同じ正の残像。

**ヘリングの色覚論**［Hering theory of color vision］ 色覚は，白と黒，赤と緑，黄と青に対して感度がある3つの受容器がそれぞれ存在するということを仮定する色覚の理論。色盲は一つ以上の色過程の欠如に起因するとする。⇨ **反対色説**［ヘリング（Ewald Hering）によって1875年に提案された］

**ヘリング・ブロイエル反射**［Hering-Breuer reflex］ 通常の呼吸に関わる神経メカニズムのこと。肺組織の感覚終末からの刺激によって吸気と呼気が制限される反射反応を指す。［ドイツの生理学者・心理学者ヘリング（Heinrich Ewald Hering: 1834-1918）とオーストリアの医師ブロイエル（Josef Breuer: 1842-1925）によって発見された］

**ベル曲線**［bell curve］ **正規分布**のグラフにおいて得られる特徴的な曲線のこと。大きく丸まった先端から両側に下がっているところが，つりがねの断面図に似ている。このことから，鐘形曲線（bell-shaped curve）とも呼ばれる。

**ベル現象**［Bell's phenomenon］ 目を閉じようとしたとき，上方向，外方向へ眼球の動きが生じること。ベルまひの患者においては患部側の閉眼を試みたとき特に顕著である。

**ヘルスケア**［health care］ 予防，診断，治療，リハビリ，メンテナンス，モニタリングやカウンセリングサービスなどを含めた，個人や社会の健康と福祉に関するサービスや支援のこと。最も広い意味では，身体的健康と精神的健康の両方に関するヘルスケアであり，医学や精神的健康の専門家によって提供される。⇨ **メンタルヘルスケア**，**精神保健サービス**

**ヘルスプラン**［health plan］ 明確に定められた一連の健康管理支援を提供する体系的なプログラムのこと。ヘルスプランには，健康管理機構（HMO），優性供給組織（PROS），保険つきプラン，自家保険をかけたプラン，健康管理サービスを含むその他のプランの場合がある。⇨ **管理医療**

**ヘルスプラン・雇用者データ・インフォメーション・セット**［Health Plan Employer Data and Information Set: HEDIS］ ヘルスプランの能力尺度。1991年，**全米品質保証委員会**（NCQA）のために開発され，ヘルスプランから雇用者へのデータ報告を標準化するために作成された。ヘルスプラン・雇用者データ・インフォメーション・セットは5つの主要領域（品質，利用満足度および患者満足度，会費および有用性，財政，経営に関する情報公開度）におけるヘルスプランの能力を評価する。

**ペルソナ**［persona］ ユング（Carl Jung）の**分析心理学**の用語で，個人が外界に向けて提示している公共的な顔であり，より深く根づいた本来の人格特徴とは対照的なもの。この名称は，古代ローマ人の俳優がつけていた仮面から採用された。

**ヘルツ**［hertz］ （記号：Hz）1秒当たりのサイクル数に等しい**周波数**の単位。［ドイツの物理学者ヘルツ（Heinrich Rudolf Hertz: 1857-1894）による］

**ベルとパッド**［bell and pad］ 子どもの夜尿症（おねしょ）をコントロールすることを目的として治療に用いられる装置。子どもが排尿すると，濡れたパッドを経て電気回路が閉じ，ベルが鳴ることで，子どもは起きる仕組となっている。

**ベルヌーイ試行**［Bernoulli trial］ 各試行において，2つのうち1つの結果しか起こらない（0か1，または成功か失敗）偶然性をもつ一連の実験結果のことをいう。各結果の確率は試行間で一定であり，試行は独立している。［ベルヌーイ（Jacques Bernoulli）］

**ヘルパーの負担**［caregiver burden］ 精神的あるいは身体的障害をもつ個人を世話することの反応として，家族成員や他の非専門的なヘルパーにより経験される，ストレス等の心理学的症状のこと。⇨ **バーンアウト**，**共感疲労**

**ペルフェナジン**［perphenazine］ 伝統的な（典型的，第一世代の）**フェノチアジン**類のピペラジンの**抗精神病薬**。統合失調症に処方され，効用や副作用は他のフェノチアジンと同様である。すべてのフェノチアジン同様に，長期の使用は**遅発性ジスキネジア**や神経筋の異常と関連する。アメリカでの商品名はトリラホン（Trilafon）。

**ヘルペス感染**［herpes infection］ ヘルペスウイルスによって感染した疾患。ヘルペス感染は，水痘，口唇ヘルペス，帯状疱疹，角膜の潰瘍，脳炎，口内炎，外陰膣炎（**性器ヘルペス**）によって明らかになる。主要なものに，ヘルペス性水痘帯状疱疹（herpes varicelazoster）があり，水痘や帯状疱疹の原因になるものである。単純ヘルペスのタイプ1は口内炎の原因で，単純ヘルペスタイプ2は外陰膣炎の原因になる。⇨ **周産期ヘルペス・ウイルス感染症**

**ヘルペスの神経痛**［herpetic neuralgia］ ヘルペス性水痘帯状疱疹ウイルスの再活性化によって引き起こされる，帯状疱疹と関係する痛み（⇨ **ヘルペス感染**）。水痘に感染した後，ウイルスは脊椎神経根や脊髄の中枢に潜伏している。再活性化すると感覚神経まで広がり，水泡，ほてり，

**ベル - マジャンディーの法則** [Bell-Magendie law] 脊髄の**前根**は運動機能に関わり，**後根**は感覚に関わっていることを示す原理。[イギリスの外科医で解剖学者でもあるベル（Charles Bell: 1774-1842）とフランスの生理学者マジャンディ（François Magendie: 1783-1855）の名に因んでいる］

**ヘルマート対比** [Helmert contrast] 縦断的なデータの**分散分析**を行う上での手続きの一つ。反復測定の要因のそれぞれの水準と，残りの水準の平均とを比較する。[ドイツの数学者ヘルマート（Friedrich Robert Helmert; 1843-1917）による］。

**ベルまひ** [Bell's palsy] 第7頭蓋神経のまひ状態のことで，顔面の半分に関連している。まぶたを閉じることができない，顔をゆがめる，味覚の変化などを経験し，影響のある側の顔の筋肉が弱いことが特徴である。突然始まり，数時間にわたり耳の裏側に痛みを感じる。その状態はおおむねウイルス感染により生じる。

**ヘルムホルツの混色器** [Helmholtz color mixer] 2つの光源の強度や波長を独立に調整，混合したり，改良された鏡筒を通して視野を見る観察者に単一の一様な視野をプリズム用いて呈示したりできる装置のこと。[ヘルムホルツ（Hermann von Helmholtz）による］

**ヘルムホルツ理論** [Helmholtz theory] 聴覚において，音の高低は**基底膜**の刺激位置によって決定されるという，未だ論争中の理論のこと。この理論には，ミッシング・ファンダメンタルの音の高さ（⇨ **バーチャルピッチ**）を説明することができないといったような，ある面において明らかな欠点があるが，本質的な考えは生き残っている。

**ペレグリネーション** [peregrination] あちこち広範囲に，あるいは度を超えて旅行をすること。**ミュンヒハウゼン症候群**の最も重要な特徴の一つ。この患者は，新しい支持者を見つけるために，町から町へ，病院から病院へと移らなければならないと感じる。しかしながら，彼らの偽りの本性は常に気づかれてしまう。遍歴（itinerancy）とも呼ばれる。

**ペレット** [pellet] ネズミや他の動物の実験に使用する小さな食物のかけらのこと。標準的な含有率の標準的な重さ，大きさのものが入手可能である。

**ベーレンス - フィッシャー問題** [Behrens-Fisher problem] 古くから存在するが未だ解明されていない検定の統計学的問題。標準的に分けられた2つの母集団について，その分散に関する何の仮定もない場合の平均の等価性に関する問題である。[ベーレンス（W. U. Behrens），イギリスの統計学者フィッシャー卿（Sir Ronald Aylmer Fisher: 1890-1962）による］

**ヘロイン** [heroin] モルヒネと類似していて，3倍以上の効能のある中毒性の**オピオイド**。イギリスやカナダを含む多くの国で，痛みに対する治療として医療的に使用されている（⇨ **ジアセチルモルヒネ**）が，潜在的な中毒性に配慮して，アメリカでは合法的に利用できない。活性は高揚感で始まり，幸福感が続く。ストリートドラッグとしてのヘロインは，静脈や皮下に注射する。共有して使った針での注射は，HIVや肝炎などの感染系路となる危険が高い。またヘロイン吸入として使用されることもある。

**ヘロイン依存** [heroin dependence] DSM-Ⅳ-TRにおいて，重大なヘロインの問題にも関わらず，ヘロインを使用し続けてしまうという，認知，行動，生理症状の一群の症状。ヘロインを繰り返し摂取すると耐性が生じ，一時的にやめると特徴的な離脱症状が認められ，使用し続けたいという統制できない衝動にかられる。

**ヘロイン過量服薬** [heroin overdose] アパシー，精神運動抑制，眠気，不明瞭な発話，注意障害，記憶障害の特徴がみられる中毒になるのに十分な量のヘロインの摂取。もし治療されなかったら，ショック，昏睡，針先瞳孔，死につながる可能性のある呼吸機能の低下を引き起こす。

**ヘロイン乱用** [heroin abuse] DSM-Ⅳ-TRにおいて，薬物を繰り返し摂取することに関連した再発する重篤な悪影響を示すヘロインの使用パターンのこと。この診断は，**ヘロイン依存**の診断に取って代わられている。もし，ヘロイン乱用とヘロイン依存の基準を同時に満たすと，ヘロイン依存の診断のみ採用される。

**変位** [ectopia] 身体の部位が置き換わっていたり，その配置が異常であること。たとえば，難読症の人では大脳皮質内のニューロンが通常とは異なる部位にみられる。

**変異[1]** [mutation] 生物の遺伝物質の永続的変化のこと。染色体数または染色体配列の変化（染色体変異：chromosomal mutation）とDNAの配列の変化，通常は特定の遺伝子において一，二塩基のみ変化する（点変異：point mutation）がある。変異は自然発生的にも起こるが，多くは変異率を有意に増加させる物質（突然変異原：mutagen）にさらされることにより起こる。突然変異原にはX線，その他の放射線，特定の化学物質などがある。体細胞で起こる変異（体細胞変異：somatic mutation）は遺伝しないが，卵子や精子を作り出す生殖細胞における変異（構造遺伝子変異：germ-line mutation）はその個体の子孫に伝播する可能性がある。多くの変異は識別できない程度の効果か，または有害な影響がある。しかしながら，変異のうちのわずかなものは有益で，それは本人やその子孫に選択有利性を与える。**単一遺伝子病**に関連した変異は，ハイリスクな家系やグループでは遺伝子検査をすることが求められる。

**変異[2]** [variation] 形態，構造，行動，生理の点において，周囲とは質的に異なっている存在のこと。遺伝あるいは環境の影響によって生じる。**人為選択**と**自然選択**の両者が関わっているが，**遺伝的変異**のみが子孫に受け継がれる。

**辺縁系** [limbic lobe] 4つの主要な脳領域（**大脳**）に加えてしばしば区別される各大脳半球の5番目の下位区分のこと。**帯状回**，**海馬傍回**，**海馬体**を含む。

**辺縁皮質** [limbic cortex] **大脳辺縁系**と関係する大脳皮質の一部分。特に帯状回のことを意味する。

**弁解なし** [no excuse] **現実療法**において，無責任な態度やそれを他のせいにすることを容認する理由がないという概念。この概念によると，すべての態度は直接患者に起因し，そのため患者は完全に，そして唯一その態度に対して責任をもつ。[アメリカの精神科医グラッサー（William Glasser: 1925- ）による］

**変化因** [change agent] 変化，特に改善が生じる場合の特異的な要因，要素，あるいはプロセスのすべて。心理

療法の研究では，患者やクライエントの行動や心理的適応を改善させる心理療法の構成要素やプロセスを指す。

**変革型リーダーシップ**［transformational leadership］カリスマ的で，他者を奮起させるリーダーシップスタイルのこと。通常，部下の動機づけや自信，満足を高め，共有したやりがいのある目標を追求する中で，それらを統合し彼らの信念や価値，欲求を変えていくことを含む。⇨ **交流型リーダーシップ** ［アメリカの政治科学者バーンズ（James McGregor Burns: 1918- ）によって導入された］

**変革管理**［change managemant］できるだけ効率的かつ円滑に，また費用対効果をあげるとともに，変革による利益の獲得を目標とし，組織や地域における変革を計画し，実行し，評価するプロセスのこと。変革管理を行うには，目的とする結果の確認や思いがけない結果についての予期とその準備といった，変化に関する効果的なコミュニケーションが必要である。

**変化効果**［change effect］"スプーン曲げ"における疑わしい構造的変化のように，物体の物理的構造が，科学的には説明できない方法によって変えられること。

**変化抵抗**［resistance to change］行動的モメンタムの測度のこと。遂行中の行動は，それを途絶えさせようと意図された操作によって妨害される。行動が歪まない状態が高まれば高まるほど，その変化抵抗は高まり，干渉によって行動的モメンタムは高まる。

**変化得点**［change score］同一人物に対して，時間をおいて実施された2回以上の測定に基づく得点。最も単純なものは，事後得点から事前得点を引いた変化得点である。より複雑なものとしては，たとえば，3,4,5回あるいはそれ以上の測定における変化の線形性といった指標もある。

**変化の段階**［stages of change］汎理論的モデルで提案された，保健行動の変化に関する5つの段階のこと。(a)計画前（行動を変えることについて考えていない），(b)計画（行動を変えることを検討する），(c)準備（時折，行動を変える），(d)実行（主要な利益につながる，一定の健康的な行動を加える），(e)維持（一定の行動を6か月経った後も続ける）。［アメリカの臨床心理学者プロハスカ（James O. Prochaska: 1942- ）によって発展］

**変化盲**［change blindness］ある情景と他の情景との間の視覚的配列における変化に気づくことができないこと。たとえば，飛行機の写真が提示され，続いて空白画面が提示されると，参加者は，2回目に提示されたエンジンのない飛行機の写真について，その変化検出にかなりの困難を示す。⇨ **不注意による見落とし，心の眼**

**変化率**［rate of change］単位時間当たりの変数の変化量を変化前の変数の値で割って算出される比率。ある得点が単位時間に20から30に増加した場合，変化率は(30−20)/20＝10/20＝0.5 となる。

**変換**［transformation］規則に基づいて異なったデータに変換すること。通常，数学で用いられる。

**（エネルギーの）変換**［transduction］エネルギーが別の形に変えられるプロセス。特に，感覚変換（sensory transduction）とは，刺激のエネルギーが受容器の細胞膜を越えて電位に変換されること。⇨ **嗅覚情報伝達，味情報伝達機構，視覚情報伝達**

**変換運動困難** ［dysdiadochokinesis; adiadochokinesis; adiadochokinesia］急速交互運動（たとえば，手のひらを回転させたり，膝と反対の手の甲を繰り返し叩くこと）を遂行することの困難。

**便宜的抽出**［convenience sampling］調査対象となる集団の代表であるかどうかに関係なく，研究目的に都合よく標本を抽出する過程。

**便宜的標本抽出**［opportunistic sampling］すぐに実験や調査が可能であるという理由から実験参加者もしくは標本を抽出すること。

**便宜の焦点**［focus of convenience］アメリカの心理学者のケリー（George A. Kelly: 1905-1967）によるパーソナリティ理論が適用される一連の現象のこと。

**変形［1］**［deformity］あらゆる体の部分のゆがみや変形のこと。⇨ **毀損**

**変形［2］**［transformation］1. 外観，型，機能，または構造の変化。⇨ **変態** 2. 精神分析理論において，無意識の願望や衝動が意識の許可を得るために偽装される過程のこと。

**変形生成文法**［transformational generative grammar］言語学における生成文法の一種で，文は，発話や書き言葉において観察可能な表層構造と同様に潜在する深層構造をもっており，後者は，構成素の移動，追加，削除を含む少数の変形規則（transformational rules）の操作によって前者を生み出すという考えに基づいている。統語構造（syntactic structure）に対するこのアプローチは，句構造文法によって可能となる，より制限された分析方法を補完する手段として，1950年代後半にチョムスキー（Noam Chomsky）が先駆けとなって提唱した。変形文法（transformational grammar）ともいう。⇨ **核文**

**偏見**［prejudice］接触経験がないままに形成された他者や他集団に対する否定的な態度。偏見には，感情的要素（軽度の緊張感や憎悪といった感情），認知的要素（**ステレオタイプ**も含めた集団に関する思い込みや信念），行動的要素（**差別**や暴力といった否定的な行動）が含まれる。偏見は，当該集団に関する個人の情報知覚を歪めるため，変化させることは難しい。人種の区別に基づく偏見は**人種差別主義**，性別に基づく偏見は**セクシズム**という。

**弁護**［advocacy］個人や集団の権利を支持し，彼らの視点を説明するために，代理となって話したり活動したりすること。治療者は，たとえば法廷審問，学校場面，もしくはクライエントの精神的健康や知能などに基づいて決定がなされる他の場面において，クライエントの代弁者として行動する立場になることがある。

**偏光**［polarization］光波が平面に沿って平行経路で伝わる条件のこと。

**変更遺伝子**［modifier］遺伝において，他の遺伝要因を変更する効果を持つが，主因がないときは大きな効果はない遺伝子。研究者の中には，変更遺伝子は，体質的な疾患に関与していると考える者もいる。多くの身体的病気や行動は環境要因と同様に，変更遺伝子とも関連していると考えられている。

**偏向走査**［biased scanning］人間は予め感情にあてはまるような記憶を選択して特定の**自己概念**を維持したり変化させている，という仮説。人間には広大で絶対的な容量の記憶貯蔵庫があり，ある種の出来事を選択的に思い出すことで自己の様々な視点を維持していると仮定する。

**偏向統覚**［tendentious apperception］ある事象や状況

において人が知覚したいと願うものを知覚する傾向。⇨ **統覚，統覚量，知覚的構え**

**偏差値**［T score］　平均が50と等しくなり，標準偏差が10と等しくなる得点。

**偏差知能指数**［deviation IQ］　偏差IQとも言う。個別に実施される知能テストで平均値からある個人がどの程度偏りがあるかを示す，絶対的な指標。標準化された知能テストで，現在最もよく用いられるアプローチである。100を平均値とする標準得点と，そのテストの標準偏差が結果として示される（通常，知能テストの標準偏差は15または16である）。初期の知能テストで一般的であった指数とは異なり，テストの値は平均からの偏差を示している。

**偏差得点**［deviation score］　素点から平均を引いたもので，平均に対する相対的得点の値を示す。

**変時隔強化スケジュール**［variable-interval reinforcement schedule: VI schedule］　フリーオペラント条件づけにおける**間隔強化**の一種で，前回の強化からある時間（時間の長さは毎回変動）が経過した後で最初の反応に対する強化や報酬が呈示される手続きのことである。強化は，その間隔の間に生じた反応数には左右されない。スケジュールの値は，間隔の長さの平均によって決まる。たとえば，VI 3は，強化間間隔の長さが平均3分間であることを意味する。通常この種のスケジュールは，比較的一定の割合での反応を生起させる。以前は非周期強化スケジュール（aperiodic reinforcement schedule）として知られていた。⇨ **定時強化スケジュール**

**変視症**［metamorphopsia］　物体の大きさ（⇨ **小視症，巨視**），輪郭（たとえば，不規則に波打っているエッジ），位置（たとえば，傾斜している），距離（⇨ **遠隔視**）や色（たとえば，色の消失）において歪みが生じるという視覚障害の一つ。変視症は片頭痛，側頭葉てんかん，**頭頂葉**の損傷，**メスカリン**中毒を併発する。これらは網膜のずれに起因する可能性がある。不思議の国のアリス効果（Alice in Wanderland effect）とも言われる。

**変時スケジュール**［variable-time schedule: VT schedule］　刺激呈示のスケジュールの一つで，反応とは無関係に，ある時間間隔（時間の長さは毎回変動）で刺激を呈示する手続きのことである。スケジュールの値は，平均呈示間隔により規定される。⇨ **非随伴性強化**

**偏執的妄想**［paranoid delusion］　大まかには，議論の余地のない反証があっても持続する，様々な誤った個人的信念。**誇大妄想，妄想的嫉妬**があり，最も多いのは，**被害妄想**である。

**偏執的信念システム**［paranoid system of beliefs］　自己中心的で壮大な，あるいはそういった類の被害妄想的な信念。⇨ **制限された信念**

**変種**［variety］　生物学的分類学における種の下位分類のことで，繁殖力のある子孫を生む異種交配の能力には影響しないような瑣末な特性が異なる複数の種の成員からなる。家畜にみられる多様な**品種**は多様性の一例。

**弁証法**［dialectic］　**1.** 一般的な意味では，相対する意見や矛盾する意見を通じて，真の考えを探求すること。**2.** 議論における話法の一つで，ギリシャの哲学者ソクラテス（Socrates: BC 470-399）が行った問いと答えを繰り返すことで知識に到達しようとする方法に由来する。

**弁証法的**［dialectic］　ドイツの哲学者ヘーゲル（Georg Wilhelm Friedrich Hegel: 1770-1831）の思索において，彼が思考の進展と人間の歴史の過程を支配するとした，記述，矛盾，調和（テーゼ，アンチテーゼ，ジンテーゼ）のパターン。⇨ **弁証法的唯物論**

**弁証法的教育**［dialectical teaching］　生徒の答えに何度も問いを投げかけることによって，彼らの推論を批判的に吟味させる方法。プラトンとの対話でソクラテスが行っている。弁証法的方法（dialectical method）とも言う。

**弁証法的行動療法**［dialectical behavior therapy］　**行動療法，認知行動療法，マインドフルネス**の原理を結合した，柔軟性のある，段階的な治療法。弁証的行動療法は，特に治療が難しい患者に対して受容と変化を同時に促進するとされている。［アメリカの臨床心理学者リネハン（Marsha Linehan: 1943- ）により発展させられた］

**弁証法的操作**［dialectical operations］　個人と環境との相互作用の結果として発達が生じるメカニズム。この理論では，普遍的な発達段階を強調するのではなく，個人と社会環境の双方が互いに反応し，影響を受けることで発達が生じると論じたヴィゴツキー（Lev Vygotsky）のような弁証的視点に依拠する。この種のモデルは，ドイツの哲学者ヘーゲル（Georg Wilhelm Friedrich Hegel: 1770-1831）の理論に基づいている。

**弁証法的唯物論**［dialectical materialism］　ドイツの社会思想家マルクス（Karl Marx: 1818-1883）の哲学における，歴史の進展と経済的政治的システムの継承を説明する原理。その過程は，優勢なシステム（**テーゼ**）と反政府システム（**アンチテーゼ**）の衝突が，新しいシステム（**ジンテーゼ**）に帰結する過程である。この運動は，最も顕著には生産手段の統制に伴う，純粋に物質的な要因によって駆り立てられる。マルクスの弁証法的歴史記述は，したがって，ドイツ哲学者ヘーゲル（Georg Wilhelm Friedrich Hegel; 1770-1831）の弁証法的観念論として言及されるものを反転させている。

**ベン図**［Venn diagram］　集合代数の要素および関係の視覚表示。円が集合の要素を表す図。また，円の間，あるいは円内の結合と交差は，集合同士の関連性（包括的もしくは排他的な程度）を示す。［イギリスの論理学者ベン（John Venn: 1834-1923）による］

**変数**［variable］　実験やテストにおいて変化する量のこと。数量化（測定）可能で様々な値を取る。たとえば，テスト得点，評価者による評定，個人的，社会的，生理学的指標である。変量（variate）とも呼ばれる。

**変数減少法**［backward elimination］　事前設定した基準に届くまで，最も重要な変数を系統的に予測公式から除去していくステップワイズ回帰の一つの方法。

**変数増加法**［forward selection］　**重回帰**において用いられる変数選択（モデル構築）の技法。予測力に応じて，変数がモデルに追加される。前進ステップワイズ回帰（forward stepwise regression）とも言う。

**片頭痛**［migraine; sick headache］　偏頭痛とも表記する。多くの場合，頭部の片側に周期的に発生する激しい頭痛で，吐き気や嘔吐，**光線恐怖症**を引き起こす。片頭痛は明滅する光や強い光の刺激や視野の一部の消失，色や模様の錯覚によって生じるとされている。男性よりも女性に生じる場合が多い。

**ベンズトロピン**［benztropine］　第一世代の抗精神病薬

などにみられた従来の有害な副作用を管理する際や，パーキンソン病治療の補助薬として使用される**抗コリン薬**のこと。アメリカでの商品名はコゲンチン（Cogentin）。

**変性**［degeneration］　器官や組織の変質や機能低下。特に，神経組織の機能低下。

**変性意識状態（ASC）**［altered state of consciousness: ASC］　普段の**意識**の状態とは著しく異なる心理的状態を指す。自己意識，感情，現実検討，時間や場所の見当識，覚醒度，外界からの刺激に対する反応性，記憶力などの水準の変容や，あるいはエクスタシー，無限の感覚，宇宙との合一の感覚などを特徴とする。虚空を見つめること，読書や映画鑑賞への没頭，繰り返しの単調な活動から起こる意識の欠如などの表層的な変性意識状態は，時間感覚の障害，知覚の狭まりや喜びをもって深く没入する感覚に付随するものである。瞑想，催眠，感覚遮断，物質誘発性の状態を通じて到達する，より深層の変性意識状態の体験を詳細に報告している人もいる。彼らは，宇宙との一体感，高められたあるいは完全なる悟りの感覚，神の存在を感じるなどの，神秘的な感情体験を記録している。変性意識状態体験の報告は非常に主観的であるが，その現象はある程度科学的研究がなされている。いくつか例をあげると，変性意識状態は精神障害の兆候とされている（たとえば精神分析では変性意識状態を退行現象とみなす傾向がある）一方で，ある東洋哲学や**トランスパーソナル心理学**などの分野では，変性意識状態を意識の高次の状態とみなし，人格的・霊的進化のより深遠なレベルを表していると考えている。

**変性軸索**［degenerating axon］　損傷した，もしくは死んだ**軸索**の残骸のこと。変性軸索は特定の色素を吸収する残滓を出す。したがって，髄鞘化された神経線維が変性する際にはオスミウムを吸収する**ミエリン**が放出され，正常な線維があった場所に黒い痕跡が残る。

**変性様態**［degenerative status］　正常からの偏位が蓄積した体質タイプのこと。ただし，個々の偏位は病理学上，特に重要な意味をもたない。

**ベンゼドリン**［Benzedrine］　**アンフェタミン類**の商品名。

**ベンゼン**［benzene］　揮発性の溶剤の一種。慢性的な吸引によって腎臓の傷害が生じ，死に至ることもある。⇨　**吸入因子，吸入剤乱用，吸入剤依存**

**偏相関**［partial correlation］　1つ以上の変数の影響がある場合に，その変数が統計学的に相関を取り除かれ，あるいは一定にされたときの2つの変数間の相関のこと。⇨　**部分相関**

**偏側弱視**［hemiamblyopia］　脳の後ろ側の領域の損傷によって生じる。それぞれの眼の視野での損傷部位と同側半分についての色覚と形態覚の喪失や明るさ感覚の低下といった**視野欠損**のこと。

**変則事例**［anomaly］　アメリカの科学哲学者クーン（Thomas Kuhn: 1922-1996）による**科学革命**の中の分析において，ある経験的事実が存在するに違いないが，しかし特定の理論体系によって説明・予測することができないものを意味する。

**偏側性準備電位**［lateralized readiness potential］　左右脳の運動野の間で活動の測定値が異なる事象関連電位（event-related-potential）。この電位は，左右の手がそれぞれ反対側の大脳半球によって制御されることから，片方の手の準備状態を示すと考えられる。

**偏側性障害**［unilateral lesion］　脳の部位あるいは局部の片方あるいは脳葉の損傷のこと。たとえば，偏側性の脳の損傷では，右脳か左脳のどちらかに影響を与える。運動筋肉，知覚機能の損傷は，損傷を受けたの反対側に影響がでる。

**ベンゾジアゼピン**［benzodiazepines］　催眠，抗不安の性質をもち，骨格筋の鎮静や弛緩にも作用する薬物群（**中枢神経抑制薬**）のこと。ベンゾジアゼピンはGABA作動薬の作用がある。一般的には，全般性不安や不眠の治療に使用され，アルコールの急性離脱時の管理や発作性疾患にも効果がある。臨床では，1960年代に導入され，主に過剰摂取の有害性が明らかに低いことから，瞬く間にバルビツール酸系催眠薬に取って代わった。現在，同種の薬物でかなり多様な**乱用可能性**が明らかにされている。長期的に使用すると耐性が高まり，心理的，身体的な依存が導かれる可能性がある（⇨　**鎮静剤・催眠剤または抗不安薬依存**）。同種群の試作薬は**クロルジアゼポキシド**である。⇨　**アルプラゾラム，ブロマゼパム，クロナゼパム，クロラゼペート，ジアゼパム，エスタゾラム，フルラゼパム，ロラゼパム，ミダゾラム，オキサゼパム，クアゼパム，テマゼパム，トリアゾラム**

**ベンゾジアゼピン抗作動薬**［benzodiazepine antagonists］　ベンゾジアゼピンおよび関連する化学物質がGABAや受容体複合体などのベンゾジアゼピン受容体と結合するのを防止する薬物のこと。

**ベンゾジアゼピン作動薬**［benzodiazepine agonists］　ベンゾジアゼピンが，ベンゾジアゼピン受容体複合体の亜粒子と結合するのを促進する薬物のこと。⇨　**$GABA_A$受容体**

**変態**［metamorphosis］　一般的には，ある発達段階から次の段階へ体の形や構造を変えること。

**ベンダー・ゲシュタルト検査**［Bender Visual-Motor Gestalt Test］　視覚テストの一つ。はじめに，用紙の空白の部分に16個の図を描く。次は，記憶をたよりにもう一度図を描いていく。結果は0点（全然似ていない）〜4点（ほぼ同じ）までの5件法で評定する。4歳児〜高齢者まで実施可能である。視覚運動機能や，神経心理学的な診断のような知覚能力の査定もできる。統合失調症のように，情動的，心理的な障害の表現をみることにも使用される。このテストはベンダー・ゲシュタルト（Bender-Gestalt）と省略されることもあり，原本は1938年に作成され，現行の第2版は2003年に作成されたものである。［アメリカの精神科医ベンダー（Lauretta Bender: 1897-1987）による］

**ベンチマーク**［benchmark］　特定の過程や結果のための最も優れたパフォーマンスの測度であり，他の状況において，パフォーマンスを改善するために参照される。

**変調**［modulation］　波形（たとえば，振幅，周波数，位相）における変数の変化に含まれる情報が，搬送波（carrier wave）という波によって送信されるための波形の変数における変化のこと。振幅変調（amplitude modulation: AM）とは，搬送波における通常の正弦波変化と比べて比較的遅い振幅変化のことである。周波数変調（frequency modulation: FM）では，搬送波の周波数は変

化するが，その振幅は一定である．位相変調（phase modulation）では，搬送波の相対的な位相が信号変化の振幅に従って変化する．ほとんどの変調波形の変調周波数は搬送波の周波数成分よりもかなり低い．

**変動係数**［coefficient of variation］ データのばらつきの尺度．標準偏差を平均で割ったもの．

**変動性**［variability］ 1. 行動や情動の変化もしくは変容しやすい性質のこと．2. 統計学と実験計画において，群または母集団の要素が互いに異なる程度のこと．

**扁桃体**［amygdala; amygdaloid body; amygdaloid complex; amygdaloid nucle］ アーモンド状の構造をした，**大脳辺縁系**の構成要素の一つで，脳の**側頭葉**の中央部に位置する．扁桃体の神経核の主要群は**皮質内側核群**と基底外側群（basolateral group）である．他の脳領域との広範囲な結びつきによって扁桃体は膨大な内臓感覚系，自律神経系機能を有しており，記憶，情動，脅威の知覚，恐怖学習においても重要な役割を果している．

**扁桃体刺激**［amygdaloid stimulation］ **扁桃体**への電気的刺激．動物において情動や行動，動機づけの反応変化を誘導する．

**扁桃体周囲皮質**［periamygdaloid cortex］ 嗅覚に関連する脳の**扁桃体**周辺にある曖昧な領域．この領域が脳を占める割合は，その種が生き残るために嗅覚をどの程度重視しているかによる．つまり，嗅覚の重要度が高い種ほどこの領域が占める割合は高くなる．たとえば，イヌはヒトよりも嗅神経組織の割合が高くなっている． ⇨ 梨状領

**変動注意**［drifting attention］ 短時間は注意が持続するが，それ以外は覚醒時でも傾眠状態に陥ることを特徴とする障害．皮質下の覚醒メカニズム（alerting mechanisms）の障害が原因．**網様体賦活系**を構成する中脳や視床の病変を示唆する． ⇨ 注意散漫

**変動マッピング法**［varied mapping］ 探索課題において，ターゲットと妨害刺激が実験の1クールの中で，ランダムにその役割が入れ替わる条件．つまり，刺激が，最初の試行ではターゲットとなり次の試行では妨害刺激になる条件のこと． ⇨ 一貫したマッピング

**ペントバルビタール**［pentobarbital］ 通常，沈静，睡眠剤として使用される短期から中期作用する**バルビツール酸塩**．すべてのバルビツール酸塩同様，ベンゾジアゼピンのような安全なものに代替されている．まだ，知覚まひを誘導するのに使用されたり，非常に稀に特定のてんかん症状に処方されることがある他は使用されることはない．心理療法においてクライエントの抑制を低下させ，自己開示を効果的にできるようにするために使用されたが，この使用法は疑問視されるようになった．アメリカでの商品名はネンブタール（Nembutal）．

**ベントン視覚記銘検査**［Benton Visual Retention Test: BVRT］ 被検査者は2，3個の図形の描かれたカードを見せられる．次にそれらの図形を思い出しながら，記憶をたよりに描くという課題を行う検査である．視覚知覚や短期記憶を査定する検査であり，正答数，誤答数を記録する．

**ベンハムのコマ**［Benham's top］ 白黒でデザインされた円盤であるが，回転させると色のついた輪が見える．［イギリスの科学者ベンハム（Chales E. Benham: 1860-1929）による］

**便秘**［constipation］ 便の排泄が困難又は稀であること．人間の排便の正常な頻度は1日3回〜3日に1回程度である．疾患と機械的閉塞以外に，便秘は心因的な要因によっても生じる．心因性便秘（psychogenic constipation）は，"規則正しさ"を重要とみなす強迫性障害の患者にもみられ，異常な長さの時間や努力が日常の排便の規則性の維持に充てられる．

**扁平頭蓋**［platycephaly］ 頭の冠状面が異常に平たい状態．

**弁別**［differentiation］ 1. 刺激間の違いに関する感覚的な識別のこと．たとえば，最初はまったく同じ味がするワインが，経験とともにすぐに見分けることができるようになることがある．2. 互いに質的もしくは量的に異なる刺激や物体を見分けることのできる能力．

**弁別閾**［difference threshold; difference limen: DL; differential limen; differential threshold］ 75％の試行で一貫して正確に検出される2刺激間の最小可知差異のこと．弁別閾は複数の試行にわたって計測される．等価可知差異（equally noticeable difference），丁度可知差異（just noticeable difference: JND），最少可知差異（least noticeable difference）あるいは感覚単位（sensation unit）とも呼ばれる． ⇨ 絶対閾，ウェーバーの法則

**弁別オペラント**［discriminated operant］ 刺激の統制下で条件づけされた**オペラント**．反応は**弁別刺激**が存在しない時よりも存在する時に起こりやすい．

**弁別学習**［discrimination learning; discriminative learning］ 目的を達成するために，見かけは同じもしくは類似した選択肢の中から選択することを学ばなければならないという条件づけや学習経験のこと．たとえば，ネコが両側に白黒のカップが置いてある場所で，左側の白いカップの下から餌をみつけるということを学ぶ必要がある場合などがあげられる．

**弁別可能性**［discriminability］ 物体あるいは人が，他の物体もしくは他の人と容易に区別されうる性質．識別可能性とも言う．

**弁別刺激**［discriminative stimulus］ オペラント条件づけにおいて，事前に刺激呈示時に**分化強化**をしているために，反応の確率が増加する刺激．たとえば，ハトがキーをつつく行動が，キーが赤く光る場合には強化されるが，緑の場合には強化されなかったとすると，「赤い」刺激は弁別刺激として機能し，ハトはキーが赤いときだけつつくよう学習する． ⇨ 負の弁別刺激

**弁別的妥当性**［discriminant validity］ 概念的に関連のない構成概念の測度が，データにおいても無相関であることを示すことで立証される**構成概念妥当性**の一形態．

**弁別トレーニング**［discrimination training］ 1. オペラント反応が，特定の刺激が存在するときに強化されるが，その刺激が存在しないときには強化されない手続き．たとえば，ラットのレバー押し反応が，光刺激が呈示されれば強化されるが，光が呈示されなければ強化されないとする．結果として，このラットは，光が呈示されている時にのみレバーを押すことを学習することになる． ⇨ 手がかりの弁別 2. スポーツにおいて，課題に関連した手がかりとその意味を同定する能力を鍛えること．

**弁別能力スケール**［Differential Ability Scales: DAS］ 個人用の知能テストの一種．特定の理論に基づくのではなく，広い範囲の「知能」を測定するように作られており，

17の認知テストと3つの達成度テストからなる。前者は，核となる下位テストおよび診断の下位テストに分けられる。核となる下位テストはg（⇒**一般因子**）の指標となっており，診断の下位テストは短期記憶や処理速度のような能力を測定する。学童期の6つの核となる下位テストは，言語能力，非言語能力，空間能力それぞれの指標となっている。［1990年イギリスの心理学者エリオット（Collin D Elliott: 1937- ）によって開発された］

**弁別反応**［discriminative response］　条件づけにおいて，刺激によって統制される反応。

**弁別反応速度**［discrimination reaction time］　選択反応時間課題や複雑反応時間課題等におけるように，参加者が異なる刺激の弁別を求められる課題における参加者の**反応時間**のこと。⇒**複合反応時間**，**単純反応時間**

**弁別分散**［discriminal dispersion］　**弁別**に関する実験における，平均周辺の反応の分布。

**片まひ**［hemiplegia］　体の半側が完全にまひしていること。脳卒中によって最もよく生じる。典型的には，まひは脳の損傷部位とは対側に現れる。

**片葉小節葉**［flocculonodular lobe］　小脳の一領域で，後葉の下に位置している。片葉小節葉は脳幹の**前庭神経核**に投射し，主に前庭機能（体勢や眼球運動）に関わっている。

**ベンラファキシン**［venlafaxine］　セロトニンとノルエピネフリンの両方の再取り込みを阻害することで機能する抗うつ薬。SNRI（セロトニン・ノルエピネフリン再取り込み阻害薬）とも呼ばれる。その作用メカニズムはSSRI（選択的セロトニン再取り込み阻害薬）と異なり，うつ病に対し，SSRIよりもより効果的な治療を行うことができると信じられている。また，全般性不安障害，社会不安障害の治療にも適している。他の抗うつ薬同様，**モノアミンオキシダーゼ阻害薬**を同時に投与することはない。アメリカでの商品名はエフェクサー（Effexor）。

**変率強化スケジュール**［variable-ratio reinforcement schedule: VR schedule］　フリーオペラント条件づけにおける**間欠強化**の一種で，ある回数（必要な回数は毎回変動）の反応がなされたら反応を強化する手続きのことである。スケジュールの値は，強化子ごとに必要な反応数の平均によって決まる。たとえば，VR 10は，強化がなされるのに必要な平均反応数が10回であることを意味する。⇒**定率強化スケジュール**

**変量**［variate］　特定の変数における特定の値。

**変量効果モデル**［random-effects model］　処理や実験条件の効果性を母集団の所与の水準から無作為抽出されたものとして扱う統計的モデル。変量効果デザインは固定効果モデルよりも検定力に劣るものの，研究で実際に採用していない独立変数の他の水準への一般化を可能にする。

**返礼的好意**［reciprocal liking］　自分に魅力を感じている他者に対して感じる魅力や，そうした他者に向けられる誠意のある態度。

**ヘンレ線維**［Henle fiber］　**中心窩**領域の**錐体**が網膜双極細胞に到達できるように拡張した細胞質で，中心窩を中心に外側に伸びている。［ドイツの解剖学者ヘンレ（Friedrich Gustav Jacob Henle: 1809-1885）に由来する］

**ペンローズ三角形**［Penrose triangle］　3次元的な**不可能図形**であり，3つの棒で構成され，それぞれの棒は90°で他の棒と隣接して，ねじれた三角形を形成しているように見える。実際の三角形の角度の和はペンローズ三角形での270°ではなく180°であるため，その図はより正確にはトライバー（tribar）と呼ばれる。［イギリスの物理学者ペンローズ（Roger Penrose: 1931- ）による］

# ほ

**ポアソン回帰モデル**［Poisson regression model］ 1つ以上の説明変数の関数によって，稀に生じる出来事の発生を説明する**非線形回帰**のこと。［ポアソン（Siméon D. Poisson）による］

**ポアソン分布**［Poisson distribution］ 時間または空間において，無作為に配置された稀に生じる出来事の発生確率を生成する理論的な統計分布。［フランスの統計学者ポアソン（Siméon D. Poisson: 1781-1840）による］

**保安治療構造**［secure treatment setting］ 施錠閉鎖された居住環境における治療構造を指す。この中で，精神遅滞あるいは発達障害をもつ青年や成人の重罪犯にとって安全と治療的支援が提供される。

**保育**［child care］ 親が働いている間（昼間）の託児所あるいは保育士による子どもの世話のこと。

**哺育障害**［feeding disorder of infancy or early childhood］ DSM-Ⅳ-TRにおいては，幼児期または小児期早期の哺育障害と分類される6歳前（主に生まれてから1歳未満）に発病する障害であり，大幅な体重増加や，1か月やそれ以上の期間における大幅な減量をもたらす，適切に食べることができないことによって特徴づけられる障害。明白な原因はない。

**哺育・摂食障害**［feeding and eating disorders of infancy or early childhood］ DSM-Ⅳ-TRにおいては，幼児期または小児期早期の哺育・摂食障害と分類される。病的な摂食または幼児期や小児期，青年期に初めて診断される摂食行動として特徴づけられる障害。この障害には，**異食症**，**反芻性障害**，**哺育障害**も含まれる。

**ボイス・セラピスト**［voice therapist］ 発声の生理と病理の専門家。発声障害の診断と治療に関与する。⇨ **言語療法士**

**ホイットン効果**［Whitten effect］ 排卵を促す**化学コミュニケーション**の効果。げっ歯類では，成体オスのニオイにさらされることでメスが排卵を行う。繁殖に関わるその他の化学信号の効果には，**ブルース効果**，**リー・ブート効果**がある。⇨ **ヴァンデンバーグ効果** ［オーストラリアの繁殖生理学者ホイットン（Wesley K. Whitten: 1918- ）］

**ホイップソーイング**［whipsawing］ 1.共同作業において，競争力を高める方針から，2人以上の人またはグループを対にすることによって生産性を上昇させること。用語は長いのこぎり（大きい材木を切るために労働者がペアで使う，切り通し刃の両端に持ち手があるタイプののこぎり）に由来する。2.従業員同士を競争し合うような作業環境におくことで，従業員の連帯（そして，同盟）を弱体化させること。

**ボイラー製造工難聴**［boilermaker's deafness］ 高強度の騒音にさらされることに起因してよく生じる難聴。この疾患は何年もの間知られてきたが，高度工業化社会において増大し続ける騒音によって患者は増え続けている。⇨ **音響外傷**

**母音**［vowel］ 声帯を振動させる呼気の流れが妨げられずに声道を通る際に生じる**有声発話音**。

**母音字**［vowel］ 母音を書き表す際に使用されるアルファベットの文字の一つ。⇨ **子音**

**ポイント変異**［point mutation］ DNA配列の変異を引き起こす，一塩基対の欠失，変化，挿入のこと。⇨ **変異**

**ポイント法**［point method; point factor method］ 賞与や給与のレベルを設定するための仕事を評価する方法で，複数の**報酬の対象となる職務因子**が区別され，それぞれの要素は程度や段階に分割されており，それぞれの段階に評価点が割り振られているため，評価得点の合計点によって仕事が評価される。この手法は，本質的には**要素比較法**の開発で，今や職務評価の一形態として広く用いられている。⇨ **分類法**，**ヘイメソッド**，**職務成分法**，**序列法**

**房**［atrium （*pl*. atria）］ 解剖学においては，体腔もしくは空間のこと。心臓上部には左右に2つの空間（すなわち心房）がある。

**方位効果**［misorientation effect］ 対象がはじめに学習された方位と異なる方位で提示されたときにみられる，その対象を認識することの困難さのこと。この効果は，異なる方向で提示された視覚イメージや認知地図を用いなかったときにみられなくなり，結果として再認の遅さをもたらす。

**方位選択性コラム**［orientation column］ 有線皮質にある，同じ方位の刺激に対して最大に反応する神経細胞のスラブ。隣接するコラムはわずかに異なる方位選択性をもつ。そのため，多数のコラムにわたる皮質表面に正接する貫通電極は，基準軸の周りを滑らかに変化する方位選択性の神経細胞を通る。⇨ **眼優位性コラム**

**防衛**［defense］ 他者によって傷つけられる可能性を減じる行動や身体的特徴のこと。たとえば人間以外の動物では，防御のための身体的特徴は堅い身体であったり，中毒を引き起こす有毒な物質の発散であったりする（たとえばスカンクの臭い，ヘビやクモの毒）。**防衛行動**には服従シグナルや防御のための攻撃，じっとして動かないこと，そして逃げること等がある。

**防衛解釈**［defense interpretation］ 精神分析において，患者が不安から自身を守っている方法に関する解釈のこと。この解釈の目的は，患者に自身の防衛に気づかせ，心理的葛藤に潜む不安の源を明らかにすることにある。

**防衛型戦略**［defender strategy］ ビジネス戦略の一つで，狭い対象範囲の製品やサービスに焦点化することで市場競争力を高め，その後，高品質，優れたサービス，低価格で提供することによってそのニッチ（得意市場）を防衛しようとする戦略。この戦略を実行するためには，その事業の有効性を維持できるよう，組織が構造化されていなければならない。

**防衛機制**［defense mechanism］ 古典的な精神分析理論においては，自我が心理的葛藤により生じる不安から自分自身を守るために行われる無意識的な反応様式。その機制には成熟したものから成熟していないものまであり，その違いは個人がどの程度現実を歪めているかによる。**否認**は現実を無視していることから非常に未熟であるといえる。一方，**昇華**は真の望みを間接的に満たしていることから，防衛の中で最も成熟したものの一つであるとみなされている。より最近の心理学理論では防衛機制は日常的な問題に

対する一般的な対処法とみなされているが，それらの過剰な使用や未成熟な防衛（たとえば，**感情の置き換え**や**抑圧**）はいまだに病理的であるとみなされている。⇨ **回避**，**投影**，**退行**，**代償**［フロイト（Sigmund Freud）によって1894年に提唱された］

**防衛行動**［defensive behavior］ 1. 現実，あるいは想像上の身体的，精神的（特に情動的）脅威への反応としての攻撃行動や服従行動のこと。たとえばネコは，身体的脅威を予期すると，うなり声をあげ，背中を丸め，首の後ろの毛を逆立てることで防衛的攻撃を示す（⇨ **動物の防衛行動**）。人間の場合は，他者からの反感や怒りを制御するよう，自己弁護や情動的反応の表出（泣くなど）を行い，自分への批判を無意識的に免れるといった例があげられる。2. 精神分析においては，無意識レベルで機能する**防衛機制**の使用や乱用を指す。

**防衛性**［defensiveness］ 自分自身の欠点に対する評価や批判に過敏な反応を示し，その批判に対抗したり否定したりする傾向。

**防衛的帰属**［defensive attribution］ 自分に対して知覚される脅威を最小化するように，ある出来事の原因帰属を行うバイアスやエラーのこと。たとえば，自動車事故が起こった際に，その原因として偶然よりも運転手の過失に帰属することがあるが，このような帰属は「偶然によって自分が事故の被害者になっていたかもしれない」という知覚を減じることができるためである。

**防衛的処理**［defensive processing］ 自分の潜在的態度を確証したり支持するような態度に関連する情報を求めたり，そうしたものに注意を向けたり符号化したり，解釈したり，精緻化すること。たとえば，防衛的処理は，態度に一致しない情報を避け，態度に一致する情報を求めることも含まれる。同様に，態度に一致しない情報を拒むために，非常に批判的なやり方で，態度に一致しない情報を精緻化することも含まれる。⇨ **バイアス精緻化**，**反論**，**選択的情報処理**

**防衛の識別**［defensive identification］ 虐待の犠牲者が心理的に虐待者を識別するプロセス，または，虐待者が同一視するような集団を識別するプロセスのことで，さらに虐待にさらされるという感覚が続くことに対する防衛的な戦略。

**防音室**［soundproof room］ 可聴音が通り抜けることができない部屋。

**放火**［incendiarism］ 衝動的または意図的に火をつけること。⇨ **放火行動**，**放火癖**

**崩壊**［disintegration］ たとえば，心的機能や行動機能といった機能システムや構造の破綻，重篤な崩壊のこと。

**妨害**［distraction］ 1. 注意を妨げる過程。2. 主要な関心となる課題から注意をそらす刺激あるいは課題。

**崩壊家庭**［broken home］ 両親の離婚や別居によって片親となった家庭のこと。家族すべてが機能していないことを意味する用語であるとして，現在では，社会学者に使用を避けられている用語。

**妨害工作**［countermeasure］ ポリグラフ検査において，虚偽に分類されることを避けるために，個人が行うすべての活動。典型的には，生理的覚醒のレベルを下げるために薬を用いたり，関心事に関連がない質問に対して覚醒を高めるために，身体的手段（例，舌を噛む）を用いたりする。

**崩壊指標**［deterioration index］ ウェクスラー成人知能検査の下位検査の得点パターンの一つ。神経系の欠陥を示唆するものとされる。また，加齢によるパフォーマンスの低下の程度を測定する目的でも使用される。崩壊指数（deterioration quotient）とも言う。⇨ **加齢低下機能**，**保持機能**

**法学教育モデル**［jurisprudential teaching model］ 社会的相互作用の役割を強調し，情報処理や社会問題の評価のパラダイムとして法や法システムを使用する教育モデルのこと。

**放火行動**［fire-setting behavior］ 放火する傾向のこと。⇨ **放火癖**

**放火性愛**［pyrolagnia; erotic pyromania］ 火などによる性的興奮の覚醒のこと。

**包括性**［inclusiveness］ 群化に関するゲシュタルトの法則の一つで，小さな図形が完全に大きな図形に包含されている場合，大きな図形のみが知覚される傾向を指す。包括性の法則（principle of inclusiveness）とも呼ばれる。

**包括的アセスメントサービス**［comprehensive assessment service］ 健康管理機関や病院と連携する専門家チームであり，患者の多面的なアセスメントを行う。チームの目的は，個人の成長や発達に影響を及ぼす健康状態や行動要因を特定し，その後の特別な教育的もしくは発達的サービスの紹介を行うことである。

**包括適応度**［inclusive fitness］ ある個体のだけではなく，その個体のすべての血縁者の**近縁係数**に比例した**繁殖成功率**。繁殖成功率の推定値を計算するときには，親，子，兄弟姉妹は平均して50%の遺伝子を共通にもっており，祖父母，孫，おじ・おば，甥姪は25%の遺伝子を共有しており，等々と仮定される。

**包括的機能的アセスメント**［comprehensive functional assessment］ 広い視野に立ち，しばしば多分野にまたがるチームによって実施されるアセスメントで，多くの場合，知的障害もしくはその関連の状態にある個人に焦点を当てて行われる。典型的には，次にあげられるような発見を総合的に捉えていく。特定の発達の能力および個人の嗜好，学ぶ必要のある特定の機能的・適応的ソーシャル・スキル，現れているいくつかの障害の特質と原因，広範に及ぶサービスの必要性等。

**包括的教育**［holistic education］ **全人的医療**の手法に由来する心理療法の一形式で，セラピストが教師，クライエントが生徒となる。セラピストの目的は生徒が学習を望む状況を作ることである。効果を最大にするためには，クライエントの物理的・精神的・感情的・知的生活のすべてを調査し成長させるべきである。［アメリカの心理学者シュッツ（William C. Schutz: 1925-2002）が考案した］

**包括的職務データ分析プログラム**［Comprehensive Occupational Data Analysis Program: CODAP］ アメリカ空軍が，各職務の一部として行われた個々の課題を明らかにするために大規模にコンピュータ制御された課題データベースを開発しようとした初期の試みのこと。より広範な**職務分析**を目指して設計し直された改訂版（at CODAPと呼ばれる）は1987年に始められた。

**包括的認知症尺度**［Global Deterioration Scale: GDS］ 高齢者の**アルツハイマー病**のような退行性**認知症**の重症度を評価するための，介護者による行動観察に基づく。「認

知的症状なし」から「重篤な認知的症状」までの7件法である。[アメリカの老年精神科医ライスバーグ（Barry Reisberg: 1947- ）により1982年に開発された]

**包括的評定**［global rating］　評定者が，多くの属性を単一の項目に統合することによって行う評定のこと。しかし，この語の定義は一般的には曖昧である。

**放火癖**［pyromania］　以下によって特徴づけられる衝動統制の障害。(a) 金銭的，社会的，政治的あるいは他の動機とは関係なく，火をつけ，火が燃えているのを見たいという衝動を押さえることに繰り返し失敗する。(b) 火災や火災にまつわる事柄に極度に強い興味を抱く。(c) 着火前に緊張感が高まり，放火の最中には喜びや満足，開放感が強まる。DSM-Ⅳ-TRでは，放火癖は，**他のどこにも分類されない衝動制御障害**のカテゴリーに含まれる。以前は，火付け（mcendiarism）という名称であった。

**傍観者効果**［bystander effect］　他者の存在や援助の見込みがあることを知ると，援助しなくなるという人々の傾向。当初は，この傾向が無関心や巻き込まれたくないという利己心によって引き起こされると考えられてきた。しかし，近年の研究では，多くの認知的，社会的過程がこの効果に影響を与えていることが指摘されている。具体的には，他者の無反応を援助が必要のないことを示すものと誤って解釈することや，**責任の混乱**，**責任の分散**などがあげられる。

**包含-除外基準**［inclusion-exclusion criteria］　臨床研究において，どの個人がその研究に参加することが的確かを決定するのに用いられる基準。包含基準は，たとえば，年齢範囲を指定するなどであり，除外基準は，たとえば，一つ以上の病気もしくは心理的障害の有無などである。

**忘却**［forgetting］　かつて想起できたことや，想起可能であるはずのことを想起できないこと。⇨ **減衰説**，**干渉説**，**動機づけられた健忘**，**逆向干渉**

**防御性条件づけ**［defensive conditioning］　**無条件刺激**が有害である，**パブロフ型条件づけ**のこと。

**防御反射**［defense reflex; protective reflex］　身体や身体の一部を，痛み刺激または不快な刺激から遠のけ，引っ込める反射。この用語は，聴覚刺激に対する心拍数の上昇や，脅威を知覚することによって起こる飛翔，闘争，すくみ，複雑な心理的反応まで，多様な反応に適用される。防御反応（protective response）とも言う。

**棒グラフ**［bar graph; bar chart］　長さや高さがその間隔に応じて変化する棒を用いてデータを図示する手法。棒グラフは，2つの変数のうちの1つが，たとえば男性対女性や所属政党などのように，離散あるいは非数値であるときに用いるのが適当である。この変数は通常 $x$ 軸で表示され，一方，棒の高さは $y$ 軸の変数に比例し，それぞれの棒はその離散的な性質を示すためにスペースで区切られる。⇨ **ヒストグラム**

**包茎**［phimosis］　先天的にせよ後天的にせよ，陰茎包皮が後退せず亀頭が露出しない状態。後天性の場合は，感染や浮腫が原因となることが多い。性感染症の合併症であることも多い。

**傍系遺伝**［collateral heredity］　共通の祖先に基づいた家系ではなく，異なった血統に従った家系。

**方言**［dialect］　1. 特定の地域，社会階層，民族と関連する様々な言語で，独自の言葉，文法，発音をもつ。一般的に，方言は相互に理解可能である。⇨ **アクセント**　2. 動物のコミュニケーションにおいて，ある民族や地理的地域に特有のコミュニケーション形態の様々な標準のこと。たとえば，北アメリカの様々な地域によって，ショウジョウコウカンチョウの歌い方が異なっている。

**方言学**［dialectology］　方言について研究する言語学の一分野。

**膀胱コントロール**［bladder control］　適切な場所，適切な時間に排泄するために排尿を制御する能力。⇨ **トイレトレーニング**，**遺尿症**

**方向性問題**［directionality problem］　相関研究において，2つの変数間に関連があることは知られているものの，どちらが原因でどちらが結果かがわかっていない問題のこと。

**方向知覚**［direction perception］　運動する視覚の標的や聴覚刺激の空間における位置を特定することができること。

**芳香の**［fragrant］　1. ツワーデマーカーの嗅覚系におけるニオイの属性で，花とバニラの香りの質のこと。2. クロッカー−ヘンダーソンのニオイ記号法における4つの原臭属性のうちの一つを示す。

**方向の混乱**［directional confusion］　左右の区別の困難さのこと。あるケースでは住宅地区と商業地区といったその他の方向にも困難さが生じる。方向の混乱は6歳，7歳まで一般的であり，とりわけ読み，書き，綴りの初期段階や**側性の混在**の人にみられる。強固な方向の混乱は**微細脳損傷**を示す場合や，左利きから右利きへの転化を無理強いされた場合がある。

**報告可能性**［reportability］　出来事がそれを経験した個人によって報告されるようにする心理学的出来事の性質のこと。意識経験（意識）の行動的指標の基準となる。また，言語報告（verbal report）とも呼ばれる。

**棒シェーカー**［stick shaker］　人間工学の分野で使われている，ジョイスティックその他の操作棒がある状況（たとえば飛行機エンジン，風，乱気流の揺れ）で，振動することによって操作者にフィードバックを与える装置。

**防止デザイン**［prevention design］　人間工学で，ヒューマンエラーの可能性を低減させるためのシステムや道具のデザインのこと。⇨ **工学的制御**，**排除デザイン**，**フェイルセーフ**

**放射**［radiation］　1. 神経科学の用語で，隣接する神経細胞へと興奮が広がることを示す。2. 一般的には，中心から何かが周囲に広がっていくこと。

**放射状グリア細胞**［radial glial cells］　発生初期に形成される**神経膠細胞**で，発達途中の大脳半球に広がり，神経細胞の移動を助ける。放射状神経膠細胞とも言う。

**放射状迷路**［radial maze］　スタート地点が中心にあり，いくつかの枝に（典型的には6から8に）分岐して外側へ伸びるタイプの迷路。動物に，特定の道に置かれた食べ物を探すよう，または同じ道に二度入らずに規則的にそれぞれの道を通って食べ物を探すように学習させるときに用いる。放射状迷路は**空間記憶**と学習の研究で広く用いられる。

**放射性同位元素**［radioactive isotope］　安定な構造になるまで放射性崩壊をし，放射線を発する化学元素の同位体。同じ元素のすべての同位体は核内に同数の陽子を有するが，中性子の数が異なる。発される放射線は，放射性同位元素

がよりシンプルな原子に崩壊し，エネルギーを失って安定化する際に放出されるアルファ線やベータ線などの粒子線，ガンマ線などの光子線である。放射性同位元素には写真のフィルムに映る性質があり，また周囲の空気に電荷を生じさせたり，細胞や小器官を破壊，変化させたりすることができることから，診断や研究，病気の治療に広く利用されている。

**放射性トレーサー**［radioactive tracer］ 身体組織内で代謝経路を追跡するために用いられるカルシウム（$^{45}Ca$）や炭素（$^{14}C$）などの**放射性同位元素**で標識された化合物。診断，治療，研究などの目的で使用される。たとえば，タバコの研究ではニコチン分子を放射性トレーサーで標識することで，喫煙者の肺や血流におけるアルカロイドの経路を追うことができる。

**放射線**［radiation］ 電磁放射のような波動の形態（熱，光，マイクロ波，短波電波，紫外線，X線など）で，あるいは核粒子の発射物の形態（アルファ粒子，ベータ粒子，ガンマ線，電子，中性子，陽子）で伝わるエネルギーのこと。これらの波動や粒子は，診断，治療，実験の目的のために利用される（⇨ **放射線療法**）。

**放射線医学**［radiology］ X線写真の映像技術（⇨ **放射線写真**）を病気の診断に使用したり，病気の治療に他の放射線を使用する医療分野や医学専門領域のこと。特に放射線を用いた治療は一般的に**放射線療法**と呼ばれる。

**放射線壊死**［radiation necrosis］ 有害放射線の照射による組織壊死のこと。

**放射線写真**［radiograph; radiogram］ 放射線（通常はX線やガンマ線）により高感度表面（写真用フィルム）に焼き付けられたネガのこと。このような画像を作成する技術を放射線写真術（radiography）と呼び，診断目的で広く使用されている。⇨ **放射線医学**

**放射線照射**［irradiation］ 放射線に身体をさらすこと。通常は，電離放射線が用いられる。⇨ **放射線療法**

**放射線療法**［radiation therapy］ 病気の治療のために，**放射線**（例，X線）を使用すること。患者の身体に**放射性同位元素**を埋め込んだり，特定の問題部位に放射線を照射することにより，癌細胞を破壊することを目的として主に用いられる。副作用には疲労，照射を受けた部位の不快感覚や潮紅，吐き気や嘔吐，食欲喪失，そして，白血球細胞数の減少が含まれることがある。放射線治療（radiotherapy）とも呼ぶ。

**放射免疫測定**［radioimmunoassay: RIA］ 血液および組織試料内において対象となる物質（ホルモンなど）の濃度を測定する免疫学的技術。物質が混じり合っていても分析でき，**放射性同位元素**で標識した物質を準備し抗体をその物質と特異的に反応させることができる。抗体に結合した放射活性量がサンプル中の物質量を反映する。

**報酬**［reward］ **強化**とほぼ同義の一般用語。（強化の定義において求められるような）特定の行動の生起頻度や生起確率への影響における行動の有効性ではなく，行動の帰結を生じさせようとする誰かの意図を記述するのにも用いられることがある。

**報酬期待**［reward expectancy］ **強化**が起こる状況にさらされてきた生体の仮説上の状態。［トールマン（Edward C. Tolman）が最初に提唱した］

**報酬勢力**［reward power］ 報酬を提供できたり，それをコントロールすることによって生じる他者への影響力。報酬勢力は，(a) 報酬の価値と，(b) 影響を受ける側がその報酬にどの程度依存しているかに応じて大きくなる。

**報酬体系**［reward system］ 特定の刺激と満足や喜びとを結びつける相互に関連する要因の組み合わせ。

**報酬代替法**［rewarded alternative method］ 望ましくない行動に対する報酬を除外し，望ましい行動に対する報酬に置き換える方法。代替的行動の強化とも言う。

**暴衆の心理**［mob psychology］ 暴衆，暴徒に適用される群衆心理学。

**報酬の対象となる職務因子**［compensable job factor］ ある仕事が組織に対してもつ価値を決定する因子で，それに従ってその仕事をしている人に報酬が支払われる。最もよく言及される因子は，スキル，努力，必要とされる教育，付随する責任，労働条件などである。報酬に関わる職務因子を明らかにすることは，**要素比較法**や**職務評価のポイント法**の基礎となる。

**報酬の遅延勾配**［delay-of-reward gradient］ 強化遅延と強化の効果の関係。反応と強化子との時間間隔が長くなるほど，強化の効果に小さくなる。強化の遅延勾配（delay-of-reinforcement gradient）とも呼ばれる。

**報酬の必要分配**［need distribution of rewards］ 集団成員への必要に基づく資源分配のこと。集団への貢献とは無関係に，より多くを必要とする人ほど多く受け取る。

**放出ホルモン**［releasing hormone］ 視床下部ホルモンの一種。視床下部－下垂体門脈系を通り，下垂体前葉からのホルモンの放出を制御する。**副腎皮質刺激ホルモン放出ホルモン**や**性腺刺激ホルモン放出ホルモン**などが例にあげられる。

**報償制度**［incentive system］ 企業組織において，将来の業績に影響するよう設計された賃金体系。インセンティブによる動機づけの強さは集団によって様々である。インセンティブは，昇給の他に，健康保険，年金，ゲイン・シェアリングスキーム，業績に基づく賞与，従業員株式，ジム会費補助，企業優待（たとえば，スポーツイベントのチケット）が含まれる。⇨ **阻害要因，ワークモチベーション**

**房飾細胞**［tufted cell］ 嗅覚に関与する，特殊化した細胞の一つ。房飾細胞は，**嗅球**にある遠心性ニューロンである。球状層（⇨ **糸球体**）にある受容神経とシナプスを形成し，**外側嗅索**の球状部に信号を送る。

**放心**［absent-mindedness］ 自身の考えに没頭して起こる状況やその時の外的現実が完全に自覚されていない傾向を特徴とする無頓着さ，不注意さの状態。

**放心状態**［absent state］ 複雑部分発作のときに起こりやすく，うつろで，夢のような，無関心の状態のこと。

**抱水クロラール**［chloral hydrate］ 短期作用型の中枢神経抑制薬。1832年に初めて作られ，以前は臨床的には主に催眠薬として広く使われていた。未だに睡眠導入に用いられることもあるが，潜在毒性のために，現在は使用は制限されている。アメリカでの商品名はアクアクロラール（Aquachloral）。⇨ **麻酔剤**

**紡錘細胞**［spindle cell］ 細胞体が紡錘型（中央が膨らみ両端が細くなった形）をしている小さいニューロンの一種。**筋紡錘**と混乱しがちなので注意。

**紡錘状回**［fusiform gyrus］ 左右の脳の**側頭葉**にある

脳回。下側頭回と海馬傍回の間に位置し，高次視覚に関わっている。

**紡錘内線維** [intrafusal fiber]　小さな筋線維で，各筋紡錘内に2～12存在する。紡錘内線維は伸縮と筋緊張によく反応し，**伸張受容器**とつながっている。⇨ **錘外線維**

**縫線核** [raphe nucleus]　脳幹の正中線に位置する**セロトニン作動性ニューロン**の一群。脊髄，視床，大脳基底核，大脳皮質へと幅広く投射している。

**法則** [law]　1. 規則性（たとえば自然の）を記述する公式の言明。その規則性に対しては他の説明は知られておらず，寄与もしていない。⇨ **因果法則，自然法**　2. 科学や数学，哲学，社会科学で，正しいものとして広く受け入れられており，かつ，その分野内においてその事実を説明する重大な対抗理論がない理論。

**法則定立的な** [nomothetic]　個々の事例の研究に対立するものとして，一般法則の定式化を行うこと。法則定立的アプローチ（nomathetic approach）は，人や事例の平均を特徴づける一般的で普遍的な価値法則や原理を発見する目的のために，人間集団や事例の研究を行う。⇨ **個性記述的な**

**法則定立的ネットワーク** [nomological net]　ある変数について張り巡らされた理論的関連性のネットワークのこと。テストの**構成概念妥当性**は，そのテストに関連した調査や実験を反映した法則定立的ネットワークを通して確認される。

**法則定立得点** [nomothetic score]　検証されるすべての人に共通した次元の得点（たとえば一般知能）。その得点を取った個人と，その得点を取った他者とを暗に，あるいは明確に比較する。

**法則論** [nomology]　1. 法則と合法性の科学または研究のこと。2. 自然法，特に因果法則の定式化に関心をもつ科学の一分野。法則論的アプローチは現象の因果説明の追求を目指し，現象の単なる区分ではない。⇨ **演繹的・法則的モデル**

**膨大部** [ampulla]　管における囊状の肥大。内耳にある三半規管の各端点に位置する膨大部には，平衡感覚を維持する**有毛細胞**がある。

**傍中心暗点** [paracentral scotoma; homonymous paracentral scotoma]　中心視野の周囲に生じる小さな盲点のこと。単眼傍中心暗点（片眼）は末梢の視覚システムの損傷により生じ，傍中心暗点（両眼）は**外側膝状体**の後ろの中枢視覚システムの損傷により生じる。⇨ **暗点**

**傍中心窩** [parafovea]　網膜上の**中心窩**の近傍周囲領域のこと。

**膨張** [tumescence]　膨張している，もしくは膨張させられた状態。たとえば，性的刺激によって引き起こされた陰茎や陰核の膨張。⇨ **勃起鎮止**

**法定強姦** [statutory rape]　合法的な同意が得られる法定年齢に満たない者と肉体関係をもつ性犯罪。アメリカでは州法によって法定年齢が異なり，最も低い州では14歳，最も高い州では18歳である。

**法定犯** [malum prohibitum]　法律が命令禁止している行為に違反する行為をして始めて実質的に不法とされる行為。たとえば，正当な免許を持たず車を運転することなどがこれにあたる。

**法的証言** [legal testimony]　宣誓や確約をした証人が法廷で行う証言のこと。口頭または宣誓供述書という書面で行う。証言録取書（公判前に原告・被告が行った事実確認を録取した書面）も証言として使われる。

**法的能力** [legal capacity]　法に関連した問題について，理性的な選択を行う（たとえば，契約を交わす，遺言を残す，裁判を受ける等）ために必要な知識や理解を獲得する能力のこと。⇨ **訴訟能力**

**放電** [discharge]　神経生理学で，神経細胞や神経細胞群の発火または活動のこと。**活動電位**を生じる。

**暴徒** [mob]　無秩序で手に負えず，感情に強烈さを帯びた群衆。群衆は，たくさんの人々の中に同じ種類の気分と反応を喚起しやすく，犯罪や惨事，論争の的になる行為などの出来事のときに形成されがちである。初期の群集心理学は，群衆内の個人が，行為をもはやコントロールすることができない情動と群集心によって圧倒されていると論じていた。つまり，もし，その状況が広がらなければ，群衆は激しやすく，予測不可能で，暴力行為が可能となるとされていた。現代の研究においては，群衆は衝動的に反応することがあるが，認知的統制を失うことはめったにないことがわかっている。そしてその不可思議な社会的あるいは心理的プロセスは，そうした状況におかれた人々を異常にすることはなく，群衆は，不合理で凶暴であるというよりむしろ，組織的で目的志向的になる傾向があると捉えられている。

**法と秩序の志向** [law-and-order orientation; social-order-maintaining morality]　コールバーグの道徳性発達理論における，慣習的水準の2つのステージのうちの2番目の段階で，社会の法律の維持に向けて道徳的決定を行うこと。⇨ **対人的同調**

**放任型集団** [laissez-faire group]　成員の活動，意思決定，または関心をほとんど，あるいは全くコントロールしない集団のこと。

**放任型リーダー** [laissez-faire leader]　集団活動を指導することがほとんどなく，集団成員と最低限の相互作用しか行わず，直接尋ねられた時のみ指示を行うタイプのリーダーのこと。放任型リーダーの集団は，民主型リーダーや専制型リーダーの集団より，生産性，凝集性が低く，成員が集団に関心を示さないことが研究で示されている。［リーダーシップスタイルの実験的研究で，レヴィン（Kurt Lewin）とその共同研究者が定義した］

**放任主義育児** [laissez-faire parenting]　親が子どもの発達にできるだけ介入しない子育てのスタイル。寛容な育児（permissive parenting）とも呼ばれる。

**胞胚** [blastula]　胚発達の初期段階で，受精卵の卵割によって形成される球状の細胞の塊のこと。液体の詰まった胞胚腔を囲む単層の細胞群（胚盤葉）からなる。哺乳類では，**胚盤胞**と呼ばれる。

**包皮** [foreskin; prepuce; preputium]　男性では陰茎の亀頭部分を覆う，女性ではクリトリスを覆う皮膚。⇨ **陰核包皮**

**豊富な環境** [enriched environment]　活動に従事する多くの機会を提示し，多くの知覚・知的刺激を提供する環境のこと。⇨ **エンリッチメント**

**傍分泌** [paracrine]　細胞から分泌された化学物質が，近傍の細胞に広がって到達する情報伝達のこと。血液などを介さず，細胞外のスペースを介して効果を発揮する。⇨

自己分泌，内分泌

**方法**［method］　一般的，あるいは特定の研究計画における科学的な調査で使われる分析の手順と体系。

**方法分析**［methods analysis］　人間工学において，個々の操作，課題を構成する下位課題，技術，要因，資源の分析を通して，課題遂行を改善する方法を開発すること。工程図の使用，微細動作（micromotion）の研究，**動作経済の原則**の適用などが関連する。⇨ **課題分析**

**方法論**［methodology］　1. 通常の計画法，もしくは方法科学。特に，科学的・哲学的研究のための推論原理の適用に関する論理学の支流。2. 特定の学問分野において用いられる手順の，方法，原理，規則の体系。

**方法論的客観主義 対 方法論的主観主義**［methodological objectivism versus methodological subjectivism］　心理学理論が評価される規範的観点。方法論的客観主義は，調査の手法は他の調査者が繰り返し実施し，実証することが可能でなくてはならないとする立場であり，方法論的主観主義は，方法は繰り返すことができず，それゆえ他者が実証することも不可能であるとした立場である。⇨ **内容的客観主義 対 内容的主観主義**。［アメリカの心理学者ワトソン（Robert I.Watson: 1909-1980）が紹介した］

**方法論的行動主義**［methodological behaviorism］　**行動主義**の一形態。意識現象の存在を認めているが，それらを科学的に研究する手段は，行動に現れるものによってのみなされるべきと強く主張する。⇨ **徹底的行動主義，新行動主義**

**方法論的多元主義**［methodological pluralism］　研究にアプローチする際に，複数の方法論を用いる立場を受容すること。

**方法論的唯我論**［methodological solipsism］　他の立場では批判に耐えられないという信念に基づき，哲学的立場から採択された**唯我論**。

**膨満**［bloating］　腹部の膨張感。**過敏性腸症候群**の特徴であり，また**身体化**の症状としてもしばしば認められる。腹部膨満（abdominal bloating）とも呼ばれる。

**飽満メカニズム**［satiety mechanism］　飲食物の摂種を統制する体内の過程，またはシステム。⇨ **摂食行動**

**訪問看護師**［visiting nurse］　在宅において患者に看護サービスを提供する**正看護師**。アメリカにおいて訪問看護師は地方の訪問看護師協会に雇用されている場合が多い。

**包絡**［envelope］　音響学における振幅の緩やかな，もしくは滑らかな変化のこと。通常は振幅の**変調**や唸りによって作られる時間的変化を意味する。しかし，スペクトル包絡（spectral envelope）といったスペクトルの形状や**進行波**の包絡といった空間的変化を意味することもある。「緩やかな変化」というのは明確に定義されているわけではないが，一般には，時間的，スペクトル的，もしくは空間的表現における変動率が，最も高い変動率の少なくとも0.5倍よりも小さい変動を意味する。たとえば，1000 Hzと1005 Hzの音を足し合わせてできるうなりは5 Hzの正弦波包絡線信号をもつ。しかし，1000 Hzと2005 Hzの音を足し合わせても包絡線信号は得られない。時間的包絡とスペクトル包絡は聴覚において重要なものである。

**抱卵**［incubation］　メスの体外で成長する卵のために温熱と保護を与えること。鳥類では，抱卵は片方または両方の親によって行われ，卵が孵化するために不可欠である。

**法律**［law］　特定の司法権の下で，人々の行いを規制する公的に定められたルールのことであり，人々は法的処罰を避けるために従わなければならない。

**方略**［strategy］　人工知能において，問題空間やゲーム空間の**探索**を計画するために用いられる特定の手法。方略は探索においてどの状態が次に考えられるべきかを決定するのに用いられ，しばしば**ヒューリスティック**と呼ばれる。最短の経路探索を常に保証するわけではないが，十分に良い解法を支援することができる。

**暴力［1］**［violence］　1. 人や物を傷つけたり壊したりしようとして，物理的な強制力をもって敵意や怒りを表出すること。⇨ **家庭内暴力**　2. 熱情，あるいは何かを表明することへの情熱。

**暴力［2］**［assault］　1. 個人に対する暴力的攻撃。2. 個人が他者を傷つけようと企てたり，そうするおそれがある時に生じる不法行為。また，他者に脅威を与える可能性のある行為。

**暴力のサイクル**［cycle of violence］　暴力関係の持続性を理解するための概念的枠組み。そのサイクルには3つの段階がある。(a) 暴力をふるう人が暴力を受ける相手を愛情をもって扱う「ハネムーン期」，(b) 暴力をふるう人が暴力を受ける相手に対して短気になり，怒りを示す「緊張の蓄積期」，(c) 暴力が生じる「暴力期」である。これらの時期は繰り返されると想定される。暴力関係が繰り返し維持される場合，ハネムーン期はより短くなり，緊張の蓄積期および暴力期がより長くなる。虐待のサイクル（cycle of abuse）とも呼ばれる。［1979年にアメリカの臨床心理学者・犯罪心理学者ワーカー（Lenore Walker: 1942- ）によって提唱された］

**ボウルビィ**［Bowlby, Edward John Mcstyn］　ジョン・ボウルビィ（1907-1990），イギリスの精神科医。ロンドンのユニバーシティカレッジで精神分析を学び，1933年に医師免許を取得する。オーストリアの動物行動学者ローレンツ（Konard Lorenz: 1903-1989）が行った動物の**刻印づけ**の研究から影響を受け，ボウルビィは進化生物学と認知心理学を精神分析の理論に統合し，**愛着理論**を考案した。彼は，人間の幼児が保護者に向ける愛着や保護者から引き離されたときの心痛には進化的な利点があると主張した。それらは，幼児を保護者の近くに留まらせることにより，彼らの生存率を増加させるのである。また，幼少時代の初期に形成される愛着のパターン（安心と不安）は，その後の児童，成年時期の感情の発達や安定性に影響を与えるとされた。ボウルビィの研究は心理学的な幸福に対する初期の愛着パターンの重要性を見出し，1970年代以降の発達心理学に大きな影響を与えている。

**放浪癖**［wanderlust; oikofugic］　1. 新しい経験を渇望するため収入以上に費し，仕事，パートナー，安全を犠牲的にし，旅行をしたいという異常な動機，欲望のこと。放浪癖をもつ人は，旅の途中のほうが生き生きしているだけでなく，家に帰るとすぐに次の旅行の計画を立てようとする。旅についての空想が起きているときの思考の多くを占め，旅についての夢も見る。以前は放浪的神経症（vagabond neurosis）と言われていた。2. 逃げたい，日常から離れたいという抵抗し難い衝動。意識的あるいは健忘状態であったりする。この状態はてんかんや認知症に認められる。⇨ **遊動性**

**飽和**［satiation］餓えや乾きなどの欲望や欲求の充足。

**飽和検定**［saturated test］**因子分析**において，既知の因子と高い相関をもつことを示す検定。

**飽和モデル**［saturated model］パラメータの数が，モデルが表すデザインに存在するセル（あるいは想定しうる効果）の数と同じであるモデル。

**吠え声**［aboiement］不随意的に生じる動物の声のような発声。自分ではコントロールできない。統合失調症やトゥレット障害において時折みられる症状。

**ホ・オポノポノ**［ho'oponopono］ハワイ文化における集団過程の一種であり，家族療法と似ている。家族（ohana）またはそれと似たようなグループが集団内の調和を回復するために個人や家族の問題を語る。

**捕獲−再捕獲標本抽出**［capture-tag-recapture sampling］母集団の大きさを見積もるために使われる標本抽出の一種。たとえば，湖にいる魚の数を見積もるために，魚の無作為標本（たとえば100匹）が捕まえられてタグが付けられ，その後湖に戻される。再びその湖でサンプルを取り，その結果（すなわち新しくとったサンプルのうちタグを付けられた魚の割合）が湖の魚の合計数を見積もるのに使われる。

**ボガーダスの社会的距離尺度**［Bogardus Social Distance Scale］特定の民族に対する個人の態度を測定するために用いられる**社会的距離尺度**。自分自身と特定の集団の成員の間に社会的距離をおくことを好む人は，その集団に対して偏見を抱いていると仮定されている。

**他に分類されない精神性欲異常**［psychosexual disorders not elsewhere classified］DSM-Ⅲにおいて，明確な診断カテゴリーに含まれない，心理・性的な障害によって構成される残りのカテゴリーである。DSM-Ⅳ-TRにおいては，このカテゴリーは**特定不能の性障害**と呼ばれる。

**他のどこにも分類されない衝動制御障害**［impulse-control disorders not elsewhere classified］DSM-Ⅳ-TRにおける，他のカテゴリー（たとえば物質誘発性障害のような）に分類されない**衝動制御障害**のこと。ここには，**病的賭博**，**窃盗癖**，**放火癖**，**間欠性爆発性障害**，**抜毛癖**といったものが含まれる。これらはすべてそれぞれに特徴的な診断基準を有しており，特定不能の衝動制御障害（impulse-control disorders not otherwise specified）と鑑別診断される。これらすべての障害は似た特徴を有している。(a) 衝動や精力や自他を傷つける活動を行う誘因の制御の失敗，(b) 危険な行為の前の上昇する気分，(c) 後々の悲しみや自分でやり直すことのありなしに関わらない，行為の間の喜びや安心感。

**補完・代替医療（CAM）**［complementary and alternative medicine: CAM］標準的な西洋的医療実践には含まれない，治療や健康管理システムの総称。それには，**鍼療法**，**カイロプラクティック**，**アロマセラピー**，**ホメオパシー**，**自然療法**，**整骨療法**，**タッチセラピー**，**反射学**，**霊気**，そして栄養サプリメントの摂取等が含まれるが，これらに限ったものではない。補完医療は，標準的治療の補助として用いられる一方，代替医療はそれのみで，標準的治療の代わりとして用いられる。

**ボクサー認知症**［boxer's dementia; demantia pugilistica］頭部への連続強打による脳内に点在する**点状出血**を原因とした，慢性的かつ進行性の認知症。この患者は，大抵"パンチドランク"と呼ばれている。共通する症状には，明瞭に話すことの困難さ（⇨ **構音障害**），バランスの悪さ，記憶や集中の低下，不随意運動がある。ボクサー外傷性脳症（boxer's traumatic encephalopathy）がすべての事例に言及するのに対し，この用語はしばしばより障害の進行した事例に適用される。

**母系**［matriarchy］母方の家系（matrilineal）によって相続が決まる社会。⇨ **単性系譜**，**血縁集団**

**保健活動質問紙**［health activities questionnaire］個人が現在有している健康関連活動のレパートリーを測定するために設計された質問紙。ヘルスケアにおいては予防がますます重視されており，身体活動，食事管理，予防接種，マンモグラフィや前立腺癌あるいは結腸の癌の検査のように，潜在的な健康問題を見つけるための検診に対する個人のコンプライアンスを測定するための目録が数多く存在する。

**保険数理学的予測**［actuarial prediction］主観的（たとえば臨床的）経験ではなく，数量的経験や数量データに基づいて行う予測のこと。⇨ **保険数理学的リスク査定**

**保険数理学的リスク査定**［actuarial risk assessment］一定期間内に個人が他者に対して危害を及ぼしたり，ある行動（たとえば暴力）をとったりする可能性に関する統計的予測のこと。**臨床的リスク査定**とは異なり，具体的かつ測定可能で妥当な変数（たとえば，年齢，性別，過去の犯罪行為）を説明変数とし，数理的な分析を行ったり，**危険性**あるいは暴力行動の可能性を計算する公式を用いたりする。

**保険数理的**［actuarial］「臨床的」の対義語としての「統計的」の意。ある結果が生じる可能性や危険性を見積もる際，ヒューマンエラーが生じやすい臨床的診断の代わりに，先例のデータが使用されることがある。

**母権制**［matriarchy］女性優位の家族，集団，社会。⇨ **家父長制度**

**補語**［complement］言語学において，**述部**の意味を表すために動詞に加えられる単語，句，節のこと。**コピュラ**（連結動詞）に続く句と最も密接に結びついており，たとえば，"He is my father" という文における［father］や "She looked very unhappy" という文における［very unhappy］などがあげられる。

**保護**［guardianship］他者の管理下に個人の安全や財産をおく法的処置。個人が法廷で禁治産の宣告を受けるということは，自分自身を守ったり，財産を管理できないと判断されるということである。その場合，後見人が個人の財産を管理し，個人の代わりに意思決定を行い，安全と福利を提供するため裁判所によって任命される。

**歩行困難**［dysbasia］神経疾患，あるいは心理的障害によって歩行が困難になること。

**歩行失行**［apraxia of gait］感覚損傷やまひの関与が認められないが，歩行能力が欠損している状態のこと。

**歩行性運動失調**［locomotor ataxia］歩行時の重篤な協調不能。結果として不安定な足取りとなる。この歩行性運動失調は脊髄の**脊髄後索**の変性が関与しており，**神経梅毒**の患者にみられる。脊髄癆（tabes dorsalis）とも言われる。⇨ **進行まひ**

**補酵素**［coenzyme］酵素のタンパク質部分（**アポ酵素**）と一緒に機能する，非タンパク質の有機化合物。ほとんどの酵素は特定の補酵素，多くの場合，ビタミンがない

と機能しない。

**歩行反射**［stepping reflex］ 生後数週間で消失するヒトの**反射**運動。頭を上にして乳児を支え，平らな面に足が触れるようにすると，乳児が歩くように前に足を進める。

**保護型ケア**［custodial care］ 長期にわたる精神や身体の障害をもつ患者になされるケアのことで，日常生活介助（たとえば寝たきり患者の定期的な食事や洗濯など）を含むが，通常は精神保健サービスを含まないものをいう。

**保護観察**［probation; parole］ **1.** 犯罪者を矯正施設に収容せず，保護観察官による指導監督をつけて通常の社会生活の中に置いたままとする措置のこと。一般に，犯罪者の行動を統制するために様々な条件が付けられる（飲酒やドラッグの禁止，知り合いの犯罪者と関わることの禁止など）。⇨ **分割刑 2.** 心理学や精神医学において，裁判所から処遇命令を受け，その命令が解かれてはいないものの，精神病院や社会復帰訓練施設などの制限施設からは解放されている患者を指導監督・援助する方法のことをいう。この患者については，裁判所による正式な決定がなくても，いつでも病院に連れ戻すことができる。

**保護観察が必要な子ども**［children in need of supervision: CHINS］ 法廷へ行くような罪を犯し，親や保護者が適切に統制することができない子ども。一般的には，彼らは出廷し，いくつかの処罰を受ける。保護観察が必要な子どもとされるのは，無断欠席や家出，学校での不作法など**虞犯**の場合である。

**保護監督**［custodial care］ 法律の下で，ある個人の自由に制限を設け，その個人を監視，保護するとともに，他者をその個人の危険な傾向や可能性から保護するため，刑務所や軍の矯正施設など内部で行われる監禁のこと。

**保護義務**［duty to protect］ クライエントの行動による損害あるいは暴力から第三者を保護する，精神衛生の専門家の義務。必ずしも制約されるわけではないが，この義務は警告義務を含む。⇨ **タラソフ判決**

**保護された関係**［protected relationships］ 記録や，クライエントから得られた情報，面接に関する情報，契約関係そのもの等について守秘義務に関わる倫理規範を課せられた，専門家とクライエントの関係。

**保護室**［padded cell］ 暴力的，自己破壊的患者による自傷他害を防ぐために精神科病院や精神科病棟内に設けられた部屋で，マットレスや大量の当て物が床と壁を覆っている。ほとんどの施設において，保護室は身体拘束や心理的介入，そして精神安定剤の併用に取って代わられている。

**誇り**［pride］ 目標に到達したり，または自らの達成が他者に認識され賞賛されたときに起こる**自己意識的情動**。他者からの承認を必要とする点で，**喜びや幸福**とは区別される。また，胸をはる態度，他者や聴衆へ注意を向けるなどの点で喜びと区別される。達成の感覚が社会的に望まれないものであったり，反応が過剰であったりする場合は反社会的になりうる。⇨ **傲慢**

**母語話者**［native speaker］ 特定の言語を第二言語や外国語としてではなく母語として話す人。

**保持［1］**［retention］ **1.** 再生，再認，再構成，再学習の能力によって示されるように，学習した行動や経験が，実行や練習をしていない期間も持続すること。**2.** 記憶の貯蔵や維持のこと。保持とは記憶における2番目の段階であり，**符号化**の後，**検索**の前にあたる。

**保持［2］**［conserve］ ある人の知識や習慣，スキルの全体のこと。［オーストリア出身のアメリカの精神科医モレノ（Jacob Levi Moreno: 1892-1974）の研究に由来する］

**保持機能**［hold functions］ 語彙・言語知識・組合せ・絵画完成課題などに関わるような，一般に成人に至るまで安定または成熟をみせる認知能力。知能テストや認知能力検査（cognitive test）で測定される（たとえば，**ウェクスラー成人知能検査**）。

**保持曲線**［retention curve］ 一定の期間にわたって，ある題材に関する個人の記憶をグラフ化したもの。記憶曲線（memory curve）とも言う。⇨ **エビングハウスの保持曲線**

**干し首**［headshrinking］ 切断された人間の頭部を熱や薬草の液体によって萎縮させること。主に東南アジア，南アフリカの先住民族社会で行われてきた。切断された頭部は，治療などを含む様々な儀式のために使用された。シュリンク（headshrinker の略語）という俗語は精神科医や心理学者のことを意味するが，それはおそらくこの習慣に由来している。

**ポジショナルクローニング**［positional cloning］ 遺伝病の患者の染色体の欠損領域を同定し，欠損部分のクローニングによって DNA 塩基配列を特定し，病気の発症に関係する遺伝子を同定する手法。

**ポジショニング**［positioning］ 心理療法における，セラピストの自身の典型的な施行の方法，あるいは立ち合い方とのずれのことを指す。たとえば，セラピストは自身の通常の取り組みに基づき，患者が期待することとは逆の情報や指示を与えることもある。

**母指対立**［thumb opposition］ つまみ運動で，親指と人差し指を協調させる能力。母指対立は，生後3か月〜4か月で発達し始めるが，目と手の協調がうまくできるようになる生後6か月以降までは完全には達成されない。

**ポジティブ・イリュージョン**［positive illusion］ それが真実かどうかに関わらず，自分自身を心地よく肯定的な存在と捉える信念のこと。最もよくある例としては，**ベネフェクタンス**，**コントロール幻想**，**抑圧的対処様式**などである。

**ポジティブ心理学**［positive psychology］ 心理状態（たとえば，幸福感，喜び），個人の特性および**性格の強さ**（たとえば，親密さ，誠実さ，利他主義，賢さ），人生を価値あるものにする社会制度，などに焦点をおく心理学的な理論および研究。この分野のマニュアル書である *Character Strength and Virtues: A Handbook and Classification*（邦題『性格の長所と美徳：ハンドブックと分類』）は，これらの側面を DSM-Ⅳ-TR に対応するよう扱っている。［この用語はマズロー（Abraham Maslow）によって作られ，アメリカの心理学者セリグマン（Martin P. Seligman）によって発展した］

**ポジティブ・セルフトーク**［positive self-talk］ 理想的な行動，やる気，自己高揚を助長する考えの内的表出。⇨ **セルフトーク**

**ポジティブな運動中毒**［positive exercise addiction］ 運動習慣に強く魅了されている状態であり，身体的・心理的なウェルビーイングに関するポジティブな感覚をもたらす。⇨ **ネガティブな運動中毒**

**ポジティブな感情**［positive emotion］ ゴールに到達し

たときに嬉しさを感じる，危険を回避したときに安堵する，現状の地位や関係性に満足し幸福を感じる，などのポジティブな感情の表出。⇨ ネガティブな感情

**ポジティブな自尊心**［positive self-regard］　自尊心や自己尊重的な態度。ポジティブな自尊心は，しばしば治療のゴールであるとみなされ，治療者によるクライエントへの関心や敬意によって促進されると考えられている。

**ポジティブな動機づけ**［positive motivation］　望ましい結果をもたらす行動に対する衝動のこと。例としては，雇用者から賞賛や昇格を得るために厳しい労働を望むことなどがあげられる。

**ポジティブ・フィードバック**［positive feedback］　社会心理学において，自分のパフォーマンスについて受容，承認，確証，賞賛が他者から与えられること。⇨ ネガティブ・フィードバック

**母子同室**［rooming-in］　病院で母親と新生児が同じ部屋に寝起きし，母親が出産直後から，新生児にミルクを与えたり，世話をしたり，親密に関わったりできるようにする実践。

**ポジトロン断層法（PET）**［positron emission tomography: PET］　18Fでラベリングした2-デオキシグルコースなどの放射性トレーサーを体内に投与し，代謝の過程におけるトレーサーからの陽電子の放出を測定することにより，脳内の代謝レベルを可視化する方法。この手法により，課題中の脳の局所的な機能変化を測定することができる。

**保釈許可決定**［remand］　被告人を拘置所に戻すこと。または，次の法手続きが始まるまで被告人に保釈を認めること。

**（聴覚）補充現象**［recruitment］　聴覚において，刺激強度が閾値を超えた後に知覚される音の大きさが急激に増加すること。感音難聴の特徴的な現象である。

**補集合**［complementary class］　集合論において，特定のクラスに属さない要素の全体のこと。たとえば，もしAが全心理学者の集合とすれば，補集合は，心理学者でないすべての人々の集合である。

**母集団**［population; universe］　統計学において，標本となる一揃いの対象（人々，動物，団体）であり，実証的な観察を得るために取り出され，その結果については普遍化することができると理論的に定義されている。

**補習的治療**［remedial therapy］　ある特定領域（例，読書）の機能が期待を下回る際，その機能水準を標準の水準に戻したり，水準を上げる援助を目的とした介入法。補習指導（remedial training）とも呼ぶ。

**補充問題**［fill-in questions］　学生が概念または用語に関連する不完全な文を呈示され，欠けている単語または語句を補充することが必要なテスト方法。

**保守機能**［maintenance function］　**ホメオスタシス**において，生命体の生理的活動を維持するために行われる一連の過程のこと。

**保守主義**［conservatism］　**1.** 過去の称賛，あるいは現体制（たとえば定着している規範や手続き）への敬意，そして，変化に対する嫌悪や不信に特徴づけられた態度。**2.** 個人がこの態度を示す程度を測定するのに用いられる測定尺度。**3.** この態度を示す政治的立場。

**墓所愛着（タフォフィリア）**［taphophilia］　墓地に対する病的な興味。

**保証**［reassurance］　心理療法やカウンセリングにおいて，クライエントに自分自身を信じ，改善の可能性を信じるよう励ます支持的なアプローチ。この方法は一般的であり，多くの心理療法で広く用いられている。**支持的心理療法**でよく用いられる一方，新しい関係や感情を探る過程でクライエントを励ます**再構成的心理療法**でもたまに用いられる。また，安心は不安感を与えることを解消するために用いられる。たとえば，クライエントに対して，抑うつや緊張の高まりは一時的であり，予期されないものではないことを説明する。受け合い（assurance）とも呼ぶ。

**補償［1］**［compensation］　**1.** ある領域において，現実の，あるいは想像上の欠損を相殺するために，体力や心的機能を置き換えたり，発達させたりすること。置き換え行動の欠損を補うレベルが，実質的な必要性を超えるとき，過度の補償（overcompensation）と呼ばれる。補償は意識的な過程であることも，無意識的な過程であることもある。フロイトの古典的な精神分析学では，補償とは**防衛機制**の一種であり，個人が意識する現実における欠損に対して逆らうことである。補償の概念はアドラーのパーソナリティ理論の中心をなす。彼の理論では，すべての人間は，自分は劣っているという感覚に逆らう存在だと考える（⇨ **劣等コンプレックス**）。しかしながら，多くの心理学者が強調しているのは，（人間が有する）弱点や欠損による悪影響を緩和する，補償の積極的な側面である（⇨ **補償メカニズム**）。たとえば，補償は，「成功する（良き）老い（サクセスフルエイジング）」の重要な要素とみなされている。なぜなら，補償は，老いに伴う認知的，生理的減衰による悪影響を低減するからである。**2.** ピアジェ（Jean Piaget）の認知発達理論において，どんな操作にも，その効果を代替する別の操作が存在すること，つまりある側面における変化は別の側面における変化を代替しうることを悟る心的プロセス。**可逆性**の一種。相互性（reciprocity）とも呼ばれる。

**補償［2］**［restitution］　以前に損害を被った行為や出来事によって，失ったものを修復，補填すること。回復の行為は行動上のスペクトラムをもつ。その行為は，故意に，あるいは故意でなく犯した罪を，健康的に，妥当に扱ったり理解したりするためのものである。しかし，それが"他者のために行う"という強迫的動因をもったり，殉教のような形をとると病的になる。

**補償教育**［compensatory education］　恵まれない子どもの知的スキルと社会的スキルを高めるために特別に計画された教育プログラム。そのようなプログラムの一つの例が**ヘッドスタート**である。

**補償効果**［compensation effect］　集団の中で，仲間のメンバーの事実上，あるいは，想定される不十分な点や不足分を補うために，1人または複数のメンバーが奮起して働くときにみられる集団の仕事の成果の向上。⇨ **ケーラー効果**，**カモ効果**

**補正追跡**［compensatory tracking］　人間工学の用語で，操作者が操縦装置（たとえば，ジョイスティック）を用いて，ディスプレイ上のカーソルやその他の指針の動きに対して補正（compensate）をしていくことが求められる追跡課題（tracking task）のこと。その結果，その追跡課題は，指定された領域内に留まることになる。たとえば，運転者は速度をコントロールしなければならないので，ス

ピードメーターの針は法定最高速度を示しているマークの下になければならない。

**補償的課題**［compensatory task］グループの成員の個々の解決策や勧告をまとめて平均化することにより成就できる課題あるいはプロジェクト。このような課題はほとんどのケースで不可分であり（それらは下位部分に分けられない），最大限に拡大可能な効率的なもので（多量生産より，質の高い考えを求められ），相対的にいって，メンバーの努力や活動の整合性をあまり必要とされない性質をもつ。個々人を凌駕してグループでこのような課題を達成できるのは，(a) メンバーが等しく課題に精通しているとき，(b) 過大評価や過小評価にはしる組織的な傾向を生成する偏りをメンバーが共有していないときである。⇨ **加算的課題**，**結合的課題**，**離散的課題**

**補償的自己高揚**［compensatory self-enhancement］自己呈示あるいは自尊心を高めるための方略で，ある領域の肯定的な特性に注目したり強調したりすることによって，別の領域の良くないフィードバックに反応すること。肯定的な特性は良くないフィードバックの不快な影響を相殺する。自己肯定（self-affirmation）とも言う。⇨ **自己高揚**

**補償メカニズム**［compensatory mechanism］認知的な弱点を補うために用いられる認知プロセスのこと。たとえば空間問題を解く際に，言語能力より空間能力が弱い人は，言語プロセスを用いて幾何学図形を心的に回転させるなどといった補償メカニズムを用いることができる。「歳を重ねるにつれて失われた能力や生まれもっていない能力を補う方法を探すことができる能力が，知能の中には含まれている」という理論がもととなっている。⇨ **補償**

**補償を伴う選択的最適化**［selective optimization with compensation］加齢と関係した生物学的な，または心理学的な欠損に適合するために用いられるプロセス。このプロセスには加齢による影響が最小限にとどめられた部分を強調したり拡張したりする側面（最適化）と，顕著な影響を受けた領域の機能を維持するための新しい手段を開発する側面（補償）が含まれる。［ドイツの心理学者ポール・バルテス（Paul Baltes: 1939-）とマーガレット・バルテス（Margret Baltes: 1939-1999）によって提唱された］

**捕食**［predation］食べるために，他の動物を追いつめ，捕獲し，殺す行動。限定された獲物を捕食する場合もあれば，ターゲットが広い範囲に及ぶ場合もある。獲物を蓄える種の生物もいる。捕らえた獲物は子どもや仲間と分け合い，狩りの得意な捕食者だけが過度に消費するわけではない。⇨ **捕食性攻撃**，**捕食行動**

**捕食圧**［predator pressure］捕食者が，獲物となる種の個体数や繁殖に与える影響。

**捕食行動**［predatory behavior］ある動物が別の動物に忍び寄り，襲い，殺す行動。一般に採餌のための行動とされるが，獲物を必ずしも食べない場合もある。たとえば，ネコはネズミを狩って殺しても食べないことが多い。⇨ **狩猟行動**，**捕食**

**捕食者**［predator］食料を得るのに，通常，他の動物を犠牲にする動物のこと。⇨ **捕食**

**捕食性攻撃**［predatory aggression］捕食者が獲物に向ける攻撃性。攻撃行動そのものを目的とするのではなく，採餌を目指すための行為。⇨ **動物の攻撃性**

**補助自我**［auxiliary ego］**心理劇**の用語。セラピスト以外のグループのメンバーで，**主人公**の人生における重要人物の役を担う者。

**補助食器**［eating aid］身体障害のある人々が自分自身で食事をとるために使用する**福祉機器**のこと。食支援装置には金属製もしくはプラスチック製のサンドウィッチを掴む道具や，滑りにくいように底に吸盤のついたランチョンマット，ボールや皿，回転させたり，曲げたり，延長できるハンドルや，ナイフとフォークもしくはフォークとスプーンというように組み合わせた食器などがある。

**補助セラピスト［1］**［auxiliary therapist］コ・セラピーに参加する治療者のこと。

**補助セラピスト［2］**［adjunctive therapist］学際的治療チームによるヘルスケアにおいて，主要なプログラムを補助する機能をもつメンバーを指す。このようなセラピストは，日常生活上のスキルの改善，行動マネジメント，教育活動の調整，余暇の管理などの領域で，思考に対し直接的に働きかける。

**補助薬**［adjunct］付加的な効果を狙って，治療の際に他の薬と一緒に使われる薬のこと。主に用いられる薬とは別の作用機序をもつ。

**補助療法**［adjunctive therapy］治療効果を高めるために，主たる介入と並行して行われる，一つもしくはそれ以上の補助的な介入のこと。たとえば，薬物治療が**認知的均衡理論**と同時に行われ，治療の後半は認知的均衡理論が主たる介入となるとか，個別の**力動的心理療法**の補助療法として**集団心理療法**が並行して行われる等。それぞれの介入が固有の視点とクライエントの精神的な気づきと回復に影響する方法を有している。補助療法は通常主たる介入とは別の専門家によって行われる。⇨ **協力的ケア**，**アジュバント療法**，**組合せ療法**

**補助療法士**［adjunctive therapist］心理療法における，あらゆる二次的な**補助療法**の供給者のこと。

**ポスト構造主義**［poststructuralism］大きな思想運動の一つ。1960年代の後半から1970年代にかけて，フランスの構造主義から起こった。哲学と批評におけるデリダ（Jacques Derrida: 1930-2004），思想史におけるフーコー（Michel Foucault: 1926-1984），フェミニズム理論におけるシクスー（Hélène Cixous: 1937- ）とクリステヴァ（Julia Kristeva: 1941- ）などの著作が代表的である。これらの思想家は非常に多様であるが，言語的記号は同じ言語体系内の別の記号との構造的関係を通じてのみ意味を得られるという，スイスの言語学者ソシュール（⇨ **構造主義**）による言語の構造主義的見解を出発点として共有していた。ポスト構造主義は記号の恣意性を肯定し，その上で固定的・限定的意味の包括的な考え方に問いを投げかけた。デリダの**脱構築**では，意味の構造と体系は不安定で，矛盾し，常に自己破壊を繰り返す。デリダによれば，この懐疑主義は個人のアイデンティティ（identity）自体の捉え方にも拡張され，自己（self）は脱構築されるべき「テクスト（text）」の一つにすぎない。心理学においては，ポスト構造主義は，主に1960，1970年代における急進的精神分析理論（radical psychoanalytic theory）という理由で，注目されている。精神分析家として訓練をし実践を行ったラカンは，安定した自律的な**自我**を否定し，フロイト派の**無意識**をソシュールの構造言語学の観点から再解釈した。ラカンは，その型にはまらない考え方と方法から，1963

年に国際精神分析学会（International Society of Psychoanalysts）から除名されることになった。クリステヴァ（もう一人の実践的精神分析家）とシクスーは，ラカンの性・意識・言語に対する考え方に深く影響を受け，著作を通してフェミニズムにおける急進的な新機軸を打ち出した。若い時に精神科病院で働いていたフーコーの最も有名な著作は，*Folie et déraison: Histoire de la folie à l'âge classique*（1961），（英訳 *Madness and Civilization: A history of Insanity in in the Age of Reason*（1965），邦訳『狂気の歴史―古典主義時代における』（1975））であり，西欧の狂気に対する姿勢の歴史的な偏向性を取り上げ，「狂気」と「理性」の範疇自体が専制的であると論じた。

**ポスト実証主義**［postpositivism］ **1. 論理実証主義，仮説演繹法，操作主義**などの影響力が弱まった20世紀中葉以降のアメリカの心理学における一般的立場。ポスト実証主義心理学は，クーン（Thomas Kuhn: 1922-1966）のような科学哲学者や**社会構成主義**や**現象学，実存主義**などの伝統的な大陸哲学の発展の影響を受けたより幅広い試み。**2.** より一般的には，厳密な**実証主義**の立場から離れた，科学や科学哲学の研究法すべてを指す。⇒ **ポストモダニズム**

**ポストテスト**［posttest］ 介入を行った後や統制条件に対して行われるテスト。

**ポストモダニズム**［postmodernism］ **1.** 20世紀後半に古典的モダニズムに対抗して起こった多くの哲学の流れ。ポストモダンの立場の多くは，実体験の世界から独立した実体を追求しているという理由から伝統的な形而上学を退け，特定の知識と客観性を追求しているという理由から古典的認識論を，形而上学と認識論に依拠しているという理由で古典的倫理学の理論を退けた。具体的には，科学やその他の学問における原理を17世紀から牽引してきた観念的な客観的真実には瑕疵があるとみなしていた。つまり，そのような真実は存在せず，あるのはただ多くの「お話」と「考え方」だけだとみなした。ポストモダニズムは言説（discourse）と実体験による知識と真実の構築，同様に自己の構築とすべての問いの価値における**相対主義**を強調する。それゆえ，ラディカルな懐疑主義のかたちをとる。⇒ **ポスト構造主義 2.** 芸術の分野において，モダニズムの教義や実践から乖離した一般的芸術運動のことで，20世紀後半に起こった。ポストモダニズムの文化は，型にとらわれないジャンルや形式，アイロニーや模造の精神，ポップカルチャーやマスメディアの重視等によって特徴づけられる。

**ポストモダニズムの肯定**［affirmative postmodernism］ 社会的，文化的，政治的進展は，ポストモダニズムの枠組みの中で成り立つという考えの立場。⇒ **懐疑的ポストモダニズム**

**ボストンネーミング検査**［Boston Naming Test: BNT］ 60項目からなる単語検索の流暢さの検査で，**発話障害**の診断に用いられる。難易度により日常的に目にするもの（木やベッドなど）から滅多に目にしないもの（スフィンクスや算盤など）まで，線画された物体が提示され，参加者はそれぞれの物体の名前を答える。［アメリカの神経心理学者カプラン（Edith F. Kaplan: 1924- ），臨床心理学者グッドグラス（Harolod Goodglass: 1920- ），神経心理学者ワイントロープ（Sandra Weintraub: 1946- ）らにより1978年に最初に考案された］

**ホスピス**［hospice］ 医師に余命1年未満と宣告された人や末期症状の人々のためのケア施設や形態。ホスピスという考え方の中心は，病気を治すことや延命治療を施すことではなく，患者の心の平穏，心理的な幸福感，苦痛の処理にある。ケアは，特別な施設もしくは患者の自宅において，医師やボランティア，家族によって施される。⇒ **終末医療**

**ホスホイノシチド**［phosphoinositide］ シナプス後細胞に一般的にみられる**セカンドメッセンジャー**の一つ。⇒ **イノシトールリン酸**

**ホースラディッシュペルオキシダーゼ（HRP）**［horseradish peroxidase: HRP］ ホースラディッシュや他の植物に存在し，トレーサーとして利用される酵素。たとえば，そこから特定の軸索の集合が伸びているニューロンを検出するために利用される。

**母性愛**［mother love］ 母親が子どもに向けて示す，保護と干渉に関わる愛情。これは本能的なものではあるが，社会集団からの圧力によって強化されるものでもある。母親は自分の子どもに思いやりのある感情を示すことが期待されているからである。

**母性像**［mother figure］ 精神分析理論において，かつて母親に向けていた感情や態度を現在の対象に転移すること。

**母性的態度**［maternal attitudes］ 子どもに対する母親の態度。母親として自己認知することと同様に，子どもの健康，性格形成，情動調整，自己イメージに大きな役割を果たす態度のことを特に指す。

**母性剥奪**［maternal deprivation］ 母親や主たる養育者の不在，早期喪失，**ネグレクト**により，幼い動物や幼児に対する十分な養育が欠如すること。⇒ **発育不全，消耗症**

**母性フェニルケトン尿症**［maternal PKU］ 出生時からの食餌療法により，女性が**フェニルケトン尿症**の治療に成功した場合でも，二次的に生じる状態。妊娠中に血中フェニルアラニン濃度が高い（**高フェニルアラニン血症**）女性の子どもは，先天性心臓欠陥，子宮内の発達遅滞，知的障害，小頭症のリスクが高くなる。治療においては，食事を管理することで妊娠前・妊娠中のフェニルアラニンの血中濃度を低める。

**保続**［preservation］ 一般的には，何かをするときに異常な水準，あるいは適度な目的以上のことまで固執すること。

**補足運動野**［supplementary motor area］ **体性感覚的組織**のある**運動皮質**の領域。まとまった連続性の新しい動きの計画と学習に関係している。**前運動野**とは逆に，補足運動野への神経の入力は，外的な事象よりも内的な描写によってもたらされることが多い。

**細長型**［phthinoid］ クレッチマーの類型論における痩せ型の体型のこと。発育不全の体格で平らで薄い胸が特徴。

**細長体型**［longilineal］ 痩せている体格。ほぼ**クレッチマーの類型論**における**無力体型**に相当する。

**保存**［conservation］ 物理量はその見た目が変化したとしても総量は変化しないということを認識すること。保存はスイスの心理学者であるピアジェ（Jean Piaget）の認知発達理論における重要な要素である。ピアジェの有名な保存実験では，1つのビーカーから背の高いビーカーと

低いビーカーに水を移し，それから子どもに水の総量は変化したかどうかを尋ねる．7．8歳までには（すなわち，具体的操作段階に入ると）正しく答えるようになり，その背景にある原理を理解する．⇨ **恒常性**，**知覚の恒常性**，**可逆性**

**保存記録**［archival records］ 保管されており利用可能な情報．たとえば，図書館の記録資料，電話料金の請求書，コンピュータ使用時間など．このような記録の分析は，研究上行動に影響を及ぼす要因を排除することを目指す研究において，さらに，自己報告された行動を確かめるために用いられる．

**ホーソン効果**［Hawthorne effect］ 研究に参加していることや被観察者であることを知っていることが，個人の行動に及ぼす影響のこと．ホーソン効果は典型的にポジティブなものであり，イリノイ州シエロにあるこの現象が最初に観察された Western Electric 社のホーソン工場で，1924年から1932年に行われた従業員の生産性に関する一連の研究に因んで命名された．これらのホーソン研究（Hawthorne studies）は，**照明条件**，金銭的動因，休憩が生産性を阻害する効果に関する調査として開始されたが，従業員の態度，監督スタイル，**グループ・ダイナミクス**の役割についてのより広範な考察へと発展した．経営の**人間関係論**はこれらの研究から多くの影響を受け，発展してきたと考えられている．

**補題**［lemma］ 論理学において，引き続く定理の証明の一部として用いられる従属する定理．

**ポーターの法則**［Porter's law］ 臨界融合周波数が，刺激の波長とは独立に，刺激の明るさの対数に比例するという法則．フェリー・ポーターの法則（Ferry-Porter law）とも呼ばれる．［イギリスの科学者ポーター（Thomas Cunningham Porter: 1860-1993），アメリカの物理学者フェリー（Edwin Sidney Ferry: 1868-1956）による］

**補聴援助システム**［assistive listening device］ 聴覚障害者に単一特定音を強調して提示するために使用される装置のこと．環境内のあらゆる音を増幅する従来の補聴器とは異なり，補聴援助システムは，単一音に焦点を当てる．たとえば，騒々しいレストランである人物の話し声に焦点を当てるように，補聴援助システムは背景音よりもその音を際立たせる．補聴援助システムは，通常，関心を寄せた音源のそばに設置する送信機とマイク，そして聴取者に音を届けるヘッドホンなどの受信機と出力装置から構成されている．

**補聴器**［hearing aid］ 難聴の人々のために音を増幅するための電子装置のこと．補聴器の基本的な部分は集音のためのマイク，再充電可能なバッテリー電源，音の音量を増やすための増幅器，増幅された音を耳に送るための受信機からなる．補聴器は4つの様式で利用でき（耳かけ型，耳穴型，カナル型，完全外耳道挿入型），4つの種類が利用できる．(a) 最も基本的ですべての音を増幅する従来型の補聴器，(b) 改良された聴取プログラムによって音の増幅レベルを調整できるプログラム可能な補聴器，(c) 騒がしい環境で選択的に聴取を向上させ，音の明瞭さを高め，音の歪みがなく音量や増幅を自動で調節できるデジタル補聴器，(d) 従来型の補聴器に相当するが，バッテリーがなくなると全体を取り換えなければならない使い捨て型の補聴器．⇨ **補聴援助システム**，**人工内耳**

**勃起持続症**［priapism］ 1．性的な興奮こは無関係に，オーガズムの後や性的な活動をやめたりしても勃起が持続すること．白血病や鎌状赤血球貧血と関係があり，大抵痛みを伴う．直接の原因は，血栓症，癌，出血，炎症，脳と尿道の間の神経回路の損傷，または**勃起障害**を治療するためのペニスへの薬物の大量投与などがあげられる．2．別名を男子性欲亢進症（satyriasis）と呼ぶ．これはギリシャローマの再生や繁殖の神であり，男根への崇拝の意味をもつ，プリアパスに由来する．⇨ **男根中心主義**

**勃起障害**［erectile disorder］ DSM-Ⅳ-TR では男性が永続的または頻繁に性交を行うのに十分な勃起をする，または維持することが不可能な状態を意味する．勃起障害は著しい疲労や，人間関係の障害によって起こるものであり，心的障害や薬剤，麻薬の乱用などの生理的な影響が原因ではない．勃起障害は先天性と後天性の場合があり，また状況性（特定の状況や，特定のパートナーのみ）や全般性（どのような状況でも）の場合もある．

**勃起鎮止**［detumescence］ 膨張が減少すること．特に，オーガズムの後の性器に関してのもの．⇨ **膨張**

**勃起不全**［erectile dysfunction］ 勃起する能力の欠如あるいは喪失．勃起不全の要因は，心理面と身体面の双方があり，投薬や薬物乱用による影響もありうる．正常な男性であれば夜間に勃起をしており，マスターベーションによって勃起を誘発することができるが，セックスの際に勃起を得て，それを維持することができなければ，勃起不全は心理的な要因が大きいと考えられる．DSM-Ⅳ-TR では男性の勃起障害（male erectile disorder）と呼んでいる．⇨ **一次的勃起不全**，**二次的勃起不全**

**ボックス-コックス変換**［Box-Cox transformation］ 変換されたデータが一般線形モデルの想定に最大限近づくような**変換**を見つける手続きのこと．ボックス-コックスで可能な変換は $Y' = (Y^\lambda - 1)/\lambda$ で表され，平方根変換，ログ変換，指数変換，べき変換を含む．［イギリスの統計学者ボックス（George E. P. Box: 1919- ）とコックス（David Roxbee Cox: 1924- ）による］

**ポッゲンドルフ錯視**［Poggendorf illusion］ 棒のように平行で垂直の境界をもつ図の後ろを斜めの直線が通っているように見えるときに，斜めの直線の両端が互いにずれているように見える錯視のこと．［ドイツの物理学者ポッゲンドルフ（Johann Christial Poggendorf: 1796-1877）による］

**発作［1］**［paroxysm; spell］ 1．病気や感情状態の突然の悪化や再発．2．身体や精神障害の発病に対する一般用語．

**発作［2］**［seizure］ 脳神経系における統制不能で過剰な放電による離散的，一時的なエピソード．発作の形式や場所によって，様々な臨床症状が想定される．⇨ **てんかん**，**熱性発作**，**全般発作**，**部分発作** また，痙攣やひきつけを発作（paroxysm）と呼ぶことがある．

**発作後の**［postictal］ 突然の発作の後を表す語．特にてんかん発作や脳卒中の後を指す．発作後期（postical period）には，混乱，失見当識，前向性健忘が生じる．発作後期の長さは1秒以下から何時間に及ぶ場合もあり，発作の種類によっても異なる．

**発端者**［proband］ 遺伝的疾患や障害の可能性をもつ家族成員のことで，家族内における疾病範囲を調べる際の

中心的な対象になる。その人をもとに**系統**が引き出され、その他の家族成員に関する情報が得られる。

**ホッテントットのエプロン**［Hottentot apron］　小陰唇の肥大化。以前はホッテントット族と呼ばれた南アフリカのコイコイ族の人々に広く見られるために、このように名づけられた。

**ポット**［pot］　マリファナの俗語。⇨ **大麻**

**没頭［1］**［absorption］　周囲の環境へ関心を向けず、一つの物や考えまたは趣味へ極端に熱中し関与すること。⇨ **テレゲン没入スケール**

**没頭［2］**［preoccupation］　自己没入しており「思考のなかで自分を見失っている」状態。一時的なぼんやりした状態から、外的現実や自己を内省することができない統合失調症の症状まで幅がある。思考を伴う没頭（preoccupation with thought）とも呼ばれる。

**ホット・シート・テクニック**［hot-seat technique］　ゲシュタルト療法の技法の一つで、クライエントはセラピストの隣の椅子に座り、クライエントが直に尋ねたり促したりして、ストレスフルな体験を和らげたり、不快感、罪悪感、憤りをオープンに表現することを促していく。この技法は、クライエントが自分の問題や感情的困難への解決策を見出すことにつながる、新しく、より鮮明な気づきを生み出すことを目的としている。**集団心理療法**では、参加者がセラピストに特定の問題に対処することへの関心を表して、一定時間、グループから、1人のメンバーとセラピストの相互作用に焦点を移す。1対1の相互作用の間は、他のメンバーは沈黙している。その後、彼らがどのように感じたか、何をみたか、自分の体験がワークに取り組んだ他のメンバーとどのように似ていたのかをフィードバックする。⇨ **エンプティ・チェア技法**

**ホットな認知**［hot cognition］　強い感情的反応を生じさせる自己、他者、出来事への理解の仕方。⇨ **徐反応**

**ホットプレート**［hot plate］　熱感度や痛覚感度の研究で使用される装置のこと。ヒト以外の動物（通常ラットやマウス）が電気的に熱せられたプレートの上に置かれ、実験者によって温度が操作される。任意の温度でプレートから動物が前足をあげ離す前に経過する時間は熱感度や痛覚感度の指標として使用される。

**ポップアウト**［pop-out］　視覚探索課題において、**ディストラクタ**とは異なる対象のことで、ほかの刺激と区別される基本的特徴がポップアウトを際立たせ、ディストラクタの数に関係なく対象がより容易に検出され、同定されるようになる。

**ボディイメージアセスメント（BIA）**［Body Image Assessment: BIA］　ボディイメージを測定するために、参加者は体型のシルエットを見せられる。シルエットは非常に痩せているものから太っているものへと徐々に変化していき、参加者は本人の実際の体型と思うものと理想の体型とを選択する。大人用のBIAに加えて、その他3種類がある。BIA-Oは、肥満成人用であり、BIA-Cは子ども用、BIA-Pは思春期の子ども用である。［もともとは1985年にアメリカの心理学者ウィリアムソン（Donald A. Williamson: 1950- ）らが発展させたもの］

**ボディナルシシズム**［body narcissism］　**1.** 自分自身の身体や性的刺激に敏感な部位への過剰な執着や陶酔のこと。⇨ **自己愛**　**2.**（精神分析理論において）乳幼児の一次的自己愛。

**ボディランゲージ**［body language］　姿勢、ジェスチャー、表情、その他の動作によって、言語化されようとする、あるいは言語化されないであろう感情や思考を表出すること。たとえば、怒りは、一般的に、額、頬、口がまず引き締められた後に、下向きに皺がよるという表情によって示される。ボディランゲージは、しばしば**非言語コミュニケーション**とも呼ばれるが、こういった動作は非意図的なものと考えられるため、多くの研究者はコミュニケーションという用語をこの文脈で用いるのは不適切と考えている。

**ボディワーク**［bodywork］　心理療法を補うとされる治療法（補助的療法を参照）。通常、マッサージ、ムーブメント、身体接触のエクササイズなどが含まれる。

**ポーテウス迷路検査**［Porteus Maze Test］　紙と鉛筆による知能検査の最初の一つであり、1913年に考案され、先の計画を立て推論を問題解決に当てはめる能力を査定することを目的としたものである。この検査は、その様々な形態において、突然直角に向きが変わり多数の行き詰まりに出くわす直線路の複雑な集まりから構成される。1つの経路のみがまっすぐにその迷路を通りぬける結果を導く。［オーストラリア生まれのアメリカの心理学者ポーテウス（Stanley D. Porteus: 1883-1972）による］

**補綴物**［prosthesis］　失われたか、機能不全に陥っている身体部位に装着もしくは埋め込む人工物のこと。人工肢、人工関節、樹脂製の心臓弁などがこれにあたる。人工器官（prosthetic device）とも呼ばれる。

**ホテリングの$T^2$**［Hotelling's $T^2$］　平均ベクトルに関する2つの母集団における等質性を検定するために**多変量解析**で利用される統計的手法。これは、2つの集団のt検定を多変量的に一般化したものである。［アメリカの経済学者・統計学者ホテリング（Harold Hoteling, 1895-1973）による］

**ポートマンクリニック**［Portman Clinic］　3人の精神分析家によって、犯罪者や精神病質者を扱うために、1933年にイギリス、ロンドンのポートマンスクウェアに建てられた有名な病院。この病院は1994年にタヴィストックにある**タビストッククリニック**と合併し、ポートマン国際健康サービストラスト（Portman National Health Sevice Trust）となった。このトラストは臨床と精神健康サービスを分け、現在、資格のある精神科医に犯罪科学的な精神療法の訓練を提供している。

**ボトムアップ処理**［bottom-up processing］　再認、解釈、カテゴリー化のように、入力された刺激のデータから高次の処理へと移行する**情報処理**。たとえば、視覚において、一つひとつの特徴は物体に一体化され、またその物体はシーンに一体化されているが、その再認は、インプットされた刺激の情報のみに基づいて行われる。通常、情報が新奇なものだったり複雑だったりする場合に、知覚や認知メカニズムはボトムアップ処理を使う。ボトムアップ分析（bottom-up analysis）とも呼ばれる。⇨ **トップダウン処理**，**データ駆動型処理**，**浅い処理**

**ボトムアップ設計**［bottom-up design］　システムや製品のデザインに関する帰納的アプローチ。既成製品のデザインや抽象的なモデルを基礎としてデザインするのとは反対に、基本的なユーザーの要求を特定し、それをデザイン

に反映させようとする。⇨ **トップダウン設計**

**ボトムアップ分析** [bottom-up analysis] **1.** 問題解決のための帰納的アプローチの一つ。特定の事例や実証データからはじめて、一般原則や仮説といったより抽象的レベルの分析まで行う。⇨ **帰納的推論、トップダウン解析 2.** 情報処理における**ボトムアップ処理**。

**ほどよい親** [good enough parent] ほどよい発達に適した何らかの方法で、子どもの世話をする親。[アメリカの心理学者スカー（Sandra Scarr: 1936- ）によって提唱された]

**ほどよい母親** [good enough mother] イギリスの精神分析家であるウィニコット（Winnicott Donald: 1896-1971）の**対象関係理論**における、**本当の自己**をもたらし、乳児の自我の成長のために適切で、ほどよい環境を与えている普通の献身的な母親のこと。ほどよい母親は、ひたすら乳児に応え、侵害のない環境を与える「母性的関わり方」で始まるが、その後次第に、乳児に完璧には応えないことによって乳児に現実的な欲求不満に耐えることを教えることになる。

**ポトラッチ** [potlatch] 北アメリカの先住民が、饗宴を催したり、客に贈り物を贈与することによって、自らの権勢を誇示し、社会的地位を確証する儀式のこと。

**ボトルネックモデル** [bottleneck model] 注意に関して、人間の情報処置のある特定の段階には、容量に限界のあるチャネル（通常、1つの項目に対する容量について）が存在することを仮定するモデル。**後期選択理論**では、このチャネル（ボトルネック）は、刺激の同定の後に存在する。

**ボトルベイビー** [bottle baby] クラック中毒の親から生まれた乳児を意味する俗語。

**ホーナーの法則** [Horner's law] 赤緑色盲は女性を通して間接的に男性から男性に遺伝する遺伝性疾患であるという原則。[スイスの眼科医ホーナー（Johann Friedrich Horner: 1831-1886）による]

**哺乳法** [feeding technique] 特に、母乳または哺乳瓶により、乳児が食事する方法。

**骨の折れる処理** [effortful processing] 熟慮と統制を必要とし、**努力**の感覚ないし抵抗を克服したとの感覚を含んだ精神活動。⇨ **自動性**

**母斑症** [phakomatosis; phacomatosis] 遺伝性の障害で、脳、目や皮膚における良性腫瘍の塊の発生によって特徴づけられる。

**ポピュレーションベクトル** [population vector] 運動皮質の活動による運動制御において、意図した運動方向をエンコードするためのメカニズム。それぞれのニューロンがもつ最適運動方向と、意図した運動方向が近いほど、そのニューロンの活動が増加する。このようなニューロンの活動の集合により、意図した運動方向への運動が出力される。

**ホプキンス言語学習テスト** [Hopkins Verbal Learning Test: HVLT] 標準化された短い**個別式検査**で、言語学習と記憶（特に、即時再生、遅延再生、遅延再認）を測定するために用いられる。適用は16歳以上。検査者は12の名詞を読み上げ、参加者はまずそれらを繰り返す（即時と、25分後の再提示時の両方）。その後、言葉で呈示される妨害刺激語からそれらを同定する。原版は1991年に出版さ れ、その後2001年に改訂された（HVLT-R）。[アメリカの医療心理士であるブラント（Jason Brandt: 1954- ）とジョンズ・ホプキンス大学のベネディクト（Ralph H. B. Benedict: 1960- ）らによって作成された]

**ホプキンス症状チェックリスト** [Hopkins Symptom Checklist: HSCL] 強迫行為、不安、抑うつ、心身症、対人関係過敏性の5次元から総合的ストレス得点を算出することができ、症状パターンも明らかにすることができるよう作成された58項目の自己報告式質問票。1970年代にジョンズ・ホプキンス大学で開発され、心理的ストレスの自己報告式測定方法として重要な基準を提供し、最終的には、その後のより総合的で洗練されたチェックリストの開発のための確かな基礎となった。⇨ **症状チェックリスト90-R**

**ホフマン徴候** [Hoffmann's sign] 片まひ患者における脳疾患の徴候。中指、薬指、小指の爪を弾く、あるいは摘まむと、その反射がある場合、それらの指と親指に屈曲が引き起こされる。ホフマン反射（Hoffmann's reflex）とも呼ばれる。[ドイツの神経学者ホフマン（Johann Hoffman: 1867-1919）による]

**歩兵義務** [infantry-type duties] 射撃術、手りゅう弾技術、肉体的訓練を含む、歩兵に要求される基本的な職務や技術。

**ボボ人形** [Bobo doll] 空気注入式のプラスチック人形。バンデューラ（Albert Bandura）は、観察学習実験の中で、大人がボボ人形に暴力を働いているビデオテープを見た子どもは、非暴力的に人形に接している様子を見た子どもよりも、人形に対して攻撃的になることを明らかにした。

**ホミサイドフィリア** [homicidophilia] 性的関心や興奮を殺人から得ること。極端な例として、この種の**性嗜好異常**は、いわゆる**快楽殺人**やレイプを引き起こす。それほど極端でないものは、殺人の妄想をしたり、殺人に関係したポルノ映像を観ることである。

**ホームケージ** [home cage] 非ヒト動物が実験に従事していないときに入れられている檻のこと。

**ホームシック** [homesickness] 家や生まれ故郷から離れていることによって引き起こされる強い悲しみと帰郷への切望。⇨ **郷愁**

**ホームスクーリング** [home schooling] 自宅、あるいはその他の個人的な環境で行われる生徒へのきちんとした教育。しばしば片親、両親、あるいは家庭教師によって行われる。その教育は、学区、国、あるいは両方によって予め定められた要件を満たさなければならない。自宅学習はしばしば、才能のある生徒や、特殊な理由、慢性疾患、特殊な学習スタイル、態度に関する問題などをもった生徒に対して行われる。

**ホームページ** [home page] 組織（専門関係、ビジネス関係、教育関係、宗教関係、政府関係の諸組織）や個人に関する情報を含んだ**ワールドワイドウェブ**上のサイト（アドレス）のことで、一般には関連組織や個人によって作成、管理される。提供される情報は、提供者の目的に依存している。ホームページは他のサイトにリンクされていることもあり、そこで関連情報を見ることができる。

**ホームワーク** [homework] 心理面接で、面接と面接の間にクライエントに出される課題。本を読むことや調べもの、新しい行動の実践（たとえば、ある講義への出席、

特定の人に話しかける）などが課題となる。

**ホムンクルス**［homunculus］ **1.** 心や神経システムにおいて想定されているプロセスや実体のことで，人間の行動や経験のある側面を説明するために，このプロセスなどの活動が用いられる。この理論のもつ問題は，ホムンクルスの行動や経験が全体として人間のものとまさに同じ方法で説明することが求められることにある。結果として，ホムンクルス理論は，**循環論法**において終わったり，ホムンクルスの**無限後退**を必要としたりする傾向にある。たとえば，ホムンクルスが人を脅すことで，ある考えが意識に保たれていることについての理論を説明するために，精神分析は人がその考えに気づき，ホムンクルスが脅していることを知るという人間のもつある特殊化された要素を仮定しなければならない。同様に，ある情報処理理論が意思決定を説明するために意思決定過程を用いる。両理論とも外に現れた意識や処理を説明しようとするために洗練された内的な意識や処理を用いる。こういった理由のため，批判者は理論がホムンクルスを求めているとか，ホムクルスの誤謬をもたらすと述べている。**2.** 神経解剖学において，身体の特定の部分に対応する脳内の運動領域および感覚領域の相対的な大きさを，歪んだ人間の形で象徴的に表現したもの。たとえば，舌に関与する脳領域は前腕に関与する脳領域よりも大きいため，ホムンクルスもそれに対応して大きな舌をもつ。⇨ **運動機能ホムンクルス**，**感覚のホムンクルス** **3.** 微小な人間の形をしたもの（語源はラテン語の"小さな人間"）。精子のなかに存在しており，受精卵から胚，子ども，そして成人へと移行するときに，ただその大きさを拡大させていくと，16世紀〜17世紀の一部の理論家によって考えられていた。この考えは前成説（preformism）の一例であり，累積的発達と逐次的分化という後成原理の対極である。

**ホメオスタシス**［homeostasis］ **1.** 生物における，体温，塩分濃度（⇨ **浸透圧調節**），酸塩基平衡（⇨ **水素イオン濃度**），血糖値を含む，**内部環境**のすべての側面を調整する働き。これには，**受容体**を用いて外的・内的環境における変化をモニタリングすることや，それに応じて身体プロセスを調節することが含まれる。［アメリカの生理学者キャノン（Walter Bradford Cannon: 1871-1945）によって初めて提唱された］ **2.** 安定した平衡性，均一性，対称性を維持すること。

**ホメオスタシスモデル**［homeostatic model］ 社会心理学において，人はみな恒常性の原理，すなわち環境や対人間，または心理的な刺激の最適水準を維持し回復しようとする必要性によって動機づけられていると仮定する理論。この理論によれば，不十分，もしくは，過剰な刺激は緊張状態を引き起こし，最適な刺激水準にするために必要とされる行動を促されるとする。

**ホメオパシー**［homeopathy］「似たものが似たものを治す」という考え方に立脚した医学の一体系。高濃度では症状を引き起こすと考えられる薬物を，希釈し，少量のみ投与する。ホメオパシー医療（homeopathic medicine）とも呼ばれる。⇨ **補完・代替医療**，**逆症療法**［ドイツの医師ハーネマン（Christian Friedrich Samuel Hahnemann: 1755-1843）によって最初に実践された］

**ホモシスチン症**［homocystinuria; cystathionine synthetase deficiency］ L-ホモシスチンから L-シスタチオニンに変換するのに必要な酵素が欠乏しているために発症する，遺伝的な代謝の病気。しばしば知的障害がみられるとともに，すり足，アヒルのような足取りで歩き，ある場合には脳卒中や片麻痺を伴う。脳の障害は，しばしば動脈または静脈の血栓症により引き起こされる。

**ホモ接合**［homozygous］ 各々のペアの**相同染色体上**で，特定の遺伝子座に同一の遺伝子型（すなわち同一の**対立遺伝子**）をもつこと。ホモ接合である場合，**常染色体優性**もしくは**常染色体劣性**のどちらかの状態となる。⇨ **ヘテロ接合**

**ホモバニリン酸（HVA）**［homovanillic acid: HVA］ 神経伝達物質であるドーパミンに対する異化作用の最終産物。3,4-ジヒドロキシフェニル酢酸（**ジヒドロキシフェニル酢酸**）に対するカテコール-O-メチルトランスフェラーゼ（COMT）の作用，あるいは，3-メトキシ-4-ヒドロキシフェニルアセトアルデヒドに対するアルデヒドデヒドロゲナーゼの作用によって生じる。一般にパーキンソン病患者のホモバニリン酸の値は低い。

**ホモフィリー**［homophily］ **1.** 人口統計的特性，態度，価値観などが類似した相手に対して，魅力を感じ社会的なつながりをもとうとする個人の傾向のこと。**2.** 社会的絆を共有する個人間の類似度のこと。⇨ **同類現象**，**ヘテロフィリー**

**ぼやけ**［blur］ 不鮮明もしくは曖昧な境界線があり，識別がしづらい画像品質。

**ぼやけ点**［blur point］ 刺激がぼやけて見えるようになる眼からの最小距離。⇨ **ぼやけ**

**ボラタイル・マリッジ**［volatile marriage］ 感情的な口論と愛情の表現の双方によって特徴づけられる，長期的な結婚のこと。しかし否定的なものではなく，積極的なやりとりが行われる。

**ボランティア**［volunteer］ 自らの意思によって，無報酬で奉仕しようとする人。たとえば，健康促進や社会福祉のための奉仕活動。

**ボランティア活動**［volunteerism］ 公益に利する活動のために，自らの時間や労力を無報酬で提供しようとする行為や習慣。

**ボランティア団体**［voluntary agencies and organizations］ 運営の一部またはすべてを寄付金によって賄っている非営利団体のことであり，公衆衛生や社会福祉問題の改善に取り組む。「ボランティア」という用語は，政府機関の団体と区別して用いられる。

**ポリグラフ**［polygraph］ 不安や感情についてのいくつかの生理的指標，たとえば心拍，血圧，**皮膚コンダクタンス**，**皮膚電気反応**を測定，記録する装置のこと。機器は犯罪容疑者の尋問や従業員の適性検査に幅広く用いられており，窃盗や性的倒錯，不誠実さなどの質問に対する際立った生理学的反応を測定する。生理学的なパターンと虚偽の行動との密接な関係は実証されていないが，口語的にはうそ発見器（lie detector）と呼ばれている。ポリグラフテストの正確さは議論の余地があり，その結果は多くのアメリカの裁判所では証拠としては認められていない。ポリグラフは1917年にアメリカの実験心理学者のマーストン（William Marston: 1893-1947）によって発明された。改良版であるキーラーポリグラフ（Keeler polygraph）はアメリカの犯罪学者のキーラー（Leonard Keeler: 1903-1949）

によって考案された。

**ホリスティック教育**［holistic education］　**全人的医療**のアプローチから派生した心理療法の一種。セラピストが教師の役割，クライエントが生徒の役割を果たす。セラピストは，生徒が学ぶことを選択するような環境作りを目指す。最大の効果を得るには，クライエントの身体的，精神的，情動的，知的生活のすべての側面を解き明かし，成長させなければならない。［アメリカの心理学者シュッツ（William C. Schutz: 1925-2002）により開発された］

**ホリスティック・ヒーリング**［holistic healing］　身体と精神の機能を調和的な単位として捉え，あるものへの悪影響は他にも影響を与えるという前提に基づいた，ヘルスケアの概念。治療では全体のバランスを調和させることが求められる。

**ポリペプチド**［polypeptide］　通常10〜20以上の**アミノ酸**がペプチド結合で連なった分子（⇨ **ペプチド**）のこと。細胞内ではDNAにコードされた情報に従って**リボソーム**によってポリペプチドは合成され，**タンパク質**に組み立てられる。

**ポリメラーゼ連鎖反応（PCR）**［polymerase chain reaction: PCR］　特定のRNAやDNA配列を配列決定や配列操作のために，何倍にも増幅する方法。

**ポリモーダル**［polymodal］　複数の感覚様式に寄与すること。

**保留性交**［coitus reservatus］　男性が射精を抑えて性交すること。亀頭の敏感性を低減させるためにアヘンのペーストを塗ることで保留性交は東アジアにおいて何世代にもわたって行われてきた。オナイダコミュニティ（19世紀のアメリカ北東部のメソジスト教徒の原始共同体）では，若い男性は自制ができるようになるまで更年期の女性と保留性交を行うよう奨励された。⇨ **カレッツァ**

**捕虜**［prisoner of war: POW］　戦争中に，敵に捕らえられた人。捕虜となり，肉体的，心理的な負担を受けた人は，パーソナリティ障害を起こすことがある。引き起こされる反応は人によって大きく異なるが，(a) 自由やアイデンティティの喪失による抑うつ，(b) ひきこもりがちになる，懐疑的になるなどの性格変容，(c) 監禁と衰弱による無気力や興味の減退，(d) 特に洗脳（brainwashing）が行われた場合，思想強要による影響，(e) 自尊心の低下，(f) 時に，死を選ぶ，などの症状が見られる。これらの反応は，戦争捕虜症候群（prisoner-of-war syndrome）と呼ばれ，入院している子どもや恵まれない子どもにみられる依存抑うつ（anaclitic depression）と比較検討されてきた。⇨ **拘束後における健康上の問題**

**ボーリング**［Boring, Edwin Garrigues］　エドウィン・ガリゲス・ボーリング（1886-1968），アメリカの心理学者。実験心理学における影響力ある指導者であり，米国心理学財団のゴールドメダルを受賞している。ボーリングはカーネル大学の精神物理学者であるティチェナー（E. B. Titchener）のもとで学び，1914年に博士号を取得した。彼は第一次世界大戦中にヤーキーズ（R. M. Yerkes）に雇われ，アメリカ陸軍の心理検査プログラムで働き，評判はよいものではなかったが，結果をまとめた報告書作成に関与した。ボーリングの最も有名な実証的研究は**月の錯視**に関する実験であり，*History of Experimental Psychology*（1929年初版，1950年改訂）という本が有名である。この著作は，その出版から1960年代過ぎまで多くの心理学の大学院生にとって必須の教科書であり，各テーマの歴史を通して実験心理学の領域と方法を明確にした。ボーリングは1957年に退職するまで25年にわたってハーバード大学の心理学研究室の責任者を務めた。ボーリングの著作は，心理学の歴史の純然たる側面と応用的側面を選択的に強調しており，心理学の発展に関する複雑な歴史的背景の説明よりも，**時代精神**の考え方，もしくは一時期の流行に比重をおいているものとして，多くの同時期の歴史学者によって批判されていた。

**ホリングシェド尺度**［Hollingshead scales］　教育と職業に基づく，個人の社会経済的な地位を測定する尺度のことである。社会的地位についてのホリングシェド4因子指標，および社会的立場についての初期のホリングシェド2因子指標を含む。［アメリカの心理学者ホリングシェド（August B. Hollingshead）による］

**ホリングワース, H. L.**［Hollingworth, Harry L.］　ハリー・レヴィー・ホリングワース（1880-1956），アメリカの心理学者。ホリングワースは，コロンビア大学でキャッテル（James McKeen Cattell），ソーンダイク（Edward L. Thorndike），ウッドワース（Robert S. Woodworth）のもとで学び，1909年に博士号を取得した。その後，ニューヨーク市のバーナード大学に職を得て定年まで勤めた。ホリングワースは**応用心理学**の先駆者であった。1917年に，ポッフェンバーガー（Albert T. Poffenberger: 1885-1977）との共著でこの分野初の教科書となる*Applied Psychology*を出版した。また，**広告心理学**における業績で特に知られ，*Advertising and Selling: Principles of Appeal and Response*（1913）は大きな影響を与えた。また，職業心理学，教育心理学，異常心理学の分野にも貢献した。ホリングワースの最も有名な実証研究はコカ・コーラの行動的・認知的効果の検討である。Coca Cola社の支援を受けた，科学的厳密性のモデルとみなされているこの調査は，心理学調査の手法が大学での研究と同様にマーケティング分野でも価値があることを示した。1927年の米国心理学会の会長に選出された。レタ・ステッター・ホリングワース（Leta Stetter Hollingworth）は妻である。⇨ **ホリングワース, L. S.**

**ホリングワース, L.S.**［Hollingworth, Leta Stetter］　レタ・ステッター・ホリングワース（1886-1939），アメリカの心理学者。ホリングワースは，コロンビア大学でソーンダイク（Edward L. Thorndike）のもとで学び，1916年に博士号を取得した。大学院での研究の一方，ニューヨークにおいて，心理学者として初めてビネー式知能テストの管理者の資格を行政機関から与えられた。彼女はコロンビア大学の教員養成学部で教員となり，引退まで過ごしている。彼女は主に教育心理学，臨床心理学，女性の心理学の3つの分野で貢献している。博士論文では，月経周期を通して女性の知能成績を研究し，女性は生理期間に精神的にも身体的にも能力が低下するという大衆的な観念を葬り去った。多くの学者の生物学的根拠による主張に反論し，歴史的な女性の功績の欠如は社会的かつ経済的な要因によるという説得力のある主張を展開した。ホリングワースは，天才児から知能遅延児まで，知能の連続の両端の子ども達を研究し，*The Psychology of Subnormal Children*（1920）や*Special Talents and Defects*（1923）を出版した。また，

知的な才能に恵まれた子どもに対して縦断的研究を実施し，名著 Gifted Children（1926）を出版している．彼女の本 The Psychology of the Adolescent（1928）は，優れた教科書として20年読まれ続けた．最終的に彼女は臨床心理学に特化した指導者となり，この分野における標準規格の必要性を主張し，1918年には米国心理学会が臨床心理学の部門を設立する手助けをした．⇨ **ホリングワース，H.L.**

**ホール**［Hall, Granville Stanley］　グランヴィル・スタンレー・ホール（1844-1924），アメリカの心理学者．ホールは，アメリカの心理学の創設者，組織者としてよく知られている．彼は，1878年にハーバード大学でおそらくアメリカ初の心理学の博士号を取得した．1887年にアメリカ初の心理学誌である American Journal of Psychology を創刊するなど，いくつかの学術雑誌を立ち上げ，1892年にはアメリカ心理学会の組織化に貢献し初の代表となった．初期の児童の研究において，彼は質問紙を用いて子どもの興味や態度の情報を収集し，子どもへの指導や，人間発達，教育問題への関心を刺激し，広く読まれた教科書 Adolescence（1904）を出版した．彼の研究は進化理論への関心に支えられており，彼は人間の個人の発達は，人間の種の発達の繰り返しであると信じていた（⇨ **反復説**）．彼は，1889年に新設されたクラーク大学の初の学長になった後も，精力的な研究や執筆活動を続け，後に心理学で有名になる学生の指導も行った．1909年に行われたクラーク大学の20周年記念の特別集会には，フロイト（Sigmund Freud）やユング（Clark Jung）などのヨーロッパの指導的な心理学者を招き，アメリカの人たちに彼らを紹介している．⇨ **疾風怒濤の時代**

**ボルグスケール（主観的運動強度）**［Borg scale］　知覚と経験の強さを測定する2つの尺度のどちらによっても，個人や課題間の比較ができる尺度のこと．RPE尺度（RPE scale：知覚された運動の評価）が，知覚された運動強度や肉体労働の労力を測定するのに特に用いられる．CR10尺度（1から10までによるカテゴリー的な評価）は，痛みや騒音，明るさなど異なる感覚の程度を測定する一般的な方法である．これらの尺度は，フィットネストレーニング，人間工学，リハビリテーション（rehabilitation）と同様に精神物理学でも用いられる．［スウェーデンの心理学者ボルグ（Gunnar Borg）による］

**ボルスタル・システム**［borstal system］　少年犯罪者の処遇方法の一つ．社会復帰過程における保護観察期間とともに，重労働とレクリエーションを通じた更生を強調した制度．この名称は，1908年にイギリス，ケント州のボルスタルに設立された（若年犯罪者向け）刑務所に因んでつけられた．

**ポルターガイスト**［poltergeist］　超常現象の一つ．ドアがバタンと閉まったり，壁をドンドンと叩く音がしたり，家具がひっくり返ったり，食器類が割れたりする．目に見えない「存在」が騒々しく乱暴ないたずらをして家庭をかき乱すこと．超心理学者はこのような兆候に対して，**独立的な現象**ではなく意識的，無意識的な**念力**によるものであろうとする見方をとっている．

**ホルド**［horde］　遊牧**氏族**などの移動を行う大集団のこと．

**ボルト**［volt］　2つの領域における電位差を測定するSI（国際単位系）単位．

**ボールドウィン**［Baldwin, James Mark］　ジェームズ・マーク・ボールドウィン（1861-1934），アメリカの心理学者．ボールドウィンはプリンストン大学にて哲学者マコッシュ（James McCosh: 1811-1895）のもとで研究し，1887年に博士号を取得した．その間，彼はヴント（Wilhelm Wundt）とともに研究するためにドイツに渡り1年過ごしたこともあった．彼は多くの大学で教鞭をとり，トロント大学（1889）とプリンストン大学にて研究所（1893）を発足させ，ジョンズ・ホプキンス大学ではホール（G. Stanley Hall）によって発足された研究所を再開設した．あるスキャンダルにより1908年にジョンズ・ホプキンス大学から解雇された後，メキシコシティにて数年間教鞭をとり，パリのフランス社会科学高等研究所へと移り，1913〜1934年まで在職した．アメリカにおける実験心理学者の創立世代であるボールドウィンはキャッテル（James McKeen Cattell）とともに Psychological Review, Psychological index, そして Psychological Monographs を発行，編集を行った．1897年には米国心理学会の会長を務めた．そのボールドウィンが最もよく知られているのは，発達心理学への貢献である．心理学における**機能主義**の提唱者である彼は，進化論的思考を人間の発達研究に持ち込み，幼児の精神発達は人類の進化と並行しており，前論理的段階から論理的段階，柔軟な問題解決能力を含む超論理的段階へと移行していくと考えた．なお，ピアジェ（Jean Piaget）の**認知発達理論**はボールドウィンに強く影響を受けている．彼の最も有名な著作は Mental Develop in the Child in the Race（1985）と彼が編集した Dictionary of Philosophy and Psychology（1901-1902）である．

**ボールドウィン効果**［Baldwin effect］　生体が，環境変化に柔軟に，創造的に自らの行動を適応させる能力，すなわち表現型可塑性の種内進化に関する理論．種内のメンバーは，より適切に環境に適応するために，新しい能力や行動を獲得していく．そうすることで，生存可能性が高まる．適応的な能力・行動を獲得していくという傾向は，（遺伝的変異が生じるまで）同種の子孫に受け継がれるが，やがて，それらの能力や行動自体が遺伝的に獲得されるようになる．

**ボールドウィン図形**［Baldwin's figure］　水平線の両端に正方形がついている図形であり，小さい正方形が両端についていた方が，大きい正方形が両端についているよりも水平線を長く感じられる．ボールドウィン錯視（Baldwin's illusion）とも言われる．［ボールドウィン（James Mark Baldwin）による］

**ボルナ病**［borna disease］　ウイルスによって引き起こされる哺乳類（特に馬）の病気で，典型的には，鼻腔内の感染によって人間に感染する可能性がある．感染の結果，大抵は**脳症**となり，**運動失調**，失明，神経障害を引き起こす．

**ホルネル症候群**［Horner's syndrome; oculosympathetic paralysis］　顔の片方の側で，部分的に眼瞼下垂（上瞼が下がっていること），縮瞳（瞳孔の極端な収縮のこと），無発汗（汗をかかないこと）している状態．脳幹の**橋**の損傷によって起こる．眼の動き（**サッカード**や**円滑性追跡眼球運動**）の調整ができない．［ホルネル（Johann Horner）による］

**ポルノ**［pornography］ 性的興奮を引き起こしやすい性的な内容の絵や写真（たとえばイラスト，映画）。法的解釈は様々であるが，どれも集団内の基準の逸脱や，それをひきかえにした芸術的価値がないことなどに注目している。⇨ **エロティカ**

**ポルフィリン症**［porphyria］ 尿に含まれるポルフィリンの過度の排出や異常による代謝障害。急性間欠性状態は，腹部の痛み，吐き気，四肢のまひ，虚弱，興奮性，抑うつ，動揺，幻覚のような精神病的な症状に特徴づけられる。

**ホルメ心理学**［hormic psychology］ 1920年代から心理学の講義ではじまった理論で，目的を追い求め，努力し，先見性をもつことで，行動を動機づける本能を働かせることに役立つと強調するものである。社会心理学においては，**本能行動**に関する現象と特に関係があると説明される。⇨ **目的論的心理学，社会生物学，目的論**［イギリス生まれのアメリカの心理学者マクドゥーガル（William McDougall：1871-1938）によって提唱された］

**ホルモン**［hormone］ 内分泌腺や他の組織，器官から，標的となる離れた器官や組織における諸過程を調整するために血流へと分泌される物質。それらの分泌物には，**下垂体前葉ホルモン**（⇨ **下垂体**），副腎から分泌される**コルチコステロイド**と**エピネフリン**，そして生殖腺から放出される**性ホルモン**が含まれる。ホルモンを分泌する他の器官には，視床下部（⇨ **視床下部ホルモン**）および胃（そこからは少なくとも**コレシストキニン，エンテロガストロン，ガストリン，グレリン，セクレチン**という5つのホルモンが分泌される）が含まれる。

**ホルモンフィードバック**［hormone feedback］ 正または，負のフィードバック効果をもつ他の血中ホルモンによって，特定のホルモンの放出量が調整される**フィードバックシステム**のこと。たとえば，**月経周期**の卵胞期の間，エストロゲンは視床下部に正の効果を及ぼし，**性腺刺激ホルモン放出ホルモン**の分泌を増加させ，それによって排卵を促す下垂体の**性腺刺激ホルモン**の分泌を増加させる。

**ホルモン補充療法**［hormone replacement therapy: HRT］ **1.** 閉経後の女性に対して，更年期症状を緩和するために女性ホルモンを投与すること。多くの場合，エストロゲン（⇨ **エストロゲン代償療法**）か，複合エストロゲン-プロゲスチン製薬が投与される。長期にわたるホルモン補充療法は，乳癌，循環器疾患，脳卒中，加齢に伴うその他の症状の危険性を高める可能性があるため，本来の目的以外で行われることには論議がある。**2.** ホルモン欠乏症の治療のために，ホルモンを投与すること。たとえば，甲状腺機能低下症の治療のために甲状腺ホルモンを投与すること。

**ホログラフィ**［holography］ 光の波によってつくられた干渉パターンを用いた3次元像をつくるための方法。このような技術は写真に用いられ，イメージ形成過程の解釈の一つとして提案されてきた。

**ホログラム**［hologram］ 物体が3次元像に見える干渉パターン。

**ホロスコープ**［horoscope］ **1.** 占星術における惑星の相対的な位置と生まれたときの黄道十二宮を示す配置図であり，個人の性格を推測したり，未来を予測するために用いられる。**2.** 新聞や雑誌に載っている，現在の星の位置に基づいて行う，人の短期的な未来予想。

**ホロプター**［horopter］ 2つの網膜における対応点によって占められる空間位置のこと。⇨ **パーヌム融像域，フィート・ミュラー円**

**ホルムグレン色盲検査**［Holmgren Test for Color Blindness］ 色盲患者のために標準化された検査の一つ。参加者は標準の糸かせと色のついた糸かせとを照合する。［スウェーデンの生理学者ホルムグレン（A. Frithiof Holmgren: 1831-1897）によって1879年に考案された］

**ホワイト**［White, Robert W.］ ロバート　ホワイト（1904-2001），アメリカの心理学者。1937年にハーバード大学で心理学博士号を取得し，パーソナリティ研究者のマレー（Henry A. Murray: 1893-1988）と一緒に研究した。ほぼ同じ場所で研究活動を続けたが，同大学の社会関係学部長に就任したこともあった。マレーと同様，彼もパーソナリティ研究で功績をあげた。性，空腹，口渇のような基本的な動因を減少させる方向にのみ人間は動機づけられているという見方がパーソナリティ研究でも中心であった時代に，彼は**内発的動機づけ**の概念を提唱した。また，パーソナリティ研究において増加していた大標本調査と多変量解析に基づく統計的な研究手法を批判し，**事例研究**の重要性を説いた。主要な著作としては次のものがある。*The Abnormal Personality*（1948），*Lives in Progress: A Study of the Natural Growth of Personality*（1952），*The Enterprise of Living: A View of Personal Growth*（1972）。パーソナリティと社会心理学学会からマレー賞を授与されている。

**ホワイトアウト症候群**［whiteout syndrome］ 全く同じような，白く不毛な環境に長期間さらされた者（北極探検隊や登山者など）に起こる極度の精神不安状態。

**ホワイトカラー犯罪**［white-collar crime］ 名望ある社会的地位の高い人物が，その職業上犯す罪のこと。詐欺や横領などの形態をとる。

**ホワイトカラー労働者**［white-collar worker］ 肉体労働の職務があまり含まれていない役割をもつ従業員，特に高収入の専門職をいう。こうした人たちは，伝統的オフィスで働いてきた。⇨ **肉体労働者**

**本拠地有利**［home advantage; home-field advantage］ **1.** 個人や集団が，本拠地で開催される競争的なイベントで勝利する可能性が高いこと。この現象は　（a）開催地をよく知っていて試合が快適に行えること，（b）大多数の観客が応援してくれること，（c）競争相手よりも有利であると認識することで自信が増すこと，の三点から説明することができる。**2.** あるチームが同じ相手と戦った場合，アウェイゲームよりもホームゲームの方が勝つ頻度が多いということ。

**本質**［essence］ 哲学的には，あるものを他のものではなくそのものたらしめる何ものかの中核をなす推定上の存在論的実在。あるものが必然的に存在することと，単に偶然に存在することの違いを定義する哲学的な試みが行われてきた（⇨ **偶有的特性**）。心理学では，本質の概念は人間の主体や**自己**という問題を含む人間性の議論と関係しており，人格の理論で重要である。人間はある特定の重要な本質的特徴を有するという考えは，**本質主義**として知られている。

**本質規則への還元**［reduction to essence rule］ ファジートレース理論における，どの年代の人々もメッセージ

から要点を抽出する偏った傾向があるという前提のこと。

**本質主義**［essentialism］　哲学では，事物には本質がある，すなわち，事物にはそれがなければそれたりえない必然的な性質があるとする立場。**マルクス主義**，**ポストモダニズム**，**ポスト構造主義**やあるフェミニストの観点では，本質主義は人間が社会階級，性や民族性などの要因を超越した本質的な性質を有するという却下された立場のこと。
⇨ **普遍性**

**ポンゾ錯視**［Ponzo illusion］　平行に置かれた同じ長さの2つの横線のうち，上の横線が下の横線より長く見える錯視で，斜線が横線の傍らに置かれ，斜線と上の横線が下の横線よりも非常に近いときに生じる。鉄道線路錯視（railway lines illusion）とも呼ばれる。［イタリアの心理学者ポンゾ（Mario Ponzo: 1882-1960）による］

**本態性高血圧症**［essential hypertension］　二次的疾患ではなく，明確な要因もわかっていない高血圧（⇨ **高血圧症**）。高血圧の要因の少なくとも85%を占めており，罹患を高める要因として，肥満，喫煙，遺伝要因，心理的影響（例，攻撃的な人格やストレスの多い環境）などがある。
⇨ **タイプAパーソナリティ**

**本態性振戦**［essential tremor］　遺伝によるものと考えられ，たとえばパーキンソン病のような神経系の病理とは関連がないとみなされている手や頭，声の良性の震え。良性遺伝性振戦（benign hereditary tremor），家族性振戦（familial tremor）とも呼ばれる。

**本当の自己**［true self］　精神分析理論の用語。個人の潜在的な可能性を発展させるには，理想的な社会的・文化的な状況が必要であるとするもの。この用語は，フロム（Erich Fromm）の考えに基づくもので，彼は神経症を文化的な圧力と抑圧された可能性との反応として捉えた。この概念は，ロジャーズ（Carl Rogers）による**来談者中心療法**でも採用されている。そこでは，本当の自己を実現することが，治療における主な目的となっている。

**本能**［instinct］　1. 生物に対して何かをなすように強制する，生得的で種に特異的な生物学的力のこと。とりわけ，特定の刺激に対して特定の行為や特定の反応を行うように強制する。⇨ **本能行動**，**群居本能**，**ホルメ心理学**　2. 精神分析理論において，身体と心の均衡を保つために満足させられるべき基本的な生物学的原動力（たとえば，空腹，喉の渇き，性，怒り）。フロイト（Sigmund Freud）は本能を，生の本能から生じるものと，死の本能から生じるものの2つに分類した。⇨ **本能の要素**，**デストルドー**，**生の本能**，**リビドー**，**欲動の充足**，**性衝動**　3. 一般的に，生まれつきの，学習されたものではない性質（行動的なものなど）や動機づけ。

**本能行動**［instinctive behavior］　典型的な，学習されていない，大部分は刺激に結びついた適応的行動で，神経組織や遺伝的要因の生得的な特性によりその行動の発動が制限される。これは，種に特有のものであり，単純な反射運動より複雑な行動パターンを含む。⇨ **固定的行動パターン**，**生得的解発機構**，**本能**，**解発体**

**本能主義**［instinct doctrine］　行動は本能に大きく依存しているという信念。

**本能的逸脱**［instinctive drift; instinctual drift］　学習され，強化された行動が，徐々により生得的な行動へと戻っていく傾向性のこと。たとえば，コイン数枚を容器の中に落とすように訓練されたアライグマは，最終的にはコインを容器に浸し，それらを引き上げ，互いにこすり合わせ，ふたたび浸すようになる。コインを落とすという学習された行動は，食物を洗うという生得的行動をより忠実に表現するようになる。［アメリカの心理学者ブレランド夫妻（Keller Breland: 1915-1965 と Marian Breland: 1920-2001）によって提唱された］

**本能的知識**［instinctive knowledge］　新しい刺激（以前に出会ったことのない刺激）が遺伝の影響を示唆する情動的反応を誘発するときに観察される，学習されておらず，概して可変性を欠いた行動のこと。以前に遭遇したことのない捕食者に恐怖を感じ，逃避を行うのはその一例である。

**本能の対象**［object of instinct］　精神分析理論の用語。満足を得ようとする（inner aim）ために探求されるもの（external aim，たとえば人物，物体，行動など）。⇨ **欲動目標**

**本能の要素**［component instinct］　精神分析学では，**性衝動**の基本的な要素は，身体の一部に特別な源（本能）と特別な目的（習得のための本能）をもつと考える。本能の要素は**心理・性的発達**の早期段階における独立した機能である。思春期が始まる**性器期**において他の機能と融合する。部分欲動（partial instinct; part instinct）とも言う。

**ボンフェローニのt検定**［Bonferroni t test］　**t検定**の個々の*p*値（⇨ **有意水準**）を調整する手続きのこと。関連する*c*個の検定の集まりに関し，**帰無仮説**を棄却する同時確率が$\alpha$の水準になるようにする。この手続きは，多重比較に付随する**第一種の誤り**のリスクが増すのを回避するために，通常の有意水準値を比較の回数で割る。ボンフェローニ補正法（Bonferroni adjustment），ダンの多重比較検定（Dunn's multiple comparison test）とも呼ばれる。［ダン（O. J. Dunn）により開発された］

**翻訳**［translation］　1. 単語，文，文章を異なる言語に表現し直す行為または過程，あるいはそのようにして生成された文書または口頭の訳文。良い翻訳によって原文の表現形式および内容がどれほど再現されるかは様々な要因に依存する。特に，**起点言語**と**目標言語**の適合性，原文の発話もしくは文章の性質，そして翻訳の目的に依存する。⇨ **通訳**　2. 遺伝学で，タンパク質合成において，メッセンジャーRNAに**コドン配列**として含まれる遺伝情報がアミノ酸配列へと"翻訳"される過程のこと。⇨ **遺伝暗号**

**翻訳と逆翻訳**［translation and back-translation］　ある検査手段の他言語への翻訳が適切かどうかを保証する方法で，主に異文化間研究で用いられる。バイリンガルの人物が項目を原語（source language）から目的言語（target language）へ翻訳し，その次に別のバイリンガルの人物が独立にその項目を原語（source language）に翻訳し直す。研究者は原文と逆翻訳されたものを比較し，何か重要なものが翻訳で変化していないかを確認することができる。

**本有的**［innate; inborn; native; natural］　哲学において，推論だけで知ることのできる考えや，経験によって確認をとる必要のない考えのこと。

# ま

**マイクロサッカード**［microsaccades］　目標を注視しているときに起こる無意識の小さく素早い眼球運動。注視しなくなると消える。

**マイクロジェニ**［microgeny］　症状，特殊な行動や精神過程につながる小さな段階の連続体。**心理力動的アプローチ**において用いられる。

**マイクロスコピックレベル**［microscopic level］　最小知覚単位の分析に焦点を当てて研究するアプローチ。マイクロスコピック心理学は細胞レベルの生理心理学と関連づけられている。⇨ 分子アプローチ

**マイクロスリープ**［microsleep］　疲労時や，運転，コンピュータ画面の注視，制御装置の監視など単調な作業が続いた時に生じる，短時間の睡眠や意識消失のこと。このような"うたた寝"は，20〜30分程度であることが多く，夜明け前や昼下がりに生じやすい。事故の危険性が高まる。

**マイクロダイアリシス**［microdialysis］　化学物質が膜を通って間質腔に埋め込まれた小さなチューブを通ることによって細胞内，または臓器（例，脳のごく一部の領域）の化学物質の濃度を計測する方法の一つ。

**マイクロフィラメント（ミクロフィラメント）**［microfilament］　すべての細胞に見られる微細なタンパク質の繊維（直径7 nm）のこと。マイクロフィラメントは細胞骨格（cytoskelton）の主要な要素である。また，細胞の形を決めている。

**マイスナー小体**［Meissner's corpuscle］　触覚に関して感度のある，小さい楕円の感覚神経終末の一種。マイスナー小体は指先，乳頭，唇，舌の先端に豊富に存在する。[ドイツの生理学者・解剖学者であるマイスナー（Georg Meissner: 1829-1905）による]

**埋没図形検査**［Embedded Figures Test: EFT; Hidden Figures Test］　複雑な図形に組み込まれた単純な形を見つけ出す検査。背景を不規則に色づけすることによってさらに複雑にすることもある。検査は10歳以上の人に対して行い，認知スタイル，特に**場依存**と**場独立**を評価するように作られている。この検査で高い能力を示した人は場独立とされ，学習の際に活発で参加的な姿勢をとる傾向がある。この検査をこなすのが困難だった人は場依存とされ，傍観者のような態度をとることが多く，他人の行動に影響されやすい。埋没図形検査は神経生理学でも用いられ，成績が良くないと大脳皮質が損傷している可能性があるとされる。[アメリカの心理学者ウィトキン（Herman Allen Witkin: 1916-1979）によって1950年に考案された]

**マイヤーズ-ブリッグス・タイプ指標（MBTI）**［Myers-Briggs Type Indicator: MBTI］　ある特定の特性カテゴリーに関して対照的な選択肢の中から被検者によって選ばれた回答をもとに個人を分類する心理検査。このカテゴリーは**ユングの類型論**に基づくものであり，(a) 外向性-内向性，(b) 感覚-直観，(c) 思考-感情，(d) 判断的態度-知覚的態度，の4つである。被検者は回答パターンから，いくつかのタイプに分けられる。この検査は心理学研究者間では信頼性が低いとされているが，教育的カウンセリングや人材マネジメントなど幅広く使用され，業務遂行や人間関係の改善に，そして対人間コミュニケーションの好みやスキルの同定に役立っている。[アメリカの観相学者マイヤーズ（Isabel Briggs Myers: 1897-1980）と彼女の母親ブリッグス（Katharine Cook Briggs: 1875-1968）によるもの]

**マイヤーの理論**［Meyer's theory］　スイス生まれのアメリカの精神科医マイヤー（Adolf Meyer: 1866-1950）によって提唱された精神病理理論。精神障害とは，特別な状況に対する反応の失敗が発展した行動様式であると考えた。マイヤーは治療と診断のために包括的アプローチ（⇨ **精神生物学**）を提唱した。

**マインドコントロール**［mind control］　1. 個人に集団の態度や信念を教え込むために用いられる社会的影響の極端な形態で，大抵は宗教的あるいは政治的な性質のものである。⇨ **洗脳，強制的説得**　2. 身体活動，特に自律神経機能を精神過程によってコントロールすること。⇨ **自律訓練法，バイオフィードバック，超越瞑想，ヨガ，精神身体介入**

**マインドブラインドネス**［mindblindness］　自閉症に代表されるような，心の理論の障害。他者の「心を読む」ことが難しい。すなわち，他者の行動の背景にある，信念，欲求，意図を理解することが難しい。[イギリスのコーエン（Simon Baron-Cohen: 1958-　）によって初めて提唱された]

**マインドフルネス**［mindfulness］　個人の内的状態や周囲の状態に最大限覚醒していること。**放心**の対義語である。この概念は，様々な治療的介入に応用されている。たとえば，マインドフルネス**認知行動療法**，マインドフルネスストレス低減法，物質依存に対するマインドフルネス，**マインドフルネス瞑想**などがある。マインドフルネスは，破局的で自動的な習慣から離れ，思考，情動，「いま，ここ」での体験を，判断や反発なく受け入れることである。

**マインドフルネス瞑想**［mindfulness meditation］　思考，感情，感覚を生じるまま自由に経験する瞑想の一種。マインドフルネス瞑想は感覚情報に対して注意力を高め，感覚が発生する各瞬間に集中できるようにする。⇨ **マインドフルネス，超越瞑想，集中瞑想**

**マウススティック**［mouthstick］　身体の拡張装置の一種。使用者の口に納まる部分に，押しつける，握る，引っ張る，物体を指し示すといったことをする先端付きの伸長部分が付いている。

**マウス操作アダプター**［mouse-movement adapter］　スクリーン上でポインタの動きを制御するために用いられるコンピュータマウスのための適応デバイス。この装置は，通常のコンピュータマウスを操作することができない運動障害をもった人が使用するためにデザインされている。

**マウラー**［Mowrer, O. Hobart］　ホバート・マウラー（1907-1982），アメリカの心理学者。ダンラップ（Knight Dunlap: 1873-1949）に師事し，1932年にジョンズ・ホプキンス大学より博士号を取得した。その後，イェール大学，ハーバード大学を経て，イリノイ大学で研究を続けた。マウラーは，学習と言語獲得の理論に関する研究で知られる。マウラーが提唱した学習の二因子説は，**パブロフ型条件づ**

けとオペラント条件づけの原理を融合し，逃避行動には両者が関係していると説いている。マウラーは，言語獲得の過程の説明に，条件づけの原理を用いた最初の心理学者であった。子どもの夜尿症の対策として，バイオフィードバック装置を開発するなど，応用心理学においても重要な研究を残した。著書にFrustration and Aggression (1939), Learning Theory and the Symbolic Processes (1960), Learning Theory and Behavior (1960), The New Group Therapy (1964)などがある。彼は1954年に米国心理学会会長を務めている。

**前向き方略** [working forward] 初期状態 (initial condition) からスタートし，望ましい目標状態 (goal state) へ至る経路を探索する問題解決方略。⇨ **後ろ向き方略**

**麻黄** [ephedra] 中国人の植物学者のホワン (ma huang) によって報告された，特にモンゴルや中国北部など世界の乾燥地帯に生息する灌木 (シナ麻黄：Ephedra sinica) のこと。葉には相当量のエフェドリン (ephedrine) やプソイドエフェドリン (pseudoephedrine) などのアルカロイド刺激物が含まれており，伝統的にはチザン液として精製されたり，興奮飲料として飲まれたりしている。エフェドリンとプソイドエフェドリンにはともに強い交感神経興奮作用があることで，交感神経系の活動による周辺症状 (例，震え，発汗) が引き起こされると同時に，血圧，警戒心，不安が高まる。また，これらは筋肉を弛緩させる作用があるため，しばしば喘息やその他の呼吸器官系の病気の治療に使用されている。さらに，麻黄は，減量，エネルギー補給，運動能力向上などの効果がある多くの栄養補助食品に化合されている。しかしながら，麻黄を使用することで適切に，短期間で減量できることを除いて，健康面での明らかな利点を証明する効果はほとんど報告されていない。特に，過剰摂取や**カフェイン**などの他の刺激物と合わせて摂取した場合に，頭痛，不眠，急速・不規則な鼓動，神経損傷，筋肉損傷，精神病，記憶喪失，心臓発作，脳卒中，発作，死亡に至るなどの副作用による事態が報告されており，有害性や致死性も潜在している。2004年，米国食品医薬品局は麻黄を含む製品の販売を禁止したが，栄養補助食品の禁止は米国政府にとって初めてのこととなった。

**マーカー** [marker] ⇨ **遺伝子マーカー**

**マガジントレーニング** [magazine training] オペラント条件づけにおいて，実験動物が**強化子**を与える機械 (通常は餌箱) に慣れるために必要な訓練。

**巻き込み** [engulfment] 1. 外界の力によって乗っ取られる (支配される) 感覚と関連した極度の苦痛や不安。2. 自主性 (独立心) や個性 (自我) に対する知覚された喪失による身近な対人関係における恐怖。この恐怖は，人格的な不安定さの感覚を伴う人に共通しており，個人的なアイデンティティに対する極度の脅威と関連する。**境界性パーソナリティ障害**とも関連している。［イギリスの精神科医レイン (R. D. Laing: 1927-1989) によって最初に記述された］

**マキャヴェリズム** [Machiavellianism] 人間関係に対する計算高い態度。たとえ非情であっても，結果が手段を正当化すると信じる人格的特徴。マキャヴェリアン (Machiavellian) とは，自身の目的を達成するために，必要に応じて故意にだますなど，他人を物のようにみなして操る人のことである。［イタリアの政治理論家マキャヴェリ (Niccolò Machiavelli: 1469-1527) は，強い指導者はそのように振る舞わなければならないと主張した］

**マキャヴェリ的知性仮説** [Machiavellian hypothesis] 特に社会的側面で，知性の進化は権力への欲望や権力の追求に特徴的な行動に大きく依存するという仮説。その行動がマキャヴェリ的である人は適応的にうまくいくことが多く，その結果，将来の世代に遺伝子を残すことが多い。［マキャヴェリ (Niccolò Maciavelli: 1469-1527) による］

**マクシミン戦略** [maximin strategy] ゲーム理論において，プレーヤーが予想される最悪の結果や利得の中から最良のものを選択する戦略。⇨ **ミニマックス戦略**

**マクスウェル円板** [Maxwell disks] **混色器**として使われる，色が書き分けられており，回転すると混色が現れる円板。［イギリスの物理学者マクスウェル (James Clerk Maxwell: 1831-1879) による］

**マクスウェル視** [Maxwellian view] 視覚刺激の投射範囲を瞳孔の中心領域に限定させる光学配置。反対語にニュートン視 (Newtonian view) がある。ニュートン視では光が瞳孔のすべての範囲に投射される。［マクスウェル (James Clerk Maxwell) による］

**膜電位** [membrane potential] 膜 (特に細胞膜) の内側と外側での電位差のこと。⇨ **分極した膜，静止電位**

**マグナマーテル** [Magna Mater] ユング (Carl Jung) の**元型**の一つ。ローマ神のグレートマザーであるキュベレに基づいた，原初的母親のイメージである。彼女が表しているのは，成長と創造を愛し，奨励し，育むことである。⇨ **太母**［原語はラテン語で"偉大な母"の意味］

**マグニチュード産出** [magnitude production] 直接尺度構成 (direct scaling) の一つ。刺激の大きさを表す数が提示され，その数に対応する感覚を作り出すように刺激を調整することが求められる。その際，大きさの数を割り当てた標準刺激を参照しながら行う。プロダクションメソッド (production method) とも呼ばれる。

**マグニチュード推定法** [magnitude estimation] ある尺度にそって刺激のマグニチュードに数値を割り当てる主観的な判断のこと。このような推定を精神物理学的実験において実験参加者が行うよう求められる。⇨ **恒常法，極限法**

**マクネマー検定** [McNemar test] 独立ではない2つのサンプルの比率の同等性の検定。たとえば，**事前事後テスト計画**において，基準を超える割合の検定に用いられる。［アメリカの心理学者のマクネマー (Quinn McNemar: 1900-1986) による］

**マクノートン・ルール** [McNaughten rule; McNaughton rule; M'Naghten rule] 犯行を犯した時点での被告人の認知状態に焦点を合わせて**心神喪失**を定義する準則。心神喪失を主張するためには，被告人は以下の状態でなければならないと述べられている。「精神疾患によって判断力が失われるほど苛まれており，自分が行っている行為の性質を理解していなかったか，あるいは理解していたとしてもその行為が過ちであるとは理解していなかった」。このルールはマクノートン (Daniel McNaughten) の裁判の後，1843年に裁判官によってイギリスで制定された。マクノートンは，自分が政府に迫害されていると信じ，首相のピール卿 (Sir Robert Peel) と誤って首相の秘書を殺害し

た。正邪テスト（right-and-wrong test）とも呼ばれる。
⇨ 米国法律協会模範刑法典心神喪失検査，刑事責任能力，善悪テスト，抗拒不能の衝動に関する規則，部分精神病

**マクリーンの感情理論**［MacLean's theory of emotion; Papez-MacLean theory of emotion］ 感情経験を制御する領域である，**大脳辺縁系**のすべての部分，特に海馬，小脳扁桃の重要性を強調する**パペッツの情報理論**を拡張したもの。⇨ **キャノン-バード説**［アメリカの神経学者マクリーン（Paul D. MacLean: 1913- ）による］

**マクレランド**［McClelland, David］ デビッド・マクレランド（1917-1998），アメリカの心理学者。マクレランドは1941年に，イェール大学で博士号を取得した。コネチカット大学とウェスリアン大学で教鞭をとった後，1956年～1987年までハーバード大学の教職に就く。その後，亡くなるまでボストン大学で教えた。マクレランドはパーソナリティと動機づけの研究で大きく貢献した。彼はアトキンソン（John W. Atkinson: 1923- ）とともに，個人の**達成動機**を判定するために**主題統覚検査（TAT）**という量的測定手法を開発した。晩年に，彼は権力欲求の調査を実施している。代表的な著書には *The Achieving Society* (1961)，*Human Motivation* (1985)，*Power: The Inner Experience* (1975) などがある。1987年に米国心理学会功労賞を受賞した他，米国芸術科学アカデミーの会員にも選ばれている。⇨ **達成欲求**

**マクロシステム**［macrosystem］ **生態学的システムモデル**における，他のすべてのシステムに影響を及ぼす環境的な影響のレベル。個人の成長からは最も遠い。大きな社会の価値観，伝統，社会文化的な特徴を含む。⇨ **エクソシステム，メゾシステム**［ロシア生まれのアメリカの心理学者ブロンフェンブレナー（Urie Bronfenbrenner: 1917-2005）によって発表された］

**マクロ電極**［macroelectrode］ 電流導体の一種。多くの場合は1mmかそれ以上の直径をもつ電極。たとえば，細胞を刺激する場合や，細胞から記録をするために用いられる。⇨ **微小電極**

**マクロ人間工学**［macroergonomics］ 大局的な見地から**労働システム**を調べようとする**人間工学**のアプローチ。物理的性質，組織，環境，認知など，様々な性質が考慮される。⇨ **ミクロ人間工学，社会技術システムズアプローチ，システムエンジニアリング**

**マクロビオティクス**［macrobiotics］ 中国の考え方に基づいた，陰か陽（⇨ **陰と陽**）のいずれかに分類される食事をバランスよく摂取することを基礎とする栄養摂取理論。マクロビオティクスダイエット（macrobiotic diets）は，主に穀物と野菜からなり，果物と稀に魚も含まれるが，動物性食品は避けられる。食事は，陰と陽の特徴を保った特定の方法で準備され，作られる。［日本の教育者オオサワ（George Ohsawa: 1893-1966）によって西洋に紹介された］

**負け犬**［underdog］ 自らの道徳的規準や行為規範（topdog）を満たせなかったことによって生じる罪や恥の感覚を和らげるために，合理化や自己正当化を行うこと。［ドイツ生まれのアメリカの精神科医パールズ（Frederick (Fritz) R. Perls: 1893-1970）による］

**マコーバー人物画テスト（DAP）**［Machover Draw-a-Person Test: DAP］ 人間の姿を描画させ，その絵を解釈する投映法の一つ。被検者は1枚の白紙の紙を与えられ，まず人間の全身を描くように求められる。その際，人物画の年齢や性別，衣服などを特定しない。次に，別の人間を描くように求められるが，その際に1枚目の人物と違う性別の人物を描くよう指示される以外は他に指示は与えられず自由に描いてもらう。検査者は自身の臨床経験を頼りに，被検者による人物画や被検者が描画中に発した何らかの言語情報を解釈し，被検者の人格や病理の兆候を明らかにしていく。この描画法には様々な形態があり，一連の性別を描かせるもの（はじめに男性か女性を描かせる），身体部位を描くよう指示するものもあり，歪み，脱落，大きさ，衣服などといった構造的な要素（たとえば，鉛筆の動きの方向性，陰影，消した跡など）に注目するものもある。この検査に類似するものとして，マコーバー家屋画検査（Machover Draw-a-House Test: DAH検査）がある。［アメリカの心理学者マコーバー（Karen Machover: 1902-1996）によって1949年に開発された］

**摩擦音**［fricative］ 1．特に，硬口蓋，歯槽堤や歯や唇の表面にぶつけ，狭い声道から無理に出す空気の流れによって生じる言語音の名称である。摩擦音は高周波振動している。**有声音**（例，［v］［z］［th］）か**無声音**（例，［f］［s］［sh］）である。2．摩擦音による発声音。

**マジックミラー**［one-way mirror］ 一方向からのみ透けて見える鏡やスクリーン。たとえば，子どもの行動の研究など，目立たないようにして実験参加者を観察するために用いられる。一方向スクリーン（one-way screen）とも言う。

**まじない**［incantation］ 儀式的な詠唱，歌唱，あるいは発話。定められた特定の言い回しのまじないとその詠唱は，多くの宗教的，魔法的な**儀式**の重要な部分を担っている。

**麻酔剤**［knockout drops］ **抱水クロラール**（以前は鎮静剤として使用されたが，現在は臨床に使われることは稀）とアルコールの組合せの俗名。突然の意識喪失を起こすために秘密裏に使用される。この組合せはミッキーフィン（Mickey Finn）と呼ばれ，初期の頃，**デートレイプ薬**として使われた。

**麻酔性まひ**［narcotic stupor］ オピオイド薬の効果による昏迷または動きに制限がある状態であり，刺激への反応が低下した状態。この状態は，意識消失に近く，昏睡を伴う。

**麻酔統合**［narcosynthesis］ 外傷体験の想起を刺激するために麻酔薬を投与する治療技法。それに続く覚醒状態における治療的会話によって，患者の感情的体験の「統合」を図る。［第二次世界大戦中にアメリカの精神科医グリンカー（Roy Richard Grinker）とシュピーゲル（John P. Spiegel）によって開発された］

**麻酔分析**［narcoanalysis］ 精神分析の一つ。薬物（大抵はアヘン）を注射して半催眠状態におく。感情，抑圧された外傷的記憶の探索を容易にする目的がある。その後に，分析家が患者とともに考察し解釈することによって，患者の症状に隠された無意識の力への洞察を促進する。このテクニックは，当初，**戦闘ストレス反応**の治療のため1940年代に開発されたが，現在はほとんど使われない。

**麻酔薬**［anesthetic］ まひを生み出す薬剤のこと。これは意識を失わせる場合と，意識がある場合とがある。全

身麻酔薬（general anesthetics）は，吸入あるいは静脈への注射によって投与され，意識を消失させる。局所麻酔薬（local anesthetics）は，注射や局部への塗り薬によって投与され，体の周辺領域や一部分の感覚を消失させる。

**麻酔療法**［narcotherapy］　アモバルビタール（アミタル）やチオペンタールなどの麻酔薬を投与して患者を半意識的状態にして行われる心理療法のこと。麻酔療法は第二次世界大戦中や戦後の**戦闘ストレス反応**が表れる人に使われた。⇨ 麻酔分析，麻酔統合

**マスキング**［masking］　ある刺激（標的刺激）が他の刺激（マスク刺激）によって妨害され，部分的にもしくは完全に知覚できなくなること。音（⇨ **聴覚マスキング**），視覚情報（⇨ **視覚マスキング**），味，ニオイ，触覚などが刺激となる。順向マスキング（forward masking）はマスク刺激が標的刺激の前に短時間提示されることで生じる。また，逆行マスキング（backward masking）はマスク刺激が標的刺激の後に短時間提示されることで生じる。さらに，同時マスキング（simultaneous masking）は2つの刺激が同時に提示される時に生じる。知覚マスキング（perceptual masking）とも呼ばれる。

**マスキングパターン**［masking pattern］　スペクトルの特徴や音量を一定にした音によってマスクされた状態における，各周波数の純音の検出閾値を示したもの。縦軸は閾値の音量（音圧レベル），もしくはマスキング量である。マスキングオージオグラム（masked audiogram）とも呼ばれる。⇨ 聴覚マスキング

**マスキングレベル差**［masking level difference: MLD］　マスク刺激や聴覚刺激の特性を操作して左右両方の耳に呈示することにより，聴覚刺激に対する検出閾値が変化すること（⇨ 聴覚マスキング）。典型的な提示方法としては左右に同じ刺激を呈示する両耳聴条件（N0S0と呼ばれる）における信号閾値があげられる。これは純音の信号とノイズのマスクが同時に左右の耳に呈示される条件である。この条件と比較してノイズは同時に，信号は180°ずれた位相で呈示されるような両耳分離聴条件（N0Sπと呼ばれる）では，検出閾値が15デシベルほど下がる。マスキングレベル差とそれに関連する現象は，両耳聴と音源定位に関連するメカニズムを検討するために重要な知見を与えている（⇨ 音源定位）。両耳マスキングレベル差（binaural masking difference: BMLD）とも呼ばれる。

**マス伝播**［mass contagion］　行動，態度，感情が，広い地域に分散しているなどの大きな集団に急速に広まる伝播の形態。

**マスマゾヒズム**［mass masochism］　自分自身の権限を明け渡した，カリスマ的で独裁的なリーダーが要求した際の，犠牲と苦痛に耐えようとする人々の意欲。⇨ **マゾヒズム**［オーストリア生まれのアメリカの精神分析家ライク（Theodore Reik: 1888-1969）が考案］

**マスメディア**［mass media］　一般大衆を対象としている情報や娯楽の出版物や放送。特に新聞，雑誌，ラジオ，テレビ。インターネットと**ワールドワイドウェブ**も，利用が広がるにつれて，次第にマスメディアとしての役割を果たすようになっている。

**マスラーク・バーンアウト尺度**［Maslach Burnout Inventory: MBI］　情緒的消耗感，**脱人格化**，個人の達成感の低下という，3次元で**バーンアウト**の評価をする方法。

感情や態度に関する22項目で構成され，調査参加者は，「全くない」から「毎日ある」までの7件法で頻度について回答する。［アメリカの心理学者マスラーク（Christina Maslach: 1946- ）による］

**マズロー**［Maslow, Abraham Harold］　アブラハム・マズロー（1908-1970），アメリカの心理学者。マズローはウィスコンシン大学で霊長類学者であるハーロー（Harry Harlow）と研究し，1934年に博士号を取得した。当初は行動主義者だったがその限界に苦悩し，研究方針を広げて人間の主観的経験を含め，**人間性心理学**の創始者となった。マズローは，すべての個人を動機づける欲求の階層の概念を発案した（⇨ **マズローの動機の階層**）。この概念によると，人間の最終目標は**自己実現**である。個人の基本欲求が満たされたときに限り自己実現が生じる。彼は自己充足を強調し，1960年代と1970年代の**人間性回復運動**の指導者となった。彼の有名な著書には *Theory of Human Motivation*（1943），*Toward a Psychology of Being*（1968），*The Farther Reaches of Human Nature*（1971）などがある。1962年に *American Association for Humanistic Psychology* を発行し，*Jounal of Humanistic Psychology* にも共同発行者として関わった。また，彼は1967年に米国心理学会の会長に選ばれている。⇨ **マズローの人間性動機づけ理論，欠乏動機，人間主義的な態度，メタモチベーション，パーソナリティ構造**

**マズローの動機の階層**［Maslow's motivational hierarchy］　マズロー（Abraham Maslow）により提唱された人の動機（つまり欲求）の階層であり，マズローは，フロイト（Sigmund Freud）やスキナー（B.F. Skinner）の決定論に対抗するものとして，それを展開した。**生理的欲求**（空気，水，食物，睡眠，性交等）が基底に位置し，安全と安心（**安全の欲求**）がその上位にあり，さらに愛情や好意，所属（**愛情欲求**），そして名声と能力，力（**自尊欲求**）と続き，最上位が美の欲求，知識欲および**自己実現**（**メタモチベーション**）である。

**マズローの人間性動機づけ理論**［Maslow's theory of human motivation］　マズロー（Abraham Maslow）によって提案された動機づけに関する人間性の視点であり，理解，美的価値，**自己実現**，**至高体験**への欲求がより高次の人間性の欲求であると強調されている。マズローは，これらのメタ欲求から生じる**メタモチベーション**と，身体的欲求，不安，疎外から生じる**欠乏動機**とを比較した。

**マゾヒスティックパーソナリティ障害**［masochistic personality disorder］　この障害をもった人は，持続的かつ特徴的に，屈辱，自己非難，自己犠牲，不幸への耽溺，そして時には身体へのサディスティックな行為への屈服に喜びを感じるか罪悪感から解放される。この障害は，DSM-III-TR では，**自己敗北型人格障害**と分類されていた。

**マゾヒズム（自虐性愛）**［masochism］　**1.** 他者もしくは自分自身で与えた痛みや恥から喜びを得る人。オーストリアの作家であるマゾッホ（Leopold Sacher-Masoch: 1835-1895）に因んで命名された。マゾッホの小説には，性的な満足が激しく叩かれたり支配されたりすることと関連づけられる場面がよくみられる。しかし，この用語には殉教，宗教的な意味での鞭打ち，苦行といった性と関係のない体験にも用いられている。**2.** 精神分析理論では，自

分自身に対して苦痛や恥をもたらす傾向をいう。マゾヒズムは死の本能，つまり過度な罪悪感のために内側へ向かう攻撃性の結果として生じると解釈される。⇨ **道徳的マゾヒズム**

**間違い探しテスト**［picture-anomalies test］ 社会的知能を測定する非言語的検査。絵の中の間違いを見抜くよう被検者に求める。

**間違い電話技法**［wrong number technique］ 特定の社会集団や社会的カテゴリーのメンバーの援助意思を測定する方法。研究者が実験参加者に電話をかけ，男女や黒人，白人といった特定の社会的または民族的な集団の一員としてのアイデンティティを強調する。研究者が，小規模な緊急事態（自動車の故障）に悩んでいて，公衆電話で間違った番号にかけてしまい，持っていた最後の硬貨も使いきってしまった，と伝える。それから，実験参加者に自動車修理工場の番号を教えるから代わりに電話をかけてほしいと頼む。援助意思は，その実験参加者が電話をかけるかどうかで表される。［アメリカの心理学者のガートナー（Samulel L. Gartner: 1942- ）とビックマン（Leonard B. Bickman: 1941- ）によって初めて用いられ，1971年に彼らによって研究報告された］

**マチン**［nux vomica］ 植物の種子，熱帯アジアに自生し催吐剤として利用される。名前は英語での文字通り「嘔吐を引き起こす種」を意味する。マチンは呼吸筋のまひから死を招いたり痛みを伴う痙攣を引き起こす，**中枢神経興奮薬**であり，2つの物質，**ストリキニーネとブルシン**が含まれている。低使用量ではマチンは消化管の腺分泌物を増加させ，消化を刺激し，様々な胃腸症状を治療するための**ホメオパシー**の治療薬として使用されている。

**マッカーシースクリーニングテスト（MST）**［McCarthy Screening Test: MST］ 幼少期において，子どもが学校の勉強に対処する能力をもっているかどうかを予測する検査。学校の課題をうまく遂行するために必要とされる認知と感覚運動機能を測定するための6つの下位テスト（言葉の記憶，左右の方向，脚の整合，図形の模写，数の記憶，概念のグルーピング）から成り立っている。この検査において結果が不十分と判断される場合には，さらなる評価の必要性や，学習障害が存在する可能性が示唆される。［アメリカの発達心理学者マッカーシー（Dorothea McCarthy: 1906-1974）に由来するこの検査は1978年に発行された］

**マッカーシー知能発達検査**［McCarthy Scales of Children's Abilities］ 2歳6か月～8歳6か月までの子どもの認知および運動能力を測定するために用いられるわかりやすい検査道具。6つの尺度である言語，知覚・遂行，数量，一般認知，記憶，運動に関する18の下位テストから構成されている。［マッカーシー（Dorothea McCarthy: 1906-1974）により1972年に発行された］

**末期腎臓病**［end-stage renal disease］ 末期段階にある慢性的な腎不全のことで，患者は生存のために代償治療（血液透析，腹膜透析，腎臓移植）を受ける必要がある。その状態を患って生活することと治療が与える心理的な効果には，透析機への依存，透析のための食事制限などによる自己の統制力の喪失あるいは減退から引き起こされる抑うつがある。また，移植による身体への問題も発生する。

**マック尺度**［Mach scale］ 偽りやごまかしの許容，我慢，糾弾の程度を測定する尺度のこと。低マック得点群（low Machs）は絶対的な倫理基準を肯定し，高マック得点群（high Machs）は行動基準が相対的で変化することを示す。"Mach"は**マキャヴェリズム**の略である。

**マッサージ**［massage］ 身体の部位や身体全体を手技や機械や電気装置を用い，撫でたりもんだりすること。手を使うマッサージは腫れや筋肉の痙攣といった異常を見抜くことができるため，治療もしくはリハビリの目的によって施行されている。マッサージの利点に，血液の循環をよくし，リラックスさせ，怪我からの回復を早め，緊張や心理的なストレスから解放することである。マッサージは過流浴のように流体中でも効果がある。

**抹消検査**［cancellation test］ 参加者が，紙あるいはディスプレイ上にランダムに散在された記号を消していく，知覚および運動の速さを測定する検査のこと。

**末梢抗コリン作動性症候群**［peripheral anticholinergic syndrome］ 精神薬理学的作用のある複数の薬を利用した患者にみられる症候群。三環系抗うつ剤，弱いフェノチアジン，抗パーキンソン病薬などの加法的な末梢神経系への**抗コリン作用**による。細胞膜の乾いた粘液や，口の乾燥，熱く紅潮した肌や顔といった兆候がある。⇨ **抗コリン作動性症候群，中枢性抗コリン症候群**

**末梢神経系**［peripheral nervous system: FNS］ 頭蓋骨と脊柱の外側に位置する神経系。すなわち，**中枢神経系**の外側のすべての部分のこと。末梢神経系の求心性線維は感覚器官から中枢神経系へと情報を伝達する。遠心性線維は中枢神経系から筋肉と腺へ情報を伝達する。**脳神経，脊髄神経，自律神経系**の一部を含む。

**末梢神経障害**［peripheral neuropathy］ 末梢神経の損傷による神経筋障害。筋力の衰え，しびれ，不器用さ，無感覚が特徴。原因は様々であり，糖尿病，栄養不足，外傷，有毒物質への曝露などが含まれる。慢性アルコール依存患者では5～15％に認められる。⇨ **アルコール性ニューロパチー**

**末梢神経線維分類**［peripheral nerve fiber classification］ 末梢神経線維（軸索）の分類。直径，伝達速度，位置によって分けられる。主に3つのクラスに分類され，それぞれはさらに細かいサブクラスに分けることができる。**A線維**の直径は6～20μmである。これらは**有髄線維**であり，伝達速度が速い。**B線維**は節前**自律神経系**で生じる。これらは有随であるが比較的直径が小さく，A線維よりも伝達速度が遅い。**C線維**の直径は0.2～1.5μmである。これらは無随で伝達速度が遅い。⇨ **伝達速度**

**末梢論**［peripheralism; peripheralstic psychology］ 骨格筋や喉頭筋，臓器などの末梢器官で起こる事象を中枢神経系の機能よりも強調する行動主義者の主張。たとえば，ワトソン（John B. Watson）は思考は脳で行われるのではなく，発声器官（⇨ **閾下音声言語**）の微細な運動によって生じるもので客観性のある行動であるとしているが，これは誤りである。⇨ **脳中心主義**

**マッソン円板**［Masson disk］ 明度の知覚の閾値を測定する用具。円板を回転させると，いくつかの灰色の同心円が現れる。中心が最も黒く，周辺にいくほど白くなる。白い背景と見分けがつかない灰色の縁が閾値である。［フランスの物理学者のマッソン（Antoine-Philibert Masson: 1806-1860）による］

**末端動原体染色体**［acrocentric chromosome］　動原体が端部近くにある染色体。そのため染色体の片方の腕はもう一方よりも短くなる。末端動原体染色体は他の染色体と比べて非常に小さいことがあり，**ネコ目症候群**などの疾患において付加的な遺伝物質として生じることもある。

**マッチング仮説（釣り合い仮説）**［matching hypothesis］　自分自身と同レベルの身体的魅力のある人と関係を形成する傾向があるという提案。この類似性は，友人同士よりも恋愛関係にあるカップルで大きい傾向があることが研究によって示されている。後者の場合，マッチング仮説は，男性ではある程度成立するものの，女性では成立しない。

**マッチングテスト**［matching test］　あるリストの項目と最も適合する項目を他のリストから選ばせるテスト。

**マッド・ハッター病**［Mad Hatter's disease; Mad Hatter's syndrome］　慢性的な水銀中毒によって引き起こされる状態で，精神状態の変化，情緒障害，胃腸障害，および足の衰弱あるいは部分的まひが特徴である。精神病や行動の変化，過敏症，他の徴候も引き起こす。

**松葉づえ**［crutch］　一般的に金属または木で作られた装置の名称。下肢の機能不全またはその他の問題がある人々の歩行を補助するように設計されている。最も単純な松葉づえの型は2つの平行な長い柄で構成され，地面につく方に向けて細くなっていき，反対側の方は脇の下にあてるもので，中間の横木は持ち手の機能がある。

**マッハ－ドボラック立体錯視**［Mach-Dvorak stereoillusion］　振り子のように，実際は2次元平面上を運動する刺激に奥行きを知覚する錯視。この錯視は，両眼で同時に運動を観察するのではなく，片眼ずつ継時的に運動を観察することによって生じる。両眼間の遅延が，視覚系にとって通常の奥行き手がかりである**両眼視差**と解釈される。⇨ **プルフリッヒ効果**　［マッハ（Ernst Mach），ドボラック（Vinko Dvorak: 1848-1922）による］

**マッハの帯**［Mach bands］　2つ以上の隣接した長方形の，明るさが異なる灰色刺激ないし帯によって生じる**対比錯視**の例。暗い帯に隣接する明るい帯の部分は，明るい帯の残りの部分よりも明るく見える。一方で，明暗帯間の境界に沿った暗い帯の部分は，暗い帯の残りの部分より暗く見える。［チェコ生まれのオーストリアの物理学者マッハ（Ernst Mach: 1838-1916）による］

**マッハのカード**［Mach card］　表面の明るさ知覚に影響する要因を証明するために用いられるカード。灰色のカードが本のように真ん中から折られ，凸面が観察者に向くように置き，左右どちらかから照らす。すると，カードの照明に近い側の方が反対側よりも物理的には明るいにも関わらず，左右の明るさが大体同じに見える。これは**明るさの恒常性**の例の一つである。しかしながら，片眼で観察した時には，カードの凹凸が曖昧になるため，カードが凹に知覚される場合には，凸に知覚される場合よりも照明から離れた側が突然暗く見える。［マッハ（Ernst Mach）による］

**マッハの実証主義**［Machian positivism］　チェコ生まれのオーストリアの物理学者マッハ（Ernst Mach: 1838-1916）によって展開された，**実証主義**の主観主義的形態。マッハは，他の実証主義者と同様，知覚体験は知識の基盤であると主張した。しかし，他の多くの実証主義者とは異なり，彼は，感覚は正確に**外界**の現実を表しているわけではないと主張した。それゆえ，この反実在論的観点からすると，経験的知識は主観となる。

**マドックス杆検査**［Maddox rod test］　眼筋のバランスのテスト。被験者がガラス杆越しに光源を見ると，その光は線状に変換される。両目によって知覚される画像の違いは**斜位**の度合いを示す。［イギリスの眼科医マドックス（Ernest Edmund Maddox: 1860-1933）による］

**マトリクス**［matrix］　何かを取り込み，生み出し，発展させる環境や母体。

**マトリクス組織**［matrix organization］　組織のメンバーが役割（たとえば，マーケティング，生産，研究開発，技術）だけではなく，従事している生産物やプロジェクトによってグループ化されているような組織構造。マトリクス組織で働く者は，役割上の上司と，プロジェクトの上司の両方の監督下にある。⇨ **命令系統の統一**

**間とリズムの障害**［time and rhythm disorders］　音声や発音の間の取り方に関連した会話や言語の問題。言語の反復，延びた発音，吃音などが含まれる。この障害は，しばしば機能的なものであり，自責感によって複雑化しやすい。心理療法と発話訓練を併用して治療が行われる。心理学的には，（吃音を中断する）取り消し，故意の吃音，流暢な発話に対する強化，報酬などの技法が用いられる。

**マナー**［manners］　敬意を示し，礼儀正しく，社会的に認められた方法の行動。マナーは，文化によっておおいに異なり，ある社会の中の階級やサブカルチャーの間でも異なることがある。

**学び方の学習**［learning to learn］　学習する材料を毎回変えて，ある課題を繰り返し練習すること。この練習は，新奇な学習材料を学ぶ能力を促進する。ハーロー（Harry F. Harlow）は，サルに対象ペア間の弁別を教えることによって，学び方の学習を実証した。そのサルは，最終的に新しい弁別を素早く学習することが得意になり，時には一度の試行でも学習することもあった。⇨ **学習の構え**

**マニュアル化された療法**［manualized therapy; manual-assisted therapy; manual-based therapy］　状況，セラピスト，クライエントが違っても一貫した治療方法が行われる可能性を最大にするよう，具体的なガイドラインに従って行われる援助。

**マネジメント開発**［management development］　管理職や役員の地位にある人が効果的に役割を遂行できるよう，その有効性を改善するためのプログラム。研修，カウンセリング，社内指導教育，**管理職コーチング**，さらに，**ビジネスゲーム**や他のロールプレイ技法といった様々なタイプの介入（interventions）が関連する。⇨ **職業訓練**

**マノプトスコープ**［manoptoscope］　利き目の優位性を測る中空の円錐状の計器。円錐の大きいほうの口を両眼に当て，もう一方の穴を通して，小さい対象を見る。その後，交互に片目をつむり，見えるほうの眼が利き目である。

**マハラノビスのD²**［Mahalanobis D²］　多次元空間における点の間の距離の測定単位。［インドの統計学者マハラノビス（Prasanta Chandra Mahalanobis: 1893-1972）による］

**まひ**［paralysis］　随意筋の機能喪失のこと。一般的な原因は，怪我，病気または先天性要因のための神経系もしくは筋肉組織の障害である。この障害は脳卒中などでみら

れるように中枢神経系が，もしくは**ギラン・バレー症候群**などでみられるように末梢神経系が関与することがある。
⇨ **弛緩性まひ，痙性まひ**

**マプロチリン**［maprotiline］　三環系抗うつ薬に極めて類似した四環系抗うつ薬。三環系薬物同様，副作用として**抗コリン作用**があり，心臓リズムに重篤な障害を引き起こす。このためアメリカでは最近の臨床でほとんど用いられなくなった。商品名はルジオミール（Ludiomil）。

**魔法**［magic］　**強迫性障害**のある人が，特定の数を思い出したり特定の儀式を行って，不安を鎮めようとすること。⇨ **呪術思考**

**魔法の円**［magic circle］　通常，子どもに対して使用される集団技法（group technique）である。子どもは円形に集まり，個人の問題や興味について議論する。学校で使用されているのは，アメリカの精神科医グレイサー（William Glasser: 1925- ）が学習の動機づけを高めるために開発したものである。

**摩耗**［attrition］　実験，あるいは臨床試験における参加者の拒否やドロップアウトのこと。実験上の摩耗（experimental attrition）とも呼ばれる。

**麻薬中毒**［narcomania］　**1.** 麻薬の長期乱用による精神障害の名称。**2.** 麻薬が痛みや不安を取り除くという異常な願望。

**麻薬中毒者更正会**［Narcotics Anonymous: NA］　薬物中毒への支援を求める人々のためのアメリカの自助組織で，**12のステップ**に基づいており，**アルコホーリクス・アノニマス**の後にモデル化された。会員になるための資格は，薬物使用をやめたいという願望だけである。

**麻薬文化**［drug culture］　1つ以上の種類の麻薬の習慣的な乱用，一般的にはハシシ（大麻樹脂），コカイン，ヘロイン，LSDのような違法薬物，あるいは意識変容状態を生み出す他の物質を習慣的に使用する人々の諸活動および生活様式のこと。

**マラソングループ**［marathon group］　長期間にわたり（通常，6時間～数日まで様々），世間から離れて行われる**エンカウンターグループ**。単回の長期セッションは，短期で断続的に行われる一連のセッションに比して，時間経過とともにより強烈な相互作用を引き出し，親密さやシェアリングの強い感覚を育て，感情の自由な表現を促すという理論に，マラソングループは依拠している。グループはしばしば，一つまたは関連する一組の問題に取り組むために構成される。⇨ **時間延長法**

**マラプロピズム**［malapropism］　ある単語を似たような音の別の単語と間違えて使う言語使用の誤り。「（キャミソールの間違いで）彼女はクリームキャセロール（鍋料理の一種）を着ていた」，「（パルメザンの間違いで）私はマジパン（洋菓子の一種）がないとパスタを食べられない」など，滑稽さが生まれることが多い。この用語は，シェリダン（Richard Brinsley Sheridan）の演劇『The Rivals（恋がたき）』（1975）の登場人物であるマラプロップ夫人の発話が，この種のばかげた誤りだらけであったこことから，彼女の名前をとって命名された。

**マリア崇拝**［marianismo］　多くのラテンアメリカやヒスパニック文化における理想化された女性像であり，その特徴は，従順，無欲，貞節，女らしさ，男らしさの受け入れである。処女マリアを起源としていることは間違いないが，カトリック教会の宗教的立場と混同してはならない。

**マリネスコ-シェーグレン症候群**［Marinesco-Sjögren syndrome］　白内障，低身長，**小脳性運動失調症**（随意運動の協調障害）および精神遅滞が特徴的な常染色体劣性遺伝疾患。患者は両眼の白内障となる。非常に頭部が小さくなることもある（⇨ **小頭症**）。小脳性運動失調症は乳児期に明らかとなる。また，軽度から中等度の精神遅滞がみられる。中年期までは問題なく生活できるが，進行性の筋力低下のためにしばしば歩行不能となる。［1930年代にルーマニアの神経学者のマリネスコ（George Marinesco: 1864-1938）とスウェーデンの内科医のシェーグレン（Torsten Sjögren: 1896-1974）によって報告された］

**マリマリ**［mali-mali］　フィリピンでみられる**文化依存症候群**で，ラタ（latah）と類似した症状を伴う。

**マルクス主義**［Marxism］　ドイツの思想家マルクス（Karl Marx: 1818-1883）に由来する哲学思想・経済理論。マルクス主義がなんであるかについては論争が絶えないが，社会制度全般を規定する意味での経済活動および経済の基盤をなす労働力の重視，資本主義の欠点の指摘，理想主義的な公平性の展望などは共通している。マルクス主義は，共産主義などいくつかの革命的な動きを触発し，思想的な基盤とされた。⇨ **階級理論，弁証法的唯物論**

**マルクス主義的フェミニズム**［Marxist feminism］　女性に対する差別を労働者階級に対する抑圧と関連する構造的および普遍的なものととらえる**フェミニズム**の一つの立場。女性に対する差別を経済的側面からとらえ，差別に対して，マルクス主義に従って対策を講じる。⇨ **マルクス主義，急進的フェミニズム**

**マルコフ連鎖**［Markov chain］　一連の状態の系列において，ある状態はその直前の状態のみによって決定され，しかも，その生起の確率分布が一定である過程を指す。［ロシアの数学者マルコフ（Andrei Markov: 1856-1922）による］

**マルコム地平線**［Malcolm horizon］　人間工学的法則に基づいた飛行計器における改良のことで，画面の地面の様子がコックピットまで広がる。これにより，小さな角運動の検出が容易になる。［カナダの飛行士のマルコム（Richard Malcolm）による］

**マルサス理論**［Malthusian theory; Malthusianism; Malthus theory］　イギリスの経済学者マルサス（Thomas Malthus: 1766-1834）によって提唱された理論であり，仮に飢餓や戦争や道徳上の制限による繁殖の抑制によって人口成長が抑制されなかった場合，人口或長の急激な増加は食糧供給量の計算上の増加量を超えるという恐ろしい結末を示したものである。マルサス理論は西洋における産業主義の発展の影響によるものと立証された。しかし，彼の見解は依然として影響力がある。⇨ **新マルサス主義**

**マルチスキル**［multiskilled; multiskill］　**1.** 2つ以上の専門領域で熟達レベルを示すこと。**2.** 同時に2つ以上の課題をこなす能力をもつこと。

**マルチフィリア**［multiphilia］　短期間に複数の性的関係を結ぶことに関心をもつこと。永続的な関係や関与は望まない。

**マルチプル・ロールプレイング**［multiple-role playing］　集団の**ロールプレイ**を含んだ**マネジメント**開発手法。まず，大きな集団が複数の小集団に分割される。小集団は，一列

に並んだ3人と，その真後ろに座った3人の，計6人から構成される。それぞれの小集団には同じ問題が与えられ，成員には意思決定過程における6つの役割が割り当てられる。グループが出した答えは大きな集団全体に報告される。⇨ **ビジネスゲーム**，**ケースメソッド**，**会議式教育法**，シナリオ分析

**マル・デ・オホ**［mal de ojo; Puerto Rican syndrome］地中海地域で多数報告される**文化依存性症候群**。発熱，睡眠障害，胃腸障害を特徴とする。通常は大半が子どもにみられる。

**マルファン症候群**［Marfan's syndrome］　結合組織の**常染色体優性**遺伝疾患。血管と骨格と眼が障害される。一般的な症状には，不自然な高身長，長い手指と足趾（クモ指），関節弛緩，脊椎弯曲，胸骨突出（鳩胸），水晶体転位がある。胸部大動脈も拡大し，大動脈弁閉鎖不全を伴うこともある。［フランスの小児科医マルファン（Antoine Bernard-Jean Marfan: 1858-1942）による］

**マルベの法則**［Marbe's law］　**言語連想検査**において個人におけるある単語に対する連想の速さは，その組合せの連想をする人が多ければ多いほど速くなるという法則。［ドイツの心理学者マルベ（Karl Marbe: 1869-1953）が唱えた］

**マーロウ・クラウンの社会的望ましさ尺度**［Marlowe-Crowne Social Desirability Scale: M-C SDS］　参加者が自分をよく見せようとする態度で質問に答える程度を評価しようと試みる，広く使用されている心理尺度。テスト得点は，人々がいつも正直であるとする研究よりも，社会的に望ましい方向に行動を偏らせる傾向のある研究で多く使用される。現在は様々な形式で利用できるが，1960年当時に開発されたマーロウ・クラウンの社会的望ましさ尺度は，参加者が「あてはまる」「あてはまらない」で回答する，33の自己記述文（例，「私は時々頼み事をしてくる人にいらいらする」）で構成されていた。［アメリカの心理学者マーロウ（David Marlowe: 1931- ）とクラウン（Douglas P. Crowne: 1928- ）による］

**マロトーラミー症候群**［Maroteaux-Lamy syndrome］結合組織と骨格発達の遺伝疾患で，ムコ多糖類代謝異常（mucopolysaccharidoses）の一つである。体幹と四肢の小人症が特徴的で，頭蓋の縫合の癒合の遅れや顔面骨の発達不全のある人もいる。精神遅滞と難聴がしばしば合併する。VI型ムコ多糖症（mucopolysaccharidosis VI），全身ムコ多糖症（systemic mucopolysaccharidosis）とも呼ばれる。［フランスの遺伝学者マロト（Pierre Maroteaux: 1926- ）と内科医ラミー（Maurice Lamy: 1895-1975）による］

**まわりを動き回る**［milling around］　エンカウンターグループにおける初期段階。この時期，参加者は，新たに会う人，新たな対人関係過程を避けるために，あたりさわりのない話題を話し合う。

**慢性アルコール依存**［chronic alcoholism］　習慣的な，長期間にわたるアルコール依存のこと。⇨ **アルコール依存**，**ガンマアルコール依存症**

**慢性運動性または音声チック障害**［chronic motor or vocal tic disorder］　DSM-Ⅳ-TRにおいて，運動性チックまたは，音声チック（両方ではない）を特徴とする**チック障害**が1年以上みられ，その間のチックのない期間が3か月以下であること。この障害は18歳以前に発症する。⇨ **トゥレット障害**

**慢性気分障害**［chronic mood disorder］　**気分変調性障害**，または**気分循環性障害**のような気分障害のこと。症状が軽減することはめったにない。

**慢性疾患**［chronic illness］　長期間持続する病気のこと。心疾患，癌，糖尿病，関節炎など，多くの主要な疾患や状態を含む。慢性の病気に対応する場合，治療や生活の質の保持に対するアドヒアランスの保証を含む疾患管理が重要である。

**慢性心的外傷後ストレス障害**［chronic posttraumatic stress disorder］　**外傷後ストレス障害**の一つ。初発の時期を問わず，症状が2年以上持続するときにこの診断がなされる。

**慢性精神疾患**［chronic mental illness］　長期間続く精神疾患のこと。

**慢性精神病**［chronic psychosis］　**1.** 長期間続く妄想または幻覚の状態のこと。**2. 慢性統合失調症**の旧式名称。**3.** 歴史的には，認知，気分もしくは感情，行動における不可逆的な障害を指す。

**慢性躁病**［chronic mania］　無期限に続く躁病の状態のこと。

**慢性チック障害**［chronic tic disorder］　1年以上続くチック障害の総称。⇨ **慢性運動性または音声チック障害**，**トゥレット障害**

**慢性的介護**［chronic care］　長年にわたって健康管理に問題のある患者に対する長期の介護や治療。

**慢性的自殺願望**［chronically suicidal］　本気で自殺を考えたり，自殺の計画をたてたりするような，様々な自殺企図やそれに関連した経歴をもつ個人を表したもの。このような経歴は**境界性パーソナリティ障害**の人物によくみられる。

**慢性統合失調症**［chronic schizophrenia］　妄想型，解体型，緊張型，鑑別不能型といった型の統合失調症のこと。これらの症状は長期間にわたって持続し，一般的に治療に抵抗を示す。これは**急性統合失調症エピソード**と反対のものであり，急性統合失調症エピソードの症状は激しいものであるが一過性のものである。

**慢性疼痛**［chronic pain］　医学的，薬理学的な治療を行っているにも関わらず，組織の障害，病気や感情的トラウマによって生じる痛みのこと。認知要因と信念がリハビリテーションの経過と主観的な痛みの経験に影響を及ぼす。また，もし治療されていない場合，不適応な逃避行動や家族問題を引き起こす可能性がある。

**慢性動物実験モデル**［chronic preparation］　ある実験的処理を受けた動物のこと。処理は外科的で永続的なものが多く，長期間にわたって観察される。⇨ **急性試料**

**慢性の**［chronic］　長期間にわたって持続，あるいは進行し，治療に抵抗する状態や症状の名称。⇨ **急性の**

**慢性脳障害**［chronic brain disorder］　脳損傷によって引き起こされるか，もしくはそれに関係するあらゆる障害を指し，脳機能（認知，運動神経，感覚，感情）の一部あるいは複数の領域において持続的な機能障害をもたらす。そのような障害は，外傷，脳卒中，感染症，変性疾患，その他多くの病気によって生じる。古い文献では，これらの障害を慢性脳症候群（chronic brain syndrome）と表現している。

**慢性疲労症候群**［chronic fatigue syndrome: CFS］　疲労，身体活動の減少，そして筋肉が弱くなる，リンパ節の腫れ，頭痛，のどの痛み，しばしば憂うつなどのインフルエンザのような症状を特徴とする病気。その状態が何年も続く場合もある。原因は不明である。

**慢性不安**［chronic anxiety］　持続的で広汎な，不安な気持ちを伴う状態。不安障害の諸側面と関連づけて考えられることもある。**全般性不安障害**の統制不可能な心配や，**パニック障害**のパニック発作への恐怖，**強迫性障害**の強迫観念が含まれる。

**慢性閉塞性肺疾患**［chronic obstructive pulmonary disease; chronic obstructive lung disease: COPD］　肺疾患の一つ。最も一般的なものは慢性気管支炎や肺気腫であり，肺組織の損傷や肺胞（空気の袋）肥大により気流量が減少することが特徴である。咳，喘鳴，息切れがみられ，喫煙，他の刺激物質や汚染物質，肺感染症，遺伝的要因による。慢性閉塞性肺疾患患者はしばしば抑うつ，不安，性機能の問題を経験したり，また，時に脳への慢性的な酸素の不足と関連する認知神経心理学的問題を抱えることもある。薬物療法に加え，行動的介入（たとえば，禁煙の練習），心理療法，精神作用薬による治療はこの状態の患者には効果がある。

**マンセル表色系**［Munsell color system］　主に科学，工業や技術のために考案された色の表記方法の一つ。マンセル表色系は色の明るさ，彩度や色相の正確な同定および特定のために数字表示を用いる。［アメリカの芸術家マンセル（Albert H. Munsell: 1858-1918）による］

**満足化**［satisfice］　特定の状況における要求は満たすが，理論上は最適の選択ではないような選択肢を選ぶこと。経済学における満足化行動（satisficing behavior）仮説とは，**限定合理性**の制約を前提とすると，経済的主体は最適水準ではなく満足のいく水準の利潤や効用を求めるという仮定である。［アメリカの社会科学者サイモン（Herbert Simon: 1916-2001）が定義した］

**満足の遅延**［delay of gratification］　未来のより大きな，より望ましい，あるいはより嬉しい報酬のために，即時的な報酬を捨てること。⇨ **即時の満足**

**マンド**［mand］　言語学において，話者が聞き手に対して何かを要求する**発話**のこと。「聞いてください」や「塩を取ってください」などが，その例である。行動主義者による言語の分析によれば，この形式の**言語行動**は聞き手がそれに従うことで強化される。⇨ **行動主義**　［"command"と"demand"に基づくスキナー（B. F. Skinner）による造語］

**マントラ**［mantra］　**1.** ヒンドゥー教や仏教の祭詞や讃歌。**2.** 精神的・宗教的目的，または瞑想のために用いられる定型的な言語表現。雑念を取り除き，リラックスした状態を生じさせることで，意識の深いレベルに達しやすくする。真言。⇨ **集中瞑想，超越瞑想**

**マンドレイク**［mandrake］　植物 Mandragora officinaum の根茎などで，伝統的に麻酔薬，催淫薬，幻覚薬として，また，ぜんそく，百日咳，胃潰瘍などの民間治療薬として用いられた。マンドレイクという名称は，根が人の形に似ることに由来するといわれ，竜を意味する古英語である-drakeは，この植物がもつとされる魔力を示す。ナス科の植物であり，抗コリン性アルカロイドである**スコポラミン**，マンドラゴリンおよびヒヨスチアミンを含有する。これらは有毒であり，致死作用を有する。中毒症状は，顔面紅潮，散瞳，粘膜乾燥，口内乾燥などであり，視覚障害，幻覚，落ち着き欠如，興奮，せん妄に進展し，呼吸不全により死に至る場合がある。

**マンネリズム**［mannerism］　その人特有の動作や表情，言語習慣。

**満腹感欠如**［acoria; akoria］　**多食症**の一つの形態で，過剰な食欲と満腹の感覚の喪失を特徴とする。⇨ **神経性過食症**

**マン-ホイットニーのU検定**［Mann-Whitney U test］　2つの独立標本の母集団が同一であるかどうかをデータの数値の大小関係を用いて検定するノンパラメトリック検定。［オーストリア生まれのアメリカの数学者マン（Henry Berthold Mann: 1905-2000），アメリカの統計学者ホイットニー（Donald Ransom Whitney: 1915- ）による］

# み

**見合い婚**［arranged marriage］ 両親，両親の身内，文化あるいは社会集団において力ある年長者などによって計画され契約される結婚。恋愛結婚の概念と対照的に，見合い婚が規範化される文化において結婚は，概して，単に2人の個人の間のみならず，2つの親族集団の結合としてみなされる。

**ミアンセリン**［mianserin］ ミルタザピンと類似した構造と作用をもつ抗うつ薬。ミアンセリンはいくつかの国で流通している（商品名はテトラミド）。

**ミエリン**［myelin］ 多くの神経細胞軸索の周りにある絶縁性の**ミエリン鞘**を形成する物質。主たる成分はリン脂質で，それとミエリンタンパク（myelin proteins）が含まれる。脳の**白質**の白さはこのミエリンの色のためである。

**ミエリン鞘**［myelin sheath］ 多数の軸索（⇨ **有髄線維**）の周囲にある絶縁性の層。神経インパルスの伝導速度を速める。**ミエリン**からなり，**神経膠**の近くに位置して，隣接する軸索に巻き付いている。ミエリン鞘は**ランヴィエ絞輪**と呼ばれる小さな隙間により，軸索に沿っておよそ1 mm間隔で分断されている。髄鞘（medullary sheath）とも呼ばれる。

**ミオクローヌス**［myoclonus］ 急速な，不随意的な筋肉運動のこと。入眠時に手足やその他の体の一部が突然痙攣するというように，正常時でも生じ（⇨ **夜間ミオクローヌス**），異常な状態では，**クロイツフェルト・ヤコブ病**，**ミオクローヌス発作**やその他の神経障害で生じる。単一の筋肉群に限定されるか，無関連の筋肉群において同時もしくは連続して生じる。

**ミオクローヌス運動**［myoclonic movements］ 急速に生じる不随意の筋肉痙攣で特徴づけられる運動。⇨ **ミオクローヌス**

**ミオクローヌスてんかん**［myoclonic epilepsy; myoclonus epilepsy］ **ミオクローヌス発作**，あるいは**ミオクローヌス**に特徴づけられるてんかん。

**ミオクローヌス発作**［myoclonic seizure］ 素早い不随意筋肉痙攣を特徴とする発作。**全般発作**の稀なタイプである。

**ミオシン**［myosin］ アクチンとともに働き，**筋線維**を形成する収縮性タンパク質。**筋収縮**を調節する。

**ミオパチー**［myopathy］ 先天的，または後天的な筋肉障害。筋繊維の機能異常が関連する。**神経筋接合部**における機能異常がみられる**重症筋無力症**もこの一例である。この障害名は，ミオパチーの種類やその要因を特定する形容詞がつけられる。たとえば，要因を示す**急性アルコール性ミオパチー**と遺伝性ミオパチー（hereditary myopathy），部位を示す眼筋性ミオパチー（ocular myopathy）などである。

**未解決**［unresolved］ 心理療法において，いまだ十分に自己受容されたり，理解されたりしていない情緒的・心的葛藤のこと。

**味覚**［gustation］ 味の感覚のこと。味は，化学的な外的世界と生化学的な内的世界とを接続する。有機体における栄養の欲求と毒からの防御に役立つ。

**味覚過敏**［hypergeusia］ 味覚に対して敏感であること。

**味覚系**［gustatory system; taste system］ **味覚刺激**に対する有機体の検出と反応を含んだ主要な構造とプロセスのこと。味覚系は，**乳頭味蕾**，**味覚細胞**，**味情報伝達機構**，神経刺激や神経経路（⇨ **大錐体神経**），脳機能（⇨ **一次味覚野**，**二次味覚野**，**孤束核**，**視床味覚野**）を含む。味覚系の反応は，欲求や経験による有機体の生理機能によって広く修正されうる。

**味覚計**［gustometer］ 味について，既定の量と濃度を舌に提示する機器のこと。

**味覚嫌悪**［bait shyness; taste aversion］ ある食物を摂取することで胃部不快感などの有害な影響が生じ，結果として食物に対する回避行動が学習されること。一度学習された回避行動は迅速に効果を発現する（しばしば一回の試みで生じる）。不快な影響が食物摂取直後ではなく，数分後もしくは数時間後に出現しても回避行動は持続する。⇨ **条件性味覚嫌悪**

**味覚細胞**［taste cell］ 味覚刺激を受け取る受容器。それぞれの細胞が，**味蕾**の穴から突き出ている髪のような伸長（⇨ **微絨毛**）をもつ。個人差はあるが，ヒトには約30万個の味覚細胞がある。1つの味蕾につき約50個の味覚細胞がある。味覚細胞は4つの解剖学上の種類に分けられる。I型細胞は全体の60%，II型細胞は20%，III型細胞は15%，IV型細胞は5%を占める。IV型細胞以外は**味情報伝達機構**に関係すると考えられている。⇨ **味覚ニューロンタイプ**

**味覚刺激**［gustatory stimulus; sapid stimulus; taste stimulus］ **味覚細胞**を活性化できる化学物質のこと。味覚刺激には，糖類（**甘味**），ナトリウム（**塩味**），重元素（苦味や稀に甘味），酸類（**酸味**），アルカロイド（苦味），グルタミン酸ソーダ（**旨味**）などがある。

**味覚失認**［gustatory agnosia］ 経験があるにも関わらず，味覚刺激を同定あるいは識別できないこと。

**味覚順応**［taste adaptation］ **味覚系**に連続的に提示された刺激に対して感度が低下すること。刺激の数分後には完全に順応し，知覚が失われうる。最初の刺激に順応した後，第二の刺激の知覚が低下した度合いを評価することにより，2つの刺激が同一の受容器を用いているかどうかを調べることができる。

**味覚障害**［dysgeusia］ 味覚の異常。このような味覚の歪みは妊娠中やてんかん性の発作に先行して生じ，精神病や摂食障害の症状として生じる。⇨ **味覚鈍麻**

**味覚消失**［ageusia; aguesia］ 味覚異常の一種。味を感じる能力を失うこと。その原因には，味覚受容体の未形成，外傷，疾病，加齢による味覚受容体の喪失，中枢神経系へ味覚情報を伝達する知覚神経の損傷が含まれる。

**味覚特性**［gustatory qualities］ 味覚について，人が感じることのできる範囲のこと。多くの場合，**甘味**，**塩味**，**旨味**，**酸味**，**苦味**などの基礎的な分類がなされるが，味感覚のすべての範囲については，これらの分類を越えてしまうと考えられる。

**味覚鈍麻**［hypogeusia; hypoageusia］ 味の感覚が低下

していること。

**味覚ニューロンタイプ**［gustatory neuron types］ 末梢神経系や中枢神経系の味覚ニューロンが基本味に対する選好によって分類されるカテゴリー。哺乳類では味覚ニューロンの約40％が甘味に最もよく応答し，35％が塩味に，20％が苦味に，5％が酸味に応答する。

**見かけ**［apparent］ 1. 見せかけの謙虚さ（apparent modesty）のように，うわべ，もしくは錯覚によるもの。2. 物理学において，観察した状態が現実の物理的状況に一致しないこと。たとえば，視運動（apparent motion）は，観察対象の移動ではなく，観察者自身の移動によってもたらされる運動知覚のことである。

**見かけと本当の区別**［appearance-reality distinction］ 物体の外観が必ずしもその本質と一致しているわけではないという知識。たとえば，岩のような形をしたスポンジは岩のように見えるが，実際にはスポンジである。3歳以下の子どもは，見かけと本当の区別をすることが難しいと考えられる。

**見かけの大きさ**［apparent size］ 刺激の知覚上の大きさのこと。知覚上の大きさは，網膜上の刺激の大きさ以外にも様々な要因によって規定されるが，最も重要な要因は観察者から物体までの知覚上の距離である。⇨ **大きさの恒常性**，**大きさ手がかり**

**見かけの距離**［apparent distance］ 観察者からある物体までの知覚上の距離のこと。物体像により範囲を定められる**視角**は，物体の見かけ上の距離にとって強力な手がかりではあるが，完全な手がかりとはいえない。

**見かけの現在**［specious present］ 特定の感覚印象と心的な出来事により特徴づけられる，明瞭で"瞬間"に経験される，つかの間の現今。この特定の瞬間存在は"現在"と呼ばれているが，それは実際には見せかけだけなのである。なぜなら，（a）時間は連続的に継続しており，（b）その瞬間の現在はとても短いので，体験できないからである。⇨ **心理的瞬間**，**タイムレスモーメント**

**見かけの光度**［apparent magnitude］ 物体の**明るさ**のことで，物体の**視感度**と観察者からの物体の距離に依存する。

**未完の話**［unfinished story］ **投映法**の一つ。参加者はロールプレイ，話し合い，記述によって，ある話を完成させることを求められる。参加者の関心や心配事についての情報を明らかにすることを目的としている。

**右利き**［right-handedness］ 食べる，書く，投げるなどの主要な動作において右手を好んで使うこと。**右利き性**の人の一部で，およそ90％の人が右利きである。⇨ **側性**，**左利き**

**右利き性**［dextrality］ 運動時に身体の右側を使おうとする傾向。⇨ **左利き性**

**右半球**［right hemisphere］ 脳の**大脳**または**小脳**の右半分。2つの**大脳半球**の機能はやや異なる。たとえば，ほとんどのヒトは右半球が空間的注意に大きな役割を果たしている。⇨ **半球側性化**，**左半球**

**右半球意識**［right-hemisphere consciousness］ 発語伝達制御能はないにせよ，左半球のように右半球にも意識があるとする仮説（⇨ **左半球意識**）。右脳は総括的かつ非線形で空間的，超律的認識に特化していると仮定されている。［スペリー（Roger Sperry）が用いた用語］

**ミクロ社会工学**［microsocial engineering］ 責任，義務，違反への制裁，遵守へのボーナスを通して行動契約が成立している家族成員の間における衝突回避のテクニックのこと。

**ミクロトーム**［microtome］ 組織を薄片に切り出すための装置。たとえば，顕微鏡を用いた検査をするために脳の切片を準備するときに用いられる。

**ミクロ人間工学**［microergonomics］ オペレータと機械の接点やそれらの連携に関する詳細な分析に焦点を当てる**人間工学**のアプローチ。⇨ **マクロ人間工学**

**味孔**［taste pore］ 味蕾の先端にある6μmの開口部。化学物質を抽出するために，味蕾を通して50個の味覚細胞の**微絨毛**が突き出ている。

**ミシガンアルコール中毒スクリーニングテスト**［Michigan Alcoholism Screening Test: MAST］ 飲酒量の問題，アルコール乱用，アルコール依存の簡易式スクリーニング検査として広く用いられている。「お酒を飲むことに罪悪感を感じますか」「自分の意志でお酒を飲むのをやめられますか」など，25の「はい」-「いいえ」形式の質問からなる。10の質問からなるもの，13の質問からなるものなど，他にも様々な形式の質問紙がある。［1971年ミシガン大学でアメリカの精神科医セルツァー（Melvin L. Seltzer）によって開発された］

**未熟児**［prematurity］ 通常の胎児の発生過程が完了していない状態で生まれてくる場合のように，発生が不十分な状態のこと。未熟児は低体重で**呼吸窮迫症候群**や黄疸といった問題を抱えるリスクが高い。⇨ **出生前ストレス**

**未熟児網膜症**［retinopathy of prematurity: ROP］ 未熟児に起こる網膜の病気。重篤な場合，完全な網膜剥離（⇨ **網膜剥離**），失明に至る。最大の危険因子は低出生体重（1,000g以下）であり，妊娠期間の短さ，長期にわたる非経口栄養，無呼吸，敗血症，輸血，酸素療法も危険因子となる。

**ミス**［miss］ 信号検出課題において，信号が存在している場合に，参加者が信号がないと反応した誤りのこと。⇨ **誤棄却**，**信号検出理論**，**フォルス・アラーム**

**水占い**［lecanomancy］ 霊感や千里眼によって，鉢に入った水に浮かび上がる未来を占う方法。

**水がめ問題**［water-jug problems; water-jar problems］ 決められた量を量ることができるいくつかの水がめ（多くは3つ）を用いて，特定の量の水を量り分ける方法を問う一連の問題。たとえば，207ml，165ml，42mlの水がめを用いて，39mlの水を量る方法を問われる。［アメリカの心理学者のルーチンス（Abraham S. Luchins: 1914- ）と数学者・心理学者のルーチンス（Edith H. Luchins: 1922-2002）によって考案された］

**水恐怖症**［hydrophobia］ 水に対する持続的で非合理的な恐怖のこと。

**見捨てられ**［abandonment］ 両親や主たる養育者による扶養家族の放棄，もしくは遺棄をいう。見捨てられる人々は通常子どもであるが，病人や家族全員の場合もある。

**見捨てられ反応**［abandonment reaction］ 片方の親もしくは両親によって放棄や遺棄された子どもが経験する情緒剥奪の感情，援助の欠如感，孤独感のこと。見捨てられ反応は，依存していた最愛の人の喪失を経験した成人でも経験される。

**水疱瘡**［chicken pox; varicella］　発熱，頭痛，食欲不振や他の軽度な身体症状を伴い，皮疹を特徴とする感染性の高いウイルス性感染症のこと。子どもの水疱瘡を引き起こす水痘帯状疱疹（varicella zoster）ウイルスは，子どももしくは成人が水疱瘡や帯状疱疹に一度罹患していたとしても，成人の帯状疱疹を再び引き起こすことがある（⇨ **ヘルペス感染**）。一般的な神経学的合併症としては，急性**小脳性運動失調症**がある。脳神経まひも，水疱瘡感染に続き発症する可能性がある。

**水療法**［ablution］　激越状態にある患者を落ちつかせるために水を使用する方法。身体の周りに濡れたタオルを巻きつけたり，水に浸すなどする。向精神薬の出現に伴い用いられなくなり，現在はほとんど行われていない。

**未制御**［uncontrolled］　一連の研究において実施者において制御されない，あるいは測定されないこと。

**未成熟な科学**［immature science］　**通常科学**の発展的特徴を示す段階へは進んでいない科学のこと。［科学哲学者クーン（Thomas Kuhn: 1922-1996）が提案した］

**未成年者**［minor］　法的に成人ではない者のこと。

**見せかけ**［affectation］　双極性Ⅰ型障害の躁病相中に時折認められる，他者に良い印象を与えようとするわざとらしい態度のこと。

**見出語**［lemma］　言語学において，あらゆる屈折形とともに基本的な辞書形として考えられる単語。たとえば，見出語 be は be に加えて am, are, is, was, were, being, been からなる。

**ミダゾラム**［midazolam］　薬効が強く，持続時間の短い**ベンゾジアゼピン**。治療時の局部麻酔として使用される。静脈注射や筋肉注射，あるいはシロップ状にしたものを経口摂取させることで投与する。ミダゾラムは呼吸器の機能を抑制する可能性があり，半減期が短いので，特に，外科的な手術以外で使用する場合には呼吸器系と心臓の機能を継続的にモニタリングする必要がある。メンタルヘルスの現場ではほとんど使用されない。**デートレイプ薬**として使用されてきたともいわれている。アメリカでの商品名はベルセド（Versed），日本ではドルミカム。

**満ち足りた無関心**［la belle indifference］　他者が自分のことをどう思っているかということに対する関心の欠如。**転換性障害**でみられる。

**導かれた参加**［guided participation］　社会の成員の影響や社会文化的慣習が様々に組み合わさり，子どもや子どもなどの学習者に方向性や支援を与えるプロセス。学習者自身も学習のあり方を形成する。このプロセスは，正規の教育のときだけでなく，日常的なコミュニケーションの場においても生起する。⇨ **社会文化的視点**　［1980年代初頭に発達心理学者ロゴフ（Barbara Rogoff: 1950- ）によって提起された］

**導かれたパフォーマンス**［guided performance］　学習者が，情報を受け取ったり，エラーを最小化するための指導を受けることによって，学習に関する支援を受ける過程を指す。たとえば，教師が学習者の問題解決において，指導するなどがあげられる。

**未治療期間**［duration of untreated illness］　統合失調症において，発症から抗精神病薬を投与されるまでの期間，または他の種類の治療を受けていた期間を言う。統合失調症が治療されない時にどのような症状が現れるかを調べるために，あるいは，ある特定の治療法の有効性を調べるために研究されている。

**未知論証**［ad ignorantium; ad ignorantiam］　日常的な**誤謬**の一形式。もしくは，ある議論について，これまでに偽であると証明されていないという理由で真であると提議する説得技法のこと。したがって，それは無知への訴え（appeal to ignorance）であり，具体的に言えば，反対の証拠についての無知である。たとえば「UFOは存在する，なぜならば存在しないという証拠が見つかっていないからである」。［原語はラテン語で"知らないこと"を意味する］

**三つ組法**［method of triads］　3つの刺激を呈示し，それらの刺激の特性に基づいて観察者に3つの中から必ず1つの刺激を選択させる精神物理学的方法のこと。たとえば他の2つとは異なっているものを1つ選ぶ。

**ミッシングパーツテスト**［missing-parts test］　知能検査の一つ。被検者は，絵の欠落した部分を指摘するよう求められる。**スタンフォード・ビネー知能検査**や，**ウェクスラー成人知能検査**など，IQを測定する検査に含まれることが多い。

**密通**［fornication］　互いに結婚していない者同士の自発的な性行為。法的な定義づけは地域によって異なる。

**密度**［density］　1. 物質を構成する要素の緊密さ。不可入性の度合いを反映する。2. 1人当たりの物理的なスペースの量の尺度。高密度は，混み合っているという感覚や，より広い空間が必要だという心理的感覚を引き起こす。屋内の密度の指標は（一部屋当たりの人数など）一貫してネガティブな心理的影響を与える一方で，屋外での指標（1平方マイル当たりの人数）はそうした影響を与えない。⇨ **人口密度，社会的密度，空間密度**　3. 聴覚知覚において，**ピッチ**，音量や**音色**とは異なる，固さに関する**音の属性**を表す音の質のこと。4. 物理学における物質の単位体積当たりの質量のこと。

**密度関数**［density function］　確率分布を定義する数学的関数のこと。

**密度強度仮説**［density-intensity hypothesis］　過度に混雑した状況への心理的反応の説明のことで，**密度**は不快な状況をますます不快にする一方，快適な状況をより快適にするという仮定。［アメリカの心理学者フリードマン（Jonathan M. Freedman: 1952- ）によって提案された］

**ミツバチのコミュニケーション**［bee communication］　ミツバチが，一連の動きのパターンによって，食物や巣がある方角およびそこまでの距離について仲間とコミュニケーションをとること。その動きは，円形ダンス（round dance）と，尻を振りながら行う8の字ダンス（waggle dance）の2つからなり，ダンスの激しさで餌の相対的な質を表現する。重力の方向に対する8の字ダンスの直線部分の方向が，太陽の位置に対する餌の位置の方向を示す。このダンス言語（dancing language）は，しばしば，対象の時間的，空間的距離を伝えるためのミツバチの能力の例として引用されるが，他のシグナル（たとえばニオイ）が食物の位置を特定するのに同等に重要である可能性も指摘されている。

**三つ山課題**［three-mountains test］　**ピアジェ課題**であり，子どもの視点を査定するために用いられる。3次元的に並べられた3つの山のいろいろな位置に人形が置かれ，

子どもは人形からのように見えるかを説明する。8歳未満の子どもは，より単純な課題では他者の視点が自分の視点と異なることを理解できるが，この課題では正しく答えることができない。

**見通し**［forethought］ 他者の行動や行動の結果を予測する能力。バンデューラ（Albert Bandura）の**社会的認知理論**によると，見通しは学習行動中の重要な要素である。

**ミトコンドリア**［mitochondrion］ 主に細胞のエネルギーを生産する**細胞小器官**の一つ。ミトコンドリアは細胞内に最も多く存在し，高い代謝作用をもっている。ミトコンドリアは個体の DNA とは異なる自身の DNA をもっている（ミトコンドリア DNA）。

**ミニマックス戦略**［minimax strategy］ ゲーム理論における，考えられる最大の損失を最小限にしようとする戦略のこと。

**ミニメンタルステート検査（MMSE）**［Mini-Mental State Examination: MMSE］ 認知症の診断ツールとして認知機能を簡易診断するために広く用いられている検査のこと。この検査では，見当識に関する簡単な質問「今日は何曜日ですか？」への回答や記憶，注意，推論，言語に関する機能を調べるための単純課題「普段よく使うものの名前を3つ以上挙げてください」「紙を半分に折ってください」「意味の通る文章を書いてください」の遂行が求められる。

**ミニョン妄想**［Mignon delusion］ 血統妄想とも言う。子どもが自分の親を実は里親と考え，本当の親は著名な血統をもった人であると信じるような，家族ロマンス空想である。ミニョンという名称は，ゲーテの小説である *Wilhelm Meister's Apprenticeship*（1796）（邦題『ヴィルヘルム・マイスターの修業時代』）に登場する子どもの名前に由来する。

**ミネソタ多面人格目録（MMPI）**［Minnesota Multiphasic Personality Inventory: MMPI］ 1940年に初版が出版された**人格目録検査**で，人格診断の**自己報告**ツールとして最も広く用いられている検査である。メンタルヘルス，医療，薬物乱用，司法，企業内試験などのあらゆる分野において，心理学的不適応の指標として使用されている。オリジナルの検査は一般的な臨床的問題を反映した9つの下位尺度（心気症尺度，抑うつ尺度，ヒステリー尺度，精神病的偏奇尺度，男子性-女子性尺度，パラノイア尺度，神経衰弱尺度，統合失調症尺度，軽躁性尺度）に分類できる550項目で構成されている。検査者またはコンピュータによって検査の得点を算出し，虚偽傾向に関する判断とともに対象者の人格の特徴（プロフィール）を調べる。現在使われているのは，MMPI-2（1989）である。これは，オリジナル項目の改定や新しい尺度の導入によって「はい」-「いいえ」の答えを求める567項目から成っており，情緒的行動の問題と関連する症状，態度，信念を評価する。［アメリカの心理学者であるハサウェイ（Starke Rosecrans Hathaway: 1903-1984）と精神科医のマッキンリー（John Charnley McKinley: 1891-1950）によって初めて作られた］

**ミネソタ満足度質問票**［Minnesota Satisfaction Questionnaire（MSQ）］ ミネソタ大学で開発された**職務満足感**尺度。従業員が内的要因（たとえば，仕事自体）と外的要因（たとえば，賃金）に関する満足度を評価する。

**ミネラルコルチコイド**［mineralocorticoid］ 体組織のイオン濃度に影響を与え，塩分と水分の排出を調節を助ける**コルチコステロイドホルモン**の一種。ヒトにおいては**アルドステロン**が主なミネラルコルチコイドである。

**ミネルバ2**［MINERVA 2］ 個人的な経験（⇨ **エピソード記憶**）と抽象的な一般的事実（⇨ **意味記憶**）の両方の記憶を，数学的形式で記述する**グローバル記憶モデル**。［ヒンツマン（Douglas L. Hintzman: 1941- ）によって提唱された］

**未発表文献**［fugitive literature］ 学位論文，研究会での資料，出版物として提出していないか拒否された論文，研究報告書など，公的機関で文書が保管されておらず公開されていない研究成果のこと。

**見張り行動**［sentinel behavior］ 動物のグループ内の他の個体が採餌，休憩，社会的活動を行っている間，グループ内の1個体が，捕食者や敵を警戒するために見張る行動。共同繁殖種では，子どもをもつ個体同士が交代で見張り行動を行う。

**身振り言語**［gestural-postural language］ コミュニケーションがジェスチャーと姿勢に限られた言葉を用いない言語。

**身振りコミュニケーション**［gestural communication］ 考え，感情，動機などのメッセージの非言語的な伝達と理解を指す。

**未亡人-未亡人プログラム**［Widow-to-Widow Program］ 肉親との死別，悲嘆，喪の作業などに焦点を当てたピアサポート・プログラム。こうした活動では先駆的なもので，他の活動のモデルになった。このプログラムはアメリカのソーシャルワーカーであるシルバーマン（Phyllis R. Silverman）によって1964年に始められた。同じ喪失体験に苦しんでいる人たちによって，体験と同情が語られる。グリーフ・カウンセリングの専門家による支援や医学的治療を補うものである。

**見本合わせ（法）**［matching to sample］ **継時弁別**と**同時弁別**の両方を含む**条件性弁別**手続の一つ。毎回の試行は見本刺激の呈示で始まる。生物が見本刺激に反応すると，2ないしそれ以上の比較刺激が現れ，そのうち1つは見本刺激に対応している。見本に対応した刺激へ反応すれば強化子が呈示される。⇨ **恣意的見本合わせ，遅延見本合わせ課題，非見本合わせ**

**耳**［ear］ 1. 聴覚器官。ヒトや他の哺乳類では，**外耳，中耳，内耳**に分けられる。⇨ **聴覚系** 2. 外耳の出っ張り部分のこと。⇨ **耳介**

**耳硬化症**［otosclerosis］ 多孔質の骨組織が内耳の中で発達し，**あぶみ骨**が，内耳に接する卵円窓に付着した状態で動かなくなること。耳硬化症は，難聴が進んだものとされ，**小骨**が振動を鼓膜から内耳へと伝えられなくなる。遺伝の影響と考えられている。

**耳神経学**［otoneurology］ 聴覚に関わる神経科学研究。

**耳鳴り**［tinnitus］ 片方あるいは両方の耳に，キーン，ブンブン，カチカチなどの異音が聞こえること。原因は，**メニエール病**などの突発性障害，耳の受容器の異常，薬物の副作用（特に，三環系うつ薬），てんかんの前兆などが考えられる。心理学的要因によって生じることもある（⇨ **感覚性転換症状**）。

**味盲**［taste blindness］ フェニルチオカルバミド（PTC）またはプロピルチオウラシル（PROP）の苦味に

対して感受性が少ないこと．味盲は当初，単なる劣性遺伝形質であると考えられていたが，現在では苦味のみならず塩味や甘味にまで及ぶことが知られている．また，味盲は**味蕾**の数に関連する．

**脈**［pulse］心臓から血液が送り出されるのに伴い，動脈壁が周期的に収縮弛緩することに起因する圧力波のこと．表層の動脈において手動で検出でき，心拍数を測定するのに使われる．身体の各部での脈の強さ（足首など）は，循環が適正に起こっているかどうかの指標となる．

**脈管炎**［vasculitis］血管の炎症．

**脈波計**［sphygmograph］脈拍の強度，速さ，あるいはその他の特性を測るための装置．

**脈絡叢**［choroid plexus］一連の**脳室**のうち血管に富んだ部位であり，**脳脊髄液**の生産を司る．

**脈絡膜**［choroid layer; choroid; choroid coat］眼球の後ろ側を覆う組織の脈管係色素層．網膜と強膜の間にある．眼球の前側では**毛様体**の色素部に続き，迷光を吸収する．この血管は，網膜の光受容器に酸素と栄養を供給する毛細血管網である脈絡毛細管枝（choriocapillaris）を含む．

**ミュージシャンの痙攣**［musician's cramp］音楽家が経験する**職業性痙攣**の一つで，多くの場合，腕や手に生じ，演奏の妨げになる．電解質の平衡異常によって生じる．⇒**反復性疲労障害**

**ミュラー・アーバン・ウェイト**［Müller-Urban weights; Müller-Urban weighting; Urban's weights］測定値を正規分布に近似させるための最適な $h$（**精度の指標**）を定める精神物理学的方法．［ミュラー（Georg Müller）とアーバン（Frank M. Urban）による］

**ミュラー・アーバン法**［Müller-Urban method］**恒常法**によって得られたデータから**閾値**を推定する精神物理学的方法．この方法は，ドイツの実験心理学者・哲学者ミュラー（Georg Müler: 1850-1934）とアメリカの心理学者アーバン（Frank M. Urban）によって提案された，閾値の最良の指定値は度数分布を最もよく近似するS字状分布曲線の中央値である，という仮定に基づいている．

**ミュラー管**［Müllerian ducts］哺乳類の胚に存在する2本の管．胚内で睾丸ができなかった場合にはミュラー管はメスの生殖構造（卵管，子宮，膣上部）に発達する．⇒**ウォルフ管**［ドイツの解剖学者であるミュラー（Johannes Müller: 1801-1858）による］

**ミュラー管抑制ホルモン**［Müllerian-inhibiting hormone: MIH］出生前発達の初期に睾丸から放出されるホルモン．ミュラー管抑制ホルモンはミュラー管が女性生殖器に分化するの防ぐことによって，胎児のメス化を抑制する．抗ミュラー管ホルモン（anti-Müllerian hormone: AMH），ミュラー管抑制因子（Müllerian-inhibiting substance: MIS），ミュラー管退縮ホルモン（Müllerian regression hormone: MRH）とも呼ばれる．

**ミュラー擬態**［Müllerian mimicry］**擬態**の形態の一つ．毒があるなど潜在的に危険な2種類以上の種同士が似たような体の形状や体色をもつこと．捕食動物がそれらの種のうちの1匹からでも危険な経験をすれば，似たような種の動物をすべて避けるようになるので，模倣したすべての種を保護することができるようになる．［ドイツの動物学者ミュラー（Johann Friedrich Theodor Müller: 1822-1897）による］

**ミュラー線維**［Müller fibers］網膜上のすべての層を横断し支持する細長いグリア細胞．ミュラー細胞（Müller cells）とも呼ばれる．［ドイツの解剖学者であるミュラー（Heinrich Müller: 1820-1864）による］

**ミューラー・リヤー錯視**［Müller-Lyer illusion］矢じりの末端が互いに向き合っているか離れているかに依存して，直線の長さが異なって知覚されるという**幾何学的錯視**の一つ．矢じり錯視（arrowhead illusion）とも言う．［1889年にドイツの精神科医ミューラー・リヤー（Franz Müller-Lyer: 1857-1916）が初めて述べた］

**ミューラー・リヤー錯触**［haptic Müller-Lyer illusion］触れることができ，線の端が互いに向き合った矢じりの形になっている線分は，互いに外を向いている矢じりの形になっている線分よりも長く判断されるという錯触．⇒**錯触**［ドイツの実験心理学者ミューラー・リヤー（Franz Müller-Lyer: 1857-1916）による］

**ミュンスターバーグ**［Münsterberg, Hugo］ヒューゴー・ミュンスターバーグ（1863-1916），ドイツ生まれのアメリカの心理学者．ヴント（Wilhelm Wundt）に師事し，1885年にライプツィヒ大学にて博士号を取得．その後，1887年にハイデルベルグ大学で医学を学んだ．フライブルグ大学で教鞭をとった後，ジェームズ（William James）の招きにより，ハーバード大学の心理学研究室の教授を務めた．初期の研究は意思に関するものであったが，その後，**目撃証言**，嘘発見機，教育心理学，異常心理学，映像知覚の分析など，応用心理学の先駆けとなる研究を続けた．心理社会的要因が労働や産業に及ぼす効果を検討するなど，**産業・組織心理学**の分野のパイオニアでもある．著書に *On the Witness Stand*（1908），*Psychotherapy*（1909），*Psychology and Industrial Efficiency*（1913），*The Photoplay*（1916）などがある．彼は，自称米独文化大使でもあり，ドイツ人に対してアメリカ人のことを綴った *Die Amerikaner*（1903）といった著書もある．このように彼はドイツとアメリカ間の関係で目立った人物であったため，第一次世界大戦中は反ドイツ派の攻撃を受けた．⇒**司法心理学**

**ミュンヒハウゼン症候群**［Munchausen syndrome］重篤で慢性的な**虚偽性障害**で，もっともらしい病状や偽りの病歴，生活史をつくり出す巧みな作話の繰り返しが特徴である．他の特徴としては，入院と通院遍歴を繰り返し，また不要な外科手術による多数の傷痕が残っていることもある．この患者の動機づけの源は病人の役割を演じたいということである．⇒**詐病**

**妙齢の**［nubile］結婚できる年齢に達している年頃であるか，または思春期を終えた女の子や若い女性のこと．

**ミラー**［Miller, Neal Elgar］ニール・エルガー・ミラー（1909-2002），アメリカの心理学者．ミルズ（Walter Miles: 1885-1978）やハル（Clark Hull）に師事し，1935年にイェール大学より博士号を取得．オーストリアのビエナ，イェール大学，ロックフェラー大学で研究を続けた．ミラーは，報酬や動因低減に関する研究や，実験心理学の臨床的応用について追求を続けた．初期の研究では，フロイト（Sigmund Freud）の精神病理学とパブロフ（Ivan Pavlov）の学習理論の融合を目指した．ミラーの研究は，学習，動機づけ，臨床心理学，**行動医学**の基礎となった．特に，ミラーは，行動医学の創始者と位置づけら

れている。ドラード（John Dollard: 1900-1980）との共著に *Social Learning and Imitation*（1941），*Personality and Psychotherapy*（1950）がある。また，*Neal E. Miller: Selected Papers*（1971）には，ミラーの初期の論文がまとめられている。彼は米国国家科学賞や米国心理財団のゴールドメダル，米国心理学会功労賞などを受賞した他，全米科学アカデミーの会員にも選ばれた。

**ミラーアナロジーテスト**［Miller Analogies Test: MAT］　知識間の関係性の理解力，分析的思考力を測るために設計されたテスト。大学院レベルの学力を測るため，また職場での雇用や昇進を決定するため，1926年から用いられている。ミラーアナロジーテストは，科学，文学，芸術，歴史，語彙といった様々な分野の知識を必要とする120の部分的類推からなる。受験者は4つの選択肢からふさわしい解答を選ぶ。これらのうち，100問のみが採点されスコアになる。［アメリカの心理学者ミラー（Wilford Stanton Miller）による］

**味蕾**［taste bud］　約30×50μmの大きさで，ヒトの口の中に約6000個あるゴブレットのような形の構造体。それぞれの芽状突起は，みかんの房のように配置された約50個の味覚細胞の集合である。味蕾の先端は味孔と呼ばれる。環境中の味刺激物質は味孔を通して味蕾の中の微絨毛に送られ，そこに存在する受容体で処理される。

**未来学**［futuristics］　特定の領域や分野において，技術面，経済面，社会的組織などにおいて，将来変化しうるパターンや実現可能性を探求すること。未来学は，起こりうる重大な問題を特定し，解決策を提案することによって，未来の社会を向上させ，より良い意思決定を促進することを目的としている。

**未来志向**［future-mindedness］　将来の目標とそれに向けての手段を考えられる能力。すなわち，将来何が待ち受けているか，どうしたらそのような将来が実現できるかを前もって考えられること。

**未来志向文化**［prefigurative culture］　自分自身より若い人から学ぶことが多い社会や文化。現代では社会や技術の変化が非常に急速であるため，今日の西洋社会は，年長者より若者が現在に対する鋭い直観をもつような予示文化に移行しつつあるといわれている。⇨**世代内学習文化**　［アメリカの人類学者であるミード（Margaret Mead: 1901-1978）により提唱された］

**ミラーイメージング**［mirror imaging］　⇨**ミラーニューロン**

**ミラーテクニック**［mirror technique］　心理療法において，治療者が積極的傾聴を意識的に使用すること。共感を促し，さらには治療同盟を進展させるために，クライエントの感情や身体言語を鏡のように反射すること。

**ミラーニューロン**［mirror neuron］　霊長類において存在する神経細胞の一種。与えられた行動（例，物体をつかむために手を伸ばす）が自身の行動であるか，他個体（人間など）による同じ行動を観察しているかに関わらずに同じように反応する神経細胞のこと。この現象はミラーイメージング（mirror imaging）として知られている。［ロシア生まれのイタリアの研究者リゾラッティ（Giacomo Rizzolati）によって名づけられ定義された］

**ミラー-マウラーシャトル箱**［Miller-Mowrer shuttle-box］　逃避および回避学習に関する研究のための装置。直線走路の中間にはギロチン扉が付いていて，半分ずつ独立に電流を流すことのできる格子状の床がある。実験動物は，箱の反対側に移動することによって嫌悪刺激を（電気ショック）を回避することができるが，与えられた時間以内に回避を行わなければならない。［ミラー（Neal E. Miller）とマウラー（O. Hobart Mowrer）による］

**ミラーリング**［mirroring］　**1.** 心理療法において，発話，情緒，行動，その他の特徴を反射したり模倣したりすること。治療者は，クライエントに対する理解を示すため，あるいは無意識にせよ強調の意図をもつにせよ，クライエントとの結びつきを反映するために，クライエントの話し方や，癖を真似ることがある。**2.** 両親の肯定的反応が，子どもの自尊感情を高めるという，自己心理学の概念。

**ミランダ警告**［Miranda warning］　容疑者が自らを有罪に至らしめる証言に反対する権利があることを気づかせるために，アメリカで警察官によって容疑者に与えられる警告のこと。容疑者は，自分が弁護士を頼む権利と黙秘権があることを警察官から言われなければならない。つまり，容疑者は語った内容すべてが法廷で不利な証拠として採用されることを説明される。アメリカ合衆国最高裁判所によって1966年に決定された判例，ミランダ対アリゾナ州事件の容疑者の名前から名づけられた。

**ミリアチット**［myriachit; ikota; irkunii; menkeiti; olan］　シベリアの人々の中で発見された文化依存症候群の一つ。ラタ（latah）と類似している。周囲の人の行動を模倣するもので，突発的で制御不能な状態として現れる。

**ミリガンの消滅法**［Milligan annihilation method］　電気ショック療法の一種で，初日に3回の電気ショック治療を行い，2日目以降は1日に2回の電気ショック治療を行う。これを治療した症状が一定の水準に軽減するまで繰り返す。

**魅力**［attraction］　**1.** 社会心理学では，他者あるいは，他の人々に惹かれたり，仲間になりたいと感じることと定義される。多くの場合は，相手に対する個人的な好意に基づくものであるが，この好意は魅力を生起させる必要条件ではない。**2.** 環境心理学においては，個体間の近接関係に影響を与える資質を指す。通常個体の近接は，互いへの好意を反映すると考えられる。たとえば，互いに好意をもつ男女や女性同士のペアは，互いに魅力を感じていないペアよりも，相互距離が近くなる。騒音，暑さ，湿度といった環境要因が魅力を減じる。⇨**プロクシミクス**　**3.** 魅力の影響力のこと。個人が他者にとって魅力的である程度，また他者から好意をもたれる程度。⇨**対人魅力**

**魅力に基づく関係**［attraction relations］　集団の構成員間の「好き-嫌い」，「受容-拒絶」，「内包-排斥」といったパターンのこと。そのようなパターンは，ソシオメトリック構造（sociometric structure）として知られており，特にソシオメトリーを利用して測定がなされるときにこのようなパターンの存在が知られている。

**魅力の獲得損失理論**［gain-loss theory of attraction］　対人魅力に関する理論。この理論では，他者に対する人々の好き嫌いは，その人物が自分に対して感じているであろうと推測される魅力の高さよりもむしろ，自分に対するその人物の評価が高くなったか低くなったかに関する推測によって影響されると考える。［アメリカの心理学者アロンソン（Elliot Aronson: 1932- ）およびリンダー（Darwyn

E. Linder: 1939- ）によって最初に研究された]

**ミール** [Meehl, Paul Everett] ポール・エベレット・ミール（1920-2003），アメリカの心理学者。ミールはミネソタ大学から心理学の博士号を取得し，同大学の教員として研究生活を過ごした。彼は実践の心理療法士と学術的な心理学者の両方の立場から，臨床心理学や，病院のデータを数学と統計を用いて分析する手法によって計量学に貢献した。臨床心理学では，精神障害者の診断と分類に焦点を当て，心理テストの換算技術をコンピュータ化することで革命をもたらした。ミールは統計学の専門知識を歴史学や哲学にも適用し，それらの分野で多くの論説を発表した。代表的なものには Clinical versus Statistical Prediction: A Theoretical Analysis and a Review of the Evidence （1954年初版，再版1996年），Selected Philosophical and Methodological Papers （1991）がある。彼の受賞歴の中には，米国心理学会功労賞や特別功労賞の他，米国心理財団のゴールドメダルなどがある。また，彼は全米科学アカデミーや米国芸術科学アカデミーのメンバーにも選ばれている。

**ミルグラム** [Milgram, Stanley] スタンレー・ミルグラム（1933-1984），アメリカの社会心理学者。オールポート（Gordon Allport）やアッシュ（Solomon E. Asch）に師事し，1960年にハーバード大学にて博士号を取得した。イェール大学やハーバード大学で教鞭をとった後，ニューヨーク市立大学で研究を続けた。社会心理学において多くの研究法を確立したが，なかでも，権威への服従に関する研究で知られる。**服従の行動研究**で，ミルグラムは，成人のほとんどは，権威によって命じられた場合，他の成人に罰を与えることを了承することを示した。ミルグラムの研究は，第二次世界大戦中のホロコーストにおける人間の行動を説明するとされる。また，ミルグラムの一連の実験は，被験者の人権を脅かしたとされることが多く，被験者の権利を守るために政府としての倫理水準を定める必要性に関する議論を喚起した。著書に Obedience to Authority: An Experimental View （1974）がある。⇨ **破壊的服従**，**情報過負荷**，**刺激過剰**

**ミルタザピン** [mirtazapine] 他の抗うつ薬とは異なる効果の仕組みをもつ抗うつ薬。ノルアドレナリンとセロトニンの2種類の神経伝達物質の増加を引き起こす**混合機能抗うつ病剤**であると考えられている。シナプスの末端にある $\alpha_2$ アドレナリン受容体（⇨ **アドレナリン受容体**，**オートレセプター**）の結合によって，シナプス前ニューロンからアドレナリンの継続的な放出が可能になる。また，シナプス通過後の5-$HT_1$ 受容体（**セロトニン受容体**）にも作動薬として作用する。その他の作用として他のセロトニン受容体やヒスタミン受容体への拮抗作用があるが，これはセロトニンやノルアドレナリンの再取り込みを抑制する効果はない。ミルタザピンを使用すると，しばしば鎮静作用が得られることや体重の増加があるが，これはミルタザピンがヒスタミン $H_1$ 受容体を抑制しているために生じる影響である。他の抗うつ薬とは異なり，ミルタザピンを服用した患者に性的な機能不全はみられない。稀に，ミルタザピンの使用が**無顆粒球症**を引き起こす場合がある。アメリカでの商品名はレメロン（Remeron），日本ではリフレックス。

**ミルの規範** [Mill's canons] イギリスの哲学者ミル（John Stuart Mill: 1806-1873）が提唱した，実験科学が守るべき5つの規則。これらの規則は，観測結果によって事象間の因果関係を確立するための必要十分条件を示す。これらの規則のそれぞれは，真の原因以外の可能な原因を消去することができるので，この一般的なアプローチはしばしば消去的帰納法と呼ばれる。この領域におけるミルの著作は，イギリスの哲学者であるベーコン（Francis Bacon: 1561-1626）の排除法と，イギリスの哲学者であるヒューム（David Hume: 1711-1776）の因果論についての著作と関連があり，また，オーストリア生まれのイギリスの哲学者ポパー（Karl Popper: 1902-1994）の反証主義のもととなった。ミルの規範は，（a）**一致法**，（b）**差異法**，（c）**一致差異併用法**，（d）**剰余法**，（e）**共変法**の5つである。

**ミルヒル語彙検査** [Mill Hill Vocabulary Scale: MHV] この検査は**レーヴン漸進的マトリックス**とともに実施するように作られた**結晶性能力**を測定する検査である。88語で構成されており，3つの形式がある。一つは受検者にすべての語の意味を説明させるもの，一つは6つの選択肢の中から個々の語の正しい同義語を選ぶことにより意味を認識するもの，一つは半分の語の意味を説明させ，残りの同義語を選ばせるもの。[1943年にロンドンのミルヒル（Mill Hill）救急病院で，イギリスの心理学者レーヴン（John C. Raven: 1902-1970）によって独自に開発された]

**ミロン臨床多軸尺度** [Millon Clinical Multiaxial Inventory: MCMI] 「はい」-「いいえ」で回答する175項目からなる質問紙。アメリカでは，精神障害の臨床状態，パーソナリティ障害を査定するために広く用いられている。初版は1977年に出版され，2度改訂されている。最新版のMCMI-Ⅲは，臨床的パーソナリティ類型，重度のパーソナリティ病理，臨床症候群，重度の症候群という4つに分類される24の尺度から構成される。加えて，でたらめな回答や不誠実な回答を検出するための4つの修正尺度をもつ。結果解釈には**基準比率**が用いられる。[アメリカの心理学者ミロン（Theodore Millon: 1929- ）による]

**魅惑** [fascination] 1. 人物や物・活動や現象に対して深い関心をもち，惹きつけられ，魅了されること。2. 精神分析理論における用語であり，知覚する対象の識別を通して乳児が対象を支配しようとする原初的な企てのこと。

**民間伝承** [folklore] ある文化において，世代を超えて伝えられ維持される伝統，信念，伝説，民話，歌など。

**民事的拘留** [civil commitment] 犯罪行為で告発されていない個人でも，精神疾患によって犯罪に及ぶ危険があると認められる場合には，強制的拘留を許可する法的手続き。

**民主制** [democracy] 1. 人々が政治過程に自ら参加する，もしくは，その代わりに参加する代表者を選択し（representative democracy），多数決によって意思決定を行う政治体制。2. より大まかに言えば，すべての市民が平等な権利をもち，たとえば言論の自由のような基本的な自由が保証されているような社会。⇨ **開かれた社会**

**民主的育児** [democratic parenting] アドラー（Alfred Adler）に由来する子育てのスタイル。両親は子どもの発達を受容的でありながらも常に一貫したやり方で導くとともに，協力的で，公平で，平等で，両親と子どもが相互尊重しあうことを前提とした雰囲気を促進するように心がける育児のスタイル。

**民主的な風潮**［democratic atmosphere］　最終的な決定がその集団の最も優勢な欲求や意図を適切に反映させるような手続きを通じて，集団成員が問題解決や選択を行う，社会的・政治的に平等な風潮のこと。

**民主的リーダー**［democratic leader］　平等主義的な集団の風土を作り，それを維持しようとするタイプのリーダー。このタイプがリーダーである集団のメンバーは，自らで計画を立案，遂行して問題の解決を行う。民主的リーダーのいる集団は，**権威主義的リーダー**あるいは**放任型リーダー**のいる集団よりも創造的で，モラルが高く，そして，不安，攻撃性，無気力といった否定的反応を示さないことが研究によって明らかにされている。［レヴィン（Kurt Lewin）らのリーダーシップスタイルの実験的研究によって定義された］

**民族**［ethnic］　社会的，文化的，言語的，宗教的，人種的なバックグラウンドを共有する人々の集団。**民族的アイデンティティ**は，通常，いくつかあるいはすべての要素が伴った複雑な構成概念とみなされているが，それらに同一のものはない。

**民族学**［ethnology］　人間の文化や社会の比較，あるいは分析的，歴史的研究。⇨ **民族誌，エティック**

**民族言語学**［ethnolinguistics］　文化的影響に着目し，文化人類学や民族学の原則を組み込んだ，人間の文化や社会といった文脈での言語研究。⇨ **人類言語学**

**民族誌（エスノグラフィー）**［ethnography］　直接的な観察（⇨ **フィールドワーク**）や理想的にはある程度の参与に基づく文化あるいは社会の記述的研究。⇨ **民族学，エミック**

**民族誌学的アプローチ**［ethnographic approach］　地域の生活様式などを研究する人類学者に頻繁に用いられる手法。この手法には，その地域全体の文化への洞察を深めるために，地域への長期の居留や現地語の流暢さ，地域生活への積極的な参加が求められる。

**民族集団**［ethnic group］　歴史，文化，言語，宗教に基づく**民族的アイデンティティ**を共有している社会集団。メンバーは生物学的に関連性をもちながらも，民族集団は人種と同義ではない。

**民族浄化**［ethnic cleansing］　民族的に均一な領土や社会を作り出すために，民族集団や集団が組織的な排除，拘束，**集団殺戮**といった手段を用いること。

**民族心理学**［folk psychology］　**1**. 特定の文化的体験（たとえば，伝説，宗教的儀式，土着の治療行為など）が人間の行動や心理学的構成概念に及ぼす影響について扱う心理学領域の旧式名称。現代の**比較文化心理学**と本質的に同じ。**2**. ヴント（Wilhelm Max Wundt）の心理学体系の一つ。彼は，言語，歴史，神話，芸術，政治，習慣などの文化的産物についての研究から高次の**心的過程**の理解が導かれると考えた。現代の**文化心理学**にとって系譜上の祖先と言うことができる。

**民族心理薬理学**［ethnopsychopharmacology］　異なる集団間での向精神薬の使用，およびそれに対する反応の民族的・文化的な多様性およびその差異に関わる仕組みに関する問題を扱う薬学の部門のこと。

**民族性**［ethnicity］　特定の民族集団に同一化している，あるいは，構成員であることに基づく社会的カテゴリー。

**民族的アイデンティティ**［ethnic identity］　特定の民族集団の構成員であることが，部分的であっても自分を特徴づけているという個人の意識。

**民族漂流**［ethnic drift］　**1**. 時間の経過とともに**民族的アイデンティティ**を消滅させる，あるいは，変化させる，問い直されることによって生じるプロセスで，少数民族の人々に起こる傾向。一般的に優勢な文化への同一化，他民族との結婚，あるいは文化の原点に触れることができなくなることで起こる。⇨ **文化的漂流**　**2**. 意識するかしないかに関わらず，人々が同じ民族同士で集まってしまう，あるいは公私関わらず同じ集団に割り当てられてしまう傾向。たとえば，仕事場で，同じ民族同士チームになる，または，上司によって民族ごとに割り振られてしまうことがあげられる。

**民族文化療法**［ethnotherapy］　民族的なマイノリティに起因するクライエントの異文化的特徴や，クライエントの他者との関係の取り方，自身の表現方法，問題の処理方法に配慮した治療。⇨ **多文化カウンセリング**

# む

**無為**［abulia; aboulia］　先駆けて事を行う力と意欲の極端な欠落であり，決断や，自発的に行動を起こすことができない。脳損傷のある人や統合失調症，あるいは重篤な抑うつにある人にみられる。また，開始性障害（initiation deficit），無意型とも呼ばれる。

**無意識**［unconscious］　**1.** 精神分析の用語であり，自覚されてはいないが，思考や行動に力動的に作用する記憶，情動的葛藤，願望，抑圧された欲動などを内包する心（psyche）の領域。フロイト（Sigmund Freud）は，"静的"で心理学的にほとんど意味をもたない記述的表現としての無意識と区別するために，力動論的無意識（dynamic unconscious）という用語も用いている。⇨ **意識的，前意識，認知的無意識，普遍的無意識，個人的無意識**　**2.** 自覚の欠如あるいは意識の欠如に関連するもの，あるいはそれによって特徴づけられるもの。

**無意識的意図**［unconscious intentions］　意識に上ることなしに，もしくは報告されることなしに，思考や行動に影響を及ぼす，目標または動機の構造。⇨ **意識的意図**

**無意識的エラー**［involuntary errors］　ミスを犯していることを知らずに起きてしまう失敗のこと。たとえば，言い間違いや順序がわからなくなることなど。

**無意識的学習**［unconscious learning］　暗黙知を獲得すること。⇨ **潜在学習**

**無意識的過程**［unconscious process］　**1.** 認知心理学における，個人の認識なしで生じ，認知活動を助ける心的過程。前注意過程（preattentive process），閾下処理（subliminal process）とも言う。⇨ **意識的過程**　**2.** 精神分析理論において，無意識において行われる精神的過程。例として，抑圧があげられる。

**無意識的推論理論**［unconscious inference theory］　知覚は間接的に，いま目の前にある感覚入力についての推論から影響を受けているという仮説。その推論では，観察者がもつ世界の知識や似ている感覚入力があった過去の経験が使われる。たとえば，高さは同じだが観察者との距離が異なる2本の木について考える。網膜上の画像では，2本の木は異なる大きさである。だが，一方の木はもう一方よりも遠くにあることを知っていることにより，観察者は意識的な努力なしで，実際には木が同じ大きさであると推論する。［ドイツの生理学者ヘルムホルツ（Hermann von Helmholtz: 1821-1894）による］

**無意識的知覚**［unconscious perception］　意識的には知覚されない刺激が行動には影響を与える現象のこと。この現象が存在するかどうかについては異論もある。⇨ **前注意処理**

**無意識的転移**［unconscious transfer; unconscious transference］　思い出した情報の発信元を混同することで起こる記憶の歪み（⇨ **情報源混乱**）。たとえば，目撃者証言において，ある個人の顔写真が事前に提示されたことによってその顔が慣れたものになったため，容疑者の顔ぶれを見た目撃者は，誤ってその個人を犯人として認識する可能性がある。

**無意識的動機**［unconscious motivation］　精神分析理論において，自我が意識しない，願望，衝動，目的，および欲求。無意識の動機によって引き起こされた行動の例として，事故，失言，満たされていない願望を表す夢がある。⇨ **失錯行為**

**無意識的認知**［unconscious cognition］　思考や記憶処理，言語処理のような認知過程。認識なしで生じる。⇨ **認知的無意識**

**無意識の自己制御**［nonconscious self-regulation］　自分自身が認識しないままに，望む結果へ向けて行動するプロセス。あるいは，望まない結果から遠ざかるよう行動するプロセス。

**無意識の抵抗**［unconscious resistance］　意識的な抵抗の対義語で，精神分析理論の用語。

**無意味言語**［irrelevant language］　発話者にしか理解できない音や句，単語でできている言語。神経症や自閉症の患者に観察される。

**無意味さ**［meaninglessness］　一般的な人生もしくは全世界における重要性や方向性，目的が広く欠如した感覚。無意味の感覚は心理療法においてときに重要な問題である。無意味の認識は，実存主義的なアプローチが解決しようとする中心的問題を提起する。⇨ **実存主義，ロゴセラピー，意味への意志**

**無意味図形**［nonsense figure］　ありふれた，見慣れた事物と合致せず，円や三角形などの幾何学模様とも認識されないという点において意味をもたない図形のこと。

**無意味綴り**［nonsense syllable］　学習および記憶研究において用いられる3文字の非単語。意味や記憶上の他の情報との連想関係をもたない項目の学習を研究するために用いる。⇨ **3文字子音綴り**　［1885年にエビングハウス（Hermann Ebbinghaus）によって紹介された］

**無飲症**［adipsia］　渇感欠如，もしくは飲料の病的な回避が特徴で，視床下部の損傷と関連している場合がある。

**無オーガズム症**［anorgasmia; anorgasmy］　オーガズムに至ることができないこと。⇨ **女性オーガズム障害**

**無学年学校**［nongraded school］　年齢や学年ではなく，学業成績，精神的・肉体的能力，あるいは情緒的発達によって生徒を分類する学校。

**無から何も生じない**［nihil ex nihilo fit］　"nothing arises from nothing"のラテン語表記。ギリシャの哲学者パルメニデス（Parmenides: BC 480）によってもたらされた教義を簡潔に表す表現である。存在していないものから生じるものは何もないという意味。この教義は神が世界を無から作ったという伝統的な宗教的教理とは反しており，超自然的事象を想定しない。

**無顆粒球症**［agranulocytosis］　白血球（好中球）の数が一定数低下することで，典型的には，骨髄における薬物や他の化学物質に対する，あるいはこうした物質の中毒作用に対する免疫反応の結果として，白血球の生成失敗を引き起こす。好中球の数が200/mm$^3$を下回った場合，もしくは総白血球数が500/mm$^3$を下回った場合に，無顆粒球症と診断される。この状態は，日和見感染の危険を高め，免疫反応の抑制をもたらす。**クロザピンやフェノチアジン**を成分とする抗精神病薬など，向精神薬が無顆粒球症を誘

発することがある。

**無顆粒皮質**［agranular cortex］ 大脳皮質のうち，顆粒細胞を欠く部位。無顆粒皮質は皮質の第1, 3, 5層（⇨ **皮質層**）でみられ，特に一次運動野（ブロードマン4野）を指して使われることもある。一次運動野では，主要な投射領である第5層が非常に厚い。

**無感覚症**［anesthesia; anaesthesia］ 刺激に対する感受性が消失，もしくは損なわれること。神経損傷，投薬（⇨ **麻酔薬**），治療技法（たとえば**鍼麻酔**），催眠暗示，転換性障害（⇨ **転換性まひ**）により生じる。

**無関係な発言**［non sequitur］ 一般的な用法で，会話や議論などにおいて前の発言と全く関連のない発言。［ラテン語で"成立しない"の意味］

**無関刺激**［indifferent stimulus］ 学習された反応を引き出したことのない刺激。

**無感情**［athymia］ 感情，もしくは情動が欠如した状態。

**無嗅覚**［anosmia; anodmia; anosphresia］ ニオイ全般もしくはある特定のニオイに限定的な場合もあるが，嗅覚が欠損すること。無嗅覚は，脳損傷，前頭葉の腫瘍等，多くの疾患と関係している。

**無嗅脳**［arrhinencephaly (arihinencephaly); arrhinencephalia; arihinencephalia］ 嗅覚と関係する脳部位である**嗅脳**の不適切な発達に起因する先天性障害のこと。同疾患には様々な形態があるが，身体の半側もしくは両側において脳の嗅葉と外部嗅覚器が発達しないか，発達が不完全な場合がある。

**無響室**［anechoic chamber］ 音の残響や反響を取り除くために設計された密閉空間のこと。防音室（sound-attenuating chamber）は，無響室と類似しているが，室外で生じた音の室内への侵入は最小化するが，室内で発生した音は最小化しないのが特徴である。

**無胸腺**［athymia］ 先天的に胸腺が欠損した状態。

**無気力さ**［hebetude］ 感情鈍麻，無気力，無関心が深刻である状態。統合失調症でみられることがあり，意欲がなくなり物憂げになった後，社会的環境からだけでなく，自分自身からもひきこもる。

**無気力症候群**［amotivational syndrome］ 慢性的な大麻使用に関連した行動様式で，意欲や自発性の喪失を特徴とする。この概念は，世界中の多様な文化圏における慢性的な大麻使用者の生活様式の観察に基づいた，推測的・逸話的なものである。⇨ **大麻乱用**，**大麻依存**

**無菌状態**［sterility］ 化学物質，放射線照射，熱処理などにより微生物が生きられない状態。

**無緊張症**［atonia］ 筋肉の正常な緊張や強さの欠如。アトニー（atony），アトニシティ（atonicity）とも呼ばれる。⇨ **ジストニア**

**無計画なサンプリング**［haphazard sampling］ 無作為でも計画的でもなく，実験参加者を選択する方法。

**無月経**［amenorrhea］ 思春期から閉経までの期間に月経が到来しないこと。思春期になっても月経が到来しない場合は，原発無月経（primary amenorrhea）と言う。月経が始まった後に妊娠および閉経ではなく月経が停止した場合は，続発性無月経（secondary amenorrhea）と言う。心身の健康状態の変化が原因となりうる。

**無限後退**［infinite regression］ 何かに関する仮説を説明するのに，同じような仮説を永遠に作り続けなければならないような推論の筋道。たとえば，意識体験を説明するために，心の中に心を観察する**ホムンクルス**がいると仮定すると，その心を観察する別のホムンクルスが必要となり，永遠にそれを続けなければならない。

**夢幻状態**［dreamy state］ 夢を見ているような短期間の変性意識状態。その間，人は視覚的，嗅覚的，聴覚的な幻覚を体験する。

**夢幻精神病**［oneirophrenia］ 情動や連想の障害といった**統合失調症**の特定の症状に似た，夢を見ているかのような幻覚状態。しかし，感覚の障害や意識の混濁を伴う点で統合失調症とは区別される。長時間の断眠（sleep deprivation）や感覚遮断，薬物の使用と関連があるが，現在は明確な臨床的存在とはあまり考えられていない。［1950年代にハンガリー生まれのアメリカの精神科医メドゥーナ（Ladislas von Meduna: 1896-1964）が初めて用いた］

**無限値論理**［infinite-valued logic］ 2つの真のカテゴリーのみが2つの命題（真と偽）を当てはめることを許されている古典論理と比較して，複数のカテゴリー，または真実性の程度を考慮した論理である。たとえば，"スミスは教授です"という文章は真実か否かといった事柄である一方，"スミスはうつ状態である"は真実の程度を示している。このように，"スミス"と"うつ"というカテゴリーの交わるところは，明確な境界があるものではなく曖昧さを有している。無限値論理はファジー論理と関連している。⇨ **二価**

**夢幻様状態**［oneirism］ 覚醒状態における夢のような状態。

**無虹彩症**［aniridia］ 虹彩が部分的，もしくはほぼ完全に損なわれるのが特徴の先天性疾患の一種で，黄斑や視神経の異常発達を伴う。緑内障や白内障はほぼ必然的に無虹彩症を生じる。

**無虹彩精神薄弱小脳性失調症候群**［ani-idia-oligophrenia-cerebellar ataxia syndrome; Gillespie syndrome］ ギレスピー症候群とも言う。精神遅滞の珍しい型。この患者は，正常な筋肉統制力の欠如と発語の困難が生じる。さらに，水晶体と角膜は正常であるが，視力は0.2～0.1である。

**無甲状腺症**［athyreosis; athyreotic cretinism］ **甲状腺機能低下症**の一型であり，甲状腺が正常に発達しない病である。甲状軟骨線も甲状腺もどちらもない子どもは，異常に小さく，必要な要素は線維組織によって再配置される。⇨ **クレチン病**

**無効宣告**［annulment］ 婚姻や裁判手続きが終わったことを告げる公式の宣言。

**無喉頭**［alaryngeal］ 喉頭を失った，あるいはもたないこと。

**無誤学習**［errorless learning］ 訓練中に間違いを生じさせない学習方法。具体的には，複数のセッションにわたって学習を行うが，最終セッションまで記憶のテストをしない。この方法は，学習期間中に誤った答えが生成されることを防ぐ。干渉の効果を排除するため，記憶障害をもつ人には，標準的な試行錯誤学習よりも効率的であると考えられている。

**無呼吸**［apnea; apnoea］ 呼吸が一時的に停止した状態。無呼吸期間が長ければ，心臓は遅くなり脳波が変化する。

無呼吸は睡眠中にも生じ（⇨ **睡眠時無呼吸**）、また大発作性てんかんや脳震盪のようないくつかの疾患によっても生じる。

**ムコ多糖症**［mucopolysaccharidosis: MPS］　細胞組織内のムコ多糖の一種であるグリコサミノグリカン（GAG）が過剰な状態になって生じる代謝の障害で、6つのグループに分類される。この症状は精神遅滞に関連している。⇨ **ベータグルクロニダーゼ欠損症**、**ハンター症候群**、**ハーラー症候群**、**マロト-ラミー症候群**、**サンフィリポ症候群**

**無罪証拠**［exculpatory evidence］　無罪であるという被告の主張を支持する証拠。

**無彩色**［achromatic colors］　彩度、色相をもたない色のこと。黒、白、灰色のこと。⇨ **有彩色**

**無彩色-有彩色スケール**［achromatic-chromatic scale］　色相スペクトルを構成するそれぞれの色について彩度の高いものから低いものへと並べたものに、自ら黒へと変化するグレースケールを合わせたもの。

**無彩の**［achromatic］　色相をもたない、すなわち色がない状態のこと。無彩色刺激（achromatic stimuli）には、黒、白、様々な濃度の灰色が含まれる。

**無作為**［random］　規則性や予測可能性がないこと。

**無作為化**［randomize］　実験参加者やその他の標本抽出単位を実験条件へ無作為に割り当てること。この手続きにより、実験参加者や標本抽出単位はどの実験条件に対しても等しい確率で割り当てられる。

**無作為化臨床試験**［randomized clinical trial］　実験的処置を受ける群と比較対照する処置、または偽薬を受ける群のいずれかへ患者を無作為に割り当てる実験計画。複数の実験群と比較対照群が設けられるが、各患者は1つの群にのみ割り当てられる。

**無作為選択**［random selection］　無作為抽出で用いられる手続き。

**無作為抽出**［random sampling］　研究のために、個体を可能な限り大規模な集団から、一定の包含確率のもとで選ぶ過程のこと。この選ばれた個体の集団を無作為標本（random sample）と言う。

**無作為統制**［random control］　パブロフ型条件づけにおける統制条件。条件刺激と無条件刺激を等しい確率で相互に独立して提示する。この刺激配置の結果として、随伴性は0となる。

**無酸素運動**［anaerobic exercise］　筋肉内の酸素の使用を伴わないエネルギー供給システムによって維持される運動のこと。短時間の間に爆発的に生じ、酸素摂取が限られているウエイトトレーニングや短距離走といった運動。無酸素性作業閾値（anaerobic threshold）とは、エネルギーが非常に急速に消費されるため、酸素要求システムによる供給が不可能となった結果、身体が無酸素システムに切り替わらなければならず、適量の酸素がないままエネルギーを生み出す点のことである。⇨ **有酸素運動**

**無酸素血症**［anoxemia］　血中酸素の欠乏状態のこと。結果的に、意識消失と脳の損傷を引き起こすことが多い。⇨ **低酸素血**

**無酸素症**［anoxia］　血管の灌流や酸素含有量の減少により、脳への酸素供給が減少すること。心停止、一酸化炭素中毒、呼吸障害に起因する。また、アレルギー反応、絞扼、溺水が原因となる場合もある。その影響は重篤さや脳部位にもよるが、全般的な認知障害や記憶障害（⇨ **健忘性障害**）、知覚障害、実行機能の障害などが含まれる。⇨ **低酸素症**

**無視**［neglect］　脳の損傷により、特定の部分や身体の半側に関する認識ができなくなる症候群。身体の一部が自分の一部だと認識できないことや、自分の身体の半側の存在や視野の一部を無視する（⇨ **半側無視**、**視覚性無視**）。右半球の損傷は、左半身の無視と関連する。聴覚、触覚、固有感覚の問題でもみられる。知覚無視（perceptual neglect）とも呼ばれる。⇨ **運動無視**、**感覚無視**、**半側空間無視**

**無自覚的学習**［learning without awareness］　意識的な認識を伴わずに起きる学習。そのような学習の証拠は、パブロフ型条件づけ、手続き学習、潜在学習、閾下学習において示されている。しかしながら、自覚性を評価するための決定的なデータは、実験参加者が学習経験を説明することができないという実験参加者の言語報告に依存している。

**無自殺契約**［no-suicide contract］　自殺の可能性が問題になっているときに、クライエントとセラピストの間で用いられるもので、クライエントが自殺しないという特別な同意である。しばしば、承諾を得た期間（たとえば、次のセラピーセッションまで）に向けての仲介的手段として用いられる。⇨ **契約**

**無視失読症**［neglect dyslexia］　視覚性無視と関連がある後天的なディスレクシア（⇨ **失読症**）の一形態であり、神経障害の結果、視覚領域の半分に気づかない状態。語句の前半部を誤読したり（左無視）、語句の後半部を誤読したりする（右無視）。また、誤りの原因は単純な見落としではなく、およそ正しい文字数をもつ、不適切だが実際にある単語を推測することにより生じる。

**無臭室**［olfactorium］　嗅覚の機能を正確に測定するために考案された試験室。高い精度で制御されたニオイ環境で、純粋な空気や臭気物質を含んだ空気が呈示される。通常、検査を受けるときは、部屋に入る前に入浴して防護服を着用する。

**矛盾温覚**［paradoxical warmth］　およそ30℃（86°F）の冷たい物体が冷受容器を刺激した際に生じる温かさの感覚。

**矛盾原理［1］**［contradiction principle; principle of contradiction; principle of non contradiction］　論理学で、ある状態とその反対の状態が同時には真となり得ないという原理。もともとはギリシャの哲学者であるアリストテレス（Aristotle: BC 384-322）によって述べられたもので、この原理は「いかなるものも、同時にAかつ非Aであることはできない」という命題にとどまらず、多く適用されている。⇨ **排中律**

**矛盾原理［2］**［discrepancy principle］　幼児は新奇な刺激に対し多くの注意を払うという仮定であり、これが幼児の知覚の研究に関する基礎となる。

**矛盾した監視過程**［ironic monitoring process］　抑圧された心的内容を意識外で活性化し利用可能に保つ心的プロセス。

**矛盾表象**［contradictory representation］　2つのイメージ間の葛藤のために、あるイメージがもう一つのイメージの生起を妨害している状態。たとえば、丸と四角両

方の図形を同じ物体のイメージとすることは不可能である。矛盾表象の効果は，当のイメージが不可欠であるような精神活動を抑制することにある。矛盾表象は，より根本的な**矛盾原理**と関係している。

**矛盾冷覚**［paradoxical cold］　冷たさと熱さの両方に応答する神経終末で生じる作用のこと。神経線維は二重のピークをもっており，そのうちの一つは痛みの閾値を超える熱さに対するものである。温受容器と冷受容器を発火させる熱い物体に触ると，冷たさの錯覚が生じる。

**無常**［transience］　結末を暗示し，喪失の予感を連想させるはかなさのこと。古典的な精神分析理論において，すべてがはかないという考えは，快楽を妨げ，深く永続的な関係の形成を邪魔すると考えられた。

**無条件刺激（UCS/US）**［unconditioned stimulus: UCS; US; unconditional stimulus］　無条件反応を引き起こす刺激。たとえば，熱い放熱器から手をひっこめたり，光を見て瞳孔が収縮したり，食べ物が口の中に入った時に唾液が出ることなどがあげられる。⇨ **条件刺激**

**無条件の肯定的配慮**［unconditional positive regard］
1. 治療的な態度で，関心，受容，尊重といった治療者の役割の一つであり，クライエントが自分自身を知ったり，人格的に成長したりすることを助けると考えられている態度のこと。この態度は，ロジャーズ（Carl Rogers）によって提唱された**来談者中心療法**において特に強調されている。2. 無条件で与えられる，親あるいは世話人からの自発的な愛や親愛。幼児期において普遍的な必要性をもち，健康的な発達のために必要不可欠であるとされる。子どもによって内在化され，自尊心の発達に寄与する。無条件の肯定的配慮は許可だけを示すのではない。愛の断絶や自分には価値がないという感覚を誘発することなく，特定の行動に対する非難を表すことは可能である。

**無条件反射**［unconditioned reflex］　刺激に対する反応の一つで，先天的かつ反射的で，先行する条件づけ（学習）なしに生じるもの。⇨ **無条件反応**

**無条件反応（UCR/UR）**［unconditioned response: UCR; UR］　刺激に対する生得的な反応。自然に生じる反応で，条件づけがなくても生じる（たとえば，パブロフの実験において，食べ物を提示されたときのイヌの唾液）。無条件反応は条件反応を確立するための基礎の役割を担う。もともとは反射的であることが多い。⇨ **パブロフ型条件づけ，条件反応**

**無症候性神経梅毒**［asymptomatic neurosyphilis］　**神経梅毒**の一型で，検査所見には脳脊髄液に異常が認められるが，患者は病気の症状を示すことはない。

**無症状性の**［asymptomatic］　症状を示さないこと。ある個体に不全や疾患が発生しているはずであるが，身体的にも行動的にも明確な症状がみられないこと。たとえば，高血圧は，それに関連した症状がなくて血圧の測定によってのみ検出できることから，無症状性であるといえる。

**無色区間**［achromatic interval］　1. 視覚においては，単色刺激の検知に必要な光強度と刺激の色を知覚するために求められる光強度間の隔たりのこと。2. 聴覚では，純音検知に必要となる音の強さと，純音のピッチの知覚に求められる音の強さの間隔のことを意味する。

**無色症**［achromatism; achronatopsia; total color blindness］　色を知覚することができない症状の一種。あらゆるものが様々な濃淡の灰色として知覚される。無色症の主な原因は，**錐体**の先天的欠損であるが，色素欠乏症とも関連する。また，**視神経炎**，二硫化炭素中毒や後頭葉損傷などの外傷によっても発症することがある。⇨ **後天的色覚異常，大脳性色覚異常**

**無触覚症**［anaphia; anhaphia］　触刺激を知覚するための能力が失われること。

**無心像思考**［imageless thought］　イメージや感覚的な情報を用いずに生じる思考のこと。ヴュルツブルク学派は，実験参加者が果物の姿を想像することなく命名することができるといった内観報告に基づき，無心象思考の存在を主張した。ティチェナー（E. B. Titchener）や他の構造学派の人々はこの見方に反対した。⇨ **構造主義，意識態**

**無水晶体**［aphakia］　眼の水晶体が欠損した疾患のことで，遺伝，外傷，外科手術によって生じる場合がある。

**ムスカリン**［muscarine］　ベニテングダケや他の（真）菌類から分離された中毒性のアルカロイドで，平滑筋や心筋，内分泌腺，中枢神経系にある特定のアセチルコリン受容体（ムスカリン受容体）を刺激する。⇨ **ニコチン**

**ムスカリン受容体**［muscarinic receptor］　アセチルコリン受容体の一種。ムスカリンと同様にアセチルコリンにも反応する。ムスカリン受容体はアセチルニリンの抑制性活動を主に調節する。⇨ **ニコチン受容体**

**無性**［asexual］　受精しなくても繁殖できること。無性生殖は多くの植物や，出芽によって繁殖したり，切り取られた部分から完全な個体を再生できたりする動物で生じる。

**夢精**［nocturnal emission］　夜の夢で起こった無意識な射精。"wet dream"としてよく知られている。研究によると，ほとんどの男性は21歳までに夢精したことがある。オーガズムを伴う性夢は思春期の女性には稀だが，成年女性にはより多くある。

**無精液症**［aspermia; aspermatism］　男性生殖器における精液の産出や射出に関する機能不全。

**無声音**［unvoiced; voiceless］　声帯の振動なしに，呼吸を通して発話された言語音を指す。無声の音はいくつかの子音（たとえば，［p］［t］［f］）によって構成されている。⇨ **有声音，二項素性**

**無精子症**［azoospermia］　精液中の精子の成長において何らかの欠陥が生じる病であり，一般的には，精子伝達に失敗するといわれている。

**無精巣症**［anorchism］　先天的に睾丸の一つあるいは二つが欠損している病。

**無舌症**［aglossia］　舌の部分的ないし完全な欠損で，明瞭な発音の困難や失敗をもたらす。

**無摂食症**［aphagia］　嚥下や摂食の不能。⇨ **拒食**

**無線接続**［wireless］　ラジオやテレビといったコミュニケーションサイトに接続する際に，接続ワイヤを用いないこと。無線接続コミュニケーションは長距離伝達（通信衛星によるもの）と短距離伝達（同じ建造物内でのコンピュータの接続）の両方に用いられる。

**夢想**［reverie］　ぼんやりとした白昼夢や空想の心地よい状況のこと。

**無断欠席**［truancy］　許可を得ずに学校を休むこと。13歳以前の長期にわたる無断欠席は，深刻なルール違反の例であり，**行為障害**の兆候の一つである。

**むち打ち**［whipping］　棒，むち，または類似した道具

で人をたたくこと。

**むち打ち症**［whiplash effect］数か月続く，痛みを伴う首の軟組織の怪我のこと。身体の動きを急に変えることで起きる。頭部の急な跳ね返りを起こす，後方からの車の追突による事故で最も起こりやすい。頚椎捻挫（cervical sprain syndrome）とも言われる。

**無知見**［null finding］実験結果が変数間に有意な関係性を何も示していないこと。

**無秩序型犯罪者**［disorganized offender］衝動的に犯罪に関与する犯罪者の類型。典型的には，低度から中低度の知的能力をもち，世間と関わりをもたず，職を転々としている。⇨ **秩序型犯罪者**

**むちゃ食い障害**［binge-eating disorder］むちゃ食いを特徴とする障害。何かを食べたいという，異常なまでの食欲をコントロールできない。DSM-IV-TRでは摂食障害に分類され，神経性過食症と比較される。

**無痛覚症**［analgesia］痛みの感覚が減少，もしくは消失すること。⇨ **ストレス誘発性無痛覚症**，**痛覚**

**無手症**［acheiria; achiria］生まれながらにして1つの手しか，あるいは1つも手のない状態のこと。

**ムード**［mood］言語学における動詞カテゴリーの一つであり，事実，疑問，命令，願望の表現として節や文を認識するために使われる。叙法とも言う。⇨ **命令形**，**直接法**，**疑問文**，**仮定法**

**無動の**［akinetic］まひが存在しないにも関わらず，随意運動ができない様。⇨ **アキネジア**

**無動無言症**［akinetic mutism］眼球運動の追視はあるにも関わらず，随意運動や発話が全くみられないか，著しく減少している状態。この状態は，前部帯状回や前頭葉の正面にある補足運動野の損傷と関連している。

**無能**［incompetence］要求された課題や活動を適切に実行できないこと。

**無脳症**［anencephaly］先天的に頭蓋冠（頭蓋骨の後部を形成する骨）が欠損しており，大脳半球が完全に失われているか，小量である状態。無脳症の乳児は，大抵盲目で聾であり，意識がなく，痛みを感じない。神経管欠損の一種。

**無能力**［1］［incompetence; incompetency］法律上は，業務に関しても，あるいは私的なことに関しても正しい判断ができないこと。⇨ **法的能力**

**無能力**［2］［incompetence］法律上，被告が刑事手続きを有効になしえないことをいう。ここでいう刑事手続きには，取調べから判決までの刑事司法制度すべてが含まれる。このうち，被告が弁護士と意思の疎通をとれない場合や訴訟手続きを理解できない場合には，この被告には**訴訟能力**がないと判断されることがある。⇨ **ダスキー・スタンダード**

**無能力の申立て**［incompetency plea］裁判所に対し，精神疾患や精神遅滞，あるいはその他の理由により，被告が手続きの本質や目的を理解していない，手続きに対する自分のおかれた状況や立場を理解していない，あるいは，これ以外の理由で，自分自身を弁護する弁護士の活動に協力できないことを理由に行う申立て。⇨ **訴訟能力**

**無排卵周期症**［anovulatory menstrual cycle］排卵のない月経周期のこと。無排卵周期症は，下垂体や卵巣のホルモン生成のアンバランスが原因で生じ，月経周期が不規則になることが特徴的である。無排卵月経周期は，初潮や閉経と関連がある可能性が高いと考えられている。

**無発汗症を伴う先天性感覚性ニューロパチー**［congenital sensory neuropathy with anhidrosis］痛覚の欠落が特徴の障害。痛みがないので，複雑骨折のような重傷でも治療されないままでいることがある。患者はIQ 80以下であることが多い。皮膚の生体組織検査では正常を示すが，汗腺は機能していない。

**無批判性**［uncriticalness］治療者の中立的な態度の一つ。ロジャーズ（Carl Rogers）の非指示的アプローチにおいては，他の技法と同様に不可欠だと考えられている（⇨ **来談者中心療法**）。批判は，思考と行動の自滅的なパターンを認め，変えようとするクライエントの努力を妨げるものであるとみなされる。

**無表情**［amimia］適切なジェスチャーを通して意味を伝えることができない特徴（運動性・表出性失表情：motor or expressive amimia），または他者のジェスチャーを理解できない（感覚性・受容性失表情：sensory or receptive amimia）特徴を伴う言語・コミュニケーション障害。

**無分別な権利要求**［entitlement］特別な取り計らいに応じた無分別な要求。とりわけ，**自己愛性パーソナリティ障害**の中の自己概念の妨害として捉えられている。自己愛における搾取的無分別な権利要求は，自己愛性パーソナリティ障害では，なぜ日常的に対人的な破戒が多いのかということの説明に有用である。

**無毛皮膚**［glabrous skin］足の裏や手のひらに見られる丈夫で厚い無毛の皮膚。

**無目的な過活動**［purposeless hyperactivity］長期間持続する無目的で過剰な活動を特徴とする脳または精神的な障害。

**夢遊病状態**［somnambulistic state］睡眠中に複雑な行動（たとえば，歩き回ったり，しゃべったりすること）をとっているときの心的状態を指す。歴史的に，深い催眠性トランスにある状態と関係しているのではないかと考えられている。

**無欲性甲状腺機能亢進**［apathetic hyperthyroidism］甲状腺中毒症と関連する症状。他の甲状腺亢進状態とは異なり，無気力な状態やうっ血性心不全を特徴とする。

**紫**［purple］光の短波長と長波長を混ぜることで生じる色。⇨ **スペクトル外色相**

**村八分**［shunning］集団が組織立って個人を追放すること。通常，はみ出し者とは最小限の物理的あるいは社会的接触しかもたない。

**無理性**［nonrational］理性的な説明が不可能である様。たとえば，現代のほとんどの哲学者の意見における「神は存在する」という命題など。なお，無理性的な信念は必ずしも非合理的ということではない。

**無力**［powerlessness］身体的・心理的健康や，自分の人生，自分が生きている社会の出来事に対して，統制感や影響力をもたないと感じる心理的な状態。

**無力感**［helplessness］問題焦点型**潜在的対処能力**の低さと，将来への期待の乏しさによって明確にされる無力感，弱さ，ないし無気力さが認められる状態。良くない事態を改善することができず，このままでは事態は良くならないという実感によって生じるものであり，不安や他者への依存を伴うことが多い。ある状況において無力感を覚え

ている場合，逃避行動をとったり，悲嘆にくれたり，うろたえたりする。⇨ **学習性無力感**

**無力感理論**［helplessness theory］　抑うつに対する脆弱性や症状の進行を**学習性無力感**により説明する理論。この理論によれば，自分ではどうすることもできない緊張の多い状況に繰り返しさらされると，意思決定や目的的行動に効果的に従事することができなくなる。

**無力症**［asthenia］　体力のなさのこと。一般的な疲労や筋肉の苦痛や息切れ，**精神運動**の興奮や，心臓の動機とも関連する。いくつかの事例では，下垂体の機能不全が原因である。無気力症は，うつ病単一エピソードの症状であると考えられてきた。

**無力体型**［asthenic type］　ひ弱で，長い手足，細い胸をした体つきのこと。クレッチマーの類型論によると，この体型の人は，恥ずかしがり屋で繊細，内向的な気質（極端な場合，統合失調症）であるとされる。細身型（leptosome type）とも呼ばれる。⇨ **体格類型**

**群れ**［flocking］　社会的引力と相互作用による鳥のグループのこと。これはなんらかの独立した要医による**集合**とは反対に，**コロニー繁殖**と関連している。なお，群れの英語は，鳥では flocking であるが，哺乳類では"herding"（⇨ **群居本能**）である。

# め

**眼**［eye］　見るための器官。ヒトの眼は層をなした球状構造であり，その形状は内部を満たす流体によって維持されている。3つの層があり，(a) 最も外側にある強角膜は，前部に透明な**角膜**があり，球体の残りの部分を覆う繊維状の強膜がつながっている。(b) 中間層をなすのが眼球血管膜（uveal tract）であり，**虹彩**，**毛様体**，**脈絡膜**を含んでいる。(c) 最も内側にある膜が網膜であり，光に対する感受性をもつ。網膜内の**網膜神経節細胞**は，**視神経円板**，**視神経乳頭**で網膜から出る**視神経**を介して中枢神経系と連絡している。眼には3つの房がある。角膜と虹彩の間の前房（anterior chamber）と，毛様体，**水晶体**，虹彩の後部の間に位置する後房（posterior chamber）は，水様液である**眼房水**で満たされている。2つの房は**瞳孔**を介してつながっている。3つ目の房である硝子体（vitreous body）は，レンズと網膜の間の大きな空洞であり，**硝子体液**で満たされている。⇨ **眼筋**，**視覚系**

**明暗サイクル**［light-dark cycle］　研究に使用されるヒト以外の動物小屋の照明のオンオフのスケジュールのこと。12時間連続して点灯し，その後12時間連続して消灯する12時間明暗サイクルが一般的に用いられる。

**明暗法**［chiaroscuro］　光と影を用いて作られた絵における奥行きや距離の錯覚のこと。

**明確化**［clarification］　クライエントの発言や感情表現を，より明確な用語で，賛成・不賛成を示すことなく，カウンセラーが明確に表現すること。明確化は，言い換えや**感情の反射**以上のものであるが，解釈までは至らないものである。

**明確な目的**［manifest goal］　評価研究において，明確に述べられている，客観的に定義された目標または組織やプログラムの目的。

**名義刺激**［nominal stimulus］　刺激に反応を求める実験では，刺激は実験者によって定義され，提示される。この刺激は，生命体によって経験される**実効刺激**（機能的刺激）とは異なる可能性がある。

**名義尺度**［nominal scale］　測定尺度の一種で，データを単純に相互排反なカテゴリーに振り分けたもの。順序や量，絶対的なゼロ点のような情報をもたない。分類尺度（categorical scale）とも言う。⇨ **間隔尺度**，**順序尺度**，**比尺度**

**名義集団テクニック**［nominal group technique: NGT］　集団成員に対する同調圧力を下げることで集団意思決定の質を改善することを目標とする，集団的問題解決の構造化された技術。個人は最初に個人的に匿名で自分の考えを述べ，これらのアイデアは議論と明確化のために公表される。集団は，そのアイデアに匿名で投票してから次なる議論と明確化を経て，再投票を行う。その目的は，集団によって生成されたアイデアの相対的なメリットについての合意に達することである。

**名義的リーダー**［nominal leader］　集団を導き，集団に指図するために指名されるが，その役割に関する活動を行わない人。⇨ **機能的リーダー**

**明示的態度**［explicit attitude］　ある人が自覚している態度。⇨ **潜在的態度**

**明示的偏見**［explicit prejudice］　たとえ偏見を公表していなくとも，特定の社会集団に対する偏見をもっていると自覚していること。⇨ **潜在的偏見**

**明順応**［light adaptation］　光刺激に対応して生じる眼の変化。この変化は，瞳孔の収縮，網膜における感度変化を含み，桿体には強すぎる照明条件下であっても錐体は照明の変化に反応し続けることになる。この明順応によって非常に幅広い範囲の照明条件下で眼は機能することが可能になる。

**明所視**［photopic vision］　昼光での明るさの度合いと関連した種類の視覚のこと。明所視は，**錐体**によって介在される。一方で，夕暮れや夜での視覚は，**桿体**によって介在される。昼間視（daylight vision）とも呼ばれる。⇨ **暗所視**

**明所視の**［photopic］　明るい照明下，とりわけ昼光での視覚に関連すること。

**明所視の感度曲線**［photopic-sensitivity curve］　明順応下での波長の関数としての視覚閾値のグラフのこと。人間の明所視の感度曲線のピークはおよそ 555 nm で低下する。このことは，この波長での刺激検出では，昼光での他の波長での刺激検出に比べて，必要とされるエネルギーが少ないことを意味する。⇨ **明所視**

**明所視の光度**［photopic luminosity］　明順応された条件での，視力に対する光の様々な波長の相対的な有効性のこと。

**明所視の刺激**［photopic stimulation］　昼光下での視覚刺激のこと。

**迷信**［superstition］　1. 超自然的または神秘的な力に関する信念，あるいはそれらに基づいて行われる行為。まじないや予言など。2. 疑うことなく信じられている，あらゆる非科学的な信念。

**迷信行動**［superstitious behavior］　ある行為の**偶発的強化**によって生じ，その結果，その生体がそれを繰り返してしまう行動。たとえば，偶然バーを押して餌を手に入れる前に回ったラットは，バーを押す前に回る行動を繰り返すことがある。

**迷信制御**［superstitious control］　自分を守ったり，環境を変えたり，状況に働きかけたりするように意図された様々な慣習を通じて，結果に影響を与えることができると信じる幻想。このような慣習には特定の行動パターンに従うことが含まれる（⇨ **迷信的儀式**）。**学習性無力感**が発達するのを防ぐ点で肯定的な心理的機能として働くと主張する人々もいる。⇨ **信心療法**，**呪術思考**

**迷信的儀式**［superstitious ritual］　パフォーマンスやその成果をコントロールすると信じられているある特定の行動パターン。儀式に従わない場合，パフォーマンスやその結果に悪い影響がでると考えられている。たとえば，スポーツにおいて，ある順番でユニフォームを着たり，試合前に特定の音楽を聴いたり，試合会場に特定の順番で入場したりすること。迷信的習慣（superstitious routine）とも言う。

**瞑想**［meditation］　深く広い黙考，あるいは熟考。変

**性意識状態**に達するために行われる。伝統的に精神的，宗教的訓練と関係しており，現在では休養とストレスを除去するためにも使われるようになっている。⇨ **集中瞑想，マインドフルネス瞑想，超越瞑想**

**迷走神経**［vagus nerve; pneumogastric nerve］ 第X脳神経であり感覚神経線維と運動神経線維が組み合わさった神経である。多くの機能を有する。感覚神経線維は外耳や発声器官，胸部内臓，腹部内臓に分布する。運動神経線維は舌や発声器官，そして**副交感神経系**の神経節細胞を経由して胸部内臓や腹部内臓に分布する。

**迷走神経緊張**［vagal tone］ 吸気と排気に連動した心拍の変動の指標（⇨ **呼吸時洞性不整脈**）。迷走神経を介した副交感神経の影響を反映しているとされている。

**迷走神経切断**［vagotomy］ 運動，感覚，そして生理的な機能をもつ**迷走神経**の外科的な切断または妨害のこと。

**命題**［proposition］ 1．哲学において，主張できるか否定することができるもの，また真か偽となる可能性のあるもの。「草は緑である」「レーニンは偉人である」といった平叙文の内容のこと。2．言語学において，ある文や文の構成要素に内在する意味を，その形式とは無関係に表象する論理形式的陳述。たとえば「私がゴールを決めた」と「そのゴールは私によって決められた」という文は，どちらの文を別の言語に翻訳しても同じ意味になるのと同様，同じ命題を表象する。⇨ **命題内容**

**命題知識**［propositional knowledge］ 知識や単語，あるいはイメージの抽象的表象。**命題**は意味のある思考の最小単位であり，知識は一連の命題陳述や相互につながった命題のネットワークとして表象される。

**命題内容**［propositional content］ 文や段落，あるいはそれより長い単位の文章によって表現された，完全なひとまとまりの**命題**。

**命題ネットワーク**［propositional network］ **命題**の項目とそれらの間の関係性とが，ネットワークを形成するように相互に連結されたノードとして表される図。

**命題分析**［propositional analysis; propositional calculas］ 命題間の全体的な論理的関係のみを対象とする**記号論理学**のシステム。各命題の要素間の関係は考慮されない。⇨ **述語分析**

**迷聴器**［pseudophone］ 音の定位を調べる際に用いられる装置のこと。この装置では通常は右耳に入る音が左耳に伝えられる。右耳に伝えられる音も同様に入れ替わる。

**酩酊抗弁**［intoxication defense］ アメリカにおいて，犯罪者がアルコールや薬物により心神喪失の状態であったとして抗弁すること。刑事責任を否定するために主張される。アルコールや薬物の摂取が自発的な行為によるものではなかった場合，刑事責任をすべて無効とすることができる。アルコールや薬物の摂取が自発的な行為であった場合，減刑のための情状酌量や第一級殺人罪の計画性に対する反論として用いられることもある。⇨ **心身耗弱**

**明度**［color value］ 1．輝度や灰色の知覚量と関連した色刺激の属性のこと。2．刺激の明るさを明示する**マンセル表色系**における次元のこと。

**メイプルシュガー尿症（MSUD）**［maple-sugar urine disease: MSUD］ ロイシン，イソロイシン，バリン，アロイソロイシンというアミノ酸の処理に必要な酵素の欠損によるアミノ酸代謝異常。患者の尿と汗は独特のメープルシロップのニオイがする。他の症状は，精神遅滞，**緊張亢進**，反射異常，および痙攣である。治療のためには，特別食，透析，輸血などが必要とされる。メイプルシロップ尿症（maple-syrup urine disease）とも呼ばれる。

**命名課題**［naming task］ 絵や記述から対象の名を言う，または，単純に，特定のカテゴリー（例，鳥）から名前を産出する課題。命名課題は言語的な障害や**意味記憶**からの一般的知識の想起における困難を評価するために使用される。

**命名による誤謬**［nominal fallacy］ ある現象がただ命名されたりラベルづけされたりしているだけで，その現象が理解されていると考える誤った信念。

**名目的現実主義**［nominal realism］ 物体の名称は，単に記号ではなく，その物の本質的部分であるという幼い子どもの信念。この信念傾向は成人でも生じ，たとえば，ある研究では成人参加者が間違いだと知っているラベルが貼られた食べ物を，有毒なものと認識して拒否した。言語現実主義（word realism）とも呼ばれる。⇨ **呪術思考**［ピアジェ（Jean Piaget）が提唱したもの］

**名誉の文化**［culture of honor］ ある地域，国家，民族グループにおける文化規範では，侮辱や個人的な名誉が他者から脅かされた場合に，暴力が奨励された反応とみなされる。名誉の文化は，地域や国家における暴力犯罪件数の差異を説明するとされる。たとえば，アメリカ南部，サルデーニャ，コロンビアにおける相対的に高い殺人事件率を説明するとされる。犯罪学者のウォルフガング（Marvin Wolfgang: 1924-1998）とイタリアの犯罪学者フェラキュティ（Franco Ferracuti）は，マイノリティの多く住む貧しい都市部で相対的に高い暴力犯罪の発生を名誉の文化と関連した暴力の下位文化（sub-culture of violence）で説明した。

**明瞭性**［attensity］ 感覚の鮮明性，注意を向けることで生起する感覚の作用。［ティチェナー（E. B. Titchener）により1900年頃に定義された］

**明瞭度指数**［articulation index］ 操作環境内の**語音明瞭度**を測定するために使用される指数のこと。この指数は，発話と背景音もしくはその他のシステム雑音間の分離の度合いを反映する。

**明瞭度テスト**［articulation test］ 1．発達順序，調音器官の正確な配置，明瞭度といった規準に基づき，不正確な音声生成を行う人の発話（speech）を音声的に分析，記録するもの。2．聴覚においては，語音明瞭度を測定するために設計された聴覚テストのこと。

**命令［1］**［imperative］ 精神分析理論における，親や社会規範の命令を表す**超自我**からの要求。個人の行動を方向づけるように無意識レベルで作用する。

**命令［2］**［fiat］ **観念運動理論**における，人が行為を行う準備ができたとき，行為を進めさせる感覚のこと。［語源はラテン語の"それをさせる"，"それを起こす"という言葉に由来する。ジェームズ（William James）によって定義された］

**命令形**［imperative］ 言語学で，命令を下したり要請したりする際に使われる動詞の**ムード**のこと。たとえば，「出て行け（get off）」，「戻ってきてください（please come back）」など。⇨ **直接法，疑問文，主語**

**命令系統の統一**［unity of command］ 各従業員は，直

属の上司にのみ報告義務があるという経営原理。⇨ **ライン管理**，**マトリクス組織**

**命令現象**［mandate phenomenon］ 集団の圧倒的なサポートがあると感じている際に，リーダーが権限を越える傾向。

**命令自動**［command automatism］ 重大な判断あるいは意識的な統制なしに，命令に従ってあるいは自発的になされる行動。そのような行動は統合失調症患者や催眠にかかった状態の人にみられることがある。

**命令スタイル**［command style］ 教育において，教師が行う非常に構造化された権威主義的な教授方法。生徒の参加を排除したり非常に制限したりする。⇨ **個別プログラム**

**命令的規範**［injunctive norms］ 人々が与えられた状況でどのように行動し，感じ，考えるべきか，その環境において人々が典型的にどのように反応するかとは無関係に，社会的合意の上に規定された規範（⇨ **社会規範**）のこと。これらの規範に違反する者はしばしば否定的な評価を受ける。⇨ **記述的規範**

**迷路 [1]**［labyrinth］ 内耳の解剖学的な表現。骨迷路（bony labyrinth, osseous）は，骨状の管で，その中に，聴覚や平衡感覚に関する受容器をもつ膜状のシステムである膜迷路（membranous labyrinth）がある。⇨ **聴覚迷路**

**迷路 [2]**［maze; alley maze］ 交差する通路と行止まりで構成される複雑な装置で，入口から出口まで通り抜けなければならない。ヒトとヒト以外の動物の学習実験には，様々な種類の迷路が使われる。ヒト用迷路では，紙に印刷したパターンに，正しい通り道を鉛筆で描かせるのが一般的である。⇨ **モリス水迷路**，**ポーテウス迷路検査**，**放射状迷路**，**尖筆迷路**，**T迷路**

**迷路学習**［maze learning］ いくつかの無作為に配置された行止まりのある迷路をたどり，決められた出発点から特定の目標まで到達することを学習すること。迷路学習は普通複数の試行で構成され，実験参加者が最短経路で，2試行連続して間違えずにゴールに到達すると成功とされる。

**迷路学習が得意な系統のラットと不得意な系統のラット**［maze-bright and maze-dull rats］ 標準的な迷路学習課題において，その学習成績の良し悪しによって人為的に振り分けられたラットのグループのこと。学習成績の優れている個体同士，劣る個体同士をそれぞれに掛け合わせて，数世代の交配を重ねると，迷路学習が得意な系統のラットと不得意な系統のラットというように，2グループ間で成績に差が生じるようになる。このような選択的な交配による作用は**迷路学習**においてのみ認められ，他の学習能力には影響しない。さらに，迷路学習が不得意な系統のラットを豊かなエンリッチメント環境（⇨ **エンリッチメント**）で飼育すると，迷路学習が得意な系統のラットと同等の学習成績が認められることが示されている。

**迷路課題**［maze task］ 徐々に複雑になる一連の迷路を，袋小路に入らないように解いていく課題。視覚的な計画性を測定することができる。たとえば，**ポーテウス迷路検査**などがある。

**迷路内手がかり**［intramaze cue］ 迷路内の手がかり。床の模様や，壁の色，ニオイなど。

**めかくし分析**［blind analysis］ 検討されている問題についての特定の知識や詳細な情報なしに，データや疾患に関する検討，解釈を行うこと。たとえば，臨床心理士が，過去の心理診断に関する情報なしに患者を診断すること。

**メカミラミン**［mecamylamine］ 自律神経節遮断剤で，以前は高血圧治療に広く用いられたが，振戦，鎮静，運動障害などの副作用の重症度から，今日での使用は稀である。しかしメカミラミンは**ニコチン受容体**に比較的選択的な拮抗作用を有することから，禁煙補助薬としての可能性が検討されており，また，**トゥレット障害**の治療にも用いられてきた。アメリカでの商品名は Inversine。

**メーガン法**［Megan's law］ 近隣に性犯罪者がいるかどうか住民が知ることができるように，有罪判決を受けて釈放された性犯罪者を法執行機関に登録するよう定めたアメリカの法律のこと。より公的には，地域社会への告知法（Community Notification Act）として知られている。当時7歳であったメーガン・カンカ（Megan Nicole Kanka）が連続性犯罪者に殺害されたことを受け，1994年にニュージャージー州で初めて制定された。1996年に連邦法となった。

**目覚まし薬**［keep-awake pills］ 刺激薬の一般的な名称。有効成分としてカフェインが含まれている。医師の処方箋なしで入手することが可能。この錠剤には通常コーヒー1杯分，もしくは緑茶2杯分に相当する 100 mg のカフェインが含まれている。

**メシア・コンプレックス**［Messiah complex］ 他者や世界の回復あるいは救済を願う願望や衝動。人は神であるという誤った思い込みをする場合もある。⇨ **エホバ・コンプレックス**

**メス型精子**［female sperm］ **X染色体**を有する精子で，受精させた卵子はメスの胚となる。

**メスカリン**［mescaline］ ウバタマサボテンから採取される幻覚剤で，アメリカ南西部と中央部の原住民によって使用されていた。メスカリンには光や色の幻覚を引き起こすだけでなく，吐き気や嘔吐を引き起こす作用もある。これらの症状の発生は LSD よりも緩やかであり，1時間～2時間ほど継続する。メスカリンは西洋科学の分野において最も古い幻覚剤として知られており，その薬効は1896年に明らかにされた。また，メスカリンの構造は1919年に明らかにされた。5-$HT_2$ **セロトニン受容体**を経由して働く**フェニールエチルアミン**で代用することが可能である。メスカリンは米国麻薬取締局によって取締の対象となる薬物に指定されている。⇨ **指定薬物**

**メスの選択**［female choice］ 動物のメスが，交尾の対象を得るときにみせる選択性のこと。一般に卵子は精子より大きく，メスはオスに比べて出産や育児によりエネルギーを費やすことも多いことから，オスよりもメスのほうが配偶者の選択により慎重であると考えられている。メス選択とも言う。⇨ **隠れたメスの選択**，**配偶者選択**，**複数交配**

**メスの不義行動**［cuckoldry］ 一雌一雄の習性をもつ動物のメスが，自分のパートナーとは別のオスと交尾すること。社会的に一雌一雄性である鳥類のうち，遺伝学的にも同様に一雌一雄性であるのはその約10%にすぎない（⇨ **一夫一婦**）。自分の相手が**婚外交配**をしているオスは，結果として自分とは無関係な子どもの養育を助けることになる。不義行動を行っているメスは，遺伝学的に，より高い質のオスとの間で子孫を残すことによる利益があるともい

える。この行動をとるクロウタドリのメスは，一雌一雄性のクロウタドリより多くの子孫を残すことができる。

**メスメリズム**［mesmerism］ 18世紀中期〜19世紀にかけて用いられた**催眠**の旧式名称。⇨ **動物磁気** ［オーストリアの医師メスメル（Franz Anton Mesmer: 1733-1815）に由来。メスメルは催眠の初期の提唱者である］

**メゾシステム**［mesosystem］ アメリカの心理学者ブロンフェンブレンナー（Urie Bronfenbrenner: 1917-2005）が提唱した生態学的発達理論。家庭外のグループや団体を指す（託児所や学校，子どもの仲間グループ）。子どもの発達に影響を与え，マイクロシステム（microsystem: 家庭内の関係）と相互関係を築く。⇨ **生態学的システムモデル**

**メゾスケリック**［mesoskelic］ 異常な短足をもつ体型とマクロスケリック（macroskelic）との中間の体型。広義には**クレッチマーの類型論**の闘士型と同義である。［フランスの内科医のマヌーヴリエ（L. P. Manouvrier: 1850-1927）によって提唱された］

**メソリダジン**［mesoridazine］ 典型的な第一世代のピペリジン**抗精神病薬**。メソリダジンは**チオリダジン**由来の代謝物質であり，薬効は強くない。チオリダジンのように，メソリダジンの服用が心拍リズムの乱れ（心室性不整脈症候群を引き起こすQT時間の延長（⇨ **心電計効果**）に関連している。したがって，QT延長の治療薬を服用している患者や心拍リズムの乱れを経験したことのある者にメソリダジンを投与すべきではない。また，抗精神病薬で効果が得られなかった場合にのみ，統合失調症患者に対する投薬に適している。アメリカでの商品名はセレンチル（Serentil）。

**メゾントモーフ**［mesontomorph］ 角張ってがっしりした体型のタイプ。広義には，中胚葉型（mesomorph）と同義である。

**メタアンフェタミン**［meth］ **メタンフェタミン**の俗語。

**メタカロン**［methaqualone］ 鎮静作用や催眠作用がある合成薬物で，他の鎮静剤と化学的関連はないが，その効能は**ペントバルビタール**とほぼ同じである。メタカロンはバルビツール塩酸系の薬物への耐性がない患者に対して使用する。少量を服用した場合，感覚皮質の働きを抑制する。多量に服用した場合には脊髄反射の機能に作用する。過剰に服用した場合，PCPやヘロインのような薬物よりも死に至る危険性は高い。商品名はクエイルード（Quaalude）。⇨ **鎮静剤・催眠剤または抗不安薬**

**メタ感情**［metaemotion］ 自分自身，または他者の感情に対する個人の認識，態度のこと。たとえば，怒りに対して否定的な態度を有している人もいれば，怒りを奨励する人もいる。あまりに幸せであることを恥ずかしく思う人もいれば，幸せになろうと必死に努力する人もいる。

**メタ記憶**［metamemory］ その人自身の記憶処理の認識。しばしばそれらを管理，制御するための意図的な試みも含まれる。**メタ認知**の一側面。

**メタ基準**［metacriterion］ ハンガリー生まれの科学哲学者ラカトシュ（Imre Lakatos: 1922-1974）によって提唱された，科学的理解に匹敵する評価するための基準のこと。ラカトシュは科学的理論に匹敵する評価において類似の基準からメタ基準を見出し，オーストリア生まれのイギリスの哲学者ポパー（Karl Popper: 1902-1994）の**反証主義**やアメリカの哲学者クーン（Thomas Kuhn: 1922-1996）の科学の歴史的理論の両方の代案として提唱した。メタ基準によると，ある科学の理論が，(a) 科学的実験や発見の歴史のより理論的な感覚を生み出し，(b) より新奇の歴史的要因の発見をもたらすものであると示されるのならば，その比較対象よりも採用されるべきであるとされている。

**メタ言語**［metalanguage］ 1. 異なる言語や記号の集合を記述するために使用される言語や記号の集合。例として，外国語を教えるときに用いられる英単語，コンピュータプログラムを用いた指導，命題論理（⇨ **記号論理学**）がある。二次言語（second-order language）とも呼ばれる。2. 言語に関して議論したり分析したりするための言語の使用。形式的言語研究，文芸批評，あるいは話者が互いに理解したことを正確にするための試み（たとえば，"あなたが本を読めないと言うとき，あなたは印刷品質のことについて述べているのか，筆者の文体について述べているのか"）などで用いられる。

**メタ言語意識**［metalinguistic awareness］ 言語の機能的特性や意味的特性と同様に形式特性に関する自覚的意識。言語の発達段階や**メタ認知**の発達と関連があり，通常は8歳あたりまでは発達しないとされる。メタ言語意識の到達は，だじゃれや言葉遊びへの興味によって示される。言語意識（linguistic awareness）とも呼ばれる。

**メタコミュニケーション**［metacommunication］ 1. 二者あるいはそれ以上の当事者間のコミュニケーションの（実際の内容よりもむしろ）手続き的側面やダイナミクスに関するコミュニケーションのこと。2. 補助的あるいは転換されたメッセージで，大抵捉えがたいジェスチャーや動き，顔の表情などの形のこと。

**メタコントラスト**［metacontrast］ 可視刺激（標的）の知覚が，続いて異なる空間位置に呈示される第2刺激（マスク）によって変わるという逆行**マスキング**の一種。標的には小さな点がよく用いられ，マスクには標的を囲むようなリングが用いられる。それぞれの刺激は，体系的に変化させられた時間間隔で非常に短い時間（10〜100 ms）呈示され，標的の知覚の質が測定される。⇨ **パラコントラスト**

**メタ心理学**［metapsychology］ 心理学における根本的で基礎となる原則についての学問，あるいはそれに関するもののこと。この言葉は，フロイト（Sigmund Freud）によって，彼自身の心理学的な理論を示すために用いられ，その理論は，基本的な水準で心理学的な現象について広範囲にわたる説明をしうることを強調している。メタ心理学におけるフロイトの基準は，精神的な現象を (a) 力動論，(b) 局所論，(c) 経済論の側面から説明すべきであるとした。これら特有の基準は，フロイト自身の理論にもっともよく適合しているが，根本的で包括的な水準の説明としてのメタ心理学の概念は，有益な構成概念であり続けている。

**メタ心理学的プロフィール**［metapsychological profile］ 精神分析における，患者の心機能に関する系統的な分析結果のこと。単なる症状のリストとは対照的である。この結果が患者の人格を描き出す。［フロイト（Anna Freud）によって1965年に開発された］

**メタセティック**［metathetic］ 変化の大きさが，生成される心理学的感覚の質的変化を引き起こす刺激の次元を

示す．たとえば，かすかな香りは非常に心地よいが，香りの強さが増すと強い嫌悪感を引き起こしてしまう．⇨ **プロセティック**

**目立たない測定** [unobtrusive measure] 測定が行われることを実験参加者に気づかせる，あるいは実験参加者を不安にさせることなしに行われる測定のこと．こういった実験参加者の行動や反応は，調査過程あるいは周囲の環境に影響されないと仮定される．⇨ **観察の影響を受けた測定，目立つ測定**

**メタ注意** [meta-attention] 注意に影響を与える要因の認識．

**目立つ測定** [obtrusive measure] 実験参加者が測定されていることに気づいている状態で測定したり観察したりする方法のこと．⇨ **目立たない測定**

**メタドン** [methadone] 痛みの緩和のため，または**メタドン維持療法**でヘロインの代わりに使用される合成**オピオイド鎮痛薬**のこと．経口摂取すると効果が強く，効果の持続時間も長い．また禁断症状を妨げヘロイン効果を抑制する．アメリカでの商品名はドロフィン（Dolophine）．

**メタドン維持療法** [methadone maintenance therapy: MMT] 薬物リハビリテーション療法の一つ．ヘロイン依存者に**メタドン**を毎日経口投与するもので，オピオイド剤への渇望を鈍らせるために用いられる．ヘロイン依存に対する最も効果的なアプローチとして広く知られているが，賛否両論のある治療法である．⇨ **ヘロイン依存**

**メタ認知** [metacognition] その人自身の認知処理の認識．しばしばそれらを制御する意図的な試みも含まれる．自分が知っているはずの何かを必死で思い出そうとする，いわゆる**のどまで出かかる現象**はメタ認知の興味深い例．

**メタ評価** [metaevaluation] 評価研究において，評価過程の価値に基づいて判断する試み．それは，その価値や有用性，および受容されている評価基準に基づいた信頼性に関するものである．これには，体系的評価が含まれており，方法論的厳格さ，有用性，コスト，関連性，領域，重要性，信頼性，適時性，普及の範囲を評価することに焦点が当てられる．

**メタ病理** [metapathology] マズロー（Abraham Maslow: 1908-1970）の人間性心理学において，**メタ要求**（たとえば，創造性，知的欲求，美的欲求）が満たされない場合に体験する，不満や漠然とした欲求不満状態．⇨ **メタモチベーション，マズローの人間性動機づけ理論**

**メタ分析** [meta-analysis] ある現象に関する多様な研究を1つの研究に統合する量的な技法のこと．各研究における**効果量**を合算して1つの効果量を推定する方法や効果量の分布を推定する方法がある．

**メタモチベーション** [metamotivation] マズロー（Abraham Maslow: 1908-1970）の**人間性心理学**において，個人を「成長，表現，成熟，発達」に駆り立てるもの．すなわち，欲求の階層（⇨ **マズローの動機の階層**）を超越し，**自己実現**の水準を動機づける．マズローの見解では，**欠乏動機**と呼ばれる低い水準の動機づけとは異なり，それが満足された後に現れる．存在動機（being motivation; B-motivation; growth motivation）とも呼ばれる．⇨ **メタ要求，マズローの人間性動機づけ理論**

**メタ要求** [metaneeds] マズロー（Abraham Maslow: 1908-1970）の**人間性心理学**において，低い水準の要求が充足された後に現れる最高水準の要求．これには知恵，美，創造性への要求が含まれ，自己実現の目標を構成する．マズローの見解では，メタ要求を満たせない場合，メタ病理（metapathology）が生じる．存在価値（being value; B-values）とも呼ばれる．⇨ **メタモチベーション，マズローの人間性動機づけ理論**

**メタ理論** [metatheory] 理論に関するより高次な理論．矛盾する理論の分析，比較，評価を可能にする．メタ理論の概念では，「すべての理論的公式の背景には既存の理論的仮説や制約がある」とされており，理論はその他の理論から導かれることを示している．

**メタンフェタミン** [methamphetamine] 化学的な構造はアンフェタミンと類似しているが，アンフェタミンよりも中枢神経系に顕著に作用する**中枢神経興奮薬**である．メタンフェタミンは，子どもの注意欠陥／多動性障害（ADHD）の治療や，成人の肥満症に対する短期的な治療に用いられる．すべての**アンフェタミン**のように，メタンフェタミンは乱用あるいは依存の危険性がある．摂取方法は煙の吸引，鼻からの吸引，経口摂取，注射である．初めに高揚感を感じた後，覚醒水準が高まり，全般的な幸福感を感じる．また，攻撃性を高めるような興奮を経験する使用者もいる．メタンフェタミンの長期にわたる乱用は神経系の損傷や精神疾患も含めた行動的，心理的変化をもたらす．アメリカでの商品名はデソキシン（Desoxyn）．

**メチセルギド** [methysergide] 片頭痛の対処に使用される麦角デリバティブである．セロトニンの働きによって，頻繁に生じる激しい頭痛が緩和される（⇨ **セロトニン拮抗薬**）．メチセルギドはLSDと類似した組織構造をもっている．副作用として軽度の頭痛とめまい，吐き気または嘔吐，多幸感，不眠，情緒不安定があげられる．アメリカでの商品名はサンサート（Sansert）．

**メチルキサンチン誘導体** [methylxanthines] キサンチン（アルカロイド系）と類似した薬学的効果をもつメチル化合物である．最も一般的なものはコーヒーの主成分である**カフェイン**（1,3,7-トリメチルアシン），ココアの主成分である**テオブロミン**（3,7-ジメルキサンチン），紅茶の主成分であるテオフィリン（1,3-ジメルキサンチン）などである．少量のメチルキサンチンを服用した場合には，不安や心配，無気力の症状が解消される．また，メチルキサンチンは気管支の筋肉を弛緩させるので，気管支喘息の対処薬としても使用されていた（現在では他の新しい薬物が使用されている）．

**メチルドパ** [methyldopa] 高血圧症の治療に使用される薬物である．血管組織をコントロールする脳幹の中心にあるアルファアドレナリン受容体に作用する．抑制系フィードバックの過程を経てメチルドパがアルファアドレナリン受容体を刺激すると，血圧調節機能を含む中枢神経からのカテコールアミン放出が抑制される．アメリカでの商品名はアルドメット（Aldomet）．

**メチルフェニデート** [methylphenidate] **アンフェタミン類**と類似した効果をもつ薬物である．カテコールアミンの神経伝達に間接的に作用し，シナプス間隙におけるカテコールアミンの再取り込みを抑制し，シナプス末端におけるカテコールアミンの放出を促進する．メチルフェニデートはカテコールアミンの放出よりも，再取り込みの抑制に効果がある点がアンフェタミンとは異なる．メチル

フェニデートは抑うつ治療の補助薬，脳損傷や脳の病変，認知症患者の集中力の増強，不注意傾向の改善薬として使用される。米国食品医薬品局は子ども・成人の注意欠陥／多動性障害（ADHD）やナルコレプシーの治療薬として承認している。ADHDの子どもの場合，少なくともメチルフェニデートを服用している間は注意力が増し，衝動性や多動が減少して学習機能や社会機能の回復がみられている。子どもにおける長期的な副作用として，稀に何らかの発達不良が生じる場合がある。メチルフェニデートや他の治療薬を子どもに使用する場合には，行動療法やカウンセリングを同時に行うべきである。メチルフェニデートは乱用が危惧される薬物であるため，米国麻薬取締局によって第二種規制薬物に指定されている（⇨**指定薬物**）。アメリカでの商品名はコンサータ（Concerta），メタデート（Metadate），リタリン（Ritalin）。

**メッケル症候群**［Meckel's syndrome］ 小頭症，眼・耳・鼻の異常，および様々な程度の脳組織の奇形が際立った先天性障害である。頭蓋縫合の早期閉塞を呈する子どもたちもいる。死産となるか，早期乳児期に死亡する。［ドイツの解剖学者のメッケル（Johann Friedrich Meckel: 1781-1833）による］

**メッセージ学習アプローチ**［message-learning approach］ 学習過程のタイプとして**態度変化**を概念化した理論。そこでの態度変容の範囲は，説得的メッセージにおける**論証**がどのくらい効率よく学習されるかによって決定される。この過程には，顕示，注意，理解，産出，保持の5段階があるとされる。これらのステップを実行することは，**出所要因**，**メッセージ要因**，**チャネル要因**，**受け手の要因**の4つの異なる変数の影響を受けると仮定されている。ホブランドモデル（Hovland model），イェールモデル（Yale model）とも呼ばれる。［アメリカの心理学者ホブランド（Carl I. Hovland: 1912-1961）と彼のイェール大学の同僚によって提唱された］

**メッセージの結論導出**［conclusion drawing in a message］ 結論を明示的に述べて，それが説得的メッセージから導かれるようにすること。

**メッセージ要因**［message factors］ メッセージそのものの効果に影響する説得的メッセージの特徴のこと。そうした特徴には，メッセージが一面提示か両面提示メッセージかどうか，あるいは，反語メッセージがあるか否かも含まれている。

**メッセンジャーRNA（mRNA）**［messenger RNA: mRNA］ 細胞内で細胞の遺伝物質（一般的にはDNA）の命令からタンパク質製造装置に伝え，さらにその命令に正しくそったタンパク質成分の組み立てを指示するRNA。この命令は**遺伝暗号**に従ってmRNA内の塩基配列に書き込まれている。

**滅裂言語**［gibberish］ 一貫性をもたず知的ではない言語で，統合失調症でみられることがある。

**メデア・コンプレックス**［Medea complex］ 父親への復讐の手段として子どもを殺そうとする母親の願望。この用語はギリシャ神話に由来している。夫のジャゾーネが若い女と結婚するために妻メデアを捨てた後，彼女はジャゾーネが父親である自分の子どもを殺した。⇨**子殺し**

**メディア**［medium］ メッセージが送信され，情報が拡散される手段や作用（たとえば，テレビのメディア）のこと。

**メディア・リッチネス**［media richness］ コミュニケーションチャネルの相対的な強度と複雑さ。対面コミュニケーションは，言語と非言語の手がかりの複雑な相互作用を含むように，豊富なメディア（rich medium）のよい例である。対照的に，文面のみによるコミュニケーションは貧弱なメディア（lean medium）である。［1984年にアメリカの組織と運営についての理論家ダフト（Richard L. Daft）とレンゲル（Robert H. Lengel）が提唱］

**メディケア**［Medicare］ 米国連邦厚生省医療財政局が管轄する公的医療保険制度の一つ。65歳以上の高齢者，特定の障害をもつ障害者，末期の腎疾患患者のための連邦政府プログラムである。給与税と加入者からの保険料は信託基金に寄託され，被保険者の費用となる。メディケアは2つのパートで構成されており，パートAに入院保険，パートBは補足的医療保険となる。

**メディケア・メディケイド・サービスセンター（公的保険制度運営センター）**［Centers for Medicare and Medicaid Services: CMS］ 米国保健社会福祉省傘下の行政機関で，メディケアとメディケイド制度と児童健康保険制度の運営管理を行っている。以前は，連邦医療財政庁と呼ばれていた組織で，受益者選択センター，医療保障制度管理センター，メディケイド運用センターの3つの局からなる。

**メディケイド**［Medicaid］ アメリカの公的医療保険制度の一つ。低所得者への医療給付を目的に社会保障法第19編によって1965年に創設された。メディケイドは連邦政府のガイドラインに従って運用され，各州は支援内容と支払い額を決める。

**メトカルバモール**［methocarbamol］ 骨格筋の痛みをコントロールする付随的な薬として使用される**筋弛緩剤**の一つ。メトカルバモールは骨格の緊張を直接的に取り除くわけではないので，その治療的効果は鎮静，または**中枢神経抑制薬**の特性によるものであると考えられている。錠剤や注射で使用される。アメリカでの商品名はロバキシン（Robaxin）。

**目と手の協応**［eye-hand coordination］ モノをつかみ，じっと見つめ，何か具体的な課題を遂行する際に，目と手の機能が調和していること。生後5か月までに多くの幼児は手の届く範囲のものをつかむことができ，その後生後8か月〜12か月頃に親指を十分使うことができるようになる。

**メトトリメプラジン**［methotrimeprazine; levomepromazine］ 脂肪系**フェノチアジン**による薬効の弱い抗精神病薬である。アメリカでは，長年，痛みに対する治療にのみ使用されてきた。アメリカでの商品名はレボプロム（Levoprome）。

**メトラゾールショック療法**［Metrazol shock treatment］ メトラゾール（GABA: 受容体拮抗薬ペンチレンテトラゾールの商品名）の静脈注射を施す**ショック療法**。メトラゾールは，強力な**中枢神経興奮薬**が痙攣や昏睡を引き起こす。激しい不安感をもたらし，また，致死率も高いことから，現在は稀にしか使われない。メトラゾール療法（Metrazol therapy; Metrazol treatment）とも呼ばれる。［ハンガリーの精神科医であるメドゥーナ（Ladislas von Meduna: 1896-1964）により1934年に導入された］

**メトロノームペーシング法**［metronomic pacing］ 会

話能力を改善するための**聴覚フィードバック**のテクニック。電子メトロノームを搭載した携帯機器が大抵1分間に50～150拍になるよう設定されており，発話する人は話しながらヘッドホンを通してペースのフィードバックを受け取る。口ごもる人や**運動言語障害**に対して最も役に立つ。

**メニエール病** [Meniere's disease] めまい，吐き気，耳鳴りや進行性の難聴の原因となる内耳のリンパ液過剰による平衡感覚や聴覚の障害。⇨ **成人の感覚神経障害** [フランスの物理学者のメニエール (Prosper Meniere: 1799-1862) による]

**目に見えない発散物** [effluvium] 通常の感覚機構によって知覚されることが困難な物理的粒子の仮説上の流れ。様々な超自然的・心霊術の現象の説明として時々引用される。18世紀にこの用語は磁気や電気を説明するために広く利用された。後に**動物磁気**の考えと関連するようになった。スピリチュアリズムと超心理学では，人や物が目に見えない**オーラ**をもつという概念と結びつけられる。

**メフロキン** [mefloquine] マラリア感染の治療や予防に使用される，キニーネ（抗マラリア薬）に類似した薬物。心臓まひや睡眠障害や抑うつ，パニック発作を含む精神症状，精神病の兆候と関連がある。これらの症状が発生するのは稀であるが，抑うつ，慢性的な不安障害，重度の精神病の既往歴や心臓疾患をもつ患者は，メフロキンの服用を避けるべきである。アメリカでの商品名はラリアム (Lariam)。

**メプロバメート** [meprobamate] 1950年代前半にバルビツール酸塩の代用品としてアメリカの市場に輸入された薬品。1950年代から1960年代に昼間に服用する鎮静剤として，または不安治療のために広く処方された。メプロバメートはアルコールや**オピオイド**のような他の**中枢神経抑制薬**と同時に服用しない限り，バルビツール系催眠薬よりも呼吸抑制作用が弱い。バルビツール系催眠薬のように，メプロバメートの使用はベンゾジアゼピン系薬の使用に完全に移行している。アメリカでの商品名はミルタウン (Miltown)。⇨ **鎮静剤・催眠剤または抗不安薬**

**メペリジン** [meperidine; pethidine] 深刻な痛みを緩和するための緊急手段として使用する合成**オピオイド**を指す（⇨ **オピオイド鎮痛薬**）。μオピオイド受容体に作用し，他のオピオイド系鎮痛剤と同様の副作用がある。**モノアミンオキシダーゼ阻害薬** (MAOIs) を摂取している患者が服用すると致命的な副作用が生じるので，モノアミンオキシダーゼ阻害薬を摂取してから14日以内にメペリジンを服用することは避けるべきである。抗精神病薬であるフェノチアジンや三環系抗うつ薬を同時に服用すると，重篤な呼吸抑制障害を引き起こす場合がある。アメリカでの商品名はデメロール (Demerol)。

**めまい** [dizziness; vertigo] くらくらしたり，ふらふらしたりする感覚。ときどき失神のおそれや吐き気を伴う。神経学的障害，心理学的ストレス（たとえば，不安），もしくはジェットコースターに乗るといったように内耳の迷路（平衡感覚を司る器官を含む）に干渉する活動によって自分自身や自身の周囲の運動や回転を錯覚に感じ，不快になること。

**女々しい行動** [sissy behavior] 少年の男らしくない行動を表す俗語であり，多くの場合，他者による嘲笑の源である。⇨ **役割混乱，おてんば**

**メモリードラム** [memory drum] かつて記憶実験において項目を呈示するために使われていた装置。ドラムが所定の速度で回転し，隙間から一度に1つの項目が見えるようになっている。メモリードラムはコンピュータ画面による項目呈示に取って代わられた。

**メラトニン** [melatonin] 神経伝達物質の**セロトニン**の代謝産物として主に**松果腺**から放出される**アミンホルモン**の一つ。メラトニンは季節ごとの生理的な変化や思春期にも影響を与えていると考えられている。また，入眠や睡眠・覚醒サイクルにも関与している。メラトニンは臨床研究分野においては睡眠薬や**概日リズム睡眠障害**の操作のために研究されてきた。これについては未だに結論には達していないが，北アメリカにおいて，メラトニンは市販薬として広く用いられている。

**メラニン細胞刺激ホルモン（MSH）** [melanocyte-stimulating hormone: MSH] 下垂体前葉から分泌されるホルモンの一つ。脊椎動物（両生類など）の皮膚の色素細胞（メラニン保有細胞：melampphores）内のメラニン顆粒の放出を刺激し，皮膚を暗色化させる。哺乳類においては摂食行動を調節していると考えられている。⇨ **アルファメラニン細胞刺激ホルモン**

**メラノコルチン4受容体（MC4-R）** [melanocortin-4 receptor: MC4-R] **アルファメラニン細胞刺激ホルモン**によって活動する**受容体**の一種。摂食と体重の調節に関わっていると考えられている。

**メランコリー** [melancholia] 抑うつの旧式名称。

**メランコリー型** [melancholic features] 大うつ病性エピソードに関連する。ほとんど，あるいはすべての活動における興味・喜びの喪失，あるいは通常は喜びを喚起するものに対する興味の喪失のいずれかが含まれる。さらに，次のうち3つ以上の特徴がある。通常とは全く異なる悲しみとして体験される抑うつ気分，抑うつは朝方も最も悪い，早朝覚醒，精神運動性の焦燥または制止，食欲低下または体重減少，過度な罪悪感があげられる。

**メリットランキング** [merit ranking; order-of merit] 人，データ，物体をその大きさや価値，またはその他の特徴に従って配列すること。

**メル** [mel] ピッチ測定に関する単位。40 dB SPL（40 phons）で呈示された1000 Hz音の音の高さが1000メルである。1000メルの音の2倍の音の高さをもつ音は2000メルの音の高さをもつ。

**メルケル触盤** [Merkel's tactile disk] 手足の**無毛皮膚**や有毛皮膚に終末をもつ感覚神経の一つ。メルケル小体 (Merkel's corpuscle)，グランドリーメルケル小体 (Grandry-Merkel corpuscle) とも呼ばれる。[ドイツの解剖学者メルケル (Friedrich Siegmund Merkel: 1845-1919)，ベルギーの外科医グランドリ (M. Grandry) による]

**メルケルの法則** [Merkel's law] 閾上の感覚における等差は刺激間の等差と相関するという原則。[ドイツの心理学者メルケル (Julius Merkel: 1834-1900) による]

**メロディック・イントネーション療法** [melodic intonation therapy: MIT] ある種の**失語症**，**運動言語障害**，**表出性言語障害**などの患者の発話回復，改善を目的にメロディを用いた言語療法。音楽に関しては右半球優位であるという理論に基づき，このメロディック・イントネーション療法では発話者に自然な発話による韻律と並行させて，

声の高さやリズムを用いて話したり歌ったりして訓練する。メロディック・イントネーション療法は、主に他の言語療法の補助的なものである。

**免疫**［1］［immunity］ 免疫反応を司る免疫系の働きによって与えられる、感染に抵抗する身体の能力。能動免疫（active immunity）は免疫細胞（⇨ **リンパ球**）が感染や意図的な刺激に続いて適切な**抗体**を産出する（そして産出可能であり続ける）ときに生じる。受動免疫（passive immunity）は他の生物個体から抗体を受けとること（たとえば**初乳**）によって与えられる。自然免疫（innate immunity）は侵入してきた微生物や組織と予め接触することを必要とせず、非特異的な免疫反応を含む。⇨ **抗原-抗体反応**

**免疫**［2］［immunization］ 自然の手段以外から免疫を与える過程。活性免疫の場合は予防接種やワクチンで獲得され、人間の免疫システムから自然に抗体を生成させるために特定の抗原を注射する。不活性の免疫は1～6か月程度の短期的なものだが、この場合は、問題となる病気に対して既に免疫をもっている動物や人間から得られる抗体を注射することで獲得される。

**免疫学**［immunology］ 医学の中でも免疫や免疫反応に特化した分野（たとえば、アレルギーや過敏症など）。

**免疫強化行動**［behavioral immunogen］ 罹患リスクの減少や長寿に関連した行動や生活スタイル。たとえば、適度の飲酒、十分な睡眠、健康な食事など。⇨ **行動の病因**

**免疫系**［immune system］ 脊椎動物が備える複雑なシステムであり、ウイルスやバクテリアなどの異物（**抗原**）による病的作用から身体を保護するのを助ける。免疫系に関わる器官には、リンパ球（特定の**免疫反応**に関与する主要な作用物質）を産出する骨髄と**胸腺**のほか、脾臓、リンパ節、他のリンパ組織や様々な化学物質（**サイトカイン**など）が含まれる。免疫系は神経系および内分泌系の双方と相互作用する。⇨ **精神神経免疫学**

**免疫細胞化学**［immunocytochemistry］ 特定のタンパク質に対する標識抗体を利用して、細胞や組織の中でのそのタンパク質の位置を特定する手法。その標識抗体は目に見える印をつけるため、その構成要素を可視化して位置を特定することを可能にする。免疫組織化学（immunohistochemistry）とも呼ばれる。

**免疫反応**［immune response］ ウイルス、バクテリア、あるいは他の生物個体の組織などの異物（**抗原**）による身体への侵入に対する**免疫系**の反応のこと。非特異的な免疫反応には、（**ヒスタミン**の放出を伴う）炎症と、侵入した細菌や組織などに対する様々なタイプの白血球による**食作用**が含まれる。特異的な免疫反応には2種類あり、一つは体液性免疫（humoral immunity）で、もう一つは細胞媒介性免疫（cell-mediated immunity）である。前者においては、B**リンパ球**が**抗体**を生み出し、それが抗原を直接破壊するか、他の細胞による抗原の破壊を促進する。後者は抗原を直接的かつ特異的に攻撃するTリンパ球に媒介されている。⇨ **抗原-抗体反応**

**メンサ**［Mensa］ 人口上位2％の知能指数（IQ）を有する者だけが所属できる組織。

**面接**［interview］ 方向性のある会話のことであり、そこで治療者、臨床家、雇用者、または同様の者（面接者：interviewer）が研究、診断、治療、雇用などの目的により、個人（被面接者：interviewee）から特定の情報を引き出す。面接は一連の質問が用意されているかなり構造化されたものから、被面接者から提供される話題によって変化する非構造化なものまである。⇨ **臨床面接、就職面接試験**

**面接者トレーニング**［interviewer training］ 効果的な面接を行う面接者を訓練するために用いられる指導方法。この方法には集団討論、役割練習が行われ、実際の面接、あるいは模擬面接を録画したビデオテープを使用する。これに加え、面接の基本原則が教授される。

**面接集団心理療法**［interview group psychotherapy: IGP］ 青年や成人を対象とした**集団心理療法**の一つ。共通の問題や個人特徴があるかなどに基づいた釣り合いのとれた治療グループを作る。参加者はセッションの中で自身の態度や症状、感情などを明らかにするよう求められる。⇨ **精神分析的集団心理療法**［ロシア生まれのアメリカの心理療法家スラヴソン（Samuel Richard Slavson）によって開発された］

**メンタリング**［mentoring］ 総合的に成長や発達を支援したり、優れた学習スキル、キャリア、あるいは他の教育的目標や職業に関連する目標を追求することの援助を行うために、指導や励ましをしたり、個人（たとえば、生徒、青年、同僚など）をサポートしたりすること。大多数のメンタリングプログラム（mentoring program）は、今日、職業的、教育的、他の状況で実施されている。それらのプログラムでは助言者と各学習者の間で頻繁にコミュニケーションや接触をもったり、他の多様な技術や手続きを用いて、積極的な生産的関係性を発展させる。

**メンタルコーチング**［mental coaching］ 主としてカウンセリング、ビジネス、スポーツで用いられる、専門的知識を教える教育の分野。この分野では、行動の直接的な認知特性に焦点が当てられる。メンタルコーチングによって、全体的なパフォーマンスが改善し、自信が回復し、動機づけが高まり、精神的不安が減少し、不十分なパフォーマンスが改良される。また、集中力を高める方法、スランプやパフォーマンスの障害に打ち勝つ方法、さらにプレッシャー下でより良く集中する方法、より一貫して実行する方法も教えられる。

**メンタルバランス**［mental balance］ 心理過程の**統合**。

**メンタルヒーリング**［mental healing］ 通常、視覚化や暗示、エネルギーの流れの意識的な操作のような方法を利用して、精神の集中を行い、精神や身体の疾患を精神の力を通して緩和しようとするプロセス。⇨ **信心療法、心霊治療**

**メンタルプラクティス**［mental practice］ 特別な技術を練習するためにイメージを使うこと。したがって、パフォーマンス（たとえば、フィギュアスケートのダブルルッツ）はイメージ化されるが、実際に行われることはない。

**メンタルヘルスクリニック**［mental health clinic］ 心理、行動的問題の診断と治療を目的とした外来診療機関のこと。

**メンタルヘルスケア**［mental health care］ 医療サービスや出産に関するカテゴリーの一つ。心理学的査定や介入（心理学、精神医学、神経学、ソーシャルワーク）のための、広範な知識や技術を伴った科学性と専門性が求められ

る。心理スクリーニングや心理検査，心理療法や家族療法，神経心理学的リハビリテーション等も含まれるがこれに限定されない。⇨ **精神保健サービス**

**メンタルヘルスプログラム**［mental health program］地域のメンタルヘルスセンター等において，個人やコミュニティのメンタルヘルス（精神的健康）の維持，促進を目的として行われる，治療，予防，リハビリテーション，教育サービスのこと。

**メンタルヘルスワーカー**［mental health worker］（病院等において）広範囲な専門スッタフと連携を行う，メンタルヘルス（精神的健康）に関する治療チームの構成員のこと。

**メンタルモデル**［mental model］一群の構成要素間の関係についての内的表象。たとえば，会社や部署で働く人，数学や物理学の問題の要素，三段論法の名辞，空間内の物体配置など。このようなモデルは，知覚的特性を含んでおり，本質的に抽象的である。メンタルモデルは，起こりうるシナリオの動的なシミュレーションを提供するために操作されることもあり，意思決定のキーとなる構成要素であると考えられる。たとえば，人間工学においては，システムや製品のメンタルモデルは，多様な特性，操作や処理のための規則，利用や結果に関する予期を含み，個人が問題のシステムや製品と相互作用するのをガイドするために使用される。⇨ **チームメンタルモデル**

**メンタル・リハーサル**［mental rehearsal］不必要に思える依頼にイライラしないで反応したり，バスケットボールでディフェンスプレーを遂行することなどの行動様式を変えたり，スキル向上のために**イメージ**を用いること。

**面子維持**［facework］**1.** 社会的な相互作用において，人々が自分および関係する人々両方の威厳（面子）を維持するために行う一連の戦略的行動。面子維持戦略は，礼儀正しさ，擁護，気配り，異なる話題への回避，嘘半分，やさしい嘘を使う。この慣習の影響力は，文化によって大きく異なる。**2.** ビジネス，政治，外交などの活動に関わる人たちの公式の**対面相互作用**。このような相互作用では，世間話や個人的な会話が公式的な協議課題と同じように行われている。

**面子維持行動**［face-saving behavior］自分の威厳を維持とする行為で，社会的な失態を正したり，それまでの悪い印象を補ったりしようとする。面子維持行動は印象操作（imperssion management）の一形態である。⇨ **面子維持**

**メンデル遺伝**［Mendelian inheritance］遺伝学の創始者とされるオーストリアの修道士メンデル（Gregor Mendel: 1822-1884）によって提唱された，基本法則に一致する遺伝タイプ。メンデル遺伝は，両親から子に受け継がれた，染色体に配置された遺伝子によって基本的に決定される。また，**常染色体優性**，**常染色体劣性**，**伴性遺伝**を含む。メンデルは，次の2つの法則を提唱した。メンデルの第1の法則（Mendel's first law）である分離の法則（principle of segregation）は，将来の世代において**劣性形質**が変化しない，あるいは消滅しないことを述べたものである。同様に，**優性**と**劣性対立遺伝子**の両方が独立して受け継がれ，性別細胞の形態の間に独立して分離することができる。メンデルの第2法則（Mendel's second law）である独立の法則（principle of independent assortment）は，ある両親の遺伝子が，将来の子孫の中で共有されることはないことを述べている。

**メンバーシップ・グループ**［membership group］人々が成員として属する社会的体系や組織であり，公的もしくは私的にその組織の階級内に受容されていると感じるもの。クラブや学会，派閥やチーム，そして政党といったメンバーシップ・グループでは，その組織の成員であるかどうかが明示的に区別される。⇨ **理想集団**，**準拠集団**

# も

**喪**［mourning］ 愛する者の死に引き続いて生じる悲嘆を感じ，表出する心理的過程，あるいはこの過程が起こっている期間を指す。典型的には，無気力感や落胆，外界への興味の喪失，活動性や自発性の減少などがみられる。これらの反応は抑うつに類似しているが，長くは持続せず，病理的なものとはみなされない。⇨ 死別反応

**盲検法**［blind］ データ収集者，研究参加者あるいはその両者が行っている実験の条件に気がつかないようにすること。⇨ 一重盲検法，二重盲検法，三重盲検法

**毛細血管拡張性運動失調**［ataxia telangiectasia; Louis-Bar syndrome］ **常染色体劣性**遺伝をする先天性疾患の一種で，自発的な筋運動の協調能力の欠損（⇨ 運動失調），そして目，鼻や耳の皮膚の微小血管の拡張が主な特徴である。初期症状は，四肢運動失調と体幹性運動失調だが（立っているときや座っているときに頭部や胴体が揺れる症状を示す），最終的には患者は車椅子で生活せざるをえないほど症状は深刻になる。その他の症状としては，ゆっくりとした発語の増加，**ミオクローヌス**もしくは**意図振戦**といった不随意的運動の出現，そして特に呼吸器感染などの感染症罹患増加が該当する。

**盲視**［blindsight］ 視野の一部もしくはすべてにおいて盲目である人が，見えないはずの視野領域に呈示された視覚刺激を検出，特定できる能力のことをいう。動き，フリッカー，波長，方位の弁別もできることがある。しかし，これらの能力に本人は気づいていない。すなわち，これらは実験条件下で実験参加者が推測しようとしたときにのみ示されるものである。それゆえ，盲視は失われた視覚を補償するために用いられているとは考えにくい。盲視の原因については議論の的となっており，盲視者では**外側膝状体**から**有線皮質**への神経回路が機能していないため，彼らの能力は他の視覚経路，すなわち中脳から外線条体領域への経路に基づいているか，もしくは残存の線条皮質による**残存視覚**を表していると考えられている。

**網状層**［plexiform layer］ 網膜における2つのシナプスに関する層のうちの一つ。⇨ 内網状層，外網状層

**網状膜**［reticular membrane］ コルチ器官にある，イオン構成の異なる内リンパと外リンパの間にある硬い膜。有毛細胞の不動毛はこの膜からはみ出ている。網状板（reticular lamina）とも言う。

**妄想（パラノイア）**［delusion; paranoia］ 1. 非合理的であり，証拠もなく，また，属する社会や集団においても承認されないにも関わらず，強い確信をもって保持される，ありそうもない個人的な観念や信念体系。妄想は**せん妄**として一時的，断片的にみられるほか，構造的で精密な**妄想性障害**の中でも見受けられ，大抵どちらかに当てはまる。通常，**妄想的嫉妬**，**影響妄想**，**誇大妄想**，**被害妄想**，**関係妄想**，**虚無妄想**（⇨ **虚無主義**），**心気妄想**といったタイプがある。これまでの研究から妄想は基礎的な論理の障害ではなく，感情の影響に由来するものであるとされている。妄想は診断システムの中で最も重要な要素の一つとみなされてきた。妄想は統合失調症の最も重要な症状とされる。⇨ 奇異な妄想，被殻化妄想，断片的妄想，体系妄想 2. 根拠のない極端な不信や疑いに関する考え。⇨ **妄想性パーソナリティ障害**，**妄想傾向** 3. DSM-Ⅲにおいては，比較的稀な障害で，妄想型統合失調症とは区別されている。中傷されている，毒が盛られているなどのように，誤った根拠から推論し，持続的で体系化された論理性のある被害妄想を示す。DSM-Ⅳ-TRの診断カテゴリーにおいては，被害型の**妄想性障害**とされている。

**妄想型統合失調症**［paranoid schizophrenia］ DSM-Ⅳ-TRにおける**統合失調症**の下位分類で，他のタイプより発症が遅く，妄想や幻覚が特徴的である。妄想に，被害的であったり，大げさであったりする。幻覚は，妄想の内容に関係している。認知機能と気分への影響は，他の統合失調症のタイプより程度が軽い。DSM-Ⅲでは妄想型統合失調症（paranoid type schizophrenic disorder）と呼ばれていた。

**妄想傾向**［paranoid tendency］ 自分自身や他者に対して，不信感や被害的な信念を抱いたり，否定的な見方をしやすい傾向。⇨ **妄想性パーソナリティ障害**，**妄想状態**

**妄想システム**［delusional system; delusion system］ 論理上多かれ少なかれ相互に結びつきのある，同一人物によって保持された妄想のこと。論理的であるが，誤った前提に基づく妄想は，被害型**妄想性障害**の特徴である。

**妄想状態**［paranoid state; paranoid condition］ **妄想性障害**ほど構造化されておらず，精巧でもないが，**妄想型統合失調症**より混乱していたり風変わりでない妄想が特徴的な状態。妄想状態は，**国際疾病分類**（ICD-9）で記載されているが，DSM-Ⅳ-TRでは記載されていない。

**妄想性障害**［delusional disorder］ DSM-Ⅳ-TRでは，統合失調症を除く，最低1か月に1つあるいは複数の非体系的な妄想の持続を認めるといった性質的特徴をもつ，精神疾患の一つであるとされている。現実場面においてよくある特定の場面における非体系的な妄想である（たとえば，跡をつけられる，毒を入れられる，汚染される，政府に裏切られるなど）。妄想の主題によって，色情型（erotomanic type），誇大型（grandiose type），嫉妬型（jealous type），被害型（persecutory type），身体型（somatic type），混合型（mixed type），特定不能型（unspecified type）の7つに分けられる。DSM-Ⅲでは妄想障害はパラノイア（paranoid disorder）と呼ばれていた。

**妄想精神病**［paranoid psychosis］ 人格の分裂や崩壊のない被害妄想に特徴づけられる精神状態。⇨ **妄想性障害**，**妄想状態**

**妄想性敵意**［paranoid hostility］ 他者が自分を迫害している，または陰謀をたくらんでいるという妄想から生じる怒りや，相手を傷つけたいという欲求。

**妄想性パーソナリティ障害**［paranoid personality disorder］ DSM-Ⅳ-TRにおいて，以下のような特徴をもったパーソナリティ障害のことを指す。(a) まん延した，不当な猜疑と不信（策略を巡らされている，悪意をもたれていると考えてしまう，用心深さと隠しだて，非難されないようする，隠された動機や意味に関心をもちすぎる，病的嫉妬など）。(b) 過敏（急に腹をたてる，些細なことを大げさに言うなど）。(c) 制限された感情（感情的に冷めて

いたり，やさしい感情がない）。

**妄想的嫉妬** [delusional jealousy; morbid jealousy; Othello syndrome/delusion; pathological jealousy] 配偶者あるいはパートナーが信用できないという固着した妄想。この妄想をもった人は，間違った信念に証拠がないか監視し続け，見出されなければ事実を捏造し，確信に反する事実は完全に無視する。このタイプの妄想は，かつては恋愛パラノイア（amorous paranoia），あるいは，夫婦パラノイア（conjugal paranoia）と呼ばれていた。

**妄想的躁病** [delusional mania] 妄想に特徴づけられる躁病エピソード。妄想的躁病は，今では精神病の特徴をもった躁病エピソード（manic episode with psychotic features）と記述される。

**妄想分裂ポジション** [paranoid-schizoid position] クライン（Melanie Klein）の**対象関係理論**の概念。誕生から6か月までの乳児は，世界を**部分対象**としてとらえ，**死の本能**の力により，破滅恐怖や迫害不安を募らせる。乳児は，次のような様々な原始的**防衛機制**を用い，これらの恐怖に対抗する。（a）外界の対象に対する攻撃性の**投影**，（b）イメージされた迫害的な対象に対して，彼ら自身の攻撃性を向けること，（c）**取り入れ**や，乳房を良い対象と悪い対象に**スプリッティング**すること（⇨ **良い乳房，悪い乳房**）。⇨ **抑うつポジション**

**妄想様観念** [paranoid ideation] 疑念感情にとらわれたり，他者から虐げられたり，嫌がらせを受けたり，不当に扱われているという妄想信念を含む認知様式。

**毛帯系** [lemniscal system] 長くて上昇している神経系のシステムで，視神経系まで突出している通路のこと。内側毛帯，外側毛帯，脊髄視床路と二次三叉神経突起を含む。

**毛端触覚計** [hair esthesiometer] 圧力に対する感度を測定するために用いられる装置。⇨ **フレイ触覚計**

**盲点** [blind spot] 1. 個人の行動やパーソナリティのある特定の部分について，多くの場合持続的に，洞察や気づきを欠いていることをいう。一般的に個人の本当の感情や動機を認識することは，心を痛めることにつながるために生じるのであろう。古典的な精神分析においては，患者の**自我**を脅かすであろう抑圧された衝動や記憶の認識から身を守るためのものと考えられる。⇨ **暗点化** 2. 視覚において，眼球の**視神経円板，視神経乳頭**の位置に刺激像が投影されているために，刺激が知覚されない単眼視野の領域。⇨ **暗点**

**毛包** [hair follicle] 毛根を覆って保護している組織のこと。毛包の内部では，毛幹の末端は基本的な体性感覚受容器の一つである**散形終末**によって囲まれている。防衛行動において，毛包の神経終末は筋繊維を刺激し，**立毛**を引き起こす。

**網膜** [retina] 眼球の最も奥にある，光に対して感受性の高い層。ニューロンの層が眼球裏側の内面に並び，視覚に必要な感覚信号を送る。網膜には**桿体**と**錐体**と呼ばれる光受容器があり，さらに，これらの光受容器の信号を処理して**視神経**を経由して脳に伝えるニューロンがある。この網膜の内側の層は，光受容器の先端に隣接する網膜**色素上皮**と区別するために神経網膜（neural retina）と呼ばれることもある。⇨ **アマクリン細胞，網膜双極細胞，網膜水平細胞，網膜神経節細胞**

**網膜炎** [retinitis] 網膜の炎症。

**網膜光（暗光）** [retinal light; dark light] 刺激がないにも関わらず光の感覚が生じること。内因性の視覚系の活動によるものと考えられている。

**網膜色素再生** [pigment regeneration] 色素漂白に続いて起こるロドプシンの再構成。⇨ **視覚サイクル**

**網膜色素変性（症）** [retinitis pigmentosa] 光受容器（錐体よりも桿体のほうが冒されやすい）の進行性の委縮と網膜**色素上皮**の障害に特徴づけられる網膜異常。網膜色素変性は**夜盲症**と視野欠損（⇨ **トンネル視**）の原因となる。遺伝性のものであることが多いが，クロルプロマジンやチオリダジンといった**フェノチアジン**系抗精神病薬の使用にも関係する。

**網膜視野** [retinal field] 視覚ターゲットによって刺激された一連の光受容器のこと。これは，網膜の受容野とは異なる。⇨ **視覚受容野**

**網膜照度** [troland] （記号：td）1 cd/m$^2$の光源を，1 mm$^2$の標準的な面積の瞳孔を通して見たときの照度として定義される。網膜における照度の単位。

**網膜神経節細胞** [retinal ganglion cells] 視覚刺激の信号を脳に送る唯一のニューロン。網膜神経節細胞は**網膜双極細胞**と**アマクリン細胞からの入力を受け，軸索は網膜の視神経**を形成する。

**網膜振動** [retinal oscillations] 短い視覚刺激が提示された後に残る，交互に現れる，または一連の感覚。たとえば，**シャルパンティエのバンド**や**色彩奔逸**などがある。

**網膜水平細胞** [retinal horizontal cells] 網膜のニューロンであり，光受容器，**網膜双極細胞，アマクリン細胞**と互いに側面結合している。この細胞体は網膜の**内顆粒層**にある。

**網膜像** [retinal image] 外的な対象に焦点を当てたときに網膜に結像する像。網膜像の解像度は瞳孔径によって変動し，対象の照度が高くなり，瞳孔の絞りが小さくなるほど焦点が鮮明になる。

**網膜双極細胞** [retinal bipolar cells] 光受容器（**桿体と錐体**）から入力を受け，**網膜神経節細胞とアマクリン細胞**に信号を伝える網膜の**内顆粒層**のニューロン。桿体と錐体は異なる数の網膜双極細胞が受け持ち，それぞれ，桿体双極細胞（rod bipolars）と錐体双極細胞（cone bipolars）と呼ばれる。

**網膜像の大きさ** [retinal size] 網膜像の寸法。網膜像の大きさは，眼から対象までの距離に比例して小さくなる。知覚される大きさは，網膜上の大きさと物体の実際の大きさの中間となる。

**網膜電図** [electroretinogram: ERG] 麻酔した眼の表面に置いた電極を用いた，視覚刺激中の網膜の電気的活動の記録。記録した波形の異なった部分が，網膜の異なった細胞や層に対応する。記録する過程のことを網膜電図検査（electroretinography）と呼ぶ。

**網膜電図のB波** [B wave of electroretinogram] 網膜を光で刺激したときに眼より記録される陽性の大きな波。電気反応は麻酔下の眼表面に設置された電極によって検出される。

**網膜濃度測定法** [retinal densitometry] 網膜の**感光色素**がもつ吸収率特性の測定方法。眼に光を当てると，網膜を通り，網膜の裏側にある細胞によって反射するため，こ

の反射を測定する。表面に出てくる光を眼に入った光と比較し，どのくらい吸収されたのかを測定する。

**網膜剥離**［detached retina; retinal detachment］　**色素上皮**の外層と**網膜**（神経網膜）の内層の分離のこと。症状の発現は，分離の大きさと場所に依存して，閃光，曇った視界，目の前に点のような物や人工物が見える（飛蚊症として知られる），突然，完全な失明になることもある。網膜剥離は外科手術で治療される。⇒ **糖尿病性網膜症**

**盲目**［blindness］　1. 視覚刺激を知覚する能力が重度，ほぼ完全，もしくは完全に損なわれている状態。世界保健機関の国際分類（1977）によると，盲目は最もよく矯正した状態で**視力**が 0.2 より悪い，もしくは**視野**の最大経線が 10°以下として定義される。アメリカにおいては，最もよく矯正した状態で 0.1 以下の視力，もしくは 20°以下の視野が法的盲目（legal blindness）の基準とされている。2. 明暗の知覚を除く，使用可能な視覚の欠損。器質性盲目の主な原因は手術不可能な**白内障**，制御できない**緑内障**，**網膜色素変性**，**糖尿病性網膜症**，加齢に関連した**黄斑変性**，**風疹**，脳損傷である。⇒ **皮質盲**，**機能的失明**，**ロービジョン**，**視力障害**

**盲目歩行**［blind walk］　メンバーの相互の信頼が発展するのを助けるためのグループセッティング（たとえば**エンカウンターグループ**）において用いられる**信頼ゲーム**。グループの半分は目を閉じ，残りの半分がパートナーとなって様々な出来事や経験の間，盲目の相手をリードする。役割は交替し，最後にはメンバー同士で経験しているときの相手の反応についてディスカッションするルールとなっている。

**毛様筋**［ciliary muscle］　眼の**毛様体**における平滑筋のことで，物体と網膜の焦点を合わせるためにレンズの形を変容させる。毛様筋は，レンズを平らにするか（遠い物体に焦点を合わせる），曲折させることで（近い物体に焦点を合わせる），**小帯**の緊張を統制している。毛様筋の活動は，**調節**の際に重要な役割をしている。

**毛様体**［ciliary body］　虹彩の後ろに位置する眼の一部で，**毛様体突起**と**毛様筋**からなる。

**網様体**［reticular formation］　脳幹の中にある神経細胞体と線維の広範なネットワーク。延髄から中脳の上部へと伸びており，脊髄や小脳，視床，大脳皮質へと広くつながっている。目覚め，覚醒，睡眠覚醒サイクルに顕著に関わっている。それ以外にも，いくつかの行動と姿勢の制御機能に関わっている。脳幹網様体（brainstem reticular formation）とも呼ばれる。⇒ **網様体賦活系**

**網様体脊髄路**［reticulospinal tract］　脳幹の**網様体**から生じる軸索の**神経束**。運動を調節するために脊髄へと下っていく。

**毛様体突起**［ciliary processes］　後部眼房に突出する**毛様体**の拡張部のこと。毛様体突起は，**眼房水**を生みだす上皮細胞に覆われており，水晶体皮膜に対する**小帯**によって連結している。

**網様体賦活系**［reticular activating system: RAS］　**網様体**の一部。特に，目覚め，覚醒，睡眠覚醒サイクルに関連があると考えられている。

**盲ろう**［deaf-blind］　視聴覚の同時欠損や視聴覚の両方に重篤な障害がある状態。盲ろう障害者は，コミュニケーション，発達や教育において，ときとして生涯にわたるほどの大きな試練を経験する。触覚装置を含む解決策が，しばしば使用される（たとえば，**ブライユ点字法**）。髄膜炎，先天性風疹症候群，アッシャー症候群といった数多くの原因が知られている。

**もうろう状態**［twilight state］　意識の混乱した状態であり，一時的に外界の適切な認知ができなくなったり，幻聴や幻視があったり，あるいは公共の場で服を脱いだり，走り回ったり，暴力をふるうなどの不合理な行動をとる場合がある。この状態は，側頭葉てんかんや，解離によるもの，アルコール中毒によるものがある。正常な意識状態に戻った時には，通常，夢を見ていたとか，ほとんどもしくは全く覚えていないと報告される。⇒ **夢状態**

**燃え尽き状態**［burned out］　1. 精神的，身体的に疲労困憊している状態。⇒ **バーンアウト**　2. 歴史的には，慢性統合失調症の状態を意味する。無感情で，（現実から）ひきこもり，大きな改善，人格の成長，適応機能の回復がほとんど望めない状態。

**モーガンの公準**［Lloyd Morgan's canon; Morgan's canon; Morgan's principle］　動物の行動が，より単純な概念で解釈できる場合は，複雑な心理学的用語で解釈すべきではない，とする原則。モーガンの公準は 1894 年に提唱されたもので，**擬人観**という古い概念，すなわち，人間の特徴をもつような動物の特性を除外するのに役立った。しかし近年は，この公準の適用により，動物の能力を過度に単純化していると主張するものもある。［イギリスの比較心理学者モーガン（Conway Lloyd Morgan: 1852-1936）による］

**模擬家族**［simulated family］　仮説的な家族状況が演じられるような治療法や訓練で用いられる技法。訓練では，医師やその他の専門家によって家族状況が演じられる。また，**家族療法**では，一人以上の家族メンバーが自分以外の他の家族の役割を演じる。⇒ **ロールプレイ**

**模擬生活場面法**［miniature life situations］　第二次世界大戦中，アメリカ軍の特務機関によって行われたスパイ行為と妨害工作の訓練のための人事査定とその選抜の手続きのこと。模擬生活場面では，そのいくつかは高ストレス状況にさらされたときのリーダーシップとストレス耐性を体験させ，それにより人事査定を行う。

**目**［order］　生物学的分類学における，**綱**の主な下位分類のこと。互いに類似し，関連した**科**の集合を含む。

**目撃者記憶**［eyewitness memory］　個人的に見たり経験したりした出来事（多くの場合はある種の犯罪や事故など）に関する個人の記憶。**目撃証言**の信頼性は，**司法心理学**における主要なテーマである。

**目撃証言**［eyewitness testimony］　係争中の事実を目撃したと主張する人物によって法廷における宣誓のもと提出された証拠のこと。⇒ **目撃者記憶**

**黙従反応**［response acquiescence］　調査協力者，被面接者，回答者などが，質問の内容に関係なく肯定的に返答する傾向のこと。賛成回答（yea-saying）とも言う。⇒ **黙従反応傾向**，**ネイセイング**

**黙従反応傾向**［acquiescent response set］　検査や質問紙における指示文に対して，参加者が内容に関わらず同意する傾向。反応としての黙従（あるいは，曖昧な肯定）は，人格検査や態度測定の結果をゆがめる可能性がある。

**目的［1］**［aim］　目標の象徴的もしくは内的な表現の

こと．目標を達成することに向かう行動の動機を高め，それに向かわせる．

**目的［2］**［purpose］　個人の行為や行動に対する心理的な目標やゴールのこと．

**目的格**［objective］　言語学における用語．⇨ **対格**

**目的語**［object］　言語学において，たとえば，"I ate dinner"や"I came after dinner"における dinner のように，能動態の他動詞や前置詞に支配される名詞，代名詞，複合名詞のこと．動詞の目的語は直接目的語（direct object：たとえば，"Mary ate the cake"の cake など）と間接目的語（indirect object：たとえば，"John gave Mary the cake"の Mary など）に分けられる．

**目的行動**［purposeful behavior］　目的のない無作為の行動とは反対の，特定の目標をもつ行動．⇨ **目標志向的行動**

**目的志向**［goal orientation］　身体的，精神的に，自分自身を目的に向けて位置づける傾向．

**目的志向の連続体**［telic continuum］　設定した規則や原則と目的行動が適合している程度をプロットして目的行動を記述するもので，通常はJの形の曲線を描く．適合曲線（conformity curve）とも呼ぶ．

**目的主義**［purposivism］　ある行動を説明するのに，目標や目的を強調するアプローチ．⇨ **目的的行動主義**

**目的的行動主義**［purposive behaviorism］　認知学習論の一つで，行動は目標や目的をもっていることや，目標や目的はそれらが達成されるまで一連の行動を選択したり誘導したりすることを仮定する．目的的行動主義は，レヴィン（K. Lewin）による場の理論のゲシュタルト概念を取り入れたもので，行動を学習された刺激と反応の小さな単位に分解してとらえようとする行動学習理論と対比される．⇨ **S-S学習モデル**［トールマン（E. C. Tolman）によって提唱された］

**目的的思考**［directed thinking］　特定の目標に焦点を当てる，コントロールされた，目的指向的な思考．たとえば，問題の解決や目標の要求に従って導かれる．⇨ **批判的思考**

**目的標本抽出**［purposive sampling］　全体の母集団と同じ特徴をもつことが予め知られている下位母集団からの**標本抽出**．

**目的論**［teleology］　**1.** 特定の現象が，その原因よりも目的によって，最も理解され説明されるとする立場．心理学での擁護者は，精神過程が目的的であると考える．すなわち，目的に向かって方向づけられているとする．行動が目的や目標によって説明できるという見方は，原因を重視する**本能**や**条件反応**といった説明と対比される．⇨ **ホルメ心理学，目的論的心理学　2.** 世界，人類の歴史，また両者は目的と方向をもち，特定の目的に向かって動いているという見解．この見解はいつもとは限らないが，通常，宗教のものである．

**目的論説**［teleonomy］　**1.** 進化的適応の見かけ上の方向性をもつあるいは「目的にかなった」特徴のこと．この用語は，この文脈においては**目的論**の形而上的含意を避けるために用いられている．**2.** 進化的適応による生命体組織に関する科学的研究．

**目的論的心理学**［purposive psychology］　生命体は通常，自らの行動を動機づけ，組織化する意識的な目的をもつと第一義的に仮定する心理学研究のこと．

**目的論的法則**［teleonomy］　生体の基本的特徴である構造や機能，行動の点において，目標指向的である特性．

**目標［1］**［aim］　有機体が行動や努力，活動といった何らかの目的に自発的に向かうための対象のこと．

**目標［2］**［objective］　獲得すべきもの，あるいはそれに向かって働きかけるもの．

**目標［3］**［goal］　**1.** 人間，あるいは人間以外の動物が到達に向けて努力する最終状態のこと．行動や努力の目的．この状態に到達する際，生体が止まったり行動を変えたりするのを観察することにより，特定が可能である．**2.** 一定期間内に達成するべき課題における熟達の目的．⇨ **目標設定**

**目標管理**［management by objectives: MBO］　目標設定とその目標達成に基づく業績評価に焦点を当てる**組織開発プログラム**の一種．新しい**報償制度**の導入，**参加型意思決定**，職務設計（job design）の過程が関連する．

**目標基準準拠テスト**［criterion-referenced testing］　個人の能力を確立された標準あるいは基準と比較することによってテストを行う方法．その基準は固定されている，つまり，各個人の得点は同じ基準に基づいて測定され，他の個人の能力によって左右されることはない．⇨ **集団規準準拠テスト**

**目標言語**［target language］　**1.** その言語を母語としない人が使用，あるいは学習しようとしている，第二言語や追加言語．⇨ **中間言語　2.** 翻訳が行われた，あるいは行われている先の訳文の言語．⇨ **起点言語**

**目標勾配**［goal gradient］　**強化子**からの時間的あるいは空間的な距離の関数として生じる，行動における体系的な変化．

**目標困難度**［goal difficulty］　目標達成に必要な能力，努力，時間の度合い．

**目標刺激**［goal stimulus］　**1.** ハルの学習の数理演繹的理論において，望ましい対象あるいは目標（goal）を指す．**2.** より一般的には，**目標志向的行動**から生じる自己受容感覚性の刺激やその他の内部受容性の刺激のこと．

**目標志向型評価**［goal-based evaluation］　プログラムが目標や**標価目的**にどの程度到達したか判断する評価．このアプローチはプログラムの目標や目的に依存するところが大きく，そのためプログラムの他の利点が見過ごされることがある．⇨ **目標にとらわれない評価，量的評価**

**目標志向性**［goal orientation］　自らの行動を，目標，特に長期目標の達成に向かわせる傾向のある個人の性格．

**目標志向的行動**［goal-directed behavior］　特定の目標を達成することに向けられた行動．これを最も同定しやすいのは，動物や人間が目標に対する障害に遭遇した際に，探索行動をやめたり迂回行動をとるときである．

**目標制止**［aim-inhibited］　精神分析理論の用語．内在する動因がもともとの対象から逸れ無意識なままとなっている場合の行動のことで，特に対人関係上の行動を指す．精神分析理論によると，目標制止は，**本能**が当初の目標から直接的に満足を得ることに失敗したため，その目標と類似した活動や関係を通して弱い満足を得る状況を示したものである．フロイト（Sigmund Freud）はこの考えを用いて，家族やプラトニックな友情における感情関係は，目標制止的な性的欲動に由来すると説明した．

**目標設定**［goal setting］　測定可能，達成可能で現実的な，特定の時間ベースの行動ターゲットを規定するプロセス。たとえば仕事関連の状況では，目標設定の履行は，大抵，就労者に対して，(a) 費やされた労力という観点からのモチベーションの基礎（a basis of motivation）と，(b) 目標（goal）が達成されるために必要となる行動のガイドライン（guidelines），あるいはきっかけ（cues）の両方を提供する。目標設定は，関与する個人が何が成し遂げられるべきなのかを意識し，自身の目標（goal）を受け入れ，自らの達成可能性を信じているときにだけ効果をもつ。⇨ **ロックの目標設定理論，結果目標，遂行能力目標**

**目標対象**［goal object］　個人が達成しようとしているもの。特に，一連の下位目標の後にくる，最終的，究極的な目標を指す。

**目標達成モデル**［goal-attainment model］　特定の時間制限のある目標の達成に焦点を当て，どの程度その目標が達成されたかを（たとえばプログラムによって）測るプロセス。

**目標特定性**［goal specificity］　目標のターゲット行動が明確にされている度合い。

**目標にとらわれない評価**［goal-free evaluation］　プログラムの目標や評価目標に関する特別な知識無しに実施されるため，評価者の予想やバイアス（biases）の影響が少ないプログラム評価。この評価は，プログラムの実際の効果，本来のニーズ，プログラムから生じる意図しないネガティブな効果を査定することができる。価値にとらわれない評価（value free evaluation）とも呼ばれる。⇨ **目標志向型評価，質的評価**

**目標反応**［goal response］　1. ハルの学習の数理演繹的理論において，目標刺激によって引き起こされた無条件反射を指す。2. より一般的に，目標達成に向けた一連の行動における最終的な反応を指す。条件づけにおいては，正の強化刺激に対する反応を特に意味する。

**目標母集団**［target population］　研究で調査したい母集団，または標本から一般化するための母集団。

**目録**［inventory］　項目のリストであり，しばしば質問記入用紙のことも指す。行動，興味，態度などを記述，研究する目的で使用される。

**モクロベミド**［moclobemide］　可逆性モノアミン酸オキシダーゼ阻害薬で，比較的，**モノアミンオキシダーゼ**（MAO）に対して選択的に作用する抗うつ薬のこと。非可逆的で，非選択的モノアミンオキシダーゼ阻害薬の使用を制限する食物との相互作用はない。この薬物はアメリカでは認可されていない。

**モザイク現象**［mosaicism］　遺伝子異常の状態の一つであり，個体が，1つの受精卵から発生した異なる2つ以上の細胞株で作成されること。典型的な事例では，モザイク個体は，1つの通常の細胞株をもち，もう一つは45, X/46, X Xのような過剰染色体をもつ。細胞株は組織内や同一人物の器官で異なっていることがある。モザイク現象は**ダウン症候群**や**ターナー症候群**と関係がある。

**モザイクテスト**［mosaic test］　子どもを対象とした**投映法**の一つ。被検者は異なる色，形の400個の要素から「あなたの好きなものを作ってください」と教示される。モザイク状の材料は，いくつかの知能検査でも使用されている。

**文字数字配列課題**［Letter-Number Sequencing］　ウェクスラー成人知能検査やウェクスラー児童用知能検査における注意に関する下位検査項目。ランダム提示された数字や文字を順に並べる課題。はじめに，数字を昇順に，文字をアルファベット順に並べる。

**文字抹消検査**［letter cancellation test］　注意と半側無視を測定するための種々の検査で，参加者はランダムな文字列から特定の文字を拾い出す（たとえば，ランダム文字列の中から"e"の文字）。注意障害の人は一貫性のない反応をするが，半側無視障害の人は無視側（通常，左側）での成績が悪い，または皆無である。

**モジュール**［module］　1. 認知理論における情報処理の仮定の中心。情報処理は比較的独立して，言語モジュールや顔認識モジュールなどというような高度に専門化された操作を行っていると仮定されている。2. 神経科学において，中枢神経系の一領域の単位のこと。たとえば，脳の**新皮質**の領域は基本的に似た構造の**皮質コラム**に分かれる。

**モジュール性**［modularity］　様々な認知の構成要素は，それぞれのもつ固有の分野，あるいは特定の性質による独立した**モジュール**で特徴づけることができるとする人間の心の理論。アメリカの哲学者フォーダー（Jerry Fodor: 1935- ）による著書 *The Modularity of Mind*（1983）で初めて提唱された。関連する概念は，チョムスキー（Noam Chomsky）による**言語の課題特異性**の理論の中で先に発展してきていた。その理論では，人間の言語機能をその他の認知的側面とは質的に異なるものとして特徴づけていた。最近では，様々なモジュールが特殊化に適応できるかもしれないというアイデアに進化心理学者らが関心をもっている。⇨ **認知文法**

**文字をもたない社会**［preliterate］　書き言葉が発達していない文化や社会集団のこと。

**モーターオーバフロー**［motor overflow］　脳の損傷や病気によってある筋肉を使用して意図した運動行動をする際に，他の筋肉が使用され意図していない運動を伴う状態のこと。たとえば，右腕で細かい運動課題を行うと同じように左腕が動いてしまう。協同運動（synkinesia; synkinesis）と呼ばれる。

**モダニズム**［modernism］　1 哲学において，17世紀から現在に至るまで注目されている普遍的特徴のこと。哲学の歴史家の多くは，モダニズムの始まりを，根本的に新しい原理で現実の体系的な記述を確立するという試みにおいて，フランスの哲学者であるデカルト（René Descartes: 1596-1650）の仕事とみなしている（⇨ **デカルト主義，デカルト二元論，デカルト的自己**）。歴史的に，モダニズムは17～18世紀の啓蒙運動と不可分であり，この300年の複合的な遺産である。その明確な特徴は，宗教上の教義と古典的な形而上学（metaphysics）は知的な事柄の確かな基礎を提供しないという意識と他の源泉からの確かな知識の探求である。後者は，**認識論**と**倫理学**の完全さへの信頼と，**実験哲学**の新しい方法や自然科学への信頼によって維持されている。科学的な方法，行動の統制と予測の追求，法則と原理に関する解明，そして人間の行動は不合理とは対照的に究極的に合理的であるという仮定への確信によって特徴づけられるほど，伝統的な心理学はモダニズムの所産であるとみなすことができる。モダニズムは20世紀後半に**ポストモダニズム**に取って代わられたと主張する思想

家もいるが，そのような主張に意義を唱える者もいる。2. 新しい技術や形，アプローチをとったことによって20世紀初頭に特徴づけられた芸術運動のこと。モダニズムと連合する重要な進展は，視覚アートや自由詩における自由連，音楽における十二音音楽である。この時代の多くの作家や芸術家は，現代の心理学と精神分析の発展に影響を受けている。こうした流れの際立った例としては，アイルランドの作家ジョイス（James Joyce: 1882-1941），イギリスの作家ウルフ（Virginia Woolf: 1882-1941），フランスの作家プルースト（Marcel Proust: 1871-1922）をはじめとした，作家や詩人による**意識の流れ**の技法の使用がある。近年では，芸術におけるポストモダニズムの概念が，より大きな議論を呼んでいる。

**モダフィニル**［modafinil］睡眠障害の治療のために使用される中枢神経系刺激剤。どのような仕組みで中枢神経系に作用するかはまだ明確ではないが，モダフィニルはGABAを媒介する神経伝達の抑制（⇨ **ガンマアミノ酪酸**）やグルタミン酸の神経伝達促進によって中枢神経系を刺激する作用があるとされている。モダフィニルは神経系への作用の仕組みが異なるアンフェタミンや，アンフェタミン関連物質を受け付けない患者への代替薬として使用される。なぜならば，モダフィニルはチトクロムP450 2C19酵素を抑制し，チトクロムP450 3A4酵素を増加させる。これは臨床的に明らかな薬物と酵素による代謝の相互作用である。アメリカでの商品名はプロビジル（Provigil）。

**モダリティ**［modality］1. 特定のセラピー治療技術や過程のこと。2. 視覚や聴覚のような感覚の媒体のこと。⇨ **感覚**

**モダリティ効果**［modality effect］リストの最後の項目が，視覚的にではなく聴覚的に呈示されるとよりよく想起される傾向のこと。⇨ **新近性効果**

**持ち越し効果**［carryover effect］現在の条件に先行する実験条件が実験参加者の現在のパフォーマンスにもたらす効果。

**モチベーション・リサーチ**［motivation research］消費者心理学において，製品を購入する個人の意思決定の背後にある真の動機を明らかにする臨床的，動機的，質的アプローチを用いた研究。また，モチベーション・リサーチは，消費者がなぜその製品を買うのをためらったかを調査する場合にも用いられる。

**最も制約の少ない環境（LRE）**［least restrictive environment: LRE］アメリカにおいて，障害のある学生に対して，その学習需要や物理的要件を満たすような教室内での授業を受ける機会を提供する，教育的環境。**個別障害者教育法**によれば，障害のある学生は，障害の性質や重さに応じながら，障害のない学生と一緒に最大限の教育を受けるべきであるとされる。⇨ **フルインクルージョン**，**統合教育**

**もっともらしい競合仮説**［plausible rival hypothesis］調査された研究仮説に対して合理的な代替仮説となるような命題のこと。

**モデリング**［modeling］1. 認知行動療法や行動療法で用いられる技法。学習は治療者によるコメントや強化がなくても，観察と模倣のみで生じるものであるとの考えによる。⇨ **行動モデリング** 2. 発達心理学において，1人以上の人間や他の存在物が，子どもが模倣する手本（モデル）となる過程。モデルは，しばしば両親，他の大人，または他の子どもであるが，本やテレビの登場人物などの，象徴的なものでもよい。⇨ **社会的学習理論**

**モデリング効果**［modeling effect］実験者効果の一つ。実験参加者が無意識のうちに実験者に影響され，もし実験者自身が実験に参加するならば得られたであろう反応パターンに似た反応をすること。

**モデリング理論**［modeling theory］行動，認知，感情状態の変化は，他者の行動を観察することによって生じるという考え方。⇨ **観察学習**，**社会的学習理論**

**モデル**［model］概念の理解の強化，仮説の提唱，関連の提示，疫学的パターンの鑑定など，様々な調査や論証の目的で使用される，概念（疾患など）あるいは基本的な行動や身体のプロセスの図式的，理論的表象。

**モデル精神病**［model psychosis］研究目的のため，LSDのような**精神異常発現物質**薬によって意図的に生じさせた精神病様の症状（妄想，幻覚，失見当，解体した会話など）のこと。この種の研究は，特に1950年代～1960年代に広まった。

**モード**［mode］1. ある技法において，特徴的な行動の方法ややり方。2. データ群において最も多く現れる値のことであり，**代表値**の測定に時々使用される。最頻値とも呼ばれる。

**元患者のクラブ**［ex-patient club］アメリカの精神科では，元精神患者自身もしくは病院のアフターケアのプログラムの一環として，継続的なケアグループが組織されている。目的として，社交的かつレクリエーションとなる体験を提供したり，社会への再適応やリハビリを促進したり，グループのサポートを通して症状の改善を維持することがあげられる。また，グループセラピーを行うことが目的となる場合もある。

**戻し交配**［backcrossing］ハイブリッドの動物や植物をもとの親の遺伝系統と交配する過程。その交配による子は戻し交雑（backcross）として知られている。

**モード理論**［MODE theory］Motivation and Opportunity as Determinantsの頭文字をとって名づけられた理論。**態度行動一貫性**に関する理論であり，態度が行動に影響を与え，また行動に関する熟慮の程度によって行動変容が異なることを仮定する。人々が当該の行為に動機づけられており，当該の行動について熟慮することが可能であった場合には，**合理的行為理論**によって仮定されるようなやり方で行動の決定が行われる。一方，人々が当該の行為へ動機づけられていないか，当該の行動について熟慮することが不可能である場合には，対象への態度が記憶上に活性化され，当該の行動上のある目標の知覚に影響を与えるとする。こうした知覚は，行動と関わる出来事（たとえば，ある状況で，ターゲットに接近すべきか回避すべきかといった状況など）への定義に影響を与える。行動対象となる出来事の定義は行動を規定する。［アメリカの心理学者ファジオ（Russell H. Fazio: 1952- ）によって提唱された］

**モナド**［monad］ドイツの哲学者であるライプニッツ（Gottfried Wilhelm Leibniz: 1646-1716）の思想における，これ以上分割できない実体の極小単位の一つ。モナドはその他すべてのモナドから独立している。また，モナドは本質的に行為，終わりへ向かう方向づけの力（⇨ **努力**）を

もつ。モナドは実際にはお互い作用しないが，神の力による**予定調和**が働くため，思いがけないつながりが見受けられる。モナドの概念は，その一つに，**デカルト二元論**から発生する**心身問題**に取り組もうという意図があった。

**モニタリング**［monitoring］　個人や個人の行動を見つめたり観察したりする過程のこと。あるいは，どのように機械が機能しているかをみるために，ときどき機械をチェックする過程のこと。

**モノアミン**［monoamine］　アミン基（$-NH_2$）を1つだけ含む**アミン**のこと。モノアミンには，**カテコールアミン**のノルエピネフリンやドーパミン，**インドールアミン**のセロトニンなどの神経伝達物質が含まれる。⇨ **モノアミンオキシダーゼ**

**モノアミンオキシダーゼ（MAO）**［monoamine oxidase: MAO］　様々な神経伝達物質である**モノアミン**を分解し不活性化する酵素のこと。多くの細胞に存在し，ヒトの場合MAO-AとMAO-Bの2つのタイプがある。MAO-Bは脳において主要な酵素である一方で，MAO-Aは消化管において主要な酵素である。MAOを阻害する薬（⇨ **モノアミンオキシダーゼ阻害薬**）はうつ病の治療に用いられる。主にセロトニンとノルエピネフリンを分解するMAO-Aの阻害は，主にドーパミンを分解するMAO-Bの阻害より大きな抑うつの効果があるという証拠もある。

**モノアミンオキシダーゼ阻害薬（MAO抑制剤）**［monoamine oxidase inhibitors; MAO inhibitors; MAOIs］　シナプスの末端において**モノアミンオキシダーゼ**酵素の働きを抑制する機能がある抗うつ薬の総称で，シナプス間隙から放出されるモノアミン伝達物質（セロトニン，ノルエピネフリン，ドーパミン）の量を増加させる。MAOIsには可逆性抑制剤と不可逆性抑制剤の2種類がある。不可逆性MAOIs（Irreversible MAOIs）は酵素と強く結びついてモノアミンの代謝を不変的に抑制する。この不可逆性MAOIsはアミノ酸であるトリプトファンまたは発酵食品など（たとえば，チーズや鮮度の落ちた肉や魚）に多い**チラミン**が含まれる食品や清涼飲料水と作用すると危険である。なぜならば，これらの食品との相互作用によって高血圧の発作（致命的結果につながるような血圧の上昇）が生じるためである。この現象は"チーズ効果"として知られている。不可逆性MAOIsはイソニアジド（⇨ **イソカルボキサジド，フェネルジン**）に関連したヒドラジンとアメリカで抗精神病薬として唯一使用されたトラニルシプロミン（tranylcypromine: アメリカでの商品名はPornate）に関連したノンヒドラジンの2種類がある。モノアミン酸可逆性抑制剤（rversible inhibitors of monoamine oxidates: RIMAs）は酵素と不可逆的に結合するのではなく，アミノ酸やアミノ酸化合物を自由に代謝する。RIMAsは高血圧発作を引き起こす可能性は低く，チアミンが含まれた食品の摂取を制限する必要はない。RIMAsの例として**モクロベミド**やブロファロミンがあげられるが，これらはヨーロッパで認可されているが，アメリカではまだ認可されていない。薬品と食品の相互作用がなく，効果的な抗うつ薬の利用が利用できる可能性は低く，特に不可逆性の薬については難しい。

**モノアミン仮説**［monoamine hypothesis］　うつ病はモノアミン（セロトニンやノルエピネフリン，ドーパミン）の生産や再取り込みが不足によって起こるという理論。この説は**モノアミンオキシダーゼ阻害薬**の効果を説明するために使われてきたが，現在ではこの説は単純化しすぎであるとみなされている。

**モノアミン神経伝達物質理論**［moncamine neurotransmitter theory］　ランナーズハイは，運動による神経伝達物質のモノアミン（ノルエピネフリンやセロトニン）の増加による結果であると考える理論。

**モノイデイズム**［monoideism］　他の考えを排除して，一つの考えのみに強迫的なこだわりをもつこと。

**物語り**［storytelling］　出来事，関心事，問題について，クライエントが治療を求めて詳しく話すこと。治療者は，そのセッションにクライエントが持ち込む話に注意深くつき合う（積極的に傾聴する）ことで，葛藤の要因や源泉について多くを知ることができる。

**物語想起課題**［story-recall test］　語られた，あるいは読み上げられた物語の詳細を被験者に想起させるテスト。

**物語法**［narrative method］　時系列的に起こったことやかなり詳細なことを含む出来事で物語りをする方法によって，陪審員に対して冒頭陳述を行う。あるいは最終弁論を陳述する方法。⇨ **ストーリーモデル**

**物語理論**［narrative theory］　信念が自己や社会に関する説明的物語の一部として生じていることを述べている意識の理論。

**モノソミー**［monosomy］　相同一対の染色体の一方が欠けている状態のこと。モノソミーは**グループGモノソミー**を含む染色体の異常が原因である。

**喪の治療**［bereavement therapy］　愛する者が亡くなった後で，喪失や悲嘆を経験している個人に対する治療やカウンセリング。治療には別離，悲嘆，人生を続けていくといった問題が含まれる。⇨ **グリーフ・カウンセリング**

**物の永続性**［object performance］　直接知覚できない場合でも，物が存在し続けるという知識のこと。ピアジェ（Jean Piaget）によれば，物の永続性は認知発達の**感覚運動期**を通して，乳児を徐々に発達させるという。物の永続性が獲得されたことを示すできごとは，覆われた物に手を伸ばして手に入れる（8か月頃），Aの位置にあった物が隠されてBに移動した場合に，Bからその物をとる（A-not B課題：the A-not B task, 12か月頃），いくつかある覆いのうちの最も遠くにある覆いの下の物を見て，間にある覆いを連続して取り去ってその物を取る（見えないものの取り去り：invisible displacement, 18か月頃）がある。最近の研究では，手伸ばし行動を用いない課題を用いることにより，ピアジェの主張よりも低い年齢の乳児が，物の永続性の知識を示すことが示唆された。

**喪のプログラム**［bereavement program］　愛する者を亡くした個人に対して提供される多様な治療サービス（例，サポートグループ，**グリーフ・カウンセリング**）のこと。

**モノペディオマニア**［monopediomania］　性的関心，または性的覚醒が片脚をなくした人にのみ向けられること。

**モノマニー**［monomania］　単一の対象や観念に，極端に熱狂したり，熱中したりする状態。その観念は非合理で堅固であることが多い。⇨ **固定観念**

**モノラル**［mcnaural］　片側の耳にだけ作用すること。⇨ **単耳聴**

**モビング（偽攻撃）**［mobbing behavior］　捕食動物を追い払うために動物の群れが捕食動物に対して行う反応の

こと。多くの小鳥や小動物においては、けたたましく特徴的な発声がみられる。

**モーフォフィリア**［morphophilia］　性的パートナーが他者と異なる身体特徴（身長、体重、皮膚や髪の色）をもつことへの興味。

**模倣**［imitation; mimicry］　他の人やグループの行動、あるいは物事を、意図的もしくは非意図的にまねる過程のこと。それは、多くの人間のスキル、身振り、興味、態度、役割行動、社会的慣習、言語的表現を説明する学習の基本的形態であるが、**反響言語**や**反響動作**といった、病理的な形態をとることもある。真の模倣は、観察者がモデルの視点に立つことができることを要求するものである、と主張する理論家もいる。このことは、**模倣能力**、**擬態**といった**社会的学習**の形態とは対照的である。真の模倣が人間ではない動物でも起こるのか、また、それらは他者の行為を単にまねているだけなのか、それとも他者のいる位置に引きつけられてたまたま模倣をしているように見えるだけなのか、に関しては論争がある。

**模倣演技**［impersonation］　他者の行動や癖を模倣すること。これは、自身の行動を修正したり、あるいは治療効果（たとえば、洞察を得るため）を得るためになされることもある。

**模倣学習**［imitative learning］　**文化学習**の第1段階であり、モデルの行動戦略の観点や行動を実行する意図を学習者が内化する際に起こるものである。文化的学習理論によれば、模倣学習の後に、**教授学習や共同学習**が続くということである。［アメリカの心理学者トマセロ（Michael Tomasello: 1950- ）らにより提唱された］

**模倣狂**［copying mania］　他者の話し方や動きの模倣に過度に没頭することであり、緊張型統合失調症（⇨ **反響言語**、**反響動作**）、**アムラク**、**ミリアチット**といったいくつかの文化依存症候群等に時々みられる。

**模倣の**［mimetic］　たとえば、若いチンパンジーが親の行動を真似たり、オウムが飼い主の言葉を真似たりすること。模倣反応（mimetic respose）はコピーや真似反応のこと。模倣の中には身体の特徴に注目した模倣もある。たとえば、メスのブチハイエナには、クリトリスとヴァギナが肥大した疑似ペニス（pseudopenis）と呼ばれる突起がある。この突起を通してメスは交配も出産も行う。⇨ **擬態**

**模倣能力**［emulation］　モデル人物の目標を理解し、その目標を達成するために同様の行動に従事する能力。必ずしもモデルの具体的な行動を模写する必要はない。模倣能力は社会的学習を促進する。

**モラトリアム**［moratorium］　精神・性的発達に関するエリクソンの理論における青年期の実験的期間。その期間に青年は、出生の家族から離れた個人としての自分、そして、広い社会的関係の一部としての自分を発見することを通じて、**アイデンティティ**に永続的に傾倒する前に、代替的役割を試みる。この段階を乗り越えることにつまずいた青年は、生涯自分の役割について混乱する危険がある。⇨ **エリクソンの発達の八段階**、**アイデンティティ 対 役割混乱**

**モラール**［morale］　行動や課題達成に影響を及ぼす心理状態。アメリカ陸軍のリーダーシップ戦場マニュアル（FM22-100）では、個人の心理的および感情的状態と定義されている。

**モリス水迷路**［Morris water maze］　動物の空間学習を検査するための装置。水で満たされた水槽と水中に隠されたプラットフォームで構成される。動物が水の中に入れられると、動物は隠されたプラットフォームをみつけ、それを上ることによってのみ脱出することができる。典型的には、様々な外的手がかりが空間的な参照として与えられる。モリス水迷路は空間学習および空間記憶に関する脳損傷の効果や薬物操作を評価するために用いられる。［1981年にイギリスの神経科学者モリス（Richard G. M. Morris）によって開発された］

**森田神経質**［shinkeishitsu］　日本で広く知られている**文化依存症候群**の一つ。症状としては、強迫的で完全主義、両価的葛藤、社会的ひきこもり、身体的かつ精神的な虚弱さ、過敏性、心気症傾向があげられる。森田神経質を研究した先駆者は、日本の精神科医、森田正馬（1974-1938）である。森田は神経質傾向をもつ内的な素質が存在すると仮定し、それを「ヒポコンドリー性基調」と名づけた。さらに森田は、このような素質をもって生まれた人は過度に敏感で内省的で、心身の状態にわずかな変化があっただけでも気づいてしまうと説明した。この問題は中国でもみられることが広く知られており、神経衰弱（shenjing shuairuoと発音）と呼ばれる。⇨ **森田療法**

**森田療法**［Morita therapy］　20世紀初頭の日本で導入された**神経質**（⇨ **森田神経質**）の治療法。古典的な入院森田療法は、（a）7日間の絶対臥褥期、（b）軽作業期、（c）作業期、（d）生活訓練期の4段階で治療を進める。患者が自分らしい「あるがまま」の生き方を受け入れるよう指導することが治療の方針である。［精神科医の森田正馬（Shoma Morita: 1874-1938）による］

**モリヌークス問題**［Molyneux's question］　アイルランド議会の議員であったモリヌークス（William Molyneux: 1656-1698）からイギリスの哲学者ロック（John Locke: 1632-1704）へと突きつけられた問題。ロックは後に、*Essay Concerning Human Understanding*（1690）の中でこの問題を取り上げている。モリヌークスの問題とは次のようなものである。生まれつき目が見えないが、2つの異なる形を手で触れることで判別できる男がいる。その男が突然目が見えるようになったとしたら、彼はそれら2つに触れることなく、見るだけで判別できるだろうか。この問題に対するロックの解答は（モリヌークスも同じ見解であったが）次の通りである。その男はすぐに視覚だけで違いを識別することはできない。なぜなら、感覚様式は独立して働き、経験によってのみ統合されるからである。

**モリミナ**［molimina］　女性が月経前、月経期間に経験する不快な症候のこと。

**モリンドン**［molindone］　社会的に標準となった（典型あるいは第一世代）ジヒドロインドロン種の抗精神病薬。精神病に対する効果は中程度で、アセチルコリンに関連した副作用が生じる場合がある。新しい第二世代の抗精神病薬が登場するまでは医学的な治療が必要な疾患によって生じる精神病的な症状（たとえば、HIVによって生じる精神異常など）をコントロールするために、少量のモリンドンを投与する方法がしばしば用いられてきた。アメリカでの商品名はモーバン（Moban）。

**モル・アプローチ**［molar approach］　いかなる理論や方法も、構成概念や、総合的枠組み、構造を圧迫するという立場。⇨ **分子アプローチ**、**全体論**

**モルティドー**［mortido］　精神分析理論において，リビドーに拮抗する**死の本能**。⇨ **デストルドー**［1936年オーストリアの精神分析家のフェダーン（Paul Federn: 1871-1950）によって定義された］

**モルヒネ**［morphine］　アヘンの主成分で，1809年に初めて合成されて以来，特に末期癌の患者への鎮痛剤や鎮静剤（⇨ **アヘン剤，オピオイド鎮痛薬**）として広く使用されている。長期の服用や乱用は，依存や服用中断時の禁断症状を引き起こす。効果はアヘンの10倍である。⇨ **アヘン類依存，アヘン類中毒，アヘン類離脱**

**モロー反射**［Moro reflex; Moro response］　新生児反射の一つ。新生児は驚くと，腕を投げ出し，指を伸ばし，何かを掴むか抱きつくように素早く両腕を挙げる。通常は，健康な乳児ではモロー反射は生後1年以内に消失する。⇨ **驚愕反応**［ドイツの外科医のモロー（Ernst Moro: 1874-1951）による］

**モワットセンサー**［Mowat sensor］　視力障害者のための補助装置。軽量で手で持って操作できる。懐中電灯に似ていて，高周波音（超音波）の短いパルスを送信することで物体を検出する。この装置は物体を検出すると振動し，利用者は振動の割合から物体までの距離を知ることができる。この装置は信号電波内の最も近接した物体以外すべてを無視する。

**門**［phylum］　生物学的分類学における，**界**の下位区分。近縁の**綱**からなる。

**問題解決**［problem solving］　人が困難を克服しようとしたり，初期状態から目標状態に至る計画を達成したり，あるいは推論や**創造的思考**といった高次の心的機能を使って結論に到達したりするプロセス。自然状況において隠れた食料を見つける状況と同様に，迷路やその他のテストを用いた実験室研究での動物にも問題解決がみられる。多くの動物は**ウィン・ステイ，ルーズ・シフト方略**のような問題解決方略をみせ，このような方略を用いることによって，最初の反応が成功だったか失敗だったかということに基づいて，新奇な問題を素早く解決することができる。**条件づけ**の観点からは，問題解決は新奇な**随伴性**を含む状況において**弁別刺激**を生み出すような行動をとることを意味する。

**問題解決面接**［problem-solving interview］　1. **人事選考**における面接試験の一つで，被面接者は解決すべき問題を提示される。こうした方法は，圧力下での被面接者の分析力，創造力，問題解決力を明らかにすることができると考えられている。⇨ **パターン化面接，構造化面接，非構造化面接**　2. 業務に関連した特定の問題に焦点を当てた面接で，職務遂行における問題に対する建設的で相互に受容可能な解決策を被面接者とともに見出す目的で行われる。この技法は上司と従業員に対して用いられる。

**問題空間**［problem space］　与えられた問題の解決へと至る，すべての可能な経路の集合。

**問題行動**［behavior problem; problem behavior］　1. 概して社会規範内にとどまり，個人の機能を損なわない程度の破壊的な行動パターン。2. 不適応的で有害な，あるいは反社会的なあらゆる振舞いのこと。

**問題指向型記録（POR）**［problem-oriented record: POR］　以下の4つの要素からなる患者の治療記録のこと。(a) 生活史上の一般的な情報や身体的な検査所見，精神状態などを含むデータベース，(b) データベースに基づく，問題のリスト，(c) それぞれの問題に対する治療計画，(d) 問題や治療への反応に関する経過記録。問題指向型医療記録（problem-oriented medical record: POMR）とも呼ばれる。

**問題焦点型コーピング**［problem-focused coping］　ストレッサーを減らしたり取り除いたりするように方向づけられた，**対処方略**の一類型。対処行動は自己，環境，またはその両方に向けられる。⇨ **一次的コーピング，感情焦点型コーピング**

**問題チェックリスト**［problem checklist］　自己評定尺度の一種で，個人，社会，教育，職業に関する様々な問題が項目としてあげられている。記入者は自身の状況に適した項目を記す。

**問題箱［1］**［puzzle box］　実験的研究で用いられる箱で，その箱の中から脱出したり報酬を得たりするために，箱の中の動物は，かんぬきのような道具を操作しなければならない。これは，もともとはソーンダイクの問題箱（Thorndike Puzzle Box）（細長い板で作られた側面をもつ木製の箱であり，中にいる動物が開けることのできるドアがついている）の形状であり，1898年にソーンダイク（Edward L. Thorndike）が動物の学習や知能を研究する際に用いた。

**問題箱［2］**［problem box］　かんぬき，ひも，その他の締め具が付いた箱からなる，問題解決課題の一つ。被験体はその箱に入るための，場合によっては出るための操作方法を学習しなければならない。

**問題発見**［problem finding］　解決する価値のある問題を見つけることに関するスキル（⇨ **問題解決**）。心理学者のゲッツェルス（Jacob W. Getzels: 1912-2001）とチクセントミハイ（Mihaly Csikszentmihayi: 1934- ）の研究では，熟達した芸術家はあまり熟達していない芸術家に比べて，問題発見において優れている傾向のあることが示唆された。また，社会学者のザッカーマン（Harriett Zuckerman: 1937- ）の研究は，これと同じ特徴が科学者にも当てはまることを示した。教育心理学者のアーリーン（Patricia Arlin）は，問題発見がピアジェ派のいう形式的操作段階（⇨ **ピアジェの知能理論**）を超えた認知段階を表すとする，新ピアジェ派の認知発達理論を提唱した。

**問題表象**［problem representation］　問題の要素間の関係を表す図表や，しばしば描画。たとえば，表は2組の項目の関係性を表すのに使われ，フローチャートは問題解決のためにたどるべき一連の段階を表すのに使われる。

**モンテッソーリ法**［Montessori method］　自発性の発達のために就学前児の自己教育に焦点を当てた教育システム。行為の自由化，異なる色や形の物体を使う感覚－知覚訓練，そしてゲームや運動を通じて協調が発達することによって達成される。このシステムは，イタリアで発展し，最初の学校は1913年にアメリカに設立された。［イタリアの教育改革者であるモンテッソーリ（Maria Montessori: 1870-1952）による］

**問答法**［catechetical method; catechetical procedure］　教示の形式あるいは一連の質問を通して習得する技術として考案された手段。質問に答えていくうちに徐々に，質問者が望むような結論を受け入れるようになる。⇨ **ソクラテス式問答法**

# や

**夜間摂食症候群**［night-eating syndrome］　最低3か月以上続く**不眠症**，夜の**過食**，朝の**拒食症**を特徴とする摂食障害。最近の研究でホルモンの不安定と乱れた**概日リズム**が食事摂取に関連があるとされているが，慢性的なストレスも一因と推測される。このような摂食障害は世界人口の1.5％に影響を及ぼしており，肥満者の10～25％に起こると推定されている。［1955年にアメリカの精神科医スタンカード（Albert J. Stunkard）が初めて用いた］

**夜間疼痛**［hypnalgia］　文字通り，夢の中での痛みであり，睡眠中あるいは夢の中で経験される痛みのこと。

**夜間頻尿**［nocturia］　夜間の排尿のために起きてしまう状態。単純に眠る前の水分の摂り過ぎの場合もあるが，心臓，肝臓，泌尿系の病気の特徴であることもある。腎臓が尿濃縮能を失う病気が夜間頻尿の原因であると考えられる。

**夜間ミオクローヌス**［nocturnal myoclonus］　睡眠時に引き起こされる，四肢の不随意的な痙攣（**ミオクローヌス**）のこと。不随意的な痙攣は繰り返し生じることがあり，人を目覚めさせる場合がある。夜間ミオクローヌスは必ずしも神経疾患の兆候とはみなされない。

**ヤーキーズ**［Yerkes, Robert Mearns］　ロバート・マーンズ・ヤーキーズ（1876-1956），アメリカの心理学者。ミュンスターバーグ（Hugo Münsterberg）の指導のもと，1902年にハーバード大学で博士の学位を取得。第一次世界大戦まで当大学で助手。1917年には，APAの会長として心理学者の戦争協力を促進し，軍隊アルファ，ベータテスト（⇨ **軍隊知能検査**）の開発に携わった。彼のこうした動向は，心理学を重要な応用科学として確立するのに役立った。戦争後の数年間はワシントンの国立研究会議や全米科学アカデミーで働いた。1924年にはイェール大学に移り，心理学研究所設立に参加した。学会のオーガナイザー，あるいはプロモーターとしての側面以外では，**比較心理学**における業績で有名である。イェール大学類人猿生物学研究所，後に彼の名を冠したヤーキーズ研究所において，動物行動に関する実証的な研究を幅広く行った。たとえば，チンパンジーは同種間あるいは人間の模倣が可能であること，箱を積み重ねて餌を取るという問題解決が可能であり，それを他の問題にも応用できること，下等生物でも多肢選択式の問題を解けること，子ネコによるマウス殺しは本能的なものではなく学習された行動であること，などは彼が発見した現象である。出版物としては次のものがある。*The Dancing Mouse*（1907），*Introduction to Psychology*（1911），*Chimpanzee Intelligence and its Vocal Expressions*（1925, Blanche W. Learnedと共著），*The Grate Apes*（1929, Ada W. Yerkesと共著）。彼は全米科学アカデミーと米国芸術文学アカデミーの会員であった。

**ヤギ臭**［hircine］　ツワーデマーカーの嗅覚系において，ニオイの質が酸敗した脂肪やヤギのニオイがするということを示す。⇨ **カプリル酸**

**ヤーキーズ言語**［Yerkish］　言語獲得および言語使用研究において，霊長類に言語を教えるのに用いられた幾何学的図形からなる言語。ヤーキーズ言語の訓練を受けた動物が真の言語能力を示しているかどうかについては議論が分かれている。［アメリカの心理学者ランボー（Duane Rumbaugh: 1929- ）によって開発され，ヤーキーズ（Robert Mearns Yarkes）によって命名された］

**ヤーキーズ・ドッドソンの法則**［Yerkes-Dodson law］　動機づけによる覚醒レベルと遂行成績の関係は，逆U字カーブで表現できると述べた法則（⇨ **逆U字仮説**）。［アメリカの心理学者ヤーキーズ（Robert M. Yerkes），ドッドソン（John Dilligham Dodson: 1879-1955）による］

**夜驚症**［pavor］　現実感と覚醒時の恐怖の残余感に特徴づけられる恐ろしい夢などによる恐怖症状。夜驚症は夜間に起こり（⇨ **睡眠時驚愕障害**），昼驚症は幼児の昼寝時に起こる（⇨ **悪夢**）。

**薬学**［pharmacology］　生体組織と相互作用し，生理学的過程を変化させ，生体の**ホメオスタシス**に影響する物質について研究する科学分野。医学的な薬学（Therapeutic（またはMedical）pharmacology）は病気の状態を修正したり，満足できる生活状態を増進させるために物質を適用することを扱う。

**薬剤性精神病**［drug-induced psychosis］　様々な治療または禁制品の使用や乱用の結果から生じる精神病的状態。よく知られた薬剤性の精神病は，アンフェタミン，コカイン，大麻，LSD，PCP（フェンシクリジン），他の幻覚剤や禁制品の過用や慢性使用から起こる。感受性のある人にとって抗コリン作用薬の治療量を含んだ様々な薬は，精神病の症状を生み出すこともある。DSM-IV-TRでは，**物質誘発性精神病性障害**と分類されている。

**薬物依存**［substance dependence］　DSM-IV-TRにおいて，重篤な薬物関連の問題であったとしても，薬物使用をし続ける認知的，行動的，生理学的な症候群。薬物摂取には，使用を一時停止すると耐性，禁断症状の兆しがでて，使用を続ける衝動が制御できなくなるという結果を招く，というパターンが繰り返される。⇨ **アルコール依存**，**アンフェタミン依存**，**大麻依存**，**コカイン依存**，**幻覚剤依存**，**吸入剤依存**，**ニコチン**，**アヘン類依存**，**鎮静剤・催眠剤または抗不安薬依存**，**薬物乱用**

**薬物間相互作用**［drug interactions］　同時に2つ以上の薬を投与する効果で，1つ以上の薬の薬理作用が変わることである。薬物間相互作用は，薬の吸収，分布，代謝，排泄を変える。体内の薬物の濃度の予期せぬ増減を起こすので，薬理間相互作用は薬の排泄を誘発または抑制することもある。薬理間相互作用は目標器官や受容体部位の薬物活性に影響を与える。それらは，目標受容体あるいは器官で薬物の効果を高める相乗作用をもつことも，1つの薬が他の薬の効果をそぐような拮抗作用をもつこともある。⇨ **薬相乗作用**，**拮抗薬**

**薬物吸入**［inhalation of drugs］　ガスや煙霧などで，口や鼻から薬を服用する手段のこと（吸入法）。これにより，薬が体内組織にすばやく浸透する。主な外科の麻酔は吸入により行われるが，それにより肺内の肺胞（気嚢）に供給される血液にすばやく接触できる。吸入（口または鼻から）は，乱用物質の自己服用の手段でもある。たとえば，大麻，ニコチン，コカイン，揮発性の炭化水素などである

(⇨ **吸入因子**)。口からの吸入は，ニコチン（煙），アミルもしくはブチル亜硝酸塩の服用に使用され，鼻からの吸入（吸引）は，コカイン，ヘロイン，アンフェタミンなど，違法薬物の服用に使用される。

**薬物スクリーニング調査用紙**［drug screening instrument］　CAGE のような短い面接や，**ミシガンアルコール中毒スクリーニングテスト**のような物質乱用の可能性を徹底的に査定されるべき人を特定するために作られた短い自己報告式の質問紙。

**薬物代謝**［drug metabolism］　身体内（肝臓や他の器官）において，薬物が変換される過程のこと。大抵は，身体に吸収されやすい脂溶性の高い構造から，排出されやすい水溶性の高い構造へと変換される。薬物代謝には2つの段階があると考えられている。代謝段階1（Phase I metabolism）では，薬物は酸化（酸素の付加），還元（酸素の除去），加水分解を受ける（⇨ **チトクロム P450**）。代謝段階2（Phase II metabolism）では，薬物分子に官能基（特定の原子団）が付加される（たとえば，グルクロン酸抱合化など）。

**薬物動力学**［pharmacokinetics］　薬理学的作用物質が，生体内や生体外の，生物学的システム内で，物質や代謝生産物が吸収，分布，代謝，排泄を含め，どのように処理されるかについての学問。

**薬物副作用**［adverse drug reaction; adverse event］　意図したものでない，薬物に対する有害な反応（身体的にも，精神的にも）の総称。反応は極めて個人差があり，また，他の処方薬や売薬との相互作用（⇨ **薬教育**）や食事内容との関係（**モノアミンオキシダーゼ阻害薬**における場合のように）を通しても生じうる。⇨ **副作用**

**薬物弁別**［drug discrimination］　様々な薬物によって（あるいは特定の薬と生理食塩水によって）作り出される内的状態を区別する有機体の能力。典型的な実験手続きでは，動物に1つの薬が投与され，ある反応（たとえば，2つのレバーの装置で左レバーを押す）が強化される。異なる薬（または生理食塩水）を投与したとき，異なる反応（たとえば，右レバーを押す）が強化される。つまり，正しく反応するために，動物は薬によって作り出された内的状態を弁別しなければならない。

**薬物乱用**［substance abuse］　DSM-IV-R において，ある薬物（乱用物質や医薬品）を繰り返し摂取することによって生じる，再発性のある重篤な悪影響によって明らかとなる薬物使用のパターンのこと。この診断は**薬物依存**に取って代わられる。すなわち，薬物乱用と薬物依存の診断基準の両方を満たすときには，後者の診断が採用される。

**薬物乱用・精神衛生管理庁**［Substance Abuse and Mental Health Services Administration: SAMHSA］　1992年に設立された米国保健社会福祉省（HHS）の機関。薬物乱用や精神疾患による疾病や死亡，障害，社会的コストの減少のための治療やリハビリテーション，予防の有効性や質の向上の責任を負う。薬物乱用・精神衛生管理庁には，精神衛生サービスセンター，薬物乱用防止センター，薬物乱用治療センターの3分野がある。

**薬物乱用治療**［substance abuse treatment; drug abuse treatment］　物質依存（アルコールや薬物）と診断された人が離脱を達成するための，入院または外来通院プログラムのこと。形式に制限はあまりなく，短期プログラムや長期の入所プログラムがある。また外来患者を対象としたクリニックや病院でのプログラムがある。内容はメタドン維持療法や12のステップがある。⇨ **アルコール依存治療**

**薬物療法［1］**［psychopharmacotherapy］　薬理学的物質を精神障害の治療に用いること。たとえば，急性・慢性統合失調症は抗精神病薬やその他の薬物によって治療される。こうした薬物が精神障害を治癒させはしないが，適切に用いられれば，症状を著しく軽減することができる。

**薬物療法［2］**［pharmacotherapy; drug therapy］　外科手術，心理療法，または補償的，代替的手法に対して，薬物を用いた疾患の治療。

**薬物療法的治療計画**［pharmacotherapeutic regimen］　薬物の使用を通じた治療計画。たとえば，薬物の種類，処方条件，処方計画，予想される使用期間など。

**薬理遺伝学**［pharmacogenomics］　効果的な薬物治療に遺伝学の知見を適用する手法についての研究。

**薬理学的拮抗作用**［pharmacological antagonism］　2種の薬物間の拮抗作用の一種。一つは特定の受容体部位で**作動薬**として作用し，もう一方は**拮抗薬**として同じ受容体部位で作用する。たとえば，モルヒネとナロキソンで生じる。両薬物はμオピオイド受容体を塞ぐが，モルヒネ（作動薬）はオピオイド薬の特徴である生理学的，心理学的変化を生じさせ，一方でナロキソン（拮抗薬）として同じ受容体部位と競合的に結びつき，モルヒネの作用を無効化する。⇨ **生理学的拮抗作用**

**薬力学**［pharmacodynamics］　薬物とその作用に関係する**受容体**との相互作用に関する学問。薬物の効用と作用構造についての研究を含む。基礎的な研究としては受容体部位での薬物の作用や，結果としての細胞の機能や振舞いの変化などがある。

**薬力学的耐性**［pharmacodynamic tolerance］　脳の化学物質が薬物の存在に順応したために，薬物が脳の活動を調整する作用を失う薬物**耐性**の一種。ニューロンは薬物が持続して存在する際に受容体の数や感度を低下させることによって順応する（受容体ダウンレギュレーション）。細胞の適応的な耐性は，催眠鎮静薬や精神刺激薬など，多種の薬物使用に関連しており，薬物の常用が中断した際の禁断症状につながることがある。これに対して代謝耐性（metabolic tolerance）は，薬物が持続して存在する際に，代謝作用が増加する反応である。どちらの耐性も同じ効果を得るために，より多くの薬物摂取につながる。

**役割**［role］　集団あるいは社会的場面において特定の地位にある個人に期待される一貫した行動系列。この用語は，劇作上の概念である役割に由来する（演劇においては各演者に台詞や演技が割り当てられている）。個人の行動は個人的な好みや性向よりも，社会的場面において演じるパートに規定される。⇨ **集団役割**，**関係役割**，**社会的役割**，**課題役割**

**役割拡散**［role diffusion］　一般に青年期に生じる，社会的役割に関する混乱状態。⇨ **アイデンティティ 対 役割混乱**　［エリクソン（Erik Erikson）によって説明された］

**役割葛藤**［role conflict］　1. 個人の社会的役割あるいは集団役割（role）と関連した期待の矛盾や不一致によって生じた緊張や不快な状態のこと。それは，役割要求が互いに不一致であるとき（**役割内葛藤**），あるいは個人が複

数の役割をもち，それらの役割によって求められる行動が互いに矛盾するとき（**役割間葛藤**）に生じる．**2.** スポーツにおいて，アスリートが知覚する役割要求とコーチのそれが異なるときに生じる緊張状態．

**役割過負荷**［role overload］ 一定期間内にできること以上のことを頼まれる状況（量的負荷：quantitative overload），あるいは，個人の知識や技術，能力を越えて負担がかかる状況（質的負荷：qualitative overload）．

**役割間葛藤**［interrole conflict］ 個人が集団の中で1つ以上の役割をもち，1つの役割に関連づけられる期待と行動が，一方の役割に関連づけられる期待と行動とに整合しないときに生じる**役割葛藤**の形式のこと．⇨ **役割内葛藤**，**集団役割**

**役割期待**［role expectations］ 特定の**役割**にふさわしい特性，態度，行動に関する期待．これらの期待は，役割担当者の**役割群**の中で他者によって，あるいは担当者自身によって伝えられる．⇨ **ローゼンタール効果**，**社会的役割**，**上方ピグマリオン効果**

**役割群**［role set］ 関係があり，その役割に対して適切な態度や振舞いが伝えられ，一定の役回りを担って相互に意味をもったやり取りが行われる人々（またそれらの関連する**役割**）のグループのこと．⇨ **役割期待** ［アメリカの社会学者マートン（Robert King Morton: 1910-2003）によって1957年に定義された］

**役割交替**［role reversal］ 治療的，教育的目的のために使われる技法．たとえば，問題解決における新しい認知，感情，行動的接近法を経験するために，個人が他の個人と役割を交替すること．**心理劇**では，重要な対人状況を演じている状態で，**主人公**が補助役（auxiliary）と役割を交替する．役割交替は，マネジメント開発プログラムとして，たとえば，管理者と従業員との間でも行われる．

**役割混乱**［role confusion］ **1.** ある社会的役割や集団役割が不確実な状態であること．**2.** 伝統的には反対の性と連合していた男女の**性役割**行動のこと．⇨ **性同一性障害**，**トランスジェンダー** **3.** ⇨ **アイデンティティ対役割混乱**

**役割シフト**［role shift］ 任意の二人間の人間関係において，他方の特徴的な行動をもう一方のパートナーが採用すること．⇨ **役割交替**

**役割取得**［role taking］ 他者の役割，もしくは観点の採用．

**役割内葛藤**［intrarole conflict］ 単一の役割に関連づけられた行動と期待の不一致が原因で生じる**役割葛藤**のこと．これらの不一致は，役割自体の固有の複雑さ，役割の曖昧さ，役割と要求水準の設定における集団内の合意の欠如に起因する．⇨ **役割間葛藤**，**集団役割**

**役割の曖昧性**［role ambiguity］ ある集団内において特定の地位を占める個人によって演じられるべき行動に関する曖昧な期待．役割の曖昧性は，役割自体の明瞭性の欠如，その役割と連合した行動に関する集団内コンセンサスの欠如，あるいは，期待された行動タイプに関し役割を担う人の不確かさによって生じる．

**役割剥奪**［role deprivation］ 特定の個人や集団に対して文化的，心理学的に重要な地位や役割を拒否すること．特定の年齢で退職するよう要求されるときのように個人は不当に社会的役割を剥奪されることがあるし，正当な理由なくリーダーの立場から排斥されるときのように不当に集団役割を剥奪されることがある．

**役割分化**［role differentiation］ 集団や他の社会的システムにおいては，時間とともに各役割が次第に狭く定義され専門化していくにつれて，役割の数が増加し，役割の範囲が縮小すること．たとえば，包括的な**リーダーシップ役割**が徐々に課題リーダー役割と関係リーダー役割の2つに分化する．⇨ **コ・リーダーシップ**

**役割分割療法**［role-divided psychotherapy］ 集団心理療法の一つの形態．メンバーが治療者なしでセッションの一部を体験したり，治療者と一緒にセッションの一部を体験したりする．役割で分割された療法（role-divided therapy）とも呼ぶ．⇨ **コ・セラピー** ［ラトビア生まれのアメリカの治療者バーク（George R. Bach: 1914-1986）によって開発された］

**役割モデル**［role model］ 個人の目標，態度，行動の模範としての役割を果たす人や集団．個人は役割モデルを同一視したり，手本にしようとする．

**役割療法**［role therapy］ 心理療法において，現実の生活を取り入れた**心理劇**の治療体系．クライエントは役割モデルを選び，治療者と一緒にモデルの様々な面を考え出した後，治療セッションや現実生活の中で一緒にモデルを演じる．［アメリカの心理学者ケリー（George A. Kelly: 1905-1967）によって考案された］

**やけど**［burn injuries］ 炎や強い熱（感電，赤熱した金属や高温の液体などに触れる），紫外線によって組織に損傷が生じること．1度：赤くなる，はれあがり，皮膚が剥けることが特色．2度：表皮の下まで達していて，水疱，白からさくらんぼ色，凝固した毛細血管による縞模様がみられる．3度：組織の損傷は皮下，またそれ以下の上皮組織，神経終末，血管に及ぶ．4度：特異的なニオイ，肉の炭化がみられる．耐えがたい痛みと，外見への影響があり，やけどは精神的トラウマとなることもあり，心理学的，精神医学的な対応を必要とすることもある．

**夜行性の**［nocturnal］ 1日のサイクルのうち，暗い時間に活動すること．

**野生児**［feral children］ 野生動物によって育てられ，人間の接触から孤立させられた子どものこと．有名な例は，フランスの**アヴェロンの野生児**，インドの**狼少女**など．

**夜盲症**［night blindness］ 薄暗い環境においては対象物を見ることが部分的もしくは完全にできないのが特徴の視覚的障害のこと．夜盲症は遺伝することもあるが，暗順応が不完全だったり，ダイエットによるビタミン欠乏によっても生じることがある．

**柔らかい決定論**［soft determinism］ 人間の行動や選択を含むすべての出来事には原因があるが，自由意思と責任は**決定論**と両立するとする立場．⇨ **固い決定論**

**ヤングバーグ対ロメオ判決**［Youngberg v. Romeo］ ペンハースト（Pennhurst）の承認判決に至った最初の訴訟．州立の精神遅滞者施設に入所している精神遅滞者に，安全な生活を送る権利や，理由なき拘束からの自由，および自由と権利を守るために必要なサービスを受ける権利をアメリカ合衆国最高裁判所が認めた判決．

**ヤング-ヘルムホルツの色覚説**［Young-Helmholtz theory of color vision］ 赤，緑，青に対応する3つの異なった波長に反応する細胞の観点から唱えられた色覚説の

こと。この説によると，3つすべての波長について均一の刺激を与えると白として知覚されるが，それ以外の色は，3つのうち2つの波長について刺激を与えることで知覚される。もとの説では，色覚と対応する細胞の種類までは言及されていなかったが，現在では，これらの細胞は，**錐体**であると考えられている。⇨ **三色説**，**ヘリングの色覚論**，**反対色説** ［イギリスの医師・物理学者ヤング（Thomas Young: 1773-1829），ドイツの生理学者・物理学者ヘルムホルツ（Hermann Ludwig Ferdinand von Helmholtz: 1821-1894）による］

# ゆ

**唯我論**［solipsism］ 個我の外にあるものは何一つとしてその存在を確かめられず，一切の事物は個人の意識が作り出した虚構にすぎないとする哲学的立場の一つ。独我論。心理学においては受容しがたいが，論理的にも実証的にも，このような立場を反駁することは，周知のごとく，困難である。唯我論によって打ち立てられた数々の問いはすべて，自分自身の意識や主体（identity）の経験が直接的で唯一のものであるという事実から出発している。それはたとえば，人が他我の同種の経験や世界の事物から隔絶されることからわかる。⇨ **デカルト的自己**，**自己中心的苦境**

**遺言能力**［testamentary capacity］ 遺言状作成における法的・精神的能力のこと。財産の内容・程度および誰に何を相続させるかを認識する能力である。

**唯心論**［mentalism］ 思考や感情など，明白な心的現象の実存を主張する立場のこと。この立場では，心的現象は物理的現象や生理的現象へと還元することはできないとしている（⇨ **還元主義**）。観念論と同義語として用いられることがあるが，唯心論には心的現象は物理的な現象に還元できないにも関わらず，物理的過程の中に依拠しているとするものがある。現代の認知的理論の多くは唯心論の最近のタイプの例である。⇨ **消去主義**，**アイデンティティ理論**，**意識的唯心論**

**結納金**［bride price］ いくつかの文化で，将来の夫とその家族からの新婦の家族へ金銭などを渡すこと。⇨ **結婚持参金**

**唯物論**［materialism］ **1**．心的出来事を含めたすべてのものは，物質的な要素から成り立っているため物理学の法則下にあるという哲学の立場のこと。この観点から，心とは脳の工程としてのみ存在すると考えられている（⇨ **心身問題**）。こうした哲学者は古代に遡るが，17世紀における物理学の創始により新たに勢いを得た。古典的マルクス主義を出自とする**弁証法的唯物論**も唯物論の一形態である。**2**．行動の原因は身体の質量，特に神経体系に見出されるとする立場である。**固い決定論**を連想させる。⇨ **同一説**，**物理主義**，**理想主義**，**非物質論**

**唯名論**［nominalism］ 中世の哲学における，具家物のみが現実での実体を持ち，**ユニバーサル**（すなわち，「赤さ」「美しさ」のような一般的な性質）は，心的な存在にすぎないとする立場。⇨ **プラトン的理想主義**，**現実主義**

**友愛**［1］［brotherliness］ 人間の団結や連帯の感情。他者との生産的な関係，他者の健康への気遣い，全体としての社会に対する関心などで表現される。フロム（Erich Fromm）によると，**根付き探し**の肯定的，理想的な解答が友愛である。

**友愛**［2］［companionate love］ 強い親密性と他者に対する愛情を特徴とするが，他者を目の前にしたときに強い情熱または情動的な喚起が付随しない**愛情**の一種。これらの点で，友愛は**情熱的な愛情**とは区別される。スターンバーグ（Robert J. Sternberg）の**愛の三角理論**の観点から，その関係には強い親密性と関与がある。

**友愛的祖父母**［companionate grandparent］ 孫との間に温かく，親愛な関係を築いているものの，日常的な養育責任は負っていない祖父または祖母のこと。⇨ **関与的祖父母**

**優位**［dominance］ 言語や利き手など，特定の機能について，脳の一方の半球が，もう一方の半球よりも強い影響を与える傾向のこと。2つの半球による寄与は，多くの機能において異なっている。したがって，研究者は，半球優位性（hemispheric dominance）よりも半球専門化（hemispheric specialization），または**半球側性化**という言葉を用いる。

**優位コンプレックス**［dominant complex］ 行為を威圧し，支配する感情障害。

**有意差**［significant difference］ 比較される2つのモデルは異なっているということが，**有意性検定法**により示される状態。

**有意水準**［significance level］ 帰無仮説の**有意性検定法**において，実際に帰無仮説が正しい場合に帰無仮説を棄却する（言い換えると，第一種の誤りを犯す）確率。有意水準はいくつかの基準があり，$\alpha$で表される。$\alpha$は通常，0.01か0.05が利用される。また，特定の検定での実測値は$p$で表記される。このため，$p$値が$\alpha$より低い場合，帰無仮説は棄却される。アルファ水準（alpha level）とも呼ばれる。

**有意水準の結合**［combining significance levels］ 同一仮説の多重検定の結果に基づいて全体の**有意水準**を計算すること。

**有意性**［significance］ 結果に意味があること，もしくは，重要性があるという度合いや程度のこと。⇨ **統計的有意性**

**有意性検定**［test of significance］ **帰無仮説**が真である場合，実証的結果が得られる確率を評価するために用いられる手続きのこと。

**有意性検定法**［significance testing］ 2つのモデル間の違いを明らかにするために用いられる手続き。最も一般的な有意性検定において，一方のモデル（⇨ **帰無仮説**）は検証された処理が効果をもたないという条件を述べ，もう一方のモデル（⇨ **対立仮説**）は処理がある程度の効果をもつという条件を述べる。有意性検定は**重回帰分析**で用いられるように，2つのモデル間の違いを明らかにするためにも用いられる。そこでは，モデルにおいて指定された母数の数に関して違いがある。

**優位性攻撃**［dominance aggression］ 動物個体が威嚇や実際の攻撃によって別の個体に対する優位性を維持しようとする，**動物の攻撃性**の一つの形式。

**有意抽出**［judgment sampling］ 研究における母集団の代表性についての個人的見解をもとにした抽出。有意抽出は予備研究には役立つかもしれないが，一般的にはどの興味ある母集団に対しても保障された推論に帰結することはない。

**優位な統計量**［dominance statistic］ ある集団の中の多くのケースが，他の集団の中のケースよりもより大きい数値をとるような統計量。

**優位半球**［dominant hemisphere］ 言語能力や利き手

の主要な制御を行っていると考えられている脳半球のこと。⇨ **優位**，**半球側性化**

**有意味学習**［meaningful learning］　新しい学習材料や情報を，学習者の過去の経験や既知の知識に関連づけて学習すること。関係性の薄い材料を学習する**機械的学習**と対照的である。⇨ **レディネス**

**優位欲求**［dominance need］　他者より優位であり，他者の先頭に立とうとする欲求。あるいは他者を支配しようとする欲求。権力，知識，名声，独創的な業績への欲望によって動機づけられている。［アメリカの心理学者マレー（Henry Alexander Murray: 1893-1988）によって提唱された］

**誘因［1］**［motive］　生物のエネルギーを目的へと向かわせる特異的な生理学的，または心理学的な覚醒状態のこと。⇨ **動機づけ**

**誘因［2］**［incentive］　行動へ動機づけ，それを高める，状況や目標のような外的な刺激。

**誘因価**［valence］　**1.** レヴィン（Kurt Lewin）の**場の理論**において，個人の**生活空間**における出来事，物，人物，その他の対象に対する主観的価値。個人を惹きつける対象はポジティブ価，一方で不快にさせるものはネガティブ価をもつ。**2.** 動機づけに関するいくつかの理論において，特定の目標や成果の達成において期待される満足度を指す。

**誘因価値**［incentive value］　動機づける刺激や状況についての知覚された価値。個人差がある。

**誘因動機づけ**［incentive motivation］　ハルの学習の数理演繹的理論において，反応強度に影響する**仲介変数**としての役割をもつ誘因のこと。たとえば，報酬や罰への予期など。⇨ **刺激強度起動性**

**誘因配置刺激**［occasion setter］　パブロフ型条件づけにおいて，付随刺激と対で呈示される刺激。たとえば，光の照射，音，餌の順に刺激が呈示されたとする。光の照射がないときは音が鳴っても餌がでない。もし，光が照射された時だけ音が唾液の分泌を誘発するならば，光の方を誘因配置刺激と呼ぶ。

**優越感**［superiority complex］　アドラー（Alfred Adler）の**個人心理学**における劣等感情の過剰補償から引き出される，可能性や技量に関する誇大な観念。⇨ **補償**，**劣等コンプレックス**

**優越機能**［superior function］　ユング（Carl Jung）の**分析心理学**における感覚，思考，直観，感情の4つの基本機能の中で，意識的自我を統制し，他の3つの機能を抑制する機能のこと。無意識では**劣等機能**となる。優越機能は個人の**心理機能タイプ**を決定する。

**優越への欲求**［striving for superiority］　アドラー（Alfred Adler）の**個人心理学**の用語。人は，すべての可能性を実現するために，生得的な卓越欲求によって動機づけられているとする概念。この欲求は，社会的状況や他者を支配するための優越性というよりもむしろ，自らの可能性の実現や完成のための衝動として定義される。

**誘拐**［abduction］　無理矢理，または騙して人を連れ去ること。

**融解**［unfreezing］　柔軟性のない信念，自分や他者，全人類に対してもっている固定観念を取り除く治療の目的。

**有害事象**［adverse event］　**1.** ヘルスケアにおいて，医学的介入や研究が及ぼす有害な影響のこと。**2.** 薬理学では⇨ **薬物副作用**

**有郭乳頭**［circumvallate papillae］　溝に囲まれた舌の後方（裏）にある突起。ヒトには7～11個くらいあり，V字に配列している。それぞれの有郭乳頭には溝の内側を覆うように横に並んで約250の味蕾がある。有郭乳頭内の受容器は特に苦味物質に感受性が高いとされる。⇨ **乳頭**

**雄間攻撃**［intermale aggression］　オス同士の間で起こる**動物の攻撃性**。通常はそれらのオスの間における優劣関係を発展させたり，維持したり，それに抗ったりするために行われる。

**勇気**［courage; bravery; valor］　身体的，心理的，道徳的危険が伴う状況でも，困難な挑戦を行える能力をいう。勇気ある行動の例としては，大きな脅威から他者や自分の命を救ったり，痛みや衰弱，末期の病気に耐えたり，悪習慣を克服したりすることなどがあげられる。

**有気音**［aspiration］　音声学で，閉鎖子音の破裂した発音のこと。英語で［p］，［k］，［t］のような子音は音節の始まる部分では有気音であるが，他の特定の子音との組み合わせや語の終端では，有気音とはならない（⇨ **異音**）。この違いは，指を口に当て"pot"（有気音）"top, spot"（無気音）を発音することによって容易に知ることができる。

**有機体**［organism］　動物，植物，細菌のような，生殖，成長，維持の可能な生命個体のこと。

**有機体的**［organismic］　統合的で協調的な全体的機能を生み出すために互いに作用し合う，様々な機能を備えた構成要素（器官）をもつこと。そうした全体的機能は有機体の特徴である。

**有機体的価値づけの過程**［organismic valuing process］　クライエント中心療法の用語。自己実現に「向かい続ける」ために必要な，健康的で生得的にもつ内的な道標。クライエント中心療法の目標の一つは，クライエントがこの内的な道標に耳を傾けることができるように援助することである。⇨ **来談者中心療法**

**有機体の心理学**［organismic psychology］　心と身体の区別を棄却し，有機体としての全体性を強調する心理学のアプローチ。有機体と環境の相互作用を考慮するモル・アプローチを採用している。⇨ **全体論**，**全体論的心理学**

**有機体変数**［organismic variable］　SORCシステムを用いた行動評価の中で検討される4つの要素の一つ。行動に影響を与える生物の生理学的・心理学的特徴を指す。

**有機体モデル**［organismic model］　発達は，生物内部の要素間に成り立っている関係にもともと備わった諸制約によって，それらの要素がそれ自体や他のものに作用している時に方向づけられるという理論。生物学的プロセス（たとえば成熟）だけではなく，その生物の行動もまた発達を方向づけるために重要であると考えられている。⇨ **発達的システムアプローチ**

**有機的パーソナリティ理論**［organismic personality theory］　個人の機能は，心身の様々な独立した変数としてではなく，全体的で，まとまった，統合された活動として理解されるべきだとするパーソナリティ理論。［ドイツ系アメリカ人医師ゴールドスタイン（Kurt Goldstein: 1878-1965）とハンガリーの心理学者アンギャル（Andras Angyal: 1902-1960）が発展させた］

**有機溶剤乱用**［glue sniffing］　特定の接着剤，特にプラ

モデルの接着剤の刺激臭を興奮剤効果と多幸感を求めて吸引するという物質乱用の一形態。**トルエン**は精神活性効果を伴う成分である。他に同じように使用される炭化水素にはキシレンと**ベンゼン**が含まれる。⇨ **吸入因子**，**吸入剤乱用**

**遊戯療法（プレイセラピー）**［play therapy］　遊戯と道具（粘土，水，ブロック，人形，指人形，お絵かき，フィンガーペイントなど）を用いた**子どもの心理療法**のこと。遊戯療法は，こうした活動が子どもの情緒的な世界や空想を反映するという考えを基礎としている。遊戯療法は，子どもが自分の感情や問題を行動に表すことや，新しいやり方を試すこと，言葉でなく行為によって関係性を理解することを可能にする。この種の方法は子どもの内的世界や無意識的葛藤に加えて，子どもたちの日常生活や現在の関係性に焦点を当てるものであり，非指示的に行われることもあれば，指示的であったり，分析的，解釈的な水準で行われることもある。⇨ **指示的遊戯療法**，**非指示的遊戯療法**，**投影的遊戯療法**

**有限状態文法**［finite-state grammar］　チョムスキー（Noam Chomsky）が著書 Syntactic Structures（1957）で論じた**生成文法**の基本のモデル。このモデルでは，文法は厳密な線形的順序に従って（つまり，左から右へと進み），1回につき1つの構成単位という割合で文を生成すると想定されている。つまり，いったん最初の構成単位が選択されると，次の構成単位の選択はそれ以前の選択の総和によって制限される。チョムスキーはこのモデルを提示し，このモデルが文生成の説明として明らかに不十分であることを指摘することで，**句構造文法**と特に**変形生成文法**によって提供されるより複雑な説明が必要であることを実証した。心理学における有限状態文法に対する関心は，主に，**行動主義**や**操作主義**のある種の原理との類似性に由来する。

**融合**［fusion］　**1.** 知覚において，2つ以上の刺激要素や刺激成分を統合された全体に一体化すること。たとえば，色（色の融合：color fusion），両耳から受け取る音（両耳融合：binaural fusion），両眼の網膜に映る像（両眼融合：binocular fusion）などの融合がある。⇨ **フリッカー融合**　**2.** 自己と環境との分化が減少し，消滅したようにみえる状態のことであり，他の個人や対象物，自然，宇宙に溶け込む，一体化する個人の経験のことである。⇨ **神秘的合一**　**3.** 精神分析学において，融合している異なる**本能**。たとえば，サディズムにおいて性と攻撃性の衝動が結びついていること。フロイト（Sigmund Freud）の見解では，生と死の本能は融合しており，それらが単独で作用するのは，病的なときだけである。本能的融合（instinctual fusion）とも呼ばれる。

**融合言語**［fusional language］　**言語類型論**において，形態素の（膠着ではなく）融合によって単語を形成し，それゆえ単語の構成要素が区分できない言語のこと。ラテン語やギリシャ語といった融合言語は，それぞれの形態がいくつかの異なった機能をもつといった，多くの文法的屈折（inflections）をもつ傾向がある。総合的言語（synthetic language）とも呼ばれる。⇨ **膠着語**，**孤立語**

**有効視野（有効視野テスト）**［useful field of view］　視野周辺における認知的な選択的注意は運転中の事故の危険性を予測する。有効視野テストは，コンピュータによってこの注意を調べるテストのことを指す。テストの成績は，典型的には成年において下降するが，訓練を通じて改善させることができる。

**有効性評価**［effectiveness evaluation］　あるプロジェクトの目標達成において，あるプログラムがどの程度成功しているかの評価。評価の過程では，**評価目的**，**方法論**，**評価基準**が決定されたうえで，プログラムの結果が提示される必要がある。⇨ **インパクト分析**，**プログラム結果**

**有効量**［effective dose］　特定の効果が生じるのに必要な最低限の薬の服用量のこと。一般的にはメディアン有効量（median effeicive dose）や50%有効量（**エド50**：ED$_{50}$）という用語で表され，患者の50%が肯定的反応となる服用量である（⇨ **治療可能比**）。また，精神療法においてこの基準は，50%の患者が臨床的に有意な変化を示すのに必要な面接回数を表すのに使用される。

**有彩色**［chromatic colors］　黒，白，灰色以外のすべての色のことで，これらの色は，彩度と色相をもつ。⇨ **無彩色**

**有罪だが精神疾患**［guilty but mentally ill: GBMI］　被告が心神喪失（⇨ **精神異常抗弁**）を主張するとき，アメリカのいくつかの州で下される可能性がある裁判所の判決。被告人は有罪が下されるが，精神的健康が回復するまで精神病院で治療を行う。その後，判決で下された残りの期間を適切な矯正施設内で服役する。

**有罪知識テスト**［guilty knowledge test］　ポリグラフ検査者は被検者に犯罪に関する多肢選択形式の質問を行い，その中には犯人だけが知りうる答えがある。無実の被検者であれば，すべての選択肢をどれも同じようにありえそうなものとして見るだろうという仮定をおいている。各選択肢が提示され，どの選択肢が最も高い生理学的反応を示したかということを確認し，同時に，ポリグラフ検査者は被検者の生理学的覚醒を測定する。一連の質問を通じて，個人が一貫して正しい選択肢に最も高い反応を示していたのであれば，その個人が詳細な犯罪事実を否認していることについて嘘をついていると検査者は判断する。⇨ **対照質問法**，**関連－無関連質問法**

**有酸素運動**［aerobic exercise］　筋の有酸素運動を伴うエクササイズで，身体の酸素供給と消費を要することから心肺能力を高める。ジョギング，サイクリングなどの有酸素運動は，持久力を増し体脂肪を減らし，憂鬱が緩和されたりすることから身体，精神の健康に有益である。

**有糸分裂**［mitosis］　2つの同一の娘核を作り出す細胞核分裂の一種。2つの核は親核と同数，同種の染色体をもつ。普通は細胞質の分裂に付随して起こり，2つの娘細胞が作り出される。⇨ **減数分裂**

**優秀知能**［superior intelligence］　母集団の上位15%のみによって形成される**一般知能**の恣意的カテゴリー。ウェクスラー成人知能検査およびスタンフォード・ビネー知能検査の両方でIQ 120以上の人が含まれる。

**宥恕エラー**［leniency error］　評価対象者の能力やパフォーマンスに関して，過度に肯定的な評価をしてしまう評定誤差。宥恕バイアス（leniency bias）とも呼ばれる。⇨ **厳しさによる誤り**

**遊女幻想**［hetaeral fantasy; courtesan fantasy］　女性が高級娼婦の役割をするという幻想。男性の場合，高級娼婦をもつことを幻想する。

**友人関係**［friendship］　2人以上の人による，比較的長

期的で，自分の欲望だけでなく，相手の欲求や利益にも気を配り合う人々による自発的関係。友人関係は，そこに関わる各人が，相互の結びつきを満足のいくものとみなすような体験の共有を通じて形成されることが多い。

**友人関係ネットワーク**［friendship network］　相互に社会的，情緒的サポートを与え合う友人関係を通して相互に結びついた関係。

**有神論**［theism］　神の存在を信じること。特に，人格神は創造主であり，森羅万象を支持するものと考えられている。有神論は，キリスト教正統派の中心になる考え方として信じられており，**理神論**と**汎神論**の両方から区別されている。

**有髄線維**［myelinated fiber］　**ミエリン鞘**によって覆われた神経線維。ミエリン鞘の絶縁性質によって，有髄線維は無髄線維よりも速く神経インパルスを伝導することができる。⇨ **跳躍伝導**

**優性**［dominance］　遺伝学において，**ヘテロ接合**個体の表現型を決定する1つの対立遺伝子の能力。

**雄性**［maleness］　解剖学，生理学では**性染色体**のXY組合せをもっているという意味でオスの性質をもっていること。

**有声**［voice］　音声学において，**無声音**とは対照的な，**有声音**の性質を指す。

**有声音**［sonant］　特定の音節において，母音として機能する**鼻音**または**流音**子音。鳴音（sonorant）とも呼ばれる。⇨ **半母音**

**有声化**［voicing］　声帯振動を発話音の産出に使用すること。⇨ **有声**，**無声音**

**有声開始時間**［voice-onset time: VOT］　音声学において，有声言語音を発音し始める際に，発音器官が最初に動いてから声帯が振動するまでの短い時間感覚。この連続的な音響次元において非連続的なカテゴリーとして知覚される（⇨ **カテゴリー知覚**）という証拠により，有声開始時間は成人と幼児の発話知覚における精力的な研究の対象となってきた。

**優生学**［eugenics］　厳密ではないが，ダーウィン（Charles Darwin: 1809-1882）の進化論とゴールトン（Francis Galton: 1822-1911）の遺伝的才能の研究に基づく，人間の血統を入念に選別することを通して，遺伝的障害を根絶し，人種の遺伝子構造を向上させようとする社会的・政治的哲学のこと。積極的優生学（positive eugenics）は優れた特徴をもつ個体の生殖を促進することに関心が向けられているが，消極的優生学（negative eugenics）は望ましくない特徴をもつ個体の生殖を妨げることに関心が向けられている。優生学の立場は，**精神遅滞**のリスクが増す徴候のような能力障害あるいは身体障害と関連づけられる多くの病状が潜在的に受け継がれ予測不可能に生起するという点で，根拠がなく科学的に単純である。それにも関わらず，この哲学はイギリスとアメリカで支持され，精神発達障害の女性の断種のような優生学的政策が20世紀の後半まで続いた。21世紀における優生学に対する受け止め方は，先の優生学の虐待を懸念する個人や人々の影響を受けている。

**優生学の**［eugenic］　遺伝に有利な要因や影響を表すこと。⇨ **非優生学の**

**優性形質**［dominant trait］　遺伝学の用語。目の色の特徴などといった形質を決定する遺伝子の優性と劣性の両方を受け継ぐ場合に，もう一方の形質（⇨ **劣性形質**）よりも優先して現れる形質。⇨ **優性対立遺伝子**

**優勢刺激**［prepotent stimulus］　より注意を引きつけるもしくは反応を引き起こす，という点において競合する刺激に優先される刺激のこと。

**優性対立遺伝子**［dominant allele］　同一細胞に2つの遺伝子が存在するとき，もう一方の遺伝子変異（⇨ **劣性対立遺伝子**）よりも優先して現れる遺伝子変異のこと（⇨ **対立遺伝子**）。これにより，優性対立遺伝子によって決定される形質（⇨ **優性形質**）は，対立遺伝子が1組の**相同染色体**の1つだけにある場合でも現れ，（**ホモ接合**状態と同様に）**ヘテロ接合**状態でも現れる。仮に，片親の優性対立遺伝子がヘテロ接合の場合，優性対立遺伝子が受け継がれる子孫と形質の表現型が受け継がれる子孫の確率はそれぞれ50％となる。

**優勢反応**［prepotent response］　たとえば痛みに対する反応など，他の反応よりも優先される反応。

**有生名詞**［animate noun］　行動の**行為者**となりうる生き物を示す名詞である。これに対し，非有生名詞（inanimate noun）はその他のすべての実体を示す名詞である。この区別はいくつかの言語において名詞の形式に影響を与え，**格文法**にとって重要となる。

**有責性**［culpability］　法律で，ある行為に対して刑事責任が認められ，法的処罰を科せられる状態であること。

**優先階層**［dominance hierarchy］　優先度や重要性によって序列化された動機づけや必要性，他の心理的，身体的反応。**マズローの動機の階層**が例の一つ。

**有線前野**［prestriate cortex; extrastriate cortex; prestriate area］　**有線皮質**外の視覚に反応する大脳皮質の領域。視覚前野は**細胞構築**による**ブロードマンの脳地図**の18野と19野，および側頭葉と頭頂葉内の追加領域を含む。機能と接続性に基づき，視覚前野はV2，V4，V5といった複数の**視覚野**に分けられる。有線外皮質とも呼ばれる。

**有線皮質**［striate cortex; Broadmann's area 17; primary visual cortex］　視床，特に**外側膝状体**からの視覚的入力を受け取る大脳の最初の領域。有線皮質は後頭葉に位置する。また，IVb層には濃い帯状の有随線維を含んでおり，白い縞模様（ジェンナリ線）がみられる。有線皮質のニューロンは**有線前野**の視覚野，および皮質下の視覚核に投射する。⇨ **V1**

**融即**［participation］　ピアジェ（Jean Piaget）の認知発達理論における，子どもが自身の願望，空想，あるいは夢を現実と混同する傾向のこと。

**融即の法則**［law of participation］　**矛盾原理**とその他，西洋論理の基礎をなす**思考の法則**に従わない思考タイプを特徴づけ説明するために利用される法則。この思考のタイプでは，ある物事が別の時間，場所や次元において論理的に矛盾する他の物事となりうるということを受け入れることは容易である。したがって，この思考タイプは魔術や神秘主義に向いている（⇨ **神秘的な関与**）。こういった思考は分化的というよりむしろ全体的で，未開社会で通常考えられる典型的なものである。［フランスの哲学者・民俗学者ブリュール（Luccien Levy-Bruhl: 1857-1939）が紹介］

**有袋類**［marsupial］　胎盤をもたない有袋動物類のこと。有袋類の子どもは非常に未熟な状態で生まれ，その後の長

い発達期間は育児嚢で育てられる。

**有痛無動症**［akinesia algera］　どのような身体運動においても痛みが感じられる状態。心因性の要素としばしば関連した障害。

**尤度**［likelihood］　統計学において，集団での分布の母数における現象の分布についての一連の仮定を前提として，一連の特定の結果を得る確率のこと。

**誘導**［induction］　**1.** 条件づけにおいて，ある様式の行動を強化することによって，その行動だけでなく，それらに類似しているが強化されてはいない行動様式の生起確率も上昇する現象。たとえば，0.2～0.3N（ニュートン）の力でレバーを押す行動が強化される場合，0.2Nより小さい，もしくは0.3Nより大きい力でレバーを押す行動は，明確には強化されていないにも関わらずそれらの生起確率は上昇する。反応般化（response generalization）とも呼ばれる。**2.** 発生生物学において，細胞のある集合が他の細胞の運命に対して，典型的にはその標的細胞における遺伝子発現を変化させる化学的因子を分泌することによって影響を与えること。

**誘導運動**［induced movement］　大きな運動刺激に囲まれた小さな静止刺激に対して，動きの錯視が生じること。小さな刺激は動いて見えるが，大きな刺激は静止して見える。

**誘導色**［induced color］　ある領域の色を知覚する際，その色の見え方が近傍の領域の色の影響を受けて変化すること。

**遊動性**［nomadism］　あちこちさ迷い歩き，何回も住居と仕事を変える病的傾向。しばしば不安定や社会的**不適応**を引き起こす。軽症型ではこの傾向は悩みや責任からの逃避の試みの場合があるが，重症型では脳損傷，てんかん，精神遅滞，または精神病を伴っている可能性がある。⇨ **放浪癖**

**尤度原理**［likelihood principle］　視覚刺激についての最も単純な解釈よりも，最も可能性が高そうな解釈が知覚されるものになるという視覚における一般論。

**尤度比**［likelihood ratio］　$a$と$b$の2つの確率の比のこと。ここで，"$a$"とは特定の研究仮説Aが真であった場合に観測されるデータを得る確率で，"$b$"とは仮説Bが真であった場合に観測されるデータを得る確率のことである。

**誘発［1］**［elicitation］　刺激によって，特定の反応が確実に生じること。たとえば，食物を口に入れると唾液が分泌されるのは誘発の例である。

**誘発［2］**［induction］　物事を作り出したり，発生させたりする行為やプロセスのこと。

**誘発試験**［provocative testing］　評価対象となっている患者や個人に対してなされる，意図的に引き起こそうとする症状，もしくは再現される症状についての検査のこと。その状態に対する治療効果を調べるために行われたり，類似した診断の可能性を判定・除外したり，さらに**心因性障害**における，その状態の信憑性を調べるために行われる。たとえば，いくらか議論の余地がある**非てんかん性発作**と，神経学的な基礎をもつてんかん性発作との区別を行うために誘発試験が実施される。

**誘発性幻覚**［induced hallucination］　とても催眠感受性が強い人において，他の人から主に催眠暗示によって引き起こされる幻覚。

**誘発性攻撃**［induced aggression］　薬物，もしくは，脳の電気的興奮，嫌悪刺激によって，暴力や敵意行動が引き起こされている状態。

**誘発的動機づけ**［incentive motivation］　一般的に，正の強化による動機づけのこと。

**誘発電位**［evoked potential: EP］　刺激に対して，神経系の一部，特に脳において観察される電気的活動のこと。たとえば，閃光によって視覚皮質において誘発電位が生じ，音によって聴覚皮質において誘発電位が生じる。誘発電位は，自発的にではなく刺激されたときに生じる点や適当な神経路と結合した感覚野でも起こる点において，通常の**脳波**とは異なる。誘発電位は予測・再現できる。誘発反応（evoked response: ER）とも言う。

**誘発トーヌス**［induced tonus］　他の身体部分の運動によってもたらされた筋トーヌス（持続的な緊張）のこと。

**有病率**［prevalence］　ある時点（時点有病率：point prevalence），もしくは特定の期間（期間有病率：period prevalene）における，所定の人口に対する疾病や障害などの症例全体数。⇨ **出現率**

**遊牧生活**［nomadism］　資源を求めたり，季節の変化に従って，場所から場所へと頻繁にしばしば移動したりするという特徴をもった，固定住宅をもたない人々の集団の生活様式。

**有毛細胞**［hair cells］　**1.** 聴覚の感覚受容器であり，内耳の蝸牛にある**コルチ器官**に存在する。この細胞から突き出した微細な毛様突起（不動毛：stereocilia）の運動を介して**基底膜**の振動に反応する。ヒトには12,000本の外有毛細胞（outer hair cells）と3,500本の内有毛細胞（inner hair cells）が存在する。ほとんどすべての聴覚神経線維は内有毛細胞とのみ連絡する。外有毛細胞は動くことができると考えられており，内有毛細胞を刺激する振動の増幅を行っている可能性がある。**2.** 平衡のための感覚受容器であり，構造的には蝸牛の有毛細胞と類似している。（稜の一部を構成する）三半規管の膨大部の内部および（平衡斑の一部を構成する）球形嚢と卵形嚢の内部にある内耳に存在する。

**有利さの法則**［law of advantage］　2つ以上のもののうちの1つが相容れないか一致しない反応は，より有益か魅力的であるという有利さをもつという原理。それゆえ，その他，相容れないか一致しない反応は他の反応よりも頻繁に起こる。

**優良遺伝子仮説**［good genes hypothesis］　女性の配偶者選択は，（a）男性の**遺伝的変異**が繁殖成功と相関しており，（b）この変異に関する情報を示すような男性の行動や身体構造の特徴（遺伝的形質）があり，（c）女性が配偶者として良い遺伝子をもつ男性を選択することで遺伝的変異を方向づけている，と主張する仮説。⇨ **ランナウェー選択**

**幽霊ブランコ錯覚**［haunted swing illusion］　静止したブランコに座っているときに，周りの環境が動かされると生じる錯覚の運動知覚のこと。

**誘惑［1］**［seduction］　人を引きつけたり，魅惑するような行為や過程のこと。

**誘惑［2］**［temptation］　ある方向，特に自身や所属する社会の行動の基準とは反対の方向に行動する願望，また

**宥和行動**［appeasement behavior］ 他の個体からの攻撃や脅威的行動を受ける可能性を低減させる個体の行為。しばしば、知覚された身体サイズの縮小や若い動物に特有の音声信号の利用を伴う。

**床効果**［floor effect］ テストにおいて、ある得点より低い値を測定する、あるいは識別することができないという効果のこと。多くの場合は、項目の難易度が高すぎるために生じる。⇨ 天井効果

**雪だるま式標本抽出法**［snowball sampling］ 現在の参加者が、さらなる見込みのある参加者を推薦することを依頼することによって研究のための新しい参加者を募る手法。

**ユーザー中心のデザイン**［user-centered design］ 人間工学において、使いやすい（usable）製品やシステムを作るために、主に対象となる集団（target group）の特徴を理解することに焦点を当てたデザインのこと。

**揺さぶられっ子症候群**［shaken baby］ 児童虐待による神経学的症状の一つで、乳児が繰り返し揺さぶられることによって起こる。揺さぶりが、脳の各所に広範囲のダメージを与える。深刻なケースでは死に至る。

**ユーザーフレンドリー**［user-friendly］ 製品やシステムがわかりやすく使いやすいことを表す。

**ユーストレス**［eustress］ 様々な楽しい、やりがいのある課題に圧倒されることで起こるストレスのこと。充足感や達成感が生じるという有益な効果がある。[カナダの医師セリエ（Hans Selye: 1907-1982）によって最初に記述された]

**輸精管**［vas deferens; ductus deferens; seminal duct; spermatic duct］ **精巣上体**から射精管まで精子を運ぶ精巣の管のことで、2本の射精管と**精嚢**管で形成され、尿道につながる。

**輸精管切除**［vasectomy］ 男性の断種（sterilization）の外科的処置で、精液を精巣から尿道まで運ぶ輸精管（vas deferens）を除去、分断、もしくは切断すること。

**ユーセニック**［eusthenic］ 無力体型に相当し、クレッチマーの類型論における**闘士型**に近い生得的な体型を指す。

**U線維**［U fiber］ 2つの皮質領域をつなげるために大脳皮質の下にある白質でループしている神経線維。U線維はインパルスの皮質伝達のために最速の経路である。別の皮質内経路は遅い伝達速度をもつとても細かい線維から構成される。

**豊かな解釈**［rich interpretation］ 幼い子どもの言語を分析するアプローチであり、単語や複数の語の使用だけでなく、発言のすべての意味を表すための周辺的な言語的文脈や非言語的文脈を考慮し、その子どもの言語の**能力**について結論を下すもの。⇨ 一語文

**U統計量**［U statistic］ マン-ホイットニーのU検定で用いられる統計量のこと。

**ユートピア**［utopia］ 理想的で完全な社会のこと。イギリスの政治家・作家トマス・モア卿（Sir Thomas More: 1478-1535）の思想的政治小説 *Utopia*（1516）で用いられた。この言葉は、文字通り「存在しない場所」というギリシャ語に由来する。対照的に、1950年頃に作られたディストピア（dystopia）という言葉は、悪夢のような状況にある想像上の社会を指す。

**ユートピア的理想**［utopianism］ 合理的・倫理的原理に基づいた理想的な社会制度を創設する可能性に対する信念。⇨ ユートピア

**ユートピア的理想主義**［utopianism］ 政治的、もしくは社会的な問題に対する理想主義的なアプローチ。人間性に対する非現実的な見方に基づいていると考えられる。

**ユニオンショップ**［union shop］ 新規に雇用されてまだ組合に加入していない従業員が雇用後一定期間内に組合に加入することを雇用条件とする就労協約。⇨ エージェンシーショップ、クローズドショップ、オープンショップ

**ユニット人員システム**［Unit Manning System］ コホートユニットの選抜軽歩兵隊分隊を安定させるために1980年代に促進されたアメリカ軍隊人事計画のこと。ユニットの結合を構築することで人員混乱を縮小し、準備と実行を増強することを目指した。

**ユニバーサル**［universals］ 哲学において、「青さ」あるいは「勇気」といった一般的な特質のことであり、特定のものを例示する項目とは対立する。一般概念におけるステータスや項目との関連性は、哲学において、多くの議論を生む問題である。⇨ 抽象的観念、心理的普遍性

**ユニバーサルデザイン**［universal design］ どんな年齢や能力の人々にとっても最大限に使いやすく快適であるように考案された製品や構造物のこと。ユニバーサルデザインの概念は、単なるアクセス向上とバリアフリーにとどまらない。米国障害者法（ADA）などの法の下、様々な身体的・認知的能力を広範囲に提供することを目指している。

**指しゃぶり**［thumb sucking］ 乳児や幼い子どもによく見られる癖であり、3年〜4年続くとかつては習慣性の障害に分類された。指しゃぶりの刺激によって、満足感や安心感だけでなく快感が得られると説明される。

**指文字**［finger spelling］ 聴覚障害者のための伝達手段として手で作る形によってアルファベットの文字を表すこと。指文字は、名前や慣習的な手話が存在しない言葉を表すために手話と併用して用いられる。

**夢**［dream］ 睡眠中に生じる、様々な感覚的、筋肉運動的、感情的、認知的体験によって特徴づけられる心的状態。夢は常にではないが、**レム睡眠**の間に最もよく生起する。それらは（a）特に視覚的に鮮明なイメージで、強い運動感覚を帯び、（b）激しい感情、特に強い恐怖や喜び、怒り、（c）覚醒時の現実として錯覚的に夢を受容すること、（d）時間と空間の不連続性、内容や筋書きの不一致、である。夢は鮮明であるにも関わらず、レム睡眠から目覚めてすぐにでもないとすべてを思い出すのは難しく、多くの内容を正確に思い出すことはできないのが特徴である。夢の内容の報告は眠っている人に影響を与える身体的・精神的刺激と明らかな関係はほとんどなく、夢という出来事は生体内で起こるものであり、この現象を研究するために実験心理学的手法を効果的に用いることは困難である。夢がどのように生じ、何を意味しているのかについての仮説は覚醒中の認知的事象や心理的過程についてどう考えるかに強く依存している。歴史上、様々な理論が提唱されており、そこには超自然的な性質をもった伝達手段であるという強い文化的な信念も含まれている。ギリシャの医師ヒポクラテス（Hippocrates: BC 460-377）の、夢は病気の早期の証明であるという示唆や、精神の合理的な部分（自我：ego）が休んでいる間に社会的な制限を司る部分（超自我：superego）が性的欲動（リビドー：libido）と葛藤し

ているとしたフロイト（Sigmund Freud）による夢の解釈，夢は普遍的な象徴の生物学的な遺伝の証明であるというユング（Carl Gustav Jung）の見解，劣等感は夢に現れるというアドラー（Alfred Adler）の見解などがある。1950年代初期にレム睡眠が発見され，夢の神経認知過程に関する科学的研究が始まった。そして近年，**活性化合成仮説**が提唱されている。⇨ **夢の検閲，夢状態，夢作業，潜在内容，顕在内容，悪夢**

**夢イメージ**［dream imagery］　夢を見てる間に生じる内的な視覚体験。時折，日中の葛藤体験が夢の中に表象される。

**夢占い**［oneiromancy］　夢から未来を予言する術や行為のこと。⇨ **占い，予知夢**

**夢作業**［dream-work］　精神分析理論において，夢の**潜在内容**が夢を見る人によって体験される**顕在内容**に変換されること。**凝縮，象徴化，感情の置き換え，劇化**などの過程の影響を受ける。

**夢自我**［dream ego］　ユング（Carl Gustav Jung）の**分析心理学**の用語で，夢の中で活動している意識的な**自我**の断片のこと。

**夢刺激**［dream stimulus］　外部刺激，内的感覚刺激，心像，感情や記憶といった夢を引き起こす刺激のこと。

**夢状態**［dream state: D-state］　しばしば夢を伴う睡眠の状態。素早い眼球運動（⇨ **レム睡眠**）と覚醒状態と非常に似た脳波パターンが特徴。一夜のうちに4，5回起き，**深睡眠**や覚醒状態とは生理的に異なる。睡眠時間のうち約20％は夢状態にあり，おそらく夢を見る必要性があると考えられている。遺伝的かつ光によって調節される日周リズムの制御下では，低次の脳幹が夢状態を作り出すのに関係していると考えられている。⇨ **PGOスパイク，橋睡眠，もうろう状態**

**夢の暗示**［dream suggestion; dream induction］　クライエントが催眠中か催眠後のいずれか，あるいは自然な睡眠時に問題やその原因について夢を見るように指示される特殊な催眠技術。この技術は**催眠療法**において援助として活用されることがある。

**夢の機能**［dream function］　夢を見ることの目的や機能のこと。フロイト（Sigmund Freud）の古典的な精神分析理論においては，抑圧された願望の見せかけの成就，あるいはトラウマ体験の統御としての夢の機能であり，ユング（Carl Gustav Jung）の分析心理学においては，基本的な性格傾向を反映したもので，一時的あるいは永続的な意味をもつものと考えられている。近年の神経科学の発展と，夢とレム睡眠との関連によって，基本的には生物学的に生じるものと考えられており，社会的葛藤によって夢が生じるという理論は，消滅してしまっているわけではないが，おおよそ否定されている。

**夢の検閲**［dream censorship］　精神分析理論における，もし意識的な表出が許されたならば**自我**を乱すことになるような無意識的願望の夢の中での偽装のこと。フロイト（Sigmund Freud）の古典的な精神分析理論によれば，夢の偽装の徹底度は検閲の厳格さと密接に関係しているという。⇨ **検閲官**

**夢の内容**［dream content］　夢の中で表現されるイメージや思考，欲動のこと。⇨ **潜在内容，顕在内容**

**夢の剥奪**［dream deprivation］　レム睡眠時間（夢を見ている時間）を最少化するために，実験参加者をレム睡眠期にたびたび覚醒させる研究手法のこと。実験参加者はその後の睡眠においてレム睡眠を長くとることによって自発的補償がなされる。この知見は夢の自発的調整（ホメオスタシス）を示唆するものとみなされている。

**夢分析**［dream analysis］　もともとは精神分析家によって用いられていたが他の心理療法家にも用いられている技法で，夢の背後にある動機や象徴的な意味や表象（たとえば**潜在内容**）を明らかにするために夢の内容を解釈すること。夢分析は**自由連想法**などの技法によって促進される。夢判断（dream interpretation）とも呼ばれる。

**夢への取り込み**［dream incorporation］　夢の内容の中に偶然の刺激（accidental stimulus）が統合されること。

**ユーモア**［humor］　面白いことを感じ，表現する能力。ユーモアの本質や，なぜ，ジョークやある種のエピソードを笑うのかその理由については見解の一致は見られない。哲学者の中では，プラトン（Plato: BC 427-347）とホッブズ（Thomas Hobbes: 1588-1679）は，自分が優越していると感じるときに笑うとしたが，カント（Immanuel Kant: 1724-1804）は，驚きと予想の外れを笑いの原因とした。すなわち，"予想していた緊張すべき事態が突然何でもないことだと分かる"ときに人は笑うと考えた。アメリカの作家イーストマン（Max Eastman: 1883-1969）は，ユーモアを深刻な事態を軽くとらえ，困難を乗り越えようとするための"陽気な骨折り"であるとした。一方，フロイト（Sigmund Freud）は，多くのジョーク（とりわけ，性的なものや敵意に関するもの）が，禁じられた衝動を自由に表現したものであることを指摘し，笑いとは衝動を意識から排除するために通常使われるエネルギーの解放であると説明した。⇨ **ユーモアの不適合理論，ユーモアの解放理論**

**ユーモアの解放理論**［release theory of humor］　人々が笑うことは，うっ積した心理的エネルギーを解放するために必要であるという理論。この理論に対するフロイト（Sigmund Freud）の見解では，ユーモアによって，普段は禁止されている衝動性の発現が可能になるとされ，それを解放するエネルギーは通常はそのような衝動性が意識に上らないようにするために用いられるという。⇨ **ユーモアの不適合理論**

**ユーモアの不適合理論**［incongruity theory of humor］　ユーモアがなぜ笑いを引き出すかに関する説明の一つで，要素間の不調和や矛盾の並立を強調する。たとえば，イギリス生まれのアメリカ人コメディアンのホープ（Bob Hope: 1903-2003）は，以前，訪問した場所について「この蚊は非常に大きいね。昨晩パジャマの中に入ったやつを一匹叩いたんだが，彼にとっても窮屈だったんだよ」と皮肉を言った。このような理論は，ドイツの哲学者カント（Immanuel Kant: 1724-1804），ショーペンハウアー（Arthur Schopenhauer: 1788-1860），イギリスの哲学者スペンサー（Herbert Spencer: 1820-1903），フロイト（Sigmund Freud）の著作に起源がある。⇨ **ユーモアの解放理論**

**赦し**［forgiveness］　過ちを犯したり，他者に危害を与えたり不公平な振舞いを行ったり，何らかの方法で他者を傷つけたりした個人に対する怒りを意識的に忘れること。あきらめを伴う和解や大目にみることとは異なる。また，

出来事を単に受容したり，怒らないようにすることとも異なる。赦しは，むしろ，加害者に対する感情や態度の自発的な変容である。そのため，怒りにとらわれることもなくなり，加害者への深い思いやりや寛大さを表明できるようにもなる。赦しは心理療法やカウンセリングにおいて重要な過程であると考えられている。

**ユールの Q**［Yule's Q］ 2つの**二値変数**に関する関連性の測度のこと。［イギリスの統計学者ユール（George Udny Yule: 1871-1951）による］

**ユーレカ課題**［eureka task］ 問題の解法への突然の**洞察**という現象を調べるために作られた問題解決課題。普通，問題を解決するための経路は明らかではなく，日常的問題に用いられるような解法を超えた心的飛躍を必要とする。⇨ **アハ体験**，**不連続仮説**

**ユング**［Jung, Carl Gustav］ カール・グスタフ・ユング（1875-1961），スイスの精神科医・精神分析医。スイスのバーゼル大学で医学と自然科学を学び，医師免許を取得した。その後，チューリッヒにおいて，統合失調症の権威であったスイスの医師ブロイラー（Eugen Bleuler: 1857-1939）とともに働いた。医学，考古学，神秘主義，哲学を学んだユングは，フロイト（Sigmund Freud）のもとで，**無意識**について学んだ。しかし，5年後，幼児期の性や本能的欲求のみに注目するフロイトの小児性欲理論に異論を唱え，フロイトと仲違いした。フロイトと対照的に，ユングは，人間の精神は，本能だけでなく個人としての経験によって形成され，性的な欲求よりも，道徳心や精神的価値によって動機づけられるとした。この信条をもとに，ユングは，**分析心理学**の理論を構築した。ユングの理論は，意識と無意識，内向性と外向性，合理性と不合理性など，対立する要素を持ち合わせる性格の多面性が強調される。ユングにとっての健康的な性格の発達とは，これら矛盾する対立要素を建設的に調和させることであった。解決が困難な矛盾に対しては，無意識を引き出すことにより，潜在的な問題を認識し，解決するセラピーが有効であると主張した。そのセラピーでは，夢や絵の分析，個性を表現するための新しい活動の模索がなされたが，フロイト式の精神分析法や**自由連想法**は使われなかった。有名な**マイヤーズ－ブリッグス・タイプ指標**は，ユング派の原理に基づくものである。⇨ **病歴分析**，**アニマ**，**アニムス**，**コンプレックス**，**心理機能タイプ**，**個性化**，**内向性－外向性**，**自己**，**影**，**目的論**

**ユング心理学**［Jungian psychology］ ユング（Carl Gustav Jung）による精神分析理論，および心理療法のアプローチのこと。⇨ **分析心理学**

**ユングの類型論**［Jungian typology］ 個人をいくつかの類型に分類する人格理論。類型には，(a) **内向性**や**外向性**といった態度に関してと（⇨ **態度タイプ**），(b) 精神の主要な機能（⇨ **心理機能タイプ**）に関しての2つがある。

# よ

**良い形**［good shape; law of good shape; principle of good shape］ 1923年に，**ゲシュタルト心理学**と関連があるドイツの心理学者ウェルトハイマー（Max Wertheimer）によって明らかにされた知覚原理のこと。私たちは，最も均一で安定したものとして図を知覚するとしている。⇨ **体制化のゲシュタルト原理**

**良い形の法則**［law of good figure］ 視覚における**プレグナンツの原理**。あらゆるパターンはできる限り単純な図形として知覚される。

**良いゲシュタルト性**［good gestalt］ 完全で整然としており，**形状の良さ**の程度が高い刺激配置の処理によってもたらされる特性のこと。これはプレグナンツの原理と関連があるが，刺激配置が最も単純でなくとも良いと認識される点が異なる。⇨ **ゲシュタルト**，**体制化のゲシュタルト原理**

**良い自分**［good me］ アメリカの精神分析家サリヴァン（Harry Stack Sullivan: 1892-1949）の**自己組織**理論における幼児の**パーソニフィケーション**のことであり，両親から承認を受ける行動や衝動に由来する。「良い自分」は幼児の社会化過程の一部として展開し，自分自身に関する不安から幼児を守るとされている。⇨ **悪い自分**，**自分ではないもの**

**良い対象**［good object］ クライン（Melanie Klein）の**対象関係理論**における，優しくして満足を与えるものとして知覚されて内在化された**部分対象**のこと（⇨ **取り入れ**）。対象を，肯定的な意味をもつものと否定的な意味をもつものの2つに**スプリッティング**によって生じる発達早期の対象表象である。良い対象は，乳児の未成熟な自我の核を形成する。⇨ **悪い対象**

**良い乳房**［good breast］ クライン（Melanie Klein）の精神分析理論の概念で，母親の乳房が栄養と満足を与えてくれるものとして内在化されて表象されること（⇨ **取り入れ**）。クラインによると，乳児は最初，母親や栄養を与えてくれる乳房を，肯定的な意味をもつ**部分対象**（良い乳房）と，否定的な意味をもつ部分対象（悪い乳房）として経験するという。

**良い連続**［good continuation］ 知覚された線分は，その方向が一定である傾向にあるという知覚原理。⇨ **体制化のゲシュタルト原理**

**葉［1］**［lobe］ 脳や肺などの臓器の下位区分。大脳皮質の各半球の4種類の主要な葉は，**前頭葉**，**頭頂葉**，**側頭葉**，**後頭葉**である。これらの葉にはさらなる下位区分があり，たとえば側頭葉の場合には，下部，中部，上部からなる。

**葉［2］**［folium］ 葉状構造，特に**小脳皮質**にある葉状のひだのこと。

**陽イオン**［cation］ ナトリウムイオン（$Na^+$）やカリウムイオン（$K^+$）のように，正の電荷をもつ**イオン**。⇨ **陰イオン**

**養育［1］**［nurture］ 人の発達と行動を影響する環境要因の総体。家族属性，子育て，経済状態などの社会文化と生態の要因などが研究の対象となっている。⇨ **生得性**，**生まれか育ちか論争**

**養育［2］**［parenting］ 子を育てることに関係したすべての行為のこと。様々な研究が，様々な養育スタイルについて論じている。養育スタイルとは，両親が子と相互作用する方法を指す。養育スタイルの多くは，情動的温かさの次元（温かい‐冷たい）と統制の次元（統制‐自律）によって表現される。

**養育依存欲求**［succorance need］ アメリカの心理学者マレー（Henry Alexander Murray: 1893-1988）の**人格学**における保護，手助け，支援への欲求のこと。

**養育行動［1］**［nursing behavior］ 幼い子どもが自分の食物を得ることができるまで，メスが自分の幼い子どもに栄養を与える行動のこと。哺乳動物では，乳腺からの母乳の分泌，子どもが母乳を飲めるように乳首を見つけるのを支援することが含まれる。**プロラクチン**は乳腺発達を刺激し，**オキシトシン**は射乳反射を起こす。ジュズカケバトのような鳥のオスは，ヒナに餌をやるために，逆流する素嚢乳（素嚢として知られている消化管の一部の中にある，ミルクのような物質）を出す。

**養育行動［2］**［caretaking behavior］ 乳児が働きかけてきたときに反応したり，他者の攻撃から乳児を守ったりするなど，乳児の要求に答える際の親あるいは他者（世話をする人：caretaker）の行動。⇨ **他者養育**，**子どもの世話**，**親の行動**

**養育保護手続き**［care-and-protection proceedings］ 両親や養育者が子どもに適切な養育を行わなかった場合に，その子どもの代理人として裁判所が介入すること。

**要因**［factor］ 結果の一因となるか，現象，事象あるいは行為に対して因果関係をもっているもの。

**要因加算法**［additive-factors method］ 2つの変数が同一もしくは異なる処理段階に影響を及ぼすのかを明らかにする，反応時間データの分析法の一つ。もし，2つの変数が別々の処理段階に影響するのならば，その効果は加算的になるはずである。一方，2つの変数が同一の段階に作用するならば，その効果は相互作用するはずである。

**要因計画**［factorial design］ 2つ以上の独立変数を同時に操作し，従属変数に対するそれぞれの影響や交互作用を調べるための実験計画。⇨ **不完全な要因計画**，**単純要因計画**，**2×2の要因計画**，**2要因計画**

**要因対照標本抽出**［prospective sampling］ リスク因子への暴露に基づいて事例を選択する**標本抽出**の方法。その後，参加対象は関心のある条件が生じるかどうかを確かめるために追跡される。この方法を使用する研究デザインはプロスペクティブ研究（prospective study）と呼ばれる。⇨ **症例対照標本抽出**

**溶解**［lysis］ 病気や障害の症状が徐々に鎮静すること。⇨ **危機**

**要求**［need］ 生存，幸福，あるいは個人の満足に必要なものが欠乏していることによって生じる，生体の緊張状態。

**要求喚起**［need arousal］ 主に伝道者，政治家などによって使われる動機づけテクニック。個人の願望に対して身分，健康，貯金，美容，安全などの報酬を与えるようア

**要求－恐怖ジレンマ**［need-fear dilemma］ 1. 他者との親密な関係への要求と恐怖が同時に起こること。2. 外部からの統制や影響に反発しても，構造化されたコントロールを必要とする人が直面する葛藤状態。他者を強く欲しつつも恐怖するという点では，統合失調症の特徴と考えられている。

**要求水準理論**［level-of-aspiration theory］ 社会心理学における集団や個人の遂行行動に関する概念的なアプローチであり，すべての遂行行動の感情的，動機的，行動的結果は達成された成功の絶対的な程度だけではなく，事前に予想する理想の状態や目標によって影響されると想定する。

**要求特性**［demand characteristics］ 実験や調査において，実験者が期待したり望んだ反応や結果を示唆することによって，協力者の行動に影響や偏りを与えるかもしれない手がかりのこと。そのような手がかりは研究の知見を歪める可能性がある。⇨ **実験者効果**，**感覚漏洩**

**要求に対する知覚**［felt need］ 意識的に体験される要求のことで，喪失感や情緒的理想との不一致に関連する。

**幼形進化**［pedomorphosis］ 成体において幼若な形態を保持すること。

**幼形成熟**［neoteny］ 1. 動物学において，幼生の段階での性成熟をいう。2. 進化において，成人期に入っても祖先種の未熟な特徴を保つことを指す。たとえば，人間の場合，体のサイズに対して脳が比較的大きい。

**養護**［foster care］ 子どもが原家族から引き離され，実親や養親以外の人から受ける一時的な保護のこと。たとえば，養子縁組を待つ間や，一人親の入院・監禁中，子どもは里親に委ねられる。一般に，子どもは一時的保護を目的に公的な児童福祉機関によって認定された家庭に引き取られる。

**養護施設**［nursing home］ 支援サービスに加えて24時間介護を提供する長期ケア施設（long-term care facility）のこと。慢性の障害あるいは病気をもった人，特に流動食をとる人や，他の自助問題を抱えている人のための施設である。

**養子縁組**［adoption］ 乳幼児や児童を，永続的に出生家族とは異なる家族の一員とする法的な手順。産みの親が自発的に斡旋者，代理人，医者，その他の仲介者を介して養父母に子どもをまかせる私的な養子縁組（private adoption）と，育児放棄や虐待のために産みの親から引き離された子どもを，公的な児童福祉事務所を介して養父母にゆだねる公的な養子縁組（public adoption）がある。⇨ **閉鎖的養子縁組**

**幼児化**［infantilization］ 十分に発達した個人の子どもらしさが助長されること，または子どもらしい振舞いのこと。

**幼児期**［childhood］ 3,4歳～7歳頃までの期間。ここでは，幼児期は離乳してから自分でごはんを食べられるようになるまでの期間を表す。より厳密には，幼児期は人間特有のものであり，他の哺乳類は乳児期からすぐに幼若体になる。⇨ **幼若期**［アメリカの人類学者ボーギン（Barry Bogin: 1950- ）が定義した］

**幼児期うつ病**［primal depression］ 幼児期にみられるうつ病の旧式名称。理論的には親の不在や分離に起因するとされる。

**幼児期健忘**［childhood amnesia; infantile amnesia］ 幼児期早期の出来事が想起不可能であること（⇨ **早期記憶**）。幼児期健忘は，(a) 長期間出来事を記銘するために必要な認知能力が十分発達していないこと，(b) 個人の出来事を覚えておく働きを担っている脳の部位が成長していないことに起因する。

**幼児期の恐怖**［childhood fears］ 8か月頃に大抵発達する見知らぬ人への恐怖や，ハイハイするようになってから出現する高さへの恐怖など，幼児期の異なる段階で生じる恐怖。2歳～6歳にかけて子どもにとっての恐怖の内容は変化する。暗闇や動物，医師，おばけ，怪物，虫への恐怖は共通に生じるが，治療しなくても数か月あるいは数年で消えてなくなる。

**様式評価**［stylistic ratings］ 芸術作品を，それを見た鑑賞者の反応や気分ではなく，技術的な特質の点から評価するシステム。書かれた物の重要度や，線，構図，表面の質感や描かれた物や人の再現性といった要因に基づくことが多い。様式の次元には古典主義，主観主義，表現主義が含まれる。

**養子研究**［adoption study］ ある形質や障害の発生率について養子同士，および産みの親と養子家族との間で比較を行うなどの方法で，それらの遺伝率を推定することを目的として計画された研究。たとえば，養子が統合失調症と診断された場合に，養父母と産みの親における統合失調症の発生率を比較する，産みの親が統合失調症である養子と産みの親が統合失調症ではない養子との間でその発生率を比べるといったことがなされる。

**養子幻想**［foster-child fantasy］ 自分の両親が，本当は養父母や里親であるという，子どもにみられる信念や空想。⇨ **家族ロマンス**

**幼児・児童用スクリーニングテスト**［screening tests for young children］ 乳幼児期から児童期までに行われる，評価プロトコルのこと。**発達の遅れ**などの，特定の病気や症状に関連する要因を早期に発見することを目的として行われる。

**幼児性愛**［pedophilia］ 思春期前の子どもとの性的行動や幻想によって性的興奮に達する**性嗜好異常**のこと。小児愛者（pedophile; pedophiliac）よりも大抵は何年も幼い子どもを対象とする。性的行動は主に見る，触るだが，とても幼い子どもに対しても時には性交に至る。幼児性愛は女性にみられることは少ない。

**溶質**［solute］ 溶液（solvent）中に溶けている物質。

**幼若期**［juvenile period］ 動物が親から独立して生存できるが，性的に成熟していない時期。ヒト以外の哺乳類では，乳離れの時期から生殖活動が始まるまでの時期となる。

**葉状乳頭**［foliate papillae］ 舌の後縁のそれぞれの側に5～7つあり，葉の形をしている。対となった乳頭体からなる溝には100の味蕾を有している。⇨ **乳頭**

**羊水穿刺**［amniocentesis］ 胎児の異常や性別判定のために，胎児の染色体を調べる方法。中空針を母親の腹壁を通して子宮に挿入し，羊水を収集する。⇨ **絨毛生検**

**陽性家族歴**［positive family history］ 家族が遺伝的症候群や遺伝的疾病を十分にもつと考えられるような特徴を示した家族歴のこと。たとえば，**アムステルダム基準**では，

家族に遺伝性非ポリポーシス大腸癌（HNPCC）か家族性大腸ポリポーシス（FAP）がいるかどうかを決定するため，結腸癌の家族歴が評価基準となる．

**陽性後電位**［positive afterpotential］　ニューロンや筋細胞の活動電位の発生直後にみられる，比較的小さな過分極．神経や筋肉では，この陽性後電位中に反応性が低下する．⇨ **後電位**

**妖精症**［leprechaunism; Donohue's syndrome］　家系的疾患であり，出生時に，大きい頭，小さく痩せた身体，大きく間隔の開いた目，長くて位置の低い耳，豊かな髪をもつという特徴がある．親は精神運動の発達が遅れており，筋緊張低下を抱えている．この症候群は，血縁関係を通して現れる常染色体劣性の遺伝子によるものと考えられている．

**陽性症状**［positive symptom］　通常機能の一部欠損や全欠損とは異なり，通常の機能が過剰に，または歪んで表出される統合失調症の症状（⇨ **陰性症状**）．陽性症状には，妄想，幻覚，解体した行動，概念の統合障害などが含まれる．陽性症状は陰性症状よりも変動しやすく，統合失調症に特有ではない．スイスの精神科医ブロイラー（Euden Bleuler: 1857-1939）は，これらの症状を**二次症状**としている．⇨ **陽性統合失調症**

**陽性症状の改善**［attenuated positive symptoms］　統合失調症において，幻覚，妄想，奇異な行動，思考障害などの問題が減少することを指す．⇨ **陽性症状**

**陽性転移**［positive transference］　精神分析理論において，もともとは両親や重要他者に向けられた愛着や愛情，理想化，もしくは他のポジティブな感情をセラピストに転移すること．⇨ **陰性転移**

**陽性統合失調症**［positive schizophrenia］　陽性症状が優位を占める統合失調症の一種．奇異な行動，非論理的な会話や文章，幻覚や妄想の発現によって示される．**陰性統合失調症**より劇的であるが，通常治療にはよく反応する．［アメリカの精神科医アンドレアセン（Nancy C. Andreasen）とオルセン（Scott A. Olsen）によって1982年に定義された］

**腰仙骨神経叢**［lumbosacral plexus; lumbrosacral plexus］　第4，第5腰神経と第1から第4の**脊髄神経**の脊髄神経根から派生する神経線維のネットワーク．脚と足関節の筋肉を司る．腰仙骨神経叢の最大の派生神経が**坐骨神経**である．

**要素**［element］　**1．**サブユニット，あるいは何かを構成する一部分のことで，概して，それ以下に分解（減らすことが）できないという意味合いを含む．**2．**集合や集団，クラスに所属するそれぞれの構成要素のこと．たとえば，博士号の授与が可能なアメリカの大学すべてを一つの集合とすると，博士号を授与する大学それぞれが要素となる．⇨ **集合論**

**様相プロフィール**［modality profile］　**多次元様相療法**で使用されるリスト．この治療のアプローチで探索された7つの様相を通して推測された問題や治療法が一覧表となっている．この変数や次元（感情，感覚など）ははっきりと分けられてはいるが，相互作用的でもあると考えられている．具体的には，このプロフィールは記述かつ治療目的のためにクライエントと一緒に作られる．

**要素幻聴**［acousma; acoasm; akoasm］　ブーン，キーン，ゴーッというような耳鳴りで，非言語的な**幻聴**のこと．

**要素主義**［elementarism; elementalism; elementism］
**1．**科学理論において，複雑な現象をより単純で要素的な単位に分解して説明しようとする手法．**2．**心理学的現象を扱う科学には，その心理現象を基礎的な知覚や基本的な反射のような単純な要素に還元することで説明する手続きが適切であるという信念．心理学的構造主義と行動主義はともに要素主義のアプローチとされてきた．⇨ **原子論**，**分子アプローチ**

**要素動作**［therblig］　**時間作業研究**の目的で作業を記述したり記録する際に使われる作業の一単位．探索，発見，選択，理解，把握，位置，組み立て，使用，分解，点検，積荷，荷降ろし，次のオペレーションのための事前の位置，荷ほどき，不可避な遅れ，回避可能な遅れ，計画，疲労克服のための休憩など18の基本的，標準的活動．［アメリカの技術者で能率向上技師のフランク・ギルブレス（Frank B. Gilbreth: 1868-1924）とその妻で技術者・心理学者のリリアン・ギルブレス（Lillian Moller Gilbreth: 1878-1972）によって考案された．この名称は，彼らの名字のスペルを逆から綴ったものである］

**要素による認識理論（RBC理論）**［recognition by components theory; RBC theory］　物体を知覚するときには，**ジオン**と呼ばれる3次元の要素およびそれぞれをつなぐ骨格構造への分解が必然的に伴うという理論．［アメリカの心理学者ビーダーマン（Irving Biederman: 1939- ）によって提唱された］

**要素比較法**［factor-comparison method］　報酬の対象となる**職務因子**の観点から，賃金や給料を設定するために**基準職務**との比較によって職務を評価する方法である．その要因として一般に，精神的要件，技能的要件，身体的要件，職責，労働条件が含まれる．⇨ **分類法**，**ヘイメソッド**，**職務成分法**，**ポイント法**，**序列法**，**職務評価**

**腰椎**［lumbar］　背中，または脊髄の下部のこと．

**腰椎穿刺**［lumbar puncture; spinal puncture; spinal tap］　腰椎の2つの点から脊髄中心管に皮下針を刺すことによって，診断目的で脳脊髄液のサンプルを採取したり，脳脊髄液の圧（⇨ **頭蓋内圧**）を測定するための方法．

**幼年期の過剰不安障害**［overanxious disorder of childhood］　幼年期に生じる全般的かつ持続的な不安や心配のこと．DSM-Ⅳ-TRでは，幼年期の過剰不安障害は**全般性不安障害**に分類される．過剰不安反応（overanxious reaction）とも言う．

**幼年期の感覚神経障害**［childhood sensorineural lesions］　聴覚システムの器官障害のことで，子どもにおける難聴の原因となる．先天的に胎児期における内耳の正常な発達が干渉されたこと，あるいは，伝染病の結果として生じる．はしか，おたふくかぜ，猩紅熱などが伝染性の原因である．幼児期の感音性障害も，妊娠期間中の母親の風疹から生じる．

**溶媒**［solvent］　溶液中，物質（solute）を溶かしている液体．

**養父母**［adoptive parents］　法的に子どもを養子として引き取り（⇨ **養子縁組**），自身の子どもとして育てる大人のこと．⇨ **産みの親**

**羊膜腔**［amniotic sac］　哺乳類，鳥類，爬虫類で胚を囲み保護する液を満たしている膜のこと．

**容量（能力）**［capacity］　情報や知識を入力したり保持したりする場合，あるいは精神的，身体的に作動する場合の個人の限界能力のこと。

**容量オスモル濃度**［osmolarity］　溶液のリッター当たりのオスモルによって計測される，オスモル溶液の濃度。

**容量共有**［capacity sharing］　二重課題成績において，注意資源を課題間で分割し，並行して課題を遂行すること（⇨**並列処理**）。しかし，使用できる注意の容量によって各々の作業効率は変化する。

**用量反応関係**［dose-response relationship］　薬の効能を治療の対象となる症状や有機的組織に作用する効き目に関係づける作用原理のこと。効能（potency）は望ましい効果を生み出すために必要な薬の量をいい，効き目（efficacy）は，望ましい効果を生む対象となる受容体や器官に作用するための能力をいう。用量反応曲線は連続曲線を仮定したうえでの段階的な場合や，不整脈の予防ができるかどうかのような2値型を含む計数的な場合がある。特定の薬の投与量での個人の反応には変動性があると考えられている。

**容量モデル**［capacity model］　注意のモデルの一つで，容量が制限された資源として注意を特徴づけるモデル。注意資源の需要が供給を超過したときに注意の欠陥が起こるとする。

**ヨガ**［yoga］　ある決められた精神修養や身体的な運動を通して，究極的には，自己と神，もしくは個人の精神と普遍的精神の神秘的合一に達することを求めるヒンドゥー教の学派や慣習，実践的な教えのこと。適切な呼吸法や姿勢（⇨**アーサナ**）などのエクササイズがあり，これらは緊張を緩和したり，エネルギーの流れを向け直したり，セルフコントロールを高めたり，身体的にも精神的にもリラックスしたり，深い瞑想状態に達するための手段として用いられてきた。［サンスクリット語で"融合"もしくは"結びつける物"を意味する］

**与格**［dative］　動詞の間接**目的語**である名詞，代名詞，名詞句の格のこと。より語尾変化のある言語とは異なり，現代英語では，与格は**対格**と識別可能な場合に，少数の個人的人称代名詞にのみ影響を与える。

**ヨカスタ・コンプレックス**［Jocasta complex］　精神分析理論における，母子の異常接近もしくは近親姦的な関係のこと。ギリシャ神話のエディプスの母であり妻であったヨカスタから名づけられた。⇨**エディプス・コンプレックス**

**予期学習法**［anticipation learning method］　刺激（たとえば，リストや系列の中の項目など）と後続する反応（たとえば，リストや系列の中の次の項目など）を結びつけて学習する手法。そうすることにより，次にその刺激が提示された際に，反応することが可能となる。予期学習法は，しばしば**対連合学習**や**系列再生**において用いられる。予期法（anticipation method），系列予言法（serial anticipation method）とも呼ばれる。

**予期後悔**［anticipatory regret］　ある決定によって起こりうる負の結果についての感覚であり，選択に影響を及ぼす。たとえば，損失を想像した時の気分が原因で投資をやめる場合がある。

**予期図式**［anticipatory schema］　**知覚のサイクル仮説**における，知識の構造化されたパターン（先行理解）。所与の状況における生活体の予期に影響を与え，状況の知覚を促し（特定の情報を受け取る，ないし状況の特定の側面を知覚するための準備を行う），究極的にはその生活体の探索と行動を方向づける。たとえば，初めて見知らぬ教室に入ろうとしている学生は，一般的な教室スキーマ（general class room schemata）を活性化させるだろう。そのスキーマは，教室がもつ一般的な特徴（床や天井，四方の壁，黒板，机などの存在）についての情報が含まれており，この新奇な教室にもこれらのものがあるだろうと考えさせる。一般的な教室スキーマには，たとえば洗濯機の存在を示す情報が含まれていないので，このような予期しないものを探すために時間を使わなくてすむ。予期図式は静的なものというよりも動的なものであり，過去の経験に基づきながらも，新しい経験を反映して絶えず修正されている。［アメリカの認知心理学者ナイサー（Ulric Neisser: 1928-）によって1976年に定義された］

**予期性悪心**［anticipatory nausea］　化学療法に先立って（典型的には前日）生じる吐き気。何回か処置を受けた患者は，ニオイや病院の部屋のような化学療法で実際に生じた副作用と連合した環境をきっかけとして，吐き気や嘔吐を生じる。

**予期的誤り**［anticipatory error］　1. 反応すべき前に反応してしまう誤りのこと。2. 一覧表から項目を思い出すときに，実際よりも以前からその項目が一覧表に存在したかのように思い出される誤りのこと。

**予期的ガイダンス**［anticipatory guidance］　一生涯における転機や重要な発達的変化に直面する前に，個人や家族に対して行う相談活動や教育的サービス。たとえば，子どもの入学前に親に対して助言を行ったり，定年を迎える直前の従業員に対してカウンセリングを行うといった活動があげられる。

**予期的対処**［anticipatory coping］　ストレスフルな出来事や状況や課題に直面する人が使用し，ストレスに関連した問題発生を回避したり最小限にしたりするストレスマネジメント方略。予期的対処は，中年や高齢者になるにつれて増加するとみられている。

**予期的態度変化**［anticipatory attitude change］　説得的メッセージの受信を予期することによって生じる**態度変化**。予期されたメッセージの話題が非常に重要な場合には，事前の態度方向に沿った態度の極化が生じる。話題の重要性が低い場合には，より穏やかな態度になる。

**予期的動作**［anticipatory movement］　以下に基づいて生じる動作のこと。(a) 予測された環境の変化（たとえば移動する刺激物を追うために目や手を滑らかに動かす），(b) 予測された姿勢の必要性（たとえば手足の位置を変える時にバランスをとる），(c) 来たる行為への準備（たとえば話す前に唇を丸める）。

**予期反応**［anticipatory response］　誘発刺激が呈示される前に生じる反応のこと。

**予期悲嘆**［anticipatory grief］　近いうちに愛する人が死に至ると予期した場合に経験する悲しみや不安。悲嘆を予期することには，ストレスフルな側面と建設的な側面の両方がある。それは，実際の死に対する感情的な衝撃を和らげるが，社会的なひきこもりが生じたり，その人がすでに亡くなったかのように扱ったりするという好ましくない結果も生じることがある。⇨**複雑性悲嘆**，**外傷性悲嘆**

[アメリカの心理学者リンデマン（Erich Lindemann）によって1944年に紹介された]

**予期不安**〔anticipatory anxiety〕 危険や不幸や他者からの低い評価のようなネガティブな結果が起こる可能性のために，来るべき出来事や状況について心配や懸念を抱くこと。心配や懸念はしばしば身体の緊張を伴う。発作の可能性に関する予期不安は**パニック障害**の一般的な症状である。

**抑圧**〔repression〕 1. 古典的な精神分析理論や**深層心理学**において，外傷体験や受け入れ難い衝動を意識から排除する基本的な**防衛機制**のこと。無意識のレベルで，抑圧は不快な性的願望，敵意感情，そして自我を脅かすあらゆる体験に起因する不安への防衛として機能する。また，抑圧は他のほとんどの防衛機制にも関与している。たとえば，否認では，人がまず不快な現実を抑圧し，その現実を無視することによって現実を避ける。⇨**原抑圧，後抑圧** 2. 個人の権利と自由を制限することによって，ある社会環境におかれた個人や集団を抑えこんだり排斥すること。3. より一般的には，人や何かを制限したり，抑制したり，制圧するプロセスのこと。⇨**抑制**

**抑圧・鋭敏化**〔repression-sensitization〕 脅迫的な刺激に接近したり回避したりする防衛機制。鋭敏化過程では，その刺激に接近したり制御したりして知性化する一方，抑圧過程では，その刺激を回避しながら無意識的にその刺激を否認する。

**抑圧抵抗**〔repression-resistance〕 精神分析において，受け入れ難い欲動の**抑圧**を維持するために，患者が働かす**抵抗**のこと。抑圧抵抗が顕著になるのは，患者が出来事を忘れたり，自由連想を妨げたり，患者自身ではなく別の人に与えた分析家の解釈を患者が受け入れたりする時である。自我の抵抗（ego resistance）とも呼ぶ。⇨**イド抵抗**

**抑圧的対処様式**〔repressive coping style〕 些細な問題や災難によって特徴づけられる人生に対処し，肯定的な見方を保とうとするやり方。抑圧的対処は，**社会的望ましさ**傾向得点の高さと，報告される不安得点の低さの組合せによって診断される。⇨**ポジティブ・イリュージョン**

**抑うつ**〔depression〕 通常の範囲の気分変動から，極度の悲しみ，悲観，落胆に至るまで，多様な程度の**情動不安**のこと。

**抑うつ神経症**〔depressive neurosis〕 **気分変調性障害**の旧式名称。

**抑うつスペクトル**〔depressive spectrum〕 うつ病性障害を特徴づける重篤度と症状範囲のこと。うつはそのものが単一の診断可能な実体ということではなく，いくつかの障害にまたがる連続体であるとするのが基本的な考えである。

**抑うつ性パーソナリティ障害**〔depressive personality disorder〕 不機嫌さ，厭世感，快感情の欠如，喜びを経験することができないこと，運動制止によって特徴づけられるパーソナリティ障害のこと。喪失感，あきらめ感，苦痛への志向性が顕著である。自律神経兆候，未来に対する絶望感，前途が閉ざされている感じをもつ。

**抑うつ性不安**〔depressive anxiety〕 精神分析理論において，他の人に向けた自身の敵意への恐れにより引き起こされる不安感のこと。抑うつは敵意が内在化したものであるという理論に基づいている。

**抑うつポジション**〔depressive position〕 クライン（Melanie Klein）の**対象関係理論**に関連したもので，6か月の乳児期にピークを迎える発達段階のステージのこと。抑うつ段階にあたる乳児は**良い対象**と悪い対象を一つの全体として知覚し始め，前段階の**妄想分裂ポジション**において，良い対象を攻撃をしてきたことに罪の意識をもつようになる。この理論においてクラインが最も熟慮したのは，初期の心理の発生の段階において，乳児は良い対象を失うあるいは破壊してしまうと恐れ，抱いていた敵意を償うことを試みる。

**抑制〔1〕**〔suppression〕 悩ましい考えや体験を心の外に押し出したり，受け入れがたい衝動や感情を表出しないよう統制する，意識的な努力のこと。精神分析理論にある無意識の**防衛機制**の一つである**抑圧**とは区別される。

**抑制〔2〕**〔inhibition〕 1. 自信の欠如，結果への恐怖，良心の呵責などの要因により，意識的／無意識的に衝動や行動を抑える過程。2. **反応選択**における，不適切な反応を防ぐための**潜在的反応**の抑制。3. 精神分析の用語。**超自我**が，意識にのぼると自我を脅かす可能性のある本能的な衝動を制御する無意識の機構。たとえば，抑制された性的欲求は両親によって刷り込まれた無意識的な罪悪感となる。⇨**反応制止，相反抑制**

**抑制〔3〕**〔restraint〕 1. 有害，あるいは望ましくない行為や行動を，統制したり防いだりする能力。⇨**セルフコントロール** 2. 暴力的な患者が自分自身や他人を傷つけることを防ぐために抑制措置を用いること。

**抑制〔4〕**〔inhibitedness〕 特に社会的状況で，人の行為や感情表出を強制する，あるいはそのような状況で社会的相互作用から完全に退去させること。

**抑制解除**〔disinhibition〕 大脳皮質による抑制力の減少または喪失。結果として感情や行動を十分に統制・制止できなくなる。抑制解除は，アルコールや薬物でも生じるが，脳損傷，特に前頭葉損傷で生じる可能性がある。

**抑制過程**〔inhibitory process〕 ヒトや動物が個体にとって問題がある動作を中止する，行動における現象。

**抑制機構**〔inhibition mechanisms〕 興奮性インパルスの流れを制限する神経メカニズムのこと。そこにはシナプス前作用やシナプス後作用，そして細胞の**過分極**が含まれる。

**抑制剤**〔inhibitor〕 活動やプロセス，または行動を遅くしたり，抑圧したりするメカニズムまたは刺激のこと。

**抑制された性的な興奮**〔inhibited sexual excitement〕 DSM-Ⅲにおける，集中，強度，持続期間において十分であると判断される性的活動の最中に，頻繁に発生し持続する性的興奮の抑制に特徴づけられる心理的性的障害。DSM-Ⅳ-TRにおいて，この一般的な診断は女性の**性的興奮障害**と男性の**勃起障害**に再分類された。

**抑制された性欲**〔inhibited sexual desire〕 DSM-Ⅲにおける，**性的欲求低下障害**と呼ばれる機能不全のこと。

**抑制失敗仮説**〔failure-to-inhibit hypothesis〕 高齢者の注意や記憶の問題は，認知課題遂行時に，関連する情報を選択したり無関連な情報を抑制することができなくなっていくためだとする**認知的加齢**の理論。[アメリカ生まれのカナダの心理学者ハッシャー（Lynn Ann Hasher: 1944- ）とアメリカの心理学者ザックス（Rose T. Zacks: 1941- ）が発展させた]

**抑制性シナプス**［inhibitory synapse］　シナプス前終末に伝わった神経インパルスによって生じる，シナプス後細胞における**過分極**，すなわち**抑制性シナプス後電位**を生じさせるシナプス。

**抑制性シナプス後電位**［inhibitory postsynaptic potential: IPSP］　シナプス後ニューロンにおける過分極電位。抑制性経路上でインパルスが連続することで生じる。抑制性シナプス後電位は，後シナプスニューロンが神経インパルスを発する可能性を減少させる。⇒ **抑制性シナプス，興奮性シナプス後電位**

**抑制的技法**［suppressive therapy］　心理療法の一つで，クライエントの防衛機制を強化したり，苦痛な体験や感情を表出ではなく抑制させることを指向した治療。⇒ **表現療法**

**抑制変数**［suppressor variable］　2変数間の見かけ上の関係をなくす（抑制する）変数のこと。

**抑制ポテンシャル**［inhibitory potential］　ある刺激に反応することから**反応制止**や**条件抑制**が生じ，その結果，その反応が再起する割合の減少を引き起こすという，仮説上の一時的状態。［ハル（Clark Leonard Hull）によって提唱された］

**抑制薬**［depressant］　体組織や器官の機能，活性を低下し，遅らせるあらゆる薬。⇒ **中枢神経抑制薬**

**欲動**［drive］　フロイト（Sigmund Freud）の精神分析理論において，精神と身体（心と肉体）の関係性を理解するために用いられる概念。欲動は，身体にその源をもち，精神機能には影響を及ぼさないと考えられている。フロイトは，身体に源をもつ**リビドー**と**攻撃行動**という2つの欲動を明確にした。⇒ **動機づけ，対象関係**

**欲動の置き換え**［drive displacement］　ある欲動がじゃまされるとき，別の欲動が活性化すること。たとえば，禁煙しているときにチョコレートが食べたくなるなど。

**欲動の充足**［satisfaction of instincts; gratification of instincts］　精神分析理論の概念で，飢えや渇き，性欲，攻撃性などの基本的欲求を満たすこと。基本的欲求が満たされることで，緊張が緩和され，**不快**が軽減し，生体は均衡のとれた状態へと回復すると考えられている。欲動の充足は意識，前意識，無意識のいずれの層でも起こるものと仮定されている。⇒ **リビドー**

**欲動目標**［aim of the instinct; instinctual aim］　精神分析理論の用語で，**本能**を満たして内的緊張を解放する活動のこと。口唇期の欲動を満たす活動の一例としてキスがあげられる。⇒ **感情の反転**

**ヨークト手続きによる統制**［yoked control］　刺激提示が，時間や行動の点で同じパターンで生じていることを保証するための実験計画。たとえば，ある条件においてヒト以外の動物が電気ショックを避けるために行動したとする。その場合，ヨークト条件では，統制条件の動物に対してその行動に関係なく先ほどと同じ時間的パターンでショックが与えられる。

**ヨークト統制群**［yoked-control group］　実験群の研究対象と故意に同じ経験（たとえば，**オペラント条件づけ**研究での強化や罰の経験）を与えられる**統制群**の研究対象。ヨークト統制群においては，実験的な処遇や操作，あるいは条件が含まれない。この手続きは，調査中の経験という点で，統制群をできる限り実験群と同じにするために用いられる。

**予後**［prognosis］　総合医療や精神健康科学における，病気の経過，持続期間，深刻さ，最終的な結果を含む病気あるいは障害についての予測。予後に関する情報は，治療への同意の有無に関わらず患者に提供され，患者が治療の選択肢を比較検討する機会を与える。

**横座標**［abscissa］　データの値をグラフに描いた時の水平座標のこと。X軸とも言う。⇒ **縦座標**

**余剰エネルギー説**［surplus energy theory］　子どもや若い動物は，自分たちに余っているエネルギーを消費するために，運動遊びをするという仮説。⇒ **遊び**

**ヨストの法則**［Jost's law］　同等の強度の2つのより新しい連合（association）は，より古い連合よりも時間とともにより失われやすいという原理。［ドイツの心理学者ヨスト（Adolph Jost: 1874-1920）による］

**予想**［expectation］　緊張した，感情的な予期の状態。

**予想エラー**［error of expectation］　呈示される刺激の性質や，呈示のタイミングについての先入観のために発生するエラーのこと。

**予想心像**［anticipatory image］　実際には過去に経験していなくても，イメージの変換を心に描くことを可能にする心的イメージ。ピアジェ（Jean Piaget）の認知発達理論によると，具体的操作期になって初めて予想心像を生み出すことが可能になる。⇒ **再生的心像**

**予測**［prediction］　1. 特定の事例において何が生じるか予測しようと試みることである。多くの場合，過去の事例や受け入れられた原則に基づいてなされる。理論的な予測（theoretical prediction）は特定の理論のロジックに一致した期待された実験結果あるいは統制された観察をもたらす。科学では仮説を検証するための予測と観察が実証研究の要である（⇒ **反証可能性，反証主義，リスク予測**）。しかし，心理学の基本的な性質に鑑みて，現在の心理学の理論，構成概念や説明モデルはこのような科学的に厳密な意味での直接的な反証や確証が可能な形で展開していない。心理アセスメントにおいては，性格テストなどの計量心理学的テストが，かなりの精度で個人の行動などの特徴を予測している。また，精神医学では，性格パターンが既知の場合，患者の一般的な行動や予後を予測することは可能であるが，あまりにも多くの要因が関与するために個々の特定の行動を予測することはできないとされている。⇒ **蓋然論，擬似科学**　2. 超心理学やオカルトにおける技術の一つ。⇒ **占い，予知**

**予測区間**［prediction interval］　ある人の予測変数$a$の得点が与えられている場合に，変数$b$についてのその人の得点を予測する場合の値の範囲。

**予測効率**［predictive efficiency］　特定のテストからなされる正しい予測の数や割合のこと。

**予測誤差**［error of anticipation］　**極限法**において，刺激が上昇系列もしくは下降系列で呈示されているという知識に基づいて，被験者が「標的あり」反応を「標的なし」反応に，またはその逆に，不正確に変えてしまうことによる誤差。

**予測妥当性**［predictive validity］　テストがある時点で実行された後，そのテストが将来測定されるある変数とどれくらいよく相関するかを示す指標。たとえば，病気の始まりを予測するために計画されたテストの予測妥当性は，

**予測値**［predictive value］　関心のある現象についての予測変数としてのテストの**妥当性**。

**予測ディスプレイ**［predictor display］　人間工学で，現在のコントロールや，条件を変えないならシステムが将来のある時点でどうなるかを操作者に向けて予測的に情報を与える表示装置。

**予測的研究**［prospective research］　データが収集されるより先に計画される研究，すなわち無作為実験や縦断調査などの，現在から始まり対象を時間に沿って追跡する研究のこと。⇨ **回顧的研究**

**予測変数**［predictor variable］　回帰分析において，他の変数を予測するために用いられるような変数，すなわち**独立変数**のこと。

**予測変量**［predictor］　将来の成績や健康や他の状態を，推定したり予測したりするために用いられる変数やその他の情報のこと。たとえば，**人事選考**において求人応募者の将来の職務成績を推定するのに用いられるわかりやすい予測変量には，資格や関連する職歴，特定の言語を書いたり話したりできるというような仕事特有の技能などがある。他の予測変量としては，応募者の関心や態度，性格特性（⇨ **興味要因**）などがある。⇨ **フレイミンガム心疾患研究**，**人材募集条件**

**よだれ症**［ptyalism］　唾液の生産は正常であるにも関わらず，分泌される唾液をすぐに飲み込むことができない状態。パーキソニズム，球まひ，偽性球まひ，両側性顔面神経まひなどに起こる。

**予知**［precognition］　超心理学において，何らかの**超感覚知覚**を通して未来の出来事を見たり経験したりする能力のこと。事前認知の検証では，実験参加者は**ツェナーカード**やそれに似た刺激材料の結果に関して，これから行われる試行の結果を当てるように求められる。⇨ **過去知**

**予知夢**［clairvoyant dream］　超心理学における用語。後に生起する出来事や知識によって確証されるように思われる夢のこと。⇨ **透視**

**欲求**［1］［appetite］　何かを欲し渇望している状態であり，積極的な探索行動を誘発し，究極的には**完了行動**を引き起こす。

**欲求**［2］［demand］　有機体内の**欲動**を刺激する，内的ないし外的状態を指す。

**欲求-圧力法**［need-press method］　**主題統覚検査**において，環境要因が回答者に及ぼしている**圧力**と，回答者がもっている欲求を評価する手段として，回答者が語った話の各文章を得点化し分析化する方法。

**欲求-圧力理論**［need-press theory］　アメリカの心理学者マレー（Henry Alexander Murray: 1893-1988）が提唱した**人格学**で，欲求の表現と活性化に関して，現在の環境と過去の体験の両方の影響と**圧力**から行動を説明しようとする理論。

**欲求行動**［appetitive behavior］　**完了行動**に先行して生じる能動的探索の過程であり，欲望の指標となる。学習やそれまでの経験の影響を受け，高度に適応性がある。そして，**配偶行動**においては，交尾の前の性的な相互交渉の成立と維持を促進させる。

**欲求刺激**［appetitive stimulus］　生物が接近する正の強化子（⇨ **正の強化**），もしくは**無条件刺激**のこと。遮断化によってその効果を加減することができる。たとえば，飢えは欲求刺激としての食物の効果を増加させる。

**欲求システム**［appetition system］　正の，報酬的な欲求を引き起こす手がかりや刺激に対する相対的な感受性と，欲求対象への接近度合によって示される，**外向性**のこと。⇨ **嫌悪システム**［アイゼンク（Hans J. Eysenck: 1916-1997）によって提唱された］

**欲求充足**［gratification］　願望が達成されたり，要求が通った後の満足した状態。⇨ **満足の遅延**，**即時の満足**

**欲求条件づけ**［appetitive conditioning］　パブロフ型条件づけの一つであり，無条件刺激が食物といった正の強化子であるもの。

**欲求低減**［need reduction; need gratification］　欲求が低減すること。**完了行動**を通して達成される。⇨ **動因低減理論**

**欲求不満**［frustration］　1. 強い欲求がかなえられないこと。あるいは，過去の経験から強く期待しているものを獲得できずにいること。たとえば，空腹の動物が，見えていたりニオイがしたりする食物を得られないとき。あるいは，子どもが手が届くところに見えているおもちゃで遊べないようなとき。内的な力には，動機づけとなる葛藤と抑制が含まれ，外的な力には，他者の行動，親や他者からの忠告，社会的ルールが含まれる。2. 上記のような挫折が起こったときに経験する感情の状態。3. 精神分析学理論において，**心的エネルギー**がせき止められること。この抑圧された心的エネルギーが出口を探し求め，願望を実現するような空想や夢を見たり，様々な神経症症状が現れたりする。

**欲求不満攻撃仮説**［frustration-aggression hypothesis; aggression-frustration hypothesis］　1939年にアメリカの社会科学者ダラード（John Dollard: 1900-1980）と同僚たちが，(a) 欲求不満は常に攻撃的な動因を生み出し，(b) 攻撃はいつでも先行する欲求不満の結果である，と提唱した理論。アメリカの心理学者でこの理論の提唱者の一人であるミラー（Neal Miller）は，後に，欲求不満は攻撃だけでなく様々な行為を導く可能性があると主張したが，欲求に対する妨害が続くと，攻撃動因がより支配的になるとも述べた。1989年にアメリカの心理学者バーコウィッツ（Leonard Berkowitz: 1926-）は，攻撃動因を喚起する欲求不満は明確に嫌悪的なものでなければならないと主張した。

**欲求不満-退行仮説**［frustration-regression hypothesis］　欲求不満が，人生最早期にみられる行動特徴を引き起こすという説。⇨ **退行**［1941年にアメリカの心理学者バーカー（Roger G Barker: 1903-1990），デンボ（Tamara Dembo: 1902-1993），レヴィン（Kurt Lewin）によって提唱された］

**欲求不満非報酬仮説**［frustrative nonreward hypothesis］　オペラント条件づけ，もしくは道具的条件づけの間，一貫して反応に対する**強化**を与えないでいると，内的な欲求不満状態が導かれるという命題。欲求不満は，以降の刺激に対する攻撃的な態度といった様々な感情反応として現れる。

**予定説**［predestination］　キリスト教神学において，神は選ばれた個人の救済を，その人自身の功徳ではなく，純

粋に恩寵によって運命づけてきたとする信念，あるいは教義のことを指す。この教義は原始教会の教父であるヒッポのアウグスティヌス（Augustine of Hippo: 354-430）によって体系的に説かれ，16世紀の改革者ルター（Martin Luther: 1483-1546）やカルビン（John Calvin: 1509-1564）によって再興された。カルビンの体系は，神はまた一部の人々を地獄に落ちるように運命づけているとも主張するために，特有の道徳的問題をを引き起こす思想である二重予定説（double predestination）の一つとしてしばしば記述される。予定説は，事実上，人間の**自由意思**や道徳的な責任を否定しているため，神学の**決定論**の一形態である。その思想は常に激しい議論の的になっており，現在では最も主流なキリスト教の思想家には認められていない。⇨ **カルビニズム**

**予定調和**［preestablished harmony］　モナドが調和して順序だった仕方でどのように振る舞うかを説明するために，ドイツの哲学者ライプニッツ（Gottfried Wilhelm Leibniz: 1646-1716）によって提案された原理。その際，それぞれのモナドは独立したものであり，それ自身の予定された結果を伴う。同じ原理は，物理的-非物理的領域間の調和した相互作用を説明するものとして考えられる（⇨ **精神-心身問題**）。ライプニッツによれば，神は予定調和の源であるとされる。

**ヨドプシン**［iodopsin］　錐体に存在する3種類の**感光色素**の総称。それぞれは3種類の異なる**オプシン**（それぞれヨドプシンに異なる波長への感受性を与える）のうち一つと結合した11-シスレチナールからなる。錐体オプシン（cone opsin）とも呼ばれる。

**ヨナ・コンプレックス**［Jonah complex］　マズロー（Abraham Maslow）の人間性心理学の用語。新たな挑戦や状況に直面する恐怖のために，自己実現の傾向（自己の潜在能力が十分に機能する状態）が抑制されること。旧約聖書に登場するヨナから名づけられた。ヨナは神から与えられた使命から逃げようと試みた。⇨ **成功恐怖**

**四人組精神病**［folie à quatre］　4人での稀な精神病性障害。大抵の場合，同じ家族に属しており，同様のまたは全く同じ妄想を共有している。フランス語で4人の精神異常"insanity of four"の意味）。**共有精神病性障害**の例である。

**予備教育**［propaedeutic］　教師から生徒へ提供する導入的な指導のことで，すべての概念や考えについての正式な指導を始める前に行われる。

**予備研究**［pilot study］　後のより詳細な研究計画のための準備段階として，評価や（必要であれば）手順を修正するために計画された予備的な研究計画のこと。予備研究は，実行可能性と，より限定された範囲で提案された実験の仮想的な結果に関する情報を示すように計画されている。

**予備実験的計画**［preexperimental design］　実験群に対して，対照群やケースや参加者の無作為割り当てを伴わない研究計画。それゆえ，このような計画は因果関係を特定するうえでは最小の価値しかもたない。

**予備尋問**［voir dire］　陪審員候補者が当該裁判で公平に判断する能力を阻害し得るバイアスをもっていないかどうかを探るために行う尋問手続きのこと。個々の候補者に質問することもあれば，候補者全員に対して尋問することもある。尋問を行うのは弁護士や裁判官，あるいはその両者である。陪審員の選任を拒否する場合は，**理由付き忌避**や**専断的忌避権**を行使する。［ノルマンフランス語が語源で"真実を言う"という意味］

**予備的構え**［preparatory set］　予想される刺激，行動，出来事に備えて特別な注意や準備をすること。予備的構えの身体的な例は，テニスプレーヤーがサーブをレシーブするときの体の動きなどであり，心理的な例は，チェスプレーヤーが相手の次の一手に備える場合などである。⇨ **心的構え**，**運動テスト**，**知覚的構え**，**構え**

**予備的反応**［preparatory response］　目標や強化へと向かう一連の行動に含まれるすべての反応（最後の反応は除く）。予備的反応自体は，直接的に目標を指向してはいない。

**予備能**［functional reserve］　脳が脳外傷に対して機能的に順応することができる程度のこと。年齢，受傷前の知能，教育，脳の物理的状態などの要因によると考えられている。⇨ **機能的再編**

**予備容量**［reserve capacity］　心理学的な課題における成績と，課題を遂行する個人の最大能力との差。訓練や介入，練習などが，与えられた課題における予備容量を最小化するために用いられる。

**ヨヒンビン**［yohimbine］　興奮性のアルカロイドのこと。アフリカの樹木ヨヒンベ（*Pausinystalia yohimbe*）の樹皮とインド蛇木（*Rauwolfia serpentina*）の根から採れる。アルファ2アドレナリン受容体（⇨ **アルファアドレナリン受容体**）拮抗薬として働く。高用量で**抑制剤**となり，抗うつ剤，チラミンを含む食べ物（たとえば，レバーやチーズ），また鼻づまりの薬やダイエット補助薬のような店頭で購入できるフェニルプロパノールアミンを含む薬を併用することで深刻な副作用を起こす。ヨヒンビンは男性の性的強壮作用があるとされているが，プラセボ以上の効果を示す医学的証拠はない。また勃起不全の治療としても研究されているが，その効果について結果は様々である。ヨヒンビンは化学的にレセルピン（⇨ **ラウオルフィアデリバティブ**）の類縁物質で**交感神経興奮様薬**であり，不安を高じ，また影響を受けやすい人ではパニック障害を引き起こす。副作用には神経過敏，興奮，めまい，皮膚の紅潮，頭痛がある。腎不全，発作，死亡などの深刻な例も報告されていて，ヨヒンビンを含む製品の安全性が疑問視されている。低血圧症（低血圧）や糖尿病，また心臓，肝臓，腎臓に病気をもつ人はヨヒンビンを摂取してはならない。漢方薬として入手できるが，処方箋が必要である。アメリカでの商品名はヨーコン（Yocon）。

**予防**［1］［prophylaxis］　心理的・身体的疾患もしくは障害を回避・予防するための手法・対策を行使すること。

**予防**［2］［prevention］　個人や集団に対する災害や病気，あるいは社会問題のリスクを抑えるための，行動的，生物学的，社会的な介入のこと。⇨ **一次予防**，**二次予防**，**三次予防**

**予防的カウンセリング**［preventive counseling］　起こりうる問題や葛藤を予防する目的のカウンセリング。その個人がストレスの高まりにさらされるとき（たとえば，青年期に至ったとき，重要な試験や契約の前など）に最も有効である。

**予防的ケア**［preventive care］　疾患やその疾患による影響を予防するためのケアのこと。早期発見と早期治療を強調しており，一般に定期健診や免疫付与，健常者向けの

ケアなど。⇨ **予防**，**一次予防**
　**予防的研究**［prevention research］　将来発見するであろう病理の可能性を軽減する介入法の発見を目的とする研究。発達異常，疾病，障害の危険性をもつと考えられる個人や人口全体を対象とする。
　**予防的手術**［prophylactic surgery］　癌化することが予期される臓器を，癌化する前に除去すること。通常，当該疾患の家族歴が陽性であることや，素因となる突然変異をもつことを理由に行われる。BRCA1 もしくは BRCA2 や **p53遺伝子**といった遺伝子に突然変異をもつ女性は，乳癌や卵巣癌のリスクが著しく増大するため，予防的手術の実施が考慮される。予防的乳腺切除術（prophylactic masterctomy）では，乳癌診断前に片方もしくは両方の乳房を外科的に除去する。予防的卵巣切除術（prophylactic ovariectomy）では，卵巣癌診断前に卵巣を外科的に除去する。予防的甲状腺摘出術（prophylactic thyroidectomy）では，甲状腺髄様癌発症前に甲状腺を外科的に除去する。この方法は，遺伝性癌症候群である MEN2（多内分泌腺腫瘍Ⅱ型）の高リスク者に対して行われる。予防的手術が患者に与える心理的影響については，現在研究中である。
⇨ **BRCA1 と BRCA2**
　**予防的ストレス管理**［preventive stress management］　予想されるストレス負荷の高い事象に先立って行われる，単一または一連のセッションを含む介入法であり，ストレッサーに対する情報や対処方略，そしてそれらの方略を練習する機会を提供する。⇨ **一次予防**，**ストレスマネジメント**
　**読み書き以前**［preliterate］　読み書き能力をまだ獲得していない子どものことを指す。
　**読み書きの前兆**［emergent literacy］　読み書きの一般的な形の発達的前兆であると思われる技術，知識，態度。読み書きの出現は，子どもが読み書きの正式な指導を受ける前に始まり，これらの発達を支える環境（たとえば，子どもが読み聞かせられるような環境）で生起する。
　**読みの遅れ**［reading delay］　該当する年齢の水準よりも，読みの能力が低いこと。
　**読みの範囲**［reading span］　記憶テストにおいて，読んだ一節の中の各文の最後の言葉を思い出すように求められたときに思い出せる単語の数。
　**読みやすさ水準**［readability level］　子どもが正しく読むことのできる水準。これはスキルの相対的尺度であり，学年水準に基づいて同定される。
　**読みやすさレベル**［readability level］　印字，語彙，文の長さや構造，読み手の興味，一般的な明瞭性などの要因による文章の読みやすさの程度。
　**喜び[1]**［joy］　最高の喜びや歓喜，幸福や満足の感覚から心理的に湧き上がる大きな喜びの気持ち。
　**喜び[2]**［pleasure］　良い，または望ましいと感じら

れたり考えられたりすることを享受する，または期待することによって引き起こされる感情または感覚。
　**ヨーロッパ心理学会連合**［European Federation of Professional Psychologists' Associations: EFPPA］　多様な領域における学術的な訓練や心理学の実践と研究に関して，ヨーロッパの協力を推進するための場を提供することを目的として 1981 年に創設された欧州各国の心理学会の連合。
　**世論調査**［opinion poll］　様々な**態度対象**に対する態度を評価するひとまとまりの評定尺度。こうした評定尺度は電話面接，質問紙，対面による面接によって実施される。
　**弱い方法**［weak methods］　1．領域固有な知識よりも，一般法則に基づいて問題解決を行う方法。このような方法は多様な問題に応用することができるが，多くの場合に非効率的である。2．人工知能の用語で，一般法則に基づいたプログラムのこと。特定の応用や領域固有の知識を考慮しない。⇨ **強い方法**
　**Ⅳ型細胞**［Type Ⅳ cell］　**味覚細胞**を生成するための**幹細胞**と考えられている細胞の一種。Ⅳ型細胞は**味蕾**の細胞の約 5％であり，味蕾の基底膜に囲まれている。Ⅳ型細胞は受容器としての機能をもたず，**味孔**や末梢神経線維のシナプスへの連絡をもたない。基底細胞（basal cell）とも呼ばれる。
　**四原因説**［doctrine of causes］　ギリシャの哲学者アリストテレス（Aristotle: BC 384-322）が提唱した原理。物体の原因には 4 つの異なる状態，すなわち形相因，目的因，質料因，動力因があるとされる。これらはおおよそ，その物体の「計画」「終局」「その物体を形成する物質」「それを実行するための活動」に対応する。
　**四色説**［tetrachromatism］　正常な色覚は赤，緑，青，黄の 4 色の知覚に基づくとする仮説。
　**4 枚カード問題**［four-card selection problem］　4 枚のカードを用いた問題解決課題である。各カードには一面に文字が，反対の面には数字が書かれており，カードの裏表の関係性は規則によって定められているとされる（例，もし文字が母音であるなら，数字は偶数である）。各カードの一面だけが見えている状況で（例，各カードが E D 3 8），解答者は規則が守られていることを確かめるために，どのカードをめくらなければいけないかを問われる。参加者の大多数は，規則に違反しうるカードを確かめること（例，E と 3 を裏返す）だけが規則を確認する方法であることに気づかない。ウェイソン課題（Wason task）とも言う。
⇨ **確証バイアス**　［イギリスの心理学者のウェイソン（Peter Cathcart Wason: 1924-2003）により開発された］
　**四位一体**［quaternity］　ユング（Carl Jung）のパーソナリティに関する 4 つの概念。感情，思考，直観，感覚という自我の 4 つの機能を指す（⇨ **心理機能タイプ**）。ユングにとって四位一体は，4 つの方位や十字架の 4 点のように，無限の例をもつ**元型**である。

# ら

**ライスネル膜**［Reissner's membrane］ 蝸牛内で**中央階**と**前庭階**を分ける**聴覚迷路**の膜。前庭膜（vestibular membrane）とも呼ばれる。［ドイツの解剖学者ライスネル（Ernst Reissner: 1824-1878）］

**来談者中心療法**［client-centered therapy; client-centered psychotherapy; person-centered psychotherapy; Rogerian therapy］ ロジャーズ（Carl Ransom Rogers）により1940年代初頭に開発された，非指示的心理療法のこと。ロジャーズによれば，クライエントの自己発見や自己実現を達成するためのきちんとしたプロセスは，クライエントの**準拠枠**に対しての治療者の一貫した共感的理解，受容，尊重への反応として生じるという。治療者は，クライエントの考えを繰り返したり明確化したりすることによって，パーソナリティの成長のお膳立てをするのであり，クライエントこそが，自分自身をしっかりと認識し，本当の自己に触れることができる。治療の進展として，クライエントは葛藤を解決し，価値を再構成して人生に臨み，自身の思考や感情をどのように解釈するかを学ぶ。そしてその結果，クライエントが問題としていた行動は変化するのである。これはもともとは，非指示的カウンセリング（nondirective counseling）もしくは非指示的療法（nondirective therapy）として知られていた。

**ライトスタート・プログラム**［Rightstart program］ 小学校低学年の数学的能力を改善するためのプログラム。30分のセッションが40回分ある。［カナダの発達心理学者ケース（Robbie Case: 1944-2001）が1980年代に考案した］

**ライトポインター**［light pointer］ **福祉機器**装置を起動できる光源のついた**ヘッドスティック**の一種。

**ライヒ学派の精神分析**［Reichian analysis］ 論争の的になり，科学的にも疑問がある心理療法システムであり，オーストリア生まれのアメリカの精神分析家ライヒ（Wilhelm Reich: 1897-1957）が提唱した。その治療では，精神的健康の基準としてオーガズム体験能力が重視される。この立場が主流とはいえず（⇨ **代替心理療法**），多くの研究で支持されていない立場ではあるが，ライヒは，その初期には，感情的カタルシスや権威主義に関する理論を通して精神分析学に貢献した。

**ライフイベント評価尺度**［life-events rating scale］ ストレスを生み出す出来事として，多様な生活上の経験，変化，危機などが考えられる。これらの要因の相対的な影響を測定するのに用いられる尺度。⇨ **人生の危機**

**ライフサイクル**［life cycle］ **1.** 発達段階において，1個の有機体が生まれるまでの特定の段階を経る（受精，出産など）こと，および次の世代における同じ段階のこと。**2.** ある集団，機関，文化，あるいは商品の一生を特徴づける一連の段階。

**ライフスタイル**［lifestyle］ **1.** 個人や集団に特徴的な生活の仕方の典型のことで，行動，態度，関心，その他の要因によって表現される。**2.** アドラー（Alfred Adler）の**個人心理学**における用語。ネガティブな感情に対して，それを克服したり補償したりする個々人の方法である。アドラーによると，ライフスタイルを特徴づける重要な要因は，生まれつきの才能，しつけ，家族内の対人関係であり，ライフスタイルは幼少期から形成される。

**ライフヒストリー法**［life-history method］ 個人の現在の機能を評価するために妥当だと思われる出来事について，個人史的情報を集約する**構造化面接**のこと。

**ライフプラン**［life plan］ アドラー（Alfred Adler）の自己心理学の用語。個人の生活スタイルや，**人生のゴール**に到達する努力のための**先導虚構**。

**ライフライン**［lifeline］ 集団療法，あるいは個人療法で用いられる治療技法。1枚の紙に線を引かせ，自身の人生を表現させるもの。そこには過去にあった出来事や未来に起こりそうな出来事を紙に書き出し，その時の自分の状態に合わせて平行，上昇，下降の角度を用いて，それらの出来事を連続線で結んで示す。同様に，特定の日程や影響を及ぼしそうな出来事も書き出す。この略図をもとに治療者と話し合うことで，自身の生活様式への意識や理解を高めることが可能になる。

**ライフレビュー**［life review］ 特に高齢者において，過去の生活体験を振り返り，分析することによってみえてくる，その人の傾向のこと。ライフレビューや分析的な**レミニセンス**は，軽度の抑うつ状態にある高齢者，あるいは末期の患者に対するカウンセリングで用いられるほか，しばしば心理療法の補助として用いられる。［アメリカの精神科医バトラー（Robert N.Butler: 1927- ）によって1961年に定義された］

**ライヘンバッハ現象**［Reichenbach phenomenon］ クリスタルやその他いくつかの自然物から生じるといわれている"エネルギー場"。支持者は**キルリアン写真**によってそれは可視化できると主張した。また，"感受性の強い"特定の人のみが認識できるという意見もあった。この現象はオーストリアの化学者，冶金学者であったライヘンバッハ（Baron Karl von Reichenbach: 1788-1869）によって述べられた。彼はこれをすべてに広がる物理的な力の発現であると考え，北欧の神オーディンに因んでオド（Od）あるいはオディール（Odyle）と名づけた。ライヘンバッハはこの力を電気や磁気とは異なるが，オーストリアの物理学者メスメル（Franz A. Mesmer: 1734-1815）による**動物磁気**に似ていると考えた。これらの考えは後に，オーストリア生まれの心理学者ライヒ（William Reich: 1897-1957）と彼の**オルゴンエネルギー理論**に影響を与えた。ライヘンバッハ現象は現在クリスタルヒーリングの支持者によって引用されている。⇨ **オーラ，目に見えない発散物**

**ライム病**［Lyme disease］ 感染した**シカダニ**に噛まれることによって，スピロヘータ細菌が原因となって生じる多臓器疾患。初期症状は，噛まれた部分の周囲にできる赤い発疹や，発熱，けん怠感，頭痛，身体の痛みのようなインフルエンザの症状に似たものである。治療しないまま放置すると，**関節炎**や神経症状（たとえば，深刻な頭痛や一過性まひ），記憶喪失や集中力，睡眠，情緒の変化に関する障害が生じる。身体的，認知的兆候や精神科的症状は，診断を困難にする。この病気は，1975年に，コネティカット州のライムや近くの町のたくさんの子どもが，初め

は関節リウマチと診断された後で，初めて認められた。

**ラインカード**［Rhine cards］ ⇨ **ツェナーカード**［アメリカの心理学者ライン（Joseph B. Rhine: 1895-1980）］

**ライン管理**［line management］ 直属の部下に対して権限をもち，直属の上司に対して説明責任があるという指揮系統の管理システム。⇨ **命令系統の統一**

**ラウオルフィアデリバティブ**［rauwolfia derivatives］ ラウオルフィア（Rauwolfia）属の植物，主にインドジャボク（R. serpentina）や古代ヒンドゥーのマルバフジバカマ（Hindu snakeroot）から得られるアルカロイド。それらは鎮静作用と降圧作用をもっており，紀元前1000年頃からヒンドゥー教徒医師に使用されて以来，神経精神薬理学で使用されてきた。この属は，16世紀のドイツの植物学者ラオウルフ（Leonhard Rauwolf）に因んで名づけられた。ラオウルフは，1575年にインド旅行をした際，この植物の鎮静効果を報告した。この種の薬品の原型はレセルピン（reserpine）である。これは中枢神経系と末梢神経系のカテコールアミン神経伝達物質を枯渇させることにより作用する。ラウオルフィアデリバティブは当初，精神病の管理に使用されたが，抑うつを引き起こすと誤って考えられたため，1950年代にその使用は止められた。

**ラウドネス（音の大きさ）**［loudness］ 音の主観的な大きさ。音の大きさは主として強度によって決定されるが，周波数，スペクトル構成，呈示時間のような他の物理的特性によっても影響される。音の大きさの単位は，ソーン（sone）である。1ソーンは，40 dBの音圧で呈示された1 kHzの音の大きさである。音の大きさは強度を10 dB増大させるたびにおよそ2倍となる。音の大きさのレベル（loudness level）は，テスト音と同じ大きさに聞こえる1 kHzの音の音圧（デシベル：dB）のレベルとして表現される。単位はホン（phon）であり，音の大きさレベルが40ホンである音は40 dBの音圧で呈示された1 kHzの音と等しい。

**ラウドネス加算（音の大きさ加算）**［loudness summation］ ともに呈示された様々な音の**ラウドネス**が個々の音の大きさを加算したものになること。たとえば，音圧40 dBデシベルの音Aが1ソーン，音圧50 dBの音Bが2ソーンであるとき，ともに呈示された音AとBの大きさが3ソーンになれば，ラウドネス加算が生じたとされる。ラウドネス加算は音の周波数成分に依存する。⇨ **臨界帯域**

**ラグ**［lag］ 受容体が刺激された瞬間とその感覚を意識的に認識する瞬間との間に生じる遅れ。

**落胆**［despondency］ 無気力と抑うつ気分の両方によって特徴づけられる心理状態。

**ラシュレー**［Lashley, Karl Spencer］ カール・スペンサー・ラシュレー（1890-1958），アメリカの心理学者。ラシュレーは，1914年にジョンズ・ホプキンス大学で動物学と遺伝学で博士号を取得する。彼は，動物学者ジェニングス（Herbert S. Jennings: 1868-1947）や行動主義者ワトソン（John B. Watson），神経心理学者フランツ（Shepherd I. Franz: 1874-1933）に大きな影響を与えた。ラシュレーは多くの大学で教鞭をとった後，1935年〜1955年の引退までハーバード大学の教員となった。1942年〜1955年の間は，フロリダのヤーキーズ霊長類研究所の所長も務めた。ラシュレーは特に動物の学習と比較心理学，神経生理学の分野の権威者だった。彼の研究をまとめた Brain Mechanisms and Intelligence（1929）がおそらく最も有名な著書である。その中で彼は，（損傷や除去を通して）もしラットの脳の一部が損害を受けても学習や能力の崩壊は一時的であり，広範囲の損傷がなければ次第に機能を回復していくことを示唆した。要するに，脳の健全な部分が順応し，損害部位の機能を引き継ぐことが可能なのである。この研究からラシュレーは，脳機能は厳密に部位特有であるため特定の場所が損害を受けるとその機能も恒久的に失われるという脳の局在論に反論した。彼は全米科学アカデミーや米国芸術科学アカデミーの会員に選ばれるなどの栄誉を授かった。⇨ **等能性の法則**，**質量作用の法則**

**ラステニードゥフェリョール症候群**［Lasthenie de Ferjol syndrome］ 秘密裏に行われた自傷が原因の生命を脅かすほどの出血からなる**詐病**の一種。悲嘆や取り入れの病理と関連している。この障害の患者は，外傷的な喪失をすべての人が経験している。この症候群は，フランスの作家であるドールヴィイ（Jules Barbey d'Aurevilly: 1808-1889）による短編小説から名前がつけられた。

**らせん式包括的検査**［spiral omnibus test; spiral test］ 検査される焦点づけられたテーマが，1か所に集められるのではなく，検査の至るところに配置されるアセスメント。この検査では，問題が進むにつれて難しくなる。問題の難しさはらせん状に続き，知能の種々の領域に及ぶ。

**らせん終末**［annulospiral ending］ 神経細胞の一種。神経線維が筋紡錘の中央部分で筋繊維に巻きついている**筋紡錘**に終端する。筋が伸張する初期に最大の発火があり，その後低い発火頻度に収束する。一次感覚終末（primary sensory ending）とも言う。⇨ **散形終末**

**らせん神経節**［spiral ganglion］ 聴覚神経の細胞体の塊。コルチ器官付近にある**蝸牛**の壁の内側に位置する。

**楽観主義**［optimism］ ものごとは最善になるように発生するものであり，人々の望みや目的は最終的には満たされるという考え方。楽観主義者（optimists）とは，自分や他人にとって良いことが起こるだろうと期待する人々のことである。彼らは，それが偶然の結果であるか忍耐と努力の結果であるかに関わらず，プラスの結果がでることを見込む。楽観主義は**期待**の観点から定義づけることができる（⇨ **悲観主義**）。ほとんどの個人は，純然たる楽観主義と純然たる厭世主義の2つの対極間の分布のどこかに位置している。しかし時に，それが強くでたり，比較的安定していたり，状況によってある一定方向に表れたりする傾向がある。⇨ **期待−価値モデル**

**ラッシュモデル**［Rasch model］ 単一の母数（項目困難度）のみをもつ，**項目反応理論**における最も単純なモデル。［1960年にデンマークの統計学者ラッシュ（Georg Rasch: 1901-1980）が提案］

**ラッド・フランクリン**［Ladd-Franklin, Christine］ クリスティン・ラッド・フランクリン（1847-1930），アメリカの心理学者・数学者。ラッド・フランクリンは1882年にジョンズ・ホプキンス大学において数学と論理学の博士号を得るための必要条件を満たしたが，女性であるために博士号は与えられなかった。彼女はその数学の研究から**両眼視**の技術的問題を論じ，その論文が American Journal of Psychology（1887）創刊号に採用された。1890年代初

め，ドイツでの大学院での研究の後，ラッド・フランクリンは，色覚理論（⇨ **ラッド・フランクリン説**）を提唱し，視覚と色彩の理論の権威者となる。彼女の最も重要な論文は Colour and Colour Theories（1929）として出版された。彼女は結婚していたため常勤の教職には就かなかったが，ジョンズ・ホプキンス大学とコロンビア大学で定期的に，無報酬で教えていた。ジョンズ・ホプキンス大学は，1926年に彼女に博士号を与えている。

**ラッド・フランクリン説**［Ladd-Franklin theory］ 色覚理論の一つであり，かつては影響力があったものの，現在は他の理論が優勢となっている。この理論では，ある波長の光に反応して，網膜の光受容分子から視物質が発生し，その視物質が網膜を刺激することによって，赤，緑や青色の知覚を生じさせると考えていた。［ラッド・フランクリン（Christine Ladd-Franklin）によって1929年に提唱された］

**ラテン方格法**［Latin square］ ラテン文字によって示された処理が系統的に変更されつつ順番に施行される実験計画で，それぞれの処理は実験配列の中でそれぞれの順番で等しい頻度で起こる。たとえば1つのグループが A, B, C の順番で処理を受けるとすると，第2グループは B, C, A の順番で処理を受け，第3グループは C, A, B の順番で処理を受ける。⇨ **バランスドラテン方格法**

**ラブマップ**［lovemap］ 理想的な恋人，理想的な恋愛関係，パートナーとの理想的な性的行為についての心的イメージのことであり，空想や実際の性的行為において語られる。**性的嗜好**の問題や，異常行為に対する願望の問題を含むものはオルタードラブマップ（altered lovemap）と呼ばれる。［ニュージーランドの心理学者マネー（John Money: 1921- ）により発展した］

**ラベリング**［labeling］ 心理検査において，ある診断カテゴリーに基づいて患者を分類すること。標準的な診断カテゴリーの厳密に定義された特徴を，すべてのケースが満たすわけではないため，患者のラベリングは不完全であったり，誤解を招いたりすることがある。

**ラベリング理論**［labeling theory］ ある行動特徴を表すレッテルは，それをはられた人の行動に重大な影響を与えるとする社会学の仮説。自己成就予言と同じような効果を生む。たとえば，「逸脱者」と呼ばれ，そのような扱いを受けた人は，精神的な障害を来たしたり，非行に走ったりする。社会的反応理論（social-reaction theory）とも言う。⇨ **一次的逸脱**

**ラベルドライン理論**［labeled-line theory of taste coding］ 味覚ニューロンタイプは個別の神経回路を有しており，その回路を介して関連する**基本味**の存在を知らせるとする理論。味覚のコード化に関するラベルドライン理論ともいう。味は，その味に対応するラベルドラインの活動の生産物としてのみ知覚される。専用ライン外での神経活動はノイズとなるだけである。⇨ **味のパターニング理論**

**ラボラトリー方式モデル**［laboratory-method model］ 社会的相互作用の役割が強調される，教育への介入法の一つ。個人の気づきと対人スキルの発達を主要な関心領域とする。

**ラポール**［rapport］ 個人間で相互に理解や受容し，共感的に両立し合う温かくて，リラックスした関係。心理療法でクライエントとラポールを形成することは，しばしば治療者が治療的体験を促進し深め，クライエントの最適な進歩や改善を促進するための重要な媒介目標となる。

**（心理的）ラポール**［psychological rapport］ **転移**に対してユング（Carl Jung）が用いた語。分析者は患者と現実との不完全な関係を補償するように振る舞うが，その分析者と患者との強化された結びつきとしてラポールは定義される。すべての分析の必然的な特徴だとユングは考えた。

**ラマーズ法**［Lamaze method］ 自然分娩法の一つで，出産の解剖学的，生理学的メカニズムの学習，リラクセーションによる苦痛の調整，マッサージ，呼吸法の練習などからなる。母親は出産中も意識晴明な状態を保ち，出産体験を共有する配偶者（支持的なコーチとしての役割をもつ）によって導かれる。この方法では薬物療法を推奨も否定もしない。⇨ **ルボワイエテクニック**［フランスの産科医ラマーズ（Fedinand Lamaze: 1890-1957）による］

**ラマルク説**［Lamarckism; use-and-disuse theory］ 特定の部位を使うか使わないかなど，生物体の一生涯で生じた後天的な変化が後代に遺伝できるとすること。このような後天的な特徴の遺伝（inheritance of acquired charaterstics）の証拠をみつけようとする実験は常に失敗した。［フランスの博物学者ラマルク（Jean-Baptiste Lamarck: 1744-1829）による］

**ラムダ係数**［lambda coefficient］ 対比重みづけのあまり一般的でない名称。

**ラメリポディア（葉状仮足）**［lamellipodium］ 薄紙のような細胞の拡張のこと。たとえば，ニューロンの成長円錐。

**ラモトリジン**［lamotrigine］ 大人の部分発作やいくつかの全身発作の治療の補助や，双極性障害の維持治療のために使用される**抗痙攣薬**である。急性躁病エピソードの治療には効果がないにも関わらず，急性双極性うつ病や急速交代の双極性Ⅱ型障害に対して単一薬剤による治療薬として認められている。ラモトリジンは，シナプス前ニューロンが**グルタミン酸**を放出するのを抑制することによって，抗痙攣効果や精神安定効果があると推定されている。**スティーブンズ・ジョンソン症候群**を含む深刻な皮膚反応は，特に子どもにおいて治療の始まりに報告されている。アメリカの商品名はラミクタール（Lamictal）。

**ラン**［run］ 1. 実験の部分として提示する刺激や課題の一続きのこと。2. $x$ 軸方向の2点間の距離。径ともいう。

**卵**［ovum］ 排卵時に卵巣から放出された後に二次卵母細胞から発生する単一の雌性配偶子。卵細胞（egg cell）とも呼ばれる。⇨ **卵形成**

**ランヴィエ絞輪**［node of Ranvier］ 軸索を囲む**ミエリン鞘**にある連続して規則的に開けられた隙間のこと。この隙間において細胞膜を通したイオンの交換を行うことができる。また，この間隙によって軸索に沿った**跳躍伝導**と呼ばれる，1つの点から次の点へ向けた神経インパルスの跳躍が可能になる。［フランスの病理学者ランヴィエ（Louis A. Ranvier: 1835-1945）による］

**ランウェイ**［runway］ 動物実験で用いる，出発点の箱からゴールの箱までの道と迷路になっている道のこと。

**卵円窓**［oval window］ 耳の中の蝸牛の骨壁に存在する，膜で覆われた窓（⇨ **前庭階**）のこと。鐙骨（⇨ **小骨**）の振動は卵円窓を介して蝸牛液へと伝わる。

**卵黄質**［deutoplasm］　卵細胞の卵黄の中にある，タンパク質と脂肪に富んだ物質。胚の栄養として役立つ。哺乳類の場合は，胚は胎盤を通じて母親から栄養を得るので卵黄質はない。

**乱塊法**［randomized block design］　まず実験者が統制したい変数に基づいて，実験参加者を複数の群（ブロック）に分類した後，各ブロック内の個人をいくつかの処理群のうちの１つに無作為に割り当てる研究計画。この計画により，実験者は**群間分散**を分離して検討することができる。⇨ **ブロック計画**

**卵割**［cleavage; segmentation］　胚発生の最初の段階。受精卵が繰り返し分裂し，どんどん小さな細胞に分かれていく（**胞胚**）。

**卵管**［oviduct］　メスの動物において，卵細胞を卵巣から生殖器系の他の部分に輸送するための管。哺乳類では，この管は**ファローピウス管**と呼ばれる。

**卵管結紮**［tubal ligation］　卵管を切るか，焼灼するか，結紮するか，ブロックする，女性の不妊手術のための外科手術。卵管結紮は，性欲，性交能力，月経周期に影響しない。妊娠能力が回復することもあるが，効果は永続的だと考えられている。

**卵管摘出術**［fallectomy］　卵管を切るか縛る，またはその両方を行うことによる避妊手術。⇨ **卵管結紮**

**卵形成**［oogenesis］　生殖細胞が分割し，雌性配偶子（卵子）を形成するために分化していく過程のこと。ヒトの女性の場合，一次卵母細胞（primary oocyte）は，卵原細胞（oogonium）と呼ばれる前駆細胞の増殖と分化によって，胚発生の期間に卵巣内部で形成される。一次卵母細胞は**減数分裂**の第一分割に入るが，その後，思春期まではこの細胞分裂の段階に留まる。それから更年期まで約１か月に１度，１個の一次卵母細胞が減数分裂を再開し，第一減数分裂を完了して，大きさの異なる２つの娘細胞を形成する。大きい方は二次卵母細胞（secondary oocyte）であり，小さい方は極体（polar body）である。**排卵**に続いて，二次卵母細胞は卵子ともう一つの極体を産出するために第二減数分裂を行う。一番目の極体もまた２つの小さな細胞を生み出し，結果として３個の極体が生じることがあるが，それらは通常いかなる機能ももたない，退化したものである。

**卵形嚢**［utricle］　内耳にある２つの**前庭嚢**のうち，大きい方が卵形嚢，もう一方が**球形嚢**である。球形嚢と同じく，卵形嚢は重力に体する頭部位置だけでなく加速や減速を感じとる。これらの機能は，卵形嚢と球形嚢の双方の内側にある，上皮の特殊な斑点，**平衡斑**の働きによる。

**ランゲルハンス細胞**［Langerhans cells］　表皮にある樹状細胞。［ドイツの解剖医学者ランゲルハンス（Paul Langerhans: 1847-1888）による］

**ランゲルハンス島**［islets of Langerhans］　膵臓内部にある**内分泌**細胞の集まりのこと。A（あるいはアルファ）細胞は**グルカゴン**を，B（ないしはベータ）細胞は**インシュリン**を，D（ないしはデルタ）細胞は**ソマトスタチン**を分泌する。これらは協調して**血糖**と糖質代謝を調整するために中心的な役割を果たす。［ドイツの解剖学者ランゲルハンス（Paul Langerhans: 1847-1888）による］

**乱交**［orgy; promiscuity］　様々な相手との一時的で，気軽な性的関係のこと。人間においては，このような振舞いは一般的には好まれていない。ところが，乱交を気軽で，同意に基づいた，非搾取的な関係性による単なる楽しみとして捉えるならば，それは健康的になりうるといった議論もなされている。たとえば，ボノボ（ピグミーチンパンジー）はしばしば雌雄に関係なく性行動をすることがあり，それは食べ物といった資源をやり取りする際や，緊張の緩和のために行われる。多くの種のメスは**父性の確実性**を防ぐために乱交するように思えるが，妊娠に最適な時期においては，しばしば最も支配的で有力なオスと交尾をする。

**乱視**［astigmatism］　網膜上の単一点に視覚刺激の光線の焦点を合わせることができなくなる視覚障害のこと。乱視は角膜の不規則な湾曲により生じる。その結果として，角膜の湾曲が大きいと光線は屈折する。遊園地の反射鏡で見られるような視覚像の収差もしくは歪みが起きることになる。乱視は**経線弱視**を生じ，**近視**もしくは**遠視**の発現を引き起こすことがある。

**乱視計**［astigmatoscope］　目の**乱視**を測定，診断するために使用される装置のこと。

**乱数**［random numbers］　予測可能なパターンや規則性がなく，偶然のみで生成された数の集合のこと。

**乱数発生器**［random number generator: RNG; random event generator: REG］　ランダムな出力を生成するための装置あるいはシステム。アルゴリズムや他の数学関数から得た「擬似乱数」の出力，または，電気や熱におけるノイズの量のような予測不可能な自然現象に基づいた「真の乱数」を出力する。超心理学の実験では，超自然的な能力が，意思によってランダムな体系に影響を及ぼすことを調べるために，「真の乱数」発生器が用いられる（⇨ **念力**）。乱数発生器は暗号学や統計学，金融や経済のシミュレーションでも用いられる。

**乱数表**［table of random numbers］　無作為な過程によって生成された数字の表のこと。

**卵生**［oviparity］　受精した卵を産み，母体の外部で孵化させる生殖形態のこと。

**卵巣**［ovary］　メスの生殖器官であり，**卵**（卵細胞）と性ホルモン（エストロゲンとプロゲステロン）を作り出す。ヒトでは，２つの卵巣はアーモンド形の器官であり，下腹部内の子宮上端の両側に位置している。卵巣は子宮と**ファローピウス管**でつながっている。思春期前のヒトの女性の子宮は約 350,000 個の未成熟卵母細胞を含んでおり，その中の 400 個未満が成熟した卵子へと発達して，初経（初潮）から閉経（⇨ **卵形成**）までの間，月に約１個の頻度で放出される。⇨ **グラーフ濾胞，月経周期**

**ランタナ**［red sage］　ブラシのような低木で学名 Salvia miltiorrhiza。根（粉末およびそのまま）は中国の漢方医の間でタンジンとして知られ，伝統的には心臓発作や脳卒中，アテローム性動脈硬化など心血管系の不全の治療に用いられてきた。血液凝固能を減弱する効果を示した研究もある。出血性障害を引き起こす可能性があるので抗凝固薬との併用は避けるべきである。肝臓において瘢痕様繊維（主に慢性肝炎や大量飲酒による）の形成を遅らせる可能性も示唆されており，また，癌細胞の成長を阻害したり，HIV ウイルスの増幅を押さえたりする効果も示唆されてはいるが，これらの可能性についてはまだ詳しく調べる必要がある。副作用は少ないが，かゆみ，胃のむかつき，食欲減退などがある。有効成分はミルチロンおよび他のジテ

ルペンキノンで，ベンゾジアゼピン-GABA受容体複合体（⇨ **GABA_A受容体**）の**部分的作動薬**として働く。部分拮抗薬なので，受容体複合体との結合により，完全拮抗薬の鎮静作用を増強し，強い眠気をもたらす。完全拮抗薬は一般的に不安や不眠症の治療に用いられる。

**ランダムウォークモデル**［random walk model］　反応時間と正確性に関するモデル。このモデルでは，1回ずつ（一歩一歩）証拠が増えていくため，一方の反応基準に傾いたり離れたりする。証拠が基準に到達したときに反応が生じる。

**ランダム回答法**［randomized-response technique］　集団全体の水準で態度や他の構成概念を測定する際に，**社会的望ましさ**のバイアスを低減するために行われる手続きのこと。実験参加者には二項選択式（たとえば，「そう思う-そう思わない」「はい-いいえ」）で回答する質問の対が提示される。一方は目的の質問であり，他方は無意味な偽の質問である。実験参加者は回答する質問を決めるためにサイコロを振り（またはこれに類似した無作為化の手続きを行い），その結果を面接者には隠しておくよう教示される。そして実験参加者は質問に答えるが，それがどちらの質問への回答であるか面接者には伝えないでおく。回答された質問に関する曖昧さは，その回答への実験者の抱く社会的望ましさへの懸念を低減すると考えられている。面接者は各人物がどの質問に回答したのか知ることはできないが，**確率論**を用いて母集団における目的の質問への回答の分布を推定することができる。

**ランダム間隔スケジュール**［random-interval schedule: RI schedule］　**強化のスケジュール**の一つで，最初の反応が一定の時間経過後に強化され，その時間間隔は強化ごとにランダムに変化し，反応の強化に用いられる強化確率は一定であるような強化スケジュール。たとえば，次の反応に適用される毎秒の強化確率が0.1だった場合，ランダム間隔スケジュール値は10秒（RI 10秒）になる。

**ランダムグループデザイン**［randomized-group design］　実験デザインの一つであり，バックグラウンド変数をそろえずに，参加者が実験群か統制群のいずれかにランダムに割り振られる。⇨ **対応のある実験計画**

**ランダム行動**［random activity］　明らかな目的や特定の誘因がないとみられる行動であるが，内的な目的をもつ可能性がある。

**ランダムデジット・ダイヤリング**［random-digit dialing］　電話調査における**標本抽出**の方法。研究者が電話番号の最初の3桁を選んだ後，コンピュータプログラムを用いて最後の桁の番号を無作為に選ぶ。

**ランダムドット・ステレオグラム**［random-dot stereogram］　白黒のドット（あるいは四角形）でできた2つの像からなる**ステレオグラム**の一種。2つの像のドットの多くが同一であるが，片方の像のドットの一部はもう一つの像に比べて水平方向に少しずれている。それぞれの像はランダムなドットがあるように見えるだけであるが，2つの像がそれぞれ左右の眼に提示されると，視覚系によって融合される。水平方向のドットのずれ（視差）は立体的な奥行きとして解釈される。［1959年にハンガリー生まれのアメリカの技術者ユレシュ（Bela Julesz: 1928- ）によって考案された］

**ランダム比率スケジュール**［random-ratio schedule: RR schedule］　**強化のスケジュール**の一つで，強化を行うために必要な反応回数が強化ごとに変化するスケジュール。通常，事前の反応に対する強化に関わらず，各反応に一定の強化確率が適用される。たとえば，各反応に強化確率が0.01だった場合，ランダム比率スケジュールに100になる。

**ランドウ・クレフナー症候群**［Landau-Kleffner syndrome］　**失語症**（言語を理解したり言うことができない）や異常脳波（⇨ **脳波測定法**）の突然のまたは段階的な発病に特徴づけられる，珍しい，原因不明の小児期神経障害。この症候群は，大抵5歳～7歳の子どもに生じる。正常に成長するが，はっきりした理由がなく言語技能を失う。この障害のある子どもの多くは発作を経験するが，大人になるまでに消失する。［1957年にランドウ（William M. Landau）とクレフナー（Frank R. Kleffner）が用いた用語］

**ランドウ反射**［Landau reflex］　3か月～12か月の正常な幼児から観察できる動作のこと。幼児がうつぶせの姿で水平方向に置かれる時，自然に頭を上げ，背中をアーチ形に曲げる。この反応の欠乏は，脳性まひや運動神経の病気など，神経の不調や障害の可能性を示唆する。

**ランド効果**［Land effect］　**ランド説**を展開するために用いられたデモンストレーション。この効果を作り出すためには，色彩のある場面を白黒フィルムで一度に赤色フィルタを通して，もう一度は青緑色フィルタを通して写真を撮る。それらの画像の一方に写真を撮ったときのフィルタを通して，スクリーンに両者を同時に投影すると，もとの色彩のある場面が知覚される。［アメリカの発明家ランド（Edwin Herbert Land: 1909-1991）による］

**（色覚の）ランド説**［Land theory of color vision］　脳で色が記録されるという考えに基づいた説。**ランド効果**のようなデモンストレーションが示唆するのは，様々な波長成分が網膜の色感受要素において個々の色ごとに撮られた"写真"（⇨ **レチネックス**）として記録されるということである。脳の視覚メカニズムはコンピュータとして機能し，長波長の写真を平均化し，より短波長の写真の平均と比較する。そして各波長の割合に従って脳は波長に種々の色を割り振る。レチネックス理論（retinex theory）とも言われる。［アメリカの発明家ランド（Edwin Herbert Land: 1909-1991）による］

**ランドマーク**［landmark］　**認知地図**の主要な要素となる，外的な参照点。ランドマークのデザインと場所は，道を探す行動に大きく影響を及ぼす。⇨ **環境認知　レジビリティ**

**ランドルト環**［Landolt circles; Landolt C's］　視力を検査するために用いられる，様々な部分に間隙のある円形の輪。［フランスの眼科医ランドルト（Edmund Landolt: 1846-1926）による］

**ランナウェー選択**［runaway selection］　メスがオスの性的に魅力的な特性に基づいて**配偶者選択**をするという学説。オスの特性に引かれて相手を選択する場合，遺伝情報の質（生存の有利性）には関係なく，子孫のオスもまたメスにとって魅力的な特性を引き継ぐ。⇨ **優良遺伝子仮説**

**ランナーズハイ**［runner's high］　ランニング中に得られる興奮状態の感覚。覚醒し，痛みや不快感は抑制され，完璧なリズムを刻み，努力がたやすく感じられる。⇨ エ

ンドルフィン

**ランプ運動**［ramp movement; smooth movement］　大脳基底核の働きに起因するとされる，ゆっくりとした持続性の運動。

**ランベルトの法則**［Lambert's law］　ある点光源から垂直に入射する光に照らされた表面の**照度**は表面と光源の距離の2乗に反比例するという法則。［フランス生まれのプロイセンの数学者ランベルト（Johann Heinrich Lambert: 1728-1777）による］

**卵胞刺激ホルモン**［follicle-stimulating hormone: FSH］　脳下垂体前葉から分泌される**性腺刺激ホルモン**。女性では，卵巣の**グラーフ濾胞**（⇨ **月経周期**）の発達を刺激する。男性では同じホルモンが精巣の**セルトリ細胞**，精子の産出を刺激する。

**卵母細胞**［oocyte］　卵形成の過程において，卵子（卵細胞）が発達してくる卵巣内の細胞。

**乱用**［abuse］　繰り返し行われる物質乱用のこと（⇨ **薬物乱用**）。DSM-Ⅳ-TR では物質乱用と物質依存を区別している。

**乱用可能性**［abuse potential］　薬がどの程度薬物摂取行動を強化する可能性を有しているかを示す。乱用の可能性を決定する要因は，薬物投与の経路（例，静脈系，吸入，経口）と発現速度，期間，薬効の特性などがある。これらの要因は，それら自体が，個人，薬物，社会的環境の複雑な相互作用によって決定される。乱用可能性の高い薬物は，静脈注射されたヘロイン，クラックコカイン，モルヒネ，アヘン吸引である。乱用可能性の低い薬物は，幻覚剤とマリファナである。乱用傾向（abuse liability）とも言う。

# り

**リアクタンス理論**［reactance theory］行動の自由への脅威や喪失に対して，心理的リアクタンス（もしくは単にリアクタンス）が生じると仮定する理論。心理的リアクタンスとは，苦痛や不安，抵抗，自由回復の願望によって特徴づけられる動機づけである。この理論によれば，ある行動をとるよう強制されたと感じると，我慢するよう言われたものと反対の行動に対する選好を強めることで，それに反発しようとし，その反対の行動をとりやすくなる。［アメリカの心理学者ブレーム（Jack W. Brehm: 1928-）が1966年に提唱した］

**リアファレンス（再帰性求心入力）**［reafference］感覚器が運動したことにより生じる感覚信号。たとえば，眼球が動いたとき，静止した刺激の像が網膜上で動く。この運動に関する再帰性求心入力信号が，自発的な運動の結果として予測される運動と比較され，必要なだけ調整がなされる。⇨ **脳 コンパレーター，随伴発射**

**リアファレンスの原則**［reafference principle］内的な信号と感覚信号の調整と相互作用について，身体運動の命令と協応の観点から説明する概念。これによれば，自発的な運動機構の活動のコピーが処理機構（⇨ **随伴発射**）によって貯蔵される。このコピーは運動を実行するために必要なパラメータの基準値を決め，感覚器から処理機構への**リアファレンス**が基準値と一致するまで運動を導く。リアファレンスの原則は，いくつかの知覚現象を説明するときにも用いられる。たとえば，周囲の物体の運動を見出すためには，眼球運動を制御する神経機構からの随伴反射信号が，網膜からのリアファレントの運動信号とともに用いられていると仮定されている。

**リアルシミュレーターモデル**［real-simulator model; simulator-real model］何人かの参加者が催眠状態または特定の心理状態を模倣するように教示され，他の参加者は実際に体験するという実験デザイン。シミュレーターリアルモデルとも言う。通例，その状態を実際に体験している，あるいは模倣しているのがどの参加者であるのかを，実験者は知らない状態で実験を行う。［オーストリア生まれのアメリカの精神科医オルネ（Martin Theodore Orne: 1927-2000）によって考案された］

**リアルタイム**［real time］あるプロセスが生じた実際の時間。特にコンピュータアプリケーションの中のプロセスに対して用いられる。

**リヴィールドディファレンス・テクニック**［revealed-differences technique］問題提起された実験室状況において，家族構成員の行動を研究する方法であり，メンバーが回答に向けてどのようにして合意に達していくかを観察する。

**リエントラント神経活動**［reentrant neural activity］神経領域における信号の相互やりとりのこと。脳の異なる領域の活動を連携できるようにし，多数の並列接続に沿って行われる。

**リエントリー**［reentry］トラウマの恐れのある患者に多く対応したり，心理的ストレスにさらされるなどの大変な経験をした専門家が，精神衛生を取り戻すこと。

**リオチロニン**［liothyronine］自然に分泌される甲状腺ホルモンである**トリヨードチロニン**の医薬品。甲状腺疾患に関連した状態の治療に使われている。標準的な治療だけでは効果がないうつ病の管理において，標準的な抗うつ薬治療の補助として使用される。アメリカの商品名は，数ある中でも特にサイトメル（Cytomel）があげられる。

**理解[1]**［comprehension］何らかの事柄，特にコミュニケーションの意味を理解する行為あるいに能力。⇨ **危惧，言語理解**

**理解[2]**［understanding］1. 自分自身や他者についての洞察を得たり，言葉や概念，議論，出来事などの意味や重要性を把握したりする過程。⇨ **危惧** 2. カウンセリングや精神療法において，クライエントの行動と，その環境，歴史，態度，動機，思考，感情，対人関係，表現方法との関係について明らかにするプロセス。

**利害関係**［vested interest］ある**態度対象**が個人の物質的利益と関わっている程度のこと。**態度の重要性**や**自我関与**，そして**態度の強度**などの規定因の一つと考えられている。

**理解テスト**［comprehension test］1. 読解能力テストの一種。読んだ文章に関して質問をして，理解度を評価する。2. 被検者が，実際の状況に対してどのように対処するかを述べるテスト。たとえば，住所が記載され，切手を貼った封筒を道端で見つけた時にどうするかが問われる。

**理解能力喪失**［acatamathesia; akatamathesia］会話を理解することが不能であること。

**利害の葛藤**［conflict of interest］個人や集団がある目標を達成しようとすると，そのことによって本来目指すべき目標が妨げられてしまう状態。たとえば，心理学者はクライエントを完治させることを目指しているが，クライエントが支払える治療費の範囲では，それが達成できないような状況があげられる。⇨ **ダブルエージェントリー**

**理解力欠如**［anoetic］理解や集中的思考の能力を欠いていること。この意味は，もともとは精神遅滞を示すために用いられたが，もはや一般的なものではない。

**理学療法（PT）**［physical therapy: PT］痛みや怪我，疾患に対する治療法で，運動，温熱，水，マッサージ，電流（高周波電気治療）といったような物理的・機械的方法を用いるもの。訓練を受けた理学療法士（physical therapist）によって施術される。

**リーガー症候群**［Rieger's syndrome］歯数不足症（hypodontia）とも言う。歯と目の異常を特徴とする常染色体優性疾患である。歯の異常には，欠損歯やエナメルの発育不全（hypoplasia）を含む場合がある。視覚異常は，通常虹彩と角膜の奇形を伴う。しばしば精神遅滞を示すこともある。［ドイツの眼科医リーガー（Herwigh Rieger: 1898-1986）が最初に報告した］

**Recovery, Inc.**［Recovery, Inc.］深刻な精神的健康上の問題を抱えた人々のための**セルフヘルプグループ**。そこでは，精神的健康上の問題を抱えた人々の気まぐれな行動をコントロールしたり，彼らの問題に対する態度を変えることを意図した意思トレーニング法が中心である。［1937年にアメリカの神経精神科医ロー（Abraham A. Low:

1891-1954)によって設立され，世界で最も古い自助組織の一つである]

**離間係数**［coefficient of alienation; aliention coefficient］2変数間にある説明されない分散の合計を表す数的指標。2変数間の関連性のなさの尺度である。

**リガンド**［ligand］たとえば細胞の表層に存在する受容体分子に結合するホルモンなど，他の分子の特定の部位に結合する分子のこと。

**リガンド依存性イオンチャネル**［ligand-gated ion channel］ある分子（リガンド）が特定の受容体に結合することで反応して開閉する**イオンチャネル**。たとえば**イオンチャネル型受容体**。⇨ **電位依存性イオンチャネル**

**罹患リスク**［morbidity risk］**疫学**における，ある個人が特定の疾患や障害を発症する統計的な可能性。その見込みはしばしばリスク因子の形式で表現され，1.0が基準の値となる。数値が大きければ大きいほど罹患の危険が高いことを示す。

**罹患率**［morbidity rate］疾病の発生率のことで，健常な人の数と，不健康もしくは特定の疾患をもつ人の数との比で表される。

**力動心理学**［dynamic psychology］**動機づけや動因**を重視する心理学の体系。

**力動的アセスメント**［dynamic assessment］検査だけでなく，研究課題，エッセイ，成績なども査定のために利用する**力動的検査法**と同様の基本原則に基づく**臨床心理アセスメント**の一つ。

**力動的検査法**［dynamic testing］学習の成果や過程だけでなく，学習の資質をも測定しようとする心理測定法。実際の能力と潜在能力，つまり発達した能力がどの程度潜在的可能性を反映しているかに焦点を当てるものである。学習過程の成果よりもむしろ学習過程を数量化することが試みられる。これは，徐々により困難な課題を呈示し，正答を教育・指導的環境の中で呈示しながら，学習成績を継続的にフィードバックしていくことによって行われる。［ヴィゴツキー（Lev Vygotsky）によって導入された］

**力動的集団心理療法**［psychodynamic group psychotherapy］洞察に焦点をおいた集団に対して実施される**力動的心理療法**のこと。サポートを提供してくれる集団メンバーや，人格や行動のこれまで軽視されてきた側面に気づかせてくれるモデルとなる集団メンバーとともに行われる。

**力動的心理療法**［psychodynamic psychotherapy］狭義には，精神分析的な伝統の範囲にあり，また，そこから派生した心理療法を指す。この種の心理療法は，個人を無意識的な力（たとえば，動機や欲動）に反応するものとみなし，変化と発達の過程に注目し，自己理解することと無意識を重視することに特別な価値をおいている。この種のアプローチは，**転移適切性処理**分析の役割を重視したり，夢分析と**解釈**を使用するといった特徴を有している。広義には，人の行動や適応様式を左右する背景にある動機や防衛要因（たとえば，無意識的葛藤や対人関係パターン）に焦点を当てる心理療法のすべて，あるいはその手法を指す。⇨ **深層療法**

**力動的相互作用**［dynamic interactionism］個人の発達は，環境との持続的相互作用に依拠しているという，パーソナリティと行動のモデル。

**力動的定式化**［dynamic formulation］クライエントの行動，特徴，態度，症状について導き出された臨床治療の構成要素を，セラピストがクライエントを理解し，より効果的な治療法を計画するのに役立つ体制へと組織立てることを試み続けること。

**力動的モデル**［dynamic model］精神分析理論では，精神は，性格を形作り，行動を動機づけし，情緒障害を生成する，潜在的で無意識の欲動や本能という観点から説明が可能であるという見方。⇨ **経済モデル，局所モデル，メタ心理学**

**力量テスト**［power test］参加者のある特定のテーマについての習熟の水準の測定を意図したテストのことを言い，時間制限がないかほとんどない条件下で行われる。このテストは，用いられる課題が徐々に難しくなっていくようにデザインされる。⇨ **スピードテスト**

**陸軍研究所**［Army Research Institute: ARI］米国陸軍行動科学社会科学研究所。1939年に開設され，アレグザンドラとバージニアに本部を置く。その役割は，軍の兵士の獲得，成長，訓練，利用に関する研究を行うことで，戦闘効率を最大化することにある。

**利己**［self-interest］自分の個人的な優位や利益。利己的な行動には，報酬や利益の追求と損失や危険，損害の回避の両方が含まれる。

**利己主義**［egoism; selfishness］自己中心かつ他者の要求を無視した自己の利益に基づく行動によって特徴づけられる性格特性。⇨ **エゴティズム**

**利己的遺伝子仮説**［selfish gene hypothesis］遺伝子の唯一の目標は，その遺伝子を複製することであり，遺伝子は**自然選択**で選ばれたもののみが生き残るという，すなわち遺伝子は淘汰の主要な単位であるという仮説。それゆえに，遺伝子の複製や遺伝のために有用な突然変異が行われるとされる。近年の生物学者は，いくつもの進化のプロセスとつじつまが合う遺伝子の複製の考えを受け入れているにも関わらず，この理論は遺伝子と生物の関係を簡略化しすぎ，遺伝子が個体や群のレベルで（自然）選択を生き残ってきたという点が極端であるとみなしている。［イギリスの生物学者ドーキンス（Richard Dawkins: 1941- ）の著書 The Selfish Gene（1976）（邦訳『利己的な遺伝子』）で提案された］

**利己的自殺（自己本位的自殺）**［egoistic suicide］自殺は，過度に疎外されているという意識と関係している，という現在では廃れた概念。［フランスの社会学者デュルケーム（Emile Durkheim: 1858-1917）の研究と関連］

**利己的な支援**［egoistic helping］個人のポジティブな感情を増加させるか，他の利益を受け取ることを目的とした，援助行動の形式。⇨ **利他的行動**

**利己的な群れ**［selfish herd］それぞれの個体が自分と危険の源の間に他の個体を挟もうと押し合うような，非常に利己的な個体が集まること。互いの防衛や協力のためではなく，単純にそれぞれの個体が他の個体を盾にして自己の利益を追求することで，最終的には集まって集団を形成する。

**リコーの法則**［Ricco's law］視覚閾値は視覚像の強度とその中心窩上の領域の関数となるという原則。⇨ **バイパーの法則**［イタリアの天体物理学者リコー（Annibale Ricco: 1844-1919）による］

**離婚**［divorce］ 法的な婚姻解消。パートナーと別離し，他の人との再婚が可能となる。⇨ **情緒的離婚**

**離婚カウンセリング**［divorce counseling］ 離婚によって生じている問題への対処を助けるために個人とその家族に提供されるカウンセリング。このカウンセリングでは，移行期に家族全員あるいは片親と子どもたちにサポートグループを提供し，帰属とアイデンティティの感覚を促す。また，家族あるいは個人の状況のいずれか一方で，家族のメンバーは過去を手放し，現在の感情に対処すること学ぶよう促される。個別にあるいは一緒にカウンセリングを受ける夫婦は，相手への非難を減少し将来良い関係となる確率を増加するための別離に対して，自分たち自身は何を貢献するのかを模索する。

**離婚調停**［divorce mediation］ 別離や離婚に直面したカップルの問題を解決することを目的にした調停。調停者は中立で公平を原則に，財産分与や子どもの親権，子どもに会う権利，その後の養育等の問題で双方の合意を得られるように交渉を援助する。離婚調停は，合意の前に当事者間の対立や過度な告訴を回避するように努力する。

**離散試行**［discrete trial］ ある行動に従事するように，はっきり区切られた限定された状況。たとえば，ラットが迷路課題で行う一つひとつの移動は，離散試行と考えることができる。そのような試行は，対象とされる行動がいつでも起こりうる試行と対比される。⇨ **フリーオペラント**

**離散測度**［discrete measure］ 離散値（すなわち，不連続，別個，有限）の測度で，たとえば学生の成績水準。

**離散的課題**［disjunctive task］ 単一の解決，決定，または集団成員の提案がその集団によって採用されることによって完了する課題やプロジェクト。そのような課題はほとんどの場合に分割不可能で（部分に分割することができない），最適であることが重要で（出される答えの量ではなく，正解または最適解を求める），集団が複数の選択肢の中から代わりの選択肢を選ぶ何らかの手段を構築するように要求する。⇨ **加算的課題**，**補償的課題**，**結合的課題**

**離散データ**［discrete data］ 連続尺度ではなく特定のカテゴリーや値に制限されたデータで，順序づけられていることもあれば順序づけられていないこともある。⇨ **カテゴリカルデータ**，**離散変数**

**離散変数**［discrete variable］ 連続ではなく，比較的小さな別個の数値のみをとる**確率変数**のこと。

**リジット分析**［ridit analysis］ カテゴリー得点がカテゴリーのすべての成員を対象とした結果変数の平均順位得点であるようなカテゴリカル分析で用いられる得点化システム。

**梨状領**［pyriform area; piriform area］ 嗅脳にある梨形の領域。内側側頭葉の基底に位置しており，**星状細胞と錐体細胞**の群を含んでいる。嗅索および下部側頭葉からの入力を受け取り，**海馬体**にインパルスを伝える。嗅覚皮質（olfactory cortex），梨状皮質（pyriform cortex），梨状葉（pyriform lobe）とも呼ばれる。

**離職率**［turnover; labor turnover; staff turnover］ 産業または組織場面において，一定期間内に離職した被用者の数。離職者（労働移動）数は，解雇や自発的退職などの統制可能な離職者数（労働移動数）と，退職や余剰人員などの統制不能な離職者数（労働移動数）の2つに区分される。離職率（労働移動率）は，雇用期間の統制可能な離職者数（労働移動数）を組織の従業員数の平均で割ることによって算出される。この離職率（労働移動率）は，従業員の職務満足度の指標とされる。⇨ **不本意離職**，**自発的転職**

**リジン**［lysine］ 必須アミノ酸の一つ。体内で合成することができないため，食事から補給する必要がある。しばしば栄養価を改善するためにヒトやその他の動物の食料に加えられる。

**離人症**［depersonalization］ 自我が非現実なものと感じられる心の状態のこと。自分自身を自分自身のものと感じられず，外界を全く見知らぬ世界のように感じる。思考や経験は遠く隔たった夢のような特徴をもつ。持続的な離人症は，うつ病，心気症，解離状態，側頭葉てんかん，初期統合失調症のような障害で観察される。極端なものは離人症状（depersonalization syndrome）と呼ばれる。

**離人症性障害**［depersonalization disorder］ 社会的，職業的活動の妨げとなるのに十分なほど重篤な一つ以上の解離性エピソードによって特徴づけられる解離性障害。離人症の発症は急性の自我疎隔感で始まる。極端な場合には大きさが変容し，機械になったように感じ，自分を遠くに知覚し，場合によっては外界が非現実のものとなってしまう。

**リジン尿症**［lysinuria］ 新陳代謝に必要な酵素の欠乏により，尿にアミノ酸のリジンが含まれること。これは，筋力虚弱や知的障害を伴う遺伝性の病気である。

**理神論**［deism］ 主に18世紀の啓蒙運動と関連する，自然宗教の一つ。神は慈悲深いため，人間の幸福に必要な知識は，(a) 普遍的に入手可能で，(b) 人間に自然に備わっている知力で到達できるものにしただろう，という前提に基づいている。このことは，神聖なる真理は，人間の理性と自然創造物によってもたらされることを意味する。理神論は，真実についての神の啓示が自然に入手可能なものを超えていることを要求する啓示宗教とは対照的である。ほとんどの理神論では，神は世界とそれを統治する自然法則を創ったが，それ以来，神は公平にかつ私心なく，世界とその法則を自然の成り行きに任せていると主張している。⇨ **汎神論**，**有神論**

**リスキーシフト**［risky shift］ 集団で物事が検討されると，人々の決定がリスキーな方向に向う傾向のこと。その後の研究により，集団討議は決定事項をリスキーな方向に向かわせるのではなく，集団の成員が検討当初にもっていた見解をより極端な方向にシフトさせることが示された。

**リスク**［risk］ ある行為を行うことによって損失や害を被る確率のこと。⇨ **危険率**，**罹患リスク**，**リスク因子**

**リスクアセスメント**［risk assessment］ 精神疾患もしくは犯罪行為の結果による拘束状態から解放された場合に，その個人が命を落とすかもしれない危険性の脅威度を決定する過程のこと。⇨ **保険数理学的リスク査定**，**臨床的リスク査定**

**リスクアセスメントマトリクス**［risk-assessment matrix］ リスクに基づく危険の優先順位を決めるための表を用いる方法のこと。危険の確率とその結果の重症度間の交点によって定義される。ハザード・アセスメント・マトリクス（hazard-assessment matrix）とも呼ばれる。

**リスク因子**［risk factor］ 個人がその後疾病や障害になる可能性を増加させうる，明確に定義された行動，体質（たとえば遺伝的なもの），環境やその他の特性のこと。

**リスク回避**［risk aversion］ 選択肢を選ぶとき，リスクが比較的小さいものであっても，損失のリスクを伴う選択肢を避ける傾向。

**リスク感応度**［risk sensitivity］ 生物が長期にわたって資源の供給性が変化する可能性が少ない環境を選択する能力のこと。リスク感応度が低い個体は資源の供給性が大きく変化する環境を選ぶ。もし，資源が良好であれば，リスク感応度の低い個体とその子孫が繁栄するが，資源が劣悪であれば，リスク感応度の高い個体よりも損をすることになる。

**リスク救助評定**［risk-rescue rating］ 発見され，救助される見込みのある自殺方法の危険性を比較した式。

**リスク許容度**［risk tolerance］ **1.** 行為を行ったり，目標を追求する際に，個人がとってもよいと感じるリスクの大きさのこと。リスクに対する許容度は通常，リスクが小さい，その行為の失敗により背負う代償が少ない，また，これらのリスクや失敗の代償の大きさよりも成功した際の利益が大きく上回る，などと主観的に判断されることで決定される。**2.** 利益を得る可能性がある事柄を追求するために，人物や会社，またその他の機関がリスクとしてとってもよいと考える経済的損失の大きさのこと。

**リスク知覚**［perceived risk］ 個人が健康への脅威にさらされていると感じる程度のこと。リスクは，否定的出来事の出現可能性と，その帰結の重要性との関数である。

**リスクテイキング**［risk taking］ **1.** リスクを伴うような危険な行動や活動に不必要に従事する行動パターンのことである。この行動パターンはしばしば，**薬物乱用**，ギャンブル，高リスクの性的行動と関連している。**2.** 失敗する可能性と，成功や個人的な利益を及ぼす可能性が同時に存在する挑戦的な課題を引き受けること。主に創造性や，職場・教育機関などにおけるリスクの計算などと関連して用いられる用語。

**リスク認知**［risk perception］ 特定の危険に関する主観的な危険の水準の評価。リスク認知は過去の経験や年齢，性別，文化などの要因に依存する。たとえば，女性は乳癌発症のリスクを過大評価する傾向がある。このような誇張されたリスクの認知が遺伝子検査や予防的な手術の動機となることが多い。

**リスクメトリクス**［risk metrics］ 疾患や障害の発症における確率や傾向を記述したり表現する，数，数式，グラフ，もしくは他の方法のこと。

**リスク予測**［risky prediction］ 科学的な仮説に基づいた予測であり，その仮説が誤っていることを示す可能性をもつもの。オーストリア生まれのイギリスの哲学者ポパー（Karl Popper: 1902-1994）によれば，心理学の領域でもみられるような，ある種の科学的な理論や仮説は，様々な実験結果を説明するために拡大解釈されることが可能であり，そのような理論や仮説は，純粋な意味で否定することが不可能であるため，その意味において科学的ではないとされた。ポパーは科学的な理論はリスク予測により検証されなければならないと主張した。⇒ **反証可能性**，**反証主義**

**リストカット**［cutting］ 自分の手首や前腕の内側を切りつける行為のことで，同時に覚醒の高まりが感じられたり，痛みの感覚が低下することもある。これは**境界性パーソナリティ障害**で，時には**大うつ病性エピソード**で頻繁に行われる。

**リストワイズ除去**［listwise deletion］ 1つ以上の変数，もしくは相当な量の観測もれがある場合の欠損したデータの問題に対するアプローチで，単純にそれらのデータを解析から除去する手法。

**LISP**［LISP］ LIS(t) P(rocessing)の略。1960年代～1980年代にかけて人工知能プログラムを記述するための一次言語であったコンピュータ言語。リストは一次のデータ構造であり，基本的な言語ユニットのS式構文（symbol-expression）は帰納的に定義される（XがS式ならば，Xのリストもまたそうである）。［アメリカのコンピュータ科学者マッカーシー（John McCarthy: 1927-2011）が開発した］

**リスペリドン**［risperidone］ ベンズイソキサゾール類の非定型抗精神病薬である。アメリカの市場に2番目に売り出された非定型抗精神病薬である（最初は**クロザピン**である）。従来の**抗精神病薬**に比べ，低用量で使用した場合，錐体外路症状の発生頻度が少なく，D2ドーパミンと5-HT2セロトニン受容体の双方の強力阻害剤として作用する。アメリカでの商品名はリスパダール（Risperdal）。

**リスベルグの神経**［nerve of Wrisberg］ ⇒ **大錐体神経** ［ドイツの解剖学者リスベルグ（Heinrich A. Wrisberg: 1739-1808）による］

**リズム**［rhythm］ **1.** 生物学的リズムを例とする，変化，変動，発生などの規則的パターンのこと。**2.** 脳波の周波数。アルファ波，ベータ波，ガンマ波，デルタ波，シータ波が確認されている。**3.** 音の拍子あるいは長期的な時間構造。

**リズム障害**［dysrhythmia］ リズムに関する異常であり，発話や脳波において見出される。

**リズム法**［rhythm method］ 避妊の方法の一つで，女性が月経周期のうちの最も妊娠しやすい時期，すなわち排卵期前後に性交を控えるというもの。排卵の正確な時期を前もって予測することが難しいため，リズム法はあまり効果的でない。排卵期の予測は，直腸や膣の日々の温度変化や，頸部粘膜の糖の含有量の変化に基づいて行われる。⇒ **カレンダー避妊法**

**理性**［reason］ **1.** 哲学において，真の知識の源とみなされる**知性**のこと。⇒ **合理主義** **2.** 精神の健常さ。

**理性情動行動療法（REBT）**［rational emotive behavior therapy: REBT］ 個人の不合理な，あるいは自己否定的信念や感情が，望まない行動や否定的な自己概念を生み出したり，左右しているという考えに基づいた**認知的均衡理論**の一つ。元来，理性情動療法（論理療法）（rational emotive therapy: RET）と呼ばれていたが，1990年代に理性情動行動療法という名前が知られるようになった。この療法は様々な認知，感情，行動テクニックを通して，個人に自己否定的考えを修正させ，新しくより効果的な感情および行動の仕方が得られるように教育する。この療法の過程では，まず最初に，不合理な信念や感情が暴露される。次に，(a) その信念や感情がどのように個人の問題を生じさせているのか，そして，(b) 行動療法を通して，その信念や感情がどのように変わるのかを示すことによって，不合理な信念や感情を変える。理性的心理療法（rational psychotherapy）とも呼ぶ。⇒ **ABCDEテクニック**，**ABC理論** ［1995年に心理療法家エリス（Albert Ellis: 1913-2007）によって発展させられた］

**理性的自殺**［rationally suicidal］　解決の目途の立たない状況に対して，理解可能な反応であると判断される**自殺念慮**や自殺意図をもつこと，あるいは自殺。

**理性的な魂**［rational soul］　ギリシャの哲学者アリストテレス（Aristotle: BC384-322）の思想にある，人間がもつ魂のタイプ。**植物魂**や**感覚的な魂**と異なり，理性的な魂は理性的な思考能力をもっている。⇨ **知性**

**理想化**［idealization］　1．完璧，あるいは完璧に近く見えるように，人物，場所，物，状況に関連する肯定的な属性を誇張し，不完全さや失敗を最小化すること。2．精神分析理論における，理想化された対象への両価的感情の意識化から個人を守る**防衛機制**のこと。両親や他の重要な人物の理想化が**自我理想**の発達に寄与している。

**理想自己**［ideal self］　自己概念の規範となるものであり，一連の模範的な心理的態度に関する心的表象のこと。個人の**現実自己**の一部でもあるし，そうでない場合もある。

**理想集団**［aspirational group］　個々人が加わりたいと願い，切望する集団のこと。理想集団は，相互作用や対人関係上の構造によって特徴づけられるような実際の集団（たとえば，専門職協会やスポーツチーム）であることもあるし，共有された類似性（たとえば，裕福であるとか，知的であるとか）を所有したいと考える個々人の集合体であることもある。⇨ **メンバーシップ・グループ**，**準拠集団**

**理想主義**［idealism］　道徳的，政治的，宗教的理想に対する傾倒。

**理想的観察者**［ideal observer］　感覚，知覚のシステムを，エラーやバイアスなしに機能させることができる仮想的な人間。理想的観察者という概念は，精神物理学実験，特に**信号検出理論**において通常用いられる。理想的観察者のパフォーマンスは，実際の人間のパフォーマンスをシミュレーションしたり，それらと比較したりすることができる。

**理想的身体像**［body-image ideals］　様々な身体的特徴に対して，最大限に理想化した外見の個人的基準。実際とは異なる理想化された特徴。

**理想的な心理状態**［ideal performance state: IPS］　個人にとって最適なパフォーマンスが行える，認知的・生理的な活性の状態。⇨ **最適機能領域**

**リソース競合**［resource competition］　意識において，同時に発生している複数の注意過程もしくは意識過程が，限られた脳の資源をめぐって競合する過程のこと。⇨ **二重課題競合**

**リーダー[1]**［reading machine］　光学スキャナと文字認識ソフトウェア（活字走査および読み取り技術：print scanning and reading technology），印刷された文書を音声に変換する**音声合成装置**を用いた視覚障害者用の装置。リーダーは独立型の装置として，また，パーソナルコンピュータの構成部分として用いられる。

**リーダー[2]**［leader］　1．組織化，指示，調整，成果を動機づけることによって，他者を達成に向けて導く人。2．たとえば大学の学部長や軍隊の司令官のように，社会集団や組織で権威をもつ人。3．集団や組織で権威のある地位に立つ人にみられる性質や特徴をもつと考えられる人。⇨ **リーダーシップ**

**リーダーカテゴリー化理論**［leader-categorization theory］　自動的，自発的に，自分を含めた人々をどの程度リーダーとみなすことができるかを評価すると仮定する情報処理モデル。このような判断は，リーダーがもつ特徴について抱く一般的信念を体制化した暗黙のリーダーシップ理論によって規定される。⇨ **リーダーシップの帰属理論**，**リーダープロトタイプ**

**リーダーシップ**［leadership］　1．特定の集団や組織の目標達成に向けて他者を導くことに関わる過程で，組織化，指示，調整，他者に努力を動機づけることを含む。リーダーシップは相互的（リーダーはフォロアーに影響し，フォロアーはリーダーに影響する），相互交流的（リーダーとフォロアーは共同利益を増加させるために時間，エネルギー，技能を交換する），変換的（リーダーはフォロアーを奮起させ動機づける），強制的ではなく協力的（フォロアーは自発的にリーダーの示唆を受け入れる）で，目標志向的（リーダーは成員の個人的目標と集団目標を達成する試みを組織化し動機づける）である。⇨ **交流型リーダーシップ**，**変革型リーダーシップ**　2．効果的なリーダーの特性や行動特徴。⇨ **リーダーシップ理論**

**リーダーシップ条件即応理論**［contingency theories of leadership］　様々なモデルにおいて，リーダーシップのパフォーマンスは，リーダーの個人的特性や集団における状況の性質との相互作用によって決定される。条件即応理論の原型は，1960年代にアメリカの社会心理学者フィードラー（Fred Fiedler: 1922- ）によるリーダーシップ有効性に関する理論的分析から生まれた。フィードラーのモデルは，最も苦手な同僚と関わる程度を表すLPC（least preferred coworker scale）得点を用いて，リーダーを課題志向的と**関係志向的**に分類した。リーダーシップ環境の好ましさは，集団成員とリーダーとの個人的関係の質やリーダーによる実質的な権限あるいはパワー，そして集団成員が目指す課題の明瞭さによって決まる（⇨ **課題構造**）。このモデルでは，課題志向リーダーは集団環境が非常に有利か，あるいは逆に非常に有利でない状況で最も効果的であるが，関係志向リーダーは中程度に有利な環境において効果的であると予測する。このタイプの他のモデルには，**状況的リーダーシップ論**やリーダーシップのブルーム・エットン・ジャゴ・モデル（Vroom-Yetton-Jago model of leadership）がある。⇨ **認知資源理論**，**リーダーシップ理論**

**リーダーシップスタイル**［leadership style］　1．集団を導くときにリーダーによって示される安定的な行動傾向や手法。よくみられるリーダーシップスタイルには，専制的（⇨ **専制的リーダー**），官僚的（⇨ **官僚的リーダー**），カリスマ的（⇨ **カリスマ的リーダー**），民主的（⇨ **民主的リーダー**），放任的（⇨ **放任型リーダー**）などがある。2．リーダーシップのスタイル理論と条件即応理論において，リーダーのアプローチの特徴が課題志向的あるいは**関係志向的**とみなせる程度のこと。このような理論の多くは，効果的なリーダーが自分の率いる集団においてこれらの2つの基本的な志向性のバランスをとっていると主張する。⇨ **LPC尺度**

**リーダーシップ代替条件**［leadership substitute］　組織化，指示，調整，支持，集団成員を動機づけることなどのような典型的なリーダーシップ行動を行う人の必要性を減少させたり消失させるような社会的場面のあらゆる側面の

ことで，作業課題の性質，集団成員の特徴，集団あるいは組織の質などを含む．

**リーダーシップ代用理論**［substitutes for leadership theory］　ある労働環境においては集団の遂行の効率を高める上でリーダーシップは重要でないことを提唱した**リーダーシップ条件即応理論**のこと．たとえば，高度に構造化された課題（⇨ **課題構造**）は構造化され，指導的なリーダーの代わりとして機能し，高度に凝集性のある集団は理解ある支援的なリーダーの代わりとして機能する．⇨ **状況的リーダーシップ論**　［1978年にカー（Steven Kerr）とアメリカの組織行動主義ジャミア（John Michael Jermier: 1950- ）によって開発された］

**リーダーシップの帰属理論**［attribution theory of leadership］　**リーダーシップ発生**と評価に関するモデルの一つ．特定の環境的，また行動的手がかりの観察や解釈によって人々はリーダーシップ能力を推論していると仮定する．**リーダーカテゴリー化理論**と同様に，帰属理論は，部下は自らがもつ**暗黙のリーダーシップ理論**と合致する資質や行動をリーダーがみせた場合に，より好意的に反応すると仮定している．

**リーダーシップの特性理論**［trait theories of leadership］　リーダーシップ役割を成功させる重要な要因として認知的・非認知的能力と個人特性とみなすリーダーシップアプローチ．成功するリーダーシップとポジティブに関連している特性として，一般的知性，外向性，自信，監督能力，意志の強さ，**行動的志向**が示されている．⇨ **リーダーシップ理論**

**リーダーシップのパス-ゴール理論**［path-goal theory of leadership］　リーダーシップ理論の一つで，リーダーが力を発揮するには，リーダーがフォロアーに，どのように目標を達成し報酬を得るかを明確に示す必要があるとするもの．そうすることによって，リーダーは，勤勉に働くことが課題の達成につながり，それが高い報酬をもたらすというフォロアーの期待を高める．この理論で提案されている基本的な**リーダーシップスタイル**は，道具型（指導的），支持型，参加型，**達成志向型リーダーシップ**の4つである．それぞれのタイプが効果を発揮するかどうかは，仕事環境の性質と部下の特徴に依存する．パス-ゴール理論とも言う．⇨ **価値-道具性-期待理論**

**リーダーシップ発生**［leadership emergence］　ある人が，もともとはリーダーがいない集団のリーダーとみなされる（公式あるいは非公式に，知覚的にあるいは行動的に，潜在的にあるいは顕在的に）過程．⇨ **エマージェント・リーダー**

**リーダーシップ役割**［leadership role］　**1．**構造的には，他者の仕事を指導することに責任をもつ人が占める地位のこと．**2．**行動的には，公式にあるいは非公式に集団のリーダーとみなされる人に期待されるような，比較的まとまった課題や関係行動．

**リーダーシップ理論**［leadership theories］　リーダーの有能さあるいは無能さを説明するために発展した理論．主なタイプには，指導能力，知性，自己確信，決断力などの特徴に焦点を当てる**リーダーシップ特性理論**，リーダーの課題や関係に基づく行為に焦点を当てるリーダーシップの行動（あるいは，スタイル）理論，様々な状況でどのタイプのリーダーシップスタイルが効果的であるかを記述し

ようと試みる**リーダーシップ条件即応理論**，リーダーに対する部下の知覚がリーダーシップの効果にどのように影響を与えるかを記述する**リーダーカテゴリー化理論**や**リーダーシップの帰属理論**などがある．⇨ **暗黙のリーダーシップ理論**

**利他性**［altruism］　自己犠牲を払ってでも他者に利益を与えようとする，他者への思いやりや利他的行動．利他性とは，報酬や見返りの有無に関わらず，他者を助け，援助したいという欲求に基づくものである．**自然選択**が個体に影響を与えているにも関わらず，なぜ利他性が発達したのかを動物行動の観点から理解することは難しい．しかしながら，親族を助けたり（⇨ **血縁選択**），利他行動が後に返報される（⇨ **互恵的行動**）ならば，個体が利他行動をとることが利益となりうる．

**離脱性ジスキネジア**［withdrawal dyskinesia］　薬剤やそのほかの物質の減量と関連する随意運動の歪み（⇨ **ジスキネジア**）．

**離脱反応**［withdrawal reaction］　薬物療法の中止の結果生じる症状の再燃あるいは増悪．

**離脱理論**［disengagement theory］　高齢者において，社会的相互作用の喪失，**生活空間**の縮小，社会的な尊敬と士気の喪失が急激な形でみられるとする理論．この理論によれば，社会から個人が，また，個人から社会が遠ざかるとされている．しかしながら，実証的研究では，この相互の撤退が高齢期に必ずみられるわけではないことを示している．⇨ **活動理論**　［20世紀のアメリカの心理学者カミング（Elaine Cumming）とヘンリー（William E. Henry）によって提唱された］

**利他的攻撃**［altruistic aggression］　**動物の攻撃性**の一形態で，攻撃者が自分自身ではなく，他の集団メンバーや家族の防衛を図るもの．

**利他的行動**［altruistic behavior］　他者の利益のために行われる行動．利他的行動には，関心や支持や共感を表明すること，非常に親切な行為を他者に対して行うこと，虐げられた人々や恵まれない人々の権利を積極的に擁護すること，ボランティア活動，殉難（⇨ **愛他的自殺**）といった広い範囲の行為が含まれる．利他的行動が実際にある程度，つまり，どの程度利己的な動機なしで行われているか，については多くの議論がある．⇨ **利己的な支援**，**共感-利他的援助行動**，**援助行動**，**向社会的行動**

**リーダー不在グループ討論**［leaderless group discussion: LGD］　リーダーがいない集団のメンバーが，いくつかの主題に関する意見やアイデア，情報を交換すること．このような議論は訓練や教育的状況で用いられ，組織化されていない開かれた集団状況における自分自身や他者の行動に対する洞察を与えるために用いられる．

**リーダー不在集団**［leaderless group］　**1．**明確に指名されたリーダーも**エマージェント・リーダー**もいない集団．**2．**集団の生産性や**リーダーシップ発生**研究において，参加者たちの中に明確なリーダーがいない集団を指す．研究参加者たちは，特定の対人スキルやリーダーシップスキルを評価するために，ある問題について話し合ったり一緒に作業するように言われ，その間の行動が観察評定される．ビジネス，ソーシャルワーク，教育，軍隊などで，何らかの地位の候補者を選抜するために，リーダー不在集団を設定することがある．

**リーダープロトタイプ**［leader prototype］　"リーダー"というカテゴリーの中のほとんどあるいはすべての人に共通した特徴をもつと考えられるような，実際のあるいは抽象的なリーダーについての認知的表現。⇨ **リーダーシップの帰属理論**，**リーダーカテゴリー化理論**

**リーダーマッチ**［leader match］　オーストリア生まれのアメリカの心理学者フィードラー（Fred Fiedler: 1922- ）の**リーダーシップ条件即応理論**に基づくリーダーシップ訓練アプローチの一つ。(a) 効果的なリーダーシップは個人の**リーダーシップスタイル**と集団状況との整合性に依存すること，(b) 人々が自分自身のリーダーシップスタイルを変えるのは難しいこと，しかし，(c) 状況を吟味して自分のスタイルに合うようにそれを変えることをリーダーに訓練するのは可能であること，が提案されている。

**リーダーメンバー交換理論**［leader-member exchange theory: LMX theory］　リーダーシップについての二者間の関係的アプローチで，(a) リーダーは部下の一人ひとりとの交換関係を発達させ，(b) これらのリーダーとメンバーとの交換（LMX）関係は，責任，決定に対する影響力，資源の入手，遂行などのような部下の特性に影響すると仮定する。強いポジティブなLMX関係でリーダーと結びついた集団成員は，その結びつきによって**内集団**の一部となるのに対して，質の低いLMX関係をもつ成員は**外集団**に追いやられる。

**離断症候群**［disconnection syndrome］　通常はともに機能する大脳皮質部の分離や離断によって生じる神経学的障害。いくつかの失行や失認を含む。神経行動学的症状の中には離断症候群に帰属させることができると考えられているものもある。［アメリカの神経学者ゲシュビンド（Norman Geschwind: 1926-1984）によって定義された］

**リチウム**［lithium］　アルカリ金属元素の一つ。リチウム塩は精神薬理療法では**気分安定剤**として使用されている。リチウム塩は1940年代には躁病の治療薬として使用されたが，その毒性のために広くは利用されなかった。しかしながら，双極性うつ病の治療に対する役割の詳細な研究が行われ，より適切な用量の評価が行われた後に1970年代に広く臨床治療に用いられるようになった。基本的にはリチウムの適切使用は双極性障害を調整するために使用するが，急性躁期のコントロールや再発を防ぐ効果もある。その作用機序は未だ明らかにはなっていないが，リチウムは細胞シグナル伝達の**セカンドメッセンジャー**である**イノシトールリン酸**から，イノシトールが再利用されるのを抑制する働きがあると考えられている。中毒量は治療での投与量のわずか2～3倍でしかなく，血清濃度のモニタリングが必要である。急性毒性症状は振戦，下痢，嘔吐，協調運動失調を伴う。さらなる投与は心律動性障害や神経機能障害を引き起こし昏睡状態や死亡に至ることもある。一部の患者においては長期のリチウム使用が甲状腺や腎臓の機能不全の原因となることもある。リチウムは胎児の心臓奇形（エプスタイン型心奇形）と関連しており，妊婦への使用は奨励されていない。

**リッカート尺度**［Likert scale］　**態度対象**に対する強い肯定と否定の評価を反映するような文章で構成される**直接的態度測定**のこと。回答は，「強く同意する」から「強く同意しない」までの反応段階評点におけるそれぞれの主張に対する反応を指し示す。また，リッカート加算評定法（Likert summated rating procedure）とも呼ばれている。［アメリカの心理学者リッカート（Rensis Likert: 1903-1981）による］

**リッキング行動**［licking behavior］　動物が自分をなめる行動や他の動物，特に自分の子どもをなめる行動。なめる行動は多くの哺乳類にある母性行動の一つである。妊娠しているメスは出産する前に自分をなめ，その後子どもをなめる。それによって自分の子どもを同定できる。子どもの小便をなめることによってメスは授乳期の乳のホメオスタシスを維持することができる。

**リッジ回帰**［ridge regression］　多重共線性の問題を改善するために考案された最小二乗法の一つの変化形。

**立体映画**［stereoscopic motion picture］　2つのカメラを通じて記録された情景を，各々片眼の視野に提示することで，奥行き次元が与えられた映画。映画の各シーケンスが，同時にそれぞれ異なる眼に提示されることで，立体的な奥行きが知覚される。3D映画とも言う。⇨ **奥行知覚**，**立体視**

**立体鏡**［stereoscope］　同一の情景に関する2つの微妙にずれた画像を，片眼ずつに提示するための装置。異なった網膜像が融像されることで，両眼で3次元的な像が生成される。⇨ **ステレオグラム**

**立体視**［stereopsis; stereoscopic depth perception; stereoscopic vision］　両眼の像に存在する**両眼視差**を用いることで生じる**奥行知覚**。⇨ **アナグリフ**

**立体視力**［stereoscopic acuity; stereo acuity］　奥行きを知覚するための視力。

**立体認知**［stereognosis］　触覚によって物体を認識する能力。

**立体盲**［stereoblindness］　**両眼視差**手がかりを用いて奥行きを見ることができないため，奥行き知覚が損なわれること。一般人口のうち，5～10％で生じると考えられる。幼児期における**斜視**と結びつけて与えられるが，後頭側頭の脳損傷によっても生じると考えられる。

**律動刺激**［rhythmic stimulation］　フリッカーする光が自動的な影響を及ぼすことであり，フリッカーの周波数に脳波のパターンが同期していることが特徴である。光のフリッカーが脳波に及ぼす影響は動物の種類によって異なる。また，フリッカーする光は病気の人には発作を起こさせる可能性がある。

**律動的常同運動**［rhythmic stereotypy］　体を揺らしたり，足を蹴り上げたりするような荒々しい動きであり，明白な機能はない。生後1年の間に起こる**運動遊び**の一形態である。

**律動不整**［dysrhythmia］　言語能力あるいは脳波にみられる何らかの律動的異常。

**リップスの錯覚理論**［Lipps illusion theory］　多様な錯視を観察者の感情状態によって誘発された視覚的な歪みとして説明する理論。［ドイツの哲学者・心理学者リップス（Theodor Lipps: 1851-1914）による］

**立毛**［piloerection］　体毛を立たせる。立毛筋の収縮により，肌に一時的にブツブツができること。寒さや恐怖，興奮（性的その他の）により起こる。鳥肌（goose bumps; goose flesh; goose pimples; goose skin）とも呼ばれる。

**立毛効果**［pilpmotor effect］　体毛を立たせる立毛筋の

収縮のこと。立毛反応（pilomotor response）とも言う。

**リーディングスパン**［reading span］　読みの最中に，人が1回の注視（固視）で理解できる筆記あるいは印刷された文字の量。リーディングスパンが長いほど，1行を読むために目を止める回数は少なくなる。アルファベットでは7～10文字が典型的なスパンだと考えられている。アイスパン（eye span），認識スパン（recognition span）とも言う。⇨ **視野範囲**

**リーディング・ラダー**［reading ladder］　1. 生徒の読書能力を高いレベルに引き上げるための方法であり，やさしい読み物から始めて，規定の順序で進め，徐々に難しい読み物を読ませるようにする。この過程は，生徒の読書スキルを拡大するために開発された。2. 類似したテーマについて，書かれた書籍のタイトルを難しさの順に並べたリストであり，最もやさしいものが一番下に，最も難しいものが一番上にくるようになっている。

**リテラシー**［literacy］　1. ある言語において読み書きできる能力。識字。⇨ **二言語識字**　2. 教養があり，知識も豊富であるという資質。

**リテラシーテスト**［literacy test］　読み書きの能力あるいは個人の文章理解を調べるテスト。

**利得行列**［payoff matrix］　ある個人が選択することができる一連の行動それぞれによって生じる利益と損失を示す表または行列。個人とは，たとえば，あるゲームのプレイヤー，もしくは信号検出実験の参加者などのことである。典型的な参加者は，反応や判断基準を利得が最大になるように変化させることが知られている。

**利得−損失ダイナミック**［win-lose dynamic］　競争的報酬構造によって，他者が失敗しなければ自分は成功しないと参加者が思っている状況で起こる，対立を促進するプロセス。

**リドッホ現象**［Riddoch's phenomenon］　視交叉以降の視覚系に損傷のある患者が，静止刺激を見たときに，運動する光刺激が見えること（静的動的視野解離：statokinetic dissociation）。リドッホ現象は視神経の損傷と関係する。⇨ **大脳性弱視**　［1917年にイギリスの神経科医リドッホ（George Riddoch: 1888-1947）によって説明された］

**リハビリテーションカウンセラー**［rehabilitation counselor］　職業，教育，個人，心理，社会，レクリエーションなど，リハビリテーションのすべての重要な段階において，身体的，精神的もしくは情緒的な機能障害をもつ人を評価し，指導するために訓練され，知識を身につけた専門家。リハビリテーションカウンセラーは主としてリハビリテーションチームから提案された様々なサービスをコーディネートし，サービスを個々人のニーズに合わせる手助けをする。

**リニア型**［linear type］　ほっそりとして，胸が薄く，長い首，高い鼻といった特徴をもつ体型。ときに，**クレッチマーの類型論**における**無力体型**と同義である。

**離乳**［weaning］　幼い子どもあるいは動物にミルク以外の源からすべての栄養分を得るよう順応させるプロセス。通常，母乳による育児の停止を意味する。

**離乳のための攻撃**［weaning aggression］　授乳を阻止するために，離乳時に母親から子どもに向けられる動物の攻撃。

**利尿剤**［diuretic］　尿の流れを増加させる薬物。利尿剤には内因物質（ドーパミン），処方薬，あるいは市販薬（サイアザイド系利尿剤）がある。多くの利尿剤（チアジドを含む）は，少量の水しか腎尿細管で再吸収されないように，腎臓のろ液からのナトリウムイオンとカリウムイオンの再吸収を抑制あるいは阻止することで作用する。他のものは，浸透圧利尿薬と呼ばれ，ろ液の浸透圧を上昇させる。両方のメカニズムは尿量を増加させる。利尿剤の中には，たとえば，だるさ，脱力感，めまい，ペニス勃起不能，頭痛，多渇症，イライラ，興奮といった心理的な悪影響がみられるものがある。

**リハーサル**［rehearsal］　1. ある水準の不快感や不安を誘発することが予想される将来の出来事や直面化へ準備すること。今後言われるのではないかと思われることや行われると予想されることを予め実践することによって，出来事自体はストレスの多いものではなくなる可能性がある。指導を受けながらあるいはロールプレイをしながらセラピストと一緒にリハーサルを心理療法の中で行うことによって，クライエントが将来の出来事を実践する手助けをする。⇨ **行動リハーサル，メンタル・リハーサル，ロールプレイ**　2. 記憶の中により長く保持させようとして，情報を反復すること。記憶の二重貯蔵モデルによれば，短期記憶においてリハーサルは起こり，より強固な記憶痕跡となることで長期記憶に貯蔵される。リハーサルは言語的プロセスを暗示しているものの，他のモダリティにおいても起こると仮定されている。⇨ **深い処理仮説**

**リバスチグミン**［rivastigmine］　アルツハイマー病（Alzheimer's disease）に関連した軽度から中等度の認知症（dementia）の治療に用いられる可逆的アセチルコリンエステラーゼ阻害剤のカルバメートである（⇨ **向知性薬**）。吐き気や食欲不振を引き起こす場合があるので，漸増する滴定による低用量開始が推奨される。アメリカでの商品名はエクセロン（Exelon）。

**リーバス表記法**［rebus writing］　言語の音を表すために記号を用いること。各音に特有の記号が割り当てられれば，筆記体系に必要な記号の数は飛躍的に減少する。

**リハビリテーション**［rehabilitation］　1. 自立性やウェルビーイングをできる限り最大限に回復させる過程。また，負傷したり，トラウマを経験したり，身体的・精神的な欠陥や障害を抱えた人の機能水準をできるだけ最大限に回復させる過程。社会復帰には適切な資源（例，治療やトレーニングなど）を提供することが含まれる。それによって，人（例，脳卒中を患った人）が以前に獲得したスキルや能力を再建し，自分の失ったものを埋め合わせることができるようになる。⇨ **リハビリテーションプログラム，ハビリテーション**　2. 犯罪者社会復帰やアルコール依存社会復帰（⇨ **アルコール依存治療**）のように，人に健康な状態や役に立つ建設的活動をもたらすよう計画された治療のこと。

**リハビリテーション医学**［rehabilitation medicine］　人の身体的，心理的，認知的，社会的，職業的，教育的潜在力を最大限に発達させることを専門にした医学の一部門。これらの潜在力は生理学的あるいは解剖学的障害や環境的な制約と結びついている。

**リハビリテーション工学**［rehabilitation engineering］　障害のある人々の生活の質を改善する製品，プロセス，環境を様々な分野で開発する多様な研究領域を統合する学問

分野のこと。⇨ **バイオエンジニアリング**

**リハビリテーション心理学**［rehabilitation psychology］障害や慢性疾患の研究，予防，治療に対して，心理学的知見と理解を適用することに特化した心理学の専門分野。リハビリテーション心理学者（rehabilitation psychologists）は，関係する要因（生物的，心理的，社会的，環境的，政治的要因）をすべて考慮に入れて，個人が最適な身体的，心理的，対人的機能を働かすことができるように援助する。

**リハビリテーションプログラム**［rehabilitation program］疾病，外傷，身体的もしくは心理的障害，機能障害をもつ人を支援するリハビリテーションサービスのシステム。このプログラムは個々人のニーズに応じてカスタマイズされ，理学療法，レクリエーション療法，作業療法が含まれることもある。心理的・社会的支援，教育的・職業的なプログラムであり，**言語療法**，**聴覚学**，**オリエンテーションと運動トレーニング**のような，適切で特別なサービスである。

**リビドー**［libido］ 1. 精神分析理論の用語。一般には，**生の本能**の**心的エネルギー**か，あるいは特に**性衝動**のエネルギーのこと。フロイト（Sigmund Freud）の当初の考えでは，このエネルギーは性的なものに限定されていた。しかし，次第にフロイトはこの概念を拡大し，愛や快，そして自己保存の表出までも含めるものとした。⇨ **エロス** 2. 広義には，性的エネルギー，あるいは性的願望を示す。3. ユング（Carl Gustav Jung）の**分析心理学**において，生物学的，性的，社会的，文化的，および創造的といった，すべての活動型にエネルギーを配分する総合的な生命力のこと。

**リビドー段階**［libidinal stage］ 精神分析理論の用語。はっきりと区切られた**心理・性的発達**の様々な段階のこと。**口唇期**，**肛門期**，**男根期**，**性器期**がある。

**リビドー転移**［libidinal transference］ 精神分析において，患者の**リビドー**，あるいは愛情が患者の両親から患者の治療者に向けられる**転移**のこと。

**リビドーバインディング活動**［libido-binding activity; immobilizing activity］ 心理療法グループのメンバーが，リビドーを刺激する活動ではなく，特別な興味や職業にリビドーのエネルギーを集中させるような活動を指す。［ロシア出身のアメリカの心理療法家スレイヴソン（Samuel Richard Slavson）によって提唱された］

**リビドー類型**［libidinal types］ 精神分析理論の用語。精神内の**リビドー**，あるいは性的エネルギーの配分に基づく人格分類をいう。性愛型（erotic type）では，リビドーは概してイドに留まっており，主な興味関心は愛し愛されることにある。強迫型（obsessional type）では，リビドーは概して**超自我**に注ぎ込まれ，個人は良心に支配される。自己愛型（narcissistic type）では，リビドーは主に**自我**に注ぎ込まれ，主な関心事は自己保存であり，他者あるいは超自我の命令にはあまり関心が向けられない。［フロイト（Sigmund Freud）によって考案された類型］

**リビング・ウィル**［living will］ 回復不能な病にかかっているとき，自殺幇助（assisted death）や将来の医療に対して，個人の意志や希望を明確にした法的文書のこと。本人の意思能力のあるうちに用意される。

**リーフスイッチ**［leaf switch］ 柔らかく，柔軟性のある**レバースイッチ**であり，少し曲げることで起動できる。身体障害のあるユーザーでも操作することが可能である。

**リー・ブート効果**［Lee-Boot effect］ フェロモンの促しによる発情期間の延長のこと。特にメスの動物が他のメスと一緒にいる時に行う。［オランダの生物学者リー（S. van der Lee）とブート（L. M. Boot）により1955年に発見された］

**リープマン効果**［Liebmann effect］ 異なる視覚刺激間の境界が色相によってのみ分けられているときに，両刺激が知覚的に分離しにくくなること。［ドイツの心理学者リープマン（Susanne E. Liebmann: 1897-1990）による］

**リフレーミング**［reframing］ 1. 別の観点をもつことによる態度変化を目的として，思考を再概念化するプロセス。心理療法では，クライエントが行動を粋づけする方法が問題とされる。セラピストは，状況の評価や他者への反応に対する代替的方法を提供し，クライエントの思考や感情を再構成する。⇨ **言い換え** 2. 概念的文脈や情緒的文脈，または問題と状況の両方を変化させることによって，問題や状況が均一に良い状態になるよう，しかもその実質的な意味は変わらないように，既存の事実に異なる概念をあてはめること。たとえば，ある状況を扱うときの弱さや難しさを知覚できれば，強さやチャンスに変わる。

**リペアレンティング**［reparenting］ 1. クライエントが幼少期に経験しそこなったことを提供する心理療法。妥当性には疑問がある。治療のなかで，重い問題を抱えたクライエントが，子どもや乳児のように扱われる。たとえば，スプーンや哺乳瓶で食べ物を与えられ，抱きしめられ，歌を歌ってもらう。また，クライエントを毛布で包み，そこから外に出ることが出産の再現だと説明するが，非論理的だと考えられている。2. 自助やある種のカウンセリングにおいて，両親が与えることができなかった養育的な態度や行為をクライエントが自分自身に与えるように仕向ける治療技法。

**利便性重視の顧客**［convenience shopper］ 入手の容易さに比べ製品のコストにあまり注意を払っていない顧客を指す。利便性重視の顧客は，製品の取得にあたり，主に時間の効率性を重視している。

**リボソーム**［ribosome］ タンパク質とRNAをもつ細胞内小器官のこと。すべての細胞に多数含まれており，（メッセンジャーRNAの形の）遺伝情報の翻訳とタンパク質合成に寄与する。細胞質内に浮遊して存在するものと**小胞体**に付着しているものとがある。

**リボーの法則**［Ribot's law］ 1. 最も直近に獲得した記憶は，脳の損傷による混乱に最も弱いという法則。その結果，**逆向性健忘**において**時間的勾配**がみられる。2. 多数の言語を使いこなせる人が頭部の打撃や脳損傷による**失語症**から回復するとき，最も早く回復するのは第一言語であるという一般論。⇨ **ピトレの法則** ［フランスの心理学者リボー（Théodule Ribot: 1839-1916）による］

**リマインダ**［reminder］ ある行動や記憶，習慣，目標を思い出させ，再活性化させるのを助ける手がかり。

**リメランス**［limerence］ 恋愛関係における相手への熱烈な性的欲望と強い関心のこと。相手が自分にどう反応するかという強い感受性を伴う。リメランスの強さは一般的に，関係が形成された1〜2か月後には次第に弱くなっていく。⇨ **情熱的な愛情**，**恋愛** ［アメリカの心理学者テンノフ（Dorothy Tennov: 1928- ）が1979年に初めて用い

**リメンバー・ノウ判断**［remember-know procedure］過去の出来事にアクセスする2つの異なった方法。エピソード記憶と意味記憶をそれぞれ測定するのに使われる方法。具体的に思い出せる（remembering）とは，意識的で鮮明な過去の出来事の記憶であり，ある人がオリジナルの出来事が起こった特定の時間と場所へ心的に移動し，その詳細を検索できるようなものである。この場合，その人は，その出来事が起こった時間から，特定の連想やイメージ，あるいはより個人的な事柄を思い出すことができる。わかるだけ（knowing）とは，ある人が，ある出来事が起こったことは確信をもっているが，実際起こったことや起こった時間に経験したことについて思い出せない経験を指す。この場合，出来事の検索は，時間や場所，その他詳細に関する特定の想起を伴わない。［エストニア生まれのカナダの心理学者タルヴィング（Endel Tulving: 1927- ）による］

**リモートマスキング**［remote masking］信号よりも高い周波数のマスカーが信号を遮蔽あるいは妨害すること。⇨ 聴覚マスキング

**略奪的性的倒錯**［predatory paraphilia］同意の得られた対象でなく同意のないものに対して，性的関心を向けたり性的に興奮したりすること（⇨ 性嗜好異常）。たとえば，露出症や窃触症が含まれる。

**流音**［liquid］流暢な言語音のこと。

**隆起漏斗路**［tuberoinfundibular tract］脳にはドーパミンを主要な神経伝達物質として使う神経経路がある（⇨ ドーパミン作動性ニューロン）。その主な3つの経路のうちの一つが隆起漏斗路である。この経路は視床下部にある局所経路であり，ここにある細胞体は下垂体へ伸びる短い軸索に投射している。隆起漏斗路は視床機能や特定のホルモン（たとえば，プロラクチン）の制御に関連する。この経路に関係するホルモン機能の変容は，フェノチアジン抗精神病薬を服用している患者によくみられる。

**流言強度公式**［rumor-intensity formula］なぜ流言が持続したり，強まったり徐々に弱まるのかについての説明を試みるモデルのこと。流言の飽きに関する強度は，主題の重要性と入手可能な情報に関する不確実性のレベルとの積とされる。［オールポート（Gordon Allport）およびロシア生まれのアメリカの実験心理学者ポストマン（Leo Postman: 1918-2004）により提唱された］

**流行[1]**［epidemic］一般的には，流布している，普及していることであり，大抵は病気に関して適用される。⇨ 風土性, 大流行病

**流行[2]**［fashion］特定の時間や場所で普及している芸術的・文化的表現，衣服，風習，習慣のスタイルのこと。流行は一時的で不合理的なものであることもあるが，時代精神や社会の様相を反映していることも多い。

**流行性カタレプシー**［epidemic catalepsy］一体化や模倣の結果として，同時に多数の個人にカタレプシーが生じる状況のこと。

**流行性舞踏病**［choreomania］とりわけ熱狂して激しく踊ることへの統制不可能な衝動。舞踊への熱中は主に，中高年のヨーロッパのダンスエピデミックにおいて生じた。舞踏性狂気（dancind madness），舞踏性躁病（dancing mania）とも呼ばれる。

**流産**［miscarriage］子宮外に出て生存して行く前の，胎児の自然流産。通常，妊娠の第28週以前で生じる。

**流涎症[1]**［ptyalism］唾液の過剰な分泌。耳下腺，顎下腺，舌下腺における唾液分泌は，健康成人で1000〜1500 ml/日である。てんかん，脳炎，薬物，高血圧，激しい感情，高い不安などと関連する。

**流涎症[2]**［sialorrhea］唾液の過剰分泌のこと。筋委縮性側索硬化症とパーキンソン病に生じ，抗精神病薬クロザピンによく起こる副作用である。

**流暢性**［fluency］1. 認知心理学において，アイデア，言葉，心理的連想，問題に対する潜在的解決法などを容易に素早く生み出すことができる能力のこと。流暢性は通常，創造性の重要な側面だと考えられている。⇨ 連想の流暢性 2. 流暢に会話をしたり文章を書く能力のことで，特にその人の母語でない言語での能力のこと。

**流暢性不全**［dysfluency］発話の正常な流れまたはパターニングの障害であり，反復，引き伸ばし，どもりといった特徴がある。⇨ 吃音症

**流暢な発話**［fluent speech］分量，強勢，ピッチ（音の高さ），リズム，抑揚が基本的に正常である発話。

**（陪審員選定における）理由付き忌避**［challenge for cause］予備尋問中に，特定の理由を付して，ある陪審員候補者を陪審員とはしないように裁判官に要求すること。たとえば，検察側か被告のいずれか一方と関係がある陪審員は，理由付き忌避によって陪審員から解任される。⇨ 専断的忌避権

**流動嗅覚計**［stream olfactometer］ニオイが提示される空気が常に移動，流動している嗅覚計のこと。⇨ 噴射式嗅覚計

**流動性-結晶性知能理論**［fluid-crystallized intelligence theory］知能には，流動性知能と結晶性知能という2種類の知能があるとする理論。流動性知能は，新しい問題や状況へ対処する際に用いられ，結晶性知能は，問題に対して今までの経験を通して培われた知識を当てはめる際に用いられる。

**流動性知能**［fluid intelligence］流動性能力を構成する知能の構造。⇨ 流動性-結晶性知能理論

**流動性能力**［fluid abilities］記憶範囲の広さや情報処理の速さなど，身体的な状態や成熟の程度に関わるような能力。この能力は児童期に発達するが，高齢期にはある程度衰えると考えられている。⇨ 結晶性能力, 流動性-結晶性知能理論

**流涙**［epiphora］涙が過剰に分泌されること。涙の排泄不足を引き起こす器質性疾患によって起こることが最も多いが，慢性不安や恐れなど感情的なストレスに関係している可能性もある。

**稜**［crista; crysta］内耳の三半規管の端の膨大部にある構造で，頭部の運動の方向や加速度を感知する有毛細胞がある。

**領域**［domain］集合論において，ある関数が定義された要素の集合のこと。

**領域固有知識**［domain-specific knowledge］チェス，野球，音楽の知識のような，あるトピック内で専門化された知識。

**領域固有能力**［domain-specific ability］課題に特有で，精神，脳，あるいは両者の特定の機能の統制下で働く認知

能力。たとえば，顔認知など。⇨ **領域普遍能力**

**領域自由問題**［domain-free problem］ 問題解決の分野で，数学や科学のような特定の領域の知識を使わずに解決されうる問題。

**領域的優越**［territorial dominance］ 自分の家や職場にいるときの対人関係を支配できる能力のこと。

**領域同一化**［domain identification］ 個人が自分自身と，学問，仕事，運動のような，何らかの分野との関係を暗黙に形成するプロセスのこと。たとえば，学問に同一視すると，教育場面における成功によって得られた報酬に価値を見出し，学校で求められるスキルや資源をもっていると感じ，他者がこの分野での達成に価値をおいていると感じるようになる。

**領域の明確化**［domain identification］ 組織理論における用語で，使用される方法，追求すべき目標，組織が奉仕すべき集団を明確化すること。

**領域普遍能力**［domain-general ability］ 広範囲にわたる状況や課題のパフォーマンスに影響する認知能力。たとえば，一般的な知能，あるいは情報処理の速さなど。⇨ **領域固有能力**

**了解心理学**［verstehende Psychologie］ ドイツの哲学者ディルタイ（Wilhelm Dilthey: 1833-1911）によって提唱された心理学の学派の一つ。ディルタイは，自然科学（Naturwissenschaften）に対する精神科学（Geisteswissenschaften）としての心理学について論じ，その目的は自然法則による因果の説明よりも，むしろ了解（Verstehen）にあるとした。心理学において，了解の対象は生きられた体験（Erlebnis）であり，その目的は人が生きる中で認識した体験の意味を表現することでなければならないと考えた。またこのアプローチは，**現象学，解釈学，実存心理学**に影響を与えた。⇨ **精神科学的心理学，自然科学的心理学**

**梁下回**［subcallosal gyrus］ 帯状回の後ろにある**大脳辺縁系**の一部。この機能は帯状回の機能と相互関係にある。帯状回が運動ニューロンの機能を強めるのに対して，梁下回は運動ニューロンの活動を抑制する。

**両価傾向**［ambitendency］ **1**．正反対の2つの方向に行動する傾向。相反する行動の動機がもととなっている。**2**．自発的行動の予測における不十分な運動反応のパターン。**精神運動抑制**の一つの型として生じる緊張状態であり，自発的な運動の欠如によって，運動が止まってしまっているようにみえたり，躊躇やどっちつかずの動きを示したりする。**3**．（ユング心理学において）相反する傾向が存在することによる精神的両価性。

**両価性**［ambivalence］ 矛盾する，正反対の感情や態度が同時に存在すること。たとえば，同一の人物，対象，出来事，状況に対して快感と不快感，好意と敵意を同時に抱くこと。両親はしつけと愛情の両方を与える存在であるため，相反する感情が強く向けられることが多い。スイスの精神科医のブロイラー（Eugen Bleuler: 1857-1939）は，両価性を心理学的な観念として初めて定義し，感情両価性（affective ambivalence）と呼んだ。また，母親に多大な愛情を表現する一方で，母親を殺す方法を探るような顕著な両価性を，統合失調症の主症状の一つとみなした。

**両価的な性差別**［ambivalent sexism］ 2つの性のうちの一つに対して否定的態度と肯定的態度が共存することによって特徴づけられる**セクシズム**のタイプ。たとえば，女性に対するそのような態度は，一方で恐怖と敵意を抱きながら，もう一方では誇張された騎士道精神と保護を示すことがある。

**利用可能性**［availability］ 記憶貯蔵庫内に，情報が保存されていること。ある情報が検索されうることを示すアクセス可能性（accessibility）とは区別される。

**利用可能性エラー**［availability error］ 問題解決において，最も簡単に思いつく解決法を，正しい，あるいは最も良い解答であると思い違いをしてしまうこと。

**利用可能性ヒューリスティック**［availability heuristic］ ある事象の生起頻度について判断するときに，その事象に関する記憶に蓄えられた情報量に基づいて判断をするという方略。情報量が多いほど，その事象が生起しやすいと判断される。この方略を用いると，記憶の中でも情報を利用しやすい事象（たとえば，飛行機事故など 大きく報道されがちな出来事）については実際よりも多く起こると判断されたり，反対に，比較の情報を利用しにくい事象（たとえば，糖尿病など，あまり報道されない死因など）については実際よりも起こりにくいと判断されたりする，というような誤りを犯しやすい。⇨ **代表性ヒューリスティック，ヒューリスティック**

**両側検定**［two-tailed test; nondirectional test］ 効果または関連性において，期待された方向性をもたない実験的仮説の統計的検定。⇨ **片側検定**

**両眼加算**［binocular summation］ 単眼のみを刺激することに比べて，両眼を刺激することにより，感覚や知覚的反応が増大する現象。

**両眼間転移**［interocular transfer］ 片方の眼だけに対して提示された刺激によって生じた残効が，もう一方の眼においても経験できること。大脳皮質内の1次視覚野の**両眼性細胞**が活躍する以前の段階では両眼間に直接的な投射が存在しないことから，両眼間転移の存在は，残効の生起には大脳皮質などの網膜以後の機構が介在することを示唆する。

**両眼間抑制**［binocular suppression］ 単眼への刺激が，他方の眼への刺激に対する反応や感度を抑制する効果。

**両眼視**［binocular vision］ 周囲の環境を3次元で見ることを可能にする視覚機能。⇨ **立体視，両眼融合**

**両眼視差［1］**［retinal disparity; binocular disparity］ 右眼と左眼の網膜像のわずかな差。網膜視差とも言う。1つの対象に両眼の焦点を合わせるとき，2つの眼が離れた位置にあるために視角の差が生じ，わずかに異なる像がそれぞれの網膜で受容される。この2つの像は自動的に比較，融合される。この無意識の比較は**奥行知覚**の重要な手がかりとなる。⇨ **非交差視差**

**両眼視差［2］**［binocular parallax］ 両眼が離れた位置にあることに起因する2つの網膜像間の差異。

**両眼知覚**［binocular perception］ 両眼への刺激によって得られるあらゆる視覚体験。

**両眼視野闘争**［binocular rivalry; retinal rivalry］ 両眼における刺激の融像（⇨ **融合**）に失敗したときに生じる現象。たとえば，左目には水平縞を提示し，右目には垂直縞を提示すると，2つの縞を重ねたチェッカーボードのようなパターンが安定して知覚されるのではなく，2つの縞が混ざりあったり，交互に現れるという知覚が生じる。⇨

両眼融合
　**両眼遮蔽**［binocular deprivation］　まぶたをふさぐようにして両眼への光を遮ること。⇨ 単眼遮蔽
　**両眼性細胞**［binocular cells］　右目もしくは左目に刺激を呈示することで反応する皮質の細胞。対照的に，単眼性細胞（monocular cells）はその反応を生じさせるためにはいずれか特定の眼に刺激が呈示される必要がある。
　**両眼性手がかり**［binocular cue］　両眼の使用を必要とする視覚的手がかりのこと。**両眼視差**と**輻輳**は奥行知覚のための両眼手がかりの例である。⇨ 単眼性手がかり
　**両眼フリッカー**［binocular flicker］　断続的な光で各々の眼を別々に刺激する実験パラダイムである。各々の眼への照射の位相関係を変えることで両眼間相互作用を検討できる。［シェリントン卿（Sir Charles Scott Sherrington: 1857-1952）によって考案された］
　**両眼分離刺激**［dichoptic stimulation］　それぞれの眼に異なる刺激を同時に呈示すること。両眼分離呈示は通常，**両眼視野闘争**を引き起こす。
　**両眼融合**［binocular fusion］　各々の眼を通して見ている刺激を合成し，単一のまとまりある知覚を得ること。⇨ **両眼視**，**融合**
　**両義語句**［double entendre］　二通りに解釈されうる単語，句，あるいは文。特に，解釈されうる意味の一つが性的な意味であるときに使われる。⇨ **多義性**，**だじゃれ**［フランス語"double meaning"の意味］
　**利用欠如**［utilization deficiency］　既に獲得されたあるいは用いる能力があることが証明されている方略を，記憶によって駆動することができないために，その方略を使用して個人が課題パフォーマンスを改善することができないこと。歴史的には，子どもの学習において頻繁に研究されてきたが，現在の研究では，こうしたメモリー不足は，発達的に限定されたものだけでなく，**ワーキングメモリー**の容量が小さいことによってどんな年代にも起こり得ることが示唆されている。⇨ **媒介欠乏**，**産出欠如**
　**両向性**［ambiversion］　内向性と外向性をほぼ同じくらい示す性格傾向。そのような人は両向型人間（ambivert）と呼ばれる。
　**量作用**［mass action］　特に学習において，大脳皮質の特定部位が関与するのではなく，脳全体の機能が関わっていること。⇨ **質量作用の法則**，**記憶の大脳皮質等価値説**
　**量子**［quantum］　物理学において，光エネルギーの単位のこと。
　**両耳唸り**［binaural beat］　わずかに周波数の異なる2つの音を別々に左右の耳に同時に呈示すると，音の位置もしくは音の大きさが周期的に変動するように知覚されること。片耳唸りとは異なり，両耳唸りは刺激自体の中に存在しているのではなく，両耳に各々呈示された音と音の相互作用が聴覚系の中で生じて得られるものである。⇨ **唸り**
　**両耳音ラウドネスバランステスト**［alternate binaural loudness-balance test］　大きな音に対する感度の正常性を調べる検査のこと（⇨ **補充現象**）。聴取者は，両耳に交互に提示される同一周波数の2つの音を聞くが，一方の音はもう一方の音よりも20 dB強い音に設定されている。もし聴取者が2つの音を同じ音の大きさをもつものとして知覚したならば，それは一方の耳が音の大きさにより異常に敏感であることを意味する。

　**両耳間競争**［interaural rivalry］　両方の耳で同時に受けとった相反する入力を理解するために行われる聴覚系内での競争。両耳間競争は側頭葉損傷の研究に利用されている。たとえば，損傷が右側にあるとき，患者は概して左の耳で聴いた情報をあまり想起できない。
　**両耳間相互作用**［binaural interaction］　両耳からの神経信号の相互作用。特に聴覚刺激の定位において重要な役割をもつ。
　**良識**［sense］　人物にはっきりと表れる，あるいは欠如している，優れた分別，または知性のこと。
　**両耳側半盲**［bitemporal hemianopia］　左視野の左半分と右視野の右半分における視野欠損。視交叉の損傷（圧迫）によって生じる。⇨ **半盲**
　**両耳聴キュー**［binaural cues］　ある音源から両耳に届く音の違い。これらの両耳間の違い（interaural differences）は，両耳系を用いることによって，音源の位置の同定や頭内定位を可能にする手がかりとして働く。よく用いられる手がかりは，両耳間レベル差（interaural level differences: ILD），両耳間時間差（interaural time difference: ITD）およびITDと密接に関連がある両耳間段階差（interaural phase difference: IPD）である。両耳差（binaural differences）とも呼ばれる。⇨ **音源定位**
　**量子脳仮説**［quantum hypothesis of consciousness］　神経量子論を拡張したもの。この仮説では，量子レベルで発生するニューロンの事象は，意識の重要な側面であるとされる。
　**両耳分離**［dichotic］　左右の耳に異なる音を呈示するというような，それぞれの耳に異なる刺激を提示することに関連する。
　**両耳分離聴**［dichotic listening］　左右の耳に異なる聴覚メッセージを同時に呈示し聴取する課題。聴取者は，2つの音の流れを体験し，それぞれの音は音が呈示された耳に定位される。また，一方の耳から聞こえてくるメッセージを無視することで，他方の耳から聞こえてくるメッセージに集中することができる。
　**両耳分離聴検査**［split-span test］　数字あるいは単語を読み上げる短い音声メッセージのリストを2種類用意し，それぞれ左右の耳から素早く同時に提示するテスト。被験者は，どんな順番でもいいので可能な限り多くの数字あるいは単語を報告することが求められる。大抵，被験者は片方の耳に提示された刺激を先に報告した後，もう片方の耳に提示されたものを報告する。
　**良心**［conscience］　個人の善悪の感覚。精神分析では，良心とは**超自我**，あるいは人格の倫理的な構成要素であり，その人の行いや態度の裁判官や批評家のように機能する。⇨ **専制的良心**，**人間主義的良心**
　**両唇音**［bilabial］　両唇が空気の流れを止めたり，変化させたりすることで発せられる発話音のこと。たとえば，［b］［p］［m］，あるいは［w］など。
　**良心的徴兵拒否者**［conscientious objector］　戦争や戦争の準備を拒否する人。宗教的な理由や他の良心に基づく信念を理由に，兵役につくことを拒絶する。
　**両性**［ambisexual］　性やジェンダーが不明瞭な個人や個性。⇨ **無性**
　**両性愛**［ambisexual］　バイセクシュアル（⇨ **両性性**）の旧式名称。

**両性具有 [1]**［androgyny］ 個人の中に女性的性格と男性的性格とが存在すること。

**両性具有 [2]**［androgynophilia］ 1. 男性と女性両者に対し性的魅力を感じること（⇨ **両性的行動**）。2. 外見上の男女両性を併せもつ人に性的魅力を感じること。

**両性具有者**［hermaphrodite］ オスとメスの生殖器官を両方とも備えている生物個体のこと（ヒトの場合、卵巣組織と精巣組織の両方を所持している個体。ヒト以外の動物の場合は両性具有動物と呼ぶ）。真正の両性具有者は雌雄いずれかの性染色体の組をもっているか、あるいは卵巣細胞にXX染色体が、精巣細胞にXY染色体が存在する**染色体モザイク現象**を呈する。真正の両性具有者は、**仮性半陰陽**に比べ稀にしか生じない。⇨ **外性器異常**、**中性**、**間性**

**両性具有の性役割**［androgynous sex role］ 1. 性同一性が混乱しているか不確かであり、その行動は男性的でもあり女性的でもあるとみなされるような混合状態をいう。男性は女性的な役割をとり、同性である男性をパートナーに選ぶことがあり、女性は男性的な役割をとり、同性である女性をパートナーに選ぶことがある。2. 典型的な男性性役割、あるいは女性性役割に従うのではなく、両方の要素を高く兼ね備えた性役割のこと。

**両性具有パーソナリティ**［androgynous personality］ ステレオタイプ的な男性らしさと女性らしさの両方の心理的特徴（たとえば、断定性と敏感さの両方）を示すパーソナリティスタイル。

**良性昏迷**［benign stupor］ 精神運動抑制や重度の**うつ病性エピソード**でしばしば起こる感情鈍麻のこと。

**両性性**［bisexuality］ 男女両方へ性的魅力を感じたり、両性と性的な行動をとること。多くの心理学的研究は、人が男女両方に魅力を感じることを示唆している。しかし、人生で両性に対して同様に反応することは珍しく、このことは男性よりも女性においてより明らかである。一般的に両性的な女性の同性への性的な魅力や行動は、異性への魅力を感じた後に生じる。他方、両性的な男性は、典型的には、初めて異性愛を経験した年齢よりも前、あるいは同じ頃に同性愛的な魅力を経験する。人類学的研究では、両性性は多くの文化に存在することが示されている。

**両性的行動**［bisexual behavior］ 両性に対して性的に魅かれており、大抵、男性・女性どちらとの関係でもオーガズムを得ることができる人間の行動のこと。

**良性の昏迷状態**［benign stupor］ 無反応で動きがなく、環境に対する関心が全く認められない状態。一時的であることが多い。

**両側**［bilateral］ 1. 2つの側面が形成されていること、2つの側面をもっていること。2. 身体の両側面に関連したり、両側面で生じること。3. 左右相称であったり、それが顕著であること。

**両側性障害**［bilateral lesion］ 器官、特に大脳半球の両側を含む障害。直接的には、損傷や疾病によって起こり、副次的には、**浮腫**のような障害によっても生じる。

**両側性転移**［bilateral transfer］ **訓練の転移**、もしくは身体の一方の側で学ばれた、または使われていた技術の動作パターンがもう一方の側でも得られることをいう。手書きの技術の両側性転移に関する観察は、般化運動プログラム（generalized motor program）の存在の証拠として考えられている。

**両対数方眼紙**［log-log coordinate paper］ 縦座標と横座標がともに対数の形式をとるグラフ用紙のこと。これは特に精神物理学的データをプロットするために用いられる。

**良定義問題**［well-defined problem］ 初期状態と目標状態が明らかであり、かつ標準的な方法によって初期状態から目標状態へ遷移させることができる問題。

**両手干渉**［bimanual interference］ 両手がそれぞれ別の動きを実行しなければならない場面や、異なるタイミングで同じ動きをしなければならない場面（たとえばピアノを弾く）で生じる問題。

**量的遺伝学**［quantitative genetics］ 形質の種類の違いではなく、程度の違いを研究する遺伝学の領域。

**量的形質座位**［quantitative trait loci: QTL］ 所定の形質における遺伝的多様性の一因となる、多くの遺伝子をもった**ゲノム**の位置のこと。

**量的差異 対 質的差異**［qualitative versus quantitative differences］ 過程に関する論争の一種。たとえば、発達過程は、認知的な変化を反映しているわけであるが、その認知的変化をタイプや種類といった質的な変化として捉えるべきなのか、あるいは、量や比率といった量的な変化として捉えるべきなのかという論争。

**量的調査**［quantitative research］ 定量的研究とも言う。観測結果を数量化する（数値で表現する）研究アプローチ。

**量的データ**［quantitative data］ 定量データとも言う。テスト得点、長さや広さの測度など、数値で表現されるデータ。⇨ **質的データ**

**量的得点**［quantitative score］ テストや授業に関する要件を満たす量や数を表す数値。

**量的なアプローチ**［quantitative approach］ 緊張、妄想、快と不快のような心的過程は、それに関連する**心的エネルギー**の質と量において異なるというフロイト（Sigmund Freud）の理論。物理学のように正確な数量の測定は不可能であるが、その存在は確かに仮定される。たとえば、精神内に存在する緊張の量は、ある時点とその他の時点のものを比較することができる。⇨ **経済モデル**

**量的評価**［quantitative evaluation］ 主に、形式の決まった（客観的な）データ収集法、系統的で統制された観察、予め定められた研究計画により、数量的な指標を生成する評価方法。**プログラム評価**の最終段階や収束段階において、予め定義した評価目的に対する明確な回答を提供するために行われる。**目標にとらわれない評価**よりも目標志向型評価に関連が深いアプローチである。⇨ **質的評価**

**両手協調運動**［bimanual coordination］ 2つの手の運動の協調。

**菱脳**［hindbrain; rhombencephalon］ 胚脳が神経管から発達するにつれて現れる3つの隆起部の後部。その隆起は徐々に延髄や脳橋、小脳となっていく。

**両鼻間順応**［cross-nasal adaptation］ 片方の鼻に対する刺激提示の後に、もう片方の鼻において生じる嗅覚順応のこと。多くの場合、両鼻間順応は、刺激を受け取る側の鼻での順応よりも少ないと言われる。

**両鼻側半盲**［binasal hemianopia］ 左視野の右半分と右視野の左半分における視野欠損。視交叉の損傷（圧迫）によって生じる。⇨ **半盲**

**両鼻分離**［dichorhinic］　嗅覚計を用いて異なるニオイをそれぞれの鼻孔に呈示することに関連するもの。

**両立可能性**［compatibility］　哲学において，**自由意思**と決定論は両立可能で，ある程度まで同時に存在するという立場。⇨ **固い決定論，柔らかい決定論，非両立論**

**緑内障**［glaucoma］　眼における眼圧の上昇で特徴づけられる眼の障害で，治療がなされていない場合は，重度の周辺視の喪失が認められる。年齢，近視や血管疾患が要因として考えられ，アフリカ系統のほうが，その他の系統よりも発生率が高い。激しい痛みや突然の視力の低下，視覚的なブレ，（治療していない場合は）重度の**視覚障害**が生じる。慢性的な緑内障は，痛みを伴わない視覚障害の進行によって特徴づけられる。⇨ **先天性緑内障，トンネル視**

**リラクセーション**［relaxation］　心，身体，もしくは両方を落ち着けることで，激しさ，活力，精力，緊張が減ること。

**リラックステクニック**［relaxation technique］　リラックスをもたらしたり，ストレスを軽減するあらゆる治療技法。

**リラックス療法**［relaxation therapy］　情緒的緊張の転減を治療目的として，筋肉リラックス技法を用いること。治療的リラックス（therapeutic relaxation）とも言う。⇨ **漸進的筋弛緩法**

**リリースゾーン**［release zone］　シナプス小胞が神経伝達物質をシナプス間隙に放出する，**シナプス前軸索終末**の部位のこと。⇨ **シナプス**

**リリース抑制剤**［release inhibitor］　腺や組織細胞からのホルモンやその他の作用物質（agents）の放出を防止または妨害する物質。たとえば，**ソマトスタチン**は脳下垂体からの成長ホルモンの通常の割合での放出を抑制するリリース抑制ホルモン（または要素）である。

**リリパット幻覚**［Lilliputian hallucination; diminutive visual hallucination; microptic hallucination］　物や動物，ヒトが著しく縮小される**幻視**。振戦せん妄や腸チフス，側頭葉における脳腫瘍に起因する。この名前は，スウィフト（Jonathan Swift）の *Gulliver's Travels*（1726）のなかで，ガリバーが旅行した架空の小人が住んでいるリリパット国に由来する。⇨ **小視症**

**理論**［theory］　1. 相互に関連した現象を説明あるいは予測しようとする相互に関連した原理の集まりのこと。⇨ **構成概念，モデル**　2. 科学哲学において，実証可能な事実との一致とより実証可能な関係性をもつ論理的に関連した説明仮説のこと。⇨ **科学的説明**　3. 一般的用法では，実地や現実に対する抽象的または思索的思考のこと。

**理論検証**［theory verification］　理論の維持可能性を増減する経験的証拠の開発や発達の過程のこと。

**理論的統合**［theoretical integration］　1つの伝統的理論アプローチでは，行動を適切に説明することが個別にできない時，問題の原動力や原因または個体の働きを説明するのに役立つ事柄に関し意義ある枠組みを生み出すために種々なアプローチからの理論的概念を統合すること。

**理論的枠組み**［paradigm］　学問として一般的に受け入れられている理論的枠組み，あるいは一般的な見方として確立されているものであり，そこには一連の前提，判断，概念，価値，手続き，技術的手法がある。

**理論ねだり**［theory begging］　ある理論が真実であることを，その理論が真であることを前提としている実験手続きや，論理的導出および同じ理論の言語や視点によって主張する非形式的な論理の**誤謬**。たとえば，実験によって実証された刺激と反応の結合を学習の行動主義的説明が正しいという論拠に使うことは，そもそも，刺激と反応の結合という用語が行動主義的説明のために作られた用語であるので，**循環論法や論点先取**の一種であると考えられる。

**理論負荷**［theory-laden］　1. 特別な理論との関連で理解できる言い回しや表現のこと。たとえば，行動的現象を説明する中で用いられる専門的な言語は，理論説明をする一部である構成概念などの理論の文脈の中で理解することができる。2. 命題や観察を発展させる人の側で，理論的な前提を反映する命題や観察を記述すること。バイアスの原因になるかもしれないこれらの前提は，無意識または無反応である。すべての観察は理論負荷であり，**客観性**は不可能であるという主張をする者もいる。

**臨界期**［critical period］　特定の学習や情動的・社会的経験をすることが特に可能な人生の早い段階のこと。通常の発達の一部として生じ，それ以降の段階ではもう二度と生じない。たとえば，カモでは誕生後の3日間が**刻印づけ**の臨界期であると考えられている。また，人間の乳児では言語獲得に臨界期が存在する可能性もある。⇨ **敏感期**

**臨界帯域**［critical band］　提示された周波数の音をマスクするのに効果的であるようなマスキングノイズにおける周波数の帯域のこと（⇨ **聴覚マスキング**）。この帯域の幅（Hz）は，臨界帯域幅（critical bandwidth）と言う。たとえば，ホワイトノイズにおいて，1kHzの音を検出する際，920〜1080Hzのノイズがマスキングすることができ，臨界帯域幅は，160Hzである。心理音響学では，多くの臨界帯域のフィルタリングに関する発見があり，**ラウドネス加算**やモノラル位相効果などの連続的な効果を含む。⇨ **聴覚フィルター，周波数選択性**　［1940年にアメリカの物理学者フレッチャー（Harvey Fletcher: 1884-1981）が初めて記述した］

**臨界点**［critical point］　1. クライエントが自分自身の問題をはっきりと知り，その問題を扱うあるいは解決するために適切な一連の行動をすることを決心する心理療法の過程のある時点のこと。2. 心理療法過程において，クライエントが自らの問題を明確にし，それに取り組み，解決しようと決意する瞬間。

**臨界融合周波数**［critical flicker frequency: CEF; fusion frequency］　なめらかで連続的な刺激に融合する視覚刺激の周期的変化やフリッカーの割合のこと。よく似た現象は，高速で変化する聴覚刺激でも生じる。

**リンガ・フランカ**［lingua franca］　異なる母語の人々がコミュニケーションの目的のために用いる共通の言語。このような言語は，必ずしもそうとは限らないが，母語が混成した言語になっていることがある。共通語ともいう。⇨ **クレオール語，ピジン語**

**リンク解析**［link analysis］　**人間工学**において，人や物の動きや操作手順の分析のこと。道具，装置，仕事，設備に関して，安全かつ効率的なデザインを決める際に必要となる。

**リンゲルマン効果**［Ringelmann effect］　グループのサイズが大きくなるとともに，グループとしてメンバー1人当たりの作業量が低下する傾向のこと。この効果は様々な

農業的応用において，ウマ，牡ウシ，人間，機械の生産性について研究したフランスの農業技術師であるリンゲルマン（Max Ringelman: 1861-1931）によって名づけられた。リンゲルマンは，グループは個人より作業量が優れていることが多いが，グループへの新メンバーの追加が作業量を減少させることを発見した。後の研究では，作業量の減少はグループ（**社会的手抜き**）内で経験される動機づけの低下や，より大きなグループの非効率性が原因であることが示唆されている。

**リン酸エステル化**［phosphorylation］　1つ以上のリン酸基をタンパク質などの分子に付加すること。⇨ **キナーゼ**

**臨時社員（派遣社員）**［contingent employee］　特定のプロジェクトや課題に従事するという一時的な労働契約に基づいて雇われた被雇用者。臨時労働者／派遣労働者（contingent worker）とも呼ばれる。

**臨死体験［1］**［deathbed escorts and visions］　死に際に体験される視覚や聴覚（もしくは両方）の幻覚。その幻覚の中では，"訪問者"が死に際にある人にのみ存在を知らせる。死に際にあり幻覚を見ている人は，その訪問者（亡霊）との交流を表現したり，亡霊と話をしたりする。また，そのような事象は死に際の人の行動を観察することによってのみ推察される。訪問者は，既に亡くなっている家族の誰かや，昔からの言い伝えにあるサイコポンプ（魂の旅に同行する臨終の案内人）といった霊的な存在である。

**臨死体験［2］**［near-death experience: NDE］　生命の危険があった事件の後に報告されることがあるイメージ，知覚，出来事，相互作用，感情（あるいはこれらの組合せ）など。典型的な特徴に身体離脱の感覚があり，その状況を見下ろしているという意識が伴う。平和で喜ばしい心的状態，光の中に入ってゆくこと，時には霊的な存在との相互作用も起こる。臨死体験の原因と本質に関しては論争が続いている。依然として，霊的観点，生物医学的観点，前後状況の観点などからの説明がなされているが，臨死体験は死を切り抜けたことの証であるとする主張を支持する確かな証拠はない。［アメリカの超心理学者ムーディ（Raymond A. Moody: 1944- ）の1975年の著書 *Life After Life*（邦題『かいまみた死後の世界』）で登場した造語］

**臨床家**［clinician］　患者のケアと治療に直接従事する医学的健康あるいは精神的健康のケアの専門家。研究や行政など別の領域で働いている人とは区別される。

**臨床カウンセリング**［clinical counseling］　クライエントの抱える性格的，もしくは感情的な問題に取り組むカウンセリングのこと。カウンセリングはクライエントの目的を包括するものであり，例としては，より大きな自己受容，よりよい現実思考，意思決定能力の向上，人間関係間の有効化といったものがある。カウンセラーの責任能力にはクライエントの情報を集めそれらを解釈するといったことが関係しており，クライエントの主要な問題の識別，それらを査定し，場合によっては治療計画を実行する。

**臨場感**［sense of presence］　特定の場所，あるいは時間にいるという感覚。

**臨床研究**［clinical study］　個人または集団に対する，徹底した，心理学的，医学的，もしくは精神医学的研究であり，診断的観察，精神医学的精査，心理検査，詳細な面接，各種の質問紙，詳細なケース・ヒストリーの収集などの方法を用いる。

**臨床健康心理学**［clinical health psychology］　**健康心理学**の専門領域であり，身体的な健康を促進し，医学的な健康状態と家族の問題を抱えた患者の当面の問題を解決することを助けるために，生物心理社会の理論や研究，実際の原理を応用する。臨床健康心理学者（clinical health psychologists）はバイオフィードバックやリラクセーション訓練，催眠療法，コーピングスキルなど様々な方法を使用する。彼らは健康の方針と，予防的介入の開発と実行に積極的である。

**臨床検査**［clinical test］　障害の治療または診断のために臨床あるいは調査の文脈のなかで作成された検査または測定法。

**臨床効果**［clinical efficacy］　対象研究における根拠に基づく臨床的介入の効果。対象研究でに一般に，統制群の無作為割り当てと，治療者への治療マニュアルが用いられる。

**臨床講義**［clinic］　精神的健康，身体的健康，教育の領域において，診断や治療，矯正を目的として行われる短期的な教育プログラムまたは教育セッション。

**臨床社会学**［clinical sociology］　社会学の分野の，学際的で実学指向的な専門分野。社会学の理論を用いた分析や問題焦点の介入により社会的な変化を果たすことを探究する。

**臨床神経心理学**［clinical neuropsychology］　神経心理学的アセスメントやリハビリテーションからなる**神経心理学**の応用分野であり，個人の機能低下を招く損傷や障害など，様々な神経心理学的障害が対象となっている。

**臨床診断**［clinical diagnosis］　症状のパターンの研究や背景因子の調査，重要な人間関係の分析，また臨床的検査の実施を通して，精神障害である可能性を診断すること。

**臨床心理アセスメント**［clinical assessment］　心理学的障害の可能性のある人物について心理学的，生物学的，社会学的要因の系統的評価と測定を行うこと。⇨ **力動的アセスメント**

**臨床心理学**［clinical psychology］　心理学から拡張した学問分野のことで，調査や査定，診断，評価，予防，また感情的・行動的障害を治療することを専門としている。アメリカの臨床心理士（clinical psychologist）は博士号レベルの専門家であり，様々な心理学的障害の診断や治療をするために調査法や技術についての訓練を受けている（⇨ **心理学者**）。臨床心理士は主として，健康クリニックや精神保健クリニックで働き，調査を行い，集団または個人で診療を行う。彼らはまた，医療現場や法現場，ソーシャルワーク，コミュニティ内の人種関係の専門家に対してコンサルタントとして働く場合もある。臨床心理士はアメリカで働く心理学者のおおよそ1/3の人数から構成されており，米国心理学会の実施規則によって規制されている。

**臨床スポーツ心理学者**［clinical sport psychologist］　臨床心理学の教育と訓練を受けた人で，スポーツに関する個人を扱う人のこと。臨床スポーツ心理学者は**教育スポーツ心理学者**と同等のサービス（すなわち，パフォーマンスの増進と一貫性を助けること）をアスリートに提供するが，さらに，教育スポーツ心理学者の訓練を超えるアスリートの臨床的な問題（たとえば，抑うつや摂食障害）も援助する。

**臨床精神薬理学**［clinical psychopharmacology］　薬理学の一分野で，どのように薬物が脳や行動に影響するかということに関心をもつ。特に，精神障害の治療のために開発された薬物の臨床的評価と管理に焦点を当てる。⇨ **薬物療法**

**臨床的**［clinical］　心理学的，医学的，ないしは他の障害の診断や治療に関係すること。もともとは患者の直接観察のみを意味したが，患者や診断された障害を扱う上で，臨床的な方法は現在，生物学的，統計学的要因をも考慮に入れる方向へと広がりをみせている。

**臨床的関与の対象としての不特定の状態**［other conditions that may be a focus of clinical attention］　DSM-IV-TRでは，たとえ**精神障害**の基準を満たしていなかったとしても，精神医学的な注意や治療を是認するような多様な問題や状態を含むカテゴリーだとされる。

**臨床的根拠**［clinical evidence］　クライエントや患者の臨床的な診断や治療に関する情報。質問（⇨ **臨床面接**）を通して直接的に得た情報と，臨床設定での行動観察や事例史などを通して間接的に得た情報の両方を含む。

**臨床的指標**［clinical marker］　精神的疾患の指標や，特定の問題の予測因子として注目すべき観察可能な兆候。たとえば，ため息は不安があることの臨床的指標になる。

**臨床的探索**［clinical investigation］　1．面接，検査，行動観察，書面調査などを用いて個人に対して行う検査。2．個人の人生経験や生い立ちを掘り下げて分析すること。

**臨床的手順**［clinical method］　臨床心理士や精神科医，あるいは他のメンタルヘルス専門家が，臨床場面においてクライエントや患者に関する結論や判断，診断を下すまでの過程。

**臨床的な教育**［clinical teaching］　特定の子ども，大抵は典型的でない子どものニーズに合うよう作られた教授方法。

**臨床的リスク査定**［clinical risk assessment］　一定期間に，個人が他者に脅威を与える，もしくは特定の行動（暴力など）をとる可能性に関する，臨床家の立場からの予測や見積りのこと。**保険数理学的リスク査定**とは異なり，経験的データに基づいた予測値に重みづけしたり，特別な計算式を適用したりはしない。代わりに，臨床家は危険性や暴力行動についての予測を，主として自身の経験，推論，判断（クライエントの観察，検査，心理テスト），クライエントの生育歴から得られた情報に基づいて行う。

**臨床判断**［clinical judgment］　病の行動や症状，あるいは心理的機能を分析，評価，予測すること。特定の治療法の妥当性，臨床改善の程度や予後評価も含む。その判断結果は，精神保健の専門家の専門知識に基づいているので，保険数理表や統計的手法から導かれる結果とは異なる。

**臨床判断研究**［clinical judgment research］　治療的に定められた場面において査定，治療，予測（たとえば，危険性や自殺傾向），予後に関して，精神保健従事者の判断に影響を与える要因を探る臨床経験的な研究。要因の研究には，従事者間の個人差（たとえば，価値観，性別，性的指向），社会的文脈，判断に含まれる複雑な認知的思考過程が含まれる。

**臨床評価**［clinical validation］　診断もしくは治療に対し，一定の手順で複数の事例を研究することにより，理論の正しさを支持するエビデンスを得る行為。

**臨床法**［clinical method］　実験室の整然とした環境ではなく，自然な状況（たとえば，家，会社，学校）においてデータを収集するプロセス。

**臨床面接**［clinical interview］　患者もしくはクライエントと面接者の間の面接のこと。面接者には臨床心理士や精神科医があたり，合理的な情報を得ることを目的としている。⇨ **臨床的根拠**

**臨床有用性**［clinical utility］　実際の臨床場面でどの臨床的介入が成功し，費用効果があるとして適用されうるかという程度。臨床的介入の評価のガイドラインとして提案されるものの一つ。

**臨床予測**［clinical prediction］　個人のプロフィールや病歴と，徴候や症状といった要因をマッチングさせ，患者の**臨床診断**や可能性の高い経過を判断すること。臨床予測は同じ目的のために，正式な統計的手法を用いて数値情報を組み合わせる統計的予測と対比させることができる。⇨ **臨床判断**

**リンチ**［lynching］　自警員の集団・群衆によって個人が殺されること。特に絞首刑で殺すことをいう。リンチを行おうとする群衆は，リンチの対象は何らかの罪を犯しており，適切な罰を下そうとしていると主張することで，しばしば自らの行為を正当化する。アメリカにおけるほとんどのリンチは，人種差別的動機によって白人がアフリカ系アメリカ人に対して行われている。アメリカでは，1882年に最も古いリンチの記録が残っており，1950年までに3,000人以上の人々がリンチによって殺された。

**輪廻**［metempsychosis］　死に際して，魂がその他の人間あるいは動物の体に移り住むことによる魂の転生。この信念は，**ヒンドゥー教**と**仏教**の中心にある，誕生，人生，死，再生のサイクル，すなわち輪廻転生（samsara）の教義に内在する。この教義に伴う重要で決定的な論点は，生まれ変わった魂がその記憶と人格を保持する範囲である。古代西洋においても，複数の人生に関する似たような信念が，ギリシャ哲学者ピタゴラス（Pythagoras: BC 569-475）とエンペドクレス（Empedocles: BC 493-453）によって教えられた。⇨ **転生**

**リンネ検査**［Rinne test］　伝音性難聴と感音性難聴を識別する際に用いられる音叉検査（tuning-fork test）のこと。音叉によって生じた感覚を空気伝導によるものと側頭骨の**乳突**に対して音叉を当てた時のものとで比較する。［ドイツの耳科医のリンネ（Friedrich Heinrich A. Rinne: 1819-1868）に因む］

**リンパ球**［lymphocyte］　特に**免疫反応**に重要な働きをする血液細胞の一種（⇨ **白血球**）。B細胞（B cellまたはB lymphocyte）とT細胞（T cellまたはT lymphocyte）の2種類に分類される。B細胞は骨髄で増殖・分化し，液性免疫に関与する。B細胞は自分の抗体タイプに見合った抗原に結びつき，T細胞によって同時刺激されると循環抗体を放出する。T細胞は胸腺において増殖し，細胞性免疫に関与する。T細胞は特定の細胞表面分子があるのが特徴で，それが抗原の識別を可能にしている。主に細胞傷害性T細胞（cytotoxic T cell）とヘルパーT細胞（helper T cell）の2種類の下位区分がある。細胞傷害性T細胞は侵入してきた細胞を破壊するタンパク質を放出する。ヘルパーT細胞は，細胞傷害性T細胞または他の免疫反応を補助している（⇨ **ナチュラルキラー細胞**）。

**リンビトロール**［Limbitrol］ 三環系抗うつ薬**アミトリプチリン**と**ベンゾジアゼピンクロルジアゼポキシド**の混合物の商品名。不安とうつ病を同時に治療するのに適しているが，現在では一般的には使われていない。

**淋病**［gonorrhea］ 淋菌バクテリア（淋菌）による性感染症のこと。最初の完全部位は生殖器官であり，処置をしないと不妊に至ることもある。細菌はその後，眼を汚染し，盲目につながる重態な状態になることもある淋菌結膜炎（gonococcal conjunctivitis）を引き起こすことがある。⇨ **尿道炎**

**リンフォカイン**［lymphokine］ リンパ球が分泌するタンパク質の総称。他の細胞を刺激し，細胞免疫反応を促進させる働きがある。⇨ **サイトカイン**

**倫理**［ethics］ 個人や集団に受け入れられている，あるいはある特定の分野（たとえば医療倫理）では適切であると見なされている道徳的に正しい行為に関する規則のこと。⇨ **倫理綱領**，**職業倫理**

**倫理学**［ethics］ 道徳的判断（すなわち何が正しく何が間違いであるか）の内容と，その本質（すなわちこのような判断が客観的あるいは主観的であると見なすべきかどうか）の両方を問う哲学の一部門。前者の形式の問いに関する研究を規範倫理学（normative ethics），後者をメタ倫理学（meta-ethics）と呼ぶこともある。道徳的哲学（moral philosophy）とも呼ばれる。

**倫理綱領**［code of ethics］ 米国心理学会の「心理学者のための倫理綱領および行動規範」のような専門家の行動に関する一連の基準や原則。⇨ **倫理学**，**職業倫理**，**実践スタンダード**

**倫理的決定論**［ethical determinism］ ギリシャの哲学者プラトン（Plato: BC 427-347）によって断定的に述べられた立場で，善い意思を知る者は必然的に善い行いをするというもの。責任という感覚は，善に関する知識の定義特徴であり，この感覚は行動を単に勧めるというよりはむしろ，強制するほどに強くなる，とされる。この立場は，人間の本質的な合理性を仮定している。この立場は後に修正され，人はそれが実際に善いものであろうとなかろうと，自分が善いと感じるものに従って必然的に行動する，あるいは，人は一貫して自分が善いと感じるものに基づき行動し，何が善であるかはその人の自己利益の内容による，と論じる（⇨ **幸福主義**）。道徳的決定論（mora determinism）とも呼ばれる。

**倫理的ジレンマ**［ethical dilemma］ 2つの道徳原則が互いに葛藤する状況。この種の架空もしくは仮想上のジレンマは，個人の道徳信念や道徳的推論スキルを評価するためによく用いられる。⇨ **ハインツのジレンマ**，**コールバーグの道徳性発達理論**

**倫理的判断**［ethical judgment］ **1.** 個人によって行われる道徳判断。特に，現実または仮想上の**倫理的ジレンマ**の文脈で行われる困難なものを指す。こうした判断は，大抵，個人が善悪の区別において適用する信念や，根本的な道徳的志向を構成する態度を明らかにする。**2.** 道徳的な区別を行う能力。道徳判断（moral judgment）とも呼ばれる。

**倫理的要請**［ethical imperative］ 人に倫理的に必須だとみなされている原則や慣習のこと。原則や行動の結合特性は，ドイツの哲学者カント（Immanuel Kant: 1724-1804）によって定義された**定言命法**（カテゴリーの規範）のように，知覚される論理的あるいは合理的な必要性によって生じるものである。また，これらはいくつかの経験的事実から生じることもあり，たとえば，地球温暖化という証拠を人間が認めたことから，エネルギー節約は倫理的要請となる。

# る

**ルアー**［lure］ 記憶テストにおいて，正しい項目の間に提示される不適切な項目のこと。**ディストラクタ**としての役割を担う。

**類縁**［affinity］ 1. 構造や形態，そして質における類似性。2. 薬理学において，特定の**受容体**に特定の**リガンド**（たとえば，神経伝達物質，ホルモン，薬物）が結合する傾向のことで，リガンドによって占められる受容体（結合する場所）のパーセンテージで測定される。

**類音**［assonance］ 複数の単語の母音の類似性（たとえば，through と flute, sane と stay）。

**類型学**［typology］ ある現象（たとえば，個人や物事について）の特定のカテゴリーを，共通の特徴に基づいて分類した分析。たとえば，パーソナリティの類型学があげられる。

**類語反復**［tautology］ 一般用法で，異なる単語，語句または文において考えの不必要な繰り返しのこと。たとえば，必要で絶対必要，あるいは個体の個人。

**類自殺**［parasuicide］ 自殺まで至らない程度の，意図的な自傷行為に及ぶ振舞いのこと。意図的であるにしろ，そうでないにしろ，結果的に死に至る場合がある。**自殺企図**と受動的な自殺が含まれる。

**類似性検査**［similarities test］ 参加者が項目間の類似性を述べるか，または，その類似性に基づいてカテゴリーに項目を並べるテスト。

**類似反応原則**［response-by-analogy principle］ 不慣れな状況にいる生物が，よく知る類似した状況における反応と類似した反応をしようとする般化のこと。

**類循環精神病**［cycloid psychosis］ 非定型の，論争の対象になる精神医学的障害のこと。運動性（motility），錯乱性（confusional），不安－喜び（anxiety-happiness）の3つの形態がある。症状は**統合失調感情障害**と**特定不能の精神病性障害**に類似し，位相が再帰的に経過し，急激に変化することもある。［1924年にドイツの精神神経科医クライスト（Karl Kleist: 1879-1960）によって概念化された用語が1957年にドイツの精神科医レオンハルト（Karl Leonhard: 1904-1988）によって修正が加えられた］

**累乗**［power］ ある数自体を繰り返し掛け合わせる回数を示す際の数学における表記。

**類人**［anthropoid］ ヒトによく似ていることを示す言葉。通常，この用語は尾を有していない類人猿（apes: ゴリラ，オランウータン，チンパンジー，ボノボ，テナガザル）のことを指す。

**累進的間隔強化スケジュール**［progressive-interval schedule］ 一定の時間間隔が過ぎた後に生じた最初の反応に応じてそれぞれ強化子が呈示され，強化のたびに時間間隔が徐々に長くなるような**強化のスケジュール**。間隔の増加量は，どのような関数に基づいてもよい。たとえば，ある累進的間隔強化スケジュールは30秒の間隔で開始し，それぞれの強化の後に30秒ずつ増加する。⇒ **定時強化スケジュール**

**類推**［analogy］ 1. 2つ以上の実体がある特性において類似していることから，他の特性においてもそれらが類似していると想定することを正当化するような推論に基づく論証の方法（⇒ **誤った類推**）。類推は神や他者の心の存在に関する議論においてよく使用される。2. 言語学において，屈折や語形成，およびそれぞれの言語における同様のものの規則的なパターンを，新奇な，あるいは特異な事例へ拡張するプロセス。言語獲得において，また，歴史的な言語の変化において確認される。類推の顕著な形式は，子どもが不規則な文法変化を規則変化させる際に生じる。たとえば，過去形語尾である-ed を不規則動詞に適応し，go-ed のような新たな変化を作り出すなどである。

**類推的思考**［analogical thinking］ 1. 形式的論理や一貫した推論ではなく，**類推**の使用により特徴づけられる思考の一種。類推的推論（analogical reasoning）とも言う。⇒ **暗示的思考** 2. 問題解決において，類似の問題の解法から，現在の問題を解決しようとするアプローチ。⇒ **同型の問題**

**類推テスト**［analogies test］ 2つの項目の関係を理解し，それから異なる状況にその関係を拡張する能力を測る課題。

**累積確率分布**［cumulative probability distribution］ 1. データ全体から無作為に取り上げたケースが $x$ 軸上のある特定の値以下を示す確率を $y$ 軸上に示したデータ全体のグラフ。2. 確率密度関数 $f(x)$ を用いて，
$$y = \Pr(X \leq x) = \int_{-\infty}^{x} f(x)\,dx$$
で与えられる。

**累積曲線**［cumulative curve］ 従属変数の累積値を表したグラフのこと。

**累積記録**［cumulative record］ 新しいデータが追加されていく連続的な記録。たとえば，**条件づけ**では，累積記録は一定の連続する時間内における反応の累積的な数を示すグラフとなる。しばしば**強化のスケジュール**での**フリーオペラント**行動のパフォーマンスを示すような場合に用いられ，反応率を示す直接的な連続指標となる。

**累積尺度**［cumulative scale］ 肯定度の順に並べられた，態度対象に関する複数の言語的表現から構成された**態度尺度**。特定の表現に対する支持は，その表現ほど極端なものではなく，すべての表現に対する支持を含意する。この種の尺度は，態度測定のために使用されるのが一般的であるが，判断対象の他の特性を評価する時にも用いることができる。ガットマン尺度（Guttman scale），スケログラム（scalogram）とも呼ばれる。［アメリカの実験心理学者ガットマン（Louis Guttman: 1916-1987）により1944年に初めて提唱された］

**累積的継続性**［cumulative continuity］ 長期にわたり蓄積され，人を特定の軌跡に沿った人生へと進ませる結果をもたらす行為の過程。

**累積的な教育的有利さ**［cumulative educational advantage］ ある期間に獲得される知識の結果として得られる有利な立場。

**累積的評価**［summative evaluation; ex post facto evaluation］ 評価研究において，あるプログラムが終わった後にその効果全体を査定しようとすること。他方，**形成的**

評価は，プログラムの途中段階で支援すること。⇨ **結果評価**

**累積的リハーサル**［cumulative rehearsal］　短期記憶で情報を保持するための方略。一番新しく提示された項目（例，単語）を繰り返した後，その項目とそれ以前に提示された項目と一緒にリハーサルする（⇨ **リハーサル**）というように，新しい項目が提示されるたびにそれ以前に提示された項目を復習する。**受動的リハーサル**と比較して，高いレベルの自由再生パフォーマンスと結びつく。能動的リハーサル（active rehearsal）とも呼ばれる。

**累積度数分布**［cumulative frequency distribution］　ある特定の値あるいは区間（$x$軸）以下を示すケースの数が$y$軸に表示されたデータ全体のグラフ。

**累積による学習**［accretion］　連合や強化の繰り返しによる累積的な効果から生じる学習の一形態。

**累積反応曲線**［cumulative response curve］　条件づけの実験で，反応の累積的な記録を示すグラフ。反応がない場合は水平な線を描き，早い反応があった場合は水平な線から離れていく傾斜の急な線を描く。累積反応記録（cumulative response record）とも呼ばれる。

**涙腺**［lacrimal gland; lachrymal gland］　涙を作り出す腺。

**類先端巨人症-隔離症-鳩胸症候群**［acromegaloid-hypertelorism-pectus carinatum syndrome］　遺伝性と考えられており，肥大した頭部と胸部異形を有し，低身長，精神遅滞，広く見開かれた眼，骨格異常によって特徴づけられる先天性症状の一つ。男性のみが罹患する。すべての者が，20代に精神運動発達やIQの遅滞を示す。

**涙腺反射**［lacrimal reflex］　鼻の受容器を刺激する刺激を含む種々の刺激に反応して涙が分泌されること。

**類てんかんパーソナリティ**［epileptoid personality］　過敏性，利己性，非協力性，攻撃性といった特性を有するパーソナリティ型。このパーソナリティ型は，てんかんと関連すると考えられている。てんかん特性（epileptoidism）とも呼ばれている。

**類同の法則**［law of similarity; principle of similarity］　1923年にドイツの心理学者であるウェルトハイマー（Max Wertheimer）によってみつけられた，**ゲシュタルト心理学**に関連する知覚の法則。この法則は，知覚者は類似の性質をもった物体を知覚的なグループとして体制化し，それらの物体を1つのまとまりとして解釈するというものである。⇨ **体制化のゲシュタルト原理**

**累犯**［recidivism］　非行や犯罪行動を繰り返すこと。特に，何度も有罪判決を受けている常習犯（repeat offender）による犯行を言う。

**ルクス**［lux］　照度の基本単位であり，1ルクス（lx）は1平方メートル当たり1ルーメン（lm）の光束によって生み出される照度に等しい。

**ルートワーク**［rootwork］　アメリカ南部やカリブ地域で一般的な文化的な，あるいは民間の健康に対する信念体系である。疾病は魔術や呪い，呪文（roots）によるものと考える。激しい恐怖，不安の症状およびそれに関連した身体的愁訴を表し，薬草医（root doctor）と呼ばれる伝統的な治療者が病気のもと（root）を取り除くまでこの状態が続く。ブルヘリア（brujeria）やマルプエスト（mal puesto）とも呼ばれる。

**ルビンシュタイン・テイビ症候群**［Rubinstein-Taybi syndrome: RSTS; RTS］　家族性の障害であり，**小頭症**や**隔離症**などの顔の奇形，親指やつま先の肥大，精神遅滞を示す。いくつかの異なる遺伝的要因によってもたらされ，緊張減退（筋肉の弛緩）や硬直的な歩き方が共通している。ある研究によれば，患者の80%がIQ50以下であるという。ルビンシュタイン症候群（Rubinstein syndrome）とも言う。［アメリカの小児科医ルビンシュタイン（Jack H. Rubinstein: 1925- ）とテイビ（Hooshang Taybi: 1919- ）による］

**ルビンの図形（ルビンの盃）**［Rubin's figure; goblet figure］　盃か向かい合う2つの横顔のいずれかに見える曖昧な図形。⇨ **ネッカーの立方体**　［デンマークの哲学者ルビン（Edgar Rubin: 1886-1951）による］

**ルフィニ小体**［Ruffini's corpuscle］　ヒトの指の皮下組織にある感覚神経終末の一つの型。皮膚の伸張，運動検知，手や指の位置などの感覚を伝えると考えられている。ルフィニ終末（Ruffini's endings）とも呼ばれる。［イタリアの解剖学者ルフィニ（Angelo Ruffini: 1864-1929）による］

**ルボワイエテクニック**［Leboyer technique］　出産に対する心理的アプローチで，赤ちゃんの気持ちや感覚に焦点を当てるもの。平和や平穏を心がけること，薄明り，へその緒の切断を遅らせること，新生児と親とのボディコンタクト，早く子宮内の状態に近い温かい浴槽に入れること，を提唱している。⇨ **ラマーズ法**　［フランスの産科医ルボワイエ（Frederic Leboyer: 1918- ）による］

**ルーミング**［looming］　物体が観察者に近づいてくるにつれて物体の網膜像が大きくなってくるという空間知覚。ルーミングに対する反応は様々であり，ヒヨコは逃げ，子ネコは頭を逸らすようにし，サルは警戒声を発しながら後方へ飛び跳ね，生後2週間のヒトの幼児は頭を引っ込めようとし，3週間でまばたきをするようになる。

**ルーメン**［lumen］　（記号：lm）光束の単位であり，1lmは1カンデラ（cd）の一様な点光源から1ステラジアン（sr）の立体角に発せられる光束と等しい。

**ルリア**［Luria, Alexander R.］　アレクサンドル・ロマノヴィッチ・ルリア（1902-1977），ロシアの神経心理学者。ルリアは，10年以上心理学を研究した後，1937年にモスクワ医科大学で医学の学士号を取得。医学を学ぶ前の1920年代には，ヴィゴツキー（Lev Vygotsky）と言語の社会文化理論（sociocultural theory）を共同研究し，第二次世界大戦のとき，脳外傷の病院の心理医療部門を指導した。戦争後，モスクワ大学の神経心理学の教職に就き，また，Burdenko脳神経外科研究所の神経心理学研究室も指導したが，後に政治的理由により退職を強制された。彼は脳の外傷と機能の研究で有名であり，脳損傷患者への診断，治療，リハビリを促進する**神経心理学アセスメント**の仕組みを開発した。彼の判定手法は子どもへの認知的判定にも有用であることが実証された。1960年代〜1970年代にかけて，彼の研究の影響はロシア以外へも広がった。彼の有名な著書には *The Working Brain*（1973），*Cognitive Development: Cultural and Social Foundations*（1976），*The Making of Mind*（1979），*Language and Cognition*（1982）などがある。

**ルリアネブラスカ神経心理学バッテリー（LNNB）**［Luria-Nebraska Neuropsychological Battery: LNNB］

ルリア（Alexander R. Luria）の神経心理学的診断手続きの標準化，定量化を目的とした15歳以上の個人の認知的機能の評価テストセット。2種類で1組となっており（Form Ⅰは269項目，Form Ⅱは279項目），全体的，または特定の脳機能障害を診断し，脳の損傷個所を見つけ出すために使用される。11の臨床尺度，つまり，運動機能，触覚機能，視覚機能，リズム，感覚性言語，運動性言語，読み，書き，計算，記憶，思考能力があり，それらは互いに関連した能力ではあるが異なる側面を含んでいる。Form Ⅱにおいては中間記憶尺度も含まれている。[最初は1978年にアメリカの臨床心理学者のゴールデン（Charles J. Golden: 1949- ），ハメケ（Thomas A. Hammeke: 1950- ），ピュリック（Arnold D. Purisch: 1951- ）によって開発された]

**ルール学習**［rule learning］ 心理学実験において，実験参加者が，定められているが明示されていない基準，たとえばある反応の容認可能性やあるカテゴリーの成員性について，徐々に学習していくプロセス。

**ルール支配行動**［rule-governed behavior］ 言語的影響を受けた任意の行動のことで，たとえば，指示（そうするように命じられたので，子どもが自分たちの部屋を掃除する場合）に従ったり，あるいは個人的な考え（大人が「私は体重を減らす必要がある」と思った後にエクササイズプログラムを始める場合）に反応すること。この用語は，必ずしも規則によって記述することができる行動を指すとは限らない。たとえば，**ウィン・ステイ，ルーズ・シフト方略**を採用するネズミの行動はルール支配行動として記述することができない。また言語的支配行動（verbally governed behavior）とも呼ばれる。⇨ **随伴性形成行動**

**ルール評価アプローチ**［rule-assessment approach］ 子どもが問題を解決する際に用いるルールや有力な方略に関する認知的発達を説明する理論。⇨ **適応的方略選択モデル** [アメリカの発達心理学者シーグラー（Robert S. Siegler: 1949- ）によって提案された]

**ルールベースシステム**［rule-based system］ 人間の知識が一連の「if-then」関係として貯蔵・使用されるコンピュータプログラム。⇨ **エキスパートシステム，プロダクションシステム**

**ルール・モデリング**［rule modeling］ 環境的変数がほとんどない状況下でも，モデルとなる人が従っているルールに自分も従うことによって，自分の行動の統制の仕方を学習する模倣技術。

# れ

**レイアナリシス**［lay analysis］ 精神分析理論やその実践に関するトレーニングを受けてはいるが，医師ではない者（すなわち素人）によって実施される精神分析療法。これは，正式に認定された精神科医によって実施される精神分析とは区別される。

**例外的児童**［exceptional child］ 何らかの重要な点において平均よりも相当に上回る，または，下回る子どものこと。知能において平均からの顕著な逸脱を示す子どもによく用いられる。特殊な才能や，稀にしかみられない情動的・社会的障害の存在を指摘する際にも用いられる。⇨ 英才，スローラーナー

**例外による受動的管理**［passive management by exception］ 管理スタイルの一つ。部下の業務が基準に満たないといった事態が生じたときにのみ，管理者が手助けしたり仕事を担当したりする。

**例外の絶対肯定**［converse accident］ 非形式誤謬または説得テクニックの一種で，条件つきの前提または特定の事例から無条件の一般的な規則を論じること。たとえば，ある病気に罹った患者たちにはマリファナを使うことが許可されたので，マリファナの使用はすべての人に法的に認められるべきである，など。実証研究では，少数事例や代表的でない事例に基づいて結論を導いた結果，同様の誤謬が生じることがある。早急な一般化（hasty generalization）とも言う。

**例外用途課題**［Unusual Uses Test］ 拡散的思考能力を測定する課題。この課題では，クリップなどの日用品の，普段使わないような使い方を考えるように言われる。普段使わないような使い方の数とその新奇性によって総合点が算出される。［ギルフォード（Joy Paul Guilford）によって考案された］

**冷覚**［cold sense］ 冷たさを感じる能力のこと。⇨ 温度感覚

**霊気**［reiki］ 手のひらを通じエネルギーを流すことで患者の気の流れが改善すると信じられており，手を当ててエネルギーを用いて身体的，情動的，霊的な回復の促進を目指す補完療法である。⇨ 補完・代替医療

**冷却療法**［cryotherapy］ 冷却を治療的に用いること。たとえば，異常組織を凍結によって破壊するなど。冷却療法は一般にスポーツ医療の世界で利用されているが，それが運動制御に与える影響は明確ではない。ただし，痛みの閾値を上げることは可能である。

**冷刺激**［cold stimulus］ 皮膚温よりも低い刺激のこと。

**例証**［exemplification］ 自己呈示（self-presentation）理論において，その振舞いが肯定的で共有された価値と一致しているような高潔で徳のある人物であると他者に思わせる方略。

**冷静な認知**［cold cognition］ 感情や情動を含まない，心的な過程もしくは活動。たとえば，無意味音節や疑似事実（捏造された，あるいは不正確な情報の短い一節）のリストを読むことには，典型的な冷静な認知が含まれている。

**霊体離脱体験**［out-of-body experience］ 自分の心や魂や霊が身体から離れて独自に動いたり何かを知覚したりすることがイメージされるような分離体験のこと。このような体験は死の淵から甦った人たちによってよく報告される（⇨ 臨死体験）。幻覚剤の使用者や催眠下にある人によっても報告される。ある種のオカルトや心霊実践者たちもこのような体験を引き出そうと試みる。⇨ アストラル投射

**レイタン・インディアナ失語症スクリーニングテスト**［Reitan Indiana Aphasia Screening Test］ 言語，構成の実行，計算，左右の利きを評価するために考案された32項目のテスト。ハルステッド－レイタン神経心理学バッテリーの一部である。［アメリカの心理学者レイタン（Ralph M. Reitan: 1922- ）による］

**レイタン－クロフ感覚知覚検査**［Reitan-Klove Sensory Perceptual Examination］ ハルステッド－レイタン神経心理学バッテリーの一部として発展した感覚実験。両側の触覚，視覚，聴覚の機能検査を含む。単に感覚知覚検査（Sensory Perseptual Examination）とも呼ぶ。［ノルウェーの神経生理学者レイタン（Ralph Reitan）とクロフ（Hallgrim Klove: 1927- ）］

**レイ聴覚言語学習検査**［Rey Auditory Verbal Learning Test: RAVLT］ 言語性の学習や，順向抑制，逆向抑制，保持，符号化と検索，体制化などの記憶を評価する検査。1940年代に最初のものが開発され，現在では多くのバリエーションが存在する。標準形式のものは15単語のリストから始まり，参加者は自由な順序で思い出せる単語を復唱するよう求められ，これが5回繰り返される。次に検査者は別の15単語のリストを呈示し，1度だけ再生させる。この直後に，参加者は最初のリストから可能な限り多くの単語を再生するように求められる。再認試行も遅延再生試行も行われる。［スイスの心理学者レイ（André Rey: 1906-1965）による］

**霊長類**［primate］ 原猿類，新・旧世界ザル，類人猿，ヒトなど，霊長目に属する哺乳類。拇指対向性（親指が他の指と対向して物をつかむことができる），比較的大きな脳，両眼立体視をもつ。通常，子どもは単数で生まれ，かなり長い時間をかけて成熟する。

**冷痛覚検査**［cold pressor pain test; cold pressor test］ 氷水に肢を浸すことによって生じる痛みのテストのこと。

**冷点**［cold spot］ 低温刺激を感受する神経受容器をもつ皮膚表面上の点。

**レイノー病**［Raynaud's disease］ 末端，特に指や足先の血管の有痛性狭窄によって特徴づけられる障害。通常，この障害による発作は15分間続くが，寒さにさらされたりすることで突然引き起こされる。この症例の1/3は，情緒的ストレスによって引き起こされる。レイノー現象（Raynaud's phenomenon）は他の障害（例，リウマチ性関節炎⇨ 関節炎）や有毒性の科学物質（例，塩化ビニル）を原因とする障害でも似た症状が認められる。薬物療法や（熱性バイオフィードバックを用いた）行動的治療がこの発作を緩和することに効果的であることが証明されている。［1854年フランスの内科医レイノー（Maurice Raynaud: 1834-1881）によって確認された］

**霊媒術**［necromancy］ **1.** 予知（divination）の一形態

で，未来の出来事に関する知識を得るために人が死者の霊を呼び出す．2．より一般的な意味としては，黒魔術や呪術のこと．

**レイプカウンセリング**［rape counseling］　レイプと性的虐待の犠牲者へのガイダンスと支援．レイプ被害者支援センター（rape crisis centers）は性的暴力を受けた後に生じる心的外傷への専門家によりカウンセリングを提供する．暴力を受けた人もその家族もカウンセリングを受けることがある．コミュニティへの教育と予防というアウトリーチプログラムは，この領域のカウンセリングで発展している分野である．

**レイプトラウマ症候群**［rape-trauma syndrome］　性的暴行を受けて人が経験する**外傷後ストレス障害**（PTSD）の症状である．この用語は，PTSDのより包括的な概念の使用と広い承認に先立って作りだされた．症状には一人でいることへの恐怖，セックスに対する恐怖症的態度，膣痙，勃起不全，体を繰り返し洗うなどが含まれ，これはレイプ後1年以上続くことがある．また，被害者のほうがレイプされるよう誘ったのだろうというような他者の態度が，症状をさらに悪化させる．

**レイリー散乱**［Rayleigh scattering］　大気中の微粒子による光の散乱．散乱の量は光の波長に依存し，長い波長よりも短い波長で強い散乱が生じる．空が青くみえるのは，地球の大気によるレイリー散乱が短波長の光で比較的大きいことによる．［レイリー（Lord Rayleigh）による］

**レイリーの方程式**［Rayleigh equation］　正常なヒトの眼に黄色として知覚されるために必要な，赤と緑の刺激の比率についての方程式．赤色異常や緑色異常の観察者は正常な観察者とは異なる比率になる．［イギリスの物理学者レイリー（John William Strutt, Baron Rayleigh: 1842-1919）による］

**レヴィー小体型認知症**［Lewy body dementia］　生検または検視解剖において，脳にレヴィー小体（Lewy bodies）と呼ばれる異常タンパク質が存在することによって特徴づけられる**認知症**の一種．症状は，自発運動の喪失，筋硬直，震え，引きずり歩行のような従来のパーキンソン病様のものから，急性錯乱，記憶の喪失，認知力の変動あるいはその喪失のようなアルツハイマー病と類似の作用にまで及ぶことがある．幻視もまた一般的である．［ドイツの神経学者レヴィー（Frederick Heinrich Lewy: 1885-1950）が用いた用語］

**レヴィン**［Lewin, Kurt］　クルト・レヴィン（1890-1947），ドイツ生まれのアメリカの心理学者．レヴィンは，ベルリン大学において心理学者シュトゥンプ（Carl Stumpf: 1848-1936）のもとで学び，1916年に博士号を取得した．彼は，初期の**ゲシュタルト心理学**やカッシーラー（Ernst Cassirer: 1874-1945）の哲学から強い影響を受けた．レヴィン（ユダヤ人）は，研究生活の初期をベルリン大学で過ごしたが，ナチスが勢力を増したためにアメリカへ移住した．彼はアイオワ大学の児童福祉研究所で10年近く過ごした後，1944年にマサチューセッツ工科大学の新しい集団力学研究所へ移籍した．彼は，社会問題の心理学的研究会（SPSSI）と米国，ユダヤ協会相互問題委員会の創設メンバーとなった．彼は，理論と実験の両方で成果を出している．彼は，包括的で全体的な**場の理論**を提唱し，人間の行動を力動的な場の中で相互作用する様々な外的要因と内的要因の関数として説明した．彼の著書 *Principles of Topological Psychology*（1936）は場の理論を公式化，数理化しようとする試みだった．また，彼の実験的研究はより大きな影響を与えている．**民主的リーダー**と**権威主義的リーダー**のスタイル，子どもの葛藤と後退，**グループ凝集性**，1939年に彼が用語として確立した**グループ・ダイナミクス**などに関する社会心理学の実験的研究はとくに有名である．彼は，中立的立場という科学的視点の風潮に逆行し，**アクション・リサーチ**と呼ばれる社会的に従事するタイプの研究を促進させた．⇨ **生活空間**，**感受性訓練**，**Tグループ**

**レーヴン色彩マトリックス検査**［Colored Progressive Matrices; Raven's Colored Progressive Matrices］　特に子どもや高齢者向けに作成された**レーヴン漸進的マトリックス**．このテストは，36問から構成されており，12問ずつの3グループに分かれている．それぞれのグループに含まれる問題は，漸進的に難しくなっているが，全体的には単純で標準テストよりも簡単である．

**レーヴン漸進的マトリックス**［Raven's Progressive Matrices］　それぞれ一部分が欠けた抽象的な図案から成る，非言語的な知能検査である．受検者は，図案を完成させるために複数の選択肢の中から欠けているパーツを選ぶ．検査は5グループ12図案ずつ配列された60の図案から成り，各グループの図案は徐々に難しくなるよう配列されている．難易度の異なる尺度が利用可能であるが（子ども用と大人用），いずれもある程度の論理的・分析的能力が必要である．1938年に作られたこの検査は，**一般知能**の測定方法の原型としばしば考えられている．［イギリスの心理学者レーヴン（John C. Raven: 1902-1970）が作成］

**レオエンセファログラフィ（電流脳写法）**［rheoencephalography］　脳血流測定法のこと．一般的に，レオエンセファログラフ（rheoencephalograph）という機器を用いて脳血管の電流通過抵抗を記録する．

**レオナルドのパラドックス**［Leonardo's paradox］　線遠近を含む広角度シーンの外周部分では直線的要素が見かけ上湾曲しているように見えること．［イタリアの芸術家・科学者ダビンチ（Leonardo da Vinci: 1452-1519）による］

**レオン（III）ウイルス**［Leon（III）virus］　人間の脊髄性小児まひを引き起こす3つの腸内ウイルス菌株の一つ．他の2つはブリュンヒルト（Brunhilde）とランシング（Lansing）菌である．一部の霊長類およびげっ歯類は，少なくとも一種類のこの菌に感染する可能性がある．

**歴史言語学**［historical linguistics］　言語の歴史的変化を研究する学問．⇨ **通時言語学**，**文献学**

**歴史主義**［historicism］　1．歴史の研究によって，歴史的な出来事や社会的，文化的現象を左右している一般的な法則を明らかにすることができ，これらの法則によって将来を予測できるとする主義．2．信念や価値，文化的産物は歴史的文脈の中で決定され，その文脈の中でしか理解することができないとする考え．

**レクの交配ディスプレイ**［lek display］　交配のシステムで，交尾期にオスの群が一つの場所に集まり，それぞれ小さな縄張りを作って，互いに複雑な視覚や声のディスプレイを全力で競争することにより，交尾するメスを招くこと．そのディスプレイに引き寄せられたメスは自分の交尾

する相手を選ぶ。一般的に，オスは産まれた子孫に対し親のようなケアをしない。

**レクリエーション**［recreation］　元気を取り戻すための快い気晴らしやスポーツ。

**レクリエーション療法**［recreational therapy］　個人的なレクリエーション活動をリハビリテーションや治療過程として使用すること。治療的レクリエーション（therapeutic recreation）とも呼ぶ。

**レジデンシャル治療**［residential treatment］　治療プログラムのために居住用の宿泊施設を提供する病院，特定施設，または他の施設で行われる治療のこと。一定期間の居住を必要とするプログラムもあれば（例，1か月間の集中治療），クライエントが日中は地域社会での学びや労働を提供するプログラムもある。

**レシーバー**［receiver］　通信理論によると，視覚や聴覚といった感覚器官あるいはラジオの受信機などの装置や処理によって，信号が理解可能なメッセージに翻訳される。**情報理論**を心理学に適用するとき，人間はある種のレシーバーとして扱われ，この類推が多くの研究（たとえば，ノイズに対処する能力について）の動機となった。

**レジビリティ**［legibility］　環境の認知的な表象のしやすさ。環境内や状況内において道を進んだり，見つける能力を決定する。**ランドマーク**や，街路網の全体像や形状，建物の配置はレジビリティに有意な影響を与える。⇨ **認知地図**，**環境認知**

**レジャー中心のライフスタイル**［leisure lifestyle］　レジャーや自由時間が顕著な役割をもった生活のこと。余暇活動（たとえば，趣味やレクリエーション，自主的な活動）が大幅に，もしくは完全に，生活に必須の活動（たとえば，収入を得るための仕事）に取って代わる。フルタイムの仕事からリタイアした人でみられる。余暇活動を含むライフスタイルは身体，および精神衛生に良いと考えられている。

**レジリエンス**［resilience］　外的，内的要求への心的，情緒的，行動的柔軟性や調節によって，困難で挑戦的な体験に適応する過程や結果。多数の要素が逆境への適応に役立つが，(a) 世界を外観し世界と関わる方法，(b) 社会的資源の有用性と質，(c) 特別な**対処方略**，の3つは重要である。この3要素における資源と訓練は，洗練することも実行することも可能である。精神的回復力（psychic resilience），心理的回復力（psychological resilience）とも呼ばれる。⇨ **対処行動**，**対処技法トレーニング**

**レス・イズ・モア仮説**［less-is-more hypothesis］　幼児や児童の認知的限界は，処理する言語の体系を単純化するのに役立ち，人間の言語の複雑な統語論的システムを容易に学習できるようにしているという考え。この名は，ドイツ生まれのアメリカの建築家ミース・ファン・デル・ローエ（Ludwig Mies van der Rohe: 1886-1969）の有名なデザインの格言から引用されている。［アメリカの心理学者ニューポート（Elissa L. Newport）によって提唱された］

**レス・エクステンサ**［res extensa］　フランスの思想家デカルト（René Descartes: 1596-1650）が物質領域に言及する際に用いたラテン語の用語。デカルトは"広がり（extensa; extended）"という言葉によって，空間次元をもたない精神とは対照的に，物質的物体は空間を占有する特性をもつことを表した。⇨ **デカルト二元論**。

**レス・コギタンス**［res cogitans］　フランスの思想家デカルト（René Descartes: 1596-1650）が異なる精神領域に言及する際に用いたラテン語の用語。思考するもののこと。
⇨ **デカルト二元論**

**レスコーラ・ワグナー理論**［Rescorla-Wagner theory］　パブロフ型条件づけに関する影響力のある理論の一つで，**無条件刺激**（US）で達成されうる条件づけの最大量から決まった割合で，対呈示するごとに条件づけの過程が進んでいくという理論。たとえば，食物（US）が100 mlの唾液（非条件づけ反応：UR）を生み出し，音と食物を最初に対呈示した後で音が40 mlの唾液という**条件反応**（CR）を導く（つまり，達成できる最大量の0.4）とすると，2回目の対呈示ではCRの規模は24 ml，つまり，0.4×(100−40)となり，その結果，反応は64 mlになる。3回目の対呈示後には，マグニチュードは78.4 ml　つまり，40＋24＋{0.4×(100−64)}となり，CRが100 ml（達成されうる最大量）になるまで続く。レスコーラ・ワグナーモデル（Rescorla-Wagner model）とも呼ばれる。［アメリカの実験心理学者レスコーラ（Robert Rescorla: 1940- ）とワグナー（Alan Wagner: 1934- ）によって1972年に提案された］

**レスパイト・サービス**［respite services］　身体障害や慢性疾患などの自分自身で自立することができない人のために，家族から世話の負担を一時的になくしたり，必要な個人的かつ身近な用事の手助けをする，期間限定で提供される援助，管理，レクリエーション活動，社会活動などのサービスのこと。これらのサービスは子どもや成人を対象に，定期的または不定期的に，放課後，週末，あるいは夜通し提供される。さらに，自宅か他の場所のどちらかで提供される。レスパイト・ケア（respite care），在宅レスパイト（in-home respite）とも呼ぶ。

**レスポンデント行動**［respondent behavior］　特定の刺激によって引き起こされる行動のことであり，その刺激が呈示されると常に予測通りに起こるであろう行動のこと。誘発行動（elicited behavior）とも言う。⇨ **反射**，**表出された行動**

**レチナール**［retinal］　網膜の光色素の成分であるビタミンAアルデヒド。レチネン（retinene）とも言う。⇨ **オプシン**，**ロドプシン**

**レチネックス**［retinex］　ランド説に必要な3つの要素の一つ。レチネックスの各要素は，短波長（青），中波長（緑），長波長（赤）が通過できるそれぞれのフィルタを通して見える視覚像の明るさの値を表す。

**劣化**［degradation］　より一般的に，価値，質，レベル，または状態が低下する過程，またはその結果。

**劣化刺激**［degraded stimulus］　より知覚しにくくするために，ノイズ（視覚や聴覚上の）が加えられた刺激のこと。

**レッシュ−ナイハン症候群**［Lesch-Nyhan syndrome］　酵素ヒポキサンチン・グアニン・ホスホリボシルトランスフェラーゼの欠損，尿酸の過剰生成，唇や指を噛むことによる自傷を伴う衝動脅迫の傾向に関連するX染色体連鎖劣性欠損症。患者は大抵の場合，知能指数が50を下回る精神遅滞がある。生後6か月～8か月後，運動発達が衰退する。これは，痙性や舞踏病（不随意の痙攣様の動き），

アテトーシス（曲がりくねった不随意の動き）を特徴とする。遺伝性舞踏病アテトーゼ（hereditary choreoathetosis）や遺伝性高尿酸血症（hereditary hyperuricemia）とも呼ばれる。[1964年にアメリカの小児科医レッシュ（Michael Lesch: 1939- ）とナイハン（William L. Nyhan: 1926- ）が用いた用語]

**劣性形質**［recessive trait］ 遺伝学において，その形質を決定づける**対立遺伝子**によってのみ説明される形質であり，遺伝子の**相同対**の両方，もしくは不一致の性染色体に引き継がれる。⇨ **劣性対立遺伝子**，**優性形質**

**劣性対立遺伝子**［recessive allele］ 対立遺伝子の一種であり，**相同染色体対**の両方に引き継がれる場合や，不一致の性染色体（つまり，健常の男性の単一のX染色体）に引き継がれる場合に影響力を現す。⇨ **常染色体劣性**，**劣性形質**，**優性対立遺伝子**

**レッティング・ゴー**［letting go］ **死の過程**において，努力や忍耐といった気力を要する時期の後に，生への格闘が軽減すること。

**レッドアウト**［redout］ 負の重力によって血液が頭に押し上げられることによる状態。眼の毛細血管がうっ血あるいは破裂し，視野が赤くなる。たとえば，戦闘機の操縦士が経験する。⇨ **ブラックアウト**

**劣等感**［inferiority］ エリクソンの発達の八段階のうちの一つ。⇨ **勤勉性 対 劣等感**

**劣等機能**［inferior function］ ユング（Carl Jung）の**分析心理学**における，特定の**心理機能タイプ**で，**優越機能**により支配される人格に関する，3つの非優勢・無意識の機能のうちの一つ。

**劣等コンプレックス**［inferiority complex］ 現実と想像上の身体的・心理的不全感に由来する，自信を喪失した不適応的で不安な基本的感覚。その行動上の表現は，"ひきこもり"から，競争心と攻撃性への過剰補償までみられる。⇨ **優越感**

**レット症候群**［Rett syndrome］ 子ども（特に女児）に生じる退行状態であり，初めは順調に発達していたが6か月～18か月の間に運動スキルや，認知スキル，社会的スキルが急速に退行する。その結果，それらのスキルが精神遅滞の子どもと同等の水準まで落ちる。罹患した子どもは，自閉症の特徴を示し，典型的な手の動き（たとえば，手をもむ）をする。場合によっては発作や脊柱側湾（脊髄の側面の湾曲）が起こり，頭部の発達が減速するといわれる。DSM-IV-TRでは，この状態をレット障害（Rett's disorder）と呼び，**広汎性発達障害**に分類している。[オーストリアの小児科医レット（Andreas Rett: 1924-1997）による]

**裂脳**［schizencephalic］ 脳組織における異常な裂溝や分割を意味する。胎児期や早期幼児期の先天性異常や脳の破壊的病変が形成されたことにより，この奇形が生じる可能性がある。

**レディネス**［readiness］ 1. 行動したり，刺激に反応するための準備状態。2. **有意味学習**となるために必要となる特定の課題や問題に対する準備の程度。

**レディネステスト**［readiness test］ 読解，数学（計算，代数，幾何など），外国語など特定の教科の指導を受ける前に，個人がどの程度の準備状態であるかを予測するためのテスト。

**レティフィズム**［retifism］ 靴や足に触れたり，それらを使ったマスターベーションを行い，性的興奮を引き起こすフェティシズムの一つ。靴や足は，最も一般的で多様な**オブジェクトフェティッシュ**の中の一つであるが，これが生じる原因はあまりわかっていない。このフェティシズムは，フランスの作家レティフ（Nicolas-Edme Retif: 1734-1806）に因んで名づけられたものであり，ブルターニュ地方のレティフ（Retif de la Bretonne）としても有名であり，女性の履物に性的興味を抱いていたと言われている。

**レトロネーザル嗅覚**［retronasal olfaction］ 口腔内にあるニオイ物質から鼻咽腔を介して生じるニオイの感覚（⇨ **オルソネーザル嗅覚**）。レトロネーザル嗅覚は味覚と混同されやすい。

**レナード診断インタビュー**［Renard Diagnostic Interview］ セントルイスにあるワシントン大学のレナード病院で1977年に開発された構造化面接であり，15の主要な精神障害の診断基準を確立するために，十分な情報を引き出せるようになっている。

**レニン**［renin］ 血圧低下時に腎臓から放出されるホルモン。血漿タンパク質のアンジオテンシノーゲンを特異的にアンジオテンシンに分解する。

**レニン-アンジオテンシン系**［renin-angiotensin system］ 副腎皮質でのアルドステロン生成を調節し，血圧を制御する肝臓と腎臓の系のこと。⇨ **アンジオテンシン**，**レニン**

**レバースイッチ**［lever switch］ 一端は装置に取りつけられており，もう一端は一定もしくは可変する範囲の中で自由に動かすことができるスイッチ。レバーの長さや形状には様々ある。⇨ **リーフスイッチ**

**レパートリー**［repertoire］ ヒトや動物のとりうる可能性のある反応や行動の総体。通常，過去の行動研究により定数化されたものや獲得された行動に属する。行動レパートリー（behavioral repertoire）とも呼ぶ。

**レーバー病**［Leber's disease; Leber's optic atrophy］ 遺伝性の視覚疾患。症状である視覚退化はゆっくりと進行し，周辺視野は正常だが中心に向かって網膜の盲域ができる。この遺伝的障害は，母親から遺伝するが，最も罹患するのは男性であり，30歳あたりで初期症状がみられる。⇨ **黒内障** [ドイツの眼科医レーバー（Theoder Leber: 1840-1917）による]

**レビンソンの成人発達理論**［Levinson's adult development theory］ 成人の発達モデル。成人期は初期，中期，後期に分けられ，それぞれに（a）過渡期もしくは参入期（たとえば，30歳の過渡期，40歳の過渡期）がある。それはしばしば，不確定であり，自省，探求，人生のコミットメントの質や意味の改善などが行われる時期である。そして，（b）比較的安定した介在的期間があり，その期間は新しい解釈，構造，目標を統合し，前進する時期である。過渡期に伴う適応は，比較的スムーズで平凡である場合もあるが，心理的困難や苦痛として経験されることもある（たとえば，**中年期危機**として）。[アメリカの心理学者レビンソン（Daniel Levinson: 1920-1994）により提唱された]

**レプチン**［leptin］ 脂肪細胞が生産し分泌するタンパク質で，体が貯蔵する脂肪の総量を脳に伝え，摂食の調整

に関与できる。肥満のマウスにはレプチンが欠けている。

**レベルⅠとレベルⅡのテスト**［Level I and Level II tests］　能力は2つの異なるレベルで階層的に構成される，という理論に基づく知能検査。第一のレベルは連合処理であり，第二のレベルは概念処理である。この理論によれば，異なる人種や民族は，第一のレベルでは極めて小さな違いしかないが，第二のレベルでは大きな違いがみられるという。［イギリスの心理学者ジェンセン（Arthur Jensen: 1923- ）によって開発された］

**レーベン検定**［Levene test］　分散の等質性（Homogeneity of Variance）に関する仮説を検定するための手続き。［アメリカの統計学者・遺伝学者レーベン（Howard Levene: 1914-2003）］

**レボキセチン**［reboxetine］　アドレナリンの再取り込みを抑制するが，**セロトニン**，**ドーパミン**，**アセチルコリン**，または**ヒスタミン**の神経伝達にはほとんど，あるいは全く影響を与えない薬品。レボキセチンは，抗うつ剤として臨床的利用のために開発された最初の選択的ノルアドレナリン再取り込み阻害薬であった。アメリカでの代表的な商品名はベストラ（Vestra）。

**レボドーパ（L-ドーパ）**［levodopa: L-dopa］　自然にできるジヒドロキシフェニルアラニンの形態であり（⇨ **ドーパ**），神経伝達物質ドーパミンの前駆体である。レボドーパは，パーキンソン病の治療の使用されており（⇨ **ドーパミン受容体作動薬**，大抵は，カルビドーパとの併用で使用される（⇨ シネメット）。アメリカの商品名はドパール（Dopar），ラロドーパ（Larodopa）。

**レボルファノール**［levorphanol］　モルヒネ分子の作用によって作られる**オピオイド鎮痛薬**。レボルファノールはモルヒネに比べ，鎮痛剤として約4～6倍の強力さがあり，モルヒネと同様の依存や呼吸抑制といった危険性がある。アメリカの商品名はレボドロモラン（Levo-Dromoran）。

**レミニセンス**［reminiscence］　**1.** 先行する経験，特に嬉しい性質の経験を思い出すこと。青年期および成人期初期に起こった出来事（レミニセンスバンプ：reminiscence bumpと呼ばれることが多い）は，最も頻繁に思い出される。**想起**とは異なり，レミニセンスは，必ずしも鮮やかで詳細な記憶を含まない。⇨ **自伝的記憶，エピソード記憶，ライフレビュー**　**2.** 情報に短時間接触し，遅延時間をおいた後，通常の忘却に代わって起こる，思い出される量あるいは成績の増加。

**レム行動障害**［REM behavior disorder: RBD］　**レム睡眠**時の運動活動を伴う**睡眠障害**である。典型的には，一連の夢を実際に身体的に演じてしまう。行動化された夢は一般的に不快であるか，闘争的なものであるため，この行動は，破壊的で暴行に至ることが多い。DSM-Ⅳ-TRにおいてこの障害は**特定不能の睡眠時随伴症**に分類される。

**レム睡眠**［REM sleep］　高速眼球運動睡眠のこと。かつては，脱同期睡眠（desynchronized sleep）と呼ばれていた。夢を見ており，眼球運動以外の運動発現の抑制を除けば脳波は覚醒時の特徴を示す。それゆえ，逆説睡眠（paradoxical sleep）としても知られている。レム睡眠は，全睡眠時間の1/4～1/5を占め，賦活睡眠（activated sleep）とも呼ばれる。⇨ **夢状態，ノンレム睡眠**

**レム潜時**［REM latency］　入眠と最初の**急速眼運動**（REM）が生じる間の時間のこと。

**レム反復**［REM rebound］　レム睡眠の反復のこと。レム睡眠期には夢を見ており，不随意に眼球が動く。

**恋愛**［romantic love］　親密さや情熱が顕著な特徴である愛の形（⇨ **愛の三角理論**）。愛された人は大抵好かれたり理想化されたりするが，愛する人の**性的興奮**は，特に重要な構成要素であることが研究で示されている。愛の分類法において，恋愛は，**情熱的な愛情**と同一とみなされ，**友愛**とは区別される。あるいは，両要素を含んでいるとみなされることもある。⇨ **リメランス，愛情尺度**

**連句障害**［dysphrasia］　発話障害のより古く，あまり一般的でない名称。

**連携医療専門職**［allied health professional: AHP］　専門教育とトレーニングを受けた公認の健康管理の専門家であり，他の専門スタッフの予防，処置とリハビリテーションのプロセスを援助する。

**連結強化**［tandem reinforcement］　複数のスケジュールの要件を強化が生じる前に連続して満たさなければならず，それぞれの要件を満たすことで刺激の変更が生じない，単一の反応に対する**強化のスケジュール**。たとえば，定間隔1分，定比率10の連結では，1分後の初めての反応（⇨ **定時強化スケジュール**）によって**定率強化スケジュール**が始まり，10回目の反応によって強化が生じる。連結強化スケジュール（tandem reinforcement schedule）とも言う。⇨ **連鎖スケジュール**

**連結した談話**［connected discourse］　文面での議論や口頭での会話などのように，比較的長く，統合された言語の単位。⇨ **談話分析**

**連言概念**［conjunctive concept］　複数の属性のセットにより定義される概念。概念が適用されるためには，構成するすべての属性が存在していなければならない。たとえば「兄／弟」という概念は，(a) 男性であり，(b) 兄弟であるという属性がともに存在しなければならず，いずれも除外されることはない。⇨ **選言概念**

**連合**［1］［alliance］　動物の行動において，1個体が単独で制御できない資源を制御するために形成される2個体以上からなる個体間の関係のこと。たとえば，通常は**アルファ・メール**だけが実施するであろう資源の制御を，下位階級の2頭のオスの霊長類が協力して行う。またオスライオンのグループ（血縁であることが多い）は，他のオスからメスの群れを奪うために連合を形成する。

**連合**［2］［association］　**1.** 意識的，あるいは無意識的レベルにおいて，アイデア，行動，事象，物体，または感覚の間にあるつながり，あるいは関係のこと。学習あるいは経験によって定着し，**自由連想法**などでみられるように自発的に表出されたり，**言語連想検査**などでみられるように意図的に生起させられたりされる。⇨ **逆行連合，統制連想，順連合，遠隔連想**　**2.** ある共通の目的のために，特別に集まった個人の集団。

**連合遊び**［associative play］　就学前幼児に特徴的な**社会的遊び**の一形態。2人以上の子どもたちが，玩具を共有し互いに話しかけるなどしてやりとりを行う一方で，それぞれが別の活動を行っている。⇨ **集団的独語，協同遊び，平行遊び，一人遊び**

**連合運動**［associated movement］　ある運動をしている時，不随意に必要とされていない筋が収縮すること。

**連合核**［association nuclei］　視床の核の中で感覚系か

らの直接入力を受けないもののこと。他の視床核と広範な接続をもち，**連合皮質**に軸索を送っている。

**連合学習**［associative learning］　要素間に結合が形成されるような種類の学習。様々な学習理論においては，これらの結合した要素は刺激と反応，出来事の心的表象，あるいは神経ネットワーク内の要素などである。

**連合強度**［associative strength］　2つ以上の項目（たとえば，刺激と反応，記憶内の複数の項目）の間の**連合**の強さ。連合強度は通常，ある刺激がその反応を引き出せるかどうか（たとえば，条件反応：conditioned response）や1つ目の項目が2つ目の項目を思い出させるかどうか，といったことにより測定される。

**連合語**［associate］　学習研究において，ほかの単語と対呈示され，一緒に学習されるための単語のこと。⇨ **対連合学習**

**連合錯視**［associative illusion］　錯視の一つで，図の要素間の相互作用によって生み出されるもの（たとえば，**ミューラー・リヤー錯視**）。

**連合弛緩**［loosening of associations; loose association］　思考過程と発話過程が解体し断片化している精神障害。考えが，通常の一連の関連した流れに従わず一つの考えから全く別の考えに飛びうつる。基本的には**脱線**と同じものである。⇨ **認知的弛緩**，**脱線思考**

**連合主義者**［associationist］　学習のプロセスが，獲得，改善，連合の精緻化として最もよく記述されると信じる理論家のこと。⇨ **観念連合説**

**連合障害**［disturbance of association］　文化的に受容された思考の一連の論理的なつながりが阻害されることで，明らかな混乱や，他者には理解できないでたらめな思考につながること。スイスの精神病医ブロイラー（Eigen Bleuler: 1857-1939）によって記された統合失調症の**基礎症状**の一つ。⇨ **統合失調性思考**，**脱線思考**

**連合心理学**［association psychology］　学習や知識は観念間での**連合**の形成から引き起こされているという前提に基礎をおく心理学のこと。知覚，学習，記憶，思考はいずれも，この獲得された連合を使用する。連合心理学は，哲学におけるイギリス経験主義と観念連合説から発展した。⇨ **観念連合説**

**連合線維**［association fiber］　同じ**大脳半球**の異なる部位の間でインパルスを送信する神経線維。⇨ **交連線維**

**連合想起**［associative anamnesis］　精神医学的面接において，生活史や抱えている困難について，クライエントに自伝的陳述を行わせること。セラピストは，想起への関連を形成するキーワードや表現に耳を傾け，クライエントの問題の無意識の原因に迫る。⇨ **セクター療法**［ドイチュ（Felix Deutsh: 1884-1964）によって展開した］

**連合づけ**［associate］　思考，出来事，物体などの結合を形成するための心理的プロセス。

**連合の法則**［law of combination］　同時発生した刺激や非常に近接した刺激は1つのまとまった反応を作り出すという法則。もしくは，2つの反応のいずれかを誘発する刺激が呈示されたときに，2つの反応がともに生じるという法則。

**連合皮質**［association cortex］　**大脳皮質**のうち，主に感覚表象や運動表象には関係しないが，機能の統合に関わる可能性がある様々な領域。連合野（association area）とも呼ばれる。

**連合・分離方略**［associative-dissociative strategy］　自身の注意の焦点を，内的（連合的）フィードバック（たとえば，呼吸速度や筋肉痛など）と外的（分離的）刺激（たとえば，他者のしていることや風景など）の間で交替させるプランニング。**持久性運動**の際の運動選手は，このような方略を用いて，身体機能を確認したり，また別の時には外的刺激に注意を向けたりする。

**連合法則**［associative law］　**連合**の獲得・強化に関するすべての法則。もともとはイギリス経験主義哲学（⇨ **観念連合説**）の用語。**随伴性の法則**，**頻度の法則**，**親近性の法則**（⇨ **新近性効果**）を含む。

**連合連鎖理論**［associative-chain theory］　学習理論や行動主義心理学（⇨ **行動主義**）における理論の一つで，言語行動を含む複雑な行動が，単純な刺激－反応の連合の組合せから，どのように形成されるのかに関する理論。

**連鎖**［chaining］　複雑な**行動の連鎖**を学習する際の，**オペラント条件づけ**の手法。ヒトやそれ以外の生物に対して用いることができ，比較的複雑な一連の行為を，**一次的強化**を最終反応と随伴させるという手法で学習させることができる。逆行連鎖（backward chaining）では，最終的な反応を最初に学習される。一度，その反応が学習されると，その反応は，一連の行為における最後から2番目の反応を強化するために使われる。そして，最後から2番目の反応が学習されると，それは次の行為を強化されるために使われる。順行連鎖（forward chaining）では，一連の行為における最初のステップが最初に学習され，その後2番目のステップ，3番目のステップと，一連の行為すべてが学習されるまで続く。行動連鎖（behavior chaining）とも言う。

**連鎖スケジュール**［chained schedule］　弁別刺激と随伴される2種類以上のスケジュールが一次強化が起こる前に完了する状況において，ある単一の反応を獲得するための**強化のスケジュール**。たとえば，固定比率10と固定比率50が連鎖された場合，10回反応することで刺激状況は変化し，さらに50回反応することで一次強化が起こる。連鎖スケジュールは，条件強化の研究においてしばしば用いられる。連鎖強化（chained reinforcement）とも言う。⇨ **連結強化**

**連座制**［guilt by association］　加害者と関係があるという理由だけで罪のない人に犯罪責任を帰すること。犯罪者に対する第三者の否定的態度が関係者に向けてその責任を一般化させる。

**連鎖的再生**［chain reproduction］　社会心理学，文化心理学において，もの（考えや物語など）が人から人へ，あるいは集団から集団へ継承され，各移行段階で少しずつ変化していくという過程のこと。この過程に基づいて集団が最終的に生み出すものは，たとえば，ネコの写真が徐々にフクロウの写真になっていくということを見せることにより，最初のものと比較される。同様の歪曲は，水平化（単純化），鮮明化（選択された部分の強調），同化（態度や予期，先入観に合致するよう説明を修正すること）の過程を通して，流言やゴシップの広がりにもみられる。

**レンジ**［range］　範囲とも言う。統計学における**散布度**の測度の一つ。得点分布における最大値から最小値を引くことで算出される。

**練習**［practice］ ある行為，行動，または一連の活動の反復のこと。多くは能力の改善や獲得を目的とする。たとえば，スポーツチームの成員は試合の形式の学習や体力向上などを目的に，事前の計画に基づいた一連の活動を行うことがある。⇨ **分散練習**，**集中練習**

**練習効果**［practice effect］ 学習において，課題となる項目や活動の練習や反復によって起こった変化や進歩のこと。

**練習材料**［practice material］ 導入として得点をつけない項目や例のことであり，実験や検査の前に呈示される。検査方法を説明し，項目の内容を参加者に伝えるものである。

**練習試行**［practice trial］ テストに対して反応する機会を最初に与える手続き。これは実験参加者にテストの手続きを理解してもらうためであり，得点化されるものではない。

**練習の法則**［law of exercise］ ある行動の反復が，将来その行動をより起こりやすくするという法則。練習の法則は，ソーンダイク（Edward L. Thorndike）により初めて提唱されたが，やがて破棄された。

**練習目標**［practice goal］ 目標の一つ。練習中の活動の対象として位置づけられる。

**攣縮**［twitching］ 一連の筋収縮。

**レンショウ細胞**［Renshaw cell］ 脊髄近傍で運動神経を抑制する神経細胞。運動神経が高速に反復して発火するのを妨げる**ネガティブ・フィードバックシステム**の一部でもある。⇨ **反回性抑制**［アメリカの神経生理学者レンショウ（Birdsay Renshow: 1911-1948）による］

**レンズ核**［lenticular nucleus; lentiform nucleus］ **大脳基底核**にあるレンズ状の部位で，**淡蒼球**と**被殻**を覆っている。

**レンズモデル**［lens model］ 有機体は直接かつ客観的に環境を感知せずに，使える手がかりを利用して環境に対して推論，判断あるいは解釈をしているという事実を述べた隠喩によるモデル。有機体は様々な使えそうな手がかりの中から使おうとするものを選び出し，それに相対的な重みや重要性を割り当てて解釈をする。［ウィーン生まれのアメリカの心理学者ブランスウィック（Egon Brunswik: 1903-1955）が提唱した］

**連接**［juncture］ 語または語の要素間の境界を示す一連の音韻の特徴（大抵は**休止**と**強勢**が組み合わされている）のこと。たとえば，"a nice cream van"は"an ice cream van"と区別される。

**連想価**［association value］ 1. ある刺激が，それ以外の観念，記憶あるいは価値と結びついている程度のこと。2. 見かけ上何の意味ももたない刺激（たとえば，連想検査で提示される，KEXやDAGのような恣意的な子音-母音-子音を組み合わせた無意味綴り）に意味を見出せる程度のこと。

**連想記憶**［associative memory］ 1. 過去の出来事や場所の記憶が，それに関連する何かを想起することによって甦ること。2. ある刺激または行動の記憶が，連合刺激または連合反応の呈示によって検索されること。

**連想記憶探索モデル**［search of associative memory: SAM］ 実験室実験における再生（recall）・再認（recognition）記憶を説明するために用いられる**グローバル記憶モデル**。情報は，**短期記憶**に保持され，そこから**長期記憶**に貯蔵されたり，長期記憶を探索するために使われたりする。連合は，記憶内の項目同士の間，および項目とそれが生じる文脈との間に形成される。⇨ **記憶の二重貯蔵モデル**［1981年にアメリカの心理学者シフリン（Richard M. Shiffrin: 1942- ）とオランダの心理学者ラージメイカーズ（Jeroen G. W. Raaijmakers）によって提唱された］

**連想語**［associate］ 何らかの潜在的結合を通じ，他の単語によって連想される単語のこと。

**連想的群化**［associative clustering］ 既存の連合をもつ複数の項目が，記憶の再生時に同時に思い出される傾向。

**連想的思考**［associative thinking］ 比較的制御しにくい認知活動で，心が特定の方向性をもたずに複数の要素の間で互いの連合に基づいて「さまよう」こと。**夢想**や**白昼夢**，**自由連想法**の最中に起こる。

**連想の広がり**［contiguity of associations］ 心の中での結びつき，あるいは連合は，時間的・空間的に互いに類似した2つの目標，経験，行動の間で成立するという概念。⇨ **随伴性の法則**

**連想の流暢性**［associative fluency］ ある物体，出来事，単語や概念が呈示された際に，広い範囲で結合を作る能力。連想の高い流暢性は**創造性**の一側面としてみなされてきた。この創造性は多くの場合，知能の高さと正の相関をみせない。⇨ **創造的思考**，**拡散的思考**

**連想反応時間**［association-reaction time］ 言語連想検査における，刺激呈示から反応までの経過時間。

**連続運動課題**［continuous movement task］ 認識可能な開始あるいは終了のない運動課題。行動は任意に停止されるまで続けられる。たとえば，車を走らせ，運転すること。⇨ **不連続運動課題**

**連続仮説**［continuity hypothesis］ 発見学習あるいは問題解決の成功は，漸進的，加算的，連続的な試行錯誤のプロセスによって生じるという仮説。すべての強化された反応は**連合強度**の増加を引き起こすが，結果が出ない反応は消去される。それゆえ，徐々に上昇する**学習曲線**が描かれる。問題解決は段階的な学習プロセスとみなされる。その学習プロセスでは，正しい反応が見出され，実行され，強化される。⇨ **不連続仮説**

**連続強化**［continuous reinforcement: CRF; continuous reinforcement schedule; continuous schedule of reinforcement］ オペラントおよび道具的条件づけにおける，反応ごとの**強化**。定率1の強化スケジュールに類似している。⇨ **定率強化スケジュール**

**連続再生法**［successive reproduction］ 長期記憶の情報が**再構成**によってどのように変えられるのかを研究するために用いられる手法。参加者は連続して数回同じ情報を再生，あるいは想起し，彼らの再生の変化が録音される。

**連続再認課題**［continuous recognition task］ 一連の項目が呈示される記憶テスト。いくつかの項目は複数回呈示される。実験参加者は各項目に対し，既に見たか（既に呈示されたか）あるいは初めて見たか（初めて呈示されたか）を答える。

**連続殺人犯**［serial killer］ **殺人**を犯す人のこと。被害者，犯行場所，犯行手口の選択に特徴的なパターンのあることが多い。

**連続した解釈**［serial interpretation］ 精神分析の技法。

精神分析家が連続的な夢について探求すること。複数の夢を集合体として捉えることで，個別の夢解釈では見落とされてしまう手がかりを得ることができる。⇨ **反復夢**

**連続尺度**［continuous scale］ いずれの隣接する2つのスコアの間にも追加の数値データを挿入することができる尺度のこと。

**連続制御**［continuous control］ 人間工学の用語で，スクリーン上のカーソルを動かすためにジョイスティックを使う時のように，連続的な動きによって操作される制御装置のことで，オン-オフ式のスイッチなどのような離散制御（discrete control）と対照される。⇨ **アイソメトリック制御，等張性制御**

**連続性の修正**［correction for continuity］ 実際にデータの分布が不連続であっても，そのデータの分布は連続であると仮定して統計的手続きを行う場合にデータを修正するための統計的手法。たとえば，**イエーツの補正**がある。

**連続説**［continuity hypothesis; continuity theory］ あらゆる種類の心理学的過程（たとえば学習や幼児期の発達）は，ある段階から別の段階へ飛躍するというよりも，小さな歩みを重ねるか変化が継続的に起こるかのどちらかであるという主張。

**連続体アプローチ**［continuum approach］ 行動は，有効に機能している状態から，人格の深刻な混乱状態までの連続体の中に分布しているという見解に基づくアプローチ。人の行動の差異は，質の問題というよりむしろ程度の問題だと仮定している。その測定尺度は，行動異常の強さの程度を評価する。

**連続的間隔法**［method of successive intervals］ **等現間隔法**の一つ。ここでの間隔とは，言語的に，あるいはサンプルの使用によって区切られる。

**連続的近接法**［method of successive approximations; successive approximations method］ 期待する行動に類似する反応を強化することによって**オペラント行動**を形成する方法。初めに，期待行動におおよそ近接した反応が強化される。次に，期待行動に密接に近接した反応のみが強化される。その過程は漸進的に期待行動に近づくものである。

**連続的な作業**［continuous operations: CONOPS］ 中断なしに行われる作業で，厳格な統制，計画，時間管理，協同が必要とされる。連続的な作業は，不眠を引き起こし，作業課題の遂行能力に影響を及ぼす。

**連続的評定尺度**［continuous rating scale］ カテゴリーに基づいたものではなく，連続的に（直線上など）評価が割り当てられた尺度のこと。このような評定は，尺度上の評定を指し示す"箇所"に印をつけたり，反応の大きさを示す数値的を割り当てることによってなされる。

**連続的複婚**［serial polygamy］ 結婚と離婚が繰り返されるパターンのこと。シークエンシャル・マリッジ（sequential marriage）とも言う。

**連続の法則**［law of continuity; principle of continuity］ 1923年にドイツの心理学者であるウェルトハイマー（Max Wertheimer）によってみつけられた，**ゲシュタルト心理学**に関連する知覚の法則。ある図形の中で複数の線が交わっているとき，2本の連続した線があるように感じられる。たとえば，十字は，2つの直角が頂点で接しているのではなく垂直な線と水平な線として解釈される。⇨ **体制化のゲシュタルト原理**

**連続変数**［continuous variable］ 無限の数値をとる**確率変数**。すなわち，連続尺度で測定される変数であり，**カテゴリー変数**の反対の意味をもつ。連続確率変数（continuous random variable）とも言う。

**連続妨害課題**［continuous distractor task］ 想起すべき項目の系列が連続して呈示される記憶テスト。数項目ごとに既に呈示された項目が再び呈示されるため，被験者は他の項目を順番に保持しながら，呈示された項目に続く項目を想起しなければならない。連続的妨害課題は，学習試行-テスト試行の手続きと対比される。

**レントゲン写真**［roentgenogram］ X線の照射で得られた写真記録。⇨ **放射線写真** ［ドイツの内科医レントゲン（Wilhelm Konrad Roentren: 1845-1923）による］

**レンペニング症候群**［Renpenning's syndrome］ X染色体連関の形質（⇨ **伴性**）として遺伝的に受け継がれる状態であり，目の欠損，**小頭症**，精神運動遅滞，低身長，小精巣，精神遅滞として表れる。［カナダの医師レンペニング（Hans Renpenning: 1929- ）による］

# ろ

**ロイプロリド**［leuprolide］　性腺刺激ホルモン分泌物の抑制を介して，アンドロゲンやエストロゲンの作用に拮抗的に作用する**性腺刺激ホルモン放出ホルモン**の類似物。子宮腫瘍や何らかの性的早熟，進行性前立腺癌の治療に使用される。強力な抗アンドロゲン効果があるため議論をよんでいるが，性犯罪常習者において**化学的去勢**を行うために使用されている。アメリカでの商品名は多くあるが，特にリュープロン（Lupron）が一般的である。

**聾**［anacusis（anakusis）］　全く耳が聞こえないこと。聴覚消失（annacousia; anacusia）とも言う。

**聾唖**［deaf-mute］　先天性もしくは早期後天性の深刻な聴覚障害のため，発話しない，あるいは発話できない者に対する古い蔑称名。

**漏洩**［leakage］　他者と接しようとするとき，意図とは異なる感覚や動機づけをもっていることを，意図せずに暴露してしまうこと。たとえば，作り話をしているときに，ふと話が止まってしまうことで，それが顕在化すること。⇨ 言語性漏洩

**老化**［senescence］　1．歳をとっていく生物的プロセス，またはそのプロセスの生じている期間。2．歳をとっている状態。

**老化の障害**［aging disorder］　時間の経過に従って生じる漸進的な構造や免疫の変化。疾病や事故によるのでなく，加齢につれて次第に死の確率が高まる変化のことである。

**老化の非活動性理論**［disuse theory of aging］　老化に伴う心理学的能力の衰退は，その能力の使用不足が原因であるという可能性を指摘する理論。この理論によれば，成人は年を取ると，多くの心理テストで調べる課題には心がよりいっそう反応しなくなるとする。

**老化のボルチモア縦断研究**［Baltimore Longitudinal Study of Aging: BLSA］　全米エージング研究所における老化に関する科学的研究。1,200名以上が生涯を通して定期的に検査を受けた。この研究は1958年から実施され，個人内における加齢と病による変化について研究している。

**瘻孔**［fistula］　内臓間または内臓と身体の外部の間の異常な通路。瘻孔は，怪我（弾丸による負傷）や先天性欠陥症，膿瘍の影響，外科手術によって生じる。頭蓋洞瘻（craniosinus fistula）は，鼻の中の膿瘻を介する脳脊髄液の損失によって特徴づけられる。

**老視**［presbyopia］　水晶体の弾性と調節能力の衰えによる典型的な加齢に関連した視覚の変化のこと。近い位置での作業（たとえば読書）で視覚の焦点を合わせる能力が衰える。通常は中年期にはじまり，老視は二焦点レンズもしくは三焦点レンズの老眼鏡で矯正される。老眼とも呼ばれる。

**労使関係法**［Labor Management Relations Act］　全米労働関係法の改正案。それまでの関係法が管理者側への制限が多すぎたことから，雇用者と組合のパワーバランスを調整するために1947年に法案が通過した。この法令は，組合と雇用者の**不当労働行為**を特定，予防し，紛争解決のための連邦調停和解局を設立，非常事態につながるストライキに対処する機構を生み出した。アメリカの弁護士で政治家のタフト（Robert Alphonso Taft: 1889-1953）とアメリカの政治家ハートレイ（Fred Allan Hartley, Jr. 1902-1969）により提出され，タフト・ハートレー法（Taft-Hartley Act）として知られている。

**老人学的スクリーニング**［geriatric screening］　病院，コミュニティセンター，郡立ヘルスセンターなどの機関によって実施されるプログラムもしくはシステムであり，資格のあるスタッフによって，理学的な検査とケア，心理学的評価，さらには金銭的なカウンセリングを行い，高齢者のニーズを特定する。

**老人虐待**［elder abuse］　他者が老人に対して加える危害。その内容には，身体的なもの（暴力），性的なもの（同意のない性行為），心理的なもの（精神的苦痛を引き起こすもの），物質的なもの（所有物または金銭の不正使用），ネグレクト（必要とされるケアの拒否）が含まれる。

**老人性縮瞳**［senile miosis］　瞳孔の拡張を制御する筋肉の衰えによって，老年期に瞳孔の大きさが縮小すること。眼に入る光の量が制限される。

**老人性精神病**［senile psychosis］　老人性認知症（senile dementia）の旧式名称。

**老人性難聴**［presbycusis］　加齢による聴力の段階的な減少のこと。⇨ 血管硬化

**老人斑**［senile plaques］　変性した樹状突起を囲むベータアミロイドタンパクの塊。特にアルツハイマー病の症状と関連している。大脳皮質に集中して生じると，認知症の重症度が上昇すると考えられている。

**老人病学者**［geriatrician］　高齢者に対する生物心理社会的な治療および取り扱いに特化した医師，心理学者，あるいはその他のヘルスケア提供者。

**老親扶養義務感**［filial responsibility］　親子の義務に関連した，家族に対する義務感。

**漏斗**［infundibulum（pl. infundibula）］　漏斗型の解剖学的構造。特に**下垂体**の茎のことで，**第三脳室**の真下，頭蓋基底部にある蝶形骨洞の上に位置している。

**労働安全衛生局**［Occupational Safety and Health Administration: OSHA］　米国労働省の一機関。1970年に法制化された労働安全衛生法に則って，州間の通商に関わる全雇用の労働安全衛生基準を確立するために設立された。

**労働関係**［labor relations; industrial relations］　1．特に**団体交渉**を行う雇用者と被雇用者，あるいは雇用者と組合との関係のこと。2．被雇用者と雇用者，あるいは組合と雇用者との関係を理解し管理することに向けた学際的研究領域。

**労働機能性尺度**［work function scale］　機能的職務分析（functional job analysis）において，職務はすべての次元に関してデータ，人，事項を処理する複雑性の程度が評定される。

**労働休憩のサイクル**［work-rest cycle］　職務遂行の合間に休憩時間が組み込まれている固定化されたあるいは反復される時間系列。科学的マネジメント（scientific management）は，最適な職務パフォーマンスのために実証的で理想的な休憩サイクルを見出そうと試みている。

**労働サンプルテスト**［work-sample test］　人事選考で用いられる職務に特化した検査で，日常の職務を繰り返すことが求められる。インバスケット試験でみられるように，応募者は，統制されたテスト状況で，現実のまたは模擬の機材を使うことを要求される（たとえば決められたコースに荷物を乗せたフォークリフトを走らせる），あるいは，典型的な問題に対応する職務シナリオに対処させられる。⇨**状況面接**

**労働システム**［work system］　1. 伝統的な作業研究の視点からみると，生産システムあるいは処理システムからの要求に応じるために必要とされる構造，操作，スケジュール。2. より全体的・人間工学的視点からみると，組織的目標の人的達成に関連した技術的要因と環境的要因の総体。⇨**マクロ人間工学，社会技術システムズアプローチ，システムエンジニアリング**

**労働リハビリテーションセンター**［work rehabilitation center］　怪我をした従業員が健康の回復と業務復帰の準備をするための施設。リハビリテーションの試みは個人の治療的ニーズに焦点を当てながら，業務シミュレーション，今後職場で怪我をしないための教育などを含む。⇨**職業的リハビリテーション**

**労働療法**［work therapy］　精神的もしくは身体的障害を抱えた人に，無償もしくは有償の治療的な労働活動を行う療法のこと。

**労働倫理**［work ethic; Protestant work ethic］　労働あるいは他の形態の努力活動の重要性を社会的，道徳的，精神的善として強調すること。関連した態度として，個人主義，競争心，高い個人的期待，自己研鑽，自己成長，満足の遅延などがある。この用語は，ドイツの社会学者ウェーバー（Max Weber: 1864-1920）によって導入された。ウェーバーは，16世紀のプロテスタント思想における倫理の登場とヨーロッパにおける資本主義の台頭の間の有名な関連性を示した。⇨**達成倫理**

**漏斗型絞り込み**［funnel sequence］　一般的な項目ではじめ，より特有の項目へと焦点を絞る調査やインタビューにおいて，質問項目の順番を決めるための方法のこと。

**老年医学［1］**［geriatrics］　加齢および高齢者の身体疾患・精神疾患の治療を扱う医学の一分野。

**老年医学［2］**［gerontology］　老年期と老化過程の科学的学際的研究。心理学者，生物学者，社会学者，医学者，開業医，高齢者医療提供者，人文科学と社会科学の学者が老年学に関するそれらの研究に従事している。⇨**社会老年学**

**老年化**［senilism］　高齢者，あるいはそれ以前の年齢における，老年の兆候の出現を意味する。

**老年期**［senium］　高齢者，稀に高齢期初期の者を指す。

**老年期うつ病評価尺度**［Geriatric Depression Scale: GDS］　対象を65歳以上に特化した評価ツール。高齢者によくみられる身体的障害を除いたうつ症状に関しての30項目の質問から構成され，「はい-いいえ」で自己評定する。たとえば，「よく退屈しますか？」「何かを決めるのは簡単ですか？」「朝は楽に起きられますか？」など。［1982年に心理学者ブリンク（T. L. Brink: 1949- ），精神科医イーサヴェイジ（Jerome A. Yesavage）らによって開発された］

**老年期精神病**［geriopsychosis］　脳の劣化や加齢に伴う重篤な精神障害などの症状のために使用されていた用語。

**老年心理学**［geropsychology; geriatric psychology; gerontological psychology］　老年期の精神保健と老化過程の研究に関する心理学の領域の一つ。

**老年性障害**［geriatric disorder］　絶対ではないが普通は高齢者に起こる慢性的な，身体的，精神的，疾患や障害。たとえば，緑内障，白内障，関節炎，リウマチ，アルツハイマー病など。

**老年精神薬理学**［geriatric psychopharmacology］　高齢者に対して向精神薬を使用したときの反応に関連した問題だけでなく，その過程のメカニズムの解明も扱う薬理学の分野の一つ。加齢に伴う代謝の変化は，薬物の生物学的活性に影響を与える可能性や，薬物に対する患者の中枢神経系の感受性を高める可能性がある。

**老年性認知症**［senile dementia］　65歳以降に発病する認知症。

**ロキーチの価値観尺度**［Rokeach Value Survey: RVS］　何が生きる上で最も重要であるか，何が良い選択であるかを決定づけるのに役立つ価値を評価する指標（キャリア開発の指標としてよく用いられる）。"価値"は，「特定の行為や存在の最終状態のモードが，それらとは反対のモードよりも個人的社会的に望ましいとする永続的な信念」と定義づけられている。2種類の価値が社会調査において区別された。手段価値は社会的に望ましいとされる行為の形態や行動特徴であり，目標価値は理想化された存在の最終状態あるいは生き方である。［アメリカの心理学者ロキーチ（Milton Rokeach: 1918-1988）による］

**ロキーチの教条主義尺度**［Rokeach Dogmatism Scale］　1960年に66項目が開発され，「信念システムと非信念システム間の孤立や分化」や，「基本的，中間的，周辺的信念間の相互関係」のような，いくつかの連続体次元に関する信念システムの開放性や閉鎖性（つまり**教条主義**）における個人差を測定する尺度である。いくつかの研究においてこれが"一般的な権威主義"や"一般的な不寛容"を測定するのに有益な尺度であることが見出されている。［ロキーチ（Milton Rokeach）による］

**ロクサピン**［loxapine］　1970年代初期にアメリカ市場に広まった**抗精神病薬**。ロクサピンは従来の抗精神病薬とは異なり，セロトニン作動性受容体のほかにドーパミン作動性受容体にも強く結合している。化学構造（⇨**ジベンゾキサゼピン**）は非定型抗精神病薬**クロザピン**と似ているにも関わらず，ロクサピンは，従来の抗精神病薬と同じ抗精神病薬，制吐薬，鎮静剤，錐体外路特性の効果をもっている。アメリカの商品名はロキシタン（Loxitane）。

**6時間遅れている子ども**［six-hour retarded child］　複雑な社会の中では比較的問題なく生活を送ることができるにも関わらず，学校では誤って知的障害と判断されてしまった（たとえば1日6時間の学校の中でだけ「知的障害」とみなされるが，普段の生活では問題のない生徒など）子どものことを指す。この誤った判断には，たとえば，当該生徒の社会化という側面での問題，診断時のバイアス，学習障害の問題や言語の熟達度や行動的な側面における症状など様々な要因が影響しているとされる。これらの多様な要因によって，管理者や教師，学校心理士は，誤った判断をしてしまうとされる。

**6-ヒドロキシドーパミン（6-OHDA）**［6-hydroxydopamine] カテコールアミン含有神経細胞を破壊するための動物実験で使用された，ドーパミンの類似物。6-OHDA は血液脳関門と交差しないが，中枢神経システムに投与すると，カテコールアミン含有ニューロンの永続的な退化が起こる。6-OHDA を伴う**黒質線条体路**におけるカテコールアミン含有ニューロンの破壊は，パーキンソン病に似ている症状を引き起こす。

**Logo**［Logo］ コンピュータプログラミング言語の商標で，マサチューセッツ工科大学の人口知能研究所がプログラム解決スキルの発達を促進するために開発したもの。Logo は主に子どもの教育を対象としており，ピアジェの思考の発達に基盤をおいている。

**ロゴジェン**［logogen］ 単語や文字，数字に対応した理論的な記憶ユニットのことで，それが活性化されるとユニットの出力（想起：recall，再認あるいは再生：reproduction）をもたらす。たとえば，机のロゴジェンはその単語を聞いたり見たりすることによって，あるいは関連する単語によって，活性化される。［イギリスの心理学者モートン（John Morton: 1933- ）によって提唱された］

**ロゴセラピー**［logotherapy］ 「人間の苦境」に焦点を当てた心理療法のアプローチ。クライエントが「意味の危機」を克服する手助けをする。心理療法のプロセスは，(a) 創造性（たとえば，仕事，達成），(b) 経験（たとえば，芸術，科学，哲学，理解，愛情），(c) 態度（たとえば，苦痛や悩みに対する），の 3 つに関する評価から構成される。クライエントは，自分自身が目指す解決に到達し，社会的責任や建設的な人間関係を具現化することが奨励される。意味中心療法（meaning-centered therapy）とも呼ばれる。⇨ **実存主義的心理療法，実存主義** ［オーストリアの心理学者フランクル（Viktor E. Frankl: 1905-1997）により 1950～60 年代に開発された］

**ロコプラント**［loco plant; loco weed］ 北アメリカ西部，特にロッキー山脈に自生するゲンゲ属またはオヤマノエンドウ属に属する植物。ヒトや動物が摂取すると神経組織に損傷を受ける（ロコとはスペイン語で"頭がおかしい"という意味である）。原因物質は，ミセロトキシン，スワインソニン，セレニウムである。中毒症状には，筋肉の震えまたは協調運動失調，よろめき歩行，奥行き知覚や他の知覚の障害がある。多量の投与においては，これらの毒は，脳障害やまひ状態を含む，中枢神経系における不可逆変化を生み，昏睡状態や死をもたらす。

**ロジスティック回帰**［logistic regression］ 1 つもしくはより多い連続型変数から 2 値の**従属変数**を予測するための統計的手法。

**ロジスティック関数**［logistic function］ 基本的な関数の形式は，$y = c/(1 + a \exp(-bx))$ である。ここで $y$ と $x$ は変数，$a, b, c$ は定数であり，$\exp$ とは**指数関数**のこと。ロジスティック関数は，成長速度や時系列データを記述する時に用いられる。

**ロジック**［logic］ 命題間の関係性を分析するために使われる象徴的な表現の，特定の規則性に支配された形式。

**ロジャーズ**［Rogers, Carl Ransom］ カール・ロジャーズ（1902-1987），アメリカの心理学者。1931 年にコロンビア大学教育学部で博士号を取得。シカゴ大学にて，心理療法に関する一連の研究を進めた。ロジャーズは，カウンセリングのクライエント（来談者）に，暖かい雰囲気で対応し，クライエントが個性を表現し，自身の内面と向き合うことを促す，**非指示的アプローチによる来談者中心療法**を提唱した。理論のグループの緩いつながりと**人間性心理学**の技術を適合させた来談者中心療法は，当時の主流であったフロイト型や行動主義的な心理療法に代わる，新しい方法として注目を浴びた。ロジャーズは，心理的な障害の要因は，両親や教師など，幼少時に接した権威者から与えられた愛情が条件つきであったこと（**条件つきの肯定的配慮**）にあるとした。ロジャーズは，条件つきの愛を受けるために自分の欲求を抑圧して成長した個人は，自尊心が低く，自己実現の能力に欠けると説いている。来談者中心療法では，セラピストが**無条件の肯定的配慮**を感じさせる暖かい雰囲気や，**無批判性**を提供することにより，クライエントの成長と可能性の実現を目指した。⇨ **価値規定条件，成長原則**

**露出症**［exhibitionism］ 性的興奮を得るための手段として，見知らぬ人に性器を露出することを繰り返すが，それ以上の性行為を求めることはしない**性嗜好異常**。

**ロスタンタイプ**［Rostan types］ 身体の内部構造に基づいて分類される分類系のこと。⇨ **頭脳型，消化型，筋肉型，生殖型，呼吸型**

**ロストレター法**［lost letter procedure］ 集合的な集団レベルで用いられる間接的な態度測度のこと。二組の封筒が用意される。片方には，ターゲットとなる問題について特定の態度的立場をとりそうな集団宛であり，もう片方は反対の立場をとりそうな集団宛である。各バージョンの封筒が同じ数だけ地域の中で無作為にばらまかれる。この手続きは，何の気なしにうっかりばらまかれた手紙を見た人々が，もし，その手紙が自らの立場を共有している集団宛のものであるならば，その手紙を郵便箱に投函するだろうという原理に基づいている。地域の中で 2 つの立場を支持している人々の割合が，最終的に投函された封筒の数から推測できる。また，ロストレターテクニック（lost letter technique）と呼ばれることもある。［ミルグラム（Stanley Milgram）によって考案された］

**ローゼンタール効果**［Rosenthal effect; Pygmalion effect］ 実験の結果について実験者がもつ期待が無意識に実験結果に影響を及ぼすことであり，実験者が期待する方向に影響を及ぼす。同義語として**実験者期待効果**がある。ピグマリオン効果（Pygmalion effect）とも言う。［アメリカの心理学者ローゼンタール（Robert Rosenthal: 1933- ）による］

**ロータロッド**［rotarod］ 水平方向に回る直径約 3 cm の円筒であり，げっ歯類の運動協応と平衡性を測定するために用いる。ラットやマウスがロータロッドの上に乗せられてから落ちるまでの時間を測定する。

**ロッキング**［rocking］ 子どもや重度の精神遅滞，また，**自閉性障害，常同性運動障害**の成人にしばしばみられる，体を揺する常同的な運動挙動（**動作行動**）のこと。常同性運動障害（body rocking）とも言われる。

**ロックアウト**［lockout］ 組合との契約交渉において雇用者が使う戦略。契約条件が受け入れられるまで，従業員が職場に立ち入り，仕事をすることを禁ずる。

**ロックの目標設定理論**［Locke's theory of goal setting］ 目標設定に関する理論で，次のような提案をしている。(a) 一般的な目標や漠然とした目標よりも具体的な目標を

たてたほうが効果的である。(b) 適度な目標や簡単な目標よりも挑戦的な目標や難しい目標をたてたほうが効果的である。(c) 短期的な目標は長期的な目標の到達に役立つ。**目標設定**がパフォーマンスを改善する理由の説明には，少なくとも4つのメカニズムがある。(a) 活動に集中する。(b) エネルギー消費を制御する。(c) 目標到達まで努力が続けられるため，持続力を促進する。(d) パフォーマンスの改善へ向けて新しい方略の開発を促進する。目標設定が機能するのは，目標に対する進み具合や成績が適時フィードバックされたときだけである。目標は効果的とみなされなければならず，計画や方略によって目標の到達が促進される。競争は目標設定の一形態とみなすことができる。［アメリカの産業心理学者ロック（Edwin A. Locke: 1938- ）による］

**ロッター統制の所在尺度**［Rotter Internal-External Locus of Control Scale: RIELC］ 出来事の因果関係に関するクライエントの感じ方に関する情報を得るために使われる尺度。**統制の所在**が高い人は（⇨ **内的統制者**），因果関係は主に自分のコントロール下にあるとみなす。外的な統制の所在が高い人は（⇨ **外的統制者**），因果関係は主に自分のコントロール外であるとみなす。内的統御の得点が高い人は，自分の学習について責任とコントロールを自覚する傾向があり，結果として成績が良い（例，学術的課題）。それに対して，外的統御の得点が高い人は，自覚が弱く結果として成績が良くない。［アメリカの心理学者ロッター（Julian Bernard Rotter: 1916- ）による］

**ロッドスコア**［LOD score］ 対数オッズスコア。2つの遺伝子座が連鎖している，すなわち，染色体上で互いに近い位置にあるために，一緒に遺伝する可能性があるかどうかを推定するもの。ロッドスコア3以上が，2つの遺伝子座が近接していることを示す値である。

**ロッド・フレームテスト**［Rod-and-Frame Test: RFT］ 視覚的垂直性を判断する際の視覚的手がかりと重力的手がかりの役割を検討するために用いられる検査。**場依存**と**場独立**の指標として最も広く利用されている。この検査は，枠とその内部に設置されている可動の棒によって構成されている。参加者は，枠の位置が変化するなか，棒が物理的に垂直になるように調整しなければならない。誤差角（すなわち，90°からの差）がこの検査において得点化する際の指標となる。得点が高いほど参加者は場依存的であり，得点が低いほど場独立的である。［アメリカの心理学者ウィトキン（Herman A. Witkin: 1916-1979）とアッシュ（Solomon E. Asch: 1907-1996）によって開発された］

**ローテーションシステム**［rotation system］ **集団心理療法**の技法。セラピストは他のグループメンバーの前で一人ひとりと順番に作業を行う。

**ロードシス**［lordosis］ 多くのげっ歯類においては発情期のメスがとる正常な姿勢であり，オスに交尾を促す働きをもつ。ロードシスなしには物理的にオスはメスと交尾することができない。

**ロドプシン**［rhodopsin］ 桿体細胞で主に機能する視物質のこと。オプシンタンパク質と結合した11-シスレチナール（11-cis retinal）であるビタミンAアルデヒドからなる。光子により活性化されると11-シスレチナールはオールトランスレチナールに変化し，オプシンタンパク質から離れる。これが**視覚情報伝達**を起こす一連の反応の始まりである。視紅（visual purple）とも呼ばれる。⇨ **スコトプシン**，**視覚サイクル**

**ロード・レイジ**［road rage］ 実際に他の運転手が起こした違反，もしくは違反のイメージが引き金となる，攻撃的・敵対的行動。交通渋滞と関連することが多い。重症度は様々である。敵意ある言語表現，危険運転，対人暴力が含まれる。

**魯鈍**［moron］ 軽度精神遅滞がある人を指すときに用いられるが，現在は使用されてない。［ゴッダード（Henry Herbert Goddard）が最初に用いた］

**ロバーズ・ケイブ実験**［Robbers' Cave experiment］ グループ間対立の原因および結果に関するフィールドスタディ。実験では，11歳の少年たちを，同様の背景をもったお互いに知らない2グループに分け，荒野の同じエリアでキャンプ生活をさせた。第1段階では，2グループはお互いに完全に独立に，独自に規則やアイデンティティの開発を許された。第2段階では，それら2グループは，互いの存在を意識させ，一連の競争のある練習を通じて対抗心をもつように促された。その結果，暴力を見出し，敵意を深くすることになった。第3段階では，実験スタッフは，水道設備の欠陥のような，2グループの共同作用でしか解決することができないような様々な緊急課題を慎重に引き起こした。その結果，2グループは完全に和解した。⇨ **上位目標**

**ロバーツ症候群**［Roberts syndrome］ 口唇裂や口蓋裂および，異常に短い手足をもった状態で生まれる常染色体劣性疾患である。他の特徴には，**小頭症**や性器肥大（genital hypertrophy）がある。乳児期を生存することはほとんどなく，罹患者のおよそ50％は，精神遅滞の可能性がある。アッペルト・ガーケン・レンツ症候群（Appelt-Gerken-Lenz syndrome）とも呼ばれる。［1919年にアメリカの内科医ロバーツ（John Bingham Roberts: 1852-1924）により記述され，1966年には，ドイツの内科医アッペルト（Hans Appelt: 1919-1988），ガーケン（H. Gerken），レンツ（Widukind Lenz: 1919-1995）によって記述された］

**ロービジョン**［low vision］ 原因に関わらず，眼鏡，コンタクトレンズ，もしくは内科治療や外科治療によって正常範囲に矯正することができないような視覚的能力（特に視力と視野）の低下。ロービジョンは視覚に関連する行動の様々な側面（たとえば，移動性や読書）に問題をもたらし，生活の質を低下，うつ病のリスク増大へとつながっていく。上記のような状況にある個人に提供されるロービジョンサービス（low vision services）には，現存する視力の検査や高性能光学装置の使用についての教育が含まれている（⇨ **視覚リハビリテーション**）。部分視（partial sight）とも言う。⇨ **盲目**，**視力障害**

**ロベクトミー**［lobectomy］ 脳葉切除とも言う。脳内における全葉，あるいは葉の一部の外科的切除。最も頻繁に行われるロベクトミーは，発作のコントロールのためになされるものであり，前側頭葉に対してである。⇨ **側頭葉切除術**，**白質切断術**

**ロペラミド**［loperamide］ 胃腸の運動を遅くする**オピオイド**であり，下痢の治療に使われる。**血液脳関門**へ効果的に運ばれないので，精神作用効果はほとんどなく，乱用の可能性は低い。アメリカでの商品名は，イモジウム

（Imodium）。

**ロボット**［robot］　1. 人間に似た機能を実行する機械（例，点溶接ロボット）。2. 機械と似て，厳密で，鈍感で，超然とした行動をする人間。

**ロボット工学**［robotics］　自動的，反復的，高精度で危険な作業を実行するだけでなく，人間に似た機能も遂行する能力のある機械（automatons）の設計と構築に関する科学。たとえば，障害者向けの個別支援ロボットが開発途上にある。⇨ **サイバネティックス**

**ロボトミー**［lobotomy］　葉切截術とも言う。脳内の葉の切断。⇨ **前頭葉切截術**

**ロマン主義**［Romanticism］　18世紀終盤〜19世紀初頭のヨーロッパとアメリカにおける美術的，知的運動。古典的な，均衡，秩序，自制，調和，客観性の基準よりも，想像力，自発性，驚き，情動的自己表出の価値を重視する。欲望や夢が日常的現実に勝るといった内容を描く文学形式のロマンス（romance）に由来する。部分的には，当時の科学的・技術的な進歩への反発として，ロマン主義を心理学における人文主義運動のさきがけとみることもできる（⇨ **人間中心主義，人間性心理学**）。

**ロラゼパム**［lorazepam］　不安，**発作**，吐き気，嘔吐の治療や外科麻酔法における前投薬として使用される極めて強力な**ベンゾジアゼピン**。他の多くのベンゾジアゼピンとは異なり，代謝活性物がないため，肝臓での処理は最小限しか必要としない。これにより，予測可能な活性の持続時間と一緒になって，肝機能障害の患者におけるアルコール離脱の管理で好んで使用される薬となった。日本での商品名はワイパックス。

**ローランド溝**［Rolandic fissure］　⇨ **中心溝**［ローランド（Luigi Rolando）による］

**ローランド皮質**［Rolandic cortex］　**中心溝**（ローランド溝）に隣接して存在する**大脳皮質**の領域。前頭葉と頭頂葉の間の境界を示す。

**ロールシャッハ**［Rorschach, Hermann］　ヘルマン・ロールシャッハ（1884-1922），スイスの精神科医。ロールシャッハは1912年にチューリッヒ大学で医学博士号を取得した。彼は今日広く使用されている**ロールシャッハ法**の創案者である。ロールシャッハ法を創始するために，彼は一組のインクブロットを標準化し，それらを量的にスコア化するための基準を開発し，様々な診断をもつ患者群で比較し，そして，ロールシャッハ法を用いて体験型を見分けることができると主張した。彼は腹膜炎で急死するまで，パーソナリティに関する一般的理論の樹立に取り組んでいた。1918〜1922年に発展したロールシャッハ法が，心理診断の有力な道具として広く認められるテストになるには1950年代まで待たなければならなかった。

**ロールシャッハ法**［Rorschach Inkblot Test］　被検者に10枚の非構造的なインクブロット（大部分は黒色や灰色のインクブロットであり，色彩のブロットもある）を呈示し，「これは何でしょう」「あなたはこれに何が見えますか」と尋ねる**投映法**。検査者は色（C），運動（M），部分（D），全体（W），公共性（P），動物（A），形態（F），人間（H）などの構造的または内容的基準に基づいて反応を分類する。量的あるいは，質的な様々なスコアリング・システムが発表されている。ロールシャッハ法の目的は感情，認知スタイル，創造性，衝動統制，そして防衛様式などの観点から，被検者のパーソナリティ構造を理解することである。また，心理学の全領域にわたるアセスメント法の中でも，最もよく知られた，かつ最も議論の余地があるものの一つでもあり，世間で"名の知れた"検査とみなされている。ロールシャッハ法は広く用いられると同時に，多くの研究が行われきた。その結果については，その臨床的有用性（例，治療法の選択，患者の変化や寛解を経時的に観察すること）に対する強い支持が主張されながらも，十分かつ一貫した妥当性があまり実証されず，有用性はないという批判まである。［ロールシャッハ（Hermann Rorschach）によって1920年代初頭に考案された］

**ロルフ法**［rolfing］　1930年代に発展した身体深部マッサージの技法。この技法は身体構造の再調整を通して，筋肉緊張を緩め，姿勢やバランスを改善し，個人機能を高めることを目的とする。また，この技法は筋肉のマッサージが身体的および心理的苦痛の両者を緩和するという考えに基づいている。構造的統合（structural integration）とも呼ぶ。［アメリカの理学療法士ロルフ（Ida P. Rolf: 1896-1979）によって考案された］

**ロールプレイ**［role play］　**人間関係トレーニング**や**心理療法**に用いられる技法である。参加者は様々な社会的役割を演じる。もともとは，**心理劇**の中で開発されたものであるが，現在では産業，教育，臨床場面において，従業員の販売上の問題を取り扱ったり，グループ療法（group psychotherapy）や家族療法（family psychotherapy）内で，異なる態度や関係を実際に試してみたり，異なる方法のストレスコーピングをリハーサルしてみたりといった様々な目的で使用されている。

**ロールプレイ研究**［role-playing research］　参加者にある役割を担うふりをしたり，まるでその役割が実際のものであるかのように行動させる方法を使う研究。実際に役割を持っている個人が，その役割を担うふりをしているだけの個人と同じように行動するとは仮定できないという批判もある。

**ローレンス・ムーン・ビードル症候群**［Laurence-Moon-Biedl syndrome; Laurence-Moon-Biedl-Bardet syndrome; retinodiencephalic degeneration］　常染色体性の病気で，肥満傾向，指や足指の過剰，低知能，視覚障害（特に盲目の障害）がみられるという特徴がある。進行性の錐体細胞と桿体細胞の退化，夜盲症が共通してみられる。性腺機能低下症（小睾丸）と聴覚障害がしばしば合併症としてみられる。罹患者の75％以上が知的障害を抱える。［イギリスの眼科医ローレンス（John Zachariah Laurence: 1830-1874），アメリカの眼科医ムーン（Robert C. Moon: 1844-1914），オーストリアの眼科医ビードル（Artur Biedl: 1869-1933）による］

**ローロフス効果**［Roelofs effect］　主観的な「正面」の位置が，真の正面に対してどちらか一方の側に中心がある大きな長方形や枠の存在によって変化する，空間知覚の歪み。主観的な正面の位置は枠や長方形と同じ方向に移動する。［ドイツの物理学者ローロフス（C. Otto Roelofs）による］

**ロロ・メイ**［May, Rollo］　ロロ・メイ（1909-1994），アメリカの心理学者であり，精神分析学者・実在主義哲学者。メイは1949年にコロンビア大学で臨床心理学者として博士号を取得した。ニューヨークのウィリアム・アラン

ソン・ホワイト研究所で精神分析の研修員から所長まで，研究生活のほとんどを過ごした。彼は幅広い思考をもち，古典，宗教，哲学の研究を心理学や心理療法の研究の視点へ統合した。また，彼は**人間性心理学**の提案者，**実存心理学**運動の代弁者として知られている。彼は特に，愛や自由意思，自己意識といった人間の基本的価値によって強調される空虚感，皮肉な考え方，失望感などに関心をもった。有名な著書にはエンジェル（Ernest Angel）とエレンベルガー（Henri Ellenberger）との共著である *Existence: A New Dimension in Psychiatry and Psychology*（1958）や，*The Meaning of Anxiety*（1950），*Love and Will*（1969）などがある。

**論証**［argument］ 結論を妥当または真と認めるための論理的な推論を支える一連の命題のこと。これらの言明の一つを前提（premise）と言う。前提から結論に至る論証を形成する過程が論証構築（argumentation）である。

**論証形成**［argument framing］ 説得的メッセージが，主張した立場を採用した場合の肯定的結果と，主張した立場を採用しなかった場合の否定的結果との対比を強調する形式で情報を提供する程度。

**論証の数**［argument quantity］ 説得的メッセージに含まれる論証の数。

**論証の質**［argument quality］ ある論証が，**態度対象**に対する主に肯定的な評価反応を，主に否定的な評価反応と比較してどの程度引き出したかを表す指標。否定的反応に比べて肯定的反応を引き出した数が大きくなるほど，論証の質が高いと考えられる。

**論争**［argument］ 多様な，多くは反対の意味をもつ立場を含んだ意見の不一致のこと。

**論点先取**［begging the question; petitio principii; question begging］ **循環論法**のタイプの一つで，証明すべき命題が，その命題の中の記述そのものを前提として成り立っているような論理的誤謬をいう。たとえば，「行動は強化子によって形成・統制されるが，強化子とは行動を形成・統制するものである」というような命題がこれにあたる。⇨ **理論ねだり**

**ロンドン症候群**［London syndrome］ 人質場面において，犯人が期待していることを，人質になった人が，はっきりと一貫して抵抗し拒否することをいう。これは1981年のロンドンで起こった人質事件において初めて明らかとなった。結果的に，抵抗者に対する重篤な損傷や死をもたらすこともある。

**論駁**［refutation］ 論理学や哲学において，ある言説や理論，主張などが誤っているか，妥当ではないことを示す行為。単なる否定や詭弁は論駁とはみなされない。

**ロンベルク徴候**［Romberg's sign］ 歩行性運動失調を含む神経学的障害の診断的兆候。この検査は，閉眼で足を揃えて，両腕を広げた状態で立っている時に，体が横方向や前後にゆっくりと揺れるという現象である。［ドイツの内科医ロンベルク（Moritz Romberg: 1795-1873）による］

**論理学**［logic］ 妥当な結論が一般に認められた前提から導き出されるという論証の形式に関わる**認識論**の下位領域。また，論理学は正しい推論と誤った推論を区別することにも関わる。⇨ **誤謬**，**演繹推論**，**推論**

**論理実証主義**［logical positivism］ **検証**の原理に傾倒した哲学観。そこでは，すべての同語反復ではない言明の意味と真理は経験的な観察に依存すると考える。20世紀初頭，**ウィーン学派**の実証主義者は，論理学，哲学，科学の本質的な調和を確立し，これら学問領域と推測のみに基づく形而上学，倫理学，宗教学とを区別しようと努めた。心理学が科学として頭角を現し，学問領域に影響を与える存在として認識された時代に論理実証学者の科学観が重要な役割を果たした。これは，**行動主義**や心理学の経験科学の方法への関わりにおいて明白なことである。論理実証主義は20世紀半ばに衰えていった。⇨ **実証主義**，**物理主義**，**ポスト実証主義**，**還元主義**

**論理・数学的知能**［logical-mathematical intelligence］ **多重知能理論**において，論理的思考，数学的思考，あるいはその両方が要求される問題の解決に用いられる一連の技能のこと。これらの能力は，他の多重知能に含まれる能力とは比較的独立であると主張されている。

**論理的思考**［logical thinking］ ロジックの形式的原理に一致する思考。⇨ **演繹推論**

**論理的必然性**［logical necessity］ 一連の前提や初期状態において，**形式論理学**のシステム操作から得られる必然的妥当な結果のこと。

**論理-文法障害**［logicogrammatical disorder］ **意味性失語**の兆候の一つで，優位半球（多くの人にとっては左半球）の頭頂葉の損傷をもつ人に多くみられる。正確な単語を用いることはできるが，異なる意味を与える文になってしまう。たとえば，皿とテーブルという単語の場合，「テーブルの上に皿がある」という文で，単語が逆に置き換えられてしまう。

# わ

**ワイアット 対 スティックニー判決**［Wyatt v. Stickney decision］ 適切な基準なしに，州が病院施設に不本意に人々を収容することができないことを規定した，1972年のアラバマ地方裁判所判決。これらの基準は人道的な環境，適切なスタッフと適切な待遇を含まなければならないとされる。

**歪曲**［distortion］ **1.** 個人の心の中で受け入れがたい感情や考えが部分的に変えられる無意識の過程。あるいは，意識的に歪められた，事実と違う陳述。その潜在的目的は，自分に受け入れられないものを偽装することにある。**2.** 精神分析理論で，禁じられた思考や願望を，**自我**がもっと受け入れやすいものに変える**夢作業**の結果。解釈とは，書き換えや象徴の意味を通して，夢に表された**願望**の歪曲や夢の本当の意味を明確にする作業である。

**穢語症**［coprophemia; koprophemia］ **性嗜好異常**のように，たとえば性的興奮を刺激するために猥褻な言葉，話，絵などを使用すること。⇨ **糞便性愛**

**歪視**［anorthopia］ 非対称的で，歪みがある視覚のことで，**斜視**と関係することもある。

**わいせつ**［obscentiy］ ある社会の良識や品位の基準を著しく逸脱している言語表現，図画，行為，文書のこと。⇨ **ポルノ**

**わいせつ行為**［indecency］ 特に性的な事柄に関して，特定の文化の規範に基づいて，攻撃的・卑猥・不適切・不道徳とみなされる行動のこと。

**猥褻な興味**［prurient interest］ アメリカの場合，猥褻物取締法では，性的内容に関する病的で下品な，あるいは過剰な興味のことを指す。ある物を，非猥褻的な性への関心というよりも，主に猥褻な関心に訴えるために所有している場合，それは猥褻物であると判断される。

**Y染色体**［Y chromosome］ 人間や他の哺乳類においてオスを決定する上で重要となる**性染色体**。正常なオスの体細胞は，X染色体とY染色体を1つずつ有している（XY）。Y染色体はX染色体よりも非常に小さく，ほんのわずかな機能的遺伝子を伝達すると考えられている。したがって，Y染色体はX染色体上で伝達される欠陥遺伝子に対抗することができないため，オスはメスに比べてはるかに伴性遺伝の疾患に罹りやすい。

**Y染色体性決定領域遺伝子**［sex reversal on Y: SRY］ 性を決定するY染色体領域のことを指す。SRY遺伝子とも呼ぶ。⇨ **性分化**

**Y染色体連鎖遺伝**［Y-linked inheritance］ **伴性**遺伝によって，**Y染色体**上の一遺伝子によって劣性形質が引き継がれること。

**歪度**［skewness］ **代表値**（中心傾向）まわりの，得点の非対称性の度合いを表す指標。

**ワイドレンジ達成検査**［Wide Range Achievement Test: WRAT］ 読解，スペリング，算術スキルを迅速に正確な測定をするために用いられる標準的アセスメント。

最も新しいバージョンは，第3版（WRAT-3）で，1993年に発表された。子ども，青年，成人を対象に，適切なレベルの教育水準を探るだけでなく，スキル不足を測定する。それらは学習障害を確認する要素の一つとなる。2001年に発表された拡張版（WRAT-Expanded）は，子どもと青年の学術達成度を測定できるようにデザインされている。［1936年にアメリカの心理学者ジャスタック（Joseph F. Jastak）によってオリジナルが開発された］

**若者カウンセリング**［youth counselling］ 一般に青年期や思春期の人々に助言や情報を提供するカウンセリングのこと。このカウンセリングにおいては，勉学に関する懸念や葛藤，家族関係，性やジェンダーのテーマ，友人関係などが特に話題となる。また，カウンセリングでは若者がしばしば体験する自己イメージの低さや無力感に反駁する方法が用いられることが多い。

**若者文化**［youth culture］ **1.** 若さ，美容と健康，価値観，嗜好品など若者のニーズに高い価値をおく社会。このような社会では，中年世代や高齢者世代の価値，経験，ニーズなどが追いやられるため，高齢者が若者文化に適応するうえで目に見えない心理的圧力が生み出される。**2.** ティーンエイジャーやヤングアダルトに特徴的な文化。従来の文化とは異なるファッション，話し言葉，音楽，行動などが意図的に取り入れられている。⇨ **対抗文化**

**わきにそれた思考**［thinking aside］ 個人の思考が不意にある話題から，その話題にわずかにしか関連しないか，少しだけ関連している他のもの（すなわち，わきの話題）へ移り，また，わきの話題から2つ目のわきの話題へ，というように，個人が論理的で一貫した思考の連続を形成できないほどに移行していく，一種の**非関係づけ傾向**である。

**ワーキングマザー**［working mother］ 特に小さな子どもや学齢期の子どもがいる家で，外で働く母親。

**ワーキングメモリー**［working memory］ 短期記憶（short term memory），あるいは活性化記憶（active memory）に関する多構成要素モデルのこと。言語的情報を保持するための音韻ループ（phonological loop），視覚的情報を操作するための視空間スケッチパッド（visuospatial scratchpad）と，両者の間で注意を割り振る中央実行系（central executive）から成る。作業記憶とも言う。［イギリスの認知心理学者バッドリー（Alan D. Baddeley: 1934- ）によって最初に論じられた］

**ワーキングメモリー指標**［Working Memory Index］ ウェクスラー式知能検査（Wechsler intelligence test）やウェクスラー記憶尺度（Wechsler memory scale）で用いられる指標。短期記憶あるいはワーキングメモリーにおいて，視覚的・聴覚的刺激を操作・処理する能力を評価する。

**ワーク・アップ**［work-up］ ヘルスケアの領域で用いられる用語。血液検査や放射線検査の結果，病歴，診断などを含む総合的な患者評価のこと。

**ワークグループ**［work group］ 一連の割り当てられた仕事を行うという主要な目的をもつ人々のグループ。この集団が，独特の一体感をもって結束した集団になる程度によって，作業グループがチームになるかどうかが決定する。⇨ **アクション・グループ，課題志向集団**

**ワークスタディプログラム**［work-study program］ 学費援助と実用的訓練を学生に提供する目的で，教室学習と職務経験を組み合わせている多様な教育プログラムのこと。

**ワークスペース**［workspace］　従業員が，一定の備品とともに自分の主要な職務を遂行する物的空間．典型的な作業空間は，パソコンが設置された机，工場の組み立てライン，車両の運転台が含まれる．

**ワークスペース設計**［workspace design］　人間工学における，効果的に，心地よく，安全に職務を遂行するための職場をデザインすること．良い職場デザインの特徴は，資材，ツール，機械，制御器具を簡単に手にできるように配置され（⇨ **到達枠**），心地よく適切に職務をこなせるように席が配置されている．⇨ **装置デザイン**，**ツールデザイン**

**ワークフローの統合**［work-flow integration］　独立して作業をしている従業員たちに対し，作業の効果的な調整を提供する作業職務の技術．

**枠への志向性欲求**［frame-of-orientation need］　仮説，思考，価値観を一貫した世界観に発展させたり，統合させたりしたいという欲求のこと．この語は，フロム（Erich Fromm）によって導入された．彼は，根拠に基づく基準枠と，主観的な歪曲，迷信，神話に基づく基準枠を想定した．

**ワークモチベーション**［work motivation］　仕事において努力しようとする意志や願望．動機要因は，給与とその他の利益（ベネフィット），社会的地位と認知，達成感，同僚との人間関係，および自分の仕事が有益であるとか重要であるという感情，などである．ワークモチベーションに関する理論には，**生存・関係・成長理論**，**職務特性モデル**，**動機のポーター・ローラーモデル**，**価値-道具性-期待理論**，2要因理論，などがある．⇨ **衛生要因**，**動機づけ要因**，**動機づけ**

**和合性**［compatibility］　双方の姿勢や欲求が競合しないため，二者またはそれ以上の人々が相互に調和のある関係をもつ状態．⇨ **不和**

**話者交替**［turn taking］　社会的相互作用において，複数の個人が交互に行動すること．たとえば，会話において話者が交替したり，動物が毛繕いをし合ったりすること．

**ワショー**［Washoe］　アメリカ手話を使ってコミュニケーションすることを学んだ最初のチンパンジーの名前．

**私**［I］　自分自身を参照する主格代名詞．ジェームズ（William James）の心理学における"私"とは，**主格の自身**である．

**和田テスト**［Wada test］　手術前に行われる検査で，大脳半球機能，特に記憶と言語の機能を調べるために行われる．少量のバルビタールを内頸動脈から投与する．左右の半球が別々に麻酔をかけられ，その間に多様な認知課題が実施される．課題がうまく遂行できないということは，その課題に関与する認知機能が麻酔をかけられたほうの半球に存在している証拠となる．和田テストは，典型的には，重症のてんかんの治療で行われる**側頭葉切除術**に先立って実施される．頸動脈内アモバルビタール法（intracarotid amobarbital procedure），頸動脈内アミタールテスト（intracarotid sodium amytal test: ISA），和田優位性テスト（Wada dominance test），和田法（Wada technique）などとも呼ばれる．［日本生まれのカナダの脳神経外科医ワダ（Juhn Atsushi Wada: 1924- ）による］

**渡り行動**［migration behavior］　繁殖地へ，または繁殖地から，比較的長距離を旅する動物の行動のこと．渡り行動は特に，鳥類，魚類，一部の哺乳類，昆虫でみられる．繁殖地から越冬場所に移動する季節性の渡り行動をする種もあるが，それ以外にも特にサケなどの場合は，渡り行動は一生のうちで一度しかみられない．渡り行動に影響を与える要因としては化学的な手がかり，下垂体やその他のホルモン，日照時間の気温の相対的変化などがある．⇨ **渡り衝動**，**ナビゲーション**

**渡り衝動**［migratory restlessness; zugunruhe］　渡り行動の時期に先行して増加する行動のこと．捕獲された動物においては渡り衝動は**年周期**の手がかりとなる．

**ワトソン**［Watson, John Broadus］　ジョン・B・ワトソン（1878-1958），アメリカの心理学者．ローブ（Jacques Loeb: 1859-1924）とドナルドソン（Henry H. Donaldson: 1857-1938）のもとで生物学と神経生理学を学び，1903年にシカゴ大学でPh.Dを取得．また同時期に，エンジェル（James Rowland Angell）とデューイ（John Dewey）から哲学および心理学を学ぶ．学位取得後はシカゴ大学で講師になり，心理学教室の室長になる．1908年～1920年にわたって，ジョンズ・ホプキンス大学の実験心理学プログラムの責任者を務めるが，離婚スキャンダルのために職を辞する．その後，心理学の研究を続けながら，ニューヨークにあるJ. Walter Tompson広告会社で働いた．彼は**行動主義**の創始者として知られ，**比較心理学**の初期の歴史に重要な役割を果たした人物である．行動主義では，当時主流であった**内省**による意識の研究を避け，代わりに自然科学の方法論をモデルとした，観察・測定可能な行動を研究対象として客観的な研究を進めることを是とした．この方法論を適用していくなかで彼がアメリカの心理学に導入した，学習された行動や刺激-反応連合，**パブロフ型条件づけ**などの研究が盛んになった．1915年に米国心理学会の会長に就任しているが，これは歴代最年少の記録である．彼の主要な研究のうち，1913年に *Psychological Review* に発表された Psychology as the Behaviorist Views it，および著書 *Psychology from the Standpoint of a Behaviorist*（1919）は最も影響力があった論文である．また，彼は *Behaviorism*（1924），*The Psychological Care of Infant and Child*（1928）などのベストセラーを出版している．

**ワトソン-グレーザー批判的思考テスト**［Watson-Glaser critical thinking appraisal］　批判的思考（critical thinking）の測度の一つ．参加者は，論証，推論，前提の同定，論理的解釈などに関わる様々な文章を読み，その文章を評価する．［アメリカの心理学者ワトソン（Goodwin B. Watson: 1899-1976）とグレーザー（Edward Maynard Glaser: 1911-1993）による］

**ワーム**［worm］　自己増殖し，コンピュータ間で自己増殖コードを移すように仕組まれたコンピュータプログラム．⇨ **ウイルス**

**笑い**［laughter］　楽しさ，喜びやあざけりの音声的感情表現であり，吸気と呼気が立て続けに起こる．笑いは，面白い話を聞いたり面白い出来事を見て蓄積された緊張を解放させるので，心地よく感じられる（ユーモアの解放理論）．笑いは，安全な状況にいて恐怖を起こさせるような事態が発生する場合や，認知的不協和が突然解消する場合にも起こる．また，精神分析理論では，笑いは，泣くことや当惑に対する防衛であると解釈される．抑制できない笑

いの発作は，躁病の典型的な症状であり，たまに幼児期の精神運動発作としてもみられる。また，痙攣性のヒステリー性哄笑は，統合失調症やヒステリー，脳の器質性疾患（特に，延髄のまひ）においてみられる。

**割当抽出**［quota sampling］　目標母集団と同じ比率で背景的特徴を代表する標本を得るために，特定の年齢，人種，性別，学歴などの背景的特徴を有する個人を予め定めておいた人数で選び出す研究参加者の選抜方法。割当統制法（quota control）とも言う。

**割付け決定**［allocation decision］　決定理論における選択のことであり，そこでは，構成要素（たとえば，仮に工場や病院など）の中の限られた資源をどのように分配するかを決定しなくてはならない。

**割引原理**［discounting principle］　帰属理論において，他に妥当な要因が存在する場合に，ある結果を生む特定の要因の役割がより少なく見積もられるという原理。⇨ 割増原理　［アメリカの社会心理学者であるケリー（Harold H. Kelly: 1921-2003）によって提唱された］

**割増原理**［augmentation principle］　帰属理論において，行動が生じた際に，当該行動を制約する要因および行動に伴うコストやリスクが存在すると，行為者の行動への動機づけが，行動を回避させるような動機よりも強かったと見積もられること。［アメリカの社会心理学者ケリー（Harold H. Kelly: 1921-2003）によって提唱された］

**悪い自分**［bad me］　アメリカの精神分析家サリヴァン（Harry Stack Sullivan: 1892-1949）の提唱した自己論の用語の一つ。自己は内在化された衝動や行動を否定的なもの，つまり「悪い自分」であると捉え，他者や自己からそれらを隠そうとする。「悪い自分」は親が認めてくれないという感覚から生じ，子どものなかに次々と不安や自己疑惑を引き起こす。⇨ **良い自分，自分ではないもの**

**悪い対象**［bad object］　クライン（Melanie Klein）による精神分析理論の用語で，悪い性質をもつものとして知覚され，取り入れられた**部分対象**である（⇨ **取り入れ**）。発達初期の対象表象のことで，対象は悪い性質を含んだ部分（悪い対象）と，良い性質を含んだ部分（良い部分）に**スプリッティング**されている。

**悪い乳房**［bad breast］　クライン（Melanie Klein）による精神分析理論の用語で，不満足なものとしての母親の乳房が内在化されて表象（⇨ **取り入れ**）されること。クラインによると，幼児は母親と母乳を与える乳房とを，良い性質，すなわち**良い乳房**と，悪い性質の悪い乳房とをもつ**部分対象**として最初に経験するという。

**ワールデンブルグ症候群**［Waardenburg's syndrome］白髪または灰髪，虹彩の色素異常，聴覚神経の機能不全による神経性難聴，そして両眼の間が広がっているように見間違えるような外貌を与える瞼側方変位などが特徴的な遺伝異常。精神遅滞を伴うことがあるが，難聴のために知能検査の結果が低くなっている場合もある。［ドイツの眼科医ワールデンブルグ（Petrus Johannes Waardenburg: 1886-1979）による］

**ワルド-ウォルフォヴィッツの検定**［Wald-Wolfowitz test］　2標本が同一母集団から抽出された帰無仮説のノンパラメトリック検定。［ハンガリー生まれの心理学者ワルド（Abraham Wald: 1902-1950），アメリカの心理学者ウォルフォヴィッツ（Jacob Wolfowitz 1910-1981）による］

**ワールドワイドウェブ（WWW）**［World Wide Web: WWW］　インターネットを通じてコンピュータ利用者がアクセスできる人物や組織についての情報レポジトリ（repository: ウェブサイト）の世界的システム。単純にWebとも言う。

**我思う，ゆえに我あり**［cogito ergo sum］　フランスの哲学者・数学者・科学者のデカルト（René Descartes: 1596-1650）によって作られたこのラテン語の言葉は，何ものも実存を証明されえないという学説である形而上学的**懐疑論**に対するデカルトの反論に基づいて作られたものである。もし彼（たとえばデカルト）が考えるなら，彼は存在しなければならない。もし彼が存在するなら，他の人物や事物の存在の可能性が開かれ，学説は間違っていることになる。⇨ **デカルト的自己**

**我-それ関係**［I-It］　主体（我）が他の何かや何者かを，使役したりコントロールするために，全くの非人間的物体（それ）として扱うような関係性を指す概念。ドイツのユダヤ人哲学者ブーバー（Martin Buber: 1878-1965）が初めて用いたものであり，人間同士におけるこのような関係性は，人間味ある暖かさや相互関係，信頼，集団凝集性の妨げになると主張した。⇨ **我-汝**

**我-汝**［I-Thou］　主体（"I"）が他の何かもしくは他の誰かを独自の主体（"Thou"）として取り扱い，また完全な個人的関わりあいが我と汝の中にあるような関係性を指し示す。この用語を導入したドイツのユダヤ人哲学者ブーバー（Martin Buber: 1878-1965）は，個人間のこういったタイプの関係性は他者の独自の個性に対して互いにオープンであり，それを認識していることとした。我-汝の関係性は，双方の個人にとって，変化の力をもつ。ブーバーは，神は最も典型的な汝であるため，神と人間の関係性は究極の我-汝関係であるとしている。実存的人間主義的セラピー（existential-humanistic therapy）では特に，我-汝の側面が重要視され，クライエントとセラピスト間の理解と意義ある接触を表す。⇨ **我-それ関係**

**我々対他者効果**［us-versus-them effect］　他グループおよび他グループメンバーを，食物，領土，富，権力，天然資源およびエネルギーを含む稀少資源の競争者として認識する傾向。

**湾岸戦争症候群**［Gulf War syndrome］　1991年の湾岸戦争の帰還兵の中にみられた説明不能な症状の総称。頭痛，疲労，関節痛，発疹，記憶障害などが含まれる。

**腕神経叢**［brachial plexus］　脊髄から肩，腕，手に向かって信号を伝える神経ネットワーク。腕神経叢の損傷は，これらの部位の制御を損なう。

# 事項索引

## 数字

5-HT 518
5-hydroxyindoleacetic acid 296
5-hydroxyrtyptamine 518
5-hydroxytryptophan 296
6-hydroxydopamine 938
16PF 403
360° feedback system 326

## A

$\alpha$-fetoprotein 21
$\alpha$-MSH 21
AA 18, 122
AAAP 807
AAAS 807
AAASP 86
AACP 809
AAHPERD 807
A-alpha fiber 68
AAMI 141
AAMR 808
AAP 460
AASECT 808
ABA 86
A-B-A-B-A design 70
A-B-A-B design 70
A-B-A design 70
abaissement 456
abandonment 851
abandonment reaction 851
abasement need 351
abasia 368
abatement 143
A-B-B-A design 70
A-B-BC-B design 70
ABCDE technique 70
ABC theory 70
A-B design 70
abdominal migraine 777
abducens nerve 106
abducens nucleus 106
abduction 105, 887
abductive inference 127
abductor 105
Abecedarian project 15
aberrant response 33
aberration 40, 394
A-beta fiber 70
abience 341
ability 700
ability-achievement discrepancy 700
ability grouping 700
ability level 700
ability test 700

ability trait 700
abiotrophy 14
ablation 513
ableism 413
ablution 489, 852
ablutomania 524
ABMS 807
Abney's effect 14
abnormal 32
abnormal behavior 32
abnormal fixation 288
abnormality 32
abnormal psychology 32
aboiement 828
abortient 448
abortifacient 448
abortion 683
abortion counseling 683
abortion laws 683
aboulia 858
above-down analysis 657
ABPP 808
abreaction 435
abscess 700
abscissa 899
absence 240
absence seizure 240
absenteeism 417
absent-mindedness 825
absent state 825
absolute 514, 525
absolute error 514
absolute idealism 514
absolute impression 514
absolute judgment 515
absolute-judgment method 515
absolute limen 514
absolute pitch 514
absolute rating scale 515
absolute reality 514
absolute threshold 514
absolute value 514
absorption 834
abstinence 211
abstinence delirium 210
abstinence syndrome 210
abstract ability 597
abstract attitude 597
abstract conceptualization 597
abstract expressionism 597
abstract idea 597
abstract intelligence 597
abstraction 597
abstraction experiment 597
abstract learning 597

abstract representation 597
abstract thinking 597
abstract-versus-representational dimension 597
abstract word 597
absurdities test 778
abulia 858
abundancy motive 125
abuse 181, 908
abuse excuse 181
abuse potential 908
ABX paradigm 70
ACA 807
academic achievement 116, 121
academic-achievement motivation 116
academic-achievement prediction 116
academic aptitude 117
academic environment 116
academic failure 116
academic freedom 121
academic intelligence 116
academic intelligence tasks 116
academic intervention 131
academic overachievement 116
academic problem 118
academic self-concept 117
academic skills disorder 118
academic underachievement 117
acalculia 230
acamprosate 5
acarophobia 574
acatamathesia 145, 909
acataphasia 318
accelerated interaction 543
acceleration 127
acceleration-deceleration injury 127
acceleration effects 128
acceleration forces 128
accent 6
accentuation theory 197
acceptance 408
acceptance and commitment therapy 6
acceptance region 312
acceptance sampling 690
acceptance stage 409
access 6
accessibility of an attitude 560
accessible 6, 512

accessory nerve 776
accessory structure 780
accident 343, 766
accidental chaining 214
accidental property 214
accidental reinforcement 213
accident analysis 351
accident behavior 347
accident-path model 6
accident prevention 352
accident proneness 346
acclimation 410
acclimatization 410
accommodation 85, 605, 606
accommodation reflex 606
accommodation time 606
accommodative insufficiency 606
accommodative spasm 606
accomplishment quotient 417
accountability 546
accreditation 681
accretion 7, 927
acculturation 800
accuracy 433
accuracy standards 503
accuracy test 503
accusative 551
acenesthesia 552
acetaminophen 9
acetone 10
acetylcholine 9
acetylcholine receptors 9
acetylcholinesterase 9
acetylcholinesterase inhibitors 9
acetylsalicylic acid 9
acetylureas 9
Ach 9
AChE 9
acheiria 629, 862
achieved status 121
achievement 572
achievement age 122
achievement battery 122
achievement drive 572
achievement ethic 573
achievement goal theory 572
achievement level 572
achievement measures 573
achievement motivation 573
achievement-oriented leadership 572
achievement potential 572

achievement quotient 122
achievement test 122
achiever 572
achiria 629, 862
achluophobia 219
achondroplasia 671
achromatic 50, 860
achromatic-chromatic scale 860
achromatic colors 860
achromatic interval 861
achromatism 861
achronatopsia 861
acid 323
acid flashback 79
acidosis 8
acid trip 8
acme 515
acmesthesia 71
ACOA 19
acoasm 896
ACoA syndrome 522
aconuresis 680
acoria 849
Acosta's disease 264
Acosta's syndrome 264
acousma 896
acoustic 96
acoustic cue 97
acoustic environments 96
acoustic filter 97
acoustic labyrinth 604
acoustic-mnestic aphasia 284
acoustic nerve 605
acoustic neuroma 605
Acousticoamnestic aphasia 284
acoustic phonetics 96
acoustic pressure 96
acoustic reflex 97
acoustic resonance 96
acoustics 96
acoustic spectrum 96
acoustic store 97
acoustic trauma 96
ACPT 604
acquaintance rape 628
acquiescent response set 875
acquired 120
acquired character 120
acquired characteristic 120
acquired color blindness 272
acquired discrimination of cues 121
acquired distinctiveness of cues 121
acquired drive 675
acquired dyslexia 367
acquired dyspraxia 272
acquired reaction 400
acquired response 400
acquired speech disorder 272
acquisition 120
acquisition trial 400
acquisitiveness 121
acroagnosia 361
acroagnosis 361
acroanesthesia 353
acrocentric chromosome 846
acrocephalosyndactyly 530
acrocephalosyndactyly Type V 763
acrocinesia 124
acrocinesis 124
acroesthesia 587
acrokinesia 124
acromegaloid-hypertelorism-pectus carinatum syndrome 927
acromegaloid personality 528
acromegaly 528
acromicria 528
acronym 643
acroparesthesia 361
acrophobia 266
acrotomophilia 7
acrotophilia 7
ACSI 481
ACSM 808
ACT 12
ACT* 68, 594, 603
ACT Assessment 68
ACTH 777
actin 6
acting in 6
acting out 6
action 257, 322
actional verb 258
action at a distance 80
action disorganization syndrome 276
action group 6
action identification 258
action interpretation 275
action orientation 275
action-oriented therapy 274
action painting 6
action pattern 277
action potential 132
action readiness 258
action research 6
action slip 258
action tendency 258
action theory 258
action tremor 642
action unit 643
activating event 132
activation 131
activational effect 132
activation-elaboration 132
activation hypothesis 132
activation-synthesis hypothesis 132
active 132, 698, 698
active algolagnia 512
active analytic psychotherapy 512
active avoidance 698
active concretization 6
active deception 698
active euthanasia 512
active intermodal mapping 698
active learning 698
active listening 512
active memory 132
active noise cancellation 698
active noise protection 698
active noise reduction 698
active placebo 132
active recreation 647
active scopophilia 512
active therapy 512
active touch 698
active transport 698
active vocabulary 325
active voice 698
activism 512
activities of daily living 677
activity analysis 133
activity cage 132
activity cycle 132
activity deprivation 133
activity drive 133
activity-group therapy 132
activity-interview group psychotherapy 132
activity log 133
activity-passivity 698
activity-play therapy 133
activity pleasure 133
activity psychology 133
activity record 132
activity rhythm 133
activity theory 133
activity therapy 133
activity wheel 105
actor-observer effect 258
act psychology 322
actual 251
actual incidence 365
actualization 362
actualizing tendency 362
actual neurosis 251
actual self 251
actuarial 828
actuarial prediction 828
actuarial risk assessment 828
actus reus 726
acuity 70
acuity grating 438
aculalia 5
acupressure 328
acupuncture 723
acupuncture anesthesia 723
acute 188
acute alcoholic hallucinosis 187
acute alcoholic myopathy 187
acute alcoholism 187
acute anxiety 188
acute brain disorder 188
acute cerebellar ataxia 188
acute cerebral tremor 188
acute confusional state 188
acute delirium 188
acute delusional psychosis 188
acute depression 187
acute dystonia 188
acute hallucinosis 188
acute mania 188
acute mountain sickness 188
acute onset 188
acute preparation 188
acute psychotic episode 188
acute schizophrenic episode 188, 640
acute stress disorder 188
acute tolerance 188
ADA 807
adaptability 624
adaptation 411, 623
adaptational approach 624
adaptation level 411
adaptation period 623
adaptation time 411
adapted child 394
adaptive act 624
adaptive behavior 623
adaptive behavior scale 623
adaptive control of thought theory 345
adaptive hypothesis 624
adaptive intelligence 624
adaptive nonresponding theory 624
adaptive production system 624
adaptive skills 623
adaptive strategy choice model 624
adaptive system 624
adaptive task allocation 624
adaptive testing 623
adaptometer 411
ad baculum 200
ADC 69
ADD 594
addicted athlete 64
addiction 34
addictive drugs 35
addictive personality 35
Addison's disease 11
addition test 123
additive bilingualism 124

事項索引　949

additive color mixture　138
additive effect　123
additive-factors method　894
additive scale　123
additive task　123
adduction　667
adductor　667
ADEA　301
A-delta fiber　70
adendritic　405
adenine　11
adenoid type　11
adenoma　524
adenosine　11
adenylate cyclase　11
adequate sample　401
adequate stimulus　625
ADH　70
ADHD　70, 594
adherence　11
ad hoc　12
ad hoc category　12
ad hominem　449
adiadochokinesia　817
adiadochokinesis　817
adience　553
ad ignorantiam　852
ad ignorantium　852
adinazolam　8
Adipex　11
adipocyte　377
adipose tissue　377
adiposogenital dystrophy　377
adiposogenitalism　377
adipsia　858
ADJ　606
adjective checklist　234
adjudication　726
adjunct　773, 780, 831
adjunctive behavior　779
adjunctive therapist　831
adjunctive therapy　831
adjusted mean　606
adjusted $R^2$　400
adjusting schedule of reinforcement　606
adjustive behavior　623
adjustment　605, 606, 623
adjustment disorder　623
adjustment inventory　623
adjustment mechanism　623
adjustment method　606
adjustment process　606
adjustment reaction　624
adjuvant therapy　8
ADL　677
Adlerian Psychology　289
ad lib　12, 547
ADLs　677
administration　651
administrative controls　159
ad misericordiam　644

admission certification　678
admission criteria　679
adolescence　504
adolescent cognitive development　504
adolescent counseling　504
adolescent crisis　504
adolescent egocentrism　504
adolescent growth spurt　504
adolescent gynecomastia　504
adolescent homosexuality　504
adolescent pregnancy　504
adolescent psychology　504
adolescent rebellion　504
adolescent sex changes　504
adopter categories　317
adoption　895
adoption study　895
adoptive parents　896
adoration　471
ad populum　570
ADR　315
adrenal androgen　776
adrenal cortex　776
adrenal-cortical hyperfunction　776
adrenalectomy　776
adrenal gland　776
adrenal hormones　777
adrenal hyperplasia　776
adrenal medulla　776
adrenarche　776
adrenergic　12
adrenergic neuron　12
adrenergic reaction　12
adrenergic receptor　12
adrenergic system　12
adrenoceptor　12
adrenocortical insufficiency　776
adrenocorticotropic hormone　777
adrenogenital syndrome　776
adrenoleukodystrophy　776
adrenoreceptor　12
adrenoreceptor blocking agents　12
ADS　276
adult　491
adult attachment interview　491
Adult Children of Alcoholics　19
adult day care　494
adult development　492
adult education　492
adultery　773
adult home　283
adulthood　492
adultomorphism　169

adult sensorineural lesions　494
advance directive　359
advanced organizers　521
adventitious　213
adventitious deafness　600
adventitious reinforcement　213
adventitious visual impairment　600
adventure-recreation model　12
ad verecundiam　243
adverse drug reaction　883
adverse event　883, 887
adverse impact　321
adverse witness　625
advertisement　11, 263
advertising psychology　263
advertising research　263
advertising response modeling　263
advocacy　817
advocate　12
Aeq　694
AERA　807
aerial perspective　552
aerobic exercise　888
AER technique　124
aesthesiometer　434
aesthesiometry　434
aesthetic appreciation　458
aesthetic emotion　749
aesthetic overshadowing　748
aesthetic preference　749
aesthetics　737
aesthetic taste　458
aesthetic threshold　748
aesthetic value　749
affair　789
affect　151
affectation　852
affect-block　154
affect display　154
affect hunger　2
affect intensity　421
affectional bonds　421
affective assessment　422
affective-cognitive consistency　153
affective-cognitive structure　153
affective commitment　421
affective discharge　423
affective disharmony　154
affective disorder　152
affective education　412
affective engineering　135
affective equilibrium　152
affective-evaluative consistency　154
affective experience　423
affective forecasting　154
affective hallucination　152

affective instability　423
affective interaction　154
affective lability　423
affective logic　154
affectively based persuasion　153
affective meaning　421
affective psychosis　152
affective rigidity　153
affective state　152
affective theory　154
affective tone　154
affectivity　423
affect regulation　153
affect scale　152
afferent　187
afferent nerve fiber　187
afferent pathway　187
afferent sensory neuron　187
afferent stimulation　187
affiliation　464
affiliative behavior　464
affiliative drive　464
affiliative need　464
affirmative therapy　272
affinity　441, 926
affirmation　523
affirmative　272
affirmative action　14
affirmative defense　512
affirmative postmodernism　832
affirming the antecedent　521
affirming the consequent　262
affixation　513
affordance　14
affricate　709
A fiber　69
AFP　21
AFQT　226
African trypanosomiasis　693
afterbirth　11
aftercare　14
afterdischarge　278
aftereffect　324
afterimage　326
after-nystagmus　105
afterplay　260
afterpotential　272
aftersensation　324
agape　5
agapism　5
age　694
age-appropriate maturity　694
age-associated memory impairment　141
age calibration　694
age crisis　451
age critique　278
age discrimination　694
Age Discrimination in

Employment Act　301
age effect　694
age equivalent　694
age-equivalent scale　694
age-grade scaling　694
ageism　283
agency shop　72
agency theory　72
agenesis　713
age norm　694
agent　72, 258, 643
agentic orientation　320
agentic state　243
age of consent　419
age of onset　714
age ratio　694
age regression　694
age score　694
ageusia　850
agglutination　272
agglutinative language　272
aggravating factor　124
aggregate score　526
aggregation　393
aggregation problems　393
aggression　261
aggression-frustration hypothesis　900
aggressive character　262
aggressive cue　262
aggressive instinct　262
aggressive mimicry　262
aggressiveness　262
aggressive script　262
aging　141
aging disorder　937
agitated depression　235
agitographia　543
agitolalia　544
agitophasia　544
aglossia　861
agnosia　367
agnosticism　773
agnus castus　508
agonist　321, 407
agonist-antagonist　322
agonistic behavior　172
agoraphobia　761
agrammalogia　368
agrammaphasia　368
agrammata　368
agrammataphasia　368
agrammatism　368
agrammatologia　368
agranular cortex　859
agranulocytosis　858
agraphia　365
agreeableness　197
agreement　40
agreement coefficient　40
agrypnia　785
aguesia　850
aha experience　14
AHD　594
ahedonia　25
ahistorical　761

ahistoric therapy　761
AHP　933
ahypnia　785
AI　447
aided recall　433, 536
AIDS　69
AIDS counseling　69
AIDS dementia complex　69
aim　875, 876
aiming test　71
aim-inhibited　876
aim of the instinct　899
air-bone gap　173
air conduction　173
air-conduction testing　173
air-pollution adaptation　552
air-pollution behavioral effects　552
air-pressure effects　161
air sickness　740
air traffic control　261
AIS　24
Ajzen-Fishbein model　69
akatamathesia　145, 909
akataphasia　318
akinesia　5
akinesia algera　890
akinesis　5
akinesthesia　64
akinetic　862
akinetic mutism　862
Akineton　5
akinetopsia　66
akoasm　896
akoria　849
AL　514
alalia　263
alarm call　228
alaryngeal　859
albinism　708
Albright's disease　95
Albright's hereditary osteodystrophy　95
alcohol　19
alcohol abuse　20
alcohol-amnestic disorder　19
alcohol dependence　19
alcohol derivatives　19
alcoholic brain syndrome　19
alcoholic cerebellar degeneration　19
alcoholic Korsakoff's syndrome　19
alcoholic neuropathy　19
alcoholic psychosis　19
Alcoholics Anonymous　18
alcohol idiosyncratic intoxication　19
alcohol-induced persisting amnestic disorder　19
alcohol-induced persisting dementia　20

alcohol-induced psychotic disorder　19
alcohol intoxication　19
alcohol intoxication delirium　19
alcoholism treatment　19
alcohol withdrawal　20
alcohol withdrawal delirium　20
aldolase　20
Aldomet　20
aldosterone　20
aldosteronism　20
alert inactivity　120
alerting device　234
alertness　119
alexia　367
alexia with agraphia　367
alexithymia　362
Alfenta　21
algebraic summation　558
algedonic　362
algesia　614
algesimeter　614
algesiometer　614
algolagnia　215
algometer　614
algophilia　646
algopsychalia　494
algorithm　18
alias　282
alien abduction　588
alienatio mentis　450
alienation　542
alienation test　542
alien-hand syndrome　575
alien limb syndrome　575
aliention coefficient　910
ALI Guidelines　809
aliphatic phenothiazines　377
alkalosis　18
allachesthesia　33
Allan Dent disease　17
allele　566
allergen　22
allergy　22
allesthesia　33
alley maze　866
alliaceous　689
alliance　933
allied health professional　933
allocation decision　802, 945
allocator　706
allocentric　570
allocheiria　22
allochiria　22
allochthonous　38
allocortex　782
alloeroticism　22
alloerotism　22
alloesthesia　33
allogrooming　22
allomone　22
allomorph　29

alloparenting　570
allopathy　180
allophasis　248
allophone　27
alloplasty　148, 644
allopregnenolone　22
all-or-none law　368
all-or-none learning hypothesis　519
all-or-none principle　368
allosteric modulation　22
allotriogeusia　47
allotriogeustia　47
allotriophagia　33
allotriophagy　33
Allport's personality trait theory　95
Allport-Vernon-Lindzey Study of Values　95
allusive thinking　23
alogia　367
alpha　20
alpha adrenaergic receptor　20
alpha adrenoreceptor　20
alpha alcoholism　20
alphabet　21
alpha-block conditioning　21
alpha blocking　21
alpha-endorphin　21
alpha female　21
alpha-fetoprotein　21
alpha-fetoprotein test　21
alpha male　21
alpha-melanocyte stimulating hormone　21
alpha-methylparatyrosine　21
alpha motion　21
alpha motor neuron　21
alpha movement　21
alpha receptor　20
alpha rhythm　21
alpha state　21
alpha wave　21
alpha-wave training　21
Alport's syndrome　21
alprazolam　21
ALS　207
als ob　136
Alström-Hallgren syndrome　20
ALT　527
alteration hypothesis　87
altercasting　570
altered state of consciousness　819
alter ego　567
alter-egoism　20
alternate binaural loudness-balance test　920
alternate form　558
alternate-forms reliability　558
alternate-response test

527
alternate-uses test 559
alternating personality 271
alternating perspective 271
alternating role 263
alternation 271
alternation learning 271
alternation method 263
alternative behavior completion 558
alternative brain process theory 699
alternative dispute resolution 315
alternative educational system 95
alternative hypothesis 566
alternative psychology 559
alternative psychotherapy 559
alternative schedule of reinforcement 527
alternative school 95
alternative sentencing 559
altitude sickness 264
altitude test 700
altricial 729
altruism 914
altruistic aggression 914
altruistic behavior 914
altruistic suicide 2
alveolar 341
Alzheimer's disease 20
Alzheimer's Disease and Related Disorders Association, Inc. 20
Alzheimer's facilities 20
amacrine cells 15
amae 15
Amalric's syndrome 16
amantadine 16
amaurosis 287
amaurosis fugax 39
amazon 15
ambenomium 25
ambiance 391
ambience 391
ambient awareness 391
ambient conditions 391
ambient light 391
ambiguity 568
ambiguity scale 4
ambiguous figure 4
ambiguous genitalia 103
ambiguous stimulus 568
ambisexual 920
ambitendency 919
ambivalence 919
ambivalence of an attitude 560
ambivalent attachment 25
ambivalent sexism 919
ambiversion 920
amblyopia 388
amblyoscope 388

ambulatory care 110
ambulatory psychotherapy 110
ambulatory schizophrenia 110
ambulatory services 110
amelioration 104
amenorrhea 859
American Alliance for Health, Physical Education, Recreation and Dance 807
American Association for the Advancement of Science 807
American Association of Applied Psychology 807
American Association of Clinical Psychologists 809
American Association of Mental Retardation 808
American Association of Sex Educators, Counselors and Therapists 808
American Board of Medical Specialities 807
American Board of Professional Psychology 808
American College of Sports Medicine 808
American College Testing Assessment 68
American Counseling Association 807
American Educational Research Association 807
American Law Institute Model Penal Code Insanity Test 809
American Manual Alphabet 17
American Orthopsychiatric Association 807
American Pain Society 808
American Parkinson Disease Association, Inc. 808
American Philosophical Society 808
American Psychiatric Association 808
American Psychoanalytic Association 808
American Psychological Association 808
American Psychological Association of Graduate Students 808
American Psychological Foundation 808
American Psychological Society 808
American Psychosomatic Society 808
American Sign Language

17
American Society for Psychical Research 808
American Sport Education Program 808
Americans With Disabilities Act 807
Ames distortion room 71
Ameslan 16
amethystic 280
ametropia 216
AMI 64, 369
amiloride 16
amimia 862
amine 16
amine hormone 16
amino acid 16
amino acid imbalance 16
aminoketones 16
aminopterin 16
aminotransferase 16
amitriptyline 16
amnesia 256
amnesic aphasia 256
amnestic aphasia 256
amnestic apraxia 256
amnestic disorder 256
amniocentesis 895
amniotic sac 896
amobarbital 17
amok 17
amorphagnosia 232
amorphosynthesis 232
amotivational syndrome 859
amoxapine 17
AMPA receptor 68
amphetamine 25
amphetamine abuse 25
amphetamine dependence 25
amphetamine-induced psychotic disorder 25
amphetamine intoxication 25
amphetamine intoxication delirium 25
amphetamine psychosis 25
amphetamines 25
amphetamine withdrawal 25
amphibology 4
amphiboly 4
amplitude 458
amplitude distortion 458
AMPT 21
ampulla 826
Amsterdam criteria 16
Amsterdam dwarf disease 16
amuck 17
amurakh 16
amusia 362
amygdala 820
amygdaloid body 820
amygdaloid complex 820

amygdaloid nucleus 820
amygdaloid stimulation 820
amyl nitrite 8
amyloidosis 16
amyloid precursor protein 16
amyotrophic lateral sclerosis 207
Amytal 16
anabolic-androgenic steroids 582
anabolism 337
anaclisis 12, 35
anaclitic depression 35
anaclitic identification 35
anaclitic object choice 35
anaclitic personality 35
anacusis 937
anadanmide 13
anaerobic exercise 860
anaesthesia 859
Anafranil 13
anaglyph 12
anaglyphoscope 12
anaglyptoscope 12
anagogic interpretation 458
anagram problem solving 12
anakusis 937
anal aggressive character 281
anal-aggressive personality 281
anal character 281
analeptics 599
anal eroticism 281
anal erotism 281
anal-expulsive phase 281
analgesia 362
analgesics 613
analog 13
analog computer 13
analogical thinking 926
analogies test 926
analogue 13, 539
analogue experiment 13
analogue study 13
analogy 539, 926
anal personality 281
anal phase 281
anal-retentive phase 281
anal sadism 281
anal-sadistic phase 281
anal stage 281
analysis by synthesis 268
analysis of covariance 201
analysis of the resistance 619
analysis of the transference 630
analysis of variance 801
analysis unit 802
analyst 802
analytical intelligence 802

analytical psychology   802
analytical psychotherapy
   496, 802
analytic approach   802
analytic couch   691
analytic group
   psychotherapy   496
analytic philosophy   802
analytic psychology   802
analytic rules   802
analyzer   13
anamnesis   161
anamnestic analysis   759
anancastic personality   13
anandria   582
anankastic personality   13
anaphia   861
anaphora   532
anaphrodisiac   483
anaphylaxis   13
anarthria   263
anastomosis   801
anatomical age   109
anatomically correct doll
   13
anatomically detailed doll
   13
ancestor worship   547
ancestral trait   526
anchor   234
anchoring   22, 234
anchoring bias   234
anchor test   234
ANCOVA   201
Andersen's disease   24
Andrade's syndrome   24
androcentric   582
androgen   24
androgenic hormone   24
androgen-insensitivity
   syndrome   24
androgenization   582
androgyneity   599
androgynism   599
androgynophilia   921
androgynous personality
   921
androgynous sex role   921
androgyny   599, 921
android   24
andropause   582
androstenedione   24
androsterone   24
anecdotal evidence   438
anecdotal method   42
anecdotal record   42
anechoic chamber   859
Anectine   13
anencephaly   862
anergia   13
anesthesia   859
anesthetic   843
anethopath   727
aneuploidy   33
aneurism   651
aneurysm   651

angakok   22
angel dust   633
Angelman syndrome   22
anger   28
anger control therapy   28
anger-in   352
anger management   22
anger stage   28
angiography   238
angioneurotic edema   238
angioscotoma   237
angiotensin   23
angst   764
angular gyrus   116
anhaphia   861
anhedonia   25
aniconia   452
anilides   13
anima   13
animal   648
animal aggression   649
animal-assisted therapy
   648
animal behavior   649
animal circadian rhythm
   649
animal cognition   649
animal communication   649
animal cooperation   649
animal courtship   649
animal defensive behavior
   650
animal dominance   650
animal emotionality   650
animal escape behavior
   650
animal homing   649
animal hypnosis   649
animal intelligence   650
animal learning   648
animal magnetism   649
animal maternal behavior
   650
animal maternal deprivation
   650
animal model   650
animal open-field behavior
   649
animal paternal behavior
   650
animal phobia   648
animal play   649
animal rights   649
animal sexual behavior   650
animal social behavior   650
animal tool use   650
animal vocalization   621
animate noun   889
animatism   13
animism   13
animistic thinking   13
animus   13
anion   51
aniridia   859
aniridia-oligophrenia-cere-
   bellar ataxia syndrome

859
aniseikonia   782
anisocoria   642
anisometropia   782
anisotropia   47
anisotropy   47
ankyloglossia   513
ankylosis   155
Anna O.   427
annihilation   516
anniversary reaction   173
annual cycle   693
annulment   661, 859
annulospiral ending   904
annunciator   234
anodal polarization   14
anodmia   859
anodyne   613
anoetic   13, 909
anoetic memory   746
anogenital   281
anomalopiai anomalous
   trichromasy   325
anomalous dichromasy   676
anomalous dichromatism
   676
anomalous differences   32
anomalous experience   32
anomalous stimulus   652
anomalous trichromatism
   325
anomaly   32, 819
anomia   14, 368
anomic aphasia   256
anomic suicide   14
anomie   14
anopia   438
anopsia   438
anorchism   861
anorectants   432
anorexia   205
anorexia nervosa   445
anorgasmia   858
anorgasmy   858
anorthopia   943
anorthoscope   14
anorthoscopic perception
   13
anosmia   859
anosognosia   757
anosphresia   859
ANOVA   801
anovulatory menstrual cycle
   862
anoxemia   860
anoxia   860
ANP   698
ANR   698
ANS   436
Anschauung   610
antagonist   172
antagonistic colors   729
antagonistic muscles   172
antecedent   520, 521
antecedent variable   522
antergic   172

anterior cerebral artery
   526
anterior choroidal artery
   533
anterior commissure   522
anterior communicating
   artery syndrome   522
anterior horn   519
anterior pituitary   126
anterior pituitary hormone
   126
anterior-posterior axis   522
anterior-posterior develop-
   ment gradient   650
anterior root   522
anterograde   411
anterograde amnesia   521
anterograde degeneration
   411
anterolateral system   526
anthropocentrism   682
anthropogenesis   24
anthropoid   926
anthropological linguistics
   464
anthropology   463
anthropometry   453
anthropomorphism   168
anthroponomy   464
anthroposcopy   453
antiaging remedy   24
antiandrogen   271
antiandrogen therapy   257
antibiotics   268
antibody   271
anticathexis   182
anticholinergic drugs   263
anticholinergic effects   263
anticholinergic ileus   263
anticholinergic syndrome
   263
anticipation   171, 755
anticipation learning
   method   897
anticipatory anxiety   898
anticipatory attitude change
   897
anticipatory coping   897
anticipatory error   897
anticipatory grief   897
anticipatory guidance   897
anticipatory image   899
anticipatory movement
   897
anticipatory nausea   897
anticipatory regret   897
anticipatory response   897
anticipatory schema   897
anticonfirmationism   725
anticonformity   731
anticonvulsants   261
antidepressants   258
antidromic activation   183
antidromic conduction   183
antiestrogen   258
antigen   262

antigen-antibody reaction 262
antigonadal action 267
antiharassment policies 721
anti-intoxicant 280
antilibidinal ego 734
antimetabolite 554
antimetropia 32
antinociceptive 266
antinomy 681
antiparkinsonian agents 278
antipathy 725
antipredator behavior 734
antipredator defense 734
antipredatory aggression 734
antipsychiatry 729
antipsychotics 267
antipyretics 242
antisocial 727
antisocial aggression 727
antisocial behavior 727
antisocial personality disorder 727
antispasmodic drugs 612
antiterrorist activities 630
antithesis 24
antitussives 612
antiviral drugs 258
antivitamin 279
Anton's syndrome 25
antonym 725
antonym test 725
anxiety 764
anxiety discharge 764
anxiety disorder due to a general medical condition 41
anxiety disorder not otherwise specified 656
anxiety disorders 764
anxiety disturbance 764
anxiety equivalent 765
anxiety fixation 764
anxiety hierarchy 764
anxiety hysteria 765
anxiety management 765
anxiety neurosis 764
anxiety nightmare 764
anxiety object 764
anxiety-performance relationship 120
anxiety reaction 765
anxiety-relief response 764
anxiety scale 764
anxiety sensitivity 764
anxiety state 764
anxiolytics 279
anxious-ambivalent attachment style 765
anxious-avoidant attachment 764
anxious depression 765

anxious-resistant attachment 764
AOA 807
aortic arch syndrome 559
AP 132
APA 808
APAGS 808
APAP 9
apastia 205
APA style 70
apathetic hyperthyroidism 862
apathy 14
apathy syndrome 14
aperiodic reinforcement schedule 743
Apert's syndrome 15
APF 808
Apgar score 14
aphagia 861
aphakia 861
aphasia 364
aphemia 364
aphonia 364
aphrasia 369
aphrodisiac 309
apical dendrite 528
Aplysia 16
apnea 859
apnoea 859
ApoE 15
apoenzyme 15
apolipoprotein E 15
Apollonian 15
apomorphine 15
apoplectic type 547
apoplexy 547
aposematic 230
aposematic coloration 228
a posteriori 174
a posteriori test 347
apostilb 15
APP 16
apparatus 163, 541
apparent 851
apparent distance 851
apparent magnitude 851
apparent movement 123
apparent size 851
apparition 244
appearance-reality distinction 851
appeasement behavior 891
apperception 637
appersonation 166
appersonification 166
appestat 432
appetite 432, 900
appetite suppressants 432
appetition system 900
appetitive behavior 513, 900
appetitive conditioning 900
appetitive stimulus 900
applied behavior analysis 86

applied linguistics 86
applied psychology 86
applied relaxation 369
applied research 86
applied science 86
applied sport psychology 86
applied tension 86
apport 250, 781
appraisal 753
appraisal motive 754
appraisal theory 754
apprehension 165
apprehension span 688
apprehension-span test 595
apprehensiveness 165
approach 14
approach-approach conflict 512
approach-avoidance conflict 512
Approach Control Test 593
approach gradient 512
approach motivation 512
approach response 512
appropriate affect 625
appropriate death 625
approximation conditioning 329
appurtenance 434
apractagnosia 364
apraxia 364
apraxia of gait 828
apraxia of speech 714
apraxic agraphia 432
A prime 70
a priori 14
apriorism 521
a priori test 358
aprosexia 594
aprosodia 795
aprosody 795
APS 808
APsaA 808
aptitude 625
aptitude measure 625
Aptitude Research Project Test 68
aptitude test 625
aptitude-treatment interaction 625
AQ 122
aqueduct of sylvius 600
aqueous humor 158
arachidonic acid 17
arachneophobia 217
arachnoid 217
arachnoid granulations 217
arachnoid mater 217
arachnoid membrane 217
arachnophobia 217
Arago phenomenon 17
ARAS 417
arbitrary inference 329

arbitrary matching to sample 329
arbitrary symbol 329
arbitration 596
archaic inheritance 538
archaic thought 538
archetype 246
archicerebellum 289
archicortex 296
Archimedes spiral 18
architectonic structure 315
architectural constraints 270
architectural determinism 254
architectural programming 255
architectural psychology 255
archival records 833
archival research 5
archive 5
arc sine transformation 180
arcsin transformation 180
arcuate fasciculus 187
arcuate nucleus 187
arcuate zone of the brain 187
areal linguistics 585
area postrema 310
area sampling 585
arecoline 21
areflexia 728
argininosuccinic aciduria 18
argot 52
argument 738, 942
argument framing 942
argument quality 942
argument quantity 942
Argyll Robertson pupil 5
arhinencephalia 859
arhinencephaly 859
ARI 910
Aricept 13
aripiprazole 18
Aristoteian 17
Aristotelian method 17
Aristotle's illusion 17
arithmetic disability 230
Arizona v. Fulminante 18
ARM 263
armamentarium 165
armchair psychology 741
Armed Forces Qualification Test 226
Armed Services Vocational Aptitude Battery 287
armoring 537
Armor's theta 21
Army Research Institute 910
Army tests 227
Arnold-Chiari malformation 14

aromachology 22
Aromascan 22
aromatase 22
aromatherapy 22
aromatization hypothesis 22
arousal-boost mechanism 119
arousal jag 120
arousal level 120
arousal-performance relationship 119
arousal potential 119
arousal-reduction mechanism 120
arousal system 119
arousal theory 120
arousal training 119
arousal transfer 119
arpeggio paradox 21
ARP test 68
arranged marriage 850
array 706
arrested testis 620
arrest reaction 489
arrhinencephalia 859
arrhinencephaly 859
arrhythmia 779
Artane 11
arterial circle 651
arteriole reaction 313
arteriopathia hypertonica 210
arteriosclerosis 650
arteriovenous malformation 698
arteritis 650
arthritis 155
arthrogryposis multiplex congenita 529
arthrometer 295
arthropathy 155
article 150
articular sensation 155
articulate speech 802
articulation 11, 155, 713, 802
articulation disorder 259
articulation index 865
articulation test 865
articulator 602
articulatory loop 602
articulatory phonetics 602
articulatory suppression 259
artifact 11, 448
artifact in assessment 9
artifact in research 245
artificial insemination 447
artificial intelligence 447
artificialism 448
artificial language 447
artificial life 447
artificial pupil 448
artificial selection 439
arts and crafts 743

art test 743
art therapy 231
arugamama 18
ASA 9
ASA model 68
asapholalia 174
ASC 819
ascendance 374
ascendancy 374
ascending-descending series 418
ascending nerve tract 417
ascending pathway 416
ascending reticular activating system 416
ascending tract 417
asceticism 211
Asch conformity effect 11
Asch situation 10
ASCM 624
ascorbic acid 8
ascriptive responsibility 170
ASD 188
A* search 69
asemasia 365
asemia 365
Asendin 10
ASEP 808
asexual 861
Asian influenza 8
as-if hypothesis 8
as-if personality 8
asitia 432
ASL 17
asocial 743
asomatognosia 453
aspartate 9
aspartate aminotransferase 9
Asperger's disorder 9
aspermatism 861
aspermia 861
asphyxia 124
asphyxophilia 124
aspiration 887
aspirational group 913
aspirin 9
aspirin combinations 9
ASR 369
assault 827
assembly test 217
assertion 347, 405
assertiveness 348
assertiveness training 347
assessment 9
assessment center 9
assessment instrument 9
assessment of intelligence 592
assignment therapy 7
assimilation 636
assimilation effect 637
assistive listening device 833

assistive software 330
assistive technology 330, 775
assistive technology service 330
associate 934, 935
associated movement 933
association 160, 933
association cortex 934
association fiber 934
Association for Research in Otolaryngology 375
Association for the Advancement of Applied Sport Psychology 86
Association for the Advancement of Psychology 460
associationism 157
associationist 934
associationistic theory of learning 118
association nuclei 933
association of ideas 157
association psychology 934
association-reaction time 935
association value 935
associative anamnesis 934
associative-chain theory 934
associative clustering 935
associative-dissociative strategy 934
associative fluency 935
associative illusion 934
associative law 934
associative learning 934
associative memory 935
associative play 933
associative strength 934
associative thinking 935
assonance 926
assortative mating 651
assumed role 172
assumption 134
astasia 206
astasia-abasia 369
astereognosia 434
astereognosis 434
asterixis 358
asthenia 863
asthenic type 863
asthenopia 155
asthma 526
astigmatism 906
astigmatoscope 906
astrocyte 8
astrocytoma 8
astroglia 8
astrology 525
ASVAB 287
asyllabia 618
asymbolia 365
asymmetrical distribution 745

asymptomatic 861
asymptomatic neurosyphilis 861
asymptote 520
asymptotic normality 520
asynchronous brood 749
asynchrony 749
asyndesis 641
asyndetic thinking 738
asynergia 198
asynergic 198
AT 330, 775
ataractics 491
Atarax 10
ataraxia 809
ataraxy 809
atavism 119, 526
ataxia 65
ataxiagraph 65
ataxia telangiectasia 873
ataxic dysarthria 367
ataxic feeling 65
ataxic gait 367
ataxic writing 65
ataxiophemia 367
ateliosis 713
atherosclerosis 11
athetosis 11
athlete-based intervention 481
athlete identity 481
Athletic Coping Skills Inventory 481
Athletic Motivation Inventory 64
athletic type 643
athymia 859
athyreosis 859
athyreotic cretinism 859
atmosphere effect 798
atmospheric conditions 552
atmospheric perspective 552
atomism 253
atonia 859
atonic seizure 574
ATP 70
atria 822
at risk 165
at-risk mental states 165
atrium 822
atrophy 32
atropine 12
atropine-coma therapy 12
attachment 3
attachment behavior 3
attachment bond 3
attachment theory 3
attack behavior 262
attainment 572
attempted suicide 353
attendance 407
attendant care 11, 677
attending 594
attending behavior 115

attensity 865
attention 594
attentional blink 595
attentional capture 595
attentional control of consciousness 31
attentional dyslexia 594
attentional focus 595
attentional narrowing 595
attentional strategy 595
attention-control training 594
attention-deficit/hyperactivity disorder 594
attention-deficit/hyperactivity disorder not otherwise specified 656
attention-deficit disorder 594
attention disorder 594
attention level 594
attention load measure 595
attention overload 594
attention shifting 594
attention span 594, 595
attention-span test 595
attentiveness 165, 595
attenuated positive symptoms 896
attenuated psychotic symptoms 493
attenuation 176, 253
attenuation theory 254
attenuator 253
attitude 559
attitude-behavior consistency 559
attitude change 561
attitude-congeniality memory effect 559
attitude measure 560
attitude object 560
attitude scale 559
attitude survey 560
attitude system 559
attitude therapy 561
attitudinal group 559
attitudinal reflex 358
attitudinal types 560
attraction 855
attraction relations 855
attraction-selection-attrition model 68
attributable risk 203
attribute 543
attribute model of memory 162
attribution 170
attributional analysis of persuasion 515
attributional style 170
attribution error 170
attribution theory 171
attribution theory of leadership 914
attribution therapy 170

attrition 847
atypical antipsychotics 747
atypical conduct disorder 747
atypical depression 748
atypical disorder 748
atypical dissociative disorder 747
atypical eating disorder 748
atypical features 748
atypical gender identity disorder 748
atypical impulse-control disorder 748
atypical, mixed, or other personality disorder 747
atypical paraphilia 748
atypical pervasive developmental disorder 747
atypical psychosexual disorder 748
atypical psychosexual dysfunction 748
atypical psychosis 748
atypical specific developmental disorder 748
atypical stereotyped-movement disorder 748
atypical tic disorder 748
Aubert illusion 5
Aubert phenomenon 5
audibility curve 130
audibility range 130
audible range 130
audible thought 344
audience 151, 164
audience effect 151
audience measurement 362
auding 602
audiogenic seizure 604
audiogram 608
audiogravic illusion 605
audiogyral illusion 606
audiology 602
audiometer 608
audiometric zero 608
audiometry 608
audiotactile device 605
audioverbal amnesia 603
audiovisual training 361
auditory abilities 603
auditory acuity 608
auditory agnosia 603
auditory amnesia 602
auditory aphasia 603
auditory attributes 603
auditory blending 603
auditory closure 603
Auditory Consonant Trigram 603
Auditory Continuous Performance Test 604
auditory cortex 603
auditory discrimination 603

auditory display 603
auditory distance perception 602
auditory evoked potential 604
auditory fatigue 603
auditory feedback 603
auditory filter 603
auditory flicker 603
auditory flutter 603
auditory hallucination 255
auditory labyrinth 604
auditory localization 97
auditory masking 603
auditory memory 602
auditory memory span 602
auditory nerve 605
auditory pathways 602
auditory perception 603
auditory perceptual disorders 603
auditory processes 603
auditory processing 603
auditory projection area 603
auditory sensation 602
auditory sensation unit 603
auditory skills 603
auditory space perception 89
auditory span 602
auditory spectrum 96
auditory stimulus 602
auditory system 602
auditory threshold 130, 602
auditory thrombosis 602
auditory training 607
auditory verbal learning test 603
Aufgabe 5
augmentation 536
augmentation principle 945
augmentation strategies 536
augmentative communication 120
augury 63
aura 94, 528
aural 603
aural harmonic 372
auricle 331, 449
auscultation 605
Austrian school 88
autarchy 525
autassassinophilia 200
autemesia 345
authenticity 450, 459
authoritarian 243
authoritarian conscience 525
authoritarian leader 243
authoritarian parenting 243

authoritarian personality 243
authoritative parenting 371
authority 243
authority complex 243
authority principle 243
autism 376
autistic disorder 376
autistic fantasy 376
autistic spectrum disorder 376
autistic thinking 376
autoagonistophilia 486
autobiographical memory 369
Autobiographical Memory Interview 369
autobiography 369
autocentric 349
autoclitic 89
autocorrelation 348
autocratic 652
autocratic leader 525
autocrine 351
autoenucleation 350
autoerotic asphyxiation 361
autoeroticism 348, 361
autoflagellation 352
autogenic training 436
autogenital stimulation 348
autohypnosis 347
autohypnotic amnesia 347
autoimmunity 352
autoinstructional device 345
autokinesis 465
autokinetic effect 369
automaintenance 369
automasochism 339
automated clinical records 633
automated desensitization 370
automated learning 370
automated natural language understanding 370
automated reasoning 370
automated speech recognition 369
automatic action 371
automatic activation 370
automatic activation of attitudes 560
automatic decisions 371
automatic drawing 371
automaticity 370
automatic obedience 371
automatic promotion 370
automatic speaker identification 371
automatic speaker recognition 371
automatic speech 371
automatic thoughts 371

事項索引

automatic writing 370
automation 369
automatism 370
automatism defense 370
automatization 369
automatograph 374
automaton 89
automotive telematics 370
autonecrophilia 32
autoneprophilia 32
autonoetic 348
autonoetic memory 348
autonomasia 89
autonomic 437
autonomic apparatus 436
autonomic balance 437
autonomic conditioning 436
autonomic dysreflexia 436
autonomic ganglia 437
autonomic hyperactivity 436
autonomic hyperreflexia 436
autonomic learning 436
autonomic nervous system 436
autonomic neuropathy 437
autonomic reactivity 437
autonomic restrictors 437
autonomous 436
autonomous activity 437
autonomous depression 437
autonomous stage 437
autonomous syntax 437
autonomous word 668
autonomous work groups 437
autonomy 437
autonomy versus shame and doubt 437
autopedophilia 348
autophagy 356
autophonia 357
autophonic response 357
autophony 357
autoplastic development 89
autoplasty 89, 331
autopoiesis 89
autopsy 250
autopsychic delusion 351
autopsychosis 348
autoradiography 89
autoreceptor 89
autoregressive model 345
autosassinatophilia 200
autoscopophilia 513
autoscopy 349
autosexuality 89
autoshaping 371
autosomal 418
autosomal aberration 418
autosomal abnormality 418
autosomal anomaly 418

autosomal dominant 418
autosomal recessive 418
autosomal trisomy of group G 328
autosome 418
autostereogram 89
autosuggestibility 343
autosuggestion 343
autotomy 358, 361
autotopagnosia 454
auxiliary ego 831
auxiliary inversion 435
auxiliary therapist 831
ava 141
availability 919
availability error 919
availability heuristic 919
avalanche conduction 669
average absolute deviation 806
averaged electroencephalic audiometry 806
average error 806
average-evoked-response technique 124
averse conditioning 244
aversion 244
aversion conditioning 244
aversion reaction 244
aversion system 244
aversion therapy 244
aversive conditioning 244
aversive control 244
aversive racism 108
aversive stimulus 244
aversive therapy 244
aviation clinical psychology program 261
aviation psychology 261
aviophobia 740
AVM 698
avoidance 108
avoidance-avoidance conflict 108
avoidance behavior 108
avoidance conditioning 108
avoidance gradient 108
avoidance reaction 108
avoidance response 108
avoidant attachment 108
avoidant attachment style 108
avoidant disorder of childhood or adolescence 108
avoidant personality 108
avoidant personality disorder 108
avolition 50
awareness 4
awareness-training model 643
awe 29
awfulizing 758
axes 339
axial gradient 340
axiom 282

axis 339, 340
axo-axonal synapse 340
axon 340
axonal bundle 340
axonal transport 340
axon collateral 340
axon hillock 340
axon reflex 340
axon terminal 340
axosomatic synapse 340
axotomy 340
ayahuasca 17
Ayurveda 17
azaspirodecanediones 7
azaspirones 7
azathioprine 7
azoospermia 861

B

β-amyloid 812
β fiber 812
β-secretase 812
babble 670
babbling 670
Babinski reflex 720
Babinski's sign 720
Babkin reflex 720
baby blues 814
baby talk 5
backcrossing 878
back-formation 180
background 704
backtrack search 714
backup reinforcer 714
backward association 183
backward conditioning 183
backward displacement 183
backward elimination 818
backward pairing 183
backward search 182
baclofen 709
Baconian method 811
bacterial endocarditis 309
bacterial meningitis 310
bacterium 708
bad breast 945
bad faith 346
bad is stronger than good 748
bad me 945
bad object 945
bad trip 717
BAER 606
BAI 812
bait shyness 850
balance 722
balanced bilingual 208
balanced design 722
balanced Latin square 722
balanced scale 208
balance theory 722
balance training 722
balancing 722

Baldwin effect 838
Baldwin's figure 838
Balint's syndrome 723
Ballet's disease 724
ballet technique 724
ballism 723
ballistic 583
ballisumus 723
Baltimore Longitudinal Study of Aging 937
banding 730
bandwagon effect 731
bandwidth 550
bangungut 726
banner advertisement 718
baquet 709
baragnosis 10
Bárány method 722
Bárány test 722
barber's-pole effect 719
barbiturates 723
bar chart 824
Bard-Cannon theory 184
bar display 720
Barefoot v. Estelle 806
baresthesia 10
bargaining 662
bargaining stage 662
bar graph 824
bariatrics 752
barK 811
Barnum effect 718
baroceptor 11
barognosis 402
Barona equation 724
baroreceptor 11
barotitis 261
Barr body 497
barricade incidents 723
barrier 425
barrier-free environment 723
Barron-Welsh Art Scale 725
BARS 273
Barthel Index 710
Bartlett's test 718
Bartlett technique 718
Bartlett tradition 718
Bartley v. Kremens 718
baryphonia 723
BAS 274
basal age 172
basal dendrite 172
basal forebrain 531
basal ganglia 562
basal mental age 172
basal metabolism 171
basal nucleus of Meynert 531
basal reader approach 171
basal-resistance level 171
basal skin resistance 171
base 811
baseline 811
baseline assessment 811

baseline measures 811
baseline performance 811
base rate 168
base-rate fallacy 168
bases of an attitude 559
Basic Achievement Skills Individual Screener 178
basic anxiety 172
basic conflict 178
basic encounter 811
basic hostility 172
basic-level category 171
basic mistake 179
basic mistrust 179
Basic Nordic Sleep Questionnaire 701
basic personality 179
basic physiological need 508
basic reflexes 179
basic research 171
basic rest-activity cycle 170
basic rule 178
basic skills 179
basic-skills testing 171, 179
basic technique 179
basic trust 179
basilar artery 698
basilar membrane 173
BASIS 178
basket cell 123
basket endings 123
basking in reflected glory 68
BAT 275
batch 717
Batesian mimicry 809
bath therapy 680
bathyesthesia 458
Batson v. Kentucky 809
battered-child syndrome 739
battered-woman syndrome 739
battered women 739
battering men's excuses 181
battery of tests 627
battle inoculation 531
battle of the experts 533
battle shock 530
Bayesian approach 809
Bayesian belief network 809
Bayes' theorem 809
Bayley Scales of Infant and Toddler Development 810
BB 736
Bcl-2 736
B-cognition 548
BDD 453
BDI 812
BDNF 700

BDS 792
BEAM 698
beast fetishism 650
beat 62
beat generation 749
beating fantasy 571
beauty 735
Beck Anxiety Inventory 812
Beck Depression Inventory 812
Beck Hopelessness Scale 812
Beck Scale for Suicide Ideation 812
Beck therapy 812
Beckwith-Wiedemann syndrome 812
Bedlam 813
bed-wetting 90
bee communication 852
before-after design 359
begging 72
begging the question 942
behavior 272
behavioral approach system 274
behavioral approach task 275
behavioral approach test 275
behavioral assessment 273
behavioral avoidance test 275
behavioral baseline 277
behavioral chain 277
behavioral coaching 274
behavioral congruence 275
behavioral consistency 276
behavioral contagion 275
behavioral contingency 274
behavioral contract 273
behavioral contrast 275
behavioral counseling 273
behavioral couples therapy 275
behavioral criterion 275
behavioral deficit 273
behavioral diary 276
behavioral disorder 274
behavioral dynamics 277
behavioral ecology 274
behavioral economics 273
behavioral embryology 276
behavioral endocrinology 276
behavioral family therapy 275
behavioral genetics 273
behavioral group therapy 275
behavioral health 246
behavioral hierarchy 276
behavioral homeostasis

275
behavioral homology 276
behavioral immunogen 871
behavioral incident 276
behavioral inhibition 277
behavioral inhibition system 277
behavioral integration 275, 276
behavioral interview 277
behaviorally anchored rating scale 273
behavioral medicine 273
behavioral model 277
behavioral modeling 277
behavioral momentum 276
behavioral neurochemistry 274
behavioral neuroscience 274
behavioral observation scale 273
behavioral pathogen 275
behavioral pattern 277
behavioral pediatrics 274
behavioral pharmacology 277
behavioral phenotype 277
behavioral plasticity 276
behavioral procedure 276
behavioral profile 277
behavioral psychology 274
behavioral psychotherapy 278
behavioral rehearsal 277
behavioral relaxation training 276
behavioral risk factor 277
behavioral science 273
behavioral self-control training 275
behavioral sequence 278
behavioral sex therapy 275
behavioral sink 276
behavioral specialization 276
behavioral study of obedience 776
behavioral technology 273
behavioral teratology 273
behavioral toxicity 276
behavioral toxicology 276
behavioral weight control therapies 275
behavior analysis 277
behavior-based safety 276
behavior baseline 277
behavior chain 277
behavior change 277
behavior checklist 275
behavior-constraint theory 274
behavior contract 273
behavior control 274, 276
behavior deficit 273
behavior determinant 273

behavior disorder 274
behavior dysfunctions classification 273
behavior episode 273
behavior field 277
behavior genetics 273
behavior hierarchy 276
behavior homeostasis 275
behaviorism 274
behaviorist 274
behavior mapping 277
behavior modification 274
behavior observation 273
behavior pattern 277
behavior problem 881
behavior rating 277
behavior record 273
behavior rehearsal 277
behavior reversal 276
behavior sampling 274
behavior setting 277
behavior shaping 329
behavior system 274
behavior theory 278
behavior therapy 278
behavior unit 273
Behrens-Fisher problem 816
being-beyond-the-world 509
being cognition 548
being-in-the-world 509
being love 548
being-not being 548
being psychology 736
Bekesy audiometer 811
Bekhterev's nystagmus 814
belief 457
belief-desire reasoning 458
belief perseverance 458
belief system 458
belittling 130
belladonna alkaloids 814
belladonna delirium 814
belladonna poisoning 815
bell and pad 815
bell curve 815
Bell-Magendie law 816
Bell's palsy 816
Bell's phenomenon 815
belonging 433
belongingness and love needs 2
Bem Sex Role Inventory 814
benchmark 819
benchmark job 168
bench trial 315
Bender Visual-Motor Gestalt Test 819
beneffectance 814
benevolent eclecticism 258
Benham's top 820
benign stupor 921
Benton Visual Retention

Test 820
Benzedrine 819
benzene 819
benzodiazepine agonists 819
benzodiazepine antagonists 819
benzodiazepines 819
benztropine 818
bereavement 376
bereavement program 879
bereavement therapy 879
Berger rhythm 21
beriberi 131
Berkeley Growth Study 709
Bernoulli trial 815
berserk 201
best-answer test 317
best-first search 317
bestiality 395
best interests of the child 295
best-reason test 317
beta 811
beta-adrenergic receptor kinase 811
beta adrenoreceptor 811
beta alcoholism 812
beta-amyloid 812
beta blockers 812
beta-endorphin 812
beta-glucuronidase deficiency 812
beta level 812
beta motion 812
beta movement 812
beta-secretase 812
beta wave 812
beta weight 812
betel nut 762
bethanechol 812
betrayal trauma 181
between-groups design 226
between-groups variance 226
between-subjects design 740
Betz cell 813
bewildered 651
Bewusstseinslage 31
beyondism 759
beyond reasonable doubt 282
Bezold-Brucke phenomenon 812
BFOQ 365
bhang 54
BHS 812
BIA 834
bias 702
biased elaboration 702
biased estimator 130
biased sampling 130
biased scanning 817

biasing factor 702
biastophilia 702
bibliotherapy 653
bicuculline 739
bidialectism 678
Bidwell's ghost 749
Bielschowsky's disease 761
Biemond's syndrome 753
bigamy 394
Big Brothers Big Sisters of America 17
Big Five personality model 747
big lie 87
bilabial 920
bilateral 921
bilateral descent 542
bilateral lesion 921
bilateral symmetry 322
bilateral transfer 921
Bildungsroman 202
bilingual education 706
bilingualism 706
bilirubin 760
bilirubin encephalopathy 760
bilis 760
biliteracy 673
bill of rights 256
bimanual coordination 921
bimanual interference 921
bimodal distribution 542
binary choice 675
binary feature 673
binary hue 705
binary system 677
binary variable 677
binasal hemianopia 921
binaural beat 920
binaural cues 920
binaural interaction 920
binding affinity 239
binding hypothesis 707
binding problem 707
binge drinking 124
binge-eating disorder 862
binocular cells 920
binocular cue 920
binocular deprivation 920
binocular disparity 919
binocular flicker 920
binocular fusion 920
binocular parallax 919
binocular perception 919
binocular rivalry 919
binocular summation 919
binocular suppression 919
binocular vision 919
binomial distribution 673
binomial effect size display 673
binomial test 673
Binswanger's dementia 762
Binswanger's disease 762
bioacoustics 505

bioavailability 506
biochemical approach 483
biochemical defect 483
biochemical marker 483
biochemistry 483
biocybernetics 702
biodata 759
bioecological model 506
bioecological theory of intelligence 592
bioelectric potential 506
bioenergetics 702
bioengineering 702
bioequivalence 506
bioethics 507
biofeedback 702
biofeedback training 702
biogenesis 506
biogenic amine 498
biogenic amine hypothesis 498
biogram 702
biographical data 289, 759
biographical method 632
bioinformational theory 507
biological clock 561
biological determinism 505
biological drive 506
biological factor 506
biological fallacy 505
biological family 505
biological intelligence 506
biological life events 506
biologically primary ability 505
biologically secondary ability 506
biological marker 702
biological measures 506
biological motion 702
biological psychology 505
biological rhythm 506
biological taxonomy 506
biological theory of aging 141
biological therapy 506
biological transducing system 506
biological viewpoint 505
biological warfare 507
biologism 505
biology 505
biomechanics 507
biomedical engineering 505
biomedical therapy 506
bion 702
bionics 499
bionomic factor 498
biophysical system 506
biophysics 506
biopsy 499
biopsychology 505
biopsychosocial system 506

biorhythm 506
biorhythms 702
biosocial 506
biosocial experimenter effect 506
biosocial theory 506
biosphere 506
biostatistics 506
biosynthesis 486
biotaxis 507
biotechnology 506
biotope 737
biotransformation 499
biotransport 702
biotype 506, 635
biotypology 507
biparental care 677
bipedal locomotion 677
biperiden 752
biplot 706
bipolar 536
bipolar cell 537
bipolar concept 536
bipolar disorders 536
bipolar factor 536
bipolar neuron 537
bipolar rating scale 537
bipolar stimulation 536
Bird-headed dwarf 513
Bird-headed dwarfism 513
Bird-headed dwarf of Seckel 513
birds-of-a-feather phenomenon 651
BIRG-ing 68
birth cohort 406
birth cry 63
birth injury 406
birth order 406
birth parent 63
birth rate 407
birth ratio 406
birth rite 406
birth trauma 406
BIS 277
bisection 650
biserial correlation 542
bisexual behavior 921
bisexuality 704, 921
bistable perceptual events 535
bit 747
bite bar 705
bitemporal hemianopia 920
biting mania 138
bitter 672
bivalence 672
bivariate 678
bivariate frequency distribution 678
bizarre behavior 161
bizarre delusion 161
blackboard 787
black box 787
Black English 286
blacking out 31

blackout　786
blackout level　787
bladder control　824
Blake-Mouton managerial grid　791
blaming the victim　737
blank hallucination　788
blank screen　213
blank trial　788
blast noise　717
blastocyst　705
blast olfactometer　802
blastula　826
blended family　304
blending　305
blepharospasm　149
Blessed Demential Scale　792
Bleuler's theory　793
blind　873
blind alley　778
blind analysis　866
blind judgment　786
blind-matching technique　786
blindness　875
blindsight　873
blind spot　874
blind testing　786
blind walk　875
blink reflex　412
blink response　412
Blix's temperature experiment　788
BLM　269
BLMS　269
bloating　827
Bloch's law　796
block　425, 544, 795
block design　796
block-design test　796
blocking　544, 795
blocking factor　796
block sampling　796
blood-brain barrier　237
blood group　237
blood levels　240
blood phobia　237
blood poisoning　704
blood pressure　236
blood sugar　241
B-love　548
blow　793
BLSA　937
blue-collar worker　673
blues　789
blue-sighted　488
blue-yellow blindness　483
blunted affect　153
blur　836
blur point　836
blushing　511
BMI　552
BNSQ　701
BNT　832
boarding-out system　585

Bobo doll　835
bodily-kinesthetic intelligence　452
body awareness　453
body boundaries　452
body buffer zone　452
body build　551
body-build index　552
body cell　553
body cognitions　454
body concept　452
body disfigurement　453
body distortion　454
body dysmorphia　453
body dysmorphic disorder　453
body ego　453
body electrode placement　454
body esteem　453
body image　453
Body Image Assessment　834
body-image avoidance　453
body-image distortion　453
body-image ideals　913
body language　834
body mass index　552
body memory　452
body-mind problem　450
body narcissism　453, 834
body odor　554
body percept　453
body schema　453
body-size overestimation　452
body temperature　551
body therapies　454
body type　454
body-type theories　454
bodywork　834
Bogardus Social Distance Scale　828
boilermaker's deafness　822
bolstering of an attitude　560
bona fide occupational qualification　365
bond　169, 239
bonding　169
bond-sampling theory of human intelligence　591
bone age　293
bone conduction　293
bone-conduction testing　293
bone pointing　782
Bonferroni t test　840
Bonnet syndrome　390
Boolean algebra　790
boomerang effect　785
booster sessions　779
bootstrapping　782
borderline　192
borderline disorder　192
borderline intelligence　192

borderline personality disorder　192
borderline schizophrenia　192
borderline state　192
boredom　552
Börjeson-Forssman-Lehmann syndrome　806
Borg scale　838
borna disease　838
borstal system　838
BOS　273
Boston Naming Test　832
BOT　790
botany　430
bottle baby　835
bottleneck model　835
bottoming out　664
bottom-up analysis　835
bottom-up design　834
bottom-up processing　834
Bouguer-Weber law　60
boundary　191
boundary detector　191
boundary issues　192
boundary system　192
bounded rationality　255
bound energy　271
bound morpheme　271
bourgeoisie　596
bowel control　706
bowel disorders　605
Bowen family systems theory　127
Box-Cox transformation　833
boxer's dementia　828
box plot　709
BPRS　142
BPS　68
BRAC　170
brachial plexus　945
brachium　427
brachium conjunctivum　239
bradyarthria　247
bradycardia　435
bradyesthesia　587
bradykinesia　64
bradylalia　247
bradylexia　653
bradyrhythmia　435
brahmacharya　788
braid cutting　792
Braid's strabismus　791
braille　786
brain　695
brain abscess　699
brain atlas　695
brain bank　791
brain center　699
brain concussion　697
brain contusion　695, 696
brain damage　698
brain-damage language disorder　698

brain death　696
brain-derived neurotrophic factor　700
brain disease　696
brain disorder　697
brain electrical activity mapping　698
brain explant　697
brain fag　495
brain graft　695
brain growth　697
brain imaging　695, 791
brain lesion　698
brain localization theory　695
brain mapping　791
brain nucleus　695
brain pathology　699
brain plasticity　699
brain potential　698
brain research　696
brain reserve capacity　699
brain scan　695
brainstem　695
brainstem auditory evoked response　606
brain stimulation　696
brainstorming　791
brain trauma　695
brain tumor　697
brainwashing　531
brain waves　699
brain-wave therapy　699
brain weight　697
branching　800
Brandeis brief　788
brand loyalty　788
brand name　788
brand preference　788
brand-use survey　788
Brattleboro rat　787
bravery　887
Brazelton Neonatal Behavioral Assessment Scale　786
BRCA1 and BRCA2　735
breadth-first search　719
breakthrough　791
breast　679
breast envy　593
breast-phantom phenomenon　593
breathing　285
breathing-related sleep disorder　285
breathing retraining　285
breathy voice　29
breech birth　293
breed　762
bregma　792
bride price　886
bridging　789
brief group therapy　142
brief intensive group cognitive behavior therapy　578

Brief Psychiatric Rating Scale 142
brief psychodynamic psychotherapy 579
brief psychotherapy 579
brief psychotic disorder 579
brief stimuli therapy 578
brief stimulus technique 578
brief stimulus therapy 578
brightness 5
brightness adaptation 5
brightness constancy 5
brightness contrast 5
brightness discrimination 5
brightness perception 5
brilliance 115
bril scale 789
Briquet's syndrome 788
Brissaud's infantilism 789
British Museum algorithm 550
British Psychological Society 68
Broadmann's area 17 889
Broca's aphasia 794
Broca's area 794
Brodmann's area 796
Brodman's cytoarchitecture area 796
brofaromine 797
broken home 823
bromazepam 797
bromide hallucinosis 391
bromides 797
bromocriptine 797
bronchodilator medications 164
brooding compulsion 758
brood parasitism 568
Brooklands experiment 790
brotherliness 886
brown fat 131
Brown-Peterson distractor technique 786
Brown-Sequard's syndrome 786
Bruce effect 790
brucine 790
Brugsch's index 790
Bruininks-Oseretsky Test of Motor Proficiency 790
Brunswik faces 791
Brunswik ratio 791
Brushfield-Wyatt syndrome 787
brute force 790
bruxism 707
bruxomania 707
BSRI 814
BSS 812
BST 578
BT 179

btadylogia 247
bubble concept of personal space 712
buccal intercourse 96
buccal speech 201
buccinator 193
buccofacial apraxia 261
buccolingual masticatory syndrome 269
Buddhism 780
buffer 717
buffering 151, 152
buffer item 717
bufotenin 783
bulbar palsy 82
bulbar paralysis 82
bulbocavernosus muscle 185
bulbocavernosus reflex 185
bulbopontine region 82
bulbospongiosus muscle 185
bulbotegmental reticular formation 82
bulbourethral glands 681
bulimia; boulimia 125
bulimia nervosa 445
bulky color 212
bullying 32
bundle hypothesis 575
buprenorphine 783
bupropion 783
bureaucracy 94, 160
bureaucratic leader 160
Buridan's ass 753
burned out 875
burn injuries 884
burnout 725
burst 710
burst-pause firing 710
business game 743
buspirone 779
bust-to-waist ratio 710
butabarbital 780
butorphanol 783
butterfly effect 712
butyrophenones 780
butyrylcholinesterase 780
buying behavior 278
buzz group 710
BVRT 820
BWAS 725
B wave of electroretinogram 874
bystander effect 824

C

CA 301
CAB 220
cable properties 242
cable tensiometry 242
cachexia 6
cachinnation 568

caduceus 135
caesarean section 618
cafard 137
Cafergot 137
cafeteria feeding 395
cafeteria-style benefit plan 137
caffeine 137
caffeine intoxication 137
caffeinism 137
CAGE 328
cognitive click 686
CAI 307
cal 141
calamus scriptorius 747
calcarine area 604
calcarine fissure 604
calcarine sulcus 604
calcitonin 140
calcium channel 140
calcium-channel blockers 140
calcium-deficiency disorders 140
calcium regulation 140
calendar calculation 141
calendar method of birth control 141
calibration 267
California Achievement Test 140
California Psychological Inventory 140
California Psychological Inventory Test 140
California Verbal Learning Test 140
callback 303
call girl 302
callosal apraxia 700
callosal sulcus 700
calmodulin 141
caloric intake 141
caloric nystagmus 98
calorie 141
Calvinism 141
CAM 828
camaraderie 669
camouflage 171
cAMP 310
camphoraceous 424
Campral 185
camptocormia 520
campus crisis center 185
Canadian Psychological Association 136
canalization 184, 471
cancellation test 845
cancer 142
cancer phobia 148
candidiasis 150
Candlelighters Childhood Cancer Foundation 185
cane 615
cannabinoid 157
cannabis 564

cannabis abuse 565
cannabis dependence 564
cannabis-induced psychotic disorder 564
cannabis intoxication 564
cannibalism 136, 660
Cannon-Bard theory 184
Cannon's theory 184
cannula 136
canon 176
canonical analysis 489
canonical correlation 489
capability 173
capacity 700, 897
capacity model 897
capacity sharing 897
CAPD 599
Capgras syndrome 137
capitalism 378
caprylic 137
capsaicin 137
capsula externa 109
captioning 378
captivity 148, 328
capture-tag-recapture sampling 828
CAR 415
carbamates 141
carbamazepine 141
carbohydrate 582
carbohydrate metabolism 582
carbon dioxide 673
carbon dioxide therapy 673
carbonic anhydrase inhibitors 580
carbon monoxide intoxication 40
carbon monoxide poisoning 40
carbon tetrachloride 330
carcinogen 714
cardiac index 445
cardiac muscle 441
cardiac neurosis 451
cardiac pacemaker 452
cardiac psychology 452
cardiac psychosis 452
cardinal trait 179
cardinal virtues 179
cardiogram 457
cardiomyopathy 441
cardiophobia 452
cardiopulmonary bypass machine 447
cardiovascular disease 451
cardiovascular reactivity 446
cardiovascular system 446
card-sorting test 135
card-stacking 135
CARE 298
care-and-protection proceedings 894
career anchor 184

career aspirations 185
career choice 185
career conference 185
career counseling 184
career development 184
career education 184
career pattern theory 185
career planning 184
career workshop 185
caregiver 102
caregiver burden 815
care management 228
care manager 228
care of young 295
caretaking behavior 894
cargo cult 123
carisoprodol 140
carotid artery 233
carotid stenosis 233
carotodynia 233
carpal age 404
carpal tunnel syndrome 404
carpentered environment 138
Carpenter's syndrome 138
carphology 320
carrier 184
carryover effect 878
Cartesian coordinate system 622
Cartesian dualism 623
Cartesianism 622
Cartesian self 622
Cartesian theater 622
Carus typology 140
carve out 137
CAS 688
Casanova complex 123
case 116, 427
case alternation 236
case-based reasoning 438
case-finding 427
case grammar 121
case history 438
case law 734
case load 236
case method 236
case report 438
case study 438
casework 236
Caspar Hauser experiment 126
CAST 307
caste 126
castration 205
castration anxiety 205
castration complex 205
casual crowd 213
casualty 169
CAT 140, 307
catabolism 28
catabolite 28
catalepsy 130
catalysis 430
catalyst 430

catalytic agent 430
catamnesis 755
cataphasia 249, 279
cataplexy 130
cataract 708
catastrophe cusp theory 707
catastrophe theory 707
catastrophic behavior 707
catastrophic reaction 707
catastrophic stress 110
catastrophize 129
catathymic crisis 578
catatonia 210
catatonic excitement 210
catatonic rigidity 130
catatonic schizophrenia 210
catatonic stupor 210
catchment area 183
catch trial 183
catch-up growth 85
cat-cry syndrome 691
catechetical method 881
catechetical procedure 881
catecholamine 135
catecholamine hypothesis 135
catecholaminergic neuron 135
catechol-O-methyltransferase 135
categorical attitude 597
categorical data 134
categorical data analysis 134
categorical imperative 618
categorical intrusion 134
categorical perception 134
categorical thought 134
categorical variable 135
categories of thought 730
categorization 134
categorized list 134
category-system method 134
Category Test 135
catelectrotonus 52
catharsis 130
catheter 135
cathexis 739
cation 894
catoptrics 727
cat's-eye syndrome 691
Cattell-Horn theory of intelligence 183
Cattell inventory 183
Cattell's factorial theory of personality 183
cauda equina 720
caudate nucleus 743
causal ambiguity 51
causal analysis 52
causal chain 52
causalgia 388
causal inference 51

causality 52
causal latency 52
causal law 52
causal mechanism 51
causal nexus 51
causal ordering 51
causal path 52
causal texture 52
causation 51
causative verb 329
cause 243
cause-and-effect diagram 654
cause-and-effect test 51
cautious shift 289
CBA 139
CBAS 292
CBCA 168
CBCL 295
CBGD 563
CBT 684
CBZ 141
CCC theory 688
CCK 303
CCU 232
CD 298
CDC 368
CDI 424
CDQ 527
cebocephaly 83
CEF 922
CEFT 295
ceiling age 416
ceiling effect 633
celiac lymphatic plexus 774
celiac nerovous plexus 774
celiac plexus 774
celibacy 211
cell 315, 516
cell adhesion molecule 315
cell assembly 517
cell body 316
cell-cell interactions 315
cell division 316
cell interactions 315
cell-means model 518
cell migration 315
cell proliferation 316
cell theory 315
cellular automata 517
cellular fluid 316
CEM 398
cenesthopathy 552
censor 244
censored data 62
census 524
census tract 448
cent 530
center 599
centered 598
Center for Epidemiologic Studies Depression Scale 62
centering 598
center median 419

center of gravity 395
Centers for Disease Control and Prevention 368
Centers for Medicare and Medicaid Services 869
center-surround antagonism 598
center-surround receptive field 598
central anticholinergic syndrome 599
central aphasia 599
central auditory abilities 603
central auditory processing disorder 599
central canal 598
central conceptual structure 598
central conflict 598
central deafness 599
central dyslexia 598
central executive 595
central fissure 598
central gray 598
central inhibition 599
centralism 698
centralized organization 595
central limited capacity 595
central limit theorem 598
central moment 598
central motive state 599
central nervous system 599
central nervous system disorder 599
central neuron 599
central nucleus 598
central pain 599
central pattern generator 599
central processing dysfunction 595
central processor 596
central reflex time 599
central route to persuasion 515
central scotoma 597
central state theory 635
central stimulation 599
central sulcus 598
central tendency 564
central-tendency error 598
central trait 598
central vision 598
centration 598
centrencephalic 599
centrencephalic epilepsy 600
centrencephalic system 598
centrifugal 82
centripetal 187

centripetal impulse 187
centroid 531
centromedian nucleus 419
centromere 639
cephalalgia 475
cephalic index 646
cephalization 636
cephalocaudal development 648
cephalogenesis 648
cephalometry 516
CER 415
cerea flexibilitas 130
cerebellar ataxia 424
cerebellar cortex 424
cerebellar folia 424
cerebellar gait 424
cerebellar hemisphere 424
cerebellar nucleus 424
cerebellar peduncle 424
cerebellar speech 424
cerebellopontine angle 424
cerebellum 424
cerebral 695
cerebral achromatopsia 562
cerebral amblyopia 562
cerebral anemia 699
cerebral angiography 696
cerebral angiomatosis 696
cerebral aqueduct 600
cerebral arteriography 696
cerebral arteriosclerosis 698
cerebral atrophy 695
cerebral contusion 696
cerebral cortex 563
cerebral dominance 563
cerebral dyschromatopsia 562
cerebral dysfunction 696
cerebral dysplasia 699
cerebral dysrhythmia 699
cerebral edema 699
cerebral electrotherapy 699
cerebral embolism 697
cerebral gigantism 547
cerebral hemisphere 562
cerebral hemorrhage 697
cerebral hyperplasia 699
cerebral hypoplasia 562
cerebral infarction 696
cerebral infection 562
cerebral ischemia 696
cerebral laceration 700
cerebral lesion 698
cerebral pacemaker 699
cerebral palsy 697
cerebral peduncle 562
cerebral specialization 563
cerebral syphilis 699
cerebral trauma 695
cerebral type 479
cerebral vascular accident 696

cerebral vascular insufficiency 696
cerebral ventricle 696
cerebral vesicle 700
cerebration 562
cerebrocranial defect 697
cerebroside 518
cerebrospinal fluid 697
cerebrotonia 479
cerebrovascular accident 696
cerebrovascular disease 696
cerebrovascular insufficiency 696
cerebrum 562
certainty of an attitude 561
certainty of paternity 779
certificate of need 747
certification 683
certiorari 34
cerveau isole 412
cervical ganglion 231
cervical nerve 231
cervical plexus 232
cervix 234
Cesamet 511
cesarean section 618
CES-D 62
CET 699
C fiber 328
CFS 849
cGMP 310
chained schedule 934
chaining 934
chain of behavior 277
chain reproduction 934
chakra 593
challenge 606
challenge for cause 918
challenging behavior 606
chance occurrence 213
chance variations 213
change agent 585, 816
change blindness 817
change effect 817
change managemant 817
change of venue 315
change-over delay 206
change score 817
channel 593
channel capacity 593
channel factors 593
channels of communication 298
chaos theory 113
chaotic system 113
character 483
character analysis 484
character development 483
character disorder 483
character displacement 231
characteristic 653, 654
characteristic value 300

characterization 484
character neurosis 483
characterology 483
character strength 484
character structure 483
character traits 483
character type 484
Charcot-Marie-Tooth disease 390
charisma 139
charismatic leader 139
charitable behavior 359
charlatan 813
Charles Bonnet syndrome 390
charm 593
Charpentier's bands 390
chart 593
chastity 410
chastity belt 620
chat 593
chatterbox effect 88
chauvinism 703
CHD 153
cheating 28, 63
check 585
checkerboard pattern 585
checklist 585
check reading 585
cheilophagia 266
chelation 207
chemesthesis 114
chemical brain stimulation 115
chemical castration 114
chemical communication 114
chemical methods of brain study 696
chemical senses 113
chemical stimulation 114
chemical trail 242
chemical transmission 115
chemical transmitter 445
chemical warfare 114
chemoaffinity hypothesis 114
chemoattractant 115
chemoreceptor 114
chemoreceptor trigger zone 114
chemorepellant 114
chemosensory event-related potential 114
Chernoff faces 593
chessboard illusion 585
chest voice 195
Cheyne-Stokes breathing 585
chi 161
chiaroscuro 864
chiasmal syndrome 344
chibih 474
Chicago school 335
chicken game 588
chicken pox 852

child 294
child abuse 370
child advocacy 295
child analysis 371
Child Behavior Checklist 294
child care 371, 822
child care facilities 371
child care worker 593
child custody 295
child custody evaluation 447
child development 295
child-directed speech 294
child find 593
child-focused family 294
child guidance 370
childhood 294, 895
childhood absence epilepsy 423
childhood amnesia 895
childhood depression 424
childhood disintegrative disorder 423
childhood disorder 423
childhood fears 895
childhood neurosis 370
childhood psychosis 424
childhood schizophrenia 371
childhood sensorineural lesions 896
child molestation 501
child neglect 29
child pornography 371
child psychology 370
child psychotherapy 295
child-rearing practice 295
children in need of supervision 829
Children's Depression Inventory 424
Children's Embedded Figures Test 295
Children's Manifest Anxiety Scale 371
Children's Personality Questionnaire 371
child study movement 370
child support 29
child visitation 295
child welfare 371
chilophagia 266
chimera 180
chimeric stimulation 180
chimerism 180
Chinese Room argument 596
chin reflex 115
CHINS 829
chiropractic 112
chi-square distribution 106
chi-square test 106
chloral hydrate 825
chlordiazepoxide 225

事項索引　963

chlorpromazine　226
chlorprothixene　225
choice　526
choice axiom　527
choice behavior　527
Choice Dilemma Questionnaire　527
choice point　528
choice reaction time　528
choice shift　527
choice-shift effect　527
choice stimuli　527
choking　608
choking under pressure　5
cholecystokinin　303
choleric type　579
Cholesky factorization　303
cholesterol　303
choline　301
choline acetylase　301
cholinergic　302
cholinergic drugs　302
cholinergic synapse　302
cholinergic system　301
cholinesterase　301
chondroectodermal dysplasia　78
chord keyboard　294
chorea　782
choreoathetosis　782
choreomania　918
chorion　402
chorionic sac　402
chorionic villus sampling　402
choroid　854
choroid coat　854
choroid layer　854
choroid plexus　854
Chotzen's syndrome　609
chrematisophilia　223
Christian Science　206
chroma-brightness coefficient　314
chromatic　725
chromatic aberration　50
chromatic adaptation　338
chromatic audition　339
chromatic colors　888
chromatic contrast　51
chromatic error　50
chromaticity　339
chromatics　338
chromatic scale　725
chromatid　525
chromatin　524
chromatin negative　524
chromatin positive　524
chromatopsia　338
chromesthesia　50
chromopsia　338
chromosomal aberration　524
chromosomal map　525
chromosome　524
chromosome 4 deletion of short arm　565
chromosome-13 trisomy　555
chromosome 18 deletion of long arm　555
chromosome abnormality　524
chromosome disorder　525
chromosome mosaicism　525
chromosome number　525
chronaxia　225
chronaxie　225
chronaxy　225
chronesthesia　403
chronic　848
chronic alcoholism　848
chronically suicidal　848
chronic anxiety　849
chronic brain disorder　848
chronic care　848
chronic fatigue syndrome　849
chronic illness　848
chronic mania　848
chronic mental illness　848
chronic mood disorder　848
chronic motor or vocal tic disorder　848
chronic myofascial pain　208
chronic obstructive lung disease　849
chronic obstructive pulmonary disease　849
chronic pain　848
chronic posttraumatic stress disorder　848
chronic preparation　848
chronic psychosis　848
chronic schizophrenia　848
chronic tic disorder　848
chronobiology　337
chronograph　225
chronological age　301
chronometer　225
chronometric analysis　543
chronoscope　225
chronotaraxis　225
chronotaxis　337
chronotherapy　338
chunking　593
cicatrization　726
cichild　340
ciliary body　875
ciliary muscle　875
ciliary processes　875
cilium　533
Cinderella syndrome　456
cingulate gyrus　555
cingulate sulcus　555
cingulotomy　555
cingulum bundle　556
cingulumotomy　555
circadian dysrhythmia　102
circadian oscillator　102
circadian rhythm　102
circadian rhythm sleep disorder　102
circannual rhythm　107
circle of support　331
circuit resistance training　317
circular behavior　410
circular causality　81, 410
circular questioning　81
circular reaction　410
circular reasoning　410
circular response　410
circulating levels　240
circulator system　446
circumcision　134
circumlocution　61
circumplex model of personality and emotion　483
circumscibed amnesia　245
circumscribed belief　486
circumstantial evidence　414
circumstantiality　60
circumvallate papillae　887
circumventricular organs　696
circumventricular system　696
CIRCUS　317
cirrhosis　149
CISD　208
cissa　33
cisterna　535, 695
cisterna cerebellomedullaris　558
cisternae　535
cisternal puncture　273
cisterna magna　558
cistern puncture　273
CIT　221
citalopram　361
citation analysis　56
civil commitment　856
civil disobedience　378
civil emergency　378
civilization　804
civil rights　280
civil rights movement　280
CK　223
CL　220, 737
cladistics　801
clairaudience　646
clairvoyance　643
clairvoyant dream　900
CLAlt　558
clamminess　378
clan　360
clang association　89
clanging　89
clarification　864
class　101, 218, 257
class consciousness　101
classical　293
classical depression　294
classical paranoia　294
classical psychoanalysis　294
classical test theory　293
classicism factor　293
classification　804
classification method　804
classification table　804
classification test　804
classifier system　804
class inclusion　219
class interval　101
class limits　192
classroom-behavior modification　194
classroom discipline　194
classroom environment　194
classroom test　194
class structure　101
class theory　101, 219
claudication　709
clause　511
claustrophobia　809
claustrum　524
clava　140
clavus　218
clay therapy　693
clearance　220
clearance requirement　220
cleavage　906
cleft palate　259
CLEP　552
Clerambault's syndrome　223
clerical aptitude　378
clerical test　378
CLES　267
Clever Hans　124
client　217
client abuse　217
client-centered psychotherapy　903
client-centered therapy　903
client characteristics　217
client education　217
client rights　217
client satisfaction　217
client-treatment matching　217
climacteric　278
climate　165
clinging behavior　336
clinic　463, 923
clinical　924
clinical assessment　923
clinical counseling　923
clinical diagnosis　923
clinical efficacy　923
clinical evidence　924
clinical health psychology　923
clinical interview　924
clinical investigation　924
clinical judgment　924
clinical judgment research

924
clinical marker 924
clinical method 924
clinical neuropsychology 923
clinical practice guidelines 463
clinical prediction 924
clinical psychology 923
clinical psychopharmacology 924
clinical risk assessment 924
clinical sociology 923
clinical sport psychologist 923
clinical study 923
clinical teaching 924
clinical test 923
clinical trial 589
clinical utility 924
clinical validation 924
clinician 923
clinodactyly 389
clipping 220
clique 220
clitoral hood 51
clitoridectomy 51
clitoris 51
cloaca 704
cloacal theory 40
clomipramine 225
clonazepam 225
clone 226
clonidine 225
cloning 225
clonus 156
clorazepate 225
close-captioned television 224
closed adoption 809
closed-class words 224
closed economy 224
closed-ended question 657
closed group 224
closed head injury 809
closed-loop system 810
closed marriage 224
closed scenario 224
closed shop 224
closed skills 224
closed system 809
closet homosexual 122
closure 806, 809
clouding of consciousness 30
cloverleaf skull 471
clozapine 224
cloze procedure 225
club drugs 219
clubfoot 668
clumsy automation 436
clumsy child syndrome 773
cluster analysis 219
clustered random sample

402
cluster evaluation 218
cluster headache 227
clustering 219
cluster sampling 402
cluster suicides 227
cluttering 219
CM 116
CMAS 371
CME 232
CMI 295, 307
CMP 208
CMS 869
CNS 599
CNS abnormality 599
CNS depressants 599
CNS stimulants 599
CNS vasodilation 328
CNV 467
Co 737
$CO_2$ 673
coaching 292
Coaching Behavior Assessment System 292
coacting group 198
coaction task 198
coactivation 643
coactive-interactive sport 199
coactive sport 199
coadaptation 198
coalition 618
coarticulation effect 201
CO blob 591
coca 284
cocaine 284
cocaine abuse 285
Cocaine Anonymous 284
cocaine dependence 284
cocaine intoxication 284
cocaine intoxication delirium 285
cocaine withdrawal 285
coccyx 741
cochlea 115
cochlear duct 595
cochlear implant 448
cochlear microphonic 116
cochlear nuclei 116
cochlear recruitment 116
Cochran Q test 287
Cockayne's syndrome 287
cocktail-party effect 120
cocktail-party syndrome 88
cocoa 287
coconsciousness 194
coconscious personality 199
cocontraction 195
cocounseling 285
COD 206
codability 778
CODAP 823
codeine 293
code of ethics 925

codependency 191
Co-Dependents Anonymous 191
code switching 294
code test 294
codification 293
codification-of-rules stage 170
codominance 202
codon 295
coefficient 232
coefficient alpha 21
coefficient of agreement 40
coefficient of alienation 910
coefficient of concordance 40
coefficient of determination 240
coefficient of multiple correlation 395
coefficient of relatedness 207
coefficient of variation 820
coefficient of visibility 338
coenzyme 828
coerced confession 202
coercion 195
coercive behavior 196
coercive persuasion 196
coercive power 196
coercive strategy 196
coercive treatment 196
coevolution 195
coexistence hypothesis 197
coexistent cultures 798
coexperimenter 198
cofacilitator 296
coffee 296
cofigurative culture 511
Cogan's syndrome 285
CogAT 688
cogito ergo sum 945
cognate 639
cognition 683
Cognitive Abilities Test 688
cognitive ability 688
cognitive-affective crossfire 683
cognitive-affective personality system 684
cognitive aging 686
cognitive aids 687
cognitive-analytic therapy 688
cognitive anxiety 687
cognitive appraisal theory 687
cognitive architecture 683
cognitive assessment 687
Cognitive Assessment System 688
cognitive balance theory 686
cognitive behavioral couples therapy 684

cognitive behavioral group therapy 399
cognitive-behavioral strategy 684
cognitive behavioral therapy 684
cognitive behavior modification 684
cognitive behavior theory 684
cognitive behavior therapy 684
cognitive capacity 688
cognitive closure 686
cognitive complexity 687
cognitive complexity and control theory 688
cognitive conditioning 686
cognitive consistency 686
cognitive consistency theory 686
cognitive consonance 686
cognitive control 686
cognitive coping strategy 682
cognitive decline 684
cognitive deconstruction 685
cognitive defect 685
cognitive deficit 685
cognitive derailment 686
cognitive development 688
cognitive developmental theory 688
cognitive discrimination 687
cognitive disorder 684
cognitive dissonance 687
cognitive dissonance theory 687
cognitive distortion 688
cognitive dysfunction 684
cognitive enhancers 271
cognitive ergonomics 688
cognitive ethology 687
cognitive evaluation theory 687
cognitive-evaluative consistency 687
cognitive faculty 688
cognitive flexibility 686
cognitive flooding 687
cognitive generalization 685
cognitive grammar 688
cognitive hypothesis testing 686
cognitive intelligence 686
cognitive interview 689
cognitive learning 685
cognitive load 688
cognitively based persuasion 689
cognitively guided instruction 686
cognitive map 685

事項索引 965

cognitive mediation 687
cognitive miser 686
cognitive-motivational-relational theory 687
cognitive narrowing 686
cognitive neuroscience 685
cognitive operations 686
cognitive overload 686
cognitive penetrability 686
cognitive plan 687
cognitive play 685
cognitive process 683
cognitive processing 685
cognitive processing therapy 685
cognitive psychology 685
cognitive rehabilitation 689
cognitive rehearsal 687
cognitive resource theory 684, 686
cognitive restructuring 684
cognitive science 683
cognitive self-guidance system 682
cognitive self-management 686
cognitive set 685
cognitive sign principle 686
cognitive slippage 685
cognitive specificity hypothesis 688
cognitive sports strategy 686
cognitive stage 685
cognitive strategy 689
cognitive structure 684
cognitive style 685
cognitive system 685
cognitive task 683
cognitive task analysis 686
cognitive theory 689
cognitive theory of learning 118
cognitive therapy 689
cognitive triad 686
cognitive tunneling 686
cognitive unconscious 687
cognitive vulnerability 688
cognitive walkthrough method 685
cognitivism 684
cognitivist 684
cognizance need 689
cognize 683
cogwheel rigidity 709
cohabitation 644
Cohen's kappa 284
coherence 40, 152, 296
cohesion 194
cohort 297
cohort analysis 297
cohort effect 297
cohort sampling 297

cohort-sequential design 297
coincidence 213
coital anorgasmia 487
coition 486
coitus 486
coitus interruptus 590
coitus reservatus 837
coke 286
cola nut 301
cold cognition 929
cold effects 160
cold emotion 448
coldness 616
cold pressor pain test 929
cold pressor test 929
cold sense 929
cold spot 929
cold stimulus 929
cold turkey 302
coleadership 199, 301
colic 528
colitis 559
collaboration 198
collaborative care 202
collaborative empiricism 199
collaborative family health care 202
collaborative filtering 197, 199
collaborative learning 198
collaborative marital therapy 199
collaborative marriage therapy 199
collaborative therapy 199
collagen 301
collapse 205
collateral 779
collateral behavior 776
collateral heredity 824
collateral sulcus 544
collative properties 737
collecting mania 394
collective 394
collective bargaining 583
collective behavior 393
collective conscience 393
collective efficacy 393
collective effort model 398
collective experience 393
collective formation 393, 397
collective guilt 393
collective hypnotization 397
collective hysteria 399
collective induction 397
collective information-processing model 398
collective memory theory 393
collective monologue 398
collective movements 396
collective neurosis 398

collective psychology 393
collective psychosis 398
collective representations 394
collective self 393
collective self-esteem 393
collective unconscious 785
collectivism 398
college admission tests 552
college environment 552
College Level Examination Program 552
collegiality 198
collegial model 651
colliculi 185
colliculus 185
collinearity 196
colloid 303
collusion 201
coloboma 240
colocalization 193
colonial nesting 303
colonial species 303
colony 303
color 50
color adaptation 338
color agnosia 50
color amnesia 50
color anomia 339
color attribute 51
color balance 139
color blindness 338
color-blindness test 338
color cells 50
color circle 338
color cone 139
color constancy 51
color contrast 51
Colored Progressive Matrices 930
color harmony 338
colorimeter 338
color mixer 305
color mixture 305
color-mixture laws 305
color-mixture primaries 36
color perception 51
color purity 51
color saturation 313
color scotoma 50
color sensation 50
color solid 51
color subtraction 50
color surface 51
color system 757
color temperature 50
color theories 51
color tint 580
color triangle 50
color value 865
color vision 50
color weakness 338
color wheel 139
color zones 50
colostrum 435

column 301
coma 305
coma stimulation 305
coma therapy 305
comatose state 305
coma vigil 119
combat stress reactions 530
combat stress reduction 530
combination 217
combination test 217
combination therapy 217
combination tone 239
combinatorial operations 217
combined motor method 239
combined therapy 810
combined transcortical aphasia 304
combining effect sizes 260
combining significance levels 886
coming out 138
coming out of the closet 138
command automatism 866
command style 866
commissural fiber 284
commissure 283
commissurotomy 284
commitment 283
commodity theory 425
common cause hypothesis 198
common chemical sense 114
common factors 198
common fate 197
common law 70, 151
common-law marriage 665
common sense 197
commonsense justice 197
commonsense psychology 417
common social motive 198
common traits 197
communal feeling 202
communality 197
communal relationship 202
communal spirit 202
commune 300
communicated authenticity, regard, empathy 298
communicating hydrocephalus 272
communication 298
communication analysis 299
communication apprehension 299
communication deviance 298
communication disorder 298

communication disorder not otherwise specified  655
communication engineering  615
communication ergonomics  298
communication net  299
communication network  299
communication overload  615
communication skills  298
communication skills training  298
communication system  298
communication theory  299, 615
communicative acts  298
communicative competence  298
communion principle  298
communitas  299
communities for people with mental retardation  493
community  299
community action group  299
community attitude  299
community care  299
community-centered approach  299
community ergonomics  300
community feeling  202
community inclusion  299
community integration  299
community mental health  300
community mental health program  300
community prevention and intervention  300
community psychology  299
community residence  300
community services  299
community social worker  299
community spirit  202
comorbidity  300
companionate grandparent  886
companionate love  886
comparable groups  737
comparable worth  737
comparative judgment  737
comparative linguistics  737
comparative method  738
comparative neuropsychology  737
comparative psychology  737
comparator  306
comparator hypothesis  306

comparison level  737
comparison level for alternatives  558
comparison process  737
comparison stimulus  737
compartmentalization  216
compassion  644
compassionate friends  306
compassion fatigue  193
compatibility  922, 944
compensable job factor  825
compensating error  538
compensation  830
compensation effect  830
compensatory damages  548
compensatory education  830
compensatory eye movements  555
compensatory mechanism  831
compensatory reflex  555
compensatory self-enhancement  831
compensatory task  831
compensatory tracking  830
competence  306, 700
competence motivation  700
competency-based instruction  700
competency evaluation  700
competency to stand trial  546
competing response training  194
competition  196
competition by resource defense  343
competition for resources  342
competition goals  197
competition routine  197
competition tolerance  196
competitive goals  197
competitive goal structure  197
competitive motive  197
competitiveness  196
competitive reward structure  196
Competitive State Anxiety Inventory  193
complement  828
complementarity  542
complementarity of interaction  537
complementary and alternative medicine  828
complementary class  830
complementary classification  542
complementary colors  729

complementary distribution  542
complete mother  156
completion test  155
complex  307
complex behavior  775
complex cell  775
Complex Figure Test  775
complex ideas  774
complexity factor  775
complexity hypothesis  775
complexity of an attitude  561
complex motives  774
complex of ideas  308
complex partial seizure  775
complex reaction  775
complex reaction time  775
complex schedule of reinforcement  775
complex sentence  778
complex tone  774
compliance  85, 307
compliant character  394
complicated grief  775
complication  133, 774
complication experiment  773
component evaluation  308
componential analysis  308, 507
componential subtheory  308
component instinct  840
components-of-variance model  801
composite figure  304
compos mentis  254
compound action potential  774
compound event  774
compound eye  774
compound reaction time  774
compound schedule of reinforcement  774
compound stimulus  774
comprehension  909
comprehension test  909
comprehensive assessment service  823
comprehensive functional assessment  823
Comprehensive Occupational Data Analysis Program  823
compressed speech  10
compromise formation  568
compulsion  199
compulsive character  199
compulsive disorders  200
compulsive drinker  199
compulsive eating  199
compulsive exerciser  65
compulsive laughter  200

compulsiveness  199
compulsive orderliness  200
compulsive personality disorder  200
compulsive repetition  200
compunction  102
computational linguistics  230
computational metaphor  230
computational model  230
computed tomography  307
computer adaptive testing  307
computer address  306
computer-administered test  307
computer anxiety  307
computer-assisted instruction  307
computer-assisted testing  307
computer-assisted tomography  307
computer illiteracy  306
Computerized Adaptive Screening Test  307
computerized assessment  306
computerized axial tomography  307
computerized diagnosis  306
computerized therapy  306
computerized tomography  307
computer literacy  307
computer-managed instruction  307
computer model  307
computer network  307
computer phobia  307
computer programming  307
computer programming language  307
computer simulation  307
computer slanguage  307
Comrey Personality Scales  300
Comte's paradox  306
CON  747
conarium  413
conation  49
conative  648
concaveation  304
concealed-figures test  55
concealed measurement  55
concentration  400, 698
concentration-camp syndrome  195
concentration difficulty  400
concentrative meditation  400

concept 106
concept-discovery task 107
concept formation 106
concept-formation test 106
conception ratio 405
concept learning 106
conceptual apraxia 157
conceptual classification 107
conceptual complexity 107
conceptual dependency 106
conceptual disorder 106
conceptual disorganization 107
conceptual imagery 107
conceptualization 106
conceptual learning 106
conceptually driven process 106
conceptually guided control 107
conceptual model 107
conceptual system 107
conceptual tempo 107
conciliation 103
concinnity 608
conclusion 241
conclusion drawing in a message 869
concomitance 467, 779
concomitant sensation 193
concomitant variation 201
concordance in twins 780
concordance rate 41
concordance ratio 41
concrete attitude 215
concrete image 215
concrete intelligence 215
concrete operation 215
concrete operational stage 215
concrete picture 215
concrete thinking 215
concrete word 215
concretism 214
concretization 215
concretizing attitude 215
concurrence seeking 40
concurrent-chains procedure 810
concurrent operants 810
concurrent schedules of reinforcement 810
concurrent therapy 644
concurrent validity 809
condition 415
conditional clause 416
conditional discharge 416
conditional discrimination 415
conditionalism 416
conditional positive regard 416
conditional probability 416

conditional reasoning 416
conditional stimulus 415
conditional strategy 416
conditioned 416
conditioned avoidance response 415
conditioned emotional response 415
conditioned inhibition 416
conditioned place preference 416
conditioned reinforcer 415
conditioned response 416
conditioned stimulus 415
conditioned stimulus preexposure effect 523
conditioned suppression 416
conditioned taste aversion 415
conditioning 416
conditioning apparatus 416
conditioning of attitudes 559
conditioning therapy 278
conditions not attributable to a mental disorder 493
conditions of worth 130
conduct disorder 258
conduction 633
conduction aphasia 634
conduction deafness 631
conduction time 633
conduction with decrement 254
conductive deafness 631
conductivity 634
confabulation 319
confederate 319, 362
conference method 101
confidant 459
confidence interval 459
confidence limits 459
confidentiality 408
configural learning 526
configural superiority effect 233
configuration 307
configurational analysis 526
confinement study 261
confirmable proposition 253
confirmation 119
confirmation bias 119
confirmatory data analysis 119
confirmatory factor analysis 119
confirmatory research 127
conflict 132
conflict behavior 132
conflict-free area 132
conflict-free sphere 132
conflict of interest 909
conflict resolution 132

conflict spiral 132
conflict theory 133, 307
confluence 283
confluence model 394
conformity 646
confounds 282
confrontation 566, 609
confrontational methods 609
confrontation naming 289
confusability index 305
confusion 319
confusional psychosis 319
confusional state 594
confusion effect 308
confusion of responsibility 510
congenital aphasia 530
congenital cataract 530
congenital character 530
congenital deafness 530
congenital defect 529
congenital glaucoma 530
congenital hypothyroidism 529
congenital oculomotor apraxia 530
congenital rubella syndrome 530
congenital sensory neuropathy with anhidrosis 862
congenital speech disorder 530
congenital visual agnosia 529
congenital visual impairment 529
congregate living facility 393
congruence 344, 624
congruence conformity 624
congruent retinal points 551
congruity theory 624
CONJ 269
conjoined twins 239
conjoint counseling 305
conjoint schedule 193
conjoint therapy 305
conjugate movements 198
conjunction 514
conjunction search 239
conjunctival reflex 241
conjunctive concept 933
conjunctive motivation 239
conjunctive reinforcement 269
conjunctive reinforcement schedule 269
conjunctive schedule of reinforcement 269
conjunctive task 239
connected discourse 933
connectionism 239

connectionist models of memory 162
CONOPS 936
Conradi's disease 308
conscience 920
conscientiousness 211
conscientious objector 920
conscious intentions 31
conscious mentalism 31
conscious moment 31
consciousness 30
consciousness-altering substances 31
consciousness of freedom 400
consciousness raising 30
conscious process 31
conscious resistance 31
consensual eye reflex 193
consensual validation 574
consensus 257
consensus trance 305
consent 535
consequate 237
consequence 165
consequent 262
conservation 832
conservation of energy 77
conservation withdrawal 360
conservatism 830
conservator 262
conserve 829
consideration 706
consilience 592
consistency motive 40
consistency principle 40
consistency theory 486
consistent mapping 40
consistent missing 40
consolidation 161, 293
consolidation period 161
consonance 203, 608
consonant 329
consonant trigram 326
conspecific 644
conspicuity 255
constancy 265
constancy of the IQ 1
constancy principle 265
constancy scaling 265
constant error 619
constant stimulus method 266
constellation 780
constipation 820
constituent 268
constitution 554
constitutional disorder 554
constitutional factor 554
constitutional psychopathic inferior 546
constitutional type 552
constraint 507
constraint of movement 276

constraint question 507
construct 267, 774
constructional apraxia 267
constructional dyspraxia 268
constructionism 267
constructive alternativism 268
constructive conflict resolution 254
constructive confrontation 254
constructive hypothesis of consciousness 31
constructive memory 268
constructive play 267
constructive theory of perception 587
constructive thinking 254
Constructive Thinking Inventory 254
constructivism 267
constructivist 267
Constructivist Learning Environment Survey 267
constructivist psychotherapy 267
constructivist theory of emotion 153
construct validation 267
construct validity 267
consulting 305
consulting psychologist 305
consulting psychology 541
consumer 424
consumer behavior 425
consumer characteristics 425
consumer counseling 424
consumer education 425
consumer empowerment 425
consumerism 425
consumer-jury technique 425
consumer psychology 425
consumer research 425
consumer survey 425
consummatory act 159
consummatory behavior 159
consummatory communication 347
consummatory response 159
contact behavior 513
contact comfort 513
contact desensitization 514
contact hypothesis 513
contact language 513
contact sense 513
contagion 142
containment 305
contamination 304, 305
contamination obsession 88
contemporaneity 643
content 456
content-addressable store 668
content analysis 668
contentiousness 269
content-thought disorder 345
contentual objectivism versus contentual subjectivism 668
content validity 668
content word 668
context 305, 803
context clues 803
context-independent learning 803
context reinstatement 803
context shifting 803
context-specific learning 803
context theory of meaning 48
contextual associations 803
contextual interference effect 803
contextualism 803
contextualize 803
contextual subtheory 803
contiguity 209
contiguity learning theory 209
contiguity of associations 935
continence 357
continental philosophy 566
contingencies of self-worth 346
contingency 467
contingency awareness 213, 468
contingency contract 468
contingency-governed behavior 468
contingency management 468
contingency model 305
contingency reinforcement 468
contingency table 799
contingency theories of leadership 913
contingent 467
contingent aftereffect 467
contingent employee 923
contingent negative variation 467
contingent probability 416
contingent reinforcement 467
contingent reward 468
continuance commitment 232
continued-stay review 232
continuing bond 169
continuing care unit 232
continuing education 412
continuing medical education 232
continuity hypothesis 935, 936
continuity theory 936
continuity versus discontinuity of development 716
continuous amnesia 360
continuous control 936
continuous distractor task 936
continuous movement task 935
continuous operations 936
continuous panel 360
continuous performance test 360
continuous rating scale 936
continuous recognition task 935
continuous reinforcement 935
continuous reinforcement schedule 935
continuous scale 936
continuous schedule of reinforcement 935
continuous variable 936
continuum approach 936
contraception 750
contract 234
contractibility 394
contractility 394
contract plan 234
contracture 231
contradiction principle 860
contradictory representation 860
contralateral 558
contralateral control 558
contralateral eye 558
contralateral hemisphere 558
contraprepared behavior 728
contrarian 306
contrast 563
contrast analysis 563
contrast correlation 563
contrast detector 306
contrast effect 563
contrast error 563
contrast illusion 563
contrastive analysis 556
contrastive rhetoric 556
contrast polarity 306
contrast sensitivity 306
contrast-sensitivity function 306
contrast theory 564
contrast weight 563
contrasuggestibility 553
contrecoup 731
contributing cause 204
contrient interdependence 783
control 306, 485
control analysis 645
control device 486
control discriminability 486
control-display ratio 486
control experiment 555
control function logic 485
control group 645
controllability training 645
controlled association 645
controlled drinking 53
controlled-exposure technique 645
controlled observation 363
Controlled Oral Word Association 645
controlled processing 486
controlling goal 486
control-mastery theory 485
control order 486
control processes 306
control question test 555
control series 645
contusion 319
convalescent center 283
convenience sampling 817
convenience shopper 917
conventionalism 53
conventional level 151
convergence 777
convergence theory 396
convergent evolution 402
convergent production 395
convergent strabismus 666
convergent thinking 395
convergent validity 396
conversation 112
conversational inference 112
conversational maxims 112
conversation analysis 112
converse accident 929
conversion 631
conversion anesthesia 631
conversion disorder 631
conversion hysteria 631
conversion nonepileptic seizure 631
conversion paralysis 631
conviction 458
convolution 695
convoy 308
convulsant 235
convulsion 235
convulsive disorder 235
convulsive therapy 235
co-occurrence 193
cooing 212
cookies 215
Cook's D 216

Coolidge Assessment Battery  220
Coolidge effect  220
cooperation  202
cooperative breeding  199
cooperative education  198
cooperative goal structure  203
cooperative learning  197, 198
cooperative motive  203
cooperative reward structure  203
Cooper-Harper Handling Qualities Rating Scale  216
coordinate bilingual  646
coordination  191, 635
coordination loss  197
coordination of secondary circular reactions  562
COPD  849
COPE model  328
Copernican theory  591
coping  296
coping behavior  556
coping imagery  556
coping mechanism  556
coping potential  523
coping-skills training  556
coping strategy  556
coping style  556
coprolagnia  803
coprolalia  88
coprophagia  430
coprophagy  430
coprophemia  943
coprophilia  376
coprophrasia  88
copula  296
copulatory behavior  239
copy  263
copying mania  880
core area  257
core conflictual relationship theme  596
core gender identity  596
coreometer  640
core relational themes  598
Corino de Andrade's paramyloidosis  24
Coriolis effects  301
cornea  121
corneal reflection technique  121
corneal reflex  121
Cornell Medical Index  295
cornu ammonis  107
corollary discharge  468
corona glandis  173
coronal plane  154
coronal section  152
coronary heart disease  153
coronary-prone behavior  156
corporal punishment  563

corpus  296, 550
corpus callosum  700
corpus covernosum urethrae  681
corpus luteum  85
corpus mammillare  679
corpus spongiosum  681
corpus striatum  524
correct detection  486
correction  195, 395
correctional facility  195
correctional institution  195
correctional psychology  195
correction for attenuation  176
correction for continuity  936
correction for guessing  11
correction procedure  196
corrective emotional experience  395
correct rejection  303
correlation  535
correlational study  536
correlation barrier  536
correlation cluster  536
correlation coefficient  536
correlation matrix  536
correlation ratio  536
correspondence  551
correspondence problem  551
correspondence training  246
correspondent inference theory  551
corresponding retinal points  551
corridor illusion  112
corroboration  119
cortex  741
cortical activation  742
cortical amnesia  742
cortical-arousal factor  741
cortical barrel  724
cortical blindness  742
cortical center  742
cortical column  742
cortical control  742
cortical deafness  742
cortical dementia  742
cortical dysplasia  742
cortical-evoked potential  743
cortical-evoked response  743
cortical hearing loss  742
cortical inhibition  743
cortical layers  742
cortical lesion  742
cortical magnification factor  741
cortical map  742
cortical neuron  742
cortical potential  742

cortical process  742
cortical-subcortical motor loop  742
cortical undercutting  742
cortices  741
corticobasal ganglionic degeneration  563
corticobulbar fiber  741
corticofugal  741
corticomedial group  742
corticonuclear fiber  741
corticopetal  742
corticopontine  742
corticospinal fiber  742
corticospinal tract  742
corticosteroid  302
corticosteroid therapy  302
corticosterone  302
corticotropin-releasing hormone  777
cortisol  302
cortisone  302
cortival localization of function  173
Corybantic rites  301
cosmetic surgery  755
cosmic consciousness  62
cosmic identification  62
costal stigma  476
cost analysis  758
cost-benefit analysis  291, 758
cost containment  759
cost-effectiveness analysis  755
cost of concurrence  644
cost-reward analysis  549
Cotard's syndrome  292
cot death  679
cotherapy  291
couch  691
counseling  112
counseling process  113
counseling psychology  113
counseling relationship  113
counseling services  113
counselor  112
counteraction need  727
counterattitudinal advocacy  730
counterattitudinal behavior  730
counterattitudinal role play  181
counterbalancing  113
countercathexis  182
countercompulsion  553
counterconditioning  729
counterculture  553
counterfactual  727
counterfactual thinking  727
counterfeit role  170
counteridentification  181
countermeasure  823
counternull value  566

counterphobic character  553
countershading  113
countershock  113
countersuggestion  553
countertransference  181
coupled oscillators  239
couples counseling  133
couples therapy  133
courage  887
course  228
courtesan fantasy  888
court-ordered treatment  315
courtship behavior  185
couvade  178
covariance  201
covariate  201
covariation  201
covariation principle  201
covering-law model  136
cover memory  55
cover story  136
covert attention  523
covert behavior  523
covert conditioning  523
covert desensitization  523
covert extinction  523
covert modeling  523
covert negative reinforcement  523
covert orienting  523
covert positive reinforcement  523
covert rehearsal  523
covert reinforcement  523
covert response  523
covert self  523
covert sensitization  523
covert speech  523
COWA  645
Cowper's glands  681
CP  697
CPA  136
CPI  140
CPM  221
CPP  416
CPQ  371
CPS  300
CPT  360, 685
CPZ  226
CQT  555
CR  416
crack  219
cracking facades  219
Cramér's V coefficient  219
cramp  235
cranial anomaly  637
cranial bifida  472
cranial diameter  637
cranial division  637
cranial index  637
cranial nerve  697
cranial nerve I  187
cranial nerve II  356
cranial nerve III  637

cranial nerve IV　131
cranial nerve VI　106
cranial nerve VII　158
cranial nerve VIII　666
cranial nerve IX　512
cranial nerve XI　776
cranial nerve XII　512
cranial reflex　699
craniofacial anomaly　471
craniograph　637
craniography　637
craniology　637
craniometry　637
craniosacral system　697
craniostenosis　198
craniosynostosis syndrome　471
craniotelencephalic dysplasia　471
craniotomy　106
cranium　636
crash　219
creatine kinase　223
creationism　540, 653
creative arts therapy　540
creative dramatics　540
creative genius　653
creative imagination　540
creative intelligence　540
creative synthesis　540
creative thinking　540
creativity　540
creativity test　540
credulous argument　160
cremasteric reflex　204
creole　223
crepitation　693
crepuscular animals　709
Crespi effect　223
cretinism　223
CRF　328, 935
CRH　777
crib death　679
cribriform plate　375
cri du chat syndrome　691
crime control model　727
criminal anthropology　726
criminal commitment　678
criminal intent　725
criminally insane　430
criminal profiling　726
criminal psychopath　727
criminal responsibility　231
criminal type　727
criminology　726
crises　164
crisis　164
crisis center　217
crisis counseling　164
crisis intervention　164
crisis intervention service　164
crisis management　164
crisis team　208
crisis theory　164
crista　918

criteria of evaluation　754
criteria of the psychic　492
criterion　168
criterion-based content analysis　168
criterion cutoff　799
criterion data　168
criterion dimensions　168
criterion group　168
criterion-referenced testing　876
criterion score　168
criterion validity　168
criterion variable　168
critical　751
critical band　922
critical flicker frequency　922
critical-incident stress debriefing　208
critical-incident technique　221
critical life event　396
critical path method　221
critical period　922
critical point　922
critical range　165
critical region　165
critical thinking　751
critical value　165
critical variable　402
criticism　751
critique　751
Crocker-Henderson odor system　225
Cro-Magnon　225
Cronbach's alpha　226
cross-adaptation　264
cross-classification　264
cross-conditioning　264
cross-correlation mechanism　538
cross-correspondence　224
cross-cultural approach　738
cross cultural method　738
cross-cultural psychology　738
cross-cultural testing　738
cross-cultural treatment　47
cross-dressing　777
crossed aphasia　264
crossed dominance　264
crossed-extension reflex　264
crossed-factor design　264
crossed reflex　264
cross-eye　666
cross-fostering　264
cross-gender behavior　34
crossing over　701
cross-lagged panel design　264
cross-modal association　144

cross-modality matching　144
cross-modal matching　144
cross-modal transfer　143
cross-nasal adaptation　921
crossover design　224
cross section　584
cross-sectional design　224
cross-sectional sampling　85
cross-situational consistency　414
cross-tabulation　224
cross-talk　224
cross-tolerance　264
cross-training　224
cross-validation　264
Crouzon's syndrome　221
crowd　227
crowd behavior　227
crowd consciousness　227
crowding　218, 305
crowd mind　227
crowd psychology　227
crucial experiment　240
cruelty　324
crus cerebri　562
crutch　846
crying-cat syndrome　691
cryogenic method　618
cryotherapy　929
cryptaesthesia　522
cryptarithmetic　778
cryptesthesia　522
cryptesthetic　522
cryptic female choice　122
cryptogram　22
cryptophasia　221
cryptophoric symbolism　778
cryptophthalmos syndrome　522
cryptorchidism　621
crysta　918
crystal gazing　465
crystal healing　220
crystallization　240
crystallized abilities　240
crystallized intelligence　240
CS　415
CSAI　193
C-section　618
CSERP　114
CSF　306, 697
CSR　232, 530
CT　307, 633, 689
CTA　304
CTI　254
CTS　404
CTT　293
CTZ　114
cube model　188
cuckoldry　866
cudding behavior　568
cue　622

cue-controlled relaxation　622
cue-dependent forgetting　622
cued panic attack　622
cued recall　622
cued speech　189
cue exposure　622
cue-overload principle　622
cue reversal　622
cul-de-sac　778
culpability　889
cult　141
cult of personality　290
cultural adaptability　798
cultural blindness　800
cultural competency　47
cultural conserve　800
cultural deprivation　800
cultural determinism　798
cultural drift　800
cultural epoch theory　799
cultural ergonomics　800
cultural-familial mental retardation　798
cultural genocide　799
cultural heritage　798
cultural learning　798
culturally disadvantaged　800
culturally loaded items　799
cultural monism　799
cultural norm　798
cultural parallelism　800
cultural process　800
cultural psychology　799
cultural relativism　799
cultural sensitivity　799
cultural specificity of emotions　154
cultural test bias　799
cultural transmission　800
cultural universalism　800
culture　798
culture-bias theory　800
culture bound　798
culture-bound syndrome　798
culture change　800
culture clash　800
culture complex　800
culture conflict　798
culture-fair tests　800
culture-free tests　799
culture lag　799
culture lead　799
culture of honor　865
culture-relevant tests　799
culture shock　141
culture trait　800
cumulative continuity　926
cumulative curve　926
cumulative educational advantage　926
cumulative frequency distribution　927

cumulative probability distribution 926
cumulative record 926
cumulative rehearsal 927
cumulative response curve 927
cumulative scale 926
cuneate fasciculus 240
cuneate tubercle 240
cuneus 241
cunnilingus 227
cupula 216
curare 219
curative factors model 611
curiosity 260
curricular field experience 192
curriculum 139
curriculum-based assessment 139
curriculum-based measurement 139
curriculum development 139
curve fitting 204
curvilinear correlation 204
curvilinear regression 745
Cushing's syndrome 216
custodial care 829
custodial case 446
custom 151
customer-relationship management 285
cutaneous experience 751
cutaneous perception 751
cutaneous perception of color 751
cutaneous-pupillary reflex 752
cutaneous receptive field 751
cutaneous receptor 751
cutaneous sensation 751
cutaneous sense 751
cutoff point 133
cutting 912
CVA 696
CVLT 140
CVS 402
cybernetic epistemology 314
cybernetics 314
cybernetic theory 315
cycle of violence 827
cyclic adenosine monophosphate 310
cyclical vomiting syndrome 392
cyclic AMP 310
cyclic GMP 310
cyclic guanosine monophosphate 310
cyclic illness 410
cyclic nucleotide 310
cyclobenzaprine 340
cycloid psychosis 926

cyclopean eye 578
cyclophoria 104
cyclopia 750
cyclosporin 340
cyclosporine 340
cyclothymic disorder 177
Cylert 317
CYP 591
cyproheptadine 376
cystathionine synthetase deficiency 836
cystathioninuria 357
cytoarchitecture 315
cytochrome oxidase 591
cytochrome oxidase blob 591
cytochrome P450 591
cytogenetic map 315
cytokine 313
cytology 315
cytomegalovirus 314
Cytomel 314
cytoplasm 315
cytosine 372

D

DA 617, 658, 716
Da Costa's syndrome 569
dactylology 439
DAD 370
DAF 586
DAI 752
Dale's law 629
Dallenbach stimulator 577
damage-risk criteria 548
damping 253
dance epidemic 582
dance therapy 582
dancing mouse 297
Dandy-Walker syndrome 583
dangerousness 165
dantrolene 583
Daoism 638
DAP 843
dark adaptation 23
dark light 22, 874
Darwinian algorithm 567
Darwinian fitness 567
Darwinian reflex 567
Darwinism 567
DAS 374, 820
Dasein 254
Dasein analysis 254
DAT 617, 625
data 627
data analysis 627
database 627
data collection 627
data-driven process 627
data pooling 627
data reduction 627
data snooping 627
date rape 628

date-rape drug 628
dative 897
Daubert hearing 658
Daubert test 658
Dauerschlaf 360
day blindness 601
day care center 618
daydream 708
day habilitation 618
day hospital 621
daymare 708
day treatment 620
DBI 328
dc 619
d/c 619
DC amplifier 609
DDAVP 620
deadly catatonia 188
deaf-blind 875
deafferentation 187
deaf-mute 937
deafness 671
deaggressivization 572
death 328
death anxiety 373
death-anxiety scales 374
deathbed escorts and visions 923
death concepts 373
death education 373
death feigning 166
death gene 353
death instinct 374
death phobia 373
death-qualified jury 341
death rite 373
death system 373
death taboo 373
death tabu 373
death wish 373
debilitative anxiety 465
debriefing 628
debt counseling 778
decadence 466, 622
Decadent movement 622
Decadron 622
décalage 622
decarboxylase 573
decarceration 572
decatastrophizing 573
decathexis 573
decay theory 466
deceleration 254
decentering 573
decentralization 572
decentralized organization 801
decentration 573
deception 8
deception by commission 698
deception clue 170
deception research 620
deceptive advertising 620
decerebrate rigidity 435
decerebration 435

decibel 626
decile 401
decisional balance 241
decisional competence 241
decision making 32
decision-making model of counseling 113
decision-plane model 240
decision-redecision method 310
decision rule 240
decision theory 241
decisive moment 240
declarative 809
declarative memory 521
decline effect 123
decoding 778
decompensation 556
decomposition 798
decomposition of movement 66
decompression sickness 243
deconditioning 416
deconstruction 572
decontextualization 574
decortication 742
decreolization 571
Decroly method of schooling 131
deculturation 800
decussation 264
dedifferentiation 574
deduction 80
deductive-nomological model 30
deductive reasoning 80
deep body temperature 458
deep cerebellar nucleus 458
deep depression 400
deep dyslexia 454
deep-pockets effect 353
deep processing 772
deep sensibility 458
deep sleep 450
deep structure 451, 458
deep trance 772
deep vein thrombosis 458
Deese paradigm 519
defecation reflex 706
defect 237
defectology 238
defect orientation 773
defect theory 413
defender strategy 822
defense 822
defense interpretation 822
defense mechanism 822
defense reflex 824
defensive attribution 823
defensive behavior 823
defensive conditioning 824
defensive identification 823

defensiveness 823
defensive processing 823
deferred imitation 82
deficiency 241
deficiency love 241
deficiency motivation 241
deficiency motive 241
deficiency need 241
definite article 618
definition 533
deformity 817
defusion 111
degeneracy 501, 551
degenerating axon 819
degeneration 819
degenerative status 819
deglutition 81
degradation 798, 931
degraded stimulus 931
degrees of freedom 400
dehumanizaton 750
dehydration 572
dehydration reactions 572
dehydrogenase 572
dehypnosis 316
deification 439
deindividuation 572
deinstitutionalization 572
deism 911
Deiters cells 559
deixis 608
déjà entendu 172
déjà pense 166
déjà raconté 207
déjà vecu 171
déjà vu 166
del alma 474
delay conditioning 585
delayed alternation task 586
delayed auditory feedback 586
delayed conditioning 585
delayed development 716
delayed effect 585
delayed feedback 586
delayed matching to sample 586
delayed parenthood 727
delayed posttraumatic stress disorder 592
delayed recall 585
delayed reflex 586
delayed reinforcement 585
delayed response 586
delayed speech 714
delay of gratification 849
delay of reinforcement 193
delay-of-reward gradient 825
Delboeuf illusion 629
deletion 239, 319
deliberate psychological education 404
delinquency 740
délire du toucher 513

deliriant 533
delirious state 533
delirium 533
delirium of persecution 708
delirium tremens 451
delivery 406
Delphi technique 629
delta alcoholism 629
delta motion 629
delta movement 629
delta rule 629
delta wave 629
deltoid 324
delusion 873
delusional disorder 873
delusional jealousy 874
delusional mania 874
delusional misidentification syndrome 458
delusional system 873
delusion of grandeur 292
delusion of influence 736
delusion of observation 597
delusion of persecution 737
delusion of poverty 761
delusion of reference 149
delusion of sin 310
delusion system 873
demand 900
demand characteristics 895
demandingness 123
demandments 514
dementia pugilistica 828
demasculinization 573
dementia 684
dementia praecox 541
Dementia Rating Scale 685
Deming management method 629
democracy 856
democratic atmosphere 857
democratic leader 857
democratic parenting 856
demographic pattern 448
demographic research 448
demography 448
demonic possession 7
demonolatry 7
demonology 7
demonomania 7
demoralization 573
demoralization hypothesis 339
demotivation 50
demyelinating disease 572
demyelination 572
denasality 737
dendrite 405
dendritic branching 405
dendritic pathology 405
dendritic potential 405
dendritic spine 405
dendritic thorn 405
dendritic tree 405

dendritic zone 405
dendrodendritic synapse 405
dendrophilia 634
denervation 433
denial 750
denial and shock stage 750
denotative meaning 100
density 852
density function 852
density-intensity hypothesis 852
dental 331
dental age 336
dental pattern 438
dental phobia 704
dentate gyrus 355
dentate nucleus 355
denying the antecedent 521
denying the consequent 262
deoxycorticosterone 621
deoxyglucose 621
dependence 34
dependency 34
dependency needs 35
dependency ratio 34
dependent model 642
dependent personality disorder 34
dependent variable 396
depersonalization 911
depersonalization disorder 911
depersonification 572
depletive treatment 427
depolarization 574
Depo-Provera 629
depressant 899
depressed skull fracture 637
depression 62, 898
depression after delivery 325
depression stage 62
depressive anxiety 898
depressive disorder 62
depressive disorder not otherwise specified 655
depressive neurosis 898
depressive personality disorder 898
depressive position 898
depressive spectrum 898
depressor nerve 243
deprivation 708
deprivation dwarfism 421
deprivation index 304
deprogramming 531
depth cue 88
depth-first search 773
depth from motion 66
depth from shading 51
depth interview 452
depth-of-processing

hypothesis 772
depth-oriented brief therapy 451
depth perception 87
depth psychology 451
depth therapy 452
derailment 573
derailment of volition 32
derangement 121, 308
derealization 251
dereflection 573
dereism 740
derivative insight 710
derived ideas 710
derived need 710
derived property 710
derma 458
dermal sensation 751
dermal sensitivity 751
dermatoglyphics 752
dermatome 315, 458
dermis 458
dermo-optical perception 751
DES 329, 465
descending nerve tract 123
descending pathway 123
descending reticular system 123
descending tract 123
descent group 237
deschooling 571
descriptive average 168
descriptive behaviorism 168
descriptive norms 167
descriptive operant 167
descriptive research 167
descriptive responsibility 168
descriptive statistic 168
desensitization 571
desexualization 572
design and behavior 255
designer drugs 268
design fluency test 626
design for adjustable range 606
design for the average 806
design matrix 228
design trade-off 663
desipramine 626
deskilling 572
desmopressin 627
desocialization 572
despair 516
despondency 904
destiny neurosis 67
destructive behavior 707
destructive conflict resolution 707
destructiveness 707
destructive obedience 707
destrudo 627
desurgency 737

desymbolization 572
desynchronization 573
DET 617
detached character 606
detached retina 875
detachment 571, 606, 627
detailed inquiry 417
detection threshold 514
deterioration 271
deterioration effect 10
deterioration index 823
deterioration of attention 595
determinant 241
determinant of elaboration 499
determination 236, 240
determination coefficient 240
determiner 255
determining set 240
determining tendency 240
determinism 241
deterministic psychology 241
deterrence 727
detour problem 61
detoxification 241
detoxification center 19
detumescence 833
deutan color blindness 562
deuteranomaly 672
deuteranopia 672
deutoplasm 906
devaluation 571
development 715
developmental acceleration 715
developmental age 716
developmental amblyopia 782
developmental aphasia 715
developmental arithmetic disorder 715
developmental assessment 715
developmental cognitive neuroscience 716
developmental contextual model 716
developmental coordination disorder 715
developmental delay 716
developmental disability 715
developmental disorder 715
developmental dyslexia 716
developmental dysphasia 715
developmental dyspraxia 715
developmental factors 716
developmental function 716

developmental hyperactivity 716
developmental immaturity 716
developmental invariance 716
developmental language disorder 715
developmental levels 716
developmental milestone 716
developmental norm 715
developmental orientation 715, 716
developmental pharmacokinetics 716
developmental psycholinguistics 715
developmental psychology 715
developmental quotient 715
developmental readiness 716
developmental reading disorder 716
developmental retardation 716
developmental scale 715
developmental schedule 715
developmental stage 716
developmental systems approach 716
developmental task 715
developmental teaching model 716
Developmental Test of Visual-Motor Integration 332
developmental theory 716
developmental therapy 716
developmental visual agnosia 529
development cycle 107
deviance 40
deviant behavior 40
deviation IQ 818
deviation score 818
device for automated desensitization 370
devil's trumpet 438
devine right 85
dexamethasone 624
dexamethasone suppression test 624
dexterity test 194
dextrality 851
dextroamphetamine 625
dextromethorphan 625
DFBETAS 618
DFFITS 617
DFS 773
dharma 577
dhat 574

diabetes insipidus 681
diabetes mellitus 648
diabetic enteropathy 648
diabetic gastropathy 648
diabetic retinopathy 648
diabetogenic factor 648
diacetylmorphine 328
diachronic linguistics 614
diacritical marking system 713
diad 550, 675
diadochokinesis 172
diagnosis 454
diagnosis-related groups 455
diagnostic audiometry 608
diagnostic baseline 455
diagnostic center 454
diagnostic educational tests 190
diagnostic formulation 455
diagnostic interview 455
Diagnostic Interview Schedule 454
diagnosticity 454
diagnostic overshadowing 455
diagnostic prescriptive educational approach 454
diagnostic test 455
dialect 824
dialectic 818
dialectical behavior therapy 818
dialectical materialism 818
dialectical operations 818
dialectical teaching 818
dialectology 824
dialog 566
dialogue 566
dialysis dementia 645
dianetics 550
dianoia 617
diaphragm 85, 565
diary method 677
diaschisis 173
diastolic blood pressure 311
diathesis 652
diathesis-stress model 489
diazepam 328
diazepam-binding inhibitor 328
dibenzodiazepine 377
dibenzothiazepine 377
dibenzoxazepine 377
DICE model 617
dichoptic stimulation 920
dichorhinic 922
dichorial twins 676
dichotic 920
dichotic listening 920
dichotomous thinking 678
dichotomous variable 677
dichotomy 678
dichromacy 676

dichromatic vision 676
dichromatism 676
dichromatopsia 676
dichromic 676
didactic group therapy 193
didactic teaching 39
diencephalic amnesia 157
diencephalon 157
diestrus 714
diet 429
dietary neophobia 169
dietary selection 432
diethylpropion 329
diethylstilbestrol 329
diethyltryptamine 617
dieting 551
difference canon 315
difference judgment 315
difference limen 820
difference threshold 820
Differential Ability Scales 820
differential accuracy 503
differential amplifier 321
Differential Aptitude Tests 625
differential association 799
differential conditioning 799
differential diagnosis 158
differential effect 310
differential emotions theory 798
differential extinction 798
differential fertility 406
differential growth 799
differential limen 820
differential psychology 312
differential reinforcement 798
differential reinforcement of alternative behavior 559
differential reinforcement of high rate 279
differential reinforcement of low rate 620
differential reinforcement of other behavior 569
differential threshold 820
differential validity 313
differentiation 752, 798, 820
differentiation of self 350
differentiation theory 800
diffraction 103
diffraction grating 104
diffuse axonal injury 752
diffuse bipolar cell 325
diffusion model 117
diffusion of responsibility 511
diffusion process 773
digestion 412
digestive type 413
digital 626
digital computer 626

digital subtraction angiography  626
Digit Span  471
Digit Symbol  778
diglossia  777
digraph  676
dihydroergotamine  375
dihydromorphine  375
dihydrotestosterone  375
dilation  120
dilator  120
dildo  621
dilemma  438
dilution effect  167
dimenhydrinate  378
dimensional theory of emotion  154
dimensions of consciousness  30
dimer  681
dimethyltryptamine  618
diminished capacity  450
diminished responsibility  255
diminutive visual hallucination  922
dimming effect  246
dimorphism  673
DIMS  679
DIN color system  617
Dionysian  618
diopter  331
dioptrics  216
diphenhydramine  375
diphenylmethanes  375
diplacusis  777
diplegia  614
diploid  678
dipsomania  19
direct aggression  609
direct analysis  422
direct attitude measure  609
direct coping  609
direct dyslexia  609
directed discussion method  354
directedness  344
directed reverie  353
directed thinking  876
direct glare  609
directional confusion  824
directional hypothesis  129
directionality problem  824
directional test  129
direction perception  824
directions test  353
directive  353
directive counseling  354
directive group psychotherapy  354
directive leader  354
directive play therapy  354
direct marketing  566
direct odor effect  608
director  156

Directory of Psychological Tests in the Sport and Exercise Sciences  482
direct perception  609
direct reflex  609
direct selection  609
direct suggestion  608, 609
dirt phobia  778
DIS  454
disability  412
disability evaluation  413
Disability Rating Scale  413
disacousia  603
disadvantaged  388
disarranged-sentence test  579
disaster counseling  309
discharge  109, 714, 826
discharge of affect  153
discharge rate  550
dischronation  337
discipline  121, 227
discomfort anxiety  772
discomfort disturbance  772
discomfort-relief quotient  216
disconnection syndrome  915
discontinuity hypothesis  793
discordance  765
discounting principle  945
discourse analysis  584
discovery  417
discovery learning  714
discovery method  714
discrepancy evaluation  765
discrepancy principle  860
discrepant stimulus  765
discrete data  911
discrete measure  911
discrete movement task  793
discrete trial  911
discrete variable  911
discretionary task  394
discriminability  820
discriminal dispersion  821
discriminant analysis  734
discriminant function  734
discriminant validity  820
discriminated operant  820
discriminating power  339
discrimination  321, 798
discrimination index  339
discrimination learning  820
discrimination of cues  622
discrimination reaction time  821
discrimination training  820
discriminative learning  820
discriminative response

821
discriminative stimulus  820
discussion group  638
discussion leader  638
discussion method  638
disease  362
disease model  368
disease of adaptation  623
disease phobia  755
disenfranchised grief  278
disengaged family  111
disengagement  109
disengagement theory  914
disequilibrium  773, 807
disesthesia  32
disfigurement  171
disgust  244
dishabituation  572
dishonest signal  779
disincentive  542
disinhibition  574, 898
disintegration  823
disintegration of personality  440
disjoint sets  567
disjunctive concept  521
disjunctive motivation  805
disjunctive task  911
dismissive attachment  205
disorder  412
disorder of written expression  432
disorders of excessive somnolence  125
disorders of infancy, childhood, or adolescence not otherwise specified  656
disorders of initiating and maintaining sleep  679
disorders of the self  350
disorders of the sleep-wake cycle schedule  469
disorganization  105
disorganized attachment  308
disorganized behavior  105
disorganized development  308
disorganized offender  862
disorganized schizophrenia  105
disorganized speech  105
disorientation  364
disoriented attachment  308
disparate impact  321
dispersal  801
dispersion  326
displaced aggression  87
displacement  87, 153
displacement activity  630
displacement behavior  630
displacement of affect  153
display  755
display behavior  755

display-control compatibility  620
display design  755
display rules  757
disposition  488
dispositional attribution  543
dispositional hearing  435
disruptive behavior  707
disruptive behavior disorder  707
disruptive behavior disorder not otherwise specified  656
dissent  28
dissociable interactions and conscious experience model  617
dissociated state  111
dissociation  111
dissociative amnesia  111
dissociative anesthetic  111
dissociative barriers  111
dissociative disorder not otherwise specified  655
dissociative disorders  111
dissociative fugue  111
dissociative hysteria  112
dissociative identity disorder  111
dissociative pattern  112
dissociative process  111
dissociative psychosis  744
dissociative stupor  111
dissociative trance disorder  111
dissonance reduction  773
distal  80
distal effect  80
distal response  80
distal stimulus  82
distal variable  82
distance cue  205
distance learning  80
distance perception  205
distance receptor  80
distance therapy  81
distance vision  81
distance zone  205
distinctness  352
distorted speech test  745
distorting-photograph procedure  127
distorting-video procedure  69
distortion  943
distractibility  594
distractible speech  594
distraction  823
distractor  619
distress  494
distress-relief quotient  216
distributed actions theory  802
distributed cognition  801
distributed practice  801

distributed processing 801
distributed representation 801
distribution 803
distributional redundancy 803
distribution-free test 803
distributive analysis and synthesis 803
distributive bargaining 802
distributive justice 803
disturbance of association 934
disulfiram 357
disuse supersensitivity 706
disuse theory of aging 937
diuretic 916
diurnal 596
diurnal mood variation 38
divagation 573
divalproex sodium 375
divergence 102
divergent evolution 801
divergent production 117
divergent strabismus 103
divergent thinking 117
diversion program 268
diversity training 577
diversive exploration 341
divided attention 799
divided brain 804
divided consciousness 804
divination 63
divine right of kings 85
divorce 911
divorce counseling 911
divorce mediation 911
dizygotic twins 681
dizziness 870
DL 820
D-love 241
DLPFC 703
DMS 713
DMT 618
DMTS 586
DNA 617
docility 394
doctrine 404
doctrine of causes 902
doctrine of formal discipline 231
Doerfler-Stewart test 629
DOES 125
dogmatism 195
dol 663
doll play 681
dolorimeter 614
DOM 618
domain 659, 918
domain-free problem 919
domain-general ability 919
domain identification 919
domain name 659
domain-specific ability 918
domain-specific knowledge 918
domestication 130
domestic partnership 645
domestic violence 134
dominance 374, 886, 889
dominance aggression 886
dominance hierarchy 410, 889
dominance need 887
dominance statistic 886
dominance-submission 374
dominance-subordination relationship 374
dominant allele 889
dominant complex 886
dominant eye 164
dominant hemisphere 886
dominant ideology thesis 374
dominant trait 889
dominant wavelength 408
Donders's law 664
Donders's method 664
donepezil 658
dong quai 663
Don Juan 664
Donohue's syndrome 896
don't-hold functions 141
door-in-the-face technique 635
DOP 751
dopa 658
DOPA 658
dopac 375
DOPAC 375
dopa decarboxylase 658
dopamine 658
dopamine hypothesis 658
dopamine receptor 659
dopamine-receptor agonists 659
dopamine-receptor antagonists 659
dopaminergic agents 659
dopaminergic neuron 659
dopaminergic pathway 658
Doppelgänger phenomenon 658
Doppler effect 658
Dora case 660
dorsal 705
dorsal column 510
dorsal column system 510
dorsal horn 259
dorsal root 264
dorsal stream 705
dorsal tegmental bundle 705
dorsiflexion 704
dorsolateral 703
dorsolateral column 703
dorsolateral prefrontal cortex 703
dorsomedial nucleus 705
dorsoventral 706
dose-response relationship 897
dot figure 657
dotting test 631
double 575
double-agentry 576
double alternation 676
double approach-avoidance conflict 676
double-aspect theory 654
double bind 576
double blind 676
double consciousness 675
double deception 576
double dissociation 675
double entendre 920
double image 676
double-simultaneous stimulation 676
double-simultaneous tactile sensation 643
double standard 676
double technique 676
double vision 775
doubt 61, 207
doubting madness 207
doubting mania 207
downers 612
down-regulation 138
Down's syndrome 567
Down syndrome 567
down through 567
downward communication 361
downward mobility 138
downward social comparison 138
dowry 239
dowsing 567
doxepin 652
doxylamine 652
DPE 404
d prime 621
DQ 715
DRA 559
drama therapy 660
dramatics 374
dramatization 235
DRC 548
dread 88
dream 891
dream analysis 892
dream censorship 892
dream content 892
dream deprivation 892
dream ego 892
dream function 892
dream imagery 892
dream incorporation 892
dream induction 892
dream state 892
dream stimulus 892
dream suggestion 892
dream-work 892
dreamy state 859
dressing aid 663
dressing apraxia 593
dressing behavior 751
DRGs 455
DRH 279
drift hypothesis 759
drifting attention 820
drill 662
drinkometer 662
drive 635, 899
drive discrimination 636
drive displacement 899
drive-induction theory 636
drive-reduction theory 636
driver training 63
drive state 635
drive stimulus 635
drive strength 635
DRL 620
DRO 569
droperidol 663
drop-in center 663
dropout 600
Drosophila 418
drowsiness 373
DRS 413, 685
drug 214
drug abuse treatment 883
drug culture 847
drug discrimination 883
drug education 214
drug holiday 189
drug-induced psychosis 882
drug interactions 882
drug metabolism 883
drug screening instrument 883
drug synergism 214
drug therapy 883
D sleep 619
DSM-IV-TR 617
DST 617, 624
D-state 619, 892
DT 451
DT → PI model 620
dual-aspect physicalism 450
dual attitudes 676
dual coding theory 676
dual consciousness 675
dual diagnosis 676
dual instinct theory 677
dualism 673
duality of language 249
dual-leadership therapy 291
dual personality 676
dual process models of persuasion 515
dual process theory 675
dual representation 676
dual-store model of memory 162
dual-task competition 675

dual-task performance 675
dual thresholds 675
dual trace hypothesis 676
Duchenne smile 629
duct 142
ductus deferens 891
due process 625
due process model 625
due process rights 625
dummy 577
dummy variable coding 577
dummy variables 577
Duncan multiple-range test 578
Dunnett's multiple comparison test 575
duplex theory 673
durable power of attorney 69
dura mater 280
duration of untreated illness 852
duress 199
Durham Decision 577
Durham rule 577
Durham test 577
Dusky standard 570
Duso program 621
duty to protect 829
duty to warn 230
DV 396
Dvorak keyboard 659
DVT 458
dwarfism 296
Dx 454
dyad 550, 675
dyadic effect 614
dyadic relationship 41
dyadic session 675
dying process 373
dynamic 561, 647
dynamic anthropometry 647
dynamic assessment 561, 910
dynamic core 561
dynamic equilibrium 647
dynamic formulation 910
dynamic interactionism 675, 910
dynamic model 910
dynamic psychology 647, 910
dynamics 651
dynamic self-distribution 646
Dynamic skill theory 174
dynamic social impact theory 561
dynamic system 647
dynamic systems theory 647
dynamic testing 910
dynamic touch 561
dynamic trait 647

dynamic visual display 561
dynamometer 651
dysacusia 603
dysacusis 603
dysaesthesia 32
dysarthria 259
dysarthric 259
dysautonomia 437
dysbasia 828
dysbulia 32
dyschromatopsia 338
dysconjugate gaze 198
dyscontrol 486
dysdiadochokinesia 817
dysdiadochokinesis 817
dyseidetic dyslexia 526
dysesthesia 32
dysexecutive syndrome 465
dysfluency 918
dysfunction 176
dysfunctional family 176
dysfunctions associated with sleep, sleep stages, or partial arousals 470
dysgenic 753
dysgenic pressure 181
dysgeusia 850
dysgnosia 682
dysgrammatism 803
dysgraphia 432
dyskinesia 357
dyslexia 367
dysmenorrhea 238
dysmetria 543
dysmetropsia 360
dysmnesia 161
dysmorphism 29
dysnomia-auditory retrieval disorder 368
dysorexia 432
dysorthographia 616
dysosmia 186
dysostosis 30
dyspareunia 487
dyspepsia 39
dysphagia 81
dysphagia spastica 235
dysphasia 717
dysphasic 717
dysphemia 172
dysphemic 172
dysphonetic dyslexia 97
dysphonia 715
dysphoria 423
dysphrasia 933
dysplastic type 713
dyspnea 285
dysponesis 620
dyspraxia 639
dysprosody 362
dysrhythmia 912, 915
dyssocial behavior 383
dyssomnia 469
dyspermia 488
dystaxia 465

dysthymia 178
dysthymic disorder 178
dystonia 357
dystrophin 357
dystrophy 71, 357
dysuria 705
DZ twins 681

E

EA 190
EAP 392
ear 853
Early and Periodic Screening, Diagnosis, and Treatment 536
early bilingualism 536
early experience 427
early intervention 536
early memory 536
early-selection theory 595
Easterbrook hypothesis 33
eating aid 831
eating compulsion 429
eating disorder 514
EBA 543
Ebbinghaus's curve of retention 77
Ebbinghaus test 77
EBV 27
ECA Survey 71
eccentric perception 644
eccyesis 339
ECG 457
echinacea 71
echo 72
echocardiography 439
echo des pensees 270
echoencephalography 602
echographia 726
echoic memory 72
echolalia 726
echolocation 726
echomatism 726
echomimia 726
echopathy 726
echo phenomenon 72
echophrasia 726
echopraxia 726
echo-speech 726
echovirus 72
eclampsia 336
eclectic behaviorism 404
eclectic counseling 515
eclecticism 515
eclectic psychotherapy 515
eclima 72
eclimia 72
ECM 109
ecobehavioral assessment 147
ecofeminism 72
ECoG 742
ecological niche 499

ecological perception 498
ecological perspective 498
ecological psychology 499
ecological studies 498
ecological systems theory 498
ecological validity 498
ecology 498
ecomania 72
economic model 230
Economo's disease 378
economy of effort 662
ecosystem 498
ecosystemic approach 498
ecphoria 146, 161
ecphory 146
ecstasy 72
ecstatic trance 263
ECT 179, 632
ECT-induced amnesia 27
ectoderm 107
ectomorph 107
ectopia 816
ectopic pregnancy 339
ectopic testis 33
ectoplasm 102, 464
ectotherm 100
ED50 76
edema 779
edge 75
edge detectors 75
edge theory 75
Edinger-Westphal nucleus 637
EDR 42, 752
edrophonium 76
educable mentally retarded 233
educational acceleration 190
educational age 190
educational attainment level 190
educational counseling 190
educational diagnosis 190
educational guidance 189
educational linguistics 190
educational measurement 190
educational pacing 191
educational placement 190
educational program accreditation 190
educational psychology 190
educational quotient 190
educational retardation 190
educational sport psychologist 190
Educational Testing Service 190
educational therapy 191
eduction 148
Edwards Personal Preference Schedule 76

EE 154
EEG 699
EEOC 758
effectance 77
effective amnesia 174
effective dose 888
effectiveness evaluation 888
effective stimulus 364
effector 259
effect size 260
effect-size correlation 260
efference copy 468
efferent 82
efferent motor aphasia 82
efferent nerve fiber 82
efferent neuron 82
efferent pathway 82
efficacy 283
efficiency 282
efficient cause 322
effluvium 870
effort 662
effort after meaning 49
effortfulness 46
effortful processing 835
effort justification 662
effort syndrome 662
EFPPA 902
EFT 841
ego 331
ego analysis 336
ego anxiety 336
ego boundary 332
ego-boundary loss 332
ego cathexis 336
egocentric predicament 349
egocentric speech 349
egocentrism 349
ego control 336
ego-coping skills 335
ego defect 335
ego defense 336
ego-defensive function of an attitude 560
ego depletion 336
ego development 336
ego-dystonic 332
ego-dystonic homosexuality 332
ego functions 332
ego-ideal 336
ego identity 335
ego instincts 336
ego integration 336
ego integrity versus despair 641
ego involvement 332
egoism 910
egoistic helping 910
egoistic suicide 910
egomania 758
ego orientation 335
egopathy 72
ego psychology 335

ego resiliency 336
ego-splitting 336
ego state 335
ego strength 332
ego stress 335
ego structure 335
ego suffering 336
ego-syntonic 335
ego transcendence 335
ego weakness 336
eidetic image 610
eigenvalue 300
eigenvector 300
Eigenwelt 652
eikonometer 1, 782
Einstellung 4
either-or fallacy 675
either-or thinking 675
EJA 175
ejaculation 389
ejaculatio retardata 585
ejaculatory duct 389
Ekbom's syndrome 72
EKG 457
elaborated code 507
elaboration 499
elaboration-likelihood model 499
elaborative rehearsal 499
élan vital 507
elation 29
Elavil 78
elder abuse 937
elder care 283
elderly housing 283
elder neglect 283
elderspeak 283
elective 527
elective abortion 448
elective affinity 527
Electra complex 79
electrical activity of the brain 699
electrical stimulation 632
electrical stimulation of the cortex 742
electrical synapse 632
electric sense 631
electric shock method 632
electrocardiogram 457
electrocardiographic effect 456
electroconvulsive therapy 632
electrocorticogram 742
electrode 632
electrode placement 632
electrodermal changes 752
electrodermal response 752
electrodiagnosis 632
electroencephalographic audiometry 699
electroencephalography

699
electrolyte imbalance 631
electromagnetic spectrum 633
electromyography 211
electronarcosis 632
electronic brainstorming 633
electronic bulletin board 633
electronic nose 633
electronystagmography 631
electrooculogram 156
electroolfactogram 189
electrophysiologic audiometry 632
electrophysiology 632
electroplethysmography 632
electroretinogram 874
electroshock therapy 632
electrosleep therapy 632
electrostimulation 632
electrostimulation of the brain 699
electrostimulator 632
electrotherapy 632
electrotonic conduction 632
electrotonus 632
elegant solution 79
element 254, 896
elementalism 896
elementarism 896
elementary cognitive task 179
elementary event 304
Elementary Perceiver and Memorizer 27
elementism 896
elevated mood 281
elevated plus maze 259
elevator phobia 79
elfin facies 260
elicitation 890
elimination by aspects 543
elimination disorder 704
elimination drive 704
eliminativism 415
elision 98
elite athlete 78
elite bilingualism 78
ellipsis 427
Ellis-van Creveld syndrome 78
ELM 499
ELSI Program 27
e-mail 633
emancipated minor 109
emancipation disorder 109
emancipatory striving 110
emasculation 205
embarrassment 308
embedded figure 63
Embedded Figures Test

841
embeddedness of an attitude 560
embedded sentence 63
emblem 420
embodied cognition 453
embodiment 452
embolic stroke 543
embolism 543
embryo 702
embryology 553
embryonic stage 551
embryonic stem cell 27
embryo transfer 702
emergence 541
emergency call system 208
emergency intervention 208
emergency psychotherapy 186
emergency theory of emotions 422
emergent evolution 541
emergentism 541
emergent leader 77
emergent literacy 902
emergent-norm theory 541
emergent property 541
emetic therapy 314
EMG 211
emic 48
emic-etic distinction 48
emitted behavior 756
Emmert's law 83
emmetropia 488
emmetropism 488
emotion 422
emotional abuse 153
emotional adjustment 154
emotional blocking 153
emotional charge 152
emotional cognition 153
emotional conflict 154
emotional contagion 423
emotional content 153
emotional control 154
emotional dependence 421
emotional deprivation 3
emotional deterioration 152
emotional development 154
emotional disorder 152
emotional disposition 421
emotional dissemblance 421
emotional divorce 421
emotional expression 154, 421
emotional flatness 809
emotional flooding 153
emotional handicap 421
emotional illness 152
emotional immaturity 421
emotional incest 421

emotional inoculation 154
emotional insight 421
emotional instability 421
emotional insulation 421
emotional intelligence 423
emotional intelligence quotient 288
emotionality 421
emotional maturity 421
emotional reeducation 421
emotional regulation 421
emotional release 421
emotional response 153
emotional security 421
emotional stability 421
emotional stress 152
emotional stupor 423
emotional support 421
emotion-focused coping 422
emotion-focused couples therapy 422
emotion-focused therapy 422
emotive 421
emotive imagery 152
emotive technique 152
empathy 193
empathy-altruism helping 193
empathy training 193
empirical 230
empirical-criterion keying 229
empirical grounding 229
empirical knowledge 229
empirical law 229
empirically derived test 229
empirically keyed test 229
empirical method 229
empirical psychology 229
empirical-rational strategy 229
empirical self 229
empirical test 229
empirical validity 229
empiricism 229
empiric-risk figure 229
employee assistance program 392
employee comparison technique 392
employee evaluation 449
employee training 428
employment counseling 429
employment discrimination 301
employment interview 395
employment test 317
empowerment 83
empty-chair technique 83
empty nest 139
empty organism psychology 139

empty set 213
empty speech 83
empyreumatic 417
EMR 233
emulation 880
enabler 46
enabling 46
enactive mode 643
enactive representation 643
enactive stage 643
enactment 76
enantiodromia 76
encéphale isolé 111
encapsulated end organ 137
encapsulation 137
encephalitis 695
encephalitis lethargica 378
encephalization 562
encephalocele 700
Encephalofacial angiomatosis 474
encephalomalacia 698
encephalomyelitis 697
encephalon 695
encephalopathy 697
encoding 778
encoding specificity principle 778
encoding strategy 778
encopresis 564
encounter 80
encounter group 80
encounter movement 80
enculturation 798
endemic 767
endocarditis 457
endocast 637
endocathection 668
endocrine 668
endocrine gland 668
endocrine system 668
endocrinology 668
endoderm 667
end of life 451
endogamy 645
endogenous 665
endogenous cue 667
endogenous depression 665
endogenous opioid 665
endogenous oscillator 668
endogenous smile 666
endolymph 669
endolymphatic potential 116
endometrium 339
endomorph 667
endomusia 83
endophasia 665
endophenotype 596
endoplasm 666
endoplasmic reticulum 426
endopsychic 667
endopsychic structure 494

endoradiosonde 668
end organ 402
endorphins 83
endotherm 665
endowment effect 780
end plate 401
end-plate potential 401
end spurt 83
end-stage renal disease 845
end-stopped cell 583
endurance activity 339
enelicomorphism 169
enema 156
enema addiction 156
energization theory 132
energizing 76
enforced treatment 196
engendering psychology 330
engineering anthropometry 82
engineering controls 259
engineering model 82
engineering psychology 259
English as a second language 562
engram 81
engulfment 842
enmeshed family 83
enriched environment 826
enrichment 83
enrichment program 84
entelechy 83
enteric virus infection 601
enterogastrone 83
enthusiasm 692
entitativity 367
entitivity 367
entitlement 862
entitlement program 82
entity theory 367
entoptic 157
entoptic phenomena 666
entorhinal cortex 189
entorhinal-cortex lesion 189
entrainment 646
entropy 83
enucleation 571, 625
enuresis 46
envelope 827
environment 146
environmental agnosia 147
environmental approach 147
environmental assessment 146
environmental attitudes 147
environmental cognition 148
environmental constraint 147
environmental control de-

vice 147
environmental deprivation 147
environmental design 147
environmental determinism 147
environmental education 147
environmental field 702
environmental hazards 147
environmentalism 147
environmental justice 147
environmental manipulation 147
environmental modifications 147
environmental press 146
environmental press-competence model 146
environmental psychology 147
environmental psychophysics 147
environmental stress 147
environmental stress theory 147
environmental therapy 148
envy 692
enzyme 269
enzyme induction 271
enzyme inhibition 271
EOG 156, 189
eonism 71
EP 890
epena 77
ependyma 412
ephebophilia 77
ephedra 842
EPI 2
epicritic sensation 339
epicritic sensibility 682
epicritic system 339
epidemic 918
epidemic catalepsy 918
Epidemiologic Catchment Area Survey 71
epidemiology 71
epidermis 758
epididymis 497
epidural hematoma 280
epigastric reflex 440
epigenesis 268, 525
epigenetic landscape 268
epigenetic theory 268
epilepsy 631
epilepsy surgery 631
epileptic cry 631
epileptiform 631
epileptiform seizure 631
epileptogenic focus 631
epileptogenic lesion 631
epileptoid 631
epileptoid personality 927
epimenorrhagia 238

epinephrine 77
epiphany 760
epiphenomenalism 467
epiphenomenon 467
epiphora 918
episode 77
episodic amnesia 77
episodic memory 77
epistemic 689
epistemic value 683
epistemological loneliness 683
epistemology 682
epistemophilia 589
epithalamus 356
epithelium 424
EPP 401
EPPS 76
EPSDT 536
epsilon alcoholism 46
epsilon motion 46
epsilon movement 46
EPSP 279
Epstein-Barr virus 27
epticema 704
EQ 190
Equal Employment Opportunity Commission 758
equal loudness contour 651
equal opportunity 162
equal steps 637
equated score 637
equilibratory sense 807
equilibrium 208, 806
equilibrium model of group development 399
equilibrium-point model 807
equilibrium potential 807
equipercentile method 648
equipment automation 541
equipment design 541
equipotentiality 648
equipotentiality in memory 162
equity theory 280
equivalence 636
equivalence class 646
equivalency test 547
equivalent form 637
ER 426
erect 609
erectile disorder 833
erectile dysfunction 833
eremophilia 79
erethism 136
ERF 355
erg 79
ERG 874
ergative 695
ergic trait 132
ergogram 318
ergograph 318
ergomania 79
ergometry 318
ergonomics 681

ergonomic traps 681
ergot alkaloids 714
ergotamine 79
ergot derivatives 714
ergotherapy 79
ERG theory 497
Erhard Seminar Training 68
Erichsen's disease 79
Ericksonian psychotherapy 78
Eriksen flankers task 78
Erikson's eight stages of development 78
erogenous zone 484
Eros 80
erosion 449
erotica 80
erotic-arousal pattern 500
erotic delusion 338
erotic feminism 502
erotic instinct 483, 505
eroticism 80
erotic love 80
erotic paranoia 338
erotic plasticity 501
erotic pyromania 823
erotism 80
erotogenesis 483
erotogenetic 508
erotogenic 508
erotographomania 80
erotolalia 80
erotomania 80, 338
erotomanic delusion 338
ERP measure of attitudes 355
error 78, 288
error analysis 294
errorless learning 859
error method 606
error of anticipation 899
error of commission 298
error of expectation 899
error of habituation 391
error of measurement 543
error of omission 93
error of refraction 216
error rate 78
error score 288
error term 288
error variance 288
erythropoietin 513
Esalen Institute 72
ESB 699
escalation of aggression 262
escalation of commitment 159
escape behavior 648
escape from freedom 391
escape learning 108
escape titration 108
escapism 252
ESL 562
esophageal speech 430

esophoria 666
esotropia 666
ESP 604
ESP forced-choice test 27
ESP free-response test 27
esprit de corps 583
ESS 440
essay test 427
essence 839
essential hypertension 840
essentialism 840
essential tremor 840
EST 68, 632
establishing operation 122
estazolam 74
esteem needs 361
Estes-Skinner procedure 74
esthesiometer 434
esthesiometry 434
estimable function 467
estimate 467
estimator 467
estimators 467
estradiol 74
estrogen 74
estrogen replacement therapy 74
estrone 74
estrous behavior 714
estrous cycle 714
estrus 714
eta 35
ethanol 74
etchlorvynol 76
ether 76
e-therapy 27
ethereal 76
ethical determinism 925
ethical dilemma 925
ethical imperative 925
ethical judgment 925
ethical nihilism 205
ethics 925
ethics of animal research 649
ethmocephaly 83
ethnic 857
ethnic cleansing 857
ethnic drift 857
ethnic group 857
ethnic identity 857
ethnicity 857
ethnocentrism 378
ethnographic approach 857
ethnography 857
ethnolinguistics 857
ethnology 857
ethnomethodology 74
ethnopsychopharmacology 857
ethnotherapy 857
ethogram 74
ethology 649

ethos 76
etic 75
etiology 753
Etrafon 76
ETS 190
etymology 287
eudaemonia 279, 413
eudaemonism 279
eudemonia 279, 413
eudemonism 279
euergasia 490
eugenic 889
eugenics 889
eumorphic 601
eunuch 143
euphemism 81
euphenics 451
euphoria 569
euphoriant 644
eureka task 893
European Federation of Professional Psychologists' Associations 902
European Federation of the Psychology of Sport and Physical Activity 481
euryplastic 260
eusociality 449
eustachian tube 71
eusthenic 891
eustress 891
euthanasia 26
euthymia 178
evaluability-assessment data 754
evaluation 754
evaluation apprehension 754
evaluation interview 754
evaluation objective 754
evaluation of training 663
evaluation research 754
evaluation utilization 754
evaluative ratings 754
evaluative reasoning 754
evaluative semantic priming measure of attitudes 560
evaluator 754
evaluator credibility 754
evasion 108
event 355, 624
event history analysis 498
event memory 47
event-related magnetic field 355
event-related-potential measure of attitudes 355
event sampling 356
everyday intelligence 677
everyday racism 677
evil eye 389
eviration 433
evocative therapy 148
evoked potential 890
evolution 439
evolutionarily stable

事項索引 979

strategy 440
evolutionary aesthetics 440
evolutionary developmental psychology 440
evolutionary epistemology 440
evolutionary psychology 440
evolutionary theory 440
evolution of consciousness 31
evolution of intelligence 592
evolution of the brain 699
evolved mechanism 439
exacerbation 10
exaggeration 292
exaltation 717
examination 250
exaptation 105
exceptional child 929
exceptional creativity 653
excitability 279
excitation 279
excitation pattern 280
excitation-transfer theory 280
excitatory conditioning 279
excitatory-inhibitory processes 279, 280
excitatory postsynaptic potential 279
excitatory synapse 279
excitement 279
excitotoxicity 280
excitotoxic lesion 280
excluded middle principle 705
exclusion design 704
exculpatory evidence 860
executive 364
executive area 364
executive coaching 159
executive control structures 364
executive dysfunction 364
executive function 364
executive leadership 228
executive organ 364
executive self 465
executive stress 228
exemplar theory 438
exemplification 929
exercise 71
exercise addiction 65
exercise adherence 64
exercise-behavior model 64
exercise dependence 65
exercise high 71
exercise play 66
exercise psychology 65
exercise therapy 66
exhaustion delirium 427

exhaustive search 362
exhibitionism 347, 939
existence 548
existence, relatedness, and growth theory 497
existential analysis 367
existential anxiety 367
existential crisis 366
existential-humanistic therapy 366
existential intelligence 366
existentialism 366
existential judgment 366
existential living 366
existential neurosis 366
existential phenomenology 366
existential psychology 366
existential psychotherapy 366
existential vacuum 366
exit interview 556, 626
exocathection 108
exocrine gland 109
exogamy 542
exogenous 100
exogenous cue 107
exogenous stress 100
exon 72
exophthalmos 146
exopsychic 105
exorcism 7
exosomatic method 615
exosystem 72
exotropia 103
expanded consciousness 120
expansive delusion 292
expansiveness 291
ex-patient club 878
expectancy 171
expectancy control design 172
expectancy effect 171
expectancy theory 172
expectancy-value model 171
expectancy wave 467
expectant analysis 172
expectation 899
expectation-states theory 172
expected freq 172
expected value 172
experience 228
experience-dependent process 229
experience-expectant process 229
experience-expectant synaptogenesis 229
experiencer 229
experiential family therapist 553
experiential history 229
experiential knowledge 229

experiential learning 229
experiential psychotherapy 552
experiential subtheory 229
experiment 362
experimental aesthetics 364
experimental analysis of behavior 363
experimental design 362
experimental epilepsy 363
experimental group 362
experimental hypothesis 362
experimental introspection 363
experimental method 363
experimental neurosis 363
experimental philosophy 363
experimental psychology 363
experimental realism 364
experimental research 363
experimental series 362
experimental treatment 363
experimental unit 363
experimental variable 364
experimentation 363
experimentee 740
experimenter 363
experimenter bias 363
experimenter drift 363
experimenter effect 363
experimenter expectancy effect 363
experimenter interpreter effect 363
experimenter modeling effect 363
experimenter observer effect 363
experimenter psychosocial effect 363
expert fallacy 533
expert system 71
expert testimony 156
expert witness 156
expiation 615
expiatory punishment 429
explanation 516
explanatory style 516
explicit attitude 864
explicit attitude measure 250
explicit memory 250
explicit prejudice 864
explicit process 250
exploitative character 318
exploitative orientation 318
exploration drive 580
exploratory behavior 580
exploratory data analysis 580

exploratory drive 580
exploratory experiment 580
exploratory factor analysis 580
exploratory procedures 580
explosive personality 709
exponential distribution 356
exponential function 356
ex post facto evaluation 926
ex post facto research 346
exposure deafness 535
exposure therapy 709
expressed emotion 154
expression 755
expressionism factor 755
expressive aphasia 755
expressive language 756
expressive language disorder 756
expressive therapy 755
expressve dysphasia 755
extended family 120
extended-family therapy 120
extended suicide 120
extension reflex 457
extensor motor neuron 441
extensor muscle 441
extensor rigidity 441
extensor thrust 441
exteriorization 215
external auditory meatus 102
external boundary 105
external capsule 109
external chemical messenger 109
external control 105
external ear 102
external evaluator 109
external inequity 109
externality effect 110
externalization 102
externalizers 105
externalizing-internalizing 110
external rectus 104
external sense 108
external stigmata 110
external validity 105
external world 100
exteroception 109
exteroceptive stimulus 109
exteroceptor 103
extinction 414, 516
extracellular space 315
extrachance 213
extradural hemorrhage 280
extrafusal fiber 465
extraneous variable 427

事項索引 981

extrapair mating 303
extrapsychic 492
extrapsychic conflict 492
extrapunitive 107
extrapyramidal dyskinesia 466
extrapyramidal effects 466
extrapyramidal system 466
extrapyramidal tract 466
extrasensory perception 604
extraspective perspective 750
extraspectral hue 480
extrastriate cortex 889
extrastriate visual areas 524
extra sum of square principle 614
extraterrestrial kidnapping 588
extrauterine pregnancy 339
extraversion 101
extreme environments 203
extremity of an attitude 561
extrinsic interest 107
extrinsic motivation 108
extrinsic reinforcer 100
extrinsic religion 108
extrinsic reward 108
extroversion 101
eye 864
eyeballing 4
eye bank 4
eye contact 1
eye-hand coordination 869
eyelash sign 427
eyelid conditioning 149
eye-movement camera 146
eye-movement desensitization therapy 146
eye movements 146
eye muscles 148
eye tracker 4
eye-voice span 358
eyewitness memory 875
eyewitness testimony 875
Eysenck Personality Inventory 2
Eysenck's typology 2

## F

fables test 214
fabrication 319
fabulation 319
face-hand test 113
face-ism 113
face perception 113
face recognition 113
face-saving behavior 872

face-to-face group 565
face-to-face interaction 565
face validity 759
facework 872
facial action coding system 158
facial angle 158
facial disfigurement 158
facial electromyography 113
facial expression 756
facial feedback hypothesis 159
facial muscle 158
facial nerve 158
facilitated communication 559, 763
facilitation 536, 543
facilitator 763
FACM 176
FACS 158
fact giver 353
factitious disorder 203
factitious disorder not otherwise specified 655
fact memory 353
factor 52, 894
factor analysis 53
factor-comparison method 896
factorial design 894
factorial invariance 53
factoring 52
factor loading 53
factor method 53
factor pattern matrix 53
factor reflection 53
factor rotation 52
factor score 53
factor structure matrix 52
factor theory of intelligence 591
factor theory of personality 712
fact retrieval 353
fact seeker 353
factual knowledge 353
faculty 700
faculty psychology 700
fading 768
fail-safe 768
failure modes and effects analysis 289
failure-to-inhibit hypothesis 898
failure to thrive 713
fainting 365
faintness 126, 365
Fairbairnian theory 768
fairness 267
faith healing 448, 450
faking 170
fallacy 296
fallectomy 906
falling out 31

fallopian tube 763
false alarm 771
false analogy 17
false authority 17
false belief 290
false-belief task 290
false cause 203
false consensus 771
false-consensus effect 771
false dementia 173
false detection 287
false memory 203
false memory syndrome 203
false negative 161
false positive 195
false pregnancy 540
false rejection 285
false self 42
falsetto 126
false-uniqueness effect 771
falsifiability 728
falsificationism 728
familial dysautonomia 128
familial factor 128
familial hormonal disorder 128
familial Portuguese polyneuritic amyloidosis 24
familial retardation 798
familial study of intelligence 591
familiar 615
familiarity 441
familism 128
family 100, 127
family constellation 128
family counseling 127
family group psychotherapy 128
family life cycle 128
family mediation 128
family method 122
family of origin 245
family pattern 127
family planning 127
family psychology 128
family resemblance 128
family romance 128
family sculpting 128
family support services 127
family systems model 127
family systems theory 127
family therapy 128
family values 128
fanaticism 195
fan effect 764
fantasy 213, 764
fantasy play 764
FAP 293
FAR 706
Farber's lipogranulomatosis 763

far point 83
fartlek training 763
FAS 554
fasciculus cuneatus 240
fasciculus gracilis 708
fascination 856
fasciolus gyrus 419
fashion 918
fastigial nucleus 367
fast mapping 721
fast muscle fiber 547
fat 377
fatal familial insomnia 589
fate neurosis 67
father-daughter incest 590
father fixation 590
father-ideal 590
father surrogate 566
fatigability 46
fatigue 761
fatigue checklist 761
fatigue effect 761
fatigue studies 761
fat metabolism 378
fatty acid 377
fault-tree analysis 771
F distribution 77
fear 200
fear appeal 200
fear drive 201
feared self 88
fearful attachment 88
fear-induced aggression 201
fear of commitment 298
fear of darkness 219
fear of failure 368
fear of flying 740
fear of rejection 205
fear of strangers 750
fear of success 486
fear of success syndrome 486
fear response 201
Fear Survey Schedule 200
feasibility standards 362
feasibility test 362
feature 546, 654
feature abstraction 654
feature detection theory 654
feature detector 654
feature indicator 654
feature-integration theory 654
feature model 654
feature-negative discrimination 654
feature-positive discrimination 654
febrile delirium 692
febrile seizure 692
fecal incontinence 564
feces 704
Fechner's colors 769
Fechner's law 769

Fechner's paradox 769
fecundity 689, 728
Federation of Behavioral, Psychological, and Cognitive Sciences 274
feeblemindedness 494
feedback 766
feedback device 766
feedback loop 766
feedback system 766
feed-forward 766
feeding and eating disorders of infancy or early childhood 822
feeding behavior 513
feeding center 514
feeding disorder of infancy or early childhood 822
feeding problem 429
feeding technique 835
fee-for-service 50
feeling 152
feeling of knowing 172
feeling of reality 251
feeling theory of three dimensions 154
feeling type 152
felbamate 770
Feldenkrais method 770
fellatio 770
fellation 770
felt need 895
felt sense 770
female choice 866
female genital mutilation 433
femaleness 433
female orgasmic disorder 433
female sexual arousal disorder 433
female sperm 866
femininity 98
femininity complex 433
femininity phase 433
feminism 769
feminist family therapy 769
feminist psychology 769
feminist therapy 769
feminization 433
feminization of poverty 761
fenestration 104
fenfluramine 770
fentanyl 770
feral children 884
Fernald method 770
Ferree-Rand double broken circles 770
fertility 407, 728
fertilization 405
FES 175
festinating gait 128
festination 128
fetal activity 554

fetal age 683
fetal alcohol syndrome 554
fetal distress 554
fetal hypoxia 554
fetal infection 554
fetal-maternal exchange 554
fetal monitoring 554
fetal presentation 550
fetal response 554
fetal stage 554
fetal tobacco syndrome 554
fetation 683
fetish 768
fetishism 768
fetoscopy 554
fetus 554
fetus at risk 706
FFDE 431
FFM 712
fiat 865
fibrillation 313
fibromyalgia syndrome 519
fiction 765
fictional finalism 127
fidelity 596, 597
fiduciary 405, 457
field 702, 767
field dependence 705
field experiment 255
field independence 718
field notes 767
field of consciousness 32
field of regard 637
field properties 767
field research 767
field structure 719
field theory 719
field theory of personality 712
field verification 255
field work 767
fight-flight reaction 645
fighting 645
figural aftereffect 474
figural cohesion 473
figurative knowledge 231
figurative language 753
figure-drawing test 458
figure-ground 477
figure-ground distortion 477
figure-ground perception 477
file-drawer analysis 739
filial anxiety 294
filial generation 295
filial imprinting 295
filial maturity 294
filial responsibility 937
filicide 288
filiform papillae 356
fill-in questions 830
film color 767

filopodium 355
filter 766
filtered speech 767
filter theory 766
FIM 175
fimbria 533
final free recall 311
fine motor 741
finger agnosia 404
finger spelling 891
Finger Tapping Test 767
finite-state grammar 888
fire-setting behavior 823
FIRO theory 179
first-degree relative 40
first-episode schizophrenia 427
first impression 550
first-line medication 550
first-order factor 36
first-order neuron 38
first-person perspective 38
first-rank symptoms 40
FI schedule 619
fishbowl technique 765
Fisher exact test 765
Fisher's r to Z transformation 765
fission 805
fissure 696
fissure of rolando 598
fissure of Sylvius 104
fistula 937
fit 235
FIT 654, 766
fit for duty evaluation 431
fitness 624, 766
fitness for duty evaluation 431
Fit to Win Health Promotion Program 766
Fitts law 766
Fitts movement task 765
five-factor personality model 712
five-number summary 291
five-to-seven shift 288
fixation 288, 292
fixation pause 621
fixation point 289
fixation reflex 289
fixed-action pattern 293
fixed-alternative question 657
fixed belief 293
fixed class society 293
fixed-effects model 293
fixed factor 293
fixed idea 293
fixed-interval schedule 619
fixed model 293
fixed-ratio schedule 620
fixed-time schedule 293
flaccid paralysis 337

flashback 787
flashbulb memory 787
flash card 787
flat affect 809
flatness of affect 809
flat organizational structure 468
flattened affect 809
flattening of affect 809
flavor 768
fleeting present 615
flehmen 792
Flesch index 792
flexibilitas cerea 130
flexion 215
flexion reflex 215
flexitime 792
flexor muscle 215
flextime 792
flicker discrimination 789
flicker fusion 789
flicker stimulus 789
flight 645, 740
flight from reality 251
flight into fantasy 213
flight into health 246
flight into illness 368
flight into reality 252
flight of colors 338
flight of ideas 157
flippancy 713
floating-limb response 454
floccillation 320
flocculonodular lobe 821
flocking 863
flooding 787
floor effect 891
floral 797
flourishing 245
flow 793
flower-spray ending 324
flowery 718
flow pattern 797
fluctuating asymmetry 555
fluctuation of perception 588
fluency 918
fluent aphasia 699
fluent speech 918
fluid abilities 918
fluid-crystallized intelligence theory 918
fluid intelligence 918
flumazenil 791
flunitrazepam 790
fluorescein angiography 789
fluoxetine 789
fluphenazine 790
flurazepam 791
fluttering hearts 89
fluvoxamine 791
fly agaric 813
Flynn effect 789
$F_{max}$ statistic 77
FMEA 289

事項索引　983

fMRI　175
FMS　203
focal attention　422
focal consciousness　422
focal degeneration　204
focal length　422
focal lesion　539
focal motor seizure　422
focal pathology　757
focal psychotherapy　422
focal symptoms　539
focal therapy　422
focus　771
focused analysis　422
focus gambling　422
focus group　771
focusing　770
focusing effect　422
focusing mechanism　422
focusing power　396
focus of attention　595
focus of convenience　817
FOK　172
foliate papillae　895
folie à cinq　295
folie à deux　678
folie à groupe　398
folie à quatre　901
folie à trois　326
folie du doute　207
folium　894
folk bilingualism　771
folklore　856
folk psychology　547, 857
folk soul　771
folkways　771
follicle　425
follicle-stimulating hormone　908
following behavior　614
follow-up counseling　771
follow-up study　614
fontanel　533
fontanelle　533
food addiction　428
food caching　609
food faddism　782
food-intake regulation　432
foot anesthesia　216
foot-candle　782
foot drop　126
footedness　164
foot-in-the-door technique　781
foraging　311
foramen　257
foramen magnum　553
forced-choice test　196
forced compliance effect　196
forced copulation　195
forced distribution　196
forced-response test　196
forced treatment　196
force field　588
forceps injury　150

forebrain　531
foreclosure　771
foreground-background　520
foregrounding　520
foreigner talk　102
foreign hull　100
forensic assessment　377
forensic neuropsychology　377
forensic psychiatry　377
forensic psychology　377
forensic social work　377
foreperiod　412
foreplay　520
foreskin　826
forethought　853
forewarning of persuasive intent　515
forewarning of persuasive position　515
forgetting　824
forgiveness　892
formalism　771
formal logic　231
formal operations　230
formal organizational structure　265
formal parallelism　230
formal reasoning　230
formal thought disorder　344
formants　771
formative evaluation　232
formative tendency　232
formboard test　233
form discrimination　233
formes frustes　773
form-function distinction　231
formication　170
formicophilia　771
form perception　233
forms of address　231
fornication　852
fornix　696
FORTRAN　771
forward association　412
forward conditioning　411
forward-conduction law　532
forward selection　818
fossa　100
fossil　127
fossilization　127
foster care　895
foster-child fantasy　895
foster home　321
fostering　321
foul　783
founder effect　539
four-card selection problem　902
four-day week　402
four-fifths rule　297
fourfold table　376

four goals of education　190
Fourier analysis　788
Fourier spectrum　788
fovea centralis　598
Foveal vision　598
fractional antedating goal response　784
fractional factorial design　38
fractional replication design　38
fractionation　678
fragile X chromosome　489
fragile X syndrome　489
fragmentary delusion　584
fragmentation　584
fragmentation of thinking　345
fragrant　824
frame　792
frame-of-orientation need　944
frame of reference　410
frame-of-reference training　410
frame problem　792
framing　792
Framingham Heart Study　791
Fraster Francois syndrome　750
Fraser syndrome　750
F ratio　77
free association　402
free-association test　402
freebase　410
Freedom from Distractibility Index　594
freedom to withdraw　324
free energy　391
free-feeding weight　429
free-floating anxiety　782
free-floating attention　321
free-floating emotion　708
free-floating fear　782
free morpheme　393
free nerve ending　395
free operant　788
free play　391
free recall　394
free-response test　392
free rider　789
free-running rhythm　393
free variation　401
free will　391
freezing behavior　473
Fregoli's phenomenon　792
frenulum　419
frequency　400
frequency analysis　401
frequency curve　762
frequency discrimination　401
frequency distribution　657
frequency judgment　762
frequency of response　733

frequency polygon　657
frequency principle　762
frequency selectivity　401
frequency table　657
Freudian slip　793
Freudian theory of personality　793
Frey esthesiometer　791
fricative　843
Friedman test　789
Friedreich's ataxia　789
friendship　888
friendship network　889
fright　192
frigidity　773
fringe consciousness　401
fringer　36
Fröbelism　792
Fröhlich's syndrome　793
frontal　530
frontal cortex　531
frontal eye-field lesion　530
frontalis muscle　530
frontal lobe　531
frontal lobe syndrome　531
frontal lobotomy　531
frontal release signs　531
frotteurism　514
FR schedule　620
frustration　900
frustration-aggression hypothesis　900
frustration-regression hypothesis　900
frustration tolerance　786
frustrative nonreward hypothesis　900
Frye test　785
FSH　908
FSS　200
F statistic　77
F test　77
FTT　713
fugitive literature　853
fugue　664
fulfillment　362
fulfillment model　364
Fullerton-Cattell law　787
full inclusion　789
fully functioning person　401
fun　575
function　155, 173
functional　174
functional activities　174
functional age　175
functional amblyopia　174
functional amnesia　174
functional analysis　176
functional analytic causal model　176
functional approach to attitudes　561
functional asymmetry　175
functional autonomy　175
functional behavioral assess-

ment 174
functional blindness 175
functional brain imaging 175
functional communication training 175
functional deafness 174
functional distance 174
functional dyspareunia 175
functional electric stimulation 175
functional family therapy 174
functional fixedness 175
functional grammar 176
functional hearing disorders 175
Functional Independence Measure 175
functional invariant 176
functionalism 174
functional job analysis 175
functional leader 176
function allocation 176
functional magnetic resonance imaging 175
functional measurement 175
functional MRI 175
functional operant 174
functional pain 174
functional plasticity 174
functional plateau 176
functional psychosis 174
functional reorganization 175
functional reserve 901
functional selection 176
functional skills 174
functional status 175
functional types 461
functional unity 176
functional vaginismus 175, 590
function pleasure 712
function word 173
fundamental attribution error 308
fundamental interpersonal relations orientation theory 179
fundamental skill 179
fundamental symptoms 171
fungiform papillae 418
funnel sequence 938
furor 802
fusiform gyrus 825
fusion 888
fusional language 888
fusion frequency 922
future-mindedness 855
future shock 785
futuristics 855
fuzzy logic 763
fuzzy trace 763

fuzzy trace theory 763
F value 77

## G

g 328
GA 185
GABA 158
GABA agonists 184
GABA antagonists 184
GABA$_A$ receptor 184
GABA$_B$ receptor 184
gabapentin 136
Gabriel's simultaneous test procedure 137
Gabriel's STP 137
GAD 532
GAF scale 176
GAI 154
Gaia hypothesis 100
gain-loss theory of attraction 855
gainsharing 235
galactorrhea 679
galactosemia 138
galanin 139
galantamine 139
Galilean method 140
Galton bar 303
Galton's questionary 302
galvanic skin response 752
galvanotropism 216
Gamblers Anonymous 185
gambler's fallacy 658
game 242
game reasoning 242
gamete 703
gamete intrafallopian transfer 703
game theory 242
gametogenesis 703
gamma 158
gamma alcoholism 158
gamma-aminobutyric acid 158
gamma efferent neuron 158
gamma motion 158
gamma motoneuron 158
gamma motor neuron 158
gamma movement 158
gamma synchrony 158
gamma wave 158
gamonomania 138
gang 185
ganglion 445
ganglionic blocking agents 437
ganglioside 148
ganja 156
Ganser syndrome 150
Ganzfeld 526
gap detection 183
gap junction 183
Garcia effect 140

garden-path sentence 135
Gardner-Diamond syndrome 135
gargoylism 123
GAS 730
gas chromatography 126
gasoline intoxication 129
gastric motility 27
gastric neuropathy 46
gastrin 126
gastrocolic reflex 30
gastroduodenal ulceration 32
gastroenteritis 39
gastrointestinal motility 413
gastrointestinal problems 39
gastrula 255
gastrulation 255
gate 241
gate-control theory of pain 35
gated channel 242
gatekeeper 241
gatekeeper role 241
gating 241
Gauss-Markov theorem 112
gay 228
gaze 597
gaze palsy 597
GBMI 888
GCS 218
GDS 295, 823, 938
GDSS 396
Gedanken experiments 344
Gegenhalten 619
Geisser-Greenhouse correction 102
Geisteswissenschaftliche Psychologie 492
gelasmus 744
gel electrophoresis 243
gematria 242
Gemeinschaft 242
gemellology 540
gender 330
gender assignment 331
gender bias 331
gender coding 330
gender concept 330
gender consistency 330
gender constancy 331
gender differences 330
gender discrimination 487
gender dysphoria 507
gender identification 502
gender identity 502
gender identity disorder 502
gender nonconformity 331
gender reassignment 500
gender role 507
gender-role socialization

508
gender schema 330
gender script 331
gender stability 330
gender stereotypes 331
gender typing 331
gene 43
genealogy 122
gene-environment interaction 43
gene-gene interaction 43
gene imprinting 44
gene knockout 44
gene linkage 44
gene mosaicism 44
gene pool 44
general ability 532
general ability tests 42
general adaptation syndrome 730
general arousal 42
general behavior theory 278
general factor 41
general genetic law of cultural development 800
general intelligence 42
generalization 41, 725
generalized anxiety disorder 532
generalized imitation 725
generalized matching law 42
generalized seizure 532
generalized tonic-clonic seizure 197
generalizing assimilation 41
general language disability 42
general linear model 42
general medical condition 41
General Neuropsychological Deficit Scale 532
general paresis 448
General Problem Solver 42
general psychology 41
general semantics 41
general slowing 526
general systems theory 41
general transfer 42
generation 496, 511
generation effect 496
generation gap 511
generative grammar 497
generativity versus self-absorption 490
generativity versus stagnation 490
generator potential 409
generic name 42
gene splicing 44
genetic algorithm 44
genetic bases of intelligence 591

genetic code  43
genetic constraints on learning  118
genetic counseling  44
genetic defect  44
genetic determinism  43
genetic disorder  44
genetic engineering  43
genetic epistemology  715
genetic error  43
genetic guidance  44
geneticism  44
geneticist  43
genetic linguistics  233
genetic map  44
genetic marker  44
genetic method  43
genetic predisposition  44
genetic programming  44
genetic psychology  715
genetics  43
genetic sequence  44
genetic theory  45
genetic variation  45
genetotropic disease  44
Geneva school of genetic psychology  715
geniculate body  365
geniculate nucleus  365
genital arousal in sleep  469
genital herpes  485
genitalia  490
genital intercourse  490
genitality  485
genitalization  485
genital love  485
genital mutilation  485
genital personality  485
genitals  490
genital stage  485
genitive  542
genitofemoral nerve  55
genius  632
genocide  397
genogram  511
genome  242
genotype  43
genotype-environment effects  43
genotype-phenotype correlation  43
gentrification  261
genu  362
genus  542
geocentric theory  634
geographical mobility  610
geographic segmentation  610
geometrical illusion  163
geometric distribution  163
geometric mean  163
geon  331
geophagy  615
geotaxis  541
gereral will  41
Geriatric Depression Scale  938

geriatric disorder  938
geriatrician  937
geriatric psychology  938
geriatric psychopharmacology  938
geriatric psychotherapy  283
geriatric rehabilitation  283
geriatrics  938
geriatric screening  937
geriopsychosis  938
German measles  767
germ cell  490
germinal stage  703
germ layer  706
germ line  490
germ plasm  490
germ theory  310
gerocomy  283
geromorphism  542
gerontological psychology  938
gerontology  938
gerophilia  657
geropsychology  938
Gerstmann's syndrome  243
Gesamtvorstellung  526
Geschwind's theory  236
Gesellschaft  236
gestalt  235
gestalt completion test  235
gestalt grouping factor  236
gestalt homology  236
gestaltism  236
gestalt laws of organaization  558
gestalt principles of organization  558
Gestalt psychology  236
gestalt therapy  236
gestational age  683
gestational surrogate  566
gestation period  683
gestural communication  853
gestural-postural language  853
gesture  329
GH  500
GHB  328
Gheel colony  206
ghost image  291
ghost in the machine  163
ghost sickness  7
ghrelin  223
gibberish  869
GIFT  704
giftedness  68
gigantism  205
Gilles de la Tourette's syndrome  651
Gillespie syndrome  859
Gindler method  211
ginkgo  39

ginseng  607
girdle sensation  555
given-new distinction  441
glabrous skin  862
gland  519
glans penis  52
glare  223
Glasgow Coma Scale  218
Glasgow Outcome Scale  218
glass ceiling  139
glaucoma  922
glioblastoma  443
glioma  443
gliosis  443
global amnesia  521
global aphasia  524
Global Assessment of Functioning Scale  176
Global Deterioration Scale  823
global intelligence  540
globalization  225
global memory model  225
global perception  550
global rating  824
global workspace theory  225
globus pallidus  582
globus pharyngeus  54
G-LOC  402
glomerulus  339
glossalgia  515
glossodynia  515
glossolalia  30
glossopharyngeal nerve  512
glossosynthesis  30
glottal  507
glottal stop  507
glottis  507
glove anesthesia  628
glucagon  221
glucocorticoid  644
glucoreceptor  221
glucose  221
glucose transporter  651
glucostatic theory  647
glucuronidation  221
glue sniffing  887
glutamate  222
glutamate hypothesis  222
glutamate receptor  222
glutamic acid  221
glutamic acid decarboxylase  222
glutaminergic  222
glutethimide  222
glycine  220
glycogen  220
glycosaminoglycan  220
gnostic function  682
gnostic sensation  682
gnothi seauton  671
GnRH  497
goal  876

goal-attainment model  877
goal-based evaluation  876
goal difficulty  876
goal-directed behavior  876
goal-free evaluation  877
goal gradient  876
goal model of evaluation  754
goal object  877
goal orientation  876
goal response  377
goal setting  877
goal specificity  877
goal stimulus  376
go-around  392
goblet figure  927
Gödel's proof  241
goiter  265
Golden Rule  85
goldenseal  750
golden section  85
Golgi apparatus  302
Golgi tendon organ  302
Goltz syndrome  302
Gompertz hypothesis  300
gonad  490
gonadal hormones  490
gonadopause  490
gonadostat theory  490
gonadotropic hormone  497
gonadotropin  497
gonadotropin-releasing hormone  497
goneometer  295
goniometer  295
go/no-go  295
gonorrhea  925
good-and-evil test  519
good-boy-good-girl stage  557
good-boy-nice-girl orientation  557
good breast  894
good continuation  894
good enough mother  835
good enough parent  835
good-faith bargaining  489
good genes hypothesis  890
good gestalt  894
good me  894
goodness of configuration  231
goodness of fit  624
good object  894
good shape  894
Gorden Diagnostic System  295
GOS  218
go-slow  322
gossip  259
government and binding theory  646
G-protection device  329
G protein  328
GPS  42
graafian follicle  219

graceful degradation 223
gracile fasciculus 708
gracile tubercle 140, 708
gradation method 578
graded potential 156
grade equivalent 121
grade inflation 497
grade norm 497
grade points 497
grade scale 121
gradient 278
gradient of effect 260
gradient of reinforcement 192
gradient of texture 626
grading 758
Graduate Record Examinations 552
Graeco-Latin square 223
Graefenberg spot 357
grammar 803
grammaticality 803
grandiosity 292
grand mean 542
grandmother cells 90
grandmother hypothesis 90
Granit theory of color vision 51
granule cell 140
grapevine 215
graph 219
graphanesthesia 747
grapheme 428
graphesthesia 747
graphical user interface 219
graphic method 474
graphology 747
graphomania 432
graphomotor apraxia 432
graphopathology 432
graphorrhea 433
graph theory 219
grasping reflex 702
grasp reflex 702
gratification 900
gratification of instincts 899
grating 264
gratitude 150
Graves' disease 223
graviceptor 402
gravida 689
gravidity 683
gravireceptor 402
gravity-induced loss of consciousness 402
gray 702
gray commissure 107
gray matter 107
gray-out 223
gray rami communicantes 107
GRE 552
great chain of being 548

great commissure 553
greater superficial petrosal nerve 557
great man theory 223
greeting behavior 1
gregariousness 226
grief 746
grief counseling 221
griefwork 221
grievance 214, 785
Griggs v. Duke Power Co. 220
Grip Strength Test 7
grisi siknis 220
grooming 222
grooming behavior 223
gross motor 547
ground 328
ground bundle 300
grounded theory 218
ground rules 178
ground truth 218
group 222, 396
group abilities 398
group acceptance 398
group analysis 399
group-analytic psychotherapy 399
group attribution error 396
group behavior 397
group boundary 397
group-centered leader 398
group climate 398
group consciousness 396
group counseling 222
group decision support systems 396
group development 399
group difference 226
group dynamics 222
group experience 222
group experiment 397
group factors 399
group fallacy 397
group feeling 396
group G monosomy 222
group harmony 398
group hypnosis 397
group hysteria 399
group identification 222, 398
grouping 222
group intelligence test 397
group interview 399
group justification 398
group medical practice 396
group mind 398
group mission 397
group morale 222
group network 399
group polarization 397
group pressure 396
group problem solving 399
group process 396
group psychotherapy 398

group relations theory 396
group risk taking 399
group roles 399
group selection 399
group-serving bias 399
group socialization 397
group socialization theory 397
group solidarity 400
group space 397
group structure 397
group superego 398
group test 397
groupthink 397
groupware 222
GROW, Inc. 224
growth 499
growth cone 499
growth curve 499
growth function 499
growth group 500
growth hormone 500
growth principle 500
growth spurt 500
GSP nerve 557
GSR 752
G-spot 357
G-tolerance limits 328
guanfacine 212
guanine 212
guarana 139
guardian ad litem 546
guardianship 828
guess-who technique 236
GUI 219
guidance 105
guidance program 503
guided affective imagery 154
guided participation 852
guided performance 852
guiding fiction 530
Guilford dimensions of intelligence 206
Guilford-Zimmerman Temperament Survey 206
Guillain-Barré syndrome 206
guilt 309
guilt by association 934
guilty but mentally ill 888
guilty knowledge test 888
Gulf War syndrome 945
gulit culture 616
Günther's disease 189
guru 221, 643
gustation 850
gustatory agnosia 850
gustatory hallucination 256
gustatory nerve 514
gustatory neuron types 851
gustatory qualities 850
gustatory stimulus 850
gustatory system 850

gustometer 850
gut hormone 413
gutturophonia 52
gymnemic acid 179
gynander 402
gynandromorph 402
gynecology 779
gynecomastia 433
gynecomimesis 433
gynemimetophilia 433
gyrator treatment 379
gyrus 695
gyrus fasciolaris 419
GZTS 206

## H

Haab's pupillary reflex 720
habeas corpus 450
habilitation 720
habit 391
habitability 204
habitat 497
habit deterioration 392
habit disorder 401
habit formation 392
habit regression 392
habit strength 392
habit tic 392
habituation 391, 410, 670
habitus 552, 554
habitus apoplecticus 547
habitus phthisicus 704
hacker 713
hair cells 890
hair esthesiometer 874
hair follicle 874
halazepam 721
Halcion 723
half-life 726
half-show 720
halfway house 596
Hallermann-Streiff syndrome 722
hallow-square puzzle 724
hallucination 244
hallucinogen 244
hallucinogen abuse 245
hallucinogen dependence 245
hallucinogen-induced mood disorder 245
hallucinogen-induced psychotic disorder 245
hallucinogen intoxication 245
halo effect 724
haloperidol 724
Halstead-Reitan Neuropsychological Battery 723
Halsted Category Test 135
HAM-D 720
Hamilton Depression Scale 720

Hamilton Rating Scale for Depression　720
hand-arm vibration syndrome　410
Hand-Christian-Schüller syndrome　731
hand dominance　164
hand dynamometer　7
Hand Dynamometer Test　7
handedness　164
handicap　386, 730
handicap principle　730
hand-tool dexterity test　404
hand-washing obsession　524
haphalgesia　514
haphazard sampling　859
haplodiploidy　733
haploid　38
happiness　279
haptic hallucination　253
haptic horizontal-vertical illusion　434
haptic illusion　319
haptic Müller-Lyer illusion　854
haptic map　430
haptic perception　428
haptic picture　434
haptics　434
hard colors　129
hard determinism　129
hard drug　718
hardiness　717
hard of hearing　671
hard palate　263
hard problem　31
hard psychology　718
hard sell　718
hardware　718
hard-wired　718
Hardy-Rand-Rittler pseudoisochromatic plates　718
harem　724
harmine　724
harmonic　703
harmonic mean　608
harmonizer　607
harmony　608
harm reduction　737
Harrisburg Seven　723
hashish　714
hate　244
hate crime　535
hatred　244
haunted swing illusion　890
HAVS　410
Hawthorne effect　833
Hay method　810
hazard　165
hazard control　165
hazard-control protocol　709

hazard function　709
hazard prevention　165
Hb　814
HCBS　313
HD　730
headache　475
head banging　648
head injury　648
head nystagmus　644
head-of-the-table effect　138
head-related transfer function　650
head retraction　648
head rolling　648
headshrinking　829
head-slaved　648
headstick　813
head-up display　813
head voice　644
healing group　760
health activities questionnaire　828
health anxiety　246
health-belief model　246
health care　815
health education　246
health insurance　246
health plan　815
Health Plan Employer Data and Information Set　815
health professional　50
health psychology　246
health risk appraisal　246
hearing　607
hearing aid　833
hearing disorder　608
hearing loss　608
hearing protection　608
hearing theories　604
heart attack　452
heart rate in emotion　153
heat　692
heat dolorimeter　692
heat effects　692
heat exhaustion　693
heat stress　692
heatstroke　692
Hebbian synapse　813
Hebb's theory of perceptual learning　813
hebetude　859
Hecht's theory of vision　814
hedge　813
HEDIS　815
hedonic contingency hypothesis　111
hedonic level　103
hedonic psychology　107
hedonic relevance　105
hedonic theory　111
hedonism　110, 110
hegemony　811
Heinz dilemma　706
helicotrema　116

heliocentric theory　591
hellebore　220
Helmert contrast　816
Helmholtz color mixer　816
Helmholtz theory　816
helping behavior　82
helping model　82
helping professions　82
helping relationship　331
helplessness　862
helplessness theory　863
help-seeking behavior　82
hematoma　240
hemeralopia　601
hemeraphonia　596
hemiachromatopsia　727
hemiamblyopia　819
hemianalgesia　729
hemianesthesia　729
hemianopia　734
hemianopsia　734
hemiasomatognosia　729
hemiballism　129
hemiballismus　129
hemichorea　728
hemidecortication　726
hemineglect　729
hemiopia　734
hemiparesis　129
hemiplegia　821
hemispheral roles in emotion　153
hemisphere　726
hemispherectomy　563
hemispheric asymmetry　726
hemispheric communication　726
hemispheric lateralization　726
hemispheric specialization　563
hemoglobin　814
hemoglobinopathy　33
hemorrhage　406
hemorrhagic stroke　406
hemothymia　149
henbane　759
Henle fiber　821
Henning's odor prism　814
Henning's smell prism　814
Henning's taste tetrahedron　814
heparitinuria　326
hepatic encephalopathy　155
hepatitis　142
herbal Ecstasy　719
herd instinct　226
here and now　47
hereditarianism　45
hereditary predisposition　44
heredity　43
heredity-environment controversy　63

Hering-Breuer reflex　815
Hering grays　815
Hering illusion　815
Hering's afterimage　815
Hering theory of color vision　815
heritability　45
heritability estimate　45
heritage　30
hermaphrodite　921
hermeneutics　102
hero　761
heroin　816
heroin abuse　816
heroin dependence　816
heroin overdose　816
herpes infection　815
herpes-simplex encephalitis　581
herpetic neuralgia　815
hertz　815
Heschl's gyrus　85
hetaeral fantasy　888
heterochrony　32
heteroeroticism　33
heteroerotism　33
heterogametic　30
heterogeneity of variance　801
heterogeneous　32
heterogeneous group　32
heterohypnosis　570
heterolalia　318
heteromorphosis　32
heteronomous　577
heteronomous stage　577
heteronomous superego　577
heteronomy　577
heteronymous hemianopia　49
heteronymous reflex　49
heterophasia　318
heterophemia　318
heterophemy　318
heterotropia　389
heterophilia　33
heterophily　813
heterophoria　379
heteroscedasticity　801
heterosexism　645
heterosexual anxiety　34
heterosexuality　33
heterosociality　382
heterostasis　813
heterozygous　813
heuristic　753
heuristic search　714
heuristic-systematic model　753
heuristic value　714
Heymans's law　706
HGPRT　752
hibernation　651
Hick's law　746
hidden agenda　122

Hidden Figures Test　841
hidden grief　278
hidden observer　122
hidden variable　122
hierarchically nested design　104
hierarchical model of personality　711
hierarchical theories of intelligence　591
hierarchization　104
hierarchy　104
higher level skill　265
higher mental process　265
higher order conditioning　265
higher order consciousness　265
higher order interaction　265
higher response unit　265
high-involvement management　323
high-potency antipsychotics　283
high resolution　279
high-risk participant study　706
high-technology assistive device　705
high threshold　257
highway hypnosis　271
hindbrain　921
hindsight bias　11
Hinduism　762
hinge　761
hippie　747
hippocampal formation　107
hippocampal gyrus　107
hippocampus　107
hippy　747
hircine　882
HIS　54
histamine　744
histamine antagonists　744
histamine headache　744
histogenesis　545
histogram　745
histology　545
historical control group　759
historical linguistics　930
historical method　289
historicism　930
history taking　289
histrionic personality disorder　81
hit　747
hit rate　747
HIV　69
hives　459
HM　69
hMG　750
HMO　70
hoarding　394, 609
hoarding orientation　577

hoarseness　320
Hoffmann's sign　835
hold functions　829
holding environment　113
holiday blues　187
holiday syndrome　187
holism　526
holistic education　823, 837
holistic healing　837
holistic medicine　525
holistic psychology　526
Hollingshead scales　837
Holmgren Test for Color Blindness　839
hologram　839
holography　839
holophrase　36
holophrastic stage　36
HOME　134
home advantage　839
home and community-based services　313
home cage　835
home care　312
home-field advantage　839
home health aide　313
home health care　312
Home Observation for Measurement of the Environment　134
homeopathy　836
homeostasis　836
homeostatic model　836
home page　835
home range　274
home schooling　835
homesickness　835
homework　835
homicide　320
homicidomania　320
homicidophilia　835
homing　170
hominid　749
homocystinuria　836
homoeroticism　644
homogametic　639
homogeneity of cognitive function　684
homogeneity of variance　801
homogeneous　644
homogeneous group　644
homograph　639
homologous　541
homology　541
homonym　636
homonymous hemianopia　651
homonymous paracentral scotoma　826
homonymous reflex　651
homophile　645
homophily　836
homophobia　644
homophone　636
homoplasy　483

homoscedasticity　650
homosexual behavior　644
homosexual community　645
homosexuality　644
homosexual love　644
homosexual panic　645
homovanillic acid　836
homozygous　836
homunculus　836
honest signal　417
honesty　488
ho'oponopono　828
Hoover's sign　767
hope　178
hopelessness　516
Hopkins Symptom Checklist　835
Hopkins Verbal Learning Test　835
horde　838
horiticulture therapy　81
horizontal career move　468
horizontal communication　468
horizontal décalage　468
horizontal group　468
horizontal mobility　468
horizontal plane　468
horizontal section　468
horizontal transmission　468
horizontal-vertical illusion　468
hormic psychology　839
hormone　839
hormone feedback　839
hormone replacement therapy　839
Horner effect　486
Horner's law　835
Horner's syndrome　838
horopter　839
horoscope　839
horseradish peroxidase　832
horseshoe crab　137
horticultural therapy　81
hospice　832
hospitalitis　679
hospital phobia　753
hostage negotiation　749
hostile witness　623
hostile work environment　626
hostility　623
hostility displacement　623
hot cognition　834
Hotelling's $T^2$　834
hot flash　701
hothousing　68
hot plate　834
hot-seat technique　834
Hottentot apron　834
houselight　134

HPA　279
HPA system　355
HRNB　723
HRP　832
H-R-R plates　718
HRSD　720
HRT　839
HRTF　650
HSCL　835
HSM　753
hubris　280
HUD　813
hue　338
Hull's mathematico-deductive theory of learning　723
human chorionic gonadotropin　749
human courtship　750
human ecology　682
human engineering　681
human error　753
human factors　456
human factors engineering　681
human factors psychology　753
Human Genome Project　749
human-growth movement　682
human information storage　682
humanism　459, 682
humanistic conscience　682
humanistic perspective　682
humanistic psychology　682
humanistic therapy　682
humanity　682
human-machine system　681
human menopausal gonadotropin　750
human nature　682
human operator modeling　753
human-potential model　682
human-potential movement　682
human relations theory　681
human relations training　681
human resources　455
human strength　484
human-system coupling　682
human-vehicle interface　682
humidity effects　362
humiliation　216
humility　245
humor　470, 551, 892
humoral reflex　71
humoral theory　551

hunger drive 163
hunger strike 725
Hunter's syndrome 730
hunting behavior 409
Huntington's disease 730
Hurler's syndrome 721
HVA 836
HVLT 835
hwa-byung 136
hyalophagia 139
hybrid 320, 706
hybridization 320
hybrid vigor 320
hybristophilia 727
hydantoins 746
hydration 471
hydraulic model 465
hydrocephalus 467
hydrocephaly 467
hydrocodone 750
hydrogen-ion concentration 466
hydrophobia 851
hydrotherapy 155
hydroxyzine 750
hygiene 69
hygiene factors 69
hylozoism 780
hymen 432
hypaesthesia 144
hypalgesia 614
hyperactive child syndrome 574
hyperactivity 574
hyperacusia 602
hyperacusis 602
hyperadrenal constitution 776
hyperaggressivity 125
hyperalgesia 614
hyperalgia 614
hyperbulimia 604
hypercalcemia syndrome 260
hypercathexis 125
hypercolumn 705
hypercompensatory type 125
hypercomplex cell 608
hypercorrection 124
hyperemia 393
hyperesthesia 586
hyperexcitability 123
hyperfunction 174
hypergenitalism 485
hypergenital type 485
hypergeometric distribution 604
hypergeusia 850
hyperglycemia 262
hyper-Graeco-Latin square 604
hyperhedonia 101
hypericin 752
hyperingestion 125
hyperkinesis 64

hyperkinesthesia 601
hyperkinetic-impulse disorder 574
hyperkinetic syndrome 574
hyperlexia 135
hyperlipidemia 353
hypermania 395
hypermetamorphosis 333
hypermetria 543
hypermnesia 162
hypermobile testes 45
hypermotility 124
hyperobesity 400
hyperopia 81
hyperorexia 432
hyperosmia 185
hyperphagia 125
hyperphenylalaninemia 279
hyperphoria 417
hyperpituitary constitution 695
hyperplasia 122
hyperpnea 123
hyperpolarization 137
hyperprosessis 594
hyperprosexia 594
hypersensitivity reactions 137
hypersexuality 508
hypersomnia 138
hypertelorism 121
hypertension 262
hypertensive crisis 262
hyperthymia 177
hyperthyroid constitution 265
hyperthyroidism 265
hypertonia 210
hypertonic type 116
hyperventilation 115
hypervigilance 114
hypesthesia 144
hyphedonia 773
hyphenophilia 705
hypnagogic 679
hypnagogic hallucination 679
hypnagogic imagery 679
hypnagogic reverie 316, 679
hypnagogic state 679
hypnalgia 882
hypnoanalysis 316
hypnodontics 335
hypnodrama 316
hypnogenic 316
hypnogenic spot 316
hypnoid state 316
hypnonarcosis 316
hypnophrenosis 752
hypnopompic 407
hypnopompic hallucination 407
hypnosis 316

hypnosuggestion 316
hypnotherapy 316
hypnotic 470
hypnotic amnesia 316
hypnotic analgesia 316
hypnotic induction 316
hypnotic regression 316
hypnotic rigidity 316
hypnotic susceptibility 316
hypnotism 316
hypnotizability 316
hypoactive sexual desire disorder 502
hypoacusia 603
hypoadrenal constitution 776
hypoaffective type 618
hypoageusia 850
hypoalgesia 614
hypobaropathy 264
hypocathexis 779
hypochondria 752
hypochondriasis 441
hypodermic injection 738
hypofrontality 531
hypogastric nerve 137
hypogenital type 485
hypogeusia 850
hypoglossal nerve 512
hypoglycemia 618
hypogonadism 485
hypokinesthesia 617
hypolipemia 619
hypomania 232
hypomanic episode 232
hypomenorrhea 124
hypometria 543
hyponasality 737
hypoparathyroid constitution 774
hypophagia 432
hypophonia 715
hypophoria 124
hypophrasia 123
hypophyseal cachexia 126
hypophysis 126
hypophysis cerebri 126
hypopituitary constitution 126
hypoplasia 232
hypoprosessis 594
hypoprosexia 594
hyposexuality 508
hyposmia 186
hyposomnia 470
hypospadias 681
hypotaxia 606
hypotension 618
hypothalamic hormone 355
hypothalamic-hypophyseal portal system 355
hypothalamic-pituitary-adrenocortical system 355
hypothalamic-pituitary portal system 355

hypothalamic syndrome 355
hypothalamic theory of Cannon 184
hypothalamus 355
hypothermia 620
hypothesis 127
hypothesis testing 127
hypothetical imperative 123
hypothetico-deductive method 127
hypothetico-deductive reasoning 127
hypothymia 178
hypothyroid constitution 265
hypothyroidism 265
hypotoria 208
hypovegetative type 619
hypovolemic thirst 237
hypoxanthine-guanine phosphoribosyltransferase 752
hypoxemia 619
hypoxia 619
hypoxic hypoxia 619
hypoxyphilia 326
hysteresis 744
hysteria 744
hysterical amnesia 744
hysterical disorder 744
hysterical paralysis 744
hysterical psychosis 744

## I

I 944
IAAP 286
IACUC 164
IADLs 677
IAT 523
iatrochemical school of thought 50
iatrogenesis 30
iatrogenic 30
iatrogenic addiction 30
iatrogenic illness 30
iatrogeny 30
iatrophysical school of thought 50
IBCT 642
ibogaine 47
ibotenic acid 47
IBS 136
ICD 286
ice 2
iceberg metaphor 755
iceberg principle 755
iceberg profile 755
iceblock theory 284
icebreaker 2
icon 1
iconic content 69
iconic gesture 1

iconicity 474
iconic memory 1
iconic mode 69
iconic representation 69
iconic stage 69
iconic symbol 1
iconoclast 53, 213
iconolatry 30
iconomania 2
ICP 286, 471
ICS 698
icterus 85
ICU 400
id 45
id anxiety 46
idea 42, 157
IDEA 297, 756
idealism 157, 913
idealistic monism 157
idealization 913
ideal observer 913
ideal performance state 913
ideal self 913
idea of reference 148
ideational agnosia 157
ideational apraxia 157
idée fixe 292, 293
id-ego 45
idempotent matrix 811
identical components theory 635
identical elements theory 635
identical points 41
identification 635
identification test 339
identification transference 635
identification with the aggressor 262
identified patient 151
identity 3
identity confusion 3
identity crisis 4
identity diffusion 635
identity disorder 635
identity foreclosure 4
identity matrix 578
identity need 4
identity politics 3, 4
identity principle 635
identity theory 635
identity theory of the mind 635
identity versus role confusion 3
ideogram 753
ideograph 753
ideology 43
ideomotor action 157
ideomotor activity 157
ideomotor compatibility 157
ideomotor theory 157
idiocentric 349

idiocy 708
idiogenesis 228
idioglossia 263
idiographic 291
idiographic trait 291
idiolalia 263
idiolect 290
idiom 42
idiopathic 657
idiophrenic 695
idioretinal light 300
idiosyncrasy 652
idiosyncrasy-credit model 290
idiosyncratic intoxication 33
idiosyncratic reaction 652
idiot savant 42
idioverse 291
id psychology 45
id resistance 45
IDS 640
IE 297, 688
I/E ratio 285
IEP 297
IFSP 297
if⋯then profiles 46
IGP 557, 871
I-It 945
IKBS 591
ikota 855
iliohypogastric nerve 604
ilioinguinal nerve 604
illegitimacy 741, 746
Illinois Test of Psycholinguistic Abilities 3
illiteracy 741
illness 368
illness behavior 368
illocutionary act 717
illogicality 761
illuminance 422
illumination 426
illumination conditions 426
illumination standards 423
illumination unit 423
illuminism 50
illusion 320
illusion of agency 322
illusion of control 306
illusion of doubles 137
illusion of group productivity 398
illusion of orientation 255
illusion of unique invulnerability 779
illusion of will 322
illusory conjunction 239
illusory correlation 318
illusory covariation 318
illusorymovement 123
iloperidone 51
image 49
imageless thought 861
imagery 49
imagery code 49

imagery cue 49
imagery technique 49
imagery training 49
imaginal flooding 49
Imaginary 539
imaginary audience 539
imaginary companion 213
imagination 539
imagination inflation 49
imaging 49, 127
imago 47
imago therapy 47
imbecility 588
im injection 211
imipramine 48
imitation 880
imitative learning 880
immanent justice 665
immaterialism 751
immature science 852
immediacy behavior 609
immediate experience 609
immediate gratification 543
immediate memory 543
immediate recall test 608
immobility 782
immobilizing activity 917
immune response 871
immune system 871
immunity 871
immunization 871
immunocytochemistry 871
immunology 871
Imodium 49
impact analysis 54
impaired judgment 730
impairment 549
impairment index 55
impeachment evidence 578
impenetrability 773
imperative 865
imperceptible difference 587
impersonation 802, 880
impingement 439
implantation 55, 593
implanted memory 162
implementation evaluation 365
implementation stage 55
implicature 142
implicit association test 523
implicit attitude 523
implicit attitude measure 523
implicit behavior 523, 666
implicit causality 523
implicit cognition 523
implicit leadership theories 26
implicit learning 522
implicit measures of personality 483

implicit memory 523
implicit personality theories 26
implicit prejudice 523
implicit process 523
implosive therapy 667
importance of an attitude 560
impossible figure 773
impostor syndrome 55
impotence 55
impression 53
impression formation 53
impression management 53
impression method 53
impressive aphasia 144
imprinting 286
improvisation 547
IMPS 678
impuberism 370
impulse 422
impulse control 423
impulse-control disorder 423
impulse-control disorders not elsewhere classified 828
impulse-timing model 54
impulsion 422
impulsive 423
impulsive character 423
Imuran 49
in absentia 240
inaccessibility 512
inappetence 432
inappropriate affect 781
inappropriate stimulus 781
inattention 594
inattentional blindness 780
in-basket test 54
inborn 840
inborn error of metabolism 529
inbreeding 209
inbreeding avoidance 209
incantation 843
incendiarism 823
incentive 887
incentive motivation 887, 890
incentive system 825
incentive theory 54
incentive value 887
incest 209
incest barrier 209
incest taboo 209
incestuous ties 209
incidence 406
incidental learning 213
incidental memory 213
incidental stimulus 213
incident process 52, 350
inclusion 52
inclusion-exclusion criteria 824

inclusive fitness 823
inclusiveness 823
incoherence 437
incommensurable 635
incompatibilism 760
incompatibility 798
incompatible response 285
incompetence 862
incompetency 862
incompetency plea 862
incomplete block design 773
incomplete factorial design 773
incomplete-pictures test 52
incongruence 765
incongruity 765
incongruity theory of humor 892
incontinence 362
incorporation 561
incorporation dream 561
incremental validity 542
incubation 52, 532, 706, 772, 827
incubation of anxiety 765
incubus 52
indecency 943
indemnity plan 54
independence 656
independent events 656
independent living 436, 437
independent-living program 437
independent measures 656
independent self-construal 538
independent variable 656
indeterminacy 772
indeterminacy principle 772
indeterminism 739
index 54
index of discrimination 339
index of reliability 460
index variable 375
Indian Health Service 54
indicative 609
indicator variable 354
indictment 488
indifference of indicator 281
indifference point 596
indifferent stimulus 859
indigenous researcher 255
indirect agonist 155
indirect associations 155
indirect attitude measure 155
indirect method of therapy 741
indirect speech act 155
individual accountability 290

individual difference 289
individual education 297
Individual Family Service Plan 297
individualism 289
individualist feminism 289
individualistic reward structure 289
individuality 291
individualization 291
Individualized educational planning 297
individualized education program 297
individualized instruction 371
individualized reading 297
individual program 297
individual psychology 289
individual selection 292
Individual Service Plan 297
Individuals With Disabilities Education Act 297
individual test 297
individual therapy 291
individuation 291
indoctrination 191
indole 54
indoleamine 54
induced abortion 448
induced aggression 890
induced color 890
induced compliance effect 196
induced hallucination 890
induced hypothermia 620
induced movement 890
induced tonus 890
induction 173, 890
induction test 173
inductive problem solving 176
inductive reasoning 175
inductive teaching model 174
industrial and organizational psychology 324
industrial democracy 324
industrial ergonomics 324
industrial psychopath 430
industrial relations 937
industry versus inferiority 211
ineffability 27
inertia principal 155
infancy 679
infant and preschool tests 679
infant at risk 165
infant behavior record 679
infant consciousness 679
infant development program 680
infant-directed speech 679
infanticide 287

infantile amnesia 895
infantile osteopetrosis 424
infantile sexuality 424
infantilism 423
infantilization 895
infant massage therapy 679
infantry-type duties 835
infant states of arousal 680
infarction 270
inference 471
inferential statistics 466
inferential validity 466
inferior 138
inferior colliculus 115
inferior function 932
inferiority 932
inferiority complex 932
inferior longitudinal fasciculus 124
inferior oblique 124
inferior rectus 131
inferotemporal cortex 128
infertility 783
infibulation 55
infinite regression 859
infinite-valued logic 859
infix 515
inflection 216
influence analysis 68
influence tactics 68
informal communications 55
informal test 357
informant 55
information 425
informational influence 426
informational social influence 426
information-error technique 425
information feedback 426
information hypothesis 425
information overload 425
information processing 426
information science 425
information systems 426
information technology 425
information test 426
information theory 425
informed consent 55
infradian rhythm 605
infrared 509
infrared theory of smell 672
infrasonic communication 607
infundibula 937
infundibulum 937
ingenuity 535
ingratiation 661
ingroup 666
ingroup bias 666
ingroup extremity effect 666

ingroup favoritism 666
inhabitance 615
inhalant 189
inhalant abuse 189
inhalant dependence 189
inhalant intoxication 189
inhalation of drugs 882
inheritance 43
inhibitedness 898
inhibited sexual desire 898
inhibited sexual excitement 898
inhibition 488, 898
inhibition mechanisms 898
inhibition of delay 82
inhibition of return 780
inhibitor 898
inhibitory postsynaptic potential 899
inhibitory potential 899
inhibitory process 898
inhibitory synapse 899
in-house evaluation 390
initial insomnia 679
initial interview 427
initial spurt 46
Initial Teaching Alphabet 427
initial values law 428
initiating structure 558
initiative versus guilt 374
initiator 530
injunctive norms 866
injury deceitfulness 235
injury denial 549
injury feigning 168
INL 665
innate 503, 340
innate behavior 503
innate ideas 503
innate releasing mechanism 503
inner audience 62
inner boundary 667
inner conflict 494
inner dialogue 667
inner-directed 668
inner ear 665
inner estrangement 62
inner language 665
inner nuclear layer 665
inner plexiform layer 668
inner psychophysics 667
inner speech 665
innervation 444
innervation ratio 444
innovation 119
innovation diffusion 167
inoculation effect 513
inoculation theory 513
Inocybe 9
incsitol 46
incsitol phosphates 46
Inpatient Multidimensional Psychiatric Scale 678
inpatient services 678

input　680
in re Gault　302
insane asylum　493
insanity　450
insanity defense　491
insecure attachment　764
insecurity　764
insensible　663
insert headphone　541
insight　643
insightful learning　643
insight therapy　643
in situ hybridization　243
insomnia　785
inspectionalism　513
inspection time　250
inspective exploration　632
inspiration　53, 186
inspirational motivation　296
inspiration-expiration ratio　285
instability　765
instance theory　438
instant gratification　543
instigation therapy　194
instinct　840
instinct doctrine　840
instinctive behavior　840
instinctive drift　840
instinctive knowledge　840
instinctual aim　899
instinctual drift　840
instinctualization of smell　672
institution　358
Institutional Animal Care and Use Committee　164
institutional care　358
institutionalized racism　503
institutional review board　358
institutional sales promotion　164
instructed learning　194
instructional set　194
instructional theory of development　716
instructional treatments　190
instrument　164
instrumental　214
instrumental activities of daily living　677
instrumental behavior　638
instrumental conditioning　639
instrumental dependence　638
Instrumental Enrichment　688
instrumentalism　165, 638
instrumentality theory　638
instrumental orientation　638

instrumental response　639
instrument drift　164
insula　635
insulin　53
insulin-coma therapy　305
insulin-shock therapy　305
intake interview　409, 679
integrated delivery system　640
integrated display　640
integrated model　642
integrated personality　640
integrated system　640
integrated therapy　642
integration　639
integrative bargaining　639
integrative behavioral couples therapy　642
integrative complexity　642
integrative learning　639
integrative medicine　639
integrative psychotherapy　642
integrity　156
integrity group psychotherapy　488
integrity testing　488
integrity versus despair　641
intellect　590
intellectual detachment　627
intellectual disability　493
intellectual function　590
intellectual impoverishment　590
intellectual insight　591
intellectualism　590, 592
intellectual maturity　590
intellectual operation　590
intellectual plasticity　590
intellectual stimulation　590
intellectual subaverage functioning　756
intelligence　591
intelligence knowledge-based system　591
intelligence quotient　1, 591
intelligence scale　591
intelligence test　591
intelligent design　54
intensional meaning　668
intensity　191, 198
intensive care syndrome　400
intensive care unit　400
intensive psychotherapy　400
intent analysis　46
intention　45
intentional behavior　46
intentional forgetting　46
intentional inexistence　46
intentionality　45
intentional learning　45

intentional stance　344
intention movement　45
intention tremor　45
interaction　537
interactional model of anxiety　765
interaction analysis　538
interaction effect　263
interactionism　537
interactionist view of intelligence　592
interaction-process analysis　538
interaction territory　538
interactive advertising　566
interactive group psychotherapy　557
interactive sport　566
Interamerican Society of Psychology　142
interattitudinal consistency　538
interaural rivalry　920
interbehavioral psychology　537
interblobs　54
intercept　516
intercerebral fiber　284
intercourse　486
interdental　337
interdependence　537
interdependence theory　537
interdependency　537
interdependent　570
interdependent self-construal　537
interdisciplinary approach　117
interdisciplinary team　117
interest　155
interest factors　201
interestingness　93
interest test　201
interface　54
interference　151
interference theory　152
intergroup conflict　396
intergroup culture conflict　798
intergroup dynamics　396
intergroup problem solving　396
interhemispheric fissure　562
interhemispheric transfer　563
interim behavior　4
interindividual differences　289
interitem interval　280
interitem reliability　280
interjudge reliability　754
interlanguage　596
interlocking pathologies　191

interlocking reinforcement schedule　64
intermale aggression　887
intermarriage　209, 449
intermediate need　596
intermetamorphosis syndrome　538
intermission　149
intermittent explosive disorder　149
intermittent insomnia　149
intermittent processing　234
intermittent reinforcement　149
intermodal integration　144
internal atrribute　543
internal boundary　667
internal capsule　668
internal carotid artery　665
internal clock　561
internal consistency　668
internal control　667
internal environment　668
internal evaluator　668
internal frustration　667
internal grouping　668
internal inequity　667
internalization　665
internalized speech　665
internalizers　667
internal object　667
internal rhythm　506
internal senses　668
internal validity　667
internal working model of attachment　3
International Association of Applied Psychology　286
International Classification of Diseases　286
International Council of Psychologists　286
International Military Testing Association　286
International Phonetic Alphabet　286
International Pilot Study of Schizophrenia　286
International Society for Sport Psychology　286
International Union of Psychological Science　286
interneuron　102
interoception　668
interoceptive conditioning　666
interoceptive stimulus　668
interoceptive system　666
interoceptor　666
interocular distance　640
interocular transfer　919
interpersonal　557
interpersonal accommodation　557

interpersonal attraction 557
interpersonal concordance 557
interpersonal conflict 556
interpersonal distance 557
interpersonal group psychotherapy 557
interpersonal influence 556
interpersonal intelligence 557
interpersonal learning group 537
interpersonal process recall 557
interpersonal psychotherapy 557
interpersonal reconstructive psychotherapy 557
interpersonal relations 556
interpersonal skill 557
interpersonal theory 557
interpersonal trust 557
interphase 146
interpolated task 541
interposition 123
interpret 615
interpretation 102
interpretive response 103
interpretive therapy 103
interquartile range 376
interrater agreement 754
interrater reliability 754
interresponse time 732
interrogative 180
interrogative suggestibility 368
interrogatories 368
interrole conflict 884
interrupted-time-series design 600
interscorer reliability 758
intersegmental reflex arc 510
intersensory perception 143
intersexualism 155
intersexuality 155
interspecies interaction 403
interstimulus interval 341
interstitial cell 150
intersubjectivity 151, 538
interthalamic adhesion 355
intertrial interval 344
interval estimate 214
interval of uncertainty 772
interval reinforcement 144
interval scale 144
interval timer 54
intervening variable 596
intervention 106
interventionist 106
intervention program for children 294
intervention research 106

interventricular foramen 362
interview 871
interviewer effects 54
interviewer stereotype 54
interviewer training 871
interview group psychotherapy 871
intimacy 459
intimacy problem 459
intimacy versus isolation 459
intimate zone 459
intoxicant 600
intoxication defense 865
intraattitudinal consistency 560
intracellular fluid 316
intracerebral hemorrhage 697
intraclass correlation 189
intraconscious personality 31
intracranial 637
intracranial hemorrhage 472
intracranial pressure 471
intracranial self-stimulation 637
intracranial stimulation 698
intrafamily dynamics 127
intrafusal fiber 826
intrafusal motor neuron 158
intragroup conflict 399
intraindividual differences 290
intralaminar nucleus 468
intralaminar system 468
intramaze cue 866
intramuscular injection 211
intransitivity 744
intraocular pressure 142
intrapersonal 54
intrapersonal conflict 494
intrapersonal intelligence 666
intrapsychic ataxia 494
intrapsychic conflict 494
intrarole conflict 884
intravenous drug usage 426
intravenous injection 426
intraverbal 54
intrinsic activity 665, 667
intrinsic behavior 300
intrinsic motivation 667
intrinsic reinforcer 665
intrinsic religion 667
intrinsic reward 667
introception 54
introitus 257
introjection 661
introjective depression 661

introjective personality 661
intron 54
intropunitive 667
introspection 666
introspectionism 665
introspective method 665
introversion 665
introversion-extraversion 665
intrusion error 457
intrusive thoughts 457
intuition 610
intuitionism 610
intuitive judgment 610
intuitive knowledge 610
intuitive stage 610
intuitive type 610
invalid 755
invalid conversion 574
invariance 784
invariant feature 785
invariant sequence 785
invasive 449
inventory 877
inventory test 55
inverse agonist 180
inverse derivation 180
inverse kinematics 180
inverse prediction 182
inverse relationship 180
inverse-square law 182
inversion 503, 651, 747
inversion relationship 181
inverted Oedipus complex 53
inverted-U hypothesis 182
investigatory behavior 580
invisible playmate 213
in vitro 498
in vitro fertilization 551
in vivo 499
in vivo desensitization 252
in vivo exposure therapy 365
involuntary attention 779
involuntary errors 858
involuntary movement 779
involuntary nervous system 779
involuntary response 779
involuntary treatment 196
involuntary turnover 785
involutional 553
involutional depression 553
involved grandparent 159
involved shoppers 292
iodopsin 901
ion 27
Ionamin 27
ion channel 27
ionotropic receptor 28
ion pump 28
IOP 142
I/O psychology 324

IOR 780
Iowa Tests of Basic Skills 1
IP 426
IPA 286, 538
IPL 668
IPR 557
iproniazid 47
IPS 913
ipsative 652
ipsative method 46
ipsative scale 46
ipsative score 46
ipsilateral 646
ipsilateral deficit 646
ipsilateral eye 645
IPSP 899
IPSS 286
IPT 557
IQ 1
IRB 358
iridocyclitis 264
iridology 264
iris 264
iris coloboma 264
irkunii 855
IRM 503
ironic mental control 456
ironic monitoring process 860
irradiation 116, 825
irradiation effects 417
irradiation theory of learning 118
irrational 741
irrational belief 741
irrationality 778
irrational type 741
irrelevant language 858
irresistible impulse rule 261
irreversible decrement model 772
irritability 32, 136
irritable bowel syndrome 136
IRT 281, 732
ischemia 204
ischemic penumbra 204
Ishihara Test for Color Blindness 32
ISI 341
islands of knowledge 589
islets of Langerhans 906
isocarboxazid 34
isogloss 642
isohedonic trap 642
isolate 301
isolated explosive disorder 578
isolate monkey 301
isolating language 301
isolating mechanism 121
isolation 121, 301
isolation experiment 121
isolation of affect 153
isomerization 34

isomers 34
isometric contraction 644
isometric control 2
isomorphism 639
isoniazid 34
isophilia 644
isopropyl alcohol 34
isotonic contraction 646
isotonic control 646
isotretinoin 34
ISP 297
ISSP 286
I statement 2
IT 3, 250, 425
ITA 427
ITBS 1, 3
itch 138
IT cortex 3, 128
ITD 3
item analysis 281
item difficulty 280
item response theory 281
item selection 280
item-to-item reliability 280
item validity 280
item weighting 281
iteration 733
iterative design 733
iternal conflict 494
I-Thou 945
ITI 344
itinerant teacher 410
ITPA 3
IUPsyS 286
IV 656
IVF 551
iv injection 426

## J

jabberwocky 390
jackknife 389
Jacksonian march 388
Jackson's law 388
jactatio capitis nocturnis 648
James-Lange theory 330
Janet's test 390
Janis-Feyerabend hypothesis 390
Japanese management 678
jargon 389
jargon aphasia 294
JAS 330
jaundice 85
jaw jerk 115
jaw reflex 115
JDI 430
JDS 431
jealousy 367
Jehovah complex 77
Jenkins Activity Survey 330
Jensenism 330

jet lag 353
jiggle cage 457
jigsaw method 340
jimsonweed 438
jiryan 438
job analysis 431
job-characteristics model 431
job-component method 431
job-component validity 431
job context 431
job criterion 430
job description 430
Job Descriptive Index 430
job design 431
Job Diagnostic Survey 431
job dimensions 431
job enlargement 430
job enrichment 431
job evaluation 431
job information 431
job involvement 430
job performance 431
job-placement stage 402
job preview 431
job redesign 430
job requirements 432
job rotation 432
job-safety analysis 430
job satisfaction 431
job tenure 312, 431
Jocasta complex 897
Johari window 435
John Henry effect 436
joie de vivre 29
joint attention 198
joint probability 643
joke 428
Jonah complex 901
Jonestown mass suicide 436
Jost's law 899
jouissance 201
joy 902
judge 730
judgment 730
judgment sampling 886
Juke 404
jumping stand 390
juncture 935
Jungian psychology 893
Jungian typology 893
junkie 390
junk science 390
jurisprudential teaching model 823
jury nullification 704
justice 485
justification 503
just noticeable duration 607
just-world phenomenon 268
juvenile delinquency 424

juvenile justice system 424
juvenile period 895
juvenile transfer hearing 424
juvenilism 388

## K

K-ABC 228
KAE 208
KAI 136
kainate receptor 106
kainic acid 106
kairos 112
KAIT 112
Kalischer syndrome 474
Kallikak 139
Kallmann's syndrome 141
kamikaze 138
Kanizsa figure 136
Kansas v. Hendricks 150
kansei engineering 155
Kantianism 156
kappa 133
kappa effect 133
kappa wave 133
karma 257
karyotype 117
kat 593
katasexuality 129
Katz Index of Activities of Daily Living 677
Katz Index of Independence in Activities of Daily Living 677
Kaufman Adolescent and Adult Intelligence Test 112
Kaufman Assessment Battery for Children 228
kava 141
kavakava 141
K complex 234
keep-awake pills 866
Kegel exercises 235
Keller plan 243
Kemadrin 242
Kendall's tau 255
keratitis 121
keratoconus 82
keratometer 121
kernel-of-truth hypothesis 449
kernel sentence 121
kernicterus 116
Kernig's sign 243
ketamine 236
ketoconazole 242
key 161
key-word method 207
khat 593
KHOS 220
kibbutz 177
kids' culture 295
Kilner goggles 206

Kilner screen 206
kilobytophobia 207
kinase 173
kindling 211
kindness 451
kindred 122
kinematics 64
kinesia 701
kinesics 642
kinesics technique 642
kinesimeter 173
kinesiology 64, 173
kinesiotherapy 67
kinesis 173
kinesthesis; Kinesthesia 64
kinesthetic aftereffect 208
kinesthetic feedback 64
kinesthetic hallucination 452
kinesthetic imagery 208
kinesthetic receptor 64
kinesthetics 64
kinesthetic sense 64
kinetic aftereffect 65
kinetic depth effect 64
kinetic information 65
kingdom 100
kin recognition 237
kin selection 237
Kinsey Institute for Research in Sex, Gender, and Reproduction 488
kinship 452
kinship migration 452
kinship network 452
Kirlian photography 206
Kirton Adaption-Innovation Inventory 136
kissing behavior 169
Klüver-Bucy syndrome 221
Kleeblattschadel syndrome 471
Kleine-Levin syndrome 218
Kleinian analysis 217
kleptolagnia 515
kleptomania 515
Klinefelter's syndrome 218
Klippel-Feil syndrome 220
klismaphilia 156
knee-jerk reflex 362
knockdown 701
knockout drops 843
knockout organism 701
knowledge 589
knowledge base 589
knowledge elicitation 589
knowledge function of an attitude 561
knowledge of results 237
knowledge representation 589
knowledge, skills, abilities, and other characteristics 589

Kocher-Debre-Semelaigne syndrome   293
Kohlberg's theory of moral development   303
Köhler effect   242
Kohnstamm test   305
Kohs Block Design Test   291
kola nut   301
Kolmogorov-Smirnov test   303
König bars   242
Kopfermann cubes   296
koprolagnia   803
koprophemia   943
KOR   237
Korsakoff's syndrome   302
Korte's laws   302
KR   237
Kraepelin's disease   223
Kraepelin's theory   223
Krantz Health Opinion Survey   220
Krause end bulb   218
Kretschmer typology   223
Kruskal-Shepard scaling   218
Kruskal-Wallis test   218
KSAOs   589
K-strategy   232
Kuder Preference Record   215
Kuder-Richardson formulas   189
Kundt's rules   227
kurtosis   530
kuru   221
Kurzweil Personal Reader   134
kwashiorkor   226
kymograph   110
kyphosis   510

## L

LAAM   79
labeled-line theory of taste coding   905
labeling   905
labeling theory   905
la belle indifference   852
labia   53
labial dental   356
labile   422, 765
labiodental   356
labor   406
laboratory-method model   905
Labor Management Relations Act   937
labor relations   937
labor turnover   911
labyrinth   866
lachrymal gland   927
lack of fit   11

lacrimal gland   927
lacrimal reflex   927
lactate dehydrogenase   679
lactic dehydrogenase   679
lacunar stroke   519
LAD   247
Ladd-Franklin theory   905
lag   88, 904
lagophthalmos   651
lagophthalmus   651
laissez-faire group   826
laissez-faire leader   826
laissez-faire parenting   826
lalling   670
Lamarckism   905
Lamaze method   905
lambda coefficient   905
Lambert's law   908
lamellipodium   905
lamotrigine   905
LAMP   118
Landau-Kleffner syndrome   907
Landau reflex   907
Land effect   907
landmark   907
Landolt circles   907
Landolt C's   907
landscaped office   228
Land theory of color vision   907
Langerhans cells   906
language   246
language acquisition   247
language acquisition device   247
language acquisition support system   247
language arts   247
language contact   248
language death   248
language deficit   248
language development   249
language disability   248
language disorder   248
language localization   247
language loyalty   248
language maintenance   246
language-origin theory   247
language planning   247
language retardation   249
language shift   246
language socialization   249
language transfer   249
language universal   249
laryngeal cancer   273
laryngeal neoplasm   274
laryngeal paralysis   277
laryngeal reflex   277
larynx   272
LASS   247
Lasthenie de Ferjol syndrome   904
latchkey children   115
late luteal phase dyspphoric

disorder   239
latency of reply   732
latency of response   732
latency period   522
latency stage   522
latent addition period   532
latent content   524
latent goal   524
latent homosexuality   532
latent inhibition   523
latent learning   522
latent need   523
latent trait theory   524
latent variable   524
late-onset paraphrenia   592
late-onset schizophrenia   593
late paraphrenia   592
lateral bundle   104
lateral cervical nucleus   104
lateral confusion   543
lateral corticospinal tract   105
lateral difference   563
lateral fissure   104
lateral geniculate body   104
lateral geniculate nucleus   104
lateral gyrus   104
lateral hypothalamic syndrome   104
lateral hypothalamus   104
lateral inhibition   544
laterality   543
lateralizaion   543, 648
lateralized readiness potential   819
lateral lemniscus   105
lateral-line system   543
lateral olfactory tract   104
lateral posterior nucleus   104
lateral rectus   104
lateral specialization   563
lateral sulcus   104
lateral thalamic nucleus   104
lateral thinking   468
lateral ventricle   544
later life adjustment   731
lateropulsion   544
lateroventral nucleus   544
late-selection theory   595
Latin square   905
latitude of acceptance   408
latitude of noncommitment   738
latitude of rejection   205
laudanum   15
laughter   944
Laurence-Moon-Biedl-Bardet syndrome   941
Laurence-Moon-Biedl syndrome   941
law   826, 827
law-and-order orientation

826
law of advantage   890
law of assimilation   637
law of closure   806
law of combination   934
law of constancy   265
law of contiguity   468
law of continuity   936
law of contrast   563
law of effect   260
law of equality   758
law of equipotentiality   648
law of exercise   935
law of filial regression   361
law of forward conduction   532
law of frequency   762
law of good figure   894
law of good shape   894
law of initial values   428
law of large numbers   557
law of least action   312
law of mass action   369
law of neurobiotaxis   444
law of parsimony   256
law of participation   889
law of precision   149
law of prior entry   522
law of proximity   210
law of recency   441
law of repetition   762
law of similarity   927
law of specific nerve energies   653
law of sufficient reason   396
law of symmetry   556
law of use   762
laws of learning   118
laws of thought   345
laxative addiction   235
lay analysis   929
lazy eye   438
LD   79, 117, 589
L data   79
LDH   679
L-dopa   933
LE   278
leader   913
leader-categorization theory   913
leaderless group   914
leaderless group discussion   914
leaderless group therapy   370
leader match   915
leader-member exchange theory   915
leader prototype   915
leadership   913
leadership emergence   914
leadership role   914
leadership style   913
leadership substitute   913
leadership theories   914
lead-pipe rigidity   81

leaf switch　917
leakage　937
learned autonomic control　437
learned helplessness　118
learned optimism　118
learning　117
Learning Abilities Measurement Program　118
learning curve　117
learning disabilities specialist　117
learning disability　117
learning disorder　117
learning disorder not otherwise specified　655
learning goal　118
learning model　119
learning paradigm　119
Learning Potential Assessment Device　118
learning set　118
learning skills　118
learning strategy　119
learning style　685
learning technologies　117
learning theory　119
learning to learn　846
learning trial　117
learning types　118
learning without awareness　860
least effort principle　312
Least Preferred Coworker Scale　79
least restrictive alternative　394
least restrictive environment　878
least significant difference　312
least squares criterion　312
leaving the field　571
Leber's disease　932
Leber's optic atrophy　932
Leboyer technique　927
lecanomancy　851
lecture method　261
Lee-Boot effect　917
left-handedness　746
left hemisphere　746
left-hemisphere consciousness　746
legal capacity　826
legal psychiatry　377
legal psychology　377
legal testimony　826
legasthenia　367
legend　633, 734
legibility　135, 931
legitimacy　503
legitimate power　503
leisure lifestyle　931
lek display　930
lemma　833, 852
lemniscal system　874

length of stay　553
leniency error　888
lens　466
lens model　935
lenticular nucleus　935
lentiform nucleus　935
Leonardo's paradox　930
Leon (III) virus　930
leprechaunism　896
leptin　932
leptokurtic　188
LES　204
lesbianism　432
Lesch-Nyhan syndrome　931
lesion　549
less-is-more hypothesis　931
lethal catatonia　188
lethal dose　589
lethality　589
lethality scale　589
lethargy　254
letter cancellation test　877
Letter-Number Sequencing　877
letting go　932
leukocyte　714
leukotomy　708
leuprolide　937
level　465
Level I and Level II tests　933
level-of-aspiration theory　895
levels of consciousness　30
levels of intellingence　592
levels-of-processing model of memory　162
Levene test　933
leverage　626
lever switch　932
Levinson's adult development theory　932
levitation　213
levodopa　933
levomepromazine　869
levorphanol　933
Lewy body dementia　930
lexical access　257
lexical agraphia　257
lexical ambiguity　257
lexical decision　257
lexical hypothesis　257
lexical memory　494
lexical-selection rules　257
lexical uncertainty　257
lexical word　668
lexicology　257
lexicon　257
LGD　914
LGN　104
LH　85, 104
liberation psychology　109
libidinal stage　917
libidinal transference　917

libidinal types　917
libido　917
libido-binding activity　917
license　203
licking behavior　915
lie　61
Liebmann effect　917
lie scale　203
life crisis　451
life cycle　903
life events　484
life-events rating scale　903
life expectancy　806
life force　507
life goal　451
life history　484
life-history method　903
life instinct　505
life lie　450
lifeline　903
life plan　903
life review　903
life satisfaction　484
life space　484
life-space interview　484
life span　408, 498
life-span contextualism　413
life-span developmental psychology　413
life-span perspective　413
life stress　484
lifestyle　903
lifetime personality　413
lifetime risk　413
ligand　910
ligand-gated ion channel　910
light adaptation　864
light-dark cycle　864
light induction　738
lightness constancy　5
lightning calculator　22
light pointer　903
light therapy　269
likelihood　890
likelihood principle　890
likelihood ratio　890
Likert scale　915
liking scale　260
Lilliputian hallucination　922
limbic cortex　816
limbic lobe　816
limbic system　563
Limbitrol　925
limerence　917
liminal　29
liminal sensitivity　29
liminal stimulus　29
limited hold　193
limited responsibility　255
limited symptom attack　418
limited-term psychotherapy　337

limophthisis　163
linear causation　520
linearity　520
linear model　520
linear perspective　519
linear program　609
linear regression　520
linear system　520
linear transformation　520
linear type　916
line management　904
line of beauty　751
line of fixation　358
line of regard　597
lingua franca　922
lingual gland　514
lingual gyrus　513
lingual nerve　514
linguist　247
linguistic approach　248
linguistic determinism　247
linguistic intergroup bias　248
linguistic-kinesic method　249
linguistic minority　249
linguistic relativity　248
linguistics　247
linguistic typology　249
linguistic universal　249
link analysis　922
liothyronine　909
lip biting　267
lipid-metabolism disorders　353
lipodystrophy　377
lipostatic hypothesis　377
lipostatic theory　377
Lipps illusion theory　915
lip pursing　215
lipreading　653
liquid　918
liquidation of attachment　3
lisp　353, 361
LISP　912
lissencephaly　133
listening　233
listening attitude　165
listwise deletion　912
literacy　916
literacy test　916
literal alexia　357
literal dyslexia　357
literalism　339, 610
literal paraphasia　357
literary psychoanalysis　798
lithium　915
litigious paranoia　271
Little Albert　20
Little Hans　729
living will　917
Lloyd Morgan's canon　875
LMX theory　915
LNNB　927
lobe　894

lobectomy 940
lobotomy 941
LOC 30
local circuit neuron 204
local exicitatory state 204
local-global distinction 204
localization 204, 617
localization of function 173
localized amnesia 245
local potential 204
location constancy 38
location-invariant neurons 38
lock-and-key theory 115
locked-in syndrome 657
locked ward 809
Locke's theory of goal setting 939
lockout 939
locomotion 45
locomotor activity 374
locomotor arrest 65
locomotor ataxia 828
locomotor play 64
loco plant 939
loco weed 939
locus 765
locus caeruleus 505
locus ceruleus 505
locus coeruleus 505
locus of control 645
LOD score 940
logagnosia 144
logamnesia 144
logic 939, 942
logical error in rating 758
logical-mathematical intelligence 942
logical necessity 942
logical positivism 942
logical thinking 942
logicogrammatical disorder 942
logistic function 939
logistic regression 939
log-linear model 557
log-log coordinate paper 921
Logo 939
logogen 939
logopathy 248
logopedics 246
logorrhea 303
logotherapy 939
London syndrome 942
loneliness 294
long-delay conditioning 669
longevity 408, 605
longilineal 832
longitudinal 398, 574
longitudinal design 397
longitudinal fissure 562
longitudinal stability 574
long-term depression 604
long-term memory 604

long-term potentiation 604
long-term therapy 604
long-wavelength pigment 607
look angle 332
look-say 522
looming 927
loose association 934
loosening of associations 934
loperamide 940
lorazepam 941
lordosis 510, 940
LOS 553
loser effect 704
loss of affect 152
loss of consciousness 30
lost letter procedure 939
loudness 904
loudness summation 904
Lou Gehrig's disease 207
Louis-Bar syndrome 873
love 2
lovemap 905
love needs 2
love object 2
love scale 2
love withdrawal 2
low-ball technique 85
lower motor neuron 100
low of common fateprinciple of common fate 197
low-technology assistive device 620
low vision 940
loxapine 938
loyalty 599
LPAD 118
LPC scale 79
LRE 878
LS 29
LSD 54, 79, 312
LSD psychotherapy 79
LTD 604
LTM 604
LTP 604
lucid dream 335
lucid interval 31
lucidity 413
lues 705
lumbar 896
lumbar puncture 896
lumbosacral plexus 896
lumbrosacral plexus 896
lumen 927
luminance 173
luminosity 337
luminosity coefficient 338
luminosity curve 338
luminous flux 271
luminous intensity 272
lunacy 491, 492
lunatic 491
lupus erythematosus 278
lure 926
Luria-Nebraska Neuropsychological Battery 927
lust murder 110
luteinizing hormone 85
lux 927
lycanthropy 86, 391
lycomania 86, 391
lygophilia 23
Lyme disease 903
lymphocyte 924
lymphokine 925
lynching 924
lysine 911
lysinuria 911
lysis 894

## M

M 77
MA 494
mace 673
Mach bands 846
Mach card 846
Mach-Dvorak stereoillusion 846
Machian positivism 846
Machiavellian hypothesis 842
Machiavellianism 842
machine consciousness 447
Machover Draw-a-Person Test 843
Mach scale 845
MacLean's theory of emotion 843
macrobiotics 843
macrocephaly 559
macroelectrode 843
macroergonomics 843
macroglossia 205
macromastia 679
macropsia 204
macrosystem 843
macula 86, 807
macula lutea 86
macular degeneration 86
maculopathy 86
Maddox rod test 846
Mad Hatter's disease 846
Mad Hatter's syndrome 846
madness 193
MAE 65, 569
MAF 311
magazine training 842
magic 847
magical thinking 404
magic circle 847
Magna Mater 842
magnetic resonance imaging 338
magnetic sense 338
magnetoencephalography 696
magnification factor 120

magnitude estimation 842
magnitude production 842
magnitude scaling of attitudes 561
magnocellular nucleus of the basal forebrain 531
magnocellular system 553
Mahalanobis D$^2$ 846
maieutic technique 326
main effect 404
mainstreaming 640
maintaining cause 32
maintenance function 830
maintenance rehearsal 33
maintenance therapy 33
major depression 550
major depressive disorder 550
major depressive episode 550
major histocompatibility complex 409
majority influence 570
majority vote technique 570
major tranquilizers 202
make-believe 419
maladaptation 781
maladie du doute 207
malaise 781
malapropism 847
Malcolm horizon 847
mal de ojo 848
maldevelopment 715
male chauvinism 583
male climacteric 582
male climacterium 582
male homosexual prostitution 582
male menopause 582
maleness 839
male orgasmic disorder 582
male sexual disorder 582
malevolent transformation 6
malformation 165
malfunction 294
malice aforethought 320
malignant 6
mali-mali 847
malingering 321
malnutrition 71
malpractice 123
Malthusianism 847
Malthusian theory 847
Malthus theory 847
maltreatment 181
malum in se 360
malum prohibitum 826
mammary gland 679
mammillary body 679
mammillothalamic tract 679
managed behavioral health organization 159

managed care 159
management by objectives 876
management development 846
management fashion 721
management information systems 228
management psychology 228
managerial psychology 228
mand 849
mandated reporting 615
mandate phenomenon 866
mandibular reflex 115
mandrake 849
mania 542, 692
maniac 195, 542
manic episode 542
manic state 539
manifest anxiety 250
Manifest Anxiety Scale 621
manifest content 250
manifest goal 864
manifest variable 250
manipulation 318
manipulation check 538
manipulative behavior 318
man machine system 681
mannerism 849
manners 846
Mann-Whitney U test 849
manoptoscope 846
MANOVA 576
mantra 849
manual arts therapy 404
manual-assisted therapy 846
manual-based therapy 846
manual communication 409
manual-control effects 407
manualism 409
manualized therapy 846
MAO 879
MAO inhibitors 879
MAOIs 879
MAP 311
maple-sugar urine disease 865
mapping of genes 44
maprotiline 847
map-tracing test 589
marasmus 426
marathon group 847
Marbe's law 848
marche à petits pas 285
Marfan's syndrome 848
marginal 401, 402
marginal consciousness 401
marginal frequency 402
marginal group 401
marginal individuals 401

marginal intelligence 192
marginalization 401
marginal sulcus 81
marginal value theorem 244
marianismo 847
Marinesco-Sjögren syndrome 847
marital adjustment 767
marital conflict 767
marital schism 768
marital skew 768
marital subsystem 767
marital therapy 768
marker 842
marketing orientation 355
market research 356
Markov chain 847
Marlowe-Crowne Social Desirability Scale 848
Maroteaux-Lamy syndrome 848
marriage 239
marriage-enrichment group 239
marriage therapy 768
marsupial 889
Marxism 847
Marxist feminism 847
MAS 621
masculinity 582
masculinity-femininity test 582
masculinization 582
masked depression 138
masked homosexuality 138
masking 844
masking level difference 844
masking pattern 844
Maslach Burnout Inventory 844
Maslow's theory of human motivation 844
Maslow's motivational hierarchy 844
masochism 844
masochistic fantasies 339
masochistic personality disorder 844
mass action 920
massage 845
massa intermedia 355
mass contagion 844
massed practice 400
masseter reflex 115
mass hysteria 399
mass masochism 844
mass media 844
mass murder 566
Masson disk 845
mass polarization 554
mass psychology 398
mass reflex 394
mass suicide 397
mass-to-specific

development 526
MAST 571, 851
master status 391
mastery learning 155
mastery orientation 400
mastery play 394
mastery tests 394
mastery training 645
mastoid 679
masturbation 328
masturbation equivalents 329
MAT 855
matched-group design 551
matching 551
Matching Familiar Figures Test 637
matching hypothesis 846
matching law 551
matching patients 151
matching test 846
matching to sample 853
mate guarding 703
material feminism 365
materialism 780, 886
materialization 214
maternal aggression 719
maternal attitudes 832
maternal behavior 719
maternal deprivation 832
maternal PKU 832
mate selection 703
mathematical ability 471
mathematical biology 471
mathematical learning theory 471
mathematical model 471
mathematical psychology 471
mathematico-deductive method 127, 471
mathematics disorder 325
mating behavior 703
mating system 703
matriarchy 828
matricide 719
matrix 203, 846
matrix organization 846
maturation 489
maturational crisis 489
maturational lag 489
maturation-degeneration hypothesis 489
maturation hypothesis 489
maturity 489
maturity rating 489
maximin strategy 842
maximum likelihood method 317
maximum-security unit 188
Maxwell disks 842
Maxwellian view 842
maze 866
maze-bright and maze-dull rats 866

maze learning 866
maze task 866
MBD 741
MBHO 159
MBI 844
MBO 876
MBTI 841
MC 447
MC4-R 870
McCarthy Scales of Children's Abilities 845
McCarthy Screening Test 845
MCE 50
M-cells 553
MCI 233
MCL 309
MCMI 856
McNaughten rule 842
McNaughton rule 842
McNemar test 842
M-C SDS 848
MD 209
MDA 77
MDMA 78
MDS 569
me 180
mean 806
mean deviation 806
meaning 47
meaningful learning 887
meaninglessness 858
mean length of utterance 717
means-ends analysis 405
means object 405
mean square 806
measurement error 543
measure of association 160
measure of location 38
measures of intelligence 591
mecamylamine 866
mechanical aptitude 163
mechanical-aptitude test 163
mechanical causality 163
mechanical-comprehension test 163
mechanical intelligence 163
mechanical-man concept 163
mechanism 163
mechanistic approach 163
mechanistic interactionism 163
mechanistic theory 163
mechanoreceptor 163
Meckel's syndrome 869
Medea complex 869
medial amygdala 667
medial bundle 667
medial forebrain bundle 667
medial geniculate body 666

medial geniculate nucleus  666
medial lemniscus  667
medial prefrontal cortex  666
medial preoptic area  666
medial rectus  667
medial temporal amnesia  667
medial temporal lobe  667
median  595
median-cleft-face syndrome  499
median nerve  499
median test  596
media richness  869
mediated generalization  703
mediated response  703
mediate experience  703
mediating behavior  596
mediating variable  596
mediation  607
mediational deficiency  703
mediational learning  703
mediation process  703
mediation theory  703
mediator  596, 607, 703
mediator variable  596
Medicaid  869
medical anthropology  50
medical care evaluation  50
medical family therapy  28
medical history  759
medical model  28
medical psychology  28
medical psychotherapy  28
medical rehabilitation  28
Medicare  869
medication  651
medication-induced movement disorder  651
mediodorsal nucleus  705
meditation  864
medium  595, 705, 869
medium-wavelength pigment  601
medulla  465
medulla oblongata  82
medullary reticular formation  82
mefloquine  870
MEG  696
megadose pharmacotherapy  566
megalomania  292
megalopsia  204
Megan's law  866
megavitamin therapy  745
meiosis  254
Meissner's corpuscle  841
mel  870
melancholia  870
melancholia agitata  235
melancholic features  870
melanocortin-4 receptor  870
melanocyte-stimulating hormone  870
melatonin  870
melodic intonation therapy  870
membership group  872
membrane potential  842
memorize  180
memory  161
memory abilities  162
memory color  162
memory disorders  161
memory distortion  162
memory drum  870
memory enhancing drugs  271
memory hardening  161
memory illusion  318
memory-operating characteristic curve  161
memory retraining  161
memory span  162
memory storage  162
memory system  161
memory trace  161
menacme  238
ménage à trois  326
menarche  432
Mendelian inheritance  872
Meniere's disease  870
meninges  468
meningioma  468
meningitis  468
meningocele  469
meningoencephalitis  468
meningomyelocele  468
menkeiti  855
menopausal depression  806
menopause  806
menorrhagia  238
Mensa  871
menses  238
men's liberation movement  582
mens rea  725
menstrual age  239
menstrual cycle  238
menstrual synchrony  238
menstrual taboo  238
menstruation  238
mental aberration  491
mental abilities  591
mental age  494
mental apparatus  456
mental asthenia  493
mental asymmetry  456
mental ataxia  494
mental balance  871
mental chemistry  494
mental claudication  494
mental coaching  871
mental combination  455
mental confusion  319
mental defective  494
mental development  494
mental diplopia  456
mental disorder  493
mental energy  455
mentalese  455
mental examination  492
mental function  492
mental growth  494
mental handicap  494
mental healing  871
mental health  496
mental health care  871
mental health clinic  871
mental health program  872
mental health services  496
mental health worker  872
mental history  492
mental hospital  492
mental hygiene  492
mental hygiene clinic  492
mental institution  492
mentalism  886
mental lexicon  457
mental map  456
mental maturity  494
mental measurement  493
mental mechanics  496
mental mechanism  456
mental model  872
mental paper-folding test  455
mental physics  496
mental practice  871
mental process  456
mental rehearsal  872
mental representation  456
mental retardation  493
mental rotation  455
mental set  455
mental status  684
mental status examination  684
mental synthesis  456
mental tension  492
mental test  492
mentor  432
mentoring  871
meperidine  870
meprobamate  870
mercury switch  465
mercy  375
mercy killing  26
mere-exposure effect  581
meridional amblyopia  232
meritocracy  700
merit ranking  870
merit rating  465
Merkel's law  870
Merkel's tactile disk  870
mescaline  866
mesencephalic nucleus  600
mesencephalic tegmentum  600
mesencephalon  600
mesmerism  867
mesocephalic  600
mesocortical system  600
mesoderm  600
mesokurtic  600
mesolimbic system  600
mesomorph  601
mesomorphic body type  601
mesontomorph  367
mesopic vision  709
mesoridazine  867
mesoskelic  867
mesosomatic  600
mesostriatal system  600
mesosystem  867
message factors  869
message-learning approach  869
messenger RNA  869
Messiah complex  866
MET  554
meta-analysis  868
meta-attention  868
metabolic anomaly  529
metabolic defect  554
metabolic encephalopathy  554
metabolic equivalent  554
metabolic-nutritional model  554
metabolic rate  554
metabolic screening  554
metabolism  554
metabolite  554
metabotropic receptor  554
metachromatic leukodystrophy  34
metacognition  868
metacommunication  867
metacontrast  867
metacriterion  867
metaemotion  867
metaevaluation  868
metalanguage  867
metalinguistic awareness  867
metamemory  867
metamorphopsia  818
metamorphosis  819
metamotivation  868
metaneeds  868
metapathology  868
metaphor  55
metaphoric symbolism  778
metaphor therapy  55
metaphysics  231
metapsychological profile  837
metapsychology  867
metatheory  868
metathetic  96, 867
metempirical  604
metempsychosis  924
metencephalon  278
meth  867
methadone  868
methadone maintenance

therapy 868
methamphetamine 868
methaqualone 867
methocarbamol 869
method 827
method of absolute judgment 515
method of adjustment 606
method of agreement 41
method of agreement and difference 40
method of average error 606
method of choice 528
method of concomitant variation 201
method of constant stimuli 266
method of difference 315
method of equal and unequal cases 45
method of equal-appearing intervals 639
method of equal sense difference 639
method of equivalent 606
method of exclusion 704
method of just noticeable differences 607
method of limits 203
method of loci 710
method of mean gradations 639
method of opposition 134
method of ratio estimation 760
method of residues 427
method of right and wrong cases 266
method of single stimuli 578
method of successive approximations 936
method of successive intervals 936
method of triads 852
methodological behaviorism 827
methodological objectivism versus methodological subjectivism 827
methodological pluralism 827
methodological solipsism 827
methodology 827
methods analysis 827
methotrimeprazine 869
methyldopa 868
methylphenidate 868
methylxanthines 868
methysergide 868
metonymic distortion 159
metonymy 159
Metrazol shock treatment 869

metronomic pacing 869
METROPOLITAN 657
Metropolitan Achievement Tests 657
Meyer's theory 841
Meynert's nucleus 531
MFF 637
MFGT 774
MHC 409
MHV 856
mianserin 850
Michigan Alcoholism Screening Test 851
microcephaly 422
microdialysis 841
microelectrode 743
microergonomics 851
microfilament 841
microgenetic development 743
microgenetic method 743
microgeny 841
microglia 416
micrographia 417
micromelia 417
microorchidism 497
microphthalmos-corneal opacity-spasticity syndrome 413
micropolygyria 419
micropsia 417
micropsychosis 418
microptic hallucination 922
microrchidia 497
microsaccades 841
microscopic level 841
microsleep 841
microsmia 186
microsocial engineering 851
microspectrophotometer 256
microsplanchnic build 423
microsplanchnic type 423
microtome 851
microtubule 743
microvillus 745
micturition 705
micturition reflex 705
midazolam 852
midbrain 600
middle cerebral artery 600
middle-child syndrome 596
middle class 596
middle ear 597
middle insomnia 600
midget bipolar cell 285
midlife crisis 600
midpoint 101
midrange value 598
Mignon delusion 853
migraine 818
migration adaptation 49
migration behavior 944
migration of nerve cells

443
migratory restlessness 944
MIH 854
mild cognitive impairment 233
mild depression 234
mild mental retardation 233
milieu therapy 148
military environment 227
military human-machine system 227
military peacekeeping 226
military performance 227
military psychology 226
milk letdown reflex 679
millenarianism 375
Miller Analogies Test 855
Miller-Mowrer shuttlebox 855
Mill Hill Vocabulary Scale 856
Milligan annihilation method 855
milling around 848
Millon Clinical Multiaxial Inventory 856
Mill's canons 856
mimetic 880
mimicry 171, 880
mind 490
mindblindness 841
mind-body intervention 493
mind-body problem 450
mind control 841
mind-cure movement 494
mindfulness 841
mindfulness meditation 841
mindsight 288
mind stuff 495
mineralocorticoid 853
MINERVA 2 853
miniature end-plate potential 743
miniature life situations 875
minimal audible field 311
minimal audible pressure 311
minimal brain damage 741
minimal brain dysfunction 741
minimal-change method 312
minimal cue 312
minimal group 311
minimal intergroup situation 311
minimal pair 311
minimax strategy 853
Mini-Mental State Examination 853
minimization 125
minimum audible field 311

minimum audible pressure 311
minimum power theory 311
minimum resource theory 311
minimum separable 312
minimum visible 311
Minnesota Multiphasic Personality Inventory 853
Minnesota Satisfaction Questionnaire 853
minor 852
minor depressive disorder 412
minority group 418
minority influence 418
mint 713
miosis 404
Miranda warning 855
mirror drawing 191
mirror imaging 196, 855
mirroring 855
mirror neuron 855
mirror phase 196
mirror reading 191
mirror sign 552, 614
mirror technique 191, 855
mirror transference 198
mirror writing 115
mirtazapine 856
MIS 228
misandry 582
misanthropy 682
misattribution of arousal 120
miscarriage 918
miscegenation 449
misidentification 458
misidentification syndrome 458
misinformation effect 289
misocainia 10
misologia 207
misology 207
misoneism 10
misoneist 10
misorientation effect 822
miss 851
missing-parts test 852
missionaries and cannibals 520
MIT 870
mitigating factor 229
mitochondrion 853
mitosis 888
mitral cell 542
mittelschmerz 238
Mitwelt 198
mixed cerebral dominance 726
mixed-effects model 304
mixed emotions 304
mixed episode 304
mixed-function antidepress-

ants 304
mixed laterality 543
mixed model 304
mixed-motive game 304
mixed neurosis 304
mixed receptive-expressive language disorder 409
mixed reinforcement schedule 304
mixed schizophrenia 263, 304
mixed-standard scale 304
mixoscopia bastialis 513
mjultiple contrasts 570
MLD 844
MLU 717
MMECT 632
MMPI 853
MMSE 853
MMT 569, 868
M'Naghten rule 842
mnemonic 162
mnemonic strategy 162
mnemonic system 162
mnemonist 678
mob 826
mobbing behavior 879
mobility 45, 135
mob psychology 825
MOCC 161
moclobemide 877
modafinil 878
modality 878
modality effect 878
modality profile 896
modal model of memory 162
mode 878
model 878
model human processor 753
modeling 878
modeling effect 878
modeling theory 878
model psychosis 878
moderate depression 550
moderate mental retardation 600
moderator variable 606
modernism 877
modernization 210
modern racism 254
modes of learning 118
modesty 245
MODE theory 878
Modified Rhyme Test 112
modifier 817
modularity 877
modulation 819
modulatory site 606
module 877
modus operandi 626
mogigraphia 432
mogilalia 248
molar analysis 204

molar approach 880
molecular analysis 743
molecular approach 802
molecular behabior 743
molestation 588
molilalia 248
molimina 880
molindone 880
Molyneux's question 880
moment 511
moment about the mean 598
monad 878
monaural 879
mongolism 567
monism 36
monitoring 879
monoamine 879
monoamine hypothesis 879
monoamine neurotransmitter theory 879
monoamine oxidase 879
monoamine oxidase inhibitors 879
monochorial twins 578
monochromasy 40
monochromatic light 581
monochromatism 40
monochronic twins 578
monocular 578
monocular cue 578
monocular deprivation 578
monocular rearing 578
monocular suppression 578
monocular vision 578
monodrama 750
monogamy 42
monogenesis 463
monogenism 463
monogeny 463
monoideism 879
monomania 879
monomorphic 579
monopediomania 879
monophagism 40
monophasic sleep 582
monoplegia 584
monopolar neuron 579
monorchidism 582
monosomy 879
monosymptomatic circumscription 578
monosynaptic arc 581
monosynaptic stretch reflex 581
monosynaptic transmission 581
monotherapy 583
monotic 581
monotonic 583
monotonic relationship 583
monozygotic twins 39
Montessori method 881
monthly period 238
mood 177, 862

mood-altering drugs 491
mood-as-information theory 178
mood-as-resource model 177
mood-congruent psychotic features 178
mood-dependent memory 177
mood disorder 177
mood disorder due to a general medical condition 41
mood-incongruent psychotic features 178
mood induction 178
moodiness 773
mood stabilizers 177
mood swings 178
moon illusion 615
moon-phase studies 615
moral absolutism 647
moral code 647
moral conduct 647
moral consistency 647
moral development 647
morale 880
moral independence 647
morality 647
morality of constraint 507
morality of cooperation 203
moral masochism 647
moral nihilism 205
moral realism 647
moral relativism 647
morals 647
moral therapy 647
moral treatment 647
moratorium 880
morbid dependency 758
morbidity 758
morbidity rate 910
morbidity risk 910
morbid jealousy 874
morbid obesity 758
Morgan's canon 875
Morgan's principle 875
moria 779
Morita therapy 880
morning-after pill 350
morning erection 119
morning-glory seeds 7
morning sickness 616
moron 940
Moro reflex 881
Moro response 881
morpheme 233
morphine 881
morphogenesis 232
morphology 232, 233
morphophilia 880
morphophoneme 232
morphophonemics 232
Morris water maze 880
morsicatio buccarum 199

morsicatio labiorum 267
mortality salence 373
mortido 882
morula 539
mosaicism 877
mosaic test 877
mossy fiber 555
most comfortable loudness 309
mother archetype 564
motherese 719
mother figure 719, 832
mother love 832
mother-son incest 719
mother substitute 566
mother surrogate 566
motility 65
motility disorder 65
motility psychosis 65
motion aftereffect 65
motion agnosia 65
motion detection 64
motion economy 642
motion in limine 417
motion parallax 65
motion sickness 701
motivated forgetting 638
motivation 637, 638
motivational enhancement therapy 638
motivational factor 638
motivational styles 638
motivation research 878
motivators 638
motive 637, 887
motoneuron 66
motor agraphia 65
motor amusia 65
motor aphasia 65
motor aprosodia 65
motor area 66
motor behavior 642
motor control 65
motor conversion symptoms 66
motor coordination 64
motor cortex 66
motor development 66
motor disorder 65
motor disturbance 65
motor dominance 66
motor end plate 65
motor equivalence 66
motor evoked potential 66
motor function 64
motor-function homunculus 64
motor habit 65
motor imitation 66
motor impersistence 642
motor learning 64
motor memory 64
motor milestones 66
motor neglect 66
motor nerve 65
motor neuron 66

motor neuron disease 66
motor neuron lesion 66
motor neuron pool 66
motor overflow 877
motor pathway 65
motor planning 64
motor primacy theory 66
motor program 66
motor set 65
motor speech disorder 64
motor strip 66
motor system 64
motor tension 211
motor test 65
motor theory of consciousness 345
motor theory of speech perception 248
motor theory of thought 345
motor tract 67
motor unit 65
mouches volantes 752
mountain sickness 264
mourning 873
mouse-movement adapter 841
mouthstick 841
movement 63
movement chaining 67
movement conformity 646
movement disorder 65
movement education 64
movement illusion 65
movement perspective 66
movement sense 64
movement-sensitive retinal cells 64
movement therapy 67
moving-edge detector 64
moving-window technique 45
Mowat sensor 881
mPOA 666
MPS 860
MPTP 78
MR 493
MRI 338
mRNA 869
MRT 112
MS 575
MSE 684
MSH 870
MSH2 77
MSLT 569
MSP 566
MSQ 853
MST 845
MSUD 865
mucocutaneous skin 693
mucopolysaccharidosis 860
mucopolysaccharidosis Type II 730
mucopolysaccharidosis Type I 721
mucopolysaccharidosis Type VII 812
mucopolysccharidosis Type III 326
Müller fibers 854
Müllerian ducts 854
Müllerian-inhibiting hormone 854
Müllerian mimicry 854
Müller-Lyer illusion 854
Müller-Urban method 854
Müller-Urban weighting 854
Müller-Urban weights 854
multiattribute-utility analysis 571
multiaxial classification 569
multicollinearity 570
multicultural counseling 576
multicultural education 576
multiculturalism 576
multidetermination 577
multidetermined behavior 577
multidimensional 569
multidimensional scaling 569
multidisciplinary team 117
multifactorial inheritance 566
multifactorial model 567
multigenerational transmission process 571
multi-infarct dementia 575
Multilevel Academic Survey Tests 571
Multilingual Aphasia Examination 569
multilingualism 568
multimodal behavior therapy 569
multimodal theory of intelligence 592
multimodal therapy 569
multimodal treatment approach 774
multinomial distribution 569
multiparous 775
multiphilia 847
multiple-aptitude test 567
multiple baseline design 571
multiple causation 774
multiple-choice experiment 569
multiple-choice question 657
multiple-choice test 570
multiple classification 570
multiple comparisons 570
multiple correlation 395
multiple cutoff model of selection 532
multiple delusions 570
multiple drafts hypothesis 569
multiple family therapy 774
multiple hurdle model of selection 532
multiple-impact therapy 774
multiple-intelligences theory 570
multiple marital therapy 775
multiple mating 777
multiple monitored electroconvulsive treatment 632
multiple regression 391
multiple regression model of selection 532
multiple reinforcement schedule 777
multiple relationship 570
multiple-resource model 570
multiple-response test 777
multiple-role playing 847
multiple roles in persuasion 515
multiple sclerosis 575
Multiple Sleep Latency Test 569
multiple-spike recording 575
multiple-task performance 777
multiple trace hypothesis 570
Multiplex Controller Aptitude Test 774
multipolar neuron 568
multisensory learning 568
multisensory method 568
multiskill 847
multiskilled 847
multistage sampling 571
multistage theory 571
multistore model of memory 162
multisynaptic arc 570
multitrait-multimethod matrix 574
multivariate 576
multivariate analysis 576
multivariate analysis of variance 576
Munchausen syndrome 854
Munchausen syndrome by proxy 566
mundane realism 677
Munsell color system 849
murder 320
murder-suicide 320
muscae volitantes 752
muscarine 861
muscarinic receptor 861
muscle 211
muscle action potential 207
muscle contraction 209
muscle-contraction headache 209
muscle dysmorphia 211
muscle fiber 210
muscle relaxants 208
muscle relaxation 211
muscle sensation 208
muscle spindle 211
muscle-tension gradient 210
muscle-tension headache 209
muscle twitch 211
muscular dystrophy 209
muscular rigidity 208
muscular type 211
musculocutaneous nerve 211
musculoskeletal disorder 208
musculoskeletal system 208
musical ability 96
musical intelligence 96
musical interval 98
musician's cramp 854
musicogenic epilepsy 96
music therapy 96
mussitation 246
musturbation 693
musty 136
mutation 816
mutism 159
muttering delirium 671
mutual accommodation 538
mutual help 538
mutualism 542
mutually exclusive events 567
mutual pretense 537
mutual support groups 537
myasthenia 211
myasthenia gravis 394
mydriasis 326
myelencephalon 82
myelin 850
myelinated fiber 889
myelination 466
myelin sheath 850
myeloarchitecture 466
myelocele 466
myelomeningocele 510
myenteric plexus 210
Myers-Briggs Type Indicator 841
myesthesia 208
myoclonic epilepsy 850
myoclonic movements 850
myoclonic seizure 850
myoclonus 850

myoclonus epilepsy 850
myoelectric prothesis 211
myoesthesia 208
myoesthesis 208
myography 207
myoneural junction 442
myopathy 850
myopia 208
myosin 850
myosis 404
myostatic reflex 455
myotonia 208
myotonic disorder 208
myotonic muscular dystrophy 210
myriachit 855
mysophilia 778
mystical participation 458
mysticism 458
mystic union 458
mythology 464
mythomania 204
myxedema 693
MZ twins 39

# N

N 230
N1 attention effect 77
NA 847
nabilone 670
n-Ach 573
Nafe pattern theory 693
n-Aff 464
nagative afterpotential 53
Naglieri Nonverbal Ability Test 669
naikan 665
nail biting 616
naive analysis of action 258
naive hedonism 547
naive observer 547, 668
naive participant 668
naive realism 547
Nalline test 670
naloxone 670
naltrexone 670
name-of-the-father 590
NAMI 493
naming 669
naming task 865
nanometer 669
narcissism 343
narcissistic character 343
narcissistic object choice 343
narcissistic personality 343
narcissistic personality disorder 343
narcoanalysis 843
narcolepsy 670
narcolepsy-cataplexy syndrome 670
narcomania 847
narcosynthesis 843

narcotherapy 844
narcotic analgesic 90
Narcotics Anonymous 847
narcotic stupor 843
narrative method 670, 879
narrative psychotherapy 670
narrative theory 879
narrotophilia 670
NAS 532
nasal 737
nasal cavity 740
NASA Task Load Index 669
NASA TLX 669
nasopharynx 736
National Academy of Sciences 532
National Alliance for the Mentally Ill 493
national character 287
National Institute of Mental Health 532
nationalism 293
National Labor Relations Act 532
National Mental Health Association 532
National Science Foundation 532
native 840
Native American 17
native speaker 829
nativism 503
nativistic theory 248
natural 840
natural category 358
natural child 359, 365
natural childbirth 360
natural consequences 360
natural experiment 359
natural family planning 359
natural fertility 359
natural group 359
natural high 669
naturalism 359
naturalistic fallacy 359
naturalistic observation 358
naturalist intelligence 709
natural killer cell 669
natural language 358
natural language category 358
natural law 360
natural law theory 360
natural monism 358
natural reinforcer 358
natural selection 359
natural work module 359
natural work team 359
nature 358, 503
nature-nurture 63
nature-nurture controversy 63

nature-nurture problem 63
naturopathic medicine 360
naturopathy 360
Naturwissenschaftliche Psychologie 358
nautilus eye 86
navigation 669
nay-saying 691
NBAS 786
NDE 923
NE 701
near-death experience 923
near miss 672
near point 211
near point of convergence 777
Necker cube 692
neck-eye reflex 216
necromancy 929
necromania 361
necromimesis 378
necrophilic fantasies 361
necrophobia 361
necrosis 72
need 747, 894
need arousal 894
need distribution of rewards 825
need-fear dilemma 895
need for acievement 573
need for affection 2
need for affiliation 464
need for closure 101, 149
need for cognition 689
need for power 725
need gratification 900
need-press method 900
need-press theory 900
need reduction 900
needs assessment 677
need to belong 434
need to evaluate 754
nefazodone 693
negation 747
negative 748
negative acceleration 783
negative adaptation 783
negative affect 748
negative attitude 748
negative binomial distribution 783
negative conditioned stimulus 783
negative discriminative stimulus 783
negative emotion 691
negative exercise addiction 691
negative feedback 691, 783
negative hallucination 783
negative incentive 733
negative induction 785
negative Oedipus complex 53
negative priming 691

negative reference group 783
negative reinforcement 783
negative response 691
negative schizophrenia 53
negative self-talk 748
negative self-verification theory 783
negative-state-relief model 748
negative stereotype 748
negative suggestion 783
negative symptom 53
negative transfer 783
negative transference 53
negative tropism 783
negativism 205, 748
neglect 691, 860
neglect dyslexia 860
negligence 565
negligent hiring 124
negotiation 265
Neil v. Biggers 681
Nelson-Denny Reading Test 693
neoassociationism 464
neoassociationist theory 464
neobehaviorism 448
neocerebellum 449
neocortex 458
neodissociative theory 691
neo-Freudian 459
neolalia 691
neologism 248
neologistic jargon 248
neo-Malthusian 459
neonatal 450
neonatal drug dependency syndrome 450
neonatal imitation 450
neonatal period 450
neonate 450
neonaticide 69
NEO Personality Inventory 76
neophenomenology 691
neophilia 691
neophobia 440
NEO-PI 76
neoplasm 451
neoplastic 451
Neoplatonism 459
neostigmine 691
neostriatum 451
neoteny 895
nephrogenic diabetes insipidus 446
nepiophilia 33
Nernst equation 693
nerve 441
nerve block 446
nerve ending 444
nerve fiber 445
nerve growth factor 445

nerve impulse  441
nerve-muscle preparation  442
nerve of Wrisberg  912
nerve pathway  442
nerve root  443
nerve tissue  445
nerve trunk  442
nervios  693
nervous  444
nervous exhaustion  494
nervous habit  444
nervousness  444
nervous system  442
nervus terminalis  395
NES  442, 749
nest building  475
nesting  691
network  692
network analysis  692
network-analysis evaluation  692
networking  692
network-memory model  692
network therapy  692
neural arc  442
neural axis  443
neural circuit  442
neural conduction  445
neural constructivism  446
neural crest  445
neural Darwinism  446
neural fibril  443
neural folds  444
neuralgia  445
neural induction  446
neural integration  445
neural irritability  442
neural network  680
neural parenchyma  444
neural pathway  442
neural plasticity  446
neural plate  446
neural quantum theory  446
neural regeneration  443
neural reinforcement  445
neural substrate  442
neural transmission  445
neural tube  442
neural tube defect  442
neurasthenia  445
neuritis  442
neuroanatomy  442
neurobiofeedback  446
neurobiological  445
neurobiology  445
neurobiotaxis  443
neuroblast  442
neuroblastoma  442
neurochemistry  442
neurocontrol  445, 680
neurocrine  680
neurodermatitis  446
neuroeffector junction  443

neuroeffector transmission  443
neuroendocrinology  446
neuroethology  443
neurofeedback  446
neurofibril  443
neurofibrillary tangles  443
neurofibroma  445
neurofilament  446
neurogenesis  446
neurogenic communication disorder  443
neuroglia  443
neuroglioma  443
neurogram  680
neurohormone  446
neurohumor  442
neurokinin  680
neuroleptic malignant syndrome  443
neuroleptic syndrome  443
neurolinguistic programming  443
neurolinguistics  442
neurological amnesia  445
neurological evaluation  442
Neurological Evaluation Scale  442
neurological impairment  442
neurology  442
neuromodulator  444
neuromuscular disorder  442
neuromuscular junction  442, 443
neuron  680
neuronal cell death  443
neuronal group selection  446
neuronal regeneration  443
neuronal trasmission  445
neuron doctrine  680
neurone  680
neuropathic pain  444
neuropathology  446
neuropathy  680
neuropeptide  446
neuropeptide Y  446
neuropharmacology  446
neurophysiology  445
neuropil  446
neuroprotective  446
neuropsychological assessment  445
neuropsychological rehabilitation  445
neuropsychological test  445
neuropsychology  445
neuroreceptor  444
neuroscience  442
neurosecretion  446
neurosis  444
neurosurgery  697

neurosyphilis  446
neurotensin  680
neurotic anxiety  444
neurotic conflict  444, 445
neurotic depression  444
neurotic disorder  444
neurotic inventory  445
neuroticism  444
neurotic needs  444
neurotic resignation  444
neurotic solution  444
neurotic trend  444
neurotoxicology  446
neurotoxin  446
neurotransmission  445
neurotransmitter  445
neurotransmitter receptors  444
neurotrophic factor  442
neurulation  446
neutrality  601
neutralization  601
neutralizer  601
neutral monism  601
neutral point  599
neutral stimulus  599
Nevo syndrome  547
new-age therapy  680
new-look theory of cognitive dissonance  687
Newman-Keuls test  680
nexus  691
NGF  445
NGRI  450
NGT  864
NGU  760
NHST  179
niche picking  678
nicotine  673
nicotine dependence  673
nicotine withdrawal  673
nicotinic acid  673
nicotinic receptor  673
nictitating membrane  412
Niemann-Pick disease  678
night blindness  884
nightmare  7
nightmare-death syndrome  7
nightmare disorder  7
nignt-eating syndrome  882
nigrostriatal tract  286
nihil ex nihilo fit  858
nihilism  205
NIMH  532
nirvana  693
nirvana principle  693
Nissl bodies  677
Nissl method  678
nisus  662
nitrazepam  678
nitric oxide  40
nitrous oxide  8
NK cell  669
NLD  740

NLP  443
NMDA  76
NMDA hypothesis of consciousness  31
NMDA receptor  76
NMHA  532
NMR  117
NNAT  669
noble savage  262
nocebo  701
nociceptive reflex  439
nociceptor  439
noctiphilia  23
noctpphilia  23
nocturia  882
nocturnal  884
nocturnal emission  861
nocturnal myoclonus  882
nodal behavior  598
nodal point  515
node  701
node of Ranvier  905
noesis  344, 700
noetic  700
noetic memory  700
no excuse  816
noise  695
noise abatement  535
noise dose  535
noise effects  320
noise-induced hearing loss  535
noise pollution  535
nomadism  890
nomenclature  406
nomifensine  701
nominal aphasia  256
nominal fallacy  865
nominal group technique  864
nominalism  886
nominal leader  864
nominal realism  865
nominal scale  864
nominal stimulus  864
nominative  403
nominative self  403
nomological net  826
nomology  826
nomothetic  826
nomothetic score  826
nonaccidental properties  739
nonadaptive trait  748
nonadditive  738
nonadherence  778
nonaggressive society  740
nonattitude  745
noncardiac chest pain  743
noncentral chi-square distribution  743
noncentral F distribution  743
noncentrality parameter  744
noncentral t distribution

744
noncommunicating hydrocephalus 741
noncompetitive 739
noncompliance 778
non compos mentis 450
nonconformity 749
nonconscious self-regulation 858
noncontingent reinforcement 744
nondeclarative memory 745
nondecremental conduction 778
nondemanding pleasuring 202
nondemand pleasuring 202
nondirected discussion method 741
nondirectional test 919
nondirective approach 741
nondirective play therapy 741
nondirective teaching model 741
nondirective therapy 741
nondisjunction 784
nonepileptic seizure 749
nonequivalent-groups design 749
nonfalsifiable explanation 728
nonfluency 760
nonfluent aphasia 760
nongenetic inheritance 736
nongonococcal urethritis 760
nongraded school 858
noninvasive 743
nonjudgmental approach 601
nonlanguage test 740
nonlinear 745
nonlinear dynamics theories 745
nonlinear regression model 745
nonmanipulated variable 745
nonmonotonic logic 746
nonnormative influences 751
nonnutritive sucking 736
nonorganic hearing loss 738
nonorthogonal design 746
nonparametric statistics 701
nonprimary sensory area 674
nonprobability sampling 738
nonrandomized design 760
nonrational 778, 862
nonreactive observation

751
non-REM sleep 701
nonresponder bias 737
nonreversal shift 739
nonsense figure 858
nonsense syllable 858
non sequitur 778, 859
nonshared environment 739
nonspecific effect 749
nonstate theories of hypnosis 316
nonsyphilitic interstitial keratitis 285
nontraditional education 749
nontraditional marriage 749
nonverbal ability 740
nonverbal auditory perception test 740
nonverbal behavior 740
nonverbal communication 740
nonverbal intelligence 740
nonverbal learning 739
nonverbal learning disability 740
nonverbal learning disorder 740
nonverbal reinforcement 740
nonverbal vocabulary test 740
non-Western therapies 745
nonzero-sum game 745
noology 690
Noonan's syndrome 690
nootropic drugs 271
noradrenaline 701
norepinephrine 701
norepinephrine receptor 701
norm 168, 756
normal distribution 485
normality 489
normalization principle 701
normalize 756
normal-pressure hydrocephalus 490
normal science 615
normative 168
normative compliance 176
normative influence 176
normative-reeducative strategy 176
normative science 176
norm-referenced testing 396
Norrie's disease 701
Northern blot 700
nortriptyline 701
NOS 655
nose 718

nosogenesis 753
nosological approach 368
nosology 368
nosomania 368
nostalgia 194, 701
no-suicide contract 860
not guilty by reason of insanity 450
Nothnagel's acroparesthesia 701
not me 376
not otherwise specified 655
noumenal 367
noumenon 367
nous 590
novelty 441
novelty preference task 441
noxious stimulus 439
NPD 343
NPH 490
NREM sleep 701
NSAIDs 744
NSF 532
NST 291
NT 680
nubile 854
nuchal rigidity 279
nuclear complex 596
nuclear family 116
nuclear magnetic resonance 117
nuclear schizophrenia 120
nuclear warfare 120
nucleic acid 117
nucleolus 119
nucleotide 690
nucleus 116
nucleus accumbens 542
nucleus basalis magnocellularis 531
nucleus cuneatus 240
nucleus gracilis 708
nucleus of the solitary tract 291
nuisance parameter 203
nuisance variable 121
null finding 862
null hypothesis significance testing 179
number 471
number-completion test 126
number factor 471
numerical ability 230
numerical competence 471
numerical scale 471
numerology 471
nurse 149
nursing behavior 894
nursing home 895
nurturance 287
nurture 894
nutmeg 669
nutrient 71
nutritional disorder 71

nux vomica 845
NVC 740
nyctophilia 23
nyctophonia 596
nympholepsy 202, 689
nymphomania 689
nystagmus 155

O

OA 90
OAEs 331
obedience 776
obesity 752
obesity treatments 752
object 181, 555, 876
object-assembly test 376
object-based attention 781
object cathexis 556
object choice 555
object color 781
object constancy 781
object display 91
object fetish 91
objectifying attitude 555
objective 182, 876
objective competitive situation 194
objective elaboration 182
objective examination 182
objective indicator 182
objective psychology 182
objective psychotherapy 182
objective reality 182
objective reference 182
objective responsibility 182
objective scoring 182
objective self-awareness 182
objective set 183
objective test 183
objectivism 182
objectivity 182
object language 91
object-location memory 781
object loss 556
object love 555
object of consciousness 31
object of instinct 840
object-oriented play 91
object performance 879
object relations 555
object relations theory 555
object-superiority effect 781
obligate carrier 514
obligatory exercise 179
oblique 389
oblique rotation 389
obscenity 943
obscurantism 726
observation 150

observational error 156
observational learning 150
observational method 150
observational study 150
observer 150
observer drift 150
observing response 150
obsession 199
obsessive behavior 199
obsessive-compulsive disorder 199
obsessive-compulsive personality disorder 200
obsessive personality 199
obstruction method 413
obtrusive idea 199
obtrusive measure 868
obturator 809
OCB 545
Occam's razor 88
occasional inversion 214
occasionalism 212
occasion setter 887
occipital cortex 277
occipital lobe 277
occlusion 809
occult 87
occupation 428
occupational ability 429
occupational adjustment 429
occupational analysis 429
occupational classification 429
occupational counseling 428
occupational cramp 428
occupational culture 429
occupational disease 429
occupational ergonomics 429
occupational health psychology 428
occupational interest test 201
occupational neurosis 428
occupational norm 428
Occupational Safety and Health Administration 937
occupational segregation 429
occupational status 429
occupational stress 428
occupational test 429
occupational therapy 318
occurrence rate 486
OCD 199
oceanic feeling 565
oceanic state 565
Ockham's razor 88
octave 87
octave effect 87
ocular dominance 159
ocular dominance column 159

ocular dominance histogram 159
ocular dysmetria 146
ocular flutter 146
oculocerebral-hypopigmentation syndrome 157
oculocerebrorenal syndrome 158
oculogravic illusion 402
oculogyral illusion 146
oculogyric crisis 597
oculomotor apraxia 146
oculomotor changes 146
oculomotor nerve 637
oculomotor nucleus 637
oculomotor palsy 637
oculosympathetic paralysis 838
oculovestibular response 146
OD 85
O data 85
odd-even reliability 169
oddity from sample 752
oddity problem 301
odds 88
odds ratio 88
odor 672
odorant 392
odorant-binding protein 392
odorimetry 186
odorivector 672
odorvector 672
oedipal phase 76
oedipal stage 76
Oedipus complex 76
off cells 91
off-center/on-surround 91
off-center bipolar cell 91
off-center ganglion cell 91
off-label 91
off response 91
off-the-job training 201
off-time life events 91
Ohm's law 93
oikofugic 827
oikomania 72
OKR 333
olan 855
olanzapine 94
old-old 260
olfactie 95
olfaction 185
olfactometer 185
olfactometry 186
olfactophilia 95
olfactorium 860
olfactory adaptation 186
olfactory area 186
olfactory bulb 186
olfactory cilium 189
olfactory cross-adaptation 186
olfactory dysfunction 185
olfactory epithelium 187

olfactory eroticism 186
olfactory hallucination 245
olfactory mucosa 189
olfactory nerve 187
olfactory receptor 186
olfactory stimulation 186
olfactory sulcus 186
olfactory system 185
olfactory tract 186
olfactory transduction 186
olfactory tubercle 186
oligarchy 135
oligocephaly 94
oligodendrocyte 173
oligodendroglia 173
oligoencephaly 94
olivary nucleus 94
olivocochlear bundle 94
olivopontocerebellar atrophy 94
ololiuqui 96
OLSAT 89
ombudsman 99
omega squared 93
omen 528
omnibus test 93
omnipotence 732
O&M training 94
onanism 391
on cells 98
on-center bipolar cell 98
on-center ganglion cell 98
on-center/off-surround 98
oncology 408
ondansetron 98
one-group pre-post design 36
oneirism 859
oneiromancy 892
oneirophrenia 859
one-juror verdict theory 583
one-shot case study 438
one-sided message 39
one-tailed test 129
one-trial learning 578
one-way analysis of variance 36
one-way design 36
one-way mirror 843
one-word stage 36
oniomania 278
online self-help group 99
on-off cells 96
onomatopoeia 162
on response 99
onset insomnia 679
onset of action 322
on-the-job training 430
on-time life events 98
ontoanalysis 254
ontogenesis 292
ontogenetic psychology 292
ontogenic psychology 292
ontogeny 292

ontogeny of conscious experience 30
ontological confrontation 548
ontology 548
oocyte 908
oogenesis 906
OPD syndrome 86
open-book exam 192
open-book test 192
open call system 92
open-classroom design 92
open-classroom method 92
open class society 110
open-class words 92
open economy 92
open-ended question 391
open-field chamber 92
open group 92
open head injury 109
opening technique 91
open-loop system 112
openmindedness 760
openness to experience 229
open-office design 109
open shop 92
open skills 92
open society 760
open study 92
open system 92, 109
open system theory 92
operandum 92
operant 92
operant behavior 92
operant chamber 92
operant conditioning 92
operant conditioning chamber 92
operant conditioning therapy 92
operant level 92
operant paradigm 93
operant response 93
operating space 321
operation 538
operational analysis 93
operational definition 539
operationalism 538
operational sex ratio 364
operational thought 538
operationism 538
operationist view of consciousness 538
operations research 93
operative knowledge 538
operators 93
ophidiophilia 91
ophidophobia 814
ophthalmia 142
ophthalmic nerve 155
ophthalmology 143
ophthalmometer 121
ophthalmoplegia 148
ophthalmoscope 245
ophthalmoscopy 245

事項索引　1007

opiates　15
opinionaire　31
opinion giver　91
opinion leader　91
opinion poll　902
opinion seeker　91
opinion testimony　156
opioid abuse　15
opioid agonist　90
opioid analgesic　90
opioid analgesic addiction　90
opioid antagonist　90
opioid blockade　90
opioid dependence　15
opioid intoxication　15
opioid receptor　90
opioids　90
opioid withdrawal　15
opium　15
opium alkaloids　15
opponent cells　729
opponent-color theory　729
opponent process theory of acquired motivation　121
opponent process theory of emotion　121
opponent process theory of motivation　121
opponent theory of color vision　729
opportunism　93
opportunistic sampling　817
opportunity class　656
opportunity structure　163
oppositional defiant disorder　726
opposit test　725
opsin　91
optical axis　265
optical defect　333
optical flow pattern　259
optical illusion　318
optical projection　259
optical scanner　259
optic aphasia　333
optic apraxia　333
optic ataxia　333
optic atrophy　356
optic chiasm　344
optic disk　356
optic nerve　356
optic neuritis　356
optic radiations　377
optics　259
optic tectum　331
optic tract　352
optimal apparent motion　313
optimal design　313
optimal foraging theory　313
optimal interpersonal distance　313
optimality theory　313
optimal level　313

optimal level theory　313
optimal stimulation principle　313
optimal stopping rule　313
optimism　904
optimize　313
optogram　91
optokinetic effect　329
optokinetic reflex　333
optometry　245
oral-aggressive personality　267
oral apraxia　261
oral behavior　266
oral-biting phase　266
oral coitus　770
oral contraceptives　230
oral eroticism　267
oral-facial apraxia　261
oral-genital contact　96
oralism　284
orality　266
oral method　284
oral personality　266
oral reading　98
oral-receptive personality　267
oral sadism　266
oral sex　94
oral sound　261
oral stage　266
oral-sucking phase　266
oral test　274
ora serrata　205
ora terminalis　205
Orbison illusion　91
orbitofrontal cortex　146
orchidectomy　432
order　875
ordered metric scale　411
ordered scale　411
order effect　411
orderliness　497
order-of merit　870
order statistic　411
ordinality　411
ordinal scale　411
ordinate　574
Orestes complex　95
orexin　95
orexis　429
organelle　315
organ eroticism　163
organic　166
organic-affective syndrome　167
organic approach　87
organic brain syndromes　167
organic defect　167
organic delusional syndrome　167
organic dementia　167
organic disorder　167
organic hallucinations　164
organic hallucinosis　166

organicity　166
organicity test　166
organic mental disorders　167
organic paralysis　167
organic personality syndrome　167
organic repression　167
organic retardation　167
organic sensation　536
organic therapies　167
organ inferiority　164
organism　887
organismic　887
organismic model　887
organismic personality theory　887
organismic psychology　887
organismic valuing process　887
organismic variable　887
organization　545, 558
organizational approach　546
organizational assessment　545
organizational behavior modification　545
organizational citizenship behavior　545
organizational climate　546
organizational commitment　545
organizational culture　546
organizational culture analysis　546
organizational effect　545
organizational effectiveness　546
organizational hierarchy　545
organizational humanism　546
organizational hypothesis　545
organizational identification　546
organizational justice　546
organizational structure　545
organized offender　590
organ language　164
organ of Corti　302
organogenesis　164
organum vasculosum of the lamina terminalis　401
orgasm　87
orgasmic platform　87
orgastic impotence　87
orgastic potency　87
orgone　94
orgone accumulator　95
orgone therapy　95
orgy　906
orientation　94, 130, 255, 411, 617

orientation column　822
orienting response　617
original cause　304
Orne effect　95
ornithinemia　95
orofacial dyskinesia　260
orogenital activity　96
oropharynx　595
orphenadrine　91
Ortgeist　535
orthergasia　496
orthogenesis　233, 619
orthogenetic principle　619
orthogonal　610
orthogonal contrasts　610
orthogonal design　610
orthogonal polynomial contrasts　610
orthogonal rotation　610
orthography　490
orthokinesis　95
orthonasal olfaction　95
orthonasia　88
orthopsychiatry　195
orthoptics　373
orthoptoscope　388
Ortho-Rater　88
orthostatic hypotension　206
oscillator circuit　714
oscillograph　38
oscillometer　38
oscillopsia　651
oscilloscope　38
OSHA　937
osmolagnia　186
osmolarity　897
osmometer　186, 457
osmometric thirst　457
osmoreceptor　457
osmoregulation　457
osmosis　457
osmotic pressure　457
osmotic thirst　457
osphresiolagnia　186
osphresiophilia　392
ossicles　417
osteopathy　487
osteopetrosis　566
Ostwald color system　88
OT　318
OTC drugs　706
Othello syndrome/delusion　874
other conditions that may be a focus of clinical attention　924
other-directed　570
other psychosexual disorders　547
other-total ratio　784
Otis-Lennon School Ability Test　88
otitis media　597
otoacoustic emissions　331
otohemineurasthenia　130

otolith 358
otology 332
otoneurology 853
otosclerosis 853
ototoxic 666
OTR 784
ought self 179
Ouija board 293
outbreeding 29
outcome 237
outcome dependence 237
outcome evaluation 237
outcome expectancies 237
outcome interdependence 237
outcome measures 260
outcome research 237
outdoor training program 4
outer boundary 105
outercourse 4
outer granular layer 101
outer nuclear layer 101
outer plexiform layer 110
outer psychophysics 105
outgroup 103
outgroup extremity effect 103
outgroup homogeneity bias 103
outing 4
outlier 710
out-of-body experience 929
outpatient commitment 195
outpatient services 110
outplacement counseling 311
output interference 407
outsider 772
oval window 905
ovary 906
overachiever 90
overactivity 115
overage 90
overanxious disorder of childhood 896
overclassification 804
overconfidence 356
overcontrolled 135
overcorrection 125
overdetermination 607
overdispersion 137
overdose 125
Overeaters Anonymous 90
overexpectation 125
overextension 100
overgeneralization 125
overheating 136
overidentification 124
overinclusion 125
overintensity 125
overjustification effect 125
overlapping factor 53
overlapping psychological tasks 676
overlearning 124
overload 137
overload principle 137
overpayment inequity 136
overproduction 125, 490
overproductive ideas 125
overprotection 138
overreaction 125
overshadowing 55
overshoot 90
oversimplification 125
overstaffing 125
overt 250
overt behavior 250
over-the-counter drugs 706
overt homosexuality 254
overtraining syndrome 125
overt response 250
overvalued idea 291
oviduct 906
oviparity 906
OVLT 401
ovulation 706
ovulatory cycle 706
ovum 905
own control 349
oxidation 323
oxycephaly 644
oxytocics 339
oxytocin 87

## P

P1 attention effect 736
P3 component 736
p53 736
PA 806
pacemaker 811
Pachini's corpuscle 713
pachygyria 278
Pacinian corpuscle 713
package testing 714
packet switching 709
padded cell 829
PAG 600
pain 35
pain disorder 646
pain drawing 810
pain endurance 35
painful sexual intercourse 487
pain management 810
pain mechanisms 36
pain pathway 35
pain perception 35
pain receptor 439
pain scale 35
pain sense 614
pain threshold 35
pain tolerance 35
paint sniffing 457
pair bond 615
paired-associates learning 614
paired associations 614
paired comparison 41
pairing 806
pairing hypothesis 806
pairmate 806
palaeopsychology 291
palate 259
palatine uvula 259
palatum durum 263
paleocerebellum 187
paleocortex 189
paleologic thinking 303
paleopsychology 291
palilalia 642
palinlexia 191
palinopia 733
palinopsia 733
palinphrasia 248
paliopsy 733
paliphrasia 248
palliative care 215
pallidotomy 582
palmar 412
palmar conductance 404
palmar reflex 405
palpebral fissure 149
palpitation 637
PAN 19
panacea 733
pancreas 466
pancreatitis 466
pandemic 566
panel study 719
panic 718
panic attack 719
panic control treatment 718, 719
panic disorder 718
panpsychism 728
pansexualism 729
pantheism 728
pantomime 731
pantry-check technique 731
Panum phenomenon 719
Panum's fusional area 719
papaverine 719
paper-and-pencil test 746
paperless office 814
Papez circle 720
Papez circuit 720
Papez-MacLean theory of emotion 843
Papez's theory of emotion 720
papilla 679
papilledema 679
PAQ 431
parabiosis 809
parabiotic preparation 722
paracentral scotoma 826
paracentral vision 599
paracetamol 9
parachlorophenylalanine 721
paracinesia 65
paracontrast 721
paracrine 826
paracusia 319
paracyesis 339
paradigm 287, 721, 922
paradigm clash 721
paradigm shift 721
paradox 722
paradoxical cold 861
paradoxical directive 181
paradoxical intention 181
paradoxical motion 722
paradoxical reaction 161
paradoxical technique 180
paradoxical thinking 181
paradoxical warmth 860
paradox of freedom 400
parafovea 826
parageusia 319
paragigantocellular nucleus 204
paragrammatism 319
paragraphia 318
paragraph-meaning test 721
parahippocampal gyrus 108
parakinesia 65
parakinesis 65, 721
paralalia 247
paralanguage 721
paraldehyde 721
paralexia 319
parallax 352
parallel distributed circuit 810
parallel distributed processing 810
parallel fiber 807
parallelism 807
parallel play 807
parallel processing 810
parallel search 810
paralogia 319
paralogism 296
paralysis 846
paralysis agitans 451
paramedic 50
parameter 722
parametric statistics 722
paramimia 757
paramimism 722
paranoia 873
paranoiac character 722
paranoia querulans 271
paranoid condition 873
paranoid delusion 818
paranoid hostility 873
paranoid ideation 874
paranoid litigious state 271
paranoid personality disorder 873
paranoid psychosis 873
paranoid-schizoid position

874
paranoid schizophrenia 873
paranoid state 873
paranoid system of beliefs 818
paranoid tendency 873
paranormal 605
paranosic gains 550
paraphasia 318
paraphegia 614
paraphemia 318
paraphilia 488
paraphilia not otherwise specified 655
paraphonia 97
paraphrase 722
paraphrasia 294
paraphrasic error 318
paraphrenia 722
parapraxis 365
paraprofessional 533
parapsychology 605
parareaction 607
parasexuality 503
parasite 169
parasitism 169
parasomnia 469
parasomnia not otherwise specified 655
parasuicide 926
parasympathetic nervous system 774
parataxic distortion 722
parataxis 810
parateresiomania 722
parathyroid gland 774
parathyroid hormone 774
paratype 721
paraventricular nucleus 355
paraverbal therapy 721
paraworld 722
paregoric 724
parenchyma 365
parens patriae 216
parental behavior 94
parental investment 94
parental investment theory 94
parental perplexity 94
parental rejection 94
parent counseling 785
parent effectiveness training 93
parenteral drug administration 739
parent image 93
parenting 894
Parenting Stress Index 29
parenting training 29
parent management training 93
parent-offspring conflict 94
Parents Anonymous 806

parent training 29
parergasia 318
paresis 779
paresthesia 143
Pareto principle 724
parietal cortex 646
parietal lobe 646
parieto-occipital sulcus 646
Paris Medical School 323
Parkes-Weber syndrome 474
parkinsonism 707
Parkinson's disease 708
parole 139, 829
parorexia 46
parosmia 318
parosphresia 318
paroxetine 724
paroxysm 833
paroxysmal sleep 670
parse 103, 279
part correlation 784
parthenogenesis 578
partial agonist 784
partial agraphia 784
partial concealment 783
partial correlation 819
partial hospitalization 784
partial insanity 784
partialism 784
partial least squares 783
partial lipodystrophy 245
partially ordered scale 784
partial reinforcement effect 783
partial report 784
partial seizure 784
participant 324
participant modeling 324
participant observation 327
participant observer 327
participation 323, 889
participative decision-making 323
participative leadership 324
participatory design 323
participatory ergonomics 323
participatory evaluation 323
particularism 297
part-list cuing inhibition 784
part method of learning 784
part-object 784
part-whole problem 784
parvocellular system 417
PAS 519
pasmo 474
passion 424, 692
passionate love 424
passionflower 657

passive 407
passive-aggressive 408
passive-aggressive personality disorder 408
passive algolagnia 408
passive avoidance 407
passive-avoidance learning 407
passive deception 415
passive euthanasia 415
passive learning 408
passive listening 233
passive management by exception 929
passive recreation 408
passive rehearsal 408
passive resistance 415
passive scopophilia 408
passive suicide 408
passive touch 407
passive transport 408
passive vocabulary 409
passive voice 407
passivism 407
passivity 407
passivity phenomena 407
PASS model 710
pastoral counseling 710
patch-clamp technique 717
paternal behavior 779
paternalism 137
path 235, 710
path analysis 710
path coefficient 710
path-goal theory of leadership 914
pathoclisis 652
pathogenesis 753
pathogenic 755
pathogenic family pattern 753
pathogeny 753
pathognomonic 654
pathognomy 454
pathological aging 758
pathological doubt 758
pathological fallacy 759
pathological gambling 758
pathological inertia 758
pathological jealousy 874
pathological lying 758
pathology 759
pathomimersis 321
pathomimicry 321
pathomiosis 718
pathomorphism 32
pathophysiology 758
pathphobiat 755
pathway 235
patient 407
patient-client issue 151
patriarchy 137
patricide 590
patrilocal 590
pattern 712

pattern coding 713
pattern discrimination 713
patterned interview 712
patterning 712
patterning theory of taste coding 8
pattern matrix 713
pattern recognition 713
pattern theory 713
pattern vision 232
pause 186
Pavlovian conditioning 720
pavor 882
payoff matrix 916
PCP 736, 785
PCP intoxication 736
PCP intoxication delirium 736
PCR 837
Pcs 519
PD 488
PDAT 20
PDDNCS 655
PDM 323
PDP 810
Peabody Picture Vocabulary Test 752
peak clipping 739
peak experience 344
peak performance 739
peak procedure 739
peak shift 739
Pearson product-moment correlation 735
pecking order 616
pectus carinatum 718
pedagogy 194
pederasty 424
pediatric psychology 423
pediatric psychopharmacology 424
pedigree 232, 233
pedigree method 123
pedology 370
pedomorphism 813
pedomorphosis 895
pedophilia 395
peduncle 696
peduncular hallucinosis 696
peeping Tom 751
peer 669
peer counseling 735
peer group 669
peer pressure 669
peer rating 735
peer tutoring 669
pegboard test 811
peg-word mnemonic system 811
pejorism 32
Pelizaeus-Merzbacher disease 815
pellagra 814
pellet 816
pemoline 814

pendular knee jerk  788
pendulum problem  788
penetrance  457
penetrating head injury  528
penetration  156
penetration response  637
penile prosthesis  447
penilingus  770
penis  52
penis envy  813
penology  234
Penrose triangle  821
pentobarbital  820
people-first language  750
pepsinogen  814
peptide  814
peptide hormone  814
perceived behavioral control  276
perceived reality  682
perceived risk  912
perceived self  587
perceived self-efficacy  347
perceived susceptibility  761
percentage reinforcement  711
percentile  711
percentile reinforcement  711
percept  588
perception  586
perception deafness  142
perception of spatial relations  212
perceptron  710
perceptual aftereffect  324
perceptual anchoring  587
perceptual classification  587
perceptual closure  587
perceptual constancy  588
perceptual cues  587
perceptual cycle hypothesis  588
perceptual defense  587
perceptual deficit  587
perceptual development  588
perceptual disorder  587
perceptual distortion  588
perceptual disturbance  587
perceptual expansion  586, 688
perceptual extinction  587
perceptual field  588
perceptual filtering  588
perceptual fluency  588
perceptualization  586, 587
perceptual learning  586
perceptual localization  587
perceptual-motor coordination  586
perceptual-motor learning  586
perceptual-motor match  586
perceptual organization  587
perceptual representation system  587
perceptual restructuring  588
perceptual rivalry  588
perceptual schema  587
perceptual segregation  588
perceptual sensitization  587
perceptual set  587
perceptual style  588
perceptual synthesis  587
perceptual training  587
perceptual transformation  587, 588
perceptual user interface  587
perdida  474
peregrination  816
peremptory challenge  528
perfectionism  155
perforant path  156
performance  720
performance anxiety  720
performance appraisal  196
performance assessment  196, 720
performance contract  484
performance enhancement  720
performance evaluation  196
performance goal  465
performance imagery  465, 720
performance-operating characteristic  465
performance review  196
performance routine  504
performance test  642
performative  465
periamygdaloid cortex  820
periaqueductal gray  600
perikaryon  119, 316
perilymph  112
perimeter  388
perimetry  389
perinatal herpes-virus infection  394
period  163
periodicity  392
periodicity theory  393
peripheral  401, 402
peripheral anticholinergic syndrome  845
peripheral cue  402
peripheral dyslexia  401
peripheral dysostosis with nasal hypoplasia  718
peripheralism  845
peripheralistic psychology  845
peripheral nerve fiber classification  845
peripheral nervous system  845
peripheral neuropathy  845
peripheral route to persuasion  515
peripheral vision  401
periphery  401
perirhinal cortex  187
peritraumatic dissociation  455
periventricular white matter  697
Perky effect  707
perm  488
permastore  68
permeability  457
permissible exposure level  205
permissiveness  156
permissiveness with affection  2
permissive parenting  205
permutation test  670
perphenazine  815
persecution delusional disorder  708
persecutory delusion  737
perseveration  288, 733
perseveration-consolidation hypothesis  288
perseveration set  288
perseverative error  288
persistence  360, 693
persistence of an attitude  560
persistence of vision  326
persistent puberism  360
persistent vegetative state  519
persona  815
personal adjustment  290
personal arousal scale  289
personal attribution  543
personal audit  449
personal-care attendant  149
personal commitment  290
personal construct  712
personal construct therapy  712
personal data sheet  290
personal disjunction  290
personal disposition  488
personal distance zone  291
personal documents  290
personal equation  289
personal fable  290
personal-growth group  346
personal-growth laboratory  458
personal-history questionnaire  289
personalism  440
personalistic approach  440
personalistic psychology  440
personality  711
personality assessment  711
personality breakdown  711
personality change  712
personality correlates  711
personality deterioration  440
personality development  440
personality disintegration  712
personality disorders  711
personality inventory  440
personality processes  712
personality psychology  711
personality structure  711
personality test  440
personality trait  711
personality type  712
personalization  346
personalized instruction  289
Personal Orientation Inventory  347
personal plan  290
personal projects  712
personal protective equipment  291
personal space  289
personal-space invasion  289
personal strivings  290
personal unconscious  290
person-centered planning  290
person-centered psychotherapy  903
person-centered team  290
personification  712
person-machine system  681
person-needs analysis  712
personnel data  449
personnel psychology  449
personnel selection  449
personnel specification  448
personnel test  290
personnel training  428
personology  439
person perception  557
person-to-person rating scale  749
perspective  81, 149, 710
perspective taking  369
perspective theory  710
perspectivism  81
perspiration  714
persuasion  515

persuasion therapy 516
persuasive arguments theory 438
persuasive communication 515
pertinence model 718
perturbation 651
pertussis 753
pervasive developmental disorder not otherwise specified 655
pervasive developmental disorders 278
perversion 642
pessimism 738
PET 93, 830
petechial hemorrhage 633
Peter principle 745
pethidine 870
petitio principii 942
petting behavior 813
peyote 62
P factor analysis 735
Pfaundler-Hurler syndrome 721
Pfeiffer's syndrome 763
PG 795
PGN 204
PGO spikes 736
PGR 494
phacomatosis 835
phacoscope 466
Phaedra complex 763
phagocytosis 429
phagomania 664
phakomatosis 835
phakoscope 466
phallic 763
phallicism 580
phallic mother 763
phallic personality 579
phallic phase 579
phallic pride 580
phallic sadism 579
phallic stage 579
phallic symbol 580
phallocentric 580, 582
phallus 580
phanerothyme 763
phantasm 244
phantasmagoria 542, 782
phantastica 213
phantasticum 213
phantasy 764
phantom 244
phantom color 244
phantom limb 250
phantom-lover syndrome 244
phantosmia 32
pharmacodynamics 883
pharmacodynamic tolerance 883
pharmacogenetics 45
pharmacogenomics 883
pharmacokinetics 883

pharmacological antagonism 883
pharmacology 882
pharmacotherapeutic regimen 883
pharmacotherapy 883
pharynx 54
phase 768
phase locking 34
phase shift 34
phasic receptor 541
phatic communication 389
phenelzine 769
phenobarbital 769
phenocopy 755
phenomenalism 253
phenomenal motion 253
phenomenal self 253
phenomenal space 253
phenomenistic causality 253
phenomenological analysis 253
phenomenological death 253
phenomenological theory 253
phenomenological therapy 253
phenomenology 252
phenomenon 252
phenothiazines 769
phenotype 755
phentermine 770
phentolamine 770
phenylalkylamines 768
phenylcyclohexyl derivatives 769
phenylethylamines 768
phenylketonuria 768
phenylpyruvic acid 769
phenylpyruvic oligophrenia 769
phenytoin 768
pheochromocytoma 131
pheromone 770
phi coefficient 763
phi-gamma function 763
Phillips Rating Scale of Premorbid Adjustment in Schizophrenia 766
philology 801
philopatry 767
philosophical psychology 627
philosophical psychotherapy 627
philosophy 627
philosophy of mind 288
philosophy of science 115
phimosis 824
Phineas Gage 766
phi phenomenon 763
phlebotomy 426
phlegmatic type 693
phobia 200

phobic anxiety 200
phobic attitude 200
phobic avoidance 200
phobic character 200
phobic disorders 200
phocomelia 8
phonasthenia 97
phonation 715
phone 578
phoneme 98
phoneme-grapheme correspondence 98
phonemic awareness 98
phonemic disorder 98
phonemic restoration effect 98
phonemics 98
phonetics 97
phonetic symbolism 284
phonics 771
phonism 603
phonogram 753
phonological disorder 96
phonological dysgraphia 96
phonological dyslexia 96
phonological loop 96
phonological recording 96
phonology 96
phonopathy 715
phonopsia 339
phoria 379
phosphene 156
phosphoinositide 832
phosphorylation 923
photic driving 738
photism 265, 333
photoaging 738
photobiology 738
photocoagulation 738
photocounseling 771
photogenic epilepsy 262
photoma 262
photomania 269
photometer 278
photometry 547
photon 264
photoperiodism 265
photophobia 269
photopic 864
photopic luminosity 864
photopic-sensitivity curve 864
photopic stimulation 864
photopic vision 864
photopigment 149, 375
photopsia 265
photopsin 771
photopsy 265
photoreceptor 738
photosensitivity 269
phototaxis 537
phototherapy 738
phototropism 216
PHR 497
phrase 212

phrase-structure grammar 214
phratry 787
phrenic nerve 85
phrenology 293
phthinoid 832
phylogenesis 233
phylogenetic principle 233
phylogeny 233
phylum 881
physical abilities 454
physical dependence 452
physical extension device 454
physicalism 78
physically correct doll 13
physical map 765
physical medicine 781
physical modality 453
physical therapy 781, 909
physiognomic perception 683
physiognomy 383
physiological age 454
physiological antagonism 508
physiological arousal 508
physiological assessment 508
physiological correlate 508
physiological cycle 508
physiological factors 508
physiological motive 508
physiological needs 508
physiological nystagmus 508
physiological paradigm 508
physiological response specificity 508
physiological saline 508
physiological zero 508
physiology 508
physiopathology 508
physostigmine 765
PI 410
pia-arachnoid 671
Piagetian task 735
Piagetian theory of intelligence 735
pia mater 671
pica 33
Pick's disease 746
Pickwickian syndrome 746
picrotoxin 739
picture-anomalies test 845
picture-arrangement test 100
picture-completion test 100
picture-interpretation test 100
picture superiority effect 127
picture-world test 100
pidgin 743

piecewise regression 216
piecework 763
pie chart 81
Pierre Robin's syndrome 736
Pigem's question 704
pigeon breast 718
pigment bleaching 339
pigment epithelium 339
pigment regeneration 874
PIL 505
Pillai's trace 760
pilocarpine 761
piloerection 915
pilot selection 706
pilot study 901
pilot testing 345
pilpmotor effect 915
Piltz's reflex 642
pimozide 752
pincer grip 616
pineal gland 413
Pinel's system 751
pinna 331
piperidinediones 752
Piper's law 705
piriform area 911
pitch 747
pitch discrimination 747
pithiatism 23
Pitre's law 750
Pitre's rule 750
pituitarism 126
pituitary cachexia 126
pituitary gland 126
pity 22
pivot grammar 340
PK 693
PKU 768
place attachment 709
placebo 180, 786
placebo control group 181
placebo effect 786
place cells 710
place learning 710
placement 705
placement counseling 429, 705, 791
placement test 791
placenta 563
placental mammal 563
place theory 710
placing 617
PLAN 297
plan 788
Planck's principle 788
planned behavior 228
planned comparison 360
planned contrast 360
planned parenthood 406
plantar reflex 543
planum temporale 544
plaque 725
plasticity 128
plastic surgery 232
plastic tonus 129

plateau 787
Plateau's spiral 787
Platonic idealism 787
Platonic love 787
platycephaly 820
platykurtic 151
plausible rival hypothesis 878
play 10
playacting 374
playfulness 10
play-group psychotherapy 399
play therapy 888
pleasantness 101
pleasure 902
pleasure center 110
pleasure principle 110
pleniloquence 303
pleonasm 417
pleonexia 664
plethysmograph 792
plexiform layer 873
plexus 535
PLISSIT 735
plosive 724
pluralism 569, 569
pluralistic ignorance 394
PM 36
PMS 239
PNC 535
PNES 439
pneumatograph 285
pneumoencephalography 174
pneumogastric nerve 865
pneumograph 285
PNS 845
POC 465
poetry therapy 336
Poetzl phenomenon 813
Poggendorf illusion 833
POI 347
point estimate 633
point factor method 822
point-hour ratio 497
pointing 353
point localization 633
point method 822
point mutation 822
point of subjective equality 404
Poisson distribution 822
Poisson regression model 822
polar body 204
polar continuum 204
polarization 801, 817
polarized membrane 801
polar opposites 552
police psychologist 230
policy analysis 487
policy research 487
polioencephalitis 107
poliomyelitis 187
political correctness 489

political genetics 488
political psychology 488
political socialization 489
political sociology 488
pollution 88
poltergeist 838
polyandry 40
polychoric correlation 576
polydipsia 567
polydrug dependence 577
polydystrophic oligophrenia 326
polyethism 275
polygamy 775
polygenic inheritance 567
polygenic trait 567
polyglot reaction 569
polygraph 836
polygynandry 575
polygyny 42
polyiterophilia 124
polymerase chain reaction 837
polymodal 837
polymorphism 568, 577
polymorphous perversity 568
polyneuritis 575
polyneuropathy 575
polynomial regression 569
polyopia 569
polyorchidism 497
polypeptide 837
polyphagia 570
polypharmacy 569
polyphasic sleep 571
polysemy 568
polysensory unit 568
polysomnograph 470
polysomnography 470
polysurgical addiction 235
polysynaptic arc 570
polysynaptic reflex 570
POMC 794
POMS 177
pons 696
pontine nucleus 192
pontine sleep 195
pontocerebellar pathway 195
Ponzo illusion 840
pooled interdependence 790
pooled variance 790
pooled within-cell variance 790
pooling 790
poor premorbid schizophrenia 134
pop-out 834
popular psychology 615
population 447, 830
population density 448
population research 448
population stereotype 447
population vector 835

POR 881
pornography 839
pornolagnia 425
porphyria 839
PORT 640
Porter-Lawler model of motivation 638
Porter's law 833
Porteus Maze Test 834
Portman Clinic 834
portmanteau neologism 305
port-wine stain 782
position 571
positional alcohol nystagmus 19
positional cloning 829
Position Analysis Questionnaire 431
position effect 36
positioning 829
position power 585
positive acceleration 504
positive addiction 272
positive affect 272
positive afterpotential 896
positive attitude 272
positive definite 500
positive discrimination 512
positive discriminative stimulus 505
positive emotion 829
positive exercise addiction 829
positive family history 895
positive feedback 505, 830
positive findings bias 512
positive hallucination 504
positive hit rate 504, 505
positive illusion 829
positive incentive 505
positive interdependence 504
positive motivation 830
positive psychology 829
positive punishment 505
positive regard 272
positive reinforcement 504
positive schizophrenia 896
positive self-regard 830
positive self-talk 829
positive stereotype 272
positive symptom 896
positive transfer 505
positive transference 896
positive tropism 504
positivism 365
positivist criminology 365
positron emission tomography 830
possession trance disorder 111
possessiveness 435
postcaptivity health problems 271
postcentral area 598

postcentral gyrus 598
postchiasmatic visual deficit 288
postcognition 123
postcompetition anxiety 196
postconcussion syndrome 697
postconventional level 571
postcopulatory behavior 279
postemployment services 301, 395
postencephalitic amnesia 695
postencephalitis syndrome 695
posterior 279
posterior cerebral artery 271
posterior commissure 263
posterior communicating artery 263
posterior cortex 279
posterior distribution 352
posterior horn 259
posterior pituitary 126
posterior root 264
posterior subarachnoidean space 558
postexperimental inquiry 362
postformal thought 287
postganglionic autonomic neuron 437
post hoc comparison 351
post hoc contrast 351
post hoc ergo propter hoc 522
post hoc fallacy 52
posthypnotic amnesia 316
posthypnotic suggestion 288
postictal 833
postmodernism 832
postmortem examination 250
postnatal sensorineural lesions 406
postpartum depression 324
postpartum emotional disturbance 324
postpartum period 406
postpartum psyhosis 522
postpositivism 832
postreconstructive surgery 310
postreinforcement pause 192
postrotational nystagmus 105
postschizophrenic depression 641
poststructuralism 831
postsynaptic 372

postsynaptic potential 372
postsynaptic receptor 372
posttest 350, 832
posttest counseling 350
posttetanic potentiation 627
posttraumatic amnesia 455
posttraumatic disorders 103
posttraumatic epilepsy 103
posttraumatic personality disorder 103
posttraumatic stress disorder 103
posttreatment follow-up 611
postural aftereffect 357
postural arm drift 62
postural control 357
postural reflex 358
postural set 358
posture 357
posturing 357
postvention 345
postventral nucleus 279
pot 834
potency 278, 501
potential 523, 630
potentiation 539
potlatch 835
Pötzl phenomenon 813
Pötzl's syndrome 813
poverty of content of speech 717
poverty of ideas 157
poverty of speech 717
POW 837
power 255, 508, 926
power base 508
power-coercive strategy 509
power distance 508
power elite 256
power function 255, 811
power grip 673
power law 811
powerlessness 862
power play 725
power test 910
PPA 656
PPVT 752
PQ4R 736
practical intelligence 366
practical intelligence task 366
practice 935
practice effect 935
practice goal 935
practice guidelines 365
practice material 935
practice trial 935
practicum supervision 365
Prader-Labhart-Willi-Fanconi Syndrome 786
Prader-Labhart-Willi Syndrome 786

Prader-Willi syndrome 786
pragmatic language 301
pragmatics 301
pragmatism 368
praimal repression 256
praxiology 273, 681
praxis 364, 365
PRE 783
preadolescence 354
preattentive processing 528
preaversive stimulus 358
precategorical acoustic storage 519
precausal thinking 519
precedence effect 521
precentral gyrus 598
prechiasmatic visual deficit 524
precipitating cause 535
precision 502
precision grip 507
precision of process 436
preclinical psychopharmacology 534
precocial 539
precocious puberty 541
precocity 539
precognition 900
precompetition anxiety 193
precompetition imagery 197
preconception 531
preconscious 519
preconscious thinking 519
preconventional level 520
precue 359
precuneus 240
precursor 520
predation 831
predator 831
predator pressure 831
predatory aggression 831
predatory behavior 831
predatory paraphilia 918
predestination 900
predicate 407
predicate analysis 406
predicate thinking 406
prediction 899
prediction interval 899
predictive efficiency 899
predictive validity 899
predictive value 900
predictor 900
predictor display 900
predictor variable 900
predisposing cause 535
predisposition 535, 546
preeclampsia 337
preening 483
preestablished harmony 901
preexperimental design

901
preference 521
preference for consistency 40
preference method 522
preference test 522
preferential effect 521
preferential looking technique 522
preferred noise criterion 535
preferred provider arrangement 356
prefigurative culture 855
prefix 515
prefrontal cortex 530
preganglionic autonomic neuron 437
pregenital organization 525
pregenital phase 525
pregnancy 683
preinquiry 359
prejudice 531, 317
prelingually deafened 248
prelinguistic 521
preliterate 877, 902
preloading 793
prelogical thinking 534
Premack's principle 792
premarital counseling 239
premarital sex 305
premature ejaculation 542
prematurity 851
premedtation 257
premenstrual dysphoric disorder 239
premenstrual syndrome 239
premenstual stress syndrome 239
premoral stage 531
premorbid 757
premorbid abilities 757
premorbid adjustment 757
premorbid personality 757
premorbid schizophrenia 757
premortem clarity 374
premotor area 519
premotor cortex 519
premotor theory of attention 65
prenatal counseling 406
prenatal developmental anomaly 407
prenatal influence 407
prenatal masculinization 407
prenatal period 524
prenatal stress 407
preoccupation 834
preoccupied attachment 660
preoedipal 519

preoperational stage 525
preoperational thought 526
preoptic area 352
preorgasmic 87, 519
preparation 411
preparatory adjustment 412
preparatory interval 411
preparatory response 901
preparatory set 901
prepared learning 412
preparedness 117
prephallic 528
pre-post design 359
prepotency 45
prepotent response 889
prepotent stimulus 889
prepsychotic panic 495
prepsychotic personality 525
prepubertal stage 354
prepuberty 354
prepubescence 354
prepuce 826
prepulse inhibition 792
preputium 826
prepyriform area 533
prerelease anxiety state 109
presbycusis 937
presbyopia 937
preschool program 391
prescribing 435
prescription privilege 435
prescriptive grammar 176
prescriptivism 176
preselection 359
presenile dementia 436
presenile dementia of the Alzheimer's type 20
presenilin 792
presenility 542
presentation 755, 792
presenting 792
presenting symptom 404
presentist 250
Present State Examination 250
preservation 832
presolution variability 101
prespeech development 521
press 11
pressor effect 412
pressure 11
pressured speech 717
pressure gradient 11
pressure of activity 133
pressure of ideas 157
pressure of speech 717
pressure sense 10
pressure-threshold test 10
pressure ulcer 11
prestige 33
prestige suggestion 30

prestriate area 889
prestriate cortex 889
presupposition 528
presynaptic 372
preterm viability 539
preternatural 605
pretest 359, 792
pretest-posttest design 359
pretrial publicity 279
prevalence 890
prevention 901
prevention design 824
prevention research 902
preventive care 901
preventive counseling 901
preventive stress management 902
preverbal construct 521
prevocational training 392
priapism 833
price-quality relationship 115
prick experience 789
pride 829
primacy effect 435
primal anxiety 256
primal depression 895
primal fantasy 246
primal father 256
primal-horde theory 251
primal repressin 38
primal sadism 37
primal scene 246
primal therapy 253
primal trauma 244
primary abilities 179
primary aging 38
primary anxiety 308
primary appraisal 37
primary attention 37
primary behavior disorder 37
primary care 785
primary care provider 785
primary care psychology 785
primary cause 391
primary circular reaction 550
primary colors 253
primary control 37
primary coping 37
primary cortex 38
primary data 38
primary degenerative dementia 36
primary deviance 37
primary drive 37
primary emotion 37
primary empathy 178
primary environment 37
primary erectile dysfunction 37
primary gains 550
primary group 37

primary homosexuality 450
primary hue 324
primary hypersomnia 255
primary identification 37
primary insomnia 255
primary line of sight 358
primary masochism 38
primary maternal preoccupation 253
primary memory 36
primary mental deficiency 37
primary microcephaly 255
primary mood disorder 37
primary motivation 37
primary narcissism 37
primary need 38
primary odor 252
primary orgasmic dysfunction 37
primary personality 405
primary prevention 38
primary process 36
primary quality 550
primary reinforcement 37
primary relationship 38
primary repression 256
primary reward 38
primary sensory area 36
primary sexual dysfunction 37
primary skin senses 409
primary social unit 669
primary somatosensory area 36
primary stuttering 36
primary symptoms 36, 428
primary task 409
primary taste 179
primary taste cortex 38
primary territory 38
primary thought disorder 37
primary visual cortex 767, 889
primary visual system 36
primary warfare situations 37
primate 929
primidone 789
primigravida 435
priming 785
Priming the pump technique 676
primipara 406
primiparous 406
primitive 252
primitive defense mechanism 252
primitive superego 36
primitivization 251
primordial panic 252
principal-axis factor analysis 404
principal component analy-

sis 405
principal-component factor analysis 405
principle 254, 256
principled negotiation 254
principled stage 785
principle of belongingness 170, 434
principle of closure 806
principle of constancy 77
principle of continuity 936
principle of contradiction 860
principle of contrast 563
principle of distributed repetitions 801
principle of equipotentiality 648
principle of good shape 894
principle of inertia 155
principle of mass action 369
principle of non contradiction 860
principle of optimal stimulation 313
principle of Pragnanz 792
principle of proportionality 761
principle of proximity 210
principle of recency 441
principle of similarity 927
principle of symmetry 556
print enlargement system 52
prion 788
prion disease 788
prisoner of war 837
prisoner's dilemma 395
prison psychologist 234
prison psychosis 261
privacy 785
private event 369
private self 369
privation 241
privilege 749
privileged access 657
privileged communication 408
proactive interference 410
proattitudinal behavior 271
probabilism 104
probabilistic functionalism 122
probabilistic hypothesis 122
probability 121
probability curve 122
probability density function 122
probability distribution 122
probability learning 121
probability mass function 122

事項索引　1015

probability sample　122
probability theory　122
proband　833
probation　829
probe　604
probe technique　797
probing　580
probit analysis　797
problem behavior　881
problem box　881
problem checklist　881
problem finding　881
problem-focused coping　881
problem isomorphs　639
problem-oriented record　881
problem representation　881
problems in living　484
problem solving　881
problem-solving interview　881
problem space　881
procaine　794
procedural justice　628
procedural learning　628
procedural memory　628
procedural rationality　628
procedure　628
proceptivity　698
process analysis　134, 795
process consultation　201
process-dissociation method　134
process evaluation　795
process experiential psychotherapy　134
processing-efficiency theory　435
Processing Speed Index　436
process loss　795
process observer　795
processor　795
process-reactive　795
process research　795
process schizophrenia　134
process study　795
process variable　795
prochlorperazine　794
procreative sex　728
Procrustes rotation　794
procyclidine　795
prodigy　633
prodromal syndrome　520
prodrome　520
prodrug　796
product champion　795
product image　505
production deficiency　325
production rules　795
production system　795
productive love　487
productive orientation　488
productive thinking　488

productive vocabulary　325
productivity　487
product-moment correlation　511
product rule　577
product testing　505
proestrus　714
profession　533
professional-aptitude test　533
professional development　533
professional ethics　429
professional licensing　335
professional manager　533
professional standards　533
profile　797
profile analysis　797
profile matching system　797
Profile of Mood States　177
profiling　797
profound mental retardation　311
progeria adultorum　60
progesterone　794
progestogens　794
prognosis　899
program effectiveness　794
program efficacy　794
program evaluation　794
Program for Learning in Accordance with Needs　297
program impact　794
program integrity　794
programmed cell death　794
programmed instruction　794
programmed learning　794
program monitoring　794
program outcome　794
progression-regression hypothesis　525
progressive education　794
progressive-interval schedule　926
progressive-ratio schedule　760
progressive relaxation　525
progressive semantic dementia　447
progressive supranuclear palsy　447
progressive teleologic regression　525
projected jealousy　636
Project Head Start　813
Project Intelligence　794
projection　636
projection area　644
projection fiber　644
projection neuron　644
projective device　463
projective doll play　681

projective identification　636
projective play　636
projective psychotherapy　636
projective technique　636
project method　794
prolactin　797
pro-life　683
Prolog　797
promethazine　797
promiscuity　906
promotive interdependence　504
prompting　798
pronation　106
pronominal reversal　565
pronoun　565
pronoun reversal　565
proof　416, 426
proofreader's illusion　267
proopiomelanocortin　793
propaedeutic　901
propaganda　796
propaganda analysis　797
propanediols　797
propensity　230
propensity analysis　230
prophase　520
prophylactic surgery　902
prophylaxis　901
propinquity　210
proportionality　761
proposita　433
proposition　865
propositional analysis　865
propositional calculas　865
propositional content　865
propositional knowledge　865
propositional network　865
propositus　582
propoxyphene　797
propranolol　797
propriate striving　300
proprietary drug　42
propriety standards　574
proprioception　348
proprioceptive sense　348
proprioceptive stimulus　348
proprioceptor　348
proprium　797
propulsive gait　128
prosencephalon　531
prosocial　265
prosocial aggression　265
prosocial behavior　265
prosody　795
prosopagnosia　542
prospective memory　634
prospective research　900
prospective sampling　894
prostaglandin　795
prostate gland　533
prosthesis　834

prostitution　704
protagonist　405
protanomaly　550
protanopia　550
protean career　796
protected relationships　829
protective reflex　824
protein　583
protein deficiency　583
protein hormone　584
protein kinase　796
protein metabolism　583
protensity　796
Protestant work ethic　938
prothetic　795
protocol　796
protocol analysis　796
protolanguage　544
protopathic sensation　251
protopathic system　251
protoplasm　246
prototypal approach to classification　804
prototype　796
prototype mode.　796
prototypicality　796
Proust phenomenon　790
proverb test　295
provider　796
provocative testing　890
proxemics　794
proximal　207
proximal receptor　207
proximal response　207
proximal stimulus　209
proximal variable　209
proximate cause　207
proximate explanation　339
proximity compatibility　209
proximodistal development　207
proxy variable　566
PRP　463
PRS　587
prudence　256
prudery　135
pruning　139
prurient interest　943
pruritus　542
PSE　250, 404
pseudesthesia　164
pseudoachondroplasia　169
pseudoangina　164, 169
pseudoasthma　170
pseudochromesthesia　50
pseudocommunication　169
pseudocommunity　677
pseudoconditioning　166
pseudoconvulsion　165
pseudocopulation　166
pseudocyesis　540
pseudodementia　126
pseudoesthesia　164
pseudogiftedness　167

pseudohallucination 166
pseudohermaphroditism 126
pseudohypoparathyroidism 177
pseudoidentification 173
pseudoinsomnia 126
pseudoisochromatic charts 126
pseudologia fantastica 203
pseudomemory 164
pseudomotivation 170
pseudomutuality 170
pseudoneurotic schizophrenia 168
pseudonomania 758
pseudoparalysis 170
pseudopersonality 168
pseudophone 865
pseudopregnancy 540
pseudopsychology 166
pseudopsychopathic schizophrenia 169
pseudoretardation 169
pseudoscience 166
pseudoscope 477
pseudosenility 207
pseudotrisomy 18 169
PSG 214
PSI 29
psi 607, 778
psi-hitting 607
psilocin 317
psi-missing 607
psittacism 86
PSP 372
PST 462
psychache 494
psychagogy 190
psychasthenia 493
psyche 779
psychedelic drugs 245
psychedelic therapy 310
psychiatric classification 491
psychiatric diagnosis 491
psychiatric disability 491
psychiatric disorder 493
psychiatric hospital 492
psychiatric illness 493
psychiatric unit 492
psychiatrist 492
psychiatry 491
psychic 607
psychic apparatus 456
psychic conflict 494
psychic determinism 455
psychic energizer 495
psychic energy 455
psychic healing 464
psychic link 496
psychic numbing 456
psychic pain 455
psychic reality 455
psychic seizure 496
psychic suicide 464

psychic tension 455
psychic trauma 455
psychic vaginismus 494
psyching up 309
psychism 728
psychoacoustics 96
psychoactive drugs 268
psychoanalysis 495
psychoanalyst 495
psychoanalytic group psychotherapy 496
psychoanalytic play technique 496
psychoanalytic psychotherapy 496
psychobiography 462
psychobiology 493
psychochemistry 492
psychocultural stress 495
psychocutaneous disorder 439
psychodiagnosis 462
psychodrama 461
psychodynamic approach 496
psychodynamic group psychotherapy 910
psychodynamic psychotherapy 910
psychodynamics 496
psychodynamic theory 496
psychoeducational problems 461
psychoendocrinology 494
psychogalvanic reflex 494
psychogender 483
psychogenetics 491
psychogenic 439
psychogenic cardiovascular disorder 439
psychogenic disorder 439
psychogenic hallucination 439
psychogenic hypersomnia 439
psychogenic mutism 439
psychogenic need 439
psychogenic nocturnal polydipsia 439
psychogenic nonepileptic seizure 439
psychogenic pruritus 439
psychogenic vertigo 439
psychographics 310
psychography 310, 493
psychohistory 492
psychokinesis 693
psycholepsy 311
psycholinguistics 461
psychological aesthetics 460
psychological anaphylaxis 460
psychological assessment 460
psychological atomism 460

psychological autopsy 460
psychological counseling 460
psychological dependence 491
psychological determinism 462
psychological distance 462
psychological distress 462
psychological dysfunction 462
psychological examination 460
psychological factors 463
psychological factors affecting medical condition 453
psychological field 460
psychological kidnapping 463
psychological kinesiology 460
psychological masquerade 462
psychological model 463
psychological moment 462, 513
psychological need 462, 463
psychological network 462
psychological rapport 905
psychological refractory period 463
psychological rehabilitation 463
psychological scale 461
psychological skills training 462
psychological statistics 463
psychological test 461
psychological time 462
psychological treatment 460
psychological universal 463
psychological warfare 462
psychologism 461
psychologist 460
psychologistic 462
psychology 460
psychology of religion 392
psychometric examination 493
psychometrician 462
psychometrics 462
Psychometric Society 234
psychometric theories of intelligence 591
psychometrist 462
psychometry 311, 462
psychomimetic 491
psychomimic syndrome 494
psychomotility 491
psychomotor 491
psychomotor agitation 491

psychomotor disorder 491
psychomotor epilepsy 491
psychomotor hallucination 491
psychomotor retardation 491
psychomotor seizure 775
psychomotor skill 491
psychomotor test 491
psychoneuroendocrinology 493
psychoneuroimmunology 493
psychoneurosis 444
psychonomic 311
psychonomics 311
Psychonomic Society 311
psychonosology 492
psychooncology 310
psychopath 495
psychopathia sexualis 501
psychopathology 495
psychopathy 495
psychopharmacological drugs 496
psychopharmacology 496
psychopharmacotherapy 883
psychophysical law 495
psychophysical methods 495
psychophysical scaling method 495
psychophysics 495
psychophysiological assessment 493
psychophysiology 493
psychopolitics 488
psychorrhea 496
psychoscience 492
psychosexual 462
psychosexual development 462
psychosexual disorders 462
psychosexual disorders not elsewhere classified 828
psychosexual dysfunction 462
psychosexual trauma 462
psychosis 494
psychosis with mental retardation 493
psychosocial approach 461
psychosocial deprivation 461
psychosocial development 461
psychosocial factors 461
psychosocial rehabilitation 461
psychosocial stressor 461
psychosocial therapy 461
psychosomatic 450
psychosomatic disorder 450

psychosomatic medicine 449
psychosurgery 492
psychosynthesis 310
psychotechnics 492
psychotechnology 461
psychotherapeutic process 463
psychotherapy 463
psychotherapy by reciprocal inhibition 180
psychotherapy integration 642
psychotherapy matching 151
psychotic 494
psychotic disorder 495
psychotic disorder not otherwise specified 655
psychotic episode 494
psychotic features 495
psychoticism 494
psychotic mannerism 495
psychotogenic 495
psychotomimetic 491
psychotoxic 494
PT 781, 909
PTA 455
P-technique factor analysis 736
Ptolemaic theory 44
ptosis 125
PTP 627
PTSD 103
ptyalism 900, 918
puberty 354
puberty rite 354
pubescence 657
pubescent growth spurt 354
publication bias 407
publication ethics 407
public distance zone 265
public relations 280
public self 272
public service psychology 261
public-speaking anxiety 480
public territory 261
pudendal nerve 55
puer aeternus 68
puerilism 423
puerperal disorder 325
Puerto Rican syndrome 848
Pulfrich effect 790
pull model 738
pull-out program 131
pulmonary embolism 705
pulse 723, 854
pulvinar 356
pun 570
punctate sensitivity 728
punctuated equilibrium 582

punishment 713
punishment and obedience orientation 717
punitive damages 607
pupil 639
pupillary reflex 642
pupillary-skin reflex 752
pupillometer 640
pupillometrics 642
pupillometry 642
pupilometrics 642
pure alexia 411
pure color 411
pure consciousness 411
pure microcephaly 411
pure research 171
pure tone 410
pure word deafness 411
purging 413
Purkinje cell 789
Purkinje figures 790
Purkinje-Sanson images 790
Purkinje shift 789
purple 862
purpose 876
purposeful behavior 876
purpose in life 505
purposeless hyperactivity 862
purposive accident 257
purposive behaviorism 876
purposive psychology 876
purposive sampling 876
purposivism 876
pursuitmeter 614
pursuit rotor 614
push-down stack 781
putamen 737
puzzle box 881
PVN 355
PVS 519
PWS 786
pycnodysostosis 695
Pygmalion effect 739, 939
pygmalionism 607
pygmyism 739
pyknic type 752
pyknodysostosis 695
pyramid 466
pyramidal cell 466
pyramidal tract 466
pyridostigmine 760
pyriform area 911
pyrogen 706
pyrolagnia 823
pyromania 824

**Q**

QALYs 367
qat 593
Q data 189
qEEG 621
qi 161

qigong 165
Q sort 188
QT 212
Q-technique factor analysis 186
QTL 921
quadrangular therapy 335
quadranopsia 376
quadrantanopsia 376
quadrantic hemianopia 376
quadratic form 674
quadriparesis 354
quadriplegia 354
quale 214
qualitative data 367
qualitative evaluation 367
qualitative research 367
qualitative versus quantitative differences 921
quality 362
quality adjusted life years 367
quality circle 761
quality control 761
quality of life 484
quality of worklife 428
quality weighting 245
quantal hypothesis 446
quantal theory 446
quantifier 471
quantitative approach 921
quantitative data 921
quantitative electroencephalograph 621
quantitative evaluation 921
quantitative genetics 921
quantitative research 921
quantitative score 921
quantitative semantics 668
quantitative trait loci 921
quantum 920
quantum hypothesis of consciousness 920
quartile 376
quartile deviation 376
quartimax rotation 293
quasi-control subjects 411
quasi-experimental design 411
quasi-experimental research 411
quasi-F ratio 410
quasi group 166
quasi need 168
quaternity 902
quazepam 212
question begging 942
questionnaire 368
quetiapine 214
queue 185
Quick Test 212
quintile 296
quota sampling 945
quotient hypothesis 413

QWL 428

**R**

rabbit-duck figure 61
rabies 193
rabies encephalitis 194
race 449
race psychology 449
rachischisis 510
racial and ethnic differences 449
racial discrimination 449
racial identity 449
racial memory 449
racism 449
radial glial cells 824
radial maze 824
radial nerve 642
radiation 824, 825
radiation necrosis 825
radiation therapy 825
radical behaviorism 628
radical empiricism 256, 308
radical feminism 187
radicalism 187
radical psychiatry 187
radical therapy 187
radiculitis 443
radiculopathy 443
radioactive tracer 825
radioactive isotope 824
radiogram 825
radiograph 825
radioimmunoassay 825
radiology 825
RAE 106
rage 235
rage disorder 235
rami 74
rami communicantes 272
ramp movement 908
ramus 74
Rana pipiens 754
random 860
random activity 907
random control 860
random-digit dialing 907
random-dot stereogram 907
random-effects model 821
random error 213
random event generator 906
random factor 213
random-interval schedule 907
randomization test 121
randomize 860
randomized block design 906
randomized clinical trial 860
randomized-group design 907

randomized-response technique 907
random mating 681
random model 801
random number generator 906
random numbers 906
random observation 358
random-ratio schedule 907
random sampling 860
random selection 860
random variable 122
random walk model 907
range 934
range effect 725
range of attention 595
range of audibility 130
range of minus judgments 730
range of motion 135
rank 411
ranking method 436
rank order 410
rank order correlation 410
rank transformaiton 410
rape 260
rape counseling 930
rape-trauma syndrome 930
raphe nucleus 826
rapid alternating movements 188
rapid cycling 188
rapid eye movement 188
rapid sequential visual presentation 410
rapport 905
rapprochement 312, 447
rapture-of-the-deep syndrome 439
RAS 875
Rasch model 904
rate 758, 760
rate dependence effect 428
rate dependency 537
ratee 751
rate law 762
rate of change 817
rating 758
rating scale 758
rating scale judgment task 758
ratio 735
ratio IQ 760
rational 282
rational emotive behavior therapy 912
rationalism 282
rationality 282
rationality of emotions 423
rationalization 282
rational knowledge 283
rational learning 282
rationally suicidal 913
rational problem solving 283

rational psychology 282
rational soul 913
rational thinking 282
rational type 283
ratio reinforcement 760
ratio scale 743
Rat Man 691
rauwolfia derivatives 904
Raven's Colored Progressive Matrices 930
Raven's Progressive Matrices 930
RAVLT 929
raw score 547
Rayleigh equation 930
Rayleigh scattering 930
Raynaud's disease 929
RBC theory 896
RBD 933
rCBF 204
RCFT 775
RdA 653
RDC 245
reach envelope 646
reactance theory 909
reaction 731
reactional biography 85, 538
reaction formation 731
reaction potential 733
reaction time 732
reaction type 731
reactivation of memory 162
reactive 732
reactive aggression 732
reactive attachment disorder 732
reactive depression 732
reactive disorder 732
reactive inhibition 732
reactive mania 732
reactive measure 150
reactive psychosis 414
reactive schizophrenia 732
reactivity 732
readability level 902
readership-survey technique 652
readiness 932
readiness test 932
reading age 653
reading delay 902
reading disability 653
reading disorder 653
reading epilepsy 653
reading ladder 916
reading machine 913
reading quotient 653
reading readiness 653
reading retardation 653
reading span 902, 916
readmission 314
reafference 909
reafference principle 909
Real 251

real-ideal self congruence 251
realism 251, 365
realism factor 389
realistic anxiety 252
realistic group-conflict theory 251
realistic thinking 252
reality 365
reality awareness 365
reality confrontation 252
reality orientation 251
reality principle 251
reality testing 251
reality therapy 252
real-life test 251
real self 458
real-simulator model 909
real time 909
real-time amplification 644
reason 471, 912
reasoning 471
reasoning test 471
reassociation 317
reassurance 830
rebelliousness 726
rebirthing 312
rebound insomnia 730
rebound phenomenon 719
reboxetine 933
REBT 912
rebus writing 916
recall 312
recall method 312
recall score method 312
recapitulation theory 733
receiver 405, 931
receiver-operating characteristic curve 405
recency effect 441
recency error 441
receptive aphasia 144
receptive character 61
receptive field 409
receptive language 409
receptive sysphasia 144
receptive vocabulary 409
receptivity 501
receptor 409
receptor adaptation 409
receptor cell 409
receptor field 409
receptor molecule 409
receptor potential 409
receptor site 409
recessive allele 932
recessive trait 932
recidivism 417, 927
recidivism rate 315
recipient factors 61
reciprocal altruism 287
reciprocal determinism 537
reciprocal inhibition 180, 538, 542
reciprocal innervation 542

reciprocal liking 821
reciprocal punishment 86
reciprocal regulation 538
reciprocal roles 538
reciprocal-teaching procedure 287
reciprocity 287, 539
reciprocity law 542
reciprocity norm 287
recoding 315
recognition 314, 756
recognition by components theory 896
Recognition Memory Test 314
recognition method 314
recognition technique 314
recognition vocabulary 409
recognitory assimilation 314
recollection 104, 536
recombinant DNA 217
recombination 217
recompensation 316
reconditioning therapy 311
reconstitution 310
reconstruction 310
reconstructive memory 310
reconstructive psychotherapy 310
reconstructive surgery 310
record keeping 207
recovered memory 109
recovery 109
Recovery, Inc. 909
recovery of function 173
recovery time 109
recreation 931
recreational therapy 931
recruitment 519, 830
rectangular array 610
recuperative theory 109
recurrent 314
recurrent circuit 725
recurrent collateral inhibition 725
recurrent depression 314
recurrent dream 734
recurring-figures test 473
recursion 309
red-green blindness 511
red-green responses 511
redintegration 109, 313
redintegrative memory 313
redirected behavior 631
red nucleus 509
redout 932
red reflex 509
red sage 906
reduced model 404
reductio ad absurdum 706
reductionism 149

reduction to essence rule 839
redundancy 420
redundancy analysis 420
redundant coding 420
redundant prepuce 131
reduplicated babbling 608
reduplicative paramnesia 607
reeducation 309
reeducative therapy 309
reenactment 309
reentrant neural activity 909
reentry 909
reevaluation counseling 315
reference database 432
reference group 410
reference-group theory 410
referent 354
referential attitude 148
referential signal 354
referent power 410
referral 412
referred pain 160
referred sensation 644
reflectance 728
reflection 487, 727, 731
reflection impulsivity 404
reflection of feeling 154
reflection response 154, 191
reflective 666
reflective abstraction 729
reflective consciousness 666
reflectivity-impulsivity 404
reflex 727
reflex arc 727
reflex epilepsy 728
reflex inhibition 728
reflex integration 728
reflexive behavior 727
reflex latency 728
reflexogenous zone 728
reflexology 727
reflex sympathetic dystrophy 728
reformatory paranoia 509
reformism 112
refraction 216
refractive error 216
refractive index 216
refractory 149, 611, 770
refractory mental illness 611
refractory period 770
refractory phase 770
reframing 917
refutability 733
refutation 942
REG 906
regeneration of nerves 443

regenerative medicine 312
regimen 611
regional cerebral blood flow 204
regional localization theory 173
registered nurse 484
regression 553
regression analysis 101
regression coefficient 101
regression diagnostics 101
regression effect 101
regression equation 101
regression in the service of the ego 336
regression line 101
regression of y on x 75
regression toward the mean 806
regressive reconstructive approach 553
regret 259
regulatory behavior 485
regulatory drive 606
regulatory system 485
rehabilitation 916
rehabilitation counselor 916
rehabilitation engineering 916
rehabilitation medicine 916
rehabilitation program 917
rehabilitation psychology 917
rehabilitation team 387
rehearsal 916
rehospitalization 314
Reichenbach phenomenon 903
Reichian analysis 903
reification 214
reiki 929
reincarnation 633
reinforcement 191
reinforcement analysis 193
reinforcement contingency 192
reinforcement counseling 192
reinforcement delay 193
reinforcement survey schedule 192
reinforcement theory 193
reinforcement therapy 193
reinforcer 192
reintegration 109
Reissner's membrane 903
Reitan Indiana Aphasia Screening Test 929
Reitan-Klove Sensory Perceptual Examination 929
rejecting-neglecting parenting 205
rejection 704
relapse 314
relapse prevention 314

relapse-prevention model 314
relapse rate 314
relatedness 148
relation 148, 451
relational learning 148
relational mapping 148
relational primacy hypothesis 148
relational research 160
relational shift 148
relationship 148
relationship leader 380
relationship-motivated 148
relationship role 149
relationship system 148
relationship therapy 149
relative accommodation 540
relative deprivation 540
relative efficiency 540
relative frequency 540
relative judgment 737
relative pitch 540
relative risk 541
relative sensitivity 540
relativism 540
relativity law 59
relaxation 336, 922
relaxation technique 922
relaxation therapy 922
relay nucleus 596
relearning method 309
release 109
release from proactive interference 411
release inhibitor 922
releaser 107
release theory of humor 892
release therapy 110
release zone 922
releasing hormone 825
relevant-irrelevant test 160
reliability 459
reliability of components 268
reliability of composites 268
relief 24
relief-discomfort quotient 216
relief-distress quotient 216
religion 392
religiosity 392
religious delusions 392
religious faith 447
religious healing 450
religious instinct hypothesis 392
religious therapy 392
REM 188
remand 319, 830
REM behavior disorder

933
remedial education 611
remedial reading 653
remedial therapy 830
remembering 536
remember-know procedure 918
reminder 917
reminiscence 933
reminiscence theory of knowledge 539
reminiscence therapy 104
remission 143
REM latency 933
remorse 358
remote association 81
remote-association test 81
remote cause 30
remote masking 918
remote memory 80
remote perception 80
remote viewing 643
remotivation 313
REM rebound 933
REM sleep 933
renal system 451
Renard Diagnostic Interview 932
renin 932
renin-angiotensin system 932
Renpenning's syndrome 936
Renshaw cell 935
renunciation 583
reorganization principle 312
reparameterization 315
reparation 615, 704
reparative therapy 401
reparenting 917
repeatability 310, 733
repeated acquisition 733
repeated measures design 734
repertoire 932
repertory grid 754
repetition 220
repetition compulsion 733
repetition effect 220
repetition priming 734
repetitive strain injury 733
replacement memory 55
replacement therapy 588
replication 614
replication plane 614
reportability 824
representation 756
representational change 757
representational constraints 757
representational insight 757
representationalism 757
representational redescrip-

tion 757
representational skills 757
representational stage 757
representational thought 757
representative design 564
representativeness 563
representativeness heuristic 563
representative sampling 564
repression 898
repression proper 282
repression-resistance 898
repression-sensitization 898
repressive coping style 898
reproduction 490
reproduction theory 312
reproductive behavior 490
reproductive failure 490
reproductive function 490
reproductive image 312
reproductive imagination 312
reproductive memory 312
reproductive success 728
reproductive suppression 728
reproductive type 490
res cogitans 931
Rescorla-Wagner theory 931
research 245
Research Diagnostic Criteria 245
research ethics 245
research sport psychologist 245
resentment 798
reserve capacity 901
reserved 84
res extensa 931
residence rate 205
residential care 358
residential schools 167
residential treatment 931
residual 258, 323, 324
residual analysis 325
residual attention-deficit disorder 323
residual schizophrenia 323
residual vision 326
resilience 931
resinous 404
resistance 619
resistance of an attitude 561
resistance to change 817
resistance to extinction 415
resistance to interference 153
resistant estimator 558
resocialization 311

resolution 104
resolving power 104
resource allocation 342
resource awareness 342
resource competition 913
resource defense polygyny 342
resource teacher 330
resource theory 343
respiration 285
respiratory depression 285
respiratory distress syndrome 285
respiratory sinus arrhythmia 285
respiratory type 285
respite services 931
respondent 731, 732, 746
respondent behavior 931
respondent topography 746
response 731
response acquiescence 875
response amplitude 732
response bias 733
response-by-analogy principle 926
response circuit 731
response class 732
response competition 732
response cost 732
response deprivation 732
response frequency 733
response hierarchy 731
response integration 732
response latency 732
response learning 731
response-oriented system 732
response prevention 733
response probability 731
response proposition 733
response rate 733
response scenario 732
response selection 732
response set 732, 733
response-shock interval 732
response strength 733
response style 732
response suppression 733
response topography 733
response variable 85
restatement 27
rest-cure technique 23
resting potential 489
resting tremor 488
restitution 830
restitution of psychological function 462
restlessness 88
restoration effect 774
restoration therapy 109, 774
restorative environment 109

restorative justice 401
rest period 188
restraint 898
restricted affect 153
restricted environmental stimulation 486
restriction of range 725
resurgence 309
retardation 585
retarded depression 490
rete mirabile 110
retention 566, 829
retention curve 829
retest 311
retest reliability 311
reticular activating system 875
reticular formation 875
reticular membrane 873
reticulospinal tract 875
retifism 932
retina 874
retinal 931
retinal bipolar cells 874
retinal cones 466
retinal densitometry 874
retinal detachment 875
retinal disparity 919
retinal field 874
retinal ganglion cells 874
retinal horizontal cells 874
retinal image 874
retinal light 874
retinal oscillations 874
retinal pigment epithelium 339
retinal rivalry 919
retinal rods 156
retinal size 874
retinex 931
retinitis 874
retinitis pigmentosa 874
retinodiencephalic degeneration 941
retinopathy of prematurity 851
retinoscope 244
retinotopic map 390
retirement counseling 556
retrieval 250
retrieval block 250
retrieval cue 250
retrieval failure 250
retrieving behavior 482
retroactive interference 183
retrochiasmatic visual deficit 288
retrocochlear hearing loss 280
retrograde amnesia 183
retrograde degeneration 183
retrograde ejaculation 183
retrograde transport 183
retrogression 551

retrogressive formation 180
retrolental fibroplasia 267
retronasal olfaction 932
retropulsion 280
retrospection 614
retrospective falsification 161
retrospective information 104
retrospective research 102
retrospective sampling 427
Rett syndrome 932
reuptake 314
revealed-differences technique 909
reverie 861
reversal design 731
reversal error 181
reversal learning 181
reversal of affect 154
reversal shift 181
reversal theory 731
reverse anorexia 731
reverse causality 180
reversed dependency trap 181
reverse tolerance 181
reversibility 115
reversible figure 731
reversible figure-ground 474
reversion 526
revivification 780
revolutionary coalition 119
revolving-door phenomenon 106
reward 825
rewarded alternative method 825
reward expectancy 825
reward power 825
reward system 825
Rey Auditory Verbal Learning Test 929
Rey Complex Figure Test 775
Rey-Osterrieth Complex Figure Test 775
RFT 940
rhabdomancy 63
Rh blood-group incompatibility 18
rheoencephalography 930
rhesus factor 18
rhesus monkey 5
rhetorical-question message 394
Rh factor 18
rhinal fissure 189
rhinal sulcus 189
Rhine cards 904
rhinencephalon 189
rhinolalia 737
rhodopsin 940

rhombencephalon 921
Rh reaction 18
rhyming delirium 352
rhythm 912
rhythmic stereotypy 915
rhythmic stimulation 915
rhythm method 912
RIA 825
ribosome 917
Ribot's law 917
Ricco's law 910
rich interpretation 891
Riddoch's phenomenon 916
ridge regression 915
ridit analysis 911
Rieger's syndrome 909
RIELC 940
right brain 62
right-handedness 851
right hemisphere 851
right-hemisphere consciousness 851
righting reflex 571
right-left disorientation 322
right-left orientation test 322
rightning reaction 571
right rotation 610
Rightstart program 903
right to die 373
right to refuse treatment 612
rigid family 245
rigidity 267, 272
Riley-Day syndrome 128
rima palpebrarum 149
ring chromosome 18 152
Ringelmann effect 922
ring-finger dermatitis 215
Rinne test 924
RI schedule 907
risk 911
risk-as-feelings theory 153
risk assessment 911
risk-assessment matrix 911
risk aversion 912
risk factor 911
risk level 165
risk metrics 912
risk perception 912
risk-rescue rating 912
risk sensitivity 912
risk taking 912
risk tolerance 912
risky prediction 912
risky shift 911
risperidone 912
rite 207
rite of passage 614
ritual 166
ritual abuse 207
rivalry 196

rivastigmine 916
RMS 676
RMT 314
RN 484
RNA 18
RNG 906
road rage 940
Robbers' Cave experiment 940
Roberts syndrome 940
robot 941
robotics 941
robust estimator 558
robustness 149
ROC curve 405
rocking 939
Rod-and-Frame Test 940
rod vision 156
Roelofs effect 941
roentgenogram 936
Rogerian therapy 903
Rokeach Dogmatism Scale 938
Rokeach Value Survey 938
Rolandic cortex 941
rolandic fissure 598
Rolandic fissure 941
rolandic sulcus 598
role 883
role ambiguity 884
role conflict 883
role confusion 884
role deprivation 884
role differentiation 884
role diffusion 883
role-divided psychotherapy 884
role expectations 884
role model 884
role overload 884
role play 941
role-playing research 941
role reversal 884
role set 884
role shift 884
role taking 884
role therapy 884
rolfing 941
ROM 135
Romanticism 941
romantic love 933
Romberg's sign 942
rooming-in 830
root cause analysis 308
rootedness 692
rooting reflex 580
root-mean-square 676
rootwork 927
ROP 851
Rorschach Inkblot Test 941
Rosenthal effect 939
Rostan types 939
rostral 802
rotarod 939
rotary pursuit test 106

rotation 105
rotational aftereffect 106
rotational error 105
rotation system 940
rote learning 163
rote recall 163
rote rehearsal 163
Rotter Internal-External Locus of Control Scale 940
rough-and-tumble play 645
roughness 17, 89
roughness discrimination test 17
round-table technique 82
round window 116
route learning 235
routinized behavior 370
Royer's Syndrome 786
RR schedule 907
RSA 285
RSH syndrome 482
RSI 733
R-S interval 732
R → S relationship 18
r-strategy 20
RSTS 927
RSVP 410
RT 732
R-technique factor analysis 18
R&T play 645
RTS 927
rubella 767
Rubin's figure 927
Rubinstein-Taybi syndrome 927
rubrospinal tract 509
Ruffini's corpuscle 927
rule 170
rule-assessment approach 928
rule-based system 928
rule-governed behavior 928
rule learning 928
rule modeling 928
rule of abstinence 211
rule of thumb 229
rules of inference 471
rules of the game 242
rumination 728
rumination disorder 729
rumor 63
rumor-intensity formula 918
run 905
runaway selection 907
runner's high 907
runnning wheel 105
runway 905
rush 263
RVS 938

# S

S1 36
S2 674
SA 387
SAB 755
saccade 320
saccadic dysmetria 146
saccadic speed 320
saccadic time 320
saccule 186
sacral division 522
sacred disease 451
sacrificial paraphilia 169
SAD 170
S-adenosylmethionine 73
sadism 320
sadistic personality disorder 320
sadness 136
sadomasochism 321
sadomasochistic personality 321
SADS 152
safe compartment 23
safe sex 23
safety and health education 23
safety behavior 23
safety device 23
safety engineering 23
safety needs 23
safety psychology 23
sagittal 356
sagittal fissure 562
Saint Dymphna's disease 500
sales-survey technique 733
salicylates 323
salicylism 323
salience hypothesis 255
salient 255
saliromania 91
salivary gland 567
salivary reflex 567
salivation 567
Salpetriere 323
saltation 608
saltatory conduction 608
salty 83
SAM 73, 935
same-sex marriage 644
SAMHSA 883
sample 326, 759
sample distribution 759
sample overlap 759
sample space 759
sampling 759
sampling bias 759
sampling error 759
sampling fraction 759
sampling frame 759
sampling methods 759
sampling plan 759

sampling population 759
sampling theory 759
sampling unit 759
sampling variability 759
sampling with replacement 774
sanatorium 321
sanction 487
Sanfilippo(A, B, C, D) 326
Sanfilippo's syndrome 326
sanguine type 568
sanitarium 321
sanity 413
sapid stimulus 850
SAR workshop 501
SAT 552
Satanic ritual abuse 7
Satanism 7
satellite clinic 320
satellite male 320
satiation 5, 828
satiety mechanism 827
satisfaction of instincts 899
satisfice 849
satori 321
saturated model 828
saturated test 828
saturation 313
saturation scale 314
sauce béarnaise effect 806
savant 317
savings score 516
sawtooth waves 204
saxitoxin 317
SB 475
scaffolding 472
scalability 388
scala media 595
scala tympani 288
scala vestibuli 529
scale 388
scale development 388
scaled test 388
Scale of Prodromal Symptoms 520
scale reproducibility 388
scale value 388
scaling 388
Scanlon plan 472
scanning 538
scanning hypothesis 538
scanning speech 583
scapegoating 474
scapegoat theory 474
SCAT 131
scatologia 472
scatology 472
scatophilia 803
scatter 610
scatter diagram 326
scattering 327
scatterplot 326
scavenging behavior 372
scenario analysis 372
scenario-based design 372

scent marking 672
Schachter-Singer theory 388
Schachter theory 388
schadenfreude 389
Schaffer collateral 389
scheduled awakening 228
scheduled drugs 369
Schedule for Affective Disorders and Schizophrenia 152
schedule of reinforcement 193
Scheffé test 329
schema 472
schema change methods 472
schematic image 472
schematic representation 474
scheme 472
schizencephalic 932
schizoaffective disorder 640
schizoaffective psychosis 640
schizoaffective schizophrenia 640
schizoid 641
schizoid disorder of childhood or adolescence 370
schizoidia 360
schizoidism 360
schizoid-manic state 360
schizoid personality disorder 640
schizophrenia 640
schizophrenia in remission 143
Schizophrenia Patient Outcomes Research Team 640
schizophrenic disorders 641
schizophrenic episode 640
schizophrenic personality 641
schizophrenic reaction 641
schizophrenic thinking 641
schizophreniform disorder 641
schizophreniform psychosis 641
schizophrenogenic 641
schizophrenogenic mother 641
schizophrenogenic parents 641
schizotaxia 472
schizotypal personality disorder 640
schizotypy 641
Scholastic Assessment Test 552
Scholasticism 474
school-ability test 131

school-activity record 131
School and College Ability Test 131
school avoidance 782
school counseling 131
school grade 121
schooling 131, 226
school integration 131
school phobia 782
school psychology 131
school readiness 391
school refusal 782
Schröder staircase 409
schwa 4
Schwann cell 409
schwannoma 444
sciatic nerve 319
SCID-I 617
SCID-II 617
scientific attitude 115
scientific explanation 115
scientific jury selection 115
scientific management 114
scientific method 115
scientific notation 782
scientific psychology 115
scientific rationality 114
scientific reasoning 115
scientific revolution 113
scientism 114
scientist-practitioner model 114
scieropia 330
sciosophy 74
scissors gait 709
sclerotic coat 201
sclera 201
sclerosis 259
SCN 344
scoliosis 510
scopolamine 474
scopophilia 513
scoptophilia 513
score 656
score equating 656
scoterythrous vision 509
scotoma 24
scotomization 24
scotophili 23
scotophilia 513
scotopic 23
scotopic stimulation 23
scotopic vision 23
scotopsin 474
scramble competition 473
screen defense 55
screened touch matching 390
screening 473
screening audiometry 473
screening test 473
screening tests for young children 895
screen magnifier 473
screen memory 55
screen reader 473

scree plot 473
script 473
script analysis 182
script theory 182, 473
scrivener's palsy 432
SCST 546
scying 465
SDAT 20
SDS 616
SDT 447
seamstress's cramp 723
search 580
search asymmetry 580
search image 580
search of associative memory 935
Seashore audiometer 355
Seashore Measures of Musical Ability 354
Seashore Measures of Musical Talents 354
Seashore Rhythm Test 355
seasonal affective disorder 170
seasonality effect 170
seasonal variation 170
seat of mind 288
Seattle Longitudinal Study 328
Seckel dwarfism 513
Seckel's bird-headed dwarfism 513
Seckel's syndrome 513
Seckel syndrome 513
secondary aging 675
secondary appraisal 675
secondary attention 674
secondary autoeroticism 674
secondary care 509
secondary cause 675
secondary circular reaction 562
secondary control 675
secondary coping 674
secondary defense symptoms 675
secondary drive 675
secondary elaboration 674
secondary emotion 674
secondary environment 674
secondary erectile dysfunction 675
secondary gains 562
secondary group 674
secondary identification 674
secondary memory 674
secondary mental deficiency 674
secondary mood disorder 674
secondary motivation 675
secondary personality 562
secondary position 561

事項索引　1023

secondary prevention　677
secondary process　674
secondary quality　562
secondary reward　675
secondary sensation　193, 674
secondary sensory area　674
secondary sexual dysfunction　674
secondary somatosensory area　674
secondary stuttering　674
secondary symptoms　544, 674
secondary task　775
secondary task methodology　775
secondary taste cortex　675
secondary territory　675
secondary visual system　674
second childhood　562
second-degree relative　677
second messenger　509
second-order conditioning　674
second-order factor　674
second-order neuron　675
second-order schedule　674
second-person perspective　678
second sight　562
secretin　511
secretion　803
SECs　342
section　511
sectioning　511
sector therapy　511
secure attachment　24
secure base phenomenon　23
secure treatment setting　822
security　23
security operations　23
sedative　612
sedative amnestic disorder　613
sedative, hypnotic, and anxiolytic drugs　612
sedative, hypnotic, or anxiolytic abuse　613
sedative, hypnotic, or anxiolytic dependence　613
sedative, hypnotic, or anxiolytic-induced persisting amnestic disorder　613
sedative, hypnotic, or anxiolytic intoxication　613
sedative, hypnotic, or anxiolytic withdrawal 613
sedative, hypnotic, or anxiolytic withdrawal delirium　613
sedative occupation　613
seduction　502, 890
segment　802
segmentation　799, 906
segregated model　804
segregation　804
segregation analysis　804
seismic communication　356
seizure　833
selected group　527
selection　526
selection bias　362
selectionist brain theory　446
selection pressure　646
selection ratio　532
selection research　528
selection test　531
selective action　527
selective adaptation　527, 528
selective agent　527
selective amnesia　527
selective attention　527
selective breeding　531
selective cell death　527
selective dropout　528
selective inattention　528
selective information processing　527
selective learning　526
selective listening　527
selective mutism　720
selective optimization with compensation　831
selective perception　527
selective permeability　527
selective potentiation　527
selective rearing　527
selective reminding test　528
selective response　528
selective retention　528
selective silience　528
selective value　646
selegiline　518
self　343
self-abasement　346, 351
self-abuse　89
self-acceptance　348
self-accusation　358
self-activity　346
self-actualization　347
self-administered test　347
self-administration　350
self-advocacy　517
self-affirmation　347
self-affirmation theory　332
self-alienation　349
self-alien syndrome　349
self-analysis　351
self as agent　73
self as known　587
self as observer　150
self-assertion　347
self-as-target effect　351
self-awareness　350
self-blaming depression　351
self-care　517
self-censure　351
self-completion theory　352
self-complexity　351
self-concept　345
self-concept test　345
self-confidence　356
self-confrontation　350
self-conscious emotion　343
self-consciousness　343
self-consistency　344, 350
self-consistency perspective of cognitive dissonance theory　687
self-construal　345
self-contradiction　352
self-control　517
self-control technique　517
self-control therapy　350
self-correction　347
self-criticism　351
self-debasement　346, 351
self-deception　346
self-defeating behavior　378
self-defeating personality disorder　351
self-degrading　351
self-demand schedule　352
self-denial　351
self-derogation　346
self-desensitization　349
self-destructiveness　351
self-determination　346
self-determination theory　346
self-development　346
self-differentiation　351
self-discipline　346
self-disclosure　345
self-discovery　351
self-discrepancy　517
self-dynamism　349
self-effacement　348, 737
self-efficacy　347
self-enhancement　347
self-enhancement motive　347
self-enucleation　350
self-esteem　360
self-evaluation maintenance model　351
self-evident　378
self-exciting circuit　438
self-expression　351
self-extension　345
self-feeding　356
self-focus　351, 517
self-fulfilling prophecy　348
self-gratification　347
self-guide　347
self-handicapping　517
self-hate　346
self-help　517
self-help clearinghouse　518
self-help group　517
self-help group ideology　356
self-help group processes　517
self-help group typology　518
self-hypnorelaxation　347
self-hypnosis　347
self-ideal Q sort　352
self-identification　350
self-image　348
self-image bias　349
self-inflicted wound　355
self-injurious behavior　355
self-insight　350
self-instructional imagery　346
self-instructional training　346
self-interest　910
self-inventory　517
selfish gene hypothesis　910
selfish herd　910
selfishness　910
self-love　343
self-management　518
self-management therapy　350
self-marking test　518
self-monitoring　346, 517, 518
self-mutilation　355
self-objectification　346
self-organizing system　349
self-perception　349
self-perception theory　349
self-presentation　350
self-preservation instinct　352
self-preservative instinct　352
self-promotion　348
self-protection　352
self psychology　348
self-punishment　350
self-rating　351
self-rating scale　351
self-realization　347
self-reference　346
self-reference effect　347
self-referencing　347
self-referral　344
self-reflection　417
self-regulation　348
self-regulation model　348
self-regulatory resources theory　348

self-reinforcement 346
self-report 352
self-report bias 352
self-report inventory 352
self-repudiation 351
self-respect 349
self-schema 517
self-selected groups design 348
self-selection of diet 429
self-serving bias 329
self-statement modification 350
self-statement training 348
self-stimulation 347
self-system 349
self-talk 517
self-terminating search 369
self-test 517
self-transcendence 350
self-understanding 350
self-verbalization 346
self-verification hypothesis 345
self-worth 346
SEM 270, 543
semantic aphasia 47
semantic code 47
semantic dementia 48
semantic differential 516
semantic dissociation 48
semantic encoding 48
semantic fluency 48
semantic generalization 48
semanticity 47
semantic jargon 47
semantic knowledge 48
semantic network 48
semantic paraphasia 47
semantic priming 48
semantic primitive 49
semantic psychosis 49
semantics 49
semantic satiation 48
semantic therapy 49
semantogenic disorder 47
semasiology 48
semeiosis 165
semen 483
semicircular canals 326
semi-interquartile range 376
seminal 489
seminal analysis 489
seminal discharge 389
seminal duct 891
seminal fluid 483
seminal vesicle 504
seminiferous tubule 487
semiology 165, 165, 416
semiosis 165
semiotics 165
semi-partial correlation 784

semipermeable membrane 731
semitone 725
semivowel 734
sender 539
senescence 937
senile dementia 938
senile dementia of the Alzheimer's type 20
senile miosis 937
senile plaques 937
senile psychosis 937
senilism 938
senior citizen 283
senium 938
sensate focus therapy 144
sensation 143
sensationalism 144
sensation level 145
sensation seeking 341
sensation threshold 514
sensation type 143
sensation unit 145
sense 143, 172, 920
sense distance 144
sense of coherence 408
sense of equilibrium 807
sense of free will 391
sense of identity 3
sense of presence 548, 923
sense of self 346
sense organ 144
sense quality 362
sense-ratios method 145
sensibility 151
sensible 143
sensitive 156
sensitive dependence 70
sensitive period 761
sensitive soul 145
sensitivity 156
sensitivity training 151
sensitization 70, 136
sensor 522
sensorimotor 143
sensorimotor aphasia 143
sensorimotor arc 143
sensorimotor cortex 143
sensorimotor intelligence 143
sensorimotor memory 143
sensorimotor rhythm 143
sensorimotor stage 143
sensorineural deafness 142
sensorineural hearing loss 142
sensory adaptation 144
sensory aphasia 144
sensory aprosodia 145
sensory area 145
sensory ataxia 144
sensory bias 145
sensory consciousness 143
sensory conversion symptoms 145
sensory cortex 145

sensory cue 145
sensory deficit 144
sensory deprivation 144
sensory discrimination 145
sensory disorder 144
sensory drive 145
sensory epilepsy 145
sensory evoked potential 145
sensory exploitation 145
sensory homunculus 145
sensory integration 145
sensory integration dysfunction 145
sensory intensity 144
sensory interaction 143
sensory leakage 145
sensory memory 144
sensory modulation dysfunction 145
sensory neglect 145
sensory nerve 144
sensory neuron 145
sensory overload 143
sensory paralysis 145
sensory preconditioning 155
sensory projection area 145
sensory psychophysiology 145
sensory receptor organ 144
sensory root 264
sensory spot 145
sensory stimulation 144
sensory substitution 145
sensory summation 143
sensory suppression 145
sensory system 144
sensory test 157
sensual 158
sensus communis 197
sentence-completion test 802
sentence-repetition test 803
sentience 144
sentient 155
sentimentality 151
sentinel behavior 853
sentinel event 150
separated display 804
separation anxiety 804
separation anxiety disorder 804
separation distress 746
separation-individuation 804
sepsis 704
septal area 596
septum pellucidum 651
sequela 258
sequence effect 234
sequential analysis 589
sequential effect 589

sequential processing 234
sequestration 121
serendipitous finding 93
serendipity 518
serial behavior 234
serial exhaustive search 589
serial interpretation 935
serial killer 935
serial learning 234
serial memory 234
serial-memory search 234
serial-order learning 234
serial polygamy 936
serial position curve 234
serial position effect 234
serial processing 234
serial recall 234
serial search 589
series 436
serotonergic neuron 518
serotonin 518
serotonin antagonists 518
serotonin inhibitors 518
serotonin receptor 518
serotonin-receptor agonists 518
serotonin reuptake inhibitors 518
serotonin syndrome 519
Sertoli cell 517
sertraline 517
servo 321
servomechanism 321
SES 380
sessile 292
set 138, 393
SET 504
set theory 394
SEU 403
seven plus or minus two 669
severe mental retardation 400
severity error 177
sex 483, 512
sex change 502
sex characteristics 499
sex chromatin 497
sex-chromosomal aberration 497
sex chromosome 497
sex counseling 483
sex determination 486
sex differences 487
sex differentiation 507
sex discrimination 487
sex disribution 505
sex drive 503
sex education 485
sex feeling 500
sex hormone 507
sex hygiene 483
sex identity 483
sex-influenced character 395

sex interest　507
sexism　511
sex-limited　254
sex-linked　729
sex-negativity　504
sex object　499
sex offense　505
sexological examination　483
sexology　483
sex perversion　503
sex-positivity　504
sex ratio　505
sex reversal　502
sex reversal on Y　943
sex role　507
sex-role stereotype　508
sex sensations　484
sex steroid　496
sex therapy　512
sexual abuse　500
sexual addiction　501
sexual adjustment　501
sexual aggression　500
sexual and gender identity disorders　503
sexual anesthesia　484
sexual arousal　500
sexual assault　502
sexual attitude reassessment workshop　501
sexual attitudes　501
sexual aversion disorder　486
sexual behavior　487
sexual burnout　501
sexual characteristics　499
sexual conditioning　501
sexual contact　501
sexual counseling　483
sexual curiosity　500
sexual development　501
sexual deviancy　500
sexual deviation　500
sexual dimorphism　501
sexual discrimination　487
sexual disorder　490
sexual disorder not otherwise specified　655
sexual drive　503
sexual dysfunction　485
sexual dysfunction not otherwise specified　655
sexual erethism　500
sexual fantasy　500
sexual feeling　500
sexual functioning　500
sexual harassment　511
sexual hygiene　483
sexual identification　501
sexual identity　500, 502
sexual imprinting　501
sexual infantilism　502
sexual inhibition　502
sexual instinct　490, 508
sexual intercource　486

sexual interest　507
sexual involution　308
sexuality　511
sexual latency　504
sexual liberation　500
sexual lifestyle　502
sexually dimorphic nucleus　501
sexually transmitted disease　484
sexual masochism　502
sexual maturation　497
sexual metamorphosis　34
sexual negativism　500
sexual object　499, 501
sexual offense　505
sexual orientation　500
sexual orientation grid　501
sexual perversion　503
sexual preference　500
sexual reflex　501
sexual response　502
sexual-response cycle　502
sexual revolution　484
sexual sadism　500
sexual selection　503
sexual sensations　484
sexual synergism　501
sexual tension　500
sexual trauma　501
sexual-value system　500
s factor　73
shade　122
shading　51
shadow　122
shadowing　389
shadow jury　123
shaken baby　891
shaking palsy　451
shallow affect　531
shallow processing　7
shaman　390
shamanic trance　390
sham disorder　242
shame　709
shame culture　709
shamelessness　709
sham feeding　167
sham operation　166
sham surgery　166
shape　129
shape coding　231
shape constancy　130
shaping　329
Shapiro-Wilks test　390
shared attention　198
shared environment　201
shared paranoid disorder　158
shared psychotic disorder　202
sharpening　519
sheep-goat effect　747
Sheldon's constitutional theory of personality　330
shell shock　330

shen-k'uei　441
shenkui　441
shift work　376
shin-byung　459
shinkeishitsu　880
shizomania　360
shock　435
shock probation　799
shock-shock interval　435
shock therapy　435
shock treatment　435
shoe anesthesia　216
short-answer test　583
shortcut key　435
Short Portable Mental Status Questionnaire　142
short-term dynamic psychotherapy　579
short-term memory　578
short-term therapy　579
short-wavelength pigment　584
shrink　409
SHRM　533
shunning　862
shunting　584
shuttle box　390
shy-bold continuum　87
shyness　62
shyness disorder　108
sialorrhea　918
sib　197
sibilant　353
siblicide　197
sibling　197
sibling rivalry　197
sib-pair method　650
sibutramine　376
sick headache　818
sick role　755
side effects　775
Sidman avoidance schedule　372
SIDS　679
sighting line　358
sight method　522
sight words　314
sigmatism　318
sign　165, 604
signal　447
signal anxiety　764
signal detection task　447
signal detection theory　447
signal-to-noise ratio　447
signal word　230
signal word panel　230
signature　726
significance　886
significance level　886
significance testing　886
significant difference　886

significant other　402
signifier　372
sign language　409
sign system　778
sign test　778
sign tracking　317
SII　479
silent monitor　517
SILS　373
silver-cord syndrome　438
Silver-Russell syndrome　438
Simenon's syndrome　378
similarities test　926
Simmonds's disease　378
Simon effect　317
simple cortical cell　581
simple causation　581
simple cell　581
simple deteriorative disorder　581
simple effects　581
simple eye　578
simple ideas　581
simple random sampling　581
simple reaction time　581
simple schizophrenia　581
simple stepfamily　459
simple structure　581
simple tone　410
Simpson's paradox　458
simulated family　875
simulation　378
simulation training　378
simulator　378
simulator-real model　909
simultanagnosia　643
simultaneous conditioning　643
simultaneous confidence intervals　643
simultaneous contrast　644
simultaneous discrimination　644
Sinemet　373
sine qua non　747
sine wave　486
single blind　38
single-case experimental design　38
single-case methods and evaluation　38
single-channel model　578
single-episode depression　578
single-factor design　36
single-gene disorder　578
single-nucleotide polymorphism　36
single parent　441
single photon emission computed tomography　579
single-session therapy　441
singles test　441

singleton 582
singular matrix 652
sinistrality 746
SIQ 481
sissy behavior 870
SIT 478, 482, 672
situated cognition 414
situated identities theory 414
situated knowledge 414
situated learning 414
situational analysis 415
situational attribution 414
situational conditions 414
situational determinants 414
situational effect 414
situational homosexuality 414
situational interview 415
situationalism 414
situational leadership theory 414
situationally predisposed panic attack 414
situational orgasmic dysfunction 414
situational psychosis 414
situational restraint 415
situational sampling 414
situational semantics 414
situational-stress test 478
situational test 361
situation awareness 415
situation ethics 415
situationism 414
situation test 361
six-hour retarded child 938
Sixteen Personality Factor Questionnaire 403
sixth sense 566
size constancy 87
size cue 87
size discrimination 87
size-distance paradox 87
size principle 312
size-weight illusion 86
Sjögren-Larsson syndrome 329
skeletal age 293
skeletal muscle 292
skelic index 124
skeptical argument 101
skeptical postmodernism 101
skepticism 101
skewness 943
skill 173
skilled nursing facility 278
skill learning 173
skill theory 174
skimming 472
skin 751
skin conductance 751
Skinner box 472

skin receptor 751
skin sense 751
skin-sensory spot 751
skin stimulation 751
SLD 652
sleep 469
sleep apnea 469
sleep center 470
sleep cycle 469
sleep deprivation 584
sleep disorder 470
sleep disorientation 470
sleep drive 470
sleep efficiency 469
sleep epilepsy 470
sleeper effect 482
sleep hygiene 469
sleeping sickness 693
sleep inversion 469
sleep latency 470
sleep learning 469
sleep-onset insomnia 679
sleep paralysis 470
sleep pattern 470
Sleep Questionnaire and Assessment of Wakefulness 120
sleep recovery 470
sleep rhythm 469
sleep spindles 470
sleep stages 470
sleep talking 691
sleep terror disorder 469
sleep-wake cycle 469
sleep-wake schedule disorder 469
sleepwalking disorder 469
slip 482
slip of the tongue 27
slipped disk 614
slogan 482
Slosson Intelligence Test 482
slowdown 322
slow learner 482
slow muscle fiber 588
slow-release preparation 589
slow-wave sleep 435
Sly syndrome 812
SM 321, 674
SMA 510
smallest space analysis 311
small group 417
small-N experimental design 418
Smalltalk 482
Smart House 482
smell 672
smell compensation 672
Smell Identification Test 672
smell mechanism 672
smile 743
Smith-Lemli-Opitz syndrome 482

Smith Syndrome 482
smoking 172
smoking cessation treatment 207
smoothed curve 670
smoothing 806
smooth movement 908
smooth muscle 806
smooth-pursuit movement 81
SMR 143
S/N 447
snake phobia 814
sneak mating 479
Snellen chart 479
Snellen test 479
SNF 278
snow 479
snowball sampling 891
snow blindness 516
SNP 36
SNRIs 73
SOA 341
Soar 535
sociability 380
sociability rating 381
social acceptance 384
social action 383
social action program 380
social activity 379
social adaptation 385
social-adjutive function of an attitude 560
social age 387
social agency 387
social anchoring 383
social animal 385
social anxiety 389
social anxiety disorder 389
social approval 384
social assimilation 385
social atom 669
social attitude 384
social behavior 383
social being 385
social bond 382
social breakdown syndrome 381
social category 382
social change 387
social class 379
social climate 386
social climbing 546
social clock 387
social cognition 385
social-cognitive theory 385
social comparison theory 386
social competence 386
social constructivism 380
social context 386
social contract 380
social contract orientation 380
social control 382, 385
social conventions 379

social Darwinism 384
social death 383
social-decision scheme 383
social deficit 383
social density 386
social deprivation 386
social desirability 386
social desirability response set 386
social determinism 383
social development 381
social differentiation 386
social dilemma 384
social disapproval 386
social discrimination 383
social distance 382
social distance scale 383
social drinker 389
social drive 385
social dyad 381
social dynamics 384, 387
social ecology 381
social-emotional leader 380
social engineer 546
social evolution 380
social exchange theory 383
social facilitation 384
social factors 387
social feedback 386
social fission 386
social fixity 386
social force 382
social gerontology 388
social growth 384
social habit 383
social heritage 382
social hunger 382
social identity 381
social identity theory 381
social image 382
social immobility 386
social impact assessment 382
social impact theory 382
social imperception disorder 385
social incentive 382
social indicator 380
social influence 382
social information processing 384
social inhibition 387
social-inquiry model 384
social insects 381
social instinct 386
social integration 385
social intelligence 385
social interaction 384
social interest 198
social interference 382
social intervention 382
social introversion 385
social isolation 382, 383
social isolation syndrome 382

事項索引　1027

sociality 389
sociality corollary 384
socialization 379
socialized delinquency 379
socialized drive 379
social judgment theory 386
social justice norm 384
social learning 382
social learning theory 382
social limitation 384
social loafing 385
social maladjustment 386
social marketing 546
social maturity 384
social maturity scale 384
social mobility 379
social mores 382
social motive 385
social movement 379
social network 385
social-network therapy 386
social neuroscience 380
social norms 382
social order 380, 385
social-order-maintaining morality 826
social organism 387
social organization 381
social ossification 383
social penetration theory 384
social perception 385
social phenomenon 380
social phobia 389
social physique anxiety 384
social planning 380
social play 381
social pressure 382
social psychology 380
social psychology of the experiment 364
social punishment 383
social pyramid 379
social quotient 385
social reality 383
social recovery 385
social reform program 379
social rehabilitation 387
social reinforcement 382
social relationship 556
social repression 387
social resistance 381, 385
social responsibility norm 384
social role 386
social role theory 387
social role valorization 386
social sanction 384
social scale 383
social science 379
Social Security 387
social self 383
social services 387
social situation 384

social skills 384
social skills training 381, 546
social speech 386
social statics 380
social statistics 387
social status 384
social stimulus 383
social stratification 379
social structure 380
social subordination 383
social support 383
social technology 380
social therapy 387
social transmission 385
social trap 385
social tunneling 385
social withdrawal 386
social worker 546
social zone 382
society 379, 389, 583
Society for Neuroscience 442
Society for Psychical Research 464
Society for Psychotherapy Research 463
Society for Research in Child Development 73
Society of Experimental Psychologists 363
Society of Experimental Social Psychology 363
sociobiology 381
sociocenter 544
sociocentrism 544
sociocognitive bias 385
sociocultural factors 387
sociocultural mental retardation 798
sociocultural perspective 387
sociocusis 381
sociodrama 545
sociodramatic play 293
socioeconomic status 380
sociofugal 545
sociogenetics 544
sociogenic hypothesis 387
sociogram 544
sociohistorical development 388
sociolect 387
sociolinguistics 380
sociological factors 379
sociological measure 379
sociology 379
sociometer theory 545
sociometric analysis 545
sociometric differentiation 381
sociometric distance 381
sociometric test 545
sociometry 545
socionomics 545
sociopath 387

sociopetal 545
sociosexual assessment 381
sociotechnical systems approach 380
sociotherapy 381
sociotropy 545
socius 669
Socratic dialogue 544
Socratic effect 544
sodium pump 669
sodium regulation 669
sodomy 547
soft data 404
soft determinism 884
soft palate 670
soft sign 547
soft spot 533
Sohval-Soffer syndrome 535
SOI 590
soldiers' disease 809
solicitation behavior 159
solipsism 886
solitary nucleus 291
solitary play 750
Solomon four-group design 548
solute 895
solution-focused brief therapy 101
solvent 896
soma 316, 548
somatic area 558
somatic cell 553
somatic concern 453
somatic delusion 441
somatic depression 453
somatic function 558
somatic hallucination 552
somatic nervous system 558
somatic obsession 453
somatic receptor 452
somatic sense 558
somatic sensory area 558
somatic therapy 454
somatic weakness 454
somatization 452
somatization disorder 452
somatoform disorder 454
somatoform disorder not otherwise specified 655
somatognosia 454
somatomedin 548
somatometry 499
somatophrenia 454
somatoplasm 553
somatopschic delusion 441
somatopsychology 453
somatopsychosis 453
somatosense 558
somatosensory area 558
somatosensory cortex 558
somatosensory system 558
somatostatin 548

somatotherapy 454
somatotonia 452
somatotopic organization 558
somatotropic hormone 500
somatotropin-release inhibiting factor 548
somatotype 548
somber-bright dimension 218
Somers d 548
somesthesia 558
somesthetic disorder 558
somesthetic sense 558
somnambulistic state 862
somniloquence 691
somniloquism 691
somniloquy 691
somnolence 234
somnolentia 234
somnology 469
somnophilia 470
SOMPA 576
sonant 98, 889
sone 548
song 61
sonic boom 547
sonic pathfinder 99
soothability 613
sophistry 173
sophrosyne 514
Sopite syndrome 547
soporifics 316
SOPS 520
SORC 73
Sorge 548
S-O-R psychology 73
sorting test 804
sort-recall task 804
Sotos syndrome 547
soul 576
soul image 576
sound 89
sound cage 96
sound change 96
sound intensity 89
sound-level meter 535
sound localization 97
sound pressure 96
soundproof room 823
sound shadow 317
sound spectrograph 97
sound spectrum 96
sour 326
source amnesia 407
source attractiveness 406
source confusion 425
source credibility 426
source factors 406
source language 173
source majority or minority status 426
source memory 546
source monitoring 546
source traits 304
source trustworthiness

406
Southern blot　319
SOV　95
space adaptation syndrome　62
space-based attention　213
space factor　212
space perception　213
space psychology　62
spam　480
span of apprehension　688
spasm　235
spasmodic dysphonia　235
spasmodic fixation　288
spasm of fixation　288
spastic dysphonia　235
spastic hemiparesis　235
spasticity　231
spastic paralysis　232
spastic paraplegia　232
spatial ability　213
spatial attention　212
spatial density　213
spatial discrimination　213
spatial disorder　212
spatial frequency　212
spatial intelligence　212
spatial memory　212
spatial neglect　729
spatial orientation　212
spatial relations　212
spatial relationships　212
spatial summation　212
spatial threshold　678
spatial vision　212
SPC　639
Spearman-Brown prophecy formula　480
Spearman's G　480
Spearman's S　480
special-ability test　653
special child　656
special education　656
special factor　652
special needs　656
special psychiatric rapid intervention team　653
special school　656
special senses　653
speciation　408
species　390
species recognition　408
species-specific behavior　408
species-specific defense reaction　408
species specificity of language　249
specific ability　653
specific-attitudes theory　652
specific developmental disorders　652
specific-energy doctrine　653
specific energy of nerves

653
specific exploration　632
specific factor　652
specific hunger　653
specificity　652
specificity doctrine of traits　654
specificity theory of pain　36
specific learning disability　652
specific phobia　654
specific-reaction theory　652
specific-status characteristics　655
specific thalamic projection system　356
specific transfer　653
specious present　851
SPECT　579
spectator effect　146
spectator role　146
spectator therapy　146
spectoral hue　480
spectral absorption　480
spectral color　480
spectrally opponent cell　729
spectral scale　480
spectral sensitivity　801
spectroscopy　801
spectrum　480
spectrum level　480
spectrum of consciousness　31
speculation　480
speculative psychology　377
speech　717
speech act　717
speech-activated control　97
speech amplification system　715
speech and language acquisition disorders　247
speech and language pathology　249
speech and language therapist　249
speech aphasia　755
speech area　249
speech audiometry　284
speech community　247
speech discrimination test　284
speech disorder　717
speech functions　717
speech impairment　717
speech impediment　717
speech intelligibility　284
speech lateralization　97
speech perception　97
speech processor　97
speech production　717

speech-reception threshold　284
speech recognition system　97
speech reeducation　249
speech rehabilitation　249
Speech-Sounds Perception Test　257, 284
speech synthesizer　97
speech therapy　249
speech-tolerance level　717
speed　480
speed-accuracy tradeoff　721
speedball　480
speed test　480, 544
spell　833
sperm analysis　489
spermatic duct　891
spermatid　488
spermatocyte　507
spermatogenesis　488
spermatogonium　486
spermatorrhea　483
spermatozoon　488
sperm competition　488
spherical aberration　189
spherical lens　189
sphericity　189
sphincter　133
sphincter control　133
sphincter morality　133
sphingomyelin　480
sphygmograph　854
spicy　479
spider phobia　217
spike-and-wave discharges　204
spina bifida　678
spinal animal　510
spinal canal　510
spinal column　510
spinal cord　509
spinal cord disease　510
spinal cord injury　510
spinal ganglion　510
spinal gate　510
spinal muscular atrophy　510
spinal nerve　510
spinal puncture　896
spinal reflex　510
spinal root　510
spinal shock　510
spinal tap　896
spindle cell　825
spindle waves　470
spine　510
spinocerebellar tract　510
spinocerebellum　187
spinothalamic tracts　510
spiral ganglion　904
spiral omnibus test　904
spiral test　904
spirit　287, 485, 490
spiritism　464

spirit photography　464
spiritual factor　480
spiritual healing　450
spiritualism　464, 493, 496
spirituality　480
spirograph　285
spirometer　703
splanchnic nerve　666
spleen　151, 745
splenium　700
split brain　804
split-brain procedure　284
split-brain technique　284
split-half reliability　516
split-litter method　648
split-litter technique　648
split personality　805
split run　480
split-span test　920
splitting　480, 805
SPMSQ　142
spongioblast　110
spontaneity test　374
spontaneity therapy　374
spontaneity training　374
spontaneous abortion　360
spontaneous alternation　375
spontaneous discharge　375
spontaneous human combustion　453
spontaneous imagery　375
spontaneous memorialization　375
spontaneous movement　374
spontaneous neural activity　375
spontaneous recovery　375
spontaneous regression　375
spontaneous remission　358
spontaneous speech　375
spontaneous trait inference　375
spooonerism　636
sport　657
sport and exercise psychology　481
Sport Imagery Questionnaire　481
sport personality debate　482
sport psychologist　481
sport psychology　481
sport-related life skills　482
sport science　481
sports imagery　481
sport socialization　481
sport sociology　481
spotlight model of attention　595
Spranger's typology　408
spreading activation　131
spreading depression　116
spree murder　480

事項索引　1029

SPRINT  653
spurious correlation  166
spurt  479
SQ3R  73
SQAW  120
squeeze technique  473
SQUID  607
squint  389
SRA  7
SRCD  73
SRIF  548
SRIs  518
S-R learning model  73
S-R-O learning model  73
S-R psychology  73
SRT  284, 581
SRY  943
SSA  311
SSDR  408
SS interval  435
S-S learning model  73
SSRIs  73
SST  73, 341, 348, 381
S-state  74
s-structure  757
SSW  474
stabilimeter  395
stability  24
stabilized image  489
stabilizing selection  24
staff turnover  911
stage  578
stage 1 sleep  470
stage 2 sleep  470
stage 3 sleep  470
stage 4 sleep  470
stage fright  5
stages of change  817
stages of dying  373
Staggered Spondaic Word Test  474
STAI  419
stain  524
staircase method  105
staircase phenomenon  105
stakeholder  475
stalking  477
stalking law  477
stammering  172
stance reflex  358
standard  168, 756
standard application blank  756
standard deviation  756
standard error  756
standard error of estimate  467
standard error of measurement  543
standard error of the mean  806
standardization  756
standardization group  756
standardized instructions  756
standardized interview

schedule  756
standardized test  756
standard language  756
standard observer  756
standard score  756
standard stimulus  756
Stanford Achievement Test  475
Stanford-Binet Intelligence Scale  475
Stanford Hypnotic Susceptibility Scale  475
stanine  475
stanolone  475
stapedius muscle  14
stapes  14
star  474
startle reaction  192
startle response  192
starvation reactions  163
stasis  239
STAT  475
state  419
state anxiety  419
state-dependent behavior  419
state-dependent learning  419
state-dependent memory  419
statement validity analysis  476
state orientation  419
state space  419
state-specific science  419
states versus transformations  419
state theories of hypnosis  316
State-Trait Anxiety Inventory  419
static ataxia  500
static reflex  502
static response  502
static sense  807
statistic  639
statistical analysis  639
statistical control  639
statistical decision theory  639
statistical error  639
statistical learning theory  639
statistical process control  639
statistical psychology  639
statistical significance  639
statistical test  639
statistics  639
status  585
status comparison  585
status differentiation  476
status epilepticus  631
status generalization  476
status offense  216

status relations  585
status role  476, 585
status symbol  476
statutory rape  826
STD  484
steady state  619
stealth juror  476
steatopygia  634
Steele-Richardson-Olszewski syndrome  447, 476
Steinzor effect  476
stellate cell  490
stem-and-leaf plot  159
stem cell  149
stem-completion task  285
stenosis  194
stenosis of aqueduct of Sylvius  438
step-down test  476
stepfamily  476
step function  105
stepping reflex  829
stepwise phenomenon  105
stepwise regression  476
stereo acuity  915
stereoblindness  915
stereochemical smell theory  186
stereognosis  915
stereogram  476
stereopsis  915
stereoscope  915
stereoscopic acuity  915
stereoscopic depth perception  915
stereoscopic motion picture  915
stereoscopic vision  915
stereotactic instrument  617
stereotactic localization  698
stereotactic technique  698
stereotaxis  430
stereotaxy  698
stereotropism  216
stereotype  476
stereotype accuracy  477
stereotyped behavior  422
stereotyped movement  422
stereotype threat  477
stereotypic movement disorder  423
stereotypy  422
steric theroy of odor  186
sterility  783, 859
Sternberg Triarchic Abilities Test  475
steroid  477
steroid hormone  477
steroid use  477
stethograph  285
Stevens-Johnson syndrome  476

Stevens law  476
Stewart-Morel syndrome  475
sthenic type  147
sthenometer  211
stick shaker  824
stiffness  267
stigma  476
stigmatophilia  476
Stiles-Crawford effect  474
Stiller's rib  476
Stiller's sign  476
Stilling Color Vision Test  476
stilted speech  129
stim test  476
stimulants  279
stimulating occupation  341
stimulation  341
stimulus  341
stimulus-bound  341, 342
stimulus continuum  342
stimulus control  341
stimulus differentiation  342
stimulus discrimination  342
stimulus element  342
stimulus equivalence  341
stimulus error  341
stimulus evaluation checks  342
stimulus filtering  342
stimulus function  341
stimulus generalization  342
stimulus gradient  341
stimulus-intensity dynamism  341
stimulus object  341
stimulus onset asynchrony  341
stimulus overload  341
stimulus proposition  342
stimulus-response compatibility  342
stimulus sampling  342
stimulus sampling theory  341
stimulus set  342
stimulus situation  341
stimulus strength  341
stimulus substitution  341
stimulus value  341
stimulus word  341
stirrup  14
St John's wort  531
STM  578
stochastic  122
stochastic independence  122
stochastic model  122
stochastic variable  122
Stockholm syndrome  477
stocking anesthesia  216
stomach loading  28

事項索引

stop-signal task  477
storage  609
storage-and-transfer model of memory  162
storage capacity  609
storm-and-stress period  368
story model  478
story-recall test  879
storytelling  477, 879
stotting  477
strabismometer  389
strabismus  389
strain  210, 233, 745
straitjacket  271
strange-hand sign  575
stranger anxiety  750
stranger fear  750
Strange Situation  479
strangulated affect  281
strategic family therapy  533
strategic human-resource management  533
strategic intervention therapy  533
strategy  533, 827
stratification  104
stratified random sampling  535
stratum  381, 535
streaming  99, 477
streaming media  477
stream of consciousness  31
stream olfactometer  918
street intelligence  477
strength of an attitude  560
strength of association  160
strephosymbolia  196, 653
stress  195, 478
stress casualty  478
stress-decompensation model  478
stress immunity  478
stress immunization  478
stress incontinence  478, 773
stress-induced analgesia  479
stress-inoculation training  478
stress interview  478
stress management  478
stressor  479
stressor aftereffects  478
stress reaction  478
stress test  478
stress tolerance  478
stress training  478
stress-vulnerability model  478
stretch receptor  455
stretch reflex  455
stria atrophica  524
striate cortex  889
stria terminalis  798

striatum  524
stridor dentium  707
string  165
striving for superiority  887
stroboscope  479
stroboscopic illusion  479
stroke  698
Strong Interest Inventory  479
strong methods  616
Stroop Color-Word Interference Test  478
Stroop effect  478
structural analysis  270
structural equation modeling  270
structural family therapy  270
structural group  270
structuralism  270
structuralist  270
structural model  270
structural therapy  269, 270
structure  269
Structured Clinical Interview for DSM-IV Axis I Disorders  617
Structured Clinical Interview for DSM-IV Axis II Personality Disorders  617
structured interactional group psychotherapy  269
structured interview  270
structured item  269
structured learning  269
structured learning group  269
structured observational measures  269
structured stimulus  269
structure of an attitude  560
structure of intellect model  590
structuring  269
strychnine  477
student's disease  120
students' evaluation of teaching  504
study  117
study skill  118
stupor  32, 308
Sturge-Weber-Dimitri syndrome  474
Sturge-Weber syndrome  474
Sturm und Drang period  368
stuttering  172
stuttering gait  473
STX  317
stylistic ratings  895
stylus maze  532
subarachnoid hemorrhage  217

subarachnoid space  217
subcallosal gyrus  919
subception  29
subcommissural organ  283
subconscious  522
subcortical  742
subcortical aphasia  741
subcortical center  742
subcortical dementia  742
subcortical learning  741
subcotical arteriosclerotic encephalopathy  762
subculture  109
subcutaneous injection  738
subcutaneous sensibility  737
subdelirious state  10
subdural hematoma  280
subdural hemorrhage  280
subfornical organ  696
subgoal  110
subiculum  107
subitize  543
subject  404, 740
subjection  776
subjective  403
subjective assessment of performance  403
subjective attribute  403
subjective competitive situation  403
subjective contour  404
subjective examination  404
subjective-expected utility  403
subjective-expected value  403
subjective idealism  403
subjective norms  403
subjective organization  404
subjective probability  403
subjective psychology  403
subjective responsibility  403
subjective test  404
subjective tone  403
subjective visual field  403
subjective well-being  403
subjectivism  403
subjectivity  403, 403
subject of consciousness  31
subject variable  740
subjunctive  134
sublimation  412
subliminal  28
subliminal consciousness  321
subliminal learning  28
subliminal perception  29
subliminal persuasion  28
subliminal priming  29
subliminal propaganda  321

subliminal stimulation  28
subliminal stimulus  28
submissiveness  394
submissive signal  776
subnormal  490
subnormal period of neuron  355
suboccipital puncture  273
subordinate  102, 772
subordinate category  100
subordination  395
substance  780
substance abuse  883
Substance Abuse and Mental Health Services Administration  883
substance abuse treatment  883
substance dependence  882
substance-induced anxiety disorder  781
substance-induced mood disorder  780
substance-induced persisting amnestic disorder  781
substance-induced persisting dementia  781
substance-induced psychotic disorder  781
substance intoxication  780
substance intoxication delirium  780
substance P  736
substance-related disorders  780
substance withdrawal  781
substantia gelatinosa  281
substantia nigra  286
substantive rationality  365
substitutes for leadership theory  914
substituting  555
substitution  555
substitution test  588
substrate  166
subtest  321
subthalamic nucleus  355
subthalamus  777
subtherapeutic dose  131
subthreshold potential  29
subtractive mixture  256
subvocal speech  28
successful aging  319
successful intelligence  319
successive approximations method  936
successive contrast  231
successive discrimination  231
successive induction  231
successive reproduction  935
succinimides  473
succinylcholine  318
succorance need  894

succubus 317
sucker effect 138
sucking reflex 185
sudden infant death syndrome 679
sudden insight 760
sudden unexpected nocturnal-death syndrome 7
sufentanil 480
suffering 221
sufficient statistic 401
suffix 516
suffix effect 321
suggestibility 735
suggestion 22
suggestion therapy 23
suicidal crisis 353
suicidal gesture 353
suicidal ideation 353
suicidality 353
suicide 352
suicide attempt 353
suicide-prevention center 353
suicidology 353
sui juris 258
sukra prameha 473
sulcus 257, 696
sulcus centralis 598
sulcus principalis 404
Sullivan's interpersonal theory 322
summated ratings method 395
summating potential 124
summation 123, 124, 261
summation effect 124
summation time 124
summative evaluation 637, 926
summer depression 115
sum of cross products 511
sum of squares 809
sum strategy 261
sun compass 565
sundowning 677
sundown syndrome 677
Sunset procedures 325
superconducting quantum interference device 607
superconscious 601
superego 605
superego anxiety 605
superego resistance 605
superego sadism 605
superficial 759
superior colliculus 413
superior function 887
superior intelligence 888
superiority complex 887
superior longitudinal fasciculus 417
superior oblique 417
superior olivary complex 412
superior olive 412

superior rectus 420
superior sagittal sinus 417
superior temporal gyrus 418
superman 605
supernatural 605
supernormal stimulus 606
superordinate category 412
superordinate goal 412
supersensitivity 115
superstition 864
superstitious behavior 864
superstitious control 864
superstitious ritual 864
supertaster 608
supervalent thought 374
supervenience 779
supervised analysis 645
supervision 479
supervisory analysis 645
supervisory control 150
superwoman syndrome 479
supination 100
supplementary motor area 832
supplication 304
supported employment 81
supported living 331
supported retirement 556
support group 322
supportive ego 354
supportive-expressive psychotherapy 354
supportiveness 353
supportive psychotherapy 354
supportive services 354
suppository 322
suppression 898
suppressive therapy 899
suppressor variable 899
suprachiasmatic nucleus 344
supraliminal 29
supraliminal perception 29
supranuclear palsy 447
supraoptic nucleus 352
suprasegmental 608
surface agraphia 257
surface color 759
surface dyslexia 757
surface structure 757
surface therapy 757
surface traits 759
surgency 319
surplus energy theory 899
surplus meaning 125, 427
surprisal 321
surprise 89
surrogate decision making 565
surrogate mother 566
sursumvergence 417
survey 604

survey error 604
survey feedback 604
survey knowledge 321
survey research 321
survival analysis 498
survival instinct 352
survival of the fittest 625
survival value 497
survivor guilt 498
survivorship 321
susceptibility 151, 169
SUSOPS 360
suspense 163
suspiciousness 779
sustained attention 360
sustained operations 360
susto 474
swallowing 81
sweating 714
sweet 16
switch cost 467
switch device 467
switching 467
switch process 467
syllabary 98
syllable 98
syllogism 326
symathism 193
symbiosis 195
symbiotic infantile psychosis 195
symbiotic infantile psychotic syndrome 195
symbiotic marriage 197
symbiotic psychosis 195
symbol 419, 459
symbol-digit test 459
symbol grounding 165
Symbolic 419
symbolic attitude 420
symbolic consciousness 420
symbolic displacement 420
symbolic function 420
symbolic interactionism 420
symbolic learning theory 420
symbolic logic 166
symbolic matching to sample 329
symbolic mode 420
symbolic play 419
symbolic process 420, 459
symbolic realization 420
symbolic representation 420
symbolic reward 420
symbolic thinking 420
symbolism 419, 420
symbolization 419
SYMLOG 74
symmetrical distribution 556
symmetry 555
symmetry compulsion 555

sympathectomy 260
sympathetic chain 260
sympathetic division 260
sympathetic ganglion 260
sympathetic nervous system 260
sympathetic vibration 195
sympathomimetic drugs 260
sympathy 193, 644
sympathy seeking 193
sympatric species 644
symphorophilia 309
symptom 417, 604
symptomatic act 604
symptomatic treatment 556
symptomatology 416
symptom bearer 151
Symptom Checklist-90-R 418
symptom cluster 418
symptom-context method 418
symptom formation 418
symptom removal 418
symptom specificity 604
symptom substitution 418
symptom wearer 151
Synanon 372
synapse 372
synapse rearrangement 372
synaptic cleft 372
synaptic depression 372
synaptic gap 372
synaptic junction 372
synaptic pruning 372
synaptic transmitter 445
synaptic vesicle 372
synaptogenesis 372
synchronicity 194
synchronism 644
synchronization 637
synchronized sleep 156
synchrony 638, 646
syncope 365
syncretic thought 304
syncretism 304
syndrome 416
syndrome of obstinate progression 671
synectics model 373
synergic marriage 539
synergistic muscles 202
synergogy 372
synesthesia 193
synonym 638
synopsia 193, 603
syntactical aphasia 279
syntactics 642
syntax 642
syntaxic mode 454
syntaxic thinking 454
syntaxis 454
synthesis 456, 639

synthetic approach  268
synthetic speech  267
synthetic validity  537
syphilis  705, 705
syringomyelia  510
system  357
systematic desensitization  233
systematic error  233
systematic observation  546
systematic rational restructuring  233
systematic sampling  233
systematized delusion  552
system flow diagram  357
system model of evaluation  754
System of Multicultural Pluralistic Assessment  576
systems engineering  357
systems of support  322
systems theory  41
systolic blood pressure  394

## T

T  617
$T_3$  662
TA  283
tabanka  575
table of random numbers  906
table-tilting  628
table-tipping  628
table-turning  628
taboo  575
tabu  575
tabula rasa concept  575
tachisme  6
tachistoscope  568
tachycardia  762
tachyphagia  543
tachyphemia  544
tachyphylaxis  543
tachypsychia  571
tacit knowledge  25
tacrine  568
tactile agnosia  434
tactile amnesia  434
tactile circle  434
tactile communication  434
Tactile Form Perception  434
Tactile Form Recognition  434
tactile hallucination  253
tactile illusion  319
tactile perception  430
tactile perceptual disorder  434
tactile receptor  434
tactile sense  434
tactile sensory aid  434

tactile test  434
tactual display  434
tactual hallucination  253
Tactual Performance Test  434
tactual shape discrimination  434
tactual size discrimination  434
Tadoma method  574
TAE  130
TAG  577
tagging  568
tag question  772
taijin kyofusho  557
tail flick  621
TAIS  557
Takayasu's disease  567
talbot  663
Talbot-Plateau law  663
talent  314
talented and gifted  577
talking book  652
talking cure  90
tally sheet  232
tandem reinforcement  933
tangentiality  573
tangential speech  573
tangent screen  581
tangible user interface  581
tantric sex  583
tantrum  150
Taoism  638
tapering  521
tapetum  176
taphophilia  830
Tarasoff decision  577
tardive  592
tardive dyskinesia  592
tardive dysmentia  592
target  555, 568
target behavior  758
target device  568
target language  876
target patient  758
target population  877
target response  758
target stimulus  758
Tartini's tone  577
TAS  630
task  129, 570
task analysis  129
task cohesion  350
task complexity  129
task demands  129
task-focused thinking  129
task force  571
task identity  430
task inventory  129
task-motivated  129
task orientation  129
task-oriented group  129
task role  129
task significance  129
task specificity of language  249

task structure  129
task switching  571
task-unrelated images and thought  457
taste  8
taste adaptation  850
taste aversion  850
taste blindness  853
taste bud  855
taste cell  850
taste pore  851
taste stimulus  850
taste system  850
taste transduction  8
TAT  405
tau effect  567
tautology  658, 926
Tavistock Clinic  575
taxic behavior  539
taxis  539
taxonomy  804
taxonomy of educational objectives  191
Taylor Manifest Anxiety Scale  621
Taylor-Russell tables  629
Tay-Sachs disease  619
TBR items  180
TCAs  324
T data  620
TDD  603
t distribution  621
teacher-effectiveness evaluation  194
teaching games  190
teaching machine  620
teaching style  190
team  593
team building  593
team goals  593
team mental model  593
teamwork  593
tease  138
technical eclecticism  515
technical term  533
technological gatekeeper  168
technological illiteracy  168
tectal nucleus  331
tectorial membrane  110
tectospinal tract  331
tectum  100
teething  488
tegmentum  737
telecanthus-hypospadias syndrome  80
teleceptor  80
telecommunication device for the deaf  603
telecommuting  313
telegnosis  630
telegraphic speech  634
telehealth  80
telemedicine  80
telemetry  630
telencephalon  562

teleology  876
teleonomy  876
teleoperator  630
teleopsia  80
telepathic dream  630
telepathy  630
telephone counseling  634
telephone scatologia  634
telergy  630
telesis  228
telesthesia  522
teleworking  313
Telfaire instructions  629
telic continuum  876
Tellegen Absorption Scale  630
temazepam  629
temperament  166
temperament theory  167
temperament trait  167
temperance  357
temperature illusion  98
temperature sense  98
temperature spot  98
temper tantrum  150
template-matching theory  28
temporal  543
temporal appraisal theory  337
temporal aspects of consciousness  31
temporal bone  544
temporal conditioning  337
temporal construal theory  103
temporal discrimination  338
temporal-frequency discrimination  337
temporal gradient  337
temporal hallucinations  544
temporal lobe  544
temporal lobe amnesia  544
temporal lobectomy  544
temporal lobe epilepsy  544
temporal lobe hallucinations  544
temporal lobe illusions  544
temporal lobe syndrome  544
temporal modulation transfer function  338
temporal perceptual disorder  337
temporal precedence  337
temporal summation  337
temporary commitment  37
temporary lesion  37
temporary threshold shift  39
temptation  890
tendentious apperception  817
tender-mindedness  633

tender years doctrine 719
tendon 243
tendon reflex 255
tendon sensation 245
Tennessee Self-Concept Scale 628
TENS 617
tense 210, 357
tension 210, 608
tension headache 210
tension law 210
tension reduction 210
tensor tympani 297
tenting 633
tentorium cerebelli 424
ten-twenty system 633
teratogenic 309
teratological defect 165
teratology 165
Terman-McNemar Test of Mental Ability 577
Terman's giftedness study 576
terminal behavior 397
terminal button 402
terminal care 402
terminal decline phenomenon 402
terminal drop 402
terminal drop-decline 402
terminal insomnia 541
terminal link 392
terminal threshold 341
termination 393
territorial aggression 670
territorial dominance 670, 919
territoriality 670
territorial marking 670
terror 200
terrorism 630
terror management theory 200
tertiary care 325
tertiary circular reaction 553
tertiary prevention 325
test 626
testability 342
testamentary capacity 886
test anxiety 627
test battery 627
test bias 627
test construction 626
test cutoff 626, 627
testicle 260
testicular atrophy 497
testimony 415
testis 497
test item 627
test marketing 342
Test of Attentional and Interpersonal Style 557
test of significance 886
test of simple effects 581
testosterone 627

test profile 250
test-retest correlation 627
test score 627
test selection 250
test sophistication 627
test-study-test method 626
test-tube baby 342
test-wise 627
tetanic contraction 627
tetrabenazine 628
tetrachoric correlation 376
tetrachromatism 902
tetrahydrocannabinol 628
tetraparesis 354
tetraplegia 354
tetrodotoxin 628
textons 626
texture perception 626
texture segregation task 626
tft strategy 86
TGA 39
T-group 618
thalamic lesion 356
thalamic nucleus 355
thalamic pacemaker 356
thalamic taste area 356
thalamic theory of Cannon 184
thalamocortical system 356
thalamus 355
thalidomide 323
thanatology 377
thanatomania 782
thanatomimesis 166
thanatophobia 373
Thanatos 574
that's-not-all technique 656
THC 628
theater of consciousness 31
Theater of Spontaneity 374
thebaine 628
theism 889
thema 405
Thematic Apperception Test 405
thematic paralogia 405
thematic paraphasia 405
thematic test 405
theobromine 621
theomania 393
theophagy 138
theorem 621
theoretical integration 922
theory 922
theory begging 922
theory-laden 922
theory of aging 141
theory of forms 42
theory of ideas 42
theory of mental self-

government 455
theory of mind 288
theory of misapplied constancy 265
theory of personal investment 350
theory of planned behavior 228
theory of reasoned action 282
theory theory 509
theory verification 922
Theory X and Y 75
Theory Z 516
therapeutic agent 612
therapeutic alliance 612
therapeutic atmosphere 612
therapeutic camp 185
therapeutic communication 612
therapeutic community 611
therapeutic crisis 611
therapeutic factors 612
therapeutic group 611
therapeutic index 611
therapeutic jurisprudence 612
therapeutic matrix 612
therapeutic ratio 611
therapeutic role 612
therapeutic soliloquy 611
therapeutic touch 573
therapeutic window 611
therapist 516
therapist-patient relationship 611
therapy puppet 516
therapy supervision 479
therblig 896
there-and-then approach 547
thermal comfort 98
thermal discrimination 98
thermalgesia 99
thermalgia 388
thermal illusion 98
thermal sensitivity 98
thermal stimulation 692
thermesthesia 98
thermic fever 692
thermistor 322
thermoanesthesia 96, 99
thermode 692
thermoesthesia 98
thermography 322
thermoreceptor 98
thermoregulation 551
thesis 627
theta feedback 361
theta wave 361
thiamin 585
thiamine 585
thiazide diuretics 309
thick stripes 782

thienobenzodiazepine 585
thigmesthesia 434
thigmotaxis 430
think-aloud protocol 717
thinking 344
thinking aside 943
thinking style 685
thinking through 643
thinking type 344
thinning 192
thin stripes 767
thiopental 586
thioridazine 586
thioxanthenes 586
third-party payer 553
third-person perspective 326
third-variable problem 553
third ventricle 553
thirst 142
Thomas S. class action 659
Thomistic psychology 659
Thorndike-Lorge list 549
Thorndike's trial-and-error learning 549
thought avoidance 344
thought broadcasting 270
thought derailment 573
thought disorder 344
thought disturbance 344
thought echoing 270
thought experiment 344
thought insertion 344
thought intrusion 344
thought monitoring 345
thought process 344
thought sampling 344
thought stopping 345
thought suppression 345
thought transference 345
thought withdrawal 345
threat 89, 189
threat appraisal 191
threat display 28
threat to self-esteem model 561
three burst pattern 662
three-component theory 325
three-mountains test 852
three-stage theory 326
three-stratum model of intelligence 592
three-term contingency 324
threshold 29
threshold for bodily motion 454
threshold of consciousness 30
threshold shift 29
threshold theory 29
threshold traits analysis 29
thrombosis 240
thrombotic stroke 240

thrombus 240
thumb opposition 829
thumb sucking 891
Thurstone attitude scales 320
thymine 593
thymus 196
thyroid gland 265
thyroid hormones 266
thyroid-stimulating hormone 266
thyroplasty 266
thyrotoxicosis 266
thyrotropin-releasing hormone 266
thyroxine 317
TIA 40
tianeptine 585
tic 590
tic disorder 590
tic disorder not otherwise specified 656
tic douloureux 325
tickle experience 214
tie-in 568
tight culture 561
tightrope test 723
tilt aftereffect 130
timbre 691
time 336
time agnosia 337
time-altered speech 337
time and motion study 337
time and rhythm disorders 846
time-compressed speech 337
time discounting 338
time disorientation 337
time distortion 338
time error 337
time estimation 337
time-extended therapy 337
time-lag effect 565
time-lagged correlation 337
timeless moment 565
time-limited day treatment 38
time-limited psychotherapy 337
time management 337
time-of-measurement effect 543
time out 565, 600
time-out theory 565
time perception 337
timer 564
time sampling 338
time score 565
time sense 337
time-series design 341
time sharing 565
timidity 87
tinnitus 853

tip-of-the-tongue phenomenon 701
tissue 545
tissue damage 546
tit-for-tat strategy 86
Title IX 561
titration 626
TLP 337
TM 602
TMA 662
T maze 621
TMJ syndrome 116
TMS 233
TMT 663
TMTF 338
TO 565, 600
tobacco 575
to-be-remembered items 180
toe drop 125
toilet training 635
token economy 656
token reinforcer 656
Token Test 656
tolerance 159, 558
tolerance limit 205
tolerance of ambiguity 4
toloache 663
toluene 663
tomato effect 659
tomboyism 89
tomography 582
tomomania 404
tonal attribute 89
tonal fusion 89
tonal gap 89
tonal island 98
tonality 605
tonal sensation 89
tonal spectrum 96
tonal volume 99
tonaphasia 533
tone 499
tone color 691
tonic 208
tonic activation 208
tonic-clonic seizure 197
tonic contraction 210
tonic epilepsy 197
tonic labyrinth reflex 210
tonic pupil of Adie 11
tonic receptor 210
tonic reflex 210
tonometer 658
tonometry 142
tonotopic organization 401
tonus 658
tool design 616
tool of intellectual adaptation 590
tool-using behavior 638
topagnosis 147, 204
topalgia 204
topdog 658
top-down analysis 657
top-down design 657

top-down processing 657
topectomy 695
topical application 204
topical flight 157
topiramate 659
Title IX 561
topoanesthesia 434
topographagnosia 589
topographic 659
topographical 659
topographical amnesia 610
topographical disorientation 589
topographical memory 659
topographical psychology 659
topographic mapping of the brain 699
topographic model 204
topographic organization 204
topography of response 733
topological psychology 659
topology 659
torpor 738
Torrance Tests of Creative Thinking 660
torsion 104
tort 785
torticollis 388
torture 281
total aphasia 524
total color blindness 861
total institution 535
total lipodystrophy 525
total-package arbitration 529
total processing space 539
total quality management 537
total recall 155, 538
totem 658
TOT phenomenon 701
touch 434
touch blends 573
toucherism 514
touching 573
touch sense 434
touch spot 430
touch therapy 573
tough-mindedness 575
Tourette's disorder 651
Tower of Hanoi 719
toxemia of pregnancy 683
toxic disorder 600
toxicity 654
toxic psychosis 600
toxin 654
toxoplasmosis 652
toy test 148
TPD 111
TPT 434
TQM 537
trace conditioning 305
tracheostomy 164
trachoma 660

tracking 614, 660
tract 445
tractotomy 446
tradition 633
traditionalism 634
traditional marriage 634
tradition-directed 633
tragedy of the commons 202
Trail Making Test 663
train 227, 663
trainability 227
trainable mentally retarded 190
trainer 663
training 663
training analysis 190
training log 227
training school 656
training study 227
training systems design 227
training validity 227
trait 654
trait anxiety 654
trait-negativity bias 748
trait organization 654
trait profile 654
trait rating 654
trait theories of leadership 914
trait theory 483
trajectories of dying 377
trance 660
trance and possession disorder 111
trance logic 661
tranquilizer 491
tranquilizer chair 612
transaction 537, 660
transactional analysis 283
transactional contingent reward 260
transactionalism 537, 660
transactional leadership 283
transactional model of development 716
transactional psychotherapy 283
transactive memory system 260
transcendence need 602
transcendence therapy 661
transcendentalism 521
transcendental meditation 602
transcendental state 602
transcendent counseling 661
transcortical 607
transcortical aphasia 607
transcranial magnetic stimulation 233
transcription 633

transcultural psychotherapy 738
transdermal patch 234
transducer 660
transduction 817
transductive reasoning 634
transfer 630
transfer-appropriate processing 630
transferase 661
transference 630
transference neurosis 630
transference resistance 630
transfer of training 227
transformation 817
transformational generative grammar 817
transformational leadership 817
transgender 660
transgenerational patterns 660
transgenic 43
transience 861
transient global amnesia 39
transient group 36
transient ischemic attack 40
transient monocular blindness 39
transient situational personality disorder 39
transient tic disorder 39
transitional employment 135
transitional living 135
transitional object 30
transitional phenomenon 30
transitional probability 519
transitive inference task 465
transitivism 418
transitivity 465
translation 840
translation and back-translation 840
translocation 632
transmission 155, 511, 633
transmitter 661
transorbital lobotomy 228
transpersonal psychology 660
transplantation 33
transporter 661
transpose 633
transposition 39, 630
transposition of affect 153
transsexualism 502
transsynaptic degeneration 231
transtentorial herniation 634

transtheoretical model 734
transvestic fetishism 777
transvestism 777
transvestitism 777
trapezoid body 552
trauma 103, 660
traumatic aphasia 103
traumatic brain injury 103
traumatic disorder 103
traumatic encephalopathy 103
traumatic grief 103
traumatic hemorrhage 103
traumatic psychosis 414
traveling wave 448
trazodone 660
Treacher Collins syndrome 661
treatment 610
treatment audit 611
treatment bias 428, 612
treatment combination 436, 810
treatment effect 435
treatment level 611
treatment plan 611
treatment protocol 612
treatment resistance 611
treatment-seeking behavior 611
treatment withholding 612
tree 161
tremor 451
trend analysis 230
trephination 106
TRH 266
triad 660
triad training model 325
triage 532, 661
trial 344
trial-and-error learning 344
trial design 660
trial therapy 345
triangular theory of love 4
triangulation 324
triarchic theory of intelligence 592
Triavil 660
triazolam 661
trichomegaly-retinal degeneration syndrome 605
trichophagy 432
trichorrhexis nodosa with mental retardation 493
trichotillomania 717
trichromatic theory 325
trichromatism 325
trichromatopsia 325
tricomponent theory of attitudes 560
tricyclic antidepressants 324
tridimensional theory of feeling 154
trier of fact 704

trifluoperazine 662
trigeminal chemoreception 325
trigeminal nerve 325
trigeminal neuralgia 325
trigeminal nucleus 325
trigger 661
triggering cause 738
trigger zone 738
trihexyphenidyl 662
triiodothyronine 662
tri-mean 324
trimethoxyamphetamine 662
trimming 662
trinucleotide repeat 662
tripa ida 474
tripartite theory of attitudes 560
triphasic pattern 662
triple blind 325
triple-code model of imagery 49
triptans 662
trisomy 661
trisomy 21 661
trisomy 17-18 661
tritanopia 324
triune brain 326
trochlear nerve 131
troilism 663
troland 874
trophic 71
trophic hormone 342
trophic nerve 71
tropia 389
tropic hormone 342
tropism 216
troposmia 186
truancy 861
true experiment 571
true-false test 441
true score 458
true self 840
true variance 458
truncated distribution 515
trust 459
trust exercise 459
trust versus mistrust 460
truth serum 374
truth value 441
tryptamine derivatives 662
tryptophan 662
tryptophan hydroxylase 662
T-scope 568
T score 818
TSCS 628
TSD 619
TSH 266
TTA 29
TTCT 660
t test 618
TTM 734
TTR 564

TTS 39
TTX 628
tubal ligation 906
tuberculous meningitis 237
tuberoinfundibular tract 918
tuberomammillary nucleus 240
tubular vision 664
tufted cell 825
TUI 581
TUITs 457
Tukey's Honestly Significant Difference Test 629
Tukey's HSD Test 629
tulipmania 601
tulipomania 601
tumescence 826
tumor 724
tuning curve 646
T-unit 521
tunnel vision 664
turbinate 740
Turing machine 601
Turing test 601
Turner's syndrome 574
turnover 911
turn taking 944
twelve-step program 400
twenty-four-hour therapy 676
twilight state 875
twilight vision 23
twin control 539
twinning 614
twin studies 539
twitching 935
two-by-two factorial design 672
two-factor design 680
two-factor theory 672
two-neuron arc 581
two-plus-two phenomenon 678
two-point discrimination 678
two-point limen 678
two-point threshold 678
two-process model of recall 312
two-stage memory theory 162
two-tailed test 919
two-way analysis of variance 673
two-way factorial design 680
two-way table 673
two-word stage 673
tympanic membrane 297
tympanometry 621
tympanoplasty 288
Type A behavior 564
Type A personality 564
Type B behavior 564
Type B personality 564

type-changing plastic surgery 564
Type I cell 36
Type I error 550
Type II cell 672
Type II error 562
Type III cell 324
Type IV cell 902
type-token ratio 564
Type-T personality 564
typhomania 593
typicality effect 632
typing 564, 564
typology 926
tyramine 610
tyrosine 612
tyrosine hydroxylase 612

## U

UCR 861
UCS 861
U fiber 891
UG 785
ulcer 110
ulnar nerve 389
ultimate explanation 186
ultimate opinion testimony 609
ultradian rhythm 605
ultrasonic communication 602
ultrasonic irradiation 602
ultrasound 602
ultraviolet 331
umami 63
umbilical cord 811
UMP test 39
Umweg problem 61
Umwelt 147
unbalanced bilingual 773
unbiased 130
unbiased estimator 784
unbiased estimator of variance 801
unbiased sampling plan 130
uncertainty 772
uncertainty-arousal factor 780
uncertainty avoidance 772
uncertainty factor 772
uncertainty principle 772
uncertainty reduction theory 772
uncinate fasciculus 266
unconditional positive regard 861
unconditional stimulus 861
unconditioned reflex 861
unconditioned response 861
unconditioned stimulus 861
unconscious 858

unconscious cognition 858
unconscious inference theory 858
unconscious intentions 858
unconscious learning 858
unconscious motivation 858
unconscious perception 858
unconscious process 858
unconscious resistance 858
unconscious transfer 858
unconscious transference 858
uncontrolled 852
uncontrolled variable 745
unconventional therapy 559
uncovering 86
uncriticalness 862
uncrossed disparity 740
uncued panic attack 657
uncus 257
underachiever 24
underclass 309
underdog 843
underextension 125
underintensity 618
underload 773
underpayment inequity 124
under secondedtesticle 620
undershoot 24
understaffing 439
understanding 291, 909
undifferentiated schizophrenia 158
undifferentiated somatoform disorder 158
unexpected panic attack 657
unfair labor practices 782
unfalsifiable 728
unfinished story 851
unfitness 781, 782
unfreezing 887
unidimensional 36
unified positivism 642
unified theory of cognition 688
Unified Tri-Service Cognitive Performance Assessment Battery 661
uniform crime reports 635
uniform distribution 39
Uniform Guidelines for Employee Selection Procedures 392
uniformly most powerful test 39
unilateral 40
unilateral couple counseling 42
unilateral descent 582
unilateral lesion 819

unilateral neglect 729
unilineal descent 582
unimodal distribution 584
uniocular 578
union 216
union shop 891
uniparous 406
unipolar depression 579
unipolar mania 579
unipolar neuron 579
unipolar stimulation 579
unique factor 652
uniqueness 652
unique trait 291
unitary-resource model 578
United Nations Declaration on the Rights of Mentally Retarded Persons 493
Unit Manning System 891
unit of analysis 802
unity of command 865
unity of consciousness 31
unity of science 115
univariate 584
univariate research 584
universal 249
universal design 891
universal grammar 785
universalism 784
universality 41
universality of emotions 153
universalizability 784
universals 891
universe 830
universe of discourse 584
unmyelinated 752
unobtrusive measure 868
unpleasantness 785
unpleasure 772
unresolved 850
unshared environmment 739
unsociable 743
unspecified mental retardation 655
unstructured interview 740
unstructured stimulus 740
Unusual Uses Test 929
unvoiced 861
unweighted means analysis 93
unweighted test 93
upper motor neuron 412
uppers 11
upper threshold 415
up-regulation 426
up through 11
upward appraisal 426
upward communication 63
upward mobility 425
upward Pygmalion effect 426
UR 668, 861

uracil 63
urban behavior 657
urban ecology 657
urbanism 14
urbanization 657
urban legend 657
Urban's weights 854
urethra 681
urethral eroticism 681
urethral erotism 681
urethritis 681
urge incontinence 516
urinary incontinence 680
urination 705
urinogenital 747
urogenital 747
urolagnia 373
urophilia 681
URT 772
urticaria 459
US 861
usability engineering 538
usable 615
use-and-disuse theory 905
useful field of view 888
user-centered design 891
user-friendly 891
Usher syndrome 10
U statistic 891
us-versus-them effect 945
UTCPAB 661
uterus 339
utilitarian function of an attitude 560
utilitarianism 282
utility 281
utility standards 281
utility theory 282
utilization deficiency 920
utilization-focused evaluation 368
utilization review 668
utopia 891
utopianism 891
utricle 906
utterance 717
UV 331
uvula 259
uvular 259
uxoricide 616

## V

V 249
V1 767
V2 767
V4 767
V5 767
VABS 707
vacuum activity 441
vacuum response 441
vagal tone 865
vagina 590
vagina dentata 57
vaginal envy 590

vaginal orgasm 590
vaginismus 590
vagotomy 865
vagus nerve 865
valence 887
valence-instrumentality-expectancy theory 130
validating marriage 723
validity 574
validity criterion 574
validity generalization 574
validity generalization model of selection 528
valor 887
valproic acid 724
VALS 131
value 130
value analysis 130
value-expressive function of an attitude 560
value judgment 130
values clarification 130
values education 130
Values Lifestyle Groups 131
value system 130
vampirism 186
van Buchem's syndrome 57
vandalism 707
Vandenbergh effect 57
vanishing cues methodology 622
variability 820
variable 818
variable-interval reinforcement schedule 818
variable-ratio reinforcement schedule 821
variable stimulus 138
variable-time schedule 818
variance 801
variance-covariance matrix 801
variance stabilizing transformation 801
variant 29
variate 821
variation 816
variations of aging 141
varicella 852
varied mapping 820
variety 577, 818
varimax rotation 723
vascular dementia 238
vascular depression 238
vascular insufficiency 238
vascular sclerosis 238
vasculitis 854
vas deferens 891
vasectomy 891
vasoconstriction 238
vasoconstrictor 238
vasodilation 238

vasodilator 238
vasomotor 238
vasopressin 712
vasopressor 412
Vater's corpuscle 763
vector 811
Vedanta 59
vegetative soul 430
vegetative state 430
velar 671
velleity 617
velocity of conduction 633
velum 725
velum palatinum 670
venire 704
venlafaxine 821
Venn diagram 818
ventilation 756
ventral 777
ventral amygdalofugal pathway 777
ventral anterior nucleus 532
ventral lateral nucleus 544
ventral root 522
ventral stream 777
ventral tegmental area 777
ventricle 362, 696
ventricular puncture 697
ventricular system 696
ventricular zone 697
ventriculoatrial shunt 697
ventriculomegaly 696
ventriculostomy 697
ventrodorsal 778
ventromedial hypothalamic syndrome 777
ventromedial nucleus 777
ventromedial pathways 777
ventroposterior nucleus 279
VEP 335
verb 643
verbal ability 249
verbal alexia 291
verbal amnesia 291
verbal aphasia 755
verbal behavior 247
verbal behavior therapy 248
verbal comprehension 249
Verbal Comprehension Index 249
verbal conditioning 248
verbal factor 246
verbal fluency test 249
verbal intelligence 248
verbal IQ 248
verbalization 246
verbal leakage 248
verbal learning 247
verbal masochism 294
verbal memory 248
verbal overshadowing 248
verbal paraphasia 291

verbal test 247, 249
verbal thought 248
verbatim recall 589
verbatim trace 589
verbigeration 289
verbomania 303
vergence 777
veridical hallucination 450
verification 252
verification time 730
vermis 601
vernacular 657
verstehende Psychologie 919
vertebral artery 614
vertebral column 510
vertex potential 471
vertical décalage 467
vertical group 467
vertical mobility 467
vertigo 870
vesicle 425
vested interest 909
vestibular adaptation 529
vestibular apparatus 529
vestibular glands 529
vestibular illusion 529
vestibular nerve 529
vestibular nuclei 529
vestibular nystagmus 529
vestibular receptors 529
vestibular sacs 529
vestibular system 529
vestibule 529
vestibule training 252
vestibulocochlear nerve 666
vestibulo-ocular reflex 529
vestibulospinal tract 529
vestigial body image 305
vibration 457
vibration disease 457
vibration environment 457
vibration experience 457
vibration receptor 457
vibrotactile masking 457
vibrotactile threshold 457
vicarious 566
vicarious brain process 558
vicarious enjoyment 566
vicarious function 558
vicarious pleasure 566
vicarious traumatization 565
vicious circle 6
vicious circularity 410
victim 737
victim impact statement 737
videotape methods 748
Vienna Circle 58
Vienna School 58
Viennese School 58
Vierordt's law 765
Vieth-Müller circle 766
vigilance 743

vigilance decrement 743
vigor 134
Vineland Adaptive Behavior Scales 707
violation-of-expectation method 171
violence 827
VIQ 248
viral hypothesis of schizophrenia 640
viral marketing 706
virgin 710
virilism 582
virility 89
virtual pitch 713
virtual reality 713
virtual reality therapy 713
virtue 652, 749
virus 58
Visatoner 57
viscera 666
visceral brain 666
visceral drive 666
visceral learning 437
visceral reaction 666
visceral sense 666
viscerogenic drive 666
viscerogenic need 666
viscerotonia 666
VI schedule 818
vision 332, 438, 743
vision rehabilitation 335
visiting nurse 827
visual acuity 438
visual adaptation 334
visual agnosia 333
visual agraphia 357
visual allachesthesia 333
visual amnesia 333
visual angle 332
visual anomia 333
visual aplasia 367
visual apperception test 334
visual area 335
visual area 1 767
visual area 2 767
visual area 4 767
visual area 5 767
visual association cortex 335
visual attention 334
visual attention disorder 333
visual axis 353
visual blurring 334
visual capture 334
visual cliff 334
visual comfort probability 334
visual communication 334
visual consciousness 334
visual-construction test 333
visual cortex 335
visual cycle 333

visual discrimination 334
visual dominance 146, 335
visual dyslexia 333
visual evoked potential 335
visual extinction 333
visual fatigue 158
visual field 378
visual field defect 389
visual field sparing 240
visual fixation 288
visual form agnosia 333
visual form discrimination 334
visual function 332
visual hallucination 250
visual hearing 438
visual illusion 318
visual imagery 334
visual impairment 333
visual induction 334
visualization 332
visual learning 332
visually guided reaching 334
visual masking 335
visual memory 332
visual-motor coordination 332
visual neglect 333
visual organization 334
visual organization test 334
visual perception 361
visual-placing reflex 335
visual preference paradigm 522
visual processing 333
visual projection 335
visual pursuit 334
visual receptive field 333
visual recognition 335
visual recognition test 335
visual reproduction 334
visual-righting reflex 357
visual search 333
visual-search perceptual disorder 334
visual space 340
visual-spatial ability 340
visual stimulation 333
visual system 332
visual texture 334
visual threshold 334
visual tracking 334
visual transduction 333
visual yellow 331
visuoconstructional impairment 334
visuoconstructive test 333
visuomotor behavior rehearsal 332
visuospatial agnosia 340
visuospatial function 212
visuospatial scratchpad 340
vital capacity 703

vital functions 507
vitalism 486
vitality 705
vital statistics 448
vitamin 745
vitamin A 745
vitamin A toxicity 745
vitamin deficiency 745
vitamin D toxicity 746
vitamin model of employee satisfaction 392
vitex agnus castus 508
vitreous hemorrhage 417
vitreous humor 417
vividness training 533
viviparity 558
vivisection 498
VMI 332
VNO 435
vocabulary growth 257
vocabulary test 257
vocal communication 97
vocal cords 498
vocal folds 498
vocal-image voice 124
vocalization 715
vocal reaction time 715
vocal register 486
vocal tract 502
vocation 625
vocational adjustment 429
vocational appraisal 429
vocational aptitude 429
vocational aptitude test 429
vocational choice 428
vocational counseling 428
vocational guidance 428
vocational maturity 429
vocational rehabilitation 429
vocational selection 428
vocational services 428
vocational training 428
vodun 782
voice 284, 550, 889
voice-activated control 97
voice-activated switch 97
voice disorder 715
voiceless 861
voice-onset time 889
voice-output system 97
voiceprint 507
voice-stress analyzer 284
voice therapist 822
voicing 714, 889
voir dire 901
volatile marriage 836
volition 33
volley 489
volley principle 489
volley theory 489
vol scale 61
volt 838
Voltage-activated gate 630

voltage-gated ion channel 630
volubility 576
volume color 212
volumetric thirst 237
voluntarism 390
voluntary 374
voluntary admission 681
voluntary agencies and organizations 836
voluntary behavior 465
voluntary control 465
voluntary movement 465
voluntary process 375
voluntary response 465
voluntary turnover 375
volunteer 836
volunteer bias 337
volunteerism 836
vomeronasal system 435
vomiting 85
vomiting center 85
von Domarus principle 771
von Economo's disease 771
von Frey specificity theory 771
von Recklinghausen's disease 772
von Restorff effect 771
voodoo 782
voodoo death 782
VOR 529
VOT 889
vowel 822
voyeurism 513
Vroom-Yetton-Jago model of leadership 791
VR schedule 821
VT 565
VT schedule 818
vulnerability 489
vulnerability factor 489
vulva 55
vulval orgasm 55
vulvectomy 100
Vygotskian theory of intelligence 57

# W

Waardenburg's syndrome 945
WAB 59, 93
Wada test 944
wage compression 612
WAIS 59
waist-to-hips ratio 59
waiting-list control group 552
waiting-list phenomenon 552
wakefulness 119
waking center 120
waking dream 120, 708
waking hypnosis 119

Walden Two 61
Wald-Wolfowitz test 945
walk-in clinic 61
walk-talk counseling session 326
walk-through performance testing 61
wandering attention 594
wandering behavior 322
wanderlust 827
warehousing 58
warm spot 98
warm stimulus 97
warmth 10
warm-up 61
warm-up effect 61
warning coloration 228
warning overload 137
war psychology 526
Washoe 944
waterfall illusion 568
water-jar problems 851
water-jug problems 851
watershed infarction 802
watershed zone 191
Watson-Glaser critical thinking appraisal 944
wave-interference patterns 670
wavelength 713
wavelength thresholds 713
wave of excitation 280
waxy flexibility 130
WAYS 296
Ways of Coping Questionnaire 296
WBIS 59
WCST 57
weak methods 902
weaning 916
weaning aggression 916
weapon-focus effect 773
weapons effect 773
wear-and-tear theory of aging 141
Weber-Fechner law 60
Weber fraction 59
Weber's experiment 59
Weber's law 59
website 60
Wechsler Adult Intelligence Scale 59
Wechsler-Bellevue Intelligence Scale 59
Wechsler Intelligence Scale for Children 59
Wechsler Memory Scale 59
Wechsler Preschool and Primary Scale of Intelligence 59
Wednesday Evening Society 470
weekend hospitalization 402
we-group 666

事項索引　1039

weight　93
weight discrimination　93
weighted application blank　93
weighted item　93
weighted kappa　93
weighted least squares　93
weighted test　93
weight experiment　93
weighting　93
weight regulation　555
Weight Watchers　58
Welch-Aspin t test　60
well-being　60
well-defined problem　921
wellness concept　246
wellness program　246
Welsh Figure Preference Test　60
Weltanschauung　509
Werner's disease　60
Werner's syndrome　60
Wernicke-Korsakoff syndrome　60
Wernicke's aphasia　60
Wernicke's area　60
Wernicke's encephalopathy　60
Wernicke's theory　60
Werther syndrome　60
Westermarck effect　59
Western aphasia battery　59
Western blot　59
wet-globe bulb temperature　362
wet nurse　62
Wever-Bray effect　116
WF　579
WFMH　509
WFPT　60
WGTA　57
wheelchair　222
whiplash effect　862
whipping　861
whipsawing　822
whirl sensation　105
whisker barrel　57
white blood cell　714
white-collar crime　839
white-collar worker　839
white commissure　708
white light　708
white matter　708
whiteness constancy　708
whiteout syndrome　839
white rami communicantes　708
whitiko　58
Whitten effect　822
WHO　509
WHO(10) Well-Being Index　575
whole-channel　528
whole-language approach　248

whole method of learning　118
whole report　526
whole-word method　522
whooping cough　753
wideband procedures　258
Wide Range Achievement Test　278, 943
Widow-to-Widow Program　853
Wiener Schule　58
wife swapping　767
wihtigo　58
wihtiko　58
Wilcoxon test　58
wild boy of Aveyron　4
wilderness experience　281
Wilder's law of initial values　428
Wildervanck's syndrome　58
Wilks's lambda　58
will　30
will disturbance　32
will-do factors　50
Williams v. Florida　58
Williamus-Barrantt syndorome　260
Williamus-Beuren sydorome　260
Williamus syndorome　260
Willie M. class action　58
Willowbrook Consent Decree　58
Willowbrook Consent Judgment　58
willpower　33
will therapy　33
will to live　29
will to meaning　48
will to power　256
will to survive　29
windigo　58
windmill illusion　123
wind tunnel　767
win-lose dynamic　916
winner effect　417
win-stay, lose-shift strategy　58
wireless　861
WISC　59
Wisconsin Card Sorting Test　57
Wisconsin General Test Apparatus　57
wisdom　69
wish　158
wish-fulfillment　158
wishful thinking　178
wit　57, 172
witchcraft　57
witch doctor　390
withdrawal-destructiveness　627
withdrawal dyskinesia　914
withdrawal reaction　914

withdrawal reflex　648
withdrawing response　648
Witherspoon excludables　57
within-cell variance　790
within-dimension attitude consistency　342
within-group variance　227
within-subjects design　362
witigo　58
witiko　58
wittigo　58
Witzelsucht　101
WLM　433
WMS　59
wobble switch　61
Wohlwill-Corino Andrade syndrome　24
wolf children　86
Wolffian duct　61
Wolf Man　86
Wolman's disease　61
woman-centered psychology　433
womb　339
womb envy　339
womb fantasy　339
women's liberation movement　433
Woodcock-Johnson Psychoeducational Battery　62
word approximation　209
word-association test　250
word blindness　367
word count　579
word deafness　603
word fluency　579
word-form dyslexia　287
word-fragment completion task　579
word-frequency study　296
word hash　294
word-length effect　292
word of mouth　215
word-recognition skills　579
word-recognition threshold　579
word salad　294
word-span test　579
word spurt　257
word-superiority effect　249
work　318
workaholic　350
workaholism　350
work decrement　350
work ethic　938
work-flow integration　944
work-for-pay unit　493
work function scale　937
work group　943
working backward　61
working forward　842
working hypothesis　318

working memory　943
Working Memory Index　943
working mother　943
working through　628
working vocabulary　325
work-limit test　318
work motivation　944
work rehabilitation center　938
work-rest cycle　937
work-sample test　938
workspace　944
workspace design　944
work-study program　943
work system　938
work team　318
work therapy　938
work-up　943
world design　509
World Federation for Mental Health　509
World Health Organization　509
world regions　509
World Wide Web　945
worm　944
worship　447, 471
WPPSI　59
WRAT　273, 943
writer's cramp　432
writing angle　432
writing disorder　432
writing test　746
wrong number technique　845
WSE　249
W-state　575
WTPT　61
Wundt curve　67
Wundt gravity phonometer　67
Würzburg school　63
WWW　945
Wyatt v. Stickney decision　943

## X

xanthocyanopsia　511
xanthomatosis　85
xanthopsin　331
X chromosome　75
xenoglossy　450
xenophobia　102
xenorexia　33
xeroderma pigmentosum　339
xerophthalmia　146
X-ray　75
XXX syndrome　75
XXXX syndrome　75
XXXXX syndrome　74
XXXXY syndrome　75
XXXY syndrome　75

XXYY syndrome  75
XYY syndrome  75
XYZ grouping  75
XYZ system  75

## Y

Yates correction  27
yawning  6
Y chromosome  943
Yerkes-Dodson law  882
Yerkish  882
yes-no judgment task  27
yin and yang  54
Y-linked inheritance  943
yoga  897
yohimbine  901
yoked control  899
yoked-control group  899
Youngberg v. Romeo  884
Young-Helmholtz theory of

color vision  884
young-old  520
youth counseling  943
youth culture  943
Yule's Q  893

## Z

Z  515
zaar  309
zaleplon  323
zar  309
Zeigarnik effect  614
Zeitgeber  614
Zeitgeist  361
zelotypia  692
Zen Buddhism  524
Zener cards  615
Zen therapy  533
zero population growth  448

zero-sum game  518
ZIFT  513
zimeldine  378
zinc  5
Zipf's law  368
ziprasidone  376
zoanthropy  86, 391
ZOF  313
Zöllner illusion  615
zolpidem  548
zombie argument  549
zone of comparison test  738
Zone of Individual Optimal Functioning  313
zone of optimal functioning  313
zone of potentiality  717
zone of proximal development  716
zonules  419
zooerastia  395

zooerasty  395
zoolagnia  649
zoomania  482
zoomorphism  649
zoopharmacognosy  480
zoophilia  391
zoophilism  391
zoosadism  649
zopiclone  547
zuclopenthixol  473
zugunruhe  944
Zung Self-Rating Depression Scale  616
Zürich School  601
Zwaardemaker olfactometer  616
Zwaardemaker smell system  616
zygomaticus  552
zygote  513
zygote intrafallopian transfer  513

## 人　名

Adler, Alfred  12
Allport, Gordon  95
Anastasi, Anne  12
Angell, James Rowland  81
Asch, Solomon E.  10
Baldwin, James Mark  838
Bandura, Albert  730
Bayley, Nancy  810
Beers, Clifford  735
Binet, Alfred  750
Bingham, Walter Van Dyke  761
Boring, Edwin Garrigues  837
Bowlby, Edward John Mostyn  827
Broadbent, Donald E.  796
Brown, Roger  786
Calkins, Mary Whiton  286
Campbell, Donald Thomas  185
Cattell, James McKeen  183
Chomsky, Noam  610
Clark, Kenneth Bancroft  218
Cronbach, Lee J.  226
Dewey, John  629
Ebbinghaus, Hermann  77
Erikson, Erik H.  78
Estes, William Kaye  74
Eysenck, Hans Jurgen  2
Fechner, Gustav Theodor  769
Festinger, Leon  768
Freud, Anna  793

Freud, Sigmund  793
Fromm, Erich  797
Gibson, Eleanor Jack  177
Gibson, James Jerome  177
Goddard, Henry Herbert  292
Guilford, Joy Paul  206
Guthrie, Edwin Ray  126
Hall, Granville Stanley  838
Harlow, Harry Frederick  724
Hebb, Donald Olding  813
Hilgard, Ernest R.  760
Hollingworth, Harry L.  837
Hollingworth, Leta Stetter  837
Hull, Clark Leonard  723
James, William  329
Jung, Carl Gustav  893
Köhler, Wolfgang  242
Kinsey, Alfred  209
Klein, Melanie  217
Koffka, Kurt  296
Kohlberg, Lawrence  303
Ladd-Franklin, Christine  904
Lashley, Karl Spencer  904
Lewin, Kurt  930
Luria, Alexander R.  927
Münsterberg, Hugo  854
Maslow, Abraham Harold  844
May, Rollo  941
McClelland, David  843
Meehl, Paul Everett  856
Milgram, Stanley  856
Miller, Neal Elgar  854

Mowrer, O. Hobart  841
Osgood, Charles Egerton  88
Pavlov, Ivan Petrovich  720
Payton, Carolyn R.  705
Piaget, Jean  735
Rogers, Carl Ransom  939
Rorschach, Hermann  941
Schachter, Stanley  388
Scott, Walter Dill  474
Shakow, David  329
Simon, Herbert Alexander  316
Skinner, Burrhus Frederic  472
Spence, Kenneth Wartinbee  481
Sperry, Roger Wolcott  481
Stern, Lewis William  475
Strong, Edward Kellogg, Jr.  479
Sumner, Francis Cecil  322
Terman, Lewis Madison  576
Thorndike, Edward Lee  549
Thurstone, Louis Leon  319
Titchener, Edward Bradford  620
Tolman, Edward Chace  663
Vygotsky, Lev Semenovich  57
Washburn, Margaret Floy  61
Watson, John Broadus  944
Wechsler, David  58
Wertheimer, Max  60
White, Robert W.  839
Witmer, Lightner  57
Woodworth, Robert Sessions  62
Wundt, Wilhelm Max  63
Yerkes, Robert Mearns  882

# 人 名 索 引

アイゼンク（Eysenck, Hans Jurgen） 2
アッシュ（Asch, Solomon E.） 10
アドラー（Adler, Alfred） 12
アナスタシー（Anastasi, Anne） 12
ヴィゴツキー（Vygotsky, Lev Semenovich） 57
ウィトマー（Witmer, Lightner） 57
ウェクスラー（Wechsler, David） 58
ウェルトハイマー（Wertheimer, Max） 60
ウォッシュバーン（Washburn, Margaret Floy） 61
ウッドワース（Woodworth, Robert Sessions） 62
ヴント（Wundt, Wilhelm Max） 63
エステス（Estes, William Kaye） 74
エビングハウス（Ebbinghaus, Hermann） 77
エリクソン（Erikson, Erik H.） 78
エンジェル（Angell, James Rowland） 81
オズグッド（Osgood, Charles Egerton） 88
オールポート（Allport, Gordon） 95
ガスリー（Guthrie, Edwin Ray） 126
ギブソン, E. J.（Gibson, Eleanor Jack） 177
ギブソン, J. J.（Gibson, James Jerome） 177
キャッテル（Cattell, James McKeen） 183
キャンベル（Campbell, Donald Thomas） 185
ギルフォード（Guilford, Joy Paul） 206
キンゼイ（Kinsey, Alfred） 209
クライン（Klein, Melanie） 217
クラーク（Clark, Kenneth Bancroft） 218
クロンバック（Cronbach, Lee J.） 226
ケーラー（Köhler, Wolfgang） 242
コーキンズ（Calkins, Mary Whiton） 286
ゴダード（Goddard, Henry Herbert） 292
コフカ（Koffka, Kurt） 296
コールバーグ（Kohlberg, Lawrence） 303
サイモン（Simon, Herbert Alexander） 316
サーストン（Thurstone, Louis Leon） 319
サムナー（Sumner, Francis Cecil） 322
シェイコー（Shakow, David） 329
ジェームズ（James, William） 329
シャクター（Schachter, Stanley） 388
スキナー（Skinner, Burrhus Frederic） 472
スコット（Scott, Walter Dill） 474
スターン（Stern, Lewis William） 475
ストロング（Strong, Edward Kellogg, Jr.） 479
スペリー（Sperry, Roger Wolcott） 481
スペンス（Spence, Kenneth Wartinbee） 481
ソーンダイク（Thorndike, Edward Lee） 549
ターマン（Terman, Lewis Madison） 576
チョムスキー（Chomsky, Noam） 610

ティチェナー（Titchener, Edward Bradford） 620
デューイ（Dewey, John） 629
トールマン（Tolman, Edward Chace） 663
パイトン（Payton, Carolyn R.） 705
パブロフ（Pavlov, Ivan Petrovich） 720
ハル（Hull, Clark Leonard） 723
ハーロー（Harlow, Harry Frederick） 724
バンデューラ（Bandura, Albert） 730
ピアジェ（Piaget, Jean） 735
ビアーズ（Beers, Clifford） 735
ビネー（Binet, Alfred） 750
ヒルガード（Hilgard, Ernest R.） 760
ビンガム（Bingham, Walter Van Dyke） 761
フェスティンガー（Festinger, Leon） 768
フェヒナー（Fechner, Gustav Theodor） 769
ブラウン（Brown, Roger） 786
フロイト, A.（Freud, Anna） 793
フロイト, S.（Freud, Sigmund） 793
ブロードベント（Broadbent, Donald E.） 796
フロム（Fromm, Erich） 797
ベイリー（Bayley, Nancy） 810
ヘッブ（Hebb, Donald Olding） 813
ボウルビィ（Bowlby, Edward John Mostyn） 827
ボーリング（Boring, Edwin Garrigues） 837
ホリングワース, H. L.（Hollingworth, Harry L.） 837
ホリングワース, L. S.（Hollingworth, Leta Stetter） 837
ホール（Hall, Granville Stanley） 838
ボールドウィン（Baldwin, James Mark） 838
ホワイト（White, Robert W.） 839
マウラー（Mowrer, O. Hobart） 841
マクレランド（McClelland, David） 843
マズロー（Maslow, Abraham Harold） 844
ミュンスターバーグ（Münsterberg, Hugo） 854
ミラー（Miller, Neal Elgar） 854
ミール（Meehl, Paul Everett） 856
ミルグラム（Milgram, Stanley） 856
ヤーキーズ（Yerkes, Robert Mearns） 882
ユング（Jung, Carl Gustav） 893
ラシュレー（Lashley, Karl Spencer） 904
ラッド・フランクリン（Ladd-Franklin, Christine） 904
ルリア（Luria, Alexander R.） 927
レヴィン（Lewin, Kurt） 930
ロジャーズ（Rogers, Carl Ransom） 939
ロールシャッハ（Rorschach, Hermann） 941
ロロ・メイ（May, Rollo） 944
ワトソン（Watson, John Broadus） 944

### 監訳者紹介

**繁桝算男** Ph.D.
（しげます かずお）

1968年 東京大学教育学部教育心理学科卒業
1974年 アイオワ大学大学院修了
　　　 東北大学，東京工業大学，東京大学
　　　 を経て，
現　在 帝京大学文学部教授

**四本裕子** Ph.D.
（よつもと ゆうこ）

1998年 東京大学文学部心理学科卒業
2005年 ブランダイス大学大学院卒業
　　　 ボストン大学，マサチューセッツ・
　　　 ジェネラル・ホスピタル，ハーバー
　　　 ド大学，慶應義塾大学を経て，
現　在 東京大学総合文化研究科准教授

---

© 繁桝算男・四本裕子　2013

2013年9月6日　初版発行

## APA 心理学大辞典

原著監修　G. R. ファンデンボス
監 訳 者　繁桝算男
　　　　　四本裕子
発 行 者　山本　格

発行所　株式会社　培風館
東京都千代田区九段南 4-3-12・郵便番号 102-8260
電話 (03) 3262-5256 (代表)・振替 00140-7-44725

東港出版印刷・牧 製本

PRINTED IN JAPAN

ISBN 978-4-563-05234-8　C 3511